上海高校高峰高原学科建设计划资助『中国语言文学』阶段性成果
国家社会科学基金一般项目『近现代传媒与中国西藏的社会变迁研究』（13BXW012）阶段性成果

近代传媒与中国西藏的社会变迁

刘永文 编著

（上册）

凤凰出版社

图书在版编目（CIP）数据

近代传媒与中国西藏的社会变迁 / 刘永文编著. -- 南京 : 凤凰出版社, 2016.12
ISBN 978-7-5506-2502-0

Ⅰ. ①近… Ⅱ. ①刘… Ⅲ. ①报刊—史料—中国—近代②西藏—地方史—史料 Ⅳ. ①G219.295②K297.5

中国版本图书馆CIP数据核字(2016)第268775号

书　　名	近代传媒与中国西藏的社会变迁
编　　著	刘永文
责任编辑	吴　琼
装帧设计	姜　嵩
出版发行	凤凰出版传媒股份有限公司 凤凰出版社(原江苏古籍出版社) 发行部电话025-83223462
出版社地址	南京市中央路165号,邮编:210009
出版社网址	http://www.fhcbs.com
照　　排	南京凯建图文制作有限公司
印　　刷	南京爱德印刷有限公司 南京市江宁区东善桥秣周中路99号,邮编:211153
开　　本	718×1005毫米　1/16
印　　张	113.5
字　　数	1970千字
版　　次	2016年12月第1版　2016年12月第1次印刷
标准书号	ISBN 978-7-5506-2502-0
定　　价	520.00元(全三册)

(本书凡印装错误可向承印厂调换,电话:025-57928003)

前 言

所谓"西藏问题",完全是帝国主义侵略中国西藏的产物。但在西方一些反华势力别有用心的炒作下,本属我国内政的西藏事务,却成了"世界性的热点"。目前,西方涉及西藏法律地位、西藏地方政府与中央政府间关系问题的论著已有百余种。但除少数较正直的学者的论著外,大都有意或无意地站在西方殖民主义的立场上,故意掩盖问题的真相,无视历史事实,歪曲西藏的法律地位,竭力为西方分化我国的战略效劳。

为使世人在充分可信的史料基础上,对西藏问题有较客观、公正的认识,以匡正视听,还历史以本来面目,本人从 1997 年开始,注意收集报刊上关于西藏问题的报道,首先完成了《中国近代报刊藏事目录汇编(1857—1919)》。并以《时报》、《神州日报》、《东方杂志》、《广益丛报》、《藏文白话报》为个案,进行深入研究,发表了数篇论文,于 2006 年获批教育部人文社科项目"近代传媒与中国西藏的社会变迁",于 2009 年顺利结项。2013 年获批国家社科基金项目"近现代传媒与中国西藏的社会变迁研究",本书即为国家社科基金项目的前期成果。

本书分上下编,上编为理论探讨,下编为资料汇编。

论述部分讨论近代传媒与中国西藏的关系,从而阐明西藏是祖国神圣不可分割的一部分,批驳现实中分裂西藏的错误舆论及其行为。由于清末民初报人对西藏的关注,在报纸上不仅为我们留下了许多珍贵的历史资料,同时也为后人了解当时的舆论宣传提供了重要信息。另外,作为传播范围广泛的《申报》、《新闻报》、《神州日报》、《时报》、《东方杂志》、《广益丛报》等报刊在当时关注西藏问题,在受众中宣传国家统一的观念、歌颂民族团结,揭露英、俄等国的侵略行为,使公众通过传媒了解有关西藏的热点问题,并在西藏主权问题上形成共识,其行为具有维护国家统一、歌颂民族团结、抵抗外侮的积极意义。《神州日报》、《东方杂志》等报刊不仅仅关注西藏问题,它们对外国侵略者在中国的所有侵略活动都予以抨击。它们直斥正在"扩张势力于亚东"的美国侵略者为"帝国主义"者,呼吁中国人民对它在门罗主义的旗号下进行的侵略活动,保持高度警惕。它们揭发了俄、英、日等帝国主义觊觎我蒙藏边疆和南满地区领土主权的大量罪行,号召全国各族人民团结起来,和他们的蚕食活动进行坚决斗争。通过对报刊资料的分析，我们可以准确地把握西藏社会变迁的脉搏，了解西藏近代化的艰难历程，为今天的西藏建设提供借鉴。

下编所选资料，为清末民初国内报刊上公开发表的时论、要闻、电报及相关资料，包括译载的西方时论、资料，自然会带有清末民初时代的痕迹。例如，西藏地方政府与中央政府的关系，当时国内的文章一般皆能正确阐述，指出西藏从元代起即已归入中国的版图，清朝政府更是全面加强了对西藏的治理。但是，也有部分文章受时代的限制，将西藏视作"外藩"、"藩属"，称拉萨为"首都"。有些文章从狭隘的民族主义立场出发，对西藏地方和藏族同胞带有贬意或使用污蔑之词。至于西方的一些人则更是故意将西藏与中央政府的关系歪曲为所谓的"宗主国"与"上国"的关系，甚至公然将我国西藏当作"独立"的国家。为让今人能充分了解当时国内外舆论对西藏问题的关注程度和各种不同的舆论导向，包括一些错误的宣传，以便我们能较客观、深入、全面地研究西藏问题，本书对一些带有历史色彩的宣传语作了最大限度的保留。当时译载的国外时论、要闻、游记，虽然谬论明显，甚至错误百出，但却充分暴露了当时西方各国，尤其是英、俄、日、德、美等国在我国边疆问题上的险恶用心以及千方百计图谋瓜分中国、侵占我国边疆的种种阴谋活动及相互间的激烈博弈，对我们深刻认识"西藏问题"的根源、深入研究"西藏问题"的性质，也有非常重要的参考价值。为此，本书也予以收录。

编辑例言

一、本书所收资料，起于1877年，止于1919年。

二、本书资料选自国内各主要图书馆、大学、有关机构所藏清末民初报刊，使用了“晚清期刊全文数据库(1833～1911)”、“民国时期期刊全文数据库(1911～1949)”，参考了《清末民初藏事资料选编(1877～1919)》。

三、为便于读者利用、查询，本书所选报刊按时间先后顺序排列。

四、为方便读者查对原文，每篇资料由名称、具体内容、刊载时间构成。由于时间和篇幅限制，一部分资料只有时间和篇名，标题加“(目)”，内容未录。每篇资料的排列以刊载时间先后为序。

五、所选资料，若内容完全相同，则仅选其中一篇，其余文章只录篇名、出处，标“(目)”，以供参考。

六、为保存所选资料的原貌，均按原文照录。文中所记年月、称谓等一概照旧。原文间有语句不通顺之处，悉仍其旧，未作改动。

原资料中西藏地方和国外的人名、地名的汉文译法与今天有较大的不同，在选编时未作改动。

原文中对西藏地方和藏族人民带有贬意和污蔑之词，译载的国外时论、要闻、电报、游记中的谬论，未予改动；当时西方一些国家的媒体将西藏地方称作“独立国”，为便于了解这些国家当时在西藏问题上的阴谋活动，也未作改动，读者当能鉴察。

七、所选资料，一般都保持原资料每篇的标题；未标点分段的，由编者标点分段；无标题的电报，编者所拟标题加[　]，部分电报内容较简单，未加标题。

八、所选资料，在排印时一般用简体字，遇有可能引起歧异之处，则仍用原有的繁体字；遇有缺漏损坏或字迹不清者，以□号代之；对能判明的错字、别字作了改正或填补的，以[　]号标明，附于原字之后。

目　录

上　编

第一章 传播主体

第一节 报刊

一、国内报刊:《时报》、《神州日报》、《东方杂志》、《藏文白话报》

清末民初的各类报刊都争相登载与西藏有关的新闻,日报具有及时性、时效性,而期刊则具有选择性、总结性。当时的国内报刊对西藏报道较多的有《时报》、《神州日报》、《东方杂志》、《藏文白话报》等。

《时报》(上海)

《时报》是出版时间较长的报纸。1904 年 6 月 12 日(光绪三十年四月二十九日)创刊,在上海出版。为防止清政府阻挠,创刊时挂日商招牌,由日本人宗方小太郎出面担任名义上的发行人,实际负责人狄楚青,罗教高为总主笔,担任主编和编辑的还有罗普、冯挺之、陈景韩、雷奋、包天笑等。梁启超手拟发刊"缘起"和体例。发刊词标榜言论"以公为主,不徇一党之私见"。每天两大张,售钱二十文。社址上海四马路辰字(B)583 号。

该报取名《时报》,寓"君子而时中","道国齐民莫贵于是"之意。该报初期颇重视编辑业务的改革,创设"时评"一栏,短小隽永,为许多日报仿效。栏目除时评外,有论说、纪事、中央新闻、专件、要件、报界舆论、外论撷华、译丛、来稿、奏折、商务、商情报告表、小说、辞林、口碑丛述、谈瀛零拾、介绍新著、插图等。插图有时刊登滑稽画和讽刺画。辛亥年正月开始,每日随报附送《滑稽时报》一大张,正面有滑稽谈、笑话两句、小说等内容,反面是广告。《时报》根据新闻内容的重要与否,采用不同字号,初刊时销行颇畅。

1912 年冬将全部报馆产业盘给黄伯惠后,《时报》开始注重社会新闻和体育新闻。1927 年夏首创刊我国套色印报。第一次世界大战后,又增设实业、妇女、儿童、英文、图画、文艺等周刊。后期主笔为蔡行素。抗日战争时期,接受日占领军检查,继续在沪出版。1939 年 9 月 1 日停刊。

《时报》最初是康有为、梁启超筹资,委派狄楚青等人创办的报纸。康有为、梁启超在政治上主张改良,政治态度是保守的,他们所重用的报人也基本上贯彻改良派的宗旨。但这些文化精英对国家的命运是十分关注的,特别是在主权问题上他们更是站在国家立场,维护主权的完整,主张国家的统一。我们看看该报的负责人和编辑的简单履历就可以明白,《时报》必然不同于其他的商办报纸和小报,而表现出对时事政治的热切关注。狄楚青,江苏溧阳人。早年中举人,后留学日本,为康有为唯一的江南弟子。清光绪二十六年(1900)参加唐才常的张园国会活动,参加自立军勤王之役,担任捐募款及购置军火工作,事败,避居日本。光绪三十年(1904)夏,在沪创办《时报》。陈景韩,上海松江人,他也中过秀才。光绪二十六年(1900),进武昌武备学校。后因参加革命会党,险遭清政府缉拿,于是远赴日本。4 年后带着新思维回国,就任《时报》主笔。他们都曾是激进的革命者,失败后才走上了另外一条救国的道路,让他们远离政治就等于剥夺了他们的生命。

本人查阅了从创刊到 1915 年的《时报》,共整理出 434 条关于西藏的资料,总计 15 万字。

《神州日报》

《神州日报》是资产阶级革命派在国内办的第一份日报,1907 年 4 月 2 日(光绪三十三年二月二十日)创刊。创刊的头三天日出对开四大张,第四天起改为日出对开三大张。创办人于右任,发起人有杨毓麟(笃生)、汪彭年、邵力子、张俊卿、王无生、汪允宗等,多数是中国公学的师生。于右任担任社长。定报名为《神州》,目的是"以祖宗缔造之艰难和历史遗产之丰实,唤起中华民族之祖国思想"。社址在上海四马路。1907 年 5 月 8 日(光绪三十三年三月二十六日)报社因火灾付之一炬,报纸被迫停刊一天,在望平街借房作临时事务所,委托商务印书馆代为排印,又恢复出版,暂出一张,并声明"就现在销数送阅,不取分文"。5 月 12 日(四月初一)改出两大张,23 日(十二日)起恢复为日出三大张,6 月 1 日(四月二十一日)起迁入四马路新址。6 月 20 日(五月初十)刊出于右任辞去经理职务的启事,由叶仲裕、汪瀚尘(彭年)接任。杨笃生任主笔,后由汪允宗任主笔。

1909 年 4 月 22 日(宣统元年三月初二)上海发生印度巡捕侮辱我国妇女事件,各报不敢详载,唯有《神州日报》大胆纪实,力揭其恶,虽遭租界工部局的指控,但赢得了广大读者的信任。

该报内容新闻文字和广告各占一半篇幅，其栏目有宫门抄、专电、紧要新闻、社论、通信、专件、各省新闻、短评、小说、特别调查及诗词小品、杂俎等。

民国成立后，汪彭年入京做议员，报务交汪允宗主持。1915年冬，汪彭年被袁党拘捕，被迫将《神州日报》让与帝制议员孙钟(震东)。1916年孙又将报出让给钱芥尘。以后又由余洵(大雄)经营，1925年盘给蒋光堂。1927年1月曾停刊。1936年10月10日复刊，号数续前。1941年12月8日因太平洋战争又停刊。1945年12月10日由徐怀沙在沪复刊，年余后续出至第8352号终刊。

《东方杂志》

《东方杂志》于1904年3月11日在上海创刊。月刊，每年12期为一卷。第8卷以前为大32开，以后为16开。第17卷起改为半月刊，第44卷以后又改为月刊。初名《东亚杂志》，因与德国驻上海领事馆所办刊物译名相同，遂改本名。徐珂、孟森、陈仲逸、杜亚泉、陶惺存、钱智修、胡愈之、李圣五、郑允恭先后任主编，商务印书馆出版。1948年12月终刊。共出44卷，816期，810册。前后历时45年，为近代中国历史最久的大型综合性杂志。中间曾数度休刊：1911年11月—1912年4月，正值辛亥革命期间而停刊；1932年2月—10月，因"一·二八"事变遭日机轰炸而休刊；抗日战争爆发后，1938年1月由上海迁长沙出版，同年11月再迁香港出版，兼出渝版。1941年12月—1943年3月，因日本侵占香港而休刊；1946年10月—1947年1月，因抗日战争胜利，迁返上海而休刊。《中国近代出版史料》二编第316页作"1949年终刊"，误。

《东方杂志》早期是一种文选性质的刊物。除本社自撰社说外，各栏文字多选自当时国内外报纸期刊，以后自撰文章逐步增加，内容广泛，资料丰富，有"杂志的杂志"之称。数十年间，经过多次变动与"改良"。创刊号提出："本杂志以启导国民，联络东亚为宗旨。"政治上爱国，反对封建专制，主张君主立宪、"和平改革"，不赞成暴力革命，希望通过温和的渐进的改良方法，达到国家富强的目的。文化思想上，主张新旧折衷，中西调和，阶级调和，反对新文化运动，反对社会主义、马克思主义，在许多重要问题上同复古守旧派互相唱和。"五四"运动以后政治主张有所改变。在编辑方针上，取资产阶级自由主义，兼容并包，既鼓吹唯心论，也刊登唯物论；既介绍科学知识，也传播"灵魂学"；既申述自己的主张，也发表对方不同的意见。先后辟有社说、时评、选论、谕旨、内务、外交、军事、教育、财政、实业、交通、商务、宗教、杂俎、记载、文件、调查、附录、译件、小说等栏目。其中社说、时评、选论等栏目，主要反映该刊的政治思想倾向，表明对各个时期重大历史事件的态度。外交以及实业等栏目，也颇有特色。外交栏主要揭露帝国主义侵略中国的野心以及它们之间勾心斗角的争夺。实业、商务、交通等栏，主要介绍兴办实业、商业和收回路权、矿权等方面的情况，是刊物的重点栏目，有大量具有参考价值的历史资料和统计数字。小说栏经常译载美、日等国的小说，曾连续选译《天方夜谭》等。从创刊起，杂俎栏就连续辑载中国事记、日本事记和欧美事记，后来在记载栏刊登中国大事记、世界大事记、中国时事汇录、世界时事汇录，重要条目下还附有函电、文牍，极便查考检索。《东方杂志》出版后，由于字数多，装帧好，售价低，"内地人士，无力遍阅各报者，得此亦足知中外近事"，因而风行海内外，颇受读者青睐。1910 年每期销行数已达 1.5 万份。1924 年《东方杂志》出版 20 周年纪念时，曾将发表文章选辑成《东方文库》，计 82 种 100 册，为早期文章的精华。

《东方杂志》在很多栏目中，以多种形式报道了西藏，报道西藏的栏目有社说、军事、时评、外交、内务、宗教、教育、商务、言论、法令、调查、图画、附录、记载、杂纂、中国大事记、内外时报、文件等。

本人逐期查阅了 1904 年至 1919 年间的《东方杂志》，共整理出 105 条关于西藏的资料，共计 17 万 6 千多字。

由于这些报刊对西藏的关注，不仅为我们留下了许多珍贵的历史资料，同时也为后人了解当时的舆论宣传提供了重要信息。另外，作为传播范围广泛的《时报》、《神州日报》、《东方杂志》在当时关注西藏问题，在受众中宣传国家统一的观念，揭露英、俄等国的侵略行为，介绍清朝的治藏方略及其得失，宣扬五族共和，使公众通过传媒了解关于西藏的热点问题，并在西藏主权问题上形成共识，其行为具有维护国家统一、歌颂民族团结、抵抗外侮的积极意义。正像德福勒说的那样："媒介不仅直接地作用于个人，而且还影响文化、知识储存、一个社会的规范和价值观念。媒介提供了一系列概念、思想和评价，受众成员可以从中选择自己的行为方向。"[①]如《时报》，无论是清朝末年还是民国初期，无论是康、梁资助还是狄楚青独自经营，也就是说不管朝代如何更替，也不管报纸几经易手，《时报》始终都是国家统一的宣传者、西藏主权的捍卫者。

---

① [英]丹尼斯·麦奎尔、[瑞典]斯文·温德尔著，祝建华、武伟译：《大众传播模式论》，上海译文出版社 1997 年版，第 82 页。

《藏文白话报》

以上介绍的三种报刊是民间创办的，这些报刊无党派利益，不同于官办刊物，下面介绍官办报刊《藏文白话报》。

（一）简况

《藏文白话报》是由蒙藏事务局办报处主办的三种白话报之一。1913年元月正式创刊，至1914年7月停刊，共出刊18期。该刊为16开本，石印。封面彩色套印，上有两面五色旗图案，刊名用藏、汉两种文字横向书写，四周有方框花纹图案。报刊内容先汉文竖版，后用藏文横版。每个栏目头页用红色大字。栏目首末两边均有插图。每篇文章汉文排在前面，藏文译稿排于后边。每期约150页左右。

该报宗旨纯为联络情谊，开通风气，非为图利，无营业性质，也不属于销售品，以赠送方式向驻京各机关、学堂、寺庙以及甘肃、青海、西藏、川边等地发行。办报处设总编纂、经理、汉文主任、汉文编辑，负责白话报的汉文定稿；设藏文主任、藏文编译员、录译员等，负责藏文定稿。同时在西藏的口孜关、拉萨、扎萨伦布、噶大克、亚东、察木多、巴塘、里塘等地选聘了8名访事员，以保证信息灵通、准确。该报在蒙藏事务局改院期间，以整理内部为由（实因经费支绌）而停刊，直至1915年4月才复刊。复刊后改名为《藏文报》，封面汉文竖写，藏文横写，栏目删简，从内容到版式都有很大变化。从中可以看到事务局虽改院升格为部级，但其内容却失去了前期那种思想新颖、生机活泼、启发民智、传播新政、振策共和的进取精神。原先新闻报纸和杂志兼备的特点也随之消失。《藏文白话报》不仅是蒙藏事务局舆论阵地，是最早的一种汉藏合璧的民族问题专刊，也是我国历史上具有现代意义的一份进步的民族问题专刊。

（二）筹办缘由

辛亥革命推翻了在我国持续了两千多年的封建帝制，中华民国的建立给全国人民带来了很大的鼓舞。1912年元月，孙中山在南京组成临时政府。从此一元复始、万象更新，在全国范围内出现了前所未有的办报高潮，一时风起云涌，蔚为大观。其根本原因是，推翻了封建统治的中国资产阶级迫切地感觉到要祛除共和障碍，端赖融洽感情，实现五族大同，巩固国基，必须上下内外信息通达，闭目塞听是不成的。所以，贡桑诺尔布在出任蒙藏事务局总裁之后，罗致人才筹办报纸，并向总统呈文阐述筹办三种白话报之缘由。如呈文说："民国成立，首期振策共和之精神，输通政治之知识，开通之道虽非一端，报纸之力实为切要。此不独内地各省为然，边疆僻塞之区尤必有赖乎此。查蒙、藏、回各处，境域遐荒，政教风俗迥殊内地，虽曰习惯使然，实由未提倡所致。本局有鉴于此，拟创设一蒙、藏、回白话报，以汉、蒙、藏、回四种文组成，其用意专以开通边地风气、联络感情为主。现当本局开设之始，经纬万端，加以边务吃紧，外人干涉著著进行，危机日迫，间不容发。故欲屏绝外人之煽惑，必先启边氓之信崇，合璧白话报，即所以讲解共和之真理，消弭昔日之嫌疑使其倾心向内，以杜外人觊觎之渐也。且英、俄等国窥伺蒙、藏，均有白话报暗为传布，况蒙、藏为我领土，又讵可恝然度外。海内志士均以应办此报相诘问，在本局实义无容辞。”鉴于当时报刊多为党派社团自办，民族专报实为首创，难以自办，为解决经费，故呈文又强调：“此项报纸纯为联络情谊，开通风气而设，非为图利，与营业性质不同，故尤非由公家担任自办不可。且文字之鼓吹，其作用实不减于派员宣导，本局固非故为不急之务也。”

（三）贡桑诺尔布和总编纂

贡桑诺尔布是蒙、回、藏三种白话报的主要倡导者，字乐亭，系成吉思汗勋臣乌梁海济拉玛的后裔，故又简称“贡王”，兼任卓索图盟盟长。通晓蒙、汉、满、藏等文字。清末曾东游日本，回国后，他倡导教育。首创崇正学堂，自任校长，并聘请江南名士陆君略（浙江人）、钱桐（江苏人）为总教习。次年又创办毓正女子学堂。他为启发民智、宣扬新政，还在崇正学堂内附设了报馆，创办了《婴报》，责成崇正学堂师生源源投稿。《婴报》除刊登些国外重要新闻外，还有科学常识、各盟旗的动态，以及针对时局的短评等等。民国初年贡桑诺尔布又是五族人民所共同组织的民族大同会理事之一，曾参加过同盟会，和孙中山也有过交往。孙中山到他住处北京太平街喀喇沁王府访问过几次。他翊赞共和，维护蒙、藏在祖国大家庭中的地位。于1912年9月就任蒙藏事务局首任总裁。1913年被选为国会蒙古参议员。1914年蒙藏事务局改院，又任蒙藏院总裁。1930年在北京的蒙、藏人士组织蒙藏文化促进会，被推选为副会长。同年12月被聘为北平蒙藏学校校长。于1931年初在北京病逝，卒年66岁。考试院转饬铨叙部从优议恤，以示政府笃念勋荩之至意。蒙藏委员会驻北平办事处特在地安门外大街高搭路棚，举行公祭。当时《蒙藏周报》以“卓盟先进，造就群英，令人景仰，遗老执绋”为标题报道了送葬消息。

办报处的第一任总编纂是徐惺初，字敬熙。徐先留学日本，毕业后归国出任清代学部图书局边务编译，兼殖边学堂教员，考察过内外蒙古。武昌起义后民国成立，就任教育部蒙回藏教育主任。徐惺初一向坚持大同主义，被蒙藏事务局总裁贡桑诺尔布聘为第一任总编纂。第二任总编纂是吴燕绍，字寄荃。吴曾调查过东四盟全部，并在清代理藩部充任过编辑员。他熟悉民族风情，更有志于五族大同。徐敬熙在纪念词中称赞吴寄荃说："先生发辉而光大之，发刊以来，边陲各界大受欢迎，刊发请益之文电络绎不绝于道，益坚边氓内向之心。今蒙、回、藏各境日就和平，五族共和，国基日固，其文字收功远轶于武力以上，仆之始愿实不及此！"

白话报的成功固然和倡导者、总编纂分不开，但办报是集体的力量，尤其是《藏文白话报》，其藏文译稿由藏文主任、藏文编译、录译共同完成。领导得力，集思广益，通力合作，是《藏文白话报》成功的一个重要原因①。

《藏文白话报》第一号目次：发刊词、图画类、法令类、论说类、文牍类、杂录类、答问类、小说类、专件类。第二号有要闻栏。

《藏文白话报》存世一年有余，此时民国初建，百废待举，理藩部废除，以蒙藏事务局代之。然共和之精神、政治之知识，边地尚不清楚，引起边务吃紧，"外人干涉著著进行"。针对时局急需"袪除共和障碍，端赖融洽感情"，白话报正是蒙藏事务局的喉舌，宣扬五族共和之理念，输政治之知识，为矫世变俗拼力呐喊，为少数民族教育、生计奔走呼号，因此受到各族人民的欢迎。当时北京出刊的《新中国报》就曾评论："蒙藏事务局为开通边区风气起见，特编辑蒙、藏、回三种白话报，按期寄送，不惟可以增长该三族人民知识，并且晓然于共和统一，系为四万万同胞谋幸福……兹闻该报前经寄由川边转发各喇嘛寺及头人等藏文报多份，经劝柯春科寺大喇嘛咦香色辈奉读之下视为神奇世宝，日与大众讲说，且供奉殿中，渐次影响传播民间，而林葱各土司群诣办事长官行署多方要求电达中央添赏数份，以备观览。"北京蒙藏学校校长达寿还在白话报周年纪念时题词颂扬。周德仓教授于2000年7月7日在西藏档案馆亲眼目睹了该馆收藏的《藏文白话报》中华民国二年(1913)七月第七号实物，共三册，是由该刊主办者蒙藏事务局用白布包裹邮达西藏的，连邮包上邮票的图案也清晰可辨②。可见《藏文白话报》在当时的影响之大，在蒙、藏地区，乃至全国各地均引人瞩目。

二、教会报刊：《万国公报》、《益闻录》等

鸦片战争后，中国门户洞开，外国传教士大量涌进中国，因此教会报刊以前所

---

① 王梅堂：《关于民国初年创办的〈藏文白话报〉》，《中国边疆史》，1994年第1期。

② 周德仓：《〈藏文白话报〉的在藏发现及新闻史学价值》，《西藏民族学院学报(哲学社会科学版)》，2001年第3期。

未有的规模和速度发展起来。到1890年，教会报刊(中文)已达76家，其中有代表性的有1853年在香港创刊的《遐迩贯珍》，1854年在宁波创刊的《中外新报》，1857年在上海创刊的《六合丛谈》，1868年在上海创刊的《中国教会新报》(后改名为《万国公报》)，1872年在北京创刊的《中西闻见录》，1878年在上海创刊的《益闻录》。

在教会报刊中，出版时间最长、发行最广、影响最大的是《万国公报》。

《万国公报》是美英传教士在沪出版的中文期刊，其前身是1868年9月创刊的《中国教会新报》。自1874年9月第301期起，改名《万国公报》，周刊，林乐知主编。出至1883年7月第750期休刊。1889年2月复刊，成为上海广学会机关报，改为月刊，卷期另起，仍由林乐知主编，李提摩太、艾约瑟参与编撰。1907年12月出至第227期停刊，前后出版达40年。

《万国公报》名义上是教会刊物，实际上是一份综合性的时代政治刊物。宣传内容有三个方面：一是为帝国主义的侵华活动辩护，称赞西方列强对中国的“帮助”，吹嘘教会为中国人民“造福”，鼓吹西方人的思想来改造中国人的思想。二是大力介绍“西学”。三是鼓吹中国“变法”。

这些报刊大都能客观报道与西藏有关的新闻事件，但任何报刊都会有倾向性，都会体现创办者的思想意识。这些教会报刊都是以西方基督教文化为背景的媒体，必然以西方文化的立场来评价西藏问题。比如对待佛教的态度，这些报刊就无法摆脱“自神其教”的做法。

1904年7月(光绪三十年六月)，第一百八十六期《万国公报》登载《英窥西藏之评论》：

> 又喜加哥某大报亦云：英与西藏之战事，余等私得之消息，盖知之久矣。初为勘界而来，继乃过界，即属开战。当日英外部蓝斯唐于议院宣明其意旨，归咎野蛮之藏人，在交界之间先攻英人云云。此固诚然，惟其地在西藏界内，离界已一二百英里矣。呜呼！先挟一开战之心，何事不可援为口实乎？确言之，则英也、俄也，皆有意于西藏，一为北熊，一为南狮。今北熊方有日本之役，而南狮者遂乘机以起，先下一子矣。其外貌为勘界，而实欲至京。既深入后，外部不得不藉词以掩饰之。且曰：吾前与中国所订之约，西藏人不能遵守。而勘界之人顿变为政治上关系之人。并曰：吾将直捣其京城，而训戒其以后之务当守约焉，是掩耳而盗钟也。

该“评论”能直指英国的侵略行为是“先挟一开战之心，何事不可援为口实乎？”

在涉及宗教问题时，这些教会报纸则极力鼓吹西方文明对世界的贡献。1900年3月1日(光绪二十六年二月初一日)，第六十三期《中西教会报》登载《西藏事实说》谈到：

由是观之，释迦牟尼虽生于耶稣之前五百四十三年，而其所遇之境，与《新约》所论救主所遇之境不约而同。是西藏佛经所载，明明由《新约》而录。若问西藏佛教者，何以知《新约》之故？答曰：佛教初入西藏时，则遇数基督教者，由波斯国而来，彼此讲论二教所以可取之处，则西藏佛教者始知《新约》书缘由。故将救主出身传数端，紊于佛经，又造一男神名观世音(虽在中国谓女神而西藏至今以为男神)，又易佛教无乐无忧长眠之处为乐园(即中国所谓为西天)。

认为佛教是在借鉴《新约》的基础上发展起来的。

三、英文报刊：《北华捷报/字林西报》

近代中国，随着西方殖民主义的入侵，国家和民族受到欺凌。但同时，西方的文化以及现代出版业也逐渐进入并深刻影响中国，其中一部分报刊由于是西方人直接创办并且长期管理，其广泛又独特的报道视角和刊载内容成为研究近代中西方历史的重要资料。作为历史资料的重要组成部分，有一份报纸是中国近代出版时间最长、发行量最大、最具影响力的外文报纸，它就是《北华捷报/字林西报》[①]。

(一)《北华捷报/字林西报》的历史沿革

《北华捷报》(周报)，1850年创办。1864年，原《北华捷报》的副刊更名为《字林西报》(日报)继续发行，于1941年终刊，1951年《字林西报》终刊，共历时101年[②]。发行的101年里，《北华捷报/字林西报》最高发行量曾达7817份。初为每周六出版，每星期对开一张，共四页，内容有英国快讯、上海英侨动态、中外商务情报、广告及船期公告等。

1864年6月1日，出版人字林洋行将原来《北华捷报》的副刊《船务商业日报》改为《字林西报》，日刊。《字林西报》初创时仅为对开四版一张，后扩大到18—32版。原来的《北华捷报》周报改为副刊，偏重于时事政治，随《字林西报》赠送。《北华捷报/字林西报》所刊登的信息内容具有极为重要的学术和史料价值，它不仅有助于再现清末民初独特的历史风貌、还原历史记忆，而且为考证中西方的社会发展

① 韩春磊：《〈北华捷报/字林西报〉的历史沿革及其特点价值》，《兰台世界》，2013年第4期。

② 汪幼海：《〈字林西报〉与近代上海新闻事业》，《史林》，2006年第1期。

提供了翔实的史料。

(二)《北华捷报/字林西报》的报道内容

《北华捷报/字林西报》主要刊登各种行情、船期、广告等信息以及报道各种经济新闻和商务机关的文告,传达世界政治经济动态。它反映了西方资本经济在中国的渗透,令停滞不前的近代中国商品经济得到了机遇和发展,同时也折射出这一时期的上海,作为一个港口城市,在贸易、交通等方面开始呈现的繁荣景象①。

《北华捷报/字林西报》重视时政新闻和言论,有很强的政治性。1872年起,与路透社远东分社签约以及时报道国际新闻,广聘在华传教士为通讯员以收集中国国内新闻。重视言论,始终为外国侵华行径辩护,打压中国人民反侵略、反封建的斗争。如1911年10月24日,《字林西报》上刊登辜鸿铭的文章,表明他反对革命的立场,呼吁西方各国不要对大清帝国失去信心。11月,辜鸿铭又致信《字林西报》编辑,对该报诬蔑、诋毁慈禧太后提出强烈抗议。

(三)《北华捷报/字林西报》的研究价值

1. 历史悠久,跨度时间长

《北华捷报/字林西报》是上海境内第一份近代意义上的英文报纸,它同时也是近代中国出版时间最长、发行量最大、最有影响的外文报纸,被誉为中国的《泰晤士报》。《北华捷报/字林西报》拥有专业化的通讯队伍、及时全面的新闻报道,重视言论和时政。如在1947年11月,国际电台试收英国公主结婚传真照片,从伦敦经纽约、旧金山传至上海,登载在《字林西报》上,照片清晰,是上海报纸第一次刊载传真照片。它掀开了中国近代报纸商业化的第一页,在中国近代报业发展过程中具有重要的意义。

2. 报训独特客观:“公正而非中立”

《北华捷报/字林西报》的报训是“公正而非中立”,显示了其独特的报道视角,并且报道大部分能够做到客观公正,始终保持全面、权威、立论独特的特点,赢得了广大的西人、华人读者,可以说是当时中国最具影响力的外文报纸。

3. 报道外侨关心的重要历史事件

《北华捷报/字林西报》以报道外侨所关心的消息为主,板块包括国际新闻、中国新闻、内地通信、上海地区新闻、外侨生活、租界要事等,常对中外关系、中国政局

① 高子越:《一部近代化研究的新作——评〈晚清上海社会的变迁〉》,《公关世界》,2005年第8期。

及国内重大事件发表意见[①]，对太平天国起义、小刀会起义、洋务运动、戊戌维新、起义军攻占江南制造局等事件报道尤多[②]。如对当时轰动全国的“苏报案”有连续报道，1903 年 12 月的报纸中完整刊发了《苏报案庭审记录》。又如 1900 年义和团运动爆发时，字林西报社充分利用该报通讯员广泛分布于中国的优势，以日志形式每天刊登义和团运动的最新动态，为研究中国近代历史提供了十分珍贵的材料[③]。它曾经出版了十几种增刊、纪念刊、特刊和附刊，其中《字林西报行名簿》、《北华捷报・商情报告》(1867)对研究晚清上海社会、经济很有价值。

（四）《北华捷报/字林西报》的特点

1. 有一支专业化的作者和通讯员队伍

《北华捷报/字林西报》除了采用西方通讯社消息外，还聘请著名外籍人士、内地教会人士作为通讯员和访事员，比如早期几任著名的主编都是在华活动的传教士，像麦都思、裨治文、玛高温、韦烈亚力、艾约瑟等。

2. 发行全球化

《北华捷报/字林西报》不仅在上海发行，还在英国、澳洲、日本和美国等世界其他地方进行发行。

3. 与著名通讯社合作

《北华捷报/字林西报》1872 年与路透社远东分社（上海）签约，从此在中国长期独享该社的电讯达 30 年，内容信息及时、全面、丰富。为了追求新闻时效，在中法战争时它还出版了中国第一份《号外》。

4. 市场发行量大

创办以后，《北华捷报/字林西报》最高发行量曾达 7817 份，19 世纪 60 至 70 年代，上海英文报纸形成了《字林西报》、《华洋通讯》、《文汇报》三足鼎立的局面，可见影响深远。

总之，《北华捷报/字林西报》以丰富的内容，以及对中国的政治、经济、文化、社会等信息的全面报道，受到中外人士的高度重视。不少中国官员，包括李鸿章在内，都非常注意他们的报道和言论动向，其影响十分深远。

---

① 杨芳芳:《中国近代报纸“政党化”特色的历史成因及其影响》,《云梦学刊》,2004 年第 6 期。

② 李斌:《晚清报刊与近代西方政治文明的东渐》,《黔东南民族师范高等专科学校学报》,2005 年第 4 期。

③ 詹文理:《晚清报刊的现代性话语》,《哈尔滨学院学报》,2010 年第 11 期。

由于《字林西报》有一支专业化的作者和通讯员队伍，因此，《字林西报》的信息来源相对国内报刊要广泛、及时、准确。《字林西报》非常关注西藏问题，该报关于西藏的各类信息被国内报刊广泛引用。

《时报》1907 年 7 月 25 日译丛栏登载《西报论中国整顿西藏问题》："《字林报》论云：'中国近所注意者欲使属地渐进于文明，在他人视之似甚可异，而实则确有此意见。如在西藏实行之政策，已决意为之整顿。盖西藏之属于中国也已历二百年矣。惟其人民不甚亲爱，故属地之责任，惟及期进呈贡物于北京、成都而已。……'"《字林报》也必须承认西藏属于中国，接下来的论述就是站在英国人的立场，对英国插手西藏的事没做任何批评，而且认为英国在做他们该做的事情："江孜通商地方亦派有英国商务代表，即入西藏内地之道路向甚艰险，近已大加修治，且有电车二辆可以直达。"武力在先，谈判在后，在别人的土地上修治道路，却还冠冕堂皇地说只是商务活动，这就是强者的"理论"。

《万国公报》1904 年 11 月第一百九十册登载了（美）林乐知撰《藏约签名之关系》，更能反映《字林西报》的倾向：

> 英国于西藏，已兵入拉萨。近日既订和约，遂退兵而出。盖西藏之近邻，若尼伯尔，若布丹，皆与英有约之国，而甚为和好。故西藏之达赖喇嘛，如能以尼伯尔、布丹为矜式，则可免前事之误矣。
>
> 上海《字林》之论云：藏约善矣。然有达赖喇嘛之印，而中国之驻藏大臣则尚未签名也。夫驻藏大臣，不愿签名于约上，实其政策之大误者。此亦即中国政府之不解事也。中国既自认为西藏之上国，不可不签名，否则于藏约不能有所磋磨，而适以表明无主权于西藏，亦且表明无力阻止也。似此一张一弛之上国，诚其败坏国事之原因。前者中国，屡以无脊梁之故，失地甚多。过此以往，吾知除中国本部十八省，其能保者几希矣。幸而有满洲、蒙古耳。藏约中国签名与否，无甚关系。将来遇有约中交涉，英国自可与觌面，作径接之办理。故初不必以中国之不签名而使英人有歉意也。英人于此，勇往直前，岂待问中国之如何哉？惟因重视中国，而中国反不满志。试诘以既为上国，何以辄许西藏之背弃前约哉？今新约系与西藏有权之人所立。而约中之语，并无过情之处，赔款不多，亦不干预其内治，亦不勉强驻公使于拉萨（不驻公使于拉萨者，即认中国为上国也）。如是而请驻藏大臣签名，明认中国主权之在彼，而反不愿与闻焉。此非有碍于英国，适以自碍其本国也。

中国政府不同意签订丧权辱国的《拉萨条约》是保护国家主权的正义行为，而英国凭借武力逼迫西藏地方政府签订不平等条约是应受到谴责的侵略行为，可在“《字林》之论”中看到的是对中国政府的批评，该报偏颇的舆论导向清晰可见。

四、外国报刊:《泰晤士报》、《朝日新闻》等

国内各报刊所引用的外国报刊，据不完全统计有近五十种。由于受资料限制，不能对所涉及报刊一一介绍，只把报刊名称罗列如下，仅供参考：

英国:《泰晤士报》、《申的报》、《黎弗浦报》、《而利费报》、《诺挺咸报》、《康顿白烈报》、《世界报》、《每日报》、《雷皮由杂志》、《奴乐报》、《诺物勒姆亚俄报》、《伊干哪米司报》、《士比加报》、《斯葛斯门报》、《斯派克提脱报》、《斯弗亚报》、《纽加斯达报》、《摩宁普士报》、《巴明咸报》、《民报》

日本:《朝日新闻》、《国民新闻》、《时事评论》、《东邦协会会报》、《时事新报》、《日本报》、《外交时报》、《万朝报》、《日日新闻》、《每日新闻》、《奴佛弥亚报》、《斯台士门报》

美国:《黑露报》、《拿呼美报》、《法兰西报》、《太阳报》

印度:《英字日报》、《恩劈力斯报》

俄罗斯:《洛夫佛莱牙报》、《英忌利士曼报》、《莫斯科报》、《诺华斯的》、《佛兰克福忒报》、《锡兰报》

我们以《东方杂志》引用《日本报》为例，借此了解中国报刊引用域外媒体信息的情况。

《东方杂志》第1卷第4期(1904年6月8日)社说栏刊载了《论藏英交涉》(译日本明治三十七年六月七日《日本报》)，全文如下：

《莫斯科报》有曰:俄罗斯维脱摩斯者，素为排英派之代表。顷因藏英之交涉而论之曰:自辽东战状，稍就静止，而亚洲西部，又有交涉之案，为中俄英三国利害冲突之点。其事惟何？则英国近派远征队于西藏而与藏兵开战是也。去年之季，印度政府遣使至藏，冀与达赖喇嘛协商，定印藏之境界，完互市之保护而已。而西藏官吏，不愿与之交涉，于是英国专使，一变其和平之性质而出于激烈。所藉为口实者，谓英国在藏之利益，已为俄国侵害。且承英政府之旨，谓俄国与西藏喇嘛有秘密之关系，与中国政府则定秘约以处置藏事云云。

杨赫斯奔大佐之派遣，虽曰为和平之外交，而考其实际，则同董率偏师，携麦基生炮以赴西藏。而藏英人会见之始，即以戎衣相见，虽曰小冲突乎！而数

百名之死伤者，赫然陈尸于战场。然则平和之使节，直变其性质，而为挑战之先锋矣。而他国于藏地有利害之关系者，势不能束手坐视，任英人之横恣，此亦英人所明知者也。

西藏者，中国之一部，其外交事件，悉经拉萨代表者之手，而取决于北京政府。故杨赫大佐之侵略西藏，而伤达赖喇嘛之人民，不得不谓之有犯中国之主权，而大违万国之公法。非可以中国臣民妨害满洲铁道，而俄国所以惩处之者为比例也(译者察俄国亦严于惩人，而宽于自解，与英同病)。而他国于藏地，有利害之关系者，莫如俄。俄之与藏境地相接，彼英政府尝屡对俄国而保证其决无侵略西藏之野心，惟求英藏交涉有安固之基础而已。然观其所为，如杨赫大佐之远征，其欲于西藏扑灭俄国之势力，较然而不可掩。俄国于此，当不认英国平和之使节，而以自保利益之政策抵抗之。前此事状，虽俄英间尚不至遽生纠葛，然使英国更进是而有非理之举动，则俄国决不可置之不问，此实吾人所深望者也。

统治者在处理国际争端时常常是为自己的利益考虑，很难说是出于正义的立场。此文是日本报纸介绍俄国报刊《莫斯科报》关于西藏问题的看法，此时的日本和俄国正在瓜分中国的土地、屠杀中国的百姓，他们还无力把侵略的魔爪伸向西藏，因此就都装出遵守万国法的样子，以正义者的口吻批评英国侵略西藏的行径。正如该文译者所说“俄国亦严于惩人，而宽于自解，与英同病”。不过这则报道却充分说明：俄、日这些侵略者在当时也都承认西藏是中国的领土，英国的侵略行为是侵犯中国主权。

第二节 传播者

一、主流知识分子：康有为、梁启超

(一) 康有为与《不忍》杂志

康有为从海外流亡归国后，为了更好地在海内外华人中宣扬自己的政治主张，以便争取更多的支持，于民国二年(1913)在上海创办了《不忍》杂志。该杂志由上海广智书局印刷发行，为铅活字排印，25开本。康有为自任主编，曾担任过《不忍》杂志编辑的有陈逊宜、麦鼎华、康思贯、潘其璇等。创刊的当年共出八册。同年年底，由于母亲劳太夫人去世，康有为要归乡服丧，不能执笔，从而停刊。民国六年(1917)，为了配合张勋复辟，拥立溥仪皇帝重新登基，康有为又再次发行《不忍》杂志，陆续出版九、十册合刊。前后共计出版了十册。

《不忍》杂志是月刊，其栏目有图画、政论、说教、瀛谈、艺林、文、诗等，主要刊登康有为一人在辛亥革命前后所写的旧稿或新作，有时也登载康氏先辈、老师朱九江的诗文和袁世凯发给康有为的电报，但是篇幅极少。

其中，前八册是康有为在辛亥革命发生到创刊时撰写的文章，同时有少量过去的作品，后两册的文章多为协助张勋复辟而作。读者主要是国内爱国的知识分子、一部分下级官吏、华侨和保皇党人，另外，还包含从事中国政策研究或关心中国状况的外国人。该杂志发表的大量政论，既有对封建专制制度的猛烈抨击，又有对民主共和政体的回击，其主旨始终围绕君主立宪思想，并认为实行君主立宪是救中国出于水火的惟一途径。每期封面图画都是统一的：山崖上立一人，放绳垂下，一落崖之人，悬在半山树上，下面是大海，海上有一张口仰视的鳄鱼，落崖之人欲上不能，欲下无路。全图寓意康有为欲救人于危难中，暗示了“不忍”之意。《不忍》杂志在 1917 年之前，主要销售发行于海外华侨之中，定价两个半大洋。1917 年之后，除在海外华侨中继续发行之外，其后所编写的第九、十册合刊也在国内发行。

康有为创办《不忍》杂志的动机清楚地表现于该杂志第一册《〈不忍〉杂志序》中：“睹民生之多艰，吾不能忍也；哀国土之沦丧，吾不能忍也；痛人心之隳落，吾不能忍也；嗟纪纲之亡绝，吾不能忍也；视政治之窳败，吾不能忍也；伤教化之陵夷，吾不能忍也；见法律之蹂躏，吾不能忍也；睹政党之争乱，吾不能忍也；慨国粹之丧失，吾不能忍也；惧国命之分亡，吾不能忍也。”[①]康有为提出的“十不忍”，每一条都是对袁世凯的苛政与暴行的控诉，既不是无病呻吟，也不是政治作秀，充分表露了他对“袁记中华民国黑暗统治”的失望和抗议、对国家前途命运的担忧。《不忍》杂志主要以激论时政为主，其论说侧重于宣传康有为的政治主张，以求实现其政治理想。

康有为在 1895 年 5 月 2 日的《上清帝第二书》中就关注西藏问题。后来在自己创办的杂志《不忍》杂志上发表长篇文章《蒙藏哀词》，阐述自己对蒙藏问题的看法，并创作诗篇《惊闻俄蒙英藏约》、《忧西藏也》、《藏又割地矣》，抒发自己的爱国情怀。

英俄觊觎外蒙西藏，袁世凯政府无计可施，国土怎能不沦丧？康有为痛心疾首。《蒙藏哀词上》揭发俄人侵略内外蒙古之阴谋，其言至痛：“夫俄自西伯利铁路

---

① 康有为：《康有为全集》第九集《〈不忍〉杂志序》，中国人民大学出版社 2007 年版，第 353 页。

成，窥蒙久矣。吾国人有万里边而慢藏不备，于是召俄人胁求三十六款之事；吾国人不环顾外势而内讧，于是有库藏独立、呼伦贝尔继之之事；吾国人不乘夏时长驱袭库伦密擒诸叛以绝俄藉，于是有《俄蒙协约》之事。至今乃始举国愤张，奔走旁皇，待命于俄强，呜呼迟矣。今《俄库密约》十七条布露，其名与实，皆包括蒙古而言，盖明明吞内外蒙古新疆之地，令人惊痛，吾读之手颤泪承睫，我其发出狂矣！”

《蒙藏哀词下》揭发英人侵略西藏之强横，其言至哀：“顷闻江孜、察木多驻兵数千，拉萨驻兵二千，日进不已。今英报助之，英政府持之，非复昔者一使之言矣。而达赖既与库伦联盟拒我，又将遣使游欧，浸假而约章渐交于列强，浸假而英兵弥满于藏境。吾于藏也，使臣骨断，诸将血埋，匹马只轮不返，英又阻我，道路不通，曾几何时，全藏几无吾华人之影矣！”

康有为作为主流知识分子，他的观点具有代表性。康有为熟悉国际局势，了解复杂的国际关系，明确指出英、俄觊觎西藏是对中国主权的侵犯。对中国政府的无能、内外交困的现实有清醒的认识，对人民的爱国之情也有充分的肯定。他建议政府全面估计俄国的国内外矛盾，切忌一味求和。要充分调动国内的各种资源，充分发挥人民的爱国积极性。面对内外交困的国家局势，康有为的建设性意见虽然只是纸上谈兵，但其拳拳爱国之心是光耀天地的。

（二）梁启超与《国风报》

20世纪初期，清政府为了挽救摇摇欲坠的江山，不得不改变顽固态度，采取了包括废科举、设学校、派游学、裁冗员、保护民族工业等在内的改革措施。同盟会成立后，在日益发展的革命形势的威胁下，清政府又加快了改革的步伐：1906年9月宣布“预备仿行宪政”，又同意成立带有议会性质的咨议局和资政院。清政府这些改革措施最终目的是为了阻止、削弱和扑灭革命斗争，防止自己垮台。而此时资产阶级改良派和一部分要求改革的地主、官僚们一道积极组织团体，发起立宪运动，敦促清政府，力图不经过革命，把专制君主国改造成资产阶级君主立宪国。《国风报》就是康有为、梁启超为宣传和推动立宪运动而创办的一份著名刊物。

《国风报》的前身是《政论》。《政论》是月刊，1907年10月创刊于上海，设有演讲、论著、批评等栏目，蒋智由主编，共出7期，是梁启超将保皇会改组为国民宪政会、政闻社后的机关报。1908年8月清政府以“纠结党羽、化名研究时务、阴谋煽乱、扰害治安”为名，查禁了政闻社，《政论》停刊。但一向在政治运动中注重报刊宣传、舆论发动的梁启超岂肯善罢甘休，遂有了《国风报》问世。《国风报》为旬刊，1910年2月20日创刊于上海，发行人是何国桢，实际主持人为梁启超。《国风报》

设有谕旨、论丛、时评、调查、记事、文牍、文苑等栏目，每期约 80000 字，最高发行量达 3000 份，是当年立宪派最主要的舆论阵地。梁启超在《国风报》上使用的笔名是沧江，该刊是他在日本大体编定后，寄至上海印刷出版，每期刊物半数以上的稿件，出自他的手笔，协助其编辑工作的有康有为弟子兼女婿麦孟华、汤觉顿（笔名明水）等。《国风报》“以忠告政府、指导国民、灌输世界之常识，造成健全之舆论为宗旨”，先后发表了《国会与义务》、《责任内阁释义》等文章，阐述了中国实行君主立宪制的必要性，论述了君主立宪制的构想，主张改革财政制度，鼓吹发展民族资本主义的实业和金融，还对国情作了多方面调查研究，范围涉及政治、经济、军事、社会等领域。直至辛亥革命前的 1911 年 6 月停刊，共出 52 期。

《国风报》第 9 期，宣统二年（1910）四月初一日出版，大 32 开，140 页，由广智书局印刷，行销全国各地及日本、纽约、新加坡等地，扉页有“孔林古柏”照片一幅。主要内容有《币制条议》（沧江）、《湘乱感言》（沧江）、《中国国会制度私议》（沧江）、《世界海军调查记》（明水）及《岁晚读书录》（沧江）等。其中最引人注目的当为署名“沧江”而实际为梁启超所撰的《湘乱感言》一文。梁惊呼“三月初五日长沙之变，举国震动，环球侧目”。“长沙之变”指 1910 年湖南数县因水灾歉收，巡抚岑椿萱等与官吏乡绅、洋行勾结竞相抢购谷米，囤积居奇、哄抬粮价、私运外省，牟取暴利，终引起大批饥民米店抢米，巡警开枪打死 20 多人，民众愤怒罢市，并烧毁衙门、税局、洋行等，举国震骇。梁深刻指出：“人口增而职业之范围岁减，得业之途岁狭，劳力之供过于求岁甚……今日中国人民之必出于作乱之一途，实为生计学之原则所支配。”他痛斥当时的大小官吏们“寡廉鲜耻、惟私是图、草菅斯民”，告诫清政府“善取于民者，必丰殖之，然后取之，而所取又恒必其所丰殖者”。可谓言之凿凿，用心良苦。梁启超两年后回忆他在《国风报》办报活动时曾这样写道：“犹记当举国请愿国会最烈之时，而政府犹日思延宕，以宣统八年、宣统五年等相搪塞，鄙人感愤既极，则在报中大声疾呼，谓政治现象若仍此不变，则将来世界字典上，决无复以‘宣统五年’四字连成一名词者，此语在《国风报》中凡屡见，今亦成预言之谶矣。”百年后的今天，我们仍能从《国风报》上感受到梁启超敏捷的思辨、淋漓的议论及震慑人心的呐喊。

梁启超（1873—1929），号任公、饮冰室主人，维新派重要代表人物，也是当时的期刊编辑大家，除《国风报》外还主编过《中外纪闻》、《清议报》、《新民丛报》等十几种刊物。因其“创刊杂志如此之多、声势如此之大”，有人称他为“吾国杂志界之元勋”，是那一时期“所向披靡”的改革宣传家，国内一流人物，“自通都大邑，下至僻壤穷乡无不知有新会梁氏者”。他第一次提出“党报”观念，力主改革副刊，强调小说为政治宣传服务，为中国新闻事业的发展作出了有益的探索。他倡导文体改良的“诗界革命”、“小说革命”，开白话文风气之先，所作论文流利畅达，笔锋常带感情。近现代史上许多杰出报刊工作者包括邹韬奋等，都对梁启超非常倾倒，范文澜说他是一位“天才的宣传家”，吴玉章说他的文章有“震撼人心的作用”，郭沫若评价他的文章能“令人心醉”。

但是在相当长的时期里，“资产阶级改良派”是个贬义词，主流对梁启超本人的评价一直不高。现在我们应当抛却历史偏见，如当今新闻史学界泰斗方汉奇先生说：“其实改良和改革，外文是一个词，在还不具备革命的条件下进行改良是无可厚非的，只要这种改革对生产力的发展、对社会的进步起进步作用，就应该肯定。”[①]梁启超不但关注重大社会变革，关注内地社会问题，作为舆论界巨子还关注西藏问题。

梁启超对清季政府西藏政策之批评

清朝末年，由于西方列强插手，西藏乱象丛生，藏地与中央关系紧张，以致闹到达赖喇嘛被黜、汉兵入藏镇压的严重地步。西藏内部也因各种势力的介入而变得纷争不已。西藏乱象引起普遍关注，梁启超作为主流知识分子，对西藏问题十分关心，积极在刊物上发表文章，阐述自己的观点。

1904 年 10 月 23 日(光绪三十年九月十五日)第五十五号(第三年第七号)的《新民丛报》梁启超以“中国之新民”的笔名刊登了《哀西藏》，对中央政府的对藏政策提出了批评：

> 英兵此次之入藏，其所借口者，曰藏人于光绪十六年、十九年之条约不能履行也。平心论之，则祸机所自发，我政府实有不能诿其咎者。三百年来禁绝西藏之外交，其于对待属国之法，既得之矣。然哲孟雄等为西藏属国，实我陪臣，而乃不禁其外交，展转而来，遂与不禁西藏外交无异。故区区之哲，遂为印藏兵端之导火线。其失策者一也。我之干预西藏内政，虽颇周密，然藏兵执照，由达赖剌麻盖印，驻藏大臣不能实行指挥，故挑衅暴动，得以自由，中央政府末从弹压。其失策者二也。我国外交向以颟顸延宕为法门，莫或逼之，则模棱以终古也。十六年、十九年两次之约，于印藏通商英人入藏及建立界碑之

① 方汉奇：《中国近代报刊史》，山西人民出版社 1981 年版，第 766 页。

事，既经两国全权之莅盟，而乃迁延迁延，不订细章，复不在藏地为实施之豫备，在我政府固久已忘之，而以为英人亦既相忘也，而岂识夫彼于已得之权，万不肯放弃也。坐是之故，令英有辞。其失策者三也。故今日之祸，吾无怼夫英焉，吾无嗔夫藏焉，其责任实在我政府。

清朝末年，英军入侵西藏，加上中国政府进退失据，西藏从此进入新的混乱时期。其间十三世达赖喇嘛两次出走，一为英军所迫，一为抵制中央派兵入藏。为此中央政府两次革除达赖喇嘛名号，并采取了其他相关措施，但并未取得预期效果。对于中央政府的治藏政策，梁启超展开了批评，提出了异议，同时发表了若干建设性意见。梁氏所论未必深中肯綮，但多有合理之处，具有启发性。

1910 年春（宣统二年二月），梁氏连续发文，对清政府西藏政策进行批评并发表自己的看法。检讨这一往事，于今人思考西藏问题不无裨益。

西藏乱局追根溯源是由英国的侵略和俄国的觊觎引起的。西藏作为中国的一部分，与远隔重洋的英国本无利害冲突，只是随着英国势力进入印度（17 世纪）并将其变为殖民地（18 世纪）之后，它才被迫与英国发生了关联。然而这种关联的本质则是英国对西藏的蚕食和侵略。为了达到侵藏的目的，英印政府先是分别征服了喜马拉雅山南麓诸小国如尼泊尔、哲孟雄（锡金）和不丹，将这些中国的藩属国置于自己的控制之下，继而攻占了同样作为中国属国的缅甸，将其并入英属印度，由此从印缅进入中国西藏和西南各省的外围通道就畅通无阻了。

英国为了直接攫取西藏的经济和政治利益，借口西藏地方政府（噶厦）在藏哲边界之隆吐山筑卡设防，于 1888 年发动了第一次侵藏战争，之后强迫清政府与之分别签订了《中英会议藏印条约》和《中英会议藏印条款》（又称《藏印续约》）。通过这两个条约，清政府正式承认哲孟雄归英国保护，开放边界为亚东商埠，英国在亚东享有治外法权以及进口货物五年内不纳税等特权。至此，西藏门户洞开，中国在西藏的主权受到了严重侵害。

为迫使西藏全境向英国开放，英军于 1903 年底再次侵入藏境，继于次年 3 月开始向西藏发动大举进攻，发动第二次侵藏战争，于 8 月 3 日侵占拉萨。英军到来之前，十三世达赖喇嘛携印逃离拉萨，出走外蒙库伦。清政府对此大为不满，接受驻藏大臣有泰之参劾，电谕将达赖喇嘛名号革去，并著班禅额尔德尼暂摄西藏政教之权。英军在胁迫西藏地方当局与之签订《拉萨条约》后撤走。1908 年 9 月，在外蒙库伦、青海塔尔寺等地滞留四年之久的十三世达赖喇嘛被召入京，受到慈禧太后及光绪帝的隆重接见，赏赐优渥，其达赖喇嘛名号得以开复。

之后达赖喇嘛启程返回青海塔尔寺,并于 1909 年夏开始了返回拉萨的旅途。但就在此时,清政府采取了一个日后对西藏政局有着重要影响的举措,即派遣一支内地军队(川军)入藏,以确保对达赖喇嘛的控制和主权的恢复。此举遭到西藏地方的全力抵制。12 月下旬,达赖抵达拉萨,试图会同驻藏大臣联名上奏以阻止川军入藏,未果。川军冲破阻拦,于 1910 年 2 月中旬强行进入拉萨并引发冲突,形势趋紧,达赖乃再次出走,而且出走的目的地是英控印度。清廷闻知后大为恼怒,于是又一次颁旨革去达赖名号[①]。

达赖被迫出走及清廷革其名号,为英、俄两国干涉中国内政、阴谋策划西藏独立活动提供了藉口。两国分别向清朝政府发出抗议照会,印度总督甚至打算借保护商埠之名,派兵入藏。另外,达赖驻地印度大吉岭的佛教徒也举行集会,一致决议:"(一) 认中国革去达赖一事为侮辱佛教,要求复勒朗结之职;(二) 要求中国撤回入藏之兵;(三) 要求将驻藏大臣革职。"对于革去达赖名号,清廷内部一些人及部分驻边大员也有不同看法,要求予以纠正。面临内外双重压力,清廷一方面继续表现出强硬姿态,除"照会英俄两国,辨明勒朗结之革职,由于谋叛,政府对于西藏内政,决无变更"外,又增派军队,从事镇压;另一面又作出一些让步,以办理不善为由将驻藏大臣兼川滇边务大臣赵尔丰及驻藏帮办大臣温宗尧撤回,对西藏方面进行安抚。然而,内外交困的清廷面对复杂的乱局,并没有也不可能解决棘手的西藏问题。在梁启超看来,清政府当时"已成骑虎",陷入十分矛盾的境地[②]。

梁启超对清季政府治藏政策之批评,即是就上述情形而发表的。

西藏作为中国领土,"除服属中国外,自昔未尝与大地诸国通",本不构成"问题"。西藏成为"问题",是近代以来西方列强特别是英国入侵的结果。这是梁启超讨论西藏问题的起点。梁启超简要叙述了英国入侵西藏的历史,指出:"西藏其犹浑沌也。首凿其窍者,厥惟英国。英人自将印度统治权,收于政府,侵略之轨,以次北进。至光绪十二年,因哲孟雄界务,始与我结《印藏条约》。十九年,复结《印藏通商条约》。英人染指于藏处兹始。"其后英人于光绪二十九年"借口于通商条约不能实行,竟率兵以侵藏,八阅月而陷拉萨。遂以三十年七月与达赖结《英藏条约》,我政府于事前置若罔闻,直至草约告成,由驻藏大臣电告政府,始矍然思补救,抑已无

① 《宣统政纪》卷 30,《清实录》第 60 册,中华书局 1987 年版,第 536~537 页。

② 梁启超:《驭藏政策之昨今》,《国风报》,1910 年第 8 期。

及矣”[①]。草约告成，政府因其有损中国主权不予承认，思所以补救，经与英国谈判，最后于光绪三十二年达成《中英续订藏印条约》。《续订藏印条约》虽有“英国国家允不占并藏境及不干涉西藏一切政治，中国国家亦应允不准他外国干涉藏境及其一切政治”[②]之规定，但西藏问题并未得到彻底解决，相反，这一经过中、英双方正式签订的条约实际上将西藏视为中、英共同保护国，西藏问题由此变得更为复杂，解决也更为困难，梁启超充分意识到这一事实，深感“后此之祸，未有艾也”[③]。

西藏问题系由英国入侵和俄国觊觎所造成，此点无容置疑，然而清政府在处置过程中处处被动，则与国力衰微和政策失误有关。梁认为，在处理西藏问题上，清政府之“驭藏政策”有两次失机，一是在英军侵入拉萨问题上，一是在处理达赖喇嘛第一次出走问题上。

1904 年英军入侵拉萨，不仅蹂躏了中国的人民和领土，而且通过逼迫西藏地方政府签订所谓“《英藏条约》”(亦称《拉萨条约》)，严重侵害了中国主权。此条约若真付诸实施，其后果如梁启超所言，将“酷似光绪二年之《日朝条约》”。“朝鲜私与日本结约，为后此失朝鲜张本；西藏私与英国结约，亦为后此失西藏张本”，“《天津条约》明认朝鲜为中日共同保护国，为后此中日战争张本”，二者没有区别。

如此有损中国主权的《拉萨条约》，何以能够签订呢？英军兵临城下、逼签城下之盟固是主因，清政府驻藏大臣之不作为也是原因之一。当英军占领帕里，西藏地方当局立即动员藏族军队，准备抗击，而清驻藏大臣裕钢则严令“地方文武官，只能理阻，不能与英兵生事”[④]。继任者有泰较之裕钢更是有过之而无不及。1905 年 1 月抵达拉萨后，有泰执行的是对西藏抗英斗争釜底抽薪、令其失败的政策。他在致外务部电文中说：“惟藏番执拗无理，胆大妄为……今欲折服其心，非任其战、任其败终不能了局。……惟有镇定处之，俟有隙再图善策。好在英人深知底蕴，不敢有碍邦交，不过将来多费唇舌。倘番众果再大败，则此事即有转机，譬之釜底抽薪，不能不从吾号令也。”由于有泰坚持“任其败”的卖国政策，故当英军侵占江孜后，他竟不听外务部催促，迟迟不肯前去和荣赫鹏会谈，说什么英国“笃念邦交，即令前来

① 梁启超：《西藏勘乱问题》，《国风报》，1910 年第四、五期。

② 转引自佘素：《清季英国侵略西藏史》(附录八：中国续订藏印条约六款)，世界知识出版社 1959 年版，第 172 页。

③ 梁启超：《西藏勘乱问题》，《国风报》，1910 年第四、五期。

④ 王彦威，王亮：《清季外交史料》卷 180，文海出版社 1964 年版，第 16 页。

(按指英军侵入拉萨),不过多费唇舌,而借以收回事权,亦觉有益”[①]。妄图借英国力量,压制西藏地方当局,来加强控制。

英军侵入拉萨后,胁迫西藏地方政府签订《拉萨条约》。有泰最初和荣赫鹏会面时,即表示愿“协同工作,迅速努力于条约之完成”[②]。在西藏地方被迫与英军谈判条约时,又屈从于荣赫鹏,对西藏谈判代表施以威逼利诱,促成了条约的达成。条约签字仪式于 1904 年 9 月 6 日在布达拉宫举行。荣赫鹏要求有泰在条约上签字画押,“有泰不敢支吾,径欲画押”,受到文案何光燮的劝阻。有泰虽未敢画押,却仍坚持自己的立场,说什么“此约并非英藏擅议,乃有泰督饬藏官先行画押,因英官有此约,如不画押,兵费每日须偿卢比五万,应由中国担负责任云”[③],暴露出其妥协投降的卖国本质。

由此可见,西藏抗英斗争失败及《拉萨条约》的签订,与清朝驻藏大臣特别是有泰坚持妥协投降的立场是分不开的,而追根溯源,根源又在清朝中央政府。根据梁启超的分析,清政府在此问题上的失当:一是简择驻藏大臣,“未尝惟材是择,大率以不得志于中央政界者充其任,其人亦以地僻天远,漫然自恣,不特未尝一为藏民谋治安,而所以朘削之者无所不至”。二是政府昏聩无能,以至误国。“夫在三十年前我国人全不知有所谓国际法者,不知保护国之性质何如,其坐视朝鲜之生心外向,固不足深责。乃至光绪三十年,所经覆辙,既再既三,使当时政府稍有心肝,当英兵入藏之八月间,以一介之使明主权之所在,则何至焦头烂额,以有今日。当局误国之罪,真擢发难数也”。梁氏的批评既指向驻藏大臣更指向中央政府,其批评是深刻的。

1910 年 2 月,川军强行进入拉萨,达赖喇嘛第二次出逃。由达赖的第二次出逃,梁启超联想到清廷对前一次达赖出逃后的处置,认为不应该在达赖进京后又允其出京,觉得这是一大失策,即所谓第二次“失机”。若不失此机,则“使当时能以术羁縻之于京师,则我之驭藏策犹可以厉行,决不至有今日之祸”。因为,达赖喇嘛在藏民心目中一向具有十分神圣的地位,而其时“已革达赖勒朗结,其冥顽阴鸷之迹,既已见端”,达赖便成了影响西藏安定的最重要因素。“而藏民视为神圣,彼在藏一日,则藏一日不安”。若“彼去藏而适他国,他国利而用之,则藏之不安将滋甚”。故

---

① 《清季筹藏奏牍有泰奏牍》卷 1,商务印书馆 1938 年版,第 17 页。

② 佘素:《清季英国侵略西藏史》,世界知识出版社 1959 年版,第 131 页。

③ 佘素:《清季英国侵略西藏史》,世界知识出版社 1959 年版,第 134 页。

当达赖出走拉萨、被召至北京后,中央政府理当"因势利导","以术羁縻之于京师"。其具体做法,或是"别构一宏壮之刹于京师,而使之住持;或更崇以国师之号,乃大诰于蒙藏之民曰:皇帝敬礼三宝,国师宜以时入侍说法,不得去辇毂,凡蒙藏之民欲礼国师者,其诣京师"。达赖既锢于京师,中央于西藏方面,则另"选才士任驻藏大臣,率一旅之师以镇抚其民,其有不率,则以皇帝之命达赖之教并督责之"。如是,"则群堪布(按指西藏之行政官)无所假威,而藏民将戢戢听命",西藏可保安宁。

据梁启超言,他在达赖入京朝觐之时"尝警政府,谓宜圈留之勿使逸",惜"吾谋不用",允达赖出京。"自达赖之出,吾固已知西陲之无复宁岁矣"[①]。梁氏所言是否属实暂且不论,即使所言属实,或即使政府用其谋,西藏也未必能获得安宁。因为,藏民既以达赖喇嘛为神圣,则达赖喇嘛是否在藏,并不重要。而将达赖"圈留"于京师不许回藏,不仅不能影响达赖在广大藏民心目中的神圣地位,相反,还会加深藏民对中央政府的反感,进一步加剧西藏地方政府和清朝中央政府的矛盾和对立。从历史事实上看,没有达赖的回藏,就不会出现达赖对入藏川军的抵制,就没有达赖的第二次出逃以及由此引致的更多冲突。而历史地看,达赖回藏及此后局势的演变,则有其必然的历史原因。英、俄等侵略势力的介入,中央政府权威的失落,西藏地方势力与中央政府的博弈,它们所造成的西藏乱局,不能靠"圈留"达赖喇嘛来解决。

通过梁启超对清政府在处理西藏问题上之两次"失机"所作评论,我们可以得出以下认识:他对第一次所谓"失机"的批评较为中肯,对第二次所谓失机的批评则未中西藏问题之肯綮,未免书生见识。

川军入藏和十三世达赖喇嘛再次出走后,钟颖和驻藏大臣联豫在一定范围内接管了西藏地方政府的各项工作,清廷随即颁布谕旨,命联豫在西藏妥筹办理新政,"不可稍事操切,亦不可坐失事机"[②]。于是联豫在下令通缉西藏逃印官员之同时,派员接管了西藏军械厂、造币厂,并分驻前后藏要地,开始实施官制改革,将西藏"政权渐次收回",改变了过去驻藏大臣大权旁落的局面,清政府在西藏的统治逐步加强。不过川军入藏的军事行动已完成,驻藏大臣的改革也逐步展开,但西藏地方政府与中央政府的矛盾却由此加剧了。以达赖为首的西藏地方政府的离心倾向

---

① 梁启超:《西藏勘乱问题》,《国风报》,1910年第四、五期。

② 《联豫驻藏奏稿》,第106页。转引自苏德毕力格《晚清政府对新疆、蒙古和西藏政策研究》,内蒙古人民出版社2005年版,第116页。

更明显了，事实说明，西藏问题不会那么轻易地就得到解决。如何避免英、俄等国家干涉西藏问题？如何妥善处理中央政府与西藏地方政府的关系？如何使更多的西藏百姓拥护中央政府的新政？如何使西藏得到更加有效的治理？这些成了摆在国人面前需要加以认真思考和努力解决的重要问题。

梁启超也在认真地思考这些问题。他的思考首先集中在达赖喇嘛被黜后中央政府应该采取何种政策上。

达赖作为广大藏区的宗教领袖，其离藏出走乃是十分严重的政治、宗教问题。和前次因为英军入侵拉萨被迫出走不同，此次达赖出走，原因是对抗入藏川军，对抗中央政府的命令，故而清廷无法容忍，为此下令革其名号，黜为平民，表示出异乎寻常的决绝态度。对于朝廷此举，梁启超一方面加以肯定，认为就达赖喇嘛而言这是"辜恩毁法，情真罪著。天谴之加，洵由自取"，就朝廷而言则显示了"天威不可以久干，而寰海友邦，亦瞠目相视"，维护了中央政府应有的尊严。另一方面又认为，政府在作此决定前并没有"筹及事后处置之法"，对于未来该如何处理没有充分谋划。当然不能说清廷毫无安排，它已同时决定另外寻访转世灵童，另立新达赖，但问题是，此举是否符合历史定制？是否行得通？是否得到大多数西藏僧众的拥护？对此，梁启超更多的是怀疑和焦虑。

梁启超认为，藏族是一个笃信藏传佛教的民族，而达赖喇嘛在藏民心目中具有十分神圣的地位。按照藏族僧众的信仰，"后达赖为前达赖之乌毕拉罕所托生，故非一达赖死，则他达赖断无自发生，而后达赖之发生，纯由前达赖之默示，而绝非他人之力所得左右，此其诞妄不经，固不俟论。然其深入人心者，已三百余年矣"。又，按照宗教信仰，藏民认为已革达赖勒朗结为黄教初祖宗喀巴之第十三次呼毕勒罕（藏语音译，意为转世或化身），而宗喀巴又为观世音菩萨之呼毕勒罕，"故据彼等所信，乃竟至合观世音、宗喀巴、勒朗结为一人，牢不可破，故就吾辈之心理观察之，则以大皇帝而黜罚其一臣民名勒朗结者，有何奇异？就彼辈心理观察之，则曰：虽以转轮圣王，不能黜观世音而别指一人为观世音也"。因此以大皇帝而黜罚一臣民勒朗结，在常人看来本不足为奇，在藏民看来则无异于"黜观世音而别指一人为观世音"，万不可行。另外，遵从藏民的宗教信仰对西藏进行治理，是从来的历史惯例，也是清朝开国以来的一贯政策。如今皇上则不然，"取数百年来列圣相传之政策，一举而掷之"。"时势有变迁，而政策当随之。吾非敢谓变列圣之政策即为不敬也"。然揆诸蒙藏诸部现在情形，此政策实不能立即抛弃，否则，有如"朽索之驭六马"，西藏局面将一发不可收拾。

违背藏民宗教信仰和历史习惯另立新达赖，显然难以执行，然朝廷谕旨已下，绝“无反汗之理。即反汗则国体愈损，更何足以临诸部?”处此“骑虎难下之势”，梁启超认为“惟有力与迷信战而已”。如何与迷信作战？梁的设想是仍然援引藏传佛教之教义，对其进行改造。据传，藏传佛教格鲁派(黄教)之创立者宗喀巴曾有“一花五叶之谶”，即谓达赖六世以后不复传衣钵。而征诸史实，自第五世达赖圆寂后三十余年里，曾发生两立假达赖事件，从而引发第六世达赖之争。而自第六代以后，所报之呼毕勒罕，往往歧异，以致有大昭寺瓶卜之事。且六世达赖之后，百余年时间里即更换达赖六人，六人多为短寿，与此前六位达赖均享高寿、共历时三百五十余年迥异。梁认为，“一花五叶之谶”及六世达赖之后所发生的种种故事，不啻应验了宗喀巴的预言。据此，他为朝廷献策：“宜将此等故实，详细叙述，为一极恳切之上论，译以蒙文、唐古忒文，颁诸各部，明前此诸噶伦卜欺君愚民之罪，晓以自第六代以后，无复真达赖，而此次朝廷所黜者，实为勒朗结，而非宗喀巴，非观世音。然仅恃一诏之力，尚恐无效也。驻京之章嘉呼图克图者，其为蒙藏人所信仰，亚于达赖而与班禅埒，谓宜结以恩义，使之入藏主持教务，宣布朝廷护法之盛意。其达赖一职，则从宗喀巴之预言。非惟不认勒朗结，并第七世以下皆不认之。达赖之名号，即从此废不用，此或是一种办法。”

梁启超援引“一花五叶之谶”主张宣布六代以后无复真达赖，甚而主张将达赖名号废而不用，借以从根本上将已革十三世达赖的影响从广大信教民众心中抹去。然而藏民的宗教信仰既已根深蒂固，废掉达赖名号容易，但达赖在信教民众心中的神圣地位是无法立即抹掉的。人的宗教信仰用强制手段来扼杀，这显然是违反客观规律的，而另以驻京之章嘉呼图克图代替达赖入藏主持教务的想法，更是天真和不切实际。

梁启超自己也意识到了这一点：“吾之所陈，乃于焦头烂额之时，作无可如何之想，实策之下下者也。”不仅如此，他甚至意识到，藏民根本不会接受朝廷诏令而仍会一如既往地尊勒朗结为达赖。他设想，如果藏民拒不奉诏，朝廷的号令就会落空，这将极大损害朝廷的尊严。而为了维护尊严，朝廷最有可能的选择将会是加强对藏用兵。用兵诚非不可，问题是能否掌握胜算。在梁看来，这是丝毫也没有把握的。当时上海某报曾刊发一篇时论，指出用兵西藏有三“不可恃”：其一，成都至拉萨路程遥远，地势险要，石栈天梯，猿猱愁度。加以所过之地皆为不毛，一布一粟皆须由内地转运，后勤难以保障。此“地利之不可恃”。其二，西去途中，寒气逼人，穷山冰雪，盛夏不消。平时商旅经行，虽篝火重裘，而裂肤堕指之惨犹或不能幸免，况复执干戈而战阵乎？此"天时之不可恃"。其三，因天时地利皆不可恃，则万不得已需用兵，也只宜用土兵而不宜用客兵，然土兵因种种原因，难以"资其敌忾勤王之用"。此"人和之不足恃"。对于上述三"不可恃"之观点，梁启超深表认同。不仅如此，他还引康乾两朝五次用兵西藏"犹不能以克军致果"，以及最近英军入侵西藏"几经险艰，始能有功"之史实进一步指出，"藏番虽不武，然习其水土而知其厄塞，以逸待劳，一固可以当客兵十也"，其战斗力不可小觑。若贸然对藏用兵，"恐未至打箭炉而已不能军矣，况乃拉萨乎？"最后他正面提出自己的看法："为今之计，惟有继述列圣所诒谋之政策，以恩信怀柔其民而已。"不提倡"恃兵威以靖难"。

梁启超除了关注达赖被黜之外，还希望政府密切注意英、俄动向，正确处理涉藏外交，防止和抵制其无理干涉。他说，今日之西藏与三十年前之西藏不同。三十年前之西藏，因不牵涉外交，故"虽为珠崖之弃，尚不至牵一发以动全身"；今日之西藏，则有外交问题"亙于其间"，故陷于"进退维谷"之境。今之所谓外交问题，实乃英、俄两国对西藏之干涉所致。他指出，英、俄有时表面上虽也摆出某种缓和姿态，如俄国对光绪三十二年续订之《中英藏印条约》中所载中国国家"应允不准他外国干涉藏境及其一切内治"之条款不作抗议，意味着已默认光绪二十八年中、俄所订含有许以俄国人干涉西藏之权利之密约作废。就英国言，续订藏印条约规定"英国国家允不占并藏境及不干涉西藏一切政治"，亦可以表示其"尚能尊重我上国之权利"。但英、俄两国之所作所为，归根结底都是为了最大限度地谋求国家利益，故虽表面上作出少许让步，且"复信誓旦旦"，却可随时"摧弃之"。此次清廷罢黜达赖，英、俄两国进行干涉，即是明证。故"条约不足恃也，求之在我而已"，外国干涉能否得逞，"专视卫藏全部能保秩序与否为断。苟能所在安堵，商旅无惊，虽有虎狼，岂能飞而择肉？而不然者，则或借口于保卫租界，或托辞于防护边境，何在不可为染指之媒介者？不见最近路透电，已声言藏乱恐忧及布坦、廓尔喀、哲孟雄乎？"有鉴于此，梁启超认为一定要审慎地制订治藏政策，不可"再误机宜"，不可"授人以可干涉之隙"。至于何种政策更为适宜，梁启超没有给出详细的说明，只是简单提出"妙选奇才任驻藏大臣，以章嘉呼图克图佐之"。在他看来，派遣得力驻藏大臣管理西藏，仍然是西藏问题"根本解决之第一义"。

西藏作为中国固有领土和不可分割的一部分，神圣主权不容侵犯。只是到了晚清时期，随着国家实力的衰败和英、俄等国势力的渗透和入侵，才出现乱局。西藏问题的发生，源头在英、俄。中央政府对西藏的治理，长期通过驻藏大臣来实现，驻藏大臣在维护祖国主权、保障西藏僧俗利益方面，发挥了一定的积极作用。以驻藏大臣为中介，中央政府与西藏地方政府的关系一向也较为和谐，如果没有外国的干涉，这种和谐局面将会得以延续，这种不同于内地行省的特殊管理方式也还会继续。然而在外国势力介入之后，在其怂恿、唆使下，西藏少数僧俗上层人士产生了对于中央政府的离心倾向，而某些驻藏大臣的应对无方，以及中央政府的贸然用兵和违背藏民宗教信仰两度革去达赖名号，加剧了西藏地方政府与中央政府的对立。以此来看，晚清特别是清末西藏问题的复杂化，与中央政府治藏政策的某些失误亦有关联。

清末中央政府的治藏政策无疑值得检讨，当时的媒体对西藏问题给予很高的关注，梁启超是近代中国一位难得的具有独立思想和批判意识的知识分子，故其对于清中央政府的治藏政策，敢于提出批评并发表自己的见解。从上文可以看出，他已认识到西藏问题产生的外部根源。他反对外国对西藏的入侵，表彰藏民的抗英斗争，故而对阻挠抗英斗争、持失败主义立场的驻藏大臣有泰进行指责和批判。他也认识到西藏政治、文化、宗教及习俗的特殊性，意识到对西藏的治理应该充分考虑到这些特殊性，故而对于川军强行入藏、革去达赖名号等举措提出不同看法。他主张应该采用长期以来行之有效的治理方式，尊重西藏的历史文化传统，在此基础上继续派出得力驻藏大臣，对西藏进行有效治理，同时采取正确的外交政策，防止和应对英、俄等国的干涉，实现西藏的长治久安。

因梁启超未到西藏考察，只是从媒体和著作中了解西藏，因此，他的论述大多是纸上谈兵。然而观其对清廷治藏政策之批评及所提主张或意见，其基本点是有道理因而是可以成立的，只是，清廷行将灭亡，他的意见没有被采纳，也不可能被采纳。

二、民间知识分子：旗人、主笔、记者

（一）旗人

从《大同报》看满族留日学生的政治认同和族群认同

一批受西学知识洗礼的满族留日学生，超然于满清政府与革命党之外，以救亡图存为己任。他们主张以国民主义取代狭隘的民族主义，赞成满汉平等、满汉蒙回藏合成一中华民族。他们将外患问题、种族问题皆归结为政治制度问题，呼吁以立宪来建立责任政府，建立责任政府的第一步则是民选的国会。他们也信奉社会进化论，重视最大多数人的福祉，这一群体的政治理念、族群观念具有鲜明的现代性。

辛亥革命时期,《大同报》诸人对专制主义的批判,对政治现代性的诉求,期望族群平等无疑是具有进步意义的。

在革命至上的年代,辛亥革命被认为是不彻底的,不但封建王朝没有得到彻底的铲除,还被北洋势力窃取了胜利果实。而当告别革命、和谐为上的呼声日益高涨的时候,辛亥革命似乎又太暴力化了,它中断了清末的新政,开启了中国反复革命、循环革命的历史。随着研究者视角的转换,辛亥革命的历史遗产也被反复地再审视、再解释。这里,仅以一份满族留日学生所主持的刊物《大同报》为例,从他们所认同的政治理念中,揭示一种思想上的"政治现代性"、民族观念上的"合理性"是如何确立的。"排满"虽是革命党人进行革命宣传的最鲜明的旗帜,但满族在辛亥革命时期的具体处境与政治态度却十分复杂。林家有先生20世纪70年代的文章即指出20世纪初年下层旗人"无地可耕、无以为生",甚至卷入抗捐、抢粮、逐税吏的民变当中,以及组织"联合急进会"之类的革命组织,呼吁"建立满汉联合共和政体"、响应辛亥革命的情形[①]。而满族精英分子也不纯是统治集团的一员,反而可能为统治集团的公开反对者。当然,由于他们的特殊身份,他们还不能彻底地摆脱本阶层的束缚,像激进的革命者那样从根本上否定统治集团的权威。

自孙中山在日本成立同盟会,排满运动蓬勃展开。以康、梁为代表的原维新派,则秉持君主立宪的救国方略。正是在这革命与立宪的讨论与实践中,立宪派领袖杨度提出"速开国会"的口号,以应对革命党人的"排满革命"。在他看来,"排满革命"之所以"几成为无理由之宗教",就在于普通人民未必能理解学术化的政治法律理论,"吾辈若欲胜之,则亦宜放下一切,而专标一义,不仅使脑筋简单者易知易从,并将使脑筋复杂者去其游思,而专心于此事"[②]。杨度在探讨社会运动的方法,但简单化的处理,以宗教化的姿态对待开国会这样重大的社会改革,在实践过程中恐怕很难落到实处。不过,杨度的主张一度成为立宪派的共识。正是在这样的背景下,一群满族留日学生创办了《大同报》。

1907年6月29日(光绪三十三年五月十九日),《大同报》在东京创刊,编辑兼发行人"叔达",主要撰稿人有恒钧、乌泽声、穆都哩、佩华、隆福、荣陞等。大同报社编辑所设在日本东京早稻田鹤卷町493号,发行所则设于北京崇文门方巾巷公益

① 林家有:《满族人民对辛亥革命的贡献》,载林家有:《孙中山与辛亥革命史研究的新审视》,广东教育出版社2007年版,第180页。

② 刘晴波:《杨度集》,湖南人民出版社1986年版,第405页。

报馆内。杂志由群益书局经销，在全国十多个城市设立有经销处①。《大同报》出刊后，一时间颇引人注目，“自出版以来，大受海内外同志诸君所欢迎，第一、二两期俱已印刷再版，而第一期销售罄尽，爰再精印三版，现正在印刷中”②。

刊物创办得到了杨度的大力支持，杨度在《题辞》中，称《大同报》诸君为“旗人中之同志”，“为国民之前导”，赞扬恒钧等的办刊行为“尤为自有旗人以来所无之事”，“岂非中国之大幸”。在排满、排汉正呈现极端化而导致中国出现“内溃”危机的时刻，他希望以《大同报》同仁的理智言论，“以明者导不明者”，为“责任中之责任也”。杨度认识到，“大同报社诸同志以少数之人，孤危寡助，力排异议而为之，较吾人之事业尤难”，强调不能将满族人主张立宪、开国会的要求看成是“伪言”，“夫旗人亦中国人，为何而不可以主张立宪开国会，而必以不诚待之？”③在这份“题辞”当中，杨度既表达了情感上对恒钧、乌泽声等人的深切同情，又明确表明了与该群体在基本政治立场和族群观念上的一致性。作为留学生群体的领袖人物，杨度寓所成为聚会场所，与他往来频繁的，既有革命党人，也有立宪派。

不仅如此，《题辞》也发表在杨度主持的《中国新报》1卷6期。该刊还为《大同报》作广告，称《大同报》为“留东八旗诸君”创办的“空前绝后之大杂志”，并称赞其内容，“第一号首论中国之前途，凡外患内治，人民政党，皆导以一定之方针。次论满汉问题，凡立宪问题种族问题，皆予以正当之解决”④。杨度的《国会与旗人》也发表在《大同报》上。显然，这一时期杨度与恒钧诸人有着密切的交往，那份著名的《民选议院请愿书》也先后发表在两份刊物上。

而在《大同报序》一文中，乌泽声将该报的办刊宗旨概括为“吾人之欲改中国专制政体为立宪政体也，其惟一之方法即在排除人民程度不足之说，主张速开国会，此本报最大之宗旨也”。同时，他又将该报的主张具体化为：“一、主张建立君主立

① 该刊于1908年3月27日改为《大同日报》，馆设北京琉璃厂土地祠内。目前，在研究晚清民族主义、满汉关系的论文中，对《大同报》的文章多有征引，如沈松侨《我以我血荐轩辕——黄帝神话与晚清的国族建构》，《台湾社会研究季刊》第28期，1997年12月。黄兴涛《民族自觉与符号认同：“中华民族”观念的萌生与确立》，《中国社会科学评论》（香港）2002年2月创刊号。李龙《另类视野中的满与汉——以满族留日学生为中心的考察》（《钦州学院学报》2007年第4期）一文专文研究了《大同报》的民族国家思想。作者指出，在“排满”与“排汉”的两种极端言论中，《大同报》“更像一个中间派”，他们从立宪的立场上主张“融合满汉”，具有积极的意义。

② 《大同报出版广告》，《大同报（第3号）》，1907年10月10日。

③ 杨度：《题辞》，《大同报（第1号）》，1907年6月29日。

④ 《大同报第一号第二号均已出现》，《中国新报（1卷6号）》，1907年7月20日。

宪政体;二、主张开国会以建设责任政府;三、主张满汉人民平等;四、主张统合满汉蒙回藏为一大国民。”[①]四种主张,君主立宪政体是核心。该刊设有论说、译述、论著、来稿等栏目。该刊的主持者爱新觉罗・恒钧,字诗峰,是奕山的玄孙,官派留学日本,就读于早稻田大学教育及历史地理科。恒钧积极参与国会请愿运动及民初的议会活动,他参与领衔提出《民选议院请愿书》,又发起组织旗人国会请愿运动。乌泽声(1883—?)字谪生,吉林永吉人,早年留学日本,毕业于早稻田大学,回国后,历任众议院议员,并一直活跃于新闻界,后在伪满洲国供职。在近代中国留日史上,早稻田大学声名遐迩,上述几位早稻田满族留日学生,正是在这所政治氛围浓厚的学校中展开其宣传活动的。《大同报》所持的是立宪派的立场,在他们看来,“政府之腐败依然,革命之风潮愈烈”,但“今日政府之所利非我全国国民之所利也,革命党之所利也非我全国国民之所利也”[②]。因此,他们自诩为国民利益的真正代表者,希望在政府之无能、革命党之破坏之外,另谋第三条出路。除舆论宣传外,他们还参与了立宪派的实践活动。1907 年 9 月 25 日,宪政讲习会选派熊范舆、沈钧儒、恒钧、雷光宇等人赴京,将有 100 余人签名的《民选议院请愿书》呈送都察院。当时,参与领衔签署请愿书的恒钧是“花翎应封宗室”。1908 年 8 月,《大同报》同仁又组织散发传单,发起旗人国会请愿,将八旗士民的请愿书送呈都察院,要求政府终止预备立宪,速开国会。请愿书由恒钧领衔,踊跃签名的旗人达一千多人。

身为满族人士,《大同报》同仁能够正确对待中国的前途与清王朝的命运,他们更关注中国的前途,因而深刻揭示专制政体的危害,鼓吹立宪救国。

恒钧指出,中国两千年历史是君主专制政体进化的历史,“二千年来由汉而晋而隋而唐而宋而元而明,夫本朝则集专制政体之大成”[③]。只有皇位争夺而无国民请求权利的问题,因而“只有君主革命而无政治革命”。而专制政体的弊害,在易陷于虐政,妨害国民之思想力及活动力之发达,以一人之自由意志为国家之自由意志,人民与国家没有直接的关系,等等。他还从天演进化之理,阐述中国之前途。他借用日本人松村介石的话,提出三条世界兴亡盛衰之道:“其一,专制国必亡,立宪国必不亡;其二,国小民少者必亡,国大民众者必不亡;其三,逆世界之大势者必

① 乌泽声:《大同报序》,《大同报(第 1 号)》,1907 年 6 月 29 日。

② 隆福:《现政府与革命党之比较》,《大同报(第 5 号)》,1907 年 12 月 10 日。

③ 恒钧:《中国之前途(续)》,《大同报(第 2 号)》,1907 年 8 月 5 日。

亡,顺世界之大势者必昌。”[①]显然,他所理解的世界大势,就是专制政权必亡、国家与民族分裂必亡。

《大同报》撰稿人还揭示了清廷统治下的政治现实,进而提出立宪救国的观点。在他们看来:“吾国以专制政体、放任政府之故,内政之不足以餍吾民久矣。以政府之腐败、官界之混淆,有争权逐利之恶剧,无惠民济国之布施,对内摧残国民之元气,对外断送国家之利权,求其行一政施一策足以差餍吾民之望者,已如凤毛麟角不可多观。是故致国家于濒危,溺国民于水火。”[②]而救亡图存之道在于立宪,“立宪乃所以救中国也”,为“立宪之政体为最优美之政体,其政府为责任之政府,其人民为自由之人民,无治者被治者之别,而皆对于国家负责任”[③]。

本着对立宪政治的理解,《大同报》重新阐释了国家、国民、政府的关系:“夫国家者,人民之集合体。人民者,国家之一个人。国家之利害,即人民之利害也。以个人参与国家之政治,犹之个人计算自身之利害。”[④]

“所谓国民者,谓有参与国务之权而非泛言人民者。比先哲有言天下兴亡匹夫有责,此言可为国民二字最谛当之注解。人而不为国民斯已而,亦既断断然自诩曰我为国民,则即有监督政府之责任”[⑤]。国民是与政治责任及权利联系在一起的。只有有责任和权利的国民,才能造就真正的现代政治。

而某一政府并不是国家,也不是君主一人的工具,“夫政府者,国民之产物也”[⑥]。政府的职责在于谋求国家的强盛与国民的幸福,因此放任的政府、不负责任的政府贪腐的做法无法达成其应该具备的功能,必须“改造责任政府以图最大多数之最大幸福”[⑦]。

在国家主义发达之时代,“救国之政策必以国家为本位,谋全国民之幸福”,而不能以党派、地域及种族之小团体为本位。中国者,并非某一民族的政府,“乃中国全体人民之中国也”。国民有着相同的命运,“亡则同亡,存则俱存”[⑧]。因此,必须

① 恒钧:《中国之前途》,《大同报(第1号)》,1907年6月29日。
② 文元:《论对外患宜注重内政》,《大同报(第4号)》,1907年11月10日。
③ 乌泽声:《大同报序》,《大同报(第1号)》,1907年6月29日。
④ 乌泽声:《大同报序》,《大同报(第1号)》,1907年6月29日。
⑤ 文元:《论对外患宜注重内政》,《大同报(第4号)》,1907年11月10日。
⑥ 乌泽声:《大同报序》,《大同报(第1号)》,1907年6月29日。
⑦ 隆福:《论立宪之方针宜专注于政府》,《大同报(第2号)》,1907年8月5日。
⑧ 隆福:《现政府与革命党之比较》,《大同报(第5号)》,1907年12月10日。

合满蒙汉回藏五族为一中华民族，以国家为本位，同心协力，共渡难关。

现代政治，归根结底是保证公民自由、保护人民的生命财产，对公权力施以法治限制的政治。尽管各国家的政治体制各不相同，但这一根本要义是现代政治的精髓，也是不可抗拒的世界潮流。《大同报》所代表的满族留日学生，批判中国君主专制政体，鼓吹立宪救国，倡导超越种族之上的国家观念，强调国家的责任在于保障人民的自由权利和生命财产，国民的责任在于有权参与国家政治，显然是顺应了时代潮流的政治理念。

宪政是现代政治理念，《大同报》所主张的“立宪救国”论认同了这一理念。但立宪的模式有两种，一为君主立宪政体，一为共和政体。从政体进化的角度，《大同报》诸人推崇君主立宪政体。乌泽声表示，“吾所主张之立宪，就国体而言，为单绝(纯)统一之君主国体；以政体而论，为代议从众完全无缺之立宪政体；以人民而言，为毫无阶级、自由平等之立宪国民”①。乌泽声主张君主立宪并不因为满人为君主，而是基于外患危机严峻，革命所造成的破坏会阻挠经济的发展，并使社会动荡不安。就内而言，蒙古在游牧时代，西藏在宗法时代，没有地方自治的能力，也就谈不上共和联邦。恒钧也强调，“本报既不主张专制，复不主张共和，所主张者惟君主立宪，此本报第一之主义也”②。因而，该群体认为专制说与共和说都狂悖无当，只有君主立宪才是当时中国最好的选择。

以《大同报》为代表的满族留日学生，主张设立民选议会以建立责任政府、地方自治、涵养国民的政治能力等等。建立君主立宪政体的第一步，《大同报》认同了杨度“速开国会”的主张。乌泽声指出，没有议会的国家，绝对产生不了负责任的政府，“国会开后，则中国为立宪国，国会一日不开，则中国犹一日为专制政体也”③。国会比形式上的宪法更为重要，国会也是改造责任政府的重要机构。乌泽声认为，有了人民的监督，政府才廉洁。国会是人民意志的代表，“监督政府使依既定之国法而执行职务”、“参与立法务使法律与国民意志两相协合”。因此，国会的功能不是由正面执行政务，而是“实由傍面限制政府也”④。他还详细解释了西方国会通常具有的法律协赞权、财政监督权、行政监督权。隆福也认为，如果没有民选议会，

① 乌泽声：《满汉问题》，《大同报(第1号)》，1907年6月29日。

② 恒钧：《中国之前途(续)》，《大同报(第2号)》，1907年8月5日。

③ 乌泽声：《大同报序》，《大同报(第1号)》，1907年6月29日。

④ 乌泽声：《满汉问题》，《大同报(第1号)》，1907年6月29日。

依靠政府预备立宪，则宪政很难实现，“开国会三字是我国家宪政实行与否之真象也，亦我国家存亡之紧要关键也”[1]。在《论开国会之利》一文中，乌泽声具体列举了开设国会的对内之利在扩张民权、改造政府、融和满汉、经营蒙藏，而对外之利在巩固国权、收回权利、扩充军备、竞争经济，“吾人救中国惟一之方法只有速谋开国会以监督政府，使之不放弃，使之不腐败，则国内一切困难问题皆可以根本的解决”[2]。《民选议院请愿书》是中国民间的第一份请愿书，由此揭开了国会请愿运动的序幕。议院请愿书列举了召开民选议院的六条理由：人民监督与舆论声援、国家行政统一、财政税收合理、完善国家法律体系、使人民参与国家大政、消除种族隔阂[3]。《大同报》发表请愿书的同时，乌泽声写有一“跋”，称请愿书“乃我国民以少数之团体与政府第一次之宣战也，壮哉！以蜷伏数千年专制政体下之人民一旦奋兴蹶起，联翩结袂与政府开正当之谈判，冀早建设代表国民之机关，为实行宪政之先导，洵我中国有史以来破天荒之举动也。吾不禁手为之舞，足为之蹈，心为之敬，胆为之壮，与四万万同胞同声一庆矣”[4]。当然，由何机构组织召开国会？宪法如何制订？这些都是操作性极强的政治活动。在晚清大背景下任何社会改革都会步履维艰。

《大同报》诸人还强调了建立责任政府的必要性。乌泽声认为，推翻政府和过度依靠政府，都是不可取的，而改造现政府是正确的选择。在他看来，“未有国民放弃责任而政府能负责任者，亦未有国民负责任而政府能放弃者”[5]。立宪的政府，就是以负责任的国民，造就负责任的政府。政府中的一二人可能被威胁、利诱，国民亿万人却是不可威逼利诱的。有议会的监督、国民的非议，政府才能承担其责任。乌泽声详尽阐明了责任政府之组织、精神、责任。在他看来，“立宪国政府为一国责任行政之中枢，所以辅弼元首、出纳政令之机关，对于国民负一切之责，故谓之责任政府”。责任政府的精神，一在“君主不负责任”，二在“皇族不为国务大臣”，这两点是君主立宪的基本要义。而责任政府应该负担的责任，则体现为政治上之责任、法律上之责任两方面。前者意味着责任政府应有主义、有方针作为政治上的定盘针，“依此政纲主义为国务上之大政方针”，再定立具体的行政计划以图事业发

---

① 隆福：《论立宪之方针宜专注于政府》，《大同报（第 2 号）》，1907 年 8 月 5 日。

② 乌泽声：《论开国会之利（续）》，《大同报（第 4 号）》，1907 年 11 月 10 日。

③ 《民选议院请愿书附跋》，《大同报（第 4 号）》，1907 年 11 月 10 日。

④ 《民选议院请愿书附跋》，《大同报（第 4 号）》，1907 年 11 月 10 日。

⑤ 乌泽声：《大同报序》，《大同报（第 1 号）》，1907 年 6 月 29 日。

达。法律上的责任也就是宪法上的责任，意味着即使君主也不能以命令取代法律，有行政裁判所一类的机构审查国务大臣的违法犯罪行为[①]。召开国会，则是群策群力改造责任政府的惟一手段。改造责任政府为挽救国家危亡的关键，“故必有国民监督政府，政府乃欲不负责任而不能。然则改造责任政府者，我全国民救国之第一要件也。要求政府开国会以期实行立宪者，又改造责任政府之惟一手段也”[②]。他们认为，“夫人民结合而成国家，政府则发令施政以为之关；私藏集合而成公库，国会则预算决算以为之键。必国会成立而后政府对于人民负保障生命金钱之责任”[③]。总之，必须以民选议院来革除政府的黑暗、腐败，保障人民生命财产之安全和自由。通过对欧美立宪政治的了解，《大同报》同仁还进一步意识到，地方自治与国会为左右足，不能单足而行，“町村市郡府县之代议会即自治制度也，国家之代议会即立宪制度也”。西方立宪国家，有着由町村、郡市、府县到国家的层层自治结构。国会之下有府县会，再之下是郡会、市会，最底层是町会、村会。有了这样的人民代议会，才能议而后决，增进公共福祉。总之，“国家立宪之初级，必于自治制度入手。国民政治思想先于町村会小试之而后充之于国会，自无躐等弊。如未成立地方自治制而贸然欲开国会，犹幼儿未入小学而入大学也”[④]。因此，立宪制度以自治制度为基础。

开国会、建立责任政府、地方自治，都依赖于有参政意识的国民的参与。乌泽声表示，“夫立宪政体究极之目的，在以国民之共同意识为政治之元动力，宪法不过达此目的后之一形式耳”。无参政意识、无凝集力的人民，只能构成无意识的社会、无意识的国家。立宪需要国民承担相应的责任，“诚使国民能负责任，则国民之意思即强力之根源，由国民之意思发为强力，虽政府若何压制之，然不径达其目的不止也”[⑤]。总之，国民有团结的热力、有政治的知识，才能建立真正的立宪国。

《大同报》的文章批评了国民在政治上的“不负责任”和政府的“麻痹不仁”。文元指出，“自二千年以来，由汉而晋而陈而隋而唐而宋而元而明以迄乎本朝，只有皇统变迁问题，而无国民参与政治问题。国民既不负责任，斯政治不免于颓败”。在他看来，甲午战后的变法图强之所以成效不显著，在“无国民责之而遂造成一麻痹

---

① 乌泽声：《论开国会之利(续)》，《大同报(第3号)》，1907年10月10日。

② 隆福：《论立宪之方针宜专注于政府》，《大同报(第2号)》，1907年8月5日。

③ 荣陞：《立宪政体之一斑(续前)》，《大同报(第5号)》，1907年12月10日。

④ 荣陞：《立宪政体之一斑(续前)》，《大同报(第5号)》，1907年12月10日。

⑤ 乌泽声：《大同报序》，《大同报(第1号)》，1907年6月29日。

不仁之政府”。物必先腐而后虫生，国必自乱而后人乘之，“与其为野蛮的举动以排斥外人，何如为文明的举动以注意内治也；与其持消极的主义以破坏政府，何如持积极的主义以监督政府也”[①]。因此，政府的腐败，与国民不负担监督责任有关。国民必须先负起责任，才能强迫政府担负责任。留日学生李庆芳曾出版了一本小册子《立宪魂》。李是官费留日的学生，入东京庆应大学法学系。乌泽声为李庆芳的书作序，哀叹“国民既无救国之能力，也无救国之思想，士以思不出位为道德，民以不闻政事为高尚”的同时，表示“文明列国革新之际，不惜以自由之血，招立宪之魂，以国民之颈，撄政府之锋”。他更进而断言：“夫立宪之结果，以国民之血争来者，则有效；以政府之笔草就者，必无功。未闻不待国民合群策力要求立宪，而政府反能励精图治实行立宪者。”这里，他明确表明政府主导的预备立宪是不能成功的。而民众主导的国会请愿，也正是要取政府主导的预备立宪而代之，这就是“建设国民的立宪”。在他看来，“苟欲变我垂死就衰之专制国，为耀武雄飞之立宪国，希望之君主，依赖之政府，两无一可。然则能负此宏大艰巨之责任，有此转危为安之魄力者，非我国民而谁”[②]。乌泽声所主张的“国民的立宪”，比简单地希望政府主动实行“预备立宪”具有一定的可行性。因为任何专制政权，都不会主动放权于民，只有具有参政意识的国民，才能真正地监督政府。宪政的目的就是对公共权力施以有效的法治限制。《大同报》诸人从希望政府采行君主立宪政体，进而重视“国民的立宪”，从主张速开国会，到意识到国会与地方自治双足而行，应该说是一种认识上的深化。

针对激进的革命党人的“排满革命”与清政府中保守力量的“排汉主义”，《大同报》倡导“满汉平等”、“融合满汉”的“国民主义”。具体地，以开国会解决满汉政治平等，以撤废八旗制度解决旗人的特权问题、经济问题。乌泽声指出，满汉问题的日益尖锐，实为中国之大不幸。“近年以来，汉人唱排满，满人讲排汉，借此以煽惑国民，无贵贱，无老幼，无男女，心中脑中，无不萦结于满汉问题中，舍满汉交讧、两方破裂，无所谓思想，无所谓事业，现今之内政外交，则置于不问不顾之列”。他将鼓吹“排汉排满”者视为“中国之蟊贼，而国民之公敌也”[③]。乌泽声强调，今日满、汉民族是同民族而异种族的国民。他引用日本学者高田早苗的四大民族要素论，即同一之言语，同一土地住所、生活、职业及共同政治之下，宗教之同一，人种之混

① 文元：《论对外患宜注重内政》，《大同报（第4号）》，1907年11月10日。

② 乌泽声：《立宪魂序》，《大同报（第5号）》，1907年12月10日。

③ 乌泽声：《满汉问题》，《大同报（第1号）》，1907年6月29日。

同，强调“满汉至今日则成同民族异种族之国民矣”。因为民族是“历史的产物也，随时而变化，因世而进化……故民族以文明同一而团结，而种族则以统一之血系为根据，此民族与种族又不可不分也”。在他看来，国民具有两层含义，即使事实上的含义与法律上的含义，“国民所以异于民族者，民族为文明上之团结，国民则为政治上之团结，民族为人种学上之意义，国民为法律上之意义”①。因此人种学上有满、汉之分，法律意义上则同为国民。乌泽声进而区别了“民族主义”。他分为“血胤的民族主义”及“政治的民族主义”两类，而“政治的民族主义”也就是“国民主义”。他借用英国人甄克思的观点，宗法社会“以种族为国基”，这种“血胤的民族主义”也就是“非我种族，其心必异，非其种者，锄而去之”。不过，“今日此主义已绝迹天壤矣”。“政治的民族主义”即所谓“国民主义”，起于欧洲各国对抗拿破仑的“国民的国家”，也就是“以数民族混成一国民，以一国民组织一国家”②。中国的选择应是“国民主义”。恒钧指出，人民是国家成立的一大要素，“欲释中国之定义，当以满汉蒙回藏五族人民为其构成惟一无二之原因”。他批驳了以纯粹汉人为中国的荒谬，“世界主义，但有膨胀而无缩小，但取帝国主义，而无取亡国主义”。因此，长城以外为外夷、长城以内为华夏的民族观已经不合于世界公理、公道，“今日之中国非汉人之中国，亦非满人之中国，乃满汉蒙回藏之中国”③。《大同报》诸人认为，基于一致对外的考量，也不宜挑起国家内部的种族冲突。乌泽声指出：“今日中国求适存于廿世纪国际竞争，有强权无公理之野蛮世界，非合全国之人齐心一致以图之不可，再不容有满汉问题发生。”④恒钧亦认为：“对外只有同心努力以攖外患，对内只有研究政治以谋改良，满之不如汉者削之，汉之不如满者改之。庶几享同等之权利，服同等之义务，内力充足，百废俱举，外患或可不来，中国或可久保。”反之，“若两方各持民族主义以求角胜于本国，不问能达其目的与否，就使达其目的，则国土必使缩小，人民必使缩小”⑤。

恒钧也接受了严复翻译的《社会通诠》中的历史观，认为社会由图腾而宗法而军国，因此中国也应以军国主义对付外人的军国主义，“但有国界可言而无种界可

① 乌泽声：《满汉问题》，《大同报(第1号)》，1907年6月29日。
② 乌泽声：《满汉问题》，《大同报(第1号)》，1907年6月29日。
③ 恒钧：《中国之前途(续第二号)》，《大同报(第5号)》，1907年12月10日。
④ 乌泽声：《满汉问题》，《大同报(第1号)》，1907年6月29日。
⑤ 恒钧：《中国之前途》，《大同报(第1号)》，1907年6月29日。

分”[①]。在他看来，国家之利也是满汉之利，国家之害也是满汉之害，双方因感情的疏远对立，导致抛却共同的政治利益而言种族，抛却国家而反对立宪，抛却外患而言满汉，实为中国之大不幸。裕端更是指斥排满、排汉之说是“不顾外患，惟招外侮，不察内治，惟事内讧”，他叹息道：“呜呼噫嘻！亡国灭种，必基于此。吾思之，吾哀之。亡国灭种，吾不暇哀，吾哀亡国灭种之后，四万万之同胞，黄帝之孝子顺孙，负其罪者，不专归于异心异志者也。”[②]

除了呼吁满汉平等，主张国民主义外，该群体还提出了具体的改革方案，即开国会以解决政治上的民主问题，废除八旗制度以解决经济上的不平衡状态。乌泽声认为，种族问题解决难，而政治问题解决易，“种族之冲突，为历史上最剧之争战”。满汉问题是种族问题还是政治问题，他断言为“政治问题”[③]。种族问题的政治化，意味着必须开设国会、改造政府，将军事上、经济上、法律上、政治上各种不平等之制度加以改革，“则满汉之畛畦悉泯，而国家之富强可期”[④]。在他看来，“满汉不融合即以政治不良为之原因，欲求满汉之融合亦当以政治改良为之结果。然不有开国会之原因，又未有收政治改良之结果者，故吾人之所主张即以开国会为融合满汉惟一之利器也”。因此，“未开国会之先，满汉以宗旨上之团结为宪政实行之前导；即开国会之后，满汉以政治上之融合为国民福利之归宿”。也就是说“要求开国会时为融合满汉之先声，实行开国会时为融合满汉之后盾”[⑤]。杨度曾在《大同报》发表《国会与旗人》一文，主张裁撤八旗。《大同报》支持了杨度的观点：“裁撤八旗示满汉以军事上之平等，停止旗饷示满汉以经济上之平等，厘定法律示满汉以法律上之平等，改官制示满汉以政治上之平等，则吾人主张满汉平等之目的达矣。”[⑥]总之，《大同报》所代表的留日学生，主张国民主义，反对排满排汉的狭隘的民族主义，希望将种族问题纳入政治解决的轨道内，同时废止早已不合时宜的八旗军制，这是一种成熟的政治理性的表现。

无论是君主立宪，还是共和革命，对于传统的专制政体而言，都是根本性的改造，都是一种“政治革命”。而从《大同报》所阐述的政见看，他们的政治诉求中是确

---

① 恒钧：《中国之前途》，《大同报（第1号）》，1907年6月29日。

② 裕端：《大同义解》，《大同报（第2号）》，1907年8月5日。

③ 乌泽声：《满汉问题》，《大同报（第1号）》，1907年6月29日。

④ 乌泽声：《论开国会之利（续）》，《大同报（第4号）》，1907年11月10日。

⑤ 乌泽声：《论开国会之利（续）》，《大同报（第4号）》，1907年11月10日。

⑥ 乌泽声：《论开国会之利（续）》，《大同报（第4号）》，1907年11月10日。

立了一种“政治现代性”的，这就是：国家的根本目的在保障人民的自由与福祉，政治的统治基础必须基于人民的意愿，宪法、国会、责任政府是现代民主政治的制度性保障。因此，他们成为清末国会请愿运动中能够认清历史趋势的旗人民众的政治代表。《大同报》也对清廷敷衍宪政大加抨击：“吾不知彼之所谓预备立宪者何在，即使如此预备，吾不知预备若干年而始有实行之一日也。”并警告说：“若徒作搪塞之具，恐预备未终而吾国之前途有言之不忍言者。”[①]他们深知清政府所处的危局，“今之政府欲东亦可欲西亦可，专制亦可立宪亦可，乃遨游于东西两可及专制立宪两可之间，以退处于被动地位”[②]。他们希望政府顺应民意，挽救危局，但是，基于个人的立场，认为革命党人的行为是卖国、祸国。他们曾谴责革命党人，“以君主即国家之原因，生排满之结果。以排满之原因，生反对立宪之结果。以反对立宪之原因，生主张共和之结果。中国之前途，人民之幸福，彼未尝一措意也”，甚至预言对方“流血拼命以去今日之君主，而彼党他日或为其所崇拜之专制魔王如明太祖者也未可知也”[③]。总之，革命党人的行为不足以拯救中国，适足以亡国。事实上，革命党人的民主共和方案，同《大同报》同仁所向往的国家政治建设方向是具有共通性的。辛亥革命时期的立宪与革命之争，既可朝着有利于现代政治文明建设的方向发展，构建政治上的“重叠共识”，也可以沦为无法调和的观念之争和行为碰撞，消除进步势力的合力。何况，历史不是纯由理性来推动和解释的，人类非理性的一面、情感的一面，同样左右着历史的进程。这群满族留日学生，部分与体制内相联系，同时又欲以民众代表自任。但他们既未能在体制内掌握真正的权力，而皇亲国戚的身份也使汉族民众并未接受他们的理念。兼之满汉矛盾的尖锐化，他们的理性声音与合理追求只能被时代浪潮所淹没。显然，《大同报》诸人的政治认同、族群认同，彰显了学理思辨的高度，却不能构成时代思潮的主流，也无法左右中国的命运。

《大同报》主要关注立宪问题，同时也涉及到我国的边疆问题，尤其是西藏问题，该杂志登载了《经济与蒙古》(穆都哩)、《西藏》(袁仲)、《蒙回藏与国会问题》(穆都哩)、《经营蒙藏以保存中国论》(荣陛)等文章。

穆儒丐，北京人，满族作家，汉名宁裕之。有小说《福昭创业记》、《北京》等。19

① 文元：《论对外患宜注重内政》，《大同报(第4号)》，1907年11月10日。

② 恒钧：《中国之前途(续)》，《大同报(第2号)》，1907年8月5日。

③ 乌泽声：《满汉问题》，《大同报(第1号)》，1907年6月29日。

世纪80年代前半期出生在北京西郊香山的满洲旗人家庭，原名穆都哩，后更名穆笃哩。穆都哩在满语中的意思是“辰”，所以也称为穆辰公，号穆六田。少年时期，按照旗人的传统，曾在虎神学堂接受书面教育的同时，接受骑射训练。义和团运动开始后，他在短暂的休学后入知方学社继续学习。在教师的支持下，1903年，穆儒丐到城内入宗室觉罗八旗学堂的前身经正书院就读。1905年，被选拔为公费留学生，赴日本早稻田大学师范科历史地理专业学习。他在学满3年之后，又留下来学习政治和财政，留学达6年。1911年上半年，正值辛亥革命前夕，穆儒丐毕业回国。回国后，为了进入仕途而参加考试并且考中，但是由于清朝灭亡，此路被封死。他曾从事过短期的军官秘书、教师等工作，也与报社有联系。1916年到1945年期间，他从北京到沈阳从事写作，曾在《盛京时报》工作，后返北京。

我们以穆儒丐为个案，是因为其旗人的特殊身份。作为旗人，他的民族观与当时激进的革命者有着明显的区别，而且他的族群观更符合中国的民族发展的实际，更符合国家利益。他谈到：

> 况又参以不良之政治，偏颇之舆论，欲其不亡，宁有术欤？以人民而论，则只有民族的思想，而无国家之观念。斯弊也，汉人有之，满、蒙、回、藏人亦然。惟其热于民族的思想，故常起内乱；惟其无国家之观念，故不能为秩序的结合。夫内乱也，无秩序的结合也。均为有国者之所忌，准之我国今日之时势，则尤最忌者也。①

作为旗人知识分子，能够正确认识“民族”与“国家”之关系，反对狭隘的“民族主义”。穆儒丐能够正确地分析蒙、回、藏与中国内地的关系，他谈到：

> 蒙、回、藏与内地之关系，稍明时势者皆能谈论之。谓国家处于现今之状势，视蒙、回、藏等地，诚不可忽，必加意经营之，始可以保其不失，不至复蹈安南、台湾、朝鲜之旧辙。然吾谓其关系不仅为蒙、回、藏得失之问题，乃中国存亡之问题也。试观伺于吾四周之列强，皆鹰瞵而虎视。其欲吞之目的物，果安在哉？亦曰蒙、回、藏而已。然蒙、回、藏能饱列强之贪壑乎？盖不能也。夫列强所以欲得蒙、回、藏者，乃其灭中国最先之手续。蒙、回、藏失，而支那本部自成刀下鱼、俎中肉耳！然此犹内部力充时之大势也。②

---

① 穆儒丐：《蒙回藏与国会问题》，《大同报(第5号)》，1908年1月1日。
② 同上。

穆儒丐能够充分地认识到边疆与内地唇齿相依的密切关系。穆儒丐还从历史、地理及国民等方面,详细论述了蒙、回、藏与内地亲密之关系。在历史上之关系中,作者又从"民族迁徙时代"、"部族竞争时代"、"国民共同生活时代"三个方面论证了中华民族多元一体的密切关系。在分析"国民共同生活时代"时他谈到:"此时代,即中国现在及将来之时代也。人民生活于一政治之下,有利害相同之关系。且也强邻环处,兄弟之阋不克复行。自兹以往,惟期权利义务之平允,协力以维持此危亡之国家,共尽国民之责任,是此时代中自然之现象也。"这种观念,即使放在今天也有积极意义。穆儒丐在他的文学作品中,通过人物形象,表达了他不同于同时代其他群体的族群观,他认为在中国区分民族是没有意义的。这在《蒙回藏与国会问题》这篇文章中也有论述:"特其部族所居之地有不同,故有文野程度之差,因而随有中华外夷之误想,实则皆同一之民族也。春秋之荆楚,战国之强秦,其祖先皆夷种,而当时目为外国者也,而今则为畿辅之近疆。胡越并称之国耳,今究安在?况彼时所谓戎狄者,大半与列国为同姓。或为周之宗室,如姜戎则与齐同姓。骊戎姬姓,则周之宗族也。"

(二) 主笔

中国早期报纸至为光辉的核心价值——"文人论政"就是指报纸的批评时事、臧否人物,而这一至为优秀传统的承担者就是每一报纸的主笔。可以说,这些主笔构成了中国早期新闻人物的灵魂,是中国早期报纸的中坚和脊梁。

1874年初,第一个留美的中国学生容闳在上海创办了《汇报》。容闳任用了一个英国人为主笔。但比《汇报》早的《申报》一开始就有担任笔政的中国文人。《申报》的报徽是一个"铎",这"铎"是《诗经》时代采撷民间诗歌的人为提醒人们伸张自己的吐诉而一路摇响的铃铛。铎有金铎、木铎。也就是说,《申报》从一开始就自告奋勇地继承中国《诗经》的传统,担当起了为中国老百姓说话的角色。创刊号的《本馆条例》就明确提出言论要"有系乎国计民生","上关皇朝经济之需,下知小民稼穑之苦"。之后,《申报》发表的文章无所不包,从国家政治决策,中外事务交涉,到社会风俗移易,和商人贸易,尤其是发表的揭批社会阴暗面的论说文章,使中国报纸创办伊始就不是可有可无的消遣新闻,而是直接关注国计民生。

清末废除科举后,中国知识分子的命运发生了彻底的改变,大部分知识分子不能继续走"学而优则仕"的老路。在这种巨变中,一部分知识分子到报馆从事新闻传播工作,其中的优秀者则在报馆担任主笔。本节介绍的杭辛斋、王钟麒就是这方面的代表。这一群体大都接受过传统文化的系统熏陶,有着扎实的国学功底,同时能放眼看世界，他们以主笔的身份在报刊上发表的言论可以代表那个时代民间知识分子的思想境界。

1906年7月20日《广益丛报》第一百十二号（第四年第十六期）登载了杭辛斋[①]的《呜呼！西藏》：

> 近日外间传言均云：中英西藏条约业已定议。……夫衮衮诸公岂不知西藏为祖宗血战而得之地，为领土，非藩属乎？其内政之措置由我也，其外交之措置由我也，西藏之隶我版图、无立国之资格也盖已久矣。其未建行省、置督抚、设州县者，以其风俗、宗教之不同，故未便与以治内地之法治之。果朝廷有改良进步之思想，欲改西藏为行省、置督抚、设州县，亦反手间事耳。达赖、班禅本为我建立之人，决无异议，决无反抗也。乌得以藩属视之哉！……呜呼！今虽奏定尚未签字，苟无是议，如天之福！若果有之，尚望当轴诸王公大臣顾念祖宗二百余年之疆土，勿轻轻以藩属二字断送也。……今日我国与各国所订之约，千奇百怪，有种种不可思议之文字。如预定某地不得让与某国，如订明不干预某事。此如甲、乙二友，甲与乙订立盟约，曰：吾不干预汝家政，曰：吾不与汝妻同眠，但汝妻亦不许让与他人。凡有知识者当无不哑然失笑矣。不料堂堂大国、赫赫政府与一二文明友邦所订之条约，乃有类乎？此之文字垂之史册，将贻笑万古，当不仅为中国之辱也。

杭辛斋从领土完整、外交权利、行省设置、达赖与班禅的册封几个方面阐述中国对西藏的主权，建议统治者在与侵略者博弈时不能轻易断送主权。

由于当时书籍和报刊的宣传作用，一些知识分子从各种渠道了解到关于西藏的情况。他们怀着焦灼的心情关注西藏的前途，并撰写文章，阐述自己的看法，为当局提供参考。1908年6月18日《广益丛报》登载了《西藏大势通论》，文章写到：

> 近日政府，以西藏为外人所垂涎，有不可终日之势也。于是特命赵尔丰为

① 杭辛斋名慎修，又名凤无，字夷则，浙江海宁人。出身贫寒，当过商店学徒。后发愤读书，肄业于杭州正学义塾。1890年到北京，入同文馆学习历算及法国文学。甲午战争后曾上书光绪帝，主张变法维新，加入严复等人在天津创办的《国闻报》，并担任过主笔。变法失败后，一度匿迹德州，以行医自活，旋到北京，参加《京话日报》和《中华报》的筹备活动。

驻藏大臣，畀以重权，养以厚禄，令到藏后切实整顿。天僇生[①]闻而叹曰：政府此举，在近日新政中，尚差强人意。虽然，彼其所谓整顿者，恐未必能果有合也。不才于西藏形势，尝稍役心力，不揣鄙陋，请稽之往牒，证之近情，备著为论，以为当局者告。

接着分析了英国对西藏的经营和清政府管理西藏的被动和无能：

且英人所筑铁道，现在已由印度而入哲孟雄。一有违言，彼必由此进兵，而江孜，而扎什，而雅鲁藏布江，而拉萨，前后藏地虽辽阔，皆可捣其腹心。他如矿山、电线等事，英人既着着争先，我国自事事落后，亦已反客为主，安能制胜以驭人？

（三）访员、访事、记者

中国古代的邸报虽具有传播新闻信息的功能，但仅限于辑录谕旨、奏章等官文书，并不刊载任何访稿。现代意义上的报纸在晚清肇兴之后，才有了职业化的新闻采访活动。不过，早期的报社都不设专任的采访记者，报纸上的自采新闻主要是由社外的“访员”提供的。这种状态持续了很长的时间，直到上个世纪20年代，一些较有实力的大报才成立了采访科，配备外勤记者专司采访之职。由于资料零散，新闻史学界对早期访员一直缺乏系统的研究。

1. 普通访员

从晚清的报史资料来看，报馆设置访员，以《申报》为最早。该报在1872年创刊时，就强调自己是“新闻纸”：“凡国家之政治风俗之变迁，中外交涉之要务，商贾贸易之利弊，与夫一切可惊可愕可喜之事，足以新人听闻者，靡不毕载。”[②]当时国内还没有通讯社这样的新闻供稿机关，《申报》要达成其办报目标，必须广设采访人员来搜集消息，所以，它发刊不久即在本市和外地延聘访员，建立自己的采访队伍。到1875年，该报已在26个城市聘定访员40余人，形成了一个初具规模的新闻通讯网。继《申报》之后开办的报馆，也都仿效这种做法，以设置访员的方式开辟自己的新闻来源。

---

① 即王钟麒。王钟麒(1880—1914)，近代作家、文学理论家。字毓仁，又作郁仁，号无生，别署天僇、天僇生、益崖、三函，斋名述庵、一尘不染。祖籍安徽歙县，自幼随父迁寓扬州南门粉妆巷，遂为江都(今扬州)人。光绪三十三年(1907)开始从事报刊工作，前后为上海《神州日报》、《民呼报》、《天铎报》主笔，又曾创办《独立周报》。

② 《本馆告白》，《申报》，1872年4月30日。

由于访员待遇微薄,所以很少有人专以采访为业,一般都是业余兼职。早期的访员多为官署衙门里的书役、房吏,或是与他们熟悉的人。《新闻报》主笔孙玉声回忆说:“大抵外埠访员,均熟悉当地衙署、广通声气之人,故应召者多就地士绅及末宦一流。本埠则类为官署之书役人等承充。即非书役,亦必与书役等相稔者为之,方能得到种种消息。”①所以早期报纸上的访稿,以官衙中寻常公事为多,或是摭拾一些里巷琐闻,与专业化的采访工作还有一定的距离。

2. 特别访员

所谓“特别访员”,是相对于普通访员而言的。其特别之处,在于所在的地区特别重要。民国初期的时候,上海的报纸把全国各地的访员划分为若干等级:首都北京为一等,天津次之,广州、汉口又次之,此外各地则均列为三等以下。北京是全国的政治中心,也是最重要的新闻发源地,上海各大报都聘请最优秀的人才做驻京特别访员,如《时报》的黄远生、《申报》的邵飘萍、《新闻报》的张季鸾等,都是当时国内第一流的访员。特别访员当时亦称“特派员”,但其职责与我们今天所说的“特派记者”却又不同。邵飘萍曾有自述:“愚历任上海《申报》、《新申报》、《时事新报》等北京特派员,专司北京方面所发生之种种消息,不问新闻之性质如何,凡关于北京所发生者,皆须负迅速报告之责。”②从邵氏所述可知,这种“特派员”并不是因执行特殊任务而临时派往某地的采访人员,而是常驻某地,对所在地的一切新闻都负报道之责,这与现在的媒体派驻某地(记者站)的专任记者工作性质是相同的。不过,民初的特别访员并不是报社编制内的正式职员,也可以兼任他报,如黄远生先是应《时报》之约担任驻京访员,后来又受聘于《申报》,但仍继续向《时报》供稿。邵飘萍在担任特别访员时,也兼营自己的新闻编译社和《京报》。这与后来报纸在社外聘请的“特约记者”又很相似,所以当时也称之为“特约访员”。

特别访员在报坛的崛起,大大提升了访员的社会地位。晚清的访员不为社会所重视,甚至被视为搬弄是非的不正当职业。黄远生、邵飘萍等加入访员行列后,社会对于访员的认同为之一变。以黄远生来说,他是进士出身,又留学日本,还担任过邮传部的员外郎。他以这样的资历来做访员,是那些书役、房吏之辈难以比肩的。特别访员的采访活动完全是职业化的,比普通访员具有更高的专业水准。张季鸾在评价邵飘萍时,说他的第一功绩,即为提高访员之地位:“飘萍每遇外交内政

① 孙玉声:《报海前尘录·访员阶级》。

② 邵飘萍:《实际应用新闻学》,京报馆 1923 年版,第 50 页。

之大事，感觉必早，而探访必工。北京大官，本恶见新闻记者，飘萍独能使之不得不见，见且不得不谈。旁敲侧击，数语已得要领。其有干时忌者，或婉曲披露，或直言攻讦，官僚无如之何也。自官僚渐认识飘萍，遂也渐重视报纸。”[①]我们从邵飘萍的采访经历可以了解到，他不仅把政府高层官员作为采访对象，而且同一些军政要人（如段祺瑞）建立起职业性的互动关系，这是以往的访员们想也想不到的。

特别访员对新闻报道文体的发展也有重要贡献。

《时报》1904年9月2日登载《本馆特别广告》，从中可了解关于特别访员的一些信息：

> 本馆于内地各埠虽经广设访员以为耳目，然尚恐采访力或有未逮，兹更拟添聘特别访员，以能入官场里面采得其真实内情，遇有紧要公文迅速抄寄，又于地方上之紧要事件能穷源竟委详访速报者为合格（寻常琐事或报或否悉听自主）。如有愿充此职者，请先函寄稿件，以便本馆审定，飞函奉订，薪水当格外从丰。惟用与不用，原件概不奉璧。又如有不愿当访事而不能时有紧要稿件寄下本馆，亦可与函订章程，论件送酬。

特别访员的新闻通信，被称作“特别通信”或“特约通信”。这种通信可以自署名号，北京访员的通信尤为读者欢迎，“远生”、“飘萍”驰誉报坛，一种新的报道体式也应运而生。以往的新闻通信，只要报告确速、文字明顺即可，而特别通信则不然。特别访员的通信大都是有系统的，每一次通信，对于某一件新闻的发生、经过及其结果，必有详细的叙述，若有时非一次通信所能概括，则视其新闻的重要性，而分若干次连载。在叙述事实之外，还对事件或人物进行评析，阐释新闻的背景、趋向及通信者观点，使读者获得更深入的了解。特别通信也具有一定的文艺性，文笔流畅而生动，足以引起读者之阅读快感。据包天笑回忆，特别通信为上海《时报》所首创，该报聘黄远生任北京访员后，开始刊载这种“有系统的、文艺性的，观察时局，评论人物，用一种轻松而幽默的笔调写出的通信”[②]。因大受读者欢迎，其他报纸遂纷纷仿效，相继开设特别通信专栏，黄远生的通信体式也成为写作上的范本。徐霄汉则评述道：“我国报纸之发展，较欧美为晚，自上海《时报》约黄君远庸，始有特约通信之创举，为中国报纸放一异彩。远生通信于事实之报告方法，文学的写状技

① 张季鸾：《追悼飘萍先生》，《京报特刊》，1929年4月24日。

② 包天笑：《钏影楼回忆录》，大华出版社1971年版，第348页。

术，均甚优良，其参加之意见批评，亦能使读者增加知识与兴味，与旧式之只图堆砌、漫无条理者，迥不同矣。”①

当时对“访员”又称“访事”、“访事人”。关于“访事”的称呼，在1897年10月严复的《〈国闻报〉缘起》中就有提及：“采访之报，如天津本地，如保定省会，如京师，如河南，如山东、山西，如陕、甘、青、新疆，如奉天、吉林、黑龙江三省，如前后藏，如内外蒙古，外国如伦敦，如巴黎，如柏林，如圣彼得堡，如纽约、华盛顿，访事之地大小凡百余处，访事之人中外凡数十位。”②

“访事”的称呼，从戈公振《中国报学史》转录的资料来看，1904年6月12日的《〈时报〉发刊例》第五条称：“本报纪事，以博为主。故于北京天津金陵，均置特别访事；其余各省皆有坐访。又日本东京置特别访事二员，伦敦、纽约、旧金山、芝加哥、圣路易各一员，其余美洲各埠皆托人代理。又现当日俄战事之际，本馆特派一观战访事员随时通信。”③

从严复的文章中可以看出，他所说的“访事”概念，实际上就是今天的“采访”概念。从“访事”，到“访事人”，是由所开展的工作涉及到工作者的称呼。接着在《〈时报〉发刊例》中又将“访事”称为“访事员”。在社会生活的口语中，再将“访事人”和“访事员”简化为“访事”。此时的“访事”，与前面严复所说的采访的“访事”已经不同，前者指人，后者指工作。从“访事员”简化为“访员”，可以看出，“访员”和“访事”出于同源。从1905年到1907年间，“记者”、“访员”、“访事”的称谓都在使用。

辛亥革命前后，人们开始普遍地使用“记者”这一称呼。资料显示，1905年郑贯公发表在《有所谓报》上的一篇文章《拒约须急设机关日报议》中，就使用了“记者”的称呼。“凡报须有宗旨，无宗旨则立意靡定，直为记事传单；凡记者须有学问，无学问则见理不真，直为浮词满纸。是故记者与报纸相维系，而宗旨之与学问，亦相维系。……故外国之记者，莫不夙娴政治，始克胜任”④。1910年，于右任在为《民立报》写作的发刊词《中国万岁〈民立万岁〉》中亦使用了“记者”称呼，他在文中

① 徐霄汉：《新闻文学研究》，载《新闻学刊全集》，光华书局1930年版。

② 严复：《国闻报缘起》，见复旦大学新闻系新闻史教研室：《中国新闻史文集》，上海人民出版社1987年版，第35～38页。

③ 戈公振：《中国报学史》，见复旦大学新闻系新闻史教研室：《中国新闻史文集》，上海人民出版社1987年版，第66～68页。

④ 郑贯公：《拒约需急设机关日报议》，见复旦大学新闻系新闻史教研室：《中国新闻史文集》，上海人民出版社1987年版，第70页。

说道："秋高马肥，记者当整顿全神以为国民效驰驱。使吾国民之义声驰于列国，使吾国民之愁声达于政府……"[①]1915年，黄远生在自传性质的文章《忏悔录》中，正式论述了记者职业的特征："新闻记者须有四能：(一)脑筋能想；(二)腿脚能奔走；(三)耳能听；(四)手能写。调查研究，有种种素养，是谓能想；交游肆应，能深知各方面势力之所存，以时访接，是谓能奔走；闻一知十，闻此知彼，由显达隐，由旁得通，是谓能听；刻画叙述，不溢不漏，尊重彼此之人格，力守绅士之态度，是谓能写。"[②]在这篇文章中，黄远生自谦说自己"何能为新闻记者"，实际上，他就是在记者工作中对这个职业有了比较深入的认识，并用上述文字表达出来。这些观点在今天看来，都极为中肯，基本上点明了这个职业的特点。

报刊的办报原则和生存处境、编辑者的水准会决定报刊的层次，但新闻信息的来源与获取方式、信息的质量对报刊的品味同样有着重要影响。我国报刊发展初期，访员的水平、采集信息的能力和手段都处在较低的层次，加上政治环境的封闭，所以关于西藏的新闻必然缺乏准确性、系统性、及时性。随着新闻事业的发展，新闻记者的整体水平在不断提高，关于西藏的报道也更加及时、准确、系统。

当然参与西藏问题传播的还不止以上这些群体，留学生、政府官员、商人、旅行者，也会把自己对西藏问题的关注以各种方式通过报刊加以传播。

《东方杂志》1910年4月1日，第7卷第2号至第3号就登载了日本法政大学毕业生陈赞鹏的投稿《治藏条陈》(上驻藏大臣)，此文可反映出不但政府关心西藏建设，民间百姓也同样关注西藏问题。该文分十一个问题。其一曰收主权："西哲之言国家者，皆以主权与土地人民并举，是盖以主权既失，则虽有土地人民，亦既名存而实亡也。"并建议提高驻藏大臣的地位，收回达赖的行政权，使政教分离，让达赖成为宗教上的领袖。其二曰筹武备："窃谓今日之整治西藏，于着手之始，莫如筹武备矣。武备既筹，百政可因之而举，若舍武备而言其他，今日而欲开矿产，明日而欲建学堂，东兴一事而西设一局，是所谓头痛补头，脚痛补脚，终未见其有济于事而徒觉头绪纷繁，手足无措。卒之靡特矿产不可得而开，学堂不可得而设，即使凡百政事也不可得而理，是益失其纲领也。"其三曰重人才。在此节中作者提出在用人

---

① 骚心：《中国万岁民立万岁》，见复旦大学新闻系新闻史教研室：《中国新闻史文集》，上海人民出版社1987年版，第83～84页。

② 黄远生：《忏悔录》，见复旦大学新闻系新闻史教研室：《中国新闻史文集》，上海人民出版社1987年版，第103页。

上由于西藏地理环境和人文环境特殊，因此政府必须制定符合西藏的特殊人才政策，要破格录用，不能墨守成规。其四曰划区域。本节作者认为在西藏应设置府县，从而达到加强管理的目的，并指出在重新划分区域过程中不要急进。其五曰定官制。其六曰理财政。其七曰兴实业。其八曰兴教育。其九曰讲交通。其十曰设调查："调查之于办事实有密切之关系，欲有实地之办事，必须有实地之调查。故泰西各国，每欲兴一功，立一事，必先从调查着手，及调查既审之后，乃行办理。于是规划整而不乱，条理密而不疏也。今于西藏，窃谓宜专设调查局，归之民政司管辖。"其十一曰重外交。作为留学生，他以宽广的视野审视西藏问题，提出了许多有见地的看法，这些意见在当时是有建设意义的，就是今天看来仍有借鉴意义。

《东方杂志》1909 年 2 月 15 日，6 卷 1 号登载了入藏官员张其勤的《炉藏道里最新图考》，该文"于天时之寒燠，道里之险夷，纤悉毕载，罔有遗漏，俾后之来者得所适从"[1]。1911 年 3 月 25 日，第 8 卷第 1 号又登载了祥符张其勤的《宗教源流考》，开头有记者的按语："张君于丙午入藏，三阅寒暑。于藏中之政教历史，博考周谘，征要典于档案，稽异同于蕃书，所纂辑甚宏富，《宗教源流考》其一种也，爰绍介之于当世。"可见张其勤对西藏的了解是建立在长时间的调查研究基础之上的。

① 《炉藏道里最新图考》跋。

第二章　传播方式

第一节　报刊传播渠道与销售状况

晚清是近代社会变动最为剧烈的时期，也是报业发展的重要时期。曾视报刊和报人为“莠言乱政”、“斯文败类”的清政府，在20世纪初，改变了态度，开始支持和鼓励办报，甚至直接参与办报活动。从维新时期知识界办报的曲高和寡到新政时期官方的直接参与，清末报业迎来了发展的第一个全盛期，其发达程度通过报刊传播渠道与销售状况可见一斑。

一、报刊传播渠道

清末报刊传播渠道主要包括民信局、大清邮局、客邮等邮运机构及各类报刊代办处，同时还包括贴近民众的传播途径——阅报处、讲报所等。

（一）报刊传播的邮运机构

民信局

兴起于明永乐时期，至清同治光绪年间进入全盛的私营民间通信机构——民信局，是大清邮政创办之前以及创办后一段时间内，承担民间通信业务的机构。据《清稗类钞》记载，从同治初年始，整个中国已达到“大而都会，小而镇市”，“东西南北，无不设立”民信局的盛况[①]。全盛时期的民信局达数千家，以寄递信件为主，亦兼营派报纸、运送业、银行业及其他业务。民信局通过总局、分局、代理店的设置，以及各民信局之间的联营协作，形成了传播网络。清末时期，民信局对报刊的递送起着重要作用。虽然民信局受到官办邮政的打压，但在1910年清朝灭亡前夕，各地民信局仍然有296家之多。20世纪初，全国大中城市共出版报刊200余种，这

① 徐珂：《清稗类钞》（第五册）“信局”，中华书局1984年版，第2290页。

些报刊的运输原来都在民信业手中[①]。即使大清邮局创办之后，不少报刊依然借助民信局送递，“既不报验，亦不交付邮局，但装货篮由民局（民信局）搭附轮船运送”[②]。

大清邮政

大清邮政建立于1897年，当时，除按海关辖区在全国划分邮区设立邮政总局外，内地各省城亦设邮政总局及分局，未设分局处设支局，并按各地情形分设代办所。自1901年至1911年，邮政局及邮政代办所的数目呈现出逐年递增的趋势，各地邮政局所由1901年的176个迅速增加到1911年的6201个。随着清末邮政体系的创建，邮局在社会生活中发挥的作用日益明显，也成为报刊递送的重要渠道，对官报而言尤其如此。20世纪初，邮局不仅是官报的主要寄递渠道，还成为官报的代售处。此外，大清邮政也是民营报刊递送的重要渠道。据邮政部门相关文件记载，“整批邮件：登记按以下方式定期收取的邮费，即按照合同，将报纸捆扎成捆或装入筐中成批交给邮局，随同大清邮局的邮件到寄达地后，交给相关报馆指定的代办处（第122号邮政通令）”[③]。当时不少民营报刊，甚至被清廷视为蛊惑人心、违反律例者，也常利用邮局向外发送。清末不断发展起来的邮政体系，成为报刊发行、传播的重要渠道之一。

客邮

客邮是列强在华投资兴办的邮政系统，主要为列强服务，亦兼营华人的部分邮政业务。清末各地的客邮局最多时达五六百处，主要分布在沿海一带。客邮在清末报刊流通中，尤其对被清廷查禁报刊的寄递作用比较突出。当时，海外报刊多为不容于清政府的维新派或革命派创办，清廷屡发谕旨禁销。于是，不少报刊就利用清廷势力不能触及的客邮向内地发行。浙江留日学生创办的革命刊物《浙江潮》，就利用日本在华邮政进行邮递。此刊曾表露：“近内地各处，多有来函嘱径寄者，同人原可照办，惟邮费过重，日邮未通之地，每册有增至八分者，此后各代派所不如就

① 邮电史编辑室编：《中国近代邮电史》，人民邮电出版社1984年版，第36页。

② 仇润喜：《天津邮政史料》（第二辑下），北京航空学院出版社1989年版，第546页。

③ 同上。

近向总发行所订购为便。”[①]此外，诸如《清议报》、《新民丛报》等刊物，也常利用日本在华的邮政进行寄递。所以，虽然清廷禁令屡发不止，但“违禁”刊物却在内地广泛流传。

（二）各类代办点

除上述机构外，清末报刊传播的另一重要渠道，是自设的各类代办点（代售处）。当时报刊代办点有的为专营，有的则是其他机构或团体兼营。各地经营代售处的主要有学堂、报馆、阅报处、书局、书社、书楼、书坊、书室、会馆、商号、刻字店、民间社团、民信局、进步人士、总派报处等。有些报刊的代办点还包括电报局、矿务局等新兴机构。它们或代派一种报刊，或兼营数种，为报刊的发行建立了广泛的传播网络。清末报刊常以通告形式注明其在各地的代办点。如《警钟日报》1904 年 11 月登载的 24 个代售处中，6 个属个人代理，4 个是书室、书楼、书社，4 个为报馆、报社，4 个是派报处，1 个民信局，5 个其他。《新民丛报》第 25 号声明的 73 个代办处中，书局、书庄、书林、书室，进步人士，商号社团，报馆分别占据了代办者的前四位。有的地方代办所设立之盛，已过度饱和，例如，四川成都历年城内派售书报之人过多，以致均有停积，甚至出现百份未售的情况[②]。可见清末报刊业之繁盛和代售业务竞争之烈。

下面介绍几种著名报刊的销售处设置情况。

《时报》的传播范围相当广泛，除了上海以外，当时的外埠售报处有：

国内 京都琉璃厂有正书局本分馆、天津府署东紫气堂各报总派处、河南新闻报馆派报处、湖南长沙、湖北府街口新政书局、安庆药王庙、芜湖大街玉林堂、庐州合肥城内中外各报分馆、江西马王庙背后、广东广府大马路站裕和堂书报馆、福州城内九彩园、厦门搭子街宗殖钱店、杭州白话报馆、宁波庐鹤汀、绍兴昌安门天王寺达材学堂、嘉兴北门恒大纸号、湖州横街汇源庄、温州黄愚初、南京南门三方巷善隆锡箔店、镇江全昌仁信局内、溧阳西门码头公震广货号、扬州小十三湾王宅、清江东门大街源和隆广货号、如皋北门内丁家巷民立学堂、泰州东乡曲塘镇邮局内、苏州祥记书庄、无锡锡金派报处、常州青果巷口乾大宏庄、常熟南门内学前街、松江西门外莫家弄金祥泰土栈、南翔中市香花桥南大街、平望镇东溪河、浮桥镇顾义昌号、吴淞汤馥棠、广西桂平宾兴馆、梧州兆安祥。**外洋** 城多利广万丰、湾高华永生、二埠

① 《本志简要告白》，《浙江潮》第 3 期，1903 年 3 月 20 日。

② 《书报之销售》，《警钟日报》，1904 年 5 月 19 日。

英泰、旧金山文兴报、舍路甄想砵仑广联泰、气连拿冯镜泉、罗省枝谭济骞、波士顿兆祯祥、墨臼哥黄宽倬、纽约维新报、檀香山新中国报、巴拿马生隆、雪梨东华报、暹罗广泰、星架坡谦和、吉隆坡吴侣鹤、巴城联兴仰光正兴、大毗叨安顺梁应南。

《东方杂志》作为综合性杂志，销往世界各地，它有如下寄售处：

国内　京都、天津、保定、广州、嘉应、揭阳、琼州、汕头、香港、汉口、武昌、沙市、宜昌、长沙、永州、开封、吉林省城、奉天省城、海城、锦州、营口、济南、宁阳、沂州、曹州、莱州、潍县、烟台、太原、西安、兰州、昆明、贵阳、成都、重庆、南昌、吉安、赣州、九江、安徽省城、屯溪、颖州、芜湖、庐州、定远、寿州、南京、苏州、通州、徐州、镇江、丹阳、清江、淮安、扬州、兴化、海门、常州、宜兴、常熟、无锡、江阴、松江、浏河、青浦、洙泾、杭州、海宁、硖石、宁波、定海、绍兴、余姚、黄岩、鹭桥、兰溪、温州、嘉兴、平湖、福州、泉州、厦门、广西省城、哈尔滨。**外洋**　东京、旧金山、槟榔屿、河内、仰光。

《国风报》第13期登载了《国风报》的分售处和代理处。

国内分售处　北京:铜梓胡同广智分局。广州:十八甫国事报馆、双门底圣贤里广智分局、十八甫广生印务局。**外洋分售处**　日本:东京中国书林。

国内代理处　直隶:保定府西大街萃英山房、保定府官书局。天津:府署东原创第一家派报处、浦东小关大行公顺京报局、乡祠南售报处李茂林、东马路群益书局。奉天:省城交涉司对过振泰报局、图书馆。盛京:昌图府北大街振泰报局。吉林:省城板子胡同文盛报房。山东:济南府芙蓉街维新书局。河南:开封府城北书店街茹古山房、开封府西大街文会山房、开封府西大街大河书局、开封府西大街教育品社、开封北书店街总派报处、武陟三官庙街永亨利、彰德府茹古山房。陕西:省城内竹笆市公益书局、省城萃新报社。山西:省城翦子巷文元书局、省城书业昌记。贵州:崇学书局。云南:城东院街沙臈巷口天元京货店。安徽:庐州府神州日报分馆陈福堂、安庆府龙门口万卷书楼、芜湖徽州码头科学图书社。汉口:黄陂街昌明公司。四川:成都府学道街输文新社、成都正谊书局、成都会府东街华洋冬报总派处、成都南纱帽街安定书屋。湖南:长沙群益图书公司、常德府申报馆。南京:夫子庙启新书局、淮清桥庄严阁、花牌楼崇艺书社、花牌楼图南书社。江西:省城洗马池开智书局、广信府文昌宫益智官书局、南昌万子祠裱画巷内广益派报处。福建:福州督署后教科新馆总派报处、厦门关帝庙街新民书社。浙江:温州府前街日新协记书庄、温州瑞安太平石街广明书社。江苏:苏州观前街仓桥浜玛瑙经房、扬州古旗亭街经理各报分销处、常熟常照派报处朱乾荣君、常熟寺前街海虞图书馆、常熟孚记书庄。香港:中环砵甸乍街致生印字馆。**外洋代理处**　星加坡:南洋总汇报社。

澳洲：东华报社。美国：金山世界日报社、纽约中国维新报社。

各报刊除通过广设代售处来增加销量扩大影响外，还在各类报刊上登载各类广告来宣传刊物的办刊宗旨及稿件征集方式，见《大同报》第三期《社告》：

社告

本報自出版以來頗爲海內外士大夫所歡迎因此益競々自勵惟恐不足以饜閱者之望而外侮日廹國事日棼既立于指揮國民之地位則遇事不可不與以正當之解决方今滿漢問題國家方求融和之策此尤本報宗旨所在敢不披肝瀝膽以籌之惟此問題甚大不敢僅恃一二人之私議願與天下賢者共籌解决之法故凡有關於融和滿漢籌八旗生計之名論大著與本報宗旨相合者無不畢爲登載倘望海內外熱心同志關於此等問題之著述或來函或寄稿郵至本社事務所登之報端以供天下研究解决之資料此不獨本報之幸也

本社啓

《大同报》第三期《社告》

（三）阅报社、讲报所

阅报社与讲报所是报刊在社会大众中传播的重要渠道，主要针对无力购报者及不识字的下层群体。清末阅报社兴起于 1901 年，1904 年至 1908 年达到高峰，主要因为日俄战争引发的立宪呼声的高涨所致。据《东方杂志》上的报道统计，

1904年至1908年，各省（除京师外）的阅报社数目依次为河南19所，山东17所，直隶9所，广东6所，江西、福建各4所，江苏3所，浙江、四川各2所，湖北、安徽、吉林、广西各1所。有学者统计得出清末阅讲报所有220余家，此数据也许并不精确，但亦可反映出当时阅讲报所的兴盛。

清末阅报社订购的报刊大都种类较多。诸如，1903年，山东阅报社开办之时所备报刊就有31种之多，改良派、革命派报刊、官报等无所不包，涉及时事、政治、经济、教育、外交、法律等多方面知识。1905年，天津林墨卿创办的讲报所，宣讲的书报有《敝帚千金》、《五种遗规》、《西史揽要》、《国民必读》、《京话日报》、《启蒙画报》以及各种新闻报、白话报①。

除阅讲报所之外，清末大量创办的宣讲所，常把报刊作为宣讲文本，因而宣讲所也成为报刊传播的一个渠道。诸如，1905年天津"天齐庙宣讲所"所讲报章有《大公报》、《京话日报》、《天津日日新闻》等②。《教育杂志（天津）》1905年第8期登载《天津宣讲所开讲》，介绍天津开展宣讲的盛况：

> 天津学董奉袁宫保面谕，于天津设立宣讲四处，以实行社会教育。兹先于东马路天齐庙内设立一处，于六月初一日晚八钟开讲，先讲圣谕，次天津府凌太尊演说，次天津县唐大令演说，最后学董诸君演说。十钟三十分停讲，当时听讲者约千余人。

以上述发行渠道为依托，清末报刊得以在广大区域内传播，其影响已触及下层社会的广大民众。

二、报刊销售状况

借助这些渠道，清末报刊发行相对比较畅通，除与邮局（城市）、民信局（乡镇）以及海关、交通部门有所交涉外，较少受制于人。因而，清末报刊的销量相当可观。下面拟以官报和民营报刊为例尝试分析。

（一）官报

清末时期除清政府直接创办、发行的官报外，各省大都有地方官报。在报刊销售上，官报主要依靠清末各级政府以行政命令推动发行，自上而下按行政区划分摊

---

① 《大开民智》，《大公报》，1905年12月16日。

② 《纪宣讲所》，《大公报》，1905年8月15日；《热心宣讲》，《大公报》，1906年6月1日；《分门演说》，《大公报》，1906年6月3日。

派销。中央级别的官报按各省分配，省办报刊向所属府州县分摊。官报派发时，通常由官报局将数期报纸并在一起"包封"之后分发各属，再由各属向下转送。诸如，《四川官报》的分派为"大缺（县）一百份，中缺六十份，小缺四十份"[①]。据相关数据推算，省以上综合性官报，印数当在5千至1万多份不等。如《四川官报》期印1.1万份，《晋报》1.13万份，《湖北官报》初期免费赠送，每期达2万份。而此时期的民营报刊，经常性印数能达万份以上的，南方只有《新闻报》和《东方杂志》等两三家，北方报刊中印数最高的《大公报》也只有四五千份。这样庞大的印发数量，使得官报在清末社会舆论力量中占据了一席之地。

当时各省创办的官报，传播范围并不限于一省之内。为扩大影响，官报在本省一般采取分派给下属各级机关的方式，外省则采用赠送或推销的方式。诸如，《湖北官报》出版后，就由官派官销，除派送湖北各地外，还分送全国。《四川官报》发行后，除在四川各府厅州县派定销数外，还向周边几个省份如云南、贵州、陕西、甘肃、湖北等省推广，每省各100份[②]。《北洋官报》、《南洋官报》等大型官报的销售范围，更是不局限于所创省份。

清末行政力量对报刊发行的介入，扩大了官报的销量，从而在很大程度上，促进了清末新知识、新观念、新思想的传播范围和力度。

（二）民营报刊

与官报派销不同，民营报刊的销量更能真实反映出清末报刊的销售情况。大体而言，据其影响力的大小，不同报刊的销量在几百、上千甚至上万份不等。创于内地的报刊，影响力尚可的大致销量都在几千份左右。如按各报最高销数统计，则《大公报》为5000余份，《时报》为5000余份，《东方杂志》为8000余份，《政论》为2000余份，《国风报》为3000份，《中国新报》为4000余份[③]。

创刊于海外的报刊，即使受到清廷的多方压制，依然会在内地大量销售，据《浙江潮》第六期称："第一期、第二期再版后未及一月又售罄，第三期前虽增印，亦已无存。现在索购者犹复纷纷不绝，同人竟无以报。"[④]当时被清廷明令禁止的报刊销量也都在几千至上万份。其最高销量分别为：《清议报》4000份，《新民丛报》14000

① 李斯颐：《清末10年官报活动概貌》，《新闻研究资料》（总第五十五辑），中国社会科学出版社1991年版，第136页。

② 《各省报界汇志》，《东方杂志》，1904年第6期。

③ 罗福惠：《辛亥时期的精英文化研究》，华中师范大学出版社2001年版，第342页。

④ 《本志紧要广告》，《浙江潮》第6期，1903年8月12日。

份,《河南》5000 份,《民报》12000 余份。

清末报刊的印发与销量蔚为可观,覆盖范围也相当广泛。当时,国内创办的报刊如《中外日报》、《时报》等曾远销欧洲。在内地发行的报刊已遍及全国绝大部分地区。同时,虽然各地对于报刊的容纳份数不同(大城市所销报刊的数量较多,小城镇份数较少),但却有一个共同的倾向,即各处所销报刊种类相对较多,无论是官报、维新报刊、革命报刊,还是白话报、小说月刊等,均有销售。此外,清末报刊销售对象有向广大社会群体转移的趋势,打破了以往官方垄断信息的局面。1903 年—1905 年,南京、武汉、杭州等 11 座城镇,共订购报刊 62 种 20227 份,而 11000 余份多为私人订阅。其中创办早而持论平和的《申报》、《中外日报》、《新闻报》,订数分别为 2242 份、1879 份、1308 份,订阅者由官绅商学平分秋色,订阅杂志、期刊的则以新学界及学生居多[1]。1904 年,扬州、常州、常熟县所订阅的二十几种报刊,其对象以学界为最,士人、官场、绅商等各占一部分[2]。清末报刊订阅者的身份反映出报刊触及和影响的群体主要是官绅商学,其中以学界较为突出。

借助较为发达的传播渠道,清末报刊销量比较可观,传播范围与影响群体也较为广泛。正是因为清末报刊拥有畅通的传播渠道和巨大的发行量,使得清末新思想、新知识得以广泛传播,从而在很大程度上对社会变革及公共舆论的形成发挥了重要作用。

第二节　中心与边缘——重庆《广益丛报》的二次传播

杨庶堪与《广益丛报》

杨庶堪字品璋,后改字沧白,晚年号邠斋。1880 年(光绪六年)出生于巴县木洞镇。幼时读书,颖悟过人,15 岁即入学为秀才。擅英文,涉猎中外书刊,知识广博。1905 年加入孙中山领导的同盟会,被公推为同盟会重庆支部负责人。曾在川南永宁中学堂任教,发展川南革命势力。因制造炸弹事败露,于 1910 年转往成都,

① 桑兵:《清末民初传播业的民间化与社会变迁》,《辛亥革命与 20 世纪中国》,湖北人民出版社 2001 年版,第 525 页。

② 《扬州新闻杂志销售表》,《时报》,1904 年 7 月 16 日;《常州新闻杂志销数表》,《时报》,1904 年 8 月 25 日;《常熟县各报销数表》,《时报》,1904 年 9 月 23 日。

任教于东文学堂。不久，即与同盟会员张培爵等返回重庆，任重庆府中学堂监督，以学校为基地开展革命活动。1911 年，他和张培爵、朱之洪等响应武昌起义，领导了重庆辛亥革命运动，推翻了清朝的地方政权，建立了重庆蜀军政府，但他谦辞出任都督，仅居顾问之职。1913 年，与熊克武组织讨袁军，事败，被袁通缉，辗转逃往上海，东渡日本，加入孙中山创组的中华革命党，为中山先生所倚重。1915 年，回上海与陈其美策动肇和军舰起义未成。1917 年，孙中山任中华民国军政府大元帅，派杨庶堪为四川宣抚使。1918 年，被委任为四川省长，同年辞职，寄居上海。1923 年，担任孙中山大元帅府秘书长，并任国民党中央执行委员。1924 年，受任广东省长。孙中山先生逝世后段琪瑞执政，委杨为农商总长，后改任司法总长，不久辞职，闲居北京、上海。1932 年，被选为国民党中央监委。抗战时期隐居上海，因拒绝汪精卫投敌诱胁，1939 年离沪去香港，转返重庆。他常抨击蒋介石独裁专制，拒绝蒋请其出任四川省主席的邀请，为蒋所不满。1942 年 7 月，在重庆突告病逝，人多疑其死系被暗害。

杨庶堪和邹容是清末民初重庆爱国青年知识分子的主要代表，两人从小同乡同学，友谊深厚。1894 年甲午之战，中国惨败于日本。两人对清政腐败，割地赔款，丧权辱国，至感愤慨，遂萌推翻清朝统治以救国族危亡之念。后来，邹容成了资产阶级民主革命的先驱，杨庶堪作了重庆革命组织的领导人，都成为近代著名的历史人物。青年时代的杨庶堪即很重视对革命思想的宣传。19 世纪末，宋育仁在重庆创办《渝报》，宣传维新变法思想，杨庶堪和他的朋辈是这一思想的积极拥护者。到了 20 世纪初，由于外患日亟、亡国危机更形紧迫，仅以维新变法的改良主义为鹄的已远落形势之后，激进青年多不以此为满足，进而要求以推翻封建专制制度、建立民主共和国为奋斗目标。1903 年由辅仁书院改组而成的重庆正蒙公塾，是宣传这一激进思想的据点，师生多系革命青年。公塾绅董曹顺清、余农莞、彭政君、刘道荣等皆商人，富有资财。他们集资开设了广雅书局，贩卖上海等地出版的书刊。杨庶堪建议他们广购全国各地新出书报，供青年购读，并可以从各地报刊所载重要新闻、论著、文件中加以广征博采，汇编成册，公开发行，以收传播和增益新知识、新思想之效。这项建议得到塾绅们的赞成和支持，遂将刊物取名为《广益丛报》，于 1903 年夏在重庆正式出版，用以"树新风、振民气"。

《广益丛报》是重庆地区最早的一家集纳性的刊物。编辑人是杨庶堪、胡树楠、吴骏英、周家祯等人。内容主要是搜集转载当时全国各地著名报纸刊物上宣传西方科学、民主和国内维新变法等方面的文章和报道，汇编成册，有如今天的文摘杂志。这个刊物在重庆现在已很难找到一套从创刊到终刊的完整的存书，仅重庆市图书馆历史资料部收藏有该刊数十册（不及所出全部刊物的四分之一），是十分珍贵的史料。

《广益丛报》是一份旧线装书式的刊物，比三十二开本略大一些，用中国纸印刷，每两面为一页，每期一册，约数万字不等，每月出版二至三册，全年共出三十二册。内设许多栏目，计有谕旨、奏牍、章疏、萃论、萃评、国政、国魂、哲闻、史髓、地学、教诠、女学、学案、调查、生理、新章、图表、杂录、短品、来论、来信、国风、小说、译文等。概括分类则为政事门、学问门、文章门、丛录门。这个刊物因系集纳全国各报刊的精华，编辑部一般不发表自己撰写的文章，但从它发表的很少几篇新年社评和它搜集登载的各类文章的内容，可以清楚地看出它的编辑方针和政治倾向：鼓吹改革、情切救国；由赞成君主立宪向资产阶级民主革命演化；力倡改革教育，振兴实业。

《广益丛报》的社址在重庆上都邮街（现今重庆市中区民权路），广益书局印刷，一律订阅，不零售。每年共出版三十二册，全年订费四元六角，外埠加全年邮费七角。自 1903 年创刊至 1912 年 1 月停刊（具体日期因无从查到创刊号和终刊号，未弄清楚），订费均无变化。

刊物主要发行区域是四川省内各县，在成都、嘉定、泸州、顺庆、自井、潼川、江津、遂宁、梁山、资州、永宁、富顺、万县、涪陵、内江、开县、温江、阆中、蓬州、犍为、黔江、威远、渠县、合川、雅州等五十多个县均设有代派处。省外设代派处者只有山东、云南、贵州少数几省。同时，这家刊物与各报刊也有较密切的联系，如《国粹学报》、《东方杂志》、《政艺通报》、《新民丛报》、《教育世界》、《中外日报》、《时报》等十余种报刊，该报均代为经售。

根据该刊历年所登启事及致订户的通知，估计一般销数不上千份，最多时约近千份。读者主要是出身地主和工商业者家庭的知识分子、官吏、士绅，而以青年教师、学生和工商界人士为多。当时还处在清王朝的封建专制之下，这份刊物敢于一方面揭露清王朝腐朽的政局、衰败的世风、涣散的人心、低落的民气，一方面大力倡导改革维新、学习西方和日本，推行民主政治，振兴农工商业，挽回利权，强国富民。这些思想正是当时以杨庶堪为代表的有志青年所共同追求的目标，所以《广益丛报》吸引着较多的读者。1906 年 7 月刊载的一封《读者来信》，称赞该刊“为救亡图存之先声，作振兴实业之号角，充新知博闻之传人，实各界民众之益友”，这可以作为当时读者对该刊的评价。该刊是重庆早期报刊中出版时间较长的刊物之一。

1904年英国军队开进拉萨，对西藏发动了第二次战争，从而使西藏问题更加复杂化。面对西藏问题，作为传媒中心之上海的各类报刊给予了及时全面的报道。杨庶堪等一批开明人士，虽处于相对闭塞的重庆，却能创办《广益丛报》，并通过该报把上海各类报刊关于西藏问题的报道，继续传播到以重庆为中心的许多城市。《广益丛报》报道中国政府治理西藏的得失，揭露英帝国主义对西藏的侵略，介绍民间对西藏问题的关注，记载驻藏官员对外国媒体介绍治藏“新政”，强调主权的不可侵犯。例如，1909年3月11日第一百九十五号《广益丛报》登载了一篇驻藏帮办大臣接受《太晤士报》访员采访的报道《驻藏帮办大臣之言论》：

> 驻藏帮办大臣温宗尧，月前抵星加坡，时有《太晤士报》访员往谒温大臣，并问到藏后办理藏事之方针。温答云：“吾将开放江孜、加铎两处商埠，又施教育以开导之，然此乃极难之事，只望渐渐归化。现拉萨有六学堂，兼用汉文字教授，已有报馆一所。吾到任后，须习藏语，与藏民直接交涉。”

我们可知作为驻藏政府高级官员，对国外媒体介绍清朝政府的对藏政策，使更多的西方读者了解“新政”的成就，这种做法是难能可贵的。

《广益丛报》一百多条共四万多字关于西藏的报道是我们今天研究晚清西藏问题的重要资料。

第三章　传播内容

第一节　热点问题：上国、纳贡国、宗主国、独立国、藩属、主权国

一、上国

上国，是诸侯或蕃邦对中央或中心大国的称呼。

1908年11月4日《申报》登载《达赖喇嘛与西藏》(论说)：

> 以一藩属之酋长、宗教之魔王，堂堂之上国且汲汲焉卑礼厚币，逢迎如恐不及。揣执政者之用心，岂不以为朝廷抚绥藩服，必如是之礼意优渥，而后可以感激恩遇，使之贴然向我哉！不知雍乾时代，此法所以行之有效者，其时国运方新，兵力尤健，达赖虽感我之恩，亦未曾不慑我之威。今则时移世易，我之实力既不足以慑之，而觊觎其旁者，又从而诱惑之，离间之。若但执祖宗抚绥藩服之成法，以用于今日存亡危急之西藏，则我愈迁就，彼愈执拗；我愈仁厚，彼愈骄蹇。窃恐煦煦为仁，孑孑为义，非惟不足以收怀柔之效，而一或不慎，转以损上国严重之威，启外人戎心之渐，是则不能不望执政者之稍变方针也。

作者认为西藏是中国的藩属，达赖是“一藩属之酋长、宗教之魔王”，并认为中国是西藏的“上国”。这种说法是错误的。

二、纳贡国

在英国未侵略西藏之前，并不存在“西藏地位问题”，更不存在“西藏独立问题”。而英国凭借武力介入西藏的管理之后，西藏的地位问题就成了困扰中国政府的政治外交问题。关于西藏地方与中国中央的关系问题，达生在《经营西藏之借箸》中进行了探讨，认为“纳贡国说”、“被保护国说”、“教皇说”都不符合国际法和历史事实，而“一部领土说”是符合国际惯例和历史事实的。文章重要，引用如下：

外交以公法为依，公法上之权义尤以宗主权为标准。考崇德七年，达赖来朝而后，自是为我藩属者，垂三百年。然以公法论之，西藏之于中国究居若何地位，此言外交者所宜详悉研究者也。今约而言之，其为说也有四。（一）纳贡国说。（二）被保护国说。（三）教皇说。（四）一部领土说。此四说之于西藏，孰是孰非，孰当孰不当，兹特论之于左。

（一）纳贡国说。凡乙国纳贡于甲国，而其内政外交，甲国不与闻者，乙国即为纳贡国，如尼泊尔之于中国，埃及之于土耳其是也。定例，达赖、班禅岁遣人进贡物一次，似与纳贡国无所区别，然政府派遣大臣驻扎藏地，一切政权悉操之驻藏大臣之手，虽进贡物犹之各省岁呈方物耳，故谓尼泊尔为中国之纳贡国则可，谓西藏为中国之纳贡国则不可。

（二）被保护国说。被保护国之名，始见于法国之于几尼亚，自时厥后，被保护之国殆满寰区，而大要不外三种。（甲）诸强国间就某一弱国互有利害关系，乃互相协议，置该弱国于某一强国保护之下，维持该弱国之独立，以防他国兼并。（乙）甲国因其国力微弱，乃受乙国保护，以便维持生存。（丙）文明国欲并吞野蛮之地，或未开之国，而先以该国该地为被保护之国。是故于此三种之中，具有某一种之要素者，始可谓为被保护国，否则不可谓为被保护国。西藏既非因各国协议置于中国保护之下，又非因国力微弱始受中国之保护，且为中国属土垂三百年，并吞之说尤为不当，然则西藏非中国之被保护国也明矣。

（三）教皇说。是说也，殆以达赖喇嘛、班禅额尔德尼比诸罗马教皇也。顾天下黄教，虽总司以达赖、班禅二人，而以之与罗马教皇之同为教主则是，以之即视为东方之教皇则非。此其故有三：罗马教皇之盛也，其位置立于欧洲诸君主之上。其衰也，亦与欧洲诸君主相埒。而达赖、班禅对于前清位居臣列，此其不能为东方之教皇者一也。罗马教皇，有权派遣公使，与各国政府相酬酢，而达赖、班禅对于外交，不惟不能派遣公使，即结国际契约，亦将归于无效，此其不能为东方之教皇者二也。耶教司之以罗马教皇一人，故其权专。而黄教司之以达赖、班禅二人，故其权分，此其不能为东方之教皇者三也。即以教皇而论，亦仅达赖、班禅一人地位之问题，无关于西藏全体之地位。则教皇说之不当，不待辨而自明矣。

（四）一部领土说。自前清未设驻藏大臣以前，西藏固可谓之国。既设驻藏大臣而后，西藏不得谓之曰国。质而言之，西藏为中国之一部领土耳。何也？达赖、班禅之呼必勒罕，则由驻藏大臣监同吹忠掣签指定也，官吏则由驻藏大臣陟黜也，财政则由驻藏大臣稽核也，军政则由驻藏大臣支配也，外交则由驻藏大臣主持也。然则驻藏大臣无异于行省之督抚，达赖、班禅无异于川、滇、黔、粤诸省之土司，所异者未设州县，以治军治民之事任用藏人耳。然断不能以任用藏人之故，遂谓西藏离中国而别为一国，犹之川、滇、黔诸省土司，不得离中国而称为一国。此理易晓，虽好辩者亦无所弄其口舌也。

纳贡国说、被保护国说、教皇说三者，即已辞而辟之，而惟以一部领土说，定西藏之公法地位矣。夫西藏既为中国之一部领土，则宗主权自在中国，他国即不能无故侵入领土之内。故主持外交者，要必据公理，依公法，本旧约先例，而严重交涉，修明条约，务使主权不失，利益不丧。彼英人虽强，当无如万国公法何也。是在当道者深探法律，善为操纵耳。

三、宗主国

宗主权是指国家对其属国的内政及外交拥有若干项的权力，对属国享有宗主权的国家即是宗主国。宗主国通常在一定程度上拥有属国的外交权，但属国仍保有独立的自治权力。英文里的宗主权“Suzerainty”原是用来形容奥斯曼帝国及其周围属地的关系。与主权不同的是，宗主关系里的附庸通常有一定程度的自治权，也可指封建君主对进贡诸侯的关系。

1910年3月11日《申报》登载《西藏问题》（译《朝日新闻》）：

喇嘛之出奔也，既足以惊世人矣，后见明谕，废喇嘛为庶人，是又不得不惊中政府手段之敏捷也。据上海来电，使姜桂题率兵入藏，朝廷之震怒可想，是诚近日之大事件也。召致此事之原因，在清政府欲悉夺西藏之行政权于达赖喇嘛之手，以巩固己国之支配权而已。顾西藏自百九十年前，始隶于清国主权之下，然其内外行政，殆依然独立者也，自一八九二年清国政府渐乏羁縻之力，竭蹶情形，日益暴露。所谓达赖喇嘛者，渐有轻清重俄之心。因喇嘛教徒伯利脱人之为俄人也，夤缘为介，密使至俄都，结《俄藏协约》。至一九零二年，即宗主国之清国，亦默认《俄藏协约》，不得不结密约矣。一九零四年，英乘日俄战争之隙，即派西藏远征兵。又一九零七年，结《英俄协约》，两国政府以维持西藏之现状，尊重清国之独立为约。自有此约，形势一变，渐造成清国权力确立之机会。意驻藏大臣赵尔丰之对藏政策即受中央政府之命，以利用此机会者也。然则吾人之所欲云云者，何哉？清国政府利用《英俄协约》之效果，于其继

> 续期间，欲确立西藏之行政权与支配权，以断他日之祸根，其苦心经营之处，故吾人所赞成而欣祝者也。又如去年夏，厚礼卑辞以縻达赖，求其上京，至京后多方怀柔，所以奉养之者无不至。欲得片言以收其政权，卒归无效。此又吾人所叹息也已。然而冰雪之后，继以阳春，则人有苏生之望，易使生感，曾见有阳春之后，继以冰雪者乎？清国政府一旦讲羁縻怀柔之策，而不遂所欲，便发大兵，欲为极端之压制手段，其用意虽是，而所以见诸行事者，则非也。夫元恶大憝负嵎而不肯下，其不得不出于压迫，亦势之无可如何者矣。

日本媒体认为“清国”是西藏的“宗主国”，并以此为论证基础，评价中国对藏政策。

1912年11月1日，第9卷第5号《东方杂志》登载《证明英人无可干涉藏事之理由》(录《申报》)：

> 自廓尔喀荡平以后，驻藏正副大臣俨然为全藏之主宰，而直接受辖于国家统治权之下。虽未尝实行改省之议，然其情形比之法领之安南，日领之朝鲜，英领之印度、香港、坎拿大等，正复相同。所谓驻藏大臣者，犹是某某总督某某总监也。各国皆有属地之范围，他人何来置喙之余地？今英人乘我大局扰扰之余，忽作无端干涉之请。其所列凡四款：一、不得以西藏作为中华民国之一行省。一、西藏内政应准藏人自行管理，不得加以干涉。一、中国准派代表一人驻藏，指示藏人办理外交事宜。一、远征队不许由印度边界经过，应即停其前进，且将来驻藏之兵不得漫无限制。异哉！据是以谈，是英人向来承认我国为西藏之宗主国者，今将屏我于藏境之外也。是从前驻藏大臣之政权，今将削夺无遗也。是此后之藏人，可与他国自由订立条约，而所谓中国代表者，不过居于旁观指示之地位，虽目睹其丧失权利，割弃土地，亦无权诘问之、阻扰之也。是藏人可以引兵寇边，而我国兵队转不得越雷池一步也。一言以蔽之：则英人早存一扶持西藏独立之心。故不许我再有用兵平乱之举，然后可以遂其它日吞并之谋。

文章指出英国“向来承认我国为西藏之宗主国”，并指出“英人早存一扶持西藏独立之心”。这种说法亦错误。

四、独立国

英国介入西藏事务之后，西藏分裂势力企图脱离祖国大家庭，但无论是清朝还是民国，中央政府都通过各种政治外交努力，始终没有放弃对西藏的主权行使，因而西藏不是一个独立的国家,但在清末民初的媒体中常常会出现“西藏独立”、“独立国”等错误说法。

《东方杂志》1904 年 6 月 8 日第 1 卷 4 期登载了《英人宣言西藏独立》,介绍了蓝斯唐在英国议员中鼓吹“西藏宜独立”,文章对这种错误言论提出了尖锐的批评:

> 西藏为我藩属,三百年于兹矣。一切兵权财政用人外交诸大政,皆归我驻藏大臣经理,虽有达赖喇嘛,不过备守府、行文书而已。今英国蓝斯唐乃公然号于议院曰:西藏宜独立,各国皆当许之。何理也?夫西藏之隶我版图,内与四川相接,外与蒙古相属,而旁通于甘肃、青海诸境。若与英国提论,即爱尔兰、苏格兰之密迩于伦敦也,濠洲、印度尚非其比。假使有人谓爱尔兰宜独立,苏格兰宜独立,英人其许之乎?即不然推而远之曰,濠洲宜独立,印度宜独立,英人其许之乎?英人素以文明自居,今其言时野蛮若是。比年以来,勘界一事,驻藏大臣有泰委缩不前,遂使英人狡焉思启。西藏尚能常为我有乎?西藏不为我有,西藏遂能独立乎?夫甲午之役,韩国独立,然未及十年,今已全折于日本矣。西藏之于英亦犹是也。假使我保护西藏,责英人之无理,英人必以东三省为言,东三省俄人显然据之。英人欲使各国公许西藏独立,犹非私为己有也,不过为他日侵蚀之计耳!

文章以历史和现实国际秩序为依据,批驳英国鼓吹西藏独立的荒谬和欲使西藏“私为已有”的侵略者本性。

到了民国时期,中国政府仍未摆脱内外交困的局面,西藏分裂势力并未停止他们的分裂活动。《时事汇报》1914 年 1 月第 2 期登载了《西藏交涉始末记》,其中谈到:

> 民国元年五月,达赖遂回藏,声言驱逐汉官,方围攻拉萨之时,英兵三千由江孜、亚东入关矣。此逐钟颖出藏之实情,而为四人教唆哈厦开战之第三次。三次停战之后,达赖乃入曲水,日夜与四人密议阴谋,于是提出西藏独立,西藏不驻汉官,不驻汉兵,种种条款,阑入国际,脱离母国,悉回复其固有之势力,且使西藏有半独立国之观。

达赖虽未提出具体的“独立宣言”,但当时的做法确实具有强烈的分裂主义倾向。

《东方杂志》1912 年 10 月 1 日第 9 卷第 4 号中国大事记栏登载了驻藏办事长官钟颖电告达赖喇嘛派员议和的电文。钟颖电达政府称达赖喇嘛派堪布二人前来议和,提出条件大致:

一、恢复达赖教权，加崇封号。二、华人对于佛教及僧寺，不得仍前侮慢。三、西藏行政重大事宜，可与华官商议，惟不得于西藏改设行省及视为领土。四、中国不得于拉萨驻扎兵队，办事官衙兵，限制二百人。五、撤退尹司令征藏兵队。

西藏地方政府提出“不得于西藏改设行省及视为领土”，这种要求很显然是希望西藏脱离中央政府的管辖。中央政府经过讨论做出回复：

旋经国务院会议，第一条恢复达赖教权可照允，惟须加入达赖不准干预政治字样。第二条可照允。第三条改为西藏重大行政问题，藏民有陈请权，由中政府察择施行，俟藏局安定后，中政府如何改设行省，达赖不得干涉。第四条限制中国兵队，应取销。第五条改为现在一面电饬川军缓进，一面另派兵赴藏镇抚。拟决议后电饬钟颖转告达赖。（九月初一日）

中央政府强调了在西藏的主权，指出达赖不得干涉中央在西藏行使行政权。

西藏地方政府这种分裂行为是部分主张分裂的地方势力所为，而主要原因是英国的暗地支持。英国趁中国鼎革之际，通过外交手段向民国政府提出了干涉中国内政的苛刻要求，《时事汇报》1914 年 1 月第 2 期登载的《西藏交涉始末记》对中英交涉有如下记载：

英国据一九零四年之《英藏条约》，及一九零六年之《中英条约》，要求承认左列各项：

（一）中国政府，对于西藏有宗主权，无完全主权，此事须以条约明确改订。

（二）中国政府，不得干涉西藏之内政，又不得在西藏施行与内地同一之行省制。

（三）中国政府，不得以无制限派遣军队于西藏或驻屯西藏。

（四）中国政府，因印藏间国境递传通信机关，为中国乱兵阻害，承认其责任，该地之递传事务，照例复旧。

（五）中国政府，不承认以上条件，英国政府，亦不认共和国政府。

此种抗议，其果为条约之解释，抑出于强权之要挟，不待智者而知。惟我国体初更，实力未备，不得不勉与委蛇，因由袁总统手书答复：

（一）民国因西藏骚乱，出兵征讨，属于当然权限以内，不容他国置喙，惟新共和国，亦愿改订中、英两国之对藏条约，承认暂停进兵。

（二）为藏民之幸福，与中、英两国之利益，改订中、英两国关于西藏之条约，更当开诚商议，绝不犹豫。

英国凭借强权破坏中国在藏主权，阻挠中国改西藏为行省，批评中国派遣军队，阻止中国政府在藏行政。孱弱的中国政府，面对英国的无理要求和违反国际惯例的做法，只能利用有限的外交空间和相关的条约与英国周旋。

五、藩属

“藩属”是用于指称边疆民族乃至周边邻国对强大王朝的政治隶属关系，这种关系早在汉代就已经形成，称为“藩臣”、“外臣”与“属国”。郑观应《盛世危言·通使》：“邦交益固，声威既壮，藩属不敢有外向之心。”

1906 年 4 月 18 日，第一百三十九期《外交报》登载《论藏约宜速中国画押》（译英国 1906 年 1 月 27 日《纽加斯达报》）：

夫藏地虽中国藩属，旧系独立，若竟受其辖治，为藏人计，耻孰有逾于此者乎？

无论是国际舆论还是国内报刊，都常常认为西藏是中国的“藩属”。1906 年 7 月 20 日《广益丛报》第一百十二号（第四年第十六期）登载了杭辛斋的《呜呼！西藏》：

近日外间传言均云：中英西藏条约业已定议。外务部已将磋议情形于本月初一日专折奏报。其条约之内容虽未能尽悉，其大致不外前年七月所宣言之各条。其争持两年之久，所删改者为两端：一、英国允认西藏为中国之藩属。二、英国允不干预西藏之内政。此虽未见明文，而意度之，当亦相离不远者也。呜呼！果为此二端，则争持两年如未争矣。夫衮衮诸公岂不知西藏为祖宗血战而得之地，为领土，非藩属乎？其内政之措置由我也，其外交之措置由我也，西藏之隶我版图、无立国之资格也盖已久矣。其未建行省、置督抚、设州县者，以其风俗、宗教之不同，故未便与以治内地之法治之。果朝廷有改良进步之思想，欲改西藏为行省、置督抚、设州县亦反手间事耳。达赖、班禅本为我建立之人，决无异议，决无反抗也。乌得以藩属视之哉！……呜呼！今虽奏定尚未签字，苟无是议，如天之福！若果有之，尚望当轴诸王公大臣顾念祖宗二百余年之疆土，勿轻轻以藩属二字断送也。

杭辛斋深刻地指出西藏不是藩属而是“领土”,也就是说中国政府对西藏享有神圣之主权。

六、主权国

中国与周边国家存在的宗藩关系是一个不争的事实。这种宗藩关系表面上看来是一种以小事大的不平等关系,周边国家要向中国“称藩纳贡”,受中国的册封,并由中国赐予印玺。而实际上这种宗藩关系只是维系中国和周边各国友好关系的一种形式,并不具有统治和被统治的实质性内容。并且,作为宗主国的中国统治者,是以一种“王者不治夷狄,来者不拒,去者不追”的不治主义态度对待外国的,原则上并不干涉藩属国的内政。中国统治者为了显示自己作为“天朝上国”的富有与大度,总是本着“薄来厚往”的原则,对朝贡者给予大量的赏赐,其价值远远超过朝贡者所进贡的物品,所以,各藩属国总是乐于来华朝贡。有时中国统治者为了减轻自己的负担,也对各国来华朝贡的时间和规模作出种种限制和规定。虽然有些国家有时不按规定而提前来华朝贡,中国政府也都给予了热情接待。再者,各国在来华朝贡的同时,也与中国进行了贸易往来。由此可见,中国与周边国家的这种宗藩关系和近代西方国家间那种表面上平等,而实质上却是弱肉强食的国际关系有着本质的区别,和西方殖民国家的宗主国与殖民地之间的那种控制与被控制、压迫与被压迫、剥削与被剥削、掠夺与被掠夺的关系更是有着不可同日而语的天壤之别。

但西藏与外蒙古则有其特殊性。众所周知,清政府在西藏和外蒙古行使的是完全的主权。而当时的英、俄等国则一直妄图以宗主权代替中国在上述地区的主权。英国一再否认中国在西藏的主权,认为清政府在西藏只拥有宗主权。英国这种不顾事实的说法,遭到了清政府的坚决反对,其阴谋也一直未能得逞。在外蒙古独立之前,中国在外蒙古行使的也是完全的主权。辛亥革命后,俄国策动外蒙古“独立”,迫使袁世凯的北洋政府同俄国订立《中俄声明文件》,使中国政府丧失了在外蒙古的领土、主权,只保留了一个宗主权的虚名,严重侵害了中国的利益。因此,对于主权和宗主权这一问题,我们必须有一个清醒的认识。我们决不能因为清朝拥有对周边国家的宗主权,而把中国拥有主权的地区也说成是宗主权。我们必须坚决反对把宗主权与主权混为一谈,坚决反对以宗主权代替主权。

1905年4月23日《新闻报》登载《驻藏钦使被戕》:

西藏危险,其形迹早显呈于数年以前,记者曾于癸卯十月著《保藏策》一篇，大声疾呼，警告政府，冀其猛醒，速筹防御。惜乎！梦境方酣，睡态正饱，一无知觉，听之自然。于是外人乘鹬蚌两持之际，驱貔貅百战之师，足捷腕灵，一攫即得，行成缔约，而中国管辖西藏之主权由此遂亡。唐京卿虽已奉旨往改藏约，将来挽回主权若干，尚在不可逆料之数。

作者清楚地指出英国侵略西藏是破坏"中国管辖西藏之主权"，并担心中国政府的外交努力不能挽回主权。

随着中国知识分子对"主权"概念理解的加深，舆论界对中国主权不断遭受外部势力的侵蚀十分关注。1914年4月1日第十期《说报》登载了达生的文章《经营西藏之借箸》：

自帝国主义发达以来，未有无主之地而不为人所发见，亦未有放任不经营之地而不为人所觊觎。无主之地，为人所发见，其发见者之国家，即有权而先占之。放任不经营之地，为人所觊觎，其被觊觎者，大率为觊觎者侵入而据有之。纵观最近历史，各国之得地失地者，罔不由此。嗟夫！此可以观世变之趋势矣。此可以警有土地者之放任不经营者矣。

往者吾国领土几遍东亚，徒以放任不经营之故，遂使缅甸、哲孟雄、暹罗、安南、朝鲜、尼泊尔诸地相继而失。非沦亡而受人统治，即振作而图自立。地图颜色随之而易。故吾国领土二十二行省外，惟彼蒙古、西藏两地而已。光复之初，俄人进图蒙古，英人进图西藏。自由行动，任意设施，着着进步，咄咄逼人。《俄库协约》告成，竟失蒙古主权之大半。而西藏问题，至今尚未解决，其势盖岌岌乎殆矣。顾蒙藏所以罹于危地者，由吾国之放任而不为之经营有以启之也。吾尝谓立国之大，患不在强邻之可畏，而在内政之不修。《传》曰："木必先腐而后虫生。"不修内政，是木已先腐，又何怪强邻之乘其后乎？反正之初，国家多事，士夫相与内讧，政府亦止防内患。迨南北战后，统一既成，内政渐理，西藏问题，固不能再事放任也。不揣谫陋，爰就西藏经营计画，一借箸为筹策焉。

经营之要点有二：一曰外交，一曰内政。外交之计画，重在修明条约，内政之计画，亟宜改建行省。今请分别言之。

作者指出中国政府不断丧失对属国的控制，主权也不断被侵害。

七、主权的被践踏——不平等条约中的铁证

以美国为首的一些西方国家,在处理国际事务时,常常采用双标,符合他们的利益和思维方式时他们就打出国际法和条约的旗号,如不符合他们的利益和思维方式,他们就可以践踏国际法和条约。西方一些反华势力一方面和我们建立友好关系,一方面又利用各种方式支持达赖搞分裂中国的活动。他们从事这些活动时,就可以把英帝国主义在扩张过程中与中国政府签定的不平等条约束之高阁。《中英烟台条约》(1876)、《中英会议藏印条约》(1890)、《中英会议藏印条款》(1893)、《拉萨条约》(1904)、《中英续定藏印条约》(1906)、《修订藏印通商章程》(1908),这些不平条约既是英国侵略我国的见证,同时也间接反映了我国主权的神圣不可侵犯,更是批判"西藏独立"论的有利证据。

清末民初各类报刊登载与西藏有关的各类条约,就条约的签订发表文章,或批评清政府无能,或揭露英俄等国家破坏中国国家主权。

(一) 觊觎的开始

1876 年(光绪二年)8 月 21 日,李鸿章与威妥玛在烟台正式开始谈判,9 月 13 日签订《中英烟台条约》。

《中英烟台条约》亦称《滇案条约》,共分三大部分 16 款,并附有《另议专条》。其中《另议专条》为:"现因英国酌议,约在明年派员,由中国京师启行,前往遍历甘肃、青海一带地方,或由内地四川等处入藏,以抵印度,为探访路程之意,所有应发护照,并知会各处地方大吏暨驻藏大臣公文,届时当由总理衙门察酌情形,妥当办给。倘若所派之员不由此路行走,另由印度与西藏交界地方派员前往,俟中国接准英国大臣知会后,即行文驻藏大臣,查度情形,派员妥为照料,并由总理衙门发给护照,以免阻碍。"

清末,西方一些国家以探险的名义经常私自进入西藏,1908 年 6 月 27 号的《时报》译闻栏登载《西报述西藏现状》一文,介绍了西方探险家到西藏的探险情况:"《太晤士报》转载纽约《太阳报》云:西藏锁闭情形,今已大非夕比。近三十年来探险家十余人均承欧洲各国许可,私入藏查勘一切。然继往者,非惟西藏政府不准入境,即英国亦常令退归,不准前往矣。目下西藏境内已无白人踪迹……"清政府对此是有所察觉的,所以在条约中明文规定外国人进藏的条件。

从 18 世纪 70 年代起,英属印度就已开始寻找打开中国西藏门户的通路。19 世纪 60 年代,英国势力深入或控制了毗邻西藏的布鲁克巴(今不丹)、廓尔喀(今尼

泊尔)、哲孟雄(今锡金)等国以后,向西藏扩张的愿望更日益强烈。1876年《中英烟台条约》规定英人可自甘肃、青海、四川或印度入藏,英印当局即图伺机实行。1884年10月,英印政府命马科蕾筹办进藏考察商业。1886年初,马科蕾考察团集中大吉岭,准备入藏,因西藏地方坚决反对而作罢。西藏地方当局为防止英人入侵,决定在隆吐山设卡。隆吐山属热纳宗,热纳宗属西藏,曾由达赖喇嘛拨给哲孟雄部长期放牧,英国人说成属哲孟雄。

英国借口藏兵"出境"驻哲孟雄的隆吐山"阻塞商路",决定动武,发动侵藏战争。1888年3月,英军进攻并占领隆吐山,进而侵占纳荡、对邦。9月,清政府派驻藏帮办大臣升泰与英国议和,谈判罢兵定界。在第一次谈判中,双方就哲孟雄、藏哲边界和通商三个问题展开激烈的争论,由于争执不下,谈判中断。1889年,清政府又派中国海关总税务司英人赫德之弟赫政作升泰的翻译和助手,与英印政府继续谈判。清政府于1889年7月、9月先后提出两个草约,均遭英印政府拒绝。英国政府为了防止其对手沙俄在西藏问题上找到可乘之机,希望尽快结束中英关于西藏问题的谈判,一再催促英印总督早日结束谈判。12月16日,英印政府通过赫政向升泰提出新的四条草案,清政府接受。1890年(光绪十六年)3月17日,升泰与英印政府总督兰斯顿在加尔各答正式签订《中英会议藏印条约》。

《中英会议藏印条约》共8款,主要内容有:清政府承认哲孟雄归英国保护;划定西藏地方与英属哲孟雄边界;有关双方游牧、通商等事宜容后再议,等等。

《中英会议藏印条约》的签订,使哲孟雄完全脱离中国,而关于边界及缓议诸项为英印进一步侵略西藏铺设了道路。

《中英会议藏印条约》签订后,中英双方根据其中关于通商、游牧权利及文移往来三项内容要"俟后再商另订"的规定,就这三个问题继续进行交涉。

1891年2月,清朝驻藏大臣委任西藏粮员黄绍勋为谈判委员,赫政为中方谈判译员和代表,与英国谈判。谈了将近三年。在文移往来和游牧问题上,双方未有大的争议。通商问题的争论使谈判拖延了时间,直到1893年(光绪十九年)12月5月才在大吉岭达成协议,何长荣、赫政代表清政府与英国代表保尔签订《中英会议藏印条款》(又称《中英会议藏印续约》)。

《中英会议藏印条款》共12款,主要内容:在西藏亚东开关通商,"听任英国诸色商民前往贸易";英印政府可派员在此驻扎查看贸易;自亚东开关之日起,五年内藏印贸易互免关税;亚东开关一年后,西藏人在哲孟雄游牧应照英国所立章程办理等。

《中英会议藏印条款》打开了中国西藏的大门。亚东开关后，大量英印货物进入西藏，并远及川、滇边，西藏渐成为英印商品的销售市场。

（二）得寸进尺

19世纪末，帝国主义掀起瓜分中国的狂潮，在英国公然出现了主张吞并西藏的论调。这时俄国正加紧向西藏渗透，派考察团入藏，特别是利用宗教关系拉拢西藏上层，煽动仇英亲俄。英国以防俄保印为名，极力为进一步侵略西藏制造舆论。英国这时对第一次侵藏战争后在西藏所取得的权利已不满足，想把商埠由亚东北移，并借查勘西藏与哲孟雄间的边界压服西藏地方当局。1903年7月，中国与英印代表在西藏干坝宗举行会议，讨论通商及边界等问题。英印方面毫无诚意，策划以战争解决问题。

1903年12月，英国第二次侵藏战争爆发。1904年8月，英军侵入拉萨。达赖十三世事先离开拉萨经青海北上。英国侵略者强迫西藏地方部分官员于9月7日签订《拉萨条约》，其主要内容有：1. 增设江孜、噶大克为商埠。英国有权派员驻各商埠。2. 除将来立定税则内之税课外，无论何项征收，概不抽取。3. 西藏赔款五十万英镑。4. 英军留驻春丕，至赔款缴清或商埠妥立三年后最晚之日为止。5. 西藏允将所有自印度边界至江孜、拉萨之炮台、山寨等一律削平，并将所有滞碍通道之武备全行撤去。6. 非经英国政府照允，西藏不能将土地让卖、租典或别样出脱给无论何外国。无论何外国不准干涉西藏一切事宜，不许派员或派代理人进入藏境。无论何项铁路、道路、电线、矿产或别项权利，均不许各外国或隶各外国籍之人民享受，若允此项权利，则应将相抵之权利或相同之权利，一律给英国政府享受。西藏各进款，或货物或金银钱币等类，皆不许给与各外国或籍隶各外国之人民抵押拨兑。这个条约实际上使西藏地方成为英国的势力范围，清政府不予承认。《拉萨条约》的签订，完全暴露了英国独占西藏的野心，引起了其他列强的妒恨，俄、美、德、法、意等国也企图根据最惠国待遇的原则在西藏瓜分利益，于是各国纷纷向英国提出抗议，反对《拉萨条约》。英国也认为《拉萨条约》中的一些条款超出了“从大英帝国整体利益出发的政策”所容许的范围，不得不与中国重开谈判。

1905年2月，中英双方在印度加尔各答举行谈判，中国代表为外务部右侍郎唐绍仪，英国代表为英印政府外事秘书费礼夏。在谈判中，唐绍仪重申了中国对《拉萨条约》的立场，坚持英国必须承认中国对西藏的主权，提出废除《拉萨条约》，由中、英两国重新订约。英方代表制造中国对西藏只有“宗主权”的谬论，坚持要以英国所拟的条款订约。由于双方谈判的目的完全不同，虽多次会议，均没有达成协议。9月,唐绍仪奉召回国,由参赞张荫棠继任全权大臣继续谈判,仍无进展。11月,英方单方面中止谈判。1906年(光绪三十二年)4月,中、英在北京重开谈判。27日,清政府在英国方面有所让步的条件下,与英国签订了《中英续订藏印条约》。

《中英续订藏印条约》共6款,另以《拉萨条约》作为附约。正约的主要内容有:英国允不占并藏境及不干涉西藏一切。中国国家应允不准其他外国干涉藏境及其一切内治。作为此约附约的《拉萨条约》"彼此允认,切实遵守"。其第九款内之第四节所声明各项权利,除中国独能享受外,不许他国国家及他国人民享受。惟经与中国商定,在该约第二款指明之各商埠,英国应得设电线通报印度境内之利益。

《中英续订藏印条约》实际上肯定了中国在西藏地方的主权,对那些妄图分割中国领土西藏的阴谋是一个打击。但它承认了英国在西藏的许多侵略利益及特权,仍是一个不平等条约。

自1906年《中英续订藏印条约》签署后,清中央政府为了巩固在藏主权,采取防止英人和西藏地方当局直接交涉的政策,对各市场所设的办理交涉和商务的官员都派汉人而不派藏人充任。英帝国主义对此极为不满,因为和西藏地方政府直接交涉是其阴谋扩大在藏势力的一项重要手段,也是自1899年以来它所致力贯彻的一贯方针。《拉萨条约》第2款原有英国和西藏另行派员商改1893年通商章程的规定,于是在1907年,清中央政府派张荫棠至加尔各答和英方谈判,英方首先提出必须有有权力画押的藏官参加的要求。这一阴谋为张荫棠识破,他指出:"若一经承认直接交涉,西藏即成为独立国性质,所有以前代偿赔款改订藏约,均成画饼。……此次系藏印试行直接交涉之始,似宜审镇。印督有事,应行文驻藏大臣转行商上,我应不认印督可直达行文商上,商上亦无直达印督办理交涉之权。"[①]但在英方坚持之下,清中央政府只得同意派藏官噶布伦汪曲结布等八人随同张荫棠参加谈判,但以他们行事须得中国钦差大臣的认可为条件。谈判从1907年9月2日开始,直到1908年4月20日,双方终于达成协议,签订了《修订藏印通商章程》[②],并于1908年10月14日在北京交换批文。

中英《修订藏印通商章程》共15款,主要包括以下三方面内容:

---

① 吴丰培编辑:《清代藏事奏牍》,中国藏学出版社1994年版,第1376页。

② 梁为楫、郑则民主编:《中国近代不平等条约选编与介绍》,中央广播电视出版社1993年版,第621~624页。

1. 英国取得了与西藏地方官员直接交涉的权利

这个问题是谈判中争执最久，也是关涉国家主权的问题，最后英国终于实现了这梦寐以求的目的。在该章程第3款中规定“各商埠治理权应归中国官督饬藏官管理”，这样就确认了英国商务委员可以与西藏地方官员直接交涉的权利。不但如此，在西藏地方官员和英国商务委员之间发生分歧时，“应请西藏大吏与印度政府核办”，但印度政府须“知照中国驻藏大臣”，只有在西藏地方政府和印度当局不能解决分歧时，才由“中英两国政府核办”(第3款)。

2. 英国在西藏又擅取了一系列的特权

英国人“得在各埠内租地建筑房栈”(第2款)；英、印人在西藏各商埠享有治外法权(第4款)；英国在已开和将来新开各商埠之英国商务委员，得安排往来中印边界传递邮件所用的传递夫役(第8款)；英国在西藏的商务委员得设置卫队，候中国在各商埠及往来各商埠道路上筹办巡警妥当后，即行撤退(第12款)。

3. 中国收回了一些权力

《修订藏印通商章程》规定，自印度边界至江孜沿途所建筑的11处旅舍，由中国原价收回，但仍须租给印度，每一旅舍的一半须留供英国官役使用；英国答应一俟中国电线接修至江孜，“英国可酌量将由中印边界至江孜之电线移售予中国”(第6款)。

治外法权是本章程的一个核心内容，《修订藏印通商章程》以5款的内容对英国在藏司法特权和归还治外法权的许诺作了规定，《修订藏印通商章程》规定：

1. 关于领事裁判权

如果英、印人在各商埠与汉、藏人有所争论，应由最近商埠的英国商务委员与该商埠裁判局的汉藏官员会同查讯，面议办法。如果意见不合，应按照被告所属国法律办理。凡属于此类交涉案件，均由被告国官员主审，而原告国官员，只能会审(策4款)。

凡英、印人之间因人身和财产权利而发生争议，均归英国官员管理(第4款第2项)。

英、印人在商埠以及在通往各商埠的商道中有犯罪的，应由地方官送交距犯罪地最近的商埠，英国商务委员按印度法律审讯惩办。但西藏地方官对于这种英、印人，除可以拘禁外，不得格外凌虐。对在各商埠内或前往各商埠通道中犯罪的英、印人，应由汉藏地方官拿获，按律惩办。双方审办之法俱应至公且平。凡汉、藏人到英商务委员处控诉英、印人，汉藏官员有派员前往英国商务委员公堂观审的权利。凡英、印人到商埠内裁判局控告汉、藏人的案件，英国商务委员也有派员前往裁判局观审的权利(第4款策3项)。

上述规定确立了被告人主义的领事裁判权制度，并确立了主审、会审、观审的制度。

2. 关于治外法权的放弃

《修订藏印通商章程》规定："西藏大吏遵北京政府训令，深愿改良西藏法律，俾与各西国律例改同一律。英国允愿，无论何时，英国在中国弃其治外法权，并俟查悉西藏律例情形及其审断办法，及一切相关事宜皆臻妥善，英国亦即弃其治外法权（第5款）。"

3. 关于债权债务案件

《修订藏印通商章程》规定："凡因信借、揭欠、倒闭而起之控告案件，应由该管官查讯，设法追索赔偿。但如欠债者报穷无力赔偿，该管官不任赔偿之责，亦不得将公产、官物扣抵（第7款）。"

4. 关于缉捕盗贼

《修订藏印通商章程》规定："凡官商往来藏印，其公私财产、货物，途中被劫，应即报明巡警官。巡警官应立即设法拿获劫盗，交地方官立即审办、追赃。如盗犯逃至巡警局、地方官权力不及之地，不能缉获，则巡警局及地方官咸不任偿失之责（第10款）。"

5. 英商在藏利益的保护

《修订藏印通商章程》规定："英国人民可任便以货物或银钱交易，任便将货物售与无论何人，任便由无论何人购买土产货物，任便雇赁运载夫马，并任便照地方常规办理一切贸易事宜，不得格外限制、刁难，亦不得抑勒、强逼（第12款第1项）。""凡英国官商在商埠内及往各商埠道中之身家、产业，应随时由巡警局及地方官实力保护（第12款第2项）。"

"中国允在各商埠及往各商埠道中，筹办巡警善法，一俟此种办法办理，英国允即将商务委员之卫队撤退，并允不在西藏驻兵，以免居民疑忌生事（第12款第3项）。"

上述条约的内容，使我们清晰地看到，英国和印度通过享有单方面的贸易特权而从中国攫取了更多的经济权利。通过领事裁判权的设立和主审、观审、会审的被告人主义民、刑事审判制度的设立，中国清朝中央政府在自己的土地上原应独享的权力遭到蚕食，部分司法主权沦丧，较之以前关于西藏的条约中的内容是有过之而无不及。特别是在治外法权的放弃问题上，英国人提出以"俟查悉西藏律例情形及其审断办法，及一切相关事宜皆臻妥善"为条件，实际上是为其在西藏长期享有治外法权寻找借口。

当然，此次交涉中还有一些悬而未决的问题，如引渡问题、中国在印锡边界附近的噶伦经堡设领事的问题、关税的问题及印度茶叶入藏的问题等。关于关税和印度茶叶入藏，按1893年条约中原有规定，在亚东开埠免税5年后，印度茶叶可以入藏，但应按中国茶叶入英税率征收。英方不顾以前的约定，竟无理地要求印度茶叶入藏按5%税率抽税，而当时中国茶叶入英所付的税率则高达55%。英国的茶商资本家，企图借此垄断运费较高昂的川茶在西藏的市场。清中央政府因考虑到此事将影响西藏的财政税收，坚决不同意，所以这一问题终于搁浅。

尽管清中央政府在本章程中丧失了不少权力，但是在这一次交涉中总算做到了保全在西藏对外事务上应由清中央政府出面主持交涉订约的主权，而且参加这次谈判的西藏官员的地位，在条约总纲中明确申明是“禀承张大臣训示，随同参议”，所以尽管英国侵略者心怀叵测，施用了种种伎俩，中国政府在西藏行使主权是无可争议的。

（三）铁证之一——签约国及签约程序

1876—1906年间关于西藏问题的条约，都是英国与中国政府签定的。

1890年《中英会议藏印条约》的开头写到：

“兹因大清国大皇帝、大英国大君主五印度大后帝，实愿固敦两国睦谊，永远弗替。又因近来事故，两国情谊有所不协之处，彼此欲将哲孟雄、西藏边界事宜，明定界限，用昭久远，是以大清国皇帝、大英国大君主拟将此事订立条款，特派全权大臣议办，由大清特派驻帮办大臣副都统衔升，由大英国特派总理五印度执政大臣第一等三式各宝星上议院侯爵兰，各将所奉全权便宜行事之上谕文凭公同校阅，俱属妥协，现经议定条约八款，胪列于后：……”第八款更是清楚地写到：“以上条款既定后，应送呈两国批准，随将条款原本在伦敦互换，彼此各执，以昭信守。”

1891年2月，清朝驻藏大臣委任西藏粮员黄绍勋为谈判委员，赫政为中方谈判译员和代表，与英国谈判。谈了将近三年。在文移往来和游牧问题上，双方未有大的争议。通商问题的争论使谈判拖延了时间，直到1893年（光绪十九年）12月5月才在大吉岭达成协议，何长荣、赫政代表清政府与英国代表保尔签订《中英会议藏印条款》（又称《中英会议藏印续约》）。

1904年8月，英军侵入拉萨。英国侵略者强迫西藏地方部分官员于9月7日签订《拉萨条约》（又称《英藏条约》），这个条约实际上使西藏地方成为英国的势力范围。这个条约不但清政府不予承认，同时也引起其他帝国主义国家，特别是俄国的强烈不满。英国也认为《拉萨条约》中的一些条款超出了“从大英帝国整体利益出发的政策”所容许的范围，不得不与中国重开谈判。1906年4月27日签定的

《中英续订藏印条约》开头写到："兹大清国大皇帝，大英国全境大皇帝兼五印度大皇帝，因欲固存两国友睦，历久不渝。大清国大皇帝特派钦差全权大臣外务部右侍郎唐绍仪，大英国大皇帝特派钦差驻扎中华便宜行事全权大臣功赐佩带头等迈吉利宝星萨道义，各将所奉全权大臣便宜行事之敕谕，互相校阅，俱属妥善，现议定各款，开列于后：……"

以上的条约，签约的国家都是中国和英国，而且在条约前的序言中，大清国大皇帝都排在前面。

(四) 铁证之二——条约内容

从条约的内容来分析，更能说明西藏是中国不可分割的一部分。

首先是护照的办理问题：

1876 年《中英烟台条约》中的"另议专条"写明英国人到西藏游历、考察时所需护照，必须由中国"总理衙门察酌情形，妥当办给"。

其次是边界事宜：

1890 年《中英会议藏印条约》的签订，使哲孟雄完全脱离中国，而涉及西藏与哲孟雄边界时，英国政府还必须与中国政府协商，协商后关于藏哲边境的内容有两条，第一款为："藏、哲之界，以自布坦交界之支莫挚山起，至廓尔喀边界止，分哲属梯斯塔及近山南流诸小河，藏属莫竹及近山北流诸小河，分水流之一带山顶为界。"第三款为："中、英两国互允以第一款所定之界限为准，由两国遵守，并使两边各无犯越之事。"其中强调中、英两国互相遵守条约内容，以昭信守。

再次是条约中的权利问题：

1908 年 10 月 14 日在北京交换批文的《中英修订藏印通商章程》第三款中规定，"各商埠治理权应归中国官督饬藏官管理"，这样虽然确认了英国商务委员可以与西藏地方官员直接交涉的权利，但还是清楚地写明"藏官"必须服从"中国官"。该章程的第三款还进一步写清了商务纠纷等的最终裁判权："各商埠商务委员与边界官，均须合宜品级。彼此往来会晤以及文移往返，应互以礼貌优待。凡商务委员及地官员因意见难合，不能断定之事，应请拉萨西藏大吏及印度政府核办。印度政府照会之意，应并行知照中国驻藏大臣。如拉萨西藏大吏与印度政府不能断定之事，应按光绪三十二年北京条约第一款由中英两国政府核办。"

最后是条约中的责任问题：

1908 年 10 月 14 日在北京交换批文的《中英修订藏印通商章程》第六款为：

英军撤退后，所有由印度边界以达江孜一路英国所建旅社房屋共计十一处，应由中国照原价赎回，仍以公平租价租与印度政府，每旅社一半留为英国经管，由各商埠至印度边界电线之官役之用，并存储材具，其余则留为中藏英体面官往来站宿之用。一俟中国电线已由中国接修至江孜，英国可酌量将由印边界至江孜之电线，移售与中国。尚未移售以前，中藏人之信，当由此印政府所修之电线妥为接收传寄。又未移售以前应由中国担任保护各商埠至印度边界之电线，兹约定所有人民如毁伤此电线或无论如何阻挠看管，经理此电线之官役，应立由地方官严惩。

从这一条款我们可以看出：英军修建的十一处旅社房屋要由中国政府照价赎回；印边界至江孜之电线，移售与中国；中国担任保护各商埠至印度边界之电线。

英国人进藏要由中国来办护照；边界谈判是中国与英国；藏印通商中的问题最终要由中、英两国来解决；条约中的有关责任要由中国政府来承担。这些公认的事实本来不用再去陈述，这些公理本来不用再去论证，但西方反华势力与达赖相勾结，公然践踏国际惯例和历史事实，炮制“西藏独立”论，我们不得不再陈述，不得不再论证。

第二节 英、俄等国家对中国西藏的侵略

英国曾多次武力侵犯西藏，本节仅以1904年的“侵藏战争”为个案，探讨媒体对该战争的报道。

1904年1月上旬，英帝陈兵江孜边境，4月5日发动攻势。4月中旬英军攻入江孜城。7月7日，江孜全境被占，英军旋即直奔拉萨。8月3日，拉萨告陷。9月7日，驻藏大臣有泰与侵藏英军统领兼英国边务大臣荣赫鹏签定《英藏条约》(即《拉萨条约》)。在英军侵藏的过程中，《东方杂志》紧密跟进藏事发展、详加报导，如第三期开辟的《藏英战事汇志》，第五期开始长设的《藏英战事纪要》，以及停战后改设的《藏事志要》等栏，均摘取重要战事信息按日期次序排列加以报导，俾使国人据此接触有关藏事进展的第一手资料，英军胁逼中国签订的不平等条约也在该《志》全文刊登①。该《志》跟进英军侵藏军事行动的同时，对英人侵藏的历史缘由和动

① 《藏英新约全稿》及《中英新约略稿》，于前者，编者加按语曰：“按英官要挟西藏立约八条后又推广为十条，先后电到外务部。今将十条原文开列于下。”见《东方杂志》1904年第9期，第143～146页。

机也作了论述。该《志》编者认为，英人蓄志侵藏已久。所谓俄国与西藏地方政府乃至清廷订有秘密条约，故英方基于本国在藏利益考虑而逼不得已出兵干涉，不过是英方所援以为表面口实者而已。该《志》编者并不相信中俄曾缔结秘密协约，他们认为英人侵藏的实际根由是其未能与藏方达成有利于英方的商务交涉，英国专使由此“一变其平和之性质，而出于激烈”[①]。英人侵藏固是为了在华商贸利益，但同时更担忧有关利益乃至属土印度会遭不断扩张的俄国的侵害，故俄国的因素是英人以强硬态度和赤裸裸武力侵藏的另一深层理由。英内阁支持军队侵藏的理据正好表明了这层忧虑[②]。面对英人入侵藏地，《东方杂志》表现了他们的深层民族危机意识，该《志》社评一再指出英军侵藏还隐藏了控制全中国的意图，而西藏失守对中国全境带来的祸害是难以想象的。中国西南疆域将因西藏之失而直接陈露于英人的铁蹄之下，并将继巴基斯坦、印度、尼泊尔、锡金、不丹乃至缅甸之后，沦为英国的又一殖民地。故此，若继续容许英国向西藏扩张，则中国大后方的门户将无可避免地被撕破，这意味着中国除南部自香港以上的沿海地带受控于英国外，西南边陲沿线延展以入内陆河山也将尽落英人势力范围。综合该《志》上的诸多评论和报导可以看出，该《志》编撰者在选报采文时，无疑是有着清晰而坚定的家国主权意识和鲜明的政治倾向的。其中既包含有强烈的护卫国土完整和民族统一的家国信念，也有欲求中国长治久安的深远期盼。故该《志》在及时报导有关藏事动态的同时，对于英军第二次侵藏能如此顺利的背后原因，亦痛加陈述。如该《志》刊登的一篇名为《论欧洲各国和好之隐谋》的文章，即分析了欧洲各国如何协商瓜分中国的内幕。其言曰：

> 英人自攻取西藏后，欧洲各国如俄、德、法、意，皆有违言，而以俄、德为最甚。俄人谓英人此举实欲预备侵犯俄疆，而德人亦有窥藏之意，特派舆地会会员二人，拟由青海入藏地。英人知其然也，故先联好于俄、德，以阻二国干涉之谋而隐促其瓜分中国。此关系于中国者二也。由是言之，俄、德立约者，即俄人默许德人经营中国北部也；英、俄和好者，即英人默许俄人经营中国边境也

---

① 《东方杂志》，1904年第4期，第68～69页。

② 已有论者探论相关问题，指出伦敦的巴尔福（Arthur James Balfour）内阁批准了印度总督寇松（Curzon of Kedleston）的建议，英国政府高层所担心的其中一个主因就是俄国的势力会影响到英国的权力、威望及利益。见李碧宪、梁劲泰：《英国干涉西藏的不同历史阶段及特点》，载《西藏研究》1997年第4期，第43页。

(如新疆、蒙古之类);英、德同盟者,即英人默许德人分占扬子江也,当德人占领胶州时,曾默许英人经营埃及。故此,英人之侵略西藏,亦默许德人分占扬子江。不然,扬子江流域英人久结不让他国之约矣。何以近数月以来,德人索演水师屯置煤炭,旦夕经营,不遗余力,而英人竟默然坐视无一言以争执乎?盖英人既得西藏,占扬子江之上游,一旦铁路交通,南可直接仰光,东可直联上海(此英美所由索镇江汉口间铁路权也)。而京镇铁路与德人共握其权,故长江之权利不妨稍让于德人,而俄人自经营满洲失败,亦拟经营新疆、蒙古,故中国北部之权利,亦可与均分。吾恐和好既成之后,俄人扬威极北,英人逞志于西南,德人得英、俄两国之默许于中国中部极力经营。即法、美各国亦将力求均势,而瓜分之祸真至矣!呜呼!昔日之列强,互相抵制,故其对于中国不能协力瓜分。今列强各国互相和好,共筹对付亚东之策,则中国之隐忧可胜言耶?中国人民曷一筹及对外之策耳?①

此前,舆论多指英国趁俄国与日本在东北交战无暇西顾而侵略西藏,但时人新观察的结果,是列强乃基于彼此勾结的关系,合谋构计如何瓜分已届垂垂老死的晚清帝国。这个列强由竞逐而至相互协商的观点,不但更宏观地指出西藏乃至中国全境正是处于群兽环伺的险境之中,更明白地道出西藏何以迅速落于英人手中的深层原因,同时也把民族的深重危机清晰地展现在世人眼前。可以说,此类言论,在当时危机深重的中国,无疑是发挥了开启民智和引发民众爱国情怀的作用。民众由是心生国家危机感和重新认识西藏背后的国家主权问题,进而觉悟西藏虽地处边疆,但其与中原内陆实有牵一发而动全身的紧密关系。倘西藏一隅丧失,连带出现的将是整片国土沦丧的局势,国中富庶之地定必相继沦陷于米字旗下。综合而言,该《志》之所以对英国如何前扼后制中国之手段,以及列强如何约议瓜分中国的隐谋反复痛陈,其目的就是要唤醒国人对藏事的关注,进而促请政府正确处理藏事。

英军配备先进武器冲破藏众一波又一波的阻挡,占据江孜而直奔拉萨,西藏战机一再失利而清廷驻藏官兵只作壁上观,驻藏大臣有泰继承其兄升泰的妥协投降主义,一再阻挠藏众抗击入侵的英军,致使藏事贻祸无穷。在该《志》选载的文章中,我们可清晰地看到时任驻藏大臣的有泰如何无能和渎职卸责,导致中国的在藏

① 《论欧洲各国和好之隐谋》,《东方杂志》,1904年第10期,第150~151页。

主权丧失殆尽。他为求摆脱英人的追究而自绝于民族国家，一方面“力抑藏人不许出战”[①]；另一方面又在侵略者面前表示无法说服藏人停止抗英行动，以置身事外的态度敷衍塞责。这就造成了既为侵略者介入西藏事务提供罅隙和口实，同时也使朝廷在藏威信加速瓦解。正如替清廷主事亚东税务的英人巴尔(Par)的函件(1903 年 8 月)披露的，在藏事处于胶着状态的时候，清廷官员束手无策，表现得畏葸不前：

> 事态已陷入僵局。……现藏人已调动军队至春丕一带，且在北方，干坝宗至日喀则之间部署约二千名“勇士”，旨在阻止英国人继续前进。我已警告何先生，藏人如坚持好斗姿态将导致灾难，并已催促……努力说服他们采取较开明姿态。何先生毫无办法，无意亦无权做任何工作，事态于是日益恶化。他告诉我，驻藏大臣已在等待离任……显然已决定尽量不插手谈判之事，因而不可避免的结果是对藏人已完全失控……新任驻藏大臣有泰 12 月之前不会到达拉萨，显而易见，他并不急于负起责任。驻藏帮办大臣多年来肩负重任，据悉他不拟前往拉萨，事态之进展毫无希一望。[②]

综合而言，时人对升泰的批评约有四项：一是错失战机；二是畏惧英人；三是早泄底牌；四是任用非人。英人本有罢战之心，但驻藏官员的软弱无能反招引英人的侵占野心。英人在不适应高原气候的环境下本欲中止进藏，而藏方和清廷本也有主动权与谈判优势，但升泰反而尽失先机，急于求和以泄罢战之底牌。“斯时升泰为驻藏大臣，方抵藏，英藏既交兵矣。升泰受朝命，力抑藏人不许出战，又令萧占先说英兵停进”，对此，时人无不深感痛心，而让时人特感其荒谬者，莫过于驻藏大臣以至清廷竟然一再任用英人如赫德(Robert Hart)、赫政(James H. Hart，赫德之弟)、巴尔等为税务司、翻译员，甚至是与英方谈判的中方代表，使他们“居间调停以成藏印交界之约”[③]。甚至当署任税务司之职的巴尔任期届满时，时任驻藏大臣的

---

① 《论英人侵略西藏》，《东方杂志》，1904 年第 8 期，第 312 页。

② 《巴尔为报藏人已调集军队拟抗击英军入侵等事致赫德半官方性函》，见中国第二历史档案馆，中国藏学研究中心：《西藏亚东关档案选编》(下册)，中国藏学出版社 1996 年版，第 871 页。

③ 《论英人侵略西藏》，《东方杂志》，1904 年第 8 期，第 312 页。

裕钢却上书朝廷求能挽留巴尔,称其“在事日久,情意融洽……电请留任,期于边务有益”[①]。毫无疑问,在中英协商边务或条约谈判上,时人难免怀疑上述之英人必以英国国家利益为其依归,同时也认为中英未谈判之先,中央政府和西藏地方政府的谈判底线早已为英人掌握。这就促成了时人对藏政失利原因的各种推想,并把当前所见的各种丧权辱国的结果推因至升泰任内种种失误所致。如该《志》的不少文章即对升泰兄弟的误国进行了口诛笔伐:

西藏与其藩部(哲孟雄)生交涉,英乃干预其际,则英人之心已可测度矣。尤可怪者,西藏自乾隆五十九年后,确然内属。英人加兵于藏,即无异开衅于中国,而朝廷乃命驻藏大臣升泰为之作两国和解之人。观升泰当日奏牍,亦俨然以局外中立自居……坐视英兵侵入,而反责藏人不当开战,此真大惑不解之事。则无怪藏人以朝廷为不可倚赖,而欲依赖俄也。[②]

另外,该《志》文章在叩问升泰、有泰兄弟颟顸误国的同时,批判的矛头亦对准了清政府。升泰、有泰兄弟固然颟顸,委任他们出任驻藏大员的清廷更是难辞其咎,由是,时人对清廷的不满情绪亦随着对升泰的指责而升级:

夫升泰当时受钦差全权之衔命,办理藏事,如此草草,事后且受廷旨褒奖,则不能不疑朝廷之政策矣。盖朝廷治国政策,实以享其利而不承其害,为惟一之目的。观于平时受西藏之贡献,喇嘛之梵祝,一旦有事,则不许藏人出战,自卫国土。且于立约之时,又不敢有抗色,如敌之意,割弃险要,以畀授之。盖恐不割弃,则敌人不从,必至交兵。而每岁所入赋税,即不得不移为军用,此不独对于西藏为然也。如台湾、胶、澳、旅大、威海、九龙、广湾之往事,无一非如此,无一不足以见廷意之所在。更以此次英兵侵藏交战之时地证之,益足以暴白其政策。盖此次英藏交兵,实在藏地甘志。甘志原设有守备一员,有驻防兵,而当日前电传英藏战于甘志之时,绝不言及甘志守备与其驻防兵,作何情态。则揣其情状,殆又局外中立,漠然不关喜戚于心。此皆本朝廷之政策以行,彰著耳目,无可掩讳者。奈何吾民之犹梦梦不觉耶?[③]

---

① 《瑞良等为巴尔任满驻藏大臣电请留任继续会办边务事致赫德函》,见中国第二历史档案馆,中国藏学研究中心:《西藏亚东关档案选编》(下册),中国藏学出版社 1996 年版,第 863～864 页。

② 《论英人侵略西藏》,《东方杂志》,1904 年第 8 期,第 310 页。

③ 《论英人侵略西藏》,《东方杂志》,1904 年第 8 期,第 313 页。

以上论述可谓是将堂堂朝廷之无能丑态暴露无遗，指出中国在清廷主政下，国土从东南沿海到东三省，再从东三省到西藏，均不幸轮番丧失。字里行间，无不流露出论者对清廷的强烈不满。而即使是对专责官员的个人批评，该《志》的一些文章，其矛头亦往往最终指向清廷：

> 我国政府自昨年派有泰为驻藏大臣，有泰徘徊未即往。至英藏交涉起，而有泰遂以目疾辞。政府不许，促使之官，有泰至而英藏之约成矣。及有泰电告约成，而政府乃派唐绍仪至藏查办事件，此事自首至尾，积一年余。英藏交涉，中西各报时有纪载，事非秘密，而我政府始终不闻有一定谋，卒至失之而后已。于是论者以为此由于政府漫不经心，视西藏之存亡，犹秦越人之肥瘠，图穷而匕首见，乃以派一使臣为搪塞天下之举，此一使即可谓本朝与西藏交涉最后之历史矣。本报以为，以此言我政府之诸老，似太邻于无赖。本报深知我执政诸老之不至若是之无心肝也。而其行迹之所以涉此者，盖别有故。[①]

上论极言政府进退失当而官员庸碌，抨击政府无赖和无心肝，反映出时人对清政府的不满情绪随着藏政的步步失利渐趋加重。事实上无暇西顾的清廷，在这个时候对藏政颓势已然是毫无究治之力，其所能做者，在《东方杂志》的评议文章看来是十分有限和不智的：对外之英方采取中立之态度，对内之西藏不特未能施以援手，还一再压制和禁其出兵。故此，当英兵驻扎于达赖喇嘛的花园时，清廷上下也未有顾念藏人之宗教情感而加以调停，而对达赖喇嘛及其随官逃亡之去向也一无所知[②]。驻藏官员所发挥的只是加速西藏落入英军手中的可耻角色。如此施政，清廷在外人前无异于自我放弃治藏主权，使英方有机可乘；在藏民面前，则又失其主权国之权势与地位，加大藏区对清廷的离心力，致使由达赖喇嘛领导的西藏地方政府对清廷的怨怼逐日增多；就国中知识层而言，对于清廷上下颟顸误国，他们的失望和怨恨亦是与日俱增。

在《论中国不宜委弃西藏》一文中，论者曾感慨到："英人之略取西藏也，中国人知之而若不知之。夫取人万里之地如窃一小物，为人所不及觉，非在中国不能得如此之机会也！"[③]该《志》将此文作为关注藏事的首篇文章，放诸"社说"一栏。"社

① 《论挽救西藏之策》(录自《外交报》)，《东方杂志》，1904年第9期，第135页。

② 《藏英战事纪要》(1904年8月9日香港电)，《东方杂志》，1904年第7期，第192～292页。

③ 《论中国不宜委弃西藏》，《东方杂志》，1904年第2期，第32页。

说”即今天的社论，足以代表一报馆或杂志社的同仁观点与整体立场。通观此文，虽对朝野上下在藏事上的无能无知态度，颇有讥刺，但其深意亦是希望国人对藏事的关注不再是只局限于知识分子，而应更广泛地扩大至普罗大众，并希望由下而上地影响当政者郑重处理西藏问题。事实上，向国人阐明西藏存亡与国中内陆关系的讨论，在该《志》的有关藏事评议中占了相当比例，而慨叹国人未能热切关注藏事发展则是这些文章的主题之一。由此，我们亦不难感受到刊载这些文章的用意是在于引发国人对藏事的关注，晓谕国人西藏虽偏于一隅，但其实与整个中国长治久安、国家富强有极为密切的关系。因此，编者选报或撰述社论时，往往有意引发舆情以激发国人的爱国心。而编者之所以有此举措，一方面固然在于主体的内心境界，另一方面的主因却在于当权者未能做好守土卫国、保护子民的职责，故编者惟有以报刊激发舆情，冀国人能行自救之道耳。由此，其评说也就多有引导国人关注国事的价值倾向。而他们一再言者，基本上不离以下数点：一、面对侵略者野蛮犯境，当政者却进退失据，国人应负起守土救国之责；二、英人定约诡谲多端，尽露侵夺中国在藏主权之祸心，国人应高度警惕；三、藏地既失，内地山河随之沦丧，国人不能继续对藏事冷眼旁观。面对敌人犯境而清廷怯懦无能，该《志》自觉地以监督者的身份向朝廷献言，同时通过引发舆论迫使清廷正视严峻的西藏现实，俾使国人能上下一心担负起守卫边疆之责。如：

> 印度之屏也，长江流域之上游也，英之攫西藏也宜。当俄人之有事于满洲也，而乘其隙以独占之，且掣俄之肘以助同盟国，英之于今日而急攫西藏也宜。乌呼！孰使我依违俄人之协约者？孰使我介乎英、俄之间，而以外交之拙劣滋口实使得公然舍我而直接者？乌呼！于英人乎何尤？于满洲，日、俄皆胜，我独败；于西藏，英、俄皆胜，我独败。俄牵于满洲之役，然决不能舍经营西藏之成绩也，其必与英战。虽然俄终牵于满洲之役，恐不能分肥于西藏也，其必攫新疆伊犁，略内外蒙古。①

从上引可以看出，论者已敏锐洞悉英兵侵藏的目的，并将之归纳为：英人视西藏为印度的屏障，认为得到西藏，英属印度就有了保障，免去了俄人的威胁。而得到西藏亦有利于其进逼中国内陆和扼制长江流域，使英人在中国无论是于政治上还是经济上，均占有利位置。这种推想和见解，在当时无疑是准确而深刻的，于今

---

① 《英兵入藏》，《东方杂志》，1904年第4期，第6～7页。

亦值得国人注意和省思。此外，论者亦知英于此时侵藏，固有为同盟国日本助威之意，更有趁俄无暇西顾而挥兵略藏之图。对于中国而言，列强在中国疆域厮杀逐鹿，不仅满洲、东三省将不为我有，即使西藏亦有失于英国之虞。俄国也将借机攫夺新疆、伊犁和内外蒙古。如此一来，中国东北、西南大半江山继东南沿海一带之不保后，也将相继落入列强之手。另外，该《志》的社论及其他文章在严责英人野蛮侵藏行径的同时，对其无视国际公约而任意践踏中国主权和干涉中国内政的丑恶行径亦进行了严厉的谴责。其中，最让编者愤怒的莫过于英人视中国为无物，公然策划和支持"西藏独立"。对此，该《志》编者逐条诘问：

何理也？夫西藏之隶属我版图，内与四川相竞，外与蒙古相属，而旁通于甘肃、青海诸境。若与英国提论，即爱尔兰、苏格兰之密迩于伦敦也；濠洲、印度尚非其比。假使有人谓爱尔兰宜独立，苏格兰宜独立，英人其许之乎？即不然，推而远之曰濠洲宜独立，印度宜独立，英人其许之乎？英人素以文明自居，今其言特野蛮若是。①

编者的连番诘难，直揭英帝国主义文明外衣下不断侵略别国领土的野蛮本质。事实上，英人的丑恶意图在其通告文牍中已表露无遗。如：英将幼夫现在晓谕藏民云："此次英兵进攻拉萨，因藏员前曾开罪英使，故此来索赔，此后藏民若再阻碍英人前进，亦必尽法严惩。又致书于达赖喇嘛，欲令其赔认失敬英使之罪。谓英国甚愿议和，惟以后如再有拒敌等事，适足自取其祸。"②英人基于本国利益，他们并不关心藏民之福祉。因西藏一旦独立，便割断与中国内地的血肉联系，从政治、经济乃至文化和血缘上自绝于中华民族，英人此时便有机会重新打造西藏的地位，使其依附于英国乃至同化于英国，最后顺理成章地成为英国的新殖民地。论者对英帝鼓吹"西藏独立"所包藏的祸心，实已洞悉透彻，故援韩国为鉴以晓谕国人：

西藏尚能常为我有乎？西藏不为我有，西藏遂能独立乎？夫甲午之役，韩国独立，然未及十年，今已全折于日本矣。西藏之于英亦犹是也。假使我保护西藏，责英人之无理，英人必以东三省为言，三省俄人显然据之。英人欲使各

① 《英人宣言西藏独立》，《东方杂志》，1904 年第 4 期，第 6～7 页。

② 《藏英战事纪要》，《东方杂志》，1904 年第 8 期，第 329 页。

国公许西藏独立，犹非私为己有也，不过为他日侵蚀之计耳！①

在批判英人的同时，编者也剖析了酿成西藏危机和导致英人得寸进尺的要因，乃基于主政西藏的清廷官吏庸碌无能之故："比年以来，勘界一事，驻藏大臣有泰委缩不前，遂使英人狡焉思启。"公开批判了清廷错用庸官，乃至藏事日靡。在另文中，论者也公开直指西藏之事乃误于朝廷政策，并藉此宣扬保卫边疆、匹夫有责之大义。其言曰：

> 然西藏固我国之属土也！今日我国人对于英人侵入西藏之感情，绝无有慷慨奋兴，如前此俄人初占东三省时之热度。此殆由于不明西藏之关系于中国者何若，一也；误于朝廷之政策，二也；为英人之口说所欺，三也。夫此三者，实为吾国人对于西藏问题，消阻其热度之原因。虽欲讳之，无可讳矣。②

论者认为国人不明西藏与国中之关系，故特以人种和宗教为切入点阐述二者难以割分的关系，继而从国家疆域之形势利害说明保卫藏土之重要性。其论人种和宗教之一体曰：

> 吾汉族人种，由西藏高原以入中国本部者，殆为学界所公认。则西藏者，实吾汉族发祥之地也。且吾国所流行之内典，皆由西藏转输而入，影响于通国极大（吾国称佛经曰藏经，本此）。是吾国人思想之开化，多受西藏之嘉惠（西藏介于中国印度之间，为佛教之承接地。吾国所谓三藏十二部者，西藏皆有……）。③

论者竭力从血缘、人种以至宗教信仰的精神层面，力证西藏与中国内地间实有密不可分的关系，并认为中国的人种与精神的根源发端自西藏。此类论述的证据，虽非科学确凿，但足见论者良苦之用心，盖皆出于悲切的爱国心之故。至于其论国家疆域形势之利害，则曰：

> 而但论形势上之利害，则西藏高原，为吾国江河两源所从出，殆如高屋建瓴，苟为英人所据，其害较俄人之占满洲为甚。盖满洲仅东之偏隅，而西藏则中国本部之首领，英人得此，拊背扼吭，更加以其力之自海而侵入者，上下交

---

① 《英人宣言西藏独立》，《东方杂志》，1904 年第 4 期，第 6～7 页。

② 《论英人侵略西藏》（录自 7 月 23 日的《时敏报》），《东方杂志》，1904 年第 8 期，第 310 页。

③ 《论英人侵略西藏》（录自 7 月 23 日的《时敏报》），《东方杂志》，1904 年第 8 期，第 311 页。

攻,能使吾中国本部之全体皆糜烂也。①

虽然国人当时已有此战略远见,但实无济于事,因为,此时的清政府已然是内外交困。用时人之言即是:“此次英藏之事,我政府诸公,怵于西人之举事,不成不已。我自与之交涉,从无一事能违其意。”政府官员“先自处于有强弱无是非,临事默不一言,但束手以听人屠割之理”②。而从这些评述的论调中,我们亦可体会该《志》的编辑及其同道的心境和用心所在。他们骨子里实是充满了对清廷治藏政策的不满。而该《志》一再转刊同道的文章,其意亦不过在于进一步扩大舆情,于集矢攻击清廷之余,更集中地激发国人的爱国热情。

除《东方杂志》外,《时报》从创刊开始就关注西藏问题,通过各种方式报道英军侵藏的事实。1904 年 6 月 19 日《时报》刊登《英人与西藏》(英国):

伦敦来信论西藏事云:寇仁少将之派兵西藏,今既不能贸然停止。英国下议院前日于开会时,印度总督之书记官曾宣言云:若土王不自求和,我英军于未至喇萨以前决不中止。故我甚望英兵之早达喇萨也。我英若不能服西藏,则印度甚有危险。或且因之以扰乱欧洲之平和,是非我英之所愿。且若不乘此时征服西藏,至日后彼若稍强则欲征服之更难。

该“要闻”介绍了印度总督之书记官在英国下议院宣布“英国侵藏之决心和侵藏之理由”。

《时报》还登载下列篇目报道英军侵藏:《外论撷华》(1904 年 6 月 14 日)、《英人又败藏兵》(电报)(1904 年 6 月 14 日)、《政府之与藏事》(京师新闻)(1904 年 6 月 14 日)、《英人西藏远征队》(各国新闻)(1904 年 6 月 17 日)、《英军进攻西藏汇记》(英国)(各国新闻)(1904 年 6 月 23 日)、《英兵进攻西藏汇记》(英国)(各国新闻)(1904 年 6 月 28 日)、《英军援兵进攻西藏》(十六日未刻伦敦专电)(1904 年 6 月 30 日)、《英攻西藏又记》(英国)(各国新闻)(1904 年 7 月 2 日)、《报界舆论》(1904 年 7 月 3 日)、《英人攻夺西藏炮台》(二十五日香港电)(1904 年 7 月 9 日)、《英人征藏兵数》(英国)(国外新闻)(1904 年 8 月 11 日)、《英人征藏记》(英国)(国外新闻)(1904 年 8 月 21 日)等。

---

① 《论英人侵略西藏》(录自 7 月 23 日的《时敏报》),《东方杂志》,1904 年第 8 期,第 311 页。

② 《论挽救西藏之策》(录自《外交报》),《东方杂志》,1904 年第 9 期,第 135～136 页。

第三节 治藏方略

一、拟改行省

清末民初，在列强入侵和中国边疆危机不断加深的背景下，西藏建省论一时盈满朝野。西藏建省论从民间舆论、督抚朝议最后上升到清政府的治藏方略，体现了中央加强西藏地方治权的决心。中、英两国在西藏地方权力博弈的平衡随着辛亥革命的爆发而被打破，清政府在西藏的经营也随之结束。相对晚清而言，民国初年的西藏建省论仅仅是一种政治理想，并最终成为中、英两国在西藏地方讨价还价的谈判砝码。由于中央驻藏势力已被彻底清除，加之内乱不已，民国初年北京政府面对英国与西藏的联合大多都停留在外交谈判层面，西藏建省最终未能实施。

19 世纪下半叶，列强对中国边疆的蚕食鲸吞日甚一日。清政府为守土固边，开始着手对边疆地区进行一系列的行政建置改革，其中最主要的一项内容就是改边疆为行省，实行与内地统一的管理制度。1884 年，清政府任命刘锦棠为新疆巡抚，设置新疆行省。1885 年，清政府任命刘铭传为台湾巡抚，筹划台湾建省。1907 年，清政府裁撤盛京、宁古塔、黑龙江三将军，改置奉天、吉林、黑龙江三省。在此背景下，西藏建省论应时而起。辛亥革命后，英国乘机煽动和支持西藏独立，将前清驻藏官兵驱逐尽净。为维护中国在西藏的主权与治权，民初政府发表了蒙、藏、回疆均为中国领土的宣言，视蒙、藏、回疆与内地各省地位等同。西藏建省的呼声因而再度响起。由于中央政治、经济实力不济，加之列强干涉，终民国之世西藏也未能恢复与中央的正常关系，西藏建省最终未能完成，但时人的相关讨论及近代中央政权的得失，或多或少为今天西藏的建设和发展提供了有益的借鉴。

目前学术界对近代边疆建省问题已关注较多，但专门针对西藏建省的研究成果尚不多见①。有鉴于此，本节尝试就此问题作一初步探讨。

西藏建省的讨论，最早始于 19 世纪末期。1876 年，英国以“滇案”要挟清政府

① 据视野所及，直接讨论近代西藏建省问题的文章有孙宏年：《20 世纪初英国对中国西藏的侵略与西藏建省问题研究》(《西藏研究》2004 年第 3 期)。其他相关著述有秦和平：《1912 年民国政府筹治西藏措施述评》(《中国藏学》1993 年第 4 期)，苏德毕力格：《晚清政府对新疆、蒙古和西藏政策研究》(内蒙古人民出版社，2005 年版)，马汝珩、马大正：《清代的边疆政策》(中国社会科学出版社，1994 年版)，苏发祥：《清代治藏政策研究》(民族出版社，2001 年版)等。

与其签订烟台条约，其中重要的一款即英人可以“入藏”考察，为日后英国染指西藏留下了隐患。1888年，第一次英国侵藏战争爆发。藏军虽英勇抵抗，但清廷却主和，并罢免了支持抗英的驻藏大臣文硕。战争结果是清政府与英国签订了《藏印条约》与《藏印续约》，承认锡金归英国保护，开放西藏的亚东为商埠，英国在亚东享有治外法权以及进口货物五年不纳税等特权。清政府在侵藏战争中的妥协和无能令藏人深感失望，而英国的势力也从此渗入西藏。中英在西藏地区之间的冲突使国人对边事的关注逐渐从西北边疆转移到西南边疆，朝野上下开始关注藏事，筹划治藏方略。新疆、台湾建省不久，即有人建议将西藏也改为行省，巩固藩篱：“近来台湾、新疆，缘琉球、缅甸，为他国并吞。屏障藩篱，迥非守在四夷之旧。于是仿十八行省例，添设巡抚及司道以下诸员，台湾别于福建，新疆别于甘肃。经营草创，示久安长治规模。而藏与滇蜀相邻，逼近印度，有不得仍恃驻防者。不若收入版图，改为行省，徐策富强。既可杜旁伺之心，复不致前功尽弃，时哉。”[①]清末舆地学家王锡祺的西藏建行省议指出：“西藏紧邻印度，英人久欲假道以通市于川滇，所不敢公然争占者，因我驻有重臣，地久内属，非若琉球、越南，仅朝贡称臣已也。然处心积虑，匪伊朝夕。猝遇事变，必多要求。不如未雨绸缪，固我藩篱，绝其窥伺。考西藏辖城六十八，营一百二十四，设戴哔治兵，设碟巴治民，设堪布治喇嘛，虽受制于达赖喇嘛，而总其成于两驻藏大臣。形格势禁，井井有条，酌建行省似甚易。如前藏、中藏、后藏、拉里，可分驻提、镇、司、道也；里塘、巴塘、察木多、拉里等粮台可建府也；江卡、乍丫、洛龙宗、硕班多、冰坝、江达、墨竹工卡等处可建州县也。”[②]围绕西藏建省问题，民间观点不一，但均停留在讨论阶段。有人赞同西藏建省，提出在拉萨设西藏巡抚，总理全藏事务。改驻藏大臣为西藏将军，移驻后藏扎什伦布。改四川总督为川藏总督，兼管川、藏二省。但又认为西藏建省困难颇多，诸如地广人稀，财力贫瘠，不足以供给行省体制运作之经费，改省并非唯一办法，当务之急是派重兵入藏，以防强邻入侵等[③]。此一时期的西藏地方政教上层对清廷已日益疏远，与驻藏大臣的关系也逐渐恶化。西藏僧俗大众通过春都会议（民众大会）影响噶厦政府施政，驻藏大臣的权威受到挑战。达赖喇嘛开始投靠沙俄，实行联俄制英的自保

① 阙名：《西藏改省会论》，《小方壶斋舆地丛抄》第三册，著易堂光绪十七年版，第96页。

② 王锡祺：《西藏建行省议》，《小方壶斋舆地丛抄》第三册，著易堂光绪十七年版，第97页。

③ 苏德毕力格：《晚清政府对新疆、蒙古和西藏政策研究》，内蒙古人民出版社2005年版，第109～110页。

策略，在英、俄两国之间寻求支持。1903年，英国第二次武装入侵西藏，次年占领拉萨。达赖喇嘛出逃外蒙库伦，西藏地方当局与英国签订《拉萨条约》，这些都致使西藏地方与中央的矛盾更加尖锐。而此时清政府的各项新政措施已次第展开，为巩固边疆，树立中央权威，决心收回在西藏逐渐失去的治权。故西藏改制建省之议，也开始从民间扩展到官方，朝野上下就西藏建省的利弊问题各抒己见，展开了热烈的讨论。

地方官僚中最早提出西藏建省的是赵尔丰。1904年，时任四川建昌道的赵尔丰向四川总督锡良上《平康三策》，主张"移川督于巴塘，而于四川、拉萨，各设巡抚，仿东三省之例，设置西三省总督"①。不久，内阁中书尹克昌亦奏陈："今日能收回西藏，改建行省最为上策。如果不能，惟有划出四川雅州府、宁远府、打箭炉厅，云南丽江府、永北厅、永宁土府，以及巴塘、里塘、明正、瞻对各土司之地，添设建昌行省。"②1907年5月，两广总督岑春煊上奏清廷，提出了一个较为系统的筹边方案，西藏建省是其中重要内容之一："西藏交涉极重，商埠将开，亦宜及早议办。现设滇蜀边务大臣，拟以原来察木多地，东括打箭炉，南至乍丫，西至宁静，属滇蜀大臣，名曰川西省；布达拉及扎什伦布、阿里，则仍属之驻藏大臣，名曰西藏省。"③赵尔丰此时任川滇边务大臣，对岑春煊所提西藏建省意见非常赞同，指出："以形势论，西藏亦当建省，提前经营，以杜外患。未雨绸缪，未见晚也。臣在边数年，详细考察康藏以前之横散，实因无人经营。如令建省，连贯一致，共筹边圉，俾便国防负责有人，随时预防，以备不虞，依其俗而导其政，练兵、兴学、采矿、开垦，悉为蕴富之源，数年之后，当有可观。此边藏时不容缓之事，亦势也。"④

民间新闻传媒此一时期也大量刊载有关西藏建省问题的文章(见附表)。1902年9月12日《大公报》登载《西藏置行省论》，讨论西藏建省问题。1904年，《东方杂志》发表时评文章《西藏不能设行省》："近人谋西藏善后者，多有设为行省之说。而政府诸公谓藏地辽阔且苦寒，民情剽悍，若设行省，恐不易治，当派一将军，镇以重兵，足以管辖等语。按政府处理西藏之事，不能实行向者对于保护国之权利，反纷纷焉拟设行省，所谓治丝愈纷也。夫我国自抚定西藏以来，已操有外交、兵政之

① 吴丰培：《赵尔丰川边奏牍》，四川民族出版社1984年版，第2页。

② 《内阁中书尹克昌奏请添设建昌行省折》，《东方杂志》，1905年第8期。

③ 四川省民族研究所：《清末川滇边务档案史料》(下)，中华书局1989年版，第925页。

④ 四川省民族研究所：《清末川滇边务档案史料》(下)，中华书局1989年版，第921页。

权利矣。所欠者，不过货币而已。今因不能实行此权利，外人得搀而夺之，乃欲建设行省。无论其宗教、语言、文字之大相径庭也，即幸而与我渐习而同化焉，然以我国行政区域之纠纷，其与新疆置省之利，相去又几何哉！”[①]1905年，《南方报》载《筹藏论》，主张在康藏地区设立川西省，认为：

> 中国(内地)与西藏接壤之地，北以青海、东以四川为最长。入藏之路，北有由西宁经青海南行一路，东有由四川出巴塘西行一路。近年驻藏大臣大率由川入藏，而驻节之地又常在打箭炉一带，故川藏关系亦以日深。以地势言，西藏前临印度，后拒新疆，右连中亚，实为西南之屏蔽。而由藏地以趋川省，上之可出扬子江上游，以取见瓴之势。次之亦可交通秦陇，以成犄角之形。故川藏相联，有如唇齿，欲图藏事，不得不先顾川省者势也。惟川省地方辽阔，川西一带蛮戎窟宅，几为声教不及之区。总督远驻成都，布置一切，诚虑鞭长莫及。近者，三瞻之事稽延累月，未得一当，即其明征。然若不布置川西，则后路堪虞，藏事亦难于下手。谓宜将四川划为两省，分设川西巡抚以董理之，而仍受成于总督。庶精神得以专注，呼应亦可以较灵。所有兴革事宜亦可与驻藏大臣声气相通，藉收指臂之效而不致仍前隔膜。此实为整理藏事之第一着也。[②]

论者认为先从川西进行行政区划改革可以使川、藏“呼应亦可以较灵”，最重要的是这种循序渐进的改革不至于激起藏区“事变”。1906年，《东方杂志》刊登题为《拟改设西藏行省策》的文章，指出：“今藏约虽未议定，而中国主权，外人固未尝明目张胆直接不认。中国在藏主权一旦全失，人即可以从容收其地；中国在藏主权一日犹存，人即不能谈笑夺其国。故中国不欲保西藏，西藏可以不改为行省；中国若欲保西藏，为两川之屏蔽，使人之势力不能由印度以直达西藏，长驱直入，贯通于扬子江诸行省。则保藏即所以保两川，保两川即所以保湘、鄂、皖、豫、宁、苏六省之腹地。西藏改为行省一策，万不能坐失事机，再缓须臾。”[③]民间知识分子围绕西藏建省问题的热议多是出于保家卫国的民族情结，他们对西藏政教合一的特殊历史传统，对当时中央权威在西藏日趋衰颓的现实，对西藏各种势力的复杂关系及西藏建省所面临的实际困难并无深入的调查和了解，其观点多为纸上谈兵。相对而言，长

---

① 《西藏不能设行省》，《东方杂志》，1904年第11期。

② 《筹藏论》，《东方杂志》，1905年第10期。

③ 《拟改西藏行省策》，《东方杂志》，1906年第2期。

期经营边事的封疆大吏对西藏建省利弊的分析较为全面而透彻，他们的意见也左右着清政府最后的决策。1907年12月，时任驻藏大臣的联豫上奏清廷，对治藏方略与建省利弊提出了自己的看法：

夫以藏番之性情如此其狡诈也，而藏地之形势又如此其重大也，为今之计，自非改设行省不可，万无疑义。然政贵实行以收效，不尚虚声；事以积久而日非，难期骤革。藏中之事，惟有徐徐布置，设官驻兵，藉防英防俄为名，而渐收其权力。布置既已周密，三四年后，只须一道纶音，则诸事均可就绪。若今日正值藏番疑贰之际，改设行省之议，彼亦久有所闻，满腹群疑，时刻防范，我则无兵无饷，一切均未布置。忽然改设行省之命下，则番官必至于梗顽不从。因而生变，铤而走险。不惟坚其外向之心，且恐祸起萧墙，又不知烦几许兵力，而得失尚难逆料也。……奴才以为，时事至于今日，但求实事，不在虚名。若驻藏大臣忽改为总督巡抚，是徒启番人之疑惑，而于事实无益。驻藏大臣名目，暂时不必更换。俟数年后，我果能展其权力，然后再正其名，未为晚也。①

联豫曾随薛福成出使欧美，通晓洋务，是满洲贵族中较开明者。1906年驻藏大臣有泰被张荫棠参劾后，联豫继任驻藏大臣兼任帮办大臣，开始了长达6年的治藏生涯，直到辛亥革命爆发和清廷覆亡。他在通筹西藏历史与现实的基础上，认为西藏建省条件远未成熟。指出“达赖喇嘛夜郎自大，一切事权，咸欲操之于己。蔑视汉官，大肆倔强”。警告中央在西藏“无兵无饷”的情况下，若贸然改制，必然导致地方当局“因而生变，铤而走险”的恶果。故联豫提出“但求实事，不在虚名”的观点，主张西藏暂缓建省，而“暗则密为筹划”，以为“改设行省之张本”。联豫关于西藏暂缓建省的建议，综合考量了中央政府在西藏的实际影响力、达赖及西藏当局对中央的离心倾向以及英俄外国势力对西藏的渗透。这远非那些未曾亲履边地，仅凭舆图书籍和爱国热忱的内地知识分子所提出的“西藏建省”论所能比拟。用他自己的话说，是“五夜焦思，一筹莫展”情况下据实提出的可行办法。

对于联豫的暂缓建省意见，清廷最初并不赞同。1908年，清廷任命素以强硬手段推行“改土归流”著称的赵尔丰为驻藏大臣兼任川滇边务大臣。同时任命其兄赵尔巽为四川总督，以四川为治藏之基础与后援。清廷这一做法很快遭到藏人的

① 吴丰培：《联豫驻藏奏稿》，西藏人民出版社，1980年版，第48页。

强烈反对而作罢，不得不解除赵尔丰驻藏大臣职务，重新采纳联豫的计划，在西藏实行渐进性改革。之后联豫在西藏的新政措施，即贯彻了“但求实事，不在虚名”这一理念。从1907年开始，联豫在藏陆续创办《西藏白话报》、印书局和学堂，设立督练公所和巡警总局等。在行政管理体制上也是大刀阔斧地改革，如裁撤驻藏帮办大臣，设立驻前藏、后藏参赞，协助驻藏大臣管理西藏事务；设立治事议事厅，分科办事；在曲水、哈拉乌苏、江达、山南、硕般多等地设立基层委员等。这些措施的目的是收拢和强化中央对西藏的治权，并仿照内地总督巡抚衙门体制设官任事。正如曾任驻藏帮办大臣的温宗尧所建言：“不必遽改西藏之地为行省，而不可不以治行省之道而治之。”[①]联豫在西藏的一系列新政措施，贯彻了他当初“暗则密为筹划”，以为“改设行省之张本”的宗旨。但历史的发展并未给清廷完成西藏建省的机会。辛亥革命的爆发，甚至使原本已成熟的西康（川西藏区）建省计划也不得不中途废止。

辛亥革命和政权鼎革，并未造就一个强大、民主、自由而统一的中华民国政权。相反，地方的分离倾向和军阀政治的特点在民国初年更加突出。历届民国中央政权都强调汉、满、蒙、回、藏五族共和，事实上遥处边陲的蒙古和西藏部分分裂势力都将这次改朝换代视为脱离中央政府的良机。1911年11月，辛亥革命的消息传到拉萨，驻藏川军在哥老会的领导下乘机哗变，劫持了驻藏大臣联豫。但哥老会成员良莠不齐，川军内讧，自相残杀，造成恶劣影响。西藏的动乱为英国干涉藏政提供了借口，达赖在英国的支持下重返西藏，并发动藏军驱逐中央政府驻藏官兵——即“第一次驱汉事件”。弹尽粮绝的川军最终在英国和廓尔卡人（尼泊尔的一个部落）的调停下缴械投降，途径印度分批回国。1913年1月，重返西藏政治舞台的达赖向全藏民众发布了驱逐汉人的布告，内称“内地各省人民刻已推翻君主，建立新国，嗣是以往，凡汉人递到西藏之政令，概勿遵从。身着蓝色服者，即新国派来之官吏，尔等不得供应”。“自示以后，凡我营官头目人等，务宜发奋有为。苟其地居有汉人，固当驱逐净尽，即其地未居汉人，亦必严为防守，总期西藏全境汉人绝迹，是为至要”[②]。自此，中央在藏治权失落殆尽，汉人在藏势力全无。“军人退伍，商人

① 温宗尧：《为陈治藏当务之急请代奏事致赵尔巽咨》，见中国藏学研究中心：《元以来西藏地方与中央政府关系档案史料汇编》，中国藏学出版社1994年版，第1622页。

② 朱锦屏：《西藏六十年大事记》，中国社会科学院近代史所馆藏，1925年版，第27页。

畏逃，前后藏几无汉人足迹”[①]。

民国初年的西藏建省论是晚清西藏建省论的继续。不过此时的北京政府面对的西藏局势更加复杂，困难更加严重。在西藏“几无汉人足迹”的客观事实下，西藏建省论只能停留在一种理想和舆论上。早在西藏“驱汉事件”之前，民国北京政府任命驻藏川军统领钟颖为西藏办事长官，例行前驻藏大臣之职，尝试实现中央驻藏机构的平稳过渡。针对达赖喇嘛发动的“驱汉”战事，袁世凯在全国平乱安藏的呼声下曾一度采取了果断措施，命令四川都督尹昌衡、云南都督蔡锷组织西征军，兵分两路进藏平叛。至1912年8月，西征军已收复了清末川滇边务辖区的大部分失地。可惜由于英国的强烈干预和威胁，北京政府最终令西征军止兵于江达，坐视达赖势力将驻藏汉军驱逐出藏。无论如何，西征军的胜利进军打击了西藏地方武装的猖狂气焰，新一轮西藏建省论又成了舆论的热点。《申报》、《东方杂志》等国内主流报刊媒体连篇累牍刊载有关藏事交涉、西藏建省方面的评论、消息和文章，表达了舆论界知识分子和地方政要对西藏主权的严重关切。如申报1912年4月13日报道：临时大总统袁世凯对“西藏设治一举甚为注意”，“拟在临时政府任内，会同参议院将此问题议定办法，改为行省”，“将此事作为国会第一议案，议决实行，以固屏蔽而重版图”[②]。4月14日，申报又称“总统府集议治藏政策”，包括“请达赖喇嘛速回拉萨”、“保护藏地英商”和“改设行省”等六项[③]。5月22日，《申报》报道外交总长陆征祥奉命赴英，就“英兵入藏”、“西藏改建行省”与恢复达赖教权等事进行交涉[④]。《东方杂志》第9卷第1期转载《英兵入藏论》，提出了对解决藏乱的建议：“改西藏为行省，实行政教分离。筑川藏铁路，以利交通。兴(办)江孜工艺厂，以兴实业。徙南方兵队，开垦伊库山察穆哈尔诸地，一以镇番众，一以兴地利。乘民国成立之机，与英协商，将旧约中丧权失利之处，逐渐修改，以收回主权。”[⑤]第9卷第5期转载《证明英人无可干涉藏事之理由》，认为英国是造成西藏乱象的根源，权衡中国国情，解决西藏问题似乎只有外交一途：“……嗟夫！西藏既去，必开满蒙之先。满蒙若亡，必成瓜分之局。我国今日，其武力既不足以御外侮，所恃以旋乾转

① 《护理西藏办事长官陆兴祺函》(1913年1月6日)，中国第二历史档案馆藏档案，1045-941-345。

② 《西藏改省之动机》，《申报》，1912年4月13日。

③ 专电，《申报》，1912年4月14日。

④ 专电，《申报》，1912年5月23日。

⑤ 《英兵入藏论》，《东方杂志》，1912年9卷第1期。

坤、侥幸图存者，惟外交家灵敏之手段而已。”①与新闻舆论相呼应，北京的国会议员也就西藏问题提出改省建议，认为“蒙藏尤宜速设行省，以期划一”②。西藏建省的动议，英国和达赖为首的西藏当局早有耳闻。中央若在西藏地方设立行省，实行与内地一样的管理体制，这是英国和达赖方面最不愿看到的结果。1912 年 4 月，袁世凯令裁撤前清理藩部，将原理藩部事务归并内务部管理，意在对蒙、藏、回疆实行与内地一样的治理体制。“凡蒙、藏、回疆等各地方，同为我中华民国领土；则蒙、藏、回疆各民族，同为我中华民族国民。自不能如帝政时代，再有藩属名称。此后蒙、藏、回疆等处，自应通筹规划，以谋内政之统一，而冀民族之大同。民国政府于理藩不设专部，原系视蒙、藏、回疆与内地各省平等。将来各该地方一切政治，俱属内务行政范围”③。5 月，英国驻华公使朱尔典针对袁世凯的命令提出强烈抗议，认为民国政府“明确将西藏视同中国一行省”，“改变了西藏的政治地位”④。6 月，朱尔典向外交总长陆征祥表示：“英政府不能坐视中国将西藏改为行省。”并威胁“若中国派出兵队越过西藏境界，则其结果必甚危险”⑤。8 月 17 日，朱尔典为藏事正式照会民国外交部，并以不承认中华民国相威胁。照会主要内容是“不能承认中国有干涉西藏内政之权”，“西藏内政应归西藏官吏自行处理”，“袁大总统四月二十一日所发命令，谓西藏与内地各省平等，又谓西藏地方一切政治俱属内务行政范围各语，均不能承认”，“中国于拉萨或西藏驻无限制兵队一节，英政府不能承认”⑥。虽然民国政府对英国的照会据理反驳，但西藏改省一事不得不搁置起来。7 月 29 日，民国北京政府成立蒙藏事务局，专管蒙藏地方事务。这表明中央政府不再坚持将西藏与内地行省一体看待，而是采取特殊的治理措施。之后“建省”二字仍多次出现在中、英两国与西藏地方政权的外交文献中，但这仅仅是表达了民国北京政府的一种政治诉求，是中、英两国与西藏地方政权谈判中的一个不重不轻的砝码而已。说它不重，是因为在当时政治格局中，中央在西藏无一兵一卒，内外

---

① 《证明英人无可干涉藏事之理由》，《东方杂志》，1912 年 9 卷第 5 期。

② 《参议院第三次会议速记录》，《政府公报》第 12 号(附录)，1912 年 5 月 12 日。

③ 《令满蒙回疆归内务部管理》，《东方杂志》，1912 年第 12 期。

④ 周伟洲：《英国俄国与中国西藏》，中国藏学出版社 2000 年版，第 347 页。

⑤ 中国藏学研究中心：《元以来西藏地方与中央政府关系档案史料汇编》，中国藏学出版社 1994 年版，第 2385 页。

⑥ 中国藏学研究中心：《元以来西藏地方与中央政府关系档案史料汇编》，中国藏学出版社 1994 年版，第 2386 页。

交困,建省几无可能。说它不轻,是因为建省一事关涉到中央对西藏的主权和治权,不能轻言放弃。

总的看来,晚清民初的西藏建省论是应时而生的结果。在近代列强入侵和中国边疆危机日益加深的大背景下,边疆地区的离心倾向几乎无法避免。清政府在守土固边、收回政权方面并非全无作为,通过在新疆、台湾、东北等地改置行省,对巩固边圉、维系王朝的统一起到了一定的作用。清末西藏建省论从民间舆论、督抚朝议最后上升到政府的施政方向,体现了晚清政府收回西藏主权和治权的决心。在综合考量的基础上,清政府采取了激进与缓进相结合的办法:一方面是在川西藏区大刀阔斧地改土归流,筹建西康省,以为西藏建省的基础;一方面在西藏地区厉行新政,完善机构与设施,派官任职,加强驻藏兵力,创造建省的条件。晚清治藏政策的强化无疑压缩了达赖为首的西藏地方势力的活动空间,并迫使它进一步倾心外向。中、英两国与藏地方权力博弈的平衡随着辛亥革命的爆发而被打破。达赖在英国的支持下排斥了中央驻藏势力,并推翻了晚清在西康地区改土归流的成果。相对晚清而言,民国初年的西藏建省论仅仅停留在政治口号上,它表达了北京中央政府收回西藏主权和治权的政治姿态,并最终成为中、英、藏地方政权讨价还价的条件之一。直到 1934 年南京国民政府派遣黄慕松入藏祭祀达赖止,汉人在西藏无一兵一卒,建省在当时显然不是一条实际可行的道路。汉、满、蒙、回、藏五族一体是中华民国处理民族边疆问题的重要思想,收回西藏主权是民国历届政府不变的大政方针。随着时间的流逝,西藏建省论逐渐淡出了人们的视野,国民政府开始采取更加务实的措施恢复中央与西藏的关系,这一过程是如此的复杂和曲折,直到 1949 年西藏发动第二次驱汉事件,历史重又回到了原点。

附表:媒体关于西藏建省的报道

报　刊	文　　章	时间(卷/期数)
《申报》	西藏改设行省之准备	1908 年 10 月 10 日
	御史奏陈西藏改省之宜缓	1908 年 11 月 3 日
	御史奏请缓改西藏	1908 年 11 月 21 日
	达赖仍不赞成西藏改省	1909 年 11 月 2 日
	筹备藏卫改建行省之大纲	1910 年 4 月 16 日
	西藏改省之动机	1912 年 4 月 13 日

续　表

报　刊	文　　章	时间(卷/期数)
《时报》	西藏改设行省近闻	1908 年 7 月 3 号
	再记达赖与西藏·达赖对于藏政之意见	1908 年 11 月 5 号
	论西藏之设行省之非计	1910 年 4 月 14 号
	议实行蒙藏改省之先声	1910 年 10 月 5 号
	专电[改设行省]	1911 年 7 月 9 日
	川藏改省	1911 年 8 月 27 号
《神州日报》	政府拟建设行省于西藏	1907 年 6 月 5 日
	西藏改革问题	1908 年 3 月 29 日
《时务报》	《西藏置行省论》	1902,(11)
《大公报》	《西藏置行省论》	1902 年 9 月 12 日
	《西藏置行省论》	1903 年 9 月 12 日、13 日
《东方杂志》	《西藏不能设行省》	1904,(11)
	《拟改设西藏行省策》	1906,(2)
《大同报》	西藏分为两省	1907,(6)
	预备以西藏改行省	1908,(11)
	西藏改设行省之难	1908,(12)
	西藏改设行省之议作罢	1908,(14)
《广益丛报》	西藏将改行省之计划	1908,(6)

二、其他治藏方略

20 世纪初,随着英、俄两国对西藏的争夺,使西藏的局势变得错综复杂。英国进行武装侵略的同时,还拉拢西藏上层,培植亲英势力。与此同时沙俄也派遣大批特务入藏,唆使达赖采取亲俄政策。在这种政治格局中,由于清王朝国势的衰颓,不可能对英、俄等列强予以有利的打击,从而达到保护西藏、维护国家主权的目的。清王朝虽然内外交困,但在力所能及的情况下仍坚持对西藏的治理。1905 年派赵尔丰在川边藏区推行“改土归流”政策,1906 年先后又派张荫棠、联豫进藏推行新政。

关于清朝政府对西藏的整顿，《时报》给予了充分的关注。1908 年 7 月 16 号要闻栏登载了《再记达赖喇嘛与列国》：

政府夙知西藏之可危，颇思改良西藏之行政，因命赵尔丰为驻藏大臣，又命赵尔巽为川都，以期兄弟联络彼此相应，整顿军事、教育、农业等易于得手也。惟又恐西藏人心或致外向，故于此次喇嘛来京极意笼络，以为收拾边隅之计。

从政府官员的安排到整顿的具体内容，我们不难看出清廷的改革愿望。在改革的过程中难免触动上层统治者的利益，再加上官吏在改革中措施的失当，必然造成民族矛盾的加深。1909 年 12 月 21 号的北京专电就有这样的报道："西藏番僧又电政府，力排边防大臣赵尔丰。政府覆电令僧众毋得误会滋事，并电赵尔丰诸事慎办不可操切。"从报道中我们可以发现赵尔丰的改革并没有得到藏族群众的支持，对于改革，政府采取的也是审慎的态度。

清政府一方面革除现存流弊，一方面筹划未来的建设。西藏地处西南边陲，所处位置对国家的安全十分重要，但由于经济落后，道路交通与其所处的重要地位相差甚远，为了抵御列强的侵略和加强边疆的经济建设，清政府开始筹划修建铁路。

《时报》1908 年 8 月 30 号登载了北京专电："政府决议整顿西藏，兴学务、筑铁路、添电线、开矿产，各要政实力举行。"1910 年 3 月 21 号，北京专电："各国闻政府倡议筑造川藏铁路，纷纷运动输入借款及包料包工，至有不惜巨资为运动费者。"1910 年 9 月 6 号，要闻栏登载了《设立川藏铁路大臣》："邮传部以川藏铁路关系重要，曾有仿照津浦铁路办法设督办大臣，专司其事，商诸枢府。朗贝勒以津浦办理既未得法，川汉粤汉亦如此结同，不如仍派川督赵次帅就近办理。于经费既可节省，且于地方情形不致隔膜。徐协揆亦以为是。刻下邮部已将设川藏督办铁路大臣之议取消。"1910 年 9 月 23 号登载了《温都统宗尧咨请川督代奏维持西藏大局折》，并登载北京专电："邮部电谕川藏大臣，速筹巨款开筑春丕至拉萨铁路以发中藏交通利益。"1910 年 10 月 9 号专电："邮部拟借外款，修建川藏铁路。"1910 年 12 月 11 号刊载要闻《川藏铁路将来之交涉》："现在有人办川藏铁路，闻内中有某国洋款在内，出名者系某京官，表面仍用商办招股名义。恐又酿成将来之交涉，执路政者不可不慎其始也。"

通过这些报道我们发现清政府十分重视边疆铁路的修建，已开始涉及机构的设置、经费的筹集、线路的设计等诸多问题。

除了构想铁路的修建外，报道中还提到了架设电线的问题。《时报》1908 年 7 月 1 号，在译闻栏中登载了《整顿西藏近闻》："《字林西报》北京访函云：中政府以达赖喇嘛入觐之期已近，特命藏约大臣张荫棠来京，以便与外务部、达赖会商整顿西藏之策。邮传部亦欲自拉萨藏京架设电线直达成都，以期消息灵通。"1908 年 12 月 1 号，北京专电："驻藏边务大臣赵尔丰电邮传部，略谓川藏未有电线，交通不便，办事甚为棘手，务宜从速兴修。监国摄政王醇邸谕理藩部尚书寿耆，西藏事宜须要全行议妥，始可令达赖喇嘛回藏。"1908 年 7 月 14 号，北京专电："资政院决议添设蒙古、西藏议员各十名。政府为联络四川、西藏、新疆、阿尔泰山四处为一气，决设川藏新阿电线。"

无论是修建铁路的计划还是架设电线的构想，对当时的清王朝来说都是处在准备阶段，因为当时的国力还无法顾及边疆建设。

清末的官员们在社会改革问题上已达成了共识，因此驻藏官员除了筹划经济开发外，同时还注意文化建设。《时报》1907 年 7 月 17 日奏折栏刊登的《驻藏大臣联奏拟在藏中开设白话报馆及藏文汉文传习所片》可以清楚地看出他们的改革思路和措施：

再奴才详查，藏中人士锢蔽已深，欲事开通难求速效，故思渐开民智莫善于白话报。与其开导以唇舌，实难家喻而户晓。不如启发以俗语，自可默化于无形。奴才现已于藏中开设白话报馆一所，参仿《四川旬报》及各省官报办理。以爱国尚武，开通民智为宗旨。通篇全译唐古忒文字，取其便于番民览阅。商之该商上噶勒丹池巴等，亦甚为踊跃赞成，并将前藏僧俗各官花名开单送阅，请先派销约计三百余分，其自来购阅者尚不在内。适查办大臣张荫棠带来石印机器一副，旋将第一期报本由奴才捐廉印刷发送。探悉番情，均甚乐观。现已专差赴嘎里嘎达添购机器，不日可到。其中如有不甚恰当之处，力事改良，以期用笔代舌，开化迷信。将来文明渐进，购阅自多，庶咸知外国情形，举行一切新政，似尚不无裨益。

1907 年的内地，各类报刊的出版发行已相当繁荣，但当时的西藏还没有现代报刊的出版发行，驻藏官员自己捐钱创办《西藏白话报》，力图启发民智，对西藏的文化建设是有意义的。他们除了重视报刊的作用外还重视人才的培养和教育的发展：

再藏中汉番人数虽属不多，然汉人之能解藏文者，奴才衙门中不过一二人。藏人之能识汉文者，则犹未一见。每遇翻译事件，实不敷用，且办事亦觉隔膜。奴才因又设藏文传习所、汉文传习所各一区。选派汉人子弟十余名，专学藏文。选派藏人子弟二十余名，专学汉文。将来渐广，则汉人识藏文者既多，无虞扞格。而藏人能识汉文，理义自可通晓，尤为有益。所有藏文传习所经费由奴才捐廉暂行试办，汉文传习所经费系由藏中筹款办理。以上数事刻下均已开办，至于初级小学堂现已修改完竣，一俟四川教员来藏，即行开堂。

除了文化建设外，驻藏官员还关心西藏的医疗事业和农业发展：

又因民间疾病甚多，而不解医药，殊觉可悯。现拟设立施医院一所，以济疾苦。藏河两岸膏腴之地亦甚多，而不知耕种，更为可惜。现已派人速购秧苗并办农器使之试种。如果收获有利，则明年之栽种者必多，田畴日辟，可立而待。

最后向朝廷禀陈了改革的艰难：

藏中各处矿产亦已派人会同番官分道前往采探，凡此数端俱拟赶紧设法开办，此数月以来藏中之情形也。藏民均称安静，其客民之寄居于此者，以夷律苛虐，心多属汉。惟番官疲玩因循，不知振作。奴才智识庸愚，加以人财两绌，一切举办为难，焦虑苦思，迄今尚无良策。惟有尽其力之所能为者，逐件作去，以期无负我朝廷抚绥藩服之至意。除将白话报馆简章咨送学部、民政部外，所有开设白话报馆及汉文、藏文传习二所各缘由，理合附片先行陈明，伏乞圣鉴训示，谨奏。

西藏的改革能否成功除了政策符合实际外，还要有强大的经济实力做后盾，而西藏地方的经济十分落后，清朝政府更是入不敷出，不能给西藏以强有力的经济支援，所以联豫的改革是不可能成功的。清末新政为何失败，原因是多方面的，此不赘谈。

三、达赖出逃

英军的入侵、俄国的诱惑、清政府的软弱无能，面对如此复杂的国际环境，达赖开始了他的第一次逃亡。此次逃亡实际上是达赖在寻找真正的支持者，因此，其行为就变得非常复杂。对达赖行为的复杂性，《神州日报》给予了充分的关注和报道。1908 年 7 月 6 日—7 月 9 日要闻栏登载了《达赖喇嘛至五台山纪事》，报道了达赖到五台山的时间、在当地引起的反响、信教民众的膜拜等。1908 年 7 月 9 日，要闻栏又登载了《达赖谕文》、《达赖下诸堪布谕》、《五台县移堪布文》、《五台县之告示》。达赖到晋后，地方官的准备和迎接以及达赖及其随从的各种活动，《神州日报》都进行了跟踪报道。除了报道达赖的觐见过程外，还报了达赖在京的活动。1908 年 10 月 30 号要闻栏刊登了《达赖与俄使久谈》："达赖喇嘛赴各国公使馆，答拜各国公使，由理藩部寿侍郎、外务部张丞堂伴同前往。到各使署后，寒暄数语即行辞别，惟在俄使署，坐谈最久。因达赖通俄语，与俄公使相谈无须通译，故言谈较为亲密也。"可以看出达赖在京觐见期间仍与俄国保持密切联系。达赖 1904 年 7 月出走，出走前他准备到京觐见，但到 1908 年 9 月才到达北京。通过《神州日报》的报道我们可以发现：达赖在处理与清朝中央政府的关系时，心理是非常复杂的。即不想与清政府决裂但又不能与其建立起充分信任的良好关系，面对英、俄等国的诱惑和清政府推行新政对其地位的威胁，达赖的政治态度开始发生了变化。这样我们就不难理解达赖第二次出走，为何去了印度。

关于达赖喇嘛出逃在当时国内和国际上引起的关注，《时报》1908 年 7 月 16 日登载《再记达赖喇嘛与列国》予以报道：

达赖喇嘛前因英军之深入，遂逃亡俄国[①]，俄国甚优礼之。中国政府甚为忧虑，促其归藏。今喇嘛已上归藏之途，并使之来京入觐。现在淹留在山西之五台山，中国政府备款百万，修缮其通行之路，又派接待员以接待之，又特召还驻藏大臣张荫棠为欢迎喇嘛之整备。又有青海及其它内外蒙古之各王公欲求面谒喇嘛，上京请命于理藩部者连络不断，又有美国公使亲赴五台山面谒喇嘛，德人复尔和亦亲赴五台山面谒。闻美国公使之目的为欲传教于西藏，特介绍基督教师数人，又欲纂集西藏所有之书籍。德人复尔和则因亲送德皇赠品及德国关于制造军械之图书，亲交喇嘛之手。其事真相虽不得而知，然其对于喇嘛而如此，亦甚可异矣。

列国之重视此喇嘛也，为西藏首府拉萨素有神座之名，达赖喇嘛实居此位，即为活佛，于西藏境内有一切之主权。不但西藏，即彼青海内外蒙古及西北各省之人均崇敬之。各国之重视喇嘛非重视其人，重其地位，欲利用之也。

英、俄二国窥视西藏已久，即如前次之《英俄协约》关于西藏之位置，其野心甚明，各欲干涉其内政，因以特别之权利相约。其约文有曰：凡佛教信徒，不

① 报道中称达赖逃亡俄国，与史实不符，达赖并未出逃俄国，而是逃往库伦。

问俄国国民与英国国民，如纯然关宗教事件，均可与达赖喇嘛及佛教代表者得直接交通云云。此即俄国欲乘此机与英国得同等之权利于西藏也。观于各国如此举动，其热心于喇嘛之故自可明白。喇嘛仅一傀儡，各国欲藉之以演大活剧，后事之可虑尚无穷也。

此要闻报道了达赖的出逃情况及中央政府对达赖出逃的关注，并介绍了美国公使、德国人复尔和、日本僧人拜见达赖喇嘛的情形。

1909年12月19日，达赖返回拉萨后，西藏的局势更加恶化。1910年2月川军入藏，导致达赖喇嘛第二次出逃。《神州日报》对达赖的出逃印度同样予以关注。1910年3月15号要闻栏刊载《关于西藏之消息》：

英电云：达赖喇嘛已行入印度，驻锡噶尔噶达，往访印度总督以表敬忱。是日达赖搭坐政厅所派之马车，前驱后卫皆由边喀尔骑兵任之，仪仗整齐，即赴督府谒见明德卿，并将绢制颈巾赠呈。嗣后亦壮仪仗赴达赖公馆答礼谢步。

达赖第一次出逃是因英军的入侵，而此次出逃的地点却是英属印度。很显然，此时达赖是想借助英国的势力来与清政府对抗。英国、俄国都想染指西藏事务，达赖想通过英、俄两国迫使清政府满足他的政治愿望。《神州日报》于1910年3月22日西报译要栏刊登了《英、俄对于达赖之真相》：

伦敦电云：据圣彼德堡来电称，俄国各报纸咸谓达赖喇嘛曾请俄国相助，以冀复其旧有管理西藏之权，俄政府已婉辞答复。英、俄两国虽因此事向北京政府抗议，惟于达赖喇嘛一面并无实在袒护之见云。

此报道说明达赖确实把对抗清政府的希望寄托在英、俄两国的干涉上，只是英、俄两国都从本国的利益出发，对达赖的请求不可能做出实质性的帮助而已。

关于英、俄等国对达赖第二次出逃事件的干涉，《申报》亦给予报道，1910年3月10日，第一张第三版登载《驻使照会之内容》：

北京某报载十七日英国驻京钦使照会外部，其大要云：中兵入藏，达赖遁走，鄙人始悉，深为念虑。盖达赖为印度生民拜跪顶礼，仰以为佛，焦发毁肤，所不敢辞，凡如此。佛徒散在藏界及印度约一千万人，私恐藏民滋扰，若辈若以尊崇达赖宗旨相同之故，或至联络声气，滋生风潮，则于大局窒碍非浅，本国所忧在此。愿中国远谋深虑，顾念及此，抚绥合宜也。夫用高手政策绝非长计，压力益加，抗势弥长，譬犹皮囊盛水，左右压之，欲水不破囊得乎？请勿牵动大局，助长风潮，是英国之望也等语。中国答覆有云：川兵入藏为警察起见，宗旨在弹压风潮，固无他意，况暴压乎？请安意可也。按答语已略见前报。

俄国驻京钦使亦于十九日照会外部，宗旨与英使相同，略云：俄领巴密尔及西比利亚地方所有佛教徒约百五十万人，是皆尊崇达赖，景仰不置，中国若用强硬手段，恐藏民思乱，与此等佛徒联络声气，各地呼应，则机势之变，不知如何，想到大局不免寒心也。愿中国关于抚绥藏事，三致意焉。

《东方杂志》第7卷第2号(1910年4月1日)记载栏登载文章《十六日，奉谕革去西藏达赖喇嘛阿旺罗布藏吐布丹甲错济寨汪曲却勒朗结名号，令驻藏大臣别立达赖喇嘛》。其中写道："谕旨下后，海外各国视为重大问题，报纸竞发论议。英、俄、日本诸公使咸向我外部有所询问，其国民亦争向其政府质问此事。命意何在，留心时局者当知之矣。"

加封与革除达赖名号本是中国内部事务，英、俄等国无权干涉，但这些国家无视中国主权，凭借强权，干涉中国内政。

《时报》1910年3月4号刊载的《论治藏善后之策》就担心英俄等国家干涉中国革除达赖："王师入藏，达赖出走。朝野上下莫不蒿目西望，觊得最详最确之报告，以释其忧虑。盖深恐兵连祸结，致启戎心。倘英俄交起，第三国之干预，则收束益难，最后之效果，全蜀将悉蒙其影响也。"该文分析达赖出走是因为"整饬藏地政治问题而起"，接着分析西藏失去控制的原因，并建议朝廷革除西藏地方政府的弊政，顺应民心，同时建议政府利用英、俄两国在西藏的矛盾，通过外交手段以实现保护国家主权的目的。

关于达赖出走的经过《东方杂志》也进行了报道。第7卷第1号(1910年3月6日)记载栏登载消息："初二日，西藏喇嘛使者抵俄罗斯京城圣彼得堡，是日，蒙古祭司与达赖喇嘛使者共谒见俄皇，即驻藏大臣所屡电请政府阻止者也。"第7卷第3号(1910年5月4日)记载栏登载了《西藏达赖喇嘛逃遁余闻》，该文从"外部宣布达赖之罪状"、"达赖未逃前与华官交涉情形"、"英俄两国之意见"三个方面详细介绍了达赖出逃的前因后果。

四、血腥的社会变革——凤全与巴塘事变

清代末叶，在英、俄交相窥藏，西藏分裂势力开始出现，"藏事岌岌可危"的情况下，清政府决定实施"经营川边"以"固川保藏"的战略，在川边(康区)试行屯垦、练兵、招商、开矿等新政，以为西藏后援。任命新任驻藏帮办大臣凤全"就近妥筹经边

各事”。凤全在巴塘强力推行新政，遭到寺庙、土司、百姓和驻瞻对藏官的反对。光绪三十一年(1905)三月一日，凤全及随员 50 余人在巴塘被杀，造成了近代康藏史上震惊中外的“巴塘事变”。关于巴塘事变的性质，过去多有歧说，有认为是“反洋教”的人民运动，也有认为是“反封建压迫”的起义，而且大都将事件的起因简单地归咎于凤全的个人作风。事实上，巴塘事变有着复杂的背景与原因。

(一) 巴塘事变的发生背景

巴塘是康区南部重镇，地处四川西部川、滇、藏三省区交界地，为川藏大道咽喉。元以来为土司统治地方。明代一度为丽江木土府所辖。明末青海蒙古和硕特部固始汗入据康区，派第巴(又称营官)驻巴塘、里塘，征收赋税。康熙五十八年(1719)，清廷派三路大军入藏，驱逐祸乱西藏之准噶尔部，四川永宁协副将岳钟琪率兵 2000 为先行，擒斩里塘第巴达哇兰占巴等，巴塘第巴喀木布投降，和硕特蒙古势力在康区失势。清政府在巴塘设立粮台(又称军粮府)，以县级官员充粮务委员(简称粮员或粮务)负责输藏的粮饷转运，兼理地方土司、政务。又设驻防都司、专汛千总各 1 员，专司台站文报；外委 1 员，负责稽查金沙江渡口；以流官例任命当地土头，设宣抚使司 1 员、副宣抚使司 1 员(即所谓“巴塘正副土司”)管理地方，其下辖六品土百户 7 员①。

雍正四年(1726)，勘定川、滇、藏边界，巴塘正式归属四川省。至改流前，巴塘地方包括现今巴塘县全境和西藏芒康县的盐井地区以及今得荣县北部、白玉县南部的部分地区。

巴塘地处金沙江河谷，海拔较低，气候温和，土地肥沃，是康区主要产粮区，素有“高原江南”之称。因此，清政府在川边兴办垦务时，首先选中巴塘作为兴办垦务之地。

光绪二十九年(1903)清廷悉奏：“有人奏：川藏危急，请简员督办川边，因垦设屯，因商开矿。”谕令四川总督锡良“查看情形，妥筹具奏”。锡良认为：“惟巴塘土性沃衍，宜于种植。拟在该处先兴垦务，需以时日，或期底绩。至因垦为屯之议，未敢先事铺张。商、矿两端，目下更难大举。原奏请派左都御史清锐督办川边农商矿等事，并将四川商务归并一局，应请毋庸置议。”②清廷同意锡良所奏。于是，锡良命

---

① 雍正七年(1729)，川陕总督岳钟琪奏“巴塘、里塘正副土官原无世代头目承袭，照流官例，开缺题补”。

② 《清实录》卷 519《德宗实录》，第 8～9 页。

巴塘粮员吴锡珍、都司吴以忠，以“奉旨开办，毋稍观望”，责成巴塘正土司罗进宝、副土司郭宗札保和丁林寺堪布傲拉扎巴将拟交开垦之土地划出“指实”，并勘定界址。当时巴塘正副土司“均遵命具结”，“并无异言”，只丁林寺以“所管土地除牧场外，并无可垦之荒山荒地”，予以抵拒。吴锡珍等认为丁林寺喇嘛“因恃其俗僧之众，显系狡展”。巴塘“三曲宗”已有其二赞成，“不患无其一，尽可次第办理”[①]，便开始招募垦夫在巴塘试办垦务。

与此同时，新任驻藏帮办大臣桂霖“条陈藏事三端”，“拟就边地选募土勇三千人，分起扼要，轮流换防”，并将驻藏帮办大臣移驻于察木多（昌都），“居中策应”。清廷认为其“所陈办法，不为无见”[②]，命锡良与驻藏大臣有泰和桂霖等“会商妥筹，奏明办理”。于是在川边展开了招募土勇的练兵工作。

光绪三十年（1904）六月，英国远征军在荣赫鹏率领下侵入拉萨，逼迫西藏地方政府官员订《拉萨条约》。面对英帝国主义加紧在西藏进行的侵略活动，清政府一方面坚决不承认《拉萨条约》，派唐绍仪为专使赴印交涉；一方面也感到“经营川边”以“固川保藏”的必要，遂采纳“经营四川各土司，并及时将三瞻收回内属，以为藏援”的意见，决定将驻藏帮办大臣移驻于察木多，并命新任驻藏帮办大臣凤全于入藏沿途“就近妥筹经边各事”。为了凤全能便利处理，光绪三十年八月清廷又颁布上谕：

> 西藏为我朝二百余年藩属，该处地大物博，久为外人垂涎。近日英兵入藏，迫胁番众立约，情形叵测。亟应思患预防，救补筹维，端在开垦实边，练兵讲武，期挽利权而资抵御，方足以自固藩篱。前有旨命凤全移驻察木多。西宁办事大臣昨已简放延祉。所有西藏各边，东南至四川、云南界一带，著凤全认真经理；北至青海一带，著延祉认真经理。各将所属蒙番设法安抚，并将有利可兴之地，切实查勘，举办屯垦畜牧，寓兵于农，勤加训练，酌量招工开矿，以裕饷源。目前所需经费，著会商崧蕃、锡良妥筹具奏。该大臣等均经朝廷特简，才足有为，务即尽心筹画，不避艰难，竭力经营，慎重边围，用裨大局，庶付委任。功多厚赏，其共勉之。[③]

① 光绪二十九年十月吴锡珍、吴以忠：《巴塘土司会禀投具垦务切结》，转引自梅心如《西康》。“三曲宗”指巴塘正土司、副土司和丁林寺三股势力集团。

② 《清实录》卷521《德宗实录》，第13页。

③ 《清实录》卷534《德宗实录》，第11页。

按照这一谕旨，清政府明确赋予凤全“经理”川滇边的职责。所谓的“经理”，即推行屯垦、练兵与招商、开矿等新政。因此，一些关于巴塘事变论著中认为凤全因贪图巴塘气候温和而滞留不入藏的说法，是不确切的。凤全在巴塘练兵、开垦、整顿寺庙等，原本是履行清廷给予的职责。

其二是，将章谷改土为屯。光绪三十年(1904)八月，根据锡良奏请，清政府仿照懋功五屯成案，废除章谷土司，设立炉霍屯，以州县官充任屯务委员，兼管朱窝、麻书、孔撒、白利及东谷等土司，隶于打箭炉厅。“将土司原领铜印、号纸并即同缴销”，形成“改土归流”和“以流制土”的管理体制。此举虽由锡良奏准，但实系出自凤全之意。凤全认为“筹办川藏事宜，屯练实为急务，而炉霍适当川藏之冲。欲保前藏来路，当自经营达木、三十九族始；欲保川疆后路，当自经营新设炉霍屯始”[①]。他还准备将炉霍屯作为“屯练”的主要场所。并“将德尔格特(即德格)留土职，设汉官，并令沿途土司均受约束，联为一气”。

其三是，再次筹划将瞻对收归四川管理。瞻对(今新龙县)地处康区中部，界于川藏南北两条大道之间，清代历为“边患”。同治四年(1865)，瞻对土司工布郎结四处侵扰，清廷命川藏两地派兵合剿。乱定后，清廷将该地赏给达赖喇嘛管理，命其派堪布建庙化导当地人民。但瞻对人民不奉黄教，西藏地方政府派代本一人，率兵驻扎瞻对。之后，随着清朝日渐衰朽，西藏上层统治集团开始以瞻对为“基地”，企图侵占川边各土司地方，引起川边社会动荡不安。光绪二十年(1894)，四川总督鹿传霖提出将瞻对收归川管，次第经营川边各土司的建议。清政府最初积极支持鹿传霖的收瞻建议，一度将瞻对收归川属。但后来因达赖喇嘛的请求和驻藏大臣文海、成都将军恭寿的联合反对，清廷又罢黜了鹿传霖，仍将瞻对归藏管理。光绪三十年(1904)英军侵入拉萨，达赖喇嘛外逃后，清廷为经营川边，再一次提出收瞻问题，命锡良与有泰、凤全会商收瞻属川问题。有泰因惧引起藏中动荡，坚决反对收瞻。凤全为经营川边计，则极力主张收回瞻对[②]。川督锡良则“心无主宰，托诸空言”[③]。清廷决定由凤全于赴藏途中“就近办理收瞻之事”。“凤全檄令打箭炉文武，告谕三瞻，觇视向背”。驻瞻藏官则以“必俟藏中檄调，始肯离瞻”相拒。西藏地方政府闻讯后，一面“密谕瞻番，修备兵戎，严防碉隘，防川师之潜袭”；一面向清政

① 《清实录》卷537《德宗实录》，第13页。

② 刘廷恕：《不平鸣》。

③ 同上。

府递交"阖藏公禀"，要求瞻对继续归藏管理。而"关外诸番见其举动，不无摇惑，造谣寻衅，里塘僧土竟敢要挟文武，逼释盗匪，扬言瞻酋派队围犯里塘"①。在此情况下清廷又重新考虑收瞻问题。

清政府的这些举措都直接或间接地促成了巴塘事件的发生。此外，在巴塘事变发生前，川边爆发的"泰宁事件"也对巴塘事变的产生有着一定影响。

泰宁又作泰凝，在今四川道孚县协德乡一带。雍正六年，因西藏不靖，清廷将七世达赖喇嘛移住于此，建惠远寺供其驻锡，划附近 71 户百姓归寺属，用以供养该寺。雍正十二年达赖喇嘛返拉萨后，此寺住持仍照例由拉萨三大寺委派，属民逐渐发展到近百户。河垭分为上、中、下三河垭，为泰宁寺属之地，在雅砻江一支流河岸，沿河富有金砂。清代以来，川边金夫多有买通僧人私往淘采的，凡淘得者均须向寺庙缴纳税金。光绪年间金苗甚旺，寺庙收入颇丰。光绪三十年十月，有商人向川省矿务局申请在河垭开金厂。凤全和锡良想增加税收，便督促打箭炉厅准令商人开办，并派官弁前往弹压。由于金厂的开办直接侵害了寺庙、僧人的权益，故刚一开办，便遭到泰宁寺僧人率当地百姓阻挠，双方发生激烈冲突，金厂被毁，金夫数人被杀。《边藏风土记・泰宁寺夷变始末》载："泰宁寺喇嘛，素收金税，一旦将见夺于汉官，丧其权利，深恶而痛绝之，大逐金夫，遂起冲突，毙金夫数人。"刘廷恕派都司卢名扬率绿营兵一哨前往镇慑，又遭到当地人的偷袭，全部被杀。"瞻对藏官亦暗助泰凝寺为乱"，派出马队至道孚界上示威。

川督锡良闻讯后，于光绪三十一年二月廿一日奏派四川提督马维骐率兵五营进驻打箭炉，"相度事机，再行进发"。马维骐三月中旬抵达打箭炉后，即逗留不前。三月十七日，锡良得知巴塘事变后，责命马维骐迅速进军解决泰宁问题，以便回军征剿巴塘。四月十三日，马维骐军分三路进攻泰宁，"喇嘛即弃寺而逃"②。泰宁事件虽与巴塘事变无直接联系，但由于此前打箭炉厅的驻军均集中精力应付泰宁骚乱，消弱了巴塘军力，凤全被困后待援不至。同时，泰宁开矿，政府与寺庙争利的情况传到巴塘，对丁林寺等也必然会产生负面影响，进一步加剧了它们对巴塘开垦、练兵、整顿寺庙的反抗。

(二) 巴塘事变发生的经过

凤全，字茀堂，满洲镶黄旗人。以举人出身，同治十二年捐官入四川。先后署

---

① 《锡良遗稿・奏稿》卷 1《复陈筹议收瞻折》。

② 查骞：《边藏风土记》手抄本，卷 1。查骞，字介休，安徽怀宁人，光绪三十一年任里塘粮务。泰宁事件和巴塘变乱时他正在川边，比较了解真实情况。

理过开县、成都、绵竹、蒲江等县和崇庆州、邛州、资州、泸州及嘉定府、成都府。光绪二十二年，川督鹿传霖疏奏："凤全性情劲直，办事勤能，治盗安民，立志向上。"光绪二十九年，川督岑春煊以"明决廉能，胸有经纬"奏请以道员留川补用，权成绵龙茂道。光绪三十年四月，清廷免去因"眼疾"一直逗留成都的桂霖之驻藏帮办大臣职务，任命凤全为驻藏帮办大臣，赏给副都统衔。

凤全在川既久，对边藏危急情况早有耳闻，尤其赞同鹿传霖收回瞻对的做法。一旦被任驻藏要员，亟思有所建树。加之清廷对驻藏帮办大臣权限的提升，更使凤全感到朝廷对自己的倚重，故"自蒙简擢，感怀时局，激发忠诚，即有奋不顾身之慨"，急于建功立业，"所有边外屯矿练兵事宜，无不殚心规划"①，于是不免产生操切之心。然而，凤全虽然干练，又勇于任事，但他为官的经历都在内地四川，对川边藏区知之甚少，对藏区文化、宗教十分陌生，再加上并没有充分地认识到当时的中央政府已权威不在，却又想下车伊始即刻对其改革并取得成效，这就注定了其悲剧的命运。

凤全被任命为驻藏帮办大臣后，清政府令将打箭炉的阜和协的续备新军右营归其统帅，作为行辕本标之兵，并批准他另募土勇1000名，训练成军后带领入察木多驻防。当时，右营管带（营长）张鸿声率部正驻防清溪（今汉源县）②。凤全入康时，该营因接防部队迟迟未到，而未能随行。凤全只带着经过警察学堂培训的100名警察兵，于光绪三十年八月由成都起程。抵打箭炉后，停留约一个多月，一面与刘廷恕策划收瞻之事，一面招募土勇进行训练，准备带入西藏。但最终只募到土勇200名，且素质很低，短期难胜军事任务。十一月初，在清廷的催促下，凤全只好令50名随行之警察兵留下作教练，自带50名为护卫，经雅江、里塘、巴塘一路向察木多赴任，命张鸿声率两哨随后赶来里塘驻防，保障川藏大道安全。凤全行至里塘后，又在当地招募土勇50名。十一月十八日，凤全抵巴塘，见巴塘气候良好，土地广沃，且为川边垦务首创之地，粮员吴锡珍等试办垦务已一年，已初见成效。凤全遂在巴塘住了下来，经营"勘办屯垦"、"练兵"和"饬收三瞻内属"等事，并向清廷提出"勘办巴塘屯垦，远驻察台，恐难兼顾，变通留驻巴塘半年，炉厅半年，以期办事应

① 《锡良遗稿·奏稿》之《查明驻藏帮办大臣凤全死事情形折》。

② 清末改绿营为续备军，阜和协为续备右军，共五营，分统陈均山率前营驻打箭炉，张鸿声右营驻清溪（汉源县）。其余三营驻雅、邛、眉州。

手”的申请[①]。虽然清廷不准所请，命他仍驻察木多，但他却一直在巴塘住了三个多月。驻藏的钦差长时间滞留在巴塘，难免引起当地人的猜疑，而凤全在巴塘期间所推行的一系列新政，更影响到寺庙、土司及驻瞻藏官的既得利益。凤全在巴塘推行的新政主要有：

其一是扩大巴塘垦区的面积，招工开垦。凤全到后见巴塘土地肥沃，即欲廓大开垦面积。他看中巴楚河谷七村沟茨梨陇一带地方广阔，于是招汉人开垦。丁林寺感到利益被侵，指其地为“神山不可动”，煽惑七村沟民众请求凤全停止开垦。但凤全没有听取当地百姓的意见，强行将该处划作垦场。

二是在当地招募兵勇，实施训练，作长久驻扎的准备。凤全到巴塘后，又招募了100名兵勇[②]，命所带警察兵带领训练，并准备半年后与打箭炉所练新兵合练。巴塘土司头人和寺庙上层，对凤全的兵丁驻扎在此心存疑虑，担心威胁到自己对地方的统治和权威。

三是限制寺院的僧人数目，令丁林寺清理超编僧人。光绪三十一年正月，凤全以关外寺庙僧人太多，寺庙阴庇“夹坝”，肇乱地方，排斥洋教为由，奏请“申明旧制：凡土司地方，大寺喇嘛不得逾三百名，以二十年为期，暂停剃度。嗣后限以披单定额，不准私度一僧。其年在十三岁以内喇嘛，饬家属领回还俗”。在清廷尚在“妥议”之时，他便迫不及待地“严饬土司、堪布，将大寺喇嘛令其各归部落，另建小寺散住梵修，以分其势”，“如此办法，二十年后，喇嘛日少，百姓日增，何至比户流离，缁徒坐食，有土有人之效，可立睹也”。声言要限定巴塘丁林寺僧侣人数[③]。凤全没有充分考虑藏区百姓信教的实际情况，采取简单粗暴的方法直接打压宗教势力，从而激起寺庙僧侣的强烈反对。

其实凤全要求清廷申明的“旧制”，是指雍正二年（1724）川陕总督抚远大将军年羹尧条奏青海善后事宜十条中提出的“请嗣后定例，寺庙之房不得过二百间，喇嘛多者二百人，少者十数人，仍每年稽察二次，令首领喇嘛出具甘结存档”等措施。该措施是因为雍正元年（1723）青海蒙古罗布藏丹津叛乱时，青海、甘南等地僧侣多有参与叛乱，“西宁各庙喇嘛多者二三千，少者五六百，遂成藏垢纳污之地”，年羹尧为巩固平叛成果，防止寺庙势力发展，影响社会稳定，因而提出限制寺庙僧侣人数

① 《清实录》卷537《德宗实录》，第13页《凤全奏请拟经营炉霍屯事》。

② 刘廷恕：《不平鸣》之《辩诬说》。

③ 《东华续录》卷191，光绪三十一年正月乙未《凤全奏请限制喇嘛寺僧数》。

之议。清廷当时虽曾批准此事，但实际上藏区各寺庙并未严格执行。不久，年羹尧被处死，此项寺庙整顿并未取得成效。其实藏区黄教大寺实际人数多在千人以上，大大超过此规定。凤全昧于边情，以“旧制”来作依据，采取强硬手段，希望“二十年后，喇嘛日少，百姓日增”①。虽然用心良苦，谋划长远，但却不切合当时川边藏区实际。采取简单粗暴的方式整顿寺庙，难免酿成祸端。

丁林寺坐落巴塘城中，是著名黄教大寺，在宗教上为拉萨三大寺的“子寺”，时有僧侣1500余人，辖有四乡小寺16座，在巴塘势力强大。早在凤全到巴之前，该寺就因反对开办垦务与巴塘官员冲突。凤全到巴后，发现丁林寺气焰嚣张，当地政令常因其阻挠而难以执行，因而想采取压制其气焰、削弱其势力的办法来巩固政府的权威，为推行垦务、开矿等新政扫清障碍。恰好当时发生了一起巴塘法国传教士蒲德元被劫案。虽然劫案发生在里塘地界，但凤全风闻劫匪与丁林寺有关，遂责令“巴塘文武悬赏购钱协拿，期于获盗，究出（丁林）喇嘛寺勾通情罪，一并重惩”②。此事虽未究出结果，但却引起丁林寺对凤全的怨恨。此时，凤全又提出限制该寺僧侣人数的主张，使丁林寺对凤全更加仇恨。凤全由于不了解民众的宗教感情和当地信仰习惯，在清政府尚未批准其限制寺庙人数奏议，也没有充分调查的情况下，却“时常当堂对众言道，每寺只许住喇嘛三百名，余则一千二百余名即行还俗，如不遵允，定行诛戮”③。这就更加速激化了政府与寺庙的矛盾。丁林寺僧侣利用凤全的卫兵均着新式陆军短装，戴大盖帽，佩带洋枪，与以往清军着装迥异的情况，造谣说凤全“非大皇帝所派钦差，是洋人所派，将收我土地、畜牧、财产，傀送洋人。于是夷众大哗，群情鼎沸”④。

其实早在二月中旬，已发生巴塘百姓冲击垦场的情况，但凤全并未引起足够的重视，不但不耐心细致做百姓说服工作，反而希望靠武力镇压解决骚乱。二月二十日，凤全给锡良发电称：“巴塘番匪出而掳掠，并声称阻止练兵、开垦等事，扰及近台。凤全派勇追拿，道经喇嘛寺，讵敢施放枪炮，击伤勇丁，始知番匪滋事，均由喇

① 《东华续录》卷191，光绪三十一年正月乙未《凤全奏请限制喇嘛寺僧数》。

② 同上。

③ 刘廷恕：《不平鸣》之《巴塘番夷公禀》。

④ 据查骞《边藏风土记》之《凤都统全被戕始末》等书载，凤全所带警察兵按新编陆军操典，训练在巴、里二塘新募土勇。每日在屋顶吹洋号、击洋鼓，鸣放所带新式快枪，以显示兵威。又声称不日调大军来巴、里镇慑。

嘛主使。速调在炉营哨前往巴、里。”[1]此后，二十一、二日，七村沟群众在丁林寺僧侣的煽动下，焚烧茨梨陇垦场，驱杀汉族垦夫。二十八日，一些人冲入法国天主教堂，赶杀教民，焚烧教堂。法司铎牧守仁与助手逃至副土司官寨避难。骚乱百姓聚集城内达三四千人，并断驻军水源、柴薪等供给。二十八日傍晚，吴锡珍赴行辕禀告“情形吃紧，早为筹备”，凤全才命“都司吴以忠，带领新练土兵80名，驻扎辕外巡防，以助卫队所不逮。正土司罗进宝、副土司郭宗札保各带土兵数十名，均扎辕内保卫。吴锡珍带领汉民，巡警街道，兼探消息”[2]。都司吴以忠带弁兵数人在行辕弹压时，被众人指为勾结洋人的汉奸，当场打死。凤全这时才感到惊恐失措。凤全的钦差行辕原来设在巴塘粮台衙门，其地名喇嘛城[3]。凤全感到其地不安全，于二十九日凌晨将钦差行辕转移到正土司罗进宝的官寨中。此时凤全所募土勇大都逃散，只剩警察兵守卫。不过，土司官寨墙高壁厚，又有卫兵持新式快枪把守，正副土司也同住寨中，外面的僧人、群众虽然围住官寨，放枪示威，但并未进攻。从凤全当天发给刘廷恕的求援函来看，他只是要求“即刻选派熟练夷务能事哨弁，将全留炉卫队勇丁50人率领，驰赴巴塘，以壮声威而资镇慑”[4]。说明凤全当时对事态的严重性并没有足够的认识，只准备调50名卫队来“威慑”。但“巴塘宣抚司罗进宝与副土司郭宗札保预谋乱，久欲逐凤全。遂力劝凤全亟返炉关，兴兵重来剿逆定乱。又恐吓凤：‘不亟出巴塘，番众喇嘛必至扼险守隘，焚烧汉民，延及土寨，我辈受殃，大臣愈危矣！’”[5]凤全惊恐之下，无奈只得听从两土司建议，决定三月一日动身返回打箭炉。粮员吴锡珍此时住在头人阿登之家，闻讯急忙赶来劝阻，请求凤全留下来坚守，以待援兵。但凤全不听正确建议，执意要走。当凤全一行50余人行至离巴塘2里的鹦哥嘴红亭子地方时，被早已埋伏在此的僧人和百姓冲出袭击，凤全及其随行人员全部被杀。此前，匿于副土司官寨的法司铎牧守仁等2人，见土司不可信，乘夜翻墙逃走，途中被杀。

吴锡珍因临行时被骡踢伤，没有随凤全回炉，由于其在巴多年，在当地人脉较广，故留在城中，并未受到伤害。三月初二，吴闻知凤全被杀消息后，“赶紧请房主

---

① 《锡良遗稿·奏稿》第1册，《奏报泰凝巴里番夷滋事片》。

② 刘廷恕：《不平鸣》之《巴塘粮员吴锡珍：巴变经过禀》。

③ 又称皇华城，原为清初进兵西藏时所筑驻兵及屯粮之所，地广数百丈，四周筑高土墙如城。后来售给喇嘛寺作僧房，故称喇嘛城。巴塘粮务衙门在其中。

④ 刘廷恕：《不平鸣》之《凤都统光绪三十一年二月十九来函》。

⑤ 查骞：《边藏风土记》手抄本，卷1，《凤都统全被戕始末》。

业巴阿登转请正副土司传集头人，设法遣散群众，将凤全尸骸运回城内，赶做棺木装殓，暂停昭忠祠内。都司吴以忠、委员秦宗藩等尸身，抬至城隍庙内，招雇木工陆续做棺装殓。其卫队戈什哈五十余人，分埋数处”。当日午后，巴塘各乡村民众代表等向吴锡珍递交了四份“公禀”，请他转禀打箭炉厅刘大人和大皇帝。“公禀”上盖了正副土司印信及各乡村头人图章。“公禀”除控诉凤全一切为洋人，全不顾百姓外，竟然宣称：

> 此乃实为国内之祸患，扰害地方之贪官，故耳不揣有罪，一时错乱，已将汉官二员及洋人一并诛戮。此番原为国除害，实出无奈，求乞恩宥善办，无生兵衅。如再有差派官兵勇丁进来，则众百姓发咒立盟，定将东至里塘，西至南墩十余站差事撤站，公文折报一切阻挡。甘愿先将地方人民尽行诛灭，鸡犬寸草不留，誓愿尽除根株，亦无所憾也。①

从中可以看出，政府的权威已受到了挑战。在递交公禀的同时，土司与丁林寺堪布等已声气相通，派人将“各处险要隘口及山径小路均扼塞不通”，从而使打箭炉厅在事变发生后近半个月才知晓。

（三）造成巴塘事变的复杂因素

凤全被杀是清朝历史上自乾隆十五年西藏“珠尔墨特之乱”杀害驻藏大臣傅清、拉卜敦之后，发生的第二次杀害驻藏大臣的重大政治事件。究其原因，主要是：

1. 清政府经营川边藏区，推行一系列新政，必然会对藏区传统的社会制度、人文环境、利益格局造成一定的冲击，直接或间接地损害到寺庙上层、土司的既得利益，也损害下层百姓的权益，难免引起矛盾冲突。当时康藏社会中的统治者是三大领主，即土司、头人、寺庙。各利益集团之间虽是分立，但他们之间又有着共同的利害关系，一损俱损，一荣俱荣。当他们任何一方的权利受到侵犯时，总会联合起来反抗。丁林寺在巴塘一带拥有巨大的势力，寺庙不仅有大量自有的田地农奴，而且干预社会事务，掌控当地经济。巴塘正副土司虽名为“流官”，实为世袭，其势力在当地盘根错节。土司要借助丁林寺的宗教影响来维持统治，而丁林寺则需要土司政治力量的扶持。凤全力主将霍尔章古土司改流，已经使川边各土司感到权势将受到威胁，而在巴塘推行新政、压制宗教势力的行动，更不能不使寺庙与土司共同感到自身利益受损，从而促使巴塘三股势力联合起来共同进行对抗。同时，凤全欲

---

① 刘廷恕：《不平鸣》之《巴塘粮员吴锡珍向炉厅禀巴变经过》。

强迫寺庙接受规定人数，逼部分僧人还俗的举措，也伤害了当地百姓的信仰权利和宗教感情，容易激起僧人与信教群众的不满，为三大领主利用和煽动群众的反对情绪提供了机会。另外，在开垦过程中难免侵害百姓的土地，这必然使政府失去百姓的支持。据《不平鸣》所辑《巴塘番夷公禀》中称："因颇本上司(指刘廷恕)在台之际，随有吴统领(笔者按：指吴以忠)到巴之后，奉文武上司会衔之谕，系奉旨开办垦务，随即踩看各方百姓差地数处，开垦数百余亩，修房数间，众百姓亦未敢阻挡。俟至去年(笔者按：指光绪三十年)十一月十八日，有凤大人随带兵勇人等到台……吴统领又招聚外处土工多人(笔者按：指垦民)，地方所产粮食尚不足本地人民度活，今又未往别处办运粮食，一味靠着就地之粮，又吩示所卖粮食概不准百姓买卖，尽被官员发给兵勇土工吃用。"一项社会改革，无论多么符合国家社会的长远利益，只要这项改革不能得到社会各阶层人士的广泛支持，那么这项改革必将遇到重重阻力，乃至以失败而告终。

2. 史实证明丁林寺上层是这一事变的主要发动者，而瞻对藏官是事变的背后支持者，利益受到侵害或不明真相的百姓是事件的参与者。丁林寺在宗教上隶属于达赖喇嘛和拉萨三大寺，其行动必然受制于西藏宗教上层。达赖喇嘛虽然逃离西藏，却仍一直遥控藏事，指示噶厦反对清政府收瞻。在川藏官员中，凤全是收瞻的积极倡导者和执行者，早为驻瞻对的藏官所嫉恨。巴塘事变前后，驻瞻藏官曾扬言派马队围犯里塘，拒断官军来援，显然是支持巴塘肇乱者。几乎在巴塘事变发生的同时，阿敦子、乡城、贡嘎岭、盐井等地喇嘛寺均相继发生叛乱，都说明巴塘事变的背后有西藏上层统治集团的支持。据《英国侵略西藏史》记载，英驻腾越领事李顿在搜集巴塘事变情报时，从某法国教士处得知，"两年以来，四川政府不断努力于巴塘一带改土归流之工作，而各喇嘛则强烈反对之"。巴塘事变前，"拉萨各大寺首领已密令巴塘及各地喇嘛尽杀藏边汉人及欧人"①，可见巴塘事变的发生绝非偶然，丁林寺和土司实早有预谋，并受到西藏宗教上层和驻瞻藏官的支持或挑唆。

3. 变乱主谋者利用了藏区的"仇洋"的情绪。英军侵藏和传教士凭借不平等条约的保护深入巴塘等地传教，在藏区人民心中激起普遍的"仇洋"情绪。巴塘地方建有三处天主教堂②。光绪六年(1880)，法国神父路过项达村，被愤怒的群众打死。此后，又多次发生袭击传教士的事件。尤其是法国司铎牧守仁来巴后，更使

---

① 荣赫鹏著，孙熙初译：《英国侵略西藏史》，第23章。

② 巴塘城区一座、亚海贡一座、巴塘所属的盐井一座。

“仇洋”情绪加深。牧守仁原在泸定教堂任司铎时就有恶名，到巴后不断发展教民，扩大教产，深受当地人忌恨。凤全所带警察兵全为新式警装，与边地习见清军装束完全不同。其装备又都是洋枪洋号洋鼓，均当地闻所未闻。于是丁林寺与土司利用群众的无知，造谣说凤全是“洋人所派的假钦差”，来巴的目的是要将巴塘“尽归与洋人管辖”①。

由于巴塘久为内属之地，百姓对“大皇帝”较为忠顺，要想令老百姓起来公然反抗政府，甚至杀死“大皇帝”所派的钦差大臣，是十分困难的。何况凤全所作之事，对百姓的伤害还没到“官逼民反”的程度。至于限制僧人人数一事，也还只在口头上说说，实际上还未执行。因而对于普通百姓来说，仅凭此是绝不敢起来造反杀钦差的。只有造谣说凤全是洋人所派假钦差，才足以激起人们的仇恨，使群众敢于围攻行辕，杀毙凤全。关于这点我们在巴塘土司和丁林寺炮制的“巴塘番夷公禀”中可以清楚地看到。该公禀中称：

> 凤大人随带兵勇等到后，随即吩谕教习洋操、学洋话、行洋礼做作，又私开汉夷百姓老幼男女人丁户口名册。因巴塘上年安设有法国教堂三处，自该外国洋人在台之后，行动冒犯神灵，污秽天地，是以年来人物患疾，代降灾异，五谷荒旱，比先年收成一半无有。……凤大人与吴统领商办，将巴塘汉夷百姓僧俗尽归与洋人管辖是实。……百姓看透此情，故耳不揣有罪，一时错乱，已将汉官二员及洋人一并诛戮。②

从这一公禀的内容和口气，都可以看出巴塘事变的主使者是丁林寺与土司，他们认为洋人“行动冒犯神灵，污秽天地”，并将发生事变的原因归咎于凤全“将巴塘汉夷百姓僧俗尽归与洋人管辖”，显然是荒谬不经的谎言，但却道出了当时能煽动起这场变乱的藉口。奉命经边的钦差大人将当地人丁户口造册，被说成是“私开”，这很显然是对政府工作的对抗。因此，巴塘事件表面上虽带有民众反洋教的色彩，但实质上却是巴塘三大领主为维护自身利益反对清政府新政的一次政治事件，大多数民众不过是被“反洋教”的藉口所蒙蔽而参与。当然在民族地区施行社会变革，会触动各方利益，会影响民族关系，一些民众因不满政府遏制宗教势力、侵占差地、移民涌入等问题而产生反叛情绪也是难以避免的。

---

① 刘廷恕：《不平鸣》之《巴塘番夷公禀》。

② 同上。

4. 巴塘为川藏咽喉，战略地位十分重要，但自乾隆以来200余年间，其地承平日久，军力废弛，连兵营也卖给了喇嘛寺作僧房。乾隆以前，巴塘都司领骑步兵298人，土著骑兵60人，均系由川省绿营遣派。乾隆以后，大量裁减绿营戍兵数量，仅留随营差遣马步兵83名，由内地操营拣派，3年更换。其余全为当地招募的土兵。土兵中还有40名归正副土司直辖，这些兵除充卫兵外，主要负责台站文报的转送和竹巴笼金沙江渡口的稽查。凤全到巴所带的兵只50名警察兵可用，其余150名土勇均为新募的当地人，遇乱即散。因此巴塘变乱发生时，可用之兵不过百余人，根本无法应对巴塘各处的骚乱。另外，凤全等人不顾力量单薄，企图用武力镇压，到形势危急时才慌忙向打箭炉调兵。清代"自打箭炉至里塘8站，计程685里。自里塘至巴塘6站，计程545里"[①]。共14站，1230里。其间要乘船过雅砻江，翻越4座海拔4500公尺以上的高山。即使以最快速度，也要十来天，何况当时信息不畅。故待张鸿声营准备出发相援时，凤全等早已被杀。据查骞等熟知当时情形人的记述，骚乱发生时，当地人并未敢直接攻击钦差行辕，只是聚众要求凤全离开巴塘。后来看到凤全接连派快马去调兵，却久未见有援兵到来，于是更信凤全是"假钦差"，故才敢于将其杀死。

5. 作为政府官员，凤全个人的思想、性格、作风也促成了巴塘事变的爆发。凤全在晚清称为"干员"。在川为官20年，以"治盗能，驭下猛"而闻名。为人执傲，刚愎自用，不善于听取他人意见，即使同僚、上司亦常顶撞，动辄便称"你把凤老子怎样！"[②]加之凤全久住内地，初到藏区，对藏区社会、风俗、文化缺乏深入了解，又不能放弃狭隘的民族主义观念，欲凭借官威武力在藏区人民中树立权威，平时"谩骂成性，接见夷目，率肆口无状，或以吸淡巴菰(香烟)铜斗击夷目首曰：'好戴尔颅头！凤老子早晚杀尔蛮狗！'声色俱厉"。土司头人怨愤难当，而他却"毫不警惕，亦不设策预防"[③]。凤全个人的这些思想作风，造成了巴塘各界对他疏远与反感，造成民族关系、官民关系紧张，从而为土司、寺庙煽动民变起到了推波助澜的作用。凤全经边虽然以悲剧告终，但从当时川藏全局的角度来看，他不惧艰难，勤于任事，"筹划经营，不遗余力"[④]，在晚清时代官员中是很难得的。他所极力推行的开垦、收

---

① 黄沛翘：《西藏图考》，《记打箭炉至巴塘站程》。

② 查骞：《边藏风土记》手抄本，卷1之《凤都统全被戕始末》。

③ 同上。

④ 陈渠珍：《艽野尘梦》。

瞻、练兵及改土归流、限制寺庙势力等举措，是立足于“固川保藏”，反对帝国主义侵略，维护国家统一的需要，是贯彻清政府“经营川边，以为西藏后援”这一正确战略决策的必然。从国家和民族的根本利益层面上看，这些举措具有积极意义。只不过凤全昧于边情，对三大领主的反对变革估计不足，对当地百姓的合理需求重视不够，过于操切行事，才使其成为悲剧人物。个人失去生命固然可悲，而因此影响到国家权威，影响到民族关系，更值得后人深思。

因此，过去多将巴塘事变简单地说成是“反洋教运动”和“巴塘人民的起义”，值得商榷。如果历史地、辩证地来看，这一事件实质上是巴塘宗教上层和土司为维护自身利益，反对清政府新政，在西藏各种势力和驻瞻藏官支持下，利用民众仇洋情绪、文化冲突和官民冲突而发动的一场骚乱。

（四）巴塘事变的结果

巴塘事变发生后，政府震怒，立即令提督马维骥率提标兵五营进剿，又命建昌道赵尔丰为善后督办率两营续进。同时命驻藏大臣有泰“审度事机，妥为安抚”，“晓谕藏番毋听谣煽”。马维骥于四月平定泰宁后，当即率部向巴塘进发。抵巴境后，侦知“前数日有巴塘派来喇嘛头人于此调聚百姓，垒卡防守，暨见大兵前来，皆不愿应战，于前夜自行解散”[①]。并未像所具“公禀”那样“甘愿先将地方人民尽行诛灭，鸡犬寸草不留”。因此马军沿途只遭遇几次轻微抵抗。六月二十六日，马军顺利地进入巴塘城，“擒两土司而诛之”。以八阁堪布为首的倡乱僧人据守丁林寺。丁林寺壁垒坚固，马军进攻受阻，以炮轰击，大殿中弹起火，全寺焚毁。八阁喇嘛等被擒，余众逃往七村沟。马派军“分剿七村，斩献亦不少”。赵尔丰于八月初到达巴塘时，马维骥“已火焚丁林，马踏七村”[②]。赵驻巴后，“麻多哇等七村以愚悍听番僧驱使”[③]，继续顽抗。赵派兵三路进剿，血洗七村沟。巴塘事变始平。《边藏风土记·赵尔丰轶事》中这样写道：

> 初巴塘夷变，固出于凤全操切，而喇嘛、土司实勾结茆溪七村夷为乱。……大军既入，茆溪逆夷散伏象山。丁林寺喇嘛，实主谋倡乱，以戕害凤都统故，亦举火燔寺，潜渡金沙江北岸，遏阻军路。马维骐入巴塘，博宽厚名，一意招抚，未分别首从，欲含糊蒇事，夷匪实观望，亦不投诚。赵尔丰军入，尽

---

① 刘赞廷：《赵尔丰奏议公牍》，卷1。

② 同上。

③ 《锡良遗稿·奏稿》第一册，《汇保攻克巴塘泰凝出力员弁折》。

搜杀茆溪七村夷，骈戮数百人。且以此役多倡乱自老夷，获高年夷匪年过七、八十岁者，尽投金沙江中。将首恶七人，剜心沥血，以祭凤全。捷闻，川督锡良入奏曰："马维骐毅然以前敌自任，赵尔丰提兵继进，保其归路。"又曰："马维骐立功绝徼，忠勇冠时；赵尔丰声援自壮，推美让功。"

之后，赵开始清户口，查地亩，规定粮税，废除土司，委吴锡珍代理地方一切事宜；委候补知县王会同为盐井委员，前往招安兼征盐税。

巴塘事变使清政府进一步认识到经营川边，必须改土归流、建立行省的必要性和迫切性，于光绪三十二年秋，任命赵尔丰为川滇边务大臣，将土司地方一并改流，兴办屯垦、教育、开矿、招商、练兵等新政，筹建西康省。自此，赵尔丰以巴塘为基础，开始了在康区全面"改土归流"、筹备建省的行动。

巴塘事变发生后，由成都将军绰哈布、四川总督锡良为凤全奏请赐谥①，清政府以凤全"死事惨烈，深堪悯恻"，仿傅清、拉卜敦之例，于成都北郊建"昭忠祠"以祀，并赐谥"威愍"②。凤全妻李佳氏是凤全续娶，工书画，有文采。凤全死后她赴打箭炉迎回灵柩，督工建祠。她将凤全之死怪罪于打箭炉厅同知刘廷恕的"迟不发援兵"，遂四处告状，并写成"蜚白"(类似传单的一种公开张贴小字报)散布。川督锡良无奈，只好以"年老糊涂，几误边事"将刘参革。刘任打箭炉同知多年，熟悉边务、民情，凤全抵炉，诸事多询其意见，本为知友。不意竟被牵扯丢官，心甚不平。故将当时凤全、锡良的有关函电、指示和所知实情，辑成《不平鸣》一书，以辩其冤。该书为研究巴塘事变提供了许多珍贵资料。

我们简单地梳理了巴塘事变的起因、经过和结局。从中了解到不同群体之间的利益诉求和社会改革的艰难。作为政府从国家长远利益出发希望社会改革得以顺利进行，在改革遇阻后不惜动用武力，镇压各种势力的反抗。而参与动乱者内部构成则十分复杂，利益诉求也不尽相同。通过梳理各类书籍资料，使我们基本了解这场背景十分复杂的"事变"。

(五) 舆论导向

以前研究"巴塘事变"，学者们很少注意当时的舆论导向，而实际上巴塘事变发

---

① 《广益丛报》1906 年 3 月 4 日第九十八号登载《凤全蒙恩予谥立传》："驻藏大臣凤全殉难巴塘，近经成都将军绰哈布、四川总督锡良为之奏请赐谥，并将事迹宣付史馆立传，闻已奉旨允行。"

② 见光绪三十二年七月二十五日《赐恤凤全上谕》。

生后,各类报刊以不同形式跟踪报道事变的起因、经过、结局(见下表),为当时的读者提供了丰富的信息,也为后来学者研究巴塘事变提供了翔实的资料。

《中外日报》的论说《论驻藏大臣凤全被戕事》支持政府收回瞻对和改土归流。文中指出:

> 恭读此道谕旨,足知鹿尚书当时办理改土归流一案,已略有眉目,乃一误于达赖喇嘛之陈请,再误于恭寿之庇护,遂致事败垂成,贻误后日,实为可惜。使当时执政者于喇嘛之违例干求,则力拒之,于恭寿之有意立异,则力驳之。则改土归流一案,早已帖然就绪。今日之祸,固可以不作。谁为祸始,恭寿之肉,其足食哉?今者祸事已成,既往者未可咎矣。

在用兵问题上,支持政府在万不得已的情况下采取武力震慑。

> 而方来之政策,则固当亟讲。前者本馆有收回瞻对,不必用兵之说,意以为瞻对头人或虚有抗拒之声势,未必其敢干天讨也。今既有戕钦使抗王命之重案,则固非用兵不可。若并一瞻对而不能制,其将何以为国哉?呜呼!本朝待遇喇嘛,不为不厚,其驾驭之法,亦不为不周至,而沿至今日,尚敢唆使邻番以与中国相抗,则历来之失策固有不堪回想者矣。

清朝末年,政府内外交困,治理国家进退失据,面对戕杀大臣这样的重大事件,《中外日报》对政府提出了尖锐的批评:

> 记者窃揣当轴之意,若以大臣被戕于土番,其事为失中朝之体面,故于凤全之恤典有所靳,非恶凤全,盖以此为不荣誉之事实耳!而其不肯宣示用兵者,亦大抵有所戒慎。窃惧兵力财力有所不足,故未敢决主用兵。执是二说以推之,既不欲遂失体面,又不能决主用兵,其始也进退维谷,犹疑失据,其终也则必粉饰于两间,以自欺欺人而后已。顾闻今者川督已命某道员率兵前往,然某道员者,固非经历戎行者也。推川省大吏之意,其所以遣某道之行者,未必为进兵计,特为调停计耳。但使巡行边界一周,随意掩执番众数人,即可张大其辞,以报之于大吏,上之于政府。彼大吏与政府者亦明知未必获要领,而私以为如是则体面已复也。则至其时必将宣布其事于天下,庆大功之成,巨耻之雪,以边事为已平矣。至于边事之果平与否,则非其所暇言也。顾闻乾隆年间缅甸之役,中国之兵屡见挫败,傅文不得已而贿和,而载笔之臣,则铺张其声绩威灵,至莫与比。盖专制之国,欲保其专制之威,而实无保之之力,则其结果必

有若是者。此例故不独中国为然也。记者窃见政府之对于此案，用兵与否，漫无定见，而惟以隐秘为保全体面之上策。则异日之事，恐不幸适如记者之所料，而沿边数省之土司，此后愈将藐视王灵矣。此则记者之深忧，不得不于先事抉其微者也。

这些批评有些言过其实，但作为舆论监督，对政府在处理危机时可能存在的问题进行尖锐的批评，也是媒体的职责之一。

媒体除了批评政府外，还及时把政府官员的奏折、《善后汉番军民遵守章程》等登载于报端，使读者及时了解事变的进展。

附表：媒体关于巴塘事变的报道

报　刊	题　　目	时间(卷/期数)
《中外日报》	论驻藏大臣凤全被戕事(论说)	1905 年 4 月 24 日
	驻藏大臣被戕后情形(要紧新闻)	1905 年 4 月 26 日
	论巴塘近案(论说)	1905 年 5 月 2 日
	查明凤全被戕缘由(专电)	1905 年 5 月 10 日
《东方杂志》	四川总督锡奏查明帮办驻藏大臣凤等死事情形折	1906 年 1 月 19 日
	成都将军绰四川总督锡会奏提臣亲率诸军进克巴塘勘平边乱并前后攻夺关隘搜剿逋窜情形折	1906 年 2 月 18 日
	四川总督锡奏议结巴塘教案片	1906 年 5 月 18 日
	巴塘善后汉番军民遵守章程	1907 年 5 月 7 日
	炉藏道里最新图考	1909 年 2 月 15 日
《广益丛报》	凤全蒙恩予谥立传	1906 年 3 月 4 日
	川督电告筹拨巴塘教案赔款	1906 年,103 期
	巴塘设官之计划	1907 年,第 141 期
	整顿巴塘	1908 年,第 159 期
	成都提督移驻巴塘	1908 年,第 162 期
	凤威愍公暨文氏夫人双节纪念	1908 年,第 184 期
《通问报：耶稣教家庭新闻》	巴塘捷报	1906 年,第 213 期
	巴塘教案已结详报	1906 年,第 189 期

续 表

报 刊	题 目	时间(卷/期数)
《四川官报》	督宪奏攻克巴塘戡平边乱并随保各员折	1905年,第28期
	谕旨(七道):上谕绰哈布锡良等奏诸军进克巴塘戡平边乱一折本……(二十九日)	1905年,第24期
	巴塘警电:三月十五日打箭炉来电凤蒋堂……	1905年,第8期
	前此巴塘番匪滋乱(炉边近信)	1905年,第16期
	巴塘改流(本省新闻)	1906年,第33期
《农学报》	四川布政司商矿局会议巴塘粮员稟遵办垦务并拟章程准照办详文	1905年,第290期
《四川学报》	公牍:批(十二月份):成都将军、总督部堂会批巴塘粮务稟承领学堂经费暨筹办情形一案	1907年,第12期
《政艺通报》	皇朝外交政史卷二:驻藏帮办大臣凤全覆奏收回三瞻折	1905年,第四卷,第6期
	上篇:皇朝外交政史:驻藏帮办大臣凤全复奏收回三瞻折(续完)	1905年,第7期
	皇朝外交政史卷二:有泰密咨凤全不便收回三瞻咨文、凤全咨覆有泰收回三瞻咨文	1905年,第四卷,第7期
《边政》	凤全史料六种:凤全之死后……王少旻(辑)	1931年,第6期,第117～118页
	凤全史料六种:清史凤全列传……王少旻(辑)	1931年,第6期,第114～115页
	凤全史料六种:御赐住藏帮办太臣凤全祭文……王少旻(辑)	1931年,第6期,第116页
	凤全史料六种:御制碑文……王少旻(辑)	1931年,第6期,第115～116页
	凤全史料六种:凤夫人亲书建祠缘起……王少旻(辑)	1931年,第6期,第117页
	凤全史料六种:上谕:光绪三十二年七月二十九日……王少旻(辑)	1931年,第6期,第116～117页

五、袁世凯对藏政策

破坏镇压人民斗争、强化独裁统治、投靠帝国主义、出卖国家利益是舆论界对袁世凯的基本评价。关于袁世凯在对藏政策方面的评论和介绍或语焉不详,或很少介绍。通过对民初传媒材料的梳理并结合各类历史资料,发现袁世凯执政时期,继承了孙中山"五族共和"思想,主张以汉藏民族间平等团结为基础,以"谋内政之统一"和实现"民族之大同";在中英交涉中,充分利用外交手段、依据国际惯例,拒绝签订出卖西藏的各类条约;调整政府机构,采取由剿到抚的策略,争取西藏内向中央。袁世凯在处理边疆西藏危机时坚持国家和民族利益,使萌芽中的"现代中国"在西藏主权问题上占有一定的主动性。

我国是一个多民族国家,一半以上的国土,特别是辽阔的边疆地区,大多是少数民族居住的地方,对少数民族采取什么样的政策是一个涉及到国家能否稳定统一、社会能否发展前进的极为重要的问题。我国历代的封建统治者都根据本阶级的利益和当时的力量对比,制定相应的民族政策,必然具有强烈的阶级压迫和民族压迫的性质,清政府的民族政策也不例外。但是,清政权本身是由少数民族——满族的上层贵族所建立,它和另一个重要的少数民族——蒙古族结成了密切而持久的联盟,另外又吸取了前朝民族统治的经验,制定了比较完整而行之有效的民族政策,逐步加强了对边疆少数民族地区的管辖。当然,在清朝统治下,也曾对少数民族进行残酷的战争和血腥的屠杀,也存在着民族的压迫和歧视,但比之从前朝代那样战祸连年、边患不息、各个割据政权长期对峙,甚至中央政权被倾覆,社会经济遭到严重破坏的局面要好得多。总的说,清代的民族统治政策是比较成功的,在一定程度上增强了民族之间的团结,促进了边疆地区的经济、文化发展,维护了国家的统一,为今天中华人民共和国的辽阔版图奠定了基础。周恩来同志曾经高度评价清朝在形成我国多民族统一过程中的重要作用:"清代以前,不管是明、宋、唐、汉各朝代,都没有清朝那样统一。"[①]清朝民族统治政策的基本方针是:"修其教不易其俗,齐其政不易其宜。"也就是保持各少数民族的社会习俗和宗教信仰,笼络和利用其上层分子,根据各民族的不同情况进行统治和管理。首先是根据不同地区的情况,设置不同的行政机构,加强中央对少数民族地区的管辖。其次是笼络和利用少数民族的上层分子进行统治。清政府对少数民族的上层分子极力拉拢,一般均保留和承认他们统治其本民族的权利,并且减免其赋税差徭,给以优厚的俸禄、崇高的爵位,爵位可以世袭,保证他们的利益和特权世代相传。再次是利用和提倡喇嘛教,作为思想统治的工具。辛亥革命爆发前的革命组织,多以汉族为本位。他们提出"驱除鞑虏"后所建的民国,往往指单限于以汉族为主的十八行省(武昌起义时所

① 《关于我国民族政策的几个问题》,周恩来 1957 年 8 月 4 日在青岛民族工作座谈会上的讲话,刊载于《红旗》杂志 1980 年第 1 期。

用的十八星旗即为佐证），东北、内、外蒙、新疆与及西藏都被排除在外。辛亥革命爆发后，清朝权威下降，自顾不暇，列强更趁机支持边疆地区的民族独立运动，如俄罗斯支持外蒙古独立（包括唐努乌梁海地区），自此该地区开始了脱离中国的进程。为了避免民族分裂，当时的舆论界调整了关于民族问题的提法。在清朝最后一个皇帝宣统于2月12日颁布的正式退位诏书中就提到五族共建中华民国的问题，诏书中指出：清帝退位以后自应"组织临时共和政府"，这个政府"仍合满、汉、蒙、回、藏五族完全领土，为一大中华民国"[①]。1912年1月1日，孙中山在南京正式就任中华民国第一任临时大总统。他在《中华民国临时大总统宣言书》中，就中华民国临时政府的建国方略问题，提出了五个统一，即民族之统一，领土之统一，军政之统一，内政之统一，财政之统一。在提到民族和领土之统一时，指出："国家之本，在于人民，合汉、满、蒙、回、藏诸地为一国，即合汉、满、蒙、回、藏诸族为一人，是曰民族之统一。武昌首义，十数行省先后'独立'，所谓'独立'，对于清廷为脱离，对于各省为联合，蒙古、西藏意亦同此。行动既一，决无歧趋，枢机成于中央，斯经纬周于四至，是曰领土之统一。"[②]1912年3月11日，孙中山主持南京参议院制订并公布了《中华民国临时约法》，这部具有宪法性质的约法在总纲中明确规定："中华民国领土，为二十二行省、内外蒙古、西藏、青海。"以国家根本大法规定了西藏是中华民国法定领土的一部分。其第三章第十八条又具体规定，民国政府参议院的议员，西藏应选派五名代表参加，共商国是。代表选派办法由地方自行决定[③]。这表明在中央政府更迭，中华民国取代清王朝之后，中央对西藏的主权地位已被宪法所确立。

（一）五族共和、民族团结

准备接任临时大总统一职的袁世凯继承孙中山五族共和的治国理念，在北京向达赖喇嘛及班禅额尔德尼发出劝谕令，希望他们遵照历史定制归属民国中央政府，"安心内向"。《东方杂志》1912年5月1日第8卷第11号《中国大事记》栏刊载了《袁总统令劝谕蒙藏》，令曰："达赖喇嘛、班禅额尔德呢、哲布尊丹巴呼图克图，分驻蒙藏，为黄教尊主，历辈相传，咸深信仰。凡我蒙藏人民，率循旧俗，作西北屏藩，安心内向。近年边疆大吏，措施未善，每多压制，甚且有一任官吏，敲诈剥削，以

① 《清帝退位授袁世凯全权组织临时共和政府谕》，见《中华民国史档案资料汇编》第一辑，中国第二历史档案馆编，江苏古籍出版社1994年版。

② 见《中华民国史档案资料汇编》（第二辑），中国第二历史档案馆编，江苏古籍出版社1994年版。另见《东方杂志》第8卷第10号。

③ 《东方杂志》第8卷第10号。

致恶感丛生，人心涣散，言念及此，不禁慨然。现在政体改革，连共和五大民族，均归平等。本大总统坚心毅力，誓将一切旧日专制弊政，悉行禁革。蒙藏地方，尤应体察舆情，保守治安。兹据驻京扎萨克喇嘛等，公恳组织蒙藏统一政治改良会，核其宗旨，系为宣布五族平等，伸我蒙藏人权起见，应准其先行立会。自兹以往，内外扎萨克蒙古各旗盟暨两藏地方，历来疾苦之事，应俟查明，次第革除。并望各王公呼图克图喇嘛等，于中央大政及各该地方应兴应革事宜，各抒所见，随时报告，用备采择。务使蒙藏人民一切公权私权均与内地平等，以期大同而享幸福，是所至望。”劝谕中批评了边疆大吏压制、敲诈边地官民的现象，表明总统改革弊政、主张民族平等的决心，介绍了政府的具体施政措施。主张民主共和，维护祖国统一，提倡民族平等、共建中华的《藏文白话报》①，其发刊词十分明确地表明了袁世凯政府在民族政策方面的舆论导向：

蒙、回、藏不能脱离中华民国另自成其为蒙、回、藏，中华民国不能脱离蒙、回、藏另自成其为中华民国，况蒙、回、藏享有权利与汉、满平等……人人有选举大总统之权，人人有被选举大总统之权，无边陲歧视，无种族谬说，卫蒙、回、藏即以卫中华民国，卫中华民国即以卫蒙、回、藏。自今以往，我四万万同胞一德一心，尊重国权，崇尚人道，新邦缔造，正中华民国英雄立功之秋也。本报发刊，其用意以中华民国优待蒙、回、藏，与已前君主专制时代不同；蒙藏事务局优待蒙、回、藏与已前理藩部时代不同，取其政令公布周知，免致传闻失实，且冀蒙、回、藏同以中华民国为前提，合力并进，岂不懿哉！

从这段引文中我们可以看出：袁世凯时期的政府就提倡汉族离不开少数民族，少数民族亦离不开汉族，主张中华各民族友好相处，共同缔造中华民国。在民族关系问题上袁世凯政府主张五族共和是符合时代要求的，在如何通过少数民族上层人物维持地方稳定、优待上层人物方面，袁世凯政府亦能审时度势，确定了符合实际的措施。《时报》，中华民国元年二月初七日《中华民国立国记》栏登载了《关于清帝逊位后优待条件之电文》：

上海去电北京袁内阁鉴如，清帝实行退位则民国政府所以待之者如

① 《藏文白话报》由中华民国政府专事少数民族事务的职能部门——蒙藏事务局（1914 年改为蒙藏院）主办，1913 年元月在北京创刊，月刊，年 12 册。1915 年 1 月至 3 月因蒙藏院办报处筹备铅印，故停刊 3 个月，至 4 月复刊，并更名为《藏文报》。徐惺初、吴燕绍、徐敬熙等相继任总编纂。

左：……（乙）优待满蒙回藏人条件：一、与汉人平等。二、保护其应有之私产。三、先筹八旗生计于未筹定以前，原有口粮暂仍其旧。四、从前营业之限制，居住之限制一律蠲除。五、所有王公世爵概仍其旧。以上条件列于正式公文，电达各国政府，以昭大信，民国议和全权代表伍廷芳帑。按右为伍代表最初提交袁世凯之优待条件正月二十日所发者。北京来电伍代表鉴兹，将所拟优礼皇室条件与各方面协商详晰奉达，希妥速酌定，见复条件列下：（丙）关于满蒙回藏各族待遇之条件：一、与汉人平等。二、保护其原有之私产。三、王公世爵概仍其旧，并得依次传袭。四、王公中有生计过艰者，应设法拨给官产作为世业以资补助。五、先筹八旗生计于未筹定之前，八旗官兵俸饷仍旧支放。六、从前营业居住等限制一律蠲除，各州县听其自由入籍。七、满蒙回藏原有之宗教听其信仰自由。以上条件列于正式公文，照会各国或电达驻荷华使，知会海牙万国和平会存案，内阁袁世凯花二。按右为袁世凯提交伍代表之优待条件。

袁世凯政府在“清帝逊位后优待条件”的基础上准备把优待条件列入“宪法”，《东方杂志》1916年1月10日第13卷第1号中国大事记栏登载了民国四年十二月十八日的政府命令：

申令满蒙回藏待遇条件继续有效……令曰：政事堂呈前据蒙古西藏青海回部国民代表镶黄旗满洲都统亲王那彦图等呈称，共和不适国情，全国同声，咸以改定君宪为救国大计。现在国民代表大会满蒙回藏国民代表，投票决定国体，一致主张君主立宪，见具薄海人民，心理大同，惟是国体既定为帝国，帝位必归于圣人。四年以来，国家多故，拯民水火，登之衽席。我四万万蒸黎身家子姓，寄托我大总统一人之覆庇。我国民为人民谋长治久安之厚福，为国家图创业垂统之宏规。亿万同心，归于圣德，代表等仅以满蒙回藏国民公意，共戴我大总统为中华帝国皇帝，并以国家最上完全主权，奉之于皇帝。承天建极，传之万世，伏愿顺应天人，践登大位，皇建有极，民悦无疆，一统定基。保四千年神明之胄，奕叶蒙福。遂亿万姓归往之诚，代表等不胜欢忭跂望之至等情。现在国体业经全国国民代表大会总代表代行立法院决定君主立宪，所有满蒙回藏待遇条件，载在约法，将来制定宪法时，自应一并列入宪法，继续有效，此令。

袁世凯决定取消共和制度，实行君主立宪，是违背社会发展进步规律的。命令中说“满蒙回藏国民代表，投票决定国体，一致主张君主立宪”更是欺世盗名。但袁世凯政府能结合边疆实际，重视边疆地区上层人物在稳定边疆、维护国家统一中的作用，制定了一些安抚边疆上层人物的政策是符合当时社会实际的。

(二) 外交斗争、维护主权

英帝国主义在对藏问题上是步步紧逼、得寸进尺。1876 年(光绪二年)8 月 21 日，李鸿章与威妥玛在烟台正式开始谈判，9 月 13 日签订《中英烟台条约》。此条约中的《另议专条》规定中国政府为英国人进藏调查游历提供帮助。1890 年(光绪十六年)3 月 17 日，升泰与英印政府总督兰斯顿在加尔各答正式签订《中英会议藏印条约》。该条约共 8 款，主要内容有：清政府承认哲孟雄归英国保护；划定西藏地方与英属哲孟雄边界；有关双方游牧、通商等事宜容后再议，等等。该条约的签订，使哲孟雄完全脱离中国，而关于边界及缓议诸项为英印进一步侵略西藏铺设了道路。1893 年(光绪十九年)12 月 5 日中英政府又在大吉岭达成协议，何长荣、赫政代表清政府与英国代表保尔签订《中英会议藏印条款》(又称《中英会议藏印续约》)。该条约共 12 款，主要内容：在西藏亚东开关通商，“听任英国诸色商民前往贸易”；英印政府可派员在此驻扎查看贸易；自亚东开关之日起，五年内藏印贸易互免关税；亚东开关一年后，西藏人在哲孟雄游牧应照英国所立章程办理等。1908 年 10 月 14 日在北京交换批文的中英《修订藏印通商章程》共 15 款。该条约的内容，使我们清晰地看到，英国和印度通过享有单方面的贸易特权而从中国攫取了更多的经济权利。通过领事裁判权的设立和主审、观审、会审的被告人主义民、刑事审判制度的设立，中国清朝中央政府在自己的土地上原应独享的权力遭到蚕食，部分司法主权沦丧，较之以前关于西藏的条约中的内容是有过之而无不及。特别是在治外法权的放弃问题上，英国人提出以“俟查悉西藏律例情形及其审断办法，及一切相关事宜皆臻妥善”为条件，实际上是为其在西藏长期享有治外法权寻找借口。1911 年秋季，辛亥革命爆发，英帝国主义者认为机会终于到来，对西藏问题的干涉得寸进尺，立即唆使达赖策动西藏各地掀起反汉暴动，以实现西藏脱离祖国的阴谋。

袁世凯政府充分利用外交手段、依据国际公法，对英帝国主义的干涉行为予以批评。《东方杂志》1912 年 8 月 1 日第 9 卷第 4 号中国大事记栏登载《外交部电驻英日俄三国外交代表声明关于蒙藏事件五项》：一、满蒙各地为中国完全领土，凡关于满蒙各地之条约，未经民国承认者，不得私订。二、蒙满各地矿产，无论何人，不得私自抵押，向各国借款，各国亦不得轻易允许，遽行开采。三、民国对于满蒙藏各地，有自由行动之主权，外人不得干预。四、民国政府，对于各国侨民，力任保护，各国不得藉保护侨商之名，增加军队，及分派驻扎等事。五、现蒙藏反抗民国，是为国际公法所不许，外人不得为蒙藏乱党之主使者。英帝国主义凭借自己在国际上的实力，对我国的合理要求置之不理，变本加厉地干涉中国内政。《东方杂志》1912 年 10 月 1 日第 9 卷第 4 号中国大事记栏登载《驻京英使为西藏事照会外交部》："……略分四款。一、中国不得以西藏为行省。一、西藏内政，应准藏人自行办理，不得加以干涉。一、中国准派代表一人驻藏，指导藏人办理一切外交事宜，该代表准携带卫队若干，惟中国驻藏之兵，不得漫无限制。一、目下派出之远征队，应即停止。文中又谓中国不应假道印度以入藏境，并要求缔结新约。政府得文后，旋据理拒绝。"1912 年 12 月 25 日，中华民国政府外交部正式答复英国政府，对英国提出各条加以批驳，其要点如下："（一）英政府抗议第一条，中国政府不得干涉西藏内政，不得改西藏为行省云云，查西历一九〇六年所订条约，曾确实规定，除中国外，他国无干涉西藏内政之权，今谓中国政府无干涉西藏内政之权，理由甚无根据。西藏改行省一事，为民国必要之政务……惟中国对于西藏，并无即时改设行省之意，此中颇有误会。（二）英国政府抗议第二条，中国政府驻扎西藏之军队，不得毫无限制云云，查中国政府驻扎西藏之军队，未尝一无限制，惟依据条约，驻扎必要之军队，维持治安而已。（三）英国政府以中国之于西藏，仅有宗主权，而无完全主权，要求改订条约决定此事云云，查中英两国关于西藏问题，曾于一九〇四年及一九〇六年，两次订立条约，一切皆规定明确，今日并无改订新约之必要。（四）英政府抗议第四条，中国军队截断印藏间之通讯交通云云，查中国政府从前并无意断绝印藏交通之事，以后更当加意保护。（五）英政府声言，若中政府不将以上各条承认，英政府亦断不承认中华民国政府云云，查承认中华民国是另一问题，不能与西藏问题并为一谈，深望英国先各国而承认中华民国政府。"[1]当时的《时报》也记载了英帝国主义的霸道行为和我国政府的严正立场，1912 年 9 月 9 日登载了《西藏之风云日急》：

三、外交部与英报记者之谈话

英国《每日电报》北京访员日前往外交部问中国方面对于西藏问题之意见，外交部告之者如左：中国今用兵平西藏之乱，对于国际条约无一毫违反。盖中国之所为皆中国权力内事，因此之故，英国干涉西藏事件无正当之理由。且千九十一年（恐年限有误）正月间英国致中国政府之公文，正式承认中国在

① 牙含章：《达赖喇嘛传》，人民出版社 1984 年版，第 249 页。

西藏之利益及权利。惟该文中英国曾将尼泊尔、不丹二国置之英国保护之下，为英国之保留权利。此保留权利英国盖以军事之优势为根据而出之者，因此二国为中国之朝贡国也。

谈话强调中国维护西藏主权并没有违反国际条约，对英国政府干涉西藏问题提出严厉批评，并批评英国政府公然违反中英两国曾经签订的条约。英帝国主义在干涉中国内政方面不断升级，阻止西藏办事长官陆兴祺假道印度进入西藏，企图阻止中国政府与西藏直接交涉，由英国提出举行中、英关于藏地之会议，以解决一切悬案，并威胁中国：如不参加会议，缔结关于西藏的新约，则英国与西藏直接商定。中华民国政府在英帝国主义压力下，同意举行中、英关于藏地之会议，开始中国方面提议在北京或伦敦召开，而英国方面坚持在印度大吉岭召开，最后又改在印度西姆拉地方召开。关于西姆拉会议的情况，《东方杂志》第16卷第5号中刊载的《中英藏问题之回顾》进行了详细的介绍：

一九一三年五月，英公使将旧年西藏之问题，重行提出。十月，中国代表陈诒范，英国代表享利马军，与西藏代表朗成沙川，公同会议于锡姆拉，兹将西藏条约之内容列左。（一）西藏须独立，并废止一千九百零六年之条约。（二）西藏境，包含昆仑与安定塔以南之新疆部分，青海全部，甘肃四川之西部，与打箭炉及云南之西北部与安东子。（三）英国与西藏单独商订通商条约。（四）中国军队不得驻兵于西藏。（五）中国须承认达赖喇嘛为蒙古及中国佛教首领。（六）中国勒索西藏政府之财产，须予以赔偿。兹将中国政府抗议之内容列下：（一）西藏为中国之领土，受中国之统治，西藏须服从之，英国亦须承认之，中国不改西藏为行省，英国亦不得侵略西藏。（二）中国须设一办事大员，随带卫兵二千六百人，驻于拉萨。（三）西藏办理外交及军备事务，须受中国之指挥，外国订立条约，须由中国接洽。惟一千九百零六年中英条约内所载，英国商务官吏与西藏政府之直接交涉，不受本条约束。（四）西藏须赦免倾向中国之人民，并退还其财产。（五）西藏第五项之要求，可以从长计议。（六）一八九三年及一九〇八年之商务条约，如有修改之必要，应由各方共同讨论。（七）关于藏界，中国须占有江达及其南各地。

由以上引文可以看出英帝国主义已由干涉中国内政发展到公开分裂我们的国家，图谋把西藏从中国分离出去，其险恶用心昭然若揭。袁世凯政府并没有让英帝国主义的险恶用心得逞，没有承认《西姆拉条约》。英帝国主义不但通过实际行动来粗暴干涉中国内政，在舆论宣传方面也违背条约、涂改历史，鼓噪“西藏独立论”。1912年9月5日《时报》登载了《西藏独立观》(译英京《泰晤士报》)：

吾人不禁有望于大不列颠政府，念彼之地位即西藏问题而重思之矣。就《英俄协约》则英俄均允认非由中国政府居间不得与西藏有所磋商之款，惟是中国政府之于西藏也已自行溃决，或将不复更有居间之资格。再自赵尔丰总理藏务以来，久已置英俄协约于不顾，并显背一千八百九十及九十六年之中英约款。夫大不列颠之所允认者，谓中国之在西藏有上国之权也，而一千九百零七年俄人亦同许之。今中国乃欲自上国之权求得主权，而为彼夙昔之非所敢望者。非惟欲得之，近者对于藏东诸族与夫拉萨诸行省，且大有所得藉手之概。扩张彼之权利，乃不得不严酷以御藏民，而在拉萨郊垌尤甚。……吾英国无利于西藏尺寸之思，惟对于此不幸之争自由不得不表同情，彼热心于弱国之被虐，日宣言于议会，而期得将护之，尤不可不垂念也。……

我们可以看出英国媒体与政府一唱一和，趁我国政权鼎革之际，完全不顾历史事实和条约的规定，大肆鼓吹“上国论”、“独立论”，为英帝国主义分裂西藏的罪行辩护。英国政府与英国媒体的行为不但给当时的中国政局造成了混乱，影响袁世凯政府解决西藏问题，也使当今的西藏问题复杂化、国际化。

(三) 调整机构、管理藏政

袁世凯除了宣传“五族共和”、民族团结和利用外交手段维护国家主权外，还在机构设置方面作出了调整。《东方杂志》1912年6月1日8卷12号中国大事记栏登载了《令满蒙回疆归内务部管理》，民国临时大总统袁世凯宣布：

现在五族共和，凡蒙藏回疆各地方，同为我中华民国领土，则蒙藏回疆各民族，即同为我中华民国国民，自不能如帝政时代，再有藩属名称。此后蒙藏回疆等处，自应通筹规画，以谋内政之统一，而冀民族之大同。民国政府于理藩不设专部，原系视蒙藏回疆与内地各省平等，将来各该地方一切政治，俱属内务行政范围。现在统一政府业已成立，其理藩院事务，著即归并内务部接管，其隶于各部之事，仍归划各部管理。在地方制度未经划一规定以前，蒙藏回疆应办事宜，均各仍照向例办理。[①]

---

① 《元以来西藏地方与中央政府关系档案史料汇编》，中国藏学出版社1994年版，第2346页。

为了使五族共和得以实现,袁世凯政府决定不使用“藩属”称呼,并决定原理藩院的事务由内务部接管。我们可以看出袁世凯政府的治国理念及方法还是不同于清王朝的,还是在努力适应时代的变化,探讨解决西藏问题的途径。1912年7月蒙藏事务局正式成立,这是民国初年设置的管理蒙古和西藏事务的中央机构,1914年5月建制撤销,改为蒙藏院。在这不算很长的两年时间里,正是民国初建、政权鼎革、政局混乱、西藏和蒙古地方出现分裂倾向的多事之秋,蒙藏局能够积极了解西藏和蒙古地区的情况,向民国政府适时地提出施政建议,同时,代表民国政府对这些边疆民族地区具体施政,做了不少有益的工作。这在当时特定历史条件下,对于维护多民族国家统一,以及民国政府对这些边疆民族地区(特别是西藏)行使主权和日常行政管理,都起到了积极的历史作用。蒙藏事务局成立主要做了以下事情:(一)搜集、汇总并提出治藏政策建议,推荐中央派驻西藏官员;(二)派员入藏宣慰,了解藏情;(三)建议恢复第十三世达赖喇嘛名号、加封第九世班禅;(四)主持西藏地方参加国会和众议院议员的选举;(五)拟订治藏法规和有关措施、办法;(六)筹办蒙藏学校,用近现代化的教育内容、方法,为蒙藏地区的发展培养有用人才;(七)编印《藏文白话报》,公布民国政府有关西藏的政策、法令和重大施政活动,宣扬五族共和。袁世凯政府不但调整治理西藏的政府机构,遇到重大问题时还成立专门的研究机构,《时报》中华民国三年七月二十五日专电栏登载了《念四日亥刻北京专电》:“袁总统以藏约决裂甚为焦灼,特在总统府设立藏约研究所,派钱能训、汪大燮、联芳、那颜图、赵惟熙研究西藏问题,并令外交部蒙藏局各派司员两人,一体与议。”袁世凯不但调整了政府机构,在人员任用上也做出了调整,于1912年5月10日发布命令,任命钟颖为西藏办事长官。1912年7月1日9卷1号《东方杂志》对此事进行了报道,中国大事记栏登载了《任命钟颖为西藏办事长官》:“……去年九月,西藏拉萨兵变,钟颖时为陆军统领,竭力维持,得以安谧。经四川都督从权委任为西藏行政使。本年四月,华兵在拉萨开会,与藏人冲突,酿成激战。英人以保护该国在藏商务为言,进兵藏中,藏事日亟,故任钟为办事长官,以资应付。”北京民国政府成立后,原在辛亥革命之初纷纷向清廷“独立”、脱离清朝统治的地方势力集团,有的宣布与袁世凯合作,拥护与承认北京共和政府,有的则仍然闹“独立”,各据一方,形成新的军阀封建割据。在这种政治气候下,西藏也卷入了这个浊浪,欲形成封建割据的态势。回到拉萨的十三世达赖喇嘛,正是在内地政局风云突变、中央政府交替的形势下,意图如同内地的地方实力派那样,拉起“独立”的旗号,趁机把当年的仇敌联豫、钟颖和川军等所谓“汉人”势力挤出西藏。这也是《水牛年文告》内容的主要实质。由于英帝国主义插手西藏，干预我国政府处理藏务的各项方针、措施之实施，使西藏政局呈现纷繁复杂的局面。为了应对这种复杂局面，袁世凯政府决定通过恢复达赖喇嘛的封号来稳定西藏的局势。《东方杂志》1912 年 12 月 1 日第 9 卷第 6 号中国大事记栏登载《复封西藏达赖喇嘛名号》：

西藏达赖喇嘛阿旺罗布藏吐布丹甲错济塞汪曲却勒朗结，于前清光绪三十年，以英兵入藏潜行逃避，经清廷暂革名号，旋于三十四年九月入京觐见，复由清廷循照旧制封为西天大善自在佛，并加封诚顺赞化名号，饬令回藏。次年西藏地方不靖，川省派兵驰往弹压，该喇嘛遂谓此举乃欲殄灭黄教，初则煽惑藏人，思图抗拒，迨至兵抵拉萨时，则又率带从人，私行逃逸，当经清廷革去名号。自去岁武昌起义后，西藏屡有骚乱，政府颇欲饬令达赖回藏，以维教务，适达赖寄函通款，遂有是令。令曰：达赖喇嘛阿旺罗布藏吐布丹甲错济塞汪曲却勒朗结，致蒙藏事务局总裁贡桑诺尔布函称，前因教务由京回藏，振兴藏务，竭力整顿。嗣以革去名号，暂居大吉岭。去冬川省事起，藏中至今未靖，意欲维持佛教，请转呈妥商等语。现在共和成立，五族一家，前达赖喇嘛诚心内向，从前误解，自应捐释，应即复封为诚顺赞化西天大善自在佛，以期维持黄教，赞翊民国，同我太平。

除了重视达赖喇嘛的作用外，在国家政治生活中，民国政府还十分注意西藏地方这不可分割的一部分。1912 年 8 月 10 日，中华民国正式颁布《中华民国国会组织法》和议员《选举法》，其中有关于西藏等少数民族地区的民众参加选举自己的代表，议员直接参加议政的具体规定。原定西藏地区国会议员由达赖喇嘛、班禅会同西藏办事长官遴选相当人员于 1913 年 4 月 2 日分别在拉萨和日喀则组织选举。后因英帝国主义阻挠，新任驻藏办事长官不得由印入藏，选举未能如期举行。时国会成立之日在即，已在京的西藏代表罗卜桑车珠尔和藏民珠赤等呈文民国大总统，请求立即在北京进行选举。他们的请求得到批准，并于 4 月 10 日公布了《西藏第一届国会选举法》，共四条：“第一条，西藏第一届参议院及众议院议员之选举，得于政府所在地进行之。第二条，西藏之选举监督，以蒙藏事务局总裁允之。第三条，选举细则，由选举监督定之。第四条，本法自公布之日施行。”[①]之后，由北京民国政府筹办西藏选举事务所举行了西藏第一届国会议员的选举。1913 年 5 月 15

① 《东方杂志》，第 9 卷第 11 号，《中国大事记栏》。

日，榜示西藏参、众两院当选人员名单共四十名。西藏代表进入国会本身，标志了西藏地方民众参与国家政治生活，他们是中华民国国民的组成都分。辛亥革命爆发后，西藏上层少数分裂势力在英印殖民者的唆使下，谋求脱离中央政府，发动驱汉事件，派藏军东侵，攻占理塘等地，挑动在清末已进行过改土归流的西康藏区反对中央，恢复原来土司和喇嘛的特权。民国政府筹边处在1912年6月初报告西藏危急情形时说："全藏已失十之八九，川边望援甚切。"①面对康藏的混乱局势，袁世凯政府最初采取了进军西藏、平息叛乱的作法。7月10日，袁世凯令四川都督、征藏总司令尹昌衡率川军2500人自成都出发西征。川军兵分两路，南路收复了河口、理塘；北路攻占了巴塘、察木多等地。8月，云南都督蔡锷派滇军助剿藏军，收复盐井等地，藏军不断溃退。到月底，川滇军基本上收复了失地，形势趋于稳定。尹昌衡出征西藏，使得中央政府在川藏边境建立了一块根据地，对西藏分裂势力起到了较大遏制作用，是西藏没有重蹈外蒙古覆辙的重要原因。这时达赖派堪布两人前往驻藏办事长官处议和，提出了五项条件。袁世凯政府多次开会讨论西藏局势，多数主张改"剿"为"抚"。袁世凯又多次拜会孙中山，探讨对藏政策。孙中山反对以兵力从事，主张迅速颁布善待西藏的条例，宣布政府德意，令西藏自行取消独立②。于是袁世凯决定改"剿"为"抚"，重在安抚西藏上层，争取西藏内向中央政府。关于西藏分裂势力在川边造成的危机和袁世凯政府如何应对川边危机，《东方杂志》进行了详细的报道。1912年7月1日第9卷第1号中国大事记栏登载《后藏江亚失守拉萨危迫》："……驻西藏拉萨之华军，因开会演说，与藏人冲突，互相激战，华军被围，藏人各处响应，仇视在藏华人。英国以保护商务为名，进兵江孜。本日北京接川督转靖边同知电告，以江亚于五月初一日失守，拉萨危机，请发饷械救援。"1912年7月1日第9卷第2号中国大事记栏登载《四川都督尹昌衡率师出征西藏》："……尹都督前以藏乱边危，影响全局，决意督师西征，电请总统饬令各省协助饷项，本日率军队两千五百人出发。"1912年10月1日第9卷第4号中国大事记栏登载《藏兵攻占巴塘》："……前藏兵围占里塘、巴塘，经边军将里塘克复，于是巴塘之围亦解。嗣以川军出关后，不谙地理，不服水土，而器械亦不敷用，藏人遂复猖獗。本日北京得电，知巴塘又为藏人占据。"1912年11月1日第9卷第5号中国大事记栏登载《川军克服里塘》："……里塘前经克服，嗣复为藏人占据，八月中

---

① 《中华民国史事纪要》(初稿)，"国史馆"，1912年6月8日。

② 李新：《中华民国大事记》第1册，中国文史出版社1997年版，第216、243、255页。

旬，川军先锋队由河口进兵，逐渐进剿，于本日将里塘重行收复。”1912 年 11 月 1 日第 9 卷第 5 号中国大事记栏登载《滇军克服盐井》：“……云南派兵协征西藏，由殷司令承谳督率进剿，本日丽江商会通电报告，滇军于八月二十六日夜进攻盐井县，即时克服。”西藏地方分裂集团不但驱赶汉人和出兵藏东，而且还与外蒙签订分裂国家的协约。1913 年 1 月，十三世达赖喇嘛私下委派其侍读堪布德尔智前往外蒙古首府库伦（今乌兰巴托），与外蒙古签订了互相承认其为“独立国家”的《蒙藏协定》。此协定声称：“蒙古西藏均已脱离满清之羁绊，与中国分离，自成两国，因两国信仰同一宗教，而欲增进两国旧日之亲爱关系。”[①]“两国政府于内忧外患危险之际，永久互相援助。”[②]中华民国二年二月二十三日《时报》登载专电（二十二日申刻北京专电），对达赖的这一行为进行了报道：“当道近接库伦密探急报如下：（一）西藏达赖喇嘛遣代表赴库伦乞活佛代恳俄皇从速承认西藏独立；（二）请俄皇调军赴藏助其拒华；（三）藏人与中国交通全行断绝；（四）禁止华人入藏；（五）活佛亦请达赖委派代表常驻库伦；（六）将布告列强蒙藏悉已独立，乞各国承认；（七）并恳达赖永托英人保护，以便据华得力；（八）蒙藏须结和约，永远遵守，彼此相助。”袁世凯政府虽然在如何稳定西藏局势方面做出了努力，采取了一些措施，但因当时动荡的局势，加上英帝国主义的支持和挑拨，西藏地方的分裂势力还是甚嚣尘上，不断制造各种事端，甚至提出一些无理的要求。关于西藏地方分裂势力与中央政府的交涉，《东方杂志》给予了报道，1912 年 10 月 1 日第 9 卷第 4 号中国大事记栏登载了《驻藏办事长官钟颖电告达赖喇嘛派员议和》：

钟颖电达政府称达赖喇嘛派堪布二人前来议和，提出条件大致：一、恢复达赖教权，加崇封号。二、华人对于佛教及僧寺，不得仍前侮慢。三、西藏行政重大事宜，可与华官商议，惟不得于西藏改设行省及视为领土。四、中国不得于拉萨驻扎兵队，办事官衙兵，限制二百人。五、撤退尹司令征藏兵队。旋经国务院会议，第一条恢复达赖教权可照允，惟须加入达赖不准干预政治字样。第二条可照允。第三条改为西藏重大行政问题，藏民有陈请权，由中政府察择施行，俟藏局安定后，中政府如何改设行省，达赖不得干涉。第四条限制中国兵队，应取消。第五条改为现在一面电饬川军缓进，一面另派兵赴藏镇抚。拟决议后电饬钟颖转告达赖。

---

① 洪涤尘编著：《西藏史地大纲》，正中书局 1935 年版，第 315 页。

② 洪涤尘编著：《西藏史地大纲》，正中书局 1935 年版，第 316 页。

袁世凯政府在重大问题上是坚持原则的，指出达赖不得干预政治，国家的重大行政问题达赖不得干涉，部队驻藏是维护国家主权，达赖无权干涉。襁褓中的民国政府，根基未固，加上国势衰颓，其结果必然是缺乏有效控制全国的能力和权威；而列强环伺，造成了中国严重的边疆危机。这些，都给中央政府管理西藏事务造成了极大的困难，使其对西藏的行政管理措施，很多都难以彻底贯彻执行，这是袁世凯政府无法摆脱的残酷现实。

随着中国社会的变革，西藏地方各种势力的博弈变得异常激烈，1913 年 12 月 7 日《时报》登载的《藏使与西报记者之谈话》就让我们对当时西藏各种势力的复杂关系有了基本的了解：

上海字林西报驻印京通信员函云：此次中英藏“三国”在印度之西穆拉地方会议中藏对待问题。西藏特派专使沙特拉为代表，该访员曾往投谒叩以赴会时拟发表何种意见？沙似不欲先事泄漏，大致不涉政治，沙氏因言：中国驻藏之军队去年已大半归国，其尚留居者，悉已改入藏籍。其人并不袒护安班(即中国驻藏办事员)，故土客均极相安。访员问去年颇有谣传，谓藏人将嫁与中国人藏妇之鼻悉数割去，以示惩戒，其说可信否？沙氏笑曰：无之，惟谣言。亦非无因，该中国人常令其藏妻溷入藏人秘密机关，以探取消息，我政府恶之，声言犯间谍之妇人一经拘获，必割其鼻，意在使之畏刑，不敢轻于尝试，非真欲实行也。访员问藏人中有袒华之一派，今如何矣？沙氏曰：袒华派并未经政府诛杀，不过遣赴边远寺院使勤诵经典，勉为善人而已。又云：班禅喇嘛现经达赖与之和解，彼亦不再与闻政事矣。访员有问：藏中兵力如何？沙氏曰：藏兵之精者，约二千人，若少数中国军队入藏，尚有抵抗之力。若大队侵入，藏兵力单不足抵御。吾藏人之所以欲得英人之助力者，正以此耳！去年中国军队归国时所有军火悉数留下，惟枪枝中之机件均由彼等取去。且谓若不携归此物，回国后必然见杀。现在此等枪枝均封存武库中，待此次会议告终后，始有解决之法也。访员又问：中国政体已改共和，系以五族共合组而成，如此则西藏似应派员前赴北京，北京又派员驻屯拉萨，方合于平等待遇之宣告。沙氏曰：果然如此办理亦未必有胜于往昔，即英人欲派员驻屯拉萨亦殊不利于西藏。盖俄人一知此事亦必要求设立领事，从此吾藏中一国三公使，更不知所适从矣。现在居藏之英人待我极好，时时告我英人对于藏人皆怀好意，故我甚倾服其人云云。

面对如此复杂的西藏局势，袁世凯是无力回天的。袁世凯是民国政府大总统，掌握着全国最高权力。他当政期间，曾企图复辟封建帝王专制制度，做了83天皇帝梦，又与日本签订了丧权辱国的"二十一条"，因而受到世人的唾骂。但是，在处理西藏问题上，他还是坚持了孙中山先生提出的基本政治原则，对于英国炮制的图谋分裂我国西藏的所谓"西姆拉条约"拒绝签字，对于西藏少数分裂分子的图谋予以回击。对袁世凯应将其放在一定历史条件下，具体问题具体分析，该肯定的也要给予历史的肯定，不能因人废事。鉴古明今，察往知来。历史上搞西藏"独立"的人，被历史所否定；今天，一些或明或暗图谋搞西藏"独立"的人，企图从民国时期的历史上，寻找所谓"独立"的根据，只能是涂改历史、编造谎言，最终也必将被历史所否定。这就是我们从传媒的角度研究袁世凯对藏政策得到的最大历史启示。

附表：媒体关于袁世凯对藏政策的报道

报刊	文章	卷数	时间	栏目	页数	备注
《东方杂志》	袁总统令劝谕蒙藏（民国元年三月二十五日）	8卷11号	1912.5.1	中国大事记	6	
	边藏最近之闻见（录《民立报》）	8卷12号	1912.6.1	内外时报	7	
	令满蒙回疆归内务部管理（民国元年四月二十二日）	8卷12号	1912.6.1	中国大事记	3	
	英兵入藏论（上）（录《民立报》）	9卷1号	1912.7.1	内外时报	24	
	英兵入藏论（下）（录《民立报》）	9卷1号	1912.7.1	内外时报	36	
	任命钟颖为西藏办事长官（民国元年五月初十日）	9卷1号	1912.7.1	中国大事记	1	
	后藏江亚失守拉萨危迫（民国元年五月十九日）	9卷1号	1912.7.1	中国大事记	4	
	四川都督尹昌衡率师出征西藏	9卷2号	1912.8.1	中国大事记	5	
	四川西征军之出师	9卷3号	1912.9.1	插画		
	西藏喇嘛寨	9卷3号	1912.9.1	插画		
	川省边军克复里塘	9卷3号	1912.9.1	中国大事记	7	

续 表

报刊	文章	卷数	时间	栏目	页数	备注
《东方杂志》	外交部电驻英日俄三国外交代表声明关于蒙藏事件五项(民国元年八月十二日)	9卷4号	1912.10.1	中国大事记	15	
	驻京英使为西藏事照会外交部(民国元年八月十七日)	9卷4号	1912.10.1	中国大事记	16	
	藏兵攻占巴塘(民国元年八月十八日)	9卷4号	1912.10.1	中国大事记	16	
	驻藏办事长官钟颖电告达赖喇嘛派员议和(民国元年九月一日)	9卷4号	1912.10.1	中国大事记	28	
	任命各省及蒙古青海西藏参议院议员选举监督众议院议员选举总监督(民国元年九月初十日)	9卷4号	1912.10.1	中国大事记	38	
	证明英人无可干涉藏事之理由	9卷5号	1912.11.1			
	川军克复里塘(民国元年九月初一日)	9卷5号	1912.11.1	中国大事记	1	
	滇军克复盐井(民国元年九月初十日)	9卷5号	1912.11.1	中国大事记	1	
	公布蒙古西藏青海众议院议员选举施行令(民国元年十月初五日)	9卷5号	1912.11.1	中国大事记	31	
	西藏人之魔舞	9卷6号	1912.12.1	插画		
	复封西藏达赖喇嘛名号(民国元年十月二十八日)	9卷6号	1912.12.1	中国大事记	26	
	西藏人之收获	9卷7号	1913.1.1	插画		
	四川都督电陈筹办藏务情形驻西藏拉萨兵队与藏兵构战	9卷11期	1913.5			
	西藏建省谈	9卷11、12期	1913.5、6			作者:高老
	西藏喇嘛谒见总统	10卷2期	1913			
	西藏会议停止进行	11卷2期	1914			
	前西藏长官钟颖被捕	11卷6期	1914			
	西藏会议之进行	20卷10期	1915			

续 表

报 刊	文 章	卷数	时间	栏目	页数	备注
《时报》	西藏之独立观(译英京太晤士报)		1912.9.5			
	英人谋吞西藏		1912.9.23			驻欧特别访员
	蒙古西藏青海众议院议员选举施行令		1912.10.13			
	川藏战事之疑云		1912.10.16			惜诵
	论蒙藏最近之警耗		1912.10.18	社论		
	论蒙事之影响		1912.11.30	社论		微尘
	论藏人要求之条件		1912.12.7	社论		微尘
	论列强谋我之危迫		1912.12.23	社论		惜诵
《时报》	藏土司团围困川军		1913.3.31	要闻		
	我国方面之西藏会议条件		1913.10.22	要闻		
	西藏会议中英方面之条件		1913.12.3	要闻		
	西藏之将来(《公论西报》)		1914.7.9	译论		香草译
	袁总统以藏约决裂甚为焦灼		1914.7.25	专电		
	政府处分西藏问题之片面观		1914.8.1	要闻		
	外论之满蒙藏问题		1915.1.21	要闻		
	西藏问题之回顾		1915.6.19	要闻		
《藏文白话报》	发刊词	第1期	1913.1			
	论中国政府为西藏的患难弟兄	第1期	1913.1			
《震旦》	西藏独立始末报告		1913.3			
《蜀风报》	达赖质问中央		1914.1.5			
《新中华杂志》	西藏问题	第1卷第5号	1916.4			作者:春岳

第四节　转载域外媒体信息

一、日本媒体对西藏问题的报道

在清朝中央政府逐渐加强对西藏地方管理的同时，西方资本主义国家在世界各地疯狂地争夺殖民地。1895 年甲午战争后，日本已成为亚洲强国，20 世纪前后，日本积极推行其“大陆政策”，在对亚洲大陆进行侵略扩张的同时，西藏也进入了他们的视线。日本或采取间接的方式，利用日本本愿寺在中国“开教”的机会，派遣河口慧海、寺本婉雅、多田等观、青木文教等僧人入藏，或直接派遣特务成田安辉等潜入西藏。这些入藏的日本人有的把自己的见闻编成书，有的把自己的经历和研究在媒体上发表。这些媒体中的文章是我们研究近代西藏问题的重要资料，亦可以作为批判“西藏独立”论的有力证据。

调查报纸中关于西藏的报道，不但可以为新闻史研究提供材料，也是史学研究必不可少的资料。周伟洲先生主编的《英国、俄国与中国西藏》[①]，该书所用资料主要有档案资料、回忆录，其中也提到了几种报刊杂志，如：《东方杂志》、《时报》、《新东方》、《泰晤士报》等，所用报刊上的资料不多。成崇德、张世明的《清代西藏开发研究》[②]引用了三种报刊上的资料：光绪二十四年戊戌三月十八日《国闻报》，第 4 年第 1 号的《教育杂志》，第 24 期的《新民丛报》。王远大先生著的《近代俄国与中国西藏》[③]、许广智先生主编的《西藏地方近代史》[④]、秦永章先生著的《日本涉藏史——近代日本与中国西藏》[⑤]所用报刊资料也较少。吕昭义的《英属印度对中国西南边疆政策综述》[⑥]对 1774 年博格尔出使札什伦布至辛亥革命期间英属印度对中国西南边疆的政策作了粗略的剖析，并揭示了这一政策的实质及其后果。其中转引了 1910 年 2 月 28 日英国《晨报》(Morning Post)的资料。胡岩的《近代“西藏

---

① 周伟洲主编：《英国、俄国与中国西藏》，中国藏学出版社 2000 年版。

② 成崇德、张世明著：《清代西藏开发研究》，北京燕山出版社 1996 年版。

③ 王远大著：《近代俄国与中国西藏》，生活·读书·新知三联书店 1993 年版。

④ 许广智主编：《西藏地方近代史》，西藏人民出版社 2003 年版。

⑤ 秦永章著：《日本涉藏史——近代日本与中国西藏》，中国藏学出版社 2005 年版。

⑥ 该文登载于《中国边疆史地研究》，1995 年第 3 期，该文《晨报》资料转引自梅赫拉《东北边境》(Paeshotam Mehra, The North-Eastern Frontier, Delhi 1980.)，第 15 页。

独立"的由来及其实质》[①]引用了1998年9月15日《参考消息》和1998年11月17日《人民日报》上的资料。房建昌的《日本侵藏秘史——日本有关西藏的秘密报告和游记》[②]和罗布的《清末西藏新政失败原因探》[③]等文没有引用报刊资料。通过简单的学术回顾我们发现：研究近代西藏的专著和论文较少运用晚清报刊上的资料。其原因可能是研究者忽略了传媒资料对史学研究的重要性，更重要的原因是报刊资料散存于各地图书馆，其中的资料很难挖掘和利用。专著和论文较少运用报刊资料，而从传媒的角度来研究近代西藏的专著和论文，就笔者所见，目前也尚未发现。

日本成为亚洲强国后，迅速与西方帝国主义勾结起来，从事瓜分中国，干涉中国内政的活动。1909年的《东方杂志》第2期的中国大事纪栏登载了《日本政见》："驻京日使，亦照会外部，谓中国革去达赖位号，并不商诸英国，实属大误。中国既有此举，日本以同盟之故，理当帮助英国云云。"编者加了按语：中国黜革达赖，何以须商诸英国？中国不商诸英国，日本出而责问，理不可解。这则报道清楚地反映出日本在西藏问题上已与英国狼狈为奸。

日本在瓜分我国、干涉我国内政的同时，还以各种方式对我国进行实地调查。1909年的《东方杂志》第11期的杂纂栏登载了《日本人调查中国之事实》：

> 同文书院卒业之日本人，共得四百七十名，内仅二十名归国，外此之四百五十名，皆装发辫，易华服，潜至中国内地，窥探一切，而各省之主要都市，至少必有二三日人，作随时之侦察焉。其实地研究之开始，仅从上海至北京一带之地，略为调查。追距今三年前，实地视察之举，始普遍于十八行省，其法以同期之卒业生，五六人为一班，分成十数班，授以各种之研究问题，向指定之地点旅行，其一班共同研究之报告书，约在二千页左右，综计每年可得二万几千页之报告，至其研究之范围，则于稽查其地之气候风土物产人情等事外，更采集多数之动植物标本以归。而在此调查期内，学生之努力，实堪惊异，其所携者，仅锅碗诸食器，及轻便之食品等，若途中有罹病之人，则一班之中，先行者半，停留看护者半，追病者痊后，复追及之，当其深入内地时，备尝探险家所历之辛

① 该文登载于《西藏研究》，2000年第1期，该文中《参考消息》上的资料参考了吉姆·曼：《档案表明，中央情报局在60年代向西藏流亡分子提供援助》，该文原载美国《洛杉矶时报》。

② 该文刊载于《西藏研究》，1998年第1期。

③ 该文刊载于《西藏研究》，2003年第4期。

苦，如急流之徒陟，毒蛇之来袭，种种危难，不可枚举，而前期之卒业生中，赴浙省之一班，忽因食粮缺乏，仅啖丝瓜以充饥者，一旬有余，而广西安南之境，素称瘴疠之乡者，今亦著手于调查矣，此其坚忍之念，不拔之志，有非顽惰之学生，所能想象者，且彼等于旅行中，练习华语，接见华官，一年中之所见，其有裨于思虑及胆力之修养，岂浅鲜哉！即去年同文会中，有支那政治地理等书之出版者，亦皆此学生辈殚思毕力之所得者耳！

引述这段长文，目的是让我们充分了解日本是如何对我国十八行省进行调查的，更重要的是想说明，日本不但调查中国的十八个行省，对我们的边疆地区内蒙、新疆、西藏也进行了多方面的调查。他们前前后后以各种方式派出十人进入我国西藏，这些人通过各种方式把他们的见闻和调查研究登载于报刊之上，这些报刊上的资料从多个角度反映了日本对西藏问题的关注，及日本涉藏的具体情况。另外日本政府还通过邀请活佛等方式加强西藏地方政府与日本的联系，这些在当时的日本新闻界也有所反映①。

（一）介绍中国古代经营西藏的情况

《时报》1908年8月5日在译丛栏上刊载了作者李季译自《朝日新闻》的《中国经营西藏谈》，该文首先讨论了"统治之历史"："西藏全境统治于中国其由来已久，先是当前明之际取怀柔政策，封达赖为西天佛子大宝法王等称号，用以安靖西陲，迨及本朝仍其遗策。"并介绍了崇德、顺治、康熙几朝治理西藏的情况，其次介绍了"王权与法权"："自西藏王达赖一世名敦根株巴者皈依佛教，从黄教喇嘛之始祖名宗喀巴者而出家，改名为罗伦嘉木错，从此以后西藏之政体来一变。宗教与政治相合，集于同一主权之下，藏王兼为法王，王总揽大权而各设执行机关，以为统治。"接着介绍了"王权之执行机关"：

噶卜伦（最高行政掌管）、代奔（兵政官）、西尔奔（刑政官）、尚车特巴（民政官）、宗奔（民政官）、囊素（噶卜伦之使者）。

"法权之执行机关"：

达赖（大海之意）、班禅（光显之意）、呼图克图（教务长）、堪布达喇嘛（达赖班禅之代理者）、宰桑（递送事务之监督）、都纲、僧纲、僧正。

以上三职之人散在各地寺庙，为互通气脉之机关。

---

① 见附表。

喇嘛之种类：

> 达赖喇嘛、班禅喇嘛、达喇嘛、喇嘛。
>
> 喇嘛因地名阶级职务等而异其称如左：
>
> 正副札萨克达喇嘛、札萨克达喇嘛、正副达喇嘛、画佛达喇嘛、间散喇嘛、苏拉喇嘛、教习苏拉喇嘛、仓苏拉喇嘛、德木斋、格斯贵。

该文介绍了中国中央政府对西藏的管理：

> 若国师禅师等之尊称，则须待中国大皇帝以敕命授与，方能称用。有受此敕命之资格者，惟呼图克图、正副札萨克、达喇嘛、札萨克喇嘛、正副达喇嘛、德木斋堪布喇嘛、间散喇嘛、格斯贵等。

这段介绍充分说明我国对西藏行使主权由来已久。最后分析了"英俄之侵迫"："西藏之隶属中国已二百有余年，中国政府等闲视之，不能代为计图开发。虽康熙、雍正、乾隆之朝稍稍用力，然克仅保持其统属上之关系，非真能开化其国土及人民。至近年态度俄然一变，认为开发西藏为政略上之急务，于四川境界示活泼之举动，则皆因受英国之刺激而致。"在论述西藏问题时基本上以史为据，是有参考价值的。

（二）介绍英、俄侵略西藏的历史

《时报》1908年11月23号译丛栏登载了《英藏交涉沿革小史》[①]，开头有译者识："西藏为中国西部之藩属，英俄竞争之焦点，爱国之士所为心焉忧之者也。近者，英俄协约将成，闻该约中亦有关于西藏之条件。虽其内容如何未可预知，要其为无利于我固不待龟蓍也。呜呼！唇亡齿寒，西藏失则我国西南大局岂得晏然？极而言之，即谓其关系之巨影响于中国之存亡未为过也。是篇为日本成田安辉氏[②]所著，氏曾亲游西藏，于藏地情形知之甚悉，今欲研究英藏交涉沿革，舍此几无善本，爰为略加增削译而出之，以供留心国事者参考之一助云。"该小史谈了五个问题：一、哲孟雄隶英始末及英国与布坦廓尔喀之关系；二、哈斯丁与后藏大喇嘛之

---

① 此文的汉译文最早刊于1903年的《湖北学报》第1集（第28、29、30册上连载），参见王尧等著《中国藏学史（1949年前）》，第100页，民族出版社、清华大学出版社，2003年版。《东方杂志》1909年1月16日（5卷12号）在调查栏中登载了该文，《东方杂志》录自《云南杂志》。《时报》中的《英藏交涉沿革小史》未标出译自何种报纸，但开头"译者识"谈到"爰为略加增削译而出之"，可推知《时报》是译自日文。

② 成田安辉（1864—1915）是20世纪初由日本政府（外务省）派往西藏的第一个间谍。

关系及麦卡莱之使节；三、英藏战争；四、噶尔噶达平和会议；五、亚东税关。该文较详细地论述了英国侵略西藏的全过程，确实如同译者所言："今欲研究英藏交涉沿革，舍此几无善本。"其中"噶达平和会议"有如下记载：

自藏军败北之报，达于北京，于是中英两国乃不得不商议藏哲善后事宜，第一须定印藏之境界，第二哲孟雄与西藏历史之关系颇不浅薄，故英国欲独握哲孟雄之主权，势不能不商诸中国，第三光绪十二年六月所结之缅藏条约第四条关于印藏通商之详细章程，尚未妥订，故中国即命驻藏升泰（即有泰之从兄）等及西藏官吏数人，使与英人论驳辩难，旋订定印藏条约八款，于一千八百九十年三月十七日由中国全权大臣升泰等与英国全权大臣印度总督伦斯陶侯爵签名盖印于噶尔噶达。

关于西藏、哲孟雄的事宜，当时的英国必须"商诸中国"，而且签约程序也是中国派驻藏大臣升泰与英国全权大臣印度总督伦斯陶侯爵来签定协约，这些更是西藏是中国不可分割的一部分的铁证。

《东方杂志》也如同《时报》一样，不但报道国内关于西藏的信息，为了让读者多角度了解西藏，还及时介绍国外报刊中关于西藏的信息。

《东方杂志》第1卷第4期（1904－6－8）社说栏刊载了《论藏英交涉》（译日本明治三十七年六月七日《日本报》），译文中谈到："西藏者中国之一部，其外交事件悉经拉萨代表者之手，而取决于北京政府，故杨赫大佐之侵略西藏而伤达赖喇嘛之人民，不得不谓之有犯中国之主权，而大违万国之公法，非可以中国臣民妨害满州铁道而俄国所以惩处之者为比例也（译者案：俄国亦严于惩人而宽于自解，与英国同病）。而他国于藏地有利害之关系者，莫如俄，俄之与藏境，地相接，彼英政府尝屡对俄国而保证其决无侵略西藏之野心，惟求英藏交涉有安固之基础而已。然观其所为，如杨赫大佐之远征，其欲于西藏扑灭俄国之势力，皎然而不可掩。俄国于此，当不认英国平和之使节，而以自保利益之政策抵抗之。前此事状，虽俄英间尚不至遽生纠葛，然使英国更进是而有非理之举动，则俄国决不可置之不问，此实吾人所深望者也。"

统治者在处理国际争端时常常是为自己的利益所左右，很难说是出于正义的考量。此文是日本报纸介绍《莫斯科报》中的内容，文中的观点，代表俄国关于西藏问题的看法。此时的日本和俄国正在瓜分中国的土地、屠杀中国的百姓，他们还无力把侵略的魔掌伸向西藏，因而就都装出遵守万国法的样子，以正义者的口吻批评英国侵略西藏。正如该文译者所说的那样"俄国亦严于惩人而宽于自解，与英国同病"。不过这则报道却充分说明：俄、日这些侵略者在当时也都承认西藏是中国的领土，英国的侵略行为是侵犯中国主权。

（三）干涉批评我国对藏政策

《东方杂志》第7卷第2号记载栏刊载了二十二日东京电，云："西藏情事日人甚为注意，东京各报均望中国永守其主权及不致与英、俄生出交涉，并劝中国政府勿苟待藏人，方能不负所望。"日本的新闻界一面欣赏他们的国家在侵略中国（当然不是所有的日本人都歌颂战争），一面却呼吁"中国永守其主权"，这真是对"主权"这个概念的亵渎。日本人关注西藏问题，不是从中国的利益出发，更不是真正关心西藏人民的福祉，而是另有野心。

1908年8月5号《时报》中刊载的《中国经营西藏谈》中谈到"最近之对藏政策"：

> 中国政府近来对于西藏问题，非常注意，一切行政刷新，军备充实，教育普及，交通机关设备等事，皆苦心筹议。日前驻藏帮办大臣张荫棠氏特赴京引见，陈奏藏事。近日更有朝旨，特命达赖班禅两喇嘛入觐，盖将大有所展布。虽然今日以前皆仅空言而已，今日以后未知如何。就目下中国及西藏之财政状态而论，则虽欲有所展布，而于根本的改革实行之方法，恐难确立何等之成案。兹姑记录各大臣对藏之意见，以徐观其将来而已。……以上为中国最近种种之对藏策，虽然其如人才消乏、财力不逮何？殆不免多议少成而已。

这段分析与当时中国政府的实际情况基本相符，清朝末年的中国，已是内外交困，中国政府在西藏推行的新政确实大都停留在"空言"阶段。

《神州日报》1910年3月15日社论栏刊登了段世垣译的《日纸论西藏问题》："阳历三月二号，东京《朝日新闻》社说《论最近西藏问题》曰：达赖喇嘛出奔，世人大为之惊骇。嗣复睹清廷废达赖喇嘛为庶人之上谕，世人益为之惊骇。据前日上海来电，知有增派姜桂题将军部下军队赴藏消息，清廷之激怒可以见其端矣。此事不但关于西藏，即在清国亦为近年来一大事件，事之所以至于此者，其根本原因，由于清廷欲夺西藏行政权于达赖喇嘛之手，以巩固自国之支配权也。"译者曰："……盖西藏之主权，决非达赖所有，而达赖之立又为我国所委任，于事实固彰彰也。今我欲缩小其权限，或收回其权利，原属我国之自由处置，乃国法上正当行为，何得谓之夺夺之云者？非己所有而强取之，谓如日之于韩是也。"接着日本报纸分析了达赖之所以投靠俄国是因为清王朝不能保护西藏，并认为 1907 年的英、俄协约使得清王朝有了进一步对西藏行使主权的机会。译者曰："该报所述，谓我国西藏主权俨若为英俄协约所设定者，此逞意之谈，不中事理者也。西藏入我国版图已近三百年，既非新得之领土，则无英、俄协约以前，我国主权固俨然存在，将来英、俄协约期效经过之后，我国主权仍依然无变更。藏与英、俄逼处，一有事变，其责仍在我国，故我国为维持中、英、俄三国间平和计，改良治藏之策固不可缓。……"接着日本报纸又分析到：清朝派兵可能导致宗教战争、英俄干涉。译者也都一一进行了批驳。最后译者对日本报纸的一些错误言论给予了严厉的批评："统观全文，多用种种不当字样，故意误解我国与西藏关系，以逆臆我国对西藏之政策，复曰恐酿神圣战争，又曰恐致外国干涉，捏造种种理由，拨弄世界无知识之听闻，若惟恐藏民不反抗，外国不干涉者，且惟恐我国得安全处理者。果使列国居心悉如如此，世界平和尚能瞬息间保全乎？世界僿野之域，尚有开明之望乎？幸而藏处西陲，与彼风马牛不相及，虽欲染指，其道莫由，徒垂涎耳！若移藏于东北，吾知东人之子，必日夜鼓其长舌，挥其长袖善舞之技，出而与我对抗矣。此论虽微，然可喻彼用心之一切也。"可以看出，当时我国的新闻界，对日本帝国主义的险恶用心看得还是十分清楚的。

（四）介绍西藏的宗教、文化、风俗、社会变迁

在进入西藏的日本人中，河口慧海影响较大，他入藏的经历、见闻都及时地见诸报端。1903 年 5 月，河口慧海第一次从西藏返回日本。7 月，《东京时事新报》、《大阪每日新闻》两报的记者，将河口慧海的口述记录，以《西藏探险记》为题在两报连载，长达一百五十五期[①]。河口慧海第二次从西藏返回日本以后，在 1915 年 9、10 月份的《大阪每日新闻》、《东京朝日新闻》等报纸上，分别以《西藏入国记》、《入藏记》为题发表了自己的第二次西藏旅行见闻[②]。《东方杂志》1916 年 3 月 10 日第 13 卷第 3、5、6 号连载了《日僧入藏取经记》，该文译自日本《大阪每日新闻》，译者为病骧。译文的开头写到：

> 此篇为日僧河口慧海所自述。河口氏深入印度西藏内地，先后十一载，备历险阻，委身研究梵语。于本年（一九一五）九月三日，附日本邮船博多丸东

---

① 秦永章著：《日本涉藏史——近代日本与中国西藏》，中国藏学出版社 2005 年版，第 56 页。

② 秦永章著：《日本涉藏史——近代日本与中国西藏》，中国藏学出版社 2005 年版，第 55 页。

归。今并译其在神户与大阪每日新闻记者之谈话。别题为《藏行纪概》，冠于记之前，以为发凡。译者识。

该文有十个方面的内容：一、求梵语之一切经于西方秘密国；二、八年间梵字之研究；三、会见达赖喇嘛并释其误解；四、避英吏之目决入西藏；五、横断雪山渐达藏境；六、历访古寺搜索古经典；七、西藏之旧俗之日就泯灭；八、一妻多夫之俗之剧变；九、千古之秘密国卒为花柳病侵入；十、归途之危险。

河口慧海的探险精神、对事业的执着是值得称赞的。但他毕竟是19、20世纪之交的日本人，他不可能全面、准确地理解西藏社会的整体面貌，也很难准确地把握西藏文化的内涵。在甲午战争、日俄战争那样的特殊背景下，他对中日关系的理解、对中国与西藏关系的评价、对西藏文化的描述，很难做到公允客观，他还会以文明者自居，蔑视中国，贬损和歧视西藏民众的风俗习惯和信仰，他记载的东西也有许多夸大失实之处，但由于河口慧海亲历西藏，其中的许多记载还是有参考价值的，如其中的“藏俗之渐变”：

吾此次入藏，最所惊叹者，即西藏之风俗。视十三年前所睹，已大相悬绝是也。前次吾自称支那人，在拉萨之赛拉大学时，入市散步，不见有著西服者。今兹则流行之西装，所在而有。即在商人，身虽服藏服，而头戴西帽，足穿革履，颇以自喜。此种舶来品，率自加尔各答一带越喜马拉耶输入者。藏人向以顽固著称，今竟欢迎外货至此，吾于是不禁有隔世之感矣。

文中描述了西藏十三年之间的变化，为我们了解当时的西藏留下了重要的参考资料。

1917年7月15日《东方杂志》第14卷第7号登载了《中国之喇嘛教及回回教》，译日本《支那》杂志，译者为君实。该文从以下几个方面介绍了喇嘛教：

喇嘛之名称。

喇嘛教之传来。

各地喇嘛教之传播。

喇嘛教之分裂：（一）宁麦巴派；（二）嘎鞑谟派；（三）萨斯喀派；（四）额尔哥叭派。

佛像经典法器。

寺庙。

喇嘛之称号：（一）佛爷喇嘛；（二）达赖喇嘛；（三）班禅喇嘛；（四）库伦

之呼图克图；（五）多伦诺尔之呼图克图；（六）北京雍和宫之呼图克图；（七）札萨克喇嘛；（八）庙喇嘛；（九）黑喇嘛；（十）大喇嘛。

生活状态。

修行。

活佛之抽定。

呼图克图之入蒙。

其中“活佛之抽定”一节内容为：

以抽签定活佛，其事颇趣。盖世界宗教之教主，未有如喇嘛教以抽签之方法，决定所谓化身转生之佛陀者。此喇嘛教之所以为喇嘛教也。兹将抽签之方法略述于左。

化身转生之事，创于明初黄教之始祖宗喀巴。自是以来，达赖喇嘛，每于生存时，巡锡各地，察美好圆满之儿童，于临终时，遗言当转生某处，乃迎立之。其后在指定地中，所谓圣童者，纷然群出，互相竞争，故第七代达赖时（班禅之第六世时），清廷为防遏弊害计，遂定活佛抽签之法。时在乾隆五十六年，帝乘征服廓尔喀之余势，对喇嘛教之选举达赖，实行干涉，始作金瓶二，一置于中藏之大招寺，一置北京雍和宫内。其法自许多之圣童中，择活佛死后十个月内产生之小儿十二人，招至于布达拉，由其它硕学有德之喇嘛，加以试验，其备佛陀之体想最少者，渐次剔除，至剩三名为止，是为活佛之候补者，乃就此三人行抽签之法。当抽签时，先营一定之法会，班禅喇嘛及数名之西藏汗并驻藏大臣，咸莅会，乃用纸三条，各书达赖候补者之姓名于其上，入金瓶中，然后由金瓶中抽出其一，定为达赖喇嘛，由高德之僧，任保养教育之职。

这节记载与事实基本相符，记述了清朝中央政府对西藏地方事务的管理。

1917年7月15日《东方杂志》第14卷第7号登载了《西藏语之特征》，译日本《东洋哲学》杂志，译者为君实。

此文首先介绍了“列普差语”，然后介绍了西藏语特征：

与列普差语同系而最发达者，为西藏语。列普差语动词之语根，除少数外，皆无变化。但变助动词以示其时限、动态及法而已。顾西藏语则不仅助动词变化，而动词之语尾亦变。有几多动词，并变其语根，而语根前所置之前置词亦变者。其文法颇与散斯克列德语相类。因是等之变化而表其意义之殊异，亦与散斯克列德语同。然西藏语之名词，除少数外，其语尾并无变化，有类于日本语。特西藏语之单缀与列普差语近，而与日本语大殊耳！故自言语进步之阶级言之，西藏语实在列普差语与散斯克列德语之中间。是以欲研究列普差语者，不可不研究西藏语也。

西藏语自其文法上观之，在世界之语言中，似有极巨之特色。创定其文字及文典者，为堵弥散婆塔，出于西历纪元第七世纪。文字之形，仿印度之瑙额理字体，然非印度之文字。其音亦西藏固有之音，非印度之音。其字母合新制定之六字共三十字如左：……

接着介绍了四个元音"克衣枯、削蒲丘、棱蒲、那罗"符号，同时还介绍了藏文的性：

此外更有一西藏语所独有而他语文典所不能说明之大特征，则莫如其字母之有性，他国语多附性于言语，而别为男性、女性、中性，然未有附性于文字者。西藏语字母之性，不仅男、女、中三性，更有所谓甚女性、石女性及无名性者。且此六性，仅应用于基字，其在前置字，则别为男、中、女、甚女四性，在后置字，别为男、中、女三性。而男性更细分为上中下，中性更细分为变化、二相、三相，女性更细分为女、甚女，计八部，其大略如下表。……

该文除了介绍藏语的特征外，还简单地介绍了"西藏文学"：

西藏文字之特征，既如上述，而其文学，亦复可称。一切藏经，未经汉译者甚多，此等藏经，梵语本大抵业已亡失，故在研究佛学上，可谓世界上唯一之宝库。且汉译之经每有杜撰舛误之处，迥不及藏译者能发细微之义，而解汉译之所不能解，又印度历史之黑暗时代，即西历七百一年至千二百年时佛教全灭之际，西藏文字均详为记载，足补亡阙。此外西藏本地发达之医学及文学，为他国所未有者，亦多丰富之材料，亦皆西藏之特征也。

该文作者对西藏的"藏经"给予了很高的评价。

（五）记载日本人涉藏的事实、反映近代日本与西藏的关系

19世纪末、20世纪初，日本推行"大陆政策"的过程中，地处南亚、中亚、东亚会合处的西藏成了日本帝国主义觊觎的对象，日本深知西藏的战略地位对其推行"大陆政策"无疑是十分重要的。因此，日本企图将西藏纳入自己的势力范围，然而当时的中国西藏是英国虎视眈眈的对象，当时的英国和日本正在狼狈为奸，是同盟关系，日本不可能公开染指西藏。于是便采取间接的方式，利用日本本愿寺在中国

“开教”的机会，不断派遣“僧人”通过各种方式潜入西藏，或直接派遣特务。在西藏他们与十三世达赖喇嘛及其上层人物广泛接触，有的潜居拉萨等地的寺庙“学经”，有的替达赖训练部队，有的为西藏地方政府出谋划策。西藏地方政府也因这些日本人对日本有了一些了解，还派留学生到日本学习。通过以上分析我们可以看出，19世纪末、20世纪初西藏地方政府与日本的进藏人员已开始了广泛的接触，各自接触的目的亦十分复杂，有的是为了政治军事目的。1870年(明治三年)，担任司法卿的江藤新平(1834—1874)向日本朝廷公卿岩仓具视(1825—1883)提交意见书，列举十项日本应采取的“上策”，这就充分说明日本的扩张野心，其中有五项涉及佛教，内称：

> ……(四) 中国人只有百分之二信奉儒及耶苏天主等教，其余则信奉佛教，和我人民的宗门相同。故从今派遣安插佛法宏扬或修行的僧徒，他日安抚民心或派遣间谍等，埋下军事攻略的种子。(五) 奖励佛教各派向中国派遣僧侣。(六) 在门徒之外的僧侣中间，根据人选可向中国派遣间谍。(七) 中国的地理及其他要调查的机密，据人选可派数人，这可混迹于上面的僧侣中，亦可视特殊情况而定。(八) 上面派遣间谍探察国情之事应以五年为期。①

可以看出日本在派出各类人员时主要目的是调查各地的地理和各类机密，为他们日后发动战争做充分的准备。

当然我们亦不能一概而论，认为日本的对外交流都与军事侵略有关。还是有一部分日本人是为了增进各民族之间文化交流而努力的，至少如河口慧海这样的僧人，在目前的资料基础上，我们还不能说他的活动是为日本军国主义服务的。他冒着生命危险两次入藏，搜集了大量的藏文资料，对日本的藏学研究作出了贡献，对此我们要进一步的深入研究，给出公允的结论。

除了日本人到西藏从事各种活动外，日本当局在20世纪前期，出于侵略中国的目的，采用各种手段对雍和宫高僧进行拉拢，并促成了雍和宫两位高僧的日本之行，其中之一便是青海塔尔寺寺主、常驻北京雍和宫的第五世阿嘉呼图克图罗桑丹贝秀索南嘉措，访日时间是1901年7—8月。真宗大谷派的机关刊物《传灯》就阿嘉活佛的访日活动发表了社论，其中说日本各界对阿嘉活佛的争相款待，“为将来

---

① [日]木场明志、[日]桂华淳祥:《东本愿寺中国布教史的基础研究》,《真宗综合研究所纪要》第5号，1987年，转引自秦永章著:《日本涉藏史——近代日本与中国西藏》，中国藏学出版社2005年版，第7页。

日本得到好处设下伏笔”。从这里可以看出寺本婉雅极力促成阿嘉呼图克图一行访问日本的真实目的。

（六）为日本的军国主义摇旗呐喊

《大公报》1919 年 10 月 24 日登载《西藏与满蒙比较之东论》(紧要纪事)：

某东报云，近来英报动谓中英磋商西藏问题，久而不决，显系日本报纸怂恿中国之所致。此层吾日本不能不辩白也。夫日本若有意干涉西藏问题，则对于英之波斯政策，岂得不加以监察？今日本深明英之于西藏盖为保护印度起见，然日本既与英国联盟，则凡有利于英国者是有利于日本也。故日本决无阻碍西藏问题进行之理，但多数英国报纸每以西藏问题之于英国与满蒙之于日本相较，且以西藏问题英国若不得圆满之结果，则日本亦不能解决南满及内蒙古，其实西藏乃一最近问题而满蒙问题已于十载以前完全解决矣。况英国牺牲于西藏者甚少，而日本乃以二次大战多数生命得之。盖满蒙于日本之形势及经济似离而实合，均有密切之关系。彼英报之言主张在西藏得其统治权，而以其地开放作为万国投资之渊薮，殊不知西藏之肥瘠尚未决定，而满蒙之富则尽人皆知，是英报以今西藏之解决须在日本满蒙解决以前者，诚不足议，且日本既尽其力于联盟国，则联盟国亦进予以承认也。在英报之意，以为西藏为中俄将来侵入印度必由之孔道，然以中俄两国之情形而论，一时决无侵入印度之理，且西藏天然险阻，万山重叠，又乏运输之便，断难以大军深入绝境。然则西藏只可谓英国之屏篱，不得谓之要隘也。若满蒙之于日本如壕之于城，中国既无力保守，遂归强俄节制，当时日本鉴唇亡齿寒之故，奋起而代取之。是日本在南满及内蒙古之特殊地位既与中国订有条约且得英国暨各国之承认者也。由是观之，日本以莫大之牺牲而获得之土地，又为列强及中国所承认，则断无退出之理。不宁维是，日本之于满蒙有存亡之关系，非若英国之于扬子江仅为经济之故也。夫生命既为英国所宝贵，则日本亦若是。英国有处置其根本主义之自由权，则日本亦何尝不若是。日本既与英国同享受其利权，则凡有破坏日本者，日本自当秉公正主义，如曩日之对诸俄国者斯得之矣。

从中我们可以了解到日本的一些媒体为日本军国主义的侵略行为寻找各种“借口”，从中亦可以看出英、日等国家的狼狈为奸。本来是因为觊觎中国满、蒙等广大地区而与俄国开战，却说成“日本鉴唇亡齿寒之故，奋起而代取之”。了解这些历史与日本的舆论，有利于我们今天认识日本的对华策略。

(七) 余论

从我们掌握的资料来看,日本早在19世纪末就开始有计划地对我国进行各方面的调查,而调查的目的很显然是为了侵略中国。学术界对中日间发生的正面战争研究得比较深入,而对中日战争背后的日本还需要进一步深入的研究。日本如何对中国进行全面的调查,并在调查研究的基础上对中国发动战争,战争发生之后并能取得明显的优势,这确实是一个十分重要的课题。甲午战争失败的为什么是我们?抗日战争在特殊的国际环境中我们还打了八年?日本对我们发动过战争,并制造过南京大屠杀这种惨绝人寰的事件,而日本人为何至今不去直面历史?这些都还需要我们认真思索。

当然我们要看清日本了解中国的险恶用心,但在研究日本对我们进行调查研究的过程中,我们还要从中看到我们应该借鉴的地方。日本整个社会,从政府到民间,他们那种冒险、敬业、求实的作风是值得我们学习的。能海宽为了进藏考察献出了生命,河口慧海冒着生命危险两度入藏。特别值得一提的是河口慧海,他通过对西藏的考察,留下了蜚声海内外的《西藏旅行记》,而且对日本的藏学研究作出了突出贡献:搜集了大量的藏学资料,翻译了大量的藏文佛典,培养了藏学人才。

而我们的驻藏大臣和驻藏官员,虽有着得天独厚的条件,他们对西藏的了解却让我们感到汗颜。1908年4月23日《神州日报》刊载了寒夫写的《整顿西藏条议》,其中谈到了驻藏大臣的问题:

> 惟历任驻藏大臣,率以旗员之沉滞者任之,视同远谪,□①趋避之不暇。一旦任事,非卤莽灭裂,即畏葸因循,从无喜功好名之心,安识固国殖民之法?其始不肯办事,其后遂致失权。推原其故,虽由历任大臣之溺职,亦实由朝廷之轻视此官,有以致之。又驻藏大臣,虽亦以二三品大员任之,然权势实远不如督抚,而所入至菲,又不足以资肆应,且窥朝廷之不欲事事,尤乐于无为,在朝廷方谓如此已足羁縻。初不知空穴来风,事已败坏于冥冥而不觉也。

这段文字一方面说明朝廷在用人方面缺乏远见,同时也可以看出驻藏大臣的卤莽灭裂、畏葸因循。1909年1月25日《东方杂志》第6卷第1期登载了《藏事卮言·论藏事败坏之历史》,录《舆论日报》,其开头谈到:

> 吾国边事之坏,不在兵之不精,财之不足用,在乎任事之人。平居无事,

① "□"为原文字迹不清者。

则一切放任，坐视其堕坏于冥昧之中，而不为之计。一旦仓卒有事，则张皇失措，顾此弃彼，无定识定力，以持其后。幸而其事稍平，则又泰然自安，举前此艰难险阻之备尝者而悉忘之。以此治事，何事不败？矧边防重要之大计哉！去岁藏番不靖，诸大臣仓皇入告。观其电奏之辞，急遽迫切，若目前即有覆亡之祸焉者。开岁以来，又闻驻藏大臣电奏，藏番知达赖已由京师启行，群情渐就安谧，此后当可无事云云。在边臣入奏之本意，原以纾朝廷西顾之忧，然吾敢决其自此以后，将帅之臣，必重幸战祸之未成，依然歌舞升平，回复其一事不办之故态矣。

……有泰在拉萨三年，盖无日不饮博，亦无日不挟妓。每日早食后，辄步至粮员署中，呼群而聚赌。凡随员幕宾、材官骑士，下至仆从胥役，无贵贱，咸集。庐雉之声，喧哗达户外。……

……方三四月间，藏中有所谓游柳林者。卫藏数千里间，莽莽高原，冰雪常封，无足资游览之区。唯距拉萨数十里，有所谓柳林者，杨柳万株，颇饶水木之胜，春和景丽，士女麇集此间，及时行乐。驻藏大臣则悉率其属，挟大帐往游，帐之广，可分夏屋数十区，庭宇湢厨罔不备至。则召集土人妇女杂坐狎饮，常经月不归，甚至有逾数月者，其所费盖无虑巨万也。藏中之事既坏，其余波乃及于藏外。……

这三段文字对边臣们歌舞升平、不求上进的行为也提出了尖锐的批评。

我们国家正处在改革开放的关键时期，为了中华民族的伟大复兴我们必须认真学习世界上各民族的优秀文化及其优点，如日本人的敬业精神、开拓进取精神等。但在和各民族的交往过程中我们也不能忘记历史，更要注意那些用心不良、对我们的国家存有野心的人和国家。

附表：日本媒体关于西藏问题的报道

文章	作者(译者)	刊物	时间	资料来源
《关于喇嘛僧来朝之感想》		[日]《传灯》	1901年第8期	秦永章著：《日本涉藏史——近代日本与中国西藏》，第143页
《英藏交涉小史》	[日]成田安辉	《湖北学报》	1903年第1集(第28、29、30册)	秦永章著：《日本涉藏史——近代日本与中国西藏》，第90页

续　表

文　章	作者(译者)	刊　物	时　间	资料来源
《西藏探险记》	记者	[日]《东京时事新报》、[日]《大阪每日新闻》	1903 年 7 月	秦永章著:《日本涉藏史——近代日本与中国西藏》,第 35 页
《成田安辉拉萨旅行》	[日]小川琢治	[日]《地学杂志》	1904 年第 16 期第 183 号	秦永章著:《日本涉藏史——近代日本与中国西藏》,第 88 页
《论藏英交涉》		《东方杂志》	1904 年 6 月 8 日第 1 卷第 4 期社说栏	《东方杂志》译日本明治三十七年六月七日《日本报》
《能海宽在西藏边境遭土人虐杀》		[日]《报知新闻》	1905 年 7 月 22 日	秦永章著:《日本涉藏史——近代日本与中国西藏》,第 34 页
《能海宽追悼会》		[日]《日本新闻》	1905 年 8 月 24 日	秦永章著:《日本涉藏史——近代日本与中国西藏》,第 35 页
《入藏旅行谈》		[日]《地学杂志》	1906 年第 18 期	樱井龙彦、李连荣:《百年日本藏学研究概况》,《中国藏学》,2006 年第 4 期
《中国经营西藏谈》	季译	《时报》	1908 年 8 月 5 号译丛栏	《时报》译自《朝日新闻》
《西藏通商条约之大要》(译日本通商汇纂)	杨志洵译	《商务官报》	1908 年 10 月 19 日	刘洪记,孙雨志编著:《中国藏学论文资料索引》,中国藏学出版社,1999 年 12 月
《日本力行会的无钱环球旅行》①		[日]《东京朝日新闻》	1908 年 11 月 15 日	秦永章著:《日本涉藏史——近代日本与中国西藏》,第 143 页
《英藏交涉沿革小史》	[日]成田安辉	《时报》	1908 年 11 月 23 日译丛栏	《时报》

① 《东方杂志》1911 年 10 月 16 日 8 卷 8 号登载了剑虹的《无钱旅行家之西藏谈》。

续 表

文 章	作者(译者)	刊 物	时 间	资料来源
《失岛保治郎回答〈朝日新闻〉记者》		[日]《东京朝日新闻》	1909年2月4日	秦永章著:《日本涉藏史——近代日本与中国西藏》,第143页
《日纸论西藏问题》	段世垣译	《神州日报》	1910年3月15日社论栏	《神州日报》
《西藏入国记》	[日]河口慧海	[日]《大阪每日新闻》	1915年9、10月份	秦永章著:《日本涉藏史——近代日本与中国西藏》,第52页
《入藏记》	[日]河口慧海	[日]《东京朝日新闻》	1915年9、10月份	秦永章著:《日本涉藏史——近代日本与中国西藏》,第55页
《日僧入藏取经记》	病骥译	《东方杂志》	1916年3月10日第13卷第3、5、6号	《东方杂志》译日本《大阪每日新闻》
《西藏语之特征》	君实译	《东方杂志》	1917年7月15日第14卷第7号	《东方杂志》译日本《东洋哲学》杂志
《中国之喇嘛教及回回教》	君实译	《东方杂志》	1917年7月15日第14卷第7号	《东方杂志》译日本《支那》杂志
《故能海宽君遇难的真相——遭中国云南省“古宗族”惨杀》	[日]寺本婉雅	《中外日报》	1923年7月8、10、11日	秦永章著:《日本涉藏史——近代日本与中国西藏》,第35页
《西藏语文法实证的批判》	[日]河口慧海	《日本及日本人》	大正十二年五月	《师大史学丛刊》第1卷第1期,中华民国二十年六月六日出版
《西藏之现在》	[日]下田礼佐	《历史与地理》	1卷1、2号	《师大史学丛刊》第1卷第1期,中华民国二十年六月六日出版
《入藏谈》	[日]寺本婉雅	《无尽灯》	14卷3至9号	同上
《西藏探险谈》	[日]河口慧海	《宗教界》	12卷1、3号	同上

二、其他国外媒体

(一) 为英国侵略西藏而宣传鼓动

《时报》1904年6月18日登载《英人之论西藏》(英国):

英国《世界报》云:中国政府实与西藏同心欲逐去我英人之在西藏者。不然,何以中国政府新派之驻藏大臣竟为突莱喇嘛(西藏之教主)所嗾使,而望英人速去西藏。盖恐英人将喇萨(西藏京城)与嘎勒革达(印度总督府)相连合,则西藏之政治或有变动也。然如西藏土王安守其国土,则英人不得不待所议之期完结而后更张。不意土王欲与圣彼得堡立约,以恃俄人之助,是将大有所更变于其国政也。英人决不能坐视,故欲先为之备。夫我英之欲辅助亚西亚印度四邻之国,使皆自立而不为人所压制也,久矣。如印度之北则有阿富汗,东则有暹罗,西北则有波斯之南部,此皆能自立者也。今所余者,唯此北方之西藏而已。西藏为俄人所久思吞灭之国也。英人若不留意,则俄人必以取波兰之法,设一监督于喇萨,而西藏必入俄人掌中矣。是故,苟非突莱喇嘛自来求和,英人决不肯半途中止也。

英国本欲扩张本国势力,掠夺别国资源,干涉别国内政,但英国《世界报》却寻找各种不能成立甚至互相矛盾的借口,为英国的侵略活动宣传鼓动。借口之一是中国政府"欲逐去我英人之在西藏者",之二是俄国与西藏立约,之三是西藏不能自立。

达赖喇嘛面对英国的步步紧逼和清政府的孱弱无能,试图寻找新的支持者,这是达赖喇嘛的真实处境,1904年5月的《而利费报》有如下记载:

自杨赫斯奔大佐率师赴藏,法国外交家均甚注意。英国论藏事之蓝皮书,且言寇仁伯爵深信俄人之有意侵藏。卑拉君曾于巴黎报章登载英、俄处置西藏政策,盖欲以圣彼得堡与拉萨往来商议之事宣布于众也。卑君又言有郁拉者,至为寇仁伯爵所信任。尝谓印度政府将里打收隶印度版图时,达赖喇嘛决计仇英,欲请中国出而干预,而华政府不能为力。其后印度政府复占他处,于是达赖喇嘛益忿怒,遂结欢于俄。此亦中朝不能为之作主,以至迫而出此也。郁君且言:中、俄两国业已商允彼此合力保护西藏,俄国威以兵力,而中国则覃敷文教,复为代主互市之事。然近者达赖喇嘛以护持教门主宰之徽号晋于俄皇,此惟中国皇上有之,今用奉之俄皇,则俄皇亦可成为佛教之主,而达赖喇嘛不啻为俄之总督。夫佛教推广至缅甸、印度,实大有损于英人也。卑君尝曰:俄国属意拉萨,实为将来欲于蒙古、中国得享权利计耳。而冠仁伯爵之意,则惟欲以印茶销运藏地而已。①

关于俄国势力介入西藏,影响英国利益的说法,1904 年 3 月 29 日《泰晤士报》有如下记载:

本馆访事昨自花梨电告,谓英军从坚子前进,兵弁么端鲁以护送扬赫斯奔大佐,率其部曲步兵八百五十人,马兵百五十人,且携炮六尊而往。昨营于唐拉山。其地高于海面约一万五千尺。今日可抵拖鲁。惟道路艰险,不易转运。当静候四日方可北上。约须再历九日之程。沿途若无阻碍,此之所行自甚满意。毕禄的历昨宣言于下议院曰:如藏人不击我兵,且不毁我电线,则决不往攻。本馆又有访事登录一文于某报,谓我兵之多寡为藏人所未知。十二月,我兵自轩巴庄退回,改道青别以利遄行。藏人不知,以为我兵之畏遁也。夫藏人行事往往激人生怒。而在拉萨之俄国侦探又数挑战,致令我英难以忍耐。不知我英遣兵入藏实无他意,亦惟保护我英己国在藏之权利,欲与藏人议约而已。②

这段报道又为英国侵略西藏找到另一个借口:"英遣兵入藏实无他意,亦惟保护我英已国在藏之权利,欲与藏人议约而已。"这种强盗逻辑是荒谬的:与西藏议约就可以"遣兵入藏"。

英国舆论不但为英国"遣兵入藏"寻找各种理由,甚至还宣传"遣兵入藏"是被迫之举,是与西藏建立友好关系。1910 年 8 月 5 日《泰晤士报》刊载文章:

一千九百零四年所订拉萨条约,其宗旨在联络英、藏两方面之友谊。此约成立二年,由中、英两政府别订条约,声明彼此均愿遵守拉萨之约,并议定开辟通商市场多处,俾英藏商民得以自由贸易。西藏政府又须派一商务代理员常驻通商市场,俾英国商务代理员有信件寄交西藏官吏或中国官吏时,可由此西藏代理员转递。此外,西藏并须赔偿英金五十万镑与英政府,分七十五年缴

① 《外交报》1904 年 7 月 8 日(光绪三十年五月二十五日),第 82 期(甲辰第十三号)登载《论西藏近情》(译英国 1904 年 5 月《而利费报》)。

② 《外交报》1904 年 5 月 29 日(光绪三十年四月十五日),第 78 期(甲辰第九号)登载《论英兵入藏》(译英国 1904 年 3 月 29 日《泰晤士报》)。

清。且订明英兵仍须驻守春丕，以防西藏违约停解。寻又订立一约，准驻甘孜英国商务代理员遇有困难事件不能就地办结者，可随时至拉萨商议解决。此为藏人与英订立约章、情愿遵守之事。而当订立此等条约之时，英国未尝稍加强迫。约中各款，均经藏人详细磋议，乐于遵从。自拉萨条约成立后，藏人对于英人之感情，较昔固胜万万，即中国驻藏官吏对于英军直入拉萨一事，亦固无意排斥。中国驻藏办事大臣且从中助成拉萨之约。①

英国凭借自身的军事优势，侵略西藏，杀伤西藏军民，却被《泰晤士报》轻描淡写地说成“其宗旨在联络英、藏两方面之友谊”。大军压境，欲结“城下之盟”，该报却说“此为藏人与英订立约章、情愿遵守之事”。

（二）干涉中国内政、侵犯中国主权

在英国未侵略西藏之前，清政府从西藏的社会实际出发，对西藏进行着不同与中国内地行省的管理，英国媒体不顾历史事实，对中国在西藏施政横加指责：1910年8月5日《泰晤士报》刊载文章：

近顷以来，报纸、电信纷传西藏事势危急。英国已由印度派遣步兵两师团，过山炮兵一队驻扎藏边，以防不测。此讯传播，世人相顾骇诧。惟关心西藏时局，曾阅近今出版之蓝皮书者，则以吾英此举实为事势所迫，万难幸免。回忆一千九百零四年时，吾英尝以大军直入拉萨。藏人慑于威势，莫敢抗拒。于是英在西藏之势力为之骤长。今则时移物换，华人又弄其惯技，一再厕身于英、藏之间，而吾英势力遂渐归于消灭。其在曩时，印度政府遇有困难事件，均与西藏直接交涉，故能意志疏通，无稍隔阂。而两国之交谊，亦藉之以维持。今则不然。据商务代理员所称，华官尝颁发文告，禁止西藏商民与英国商务代理员直接贸易。夫吾国往昔所以不惜巨资，派兵入藏者，亦惟欲与西藏土人直接贸易耳！乃比年以来，英政府于此，一则为顾全国际上之友谊，再则为轻视西藏商务之价值，渐将所获利权付诸东流。而中国则乘机前进，将屯驻拉萨守备军自五百人增至二千四百人；褫革达赖喇嘛名号；驻扎守兵于节署；裁撤西藏巡警，改用中国巡警；停罢制造厂铸钱局；推广全藏守备军而强占其西部。且饰辞以欺驻华英使，谓中国在西藏之措置，意在保全治安，并使藏人恪守条

① 《外交报》1910年10月27日(宣统二年九月二十五日)，登载《论英国抗议中国治藏事》(译英国1910年8月5日《泰晤士报》)。

约上之义务云。此为近日西藏时局之变态,其迅速有如迅雷不及掩耳,故藏人多奇之。今请举其变动之原因,以告研究西藏时局诸君,可乎?①

1876年(光绪二年)8月21日,李鸿章与威妥玛在烟台正式开始谈判,9月13日签订《中英烟台条约》。《中英烟台条约》共分三大部分16款,并附有"另议专条"。其中《另议专条》明文规定英国旅游者进藏必须持中国政府发给的护照。1904年英军侵入拉萨后英国人就希望与西藏地方政府直接交涉,对这种公然践踏中国主权的行为,《泰晤士报》予以肯定,对中国"褫革达赖"、"川西改流"等内部事务却横加指责。

英国的报刊大都站在英国的立场上谈论西藏问题,为了维护英国国家利益,难免罔顾事实。但作为媒体也不能完全歪曲事实、编造谎言,这些媒体面对事实也不得不如实报道,如对"达赖出逃"、中国政府拒签《拉萨条约》,1910年8月英国《康顿白烈报》有如下记载:

达赖喇嘛素以英人为易与。直至英将扬赫斯奔率兵袭藏,犹以为英人决不能兴问罪之师也。旋见英兵长驱直入,势如破竹,乃知英人诚大可异。不得已,于一千九百零四年九月四日与英人订立和约。画押时,达赖他适。故由西藏三大寺及僧俗大众公所等签押作准。或谓达赖当此境内有事之际,畏难避地,得毋示弱太甚?予曰不然。自政治上论之,达赖潜避,实最完善之策也。何则?藏约之签押者有六方面之人,即三大寺院、僧俗大众公所、噶布伦及代理商上是也。而英之签押者则惟议约专使一人。西藏签押之人既多,即其责任不专。设达赖回藏,而藏人以废约为言,试问英国将向何人责问?故曰达赖潜避,不自签押,实最完善之策也。

或谓英人可向中国责问,不知中国与该约绝无关系。签押时,中国驻藏大臣虽亦莅场监视,而于该约之条款,初未与闻。盖该大臣曾奉北京外务部训条,令其不必干预,以免日后之纠葛也。况该约计共十款,均置中国于不顾。故中国对于该约,不特不负责任,且乘达赖来京之机,主使达赖将西藏与外人所订各约概行作废。其后一千九百六年四月二十六日,更由中英两国议结关于西藏之条约。约中订明:英国不得侵占西藏疆土、干预西藏政事;中国亦不

① 《外交报》1910年10月27日(宣统二年九月二十五日),登载《论英国抗议中国治藏事》(译英国1910年8月5日《泰晤士报》)。

得准他国干预西藏政事、侵占西藏疆土。嗣后，英国凡有关于西藏事件须与中国交涉。此约裨益中国乃非浅鲜，足证中国外交家之手段亦颇未可轻视也。一千九百零七年八月三十一日，又由英、俄两国订立关于西藏之条约，互相承认西藏为中国之附庸，所有一切事件须向中国政府交涉。且订明自该约成立后三年之内，不准外人入藏探险。时印督对藏之政策，疏忽殊甚，英在西藏之势力遂至一落千丈。先是印督议将兵备经费减少三分之一，继而英之印度部大臣又为俄人所愚，竟将驻守春丕之兵队概行撤退。于是藏民以为英人诚巽懦不足畏，轻藐益甚。有多数藏人语余，谓英人不特无力驻兵春丕，抑且有所不敢。此后藏民鄙薄英人与其敬畏中国正成一反比例。中国未劳一兵，未发一矢，不特春丕之险为其所扼，且盘踞西藏全境焉。中国可谓得计也已。[①]

外国媒体除了关注英国的对藏政策和行动外，还关注俄国介入西藏的各种活动。德国《敖斯脱阿几亚雷杂志》就曾刊载文章，介绍西藏地方分裂势力希望借助俄国的帮助维护自己的权势：

又达赖喇嘛为与清国深有宗教上之关系者。其昔所以倚赖于清国者，为能保护其宗教也。今观清国之势力日衰月退，俄国之势威则日益恢张，有并吞佛教国大部之势，而深恐或因清廷之势力减退，来不利于己之宗教，则其欲接近威势赫然之俄以为凭恃，实势所必然者也。至若俄国因蒙古与满洲之人民大抵皆信佛教，今欲侵略满蒙，故亦必与喇嘛亲结，以图圆活其政策。据此等事由推之，吾辈敢悬断曰：此次俄国与喇嘛亲善，其私订条款必有互约援助、经营清国北部之一事焉。[②]

另外还有《论西藏与英俄关系》、《俄人之于西藏》、《论俄人窥藏》、《论俄英将分据新疆西藏》、《论英俄之于西藏》、《英俄不利于蒙藏之舆论》等文章关注俄国对西藏事务的参与。

（三）介绍西藏宗教

《时报》1904 年 6 月 13 日《外论撷华》：

---

① 《外交报》1910 年 11 月 6 日（宣统二年十月初五日），第 293 期（庚戌改良第二十七号）登载《论达赖喇嘛之出奔印度》（译英国 1910 年 8 月《康顿白烈报》）。

② 《湖北学报》1903 年 4 月 2 日（光绪二十九年三月初五日），第 1 集第 6 册刊载《德人论俄国对西藏之情状》（译东三月《东邦协会会报》，原为德国《敖斯脱阿几亚雷杂志》所载）。

西藏，我国之藩属也。今英人派兵前往，数日以来警报屡至矣。西历六月十一日，上海《太晤士报》载有一论，其言西藏内情甚详，亟译之，以见英人之留心藏事有如此者。泰西各国之寺院甚为高大，而西藏则除喇嘛长外均居于村落，村落之僧多则六七千，少则二三千。其所以若是之多者，因彼国定律，贫人有三子则须以第三子为僧，富人有四子则须以第四子为僧。而其外又有自愿为僧者，有为喇嘛劝化而为僧者，故其僧之多实占其国民十二分之一。泰西之教友甚平等，而喇嘛则多分等级，富者贵者为之主，贫穷者为之奴。其募捐也每年四季有常例，其外尚时有馈以饮食者。故居地之民杂捐甚苛，而妇女之劳动者甚力。

《泰晤士报》上的文章介绍了西藏寺庙的规格、管理、考试等方面内容。正像译者所言："其言西藏内情甚详。"

参考文献

[1]时报(1904年创刊).

[2]神州日报(1907年创刊).

[3]东方杂志(1904年创刊).

[4]牙含章.达赖喇嘛传.北京:人民出版社,1984.

[5]杨公素.中国反对外国侵略干涉西藏地方斗争史.北京:中国藏学出版社,1992.

[6]王远大.近代俄国与中国西藏.上海:生活·读书·新知三联书店,1993.

[7]成崇德、张世明.清代西藏开发研究.北京:燕山出版社,1996.

[8]周伟洲.英国、俄国与中国西藏.北京:中国藏学出版社,2000.

[9]许广智.西藏地方近代史.拉萨:西藏人民出版社,2003.

[10]王尧、王启龙等.中国藏学史(1949年前).北京:民族出版社、清华大学出版社,2003.

[11]秦永章.日本涉藏史——近代日本与中国西藏.北京:中国藏学出版社,2005.

[12]樱井龙彦、李连荣.百年日本藏学研究概况.中国藏学,2006(4).

[13]谢彬.西藏交涉史略.上海:中华书局,1928.

[14]元以来西藏地方与中央政府关系档案史料汇编.北京:中国藏学出版社,1994.

[15]张羽新.蒙藏事务局及其对藏政的管理.中国藏学(汉).2003(1、3).

[16][印度]苏奇塔·高士著,张永超译.中印关系中的西藏(1899—1914).拉萨:西藏人民出版社,1987.

[17][英]荣赫鹏.英国侵略西藏史.上海:商务印书馆,1993.

[18]孙镇平.清代西藏法制研究.北京:知识产权出版社,2004.

下　编

《申报》

《申报》1872年4月30日(清同治11年3月23日)创刊于上海,至1949年5月27日终刊,是旧中国出版时间最长的报纸。它记录了我国近代和现代的社会历史情况,保存了大量有价值的资料,可供多方面的研究和利用。

抗日战争初期,上海《申报》一度停刊,曾先后出版汉口版(1938年1月15日至7月31日)和香港版(1938年3月1日至1939年7月10日)。1938年10月10日《申报》在上海复刊。1941年12月8日太平洋战争爆发后,《申报》在敌伪劫持下出版。这些报纸虽时间有所重叠,但影印本均予收编影印。

影印本系根据上海图书馆收藏的全套原报印制。为节省篇幅按原报缩小二分之一(民国部分一个版面缩成一版,清代部分两个版面缩成一版)。全套影印本依时间顺序分订为400册。由于当时的印刷条件和用纸质量,原报中有一些版面破损、缺字和不清之处,影印版有的已设法更换修补,有的因无复本,仍按原样。

《申报》创办人为英国安纳斯脱·美查(E. Major)与其友人伍特华(C. Woodward)等三人。1889年(光绪十五年)美查兄弟回国,1909年美查公司将《申报》转让给买办青浦人席子佩。从此《申报》转入国人之手,1912年9月又转让给史量才,请陈冷为主笔。陆续担任过编辑部负责人的有张蕴和、冯柳堂、胡仲持、王季音等。

"九·一八"和"一·二八"事变后史量才思想逐步倾向进步。这个时期《申报》的言论也趋向进步,明确主张反对国民党的一党专政和蒋介石的专制独裁。积极支持宋庆龄、蔡元培等进步人士的民主爱国活动。1934年11月13日史量才被国民党反动派暗杀,由其子史咏赓继续父业。这时期《申报》的言论又趋向保守。1941年12月8日太平洋战争发生,《申报》由日本海军报道部接收改组,完全被敌伪控制,1945年抗日战争胜利,又由国民党反动派接收,成为蒋介石反动派统治的喉舌,直至1949年5月27日上海解放时停刊为止。

御史奏参达赖之内容(紧要新闻)(北京)

某御史奏参达赖喇嘛昏庸贪暴之人,到处滋扰,乃朝廷不予以束缚,反降明旨召令来京,优予礼貌。窃恐于藏事未必有益,徒增其骄暴之心,至浪费金钱,尤其余事云云,奉旨留。

1908年9月2日,第二张,第一版(96本19页)

达赖晋京之影响(紧要新闻)(北京)

驻藏大臣赵尔丰致军机处请代奏电云:班禅喇嘛以达赖喇嘛宣召入京,亦拟吁恳陛见。如蒙俞允,拟即日就道入都,以便与达赖同回等语。袁军机以既特召达赖,因此班禅艳羡,不若准其来京陛见,或于藏事不无裨益。庆醇两邸均不为然,遂电覆驻藏大臣稍缓再行奏请。

军机处各王大臣连日会议藏事,亟宜预先筹定,俟达赖喇嘛来京时明白宣示,俾之遵循。闻现已议决者有四:(一)开办全藏矿产,此条议妥后,即于达赖回藏时,派员随行,认真查验,以备掘采。(二)于西藏多立学堂,附设演讲所,以开智识。(三)调查路线,架筑铁路,以利交通。(四)敷设电线,以便交通。

达赖喇嘛约月杪可以到京,而内外蒙古扎萨克,盟旗王公、贝勒、台吉、塔布囊等先后来京,豫备叩谒达赖者络绎不绝。

1908年9月3日

专　电

晋抚宝棻电奏:达赖喇嘛原定初八起程,兹又改期,探确即奏。

1908年9月5日

理藩部预备迎接达赖(北京)

理藩部日昨接晋抚宝棻电告:达赖喇嘛择定二十七日由五台山起程,驰驿至直隶正定府获鹿县,乘京汉专车进京。闻该部当即知会邮传、民政两部,届时备车派员迎护，并会同内务府、顺天府预备临期一切供给。

1908年9月9日

达赖进京屡改行期(紧要新闻)(北京)

达赖喇嘛前次改定初八日起程，嗣又改期节后，均见前报专电。兹将晋抚电奏及电旨录左：

晋抚宝棻致军机处、外务部代奏电：达赖现改定初八日起程，已饬沿途地方官妥为照料。惟达赖随从人多良莠不齐，需索之事在所难免，已由棻添派干员随时严密接应，乞代奏。

军机大臣字寄晋抚，奉上谕达赖来京陛见，现据该抚电奏起程有期，应饬各该地方官妥为照料，该达赖亦不得格外需索，致涉滋扰，将此传谕该达赖知之。

1908年9月11日

专　电

晋抚宝棻电奏：达赖喇嘛定于八月二十二日或二十九日启行，由正定换坐火车，带有经咒百余箱、贡品二百余件、随从二百六十二人，下车后乘马至黄寺，应饬预备马匹。该喇嘛拟住京一月即径回西藏。觐见礼节恳即颁布，因该喇嘛催询之故，奉旨该部知道。(北京)

达赖喇嘛预备晋京(紧要新闻)

内务府大臣继禄，昨日召见时面奏黄寺已收拾完竣，装饰一切亦经备齐。兹谕达赖到后，饮食一切总须格外留心，预备此时各项工程尤坚固完善。继遂面简请派大员，会同覆勘，当蒙慈宫朱笔圈出澜公前往。

达赖喇嘛定期本月二十七日起程，由晋抚电告政府，奉旨由龙泉关行抵定州，改乘火车晋京。现经军机处抄出清单内开达赖行抵山西省城，改乘火车北上。凡经过州县具照前次办理。按达赖此次改途进京，所过地方将来又多一场纷扰矣。

1908年9月13日

寄谕赵尔丰察核班禅来京情形(紧要新闻)

前次班禅喇嘛请来京陛见，惟袁尚书主张准其来见，庆邸、世中堂均不赞成，电谕阻止。近袁尚书在公所会议时，总以既召达赖，不准班禅来京，未免相形见绌。究竟班禅来京于藏事有无关系，不如谕饬驻藏大臣察核情形，续颁明诏，庶足遂班禅崇仰之忱。各堂颇善其议，廷寄赵尔丰钦遵办理。

1908 年 9 月 16 日

晋抚电奏达赖起程情形(紧要新闻)

晋抚宝棻致军机处请代奏电云：据雁平大朔电称：达赖喇嘛定二十八日起程又有二十九日之说，驰驿至正定改坐火车。贡品计二百余箱，经咒百余箱，行李四百余箱，随从二百六十余人。到京下车后均乘马至黄寺，约需马三百余匹，应饬妥为预备。复据堪布呈称：达赖到京，拟住一月始回藏中。目前觐见礼节，恳饬部速颁。该达赖等屡次电催，用敢据实代达云云。当日即奉朱批该衙门知道。又另一函云：皇太后以达赖将次到京，谕着内务部速造龙床一座，俟达赖到京朝觐时设置圣驾左侧，以备赐座之用。闻该大臣已传谕营造司，速行承造。

1908 年 9 月 17 号

川都赵驻藏大臣赵会奏开办边务折(目)

1908 年 9 月 18 日

京师近事

闻达赖喇嘛来京之时，其在前导引者，须用大牌三方。一系普通拉旦拉达赖喇嘛；二系西天大圣自在佛；三系总理普天释教达赖喇嘛。现已由理藩部照例预备矣。

1908 年 9 月 23 日

专电[联豫代藏僧上奏]

驻藏大臣联豫代藏僧奏称:僧等数百年安居西藏,从无异志。赵尔丰逞凶杀戮,巴塘一役毁寺极多。请将该大臣撤回,并恳赏款修寺,俾得安心诵经。现在炉关一带,已甚惶扰。达赖远出,瞻对不足镇慑。倘英俄来护,必生枝节。请旨核夺。当日寄谕赵尔丰,毋畏葸,毋操切,察酌妥办。

1908年9月26日

专　电

内务府传出谕旨:初六日在颐和园东宫门内仁寿殿召见达赖喇嘛。

1908年9月28日

专　电

御前大臣博迪苏初二日抵保定见达赖,宣旨劳问。初三日,随同达赖乘专车晋京。

达赖喇嘛入京,带有太后万寿贡品多种。俟祝嘏后,即行回藏。各枢臣议请太后届时赏该喇嘛听戏,并赐御品以示优异。

简派博迪苏迎接达赖之原因(紧要新闻)

达赖喇嘛来京觐见一事,枢府极为慎重。所定召见达赖礼节,系政务处所拟,由枢堂酌改。凡所以崇优礼貌之处,无不周备。前因达赖晋京有期,枢臣议派张荫棠赴晋迎接,嗣袁尚书以部务紧要,未克暂离而罢。刻又议派御前大臣赴保定迎接,各大臣均属意振贝子。又以其御前差使已经开去,爰改请特派御前大臣博迪苏前往劳问。

1908年9月29日

专 电

达赖抵京，步军统领、警厅各派兵队巡警保护黄寺，严防滋扰。

驻藏大臣赵尔丰电告政府派员赴后藏，调查设官分治情形，并派员弁驻扎噶伦绷、大吉岭，保护商旅，免生交涉。

联豫电奏藏僧不靖情形(紧要新闻)

驻藏大臣联豫电奏：藏僧闻改建行省，异常惶惑。深虞滋事，炉关一带甚不安靖，纷纷联名结会。并不知其所议何事，不得已将前据该藏僧等公呈代为转奏，伏乞俯鉴愚蒙。饬下新任驻藏大臣赵尔丰，体察情形，妥筹办理。

达赖喇嘛启程到京详情(紧要新闻)(北京)

政府自接达赖喇嘛初三日到京之电，除派御前大臣博迪苏前往保定劳问外，复经内务府、理藩部派员迎迓。民政部亦令内外城总厅派警卫队长一员，警兵数十名先往保府迎接。并于前门外京汉车站搭盖迎接棚两座，一为达赖下车后略资休息之地，一为步军统衙门、民政部、内务府、理藩部及顺天府尹等各堂官迎接达赖之所，现已告竣。式样高大，颇壮观瞻。理藩部复派杜委员视察有无遗漏之处，以臻美备。而肃邸又札派路工局员由德胜门至黄寺，由安定门至黄寺，分道两处，赶紧修理道路，刻下该局已派工程队动工兴修，将次告竣矣。又那相派委北营学兵四十名，自初一日起即在黄寺驻扎，以为防卫。兹将达赖行程详单觅录如左：八月二十七日游五台山动身宿射虎川，二十八日宿栗阆铺、直隶阜城县境，二十九日宿王快镇，九月初一日宿曲阳县，初二日到定州，初三日早晨七点四十分钟在定州开行专车，九点过保定府，稍停，十二点钟到前门车站下车。

是役也，京保火车计备达赖喇嘛花车一辆，大堪布四员，一堪布十四员，合用头等车一辆，赖赞巴二十七名，居嘛九十九名，合用三等玻璃车三辆，跟役一百十九名，传送兵八十名，用三等代窗棚车四辆，马三十五匹，厂车四辆，蒙古帐棚棚车一辆，厨房杂物篷车一辆，行李大约十万斤，棚车六辆，厂车二辆。

1908年10月1日

专　电

电二：达赖喇嘛到京后，王公大臣均往问劳，庆邸亦派振贝子代谒，闻十二日觐见后，政府拟与商西藏改省事宜，如能就范，即奏派肃邸同往督办全藏事务。（北京）

藏僧请撤赵尔丰原呈

驻藏大臣联豫咨军机处代阖藏僧众呈递原呈七条，请为代奏略云：僧等奉先太皇帝之知赐，在藏地诵经数百年相安无事，毫无他志。前年，英吉利国来此，致与僧等不和。僧等因此成功杀毙凤大臣，其实巴塘一带极安谧。赵大人到即逞凶杀戮，僧等死者数百人，焚烧寺观不少，此岂武有力者之应当者也？亦岂大皇帝叫赵大人如此者也？伏求大皇帝撤换赵大人。目下，不派驻藏大臣，或可由番官内举出一人，否则赵大人必成凤大人。并须赏还我款，修造寺院，俾可仍旧诵经。现在炉关一带已不安静，如有事体，外人必来干预，达赖现在进京，瞻对不足震慑，必有他变云云。具名者系各寺之寺主，下盖有图记。枢垣当将联豫所呈照抄一份呈览。两宫颇以为念，遂寄谕赵尔丰略云：联豫代藏僧所奏，悉藏情凶蛮，开化非易（中略），着该大臣体察情形，毋事畏葸，毋稍操切，妥筹奏明办理。

1908年10月2日，第一张，第三版（96本，第444页）

达赖喇嘛与西藏之关系（论说）（选）

自春间达赖喇嘛入山西驻五台，全晋骚动，万夫侧目，官吏莫敢禁，百姓无所告。一似达赖之尊严，有神圣不可侵犯之势，虽行同强盗，殃及群黎，亦为法律之所不及。自一班普通心理观之，则以为达赖果具活佛之资格，故享此最高无上之位置也。今也不日到京，于是，国内国外之视线皆集注于达赖之一身。朝廷有重臣之简派，沿途有地方之供应，是达赖之位置诚可谓举国无两矣。虽然达赖与中国究有若何之关系，国家特沛此至隆且渥之殊恩，亦国人之所应研究、应注意者也。

夫达赖亦犹是人也，即居宗教之最高之地位，朝廷相遇之隆亦当不如是。盖以达赖之一身关系西藏之全体，朝廷眷念西藏，故优待代表西藏之达赖喇嘛。达赖喇嘛生长西藏，受藏民之推戴，宗教上、政治上皆有统辖之权，故藏民受其支配者，只知有达赖，不知有中国。朝廷欲保西藏不得不先博达赖之欢心，其用意亦良苦矣。溯自前明崇德七年，达赖喇嘛来朝贡献方物，自是中国始有西藏。至本朝顺治九年，达赖复来朝，赐金册印，授为西方大善自在佛，领天下释教而达赖之势力益彰。雍正朝始简派驻藏大臣管理全藏事务，然全藏实权仍操自达赖喇嘛与班禅额尔德尼之手。迨夫海通以还，各国挟殖民政策，远渡大西洋而窥形势者，纷至沓来。千百年无人过问之西藏，亦为各国所垂涎。光绪二年，中英结芝罘条约，特提英使节得入西藏，自是西藏已隐入英国之势力范围，非复中国独有之西藏矣。虽然，英之谋西藏亦非自此始也，当乾隆朝英人既有入藏之使，咸丰朝复以兵要盟，是英人自有印度之后，其处心积虑未尝一日而忘西藏，特以藏民强悍，地未开通，且有窥伺于侧之强俄，不敢骤然下手。观于比年以来，中英订立之西藏条约，已可恍然于英国之政策矣。英人不得志于西藏之土地，而于贸易上之经营，着着进步。俄人以利害之关系，亦不敢少戢野心。于是，英俄对于西藏之要求大有两犬争骨之势。光绪二十八年，中俄订关于西藏条约，俄人在西藏之势力已与英人并驾齐驱。况强俄暂不得志远东，势必转图西藏，一旦祸机怒发，戎首阶厉，匪独全藏非中国所有，即英人之势力，亦将中斩。此统观已往，默察将来，未始非必有之事也。更以俄人之手段，至险极阴，观其对于大喇嘛之用心，已足见将来之隐意。光绪二十六年，大喇嘛遣使赴俄，上俄帝以佛教信仰保护者徽号，此固可见强俄之阴谋，亦可知大喇嘛之势力矣。故吾以为达赖此次之晋京，关系綦重。西藏在之存亡视达赖之向背，欲论西藏，请先论达赖。此记者对于达赖之来，一若有无限之希望，更若有无穷之感慨者，交集五中。于是乎，论达赖与西藏之关系，以普告我同胞之国民。（未完）

1908 年 10 月 4 日，第一张，第三版（96 本，第 474 页）

详纪达赖喇嘛到京情形（北京）

达赖喇嘛于八月二十七日由五台山起身，所有行程已志前报。兹悉是日在射虎川稍抱不豫，爰休息一日，故于廿九日始入龙泉关，住栗园铺，九月一日住阜平县之王快镇。有赵州等处僧人约百余名求见活佛，谓直省庙产全被官家索去，无以为生，情愿随同活佛赴藏入喇嘛教，或于入京陛见时向大皇帝前代为乞恩，将庙产全数发还。时阜平令纪云鹏亲自弹压，欲令解散，而僧众环跪不起，并有恶僧多名，带有戒刀，势欲用武。达赖畏其凶悍，亦避不敢见，后经军队驱散。初二日，住曲阳县，初三日住定州，初四日早五点钟始由定州先开前站，及行李贡包专车一次，十点半到北京前门车站。达赖喇嘛则坐专车于早晨七点半由定州开，九点到保定，下车到官厅跪请圣安，然后上车。下午一点半到北京前门车站，其随从者闻有法人二名，安南仆役一名。

先是，西火车站赶搭彩棚，为达赖休息处。是日，步军统领那中堂率同官员亲至车站迎接，内外警厅亦派警兵数队及乐队排列站内。西藏乐队亦列站东，既而车到，达赖改坐黄舆，随带护勇警戒，前后入彩棚休息。那中堂与达赖西向并坐，中堂在北，达赖在南，达赖戴法帽，著法衣，金色灿然。此间各喇嘛造达赖膝前，参错跪拜，达赖徐伸左手，一摩其头颅，各喇嘛再拜而退。达赖年齿三十左右，色黑，齿露，面部稍瘦，颧骨隆起，少有痘痕，身材如中人，然目光射人，精悍之气在眉目间。既出彩棚，复坐黄舆入正阳门、长安街赴黄寺。满都士女排列沿道集观如睹，一时热闹近时罕比。

又闻达赖处所有事务，皆其属下之堪布四人办理。是日随行者又有一妇人。行李则再十万斤以外。

文汇报初八日北京电云：达赖患病，故十二日召见之期，闻已展缓。

1908年10月4日，第一张，第五版(96本，第475页)

续志达赖喇嘛到京情形(北京)

达赖喇嘛到京情形已略志昨报，兹又据访员所述为昨说所未备，特再录之。访函云：达赖喇嘛初三日下午两点钟，始抵定州，随行有随员二十七八名，内有法国人二名，安南国仆役一名，藏兵二百余名，骆驼四百八十双，骡驮子二百余匹，大车二三百辆，均插佛差旗号。随即廷人支搭棚幔，内旋有藏兵多名，绕护棚外四围站岗，均穿红黄色军衣。达赖棚帐系用自带圆尖黄缎子大幔，凡棚内各喇嘛均念经，后打小鼓，其声彻夜不绝，院门外左右棚账系李树棠观察、马廷襄镇军分驻其间。是晚警兵营队来往，皆筹严密，梭巡马队、巡探至二三十里之外，异常戒备，电灯光彩尤为射烈。及至初四日七点钟，达赖始乘京汉花车开行，至九点钟过保定下车。当有劳问大臣博迪苏接进官厅，跪请圣安。稍停登车直赴北京。至下午一点三十五分，安抵前门西车站。先由步军统领那中堂桐率同钦派之毓贝勒暨各王大臣等亲至车站，内外警厅亦派警队、乐队排列站内，西藏乐队亦列站东，英、俄各军乐队均来接待。

达赖喇嘛先进所盖彩棚，其镶门上装有长辛店运来水银电灯两盏，光彩夺目，壁垒一新。是已外务部左丞张荫棠、丞堂田某大军机派往欢迎，以示笃敬。而英德日俄各国公使亦往接待，达赖接见毕，即换乘八人抬黄色大轿，前张钦赐绣龙曲柄黄缎伞，十人拉龙须撑[?]并各衔牌，进正阳门，出安定门，往东黄寺驻锡。所有该寺左近外馆均派警察防守，并派毕业学生四十名分起梭巡。民政部肃尚书以达赖到时，沿途往观者势必人山人海，拥挤不堪，恐有革命党羽潜谋不轨，特商之陆军部铁尚书，将南北苑驻扎陆军第一、第六两镇酌配数队，沿路分段会同警察荷枪持棍，认真巡查，有形迹可疑之人及造言生事、扇惑人心者，即行一体严拿讯办。

1908 年 10 月 5 日，第一张，第四版(96 本，第 488 页)

三志达赖喇嘛在京情形

传闻日前又有某御史递呈封奏一件，系弹劾达赖在山西五台山真容院时，有本地妇女烧香拜佛，经达赖徒众等恣意调戏，该达赖毫不约束禁止。又该徒众等向外馆万亿号有强行勒索款项情事，为数颇巨，以致该号大受亏损。又本地某令值达赖初到时谒见，未能按照西藏礼仪，经该徒众殴辱，于达赖名誉有玷，应请旨敕速将西藏政治改良，多设学堂，以祛陋俗，而崇正化，斯免外人因其迷信而施以笼络诱惑之手段，若藏地开通，则外人垂涎之望自绝云云。该折留中。

内务府奎大臣交谕专办供给达赖之专差、司员等云：达赖此次来京觐见，为多年未曾有之差，所有达赖及徒众等之日用所需各项，供给务宜精美，毋使经手人滋生弊端，不可照年班蒙王筵宴之例，宜仰体皇上怀柔之意，当经各司员遵谕办理矣。

昨日，皇太后赏达赖喇嘛佛像两尊，并传谕办差人员于达赖觐见时一切须妥为照料，如有不周之处，查出定行严办。

某大臣昨日将对待达赖政略面奏两宫，请恩旨加封蒙藏教主，以固藩民之心，准其随意游历蒙藏，宣布该教，并派亲贵大臣驻藏办理一切。

1908 年 10 月 6 日，第一张，第五版(96 本，第 505 页)

论达赖喇嘛与西藏之关系(论说)(续选)

欲论达赖喇嘛与西藏之关系当先知西藏于列强之关系。西藏在今日固俨然中国之藩服也，然将来之位置究居何等，有识者固有以灼见者也。吾论西藏，吾请先论西藏与列强。

一、英之与西藏

夫英人自收哲孟雄之后，其窥伺西藏之念未敢一日或忘，特以野心勃勃之强俄，伏之于后，遇事动多牵掣，不得已以待时机。于是有英俄西藏之协约，观其约文，则两国之用心已可概见矣。夫西藏之归降中国垂三百年，一切宗主权，统治权皆惟中国之命令是听。今则曰中国对于西藏祇有宗主权，是统治权已非复中国所属也。虽然英俄之于西藏其势力固已均等，然英人之经营，视俄人尤为切亟。盖英人自有印度之后，以西藏之市场阴入其东亚殖民范围之内，一旦西藏不保，印度必有唇亡齿寒之虞，故当光绪三十年，日俄战争之际，俄人不能兼顾西藏，英人则以重兵深入，迫达赖喇嘛订约十一条，是英人之于西藏久有著祖鞭之谋，旋以驻藏大臣之不敢擅自调印，复提议于北京，即光绪三十二年续订之藏印条约六条是也。日俄议和之后，俄人忌英人之独利也，于是遂欲将失之于极东者取偿之于西藏，以为桑榆恢复之计，此所以有去年英俄西藏协条之成。自兹以往，无论西藏之为英有，为俄有，断非数十年前中国所独有之西藏，可断言也。故此约之成，不过为两虎一时支撑之计。一国发难，全藏为之动摇。吾以为此约解散之日，即西藏灭亡之秋矣。呜呼，可不悚惧乎哉?

二、俄之于西藏

夫英人之经营西藏，不过以西藏为殖民好市场，以谋商业上竞争之势力。若俄于西藏则毗连疆土，若欲拓张版图，不得不经营蒙藏。是以自日俄战终，俄于西藏之经营，视前有加无已。况强俄素称侵略派之代表，今虽少戢其锋，然其野心未死，终有爆发之一日。况俄人以宗教之关系，牢笼藏人，《中俄天津条约》第八条之所云云，盖就宗教一方面而入手，是俄人久有以宗教而为经营西藏之政策者也。不见近日在满洲之俄人，多以铜佛护身，前年达赖喇嘛又以佛教保护之徽号，而赠俄帝，是将来俄之于西藏必欲取为辽东半岛之赔偿，是亦大可危也已。

夫西藏与列强之关系，前义已详谕之，然达赖居于西藏之位置，与夫西藏沿革之历史亦吾人今日所应研究者也。请论西藏沿革之历史。夫西藏居于中国全部之西南，分前后二大部，前藏又分为康卫两部。宗主权、统治权咸握于达赖喇嘛之手。后藏分喀齐、阿里两部，为班禅额尔德尼所统辖。其余则有达木蒙古人五百余户，羌种纳青等三十九姓土司皆居东北境，又为达赖喇嘛所统辖。此就全藏之区域而考察者也。更征诸历史，西藏之地通中国最早，三代前姑不备考，秦汉时为西南夷边境，魏晋间为鲜卑别族秃发氏所居。迨夫隋唐遂立党倾[项]、吐蕃二国。其后，全境悉属吐蕃，入贡中国，岁时不绝。元置河州宣慰司，至明崇德年，遂遣使归降中国，自是西藏遂为中国之西藏矣。雍正朝特简驻藏大臣管辖全藏，而一切政权仍操自达赖喇嘛与班禅额尔德尼之手，驻藏大臣不过为其统监而已。比年以来，列强之经营西藏不遗余力，而英俄争著祖鞭，则世界不相往来之西藏，今且如是矣。数年之后，能保其仍为中国之藩服与否，固未可断定。然未雨绸缪，早为筹备，亦中国今日最宜注意者也。迩来，有改建西藏行省之议，是政府固已虑熟思周，故今日达赖喇嘛之来，非同于昔日之修贡入觐已也，其关系顾不重哉！

更论达赖于西藏之位置。达赖居于前藏，统辖札什城、察木多城、拉子城、巴重郎城、边壩城、丹达城各都会及东北境达木、蒙古、羌种各土司，其势力可以左右全藏，非独宗主权为其掌握，即统治权亦皆受其支配。代喇嘛理事者曰第巴，曰堪布，其头目噶布伦分辖藏地。各喇嘛皆有专司，或掌仓储，或司刑律，或主计算，或握兵符，其名皆属藏语，然其布置之严亦俨然自成制度。达赖实握政权，一切发号施令，皆视达赖之一身。是达赖在前藏之位置，其位则高于各省督抚，其权则重于驻藏大臣。故朝廷礼遇之隆，举国无两。是朝廷并非有爱于达赖之一身，盖以今日西藏已如累卵之危，西藏一亡，藩篱尽撤，西南半壁将有不保之忧，故不得已而为此羁縻之术，以博达赖之欢心，而全西藏之危局。况达赖崇信黄教，夙昧大局，一旦易心，则西藏之命脉不死于斯拉夫、盎格鲁撒逊两族者几希。且西藏地邻廓尔喀，夫廓尔喀久蓄异志，今且已有动机，彼秃发之余族，吐蕃之遗庶，其能久为中国之所羁绊乎？揆之事实，证诸往迹，此必至之数也。呜呼，吾其如达赖何哉？吾又如西藏何哉？

四志达赖喇嘛在京情形

达赖喇嘛定于十二日觐见，已见明谕。兹闻达赖觐见后，两宫恩赏观剧三日，现已传出谕旨著内廷总管敕知升平署预备，并派庆邸、肃邸、醇邸、博邸、理藩部寿尚书、达恩两侍郎、内务府奎继增三堂大臣陪座，约日内可见明文。

班禅喇嘛曾请入京觐见，政府以达赖既已晋京，班禅不宜远出，爰发电阻之，事见前报。刻闻达赖晋京后，所有与政府磋商西藏各项问题多有牵涉班禅之处，故又拟电调班禅入京，以便会同商办。

皇太后恩赏达赖佛像已志前报，兹闻此外尚有金盘、银盘、金壶、银壶、金碗、银碗等件。另佛冠一项，各色袍褂四套，黄云缎被褥一份，及各色尺头十六卷。

理藩部日昨知照礼部，谓达赖此次觐见后，两宫赏赐筵宴已定为紫光阁。其陪宴之王大臣，除蒙古王公外，再行请旨钦派王大臣陪宴。一应预备事宜，刻已办妥。

派赴保定劳问达赖喇嘛之公爵博迪苏已随达赖来京，办理一切，□臻妥协，已缮折，即日覆命。

达赖由晋到京时，由晋抚宝中丞派缪观察护送至正定，该镇总兵马总戎亦护送来京，刻已事毕，日内即须回省销差。

车臣汗部亲王索诺木喇布坦因达赖喇嘛到京，特呈由库伦办事大臣代奏，请允准来京，陛见并谒达赖。

自达赖喇嘛有信到京后，两宫每次召见军机必垂询藏务究竟应如何筹划。闻某邸奏对约三小时之久，谓西藏与蒙古皆为今日亟宜经营之要政，然蒙藏之危局，虽同而情势各异，就形式观之，似蒙急而藏缓，若筹办法则蒙易而藏难。两宫颇然其奏，定于达赖喇嘛觐见时面询西藏一切情形再行决议。

日前，枢府王大臣会同某尚书及张丞棠在园提议与达赖面商之整顿藏务各条件，其最重者约分四项，一军政，二财政，三路政，四外交。当即开具专折以备达赖觐见后，定期和衷商量。

1908 年 10 月 7 日，第一张，第三版(96 本，第 520 页)

五志达赖喇嘛在京情形

达赖喇嘛在京情形已四志前报，现闻达赖抵京后，两宫除赏寿佛、衣服外，又派员颁赐银一万两，并赏给四川绸缎等物颇多，现多由理藩部达侍郎陪同达赖演习朝觐礼仪，须俟纯熟再由领衔大臣带赴颐和园仁寿殿觐见。

又闻达赖在京用费及徒众人马、骆驼等项供给，每日需银一万三千两，一月共需银三十九万两，该款由内务府奎大臣咨会度支部，作为正开销，现已由内务府派员赴度支部领取矣。

又闻达赖朝觐后，两宫赐宴、赏戏时，其随从之大堪布等亦准入座陪听。

1908 年 10 月 9 日，第一张，第五版(96 本，第 551 页)

西藏改设行省之准备

西藏改革一事，屡议未决，昨日枢府以达赖已到，又会议办法，拟将蒙古西藏均改行省，简放督抚以下各官，如内地之制。一面速即兴办学堂，酌练陆军，开办费用由部筹拨，常年费就地筹措，拟即与达赖面商，饬其尽力维持，不得任听藏众阻挠，并加封达赖爵号，以崇体制而资震慑。惟路矿、实业等事以需款过巨，暂从缓议。现已将所议各节开具说略，交张荫棠持示达赖，先行婉商，如达赖应允，即俟觐见后由政务处王大臣择日设宴邀达赖磋商办法，再行奏明，请旨颁行。惟传闻达赖于改省一事，极不赞成云。

又闻两宫前日召见军机垂询西藏练兵事宜，某军机奏称：西藏地处边陲，强邻窥伺，若改设行省，练兵为不可稍缓之事。惟藏民知识未开，一切实业素未讲求，地利不兴，财政因之竭蹶。一旦添练新军，款项何从筹措？若待各省协济则恐无济于事，拟先由部筹定的款，再简知兵大员前往督练。两宫颇然其说，俟达赖觐见后面与妥商，即可定议。

六志达赖喇嘛在京情形（北京）

达赖喇嘛改期觐见迭纪前报，现已部署妥帖，由理藩部具奏请旨定于二十日觐见，前日该部寿侍郎亲至黄寺谒见达赖，呈阅礼部奏订觐见礼单，并由侍郎陪同演礼，以免失仪。

又达赖由五台山起身后，沿途均由晋抚派员护送，兹探得宝中丞奏报原折录于下：

达赖八月二十七日起程，当经奴才札派雁平道缪彝、太原营参将沈兆梁督率营县，沿途小心护送，并严饬印委将驼马、毡帐、食物、草料等项赶紧筹办，经过道路、桥梁，妥为修筑。兹据该印委禀报于八月二十九日安抵直隶所属之阜平县境。该处虽经商由直隶督臣饬派印委守待迎护，晋省所派缪彝、沈兆梁二员，自当仍令伴送至京，以昭慎重。此次自五台山以致出境，一路接待并无贻误，达赖颇为欢洽，堪以上慰圣廑。至各项开支，为数不赀，容俟核实造报作正开销。

1908 年 10 月 10 日，第一张，第五版（96 本，第 565 页）

七志达赖喇嘛在京情形(北京)

达赖喇嘛此次来京觐见，种种刁难迭经晋抚与之磋商，始允启程，订明初三日到京。乃初三抵保定后，达赖托病不行，经博公托某蒙王向堪布说项，始于初四到京。定初八日觐见，讵达赖又授意堪布转请理藩部尚书代奏，患恙未痊，暂缓觐见，理藩部遂与商定改期。十二日由该部奏请降旨，旋因议礼节，达赖不允跪拜，并以博公前到乌里雅苏台及晋抚在五台山相见时均系跪见，而那桐、达寿竟与抗行宾主礼，甚滋不悦，故十二日不允觐见。虽经张荫堂等极力磋商，坚执不从，不得已由庆邸面奏，请降听侯改期之谕，刻始议定改期二十日，而达赖又有在乾清宫觐见及入宫用提炉引导之要求，或谓达赖此次有意刁难，实有某国人从中作梗。昔达赖游历某国时，颇有归向某国之心，故某国人嗾令多方挑剔藐视中国，万一不应其求，则达赖必与中国离心，而某国可收渔翁之利云。

军机处昨日片交理藩部，着会同度支部将达赖喇嘛自五台起身至抵京后，需用各款，共计若干，迅速调查列表进呈御览。

日前，那琴轩相国、礼部溥尚书、理藩部寿尚书、博公世相国及总管内务府大臣奎俊继禄等诸大员以达赖觐见在即，公订初九日同往达赖驻锡行宫，演习觐见仪注。

两宫以改革西藏各事，须面询达赖，故初七、初八两日于循例召见后，另召袁、张、世三军机入见一次，奏对约一小时。初八日并添召庆邸垂询西藏应否改省，及添设官缺各事，约五十余分钟，当即发川督赵次帅及驻藏大臣电各一通，闻与达赖均有关涉云。

又闻军机大臣议商整顿西藏军政极为繁难，拟与达赖商酌，先设军政使一缺，由督抚保荐熟悉军务人员，请旨简放。

1908 年 10 月 11 日，第一张，第五版(96 本，第 581 页)

八志达赖喇嘛在京情形(北京)

达赖喇嘛此次入京觐见之期，屡经改易，外间拟议之辞因之颇多。现又风闻达赖拟将关于藏地各要政于觐见后详细入奏，并以前驻藏大臣有泰将全藏路矿权利私与某国人订立约章，以十年为限，拟于入觐时面参，未知确否。又闻两宫前日召见军机面询藏事，以西藏改革为难，全在交涉之棘手，因面谕某枢臣，速饬达、寿、张荫棠转饬达赖，将全藏交涉始末详细奏明。果尔则前一说，或非无因也。

又闻达赖此次来京与政府商办事宜颇多，须将西政改革各事与政府王大臣会商定局，再由该达赖酌定回藏日期。

1908年10月12日，第一张，第五版(96本，第595页)

九志达赖喇嘛在京情形(北京)

本月初十日，皇太后赏赐达赖玉佛、玉如意、黄缎袍、枷楠香珠等件，达赖以到京数日之久，始蒙赏赐，甚为不悦。遂奏报患病不克觐见，政府亦以藏事办法尚未议商定妥，准如达赖请另行改期。现政府已将藏事议定，拟于二十日左右仍在湖觐见。先由内务府传谕达赖，讵达赖故意为难，又要求在乾清宫觐见，并请由大臣持两提炉前引入宫，政府均未应允，尤其曰用两提炉引导，惟至宫门即须除去。刻已由内务府转覆达赖，不识达意如何？如别无要求，即可定期觐见。

民政部日前札饬内城总厅，略云：达赖徒众等在黄寺一带购买物品时，以言语不通，致有阻滞，且恐因言语隔膜，难免受人欺骗。宜饬该处守卫警兵，遇有各喇嘛购买物品，即令通译问明何物，代其购买，免起纠葛。

慈宫恩赏达赖游览三海，经纪前报，现闻十四日达赖游海时，有醇邸、袁军机、寿尚书、奎大臣、达侍郎、张左丞等陪游，达赖亦颇谨守礼节云。

1908年10月16日，第一张，第五版(96本，第655页)

达赖喇嘛觐见详记(北京)

二十日达赖喇嘛觐见，系俟两宫办事召见大臣后已初入宫，由辅政大臣庆亲王，外部袁宫保，理藩部寿尚书、达侍郎，内务府大臣奎俊、继禄暨外部英俄文、理藩部唐古忒文诸译官带领入觐，达赖跪拜时，皇上起立，旋即赐达赖座头。慈宫垂询藏事颇久，皇上仅问起居而已。达赖于觐见礼节颇能娴熟，入觐时刻约四小时。其应赏各物均由内务府预备候旨颁发，并于十九日午前由军机处片交各部院衙门。是日勿庸加班奏事。闻此次觐见后，尚须逐日召见云。

1908年10月19日

专电

政务处决议将西藏改设行省，简派重臣驻守，张荫棠为副亦议决。（北京）

达赖喇嘛与西藏(紧要新闻)(北京)

达赖喇嘛觐见细情迭纪前报，现又探闻达赖是日在仁寿殿照部定仪注行礼毕，即呈进黄哈达。皇上立而受之，旋赐座龙床，劳问毕，始垂询藏事。达赖奏对均由唐古忒译官转由寿尚书及诸军机大臣奏闻。约过十二点钟，始行退出。是日，颁赐赏品极盛。二十一日由理藩部代行谢恩。

达赖筹议藏事策略交由庆邸转呈两宫御览略纪前报专电。现经探得内容分六大纲:(一) 请颁礼教法规。(二) 重订传教约章。(三) 拉萨各矿准由藏民协力开采。(四) 扩充唐古忒学校兼习汉文。(五) 印藏边界妥定设防章程。(六) 请驻荷出使大臣宣布印藏界址于保和会。

军机、政务两处议定，二十二日起会议藏事，除原有各部会议大臣外，由军机片交外部，左丞张荫棠亦列议席，以便诸事转商达赖，不致隔膜。

军机大臣日前片交政务处，令即知照外务、度支、理藩、陆军、邮传、农工商等部，请将各该部应行预筹西藏政事办法，务于二十二日携园预议，闻该处提调昨已片行各部矣。

此次应与达赖会议整顿西藏政务各条件，业经军机处王大臣议妥，于日前面奏两宫，闻已奉谕派肃邸为会议藏务大臣，因该邸于西藏情形极为熟悉也。

农工商、理藩两部以藏地情形不甚熟悉，现请达赖之亲随喇嘛二员，逐日至部考证西藏地理图籍。

外务、理藩、陆军三部刻已决议，准十月间请达赖喇嘛至南苑阅看第一镇行军以彰国威。

日前，政府又接驻藏大臣赵尔丰、四川总督赵尔巽会衔来电，闻其内容系请旨订明达赖与地方官之权限，以免改革藏政有所阻碍。

1908 年 10 月 21 日，第一张，第四版（96 本，第 728 页）

十志达赖喇嘛在京情形(紧要新闻)

达赖喇嘛在京情形迭经详纪,本报现闻请旨加封达赖崇号,政府确已定议。盖因驻藏大臣赵尔丰曾有电致政府,谓藏民迷信宗教,改革藏事务宜参以神权云云。故政府欲假尊崇宗教之虚名,使之压服藏众,并使达赖身为教主,则于政治上更不得舒其阻力。但达赖对于此事颇不愿意,现政府拟倩理藩寿尚书、外部张荫棠先往探其口气,俟其认可,然后请旨加封。

日本代理公使阿部氏日前率随员数人赴黄寺谒见达赖,会谈甚久,辞出后满面喜色,不知何意。

俄国驻京大主教日前亦往黄寺谒见达赖,约谈一点余钟,惟应对均用俄文,故所谈何事外间不得而知。

达赖徒众计有堪布正角色七十五名,卫兵五十名,跟役二百零四名,内札萨喇一名管理庶务,噶拉堪布一名管应用什物,罗堪布谢堪布二名,管在旁传话,唐坡本文坡本二名,管理钱粮。凡平民以及蒙古王公均准谒见,惟须通知堪布,写定布施,自八两至千两万两不等,方能听候带领入见。

1908年10月22日,第一张,第四版(96本,第742页)

达赖喇嘛入觐后情形(紧要新闻)(北京)

内廷总管傅知升平署首领万寿圣节,恭备御戏,著于十月初一日起至十五日止,并谕交内务府大臣,两宫万寿恩赏达赖入座听戏,其次序在王公亲贵以上,著即预备座头。

达赖喇嘛陈奏西藏交涉原委一折,现已定稿,昨日送交理藩部,经寿尚书饬藏文翻译成汉文,预备代奏。探其内容系请整顿西藏各办法,并历陈前驻藏大臣有泰与英订约之损失权利,折文甚长,约万余言。

达赖觐见后,枢府王大臣议请两宫恩旨赏赐达赖宝石顶戴,爵视和硕亲王,以示恩宠,其随从藏人,俱赏官衔。堪布喇嘛则拟赏给三品顶戴,日内即当发表。

达赖赐宴仪注尚未议定,前日理藩部寿尚书面奏请照顺治初年达赖进京及乾隆某年达赖、班禅来京祝嘏各仪节变通办理。惟闻理藩院及礼部、光禄寺等衙门旧存案卷,均因兵燹遗失,无从查考,现拟照常行筵宴。蒙古王公礼节从优订定,再行奏闻。

又寿尚书日前在园召见，两宫垂询达赖奏陈整顿西藏办法，是否可行，并询改革西藏政策何日可与达赖商办妥协。闻寿尚书召对后与诸军机会谈二十余分钟，始归内城。

1908年10月25日，第一张，第四版(96本，第786页)

西藏改革问题(紧要新闻)

密查藏人私立条约：上月二十四日午后两时，外务部会办大臣那中堂亲往颐和园军机公所谒见庆邸，密谈二小时之久，随于军机处封交外部，《洪字密电一通》，约二百余言，出该部转寄驻俄公使。探其内容系为驻京英使朱尔典日前面告那相，中英藏约现已签押，言明藏人如与他国立约，中国应不准行。乃闻藏人近与某国仍有私订条约之事，恐防碍两国交谊，应由中英两国互查等语，是电即因此而发。

1908年10月26日，第一张，第三版(96本，第802页)

十一志达赖喇嘛在京情形(北京)

达赖喇嘛在京觐见各节迭纪前报，现闻达赖[入]觐时，通身著黄色袍衫并穿黄靴，随带喇嘛六人俱光头，亦穿黄衣黄普鲁偏衫，手捧佛尊步行，前引至左门，达赖下轿，换带黄桃形又似鸡冠形之大帽，诣仁寿殿，行礼毕，即退出左门，形状颇为怪特，宫监莫不掩口而笑。

达赖此次觐见两宫礼遇之优，出其意外。日内与各大臣会晤，极表感激之忱，故对于西藏改建行省及整顿西藏各要政，近日大有转机，已不似前此之唯唯诺诺，并拟将万寿圣节呈进贡品，格外丰厚，以表敬意。刻已知会理藩部早为代奏。

昨日，达赖特派堪布喇嘛至理藩部申请该部带往驻京各国使馆拜谒，该部覆以俟选定日期，咨告外部转行照会各国驻京公使，再行前往，闻部定日期大约在初十左右云。

1908年10月26日，第一张，第三版(96本，第803页)

藏事改革之困难(紧要新闻)(北京)

议政王大臣前日在朗润园会议藏事,佥以改建行省,一时遽难着手,俟达赖回藏时,令张荫棠随同回藏,届时相度情势再行商办较为妥善。先设交涉使一缺,遇有事故,即与驻藏大臣商办。其藏人入资政院一节,资格如何,额数若何及入院后有无窒碍,应俟资政院妥议。至改订通商约章、开设中小学堂、添练陆军等事,饬理藩、陆军、学三部速行会商办理。

理藩部昨向外务部借调俄文译员数名,因达赖精通俄语,可以直接商办各事,若唐古忒译语,倘有一语错误,恐与西藏大局关系非浅云。

翰林院荣侍读昨递封奏一件,探系条陈蒙藏实边之策,计开垦屯田各办法十二条,洋洋数万言,颇蒙两宫嘉赏,当日交政务处会议。

政府前议重订西藏教规一事,闻其原因系为钦颁藏教法制多半沿袭前明张居正等修定柔驯政策,藏人习惯已久,一旦骤改行省,势必多所警骇,故某大军机条议藏事主先由宗教入手,以安其心。

1908年10月28日,第一张,第五版(96本,第833页)

十二志达赖喇嘛在京情形(北京)

达赖喇嘛十月初十日恭祝皇太后万寿圣节应用礼仪及贺表表文均由理藩部会同礼部预备定妥,于初九日与达赖贡物一并呈进。

恩赏达赖听戏一节,尚未奉有明旨,近经内务府大臣奏请,于初六日紫光阁筵宴毕,即请特赏听戏。惟次日所演之戏因该喇嘛不谙清语,传谕升平署演唱宫戏,已经两宫俞允,日内即交理藩部饬知。

理藩部昨由内务府领出皇太后钦赐达赖御用干鲜果品,均用黄龙合装妥,经寿尚书派员护送至黄寺,命达赖亲自接赏。

学部恭请达赖参观各校,曾志前报。兹理藩部已照会大学堂译学馆暨满蒙各学堂准于二十八九两日参观。

雍和宫诸喇嘛日前特开大会,协商应行禀诉达赖各事,闻关乎西藏问题,各喇嘛亦有所研究云。

前月某日傍晚,有着西服者二人至黄寺,徘徊门际,意似欲入而恐见摈者,逡巡数十分钟,始怏怏而去,临去时,二人相对操华语,故高其声使守望者闻之不疑,然语多错落,知其确非本国人,但究属谁某,至今以为疑案。

上月二十四日为达赖受拜之期,下午一时,有达拉罕王带领福晋诣黄寺拜谒,至四时四十二分始行退出。尚有各寺喇嘛,经达赖一抚其首,莫不欢呼而去。

1908年10月29日,第一张,第四版(96本,第846页)

交 旨

九月三十日交理藩部、军机大臣面奉谕旨,达赖喇嘛著准其于十月在勤政殿呈进贡物,钦此。

1908年10月30日,第二张,第一版(96本,第865页)

达赖喇嘛与西藏(紧要新闻)(北京)

达赖喇嘛自陛见后颇有感激圣恩之意。近日,除接见中外官绅外,必亲缮整顿西藏政策两小时。惟所书纯用俄文。日前由寿尚书询及是事,达赖云俟筹画完善再请代奏,大约不过十日必可毕事等语。寿尚书前向外部借调俄文译官一节,或即因此。

达赖对于改省一事,不甚赞成。前日面告某大臣,谓西藏自开关以来藏民均以奉佛为生命,商业、农务素不讲求,矿务一项以有碍神明、破坏风水,若议开采,尤不乐从。且藏人性质治理颇难,一经官府辖治,动辄冲突,以致扰乱。若改行省,恐难劝导,实不敢逆料,必无意外之虞云云。

枢府定期二十四、五两日会晤达赖,筹商藏事,后旋以达赖不肯赞成改省,现已决定不改西藏为行省,惟先添设边务、通商、军政,交涉各要缺,以辅驻藏大臣之不逮。其添置参赞员数、应如何分权治理各节,仍应由各部妥筹,一俟议定,再与达赖商办。

两宫现已还海,十月初二日,政务处即在东华门内本署会议。昨日该处提调奉庆邸交谕,令将各部大臣拟定筹办西藏事略,及前由外务部调阅之英俄各条约并前由会典馆查取藏地舆图及唐绍仪、张荫棠等先后清画之界图以及各项藏政折电,一律检齐,以备是日会议,并著知照外部,邀请张丞堂荫棠如期预议。

驻藏大臣赵季帅前曾奏请,添练新军,驻扎巴藏等处。现经枢府会商,仿照成兵办法，归川、陕、甘、新四省逐年轮流派驻，现已电知该四省照办，俟巴藏等处新军练成后再行免戍。

1908 年 10 月 30 日，第二张，第二版(96 本，第 865 页)

专　电

达赖连日访谒亲贵及各部尚书，甚为忙碌。(北京)

十三志达赖喇嘛在京情形(紧要新闻)(北京)

前次达赖觐见时，两宫垂询藏事，并谕饬整顿各节，达赖颇赞成之。慈颜大悦，当有面谕加达赖崇号之事。近日由张荫棠将筹藏开办细节，婉商诸达达[赖]，忽多方反对。闻政府之意拟择日公宴达赖，于席间面商之后筹定办法，故近日西藏各事暂行停议。

达赖因皇太后万寿伊迩，现有由藏带来金体菩萨圣像一尊，大藏香一百枝，各种土产及紫皮、白玉、玉如意各物作为寿礼，并敬制黄云缎被、泥金寿屏二十四条。昨已商请理藩部寿尚书应如何装璜配置，妥为预备，以便先期开单，敬谨呈进，恭候御览。

达赖喇嘛不愿住黄寺，拟改住雍和宫，已行文理藩部，不日即当迁移。

外务部、理藩部堂官会同张、达两大臣，于初一日带同达赖回拜驻京各国公使，闻驻京美公使即日照会外部，拟于初七日设筵敦请达赖喇嘛，以联中美睦谊。

达赖到京后，曾由理藩部派人教授达赖汉文。一日汉文教习述及近东事变，达赖闻之色变。既复详述匈牙利之宣言独立，达赖忽面有喜色，且羡慕不置。嗣汉文教习复提及英国对于此事大加反对，达赖似不深信，教习乃举种种证据，于是达赖忽露懊丧之色，俯首默坐数分钟后，乃退入别室。少顷即有某国人投刺入见，达赖但令挡驾，并谕侍者云“无论何国人，以后一律不见”。闻达赖每日必独坐一小时，严禁侍者入室。一日有华人于无意中入其室，则见达赖面色大变，目深斥是人之冒昧，同时，以洋装小册藏置怀中，随令左右撵该华人速出。

二十七日，又为达赖受拜之期，有蒙古喇嘛四百余名，诣黄寺谒见。适达赖正在练习华语，候至一小时始传入罗拜。

1908 年 10 月 31 日，第一张，第三版(96 本，第 876 页)

十四志达赖喇嘛在京情形(紧要新闻)

二十七日为达赖受拜之期，蒙古喇嘛诣黄寺谒拜者四百余名，已见昨报。兹悉当日喇嘛等正罗跪达赖膝前，恭听演讲佛理，并召其位置稍高者摩首抚慰，勖以多词。适有达拉罕王与奈曼王带同福晋来寺谒见，蒙古喇嘛，即行退出。当时达赖与该王等畅谈一时许始退。午后二点钟，日本提督青木宣纯、武弁松井石根等来寺拜谒达赖。接见时赐以藏枣、葡萄等物。三点钟，庆邸、醇邸、张中堂、袁尚书各派员致送礼物，均一一收下。三点钟，比国钦使克尼亚带同武弁郎班谒见，谈二刻许，始归。二十八日，达赖演习华语较前更勤，历二时许始罢，休息数十分，侍讲者与谈近东变局后，即屏退侍者，独静坐室中，一如平日。适是时，有英国使馆学生谭氏及商人杜纳思求见，侍者以有命在，不敢入报，英人遂怅怅而归。二十九日，驻京日使敬备果品食物，令翻译送至黄寺，达赖一并收受，并令堪布至西门迎接翻译入配殿，少坐茶话。又闻驻京俄使二十八日送达赖喇嘛筵席果品至黄寺，亦已领收。

1908 年 11 月 1 日，第一张，第三版(97 本，第 2 页)

十五志达赖喇嘛在京情形(紧要新闻)

理藩部呈递十月初六日已正紫光阁筵宴达赖喇嘛礼节折单夹片各一件，应行奏请点派递酒及躬亲赐酒之王公贝勒，奉旨左派出那彦图、西凌阿，右派出阿穆尔、灵圭苏、珠克图、巴图尔。初一日达赖至理藩部演习筵宴礼节及万寿随班祝嘏礼节，与寿尚书谈至一句钟之久，并云祝寿既毕，拟迁往嵩祝寺庙内虔诵经文，为国祈福。初二日未刻，达赖率其徒众堪布等赴雍和宫内诵经三日，定初五日由雍和宫仍回黄寺。经理藩部寿尚书已传知民政部及步军统领衙门委派警兵、翼兵于沿途妥为照料。

又闻枢府人言，此次达赖到京应有礼节莫不郑重其事，如进贡物件亦降旨明定地名。在雍和宫讲经，并准其住宿，均为历来藩属来朝所未有之事，足见政府联络达赖无微不至。前月二十日召见达赖时，奏对藏事之后，达赖曾坚请特召班禅来京陛见，谓班禅昔与某国有私约，欲改革藏事，须班禅一律赞成，故近日枢垣又有宣召班禅来京之说。一面拟请加封达赖优崇名号，为笼络之计，大约万寿节后当可揭晓。

1908 年 11 月 2 日，第一张，第三版(97 本，第 18 页)

御史奏陈西藏改省之宜缓(紧要新闻)(北京)

御史某奏西藏安危关系西北大局,改建行省诚为要策,惟藏众愚不可及,骤施禁令,恐激而生变。观于驻藏大臣联豫迭次电奏,即可知其梗概。臣愚以为即欲改革藏政,亦须审时量力,毋使过于操切,以致徒掷巨款,并横生种种枝节云云,奉旨留中。

1908年11月3日,第一张,第三版(97本,第32页)

上　谕

十月初十日奉上谕慈禧端佑康颐昭豫庄诚寿恭钦献崇熙皇太后懿旨:达赖喇嘛上月来京陛见,本日率徒祝嘏,倍抒悃忱,殊堪嘉尚,允宜特准封号,以昭优异。达赖喇嘛业经循照从前旧制封为西天大善自在佛,兹特加封为诚顺赞化西天大善自在佛。其敕封仪节著礼部理藩部会同速议具奏,并按年赉给廪饩一万两,由四川藩库分季支发。达赖喇嘛受封后即着仍回西藏,经过地方,该管官派员挨站护送,妥为照料。到藏以后,务当恪遵主国之典章,奉扬中朝之信义,并化导番众,谨守法度,习为善良。所有事务依例报明驻藏大臣,随时转奏,恭候定夺,期使疆圉永保治安,僧俗悉除畛域,以无负朝廷护持黄教绥靖边陲之至意,并著理藩部传知达赖喇嘛祇领钦遵。钦此。

1908年11月4日,第一张,第二版(97本,第47页)

达赖喇嘛与西藏(论说)

达赖来京不逾一月,而朝廷觐见之仪节则一订再订焉,两宫赏赐之品物则日必数起焉,马步经营之兵日巡逻于黄寺之侧,理藩、外、陆诸部亦趋走列侍从之班,而且民政部之供给不惜食费万钱,寿侍郎之送迎几于日无暇晷,猗欤盛哉!以一藩属之酋长、宗教之魔王,堂堂之上国且汲汲焉卑礼厚币,逢迎如恐不及。揣执政者之用心,岂不以为朝廷抚绥藩服,必如是之礼意优渥,而后可以感激恩遇,使之贴然向我哉!不知雍乾时代,此法所以行之有效者,其时国运方新,兵力尤健,达赖虽感我之恩,亦未曾不慑我之威。今则时移世易,我之实力既不足以慑之,而觊觎其旁者,又从而诱惑之，离间之。若但执祖宗扶绥藩服之成法，以用于今日存亡危急之西藏，则我愈迁就，彼愈执拗；我愈仁厚，彼愈骄蹇。窃恐煦煦为仁，孑孑为义，非惟不足以收怀柔之效，而一或不慎，转以损上国严重之威，启外人戎心之渐，是则不能不望执政者之稍变方针也。

夫达赖者，狡诈之人也。昔日，藏事方急，达赖隐遁他往，有时而闻其在某处，则某国之势力范围也。有时而闻其在某地，则某国又隐与往还也。迨我国外交之事稍定，朝廷恕其既往，诱以甘词，始行返至五台。然一履晋境，于督抚则要求跪拜，于地方官则坚索供张。观其桀骜不驯之概，已足显其藐视上国之心。而宣召之旨既下，犹复多方留难，多方挟制，必事事悉如其意而后快。及乎召见定期，则要请更改焉。更改既定，则又要请用提炉引导焉。或谓达赖之敢于如此者，实有某国从中主持，将以表曝我国之懦弱而后可以行其离间之计。此等风闻之言，虽未能据为定断，然其形迹实有可疑之处，固不能不防之于微也。试观达赖今日既受两宫隆重之恩，宜何如感激驰驱，力图报称。而乃商及藏事，则唯唯诺诺，若赞成若不赞成，其用心故何在哉？无非多方诿饰，使我改革藏事之议，终致无成，则西藏之实权仍皆在其掌握而已。夫西藏实权全在达赖掌中，在达赖固自以为利，其实非达赖之利，而某国之利也。此我所谓不可不防之于微者也。呜呼！观于此，则优待达赖之成效，不可推测而知耶！

然则，将如何？曰我国因藏人归顺达赖之故，今欲改革藏事，诚不能不稍加达赖以礼貌。然改革藏事之计画，宜由我商定办法，然后要求达赖赞成，不可先请达赖赞成，然后再行商定办法。夫达赖本极狡诈，岂不知西藏既改行省，其实权必不能完全，使必待其赞成而后商定办法，此必不可得之事也。令我国能执强硬之态度，达赖或有转圜之意思，使改省之议渐次就绪，此固策之上者。设或不能不如先令回藏，我即简派大臣前往，为逐渐进行之计，或先揽其兵权，或先揽其财政权，逐步进行，即逐步改良，我国权力愈扩张即藏事改良愈就绪，迨权力已经确定，然后或改行省或不改行省，一惟我之指挥，而达赖无可干涉矣。此各国经营殖民地之政策，类皆如是。日之于高丽，法之于越南胥此法也。不然，今日因优待达赖之故，事事如其意志，则改省一事纵或勉强定议，而我驻西藏之大臣仍必事事听命于达赖。达赖回藏之后，安不知更变其方针，而遇事掣肘我哉？又安知不听他人之诱惑之离间？而且反抗我哉？吾愿策藏事者早图维之。

专电

电一：联豫、赵尔丰昨又电告政府，藏中见官兵四集，逐渐解散，近颇安谧。惟炉关一带仍前惶扰，奴才等自当严密防维，免酿大祸。（北京）

电一：政府接联赵两大臣藏众解散电，即交谕达赖喇嘛着月内回藏。（北京）

1908 年 11 月 4 日，第一张，第二版（97 本，第 47～48 页）

十六志达赖喇嘛在京情形（紧要新闻）（北京）

理藩部奏云，窃准内务府咨称赐宴达赖喇嘛日期、处所请旨钦定一折，于九月二十一日奉旨留中，嗣由军机处交出，军机大臣面奉谕旨，达赖喇嘛著于十月初六日巳正，在紫光阁赐宴，钦此钦遵。咨行前来查臣部则例内开紫光阁赐宴，皇帝驾临，应行入坐人等俱在道旁按翼跪迎，皇帝还宫均在道旁跪送等语。此次紫光阁赐宴，皇上驾临达赖喇嘛应否跪迎跪送，臣等未敢擅拟，谨声明定例，恭候钦定。九月二十五日奉旨已录。

自理藩部奏准达赖暂住雍和宫讲经三日，于初二日下午一时赴雍和宫，有警队护送，并闻达赖传谕堪布，饬知门役，初二、三、四、五等日除奉旨有特要事件外，其余中外官商来寺请见者，概行回避免见。

达赖所拟整顿西藏之详细节略，计四大纲，已于日前呈递理藩部，并闻该部寿尚书因将届万寿，未克代奏，一俟译成汉文，再行奏陈。故政务处初二日会议藏事并未提及，已改为十二日开议。

达赖喇嘛前向理藩部请拨马匹五十匹，经寿尚书已咨行陆军部，拣选健马送往黄寺。

达赖此次来京，诸事多有不谙之处，闻有大堪布四员从中主持，四大堪布者一教达赖官话，一教英文，一教授俄国文字语言，其一未详。而达赖事事为四堪布之傀儡，故理藩部寿尚书切嘱值班司员，加意谨慎。

闻达赖商请政府王大臣以中藏待商事件头绪繁多，非一二日所能解决，若日日烦劳各大臣往谒就商，殊为不安。拟于雍和宫设立议事所，定期开议，以图事实上之便利。

1908 年 11 月 4 日，第一张，第四版（97 本，第 48 页）

专　电

电一：袁军机倡议请留达赖喇嘛稍缓回藏，以便将藏事略与商改。（北京）

枢府电致联豫、赵尔丰，藏众果否尽散，仍着严密防维，毋操切，亦毋疏纵。（北京）

1908年11月5日，第一张，第三版（97本，第64页）

专　电

电一：政府因西藏多事特交谕礼部、理藩部速议定封达赖喇嘛仪节，俾达赖早日归藏。（北京）

电二：赵尔丰电告政府，藏众近虽安谧，然后患堪虑，请仍饬达赖从速归藏。（北京）

电三：军机处奏万寿日赐戏达赖，座位在王公上，未经允准。（北京）

电四：达赖因初九日未准赏戏，颇失望，遇事挑剔。（北京）

1908年11月6日，第一张，第三版（97本，第80页）

十七志达赖喇嘛在京情形(北京)

政府现已决定万寿节后与达赖开议西藏各项要政，因驻藏大臣联豫屡次电告藏众激变，催促达赖回藏，达赖亦不欲在京度岁，一俟藏政议妥，即当陛辞出京。

达赖学习汉文，所聘之汉文教授某君，为保阳学校之毕业生，国文既深，藏语亦熟。近将日人统治朝鲜政策择其最足动人者译以藏语，达赖闻之，仰天叹曰："今而后，吾知同教之不足恃也！"言毕泪下。

俄国北堂若诺肯提大主教日前拜谒达赖，互以俄语问答，约计两小时之久，闻其所谈者多系有关传教之事。

十月初十万寿，达赖预备祝嘏贡品，计佛像三尊，一系翠质，一系金刚钻石质，一系珍珠质，价值约有数十万。

达赖自到雍和宫以来，每日仍有外国人来访，都不请见，唯午后来访者，常得面谒，并闻初四日早八点，达赖率多人往会安市场早餐，至十时半始归。

1908年11月6日，第一张，第四版（97册，第80页）

十八志达赖喇嘛在京情形(北京)

理藩部具奏云:窃据达赖喇嘛呈称此次来京恭逢皇太后万寿,达赖喇嘛世受天恩,理应率徒祝嘏,以尽虔诚,伏乞代奏等因,呈报前来,臣等查达赖喇嘛此次来京瞻觐,极为恭顺,欣逢皇太后万寿圣节,呈请祝嘏,实属出于至诚,自未便壅于上闻,可否令其祝嘏之处,恭候命下,即由臣部转饬遵行。奉旨准其祝嘏,钦此。

初五日下午一钟,达赖喇嘛同堪布十二名由雍和宫栋克尔喇嘛引路,至玛嘎拉庙、松祝寺、北长街福佑寺、白塔寺各处佛殿挂哈达、行礼,至五点一刻始毕。又到庆王府、醇王府各馈哈达,至六钟二刻回雍和宫,沿途有外城总厅派巡警官兵保护。

初六日,紫光阁筵宴达赖喇嘛。由理藩部尚书、侍郎带领入阁召见皇上,行三跪九叩礼。皇上坐宝座,再由陪宴大臣、庆亲王、张世那三中堂,袁、寿两尚书引达赖入座。筵宴时有喜起舞大臣首唱满语,乐舞生接唱满洲语曲词,乐部再更节奏,则更唱蒙古语曲词。皇上赐酒,由蒙古王贝勒传递,达赖跪接,口操华语,叩谢天恩。计两小时之久,筵宴乃毕。另有赐品详开于后。达赖黄缎绣龙蟒袍料四套,金器两对,银器四件,瓷器八件,达赖随员红瓷瓶各两对,另赐绸缎未详件数。

1908 年 11 月 7 日,第一张,第四版(97 册,第 96 页)

专　电

电四:达赖喇嘛得赏听戏,意甚悦,遇事已不挑剔,十二日起停止演戏。

1908 年 11 月 8 日,第一张,第三版(97 本,第 112 页)

西藏乱事纪详(紧要新闻)(北京)

初四日驻藏大臣联豫、赵尔丰会衔电致军机处、外务部请代奏,电略云:全藏僧众以传闻将改行省,聚众呈请代奏将改省事从缓办理,并给帑修葺寺庙,早经豫咨,呈军机处代奏。而该僧等以未奉明谕,疑豫未为陈奏,约齐多人,抗拒臣尔丰,势将暴动,亦经臣豫电奏在案。现该僧等见臣尔丰将到,集众万余人到处焚掠,形同反叛,臣尔丰此时若即退避,则适启戎心,藏事尚何能为?若仍前进发,则愚蒙无知,众寡不敌,臣遭不测尚不足惜,其如大局何?情形危急,究竟作何办法,应否厚集兵力,痛加剿灭,臣等未敢擅专,伏候圣裁,请示遵行。两宫览奏,颇为震动。当日军机面奉谕旨,藏众无知抗官,焚掠滋事堪虞,着即剀切晓谕,解散胁从。倘仍怙恶不悛,意存反叛,朝廷惟有厚集兵力,痛加剿灭。并责成赵尔丰酌调川军迅速赴藏,相机进剿,总期无任蔓延,致碍治安云云。当即电传谕旨钦遵。至初七日枢垣复连接联豫、赵尔丰,三次电奏藏乱情形,约有千言。是日军机处急电寄谕赵尔丰、联豫略云:僧众暴动,虽难免军务,已饬四川总督妥速调兵援助。惟邻邦咫尺,务须格外谨慎,毋稍疏忽,致起交涉,仍责成赵尔丰妥慎布置,切勿任令藏乱蔓延云云。并交谕理藩部侍郎达寿、外部右丞张荫棠转商达赖,速电藏僧等解散乱党,毋再煽惑滋事。达赖对以鞭长莫及,如在西藏或可稍为弹压,现居京城,实亦无能为力等语。初八日慈宫即传谕达赖速即回藏,而达对人言:吾故不愿久住京城,亦不愿即行回藏。不知其意将何属也。

十九志达赖喇嘛在京情形(北京)

理藩部奏云:九月三十日准军机处交出军机大臣面奉谕旨,达赖喇嘛着准其于十月初九日在勤政殿呈进贡物,钦此。钦遵到部,臣等谨将达赖喇嘛亲递皇太后万寿贡物礼节缮单恭呈御览。十月初五日,奉旨知道了,单留,钦此。

是日由理藩部堂官分引达赖喇嘛暨通事喇嘛在德昌门外东值房恭候,皇太后升勤政殿召御前大臣并御前侍卫等至勤政殿内侍立。理藩部堂官分引达赖喇嘛等由德昌门右门入,准勤政殿右门引达赖喇嘛至纳陛上皇太后御座前跪。引通事喇嘛在达赖喇嘛之次侧跪,达赖喇嘛恭捧瓷盘,内盛黄缎,包净水瓶、长寿瓶、长寿丹,衬黄哈达嗪经,敬谨跪递。御前大臣接受,皇太后面赏珍珠念珠一盘,哈达一方,御用黄伞一柄,御笔匾一面,御笔对联一副,珊瑚如意一柄。达赖喇嘛跪领,行三跪九叩首礼,谢恩。总管内务府大臣进皇太后茶赏达赖喇嘛茶。乾清门侍卫转授达赖喇嘛行一叩首礼,礼毕引出。

向来紫光阁筵宴,无论王公大臣均席地而坐,此次筵宴达赖,特赐矮座,简派正红旗都统继禄赐达赖酒。当初六日入阁时,用慈宫所赏之黄伞,并有御乐前导,进福口门,入门后,达赖即步行,并未赏赐轿坐。

初九日,达赖祝嘏。原议即赐坐船,适得某督某抚等联名电奏而止。原电云:达赖无知,虽为藏事计,亦不宜过于优待,致生骄盈之心,后事更难着手云云。昨日,达赖赴勤政殿,自进西苑门,即步行往返约里余,因此之故,初九日,亦未赏戏,达赖怏怏失望，遇事挑剔。至初十日祝嘏时，慈宫特赏坐船，并赏听戏。茶饭另处一室，位置当在王公大臣之上。

1908年11月8日，第一张，第四版(97本，第112页)

专 电

电六：达赖喇嘛传知堪布十六日起，分班传见蒙古王公。(北京)

二十志达赖喇嘛在京情形(北京)

初九日为达赖喇嘛祝嘏之期，是晨，慈宫升勤政殿受贡，赐坐、赐茶以示优异(前次惟皇上赐坐、赐茶)，面谕达赖云：现将优加尔封号，优给你奉银，尔回藏之后，遵吾国之典章，保持黄教，善化番愚，绥静边圉，而图治安。西藏之安危，实惟尔是赖。遇事乃商承驻藏大臣，再行奏请核办云云。谕毕，即面赐匾联(匾额"觉迷绥远"四字，对联七言见前报)，黄缎绣龙伞，珊瑚如意等件。达赖谢恩后，仍步行出西苑门，内监捧赐物在前，并有侍卫多人，拥护达赖乃改坐八人黄轿而回。

先是，军机处议加俸一节，原定每年加给奉银二万两，面奏时，慈宫亦已允准，嗣慈宫转念，改为一万，并令"俸"字改去，直用"廪饩"两字，又谕枢臣传谕礼部、理藩部，速议封达赖仪制。经礼、理两部拟定"诚顺赞善"四字，恭呈御览，嗣经某军机改为"诚顺赞化"。盖初十日之谕旨，几经斟酌而出此者也。

达赖言语不甚通晓官话，虽有通事，亦仅十得五六，每遇入觐天颜，达赖往往不肯多语，但闻背诵经咒一节而已。

达赖祝嘏礼毕，是日张荫棠、达寿陪同瞻览万寿节景，并京师各处庆贺万寿五彩花牌楼，并由理藩部咨请民政部暨步军统领衙门照料一切。达赖拟于万寿节后分赴各处答拜，昨已传知大堪布，定于十三、四、五等日拜谒庆、醇、肃各亲王，其余军机大臣及各中堂并部院堂官、贝子、贝勒等，亦当分日回拜。

1908年11月9日，第一张，第三版(97本，第128页)

专 电

电一：川边大臣赵尔丰昨又电奏：藏众暴动，炉关、打箭炉等处集众未散，逞凶

煽惑，势极岌岌，应请旨速饬黄忠浩来藏，毋任推诿观望。枢垣议，致电湘抚，促黄入川。（北京）

西藏乱事续闻（紧要新闻）（北京）

初九日驻藏大臣联豫、赵尔丰会衔电奏云：藏众等见大兵将集，有不战而退之势，刻已逐渐解散，颇称静谧。惟炉关一带仍前惶惑滋扰，仍当督饬各军严行防范等情形。当日奉电谕，藏众凶悍，虽见解散，仍著严密戒备，毋稍疏忽。

枢垣议西藏改省一节，本以巨款难筹，尚无一定办法，嗣因藏众忽起暴动，已决议改省，暂作缓图，俟西北改定行省，然后再改西藏。

1908年11月10日，第一张，第三版（97本，第144页）

专　电

电一：川边大臣赵尔丰又电奏：藏众愚顽难化，兼有外人暗助，即免军务骤难撤防。防军需费巨且急请饬部速拨邻省协款。当日电谕赵尔丰著照所请，已饬度支部酌量接济，仍严密防范，勿任疏忽。（北京）

电三：达赖喇嘛经军机处、理藩部极力劝其速归，勿再他游，故已允于下月初，起程回藏。（北京）

电四：达赖喇嘛告寿尚书：余诚心归顺中朝，并无他意，请弗轻信离间之言。（北京）

1908年11月11日，第一张，第三版（97本，第160页）

二十一志达赖喇嘛在京情形（北京）

初九日，资政院总裁伦贝子致函理藩部，转致达赖喇嘛，定期十五日请达赖来院会议。据院中人云：此次会晤达赖，系属藏僧加入资政院为议员之事。因编修朱汝珍之奏，尚未议覆，故欲与达赖一商办法也。

驻京义使博尔济斯业经回国，义政府特派前驻上海总领事牟纳格来京，署理公使。初六日，前往外务部晋谒庆邸及各堂，又因达赖喇嘛陛见来京住锡黄寺，遂于初八日敬诣黄寺，恭递哈达，蒙达赖赐坐，并向堪布传语，与义使馆儒翻译询问义国情形。牟署公使称六百年前义人博罗由印度来华，经远西藏，在该处旅居多时。因此，义国深悉西藏风俗、民情，且现时义商多有由印度购运珊瑚等货往西藏贸易者。约接谈半点钟，乃兴辞而退。

十一日，达赖喇嘛与理藩部达侍郎谈及藏务，谓南英北俄，交相窥伺，而拉萨距川境甘境均逾四五千里之远，一旦外人起衅，实为危险云云。达侍郎答以中英、中俄邦交日固，绝不至因藏事另起波澜，可无过虑。喇嘛点头称善。

理藩部尚书昨日通饬留京蒙古王公，谓无事不得谒见达赖喇嘛，缘达赖于国朝体制不谙，若照西藏仪式，则又失蒙古王公体统，如各蒙王实有紧要事件与达赖相商，须向理藩部说明，由部奏请办理。现已通饬在京之蒙古王公一律遵守。

近日，藏众暴动，慈公屡谕达赖回藏镇抚，目前有二十九日启程回藏之说。

1908 年 11 月 11 日，第一张，第四版（97 本，第 160 页）

专 电

电二：某御史奏藏众作乱，恐外人从中干预，请谕令达赖回藏后，竭力解散，并饬达赖速行，沿途勿得逗留。（北京）

电三：政务处以西藏改省已激乱事，因此西北改设行省之议，亦已作罢。（北京）

1908 年 11 月 12 日，第一张，第五版（97 本，第 177 页）

专 电

电一：慈宫拟十一月初再行召见达赖。（北京）

1908 年 11 月 13 日，第一张，第五版（97 本，第 193 页）

二十二志达赖喇嘛在京情形

十月初九日，理藩部奏达赖喇嘛祝嘏呈进贡物清单，计瓷盘内盛黄缎包净水瓶、长寿丹，衬黄哈达呈进吉祥大哈达一方，寿佛连衣座三尊，菩提鹿角一枚带哈达，如意成副，黄金二百封，每重一两，藏黄缎五匹，各色氆氇十五匹，红黄特尔麻二十匹，藏高香十二把，藏顶香二十五把，上用藏香六十把，藏细香二百把，蜜桃脯一匣，藏甘杏一匣。

礼部、理藩部会议敕封达赖喇嘛尊号，拟据折请钦派正使副使各一员，以便举行敕封礼节。

又闻理藩部寿尚书与礼部景、郭两侍郎在西苑公所会议，达赖此次加封之册宝，宜行改铸。闻所议办法拟先将敕封仪节议妥，即行具奏。因册宝改铸尚需时日，届时或达赖回藏后，派员来京领取，或由理藩部派员赍送西藏，尚未决定，当俟溥尚书由奉天南来京再定办法。

理藩部寿尚书昨会晤达赖，告以加封徽号，应由本部代奏谢恩云云。达赖则谓京内水土不服，拟于月内起程出张家口，游历蒙古，然后取道回藏，请将此意一并代奏。

自达赖驻锡黄寺及移驻雍和宫以来，前后来京朝拜之蒙古官民约计三万五千数百人，布施在四万金上下。盖彼等信仰黄教最深，每有贫病乞食扶持而来者，均布施一金一洋，极贫者亦献哈达一方，亦可见黄教入人之深矣。

1908年11月13日，第一张，第六版(97本，第193页)

论西藏乱事(论说)(朔)

我朝开国二百余年，优礼藩属之君主，未有逾于此次达赖来朝者。部臣则盛饰供张，廷旨则再三温慰，一言一动，莫不曲如达赖之意。盖所以为改革藏事计也。夫藏人之于达赖，夙所归顺，欲改革藏事，必先镇服藏人。欲镇服藏人，必先羁縻达赖。循雍乾时代，抚绥藩服之成法，以求达其目的，原不得谓朝臣操计之左。但今日之情势，既异操纵之方法，宜变刻舟而求之，恐收效无日耳。不然，达赖受此高天厚地之恩，一切藏政，宜可迎刃而解，何以改省一事卒无成议？改省既未定议，藏事固仍在达赖之手，藏人又何所用其惶扰，而忽有此聚众反抗之举耶？

我国雍乾时代之抚绥藩服，消极政策也。如饵小儿以糖果，但求不啼不哭为已足，故所谓理藩部者，仅管理其元旦、万寿之贺表，受其按时进贡之方物，而于开疆拓地、兴利殖民诸事未尝一注意焉。所谓办事大臣者，手不握尺寸之兵符，目不见丝毫之财政，旅进旅退，三年一任，仅间接司其奏报，而一切行政之事，皆在藩属君主之掌握焉。幸而四边烽静枕戈不惊，则太史氏大书特书曰：某年某月某藩入贡天朝，盖祇求为历史上之光宠而已。不意西藏一地居于两大强邻，眈眈乘我无声无臭之时，潜行威劫利诱之计，而彼藏人目中所见，天朝之代表祇一办事大臣，曾未尝有尺寸之权力稍加乎其上，则以为天朝之威力不过如是，于彼于此，惟我意所向耳。呜呼！野蛮之人，安有见利而勿动，见威而勿惧者？而彼初不知威劫利诱之者，固将犬育豕豢之也。而藏事于是日益岌岌矣。今者，达赖忽于隐遁之后，飞锡东来，岂感我上国之恩义而翩然思反乎？抑慑我天朝之威武而不敢外向乎？此等狡险之人，其用心已不可测度。上月京师风传达赖来朝，实有某国人隐为主持，故于西藏改革诸要政，事实加以挑剔，以侥幸其弗成。此等风闻之词，记者初不敢信以为据，而今观于藏众，无端暴动，则不能不疑其事之有因也。何也？西藏改省为某国之不利，其理固可推测而得，而达赖首于此事抗议弗遵者，是可异也。在达赖恐改省之后，失其权力，固亦情理中事。顾达赖既得藏众之心，则一切改革，仍须假彼以行事，必不至全失其权力，达赖岂不知之耶？既经改省，华官事事皆得预问，某国将不能以达赖为傀儡，此则某国之所大惧，而必欲设法抗阻者耳。不惟是也，推某国之心，不但以西藏改省为不利，而西藏苟有一事改革者皆其心之所不欲也。今达赖自开议藏事以后，时而唯唯，时而反覆，已延宕几许时日矣。而政府必欲于其回藏之先筹定改藏之策，日复一日，达赖将无延宕之计，某国奚谋藏身之固。于是藏众忽有暴动之举，而政府改省一议，戛然罢矣。夫达赖正在抗议之时，藏众忽有暴动之举，何其巧也。且即云改革，达赖尚未回藏宣布，藏地远隔万里，蛮民蠢蠢，何由知之？而忽以此相号召，而即反戈内向也。呜呼！达赖来朝，既有主持之人，则又安知主持藏众之无人也？我窃因此不能无疑焉。

今改省一事，既因藏众暴动而罢议矣。设藏众负嵎不散，或既散之后，闻一事之改革，而又暴动，则将一事不改，任其腐败乎？我向者谓藏事改革既被阻挠，惟有派一才干之统监大臣，相机进取，渐收其兵权，或渐收其财政权，以为逐步改良之计，而或有以为快心之论者。然则急进既不可，渐进又不能，惟有仍用雍乾时代消极的政策而已。今强邻耽耽，方以积极的殖民政策，施行于我属地之上。威劫利诱，使之事事与我抵抗，以期达其进取之目的。而我犹羁縻之，纵容之，藏事其尚可问乎？大凡野蛮之人，多贪利而畏威。今藏人之心已为他人威劫利诱而去矣。我不劫之以威，诱人以利，相机规取，逐步进行，而谓藏人即肯翩然内向，有是事乎？呜呼！国家行事，宜有一定之目的，勿畏难，勿逆亿其不可，百折而不回，百屈而不挠，则庶几有成耳。三思后行，季文子之流亚矣。

1908年11月14日，第一张，第四版（97本，第208页）

二十三志达赖喇嘛在京情形(北京)

内阁咨行理藩部,内称达赖喇嘛敕封应由本阁撰拟敕封文,俟撰成后与贵部会衔入奏,交正副使前往敕封。

达赖与各国驻京公使、参赞宴会、晤面,临别均行握手礼,惟与中国军机王大臣暨各尚书均行彼教之合掌礼,其余官员则一点首而已。

达赖于十四日亲往护国寺及朝阳门外之净住寺等处瞻礼,由黄寺喇嘛通告各处预备接待。

蒙古喀喇沁亲王因与达赖有议商事件,特于日前来京,闻已知会理藩部,日内当赴黄寺拜谒达赖晤商一切。

1908 年 11 月 15 日,第一张,第六版(97 本,第 225 页)

专　电

电十:联豫、赵尔丰电奏藏事仍前紧急,援军未到,拟暂不前进,俟川军来西,再图进取。(北京)

1908 年 11 月 16 日,第一张,第五版(第 241 页)

电告西藏乱事(北京)

驻藏大臣赵尔丰前日致电军机处、外务部代奏电略云:藏僧聚集滋扰,旋见兵力充足,不战而散。业经电奏在案。顷据探报炉关、打箭塞等处聚众,迄未稍散,散布传单,逞凶煽惑,势甚岌岌等语。窃思藏兵素单且少知兵人员,设有军务不敷分布,现在分段置防,已形不足,拟一面赶速先行编练。前经会同四川督臣赵尔巽奏调黄忠浩速来川藏,藉资臂助,仰荷俞允。现在急迫拟恳天恩,俯念边患,敕下黄忠浩迅速来藏,毋任其推诿观望,该员渥蒙圣恩,当能仰体深宫宵旰,力图报称云云。当日即奉电寄转饬黄忠浩迅速起程。

赵尔巽昨日又有一电略云:藏僧愚而自用,仍前惶扰,意在抗官滋事,感化为难,兼有人利用,若辈暗中接济,目下虽渐解散,恐大祸仍在。目前纵使免于军务,防军骤难撤回,并拟一面赶速编练。前奏业已详陈,而需饷颇巨,前请开办经费,未将此项列入，拟请敕下，度支部通筹接济，并饬由临近省分划拨，庶不致误。当日电寄赵尔丰略云：赵尔丰电奏悉所需饷项著照所请，由度支部迅速筹济，仍著赵尔丰严密戒备，毋稍疏忽，致生事端，外交尤当留意。

1908 年 11 月 19 日，第一张，第五版(97 本，第 289 页)

御史奏请缓改西藏(北京)

某御史具奏略云：某某等国窥伺西藏已久，现在藏僧滋事，虽未必有人暗助，而日久不靖，外人出而干预，事所不免。藏众既有异心，如云攻剿，则远隔万里，至近者如四川等省亦相离数千里，调兵集饷谈何容易？如云收抚，则本朝厚待藏众已较各藩属为优，仍不免于离心，不知若何怀柔方可谓抚。即如此次达赖来朝，朝廷如此卑礼厚币而达赖无稍服从之意，徒损上国之威，于事毫无实际，或者达赖恐改建行省于彼之权利有关，故阳为唯诺而阴实阻难之。现舍改省而以弹压藏众，责成达赖。该达赖或窃喜权未他移，并即藉此报答朝廷之厚意，则藏事定能挽救于目前。臣非不知西藏关系西北大局，改革不能再缓，惟事有缓急，际此藏乱方殷求绥靖之不暇，何可遇事铺张致进退维谷也？愚昧之见，如蒙俯纳，并请敕下达赖速即回藏，沿途不准逗留云云。

折上即交枢臣酌核请旨，枢府均以为然。袁尚书之意并议将驻藏大臣裁撤，一面简派重臣偕达赖同往，先从兴学入手，化导愚蒙，徐图改革，惟因庆邸赴东陵验工未回，遂将原折存留枢堂。

1908 年 11 月 21 日，第一张，第六版(97 本，第 321 页)

专　电

电二：敕封达赖本定月初行礼，嗣政府以国丧令内阁暂缓撰诏。(北京)

1908 年 11 月 24 日，第一张，第四版(97 本，第 364 页)

达赖喇嘛入宫诵经纪详

两宫升遐后，西藏达赖喇嘛呈请理藩部代奏诵经，已奉上谕著于十月二十七日入宫诵经。现悉，是日达赖喇嘛先至乾清宫，按照三奠时刻诵经。其奠祭诵经时，诣梓宫前，除銮仪卫预设辇轿卤薄外，另有理藩部预备骆驼二十只，养鹰处、养狗处、鸟枪处预备鹰狗枪夫分列两旁，俟晡奠诵经毕，一律撤去。次日，仍如前制，闻以三日为期。又闻两宫梓宫前除番僧外，尚有万善殿等寺院僧官、和尚三十员名，分班诵经。

1908年11月27日，第一张，第五版（97本，第409页）

专电

电五：达赖喇嘛定初五进雍和宫诵经。（北京）

1908年11月28日，第一张，第四版（97本，第422页）

达赖喇嘛诵经续纪（北京）

二十七日达赖喇嘛率堪布宗徒八十人，黄冠紫衣，于上午十钟由理藩部尚书引导先至宁寿宫皇极殿大行太皇太后梓宫前，贡献奶油、馒首及油灯百盏，上祭行叩谒礼，即在殿前诵经，约有二十分钟出宫，于三十分钟由寿尚书引导至乾清宫大行皇帝梓宫，仍按前贡献奶油、馒首、灯盏，诵经礼毕，仍由寿尚书引导送出景运门。闻达赖出门时犹以袍袖拭泪。

1908年11月28日，第一张，第五版（97本，第423页）

国恤汇纪十三

达赖喇嘛呈丧礼贡品，系大藏香两大盘，大白米一大盘，江米山两盘，素白葫芦蜡一大盘，约有二百余支铜蜡扦，一百零八个已由理藩部代为进呈。

1908年11月29日，第一张，第六版（97本，第437页）

赵尔丰电奏练军卫藏（北京）

驻藏大臣赵尔丰近电奏到京略云：藏众无知，前以有人暗中煽惑，风从云集，其实不堪大敌。故官军一出，即行解散。近来炉关等处亦颇安谧，刻下最要者不在剿灭，而在防御。藏疆兵单地阔，虽川军陆续来藏，尚虑不敷分拨。昨又准川督臣赵尔巽电称，复拨银十五万两，派员押解来藏，年内勉可支持。惟藏众既聚集生心，兵防不可稍懈。黄忠浩入川，拟饬其在川先行招募万人训练成军，拔队来藏。查川省库藏，臣所深知万难骤提巨款协济，此项练兵经费应请饬部照数酌拨，以固边圉云云。奉旨该部议奏。

1908 年 12 月 1 日，第一张，第四版(97 本，第 468 页)

理藩部寿尚书提议

理藩部寿尚书提议，蒙藏两地要政甚繁，需材孔亟，而通晓蒙藏方言者尤属寥寥。拟另设蒙藏方言学堂一区，遴选敏干人员入堂肄业，并已商之达赖喇嘛，拟留堪布两名充当教习。

1908 年 12 月 7 日，第一张，第五版(97 本，第 559 页)

敕封达赖喇嘛

敕封达赖喇嘛之文名曰敕谕，现已缮就，初八日请旨盖用御宝。闻敕谕用满、汉、蒙古、唐古忒四种文字，已敬谨预备册封。

闻喇嘛印务处请礼部铸造达赖喇嘛活佛敕封佛号银印一颗，其文为满、蒙、西番三体，应由礼部拟篆模式，进呈奏请相符，再行铸造。

1908 年 12 月 9 日，第一张，第五版(97 本，第 589 页)

专　电

电四:今日交谕理藩部，饬令达赖喇嘛迅速回藏。闻达赖拟二十日前后启行。(北京)

1908 年 12 月 10 日，第一张，第三版(97 本，第 604 页)

交　旨

同日(十一月十一日)交理藩部，本日贵部奏达赖喇嘛呈请陛辞，据情代奏一折，奉旨现在大行太皇太后、大行皇帝之丧未满百日，著毋庸陛辞，照例颁赏。钦此。又片奏达赖喇嘛回藏日，未便设饯等语，奉旨依议。钦此。

1908 年 12 月 11 日，第一张，第三版（97 本，第 620 页）

交　旨

同日（十一月初十日）交理藩部，本日贵部代奏达赖喇嘛藏中奏事权限一折，奉旨著理藩部查明，该达赖喇嘛所称依照陈例，事在何年，有无案据，详细具奏，候旨核夺。钦此。

1908 年 12 月 12 日，第一张，第二版（97 本，第 635 页）

专　电

电二：达赖喇嘛将起程，今日先派扎萨克喇嘛及堪布两人先行。（北京）

电三：达赖喇嘛所援藏中奏事权限成例，理藩部查检不符，拟即覆奏。（北京）

达赖喇嘛回藏消息

政府接驻藏大臣赵尔丰电奏称：达赖喇嘛久出不归，所有应行举办各项政务，因无人代理致生许多障碍。应请达赖克期回藏，或暂由喇嘛电派亲近番佛暂为代理，以安藏心。

理藩部与达赖喇嘛商议，达赖颇愿及早回藏。现已预备行装，准月内起程。由理藩部代奏，呈金佛一尊，哈达一方，已蒙赏收。

现值国丧期内，达赖回藏之时，不须陛辞，中朝亦并不设筵祖饯，已由理藩部代为奏闻，奉旨依议。

达赖启程之前，尚拟率领堪布唪经三日，恭谢大行皇帝太皇太后恩礼之隆云。

1908 年 12 月 12 日，第一张，第四版（97 本，第 636 页）

交　旨

同日（十一月十四日）交理藩部，本日贵部奏达赖喇嘛可否呈进贡品折，奉旨准其呈进贡品。钦此。

1908 年 12 月 13 日，第一张，第二版（97 本，第 651 页）

专电

电四:达赖喇嘛改定二十六日启程回藏。(北京)

1908年12月13日,第一张,第三版(97本,第652页)

专电

电三:理藩部代达赖喇嘛辞行呈送贡品。(北京)

1908年12月15日,第一张,第四版(97本,第682页)

京师近事

达赖喇嘛将次回藏,闻进内唪经谢恩后,当分日赴各王公大臣府第辞行,十九日拟赴各国使馆辞行,月杪准行回藏。

1908年12月15日,第一张,第五版(97本,第683页)

专电

电三:奉旨派出英杰、德禧、文兴、毓振赴藏颁给恩昭,摄政王谕令与达赖喇嘛同时启行。(北京)

摄政王最近之政见

摄政王与军机王大臣议商应行各政,以交涉为急,而藏事尤应整顿,拟饬各省督抚于本省详细调查,将曾经留学东西各国毕业者,无论实缺候补候选官阶之大小,熟悉交涉,深通英藏语言文字,一律查明造册,咨报来京,详加考试,带领引见,果有真才,即行录用。

达赖喇嘛回藏之预备

摄政王面谕度支部泽尚书、内务府奎大臣，达赖出京为期已近，每日所需杂款自九月初四日起至十一日止，共用若干，详细核销，列具表册，进呈皇太后御览。

达赖喇嘛日昨向理藩部声称，此次出京之前须面谒摄政王，请示到藏后布置一切事宜，俾资遵守。闻寿尚书已允为据情代奏。

理藩部片行内阁，谓达赖喇嘛回藏在即，所有册封敕书应从速办理，以便早为颁给。

理藩部某侍郎前曾提议开设藏文学堂，拟商之达赖留用二人，在京用备顾问等情。兹闻寿尚书以堪布留部殊难位置，已决计作为罢论。并闻堪布等亦以归心如箭，本不愿久留京师云。

1908 年 12 月 16 日，第一张，第三版（97 本，第 696 页）

京师近事

西藏办事大臣咨送通晓蒙藏语言文字之学生朱尔音布等二名来京，赴理藩部报道，并呈西藏支过口粮、盐斤、银两数目报销册，当经理藩部先将所造册籍核算数目相符，然后准其核销。

1908 年 12 月 17 日，第一张，第五版（97 本，第 711 页）

专　电

电三：枢府电告驻藏大臣，达赖喇嘛准二十八日起程，所有藏事已与达赖议妥，俟到藏后速与该喇嘛详商举办。

1908 年 12 月 20 日，第一张，第四版（97 本，第 754 页）

达赖喇嘛出京之布置

达赖喇嘛拟于二十八日起程，二十日进内至两宫儿筵前唪经，行礼毕，进呈陛辞贡品皆系金佛皮毛等物。闻政府拟仍派博迪苏送至保定府，并闻仍派民政部、步军统领衙门、顺天府等各官前往送行。惟在国丧期内不搭彩棚，其余略仿迎来之办法。

敕封达赖敕书由内阁满本堂蒙古汉票签会同理藩部唐古忒文译官缮办，原议于回藏时颁赏，现内阁理藩部因国丧未克用宝，拟将敕书于本年终，诰敕房请用诰轴御宝时一并钤用，寄交驻藏大臣敬谨恭交喇嘛收授。闻此议拟归理藩部先行具奏云。

理藩部昨电山陕两巡抚，谓达赖喇嘛准二十八日起身往塔尔寺，应行派员保护事宜，迅速预备。

1908 年 12 月 20 日，第一张，第五版(97 本，第 755 页)

达赖喇嘛归途之供应(北京)(目)

1908 年 12 月 21 日，第一张，第四版(97 本，第 770 页)

专　电

电五：达赖喇嘛今日(二十八日)起程回藏，由博迪苏护送，各官送行者不及迎来时盛。(北京)

电六：达赖喇嘛留堪布等六人在京为唐古忒文教习，并拟派藏中幼童来京学习汉文。(北京)

1908 年 12 月 22 日，第一张，第三版(97 本，第 784 页)

专　电

电一：张荫棠与达赖磋商藏事情形于今日(二十九)召见时详细面奏，并请摄政王密谕赵尔丰和衷商办。(北京)

电六：达赖喇嘛今日由保定起程，抵正定时，有喇嘛僧多人请见。(北京)

1908 年 12 月 23 日，第一张，第三版(97 本，第 800 页)

京师近事

达赖呈进陛辞贡品已由理藩部代奏呈进，今将其所进贡品详志于下：……

1908 年 12 月 23 日，第一张，第四版（97 本，第 800 页）

专　电

电一：昨日召见达寿，摄政王询达赖喇嘛事甚久，达寿对达赖行时窥其词色甚不满意。（北京）

电二：枢电赵尔巽、赵尔丰，达赖二十八日出京，允到藏弹压番众。（北京）

1908 年 12 月 24 日，第一张，第三版（97 本，第 814 页）

达赖喇嘛出京纪详（北京）

达赖喇嘛二十五日叩辞监国摄政王暨各军机王大臣，二十六日拜谒各国驻京公使。二十七日摄政王亲临达赖处会谈，达赖允专掌宗教，所有应行举办之新政均请由政府派员经理。二十八日达赖乘早车由正阳门乘坐头等花车前往郑州下车，由山陕直达塔尔寺，俟明年二月受封后始行回藏，是日驻京各国公使均往送行。

理藩部派部员两人恭送达赖堪布等回藏，闻寿尚书亦具厚礼馈送达赖，民政部饬警卫队一队护送一站。先一日，仍在车站搭盖暖棚，惟将花红彩绸另易其式样，仍按该达赖来京时之棚办理。

步军统领、理藩部、顺天府等各衙门除堂官亲送饯行外，仍派官员兵警排队，前往车站护送。

军机处电谕驻藏大臣赵季帅云：达赖已于二十八日出京，业饬晋抚及各处妥为保护，从速入藏，并不往各处游历，恐致延搁。饬该大臣即行转示藏境僧民一体知悉。

1908 年 12 月 26 日，第一张，第五版（97 本，第 843 页）

整顿西藏之计划(北京)

政府诸大臣以西藏关系紧要,拟仍请简派外部张丞堂荫棠复往西藏治理一切,并经拟请旨加恩赏,以本部侍郎升用,以示隆崇。

昨闻邮传部各堂会议,明年决意筑张绥铁路,所有西藏之各支路现已安设电杆,其经费需款若干,应当先期预算,已饬某司预算一切矣。

枢府诸公会议西藏添设交涉使及军政使,帮同办事大臣赵季帅办理交涉、练兵等事。刻因达赖喇嘛业已起程回藏,亟应物色深通交涉知兵大员随后赴藏,帮同办理,刻已物色大定,将次发表矣。

1908 年 12 月 27 日,第一张,第五版(97 本,第 857 页)

专　电

电一:礼部奏达赖喇嘛先往西宁,俟册封告成,即由西宁办事大臣往封。奉旨依议。(北京)

1908 年 12 月 28 日,第一张,第四版(97 本,第 870 页)

达赖喇嘛出京感言(论说)

达赖行矣,其送往之优礼一如迎来,历代恩遇藩服之隆未有过于达赖喇嘛者也。达赖于上月二十八日乘坐头等花车出京,前往郑州,取道山陕,暂住塔尔寺。理藩部派员二人恭送,民政部饬警卫队护送一站,先在车站搭盖暖棚,其式样仍照达赖来京时无异,惟易去其花红彩绸。步军统领暨理藩部、顺天府等各衙门堂官均亲送饯行。荣矣哉!达赖也。夫达赖之入都也,其沿途供应之靡费,已不知凡几。达赖之出京也,其沿途供应之靡费,又不知凡几。达赖留京八十余日,其每日供应,闻约费五千金左右,则五八已费四十余万。而往来之供应不与焉,厚礼之馈赠不与焉。且也,加封诚顺赞化西天大善自在佛,按年赏给廪饩银一万两。我朝礼遇之隆有加无已,此何以故?曰为西藏故。西藏人民之阶级分三等:一达赖,一大地主,一平民。而达赖最为高贵,总理西藏政治,而握无上之大权。况近来英窥于南,俄瞰于北,达赖举足重轻与西藏有莫大之关系。与俄则俄占其胜,与英则英握其权。故礼之以至隆，养之以至厚，而不惜于国帑万分竭蹶之际，搜罗剔括，以供应此达赖喇嘛。在政府之目的，无非以西藏问题有所关系之故。今达赖往矣，其于西藏问题有所成议否耶？则我未之前闻。

夫达赖既在京八十余日，与之磋议者已不知若何次，与之要求者又不知几何件。而达赖一则曰受恩深重，誓必图报。再则曰西藏之议，无不赞成。满口应承，无心从服。及其出京卒无一定之办法，一恩未至，挑剔即来。前日临行又有不满之意，是其假端挟制，等于德无极怨无终之妇女；骄横难就，等于近不胜远则怨之小人。其服御优异，则奴仆如云，起居舒泰，等于神圣不可侵犯之神人；其行止不检，则沿途骚扰，征索无常，等于绿林水泽之暴容。聆其言语，则感德莫忘，甘为十世之犬马；察其居心，则未满欲壑，仍如不羁之牛羊。达赖藉西藏之势力，为狐假之威。而政府以西藏之故，不特优之以容，而且加之以温语，重之以供俸，可谓蔑以加矣。而不意优待者重优礼矣，而骄蹇者仍骄蹇也。然则，掷数百万之资材，仍未买达赖之心腹；逾格之优礼，仍未束藏僧之野心。故识者不为资材惜，而重为达赖恶也。自达赖入京以后，奏参之折频仍，政府均以大量容之，留中不发。而达赖仍不见德，临行反多不满之意。在若辈狼子野心，固知难以德化，初不意其养愈隆而骄愈甚，蜜其口而刀其心也。

夫历代驾驭藩镇之方，用武固非上策，然亦必须恩威兼用。若徒临之以威，则服其行而未服其心。徒假之以恩，则骄横而益难控制。今西藏改设行省之议已激成暴动，而议卒不果。则以今日而为整顿藏务入手之策，则惟有练兵、兴学、整理财政三大端。而三者之中，尤以理财为最要。盖财政理而后练兵、兴学次第可行，若以经费不充敷衍塞责，苟且从事，则仍未能收其良果。而并以苟且敷衍之费亦等掷于乌有之乡，此其弊，为我国之通病。一见之于海军，再见之于学务，三见之于路矿。自戊戌变政以来十余年间，浪掷之费几何，而种种之效果为如何矣。万不可因循坐误之状态再现之于西藏也。夫西藏素称宗教民俗，其平民大半服从于喇嘛大地主主权之下，故非兴教育无以破其迷信，非练军实无以制其凶威。然欲练兵兴学实力整顿，又非派明达大员专理藏事，不足以有济。盖达赖往矣，在京未有一事与之磋商就绪，此去宗旨若何？行动若何？既未能必其纯一不二。则所恃者全在乎政府之庙算何若，大员之才能何若耳！如曰以达赖为可恃，而仍欲以羁縻之术出之，我恐适足为达赖卖而重为外人笑，亦拙矣。

1908 年 12 月 29 日，第一张，第二版（97 本，第 883 页）

京师近事

达赖临行时，驻京各公使均馈送物品。英公使送杯盘数件，点心数包。美公使送瓷瓶一个，毯子一块。日公使送佩刀一把，地图一张。其余各使均有所赠，未能尽详。

1908 年 12 月 31 日，第一张，第五版（97 本，第 913 页）

电告藏僧安静情形（北京）

赵尔丰、联豫于去冬十二月电奏云，阖藏僧众无端要挟，几酿事端，前月因大行太后仙驭升遐，未蒙赏赐，藉端寻衅，更为激烈，奴才一再电商办法，正在为难之际，该僧众忽呈请具结，以后不再滋事，诚心归化。揣其意，因闻达赖喇嘛行将回藏，故遂安然似出于至诚，大约军务可免，丰拟俟春融仍照常前进。前请饬部酌拨军需，尚未奉准部覆，现在防饷可暂从缓，惟开办费仍应照数筹备，以济要需，如蒙俞允，伏候饬部，照案拨给，俾资应用。

1909 年 1 月 27 日，第一张，第五版（98 册，第 243 页）

恩抚电告达赖喇嘛行程（北京）

陕督恩寿电奏达赖喇嘛于去年十二月十三日抵临潼县境，驻八日，二十六日抵省，驻五日，三十日抵邠州度岁，本年元月初二日起程，初三出陕境，沿途派员照料，均甚安静。闻此奏系十三日到京，奉旨知道了，钦此。先是，枢臣因传闻达赖喇嘛沿途迟延不进，曾请旨于元月十二日廷寄陕甘督抚，略云：达赖谅已抵陕甘境内，着传谕达赖，迅速回藏，沿途毋许逗逗滋扰，该督抚等亦须督饬所派各员妥慎照料。

1909 年 2 月 14 日，第一张，第四版（98 册，第 480 页）

专　电

电四：驻藏大臣联豫奏三年期满拟请陛见，并因水土不服致多疾病，奉批藏事现正紧要不便遽离，遇有要事可折电密陈。

1909 年 4 月 14 日，第一张，第四版（99 册，第 640 页）

专　电

电一：电谕驻藏大臣赵尔丰，藏事日棘，该大臣办事素来认真，勇往直前，应照前奏陈，迅速筹办，并将应兴事宜妥筹，随时奏明办理，毋稍畏葸贻误。（北京）

1909 年 5 月 19 日，第一张，第四版（100 册，第 254 页）

专　电

电五：甘督升允电告达赖喇嘛已起程出境。（北京）

1909 年 5 月 26 日，第一张，第四版（100 册，第 352 页）

驻藏大臣报告税务之概略（北京）

枢府王大臣前日会议以整顿西藏各要政在在需款，倘仅恃各省协助不从税务上切实整顿，终非长策。已会同度支部电饬驻藏赵、联两大臣，调查藏地每年进口之西洋货物及内地输入之商品，约各值若干，现在税则约有百分之几，希即奏咨前来，以便酌核情形详定妥章办理。兹由电覆略谓西藏输出以羊毛为大宗，每年各货输出所值二百十四万一千八百余元，进口洋货以织成之物、□成之物居多，每年一百六十九万七千五百有余，内地输入品以绸布为大宗，每年二百一十二万一千六百有余，现行曾约百分之六七，望即查照，妥订章程，请旨施行。

1909 年 6 月 26 日，第一张，第四版（100 册，第 716 页）

西藏兴办巡警计画（北京）

驻藏大臣联豫、温宗尧奏《藏印新约》载明中国如于各商埠及往来商埠之要道安设巡警，英国即将商务委员之卫队一律撤除，并不得再调防兵，则是我国兴办巡警之后，英国即须照约办理，不得在内地驻扎兵队，既免藏众猜疑，亦可免生事端。现拟于江孜、亚东兴办巡警，开办经费已筹有就绪。其常年经费例以内地章程，应向各商埠捐集，惟江、亚两处商务，尚未大兴，捐集不易。每年约须二万两，拟恳由部照拨至拉萨地方，不甚紧要，拟从缓议，以节经费，而于拉萨设立巡警总局云云。奉朱批该部知道，当日已由枢垣抄交理藩部、外务部、度支部、民部矣。

1909 年 7 月 4 日，第一张，第四版（101 册，第 46 页）

专 电

电一：电谕驻藏大臣联豫等电奏悉，所拟办法尚属周妥，着照所请施行，赵尔丰着驻巴塘，所有察木多等处归该大臣管辖。为两藏后援，其编练新军着责成联豫、温宗尧督饬认真训练，至请调钟颖带兵，着照所请。此外，兴学开矿、垦荒以及实业、巡警等事，仍着妥为筹画，奏请饬遵。（北京）

1909 年 7 月 10 日，第一张，第三版（101 册，第 138 页）

西藏最近之布置（北京）

日前电谕联豫、温宗尧、赵尔丰略云：联豫等电奏悉，所拟办法尚属妥慎周详，准如所请遵行。赵尔丰着驻藏巴塘，将察木多等处拨归管辖，以为藏援。添练新军，以固疆圉。着责成联豫督饬认真训练，并随时弹压，俾资妥洽，所调四川知府钟颖统带兵弁，着照所请。其余兴学、开矿、办垦、实业、巡警等事，并着妥速筹办，随时电奏请旨遵行。

1909 年 7 月 16 日，第一张，第四版（101 册，第 224 页）

论藏事之棘手（论说）

前日本报载驻藏大臣联豫、温宗尧电奏藏僧因控赵尔丰未能得直，造作谣言，冀生事端，以达其阻挠之目的。且达赖喇嘛向来仇英亲俄，此次入觐，已蒙优礼，而彼复不知感戴，倘合外人之力以谋我，其何能立？故练兵实为扼要办法。拟添简帮办大臣一员，参赞一员，藉资臂助云云。藏事之难固在于是。操切则激之使变；柔缓则益滋其骄。赵尔丰因操切而不容于藏众，以故有全藏僧众联名控诉赵尔丰专事杀戮，焚毁寺宇等事，遂使赵尔丰驻扎巴塘，不再深入。假令深入必背藏众之舆情,势必全藏俱叛。又外假俄人以为援,是以国内之问题,必酿成国际之交涉,其事遂一发而莫可收拾,是则操切之手段不可施于藏众者也。不则以赵尔丰为前车,不再施以强硬之手段,而实行其怀远以德之主义,尽以羁縻牢笼之术出之,冀收服从之效。则去年达赖喇嘛入觐京师,一部分供张之费,奚啻百万!而沿途接待护送之费不与焉。自昔藩臣入觐礼貌之隆未有其匹,而彼仍不知感戴,依然夜郎自大,则达赖之骄蹇跋扈,初非礼貌诚信所能束握,是柔缓之手段不能施于藏众者也。总之,达赖所以不肯诚心归化于我,其必恃外人为后援,我国雄张六师,大伸挞伐,则不北走俄即南走英耳,顾达赖归向俄国之忧深于英国。俄□日败而后已将数十年经营东三省之苦心,全功尽弃,于是转而图□之西北。笼络无知达赖喇嘛以求达其□□之目的,达赖愚□□□□□□而藏事乃归于□不可办。

今驻藏大臣电奏请谓练兵实为紧要办法,已由臣豫督饬赶紧招募,认真训练,斯事洵为挈要之图。盖藏僧之所以敢轻侮我反叛我者,必以我之兵力为不足惧。若有如火如荼之雄兵足以控制藏众,并有捍卫藏众之能力,不使藏众受侮于外人,则不必长驱直入而藏众之胆早已寒落矣。所虑者,有募兵训练之名,而无募兵训练之实,其势必至于多靡费而不足以壮声威,有虚名而不足以收实效。此本中国办事之通病,今若仍其中国之旧习,不能实心实力认真训练,则不特西藏改设行省之事终未由成而坐废居,诸销磨国帑日复一日,正有养痈溃决之忧。此记者所深望于该大臣能实行"赶紧招募认真训练"八字,不仅为奏牍上之点缀,则藏事尚有几希之望乎!驻藏大臣又以藏地辽阔,耳目难周,拟请添简帮办大臣一员,参赞一员,以资臂助。夫藏地辽阔,耳目难周,添简帮办襄理边务,诚亦为切要之图。惟用人之难自古所叹,备边良将史乘中尤不数数觏,况当众心难叛之秋、外人觊觎之日而欲求一大员,内足以扶绥众心,外足以辑睦邻国,练兵而兵以精,御将而将以服,恐亦难得其人。难得其人而即以碌碌滥竽其位,徒使食肉者多一啖饭之地,居官者多一牌衔之荣,而地方多一朘削之苦,兵尚未练成军,藏众之心已变。外既未能辑睦而邻国之心更离。此记者所以赞成添简帮办参赞之举,而深虑难得其人。窃尝默察今日藏地情形,虽不可以强硬手段出之,而精炼之师亦不可一日缓贮后盾也。虽不可以柔缓之手段出之,而蛮横之行为,亦必不可施之于藏僧,恐为丛驱雀也。盖内必有精壮强大之军队,外必有长驾远驭之才能,而后方足以语西藏改革之事。顾欲编练军队,经费最为重要。闻陆军部铁尚书以近日叠接驻藏大臣联豫等电告危迫情形,特咨商驻藏大臣将西藏每岁岁入酌量提取,益以旧日士兵兵饷。先练陆军一镇,由部遴派得力员弁,赴藏训练(见昨日本报)。然则陆军部已计议及此,第不知训练如何，所派之员如何，尚未可必。倘有经济而不得其人，则其经济等诸虚掷，得其人而经济不能藉手，则英雄亦无用武之地。今经费既在筹措矣，员弁将次遣派矣，西藏成败之机在此一举，前程渺渺，后顾茫茫，我不禁稽首拜首为西藏祝。

1909 年 7 月 24 日，第一张（101 册，第 345 页）

关于藏事之紧要电谕(紧要新闻)(北京)

日昨电谕赵尔丰略云：赵尔丰电奏悉，察木多既骤难改革，即着照所请会同联豫、温宗尧善为劝导，妥筹布置，期于归化，不得稍事操切，激成事端。所募兵弁已否就绪，着责成联豫迅速开办。近来达赖喇嘛意向何若。（下有关于外交之语，不便宣布，故略）

1909 年 8 月 8 日，第一张（101 册，第 568 页）

电谕马亮解散藏僧聚众(紧要新闻)(北京)

成都将军马亮上月杪电致政府，请予代奏略云：藏僧集众万人，藉口控告赵尔丰案不直，其势汹汹，意欲与亮为难，且谓此案控告不直，将来赵尔丰到任，势必益恣凶暴，我藏将遭大难。若不撤去赵尔丰，誓不解散等语。似此情形，窃恐酿成大变，请速电示方略，以便办理。当经枢臣奏明，摄政王颇为震怒，以藏僧诋毁赵尔丰，已饬不必深入，朝廷怀柔远人，可谓仁至义尽，乃藏僧不知感激，犹敢集众要挟，似此有意发难，本应重办。姑念愚蒙无知，仍着该将军善为劝谕，设法解散，毋任聚众滋事，业由枢府电谕该将军知照矣。（此节略见前报专电）

1909 年 8 月 20 日，第一张（101 册，第 754 页）

专　电

电一：联豫、温宗尧电奏：藏僧势颇猖獗，目前由小道进兵，较为得力，但藏僧素狡狯，若集众围堵，必为所困。拟由大道进发，惟事机日迫，地方辽阔，有鞭长莫及之势，请添帮办一员，驻前藏，参赞一员，驻后藏，势难再缓，统归驻藏大臣节制，并由参赞练兵数千，以资震慑。（北京）

1909 年 8 月 21 日，第一张（101 册，第 770 页）

专 电

成都将军马亮电奏：西藏僧众经亮善为谕劝，渐渐解散。惟衔赵尔丰甚深，赵兵少不敌，请饬毋得操切，免致激成事端。

马亮电奏藏僧仍未解散(紧要新闻)(北京)

成都将军马亮近又电致军机处、外务部，请予代奏略云：藏僧集众要求撤回赵尔丰，另简贤员来藏，势甚汹汹，坚请代奏。虽经亮善为劝谕，竭力解散，数日来集结如故。应饬赵尔丰遇事留心，相机行事，勿稍操切，致遭不测云云。闻军机处据电面奏后，当日电寄该将军，略谓藏僧诋谤赵尔丰，虽事非无因，然值整顿藏事之际，显见有意阻挠，且黜陟大臣，朝廷自有权衡，岂僧众等所能干预？动辄集众要求，此风断不可长，本应严加剿办，姑予从宽，仍着该大臣随时劝谕，竭力解散。(此条可与专电栏参观)

1909 年 8 月 24 日，第一张(101 册，第 818 页)

钱锡宝奉简驻藏参赞之原因(北京)

四川候补道钱锡宝月初奉旨赏给头等侍卫，作为驻藏参赞。闻其原因系驻藏联、温二大臣电奏，西藏开埠、练军、兴学、外交各项要政，在在需人，应请添设参赞一缺，以资襄助，并保举四川候补道钱锡宝，西藏情形素极熟悉，前同赵尔丰在巴塘办理各事，颇著勋劳，如蒙简用，当于西藏要政裨益匪浅云云。故有此次恩命，并闻当日即廷寄钱参赞，迅速赴藏，勿庸来京陛见云。

1909 年 8 月 29 日，第一张(101 册，第 895 页)

马亮又奏藏僧负固情形(北京)

成都将军马亮两次电奏藏僧聚众奉寄谕善为解散各节，迭纪前报，现闻该将军以藏僧虽经解散，然与赵尔丰积仇甚深，恐有不测，故又有电奏到京略云：藏僧齐集至二千人之多，立志于亮为难。虽经亮一面派兵弹压，一面亲自善为劝喻，费五日之力始陆续解散，但声称赵尔丰如欲仍前暴戾，我等绝不能听从等语。窃维该僧众等与赵尔丰积仇过深，早在圣明洞鉴。经已电饬赵尔丰不再深入，惟赵尔丰处兵力太单，寡不敌众，应否再饬赵尔丰遇事勿稍操切，致激事端。亮为绥靖边圉起见，是否有当，伏候圣裁。

政府准添驻藏参赞详闻（北京）

驻藏大臣联豫、温宗尧遵旨明白回奏，添简帮办参赞一事略云：添设帮办，拟请驻扎前藏，参赞拟请驻扎后藏，并奏保堪充帮办参赞者四人，政府接电以驻前藏者已有多人，似可不必再添，因请降旨准添参赞一人，而钱锡宝原在奏保四人之列，遂命作为驻藏参赞，闻当日并有电旨，命联豫大臣于马亮或温宗尧两人之中酌定一人常驻前藏，不必另添帮办云。

藩部派员考查蒙藏刑律（北京）

理藩部寿尚书屡与政府提议改良蒙藏刑律事宜，现已经决议由理藩部奏派专员前往蒙藏等处调查现行刑律，并将土司刑律情形就近考察，以便妥议，书一改良之法。至此项专员即由该部理刑司内拣员奏派，并闻已派定某某六人，不日即行出京。

1909年9月1日，第一张，第四版（102册，第2页）

电饬查报蒙藏合格议员（北京）

理藩部前日咨照蒙藏办事大臣及各将军、都统云：明年资政院开办，即应召集议员，所有蒙藏部落如有能合议员资格者，应即迅速调查报部，以便呈览，照章钦选。

1909年9月3日，第一张，第四版（102册，第32页）

驻藏大臣电奏整顿藏务（北京）

政府电寄驻藏大臣联豫、温宗尧准添参赞驻扎后藏一节，经记前报，现联豫两大臣奉谕后，又有电奏到京，略云：电谕读悉，惟前藏事较繁重，非添简驻藏臣不足以资镇摄，已遵旨与赵尔巽、赵尔丰、马亮等往返磋商，一经商妥，当即奏请降旨遵行。僧众虽渐解散，枪械药弹过缺，一旦有事，必致坐困，参赞本定自练五千人，军装、机件购运不易，拟恳饬下赵尔巽由川省匀拨若干，剋速运藏，以应急需，该价当照数缴还云云。当由枢府廷寄川督酌办。

1909年9月10日，第一张，第五版（102册，第131页）

驻藏大臣请设交涉专员（北京）

联豫、温宗尧电奏藏地介于两大，易激事端。推其生事之由，往往起于细微之纠葛。苟能办理得宜，何难弭患无形，此交涉之所以不可不慎也。臣等前次奏陈筹办全藏入手并推行新政办法，折内已有添设交涉司之请。旋经部议，可俟各项新政办有头绪，再行设立。行知遵照在案，臣等体察情形，此事实难再缓。查拉萨地方为通衢大道，外人最多，拟于该处，请设交涉专员一员，藉资理处，遇有重大事件，仍归臣等核办，实于固圉靖边大有裨益云云。

1909年9月14日，第一张，第四版（102册，第190页）

减收西藏关税之实行（北京）

政府以藏地僻远不便交通，内地商民多不愿往故，上期政务处会议，时各大臣曾面商农工商部溥尚书设法保护，商请减收商税藉以鼓励。顷闻溥尚书已决定实行减收税则，日前通电各省督抚，转饬地方官，凡遇商民愿往西藏贸易者，即令切实保护，沿途关卡于寻常税厘减免五分之二，不得藉端需索留难，并闻准于今年十月初一日一律施行。

1909年9月19日，第一张，第四版（102册，第264页）

议定西藏先设三司（北京）

日前会议政务处筹议西藏改建行省事宜，那相国谓西藏百政待举，事体重大，值此经济困难之时，若先分划疆界，设立州县，实恐一时力有不足，爰特电询驻藏大臣赵尔丰查明藏地情形，详细报复。兹据赵尔丰呈报到京略云：藏地财政奇窘，交涉日繁，民智蔽塞，欲改建行省，非先将财政、交涉、民智三事办有规模，不能设官分治。政府接此，复电后，某邸与那相俱主张先设财政、交涉、学务三司，统理全藏财政、外交、学务三项要政，并闻各军机亦皆赞成此议，日间当即发表施行。

1909 年 9 月 20 日，第一张，第四版（102 册，第 280 页）

专　电

电一：驻藏大臣联豫、温宗尧电奏藏事，现未大改，尚足兼顾，帮办拟暂不设，参赞事繁责重，请饬钱锡宝迅速来藏，奉电谕钱锡宝现请修墓假，已寄谕该参赞，假满后即兼程赴藏。（北京）

1909 年 9 月 30 日，第一张，第三版（102 册，第 434 页）

世那两相治藏之计划（简要新闻）

枢府诸公曾经议及藏事，那相云：达赖喇嘛现仍不愿归向中国，事难下手，不若予以美善名词之称号，近乎官而非官者，优给廉俸以笼络之，或者办事较易下手。又曾议及藏地官制，此时遽求完备，徒费帑项，于事毫无所益。世相之意，拟先设交涉、民政、提学、兵备司，四司下设科员，其余俟民情风俗渐渐融洽再行设官分职，闻已由军机处咨行赵、联、温各大臣，体察情形，妥筹办理。

1909 年 10 月 3 日，第一张，第四版（102 册，第 482 页）

西藏招考陆军学生之难（北京）

驻藏大臣联豫、温宗尧具奏略云：陆军速成学堂现已工竣，当经督饬赶招学生以便七月间开堂，讵此间风气未开，人皆视为畏途，多方诱掖，一再展限，至六月底始得报名者二百余人，略加甄择，但其年岁相当、体格强悍、文理粗通者，即作合格。已于七月初开学，仍当督饬认真教授，期早学成致用云云。奉朱批整顿藏事以兴学、练兵为先，陆军学堂与学务、军政最有关系，着即督饬认真办理，期收实效。

1909 年 10 月 6 日，第一张，第四版（102 册，第 524 页）

驻藏大臣奏催参赞赴藏原因(北京)

驻藏大臣联豫、温宗尧奏:前承准军机大臣电寄奉上谕,联豫、温宗尧奏请添设帮办驻藏大臣驻扎等因一折,驻藏大臣已有多人,再行添设,转虑事权不能统一。应于马亮、温宗尧二人中酌定一人,移驻前藏,不必另行添设,即著该大臣等体察情形,奏明请旨办理等因,钦此钦遵。奴才一一再会商,现在藏事尚未大加改革,有奴才等数人分任体察情形,诚如圣谕尚足兼顾,添置帮办一事,自可暂从缓议。惟参赞事极重要,已蒙恩简钱锡宝应请电饬迅速来藏,俾资臂助大局,幸甚云云。是日即奉电谕钱锡宝现因修墓,请假三月,已谕增韫转饬,一俟假满,剋即赴藏。

1909 年 10 月 11 日,第一张,第四版(102 册,第 596 页)

改定西藏官制确闻(北京)

枢府近日会议改革西藏官制,已有端倪,探得数项如下:(一)拟裁撤驻藏大臣以下各员,钦派督办大臣总督全藏事宜,下设左右参赞二缺,帮同督办大臣办理全藏开矿、练兵诸要政及一切事宜。(二)设提学使一缺,广立学堂,启发藏民知识。(三)设交涉使一缺,专司英俄关系,西藏之交涉。其余一切应行设官分任之事,则由督办大臣到藏后自行审度,奏请施行。

1909 年 10 月 20 日,第一张,第四版(102 册,第 736 页)

达赖喇嘛之举动可疑(北京)

初二日早八点二十七分,军机处发一加急密电与驻藏大臣,内容极为秘密,闻其大略,系饬驻藏大臣密探达赖有无出游他国之举动,以便预防。

又闻未经发电之先,曾接驻藏大臣密电一通,略谓近日派员探听达赖喇嘛之举动大有可疑,终日与俄国某爵在宫中会议要政,极为秘密,细情尚难探悉,惟望预为准备云云。

1909 年 10 月 23 日,第一张,第四版(102 册,第 782 页)

西藏人员奏归藩部请简(北京)

理藩部寿尚书以蒙藏兴革事宜最关紧要,所有该两处人员自应由本部请简,方能为地择人,而定章必由吏部请简,殊未妥协,拟请嗣后蒙藏人员均由该部请简,闻已具折入奏矣。

川藏交界又有乱事(北京)

川督电枢府云:川藏交界之太克地方距巴塘约数十日程,本游牧种族,年来往往蠢动。前月该处之喇嘛竟聚众七八百人,越境肇乱。立调重兵往剿,大战于沙夏葛巴之喇嘛乱党死百余人,官兵亦死伤甚重,现虽略为平靖而旋扑旋起,颇形棘手。又离巴塘三百里地名洛买各,喇嘛忽自相残,已调派新军千人前往,相机剿抚,并陆续派拨军镇驻扎巴藏一带,藉资防守。

1909年10月28日,第一张,第四版(102册,第862页)

达赖仍不赞成西藏改省(北京)

政府日昨又接驻藏大臣密电谓:近日达赖对于西藏改建行省一事甚不满意,且有阻挠之举动,请妥筹办法,俾有遵行云云。

会议政务处十三日会同外务、农工商、邮传、度支、陆军、理藩、学部等七部堂官会议西藏应行举办事宜,闻因摄政王屡次催办藏事,故议定后即当奏请施行,但改省一事则因达赖反对,拟暂从缓办云。

1909年11月2日,第一张,第四版(103册,第18页)

西藏刑律裁判之审慎(北京)

驻藏大臣请定西藏通商各埠裁判一事,兹闻政府议定酌改藏地刑律裁判,并订江孜等商埠刑律裁判办法,检查上年八月所订,酌改藏中刑律草议及上年九月二十七日外部具奏《藏印通商条约》以资参考,并咨滇川两省及使美张大臣详询办法,务期切实可行,盖两省皆连藏界,张大臣在藏亦久也。

1909年11月9日,第一张,第四版(103册,第130页)

专　电

电一:驻藏大臣联豫、温宗尧电奏达赖喇嘛有游历俄国之说,电谕劝阻。(北京)

1909 年 11 月 18 日,第一张,第四版(103 册,第 274 页)

驻藏大臣仍请缓改藏政(北京)

驻藏大臣赵尔丰电奏唐古忒向来与察木多各不相谋,近忽合而为一,不服管辖,番众素挟狡谋,如果骤加改革,必滋事端,拟请仍照前奏,暂缓二三年,俟其情意稍融再图收抚云云。摄政王阅奏颇为踌躇,谕询各枢臣,亦莫能赞一辞,藏政改革之机,恐又将生一顿挫也。

政务处议准西藏先设交涉司(北京)

政务处会议时,曾议及西藏一地界连英俄,交涉之事最烦,应先设交涉司及交涉员等专理外交,以免藉口并应电请赵尔丰赶办学务,以期教育普及,开通民智,不至阻挠新政,各王大臣均赞成此说,已册呈送枢□垣核夺,请旨办理。

1909 年 11 月 26 日,第一张,第四版(103 册,第 402 页)

专　电

电一:政府决议经营蒙藏在内在外两政策:一准即设立蒙藏交涉使;二饬理藩部与外部速商设立蒙藏事务处。

1909 年 12 月 6 日,第一张,第三版(103 册,第 578 页)

专　电

川藏边防大臣赵尔丰奏德格逆匪业已剿清,又奏旧疾复发,恳请开差。奉朱批边务重要,该大臣办事悉合机宜,正资倚任,未便易人,务须力疾从公勉为其难,以竟厥功,俟大局稍定再行降旨。又奏德格土司全境改土归流,奉旨交政务处妥速议奏。

整顿藏事之新政策(北京)

整顿西藏问题朝议极为注重,日前曾严谕各枢臣,迅电驻藏大臣妥订办法,奏请施行,不准再行延宕,致误大局。闻日来枢臣会议佥以藏地僻远,宜取用羁縻政策,量为变通,参以强迫主义,其改革政务之大纲则由中央政府决定,明降谕旨,假该大臣以行政上种种之特权,俾得便宜行事,冀收实效。此议业已通过,日内即奏请施行。

日前,驻藏大臣奏陈藏番梗化情形,并奏派钟颖统兵入藏一折,经政务处会议后,昨奉特旨着驻藏大臣传旨钟颖努力带兵入藏,惟须相度机宜,无失朝廷和平抚驭之意。

1909年12月9日,第一张,第四版(103册,第610页)

电告达赖藏匿案牍之用意(北京)

去年京内外縻款数百万迎送达赖喇嘛,原为整顿西藏内政起见,乃达赖自归藏以来,经驻藏大臣赵尔丰咨催藏中案牍,一再延宕,迄未答复。日昨赵大臣有电到京,略谓:西藏改建行省,乃吾国家固有主权,近达赖喇嘛为外人所唆使,恐将历年案牍交出,为朝廷所诘责。缘喇嘛与外人私订条约,为理藩部所未闻知者,甚复不少。恐和盘托出,国家将行其固有之权,以强制力改建之,彼必无词以抗。故以延宕为诡谲之图,恳即代奏确定方针,俾外间有所遵循云云。闻军机处得电后,屡次密议对付西藏方法,日前钦授驻藏大臣特权之会议,亦一方法也。惟治藏主谋尚无要领,故尚未奏请施行。

1909年12月14日,第一张,第四版(103册,第696页)

驻藏大臣咨送驻兵险要地图(北京)

驻藏大臣昨咨陆军部文一通,闻因陆军部拟在西藏驻扎新军,以资控制,惟西藏辖地甚广,无从着手,曾经派员前赴该处考察地势,并电饬该大臣派员将西藏应行驻兵各险要详绘图说，送部查核。现该大臣特派测绘生将驻兵各险要详细绘图，共有行应驻兵之要地十余处，闻该图颇为详备，故特呈送陆军部查核。

1909年12月15日，第一张，第四版（103册，第714页）

赵尔丰电告兴学练兵近状（北京）

驻藏大臣赵尔丰电奏匪势现已大平，惟治藏入手办法不外兴学，而兴学则招生最难，甚至出示数月，竟无一人应招者，现拟从缓推广。又云匪乱虽定，究嫌兵单，拟自练五千人为卫队，一面添款徐图成镇。按此电已略见前报专电。

1909年12月16日，第一张，第四版（103册，第732页）

川藏边务之近状（北京）

西藏地方辽远，近日各夷啸聚里塘一带，有与赵钦使为难之势。统带新军入藏之钟颖，擁肿不堪，毫无纪律，所带新军均少教练，恐不能胜任。

川督赵制军以川江流域延长二千余里，盗贼出没其间，商旅往往受害，特设川江水道警察，委王寅伯观察为总办专司其事，王观察奉札后即相度地势，以泸州重庆为中心点，先行招募数百人，大约明春即可开办矣。打箭炉关外北路如道坞、章谷、德格一带沃野纵横二千余里，向来夷民但知游牧，不知耕稼，自经边务大臣设法招垦规划，井井迁徙日众，从前榛芜不治地方，一转瞬间将成为繁盛之都市矣。

1909年12月16日，第一张，第五版（103册，第732页）

专　电

电六：驻藏大臣联豫奏调罗长绮等赴藏差遣，奉旨照请。

1909年12月17日，第一张，第四版（103册，第750页）

达赖使臣之抵俄谈（北京）

北京某报接俄京来函云：达赖喇嘛遣俄使臣曾在俄京语人谓中国近时对于西

藏态度和平,毫无昔日暴慢之状。又云英国在西藏握有一切商权,故西藏与英国必须保持亲睦云。西藏将来庶几与俄国订立永久外交之关系云云。观此可知达赖之隐衷矣。

1909 年 12 月 22 日,第一张,第四版(103 册,第 840 页)

川藏大臣电请赏假不准(北京)

川藏大臣赵尔丰电请病假,奉温谕慰留,已见前报专电。兹悉赵大臣承准军机处大臣电寄后,复电奏云:窃丰入秋旧疾复作,愈发愈剧,时患心悸,夜不安寐,以匪乱正在吃紧,未敢请假,现在仰仗天威,全境肃清善后事宜,不妨稍稍从缓。丰自交冬令,病更加重,势将不支,惟有仰恳慈恩,俯准赏假二月,俾得稍加调治,俟春融即当力图前进云云。奉电谕全境虽已肃清,善后事宜,正关紧要,著一面赶加调治,一面力疾视事,务当仍遵前旨,勉为其难,以竟全功,用副朝廷深资倚畀之至意。

1909 年 12 月 23 日,第一张,第五版(103 册,第 859 页)

藏番又有不靖消息(北京)

闻政府近接西藏来电谓驻藏联、赵两大臣杀戮无辜,焚毁村舍,藏人惊疑,恐肇变端,请速将该两大臣调回,并撤回兵队,俾可保全佛教,否则全藏大局恐有反乱之虞,措词甚为激烈。并闻政府接电,已发一长电到藏,剀切晓谕僧众人等毋庸误会,并谕该大臣慎重办事,毋稍大意。

又闻军机处前日发出电传廷寄二件,一件与驻藏大臣赵尔丰,一件与将军长庚,缘藏番不逞之徒,率在蒙古一带,购买军器私行运入,故一面告知赵大臣,令其预为防范,一面令长将军就近调查,严行禁止。

又闻驻藏办事大臣,日前亦有电到军机处,谓藏地前有番众与驻藏华兵冲突,稍有争斗,现已开导解释,并未进兵,即已平靖,请乞代奏,未知与前事是一是二。

1909 年 12 月 28 日,第一张,第四版(103 册,第 948 页)

川藏铁路将派督办大臣(北京)

日前枢臣会议西藏事机日迫,凡百待举,而铁路一项尤为行政及军备上最要机关，现川藏路线虽由川督筹划，然工巨费繁，未易速成，拟奏饬下度支、邮传两部迅速会商办法，即仿粤汉成例，特派大臣一员督办，并闻枢臣协议，拟奏保鹿中堂充此重任，因该大臣于川藏情形较为熟悉云。

1910 年 1 月 4 日，第一张，第四版(104 册，第 56 页)

川藏电线电商筹款方法(北京)

邮部徐尚书日来与枢府提议整顿西藏政策，以川藏电线为最重要之关键，其款前本豫指由开办西藏政治、经费项下提拨，惟道途绵亘，由川达藏，计二千余里，需款浩繁，若仅恃该处拨充，恐仍不敷，明年断难施行。枢府当即嘱令邮部电商川督即驻藏大臣，公同筹划的款依限安设，以免迟延，故昨已由邮部电商该督等矣。

1910 年 1 月 28 日，第一张，第四版(104 册，第 488 页)

西藏之内忧外患(北京)

驻藏大臣岁尾有电到京略云：藏境仍不平靖，番民仍有反对华官举动，且甚危急。现因某国拟出而干涉，乃又联名要求中国保护，应请详筹办法，速示遵行，未知枢府如何覆示。

1910 年 2 月 15 日，第一张，第四版(104 册，第 685 页)

专　电

电一：闻驻藏大臣有电到京，藏僧暴动已与官兵战，势甚汹汹。

1910 年 2 月 18 日，第一张，第五版(104 册，第 739 页)

专　电

电一：闻驻藏大臣复有密电到京，藏僧暴动因有人暗助，势难骤平。

1910 年 2 月 20 日，第一张，第五版(104 册，第 774 页)

藏僧与官兵开仗(北京)

闻初八日枢府接到驻藏大臣密电一道,详陈藏僧恃强与官兵开仗,势甚汹涌,胜负难卜。并闻枢府接到此电,恐与川匪连合,牵动大局,已电复该大臣,命其妥慎办理,勿使蔓延为患。

又闻川督赵次帅亦有电到京,略云:藏僧连日开仗,非常激烈,官兵大有鞭长莫及之势(按此节略见前报专电)。

附译《字林报》十四日伦敦电云:喀尔喀脱路透代理人电称,有华兵一队,不知数目,已由东方侵入拉萨。达赖喇嘛闻已率同大臣数人逃往印度,西二月二十六号可抵开利姆邦,班禅喇嘛计必在西干孜(译音)云。

又《文汇报》十五日伦敦电云:据路透电音有日本操法之军队,数约二万五千名,现已由四川向西藏进发,随营带有无线电报器械及机器炮、过山炮甚夥,该军由赵尔丰统帅,其进攻之目的显欲直辖西藏及改造边陲情状,鼓励中国之殖民事业,且成都有兵工厂两所,近新添德国机器,归德员管理。现两厂工役七千余人,日夜工作,供输战品,目下官军异常艰苦,加以边界旗民之仇,视天气之寒冽,故大受磨折,大军行至巴塘附近时,为伏兵所袭,致死兵四百名,失炮多尊。

1910年2月25日,第一张,第四版(104册,第860页)

专　电

电一:邮传部筹办川藏电线,长二千余里,所需经费已会同外务部奏准由部拨西藏经费内拨用,惟须俟藏款有著再行开办。现先电咨驻奥钦使拣选留学生学习邮便,兼习银行章程。(北京)

1910年2月26日,第一张,第三版(104册,第876页)

官兵剿办藏番得手(成都)

官兵与藏番接仗已据北京访函略载昨报,兹又得成都函云:上年十二月十八以后,官兵与藏番叠次交战,尚称得手,惟闻有某国人暗中挑唆达赖,并援助兵饷军机,藏番得有恃无恐,故屡经败创,一时万难平靖。现达赖已逃往印度,此后情形不知有无变更，容探续报。

又闻驻藏大臣赵季帅昨有电致政府，谓有某国水师驻扎江面，有碍中国主权，请饬外部速与该国公使交涉。

又钟统带颖去冬奉旨统兵入藏后，声势颇盛，番众大半慑服，不敢与抗，日昨已发电奏到京，谓剿灭番众其数虽仅千余人，其余已一律安抚，可望平静。现自川中入藏之途，皆已肃清，并闻已由军机处传旨慰答。

1910年2月26日，第一张，第三版（104册，第876页）

达赖逃赴印度之近状

《字林报》载十五伦敦电云：英国印度藩务部日内仅接达赖喇嘛赴印消息，至此行为何，则全无所知，达赖前此出游，必与中政府言归于好，始允回藏。今复出奔，殆与中国复有意外之冲突，中国君臣对于藏众颇存仇视之意，故达赖因此中变，印度藩务部大臣穆莱君现拟声明英国今日处待达赖之意见：英政府可以供其驻所，惟不能与以助力云。

同日又电云：喀尔喀脱路透访事电称有西藏使臣两员已抵此间，据称有华兵二千在藏东毁坏庙宇，杀毙藏僧多人。又称藏民曾电恳中国皇上免用兵威乃并未按有覆文，彼等现拟请印度政府注意此事，冀其转求中国政府撤兵息战。《斯台士门报》谓中国今日之举动不足惊诧，并以西藏探险家赫定博士近著之书为证，英《民报》则深以英国撤回驻藏之军为失计，谓今日之乱耗必贻政府之巨尤云云。

《文汇报》载十六日伦敦电云：喀尔喀脱路透访事电称，达赖喇嘛几为华兵所擒，当时华军追之颇急，直至印度边界始止，印度藩部大臣穆莱君在上议院答告前任印度总督寇崇君之问，曾将华军进攻、达赖出奔略情并所得肇衅原因详细宣述。今接达赖喇嘛离拉萨后所发之信，谓彼已首途赴印，拟就商于英政府以求保护，并谓拉萨之民颇受华人虐待云云。穆莱君又言，英国对于此事拟严守中立，惟达赖喇嘛英民（指印人言）尊之者以数兆计，故英国将以主宰及教主之礼待之，以尽诚敬，穆君并谓英政府现已与中政府通信商论此次意外变端。

伦敦《每日新闻》宣称，此次祸变实伏根于杨赫斯本特远征队，中英条约既经载明中国应担任西藏安分之责，则中国自不能不施其权利，以与其责任相称云。伦敦《泰晤士报》载称达赖喇嘛将以印度为庇护所，决然无疑，惟实在之助力或显然之同情则均难望可得，吾人今日欲重筹西藏政策为时已晚，惟英国可用和平之言，向中政府提述此事。

按中政府之优待达赖，可谓至矣，何尝有仇视之意？此次事变，必为藏僧之受人煽惑，而非中政府之喜用兵威可断言也。

1910 年 2 月 26 日，第一张，第三版（104 册，第 876 页）

专　电

电一：枢府电致驻藏大臣抚慰僧众，勿庸妄起猜疑，自贻伊戚。（北京）

电二：闻赵尔丰有电到京，密告藏僧跋扈情形及平日有恃无恐之骄妄，有“非朝廷专简重臣不能镇压”之语。（北京）

1910 年 2 月 26 日，第二张，第四版（104 册，第 892 页）

达赖喇嘛出亡近讯

《字林报》载十六日北京电云路透代理人所报西藏时局各电，据此间人云言之未免过甚，其华军入藏者不过二千名，仅与藏人小战而已。又《文汇报》载十七日伦敦电云：大吉岭路透访事电称达赖喇嘛已行抵开里姆邦，一路颇受艰辛，惟西吉米斯（印族）佛教中人极愿助之，故达赖抵此时，群情大为震动。

1910 年 2 月 26 日，第二张，第四版（104 册，第 892 页）

英使要请宣布治藏策略

《字林报》载十八日北京电云：英国使署参督穆纳君代表英使朱迩典，请中政府将对付西藏政策明白宣布，盖西藏接壤各区，英国有担任治安之责，目下藏地既有特别变故，则不得不探知中国对藏政策。现研究佛学之外国学生及喇嘛等咸信达赖喇嘛掌理教务之权，必将永失。惟达赖喇嘛在世，而复举立其他之喇嘛，则碍难实行。据谓达赖之信徒，无论变端如何，无论喇嘛逃往何地，绝不变其爱戴之初志云。今平心而论，此事办法似当视达赖喇嘛之堪布四人所持之态度何如以为定夺。又《文汇报》载十九日伦敦电云：达赖喇嘛赴印之目的似欲取道印度遄赴北京面奏彼之苦情。

1910 年 3 月 1 日，第一张，第四版（105 册，第 2 页）

中国保护西藏之权责

西藏扰乱一事，迭经详志本报。兹悉东南各督抚接闻此报，亦均异常注意，纷纷向川督赵制军询问，现经制军通电照覆，情形更为确实，亟录如下：

电悉达赖出走详情已见十六日上谕，至西藏用人行政，其权向操于驻藏大臣，达赖责任只在讽经祈福，专管教务，一切俗事概由商上禀承驻藏大臣办理，是以此次达赖出走，藏中僧俗均极为安静，且藏人素性不甚多事，而达赖自上年回藏查办前次与英兵争战不力僧俗各众，从严处罚。因此，颇失人心。此次，中国派兵赴藏保护商埠，藏人本不愿抗阻，而达赖勒派各处出兵，严刑逼迫，民间不堪其扰，虽勉强应命，然见中国兵到，均各散去，故中国兵遂直至拉萨，并未大有阻格。中国实无为难达赖之意，而达赖自知调兵阻抗并焚烧官粮官衙，系为有罪之事，深自疑惧。虽驻藏大臣迭奉谕旨加以开导待以平和，而彼心终不自安。猝闻兵到，连夜逃去，及驻藏大臣遣人追劝，则已无及。中国此举，本为藏地开埠，藏人尚多不愿，深恐再起交涉，无以敦中英睦谊，故照约保护商埠以尽权责。达赖私逃出境，中国既将其名号革去，藏中僧俗亦无异言，商埠各地现经驻藏大臣极力保护以后，藏印商务尤可益臻发达，于中英续订藏印条约，改良西藏政治，用意亦极相合，实情如此，谨以电告巽印。

1910 年 3 月 2 日，第一张，第三版（105 册，第 18 页）

西人注意西藏乱事

《字林报》十九日北京电云：中政府答覆英使诘问西藏问题之措词，尚能令人惬意。闻文内力言西藏内政决不有所更动，中政府因达赖喇嘛有意反抗将与管理之权有碍，故由川省派兵入藏。拟在该处创办警政，至达赖喇嘛之革职，盖欲杜绝其阴谋以为后来之惩戒云云。现其他使馆之外员，咸谓中国并不就商于英，遽将达赖革职，诚为绝大之荒谬，盖此举足令藏众仇视，而使中国管辖西藏之权沦为危境，以致时局扰乱故也。现拉萨之堪布已电请辞职，惟未经理藩部允可。

1910 年 3 月 2 日，第一张，第三版（105 册，第 18 页）

专电

某御史奏驻藏大臣联豫、温宗尧素来畏葸，徒事张皇。此次藏僧扰事，动谓达赖喇嘛蓄志已久，达赖固蓄志久，然亦联、温无术联络，有以激成之。该两大臣久驻藏中，必贻巨患，事关大局，用敢直陈。

外人对于藏事之态度

《字林报》载二十日北京电云：达赖喇嘛行人赍书抵京，分送英、法、德、日、俄、美各使，书内记述藏事启衅原由，并请各使干涉此事。日使已照会中政府谓中国革去达赖喇嘛之名号，并不就商于有关于此事之各国，实为绝大之荒谬，中国现无端肇衅，设边陲因而起乱，日本与英国谊属同盟，不得不出而助之云云。其他各国公使对于此事，咸袖手观望，无所举动，闻中政府接日使照会后大为震动。同日伦敦电云：达赖喇嘛今晨可望行抵大吉岭，将为印政府上宾，该处佛教徒及喇嘛僧等咸拟结队迎之。

《文汇报》载二十一日伦敦电云：据圣彼德堡电称：俄国驻藏坐探委员已抵俄京，详报达赖喇嘛出奔情形，并称达赖所派赴俄乞救之行人，一星期内可抵俄京。大吉岭路透通信员电称：达赖喇嘛已于昨日下午抵此，声势喧赫，令人注目。随行者有西基副大臣，拉茄古买君。佛教信徒结队侍从，为数颇众。十四日伦敦电云：据圣彼德堡消息，华军侵略西藏，达赖喇嘛出奔印度，俄廷闻之颇为注意。现望英政府出而干涉，俾西藏之治安可以早日恢复。

1910年3月3日，第一张，第四版（105册，第34页）

专电

日本公众对于清国西藏事宜甚为注意，东京诸新闻纸时常发议，希望清国恢复西藏主权，防止他国将来之纠葛，且劝告清国政府以和平手段待藏人，俾坚信任。（东京）

政府对于藏事之态度(紧要新闻)(北京)

驻京堪布前日呈请理藩部代奏略云:近接藏电,西藏现有兵丁三千名,以管带不严,致该兵等扰乱地方,商民不安,并常有开枪伤人之事,若不将藏内驻扎之兵调开藏地,恐有意外之虞云云。理藩部据电即转送军机处,电请驻藏大臣查覆。兹闻已得来电,谓藏僧与官兵冲突,当即派员会同喇嘛驰至该处,开导劝谕,幸未成事,现尚安靖,请转奏闻。

理藩部密递封奏一件,探得内容系因达赖喇嘛潜逃,奉饬会同陆军部筹划,维持藏地安靖办法。

军机处昨接川督赵次帅电称,连日与番僧开仗,互有胜负,官兵伤亡甚多,军械不足,请速电饬江鄂两督,赶拨劈山快炮快枪若干,以资接济。

军咨处昨寄湖广总督密码电报一道,闻其内容大致系饬该省军队,速为整备,现在藏地不靖,须与川兵遥为联络声势,以作后援。

英俄不欲干涉藏事

《文汇报》二十二日伦敦电云:印度藩务部次官芒台格君在下议院宣读印度总督明杜君致政府之长电一通,详述西藏肇衅原由,并录达赖喇嘛诉词,谓中国政府本许其仍有从前之威权,今已食言云云。芒君读毕电文,复谓吾国所致中政府之照会,中政府业已照覆,惟目下尚未便详为宣明。二十一日柏灵电云:德国某报接圣彼德堡电音,谓英俄两国无论如何决不愿干涉西藏问题。

1910 年 3 月 4 日,第一张,第三版(105 册,第 50 页)

专　电

某御史奏:西藏介居两大,环伺已久,设有内乱,彼必藉词干预,请饬驻藏大臣益加谨慎,毋任滋事。

外人干涉西藏问题

《字林报》载二十二日伦敦电云：据圣彼得堡电称驻华俄使照会中国外务部谓俄人信仰佛教者不计其数，咸奉达赖喇嘛为教主，今达赖喇嘛名号革除，势将失所归依，俄国对于此事不能终事缄默，不加过问云云。外务部答词则谓，达赖革除名号与西藏教务并无违碍。《文汇报》载二十三日伦敦电云：据大吉岭路透访事电称，该处佛教徒集众会议，对于中国处待达赖喇嘛之手段，殊为忿忿，并决议要求中国皇上收回成命，撤退华军，移调驻藏大臣。

1910 年 3 月 5 日，第一张，第四版（105 册，第 66 页）

英国对于藏事之和平

《字林报》载二十三日伦敦电云：英国外务部大臣葛雷君在下议院宣言或疑印藏交际，将因藏政变动而受影响，此实不明事理之言。现英政府之政策以严守条约义务为主，并望与此事有关之各国亦以英国为法云。

1910 年 3 月 6 日，第一张，第三版（105 册，第 82 页）

政府处分藏事之近状（北京）

西藏喇嘛出亡一事迭记前报，兹闻政府昨日饬川鄂两省，如果藏地不靖，该督宜临机应变，以资震慑。

闻某国驻京钦使日前照会外务部云：西藏地方与本国属地毗连，此次该地不靖，与本国属地关系重大，而中国政府对付藏政事宜如何办法，请详细示覆。并云：藏中番众向称愚顽，故不明中国政令，此事甚望政府以平和手段办理。

政府前日接有印度喇嘛总会来电一通，原文系英字，谓西藏本为中国保护，凡中国政府之命令处分悉当遵守罔越。且中政府保如赤子，良深感激。是以鞠躬尽瘁，罔敢稍懈。但此次兵队忽驻藏部，不知何意？兵士扰害良民尤属可惧，不得不小为抵抗云云。

前此驻藏大臣赵尔丰派遣钟颖带兵入藏，其政见全在保护西藏开埠，与他事毫无干涉。乃帮办大臣温宗尧擅与某国缔结条约，事前既未与赵大臣会商，事后为赵所侦知，深愤其昏谬误事。遂立将其所结条约取消，复电告政府，痛陈温宗尧之种种昏谬。去冬，枢府与赵大臣连日电商，即为此事。刻闻政府已廷寄西藏，申饬温大臣办理藏中交涉之不合。其原驻前藏之钱参赞，现已调至后藏帮同办理藏务。

1910年3月7日，第一张，第四版（105册，第98页）

监国物色驻藏大臣（北京）

政府因西藏乱事迭起，议简亲贵大臣前往办理镇抚事宜，略纪前报专电，兹闻摄政王前日召见军机后，复至三所特召见某中堂等谕商处置藏众办法。当时某中堂等均无甚主张，惟摄政王以联豫、温宗尧驻藏有年，毫无展布，西藏介居两大，乱事蔓延，深恐惹起交涉。查理藩部尚书寿耆曾于去冬条陈整顿蒙藏办法十二条，颇能洞见利弊，拟将寿尚书简为驻藏办事大臣，并予以全权，俾得统驭一切。

1910年3月7日，第一张，第四版（105册，第98页）

鄂省装运机关炮入藏（武昌）

川督赵制军以入藏各兵队业与僧众开战，军械恐有缺乏，前日电致杨护院，请将鄂省军械库旧存之丹国机关炮四尊、鞍件全副、弹子万颗，借拨应用，当经杨护院照允配齐，装成十八箱，派委都司焦坤山即日解赴宜昌，交驻宜转运局接收，转解赴藏。嗣又准赵制军来电谓前项炮件既允借用，应即算给原价，再由鄂省照式饬购归还，以省周折，经杨护院饬据善后局查复，订购原价及保运各费合计长平银八千九百五十八两七钱，刻已电复川督，请即照数汇还。

1910年3月7日，第一张，第四版（105册，第98页）

专　电

世中堂倡议藏事日急，宜速改官制简派重臣以治藏民。

政府处分藏事续志（北京）

某国驻京钦使因达赖喇嘛潜逃，华兵驻扎藏地，与该国属地毗连，恐有不靖等事，故照会外务部，请示对付西藏办法已志昨报。闻外务部已于二十日向某钦使答覆，其内容声明去年西藏开埠之处派警保护，藏民每多滋扰，反对警务。迨达赖回藏后，益继藏民滋事，故派兵弹压震慑，实无他故，嗣后一切办法俱以和平布置，与贵国属地概无扰害之虞，且愿两国邦交益当巩固云。闻某公使照会外务部内容，又言此次西藏之事，政府之所以对待达赖者，未于事前先行知照敝国，尚有未合，且谓西藏本为中国之保护国，然中政府此次对付之手段实与属国无异，大不合于公法等语，其余措词闻尚和平。

达赖未逃之先，温大臣宗尧力请派兵防范，而联大臣不肯，故达赖得以逃去，联大臣则谓温大臣办理不善，有以致之。两方面，孰是孰非，非记者所敢置议也。

自谕革达赖喇嘛后，某国起而干涉，那相于十九日退值后，特邀寿、梁两尚书至第密商应付办法，至三小时之久，闻梁尚书以唐绍怡侍郎熟谙藏事，尤擅长外交，力请那相，召还帮办，闻那相已首肯。

二十二日摄政王事后又在三所召庆邸及各军机大臣，详商对藏方略。当时多数均谓达赖名号已严谕革除，诏告天下，另选呼毕列罕传衍黄教，为今之计，亟宜安抚藏众俾怀朝廷德意，乘机收回政权，实行强迫改革主义，以期渐底治安。王颇以为然，当即由军机处密电赵大臣广谕僧民，约束军士，勿稍滋扰。

十九日军机处致某某两钦使密电各一道，探其内容系为侦察已革达赖喇嘛之行踪，并各该政府对于此事之意见。

驻藏大臣温宗尧擅与某国议定英藏草约七条，政府得电怒其荒谬误边，责令取消，曾志昨报。现闻枢府已请旨革职并派驻藏参赞钱锡宝为驻藏大臣，饬其克日任事。

1910年3月8日，第一张，第三版（105册，第114页）

专　电

电三：赵尔丰、联豫、温宗尧又有密电奏报藏事，闻办理甚棘手。（北京）

1910年3月9日，第一张，第二版（105册，第129页）

政府处分藏事三志（北京）

枢府诸臣连日开议处置西藏收服僧众办法，某大臣之意拟将成都将军移驻西藏以资镇摄，又拟移驻打箭炉，已电商驻藏大臣及四川总督矣。并议将驻藏办事大臣及帮办大臣名称更易以重权限。

此次革去达赖名号，某国以属地毗连藉口干涉，并赴外部探询数次，已志前报。刻闻政府以西藏政权为中国所有，达赖不过掌教，仍须受驻藏大臣节制，即藏地亦系中国领土，川兵入藏未越邻国界限，似未便外人干涉，拟即驳覆。

理藩部寿尚书因西藏不靖，特与政府妥议拟由该部挑选熟悉藏务人员派赴西藏，与驻藏大臣会商调查藏中应办各要政，以便从速整顿，闻所派之员将次起程。寿尚书昨又电致川督赵次帅，其内容系请次帅转饬理藩部所派入藏布施前后藏喇嘛物品之员，勿在该省迟延逗留，宜迅速兼程进藏，宣布饬旨，俾示尊重黄教之意。

1910 年 3 月 9 日，第一张，第三版（105 册，第 130 页）

某大员对于达赖求俄保护谈（北京）

北京某报载有馆员与中国某大员晤谈一则，某大员云：达赖本窜英领，故致电英皇哀求保护，尚可谅恕，至致电俄皇哀求保护，其罪更难宽假矣。达赖向有联俄之意，而俄皇对待达赖亦极恳切。前年达赖来京之时，俄皇电训达赖之幕客努卡汪堪布（俄领西比利亚勃里雅克族出身，为俄皇之亲臣）谓达赖教主友情敦睦，十余年来迭次进献佛像，其数不少，现正保藏宫库，然恐非达赖之志，故拟于圣彼得堡府新建一喇嘛庙，安置佛像，以表永远崇敬之意。尔宜赶速回国管理新建事宜，俟工成后，请达赖特派喇嘛数员驻锡新庙等因，后阅数月，果然有伦敦电谓俄皇昨在圣彼得堡一宫殿觐见达赖使节努卡汪堪布并随员，该使节进献西藏土货数十品于俄皇，俄皇与达赖其关系如此。故人皆怪达赖之逃窜，不赴俄领而入英领，然观此次达赖哀求俄皇保护，则达赖入英领者，因取路之便而已，倚俄之念，依然尚存。惟俄皇如何覆电，未得而知。案英俄曩日订立西藏协约，其第二款谓凡信崇佛教者无论英国人或俄国人，应得关于宗教上之事与达赖喇嘛及其他西藏佛教代表者直接来往亲交，此约似不禁达赖与俄皇之使节来往，然惟是限于宗教上之事而已，其于政治上俄何关系之有？前年中英之间，续订印藏条约，中国向英国誓约关于西藏之政治，决不允他国之干与，该约早已宣布，俄国与藏人均已知悉，未尝抗议，是俄国与藏人亦承认该条约也。故此次之变，达赖致电俄皇请其干与，实出不知时局之过。俄皇如果容其所请干涉藏事，则难免蹂躏中英印藏条约之责言，影响所及至大且广，想俄廷内有苛苛索夫等之贤臣，通达远东情形，当不致轻举而应达赖之哀请也。

1910 年 3 月 9 日，第一张，第三版（105 册，第 130 页）

关于藏事汇志(紧要新闻)

驻使照会之内容

北京某报载十七日英国驻京钦使照会外部,其大要云:中兵入藏,达赖遁走,鄙人始悉,深为念虑。盖达赖为印度生民拜跪顶礼,仰以为佛,焦发毁肤,所不敢辞,凡如此。佛徒散在藏界及印度约一千万人,私恐藏民滋扰,若辈若以尊崇达赖宗旨相同之故,或至联络声气,滋生风潮,则于大局窒碍非浅,本国所忧在此。愿中国远谋深虑,顾念及此,抚绥合宜也。夫用高手政策绝非长计,压力益加,抗势弥长,譬犹皮囊盛水,左右压之,欲水不破囊得乎?请勿牵动大局,助长风潮,是英国之望也等语。中国答覆有云:川兵入藏为警察起见,宗旨在弹压风潮,固无他意,况暴压乎?请安意可也。按答语已略见前报。

俄国驻京钦使亦于十九日照会外部,宗旨与英使相同,略云:俄领巴密尔及西比利亚地方所有佛教徒约百五十万人,是皆尊崇达赖,景仰不置,中国若用强硬手段,恐藏民思乱,与此等佛徒联络声气,各地呼应,则机势之变,不知如何,想到大局不免寒心也。愿中国关于抚绥藏事,三致意焉。

达赖逃俄之真相

某报又云:达赖去年曾派努喀汪堪布赴俄,回藏未几即有此次之变。该堪布即与达赖分路向西北俄领巴密尔而逃至安吉厂埠,搭中央亚细亚铁路再赴俄京,拟觐见俄皇,效包胥秦廷之哭,该堪布系俄皇亲臣,如信用其言,出而干与藏事,则时局如何,未易知也。

藏僧误会之原因

西藏之喇嘛僧向不充当兵勇,四五年来,中国注重保护,派驻新军一标,其数约一千五百人,因粮饷转运困难之故,择地于拉萨府外为屯田之计,又招募土民,编制番兵一队,其数约一千人。另有旧军绿营一队,其数六百人,共计三千一百人,均由驻藏大臣管理。此次新遣之军,约有一千五百人,管带官徐方绍统率之,由哈塘地方向拉萨进发,藏民误认中国以兵灭藏,谣言纷传,人心汹汹,达赖恐为囚虏,夜间遂潜出拉萨府,逃赴哲孟雄,致有今日之变。

电查温大臣与达赖立约事

闻温宗尧与达赖喇嘛擅立之条约，其首条为大兵入藏，秋毫无犯云云。按此事如为安辑藏民起见，应用告示宣布，断无与达赖立约之理，温之不知事体，一致于此。政府自接驻藏某大员电告温宗尧在藏与达赖立约后，已电知四川总督赵次帅派员入藏，密查温宗尧是否与达赖有舞弊等事，以凭办理。

政府对于藏务之秘密

自革去达赖封号后，枢府连日密议善后办法，并与各处往返密电甚多，惟力持秘密主义，关防甚严。日前切谕枢垣员役，嗣后凡关藏中事宜，无论巨细，非经明谕颁布者，不得在外宣泄，一经查觉，严行惩办。闻日昨又复交谕理藩部，严慎藏务关防，以防宣泄。

1910年3月10日，第一张，第三版（105册，第146页）

英员对于藏事之过虑

《字林报》载二十八日伦敦电云：路透访事近与熟悉印度事物之某员谈论藏变，关于政治上之效果，据称尼泊尔、不丹及哲孟雄三部，中国平素视之，不啻如领属，或视如邻国，今华军进达印度边陲，距离日近，则华人益便煽惑三部，与英携贰，印度政务处诚不可不加意戒备。而于尼泊尔之态度尤须注意，设尼泊尔与中国日益亲密，则必引起政治之葛藤，故印政府对于此事未可漠然置之云（按尼泊尔为北印度之独立国，首府曰加德满都，面积约占五万四千方里，人口约有四百万。一八一四年曾与英国开战，相持三载有奇。今首府之中有英国政治大臣一员，惟不干预该国内政，至外交各务则归印政府管理。不丹为东印度之独立国，面积约二万方里，人口约二十五万。哲孟雄为北印度之一州，归英国保护）。又同日北京电云：据西藏电音，该处地面甚属安谧，温宗尧现已首途回川，联豫则驻扎拉萨，为藏务大臣。蒙古郡王曾衔奏称达赖喇嘛系人间活佛，未便革除，政府之出此举，不免包藏祸心，中政府已曲喻博证，答覆该郡王矣。

1910年3月11日，第一张，第四版（105册，第162页）

关于藏事片片录

闻某国人云大吉岭佛教徒对于中国处分达赖一事颇动公愤，近闻大会决议向中国请求复还达赖名号，撤退拉萨等处之军队，并将驻藏大臣联豫撤换以安人心。

枢府王大臣连日会议整顿西藏及印藏通商事宜，拟派民部尚书肃邸为驻藏全权大臣，分区设官，为改建行省之预备，又闻肃邸遗缺以郎贝勒或林绍年继任。

日来政府王大臣每于接到驻藏大臣密电后，随时开议。闻某大臣建议西藏地处鹰瞵虎视之区，早应改设行省，以固边圉，只因用款甚巨，筹措为难，以致迁延至今。查达赖虽无行政权而专理教务，实具有鼓煽藏民能力，此时除改建行省外，别无善后之策，自应赶办。所需各款，拟由各部院及各督抚协力筹措，一时赞成者颇居多数，闻将电商各省矣。

1910年3月11日，第一张，第四版(105册，第179页)

专　电

枢府接驻藏赵、联两大臣电：入藏军队已严加约束并不滋事，与印接境地自当格外留意，藏众现尚安静。

西藏问题(译《朝日新闻》)(论说)

曼　陀

喇嘛之出奔也，既足以惊世人矣，后见明谕，废喇嘛为庶人，是又不得不惊中政府手段之敏捷也。据上海来电，使姜桂题率兵入藏，朝廷之震怒可想，是诚近日之大事件也。召致此事之原因，在清政府欲悉夺西藏之行政权于达赖喇嘛之手，以巩固已国之支配权而已。顾西藏自百九十年前，始隶于清国主权之下，然其内外行政，殆依然独立者也，自一八九二年清国政府渐乏羁縻之力，竭蹶情形，日益暴露。所谓达赖喇嘛者，渐有轻清重俄之心。因喇嘛教徒伯利脱人之为俄人也，夤缘为介，密使至俄都，结《俄藏协约》。至一九零二年，即宗主国之清国，亦默认《俄藏协约》，不得不结密约矣。一九零四年，英乘日俄战争之隙，即派西藏远征兵。又一九零七年，结英俄协约，两国政府以维持西藏之现状，尊重清国之独立为约。自有此约，形势一变，渐造成清国权力确立之机会。意驻藏大臣赵尔丰之对藏政策即受中央政府之命，以利用此机会者也。然则吾人之所欲云云者，何哉？清国政府利用《英俄协约》之效果，于其继续期间，欲确立西藏之行政权与支配权，以断他日之祸根，其苦心经营之处，故吾人所赞成而欣祝者也。又如去年夏，厚礼卑辞以縻达赖，求其上京，至京后多方怀柔，所以奉养之者无不至。欲得片言以收其政权，卒归无效。此又吾人所叹息也已。然而冰雪之后，继以阳春，则人有苏生之望，易使生感，曾见有阳春之后，继以冰雪者乎？清国政府一旦讲羁縻怀柔之策，而不遂所欲，便发大兵，欲为极端之压制手段，其用意虽是，而所以见诸行事者，则非也。夫元恶大憝负嵎而不肯下，其不得不出于压迫，亦势之无可如何者矣。

顾有秩序焉，有纪律焉，吾所云云者，非尼清国，使勿为此举，亦第曰清国政府之手法勿过于严□，军队之监督，不可不慎。否则使西藏人民惹起宗教神圣战争，旋受各国之干涉，臣期期以为不可耳。盖清国之军队未达文明之域，焚掠劫杀，在所不免。电报所传者，颇不乏其例。今骤动大军，军威所布，虽鸡犬不宁，且以讨伐喇嘛为事，或竟至烧寺院、杀僧侣亦未可知。西藏人民素惑于宗教，或竟起恶感，即出于宗教神圣战争，将遍地荆棘，剿抚失据，此又不可不虑者也。即就外国之关系言之，若用压制政策，搜平藏乱，不得不需时日，其于印度、西藏之贸易，必多梗塞。英国出而干与，正难逆料。至俄领内之伯利脱人曾为喇嘛教徒，或暗与声援，亦未可知。若有杀伤，俄能默尔息耶？况俄京各报颇重视西藏，有欲得甘心之概。日著论说，岂外交之软弱者乎？要之，清国政府之处置西藏也，其政策既误于前不得不谋晚。盖今后之西藏政策，惟有严勒兵卒，不许暴掠，以安西藏之民心而已，宁有他术哉？吾谨书之以为清国政府告。

1910 年 3 月 11 日，第一张，第三版（105 册，第 194 页）

英俄对于达赖班禅之关系（北京）

北京某报载理藩部员之言云：达赖喇嘛前曾与英有嫌，因而亲俄。英人忧之，则先结交班禅喇嘛以为排斥达赖之地。光绪三十年，达赖因英兵入藏，逃奔蒙古是也。英国派人说我政府，谓达赖逃窜，藏地无主，宜废达赖著班禅署理，并乘此机改革藏政，建威于番邦等语。我政府轻信此说，则暂行革去达赖名号，着班禅喇嘛摄行藏事。班禅喇嘛抱聪明之资，而幕宾亦多贤士，知谨遵谕旨之不利，固辞曰：恭承圣谕，不胜感激，惟我藏民景仰达赖，思慕不已，某不称任，恐为乱阶，吁恳收回成命，以副藏民之心。我政府接此覆电，始知达赖之声望出于意料之外，稍有悔心，乃变方针，施怀柔于达赖，谕其从速回藏。是时，英兵驻屯拉萨与班禅喇嘛往来愈密，英人遂邀班禅藉名拜瞻佛迹，游历印度。我政府接到电音，惊愕无措，阴向英使诘之，英使答谓班禅喇嘛巡锡我印度，诣佛陀伽陀之灵塔，我政府无由禁止。印度领内有几千万之佛徒，闻其巡锡，不胜惊喜，极为崇敬，故我政府亦不能视为寻常之游历者，将以教王之礼待之，非有他意，请勿误会。我政府无如何。及班禅至印度也，英皇特派皇太子迎接欢待，其诣佛陀伽陀也，灵塔保存会特开大会，推荐副总理并以重金散于随员之间，以收其欢心。嗣后，班禅与英国交欢，有如水乳，其关系永久不易断绝。此时，斡旋两间者，实为陆军少佐俄喀诺尔君，故近时俄君之于班禅，犹达赖之于努喀汪堪布也。现在达赖出奔哲孟雄，英国亦以敬礼相待，惟班禅如何状况，其消息最关紧要，刻尚未悉也。

1910 年 3 月 11 日，第一张，第四版（105 册，第 194 页）

专　电

电一：电谕川督赵尔巽，川兵入藏，致酿事端，固由达赖喇嘛煽惑藏众之故，但该统带钟颖沿途能否严申纪律，应着该督转饬，力加约束，毋犯秋毫。

1910 年 3 月 15 日，第一张，第四版（105 册，第 226 页）

达赖喇嘛近状（紧要新闻）

《字林报》载初三日北京电云：达赖喇嘛请中政府派员前赴拉萨查明驻藏大臣加彼之罪案，并其出奔之情由，中政府对于此事大约将置之不问。《文汇报》载初四日伦敦电云：达赖喇嘛已行抵喀尔喀托，即乘总督马车前赴海斯汀慈堂，惟并无特别仪仗。

1910 年 3 月 15 日，第一张，第四版（105 册，第 226 页）

西藏善后政策（北京）

政务处王大臣昨日会议对付西藏办法，大致均有端绪，惟保护藏地驻扎军队一事，应如何位置未便擅定，须函致铁尚书筹商办法，然后酌定。故于是日即将所议军事上之要件封送铁尚书宅第，以便妥裁而昭慎重。

驻藏帮办大臣温宗尧以擅与达赖订约，又不知会联大臣，已奉廷寄申斥，并催驻藏参赞钱锡宝速行赴藏，以重边务。闻钱君将由印度赴藏起程，现在尚未抵藏。外间言赵、联、温、钱四人以达赖逃脱，互相揭参，实无此事。又闻外间传述谓达赖虽至印度，然实伏匿于俄人保护所及之处，意甚叵测，查印度并无俄人权力能保护之处，亦无俄国领事，恐未确也。

日前，赵尔丰曾有电致政府，略云：达赖举动更属颠倒，若不预为防范，难保无不测之忧，并条陈整顿西藏二策。（一）施行强迫主义，将西藏改为行省，一切官制悉如内地，削达赖之权，空予其号。（一）防范主义，派亲贵大臣二员，驻藏整顿军政，择与英俄各交界之要区，添驻重兵，随时防范。政府因时日无多，未能施行。自达赖私逃，问题发现后，政府会议整顿西藏办法，决依赵尔丰所奏办法，拟同时举行。故目下理藩、陆军两部甚为忙碌，正在拟定此项章程。

1910年3月15日，第一张，第四版（105册，第226页）

某给事揭参驻藏大臣（北京）

某给事中奏联豫、温宗尧畏葸无能，遇事张皇，自驻扎藏中，徒有改革之空言，毫无实效。此次达赖之变，固由该达赖蓄志已久，然亦该大臣联豫、温宗尧等无笼络之方法有以激成之。藏僧之有异谋，非一日矣。以赵尔丰之雷厉风行，力加整顿，彼藏僧仍一意抗拒谤毁藏臣，若以联、温等庸碌之辈久驻藏地，必贻后患云云。奉旨寄谕赵尔丰体察情形，即日覆奏。

1910年3月17日，第一张，第四版（105册，第258页）

政府处分藏事近志

电饬慎重签选喇嘛

理藩部寿尚书因奉政府命令转饬驻藏大臣，此次西藏选访灵异幼子，照例在金瓶内掣签，应仍援照旧例，在一个月内掣定。所有举办该事关系至重，务当慎重周妥，以符藏民之望，故昨已飞电寄谕驻藏大臣，遵照办理矣。

电请用兵入藏详情

政府日前阅路透电所议电文中有用兵入藏，颇不安静之语。当时虽知为某国报纸所运动，故有此记载，但以藏务吃紧，语虽出自讹传，亦不可忽，故急将川兵入藏后情形，电询联大臣。顷经联大臣电覆，言川军统带钟颖万里荷戈，孤军深入，秋毫无犯，纪律严明，番民均极感戴，故日前有旨仍着钟颖随时训练劲旅，以固边防。

更置活佛

政府刻以前任达赖喇嘛业经革去名号，亟宜另行派定，以资震慑。日昨已有电旨，著班禅暂布尊并巴呼图克回署理达赖喇嘛。闻该喇嘛前曾署理此位，至在逃达赖所管之四堪布，仍照常办事。

罢斥温宗尧

日昨有电旨到川，着温宗尧解任到川，俟到川后再行听候谕旨处置，并有电至浙，询问钱锡宝是否赴藏起程。昨经浙抚覆奏，钱已起程，不久可以抵藏。

陈督电陈整顿办法

直隶总督陈夔龙日前有二长电到京，请枢府代奏。探其内容一则系条陈整顿西藏办法，略谓达赖喇嘛逃入印度，目无纪纲，此次革职，实由自取，惟藏番素以该达赖为主，一旦失主，人民惶恐，亟需简派大员前往安抚。其一系奏直省提学司傅增湘办理学务，成效卓著，请旨优奖，以示鼓励。闻政府已定于日内代奏。

1910年3月18日，第一张，第四版（105册，第274页）

专　电

电二：闻理藩部近接班禅喇嘛电痛斥逃印达赖之过失，谓其蓄志谋叛已久。（北京）

1910年3月19日，第一张，第三版（105册，第290页）

达赖喇嘛行踪

《文汇报》载初八日伦敦电云：达赖喇嘛已于今日由喀尔喀脱起程前赴大吉岭，彼驻是处，印政府将以上宾之礼遇之。

1910年3月19日，第一张，第三版（105册，第290页）

联豫电告藏众安静

日前驻藏联大臣电致理藩部云：自达赖潜逃奉旨革去名号之后，藏众惊慌失措，势甚激烈，后经慎选精通藏语人员徐、王、赵、李四君到处抚慰，并将谕旨译就藏文，劝谕徒众，始得稍为平定。理藩部接电后，昨特与政府诸公会议云：西藏善后要政待兴甚多，若同时举办，势所不能，惟军、学、财三政尤为要务。拟请旨各简放参赞一员前往办理，并闻诸枢公以西藏边远，人多不乐就，拟将奖励加厚，于各部司员中择优呈请备派。

1910年3月19日，第一张，第三版（105册，第306页）

专　电

电一：赵尔丰、联豫电奏甘孜蒙洋杂处，易生事端，有事即成交涉，拟请添设领事，奉旨交外务部覆议。（北京）

1910年3月21日，第一张，第三版（105册，第322页）

枢府办理西藏善后之政见（北京）

自西藏问题发生后，当时警报纷至，政府几于束手无策，后经政务处各王大臣会议决定善后之政纲五端。一更置达赖，二加练新军，三派人四处慰抚藏人，四罢斥失策之温宗尧，五着驻英俄两国使臣随时侦伺两国之行动，以便临机应付日来所议。五条业已次第举行，昨得赵督来电，藏事稍为安静，政府遂电致驻藏大臣，嘱其推诚慰抚，勿贻西南半壁之忧。而其治藏之根本政策，如使藏中政教分离，以绝后患，急修川藏轻便铁道，以便交通，则尚无一定办法，于此可知政府之能力矣！

枢府以谕革达赖一事为朝廷不得已之举动，现在藏地僧众虽尚安靖，恐难免尚有误会。朝廷意旨者，拟请钦派亲贵大臣前往宣抚藏众，并乘此相机改革一切。此事业经提议数次，已有成议。惟亲贵中明白时局者均掌机要，未便改派。故监国拟于肃邸振贝子两重臣中遴派一人，作为正使。其副使一席，喀啦沁王及达侍郎寿均在拟议之列。

枢府日前采用理藩部寿尚书议，先添驻藏参赞办理军政、学务、财政三事，以为改革入手办法。现闻此事庆邸极表赞成，拟于日内会同军咨处、陆军度支两部及学部各堂共同议决，并遴派明干大员充任，大约不日必有成议。

1910年3月22日，第一张，第四版（105册，第338页）

俄国笼络达赖喇嘛之计画

《字林报》载初十日伦敦电云：据圣彼得堡电音谓俄国各报载称，俄政府答覆达赖喇嘛求助回复权位之公文，将用活泼之词，文内并将略述英俄两国已向中政府抗议一节，惟并不畀达赖喇嘛以著实之企望云。

1910年3月22日，第一张，第四版（105册，第338页）

专　电

电一：国会请愿某代表昨谒那中堂谈及藏事棘手，代表曰国会不开，则各省外交此后皆将与西藏无异云云，中堂颇韪其言。（北京）

1910年3月26日，第一张，第四版（105册，第402页）

川兵入藏之原因（紧要新闻）

藏事日棘，朝廷殷忧西顾，屡电饬联、赵二大臣妥筹布置，然此次川兵入藏之原因，外间终未悉其真相。现查得其要领云：此次川兵入藏，乃系与英国条约所定，因条约内所载非川兵到藏，英兵不能一律撤回，川兵入藏，全为保商上事物起见，甘孜商务极盛，入藏之兵须以一半驻甘孜，一半驻前藏。甘孜与后藏印度接壤，此处英兵极多，藉口保固印度边防为名，而西藏实隶中国版图，决须有兵驻此，故日前电催钟统带颖进兵，并闻统带此行以程度计之，约四万八千余里云。

钱锡宝参赞本有旨饬驻后藏，现闻已改旨饬其到前藏，大约令其接办温宗尧之事，惟后藏无人，不知又简何人办理也。又闻川督赵次珊因藏事被参，已交滇督李仲宣查办。

1910年3月26日，第一张，第四版(105册，第402页)

专　电

电三：川藏边防大臣赵尔丰电奏藏事棘手，需用枪械子弹，为数较多，尤甚急迫，一时购运不及，请饬邻省接济。奉旨著军机处寄谕鄂督迅速拨解。(北京)

1910年3月27日，第一张，第四版(105册，第418页)

政务处拟提议藏务(北京)

政府日来运次筹议藏务善后办法，已屡志本报，近闻关于藏务有紧要三事，不能即日决议，拟提出详加核议。一为特派入藏大员之资格权限及是否长川驻扎；一为添驻青海及打箭炉等处兵队之调选及经费；一为修筑川藏路电之的款及如何赶办之法。拟在政务处特开会议，以便公同取决。闻此三项之中，路电一事最为重要，日前曾会同度支、邮传两部尚书筹议办法，某枢臣谓由川进藏路线延长，沿途险阻无论有线、无线电报及完全轻便铁路，其工程之险隘，需款之浩繁，可不待预算而后知。况当此财政拮据之时，自行筹措，恐事不易集，于藏务大局关系重要。救急办法莫如择其与藏务无甚关系之国筹借款项，必得早日成立云云。闻某枢臣及某尚书均不以此议为然，尚需从长核议。其派大员赴藏一层，曾拟请派肃邸，旋又议派振贝子，庆邸恐其难于胜任，又以延吉边防督抚吴禄贞已卸任来京，拟即委以此任，惟吴颇不愿往，故尚需提议。

1910年3月27日，第一张，第四版(105册，第418页)

达赖果犹有此声势耶？(北京)

北京某报载，英领大吉岭消息云：西历四月一日下午达赖入城，西藏各地僧侣等皆随行旅，装甚盛，观者如堵，先导即为大吉岭。喇嘛手捧黄旗徐步，达赖乘舆随之。舆用黄绢装饰，甚美。西吉穆高僧与代表员左右恭侍，土民盛装随行者数千百人以资护卫，先是达赖从巴徐克抵大吉岭皆用骑马，所到群众皆于途上跪拜求福。盖其隆望与旧时相同，毫不似亡命之人，达赖今驻边境，抚绥边民，颇为愚众所悦服云。

1910年3月28日，第一张，第四版（105册，第434页）

英政府声明断不干涉藏务（北京）（紧要新闻）

政府昨得驻英李钦使电报云：英政府已声明决不因已革除达赖喇嘛一人之故干预藏务，致伤中英邦交，并陈述印藏商务之关系。政府得电后当即电致李使，使商请英政府随时监查该革达赖之行踪，以防别生他项纠葛。

藏众果欢迎官兵耶?（北京）

北京某报云：藏中番众向苦达赖之苛虐，故闻官兵入川，甚为欢迎，前政府因有人奏谓不可即用强迫手段，故留赵大臣尔丰在打箭炉暂停，嗣因藏中五十九族番众头人各遣属相迎，赵大臣乃长驱直入，沿途藏民见者无不欢呼，绝无抗拒形迹，故官兵在彼，毫无足致忧虑之处，意达赖之逃，亦以藏民不复附己不得已而去之云。按记者录此，一新耳目而已，确否，不敢知也。

1910年3月29日，第一张，第四版（105册，第450页）

藏事之最近消息（紧要新闻）（北京）

藏事自派兵入藏后，现已节节进兵，妥为布置，惟军火困乏，昨由赵大臣尔丰电陈，已奉廷寄，藏事紧要，仍饬湖北兵工厂接济蜀中军火，毋许丝毫掣肘。

政府前拟特派亲贵大臣入藏，宣抚藏众一事，所以迟迟未行者，因无熟娴藏务之人，且近接驻藏大臣报告，藏务尚称得手，故已将此议作罢，拟先添派参赞等员襄办一切。

达赖喇嘛于正月初三日夜潜逃后，驻藏大臣赵尔丰在巴塘闻信，即于初四日飞派陆军一营前进入藏弹压，以防藏民生变，并严令军士不准轻杀藏民，该大臣旋亦进屯察木多地方，遥为震摄，并约束军士与藏民交易购买食物皆须公道给价，不准滋扰，故兵民尚称安靖。现该大臣进驻何处尚未探悉。

1910年3月30日，第一张，第四版（105册，第466页）

英国两次声明决不干涉藏事(紧要新闻)(北京)

驻英李使电告英政府声明决不干预藏事,已志前报。兹悉达赖喇嘛遁迹英属印度,后与该处地方长官不过照例来往,印总督奉英政府训令于达赖所到地方,除保护监察外,均不干预。驻京英使近见中外各报载有英政府干涉藏事之谣,故于日前亦向外务部梁尚书声明,略云此次贵国进兵西藏为保护该地方起见,本系贵国应有之权,且与《中英条约》毫无违背,敝政府绝无干涉之意,局外谣传,殊属误会本国政策,幸勿听信。

1910 年 3 月 31 日,第一张,第三版(105 册,第 482 页)

西藏急待筹济饷械(紧要新闻)(北京)

川藏边防大臣赵尔丰前日电奏藏事,虽日见安靖,而僧众疑虑,谣言纷起,兼之介居两大,易起事端,军备不得不早日筹维。但藏地僻远,款项尤形支绌,订购军械,非惟无此巨款,且恐缓不济急,可否饬下邻省督抚,不分畛域,酌量拨济云云。当日廷寄鄂督,速即酌拨若干,以应急需。

又闻月初赵、联二大臣有电奏到京,略云:已革达赖喇嘛现已行抵印度,该达赖素蓄异志,藏僧归附者亦多,恐不免别生事端。藏兵素单,去年奏请招练,只有万人,至今尚未募及半额,拟再增练万人,合去年奏定者,共二万人。即日招募足额,以备非常。惟款项支绌,此项军饷,应饬下度支部酌拨云云。奉旨著度支部知道。

1910 年 4 月 2 日,第一张,第四版(105 册,第 514 页)

专　电

电一:某御史奏藏事急迫,强邻窥伺,现在达赖远走,倘有人暗助达赖,协以谋我,必贻后患,温宗尧毫无才能,赵尔丰虽能办事,又失之操切,请另简大臣速往,力图整顿,藉保一切。(北京)

1910 年 4 月 4 日,第一张,第三版(105 册,第 546 页)

政务处议派大员驻藏练兵(紧要新闻)(北京)

政务处王大臣日前为西藏一事特开会议，当有某大臣提议藏事现虽平定，军政一端仍宜注意，驻藏大臣赵尔丰前以取怨番民，藏众颇形嫉视。故该大臣即在巴塘驻节，虽有驻藏之名而于治理藏地诸事尚难直接，不免有隔膜之处，致此次竟任达赖潜逃。现在宜饬赵大臣进驻拉萨，训练新军，并将旧兵编成新军，一体训练，既能实力保护藏境，且与川藏军政可期联络呼应云云。某尚书接言赵大臣在藏既招藏民物议，若再令其统兵驻屯拉萨，设有扰乱，反多不便，宜别选武官一员驻屯拉萨，赵大臣则仍驻巴塘，两相遥顾，庶军政亦不致贻误，且足震慑藏氛等语。此议各王大臣皆以为然，当经该尚书推荐前吉林边务督办吴禄贞可充斯任，惟因吴禄贞已经涛贝勒拟派充禁卫军第二协统，故须俟涛贝勒回国决定。

1910年4月6日，第一张，第四版(105册，第578页)

专　电

电一:川督赵尔巽电告藏事安靖，赵尔丰已率兵进发。(北京)

1910年4月9日，第一张，第三版(105册，第626页)

专　电

电一:川督赵尔巽致枢府电，川省库款奇绌，无力接济西藏，惟藏事甚急，请饬度支部另筹拨济，免致两误。(北京)

1910年4月10日，第一张，第三版(105册，第642页)

整顿西藏乃用鄂路借款耶?(紧要新闻)(北京)

鄂路批准商办后，此项借款移湘移川，均以绅民反对未能定议，欲移作行政之费，则各该使又坚持不允，因之邮部颇觉为难，现闻徐尚书已思得两全之法。前日曾同外部梁尚书与各该使商议，以一千万为整顿西藏经费，闻各使均已承诺不日即当出奏。呜呼！西藏何地，而可移用借款？各使何意，而于此事独肯承诺？外、邮两部之□目顾前不计远大,可以见一斑矣。

1910 年 4 月 13 日,第一张,第四版(105 册,第 690 页)

外务部安置已革达赖(紧要新闻)(北京)

昨日外务部又有电致驻藏联大臣,谓已革达赖喇嘛探得近日行踪,似将潜回西藏,在朝廷整治西藏原与内地无异,然该达赖既奉明谕,即无复位之理,惟如入藏中,必须妥为安置,免滋事端,请即护送五台山中,令其潜心修养,以昭朝廷恩威并用之意(按此节略见前报专电)。

1910 年 4 月 15 日,第一张,第四版(105 册,第 722 页)

筹备藏卫改建行省之大纲(北京)

藏卫改建行省一事,政府屡经提议,均以恐有窒碍而罢。前日,政务处又开会议决计现行筹备一切,俟筹备就绪再行查度情形,施行改建。闻其所拟办法甚多,现探得大纲三则。一详筹藏地对于外人之关系及边防之疏密;一划分驻藏大臣与藏僧治事之权限;一恭核钦定西藏法规,变通损益,重颁藏僧教法规律。此外,条件尚繁,探悉续登。

西藏又请筹拨军用款项(北京)

陆军部昨接驻藏大臣电报一件,探悉内容系因派赴西藏保护商埠各兵队陆续到齐,营房有限,不敷应用,所有添修改造之事,刻不容缓,且值藏乱未平,购械筹饷需费甚巨,其如何筹拨之处,应请部中从速核准等语。寿尚书及各堂接阅后,当即谕交军制司会核,尚未电覆。

1910 年 4 月 16 日,第一张,第四版(105 册,第 738 页)

专　电

电三:驻藏大臣赵尔丰电奏达赖出亡后,藏众尚安,谓月初藏众于竹墨[?]工卡

与官兵寻衅，互击数次，官兵伤十余名，藏众伤百余名，现已解散，兵民安靖。（北京）

1910年4月18日，第一张，第三版（105册，第770页）

西藏乱后知治标策（北京）

军咨处王大臣前因西藏乱事电饬驻藏大臣，测绘西藏全图，择其险要之处详细注载。何处宜派兵驻扎，何处现有兵队若干驻守，迅速绘成咨送本处，以便派兵前往分别驻扎等情。顷闻此项地图业已抵京，军机大臣昨奉摄政王面谕片交军咨处，将该图检齐速送军机处，以便进呈预览。并闻该图关于险要各处注载颇为详晰。

藏地乱事现已一律肃清，驻藏大臣以警察为治藏第一要政，虽经开办逾年，奈办理乏人，毫无成效。昨特电致民政部称：开放商埠警察一事，最关紧要。业已照会某国，不得侵越主权。按照约章，巡警应由中国筹办，然熟悉警政人员一时颇难其选，请速多派通晓警务人员来藏襄办，以资得力而保治安，是为望祷。

理藩部寿尚书昨饬司员等将从前西藏选定真正呼毕勒罕掣签后，有敕封典礼及御赏颁赐等事，皆系何项品类，迅即查明旧案，以便先期具奏，俟驻藏大臣奏报到京时，候旨遵办。

1910年4月23日，第一张，第三版（105册，第851页）

专　电

电六：驻藏大臣联豫奏请岁拨万两办学，奉奏照准。（北京）

1910年4月24日，第一张，第四版（105册，第866页）

专　电

电二：某枢臣议藏事，实为温宗尧一人所误，仅开去驻藏大臣差不足蔽辜，应从严惩处。（北京）

1910年4月25日，第一张，第四版（105册，第882页）

温大臣与达赖立约详情(北京)

此次达赖出奔传闻，驻藏温大臣曾与达赖私自立约等情经纪前报，兹得特别访函，谓该大臣原条文尚无损失权利之处，其当日缔结条约详情照录于下：

前奉廷旨由川省拨兵一千，晋藏以资整顿，藏人疑惧，迭次要求奏阻，不遂所请，公然征调番兵分布要隘，阻我进兵之路，并扬言围使署、洗汉人，声势颇盛。去腊事机日益危急，拉萨以内刻刻戒严，江达屯粮复为番兵付之一炬，加以联大臣平日措施失当，不洽众情，故藏众专与之为难，停其供给，罗列罪状十九款，至温大臣署，禀讦恳为转奏，群情愤激，甚费调停，幸我兵转战而前，大获胜利。达赖闻耗胆落，始稍有悔悟之心。至今初二日，达赖约温大臣赴布达拉山相见，达赖面允三事：一、将各处阻截官兵之番众立刻调回；二、渥荷朝廷封赏，咨请奏谢；三、仍尊重联大臣，一切供应照常规复。温大臣亦允许四事：一、川兵到日，自必申明纪律，维持安宁秩序，不至骚扰地方；二、诸事均和平办理；三、达赖固有教权不加侵损；四、决不杀害喇嘛，焚毁寺庙。达赖复请交换文牍，以昭信守。温大臣回署后，立与联大臣会商办理，讵联大臣固执己见，不允会衔，且删除和平办理一款。温大臣争之不从，不得已由温大臣单衔具文译咨达赖。复文均允照办，方以为此举足安达赖之心，不致或有他变矣。不意初三日，川兵头队有马兵四十名，先到拉萨，此系联大臣派为先导之卫队，杂以新练士兵，不无虚张声势之状，达赖惊惧，速夜召集番官秘密会议，决计潜逃。温大臣先期得信，急约联大臣相见，商请派兵，预扎曲水，阻其西往之路。联大臣不从，傍晚续据探报，达赖果已出走，后虽派兵追截，亦已无及。事后，温大臣将实在情形电达枢府，恳为代奏，并乞开缺，旋奉电传谕旨，准予开缺，迅速由藏取道打箭炉，赴川面晤赵制军，筹商善后等因。温大臣已将经手事件赶紧料理清楚，即行卸任往川矣。

注意达赖赴俄载入条约

《文汇报》载十五日柏灵电云：据圣彼得堡《洛夫佛莱牙报》载称，英俄两国政府现已缔结条约，内有达赖喇嘛准西六月前往俄京之说。

1910 年 4 月 26 日，第一张，第四版(105 册，第 898 页)

专电

电二:赵尔丰、赵尔巽奏中渡地方为通西藏要道,拟建钢桥,已与比商订定,需款三万。(北京)

1910 年 5 月 5 日,第一张,第五版(106 册,第 67 页)

西藏政教权划分之时机(北京)

政府屡议划分西藏政教权限,皆以事有窒碍,未能实行。前日,各枢臣复有集议,以西藏现值改派达赖之时,所有藏地政教两种权限,亟宜乘此划清。闻已电告驻藏大臣,速与该班禅等公同核议,此次新达赖掣定后,应照章专司教务,其关于政治各事,自有官长处理,该达赖无干涉之权,并拟照会各国公使,声明达赖之职掌。如有关于政治问题与达赖私行立约,未经外部签字者,无论事之巨细,中国政府概不承认。

1910 年 5 月 12 日,第一张,第五版(106 册,第 179 页)

枢府筹画藏务之政见(北京)

枢府以现在西藏之新呼毕勒罕已经选定,近议将一切政教分权事宜即须陆续措施,藉立改建行省基础,已志前报。惟闻各大臣以事物繁难,先行拟定办法四端:一为急进政体,一为缓急并用政体,一为政教单行政体,一为政教兼行政体。即将四端咨由政务处会同理藩部详细核议,再行奏请实行。

政府又以现在蒙藏各处新政急待振兴,需用人才甚多,拟奏请通饬各部院堂官及各省将军督抚,预行奏保,由军机处存记,以备将来简用。其资格须于军政、法律、警察、商务、学务、财政、矿学、盐政及英俄语言文字具一门之长或办事已有经验者,方为合格云。

邮传部徐菊人尚书以现在藏边多故,外人皆有乘隙欲进之心,亟宜先事预防,因拟筹措的款先筑川拉路线(由四川省城至拉萨)以便交通。现已商明政府,不日即可派员前往勘查一切。

1910 年 5 月 14 日,第一张,第五版(106 册,第 211 页)

政府决定治藏之政见(北京)

政府提议治藏政策四项,已载前报。兹悉吴侍郎军机业于日前面奏监国,谓现在达赖喇嘛业经废旧立新,藏务大局亦因之多所变更,若仍照前议缓行办法,必致延误,亟应决定改图急进政策,以维大局。闻已经监国允准,故日昨由枢垣片交各部院,即于日内另行详议核办。

1910 年 5 月 16 日,第一张,第五版(106 册,第 243 页)

谁能办理西藏交涉者(北京)

探得最近消息,政府为慎重藏务大局起见,刻已决定请旨饬下外部酌报精于外交人员,开单请简一员,授为西藏交涉使,嗣后凡关于外交事件,均划归该员,遇事秉承外部直接办理,驻藏大臣毋庸干涉,以专责成。惟闻此议因未得某邸之认可,故迟迟至今,尚未入奏。

又西藏开办商埠三处,多与外国有交涉事件,而驻藏大臣联豫、赵尔丰及参赞钱锡宝皆不熟谙英文语言,实属不便。现温宗尧已卸任回川,其继温宗尧之人员务须通晓英文者方可简派,俾免遇事隔膜。故日前已饬外部堂官物色有堪充驻藏人员,奏明请旨点派。

1910 年 5 月 19 日,第一张,第五版(106 册,第 291 页)

西藏拿获暗通达赖之奸细(北京)

自川兵到藏,藏中番民尚属安静,朝廷以联大臣布置妥善迭次嘉奖。日昨联大臣有折到京,探其内容系访拿通判某某等二员,为已革之达赖喇嘛暗通消息并有别项情事,请革职,永远监禁,以示惩戒。闻已有旨著照所请,饬将某某解交四川监禁矣。

1910 年 5 月 28 日,第一张,第五版(106 册,第 437 页)

专　电

电一：川藏边防大臣赵尔丰电奏，藏中军械缺乏，仅有四川解到枪五十枝，弹一万粒，鄂省覆电谓现亦无余，或待赶造须俟秋后拨枪百枝、弹万粒等语。现在虽尚安静，但鄂省与西藏远隔万里，深恐缓不济急，不得不妥为预备。素知瑞澄公忠体国，请饬该督不分畛域，速行拨济。（北京）

1910年5月30日，第一张，第三版（106册，第470页）

专　电

电二：寄谕江鄂两督，西藏迫近强邻，外交紧要，内讧迭告。不可不多备饷械。接联豫等电，仅川省解到枪弹不敷拨用。藏地僻远，有事骤难接济，着速拨枪炮子弹等赴藏。（北京）

1910年5月31日，第一张，第四版（106册，第486页）

专　电

电三：枢臣会议藏事之坏，皆由驻藏大臣因循坐误，以致外患内讧，不可收拾，现图整顿，应先另设重臣，拟将新疆巡抚改为新藏总督，以一事权。（北京）

1910年6月2日，第一张，第四版（106册，第518页）

西藏政教分权之时机(北京)

自达赖喇嘛黜革之后，政府屡议藏事，政教分离一议，已为枢廷多数人所主张，惟当时以各国之干涉，迄未决定。日来，藏事稍平，枢廷又迭次会议，议定乘此达赖喇嘛更迭之时机，取决政教分离主义。以后凡关西藏一切教务，由新立之达赖专司其事，所有全藏之商务、外交，在西藏未设省治以前，悉由驻藏大臣随时秉承政府命令，相机处置，达赖不得越权干涉。刻已将关于西藏政教分离之条件由枢廷议妥，转由外部照会驻京公使团。此后西藏事无巨细，非经驻藏大臣禀商，政府认可，概无效力。如再遇有达赖私与外人缔结条约情事，中国政府一律不能承认云。

1910年6月21日，第一张，第四版（106册，第834页）

达赖私借外债之确闻(北京)

驻藏大臣赵季鹤密电枢府,由枢府封交外务、理藩两部,速议具奏。探其内容,系查明已革达赖喇嘛确有与某国私定借款之约,并有实据可稽,私定之约均与外部现订《中英藏约》矛盾,恳请再申前议,声明作废。

1910 年 6 月 22 日,第一张,第三版(106 册,第 850 页)

藏地暂不加税(北京)

政府前因藏地百事待举,需款浩繁,若专由内地协济,恐有不及,拟改订征税章程以为就地筹款之计,前曾电致驻藏大臣体查情形,妥筹办法。兹接联大臣来电,谓现在藏地虽称安谧,然番众良莠不齐,仍不免遇事惊疑,若骤行改征税章,恐有人从中煽惑,致扰治安,应请暂行缓议,俟各政办有端倪,商务稍见起色,再议改订办法,以免滋扰。闻政府以所陈系属实情,已准其所请。

1910 年 7 月 5 日,第一张,第四版(107 册,第 72 页)

西藏安谧之现状(北京)

北京某京官得驻藏大臣随员来函云:西藏自达赖斥革后,由西藏代表电请政府代奏收回成命当奉严词申斥,现在灵异幼童尚未选出,而藏中僧众举向日信仰达赖之心多变而为唾骂达赖,盖达赖从前假神权以驱使藏众,视为牛马,苛刻万状,藏众皆敢怒而不敢言。此次既经斥革,番众心理均以达赖尊严朝廷尚可斥革,我辈当易信仰达赖之心,转而信仰朝廷,所以现状尚称安谧云。

1910 年 7 月 13 日,第一张,第四版(107 册,第 206 页)

达赖喇嘛何前倨后恭(北京)

闻西藏已革达赖喇嘛日昨有电致理藩部云:前已将意陈达大部,惟闻现在仍有加罪我等之消息,恳大部可否代奏天庭,我自革去封号以后,每日静心休养,并无他意,外间所传消息,不足为凭云云。

1910 年 7 月 17 日,第一张,第五版(107 册,第 271 页)

专电

电四:驻藏大臣联豫奏报,参赞钱锡宝业已到任,并代谢恩。(北京)

1910 年 7 月 24 日,第一张,第三版(107 册,第 386 页)

印政府派兵赴藏

《文汇报》载二十四日伦敦电云:据西姆拉路透访事电称,藏地因华兵之行动以致骚乱不靖,现印政府已派联队二队随同过山炮队驰往该处,以防不测。复在格莱汤地方广储军粮,并预备大队,如遇江孜及亚东之英国商务局有被攻或受危情事,立即驰往保护。如华军与藏民交战,英军则严守中立云。

1910 年 7 月 31 日,第一张,第五版(107 册,第 501 页)

藏民运动达赖复位

《字林报》载二十六日北京电云:中政府深知西藏将起乱事,英国因此派兵前往。该处藏民因英国拒绝协助恢复达赖喇嘛之位,颇形闷郁。英国商务坐办局,恐为所攻,现在藏民仍运动达赖复位。中国正在筹议,故达赖喇嘛已有复位之望,盖非此无以安静西藏喇嘛之乱也。中政府设竟承认此事,则达赖喇嘛可由英军护送以入拉萨矣。同日伦敦电云:据大吉岭(在西藏边界附近)电称近得确实消息,达赖喇嘛对于英国之政策深为困郁,北京之行,业已作罢。

《文汇报》载二十七日伦敦电云:据喀尔喀脱路透通信员电称,西藏邻境之商民皆信藏民深感英国优遇达赖喇嘛之盛意,决不攻击英国商务坐办局,若辈曾谓如果起乱,则实由华官欲图惩办阻挠华军进追达赖喇嘛藏民所致云。西姆拉路透通信员电称,英国如果用兵,则将以西列格里为根据地。

1910 年 8 月 3 日,第一张,第五版(107 册,第 549 页)

专电

电一:赵尔丰、联豫电奏,英国藉词保护英商,派兵来藏,请饬外务部速商该国

驻使,另定限制章程。(北京)

英人注意藏务之一斑

《字林报》载二十九日伦敦电云:《泰晤士报》载杨赫斯本君之来稿,此稿系论英人对藏之举动,谓远征拉萨一役所得之效果,今已消灭殆尽矣。华人具坚毅之性,复行插足于吾侪与藏人之间,就实验观之,华人现正竭力进行有害印度邻邦之政策,且鼓动藏人附和之云云(按杨赫斯本于一九零四年率兵攻抵拉萨,英藏因而缔结条约,准许英国在藏设立商务坐办局)。

二十四日伦敦电云:驻藏大臣赵尔丰之属员所行政策颇含侵逼主义,是以英员不得不格外注意。大吉岭近接消息,谓边界华军有活泼之举动,惟已中止。现闻印政府已命步军两大队预备一切,以便开往西藏,保护英国利益。

电询不选达赖喇嘛之原因(北京)

枢垣电致驻藏办事大臣略云:前达赖喇嘛自正月革退,饬令拣选聪慧子弟,请旨简充,迄今半载,藏中赤子堪应其选者,已否觅得?抑或另有意外情弊,务即据情电覆,毋再迟延,以符朝廷笃念黄教之至意。

1910年8月6日,第一张,第三版(107册,第596页)

驻藏大臣更动原因

前有电旨,饬驻后藏帮办大臣温宗尧开缺,迅回内地候旨已纪前报。兹闻其原因仍为今正已革达赖喇嘛潜逃之事,其所以延缓至今者,因藏务未定,钱参赞尚未到藏之故。现大局粗定,钱参赞已抵后藏,故始发表。又闻继其后者为驻美钦使张荫棠,前直督端方、候补侍郎唐绍仪、厢红旗蒙古副都统吴禄贞均将列保。

1910年8月6日,第一张,第五版(107册,第597页)

英法对于藏事之评论

又载同日伦敦电云杨赫斯本第二次致书《泰晤士报》,谓英俄两国对于藏务莫不谨守，转使华人独获其利。今日所急宜询问者究竟此等地位仍须保守与否？至藏人仅愿听其自治，此种观念务须废弃。盖藏民曾请俄国及吾英保护若辈之故也。

《文汇报》载初二日伦敦电云：法国《时报》讨论西藏问题，谓中国对藏之政策以表面观之，确有以西藏为其附庸之意，此事之影响将不利于邻邦，今欲起而挽救有效与否，犹在不可必之间云。

1910 年 8 月 7 日，第一张，第五版（107 册，第 615 页）

川藏添设官制近议（北京）

西藏添设官制一事，闻已拟定草案，以赵大臣驻扎打箭炉为行台，其余如巴塘、理塘各处均仿照巴安府制添设府治，并酌设州县，以便办理地方要政。又拟巴、里两处均须增驻重兵，以为藏地之声援，俟办有成效，再行推及藏地。

理藩部改革部制之草议（北京）

理藩部因现在应筹蒙藏各政日渐繁夥，本部规模狭隘，诸多棘手，拟将部制大行扩充，以便措置裕如。闻已拟定草案，将领办处改为丞参厅，其余旗籍、典属、王会、柔远、徕远、理刑各司，亦均大加改定扩充十司，并于京外调用熟悉蒙藏情形人员，破除汉满成例任用，惟闻此项草议虽经各枢臣认可，尚须妥筹经费，方能奏请实行。

西藏电调测绘铁路人员（北京）

驻藏大臣电致枢府，略谓前奏调各员，虽均来藏，然测绘铁路等人甚不敷用，请再选高等测绘及留学东洋铁路毕业生各数名，分别咨送到藏，以便测绘全藏详图，筹画路政。

1910 年 8 月 8 日，第一张，第四版（107 册，第 630 页）

英国进兵西藏确耗（北京）

英国进兵西藏一节早有是议，兹悉此事，极为的确。驻京英使已向政府声称西藏种族复杂，人情不靖，如有乱事，中国兵力单弱，必不足以任镇定之责，敝国至彼时即当进兵保护本国商人之生命及其财产，并非含有侵略之性质云。

1910年8月9日，第一张，第四版（107册，第646页）

西藏华军把守要隘

《南清早报》载初一日伦敦电云：英军由大吉岭拔队赴藏后，又接西藏封锁之消息，谓现在华军把守通往拉萨之路，军界中人闻此警耗，颇为震动，外间咸信中国已决意维持其主权云。

1910年8月14日，第一张，第三版（107册，第726页）

专　电

电一：藏臣联豫、赵尔丰电奏外患内乱相逼而至，事甚棘手，请饬川督赵尔巽速拨兵数千援助。（北京）

1910年8月20日，第一张，第三版（107册，第822页）

专　电

电一：藏臣联豫、赵尔丰电奏藏众抗拒官兵，蛮不归化，要求不练陆军，肆意焚掠，经钟颖督兵痛剿，连获胜仗，众渐安静，讵前达赖喇嘛近忽率领外兵来藏，意图报复，事机急迫，请催川督派兵援助。（北京）

1910年8月24日，第一张，第三版（107册，第886页）

蒙藏新疆设置邮政情形（北京）

京师大清邮政总局前为推广边疆邮政起见，拟在西藏、蒙古、新疆等处逐次创设局所，开始递送信函等项，以便通信，已自上年春着手筹办，现在已有眉目。日昨京总局接有藏、蒙、新疆等处邮局报告，大旨谓西藏邮政先在亚东、拉萨二埠设置分局各一所，以通信件，所有由两局与本国间来往信件托由印度邮政局递送，而其邮费按照美国邮政章程所定之率，黏贴邮票。新疆邮政则由前设之甘肃凉州府起，经肃州、安西至新疆迪化府，设行省总局。更于焉耆、库车、温宿、疏勒、伊犁、塔尔巴哈台等处各设分局，办理邮务，而所贴邮票须较内地行省邮票加倍。并有一路即经西比利亚铁路与该各局来往信件之邮费，仍照万国邮政章程贴票。蒙古邮政则由前设之张家口起，经库伦、至哈尔图，更由库伦至乌里雅苏台、科布土，每埠设置分局，亦经西比利亚铁路由克图可以来往信件，而其邮费即与新疆办法同，但蒙、藏、新疆等处僻在边徼，地大人稀，又因人民未悉邮局之灵便，故邮寄信件尚未见多。兹由各该局督饬吏员，认真办理，故近来已见发达云。

1910年9月9日，第一张，第四版(108册，第130页)

川督将督办川藏铁路(北京)

邮传部前以川藏铁路关系重要，拟仿照津浦路办法奏设督办大臣专司其事，曾将此意商诸枢府朗贝勒，以津浦铁路虽设有督办大臣，然弊端百出，屡酿惨案，较诸未设督办之各路尤为腐败。川藏铁路不如派川督赵尔巽就近办理，于经费即可节省，且于地方情形不致隔膜，徐协揆亦以为是，刻下邮部已将设川藏督办铁路大臣之议取消矣。

1910年9月9日，第一张，第四版(108册，第130页)

中国派员往见达赖喇嘛

《文汇报》载初七日伦敦电云：中国道员李君于星期一日由拉萨行抵大吉岭，闻系奉政府之命往见达赖喇嘛磋商一切。

1910年9月11日，第一张，后副第一版(108册，第165页)

藩部注意西藏裁判权(北京)

资政院已将蒙藏刑律问题列入日表，按期集议。兹闻理藩部以西藏江孜等处商埠一切措施已具端倪，将来关于裁判事宜实于主权大有关系，拟将此事奏请续交资政院讨论。惟因西藏议员尚未到齐，一切情形未能详细质问，故此事尚须稍缓方能实行。

1910年10月23日，第一张，第三版(108册，第834页)

西藏改省之动机

大总统前为整顿西藏行政，拟恢复已革达赖教权。预定设治办法，厘定政教分权，暨派专员与英公使磋议关于西藏中英藏印外交各事宜，迭详报端。今闻临时筹备处人云：大总统对于西藏设治一举甚为注意，屡次与驻藏联豫、钱锡宝等通电议商入手政策。日前会议又经提及，大总统拟在临时政府任内，会同参议院将此问题议定办法，改为行省，并将此事作为国会第一议案，议决实行，以固屏蔽而重版图。

1912 年 4 月 13 日

总统府集议治藏政策

（一）请达赖喇嘛速回拉萨。（二）保护藏地英商。（三）抚慰藏番及乍了兵队。（四）派温宗尧为抚藏专员。（五）藏中用款暂由四川接济。（六）改设行省。

1912 年 4 月 14 日

北京电[川兵甚不得力]

驻英代表刘玉麟电京：川兵甚不得力，刻被藏番围攻甚急，且英国将派印兵入藏，请速设法。

1912 年 7 月 1 日

北京电：陆总理提议于西藏靖西设立交涉司(目)

北京电[政府拨银二十万两]

闻政府对于藏务拟行强毅之政策，现议拨银二十万两以充军用，桂林都督已允代解。

1912 年 7 月 5 日

北京电

西藏需饷甚急，决定以桂省协款二十万两就近汇藏。

1912 年 7 月 6 日

川军征西大会议(目)

1912 年 7 月 7 日

成都电[藏兵围攻里塘]

六月十五日有西藏骑兵千人围攻里塘，该处武员主张开战，文员主与之媾和，卒乃相战一小时之久，有藏人五百名攻入。该镇华人乃将军械所焚毁，即行退逃，遗尸七十余具。藏人获虏品之中有现银十万两，乃贮藏官库中者。兵士、商民均向打箭炉逃生。藏人获胜后肆意屠杀妇孺，遭祸者甚多，且有被活焚而毙者。闻有藏人一队攻入乡城，传者谓其有来福枪二千枝，盖达赖喇嘛近在印度购得者。

1912 年 7 月 10 日

西藏军饷

袁大总统昨与新国务总理陆征祥及陆军总长段芝泉、财政总长雄秉三会议要政时，曾问及对于西藏请饷一事，是否筹有端倪？熊云：昨与银行团商借垫款，彼尚未应准付款之期，现在部中实无款可拨。陆总理云：昨桂林陆都督电称接济中央二十万，今无庸令其解京，可请其直接汇交尹都督，则军饷可无忧。此议均赞成，惟当先电讯陆都督，该款是否筹妥？如尚未备妥，则仍当另行筹解云。

1912 年 7 月 11 日

成都电[里塘已为华军夺回]

巴塘已于阳历六月十六号为藏人占据，云南已派兵援助西征队。据中国消息，里塘已为华军夺回,副都督被人行刺未成。

拉萨汉军破番记

川函云:拉萨华军今仅千四百人,外则一营驻扎关上,附炮二尊。两排驻扎藏东二十里之綦里河边。两排驻扎藏北五里之小路要口,南临大江防堵稍疏,并有察绒噶隆之子王寿山率领番兵三千余名助汉,分布拉落四隅。内则一队驻达赖山寺,周围系属平芜,展望甚便。余兵一扎佛寺院,一扎厦札栅林,一扎聪思港。凡有碍阵地民房树木,概行砍伐拆毁。军粮必由该寺运送,该寺喇嘛多系北京、蒙古、金川之人,故能助汉。柴草由助汉番官供应,现在粮秣积囤甚多,足以支持数月。初华军闻信,即拟占据达赖山。色拉寺喇嘛出而阻挡,华军不听该僧等。因此激战,华军连发九弹,将该寺毁去五分之三,轰毙喇嘛一千余名,华军死伤二十余人。西路大股番兵尽向拉萨进攻,又被华军大炮轰毙数百,登时大败。番军复还山僻小径,抄入拉萨,拆毁什城。华军营舍分驻四面村落,汉番连日大战。番军死约两千余名,尸遍原野,血流成渠。华军死约一百余名,多由藏生长者。刻下,战事已停,番军尚驻曲水一带,不敢闻过,乃畏怯大炮故也。

1912 年 7 月 12 日

川军征番之捷报(目)

1912 年 7 月 13 日

新政府筹边种种:一、蒙藏共通办法。二、对付西藏办法。三、…… 四、两总统镇定伟画

大总统以民国成立将近半载,外蒙独立既未取消,而西藏风云日益急迫。若不亟为筹划,殊于民国之统一大有妨碍。前日下午,特传见陆军段总长、内务赵总长磋议维持办法。拟先通电库伦办事大臣、驻藏大臣,将外蒙各王公及西藏最有势力之各喇嘛切实调查,择其开通及素孚众望者开列清单,从速覆报,由中央分别委任,以便就近宣慰,较之中央委任之宣慰使更觉观切云。

大总统以西藏至今尚未正式承认共和,藏兵及华兵在拉萨、里塘等处屡次接

战,互有胜负。某国乘此进兵,居心实不可问。倘不及早维持,藏地恐非我有。因于初五日,在总统府内召集政治、军事高级顾问筹议对付办法,当拟出数则,大致如左:(一)恢复达赖权,饬令解散藏兵。(二)令全藏藏民速具正式愿书赍送中央,述明赞同共和之至诚。(三)所有藏地统由华兵保护。(四)藏地全权事务,统由该处长官钟颖直接中央办理。(五)达赖有传教权,对于政务上事件不准横加干涉。(六)达赖倘执迷不悟,仍使一般愚氓反抗共和,与同胞弃之。(七)此事由中央派出宣抚使一员驰赴西藏,会同钟长官筹商办理。(八)商明某国人务须遵守中立,即使将来无论如何决裂,不得行使破坏主义,接济军火暗助战争等类。

西藏自华兵与藏番冲突后,元气大伤,现又谣言大兴。袁大总统忧之,屡与黎副总统电商镇定西藏政策。闻已议定数端:(一)委温宗尧为西藏镇抚使,前往西藏,由湖北酌拨军队随同入藏,以资震慑。(二)再派员赍书赴藏,详告共和之利,使达赖班禅倾心内向。(三)与某国驻京公使交涉,请其电饬该国军队退出藏境。惟其中曲折甚多,一时恐不能实行云。

川都督西征杂考(目)

1912年7月14日

藏乱果何日平定耶?

商请英军中立

预定征藏方略

电报藏乱真像

达赖回藏之详情

达赖喇嘛已于六月二十四号启程返藏,英人往饯者颇多。有印度警察六名,达赖自备警察四十名护送到印藏边界靖西。戴璋派马队一百名到亚东关外五十里之朗若迎迓。江孜番官派兵一百名到康马迎接。达赖拟在靖西住三日,帕克里住三日,康马住两日,由小路到距拉萨三里之察古林卡暂住,待华兵缴枪出境,和局成议,即行上山。达赖于二十三号与英人及日本侦探开话别会,通宵达日。从役人等于二十四日午前三时起程，达赖与其佞臣等于四时四十五分起程。尚留年轻藏官三人住噶，探访华人举动。又闻达赖英文翻译已搭火车到印度雪姆拉，向北至藏之端尼地方，探听华军行止。达赖拟在途逗留四十天到藏。日本侦探拟装喇嘛同达赖进藏，为英人力阻，且派有警察同住该侦探住所，数次察其动静。

1912 年 7 月 21 日

论蒙藏存亡与中国大局之关系(目)

1912 年 7 月 31 日

北京电

印度华侨请袁总统用兵西藏，军饷若干情愿担任。

1912 年 7 月 24 日

副总统征藏之伟画(目)

1912 年 8 月 4 日

北京电

国务院为藏事屡开会议无策对付，只一面电令钟颖暂不进兵，一面延搁(对英)，不作决绝之回复。

藏事交涉之棘手·唐在复无奈何·钟颖无奈何·政府无奈何

自英公使照会不准中国在西藏用兵，经外交部参事唐在复与朱尔典直接交涉：西藏为中国领土，有自由用兵权，外人何得阻挠。英使谓：英之属国印度毗连西藏，中国倘在藏地用兵，一则恐印度摇动，二则于西藏之英国商务上有关碍。故请贵国勿在西藏用兵，倘必欲以该地为战场，英国为维持商业、保护印度起见，应派遣军队分别驻扎。唐参事谓贵使既具如此意见，本员必不能擅允。丧然而返。翌日，政府遂决议电令川军尹司令昌衡所有军队均驻扎察木多，勿至拉萨。

驻藏办事长官钟颖昨日电政府云：达赖曾派堪布二人前来议和，邀求六大条件：(一) 恢复达赖教权，加崇封号。(二) 华人对于佛寺及僧须加敬礼，不得如前侮慢。(三) 西藏行政事宜与华官和衷商议，但不得改建行省及纯然视为领土。(四) 华兵不得于拉萨驻扎军队，办事官卫兵限制二百人。(五) 西藏土人有作地方官之权，华人不得干涉。(六) 撤退尹司令征藏兵队。

闻政府因其邀求太重尚难允认。

1912 年 9 月 9 日

里塘克复详记(目)

1912 年 9 月 13 日

对付蒙藏之一得(社论)(目)

1912 年 10 月 30 日

西藏问题新消息·达赖梗化之一说

政府昨接尹昌衡司令急电云：迩来达赖、班禅两喇嘛对于民国感情甚恶，与英人相接近，所有居藏汉人多被驱逐出藏，并时有虐杀拘虏情事。中国入藏兵队之路早已不通，前拟假道大吉岭，而沿途有英兵驻扎，不克入境云云。

西藏问题新消息·达赖归诚之又一说

同时蒙藏事务局得达赖喇嘛自第穆寺来书云：藏人误信人言，兵连祸结，负债累累。现在某国追索偿款，要挟多端，欲在藏地添设官吏。藏人虽愚，亦知循是以往将为印度之续，坚拒未允。仍愿归附中朝，同享平等利益。惟债务一日不清，藏民一日不能自主。若能代为担负，并声明不改行省，西藏依然奉中国主权。倘不能办到，只得派员前来熟商条件。

西藏问题新消息·政府筹藏之计划

政府以西藏消息传来纷纷不一，甚为焦灼。除一面派员密侦，冀得实在情形外。昨特在总统府会议关于藏事之对英办法，当决定再由外交部照会驻京英使，声明达赖封号业由民国赏还，西藏行政事宜现由民国筹画，规复方法。所有英藏条约应由双方切实履行，惟达赖未复封号以前，纯属私人资格，并无代表西藏之权。如有与达赖订结私约，无论何时发生，均归无效。此后达赖只能经理西藏佛教等事，无干涉行政特权。凡与呼毕勒罕续订条约者，概不承认。

1912 年 12 月 15 日

成都电

尹都督决意在察木多度冬，暂停西征，修养兵力，候来春再行进攻。近尹曾来电，请派援队赴西。盖有藏人万名，携有来福枪以备抵御华军进攻。华军兵力过单，难以应付故也。据成都各报载称：当道已在竭力豫备，由第四镇陆军内挑选精兵一标，派往西藏，藉增兵力。

1912 年 12 月 20 日

北京电

尹昌衡军势有动摇消息，袁总统拟电令回川。

1912 年 12 月 21 日

特约路透电

成都电

藏人尝乘夜袭击乡城华军，死者三百名。闻旦夕将有援队开赴前敌。

藏边告急警报(英兵入藏)

政府得驻藏办事长钟颖急电称:有英步兵四联队,骑兵三中队,已入拉萨,随意自由行动。而藏番又有内乱,势极危险,请严重交涉云云。总统阅电后,当请赵陆两氏到府商议对付办法。

藏番内乱

江孜关监督史悠明昨电政府,谓藏番内乱,其拉萨之三大寺色拉寺与第穆、必绷两寺互相攻击,势甚汹汹。可否乘此机会,由中央选派干员查办,以察达赖喇嘛之向背实情。

1912 年 12 月 22 日

特约路透电

成都电

据各报载称:乡城华军近为藏人乘夜袭击,战败之际失机关枪六架。里塘以西沿路之屋,均为藏人所毁。成都当道已向军士收回来福枪,此举盖为防乱起见,嗣后仅于需用时始行给发。

1912 年 12 月 25 日

北京电

日前有西藏喇嘛由藏至京,谈及藏事甚详。据云:藏众并不反对民国,亦不欲独立。不过因前清时川军入藏(西藏驻军俱由四川调去),种种骚扰,藏众不堪其苦,素所不容。闻此次川军又复大队深入,群情愈益惶恐。不得已请英人干涉,确有其事。并云:现在钟颖长官亦于舆情不洽,不能任其办事等语。

炉城电

藏番反复无常，前已有就抚意。故川军陆续前进，行将至察木多边，忽复聚众猛攻江卡。致川军不备，稍稍退却。沿边各土司亦有暗中响应等事。因之，尹昌衡甚为棘手，不敢前进，仍驻炉城。

北京电[中政府行文照覆]

英使朱尔典曾于八月十七号照会中政府，请依英国提出之意见缔结西藏新约，以为英国承认民国之前提一节，现由中政府行文照覆。措辞诚恳，文内先引一千九百零六年中英西藏条约第二款内有“英国允不兼吞西藏之土地及不干涉西藏之行政，中国则允不准他国干预西藏之土地及其内政”等语。并一千九百零八年西藏贸易章程“中国有在西藏商场办理警政及保护交通之权”。继谓中国实无欲将西藏改为行省之意，中国对藏政策全依民国临时约法、清帝逊位宣言、总统履任誓词及给还达赖喇嘛封号之命令为规约。中国今方合五族为一家，焉有以西藏改为行省之理？英政府愿维持西藏政府旧制，中政府亦同此愿。中国之派兵入藏，实为履行中英条约义务常有之权利。盖按照条约西藏廓土之治安，须由中国维持故也。中国未尝欲于藏地驻屯无数之军队。至英国要求商订新约，中国以为前清所缔之约，规定西藏之状态，极为明了，故不必重订新约。印度政府阻止中国取道印度以与西藏交通，中国深以为憾，此种举动除交战国外，绝少施行。中英邦交素称辑睦，尚望英国变此态度，以保友谊。末谓英国以承认民国胁迫缔结西藏新约，英国不特不应出此，且应早为承认。盖此举彼此两方面均能有益也。

1912 年 12 月 26 日

北京电

袁总统电饬各省都督，将中英藏约事件从速议覆，以便与英使开议。

1912 年 12 月 28 日

北京电[照覆英使]

西藏问题驻京英使朱尔典君曾于数月前照会我政府，请重订中英西藏条约，以为承认民国之前提，久未答复。英使又向外交部催询，陆总长乃在国务会议提出，讨论后于二十三日正式照覆英使，文内要点：① 按照中英条约(一千九百零六年西藏条约第二款)仅言其他外国不得干预西藏之领土权及内政，中国则不在此限。② 按照条约及西藏贸易章程(章程系一千九百零八年订)，中国有管理商场警察及印度间交通之权，则自能干预其行政无疑。③ 总统五族共同命令，并无变更西藏现制之意。④ 目前除维持秩序外，无派兵入藏之意。⑤ 非有另订藏约之必要。⑥ 英国须将遮断印度国境交通之举取消。⑦ 望勿以藏事解决为承认民国之条件。英使接文后大不满意。昨对西字报记者历数赵尔丰、尹昌衡等前后进军西藏事为违约，闻已电请其外部拟词驳复。

按：外交部覆英使文，略见二十六日报路透电。

1912 年 12 月 29 日

俄人眼光中之西藏问题

库约发现，中俄交涉日亟，一时相乘而起者，即为西藏问题。英人对于西藏一切行动及川督筹边情状，近日俄报颇多纪述。大都谓政府及舆论对英多怀好意，对俄则日肆攻击。且谓英藏与俄蒙可作一例，观其评论用意则已昭然若揭。兹将俄《哈尔滨报》论英藏问题一则录之，以供研究蒙藏事务者之参考。

自中国由四川派员入藏后，英伦《泰晤士报》遂大声疾呼，谓华兵攻击西藏将不免于残酷。据该报之意，以英政府不宜服从中国征讨西藏之策，失其保护西藏之独立，此实含有英政府表示之意思。而其文适披露于驻京英使照会中国，示其一千九百零六年《中英协约》禁止中国派兵以复中国主权之后，中国所答复之照会其详晰不可得而知，惟据某党机关报略载北京政府与英国照会内有云："若中国在西藏主权，英国仍按昔日承认，则即与英国变更协约而缓派兵入藏，以便不破坏中英两国之友睦云云。"

又德国某报之言曰："查中国所答复之照会，实中国外交家双关语也。"虽是时唤起中国报纸不平之鸣，而亦未尝十分攻击英国。及今中国注意蒙古问题，遂置西藏问题于不顾，而事实上，英在西藏之侵略与俄在蒙古之政策同。乃中国报纸对于英国则好意讨论，不肆谩骂，而对于俄国则大肆攻击，不遗余力，抑又何也。

三星期前，有由加尔喀达通信报告中政府，谓英人驱逐华兵出之于西藏，不准中国赴拉萨专使与达赖喇嘛会晤。是今西藏已为英国所监督，而达赖喇嘛立于英国势力之下，即今英与北京政府会议亦不离于此旨，闻所拟对于达赖喇嘛之条件如下：① 西藏每年付中国五百万元，然须在其独立财政充足之后。② 矿产为西藏主权所有。③ 中国不得在西藏设官行政。④ 军权握于藏番之手。⑤ 中国驻藏防兵不得逾一千五百人。⑥ 若中国欲变更条件，则须通知达赖喇嘛。果尔中国在西藏已无细微之权利矣。等量以观，英国今日之在西藏所得实权甚多，不知彼中国人何厚于英而薄于俄耶？

1912 年 12 月 31 日

特约路透电（圣彼得堡电）

据俄国《洛伏佛莱雅报》载库伦电称：达赖喇嘛心腹特觉其夫顷由拉萨行抵库伦。据谓：西藏业已宣布独立。达赖喇嘛业已登祚。今授以特权至蒙，商定蒙藏条约，并就商俄国，以期订约，将西藏归英、俄两国保护。如能商妥此事，则达赖喇嘛拟以通商之便利许与英、俄两国人民而免缴纳捐税，并准英、俄在藏开浚天然利源，及筑造铁路、兴办电政各项权利。（上年十二月三十一号发）

年前中英之藏事交涉信

中英西藏交涉公使曾于数月前奉到该国政府训令，向我政府提出抗议书。我政府因中俄蒙古交涉情势日益紧急，遂将中英西藏交涉稍为迟缓，于年前十二月二十三日始行备文答复。兹将两方面所争议之要点略志如下：

① 英使提出之要点：（甲）中国不得干涉西藏之内政，并不得于西藏改设行省。（乙）中国政府不得派无限制之兵队驻扎西藏各处。（丙）英国现已认定中国对西藏有宗主权，应要求中国改订新约。（丁）英政府前曾遵据条约特设通信机关，后经中国军队擅行截断，以杜绝印藏之交通。（戊）如中国政府不承认以上各条件，英国政府亦绝不承认中华民国之新共和政府。

② 政府答复之要点：（甲）中国按照一千九百零六年之中英西藏条约，除中国之外，其他国皆无干涉西藏内政之权。今谓中国无干涉西藏内政之权，理由甚无根

据。至于改设行省一事，为民国必要之政务，各国既承认中华民国，即不能不承认中国改西藏为行省。况中国对于西藏并无即时改设行省之意，此中颇有误会。惟现在中国认定不许其他一切外国干涉西藏之领土权及其内政。（乙）查中国并无派遣无制限军队驻扎西藏之事，惟按照千百零八年之通商条约，英国以市场之警察权及保护印藏交通委任中国，故中国于西藏紧要各处当然派遣军队。（丙）中英关于西藏之交涉已经两次订立新约，一切皆已规定明确，今日并无改订新约之必要。（丁）中国政府从前并无断阻印藏交通之事，以后更当加意保护，断不阻碍印藏交通。（戊）承认中华民国是另一问题，不能与西藏问题并为一谈，深望英国先各国而承认中华民国。

以上为双方问答之要点，我政府将此项答案于廿三日送交英国使馆，不知英公使对于此事意见如何。但此事为今日外交上最重大之问题，我国人幸勿轻忽视之也。

1913年1月3日

北京电

专电：驻英代表刘玉麟电告政府谓：西藏业已独立，达赖喇嘛将行正式登极礼，英俄两国宣言承认，并云中国若能承认蒙藏独立，则英俄始肯承认民国。

译电：此间谣传西藏亦宣布独立，已与蒙古联盟，惟政界关于此事尚无所闻。

英藏交涉与俄蒙交涉

北京特约访员叶子

此次英藏交涉，余前日遇外交团某君，据其所言，颇足供我人研究者。其言曰：英国政府关于西藏问题于去年八月中提出五条之要求，请中政府承认。当时中政府因内外多故，不遑顾虑，且内地之统一动有分裂之虞。于是对于英国政府默认其要求，一时藉以避改正条约之惹人注目。凡英国之所要求者如左：

第一条　关于西藏订结中英新条约。

第二条　中国对于西藏不得滥行派兵。

第三条　中国政府不能干涉西藏内政。

第四条　中国官吏及兵士在西藏印度国境有妨交通者，须惩办之。

第五条　中国政府不承认前记之四条,英国政府不能承认民国。

英国政府既有以上五条之要求,袁总统当即容纳英国之要求。中止尹昌衡之西征军,且依英国之望复达赖之位。对于英国之要求,不啻于实际承认之。惟欲异日改定条约,今暂不为剧烈之要求。英国政府因民国政府犹属初创,且袁总统又竭力恳请,于是改订条约之事暂为搁起。乃日前民国政府突然以左列之回答而交付于英国驻京公使,其文曰:

对于第一条之要求,既有一千九百零四年及六年七年之条约,今无须更结新条约。

对于第二条之要求,中国政府之于西藏未有无故且无制限派兵入藏。

第三条关于内政干涉,中国据一千九百零六年及七年条约之规定,他之各国皆不得干涉西藏内政,而中国政府则不在禁例之内。且西藏得施行与中国内地同一之省制,于设立五族统一民国发表于世界时,盖已显然。当时各国皆未有唱反对以内地行省制施行于西藏之议者,至于今欲为抗议,中国政府所不解也。

第四条驻在西藏之中国兵,并未有在西藏印度国境阻害交通之事。

第五条所谓英国政府承认中华民国政府与否?在民国悉承认前述条件与否?此殊难于解释。总之,承认与否,其权操之各国,中国固无如之何也。

按:以上之理由,于二十三日答复于英公使,英公使接此抗议,深怪与中国政府前言大异。当即以民国政府之要求电致本国政府,请示训令。

据我辈揣测,英国政府对此问题如何答复,虽不可豫知,然其决不肯承认而应提出绝大之抗议则在意计之中。又英国公使亦以民国政府今更为如斯蒙蔽之答复为万不及料,而既接有此项答复必甚不快,俟其本国之复电递到当有严重之抗议出现也。……

西藏之交涉又突起(杂评二)(目)

1913 年 1 月 4 日

北京电

去年大总统封还达赖徽号后，曾派雍和宫喇嘛持函赴藏宣慰。该喇嘛不受笼络，昨特电覆大总统云：来函备悉，但藏土本可至安，因中国政府常派军队蹂躏，且常焚烧喇嘛庙，以致汉藩不能相安，嗣后中国政府不必苦为干涉，藏心自安云云。

1913年1月7日

北京电

本月一日库伦电报所称特觉其爱夫（译音）已由拉萨行抵该处，奉达赖喇嘛之特命缔结藏蒙条约，及就商俄国订约，以西藏归英俄两国保护一节，中政府闻之极为震惊。据称特觉其爱夫职居大喇嘛，其尊崇非常人可比，其出行必仪仗显赫，所过之地必由各官员拜会，故由拉萨前赴库伦非数百日不能得达。且该喇嘛关于藏中近事毫无所知，又谓百日之内达赖喇嘛尚未入藏。且英国尝言达赖喇嘛寓印之时，英国当慎加注意，以防诡计，故英国决不准特觉其爱夫入印以晤达赖。盖众皆知其为行奸渠魁也，故华人之意以为库电所云必系特觉其爱夫述其个人之私意，或其言为人所讹传云。

1913年1月9日

《新闻报》

《新闻报》是近代上海与《申报》齐名的报纸，世称“申、新”。1893 年 2 月 17 日创刊，日报，形式与《申报》相似。初为中外商人合办，公推华盛纺织厂所聘请美国工程师丹福士（A.Danforth）为总董，斐礼思（J.F.Ferries）为总理，华商中有张园主人张叔和等。1899 年，丹福士因事破产，《新闻报》为福开森购得。福为南洋公学监督，无法亲自管理，乃任汪汉溪为总理。1906 年 6 月 1 日，复改组为公司，在香港注册。1909 年，迁入公共租界汉口路 5 层大楼新址，时销售量 1.5 万份，居上海各报之首。1949 年 5 月 31 号停刊。面向工商界，轻政重商，突出报道金融界消息。

驻藏钦使被戕

西藏危险，其形迹早显呈于数年以前，记者曾于癸卯十月著《保藏策》一篇，大声疾呼，警告政府，冀其猛醒，速筹防御。惜乎！梦境方酣，睡态正饱，一无知觉，听之自然。于是外人乘鹬蚌两持之际，驱貔貅百战之师，足捷腕灵，一攫即得，行成缔约，而中国管辖西藏之主权由此遂亡。唐京卿虽已奉旨往改藏约，将来挽回主权若干，尚在不可逆料之数。奈何一波未平一波又起，本馆得川省专电：巴塘番众杀我驻藏大臣凤钦使及随从人等。呜呼！以藏番而戕杀钦使，此则万不能不用兵以收其地也。查凤钦使于藏地情形极熟，由知府简署驻藏钦使。此次朝廷徇臣工之请，电饬川藏大员及时将瞻对收为内属。夫朝廷收瞻为属地，盖有不得已之苦心。瞻地为川藏咽喉之要害，夷为郡县，一可以固川省之藩篱，一可以控全藏之形胜，与好大喜功有别。乃里塘泰凝喇嘛土司均不心服，藏番瞻官同谋抵御，戕弁兵枪管带。朝廷已据川督等电奏，着川提马维祺迅赴泸城与凤钦使就近详查妥办，并饬令相机攻剿，而巴塘番遂有杀凤钦使之事。夫藏番不杀钦使，或如外间所论，可不必遽用兵。今则戕杀钦使，若再姑息，不肯用兵，以后川藏之患更有不堪设想者。自英藏交哄，中国置之不问，藏番心中目中早已轻量中国，鄙薄中国，知中国之不可倚赖，知中国之不能保护。今杀使既不能讨，而瞻对险要我又不能立收，不惟不能控制西藏，且恐不能屏蔽川省。吾知西藏僧番有力抗中国，无力抗外人，自此以后或为外人侵寸及尺，囊括席卷，不十数年，全藏又为第二之印度，而川省危矣。而土地之近接川省者，亦危矣。是瞻对不收，所亡者不仅一西藏也。所亡者，不仅一川省也。然则由此观之，欲控制西藏不得不用兵，欲屏蔽川省不得不用兵，欲保全邻近诸行省更不得不用兵。或者谓用兵则操之过急，恐藏番铤而走险，始与外人相抗者，继将求援外人，将成交涉之患。曰不然。唐钦使前往改约，英国未尝不认中国主权，故已接待钦使商改前约。此时用兵，外人不能执坎巨提之例诘责中国，不若甲午高丽覆辙，外人可执互相保护之约而从中干预也。故此次瞻对一役，记者力主用兵收地，万不能迁就，致失保川之藩篱，控藏之形胜。而用兵必先择帅，封疆大吏惟直督袁宫保，鄂督张宫保，粤督岑云帅，前江督魏午帅数公，号曰知兵。袁宫保为北洋锁钥，不能远离。张宫保为南洋保障，未可他往。朝廷用兵当于岑魏两帅择一而任，然岑帅曾为川督，又新立战功，使其移平粤之师为收瞻之用，予以便宜，遣附近数省之兵力以助之，最为得当。朝廷果不争西藏，不卫川省，则听藏番杀使据地，不轻用兵。朝廷如果思争西藏防卫川省，顾及近川诸省之地，则不能不问杀使之罪，不能不收瞻对之地。否则，瞻对一地不为坎巨提即为帕米尔，而中国诸行省异日亦将步坎巨提帕米尔之后尘，能不危乎？

1905 年 4 月 23 日

驻藏钦差被戕(本馆专电)

十七日成都专电云：本日一点钟接打箭炉来电：骇悉署驻藏办事大臣凤钦使全及随从人等为巴塘番所戕害。按：凤钦使近在巴塘正奉廷寄查办泰凝寺喇嘛伤毙弁勇事。又按：成都至打箭炉九百余里，打箭炉至里塘六百余里，里塘至巴塘四百余里。

1905 年 4 月 23 日

《中外日报》

《中外日报》是历时较久的一家著名日报。前身为 1898 年 5 月 11 日(光绪二十四年闰三月二十一日)创刊的《时务日报》,为汪康年所办,在上海出版。1898 年 8 月 17 日(光绪二十四年七月初一)起,在《时务报》改名《昌言报》的同时,《时务日报》也改称《中外日报》继续出版。经理为汪康年、汪仲阁,编辑为汪大钧、郑广铨等。馆设上海大马路集贤里内。

《中外日报》初创时为四开大小,版面与《时务日报》相仿,刊头由直排改为横排。白报纸两面印刷,采取分栏编排的方法,这在当时都属于很先进的。

该报以报道中外新闻为主,也评论时政得失。栏目有外埠新闻、译报、本埠新闻、专件、时事要闻、电传上谕、论说等。开始时颇注意选材,很受读者欢迎。

1908 年(光绪三十四年)因经济拮据,接受上海道台蔡乃煌的津贴。蔡派亲信沈仲赫到报馆监督,编辑人员纷纷辞退,报纸信誉一落千丈,汪康年只得将报馆资产售给蔡乃煌。1911 年 2 月 15 日(宣统三年一月廿七日)该报实行改组,经理编辑全部易人,报名也改为《中外报》,号数续前。不久因销数大跌,无法维持,自动停刊。

喇嘛将归西藏(交涉汇录)

三月初一日北京来电云:英国向中国政府要求云:改订英藏条约之时一面须召回淹留于库伦之达赖喇嘛,中国政府遂遣人召回达赖喇嘛,约于本月十八日由库伦至张家口,然后再由此路入山西,经西宁而归西藏云。译三月初三日大阪《每日新闻》。

1905 年 4 月 15 日

论四川瞻对土司事(论说)

自英兵侵入西藏以来,全藏形胜已在英人掌握之中。处今日而言备边,则以一隅之地而犹足为蜀西之藩篱者,实在瞻对土司之域。且近日议改藏约,而英人首以中国能否有力保全藏土相询。审是则欲收回西藏主权,仍当先谋所以控扼西藏者,然后或可为异日之地。以地势而论,其能绾三藏之喉舌,以制藏而不为藏所制者,则又舍瞻对无由。是故收回瞻对之举,实今日筹边之先著也。考瞻对改土归流之议,起于丙申丁酉之间,当时川省疆吏,持之甚力,旋以事多纠葛,遂致不成。比来藏事日棘而瞻对跋扈之情亦日甚,持议者因以前说为辞,请实行收回之举。廷旨稠叠,问诸守臣。观前日报登绰哈布等之复电,则土司之恣横,与夫用兵之必不可免,已略见大概矣。然电文简漏,不详其事之首尾,则闻者或不明其事之始末。今请略为述之。盖瞻对之地,两山夹峙,夙号险固,而土脉之沃,地产之阜,亦复称是。道光季年,有酋部之长,盘踞其间,为行旅之患。至令川藏一路,阻遏不通,洎自同治初元,官军与藏兵合力进剿,仅乃克之,然是役之功,实以藏兵为巨,且尝藉达赖喇嘛之金五十万,以给军饷焉。因是之故,瞻对既平,遂即由达赖喇嘛封立土司以治之,此瞻对土司已前之事实也。其后瞻对土司重取其民,民不堪其苦,遂有转徙逃亡于邻境明正土司之界内者。瞻对土司索还其民而不见允,由是与明正土司积衅,至于搆争。其时正当光绪丙申之间,任川督者为今执政定兴鹿公。闻两土司相哄之信,遂派员前往调停,而瞻对不服,于是不得已而命将进兵,一战而官兵胜,逐该土司去。其时鹿公亦颇虑及藏事,思藉瞻以备藏,因创改土归流之议。而达赖喇嘛则深为不服,遣使间关由印度达于北京,以讼之于廷,且颇肆其运动之策。而成都将军适亦以办理此事过于操切,奏劾鹿公。鹿坐是开缺,而其所持之说,遂寝不行。

此瞻对不克收回之事实也。故参以前此之情形则知今日之所以睢盱莫制者，皆由姑息从事，有以召之。今者为保蜀计，为制藏计，皆不能不取瞻对。则改土归流之议，以势言之，固在必行。然必欲以兵力服之，亦似有未易从事者。宁远番夷之乱，尚未全靖，操之过切，转恐瞻人越境，遥相勾连，一也。野蛮之众，恃其碉堡之固，易胜而难克，二也。藏约改议，正在相持，恐因此或有牵涉，反误全局，三也。以是种种，故力取不如顺导。似宜乘此达赖喇嘛将反西藏之际，先与要约，令其缴出瞻地，而于同治年间所借之兵饷五十万一款，则必于此时还之，以昭大信，而免反抗。至明正土司既与瞻属为仇，亦宜劝掖而导和之，不当更假兵力(事见前日所登电文)徒使瞻众生心，而负嵎益固。此皆参考旧事，以定今日之政策者。是亦机会之不可失者矣。

1905 年 4 月 20 日

论驻藏大臣凤全被戕事(论说)

昨日得津电，骇闻驻藏大臣凤全被瞻对土番戕毙之信，电音简略，其启衅之由，未能详也。查川督有电致政府，略言昨接凤电，谓据打箭炉厅协禀称，遵札派询三瞻头人改土归流事并谕知番官，该番官称须候藏信，据头人私函：有民心愿汉之语。又据厅协禀称：番官亦虑藏信宕延，愿听该厅前与妥商，誓愿归顺等语。政府旋电覆川督令即饬该厅相机办理，并言瞻本川属，赏给达赖，今达赖弃藏逃走，因而收回，义正理长。从前仅达赖一人抗拒，并非全藏不愿云云(按以上两电，未知发于何日，大约在去腊今春前后，已详见正月十三日本报)。据此电以观，则似瞻地改土归流一案，瞻地头人并无不愿，所不可知者，藏人之意见何如耳？惟中国官场之探报，每不甚可据。或者瞻人姑以虚浮之词，搪塞打箭炉厅协，该厅协遽信为实然，据以禀覆，未可知也。及日前成都将军绰哈布，川督锡良又有电致政府，转述有泰所言，谓闻藏番密谕瞻对番官，备兵守隘。今日有瞻属穹坝等处，调集兵马，围攻里塘之语。而里塘堪布土司遂有要挟粮员，将抢犯释放之事。泰凝寺喇嘛并有纠众放枪，伤毙打箭炉所派弁勇之事，又有杀死都司卢明扬之事云云(按此全电，已载本月十四日报内)。据此电以观，则似瞻对头人于改土归流之举，其愿否尚不可知。而藏人自得瞻对后，久已视为己土，甚不愿中国之收回，必有唆使瞻人乘机抗拒之事。凶德交会，遂致酿成此巨案，未可知也。又查光绪二十三年十一月初九日奉上谕：上年瞻对番官越境滋事，当谕令鹿传霖秉公查办，以息争端，乃该番官胆敢抗违。

经鹿传霖派兵剿办，并请收回地方，原属咎由自取。朝廷因该僧番等世受国家深仁厚泽，岂竟自外生成。恐鹿传霖操之过蹙，未足以折服其心，特令鹿传霖开缺，改派恭寿署理督篆，谕令持平办理。兹据奏称，当鹿传霖派兵进剿之时，该番官等并非有意抗拒，因见大兵临境，疑惧不敢投案，仍复固守本地。乃鹿传霖误听带兵官一面之词，遂谓其叛形昭著，是以有改土归流之议。兹据达赖喇嘛并理藩院呈请，赏还地方。并览该署督此次所奏各节，则是该番官并无悖逆情事，尚属可信。朝廷轸念僧番，岂肯以迹近疑似，遽行收回其地。所有三瞻地方仍著一律赏给达赖喇嘛收受，毋庸改土归流。达赖喇嘛务当仰体朝廷怙冒之仁，知感知畏，力图自新。即著慎选番官，严加约束，无得再有苟虐瞻民，侵扰邻境情事，致干罪戾等因。恭读此道谕旨，足知鹿尚书当时办理改土归流一案，已略有眉目，乃一误于达赖喇嘛之陈请，再误于恭寿之庇护，遂致事败垂成，贻误后日，实为可惜。使当时执政者于喇嘛之违例干求，则力拒之，于恭寿之有意立异，则力驳之。则改土归流一案，早已帖然就绪。今日之祸，固可以不作。谁为祸始，恭寿之肉，其足食哉？今者祸事已成，既往者未可咎矣。而方来之政策，则固当亟讲。前者本馆有收回瞻对，不必用兵之说，意以为瞻对头人或虚有抗拒之声势，未必其敢干天讨也。今既有戕钦使抗王命之重案，则固非用兵不可。若并一瞻对而不能制，其将何以为国哉？鸣呼！本朝待遇喇嘛，不为不厚，其驾驭之法，亦不为不周至，而沿至今日，尚敢唆使邻番以与中国相抗，则历来之失策固有不堪回想者矣。

1905 年 4 月 24 日

驻藏大臣被戕后情形(紧要新闻)

凤大臣系于本月朔日被戕。

京中传言川督有电到京，略言已咨会有大臣，声明此系巴塘□□所为，罪有攸归，与番僧及土人并无干涉，请有大臣严饬沿途台站，严杜骚扰云。

闻川督并请有大臣传谕西藏番僧，毋为谣言所煽惑，并嘱令藏僧，禁止瞻对官民，不得助逆云。

按据此函所言，似凤大臣之被戕，必别有原因，不由收回瞻对而起，亦非由藏番所唆使，容后详之。

1905 年 4 月 26 日

论巴塘近案(论说)

天下之间有一事则必有办理一事之宗旨，未有漫无定见，而可以敷衍依违，遂奠其事于阽危者也。即如此次巴塘之案，自驻藏帮办大臣以下皆被戕，又传闻有掳掠某国教士之事，其事亦巨矣。而其起事之原因，则至今犹莫能明。查凤大臣系于去年夏间以四川道员奉驻藏之命，何以至今尚率其随从等留滞于巴塘，此不可解者一。究竟凤大臣之死，是否因收瞻对之事，传者亦不一其辞。然使不系收瞻，则别以何故搆此巨难，此不可解者二。教士传教于此，必已有年，此次被虏究因何故牵涉，此不可解者三。此三者之中，惟教士被虏一节或即因土番有意抗拒而起，故于教士虏而不杀，盖将藉此以挟制中朝，其余二端，则实未可臆测而知矣。而朝廷对于此事之宗旨，则亦有可异者。凤全之死无论由于收瞻与不由于收瞻，而既殁于王事，则于例应有恤典，何以未见明旨。且土番猖獗若是，此而可忍，威令何存？何以不闻剿办之谕？总之，此事而出于瞻对土司之所为，固当声明其罪，用张天讨。即其事而仅出于野番之举动，亦固不能默然听之。记者窃揣当轴之意，若以大臣被戕于土番，其事为失中朝之体面，故于凤全之恤典有所靳，非恶凤全，盖以此为不荣誉之事实耳！而其不肯宣示用兵者，亦大抵有所戒慎。窃惧兵力财力有所不足，故未敢决主用兵。执是二说以推之，既不欲遂失体面，又不能决主用兵，其始也进退维谷，犹疑失据，其终也则必粉饰于两间，以自欺欺人而后已。颇闻今者川督已命某道员率兵前往，然某道员者，固非经历戎行者也。推川省大吏之意，其所以遣某道之行者，未必为进兵计，特为调停计耳。但使巡行边界一周，随意掩执番众数人，即可张大其辞，以报之于大吏，上之于政府。彼大吏与政府者亦明知未必获要领，而私以为如是则体面已复也。则至其时必将宣布其事于天下，庆大功之成，巨耻之雪，以边事为已平矣。至于边事之果平与否，则非其所暇言也。颇闻乾隆年间缅甸之役，中国之兵屡见挫败，傅文不得已而贿和，而载笔之臣，则铺张其声绩威灵，至莫与比。盖专制之国，欲保其专制之威，而实无保之之力，则其结果必有若是者。此例故不独中国为然也。记者窃见政府之对于此案，用兵与否，漫无定见，而惟以隐秘为保全体面之上策。则异日之事，恐不幸适如记者之所料，而沿边数省之土司，此后愈将藐视王灵矣。此则记者之深忧，不得不于先事抉其微者也。

本报按在巴塘之教士或言已被害，本馆所得专电则但言被虏而已，此论盖据专电而言。

记送达赖喇嘛回藏事(北京)

初九日库伦大臣朴寿、西宁大臣延祉有电到京,奏称达赖喇嘛准于四月十四日起程回藏,当奉旨著延祉送至西宁,其由何路行走,亦著奏明办理。

旋延祉奏达赖若由库伦西行,则沿途均无台站,照料殊难,拟由库伦赴张家口,取道大同南下,沿途均系内地,或可无虞。经过托立布拉克以南二十余台,拟请饬理藩院、绥远城、察哈尔所属盟旗匀帮,并请饬乌里雅苏台札饬扎萨克图汗、三音诺颜会同沙比、车臣汗、土谢图汗实力帮助。按此段大略前已登报。

1905年5月2日

乙巳三月大事记

同日(初二日)北京电云:中英两国改定西藏条约(东报)。

(初四日)川督锡良奏报:瞻对改土归流,土司抗拒不服。政府电命提督马维祺,率兵前往,相机剿办。

东报记西藏乱事详情(紧要新闻)

三月念一日北京来电云:昨日下午三点钟中国政府接到四川总督锡良紧急电报云:打箭炉之西南接近西藏境界之前所土番及后所土番忽为首创乱,遍布檄文,谓西藏已为英国占领,当此之时,我种族类,亦应脱离中国之管辖,以组织自主之团体,当即首先与七儿堡土番及瓦尾土番相团结,共约有番兵一万名,突然袭击驻扎打箭炉之西藏帮办大臣凤全,虐杀之。势益猖狂,鸦砻江一带同种族之土番亦相率乘此机会,猛然奋起,形势危急,现正在派兵前往讨伐。政府诸人接电后,咸为之失色。译三月念三日大阪《每日新闻》。

1905年5月3日

查明凤全被戕缘由(专电)

四月初六日五点三十四分钟发六点四十分钟到,本馆天津专电。

驻藏大臣凤全被害之事,现查明实缘凤大臣限令巴塘地方泰凝寺喇嘛遵行其所下之号令(此语有疑),如逾限期,即勒令还俗,以致激成大变,波及法国教士,与瞻对无涉。

按本报三月二十二日载驻藏大臣被戕后情形,言凤大臣之被戕,必别有原因,不由收回瞻对而起,今以此电相证,知前报所载确系实情。

1905 年 5 月 10 日

《大公报》

《大公报》为近代著名日报。1902 年 6 月 17 日(光绪二十八年五月十二日)创刊,在天津出版。日刊。创办人为英敛之。主要由天主教资本家柴天宠、朱志尧及王郅隆等人投资,也接受过法国传教士和法驻华公使的少量入股。先后担任主笔的有方定六、刘孟扬、王瀛孙、黄与之、郭定森、樊子熔、唐梦幻等。主张保皇立宪,最初亲法,以后又亲日。社址在天津法租界狄总领事路。

主要内容有以通俗文字撰写的论说、新闻及附件。1916 年由安福系财阀王郅隆继续经营。1925 年 11 月 27 日停刊,这是早期的《大公报》。

1926 年 9 月 1 日起,由吴鼎昌、胡政之、张季鸾合作接办。该报在小资产阶级及上层知识分子中有广泛的影响,曾增出上海、汉口、长沙、重庆、桂林、香港等版。

1949 年 2 月 27 日,天津解放后,《大公报》改为《进步日报》。《大公报》(上海版)于 1949 年 6 月 17 日发表《大公报新生宣言》,继续出版。

1953 年元旦《进步日报》与上海《大公报》合并为天津《大公报》。1956 年 10 月 1 日迁往北京,1966 年 9 月 10 日停刊。解放后的《大公报》以报道财政经济为主要内容。

西藏：喇嘛传招、英人修路、藏匪横行（目）

1902年6月19日

西藏：番民失和、西学教番（目）

1902年7月15日

拍卖西藏议（论说）（目）

1902年7月23日

印度人游西藏（论说）（目）

1902年9月8日

西藏置行省论（论说）（目）

1902年9月12日

驻藏大臣有泰奏陈川藏情形及藏印近事折（要折选录）（目）

1904年6月9日

西藏小志（论说）（目）

1904年11月8日

西藏仍拟添设将军(要闻)(目)

1906年4月9日

张京卿说西藏近情(要闻)(目)

1906年4月13日

外部照会英使纪闻(要闻)(目)

1906年5月11日

西藏来电云:达赖喇嘛准于八月初一日回藏(译天津《法文报》)(译报)(目)

1906年8月15日

驻藏大臣整顿边防之意见(要闻)(目)

1908年2月8日

驻藏张大臣之警告(要闻)(目)

1908年2月9日

英使已允退兵、中英藏约不允用中英藏三项文字、会议藏地举行要政(要闻)(目)

1908年2月24日

电奉保护达赖喇嘛、电商川藏铁路(要闻)(目)

1908 年 2 月 26 日

添练藏兵之筹划(要闻)(目)

1908 年 6 月 6 日

达赖喇嘛不易供给、协议印藏征税条约(要闻)(目)

1908 年 7 月 23 日

川藏电线之筹设(要闻)(目)

1908 年 7 月 13 日

报告川藏路线(要闻)(目)

1908 年 7 月 30 日

达赖之声、请拨藏务经费(要闻)(目)

1908 年 8 月 21 日

改订接待达赖仪注(要闻)(目)

1908 年 9 月 18 日

达赖讲究汉学(要闻)(目)

借调俄文翻译(北京)(目)

议设川藏干线(北京)(目)

1908年10月23日

奏派侍卫赴藏(要闻)(目)

1908年12月14日

达赖奏事权限、西藏开埠情形(要闻)(目)

1908年12月15日

饬派蒙藏学生(要闻)(目)

拟办西藏交通要政(北京)(目)

1909年1月1日

预算川藏铁路用款、准减川藏税关(北京)(目)

1909年2月8日

划分西藏政权教权(四川)(目)

1909年3月7日

川督筹办川藏铁路(四川)(目)

1909 年 4 月 26 日

枢府筹议藏务(要闻)(目)

1909 年 7 月 22 日

议设蒙藏练兵大臣(要闻)(目)

1909 年 8 月 9 日

拟派蒙藏监理官(要闻)(目)

1909 年 8 月 31 日

班禅来京已经奏准(要闻)(目)

1909 年 9 月 17 日

议派考查西藏驻兵情形(要闻)(目)

1909 年 9 月 18 日

注意西藏武备学堂(要闻)(目)

1909 年 9 月 27 日

饬查西藏未始交涉(要闻)(目)

1909年10月2日

西藏有再设参赞之议(要闻)(目)

1909年10月23日

议拟蒙藏司法独立、西藏有添设提督之说(要闻)(目)

1909年10月31日

调查西藏随员之履历(北京)(目)

1909年11月4日

蒙藏文字普及之办法(北京)(目)

1909年11月7日

议修川藏铁路(要闻)(目)

1909年11月20日

藏卫驻兵之三大问题(要闻)(目)

1909年11月25日

议设蒙藏大臣之不确(北京)(目)

1909年11月30日

筹设印藏边防大臣(要闻)(目)

1909年12月7日

驻藏大臣被劾之述闻、推广蒙藏银币之计划(要闻)(目)

1909年12月18日

筹设川藏交通局(北京)(目)

1909年12月19日

川藏铁路开工有期(要闻)(目)

1909年12月21日

直接筹办藏政之计划、枢府调取藏务条陈(北京)(目)

1909年12月28日

藏路拟分段筹办(北京)(目)

1909年12月30日

电请速派大员赴藏、请授驻藏大臣特权(要闻)(目)

1910年1月3日

拟宣布西藏近况(要闻)(目)

整顿西藏之计划(北京)(目)

1910年1月8日

拟限禁外人蒙藏游历(要闻)(目)

1910年2月3日

驻藏大臣有更动之议(要闻)(目)

1910年2月21日

川藏路款之预算(要闻)(目)

1910年2月25日

路透电(电报)(目)

1910年2月26日

川藏路电又有借款之耗(要闻)(目)

1910年2月27日

西藏之前途(言论)(目)

斥革达赖由鹿相参议、藏卫大同之无碍、会议藏务善后事宜、特派大员入藏之决议、会商印藏商务之办法、斥革达赖自有原因、电阻班禅暂缓入觐(要闻)(目)

1910年3月1日

达赖之无赖(闲评)(目)

路透电:查达赖喇嘛之来印度……(电报)(目)

驻英钦使之电告、外部照会英公使之述闻、那相与英公使之会晤、整顿西藏注重者二事、枢府赶筹川藏交通(要闻)(目)

1910年3月2日

论藏乱之原因及善后之方法(言论)(目)

毅军调赴川藏之议决、有议保唐绍怡赴藏之耗、川督之暂缓更动(要闻)(目)

1910年3月3日

路透电:达赖喇嘛谅于今晨……(电报)(目)

论藏乱之原因及善后之方法(言论)(目)

电致赵大臣严缔川兵(要闻)(目)

1910年3月4日

分电驻藏大臣之概略、条陈藏事者之何多、
严定宣泄藏务之惩罚(要闻)(目)

1910年3月5日

会议西藏政事之草议、张钦使有先见之明、
声明达赖私约之无效(要闻)(目)

1910年3月6日

电告斥革达赖后之情形、温宗尧尚未革职、
有暂派参赞入藏之耗(要闻)(目)

1910年3月7日

泽尚书筹议川藏路款事(要闻)(目)

1910年3月8日

电告另选达赖之难、政法整顿藏务之定见、肃邸有简放驻藏消息(要闻)(目)

1910年3月10日

决议划分西藏政教权(要闻)(目)

1910年3月11日

英使又询治藏政见、议宣布藏情于蒙地、驻藏大臣暂不更动之原因(要闻)(目)

1910年3月12日

预防达赖之煽惑、陈督电奏之内容、赵大臣电请调员(要闻)(目)

1910年3月13日

川督电告西藏近情、那相国不欲秘密藏务、川藏仍拟先筑轻便铁路、度支部拟办川藏路债票(要闻)(目)

1910年3月14日

电覆英李使藏务平靖(要闻)(目)

1910年3月15日

调查选立新达赖之案例、电饬迅速掣举达赖(要闻)(目)

1910年3月16日

筹备川兵入藏之后援、政法新近治藏之意见(要闻)(目)

1910年3月17日

庆邸之退志已消、赵大臣电陈治藏政策、决定添设西藏交涉使(要闻)(目)

1910年3月18日

筹藏篇上(言论)(目)

英使会商藏地商务、庆邸阻保振贝子之入藏、电饬详报藏事近情(要闻)(目)

1910年3月19日

筹藏篇中(言论)(目)

1910年3月20日

电告要求慎防达赖自由(要闻)(目)

特派大员进藏拟暂从缓、条陈西藏练兵之述闻(北京)(目)

1910年3月24日

筹议蒙藏铁路办法(北京)(目)

决议另编入藏新军(北京)(目)

1910年4月12日

邮部筹办川藏路电之述闻(北京)(目)

1910年4月28日

安置已革达赖之棘手(要闻)(目)

1910年5月17日

川藏路绝不借用外款(要闻)(目)

1910年6月18日

枢府对于驻藏大臣之政见(要闻)(目)

1910年6月23日

拟征藏地政教分权说贴(北京)(目)

1910年6月25日

电驳抚慑土司新章(北京)(目)

1910年7月1日

关于西藏经费之集议(北京)(目)

1910年7月14日

达赖喇嘛有另赐名号之望(北京)(目)

1910年7月24日

电请抵制向外惑众之喇嘛(要闻)(目)

1910年7月26日

赵尔丰将督办川藏路政(要闻)(目)

1910年8月16日

赵次珊亦请入觐(要闻)(目)

联大臣亦怀退志(北京)(目)

1910年9月4日

西藏邮政不容缓办(北京)(目)

1910 年 9 月 26 日

密筹安置已革达赖(要闻)(目)

1910 年 9 月 29 日

英使无干预已革达赖之事(要闻)(目)

1910 年 10 月 5 日

电告藏乱业已平靖(要闻)(目)

1910 年 10 月 19 日

沈侍郎有调查川藏铁路消息(北京)(目)

1910 年 11 月 5 日

连次密电驻藏大臣述闻(要闻)(目)

1911 年 2 月 14 日

外交妥筹振兴蒙藏办法(北京)(目)

1911 年 2 月 28 日

驻藏大臣连来急电(要闻)(目)

1911年3月13日

驻藏大臣又来警电(要闻)(目)

1911年3月22日

会议政务处奏议覆驻藏大臣奏请裁撤帮办大臣改设左右参赞折(奏折)(目)

1911年3月24日

论吾国筹边之拙劣(言论)(目)

1911年3月31日

会议川藏交通之要点(北京)(目)

1911年4月4日

赵制军关于川藏之说贴(要闻)(目)

1911年4月28日

川藏交通之进步(要闻)(目)

1911年8月11日

某国对于藏事之警告(要闻)(目)

袁内阁筹办藏地交涉(北京)(目)

1911年12月6日

姚锡光将赴西藏之近闻(北京)(目)

1911年12月16日

伍秩庸电告川兵入藏、袁总统拟加派专员赴藏(要闻)(目)

1912年2月24日

责成阿邸赞助蒙藏统一事项(要闻)(目)

1912年3月31日

川督派员赴藏之电报(要闻)(目)

1912年4月20日

外交总长会晤英使之概略(要闻)(目)

1912年6月14日

马师周呈报藏乱之真相(要闻)(目)

1912年7月1日

尹昌衡密电纪要、尹昌衡进兵入藏之续报(要闻)(目)

1912年7月10日

英人干涉入藏川军之结果(要闻)(目)

1912年7月16日

英使函告西藏近状(要闻)(目)

1912年7月29日

抚蒙剿藏私议(要闻)(目)

1912年9月6日

陆都督力保蒙藏主权(北京)(目)

1912年9月15日

西藏之独立观(代论)(目)

1912年9月17日

参议院十六日秘密会纪要(要闻)(目)

1912年9月18日

中国及西藏问题(录《北京日报》译伦敦《泰晤士报》)(译件)(目)

1912年10月3日

造就蒙藏通材之计划(要闻)(目)

1912年10月6日

论蒙藏事宜亟筹结束之法(言论)(目)

1912年10月7日

蒙古西藏青海众议院议员选举办法(公布)(目)

1912年10月10日

蒙藏局将改蒙藏部(要闻)(目)

1912年10月12日

达赖仍无内向之意(北京)(目)

1912年10月13日

蒙藏局拟派专员入藏(北京)(目)

1912年11月2日

总统府密议西藏问题(要闻)(目)

1912年11月8日

巴尔干问题与蒙藏问题之比较(言论)(目)

1912年11月18日

拟定英藏新约之消息(北京)(目)

1912年11月21日

论国家宜调剂五族之性能以图政务之发展(言论)(目)

1912年12月12日

论藏人要求之条件(言论)(目)

1912年12月14日

大总统对于中英交涉之意见、总统府密议公布藏政之命令(要闻)(目)

1913年1月7日

西藏近况(目)

关于英人西藏要求条件(译伦敦《斯卜之泰他报》)(目)

关于喇嘛要求之条件(译《德文新报》)(目)

关于俄人进行之方针(驻俄代表致大总统电,见《群报》)(目)

1913年1月10日

大总统饬查达赖最近举动(要闻)(目)

1913年1月11日

总统府交谕蒙藏局之内容(北京)(目)

1913年1月20日

提议变通蒙藏选举办法(要闻)(目)

1913年1月22日

大总统慎重藏事之要电、总统府预定专开藏事会议(要闻)(目)

1913年1月24日

蒙藏协约原文之披露(要闻)(目)

达赖喇嘛自请查办(北京)(目)

1913年2月11日

蒙藏问题果可以武力解决耶？（言论）（目）

幻 梦

总统府举行藏事会议（要闻）（目）

1913 年 2 月 16 日

电催藏务专员来京、电催速筹西藏大局（北京）（目）

1913 年 2 月 28 日

议定驳复英使西藏交涉（要闻）（目）

1913 年 3 月 8 日

大总统电商蒙藏要政（要闻）（目）

1913 年 3 月 9 日

国务院将开特别藏务会议、副总统密电陈述藏务（要闻）（目）

蒙藏局封呈密电（北京）（目）

1913 年 3 月 14 日

政府电覆西藏和局之条款、讨论代表入藏之路由、钟颖关于藏事之急电（要闻）（目）

1913 年 3 月 23 日

达赖倾向和议之报告(要闻)(目)

1913年4月17日

大总统提交维持后藏之议案、大总统批驳达赖要求条件(要闻)(目)

1913年4月18日

大总统决定对待达赖办法(要闻)(目)

1913年4月22日

总统府交议藏务要电(要闻)(目)

1913年4月25日

总统府会议蒙藏要案(北京)(目)

1913年5月10日

大总统不愿用兵西藏(北京)(目)

1913年5月11日

总统府交议西藏交涉案(要闻)(目)

1913年6月25日

和盘托出之西藏谈(西藏)(目)

1913年11月11日

中国与蒙藏(代论)(目)

1913年11月20日

英国又有要求藏事之条件(要闻)(目)

1913年12月11日

驻藏川兵变乱之消息(西藏)(目)

1913年12月22日

西藏杂谈(谈丛)(目)

1914年2月7日

西藏近日之消息(西藏)(目)

1914年4月12日

西藏之归客谈(西藏)(目)

1914年6月26日

西藏之将来(译论)(目)

1914 年 7 月 22 日

藏边近闻志略(西藏)(目)

1915 年 3 月 14 日

陆军部密陈川藏军事筹备案、密交藏务讨论述闻(要闻)(目)

1915 年 7 月 12 日

资遣流落哲印难民回国之报告(西藏)(目)

1915 年 8 月 26 日

西藏归程记(游记)(目)

1915 年 11 月 14 日—1915 年 12 月 1 日

藏地兵民回川记(西藏)(目)

1915 年 11 月 29 日

西康考(言论)(目)

1916 年 2 月 21 日—1916 年 2 月 22 日

中法新报之藏边通讯(西藏)(目)

1916年3月8日

藏事会议志闻(要闻)(目)

1916年11月4日

关于中英藏会议之所闻(时事汇志)(目)

1916年12月5日

拉萨游记(游记)(目)

1917年3月28日—1917年4月2日

西报论西藏近状(紧要新闻)(目)

1917年7月23日

川边战事又起(北京特约通信)(目)

1918年5月18日

滇中军事近讯(要闻)(目)

1918年5月25日

藏番作乱中之川边军事(要闻)(目)

1918年6月4日

蒙藏参议员当选揭晓(要闻)(目)

1918年6月26日

藏匪扰乱滇边之危状(要闻)(目)

1918年7月16日

边防外交杂讯:藏乱补救办法(北京特约通信)(目)

藏番侵扰川边之近讯(要闻)(目)

1918年7月24日

川边乱事之西讯:雅州危机、藏乱扩大(要闻)(目)

1918年7月26日

藏番夷匪同扰滇边(要闻)(目)

1918年8月3日

蒙藏院琐闻(目)

1918年8月8日

西藏调停员抵拉萨(北京特约通信)(目)

川边番乱之经过(要闻)(目)

1918 年 8 月 20 日

藏边川匪之跳梁、西藏特派员之行踪(北京特约通信)(目)

1918 年 8 月 23 日

川边添练防军(北京特约通信)(目)

1918 年 8 月 24 日

赴藏专员之行踪(北京特约通信)(目)

1918 年 9 月 14 日

蒙藏院近事(北京特约通信)(目)

1918 年 9 月 25 日

蒙藏院近闻(北京特约通信)(目)

1918 年 10 月 14 日

川藏调停将结束(北京特约通信)(目)

1918 年 11 月 5 日

川藏纠纷未易调停(北京特约通信)(目)

1918年11月25日

中藏续立撤兵约(紧要纪事)(目)

1918年12月4日

藏番蠢动之近讯

藏番进犯川边前已平静,近日又有蠢动之势,政府昨接打箭炉陈遐龄镇守使急电称藏番内犯,川边动摇。兹已飞调建南郭统领所部赴木里土司等处严防,并劝导各土司酋长举办联防,俾固边陲云。

1919年2月17日

川藏现状之西讯

《字林报》评论云:川藏交界,近来情势甚危,此事之重大,殆为寻常读报者所不觉。数年以来,西藏全境在酝酿骚动之中。至于去年,中政府权力几尽丧失,藏人竟敢直捷开战,华官不得已退走,幸赖外人之力,于八月间尚议和件。惟西藏边乱,由来已久,特深悉其事者甚鲜耳。且藏人又各有族类,其中关系复杂,在不知其间情形者,即令言之亦难了解。今姑略述其大概,以为读者告数十年来藏人屡尝反对中政府□称政策。自称受治于拉萨,其喇嘛教规即为彼等遵守之成宪,叛乱屡起。中国为保全主权起见,不得不以严厉之法对待,冀以镇定乱事,使政治有所设施,租税有所从出。然其事非有魄力才干者不办,而赵尔丰(赵尔巽之弟)遂被派为驻藏大臣矣。赵办事称能,北京、西藏二方面皆满意,惟外人不知内情者,颇訾议之。就大概而言,赵之办法于治下藏人,可谓公道无偏,其恢复中国之处,功亦不小,赵旋为人所杀。自是以后,中国在西藏之势力日削,连次派往大员,为数已多,或治丝益乱,或终不就任,事益败坏。加以北京政府内外多故,无暇注意藏事,藏人乃益乘机思逞,甚且有逼近都。在藏人之意,固谓中政府今已全失控制西藏之力,无能更治藏人也。彼等意见是否错谬，今姑不论，所欲为指出者，则中国西郡各种族无不疾视汉民。北纬二十五度以北之民，操藏缅方言者，居藏地中部全地，其南方各处尚有此种人遗留之分种，所居之地，直至纬线二十五度，东抵经线一百零五度，此诸种族数百年来皆以独立或半独立自居。即今云南昭通府，尚复有之，抗然不屈，未尝服从于人。苟加威逼，即足生变。中国同化之事，行之数百年，徒以官员不知控御之法，又不熟悉彼中情状，至历年以来，事变繁生而又为外人所不觉。彼中土人皆不受近地官府统驭。至于北京，更可无论。此诸种之人，其族性宗教大抵相同，一闻北京政府无力操纵，即乘时而起，自扩版图。假令一旦发生，在中政府，岂不将束手无策，而一八五五年云南之乱，又将复起乎。中政府究能设置政府于西藏及上述各地否乎？能使不生内乱否乎？此颇令人疑虑，不能一言断定也。若照现在情形，北京政府固无力办此，倘欲派兵入川或经山陕而入成都，则不及半程，兵皆变盗或束手无所举动，则恐将别生国际上重大问题，西有英国之利益，西北有法国之利益，其北更有俄国，故谓此亦世界一大问题，中国既无力以事改革，亦无力以相控制，则巴黎和会似不得不注意及此云云。

1919 年 3 月 5 日

川藏近闻(北京特约通信)

达赖派员入京　前藏达赖喇嘛近日极表示效顺中央之态度，昨闻蒙藏院接其来电，呈报特遣派二堪布、四堪布等晋京呈哈达等语，闻蒙藏院已预备招待矣。

陈使请拨军款　川边陈遐龄镇守使昨由打箭炉拍电政府，系陈述川边紧急情形及新定设防计画与整顿兵制意见，请自本月起，由中央按月接济二十万元，俾可维持云云。

1919 年 3 月 20 日

西藏近状之京讯(北京特约通信)(目)

1919 年 4 月 5 日

西藏乱事近日消息(紧要纪事)(目)

1919年4月18日

西藏问题将大起交涉(北京特约通信)(目)

1919年5月27日

西藏情形之外讯(紧要纪事)(目)

1919年5月29日

西藏问题已正式开议(北京特约通信)

西藏问题昨日星期五上午,已在外交部正式开议。闻朱使与陈次长反复讨论颇久,中国方面所提方法,朱使已久电达其政府,深望英政府赞同吾国政府所拟办法,早日解决此悬案也。详细情形容探悉续布。

1919年5月31日

西藏交涉开议情形(北京特约通信)

西藏问题已由英公使于三十日至外交部正式开议,当时朱使态度颇称融洽,对于中国方面所提办法业已电呈英政府,两星期内闻当有复音到京,英政府当能鉴及中国政府所处地位之困难,勿过于坚持也。

1919年6月1日

西藏外交发动之边讯(紧要纪事栏)(目)

1919年7月8日

西藏外交发动之边讯再志(紧要纪事)(目)

1919年7月11日

张广建派员入藏(北京特约通信)

西藏问题，政府前迭电与张陇督等商办法，据先派熟悉藏情人员前往，昨闻张督电政府，称已派定古朗仓活佛为赴藏委员，已整装待命，遄征请迅行核准训示，以资遵循云。

西藏情形之滇讯(紧要纪事)(目)

1919年7月22日

西藏形势益危机(紧要纪事)

熊克武来电告急

千万急：北京大总统府、国务院、边防督办、外交部、内务部、陆军部、海军部、财政部、交通部、蒙藏院、各省督军、省长、各都统、各护军使、各镇守使、各师旅长均鉴：密顷阅报载，森姆拉会议英国代表要求中国承认西藏之独立并将新疆南部、青海全部、甘肃西部、四川打箭炉西部、云南安东子以西划归藏境，条件苛酷，至骇听闻(中略)。该国乘我内争之际催促数年悬案，固属无理之要求，而藏番受人煽惑，肆行侵扰，在法直为叛逆。现在停战届满，正宜积极准备、锐意规复，以为挣回主权地步，否则后患恐不堪设想，兹将管见所及分别陈之：

(一) 西藏自治问题。北京外交部迭与英使磋商，尚属未决之悬案，所谓自治云者，万不能认为事实，藏番以细故启衅，称兵内犯，国家派兵戡定，自系正当办法，非他国所得干预。若以英法要求之条件，并为一谈，而不决计用兵，则英使对于前项条件将益肆其要挟，必无交涉之余地。

(二) 新疆、青海、甘肃等处或为行省区域，或属统治范围，并非藏番兵力所及，而英使已提出划归西藏之条文，现在藏番已并入川边甘孜、瞻对等，与川省壤地逼处。倘再因循贻误，示人以弱，将来界务一端，必至变本加厉，日蹙百里，其何以堪？

（三）此次陈使对于藏番结停战之约，虽属一时权宜，究系国家奇耻，且迭据探报，藏番现在同德、德格等处增兵，积粮修筑炮垒，加运枪弹，并行文各县，征发人马，野心至为叵测，我若毫无准备，再为藏番武力所屈，则国真不国矣。

（四）顷者，青岛事件举国骚然，尚无结果，川藏问题其利害关系之巨，奚啻十倍于青岛（中略）。克武承乏川事以来，念边藏为全蜀屏藩，不敢淡漠视之。虽去年曾请求办法，迄今未奉复，犹复增械筹饷，不遗余力，并拨定烟酒税款专作边防之用。惟是边饷积欠甚巨，杯水车薪，所补有限。川中频年丧乱，财力耗竭，尚无挹注之法。窃思西藏为国防国地所关，本非一省能负之责，今以全国内争迟迟不决，坐令边陲沦丧，可为痛心。可武一人宁能当此重咎。然揆诸兴亡有责之义，敢不力任其难，现在积极筹备军实，以期一雪国耻，摩顶放踵所不敢辞。至于南北问题，则当置之不问，保全国土，即以谢我国民。务祈南北当局诸公暨各省督军、省长鉴外患之凭陵，哀沦胥之无日，立戢内争，一致御侮。对于英使之要求，力予拒绝，并促甘滇两省简调精兵，并力援助，饷项如何接济，尤望统顾并筹，俾无匮乏之虞。一俟停战期满，即督励蜀中将士分道进攻，务期失地完全恢复，则划界之事不难迎刃而解。固边围而保国权，计无逾于此者，迫切陈辞，伫候明教，熊克武印蒸。

1919 年 8 月 3 日

西藏自制国旗之怪闻(紧要纪事)(目)

1919 年 8 月 4 日

统治蒙藏条议(专件)(目)

孝感龙骧述

1919 年 8 月 11 日—1919 年 9 月 9 日

达赖不愿续订停战条约(北京特约通信)

政府方面昨接鄂罗郡王勒默扎布急电，称屡奉训令，当即根据指示办法，向达赖喇嘛交涉，并商订续结停战条约，乃该喇嘛颇恃有人协助，故行拒绝，究应如何办理，乞速电示，祗遵云。

1919 年 8 月 13 日

西报论藏边近况(紧要纪事)(目)

1919 年 8 月 14 日

藏事将趋于和平解决之西讯(紧要纪事)

英文京津《太晤士报》北京通讯，据本日京都政界可靠消息，谓西藏问题将于本星期内定永远和平解决办法。查数日内，驻京公使朱尔典氏代表英政府会同代理外务总长于北京开会谈判，并拟将一九一四年中英藏代表在印度所订之协约当众宣示，用为该问题最后解决之标准。至一九一四年印度会议所订之中国西部与西藏划界问题可望于此次在京会议核定办理。因英政府对于此项问题，既担任调停之责，故中藏两代表均向英国表示和平解决之诚意，且停止战事之时期已暂定十月为止，故各方面亟欲在此时期以前赓续会议，俾藏事得以早日和平解决。因自去年十月经驻藏英国代表戴慈孟氏(译音)竭力同双方游说，始获暂订停战之约，然迄今川藏边界虽无战事，其危险情形仍难消灭。据云驻京英使对于办理藏事未敢稍懈，是以西藏方面以此事完全交托驻京英使向中政府据理谈判。惟拉萨一般藏番以为中藏纠葛问题本关系中国一部份之事，此中情形，固属紧要，无论牵连其他各问题，似应由藏番与中央政府当局直接谈判，故对于此次所拟在京会议一节，异常注意。无论其如何解决，该藏番亟愿遵照办理。不料近日外间多以某项电讯及某处报告，川藏边界尚有军备及不靖情形，遍传各处，类皆无稽之谈。虽然，此种谣言亦不得谓其无因，大约外间鉴于停战期限将满，究竟是否继续停战，抑得和平解决，尚无具体办法。因此川藏毗连一带之土匪，根不捏造谣言、煽动人心，得以乘机而起从事劫掠，复因当地军界诸要人因战守攸关，不得不熟筹边防之策，以免临事失措。故四川及甘肃两省均向中央要求协助军备及子弹等项，此外尚有成都熊克武及甘肃宁海马镇守使先后呈报中国央政府添招军队以重边防等语。因此参谋及陆军两部前曾会同派员查阅驻扎川边军队，当即查得驻扎甘肃、四川及云南各省各地之军队人数虽属无缺，然一切军械子弹及各项军需均未适合，不足以资抵御藏军。有此种种原因，外间莫明此中之真相，递作谣言，以为中藏将恢复战事云云。

1919 年 8 月 16 日

陈遐龄痛陈川藏边防之二电(紧要纪事)(目)

1919 年 8 月 29 日

西藏交涉近闻(北京特约通信)(目)

1919 年 9 月 1 日

西藏交涉之汇闻(北京特约通信)(目)

1919 年 9 月 3 日

西报论山东西藏问题(紧要纪事)(目)

1919 年 9 月 4 日

西藏交涉近讯(紧要纪事)(目)

1919 年 9 月 13 日

川藏近闻(北京特约通信)

英领责问边军　院电陈使答复

川边防务因藏番内犯紧急，川甘军队因以出发，陈遐龄镇守使前日电政府，呈报英领以藏事正在交涉，而以甘川军前进责问，请示如何答覆。国务院当电覆陈使，略谓边藏截然两事，此次川甘军队进行系为恢复川边要隘，并无进攻西藏之事，英领所询各节，实属误会，希迅即明白详告，中央已由外部径电英领查照云。

西藏交涉之真因(紧要纪事)

现值藏番猖獗之际,而英人方面又将西藏交涉重行提起,于是西藏问题乃为国人所注视,惟此次藏番肆乱之远因,尚少详知者,兹将其藏番背叛起因详记如此,以备关心藏事者之考证焉。据来自西藏者云:此次交涉重提,系基于从前西姆拉之会议,西姆拉会议起则发源于民国元年藏人变乱,以辛亥年旧历九月二十二日拉萨兵变为最要之原因。拉萨之变则实由联豫一人,千头万绪言之甚长,兹从联豫入藏时说起。联豫,旗人,光绪三十一年由雅州知府升任驻藏钦差、办事副大臣,于其年腊月带卫队百名前往拉萨任所。时拉萨驻有绿营制兵一营,全额为五百名,其实只有四百三十五名,其时藏中无事,只此兵额以足资镇摄矣。联豫为人亦小有才具,惟忌刻心太重,如光绪三十三年,钦差张荫棠奉旨入藏商埠查看地方情形,并查办有泰。因张才具较联豫稍大,彼遂非常忌嫉,倚恃其亲姻那桐势力,不久将张排去,其年又奏办新政,奏练士兵,朝廷一一照准。联豫遂调标统徐方锐入藏着手练兵,成立两营,就当时比较上言,尚非甚劣,惟徐性情刚猛,脾气不好,平日已为联豫疑忌,兼对于联亲信之人,往往失礼,才毁百端,于是联豫益疑。有一日见徐忽手握刀柄,联豫指为行刺,登时缚而杀之。联之忌刻自用,此等事尤足为其表征也。徐方锐死后,联豫无可靠之人,练兵事旋即放下。光绪三十四年,又指名奏调四川陆军协统钟颖带陆军一混成旅入藏,其实只千余人。钟本奉天驻防旗人,其父因充军到四川,遂家于成都。钟入陆军,渊源虽不深知,但知升充协统而后仍是一种纨袴气习,至于才具更无足论。以故入藏后,事事受联豫辖制,后虽略学狭黠,然亦只足为坏事之资而已。联豫调兵入藏,本意原在举办新政,对于达赖喇嘛并无别项用心,不料达赖自家心虚,平日见联豫举动,早已怀疑,加以达赖最近之高级藏官厦札噶布伦非常精明,联豫屡欲杀之,均为人劝阻。厦札噶布伦自危,又见有兵到藏,遂同达赖逃往英属大吉岭地方。事发生,联豫赶速将两方误会说明,加以保证,使达赖安心回藏,可省却以后须多事。无如联豫凭恃官威,不细察藏人对于达赖感情如何?对于宗教信仰如何?转奏请将达赖宗教上一切名号革除,等于齐民。彼意如此一做,可威服藏人也。而不知此即为藏事坏乱之第一原因,藏人迷信宗教最深,达赖被革,无论为喇嘛,为民,无不希望喇嘛回拉萨者。后联豫有所闻,渐渐觉悟,乃派左参赞罗长琦到大吉岭迎达赖。达赖犹疑未释,提出三件要求,非清廷允许不肯回藏:(一)恢复名号;(二)撤退陆军;(三)撤回联豫。三件中二、三两件势不能行,遂无结果。达赖竟未回,藏人由是怨怼,但只在联豫一人,尚未及于大体。其事联豫弄得最坏之时,即“军纪败坏”四字,遂脱西藏也。盖前清绿营制兵,人数既少,住居又久,且人人娶有藏妇,做有副业,斯以能安分守己,及陆军入藏,联豫、钟颖非常放纵,压良民,任意奸污,加以哥老于此时入藏,其后拉萨事变,直可为从哥老会发动也。盖因拉萨变起,乃有西姆拉之会,因西姆拉之会,而有今次中英之交涉。藏番猖獗内犯,遂于此而难加遏止,更因民国以后,川省迄未安定,又以大局纷扰,中英遂更不暇顾及,数年以来,姑息养奸,英人在藏更时有活动,藏番因敢猖獗姿肆,致成今日之现象也云。

1919 年 9 月 15 日

西藏交涉勿让步(东方通讯社电报)

江苏省教育会及其他十一团体联名致电北京,谓关于西藏问题,英国条件悉侵犯主权,幸勿让步为要云云。

1919 年 9 月 16 日

西藏风土谈屑(游记)(目)

麟　生

1919 年 9 月 20 日—1919 年 9 月 21 日

西藏问题之昨闻(北京特约通信)(目)

1919 年 9 月 22 日

藏乱之好消息(北京特约通信)

藏事交涉正紧,藏番内犯西陲,尤多顾虑。兹闻甘督张广建近电政府呈报,据宁海镇守使马琪电称,藏匪首领乌莽仓已于闰七月十七日在奴拉地方病故,西陲从此可渐敉平,实国家深幸云云,未始非藏乱之好消息也。

1919 年 9 月 30 日

西藏与满蒙比较之东论(紧要纪事)

某东报云,近来英报动谓中英磋商西藏问题,久而不决,显系日本报纸怂恿中国之所致。此层吾日本不能不辩白也。夫日本若有意干涉西藏问题,则对于英之波斯政策,岂得不加以监察?今日本深明英之于西藏盖为保护印度起见,然日本既与英国联盟,则凡有利于英国者是有利于日本也。故日本决无阻碍西藏问题进行之理,但多数英国报纸每以西藏问题之于英国与满蒙之于日本相较,且以西藏问题英国若不得圆满之结果,则日本亦不能解决南满及内蒙古,其实西藏乃一最近问题而满蒙问题已于十载以前完全解决矣。况英国牺牲于西藏者甚少,而日本乃以二次大战多数生命得之。盖满蒙于日本之形势及经济似离而实合,均有密切之关系。彼英报之言主张在西藏得其统治权,而以其地开放作为万国投资之渊薮,殊不知西藏之肥瘠尚未决定,而满蒙之富则尽人皆知,是英报以今西藏之解决须在日本满蒙解决以前者,诚不足议,且日本既尽其力于联盟国,则联盟国亦进予以承认也。在英报之意,以为西藏为中俄将来侵入印度必由之孔道,然以中俄两国之情形而论,一时决无侵入印度之理,且西藏天然险阻,万山重叠,又乏运输之便,断难以大军深入绝境。然则西藏只可谓英国之屏篱,不得谓之要隘也。若满蒙之于日本如壕之于城,中国既无力保守,遂归强俄节制,当时日本鉴唇亡齿寒之故,奋起而代取之。是日本在南满及内蒙古之特殊地位既与中国订有条约且得英国暨各国之承认者也。由是观之,日本以莫大之牺牲而获得之土地,又为列强及中国所承认,则断无退出之理。不宁维是,日本之于满蒙有存亡之关系,非若英国之于扬子江仅为经济之故也。夫生命既为英国所宝贵,则日本亦若是。英国有处置其根本主义之自由权,则日本亦何尝不若是。日本既与英国同享受其利权,则凡有破坏日本者,日本自当秉公正主义,如曩日之对诸俄国者斯得之矣。

1919 年 10 月 24 日

西藏问题之昨闻(北京特约通信)(目)

1919 年 10 月 26 日

藏事近讯(北京特约通信)

西藏问题,政府与外交当局均持尊重全国舆论多数民意之旨,迭次与英公使晤谈,虽英使屡促早日划界,了结此案,均出之审慎,答以须待从详讨论,并经电令川滇等省各遣代表来京,将先特开藏事会议。昨闻总统又特传见外交委员长商谈甚久,日内拟再通电全国,关于对藏事件交涉,征求各省军民长官意见,藉收集思广益之效云。

1919 年 10 月 31 日

东报论英国之对华新活动(紧要纪事)(目)

1919 年 11 月 14 日

张甘督电陈西藏近情(紧要纪事)(目)

1919 年 11 月 15 日

边藏与熊陈(北京特约通信)

边藏形势吃紧,熊克武与陈遐龄又多龃龉,前此且有陈使被逼离川之报。政府曾电熊督查询,昨闻熊已复电,否认其事,政府因于十七日再电熊,劝其以大局为重,务与陈使联络进行,合力固边,勿再致发生隔阂。电文且有"恢复失地,为公是赖"等语。同时并有电致陈使,令与熊联络,亦勿猜疑云。

1919 年 11 月 19 日

边藏紧急之报(北京特约通信)

边藏问题,政府虽迭电各军联络进行,近势仍复不佳。昨闻张甘督电政府谓,据宁海马使电呈,藏番势益披猖,陈遐龄镇守使电告饷械两缺,仍预备率队离边。藏番将此犯结石,甘边势极危急,且甘边军力本单,其他军队亦难调动,请政府迅示办法云。

1919年11月21日

藏事会议之近闻(北京特约通信)(目)

1919年11月23日

川人对边藏之两团体(紧要纪事)(目)

1919年11月25日

西藏问题近闻(紧要纪事)(目)

1919年12月1日

川边与藏事近闻(紧要纪事)(目)

1919年12月17日

西报中之边藏近况(紧要纪事)

《字林报》,十一月二十日打箭炉通讯云:《中藏休战条约》已于一月前满期,但无惊人之发展,休战条约并未正式延长,惟知双方均不愿启衅,静待北京谈判解决云。闻总统曾于日前电令川边镇守使无论如何不得进攻藏军,故镇守使欲与藏军一战,以开一通路而得甘肃方面之接济,此事业已中止。彼近来已不如前之好战,或自知其力有限,且于目下进攻藏军,必不为总统及川督所容,而非得外面接济饷械,则以现在之华军进攻藏人,殊难收效。此为镇守使所深知,其中止或即以此也。若中国当道对于藏人能维持其合理之态度,则藏兵决不乘机而进,以攻打箭炉。前于九月间,赴甘孜之镇守使代表,本拟与藏军磋商延长休战条约,乃就所知而言,迄未能与藏酋亲自接洽,故一无所成。嘉龙喇嘛为藏军总司令,闻在察木多,英领事金君已往与会晤矣。

1919年12月22日

《时报》

《时报》是出版时间较长的报纸。1904 年 6 月 12 日(光绪三十年四月二十九日)创刊。在上海出版。为防止清政府阻挠,创刊时挂日商招牌,由日本人宗方小太郎出面担任名义上的发行人,实际负责人狄楚青,罗教高为总主笔,担任主编和编辑的还有罗普、冯挺之、陈景韩、雷奋、包天笑等。梁启超手拟发刊"缘起"和体例。发刊词标榜所言论"以公为主,不徇一党之私见"。每天两大张,售钱二十文。社址上海四马路辰字(B)583 号。

取名《时报》,寓"君子而时中","道国齐民莫贵于是"之意。该报初期颇重视编辑业务的改革,创设"时评"一栏,短小隽永,为许多日报仿效。栏目除时评外,有论说、纪事、中央新闻、专件、要件、报界舆论、外论撷华、译丛、来稿、奏折、商务、商情报告表、小说、辞林、口碑丛述、谈瀛零拾、介绍新著、插图等。插图有时刊登滑稽画和讽刺画。辛亥年正月开始,每日随报附送《滑稽时报》一大张,正面有滑稽谈,笑话两句、小说等内容,反面是广告。《时报》根据新闻内容的重要与否,采取不同字号,初刊时销行颇畅。

1912 年冬将全部报馆产业盘给黄伯惠后,《时报》开始着重社会新闻和体育新闻。1927 年夏首创刊我国套色印报。第一次世界大战后,又增设实业、妇女、儿童、英文、图画、文艺等周刊。后期主笔为蔡行素。抗日战争时期,接受日占领军检查,继续在沪出版。1939 年 9 月 1 日停刊。

外论撷华

西藏，我国之藩属也。今英人派兵前往，数日以来警报屡至矣。西历六月十一日，上海《太晤士报》载有一论，其言西藏内情甚详，亟译之，以见英人之留心藏事有如此者。泰西各国之寺院甚为高大，而西藏则除喇嘛长外均居于村落，村落之僧多则六七千少，则二三千。其所以若是之多者，因彼国定律，贫人有三子则须以第三子为僧，富人有四子则须以第四子为僧。而其外又有自愿为僧者，有为喇嘛劝化而为僧者，故其僧之多实占其国民十二分之一。泰西之教友甚平等，而喇嘛则多分等级，富者贵者为之主，贫穷者为之奴。其募捐也每年四季有常例，其外尚时有馈以饮食者。故居地之民杂捐甚苛，而妇女之劳动者甚力。

百年前之英国有国教与民教之分，而喇嘛教中亦分此二派。一为纪勤克司（译音）派，国教也。其教主为台美喇嘛。一为拉勤克司（译音），民教也。其教主为柏金林克。其教之所以分，则唯通被教者能知之。若自外观，则唯一则衣深黄，一则衣红而已。其寺院之管理则每寺各异，寺长之名为开恩，其义至上之意也。每寺各有一长，其寺长之权于政治上亦甚大。寺长之次则为奇歇，管理教徒授圣职之事。又其次为知事，司礼法、会计。又其次为师，司教授经籤及管理寺中之塔。此五人者，每三岁一更改，然寺长与奇歇每多连任。

寺中之僧学问亦不一，分为三等。至下之等，名奇萨，得此职者须费金二十两。其第二等，名奇庚，视下等学问稍高。其上等者，名奇萨[①]，真有学问者始得之。其得之之时须考试经典及各种学问，其考试甚严，千人之中能得之者不过一二。其所费之金至少须百两以上，此亦彼教敛财之道也。

1904年6月13日

外论撷华

英人之留意藏事，既于昨日译上海《太晤士报》论之。今又得西历六日日本《万朝报》之论印度太守，因又知日本亦甚留意英人之于西藏。其不留意者，唯夙以西藏为藩属之我中国人耳！亟译之以当警告：

---

① 原报如此。

印度太守更迭之传说，今于实事上观之，益觉显而易见。如昨由海外传来之电：谓伦敦市民对于印度太守揩沙卿之功绩甚为欢悦，决议许与以全权。《斯登泰报》亦作论赞美之，由此以观太守更迭之事业已明确。揩沙卿之为印度太守，其所设施宁谓其毁誉参半。然如今回西藏之事起平地风波之政策，当其时虽亦不免有人非难，而至今日远征之事已得英国协会之赞助，而远征队之成功，亦既明见其效。然则，此次太守之更迭必为其得策，而非为其失策又甚明也。

揩沙卿之将来归国而发其光辉于本国，此果意中事，奚俟多言。彼果保守所再三拟任以总理重任者，今又适值彼党内阁动摇之日，则其藉其力也，固宜。嗟乎！如彼抱纵横之才而占重要之地，其前途之多望乌可限量？经营东亚之素志，其庶几乎！

英人又败藏兵(电报)

西藏土兵夜袭英军先锋队于庚芝，印度兵先克(译音)戈格(译音)两队击败之。英军接应队现已前至钦别(译音)。

政府之与藏事(京师新闻)

西报于藏事日有布告，政府固无暇晷及之，然衮衮诸公固熟观无睹亦绝无提及此问题者。

英人经营西藏(英国)(各国新闻)

西五月十六号印度嘎勒革达得庚芝来电云：西藏土兵之在庚芝者，其营立在寺院中，距英军西北约六里。土兵用鸟枪及四磅之炮一尊，袭击英国之达克沙军，为达克沙军击败。

西五月十九号又得庚芝来电云：今日土兵用盛礼装炮于炮台上，其炮弹不过三磅半，放置后试发一炮，全声欢呼。英军还发一炮，即时声息俱灭。藏兵常发炮攻击英人，有一炮弹着于炮台墙上，又有土兵多人前来接应。藏兵抄截英军之背，意欲断绝英军后路，邮便物件尽为所夺，邮夫四人亦被追逐。

英将恶克来往探土兵炮垒，见在一寺院中，防守甚固，计之约有数千人。见英将来，群以枪攻击，然一无损伤。

1904年6月14日

英人西藏远征队(各国新闻)

庚芝西五月十九来信云：今晨英兵攻击藏人，当时藏人在一村中距英营约一里，英兵得胜。是役英将贸莱分印度兵两队：一名西克，一名苟加，自三路进攻。其时天尚未明，至天明时为土人所见，土人即向之发排枪，皆不中。印度兵直驰至其堡门之外，以枪柄击其门，土兵自上投以石，乃退。少将戈登君率先锋兵六人直至其门外，用炸药炸其门，破之。土人死伤甚众，英兵死者四人。

西五月十九庚芝来信云：今晨参将勃伦率先锋四队，炮二尊，扫除后路村中之土人，其先二村得之甚易，至第三村土人奋勇御之，村中持有枪械之人甚多，其村亦为英人所炸毁。英国第三十二队之先锋军副好克生在前引路，为土兵持刃冲上，伤其手。是役土人死二十人，英军死印度人□[①]名，伤将校一名，兵三名。同时英人又攻第四村，村中土人甚多，英军来发枪御之甚久。土人所死甚众，又有马三匹亦被杀。

1904年6月17日

英人之论西藏(英国)(各国新闻)

英国《世界报》云：中国政府实与西藏同心欲逐去我英人之在西藏者。不然，何以中国政府新派之驻藏大臣竟为突莱喇嘛(西藏之教主)所嗾使，而望英人速去西藏。盖恐英人将喇萨(西藏京城)与嘎勒革达(印度总督府)相连合，则西藏之政治或有变动也。然如西藏土王安守其国土，则英人不得不待所议之期完结而后更张。不意土王欲与圣彼得堡立约，以恃俄人之助，是将大有所更变于其国政也。英人决不能坐视，故欲先为之备。夫我英之欲辅助亚西亚印度四邻之国，使皆自立而不为人所压制也，久矣。如印度之北则有阿富汗，东则有暹罗，西北则有波斯之南部，此皆能自立者也。今所余者，唯此北方之西藏而已。西藏为俄人所久思吞灭之国也。英人若不留意，则俄人必以取波兰之法，设一监督于喇萨，而西藏必入俄人掌中矣。

---

① □字迹不清。

是故，苟非突莱喇嘛自来求和，英人决不肯半途中止也。

1904年6月18日

英人与西藏(英国)(各国新闻)

伦敦来信论西藏事云：寇仁少将之派兵西藏，今既不能贸然停止。英国下议院前日于开会时，印度总督之书记官曾宣言云：若土王不自求和，我英军于未至喇萨以前决不中止。故我甚望英兵之早达喇萨也。我英若不能服西藏，则印度甚有危险。或且因之以扰乱欧洲之平和，是非我英之所愿。且若不乘此时征服西藏，至日后彼若稍强则欲征服之更难。

俄人关心藏事(俄国)(各国新闻)

俄国某新闻论英国用兵西藏事曰：印度总督寇仁曾言英国之征西藏除防守之外无他目的，凡有识之政治家未有以此言为可信者。余谓此事于俄国有莫大之影响。盖西藏之喇萨府及达拉拉穆实为蒙古及俄领蒙古民族的宗教上之中心，若有人并吞西藏及达拉拉穆，是不啻于精神上占领蒙古民族之全部矣。是故，英国之西藏远征队实为他日侵入俄境之先声，而辽阔之蒙古境内从此多事。我人胡可眩于寇仁之言，而不为之备也。

1904年6月19日

俄人论西藏(俄国)(各国新闻)

俄京莫斯科某日报论英人经营西藏云：极东之交战息后，当又有西藏事件惊动世界注之目。夫亚西亚之西北，为英、俄、清三国同其利益者，西藏也。今英人派远征队以与西藏土兵相接战，此俄人所不能不问者也。去岁之冬印度政府曾派使至西藏，欲与西藏定达拉拉穆(西藏与印度之境域)及共谋保护印度西藏间之贸易。然西藏之官吏不肯与之协商，而英人乃遂变其怀柔之策而为武断之策。英人之昌言英国西藏之利益，实为俄国所侵蚀，俄国与喇嘛有秘密条约，与清国亦为西藏事而有密约。然英将英戈斯明大佐之至西藏以平和商业为言，而实则至西藏之后，带有军队，有麦克希炮，即与西藏人相见于炮火之中，是英人与西藏挑战也。英国举动如此，列国其能默视乎？且西藏，清国之藩属也。清国于西藏有驻藏大臣以为之管辖，今英戈斯明之出兵不问清国而遽伤达拉拉穆之人民，是犯清国主权也，且与清国之外与西藏最有关系者，即俄国也。俄国之境上与西藏相连，清国可置之不问，我俄国岂能置之不问哉？

1904 年 6 月 20 日

英军进攻西藏汇记(英国)(各国新闻)

印度《英字日报》云：英军两次攻击西藏土兵，杀死勇猛之土人甚多。《太晤士报》之访事人云：此次英军进击西藏土兵，英军共死将校一人，兵四人，伤十四人。西藏人至少当死三百人。西藏人之死者，大半见英军追逐逃至山中峭壁坠下而死。《太晤士报》访事人又云：英人之初入西藏也为传道，今则反变而为攻击，今日之主义为在围困喇萨。然近来蒙古、满洲之人多用新枪新炮多助之者，故英军非仅加二千人所能胜任。今日之争战非平常之争战，乃宗教与宗教之争战也。因之英军反为土兵所围困，土兵且有极大之炮自喇萨携来者，现留于雅鲁藏布江边，因炮太重不能渡桥也。挞西喇麻与达勒喇麻为世仇，今为英兵来攻故亦同心抵御。庚芝近处电线为西藏人所断。英军之通信船云：扳生斯军之第四十营亦将派往西藏，其后飞轻步兵亦将派往。苏格兰近卫兵两队现已派往矣。雪墨勒(印度城)不得庚芝来信已三日矣，因西藏土人攻击英之邮夫也。唯知在庚芝之英军甚平安，日日望新兵之来。又云：不得庚芝信已一礼拜，今晨又得来信云。英军护送回来之驴马过西藏兵之营，见营中已无人迹，以炮击之亦不还击。有一村勇士共五百人，前在严爱宜寺中者，现亦返至炮台中。因此英军又得通信。英军见土兵退后，因即前进。见地势不佳，因仍退回。方退时土兵大放枪炮，然英军一无伤害。伦敦《每日报》云：西五月二十六日英军扫除近旁乡村，因与土人斗。英军死少佐一人名，加斯登印度兵三人。伤队长一人，名恶可恼，少佐二人，一名宓起耳，一名华沟，兵九人。西藏人死者，不计其数。

1904 年 6 月 23 日

英兵进攻西藏汇记(英国)(各国新闻)

锡兰《太晤士报》云：西五月二十六日来电，驻在庚芝之英军与西藏土兵大战，历十四点钟之久。英军死中尉一人，名克斯登，机匠一人，伤队长二人。印度西克斯队兵死三人，伤七人。西藏土兵死者，不计其数。被虏者，三十七人。西二十四日，英人有援兵一队前来庚芝，因此英军之力增加。此战之始，因英军寻出营垒后六英里，有一极固之村落，名那宜。其壁垒甚坚，高三十尺，厚十尺，皆以石为之，其地甚为要地。因此英人竭力攻之，藏兵抵御甚力。因用炸药七处，方得炸入。中尉克斯登即于此时被击中脑而死。该地攻破后，藏兵仍巷战不屈。有受伤倒卧者，尚取石以投英人。有二十余人则逸出逃至炮台内。英兵至八点钟时回营，村落之大半为英军所毁，其小半为英兵所占据。据被虏者云：我等系昨夜自喇萨来者。英人问以炮台内共有兵若干，答有三千余人。西六月四日自庚芝来电：于西二十九日之夜，藏兵自炮台中出袭英军，英军与之战至三点钟时，藏兵退。藏兵死六人，英军无所损伤。西六月八日来电：在七日之晨五点十分钟，英军之在肯麦者，为藏兵所攻，未几即退去。英军死土兵（即招西藏人以为兵者）一人，伤土兵五人。藏兵死者，共一百六十六人。英军又有炮队二小队已行抵重障（译音）。现英兵之在西藏者共有四千一百人，炮十二尊，又有转运队三千八百人，马七千五百匹。

1904年6月28日

英军援兵进攻西藏（十六日未刻伦敦专电）

伦敦电：英将墨克度纳尔所领添之兵已至庚芝，途中在纳宜寺旁与藏兵大战，英军死五人伤六人。

1904年6月30日

英攻西藏又记（英国）（各国新闻）

西藏援兵统领麦克塘纳尔已于西五月十二日攻击西藏炮台，藏人死伤甚众，英军队长克勒司得被杀，二军校及印兵五名受伤。

1904年7月2日

报界舆论

西藏之与我中国果有关系乎？抑无关系。其关系之轻重果何如乎？十八日之

《新闻报》论之颇详，兹摘其说如左：

尝考西藏臣服我朝，最先辽沈兆基，达赖已遣使往贺，较之朝鲜诸国归命独早。厥后因拥立内乱，爰定金瓶掣签之制，派驻藏大臣防守。由此观之，西藏者，虽为我朝之藩封，实不啻内地之郡县也。朝鲜、安南诸属国皆无驻守大臣，独西藏派大臣驻守者，犹内地将军驻防之例也。实与朝鲜安南之情形不同，朝廷之视西藏要不能一律作朝鲜、安南观也可知。乃自英人入藏，而我所派之大臣或中途逗留不进，或戢祸托言目盲。藏事日危，而防守之臣如此贻误，势必又蹈满洲之覆辙也。

我中国之于西藏，果思将有处置之法乎？抑无处置之法。其处置之法果何如乎？十八日之《新闻报》论之亦颇有见，兹摘其说如左：

今者，英兵已抵干子地方，声言如藏酋再不派大员往见，当进兵藏京。英人知西藏为我臣服之地，而反欲令藏酋派员办理者，知驻藏大臣不能弹压藏人也。驻藏大臣不能约束藏酋不与英人开战，则英人必日进不已。一抵藏京，远则如缅甸之早服于英，近则如满洲之沦陷于俄。我于此时，始筹处置之法，窃恐无著手之处矣。然则，处置之法当奈何？亦惟乘英人未抵藏京之先，急派一威望素著熟悉交涉之大员，酌带练兵，星夜驰往，弹压藏人，婉劝藏酋，从速息事。一面照会英兵不必前进，一面与英廷平和协商，声明藏地我早派有驻守大臣，与朝鲜安南情形不同。将疆界立即划清。一面照会各国开西藏为通商公地，果处置得宜，不独英人息鲸吞之欲，即俄人亦戢虎视之心。西藏腴疆，未始不可借此保全。

1904 年 7 月 3 日

英国之对藏政策(英国)(各国新闻)

英国上议院对于议员质问将来对藏政策，外务大臣答之云：我国政府之对藏政策，依然无变更。现在仍希望与中国政府同意而互相协助而已。然百端尽力而使中国之官吏如何与英国以帮助，则一视中国驻藏大臣之如何而已。现在此次之交战，其态状实能十分保全我帝国之福祉与威信也。又外务大臣之于此远征队之说明曰：我国若欲以自己之武器以防护我印度之侵害，则与西藏交战决不可中止，且关于解决目下之问题一无羁绊云云。

1904 年 7 月 4 日

外论撷华

西藏问题近日各日报言之者多，外人之留心是事者更甚。本报于外论一门中译登者，亦屡屡。兹又得《雷皮由杂志》胡拉氏所作西藏问题之解决一篇，其第一章详论俄人之对西藏政策与英人之对西藏政策及俄英两国对西藏政策之冲突，而谓我中国之与西藏其关系者业已无效。我国上下其闻之否耶？兹译其说如左：

此次英国之远征西藏也，是使喇嘛僧徒知专恃俄国保护之不足保其国统也。夫十三年前，中国与西藏之条约业已全归无效。今日西藏与俄国立约亦犹是也。何则？当今之时，适值俄国不能派兵至蒙古与北清之时也。夫俄国之平和的侵略政策甚得手于数年以前，而今则不能施其故技。俄国若欲于今后继续其以前所行之政策，则不得不易其以前之平和而用武力。然俄国欲以武力继续以前之政策，今于满洲已一试而实形棘手。且于西藏不但如满洲之棘手而已，且恐与教徒之势力有所冲突。使佛教而有势，则于一千九百年时北清之事变而已有所实验。然则，对于英国寇仁君之远征军队陷于错综困难之其救之之道，唯有二端而已。其一救护喇萨政府是也。以西藏问题为与国家有休戚之问题视之，当与满洲问题同其要而研究之。其二则放弃喇萨政府而始之听天任运是也。如于东部土耳其及蒙古北清等处，俄国肯稍剥其利益线内之利益而保持其势力之平均是两策也。俄国若能实行之，则可免至大之困难，乘机而动，谁或能阻止之耶？俄国与西藏之关系既如此，试更进而论英国与西藏之关系。向者，喇萨教皇对于寇仁君之远征队欲强顽之抵抗，以最不快意之策阻碍英国之企画。故英国欲与西藏缔结条约以望佛教徒之不失于公正，而其愿终虚。则英人唯有公然征服之以为己之保护国而已。其欲征服之也，不得不陷于与俄国相绝之危局。喇嘛僧见英人之来侵也，愤怒之余，蹶起而为新团匪之举动，演出抗抵英军之惨剧，而终至英与西藏所得之政权必占及不相当之利益，而惹起列国际上之纠纷，错综而无所终极。然则，今日之西藏若欲平和解决之也，必如何而始？夫俄国政府之对于西藏，其真正之态状非欧洲各国之所能认也。至于今日而其国尚有执优势之主战派，此派之行为殆与政府部内之反动的急激派同其嗅味。其说曰：西藏问题，国家利害问题也。喇嘛教王之上必当树以俄国之权利，不然则以兵力强行之。然至今日则已难行之矣。何则？对于西藏远征队或有障碍英俄两国利益之冲突而致酿两国之纷扰，余之所深信。此主战派向政府掌政府之枢机，则英俄之间其冲突必达于极端。试观二月十五日英发西藏远征队而提出激烈之抗议于英政府者，即此派也。此派得俄帝之命，不但能于阿富汗国境之内得征调军队，即俄领土耳其之兵亦得征调。此盖欲以侵略加希克尔及谷尔奇之目的而命军队出之预备也。然欲以阻当远征西藏之英军则不可得也。此主战派欲遵守此主义而使往时何依台氏乌特英斯开公所计划之感激蒙古及波利恒之佛教徒，使归向俄之政策，亦至全覆主战派之说曰：凡人种相异，言语相异之邦国而欲以和平的侵略以求成事则唯有酿成帝国统一上之弊害而已。其外断无他效也。故俄国之对于承认为俄国主权所保护之邦国，唯有兵力占领之，以警察权监督之，归于俄化而已。然则，俄国之计西藏可一言以蔽之曰：俄国者，于芬兰、波兰、阿尔美尼国之政策得奇妙之结果，故欲移之于远东也。

西藏已与英国开始议和（二十一日午刻伦敦专电）（目）

1904 年 7 月 5 日

西藏已与英国议和二电（二十日伦敦电）

英将庸呼斯明接待西藏议和使人于庚芝且命之云：于礼拜二日（即二十二日）速令炮台上兵离去炮台。藏使答之云：此事须俟我国政府斟酌后方能答汝。

1904 年 7 月 6 日

西藏之商务（西藏）（各国新闻）

自英藏战事起后，缅甸、印度与西藏之商务恐有减色。盖西藏东方之出产，系从伊拉瓦第江与兰沧江所运来者，此等货物自中古时已有之。其货为树胶、麝香、紫梗、雄黄等。其交易则在蒙古人之手，运至欧洲。今有战争事，故用此等货物者甚觉不便云。

1904 年 7 月 7 日

英人攻夺西藏炮台（二十五日香港电）

藏人不允英人所请之款，因之和议又复决裂。英人即刻进攻庚芝炮台，两军相战甚力，后仍为英军所破，占据炮台。藏人遂于炮台后小山上再筑炮台，以当英军前进拉萨之路。其新筑之炮台计能容二千人。是役英军死印度第三十二队西克兵之中将一人，名革盾。

英政府之对付西藏(二十五日伦敦电)

英国宰相培尔福在下议院宣言云：俄英于西藏所执之政策不少更变，征藏之兵虽仍前进，然若藏人前来议和，则无论进兵至何处均可开议，我英亦决不与前议有所改变。唯来议和者，必须授之以全权。

1904 年 7 月 9 日

英人之议论征藏经费(英国)(各国新闻)

洛勃斯氏者，西邓皮休人也。问印度参谋官勃老立克云：此次远征西藏队之军费，不知英国政府应许支出否？

1904 年 7 月 12 日

俄国之对于西藏准备(俄国)(各国新闻)

西六月九日自乌台石来电谓有某军人信私中有云：无论于极东如何战败，俄国之主战党怂恿政府谓对于英国之征藏队当执示威运动。于五月中旬所召集之泰许肯军队，切实调查，若一发出军令，能即时预备战斗否？关于以上之说，有《奴乐报》从而论之曰：若英国必与我俄冲突而不撤去远征西藏之军队，则我国当警告英国之当局者，而在所不顾。我俄政府于中央亚西亚，当始终固执强硬之政策。又如于西六月九日俄都所发之电之英俄协商，据法国报馆所云：则俄国之当局者，实公然反对云。

1904 年 7 月 13 日

英人征藏之兵又进(初四日香港电)

英兵在西藏已前进至塘子地方，并无阻挡。英报云：将来西藏归英人之结果，于此可以预决。

1904年7月17日

调兵入藏近闻(各省新闻)

西藏近与英兵开战两次,锡帅现已调集兵队,闻拟交凤茀堂钦使率领入藏。

1904年7月18日

英征西藏又记(十一日伦敦电)

英国征西藏之陆军少将墨克陶纳耳已进占西藏之克罗拉山地,战于冰田。

1904年7月25日

英军征藏之兵又进(英国)(各国新闻)

西藏英兵已渡过克鲁伯山路,其安营处离拉萨只有九十二英里。

1904年7月29日

英征西藏(俄国)(各国新闻)

西七月八(日)庚芝电云:英兵根枝一战,将校以下之伤亡计死陆军少尉戈登一名及印兵三人,伤陆军中尉揩勃尔、陆军少将丕烈斯登、陆军少尉可兰脱、陆军少尉密寨尔及印度兵三名,英兵廿名。七月九号又电云:藏兵退至塘子地方,适与英兵一队相遇,彼此相战,各有伤亡。又云:英军在根枝存储之火药忽然暴烈,震伤士兵六名,有两人伤势颇重。又云:达赖喇嘛使人议和一事仍未提议。

1904年8月5日

报界舆论·论英人侵略西藏

英藏搆兵实吾国今日一绝大问题,其重要不减于东三省之事也。而于此事之真相知者盖寡,今得《时敏报》(十一日)《论英人侵略西藏》一篇,字字有来历,语语皆沉痛，于英藏交涉之历史原原本本不惮反复详陈，以促国民之注意，真伤时之作也，不忍割爱，特录全文①。

1904年8月7日

西藏英兵目下已抵拉萨城并无大战(二十七日伦敦电)(目)

英人攻击喇萨之故(英国)

喇萨为藏中最邃奥之京城，百年来未经欧人之足迹，至今日乃为英兵所践踏。前据路透电，谓英将姚痕喝斯盆已于八月三号进至喇萨城。并闻英将末克塘自得庚芝之后，一路并无战争。因藏人每战必北，其胆已寒，不敢再萌斗志也。故今日达赖喇嘛如仍欲得辖治全藏之权宜，乘此时速出议和，俾英兵早日退回印度。因英人本不利其城市，无心占据，甚愿其和议早成，使不至全藏生灵惨遭蹂躏。惟有一事该喇嘛须当遵从，则此后不可再受俄人耸动。若欲使其全藏藩篱益加完备，更须弃其素所保护者，而求印度君主之保护。现在藏人已知其过，因受俄侦探之甘言哄诱，或尊崇其佛教，或佯示以迷信之意。且以意度之，俄人必有离间之言向喇嘛僧称说，谓英人必将削夺其权，使不得自由。喇嘛信之，故有此抗拒，以肇此祸。不知英人所欲得之利益，不过欲使与印度之通商毫无阻滞而已。惟此后藏中须许西人来往住宿其处，不可再有以前阻挠等事。兵士虽不必常驻其处，目下亦不可不暂留数时，使彼处愚蠢藏人稍改其野蛮举动，使深藏固闭之喇萨城，一旦豁露于世界也。

1904年8月9日

英人征藏兵数(英国)(国外新闻)

在雪姆拉之路透电访事人报告云：上月中旬英兵之在西藏者其数如下：计印兵四联队，共二千八百人。英兵四百人，工程兵三百人，渡山英兵四百人，印度炮兵一百五十人，马兵二百人。大炮十二尊，小炮甚多。连病院各人计之不下四千六百人。此外更有马七千五百匹，货车七百辆，山羊九百五十只，辎重队三千八百人，载

① 《东方杂志》1904年10月4日，1卷8期登载此文。

物牲畜三千八百只，更有英兵两队携有炮两尊及七磅弹正在途中前往。

1904 年 8 月 11 日

西藏独立之问题（京师）（交涉纪闻）

传闻某国公使向政府声言西藏喇嘛应听其为自主独立之国，则某国自不能干涉云云。至政府如何答言尚未详悉。

[英兵进据喇萨]（英国）（国外新闻）

英兵进据喇萨城，各国均谓俄人不啻当头受一棒击。

1904 年 8 月 12 日

英征西藏记（英国）

庚芝至拉萨不过一百四十英里，惟其地山岭复叠，路径崎岖，亦无水草足供马料，故此英兵约往四礼拜始达。

1904 年 8 月 17 日

派员赴藏（京师）（交涉界纪闻）

探闻政府已有电致驻藏大臣云：前请遣派素悉外交之员，并带通译等前往藏地以资助一节，今宜劝谕达赖喇嘛暂勿与英兵交战，候派定外交人员前来再行议办云。

英人征藏记（英国）（国外新闻）

在庚芝之太晤士报馆访事人报告云：西藏达赖喇嘛甚恨陶及夫，因此次之事皆由其一人起意，此后一切拟求英国保护。英大臣恩匹歇谓此次英兵于八月七号进塘子时，并无阻碍，庚芝等处亦甚平靖。九号英渡山兵抵距西沟嘴（译音）二十五英里之地，见路上遗弃之牛奶及谷粒等甚多。该处乡村接待甚优，其地土脉肥壮，所产豆麦芥菜之类。据土人报告谓有藏兵二千名驻守喀罗喇，更有一千名驻于那格支地方，距此约十八英里。其续来之援兵一千名，尚未抵此，目下正在盼望。据兵士报告谓见有多数藏兵正在纷纷回家，闻喇萨各僧仍有建议抵拒者。惟兵士已四散，恐难再聚。得庚芝十四号电，谓援兵已起程前往喇萨。该处未设电线，通讯均用马兵。各兵士甚望于八月五号得进至喇萨，因天气寒冷不能过冬，九月即须回来也。英将幼夫现在晓谕藏民云：此次英兵进攻喇萨，因藏员前曾开罪于我英皇使来之人，故此来实欲令其赔礼也。又谓此后藏民若再阻碍我英人之前进，亦必尽法严惩云。得庚芝七月十三号来信，谓英将幼夫曾致书于达赖喇嘛，欲令其赔认失敬英使之罪，谓英国甚愿议和，惟以后如再有拒敌等事，适足自取其祸。

1904 年 8 月 21 日

电告征藏军情（英国）（国外新闻）

印京嘎尔嘎德得西藏堪圣渡六月十四日电云：我兵经过山巴河时甚受危险，运粮官陆军少佐薄拉大登及印兵两名均遭溺死，法兰克麻挨将军幸得脱险。此河阔一百五十码，中多急旋水，后我军用平底渡船两艘，虽较木排为胜，然有时仍漂出数里。有马兵一名，因牵马渡河，人马皆死。藏兵见我军侦探队，纷纷逃避。后得达赖喇嘛信，嘱我兵暂时驻守，以待回音。统兵官幼夫遂允驻兵二三日，以候达赖喇嘛使至。

1904 年 8 月 26 日

西藏交涉（西藏）（交涉界纪闻）

英人进逼拉萨，达赖喇嘛逃遁一节，已志前报。兹闻该喇嘛实阴仗俄援，倔强不服。今俄人自顾不暇，未能援助，喇嘛已有悔心。昨由驻藏大臣与麦克塘纳尔议商，暂行停战，于三礼拜内讲和。大约英人所要之款，不外通商筑路二事。

1904 年 9 月 2 日

英兵退出喇萨（西藏）（警闻）

在西藏喇萨之英兵闻已定于八月初六日退离该处。

欧妇之冒险旅行(西藏)

《世界报》云:欧洲人罕有游历西藏寓居喇嘛国中者。现查得只有西妇一人名胎勒者,于一千八百九十□年整顿行装初上征途,拟至圣城一游。先抵上海,复行一千余里以达西藏接壤之甘肃,再前往西藏边界之村落住居一年,乃再定议启程前往西藏内地。于是雇藏人两名为向导,行至距藏京三日路程之地,忽被藏人拘获,不得前往。闻拘获之故,因先有一华人符彼通信所致。幸被拘后有一藏人甚加怜恤,故两礼拜即蒙赠送蓬帐、食物等,送之出境。否则必为所害矣。然西妇此行备尝险阻。

1904年9月4日

英兵入藏情形(英国)(国外新闻)

印京嘎尔嘎德得喇萨西八月八号电云:英藏和约尚未开议,西藏使来之代表各人,每日不过略言无关轻重之事,至和局则绝不置喙,观其情状似甚畏缩。该处英兵觅食甚难,后至距此一英里外之叠奔大寺中。此寺为世界上首屈一指者,其中共有僧徒八千人。此次英兵并未逼迫,各僧即供给食物等一百担,大半皆系大麦。藏人见英兵并无忿恨之意,惟喇萨城中街道殊形污秽,英兵曾往一次之后,无一人肯再去者。

1904年9月9日

七月中外大事表:英兵退出喇萨(廿五)(目)

1904年9月10日

英藏和议成(英国)

在喇萨之路透社访事报告云:英国西藏和约已于七月二十八日签字。

1904年9月14日

呜呼！西藏

驻藏大臣有泰于七月三十致电政府报称：业与某国钦使画押，所有该藏全权统归该国管辖，中国概不再行干预。

1904 年 9 月 15 日

详述英军入藏情形（英国）

印京嘎尔嘎德得七月初十日喇萨电云：藏人拟就草稿一纸转呈英将幼夫，其中即答覆英国前要求各事，幼夫见之大不满意，遂将其稿掷还，令其再拟。目下最难者，达赖喇麻仍逃在距此一百英里之大寺中，致此事无人专主，反覆不定。现藏中大员已有信至喇麻处，谓此后必无危险，可放胆速来。

英国渡山兵前往离营八英里之地侦探，见藏兵一大队皆衣羊皮，手中携有军械，状颇赳赳，惟不抵拒。其中有六十四人被获，谓英兵曰：余等并无战意，不过图得薪水而已。英兵又问：肯为我战乎？曰：苟有薪水，皆我主也。何不肯之有？

英人所最不悦者，因院中使来之各代表人于英国要求各事时有反对也。至于居民及商人等皆甚欢爱，心中并无芥蒂，所供给各物亦甚如意。喇麻僧及乡人亦时以谷粉等类相馈。有一事颇奇，藏人每喜用镌有皇后头之卢比，而不愿用皇帝头之卢比。盖藏人此时尚未知今日印度已为英国管辖，而非由东方印度公司管辖也。

确克森渡来信云：该处河流湍急，航行不易。新设各电线，均被冲失。故已派械匠及工人等多名前往修理。目下此处天时干燥，多日不雨。

此处英兵时至旷地赛跑，已成习惯。每礼拜亦必游散一次，以活动身体。如拍球、跳跑之类。

又七月十三电云：英藏和约九条中有一条已经允许。前有入英籍之印人两名，藏人指为间谍，捕至喇萨幽禁一年。今亦释放，放出后见两人依然无恙。虽衣粗服，然颇清洁，知藏人并未虐待，复经医生查验，亦称无病。惟面上稍露青色而已。现在和议仍在磋议，无甚阻梗。藏员虽仍唤回达赖喇麻，然亦不十分盼待。闻达赖喇麻现与俄人但列夫同居一处。

1904 年 9 月 16 日

论中国弃让西藏之事(本馆论说)[①]

天道循环无往不复之说,为近日科学时代之所勿言。乃事实竟有若合符节,而可以勘证此理者,此不得不以为异象矣。所谓异象者何?则前日报载驻藏大臣有泰电称业与某国(按:此必指英国无疑,故下文皆直言英国)钦使画押,所有该藏全权统归该国管辖,中国概不再行干预之一事,是也。作者征求故实,犹记咸丰八年、十年之间,俄人于英国肆扰沿海,进薄都门之际,而乘中国之不觉,且欺英国之不知,略施恫喝,安坐以割我黑龙江北数千里膏腴之地。当时中国不甚爱惜,而英则以受俄之绐,茹恨至今。曾越几时,而今日之英人亦藉俄、日相持之时,谂我之无力与闻,以数千之印兵,冒酷暑,度奇险,不折一矢而入於喇萨之首府,全藏六千里之天壤,一举手而措诸要盟之下焉。而有泰电致政府之辞,犹与当日黑龙江将军奕山从权办理之奏无异。此岂所谓循环往复者耶?西人谓俄国於此,不啻受一当囟之击,良不诬矣。而吾於此,乃有不胜其悲且谔者,则以英、俄之自为得丧不必言。惟藏地之利害关系,於我中国之安危者,至深且巨,凡彼一出一入之间,皆足以遗其不利於我。此有泰之新约墨沈犹濡,而作者之抽毫,方滋零泪者也。吾今请一抉此事之害,而历历陈之。

夫我国人於西藏之事,多数之庸众,或未之闻。即少数之贤哲者流,亦闻之而不甚措意。则岂不以西藏之地,不及东三省之要。英人之政策,不逮俄人之狡。而世界列国於英人侵藏之举动,其注视亦不若满洲问题之殷,遂因此而疑他日之祸患,未来之纠葛,亦不至如东三省之甚乎?虽然,此数端者,吾固有以明其不然也,何以证之?西藏者,地学家所推为全世界第一之高原者也,而其形势之在中国犹有高屋建瓴之势,几若全部之首领然。故东三省地居东北,其地理之利害,专在京师,而西藏一隅之地形,实足以扼中国之吭,而拊其背,以制我全国之生命。形胜若此,固不当与东三省轩轾而异视矣。且西藏之通蒙古,昉自元时。而本朝尤利用其黄教以制蒙古,此固乾隆御撰碑文所宣言而不讳者也。今者青海、贺兰、伊犁内二部,以迄内六盟、外四盟之蒙古,其所奉宗教,莫不出于西藏。而以藏地为教门之宗,则藏之影响於西北藩部者,又岂浅鲜耶?今使所传之耗竟确,有泰之约公然遂行,而

---

① 1904年10月23日(光绪三十一年九月十五日)第五十五号(三年第七号)《新民丛报》登载了中国之新民的《哀西藏》,其中摘录了该文。

西藏果入英之势力范围。则英因此旁睨新疆，而新疆危。俯瞰滇、蜀，而滇、蜀危。据江河两源所发流之山脉，以遥握其全权，而黄河、长江所经过之流域皆苦不安。至於平日黄教流行之蒙古藩部，其震慑声势更不待言。然则，谓西藏不系要害者非也。英人此次之伐藏，实为扩充印度之防御线起见。此微独他人有以窥之，而英皇游历归国，亲莅议会，亦既明白宣示此意者也。夫今日以扩充印度之防御，进兵西藏，而西藏已入其掌中。则安知异日者，不又以扩充西藏之防御而复染指于他处乎？且英国于非洲之纵贯横贯两大铁路，垂见成功，而越海以遥连印度之脉络。今者更藉印度之声威，乘机以略得全藏。此正其帝国主义瞬息千里之日也。而谓英人之用心，必非俄比。得陇不复望蜀，有是理乎？吾料英人抚全藏而经营之，以利用盎格鲁撒逊人种所最擅长之殖民政略，重以布达拉城之沃野，大金沙江之通流，不出十年，必将建一第二之英国于此邦，无异其在澳洲之例。有断然者，而此时之中国将复奈何。然则，谓英人必无他意者非也。至于列国之注视此事与否，则更有易度者矣。今日中英之交涉甫成，而前者某西报已谓美人欲出而调停，此举则其惊动世界之价值，已于此占之。然此说固犹未著也，其足以牵率英人，震动各国，至使中国全局皆承其危者，则其患仍不出于俄。盖彼列国虽或以漠然置之，而俄人于英国之所为，则固寤寐不忘，而较日本之于满洲问题无异者也。颇闻驻京俄使，因英人之入藏，已于我外务部有所责言。若使真以藏地主权畀之于英，则俄人之呈辞相责者，又将惟我是诘。一旦涉及各国均势之说，岂非又一东三省俄约之往事，而惴栗可忧者耶？夫西藏，固夙有世界秘密国之谥号者也。今英国乃以其秘密之状批而露之，则所以致举世之评议者，不将翘足可待哉！然则，谓列国不起纠纷者尤未可必也。呜呼！西藏与东三省固无所殊，惟英与俄，亦岂有择？乃视之者，一若有所轻重而所感判焉，不亦傎乎！故为絜其厉害之数若此，而以英俄之交售其欺者，前后比而观之，又终不得不叹为异象也。

英藏和约择要(初七日北京专电)

此次所立西藏和约其重要者凡五条：(一) 藏地应开作通商市场。(二) 应定各货出进税则。(三) 所有在途窒碍商务炮台尽行拆毁。(四) 须偿款七百五十万，英兵仍驻钟皮地方，俟款偿清方能退出。(五) 英人对于西藏之政策无论如何别国不得阻碍。

英兵退出西藏[择地筑设印藏铁路](西藏)

《太晤士报》云：昨日为西九月十五号，系西藏英将幼夫前定退兵喇萨之期。闻此次退兵归麦克唐将军调度，其法将各兵分作数队，遇事即可召集。所以然者，因此后英国欲在西藏敷设一铁路，以通印度。故先使各兵退归时，分多路勘察，择一最为合宜之地段也。

1904 年 9 月 17 日

英藏新约原稿[①](目)

入藏英师之凯还(初九日伦敦电)

在喇萨之路透电访事人报告云：英兵将于九月二十三号(十四日)班师回国。

管理西藏教务者之易人(初九日伦敦电)

中国皇上已谕命后藏日喀则喇嘛接代前达赖喇嘛之任，以管理全藏教务。

1904 年 9 月 20 日

《锡兰报》记英兵入藏事(印度)(外国新闻)

锡兰《太晤士报》得西八月廿五号印京噶尔噶德来电云：西藏达赖喇嘛现已同俄人陶及夫逃向蒙古，此人在藏已久，喇嘛所为各事大半由其指使。

此次西藏战事，达赖喇嘛心中恐不十分明白。盖今日达赖喇嘛系一软弱无能之人，凡一切外交政策皆操于俄人陶及夫一人之手，而喇嘛则不过为其傀儡也。

喇萨附近各寺院中僧徒时来攻击英兵，状类痴癫。

---

① 1904 年 11 月 2 日(1 卷 9 期)《东方杂志》登载《藏英新约全稿》；1904 年 11 月 11 日(光绪三十年十月初五日)，第九十五期(甲辰第二十六号)《外交报》登载《藏英新约全稿》。

又廿六号电云：英兵在喇萨时有不测之事。一日有印弁一名及测量人数名乘骑外出，途遇藏人六名持枪来袭，幸以手枪击退。八月十六号英弁雄痕及堪赖两人又在离营咫尺之地，被一喇嘛僧袖藏短剑一柄，从背后来攻，将雄痕击倒。复持剑来攻堪赖，堪赖见之，即脱帽掷中其面，急夺取印兵手中枪械抵敌，遂将该僧击仆。当该僧未仆之先，猛力来攻，致堪赖手上受有多创，并被撞倒于地，后击中其面上。该僧遂亦倒地，须臾该僧复跃起，往攻雄痕。彼时雄痕已从地上立起，见该僧复来攻击，即以剑袋抵御。然不能济事，致被击中头颅，伤口宽至六寸。该僧复往攻该处守兵，守兵拟以枪刺击，未及近身反被夺取。该僧遂一手持剑，一手携枪，冲入总营。营中各兵见之，即四面围攻，将该僧困垓心。然犹死战不休，直至手中之枪剑被各兵夺尽，尚以头乱撞，移时力尽，始得就缚。后送往营中，见该僧身躯甚伟，力大如牛，胸前置有护甲一重。此时已遍体鳞伤，血盈衫袖矣。至昨日遂将其处死。雄痕及堪赖将[①]弁虽受重伤，幸未致命。今日复有一译人由兵士送来，身上已受伤七处。据云：薄暮时行经林木深处，致被袭击，大约亦系此类。惟藏人供给仍不断绝，市面亦甚繁盛。喇萨各官因此事大为惶恐，愿在城中捐集五千卢比，作为伤费，此款将于明日交给。

又廿九号电云：今日藏中多雨，布拉马普得拉江甚不易渡。一日有舟人三名及赶驴人一名，驴十只在该处溺毙。

昨日英兵查阅该处制造厂，见该厂已荒废。虽有机械数架，然已年久不用矣。

1904年9月21日

英藏新约书后[②]

西藏已矣。中国自来以弃地之风，高於天下。而不出一辞，不措一策，安坐而去六十万里之地，盖莫此次之弃藏地若。藏地固明明内属也，而英藏相持，中国之应之者，乃纯取中立态度，以调停其间，遂至新约已成，而政府初犹不知其事，以今日失之之易如此。则回溯当日孙士毅、和琳诸人之先后献策筹划，乾隆一朝，大兵两次之所勘定者，正不知其何谓也。虽然，约既定矣，成事不说。今所论者，则新约

---

① 字迹模糊。

② 1904年10月23日(光绪三十一年九月十五日)第五十五号(三年第七号)《新民丛报》登载了中国之新民的《哀西藏》，其中摘录了该文。

所载各条，遗义颇多，犹不能不有望于后来之补苴也。按此约言及交涉之事，仅有英人如何如何云云，藏番如何如何云云，几无一语涉及中国。又只用英番文两则，而不用中文。说者以此为英人不认中国有主权于西藏之证，是固昭晰无疑矣。犹幸前此藏印交界之约，不尽满望于英人，故英人欲藉今日城下之盟，以追悔前日互订之约，遂不得不追述前文，以期商改。夫英人欲不认中国之主权，则必置前约于不论而后可。今既追述前约矣，前约固明明光绪十六年、十九年之所订，而中国办理分界大臣所协议画押者也。中国必执此以争复上邦之权，英人岂竟无所恤，此非可乘之隙乎？约文第一条云：光绪十六年条约所有哲孟雄之边界，须照十六年订立之第一款办理，再行重立界石。考光绪十六年，藏印交界之约，藏边险要如支莫挚山及分水脊一带之山等处，其形势已与印界共之，而英人之意，犹未惬也。今既首以重立界石为言，必不免藉端拓界之想。若他日不善应之，则既失於前者，复将愈蹙于后。前日险要之形势，为藏印之间之所共者，此后或将尽折而入于印，使藏人失其凭藉，愈无可以拒英之时，是可虑也。彼光绪七年，中俄之约所载各条，至八年画界于伊犁，而分界之情形，已大异于初定之日，此非往事之可为成例者耶？是必慎之于先，或犹有小补于后耳！又约文第三条有光绪十九年条约内有不妥之处，须再行商改，另案办理云云。按中国与外人订立条约，从未有颁行官本，故十九年印藏之约，能举其全文，以质言其利害者甚稀。然颇闻十六年之初约，实由总税务司某从中主持。某固英人也，虽久任客卿，而其为中国谋者终不若其为英谋之切，故此约多偏袒于英。厥后我驻英使臣，侦知其有损于我，遂叠以印藏之情状，警告中朝，其后始略有修改。今者英人明言十九年之约不妥，则英人之不利于此可知。然而就主位以立言，彼英人之所不利者，或未必并为我所不利也。此尤必当详察原约，斟酌从违，以先向英人抗议者矣。呜呼！西藏一隅我政府近日布置之疏粗，他不待言。观于此约所载赔款，必用印度卢比。又本报前译西报知英官在藏之通信，亦有藏人所用卢比仍是铸为女皇之象等语，则是藏人之用印币，已在英前皇当国之时。然藏地本有中国定制行用之红铜普尔钱，不知何以坐听外币之溢入而久不之觉，此非不相闻问之所致耶？今者西藏已矣，前车既覆，曷问来轸？而作者犹喋喋以争约文之遗议，而望其补苴，盖亦不自知其烦也。

评论西藏新约(英国)(国外新闻)

英国印度书记官勃鲁特列克在勃兰姆来宣言云：今日英国在西藏新立之约，不过欲保守商务上之权利，并不有侵中国主权。惟赔款一节，目下须以春丕之一部作抵，俟将来赔款交足，方行归还。然决不将该地久据，亦不干涉西藏内政。如此办法英国枢密院中人或不满意，然必当视伦敦政府之意向为转移也。

1904 年 9 月 22 日

俄报论英藏新约(俄国)(国外新闻)

《诺物勒姆亚俄报》云：西藏和约大有益于英国，中有一条谓此后西藏各事不许他国干涉，此事实为俄国日后隐忧。

1904 年 9 月 23 日

增添工程队于西藏(英国)(国外新闻)

英兵在西藏增添工程队筑造大路，喇萨近旁复派多人时时来往测量侦探。

1904 年 9 月 24 日

记西藏喇萨城(西藏)(杂纪)

暹罗《太晤士报》云：西藏喇萨城地势雄厚，左右有两小山夹之，一山上塑有泥像一尊，一山上有三层楼之医学堂一所。城中房屋鳞次栉比，街道甚为逼窄。城西有旷地，甚卑湿，该处有大道一条。城上四围林木阴翳，且多花园，为藏中官绅避暑之地。城中最动目者，惟一巨刹，顶上皆饰以金，层栏叠榭，状类浮屠。左旁亦有一小寺，其上亦饰以金，灿烂夺目。

与四川同乡诸君子论宜速修川汉铁路并续修川藏川滇川陕各路书(目)

1904 年 9 月 25 日

英俄协商藏约(十六日未刻北京专电)

英俄两国政府业已将西藏新约问题协商,将来总可望平和解释,不致有决裂之患。

1904 年 9 月 26 日

上谕(北京电)(十七日内阁抄奉)

上谕直隶津海关道唐绍仪着开缺以三品京堂候补赏给副都统衔,前往西藏查办事件。钦此。

政府之于英藏新约问题(京师)

前志英官要挟西藏和约十条,已与番众画押一节。兹又探悉,该约十条驻藏办事有大臣并未定议签押。盖英官与副喇嘛立约之后,即以原约照会有大臣,请其加押。当由该大臣据约电告外部,代奏政府。电传谕旨,饬其和平磋商,不可遽行照允等语。外部王大臣连日为英藏之事,与英国驻京公使逐条力驳,而英使不稍退让。故王大臣近为此事殊觉为难云。现在政府盼有大臣来电甚切,无如十余日来,有大臣只有一电。系为催汇犒赏英兵四万金之款,并未提及英藏约事。

1904 年 9 月 27 日

论中国派员前往西藏事(本馆论说)

自西藏新约缔结以来,本报一再论之不已,盖以一发之牵足使全身皆累。既谂其害之切,自有不觉其言之烦者也。今者何幸事有转机?朝廷乃特派津海关道唐公绍仪前往西藏,且晋为京秩,锡以荣衔,而后命之。盖将以重其事权而崇其使节也。于是本报向之所以陈于政府告诸世人,言殚词竭而意若未尽者,桑榆之补不能不属望于唐公之一身矣。虽然朝廷之派员是也,而其所以派员者则于事势犹若有所未合者焉。夫今日西藏之事其与中国相交涉者非明明英国乎?其进兵于西藏者英政府之所许也。其订约于藏人者,英政府之所从也。若是,则西藏一案之交涉,其权利之所自出，微独不在进征喇萨之兵官，抑且不在遥为指挥之帅都，而乃主之于伦敦政府，固彰彰矣。而我政府之派员犹命其前往西藏，此何为者？将以监督达赖喇嘛耶？则为时已晚。将以相机与英迎敌耶？则万不可行。且不独交涉之权远在英伦，而入藏之英兵于新约成后业经退出，仅留其一小部暂住春丕耳！假使唐公奉命之后，急起直追以驰赴藏地，而既至之后，虽欲觅一英弁之踌踪犹不可得，不知将向何人发议，与何人协商也。作者颇闻英兵之入藏其初实由印度总督寇仁主之，而其内阁诸员颇有不谓然者。故此次驻于印度之某英员演说英兵入藏之情形，犹以政府不能坚辞其后为虑。则我中国而欲修改近约，岂有不抗议于伦敦，而忽于英兵退出之余，遣专使以赴藏之理？此其故真不易知也。使政府早以藏事为心，则当英兵初至藏边之时，一方由政府力与英使辨争，一方谕我驻英使臣责言于英政府。而复于其间先遣晓畅机宜之大员如唐公者，衔命往藏，授以议约之权则藏事何至遂不可问，惜其见之已晚。而今日之派员赴藏则已过其时也。作者于派员赴藏之命，窃欲以三事陈于我执政焉：盖今者遣使至西藏已为无益之举，不若径行前赴英国以与英廷直接相商，一也。修改藏约本中国所应为之事，正当明告各国以宣布其宗旨，则此时既获公论之助，异日亦免觊觎之心，不应隐约其辞，但云查办事件，二也。唐公任津海关道，颇以明敏见称，又夙为袁制军推许之人，此次以重任畀之，盖不啻视为袁之代表。然其官位本不甚尊，外交之资望恐嫌略浅，似宜加派重臣以将此要命，而以唐公为副以赞助之，庶使外人耸动耳目，三也。此三者但就今日之谕旨而略效忠告耳！至于所以挽回之要，如其不敏，犹冀有所上焉。

藏事近闻(西藏)(杂纪)

拉萨来电云：目下，藏事已大见就绪，英军购买食物不似向之困难。英大佐亚克哈士巴脱目下已占有广大之房屋以及花园，而驻军于其内。唯此时天气阴郁降雨殊多，营幕左近成泽国。盖已入霜雪节季，朝夕寒气，颇酷山中，积雪甚深。日前又经降雹，故英兵颇感不便云。

1904 年 9 月 28 日

怪哉！藏人之致谢英兵(十九日伦敦电)

西藏英兵已于十四日离开拉萨，临行时藏中之署理人前往致送，并向英将末克唐称谢英兵未曾惊动神像之德，即赠金身佛像一尊以为纪念。

英藏新约问题（京师）（交涉界纪闻）

外务部从俄国官场得有消息，谓英国新立西藏和约，俄人并无烦言。《神户西报》得北京十二日电云：当西藏英国和约草底传来时，各官闻之多起反对。故庆王拟令驻藏大臣暂缓签字，其后中政府恐俄国效尤，故即令签押。

政府密筹藏事（京师）（政界纪闻）

探闻日前某邸在府召集外部诸公密议西藏之事，兹由某邸府中人得其密议大致：某邸言藏事，英人不肯退让恐不易挽回，西藏虽系藩属而中国究不能管理其事，倘英人还我威海卫，废弃前约并能许我调停东省问题，则当开放西藏，与英照其原约画押，似此办理得或偿失，我国尚不至吃亏，且免他国藉口等语。某某尚书深翼赞此议，惟某侍郎不以为然。未知以后议论如何，容再探访。

1904 年 9 月 29 日

英政府与俄使关于藏约之交涉（英国）（外国新闻）

字林报接十九日伦敦电云：得在彼得堡之路透电报告，谓驻英俄使拔铿陶夫以平和之公文呈交英国政府，辩论西藏和约草稿不合之处，然其所辨论各款已经英国据实申明矣。

1904 年 9 月 30 日

开放西藏不足以餍英国之欲（京师）（交涉界纪闻）

探闻外部诸公为英藏之事昨与英国公使磋商。某侍郎允许开放西藏，租借于英国，准其驻兵藏地。而英使仍不肯照议，以西藏之地关系极重，若不大加整顿，不足以防俄之侵略。必须将西藏地方一切事宜，全归英国治理，不许他国干预等语。某侍郎言似此办法实于中国主权有碍，万不能照允云云。连日会议卒无头绪，未知如何办法，容再访闻。

1904 年 10 月 1 日

俄报反对西藏新约(二十一日柏林电)(专电)

圣彼得堡半官报及俄国领袖各报皆极力反对英国西藏和约,谓此约俄国决不认可,并谓此次和约足以显英政府之无信及其高掌远蹠之手段。

1904年10月2日

英藏新约斠注[①](目)

简派唐绍仪查办藏事之原因(京师)(政界纪闻)

近来两宫念切藏事,连日召见大臣筹议。某邸痛陈驻藏有大臣不谙交涉,言其身为办事大臣,于此等大事任意颟顸,不能慎重,致有此误。为今之计,应请另简熟悉交涉之员前往接办,但现在京中人才颇少。皇太后面谕:汝辈且斟酌选举,再请定夺。某邸等退出,曾与外部诸公计议,某尚书忆及松溎、长庚二尚书,前曾驻藏日久,于藏事当能熟悉,遂往谒商。该尚书等均以今非昔比,目下藏英交涉恐不胜任,极力辞谢。嗣经某邸举黄遵宪京卿。某尚书言与其用黄不如用唐道绍仪,故日前那尚书召见保奏唐绍仪观察,才识兼优,极能办理外交,请旨简派。即奉旨着照所请云。

1904年10月3日

英藏签约时之情状与其后之琐记(国内)(交涉界纪闻)

印京嘎尔嘎德接喇萨七月二十八日电云:英藏和约已于今日在扑坦拉大厅上签字。是日到者,自英将幼夫麦克唐两人及参赞随员以下共六十人,兵士二百人,中国驻藏大臣亦在座。此外藏中领袖各人并僧徒等无不毕集,各兵皆站立两旁,此处地方之卑污龌龊与喇萨无异。当未开会之前即有藏人携带茶点干果等馈饷兵士,知此次签押藏人已甚愿意。少顷开会,由翻译官将约文朗诵一过,然后签字。

---

① 1904年12月1日,1卷10期《东方杂志》登载此文。

首签者为西藏议会中代表人，次为三大寺中之住持僧，次为中国驻藏大臣，又次则为英将幼夫。此约系用中英藏三国文字，因藏人不肯以多纸誊写，故用一广阔之纸缮写全约。当签约时英人电摄一照，电光一闪，诸僧吃一大惊。签毕，幼夫复演说云：此次立约，英政府极体谅于西藏，宗教上无些点关碍，亦无侵略土地、干预内政之意。此后仍照向章归中国保护，所以然者，我英政府不过欲援照一千八百九十年所订之约，谋印度与西藏通商而已。然此事利益非特英国独享，即藏人亦与有益焉。亦望此后遇英人来此，藏人宜以礼相待，勿蹈前辙。则英政府亦无恶意，一切藏事断不敢有所干涉，此今日立约之意也。余今日代英政府立誓，永远坚守此约。尔等亦宜立誓坚守。余现已命麦克唐将以前捕获各虏尽行开释，尔等亦宜将前次疑为英谍，幽禁狱中之诸人释放。演毕，由译人每字每句详细解说，各人闻之无不点头称善。后幼夫复向中国驻藏大臣称谢赞成此约之恩。又云：达赖喇嘛已寂无消息，想已一路向蒙古而去。此次立约虽经人代理，今日达赖喇嘛业已褫职，虽谓其人不在，可也。英兵现预备起程，沿途屯粮之所已安排妥当。惟雅鲁藏布江中水势漫涨，且溜甚急。故兵士欲渡甚难，约二礼拜后或可少减。目下天气甚佳，此处藏人古董甚多，以金银等为之，间有不知年代者，其价颇昂。又得八月初四印京电云：印度总督寇仁电致英皇，谓藏约已经签字完毕，甚感幼夫及文武各员之功，能使英国及印度上下官民所想望之事一朝成就，而条约中所列各款亦颇满意。英皇乃致意寇仁，嘱转达幼夫，谓此次英国将校及各兵士备尝艰苦，卒能达其目的，实可当特别之奖励云。

1904年10月4日

派遣西藏钦差之颠末(北京)(交涉界纪闻)

西藏钦差向无派遣汉人成例，近乃派遣津海道唐绍仪观察，而加以副都统衔，闻者无不称异。闻所以派遣唐观察者，实政府欲示破格用人之意。先是，那侍郎桐入觐之际，两宫垂询西藏问题，拟派贝子溥伦以当其任。那侍郎回奏云：无外交阅历者，似难遽为钦差。遂力荐唐观察。翌日，各军机大臣入觐，亦咸谓然。遂有是命。外务部旋即电谕驻藏大臣，谓现派唐某来藏，唐未到藏以前，暂停谈判云云。又闻唐观察闻命之下，大为吃紧，因事出意外之故也。

1904年10月5日

西藏最近消息(二十六日伦敦电)

西藏英兵已于廿三日经过喀鲁喇山路,虽途中备受艰苦寒冷,然尚称平稳。闻此次藏约中国驻藏大臣未经签字,因政府未曾付以全权之故。

1904年10月6日

电令副喇嘛署理藏事(京师)(政界纪闻)

驻藏大臣有泰氏前日电致外务部云:达赖喇嘛逃匿不出,所悬之缺拟请令副喇嘛暂行署理,以便办理藏事,一面再行设法查觅云云。

1904年10月10日

俄使要索库伦、新疆以抵制英藏新约(京师)(交涉纪闻)

驻京俄国公使近为西藏之事,屡向外部声言:英人要挟西藏条件不惟有害与我国,且为列邦所忌。贵国若轻易开放,悉照原约允准,则贵国须将库伦、新疆等处地方事权让我国经理,亦须另立专约。语次颇多恫吓。又某国公使亦啧有烦言。以故,连日外部大臣十分焦虑。

外部与赫税司密议藏事(京师)(政界纪闻)

前月十九日,总税务司赫德氏来京。翌日,外部那尚书偕同伍侍郎往拜,当与赫君密议良久,大约系商西藏之事,其详未悉。惟闻尚书对赫君有云:此约总期贵国与敝国两有裨益,亦不碍各国商务方可之语。按光绪十九年英藏之约,即有赫君干预。故此次外部仍属其出而调停,未始无因,传闻如是,不知确否?

电令驻英使臣与英政府商议藏事(京师)(政界纪闻)

闻政府于前日电致驻英公使张载初氏,令向该国外部商议西藏之事。并闻政府已议有办法数条,寄与张钦使,著向该国商议云。

1904年10月11日

电饬驻英使臣向英政府提议改定藏约(京师)(交涉界纪闻)

外务部有电致英张星使。探悉电文系告以西藏之事,现已钦派三品京卿唐绍仪前往商办一切。饬其速向英外部会议,须请该国政府转饬现在西藏之该国边务大臣,将前与番众所订条约重行改订,必须我国钦派专使签押方可作准等语。并饬其密探英政府对藏意见,嘱令随时电告云。

政界纪闻

二十五日有廷寄:命云贵总督崧蕃、四川总督锡良、驻藏办事大臣有泰、驻藏帮办大臣凤全、西宁办事大臣延祉会同经理西藏事宜,唐京卿暂不前往。

记政府规画西藏善后事(京师)(政界纪闻)

前纪那尚书、伍侍郎往谒总税务司赫德氏。兹悉实为商议藏事并拟派亲王出镇,一切官制悉如行省。亲王之外另派两大员以辅助之:一管理外交各事,一专司地方应办之政。闻此议系伍侍郎所倡,那尚书不甚以为然。盖以现在之王公大臣中,实无能胜此任之员也。

1904年10月14日

议选子弟学习西藏语言(英国)(外国新闻)

《锡兰报》云:此次英兵入藏所获之权利,印度各人颇为意满。又云:此处将考选子弟,学习西藏语言。

1904年10月15日

英藏新约之签押者(京师)(杂纪)

探闻英藏新约实系由助教喇嘛签押,其正喇嘛逃往库伦,尚无下落。政府业经电知库伦办事大臣，务将该喇嘛拿获云。

1904年10月16日

英使与外部争论西藏事（京师）（交涉界纪闻）

外部消息传闻：日前英使在外部会晤某邸，与之争论西藏之事。英使言：藏地，贵国兵力难守，虽拟改设行省亦难治理。与其将来终归俄人之手，不如归我英国为妙。至所立新约，贵国虽简专使前往重订，其十条中路矿通商恐难作废云。

1904年10月17日

西藏赔款及驻藏大臣画押问题（十一日伦敦电）

路透电访事人报告云：西藏赔款每年一辣克，若此则英国须占据春丕七十五年。此次中国驻藏大臣不肯签字，实因此约未经中政府认可之故。或语驻藏大臣云此事必须担任，否则英国必不肯费去百万英磅之巨款，一无所偿。

议修拉萨至四川之电线（京师）（政界纪闻）

又闻唐京卿条陈：请自拉萨城至川省接修电线一道，以便随时电禀，免得事事仰给于英国之电。某邸深以为然，拟电饬川督赶办。

按：自成都至拉萨，以驿站计之，共六千一百七十里。

1904年10月20日

西藏赔款实数并以后干预诸权利（十三日伦敦电）

路透电访事报告云：英国已在喇萨议定索西藏赔款五十万磅（约合中国五百万元），每年筹解一辣克（按每辣克约合中国五万元），惟约中虽载明以春丕作抵，俟赔款解齐然后归还。然据昨电中则英政府于此事尚未议定。约中又云：以后藏中如有交涉问题，英国驻守庚芝之管理员亦有前往喇萨与议之权利。

英俄藏约之讹传与德人对英藏情事(奥大利)

《泰晤士报》得奥京维也纳报告云:前传言英、俄两国于西藏交涉一事订有盟约,此说实系讹传,谅各人必不深信。德国各报亦谓德国于西藏之事毫不干涉,与东方战局无异。

记者案:英藏条约前曾闻各国有起而反对者,今则寂无所闻。夫我不反对而人代为反对,可耻也。我欲反对而人又置之漠不相关,尤可危也。利益均沾,吾国其有几许西藏以对待外人哉!

1904年10月22日

英兵回至春丕遇雪(十四日伦敦电)

西藏英兵现已回至春丕,途中遇雪,各兵瑟缩殊甚。

1904年10月23日

外部与英使商改藏约纪闻(京师)(交涉界纪闻)

外部近日与驻京英公使晤商改订藏约事。英公使云:原订之约内,路矿通商各条款业已宣布中外,碍难更改。其余条款苟可以设法挽回者,本大臣亦必格外尽心,以期辑睦邦交云。

准派伍侍郎刘修撰使英议订藏约(京师)(政界纪闻)

探闻政府准派伍侍郎廷芳为正使,刘修撰春霖为副使,前往英京会议英、藏各事,订立和约。事竣后,即留刘修撰驻英,为出使大臣,以代张德彝氏。

1904年10月26日

论政府近日处理藏事(本馆论说)

本报前记政府饬驻英张星使与英政府直接交涉藏事,又命唐京卿暂不前往,派云贵四川总督及西藏西宁办事大臣经理藏事。合两事观之,似乎政府于办理藏事之头绪已经渐明,此后结果当视任其事者之胜任与否矣。昔唐京卿之衔命赴藏也,本馆尝窃论之,以为藏事当与英政府直接交涉,如派员赴藏必不能得其要领。尚有二事为本馆所未论及者。则颇闻唐京卿之名为查办事件,政府之意实拟令其前往将详实情形调查清晰,再定办法。此事迂缓过甚,于外交实属不宜。再上谕内京卿并未奉有与英人交涉字样,英人可不接待,则办理交涉亦将无成。是数者,皆唐京卿可无赴藏之明证也。今政府翻然改计,知在藏交涉之无益,命张星使与英政府直接交涉,斯事之要领已得之矣。惟兹事体大,其责任之重,牵涉之多,较之曾惠敏之争伊犁尤为加甚。惠敏以鸿才硕望,又夙究心时局,其时且无第三国之干涉,伊犁之役,尚仅而克胜。今张星使素无赫赫之名,藏地之山川形势、民情风俗未必遽能谙悉,而又有险狡之支拉夫人立于其后,乘间抵隙,援例要求,其应付之艰必百倍于往日。犹忆政府以东三省事命胡星使与俄政府商议,而俄政府多诿之远东总督,远东总督又谓庙算使然。其驻我国使臣则依违两者之间,致中国不得要领。今英政府之于藏事,度亦必诿之印度政府,我诚欲认真办理,似必须坐实一处,与之开议,方有把握。至于折冲之顷,尤贵明悉其地理物情。而自英兵入藏后英人之权利,藏人之感情,其强弱深浅若何,尤宜明了。张星使僻居西陆,于此等处自未易周知。故一面仍宜由政府派人往藏详细调查,随时电致张公,储为应付之材料,庶泛应曲当,无虑凿空。至命云贵四川督抚大臣会同经理藏事,朝廷命意之所在或以唐京卿既不前往,此数督抚大臣者其所辖地皆与西藏交界,有唇齿辅车之谊,度必能急筹善策,固疆圉而却强邻,故慨然而命之乎!然唐京卿之使命曰查办事件,而此曰经理藏事,语义颇有不同。夫曰经理者,必有应经理之事件及可经理之情实。西藏此际可经理、应经理者为何事乎?如曰交涉则已与英政府直接,且西藏亦无从办理。如曰用兵则中国无此胆力,无此计谋。如曰地方行政,则驻藏大臣自有专责,何必各路大臣会同经理。且各路大臣除驻藏大臣外其驻劄之地离拉萨远近不等,至少亦四五千里,而彼此相距亦至少四五千里,距藏及相距之数如此其远,而欲会合经理一事,质而言之,非迂缓后时,即敷衍了事而已。窃意诚欲于藏地讲求各种治法及协助交涉事宜,自当速派一公正明敏之大臣前往督办,并委数人随同襄助。有泰即应撤换,庶几责无旁贷。而各路之督抚大臣即可不必挂名。如曰虑有泰不能胜任,特派此数人者,以助其治理,则朝廷何厚于有泰而薄于藏人,而有泰亦何以舍西藏外必无位置,此则非本馆所敢知者矣。总之,政府之于此事可由认真与敷衍之两方面决之。与英政府直接会议又派与西藏交界之各路大臣经理其事，似政府之方针，渐有定向，其所措置，亦似急望挽回，此近于认真者也。然交涉之事一诿之张星使，而有泰不撤，徒以不相控接之数督抚大臣诿以经理藏事之名目，似政府之于藏事仍不外搪塞因循之故智，徒欲为此以谢国人，而非果有意求效也。况斯事之起半由于唐京卿之不愿前往，则迁就之迹更可大明。夫今日藏事已如覆水之可复收，即迅速筹维，犹虞不济，即侥幸可以设法，而此后善后之策尚复无穷，即棘手之处不一而足。其事本非易办，况一误再误，沿至于今而尚无一定之宗旨。即曰政府认真办事，而所办之事虽是，其所以办之者则非，又恶可望万一之效哉？本馆痛悼时危，屡论藏事，不觉繁冗，惟识者谅焉！

1904年10月27日

各公使反对英藏事件之讹传（二十二日北京电）

约八日前上海某华报及数西报先后谓美、德、意三国欲协力反对西藏拉萨和约，此系臆说，尤谬者乃云驻京德使懋姆子爵曾以此恫吓外部，因之俄法两国亦起反对，不知德国于此事始终并不关涉，有柏林电可证也。

1904年10月31日

美报论英人招募华工与围攻西藏事（美国）（国外新闻）

美国芝加哥某报曾论英国在南非招募华工一事……该报又论英兵入藏之事云：此次英兵入藏，虽迫于前次英官受藏人之无礼，系有挟而为。然其围攻拉萨，实一大错处。据一东印度管理员云：此次英兵进拉萨圣城时，东方人大为激动。自一千八百六十年英法联军入北京之后，未闻有如此之大风潮者。故英国此举是使素日在亚洲之名誉，一旦堕地也。且谓英政府何以亦赞成印度总督之策，致未获一毫利益，而先抛弃无数兵士。况自此以后，藏人蓄恨既深。小之则阻碍商务，大之恐此后难保其不乘机反动也。此等议论，皆出英人之口，与他国人之挟嫌诬谤不同。伦敦每日报访事亦谓英兵得拉萨，非英国之利。

1904年11月1日

俄报论英俄西藏交涉事(俄国)(外国新闻)

俄报《诺华斯的》议论西藏之事云：目下英兵将退，达赖喇嘛已不知逃往何方。故英兵能否立约而归，甚难悬断。有数英报因见英兵归途艰险，深抱杞忧。然此不必过虑，岂进时无所阻碍者，而退时反虑阻碍乎？据《佛兰克福忒报》曾登有英俄西藏交涉之约数条云：此次英兵征略西藏，系为商务起见。又云：以后达赖喇嘛仍令管辖全藏教务，凡素信俄人之各藏人亦不侵夺其自由之权利。果如此，则英国于西藏结果未尝有所大利。不过使素不交通之拉萨圣城，一旦豁露于世界耳！总之，西藏全部从此为英国势力之范围。此时虽藉口于商务，势力未遍[?]。然将欲取之，必先弃之。将来英国或仿侵略印度之故智办理，亦未可知。此事在英国及印度人民未尝赞助，皆出于印度总督寇仁及其幕府各人之谋。故大半谓此事于国政问题，印度实未蒙一毫利益。即素日与寇仁极表同情之各报，亦谓据国政上观之，此举尤属纰缪。惟自我俄国而观，则结果甚佳，可使英俄两国之交谊从此益加巩固。现两国所为各事皆甚如愿，绝无龃龉。虽今日俄国与英国联盟之日本开战，然其影响不能及于西藏交涉之事，其友邦之谊实与平日无异云。

1904 年 11 月 6 日

达赖喇嘛之行踪(京师)(杂纪)

探闻西藏办事大臣日前来电云：达赖喇嘛前次窜逃，今据西宁来信云，得该喇嘛在青海之柴达木地方，业已设法阻其他窜云云。

1904 年 11 月 12 日

西藏专使行期(政界纪闻)

唐少川京卿赴藏携带随员一节，已志前报。兹悉，京卿本拟待过万寿庆辰之后出行。现因藏事日亟，政府促其速行，故日内即拟请训。又闻京卿自奉旨简放以来，所以迟迟而行者。盖因政府曾电饬驻英星使，询明英政府与唐京卿会商藏约之事，应在西藏，或印度，或英京，请英政府酌定电覆，以便遵照前往。乃至今将及一月，尚未接到该星使覆电，日前政府又发电催询云。

1904 年 11 月 15 日

《锡兰报》汇述西藏事(外国新闻)

《锡兰报》得春丕去月十三日电云:大本营及后队兵已于今日抵此处,途中备受艰苦。从番荔?至此雪深没膝,各兵中有四十七名经已冻僵,不得已用病床及马匹驮带,昔日伟健之状态,至此竟变为瑟缩矣。又沿途有倾折树木甚多,殊碍行走,晚间营幕每张盖于雪地上,惟兵士并未一人损失。又同日得锡姆拉?电云:英国租借春丕一事,现尚在筹议。前经路透社电称:租借七十五之说,实系讹传。彼电又谓:中国驻藏大臣有泰因中国政府未经承允,故尝阻止藏人签约。不知此事实未确,有泰非特不加阻止,且劝令签字,惟已则因未奉有全权,故未敢径行签字。现英国在根支驻有代理人一名,系经理商务而非关涉国政者。又得春丕去月十四日电云:有考维队长所率之测量队一百四十名,在浪白山道间测量时,忽遇大雪阻断归路,遂在山中露宿一宵,至凌晨有六十九人冻僵,其时引路者亦已不见,故不得已凭指南针摸索而归。

1904 年 11 月 16 日

议设将军于西藏(京师)(政界纪闻)

探闻:近有廷议,拟在西藏添设将军,以绥远城。将军贻谷简补,令其办理善后等事,并拟添练新军两营,以镇守之,悉归将军节制云。

1904 年 11 月 17 日

拟派唐京卿前往西藏专办善后(京师)(政界纪闻)

前放唐少川钦使赴西藏重订藏约一节,兹探悉政府已与驻京英钦使商订,俟签押后,即派唐钦使赴藏专办善后事宜,以保主权而符名实。并闻英藏订约年历,仍照向例约章,用中历光绪年月及西历年月云。

1904 年 11 月 18 日

唐京卿改往印度商议藏约(政界纪闻)

使藏大臣唐京卿绍仪得有英国政府接待之信,系前往印度与总督商议改约。无容入藏,亦无容到伦敦。闻十八日请训勾留一二日出都,又闻已得有全权字样,政府不为遥制。京卿此行有成竹,政府亦极信任之。

1904 年 11 月 25 日

使藏大臣议改藏约之方针(政界纪闻)

使藏议约全权大臣唐京卿绍仪于本月十八日请训。太后垂询此行能否办到改约,京卿对以改约极难,此行主脑重在以《印藏条约》改为《中英条约》,则西藏主权仍属于我。若议改约,则英人必坚持不允,我但于订约内各条之小注划清界限,令无旁溢而已。太后深以为然。

闻京卿此行先至印度,分遣参随四处入藏,调查界务、商务,以为办理善后事宜之依据。京卿驻节印地,与彼磋磨。俟议定后,始起节自行入藏。英人则以此事专归印度总督办理,我使臣与彼直接开议,彼此均有全权也。

1904 年 12 月 9 日

英将垂涎于西藏商务(英国)(外国新闻)

英将幼夫征西藏回后,曾语人云:西藏与印度交通商务,将来必能畅旺。盖西藏不啻一商家之行栈也。且谓此次用兵之后,幸无种族之怨恨,故余甚欢悦。

英将报称西藏战事死伤数(英国)(外国新闻)

《文汇报》云:据英将末克唐报称,此次英兵入藏除小战不算外,共战十六次。将校以下死伤共二百零二名,英弁负伤者廿三员,其中死者五员。该处天气迥异他方,故病院中时有病人充塞。除战死外,因不服水土而死者四百十一名,病者六百七十一名。此外病人之受伤及患病者,亦留心调治,故病院获益不浅。

1904 年 12 月 15 日

唐京卿之行程(政界纪闻)

钦差印藏议约全权大臣唐京卿,定于本月十八日启节,由京汉路火车直达汉口,由汉过江至申小住一星期。附怡和轮船至加拉吉大,所过与鄂江两督有所商议。其参随人等先期由秦皇岛附开平矿局轮船至沪,候使节至,随行赴港。

1904年12月30日

喇嘛逃往俄国(俄国)(国外新闻)

神户西报得北京二十七号电云:传言达赖喇嘛现已逃往圣彼得堡,由俄国皇族保护。昨晚,北京希腊教主接到圣彼得堡长电,恐与此事有关系。该教主得电后,即往晤驻京俄使,后复通信于中政府。

1905年1月5日

电谕库伦办事大臣挽留达赖喇嘛(政界纪闻)

探闻,日昨军纪处电传谕旨,致署理库伦办事大臣延祉着将前达赖喇嘛挽留,一俟朴寿抵任后,即派妥员押解达赖前往西藏,交唐绍仪以备对质。

1905年1月6日

西藏专使行期(广东)(杂纪)

探闻唐少川京堂定于二十六日从香港放洋前往印度。

1905年1月14日

英使要求川藏铁路(京师)(交涉界纪闻)

英使萨道义君于去岁十月间照会外务部,要求创办川藏铁路。计由四川省城起,经打箭炉,接修至中国驻藏办事大臣所驻扎之巴脱吾城。曾经外部大臣照复,以现在藏约未定,应从缓议等语。现据外部人云:日前英使在部会晤王大臣,又复提议。该王大臣已有许可之意，但必须藏约改定，再行商订此路云。

1905 年 2 月 10 日

英人急修铁路（京师）（杂纪）

日前驻藏大臣致政府略云：英人现于铁道工程督修甚急，顷已通至前藏，并又不时派员查勘该处矿务云。

1905 年 2 月 23 日

论俄皇致电达赖喇嘛事（译《文汇西报》）（译丛）

世事有变迁，福祸有起伏，惟俄国政治家仍循其故辙，以施用其狡狯伎俩而未尝有所变易。虽受痛创，若不以之介意，在他人度其自经此痛创之后必不能再扰乱世界和平之局，以其起祸之处，即逼近边圉也。满洲败后，又移其视线于印度。据闻彼近在阿富汗边境建造军用品，其代表人在印度边境运动一切，颇为活泼。而近日俄皇复有电致达赖喇嘛(见十七要闻栏)，寻绎此电，非有他意，不过欲在西藏及印度两地植其势力而已。前终不知达赖喇嘛之行踪果在何处，今观此电，则知其曾至蒙古，其到该处也，在英兵未经攻克西藏以前。当时曾得诸传闻，谓达赖喇嘛现居俄国境内，先时华官确有意欲令达赖喇嘛回藏，但事卒不成。故其踪迹不能再显于拉萨，因此之故，前所称该喇嘛寄居俄境之说或可确信，亦未可知。果尔，则俄国殆欲恃为利器以煽动西藏作乱也。电中特提起释教两字，亦非无意，盖欲使印度崇释教之人感怀该喇嘛被逐之事，而反对英人也。此次班禅喇嘛游历印度备受印人欢迎，俄国闻之不胜骇惧，故欲设法以施其报复，适达赖喇嘛在俄国境内，或在其边境附近，正得乘机与之结好，故特发此电，以为笼络之计，盖舍此以外别无解释也。若谓其系怀释教灵魂事，可决其必无此意，因彼所崇奉者惟希腊教也。俄国究欲在西藏何为，终不得而知。如谓欲假道藏中山岭以袭攻印度，亦可断其必无此事。大约欲借宗教问题以引起迷信之人反对英人之管理耳！惟照目下情形，此计亦恐不得遂。因印度及他处崇奉佛教之人大半皆不重视达赖喇嘛，不过视为山野半开化人之一酋长而已。

达赖喇嘛在西藏不过掌握行政之权，而俄皇竟尊之为教师，故曰：欲以宗教煽动印度释教中人也。要之，当此之时，俄皇忽有此电殊甚诧异，是适以增英国政治家疑贰之心也。况俄国近日正在议开保和会，又议向英国筹募国债，故尤不宜有此举动。盖此举非但不能增两国信用之心，而反使英国及印度政治家愈留心于俄国之狡谋也。观于此事，则知俄国政治家已失其素日敏活之手段矣。

1906 年 4 月 13 号

巴塘设官之计划(政界)

政府前议布置巴塘添设官员一事，原拟从缓举行。日昨，枢垣诸大老重复提议。以该处地方辽阔，俗近蛮荒，亟宜添设官员，方足以资治理。拟设巡抚、藩司各一缺，分巡炉、雅道一缺，并加按察使衔兼管刑名。其瞻对、巴塘等处一道缺。打箭炉、雅州、明正等处各设知府一缺。此外添设厅、州、县等官，并于打箭炉设总兵一员。所议虽有端绪，须待赵次珊制军到京，再行详细参酌。

1907 年 7 月 2 日

廿五日午刻北京专电

驻藏大臣电奏：西藏各矿多被英人开采，乞设法筹款自行兴办。

1907 年 7 月 6 日

初二日戌刻北京专电

英国公使照会外务部，略谓西藏高委员屡与该处英国官员龃龉，有碍交涉，请即撤换云云。外务部当即电饬驻藏帮办大臣张荫棠遵办，以敦交谊。

1907 年 7 月 12 日

初四日辰刻北京专电

英国政府派印度外交大臣戴诺赴喇萨，请中国政府亦派有权画押之藏使会议商埠事宜。

1907 年 7 月 14 日

驻藏大臣联奏拟在藏中开设白话报馆及藏文汉文传习所片

再奴才详查，藏中人士锢蔽已深，欲事开通难求速效，故思渐开民智莫善于白话报。与其开导以唇舌，实难家喻而户晓。不如启发以俗语，自可默化于无形。奴才现已于藏中开设白话报馆一所，参仿《四川旬报》及各省官报办理。以爱国尚武，开通民智为宗旨。通篇全译唐古忒文字，取其便于番民览阅。商之该商上噶勒丹池巴等，亦甚为踊跃赞成，并将前藏僧俗各官花名开单送阅，请先派销约计三百余分，其自来购阅者尚不在内。适查办大臣张荫棠带来石印机器一副，旋将第一期报本由奴才捐廉印刷发送。探悉番情，均甚乐观。现已专差赴嘎里嘎达添购机器，不日可到。其中如有不甚恰当之处，力事改良，以期用笔代舌，开化迷信。将来文明渐进，购阅自多，庶咸知外国情形，举行一切新政，似尚不无裨益。

再藏中汉番人数虽属不少，然汉人之能解藏文者，奴才衙门中不过一二人。藏人之能识汉文者，则犹未一见。每遇翻译事件，实不敷用，且办事亦觉隔膜。奴才因又设藏文传习所、汉文传习所各一区。选派汉人子弟十余名，专学藏文。选派藏人子弟二十余名，专学汉文。将来渐广，则汉人识藏文者既多，无虞扞格。而藏人能识汉文，理义自可通晓，尤为有益。所有藏文传习所经费由奴才捐廉暂行试办，汉文传习所经费系由藏中筹款办理。以上数事刻下均已开办，至于初级小学堂现已修改完竣，一俟四川教员来藏，即行开堂。

又因民间疾病甚多，而不解医药，殊觉可悯。现拟设立施医院一所，以济疾苦。藏河两岸膏腴之地亦甚多，而不知耕种，更为可惜。现已派人速购秧苗，并办农器使之试种。如果收获有利，则明年之栽种者必多，田畴日辟，可立而待。

藏中各处矿产亦已派人会同番官分道前往采探，凡此数端俱拟赶紧设法开办，此数月以来藏中之情形也。藏民均称安静，其客民之寄居于此者，以夷律苛虐，心多属汉。惟番官疲玩因循，不知振作。奴才智识庸愚，加以人财两绌，一切举办为难，焦虑苦思，迄今尚无良策。惟有尽其力之所能为者，逐件作去，以期无负我朝廷抚绥藩服之至意。除将白话报馆简章咨送学部、民政部外，所有开设白话报馆及汉文、藏文传习二所各缘由，理合附片先行陈明，伏乞圣鉴训示，谨奏。奉朱批该部知道，钦此。

1907 年 7 月 17 日

初十日亥刻北京专电[西藏官员以拉萨劫盟为辱]

西藏官员以拉萨劫盟为辱,故于新辣开大会议,驻藏帮办大臣恐番官中变,不肯画押,连日传商上大公所,令联盟矢誓,始见就范。

京师近信

英国政府已派驻印度总理外交大臣戴诺前赴新辣,会议勘界及开埠事宜。照会外务部,请饬驻藏大臣派有权画押之藏官,前往预议。现已电饬联张两大臣,饬派高等藏官,妥慎办理矣。

1907年7月20日

西报论中国整顿西藏问题(译丛)

《字林报》论云:中国近所注意者,欲使属地渐进于文明。在他人视之似甚可异,而实则确有此意见。如在西藏实行之政策,已决意为之整顿。盖西藏之属于中国也,已历二百年矣。惟其人民不甚亲爱,故属地之责任,惟及期进呈贡物于北京、成都而已。至商务固常往来,西藏之人民亦尽属商贾,然中国兴起进步西藏之政策,则自近日始,盖因英国先有所举动而然。去年西四月间,中国已接受一千九百零四年九月间在拉萨所订之条约,并在北京签字。此后不及六阅月后,西藏所出英国之赔款已可缴清,而所占踞者,亦可撤退。自一千九百零八年正月为始,中国又可为西藏之主人翁。祇以印度政府,亦颇注意西藏。故中政府近在四川边界,颇有活泼之态度。其所求进步之政策,即增添西藏之守兵,设立武备学堂,使西藏每年派学生前来留学。而更有大可望者,议令壮年农民,移往巴塘及西藏边界附近,已于数礼拜前见诸本报。并称中国已预备筹银三百万两,以供给农民之移往者,且不特为之布置居处,并为妥定一切善后事宜。惜人民尚不能深信政府之为择善地,转若弃肥沃之乡而入瘠苦之地,不免绝其生计。即国家供给之款亦徒供官吏之中饱,故咸有所疑惧耳。所望人民毋以此为虑,使所定之政策,得以实行,而力求进步。是不特有益于中国,且有益于印度也。因印度与西藏往来之商务,虽为数不多,而每年颇见加添,在印度政府,亦甚欲使往来之道路更求便捷。而江孜通商地方,亦派有英国商务代表。即入西藏内地之道路，向甚艰险，近已大加修治，且有电车二辆，可以直达。而中国往来西藏之商务，亦极有进步，亚东税司已于去年西九月由赫德选举华人署理，而中国政府又特派张荫棠为驻藏大臣，可见西藏各处皆有代表，故所有商务之困难，已可免除。惟须俟至各矿地，悉行开采之后，乃可谓大进步也。现惟西藏之钱币尚未能有信用，近来曾向英国商人声明，迄未成议。且中国官员，亦以此而任重负，致所费已属不赀。故今日之政策，试问其任令西藏自主欤？或将中国天然之利，售与印度政府以进步其边界欤？此政策设竟无成，则中国自当担其责任，不特令农民移往，并当使有才艺者，前往教授，以利用其天然之财产云。

十五日戌刻北京专电[印度茶行销]

驻藏帮办大臣张荫棠电告政府，略谓西藏开通商埠难阻，印度茶行销，将来四川所产之茶必形减色，将大失利等语，现在筹议设法抵制。

1907 年 7 月 25 日

驻藏大臣请规复西藏银元旧制(西藏)

驻藏办事大臣联豫，以乾隆五十七年福文襄奏准，在西藏造银币。共分三种，均以纯银制造。正面中文乾隆宝藏四字，背面唐古忒文亦乾隆宝藏四字。嘉、道间均照此样式鼓铸。铸大者，一钱五分，次一钱，又次五分。其重一钱五分者，以六元易银一两。重一钱者，以九元易银一两。重五分者，以十八元易银一两。大抵易银一两，均得余利一钱，以充铸造工费。现藏中所行者，均无国号，特奏请仿照从前式样，开炉鼓铸。正面文作光绪宝藏，背面仍用唐古忒文，以期利用而免汇兑之税。闻已经度支部议准。

1907 年 7 月 26 日

十七日酉刻北京专电[西藏以亚东关为总税局]

西藏以亚东关为总税局，兼管康马、江孜、噶大光三埠商务，所有商场、旅社归藏官自行筹建。

1907 年 7 月 27 日

京师近信[张荫棠起程赴新辣]

张荫棠已于初五起程赴新辣，行抵江孜，电请外务部知照总税务司赫德调税司张玉堂随赴新辣，预议开埠章程。所遗税差拟以吴梅生代理。前接驻印外交大臣戴诺来电，请随带有权画押之番官一二员，偕同前往。当经张大臣选择合格之番官同行，奈藏官多畏印度酷热，且从未种痘。虽力为劝导，而愿往者仍不多。现勉强选定花翎二品衔擦阎噶布伦、汪曲绝布二员，开具衔名，由外务部照会英使，转达英政府查照云。

度支等部议覆驻藏大臣联奏藏中情形及拟办事宜折[①](目)

1907年7月29日

度支等部议覆驻藏大臣联奏藏中情形及拟办事宜折(续)(目)

京师近信[张荫棠建议外务部阻止印藏直接交涉]

驻藏大臣因英国屡欲令印度与藏官直接交涉，不免忧愤成疾，特警告外务部言：如认印藏直接交涉，则西藏非我保护，将成独立国之性质。所有从前代偿赔款，更改条约，苦心经营，俱成画饼。丧属地，损主权，莫此为甚矣。且英不过因江孜禁止柴草一事，藉为口实，欲从此开印藏直接之端。其实查拉萨原约并无直接明文，英国意存尝试，万不可允。似宜审慎拒驳，以杜其渐。荫堂现抱病江孜，切望大部竭力维持。如何与英使开议之处，迅希赐复，以定行止等语。不知外务部如何办理也。

1907年7月30日

---

① 1907年9月2日(光绪三十三年七月二十五日)，第4年，第7期《东方杂志》登载该折。

度支等部议覆驻藏大臣联奏藏中情形及拟办事宜折(续)(目)

1907年7月31日

二十二日亥刻北京专电[议开埠事宜]

驻藏帮办大臣张荫棠电请外务部照会英国公使,告印度外交委员戴诺订期商议开埠事宜。

1907年8月1号

二十二日亥时北京专电

驻藏帮办大臣张荫棠奉旨特受为全权大臣办理藏英交涉事宜。

1907年8月29号

十二日戌刻北京专电

西藏议约全权大臣张荫棠电告政府,略言藏约谅难成就,因英、俄、印各有关涉利害,现正极力磋商。

1907年9月20日

十三日戌刻北京专电

西藏议约全权大臣张荫棠电告政府,略谓藏印约稿将近拟妥,容当呈部核示云云。

1907年9月21日

十二日亥刻北京专电

驻藏帮办大臣张荫棠电奏政府,请在西藏开办学堂。

1907年11月18日

二十三日申刻北京专电

西藏现筹末次赔款，英国所占之地可早归还。

1907 年 11 月 29 日

初十日申刻北京专电

英使朱尔典向外务部声称，英政府已谕令驻藏英官将驻扎春丕之兵队撤退，以西历本月七日为期云云。

1908 年 2 月 12 日

记达赖喇嘛来京事(要闻)

西藏达赖喇嘛及斑[①]禅喇嘛，此次来京，政府拟以厚礼待之，屡记前报。兹悉达赖喇嘛现在五台山大寺院居住，侍从甚众，起居壮丽。日前驻京之美、德及各国使署均使人访问，美国公使陆克氏夙以精通于西藏佛教见称，德国公使前曾亲送德皇肖像于喇嘛，亦与喇嘛有旧。又曾为喇嘛之顾问官及秘书官与前自日本聘往之本寺师同在希凝附近之空朋寺内共住，本寺师后因罹病返国，此次闻喇嘛来京，亦已束装赴五台山矣。传闻喇嘛到京后，政府将以前康熙时接待第五世达赖喇嘛之礼待遇之。

又斑禅喇嘛三年前曾在勒华平吉地方谒见英国皇太子，日前上书来朝，现在将自印度喀尔格达绕道晋京，抵京时政府亦拟以乾隆时前任斑禅喇嘛入贺万寿时之礼待遇之。

政府夙知西藏之可危，颇思改良西藏之行政，因命赵尔丰为驻藏大臣，又命赵尔巽为川都，以期兄弟联络彼此相应，整顿军事、教育、农业等易于得手也。惟又恐西藏人心或致外向，故于此次喇嘛来京极意笼络，以为收拾边隅之计。

1908 年 6 月 20 日

① 今为“班”。

藏印通商章程全文(要闻)

西藏印度通商章程已由本报译登大要，兹据《字林西报》载有全文十四条，特亟译录以告关心西陲者研究。

一、西历一千八百九十三年，藏印通商章程各款凡与本项章程不相符合者，今后仍当视为有效。

二、江孜市场界域当包含下列各地(地名未据载列无从录登)。

英商在各市场欲觅相当栈屋向属不易之事，因此两相商定，英商可在各市场租用地皮，建置栈屋，由华藏官员与英国商务委员至各市场会同画定地段备用。此外英国商务委员、英商等均不得在他处建造栈屋，惟如此办法英商不得因此侵害当地华藏官员行政主权。而英商如此画定地段外，租赁栈屋作居家储货之用，则华藏官员亦不得因此加以禁阻。

英商欲租栈屋基地者，须由英国商务委员转向市政厅请给准据，其租金年限各款均由承租人与地主和平商订。如两造不能议妥则由藏印官员会商英国商务委员办理。地既租定须由市政厅人员与英国商务委员前往堪定，市政厅未发准据之前，承租人不得竟行建筑，而发给准据，市政厅亦不得迁延留难。

三、市场行政权仍归藏官管理，听命华官指挥而行，各市场之英国商务委员与边界官员，常有相当官衔均须以和平友爱主义，互相往还。凡商务委员与当地官员不能议决诸问题，当移归印度政府与拉萨西藏高官办理，并须将移归印度政府办理情由告知中国驻藏大臣，若印度政府仍不能与拉萨西藏高官议决，则须遵照西历一千九百零六年北京草约，将案移归中英两国政府办理。

四、各市场如有英商与华藏人民有所争执，须由附近市场之英国商务委员，与当地裁判所，华藏官员会商办理，总以查访实情，实施公理为宗旨。如两造意见不合，则被告籍隶何国即按该国法律办理。被告该管理官员，当为承审官，而原告该管官员只能在旁监审。英商与英商如有争执当悉归英官自行审讯。如各市场有英人犯事，必须交与最近之英国商务委员，按印律惩办。惟当地官员对于是项，英商除必须约束外，不得过分虐待。如华藏人民对于英商犯有刑事罪名，须由华藏官员依律惩治。如华藏人民有至英国商务委员处，以刑事罪名，控告英商，则华藏官员可遣代表前往监审。如有英人至市场裁判所控告华藏人，则英国商务委员亦得派遣代表前往监审。

五、西藏官员遵奉北京命令，政府极欲改革西藏裁判制度，是以英政府允俟将来各国舍弃在中国之治外法权时，经英政府视西藏立法行政之程度为合格，届时英政府即当舍弃其在西藏之治外法权。

六、英军撤退后所有由印度边界以达江孜一路英国所建旅社房屋共计十一处，应由中国照原价赎回，仍以公平租价租与印度政府，每旅社一半留为英国经管，由各商埠至印度边界电线之官役之用，并存储材具，其余则留为中、藏、英体面官往来站宿之用。一俟中国电线已由中国接修至江孜，英国可酌量将由印边界至江孜之电线，移售于中国。尚未移售以前，中藏人之信，当由此印政府所修之电线妥为接收传寄。又未移售以前应由中国担任保护各商埠至印度边界之电线。兹约定所有人民如毁伤此电线或无论如何阻挠看管，经理此电线之官役，应立由地方官严惩。

七、凡因信借揭欠倒闭而起之控告案件，应由该管官查询，设法追索赔偿，但如欠债者报穷无力赔偿，该管官不任赔偿之责，亦不得将公产官物扣抵。

八、驻寓西藏现在已开及将来新开各商场之英国商务委员得派人往来印边界传递邮件，所用传递夫役于凡所经过之处，应由地方官尽力相助，与藏官所用传递文件之夫役同受一律保护。俟中国在西藏妥立邮政，中英两国可即酌议裁撤。英商务委员之传递夫役，英国官商雇用中藏人民作合法事业不得稍加限制，此种受雇之人亦不得稍加扰害，于西藏人民应享之权利，亦不得因此稍受损失。但此种人于应纳赋税不得豁免，如有死罪情事应归地方官按律惩办，雇主不得稍加庇匿。

九、凡往各商埠之英国官民以及货物等应确循印藏边界之通商大路前往，不准擅往商埠外各地，不得由亚东、江孜无论由何道路绕入藏属内地以往噶大克，亦不得由噶大克无论由何道路绕入内地以往江孜、亚东。惟印度边界土人向在藏属居住贸易者，因习惯既久，仍得照旧按通行则例来往贸易，但此种之如是往来贸易时应按向例服从地方管理。

十、凡官商往来藏印其公私财产货物，途中被劫应即报明巡警局，巡警局应立即设法拿获劫盗，交地方官立即审办追赃。如盗犯逃至巡警局地方官权力不及之地，不能缉获，则巡警局及地方官咸不任偿失之责。

十一、为公安起见，凡存放大多数之火油及所有易燃危险之物，应用池栈，应安设在商场内远距居民之处，英印商人未经按照章程第二条禀请合宜地基不得开筑火油池栈。

十二、英国人民可任便以货物或银钱交易，任便将货物售与无论何人，便任自由。无论何人购买土产货物，任便雇赁运载夫马并任便照地方常规办理一切贸易事宜，不得格外限制刁难，亦不得抑勒强逼。凡英官商在商场内及往各商埠道中交军家产业，应随时由巡警局及地方官实力保护。中国允在各商场如往各商场道中筹办巡警善法，俟此种办法办妥，英国允即将商务委员之卫队撤退，并允不在西藏驻兵，以免居民疑忌。主事英国商务委员与西藏官民或通函件或面会往来，中国官并不禁阻。凡西藏人民至印度贸易，游历居住，所享权利与此章程给与在西藏之英国官民之权利相等。

十三、此次章程自两国全权大臣及西藏代表员签押之日起，应通行十年，若期满后六月内，彼此俱未知照更改此章，应再行十年，每至十年俱照此办理。

十四、所有本项章程英中藏三文，业已详细校对，将来如有误解之处应以英文所述意义为准。

1908 年 6 月 20 日

念六日戌刻北京专电

驻藏帮办大臣张荫棠陛见后，暂缓回藏，或任外务丞，或派委招待达赖喇嘛。

张荫棠来京原因(要闻)

政府电召驻藏帮办大臣张荫棠来京，其原因颇为紧要。闻系其要件：(一)中英通商事宜。(二)撤退英兵事宜。(三)驻藏练军事宜。(四)优待达赖喇嘛事宜。(五)对付英俄协约事宜。一俟召见事毕，即与外部堂官及理藩部堂官会议办理藏务事宜，以资整顿云。

1908 年 6 月 25 日

西报述西藏现状(译闻)

《太晤士报》转载纽约《太阳报》云：西藏锁闭情形，今已大非夕比。近三十年来探险家十余人均承欧洲各国许可，私入藏地查勘一切。然继往者，非惟西藏政府不准入境，即英国亦常令退归，不准前往矣。目下西藏境内已无白人踪迹。当西二月间，西藏缴付末期赔款时，英军已从春丕山谷撤回。而江孜商务委员某英人亦改派印人前往接替，盖藏地三通商口岸，必须声气联络。然藏人忌见白人，只有印度官员可期相处无事。西藏本有长阔通路二条，一路系由西北境以通中央内地各湖，其它一路则由西南境直达江达路。当英军向拉萨进发时，固全未知此有二路，目下既由劳林与西亭两英人探勘明白，人皆知之，此即今昔西藏舆地学上情形不同之处也。

美使晋谒达赖喇嘛

字林报北京访函云：驻京美国使柔克矿君，于本月十五日由京汉铁路转搭正太铁路，前赴五台山谒见在该处养病之达赖喇嘛。柔使精于西藏学问，此次晋谒达赖无非为增长西藏学识起见，于政治并无关系。据理藩院奏报而观中政府现已拨银五万两，修理永和宫，以便□秋八月间达赖入觐驻节之用。闻得达赖须来京过冬，但都中官员均以为达赖此次来京，势必遄归拉萨。盖渠若不往助襄一切，驻藏大臣实难着手办理新政也。

1908 年 6 月 27 日

整顿西藏近闻

《字林报》北京访函云：中政府以达赖喇嘛入觐之期已近，特命藏约大臣张荫棠来京，以便与外务部、达赖会商整顿西藏之策。邮传部亦欲自拉萨藏京架设电线直达成都，以期消息灵通。

1908 年 7 月 1 日

又有西藏借款问题

经营西藏，筹款甚为棘手。闻张荫棠面谒庆邸时，曾有借外款之说。惟须办理得人，始不至落外人之计中。且借款为开办经费，则常年经费即须赶紧算定。若借款开办而无常年的款以继之，则有百害而无一利。

1908 年 7 月 2 日

西藏改设行省近闻

《字林报》京函云：藏约大臣张荫棠上月二十四日抵京。太后以达赖喇嘛入觐之期已近，特命张大臣赶程前来，即于上月二十五日在颐和园召见，垂询藏事良久，始命往见庆邸袁军机会商整顿西藏之策。大约明春张大臣当偕达赖同归拉萨。目下都中办理接待达赖诸事甚形忙碌，且在修葺永安宫，以备达赖驻节。驻京美使柔克义君仍在五台山，闻须俟秋凉八月间随同达赖来京。至于他西喇嘛求请入觐一节，已由中政府以藏地乏人正资臂助等辞，委婉谢绝。

1908 年 7 月 3 日

初七日亥刻北京专电

后藏官吏电告政府，谓达赖喇嘛去藏后，藏民异常惶惑，宜饬令早日回藏以安众心。

1908 年 7 月 6 日

十五日亥刻北京专电

资政院决议添设蒙古、西藏议员各十名。政府为联络四川、西藏、新疆、阿尔泰山四处为一气，决设川藏新阿电线。

1908 年 7 月 14 日

再记达赖喇嘛与列国(要闻)

达赖喇嘛前因英军之深入，遂逃亡俄国，俄国甚优礼之。中国政府甚为忧虑，促其归藏。今喇嘛已上归藏之途，并使之来京入觐。现在淹留在山西之五台山，中国政府备款百万，修缮其通行之路，又派接待员以接待之，又特召还驻藏大臣张荫棠为欢迎喇嘛之整备。又有青海及其它内外蒙古之各王公欲求面谒喇嘛，上京请命于理藩部者连络不断，又有美国公使亲赴五台山面谒喇嘛，德人复尔和亦亲赴五台山面谒。闻美国公使之目的为欲传教于西藏，特介绍基督教师数人，又欲纂集西藏所有之书籍。德人复尔和则因亲送德皇赠品及德国关于制造军械之图书，亲交喇嘛之手。其事真相虽不得而知，然其对于喇嘛而如此，亦甚可异矣。

列国之重视此喇嘛也，为西藏首府拉萨素有神座之名，达赖喇嘛实居此位，即为活佛，于西藏境内有一切之主权。不但西藏，即彼青海内外蒙古及西北各省之人均崇敬之。各国之重视喇嘛非重视其人，重其地位，欲利用之也。

英、俄二国窥视西藏已久，即如前次之《英俄协约》关于西藏之位置，其野心甚明，各欲干涉其内政，因以特别之权利相约。其约文有曰：凡佛教信徒，不问俄国国民与英国国民，如纯然关宗教事件，均可与达赖喇嘛及佛教代表者得直接交通云云。此即俄国欲乘此机与英国得同等之权利于西藏也。观于各国如此举动，其热心于喇嘛之故自可明白。喇嘛仅一傀儡，各国欲藉之以演大活剧，后事之可虑尚无穷也。

1908 年 7 月 16 日

藏事近闻

自张荫棠到京条陈西藏紧要事宜，庆邸闻之急思整顿，又以驻藏大臣筹款用人非川督供给不能成功，故电催赵次帅早赴新任，以冀兄弟共事一方，无忧掣肘。近闻赵尔丰尚未启程，故前日又传电旨，略谓赵尔巽到任已久。西藏事关紧要，赵尔丰竟不即日赴任，似此藉端延宕，致误事机，岂不误朝廷委任之意。

1908 年 7 月 21 日

中国经营西藏谈（译《朝日新闻》）

季

统治之历史：

西藏全境统治于中国其由来已久，先是当前明之际取怀柔政策，封达赖为西天佛子大宝法王等称号，用以安靖西陲，迨及本朝仍其遗策。

崇德七年，第五世达赖喇嘛与班禅喇嘛及青海伊犁等地之诸王，派遣贡使来盛京省，奉表纳贡，并上曼珠利大皇帝之徽号。崇德八年，派遣使节授达赖喇嘛以金刚大士之称号，赏班禅喇嘛以金银财宝。

顺治十年，达赖喇嘛入觐，厚礼之，其归，命和硕亲王率八旗兵送至岱汘，授以西天大善自在佛之称号。康熙初年再入觐，更厚礼有加，皇帝亲迎慰劳于热河，勑建黄寺以为邸宅，从此朝贡不绝。

康熙二十一年，达赖喇嘛与大喇嘛之间酿起纷争事件，遂致祸乱，经三十余年之久，非但未能平靖，且延而及于蒙古、青海、伊犁、西藏各方面，皆起乱象，西陲骚然。

于是中国始议出兵于西藏，以平其祸乱，康熙五十五年，命荆州太原之驻防兵集合于成都、西安，分遣署理西安将军额伦特自西宁，都统和礼自云南，护军统领温布自四川，三道进兵，以征略西藏，未能奏功。十八年更遣固山贝子为抚远大将军，护军统领噶尔弼，为定西将军，都统延信为平逆将军，率青海札萨克喀尔喀之兵，从西宁以进击西藏。唐古特人康济鼐投效于军前，戮力以破西藏之兵，废其僭王，立六世达赖喇嘛。多年纷扰，一朝平定，中国经营西藏之历史至此乃一段落告成，而西藏内政之干涉于是乎始矣。

西藏远征奏功，论功行赏。命康济鼐与固山贝子，办理前藏事务。颇罗鼐与札萨克一等台吉，办理后藏事务。置葛卜伦之职，建御制平定西藏碑于伊克昭。雍正元年，命川陕总督年羹尧为抚远大将军，留驻西宁，以遥督西藏，岳钟琪为奋威将军以副之，是为中国于西藏设置监督官之权舆。雍正四年，遂以保护达赖喇嘛之名誉，派遣蒙古兵两千名驻于西藏，置正副驻藏大臣，命副都统玛拉、内阁学士僧格往任之。至乾隆朝，驻藏大臣之下更置佐领骁骑校，一如内地驻防之例。且命驻藏大臣每岁巡视管辖区内，以监督西藏之行政。一切行政官吏之任命，皆须由驻藏大臣与达赖喇嘛会同选定。且特命将从来达赖喇嘛、班禅喇嘛承继时习用之预言法废止，而别制定活佛掣签法，由驻藏大臣监视掣签而定后继者(说详下文)。中国经营西藏之历史，至此又一段落告成，盖实际统治不但羁縻之而已。

王权与法权：

自西藏王达赖一世名敦根株巴者皈依佛教，从黄教喇嘛之始祖名宗喀巴者而出家，改名为罗伦嘉木错，从此以后西藏之政体来一变化。宗教与政治相合，集于同一主权之下，藏王兼为法王，王总揽大权而各设执行机关，以为统治。

王权之执行机关：

噶卜伦(最高行政掌管)

代奔(兵政官)

西尔奔(刑政官)

尚车特巴（民政官）

宗奔（民政官）

囊素（噶卜伦之使者）

藏王由以上官职，执行其王权，至纯庙谓噶卜伦仅一人有弊害，故改定为四人，代奔改定六人，西尔奔、尚车特巴、宗奔等各改定为四五人，噶卜伦代奔以敕命授任与以三四品顶戴之虚衔，听驻藏大臣节制。

法权之执行机关：

达赖（大海之意）

班禅（光显之意）

呼图克图（教务长）

堪布达喇嘛（达赖班禅之代理者）

宰桑（递送事务之监督）

都纲

僧纲

僧正

以上三职之人散在各地寺庙，为互通气脉之机关。

喇嘛之种类：

达赖喇嘛

班禅喇嘛

达喇嘛

喇嘛

喇嘛因地名阶级职务等而异其称如左：

正副札萨克达喇嘛

札萨克达喇嘛

正副达喇嘛

画佛达喇嘛

间散喇嘛

苏拉喇嘛

教习苏拉喇嘛

额外教习苏拉喇嘛

仓苏拉喇嘛

德木斋

格斯贵

若国师、禅师等之尊称，则须待中国大皇帝以敕命授与，方能称用。有受此敕命之资格者，惟呼图克图、正副札萨克、达喇嘛、札萨克喇嘛、正副达喇嘛、德木斋堪布喇嘛、间散喇嘛格斯贵等。

喇嘛其始以红衣红帽为制服，食肉娶妻，人称之为红教喇嘛。有萨迦喇嘛之弟子名宗喀巴者，睹红教喇嘛之腐败，深为愤慨，主唱宗教改革，禁食肉娶妻，改用黄衣黄帽为制服，众悦从之者甚众，人称之为黄教喇嘛。黄教喇嘛之始祖宗喀巴有两大弟子，其一为达赖喇嘛，即西藏之王皈依佛门者，其一为班禅喇嘛。始祖当绝灭之际，为预言云：当世世复生，世世为达赖或班禅，因嘱其二弟子努力扩张黄教。二弟子遵此遗嘱，务使黄教普及，以感化狞猛之蒙古蕃民。达赖世世居于拉萨，班禅世世居于什伦布。始祖世世之复生，藏语曰呼弼勒罕。呼弼勒罕者，化身或转世之意。每当绝灭之际，豫言呼弼勒罕之地方，堪布喇嘛遂赴该地方搜索转生之婴儿，以为次代之达赖喇嘛，或班禅喇嘛。纯庙前曾以此法为有弊害，遂御赐一金瓶，名曰金奔巴瓶，令供于吉祥天母之前，欲呼弼勒罕之际，则选集聪颖诸儿，作选签投瓶，掣选当签之儿，即定以为呼弼勒罕者，得为继世之达赖喇嘛或班禅喇嘛。凡掣签必须驻藏大臣与达赖喇嘛或班禅喇嘛相会合监视而后掣选，此即上文所云活佛掣签法。

达赖六世、班禅七世始用此制选立，自改用此制后而豫言息。

呼弼勒罕亦有制限，在蒙古蕃子之部落，则惟闲散喇嘛及其属下，及唐古特平民可得指认。若喇嘛及班禅之亲戚，各蒙古汗、王公、贝子、贝勒，札萨克台吉之子孙，皆不得指认。在西藏所属，西宁所属，青海所属，蕃子之部落则无此制限。西藏、西宁、青海等处之呼弼勒罕者，则于拉萨驻藏大臣会同达赖喇嘛或班禅喇嘛，而行活佛掣签法。蒙古各处之呼弼勒罕者，则理藩部各堂官会同在京之呼图克图喇嘛，而于雍和宫行活佛掣签法。

为怀柔计，故敕建喇嘛寺庙于中国各地，北京、热河、盛京、西安、五台山、归化城、多伦诺尔、西宁、库伦等处皆建之。

喇嘛进贡，当用驼马百六十头，自用百头。班禅进贡，当用驼马百四十头，自用八十头。人夫从者则喇嘛班禅皆四十名，经过之处，督抚皆迎送于境，若费用不足，则从甘肃、陕西、直隶诸省督抚两司之俸给中支办。

达赖之入京仪仗甚盛，数年前自五台山赴库伦，其始征发驼马三千头，及其后陆续征发达八万头，自五台山至张家口，皆受其影响，物价为之腾贵。且达赖之仪仗进行中，地方官吏或冲其行列，达赖向边防大臣抗议，边防大臣谢之，许处罚该官吏，且曰：贵僧若揭喇嘛之旗帜而行，当无此过误。从此达赖喇嘛之仪仗中添用多数之黄旗。按喇嘛之任命、俸给、服装、仪仗等事，详于理藩部则例。

英俄之侵迫：

西藏之隶属中国已二百有余年，中国政府等闲视之，不能代为计图开发。虽康熙、雍正、乾隆之朝稍稍用力，然克仅保持其统属上之关系，非真能开化其国土及人民。至近年态度俄然一变，认为开发西藏为政略上之急务，于四川境界示活泼之举动，则皆因受英国之刺激而致。然今略叙英国与中国及西藏交涉之事情于下：

一千八百七十六年英国与中国订立《芝罘条约》，中国承诺保护英国前往西藏之探险使。一千八百八十六年中英二国订立《缅甸西藏之境界条约》，一千八百九十年订立《印度西藏条约》，划定印度、哲孟雄与西藏之境界。一千八百九十三年又订立《亚东开放之补遗条约》，英国遂于西藏之一小地，得有通商上之权利。一千九百零四年，英国派遣远征军进驻于西藏之拉萨地方，与达赖喇嘛直接订立条约而求中国驻藏大臣有泰之承认，有泰将其条约呈送于政府，而请训示，政府因该条约排斥中国主权，似认西藏为一独立国，故断然拒绝其所请，印度总督与中国全权大臣再三商议，终未能解决，一千九百零六年遂将此案移于北京，中英政府直接谈判议结如左：

（一）英国承认西藏为中国之所领属。

（二）中国未得英国之承认则不能将西藏租借于外国及为出卖抵押等事。

（三）中国赔偿英国军费，须待赔款付清，然后英国将所驻之兵撤退。

（四）中国承认将西藏之山寨撤去。

（五）中国承认将西藏之江孜及噶大克二地开放为市场。

关于江孜及噶大克二市之通商条约，由驻藏大臣与印度总督议订，近既脱稿而经二国政府批准照行矣。名曰《藏印通商新订章程》，全文共十四条，其重要者如左：

（一）一千八百九十三年，亚东开放条约中所载《藏印通商章程》各条，凡与本条约不一致之处，皆仍认为有效。

（二）开放地之行政权归藏官管理。

(三) 英商不得于市场之外建筑仓库屋舍。

(四) 市场之内英商、中商、藏商及其它人民如有诉讼事件则由英国商务委员与西藏裁判官会审定案。

(五) 英军撤退后,江孜地方所有英国之建筑物,中国以原价买收,再赁借与印度政府。自印度至江孜之电线由中国买收,并允许英国政府使用中国或西藏之电线。

(六) 中英两国人相互往来之邮便物,须互相保护而使安全。

(七) 西藏官吏须遵依中国政府之命令,或由自己之意志,须努力将西藏之裁判法改良,使与文明列强之制度相一致。

各国若将在中国之治外法权撤回,当此之际,英政府若认西藏之法律政治已尽美善,而无遗憾,则亦当将在西藏之治外法权一并撤回。

(八)(九)(十)(十一)(十二)(十三)各条从略。

(十四) 本条约自盖印之日为始,以十年为期,期满之后提议改订,以后六个月内为限,若过六个月而彼此不提议改订,则仍当按照本条约更履行十年。

以上为中国与英国交涉之概略,而俄国亦从蒙古方面渐次与西藏接近,常常馈赠达赖喇嘛以金银宝物,设多方招引之计,其欲肆野心形迹显露,中国更增西顾之忧矣。

最近之对藏政策:

中国政府近来对于西藏问题,非常注意。一切行政刷新,军备充实,教育普及,交通机关设备等事,皆苦心筹议。日前驻藏帮办大臣张荫棠氏特赴京引见,陈奏藏事。近日更有朝旨,特命达赖班禅两喇嘛入觐,盖将大有所展布。虽然今日以前皆仅空言而已,今日以后未知如何。就目下中国及西藏之财政状态而论,则虽欲有所展布,而于根本的改革实行之方法,恐难确立何等之成案。兹姑记录各大臣对藏之意见,以徐观其将来而已:

(一) 驻藏大臣赵氏则主张除蒙古驻防兵及番兵之外更添练四师团,以防卫全藏,此四师团全用新法训练。

驻藏帮办大臣张氏则请改西藏为行省,简派藏省行部大臣。

陆军部铁尚书则主张先练西藏人四营,更渐次增设师团,否则分遣驻防长江之姜桂题一军以驻防西藏,否则分遣北洋陆军之二师团以驻防西藏,驻防者每二年则交替一次,行部大臣则宜命肃亲王任之,会办大臣及参赞则宜命理藩部尚书寿耆任之。

（二）赵张二大臣请急支办理新政之费五十万两，政府命四川总督于赔偿俄法款四十万两之内支取二十万两，赔偿英德款五十万两之内支取三十万两，两共合成五十万两，以应驻藏大臣之急用。编练新军之经费，驻藏大臣要求二百万两，政府饬四川、福建、浙江诸省分四期支付。

又有于西藏设立交通银行分店，以为金融机关之说。

（三）张之洞对藏之意见共十条，其大要如左：

1. 设陆军小学校，练汉藏兵数营。
2. 鼓励四川商人入藏贸易，官府与以保助。
3. 于各地设立小学校用新法教授课程，以汉文、汉语为主。
4. 与四川省协力以开掘矿山。
5. 与英俄联络，彼此尊重主权。
6. 谋邮政、电报之交通联络。
7. 先于拉萨试办新政，再渐次计图推广。

以上为中国最近种种之对藏策，虽然其如人才消乏、财力不逮何？殆不免多议少成而已。

1908 年 8 月 5 日

蒙藏近闻

日前张荫棠简放外部参议，所遗驻藏大臣一缺，闻政府拟以出使英国考查宪政大臣汪侍郎大燮简派，并改为驻藏全权大臣。

西藏驻屯英兵，前经张荫棠磋商撤退，已有成约。现在西藏百务待举，而英兵尚未退尽，办理殊多棘手。闻驻藏大臣有电到京请示办法，故外务部拟与英使会商，速将西藏英兵撤退，想英兵不久可望退尽矣。

1908 年 8 月 6 日

初三日申刻北京专电

政府决议整顿西藏，兴学务、筑铁路、添电线、开矿产，各要政实力举行。

1908 年 8 月 30 日

初三日酉刻北京专电

政府议决达赖喇嘛到京陛见后，即令遣回西藏。

1908 年 8 月 30 日

北京电

达赖喇嘛业由五台山启程，现已行抵山西太原府，定于本月初八日向北京进发。

1908 年 9 月 3 日

经营西藏之新计划

军机处各王大臣连月会议，以达赖喇嘛行将来京，经营西藏之计划亟宜预先筹定，俟其来时明白宣示，俾之遵循。闻现已议决者有四：(一) 开办全藏矿产，此条议妥后，即于达赖回藏时，派员随行，认真查验，以备掘采。(二) 于西藏多立学堂，附设演讲所，以开智识而造人才。(三) 调查路线，架筑铁路，以期交通。(四) 设置直接电线，以期消息灵通。

1908 年 9 月 4 日

议拨西藏练兵经费

闻度支部近来筹划藏地防务，经费已决定每年由部酌拨银十七万两，充为添练新军之需。自光绪三十五年春季，如数拨解，以资接济，已电告赵季帅查照矣。

1908 年 9 月 13 日

记达赖喇嘛

达赖喇嘛将近来京，昨闻政界人云：枢府拟派亲贵前往迎迓。闻振贝子、毓贝勒皆有派委之说，不日即见明文。

政府人云：日前驻藏大臣来电，谓因西藏内政外交事务繁颐，达赖未归，番情不靖，办理恐致棘手，拟请俟其召见后，即促迅速回藏，以慰番情。

1908年9月17日

二十一日未刻北京专电

德国公使亲自出京往迎达赖喇嘛。

1908年9月17日

达赖喇嘛陛见仪节

山西巡抚宝棻日昨电请理藩部、内务府云：达赖喇嘛文询来京陛见各项礼仪明文，据称旧例抵京之日当时陛见等情，复称已将进呈之礼物预备妥齐，静候大部明文。请速将该达赖陛见礼仪发下，以便转复。再催询达赖贡品、行李件数及随从大小堪布等品级。该达赖尚未复到，如复到时当即电闻。

1908年9月19日

预备达赖喇嘛来京纪事

达赖喇嘛来京一节，理藩部接到山西巡抚宝棻电云：该达赖准于九月初六、七日抵京等语。现内务府、理藩部已将迎接达赖各差预备妥协矣。又理藩部尚书、内务府大臣昨会奏，因达赖喇嘛来京，在黄寺修盖驻锡房舍，工程告竣，需用款银二十万两，奉旨由度支部发给。又德圣门外黑寺续盖达赖喇嘛随从徒众等住所，工程已齐毕，内各色陈设等物一并备齐。该承办商人已具禀理藩部、内务府，请派员验收。

1908年9月21日

驻藏办事大臣兼川滇边务大臣赵尔丰奏边藏需才拟调员任使折(目)

1908年9月21日

初四日戌刻北京专电

达赖喇嘛昨日(即初三日)乘花车抵京站,惟乃暂停中途,迁延不进,尚未入都。

1908年9月29日

初四日戌刻北京专电

达赖喇嘛昨日(即初三日)午刻抵京站暂停,今日(即初四日)未刻乘杏黄轿进城,极为煊赫。

1908年9月29日

达赖喇嘛启程到京详情

日昨山西巡抚宝棻有电致军机处,谓达赖喇嘛于月之二十七日已经启程,九月初三日即可到京。又两宫于八月二十九有旨,除派御前大臣博迪苏前往保府劳问外,复经内务府理、藩部派员迎接。民政部已饬令内外城总厅差派警卫队长一员,警兵数十名先往保府迎接。于前门外京汉车站搭盖迎接棚两座,一为达赖下车后略资休息,一为步军统领衙门、民政部、内务府、理藩部及顺天府尹等各堂官俟迎达赖之所。现已告竣,式样高大,颇形洁净。理藩部现复派杜委员视察有无遗漏,以臻美备而昭慎重。肃邸又札派路工局员由德圣门至黄寺,由安定门黄寺分道两处,赶紧修理,刻下该局已派工程队动工兴修,将次告竣矣。

又那相国派北营学兵四十名在黄寺驻扎,以为防卫达赖喇嘛,该兵等已于初一日起在该处驻防矣。兹将达赖行程详单觅录如左:

八月念七日在由五台山动身宿射虎川。念八日宿栗园铺直隶阜城县镜。念九日宿王快镇。九月初一日宿曲阳县。初二日到定州(初三日准到,已有队伍在火车站迎接)。初三日早晨七点四十分钟在定州开行专车,九点过保定府,稍停,于十二点钟到前门站下车。计开达赖喇嘛花车一辆,大堪布四员,十四员头等车一辆,赖赞巴二十七名,居嘛九十九名,三等玻璃车二辆,跟役一百十九名,护送兵八十名,三等代[带]窗棚车四辆,马三十五匹,厂车四辆,蒙古帐棚棚车一辆,厨房杂物棚车一辆,行李大约十万斤,棚车六辆,厂车二辆。

1908年10月1日

初七日戌刻北京专电

达赖喇嘛定于十二日觐见时面奏西藏与英国交涉详情。

1908 年 10 月 2 日

初七日巳刻北京专电

驻藏大臣赵尔丰密电政府，请设法笼络达赖喇嘛久留京师以便将西藏事务大加整顿，政府已允其所请。

1908 年 10 月 2 日

达赖喇嘛到京纪盛

八月廿七日由五台山起身，住晋省射虎川，稍抱不豫，休息一日。念九日入龙泉关，住栗园铺。九月初一住阜平县之王快镇。初二日住曲阳县。初三日住定州。初四日早五点由定州先开前站及行李贡包专车一次，十钟半到北京前门车站。达赖喇嘛坐专车，是日早七点半由定州开，九点到保定下车，到官厅跪请圣安，然后上车，下午一点半到北京前门车站。其随从者闻并有法人二名，安南仆役一名。又达赖喇嘛昨到时约二点钟，由京汉火车抵也。先是西火车站赶搭彩棚为达赖休息处，是日步军统领那中堂率同官员亲至车站迎接，内外警厅亦派警兵数队及乐队排列站内，西藏乐队亦列站东。乐中有二大鼓，驼在马身，击之声如雷。既而车到，达赖下车，搭坐黄舆，随带护勇警戒，前后入彩棚休息。那中堂与达赖西向并坐，中堂在北，达赖坐南。达赖戴法帽，着法衣，衣、帽、鞋均黄色，袜红色，金色灿然。此间各喇嘛进达赖膝前，参错跪拜，达颀徐伸。达赖从者二百余名，全著紫衣，多袒左背者，穿金圈于耳者。其中尚有女子数人，随黄轿而趋。左手一摩头颅，各喇嘛再拜而退。达赖年齿三十左右，色黑齿露，面部稍瘦，颧骨隆起，少有痘痕，身材如中人，然目光射人炯如紫电，威容甚严，精悍之气在眉目间。既出彩棚，复坐黄舆，入正阳门长安街，赴黄寺。满都士女排列沿道集观如堵，一时热闹，近时罕比。

1908 年 10 月 4 日

十二日申刻北京专电

昨日(即十一日)英美德俄四国驻北京公使均晋谒达赖喇嘛。

政府与达赖喇嘛

蒙藏教主

某大臣面奏两宫对待达赖，请两宫恩旨，加封蒙藏教主，以固藩民之心，使其随意游历蒙藏，宣布其教，即亲派亲贵大臣驻藏办理一切云。

内务府交谕

内务府奎大臣交谕专办供给达赖之专差司员等云：达赖此次来京觐见为多年未有之差，所有达赖及徒众之日用所需，各项供给，务宜精美，勿使经手人滋生弊端，不可照年班蒙王筵宴之例，宜仰体皇上怀柔之意云云。当经各司员遵谕办矣。

多设西藏学堂

某御史递呈封奏一件，其内容系弹劾达赖在山西五台山真容院时，有本地妇女烧香拜佛，经达赖徒众等恣意调戏，该达赖毫不约束禁止。又该徒众等向外馆万亿号有强行勒索款情事，为数颇巨，以致该号大受亏损。又本地某令值达赖初到时谒见未能按照西藏礼仪，故经该徒众殴辱，于达赖名称有玷。请旨饬速将西藏政治改良，多设学堂，以袪陋俗而崇正化，斯免外人因其迷信，施之以笼络诱惑之手段。若藏地开通，垂望外人涎之自绝云云。该折留中。

比较蒙藏

达赖喇嘛有信到京，两宫每次召见军机必垂询藏务，究竟应如何筹划？改建行省有无窒碍？闻某邸奏对约三小时之久，谓西藏与蒙古皆为今日亟宜经营之要政，然蒙藏之危局虽同，而情势各异。就形式观之，似蒙急而藏缓，若真筹办法，则蒙易而藏难。两宫颇然其奏，定于十二日达赖喇嘛觐见时面询西藏一切情形后，再行决议。

请撤驻藏大臣

驻藏大臣联豫代藏僧奏称，僧等数百年安居西藏，从无异志，赵尔丰逞凶杀戮，巴塘一役，毁寺极多，请将该大臣撤回，并恳赏款修寺，俾得安心诵经。现在炉关一带已甚惶扰，达赖远出，瞻对不足震慑，倘英俄来护，必生枝节，请旨核夺。当日寄谕赵尔丰，毋畏葸，毋操切，察酌妥办。一说，西藏因赵大臣尔丰前年办理瞻对一案，杀戮过甚，不愿接待渠为驻藏大臣，刻下已由川督电奏请。

1908 年 10 月 7 日

记达赖喇嘛近事

觐见之改期

达赖喇嘛于十二日觐见一节现已改期，其原因系达赖在保府时水土不服，因抱微恙，现仍未痊，故有改期觐见，俟达赖调养复原后再由理藩部奏请觐见。

宴筵之预备

理藩部日昨知照礼部，谓达赖此次觐见后两宫当赐筵宴，已定为紫光阁。其陪宴之王大臣除蒙古王公外，再行请旨，钦派王大臣陪宴，至所应预备事宜，刻已办妥。

徒众之死亡

黄寺喇嘛云：达赖之徒众在五台山时，因水土不服染病死者，约有三十余名。

西藏之兵政

达赖喇嘛觐见已另行改期，日昨两宫召见军机垂询西藏练兵事宜。某大军机奏称西藏地处边陲，强邻窥伺，若改设行省、练兵为不可稍缓之事。惟是藏民知识未开，一切实业皆素未讲求，地利不兴，财政因之竭蹶。若添练新军，款项必无从筹措，若待各省协济，则恐无济于事。况西藏交通未便，一切贸易不能发达，请饬邮传部筹筑铁路，设立税关，以后再简知兵大员前往督练。闻两宫颇然其说，一俟达赖喇嘛觐见之后，妥筹一切情形即可定议。

1908 年 10 月 11 日

达赖近事汇记

拜谒达赖

达赖喇嘛自初四日到京以来，住居黄寺，每日由外务部、理藩部选派精于藏文、东西文及清文司员，赴黄寺慰候。达赖宴谈起居，日间三餐，均由两部经理。每日送羊三百只，以资供给。闻两部人云：昨日英、美、德、俄四国驻京公使均赴黄寺拜谒达赖，相谈许久。

调查需款

枢府昨片交理藩部著会同度支部将达赖喇嘛自由藏起身至到京所需之款共计若干，迅速调查列表，呈进御览。

电调班禅

政府前曾拟调班禅喇嘛来京，因诸人意见不一，事遂中止。今又闻某大臣因达赖喇嘛此次来京所有应议西藏各项问题，多有牵涉班禅喇嘛之件，故仍拟电调班禅入京，会议一切要政。

1908 年 10 月 12 日

二十三日申刻北京专电

达赖喇嘛于二十日赴颐和园觐见，两宫皇上起立受礼。

1908 年 10 月 18 日

达赖与西藏

达赖觐见礼仪

月之二十日，觐见达赖喇嘛之礼仪，兹闻是日由领侍卫内大臣赴黄寺带领达赖至颐和园俟皇上御仁寿殿即带领觐见，该达赖叩首行礼，呈进黄哈达，皇上立受礼毕,赐座龙床,垂训劳问毕,即由理藩部寿上书护送前往黄寺,并闻是日觐见毕后,赐颁赏品极盛,于日昨由理藩部寿尚书代行谢恩矣。

达赖赐宴期

理藩部寿尚书日昨传知内务府等衙门云:所有应行预备达赖在紫光阁筵宴,各差宜为妥先预备,听候钦定日期,以重要差云云。闻达赖二十日觐见毕,其蒙赏赐筵宴期,约在下月初矣。

日使访问达赖

日本临时公使阿部氏昨率领随员数人赴黄寺谒见达赖,会谈甚久,告辞登舆后甚觉满意云。

达赖之归期

达赖俟万寿节过后,即行返藏,政府拟派达侍郎寿、张丞堂荫棠两大臣护送返藏。并闻昨日达赖觐见呈递藏政应兴应革事宜甚多,其首列之件即兴修两藏铁路事宜。

达赖之整顿西藏策

二十二日政务处王大臣在朗润园会议,探之该处预议政事,乃系川藏边防、印藏界务、并达赖奏陈整顿西藏六策,藏中教务、商约等数事,其它项应议各折件,均俟两宫还海后,在京议办。闻达赖喇嘛奏陈整顿西藏六策,大致系请颁礼教法规,宣布印藏界址于保和会,请由拉萨起首渐次开采各矿,并增设各项学堂,妥订保藏策政,重订传教约章各事宜。

政府之改革西藏谈

政府各王大臣于朗润园会议改革西藏事宜。闻某中堂云:达赖前年与印度总督所订之赔款尚未全数清偿,因是诸多受损,而达赖此次来京颇不愿在京久住,宜速与达赖急行会商一切改良行政事宜,俾早将藏政改良,以维中国之权云云。某尚书答云:藏事刻下实为燃眉之急务,若度支部不能提拔库银款,宜由外国借款举办西藏新政。然借外款不利于中国,若能改良藏政似得足偿失云云。各王大臣与度支部泽尚书会商将借款办法详细核明,以便定议。复闻将来调查西藏应办新政事宜，有以理藩部左侍郎达寿及外务部署理右丞张荫棠办理藏事之说。

1908年10月22日

二十九日申刻北京专电

随从达赖喇嘛来京藏僧中有外国人数名混迹期间，现经查出，未定办法。

达赖喇嘛与政府(要闻)

日昨达赖喇嘛谒各大军机，达赖于问候两三语外，其余华语不甚通晓，所带之堪布喇嘛虽粗解华语而口音终难于识辨。闻某大军机面劝达赖聘一华语教习，学习语言云。

达赖自觐见之后，枢府屡次会商改建西藏行省各要政，达赖唯唯诺诺，并无甚主张，大有漫不经心之势。某邸拟将应行提议各件分别先后，定期决议。闻先议练兵、兴学两大问题，其次则开垦、牧畜，分条列表，定期会议。

学部各堂现拟于十月初间恭请达赖参观京师学堂，闻昨日已饬督学局预备一切。

西藏练兵一事，至今尚未决议。兹得最确消息，政府拟于四川练兵若干，俟一年练成，即拨往西藏驻屯，每届一年半即更换一度云。

1908年10月24日

三十日戌刻北京专电

西藏印度商约业已缔结妥协，外务部将会同英公使互相画押。

1908年10月25日

达赖喇嘛到京后日记(要闻)

达赖喇嘛此次进京共带来兵丁等二百四十余名，供随身护卫及服役之用。本月初六更由民政部派巡警及消防队等百余名，诣黄寺听候达赖喇嘛遴选，当日达赖喇嘛留下巡警二十名、消防队二十四名，着在黄寺左右一带轮班守卫，余为一概撤回。初七日由北营加派官兵一百名保护一切。

达赖喇嘛原定于初八日受拜。是日在京各喇嘛均往叩拜，达赖喇嘛一一摩首抚慰，训示多词，喇嘛等皆罗拜谢恩，欢呼而退。

初十日下午三点钟理藩部右侍达寿前往黄寺拜见达赖喇嘛，历二小时许始出。是日傍晚，有着西服者两人至黄寺，徘徊门际，意似欲入而恐见摈于门人者，逡巡数十分钟，皆怏怏而去。或云此系某国新闻社特派员，未察确否，闻其临去时二人相对操华语，故高其声。守望者疑系留学生之醉心虚荣者，拟一探其盛，然语多错落，不似本国人之自操国语者。故彼等对乎此事至今尚以为疑案，莫辨其究竟云。

十二日，达赖喇嘛预备于已刻在颐和园召见，嗣以故中止。

十三日，理藩部正堂寿棍贝子那王溥公四位随同达赖在黄寺演礼，以为觐见之备。

十六日，达赖喇嘛本系改于是日觐见，嗣以所豫备觐见时礼仪稍有不符之处，有旨着改至二十日，同日午后四时，有美国人至黄寺拜谒。

十八日，日本公使诣黄寺拜谒。

二十四日早四点，达赖喇嘛由黄寺前往颐和园觐见，下午一时归。

二十三日下午四时，法国使馆总办德勒斯带领舌人玛雷斯诣黄寺拜谒。

廿四日，本日为达赖受拜之期，下午一时有达拉罕王带领福晋诣黄寺拜谒，至四时四十二分退出。

1908年10月30日

最近达赖喇嘛与西藏

达赖之祝嘏

理藩部奏上一折，系为达赖喇嘛来京正恭逢皇太后万寿之期，据呈拟祝嘏请示圣训，奉旨准其祝嘏。故达赖刻正预备祝仪，除已备之藏中物品外，日前饬委万亿号商人李某在京购取东西洋之奇巧美丽物品，以便进呈。

达赖进呈西藏图：达赖喇嘛此次来京携带有西藏全图，日前呈于理藩部注写，颇极详细，均系唐古忒文字。寿尚书已饬藏文译官详译，另缮说略，以便转呈军机大臣核阅。

西藏添置参赞

枢府诸王大臣筹议西藏设治添置参赞大臣数员，闻昨已议定添置参赞大臣三员，分别财政、边务、交涉等名目，其对于原设驻藏办事大臣之权限及应否由该大臣统辖或加办事大臣以管理全藏字样各要点，尚未确定云。

达赖学习华语

达赖每月习学华音官话早晚两次，预备十月初六日恩赐紫光阁筵宴谢恩奏对，并为日后召见时垂询之面奏云。

1908 年 10 月 31 日

续达赖喇嘛到京后日记

本月二十三日，达赖喇嘛处有法国使馆二人来见，已志昨报。兹探得当日达赖喇嘛接该法人名片时即点首示意，令传见。嗣复回顾其最亲信之侍者某，踌躇数分之久，忽如有所触，遂令传命挡驾，是以当日法人遂已入黄寺，并未得面谒达赖喇嘛。

二十五日十二时，外务部张荫棠参赞诣黄寺谒见，三时二十分顷退出。又一时三十分雍和宫栋克尔至黄寺，二时十五分顷退出。又二时三十五分葡国钦差柏罗德带领汉文参赞面谒达赖，当时赏赐该钦差藏枣、石榴各一盘。会谈之际双方辞色皆甚形殷恳，惟以语言不同，动辄皆须通译，似甚不满意者。闻葡使自称不通贵国语言，深以为恨，达赖答以余意亦然。坐谈既久，适侍者以明刺来云。更有一外国人求面谒者，葡使遂匆匆辞出。时正午后三时二十五分，葡使退后而所谓求面谒之外国人遂入，坐谈至五时前十分始退。据闻此系美人，日前曾来此一次者，并闻当葡使出而美人入之际，同时更有英国二等翻译官梅尔思及武官哈阿墩布诣黄寺求见，未得。

二十六日午后一时，英国钦使朱尔典率三等参赞阿尔正、翻译甘伯乐梅尔思、商务大臣谢莫、武官白伯乐、大夫德来戈并学生琢乃思毕月南卜氏、哲氏等四人诣黄寺谒见达赖喇嘛，当时赏赐钦使西藏枣、金丝枣各一盘，四时顷皆告辞退出。

达赖回藏预闻

达赖游行蒙藏，已志本报，兹闻达赖决于年末回藏出京，时由北直径赴蒙古各旗，按站参观蒙古情形，藉此游历蒙地。

1908 年 11 月 1 日

再记达赖与西藏

达赖与英使

达赖喇嘛自来京后与英国驻京公使情谊颇笃，近日屡次互相谒拜。九月二十九日系达赖敬佛之期，英公使遣随员恭备番菜果品等项，送往黄寺，闻达赖一律收下。

达赖对于藏政之意见

枢府近与达赖会议藏政，探得确实消息，其议定办法共有四端：(一) 速改官制。(二) 慎重交涉。(三) 提倡实业。(四) 缓设行省。并闻万寿前已由理藩部具折代奏。

一说枢府王大臣会议，蒙藏建改行省断难轻举，然整顿方法则不可不急于讲求。至兴学、练兵尤为重大。刻拟定蒙藏虽不改行省，而练兵之数亦须足一镇，并将蒙小学堂极力推广。凡路政、矿务诸大端，拟请派专员办理，以资整顿而固边防。

1908 年 11 月 5 日

再记达赖与西藏

赐宴

初六日筵宴达赖喇嘛，由理藩部尚书侍郎带领达赖赴紫光阁筵宴时，有喜起舞，大臣首唱满语，乐舞生接唱满语曲词，乐部再更节奏，则更唱蒙古语曲词。皇上赐酒，由蒙古王贝勒传递，达赖跪接，口操华语，称叩谢天恩云云。有两小时之久，筵宴乃毕。

祝嘏

达赖喇嘛初九日在景福门外另班祝嘏，其所进物品有万寿金佛一尊，水晶菩萨二尊，碧玉通天如意二柄，绒织加金线花普鲁十箱，其余未详。

捕番

西藏番兵素号凶梗，近来日益狷獗，每遇华人入藏辄酿事端，即驻藏大臣及一切入藏官吏，亦皆拒而弗纳，且持军械抗拒，俨然如对敌国。近以达赖来京其势焰更倍于曩昔，事同犯顺，大为西藏全局之危害。政府日前会议商明达赖，按照东三省马贼办法，派遣重兵，分路剿捕，以靖番氛而维藏务。

回藏

政府现已决定万寿节后与达赖开议西藏各项要政，因驻藏大臣屡次电告藏地紧要情形，催促达赖回藏，达赖亦不欲在京度岁，故一俟各项要政议妥，即行陛辞出京云。

十三日戌刻北京专电

达赖喇嘛各事均愿遵办，准于来月出京返镇藏番。

1908 年 11 月 7 日

十四日未刻北京专电

蒙古有三万余人来京朝见达赖喇嘛。

蒙藏问题近谈

藏务经军机处竭力筹划，现在正纷议乱丝，袁尚书以赵尔丰远驻拉萨，成都相距太远，中隔巴塘、理塘，实为川藏咽喉，虽设有巴安府，不足控制，拟再派大臣一员，驻扎巴塘，以为藏中声援。

1908 年 11 月 8 日

专电[达赖受封]

达赖喇嘛受封异常感激誓必尽忠报国。

十六日亥刻北京专电

驻藏大臣赵尔丰电告政府谓西藏地方审判人员宜用川滇两省通晓英文之州县。

1908年11月10日

专电[达赖在京被害谣言]

政府初议选西藏番僧二三名入资政院,襄理新政,嗣蒙藏之人多迷信神权,恐不相宜,因而中止。(十九日戌刻北京专电)

达赖喇嘛颁发诚顺赞化西天大善自在佛,电旨禁西藏番民附和逆匪。(十九日亥刻北京专电)

西藏地方谣传达赖喇嘛在京被害,藉以摇惑人心。(十九日申刻北京专电)

达赖喇嘛在京仍由理藩部供应,每日约费五千金,政府拟俟诸事议定后,即请旨催其速行回藏。(十九日申刻北京专电)

1908年11月13日

专　电

川都赵尔巽、驻藏大臣赵尔丰电会政府转告达赖喇嘛西藏乱事一律平靖。(二十日戌刻北京专电)

理蕃部侍郎达寿与达赖喇嘛谈及西藏矿产丰富,达赖愿助赵尔丰招股开采。(二十日亥刻北京专电)

1908年11月14日

喇嘛定期回藏(要闻)

闻达赖喇嘛觐见已毕,议商藏事亦已就绪,定于十九日起程回藏。

1908年11月17日

西藏最近关系

西藏乱事汇报

赵尔丰电奏:官军与藏番接战两次,官军伤三十余人,兵力单薄,饷械两绌,请饬邻省速筹接济。翌日,慈宫见达赖赐座,温语有加,并谕西藏安危惟汝是赖,速即回藏,善导藏蒙,并赐匾联等件,匾系"觉迷绥远"四字。又闻慈宫谕枢垣速妥筹安藏法。又以叛乱造谣,谓达赖被害,藉以激乱藏众,故谕达赖速回枢垣。议西藏军电须由打箭炉转达,未免延误,饬速筹行军电或无线电,以期迅速。

电谕速办藏事

政府为藏乱电谕赵尔丰,速赴前敌,痛加剿灭,毋稍畏葸贻误。倘任蔓延,定惟该大臣是问。又电寄赵尔巽,速派知兵大员赴藏,听赵尔丰调遣。该督世受国恩,兄弟共事,当能不分畛域,力图报称。政府又谕赵尔丰、联豫,谓藏众聚众抗官劫掠,志在反叛,不第蔓延堪虑,深恐别生枝节,惟愚民无知,朝廷不忍遽加杀戮,如仍怙恶不悛,惟有厚集兵力痛剿,无任扰乱治安。所有川省各军,暂准赵尔丰节制调遣。

1908年11月18日

二十八日戌刻北京专电

达赖喇嘛原定早回西藏,现逢国恤改期缓行。

1908年11月22日

英藏交涉沿革小史

西藏为中国西部之藩篱，英俄竞争之焦点，爱国之士所为心焉忧之者也。近者，英俄协约将成，闻该约中亦有关于西藏之条件。虽其内容如何未可预知，要其为无利于我固不待龟蓍也。呜呼！唇亡齿寒，西藏失则我国西南大局岂得晏然？极而言之，即谓其关系之巨，影响于中国之存亡，未为过也。是篇为日本成田安辉氏所著，氏曾亲游西藏，于藏地情形知之甚悉，今欲研究英藏交涉沿革，舍此几无善本，爰为略加增削，译而出之，以供留心国事者，参考之一助云。

译者识。

目次：

（一）哲孟雄隶英始末，及英国与布坦廓尔喀之关系

英人夙欲以印度为根据地，建一大英帝国于亚细亚，东接扬子江流域，西达波斯及亚剌比亚沿岸。故既并有印度，不数年更灭缅甸。复左顾右盼，得陇望蜀。而号称世界秘密国之西藏遂触其眼帘，于是日夜思所以并吞之。虽然英人欲图西藏，势不得不举喜马拉耶山畔诸小国，置于自国势力范围之内，然后北向进取，则西藏即掌中物矣。故研究英藏交涉之沿革，不得不首先言英国与喜马拉耶山畔之哲孟雄、布坦诸小国之关系。喜马拉耶山畔之小国有三，哲孟雄居中，布坦在其东，尼布尔（即廓尔喀）位其西，今先言英哲之关系，次及布尼二国。

哲孟雄一名锡金（Sikim），国于喜马拉耶山之间（面积凡二千五百方里，人口约三万余），地味丰饶，富于矿产，所至树木繁茂，自此以北进西藏，则地势愈高峻，每行二英里约高二千英尺云。

哲孟雄人种，风俗宗教，皆似西藏，其国以西藏语为上等语言，国王世与西藏贵族为婚姻，故藏哲之间关系颇称亲密。哲国现王朝之始祖，相传距今二百六十余年前，来自西藏，遂国于此，今王为其第九代。其国政治，历代皆为高等僧官所左右，

而高等僧官亦甚敬其国王，以为乃西藏英主赞普之转生云。其迷信之坚，可想见矣。

十八世纪中叶，有一种族曰廓尔喀(Corkha)者，乃同化于印度之蒙古人者也，武勇好斗，初群居于尼布尔(Nepal)(官书作廓尔喀，唐书作泥婆罗，明史作尼八剌，然究廓尔喀，不过尼布尔之一部耳!)国之一部，及十八世纪末叶，遂尽据尼布尔全国。尼布尔者，在哲孟雄之西，亦喜马拉耶山畔之一小国也(面积五万四千方里，人口四百万余)。

一千八百十四年，廓尔喀人侵入哲孟雄、印度，声言行尽据喜马拉耶山畔诸小国，且谓将占领亚山以威吓遐迩。于是英人不能漠视其跳梁，乃于一千八百十七年攻退廓尔喀人，驱之于哲孟雄国境之外，复哲王之位，且将廓尔喀人所割让于英之托来、麻兰二地，让诸哲孟雄。许以是后有事，英人当为防护。是为英、哲交涉之滥觞，自此哲孟雄遂为英之保护国矣。

自是而后，凡十四年，而哲孟雄与廓尔喀复失和。英政府使古兰德为仲裁，调和于两国之间，古代复说本国政府，使哲孟雄让大吉岭(darjiling)于英国。以为英军避暑之地。一千八百三十五年，哲国遂割大吉岭及毗连于印度之山地，以让英国。而英政府岁酬哲王俸三百磅以报之，旋增至六百磅，视哲王从来固有之所入遥多云。大吉岭隶英之后，日趋繁盛，今其地人口已达十五万五千余人之多矣。

自大吉岭割让于英，而哲国君臣相安无事者十余年，后以贩奴事与英国冲突。先是哲国常卖其国土人于西藏之贵族为奴，虽官吏亦从事贩奴，以图微末之利，恬不为耻。至是数有强掳英国领土之土人以卖于西藏者。英国政府虽屡经抗议，要求放还，而哲人不特不悛旧恶，且强要英政府将哲国奴隶之逃亡于英领大吉岭地方者，交还哲国。一千八百四十九年大吉岭知事根不勃，赴哲王所居地丹笼，拟与哲王直接开平和谈判，不图至则哲人拘而囚之，监禁至六礼拜。同时有英人某旅行于此者，亦多为所苦。于是英人大愤，哲不得已，许为驱逐反抗英国之官吏，割哲孟雄之下部及托来全部于英国。更停英人酬哲王之俸金数年，仅得寝事。然被逐之官吏，恨英人刺骨，窃逾却拉岭至西藏之春碑(春碑为哲王避暑之地)说王以抗英之策。英人闻之复大愤，一千八百六十年，使格洛纳各拉率远征队占领哲国王宫，于是哲人大惊，仓促为城下之盟。约以:(一)许自由贸易。(二)保护旅行者。(三)改筑道路。(四)使与西藏之通商愈加便利等件而还。而英人复岁酬哲王俸一千二百磅，然哲王终不悦英人，弃道路贸易二条件于不顾，而该约几成空文焉。

一千八百十四年，印度民政厅书记官，有麦卡莱其人者，目击印度与西藏贸易之不振，乃自请至西藏调查细情，英政府允之。麦氏至西藏之边界，颇为西藏地方官所厚遇。且得后藏大喇嘛宰相表友谊之好音，后麦氏复百方求中国政府给予西藏旅行券，率多人由哲孟雄向西藏，拟赴拉萨，旋为中国政府及藏人所阻，不得前进，怏怏而返(麦卡莱事第二节详)，藏人遂以为英人果易与也。于是下锁国之令，禁止通商，干涉哲孟雄国政，劝诱哲王使弃其本国，移居西藏。哲王信之，遂遁西藏，居西藏者二年余时。英政府屡忠告哲王，以国内衰乱，若不早日回国，且将停止英人岁酬哲王之俸金云云。哲王不听，且作书侮辱英政府。一千八百八十七年，藏人复乘英人之不备，遣兵于哲孟雄境内，筑堡于龙洞(在哲孟雄境内咱利岭之西南)，以断绝通商之路，此实英藏交涉之开端也。

一千八百八十八年三月，英军进击藏军于龙洞，藏军大败，死伤至众，退出哲孟雄国境之外(英藏战争详第三节)。哲王不得已，乃复返国。旋英国置政务官一人，以监督哲政。自是哲国主权尽归英人，哲王位存而已。至是而高等僧官权力之微弱更无论矣。今印度政府称哲王不曰国王，而曰藩王者，盖其对待哲王实与印度之藩王等也。

一千八百九十二年，哲王又思遁于西藏，至哲孟雄与尼布尔之交界，为尼布尔兵所执，送交印度政府。英人囚之大吉岭之狱，阅三年始得复位。然英人不许还故都，迁之于甘托克。

英藏战争后，中英两国委员会于噶儿噶达(Calcuta，印度首府)商议关于哲孟雄西藏之事(详第四节)，经此会议后而哲孟雄遂长隶英国矣。

以上所言为英国与哲孟雄关系之一斑，今更略述英国与布坦、尼布尔之关系。

不坦(Bhutan)者，亦一小国。在哲孟雄之东(布坦即布鲁克巴，面积约一六〇〇平方里，人口约二〇〇〇〇余)，其地夙行印度语。布坦发音本作波丹，乃“西藏之末端”之义也。西藏人称布坦为“南方雷龙国”，盖孟加拉国湾之水蒸气密集，云常为之湿，故雷鸣较剧，是以有雷龙国之称。布坦风俗略同西藏，其国人亦信喇嘛教，而其南部之人男女皆剃发，不着中国衣服，自称达赖喇嘛之民。其衣服则男女无别，故一见不能别其孰男孰女也。

自大吉岭向东北行，约需一日之程，有曰噶伦绷者，布、藏之贸易市场也。其地有邮便局，电信局，学校等，颇极繁盛。自此更向东北行一日，有地曰倍东，此二地往昔皆属布坦。然一千八百六十四年，布坦入侵英领地印度，肆行剽掠，旋为英军所败，翌年和议成。一千八百六十五年，割梯斯塔河以东及自倍东至平原一带之地，暨亚山上部于英，其东之巴克塞尔即英军驻扎之地也。

布坦与英国之关系仅如此。至尼布尔与与英国之关系，则已言之于前，(即一千八百十四年，廓尔喀人以印度哲孟雄及一千八百十七年廓人割托来、麻兰于英等事。)兹不赘叙。要之，布、尼二国之地位虽稍优于哲孟雄，然皆在英国势力范围之内，独立其名而已。

(二) 哈斯丁与后藏大喇嘛之关系及麦卡莱之使节

哈斯丁(Warren Hastings)者，有名之侵略家也。初为孟加拉国知事，挥其敏腕，侵略印度，哈氏又常希望与西藏通商。一千七百七十三年使佐治波格尔(George Bogle)持使节赴西藏，波格尔虽未至拉萨，然颇得后藏札什大喇嘛之欢心(时为第三世札什大喇嘛)。及为印度总知事，一千八百十三年复遣甲比丹泰拿尔(Captain-Turner)赴西藏，泰拿尔亦仅至后藏。迨哈氏去印度(一千七百八十五年)，印度使节与之俱绝者，凡百余年，而卒有麦卡莱之使节。

高尔曼麦卡莱(C.Macauley)为印度民政厅一书记官，麦氏见印藏间贸易之不振，乃自请赴藏调查情形，英政府许之。麦氏遂于一千八百八十四年由印度起程，经哲孟雄，适在西藏边界，遇干坝城主，颇获厚遇。既而又得后藏大喇嘛首相表友谊之好音。一千八百八十五年，麦卡莱拟以商务使赴拉萨，然据光绪二年与英国所结之《芝罘条约》约，中有特别条款规定英人欲旅行西藏者，须由中国总理衙门给予旅行券，方准前往。故麦氏复至北京，运动于伦敦北京之间，始得旅行券。然麦氏得旅行券之后，仍逡巡不发，迁延至半载之久，且不取道于打箭炉，而由印度经哲孟雄以向西藏，又携学者多人，思乘机以探西藏之矿脉。于是中国政府及藏人大惊，谓西藏将为第二之印度，乃百方以阻其前进。是时适缅甸问题起，中英间之谈判相持未下。其后中国政府卒让步而结所谓缅藏条约者五条，该条约之主要条款有三：

1. 中国甘弃缅甸之主权以让英国(第二条)
2. 英国允中止麦卡莱等之前进(第四条)
3. 使印藏间通商益趋便利(第四条)

是也。(时中国政府，赠哲孟雄王高等爵位以优待之云。)实一千八百八十六年七月(即光绪十二年六月)事也。

(三) 英藏战争

英国之征服哲孟雄也，藏人对英之恶感情为之一长，及麦卡莱退而返本国，自是藏人以为英人果易与者。其意殆谓麦氏等之退，果我反对而退，而不知中国于缅甸方面所失之权利之大也。藏人既轻视英人，于是思乘机耀威于哲孟雄，以泄前此之愤，乃劝诱哲王，令弃其本国以移居西藏，哲王从之，遁至西藏，凡居藏二年有奇。英政府屡促其返国，哲王不惟不听，且遣书侮之。一千八百八十七年，藏军乘英人不备，闯入哲孟雄境内，筑堡塞于龙洞。龙洞为英藏商路之要隘，当时道路险恶，空气稀薄，往来进行实属困难。今日该地道路虽已大加整顿，非当时可比。然闻过其地者，犹且行数武辄止足云。其险盖可知矣。

英藏开战之前，英人尝致书西藏，略曰"藏军如迟至一千八百八十八年三月十五日，尚不退出哲境，则英军当径行进攻"云云。然藏军既怀轻视英人之心，以为英人无足畏。至期，果不退出。于是英将格拉哈儿(Grahan)即进击藏军，使当时藏军能有精良之武器，或足以御英军亦未可知。盖藏军坐守龙险洞之实有以逸待劳、以主御客之势，故也。奈两者武器美恶之差相去太远，藏军所携者，舍弓矢刀石及火绳铳外，别无他物，而英军则概属文明利器。故两军相对，藏军卒至大溃，死伤甚多，不得已退收咱利峠(藏军又信喇嘛之咒文，谓可避弹丸，迨伏尸遍地，犹曰咒文不净之故。呜呼！迷信至此可笑亦可怜矣)。旋遁至春碑(即靖西)原野，当时英军苟能乘势而下，则可一鼓而取春碑。然此地中有名碑碑塘者，驻有中国官衙，上翻中国之国旗。故英军一时恐伤中国感情，不敢前进。

自此英军屯驻那塘者数年。那塘在雄利峠西南，虽曰平地，然其地极高。自那塘至咱利峠途中，有汤格格峠者。其附近诸山曰特尔卑动，盖英国特尔卑军在此，与藏军为最后之战争，博战胜名誉之地也。

(附言)英人常利用尼布尔、哲孟雄等蛮武好斗之国民以挞伐藏人，其中尤以尼布尔人为最勇敢负气，可谓善用人力者矣。英国驻印度哲孟雄国境，某佐官尝谓人曰：率土民兵(即尼布尔、哲孟雄土人)一队可以征服西藏，其言非无因也。

(四) 噶尔噶达平和会议

自藏军败北之报，达于北京，于是中英两国乃不得不商议藏、哲善后事宜。第一须定印藏之境界，第二哲孟雄与西藏历史之关系颇不浅薄，故英国欲独握哲孟雄之主权，势不能不商诸中国。第三光绪十二年六月所结之缅藏条约第四条关于印藏通商之详细章程，尚未妥订。故中国即命驻藏升泰(即有泰之从兄)等及西藏官吏数人，使与英人论驳辩难，旋订定印藏条约八款，于一千八百九十年三月十七日由中国全权大臣升泰等与英国全权大臣印度总督伦斯陶侯爵(Marquess Lansdowne)签名盖印于噶尔噶达,有纪当时之景况者曰:

一千八百九十年三月十七日(光绪十六年二月二十七日)英国外务次官,迎中国全权于楼下之阶侧,相与拾级登楼。则英国外务长官亦出迎,既而守卫兵士,护中国全权及英国官吏过回廊之协议室。少顷,印度总督偕幕僚及评议官二人,鱼贯而入。于是外务长官起身介绍印度总督于中国全权。言毕,总督乃揖中国全权,使就坐于己之右侧,其它官吏亦依次坐定。中国委员二人,凭几而坐。时全权委员提出全权资格证明书,彼此承认之后,闭户朗诵条约全文,又对照中英文字讫。约十五分钟,复启户。两国全权,各署名于条约。中国全权用毛笔署名,颇郑重其事。而印度总督则振笔疾书(Lansdowne)字样,如涂鸦然。署名既竟,侍者封约文迄,随即盖印。此即所谓《印藏条约》(或曰也《哲孟雄条约》)也。是年八月二十七日在伦敦外务省交换,由两国政府批准,全文如下:

第一款:藏哲之界以自坦布交接之支莫挚山起至廓尔喀(即尼布尔)边界止,分哲属梯斯塔及近山南流诸小河,藏属莫竹及近山北流诸小河分水流之一带山顶为界。

第二款:哲孟雄由英国保护督理,即为依认其内政外交,均应专由英国径该部长暨官员等,除由英国经理准行之事外,概不得与无论何国交涉往来。

第三款:中英两国互允以第一款所定之界限为准,由两国遵守,并使两国各无犯越之事。

第四款:藏哲通商如何增益便利,容后再议,务期彼此均受益。

第五款:哲孟雄境内游牧一事彼此言明,俟查明情形后再为议订。

第六款:印藏官员因公交涉如何及文移往来一切,彼此言明,俟后再商另订。

第七款:自此条款批准互换之日为始,限以六个月由中国驻藏大臣英国印度执政大臣,各派委员一人,将第四、第五、第六三款言明随后议订各节,会同协商,以期妥协。

第八条:以上条款既定后,因送呈两国批准,随将条约款原本在伦敦互换,彼此各执其一,以昭信守。

(五)亚东税关

自印藏条约结后,至一千八百九十三年(光绪十九年)中英两国委员(中国委员为何长清及总税务司赫德之弟赫政(Ames Hart),英国委员为保尔)复会合议订边境及通商详细章程,是年十二月五日(即光绪十九年十月二十八日)约成,由两国委员署名调印于大吉岭,该约大旨有四:

1. 关于贸易事件。
2. 关于哲孟雄境内牧场事件。
3. 关于印藏公文来往事件。
4. 关于亚东开放事件。

是也。然以此会议之结果,而英人甚不满意者何也?盖中国不允英人设立界碑于哲藏之交界地,仅许开放亚东(芽屯)作为贸易场,且不许藏人来此,故英人在此贸易殊无振作之象,以此英人常怏怏不乐。而英国识者,每多主张直接与西藏谈判,此所以当日俄战争方酣之际,有英人乘机侵入拉萨之事也。

一千八百九十四年五月二十七日,以一千八百九十三年会议之结果,设税关于亚东,税关长为英人狠特孙,亦受总税务司赫德节制者。余(著者)尝亲至亚东,调查该地贸易情形,特记其大要如左。

亚东为拉萨、扎什伦布等地方贸易出入之要路。据光绪十九年条约,言明五年之内,不征税项,以奖励贸易,俟五年后,斟酌情形,在行定夺云云。然时逾五年,而未尝征税如故也。又中国不许藏人来往于此,故其贸易至今尚不甚发达。凡货物经过此地者,须至税关报告其名目及重量件数等,唯武器及盐茶不许运输出入,盖武器为中英两国所共厌者。至于盐则西藏之盐价甚低贱,若一输入印度,势必至与印度之盐相抵触。若茶则西藏所需之茶,向皆仰给于中国本部。而印度之茶质美而价廉,若一输入西藏,则中国茶商必受其害。以是两国政府定议,彼此交换,藏盐不准入印,印茶亦不准入藏(闻中国每年由四川打箭炉输入西藏之茶价约一百二三十万两云),今复略述经过亚东税关贸易品之总额如下(据一千九百三年之统计):

输入(向西藏):七三四.〇七五罗比。

输出(由西藏):七八三.四八〇罗比。

合计:一五.一七.五五五罗比(罗比为印度货币名称,约合二先令)。

输入品中木棉制品约一百万码至二百万码,又毛织物约五万码至七万码,中国绢织物约七万罗比,洋火约四千五六百格洛斯(一格洛斯合十二打),烟草约四万罗比,中国瓷器及珊瑚各二万罗比,所输入者不过以上各品而已。至输出品则羊毛约三百万斤至四百万斤,价约四五十万罗比。麝香约十万两至二十万两,金银有无输出不能确知，但据税关报告，仅二三万罗比而已。此外四川之打箭炉，甘肃之丹噶尔，云南之大理及布坦、尼布尔亦有与西藏贸易之事，但不甚盛耳！

大抵西藏之贸易今虽尚属幼稚时代，然其将来西藏人最喜购德国制造品，此或必大有可望也。以价廉之故，亦未可知。

此外尚有英军入拉萨要盟，及唐绍怡改约等事，然原书止此，而译者鲁钝，深恐动滋谬误，不敢为续貂，且事过去仅二三年，内国各报，均有详细记载，想已为阅者所共见，故今暂附阙如，幸赐见谅。

1908 年 11 月 23 日

初七日亥刻北京专电

驻藏边务大臣赵尔丰电邮传部，略谓川藏未有电线，交通不便，办事甚为棘手，务宜从速兴修。监国摄政王醇邸谕理藩部尚书寿耆，西藏事宜须要全行议妥，始可令达赖喇嘛回藏。

1908 年 12 月 1 日

国丧后之喇嘛

达赖之归藏

枢府王大臣以西藏番民滋事渐平靖，而新政待举，亟宜令达赖回藏，一安人心，而期整顿。闻拟于国孝二十七日后将所拟办法重为提议与达赖商定，再行请旨施行。又达赖喇嘛晋京陛见后原拟早日回藏，适值国丧，达赖喇嘛拟暂留京师，朝暮唪经为大行两宫祈祷，聊报恩泽。而回藏之期，当在大行皇太后大行皇帝梓宫奉安以后。

班禅之蒙恩

政界人云：枢府王大臣会议，达赖此次来京蒙大行皇太后大行皇帝恩宠优渥，并著每年赏银一万两。所有班禅喇嘛臣服国家，恩泽均沾，拟亦援照达赖法奏请赏赐云云，未知确否。

1908 年 12 月 7 日

十六日亥刻北京专电

驻藏边务大臣赵尔丰因西藏风气未开,特电商度支部,前定在西藏开设银行一节暂从缓议。

1908年12月10日

会商西藏权限之查例(要闻)

日前理藩部寿尚书奉旨与达赖喇嘛会议陈例一节,经寿尚书于日昨已赴黄寺与达赖喇嘛晤面,将奉旨查问陈例西藏达赖办事权限之案,据向达赖询问,顷闻达赖久之始言,俟回藏后查明奉复。

关于藏事之电谕(要闻)

日前政府电谕赵尔丰略言:现值国家多故,且图安谧,勿锐进,致别生枝节。防务益关紧要,督饬亟应加严。旋又接赵尔丰、联豫电奏:打箭炉等处,匪众亦渐解散,馀亦安靖,惟防务仍为紧要,兵士不敷分拨,添练又难招募,请饬川军常驻等语。闻政府已寄谕赵次帅矣。

电催达赖回藏(要闻)

驻藏大臣赵尔丰电告政府以达赖喇嘛久出不归,所有应行举办各项政务因无人代理致生许多障碍,应请达赖克期回藏或暂由该活佛电派亲近番佛暂为代理,以安藏心。

1908年12月13日

二十二日亥刻北京专电

理藩部昨日(即二十一日)电山陕,谓达赖喇嘛定于二十八日前往塔尔寺,须派员护卫照料。

1908年12月16日

京师近信

庆王此次派赴东陵菩坨峪大行太皇太后万年吉地，系因达赖喇嘛贡西藏铜佛数尊，谓是佛藏诸吉地，可以延年益寿。故大行太皇太后深为迷信，坚饬庆王实行其事，且必欲应十月十八日吉日，屡催不已，庆王无奈，匆匆出京，二十日辰刻回京，午后即召见下诏求医。而宫门抄以二十日，早事已过，故于二十一日明有庆王请安，其实前一日已在京矣。

1908 年 12 月 17 日

北京电[达赖喇嘛二十八日清晨出京]

达赖喇嘛二十八日清晨出京，乘火车前往保定府，是日即于该处过宿，一俟行抵陕西西安府，须暂驻六日，再由该处取道甘肃兰州府径向拉萨藏京进发。外部尚书那桐经摄政王派至车站躬送，并有某公爵伴送至保定。临行时前门车站有陆军两队持旗一面站立致敬，惟车站则未悬灯彩。

1908 年 12 月 22 日

达赖受封敕书归并年终用宝

内阁满本堂蒙古堂汉票签会同理藩部唐古忒文译官缮办敕封达赖敕书各节，早详前报。今闻内阁大学士会同理藩部寿尚书，日前在阁拟定，达赖将届回藏，应赏敕书，现值国丧，未克用宝，仍应核照前议，此敕书归于本年终，诰敕房请用诰轴御宝时一并钤用，饬交驻藏大臣敬谨恭交该喇嘛收授。闻此议拟归理藩部先行具奏云。

1908 年 12 月 24 日

专电[达赖返藏，公使均有馈赠]

达赖喇嘛前月二十八日出京返藏，各国驻北京公使均有物馈赠，惟俄国公使密赆以二万金。（初三日申刻北京专电）

1908 年 12 月 26 日

商留堪布未果

理藩部曾商诸达赖拟留堪布二名，在京教授西藏语言文字。闻昨达赖于日前已答复寿尚书，以堪布系随从之通译，未便留京，拟回藏后考选内地喇嘛有精熟藏文藏语者派送来京以充教职。

1908 年 12 月 26 日

补纪达赖喇嘛事五则

达赖喇嘛未出京之前，又蒙钦赐珍品多件，故昨由理藩部代奏谢恩，并进呈黄哈达一方，金佛一尊，已奉旨佛、哈达均留矣。

钦派公爵博迪苏护送达赖至保定，已见明谕，昨博公到黄寺谒达赖喇嘛，商议搭车运送行李及饯别预备各项事宜。

闻达赖喇嘛特派前站堪布二名，带领藏兵数名于日昨起程，先往搭尔寺预备一切。

闻达赖喇嘛于月二十八日乘京汉铁路专车起程，暂不回藏，拟定于西宁之塔尔寺住留，等候理藩部派定敕封达赖礼节之官员四员，并带黄寺喇嘛四名，赍送敕封之四字崇号赴该处，将达赖敕封后，该达赖再行起程，径回西藏。

民政部因理藩部传知达赖于月之二十八日起程回藏，应在车站仍行搭盖暖棚，惟将花红彩绸另易其式样，仍按该达赖来京时之棚办理，民政部已饬外城总厅派庶务委员佣工搭盖。

1908 年 12 月 27 日

殖边学堂之组织

那邸、博公以蒙古西藏青海边地极为广阔，外人觊觎，屡次要求。惜中国无殖边人才，以至废弃。现在二公捐资在西城辟才胡同创立殖边学堂一处，并设蒙藏两科。刻已派委员魏梯云、范静生、刘伯绅三君组织其事，定于明春开办。日内即由那邸、博公会衔奏明立案，并请此项学生毕业后优给出身，以昭激劝。

1908 年 12 月 29 日

四侍卫启程赴藏

理藩部奏派文兴、毓振、英杰、德禧前往西藏布施银两一节迭志前报，兹悉四侍卫定于明正再行启程，一直赴藏云。

1909 年 1 月 2 日

整顿西藏二则

监国摄政王，拟将整顿西藏各项政务人员预令各省将军督抚京师院部各堂宪，切实保荐参酌擢用，并拟定保荐各员如左：(一) 应保深通练兵。(二) 办理警察。(三) 精于商情，整理商业。(四) 办理学务以期造就藏民而广知识。(五) 整理盐务。(六) 深悉垦矿，遍开藏中矿产。(七) 整理财政，使其充裕而为庶政之基。(八) 练达交涉以杜垂涎。(九) 深悉蒙藏情形，以期联络人情而资劝导，启发爱国自强之心。(十) 熟通英、法、俄各国文字语言，办理各国公牍，俾得各专责成而易治理。刻将拟定通谕，京外一体遵行。

又监国摄政王召见寿尚书子年、达侍郎寿、张丞堂荫棠三大臣垂询颇久，系询及与达赖所议西藏行政权限事宜，并交谕王大臣妥订西藏行政次序方略等语云。

1909 年 1 月 6 日

十四日酉刻北京专电

边务大臣赵尔丰电告政府，谓藏番闻达赖喇嘛将归，愿具降服甘结，乱事已靖，兵可缓调。

1909 年 2 月 5 日

治藏条陈上驻藏大臣

日本法政大学毕业生　陈赞鹏

窃维近年以来，国势不竞，外侮叠至，东南藩属，凌灭殆尽，其犹羁縻以为国家保障者，惟北有蒙古，西有西藏而已。而自甲辰战役之后，日、俄之于蒙古，英、俄之于西藏，皆各势力扩张，一日千里，若仍此而不求于抵御之术，则朝鲜覆辙行将再蹈之矣。夫朝鲜以不早为之理，故有甲午、甲辰之变，而几至于神州陆沉，上京莫保，至今遗患尚未有艾。今若犹此因循，则东南之祸其何难再见于西北乎？朝廷眷注边陲，妙选贤才，而以西藩重责，简畀明公，则亦以明公，久历边要，公忠国体，重以幕府，济济多才，知旌节驻临，硕画荩谋，施设裕如也。校长以草茅下士，才智昏庸，亦何敢妄言边计。惟是旷观天下，人国之所以有属地者，将以为保障。而我国之所以有属地者，反为所牵累。其间之一得一失，将亦不可以思其故乎？况西藏介居两大之间，是皆欧洲之强国，惯于隶人之地，虏人之民，其深心毒手，实可惊骇，而比之当日之朝鲜之境地，则尤为艰险。今我国以势力微弱，而委明公以处兹困境，内而所以维系藩部之人心，外而所以消弭强邻之窥伺，其任巨责重，当何如也？校长往游日本，于拓殖理财事务，颇有研求。今来南洋，办理学务，周历各地，如法属，如英属，如荷属，足迹所履，不下数十巨埠。而于其殖民之规制，亦尝有所考察，要皆制度详密，规模远大，而尤能操纵裕如，使土人知有恩之可怀，有威之可畏，万年归属不复，则莫如荷兰之于爪畦[①]矣。诚以荷兰，乃殖民先驱之国，当十六、十七世纪之时，其殖民属地遍满天下。至于今日，国势衰弱，虽其藩属，遗存无几。而其所以讲究处置属地之法，操纵土民之方，将阅年愈久，而手段愈熟，而不似法之近于苛，英之过乎简也。语有之：泰山不让土壤，所以成其高；河海不让细流，所以成其大。今值边境多事之秋，重臣忧国之日，敢进一得，将亦为泰山河海之一助乎！兹谨就西藏事宜，条列管见，敬为明公陈之，其间有言语失检，冒触威严者，亦望宽宥焉。

其一曰收主权：

西哲之言国家者，皆以主权与土地人民并举。是盖以主权既失，则虽有土地人民，亦既名存而实亡也。昔者，西藏之外交内政，向由达赖自主，我朝素不与闻。即虽设有西藏大臣，而曾不能与之平等，何况揽其主权，此则世界各国之处置殖民地，未有若此者也。殷鉴不远，可观朝鲜。朝鲜昔日以我不能收其主权，遂至叠启外侮，遗患无穷。今于西藏，若仍如此，则国力几何，而可以一误再误乎？故今日之收揽藏权，不特为保固属地，而且以保固内国，不特为正当行为，而且为不得已之行为也。今请言其要焉。一为尊崇驻藏大臣之品秩。纵一时不能高于达赖，亦须与达赖抗行，庶使达赖不致于专恣，而藏民易于镇慑也。苟若不然，则虽日谋所以收其

---

① 下文写作“哇”。

主权，而主权终不可得而收也。二为宜定达赖之权限。达赖只可为教主，高高在上，藏中政治，概不干涉，一归于驻藏大臣。三为宜优达赖之俸廪。犹之荷兰所与爪哇梭罗王之例，年或二十万或三十万。而藏中行政之经费，及达赖前时有无借取外债，俱归国家担理，不须达赖勤劳。四为宜设多数之虚职，选其豪猾者任之。亦如爪哇之例，每府县皆有其土官，只食薪俸，而畀以检察盗窃，整治道路等细小之职事，不以大权相属，而皆统辖于驻藏大臣，达赖喇嘛不得干预，惟薪俸当比旧日之藏官较为优厚，则无有不乐从者矣。五为宜招致达赖亲近之子弟留学京师，阳则隆其名誉，阴则羁以为质，使之有所顾忌，不敢别生恶念。六为多立副教主。即以达赖之亲贵为之，使之北而蒙古，南而廓尔喀，各传其教，以匡助达赖，而广布教义。则再传之后，达赖权利不再有如是之大矣，是即晁错之所以削七国也。七为宜代为达赖选立师傅，而以内国之宿儒望重者为之。八为宜定达赖相见外人之制限，亦如爪哇梭罗王之例。凡属外国人，必须得驻藏大臣允许，乃得入见达赖，此乃各国于殖民地之主权，不得互相侵犯，我而布告各国，当无阻挠也。九为宜定达赖之出巡，其日期多寡，路途远近，皆须报由驻藏大臣电请北京政府，以定行止，诚以必须如此，乃能易于保护也。且于达赖出入时由驻藏大臣选配马兵，以为护卫，以尊威严。十为宜慎达赖之府库，选内省之清廉而善于会计者，由达赖聘请，代其掌典财库，每月清结数目，一份呈明达赖，一份呈报驻藏大臣。如此则达赖之用款如何，可以知之矣。十年前梭罗知县白湍尼厄，笼络梭罗王，使其聘用荷兰人，以主度支，荷兰政府以该知县为有大功，立即升作知府，盖亦重视此职也。统能行此十者，则于收揽藏权，思过半矣。

其二曰筹武备：

窃谓今日之整治西藏，于着手之始，莫如筹武备矣。武备既筹，百政可因之而举，若舍武备而言其它，今日而欲开矿产，明日而欲建学堂，东兴一事而西设一局，是所谓头痛补头，脚痛补脚，终未见其有济于事而徒觉头绪纷繁，手足无措。卒之靡特矿产不可得而开，学堂不可得而设，即使凡百政事也不可得而理，是益失其纲领也。夫统治未开化之人民，必须集有厚强之武力，使彼心目中有所畏忌。而后吾发一令焉，则彼不敢不从，吾出一例焉，则彼不敢不守。远且勿论，即观于台湾，当其归我之时，官府而欲有所施设，则无不为土民抗阻，必须经如何艰苦乃得而行之。而今日为日本所取，则朝令暮从，曾无敢抗之者，是岂日本之政化如神哉？则亦以我无武力，土民无所畏忌，彼有武力，土民即因畏忌而从之耳。即又如今日内地之与租界，其间相距者，不过咫尺耳！而当我民之入租界时，莫不兢兢然，以奉外国之命令。及其一越内地，则纵横无忌，而以髦弃国法为得计，轻侮官府为勇敢。朝廷每有政令，则草野必群然而阻之，或则同盟罢市，或则殴勇毁署，而于其政令之宜否，从未有计及之也。窃尝探其原因，是又岂吾民之尽无良心哉！则亦以租界武力足，施政者无所畏惮。故能言出必行，而人民奉之维谨。内地之武力不足，施政者多所顾忌，故每有迁就，而人民即轻于抗阻，驯至日久成习，官府之迁就愈甚，而人民之抗阻愈大，遂成为今日姑息之政也。语有之：民可与乐成，不可与图始，此子产治郑，所以首主夫猛，而当世之士所以有开明专制之说也。

夫内国为文化之地，犹尚如此，何况西藏为政令素所不及。今日一旦猝欲置于我势力之下，若使无厚强之武力，使之有所畏忌，而欲其辑辑然受我范围，诚难乎其难矣。虽然以藏地之大，设使少设之兵，则不足以资分布，若欲多设之，则又饷巨难筹。故今日之整治西藏，最要者，莫如筹设武备，而最难者，亦莫如筹设武备也。以校长管见，则一为宜选练土军，一为宜择扼险要。诚以全藏之地，不下数十万方里，外而所以抵御强邻，内而所以镇慑藏蕃，非有精兵三万人不可。然练兵不难，养兵维难，三万兵之费，以每兵百金论亦既年需三百万。若输自内地，则薪饷尤须优厚，乃能得其死力，是非四五百万不可。当今国库，正值困竭，藏地财政尚未整理，何能筹兹巨款，养此巨兵。查各国之制，其处置属地，莫不即以其地之民，练为其地之兵，而还治其地之民。盖费饷廉，而得兵众，其利一也。其强悍者既为我所用，则彼势力自单，无由逆乱，其利二也。土著之人耳目易周，民情易察，地理易熟，其利三也。今我亦可仿之，拣选藏中之精强者，勒以部伍，教以新操，信其赏罚，严其防限。若其将弁则以内地军官或武备学生为之。以藏民之贫，每兵年饷二十两，已觉优厚（爪哇土兵年饷亦不过六十元），是三万兵不过年饷九十万。况西藏民风强悍，即俄国之哥萨克。他日而欲再立一大帝国于中央亚细亚，亦全恃乎此。如犹虑其反侧难安，则更加以内省之戍兵二三千人，亦不过为饷数十万，合之亦不过百余万，已得强兵数万人，雄镇西服矣。此所谓选练土军也。其次则莫如择扼险要，西藏山险路隘，一夫当关，万夫莫开，此正兵家用险之地。往者英兵入犯，以藏守之废弛，藏兵之愚惰，犹复能扼险邀击，英莫奈何。窃谓宜派测量学生，测绘全藏要隘，何者为至险，何者为次险，仿效新制，筑造炮台，戍以精兵，则全藏犹置于掌中矣。是所谓择扼险要也。举斯二者，则藏中之武备易筹，而整理藏政亦有破竹之势矣。

其三曰重人才：

历观古今国事之成败，皆由于人才之消长。其事之所以有成者，人才成之也。其事之所以不成者，无人才以成之也。今日藏务如此之急，则搜求人才，正宜多多益善。惟是藏地远居边塞，其气候之酷冷，山川之险阻，民性之蛮悍，皆足以使见者惊心，闻者裹足。况值今日新政人才，正当消乏，内地各省，随处需求。设若西藏，不有特别以为鼓励，则奇才异能之士，未必乐相趋赴也。今请陈其要事。一为宜破格录用。昔者，汉高祖拔韩信于卒伍之中，用陈平于亡虏之日，卒藉其力以立汉家数百年之基础。又如我朝当咸同中兴之时，曾文正兴师讨贼，其拔擢人才，亦多在末僚。即如王鑫乃以童生而使之统领大兵，独当一面。一时奇才辈出，乐相为用，亦因以奏中兴之功。盖当国家多事之秋，需材孔亟之日，不得不然也。窃谓今日治藏亦当如此，凡任事者，只论其才识之大小，不论其官阶之高下。有才者，虽无官阶，立可与以差遣。无才者，虽有官阶，亦可置之闲散。才大者，虽无官阶，而可以为之长。才小者，虽有官阶，只可以为之属。如此则负才之士，人乐效命矣。更当如汉时辟召之例，大开东阁，广延俊乂，或以书招，或以币聘，隆其礼貌，待以腹心，别其才识，责以事功，则风声远播，人知所归矣。二为宜优其奉廪。古者大烹，所以养贤。而列国于殖民地之官差，其俸给亦优于本国。盖亦以非此，则才智之士，不愿趋就耳。三为宜速其迁擢。迁擢速，则人思振奋，励精以图治矣。行此三者，则天下奇才不难集，而藏卫政务不难理矣。

其四曰划区域：

爪哇以五万里之地，划为二十四大区。其大区长官，秩如吾之知府。每大区复分为六七小区，其小区长官，秩如吾之知县。其小区之下，复有所谓干多料者三四人，秩如吾之县丞。以区区数万方里之地，而有大区二十余，小区百余，其区画亦可谓细密矣。故政以举，而民以靖也。吾藏地方四十余万方里，几十倍于爪哇。往者，于驻藏大臣之外，曾未设一民政官，以治理地方，而为大臣之助，何与外国相反也。纵今日为经营伊始，未便于多设官，且以藏民稀少，亦未能多设官。然以地方如此之大，其区画虽不能十倍于爪哇，而亦不可再少于爪哇也。是藏地至少亦须设府二十余，设县百余矣。至于如何分画，则必须因其地势，顺其民情，审其沿革。远居海外，无地图之可稽，无书籍可考，未从参议也。说者谓若如此，是即编改西藏以为内省矣。其为达赖之不愿意何？不知今日何日，此时何时。既我躬之不阅，更何人之是恤？彼达赖之不愿意固也，然今日只当问我之当为与不当为，不须问达赖之愿意与不愿意也。若虑急激生变，则缓以图之，阴而为之，不必取府县旧名，而只设地方长官，分派各地，代其治理，久之而实权既握，民信既孚，达赖亦未如我何矣。然终必须设置地方民政官，其主权乃可由我而握，其政事乃可由我而理。苟若不然，则西藏之所谓属地，亦有名而无实，终非久大之计也。

其五曰定官制：

爪哇之官制，分为荷兰官巫来由官二种。荷官则专其事权，巫官则只食虚廪，制之至善者也。爪哇总督驻藏勿，犹吾之驻藏大臣，所部分为财政、军政、民政等局。各局有局长，有课员，又有高等司法院。驻巴城，亦隶于总督。分全岛为二十四府，府设知府事一员，裁判官一员，警察官一员。每府区为六七县，县设知县事一员，知县之下，复有县丞三四人，分布四区，助理民政。各海口则设税务官。陆军总帅，驻麦加令，亦隶于总督。各府大者设兵千余名，小者四五百名。尚有铁道局驻万隆，山林局驻各地，此荷兰官之制也。其巫官则除梭罗日嗟两处，尚有苏丹，特别给俸外，每县皆设勒乾一员（旧日巫官之宰相），巴地一员（旧日之副相），尉挞拿二三员（旧日之御史），揸末四五员（旧日之理政官），此巫官之制也。其俸廪则总督月一万二千元，各局县及高等司法官陆军总帅月八千元，各局员及知府裁判官月自一千至一千二百元，警察官月二百元，知县月自六百至八百元，县丞月二百五十至三百五十元，梭罗日嗟之两处苏丹，各月俸三万元，各县之勒乾，月俸千元，巴地四百元，尉挞拿二百五十元，揸末百五十元，是皆为有俸之官。尚有无俸者，名为露辣，以巫人为之，犹汉时之啬夫，主知民善恶，为役先后，知民贫富，为赋多少。每县无定额，大约每人丁千口，须设一员。所有地税、田税、屋税、丁口税、营业税、所得税，以及各种钱粮，俱由其规定，呈明知县核实。每及时期，由知县先五日发票，注明何人，应出何种税钱若干，归由露辣，颁给个人，如期征缴，解归县库，县解之府，府解之总督。而以其百分之八，为露辣酬劳焉。其巫官只有揸末，于其区内，若有罪犯，须随衙厅审外，其它如勒乾巴地尉挞拿皆坐食虚俸，无所事事。以俸给言之，则勒乾比于知县为多，以事权定之，则知县比勒乾为大也。然其所以不惜糜费，而多设此等冗官者，乃沿用巫人之旧制，而以安插其豪长，免生逆谋，实出自不得已。而今日亦渐为裁汰，为既汰巴地，则以勒乾兼之之类是也。今吾治藏亦可效之，分为华官、藏官。驻藏大臣之下，分设财政、军政、民政三司，各司长官，秩为内省之藩臬，分科治事。提督一员，操练军士。更立高等审判院，以司高等之裁判。分全藏为若干府，府设知府一员，裁判官一员，警察官一员。每府分为若干县，县设知县一员，县丞若干员。于东南北各要隘，各设税务官一员，以掌管税务。凡货物之出入口，抵抽税一次，内地所有通过税，概行停免。若防守官，则择要设置，然每府亦须置兵三四百名，以资镇摄。他如开垦局、矿产局、牧畜场、山林局，皆须择地开设，而皆以华官为之。其藏官则于达赖班禅，特与巨俸，而收其权。其它自堪布以下之种种旧日藏官，皆沿用之。而优其俸廪，不与事权。如此则三年之后，藏地不尽内属者，未之有也。

其六曰理财政：

夫财政为办事之母，若财政不理，则华兵虽强亦难维持也。各国之于殖民地，皆资以为养国。而吾之于西藏，反藉内地之协饷，无乃财政之未讲乎！然经营伊始，不得不藉饷内地，而为久远之计，则不可不筹藏地之饷，以理藏地之政矣。查西藏虽号为地瘠民贫，而有四十余万方里之地，千数百万人之众，亦既蔚为大国。若得人而理民，则于藏中财政，亦不无小补也。今将藏中可筹之款，条列于下，然亦不过悬拟之词耳！

田赋可得百余万两。

谨案：藏地四十余万方里，藏民千余万，以如此广大之地，养如此众多之人，无论种谷种麦，当有熟田千余万亩，今每亩征抽一钱，是年可得百余万两矣。

地税约可得五十万两。

谨案：地税者，乃于田地之外所有土地，为人民所用者，皆有赋课，此乃各国之成例，如屋地、园地、池塘、山场，俱各分其种类，列其等第。以全藏四十万方里之大，大抽其地税，五十万两，当不难得也。

屋税约可得五十万。

谨案：屋税即房屋捐，因其屋租之若干，而征抽之也，内地各省多有行之，而以苛扰之故，或行或止，然此乃行法者之弊，而非法之弊。藏能行之，年亦可得四五十万也。

丁口税约可得一百万两。

谨案：各国莫不有丁口税，其于属地，更所不必说矣。所以国库充足，国政整理，而国民亦得而又安也。今藏民约有一千万，其少壮可征税者，当有五百万，分作数等，上者一两，下者一钱，均计每人抽税二钱，亦可得一百万两也。

牛马税约可得一百万余两。

谨案:藏民皆以畜牧为业,全藏牛马,何止千余头,今每只抽银一钱,亦可得百余万两。

营业税约可得一二十万两。

谨案:营业税者乃就各种营业而征抽之也,大而大商,小而小工,凡营业过千两以上者,即分为等第,因而抽之,多则十两少则一两,于此或可得一二十万两也。

关税约可得五十万两。

谨案:全藏出入口货,至少亦有千万,今以值百抽五论,亦可得五十万。若道路既整,矿产既开,商务大兴,则更不止于此也。

盐税约可得百数十万两。

谨案:藏民如此之繁密,其用盐亦自不少,或仿效印度由官专卖(爪哇之盐则由官专卖矣),或只抽其赋税,约以每人年抽盐税一钱,亦可得百数十万矣。

烟酒税可得二百万两。

谨案:烟酒非为民生必须之物,故各国皆重抽其税,比其本值或至十余倍,或至二三十倍。今我虽不能如此重抽,而总可以倍价而征,以藏民如此之众,且北地寒冷,所需烟酒必多,每年销售何只一二百万,是亦可得一二百万两也。

册捐约可得二三十万两。

谨案:册捐者,凡属民间之银货交易,其契据恐有不坚,当官立约,注录薄上,因其价值,以为征抽,或值百抽二,或百抽二五。以及民间之有建造及营业,皆须有注册,而酌抽其登录税,皆谓之册捐,亦为各国所通行者。藏而行之,岁亦可得二三十万焉。

印花税曰可得二三十万两。

谨案:印花税,始于荷兰,近则风行各国,占岁入中最要之部分,竟有至岁获二三千万者,此虽为彼国之物力富厚,交易广大,然亦可见印花税可行矣。现度支部亦拟章仿行,但过繁密,难奏其效。藏诚行之,岁获二三千万,或亦不难也。

印楮捐约可得四五十万两。

谨案:印楮由官印纸,作为格式,凡属民间诉讼之状纸,田土之契据,揭借之凭单,皆须购用,每张或五元,或一元,此亦各国之通例。藏可仿之,每纸或二两,或一两,或五钱,因其事情之大小,以定价格之高下,以全藏之大,年消五十万纸,当或不难,是年可获四五十万矣。

香烛宝帛税约可得五十万两。

谨案:藏俗佞佛,其每年消费于佛事者,何只百万,今于香烛宝帛,重行征抽,一则寓禁于征，一则充裕国库，岁五十万，可必得也。

典当事业项下约可余利二三十万两。

谨案：各国属地，莫不有典当事业，或归商投，或官营业，现据爪哇只于典当事业项下，已岁有余利六七百万矣。藏而行之，岁二三十万，可必得也。

邮便电信事业项下约可余利一二十万两。

谨案：邮便电信事业，欧美各邦，为岁入之大宗，而我国行之，竟与相反者。是固由于交通之未广，商业之未盛。今藏行之，则余利一二十万，或亦可得乎！

上所言者，乃为悬拟之词，或可言而未必可行，或可行而所获效验，未必如所言，则诚以天下之事，言之非艰，而行之维艰也。然财政乃百政之母，财政不理，则百政可以停歇。设不早于今日，立其规模，作为久计，以藏饷而理藏政，姑无论方今国家，凡百待举，内地协饷，未必可以常恃，而亏其本源，以补枝流，则天下亦无如此颠倒之政体也。

说者若谓藏为贫国，筹兹巨款，恐激民变，不知此实姑息之见，而非久大之计。在昔台湾，亦尝患此，今归日本，藉资养国，而曾不见其民变，要在行法之如何耳！且夫理财亦贵得其要领焉。若得其要领，则虽多取之，而不见其为虐，如不得其要领则虽少取之而已见其为苛。试观欧美各国，其财用或至数十倍于我国者，虽为其国之物力富厚，而亦为理财之得其要领也。昔者，德相毕士麦有言，国民之担赋税，犹之一人之负重物，虽使其人之力能负重五十斤，只责之于一部，或只以一肩挑焉，或只以一手提焉，则其人未有不力竭而倒者。设使均分此五十斤之重，以若干戴之矣，以若干提之以左右手，以若干挑之以左右肩，则其人之力尚优之乎有余裕也。此诚得夫理财之要领也。虽然，不培其本，而摘其叶，不裕其源，而竭其流，是所谓竭泽而渔。说者恐激民变之言，亦不无可虑也。此则非振兴实业，无以为补救也。至其振兴之策，姑别言之。惟于实业之外，则设立银行，亦不可不亟亟也。诚以银行者，工商资以为交通，农矿资以为灌溉，而经理财政亦资以为补助也。窃谓于今日既成之度支部银行，及交通银行，皆请于拉萨及札什伦布各设分行外。余如各省之钱庄、银店，皆宜力为招致，以裕藏之富源也。其它如钱币之整理，纸币之发行，是亦今日治藏之要政也。

其七曰兴实业：

实业者，所以为立国之根本。一国之强弱，皆由于实业之盛衰。当今各国，日谋所以拓殖属地者，无非为实业。日谋所以扩张军备者，亦无非为实业也。西藏虽号苦瘠之区，然据有四十余万方里之地，抚有千数百万人民之众，畜牧开垦在在可行。而矿产之盛，实著名于天下。苟能政令修明，振励有方，乃一大有可为之地也。今请言其振兴之法焉：一为保其利息。保其利息者，即国家保各种实业大公司之必有若干周息也。如日本之铁道公司，当其未兴之时，人怀疑惧，各存观望，日本政府，乃设为保其利息之法。于是股本云集，铁道以兴，而卒之赢利盈溢，不须国家之补息。而国家之所以设为此令者，特于过渡时代，藉以安国民之心，振国民之气而已。此诚振兴实业莫妙之策也，藏宜效之，著为法令，宣布各地。凡有集资若干，赴藏兴设各种实业者，官府保其必有若干厘之周息，则外资入藏，犹水之归藏矣。就使或有不幸，各种公司间有利息亏短，须官填补。而既有若干之资本散布藏中，则西藏之物力既厚，赋税亦因之而盛，是无异征其资本，补其利息，于官府实无所亏也。今犹有外资千万，输入西藏，振兴实业，而西藏政府年须补其周息四五十万。然试问西藏后此千万之外资，藏中政府所得利益，或直接或间接，何止四五十万。而况未必尽须补其利息也，彼之投入资本，其自为谋，必更密切。未事之前，所当如何审择，既事以后，所当如何施设，彼方兢兢然护其母本，求其子息，若犹不幸，以致资本亦有亏折，亦可归之天命，此则各地皆有之，不止西藏。官府所为补救者，不过利息之短缺，而非资本之亏折也。二为资以补助。资以补助者，即有若干之资本，而政府即与以若干之补助金也。此则各国于铁路、轮船，皆有行之，而西藏尤宜行之于铁路也。盖西藏铁路之不可不兴，尽人知之，而西藏力则必其不能自办，官力则顾内省之不暇，更何能及西藏。故其所望者，惟有商力而已。然以藏居边远，又号苦瘠，谁敢乐投资本。故舍此以为鼓励之外，诚别无善策以招致之也。窃谓宜定某地至地，有能集资若干，筑造铁路者，道成之后官府必年与以补助金若干，而限其资本，不可太多，太多则难集，限其路线，不可太长，太长则难成，大约资本则不过百数十万，路线亦不过百数十里，可以分作无数股，可以分作无数公司。铁道所经之地，其地税永远捐免。公司内事，全由商办，官任保护不准干涉，奏明朝廷，立作定例，如此则或有闻风而起者矣。说者若谓当今官库困穷无力，若更筹兹巨款，以为补助者，何从以筹之乎？不知此只知其一而未知其二，铁道大通之后，矿产必盛，而物力自富，则收税必多，此由积极而言之也（即如□□地居万山之中，十年以前，铁道未启，人民不过四五百名，田野荒芜，物产稀少，及近来铁道大通，人口增加，猝至三四万名，田野尽辟，物产富盛，竟成一县治焉，此见铁道之能致地方繁盛也）。若由消极而言之，如兵士之行返便易，则养兵不必如是之多，而可以裁节兵饷。物力之输运快捷，则运费不必如是之重，而可以减省官费。况铁道所至之处，即为国力所及之地，更为国家莫大之利，岂区区补助金之足惜哉！大凡言国家事，须统筹全局，谋作久远，目前小小之损折，不宜孳孳计较也。三为招集侨股。窃维近年海外华侨，以各国颁设苛例之故各欲集其资本，携归祖国，振作实业。即如胡国廉之创设琼涯公司，叶恩之创设振华公司，乃其表表者。又如闽粤之铁道，其华侨股份，亦不鲜少。若新宁铁道，潮汕铁道，则几全为侨股所设矣。特以不审内国之情形，不悉官府之途径，且恐如往日政令，朝颁暮改，无可取信，故犹多观望，而宁屈于外国之苛虐政府也。校长居南洋既久，于华侨性情知之颇深。藏中实业，若能乘此机会，借藉侨力，以为振兴，当必大有可观也。四为借取外债。各国莫不有外债，其因借外债而获大益者，为日本是也。其因外债而被大祸者，埃及是也。我国前者，以不知外债之性质，故每一度借取外债，即多失一次之国权。因而海内人士，动色警戒，视外债犹酖毒，每以埃及为既折之前车焉。不知借债之例，债权者之对于债务者，能得其足纳子息，既属大幸。而况当今欧美，富力充溢，财富之居于本国，利息微薄，不得不求消散之所，只以前者，我国未经办理，为其所愚，故受种种之挟制。若今而既知外债之性质，借之之时，不牵涉以别种权利。犹之此回邮部，所借之英法公债，则彼亦别无所挟持也。且于用之之时，乃以为振兴实业，可以复其母本，求其赢息，不似埃及之借取外债，只为欢乐之用，则外债方见其利而不必见其害也。查荷兰之统治爪哇，凡属官地之肥腴者，皆官府自行经理，其次乃租之于人民。今西藏土旷民稀，其为官荒者，不知凡几，如种植，如矿产，所在皆有。窃谓宜速行调查，凡属最上等者，归官筹办，官力不及，可借取于外债也。凡此皆所谋实业之兴盛也。

其八曰兴教育：

夫教育之最重要者，乃所维系一国之人心。而作育人才，则犹其次焉者也。校长办学爪哇数年于此，实深见夫国文之与爱国心，大有关系。往往见有同是一人，当其初学习外文之时，则彼之所崇拜者，只为外国，及其后学习国文，则其所崇拜者，又转而为本国矣。前后如出两人焉。就而问之，彼亦不自知其何故，而于无形无臭之中，自生其爱国之心。此所以南洋华侨数百万，而爱国之诚，独推爪岛，亦以其有国文学堂之故也。今吾于西藏，宜先之以兵力，后之以教育，则治藏之功，达于极点矣。今请陈其要事。一为设中等及初等学堂也。查各国殖民地之学堂，多只初等，即如香港之大书院，则于初等程度，尚未完备，若欲入高等学堂，非至其本国不可，盖所以隆其本国，笼络属地，计良得也。窃谓宜于各地，遍设初等小学，以国文乡语为主，其它各科学，可以从缺。而于拉萨及札什伦布，各设中学一所，以待各地之高等生，而科学亦稍完备焉。二为教科书宜别行编辑也。教育之精神，全在于教科书。教科书者，实所以指导国民者也。其编辑之要，上而列祖列宗之威德，下而风俗政教之改良，以及忠顺上国之职份，垦牧矿产之利益，皆一一注入。凡属各国独立之典故，革命之历史，他如自由平等等字眼，一概禁绝。且其每课字数不可太多，句义不可太奥，妨使之生厌，则赴学之人稀，而化导之途狭。查《康熙字典》其字数虽有数万之多，而为中等下等社会所通用者，不过三四千字。即宜选此普通字，编成课本，务令数年毕业之后，能观看报纸，通达书函为止。其有高等生，则可使入中等学堂。若更有志趣远大，既于中学毕业，则使之赴京师或近省入高等学堂焉。三为教员宜由官选也。教科书之有关于教育固矣，而教员所关，亦属不鲜也。近年爪哇学堂以教员淆杂之故，致有革命党羽混迹其间，肆为邪说，蛊惑众人。若藏而启学，任令此辈混入，则国家以千万人，谋之而不足，以一人败之而有余。若由官为选取，则只求其能通晓学务，而品行纯正者，纵使不通各种科学，亦属无碍。而又虑教员之不悉藏语，难于设教也，则宜仿瓜学之例，每堂各设翻译员（瓜侨通行巫语，各堂讲解国文，皆以巫语也），以藏人之通中文，华人之通藏语者为之，久而久之，则教员亦能自通藏语，不必更设翻译，而亦不必更设所谓藏文学堂，日久而功缓矣。四为宜趋重国语也。国语者，可以使其同化于我。日后与华人杂处，则言语既通，情好自密，而不至再生反侧之念。试视瓜学，亦既见其验矣。当五年前，学堂未设之时，华侨土生莫不仇视新客（即来自中国者名曰新客也），则以其言语不通故也。及学堂既设之后，特设国语一科，于是土生之通国语者甚多，而仇视新客者亦大减，此实莫大之妙用也。今于藏学国文之外，亦宜教授国语，且布为政令。凡属日后之为藏官者，非通达国文，稔熟国语，不得为之。则藏民将赴之如归，而其桀骜之气，亦渐归于无形矣。五为宜于拉萨宜设速成法政学堂也。或以一年，或以年半毕业，教授各种藏官之施政法，及其责任义务。凡属堪布以下，皆须入学，而于圣旨亦宜时为宣讲，国语亦专宜教授也。六为宜设华藏文报也。以华人为主笔，而以通藏文者为之副（无拘华人藏人），由华主笔授以意旨，作为藏文，遍布全藏。其宗旨亦无非开其风气，导以顺良，而于国政之是非，各国之强弱，不得有谈也。诚能如此，则西藏教育，达于极点之时，即为征服西藏，获其全功之时也。

其九曰讲交通：

交通之道有三，一为道路，二为邮便，三为电信。而道路有二，铁道与马路是也。西藏敷设铁道之策，上既言之，不必赘及。若马路则所关亦不鲜也。姑无论藏地之铁道未能即时敷设，固须布设马路，以便交通，就使铁道既通之后，亦须敷设马路，以为辅助。盖铁道所行者，只为繁盛之市镇，若乡僻之道，旷野之地，则非马路不可也。欧洲各国，当前者矿道未兴之时，仰承罗马之遗制，皆于路政大有讲求。凡属运输货物，邮寄书信，皆遵由马路，拖以马车，虽其捷速不及于今日之火车，然实大有利于交通，于军政、财政、民政，皆受其莫大之便利也。故今日西藏，宜首先兴设马路，一以为今日交通之利便，一以为后日铁道之基础。而其宽阔之制，则宜区为府县二种。由府至府之道，则宜宽至五丈，由县至县之道，则宜宽至三丈。若其开道经费，则查当年荷兰开辟爪哇之时，全岛道路，皆以民力开启，而官为督责，即今日保养道路，亦归之民人，每于道路，责以地方自治也。诚如此，乃可以节省官费，而道路大通之后，民人受其利益，亦不鲜少也。今吾于藏，宜仿行之，画为定制，道作片段。每段或一丈或二丈，或以一人而授以一段，或以一家而授以一段。贫者只授以一段，富者则授以多段。即责其就近之乡民为之，而以藏官督率之。若在山野不近人烟之处，则或发囚徒，或雇民工治之。务使全藏无地不通之道路即无地不及之政令矣。他如邮便电信，皆于政教风俗，大有关系，亦不可不逐渐筹设也。

其十曰设调查：

调查之于办事实有密切之关系，欲有实地之办事，必须有实地之调查。故泰西各国，每欲兴一功，立一事，必先从调查着手，及调查既审之后，乃行办理。于是规画整而不乱，条理密而不疏也。今于西藏，窃谓宜专设调查局，归之民政司管辖，凡属土地之广阔，人口之众寡，山川之险易，物产之种类，商务之盛衰，风俗至良窳，民情之驯悍，皆当一一调查，绘为图画，作为论说。则施政者，执此以定其方针，其犹六辔之在手矣。此为内地之调查也。又复派遣专员，前赴印度、台湾、安南、爪哇各地，调查各国所以统治属地之政策，从而采其善者以行之，庶于治藩，无复棘手矣。

其十一曰重外交：

自西力东侵以来，我国主权其失败于外交者，十常八九。犹之朝鲜，亦以外交失慎之故，致遗今日无穷之患。况今藏地介居英俄之间，俱为西方之强国，各皆虎视眈眈，乘衅思启。故其处境，比于朝鲜，尤为艰险。稍不慎，则不特西藏不能保，行将川楚内省，亦无以自固矣。窃查各国殖民地，其司局从未有专设外交司者，而我国以外交艰难，或于驻藏大臣属下添设一外交司，专司交涉通商事件，或即以副都统大臣专任外交也。然今日而言外交，则于正其经界，树立碑石，绘为图说之外，莫宜于筹重大之武力，扼边塞之险要，复于通商交涉，着着谨慎，勿卑勿抗，其或于外交不致失败乎！

上所陈者，外而按各国属地之成规，内而揣西藏之实情，举其大端，上供采择。

1909 年 2 月 9 日

饬查西藏金矿

度支部现以西藏前后各境富于金矿，所在皆有，现已电饬驻藏大臣查明电覆，以备开采。

1909 年 2 月 15 日

达赖喇嘛接到慰问敕书

达赖喇嘛现驻锡西宁迤西地方，于月前接奉皇帝慰问敕书一道，系交其正使巴雅尔堪布所赍往并有加赏达赖喇嘛之绸缎银器多件，闻达赖见所颁敕书赏物异常优渥，感激不已，遂望阕谢恩，敬谨祇领矣。

1909 年 3 月 5 日

电告整顿西藏之政见

驻藏大臣赵季帅，日前电致政府闻系条陈应行举办要政四端：(一) 兴办屯田。(二) 增设官治。(三) 提倡实业。(四) 改练新军。

1909 年 3 月 8 日

伦敦电

昨日俄皇在沙科西罗宫召见达赖喇嘛之专使堪布官并由该堪布呈进供品多件。

1909 年 3 月 11 日

电谕达赖归藏

达赖喇嘛行抵西宁延不归藏，且欲游俄，办事大臣庆恕飞电奏闻政府电饬阻止并电谕甘都升允派员严促达赖速回西藏。

1909 年 3 月 18 日

外部会议藏政

理藩部人云：日昨外务部张荫棠丞堂与达侍郎在部会议西藏政事，探闻所议仍为张丞堂前拟改订顺治初年钦颁藏政之事。闻因彼时定鼎之初，国家文物尚不完全，多半沿袭前明张居正所定柔训政策，致二百余年藏人无国家思想，今议改拟专以宗教辅行政治之策，奏请钦定云云。

1909 年 3 月 18 日

蒙藏全图之待绘

陆军部以蒙藏地方尚无精细全图实为军事上之缺点。闻决议今春由部简派精于测绘人员赴各处勘绘精细全图，凡山川要隘及将来应设路线之处，皆须详注，以为军事上之研究，惟所需经费尚无着落云。

1909 年 3 月 25 日

组织川藏铁路问题

川藏铁路问题现有拟接联后藏印线兴修之议，惟筹款问题虽某部有议由美德两国筹借之说，而枢府诸公多不赞成此议，以为此路之成关系交涉边防者甚多，若参杂外款□难免日后之纠葛，总以自行筹措为宜，故一时不能定议云。

1909 年 4 月 11 日

西藏改省之计划

政府以西藏改行省一时财力不及，拟先加重驻藏大臣权限，是否可行，特电商川督查明声复。现闻赵次帅电复大致云：西藏改省最为上策，若经费不敷则先以改土归流为入手办法。现在地方行政既有督办边务大臣，原设之驻藏大臣似属骈枝，不如裁去驻藏名目，改为钦差办理藏卫交涉大臣，专理外务以保主权而清界限，似觉面面俱到，是否有当，特此电复。

1909 年 5 月 13 日

驻藏大臣要折志闻

探闻驻藏大臣联豫日前封奏一折，系密陈前后藏僧众全视达赖、班禅为依归，达赖蒙朝廷征召优加恩赏礼貌尤隆，其心能否稍行归向，尚未可必。而班禅则艳羡益深，应否略加班禅以恩赏，俾资笼络之处，恭候圣裁云云。此折留中，未批，亦未发抄。

学部编订蒙藏学制

学部以蒙藏教育关系紧要，现在风气渐开，正宜因势利导以收成效。惟奏定学堂章程施之内地固属完全，行之蒙藏恐难强合。拟详细研究蒙藏教育情形，饬令学制调查局另行编定蒙藏学制章程并一切奖励之法，会同理藩部及各将军都统办事大臣妥筹推广。凡关于学务事宜，准其直接报告本部，以便核办，一俟决定后即请张中堂复核入奏。

游藏纪事(译闻)

法国陆军士官杜郎于一九零六年游历中国西部，计历时两载，今始回法国，查得要事甚多。杜郎君于中国交界西藏附近山中曾遇达赖喇嘛，该处有山极奇，四周怀抱中有山一万一千英尺，山上有塔极繁，又有祭坛无数，中央一山，自下达岭庙宇以外别无他物。山之中途，有钟形石牌，全体白色，高四十五码(每码合华尺二尺四寸）。达赖所居，其规模半庙宇半殿廷，有石阶直达座前，即于其间参见活佛。活佛坐殿上，有须，首蓄短发，不冠红顶，巾垂两肩，裤及靴皆桔黄色，现年三十六岁。所至奇者，其形容极枯槁，肤色亦作桔黄，杜君以为生平所未睹。两旁坐喇嘛无算，均用黄色之袍。其召客之礼亦颇异，凡见达赖者以蓝项巾卷成一团进之，达赖取之置两腕，指微动，蓝巾即自行展开，旋有人上前取去，达赖遂另以项巾还进见者。杜君与达赖问答用通译三名，杜君以法语告一华人，华人遂译成蒙古语，以告一蒙古人，蒙古人始译成藏语，以告达赖。杜君退出时，达赖又以蓝丝项巾致赠并微起送之，及起程复以项巾见贻，极华丽，并指巾告杜君，此系赠与法国皇帝之品，嘱杜君为之□呈，言之再三。

1909 年 5 月 15 日

驻藏大臣电致枢府报明达赖回藏

顷闻驻藏赵联两大臣电致枢府，略谓达赖经西宁总镇马进祥遴派干员护送回藏，一路并未久延，至四月二十二日已抵西藏。而前后藏僧众始得所依归，安堵如故。至于英俄两国对于达赖亦无甚举动。惟班禅则艳羡中国益深，请据情代奏，略加恩赏，以示笼络云云。

1909 年 6 月 26 日

二十六日酉刻北京专电

英国决筑印藏铁路，由外吉达拉萨并欲由拉萨达四川。

1909 年 7 月 14 日

川汉铁路之宜预防

印藏疆土毗连，英人觊觎已非一日。得最确切消息，复仪[议?]修筑印藏铁路由大吉岭达拉萨，俾得沟通印藏，遂其雄心，再由拉萨筑至成都，接于川汉，操握沿江各省之生命。故此次粤汉铁路之借款为各国所注目，不欲英人独占云。

1909 年 7 月 20 日

西藏练兵之计划

闻政府以西藏练兵不能延缓，惟一人手颇难办理，因其情形多有不同之处。至于经费一节尤难筹画，公同商酌，只得由部筹拨，拟电商驻藏大臣，体查情形，先练数营，应用经费由四川藩库就近拨解，以资保护商业而固边圉云。

1909 年 7 月 23 日

西藏钦使未起程之原因

颁发西藏喜诏大臣前因其中病故一员，故尔缓行，现闻业已简派侍卫连某充此差，惟每钦差各领行装路费一千五百两，前钦差德某已将此钦差领出用罄，现病故不能补为交出，接代者又无力垫办，刻尚在磋商，一时仍未能起行。

1909 年 7 月 27 日

印藏边务大臣之希望

闻日前政府提议整顿藏务，以印藏边界各处商务交涉日渐繁兴，驻藏大臣有兼顾不及之处，拟奏请特派印藏边务大臣一员，以资控制，并闻此议定后，唐侍郎绍怡、张丞堂荫棠皆可有此希望。

1909 年 7 月 30 日

严谕举办藏政述闻

政界人云：摄政王因枢部诸臣筹议整顿西藏一切，迄今又半载有余，而各要件之某项决议某项实行尚阒焉无闻，殊属因循之至，故于日前特谕旨某某中堂严饬各部，各就权限范围内关于藏务应行筹办之事，迅速择要妥议举行，勿再延宕云。

1909 年 8 月 2 日

亚东巡警办理合宜

驻藏大臣联豫、温宗尧有电致军机处、理藩部云：后藏亚东地方开埠后即设立巡警，保护人民及照料印度人来往等事，已经电闻。兹查藏民相沿旧俗已久，不喜新政，常虑所设巡警与藏民有为难情事，该大臣等亦恐巡警与藏民有冲突情事，故将编成之巡警选择性质温和者编列巡警队内，近来所设巡警颇得藏民亲信，故该埠藏民甚为称便。

驻藏大臣移节

枢府本有设立印藏大臣之议，探闻此议已有变更。拟即以驻藏大臣移驻印藏接壤之重要地方，并奏请加边务大臣衔，以便就近办理边防重务，所有专设边务大臣一节，应毋庸议云。

1909年8月19日

政务处会议述闻

昨政务处王大臣会议事宜系二件，一因津浦路督办事宜，一因西藏开埠简派参赞事宜。……其会议西藏事宜，系以西藏为南边陲要地，时有与外国交涉事件，且开设三埠种种繁重事宜日见其多，亟应派遣干员赴西藏参赞一切事务，以重边陲。……

1908年8月26日

简派驻藏参赞之原因

初三日奉上谕，钱锡宝著赏给头等侍卫作为驻藏参赞。闻其原因系驻藏联、温二大臣电奏西藏开埠、练军、兴学、铸币、警务、外交各项要政在在需人，应请添设参赞一缺，以资襄助，并保举四川候补道钱锡宝，与西藏情形夙为熟悉，前同赵尔丰在巴塘颇著勋劳，恳恩简用，当于西藏要政裨益匪浅，故有是命。闻当日即廷寄钱参赞迅速赴藏，勿庸来京陛见云。

1909年8月30日

班禅喇嘛有来京消息

闻理藩部人云：驻藏大臣有文到部，谓后藏班禅喇嘛，廓尔喀藩王皆有恳请来京瞻仰天颜消息，闻达赖喇嘛确已到藏云。

1909年9月5日

经营西藏记

四川总督赵次帅会同驻藏联大臣边务大臣赵季帅，电致政府文称，保护西藏治安应行添练军队，惟及所需军饷甚巨，无款可筹，请示办法由部筹拨。

农工商部溥堂宪饬司详核西藏办事大臣咨设矿局，立案本部，按照章程注册。

1909年9月7日

摄政王关于整顿藏务之交谕

摄政王因枢部诸臣筹议整顿西藏政策为时已久，去岁达赖入觐，亦曾面商一切，迄今又将一载，而各项要件某项决议某项实行尚阒焉无闻，殊属因循玩怠。日前特谕世鹿两军机严饬各部院，就权限范围内关于藏务应行筹办之事务，于宣统二年筹其大概，以便择要施行，勿再延宕，致滋贻误。

1909年9月8日

达赖回藏之行程

四川总督赵次帅日前电致理藩部云：达赖喇嘛现由四川边境绕道回藏，即请代奏。

1909年9月13日

满汉蒙藏之一斑

政府以四川打箭炉为入藏之咽喉，前英人要求开作商埠，曾经拒驳在案。现拟商之川督在该处驻守重兵，以壮声势而杜觊觎。又闻政府以藏卫番众悍顽，各国多思伸其权势。拟仍实行中央集权办法以救危急，择日由政务处会同各部尚书共筹妥善政策以便实行。

1909年9月26日

达赖聘俄人为堪布

据西藏访员报告，达赖自回藏后每日深宫与俄人会议要事，早见各报。近又聘请俄人二人为末堪布，不知是何用意也。

1909年11月1日

北京电

提都姜桂题刻接内电，令率第四、第六两镇前往西藏以便辅助赵尔丰、联豫二人，俾得改革一切云。

1909年11月7日

京师近闻[关于达赖喇嘛的报道]

达赖喇嘛自归藏后，貌似恭顺，其实居心甚属叵测。理藩部累次催报藏中案牍，延不解部，其原因盖以历年与外人私订条约甚多也。近闻与某某两国又订密约，并以矿权求其保护，力阻政府之改建行省。即以此故，八月间更聘俄人二名为堪布。宫中时有英、俄两国人往来密议，不许他人侦探。川边大臣赵尔丰电告政府(案聘俄人为堪布一件已志前报)，闻近日赵大臣已极力防备，并喻以大义，谓行省目前尚无改建，确信朝廷待彼深仁厚泽，宜念念不忘君国，勿信他人鼓动，当保全自有之哲学，彼仍疑信参半云。

1909年11月21日

初十日亥刻北京电

达赖喇嘛亲俄，将往俄国游历，政府议阻止其行。

1909年11月23日

京师近信(要闻)[关于办学堂的报道]

政府以蒙古北接俄疆,西藏南连印度,均重要之边地,若不添设议员额数,不足维系人心。然蒙古、西藏地方风气尚未开通,似无足当议员之选者。拟照驻藏大臣就地筹款赶办学堂,由部派学问淹贯之人,充当教习。又以某蒙古王深知大体,即拟令设法同各蒙古王筹款办理学堂,务于预备立宪之期内,造就一般人材。

1909年12月15日

初八日亥刻北京专电

西藏番僧又电政府力排边防大臣赵尔丰。政府覆电令僧众毋得误会滋事,并电赵尔丰诸事慎办不可操切。

1909年12月21日

学部奏请

学部奏请蒙古、西藏、新疆、云南、贵州、广西及各埠侨民学堂之教习,无论由京师或各省所派一律三年照五年请奖,以资鼓励。

西藏之货币铸造

每日报云:四川总督为欲抵制以前流行于西藏之印度货币,前年特仿印币铸造铜元千万元,流行藏地,成绩甚好。今因不足,奏请续铸,今已批准矣。

1909年12月25日

北京电

闻摄政王谕民政部尚书肃王往拉萨详察西藏现状。

1909年12月31日

边事近闻

西藏近来种种威迫情形已在闻下。顷得政界确信，枢府日前接驻藏大臣赵长电一道，大旨系详陈达赖近日举动诡秘，凡藏中应兴应革之事，无不把持反抗，所有历年简牍皆匿不交出。又闻某国与之订有密约，允代为保教、练兵、开矿、筑路，扶持西藏独立，达赖颇为所惑，事事俯首听命。似此种种现相断非徒事笼络所能有济，请速另定方针，实行整顿之策。并一面调集重兵严防意外，则西藏大局或者可挽。倘仍事因循，则过此以往，其祸恐有不堪设想者。枢府如何电覆待确访。

打箭炉信云：月前近巴塘之太格地方，喇嘛僧家纠合土匪二千余人，到处抢劫，与官兵轰战，赵督闻信立遣大兵前往助战。兹悉兵弁行至葛巴地方，驻喇嘛庙之僧侣号召居民及匪徒等胆敢堵截去路，与兵大战，官兵燃炮，击伤僧匪甚众。但官兵之死于是役者，亦实繁有徒，该处死亡枕藉，触目惨然。闻目下似稍平静，但喇嘛首领声言，仍不肯干休云云。

1910 年 1 月 23 日

论西藏宜缓用兵(社论)

呜呼！西南半壁始终非吾国之所有哉！达赖之归，于今仅逾年耳！始也，恩礼稠叠，赏赉优渥，犹冀其回心内向，为中朝不侵不叛之臣也。继则反迹渐露，而朝廷犹曲意以优容之，犹冀其稍缓数年，以待我之从容布置也。今则已矣，蠢尔藏番居然与王师反颜相抗矣。谓非达赖之所潜嘘，其孰信之。国家糜数百万之金钱，而所获之效果，乃至如此，滋可悲矣。论者或以为赵、联诸臣之咎，病其谋之不臧。而不知藏事之坏，实远在百年以前。国家全盛之时，劳师糜饷，廓地数万里，而不谋收其治理之权，仅以荒服外藩视之，我虽已拓为属地，而彼实未尝一日失其自主。当国威之不竞，而公然生心外向，固其宜耳！即以管、葛之才处此，亦未易收功于岁月，而况如赵、联诸臣者乎？为今日计者，急固蜀边，以护吾圉，而卫藏之存亡，则姑置为缓图焉。藏番见吾意之不急也，或稍迟其反侧之谋。外人见吾兵之不进也，或可息其扇惑之计乎？倘不察轻重缓急之故，而贸然以进取为能，殆未有不跋前疐后，自贻伊戚者。非唯卫藏不可复还，恐将并蜀边而弃之矣。安危存亡之所系，固不可不熟思而后动也。

记者之言非畏葸选愞，而姑以无动为大也。成都西抵拉萨，崎岖万里，跬步皆山，石栈天梯，猿猱愁度。重以所过皆童山不毛，一布一粟，皆须由内地转运而致之。平均计算大抵以内地用兵二十人之饷，饲一人，而犹虞其不足，地利之不可恃也。如此雪岭西趋，去天尺咫，地势愈高则寒威愈烈，穷山冰雪，盛夏不消，平时商旅经行，遂篝火重裘而裂肤堕指之惨犹或不能幸免，况复执戈而临战阵乎？天时之不可恃也。如此，夫其地势之险，天气之寒，馈运之艰难，跋涉之纡阻，则与其远调客军，无宁因用土著，此边徼用兵，不移之定例也。虽然国家奄有卫藏二百年来，既未有沦肌浃髓之仁恩，以结裔夷之心，而坚其内向之志。而历任持节之使臣与参随之官吏，更复恣为苟虐，以朘削而携离之。蠢蠢番人，其蹙额疾首也，非一日矣。即微达赖之扇惑，亦将相从背叛，以甘心于一逞。况乎彼族宗教迷信之观念至为坚定不移，其大长以潜怀不轨之心，其民族岂有不从风而靡者哉？而欲于孤危艰阻之秋，更资其敌忾勤王之用，岂不难哉！人和之不可恃也。又如此兵家致胜之本，唯此三者而已，今三者无一可恃，而议者顾徒恃一时血气之勇，侃侃然曰：用兵。用兵，吾诚不知其胜算之安在也。

然则如之何而可也？曰三蜀为长江之根本。而徼外之巴、里两塘及德格、瞻对、章谷诸部，又为蜀西之根本。唇亡齿寒，倘诸部一旦为敌所有，则蜀西之藩篱尽撤，敌兵直临打箭炉，全蜀危而长江非吾有矣。道咸以前，驿路本经北路三瞻境内，较今路近十余日。自三瞻数叛，而驿道移诸南路，北部遂荒。然其土脉之沃，物产之饶，实胜于南部，此皆雍正时取诸藏番者。倘达赖倚外人为后盾，而或有索还故物之请，则交涉愈益困难。今宜乘德格纳土之势，而尽收诸部管理之权。诸部与藏番并非同种，年来苦番官之苟虐，恒思汉官临治。今闻德格纳土，其向慕自必益切，因其势而抚之，固事半功倍之道矣。诸部既获改流，然后大兴垦牧，加简练边军。西凭宁静山为长城，择其险要遍设屯戍，内地之声威既壮，则蠢夷之觊伺潜消，藏事或不致如今日之困难乎？苟不知安内以攘外，而徒为劳师惊远之谋，吾不知所税驾矣。

1910年2月24日

上谕[关于达赖喇嘛革去封号的问题](目)

1910年2月26日

伦敦电[华军二万五千人进攻西藏]

路透代理人得悉有向练日本操法之华军二万五千人从四川进攻西藏，闻该军队带有无线电机、机关炮、过山炮等项。

北京电[华军二千人左右进攻西藏]

路透代理电述藏事未免有过甚之处，按当谓有华军二万五千人攻击西藏一电，中国往藏之兵不过二千人左右，小有战事而已。

今日有上谕，因达赖已逃赴印度，黜革其职位并令驻藏大臣访求藏童以备承袭而已。

1910年2月27日

论统驭达赖之失策

语曰：既不能强，又不能弱，是言小国之难事大国也。然而大之治小，理亦如此。既不能示之以威，又不能怀之以德，则鲜有不为之轻视，而生异心者，况当国势凌弱内外多故之日哉！

前年达赖之来朝也，遇以殊礼，赐以殊荣，虽曰悉依先朝旧例，然至五台山时，任令恣睢暴戾，各事听其所欲，其目中蔑视中国之心显其端倪矣。及其入京也，供养倍至，伺候之人至日飨万金以奉之。各地蒙民喇嘛等以求见者，其所馈遗，亦万金、数千金不等，是又示之以贿赂之可以公行，而益甚其蔑视中国之心也。

是时适值我中国多故，迭遭大丧，在朝王公多悲心于丧事，以及国内之改革，而达赖遂乘机以出京，防护之间，自不能严密，而其生异心也，盖在此时矣。何则？中国之文物法典既不足以服彼，而一切优礼之相加，适足以示彼以弱，而速其轻视之心。故当时记者曾评之曰：达赖去矣，西藏亦将随以俱去，是虽过言，以现时情势证之，当时之失策，诚有不能讳言者矣。

自来藩属之携贰，其始必由于怀柔，自量国力单弱，不能不用怀柔之策。然为藩属者，既见主国之无权，复被旁人之鼓扇，乃至肆无忌惮。见其肆无忌惮，而复示之以威，鲜有不抗不服命者。是以达赖既出京，即逗留各地，上谕屡促归藏，而置若罔闻，其抗不奉命者一也。迨后既出我中国境土，复乘机与俄人往来，并遣堪布与俄私自立约，其抗不奉命而生外向之心，其见端二矣。不仅如此，一面既与外人相结，一面又令喇嘛徒众揭竿与我兵抗，其抗不奉命，毫无臣属我中国之心，明白而显者三矣。迨至此时，而我政府始知达赖之终不可以优容羁縻，藏事之终不可以含糊容隐。一面乃命疆臣督兵平乱，一面乃以严词责备达赖。而达赖乃有出奔印度乞怜外人之举，至此而抗不奉命、心不我向之迹，早又张明皎著也五矣。

夫达赖之在西藏也，一昏蒙无知，蠢然之愚民耳！然自英兵进藏，而始见世界之文明，迨其出游而又英俄之大概，其心一变矣。迨其来我国而各地之蒙民之谄事，各官吏奉养，而心又一变矣。迨其进京而见各种事务之腐败，而心又一变矣。迨其出京而受各种待遇之不及来时，而心又一变矣。盖人虽至愚，极不肖，而比较之心则与高明者无异。此次我中国之待遇达赖，实有使其比较而知我之弱之腐败之不及英俄，及以外各国而前后二致，并使之心知所以隆奉之非真意而已。虽欲不叛命亦安得而不叛命哉！至今革其教号晚矣。

北京电

北京英使馆参赞穆勒君清英使朱迩典明述中国对待西藏政策，谓现在事出非常，英国有担任安靖喇嘛边境之责，为事极为重要云云。朱使答覆尚未发表。外国人员佥谓黜革喇嘛，此事本不能免云。

北京电

外国考究佛学及藏人，悉谓达赖之黜革由其私德有亏，尚无间言。惟暗笑此达赖尚生存，何以又欲另选一人承当。彼如信仰此喇嘛者，无论该喇嘛在何国何处，无不归向也。

伦敦电

传闻达赖喇嘛所以至印度，系通北京之路俾易将其苦衷达诸朝廷也。

1910 年 3 月 1 日

北京电[中国答复英使馆]

西藏事,中国答复英国使馆之言,尚能满意。闻其覆文中云:并不革西藏内政,前因达赖违抗,致中朝治理之权日形软弱,即从四川进兵亦不过整顿其警察而已。此次黜革达赖,由其无法止乱,故黜其位号以示惩云。北京他使馆中人员佥谓中国并不商诸英国,遽将达赖黜革,实属大错,既为反对藏人,并使中国西藏之地位愈加危险也。

驻拉萨之堪布电请辞职,理藩部并未应允。

柏林电[达赖喇嘛上控俄廷]

伦敦《泰晤士报》访员谓达赖喇嘛已上控俄廷,俾与英国联合抵制中国无端之侵伐云。

宣布西藏近情要电

川督赵制军致某当道电云:筱电悉,达赖出走详情已见十六日上谕,至西藏用人行政其权向操于驻藏大臣,达赖并非藏主,其责任只在讽经祈福,专管教务,一切俗事概由商上秉承驻藏大臣办理,是以此次达赖出走藏中僧俗均极安静。且藏人素性不甚多事,而达赖自上年回藏查办前次与英兵争战不力僧俗各众,从严处罚,因此颇失人心。此次中国派兵赴藏,保护商埠,藏人本不愿抗阻,而达赖勒派各处出兵,严刑逼迫,民间不堪其扰,虽勉强应命,然见中国兵到均各散去。故中国兵队直至拉萨,并未大有阻格。中国实无为难达赖之意,而达赖自知调兵阻抗并焚烧官粮官衙,系属有罪之事,深自疑惧。虽驻藏大臣迭奉谕旨加以开导,待以平和,而彼心终不自安,猝闻兵到,连夜逃去。及驻藏大臣遣人追劝,而已无及。中国此举本为藏地开埠,藏人尚多不愿,深恐再起交涉,无以敦中英睦谊,故照约保护商埠以尽权责。达赖私逃出境,中国既将其名号革去,藏中僧俗亦无异言。商埠各地,现经驻藏大臣极力保护,以后藏印商务尤可益臻发达,于中英续订藏印条约,改良西藏政治用意亦极合,请烦宣布,以释群疑,巽印。

1910年3月2日

北京电[达赖喇嘛新遣信差至京]

达赖喇嘛新遣信差至京，携有致英、法、德、日、俄、美各使馆公文述达赖近事，并求调停。日本公使指驳中国黜革达赖并不商诸列强，实属大错，中国现既招惹是非，日本以同盟之故，当扶助英国之边防云。各国则默不语云。中国政府得日本此文甚觉为难云。

伦敦电[达赖今晨可行抵大吉岭]

达赖喇嘛今晨可行抵大吉岭，英政府当以客礼待之，其宗依佛教者及与本地喇嘛拟出会以迎之。

伦敦电[达赖于昨日行抵大吉岭]

路透大吉岭通讯员电告：达赖喇嘛已于昨日下午行抵大吉岭，窥状甚为急迫，达赖是日与印度雪茄使臣辣葛密，同来佛教中人，举盛会以迎之。

西藏要电汇录

此次赴藏新军五千八百人，统带钟颖在川有年，治军颇有纪律，系川督赵尔巽所派委。

巴塘左近之中渡即雅礲江上游，水势颇盛，现川督命造钢桥一座，以便交通，其工程系比国波麻邦厂包造，限六个月完工。

1910年3月3日

论治藏善后之策(社论)

王师入藏，达赖出走。朝野上下莫不蒿目西望，觊得最详最确之报告，以释其忧虑。盖深恐兵连祸结，致启戎心。倘英俄交起，第三国之干预，则收束益难，最后之效果，全蜀将悉蒙其影响也。今观四川总督电奏之辞，乃知达赖淫虐不道，颇失人心。此次官军入藏，在藏番本无抗沮之意，特诎于达赖之威令，不能不出兵迎敌。以故甫经交绥，即纷纷鸟兽散，大兵直抵拉萨，如入无人之境。达赖革去名号，藏中僧俗，并无异言。请烦宣布，以释群疑。审如是也，西南天地，或不至激成战祸，致起意外之交涉也乎！

达赖之抗拒吾国之进兵，悉以整饬藏地政治问题而起。达赖既逃，则全藏主权已归上国，改良政治之计划，不难渐次施行矣。虽然，蒙独以为改革行政犹属第二层事，今日之所最亟者，在速沛浩荡之恩言，以坚藏众回心内向之诚而已。川督电奏所谓西藏用人行政权皆操诸驻藏大臣，达赖不过专管教务者，此犹是六十年前之情状。洎乎近岁以来，则适得其反面耳！咸同已远，四方多故，国力不能长驾远驭，蠢尔番僧乃渐起夜郎自大之思想。吾所谓驻藏大臣者，乃至终岁无一事可办。往时奏补番官悉由大臣主政，既而达赖自行除授，事后徐以一纸公文知会我官府，洎今达赖嗣位乃并此一纸空文而靳之。藏民不知有中朝官吏也，非一朝一夕之故矣。幸而达赖器小易盈，归国以后，骤尚威刑，致失众志，此真难得易失之时会矣。为今日计者，宜亟举中朝吊民伐罪，非贪土地之意明白宣示，俾藏众尽释其疑虑。然后询谋于众，凡达赖现行之虐政，为藏民所不愿者，一一实行改革，不事空言。必使藏中僧俗对于天朝官府，咸有生死肉骨之感情，相与输心内向，而不愿达赖再操治理之权。民心既顺，则下令自如流水之原。此后普及教育、改良警政、兴办实业、开辟商埠种种新政，自无扞格不通之虞矣。非然者，如水益深，如火益热，则吾不知其后患之所极耳！此对于内治所当亟者一也。

卫藏之大敌不在俄而在英，俄之入藏也逆而难，英之窥藏也顺而易，此地利之相殊者一。藏人，唯达赖一人归心于俄廷耳！自班禅以下以至僧俗之民，皆为英所用者也，此人心之不敌者二。是故藏中有事，俄必不能得志于英，此夫人而知之者也。吾故曰：俄可收为吾助者也。英不能显与为敌，而当以外交之手段笼络之，使无遽为我难者也。今宜驰一介之使，以告于英俄曰：中朝之惩革达赖，以其负恩反噬之故，于全藏之民，初无所慊，且岂唯无所慊而已？拓跋种民，罔非国家赤子，一夫不得其所，朝廷即不得辞其责。此自本国内政，于外交丝毫无与。兼之朝廷出师本意犹冀达赖之悔过输诚。今达赖既弃位出奔，则斥革之举益非得已。此后保护两国侨商，振兴两国商务，皆中国唯一之责，无烦友邦鳃鳃过虑者矣。英俄倘意有未慊，无妨择可许者许之，以悦其意。盖吾国今日始言经营藏事，亦已失全胜之势，必求主权之圆满无毫发缺陷，此固必不可得之数。但使能获得半之利，则所裨于我者已宏。国际上小小优绌之数，固无妨略为假借，必不可惜小利而乱大谋也。且夫外交之变，苍狗白衣，顷刻幻易。以达赖之平昔亲俄，今乃不奔俄而窜印。以英人之恶达赖，而不惜为之乞恩，此皆事变未作以前，吾人所断断意计不到者。则此后变迁之剧烈，吾又安能执初意以测度也哉？然则先发伐谋之举，在今日益不可须臾少缓矣。此对于外交所当亟者二也。

嗟夫，吾国之制驭藩服，未有如藏事之失策者也。数年以前识与不识，皆知达赖之必叛，而朝廷必排群议而优容之，养其势而稔其恶，迨图穷而匕首见，羁縻之术已穷，无所复之，而后议用兵晚矣。今犹不统筹全局，为亡羊补牢之谋，而徒侥幸于一日之无事，西邻之责言一起，则智者不能为之谋，而勇者无所用其力矣。复西藏之得失犹其小焉者也，藏失而全蜀遂为极边矣。

1910年3月4日

伦敦电[印度事务次官蒙德在下议院相告]

印度事务次官蒙德在下议院相告，谓印度总督明多来电，详述藏事并达赖诉状云：中国政府反悔深前所允之言，欲恢复其从前所有之权云。蒙德并云：顷得中国有担保公文，然此语言之未免太早云。

柏林电[英俄两国不干涉西藏之事]

柏林某报得圣彼得来信，谓英俄两国不干涉西藏之事云。

西藏军事近闻

浙省前新军一标二营徐管带方诏，初在浙省武备学堂当差，时总办联豫(即今驻藏大臣)颇为器重。未几联去，徐亦赴日本士官学校，迨毕业归国，省城初办新军营，由标统李益智委充一标三营管带。斯时有谢某(湖南人)亦供差三营，因与徐偶有意见，为徐撤差，谢乃自此怀恨欲图报复。去岁联大臣电调徐方绍[诏?]到藏，畀以标统，深为倚重。谢某亦赴藏投效，徐不念旧恶，予以差事，自此交谊日深，遇事商榷。徐亦忘有夙仇。近来达赖益骄，该处酿成民变，联大臣力饬徐训练新军，妥为弹压。讵料徐已暗受达赖贿嘱，对于军务竟阳奉阴违，势将倒戈。谢某暗中得有确据，遂预约同见驻藏大臣。徐意初以为营官谒见上官，此亦恒有之事，遂与之同见。及见联时，谢即当联大臣面，呈出徐暗助达赖之证据。斯时徐亦知事已败露，直认不辞。联大臣遂于是日去岁十二月念二日未刻，将徐方诏即在行辕正法，徐所得贿银闻悉存诸某银行，事出后被人吞没。

1910 年 3 月 4 日

专电[英俄争相笼络达赖]

西藏达赖喇嘛奉旨黜革，英俄两国争相笼络，英则保其入印度以上宾之礼相待。俄则派堪布（达赖属下官名俄人）许以百万磅诱其到俄。（念三日申刻北京专电）

按：达赖既被黜革，中国视同齐民，而外人作为奇货争相延致，甚且许以重资，诱令到国，其意何居。

伦敦电（译电）[外部答复俄公使]

接圣彼得堡电，谓俄国驻京公使廓索维慈照会外务部云：中朝之黜革达赖喇嘛不能终于无言，因达赖为俄人宗依佛教之领袖也。

外部答谓：黜革达赖，其影响不及于西藏教务云。

伦敦电[大吉岭民众欢迎达赖]

路透大吉岭通讯员电告：达赖至该处，大众集会以迎之，并恨中国薄待达赖，拟请开复其位号，并求中国大皇帝将驻藏军队撤去，并将驻藏大臣联豫调开云。

1910 年 3 月 5 日

拉萨教王考（译《文汇报》）

西藏之大喇嘛教王，号为天授，西人或不知其详。试详述其原起或亦宗教历史中之可听者耳！当西历七世纪之前，佛教已推行于铁壁，其时铁壁之王名苏朗司登，娶两后，一华人，一尼泊尔人，两后皆宗信佛教，因劝苏朗司登亦皈依，于是铁壁遂有印度、中国之佛书。然究以方移俗易，其中亦不无外教邪道错杂其间。迨传至数世，苏朗司登之子孙已不复能施其权力，徒为僧众弄作傀儡而已。时成吉思汗崛起蒙古间，曾助红教某僧，红教某僧竟得其助为法王。至十七世纪间红黄两教大起冲突，黄教得鞑靼之助，遂为教王，建都于拉萨，尊其名娸斯虎。娸斯虎者，意言其大如海，而蒙人之音则为达赖，因是有达赖喇嘛之称。达赖第一代人极狡猾，知民人之迷信可以术诱也。告人谓黄教出于天授，凡达赖死后皆重行投胎降世，我即前王苏朗司登降生。又杂以山灵之说，山灵者，藏人谓为慈悲之主。盖藏人相传其始祖系猴，经由喜马拉山，遇一女山神，求为夫妇，食以奇谷，以后尾毛遂渐褪尽，口能语言，遂成为人，藏众悉其所出也。

1910 年 3 月 5 日

专电[俄公使照会外务部]

俄公使照会外务部谓中国不当将达赖喇嘛名号遽行革去，致俄人信佛教者无所皈依，外务部据理折驳。（念五日酉刻北京专电）

政府以驻藏帮办大臣温宗尧贻误藏事，当即撤革，乘机改易办事大臣名称，实行政教分权之策。（念五日亥刻北京专电）

1910 年 3 月 7 日

[达赖照片]

1910 年 3 月 11 号《时报》登载了十三世达赖喇嘛的照片，照片题字为“自西藏逃往印度之达赖喇嘛年念八岁”。而达赖十三世 1876 生，至 1910 年时已 34 岁。（笔者）

北京电（译电）[西藏逐渐安靖]

西藏来信刻渐安靖，两驻藏大臣中温宗尧已返四川，联豫仍留拉萨为总统云。

蒙古部落王公闻达赖黜革，有反对意，谓达赖系活佛，不能革退云。

伦敦电[政治家论西藏事务]

路透代理人曾谒见一著名熟悉印度事务之大政治家，论及西藏事务，据云：中国人如逼近印度边界，恐其干涉尼泊尔、不丹、雪卡之事。盖中国久谓此数处非其属国，即其邻疆也。万一有此则办理印度须格事务处外严防云[①]。

至尼泊尔情形尤为紧要，如使尼泊尔与中国十分密切，则印度政府恐不能如现在之无事耳！

《字林报》按：尼泊尔地积约五万四千英方里，人民约四百万人，一八一四年曾与英国开战，至一八一六年议和，刻英国亦派有驻尼大臣一人，惟不干预其内政，至外交事宜则由印度政府与之接洽云。

不丹地积二万英方里，人民约二百五十万人。

1910 年 3 月 11 日

专电[班禅暂掌教务]

驻藏大臣奏：达赖喇嘛黜革，暂由班禅喇嘛权掌教务，番僧皆心悦诚服，并无异言。（初一日亥刻北京专电）

---

① 报纸原文如此。

藏事近闻(要闻)

官军入藏，达赖遁走以来，留心时事之人一时耸听或揣摩英国之态度，或忧俄国之奢望，传说纷纷，莫衷一是。至英、俄两国真意捕风捉影，尚未详悉。兹悉英国驻京钦使关于西藏事变已经于十七日照会外部，闻其大要云：中兵入藏，达赖遁走，鄙人始悉。盖达赖为印度生民拜跪顶礼，仰以为佛，焦发毁肤所不敢辞也。凡如此佛徒散在藏界及印度约一千万人，私恐藏民滋扰，若辈竟以尊崇达赖宗旨相同之故，势至联络声气，滋生风潮，则于大局窒碍非浅。英国所忧在此，愿中国远谋深虑，顾念及此，抚绥合宜。夫用高手政策，决非长计。压力益加，抗势弥长，譬犹皮囊盛水，左右压之，欲水不破囊，得乎？请勿牵动大局，助长风潮，是英国之望也等语。中国覆答，据其大要云：川兵入藏为警察起见，宗旨在弹压风潮，固无他意，况暴压乎？请安意可也。

俄国驻京钦使亦于十九日照会外部，宗旨与英使相同，唯云俄领巴密尔及西比利亚地方所有佛教徒约百五十万人是皆尊崇达赖，景仰不置。中国若用高手政策，恐藏民思乱，与如此佛徒联络声气，各地呼应。然则机势之变，竟为如何？想到大局，不免寒心也。愿中国关于抚绥藏事，三致意焉。

达赖派特使于俄京一节，昨据英电已志报端。兹悉达赖特使系努喀汪堪布，该堪布去年奉达赖之命使俄国任毕，回藏未几，而有此次之变。即与达赖分路指西北俄领巴密尔而逃至安吉厂埠搭中央亚细亚铁路，再赴俄京，拟觐见俄皇，仿包胥秦廷之哭。该堪布系俄皇亲臣，故如信用其言，出于干与藏事之策，时局如何转动，未易知也。

西藏向有喇嘛僧不充兵勇。四五年来中国注重保护，派驻新军一标，其数约一千五百人。因粮饷转运困难之故，择地于拉萨府外为屯田之计。又招募土民编制番兵一队，其数约一千人。另有旧军绿营一队，其数六百人，共计三千一百人，均由驻藏大臣管带。此次新遣之军有约一千五百人，管带官徐方绍统率之，由哈塘地方向拉萨进发。故藏民认中国以兵灭藏，谣言纷传，人心汹汹。达赖恐为囚虏，而夜间潜出拉萨府，逃哲孟雄，遂有今日之变云。

1910年3月12日

藏事近闻录

日前尔丰曾有电致政府，系云：达赖举动，更属颠倒。若不预为防范，难保无不测之忧。并条陈整顿西藏二策：（一）实行强迫主义。将西藏改为行省，一切官制悉如内地，削达赖之权，空予其号。（二）防范主义。派亲贵大臣二员驻藏，整顿军政，择与英俄各交界之要区，添驻重兵，随时防范。政府因以时限无多，不能实行。自达赖私逃问题发现后，政府咸以有先知之明。近日政府曾会议整顿西藏办法，决依照前日所奏办法，拟该处防范，同时举行。故目下理藩、陆军两部甚为忙碌，正系拟订此项章程云。

英国报馆驻京专员谈论藏事云：俄国垂涎西藏，怀柔达赖，匪伊朝夕，其目的有二：（一）拟占领西藏以为图南之策源地，惟俄国战败日本威名堕地，暂收锋芒，图南念绝，与英国订协约。而英国除《英俄协约》之外，有《中英续订印藏条约》，禁止别国觊觎西藏，故俄国虽有占领西藏之意，其目的似难达到。（二）拟利用达赖之势力以怀柔蒙古王公及土民，以为占领蒙古之地也。俄国怀柔达赖，遂不能达占领西藏之目的，利用达赖之势力，令蒙古王公土民信赖俄国之念较向来俄国在蒙古势力倍加一层。蒙古之喇嘛信徒与俄领之信徒联络漠北之诸汗王不喜朝贡京师，而愿游历俄京，中国之外藩不识不知之间归入俄国之势力圈内矣。一旦有事，一百四十万英方里之地域，被哥萨克铁骑之蹂躏，二百六十有余万之民族，箪食壶浆迎黑鹫旗之军队，不难推想。向来俄国之对蒙古策全存于此矣。其对藏策亦半存于此。此次藏变，达赖求援于俄，若俄国果出力向中国交涉，保护达赖回藏，则达赖之感恩于俄国当何若？而达赖之感激即达赖教徒与蒙藏诸汗之感激也。由是观之，中国此次之对藏政策犹为渊驱鱼，未可视为得计也。

自已革达赖潜逃出境，西藏风云日迫。某某两使函询面诘，似有干涉之势。各国外交官亦均集其视线，以观我之措置。故迩来枢府诸臣连日筹议善后办法，以期保和平而固主权。闻日昨会商时，那吴两军机，均主持乘机整顿。谓此次革去达赖名号，中外为之震惊。然此实朝廷固有之权，且前后藏约具在，列国亦决不能起无礼之干预。我惟有守定正当宗旨，进行整顿政策，冀收实效而已。若再因循失机，则藏民轻视，列强生心，将来必至不堪收拾云云。各大臣均深然其说。

邮传部以川藏电线长二千余里，所需经费，已会同外部奏准，由部拨西藏经费项下拨用。惟须俟筹款有著，再行开办。现先电咨驻奥钦使，拣选留学生学习邮便兼习银行章程云。

内廷人云:会议政务处王大臣,商定筹拨开办西藏新政用款,并续添募军俸饷等项银两,其不敷之款,应由度支部酌拨接济。

1910年3月14日

译电[达赖请中朝派专使]

达赖喇嘛请中朝派专使至拉萨查办究竟,彼何如行为不端及因何致令出奔之由。闻中朝于其来禀拟置诸不理云。

路透电

达赖喇嘛行至加耳各搭(印地),所乘之车如总督式,惟不令备仪仗。

1910年3月15日

北京电[达赖致电北京]

达赖喇嘛致电北京,归咎于华军之滋扰民间,中央政府因电驻藏大臣及藏北带兵之赵尔丰务须修明纪律云。

伦敦电[路透加尔各搭通讯员电告]

路透加尔各搭通讯员电告:达赖喇嘛以礼式谒印度总督明多,在道时有孟加里马兵拥护,达赖以丝巾赠送印督,印度总督亦以礼相酬酢。

1910年3月16日

专电[政府电告赵尔巽、赵尔丰]

政府因西藏现虽安靖,惟番僧多受外人唆搅,藏地内外终觉可虞。因密电川督赵尔巽、边防大臣赵尔丰须要整顿兵备,以防不测。

驻藏大臣电告理藩部谓:春丕英兵逐渐增加。

1910年3月18日

专电[外务部照会英使]

外务部因英国屡干与藏事，达赖喇嘛私逃印度，总督又暗行保护，因照会英使，遵守约章，现未答复。（初八日亥刻北京专电）

理藩部会议：西藏边界不清，患终难免。整顿西藏务宜先行画界，否则无从著手。枢府极以为然，已电饬驻藏大臣办理。（初八日亥刻北京专电）

伦敦电[达赖喇嘛今日拟离加尔各搭]

达赖喇嘛今日拟离加尔各搭仍取道大吉岭，由印度政府供养为客又云。

藏事近闻片片

顷得确实消息，政府日昨接到川督赵次山制军长电一道，报告西藏近日情形。大致为藏中僧俗对于褫革达赖之谕旨极贴服，毫无异议，刻正遵旨寻灵异幼子，掣举达赖，以主黄教，即宣布中外，以释群疑而杜谣诼。

政界近息：外部以藏卫大局未定，交涉孔多，拟暂行缔禁各报馆登载，以秘关防。惟那相国并不以此议为然，现在藏务紧要，为全国之所注目，若骤行严申禁令，必致外间反多误会。且近查各报尚无摇惑之语，似不必多此一番纷扰云。

邮传部近耗：该部尚书徐相国因现在政府屡催速筹川藏交通之办法，已与各堂核议，以预计此路崎岖险阻，非独经费浩繁，且工程亦需岁月，万非仓卒所能告成。拟仍照年前所议，会同军咨处、陆军部、度支部以及川督暂行筹办军用轻便铁路，以利交通，而便转运。俟藏务大局已定，商矿诸政渐见振兴，然后再谋改筑。

度支部泽尚书对于川藏路款筹办公债问题，主持甚力，拟即决定实行。惟某部尚书仍志在借款，颇不愿赞成是议。未知日后作何结局。

1910 年 3 月 19 日

蒙藏近闻

理藩部某员关于达赖语馆友云：有某国僧夙研究喇嘛教，探险于西藏，与达赖喇嘛及诸堪布等亲交有年。前年达赖潜逃，西藏驻锡库伦某僧时在北京，闻变赴青海转入库伦，谒达赖，见诸堪布。中有亲中国、亲俄国之二党，而达赖亦有相机赴俄之意。徐说其非曰：西藏之地为喇嘛教之本地，而喇嘛教民散在西藏境外，即印度北部并青海蒙王各部。故贵教王于政治上为西藏之藩王，于宗教上为蒙藏印度等所有喇嘛教民之教王。今教王拟为保持西藏之政权倚俄国，而倚俄之结果，不顾念失蒙藏印度几千万教民之心，是存何心？况倚俄之策适启列国干预之端，为速覆亡之愚策乎！

初十日亥刻北京专电

各国闻政府倡议筑造川藏铁路，纷纷运动输入借款及包料包工，至有不惜巨资为运动费者。

1910 年 3 月 21 日

伦敦电

据圣彼得堡电，闻各报所载，俄政府批覆达赖喇嘛控诉之文，于恢复权利之事以笼统之词答覆之。

闻英俄两国固亦反对北京政府，第在达赖喇嘛一方面则亦不复有希望矣。

1910 年 3 月 22 日

边事近闻片片

驻藏大臣电禀，据云：安慰藏民着着有效，现在番僧均尚安谧。即于噶大克、江孜、亚东等商埠，特为保护外商起见，每埠添调巡警二百名，以维秩序等语。

驻藏大臣电询理藩部，据云：前达赖喇嘛遁逃印度时，警护布达拉之中国官吏闻警，随带兵六十余名，追迹达赖。赶至由拉萨五日行程之处，讵番僧设伏险隘，掩击追者，无一得脱，胥被击杀。本大臣特开列该殉难兵弁名单，请旨优恤。

1910 年 3 月 23 日

路透报纪达赖潜逃之原因(译闻)

达赖喇嘛三月前至拉萨,谓得北京政府允许,得以管理全藏商上事务。欲与该处行政官争,庶得展布荣赫斯鹏之政策。当达赖未抵拉萨,即首遣其亲信三四人查究一切,颇不为商上所悦。故其时即有欲阻止达赖入藏之举,然藏人颇袒达赖,因得入居巴达拉(译音)寺。第一月尚相处无事,从前与赫斯鹏政策有关之人,达赖亦不究。未几,以四川边境焚庙杀僧与驻藏大臣等相龃龉,其时两方面竟相持不下。驻藏大臣谓西藏系中国行省,倘边境不靖,自当由我处置。而达赖喇嘛则谓我得北京政府特许之权,可以问询。当时适有商上与达赖不和情事,于是驻藏大臣始知达赖之不洽舆情矣。至正月初三,达赖之逃,发端甚微。先是拉萨之外有地名西兰庙,当补僧正。于是驻藏大臣与达赖喇嘛各欲施行其权力。

1910 年 3 月 24 日

路透报纪达赖出奔事(译闻)

自荣赫斯鹏离拉萨以来,中国在拉萨之东约三英里之遥,练成一小军团,约有二千五百人,所用均系来福枪新式器械,当议论相持不决之际,驻藏大臣谓达赖喇嘛倘固执不肯稍让,我当遣兵入城。达赖先倚□布为护符,即言兵苟入城,藏人必与战。驻藏大臣立即调兵入拉萨城,从东路而进,途中遇有僧兵一队,藏人所号为金兵者,出而中阻,互相战殴,藏僧败绩。时达赖在寺中携其堪布三人、随从六十人,潜从后门逃出,外间尚无闻知。于时藏人颇忿激,谓待达赖太过,将三河(译音)之中国渡船焚毁。达赖喇嘛此时是否至嘉立浜尚未可知,惟据大吉岭通信员则谓:该处已预备接待之(按此信在达赖尚未至印度之前,故云然也)。原达赖喇嘛所以不取道西方,而反走印度者,大约因印度赴京路近,故欲假道于此,以便亲向北京控诉,辨其冤抑。拉萨自达赖走后,地方遂渐平靖,驻藏大臣亦禁止其兵,不使外扰,故尚能相安无事。至班禅喇嘛则于此事全无关涉,故中国兵队亦无后顾之虑也。

1910 年 3 月 25 日

十六日亥刻北京专电

英公使照覆外务部略谓达赖喇嘛过印度时，英国并未派兵护卫，华兵入藏一事英廷决不干涉云云。

1910年3月27日

西报志达赖至大吉岭情形(译闻)

已革达赖喇嘛至大吉岭后有哲孟雄人往见，达赖言我在此间守候拉萨确信，因此数日内于驻藏大臣在该处作何举动，全无所闻也。哲孟雄之人本为英政府与达赖介绍者，据彼所闻，似中政府并无将西藏改为行省之意。本月六号，夏太尼子爵之书记官，朋亚吉往谒达赖，达赖言与日本佛教甚表同意云。有博士史文君，刻从亚州归来云：新游铁壁，彼处纠葛之事均根原于达赖之亲俄，盖彼信倚俄人，因较深于中国也。铁壁现在自必在中国权限之下，且将来亦不容外人涉足。盖藏人、华人两均疾视外人者也。至达赖逃遁之状，因十二月间返拉萨，自谓得有政教全权，即中防队亦不甚注意。一曰中国军队二百五十人在拉萨北端攻击喇嘛，渐侵及拉萨，达赖惶恐之极，欲与其堪布商议，而外间正传中国兵队欲捉其堪布，达赖束手无策，遂遁。

1910年4月2日

论西藏之设行省之非计

惜诵

昔左文襄之出关也，朝野上下皆欣欣盼捷书，故相文文忠，独深忧之曰：左相之兵力，取新疆如操左券，不忧不能胜，所虑者既荡平后忧方大耳！既捐数千万之军储，以收复此地，自不可听其长为荒服，改建行省势所必然，举二万方里不毛之壤，版籍而郡县之，其将何以自养？常年经费仍取自内地耳！中国疮痍未复，而更虚内实外，即儌幸无事，犹非持久之道。万一内地有变则两败俱伤，不可问矣。尝以语其门下士李雨苍都护，都护受而记之。当时读者尚谓都护不得于左相，托文忠之言，以致其诋諆耳！近十年来，其言乃大验。新疆设省三十年矣，其有裨于国计者何在？幸俄未动，表面上犹是我疆土，俄一举足，此二万方里者，非吾有矣。新疆且然，而况卫藏之险远，更百倍于新疆者乎！以光绪初服之国力与左相之用兵，而文忠之忧深思远也，犹如此，而况今日财力之蹙，兵备之窳，将帅之无人，更远不逮光绪之初元乎！吾不知西藏改建行省之议，政府果何所恃而出此也。

比闻政府与川督预算设省之费，常年经费，当在二百五十万以上，而开办经费尚不在焉。今川库所储，仅有一百五十万耳(见初三日本报新闻栏内)！西藏者，全国之西藏，非四川之西藏，经画所需断无令四川一省独力担负之理，固必合通国之力以举之。而吾国今日之财力，果足以胜此重任否耶？苟其能如同光之交，内难粗平，外交无事，则竭天下之力以事此一隅，犹可言也。今方当宪政进行之始，千端万绪，无事不需巨款。重之以二十万万之偿款，每岁之输出海外者，几达万万。岁出之额，较诸三十年前，殆十余倍而未有已。罗雀掘鼠之既穷，亦已罗无可罗，掘无可掘矣。而尚可兴万里之大役，以自速其亡乎？夫苟改建行省之后而能获有倍称之息，则虽竭天下之力以挹注之，犹未为大损也。而无如今日之政局，今日之人材，实无此开辟新地之能力。就令疆以戎索，列之版图，而拓跋遗民，竟不少怀反抗之思，而大利之所归，仍不过中间之官吏耳！于国于民有何裨益？新疆之事，其前车也。此犹是常年经费，未计及开办之所需也。乾隆平定两金川，初次费币三千余万，二次乃至七千余万。琼林大盈，为之一空，仅乃获改土归流之虚名。今两藏疆域之广视大小金川且数十倍过之，则开办经费之广漠无垠，岂复巧历之所能算耶？倾天下之脂膏，以事此不毛之石田，虽使如愿以偿，将安用之？而况强邻之眈眈逐逐者，固无日不思东向耶！然则吾之尽智竭力以经营者，亦不过徒为他人作嫁衣而已。

沧江氏之论锦爱铁路也，曰朝廷欲经营东三省，当在十年已[以]前，今则远无及也。吾则曰朝廷欲经营西藏，当在百年以前，今则远无及也。为今日计者，当汲汲宣播皇仁，以羁縻藏中民族之心，而坚其内向朝廷之志，俾知今日政权之在华官，较诸昔日在番官之手者，仁之与暴不可以道里计。幡然洗心革面，而唯恐天兵之舍此而去，与改土归流之不速，则改建行省之举出于彼族之心悦诚服，夫然后乃可图也。至于宗教问题，则当暂停选立达赖之议，而先举宗喀巴之遗训，达赖六世、班禅七世，永不再来之说，明白宣示。使晓然于今之所谓达赖者，皆赝鼎而非转世，则其皈依迷信之思庶可稍涣。然后遴选呼图克图之恭顺知大义者，授之以掌教之柄，必藏民不起护持宗教之恶感情，庶政教分离之目的或可不劳而致耳！若徒慕建省之虚名，绝不计后来之变相，则吾不知其所税驾矣。

1910年4月14日

西藏近信

自达赖出奔后谣传驻藏大臣温都统曾与达赖私自立约，然所以立约之故及约内如何措辞，鲜有能言其详者。兹承该处友人详悉函告，阅之而此事之始末昭然若揭矣，特为照录于后。

前奉廷旨由川省拨兵一千晋藏以资整顿，藏人疑惧迭次要求奏阻，不遂所请。公然征调番兵分布要隘，阻我进兵之路。并扬言围使署，洗汉人，日煽风谣，虚声恫吓。去腊机势日益危急，拉萨以内刻刻戒严，江达屯粮复为番兵付之一炬。加以联大臣平日措施失当，尤失众心。故藏众专与之为难，停其供给，罗列罪状十九款，至温大臣署禀讦，恳为转奏。群情愤激，甚费调停。嗣因我兵转战而前大获胜利，达赖闻耗胆落，始稍有悔悟之心。

至今正初二日达赖约温大臣赴布达拉山相见，达赖面允三事：（一）将各处阻兵番众立刻调回。（二）渥荷朝廷封赏，咨请奏谢。（三）仍尊重联大臣，一切供应照常规复。温大臣亦允许四事：（一）川兵到日自必申明纪律，安宁秩序，不至骚扰地方。（二）诸事均和平办理。（三）达赖固有教权不加侵损。（四）决不杀害喇嘛，焚毁寺庙。达赖复请交换文牍，以昭信守。温大臣回署后，立与联大臣会商办理。不意联大臣固执己见，不允会衔，且删除和平办理一款。温大臣争之不从，不得已由温大臣单衔具文译咨达赖，复文均允照办，方以为此举足安达赖之心，不致或有他变矣。

不意初三日，川兵头队有马兵四十名，先到拉萨，联大臣派为先导之卫队及新练士兵不无虚张声势之状况。达赖惊惧，连夜召集番官秘密会议，决计潜逃。温大臣先期得信，急约联大臣相见，商请派兵预扎曲水，阻其西往之路，联大臣不从，傍晚续据探报，达赖果已出走，后虽派兵追截，亦已无及。现得确信达赖已逃至印度，英人极表欢迎。

事后温大臣将实在情形电达枢府，恳为代奏，并请开缺。旋电传谕旨，准予开缺。迅速由藏取道打箭炉赴川，面晤赵制军，筹商事件等因。温大臣经手事件赶紧料理清楚，即行卸任。

1910年4月26日

初一日亥刻北京专电

英人某承办西藏邮政未遂。

1910 年 7 月 8 日

伦敦电[蓝皮书刊布西藏事件]

蓝皮书中将关于西藏之事件刊布，英国西藏大臣曾屡请英国遣员向中国诘询，何以干涉西藏内政，并请速如印度与尼泊尔之例联结同盟。

1910 年 7 月 19 日

伦敦电[荣赫斯鹏在《泰姆士报》登载文章]

荣赫斯鹏在伦敦《泰姆士报》登一论说云：彼远征拉萨之效果逐渐失败，华人现正竭力离间英藏，又屡易政策，鼓吹藏番使之改革此种政策，实与邻近印度有害云。

按：荣赫斯鹏即一千九百零四年率兵入藏之人，曾经力战，行抵拉萨，旋缔结《英藏条约》，许英人在藏设立商务经理处，皆从是役来也。

1910 年 8 月 6 日

伦敦电[荣赫斯鹏顷在《太晤士报》登载文章]

荣赫斯鹏顷在《泰晤士报》又登著作云：英俄缔结之约自云不干预藏事，遂使中国坐收其利。现在不知欲使此可笑情形依旧接续否，至西藏欲独立，此念早应弃置，彼曾求过俄国与义国保护者也。

1910 年 8 月 7 日

西藏问题(译闻)

中国人有言，山高黄帝远，铁壁之情事似之。此事西藏并无直接通信，惟取北京诸电，比类以观，中国政府之举动不能决为正当。而中国各报之对于此事，非常沉默，似默指中国之对于此段外交十分错乱者，此非英政府意也。兹再取电话申论之，可见英国并未欲使中国俾西藏任便行动。在此两星期中，记者得阅关于藏事之蓝皮书，内谓下议院内，曾力言据印度政府默为观察，西藏情形渐急，业经警告中国当照一九零四年及后两年英藏条约，通力合作。旋印度次官答称，接中国答复，谓可无虑。惟近接信则印度政府方以该处滋扰，举兵前进，恐与尼泊尔、不丹诸处有关系，此数处者，盖英之新有条约者也。

1910年8月7日

论达赖断不可加恩开复(社论)

惜诵

已革达赖喇麻勒朗结，自奉旨斥革以来，遨翔境外者数月，既而潜回藏地，乃复营谋开复。记者早有所闻，方疑其说之乌有子虚，且信我政府执法无私，决不至一误再误，而堕狡夷之术中也。乃顷读京师某报，知中朝贵人实有为达赖所用，甘为之道地者。盖自英兵有入藏之举，政府诸公皇急无措，于是为勒酋左袒者，乃乘此时机，密请赏还达赖。固知政府之明，断不至轻为浮言所惑，然而彼族狡谋，机牙百出，利之所劫，人争自效，万一浸润之辞，竟得售其伎俩，则藏卫之大事，无复毫发挽回。虽有智者，亦蔑如之何矣。千钧一发之机，愿当轴者之坚持定见也。

人主所恃以宰制天下者，赏罚二者而已。赏罚稍有不当，则善者无所劝，不肖者无所惩。纪纲一紊，万事皆隳，此在国内犹然，而况施诸远裔乎？勒朗结之阴贼狡险，其目无中朝也久矣。负嵎自大，莫可如何？幸而天褫其魄，自投汤网。于是乃有前岁入都祝厘之举，此真我恢复三藏之机，而三百年莫遇之良会也。谓宜羁縻京邸，勿令西归，入匣之虎，一匹夫足以制之。其党类存投鼠忌器之思，必不敢轻于为恶。而我则徐图布置，固可不劳一卒，不费一矢，而全藏帖然入我彀中矣。夫何计不出此，而轻纵之出？当达赖西行之日，识者早知藏事之无可为矣，果也。儌幸生还，遂尽忘天朝覆育之恩，而惟恣跋扈飞扬之气。不得已而始出于用兵，主者又机事不密，纵令潜逃，俾思启之强邻，得以偃然据为奇货。懦帅之肉其足食乎？自严旨褫革之后，藏中僧俗始渐悟勒朗结之不可信，而幡然生其内向之忱，奉另举达赖之诏书，无一人倡议抗违者，此真收之桑榆之机会矣。方其潜返之初，掩而取之，致诸拉萨城内，丰其廪饩，而绝其出入，使不得与旧时党与通谋，策之上也。置若罔闻而亟亟修吾内政，使藏民感激朝廷之意，日益深挚。勒朗结包藏祸心而无人肯信其蛊惑，漂泊支离，不久而自归澌灭，抑其次也。今藏事已当存亡危急之秋矣。对付稍失机宜，则全局不可复问，而奈何犹听其诪张恣肆，至公然敢于辇金阙下也。

虽然，勒朗结不敢啸聚徒党，僭称位号，而必厚币甘言，儌幸恩纶。此可知藏人之心理，犹视朝命为重。而勒朗结既为失位之匹夫，虽有枭桀之才，亦不能得僧俗之信仰，中朝之威令犹未至凌替也。窃谓朝廷对于此举，当揭发勒酋叵测之阴谋，示国家前此斥革之举，实属仁至义尽。刑赏大柄，岂能任意翻覆？并严戒中外大臣，不得轻信浮辞，摭拾人告。而一面饬催藏僧，早援立新达赖，以维象教而镇民心。勒酋虽狡，亦当悚然于朝廷之明见万里，而不敢肆其簧鼓矣。非然者，忽纵忽擒，狐埋狐搰，不足以系勒酋之心而徒以携藏民之志，则吾不知其祸之所届已。

1910 年 8 月 23 日

伦敦电[征藏之事刻已取消]

大吉岭来函云：征藏之事刻已取消，设在雪力加力地方粮台现已分给各处。春丕商人十分忿怒，达赖拉嘛兴会亦大减，因欲挑剔中英两国启衅已无望也。

1910 年 9 月 4 日

设立川藏铁路大臣

邮传部以川藏铁路关系重要，曾有仿照津浦铁路办法设督办大臣，专司其事，商诸枢俯。朗贝勒以津浦办理既未得法，川汉粤汉亦如此结局，不如仍派川督赵次帅就近办理。于经费既可节省，且于地方情形不致隔膜。徐协揆亦以为是。刻下邮部已将设川藏督办铁路大臣之议取消。

1910 年 9 月 6 日

温都统宗尧咨请川督代奏维持西藏大局折[①]

邮部电谕川藏大臣，速筹巨款开筑春丕至拉萨铁路以发中藏交通利益。（十九日午刻北京专电）

1910年9月23日

伦敦电[中国前遣道员某赴大吉岭见达赖]

中国前遣道员某赴大吉岭见达赖，星期三日可抵雪姆，与政府商议一切。

闻大吉岭传来消息云：在拉萨之领袖喇嘛，曾致意达赖，倘使中政府不允渠归英政府保护，勿急归铁壁云。

1910年9月24日

中英交涉近事述要

西历七月二十九号即中历六月二十三日，英国政府对于西藏问题有一通告，由路透通信社在欧陆宣布，谓：英政府新有训令致印度总督，调集驻印防军之印度兵，计步兵二联队，山战炮兵一大队（按每一联队约千余人，每炮兵一大队，约有大炮五六尊），移扎印度与西藏接界之地，一律戒严。并于西藏边界近处之瓜东（Jnatang）地方，厚积军用物品，为战时之准备，一俟藏中有事，此兵即火速入藏，占据江孜（Jyantze）及耶丹（Yatung）两处，以便保护英国商人。此种军令现预颁下，届时机贵神速，不必并候政府命令。万一入藏之时，途中遇有阻拦，无论为中国军队或西藏土人，印兵可以开枪。当既占据江孜、耶丹之后，即行驻扎。有与英商不利之举动，可以尽力防御。倘于其时中国与西藏有对抗之战斗，则印兵须严守中立，不得预闻其事。至于既入藏驻扎，将来撤退问题，须视西藏之情形何如，非至其可以撤退之时，不能轻易撤退也。

1910年10月8日

---

① 《外交报》1910年9月28日（宣统二年八月二十五日），第289期（庚戌改良第二十三号）登载该折。

专电[邮部拟借外款]

邮部拟借外款，兴筑川藏铁路。度支部泽公坚持不可，以川藏要路当与川、汉、汴、洛诸商路联络，若外款，将来不但全藏路权损失，即西北各路亦必牵动。故决计先就川中财力，切实筹办，倘川藏官商股本不敷，再由度支部会同陆军、部邮传部设法协拨云云。

外部近日屡次照会英使，请将新到江孜英兵退去，英使不允。

1910 年 10 月 9 日

振兴外藩实业并划一刑律议案(政府提出)

一、振兴实业之方法

蒙藏地方向称富厚，徒以言语不同，交通不便，无改良进化之方。是以坐守天然财富之区而荒芜于不觉也。今拟兴办实业，先由设立各项公司入手，无论蒙汉人等如有资本充足，遵照农工商部公司章程招股办理，准其呈由本部，会同农工商部核准开办，并先行设立兴业银行，以备储蓄股本之用，庶与公司相辅而行。

兹将所查应办事项列左。

甲、垦荒……乙、森林……丙、渔业……丁、牧畜……戊、矿务……

1910 年 10 月 19 日

北京电[政务处议将西藏为两省]

政务处议将蒙古辟为五省，西藏为两省。该管之部即饬于三年之内练成新军。蒙古五省西藏两省不日即将实行。蒙古五省所择之省会，为青海、阿尔泰、科布多、西宁府及乌里雅苏台五处云。

1910 年 10 月 20 日

英政党之竞争及其对于西藏交涉之政见

欧行记者

英属印度荒歉财政，异常困难。反对政府党腾为口说，颇以此咎政府，而社会党及急进党之报则起而左袒，谓此种现象乃前五年保护党政府所造成，今适收此恶果，不得为自由党政府之罪也云云。而自由党之报则缄默不多置词，即有辨论亦皆以委婉出之。

英国政治现状，为有历史来所未见，即今已一年有半，未解决。英伦本统制爱尔兰者也，现则有爱尔兰统制英伦之势。盖英之自由党政府既失其大多数之议席，每一议案全视爱尔兰党之赞成与否，以为转移，故爱党有操纵政府之能力，以少数固定之党派，竟跃起而制两大政党之胜负，不得谓非一奇观也。

英自由党政府所执政策，为保护党最反对者，在加地税及遗产税两事，二者皆于富者不便，且以摧败大地主者也。现在地税增加至值百抽二十，遗产税增加至值百抽十五矣。各大地主，皆不得已，须将其田地售去，而向之芜其田园以为猎场者，至是愈不能不变作耕地，以供赋税。爱尔兰大地主甚多，以此亦颇不满于自由党。惟以自由党与保护党比较，则又宁取自由党，此其所以常袒政府也。

伦敦《电报新闻》，保护党之重要机关也。日前为西藏事著论，大为英人注意，实足代表保护党之政见，读之能洞见其心理。最近英政府忽干预藏事，袒护达赖，种种动作，皆此论文所引起，是大有足供研究之价值矣。论文略谓中国现时举动，实有侵略印度之势。英政府第一大错，在六年前订《西藏条约》，而一意取好于俄，遂令中国得利用此机会，而确定其在西藏之上国权。此举英人不仅失去已得之利益，并失去西藏之中立，俾其完全附属中国。中国政府狡狯异常，老谋深算，著著进步，一面牢笼达赖，召至北京，羁滞道路，优礼款待，一面设法挽收西藏政权，不遗余力。迨至达赖回藏，则大权皆已为中国官吏所夺。达赖愤恚，特与中国行政官龃龉。驯至今春，中国借口竟以重兵入藏。达赖逃亡，依英保护，幸免捕虏，终至夺爵。观其计画，将不改西藏为行省不止。且不仅此而已，西马拉牙山畔小独立国如纳巴尔王国、斯金门、布丹等国，与印藏连界，向在英国范围之下。中国近亦强其从服，视与西藏无异。是中国势力已有骎骎注入印度之趋向，不得谓非新发现之一种黄祸也。英属缅之北有嘉形者，与中国壤地毗连，最占形胜，中国早已取得此地，亦可由此处侵入印度。况其布丹，早已驻有军队，倘一旦中国兵力由藏入印，谁能御之？往岁英兵占据发海要塞，不应撤退，此为通印度与拉萨唯一之要道，使其地驻有英兵，则此次中国进兵决不能如是之容易，不得谓非英政府之失策矣。日前驻印交涉大臣莫灵告布丹王国，无畏中国强御，时至万不得已，英政府必移印度防军以为布丹保卫。同时全印统帅鼐巴尔大将，亦宣言万一事机紧急，必先取西藏南方各地，以便防御印度边界。二者皆为现今最要之著，吾英不容再误。目前在北京之外交谈判，决无益处，不能以此空文而防遏中国在西藏进取之心，是又尽人所能知也。其尤要者，达赖在印求英保护，欲仗英力复位，其机万不可失。达赖为人阴谋诡秘，一日不能复位，一日不得安静，英人岂可信之太过，而以迟缓犹豫待之。倘求助不得，转而输情中国，必至为英大害。或竟为俄所用，则大利亦非英有。矧以英印之冲突正棘，现方有加无已，中国明知吾英无力更事远略，则或用此种机会，而为图印之利器，又意中事，不可不防也。

1910年10月27日

英人对于西藏之政策

欧行记者

英国政党自七月二十九号，路透社电报宣布对于西藏事件，英政府有紧要命令，添派印兵二联队及炮兵一大队，移驻印藏交界之地，以保在江孜、耶东两地之英商，遂发生一种恐慌之意念。昨日上议院议员，保护党领袖前外部大臣，质问此军事计划之内容。藩部大臣克犹，起而答词：谓各报久传西藏将有乱事，印度总督乃请从速增加武力，以保英商。前此边防武力单薄，深恐不足防御，乃再添印兵一大队，马拖炮兵二中队，工兵一中队，倘遇情形吃紧之时，再加工兵一中队，以保护印度与西藏间之交通线。现此各军均驻扎于西藏边界，并不前进，俟有紧急必需之时，此军即入占江孜及耶东，责在保护英商，并不预闻中国与西藏交哄之事，对于中、藏严守中立。惟既入藏后撤退之时，须视机会及情形，始能定夺，不能轻易撤退云云。伦敦《泰晤士报》及其它著名之各英报，均谓藏事情形必较藩部大臣所答各节更为吃紧，藩部答词实多未尽之处，仅得大略，非真实之内容也。按英人对藏事之政见向分两派。甲派主放弃主义，乙派主侵略主义。主放弃者，以为英国不宜多勤远略，西藏问题不宜多所干涉。主侵略者，以为英国多得属地为第一要义。西藏问题正宜因利乘便，略为领土，俾印度防御坚固。放弃派主动之人为莫列，乃自由党人，现时之印度部大臣是也。侵略派主动之人为俱琐，乃保护党人，再前任之印度总督是也。其后《泰晤士报》极力提倡侵略主义。则又荣古施邦之运动,是人即千九百四年英兵入拉萨时之统帅,故其言更为英人注意。彼谓自由党政府于英人在藏原有之利益,不特未能利用,反失去之,其最失计之处即承认中国干预西藏之独立是也。其第一著之错在西藏偿英兵费,而由中国政府出面,遂失去英藏间直接交通之利益。其第二著之错在中国尚未履行《拉萨条约》,完全将各商埠照约开放之先,英即撤退春毕江畔之军队是也。迨至此次达赖潜逃,英政府并未十分保护,荣古实邦尤诋为绝大之失策。彼之议论,以为英当助藏力阻中国之得步进步。又谓中国常暗使藏人不与英人亲善,颇阻其倾向英国之心,皆英政府之失策所致。又谓自由党之放弃主义,以为可以省事,不知正所以引起英国与中国之冲突。盖中国与印度其间有西藏为屏蔽,彼此可以相安。今英让中国并吞西藏,是中印境界相触,必至多起葛籐云云。顷得伦敦确实消息,谓英政府现仍主张放弃主义,并未十分偏向侵略一面。惟自由党政府深恐以此事为保护党所借口,不能不先设法保护英商,免生危险。现时军事计划,虽然如是,仍在观望犹预之间,并非似千九百四年进兵之勇决也。《巴黎时报》日前著论,谓以现状观之,英人对藏政策,实以侵略主义较放弃主义为势优而理长。但就日来英政府之趋向,似侵略派仍复为自由党政府所否弃,并未十分得势。当千九百六年之终,英报《施日达德》曾著论声明英国不愿于《拉萨条约》以外,再求利益,是报即彼时自由党政府之机关报也。

其后千九百七年英俄协约本为平分阿富汗及波斯权利,就中亦涉及西藏事件。殆因前此英俄相仇,于藏事为尤急,故非并此解决,不能相安无事,自是约后,英俄历年之事,皆全了结。对于西藏,英既主张放弃,不用俱琐之侵略主义,而俄亦声明不再干涉西藏内政,同时英俄皆承认中国之上国主权。就彼时状态,英俄均以为中国不足有为,英俄彼此相约,不得以兵队入藏,并不得派遣科学考察之员入藏。其对中国,仅要约中国亦不得派遣科学考察之员入藏,而未提及兵队,盖以为中国决不能有此事也。且既承认中国之上国权,则对于派遣兵队一事,更不能有词反对矣。伦敦《每日快报》谓中国实煽动藏人攻击达赖,因而借端以兵入藏,盖为英人所不及料云云。《伦敦朝报》亦谓西藏问题之变动,乃英俄初料所未及。前此西藏仅为英俄帝国之目的物,现时又为少年之中国党之目的物云云。巴黎《言论自由报》谓西藏事件,足令英俄发生大不快之感情者也。然现时阻此现势,已嫌太迟。英欲起而救其前此之失策,恐已无及云云。观此各论,则欧人颇赞中国之不放弃西藏,意中已承认西藏问题,非英俄所能与中国相争者矣。

印度革命风潮，已经二年，去岁发现炸弹及暗杀之事至多，近则其势尤亟。上星期印度政府捕某印报主笔入狱，印人大愤，各地聚会演说，有劫此主笔出狱，并刺死裁判官之说。其警察极力搜索，最后发现一秘密结社，初意仅为劫狱起见，后始查得尚有其它之政治问题，其目的在推翻英国之殖民政府，而宣告全印独立。此种结社几遍于印度各省及各村镇，英人现已捕得印人六十余名，皆为各地之主动者。英人前此以为仅有彭加尔之学生会社，怀此壮志，因其地有印度大学，其人多灵秀者也。现则普及各省，其人不仅学生，有农夫及商人，而婆罗门之和尚尤多。在北印度，此种风潮尤大，现时英政府恐慌异常，决无余力顾及西藏，故我政府对于藏事，可无畏英之兵力，但外交上须早占地步，不令其有隙可乘，则英亦无可如何也。

1910年11月1日

西藏近信

藏中现实安靖无事，西报所言番众与汉兵时有牴牾，并言杀死汉兵五百，皆毫无影响之词。英人添兵驻扎那塘，去靖西厅仅半日程，预备西藏有乱，即进占亚东、江孜两处。其野心勃勃，深可忧虑。其实藏中消息，彼族报告未必尽能确实，而印度政府即欲利用谣言，为将来之预备，其眼光故不在一时也。

所可虑者，达赖在印日思蠢动，冀复权位，并有他人暗中帮助。刻联大臣电商外部，拟派罗观察长裿赴噶儿格达亲见印督，面商一切，并顺道劝回达赖。然达与联已成仇敌，联一日不去，达一日不归，后患正未可料。

藏事并不难办，所患权限不清。汉番之权限、川藏之权限、文武印委之权限，皆无一定，则非侵攘即诿卸。近则官弁日多，流弊愈甚。见公款则群思染指，遇报案则争谋优奖。饮食陆博，文恬武嬉。联大臣清静有余，英断不足。属吏习而生玩，钱参赞本为联所汲引，和衷之事多，说论之时少，论者讥其伴食。长此不变，万事隳坏。未有不为越南、缅甸、琉球、朝鲜之续者。故吾西藏之患不在外侮，而在内忧，愿我政府我国民及早注意。

1910年11月4日

西藏问题

欧行记者

远东通讯社书记窦米茫君日前因西藏问题，曾著一论，后为《巴黎自由日报》载入其社论中，兹追译其大略如后。

自达赖潜逃以来，各报论西藏事甚多，此间问题虽于经济上无大关系，然于政治上有大关系，英俄两面最为注意。其显著之事件如俄皇与达赖之秘密交涉，又千九百四年英国与达赖私订拉萨条约，后求中国承认，而中国反对之，坚请全改各条，中国卒因此而得有西藏之上国权矣。中国鉴于前此之失去安南、琉球、高丽等处，皆因各地未能十分融洽之故。此次不能再蹈覆辙，此其对于西藏决意保守其领土权，继之以兵，分所宜也。夫以中国领土之大，人民之多，军事进步又何难与日本并驾耶？

1910 年 11 月 9 日

川藏铁路将来之交涉(要闻)

现在有人办川藏铁路，闻内中有某国洋款在内，出名者系某京官，表面仍用商办招股名义。恐又酿成将来之交涉，执路政者不可不慎其始也。

1910 年 12 月 11 日

西藏短游记

十月朔，已得雪数寸，身御重裘，一如上海隆冬气候。汉人唤藏人谓蛮子，藏人呼汉人曰汉人蛮子。粮食寻常人所用者，惟乳油茶及斩巴(亦曰章巴)二物，乳油茶者，系用牛羊油和入藏茶而饮，斩巴即藏麦也。富厚之家略佐以牛羊诸肉食，然乳油、斩巴则终身不去诸口。

藏中钱币只有两种，乃卡扛与章扛是也。章扛系银币，为本位，较内地之四开略大，作银一钱。卡扛则为铜币，其大小一如铜元，每六卡扛为一章扛。惟各物昂贵，用一章扛不过视如上海之铜元一枚。

又新制藏元，作银一钱，以辅章扛之不足。兵饷则由川省解来，谓之川元，每枚作银三钱二分，然藏人只肯抵一章扛之用云。

1910年12月23日

西藏官制问题

驻藏大臣联豫现条陈西藏官制，参照东三省制度，拟予以驻藏大臣之全权，裁去帮办大臣，改设左右参赞，添设民政、度支、提法、提学、外交、军政、劝业、理藩八司，襄理一切。闻政务处定于十二日会议此事。

1911年2月11日

伦敦电

革职达赖喇嘛自印度孟加尔参佛归至大吉岭。

英兵入藏

闻驻藏办事大臣赵尔丰近有报告到京云：英国兵队已经入藏。

1911年2月28日

达赖将借俄返藏

达赖喇嘛不日将至俄京，欲提议如何与中政府开议，遄回拉萨。柏林电。

1911年3月3日

会议政务处奏议覆驻藏大臣奏请裁撤帮办大臣改设左右参赞折(目)

1911年3月25日

英国之经营西藏[岂但片马而已]

据确实消息，属于英国经营大吉岭之铁道自印度至西藏亚东之线，其工事已经告成，本月之中即当举行落成式，且须开始卖票。驻藏大臣联豫已于日前有电到军机处，略谓英人前有军队前往西藏，驻扎春丕(即春碑)地方，至今尚未撤退。江孜与加托克已经开放为通商场，沿路炮台亦经撤毁，现在大吉岭铁路已到亚东。请速经营藏南边防至亚东(在西藏南境距英属印度大吉岭二百四十里)，江孜拉萨间铁道亦望从速着手，以资抵制，尽疆土维持之政策。观此可知英人对藏经营实有日进无疆之势。政府诸公得此电后，徒相咂舌而已，尚未知如何答复。

1911年4月17日

滇藏警报一束(地方要闻)

西藏

西藏向为中国藩篱，人所共知。近来因达赖出奔，喇嘛抗命，用兵数年未能敉平。近日英人借口有碍商务径行派兵入藏，意图自由行动，将藏吞没。日前，据四川某统领来电：外军业已攻进诸苴，势甚危急，并枪毙喇嘛四人。周围居民投诚，其余该处喇嘛七八百人已先逃遁云云。又闻现在附近滇边丽维之喇嘛亦同时起事，大有难以收拾之势。滇督得警，当派莫管带率兵前往防剿。惟沿途雪积数尺，将路拦阻。后用牛车拖导，三日方能行过。至金沙江界之灭喇溪(猛顶坡下)因札筏过渡，行至江中失事，淹毙十余人。噫！英法相逼，喇嘛又乱，真不知何以为情也。

1911年4月29日

达赖述藏事(译电)

贺各搭来电云：大吉岭访员谒见达赖喇嘛，达赖述及藏事云：中国占据其土地，并用重兵驻扎该处。并云：藏中人民被中国逼迫，无关系之事亦行干涉。现在中国所派驻藏大臣手段甚辣，虽由藏中僧众电外部吁求，竟归无效。

1911年6月11日

驻藏大臣近电[为达赖喇嘛事](要闻栏)

内阁昨接驻藏大臣电告:已革达赖喇嘛时往返英藏间,勾引藏民背叛中国。现藏民投入英籍者日多一日,未便禁止。已革达赖行迹诡秘,应如何对待之处,请示办法。十六日,政事堂会议阁臣提出此项问题,某大臣以为若将该达赖加以禁锢,恐失藏民之心。若任其煽惑人心,则后患不堪设想。宜速选举深通藏语及长于演说人员,前往该地,宣布朝廷德意,讲演倾向外人之非。一面颁赐现任喇嘛宝星,以示优异。已革达赖宜饬驻藏大臣派员跟探行迹,随时监督,免其与藏民接洽,庶足以稍遏乱萌云云。赞成者颇居多数。

1911 年 6 月 20 日

初五日戌刻北京专电

喧传达赖已由俄廷特请,允回拉萨。达之代表陶奇甫已由圣彼得堡先回藏京。

1911 年 7 月 1 日

专电[改设行省]

川西幅员辽阔,夷民杂处,难资治理。闻内阁已决议将西藏东境及川西各属改设行省,名曰川西,以巴塘为省会。设巡抚一,道台三,统辖三府。即巴安(巴塘)、康定(打箭炉)、登科(得格)。所有各土司一律除革,安置州县,与内地无异。至藏京拉萨,仍其旧制,设钦差大臣一人,其下设左右参赞各一,不日实行。此议业已知照川督及驻藏大臣云。

1911 年 7 月 9 日

二十八日亥刻北京专电

驻藏大臣联豫奏请给款二十万,兴办西藏地方电车。

1911 年 7 月 24 日

西藏之警电

日前驻藏大臣电致内阁，谓西藏东南有地名波米向来臣服我国，我国往来商人多被抢劫，后因保卫行旅起见特派兵驻守，相机剿办。我兵驻扎硕板多与波米相连，日前已与波米接仗一次，我军竟失利，遂退却数十里。闻该处树林丛杂，山林崎岖，我兵不明该处地势，遂为所败，近又陆续调兵别往会剿云云。

1911年7月27日

驻藏大臣电

驻藏大臣联豫有电到京，略谓藏事日棘，某某两国觊觎日甚，请速筹办法。

1911年8月3日

十六日未刻打箭炉专电

驻藏大臣已准邮传部咨商，请拨遣邮政司员赴藏开设邮局之处，先行试办。

1911年8月11日

论西藏商业情形（杂录）①（目）

1911年8月23日

川藏改省

日前内阁总协理大臣分电四川总督、川滇边务大臣并驻藏办事大臣密电各一道，字码甚长，均由外部寄发。兹探其内容，系为日前各国务大臣会议实行川藏改省政策，知照各该总督大臣。照前会议政务处于光绪三十三年议改四川并川滇各边地为东南两省，又西藏另为一省，添设总督一员，巡抚两员之议。核照现在情形妥议具覆，以凭核议云云。所闻如是，未知确否。

1911年8月27日

---

① 1911年6月（宣统三年五日），第一号《时事新报月刊》登载此文。

英藏交涉之初基

中国因革去达赖喇嘛之职，恐西藏各地人心不靖，乃特派远征队至西藏之波宏地方驻扎，以防变乱。此地据南方印度之萨日雅蕃种族尚有四百哩，不料上月间有英国之探险队士官及医官各一名，行至萨日蕃地方，为该族所虐杀。英政府迁怒中国远征队所煽惑，现已由印度政府亦派印度兵二千名，大有与中国兵队冲突之势云。又达赖喇嘛前曾派密使煽动波宏蕃种族变乱，为土人所杀，英人乃声言中国远征队虐杀达赖使者，必向中国起严重之交涉云云。

1911 年 9 月 3 日

十九日亥刻北京专电

驻藏大臣联豫等电内阁，谓印度兵队藉口川乱，保护侨商，已起程向川省进发。

1911 年 9 月 12 日

蒙藏问题之责难(社论)

北方之主张君主立宪者其最有力之论点，莫过于保全蒙藏领土，以固国防而已。其第一理由谓中国之有蒙藏皆由满廷征服而来，今废满廷而主共和，蒙藏必为解体，此不可不仍存君主者一也。其第二理由则谓蒙藏各部民智未开，一旦实行共和，彼既无独立之能力，其势必为外人兼并而已，此不能即主共和者二也。

自第一理由观之，全出于满廷私天下之心。彼以为满人力征经营之土地，惟满人始足以享有之，然试问满人今日之兵力果足以控驭蒙藏乎？若其能之，何以蒙王有联俄之志？何以藏主有归英之心？以今日窳弱无能之满廷，非但不能抚有蒙藏，即其祖宗固有之满洲，亦尚不能自保。彼入关之初，所以能侵略蒙藏者，以先握有内部各省之主权耳！今各省已纷纷独立，安见蒙藏之不怀二心，此保存满洲君主必不足以慑服蒙藏者，势使然也。

自第二理由观之，蒙藏固不足以自立，然谓其无独立之能力，即足以召外人之兼并，此说亦非。外人与蒙藏之关系，有条约以资遵守，当此新旧绝续之交，断不至违约失信，徒肆其兼并之野心。假令俄兼并蒙古，英谋西藏，列强均势之局，必难维持。吾知英俄二国必不敢发此难端，甘为世界人道之敌。今日世界各国所以确守中立而不干预战事者，自表面观之，各为尊崇人道，实则维持其均势主义而已。使中国能实行共和，无损各国之权利，彼又何必徒事兼并，破坏世界之和平哉！此主张共和政体于蒙藏毫无关碍者也。

虽然，使中国实行共和之后，能否保蒙藏之不叛及不为外人所兼并，此视夫新政府之措施何如，而满廷之不能保有蒙藏固无可疑。

1911 年 12 月 31 日

中国革命消息

记民清两军第四次议和条款：十一月十一日午后二时半第四次会议决议各条件如左：

（一）国民会议由各处代表组织，每一省为一处，内外蒙古为一处，前后藏为一处。

（二）每处各派代表三人，每人一票，若有某处到会代表不及三人者，仍有投三票之权。

（三）开会之日如各处到会之数有四分之三即可开议。

（四）……内外蒙古、西藏两政府分电召集。

1911 年 12 月 31 日

中华民国立国记：伍廷芳复蒙古各王电

内蒙古六盟四十九旗图什图王、达尔汗王、卓里克图王等，外蒙古喀尔喀四部落八十六图旗什业图汗、车臣什萨克图汗、三音诺彦王等均鉴：来电敬悉，民军起义之目的欲合汉、满、蒙、回、藏为一大共和国，此举并非为汉人之自私自利起见，乃欲与满、蒙、回、藏同脱专制奴仆之苦，而享共和兄弟之乐，此与满人大有利益。即如今日满人不能贸易自由等弊，将来民国何致有此制度。至于蒙古若能除去苛政，同享平权，其为利益更不待言。故共和者，非仅汉人之利，汉、满、蒙、回、藏所同利也。今诸王公何以于专制之满清尚思拥戴，于共和之民国反不赞同，此诚本代表所未喻。颇闻京中有人布散流言，谓民军所持民族主义至为狭隘。想诸王公闻之，致生疑虑，故有此言。若以本代表所闻，民国成立，汉、满、蒙、回、藏一律平等确无异义。

其满、蒙、回、藏原有之王公爵俸及旗丁口粮等必为谋相当之位置，决不使稍有向隅。且国民平权，将来之大总统，汉、满、蒙、回、藏人皆得被举，政治上之权利，决无偏畸，此皆本代表所敢为诸王公明告者。幸同扶人道，同卫中国，毋惑浮言，自相疑贰，是所深望，民国议和全权代表伍廷芳鉴。

1912 年 1 月 18 日

中华民国立国记：蒙藏之新风云

至于西藏据印京电，谓大吉岭喇嘛十三世活佛乘外蒙古独立之变，前已回拉萨游说各藏王公大僧，以恢复政权为宗旨，其目的非仅效法外蒙谋一部分之独立，仍欲联络印度北境之布丹帕密尔波里雅克人共戴于达赖之下，而一切体制亦按照教皇制度，其部下堪布皆派充各路军事委员，拟暂以武力控制本国云。又巴塘通邮云：西藏兵队现在大改形势，昔日对于华人皆带谦逊之态度，今已一变而为傲慢。打箭炉一带藏兵对于中国商旅之防闲备极严厉。又一函云：中国驻藏办事大臣手下所用概皆毫无知识之满人，其平日对待藏人之手段，舍威吓苟敛外无他事，故一般巨绅富商多移居商埠，置于外人拥护之下，故与内地人之感情日劣。而印度僧侣来往藏地者，自表面上观察，固系宗教上之联络，其实半属白人之傀儡，皆含有政治上之劝诱，故藏人向内之心恐不可挽回矣。

1912 年 1 月 25 日

中华民国立国记

西藏亦有警耗，藏众乘机运动独立，英人迭次增兵入藏，联豫所部新军均不为用，势已岌岌。

1912 年 1 月 30 日

中华民国立国记：关于清帝逊位后优待条件之电文

汇录如下：

上海去电北京袁内阁鉴，如清帝实行退位则民国政府所以待之者如左：

（甲）……

（乙）优待满、蒙、回、藏人条件：一、与汉人平等。二、保护其应有之私产。三、先筹八旗生计于未筹定以前，原有口粮暂仍其旧。四、从前营业之限制，居住之限制一律蠲除。五、所有王公世爵概仍其旧。

以上条件列于正式公文，电达各国政府，以昭大信，民国议和全权代表伍廷芳智。

按右为伍代表最初提交袁世凯之优待条件正月二十日所发者。

北京来电伍代表鉴，兹将所拟优礼皇室条件与各方面协商详晰奉达，希妥速酌定，见复条件列下：

（甲）……

（乙）……

（丙）关于满、蒙、回、藏各族待遇之条件：一、与汉人平等。二、保护其原有之私产。三、王公世爵概仍其旧，并得依次传袭。四、王公中有生计过艰者，应设法拨给官产作为世业以资补助。五、先筹八旗生计于未筹定之前，八旗官兵俸饷仍旧支放。六、从前营业居住等限制一律蠲除，各州县听其自由入籍。七、满蒙回藏原有之宗教听其信仰自由。

以上条件列于正式公文，照会各国或电达驻荷华使，知会海牙万国和平会存案，内阁袁世凯花二。

按右为袁世凯提交伍代表之优待条件。

1912 年 2 月 7 日

蒙古独立之关系（时评）

冷

各省之独立也，已有统一之势矣。其外有西藏、蒙古之独立。西藏之独立，现尚无大关系。若蒙古则今且逐华商，立国都，收关税，骎骎有离中华而独立之势矣。今之新政府，其速注意之哉。

1912 年 2 月 24 日

交通蒙藏之经画（来件）（目）

1912 年 4 月 4 日

专　电

驻藏钟颖电北京政府，乞速调大兵驰往援助蜀军，并恳英使速饬英兵退出江孜以免以外冲突。（初四日未刻北京专电）

1912 年 5 月 5 日

专　电

北京政界言陆征祥君经与英廷抗议西藏事，乞英兵即速退出藏境，开议中英西藏新约。（廿五日未刻北京专电）

活佛已遣代表二十余人赴拉萨面晤达赖喇嘛，似有联络蒙藏之约。（念五日未刻奉天专电）

1912 年 5 月 26 日

初四日未刻北京专电

达赖喇嘛不服大总统劝谕，暗与外蒙古各酋长往来接济，力抗民军。

1912 年 6 月 5 日

初六日午刻北京专电

昨日（初四日），总统府会议，整理蒙古西藏事宜。拟饬四川都督扼守打箭炉，规复达赖喇嘛教权，并安置张勋授为西藏镇抚使。

1912 年 6 月 7 日

专　电

风闻川兵到藏后以大炮轰击藏番，藏番不能敌，逃窜停战。刻藏域首领已遣喇嘛与汉军媾和，请川兵迅即退回，不再入剿，以全藏域民生。（初十日未刻打箭炉专电）

闻察木多酋长亦已宣布独立，暗与达赖喇嘛通气，抗拒中华民国，残害华人，川

兵已开往剿抚。（初十日未刻成都专电）

特约路透电

昨成都来电：联豫率防兵五百退守炉关，援兵二千先已会合，另有援兵五千由尹都督亲率往援，并委杨维为前部司令官。

1912年6月11日

二十日未刻北京专电

达赖喇嘛有信到京，详述道远误会，诸多抱歉，刻遣代表到京详陈实行共和归附中华民国，不复反抗，并拟到京一次，与大总统面商要事云云。闻总统甚为欣悦，令内部预备行辕接待喇嘛，并令其覆电何日起程到京。

1912年6月21日

《西藏新志》广告

记载至辛亥八月止，全书三十万言，每部一元二角，经售处；上海三马路外国坟山对面，吴菊舫医室内。

1912年6月28日

十四日戌刻北京专电

参议院议定将来上议院议员选举法中，蒙古三十人，由王公世爵选举之。华侨六人，由侨居之地商会总理选举之。西藏由喇嘛会同驻藏办事长官遴选相当者选举之。

1912年7月15日

专　电

钟颖已由西藏致电政府，报告驻京无恙，但被围困，袁总统电令和平对待。（十

六日辰刻北京专电）

总统府军事处会议藏事，深以尹昌衡轻入为忧，尹既失巴塘，袁总统致电切责图功赎罪，尹覆电谢过，惟谨滇都督已派兵赴藏援应川军。英使声明，中国但守藏约范围，英国决不干预云。（十六日未刻北京专电）

1912年7月17日

西藏之危急

成都电云：前月十五日藏兵一千人围绕里塘，攻击一小时之久，后藏兵五百人直入里塘城内。华兵即自火其军药库，急行遁走，死者七十人。藏兵劫获现金十万两，妇女婴稚多被杀戮，或则即被驱逐出境。又另有藏兵一队围攻上城（音译），该兵所携快枪，闻均系达赖喇嘛所购备云。

又电，印度邻境谣言四起，相传达赖喇嘛遣往拉萨之专使均被华兵所截杀，至据英人报告则谓专使系由喇嘛僧诱入寺内自行杀戮，又云达赖喇嘛现下异常警惶，已决意退回印度云。

又电，四川尹都督于本月十一日率军队二千五百人离川前往西藏，以为华兵后援，计前后所派征藏兵已达五千。此次尹都督离川时，特开饯别大会，到者万人，尹都督登台演说，慷慨激昂，四座感泣，演毕与众长揖而去。闻省议会会长及会员均与送行也。

又电巴塘已于上月十六日为藏兵所占据，云南特派兵前往巴塘助战，旋据华人报告，华兵已光复里塘云。

1912年7月18日

专　电

参议院议决众议院议员内外蒙古出二十七名，青海出三名，西藏出十名。（念四日酉刻北京专电）

陆总理昨日与英使晤谈中国发兵援藏与英国无涉，实系保全领土起见，所有旅藏外人均由中国担任保护，业令藏员切实遵行云。（廿四日未刻北京专电）

1912年7月25日

西藏风云片片(要闻)

甘蜀滇等省人民昨日电京,以第一次西征军兵微将寡,故难取胜,非派威望素著大员带领劲旅为之后援,断难平靖,因请岑云阶出山,由中央拨给精兵前往征藏,定能即日克服。

日昨总统府接得尹司令捷报,内称我军自抵江孜即遇大股番兵,约三千余人,当以机关枪迎头轰击,番军大败,死者约八百余人,我军乘势进攻,遂占领崇寿寺,所获枪支甚多,现该番军已节节退却云。

西藏办事长官昨有急电致大总统,略谓达赖爱臣加沙射卡自被番军惨杀,该活佛已无心恋战,现该军军务内容紊乱异常,请转电尹司令乘机进攻云。

总统府迭接江宁第八师、苏州第九师团等来电,请愿西征,俾可早日报捷等情,大总统深为嘉许。惟此项军饷筹措为难,拟向某洋行暂借四百万以备西征之用,昨交财政委员会会议,以便实行。

西藏用兵其军饷迄无着落,尹司令迭来催索,无法应付。大总统为此事召集各部国务员商议办法,多数主张由各省协济,量力出款,大约大省分至多每月不过协济十万两。此项问题仍为初议,俟各省都督委员到京后,再行正式提议云。

1912年8月16日

专电

前日英公使谒见袁总统,谓英决无吞并西藏之意,请我勿再进兵,否则恐有冲突。袁答称中国本无意进兵,但进兵与否系中国自主之权,请毋庸干预云云。(二十日申刻北京专电)

尹都督急电政府,详述我军不习藏域水土,粮械不足,且不识该处地理以致战时诸未顺利,乞即派一熟悉藏域大员,速到打埠,统兵前进云。(二十日未刻成都专电)

1912年8月21日

念六日未刻广州电

此间敢死队及暗杀党不日起行，赴藏谋刺达赖喇嘛及叛党首领。

1912年8月27日

蒙藏事务局之布置(要闻)

蒙藏事务局以蒙、藏、回三族僻处边陲，不解共和真理，拟即创办蒙文、藏文、回文白话报三种，以开通风气，联络感情。现正草订章程，呈请政府拨款开办。

蒙藏局因官制内应设研究会，现已草拟详章预备开办，并拟广延通晓边事人员，研究关于蒙藏回政治、风俗、实业等项事宜，以期进行而纾边患。

西藏法王与尼泊尔之战争(要闻)

西藏法王总理大臣先在印度未回西藏时，曾指使藏兵与中国兵队开战，稍得胜利，遂乘势称快，拟将驻藏之尼泊尔兵驱逐出境。六月十四日，已指使僧兵袭击拉萨之尼泊尔使馆，声言西藏者西藏人之西藏，非汝等尼泊尔人所当居之地。共有僧兵千名，定期起事。而该公使有常备兵百名，并募义勇兵三百人决与一战，三日间杀戮三百名。乃该大臣又命拉萨二千名助僧兵，于二十六夜，往尼泊尔公使馆放火，三日间不分昼夜与尼兵奋斗，将使馆焚毁一空，随后即枪击尼国商人，约损失三百五十万卢比。现尼泊尔王大为震怒，已命尼人悉数归国，至其详细情形续志。

1912年8月30日

孙中山铁路政策定南北中三路线(专电)

孙中山铁路政策定南北中三路线。南路起南海而两广、云、贵、川、藏以绕天山之南。中路起扬子江而苏、皖、汴、陕、甘、新以至伊犁。北路起秦皇岛绕辽东折入内外蒙古以达乌梁海。谓如此有四优点：一、南北干线已有规画而东西干线尚缺，有此三线全国即可联络为一。二、此三路皆纬线斜行，包括西北五族交通，易于同化。三、此后易于殖民西北。四、其起点处皆得独立出海之口云云。

梁士诒、叶恭绰所主持之铁路协会更发明其说，谓可分两线：一、中路由江北起点出西北直接君士但丁(土耳其京城)。二、北路由北京起点经蒙古直接西伯利亚云。推波助澜极吹牛拍马之技，识者多笑该会为说梦话。近日京中人士所谓欢迎者，皆仅一味逢迎，确不知研究切近问题，中外引为笑柄。(初三日辰刻北京专电)

译电

北京专电云：中国政府对于英国政府驻京公使之照会，未以照会作覆，惟遣一代表至英使馆讨论英国之种种要求。闻该代表曾言：英国之禁止中国假道印度以与拉萨交通，实非友邦宜为之举。至于英国所言中国如不承认英国要求各款，则英国以亦不能承认中华民国之语。该代表答言：中国并未以承认民国为请。又闻英国曾要求中国与正式订约承认所言各款，并重申以前条约中各款之与此一问题有关系者。英国且亦反对曩时总统所颁布之命令：以西藏为中国之一部份等语。至于美国赞助英国所持态度一说，则此间人多不之信。大约美国政府并未发表意见，且英国亦未必曾与美国预商也。

1912年9月4日

西藏之独立观(译英京《泰晤士报》)

西藏片土隐然有脱离羁绊独立自营之概，当此风云扰攘之中，遂无人注意及之。不知喜马拉耶以外，其著著进行，匪但极形重要而已。其特别之关系，与夫种种问题之发生，所牵系者，正不仅西藏高原已也夫。前后二藏之民，除种族、宗教之大同而外，实几等于二国，世已罕有知其真者。西南各省之地，其饶沃广漠，为全藏冠。数年以往犹隶于拉萨法权之下，知者更稀。而东藏无限诸小族，其不受治于拉萨，与违抗中国之羁縻同，能言其故者，殆亦鲜矣。

此受治于拉萨之诸行省，虽不得谓悉于吾英之实利有关，然所关固自非细也。比来細绎邮电，其于拉萨之近事，虽若昙花偶现，然亦颇有端绪之可寻。其扰乱之机，则实由中国革命消息，传到佛国时始也。中国驻防军队时已绝粮数月，决意背叛满清，乃一变而竟为掠夺藏民之举，拉萨之民于是群焉仇视之，起而与之抗。驻藏大臣欲予以代表政治以维持治安，卒亦不得当，争持不过数时，而中国军队遂以大败。所余者，似尚被困于拉萨郊隅以外也。当是时彼达赖者，既尝为中国窜逐，而为印度之亡人者也。亦遂徘徊于喜马拉耶之间，而跃然有归志，卒之冒险北首，今者当伏处于普达拉荒刹中矣（指尝经中变）。多哲夫者，实当日祸首，而激成吾英军队以远征拉萨者也。闻亦同时归自圣彼得堡，非俟彼之举动，确有所宣示于外，吾人先不必过为悬拟。今之所欲解决者，则藏民独立之举，已大有告厥成功之势而已。藏东之半独立诸族，亦同时兴叛，而别为一问题。此曹虽若阳奉中国以上国之名，实则不封循职业已数年，多有屠戮上国边地之民，以示不臣之概。

数年之前中国政府乃决议实行统驭萨地，以恢复其权力，彼赵尔丰者，遂得承其乏。彼为军事之能员，惟是过于酷厉。彼有见于进取拉萨，非先征服东方诸族不为功，不但征服也，彼且举东方诸族而郡县之。于是而拉萨一役后，中英所谛之盟亦为之破损，爵绅绵途深有见于此举之所关非细，而影响于两邻国至巨也。于母国政府力攻其违约，然卒归无效。东方之事既定，中国军队乃直抵拉萨，达喇以是遂出亡于印度。综赵尔丰及其部从之所为均残酷迫胁，藏民隐忍默受。直至中国内部革命之时，东藏诸国，盖知彼等所等之时机已熟矣。彼等所为虽未能尽悉，惟闻彼等业将中国军队实行驱逐出境，且侵入四川而据有巴塘及拉塘矣。兹二城者，原为藏民丛聚之区，一自赵尔丰为统驭全藏之谋，乃多徙华民于巴塘，使与之相胜接。东藏民族其好勇善斗，过于藏僧，有非中国军队所易于勘定者矣。吾人用是有以觇中国在两藏之权力，大有云散烟消之象，即将来欲冀得回后，亦在在为难。就中国目前而论，财政既极困难，人才亦形消乏，紊乱至此，更何能勤此远略？即如克什噶尔，今且尚为俄兵所驻守，藉以维持秩序，他更可知。况将欲略地拉萨，非先有事于东方诸族不为功，而谓彼能之者，真非吾人所敢信也。际此时机，吾人不禁有望于大不列颠政府，念彼之地位即西藏问题而重思之矣。就《英俄协约》则英俄均允认非由中国政府居间不得与西藏有所磋商之款，惟是中国政府之于西藏业已自行溃决，或将不复更有居间之资格。再自赵尔丰总理藏务以来，久已置《英俄协约》于不顾，并显背一千八百九十及九十六年之中英约款。夫大不列颠之所允认者，谓中国之在西藏有上国之权也，而一千九百零七年俄人亦同许之。今中国乃欲自上国之权求得主权，而为彼夙昔之非所敢望者。非惟欲得之，近者对于藏东诸族与夫拉萨诸行省，且大有所得藉手之概。扩张彼之权利，乃不得不严酷以御藏民，而在拉萨郊垧尤甚。而往者吾英拉萨耀兵之举，其效果所存，不过为警醒中国权利观念之具，且不啻以藏民授之中国，而任其陵逼也。质而言之，此种不幸之效果，万不容再见。吾英国无利于西藏尺寸土之思，惟对于此不幸藏民之争自由不得不表同情。彼热心于弱国之被虐，日宣言于议会，而期得将护之，尤不可不垂念也。盖西藏之问题，固已非复昨日，不得不再为郑重而熟思之矣。

自英京《泰晤士报》论著西藏有独立之举，翌日下议院员绅鸦沙施即据以叩问英外部大臣葛雷。谨附译于后：

鸦沙施问外部大臣曰：所谓英俄合约西藏之条约，大不列颠原有之特别利益，仍得保存为两国之所承认，究竟自署约以还，以何等方法而保有之耶？

外部大臣曰：大英北京驻使，秉政府之训条，对于西藏政治上之改变，凡《英藏条约》，及中国叠次所许吾英政府之款目，有所违异者，皆抗议之。

鸦曰：目前西藏内部之不靖，实由外部动荡而成，以至影响及于西金及其它各处，贵大臣亦尝与俄政府提议以取消不得遣使于《拉萨之约》耶？

外部大臣曰：日前与俄人提议此问题，尚未合宜，至于外部所有动荡，自非吾英能忍受，惟彼甚盼原有之地位得后，而此动荡不致更有所加也。

专　电

现在外蒙之乱已侵及内蒙。西藏驻军确已自大吉岭由英人保护出境。尹昌衡之军闻尚未到。而英俄要求关于蒙藏各订新约甚为坚决。英使昨又晋谒袁总统。藏事较蒙似稍有办法，然国务员皆主暂缓立约为宜。（初四日辰刻北京专电）

尹昌衡急电报告：前敌刘瑞麟已行抵察布多地方。政府覆电令该军即驻扎于此，并著即会同南路朱登五收复已失各州县。此即英使要求不得进兵西藏之结果也。（初四日戌刻北京专电）

1912年9月5日

蒙藏事罪言（社论）

孤　愤

迩者蒙人宣告独立，西藏亦抗拒民国。蒙藏二藩属，骎骎乎有脱离我国之势。而视眈欲逐者，复有两强国为之后援，明目张胆，屡向我国政府为种种无礼之要索。

俄人则阻我进兵于蒙古,英人则阻我进兵于西藏。呜呼!五族共和,徒虚言矣。蒙藏不保,则变而为三族,浸假而伊新青海之回民,与东三省之满人,受蒙藏之影响,在他人势力范围之内,要亦难保其长隶于民国之下。于是由三族者且变而为单一之汉族矣。呜呼!民国未享共和之福,先受瓦解之祸,追原祸始,咎有所属,吾安得不为若辈正告之。

其一,则今日之所谓创造民国之伟人是也。夫满清何以亡?由人心之去而亡之,原非一二人之魔力能运动而成也。而以是为争功攘利者,则曰:"某之功,某之功。"于是,巍然受勋位者有之,泰然拟年金者有之,甚且急不及待,狼狈而瓜分比款者有之。民国未成,若辈且各饱私囊而去矣。夫所贵乎豪杰者,为其能发之,能收之也。我既发大难于前,自当弭大难于后。试问今日蒙藏之大难,若辈果有弭之之才否乎?权利之所在,则攘之惟恐不先,艰巨之所在,则避之惟恐或后,天下岂有如此之善于趋避之人,而可以称之为伟人者?以是为伟人,是真轻民国而羞当世之士矣。夫马上得之不能马上治之,此言能破坏者,未必能建设也。使若辈于破坏之后,开诚布公,与天下人士共功名,安见中国之大,无扶危定倾其人者?奈何专己守残,党同伐异,坐使忧时之士,裹足不前,致令蒙藏遂因而生心也。今日而仍有以谀词歌颂若辈,腼然不知耻者。吾将语之曰:"请还我蒙藏来!"

其二,则今日自命为代表民意之诸参议员也。二十世纪之政治,无一非立宪政治,立宪政治之有需于代议士也。谁不谓然。然人国之代议士,则以国利民福为前提。吾国之代议士,则以党争为前提,已失吾民委托之本意。然使党争而出于为政见而争,则竞争愈烈者,斯其理愈明,吾民尚可原谅。然试问自开会以讫于今,纷呶于议场者,果有一旗鼓相当之二大政见,足以供吾民之研究者乎?名则有一党二党三党之分,及至一人议事范围之时,几令人忘其为三党也者。何以故?缘甲党中有表同情于乙党,乙党中亦有表同情于丙党,自相矛盾,漫无统系,是所谓党者,非党于政见,实党于私见者也。既非党于政见而党于私见,故事关一国之利害,不妨立异,事关一党之利害,不可从同。今之政党,大率类是而已。不然,方今属地解纽,强邻窃发,稍有人心,宜如何并力以对外,尚何暇为此引绳批根,以自相携贰乎!今日而仍有鼓动风潮,欲乘间而袭取人位者,是绝无心肝者也。

其三,今日风雨飘摇之政府是也。论今日政府之地位,原等于五日京兆,方谋全力以对付党争之不暇,尚何暇于对外,吾亦不敢过为苛责。虽然在政府诸公之就任也,岂不知今日为党争最剧烈之时,知其剧烈而仍就之,吾以为诸公之必有术以此处也。夫立宪国之政府,无不别具操纵议会之术者,诸公如无此术也,则不宜就此位。既就此位，则不能援此以搪塞吾民也。夫物必先腐而后虫生，国内果安谧，彼蒙藏何敢有间言。乃自政府成立以来，对于内治，曾未有丝毫之进步。比者，天津兵警又交哄矣。举国之内危机四伏，纵无蒙藏，吾将内溃，况又有此二地以抵我之瑕也。今者蒙藏已矣，不知继蒙藏而起者，其祸将又中于谁方面也？瞻彼四方，蹙蹙靡骋，吾不知涕之何从矣？

1912 年 9 月 6 日

征藏义勇队通告全国军人(要件)

呜呼！今日之民国诚朝不保夕之民国也。洮南成战场矣，巴塘已交锋矣。蒙古、西藏为虎作伥，日俄英法蚕食暗施。国步正值艰难，瓜分即在目前。回思诸先烈铁血巨子牺牲多少生命，浮沉几许头颅，始获推翻专制，建设共和，乃尘土未清，匝地之风云又起；岸堤未固，环海之波浪旋来。若不急筹抵御，养痈遗患，埃及、朝鲜行当再见。至此不惟无以为国，试问将何以为人？不惟无以保身家，试问将何以保种族？彼丈夫也，我丈夫也，胡为以魁然七尺，腼然人面，而甘于自缚、自桎、自危、自毙若是？前此诸先烈既能以建设民国，今日诸同志何不可扫清边患，登高一呼，群英毕至？凡有血气，均应兴起，况我军人？况我军人又素以荷枪执刀，效死疆场，保卫国家为天职乎？与其坐以待毙，何若拼命一战，振同胞敌忾之气，成先烈未竟之功？爰集同志，筹商救国之策。佥谓欲巩固民国当平西藏，欲平西藏当先征蒙，蒙藏帖服，边域自固，虽有强邻亦无所乘而肆其野心。今拟联合全国同志军官及陆军学生编成队伍，定名曰征蒙义勇队，愿我同志迅速署名，俾得早日呈请大总统暨陆军部编成，共抒国难而尽天职，我民国幸甚，我军人幸甚。

1912 年 9 月 9 日

西藏之风云日急

一、要求共五条

英使关于西藏之要求外间传闻不一，兹探悉其真相如左：日前英使馆一等书记巴黎敦奉本国政府训令，关于西藏问题共要求五条，其大要不出以下四点：一、中国不得派遣远征军至西藏，其词意中非绝对不能派兵，不过但能派相当之军额耳！二、西藏应在二十二省行政区域之外，西藏内政不得干涉。三、英国为保护商业上之利益，得置代表者于拉萨。四、中国政府如不认以上各条，英国不承认民国政府。

二、汉口英国报纸之记载

上月三十一日汉口中部《支那邮报》载西藏问题之记事，其标题曰《英国与西藏》下注曰“修改条约否则不承认”，其所记内容如下：

英使朱尔典送一公文于中国政府，叙明目前西藏情形其尤注意者，则四月二十一日中国所发表关于改西藏为行省一事。

朱使公文中所要求者，西藏应许以内治之权，中国不加干涉。又云：中国应派一代表至拉萨，其权限在忠告西藏人关于外交之事宜，该代表得带卫队若干，然中国不得遣无限军队驻扎于西藏。

该文中又云：中国远征队行将越四川而达西藏，中国兵之进行即此而止，不得再进行。又云：中国不得借印度为达西藏之进路云。

该文中又云：中英两国关于西藏应另订新约，在该约未订之先，英国不承认中国新政府云。

三、外交部与英报记者之谈话

英国《每日电报》北京访员日前往访外交部问中国方面对于西藏问题之意见，外交部告之者如左：中国今用兵平西藏之乱，对于国际条约无一毫违反。盖中国之所为皆中国权力内事，因此之故，英国干涉西藏事件无正当之理由。且千九十一年(恐年限有误)正月间英国致中国政府之公文，正式承认中国在西藏之利益及权利。惟该文中英国曾将尼泊尔、不丹二国置之英国保护之下，为英国之保留权利。此保留权利英国盖以军事之优势为根据而出之者，因此二国为中国之朝贡国也。

近来中国各报以英国干涉西藏，视英国与觊觎满蒙之日俄相等。且谓与两国已有成约，同人阅之，极引为恨。盖英国素明正义，且讲公道，又以商业上之优势，如中国边界上有破裂举动，无非损害英国商业而已，此当局者之宣言或者可以使英国误解之处涣然冰释。盖中国所以需此边界缓冲地者，非为侵略也，为求保护而已。达拉喇嘛此间认为政治的冒险家行将扰乱中亚细亚。据最近消息，中国攻西藏之军队甚属得手，且将云南、四川、甘肃三路进兵。并云蒙古方面中国亦屡获胜仗云云。

1912年9月9日

孙中山之铁路政策评(社论)(目)

孤愤

在滇藏闻录(要闻)(目)

1912年9月16日

孙中山路线计划质疑(社论)(目)

惜诵

1912年9月19日

念一日未刻保定电

此间绅商出资组织敢死队，成立后征剿蒙藏。

中华民国承认问题(要闻)(目)

1912年9月22日

英人谋吞西藏(通信)

驻欧特别访员

英于西藏垂涎甚久，惟以与俄相持，是以暂行搁置。比年英、俄接近渐切，此项情势略变。去岁片马事件英已略露端倪，今当俄日同盟既成，俄与日本平分蒙满，英无异词。殆早存一抄袭俄在外蒙古之政策，而用之于西藏，俄日皆明许也。今日英政府布告各报，其词略曰：当千九百七年，英俄关于西藏订结协约，彼时英武员荣古斯邦以远征队深入，大有略全藏为英属之好机。乃英政府雅重平和，深恐与俄开衅。卒认西藏属中国之上国权，英俄皆不干涉。此约成后，大为保护党所诟病。惟当协约之前，西藏曾与英立专约。第一、西藏土地不能让与他国。第二、西藏之铁道权及其它各种开采权不能让与他国。第三、西藏若以其所有之物抵押外国借款须得英之承认。就此诸点观之，是英之于西藏，已在经济方面得有主权，就经济方面而论，西藏实在英保护之下。惟于政治方面，则英始终立于局外，即以不派驻扎委员为其明证。俄人无可如何，卒于协约许英，俄亦不派驻扎委员及领事，殆示英以无意于藏也。彼时英人之反对协约者，亦不能指俄于此存有恶意。俄于此约缔结之后，确能实守不渝，对于藏事毫不与闻。英俄不争西藏，举以让诸中国，遂令中国势力，前此在藏本居第二者，后反跃而占第一位矣。未几北京政府即派川兵入藏，逐去达赖喇嘛，尽据藏中要隘，渐次接触印度边境，且欲将西马拉牙左右诸小国，现属英藩者，亦回其旧贯，与西藏一同看待。就中如西金姆列波尔又为紧要，印度总督虽起抗议，为力甚薄，中英颇有冲突。未即解决，适有去岁中国大革命之风潮，藏人利此各地内乱，逐去中国驻藏各官，与拉萨戍兵相战甚久，援绝势穷，卒降于藏。达赖喇嘛前数星期已回拉萨，惟彼不敢如外蒙古之活佛，骤然宣告独立，仍许中国官吏留居拉萨，并许其自置卫队，且承认北京政府名义上之上国权。特此项名义上之承认，究能令北京政府满意与否，殊难预料。

现闻四川都督已于六月半间离去里塘，带有精兵五千，拟向拉萨前进。英政府势难坐视，昨已由驻北京公使朱尔典送一照会与北京外交部。其中要节略谓："中国举动似欲改西藏为郡县，英政府愿尽忠告，宜与藏人以完全自治。对于彼之内政不得加以干涉，最好仍以现时之驻藏委员留居拉萨，仅置卫队。略如各国领事办法，至为得当。今中国忽以重兵入藏，不能不令英起恐慌。此兵再向拉萨进行，决非英政府所能含默者矣。末节请与中国订一关于藏事之新约，英政府承认中国共和，须俟此新约签定后，始能开议。"以上云云，均由英政府托路透通信社在欧陆各报代为宣布。数日前伦敦《泰唔士报》曾著一论，略谓："《英俄协约》关于西藏事件亟须改订，就近状论，英之不派驻藏委员，当时极为失计，颇于英之利益百损，若欲派员驻藏，又非与俄商改协约中关于此条之限制不可。"其言均有所为而发也。英之赞助俄日同盟，默认俄日分割蒙满，其取偿者，殆在是乎！就中舆论有最可奇之一事，则英之自由党各报，均反对英政府日前致北京之通牒，而夙以政府机关见称者，其反对尤为激烈。如伦敦《每日新闻》著论谓"英之干涉西藏防务，俾其离中国而独立，此种举动，至为危险。主此策者，殆有狂病者也”。伦敦《每日时报》著论谓：“据政府致北京通牒观之，吾英殆为俄之外交所逼迫。不然何以至是，或者俄欲英许彼以外蒙之自由，而以西藏为利益之交换乎？”据悉英国内情者而言，则谓英之自由政党夙不以侵略主义为然，此次忽欲干涉西藏，殆为保护党所挟持，势处于万不得已。证以各报主持不同，全国对于此事，言论庞杂，至为不一。主持者多系保护党机关报，反对者多系自由党机关报，则此说固有可信者也。颇闻英欲与俄改约，但愿英派代表驻拉萨，而不愿俄国同派。且将用英人为达赖喇嘛之顾问，是不啻以西藏完全为英之保护国，此节俄能甘心与否实所难定。佐治野佛方在拉萨，此人为达赖喇嘛通俄之密使，现闻与俄尚有往来，向主亲俄政策，极与英人不相能。又必有以游说于达赖，俾其排英而即俄也。今午森彼德堡专电，俄外部大臣沙索洛夫，日内将赴伦敦，与英政府谈判重要交涉，借以解决英俄间一切冲突，即巴尔干、波斯、西藏诸问题是也。谈判结果如何，今尚未知，以现状论则大致融洽多而决裂少，又可断言者矣。

1912年9月23日

蒙古西藏青海众议院议员选举施行令(要件)(目)

1912年10月13日

蒙藏救急策(时评)

蒙藏之事迁移数月而未平，政府主怀柔之策而不主远征。虽然，如欲远征则当直捣其要地，服其要人。若仅于边疆之处战胜一二，无益也。如欲怀柔则亦当于重要之人施以不次之恩，而后其效乃见。若仅收拾一二无聊之辈，以为能得蒙藏人之欢心，而事可了者，此乃大误也。今俄有内乱，图蒙之心稍暇。急起谋之，蒙事定而藏亦易平矣。

1912年10月15日

川藏战事之疑云(社论)

惜　诵

藏番背叛，川都督尹昌衡自请率师西征。军兴以来，倏已数月，告捷之书，旁午于道。里塘克矣，巴安下矣，昌都复矣。观其铺张扬厉之言，直不啻有摧枯拉朽之势。国民引领西望，未尝不距跃曲踊，庆国威之震叠，而伫看全藏之消平也。乃近读滇军殷承瓛冷佸经通告各界电文一则，曰藏中危象已极，再则曰川军畏懦不进。吾人犹视为忌嫉者之空言，未必诚有其事。然冷佸经电中则又明言，十月三日瓮水之败，昔所得之大炮两门、快枪千余枝，复被匪徒夺回。且其统兵将领并非藏人，而为吾国巴塘之陆军学生，且谓良民无所依赖，而从乱者日以滋多。此则事实凿然，非可以驾空伪撰者矣。夫统兵者既为学校生徒，而从乱者又皆内地良民。然则此股匪徒并与藏番不相干涉，顾何以甘心背叛，助逆效顺若此。然则尹军之在川边，非惟不能示威于番族，且并内地之民心而失之，其或不免有搜括骚扰之弊乎！冷电如果非子虚，则西南天地，隐忧未艾。番人之跳梁负固，犹非切肤之患。实恐举垆城以西，宁静山以东，数千里岩疆，为全蜀门户者，悉迫其居民，生心外向，导番族以甘心于祖国耳！两电虽不无过甚之辞，然尹军果能纪律森严、勇猛进取、成迹具在？彼谮人者，亦何敢为莫须有之辞，以相谤哉！记者对于此案，窃以为曲当在蜀而不在滇。或谓尹果师徒挠败，则有待内地之援兵者孔亟，何至闻滇师之出，汲汲焉速其反旆，以其不愿人之分功。可知其用兵必当得手。记者则以为尹督之慷慨出师，非果志在争功也，亦并非有意西略也。特恐中央政府或相干涉而夺其川督之位以与人，故借西征以为自固之谋而已。观其未出师前，固尝昌言，有敢以一舟一卒溯江西上者，彼必回师以归成都，其隐衷盖可见矣。藏番虽叛而其势决不能遽尔内犯，彼但驻军边界，为河上之逍遥。隔旬日则发一捷音，以慰国民而蒙政府，天西万里，孰复得而发其覆者。滇军一至，彼将不复能自掩饰，而进退之路俱穷，此所以极力抵制，必不使他人鼾睡榻侧者也。若视为争功而忌能，则已堕其玄中，不免为尹氏所窃笑矣。川藏数千里间，万山插天，无跬步平夷地，穷年积雪，盛夏有若隆冬，五月披裘犹虞堕指。此时计已冰雪封山，不复能西进一步矣。尹督以膏粱子弟，生长华膴，岂尝一日尝此艰苦？即仅仅毕业日本士官学校，其于实际用兵，何尝有毫厘之经验？而乃大言不惭，自任重负。以年羹尧、岳钟琪之武略，挟全盛之力，犹不克竟厥全功者。而尹督一白面书生，竟思驾而上之，盖方其慷慨任事之初，吾固早知□他志矣。为政府计者，今藏番既肯屈意求和，虽诚否非可□，而要当趁此时机以筹结束之法。既不可轻易允许，以重□轻视上国之心，尤不可率意拒绝，以增远人仇视中原之□宜。遴选夙有威望之大员，老于边事，而为川藏人所素服，由海道取程印度，遄赴康辖以抚慰藏番为名，而即以确察军之战状，果其调度有方，克敌致果，固当加以奖异，使诸帅所劝愧，且以杜反对者谣啄之思。如其老师糜饷，贻误军机，国有常刑，固当迅予撤回，以服将士之心，而作其敌忾之气争。虽仅一隅，而关系全国安危者甚巨。使但因循坐视，而惟迁就调停为务，待其偾事之后，而更以牵动外交，则国家之损失者，非仅一卫藏，而且将波于内地。虽食参之肉庸有□秉国成者，盍重思之？

1912年10月16日

论藏蒙最近之警耗(社论)

记　者

一月以前，蒙藏问题东崩西应双管齐下，使我政府无措手之方，国民有剥肤之痛，忧时者皆谓中国之亡不绝如缕。既而，东蒙告捷，西师停进，而俄人又适有内乱之谣。于是，边祸稍纾，向之鹤唳风声者，忽变为烟消云灭之象。而朝野上下，方狂热于国庆纪念之中，歌舞升平以庆五族共和之幸福，几不复忆抢攘未了之局矣。呜呼！容讵知吾人所欢忭鼓舞之时，正彼列强协以谋我之日。其处心积虑，固大有不得不休之势。观于日昨所传消息，内蒙十一旗已密降活佛，且有举兵南向之说。而驻藏长官退兵后，复被围危急，使非有为之后盾者，何至肆无忌惮如是？使非有联合以图我者，亦何至彼呼此应如是？此本报欧洲最近报告所述英俄对我之情形，可以瞻其梗概矣。呜呼！吾国人于此时，使犹不齐心一志，并力向外，以求解决此问题，则不独五族终去其二，而各国之援均势之说以起者，正恐不止一二国已也。兹将欧行记者通信两函，谨录如下，我国人其注意。

(一) 英俄政界之对于蒙藏

俄外部大臣沙索洛夫当于九月二十号往聘伦敦，二十三号到白明罕离宫谒见英王。日内英王方在苏格兰阅操，届时当回离宫接见也。俄之驻英大使邦克脱夫及英外部大臣格雷，均将偕同入觐。英俄两外部，即将于此时谈判要件。沙氏留英不久，其所应议各项问题，此时两政府间已先电商端绪，预备妥善矣。按沙氏到英会议，欧陆外交界极为注意。于我国利害上尤有密切之关系，此为法相布昂加海聘俄后所结之果，法、俄同盟既益加固，则英、俄连合亦当加固，原为不易之理。况俄欲振兴波罗的海舰队，尤当与英接洽，而英则以西藏问题、波斯问题亟欲与俄协商者也。据森彼得堡消息，谓英俄当将千九百七年协约重加修正，于精神及词句上详细解释。如俄、日之二次三次协约，即据第一次协约而益扩充其范围之谓。关于波斯问题，尤当特别研究。次则波斯铁路问题，以及俄在亚洲各铁路问题，次则西藏问题，英尤著重于此，必与俄以蒙藏一致连动，为利益之交换。而波斯问题、铁路问题又皆于西藏问题互相连带，有相辅相成之妙。法俄同盟、日俄协约等更复有以促之，欲英、俄之不相接近，其可得乎？昨森彼得堡专电谓英俄舰队当同时到丹麦首都戈贝纳格海口会操，此实英、俄由协约而进为同盟之先声，亦若法、俄舰队往岁会操于舍尔浦，为俄、法同盟之先声也。观此则沙索洛夫赴英，当与法首相布昂加海赴俄，收同一之效果。英、日、俄、法连成一气，在欧则合力御德，在亚则协以谋我。满、蒙、西藏为祸愈亟，豆剖瓜分朝夕可待。京沪各报所传伦敦会议处分中国之说，欧陆实无所闻。惟日本桂太郎聘俄，继之以法国首相布昂加海聘俄，皆与我外交上有绝大之影响。而此次俄国外部沙索洛夫聘英，又为前二事之一大结束。英、日、俄、法意存叵测，此可断言，就中以法为牵合之人，而英则操判决之权者也。法、英所重在欧西，不妨以我为牺牲。俄、日所重在远东，宁徇法、英而取偿于我也。

(二) 英俄舆论之对于蒙藏

蒙藏问题，欧陆各报间有主持公理者。然在英、俄两方面，仍以侵略派之势力占最优胜。日前，《伦敦日报》著论谓："中国共和政府，对于英之照会异常反对，其中措词强硬，尤莫如声言'倘中国不践前约，许西藏以独立，则英于中国共和亦将不能承认'等语。此最足以引起人民之愤怒也。虽然，中国此时固何术以敌英哉？英之助藏独立，是与俄之于蒙同一态度，主意坚定，势难中止。即使中国现在愿以西藏所许于英者，事事物物，概行承诺，于英之政治及商务各方面，毫无损失，英亦有所不愿。盖英所希望最切，乃与西藏直接交涉，决不再由中国间接。时不可失，机不能再，英固无庸踌躇也。此种政策，本英人之习惯。其巩固印度之法，务以不与他国壤地毗连，常设法扩充其势力范围于四围小国，用作外廓，为第一义。如波斯、阿富汗、西藏乃天然之界线。隔离中俄与印度之冲突，殆莫善于此矣。当俄有侵入印度之野心，英亟经营波斯南方，遥为抵制。西藏地势，俯瞰全印，使中国据为己有，异日必能制印度之死命。英之派远征队，意果何在？讵能遽忘所志？英固不必占领藏之土地，惟当保藏独立，俾于中英之间为扞格物。得此已足，无多求也。”又森彼得堡《诺维野佛海米亚日报》著论略谓：“俄与蒙古情形，恰与英与西藏绝相类似。俄之盼望蒙古独立，亦与英之盼望西藏自治，同一用意。英知中国经此扰乱，内部尚难统一，决无余力经营蒙藏，故取急进主义，直接赴其目的。较诸俄之迂缓迟延、畏首畏尾者，诚有天渊之别。英政府质实敏快之手腕，真可佩服。如其致北京照会所云：中国不认西藏独立，则英亦不认中国共和，其言何等痛快直截。此吾俄所当以英为法，而师其举动者也。所可慨者，俄已自失事机，与中国继续千八百八十一年之商约，又复期以十年，倘与蒙古直接，未免稍有窒碍耳！”

按：《诺维野佛海米亚报》为俄政府之机关，今其所言如是，则俄英互相利用情形，益可概见。英实为俄、日所逼，不得不与藏取均势，而俄乃反谓宜以英为法，其狡可知。故藏事倘能挽回，则蒙满或有转机，全棋劫眼，惟在此点，否则于远东求均势者，恐不只一英国矣。

1912年10月18日

再论蒙藏问题（时评）

内部之事稍就秩序，于今最要者为蒙藏问题。然而蒙古则内向者内向，反抗者反抗。西藏则议和者议和，要击者要击。似尚未能以安然定也。收拾领袖之策，一时未能即行，防备固不能一刻暇也。

1912年10月19日

西藏奇刑（滑稽余谈）（目）

1912年10月22日

蒙藏问题（欧洲特别通信）

欧陆各报对于蒙藏议论，略如前函所述。最近记载关于蒙藏之新闻尤伙，英俄两国专电更多，其意旨即每寓于新闻之内，至为敏妙。无非摇惑视听，俾世界舆论无复信任中国，始能为所欲为，综其措词，约分两种：甲派则表示中国万不足畏，以发扬国人之野心。乙派则表示中国异常强权，以改易世界之清议。其属于甲派者，如森彼得堡通信社专电，谓北京政府能力薄弱，决不敢与蒙古对抗。现仅派蒙藏局长偕同留京之蒙古王公数人入蒙，请其取消独立。此外，别无他项办法。又电谓中国军队，均不愿远征外蒙，即此可见中国对蒙万不能以兵力从事。俄政府无庸退缩，所传用兵蒙古之说，全系虚声恫吓，俄幸勿为所愚。巴黎时报驻俄访员专电，谓法报在数日前，曾屡记中国军队在洮南之捷音。其言北京政府怒蒙无状，或将大张挞伐。此间俄报力斥为妄，均称中国人不解复仇，即有愤激之语，不过纸上空谈，决难见诸实事。军队向蒙前进，敢保其必无此也。该报著论复引北京各电，证明中国内哄方殷，断无余力远及蒙古。俄报之言，至足征信云云。法、俄互相狼狈，又不仅政府中人为然矣。其属于乙派者，如俄报所载哈尔滨专电，谓东三省防军进征洮南，每获胜利，尽屠蒙人，不分妇孺，皆惨戮之，抢劫喇嘛寺院，污蔑蒙古宗教，残杀之外，兼以活焚，脔割肢体，无恶不至。有某蒙王全家被害，仅彼与其妻逃出。俄人为人道计，亦当出而干涉云云。路透电报谓北京外交部某员与英使面谈藏事，声言中国不能再负保护之责，因英有意违约，势必惹起全国人民愤怒，或于商务上拒绝英货，或发生其它之暴动，均未可定。又电广东，英领事与都督府冲突甚厉，行将起大交涉。又电日俄政府协议，将令满铁路公司，不许跌路线上载运中国军队，中国政府见此态度，有不得不变其和好之政策，与日俄相冲突。又电蒙古内乱有多数蒙人逃入满洲境内，情势颇不安靖，日本或将起而干涉。伦敦电报新闻专电谓中国日来对外政策，完全改易，决计以强力对付俄英，于蒙藏两问题，不肯再为让步。声言俄已潜师外蒙，在满复添戎兵。英于片马增军，并侵云南边界，中国已忍无可忍。该报记者，益以评语，谓片马事件，两年前中英曾起绝大风潮，加以印度政府违约，私以军火接济藏番，尤为中国所恨，闻中国驻藏代表已奉严命，于税关上搜查颇紧，则中政府之用意可知云云。

森彼得堡专电谓：奉天都督已奉命令密查俄在北满之兵数，同时并下严令于满蒙、土耳其斯坦一带边圉所有私人军火照约扣留，不得通过。伦敦《电报新闻》转录此电加以按语，谓此为蒙兵进攻洮南之结果。驻哈尔滨俄军统领曾以大兵西行，接济外蒙。并有俄之炮兵四大队易装入蒙古内地，则中政府如是办法，亦不为过云云。以上两派新闻皆有所为而发，往往互相矛盾，不能自圆其说。远东通信社时与驳正，并收种种事实，亦由专电宣布。如蒙古联合会之通告，证明活佛独立，非蒙人之本意，尤足令俄无从藉口。盖舆论多以俄之私运军火，以兵力助蒙古为不直。而远东通信社详述陶什陶等劣迹，俄愈钳口无词。至于西藏问题，英之舆论本有一部分极不以政府之侵略为然，而于违约举动隐然持反对之议。日前远东通信社取中英千九百六年条约原文宣布，并于第二条一再注意。欧陆舆论益复瞭晰于是非之所在。俄外部聘英谈判，中颇受牵制。蒙藏交换之议，俄既有所不足。瓜分波斯，英复有所不敢。西藏问题一时难于解决，则蒙古问题英亦终起违言。英俄进行或均有所限止，未可知也。今午巴黎时报访员专电谓：昨与俄当道面谈，中国政府近已决议许外蒙及西藏以地方自治，惟此谈判本于中国政府优待蒙藏之好意，须由中国政府自向蒙藏接洽，不得以英、俄出，而间接致涉违约及干涉之嫌。惟此适与英、俄政府意旨相反，现时英政府如何对付虽不可知，然在俄政府一面誓必竭力抗拒，不许中国政府再与外蒙直接交涉。俄须要求所有中蒙谈判，非先得俄政府允许，不能有效。此中利害关系至大，英之于藏当与俄之于蒙同一情势，想于此点无不与俄同意也。按俄英两外部伦敦会晤所谈如何，颇难预测。英俄分占蒙藏，实行利益交换，根本解决恐难办到。特于对我方法协力一致，如上所述之类，不免有所影响耳！我之外交此时务宜柔缓以懈英俄连合之势，持之稍亟则英俄之于蒙藏亦如日俄之于南北满。初本猜忌，既而两害相权，避重就轻，我遂无运动之余地矣。

廿七日未刻北京专电

驻京英使照会外部，谓屯驻拉萨英军已悉数退出，只留一小队以保护本国商人教士。

1912 年 10 月 28 日

十二日未刻北京电

此次大总统赏还达赖喇嘛活佛崇衔，确系徇驻英公使之请。刻达赖喇嘛深感大总统待遇之优，宣言决不反抗，宣布共和，已设法电覆北京云。

1912 年 11 月 13 日

蒙藏事务局拟优待西藏条件

（一）政府切实保护喇嘛庙产并加喇嘛封号。（二）地方要政须与达赖商酌办理。（三）一切教权仍旧。（四）各处边防应由中央调军扼守。（五）喇嘛原有旧制如有与民国抵触者，可酌量改变。但原有工商业及通商均仍旧。

1912年11月19日

蒙藏探检团（时评）

蒙事如此，余谓一方面当有保蒙征库等团以救目前之急，一方面又当有蒙藏探检团，以为日后之进行。盖我国人之常性，事危则急，事缓则忘。徒知责备政府之无能，绝无自力发展之伟业。苟或有此，是诚所谓补助政府之一事欤？

1912年11月25日

二十八日戌刻北京专电

政府派马吉符朱宝来赴藏册封达赖喇嘛。

1912年11月29日

论蒙事之影响（社论）

微　尘

……

一、西藏

英人之于西藏，与俄人之于蒙古，日人之于满洲，抱同一之野心。畴昔之日受英俄协约之拘束，加以其政党之保守者，力持其间，故不轻于发难。今既与俄协商于前，而利益均沾之说又正可借口俄人以大为发展。据最近调查，英首相士奎斯氏，与外相克列氏密议，拟仿俄蒙故事，用强硬手段，以八大方针对付我国。（一）增加拉萨、江孜、日喀则、加扎克、察木多五处英兵。（二）修筑印藏铁路以利军用。（三）密运机械、粮食，并组织侦探队遍游国中。（四）组织矿物公司，以便开采全藏矿产。（五）派遣英军二师，往驻印度，以便相机入藏。（六）怂恿各班禅喇嘛倡乱，并贷与英金，以便从中取利。（七）与俄政府申明，最西一隅之地，归俄国范围，其余则归英国范围，以划分权限，将来英国用兵时，俄国不得稍有干涉。（八）测绘西藏舆地详图。就（一）（二）（三）（五）各款论，则纯为军事上之侵略，而第六款，则又与俄人所用于蒙古手段，同出一途。第七款，则一方面使俄人保持均势之利益，他方面即以利本国侵掠手段之进行，种种险谋，违反于印藏条约，靦然不顾。夫《中英印藏续约》订于一千九百零六年，其第二条则云：英国不占并藏境，不干涉政治。第三条则云：中国独享《拉萨和约》第九款第四项之各项权利，他国无有享受权等。是中国之对于西藏有完全主权，早为英国所明认。今乃野心突起，方针大变，按该八大政策之意味，虽尚无政治上及土地上之明文，而既为军事上之侵略，同时亦无不为政治上之侵略，及土地上之侵略者。乘人之危，以图己之利，在英国固非善邻之道，而在我国，则尤不能不根据前约，以力争主权。机先易制，事后难图，幸勿因循以再蹈库伦之覆辙也。

由上所述，英于西藏，日于满洲，其蓄谋固非一朝，而总因则由于库伦事件之影响。夫谋国者，欲缩小他人之领土，以扩张己国之版图，无国不然，况日英与俄。于我国东北西境，权力消长，间不容发。俄既发难于前，日、英以利害关系之故，其势不能不继起于后。吾何责焉？惟吾政府使不于俄蒙事件，出以敏活手腕，速行解决，而致令蔓延，则真不能辞其咎耳！故时至今日，蒙事决裂，固为一重要问题，而对付日英，以无使第二第三之库伦出现，则又未尝非当务之急也。政府诸公，幸勿等闲视诸！

1912年11月30日

西藏风云一日之变态(要闻)

一、伦敦公使刘玉麟今致总统府长电一道，探息为报告英政府对藏之举动。其大旨略谓：英国目下因俄库交涉发生后，对于西藏之计划著著进步。现在大不列颠政府已决定派大将某于中国，使详确调查，以定对藏政策。更派某财政大家于前后两藏，使调查一切之民情风俗。派西藏探险商队，使调查各处富源。派大教育家于前后两藏，每处设立大学，专使藏人受特别教育。以上各种人物，刻期准备启程来华，以实行其各种计划云云。大总统接此电报，当即延陆征祥、赵秉钧密议一切，即覆刘代表一电，其内容甚为秘密云。

二、大总统昨接西藏办事长官钟颖由印度都城转来要电一道，内容系条陈治藏大策，其要略如后：(一) 修筑铁路举办新政。(二) 练兵保藏，宜先开道路，以便交通。(三) 戍藏之兵，宜募本地土著。(四) 西藏驻兵宜优给饷糈。(五) 藏印通商宜设驻印领事，以保侨民。(六) 设中英藏文学校，开通智识。大总统当将原呈交国务会议。

1912年12月3日

初三日酉刻北京专电

政府前派马吉符、朱宝来赴藏进封达赖,以须取到印度以至马吉岭,惟此路已为英人断绝,不准华人往来,故不能起程。

1912年12月4日

初六日申刻北京专电

传闻达赖喇嘛近向英人称贷英金七十万磅,并请英国武员一人教练军队。

论藏人要求之条件(社论)

微　尘

西藏问题,其解决方法亦分对外与对内者。对外者何?英人是也。对内者何?藏人是也。英人以蒙事影响,野心勃勃,当速筹对付,以免蹈库伦之覆辙。记者前已著论,今不复赘。兹所欲研究者,为对内问题。达赖喇嘛,其跋扈不如活佛之悍,其与英人感情又不如活佛与俄人关系之深,对付方法比较的为稍易。我自库伦倡叛后,达赖喇嘛受其波动,跳梁之意已露端倪,非善为羁縻,则脱缰之马,一日千里,而藏事将不可复问矣。今就最近调查,达赖喇嘛复提出七大条件,以要求政府。其中有即当允许者,有不能允许者,有当量为迁就以允许之者。非速行解决,逐条宣示,则藏人观望必起猜疑,行且为外人所利用。惩前车之痛,为杞人之忧,一得之愚,窃欲为政府借箸也。今请就藏人提出之款分别论之。

一、藏人于法律关系上与华人享有同等之权利,无分畛域。夫五族共和早经宣布,藏地既为共和国土之一部,藏人亦为共和国民之一族,除各地特别法规定外,所有普通法上之权利,自当五族平等,同一享有,此款要求,当然有效,无商量之余地者也。

二、藏人每岁以五百万元供给北京政府。此乃藏人沿袭前清各省解款之旧观念而来,不能适用于今后之民国。我国将来整理财政,当有决算豫算。中央政府用度多寡，应由各地量为负担，西藏既为我国一部分，则经济负担，当有同一之义务，万不能先悬定额，与各省悬殊，此当详为明示者也。

三、藏人于经济关系上，纯然独立。夫国家为谋经济之统一，当划分国家税与地方税，以推行各地。其地方税，为供地方行政之用，则可由地方管理。若国家税，为供中央行政之需，则当由中央直辖。西藏一部，岂能独殊，此万不能允许者也。

四、藏境内所有一切矿产，由藏人自行保有开采权，中央政府不得干涉。夫公有产业与私有产业不同，私有产业除破产及与各种私法抵触外，当然受法律保护，政府不能干涉。至公有财产，若向无权利之体，则当然属于国库。今藏人所要求之矿权，只许藏人保有，此盖以藏人保藏产，防他人侵入，情尚可原，至不许中央干涉，则不唯反于法例，且于经济发达，大受影响。万一藏人无力开采而中央又不代办，不几货弃于地乎！

五、西藏得自由练兵。夫军事统一，各国皆同。即保护国对于宗主国其兵权犹受节制，况一部分之领土而可不听命于中央乎？试问藏人练兵，为对外计，抑对内计？其在后者，则以中央之力保护而有余。其在前者，若脱离中央关系，则能全藏皆兵，而亦不足以御侮，其为无理要求是无待言。

六、中国驻藏兵数，至多不得过一千五百人。夫军事计划，操自中央，驻扎调遣，应于事势。况西北边陲，危机四伏，军情变幻，尤难预测。岂能以一定兵额，为久安长治之谋乎？合此款与前款观之，则藏人之欲步库伦后尘，以脱离我国，显然可见。非严词拒斥，诚不足以戢其叛心也。

七、藏中官吏皆以藏人充之。夫官吏登用，本有法律规定，以本地方人为本地方官吏，其说未尝不可行，现在各省亦何尝不特开此例。唯必限以藏人充之，则其弊有三。（一）全藏人才，未必尽能适用，勉强操觚，终贻覆鼎之忧。（二）此风一开，各地效尤，则爱乡心切，自为风气，中央不能收统一之效。（三）因此限制，中央不能为地择人，则各地有遗才之憾，而政治进步亦因以迟延。此种弊端，藏人岂见不及此。徒欲以藏人掌握政柄，使种种秘密政策易于进行，故腼然为此要求，以求达其目的耳。

夫达赖喇嘛此次条件之提出，说者多疑英人实为主动然。英人之煽惑西藏与日人之煽惑满洲，俄人之煽惑库伦同出一辙，岂自今日始哉？当国者，不患人之谋我，而患我之不能善自为谋。顷闻总统府内以英人前此之逼胁及藏人此次之要求，特设筹藏处，专筹对付藏事，以嘉珊为处长、以张阴棠为外交股长、以姚锡光为军事股长，分途擘画，则英藏问题或不致蹈俄蒙覆辙。然吾所望于政府者，则前述之七大条件，尤当从速解决，以消藏人跛扈之心，即以绝英人煽诱之路。对内稳健而对外政策乃易进行也。政府诸公尚其慎旃。

1912 年 12 月 7 日

宜组织蒙藏探检团(时评)

笑

吾国近日以蒙藏事朝野焦心，又以英俄之外交而起种种掣肘之事。盖以吾民族之与蒙藏，转不如英俄之相习。吾国民今宜多设蒙藏探检团，或以二三十为一组，或以十余人为一组，其事轻而易举，为费既省，程功颇大。此等冒险之精神，为吾国民所宜用，似较之虚枵之征蒙团为有益也。

1912 年 12 月 11 日

西藏警告记

虚　公

民国成立以来，边情危急。如西藏、如蒙古，皆民国历历伤心之史。自《俄库协约》发见后，国人惊汗相属，万目睽睽，悉注射于蒙古一方面。而西藏之情状如何，除川督稍发一二通公电外，久矣不见揭载于一般新闻纸。英人之举动亦殆如入岫之云，虽舒卷自如，而不为国人所注目。兹《德文新报》述英人近日在西藏之行动，实为触目惊心，特录之以资警告，其词如下：

今岁六月间，中国遣征藏军由四川出发，当出发初，伦敦《泰晤士报》即告英政府曰：中国之遣西征军，当大启杀戮，为西藏祸，请速与中国政府交涉，阻西征军之进行，否则，西藏自治权将复剥夺无遗云云。英政府用其谋，即嘱驻北京英使朱尔典氏照会中国政府，谓按千九百零六年条约，中国无派兵西藏之权，请即将西征军撤还云云。当时中国政府作何答复，外间多未之知，惟闻曾允将征藏军逐渐退回。一时，中国报章以政府办理外交失败，几起攻击。未几，小借款成立。小借款系伦敦银行团承借，中国对英感情为之一变。至《俄蒙协约》问题起，风云紧急，注意北土，不遑西顾，而英之在西藏作如何举动者，几举国人无一知者矣。其实英在西藏之动作与俄在库伦之动作无甚以异。所异者，英国以某种东方机关报之作用，其动作能掩人耳目，而人不及觉，而俄则大为舆论所不直耳！三星期前，曾接喀尔古塔来电，称中国驻藏兵悉被英兵逐出云云。又本月初，中国专使抵拉萨，欲与达赖喇嘛开谈判磋商一切，英人百方阻止，专使无如何，此英政府在西藏动作之最著者也。其它以道途阻塞，情形之不及察者尚多。现下，喇嘛一举一动，悉受制于英政府，其近日与北京政府磋商条件，即系英人指使，其条件如下：

一、藏人每年以五百万元输给北京政府，其余一切收入，留藏以为自治费。

二、西藏矿产悉由藏人自行开采。

三、中国本部人不得为西藏行政官吏。

四、西藏得自由练军。

五、华兵之驻西藏者，不得过五千人。

上五条件似否可行退让，当仍由英政府主持，喇嘛不能自断。然则西藏之喇嘛固一与库伦之活佛无异也。至中国政府欲以兵力服西藏，尤为难能之事，盖征之于四川之征藏军可见云云。

1912 年 12 月 12 日

西藏最近之恶消息(要闻)

《俄库协约》发表，国人对于中俄交涉极为注意，政府日来亦正为此事郑重与俄使开谈判，而风声随之紧迫者，即为西藏问题。英人近日之种种行动已迭纪前报。日昨政府又得尹昌衡来电云：达赖班禅两喇嘛近日对于民国感情甚恶，而极与英人相接近，所有居藏汉民多被驱逐出藏，并时有虐杀拘掳等情。中国兵队入藏之道早已不通，前拟假道大吉岭，而沿途有英兵驻扎，不克入境云云。政府日来正以中俄交涉方在困难中，又复得此警告，甚觉左右为难云。

1912 年 12 月 14 日

论主权宗主权告陆总长(社论)

微　尘

俄库事件之至于今日，我国民一变其激烈之热诚，而为冷静之态度。我政府亦不为武装之对付，而为和平之磋商。夫以财政支绌，兵力幼稚之我国，能以口舌了此大事，宁非国民之所希望。而记者前此之主张武力者，诚恐以和平手段不能解决，即能解决而必无良好之结果，其势必至中俄条约成一变相之《俄库条约》。全蒙大地，不由活佛断送，而由我政府断送耳！今陆总长与俄使交涉，亦凡数次，俄使提出之十二条款，内容秘密，未能尽悉，而我陆总长之所提议者：一、俄须承认中国在蒙之宗主权；二、中国施行主权，一沿满清之旧；三、于商业上之利益条约，须由中俄订结；四、须取消库约等。其二三四各项结果如何，今在磋议中，且勿具论。而第一条之所谓宗主权者，以今日俄人态度之强硬，承认与否，虽未可知，然即能如陆总长之所豫期，而已使蒙古与我国为无形之断绝，将领土关系一变而为宗主国与保护国之关系，此根本上之错误，不可不审也。夫第二条款，既曰主权，则第一条款，亦当一律。而乃别之为宗主权者，岂以主权与宗主权之解释并为一谈乎？抑以俄人手段之强悍，而先为退步之余地乎？夫国际法例与国际文书对于领土之用语则曰：主权对于保护国之用语则曰宗主权。主权者，国家权利之最高，而有独立之性质。故同一领土之上，不能有两个主权。宗主权者，其本质有弹性力，故同一保护国之内可容两个或两个以上之宗主权（共同保护国是也）。前者英于印度、法于安南、日本于朝鲜，各国皆认其为保护国，故皆认英法日本为有宗主权。今之蒙古纯为我国领土之一部，则我之在蒙，当有完全之主权，而不仅有宗主权。今陆总长乃仅以此要求俄人，是直抛弃权利，使我国与蒙古脱离原始的一切主权之旧关系，而别生一新关系。以自始不脱离者，必使之脱离，他日欲于脱离后，而使之不脱离，其交涉困难当有百倍于今日者。且前提既误，根本上之根据已失，无论何种条款，即能完满解决，而蒙古对于我国，已立于被保护国之地位，无领土主权之可言。利害得失，何啻倍蓰，而况其所提议之条件，将来结果又未必遽满人意者哉！畴昔朝鲜本为我国藩属（属国与保护国不同之点，日本中村进午《国际法》言之颇详），自《天津条约》，日人以宗主权属我，置朝鲜于共同保护之下。甲午之役，日人有所借口，遂纱吾臂而夺之。前车之覆，厥鉴不远。今日之蒙古，与昔日之朝鲜关系密切，不可比伦，而乃以宗主权要俄，唯恐不及，其失策不已甚欤？且列强环伺，虎视鹰瞵。英日两国，若以暴俄手段诱满洲，噱西藏，以步俄库后尘，他日磋商，又将何以对付？不将使全国领土尽变为我之被保护国而后已乎？此吾所以拳拳于主权与宗主权之辨，而为我陆总长告也。

1912年12月14日

边藏新闻记

尹镇抚提倡工厂

打箭炉龙王庙侧苦力工厂，经前清该厅同知王又农创设。开办以来，颇著成效。尹镇抚因见该厂人数过多，厂房狭隘，又极力提倡，特捐廉四百金，并劝集绅商资助，共得千金之谱，购买毗连该厂住房一院，添筑厂房十余间，现已告竣，迁入工作。其内分制革、缝纫、织纺、竹器、木器、编履六科。延聘技艺娴熟之工师，教授学徒，边地工业，可望发达矣！

剌麻番匪尽投诚

九月二十六号我军进攻剌麻了，该地闻风投诚。至十一号乡城娃裹胁逆番三四千来围我军，当即迎击，匪败至大坝村，占据碉房十余间，殊碉房坚硬，步枪难以奏效，日夜力攻。十三号用炮队轰击，十四号番始败窜。我军阵亡九人，受伤二十余人，番毙四百余人。又闻滇军至盐井与畜匪已接数战，稽标长于二十号前进，办理滇军交涉。我军现正准备进攻乡城云。

二郎湾之剧战

自蛮匪复叛，乘我不备，攻据剌麻了一带地方，意在使我前后隔绝，断我饷道。其计未尝不恶，该地为番人占踞后，巴里中道复被阻塞。陆军前次以此失援，稍受损伤，尹司令仍乃檄调边陆两军，前后夹击，恶战三日，轰破里塘所储之大炮一尊，闻现已将该地夺回。巴里军报：运道已经打通，番匪数千，群向二郎湾等败退，我军乘胜追逐，阵斩番人甚多。近尚在二郎湾一带开战云。

喇嘛寺之公园

距昌都三十里俄洛桥之喇嘛寺，原系伪都督所居，嗣该逆畏罪远飏，其寺遂空。该地阻山带河川藏咽喉，刘督战官现已派兵防守，其门前有杨柳万株，罗列成行，地亦甚宽平，大有湖山名胜之概，闻刘军拟将此地禀作公园，并设此次阵亡诸烈士之神位，以昭忠义而励将士云。

1912年12月19日

十九日成都专电

尹都督决意在察木多度冬，暂停西征，修养兵力，候来春再行进攻。近尹曾来电，请派援队赴西。因有藏人万名，携有来福枪以备抵御华军进攻。华军兵力过单故也。据成都各报载称：当道已在竭力豫备，由第四镇陆军内挑选精壮一标，派往西藏，以增兵力。

1912 年 12 月 20 日

二十一日成都电

藏人尝乘夜击乡城，华军死者三百名，闻旦夕将有拔队开赴前敌。

1912 年 12 月 22 日

论列强谋我之危迫(社论)

惜诵

吾政府方欲以外交手段解决蒙事，而道路传闻，则谓列强意旨：先在定边疆势力，而后始承认民国。盖其意惟欲以中央十八行省，认为吾族立国之地。而于五族共和之局，则始终不肯承认。夫惟不认五族共和，则边圉之地，非汉族所固有者，可以惟其意所欲取，不必更竢主国之首肯。此所以俄之于库，始则极意构扇，继复竭力扶持，尚自诩无背于公法也。吾朝野上下，犹冀友邦之执言仗义，慨效调人，今若此，其又奚望焉？顷者，英且要求川边修筑铁道之权，自缅甸至片马，经里塘、巴塘以抵拉萨。法亦要求自河口东通两粤之路线，使斯言而信也，则彼族势力之伸张，亦已侵入内地，不复以边圉为止境矣。此其为祸之烈，岂库伦极边一隅所可同日而语？此而尚不谓之瓜分，必竢潴其宫、屋其社，而后谓之亡国也哉？吾国人之习惯，常好争虚名而不顾实祸。闻俄人之惎库伦独立也，则愤然不忍其詢，举国人悉起而与之争。闻英法之要求路权也，则以为外交上习见之事，虽未尝不思保护路权，公然任外人之予求予取，然其震悚愤惫之心，较之对于库俄，则有间矣。庸讵知英之要求如遂，则缅印与卫藏，从此呵成一气。我欲出岉边一步而不能。非特失全藏，抑且并宁静山东而尽捐之。法之要求如遂，则由西贡而至广州，不啻户庭之近，调兵转饷，数日可达。广西东西，遂为法人掌握中物。吾中原之南部，遂将以五岭为极边矣。数年以来，英人铁道已达大吉岭巅，下岭十余里，即吾靖西厅地。倘由此接修路线，东趋而抵拉萨，路线较近数千里，施功抑且平易，所省宁可数计。英人顾舍此不为，转为缅甸北境，迂道西出，险远劳费，宁止倍蓰，可知其目注心营，不仅仅在一卫藏，实将尽川边而囊括之。其高掌远蹠之雄略，实有使人不寒而栗者矣！法人觊觎滇粤，历有年所，然东西皆为英所扼，不克尽吾五岭以南而奄有之。故其第一要计，必先举滇粤之交通联为一线，始无虑英人势力之伸张。此线一成，则以西贡为中坚，而西通洱海，东达羊城，行李往来，无虞隔越。其远略虽较英为少逊，然西有缅甸，东有香港，壤地褊小，本不足以容六翮之回旋。今此举若成，在法人亦可谓心满而意足矣。所难堪者，独尸此主人翁之资格者耳！吾国民其识之，英法之为此要求，寔即与俄人并兼蒙古相交换之利益耳！夫岂独英法之得志而已，英法既满所欲以去，列强岂甘向隅？日必要求福建，义必要求两浙，德必由山东而进规汴洛。而俄日之得志于北方者，更将得陇望蜀，必不肯遽盈其欲壑。盖世界均势之局既破，列强皆自便私图，展转因缘，更无满志踌躇之一日。弹丸黑子之神州，其能经几番之分割也哉？吾国民日日求人之承认于我，而其所以为承认之代价者乃如此，则何如不求人承认之为愈耶？虽然吾国民其勿以是而尤人，且勿以是而自馁也。吾除旧而布新，将以废昏立明，改弦更张，以协力对外，共挽国权为目的耳！乃自旧政府之既仆，而新政府卒无完全成立之期，荏苒经年，内容益涣散腐败而不可理董。我已失其所以立国之资格，又奚怪夫人之协以谋我？知其所以致祸之繇，而亟图所以弭祸之策。朝野上下努力同心，勿以权利而生畛域，勿以党派而起嚣争。多难兴邦，殷忧启圣，安知累卵之危，不转而庆苞桑之固也乎？而不然者，则吾未如之何也已矣。

1912 年 12 月 23 日

特约路透社电[英使朱尔典照会中政府]

英使朱尔典曾于八月十七号照会中政府，请依英国提出之意见缔结《西藏新约》以为英国承认民国之前提一节，现由中政府行文照覆。措辞诚恳，文内先引一千九百零六年《中英藏条约》第二款内有英国允不兼吞西藏之土地及不干预西藏之行政，中国则允不准他国干预西藏之土地及其内政等语。并一千九百零八年《西藏贸易章程》中国有在西藏商场办理警政及保护交通之权。继谓中国实无欲将西藏改为行省之意，中国对藏政策全依民国《临时约法》、清帝逊位宣言、总统履任誓词及给还达赖喇嘛封号之命令为规约。中国今方合五族为一家，焉有以西藏改为行省之理？英政府愿维持西藏政府旧制，中政府亦同具此愿。中国之派兵入藏实为履行中英条约义务当有之权利，盖按照条约，西藏领土之治安须由中国维持故也。中国未尝欲于藏地驻屯无数之军队，至英国要求商订新约，中国以为前清所缔之约，规定西藏之状态，极为明了，故不必重订新约。印度政府阻止中国取道印度以与西藏交通，中国深以为憾，此种举动除交战国外，绝少施行。中英邦交素称辑睦，尚望英国变此态度，以保友谊。末谓英国以承认民国胁迫缔结西藏新约，英国不特不应出此，且应早为承认，盖此举与彼此两方均能有益也。（二十四日北京专电）

1912 年 12 月 26 日

外交部为西藏事覆英使

二十三日外交部为西藏事覆英使，八月十七日来文之要点：

（一）英不许合并西藏及干涉内政一节，中国仅认此节，限于其它一切外国不得有此。

（二）照一千九百零八年之通商规则，中国有管理商埠警察及保护印度西藏间交通之权，当得干预其行政。

（三）总统之五族合同，命命祗系，按照约法及清帝退位诏谕及其它各宣言所颁发，并无变更西藏旧制及现状之意。

（四）按照中英条约保护秩序，不能不派相当军队，此外并无派兵意思。

（五）英虽请另订新约，实无此必要。

（六）英拟遮断印度国境交通，此系交战举动，切望取消。

（七）英以解决藏事为承认民国条件，承认系与英有益之事，望勿并为一谈。

英使接照会后，大为不悦，啧有烦言，闻已电本国政府，拟力驳，但现尚无覆文到部。

1912 年 12 月 29 日

英藏交涉之将来（时评一）

英藏交涉，今又开端矣。将来之如何虽不能预测，然观英使之不以陆总长答复为满意，是又一俄蒙交涉类也。夫俄蒙交涉，说者谓最好之结果，等于前次之英藏交涉，然由今以观，窃恐他日之英藏交涉，其最好之结果又将等于今日之俄蒙交涉也，尚何言哉？

1912年12月30日

特约路透电［西藏业已宣布独立］

据俄国《洛伏佛莱雅报》载库伦电称：达赖喇嘛心腹特觉其夫顷由拉萨行抵该处。据谓：西藏业已宣布独立。达赖喇嘛业已登祚。今授以特权至蒙商定蒙藏条约，并就商俄国，以期订约，将西藏归英、俄两国保护。如能商妥此事，则达赖喇嘛拟以通商之便利许与英、俄两国人民而免缴纳捐税，并准英、俄在藏开浚天然利源，及筑造铁路、兴办电政各项权利。（三十一日圣彼得堡专电）

中英西藏交涉之近事志要（目）[①]

1913年1月3日

西藏问题之最近消息（要闻）

今年八月间英政府关于西藏问题要求我政府四条：一、缔结新协约。二、不可进兵。三、不干涉其内政。中国官宪以后不可假道印度，直进拉萨。且声言：如中国许其要求，英国即承认民国。当时袁总统以中英两国素敦睦谊，一切交涉皆易商办，当命四川都督尹昌衡退兵巴塘。一面复封达赖喇嘛之位号，以冀藏事早日和平解决。故于昨二十三日备文回答英使所要求之四条，大意言：中英两国间有一千九百零四年、六年、七年之条约在，无从新缔结新协约之必要。且民国政府对于西藏进兵，并非无制限。至干涉内政一节，则一千九百零七年之约，各国政府有不干涉西藏内政之约。中华民国五族一家，藏人为五族之一，民国当然有干涉其内政之权。且中国并未驻兵于印度之国境，亦曾无杜绝交通。据一千九百零七年《中英条约》，英国本有输送之义务，并无遮断之理。至于英国承认民国与否，此为别为问题，中国自身不能强人承认云云。闻英使接到此次回文之后，以中国拒绝其要求，

① 《申报》1913年1月3日登载《年前中英之藏事交涉信》。

甚为不怿。盖此项交涉尚待磋议云。

1913年1月4日

五日申刻北京电

尹昌衡电政府,谓达赖喇嘛虽已投顺民国,藏番仍不时骚扰华人,多方苛待。

1913年1月6日

六日戌刻北京专电

达赖喇嘛年底曾覆总统电,谓中国国势未宁,总统当善自维持,至藏地藏人不烦远虑。番众之所以不服,由驻藏汉兵骚扰太甚,庙宇被毁者甚多,掌兵者不能节制,他更何有云云。内容极为激烈。

1913年1月7日

七日戌刻北京专电

达赖喇嘛前遣密使赴库伦,称颂独立,且求派人指教,活佛遣其师往。故路透社电所传藏库联合事内外皆信为实,惟据外人云:若藏库有政治上联合,则英俄势力必生冲突,俄必干涉蒙人勿尔。驻俄使刘人镜电称:库逆拟聘沙索洛夫为高等顾问,沙兼熟藏情,此亦大有深意。

1913年1月8日

西藏问题续志(要闻)

汉兵屡次之死亡

日前拉萨屡次被围,汉人死者数百人。路旁僵尸重叠,臭味上腾。其致死之原因,大半因粮食断绝所致,而死于战役者尚属少数云。

和议之有望

藏番仇视汉人，以致有以上结果，其原因皆由达赖一人挑拨感情所致。联豫现又与达赖议和，闻达赖颇有悔祸之意，和议或可有成云。

藏员之建议

藏员吴抱一前自印度间道至申江，近日已来京陈说一切。又亚东关监督高师周近日亦由藏来申，闻小住数日，当乘津浦火车北来，向政府报告关于西藏情形及一切善后之法。

藏兵之回华

中国驻藏军队前已回一队，已见各报。近日又有第二批藏兵归至上海，当由政府电告江苏程都督妥为解散云。

1913 年 1 月 13 日

西藏事件之近闻(要闻)

西藏事件自去腊十二月二十四日我政府回答英使之后，致英政府颇为不悦，曾志前报。据十余日以来英国表面上无何等之反驳，惟据精于外交情形者谈言：英、俄之间虽未有具体之协约，而暗中觉互有密商。质言之，即俄国承认英国在西藏之行动，英国承认俄国之行动。故英国近日舆论颇表示强硬之意。《泰晤士报》至倡言英国须派荣赫鹏一流入藏。荣赫鹏氏，英国陆军大佐、英国边务大臣，乘日俄战争之际曾率兵入藏者也。据此看来，则英国民间之言论竟主张有派远征军之必要，此事与日英同盟条约之主旨大相冲突，将来当为国际上一问题矣。

1913 年 1 月 14 日

中英之西藏问题(要闻)

西藏问题比来日多一日，英国政府及其议院对于此次交涉异常注重。大总统日昨连次与赵总理、陆总长磋商，以未得真确消息，故亦未敢着手交涉。兹就目下所得消息志之如下：

（一）藏库探报之不同

总统府消息：大总统因接库伦密报，西藏达赖喇嘛仿库逆哲布尊丹巴将宣布独立，并有赴库之消息，甚为注意。日昨复接库伦密报，甚确，尤形焦虑，召赵总理密商一切。当又接西藏来电报告，谓午密详细侦查，除邀求政教合一外，并无他项形迹。赴库一层，盬电已经详陈。攻击联豫，确有其事等语。当去复电，并致黎副总统加急密电一道。尚未探悉，想亦系藏事问题。

（二）英报议论之不同

日昨《太晤士报》论中国在西藏之举动曾云：袁总统与各顾问均谓英国将不抗拒征讨西藏之事。总统等之意，似有错误。因英国定不许其违条约上之各种权利。其最善之法，可以划定中国在西藏永久保存之主权者，莫若特派英国代表一人前往拉萨，若英国与拉萨交通之公文均由北京转递，真所谓可与西藏直接联络之权利实徒托空言云云。

1913年1月15日

专电[西藏待遇条例已交国务院]

西藏待遇条例已交国务院，议分五项：（一）不以藩属待遇。（二）土地治理权、喇嘛封号及各项俸给概仍旧。（三）驻藏大员另设行政机关，参用藏人。（四）以藏有矿产为藏人生计。（五）凡藏人通晓汉文者得用为民国官吏。（十五日戌刻北京专电）

译电（《字林报》）

北京电云：中国政府示意英国使馆，中国欲与英国开藏事谈判。若以现在情势而论，中国文武官员之驻藏者均已离藏。四川征藏军则又屡为藏军小挫。据成都最近消息，虽未知其确实与否，巴塘华兵尽为藏军所杀，雅州府援军均不愿向前进发。然则中国在西藏一方面所占地位甚劣，中国自欲与英国交涉，俾能藉笔墨恢复其向时所据之位置。但英国前曾照会中国，中国迟延甚久始行作覆。即其所覆照会内容而论，又属大愚。恐英国必须中国更变其十二月二十三日作照会时所持之态度。且中英两国间之他种问题，以中国对付之方法而论，两国对于藏事恐不易即开谈判。总之，中国欲藉他方面之事势以恢复其已失之主权，则殊无疑义。

1913年1月16日

惨痛之外交（要闻）

（一）西藏问题

西藏问题自去年年末外部答覆英公使后，英公使怫然不满意。而伦敦《泰晤士报》即主张如中国再派兵入藏，英即将用荣赫鹏大将一流人物领兵入藏。荣赫鹏者，即前清光绪三十年前领兵入藏，是年与副王班禅额尔德尼缔结《英藏条约》者也。此间外人多谓泰晤士此语即代表英人此后对西藏之政策。自藏乱后，电报交通一切为英印度政府杜绝，故此间殊难得其确耗。据此间英人虽自谓英国只求西藏秩序不扰乱，并不曾接济达赖喇嘛以军械火药等，英国亦并无侵吞西藏土地之野心。而据记者所得消息：钟颖之与藏番开战也，实分两次。第一次实系有少数官军纪律不严，致动番怒，因致开衅。后因有人调和遂决议将两方军装锁置大庙中，除紧要之卫队外，一切遣归中国。事已平妥，而藏番忽尔叛变，其所用军器多非藏中所有，而钟颖遂致被围。尹昌衡君之军与藏尚风马牛不相及。达赖现尚未到拉萨，所驻之处系大吉岭之间。其左右用事者为夏札，其权力若库伦之杭达亲王者然。现达赖已派达赖喇嘛［专使?］赴库，自称有缔结蒙藏协约之权。藏乱日亟，达赖叛据之势日深。则英之外交对我愈益有词，则英公使自接外部覆函后，至今并不回答，可了然而知其故矣。

……

1913年1月18日

西藏问题之变态（要闻）

西藏问题自去腊十二月二十三日回答英使之后，英政府尚未为何等之回答。惟赵智庵总理特拟待遇西藏条例七则，呈请大总统核阅，发交国务会议，据公式所发表者：一、不以藩属待遇。二、原有土地统辖权一切照旧。三、封号照旧。

四、各喇嘛俸给照数支给。五、裁撤华官另行设立行政机关,以藏人治理。六、西藏矿产定为藏人生计。七、藏人通晓汉文者得任民国官吏。此议出后,外间纷纷推测政府对待西藏之态度较前已有变更。惟达赖喇嘛已于去年九月间提出数条要求:一则西藏为藏人治理。二则民国每年补助西藏政费五百万两。三为西藏矿山可自由抵押外人。四为西藏自行练兵,但中国可驻扎一千五百名之兵额。五为藏人为蕃吏。此次赵总理所拟优待条例与达赖所要求如一鼻孔出气,且于任官一节:汉人不得为藏官,而藏人反得为汉官。盖当时中国委汪吉符、姚宝来使藏,既为藏人所阻,不得通过。后十月间忽派温宗尧、王人文为达赖册封使,亦为英人所拒,不能入藏。此次政府意思隐然承认其自治,实为对藏态度之大变形云。

1913 年 1 月 18 日

专电[优待西藏条例]

优待西藏条例,国务院议以第三条裁驻藏大员参用藏人于统治权有碍。第四条定藏矿为藏人生计,于开采办法,抵押或私售之限制均未注明,故未通过,令蒙藏局修正再议。(十八日亥刻北京专电)

1913 年 1 月 19 日

译　电

柏林电云:西藏与蒙古业已订立条约,互相承认独立,共谋振兴商务,推广佛教。

西藏问题之昨今(要闻)

西藏问题自从去年十二月二十三日政府回答英使之后,不久又有赵总理优待条例之报道。外人纷纷推测,以为去年回复,袁总统故作强硬态度,其实别有用心。赵总理优待云云,与承认其自治无异。此实为神经过敏之观察,不足为凭。闻外交部于本月初十日函致英使,询问去年回文是否代达英国政府,并申明中国政府对于藏事终始希望和平解决云。

1913 年 1 月 21 日

蒙藏之恶风云(要闻)

……

三、藏使抵库后之举动

西藏达赖喇嘛遣阿克亲王赴库伦谋蒙藏联络事宜,已志前报。兹悉该亲王抵库后,代达赖喇嘛意旨,略称:蒙藏各自独立以后,宜联合进行。所有西藏一切邮政、电线、采矿等事均受英俄两方之保护,并请活佛大开会议,关于蒙藏协约各种重要问题,开会时并公邀俄代表与会,以便主持一切云。

四、蒙藏条约成立之再报

蒙藏协约成立,两方互相承认独立,并规定扩张佛教及一切通商事宜,已志前报。惟此系据路透访员报告。昨又得柏林德文来电,亦称蒙藏协约确已成立,约内容与路透访员所报告者无异云云。据此,则蒙藏协约确已成立矣。

1913年1月27日

英议院关于西藏问题之问答案(要闻)

关于西藏问题,英政府于去岁八月间照会我国政府,旋由我国政府于去岁十二月三号详为答覆。于本月初十日函讯英驻京公使答覆案究否已转递该国政府?有何意见?请速明示云云。兹悉英政府对于西藏问题现正详加讨论,以便答覆我政府。日前该国下议院议员某君特向外交大臣提出质问案二:(一)英国去年八月十七号照会中国之照会是否已由中国答覆。(二)中国前会宣言中国在西藏有自由干涉之权,英国是否允许云云。外交大臣答以去年八月十七号照会已由中国于去年十二月三号答覆,其内容现正由英政府研究,不日当有结束。至中国欲在西藏有自由干涉之权,为英之所万不能承认云云。

1913年1月29日

外蒙专使到俄及蒙藏间之秘密关系(通信)

欧行记者

外蒙所派专使于十二日到森彼得堡,由库伦取道西伯利亚,计行十七日。现俄政府已正式接待,馆之于大客寓中。全专使团共十六人,杭达亲王为之领袖,而副之以奚林丹定亲王,余皆随员及仆从也。杭达自称为呼图克图钦命之外部大臣,且为成吉思汗嫡派子孙。彼与俄有旧交,千九百十一年九月曾到俄京,即与俄相密谋,嗣是常为俄谍。此次俄蒙条约,纯为彼所主持,故俄尤亲信之。闻俄领事西斯马活夫亦在专使团中,盖俄外部派以照料,颇有权力。昨日,俄外部沙索洛夫曾亲接见杭达,密谈甚久。今日导之谒见俄皇,优加殊礼。蒙人贡献极多,如名马、鞍鞯、金佛之类,并遍赠俄之当道。杭达奉使本意在求俄助蒙古完全独立,并答谢俄之承认其自治也。其与俄外部所谈,着重独立问题,意欲尽脱中国羁绊,并问倘蒙宣布独立,中国起兵讨伐,俄国是否能以武力为蒙后盾。俄外部答词极为活动,不肯全担责任。嗣又谓蒙当派驻使于森彼得堡。俄外部答言:此节尚觉太早。但亦不甚拒绝,嗣谓蒙可派一代表于俄京与俄政府随时直接交涉,俄亦当派一外交代表于库伦。惟暂不付以全权及公使名称耳!杭达又请俄须多派武员代练蒙军,并多给以军械,始能抵御中国。俄于此节大表同意,最近运入蒙古以俄之新式快枪六千枝,正实行其所主持也。盖俄欲外蒙以其本力自卫,不欲为外蒙全负责任,首当其冲。此其理由,去年屡次报告,已详陈之。今俄仍此态度,未稍改变。本社森彼得堡通信员曾亲与蒙专使团中人接谈,据云:库伦现状极为困难,自与俄订约后已与中国之经济关系断绝,各盟王公多不满意。加以俄外部又不肯承认外蒙完全独立,其尤可恨之处,俄竟与中国谈判取消俄蒙条约,是俄不啻以蒙为之牺牲。

蒙请俄派大使驻库,并欲俄允接待库伦驻使,俄皆有所犹豫,所议俄库铁道亦未能即行解决。在蒙一班舆情又以华商迁徙,于其生计诸多不便,俄商并不能起代华商,遂至百物腾贵。即以茶论,现已较前贵至三倍,其他皆可类推。最近复有贝加尔省附近之哥萨克人擅与蒙人挑衅,彼此相斗甚恶,俄蒙感情远不如前。此次专使到俄,倘俄不能与以满足,则拟遍谒全欧列强之政府,蒙亦不愿专属于俄矣。记者日前在伦敦于英人方面所得消息尤堪骇异,西藏之达赖喇嘛方与外蒙之呼图克图秘密交涉。其所遣之专使已到库伦,即达赖重臣中亲俄派之佐治野夫是也。佐治野夫前以反对英人在藏之势力,曾游俄法两京,极力游说俄人干预藏事。达赖派其到库，乃欲假道外蒙求助于俄。彼告蒙人言：西藏实已宣布独立，达赖与以全权来库，商定藏蒙连合互保之约，并拟与俄政府讨论英俄公保西藏问题。藏人当许英俄以同等利益之酬报，其密告俄人之语：则谓中国现方极力设法回复其在蒙藏之势力，并当扩充此项势力以及于俄之领土所有俄属鞑靼种人，均不难借藏中喇吗宗教问题以煽惑之。袁总统魄力雄大，必足为害于俄，刻方派员与达赖磋商，并许每年以巨金贿赂达赖。但须达赖承认中国有派官驻扎西藏之权，并以宗教问题运动外蒙内附，即可定议。自彼到库伦后，各大寺院之喇吗均欢迎之，且信仰达赖圣灵，真心归依。彼为俄之好友，望俄勿淡漠置之云云。按俄英前为藏事冲突，即恐以宗教势力影响蒙古。佐治野夫首以此说怂恿俄人，自能得间而入。俄于藏事久不过问，今或以外蒙之故，再有所图，亦未可知。英决不能听俄插手，势必迫我从速解决，允其所至。不过英俄再为协商，蒙藏皆非我有。就上所闻各种情事研究，藏蒙勾结外人实过于外人之煽惑蒙藏，未尽如吾国报纸所述。抚慰诸策，适为所笑。在我政府正宜速筹他法以对待之，于外则去其援系，于内则震以军威，庶乎其有济也。

1913 年 2 月 11 日

专电

喧传英俄两国声言，若中政府此后仍陆续调兵赴蒙藏，英俄亦必同时运兵前往抵制。（十三日申刻北京专电）

1913 年 2 月 14 日

专电

又据某报载称：达赖喇嘛所派蒙古专使已偕随员由海拉尔回抵蒙古。（十八日哈尔滨专电）

1913 年 2 月 19 日

专电

陆兴祺报告英人已在西藏白渣棍寺及春惟等处建立营垒。白渣棍距江孜六十

里，春惟只三十里。又在大屯多宗支立检察局。（十九日戌刻北京专电）

蒙藏之前途(时评)

珉

蒙藏之前途何如？我国所主张者绝无丝毫进步，岂但无丝毫进步，蒙不取消独立，且又内犯。俄不取消协约，且逼我承认。藏已与蒙联，英且进逼云南。天下事不进则退，我国民其知否？

1913年2月20日

专　电

达赖喇嘛遣藏僧代表四十余人取道伊犁赴库伦与活佛面订要件，有人电告伊新大吏，嘱为阻拦。（二十一日申刻打箭炉专电）

1913年2月22日

专　电

当道近接库伦密探急报如下：（一）西藏达赖喇嘛遣代表赴库伦乞活佛代恳俄皇从速承认西藏独立。（二）请俄皇调军赴藏助其拒华。（三）藏人与中国交通全行断绝。（四）禁止华人入藏。（五）活佛亦请达赖委派代表常驻库伦。（六）将布告列强蒙藏悉已独立，乞各国承认。（七）并恳达赖永托英人保护以便据华得力。（八）蒙藏须结和约专条，永远遵守，彼此相助。（二十二日申刻北京专电）

1913年2月23日

记蒙专使团在俄之举动及蒙藏条约(通信)

欧行记者

又电“蒙使转交俄外部以呼图克图官电声言：蒙政府已答复袁大总统，去年十月照会，其词略谓：中国内乱自顾未遑，南北分裂，翘足可待，尚何余力及蒙。俄蒙条约既成，蒙已完全独立，从此当以全力自保主权，决不听中国之侵损。刻已秣马厉兵，中国不知进退。蒙当以武力对付，俄人极为快慰”云云。记者前此报告所述蒙藏商订互保之约，旋即于俄京调查，闻此约确于本月（一月）二十日在库伦签字，其约文大意系称：“西藏君主达赖喇嘛承认蒙古独立，承认呼图克图为全蒙之君主。蒙古呼图克图承认西藏独立，并承认呼图克图为全蒙之君主。蒙古呼图克图承认西藏独立，并承认达赖喇嘛为全藏之君主。蒙藏两国当合力扩张佛教，并于国防上互相援助，以备中国攻击。蒙藏两国交换利益，彼此开放以便发达其商务，并听两国人民自由营业，移殖迁徙，不加限制。”惜未得其全文耳！俄外部亦宣言蒙藏互保之约已成，不特互认为宗教上之主权者，且互为政治上之主权者云云。其言又适与记者所得约文大旨相符合也。俄工商大臣地马舍夫于俄蒙条约缔结之后，极注意于扩充俄国商业。此次与杭达讨论最详，以蒙之商务中心地点与俄之衣尔枯斯克连为一气。当杭达来俄，过衣尔枯斯克，该地巡抚首出招待，早与杭达商定办法，并请蒙古到衣尔枯斯克赛会，杭达亦允许之。俄在衣尔枯斯克有大资本家二人[①]：一名晋斯克威定洛夫；一名灵飞活夫。已为库伦政府聘请，前往库伦办理蒙古国家银行，有制造货币及发行钞票之权。其保证金则先贮存于俄国国际银行，以为后盾。蒙政府于财政上若有所需，则由蒙古国家银行先行垫给。惟蒙古政府须以全蒙之矿权让与该行，以为抵押。当该行成立之时，蒙政府须颁一令，废去以物交易之旧制，强制全蒙使行货币及钞票，以谋经济发达。俄之于蒙，可谓连皮带骨吞噬无遗者矣。俄报尤谓蒙人百事能听俄之调度，将来进步必较中国为速。呜呼！吾国人闻之而不感奋者，非人类也。蒙使在俄宣言：中蒙必有战事，惟在开春以前中国断难进兵蒙，蒙当早为之备。待至和暖，则蒙已设备完善，当可无惧。最可奇者，今日蒙使致电伦敦平和会议，祝贺巴尔干各国专使，谓各国当时为土耳其所制，亦与蒙古西藏屈服中国权力之下，情形相同。今乃得此胜利，大足为之吐气云云。此电词意，俨然以中国比土耳其，蒙藏比巴尔干各国。野心流露，不可一世。吾国不竞，乃欲以虚声震摄或复侈言招抚，亦适为蒙人所笑而已。

1913年2月27日

藏人参与宪法起草问题（要闻）

蒙人参与宪法起草问题已经国务院于星期六开加班会议通过，内外蒙古各举

① 原报为“工人”。据1913年3月30日《记蒙专使团在俄之举动及蒙藏条约》改正。

一员,即由在京蒙古王公中选充云。后提及藏人,自应准予参预,以示一律。惟查并无驻京藏员,恐难实行参预,只得缺席。当日即将此项情由一并送交蒙藏局矣。

1913 年 3 月 1 日

俄藏关系之内幕(要闻)

西藏步库伦后尘,宣言独立。以故库藏结约,喧传一时。至该约成立之原委,外间鲜知。盖我国言藏事者多谓藏与英有密切关系,若俄藏则只地势之接近而无政治之交涉。以英、俄二国曾约言蒙为俄人势力范围,藏为英人势力范围,二国各自进行,不相侵越故也。其实俄人对于西藏野心曾未稍戢。昨据某报记者述称:现俄库及西藏已打成一片,彼此错互势如连鸡。此次库藏协约之成立,俄政府介绍之力为多。俄谍名多尔希覆者,尤尽周旋技两。多尔氏本名萨蒙罗奔,系一寻常教士,于千八百八十年间赴拉萨,大得达赖喇嘛欢心。以至千九百年达赖以多尔氏故,几全受俄人指挥。俄人多其功,故赐名多尔希覆。多尔希覆者,贵族之名也。旋达赖欲赖俄助图独立,于千九百十二年春遣使赴俄京通意,事行定矣。忽为英人所发觉,印度政府令将军郁呼班领兵入藏,大肆压迫。藏盼俄救兵不果至,于是藏不得已求宥于英,而信仰俄人之心以衰。多尔希覆亦遂逃回俄京。及达赖喇嘛自五台山回藏,多尔氏复赴藏,达赖仍信任之。至库伦独立,达赖日夜与多尔氏谋,多尔氏献策,谓西藏独立有二大条件:(一)须得俄助。(二)与库伦联盟云云。达赖大喜,听其言。多尔氏百方周旋,库藏协约以成立,而西藏遂半入俄人势力范围矣。

1913 年 3 月 4 日

英俄果订密约耶?(要闻)

英俄二国关于蒙藏问题,有互订密约,划明权限问题,消息各报屡屡登载。兹悉,此节外人对之甚为注意,现正百方调查以期底蕴毕现,查西文报首载此节者,为北京《英文日报》。谓中国政府日前接驻英代表刘玉麟电称:英俄二国关于蒙藏问题已订有密约,言英俄政府互行承认西藏、蒙古为其势力范围,在其范围内,该二国各有自由行动之权。惟英之在西藏开采矿产以及俄之在蒙古建筑由哈克图至库伦铁路,遇发生外交问题时,二国当彼此扶掖。又第三国之谋侵入蒙藏范围者,二国共御之云云。北京《英文日报》登载后，各西报转相登载，议论纷纷，莫宗一是。惟德文报有名福西者（福西系德地名，以报在该处出版故名），据称得该报驻俄访员报告：俄人关于蒙古问题，近来并未与他国订约，以俄之在蒙古有自由行动之权，与英之在西藏有优先权者毫无以异，无结约之必要也云云。二报言论大相差异，故俄英之是否订有密约尚待侦探。惟据日前伦敦《泰晤士报》英政府对于蒙藏结约一节颇抱不平。以此次蒙藏结约全系俄人介绍，西藏未得英人同意而遽与蒙结约，俄人介绍亦并未通告英政府，有损英国主权。英政府拟向俄政府交涉云云。是俄、英二国间关于蒙藏问题确有未了结者在也。

1913 年 3 月 5 日

专 电

内藏各属均已令悬西藏旗帜，不复睹前清龙旗，且在川藏边界驻有藏军反抗民国。（九日申刻成都专电）

1913 年 3 月 10 日

蒙藏风云汇志(要闻)

西藏之逆谋种种

达赖自入拉萨，意图独立，其情形屡纪前报。近日，诡谋种种，愈益横肆。其所出告示，竟有“奉天承运”、“西藏独立国”字样。并规定官品，分总理军事理财吏参等部官阶。共分六品雀顶戴翎。头品珍珠顶；二品紫石顶；三品深红石顶；四品淡红石顶；五品珊瑚顶；六品水晶顶。近又专派世家子弟赴伦敦各处游学，实则暗中运动承认独立。其东路自江孜拉萨沿边一带，每十里均置一卡伦以为抵制汉兵之计划，汉族兵民至靖西，经番官强力迫胁勒催速回，势将决裂，已于二月初陆续遣回云。

达赖班禅之猜忌

自达赖入拉萨后任意行动，政多苛虐。藏中羊毛为贸易大宗，近日新定章程，遇有贩运羊毛均抽重税。藏民怨愤，其上下桌木带居民极力与达赖争议，竟至以武力相见。班禅活佛亦不善达赖所为，颇滋疑贰。达赖冥然不悟，犹以排斥汉族、驱除汉兵为得计。钟颖迁至亚东税务局后，屡受迫胁，进退维谷。日前电致家族，屡由伊母向政府陈情，请准其归养，以冀脱离危地云。

1913 年 3 月 10 日

西藏代表之炸弹案(要闻)

西藏达赖喇嘛代表阿福衮卓尔济奉达赖命赴俄京会议某事，已志前报。兹据西报，该代表未抵俄京前二日，忽由邮递接到一铁匣封件，外面书明西藏代表亲启字样，举之甚重，该代表心疑之，未收启，以交俄警署。启视则系炸弹，西藏代表大惊。近日俄京论者谓此事与外交大有关系，现正百方侦探原委云。

1913 年 3 月 11 日

副总统对于蒙藏最近之政策(要闻)

黎副总统近以蒙藏问题关系重要，为民国前途之一大妨碍。政府虽现在预备解决，不能不先事妥画周详，尤虑有缺欠之处。故于昨日电致中央，探询一切真像。一、达赖僭谋独立，其举动究竟若何？一、英俄对于西藏有无联络协谋之举？一、外蒙之未附民国者，近来有无倾心内向之机？一、内蒙各盟已附民国者，是否有坚定不拔之志？请其明白见覆，以资讨论云。又以近来边事吃紧，列强思逞，若不急筹外交政策，贻害前途，伊于胡底。并以个人名义电致大总统及外交陆总长，详述现时外交现象，应注意者：一、凡外人向民国要求条件，应照前清约章办理，不得另生枝节。一、发生交涉事件以平等手段对待，免损主权。一、英俄两国近在蒙藏诡行增兵，应随时严为交涉，务达取消目的。一、英俄对于蒙藏情形应速派员调查，严诘违约理由，以固国基。去后，一方面以政府既通令各省筹备军事以作对付库逆之最后手续，然军事筹备非易易，应预先查明各省实在情形，方可进行，庶无临时束手之虞。并电询陆军部段总长应即调查者：一、各省挑出征库军队是否精强，均堪备战？一、各省任命征库军员其经验如何？有无指挥能力？一、各省预备征库军政机关是否统一？一、各省预备征库军饷，认定若干，有无把握？刻已分别磋商，连日以来迭开秘密会议。其内容难以刺探，而表面可以宣布者如斯而已。

1913 年 3 月 17 日

专 电

达赖喇嘛将大借英款修江孜靖江等处道路，并将派喇嘛赴昌都与汉官商量分治事，且已有进攻青海边界消息。（十八日酉刻北京专电）

1913 年 3 月 19 日

库藏风云之紧迫

达赖派兵抵帕

达赖居心叵测，反复无常。前已电请派员会议，只以地点未定，尚未派员前往。兹闻达赖又有图谋不轨之行动。日昨，政府接到陆兴祺电告，谓达赖近又派兵抵帕，势甚汹涌。请政府速饬藏边军队妥为防范云云。

藏兵扰及青海

藏库久欲联络一节早见各报。顷藏人以青海为库藏孔道，拟将青海勾通，以便为所欲为。现已派兵扰及青海边界，将以兵力迫胁番众。昨青海办事长官廉兴电陈政府，闻政府已电令甘督速派兵防御云。

英藏条约之交涉

钟颖昨电告蒙藏局，达赖与英所订条约第一条内，西藏领土东自江卡、察木多起，南至春丕止，北至青海当拉岭，西至后藏巴吾、池查。江卡、宁静山为川藏交界，旧为川边。达赖擅订条约，损失主权又近领土，请速交涉云。

1913 年 3 月 23 日

俄于蒙藏关系及英人对蒙藏之议论(通信)

欧行记者

西藏专使佐治野夫到森彼得堡，俄政府宣言不能正式接待。因有俄英千九百七年协约，俄固不能与藏有直接之外交也。佐治野夫亲告俄报记者，谓彼来系代表达赖喇吗将与俄议西藏独立，并请英俄共保。彼且携有新订蒙藏连合互保之约。该约共订九条。其第一第二两条：蒙藏互认为独立国，完全脱去中国羁绊。其第三第四两条：则为扩张佛教及合力对内对外等事。其第九条：声明此约签字之日即为有效。俄人均谓蒙藏连合之约，将令远东情势为之一变。达赖喇嘛与呼图克图常以宗教势力互相仇视，中国利用借以驾驭蒙藏，端胥在是。今则此术不复再灵，中已失其所恃。其对俄英方面亦殊有所影响，此约在国际法上原无效力可言，惟以中之积弱，究无策取消之。英俄两国政府势必以此再开谈判，诚以千九百七年协约，对于波斯方面，意义明晰。独于西藏问题异常晦涩，英必向俄求改此约。而伦敦《泰晤士报》尤主持之，时以派政治代表赴拉萨为言。欧报谣称英俄为蒙藏事已有新约，此实不确。惟英俄均有此意，或不久即见诸事实耳！佐治野夫之来，于俄未始无益，其不与以正式接待如蒙使杭达者，一面见好于英，一面示惠于蒙，其中大有作用。俄知英欲亟改千九百七年协约关于西藏一条，而俄则要求并改关于波斯者数事。英仅肯以承认蒙古特权与为交换，俄则谓蒙古问题与英无涉，此其所以相持未发也。俄报多称政府对待藏使，极为得法。其公布俄英协约，关于西藏始终不变。以及俄无野心于藏，均无一语反对。有称俄宜以波斯铁路问题提出，与英交换解决西藏条件者。英报对此亦无拒绝之词，大约彼此皆相喻不言。英俄千九百七年协约改订之时，即中国属地瓜分之时也。最近伦敦《泰晤士报》著论略谓：此廓大之蒙古，在历史上以蛮悍著，后卒为中藩服。今乃完全独立，中国领土裂去一部，无待言矣。上星期间，英政府在下院所宣传者，则于蒙古独立实已确定不移。俄蒙条约有曰：蒙与中国立约或与他强立约云云。以中国与他强并称，则上国权之关系早已去尽。俄既许蒙防阻中国驻兵、殖民，则中之于蒙尚何权可言？呜呼！中国大革命后所得第一结果，即为失去蒙古。此与土耳其往事何相似之甚，即在土在中华皆以革命增其贫弱，此其原因有宜加深审者。顷闻中国南方有少数人欲截留议员不到北京，此与土之马塞杜瓦人欲与他国连合以抗本国，自召分裂，如出一辙。蒙之附俄，尤其余事。就中国地方派之举动推测，彼固无词以责蒙古。观各省对待北京，更足证明蒙之附俄出其本愿，非尽俄之运动。盖以中国本部尚欲分离，则藩服更可知矣。当满清之治蒙全系慑以威力，革命说起，中央解体，蒙复何所忌惮？至于俄蒙订约，在俄则以中国侵犯商务上之利益为词，此语英深信之。中于鸦片条约不能履行，是其明证。况俄以国防论，不能不亟注意，中国殖民人外蒙者太多，势将延及西伯利亚。其欲以外蒙为中俄间之隔离物，非过举也。有谓外蒙兵力，将来亦足祸俄，此何足惧？世界进步终有程级，蒙之不能祸俄亦若美洲红种之不能祸美，固无庸为是杞忧矣。俄蒙条约附件所与俄之利益，太无限制。然于英并无不便之处，原可置之不论。所不解者，俄得利益虽多，然无一字及于铁道，如张家口、库伦、喀克图全线皆在外蒙境内，乃无规定明文，究为何意？外蒙境界约中亦未划定，彼称蒙古似括全蒙，不分内外。而中国则谓内蒙归依共和，即外蒙亦有多数王公不认俄蒙条约。然乎？否乎？中国舆图以科布多列于内蒙，是内蒙境地。当以戈壁东南为限，此地多与北京及哈尔滨相近，且去东清铁道不远。日本势所必争，即不全为为俄得，亦非中国所有。有谓蒙藏条约，佐治野夫实主其事。然就拉萨条约言之，藏无英之允许，无权与他国订约。俄政府不愿与藏直接谈判，佐治野夫当大失望。须知俄对英之态度，自千九百七年协约后，已大改变，固不可再执往事以为例也。总之，英欲以藏事不与俄生冲突，当首先派政治代表赴拉萨，并忠告中国不得并藏，且尊重藏之自治。若英一日不能与藏直接交涉，无论如何，俱在难境。此英俄协约之改订有不可再缓者欤？阅此，则英人对于蒙藏之用意及远东国际上之感情不难得其概略也。

1913年3月24日

专　电

二十九日酉刻北京专电：藏人迫钟颖甚急，袁总统电尹昌衡于开议前提出两项：（一）会议未解决先不得逼汉官出境。（二）藏所求未经许可不得擅行传闻。达赖所要求者：（一）恢复其教权并加保护。（二）中国人不得侮蔑佛教。（三）藏有重要事，须与中国协商，但不得改为行省，驻藏军限二百名。（四）征藏军撤回。（该专电在头条位置）

1913年3月30日

记蒙专使团在俄之举动及蒙藏条约（录远东通讯）

俄皇前日接见蒙使，赏给杭达以头等圣安澜宝星，其他随从各员均依次给有宝星。蒙使声明愿归俄国永远保护，并求俄蒙条约不得轻废。伦敦《泰晤士报》著论谓：俄蒙有此交际，则俄之承认独立更为坚决，俄蒙条约更为确定，断无取消之望云云。俄报记者有见蒙使者杭达，辄告曰："此来专为谢俄承认独立，并更坚固俄蒙之关系。倘蒙为中国所攻时，庶不至于孤立无援。现亟望俄设法者，尤在军械及武员。此节与俄政府商议得其允许，蒙古从此有恃无恐。此外所最要者，则为中蒙界限。蒙当与俄早先商定，前此中蒙本以长城为界，现则情势已变，内蒙各部及科布多哥伦布夷（译音）、苏里波尔河一带均欲归附外蒙，其他附近蒙古各地亦有脱离中国之意。不久内外蒙古全境必混为一，至于库库湖（译音）等处。亦将与西藏合并，因西藏已经独立，与蒙古同一情形也。俄已以独立国待蒙，不复视为中国属土。但其在国际上之地位，须俟文化稍进，自能与万国立于平等。蒙现极满足与俄所定之约，并当渐次再与他强交通，法必于俄之后首先承认蒙之独立。蒙古西藏已订互保之约，此约既成，中国欲与俄国开衅非易事矣。”俄报《荷西亚》者夙为政府机关，日前著论极赞蒙使，并谓：“蒙古正式独立，俄仅从而承认，并无过分举动，中国政府当无理由与俄反对，更不得以强暴斥俄。当俄一面承认蒙古独立，仍一面与北京政府继续谈判，则俄之以和好待中国，可谓仁至义尽者矣。”该报结论深望中国政界渐悟蒙之独立出于本意，绝非俄人怂恿。就其实在内容不特不当仇俄，且当感俄之不暇也。其词调侃，尤令人惭不能仰。今日森彼得堡专电“杭达于觐见俄皇之后，遍谒俄之当道，均优礼之。杭达曾与俄之陆军大臣苏恭里洛夫面谈，求以兵力助蒙。库伦新练骑兵为俄大尉瓦提里夫所统带者，极有进步。惟其力量甚薄，恐尚不足与中国大兵相抵。苏氏已尤添派武员并资助其军械”云云。又电“俄政府已允全力助库伦改良行政，发达工商，添练陆军。即派与蒙订约之专使廓索维慈常驻库伦，代表俄之外交，并助蒙人整理内政。其未归附独立之内蒙各地，但于外交方面有可助蒙之处，俄必尽力之所能及”云云。又电“蒙使转交俄外部以呼图克图官电声言：蒙政府已答复袁大总统，去年十月照会，其词略谓：中国内乱自顾未遑，南北分裂，翘足可待，尚何余力及蒙？俄蒙条约既成，蒙已完全独立，从此当以全力自保主权，决不听中国之侵损。刻已秣马厉兵，中国不知进退。蒙当以武力对付，俄人极为快慰”云云。本社前次报告所述蒙藏商订互保之约，旋即于俄京调查，闻此约确于本月二十日在库伦签字，其约文大意系称：“西藏君主达赖喇嘛承认蒙古独立，承认呼图克图为全蒙之君主。蒙古呼图克图承认西藏独立，并承认呼图克图为全蒙之君主。蒙古呼图克图承认西藏独立，并承认达赖喇嘛为全藏之君主。蒙藏两国当合力扩张佛教，并于国防上互相援助，以备中国攻击。蒙藏两国交换利益，彼此开放以便发达其商务，并听两国人民自由营业，移殖迁徙，不加限制。”惜未得其全文耳！俄外部亦宣言蒙藏互保之约已成，不特互认为宗教上之主权者，且互为政治上之主权者云云。其言又适与记者所得约文大旨相符合也。俄工商大臣他马舍夫于俄蒙条约缔结之后，极注意于扩充俄国商业。此次与杭达讨论最详，以蒙之商务中心地点与俄之衣尔库斯克连为一气。当杭达来俄，过衣尔库斯克，该地巡抚首出招待，早与杭达商定办法，并请蒙古到衣尔枯斯克赛会，杭达亦允许之。俄在衣尔库斯克有大资本家二人：一名晋斯克威定洛夫；一名灵飞活夫。已为库伦政府聘请，前往库伦办理蒙古国家银行，有制造货币及发行钞票之权。其保证金则先贮存于俄国国际银行，以为后盾。蒙政府于财政上若有所需，则由蒙古国家银行先行垫给。惟蒙古政府须以全蒙之矿权让与该行，以为抵押。当该行成立之时，蒙政府须颁一令，废去以物交易之旧制，强制全蒙使行货币及钞票，以谋经济发达。俄之于蒙，可谓连皮带骨吞噬无遗者矣。俄报尤谓蒙人百事能听俄之调度，将来进步必较中国为速。呜呼！吾国人闻之而不感奋者，非人类也。蒙使在俄宣言中蒙必有战事，惟在开春以前中国断难进兵，当早为之备。待至和暖，则蒙已设备完善，当可无惧。最可奇者，今日蒙使致电伦敦平和会议，祝贺巴尔干各国专使，谓各国当时为土耳其所制，亦与蒙古、西藏屈服中国权力之下，情形相同。今乃得此胜利，大足为之吐气云云。此电词意，俨然以中国比土耳其，蒙藏比巴尔干各国。野心流露，不可一世。吾国不竞，乃欲以虚声震摄或复侈言招抚，亦适为蒙人所笑而已。

1913 年 3 月 30 日

藏土司团围困川军（要闻）

藏内三十九属土司，现均受番臣蛊惑，亦深恨川军。所有在藏川军二营，均被各土司围困，至今仍未解决。由此可知，川藏恶感实非寻常可比。中央现以达赖尚能崇信，政府一切事宜已令川边都督与彼早日协商办理云。

1913 年 3 月 31 日

藏事种种谈（要闻）

达赖独立之野心迄今未能消灭，确有派人运动之事。近日，藏中要政皆由式拉巴、噶尔噶等二三人主持，达赖言听计从，有如傀儡。现在貌为内附，派员商办藏事，姑为缓兵之计。一面仍截阻民军，并密为布置，以期达其目的。钟颖受番众迫勒，已允半月出藏。初意由廓官协助或可转圜，现闻勒限至八号，如不出藏，即将以野蛮对待。因之，汉官、汉兵益怀疑惧，其原有驻藏汉兵由拉萨出走，节节围困，死伤大半，情形尤惨。

又昨成都路透电云:现藏兵又在江嘉等处又行不法行为,现渡过洋津相近之阿,华军现派大队军兵,且总数约在九千名之多,或与藏兵人数相若。华军现驻扎襄城不进,候装接济在某处反叛之华兵二百名。据云:互助襄城卫队,喙孜各地方现颇安静云。

1913 年 4 月 1 日

边藏新闻一班(要闻)

川边拟设观察使续闻

镇抚府拟于川边地方设两观察使已志前报,兹闻此议电达中央,大约可望实行。西藏镇抚府会议划分两观察使,区域已拟定:一为边东观察使;一为边西观察使。边东以就近之康定、安良、化林、泸定、雅江、道孚、泰宁、理化、德柔、稻城、贡噶、定乡、巴安、义敦、盐井、甘孜、炉霍、单巴等十八属划归管理。边西以就近之昌都、德荣、武成、宁静、察雅、贡县、察阳、科麦、思达、邓柯、石渠、白玉、同普、德化、嘉黎、硕权等十七属划归管理。俟得中央覆电允后,观察使即行照此办理云。

乡夷有缴械之消息

乡夷禀请投诚,尹都督电令稽指挥谓乡番果能于十日内缴械,本部都督予以自新,贷其一死。兹闻有报告来炉,谓乡城番民业已陆续缴械云。

1913 年 4 月 2 日

专　电

二十九日政府曾函英使,拟将藏事移英交涉,派温宗尧全权办理。现英使已接英政府训令,不认此等提议。(二日酉刻北京专电)

英廷已遣某大员常驻拉萨监理藏政。(二日酉刻打箭炉专电)

译　电

中国遣赴英国办理藏事交涉之专使温宗尧,不日将抵伦敦。(柏林一日德文报电)

公电:钟颖之告急通电

各省都督、民政长、政团联合会、国民共和统一民主党各本支部均鉴:藏中扰乱,兵站无饷,颖苦战力守,以待援军。我国人视线方集注于库伦,不援西藏,已困于危亡之地。嗣因粮弹久竭,肌疲之众断不能支,万不得已,始饮泣议和,退至靖西,以图后举。始悉援兵因外人干涉,已不能来。达赖之封号既还,夏札立之官职亦复。方冀藏人知恩悔祸,乃更狡焉思逞。铸造枪炮,接济东路土司,肆其无厌之要求。意欲划溱定桥为边界,近复调集江孜等全境番兵四面作围攻之势,威逼颖立出藏境。前因军民在靖西无饷接济,仍受饥寒,已次第遣回内地。空虚只数十人,且粮弹不继,战守两难。前居间之番官谓能于十五天内出境免战祸,否则必受围攻。番官既不讲理,我亦无法云云。颖已暂行应允,请大总统电谕该处番官,暂勿驱逐,不知能否有效。但西藏存亡实系我国大局,诸公国家柱石,断不存隔河观火之心。如何保存属地之处,万祈同心戮力,筹议对待。总之,羁縻政策最不适于藏人性质,现虽嚣嚣,决不耐战,如颖不才,处数万重围之中,尚能以千余饥疲之众支持经年,未尝败衄。嗣以粮弹全竭,援兵无耗,竟至于此。盖可椎心泣血者也,迫切陈词亟鉴察,钟颖电。

1913 年 4 月 3 日

西藏问题之困难(要闻)

西藏问题政府因英公使久未提议及此,近日以达赖喇嘛对于汉民、汉兵时有种种之横暴情形,且与英人日益接近,其为边事隐忧,自无待言。兹探悉:我国政府于前月三十一日致函英公使云:中国政府对于西藏问题极欲以平和解决,拟请将此项交涉移于英京,开正式谈判。如英国政府允诺中国即派温宗尧为全权交涉代表,以期迅即了结此事云。英公使接到后,颇为诧异。当即复函云:西藏问题自望能以和平了结为幸,惟本公使既由本国政府授以全权,即无将交涉案件移于英京之必要,贵政府所请之处不能赞同云云。其言外意殆谓中国政府并无必须至英京之意,不过藉此以为迁延之策而已。如是则西藏问题又未知待至何时方有解决之望也。

1913 年 4 月 9 日

最近西藏之军情(要闻)

西藏军情以道远难得确实消息,各报记载亦多不及,兹经切实调查述西藏军情概要如下:

(一) 征藏军之今昨

征藏军由四川尹都督领带于去岁七月间出发,意在直捣拉萨,镇平藏乱,而尤以殄灭藏东与四川接境之乱徒为目的,迄今将及一年,效果毫无。其原因:一以藏境崎岖,难于用武。二以道远兵疲,反攻为守。征藏军出发时共三千人,今留余者只数百人,可以知其概矣。惟尹都督以师退无名,不得不勉强支撑。现闻尹都督仍屯军打箭炉云。

(二) 巴塘之危机

巴塘与察木多为犄角势,察木多失则巴塘垂危。自去岁以来,藏人时思占袭巴塘,迄未得逞。月来藏人集巴塘者日众,且近万人。截隔由巴塘至察木多通道,巴塘绝援,形势日益危险,不日即将陷落。藏人则以此为根据地,遣兵四出骚扰附近,大有席卷藏东长驱东出之势云。

(三) 襄城之近情

襄城间巴塘里塘间为藏东最有关系之地点,此城一失,则藏东益难挽回。猝于去岁秋间被藏人攻据,十二月尹都督分兵往袭,不利败回,中途被围。入春来,屡次冲打,彼此均有胜败,然终未得出。月前由成都增派援兵数千,不久至襄城,与藏人当有一番激烈战争。昨有某国教士由藏东回川,目见襄城两军互持情形。新派援兵纪律严明,枪械精良,当可获胜利云云。

1913 年 4 月 10 日

专电[黎副总统电京,陈述办理藏事意见]

日前黎副总统电京,陈述办理藏事意见:(一) 令陆外部与驻京英使交涉,请其撤退驻藏英兵。(二) 电召各省熟悉藏事人员到京集议妥法。(三) 电饬尹昌衡仍行镇守藏边,善待藏番,以收其心。(四)设法收回治藏全权,只与达赖以教权,不能侵及行政范围。(五)由政府简放熟悉藏事大员一人,驻巡拉萨。(十三日申刻北京专电)

1913年4月14日

专　电

钟颖电称:颖奉命守土,生死以之,前因郎惹地方有险可守,是以从口东移驻,正在准备粮草军械,为收复全藏之计,始终未出藏境一步。现以罢斥之身,无官守之责,只得起程赴印,来京复命。(十四日午刻北京专电)

此间接伦敦电谓:英将效俄人所为,在西藏建设专员管理藏政。(十四日午申刻北京专电)

1913年4月15日

中国蒙藏各要地拟设立无线电事件(目)

吴县鲍宗汉上书大总统,陈请在本国各要地蒙藏等处设立无线电台提议书,来件栏。

1913年4月16日

专　电

尹昌衡电称:前乡城一带番众投诚系因藏番未到之故。今闻藏番麇集盐井者二万余人,由稻坝联络乡城,致该番又图扰乱。又陆兴电称:前令护理驻藏长官事务,现无法进藏,请仍饬钟颖维持等语。政府以钟已离居印度之那当,及已免官。故电告仍令设法进藏,否则藏事真不可问。(十六日酉刻北京专电)

1913年4月17日

英俄之与西藏问题(要闻)

西藏问题久悬未决,人多目此问题已与库伦问题为正比例,然实有异者。即库伦问题只中国库俄三方面之关系,若西藏问题则且为中藏英俄四方面之关系。此中关键大半由西藏赴俄代表阿福衮卓尔济主持之，盖阿福衮氏之主张有二：(一)蒙藏联盟。(二)联合英俄。蒙藏联盟既已见之事实，只联合英俄一节颇称难事。盖西藏本英人势力范围，今藏忽引入俄以为己援，恐英且淆入库伦问题以图报复，此非俄之所愿也。故英俄之关于西藏问题，颇有足资研究处。昨远东通信述英俄关于西藏情形颇详，亟译录如下：

略云：西藏代表阿福卓尔济之抵俄京也，俄政府宣言不能正式接待，因英俄千九百零七年协约订明俄国不能与西藏有直接之外交也云云。阿福衮氏颇失望，旋告俄京某报记者曰：余之此来，本拟结俄以图西藏独立。今俄待我如此，余颇气沮，然余之蒙藏联合计划今已实行，当不无影响于英俄间也云云。果未几，俄京喧传英俄关于西藏问题将开谈判，其事诚不无因者。以千九百零七年《英俄协约》对于波斯方面意义甚为明晰，独于西藏问题异常晦隐。非惟俄欲改约，即英亦极力要求。而伦敦《泰晤士报》尤主持之，时以派政治代表赴拉萨为言。一时欧报谣传谓英俄间已订有新约，此实不确。惟英俄均有此意，或不久即见之事实耳！阿福衮氏之来俄，于俄未必无益，其不与以正式接待如蒙使杭达亲王者，一面示好于英，一面示惠于蒙，其中大有作用。俄知英欲亟改关于千九百零七年协约西藏一条，拟提出条件将关于波斯各条一律更改。英则只有意许俄以在蒙古之特权，俄则谓蒙古问题与英无涉，改千九百零七年条约似不必牵及蒙古问题，英未之允，此其所以始终不发也。俄报多称俄政府之待遇西藏代表甚为得法，盖俄之不以正式接待西藏代表，即足以表示其不干涉西藏之意。间有唆俄以波斯铁道问题提出交英政府者，英亦无反对之言论。是英俄关于西藏协约虽未发现于今日，或发现于后日。然《英俄协约》发现之日，即中国丧亡属土之日云云。

1913年4月17日

达赖反对英设总监于拉萨(要闻)

蒙藏局昨接藏探报告：英驻藏总督昨向达赖提议，拟在拉萨设一总监缺，以英人充之，以促政治之进步。达赖大不谓然，以西藏独立要求英人扶助，今欲置总监于拉萨，是直欲视印度于西藏，誓不认可。英总督当时未便相强，已密电本国政府，请示办法等语。

1913年4月21日

专电

贡总裁于北池子路西官房设办理西藏选举事务所，已派员办事，但尹昌衡屡电称：藏番反对，尚无结局。(念二日戌刻北京电)

爱国妇女会慰问西藏归军(配有插图)(目)

1913年4月23日

达赖喇嘛有投入英籍之说(要闻)

达赖反复议和，并有投英籍请求保护情事。大总统以总系达赖未能参透共和真理，故内向之心难坚，仍拟再予劝导，使心悦诚服，方表我民国仁慈之至意。昨日，有盖印长电一道，拍寄达赖，即系详解共和利益，引证独立损害，冀其翻然悟悔，倾诚内向，免致干戈从事，生灵涂炭云。

1913年5月3日

甘都督之筹藏大计划(地方要闻)

日昨甘肃都督赵惟熙通电大总统、参议院、国务院、陆军部、参谋部、蒙藏局、副总统、各省议会、都督、民政长，略谓迭接驻藏钟长官宥电、四川胡都督巧电，藏人竟以兵力胁迫汉官，限期出境，钟长官刻已退至郎惹地方踞骚，既分遣内渡。藏人益为所欲为，似此情形，非如胡都督所订确定方针，恐稍事迁延，已成滋蔓难图之势。共和创建岁甫及周，蠢尔库伦未伸挞伐。达赖此举实恃彼西陲地势之险远，窥我新政府兵力饷械之不充，各行省人民心理之尚未完全统一，妄思效法库伦以逞其脱离羁绊之野心，而出于同种相危之下策。当此炎炎燎原之际，若不统筹全局，早定方针，宁惟西藏领土难望保全，恐民国危亡之机亦已近在眉睫。诸公手创民国，痌念时艰，如有伟谋，伫希赐教。甘藏辅车密迩，如有征调甘愿执殳，但筹饷济械诸端仍不能不望我大总统及诸公之伟画。胡都督通力合作一论，实为不刊之论。盖前清御外之失败，无一非畛域过明。民国五族大同，万不当再存此畊畦畛域之见。诸惟察鉴，不胜迫切待命之至。赵惟熙养云云。

1913年5月4日

西藏议员已选出(要闻)

本届西藏选举已于日昨举行，经办理西藏选举事务监督贡桑诺尔布督同管理监察各员开票，所有前后藏两院当选议员及候补者姓名汇登于左：

前藏当选参议员五名：颉柱罗布、札希土噶、王赓、厦札噶布伦、孙毓筠。

前藏候补参议员五名：白马认钦、于宝轩、孙江东、刘文通、李安陆。

前藏当选众议员五名：一喜托美、王式、康士铎、薛大可、罗桑班爵。

前藏候补众议员五名：萧必达、霍树森、王庆云、饶孟任、乌勒吉。

后藏当选参议员五名：江赞桑布、傅谐、厦仲阿旺益喜、龚焕宸、程克。

前藏候补参议员五名：王泽攽、阿旺曲札、汪有龄、胡钧、高宝鼎。

后藏当选众议员五名：方贞、江天铎、阿旺根敦、恩华、苏麻的。

后藏候补众议员五名：江聪、汤叡、吴昺尤、方表、罗桑贡爵。

1913 年 5 月 21 日

英使催结交涉要案(要闻)

藏军队在印藏交界杀害英人各节，驻京英使朱尔典氏已于日前照会外交部陆总长，当急电陆兴祺查报。昨朱尔典氏又有照会致外交部催问，并谓该案若不从速解决，英政府对于西藏将施以相当之布置，以期保护在藏英商等语。陆总长接阅后特致电催促矣。

1913 年 5 月 25 日

蒙藏局优待藏人之一班(要闻)

后藏喇嘛夏仲阿旺益喜此次已经被选为后藏议员，此次蒙藏局以厦仲喇嘛首赞共和，进呈贡品，其情殊堪嘉尚。因前所递之呈文系由翻译错误，有班禅代表等字样，刻经该喇嘛自已声明：并非班禅代表，其所进呈之贡品亦系自备等语。蒙藏局昨已据情转呈大总统并请给予封号以示优异，闻贡总裁尚拟于日内带领该喇嘛谒见大总统云。

1913 年 5 月 25 日

蒙藏最近之风云(要闻)

藏事方面

达赖叛情昭著矣

史悠明电称：达赖近来大改常态，凡在藏汉人均必持有护照，若无护照，不论何人一概驱逐出境，不准逗留。将驻藏大臣各衙署均改为军工制造等厂，告示文牍均书西藏国字样，叛情昭著，急宜妥筹善法，特此奉闻云云。

独立条款之决议

藏探电告：现西藏自行独立之条款已经决议者为：(一) 西藏派公使驻各国。(一) 无论何国不能干预西藏内政。(一) 联络英俄两国势力，不令中国军队驻于西藏。(一) 提议向俄国购买兵械及借款。(一) 赶修珂州铁路以期贸易发达。(一) 英俄两国在西藏国有设银行之权六条云云。

赎金改充兵赏

尹督电告：昌都督战官刘瑞麟进攻察雅县即乍丫，擒获番逆铁棒喇嘛一名，自愿出藏元万枚赎罪。拟请将此款作为目兵之资，特此电闻云云。

拨借印款之要挟

驻英刘代表电：前与英外部磋商由印度借十万元以作钟颖并兵民等离藏川资，现接英外部答覆，已允照办。惟必俟钟颖离藏到印度后方可交款，请即酌夺云云。

中藏交涉之再开始

中英关于西藏交涉两方已停议多日，兹闻此项交涉政府与英公使已于日前重行提议，开始交涉。惟此时尚无何等结果，其陆总长与朱公使所提之条件，兹探录如下：(甲)陆总长提出者：(一)中国官商赴藏，英国应准假道印境。(一) 认西藏为中国完全领土。(一) 中政府有统治西藏之全权。(一) 驻军设官两事由中政府自行主持(以上系援照千九百零六年之条约办理)。(乙)英公使提出者：(一) 英国在西藏除加托克租借外，拟在罗多克城再增辟租借地一处。(一) 要求驻藏兵队数目增加。(一) 要求修正千九〇四年条约，加入英人在西藏有开掘矿山权云云。

1913 年 5 月 29 日

筹设滇藏无线电(要闻)(目)

蒙藏近事汇志(要闻)(目)

1913 年 6 月 10 日

译电[尹致电北京已与藏人议妥各款]

西藏达赖喇嘛与川边经略使尹昌衡之代表在打箭炉开初次和议,殊有进步。尹致电北京已与藏人议妥各款如下:(一)藏民与中华余四民族受同等之待遇。(一)藏民有信仰宗教之自由。(一)西藏全境仍在中华民国法权治下。(一)有教育及能作华语之藏人准为中国官吏。(一)北京中央政府得委任西藏官吏。(一)中国每年仍给达赖喇嘛奉银。(北京二十日德文报电)。

1913 年 6 月 21 日

西藏危机之日迫(要闻)

西藏达赖近日貌为服从中央,仍与库伦暗中勾结,彼此互为声援,以期保持独立之态度。又各借某某两国之力以为后盾。闻某国因民国政府派使抚西藏著著进行,于是谋藏之野心益亟。现赶筑貉俞铁道,集工二万人,不惜资费,于两月内直修至波密地方,缘世六[?]波密为藏中饶庶之地,久为某国所垂涎。照民国政府布置在先,难以著手,故有此急起力追之情况。并闻另有重要番官赴波密各处,将图煽惑各土司,激动其排汉思想云。

1913 年 6 月 30 日

专　电

总统府接达赖喇嘛急函,请速派大员赴藏订立专约。闻政府将遣陆某前往订约,并办理善后事宜。(三十日申刻北京专电)

1913 年 7 月 1 日

西藏喇嘛谒见总统(要闻)

六月二十六日午前十钟西藏默尔根诺们罕扎萨克喇嘛等谒见大总统,其礼节人名单如左:

礼节单

谒见时喇嘛等著喇嘛礼服,余均著大礼服诣大总统府,于接待室休憩。俟大总统出临礼堂,传宣官传命,引蒙藏事务局正副总裁偕同谒见人员依次入,蒙藏事务局正副总裁向大总统行一鞠躬礼,进前致辞侧立。谒见人员等向大总统行三鞠躬礼,退入常见室赐坐,慰问毕,行一鞠躬礼,依次退。

人名单

默尔根诺们罕,扎萨克喇嘛阿江赞桑布,西藏达赖委派驻京办事代表罗布桑车珠尔,达喇嘛阿旺根敦,参议员札希土噶,众议院议员一喜托美,西藏拣派翻译江曲达结。

1913 年 7 月 3 日

专　电

藏边又有小乱,法教士一名偕信徒数人逃往打箭炉,乡城番民复离叛。(九日申刻成都专电)

1913 年 7 月 10 日

英藏最近之交际(要闻)

达赖近日对于民国政府颇表示其服从之态度,惟一方面仍与英廷实力联络。年前所派贵族子弟四人到伦敦后已入某中学肄业,英教育官颇为优待。前月达赖又派红教喇嘛六人、黄教喇嘛二人带同三品梅伦四员前往英京,呈送物品。闻于谙达寿佛诸例品之外,尚备有玉佛一座,白玉古瓶一对,均为藏中希见之珍。该喇嘛番官等已于前月十五号启程,系取道谿俞一带,惟以铁道未通,道阻途滞,尚未得抵英消息云。

1913 年 7 月 12 日

十二日成都专电

闻藏人现向察木多进发。按该处为华军西方最远之驻扎地，有兵一小队，仅巴塘可通。

西藏议和代表呈递之文件(要闻)

西藏议和代表杨芬到京已志各报，昨已呈递各项文件，此即由国务会议讨论采录如下：(一) 自西藏投诚后中国不得另加兵力征讨。(一) 五族共和，藏人应受平等待遇。(一) 各寺喇嘛原有奉养现已不支，应筹津贴。(一) 藏中番官应优筹薪俸。(一) 政教分途不得稍损达赖荣誉。(一) 西藏地方既已承认共和不得创让他人。(一) 西藏外交仍由中央直接交涉不另私自立约。(一) 西藏此次国会选举手续未昭公允，应请中央宣布理由彼藏周知，西藏代表国会之议员应先由达赖认可云云。

1913 年 7 月 15 日

藏番违法增兵(地方要闻)

藏番于停战议和期内增兵嘉裕桥等处，王祖彝密探电致政府，昨政府特电陆宗祺与达赖交涉，并饬嘉裕桥等处番兵克日一律撤退云。

1913 年 8 月 7 日

边藏新闻记(通信)

洛硕汉人齐被难

近接关外访函，据称西藏洛隆宗、硕般多一带塘兵汉人悉被藏中番官一律解押进藏，沿途受种种虐待，死者甚众。噫！该地民兵一齐被难。我内地同胞闻之，谅必具此缨冠往救之谊也。

边坝碧如聚乱兵

近日叠警耗相传，自噶布伦抵洛隆宗后即部署一切，野心勃勃，亟欲乘机倡乱，一时边地为之惊惶。相传该番调集蛮兵约数万余人，但是否确实未得确据。兹经调查边坝番兵聚集四五千，碧如番兵亦约四五千人之谱，其他则尚待调查。

征兵催税派番官

探闻，藏王达赖此时复派番官数名到边坝征调蛮兵，从事操练，并四路催上粮税，思欲大举为乱，致边地人心惶急，大有草木皆兵之象。

藏番建筑炮台

顷闻达赖喇嘛派遣番官三十六名，英工程师四名，赴硕般多、洛隆宗、边坝等地绘图，并令该处番民各调乌拉数千头，听候支配。闻于该三处紧要地方至少须各建炮台三四座，每台拟设阿母斯庄大炮一二尊，以为防备川军之必要，不日将动工矣。

昌都军务重先机

日前王宣抚使、刘督战官以达赖数月以来纷纷调兵，几欲合全藏武力扑攻昌都，而恩达、类伍齐、八宿等地为藏番出入要隘，虽恩达、类伍齐已经派兵驻扎，设番逆以重兵牵制，分兵径入宿，直扰江卡，或由察涡攻昌都，势处困难，请示方略，已志本报。兹闻镇抚府电达尹督，昨经尹督回电，昌都军务可施先机主义，勿为敌制，一切由刘督战官就近相抗办理云。

丹巴近日情形

丹东夷匪恣情杀掠，凶焰甚炽。贡察、丹巴两处人民纷纷向九团一营长王有恩行营请救，王营长即率队驰抵贡察，派兵三十名于贡察前面之桥坐卡步哨，并守护此桥。突有匪徒数百前来毁桥，见有兵在彼即开枪攻击。王营长闻信督同马连长有德、黄排长子和率领目兵四十名前往还击，相战四钟之久，匪始遁逃。王营长跟踪至山上，天晚兵单，仍回驻贡察，但未大创，恐不足以寒其胆而夺其魄。现在请派重兵以便进击，镇抚业令卫队两排前去，想不日当有捷音也。

德荣已经解围

岩房前七八里卡子内之夷匪尽皆遁去，康营长率两队人直抵桝溪桥遇逆，对敌打进德荣，而喇嘛寺与四山逆匪闻康营长至德荣山领，发号抗拒。刘队长闻信亦率队攻出接应，双方夹击，逆匪不支溃败奔逃，德国[荣]遂解，现正筹办法安抚。

榷税官被商挽留

炉城榷税官邱君凤喈到差以来，力除积弊，利国便民，成效昭著，炉商实沾其惠。昨因有调任消息，经商务分会经理姜公兴等特开全体会，公同议决，恳镇抚府拍电挽留。闻已批准转电成都国税厅，一俟覆至，再行饬知云。

尹督去后之炉边

炉城自尹督回川省，全边一带俱形震动，北道由道孚至昌都二千余里地面群蛮蠢蠢有欲动之势。江卡、乍丫北有刘督战，南有顾占文，几不能制。攻乡陆军数营近与乡匪相持，互有胜负，未尽得手。而南路乌拉困难，虽有军米杂粮堆积炉里，接运不济，此正军书旁午全边危险之时。近又丹东告急，请兵日迫一日，而当道诸人惟欲以一手掩全川耳目，凡炉城之电报邮政每日派人检查，恐各界函电回川，露其危险消息。昨经侦探长张午岚君与电局交涉，如再停人之电，使声气不通，全边糜烂，咎将归该局。据称由镇抚府阻电所为，与该局无涉。噫！阻电检邮，愚人耳目，此亡清之弊政，不图镇抚诸人亦以亡清待我川人也，可叹。

1913 年 9 月 12 日

蒙藏大事纪闻(要闻)

西藏和约之波折

昌都王宣抚使日前有书回炉略云：俄洛桥以西，藏番节节布置，再再添兵，大有秋高马肥举兵东犯之势，风云日紧，草木皆兵，决非玉帛樽俎所能收和平效果。我尹督都定于昌都恩达厚蓄兵力，庶西南半壁方保无虞等语。昌都议和久恐莫结，藏番厚集逆兵，其意果欲何为？

又据打箭炉消息，西藏正副交涉员刻抵昌都，业将讲和条件订定，计分十端：

(一) 达赖有管理前后藏教务之权。(二) 藏民有练兵自卫之权。(三) 藏民有征收赋税之权。(四) 藏民有限制通商开垦之权。(五) 藏民得享有民国优待及晋爵之利益。(六) 各寺院得享有民国加增岁俸津贴之利益。(七) 藏民得享有民国辅助行政之利益。(八) 藏民得享有民国辅助教育之利益。(九) 藏中除内乱外民国不得无故用兵。(十) 藏中除已设官吏外民国不得无故增设官厅。

以上条约未始不可和平了结,然尚不知逆番肯就范围否耶?

1913 年 10 月 3 日

边事丛闻(要闻)

(丙) 西藏问题

王宣抚之苦口婆心

此次中藏会议关系全局不小,王宣抚使自抵昌后即注重宣抚,对于边藏被难僧俗悉皆特别优待抚恤,驻防军队尤复时时详加开导,剀切演说。近日噶布仑迟疑不进,派员到硕板多欢迎噶布仑,深恐军队滋扰人民,致贻噶布仑口实。前复传谕各军将士,严守军纪,并令类伍齐、乍丫呼图克图四出开导演说,通函噶布仑扎萨克解释一切云。

又查西藏两噶布仑早抵硕板多边境,迟迟不进。宣抚使迭次函劝早到昌都,不下数十百起,殊彼见我恩达以西军队林立,终怀疑惧,近更种种布置,若临大敌。王宣抚使以两两相持终非长策,已令副官陶树犹、开导委员李福林等轻骑徒手径赴硕板多面晤噶布仑,解释一切疑团,宣布民国德意及宣抚宗旨,藉表欢迎,务使早到昌都会议种种。如彼恐惧到昌会议,地点亦可酌改,总期西藏问题早日解决,汉藏早息纷争云。

1913 年 10 月 20 日

我国方面之西藏会议条件(要闻)

西藏会议已于日前开始,迭志本报。兹悉政府于日前将会议条件电达代表陈贻范,约如下:

(一) 此次订约不得违背光绪十九年三十年之通商条约。(二) 英国人民得在各商埠营业。(三)各商埠治理权仍归中国管理。(四)中、英、藏印人民诉讼事件由中央商务委员会讯之。(五)中国允于五年内改良西藏法律,期满后,英国应撤去领事裁判权。(六)英国不得在藏驻扎兵队,至领事馆卫队按照旧约施行。(七)因债务关系牵及国际由中英政府会断。(八)驻藏之英国委员得于往来要埠设置行台。(九)官商之公私财产倘被窃盗,责成华警缉捕。如犯已逃境外,不负责任。(十)吗啡、鸦片不得运入藏境,查出议罚。

1913年10月22日

雷霆君招抚西藏大计划(要闻)

蒙藏交涉如今日最大问题,而西藏距离遥远,内地传闻尤为雾中看花,多不明瞭。兹有雷君霆新自藏归来,陈述颇详,皆闻所未闻,且有令人失惊者。雷君在藏服官四五年,于彼中情形最熟,本报次第访问登录,先将其二十四号在总理及蒙藏局所上说帖录之如左,便知其奇离崖略矣。

具说帖人前驻西藏拉萨巡警署长,调任后藏理事官雷霆。窃霆新自西藏归,深知西藏情事,及来京师,颇闻舆论界规划西藏策略,不日解决中英国际交涉,则曰:拊安藏番反侧而已。夫折冲樽俎,招携怀贰,诚为知本。自霆观之,尚有本中之本,而内地未之知也。本中之本安在?则招纳叛将是也。盖西藏之衅风云变色,溯厥根源,不起于藏番,不起于英人,起于三四叛将反噬祖国,甘为藏奴,利用强英协以谋我,迁延败坏,以至今日。而内地犹不明其真象,此可痛哭者也。请陈其略:武昌义师初举,风声流播拉萨,于时中级军官阴谋独立响应东南,密推参赞罗长椅为都督,而标统谢国梁、队官陈玉山、警察区官汪子文、林洪才四人实主其谋。驻藏军统钟颖侦察得实,诛长椅,而自称勤王主帅。该四人事败惧诛,遁降哈厦。哈厦者,藏人之军机政务处也。当是时在四人意图保其首领,在哈厦亦未敢遽萌异志,而英人更无染指之隙。嗣以钟颖兵士闹饷哗变,抢劫色拉寺。色拉寺为拉萨三大寺之一,最称殷实。掳掠惨杀,藏人怨嗟,华藏感情自是始漓然。彼中土人尚无报复之心,该四人恶钟颖之欲杀己,谄事哈厦,劝其起兵独立,哈厦迟回不敢。逮色拉事作,乃藉口保安,募土兵成万,以四人为将领,围攻钟颖,钟颖大败,穷促求救班禅,班禅素向中央,闻警来援,酣战六月。而廓尔喀居间调停,以遣散汉兵只留卫队四百保护钦差结果。此为四人教唆哈厦开战之第一次。先是西藏与中央久不问通,至是忽闻共和成立,奉以钟颖作办事长官之命。班禅以汉兵遣散,遂以援兵留住拉萨,为长官护卫。该四人以钟颖本勤王军统而为驻藏长官，于己不利，乃劝哈厦往迎达赖于大吉岭。达赖观望不前，乞援于英，英以印督被刺不暇西顾。四人终欲斩草除根，又攻钟颖，鏖战月余，又得廓人调和，只许汉官驻扎，不许卫兵留藏。此为四人教唆哈厦开战之第二次。停战之后四人并握实权，意气发舒，一心迎达赖回藏为傀儡，恃英人援助为护符以达独立之目的。战机已伏眉睫，而钟颖与僚属复不相安。四人密促英兵速至，声言驱逐汉官，方围攻拉萨之时，英兵三千由江孜亚东入关矣。此逐钟颖出藏之实情而为四人教唆哈厦开战之第三次。停战之后，达赖乃入曲水，日夜与四人密议阴谋。于是提出西藏独立，西藏不驻汉官、不驻汉兵种种条款，阑入国际，脱离母国，无非此四人之计划。其实全藏民心莫不思汉，班禅尤为肫挚，而为四人所阻，遂致不可收拾。故四人者，西藏膏肓之疾，附骨之疽。今日欲保西藏，但注意中、英交涉而不知釜底抽薪。今日议和，明日渝盟。今日宣抚，明日称戈。可操左券。何则？四人主谋达赖势必反覆，达赖反覆英人益得藉口，祸变相寻，宁有底止？为今之计，宜先招降四人，庆父一去，鲁难自已，中行说、卫律之故事可为殷鉴。其招降之法，赦其既往，许以弃瑕录用。盖四人皆有阴鸷果敢之略，存富贵热中之念，始因避死而降，继因得势而猖。今则查其阴志，据土地则欲效赵佗之在南越，乞外援则拟师敬塘之赂契丹，开门揖盗，为虎作伥，倒行逆施，卖国不辞。若不拔本塞源，一误再误，将来何堪设想。若不查其病根，漫施药饵，夫岂有当？霆在藏服官四载，深知藏人本易抚，而长官不得其人。藏事本万端而先后宜有序，今日百政不能修，惟此为伐谋攻心之画，正本清源之策，釜底之薪既抽，汤内之沸自止。言交涉则交涉可恃言，怀远则远人必服。去阻力、祛蒙蔽、求统一在此一举。其何如招降手续容俟面呈，其余军政、财政及藏人向内情形非此短幅所能详尽，请俟他日所有招纳叛将理由谨具说帖前来，敬希采择施行。

1913年11月3日

边事消息之汇报(要闻)

大总统训示尹经略

关于藏事问题昨日大总统特致尹川边经略使密电一道，系训示四项要件，探志于下：(一) 藏务会议行将开会，所有预备入藏之军队应一律停止前进。(二) 藏务会议无论结果如何，该司令须以中央命令以为行止，不得私自启衅。(三) 藏番性质狡诈，所有筹防事宜仍须严密布置。（四）藏务会议中央已派有专员担任其事，该司令毋庸参与。

1913年11月5日

蒙藏问题之近耗（要闻）

关于西藏者

现西谟会议关于西藏与中英交涉事宜，政府应委员陈贻范之请求特提出左列要点，兹录如左：（一）协约不可抵触一千八百九十年三年及一千九百零四年于中英两国间缔结之通商条约。（二）内政事项总归驻藏中国官吏之管掌，但对于英国通商事务官及英国商人限于允许外国贸易之都市，许可设置事务所并从事商业。（三）发生于中英藏三国人间之法律事故，总于中英两国官宪处理之。（四）英国撤废西藏之领事裁判权后，中国政府限于五年必可改革司法制度。（五）英国政府非经中国政府协议，将来于西藏不可驻屯保护英国领事馆以外之军队。（六）缔结于西藏之借款合同，除私人借款外总归中国政府负担。（七）凡英国官吏及其商人所有公私物件被土人盗失时，驻藏中国警察官须尽全力还付之原所有者。然其犯人逃走邻国时，不负何等责任。（八）英国官民不可输入西藏阿片及吗啡，如犯此禁处断錣罚。

陈贻范既接北京政府之训令，值与英国交涉时，即注意以上诸点。而英国对此以为无论如何其西藏内政不能与中国各省同一施行政治，中国政府不能干涉西藏之内政之一项必须留存云。

1913年11月7日

希姆拉最近之会议（要闻）

蒙藏会议之面面观

昨据政界消息，藏约较蒙事为难，政府近接陈贻范代表之来电，陈述会议情形，我国所提出之：（一）西藏内政归中国官吏掌握。（二）西藏法律归中英两国官宪处理。（三）以后英国不得中国同意不能在藏驻兵。（四）西藏债款除个人外，皆归中国担负各节。闻英代表只认中国在西藏有宗教权，不能干预内政。藏代表更要求其自治权。三方争持迄不一致，并闻此约之成须费时日云。

政府对于藏约之态度

国务院消息：政府以西藏地处极边，人心狡诈，其势与库伦不同，必须服从中央，免鞭长莫及之患。自希姆拉三方会议，藏人仍复顽梗自如，刻已拟电致陈代表须根据一千八百九十三年及一千九百零四年之中英条约，坚持磋商，务达到中央在西藏设官之目的，慎勿许其自治。闻已拟办法，日内即行通电云。

藏使赴英之报告

西藏密探：昨有密电到京，内称达赖前得英皇所赠玉瓶等件，以后视英之日深。现又派噶布伦四人带西藏青年子弟二十名赴英留学，并携有金佛、茶砖、毡毯之属各礼物，刻已由藏起程，并闻尚有密商之事云。

1913年11月8日

西藏会议中英方面之条件(要闻)

关于西藏会议藏人方面已有提出条件，至我国政府及英人方面所提出条件各报探闻多异，凭信无从。昨据最确实报告，西藏会议以陈专使到达太迟之故，至上月中旬始行开会。日来尚无解决希望，盖就两方面所提出条件观之，以知接近之不易。两方条件如下：

(甲) 英人方面之条件

(一) 千九百零六年关于西藏问题所订之中英条约全行废止。(二) 中国承认西藏为独立国。(三) 中国撤退驻在拉萨之办事长官及其卫兵。(四) 嗣后西藏事件由英国处置，中国不得干涉。

(乙) 我国方面之条件

(一) 此次条约不得越千九百零三年十二月五日千九百零四年九月二日所订条约之范围。(二) 英人得依旧约于西藏各埠设立学校及经营商业。(三) 西藏行政者仍由中国驻藏长官办理。(四) 中英藏以及印度间之诉讼由中英之中央商务委员会审之。(五) 中国于五年内将西藏民刑法改良，改良后将会审制度废去。(六) 英国不得驻兵于西藏，惟领事馆卫兵仍得照常设置。(七) 债务之涉及国际关系者由中英二国政府共决之。(八) 驻在西藏之英国委员得在西藏要埠设立馆所。(九)官私共同产业经盗窃时,概由中国担任捕缉。惟盗窃等犯逃越境外之时,中国乃不负责。(十)阿片不得输入西藏,违者处罚。(十一)英人未得中国之许可,不得在西藏开采矿山。(十二)遇西藏有乱时英人不得输入军器于西藏。(十三)中国政府承认素来关于西藏所订之中英条约,惟嗣后西藏不得与他国订结私约。

1913年11月12日

钟固君之西藏谈(要闻)

西藏独立将近二载,风云诡谲,瞬息万变,全藏形势几至横溃而不可遏。所幸者,班禅效忠,钟军死守,而数百万里之土地尚未遽尔改色。则班禅、钟颖不得谓非中华民国之功臣也。查钟固顺天人,前清时以军统资格督率军队,随驻藏大臣联豫赴藏,调遣有方,镇抚得宜,颇为藏民所悦服。民国成立,中央政府改驻藏大臣为西藏办事长官,即以钟君任之。先是,前清之时以改土归流之故致达赖逃亡印京,而少数藏民即欲狡焉思逞。后因饷糈不支,藏军哗变,而达赖遂乘机归藏,图谋独立。更有奸徒谢国梁等因争私利不获,教唆哈厦背叛中国,与达赖勾结,而藏乱遂作。然钟君以单兵微饷,尚死守半载有余,遂辞职归京。昨日某报记者在总统府与钟君相晤,询及藏中情形,据云:藏民十之八九皆倾心中国,而至死不悟者,不过达赖与少数叛兵耳。且有廓尔喀者,本一极富强之小国,向修贡职,尊中国为上国,目前尚极恭顺,此次藏乱,廓人调停之力颇不鲜。惟谓廓人心中有一疑意,中国动称五族共和,不知廓人究属何族?盖廓人所奉者,回教耳。如为回族,则土耳基亦回族,有亦可列于五族共和中耶?倘中国政府明白指示廓人,仍当勤修贡职云云。记者又问:西藏之地,俄英两国均极垂涎,特以大势所牵,未有若何之举动。前闻两国订有密约,俄在蒙古行动英人不加干涉,英在西藏举动俄人亦不过问。今俄之在蒙已进一步,英之于藏岂能坐视?钟君云:俄英协约未敢谓其必无,但是极秘密,外人不得而知。现在俄既伸展其势力于蒙古,英人自不能甘居俄后。惟英人之于西藏纯抱经济侵略政策,尚无掠去土地之心,方今惟一目的即欲在藏中各富饶之区建筑铁道,拟由印度经波密而至拉萨为一浅[线],现正从事勘验,不日即将动工矣。记者又问:西藏之物产究竟何如?答曰:藏地富饶,言之诚堪惊人。五金等矿随地皆有,藏中人民就地面上挖取矿沙,即能炼得金银。其余药材、麝香、皮毛等物所产极多,而波密一带尤属丰富,诚中土天府之区也云云。

1913年11月29日

西藏会议中英方面之条件(要闻)[①](目)

1913年12月3日

西藏问题之种种

西藏问题大有继蒙古问题以行解决之势已志前报，兹悉西藏问题现正在会议中，结果如何殊难预料，因在据各方面调查，述其确实情形如下：

英人对于西藏问题之观察

关于西藏问题之哲孟雄会议，泰晤士报北京访员曾有通信云：英政府虽不抗议中国为西藏宗主国，第恐印度边境之不能巩固，对于中国之有干涉西藏内务权乃不得不争。客岁八月，美公使致中政府之公函已声明此节，且不承认西藏之与中国本部各行省事同一例，西藏行政事务不得包括在中国内务行政范围之内，并不许中国在拉萨或西藏境内驻有无一定制限之军队。自此函去后，形势乃大变。中国为西藏宗主之形式，几尽消灭也。现在西藏境内无一中国官吏，自蒙藏联合后，而西藏人之能否承认中国之有主国权，正在疑似之间。英国但愿西藏现状得以保守，而中藏战祸得以速解而已。自在中藏两方便者发明妥善之法，使中国主国之形式仍得留存。一方面不使西藏受疑惧之管辖也云云。据此可知英人对于西藏问题观察之心理。

藏人提出之会议条件

（一）要求中国承认西藏有完全内务之自主权，并确保自后中国军队不得阑入西藏境内。

（二）划清中藏界限。

（三）对于商务及交际藏人得自由与英人直接，不必由中国介绍，如中国人必欲加入，须先得英人之同意。

（四）藏人如欲兴办实业及采矿等事，有自由聘请英人赞助之权。

---

① 1913年11月12日《时报》登载了《西藏会议中英方面之条件》，内容完全相同。

藏使与西报记者之谈话

上海字林西报驻印京通信员函云：此次中英藏三国在印度之西穆拉地方会议中藏对待问题。西藏特派专使沙特拉为代表，该访员曾往投谒，叩以赴会时拟发表何种意见，沙似不欲先事泄漏，大致不涉政治，沙氏因言：中国驻藏之军队去年已大半归国，其尚留居者，悉已改入藏籍。其人并不袒护安班（即中国驻藏办事员），故土客均极相安。访员问去年颇有谣传，谓藏人将嫁与中国人藏妇之鼻悉数割去，以示惩戒，其说可信否？沙氏笑曰：无之，惟谣言。亦非无因，该中国人常令其藏妻溷入藏人秘密机关，以探取消息，我政府恶之，声言犯间谍之妇人一经拘获，必割其鼻，意在使之畏刑，不敢轻于尝试，非真欲实行也。访员问藏人中有袒华之一派，今如何矣？沙氏曰：袒华派并未经政府诛杀，不过遣赴边远寺院使勤诵经典，勉为善人而已。又云：班禅喇嘛现经达赖与之和解，彼亦不再与闻政事矣。访员有问：藏中兵力如何？沙氏曰：藏兵之精者，约二千人，若少数中国军队入藏，尚有抵抗之力。若大队侵入，藏兵力单不足抵御。吾藏人之所以欲得英人之助力者，正以此耳！去年中国军队归国时所有军火悉数留下，惟枪枝中之机件均由彼等取去。且谓若不携归此物，回国后必然见杀。现在此等枪枝均封存武库中，待此次会议告终后，始有解决之法也。访员又问：中国政体已改共和，系以五族共合组而成，如此则西藏似应派员前赴北京，北京又派员驻屯拉萨，方合于平等待遇之宣告。沙氏曰：果然如此办理亦未必有胜于往昔，即英人欲派员驻屯拉萨亦殊不利于西藏。盖俄人一知此事亦必要求设立领事，从此吾藏中一国三公使，更不知所适从矣。现在居藏之英人待我极好，时时告我英人对于藏人皆怀好意，故我甚倾服其人云云。

1913 年 12 月 7 日

蒙藏交涉之将来（漫画）（目）

1913 年 12 月 10 日

日僧之西藏谈（要闻）

日僧赞井润尔于客冬十月奉本愿寺法主大谷光瑞伯命赴藏探险，刻已于前日归国。据其谈西藏近状，略谓藏中俨然守锁国主义。前此西行之河口慧海（日僧）

仍逗留汤杰尔地方，研究梵语及藏语。闻拟俟明年春令再行设法入内地调查，现日人之在拉萨及深入藏地者仅本愿寺僧二人及其它一人云。英人对于西藏权利之伸长，实令人惊讶不置，刻藏中各行政机关英人几占三分之二，并汲汲于修筑大吉岭拉萨间官道及布设大吉岭江孜间距离百英里之长距离电话，以便交通。西藏现宰相龙谦谑塔氏为亲英派之首领，欲订英藏协约，为藏人所忌。盖假此协约成立，则不特藏中贸易行政诸实权悉归英人掌中，实不啻将全藏为英人之保护国云云。

1913 年 12 月 17 日

专电[中央西藏会议英代表提出条件]

中央西藏会议英代表提出条件：(一) 西藏有完全自治权，中国不得改为行省制度。(二) 中国不得派遣驻藏大臣以外之军队。(三) 中国与西藏争议由印度政府判决。(四) 中国不得限制英人印人在西藏之自由营业。(五) 西藏内政由印度政府监督，又英政府得派代表驻扎拉萨。(六) 英代表得监视中国在西藏之举动。(七) 西藏与吐鲁番境界不明之地由印藏委员决定。共计七款，闻者诧为外蒙之续。(二十七日申刻北京专电)

达赖喇嘛闻中俄库约成立，要求英人速与中政府订立中英藏新约。(二十七日酉刻成都专电)

英兵驻拉萨者日增，且在藏中各要隘大队军队，似有预备战事意。(二十七日酉刻打箭炉专电)

1913 年 12 月 28 日

西藏与蒙古(时评)

蒙古之结局如何，试观西藏。西藏之结局如何，试观蒙古。盖蒙古始仿西藏而订约，而西藏今又仿蒙古而谈判也。他日西藏谈判而更观蒙古之约有利者，则蒙古会议又必加西藏之谈判而更利之，转展争胜，卒至蒙古与西藏均非我有而止。

1913 年 12 月 28 日

专电

总统府交议川藏事件四则：一、川藏划界事宜。二、遣调军队驻防藏域问题。三、改订藏中各官职。四、速定英人在藏利权之限制。闻右四项问题皆为陈贻范所电请。（六日酉刻北京专电）

尹昌衡濒行请求大总统每月拨付边境急款二十万元，办理各项新政，且资饷项。闻财政部以款拙不能照拨。（六日酉刻北京专电）

1914年1月7日

西藏交涉声中之真相（要闻）

陈全权报告交涉颠末

政府前接陈全权由大吉岭来电，略称贻范到后迄未开正式谈判者，恐谈判决裂反无磋商余地。故首将贻范意见表示，英代表等先为讨论，并无何等要求，苟不损失商务，决不干涉（此段指英印方面言）。惟藏民所仇者，边军。达赖所谋者，自立。其否认钟长官为唯一之主张。告以钟长官现在郎若（译音），不问藏事，边军现已奉命撤回。自立未始不可，但不得予外人以参政权。厦扎（藏中著名喇嘛达赖之信服）为总理一层，中央当无异言。惟名称应改五族共和，同域内不得有二个国家并峙。以上均由印官转告达赖，得复再报云云。

吴委员电请宣抚意见

亚东关监督江孜商务委员吴抱一电称：藏交涉已有头绪，英若承认华官在印有通过权，政府应速派宣慰使由海道入藏宣布德意，到射卡子（达赖现居此处）将达赖迎回拉萨，并派驻京著名呼图克图如章嘉等为宣抚使由川入藏，沿途抚劝，以收人心。但必须呼图克图亲往，盖番人天性佞佛，呼图克图为呼毕勒汗，乃转世活佛，所言易于动听等语。已交蒙藏局核复矣。

1914年3月13日

藏约之第一字(时评)

骨　子

中英藏约开议已半年有余,据所电传,所议论者,大概与中俄蒙约等其丧失主权,不问可知也。但闻藏人之狡较蒙尤甚,今藏约正签第一字,而中国委员尚不肯承认,则其约之必有万难承认者。在藏约苟再酷于蒙,则他日必又为蒙约失败之标本矣。呜呼!

1914年5月24日

西藏归客谈(要闻)

北京通讯员冰若

上年政府以外蒙独立,而西藏亦有背叛之势,特派北京雍和宫之达喇嘛赴藏宣慰,赐还封号,劝其内向。达喇嘛已于日前返京,常告人入藏后调查一切之情形,以其与大局有关,爰为笔述,以饷阅者。

达喇嘛于宣统二年曾一度入藏熬茶,熬茶云者,向例皇帝御崩必派西藏之喇嘛赴藏以极大之锅,放最多之茶,煎好布施,与一切之人,以为祈福,每次熬茶须畀以一二万金不等。迨德宗御崩,其西藏已怀携贰之心,京中适无西藏喇嘛,遂改派雍和宫之达喇嘛前往,以一万金。上年民国政府又派其前往宣慰,所以资熟手也。达喇嘛赴藏时,政府曾交信两封,令其带往西藏,一致达赖,一致班禅。

据达喇嘛所云:彼上年赴藏时偕一蒙古喇嘛同往,取道印度,迨至印度时,印度政府对于入藏之人盘查甚严,彼以曾经赴藏,虽免留难,而同行之蒙古喇嘛,其初坚不允放行,后经再三恳求,乃得同伴入藏。及至藏中,并无外人踪迹,仅拉萨京城有一本源寺和尚,系日本人。若英人,仅有在江孜关及亚东关贸易者。达赖对于中国并无一定成见,惟其大权均在厦仲之手(厦仲者犹之内务大臣兼军机大臣)。厦仲颇饶有资财,且有势力,与中国人之感情甚恶,西藏离心皆厦仲一人所主持者也。然厦仲何以恨中国如此之深耶?则以最近驻藏之办事长官如联豫、钟颖等皆以藉办新政为名,劝捐敛财,甚或纵兵抢劫。而驻扎川藏附近之兵皆哥老会,抢掠后,多潜逃,西藏之金物为之一空,而厦仲所管之庙宇受害尤烈,故衔之甚深。

余按:钟颖为晋昌之子,贻谷之侄。晋昌吉林人,庚子联军入京时为盛京副都统奉天宫内。顺治入关后，每年必解八万金往奉存于宫内之库中，以为退步计，至深也。晋昌遂利用联军之变，将奉天宫内所储之金悉数席卷而逃，奏报被某国人劫去。嗣有人上折，参劾晋昌，乃报效十二万金，谓系某国人抢劫时被其拦下者。而某国人闻之，遂与清廷严重交涉。晋昌卒以此获罪，发往四川军台效力。遂为其子钟颖出资捐一四川候补官，旋随联豫入藏。联去，钟遂得驻藏长官。一以搜括藏人之财为唯一之目的，致令西藏叛离，殊可恨也。

西藏屡次浩劫却未曾借外债一文，盖藏中仍坚持闭关主义。其商上（政府之名）尤深恶外人，前年闻中国派尹昌衡前往征剿，藏中大为震惊，曾编练警察以资防卫。但其警察多眠于地，随处便溺，极不讲究卫生。警察尚且如是，其他可知。尹昌衡之兵仅至打箭炉之西名乍丫地方，并未至藏边之恶八站。所谓恶八站者以夹坝（强盗别名，其地多野人，以劫人为事）最多，所报胜负全属子虚，不过师赵尔丰故智，其目的在抢些财物而已。

现所派署理藏事之陆兴祺，藏人多轻之。陆致藏政府之公文，甚且有置之不理者。盖藏中仍未脱蛮野的习气，但知怕官。陆系在印度一广东商人，其历史藏人多知之，故颇藐视。若中国政府派一资深谙藏情之大员前往，藏事尚可为也。政府前交信两封与我带去，此次达赖及班禅均有回信交我带来（余有友人曾见其回信，谓班禅之语意极其恭顺，而达赖则颇涉狡猾，似谓赐还封号甚感激，但不赐还亦无关轻重）。我回京时非由印度而由四川，惟由川不及由青海甘肃较近三十六站耳！

1914 年 6 月 19 日

西藏条约（时评）

萍

呜呼！昔有崇地山，今有陈安生。地山之使俄也，割地让权，不秉朝命而舆论大哗。今安生之订藏约亦然。然则，藏地几何？中国之外屏几何？而能任彼使人之不秉朝命，擅自割让耶？虽然，崇之大辱国也，尚有曾纪泽以继其后，掉三寸之舌锋回狂澜于既倒，为我中国一吐气焉。而今也何如？而今也陈安生之西藏条约则又何如？

1914 年 7 月 3 日

哀西藏(时评)

萍

藏务会议鉴于蒙事之失败而起者也，派专员定会地讨论八阅月而卒无成。今日之外交至难言哉！虽然，记者且不暇为中国哀，而为藏人哀矣。彼蒙古之结俄人以抗衡吾国也，其与俄人缔约之初，何尝不取快于一时，卒之盟书甫订而全境之大命以倾。虽欲求均势于异国，而亦几几焉。莫可告语，及今始悟，悔已莫追。今者，藏人之情事差与蒙同，乃不以前车为殷鉴，而惟仗蒙人为导师，吾恐亦步亦趋之下，来日之藏人亦无异今日之蒙人矣。

1914年7月8日

西藏之将来(见《公论西报》)(译论栏)

香草译

近年来英国报纸多注目于西藏之前途。据伦敦所接消息，谓俄国已通过告印度政府，西拉姆藏事会议所已商定之办法，其影响于英俄协约者，俄国当承认大纲。按中英藏三方代表于去年十月十三日开议於西拉姆，距今一月前，闻已议定条约，且已签第一字。据云其条件系承认西藏本部之完全自治，而中国亦有权设置驻藏办事长官一员，并携带适宜之卫兵一队。英报或谓约中未规定英国亦设一办事员驻扎拉萨，殊未能满意。然英国政府之主要目的似在阻止中国施行任何实际之主权于西藏，此项目的似已达到。盖今之新条约，固与一九一三年八月间英国驻北京公使致中政府照会之内容无甚差池也。伦敦《斯丹达报》近曾评论此事曰：

规定西藏政治情形与夫英俄中三国将来与该国(西藏)人民之关系之一国际条约，今尚须待各当事者之承认与画诺。惟自去秋以来，始在西拉姆继在代里旋又返西拉姆之中英藏三方之会议，已经达到一重要之地步矣。本报今试略述引起此项会议之前事。按自中国革命发生后，西藏情事，恒为印度之英国当局者一种忧虑之源。盖华人欲规复向来所谓天子者对於西藏之威权与势力，彼时北京谕旨一下，黄海以西，帕米尔以东，莫不震慑听命矣。然西藏人民于荣赫斯鹏大佐入藏时所率之小小英国军力，虽不能为有效之抵抗，而抗拒华兵，则尚堪胜任。于是华人被驱而出拉萨，华人谋恢复旧物，不甘退让，两相争持，遂至惨祸迭起。以两方冲突之延长，与英国利益有多少之关系。故英政府特邀请中国、西藏两政府简派专员，赴印度会同英国代表协商西藏将来之政局及界务，西藏政府之全权代表为国务总理，藏名朗春沙脱拉，中国代表为陈贻范君，印度府外务大臣麦马洪爵士，则代表英国而为该会议之主席焉。藏人方面最初之要求，闻极不和平。当朗春沙脱拉抵印度时，闻彼将坚执西藏须脱离中国之宗主权，毫不留痕影。夫此项主义固为英俄两国所明白承认为“一种已经认定之主义”。惟欲使中国政家将施行权力于四川边境以外之傲慢观念全行弃去，非以压迫力为先导不可。然此时袁世凯及其部下赞襄擘画之俦，亦恍然于欲行实权於西藏，已遭巨大之失败。夫使中政府而亦明达见机，知事势如此无可挽回，则可见英俄二国对藏政策之转移，其理由已具于此矣。中国方面处理既妥，其第二步则英政府当与俄政府协商修改一九零七年八月间订结之英俄协约之条款，或增广其范围。盖照原约所规定，两国除由中政府间接外，不得与西藏直接之交涉，而西藏内务亦概不得干涉。今英政府修改该约之提议，并非悍然破坏此等限制，不过以限制太严，宜稍出以宽泛耳！目下伦敦及圣彼得堡间关于此层之谈判。正在进行也。

以上《斯丹达报》之言，堪为一般英报普通论调之代表，然此问题固尚有一方面焉，则本报近已论之屡矣。

1914年7月9日

断送西藏之陈贻范(要闻)

北京通讯员冰若

今日有一最足惹起国人注意之一事，即关于西藏之问题中英订定协约是也。中英商订藏约又奚足注意，则以专使陈贻范不谙藏情，不知以前之条约，不请示中央政府，擅将草约签字而断送西藏之故也。

西藏在前清时即时而归附，时而叛离。其初，英俄皆欲得此而甘心，嗣以英俄协商，英以外蒙之权利让俄，俄即以西藏之权利让英，势力范围划分以成。英人乃视西藏不啻为其囊中物，我国诚恐异日生出纠葛，乃于光绪三十二年与英订定条约，以期互相遵守，即所谓千九百零六年《西藏条约》是也。此项条约订立不及十年，胡为又须另行新约？则以外蒙独立，中俄已定协约。故不能不由中英两国派员会商西藏问题，其时英国所派之代表为马格斯迷勒，中国则派陈贻范。

陈贻范被任为西藏会议专使时，尚为上海交涉员。闻命之后，即赴至京师，然仅勾留数日，外交当局并未谋面，请示机宜。即关于西藏交涉历来之案卷及条约亦不觅得看看，只将几万元之经费领着到手，匆匆出都。起程之先，陈有友人问其携带有何种物件？陈答未带。友人曰：哈达总须多带。陈不知哈达何物，问有何用？其友人曰：赴藏时遇藏人必须用此，犹之拜客之名片是也。哈达系以长二尺许之绸子为之。陈始恍然大悟。迨至会议地点，纷纷电京。今日请检寄案卷，明日请检寄约章，而此项电报均系由印度政府转递，不但报费昂贵，即外交上之机宜亦难免为外所先知。政府早已知其不能胜任也，故前有移京办理之议。

乃陈氏与英人开议之后，所议情形则又从未报告政府，故数月以来关于西藏会议寂然无闻，而外面所传者均系捕风捉影之谈。迨前月始确闻陈氏与英人订定草约若干条，并已签字。其初以为中俄协约乃迫于俄蒙业已订约而生，而国会又曾一度否决，故不能收良好之结果。西藏会议无此原因，纵不能较胜于千九百零六年之藏约，亦当较胜于上年之中俄协约。乃自治区域之范围在中俄协约犹定为由两国另行派员会勘，而陈氏与英签定之草约，据最可靠之消息，则并疆域而亦议定。川边之察木多本不在西藏境内，中国尚驻有军队，而英人则谓系以兵力侵占者，非原来之中国领土。陈氏莫明其妙，竟允划在西藏自治区域内，而青海之大部分亦不为我有。草约既定，陈始报告于政府，政府以事前未得同意，不肯承认。然英人谓如不照草约签字，彼即当与西藏订约，是以政府对于此项交涉颇有左右做人难之势矣。

据某外报记者告余曰：西藏会议英国要求以怒江为界，怒江以东中国有完全统治权，怒江以西为西藏之自治区域。而外交部则欲以雅尔哥克河为境界，双方争持，尚无进步。而英国所派之代表马克斯密勒氏已请假数星期，由迭尔希赴西汉拉避暑，由此观之则陈贻范已签定草约之说，似属不确。此固为吾人所欣幸者也，虽然余则自信前说为有可信之价值者也。日前大总统曾对人曰：陈贻范议藏约是崇厚第二了，肃政史有闻此语者，现拟上弹章，参劾陈贻范。其弹章之底稿业已拟定，亦可证明吾恐陈氏将不免矣。然陈固咎由自取者也，其如断送西藏何？

1914年7月9日

藏事概言(社说)

挈　瓶

达赖喇嘛称叛于西藏，国家有所忌，弗敢轻用兵。乃命使往介英与议，期以玉帛化干戈之气。使者弗称职，议以弗谐，然非尽使者罪焉。藏民悍，未睹国威，又自持有强援，故称叛之心弗戢，至敢以北弃青海，东弃察木多暨所属诸土司之地，强我所弗能从，而藏务会议，乃徒费八阅月之时间，率以弗谐闻也。夫青海夙与喀木藏卫，并称为唐古特之四部，而唐古特种人之据其地奴其民，不过一时之间（自晋及隋，青海尝属于吐谷浑，洎吐番强，逐吐谷浑而有之），自古且尝内属称职方氏之籍，汉之金城陶羌，隋之西海河源等郡，唐宋之鄯州西宁州是也。迨明清之际，折而入于危鲁特之顾实汗，其孙罗卜藏丹津继世盗边，清命将削平之，乃设西宁道若府若县以治民，设青海办事大臣以理游牧之蒙古与世长，其地之番回，迄今仍之未改。而塘古特种人之幡声纛影，其不作于湟中者，盖数百年矣。假令青海可弃，则诸行省之郡县何在而不可弃，然而国民有几郡县，宁可轻言弃之欤？若夫察木多之在前清，既与巴塘里塘并设郡县，比内疆其所属诸土司，则自清雍正以来，夙纳赋于蜀大使，所命粮务处，与西宁诸土司之称青海办事大臣者略等。故其民虽佞佛，若唐古特人，其地要非唐古特人所得有。矧军兴既三年，我大军犹守察木多，未东移寸尺，而可以退让，则凡云南新疆毗邻连西藏之土地，何在不可退让，又岂仅仅川边之患欤？昔崇厚奉使以伊犁弃之俄，然其时伊犁固犹为俄守也。清盈廷已腾沸，崇厚几不免戮，况青海暨察木多之在今日，固犹秉正朔奉我号令者欤？

论者每以西藏与蒙古较，谓同为国家之藩，顾其实有不尽然者。盖尝稽诸清制，凡蒙古之内外扎萨克，虽胥统于将军都统，而自王贝勒暨诸台吉，得各理其本旗之政。若西藏则自朱尔墨特伏诛，清廷早收其政权，隶于驻藏两大臣，而遥统于四川总督。达赖、班禅仅能抚驭其信徒，而当继承之际，非朝命迄弗得立，故以自治权许外蒙，犹为有辞，至所得许于西藏者，唯达赖、班禅之宗教权而已。况视自治权而有进，甚且乃以弃地要我，我国家纵不武，我国民宁能更须臾忍欤？虽然以国际之牵率，与我力之犹未丰，我国民之视难端重矣。继自今藏民苟自比于外蒙，以得自治权而止，国民应之无难色也。何也？外蒙之例既开，西藏纵弗欲争，度必有代西藏争也者。我纵欲弗诺，度又有强我以必诺者。我何为终靳之，以敛怨而召衅欤？然欲为得陇望蜀之谋，以遂其蚕食鲸吞之计，则又非我所敢知之者已。

抑吾又思哲布尊旦巴之在库伦，达赖喇嘛之在拉萨，相距万里之外，而声息相通。胥欲绝内向独立以自称尊，非肯仅仅以自治为餍足也。政府往慑于俄与边军之不竞，故苟且息事，未尝深有得于蒙情，遽与俄结交外蒙自治之约。哲布尊丹巴卒勿屈，飞书四走，冀遂其最初之志。今其事犹未平，而西藏之患又棘。诗曰：与子同仇。礼曰：君子听鼓鼙之声，则思将帅之臣。吾一不知今日同仇者之有几人，将帅之臣之又安在？则徒扼腕发愤于四郊之多难而已。

1914 年 7 月 15 日

川藏预备进兵(时评)

萍

自库蒙独立而中俄有停止进兵之约，坐令蒙人猖炽以底于今，为我北塞之隐患。藏人不靖，以蒙为师，而西南一隅之损威辱国，悔无可追。今幸矣，藏约决裂，袁总统已急令川边各将吏增置戍队，以备进攻。一方面并令驻华英使探询英政府对于西藏之态度，从此扬威西陲，绥服三藏，此其时矣。虽然勿主攻势，勿越中国界限，亦胡为者？岂有不得已之苦衷乎？愿政府之一鼓而作气也。

1914 年 7 月 15 日

专　电

藏议决裂全为疆界问题，印藏委员散归后外部亦电饬陈贻范回京，意不过暂时搁置。政府已将不能承认理由及极盼继续开议，在伦敦或北京均可照会英国。虽未得复，政府总期无损领土与邦交。某报谓施肇基由沪来电，请俟赴任时谒英皇面陈，并派罗忠贻赴藏，继陈会议不确。（念二日卯刻北京专电）

1914 年 7 月 23 日

专电[袁总统以藏约决裂甚为焦灼]

袁总统以藏约决裂甚为焦灼，特在总统府设立藏约研究所，派钱能训、汪大燮、联芳、那颜图、赵惟熙研究西藏问题，并令外交部蒙藏局各派司员两人，一体与议。（念四日亥刻北京专电）

1914 年 7 月 25 日

政府处分西藏问题之片面观(要闻)

藏议决裂后，我政府以中英睦谊素称巩固，外人议论虽嚣，实为隔靴搔痒不足深信。兹以最近所闻，此后处分之办法撮志如下：

（一）印度会议已决定取消，拟由中英两政府直接磋商，不再使西藏代表与闻此事。（一）磋商之地点在北京或在伦敦尚未决定。（一）磋商地点如在北京，则驻京英国公使与我外交当道会议办理。如于伦敦磋商，则令我驻英公使与英外部大臣商办。再如两政府各表各派专员之同意，则各派专员。（一）俟两国政府将关于西藏问题解决后，即各知照达赖，勒令遵办。

以上处分之方法，拟交驻京公使先将此协商手续通知英政府。惟该公使现尚未抵伦敦，一俟到达，呈递国书礼成后，即将此事提出英外部云。

1914年8月1日

解决蒙藏问题（要闻）

此间华字报载称：英俄两国政府因战车之故，欲将蒙藏问题赶早解决。袁总统已令徐国务卿与孙外交总长商量，从速解决之法。恰克图会议，中国代表毕桂芳将偕陈箓不日取道满洲前往。西藏问题将由英、藏、华三方代表在代里（印度）议决。

1914年8月26日

欧战声中之蒙藏消息（要闻）

西藏办事长官陆兴祺来电以欧洲战争会议停止，请准辞职。大总统去电慰留。兹悉陆之乞退，因达赖要求条件太苛，故有此举。条件如下：（一）藏人与汉人享同等之权利。（二）政府每年协助西藏五百万。（三）西藏境内之矿产，藏人有押给外人自由权。（四）藏人有自由练兵权，中央政府抵准派兵五千名到藏驻扎。（五）官制按照中央政府规定，惟须在藏取材。

1914年10月4日

外论之满蒙藏问题（要闻）（目）

1915年1月21日

西报纪蒙藏交涉问题之近状(要闻)

至于西藏问题，近来虽有中日交涉，中政府仍极注意，拟改在伦敦或北京和衷协商，从速解决。故于数日前已电令驻英公使施肇基向英外部提议续行谈判西藏问题，或在伦敦由葛雷爵士及施公使，或中国所派专使会议，或在北京外交部与英公使会议，不必令达赖喇嘛代表参列，以免稽延。中政府近又接到效忠民国之班禅喇嘛来电，请速与英国解决西藏问题，俾所管辖之区可以改良内治，不必达赖喇嘛帮助。至青海各王公依然反对，以彼等之管地划入达赖喇嘛治权范围之内。总之，中政府现愿与各国从速解决久悬不决之各案，以期此后可以安然改革内政也。

1915 年 5 月 13 日

西藏问题近闻(要闻)

中国政府鉴于此次中日交涉，日人藉口于解决悬案。故惩前毖后，所有国际间一切悬案亟待解决。中英西藏问题遂为政府所注意，亟欲在伦敦或北京会议，以期早日解决。驻英公使施肇基氏已奉训令赴英外部，将西藏问题重行开议。或即由施公使与英外相葛雷交涉，或由中政府另派专员与政府交涉，或径由中国外交部与英政府直接交涉，均无不可。惟不欲达赖喇嘛之代表参与，以免无谓之枝节而致迟延岁月云。西藏班禅喇嘛自入民国以来，始终效顺中央，顷亦有电到京，请政府速与英国解决西藏问题，然后行政可以次第改革。昨闻达赖喇嘛屡次煽惑青海并入该喇嘛治权之下，青海王公均无不反对此事云。

1915 年 5 月 29 日

西藏问题之回顾(要闻)

外交部以中日交涉解决，现拟解决从前各种悬案，而以西藏问题为尤要。盖此案英使朱尔典氏迭次催议，故我当局颇为注意。上年陈贻范从西藏回，谈及当时情形颇详，爰补录之，以饷阅者。

陈贻范奉政府命入藏宣慰，道经印度，适交涉事起。时政府因陈曾任上海交涉使，办理交涉成效颇著，委以磋商之权，与印抚闵道(译音)商议改订光绪三十二年之约。此约系张荫桓[?]与英大臣韦礼氏所订，因时局之变迁，兼之达赖喇嘛与班禅喇嘛意见不同，故英人要求改约。

改约之时英国提出第十二条：以英国人民可任便以货物或银钱交易，任便将货物售与无论何人，购买土产货物，雇赁运载夫马，并照地方常规办理。一切贸易事宜，不得格外限制刁难，亦不得抑勒强逼等语。其他关于行政上司法上事件倘多。陈对于英之要求因利害关系之故，不愿解决，且非全权，曾请政府移归中央办理。于是此项重要问题致悬至今日。

陈又云：西藏幅员辽阔，跋涉艰阻，非筑铁轨无以输輓，非兴矿务无以养铁轨。日本樱井基蜂游记言：西藏矿产一端已于筑造铁路之资格。藏矿丰富，西人以为冠绝全球。据一九一四年英人记述藏属各矿颇详，其尤著者为纳尔仓七百里之金田，噶大克之金矿，及现有土人虽用土法开采，但器械窳楛，日获仅足糊口。其余各矿山藏官惑于鬼神风水之说，不准开采。当余（陈自称）在藏时，迭劝藏番允除封禁，灵异大雪山外，允准汉藏人集股开采。无如商人不明利害，迄今仍不踊跃，深为可惜。至将来治藏之道，首宜收回政权，开放教权云。

1915 年 6 月 19 日

西藏会议之办法(要闻)

西藏问题闻外交部拟定三种办法专致驻英公使施肇基，命与英政府磋商办法，其大要如左：

一、该会议由中英两政府直接商议，不使西藏代表参与，至商议之地点或北京或伦敦均可。

一、如会议地点在北京则由驻京英公使与外交部总长会商办理，或改在伦敦则由我驻英公使与英外相开议，否则两国政府各派遣其他代表，亦无不可。

一、两国政府于处分西藏方法及一切问题解决之后，即行通告达赖遵办，与对于蒙古之办法稍稍不同。

1915 年 7 月 14 日

川边近事纪闻

乍丫蛮匪击退

乍丫蛮民近与该地匪徒勾结为乱，昨有人由该地回炉城，言该蛮匪等与我军抗，卒被我军击退，现退至隔河扼扎。

白鹤教造谣煽惑

近日川边境内发起一种白鹤邪教，闻该教之缘起，系草地某寺老喇嘛圆寂时，嘱其徒煮尸分食，谓可避刀枪，并出真命人主，保有天下。老喇嘛死后，徒众果分食其尸，并倡言某家子是真人主，遂集众招徒传播其教。闻镇守府已令饬严禁。

代办各项公文

川边自反正后，各军政机关办理公文表册多不合程式，虽经镇守府饬还另办，仍不合。近有人在川边组织一代办川边文报处，为军政各机关代办公文表册，军政界人员赞成者多。该文报处已具呈镇守府，请予立案。

初选事务所成立

川边僻处西陲，兼以春初陈步三之变，立法院议员选举事务所未能如期成立。现新任镇守使刘锐恒已成立川边立法院议员覆选区事务所，并通饬川边各县组织初选事务所。刻道孚、康定两县已遵饬成立。

1915年8月18日

近代传媒与中国西藏的社会变迁

刘永文 编著

（中册）

凤凰出版社

《神州日报》

《神州日报》是资产阶级革命派在国内办的第一份日报，1907 年 4 月 2 日（光绪三十三年二月二十日）创刊。创刊的头三天日出对开四大张，第四天起改为日出对开三大张。创办人于右任，发起人有杨毓麟（笃生）、汪彭年、邵力子、张俊卿、王无生、汪允宗等，多数是中国公学的师生。于右任担任社长。社址在上海四马路。该报内容新闻文字和广告各占一半篇幅，其栏目有宫门抄、专电、紧要新闻、社论、通信、专件、各省新闻、短评、小说、特别调查及诗词小品、杂俎等。

《神州日报》在专电、紧要新闻、要闻、直省新闻、馆外电报、直省通信、西报译要等栏目中报道了关于西藏的各类事件。

驻藏大臣电请划分郡县添设官职(本社专电)(目)

1907年5月19日

西藏设立银行之决议(紧要新闻)

度支部前有人条陈请于西藏添设银行,以免利权为外人所操。现闻溥尚书与绍宝两侍郎商酌,决计于拉萨建设度支部分银行,并拟于磅余项下提银二百万两,以为资本。

1907年5月21日

西人考察西藏矿产(紧要新闻)

近有比工程师五人行抵打箭炉,欲入西藏考查矿产。中国驻拉萨大臣恐酿乱事,设法阻止。

1907年5月24日

藏印勘界之问题(紧要新闻)

前时英使照会外务部言及藏印界务事宜,应由达赖喇嘛与印度政府各派一人前往勘订。闻外务部尚未作覆云。

按:达赖喇嘛屡受外人运动,各报喧传已久,政府宜有所闻。此次勘界英使指定达赖前往,具有深意,想外部诸公必有以处此也。

1907年6月1日

西藏练兵计划(直省新闻)

前者,驻藏大臣曾令西藏土民赴北洋学习陆军。近闻驻藏大臣更以西藏土民习俗殊异,颇与北洋风气不合,拟即在西藏地方编练新军队。其教练官则拟暂请英国武员充当,一切枪械均购自英国。特因事关重大,须俟与陆军部议定后方能发表，故此事尚在计议之中。

1907年6月4日

政府拟建设行省于西藏(紧要新闻栏)

西藏久为英所属目，商埠一节实为当今万不可缓之图。然非建设行省，特简重臣就近控制，则鞭长莫及。即事事责之四川总督，亦属无济。至于责之边务大臣，西藏钦差，则凡事仰给于人，亦不能告厥成功。故政府近日酬议此事，皆以建设行省为第一要义。然练兵、设官、兴学、开垦等事在在需款，拟俟赵次帅到京，即与之从长计议，俾到任后即审度机宜布置一切，即径提川省盐局款项，以为该处建设基础，亦未始不可云。

此事略见本报专电栏。

1907年6月5日

饬驻藏大臣派员会勘藏界(紧要新闻)

外部王大臣电致驻藏大臣，饬速遴派熟悉藏事人员，前往喜吗拉亚山一带，会同印度派来委员，勘划地址，以清界限。

1907年6月9日

巴塘设官分治消息(紧要新闻)

政府前议布置巴塘添设官缺一事，原拟从缓举行。日昨，枢垣诸公重复提议，以该处地方辽阔，俗近蛮荒，亟宜添设官缺，方足以资治理。拟设巡抚藩司各一缺，分巡炉雅道一缺，并加按察使衔，兼管刑名。其瞻对、巴塘等处设一道缺，打箭炉、雅州、明正等处各设知府一缺。此外添设厅、州、县等官，并于打箭炉设总兵一员。所议虽有端绪，待赵次珊制军会商详细，参酌妥惬之后，方可发表云。

1907年7月2日

整治川藏方略(紧要新闻)

闻前任川都锡清帅,曾与现护川督赵季帅联名电奏整治川藏方法及筹备款项之法,其条款大略如左:(一)训练新兵一镇,分驻川藏要隘。(二)巴塘各土司地方矿山甚富,应即实行开采。(三)开筑道路以便交通而兴商业。(四)在巴塘设立学堂。(五)巴塘建设城垣,废去土司,改置地方官。(六)开垦巴塘四周约三千里之荒地。以上预算需开办费二百万两,岁支约三百万两,其岁费拟仿甘肃、新疆之例,每年由各省分别协济。闻政府现已议定,由度支部支出开办费一百万两,其余则由重庆、镇江、汉口三处税关支出,以济要需。

1907年7月3日

电请筹办西藏矿产(紧要新闻)

西藏办事大臣致政府电云:西藏矿山颇多,若能设法开采,其财不可胜用。近被某国探得最佳矿产约数十处,此际若不自筹开办,恐难免为所要求。请速派通才,广筹巨款,即行开办云云。故日来政府正与农工商部各堂宪筹议此事。

1907年7月9日

度支等部议覆驻藏大臣联奏藏中情形及拟办事宜折(奏折)[①](目)

1907年7月28日

筹藏方略续闻(紧要新闻)

驻藏大臣近有折奏到京,历陈整理藏地政策。请在该地设立官盐专卖局,以防印度盐及俄领盐之入口。暨征兵藏番,改练洋操。勘查矿产,普辟利源。调查藏印

---

① 1907年9月2日(光绪三十三年七月二十五日),第4年,第7期《东方杂志》登载此奏折。

境界，厘定疆域。又请在藏设立番汉学堂，教授藏人汉文，并奖励贸易事宜，以渐图商业发达各项，闻政府颇然其说。

1907年8月6日

西藏要事汇志（紧要新闻）

张大臣荫棠电告外务部：西藏现已于江孜开通商埠，则印度茶斤销运藏地，势难阻止。而川茶本已滞销，万难与印茶相敌，恐自此以往川省茶商每年失利当不在百万以下。应如何预备保护之策，乞与农工商部亟商善法，以为维持云。不知外商两部亦能俯念商艰，实行保护政策，以保全中国利权否也？

张大臣近与英官磋议开通商埠事，以亚东、江孜本属毗连，定议将亚东关税司改为兼管川埠商务委员，以亚东为总税局，至两处之总口则亚东指定吉玛桥，江孜指定康马，设分卡于噶大克。三处派员管理，受亚东总局之节制，不复设噶孜税局。赫总税司不以此议为然，覆云：亚东税征是有专责，张玉棠调赴江孜商议开埠，系一时之举，未便永定为三埠委员。

张大臣又拟将卫队改巡警分局，于商埠所有防用费由税局筹给，至三埠之商场、旅馆、货栈等均归藏官筹款建设。赫总税司覆议谓：巡警费应由度支部购给云。

1907年8月14日

英俄协约内容（紧要新闻）

英俄协约签名画押已见前报，兹据俄国电报，该协约之内容如左：

一、恐英俄两国或有冲突之事，故特和协议定条约。一、确划定英俄两国在亚西亚之领域及其利权。一、波斯北部归入俄国势力范围，波斯南部则入英国势力范围，即以中间之沙漠为两国中立之地。一、西藏及阿富汗斯旦，均照现在情形维持一切，均以日英同盟为主，不得反对。

1907年9月9日

协约前途（时画）（目）

1907年9月10日

馆外电报[英俄新订协约]

圣彼得堡电云:英俄新订协约已于本月十八日在俄京发表,协约内容共十五款,其中关于波斯者五款,关于阿富汗者五款,关于西藏者五款。其关系西藏一约大略如下:

第一款　英俄两国之对西藏均当承认清国之宗主权,互相尊重,保全西藏不得有所干涉。如有外交事件,须经清国之手办理。

第二款　英俄两国均不得有并吞清国西藏领土之事。

第三款　英俄两国均不许派代表之员,驻在西藏拉萨首府。

第四款　英俄两国均不得向清国要求西藏各处铁道、电报、矿山各利权,且不许派研究学术之远征队前赴西藏。惟英俄两国之佛教徒因宗教上之事可与达赖喇嘛有直接之关系。

第五款　英国前所占领之秋无毕(译音)地方约以三年为满,届时即当退还。

1907 年 10 月 3 日

改正西藏条约(紧要新闻)

九月初八日东京《日日新闻》云:西藏议约大臣张荫棠氏既与英国委员重将西藏条约修改,以期两无所损。兹将改之要点列下:一、西藏商埠境界当正以中英两国商务委员会同勘定之。二、凡一切关于商业地域其地租、地税就今所定者,以十年为期,期内不得再行增加。三、英国不得派兵在商埠,凡英人及印度商人之财产生命归中国巡警及地方官保护。四、现在西藏输出、输入之货物,中国政府暂不征税(按:此语命意颇不可解,不征税何故?暂者,以何时为率)。惟印度茶须征税后,然后可入藏。五、在商埠内所有火约及一切危险物不许贮蓄,若欲建煤油池库者,须定一适当之地域,并特立契约,始得准行。

1907 年 10 月 20 日

拟改良西藏刑律(中央新闻)

驻藏张大臣电称:西藏近接英印交涉横生,徒以英藏刑律歧异之故,每遇裁判事件，致英藏人民不能享平等权利。拟请蠲除西藏旧日刑章，参用中西法律以保主权。政府接电后，当即电告驻藏大臣，迅将该处现行刑律详细情形，克日调查电覆云云。

1907 年 11 月 1 日

藏约近事(紧要新闻)

驻藏议约大臣张荫棠电致外部略云：拉萨条约已作废，改定草约昨已会同印度总督签押，至草约内容电告贵部，现亦无稍更改云云。

另函云：西藏议约大臣张荫棠电外务部言：拉萨通商约稿英使坚持不认，而于关税、印茶两款争之尤力。惟我国未便退让，仍须极意磋商云云。

以上两函所言情形不同，姑两志之。

1907 年 11 月 8 日

西藏及河南矿产记闻(紧要新闻)

《伦敦矿报》云：《东方丛报》载：西藏中国官场请英国矿师数人入藏查勘该处矿产，以备将来开采地步。该矿师现已由打箭炉起程入藏矣。又载：西历十一月二十五号河南福公司总矿师电告伦敦总公司，在郑美森矿井第五号钻孔已深至七百五十六尺，煤质验明约九尺厚，此系新发见者。该矿质地极佳，可以炼焦。其第五号钻孔，盖在矿井西边八百五十码云。

1908 年 1 月 12 日

四川司道局详陈川茶入藏事宜(紧要新闻)(目)

1908 年 3 月 9 日

中藏英印通商章程(要件)(目)

1908 年 3 月 20 日

哒唻喇嘛抵晋近闻(紧要新闻)

达赖喇嘛本月初八日抵太原,一切预备均仿皇差办法,住宿五日,即行北上朝台。刻闻政府以春丕等处英兵撤退,电催急速回藏云。

1908 年 3 月 25 日

藏事近闻(紧要新闻)

北京函云:外务部前据张大臣荫棠请由英使转达英政府,即派新任印度陆军大臣白德勒将商埠章程画押等因,已照会朱使去后。现又准张大臣来电称:英廷覆电即日谅可到京,不识朱使有无覆文到部。请再照催该使,英廷是否准令白大臣画押,因印地炎热,恐至西三月,印官即将赴新辣避暑,不免致生阻延云云。当由部照催英使,查照速覆矣。又驻藏大臣联豫报称:英兵现已撤退,境内一切治理之权均已交还中国,亟宜设官主持。当即函致张大臣会商布置办法,均尚妥贴,堪舒廑注。惟商埠约章将次订定,应从速开办,以免稽延。请大部即行转商税务大臣,遴派商务委员来埠经理等语。现外部已咨商税务处,查照办理矣。

1908 年 3 月 28 日

西藏改革问题(紧要新闻)

京函云:日前驻藏帮办大臣张荫棠致军机处请代奏电文,略云:印度总督以开埠为名,实欲侵占疆土,不得不未雨绸缪。藏众近颇悔祸,渐知归向。所虑者,达赖之阻挠耳！不如趁其未回,从速布置。拟调用陆军毕业生百数十人来藏,襄办一切。特将愚虑所及,谨陈,以备采择。达赖班禅拟加封号,优给薪俸。特简亲贵行部大臣或在京遥制,设会办大臣一员,参赞、副参赞,参议、副参议各一员。陆军尚无基础,由直隶调数千人先来藏中。此外急须兴办之事如陆军、巡警、实业、矿务、垦务、银行等项需款约三百万,饬部另拨款云云。奉旨外务部、陆军部议奏。

驻藏办事大臣联豫奏覆:改建行省万难再缓,而达赖夜郎自大,多与人有可乘之机。番官等亦不受约束,难与图治。应请速派大臣来藏,密为布置,始易为功。前曾奏请酌拨二十万两,尚未由部拨给。现改行省,更非二三十万所能集事云云。

奉旨政务处议奏。

日前驻藏大臣电告外部：以西藏英兵撤退之后，一切地方治理之权均已交还中国，应请速定章程，将拉萨开为商埠，以免外人觊觎等语。闻外部已电商张大臣荫棠核议矣。

1908年3月29日

西报纪藏约近闻(紧要新闻)(目)

1908年3月31日

奏覆筹拨西藏边务经费事宜(要闻)(目)

1908年4月5日

赵大臣赴藏消息(要闻)(目)

1908年4月6日

专电[达赖至五台山]

达赖至五台山，闻政府昨复电鹿绍设法羁縻不令回藏。(本馆专电)

1908年4月9日

专电[电饬达赖入京]

闻军机密电鹿绍两大臣，饬令达赖喇嘛入京觐见。(本馆专电)

1908年4月13日

西藏大势通论(社论)[1](目)

天僇生

1908年4月16日

西藏金矿之调查(译稿)(目)

和州李少穆译

1908年4月22日

整顿西藏条议

寒　夫

二月初五初七两日谕旨，饬驻藏办事大臣赵尔丰整理西藏，将藏中所应办各事，通盘筹划，详拟章程，并将前次联豫密陈西藏情形一折，及张荫棠条陈一件，抄给阅看。记者窃以为英藏之交涉实中国外交史上一巨案也。其发端自二十年前至光绪二十九而始一结果，旋为中朝所执未得如愿，遂绵延以至今日而又一结果。平心论之，我国之处西藏本多失策，无怪英人之生心。但已往之事不必赘言，所冀者，此次藏约订定以后，补牢之计及时施行，则此后西藏将仍属中国之完全领土矣。非然者，前次之覆辙，既不可循，后此之方针复不早定，以孤悬之地介两大之间，势不至折入他国不止。是目下之磋磨争辩，苦心折冲，皆属无谓也。颇闻此次藏约，中国主权多所损失。夫英藏之约，初未明言割让也。即该约一字不易，我犹可就约内所得，补苴罅漏，以徐图恢复。安有明知改约而不预为布置者，又安有明知必需布置而主权仍多损失者，其果当轴者不屑措意耶？联、张在藏日久，其筹画保藏之策必审且详，而竟令主权归于损失，殊为不解。赵公兄弟，于今政界上负有能名，重以奖谕，度其对于主权损失之西藏，必能竭力整理，以图挽回于万一者，而无俟记者之喋喋也。顾记者爱赵公尤爱西藏，谨就谕旨所及者引而申之，参以臆见，条著左方：

① 《广益丛报》1908年6月18日(光绪三十四年五月二十日)第一百七十二号(第六年第12期)登载此文。

一、四川宜分建行省也

谕旨有云：西藏为川省藩篱。

按：中国与西藏接壤之地，北以青海，东以四川为最长。入藏之路，北有由西宁经青海南行一路，东有由四川出巴塘西行一路。近年来驻藏大臣大率由川入藏，而驻节之地又常在打箭炉一带。故川藏关系亦以日深。以地势言，西藏前临印度，后拒新疆，右连中亚，实为西南之屏蔽。而由藏地以趋川省，上之可出扬子江长游，以取建瓴之势，次之亦可交通秦陇，以成犄角之形。故川藏相联，有如唇齿，欲图藏事，不得不先顾川省者，势也。惟川省地方辽阔，川西一带蛮戎窟宅，几为声教不及之区，总督远驻成都，布置一切，诚虑鞭长莫及。前者瞻对之役，稽延累月，未得一当，即其明征。然若不布置川西，则后路堪虞，藏事亦难于下手。今欲实行整理，则宜将四川划为两省（去岁即有四川分省之议，未几即寝）分设川西巡抚以董理之，而仍受成于总督。庶精神得以专注，呼应亦可较灵，所有兴革事宜，亦可与驻藏大臣声气相通，藉收指臂之效，而不致如前次之隔膜，此实为整理藏事第一着也。

二、驻藏大臣宜总揽大权也

谕旨有云：朝廷顾念西陲紧要，特简派大臣驻藏办事，与寻常委任不同。又云：特加崇衔（即尚书衔）以重事权。

按：中国之治西藏，不干涉其宗教风俗，而军政外交财政，则驻藏大臣实握其权，此与英人之治印度政策略同。即列国之治属地，亦半用此法，实待属地最良之策也。惟历任驻藏大臣，率以旗员之沉滞者任之，视同远谪，□趋避之不暇。一旦任事，非卤莽灭裂，即畏葸因循，从无喜功好名之心，安识固国殖民之法？其始不肯办事，其后遂致失权。推原其故，虽由历任大臣之溺职，亦实由朝廷之轻视此官，有以致之。又驻藏大臣，虽亦以二三品大员任之，然权势实远不如督抚，而所入至菲，又不足以资肆应，且窥朝廷之不欲事事，尤乐于无为，在朝廷方谓如此已足羁縻。初不知空穴来风，事已败坏于冥冥而不觉也。今若实行整理，则宜恢复驻藏大臣之旧制，仍总揽外交、军事、财政之大权，方与寻常委任不同，不致为藏人所轻视。且宜使之便宜行事，其威望权利与督抚等，政府不为遥制，匪第特加崇衔已也。前后藏事均归督理，其下应有属员若干人，分掌外交、军事、财政各职，而受成于大臣，由大臣为之指挥调度。其达赖喇嘛只准总理教务，一切行政不得过问。而经费之补助，军马之调遣，政府与边疆督抚，均应通力合筹，不分畛域，庶明干之事，得以有为,而驻藏大臣不至如前次之徒为傀儡矣。

三、军政宜改练也

按:西藏额兵,不过千数百人,军械窳败,操法尤极粗疏,然其民实勇敢可畏。中国昔日限制兵数,原以削弱其民,与古之销兵隳城无异。盖初虑卧榻之旁他人鼾睡也。今者时势大异,厕英俄之间,腹背受敌,非兵力足以自卫,必不免于危亡,且二强之以藏为掌中物也久矣。一旦睹中国之更张,其妒忌之情,必欲增烈,尤须有完全之兵力,方足以建威销萌。利剑、黄金,实为支配世界之品。诚欲于藏地更张一切,以藏人之顽固,不得不备其反抗,非有完全之兵力,又何以拥护其职权(如瞻对之役,凤大臣果有重兵,何至以身为殉)?故练兵一事尤不可缓。至练兵之法,固宜改习新操。然鄙意宜择险要之区,先行招练,其兵全以土人充用,什长以上间或参用汉人,士官则全以汉人充之。而别练汉兵一镇,分驻川藏要害,其声势必相联络。军械则汉兵用最新之式,藏兵用稍旧之式,而皆由汉官司其收发。其练兵之事,则设提督等官主之,而受成于大臣。饷糈则就地设法,其不足之数,由本部各省协助。藏地险恶,必须开辟行军道路,而工兵尤须多练。凡筑垒、架桥、凿洞、通电等事,皆必加意考求,而辎重运送之法,亦宜实习。惟骑兵可以减练。至将材难得,惟有于川西及前藏各设学堂数所,分别施教。目前暂以各省武学毕业生调用,全藏军队皆归大臣及提督调遣节制,藏人不得私主。如此庶强邻可息窥伺,属地共仰威棱,且不至轻启衅端,动遭挫辱也。

四、外交宜审慎也

按:藏地为英俄交伺之区,近年来英由印度越咱利岭以窥其南。俄由中亚拊新疆以窥其北。鹬蚌相持,皆以藏地为枢纽。前次英人乘日俄构兵之际,派兵入藏。俄人不暇兼顾,敢怒而不敢言,然俄人在藏之根据,颇较英人为坚。藏人与俄人极形亲睦,英俄诚协商允洽则已,否则俄人断不肯轻败前功,亦不免仍生触突。驻藏大臣于两国感情,势不能无所偏袒,然从英则俄怒,从俄则英争。论兵力则英为强,论感情则俄为挚,我大臣左右为难之不暇,尚足以言办事乎?今者藏约改订,英兵撤退,南境如亚东、江孜、噶太等处,议开商埠,则英人必甚获利,此一举也,既可得英人之欢心,又可杜俄人之诡计,固甚善也。然鄙意宜将中国整理西藏宗旨明白宣布。一面择险要之地,慎固封守,而将往来孔道之都市,全行开放。北达西域,南达印度,东达四川、云、贵,转输辐辏,既获通商之利,又免诲盗之虞。在英固不得故肆苟求，在俄亦不得藉端要挟，外交之荆棘渐可划除，我大臣即以中才审慎其间，亦不致阻力横生，穷于应付矣。

以上数事，不过择其显著者言之。若夫根本之图，必以教育为主。藏人蔽塞之故，一由于地理，一由于宗教，至今已成天性。使任其蔽塞，而不为开通，则目前虽免伤亡，而当此帝国主义盛行之时，必有不能保有之一日。惟前事关系甚大，且中国本部教育尚在幼稚之时，而欲施之属藩，以挽其数千年习俗之弊，实未易言，然固不可因畏难而遂苟安也。（闻川省现设有藏文学堂，此问题甚长，容另论之。）至所举数事，头绪已极纷繁，断非仓遽可以蒇事，其整理之关键约有两端：

（甲）调查成案：中国抚有藏地越二百余年，其间用兵之方略，控驭之良谋，宗教之关系，官制之更革，以及交涉之成案，地理之形胜，在在可为前车之鉴后事之师。而官中纂既无辑，私家尤欠考求，使当事者惝恍迷茫，无所印证，措治之策因以多歧。今既大议整理，必须先将历年往迹，无论官私记载，速行调查以备参考。（乙）实察现情：藏地情形，中国人知之者不及万一。论藏事者，亦皆依稀恍惚，有如海客谈瀛。彼外人之涉藏地者，凿险缒幽，无微不至。中国人乃反从其记载，略知一二，亦足恧矣。今既大议整理，非先行实地调查，则情形必不明了。盲人瞎马，陨越堪虞。故宜多派坚苦耐劳之人，分往藏中各地，各按所专长之事（即财政、军事等类），详细考核，以为办事之资料。非此，则凭空结撰，万端皆无当也。

行矣，赵公！朝廷既以全藏付公一人之手，又简次帅，以资联络，且明言与寻常委任不同。吾知公受朝廷之委任，尽心任事，亦与寻常图报称者不同，公固以瞻对一役致身通显也。语曰：全始者必期全终，善谋者必能善成。愿诵斯言，以为公券。

1908 年 4 月 23 日

西藏条约之内容

二月三日伦敦电云：西藏商务条约中国议约大臣业已签押，内准英国在日喀则城置兵五十名，保护该处之商务代理及其局所，限两年后撤退，嗣后则有中国政府保护商务代理局及日喀则城至洽东（音译）间之交通路云。

1908 年 4 月 25 日

卧榻之旁果无他人鼾睡耶？（时画）（目）

1908年4月26日

中英西藏条约内容（要闻）（目）

1908年4月27日

供给达赖喇嘛巨费（要闻）（目）

1908年4月30日

廓尔喀入贡感言（论说）（目）

1908年5月2日

特派藏民入川习艺（要闻）（目）

1908年5月7日

政府整顿西藏汇志（要闻）（目）

1908年5月9日

达赖喇嘛之尊大（要闻）（目）

1908年5月9日

专电[西藏练兵事]

西藏练兵事，铁帅定先练四营，后再续成一镇，此项兵以藏人充募（本馆专电）。

1908年5月23日

喇嘛活佛之朝见（要闻）（目）

1908年5月24日

专电[修达赖行宫]

内务府大臣奉两宫面谕，现择定安定门外黄寺为达赖行宫，刻正行修一切（本馆专电）。

1908年5月25日

论经营西藏之举万不可缓（论说）（目）

埋　照

1908年5月31日

培植蒙藏教员（要闻）（目）

1908年6月1日

专电[设立藏政处]

枢府会议，以现当整顿西藏，事故日繁，议于理藩部，内设立藏政处，专理西藏事务（本馆专电）。

1908年6月2日

鞭长莫及(时画)(目)

1908年6月2日

顿西藏要闻(要闻)

伦敦《泰晤士报》北京访事电称:本年西藏两喇嘛皆将来谒帝都,其事深可令人注意。达赖喇嘛现犹税驾五台山,离京五日之程,随从颇盛。喇嘛近并致礼于京中各公使,其尤显著者,美公使则承认西藏之佛教权,德公使则赠喇嘛以维廉皇肖像以答谢忱。往者达赖喇嘛并无外国顾问官,数年前始聘用西藏学者教士寺门君为顾问兼充喇嘛书记,寺门君籍隶日本,曾与喇嘛寓新宁某大寺院中,于上年因病回国。兹复于星期四日由东京来京,不日将复往喇嘛处任事。喇嘛如果来京,则接待礼节当与一千六百五十二年顺治年间第五喇嘛来京时无稍差异。他思喇嘛于一千九百零五年西十二月七号,在印度经英国皇太子维尔斯接见,近由日喀则城奏请准其来京觐见。兹已经两宫批准,闻将由喀尔喀脱赴京。按乾隆七十万寿,他思喇嘛曾入京祝嘏,御驾亲至热河俟之,既抵,乃与一同入京,旋于一千七百八十年西十一月二十七号在京逝世,故此次接待,亦必隆厚。可知中国政府拟将西藏行政权复加组织,以固藩属。观于近来关于藏事两次上谕以西藏为中国边陲,故特举赵尔丰为藏务大臣,又简其兄赵尔巽为四川总督。盖欲二人于彼同谋改良军务、振兴实业、推广教育,俾使西藏政务可以振兴。此次所派藏员允其久任,所用款饷及官员等由川省接济。川省素称富区,赵于理财素著盛名,且以鲠直名于世,以故简以此任。政府并欲改西藏为行省,以遵一千八百八十二年西十一月五号上谕,以行省之例管理藩属也。

1908年6月10日

美使与达赖之亲密(要闻)

《字林西报》北京访函云:达赖喇嘛近仍托病在五台山静养,驻京美使柔克义于月之十五日乘京汉火车出京,复改乘正太火车赴五台山谒见喇嘛。柔君熟悉藏务,此次往谒,据谓并无政治问题,不过欲于藏事有所研究耳。中政府已准拨银五万两修葺喇嘛庙，以为十月间喇嘛入京税驾之所。喇嘛虽有在京过冬之说，然据中国官场云：中政府拟俟其抵京，使速回拉萨。盖驻藏大臣若无达赖喇嘛协助不能实行新政故也。

按：美使柔克义君之亲赴五台山谒见达赖喇嘛，其用意至为深远，谓与政治问题无关系，记者盖不能无疑焉。

1908年6月27日

西藏问题(要闻)(目)

1908年6月27日

西藏英商贸易章程、中英新订藏印通商章程(要闻)(目)

1908年7月2日

专　电

伦贝子提议奏派达赖班禅两喇嘛及蒙古王等襄议资政院事(本馆专电)。

1908年7月5日

专电[电饬达赖归藏]

驻藏大臣电政府饬达赖喇嘛觐见后速回藏以息谣言(本馆专电)。

1908年7月6日

达赖喇嘛至五台山纪事(要闻)(目)

1908年7月6日

达赖谕文，达赖下诸堪布谕，五台县移堪布文，五台县之告示(要闻)(目)

1908 年 7 月 9 日

达赖来京之关系(要闻)(目)

1908 年 7 月 10 日

英国人注意西藏商业(商业新闻)(目)

1908 年 7 月 10 日

应付达赖喇嘛刍议(杂说)(目)

黎洲后裔

1908 年 7 月 11 日

论达赖喇嘛之专横(论说)(目)

1908 年 7 月 12 日

晋抚电告达赖近状、预备达赖入觐赠品(要闻)(目)

1908 年 7 月 17 日

改革西藏之办法(要闻)(目)

1908 年 7 月 29 日

西藏金矿之丰富(要闻)(目)

1908年8月3日

达赖到京确期(要闻)(目)

1908年8月7日

达赖喇嘛之供应(要闻)(目)

1908年8月11日

达赖喇嘛近事(要闻)(目)

1908年8月15日

优遇达赖喇嘛之原因(东报译要)(目)

1908年8月22日

专　电

政府让达赖觐见后或羁留京师或速饬回藏，军机意见不一(本馆专电)。

1908年8月23日

专电[达赖来京]

达赖准八月二十日起程来京，政府议请钦派贝勒毓朗接待(本馆专电)。

1908年8月26日

达赖喇嘛到京日期(要闻)(目)

1908年8月31日

达赖启程日期要电(要闻)(目)

1908年9月7日

喇嘛赶赴北京之原因(要闻)(目)

1908年9月15日

喇嘛入京近闻(要闻)(目)

1908年9月18日

专电

达赖二十二日到京,供应派达寿继禄,接待派毓朗(本馆专电)。

1908年9月19日

达赖觐见及垂询事项(要闻)(目)

1908年9月19日

经营藏边四端折(要闻)(目)

1908年9月19日

专电[达赖到保定]

达赖喇嘛已到保定，准初三午刻到京，旨派博迪苏往劳(本馆专电)。

1908年9月26日

达赖喇嘛有意刁难(要闻)(目)

1908年10月10日

达赖得六大参款纪闻(要闻)(目)

1908年10月26日

西藏请调川兵弹压(要闻)(目)

1908年10月27日

专电[达赖备供品]

达赖交理藩院代奏供品价值十万金以上，旨著初九在勤政殿进呈(本馆专电)。

1908年10月28日

达赖喇嘛深谙俄语(要闻)(目)

1908年10月28日

专　电

达赖拟延各科教习到藏办模范学堂(本馆专电)。

1908年10月29日

达赖到京后事迹详志(要闻)(目)

1908年10月29日

达赖与俄使久谈(要闻)

达赖喇嘛赴各国公使馆，答拜各国公使，由理藩部寿侍郎、外务部张丞堂伴同前往。到各使署后，寒暄数语即行辞别，惟在俄使署，坐谈最久。因达赖通俄语，与俄公使相谈无须通译，故言谈较为亲密也。

1908年10月30日

达赖到京后事迹续志(要闻)(目)

1908年10月31日

政府饬保通晓藏语人员(要闻)(目)

1908年11月1日

达赖条陈藏政四大端(要闻)(目)

1908年11月1日

达赖到京后事迹三志(要闻)(目)

1908年11月1日

达赖到京后事迹四志(要闻)

赐宴喇嘛之仪式，《神州五画》第二十一期……

1908年11月4日

西藏邮政拟添华人司事(要闻)(目)

1908年11月5日

西藏改革问题(要闻)(目)

1908年11月8日

达赖祝嘏之礼节(要闻)(目)

1908年11月8日

专电[议设西藏银行]

枢府决议设西藏银行,商度支部从速筹办,并由理藩尚书寿耆告达赖喇嘛,请赞成(本馆专电)。

1908年11月10日

达赖喇嘛封王之未果(要闻)(目)

1908年11月10日

御史参达赖折留中(要闻)(目)

1908年11月10日

达赖喇嘛之防闲(要闻)(目)

1908年11月11日

达赖喇嘛近事(要闻)(目)

1908年11月14日

专电[饬达赖归藏]

赵尔丰电称,藏番等谓达赖已辞世,故纷纷起事,恳速饬返藏安藏番心,并饬马廷亮统兵来藏(本馆专电)。

1908年11月19日

西藏乱事之猖獗(要闻)(目)

1908年11月19日

达赖喇嘛近事(要闻)(目)

1908年11月19日

议增设新阿川藏电线(要闻)

政府前议由新疆至阿尔泰山及由四川至拉萨之电线,本由陈尚书发起,嗣以需款过巨,且彼时电报商股,尚未收齐,故此议暂时搁起。近因改革藏政,此后必期消息灵通,事机神速,由川至藏之电线,势须赶速兴办。而西北边境地邻强俄,交涉日棘,遇事转电迟漫,颇多贻误,似与藏线同一紧要,亦难再缓。陈尚书近赴军机处复申前议,各军机均表同情,当经决定明春即行开办。由邮部选派二线监督,同时并举,一由四川打箭炉经里塘巴塘直抵西藏拉萨,一由新疆迪化绥来县西北起至阿尔泰山十六站,两线延长约六七千里。一切人工材料及设立各处电局,统计需银一百数十万两,拟定一半归邮部筹拨,随后再由电报余利项下提补一半,由度支部拨发。并拟电知川督新抚暨各驻防大臣,派员详查沿途有无杆木,倘能就地采办,则可免远道轮运之费。盖一关西藏交通,一关蒙边枢纽,无论财政如何支绌,决难再任延缓云。

1908年11月19日

理藩部拟设蒙藏学堂(要闻)(目)

1908年11月20日

达赖喇嘛近事(要闻)(目)

1908年11月21日

专电[议令达赖返藏]

枢府议令达赖喇嘛于二十七日后即行返藏,镇摄藏众(本馆专电)。

1908年11月23日

达赖喇嘛定期回藏(要闻)(目)

1908年11月23日

对待班禅喇嘛之计划、川藏连合之政策(要闻)(目)

1908年11月27日

喇嘛将出京之进呈、西藏办事之旧案(要闻)(目)

1908年12月12日

达赖在京起程纪事(要闻)(目)

1908年12月27日

藏番犯顺之近报(要闻)(目)

1909 年 4 月 2 日

海丁博士之西藏谈(要闻)(目)

1909 年 4 月 9 日

藏夷文言传习所成立(要闻)(目)

1909 年 4 月 14 日

川省振兴藏文(要闻)(目)

1909 年 4 月 14 日

摄政王留心藏事(要闻)(目)

驻藏大臣清津贴之奏(要闻)(目)

1909 年 4 月 20 日

驻藏大臣密电(要闻)(目)

1909 年 5 月 7 日

专电[藏童至京]

驻藏大臣电告政府已选藏童四十名,派员护送至京(本馆专电)。

1909 年 10 月 3 日

蒙藏文字堪列学科耶?(要闻)(目)

1909年10月21日

达赖居心叵测、电催达赖报藏地例案(要闻)(目)

1909年11月2日

川藏路办法三项(要闻)(目)

1909年11月3日

达赖班禅向分权限(要闻)(目)

1909年11月3日

枢俯对于川藏之擘画(要闻)(目)

1909年11月6日

蒙藏宗教谭(目)

蒙　民

1909年12月9日

西藏最近之现象(时画)(目)

1909年12月10日

英俄互争藏商之见端(西报译要)(目)

1909 年 12 月 14 日

专 电

西藏传教士拟改换各该国服饰(本馆专电)。

1910 年 1 月 5 日

西藏最近消息片片(要闻)(目)

1910 年 1 月 16 日

西藏不靖之预告(西报译要)(目)

1910 年 1 月 26 日

堪定川藏路线之报告(直省通信)

川藏铁路关系至为紧要,兹奉部饬克日开办。赵制军即遴派游美路矿毕业生张振亚、王浚川氏并测绘课员四名,偕同某太守一路踏勘(由成都托拉萨),自秋七月至冬十二月,现已测量完竣,回省销差。据报告云:路线计共一千九百余英里,工程平均计算约在三万两以外云。

1910 年 1 月 27 日

论经营蒙藏当急修铁路(社论)(目)

有 澜

1910 年 2 月 26 日

正月十六日内阁抄奉(上谕、电传阁抄)(目)

呜呼西藏从此多事矣(西报译要)(目)

1910年2月26日

论经营蒙藏当急修铁路(社论)(目)

1910年2月27日

西藏乱事之确耗、达赖喇嘛已抵印度(西报译要)(目)

1910年2月27日

西藏谭屑(登如是我闻栏)(目)

1910年3月10日

西藏风云片片录(西报译要)(目)

1910年3月11日

达赖喇嘛之隐衷(要闻)(目)

1910年3月11日

关于西藏之消息(要闻)(目)

1910年3月15日

日纸论西藏问题(社论)

段世垣译

阳历三月二号，东京《朝日新闻》社说《论最近西藏问题》曰：达赖喇嘛出奔，世人大为之惊骇。嗣复睹清廷废达赖喇嘛为庶人之上谕，世人益为之惊骇。据前日上海来电，知有增派姜桂题将军部下军队赴藏消息，清廷之激怒可以见其端矣。此事不但关于西藏，即在清国亦为近年来一大事件，事之所以至于此者，其根本原因，由于清廷欲夺西藏行政权于达赖喇嘛之手，以巩固自国之支配权也。

译者曰：西藏自隶我国藩服以来，我国两次出大兵以为之恢复其国，复派专官驻藏办事，以消其内讧，抚绥藏众，事之大者细者，必闻于朝廷而后行，受我监督数百年矣。盖西藏之主权，决非达赖所有，而达赖之立，又为我国所委任，于事实固彰彰也。今我欲缩小其权限，或收回其权利，原属我国之自由处置，乃国法上正当行为，何得谓之夺夺之云者。非己所有而强取之，谓如日之于韩是也。

回顾西藏立于清朝之主权下者，百九十余年于兹矣。然其内外政治殆若独立，就中自一八九二年清国无保护西藏之能力暴露以来，达赖喇嘛始知黄人之君主不足恃，转而欲乞福于白人，此端已启，所以达赖或以俄人之信喇嘛教者为绍介，或特遣使节于俄京，缔结俄藏协约。未几入一九零二年，虽为宗主国之清国，尚且不得不承认俄藏间特殊关系，至于缔结排英的密约。忽而一九零四年，英国乘日俄战役之虚，行西藏远征，及一九零七年英俄协商，两国誓以维持西藏现势，尊重清国主权为约，自是形势一变，而清国权力始造有确立机会。试思最近驻藏办事大臣赵尔丰，受中央政府之命，所执政策，罔非欲利用此机会者。

译者曰：该报所述，谓我国西藏主权俨若为英俄协约所设定者，此逞意之谈，不中事理者也。西藏入我国版图已近三百年，既非新得之领土，则无英、俄协约以前，我国主权固俨然存在，将来英、俄协约期效经过之后，我国主权仍依然无变更。藏与英、俄逼处，一有事变，其责仍在我国，故我国为维持中、英、俄三国间平和计，改良治藏之策，固不可缓。即为藏民谋增进幸福，经管藏事亦属目前急务，为人道上天然之责，实非利用机会者可比。

然则，对于此事吾人(日本人)之所见如何？试言之。清国政府利用此英俄协约之效果，于其继续期间，内确立西藏之支配权、行政权，以断后日之祸根，吾人对清国此等决心极力表赞成之意。又彼前年厚礼求达赖喇嘛入朝滞京之日，礼仪供帐，为达赖受册封以来所未之见，用怀柔政策冀以保有其政权，故于其它种种腐心之点，罔不俯寄同情，盖欲执此以切望其成效也。今一旦见怀柔政策之难遂其志，俄而政策一转，由极端而走于极端，遣多数不相当之军队，执激烈压迫手段，是不得不谓清国苦心计划而有蹉跌之忧也。

译者曰：该报以牢笼意味解释怀柔政策，此不仅背戾怀柔六字之本质，即达赖喇嘛亦不甘受此牢笼。达赖为藏民心灵代表者，我国之仁而有礼，适所以表我彼宗藩之谊，重视我藏民者也。无如达赖愚蠢妄为，将陷藏地于悲境，为宗主国者焉能坐视而不以军队镇定之乎？

今欲振理西藏，勿论多少压制政策，固所难避，在吾人亦非不承认。但以现在清国处理方法，颇觉忘其秩序而趋走于极端，又因军队之监督不周，将使西藏人民因而惹起宗教战争，诱致外国之干涉，此近日之举，徒培祸根，为可惜耳！盖清兵从来未入于文明国军队之境，以其不规律，故有到处虐待居民之风，其现象之一端，今已见于电文。自今以后更遣多数之军队入藏，且其目的谓欲驱除达赖喇嘛之反抗，将有袭击寺院迫害僧侣人民以行威胁之恐。而在西藏人民，不待吾言，将自生其一种之宗教狂热，有时直可以此唱出宗教上之神圣战争，此最可虑者也。

译者曰：作者之虑，殆过矣。藏民固清国民也，苟使摧残藏民，即以摧残自国元气，吾国虽愚必不出此。且此次出兵，乃以警备薄弱，不足以维持平和，故其目的在于镇抚，而不在于征剿，今持太古眼孔以观察我国现情，左矣。且改革藏事为政治问题，非宗教问题，喇嘛教固犹喇嘛教，吾于宗教信仰初无制限，非若欧洲中世纪新旧教之冲突，互相扑灭者，讵有惹起神圣战争之理乎？至若诱致外国干涉一语，此不明西藏情实而贸为斯言以挑拨也，须知西藏为我藩属者若干年，我国为西藏出兵者共若干次，我国抚绥卵翼之者如何？二百年来为西藏支出之费用如何？苟明乎此，必不至徒逞妄言矣。况此次之欲改革西藏政治，乃纯然为人道上之乐利计乎！至其恣口诋毁我国军队，不惜枉词悖理，挑发祸机，为嗾使计者，有识者曷肯为所耸动哉！

次更观诸外国关系，若清国政府全用压制政策以收西藏政权，则其纷扰之时日必久，时日既久则印藏贸易不能无多大之影响，事果至此，能免英国干涉与否，未可知也。

译者曰：我军入藏，乃以实藏警备，即有压制者，亦如该报所承认不疑，所谓有不得已者在焉，试观日本之压服韩国者何如乎？乃可自忘之而转讪我耶？盖我国因藏中权力不巩固，外人入藏贸易者，生命财产不得安全，其无形上之阻害于印藏贸易者纷扰未已，故有调兵弹压地面之举，试观现在英国严守局外中立之宣言，其属望于我整顿藏事，以企印藏贸易之发达者，其情何如乎？

至于俄国，其领土内有多数之喇嘛教信徒，此等信徒，若声援西藏之同教徒，或与其叛乱，则俄国亦决不得坐守沉默，况俄京今尚有重视西藏之守旧派其人乎？

译者曰：俄人信喇嘛教者为数至少，且我今日政策，并非以扑灭喇嘛教，使其信仰改宗，何至招同教徒之愤慨，即云有之，俄国亦必不肯以少数人之意见而伤国际之平和，且作者尤须知喇嘛至今犹存者，纯然由我国护法之力也。

总之，朝廷至今其措置失当者多矣，而其尤要者，在于今后之处理方法，愿清国政府改革西藏政治，宜因时速正军队规律，士卒有非行者，急处罚之，以安藏民心为要，吾人敢以此相告也。

译者曰：统观全文，多用种种不当字样，故意误解我国与西藏关系，以逆臆我国对西藏之政策，复曰恐酿神圣战争，又曰恐致外国干涉，捏造种种理由，播弄世界无识之听闻，若惟恐藏民不反抗，外国不干涉者，且惟恐我国得安全处理者。果使列国居心悉如如此，世界平和尚能瞬息间保全乎？世界僿野之域，尚有开明之望乎？幸而藏处西陲，与彼风马牛不相及，虽欲染指，其道莫由，徒垂涎耳！若移藏于东北，吾知东人之子，必日夜鼓其长舌，挥其长袖善舞之技，出而与我对抗矣。此论虽微，然可喻彼用心之一切也。

1910 年 3 月 15 日

达赖逃亡之近况（西报译要）（目）

1910 年 3 月 16 日

关于西藏之消息（要闻）（目）

1910 年 3 月 18 日

关于西藏之消息（要闻）（目）

1910 年 3 月 19 日

日使无干涉藏事理由(要闻)(目)

1910年3月19日

关于西藏之消息(要闻)(目)

1910年3月20日

英、俄对于达赖之真相(西报译要)

伦敦电云:据圣彼德堡来电,称俄国各报纸咸谓达赖喇嘛曾请俄国相助,以冀复其旧有管理西藏之权,俄政府已婉辞答覆。英、俄两国虽因此事向北京政府抗议,惟于达赖喇嘛一面并无实在袒护之见云。

1910年3月22日

关于西藏之消息(要闻)

英电云:达赖喇嘛已行入印度,驻锡噶尔噶达,往访印度总督以表敬忱。是日达赖搭坐政厅所派之马车,前驱后卫皆由边喀尔骑兵任之,仪仗整齐,即赴督府谒见明德卿,并将绢制颈巾赠呈。嗣后总督亦壮仪仗赴达赖公馆答礼谢步。

驻藏大臣电告政府略称安慰藏民,着着有效,现在番僧,均尚安谧,即于噶大克、江孜、亚东等商埠,特为保护外商起见,每埠添调巡警二百名以维秩序等语。

驻藏大臣电询理藩部,据云:前达赖喇嘛遁逃印度时,警护布达拉之中国官吏闻警,随带兵六十余名追迹达赖,赶至由拉萨五日行程之处,讵蕃僧设伏险隘掩击,追者无一得脱,胥被击杀。本大臣特开列该殉难兵弁名单,请旨优恤。

政府日前接驻藏大臣赵尔丰长电一道,探其内容,系条陈整顿西藏办法。一为强迫主义,实行将西藏改为行省,一切官职皆照各直省办法,并将各喇嘛教权裁免,以除迷信而符立宪政治。一为防范主义,请旨简派熟悉军政大员二员赴藏,专为练兵,且资镇摄,并于英俄属地交界之区,择要隘所在,建筑炮台土垒,以固边防,而免外患。政府接电后颇为赞成,惟需款甚巨,现值财政困难,一时未易筹备,故对于此议，尚未决定。

政府又决定请旨饬下外部，酌保精于外交人员，开单请简一员，授为西藏交涉使。嗣后凡关于外交事宜，均划归该员，遇事秉承外部直接办理，驻藏大臣毋庸干涉，以专责成而重职任。闻政府此议，因未得某邸之认可，故迟迟至今，尚未入奏。

军谘大臣，日前曾会商政府，以现在藏务虽称平靖，然大局未定，仍恐有蠢动之虞。拟电饬川督及川藏大臣，仍须厚增兵力，进驻打箭炉、巴塘、里塘等处，以为后援，如川兵不敷分布，准其由各处调拨，以资接应等情。闻枢府亦甚以为然。

1910年3月23日

关于西藏之消息(要闻)(目)

1910年3月27日

关于西藏之消息(要闻)(目)

1910年3月29日

川藏划分三行省消息(要闻)(目)

1910年6月21日

西藏政教分离之预备(要闻)

自革达赖之后，政府屡议藏事，政教分离一节已为枢廷多数人所主张。惟当时以各国之干涉，迄未决定。日来藏事稍平，枢廷迭次会议。兹探得最近之确息，政府议定，乘此达赖喇嘛更迭之时机，取决政教分离主义。以后凡关西藏一切教务，由新立之达赖专司其事，所有全藏之商务外交，在西藏未设省治以前，悉由驻藏大臣随时禀承政府，命令相机处置，达赖不得越权干涉。……

1910年6月21日

论英国对于西藏之买收布丹(社论)(目)

曾有澜

1910年6月25日

对于藏边之新禁令(西报译要)(目)

1910年7月13日

关于西藏之交涉(要闻)(目)

1910年7月13日

理藩部筹议保藏六条(要闻)

理藩部近日筹议西藏各要政，异常注重。现据某谘议官拟定大纲六条：(一)请颁礼教法规。(二)重订传教约章。(三)拉萨各矿应准藏民协力开采。(四)扩充唐古特学校兼习汉文。(五)印藏边界妥订设防章程。(六)请驻荷陆大臣宣布印藏界址于保和会。

其余练兵、兴学、办垦诸新政暨路矿各财政均照政府前议，拟不聘用外人以保主权，而免交涉。闻此条陈颇为寿尚书所嘉许，拟会交政务处先行妥议就绪，再为禀请实行。

1910年7月18日

关于西藏消息种种(西报译要)(目)

1910年8月3日

西藏风云又急矣(西报译要)(目)

1910年8月6日

英人对于西藏之筹备(西报译要)(目)

1910年8月12日

整顿藏务之一夕话(要闻)(目)

1910年8月12日

西藏新闻之续报(西报译要)(目)

1910年8月14日

论中国筹边之要务(译丛)(目)

1910年8月22日

西藏旅行之自由(西报译要)(目)

1910年9月18日

川藏探险记(目)

1910年9月28日

农部始知提倡藏商(要闻)

农工商部以西藏各埠商务渐繁,亟须劝谕内地商民赴藏营商。惟因道路险远,非设法提倡难著成效。拟由部奏请,在川藏铁路未通以前,凡赴藏货品无论何处税关厘卡均减征十分之六,并由各处驻扎地方官军队随时保护,并行各省商会设法劝往云。

1910年10月6日

此亦可见达赖之魔力(西报译要)(目)

1910年10月26日

论英国印度部大臣摩赖君辞职与西藏之关系(社论)(目)

1910年11月7日

印币流行川藏之可惊(西报译要)(目)

1911年3月2日

达赖口中之藏事(西报译要)(目)

1911年6月11日

英人野心中之西藏(要闻)(译《字林西报》)(目)

1911年6月11日

藏事急救谈(目)

1912年6月4日

论国民宜急注重西藏(目)

1912年6月14日

西藏与英国(译《上海日报》)(目)

怒　安

1912年6月15日

论川藏用兵事(目)

辟　邪

1912年6月24日

西藏远征军(译《上海日报》)(目)

怒　安

1912年7月14日

华藏议和条件(目)

1912年9月10日

蒙藏征讨之杂感(目)

1912年9月16日

支那外藩之独立与支那自己之将来(目)

1912 年 9 月 25 日

论政府宜及此时从速进征蒙藏(目)

1912 年 10 月 26 日

西征杂志·昌都之防守观(目)

1912 年 10 月 31 日

孙文罪状(目)

1912 年 11 月 2 日

西征杂志·再志昌都被围时之战(目)

1912 年 11 月 4 日

蒙警声中之筹藏策(目)

1912 年 11 月 29 日

英报论英国对藏政策(目)

率　痴

1912 年 11 月 30 日

赵本立乱藏之罪状(目)

1912年11月30日

伦敦会议与蒙藏之关系(目)

1912年12月3日

唐绍仪筹藏策(目)

1912年12月5日

藏事撮要(目)

1912年12月7日

西征余录·喇嘛番匪尽投诚(目)

1912年12月21日

蒙藏事务局呈大总统,拟定剔除积弊豁免陋规各项办法,请批示施行文(目)

1912年12月27日

西征余录(四)(目)

1912年12月28日

西康建省之一节(目)

西征余录(五)(目)

1912年12月29日

论对付蒙藏连合之方针(目)

1913年1月8日

蒙藏问题之唯一解决方法(目)

1913年1月29日

非袁则乱社论(译《上海泰晤士报》)(目)

1913年2月25日

藏事提要录(目)

1913年3月14日

西藏交涉停顿之真相(目)

1913年4月21日

西藏选举不平之声(目)

1913年5月18日

西藏参众两院议员名单(目)

1913 年 5 月 20 日

论蒙藏之危急(目)

1913 年 6 月 15 日

论西藏问题(目)

1913 年 10 月 9 日

论西藏问题(目)

率　痴

1913 年 10 月 15 日

西藏现势论(目)

绥

1913 年 10 月 16 日

《万国公报》

《万国公报》是英美传教士在中国出版的综合性刊物。1868 年 9 月 5 日(同治七年七月十九日)创刊,周刊。初名为《中国教会新报》,不久改称《教会新报》,上海林华书院刊发。1874 年 9 月 5 日(同治十二年七月二十五日)第 301 卷起改名《万国公报》,变宗教性宣传刊物为以时事为主的综合性刊物。内容大体分为五类:一、时事类,二、教事类,三、中外新闻,四、杂事,五、科学知识。1883 年 7 月 28 日(光绪九年六月廿五日)出至第 750 卷停刊。休刊六年后,于 1889 年 2 月(光绪十五年正月)复刊,改为月刊,册次重起,成为英美在华基督教组织广学会的机关报。每册三十二页,约三万字左右。增设社说、评议、政治和中外时事等栏,译介西方政论和伦理、学说等,其次是光绪政要,包括摘录谕旨和奏折,然后是各国新闻和电报辑要。1907 年 12 月(光绪三十三年十一月),出至 750 卷第 237 册停刊,前后出版时间达四十年左右。创办人和主编是林乐知(Young.J.Allen),辅助的为慕维廉 William Muirhead)、艾约瑟(Joseph Edkins),改为月报后,参加编辑的有沈毓桂(赘翁)、蔡尔康(铸铁庵主)、范祎(子美)、袁康(竹一)、任廷旭(保罗)等。主要撰稿人有林乐知、慕维廉、李佳白(Gilbert Reid)、花之安(E.Faber)、李提摩太(Timothy Richard)等。

《万国公报》的体例,屡有变更,主要因为捐款的都是教士,主张办成传教刊物,而普通读者喜欢读时事性材料,所以难免时有偏颇。1876 年曾增出《益智新录》(*A Miscellany of Useful Knowledge*)为科普性质的姐妹刊物。1891 年(光绪十七年)又增出《中西教会报》(*Missionary Review*),此刊为宣传宗教的姐妹刊物。但都因为销路不畅,不久即停刊。

由印度至西藏通商事

前驻中国北京英钦差威公妥玛与宫保大学士直隶爵阁督李公鸿章所定和约内,曾准英员由印度至西藏查勘路程。如可通商,嗣当照办。按印度至西藏相距只隔一山。英国刻下题及此事,其可否通商之处尚未见有章程云。

1877年12月29日(光绪三年十一月二十五日),第十年,第四百七十卷

西藏派员履勘

又有人问外部大臣,曾有派人赴西藏履勘情形通商一层,现系派定何人?外部大臣答曰:"西藏现不平安,其派人赴彼查勘可以缓缓。"

1879年5月24日(光绪五年四月初四日),第十一年,第五百四十卷

藏事罢议

(以下新闻俱由六、七月各西报中摘)

八月十八,英国敦报载有印度电传锡金之事。据云:中国驻藏办事大臣执言,锡金本为中国属地,因之中英所商之事暂行中止。惟印度之军,英仍饬令札守藏界。倘士[土]人出而戕害英人,英即整兵深入,否则按兵不动。至中朝派往会议之使臣,闻已折回。

1889年11月(光绪十五年十月),第十册

探测藏地

天下各埠西人无所不通,不通者只藏地耳!然英早欲于印度赴藏通商,而俄皇前亦派员至藏测量山川,博考物产并绘地图,以知其中款要。传闻去岁三次派往之员均中途病毙。后有续派者,持前人护照而行,行抵喀什格尔,即为中员拦阻,盖照内人名不符故也。后俄已咨会京都,不日可以了结。第中以藏外锡金为中属地,英人颇不谓然,驻兵尚未撤退。俄又欲藏中扼塞测量绘图,中若不预为布置,恐将来或不免因之召衅也。

1889年12月(光绪十五年十一月),第十一册

西藏测路

英人有名乐勘勒者，近自中国京都至西藏探路。历抵西宁府打剪炉出而回国。伊之意，盖先为他时通商地也。据云：藏中喇嘛颇为凶悍，恒不愿与西人通市。至其所产麝香、生金、羊毛、牛皮、大黄甚多，每苦不能运出于外。然苟设法使乐于通商，则无用之物既可悉成有用，而通商亦可得一广博之地也。

1890 年 6 月（光绪十六年四月），第十七册

游历西藏

昔时，泰西人之赴西藏者颇少。数十年前，有英人、奥人曾一往游。前七八年，又有一印度人从印度南境至其会垣之名拉沙者，始知先日所传地图殊不足信。十年前，有俄人又从藏北进藏。二年前，又有法人从藏之西境至其内地。

去岁，有英武弁厥姓包尔，偕一西医结伴进藏，亦从藏之西境首途。案印度之北有一省，名加西迷省，与藏毗连。遂从此向东入藏，再东至中国之川中，即下大江直达上海，乘轮舟返国。返国后，躬诣英国地理会，开呈已所经历道途险易及闻闻见见、可惊可异之事。兹译其大略，云：

西历一千八百九十一年四月一十七号，余偕医士姓妥士者，又一印度善于测地之兵，又一厨役，一印之加西迷人。此外，马夫等六人。自加西迷之赖城启行，迤逦而东。历程未远，遇一喇嘛寺，寺名海密。内见喇嘛首戴兽头皮毛制成之面具，且跃、且唪经咒。因思古佛传教之初当不如是，可知其失真久矣。

历两月有余，抵孟沙末河，为西七月七号，所经之路均极高峻。统五洲计之，要未有更高于此者，离海面约一千八百四十丈。四围之山，虽经盛夏，积雪未化。望之宛如琼瑶世界。极目百里，迥不见人。惟前有黑点一、二。迨至其侧，则为游牧诸土人之行帐。甫达行帐之左右，忽见二人以羊皮为袄，牛皮为袜，发垂至肩，并未削剃。荷一鸟枪，腰横大斫刀一，又手执一长矛。初见余辈西人意若畏怯，默不敢言。后即倩之为乡导也。

阅三日，又至一河。河名猛雀，流于山中。高于海面亦约一千七百一十五丈。四周野牛颇众。而往来之人绝无仅有。所苦者乘坐之马驼最易逃窜。有一次休息四日，始将马驼搜获得。

再前行，又过数礼拜，山中忽露平原，一望黄茅、白苇，山巅雪色与前大约相同。野牛尤为肥腯，与中国绝异，并有异兽，为中土所无。更有似牛似驴之物，细察之究与牛、驴顿殊。一路仍杳无人迹。迨八月二十二日，又抵一藏人游牧之所。当即令人与彼陈说。然彼等见余辈西人，均以手枪轰击，未至中伤，亦幸矣哉！迨语之故，虽或畏忌，亦有愿为引道者。

是月三十一号，遇一大行帐，共入居之。是处高于海面计有一千五百六十二丈。次日清晨，有一喇嘛前来窥厥所由，似彼中之侦探。仍向前行。忽有游骑三人追询行踪。一似彼处之兵目。其意不令余等前进。余因出中国护照示之，盖先时请给于华官者。彼云：此不足为凭，坚不允余前进。余告之云：余已抵此，万无折回理。适已薄暮，乃止不行。而四围已有兵卒伺察。次晨，方拟趱行，有一藏员向余盘诘来从何来，去从何去。余告之云：由西来，往东去，巡历中国内地而已。复出护照相示。彼与知事之人私自妥议，嘱余等权居于此，待彼请命会垣再定行止。并云：华照不能行于藏地，藏中自有大喇嘛总司政令，须听其调遣也。及九月五号，此官遣人来为道引，遂俱起程。

至一地，又阻大河，官以食物相馈。俄一喇嘛至，因询以所经之河及南朔西东大小路径。有多人环立聚观。盖彼等初未与西人相见，又未知来者意欲何居，故惊而谛视也。嗣至十七号，彼中所遣之人遄返告余云：西藏不许西人入境。法律森严，我若任君游行，恐我性命亦不得保。必欲强余折回。余告以此来有进无退，仍出华照示之。彼云：华照不能行于藏地，且出藏中来文，指言非遵藏例不可。再三商恳，始议由原路退行八站，不从南而从北绕越径过，庶不致相累。余因付彼洋四百元，嘱其代雇小马，并牛、羊、食物暨衣着等类。彼询于医士，云：泰西有何治病良法？

彼藏地之人，除藏中故事外，他国纪载都未寓目。流俗所传，一手、一足、猪首人身之国谓为真实不虚。要不自知其陋也。

十月四日，乃退回旧路。越八站后，于十八号度一雪岭，去海面一千八百七十六丈。继至一处，半属中国半属西藏。一路苦乏水饮，又鼠窃甚多。晚间，稍不经意必致遗失行李。亟向前行。忽抵一地，名为铲都。有喇嘛与地方有司先后来见。有司官正在髫龄，饶有态度，不数语即去，留喇嘛相陪。喇嘛云：不可东行。余言：若不前行，何由得达中国。彼言：果欲前往，恐精兵三千不令尔前行一步。余又告之云：虽有精兵三千，终难限余马足。喇嘛发怒，几致用武。喧嚷之声闻于四远。有司忽尔莅止，代为和解，遂各无言。既而相与婉商，嘱余不可入城，即由城外绕道而过。于是一路平坦。至打箭炉出藏，则已入中国四川界矣。行时，闻途中多有劫掠。然余等幸未与之相值，遂得安抵中国边界。

总而言之，西藏等处丁口不过四百万之谱，为中国所辖，亦约四百万丁，共八百万人。而五十万为喇嘛僧。土宇虽不甚偏小，而人民究系无多。故数十百里竟有不见一人者，正可慨也。至藏中风俗大为不美，妇女不顾名节，一生不止一夫。且男子自愿披剃为喇嘛者，甚众。

至藏中东境，山多地少，难于耕获。中间一段地形最高。余等经行五月计十五旬有余。无一日居于一千五百丈以下者。高既如此，寒冷可知。宜树木之不能生长矣。西南则不如是，有高山、有深谷，草木葱秀，颇具美观。土人概衣羔裘。昼以腰带束之，晚卧解带即为卧具。藏中早年，不许中国妇女移居藏地。彼处暖日短，寒日长。夏日所产之草，可收之供冬日牛羊等之刍豢。天空飞鸟种亦不多，岂以寒冷而少耶？一路所见，草木等类共一百五十五品。西隅极与加西迷相似，且有上腴田亩。此英武员报明地理会之大概也。

又一美人姓罗起，先在美驻中国使署任事，曾游西藏者二。首一次为一千八百八十九年，至藏中之拉沙而回。后一次则一千八百九十一年也。

当于西十月一号从华京之北张家口、归化城、兰州、西宁而进。西宁有一大喇嘛寺。此寺喇嘛并华人与彼偕行。一千八百九十二年五月二十七号，始入藏之西南境。此径在前俄人所行之道之西。及七月七日，至藏中大河。蒙古人称为吞吉利，藏人称之为多马南触，约此河西北一百里许，往前趱行，途中所经有高于海面千四百丈者，有高于海面千七百丈者。天时至冷，冰雪载涂。食物至为难得。又经盐地，沮洳难行，淤泥没胫。过华大江发源处。彼处，人称之日当拉山。七月二号，囊中食物俱尽。嗣此五日，只饮茶而已。七日，至一山涧。见彼人游牧之行帐甚多，皆藏地所辖。余等初至向之乞食，坚不给予，且欲迫令折回。与之婉商六日，彼嘱罗起与华人三人向东而行，转入中国甘肃。其路为赴藏大道。当遣士卒十人护之出境。途间十日，雨后泥泞。甚觉不良于行。既抵大道，护兵皆返。

罗起等东行不远，遇客商一大队，皆由蒙古诣西藏贸易者。内有罗起旧识，则先时在西宁大喇嘛寺所见之人也。告罗起云：藏中禁西人入境，至为操切。君若与我偕往，恐我亦为彼所疑，禁不听前矣。罗起云：君盍遄往，我姑稍待。倘彼等有所询问，即可以本非同伴诉之。

罗起缓缓而前。至一大江，名为当触，即西藏拉沙所辖之东界也。于此小住五日。有一藏员见罗起而告之云：君欲马乘，余可代备。若回中国，亦可代备一切。

既于二十七号渡过此江。过江以后,地虽统辖于华,而官则由华驻藏大臣遴简藏中人为之者。至此地,二百年始为中国所得。彼人颇加礼款,惟渡此江殊不易易。盖水急未能设立渡舟,惟系巨索于两岸,行人挽之而渡。

八月十八号,行至之地名拿具荷灯。当有一人以西字一幅与之观阅,则先时英武员包尔道经其处,彼代之备办一切食用诸物,此其开具之清账也。

二十二号,罗起又抵一地。地离窝产,再前又即铲都。彼处之人亦不许其入城,与前待包尔大略相似。乃即东行。

至十月二号,业已出藏而入川,为打箭炉境上矣。未几,即于二十九号抵沪上。核计由中国京师起程赴甘肃,由甘入藏,由藏入川,由川抵沪,共行二万四千里,愈大小岭六十九。至卑之处,约千四百丈,高者千八百丈。同事中有善学测量诸法者,计测量地二百处,山水佳胜处有一百四十六,景照图三百张,俾慕藏中风景者可以取观而得其雅趣。并令详察藏内人物、草木,种种品类。两个月中,所居有在一千五百丈以上者,大雨、大雪、食粮乏绝,诸难购办。惟茶可以朝夕取饮。虽如此艰阻,然未有一人身染疾病,亦无一日有犯各疾者。地理会中人云:有此二人考得先时未知之地甚多,博学之士大为人所钦重,以其益人者大也。

1893 年 6 月(光绪十九年五月),第五十三册

译出藏文

西藏京城名拉萨。现该处未通商于各国,故言语亦不通,而其风俗人物亦无从究。近有一印度人居住京城内大寺院中,历几寒暑,细究其文字并采风问俗,在在关心。今由西藏而回本国,乃造字典一部,译出西藏文字并述其一切风俗人物。现尚未印刷。此书一出,各国人当必欲购之以快先睹也。

1893 年 12 月(光绪十九年十一月),第五十九册

藏印分界

伦敦得喀尔咳搭报云:西藏与印度界址宜亟清厘。英员灰得率干员十余辈,会同华官测量经纬度数。旋议定:以高岭为华英之分界。

1896 年 11 月(光绪二十二年十月),第九十四册,第八年第十卷

游巴塘记

雅州侯永龄辑

四川建南一路，所属雅州，古为汉嘉，西藏入卫之第一府也。光绪二十四年，七月既望，适有西行之兴，遂自雅州出南门，过荥经，上清溪。荥、清两县风气，稍与雅异，民质地瘠，尤喜耕稼。沿路背运茶包，勤苦食业，下力人最多。不数日至泸定桥，桥之东有巡检司，稽察往来。此桥系铁索牵渡，长三十丈一尺宽九尺者翼以扶栏。进打箭炉，必经此桥，军民商旅，络绎不绝。雅州至打箭炉，凡八站，计程六百零五里。

打箭炉之说。相传汉诸葛武侯征孟获，命部将郭达于此造箭，故名，今称之曰炉城，系军粮府管辖。住炉城者，土著一半，汉人倍之，共有数千余家。生意交涉，惟茶当先。凡造茶，先于种茶园户零星收买叶子。其茶叶有细有粗，细叶打为圆饼，粗叶打为砖饼，外用竹篾，编为方条包子。每一张引，装五包口，装三包口，轻重不等。各茶店堆积如山，统俟藏里贩茶客，到炉市茶，或一年一至，或二三年一至，至则必主锅庄。锅庄以有丫头为贵，丫头引藏里贩茶客，向各茶店定价。茶商有坐锅庄者，茶先买而价亦厚，盖习俗使然。茶商，邛雅人十之七八，陕西人十之二三四，外人十之四五，故炉城称为小成都。土人归明正土司约束，凡居炉城者，土汉相杂。其土俗崇信巫觋，男女时相聚会，不论老少，不拘人数，各执铜器，击鞉鼓，手秉麈尾，群相歌唱，共为跃舞，以博笑乐，名曰跳锅庄。

由打箭炉出南门，到河口，约五站路。其间多山，山上多草场大壩，一望无际。有草场大壩地方，每有大木林，松树桫树，茂荫交加。珍禽异鸟，笋鸡山雉，猛兽野物，豺狼狗豹，往往飞越林间。草场空地，虽然宽敞，不出庄稼，惟产青稞小麦。村堡人家，爱畜牦牛、绵羊、山羊，以畜数百头为富。其俗，牛羊为食，酥油为饮，喜饮川茶。男女出入，好骑马，不步行。居常畏盗，手携枪，腰带刀，防备极其严紧。行旅到此，别无店屋寓客，只有碉房。碉房之立，土人所筑以居家也。高则数丈，上下三层，围以厚土之墙，盖以木板，或覆以茅草，坚固无比，风雨不摧。下一层，拴牛马羊，并储水草柴。中一层，住歇，可容数十人。上一层，蓄杂粮口食货财。设遇□掠，上开隙孔，用石远击。远客行商，到此河口，亦惟夜宿碉房而已。

河口，即雅龙江地方，江这边有三十多家，是汉人居住，江那边尽是土人居住。过雅龙河，有木船，有牛皮船，以备济渡。前有极高一重大山，名为拨浪山，顶上四时有雪，盛夏不化。由河口行二日，至西恶洛。西恶洛有一喇嘛寺，寺中喇嘛僧有七八百之多。由西恶洛行二日，又越一重大山，山上雪光晃晃，远射晴峰。翻过此山，至火珠卡。此处有一河，河之上流多挖金子，河之下流多产佳鱼。细皮厚鳞，能医人病患，热病吃干鱼，冷病吃鲜鱼，屡有效验，其间百姓传说如此。

由火珠卡前进，又越一重大山。山有野兽，熊狼居多。岭角薮隅，每遇强盗，常抢行人衣物。这伙强盗最难擒获，心更狠毒。时常嘘风打哨，一见行人，便上前攫抢，将货物夺去，又将衣服概行剥完。被抢之人，裸体赤身倒于路旁，令人可怜。若是单人独马，不敢行走。所以客商到此，又当加倍防备。山间道路极其危险，少有坦平，必歇一夜，乃得到里塘。由河口到里塘，凡越三重大山。由打箭炉到里塘，计程六百零五里。

里塘地方，有喇嘛寺两座。一座坐东向西，土垣周百余丈，土垣外有几道门，如城阛然。喇嘛寺南门外有一条街，街上有一家铺口，做杂货生理，半属陕西人。土产有金子、鹿茸、麝香、药材、羊毛、牛绒，这些货物，都归喇嘛司市。地产金子，不准汉人淘挖；地土稍沃，不许汉人耕种。去年有一喇嘛，要刁滋事，不服汉官□处，竟敢打骂汉官，甚至纠众喇嘛，抄毁衙门。喇嘛故纵百姓横豪，百姓也不遵喇嘛管束，其强悍之性如此。里塘之南，有一平阳大坝，八十里长，二十里宽。荒烟蔓野，竟成草地，并无庄稼，喇嘛亦不准外人耕畜。中有一河，邨居部落，并无室庐，但有黑帐房、白帐房。帐房之下，为牛羊棚子。

去里塘约五日程，有一地名香城，入云南界。香城有一喇嘛寺，前年，喇嘛百姓与汉人相争，因而逼反，互相蹂躏，竟将汉官打死一员。今年，里塘协台率领兵丁，攻击不胜。香城百姓，又打败几股兵丁，杀死两员汉官。善后事宜，未知如何。

大凡土人气习，好窃乐斗。一有不合，动辄纠率堡子上壮男健妇，结党成群，各拿刀杖，共相争杀，彼此报复，不死不休，名曰打冤家。

由里塘到巴塘，有七日程，路更险峻，山陡难行，人烟稀少。巴塘有一喇嘛寺，寺中喇嘛有一千几百人。市口少有买卖。山多田少，中有一坝，能出庄稼，一年要收租两次。其间百姓，常畏外人。同路有一先生，欲在巴塘僦屋居住，喇嘛不允。喇嘛虽有空闲房屋，不准别人站扎。遇有外人，尽行赶出。

巴塘有小天主堂一座，工程甫毕。溯十四年前，彼处百姓，曾将这小天主堂打坏，去年已将此事说好。其风俗崇佛信巫，生子半为喇嘛，饮食不尚滋味。丧葬，喇嘛死，用火煅埋；百姓死，尽丢河内。其使费，用印度国银钱，不用中国铜钱。天气，多晴少雨，风浪不息。由里塘到巴塘，计程五百余里。

论巴塘近来事体，其弊有三：一、由中国不管。地近极边，沿途虽设有官府兵丁，未能体贴土人，不得土人欢心。这些土人，每每不服弹压，所以不知尊敬官府，殊不合理。而中国亦几视为弃地，此盖未展抚绥之道也。二、由土人不畏。土人秉性勇恶，不受官府辖制。虽喇嘛为之主，百姓敢与喇嘛抗违，此盖任其骄纵之过也。三、由百姓多穷。地土本宽，百姓不知耕种为业。喇嘛只知顾守自家地土，不许外面人停留，亦不许百姓多种田禾。生意寥寥，中国布草、泰西各国货物，并不往巴塘发卖，巴塘货物，也无有运卖在四外，所以百姓贫穷至极。此盖不知通商之事也。综此三弊，良可叹矣。

1899年，第一百二十五册，第20～24页

保护西藏之要义

(美)林乐知著　东吴范祎述

各报谣传俄国对待西藏之政策，并谓已与中国立约保护西藏。今日又闻英国亦派兵至西藏阻止俄国之所为，而中国政府则于此事不见不闻，一若毫未留意者。惟英公使曾于外务部语及，并详论其关系及危险，而俄公使则屡劝中国释令西藏自主焉。以上据西报所言，确与否不可知。惟有一端甚为易明者，盖西藏在地球上为尚未开通之国，其门户扃锁之局面，值此五洲大同之时代，断不能再行长久。故为今之计，中国明知其万难封闭，惟有开通西藏而去其压力，则转可永远保护，不为一国所吞噬。昔甲午前，高丽之役起初，余时为李文忠译电报，文忠尝以高丽办法为询，余亦以开通高丽告之。文忠不能用，遂失高丽，此已往之明鉴也。嗟夫！高丽、西藏其小焉者，中国本部十八行省苟不开通，要亦同步其后尘而已矣。

1902年，第一百六十六册

西藏见闻录(本馆集录)

俄人名芝卑葛那者与西藏人为同种，深信佛教，通西藏语。前入西藏，居拉萨首府一年。尝随同达赖喇嘛礼拜，深悉彼中内情。刻已遄归俄国，日前在圣彼得堡国立地学协会，演说其在西藏闻见之事。其概要如下：

西藏人口不逾百万，殊出世人想象之外。推原其故，盖缘痘疾时行，死亡颇多。且独身之僧侣随在皆是，故人口竟致如是之少。华人之入彼中者多系商人。此外

又有驻防之华军,阅两三年一为更代。是等华人多纳西藏少女为妾,生男为华人,生女则为藏人。又有娴习各种技术之工匠来此操雕工之业或筑造宫殿者,其人亦实繁有徒。

西藏之道德颓伤特甚,一夫多妻或一妻多夫随在皆是。民情殊好华丽,挥金如土。富者装饰尤奢,故有宝玉店之称。劳苦工人工资极廉,操工一日工资不过二十余文。僧侣之为人祈祷者一日不过百余文。西藏之中部悉归达赖喇嘛管领。近者版图已日益扩张。食乳多食生品。家常多以牛、酒、青菜、面粉、骨粉等佐食。饽饽乃麦制,十文可购三合余。拉萨首府人口约有一万名。其地幅员约有七英里。商人、工人、僧人多麇集于此。市之中央有著名宝殿,供黄铜大佛,冠乃金制,上饰尊石,佛像之侧燃有佛灯。殿堂之侧有广庭一,住喇嘛数千。每岁礼拜第二次,一为达赖喇嘛,一尊中国皇帝者。西藏狱官之腐败达于极点。军队概用旧式小枪及弓矢。达赖喇嘛之宫殿在距首府拉萨约一里许之某山中。附近有书馆及学校,教授佛学、医学。其侧又有京官千二百人、僧侣五百人居焉。

1903 年 10 月(光绪二十九年九月),第一百七十七册

英窥西藏汇记

西报云:英国政府现欲兵至西藏地方。此意亦由印度总督寇仁而成。现在派往西藏之兵,先欲踞庆比地方,后则须至干思藏。此城距都城拉萨有一百五十英里,建于三本河支河之侧,故于都城通连。因都城亦建于三本河支流之侧也。干思藏在阿佛尔思山之东北,相距有一百五十英里之远,附近喜马拉亚山。此次英兵所经之途亦殊不易。因有数处,其距海之高度有一万五千至二万尺者。照此电所言,英国之兵亦须偕同出征。故由此以观,则前往者不独为印度兵,并有白人偕往。

英国之欲派兵入藏,前者各华字报已有风传。上礼拜之华字报亦载有此新闻,谓:有英兵三千侵入西藏境内。报中又言:出征之兵从印度建造铁路,直达西藏。以上各事,前或属于谣传。惟现在英政府则决欲办成其事。因中国与西藏政府,虽前已签约,办理西藏划界之事。唯一味迁延,至今尚未将尼泊尔与西藏之界线画定。英国所派划界之专员,已居于干巴[思]藏者数月,以俟中国西藏之专员,乃至今尚未见到。中国政府于西藏政府之意有心延宕,使英国必不能待冀其事即可作罢。然英国至今已万不能待,故派千总吼斯班以及麦道努率兵以为先导,后即派他队之兵追踪而至。印度、尼泊尔之政府已供牛二百只,以为转输之用。英人以为此次派兵之故,系因界

事而起，实则其中亦有别故。其故因近时俄人于西藏亦有窥伺之意。英人此次派兵而往西藏，亦使东方时局稍有改变。英政府依总督寇仁之指导，日后在西藏欲行一定之政策。其意系欲阻止俄国在西藏推广其势力，不至如俄在满洲然也。

1904年1月(光绪二十九年十二月)，第一百八十册

英窥西藏之评论

(美)林乐知著　东吴范祎述

英兵之入西藏也，其始不过为勘界之事，但近日则更进一步，而明与西藏宣战矣。故美国各报皆尝论及，谓英人托测量界线之名而隐行蚕食之意。以西藏虽属中国，实则中国并无主权在彼。而俄国之觊觎日甚一日，将推其强权于西藏，直待以第二之满洲。此英国之所大不愿。故始而勘界者，终乃以兵至藏京为目的，而不免于流血也。

又喜加哥某大报亦云：英与西藏之战事，余等私得之消息，盖知之久矣。初为勘界而来，继乃过界，即属开战。当日英外部蓝斯唐于议院宣明其意旨，归咎野蛮之藏人，在交界之间先攻英人云云。此固诚然，惟其地在西藏界内，离界已一二百英里矣。呜呼！先挟一开战之心，何事不可援为口实乎？确言之，则英也、俄也，皆有意于西藏，一为北熊，一为南狮。今北熊方有日本之役，而南狮者遂乘机以起，先下一子矣。其外貌为勘界，而实欲至京。既深入后，外部不得不藉词以掩饰之。且曰：吾前与中国所订之约，西藏人不能遵守。而勘界之人顿变为政治上关系之人。并曰：吾将直捣其京城，而训戒其以后之务当守约焉，是掩耳而盗钟也。

西藏人见英人之来，身衣号服，手持枪炮，决非和平勘界之事。乃疑所谓和平者之非真，从而阻止。于是英人又以保全其地位为辞，不妨明言宣战于西藏矣。

又有窦脱洛之大报云：英人之定计而欲至西藏京城也。其能至与否，有无抵抗与否，视西藏人之爱国心何如耳！如以吾美国人处此，则无论若何万不能许其至也。彼英人之来，非有所献奉于我国，亦并不将其和善之雅意，不过恃来复枪之力欲尽取西藏之商务而归其掌握。此即吾美人易地以观，所断不能忍也。然则能激动吾美人之心者，计惟已死之西藏人染血于其门口。苟俯伏强敌前而树顺民之旗，则可耻孰甚焉？

译者曰：英之入西藏，其总原因乃为俄人所迫而出于不得已也。盖西藏落于俄人之彀中，最密切之关系则为印度。此英人之所不能不防者。虽然，彼有属于中国

之名，则此种战祸，贻之者谁？岂非木偶之中国乎？

余闻近日英兵既入西藏，亦有格致会人随往。于沿途所发见各种矿源、金银宝石之类，靡所不有。真无愧世界之大宝藏焉。似此消息刊载西报，殊足以激动人心。吾恐藏地之开通其期不远。天之为人蓄此物也，讵欲其久弃于地下哉？独悲夫前之为此物主人者谁氏？又何为而必为后之谁氏死守以待也？嗟嗟！西藏如此，中国亦何多让耶？

夫《圣经》有言：释放之人，而后能释放万物。彼弓矢利器不可入小儿之手。则万物之待文明人，甫觉其主人翁之至也。则此意尤可悲也。

1904 年 7 月（光绪三十年六月），第一百八十六册

中英藏约交涉记（本馆集录）

英国边务大臣荣赫鹏除与达赖喇嘛立约外，又另备约稿一通，送交驻藏大臣有泰，请为签押。其文列下：

所有光绪十六年在噶里噶达中英商订条约，并十九年所订约内，有疑惑为难之处，番人不听中国开导，并未悉遵办理。本英国理应自行办理。特派边务大臣荣与清驻藏大臣有会商妥办一切未协事宜，将光绪十六年约内疑惑为难之事，本英国与番众商订十条。清钦差驻藏大臣有查阅无异，理合签押盖印。此次中国与英国妥商定约之后，番众不得稍有违背等情。此案因光绪十六、十九年两年，英与中订立条约章程，内开多有为难不妥之处，番边悉未遵办。英特派边务全权大臣荣来边会议。不意又动兵衅，致失和好。此次妥立十条，以期达赖与英大臣荣会商立约盖印，从此修好。

以下即藏约十款，已见译谭随笔。虽系电传之文，及获全稿互校，亦无甚异同，不过字句略多，不重录。

有泰接到英员来文后，始于七月二十三日将全文电告政府，末有据英员面称，此系英皇谕旨，万不能更改等因。外务部于二十八日接到有泰此电，当即覆电云：此约有损中国主权，万勿画押云。

1904 年 10 月（光绪三十年九月），第一百八十九册

英国西藏和约之评议

(美)林乐知著　东吴范祎述

近日西藏和约已宣布于各日报,共有十条兹录之如左:

一、西藏番人现允遵照庚寅约章之第一款,将哲孟雄边界重立界碑。

中外日报馆按:癸巳中英会议藏印条约第一款云:藏哲之界,以自布坦交界之支莫挚山起至廓尔喀边界止,分哲属梯斯塔及近山南流诸小河,藏属莫竹及近山北流诸小河分水流之一带山顶为界。

二、西藏番人应允除亚东关外,并在江孜、噶大克二处开埠通商,英藏商民均可听便往来,其癸巳年所立商约所有不妥处,须与藏番商改,以上所开之三地,均须遵办,其商民前往印度,应就现行道路转运。如另有商务兴旺之地,再行商酌添设商埠。

三、癸巳约章甚不妥协,应另案由西藏派番官与英国商改。

四、税则一经订妥后不得再加。

五、由印度边界至亚东、江孜、噶大克三处边界,沿途不得设立关卡等,如各处道路险峻难行,仍须由西藏修理。又该三处应由西藏设立番官,所有驻扎该处之英官,如有文件致驻藏大臣及汉番各官,均应由该官接递,将来他处如添设商埠,亦应仿此办理。

六、因藏番不遵约章,开罪英国边务大臣,妄动兵衅,应由藏赔给兵费五十万磅,合卢布七百五十万元,允作三年付给,以西历一千九百零五年元旦为首期,至该款定于何地交收,应由英国先行咨会,或即在大吉岭交收。

七、因欲将前六款实力办到,故印兵、英兵仍行留驻春丕(按即城备),俟三年后商埠已开赔款已清方行撤退,否则仍驻该处。

八、由印度边界至江孜及前藏地方,凡厄塞之区均须由藏番修改平易。

九、此后如不经英国允许,则无论何国人,不得典卖租给西藏土地,又不得预闻一切应办事宜,又无论何国不得派遣官民到藏协同藏番办理各事,又不得干预修道并筑路开矿等事。又各样恒产及一切值钱产业不得自与外人抵押对换租卖。

十、此约由英国边务大臣荣与达赖喇嘛于七月二十三日,在西招签押盖印,约文用英文及番文缮写,以英文为准。

按：中外日报馆又得成都来电，则赔款作卢比一百五十万。又云现在之喇嘛当行斥退，别由中国政府选立他人。而约中无之，故疑此约尚非全文也。

记者曰：英国西藏问题，议者不一其说。以余观之，大旨不外两种：一为通商，一为拒俄。夫开通商务于西藏固为此次战事之表面，然俄之窥伺西藏，有碍于英之印度，不能不为此次战事之内容也。西藏地势与印度接壤，视阿富汗尤有关系。英于阿富汗已有成约，则次当及西藏，亦理之常。而要之：皆因北熊之肆攫，足以警其心也。

盖俄藏密约虽未宣露，而所谓国际上之保护，俄人代肩其任，藏人惟自理内政云云者，本不堪入英人之耳也。闻俄国之中，颇有蒙古人往来拉萨之间，以构结达拉喇嘛。然则俄之于西藏，其运动之秘，诡谲手段，令人难测。中国外交家已甘堕于云雾，则英岂能不蹶起而争乎？

俄之在西藏与其在满洲，自中国视之固一缓而一急，一明而一暗；自外人视之，日于满洲，英于西藏，其轻重无殊也。日不能不保满洲，英不能不保西藏。俄之野心，固千夫所共见。而二国之为是，岂非中国之弱有以致之乎？呜呼！不咎己而咎人之中国，忽摇笔而作空言之评论，曰：日本将不还我满洲矣！英国将永占我西藏矣！在英、日本无是意，而亦思向无日、英，则满洲、西藏人谁人之掌握耶？以今日论，中国区区于一逃船之案，相持数十日，究未能妥协，而况满洲、西藏耶？

谓英于西藏不能无自顾利益之私者，此语固然，诚以英国者非中国之慈母也。自慈母而外，孰为有人而无己者？虽然大利所在必与人共。此近世计学家之公言。中国之弱不能略有所为，则凡限高加索之马足者，未始非持世界之平安也。特风云变幻，由中国自为何如耳？

今中国如一大树，其根之栽培不足，故长干大叶皆憔悴萎黄，有生意将尽之叹。而根旁之余力乃发为细嫩之枝条，丛杂无数。此非中国之现状如是乎？故欲树之复活，在去其旧根；欲国之复活，在去其旧政。苟不取自上下下，朽蠹腐败之积弊而洗刮务尽，更生之望盖綦难矣。而后他人从而拔之，岂有幸哉！

近日英国印度部大臣巴得力，曾在某处演说西藏之事，云：英藏之约本认中国为西藏之上国。约中之意，一保全英国商务之利权，一得西藏之赔款即退去其戍兵。是英国并未违前言而欲常驻藏中，亦不干预西藏内政。此英藏新约之条款，为人人所共见也云云。依巴得力之说，则所谓英国欲从中国之手夺去西藏者，实大不然。惟以后中国之对待西藏，则吾侪愿拭目以观之耳！

1904年10月（光绪三十年九月），第一百八十九册

藏约签名之关系

(美)林乐知著　东吴范祎述

英国于西藏,已兵入拉萨。近日既订和约,遂退兵而出。盖西藏之近邻,若尼伯尔,若布丹,皆与英有约之国,而甚为和好。故西藏之达赖喇嘛,如能以尼伯尔、布丹为矜式,则可免前事之误矣。

上海《字林》之论云:藏约善矣。然有达赖喇嘛之印,而中国之驻藏大臣则尚未签名也。夫驻藏大臣,不愿签名于约上,实其政策之大误者。此亦即中国政府之不解事也。中国既自认为西藏之上国,不可不签名,否则于藏约不能有所磋磨,而适以表明无主权于西藏,亦且表明无力阻止也。似此一张一弛之上国,诚其败坏国事之原因。前者中国,屡以无脊梁之故,失地甚多。过此以往,吾知除中国本部十八省,其能保者几希矣。幸而有满洲、蒙古耳。藏约中国签名与否,无甚关系。将来遇有约中交涉,英国自可与觌面,作径接之办理。故初不必以中国之不签名而使英人有歉意也。英人于此,勇往直前,岂待问中国之如何哉?惟因重视中国,而中国反不满志。试诘以既为上国,何以辄许西藏之背弃前约哉?今新约系与西藏有权之人所立。而约中之语,并无过情之处,赔款不多,亦不干预其内治,亦不勉强驻公使于拉萨(不驻公使于拉萨者,即认中国为上国也)。如是而请驻藏大臣签名,明认中国主权之在彼,而反不愿与闻焉。此非有碍于英国,适以自碍其本国也。

译者曰:西哲有名言曰:自保生存者,人类最初之天性也。西藏入俄,则印度且危。英兵之动,庸非为自保计乎?中国不担荷上国之责任,无以保其属藩。乃欲即空名以维系主权。读英人论,不知将何辞以自解也。

1904年11月(光绪三十年十月),第一百九十册

达赖喇嘛考

(美)林乐知译　吴江任保罗述

英京《泰晤士报》载有拉萨(西藏之会城)达赖喇嘛考一则,系由其本馆访事人印度英武员华特氏所撰。于喇嘛教之始末及达赖喇嘛之来历言之较详。方今英藏交涉,亦为中国外交上之一大问题。本馆亟为译登之,以供留心藏事者之流览焉。

照华特氏所纪,西藏第一代大喇嘛为西藏萨加城红帽僧庙中之大师,或称为喇

嘛红教之首领。西历一千二百五十二年，元朝忽必律大可汗延请红帽大师为之主理敬神、登位诸礼，遂封为王号以酬之。忽必律为成吉思可汗之子。欧人玛古伯鲁东游之时，曾友事之。又于其所著《东游纪略》书中，述及忽必律可汗实为东方最文明之贤王，且能礼贤下士，招罗俊杰，以资治理。无论其为欧人、亚人，但有才能者皆录用之。时可汗欲于各教之中择善而从，以备训俗型方之用。遂降旨召集有名之诸喇嘛、基督教士与一切他教中人，悉心考察试验，以定去取。迨考验之后，遂定喇嘛教以为国民之宗教。由其本为中华蒙古诸地人民所奉之通教，较儒教、回教、基督教为盛也。

查可汗当时之信奉佛教，由于异迹而得之。相传当时有基督教士奉罗马教皇之命前赴可汗处播道。可汗命其显呈异迹，以证明基督教道之可贵。如基督教人所不能者而喇嘛能之，则彼将从佛教矣。岂知基督教人不能于可汗之前显其异迹，而喇嘛能使可汗之酒杯自飞至其唇边。于是可汗遂舍基督教而立佛教。但照基督教人论之，当时之酒杯，乃魔鬼之所自举。可汗亦不过落其圈套而已。

迨中国元朝败亡之时，其加利末诸亲王逃至外蒙古西伯利亚之边境。其地与西藏隔绝不通。遂自立一新大喇嘛，并立乌尔加为会城。其地在哥哥脑湖之近处，有俄员驻扎，与各亲王往来甚密焉。

时在萨加之大喇嘛与其继位诸喇嘛，因不得元朝之护持，不复能称王号以管辖藏中大份之地。约历四百年，至一千六百四十一年，游牧之鞑靼族人入侵藏地，欲废弃喇嘛管辖藏民之权。

于是黄帽大喇嘛，即新立于乌尔加者，乘鞑靼侵藏之机会，欺萨加城红帽大喇嘛之软弱，遂起意欲夺红帽大喇嘛治世之权。求鞑靼亲王哥士利起兵，灭萨加红帽大喇嘛，而立彼为王以代之。

哥士利从之。黄帽大喇嘛遂得称王于拉萨。而封哥士利之世子为拉萨总统兵马之大元帅，并奉以王号。维时黄帽大喇嘛亦由蒙古亲王奉以大如洋海之名号。照蒙古义译之，即为达赖(译音)二字。故达赖喇嘛之名，译即人如海喇嘛也。由是拉萨之僧王，遂盛传达赖喇嘛之名于欧洲矣。

拉萨第一称王之达赖喇嘛，以有口才著名。其人生而多知，于西藏历史中最著名誉。又自称其先世出于神圣之族，以耸动西藏之愚民，使之坚心敬服，因以保固其王权。兹略述其办法如下：

彼自称为新黄帽喇嘛之第五代大师。历代大师向加封号为胜主。胜主二字，西藏人称为嘉尔华，印度人称为奇那。此五代大师，其嗣位，皆由第一代大师之灵魂转生。第一代大师于临死之时，自言其必当转生人世。一而再，再而三，直到永远，以呵护其佛庙与佛门中人。

因此大师遂自命为第一代大师之转生，更得历代王灵之护持而益形其大，藉以表明彼与第一代大师皆为最有权、最可爱藏王之转生，即史脱郎赞盖普王是也。并以表明史脱朗赞盖普为仁圣山灵之转生，即在古时赐灵食于藏民，使由猴身而变成人身者也。此仁圣之山灵，谓即世所爱敬之佛，名阿佛罗基搭佛。由藏人称之为钦拉齐佛。此佛不愿成佛，不愿入涅盘，但愿留于天堂，保护下界众生，即凡呼佛号而求之者也。

藏中愚鲁之人民，见有若是之证据，遂不察其真伪，信达赖喇嘛之巧言，认以为由神所命而敬礼顺服之。惟与之相敌之众喇嘛，即他教之喇嘛（喇嘛向分红黄二教）不信其说，起而杀之。且自命以为慈悲之释迦牟尼，今转世为操刀之暴君，遂改其庙寺，变为国教之用，即黄教喇嘛是也。西历一千六百五十六年，天主教人格罗伯往游拉萨，称达赖喇嘛为魔王。凡不拜之者，彼必杀之。直至今日，拉萨之达赖喇嘛仍未改当时之故态也。

然而喇嘛之错失虽多，其振兴学业、照应工艺，实为可嘉。又在城外巴德拉山之上，筑造一大王宫。此处所遗之古传奇迹最多。

迨在位三十五年之后，遂生弃世修道之心。于一千六百七十年，隐居于庵中。当去位之时，以其王权交于私生之子商耶胜祖，作为专权之代理人。其子之奸谋骄心一如其父。父死匿丧至十六年之久。厥后立一年幼之人于王位，作为达赖喇嘛。其人不但年幼无知，且残暴荒淫。全藏之人皆憎恶商耶胜祖。一千七百零六年，商耶胜祖遂为国人所杀。迨后此达赖喇嘛怙恶不改，卒为中朝所废而谋杀之。

自是以后，凡为达赖喇嘛者，即世所称为诸神之所宠爱者，莫不早死。从未有一人成丁而死者。东方之国俗，以十八岁为成丁之期。历任达赖喇嘛，皆于将成丁之时，得各种不明之病而死。一死之后，即须再候其转生而后复位。如是则可使代理者久于其任矣。所以西藏国政恒掌于代理之人，且与中国所派之驻藏大臣恒有合谋欺骗之时。但观前四代达赖喇嘛之年寿，其一死于十一岁，其二、其三、其四皆死于十八岁。此其故可不问而知矣。

今之达赖喇嘛则不然，甚遇[过]历代喇嘛之死期得以安然无恙。且有大志，欲脱中朝之暴虐干预而自立。其国中新出一政党名保国会，深不以中朝干预为然。相传达赖喇嘛之得免夭折，皆藉保国会人暗中辅助之力。由是达赖喇嘛与其政府，皆不受中朝之牵制矣。

今在位之达赖喇嘛，生于一千八百七十六年。至十八岁时，实为前三代达赖喇嘛之忌辰，几为天命当死之年。保国会人乃先期拘代理人而囚于某庙中，遂夺其印交还达赖喇嘛，使之亲政。未几时，代理人即死于庙中。达赖喇嘛既掌国权，凡其所为皆不受驻藏大臣之节制。大臣遂奏达朝廷，得旨饬令将代理人复职，并交还其印。岂知旨下之时，代理人已被害而死。中朝特派位尊望重之新大臣来藏查办。新大臣得受重贿，将旨压搁，饰词覆奏，以为事已理明，藏地平安。中朝信之。

迨后达赖喇嘛见甲午中东之战，庚子拳匪之乱，中朝积弱已极。遂显示其不受中朝约束之意，明认中朝之软弱不足以保卫藏地，徒存上国之空名而已。一千九百零二年，四川某制军以藏地毗连，奏请派兵驻扎拉萨以保中国主权。

达赖喇嘛在西藏称为佛教之王。其权随其教以俱广，从西藏传入大雪山佛教诸国，直至拉达与拜开耳，又历蒙古入中华直至北京，皆为其教法广传之区。论其为人，则为硬心固执、逞性妄行之流。其朝中政府军机诸员皆为喇嘛，皆从各大寺院方丈中选取。其制度可称为教中之贵族政体。僧官中世袭者多，僧人则甚少矣。其官员亦分党派，彼此纷争不已，大概以得宠于达赖者为胜党云。

达赖以一人调停于恶党之中，左右为难，亦大可怜。其年纪今尚不过三十岁，又无阅历，于世故多所未明。其左右诸臣皆以达赖为傀儡，借之以逞其私。其所见所闻，皆为诈伪虚假，终不能明定其从违，以受善言之益。则其为奸人所诱，何足怪乎？此英藏交涉之大原因也。

达赖朝中有一亲爱之师傅，名杜奇夫，亦为著名之喇嘛。当达赖得脱中国束缚之时，即听信杜奇夫之言，跌落于俄人之手中。缘杜奇夫为拜开耳湖畔之蒙古布略族人。就其所生之地，则称为俄人。就其职业，则称为喇嘛。其人生长教育皆在俄国。二十年前，杜奇夫行年三十有五，始居于拉萨之某寺中。其人于达赖朝中颇有势脉，因其代拉萨户部征收鞑靼人中之赋税也。其人学问渊博，为俄国地理会之董事，曾游历印度、锡兰以至俄国哇德萨与俄京，近更为拉萨军械制造厂之总办。因其得达赖之信任，遂怂之使拒英人而亲俄人。达赖从之，屡信俄国之言。凡与英人交涉之事，一概阻拒不行，遂成今日之兵衅，正未知其结局若何矣。即杜奇夫于此时，亦颇有不能自保之势矣。达赖所守之伪道，当服从中国之时，既不能免其历代达赖喇嘛为国人所阴杀，今又不能自保，并不能保其属下之众喇嘛，以免于目前兵革之祸矣。

今日之藏事诚亟矣。试问为达赖喇嘛者，其能胜过此风波之险而安然如故乎？谁则能预料达赖喇嘛之结局若何乎？但亦有一奇语可取以为证。当一千八百六十六年间，时今之达赖喇嘛尚未出世。计在出世之前十年，印度有勘界官名奈因心者，尝纪一当日拉萨城中之常言，谓达赖喇嘛之转世以十三次为止。是说也，在当时或以为谣言。然而今之达赖适为第十三世，又适遇此危险之时，岂将应验此言乎？姑存之以观其后。

1905 年 1 月（光绪三十年十二月），第一百九十二册

西藏喇嘛之程度

西藏素行佛教。或以为其地方必较他处清洁矣。今自英国入藏后，统将营赫斯奔以其所亲历之研究，发表于皇家地学会。而后知为大谬不然也。今译其论及达拉喇嘛之一节云：余至西藏，而达拉喇嘛已逃避无踪。见其代理者，颇和善可亲，无威严气象，亦并无虔敬神明之心。其于知识上一无所有，至谓地球非圆乃三角形者，可概见矣。平日惟以默诵经句为第一能事。以较印度寻常之婆罗门，尚相去远甚也。其属下之僧侣，则更不如此人。西藏寺庙甚多，最大者有僧侣一万人或七千人。无不懒惰污秽，私欲则有之，诚敬则未也。故有谓西藏佛地胜于他方者，不觉至此而失望已。然则欲西藏之有改变，真属最难之事。因其为避世之教规所束缚，不读书，不明世界大势，无进步思想。呜呼！西藏如此，其于世界无益，而即于其自己亦岂有益哉？

1905 年 5 月（光绪三十一年四月），第一百九十六册

藏约全稿送部（本馆辑录）

中英藏约，现闻驻藏张大臣荫棠已电告外部，沥陈藏约棘手情形，并将所订草约呈部复核。如无窒碍，即行按照所订条款缔立正约，以便议结英藏交涉。

1907 年 12 月（丁未年十一月），第二百二十七册

《瀛寰琐记》

《瀛寰琐记》是我国最早的文学期刊。1872 年 11 月 11 日（壬申十月十一日）创刊，上海申报馆刊行。月刊。1875 年 1 月（甲戌十二月）停刊。共出 28 卷。每册 24 页，为 24 开大小的线装本，用四号字排印，每期销达两千册。

据《申报馆书目》称："是书皆近时诸同人惠投本馆嘱刊之作，本馆延请名人详加选择。"所刊的内容有论说、天文地理、海外见闻、小说、翻译小说、时人诗文和笔记、传记等，以诗词小说和译文为主，也有政论和史传材料。比较著名的篇章有《昕夕闲谈》、《尊闻阁诗选》等。作者几乎都使用笔名，据阿英考证是当时上海名士李芋仙、王紫诠、何桂笙、邹翰飞、钱昕伯等人。

《瀛寰琐记》停刊后，续出的《四溟琐记》、《寰宇琐记》为其后身。

北京图书馆藏有第 1 至 28 卷原件。

西藏源流考

西藏唐古忒，即图伯特国，部落繁多，明统称乌斯臧。然溯其源，盖古三苗种也。舜徙三苗于三危，三危者，为喀木，为危，为臧(敬见康熙六十年上谕)。平王东迁后，羌逼诸夏，杂居陇山伊洛之间。秦始皇筑长城，汉武帝令居塞上拒之，曰西羌。晋怀帝时有赤亭羌姚弋仲者，子苌灭苻秦称帝，袭号于长安，再传为刘裕所灭。盖西羌属凡百余种散处河湟江岷间。其酋有居析支水西，或逻娑川。历魏周齐，犹隔诸羌，未通于中国。隋开皇中有伦赞索者，居牂牁西，灭土浑，尽有其地，建国居跋布川西，改姓为窣勃野，以秃发为国号，讹为土蕃。唐贞观八年，其赞普弄赞(赞普王号)，遣使朝贡，请婚太宗，不许。吐蕃率众屯于松州之西境，入寇。太宗命将率步骑五万击败之。弄赞大惧，引兵退，遣使谢罪。因复请婚，太宗以宗女文成公主下嫁，令江夏郡王道宗持节送之。弄赞亲迎于河源而归，别为公主筑城立栋宇。公主恶其人皆赭面，赞普遂令国中权罢之，亦自袭纨释毡羯，渐慕华风。仍遣酋豪子弟请入国学中习诗书，又请中国文士典其疏表。高宗立授弄赞为驸马都尉，封西海郡王。因请蚕种及造酒碾硙之匠，并许焉。则天时弄赞元孙弃隶缩赞立，复请婚中宗，亦妻以所养雍王女金城公主。帝幸始平县，设帐于百顷泊侧，引王公宰相及吐蕃使入宴。酒阑，命吐蕃使前，谕以公主孩幼割慈远嫁之旨，上欷歔久之。因命学士李峤等十七人赋诗饯别。改始平为金城县，又改其地为凤池乡怆别里。公主至吐蕃，亦别筑一城以居。睿宗时杨矩受吐蕃厚赂，归为代请河西九曲以为金城公主汤沐地，与之，未久而叛。元宗十七年，吐蕃恃强，表疏悖慢，帝怒遣将大破之，复请和。遂命使臣往视金城公主，吐蕃复进表朝贡如初，公主亦别有进献并奏请《毛诗》、《礼记》、《左传》、《文选》各一部，亦与之。正字于休烈疏谏不报，卒与之。二十四年，常侍崔希逸以杀白狗为盟，诳吐蕃，计破于青海，复绝朝贡。二十八年，寇维州，又破之，得安戎城，诏改为平戎。二十九年春，金城公主薨，吐蕃来告，仍请和，上不许。乾元间后，吐蕃乘唐间隙，尽有戎境。肃宗年间，吐蕃遣使请盟，郭子仪令于鸿胪寺歃血，以申蕃戎之礼。广德元年，吐蕃以京师失守故，因降将高庭晖入长安，立广武王为帝，旋为郭子仪设疑兵，悉众遁去。建中二年吐蕃请以贺兰山为界，四年遣官盟于清水，即大诏前甥舅联盟碑也。兴元元年，吐番助浑瑊大破朱泚于武功之武亭川，因许泾州、灵州相报而未与，吐番诈邀会盟，劫瑊而陷其军，浑瑊仅以身免。自此大入寇掠吴山、汧阳等界。贞元五年，剑南节度使韦皋大破之，尽复隽州地。七年又攻破土番，十六年诏韦皋出兵成都，以纾边患。遂命陈泊等统兵出龙溪、石门及南道雅邱黎隽，并进攻昆明诸济城诸路，凡九道并进，自八月至九月十二月间，屡破其众，拔七城。遂围维州擒番将莽热，献俘于京。穆宗长庆元年，土番复请盟，乃命御史大夫刘元鼎充会盟使。初，元鼎见赞普于闷惧庐川，盖赞普夏衙之所，其川在逻婆川南百里，臧河之所流，臧当作藏，即西藏所由名也。时土番遣论悉诺息随元鼎来朝，于是不复叛。自黄巢后，遂为阻绝。然而其国亦自衰微，族种分散，无复一统矣。周广顺三年，西河节度使申师厚奏请授土番首领折逋支等官。迨宋初乾德四年，知西凉府，逋葛支上书："有回鹘二百余人及僧十余人，自朔方来，欲取经天竺。"诏褒答之，此番僧所由来也。太平兴国八年，吐蕃入贡，太宗曾召见酋长于崇政殿，优礼之，以故朝贡不绝。后其境为李继迁所侵，首领潘罗支率番部三十二族纳质，授朔方节度使。咸平元年，河西军左厢副使归德将军折逋游龙钵来朝献马，番四世虽受朝命为酋，贡方物而未尝自行。今始至诏以为大将军，助兵讨李继迁，嗣为迁党戕于帐。其后各族互相吞并。有唃斯罗者，名斯南陵温钱逋。钱逋者，犹言赞普也。貌奇伟，部族强盛，立孝立遵为论逋佐之，论逋者相也。求内附，明道初授宁远大将军，后数以奇计败夏元旻，潘罗支旧部往往归之。宝元元年，加宝顺军节度使约以击元昊，然不能有功。自神哲高三朝，或加检校太尉，或为刺史，或授太保，或拜团练使，皆授官于宋。然而当时西河既失，加以西夏亦未尝不为边患也。辽时亦入贡，有大番、小番及胡母思山番之别。元初因俗首领章古来朝封为宁濮郡王，镇西宁于湖州。太祖四年帝入河西，帅获剋兀喇海城，并归西宁领之，设吐番等处宣慰使，建元帅府以洮岷黎雅诸州隶之。世祖以其地广而险，远民犷而好斗，思有以因其俗而柔其人，乃郡县吐番之地，设官分职而领之于帝师。帝师八思巴者，吐番萨斯迦人，生七岁，诵经数十万言，能通大义，国人号曰神童。中统元年，尊为大宝法王，赐玉印统释教。嗣数世弟子，号司徒司空国公，佩金玉印章者，前后相望。盖当时朝廷所以敬礼而尊信之者，且重以周也。明以其地为乌斯藏，乌斯藏者，本吐番而别立为国者也。吐蕃中惟乌斯藏专以释道教化，颇柔顺易服。在西缴外去四川马湖府千五百里有余，云南丽江府千余里，陕西西宁卫五千余里。其地多僧无城郭，其僧有居大土台及土台外者。洪武初太祖惩唐世吐番之乱，思制御之，惟因其俗尚，用僧徒化导为善，乃遣陕西行省员外郎许允德使其地，令举元故官赴京授职。于是遂授摄帝师喃加巴藏卜为炽盛佛宝国师，锡玉印，又授元帝师八思巴之后八哥监藏巴藏卜为大国师，授乌斯藏僧答力麻八剌为灌顶国师，并赐玉印佛宝。国师及答力麻剌遣使入贡，奏举土官多人，因置指挥、宣慰、万户、千户等官。

铸分司印予之，余授职有差。永乐三年，僧哈立麻者，国人以其有道术称之，成祖因授职为演教如来大宝法王。乌斯藏僧昆泽思巴亦授为大乘法王，授吉剌思巴监藏巴藏卜为阐化王，授思达藏僧南渴烈思巴为辅教王，授必力工瓦僧领真巴儿吉监藏为阐教王，授灵藏僧著思巴儿监藏为赞善王，受宗巴干为护教王，并有受为西天佛子，灌顶大国师，灌顶国师者。皆赐给印诰，盖其地皆倚中国之茶为命，而当时入贡时，使臣又俱优以茶布，诸番恋贡市之利，且欲保世官不敢为变，故终明之世授官加号以羁縻之，交市茶马以诱之，虽动于利而未尝为患，然终不能如国朝德威遐播，倾心归化直隶版图而讴歌帝治于无疆也。

1874 年，第 21 期，第 2～5 页

《益闻录》

《益闻录》是天主教的舆论刊物。1879 年 3 月 16 日(光绪五年二月二十四日)创刊,在上海出版。初为半月刊,未久即改为周刊。由李杕主编。1898 年 8 月 17 日(光绪二十四年七月初一)与《格致新报》合并,改名《格致益闻汇报》,每星期发行两次。1899 年 8 月 9 日(光绪二十五年七月初四)第一百期起简称《汇报》(Revue Pour Tous),并分别出版《时事汇录》和《科学杂志》。(《时事汇录》每周出刊两次,《科学杂志》每周出版一次。《科学杂志》因主要撰稿人比利时赫师慎(Van Hee)回国而停刊。)1912 年改名《圣教杂志》,月刊。馆设上海徐家汇。

主要栏目有谕旨恭录、论说、摘译、新闻、教事汇登、科普、京报选录、诗歌等。

现最后一期是第 1761 号,1898 年 3 月出版。北京图书馆、上海图书馆、武汉大学图书馆均藏有部分原件。

戈公振《中国报学史》作《益闻录》"1908 年(光绪三十四年)又简称《汇报》",误。《全国中文期刊联合目录》第 935 页,沿误。

又,戈公振《中国报学史》入《上海市通志馆期刊》均作"1878 年创刊",亦误。

西藏考略

按西藏在京师西南，东西距三千六百里，南北一千六百里，东界四川云南，南逾倚马山，接布丹、廊尔喀等国，西至印度拉达克，北连天山南路。古西南徼外诸羌戎地。两汉逮晋，泯泯无闻。历魏周齐，未通中国。迄隋开皇中，始有伦赞索者居牂阿西，灭吐蕃，据有其地。按其地以秃发为国号，后讹为土蕃，沿其音耳。唐贞观八年，其赞普弄赞，赞普王号，遣使来朝。十五年，太宗以弄赞固请，准以宗女文成公主下嫁，令江夏郡王道宗持节送之，辎重不可以数计。弄赞亲迎于河源而归，见者咸叹为非常奇遇。乃别为公主筑城以居之，栋宇翚飞，楼台绚丽，为全藏冠。数年渐慕中华风气，遣其酋之子弟，请入国学读书，又请中国文臣，为之典其疏表。高宗立授弄赞为驸马都尉，西海郡王因请给蚕种，及造酒碾硙之匠，并许焉。厥后屡叛屡平，至穆宗长庆元年，吐蕃复请盟，乃命御史大夫刘元鼎充会盟使，见赞普于闷惧卢川，即赞普夏衙之所。其川踞臧河之分流，以后以臧作藏，即西藏之所由名也。土蕃遣使，随元鼎来朝，自是以后，乃恭顺不复叛。宋太平兴国八年，吐蕃入贡，太宗命入朝见于崇政殿，优礼之。辽时亦入贡，有大番小番及胡母思山番之别。元太祖四年，置吐蕃等处宣慰司，都元帅府。又于四川徼外置碉门、鱼通、黎雅、长河等处宣慰司。世祖以其地广而多险，民犷而好斗，思有以震慑而绥抚之。置郡县其地，为之设官受治。迨有明，以其地为乌斯藏。乌斯藏者，本吐蕃地，而别立为国者也。洪武六年，太祖惩唐世吐蕃之乱，思得制御之术，莫若因其俗尚而控制之，爰授摄帝师纳嘉勒藏博僧为炽盛佛宝国师，锡之玉印，置乌斯藏、朵甘二指挥司。永乐三年，僧哈立麻者，国人以有道称，成祖因授为演教如来大宝法王。后宣德、成化间，又累加封号，皆赐给印诰。究其所以封僧之故，皆以藏地重视佛教，故不得不姑顺舆情，以为羁縻之计，所谓因民之力而利之也，非以其真有神通道德，始尊信而敬奉之也。历朝如是，国朝仍之，盖有微意存焉。夫岂神道设教之本心哉！

1881 年，第 95 期，第 84 页

续录西藏考略

国朝崇德七年，西蕃即遣使归诚，顺治九年来朝，世祖因立达赖喇嘛，赐金册金

印以荣之。康熙四十四年，达赖拉藏以诛第巴功，表文于上。圣祖嘉之，赐金印，封为辅教恭顺汗，遣侍郎赫寿等，安抚其地，备极宠荣。又允拉藏所请，封阿王伊西为达赖喇嘛。其后准葛尔策妄阿喇蒲坦兴师侵藏，害拉藏汗，毁其寺庙，迫逐僧众，时达赖喇嘛移住西宁。五十三年，遣大兵进藏讨平之，复护送喇嘛归布达拉庙，番众皆向风附化，欢呼雷动。康熙六十年，世宗宪皇帝嗣位，撤回官兵，以贝子康济鼐总理其地，仍特简大臣驻藏管辖。雍正五年，西藏噶尔布巴等复叛，杀康济鼐，后藏办理噶隆事务之扎萨克台吉颇罗鼐，急入内地，飞报于朝，旋命遣兵进剿。明年，颇罗鼐率众部落入藏，阿尔布巴等伏诛，仍安辑如故，后以其功，封颇罗鼐为固山贝子。九年，晋封多罗贝勒，办理卫藏噶隆事务。乾隆四年，晋封多罗郡王，给印辖卫藏等处。十二年以其次子珠尔默特纳穆札尔袭封。十五年，以罪诛。现设辅国公四员，一等台吉二员，地分前后二藏。达赖喇嘛居拉萨城之布达拉庙，号前藏。班禅喇嘛居日喀则城之扎什伦布庙，号后藏，其赋税所入，俱献于达赖喇嘛。其贡期二年一次，先期由办事大臣奏闻，然后遵例由贡道入西宁，东北达京师。其互市在四川西徼打箭炉，百货云屯，交易尚称茂盛。其人民约四兆有奇，前藏属城八，僧王宫居拉萨城，为全藏京都，周围二十里，其北有布达拉山，上建巨刹，乃僧王避暑行宫，以故拉萨城，或作布达拉城也。其他七城之最著者，为察木多与拉里城。后藏属城七，其首城名日喀则城，又谓扎什伦布，以其庙名名之也。班禅喇嘛宫居焉。其位与达赖喇嘛相捋，其权势亦无多让。若西藏办事大臣，则驻节于拉萨城，统辖全藏。而所属达木蒙古八旗，及纳克书等土司三十九族，亦均隶辖焉。达赖喇嘛，向称活佛，人民敬之如神，奉之如父，极恭顺，惟命是听，无敢稍违者。国朝以西藏辖治之权，皆归喇嘛，而藏王反为其节制，竟如属僚，职是故也。其地寺庙，触处皆是，僧徒亦无万万数。一庙之中，动以千计，甚有累万者。如拉萨一庙，高三十余丈，四围房屋，一万余间，邻屋三千余间。所居之僧，三千五百有奇。由此类推，余可概见。其间荒诞不经之事，飞扬跋扈之为，不可枚举，且不可道也。

1881 年，第 96 期，第 90 页

续录西藏考略

按西藏地广人稀，与蒙古同，大都以藏地半属僧徒，故人民亦因而稀少耳。验其气候，至为不齐。夏秋二季，高陆严寒如三冬，山谷中蒸热如釜。冬时砂碛纷霏，蔽天障日。田土硗瘠，耕种维艰。高山之巅，四时积雪，望之如琉璃境界，

一望晶莹。南与西南有雪山，西书谓之倚马山。峰峦如列戟，盘亘极数千里而遥。昔穷究舆地之士，目为天下高山第一。近闻有谓奥削尼洲，新奇楠地，得山更高，未知确否。若雪山最高之巅，已得二千六百五十丈，其次二千六百三十丈，又次二千四百十六丈，皆峭岩绝壁，奇险怵人。有曾路出其间者，谓日虽正午，亦仅见太阳上半轮，而下半轮为高岭所蔽，卒莫能窥也。峡中瀑布飞流，势甚泙湃，寒气凛烈，如入冰窖。重以前行无路，后退无援，其行路之难，较之蜀道尤加厉焉。矧当此进退维谷之际，辄有野番刺穴而出，劫财害命，为更可怖乎。西北有葱岭，北有昆仑，皆崎岖高峻，绵远千里。惟其连峰叠巘，故融雪飞瀑，流而成泽，汊港分歧，指不胜偻。计其河之大者，首推雅鲁藏布江，自西至东，几通全藏，继折南出界，复折西入印度地，入于海。又有怒江，或以为其波涛狂决如怒虎。而澜沧江，亦自此发源，自察木多城，东南流通云南，入暹罗，卒入于海。若其泽之大者，曰腾噶里海，其北曰布克池，又北曰喀尔池。雅木鲁克海，在拉萨之西南，中有大沙，上建巍庙，华丽聿焕，为西藏丛林之最。若玛泊穆达类与郎噶二池，为印度河之源，土人相敬而膜拜之，呼为圣池，其怪诞可笑有如此。以外尚有伊克巴哈达鲁克等池，亦可谓泽国矣。论其土产，麦米之属罕见，地多黑粹，土人取以成面，和以水酪，充糇粮。养身之物，禽兽之肉居多，羊只尤甚。麝鹿形如獐，头小口锐，腹下有囊，中蕴奇香。长牦牛，种类极多，其形与常牛较小，其毛长，光润可爱，杀而食之，味极鲜美，可佐脯馔。又野牛极大，毛长而黑，角巨而屈曲，性极凶猛。又江河川泽中，多出鱼族，惟该处杀生有严禁，莫敢冒死烹鲜，为可惜耳。若金、银、铜、铁、珠、玉、水银，并为是处出产。惟金最多，铁较少。所制藏香，名驰天下。其法广收香木，研末为膏，再用金沙麝香调和其内，燃火其端，奇香四溢。其他技艺，则以人性多不喜动作，故可记者实鲜。

1881 年，第 97 期，第 96 页

西藏陋俗(目)

1891 年，第 1042 期，第 74 页

玩游西藏(目)

1891 年，第 1121 期，第 549 页

西藏山水(目)

1892 年,第 1179 期,第 291 页

游西藏记(目)

1893 年,第 1288 期,第 333～334 页

西藏舆地考(目)

1897 年,第 1735 期,第 583～584 页

西藏筹防(目)

1898 年,第 1758 期,第 116 页

西藏勘界(目)

1898 年,第 1768 期,第 178 页

西藏兵虚(目)

1898 年,第 1771 期,第 195 页

西藏细情

西藏与英之印度相邻,强国密迩,不知备豫武事,坦率至极。前年英廷派兵至咱利山纳当地方驻扎,今又移至康多地方,距后藏之干坝不远。该处有外委一员,就近靖西地方又有游击一员,领兵驻守。兼有番官戴埲一员,番兵五百名防护关口。恐孱卒难捍雄师,转资果腹耳!

达赖喇嘛，藏僧之首也。每年有出巡之目，近定于四月初先至别叫寺，各寺僧已预备供张。甚矣！秃鹫之惑人也。

1898 年，第 1776 期，第 225 页

《中西教会报》

《中西教会报》是西方教士办的专事宗教宣传的刊物。1891 年 2 月(光绪十七年正月)在上海创刊。月出一册,由美国人林乐知(Young.J.Allen)主编。1893 年 12 月(光绪十九年十一月)停刊,共出三十五册。1895 年 1 月(光绪二十一年十二月)复刊,成为广学会的刊物。册次另起。担任主编的先后有美国人卫理(E.T.Williams)、英国人高葆真(W.A.Comaby)、华立熙(W.Dilbert Walshe)、莫安仁(Evan Morgan)、季理斐(D.M.Gillivary)等。1912 年 1 月(宣统三年十一月)从第 234 期起,改名《教会公报》。

1917 年 2 月停刊,共出三百九十四册。

西藏乱闻

[美]卫理选录

西八月廿二，有尺素书自四川雅州来，据云川境西藏地方，近忽有人闹事。详其缘起，盖彼地有二族长，因争启衅，嗣为华官从而禁止，彼等遂哗然而起，势将为乱。目下传闻，川督业已派兵前往，惟曾否开战暨胜负则尚在未定间。

1896年9月(光绪二十二年八月)，[复刊]第二十一册

西藏事实说(教会纪事)

高葆真

闻报者，必知西藏国在中国之西，印度之北也。论其大小，可取一言以为证。盖华人于周代时，勿论幅员广狭，竟谓华国为普天之下，而不知所谓天下，较今时华国十九省之地，约十分之三，俨与今时之西藏相似。虽然，谚云：山不在高，有仙则名，如是国之关系，不独在地舆之广，而在教化之盛，爰即西藏古今国风而论，吾不得不略为部署也。

今所谓西藏，即古所谓吐蕃之地，或西番(又名唐古忒或唐古特)之邦，即古时敌中国者。昔时诚无文化，今时实无武功，因自称佛国，惟专心事佛，此外别无他事。盖佛教本于印度，行于西藏。而且中国受佛教，犹如今时受基督教，非以犹太人为教士，乃以欧美人为传教者，足征佛教虽本于印度，诚由西藏而来华。先是印度古教乃婆罗门教，而婆罗门之祭司，妄自尊大，绝不体会民心。至周代时，有释迦牟尼者，诚以忧世之心为心，如是修明政教。其新教初为印民所尊信，继为婆罗门家所窘逐，后由印度国中，越南界，至锡兰岛，北界至西藏地，积日已久，遂成为西藏之民俗。因以温良为美，渐灭西番好战之气，改强暴为和平而已。

佛教初立于西藏，并无西天及观音之说。而佛教由西藏来华，竟有此二端，此何以故(其实所谓十八罗汉，于汉明帝前至后汉，诸僧来华皆无此二端)？答曰：按西藏之佛经亦有数端，较此更奇，但均有可解之处。按其佛经所载，释迦牟尼为童女马亚所生，诞时空中有天神歌诵之，后至圣殿，有老圣徒祝福之。当孩提时，其智识之深宏，较名士才人为尤巨。后至旷野，数日不食，见试于魔，后成税吏及罪人之友。又在山顶，周身闪光，降于阴间，升于天堂。由是观之，释迦牟尼虽生于耶稣之

前五百四十三年，而其所遇之境，与《新约》所论救主所遇之境不约而同。是西藏佛经所载，明明由《新约》而录。若问西藏佛教者，何以知《新约》之故？答曰：佛教初入西藏时，则遇数基督教者，由波斯国而来，彼此讲论二教所以可取之处，则西藏佛教者始知《新约》书缘由。故将救主出身传数端，紊于佛经，又造一男神名观世音（虽在中国谓女神而西藏至今以为男神），又易佛教无乐无忧长眠之处为乐园（即中国所谓为西天）。始传教于中国、高丽及日本等国。至唐太宗九年，波斯国基督教者数人，由西藏来长安，蒙太宗恩遇隆重，后遂立碑于长安（今西安府），名为大泰景教流行中国碑，至今朗朗可证。及至太宗十四年，其公主（名文成）嫁西藏之君（名苏隆藏干布），如是西藏之后前五年间，业已知基督教者所传。一至西藏将基督教数端益紊于佛教之中，从此皈依座下，专心事佛，殆圆寂之后，西藏诸僧，奉以为神，此乃佛教广立西藏之来由，究非空言无据也。

1900 年 3 月 1 日（光绪二十六年二月初一日），第六十三册，第 22～23 页

西藏事实（续）（教会纪事）

［英］高葆真

西藏之地虽广阔，而天气严寒，地乏沃土。故不足以养人民而保身家，因之削发为僧则不娶不嫁者甚多。历代以来，更有一极陋之俗为列邦所罕有。凡人一家兄弟数人所娶仅有一妻，而数人共之。其未娶之前，兄弟为首者先与所娶之女言明，女若甘心，然后禀明父母，父母许可则随娶之。既娶归，而兄弟不得另娶焉。阅者必讶然惊曰：如此之恶俗，天理难容。虽然，倘男通数女，岂可按常言而谓风流小过乎？彼俗既陋，则此心必恶而已。

论西藏之民数，共三百五十万名，其中出家事佛之男女居其小半。其实拉萨京城有佛院十一座，其中最大者居僧五千人。按佛教之初意，奉佛教之人即出家之人，若未出家，则未奉佛教。倘众民皆出家，何能供其用度乎？如是，西藏有一成例，不准某家之长子削发为僧，惟其季方可。西藏之僧谓喇嘛，考二字之义系一大讲解。

自太宗皇帝之公主振兴西藏佛教后，其喇嘛渐占政国之权。至于（西历）十一月周间（百年谓周），所谓萨迦诸大喇嘛似独掌国权之势，萨迦院党因佩带皆红色，因得名为红教。蔑弃佛教数端，有嫁有娶，其权势遂流传于后代。又将印度数异端紊于佛教之中，则巫术等事渐推渐满，以愈增其权。于（西历）一千四百十七年（中历明代成祖十五年）有一人生于甘肃省西宁城，名宗喀巴，幼年至西藏归佛而不染

异端之恶习。其人在喇嘛教中若路得在罗马教中，欲崇正黜邪，修明政教。如是各处宣讲释迦牟尼之元教，劝众复本，以致愿从者多。遂更改喇嘛佩带之规，以黄代红，表其去旧更新之诚。至其辞世时，大众以宗喀巴为喇嘛教之祖。又中国明代某皇帝欣然相助其修教之功。因之红教党类重元代为邻近之国，而黄教者不然。如是中国在西藏之权，渐增于今。论近年之喇嘛教皇掌权者，有二人为领袖。其一谓达赖喇嘛（洋洋大道意），其二谓班禅喇嘛。又西藏人皆曰达赖喇嘛即观世音者显生（由古以来观世音者，在西藏洵属男神之称）。又曰班禅即宗喀巴复见于世。其二人之权不一，达赖喇嘛虽顺中国而自掌国政数分，惟班禅喇嘛但有政教之职而已。

1900 年 4 月 1 日（光绪二十六年三月初二日），第六十四册

续西藏事实说（教会纪事）

高葆真

西藏之民，较华人之身体略短，而善于操作。男女之衣大同小异，惟男人之衣白色，女人之衣黑色也。民间士少农多，以大小麦、黄菜、粟米、青豆为产，以山羊、绵羊及牦牛为畜。所食者牛羊之奶，以灰面成饼，又牛奶饼，杏子及米成饼。所饮即茶叶及牛奶羊油成砖，又大麦酒。至于七八月间，众人农事方毕，转经商业，则由乡赴市，所卖买之物，即木、米、麦、盐、糖、山羊毛及硼砂。其民性素温厚和平，而若为众喇嘛所鼓动，则易转和平为暴虐。西藏之败，多因喇嘛之心，特欲民智不长，始终必以顺喇嘛为要。民教有一奇俗，即以机器祈祷也。所祈祷之意，既写于纸张，其字纸遂置于圆形之器，或以手转，或以风转，每一转间，即谓之祈祷。若一日间能转数百次，则其谓祈祷之功甚大。新约所载云：异邦人，以为言多，必蒙听允。而西藏之人，既用机器代口祈祷，机器一转，若口言千字，岂不多多蒙听允乎？可笑又可惨，人心何如此迷离哉？不知祈祷二字，本不在口舌之间，更不在机器之内，乃属于中心之诚敬也。

西人至西藏始终必受无数阻挡，若问其故，则西藏者必曰：不准逗留之故，非我也，华官也。转问该处之华官，必曰：喇嘛及西藏之民不准。若叩其二此不愿之意，有人曰：西藏之土多产金银，则西人既至，自必垂涎。不知其言之确否。初至西藏之英人（名卜格洳）乃于一千七百七十二年，奉印度御简节度大臣，至喇萨城为钦差。越数年，又德额者奉命至此，二人皆速还印度而已。至于一千八百二十六年有英士慕尔格者，以回教之衣，牧羊之业，至喇萨居十二年。详考地势、民俗等事。不

料甫还国时，为山匪所刃。至于一千八百四十四年，有罗马教士二人，由满洲至喇萨，欲传教。其所著之书，论所境遇之事，颇有悦人之处。西藏为喇嘛者无不厚待之，则将欲长居喇萨城。然该处之华官，坚意不准，而放逐之。近数年有英士罗格希利者，周游西藏考其要事。又一士名兰多尔著书论已在西藏所受之酷虐，令阅者不疑。又丹麻国士，以饱学之智表西藏要事，明若观火。论我教士在西藏之界，有德国莫内斐安会。又长老伦敦二会在印度北或以口传福音，或以送诊发书之功，使居界之西藏，渐知福音之美。又在四川省打箭炉城，有杜牧师偕其同人，常以西藏得救之事为念，愿越其界址，蹈于危机，以传福音之道。又去岁(见本报林教士夫妇真西游记)有林教士夫妇由坎拿答(即美洲北属英之地)至西藏，先居甘肃西宁府数年。自去年(西历)三月至九月周游青海及西藏之北，未能至喇萨城，故欲还华。无如林教士恐为土匪所杀，则林师母孑然一身，登山涉水，苦不堪言。二月后，至打箭炉城。后因接本报执笔者慰劳之函，则复函云：高某之函已奉到，今写数字，以表我感激之意。因先生将我二人之事译于《中西教会报》，又录于英国某报，特欲阅者为西藏祈祷，深顾此记与西藏大有裨益。吾专赖上帝速遣工人至彼地，又望自己亦有多年在西藏，恳请为西藏培致祈祷，使传道之门可大开。诚心同事主者林肃喜拜。一见此语，不免中心大动，深愿我救主又激众友之心，又在西藏各地，玉成其美也。

1900年5月1日(光绪二十六年四月初三日)，第六十五册，第23～24页

西藏界限来函(译英内地会报)

前月有一函来，由四川打箭炉城杜牧师所寄，曰：近时之境遇，有如明暗不一。惟知我主日久必将得胜。我等常规，乃在某庙之阶级宣道，或以华音、或以西藏之语表福音之美。有一幼喇嘛，屡次听问我道。一早回家，付我骥尾，欲明圣经之大旨；又助我讲于他人，又求我为之祈祷。后因得令往他处，则带我教书良多。又一来者似有喇嘛之职。数月间悦听福音。众言此人有巫士之能，可登云衢等事，曰：是乃洋人之徒，则被二游勇所殴。林师母(见前报)失其丈夫后，偕居多时。复兴本堂医病之事。后回坎拉达，即其本处。今医病之工乃约翰孙先生所务。每日十数病者求医。其中有一人由达赖喇嘛之宫而来。我开堂宣讲，礼拜二、四日以华言，礼拜一、三、五以西藏之语，礼拜日以二处之言并讲。西藏之人大略悦听而又惧听，则听道不恒。深愿我同心爱主者，为我等祈祷不息。

英圣经公会去年印刷圣经，无论中国文理官话或西藏字，有全书二万五百本、

新约五万一百五十二本、小卷九十八万八千五百十三本。又去年在中国西藏所卖共八十五万六千一百五十六本，较前年所卖多十二万七千四百四十本。

1900 年 6 月 1 日(光绪二十六年五月初五日)，第六十六册

喇嘛联俄

电云：西藏达赖喇嘛遣代表人往俄京圣彼得堡者，不日必到。

1904 年，第八卷，第九十九册，第 15 页

西藏佛教之一斑(天国景象)

[英]高葆真

佛教之入西藏，尚在汉代以前。及北印度之释氏骄蹇失民，而婆罗门祭司之旧权斯复，尽逐释氏出印度，而西藏遂为佛教根据之地。故始传佛教于中国者，不必自藏来，魏晋以后则皆来自藏矣。嗣是，由中国而高丽而日本。其时，释氏皆摭拾它教之言以为言。盖因第五世纪，有基督教徒自波斯以景教至藏，与释氏之徒遇，释氏乃引申上天安乐之旨而曰西天。又变耶稣母玛利亚之名曰观音。洎唐以来，无他教入藏，而佛教独主藏权，尽藏人无不奉之。更以达赖喇嘛为即观音降世，而复张涅盘之说。涅盘云者，谓无情无愿之境界也。盖本厌世主义，以人生为最苦，而惟解脱以登此境界为莫大希望也。是其迷信轮回之道，谓人死必再生于世而赎罪愆。无功德，则再生为虫为兽。有功德，则由虫与兽而再生为人。能无情无愿，则证成阿罗汉而不复再生，庶乎佛矣。藏人之所谓功德者，口唪阿麻尼巴第米胡麻(Ommani padme hum)一语，日必数千遍。译之则曰：亚门乎？其莲华之珠乎？而亚门云者，谓诚心如是也。以昔有神名蒋利玺格，由莲华化生，能以其功德宥人，故唪之不已。且不特唪之也，又书其语于风车之上，谓车轮一转与口唪一遍无异。西人某，尝乘马经藏南，欲马左行却而向右。藏人见右之墙角书有此语，相谓此马欲积功德，来生必再为人。此外则持佛经或朗诵或默识。有一喇嘛已唪佛经二百二十卷，卷五百页，尚余八十卷未卒业，可谓多矣。但喇嘛外，罕识字者。民人有疾，只知于佛经中摘写数字，丸而吞之。喇嘛自谓能召风雨，昔曾患旱，延喇嘛祷之而雨下不止，禾稼浸没，而藏人以为受天谴，仍信喇嘛不衰云。

1905 年，第一百二十一册，第 15 页

《时务报》

《时务报》是清末维新派的主要刊物。1896 年 8 月 9 日(光绪二十二年七月初一)创刊,1898 年 8 月 8 日(光绪二十四年六月二十一日)停刊。总理汪康年,总撰述梁启超,撰述人麦孟华、章炳麟、徐勤、欧矩甲等。翻译张坤德、郭家骥、吉城贞吉(日本人)。旬刊。每期二十余张,连史纸石印。社址在上海四马路。每册售价一角五分。

该刊声称"以启发民智,开风气,助变法为宗旨"。主要内容有论说、谕折、京外近事、域外报译等。域外报译占篇幅的二分之一强。

英拟筑西藏铁路(译东京《日日报》西三月廿五日)(东文报译)

[日]古城贞吉

英国拟筑铁路,自缅甸而至云南,用心多年,然未能酬其志。顷才开得广西之梧州及其余一二埠头,以为通商地。以视法国开通西江,筑龙州铁路,则转觉昔日之苦心,不甚能收其效矣。比闻英国公使窦纳乐氏与中国政府商议,将兴筑大铁路。此铁路者,盖续自印度加尔各搭,通暹罗国而入西藏,更转至中国四川,以利便交通。又一铁路自缅甸而至云南,两铁路相望,将以攘夺此地之利也。要之英人计兴此铁路,与俄人筑满洲铁路,及法人兴岭南铁路,同一命意。此三国铁路实为东方亚细亚人当刮目相看之一大要事也。(按加尔各搭为东印度孟加拉部海口大埠。)

1897 年,第二十四册

西藏立英后生祠记(译东京《日日报》西三月廿五日)(东文报译)

[日]古城贞吉

中国属土西藏,喜马拉亚山麓,有一神庙,土人尊敬,岁时奉祀。庙中安置英国女皇小像,盖尚其德也。往年西藏有边警,土人不请兵于中国,而告于英国政府,英驻扎印度兵来,招抚土民得以安堵。于是建立生祠,凡捍灾御患必祷之,至今不绝云。呜呼!土民何知,独不景仰已国,而尊敬外国之皇,则其势渐衰弱,亦有由也。(按喜马拉亚山中俄交界图作伊玛拉雅岭,即雪山界乎后藏及廓尔喀布丹之间,东极阿萨密西极克什米尔,为亚洲最高大之山。)

1897 年,第二十四册

《知新报》

《知新报》是维新派在澳门出版的重要刊物。初拟名《广时务报》，后考虑到名称不宜重复，故更名《知新报》。1897年2月22日(光绪二十三年正月二十一日)创刊。总理何廷光、康广仁。撰述者何树龄、韩文举、梁启超、徐勤、吴恒炜、刘桢麟、王觉仁、陈继俨。英文翻译周灵生，葡文翻译宋次生，德文翻译沙士，法文翻译罗查，日文翻译唐振超。初为五日刊，自1897年5月31日(五月初一)第二十册起，改为旬刊。1900年2月14日(光绪二十六年正月十五日)起，又改为半月刊。每期出线装书一册，约十五页，杭连纸铅印。每册取费一毫。目前所见最后一期，是1901年1月20日(光绪二十六年十二月初一)出版的第133册。社址在澳门大井头四号。

吴恒炜《知新报缘起》一文对办报宗旨作了阐述："报者，天下之枢铃，万民之喉舌也，得之则通，通之则明，明之则勇，勇之则强，强则政举而国立，敬修而民智。"主要栏目有论说、上谕恭录、京外近事、农事、工事、商事、矿事、路电择录、路透电音、东方商埠述要等。

上海图书馆、北京图书馆、南京图书馆、常熟图书馆均藏有部分原件。

英俄窥伺西藏

西九月十二号，香港《孖刺报》云：现俄廷派丕理哇劳士大臣往探西藏地。丕大臣到西藏，谒其达赖喇嘛酋长，缮就两书交之，属之曰：若英国来占汝地，汝可将此函次第飞驰，递到我俄廷，则必有兵来助。现此信尚存在达赖喇嘛署内。俄人狡诈，特以深情厚貌结好于达赖喇嘛酋长。彼懵然不察，堕其牢笼，故近日特与俄亲厚。考俄人图中国西方不独西藏始也。昔曾占据新疆之地，后中国派曾纪泽与俄人争论，几与之决裂。此时，俄人特知难而退。夫俄人久欲侵及西藏。然凡有举动辄为我英人觑破。今又陆续派人到藏地游探，煽惑其酋长以为后图。但幸此处土人最嫉俄人，不若蒙古人之与俄人相洽，盖藏人亦知俄人渐欲吞其地而灭其宗教。夫藏人守此僻圹大地以为佛场久矣。今有猛熊，欲伸其掌而攫之，不独中国不甘，我印度与之比邻，亦岂能置之不顾？但所惜中国之驻藏大臣漠不关心，寂无闻见，不知外人之窥伺已切近耳。此地在亚洲之中，若并归于俄，中国更不堪问。而中国种类，将半为俄人奴隶矣。

西藏地多荒僻，未经开垦，惟五金之矿甚饶。今则人数寥寥，地虽广而商务极寡。盖西藏素宗佛教，遂成为荒古闭化之国。俄人远谋既及于此，未审中国更能自保其属地否？然中国或忍委地于俄，印度政府必不任俄人得并此地以渐侵印度也。各国皆称西藏为中国西方屏蔽，不知我印度亦以此为屏蔽。今虽印度与西藏通商尚少，然将来商务必通其内地。故我英欲保印度亦须兼保西藏。倘中国不能自守西藏之地，则我英须伸拓印度治地之权，派大员往西藏达赖喇麻之城代治其地。彼俄人既并中国北方尚不足饱其贪壑，更欲窥伺藏地，独不思我英之潜伺其旁乎？

1898 年 10 月 6 日（光绪二十四年八月二十一日），第六十七册

英人议取西藏

西十月二十八号，香港《孖刺报》录某英人由西藏来函云：西藏居印度之东北，天气和平，民情温厚。其土人状貌聪秀，多若意大利国人种相，女子亦多佳丽，两脸红晕，嫣然可爱，与中国黄种绝不相同。此亦一异事也。吾自到此间贸易，与彼族商人无甚龃龉。格致家及传教士游历入内，遭险之事，时亦不免耳。全藏民情风俗多同，惟与四川毗连之乡族，男子则魁梧奇伟，与他境少异。男女皆娴于礼让，相率

习为勤苦,多在山野间畜牧牛羊为生。溯中国自乾隆以来,已收其地入版图,实则绝无税饷之入,徒縻国帑,以养驻藏官兵。又考中国命官于此者,有一驻藏大臣,由四川入藏,沿大路至拉刹,皆设兵卫。然兵民驻藏日久,至有不识枪炮为何物者。惟土兵身上时携有一枪一刀,与华兵绝少来往,亦无甚争斗。兵众悉归其土司管辖。近则中国亦设有商务所,与彼土人通商,然未大盛。此地之佳胜,凡人到此者无不称羡。印度地当赤道,我国兵民苦热,至常病毙,最合于西藏择建兵房数区,今溽暑之时移兵士入其地,俾得休息,庶不至频年死伤兵士之多也。

夫我英人收入印度已匪伊朝夕。独惜前人不及早将由印入藏之路开通,使便于来往。虽昔年窝偷希士顿(英员,是当一千七百七十四年手平印度者)平印之后,曾派员至藏地考求商务。无如继其后者持之不力,商务遂不能兴。至一千八百八十五年,印度政府再遣麦可离至西藏,认真查访,然后凿山通道,故不三四日可由印度而直抵拉萨城,乃无何印度政府即将麦可离调回,未竟其事而去,甚为可惜。且当时亦尝有人倡论,大移印兵入藏,可以养全病兵,尤可推广兵力。乃在中国任事诸英员,如赫德(中国总税务司)等辈出而阻议,谓西藏为中国所属,不宜废弃和约,有此推兵过境之事。事机之失,皆当时无识者误之也。虽然,自今图之则犹可及。方今中国藩属边远,几尽归他人:蒙古、满洲、新疆诸疆境,今则见迫于俄;滇、粤将沦入于法。中国有此西藏之好疆宇而不能自治,我英岂可任俄蚕食至此,以迫我印度乎?且欲平西藏甚不废[费]力,由印度移五百精兵至拉刹城,然后设词以告中国驻藏大臣,必然得手。吾今为是论,非徒欲国家广辟土地也,实因得西藏:一可以开通商务,二可以拱卫印藩,三可以移养病兵,分置印民。有此数利,何乐不为?印度苦况,不能殚举。即如打芝冷一埠,本茶产充牣、民居稠密之地,然此间之风皆从谦美利也大山吹至,极不宜人,又常年多雨,居民感受此气,疾病颠连,不堪目睹。故有官守者,亟宜设法图收西藏。

1898 年 11 月 14 日(光绪二十四年十月初一日),第七十一册

英人垂涎西藏

西正月六号,香港《士蔑报》云:英国兵官滑地路致书《英忌利士曼报》,言开通西藏风气之事。其言云:曾有特等机会,先从印度、缅甸、中国三面详审西藏之地势形胜。又熟读去年烈度路君所撰之论,说西藏大有要用于英国,与吾所持西藏宜归英之说相合。但吾之主见更为广备而必不罢手云云。其次,又引许多证据以明其

说。又将其日记供与众览，指出西藏大有被俄蚕食之忧，一归俄人，则印、缅、华三方之英利不能不被阻抑。若英人知机先取之，自免许多后患，添许多利益。然后，开通铁路，由印度、缅甸直接达西藏腹地。又分铁路通至中国之扬子江，则铁路纵横，联络不绝，商务可以大兴。且该处金矿，现因惑于风水未经开采。一经开采，其金矿实甲天下。又谓：其山水多有幽处，能与瑞士比美。天气甚合欧人所居。至论攻取之难易，则言西藏目下虽有守御，实毫难抵挡精兵利炮。若我英人知而不取，俄人或捏蒲路人取之，后悔莫及。西藏民人，昔时虽强悍好杀，但经数百年被僧人苛刻，锐气消沮久矣。今无正额兵丁，又无新法军器。英廷若取，犹探囊取物，可垂手而得。调一、二队军旅即可直逼喇沙地方，而奏凯成功。《英忌利士曼报》录毕其信加跋于后，赞成其计之得也。

1899 年 1 月 22 日(光绪二十四年十二月十一日)，第七十八册

《集成报》

《集成报》是我国最早的文摘刊物。1897 年 6 月 6 日(光绪二十三年四月初五)创刊。在上海出版。陈念萱倡办。连史纸石印。旬刊。1898 年 5 月中旬出至第三十四期后停刊。馆址初在上海英租界三马路东画锦里口 42 号。从第五期起迁往大东门内西唐家弄中。由上海商务印书馆代印,前十七期曾标“英商经办”。代理人署名塞尔(H·C·Russeu)。

主要栏目有上谕、奏折及摘录其它报的新闻、论说。以新闻为主。消息来源:一、中外报刊;二、中外电讯;三、记者采访;四、各地来信。

上海图书馆藏有第 1 至 34 册。

西藏铁路(录《循环报》)

印度北境武丹地方与雷不鲁地方,当中一小国,名西既毋,向系英国保护之国。位掐鲁掐达北上铁路,通至西既毋国界。若再从西既毋接至西藏,甚为便捷。再从西藏东向可直达四川。目下英国决意要挟中国,开通西藏铁路,日与总署商确[榷]。若商榷既定,西藏铁路,直出四川。缅甸铁路,出云南。现俄国经营满洲铁路,法国经营龙州铁路,故英公使汲汲于开辟广西梧州商埠、西藏铁路二事,不能须臾缓也。

1897年5月6日(光绪二十三年四月初五日),第一册

西藏军威(《博闻报》)

藏中军务,不过依旧操演,渐有废弛之象,且新招之兵皆来自田间,教之非易。近闻都统宪派员赴川省,请领洋枪六百枝,大炮七尊,将前后藏、拉江、靖西兵丁一律改为洋操,并添马队,以壮戎行之色。

1897年12月28日(光绪二十三年十二月初五日),第二十四册

《经世报》

《经世报》是浙江维新派的宣传刊物。由兴浙会主办。1897 年 8 月 2 日(光绪二十三年七月初五)创刊,1898 年初停刊。在杭州出版。旬刊。逢初五、十五、二十五出刊。由章炳麟(枚叔)、陈虬(志三)、宋恕(燕生)等主编。连史纸石印。每册三十余张。线装书形式。馆址在浙江杭州上扇子巷。

主要栏目有皇言、庶政、农政、商政、兵政、交涉、中外近事、通人著述、本馆论说等。论说多译自英、法文报章。曾刊载章炳麟的重要文章《变法箴言》。

现存最后一期为第 16 册(1898 年 1 月出版)。上海图书馆及上海社会科学院历史研究所图书馆藏有原件。

西藏教务(译《中法新汇报》西十二月十五日)

四川天主教长比哀忒之后任,名齐罗陀者,已于前日在四川南境苏依府,由教长筛带浓为之祷告上帝,行接任礼。夫处艰难万状之中,能按法使施阿兰所请中国饬修各处被毁教堂,使之照办,盖齐罗陀之力也。

先是中法战事时,中国奉派至越之官,无心前进,听其所部兵丁将西藏之各天主堂肆意抢劫,任情拆毁。如里多、巴塘、越介、罗雅、尔工、阿当司等处,教堂房屋尽遭蹂躏。凡二十年经营之基业,尽毁于旬日之间。其幸免于难之各教士折回打箭炉后,蒙地方官勉准居住,相待情形甚觉冷淡,殆其该管上司使之如此也。盖四川一如他处地方,倘无上司命令,必奉允准之谕方能照行。假使地方官肯秉公办理,则亦甚为容易。如其不肯保护,则必诿之曰:西藏人冥顽之极,如欲责其修理房屋,殊难令出唯行,逼之过甚,恐致激变云云。此即彼等所永远以之借口者也。

中国国家准驻扎西藏之天主教会修复各教堂,系在一千八百九十四年。但地方官总以温言搪塞,不能立见施行。齐罗陀教士历时三年,再四设法,始得令地方官遵照廷谕,兴办工程几分之一。此所以致中西人不能欢洽也。亦此所以致一番美意见诸实事,率令人不满于心也。中国历届于西国所请,在上者每直捷俯允,而其下必多方作难,不肯遽为。如此办理,诚可略得些微便宜。但因此而令当时预议之执政为人鄙视,未免所失滋多。揣该地方官之意,以为所以允许者,无非为狡赖地步;所以商榷者,无非为欺罔地步;所以迟迟有待者,无非为全不照行地步耳。

1898 年 11 月(丁酉十二月),第十六册

《国闻汇编》

《国闻汇编》是维新派重要刊物之一。1897 年 12 月 8 日(光绪二十三年十一月十五日)开始发行,为天津国闻报馆所附出的旬刊。每期约三万余字,用三号字排印。严复、夏尊佑主编。

内容以“足备留存考订的重要之事”为主,严复翻译的《天演论》自 1897 年 12 月 18 日(十一月二十五日)出版的第二期起,在本刊连载译文。有大量译自俄、英、法、德、美、日各报的纪闻,中国人自撰的论文极少。次年初以销路不畅而停刊。

论西藏弊政

西藏自康熙中荡平廓尔喀之后，未能布置尽善，其国政仍归于达赖、班禅两汗僧，有事商之于驻藏大臣，有难事由该大臣具奏准行。若达赖年轻与示寂而未转世之时，其国事则有四大呼图克图轮流代掌。其呼图克图者，即名为得道转生之大喇嘛已受敕封者也，以故国政之事权尽归于喇嘛。西藏国事自归达赖并四大呼图克图办理以来，外贩释迦之名，内行豺虎之毒，刻剥百姓，无恶不为，遇事推诿，绝不料理地方各事及案情等件，总以银钱为第一义，专为盘剥小民，其意以为只顾寺中富足，于土人之死活不计及也。番官遇有土人犯法之事，即按家之贫富照罚银钱若干，或抄其家，或严加治罪，若人命杀伤等案，罪分轻重，轻用银若干可免，谓死者不能复生，办之无益，不如罚银，以故富家杀人遂为小事，其罚黄金有上中下三等，上等罪轻者罚黄金二三十两，中等罚五六十两，下等罚二三百两，其贫苦无金可罚者或挖其目，然后掷其人于河，或割去手足指头，以沥其血，或带长枷脚镣，永不开除，除死方已，种种非刑，毫无人理。驻藏大臣若有交涉等事件，遇其所不愿行之事，必推之于三大寺众喇嘛等不允。其俗官噶布伦亦不能主其事，遇有碍难事件，诿之僧俗大众议论，再为禀覆。其三大寺者，僧人共有数万名……若再使此辈主其公事，则汉官更觉棘手矣。

1898 年 1 月 7 日（光绪二十三年十二月十五日），第四册

瞻对情形

瞻对在打箭炉之西，金沙江上流之东，地方千里，分为上中下三瞻对，高山重叠，要隘至多，至上瞻对，则崎岖尤甚，所谓一夫当关，万夫莫前者也。其民风俗教化未开，蛮野好斗。咸丰前，其地系归打箭炉土司所属，打箭炉土司则隶四川省。瞻地居五土司之中，东蔽全川，西通西藏运茶大道，北至叠盖，南通野人地方。因山势郁盘，箐莽深密，遂为匪人之薮泽。至咸丰年间，瞻地土司聚众沿途抢杀，居近五处土司及里塘土司地方均被占去，杀略数千人，藏路为之不通者三年。经川督某奏派史某等带兵往剿，因路途艰阻，一时未能收效，遂于打箭炉暂驻缓进。斯时西藏某酋亦派兵数千于小路赴瞻对后山，间道夜进。瞻对土司仅知前有川兵，未防后路之藏兵，且瞻对地势之险系在前面，而后山并无关隘，兼之藏兵凶悍，半月之间，竟

被藏番所破。斯时川兵亦至，藏番因瞻地用兵费银三十万，意在求赏其地。时川省军务未平，是以川督奏以瞻地归西藏属。自归西藏，即由西藏派番官一僧一俗往办，其任三年一换。而该番官等时时多专刻薄土人，以至民不聊生。于同治年间，瞻民赴西藏上控，始将番官更换。

后派番官对堆夺吉并仔仲前往接管。未到一年，苛虐瞻民更胜于前，并番官随带兵二百名，在民间如有牛羊者即取其半，如有粮食器械等亦无不抢掠，妇女稍有姿首即抢呈番官。每年除收税钱外，需索甚多。土人不堪其虐，私投明正土司者甚多。该番官遂以明正私收瞻民为辞，与明正构兵，声言欲取明正五土司地方。明正虽有兵三、四千名，对敌数日，大败溃回。其时藏番夜郎自大，丑态毕陈，口称不日兴兵全取四川地方。打箭炉同知赵某辈束手无策，禀明川督鹿公，随即派罗知府、周军门前往开导。该处番官仔仲恃胜披猖，不遵约束，辄敢先起兵端，伤毙官兵数名，于是势不能已，遂成战局。而番兵凶�，不知死活，其势甚勇，我兵又非劲旅，遂至一时不能取胜。后鹿公又添兵助战，数月之久，伤兵无数，卒赖周军门勇往有为，始将三瞻对收复，藏官及兵无不鼠窜。该处民人乃纷纷上控，愿归四川统属，如再归藏属，则民即四散矣。藏中酋僧达赖喇嘛闻之，札调十处藏兵欲往强取，后经钦差驻藏大臣讷公派后藏粮务委员胡君用霖在藏开导，转展一月，该酋僧始发札止兵，不往瞻对。又经驻前藏游击喻君立诚在察木多开导，该番官带有番兵数百名，方能阻回西藏。如今藏人哓哓不休，欲图瞻对，川督复添派知府李毓霖及特授雅州知府裕钢会同粮务委员胡用霖在藏百计开导，至今尚未了结。现在达赖派人北上具控，要回瞻对，实因川督鹿公因瞻民受害，欲救瞻民于水火之中，故有此一案也。

1898年1月7日（光绪二十三年十二月十五日），第四册

《蜀学报》

《蜀学报》是四川维新派的主要宣传刊物。1898年5月5日(光绪二十四年闰三月十五日)创刊,在成都出版。总理宋育仁(芸于)、协理杨道南(范九)、主笔吴之英、总纂述容平(季平)。初为半月刊,同年6月(四月下旬)第四期起改为旬刊。每期30页左右。报头经常换字体,以篆书为主,还用过空心字。木版活字双面印刷,采用锦竹洁白棉料纸张。线装,十二开本。1898年9月(八月初旬)出版至第十三期后被查禁。

该报大量刊载维新交变法的文章。声称:"《时务》、《求是》各报既已畅行,蜀中更立此报者,竞在昌明蜀学,开通邻省,故与各报体例略有不同。各报沿海疆,闻见较易,于洋务为详,本局意立推行,力求实用,言务有当,不嫌并行。"第十三期上还规定:"访刊近事,必须有关时务者始行登载。"后期发行数达2500份以上。栏目有谕旨、奏折、论文、新闻(从第五期开始分海外、中国和蜀中近事三栏)等。第十二期刊登了该刊第一则商业产告。

该刊依靠私人捐款和卖报收入维持,省内外设有代派处四十余处。代派处兼采当地新闻,访员每月发给工资。第九期以后,访员写稿被录用后,一样付给稿酬,每篇付稿酬银一钱。凡采自其它报刊的文章和新闻,均标明出处,以示慎重。

上海图书馆藏有第1至11册。

统筹蜀藏全局论(部分)

寿州王荣懋撰

筹边之四如何？一曰审边隘。今卫藏围圆，大概北有哈喇乌苏，西北有阿里萨喀，东南有错纳、工布、江达、拉里、硕板多、洛隆，西南有济咙、聂拉木、绒辖及帕克哩，皆藏属边地。中间或为贸易通衢，或为道里要害，宜派人巡历，触处留心，纪山川之险阻，何者宜防，何者宜守；察土酋之向背，何者用抚，何者用威；考地产之盈虚，何者可垦，何者有利。先绘舆图一册，次纪民情一册，次纪物产一册，仿西人之游历，考核极详，庶可为筹边者一助。

二曰联番众。历代抚藏之法，自唐尚公主明封国师，我朝亦因而封王赐印，即康熙、乾隆年间，连次用兵，事定后仍怀柔之。盖绥远之道，不徒恃兵力，而在羁縻得中。今藏民所用皆英钱，所进皆英物，如茶及药材，往者仰给于川中，近日反仰给于印度。我宜设法整顿，使价廉工美，得彼族之欢心，各种物产，悉视番民所必需者，或由川地畅销，或就藏地改造，并以约为开矿，计所得金银多寡，与之均分……番众必听命而输诚，一旦有事，不难为我用矣。

三曰审敌情。今廓尔喀、哲孟雄诸部皆归英人，藏南地多为英属，后藏至立英主生祠，以昭信服，将来铁路径通，三十九族必群焉受制，既不能力阻，又不能划界，诚恐争端一启，为祸方长。俄人又暗结藏番，嗾以中国势弱，力难保藏，可藉俄兵以御英，假道伐虢，是其故智。夫番民何常，惟强者为听命，若强邻越境，不惟藏地不能安枕，川省亦不能安枕。卧榻之旁，竟容人睡，瓯脱之地，万难息争。我无以自强，公法、条约亦何足为据？此敌情之宜审也。

四曰兴屯田。充国御零羌，留屯十二便。武侯军渭水，分屯五丈原。穷兵经远非上策，莫如聚众耕守，以逸待劳。今藏内多隙地，外则层冈叠巘，峻峭插天，若边隘既依险傍阻，而腹地联结众心，通力合作，垦未垦之田，兴未兴之利，树艺种桑，旁及林木畜牧，无不经理得宜。工力未给，则徙蜀内穷民以实之，即使铁路骎骎直达，只宜准其通商，不得任其据地，而众民工作日兴，开矿日旺，或且藉彼铁路以畅销之。敌若有变，沿地皆可为劲兵，我主而彼客，终难逞志于目前。夫绸缪未雨，宜占先机，苟畏难而有所藉词，则彼西人辟地于重瀛之外，化荒野为膏腴如在掌握，又何事不可为？此屯田之宜兴也。

夫修内则立学会、举新政，防外则锐意筹边，合蜀藏而联为一气，痿者振之，塞者通之，愚犷者化导而更新之，智慧日开，人才日出，然后联关中滇黔，指臂相援，控荆州之上游，据长江之远势，他日兴蜀以兴天下者，莫非视西南一隅以为转机。故古来治蜀得人者，皆可偏安数十年。处今之时势，参以西法而变通之，大可经营四海，小亦可自固百年。论大势者不能不注意于益州也。

1898年6月（光绪二十四年四月下旬），第四册

藏中商务

近来藏中商务颇少起色，各处来藏贸易者，只有廓尔喀、西宁、甘肃、云南、四川各商。又因程途遥远，山路崎岖，运货雇夫其费颇巨，兼之盗贼遍地，更为戒途，故各商来藏有每岁一至者，有间岁一至者，不若藏番商人往来不绝也。去年进货多出货少，商人又不免受亏矣。

1898年8月（光绪二十四年六月中旬），第九册

经藏卫以固蜀疆议

内江陈其昌撰

川藏为唇齿之邦，唇亡则齿寒，藏亡则川必摇动。自英据大吉岭以通阿里，俄收诸回部以瞰后藏，喇嘛班禅，震慑声威，纳款二国，臣服我朝之心不似昔时肫挚矣。万一两雄思逞，朝鲜、越南之事再见，则全蜀藩篱尽撤，西陲之祸可胜言哉！

夫藏番自崇德七年即奉书献赆，绕塞外行万余里归忱于我，其恭顺非他国比。今服英、俄，岂其初志，亦迫于势力，不能不出此耳！夫危者冀人持，颠者冀人扶，当此见逼危殆之际，苟有代为整理者，应必欣然悦从，况万国公法，并无禁人自强之条，经藏卫而惧英俄相难，虑之过矣。尝考西陲形势，四川不及二塘，二塘不及三藏，设防三藏，而以全川兵力财赋助之，此安边要道也。何则？藏为蜀之外屏，无藏则蜀失其保障；蜀为藏之内府，非蜀则藏何所依归？故必联蜀藏为一气，而后边陲可以永固。方今聚天下之兵，尚不足卫畿甸，何况西藩？殚天下之财，尚不足养京营，何况卫卒？则经营之术，不必从招募设想矣。谨陈八略于下：

一曰易大臣。自雍正元年，留正、副大臣领川陕兵分驻两藏，而驻藏大臣之名立。自乾隆五十六年，定噶布伦及番目缺均大臣与达赖会同选授之制，而驻藏大臣之权重。特其初以查郎阿等为之，后遂相援为例，非满员不与是选，由是为大臣者

与川督显分畛域，各持意见。凡大臣所办事件，川督不从过问；川督偶有规划，大臣辄与龃龉，两不相谋，边事所由坏也。为今日计，莫如特设川藏总督，以握兵要，并正、副大臣为一，名曰抚藏大臣，以重事权，人必贤能，不分满汉，官惟胜任，不限三年。庶为大臣者以守藏为己任，而先事预防；为总督者以保藏为专责，而同心筹划，呼吸灵通，防守自固矣。

二曰重民权。国家惩第巴朱尔墨特之乱，推崇黄教，使达赖总四噶布伦，班禅统商卓特巴，分治藏事，永黜汗王，贝子不复再封。由是僧权重而番族皆以作僧为荣，生子三则以二为僧，五则以三为僧，相沿成俗，僧日多，民日少，而兵遂日弱。顾昔虑其作乱，必化刚为柔，乃能安靖。今欲其御乱，非转弱为强，难捍外侮，是宜绌僧伸民，于噶布伦、商卓特巴、第巴等头人外，仿周礼乡官之职，设为爵秩，选番族才能出众者充当，以治民事，其人由乡里推举，其官由大臣选用，课农经武诸政，悉以任之，则民不复受制于僧，庶得奋其才智矣。

三曰通客藉。川省人浮于地，尝有民多之患，藏卫土旷人稀，尝有民寡之患。徙蜀民以实藏地，最为两得之政。所虑者，喇嘛恐人众见逼，自失利权，未必首肯耳。但地非人不辟，人非招不集，其理甚明，藏番必能知之。倘为大臣者多方开导，与订新约，借彼荒土，安我游民，种植之外，继以开采，财以生而富，兵以众而强，生息日繁，将来防守可议矣。

四曰行官茶。蜀人种茶以射利，藏番需茶以为命，固川藏同沾之利益也。朝廷因其销行日广，始于打箭炉立关榷税，每茶运至藏中，成本之外，加以厘金，益以脚费，为数已巨。番族病其价昂，乃与英夷交易，印度亚山茶所由乘间而入也。但亚茶价廉而味薄，蜀茶价昂而味厚，故番族当亚茶溢入之时，尤有恋饮蜀茶之心。倘能仿犍富官盐例，厚积赀本，捆运蜀茶，平售藏中，不求利益，则番族阴受其患，内向之意必愈坚，蜀民销路益广，所收之利愈厚矣。

五曰变军制。西藏旧额设马兵万四千，步兵四万，皆唐古忒种族也，散在民间，并无常饷。及乾隆末，改定两藏有常饷马兵三千，又分绿营六百，驻防札什伦布。今皆虎化为鼠，羸弱不可用矣，是宜更定营制。技艺则以火器为主，而辅以刀矛，使之长短相救，布阵则以用散为主，而明于变化，使之分合不常，选拣则用俄人之四格，而身材目力气力超距务合其式，训练则仿德军之良法，而正卒羡额备兵各限以年，则军制定矣。昔噶尔丹之乱，颇罗鼐练骑布[步]二万五千，分驻通准夷各路，三藏用以敉谧，唐古忒之善战，有明征矣。日讨而申儆之，能御准夷者，独不能御英、俄乎？

六曰揽利权。藏卫赋税皆商上喇嘛掌之，而辖于达赖，驻藏大臣为制其数，不能稽其出入也。番族崇奉黄教，于治国理财之道毫不讲求，岁以税息创修寺院，虽为英、俄机上肉，而浪费仍如故也。夫商上利权，把持已久，收之则众心必怨，未可率尔从事。然伏利滞积，其未发者尚多也。是宜与订新约，明示界限，凡昔所有之款，仍归商上征收；以后新得之利，概由大臣宰制，则农矿诸政可以大修，而藏财足饷，藏军蜀人亦不困飞挽矣。

七曰审厄塞。借地势以护身，最为西人用兵之要道，藏卫无处不险，可借以自护者不堪偻数，第前人著书未经指陈耳！是宜选精于测量之人，周遍游历，并携绘士，模山范水，凡有捷径可通大邑者，平原可驻重兵者，绝谷无出路误入必死者，高岭扼冲要先据得胜者，密箐茂林可设伏兵者，雪窖冰山难寻蹊径者，峡口要害可筑炮台碉堡者，康衢通达可立市埠都邑者，绘形描状，毫发无爽，俾军将入目了然，一旦有警，必能因地制宜，随势设守，则飞军利炮难于冲突矣。夫用兵之道，必匿其所短而后能见其所长，番族之怯战久矣，言战不如言守，用兵不如用民，用民力以卫上，不如用地利以卫民，然则审扼塞之事不可缓图矣。

八曰收群部。藏地东北有三十九族，归驻藏大臣统辖。近阿里有拉达克库诸等部，近宗喀有汤敏部，近帕克里有布鲁克巴部，皆纳贡达赖，而于大臣亦行请安之礼。苟能结以恩信，坚其内向之心，运以机权，渐收犄角之用，则群狐助尘，自足困虎矣。昔骆文忠生擒粤匪巨酋石达开，全得土司岭承恩力，倘为总督大臣者，于附藏部落、属川土司推诚相与，得其欢心，设或英、俄来犯，沿边群部竞起相牙，彼自难长驱直入，我之集兵捍御，又何至仓皇失措乎？

1898年8月（光绪戊戌年六月下旬），第十册

《亚东时报》

《亚东时报》1898 年 6 月 25 日(光绪二十四年五月初七)创刊,在上海出版。为日本乙未会所主办,山根虎之助(立庵)编辑,第六号起由唐才常主编。每册约 30 张,连史纸印。初为月刊,从 1899 年 5 月(光绪二十五年四月)第七号起为半月刊。1900 年 4 月 28 日(光绪二十六年三月二十九日)出至二十一期后停刊,并入《同文沪报》。馆址美租界北河南路永安里,第六期起迁美租界南浔路 13 号。

该报"以通两国心志"、"树立兴亚大计"为宗旨。汪康年为创刊号写序言。

栏目有论说、来稿、杂录、汇译、诗赋等。自第 5 号至第 19 号,连载了谭嗣同的《仁学》。

据《章太炎年谱》第 93 页载,1899 年冬,章太炎主编过《亚东时报》并在该刊撰文。

查戈公振《中国报学史》第 74 页称该刊始为旬刊,继改为半月刊,误。

北京图书馆藏有 1 至 21 号。

西藏游记(未完)

拉萨为西藏首府所在,达赖拉麻居焉。相传为拉麻教灵场,藏人排外之念甚笃,不许外人入其境。故洋人足迹遍于六大洲,独未能有二三四西士袭其迹,亦不能久住。迩来西人之冒险不惧死者,探讨是地,不啻十百人,皆为土司所阻,废然而返。如英人撒倍郎达亦其一也,撒氏距今二年前由印度起程,间关孤苦,渐至拉萨附近,忽为官吏所缚,投于岸狱,虐待百方,殆不免死,幸事得申送出国境。归国后,记录道途所由与所见闻遭遇,勒作一书,命曰《西藏纪行》,其言曰:

英属印度北境有一民族曰乍伽锁斯部,该部与西藏逼迩。藏人常出没其附近之地,要索财物,诛求无厌。余(言撒倍朗太以下仿之)之入西藏,首取路于该部,宿其家数日,备问前路行程。临发,部中之人皆送余行,男子执我右手高举之至额,女子抚我头,佥云一路平安,盖送人远行之礼也。

一行三十名,博士鄂尔生君在其中,次日达黎伽河。前此藏人已断桥,水深不可徒涉,于是分全队为二。一鄂尔生君率之溯河而上,一余携之沿流而下。与印仆昌丁经行里许,前面径尽,突有巉岩拔地而起,其高无虑三四丈,土人穿小孔于悬崖,作阶以便攀登。时方雨后,苔滑泥泞,一失足不免五体为微尘。遂脱靴攀石梯鱼贯而进。岸极有一崖架河上,与鄂尔生君一行会。如是危险之境,无日不经,始则战兢股栗,后则渐驯如平地矣。

自印度入西藏之间有大山脉,其高拔海面上五千乃至六千迈当。大气稀薄,天候寒冽,殆非人类所能堪。一日中寒暑减低降二三十度,可以想见气候激变矣。而其苦行旅者为燃料匮乏,盖满山皆童,不见一草一木,故余一队到处收拾牛羊粪矢以供烹炊之料。倘不足周其用,又恐寒冷之饮食致生疾病,相与禁戒。是以有时矢尽,不吃晚餐而就寝。又闻藏人用奸细、斥候、外客百方阻挠,故特取寂寞无人之境,冀其不邂逅奸细也。一行亦暗于地理,其临发所携之绘图,虽足资考察,然图与实际不相符者甚多。是以勘测天象,以定所向,犹不免失途。其艰苦之状,可想见也。

第二夜卧穹庐中,其地在较海面五千迈当之高,飞雪纷纷,奇寒刺骨,未知所向。翌日昧爽,使昌丁经留守穹庐,余与鄂君及从者四人勘测前路。阪路峻险,积雪没腰,残月在天,暴飙动地,气息欲绝矣。然足指愈仰,攀至某处,此地已属海上六千二十五迈当。鄂君及三人从者皆诉头痛耳鸣,面无人色。渐至六千四百迈当之处，鄂君等委顿不能行。余抖擞精神，唯从一仆，跻至六千七百迈当之处，顾见从者困踣僵地，不能动。余亦睡魔来侵不能自支持，然努力不睡，盖睡眠雪中有冻死之虞也。是时从仆呼吸速迫，如不堪苦闷者。余卸所携带毛布包其体，以冀其苏生。余亦不知其丧失神识也，须臾睡醒，身在积雪堆冰之中，四肢麻木，不复知寒冷为何物。于是忽然猛省，我续此行，与冰下之鬼，不若由前路就归。则两掌相磨，待其生温，又将雪磨脚，反复拮据，渐得行步，扶从者就归路。路见鄂尔生君等困顿卧地，又援其手而起之，相拥抵于穹庐。此行登路费五点钟，归路仅一点钟耳，其险仄可想。昌丁经等以我一行久不返为冻死雪中，见其无恙大喜。余以为是出山高峻难于超越，不若由他路更向一高原而进。其地亦有海面上五千二百九十迈当之高。(未毕)

1899 年，第 13 期，第 22～23 页

西藏游记(续)

翌日早起，晓风栗列，四顾无人迹，见穹庐之外有二土人近前来丐食。悬鹑垢面，姿质甚异。印仆谛视大惊，耳语言，彼系奸细，受基阿涅玛土司之命，侦察我一队动静者。扮身乞丐儿，避我指目也。印仆与奸细语，给言我一队自印度远跋涉来赛曼萨尔都湖灵境者，并非洋人。奸细信之，相率而去。盖以余及鄂君戴印帽，悬黑色眼睛，面染尘垢，难一见而知为英人也。余谓鄂君曰：彼已派人阻止我行，意在不测，不若等径抵其营，与之见，明其无他。鄂君颇然之。于是取路北东行数里，达拉摩查克丁经岭，岭上有一营，藏兵数十人守之，衣服敝恶，刀剑锈涩。皆言吾辈行役此间，苦辛万状，凡粮秣之属皆归统领中饱，数日来不得领一餐，饿死有日矣。求惠钱与食，余欲如其请。鄂君曰：君勿与，彼辈皆以盗为业者，若见我行多财，则或生心，祸起不测矣。乃与其长小洋四片，长脱帽投地，吐舌，上下两手，盖土俗表谢之礼也。余伪问长以洋人有往复此间者否？长攘臂曰：近有警报，一队洋客将入境，统领遍悬赏格。若遭洋客，直割首级，不容迟疑。故我等日夜警逻附近，欲得而邀重赏，而犹未遭也。一行皆愕然相目，辞去。是夜相一高地，设穹庐，卧其中。其翌又行数十里，日暮望一小丘于前面，丘上有一望楼，悬旗于其上，绕以小屋，用土石作之，亦有穹庐数户。俄而逻声震地，有土兵数十人急撤穹庐而入壁去。余问是何地？印人云：此即基阿涅玛土司所居也。盖彼见我一行近前，以为来薄其营，故急入壁内，作防御之计也。藏人怯懦概如是。余戒众人不进，姑视其所为，须臾有

统领数辈，率土兵数人来。余与鄂君以印仆为介，与之谈，彼既知余等为洋人。言西藏之法，不许洋客人入境。其禁綦严，我辈若放公等擅其所之，他日承严遣，首领不可保。余言：余印人，非君所为洋客，拟赛圣湖以祈冥福。故不惮艰险，路涉山川，远来此地，仆是行已分万死，不能半途而返矣。辩论再三，日渐暮矣。彼竟许我等在是地一泊，乃饬从者卸行李作安顿之地。余与鄂君相戒我一行中如有居心叵测者，难保其不以吾辈二人卖与藏人，以邀重赏。是夜二人交立穹庐外，警戒不虞，以至天明。翌日，一大官带马兵若干至，见余辈在此，苍皇来阻我行，再三苦劝余等急归毋往。余与鄂君固执不可，大官知其不可威力夺，遂吓以途中不虞事曰：沿途有萑符之厄，人人皆抱戒心，公等若不听余言，后必生悔矣。余毅然曰：有命在天，虽则剑山火海不敢避，何惧盗贼乎？大官不能复止，翌日早天启行，行未半里，突有马兵三十余扼前路，一半执长枪，一半担枪，众皆失色。鄂尔生君言藏人怯懦易与，一跃而过，保无虞。乃手枪进，藏人大惧，皆下马，投兵器于地，直以一行蹂躏之，如入无人之境。又行半里，顾见马尘飏空，剑戟映日，有达尔格毋大官在其先头，见余辈，下马言，洋客入境之禁，已系诸君所悉。仆受命阻止诸君，倘诸君竟不见许，则必获罪上宪，不旋踵而遭斩刎之戮。仆上有父母，下有妻子，诸君纵不惜仆一人，岂忍使彼丐食于市哉？辞气甚哀。余等相与议曰：今若坚斥彼请，彼益反覆阻挠，前程恐有不测之虞。不如伪许就归，更取路他道以续我行程矣。乃如其请，大官喜赠支那靴一双，以饯别。余等率一行就归，行数里用望远镜窥所前由之路，马兵出没隐见岩石之下，窥伺我一行踪迹。我止彼止，我行彼行。夜抵于拉玛查克丁经，泊前所宿之营。是夜有二土人，状如牧羊奴，来丐食。余疑向所识者，验之果前日马兵变服，来诇一行动静者也。余言藏人狡猾，行阻如此，入境越深而其阻越甚。我一队三十人，难于潜行，且居心难测，不如减从者之数，择其勇敢忠顺者四五人，与之偕，庶遂初志矣。于是募仆从能属者，皆惩于前所经，无应者。鄂君云：势已如是，不如中止，更归印度谋再举，何如？余云：欲归者归，欲往者往。余虽一人不变其志也。鄂君说以前途危险难叵测，苦留颇力。余志气如山，不可。促从者改装行李，凡有重量者皆附鄂君，便携归印度。有喀智拉乌者，奋愿从行，余许之。昌丁经以下十二人亦请从，是夜风雪寒气殊甚，余二更起促昌丁经、喀智拉毋呼从行者，束装就道。皆如僵蚕死鼠，牙战股栗不能动。余叱而起之，负行李竟出，鄂君送毳帐外，与余相见，默然无言，握手而别。（未毕）

1899 年，第 14 期

西藏游记(续)

余既与鄂君别,取路溪间而行。闻此间豪客出没,屡行剽掠。警戒从者,斥候前路,预备不虞。翌日,斥候苍皇反报云:有强盗在前路,言未毕,果有匪徒十余人跨马执剑枪汹汹前来,意在不测。余命从者将所携枪拟之,以示发火之状,匪人大惧,苍皇亡去。此行遇盗数次,皆示威势而得免。一日,为大队马贼所围,余既知藏人易与,预装照相器,以为火击之状者,藏人皆纷纷下马,投枪地上,匍匐吐舌,示降伏意,即游记中所插之画。系再摹其状者,观之可以发一噱矣。贼已降,余就其居购牛鞍及茶,临行贼人皆目送,颇有惘惘之情。余戏云:藏贼犹有人心,胜藏官万万矣。行三日检所赍粮,唯余一食耳。前此与鄂君别,时有十日食,余窃疑从者中有居心叵测者。查问再三,竟无凭据,余谓此地距阿玛苏华湖犹有三四日程,沿途难于购添,不可不设法周一时之急。即使从者二人扮作商人,二人变装丐儿,抵达克拉度乞食,而余与从者三人,隐于洞穴,以待其归。居四日,四人中无一人返回者。食竭,采野生荨麻烹而食之,又使二从者抵于附近村落乞食,居民皆以食乏为辞不肯畀。闻居民所言云:近有大队洋人将侵入其国,彼藏有不可思议之器械。带之者步虚升天,入水不溺云云。闻者各怀鬼胎不置。又居四日,其夜曩所遣之四人来返,据言一行四人抵达克拉度,忽为官吏所怪,捕而下狱,拷掠百方,鞭楚雨下。幸有尼巴尔酋长来在兵营,怜四人之厄,营解之,饮狱卒酒醉之,窥其懈而解四人之缚,故能返也。又云:藏人扬言,拉萨政厅一面派一千人于国境,以防洋客,一面悬赏格五百金以募缚洋客者。从者闻之皆愕然欲亡去。余依然手枪而起,厉声一行有不告而亡者,立行火击,杀无赦,人心乃定。夜阑,从者未寐,其五六人蹙首洞穴,低声密语。余疑其有异图,置枪身畔,不寐,见其所为。有一人潜行暗中近前,余急将枪尾撞倒之,检查其面则系从者一人,手利匕首,余大惊,亦不能奈之何。是夜不交睫而届旦。翌日检粮,约有十日之量,盖四人者自达克拉度携返也。即与一行向阿玛苏华湖启行,路登高丘,用望远镜眺望远近,前后左右均有土兵往来奔走,连续不绝。余谓昼行易于指目,不若夜行,于是昼伏夜行。经数日,前面望一坐高山,翠螺如锯,蜿蜒云际,其名曰芝日,高达六千六百五十八迈当,与阿玛苏华湖相映带,称为灵境。余见是山而知湖之渐近,勇气十倍,鼓舞从者,兼程前进,不复觉山川崎岖与道途艰险之苦,三日竟达湖滨。日暮叩一土人家求泊,不许,坚请,乃许宿一空厂。安顿行李,草草布置。翌日村人知余辈来此,蜂拥来见,其中有携带鱼虾布片杂货来售者，喧嚣极甚，然无猜忍之态。藏俗不问男女，悬咒符于首。除拉麻僧外，无识字者，盖僧利民稚愚，不教以字云。阿玛苏华湖周围不过二十英方里，然称为西藏第一灵境。所谓圣湖，印度人民以为神境，相传凡人一周该湖，能消一切罪恶，二周则赎杀人罪，三周则偿弑亲之罪。是以，印人赛此者陆续不绝。余与从者抵于湖边，昌丁经等皆脱衣服，入水沐身体，各投一金于水中，向芝日山礼拜毕，欢喜云：奴等浴圣水，拜圣岳，一切罪障，永久消灭，来世再生天堂，遂兹本愿矣。余留数日，访一寺院，寺僧款恳，乞余一宿，余与之谈西藏佛教源委，其说荒唐无足记者。谈话之间，寺僧偶目余之手指，愕然大惊，急呼其友来见，颇有诧异之色。余不识其故，后详其故，疑团冰解，具见于下文。其翌日余出市，估粮食，市人无肯售者，余疑是由从仆中有不愿前进者，窃告藏人以余为欧人，以冀阻余行也。诘问其故，从者皆愠形于色，众口一齐愿解雇就归，唯昌丁经等三人请从。余谓印人包藏祸心，难保其不生他事，强之自从，喻如抱石泳水，不若允其所请。即以甘言慰之，别与花红，俾携来途所撮之照影及所购之土物，至印度交鄂君，众喜出望外，受金拜辞而去。（未毕）

1899 年，第 16 期

西藏游记（续）

从者已去，唯昌丁经、曼经二人愿从，又有乍伽琐斯部民二人，请为前导，同行五人，进趋拉萨。翌日过一山腹，溪水间有帐，似兵士居，以食乏行乞。男女数人纷纷走出，连呼云：豪客！豪客！其男子皆执枪剑，颇有戒心。余等近前，知其无他意，投枪剑，走迎，持蒲团劝坐，意色殷勤。余告以途中匮食，请贷。土人曰：空山牢落，无粮可供客，我辈不举火亦数日矣。余知其伪，欲陷以利，胠囊示银数块，土人意动，乃许卖其所藏粮若干，其射利无信皆是类也。是日始见藏中工匠，揉皮颇善，不知纯钢之用，一切利器皆用常铁制造，故钝劣不直一割云。

翌日大雨，夜宿洞中，洞隘不能容跬步，使二乍伽琐斯人卧别洞，其夜二人盗粮去，迟明三人相顾愕然，饥渴交至。余谓昌丁经曰：前程辽远，难险不测，余不忍重劳汝等，其散去。二人流涕曰：奴等系印度人，非乍伽琐斯族，以危急困苦之故，弃主自免，虽死不为也。余乃买二牛负化学照相等机，三人偕前进。日将暮，顾见前路颇有异状，用望远镜视之有土兵百余骑，余等急登山匿岩石间，以待其过，土兵不知余所在，扬鞭而去。是夜又宿洞中，虑土兵来袭，三人交番执铳立洞口，以警不虞。余在洞中，半醒半寐，昌丁经方立番，连呼云：执枪！执枪！余蹶然起，忽铃声锵锵与山谷呼应，知土兵方至。盖藏俗马兵必悬铃马首也。亡几，马兵百余人登山，有四统领在其首，其一见余施礼曰：不腆微物，聊献贵客，慰远来之劳。使兵士捧所携小包以上。余有戒心，先请退部下兵于二百步外，始与统领谈论。统领如余言，启小包，即粮食也。且云：某等系脱其士姆部土司配下，土司闻贵客不远万里，路涉劳苦，使某等慰问，且奉微物以表寸忱。余意稍安，解囊出金数枚与统领，相与畅谈。昌丁经不食竟日，不禁食指动，放饭如流，统领等目之，知其饥，曰：公等若速归，糇粮唯命，无以饥渴为患。余毅然曰：余行不可已，无食无水，亦不恤。统领有愠色曰：公不用我言，不腆微物请返璧。余急起投小包地上，内有牛酪，中统领面，踉跄走出，亦旅行中一奇观也。

行三日，雨犹不已，忽失所从之牛，见有土人一群，拽入小径。余追及之，用枪拟之，土人弃牛去。翌日过玛愈岭，岭顶推积一石块，树一石标，雕经语，衅以兽血。藏俗土人与僧侣偕旅行，过高山，必杀牛羊，以其血涂石标云。余将下岭有一群土兵追及云：玛愈姆以东系神圣之地，外人不得入。余不顾而进。岭下有一小溪，仅可浮杯，实为甫拉马弗度河所滥觞。西人入藏者不少，其达甫拉马弗度河源者以余为始。从玛领以东气候一变，曩之雨雪霏霏、寒风砭骨者，乃为风和日丽、草木欣欣矣。

余谓玛岭以东，藏人阻止必倍于前矣。即戒从者，夜不设帐，露卧旷野，以避指目。有一大河极广阔，两岸不辨牛羊，不见一舟筏，泳而渡。又行数里，毳帐起伏，无虑数十。余请土民一泊其中。男女数百人皆事游牧。余尝闻藏地男多女少，颇疑之，是夜计部落中人，女子不过其十分之一，可谓奇矣。

凡世界中女子丑恶者，无如藏女。盖寒气凛冽，颜面皱裂，以膏药涂附，无有寸隙，故现出一幅鸠槃茶相也。藏俗女子强悍，其权凌驾男子，略无畏缩状。一妇配二男以上，兄弟聚麀，姊妹同夫，习以为常。其葬死者尤为异闻，人死请剌麻运尸至山巅，以待乌鸢之啄，若遇啄，则谓是再生天堂之兆，尽尸身大半，僧侣与家人乃进抵尸畔，七周其傍，诵梵文，且诵且绕，毕，僧侣执刀割残肉，先食其一脔，分其余于会众食之。盖藏人妄信食此肉者受死者冥冥之保护云。其蛮俗无人理，使人发悚肉动。（未毕）

1899 年，第 17 期

西藏游记(完)

余留是地数日，买办粮食，驮大小二牛，又向内地进发。途次数逢兵丁，每执枪拟之，皆畏缩不敢谁何。渡一河滩，流甚急。二牛相拥而渡，一犊不能绝流，为其漂没，所负衣服食粮货币皆失之。唯天文化学诸机械、日记照相一壮牛负之，未弃去。既乏粮，行乞自给。从者二人憔悴如饿鬼，殆不任执枪。余奋力率从者前进，忽见卓帐八十馀，为一聚落，入乞食，帐中人许其购马匹、衣服、粮食。出于望外，乃于距聚落十里所，择一地卓帐，宿焉。其夜村人来馈食，有一僧侣在其中，言亦将赴拉萨。且言所乘马甚骏，可五日至其地。于是知拉萨之近，忻幸无已。翌日村人引马数匹至，使余择购其骏健者。余乃命二仆试骑。昌丁经所乘尤骏，余欲亲试之。村人集观，如无他意。及余置枪地上，俯而视马蹄，突有数人，自后曳余坠地。余惊且怒，与格斗。忽有二三十人，来助之。余既失兵械，防拒无术，竟为所仆。拳棒交下，又以绳扼咽喉，致呼吸绝。及苏，手足已为所缚。二从者亦被反接，流血被面。村人攫取行李，捡其中，见时针表自动，有惊色，至天文验测器，则略不加意。验毕，以各件照登簿册，更负之牛背，致土司家。驱余辈亦赴之，而不许其同行。余戒从者云："尔曹纵拷略，苦楚万端，必勿露诸几微，否则不免矣。"从者颔之而去。余被拘一帐中，经三点钟，忽有一官吏，率兵数人，叱曰："斩此奴首！"又手摩余颈，示其意。余屹然不动，曰："好！"其人有惊色，稍退立。又驱至一大帐外，见昌丁经囚其中，余侧耳听之。土官频诃问昌丁经，昌丁经不肯言，土官大怒叱之，箠数十，声徹帐外，昌丁经竟不吐实，盖守余之训也。亡几引余入其中，其前高床有一人，剃发戴金色帽，衣服甚伟，知其为拉麻僧也。僧以藏语问余所之，余亦以藏语答之，僧有怪色。又命二僧，鞭昌丁经数十。鞭以革制，其端钳铅，触肤辄缭绕如缠。昌丁经血肉喷涌，不忍迫视。然余矫情制己，故作平视之态以其乘势凭陵也。一僧向余曰："汝亦遭此苦矣。"余一笑，曰："好！"僧曰："汝自言为从者诱导，以入此境，即罪归从者，汝无累矣。"余毅然曰："此行本余创意，从者唯余命之奉，余岂忍嫁罪从者以自全乎？生死唯命，无多言。"僧大怒，以皮鞭掠余头，骂曰："赠汝等三人数百棒，而后骈首。"余破颜笑曰："鞭也，斩也，唯汝所为，余竟不知鞭与斩之为痛苦。独怜汝辈虐遇无辜之民，而不知永受天刑耳。"僧无语，命引余出。忽一人至余侧，微语云："仆乃军士，非僧人。深感先生壮志，视险夷如一节。余欲阴脱先生于厄，幸勿疑。"及四邻人定，其人来馈食，亦云："先生欲遁，余今解缚，何如？"余谓："我独遁去，藏吏必严刑从者，自免贻累人，不义。”谢其人去。翌日藏人解余缚，更引上马。其鞍后植钉如猬，驱至达克拉哥度地，即阵营所在也。马奔腾时，全身簸动，鞍背钉刺余尻，痛不可忍。日暮抵拿朱拉克施，流血淋漓，马腹殷红。余欲小憩，藏人不许。有僧数人，令一人以绳缚余手，一人执其端，一人执鞭击余马臀，马逸，余为绳所曳坠地。藏人又缚余系之木，一人灼剑火中，以待僧来。须臾一僧执是剑，以锋拟余面，烈焰如花，不可迎视。僧叱曰：“今斩汝首。”余瞑目曰：“好！”僧举剑斫空数次，窥余神色夷然，竟舍去。日暮昌丁经等亦为藏人驱至，皆缚柱上不得动。是夕臀部痛楚甚，耿耿不能眠。翌日天明，藏人解昌丁经等缚，独缚余。午后三时，有一僧以小刀剪余爪，熟视余手，有惊色，大呼集其群。众环视余手，皆大惊，如在曼苏华湖时。众急解余缚，导至某处荐食。昌丁经等亦与焉，略无凌虐，与前事一变。有一僧进行礼，宣言准余一行出境，有万死得一生之想。余不知其故，后审藏人见余反覆被拷略，无痛苦状，窃疑其有神异。遵其俗例，使占者卜可杀否，视爪为验。西藏之俗迷信神异，凡人指间肉肥者为有冥助，入火不焚，入水不溺，遭刃不断。偶见余指间肉，视常人肥腴，惊以为神，于是放行出境也。翌日藏人环护余行，趋归路。行数日抵曼苏华湖，适遇仆人苏那者，始审鄂尔生君率从者抵达克拉古度，迎余。藏人皆传余遭害之说，鄂君痛心异常。自曼苏华湖至印度，有两道，一由娄母比亚岭，冰雪凝积，人迹殆绝。一由达克拉古度。余欲由达克拉古度，护送之藏兵不许，强余取道娄母比亚。余谓经娄母比亚之险，永为冰雪中之鬼矣。况鄂君在达克拉古度，延颈以待余乎？彼已不许，不如遁走。窃与从者谋，急起执石掷士兵，士兵大惊遁去。余等取别道行数日，又遭马兵数十人，欲勒余强取道娄母比亚，余力不能抗，无已，向娄母比亚行进，马兵复监行。其明日一将率一队马兵追及传命云，更准自达克拉古度归印度。后闻由鄂尔生君闻余无事，设一策，伪向达克拉古度土司声言，倘不将余归还此地，投禀本国政府，发大兵入藏地，玉石共焚，无有噍类。土司大惧，急遣兵马驰至，要余通行抵达克拉哥土也。行数日至达克拉古度，见一帐乃系乍伽琐斯族人所居。鄂尔生君迎余于此，相见喜极欲哭，其状殆非纸笔所尽。余以久蒙虐遇，躯体违和，留此数日，藏兵护余遗物至此，与鄂君相携而归。至群基，有鄂君所设医院。鄂君以余伤病未痊，留院疗治，半月乃愈。余前此已有怀乡之念，于是归思顿决。嘉二仆之忠，给曼经以金如干，昌丁经携归本国。自孟买附轮开行本国，抵意大利伯罗稜都，二亲方寄寓此地，屈指待余来。余去国殆十年，久违温情，今瞻拜慈颜，回顾往事，恍如隔世矣。（《西藏游记》毕）

1899 年，第 18 期，第 16～18 页

《清议报》

《清议报》是戊戌政变后日本横滨出版的维新派主要刊物。1898 年 12 月 23 日（光绪二十四年十一月十一日）创刊。旬刊。名义上的发行兼编辑人署“英国人冯镜如”，主持人实为当时逃亡日本的梁启超。印刷人署名铃木鹤太朗。馆址在横滨居留地百三十九番馆。用孔子二千四百四十九年纪年以代替光绪二十四年。1901 年 12 月 21 日（光绪二十七年十一月十一日）出版第一百册。以特大号出现的这期刚出版，报社遇到火灾，承保的外国保险公司拒付赔款，因此停刊。

该刊用连史纸印刷。线装书款式装订，每册三十至四十面。发售与代售点有三十八处。宣称“专以主持清议，开发民智为主义”。内分论说、名家著述、新书译丛、外论汇译、群报撷华、支那近事、外国近事及政治小说和诗文等栏目。出版达三年之久。因攻击慈禧太后及刚毅、荣禄等，清廷严禁输及国内。后横滨新民社曾编印《清议报全编》，内容有增删，并按专题分类编辑，与原刊不同。

上海图书馆及清华大学图书馆藏有原件。

西藏教案

西藏有法国教堂。现为无赖之徒将此破坏，传教师亦为所捕，虐待不堪。四川总督今以重庆府领事之请，派遣兵丁为之救援云。

1901年4月19日（孔子二千四百五十二年三月初一日），第七十六册

西藏风俗

沈君锡者，前奉命驻西藏，办理西印度事务。居于拉萨京城，历经三载。此次回华，道及西藏风俗，今录一二以供众览。

据云：西藏奇俗甚多。其最语者，则莫如兄弟同室。家居器具绝少，人皆席地而坐。其大致相同，服饰亦皆相仿。惟因缺水之故，人多污浊。沐浴浣衣罕有其事。衣服但藉手裁，不知缝法。且惯食生物，如牛肉、羊肉。但生切而食之。每人腰间必系一长刀，盖以备切物之需也。饮茶必和之以盐，益之以牛油，后用黑麦饼浸而食之。至吸烟，则用烟叶，磨成烟粉，掂而食之，如鼻烟之类是也。西藏无酒，好饮者必用开水冲酒饼，以竹管啜之。藏俗重于饲养驴、马。寻常之家所畜，必有三四十匹。即贫贱之家，亦必有驴、马数匹而后可。盖土人持此为养生之具也。藏地缺木，房屋皆用泥石建造。凡遇雨天，则渗漏不堪。其最佳之屋，则皆华工所建，但仅有楼屋一层而已。拉萨街道之广，将四倍于香港大马路。但未经铺砌，殊秽浊不堪耳。拉萨沿街并无铺户。每有所需不知何从购取，盖沿街并无一见售物者也。土人所造之纸颇佳，笔则用竹制就。尝见土人左手举纸，右手执笔，挥写如意。西藏风气未开，至今仍禁用洋货，悬为严禁，甚如印度茶叶，遍觅市中亦不可得。凡属洋货，则惟华人购用之耳！西藏人民，非有奉准，不得擅离本国。据云：定例准假至多以三个月为限，倘有过期，或逾限数日，则必永远不准回国，以故商民大为所窘。

拉萨盗贼并不多见。因其例禁森严，无或敢犯之者。按其刑罚，第一次犯罪者，以火焚其一目。第二次再犯，再焚其一。至犯第三次，则将其人拖掷江心。藏地死罪之法有三：用火焚毙一也；抛掷江心二也；最奇最酷者，则莫如扯肉以给狗，磨骨而成粉，三也。男女定亲，略如华例，必用媒人聘定。男家必备白丝一方，将男女姓名，各载其间，致送女家，依例庆贺。藏俗，男人各有两辫，两耳各载大载[?]一双。矿产之说绝无所闻。尝见附近喇嘛所居之处，堆金成块，无有觊觎之者。虽由

守旧甚严，然亦因畏惧有碍风水之说。盖西藏人酷信风水，有甚于华人也云云。

1901年4月19日（孔子二千四百五十二年三月初一日），第七十六册

俄罗斯与西藏

西七月七日路透电报云：西藏派公使于俄国。俄皇于圣彼得堡附近之离宫以极优渥之礼觐见之云。又云：俄国所派之探险西藏队回国。俄人异常欢迎。俄皇亦优接之，且赐以多珍云。呜呼！俄人之意何在乎？愿我国民一留意。

俄当局扬言曰“西藏使之来，全为宗教上耳！与政治上毫无关系”云云。西藏民族本知有宗教，不知有政治。藏使之为宗教而行吾敢信之。但俄人所以接待藏使者，果为宗教乎？为政治乎？吾不能偏听俄言，敢以质于普世界之知俄者。

俄国某新闻之言又曰“世人或以为吾俄欲取西藏而置诸保护之下，此实无根之谈耳！吾意西藏当为永远无所属之邦国”云云。此语勿论其为真假，但吾国人闻之当生如何之感乎？吾国人心目中岂不以西藏为我之属地乎？《大清一统志》岂不有西藏一部乎？坐床喇嘛岂不由中国朝廷所派乎？今日官制，不犹有驻藏大臣乎？而“无所属之邦国”一语从何而来？噫！甲午以前，吾国固谓高丽为我属国也，而日本则已认之为独立国，而高丽派使节以与列国往来也久矣。我不知之而不干涉之，援默许之例。则谓我固久已认高丽为独立无不可也。而中东之祸即伏于是焉矣。今西藏派使矣，而我若罔闻焉。俄国宣言藏地之无所属矣，而我若罔闻焉。我自弃之，而于俄人乎何尤？虽然，今之当局者于我同胞之种犹自蔑之，于我卧榻之地犹自掷之，则西藏又何足云？又何足云？

俄人之结西藏以牵掣印度，即其结阿比西尼亚以牵掣埃及、苏丹之故技也。然牵掣印度，即向于中国而突增势力之大法门也。满洲、蒙古既入圈中，复于西藏著著进行。亚细亚大陆遂将为哥萨克之操场乎？呜呼！

1901年7月16日（光绪二十七年六月初一日），第八十五册

西藏使节

俄人遣使至藏，早惊世人耳目。兹据伦敦泰晤士之莫斯科来报云：俄人此番举动实有极秘密之事在其中。途中俄兵护卫甚多。闻昨已由陆路经蒙古归国。

1901年10月3日（孔子二千四百五十二年八月初一日），第九十三册

《湖北商务报》

《湖北商务报》于 1899 年 4 月 30 日(光绪二十五年三月二十一日)创刊。在武昌出版。旬刊。张之洞创设,汉口商务局主办。1902 年馆址迁到武昌城内长街芝麻岭地方门首。1904 年 1 月 8 日(光绪二十九年十一月二十一日)出至一百六十三期后停刊。

主要栏目有局收文牍,局发文牍,本省商情,各省商情,译东、西报及商务专案等。

北京大学图书馆、北京图书馆、上海图书馆藏有部分原件。

卫藏商情(五月《申报》)

西字报云，顷阅中国海关春季报章，言西藏亚东地方，有一税关，计上年春季由此出入之货，共二万二千四百八十四载。本年仅得二万零四十五载。棉布及绒为入口货之大宗，出口货则惟羊皮八千四百张，羊毛六十担而已。(以上各省)

1901年8月24日(光绪二十七年七月十一日)，第八十一册

《北京新闻汇报》

《北京新闻汇报》是以新闻为主的期刊，又名《新闻汇报》。1900年(光绪二十六年)创刊，在北京出版。旬刊。样式类似今日之杂志，黄色封面，木刻线装，毛边纸印行。

其内容除上谕、奏折外，大多摘录《苏报》、《中外日报》及译自外国报纸之社论与重要新闻。

北京大学图书馆藏有1900年和1901年间的部分原件。

论俄窥西藏(五月初六日《中外日报》)

西藏分三部:东曰前藏,西曰后藏,其极西曰阿里。前藏之都会曰布达拉,达赖喇嘛驻之。后藏之都会曰札什伦布,班禅喇嘛驻之。自前明以来,宗喀巴创黄教。其达赖班禅呼图克图等,世世以呼勒毕罕化身转世,迭为宗主。故其俗最信教,僧多于民。世竭崇奉,盖其俗已三百年于兹矣。我朝之奄有三藏也,盖尝竭康雍二朝庙算仅乃得之。然卒亦不能全用武力,而仍以其教羁縻。达赖班禅世受封号,其后则教衰争起,以呼勒毕罕互相指目。高宗纯皇帝至用金巴奔瓶掣签,以定化身转世,盖明知之而不得不然也。俄之属地,初不与藏接,惟与蒙古交涉甚多,蒙古亦全用黄教。当康乾时代,俄于东方,不甚注意,不善羁縻。康熙二十七年,喀尔喀蒙古被额鲁特噶尔丹之祸,其部众议就近投入鄂罗斯。其大长哲卜尊丹巴呼图克图曰:“俄罗斯素不奉佛,俗尚不同我,异言异服,殊难久安。莫若全部内徙,投诚中国。”遂举族款塞内附。又土尔扈特蒙古汗和鄂尔勒克,当明崇祯时,与绰罗斯交恶,挈全族走俄罗斯,屯牧于里海相近之额济纳河,七八十年,至曾孙阿玉奇,以羁恋旧俗,数遣使入藏熬茶礼佛。又五十馀年,至渥巴锡汗,终举族逃归俄。鉴于二者,至千八百七八十年间,收服诸回部,经营中亚细亚。又十馀年,侵占葱岭高原之帕米尔,壤地与藏相接,则大变其二百年前政策。其取人国一意,以仍其旧俗为宗。近年以来,数发款遣人入藏考山川条风俗,先后往游历者二百馀人,翻译其教书以归。知其教深入人心,猝不易改。乃特著一书,记俄事,用西藏书比附,谓俄罗斯第几世大皇帝转世为达赖喇嘛,用唐古特文字,使人赍藏,广为流传。三四年来,屡诱喇嘛入贡,礼敬甚优。其与英属印度扶壤之处,则屡传开仗,数数交恶,故藏僧大半皆不免仇英昵俄。窃谓俄于近年以来,经营东方,可谓不遗馀力。然逼于日本,终不得逞。观其举动,或者东噬既无功,将变其西吞之策未可知也。然如英者,其何以待之?

1901 年,5 月,第 1305～1308 页

论西藏派公使至俄(目)

1901 年,6 月,第 1844～1849 页

再论俄窥西藏(录《中外日报》)

俄窥西藏为全球一大关系,当中历四五月间,本馆即屡有所闻,曾作论登诸五月六日报首,以告中外留心时事者。旋于五月二十二日伦敦发来专电云:西藏近派喇嘛若干人前往俄国,已行抵披德哈夫城,俄皇颇以优礼相待。该喇嘛等亦于觐见时将带来之礼物呈送。越二日,伦敦后来电云:俄国报谓此次西藏喇嘛首领派员来俄,系为教门事起见,于政治毫无关涉。此二信皆《上海西报》所登,而第二信则明系俄报掩饰之词,盖可见也。乃近数日间,本馆复得中国官场消息,亦言西藏喇嘛为俄所诱,日前竟僭派头等钦使赴俄,连日西安政府与两全权来往密电甚多,专商此事云云。合中外数信观之,则俄人近日确系窥伺西藏,颇有阴谋,与本馆前说相符,当无疑义。盖俄人于东三省密约一事,中国一不画押即俯首听命,了无异议。其所为暂容苟忍别有他图,固不待智者而能知之。当两礼拜前,各处即喧传俄人与中国复立密约,并将前者所索满洲兵费作为罢论,此其有非常之举动,若大之利益又不待言,而不意其果以西藏为结穴地。俄一经营中亚西亚也,五十余年矣。其全势底定也,又二十余年。十七八年前,欲由中亚西亚过兴都库施山,入阿富汗以窥印度甚急,英调印度兵入阿富汗。光绪十一年英俄立约:东以阿母河,西以萨拉克斯为界。英不得过其北,俄不得过其南。俄无如何乃于次年始,议筑锡伯利铁路以窥东方,至密约不成,则暂息东吞,仍谋西噬。趁中国有事,欲得西藏以抚印度之背,盖由阿富汗西窥印度,以出俾路芝海口犹迂而远,由西藏东窥印度以出孟加拉海口,则便而捷也。且俄不取西藏则已,俄取西藏必通道于克什噶尔及叶尔羌,而伊利随之,是天山南北两路诸城亦必同遭吞并也。俄之图中国也,中以蒙古,故不于东,则于西,东出则日任其难,西出则英承其弊。顾俄之所以暂缓东侵,锐意西略者,亦有故焉。盖东方利在海军而西方利在陆战,日本为海军新造之邦,俄虽举二十万吨,尚恐不能一试。英为海军第一,陆师已在其次,又去岁以来以全力注重南非,今尚未定,若与俄战,则除驻守印度之兵数万人外可调者盖无几处。然则英于俄窥西藏一事,其关系比之日本之于东三省,其重殆倍之,其难亦几倍之。诚宜力助中国以抗拒此事,而日本亦不宜坐视,以全力持之,庶或有济。盖此事本非意外,实与东三省密约一线相寻,窃愿各国外交家注目及之,勿以轻心掉之,则中国之幸亦全球之福也。

1901 年,6 月,第 1593～1596 页

《选报》

《选报》是上海出版的文摘性杂志。1901 年 11 月 11 日(光绪二十七年十月初一)创刊,原为旬刊,自四十二期起改为月出四本。每本一角三分。由蒋智由(观云)、赵祖德(彝初)倡办,蒋智由与王譙生先后任主编。马叙伦曾任编辑。馆址在上海四马路惠福里。

该报缘起叙例称:"虽购一报,如见各报,耗费无多,精要具在。"每期选取各报所载国内外的重要消息,加论说一篇。最初,论说大多是本馆撰稿,也选载一些各报言论,从第 36 期以后,就没有本馆的撰稿。创刊号上有蔡元培的叙言。栏目分论说、谕旨、内政纪事、外交纪事、地球各国纪事、所闻录、土产志略、经济备览、筹远集、醵庐杂录、国风集(诗词)等。

现存 1 至 56 期,第 56 期为 1903 年 9 月 21 日(光绪二十九年八月初一)出版,停刊时间未详。

上海图书馆、安徽省图书馆藏有原件。

俄窥西藏记(外交纪事)

俄报有游行西藏记一篇，为俄国远征队长加治洛所撰。加氏穷二年半之力，跋涉中央亚细亚，深探西藏高原。凡旅行中一见一闻，皆详录之，兹译如下：

一、远征队之组织

俄人有意于西藏已非一日，当加治洛未为远征队长时，已数次遣人前往，有波尔基者曾亲往五次，后遭险而死，不克成功。大佐排福俄夫继起，亦未得如志。洛波洛果闻之，欣然治装，未果，寻病卒。一千八百九十八年，俄皇下诏着曾与波尔基同行之人，带领二等大尉加治洛结队前行，除队长加治洛外，尚有副队长二人及下等官吏十六人。下等官吏中，有三人曾从波尔基游行于中亚细亚者。

二、戈壁之沙漠

旅装既整，一千八百九十九年七月二十七日，自清俄交接之阿尔太驿进发，沿支那阿尔太进向戈壁中央。中央亚细亚山脉蜿蜒分二大枝，如子午线。然西部气候适宜，水利较便，泉源清冽可饮，居民稠密。东部反之，悉属高原，气候亦恶，草木不殖，居民鲜少。过此山脉，即入戈壁中央，因是等沙漠须详细探查，遂分三路进行细察。沙漠一带，于行军上，学术上均无裨益，唯万里不毛之地而已。其中山峦重复，确似太平洋之波涛。自西北而联集于东南部。

三、西藏之高原

由是分道进发，直至甘肃省西宁府。蒙其知府优待，淹留数日，遂直向青海之西滨。而至柴达木。又令随行之十五人别为一队，而加治洛亲往探最要之西藏高原。发轫一日，以测量仪器测之，已高于海面一万七千尺。空气渐薄，呼吸逼塞，同行者皆无人形，就中下等官吏诸人颓惫尤甚，已不省人事矣，乃急改道行平原。此平原尚高海面一万四千尺，而空气浓厚，得以不死。高原之地，树木繁殖，禽兽众多，诚天然境界也。

四、熊与驯鹿

西藏熊为动物之最大者，大概多白色，身躯甚巨。此地又有一种叫兔，足佐酒宴。当加治洛归装时，获有三种熊，毛色奇罕，曾赍归以告于博物家。西藏驯鹿有若干种类，其中有一种，土人称曰阿达，跳跃岩谷，极有趣致。

五、居民之情形

住于高原之壑谷者，皆唐古特人，以牧畜为业，好战斗，男子皆武装，携带火枪及沙伯尔，幼儿亦以沙伯尔为玩具。南下平原至鄂凌淖尔、扎凌淖尔二湖，操小舟渡之，后测量其水之深浅，检其有无鱼类。再南则有种大小麦者，居民砌土石为屋，大概多二三层，有多至四五层者(按：此即碉屋)。当初至时，土人颇惊惶，盖彼等与数年前曾杀害法兰西数人，恐欧人至而复仇也。土人最恶英人，一闻红毛碧眼之语，即悻悻然有怒色。

1902年4月8日，第12期

俄藏交涉

近日俄国兵士侵入西藏大(肆)骚扰地方，渐及四川边界。岑总督禁俄人之侵入，已电照外务部。大意以西(藏)出入咽喉之打箭炉开为通商地，以绝外入之觊觎。惟该地风气未开，恐不免将来之葛藤也。

东报云，北京电称：外务部顷据西藏办事大臣禀称：俄人近在该处屡行种种阴险手段，如牢笼土人、侵占要地等事。闻庆亲王已照会俄公使，力拒俄人移住西藏矣。

俄国某报录有博士云巴利谈及外间所传俄藏立约之事。据称：因达赖喇嘛依附俄人，故所刊之约多有不实不尽之处。该博士又言：俄人若取西藏，并无实在利益。内由西藏通至印度之路乃狭窄山径。在荒芜崎岖之中，为大兵所不能过。且在清国，各人皆知。如清人于西藏事不允与俄以商议退让，则英国必尽力以助清国，曾发长电与清政府理论此事。俄人之在亚洲，为西藏之事屡次棘手，所称已立之约，吾则以为试演之气球也云云。

1902年12月20日，第38期

《外交报》

《外交报》是上海商务印书馆出版的最早的杂志，也是我国研究国际问题的最早刊物。1902 年 1 月 4 日（光绪二十七年十一月二十五日）创刊，1911 年 1 月 15 日（宣统二年十二月十五日）停刊。张菊生主编，蔡元培等任撰述。上海外交报馆编辑，对外用普通学书室作为总发行所（普通学书室即杜亚泉所办亚泉书馆改组，设在上海英租界棋盘街）。旬刊。每期约二三十页，三号字铅印，有光纸线装本。卷首附印铜版照片。共出三百期。

主要栏目有论说、谕旨、文牍、外交大事记、外交纪闻、外交史、世界大事记、译报、要电、国际法等。

复旦大学图书馆藏有部分原件。

藏事记略

西藏牧羊乡民与印度兵争地启衅，中、英两国致有违言。现已议定：将印兵所争者，让与三百五十英里。而牧羊乡民，则均斥逐出境。

俄人欲使西藏自主以便私图。有言其曾订密约者，为英人所觉，告之华廷。英人以华廷置之不问，遂由印度派兵至哲孟雄。政府闻之，始令驻藏大臣前往阻止，并向英使婉询实情。

1902年9月21日（光绪二十八年八月二十日），第二十二期（壬寅第二十号）

藏事纪略

驻藏大臣电致政府，云：已派兵严守各地。阿尼岭以西道路，亦已修理。

四川之打箭炉为西藏出入咽喉。蜀省京官会议，拟请辟为通商公地，以杜觊觎。

前月中旬，驻藏大臣电致政府，略谓：英人于铁道工程督促甚急。据哈禄电传，约于九月杪可以通至前藏，云云。

1902年11月4日（光绪二十八年十月初五日），第二十八期（壬寅第二十六号）

藏事述要

驻藏大臣以藏印界务致与英人轇轕一事，电告政府：缘旧定界牌为藏民私去其一。英人遂来诘问。刻闻仍饬驻藏大臣劝导藏民，又饬在藏襄办交涉之某税务司与英领事妥为议结，并由外务部照会英使。

川督电致外务部，谓：藏民因铁路购地与英工程兵启衅一节，由驻藏大臣派员调处，业已议结。

1902年12月14日（光绪二十八年十一月十五日），第三十二期（壬寅第三十号）

藏事丛谈

驻藏办事大臣讷钦电达政府，谓：藏人惑于俄人之言，与俄交情甚密，颇有藐视英人之意。英人睹此情形,又来言:中国如不能设法弹压,英国将用兵于西藏。

闻英人欲由西藏建一铁路,与川汉干线相接。俄人闻之,出而阻扰。而英人则志在必得云。

去岁俄人耶阿萨贩货由阿富汗入藏,共带有兵丁八名。英人之驻藏者诘之。俄人不服,几至用武。掌马都守及某番弁力阻,始得无事。

去秋以来,达赖喇嘛有志西学,日日讲求英、俄二国文字,并有派员游历东西洋之信。

川督岑制军派往西藏查探委员王令,业已回省。据禀:前藏近颇安稳。英商在彼者寥寥,仅铁路工程师三人,先已赴滇。印度兵亦已一律撤退。

1903年2月22日(光绪二十九年正月二十五日),第三十五期(癸卯第一号)

论西藏之危

丹扼波罗的海,土扼黑海,俄不能得志于大西洋,改而之东。既得海参崴、旅顺,雄视太平洋岸,然其地去本国绝远,虽有铁道,势终偏重,不能握两洲之中权,故其心不能一日忘印度洋也。英得印度倚为外府,逾三百年。海军至强,东、西、南三面皆可安枕。所虑者独北方陆路耳。俄谋南侵,英廑北顾,而西藏一隅乃为必争之地矣。

蛮野诸国未通于世,容能自存。及其通也,无不为文明诸国所吞吸,优胜劣败,天道然也。藏人愚昧,迷信宗教,日以坐床、受戒、吹忠降神为事。昔洋人入境之始,商上办事诸员招集三大寺僧,藉名保教,共立誓词,至有“藏地男女不与洋人共天地,违者叛教,人人可诛”之语。处此世界大通之时,彼昏不知,犹怀此闭关自守之见。其与英俄相遇,孰优孰劣?孰胜孰败?固不待言。然使固守藩篱,一律排外,亦未始不可偷安旦夕,而奈何忽又迎此拒彼也。

英藏通商始于光绪十五年。维时藏人意甚不愿,谓于英有仇,于俄无仇。与其和英,不若联俄。自是而后,俄人辄混迹蒙古,赴藏礼佛,阴肆其勾结之技。前岁辛丑,达赖喇嘛遣使报聘,至乞俄皇保其自主。事之真伪虽不可知,而其有意昵俄已可概见。藏既昵俄,则俄之入藏必易。俄既入藏,则俄之逼印必亟。英于印度布置严密。亚东通商以还,久视西藏为囊中物。一旦被夺,讵肯退让?去秋派兵屯驻哲孟雄,近又进至干坝。无非欲破藏俄联合之势而已。于是英、俄印度之争,又一变为英、俄西藏之争。

吾不知英、俄于此，其将如波兰之瓜分欤？而疆界相接，防范愈严，不免反启争端也。其将如土耳其之公保欤？而事非众擎，偏侧易见，不能永保均势也。其将如瑞士、比利时之守其中立欤？而藏民草昧，无力自治，未必能恪守公法也。俄欲以中亚细亚待之，而英不可；英欲以缅甸、阿萨处之，而俄不从。我国于此，又徒仍其窳陋之制，不能为之改弦更张，扶持颠危，俾得立于两雄之际。天盖欲留此大地，以定二十世纪英、俄之局矣。去岁耋亲王来朝，密约四款，腾布遐迩。而阿富汗画界一事亦隐隐有履霜坚冰之机。故吉青纳归自南非，即日移镇印度，说者谓兵革之事殆将不远，然自一千八百五十三年以后，两国交际纵极轇轕，从未启衅，则西藏之争亦必有不战而定者。夫至能不战而定，则其事变之来必当愈速，而唐古忒之命运乃愈促矣。呜呼！

1903年4月12日（光绪二十九年三月十五日），第四十期（癸卯第六号）

藏事汇志

俄人入藏一节，前已登录。近闻又有马队数百人前往。驻藏大臣诘之，则谓至此游历，实无他故。复询其携带军队意欲何为？答云：此为自筹保护，且已由中国政府允准带兵入境，非贵大臣所得而拒等云。驻藏大臣遂以电告政府，旋照会驻华俄使，诘其遣兵入藏之故。请其电告俄廷，速令撤回。俄使乃以一切情事皆所未知为答。政府爰即电告驻藏大臣，谓未允俄兵入藏。惟当留意侦查，不可轻举妄动。

闻某国驻哲孟雄大臣于正月间调兵入藏，计印度兵八千人，廓尔喀兵三千人，共一万一千人。内三千人为工兵，以粮食箱柜装置军械，踪迹颇秘。

1903年6月20日（光绪二十九年五月二十五日），第四十七期（癸卯第十三号）

驻藏大臣裕奏开导藏番情形片

再，近因边报紧急，奴才饬传当事噶布伦等来署面加开导，以英人意在带兵来藏，居心叵测，此皆由昨岁尔等阻止委员夫马，以至失其善办机会。倘英员长驱直入，驻藏大臣自当亲身到边，设法劝阻并议界商各务，尔等亦不得仍前固执。如英人不听阻挡，必欲进藏，尔等断不可以兵力抵敌，仍宜依理相商，庶几不致决裂，其事或有转圜。尔等如果仍听三大寺主持，一经开衅，兵连祸结，有不堪设想者，虽有驻藏大臣居中调处，恐亦无济于事矣。尔等万勿一误再误等因。面谕之际，奴才查其词色，虽然恭顺，而藏番素昔顽梗成性，若将来事急，该番等能否遵从和衷商办，殊难预料。奴才谨将现在开导藏番各节，理合附片密陈，伏乞皇太后、皇上圣鉴。谨奏。

1903 年 7 月 9 日（光绪二十九年闰五月十五日），第四十九期（癸卯第十五号）

论俄窥西藏（译日本三月份《东邦协会会报》）（目）

1903 年 7 月 19 日（光绪二十九年闰五月二十五日），第五十册（癸卯第十六号）

藏事述略

近闻驻藏大臣裕护戎电致政府，略谓：英兵逼入藏地。土人拒守甚力，不令稍越雷池一步。其悍者，甚至以马棰挞其武员。前办界务何守光燮出为调停，未能奏效。现派游击赵钰前往，拟与英员商办。而英人又谓其品秩太卑，请代奏饬有泰迅速接任，俾易筹办云云。

春间，廓尔喀有兵三十人来藏护商，偶以事故，杀毙番兵一人。番官出而诘问。该兵官以从缓惩究为答。番官不允，因与开战。番兵六十余人歼焉。

闻有拟以西藏北境之地让与俄人，以易东三省之说。

1903 年 10 月 24 日（光绪二十九年九月初五日），第六十期（癸卯第二十六号）

论俄人窥藏

（译日本八月二十八日《时事新报》）

西藏为一千二三百年前佛教最盛之国。旧传谶语书克弥由尔，依正因正果之埋盛于前者，虽杀于中而必复于后。故虽为回教国所覆，而佛教不与俱灭，他日必有一大教主起，而建一佛国于克弥由尔之北部，由是而统一世界，信服藏人，可预决也。无何，有张尼根摩者著一书曰：克弥由尔北部之国，俄是也。曰：以佛教一统世界之大教主，今俄皇是也。言俄皇抚育人民，亲睦邻国，其德备才全。虽经典所谓转金轮王者，亦无以过之。又穷极附会，凡由藏入俄之方向之道里，与忏书之言靡不符合。藏人什袭珍藏而秘为鸿宝焉。

俄人又恒以西洋珍贵之物持赠藏人。而英国货物之自印度来者，道远价昂，而普通之物为多。于是藏人以为同一西洋物也，俄良而英拙，俄坚而英脆，而依俄之心因以益甚。四年前，俄帝尝以其国宗教总监之织金礼服，介张尼根摩以遗西藏教主，且赠以宗教总监之名号焉。夫俄以希腊教为国教者也，乃以其总监之服及其名号赠之。而西藏教主且亦引为至荣，此至可异者也。

西藏之宰相薛泰者，贵族也。素与腾额林寺交恶。自僧长多零盘基主西藏，而薛泰亡命于外，间游历英属印度，而闻英人占据印度之历史，且闻其兵力特强。尝谓：吾西藏仅恃中国，若无他国卵而翼之，恐终为英人所并。既而多零盘基禅西藏主教之位于今之主教。而薛泰相焉，修宿怨，以计灭腾额林寺而戕多零盘基。中国不之问，于是藏人知中国之弱无能为。而又恶英国之志在并吞也，乃不得不折而入于俄。

自俄皇以宗教总监之服赠西藏主教，旋遣其侍从长赍藏中珍物以为报聘，遂订密约于俄都。于其归也，以驼数百载运所赠金物及枪炮无算。言以资御英之备，实皆朽敝无新式者。俄既为藏人所依附，则不特占据西藏，且将据喜马拉山以俯临英属印度，藉达其累世经营之志。然联俄之心，以藏主及前相薛泰为最殷。其它皆以耳为目，随声附和者耳。近者民智渐开，颇有反对之者。谓俄国虽合于谶书之佛国，然方今列强皆以自利为政略。彼其赠吾以金帛、助吾以军械者，乌知不以是为饵而欲以谋我也。吾焉得而不为防备乎？此语既渐流播，而俄之阴谋乃亦不可恃矣。

1903年10月24日（光绪二十九年九月初五日），第六十期（癸卯第二十六号）

藏事纪实

英兵逼入藏地，略志前报。兹详述之：英官荣赫鹏率兵一千人，佣工四百人，并携劈山炮四尊。惠德率兵五百人，佣工二百人，并携劈山炮二尊，曾于闰五月十二、三两日进屯千[干]坝。经前办界务何太守光燮驰往议约阻止，英官拒不见。率兵入关，声称非兵至干坝不能开议。何太守乃退至千[干]坝。藏人惶恐异常，愿与开战。英官则限以日期，谓：若和议不成，各兵仍当续进。近闻和议尚未妥定，盖因英国所派赴藏议界专员到藏数月，华官办理界事延迁日久故也。

1903年11月13日（光绪二十九年九月二十五日），第六十二期（癸卯第二十八号）

论藏务亟宜留意

西藏之地，去华夏不远，然故书杂记，传者弗及，搢绅先生难言之（有人言西藏即古书所谓昆仑之墟，为我族发祥之地，此言与西人所传支那人由巴比伦分支之说相合，盖由大底格里河与幼发拉的河以渐至支那，北不出于匈奴，南不经于身毒，中间所经必过西藏也。然此说必俟藏卫他年获得支那古文之金石，始得为据，今不能猝定也）。其与中国交涉，至唐吐蕃始显。唐人云：吐蕃为脱发利鹿孤之子樊尼之后，盖即羌也（此说始于杜祁公，其后刘煦、宋欧阳并因之）。然自脱发利鹿孤至初唐，才数百年，何遽蕃殖如许，或吐蕃君统，与脱发氏同族耳。吐蕃与唐人交涉，其事极多。尔时藏卫人种，颇似甚强，唐人气吞北族，突厥东胡，稽颡于其廷，而终唐之世，唐兵之马足，未履乎逻娑城之郊，赞普亦无入朝事，此殆西藏人种至强之时乎？其后唐衰，而吐蕃亦困于大食（即叙利亚之沙兰生人），兵端殆息。两宋微弱，局蹐东南，域外之观，非所睹记。至蒙古兴，乃为其所破，然鹰鹞斗法之文，纯珠缘边袜之说，亦见其克之之非易焉（案：《蒙古源流》为西藏喇嘛所著，故其辞如此）。至明，奇渥温氏分崩，西藏为蒙鞑别部。

我朝受命，西藏通款最早。崇德七年，班禅额尔德尼、达赖喇嘛、固始汗，谓东土有圣人出，特遣使自人迹不至之区，经仇敌之国，阅数年，始达盛京。自是西藏为大清之与国。一乱于策妄阿喇蒲坦之来袭，毁坏经典，窃据藏地，至康熙五十九年讨平之，以兵送达赖归布达拉。于是西藏始为我势力范围之域，然我国尚无驻藏大臣之设也。再乱于阿尔布巴、隆布鼐、札勒鼐之内叛，我为之移达赖喇嘛于打箭炉之惠远庙，雍正六年讨平之。我于是有驻藏大臣之设，然西藏国家之实权，尚不董于我也。三乱于廓尔喀（即尼泊尔）之陷札什伦布，我为之移班禅额尔德尼于布达拉，至乾隆五十七年讨平之。朝廷悯于西藏之屡乱，因为之厘革内政，为久远计，凡百政事，悉禀承于我驻藏大臣，于是西藏乃为中国十分完备之属地（案：西藏内政之为我所干涉者，一曰兵权，二曰财政，三曰用人，四曰外交，而皆定于乾隆五十七、八、九年时）。

西藏兵官，谓之戴琫，原额五名，至此添设一名，共六名。戴琫下设立如琫十二名，每名管兵二百五十。如琫之下设立甲琫二十四名，每名管兵一百二十五。甲琫之下设立定琫一百二十名，每名管兵二十五。均由驻藏大臣拣选充补，节制调度。而其兵饷，每年每名给与青稞二石五斗，遇有征调，再照征兵之例，每日每名支给糌粑一斤，以沙尔玛庄田支给(即僧酋之田地)。凡唐古忒人选定为兵者，给予执照，免充徭役，有故革退，即将执照追还。戴琫六名，各给庄田一分(未知其数)，不再给俸。如琫每年给银三十六两，甲琫二十两，定琫十四两。此唐古忒兵数，而我之兵官不在此例(共大小兵官三十二名)。土兵均由我兵统督，分驻各大寺与要隘。

西藏钱法，向系由尼泊尔铸造番钱，运来行使，仍兑换银两运回。至乾隆五十七年，始在藏安设炉座，派员监造银币，其尼泊尔银币，永远停止。银币每圆重一钱，面用唐古忒文，铸乾隆通宝字样(案:此知国家在西藏制造银币为时已久，而何以不见之于中国，真不可解)。其后正面改用汉文，而于背用唐古忒文乾隆宝藏四字。藏中贸易交纳，悉用此钱。其与外国贸易，则别有专条，计每年巴勒布止准贸易三次，商民四十名，商头三名，克什米尔止准贸易一次，商民一百九十七名，商头三名。当营贩时，商目呈明驻藏大臣，由何路行走，给与印照，稽查出入。总要关隘，设立营汛，验照放行，每年呈总册于驻藏大臣。至其一切征收之实银，由商上(西藏管理财政之官)出纳，而支配之数，则自达赖、班禅之日用起，以至兵丁，并取驻藏大臣处分。

西藏官制，除驻藏大臣外，笔帖式二员，前藏粮务委员一员，又副委员一员，游击一员，守备一员，把总二员，外委五员，理藩院司员一员，达木蒙古(由青海调藏者)八旗固山达八员，佐领八员，骁骑校八员，三十九族(居藏卫之间吐蕃遗种)总百户一员，百户十三员，噶布伦番目四名，戴琫等百六十二名，大缺营官十缺，中缺营官四十二缺，小缺营官二十四缺，以至三品噶布伦，四品仔琫商卓特巴，五品业尔仓巴协尔帮，五品希约第巴密本达木，凡此各官，升补斥革，均由达赖喇嘛会同驻藏大臣拣定。其由达赖自行拣补者，亦有数员，皆管糌粑草料等员，非要秩也。

至于西藏外交，我之监督之者，尤为周至。一、藏内喇嘛前往各外番朝山礼塔者，由驻藏大臣给与照票，限以往还日期。至回藏之日，仍将照票缴销。一、外藩人等来藏布施瞻礼者，由边界营官查明人数，禀明驻藏大臣，验放进口，事毕后，查点人数，发给照票，再行遣回。一、廓尔喀、布鲁克巴、哲孟雄、宗木等外藩部落，如有禀商地方事件，均由驻藏大臣主持。其与达赖喇嘛、班禅额尔德尼通问布施书信，俱报明驻藏大臣译出查验，并代为定夺回答，方可给发，布伦等不得与外藩私行发信。一、青海、蒙古王公等差人赴藏，延请通习经典喇嘛，赴该游牧地方诵经、教经者，俱由西宁等处大臣行文来藏，再由驻藏大臣给与执照，并咨明西宁办事大臣，以资查考(案:驻藏大臣有如许特权，何以听凭达赖喇嘛与俄人交接，真不可解)。

夫我国之监督西藏内政，其周密如此，即泰西各国之待属国，亦蔑有所加，然而何以仍有今日者，则其政治之疏处甚多故也。藏兵执照，由达赖喇嘛盖印，驻藏大臣徒拥虚器，一也。实银由商上收管，仓猝之际，放发自由，大臣不能以文法相争，二也。禁西藏之外交，而哲孟雄等为西藏之属国，而我不禁其外交，转展而来，仍与不禁西藏之外交无异，三也。积此三因，遂有光绪十四年哲孟雄租地与英人之事，英人且租且据，已非一日，尽有哲地，遂直接藏界。藏人顽固，恃其执照、实银之权，遂至不听驻藏大臣节制，而与英人对垒。捻都纳之战，唐古忒人大败，望风而溃，于是哲孟雄、布鲁克巴等地，全入于英，而藏边亦蚀去百余里。至光绪十六年，乃由驻藏大臣升泰与英印度总督兰士丹成孟加剌之约，此约藏哲以咱利山为界，而开商市于亚东，立哲孟雄为自主国，名为照乾隆五十九年之旧。然藏边险阻，电线、铁道均未举行，至于今邮信往还，资于印度，则其事之虚实不可知，而俄、英之窥伺从此启矣。

今者俄据东三省，而英人即进兵藏卫，与之相应。然汗僧宗旨，则睦俄而仇英（案：西藏之睦俄仇英者，非有深意，实因英人宗教不同，故立誓不与交接，而俄人则自诡言崇尚佛教，且应西藏图识为佛教之大护法，故藏民信之耳）。他日之事，盖有不可测者。深愿我政府亟行恢复驻藏大臣固有之权，以善外交而综内政。不然，蕞尔如尼泊尔，且相诘责矣，况他人哉！

1903年12月3日（光绪二十九年十月十五日），第六十四期（癸卯第三十号）

藏事述略

闻有俄官督率带兵队赴藏，测量地势、矿质，复携有摄影器具，随处拍照。又有俄商三十余人，携带枪械、食、水，自戈壁入藏，并留若干人住居沙碛，探寻水穴，拟沿途凿井以资行客汲饮云。

近闻驻华英使照会外务部，略谓：中国新简驻藏大臣有护戎泰，何以日久尚未到任？裕护戎于藏事一味支吾，毫无办法。有护戎莅任如无确期，英国当自行办理。外务部以有护戎不久即到，请其少候消息答之。又闻廓尔喀国曾与西藏订约，助其抵制外人略地政策。廓首相照会藏官，严责其办理不善，并谓：廓国现仅能以言语相助。此事已包括于约中之九款，故力劝藏人与英议和。照会又云：前闻西藏有与俄人商议之事。藏人既不承认，故廓国仍与重敦睦谊云。

1903年12月13日（光绪二十九年十月二十五日），第六十五期（癸卯第三十一号）

藏事纪要

闻外务部照会驻华英使，略谓叠接四川总督锡、驻藏大臣裕、驻藏大臣有来文，声称贵国兵队行经后藏，未据贵大臣照会，前恐藏民蛮野，华兵弹压不周，致滋事端。两国睦谊方隆，若边界武员或以细故争竞，有碍邦交，望电达政府，通饬边界员弁恪守界域云云。

英人有西藏界务公牍，为驻藏大臣搁压，英使遂至外务部诘问，并有租借拉萨为商埠之说。按拉萨为后藏省会，密迩印度，至为繁盛之地也。

闻外务部接有俄使照会。谓英国遣兵入藏，似与敝国为难，贵国曾否诘问，乞即与之争论，以保中俄两国权利云。

1904 年 1 月 21 日（光绪二十九年十二月初五日），第六十九期（癸卯第三十五号）

西藏英国交涉始末记(目)

1904 年 1 月 12 日（光绪二十九年十一月二十五日），第六十八期（癸卯第三十四号）

论西藏近状

（译英国一千九百三年十二月《申的报》）

英藏之争，自其外观之，若无甚关系者。然我英权力向不欲为人压制，而尤注意于亚洲。今俄人之举动，譬如巨熊伸掌攫物，我当攘臂奋足，起而与争。若或不然，必为彼所轻量。彼将益逞其野心，肆其蚕食。以今日而言，固犹徘徊观望，未敢公然南下，干预藏事。然阴谋谲计日以昭著，且与藏中官吏渐相结合。所获权利，殆非浅鲜云。英兵驻藏之原因，与其方域人种之何若，亦吾人所当考察者。西藏方域之广，殆逾法国三倍，与印度北壤相接。闭关自守，以驱逐外人不令入境为宗旨。有探险者私入内地以达拉萨（西藏都会），洵壮游也。夫西藏之拒外政策，印政府非欲过问。惟欲重订商约，故特发兵前往耳。一千八百八十六年，藏人侵西金，印度派兵拒之，藏人被逐，印藏遂订约划界。越四载而画诺，乃互市。一千八百九十四年五月，始于西金界内建镇西关榷税。自是英人始得安居经商，而遵章纳税外不复如前之诸多限制，惟约文各款久之仍未一一实行。且自立约以迄今日，凡百贸易又多违章，因是派兵入藏，且派某武员赴西藏主干霸，冀与中国驻藏官吏会议。然位卑权微，未能与商，以是不得要领而还。

当是时，藏人又命某武员速行，不从。因留兵于干霸而往谒印总督，欲遣大队前往以为后援，且将使喇嘛有所震慑耳。

自独吉岭以至真比(山名)，皆藏境也。东之布丹，西之尼保尔，为其都会。我英耀兵于藏，亦惟宣扬国威，俾其知惧而已。既至耶斯，距拉萨约一百五十英里矣。夫真比为藏地要隘，高于海西[面]者约万尺。自此而赴西金，非止一途，中有狄尔必峒者，其地尝为战场。至由独吉岭以至拉萨，必经真比山麓，约二百九十六英里。若假道耶斯，则三百二十六英里。春碑气候和煦，然两旁之山恒有积雪。英人驻军干霸，距海面一万三千八百尺，距春碑交接处，则九十里。耶斯村镇繁盛，为诸地冠。距拉萨最近，又滨临尼安朱河，舟楫便利。英兵虽久驻其地，运道通达，断无绝粮之虑也。

西藏全境乃喇嘛所辖。盖藏人固奉彼为教主也。然又为中国抑制。虽得与中国驻藏大臣协同办事，而事权实皆为彼所操。一千八百九十年，英藏所定商约，今悉违背，殆迫于中国而然。盖中国之于西藏，久专商务之利，宜其任意要索，征税苛虐。虽然中国排外政策毅然行之，不以为异。固亦知时异势殊，非可行之今日乎！今乃遣兵前往，佯称保护西藏，而实以抗阻英俄，夫亦不思之甚矣。

藏人迷信至深，辄谓以痘致毙之人必坠地狱，外人入境，惧有痘症传染而深畏之。又以英人体干修长，疑为侨狄后裔。其愚谬若此。华官因其愚也，更从而附和之。英人某曾著一书，略谓排外政策实华官所自为，而乃诿之喇嘛，且又助长喇嘛之权力，欲将西藏市场据为独有。又使与英人反对，其事固昭昭在人耳目者也。

印藏通商固大不利于中国者，盖自北京至拉萨，约须十阅月而始至。若由印度之铁路运货至独吉岭转运拉萨，仅二十一日而已。中国之不愿印与藏通，职是故也。尼保尔曩尝与藏订约，谓若有外人侵占，必当出而相助。今则不然。尼保尔相臣尝告藏人，谓若曹昏愚至此，有害于我，不能为若援助云云。且尼保尔与我亲睦，尝以我英运粮，发牛为助而使其负载焉。

夫藏人亦思与我交战，有对敌之方法否耶？所用军械盖惟矛戟弓矢而已。某报尝载藏事，谓藏地户口寥落，仅五百万，且皆散处四方。而土地之广三倍于法。道路崎岖，颇类于特(特兰斯哇尔)，且气候常寒，实为英兵所不耐受云云。

我英南非一役，以特国土地人民之少而遣发大队前往者，固其山川多险故也。至若西藏则不然。其喇嘛又时激厉其民，使尽从事军旅，且有今年最利于战之说云。然则我英虽仍以平和为望，不当亟修战备以冀计出万全耶？

然英人加利，则谓藏人亦愿保和平者，设非事不得已决不与人争战。又谓其性耽安逸，且崇奉佛教，故以生命为重。惟狡诈之徒所在皆是。然存心亦颇长厚云云。

1904 年 3 月 11 日（光绪三十年正月二十一日），第七十期（甲辰第一号）

论西藏近状

（译英国一千九百三年十二月《黎弗浦报》）

英人可顿从政于印政府者有年，尝谓英入侵藏之事，实与占取土地无异。夫西藏固无害于英，而印藏商务寂寥，出入口税岁仅十六万镑。出口以羊毛、牛尾为大宗；入口者惟华产之粗茶而已。且西藏又非用兵行政之地。俄人虽有阴谋，亦复无能为役。俄境之距拉萨约有一千五百英里。印度北境有雪岭焉，峭壁千丈，实为天险。俄人虽与喇嘛联盟，亦焉能飞越而过？然则英人果孰为而攻之哉？计亦左矣。某君尝订印度律例：谓若非有入侵占印地，不得以印度所征之税为兵费，即或事非得已，亦宜经英国上下议院核准而后可。今之印政府，何竟贸然兴兵而遽自伐藏乎？

1904 年 3 月 11 日（光绪三十年正月二十一日），第七十期（甲辰第一号）

论俄英将分据新疆西藏

（译美国一千九百四年一月三十一日纽约《黑露报》）

美国探险家克鲁斯倍近自中亚细亚归至巴黎。克君尝游历回疆及西藏数部之地者。其至西藏也，自阿富汗而回疆以达藏地。所经历者，为克什米尔及卡拉可伦姆队育行路。盖此为入印度一极难之道矣。

克君察知中国以他国之驻有军队颇被威胁，且谓英、俄两国之进军于此，在美国当视为重要，如欧洲各国之移其海上权力于大陆者然。

其言曰：“予之此行，以考求昔时政治、人种之关于是地者而往也。然欲至拉萨，必从以护队或变服而往则可，予则不能。故但期达所能达之地而已。”

英国远征队之隶于幼夫大佐者，他日若至拉萨，必非藏民所得而拒之者也。以予所见藏民，皆温顺而平静，受治于喇嘛。此远征队为英人所欲用以统辖西藏者。

俄人近亦无所设施，亦若不甚注意者然，殆将侵略回疆以为抵制耳。回民聚集之地饶富而稠密。三阿塞司(沙漠中膏腴地曰阿塞司)有百五十万居人。他日者，俄人必能占其全地之商业以联接其铁路也。今回疆之设官置吏，虽由华廷主持，然俄国所派驻喀什噶尔之总领事，有六十名之哥萨克兵卫之。盖实已操其地之主权。华人虽欲拒之而不能矣。

噫！中国版图所属之回疆、西藏，至是将为英、俄分据，不能保其固有矣。英人所行政策，殆欲独据藏土而使俄人不得染指于其间。故欲实行此主义以施行管辖各种之方法也。

夫我美者，固以保全中国为利者也。然时异势殊，今非昔比。我之于此，亦当改其方针而别为注意焉，固无事拘执成见也已。

1904 年 3 月 21 日(光绪三十年二月初五日)，第七十一期(甲辰第二号)

藏事决裂

西藏志在联俄，见英兵日进不已，誓与英人决裂，遣员至俄乞援，并请英军撤退。英兵官拒而不允，藏民遂与英军开战，英军大胜。藏民即逃入山内古鲁地方，尚有抗拒者五六十人屯营其间，终为越岭而过之英国步军及格尔克司英军所据。嗣闻出使英国大臣张星使电告外务部，略谓：英政府又拟添派兵队二千或五千名赴藏，现已决计筹备云。而驻华俄使早有照会致外务部，略谓：前已议定中、俄两国合力保护西藏，不得令他国干预。今英国两次派兵入藏，贵国并不阻止，大背前议。敝国未便任彼侵入，破坏和平云云。

1904 年 4 月 10 日(光绪三十年二月二十五日)，第七十三期(甲辰第四号)

藏事志略

外务部与驻华英使迭次商议西藏之事，至为忙迫。旋即电咨驻藏大臣，略谓：此时务当约束藏兵、晓谕番众，勿使汹惧自扰，候与英使议妥，当再电告云。惟闻藏民又于红庙山径攻击英军，阵亡三百人。英军则仅伤十人。而驻藏大臣亦电咨外务部，谓：英军之驻雅干者屡经磋商，近已退驻城外。一面招抚番众，令其复业。惟全藏震惊，断难相安无事。请即商请英使，电撤兵队退扎江外，妥议办法，以安人心。

1904 年 4 月 30 日(光绪三十年三月十五日)，第七十五期(甲辰第六号)

藏事纪闻

三月二十七日伦敦路透电：柏乐得烈宣言云：驻藏大臣及西藏议约专员，若不依所定限期行至干子，则英军将前往拉萨议和。所有藏地要区皆已占据，以保通递消息之要路。

二十八日伦敦电：藏人已重建干子被毁之炮台，并安炮六尊。所用炮弹计重一磅。近日正在攻击英军。而英政府宣言谓：昨年十一月六日（华历九月十八日）公文所定派兵赴藏政策断不再改。

又印度书记官某宣言于下议院，谓：自印赴藏之援兵，计英兵四队，印度步兵四队，并有大炮四尊携往。

1904年5月29日（光绪三十年四月十五日），第七十八期（甲辰第九号）

论英兵入藏

（译英国一千九百四年三月二十九日《泰晤士报》）

本馆访事昨自花梨电告，谓英军从坚子前进，兵弁么端鲁以护送扬赫斯奔大佐，率其部曲步兵八百五十人，马兵百五十人，且携炮六尊而往。昨营于唐拉山。其地高于海面约一万五千尺。今日可抵拖鲁。惟道路艰险，不易转运。当静候四日方可北上，约须再历九日之程。沿途若无阻碍，此之所行自甚满意。毕禄的历昨宣言于下议院曰：如藏人不击我兵，且不毁我电线，则决不往攻。本馆又有访事登录一文于某报，谓我兵之多寡为藏人所未知。十二月，我兵自轩巴庄退回，改道青别以利遄行。藏人不知，以为我兵之畏遁也。夫藏人行事往往激人生怒。而在拉萨之俄国侦探又数挑战，致令我英难以忍耐。不知我英遣兵入藏实无他意，亦惟保护我英已国在藏之权利，欲与藏人议约而已。

我英人之于藏，踪迹所及苟能无远弗届，则藏人当更知感，不意其称兵相向而欲阻我之前进也。护送专员之英兵为数虽微，然藏人苟欲起而抗拒，固非召集大军不为功。若果以兵戎相见，则我胜彼败自无疑义。盖藏中军械乃仅枪与弓矢。我惟以印度兵千人前往，势必所向无敌。访事又尝贻书见告，谓我兵前行诸多艰阻。然非兵力不足，实以军械、粮食难于运送云云。夫供给军械、粮食之难尽人知之。又须扫除种种障碍，乃可入藏。而藏境道路，愈进愈高，且崎岖不平，有艰于行车者，而雨雪又从而阻之，故日运八万磅重之物实非易易。访事又尝报告昔日进兵之详情，且于威君之不辞劳瘁，使我兵得入青别山谷，与夫么君之尽心诸事皆深嘉之。是以本馆于此，惟盼我英将士之努力前进，得以早日奏功而已。

1904 年 5 月 29 日（光绪三十年四月十五日），第七十八期（甲辰第九号）

藏事纪闻

四月十二日，在藏英军分赴各村。不料藏人所筑炮台已与英军逼近。英军遂与藏人接战。事后查知英军阵亡印度兵三人，大尉一人，又伤大尉一人，小队指挥官一人。至藏人，亦伤亡甚众。而外务部曾于十三日得出使英国大臣张星使电，略谓：藏事已商之英藩部，请其电知印度总督停止进兵。所议各条，乞即与驻华英使商定，电藏速办。

外务部以十四日又闻藏英见仗，故又电询张星使矣。川督锡制军亦电告政府云：近来西藏英兵日有增益。事势危急。应如何办理，请即示遵云。

十六日伦敦电：柏乐得烈宣言云：英国派兵赴藏，须得有偿款及后不再有防碍之切实担保，方可了结。

二十一日伦敦露透电：英国派往西藏陆军统领杨赫司斑大佐之大军，已抵寻丕，并有从行之王家富司利亚兵两中队。

二十六日字林西报登载西电，谓：藏人在驿程之中攻击驻于坎马之英军。藏人被击毙者一百六十四名。

1904 年 6 月 8 日（光绪三十年四月二十五日），第七十九期（甲辰第十号）

藏事述要

四月二十五日，藏兵力攻英军在坎马所筑之炮台。藏兵阵亡者百六十四人，遂退。英军追之，藏兵伤亡甚多。

二十七日之夕，藏兵乘夜往袭英军印度喀尔喀兵之先锋营，旋为英军击退。

五月十五日，英国援师，陆军大将马都诺率其部兵在奈因寺与藏人鏖战良久。英军阵亡五人，伤六人。惟援军曾于途次占据藏兵之某炮台。藏兵竭力相拒，死伤无算。英军亦伤将校三人，印兵五人。英国因添派将士赴援，将于五月十四日可至拉萨。然近闻藏人已与议和。

驻藏大臣有扩戎泰奉外务部电，略谓：界务业与驻华英使妥议，务宜约束藏众，静候廷寄，万勿卤莽。而有护戎泰亦有覆电，言：藏人不肯遵命，势甚危险。请速添拨饷械，以资应用云云。

1904年6月28日(光绪三十年五月十五日)，第八十一期(甲辰第十二号)

论西藏近情

(译英国一千九百四年五月《而利费报》)

自杨赫斯奔大佐率师赴藏，法国外交家均甚注意。英国论藏事之蓝皮书，且言寇仁伯爵深信俄人之有意侵藏。卑拉君曾于巴黎报章登载英、俄处置西藏政策，盖欲以圣彼得堡与拉萨往来商议之事宣布于众也。卑君又言有郁拉者，至为寇仁伯爵所信任。尝谓印度政府将里打收隶印度版图时，达赖喇嘛决计仇英，欲请中国出而干预，而华政府不能为力。其后印度政府复占他处，于是达赖喇嘛益忿怒，遂结欢于俄。此亦中朝不能为之作主，以至迫而出此也。郁君且言：中、俄两国业已商允彼此合力保护西藏，俄国威以兵力，而中国则覃敷文教，复为代主互市之事。然近者达赖喇嘛以护持教门主宰之徽号晋于俄皇，此惟中国皇上有之，今用奉之俄皇，则俄皇亦可成为佛教之主，而达赖喇嘛不啻为俄之总督。夫佛教推广至缅甸、印度，实大有损于英人也。卑君尝曰：俄国属意拉萨，实为将来欲于蒙古、中国得享权利计耳。而冠仁伯爵之意，则惟欲以印茶销运藏地而已。

1904年7月8日(光绪三十年五月二十五日)，第八十二期(甲辰第十三号)

论英人图藏

(译英国一千九百四年六月八日《诺挺咸报》)

顷得西藏最近消息，知在甘志之英军实未增益，欲往拉萨非厚集兵力不可。虽近驻英军亦足自保，然须俟援兵踵至方可前进。且藏人屡攻英兵，欲断其交通印度之路。英兵因与大战，藏中人物所损无算。夫藏人之性质，能持其毅力与人相抗。今虽为英军所败，然断不能使之不图再举。若马端好将军不能大败藏人，恐英兵断不能有安然驻军之日也。至前往拉萨之路程，则多所阻碍，盖沿途地皆崎岖之故。至西藏之土地，合全世界而观之，无甚可用。藏人苟不听俄人之怂恿，则印度官吏必不干涉其事。因藏地气候甚冷，户口稀少，孰有起贪念而欲得之者乎？不意俄人在藏多方运动，如昔日之于阿富汗故事，遂致我英不得已而有此举动也。然我英之意，则惟我英人得行权于拉萨，断不容他人出而干预，以是之故，则英兵必须留于拉萨，而于现时一切之阻碍皆当亟为扫除也。

1904年8月6日(光绪三十年六月二十五日)，第八十五期(甲辰第十六号)

论列国图藏

(译日本明治三十七年六月二十日《外交时报》)

顷者迭见电音，知英廷发兵入藏。藏地戒严，于是藏、英遂有激烈之争斗。然则藏英既已构衅，推其结果，果有若何之变象乎？是虽非吾侪所能豫测，然乘日、俄之战而英国遣师入藏，则其视眈欲逐之状亦可知矣。

夫西藏者，固夙以锁国攘夷为第一主义者也。自为中朝征服，遂遣重臣往镇，即欧美人所称为中国大使者也。然自是至今，闭关政策仍无所改。

其都会曰拉萨。藏人视其地为最神圣之域，禁止外人前往。欧人至者则有二十余。半为天主教教士。其初至者，为阿特律克。时当一千三百二十五年。西藏未有厄鲁特喇嘛之名。自此经三百年许，有社斯脱教士者至拉萨。时则有第五世厄鲁特喇嘛始称为达赖喇嘛者也。又一千八百十一年十二月，英人脱买斯、满宁格，尝入拉萨而与达赖喇嘛相见。又自此经三十五年许，而至一千八百四十六年，有法人赫克及额伯特者至拉萨。尝著游记，盛行于时。

自一千八百五十年后以至今日，欧人之入藏者相接于道。然率不得入拉萨。兹特举其著名者如左：

俄国大探险家普连惠尔塞，曾数往游。其第三次，则自一千八百七十九年三月至一千八百八十年十月，溯河源而上也。第四次，则自一千八百八十三年十一月至一千八百八十五年十月，且探及西藏北部。此后又有陆鲁式者，经昆仑山西部而入藏地。及一千九百年至一千九百一年，则又有哥速罗夫入藏探险云。又有美人洛魁尔者，自一千八百八十八年至一千八百八十九年，及一千八百九十一年至一千八百九十四年，两次入藏。其第二次尝著一书，曰《蒙古西藏日记》，以一千八百九十四年出版于华盛顿。

一千八百八十九年至一千八百九十年，有比利时之天主教教士多人结伴游藏。一千八百九十一年至一千八百九十二年，有英人曰培惠大尉、曰叠克脱尔、曰赊罗特者复入西藏。

一千八百九十二年，有英女士盎尼阿尔退鲁者率亚人五，自甘肃入藏。至一千八百九十三年，经四川打箭炉而入中国本部。以一荏弱之妇人而能跋涉山川，不避艰险若是，实足令人闻风而兴起也。其旅行日记已与一千九百二年出版。

又法人求脱留陀林、葵那尔，则自一千八百九十三年至一千八百九十四年入藏。又有英人律得尔达者，当一千八百九十五年，尝偕其妇游藏。

又一千八百九十六年，英人惠尔培大尉、奇射大尉皆入藏，并著有游记。

瑞典著名探险家曰斯彭海静者，一千八百九十六年及一千九百一年，两次入藏，皆以前往侦探、欲行侵略之策耳。即以英人言，亦欲占西藏而有之也。若培惠大尉、若惠尔培大尉、若奇射大尉以及杨赫斯奔大佐之所谓大陆中心旅行者，亦皆同此宗旨。今乘日俄之战，以精通地理之杨赫斯奔率强武之兵士，携文明之利器侵入西藏，必欲抚有其地而后已。英人之心，夫固路人皆知矣。美人洛魁尔所著《蒙古西藏日记》，于一百四十叶记之曰：一千八百九十一年雪克姆地方，英藏大有冲突。英之少佐某歼焉，藏人死者以三千计。今年（即一千九百四年）春，英、藏又战于雪克姆。藏人死伤无算。英人则犹进兵不已，渐逼拉萨。殆将乘胜直入而欲席卷以为已有也。此事结果，虽非吾辈所能预测，然以世界大势观之，则藏地将渐开放，而外势侵入必至喧宾夺主，以渐近于危亡。他日者，英人果取西藏，势必经打箭炉以下四川。坚冰之至先于履霜见之矣。

伊古以来，以锁国攘夷为第一主义者，往往而有。埃及其最著也。十九世纪中叶之日本，与十九世纪末叶之韩国，亦莫不然。他如中央亚细亚诸汗国，亦尝行此主义。阿富汗亦其一也。然至今日，尚犹深闭固拒，坚守此策而一成不易者，则莫如西藏矣。

当交通未便、军械未精之时，则此锁国攘夷之主义宜若可行。至于今日，而科学发明日有进步，交通既便，军械既精，任意径行，无远勿届，是今日之大势也。若日本，若韩，若中央亚细亚诸汗国与阿富汗等，其所行主义莫不为此大势所摧破。独西藏百折不挠而欲抗之，其可得乎？故自今日以观西藏，亦当不久而达于开放之时期矣。

夫俄人之在今日，固欲乘世界大势而大有为于时者，英人亦然。即以俄人言，亦早有图藏之心。其侦探西藏之人，莫不以是而往者也。

自欧美人以外，又有印度人拉伊、萨拉脱、青陀赖、大斯等相率入藏，且至拉萨而谒达赖喇嘛。时在一千八百八十二年也。

若我日人之至藏者，以僧人河口慧海为最著。其外又有成田安辉、能海宽。而成田安辉之《西藏英国交涉始末记》,曾载六十九号、七十一号《外交时报》(《外交报》亦译印于六十八期)。至若能海宽者,自入藏以后消息杳然,生死不可知,恐已为藏人所戕矣。

夫如是,则自十四纪以至于今,欧、美、印度、日本之人均有入藏者矣。然莫不经历险阻、九死一生而始达其地者,则皆藏人锁国攘夷之主义为之也。

1904年8月6日(光绪三十年六月二十五日),第八十五期(甲辰第十六号)

藏事述要

英国派赴西藏军队,已于六月二十二日行抵拉萨,即屯驻于达赖喇嘛花园之侧。全藏因之震动。而驻藏大臣有护戎泰亦已至藏,会晤英官。旋又与达赖喇嘛相见,当将因应事宜,曲为开导。又闻政府已有电致有护戎,云:前请遣派素悉外交之员并携同译人赴藏一节,今宜劝谕达赖喇嘛,勿与英兵交战,候派定外交人员前来再议办法。

七月初一日,英人黎波栖尔下议院询于柏乐得烈,云:我英是否以西藏为自主之国,抑以为中国之一部?驻藏大臣是否得有全权与我议约?果有全权,则所议之约,可不俟中国政府批准而即见施行否?若为中国属藩,是否已得华官担保,中国可实能照约行事乎?柏君答云:议约一节,系由我英与驻藏大臣及西藏代表人会议。英政府所办之事,亦已告知中国政府。当驻藏大臣行抵干子时,已与赴藏英陆军统领杨赫斯班大佐言明。现正预备开议。

1904年9月14日(光绪三十年八月初五日),第八十九期(甲辰第二十号)

论英人经营西藏

(译美国一千九百四年七月《拿呼美报》(俄)奥脱郎士克著)

甚矣,我俄人之萎靡不振而自失时机以至于今也。英人经营远东,今已伸权西藏。卡尔各答(印度都城)之官吏与喜马拉山之酋长(致西藏),彼此殆将交通,而可互市于拉萨,转入中土。外人在中亚所行政略,将必大有更变。夫西藏情事,俄人鲜能通晓。惟报章间有言之者。究其实情,则俄人实无所知也。

凡知西藏历史者,均谓俄人之于藏事所知甚鲜。俄之部民中有喇嘛数万,距今已二百年,亦与在华之同教者联合。不意欧人在藏考察之举动,俄人竟充耳不闻。

果何故也？

一千八百十六年，英人派大员驻于廓尔喀之京城。又有和豆生君者，曾考察中亚商情，与藏人往来，得知教中情实，且觅得佛教碑碣于喜马拉山。今庋于伦敦、巴黎会以供众览者是也。

英政府因欲得地于西藏圣城附近，于是在大吉岭建立英军营垒。一千八百三十五年，藏人遂以大吉岭地让之。坎泼培尔君前往整理，自一千八百四十年至一千八百六十二年，皆守此土。各处山居之民移居于是者以数千计。乃辟地植茶，又与喜马拉山人互市，管辖西金人民，建筑自大吉岭至卡尔各答之铁路，大吉岭遂为藏中要地。至是印藏交界之实情渐为欧人所知。工程师又开大路于山上，而以往寝鼻山谷之支立拉山路为最优胜。卡尔各答官吏与印度西金王订约，尽逐匪人。西金王又常往大吉岭，故与欧人习处无嫌。

藏人守旧之见自此渐消。有由大吉岭附乘火车而游卡尔各答者，车价仅收七罗卜。游客以喇嘛为多。由尼罗赴藏商人，辄以印度报章沿途分送。夫藏人者乐于贸易，甚愿推广商务。故华人不能再至西藏售货。盖藏人皆往西金购买，以其价较廉故也。赴卡尔各答之购物者岁以千计，率于秋间前往，至由印度取道廓尔喀赴藏之路，较之由支立拉山路者，其远倍蓰。若由西金至德苏伦堡，为期不过一周而已。英人因俄国所征进口税过重，故不能使印茶运入伊犁西境以牟利。在喀什噶尔之俄货，足与英货媲美。卡利君欲由印度运货至叶尔羌迤东之地，卒不可得。而由大吉岭取道寝鼻山谷赴拉萨之路最为径捷，故商货日有增加。夫自华运藏之货，茶为大宗，惟售价过昂，不能畅售。阿桑与大吉岭茶户，每以售余茶叶，货之于藏，已足给用，而价值又廉。如此，则华茶自必减销而大有益于英商也。藏人又乐购印度之米，因较华米为廉。且又乐购烟草、宝石及欧洲货物，辄以金银易之。至藏地所产食盐、六畜、羊毛、药材等物不可胜数。若能彼此通市，则英人定必设法，以期彼此获利。不幸由西方所至之人，有喧宾夺主之意，而又横用强权图其所欲也。

且不独英政府派人赴藏已也，英教士亦尝有往者，致俄人未得偿其所愿。夫泰西各国，尝藉教士以阑入亚洲。有摩雷维亚人，昔尝居于俄国辖地，欲令克耳抹克人改教，旋为俄人所逐。其后遂往印度，居喜马拉山。寻入藏，且通晓其语。印度官吏得乘此机会以成西藏字典，印行于世。是书固为遮斯奇克教士所著也。英人又将蒙古文之圣经颁给藏民，凡非务邪术之藏人均乐购之。此后又有名基耳摩亚者，经越佛教之地而至贝加尔湖，建立碑记，以记三十年前英国教士之事。比教士亦在蒙古传天主教，该教神甫遂得由两路以入藏。然被人谋害者亦往往而有。所谓两路并进者，先由中国入藏，后则由印度、西金而往也。

天主教神甫在藏所行之事，与昔日在西伯利亚之神甫大致相若。凡异教之人，莫不与之交接。故凡行教所至，势力渐盛。异教之人见新约宗旨纯正，故无不崇敬教士。虽教士间指斥佛法之谬及间有为佛教人所窘逐者，然藏人率加以礼待，且尝有一事得喇嘛之助。

英国尝助在藏教士。凡遇患难，则由廓尔喀人通报于卡尔各答。因德苏伦堡及拉萨之人，莫不惟廓尔喀人是惧，愿出多财而不欲与印人交战。英人洞悉此情，故遂得享大利耳。

英人尝遣印人前往亚洲内地考察情势。然俄人能于藏人联络者亦不为鲜。在藏之褒哩戛人，今尚与其本藉西伯利亚人相往还，而效忠于俄已二百年，其入俄藉者往往而有。以是观之，则俄人讵不可乘机以行事耶？

吾尝考英兵入藏之故而知之矣。盖西藏寺观富于储积。凡古代珍物、书籍均有所庋。若印兵行抵德苏伦堡及拉萨，则必掳掠无遗。观中国拳匪一役可以想见。然则东方之人受其祸害，自有不堪设想者矣。

诚若此也，自古佛教所留碑记必一扫而空。当中国先皇攻进藏境时，亦派兵保护珍物。若英兵一至，自必夺毁无遗。然俄人今欲与达赖喇嘛交谊加睦，则为时已晚，未易补救。夫首次进藏者，俄人也。先考察蒙古中亚事者亦俄人也。不意西藏实情乃能为他人所洞悉，实不可解。今惟冀喇嘛得脱英人之约束，然他日必为俄人治理。英国或仅辖喇嘛所居之地而不能灭其佛教。斯为幸耳。

1904年9月14日（光绪三十年八月初五日），第八十九期（甲辰第二十号）

论藏英交涉

（译日本明治三十七年九月二十二日《国民新闻》）

日英同盟之互相为利，所不待言，虽轻视此同盟之日本人，亦不能谓日俄开战以来，日本不受此同盟间接之助力。而英之于日本，则亦非有义务、无权利者。

不观英与西藏所订之条约乎？英国保护权之扩张，非得日英同盟主力乎？此同盟之范围虽在中国东方，西藏、印度、波斯之属非其所赅。然此等虽不在其范围之中，而不得谓在其影响以外也。使无日英同盟，无日俄战争，英国又乌能于西藏伸其权力而订完备如是之条约乎？

藏英条约之精神全在第九条。审其明文，在限制西藏之行动，而注重于不经英国政府承认一言。自有此语，而英人已囊括西藏之保护权矣。

藏英之关系不自今始。当一千八百八十六年，西藏军队攻英保护国西金，进至达基零市之北六十里，英国乃诘责中国政府及达赖喇嘛，而均不得要领。一千八百八十八年，使印度兵进西金，击退藏兵，而始开议。及一千九百年订条约，定地界，开西藏印度之互市，许印度商人任便贸易。然自是厥后，藏人屡侵英边，且不守所订商约。盖西藏官吏欲垄断中国商务之利益，而恶印度货物之侵入也。故一千九百年之条约，遂若有若无，名存而实亡矣。

印度政府虽受藏人谩侮而隐忍十二年，惟告拉萨酋长乞开议，请各派使协议实行商约之事。而藏酋不允，亦不遣使。印度政府乃以昨年，遣兵赴西藏之甘志，即扬赫斯奔大佐所率以往者也。惟进军时，为天时、地势之所阻，藏人之所抗，艰苦万状，今年始达甘志。藏人又不欲于此议约，而示以抗拒之意。英军遂以八月三日进至拉萨，为城下之盟。是条约之所得诚不轻，而得之实亦不易也。

然俄国此时若得以自由西顾，则于此藏英之条约，恐不肯束手旁观也。间尝闻藏俄实订密约之说，世多传之。而外人所不能至之拉萨，俄皇之专使尝至焉。且俄之探险者及自称探险者之基皮科夫，淹留拉萨者凡一载。昨年始还俄都。然则此四十六万三千二百方里之土地，六百四十三万之人口，为俄人之视眈欲逐志在并吞者明矣。而英国乃订此旁若无人之条约，若一无忌惮者，岂非以俄人之掣肘于远东故耶？吾日本既以英人之投机为可喜，而以英人之投机，日本亦与有力焉，为尤可喜。自是以后，英人于波斯湾、于波斯，皆必有所举动。请拭目而观之，可矣。

按：英攫西藏与前之俄占满洲何异？日本于俄，则曰：吾当为中国争回权利。于英，则曰投机可喜。呜呼！外交界各以自利其国为的耳，亦安有公理乎？

1904年10月23日（光绪三十年九月十五日），第九十三期（甲辰第二十四号）

藏事志要

自藏英停战以后，而阅七月十九日天津电，知驻藏大臣有护戎曾有电奏，谓：近与英人议商善后事宜。达赖喇嘛现已逃逸，请即传旨褫革。政府据此入奏，诏以西家子达西喇嘛代任，而严缉达赖喇嘛。至拉萨所驻英兵，定于八月初六日退出。继由有护戎与英将杨赫斯奔商议，凡藏中供奉圣容之处，格外防护，惟电请外务部拨借赏恤银两。外务部允之，遂令有护戎速与英官协议藏地通商之事。及七月二十一日，有护戎又电请外务部，奏派熟悉外交大员一人，授以全权与英改订条约。旋又电奏，谓：现与英人开议和约，凡十款。英欲索取路矿、通商等利权，藏民大震。得政府覆电，令竟力议驳。外务部旋又得其电，则谓：俘虏番众已悉数释回。英兵今已渐撤，然亦惟分作数队，遇事即可召集。盖英人拟筑铁路于藏，以通印度，将先使各兵归时，分道查勘地段云。又闻英印度书记官勃乐德立在勃兰姆来宣言云：英藏新立条约亦惟保守商利，不碍中国主权。至赔款一节，则当以春丕一部作抵。而德、美、义三国则牒请外务部，力距藏约。俄人亦与政府抗辩。

八月十七日，直隶津海关道唐少川观察奉命开缺，以三品京堂候补、赏给副都统衔赴藏查办事件，然日久尚未成行。因有护戎以新约未经全认中国主权，且未奉政府之命，终未签字故也。至此约之订，实系副喇嘛画诺，不能作准。并闻政府近日电达出使英国大臣张星使，令与英外部速商藏事，并请其电饬在藏武员，改订条约必须我国政府承诺而后可云。

1904年11月2日（光绪三十年九月二十五日），第九十四期（甲辰第二十五号）

藏英新约全稿

按：英官要挟西藏立约八条，后又推广为十条，先后电到外务部。今将原文十条开列于下：

一、现经番众应允，按光绪十六年条约，所有哲孟雄之边界须准十六年订立之第一款办理，再行重立界石。

二、现经番众允遵，除亚东而外，尚有江孜、噶大克地方设立码头。英国与西藏商民听便往来、买卖。所有光绪十九年订立通商章程中，有不妥之处，英国须与番众会商妥改。一俟改定之后，亚东、江孜、噶大克悉遵改定章程办理。番众允订亚东、江孜、噶大克设立码头。凡商民至印度采办货物，往返仍可照现在行走之道转运。如另有商务兴旺之地，再行商办开设码头。

三、所有光绪十九年订立条约之内，有不妥之处须商改一节，再行另案办理。西藏须派有主权番官与本英国官会商妥改。

四、往来货物，英国与番众商订税则，妥订之后，不得再加税项。

五、自印度边界、亚东、江孜、噶大克边界沿途不得设立关卡等项。如道路艰险，须西藏修理，以便商民往返，以期无有阻滞。亚东、江孜、噶大克，西藏应设番官。英国所派驻札之官，凡有致驻藏大臣、各汉官并番官公文、信件，概归该番官接收、转递。即将来别有商务兴旺之地，议开码头，亦应设官仿此办理。

六、为因西藏不遵条约，并羞辱边务大臣等，妄动兵衅，须偿英国金圆五十万元，合卢比七百四十万元。按三年，分三期清缴。每一期二百五十万元。第一期系英千九百零六年正月初一日至期。应于何地收兑，由本英国预先知照番众或在西藏大吉岭照派收兑。

七、第一、二、三、四、五款内所载之开立码头，第六款偿费各事，番众取具必办之保证。本英国兵仍驻守春丕，俟三年码头并立停妥，缴费告竣为止。若偿费至时缴未完数，本英国兵则仍驻守春丕。

八、自印度边界到江孜，前藏商人道经之处，凡有山寨等项，须一并拆毁。

九、西藏土地，本英国如不应允，无论是何外国，一概不能有典卖、租给等情。西藏之政事及一切应办事宜，无论是何外国，概行不得与闻。西藏无论是何事业，各外国不得遣发官民人等来藏协番办理。西藏地方，各外国不得前来修理道路并筑铁路、安置电线、开矿等事。假如本英国愿诺别国修路、筑铁路、开矿、设电线等事，本英国亦一体自行检点举办。西藏各项恒产，一切银业不得以之与各国抵押、对换、租卖等情。

十、边务大臣荣与达赖喇嘛于英历千九百零四年九月初二日，即藏历本年七月二十三日，在西藏西招签押、盖印，所用英、番文两则，以英文为准。

附

中英新约略稿

闻英国边务大臣荣赫鹏（当即杨赫斯奔大佐）除与达赖喇嘛立约外，又另备约稿一通，送交驻藏大臣有护戎，请为签押。其文列下：

所有光绪十六年在噶里噶达中英商订条约并十九年所订约内，有疑惑为难之处，番人不听中国开导，并未悉遵办理，本英国理应自行办理。特派边务大臣荣与大清驻藏大臣有会商，妥办一切未协事宜。将光绪十六年约内疑惑为难之事，本英国与番众商订十条。

大清钦差驻藏大臣有查阅无异，理合签押、盖印。此次中国与英国妥商定约之后，番众不得稍有违背等情。此案因光绪十六、十九两年，英与中订立条约章程内开多有为难、不妥之处，番边悉未遵办。英特派边务全权大臣荣来边会议。不意又动兵衅，致失和好。此次妥立十条，以期达赖喇嘛与英大臣荣会商立约、盖印，从此修好。

1904年11月11日（光绪三十年十月初五日），第九十五期（甲辰第二十六号）

论西藏政治

（译日本明治三十七年十月三日、八日、九日《国民新闻》）

西藏者，世界之秘密国也，今将为英国势力所范围，而骤现于世界之政局，不可不一究其政治。然欲知西藏之政治者，当先知大喇嘛之势力，欲知大喇嘛者，当先知其相传之历史。英伦《泰晤士报》尝载一文，论大喇嘛及西藏政治者，译之如左：

藏人自昔为勇猛之民族，而所戴酋长，则为尤勇猛者。其未有佛教，未受中国管辖，未有文字时，皆然。

自东晋之季以迄隋末二百年间，藏人尚为野蛮种族。业牧畜，事战斗，风俗与今大异。其服从酋长也。有誓：岁一小誓，以羊犬及猿为牲。三岁一大誓，以牛马及人为牲。世俗相传有以猿为祖之说，颇与达尔文学说相类。谓其始祖本喜马拉山巨猿，与一牝魔婚，生众猿。有山精爱之，啖以魔谷。而尾遂渐短，毛渐稀，口渐能言。凡藏人之特性，尚敬虔而好滑稽者，为巨猿之所遗传。行诈伪而逞残酷者，为牝魔之所遗传云。

唐之初叶（西历七世纪初），藏人以其武力征服近邻，蹂躏上部缅甸，击退华兵，中国不得已而与和。是时藏王曰赞普，年二十三，甚勇猛。中藏和约有妻以皇女之文，故中国皇帝以公主妻之（指唐太宗以文成公主妻吐蕃若赞普事）。公主素奉佛，而是时印度白布王亦以女妻赞普，女亦佛门信女也。赞普受二女感化，亦崇信佛教，域内遍立伽蓝，令臣民奉佛。以其拉萨新建之都，为佛教之都。以印度文为国书，迎僧徒于印度，至者无算，盖凡可以振兴佛教者，辄不惜尽国力以举之也。

赞普既以藏为佛教国，遂赐僧侣（即喇嘛）以特别之保护，多数之特权，及其死后，剃度之人数遂顿增，而势力亦以渐强大。卒致僧侣一级，专占国家管理之权。初与贵族争而屈之，其既，遂袭取王权，行其宗教主义之政治，务愚其民，以便压制，于是西藏惟佛教有势力，而僧侣有威权。全宋理宗淳裕年间高僧八思巴遂受元世祖之特许而即达赖喇嘛之位。

元世祖许大喇嘛以兼辖政教之权，大喇嘛遂于后藏萨迦，为红教宗。红教者，冠服尚红也。考元世祖与大喇嘛之相契事，颇诡异。世祖既抚有广土，虑非藉宗教之力不足以镇抚之。然欲于基督、佛陀两教中而择其一，乃召两教之师入宫，使各显其神通。基督教师无能为，大喇嘛能使酒杯自动而近世祖之唇。世祖乃决用佛教，而使达赖喇嘛司宗教之仪式，因酬以统治西藏之大权焉。

萨迦之大喇嘛，受元代保护，统辖喇嘛教界全部。元亡，不能托庇于中朝，而蒙古别有一大喇嘛起，不受萨迦政府管辖，黄其冠服，是为黄教。而红教长居萨迦以统辖西藏，至明季如故。

明季有蒙古固始汗，以大军压西藏，攻萨迦。时在拉萨之喇嘛，皆奉黄教，与萨迦之红教反对，乘机援固始汗，以倾萨迦，于是大喇嘛由黄教出，都拉萨，而以固始汗长子为西藏将军以酬之。

拉萨第一之大喇嘛最有权略，巧于御民，伪造西藏历史以坚人民崇拜。大喇嘛之心，谓始祖时代之山精，尝化身而为人，并伪撰世系图以实之。而彼自以为佛陀之灵之所权化。其死后，凡黄教之大喇嘛，皆代表佛陀之灵者也。藏人之信者大半，偶有不信而不服其教权者，尽以兵力放逐之，杀戮之。于是西藏全部尽服从焉。以至于今，皆其伪造历史之力也。

西藏又有第二之大喇嘛，居西藏西部之西额希寺。其寺之大，亚于在拉萨者。其大喇嘛之权，为二百年前拉萨大喇嘛之所分给，故权力亦较逊，且无政界之权，而得倾全力于宗教。故往往人格崇高，学识博大，教界之名誉，转视拉萨之大喇嘛为优。

康熙年间，大喇嘛之宫廷，有争夺政权之变，西藏遂有内乱，蒙古乘机袭之，取拉萨，辖全藏。中国政府遣大军击之，逐蒙古人，使正统之大喇嘛即位。是时大喇嘛齿甚幼，中国政府畀以教界全权，而政权则悉褫之，命办事大臣理其政务。及大喇嘛长，杀中国大臣，恢复政权。中国政府又遣大军捕大喇嘛，系诸狱，尽杀其徒党，再置办事大臣，以拉萨有名之高僧摄大喇嘛位。而此摄政者复与办事大臣争，被杀。于是中国之势力骤长，藏人大怒，又起而戕办事大臣，拉萨大乱。中国政府复派兵平之，揽黜涉摄政者之权，而一切政权皆归于办事大臣。自是而大喇嘛之势力微矣。

是时，西藏之宗教界亦惟办事大臣及摄政之势力而已。大喇嘛皆不永年，至十八岁则必暴死，而禅其位于幼子，故摄政殆无尽期。摄政者，受中国官吏之指挥者也。观摄政权力之大，可以知中国势力之强矣。考最近大喇嘛之死者，凡四人。一仅十一岁，余亦仅十八岁。此足以证拉萨宫中之阴谋焉。

中国权力既大而又为此阴谋，藏人大不平。当现任大喇嘛十八岁，群知死期将至，乃起而干涉之。卒救大喇嘛，夺摄政所据之国玺，而投其人于狱。于是政教两界之权，复归于大喇嘛。中国办事大臣之权力悉被剥夺。中国政府大怒，更置办事大臣赴拉萨。是时摄政被害，大喇嘛虽复政权。然使此大臣办事得体，未尝不可以再振中国之势力。然卒为藏人之贿赂所购，而为之蒙蔽政府。故藏人得送其谋。

此后中国一破于日本，再破于联军，而国威大挫，大喇嘛遂乘机而斥其干涉之权。然此大喇嘛者，年将三十，尚不更事，虽有顽强之性质，而为众喇嘛所牵率，不能行公正之政治。宫廷内外，众喇嘛常结党相争，大喇嘛不能持一定之政策以临其民。故西藏今日之政治，实拉萨朋党之现象而已。

西藏自脱中国之干涉，而遂隶于俄国势力之下。俄之伸势力于西藏也，由喇嘛特赖忌夫之力。此喇嘛者生于俄境贝加尔湖滨，受俄国教育，深表同情于俄。距今二十年前来拉萨，峥然现头角于众喇嘛中，遂为大喇嘛所信任。乃以其老猾之智术，使大喇嘛信俄而嫉英。此英人所以有侵略西藏之举也。

1904年11月11日（光绪三十年十月初五日），第九十五期（甲辰第二十六号）

论藏英新约

（译英国一千九百四年九月十七日《伊干哪米司报》）

藏英新约虽已划诺，然尚未印行。惟观九月七日杨赫斯奔大佐在葡萄拉所发之言，可见是约之已能使人志得而意满也。藏人违背一千八百九十年约章，以致英人举兵。曾允赔偿，盖当一千八百九十年至一千九百三年间，藏人尝违约以阻印藏商务。然一千八百九十三年已订条约，辟瓦[亚]东商埠。藏人乃在其地旁近，缭以墙垣，以拒经行之商货。虽印商可直入瓦[亚]东，惟不许藏人与之交易。尝有英官一二人前往，藏人待之殊薄，且又不按约章所载疆界一款办理。在印度总督寇仁伯爵之意，通商一事苟甚满意，则界事亦可通融。乃藏人不允与议，而寄还印督致达赖喇嘛函，不为答复。且既持此意以对待印督，又就商于俄京，至可异也。

囊与印度政府所定之约，藏人既已违背，又与英国在华之大敌潜相往来，以是之故，英人不得不设法自为办理。中国政府先已愿使中、英、藏三处之人互商议结。乃藏人出阻英人之前进，且以兵力相拒。英人则决计入藏，欲为拉萨城下之盟。夫英兵之入拉萨，险阻备尝。卒至其地，欧洲大陆尝称誉之。杨君能订此约，非盘盘大才，曷以臻此？观其划押时之所演说，足征其办事之允协矣。其言曰：英廷之于藏中政治、宗教，绝不干预，亦不侵占土地，又明认中国为西藏主人。今所求者，惟藏人实行一千八百九十年中英所定藏约而已，且期印藏商务得有联合，则不特有益我英，即为西藏计，亦非无利。况中国海禁久开，西藏而外，各地皆已互市乎！故望他日藏人优待英官。至尔等自昔对待他国之宗旨，亦不必弃之如遗，云云。即此，可见杨君政策乃冀藏人勿再蹈常袭故，如前十年之行事耳！至其主权、宗教，则概不与闻。惟索偿兵费之数，今未宣布。以予意而论，索偿之款不可过少，庶使其知印度政府有震怒之意。然亦不可过巨，使其力不能支也。

惟藏人他日之能否按照新约办理，则未可知。以达赖喇嘛今已远逸故也。然亦不能谓此约乃中英所订，未经商之藏人。盖约文已钤彼印，而三大寺及其国会亦然。特恐达赖喇嘛异日言旋，谓此印为他人盗用。乃竭其力之所及，以期废弃此约耳。

诚若是也，则印度政府欲派大员驻藏之事必将复见。夫我英果欲简员驻藏，非从以大队护军不可。然果行之，恐有久占藏地之事。予恐他日藏人必迫我之行此政策也。若就现时而言，则我英人之意，皆以为须使西藏自主，而与我重敦睦谊，乃始为万全之策焉。

（其二，译英国一千九百四年九月二十四日《士比加报》）

藏英新约，已见昨日《泰晤士报》北京访事之电。是约尚可略改。闻华政府已有改约之意。然以予揣之，当亦无甚变迁也。

当议约前，英之政策有二：一为寇仁伯爵之意见；一为中央政府所主持。寇君意见，昨年一月，曾见于叙述藏事之蓝皮书。其言曰：吾辈近所查察，非独欲结划界之事已也，将以使他日印藏商务之更盛，英藏睦谊之更笃云云。且其意欲令英国派一大员往驻拉萨。寇君怀此意也有年。其在官时，以为欲使印藏贸易日隆，自不得不有此举。此所以有今日之约，而特藉词推广商务，以行其外交手段耳！英政府乃不谓然，以为西藏久隶中国。如是行之，则于中国有碍。本年二月二十六日，蓝斯当侯在上议院宣言：谓我英必尊重中国为西藏之主。俄政府所宣告对付西藏之意，我英外部大臣亦韪其言。盖政府之意，实欲使藏人为我邻境之商人而已。此寇君政策与政府政策两歧之故也。

观今所拟条约，若介于此二策之间，而实则行寇君之政策也。约中未言西藏为英之属地，亦未言及中国之驻藏大臣。然为西藏之主人者，昔中而今英矣。意者英兵占据春丕，将以为他日藉事干预之地乎？英政府若果坚持其策，则必无今日之约。今约文之第二、第三、第四、第五四款，政府视为满意，从可知矣。约文大旨谓：番众允于亚东外，开埠于江孜、噶大克。英、藏商民任便往来贸易；又英、藏既妥定税则，不得再增；又自印度边界至亚东、江孜、噶大克，不得设立关卡；又商人道经之处，所有山寨均须拆毁。以商务而论，即此数款已为我英人所大悦。然最要者，乃第六、第七、第九三款也。第六、第七两款大旨则谓：藏人所偿兵费，计英金五十万镑，三年摊还。因欲使藏人遵约不背，故英兵暂占春丕，至款清撤回。第九款则言：若未得我英允诺，不得租赁土地或出售与他国；又不得听他国派员来藏干预内政及筑路、修路、安置电线、开掘矿山。此则较诸所索阿富汗之款关系为更巨也。

所订藏约，实欲使此后之西藏对外交涉，必先商之于英也。如是，则英国之权力日大。此正寇君之所喜，而政府之所不悦者也。订约之事，达赖喇嘛必不与闻，或言此事无关紧要。中朝已将达赖喇嘛褫职而以他人代之。《曼者斯打报》则谓：斥革喇嘛之举必不能行，非其已死断难易人云云。今亦姑不具论。第英兵之占据春丕，实为藏人所不悦者。恐达赖喇嘛将出而煽惑藏人，以与英人为难也。且我英藉辞索赔以行占据春丕政策，恐于阿富汗之边界亦不免别生枝节。以此例彼，当亦势所必至也。我英派兵驻藏，干涉政治，且迫其购我货物而欲使其与我相安，不肆骚扰，乌可得哉？乌可得哉？

二月，勒滂伯爵在上议院宣言曰：予知我英政策必主持保全中国之土地主权。他国有出而侵者，我英且须设法抗拒。故不可使他国有所借口，谓我英干犯中国之土地主权。今之占据藏地，实与平日之对付远东政策有所违背，而不合我国宣布之宗旨也。我英不先与中国政府商议，擅占春丕，迫其与我修好。是岂主持保全中国土地主权之政策者所宜有此举动乎？今之订约，且将有损印度之平和，而一任治印度以与藏人启衅也。主此政策之寇君，其亦三思之也否乎？

（其三，译日本明治三十七年十一月九日东京《日日新闻》）

英国杨赫斯奔大佐、马克赉特将军既达拉萨，达赖喇嘛不知所之，僧众皇遽无措。驻藏大臣有护戎泰惟英国之命是从。于是达赖喇嘛之副，摄主其事，而与英使议和，不俟驻藏大臣之承认，而已成盟。英国十年来经营西藏之志，于是始达。自是以往，将公其秘密国（西人称西藏为大神秘国）于世界，而使之渐有进步。即英藏条约观之，若政治、若商务，英皆获最优之权利。而俄国觊觎西藏之谋悉为所夺。英国乘日俄战争之方殷，缘隙行事，俄之愤激可知，然俄人从容不迫，不为直接之抗议。而天下各国，又皆若已默认，不为干预。夫中国者，西藏之宗国也，利害之关系至大。然外观虽若骚然，而实际则不离敷衍，自有护戎电传条约全文。而中国政府深秘不宣。此亦专制国之通例，本不足怪。然中国政府往往有藏头露尾之失。虽竞言秘密，而其事早布于世。今之《英藏条约》犹是例也。盖自政府得电不阅二三时，而全文已为世所共见。政府深为骇异，以为如此，则外贾俄人之怨怒，内滋民党之口实，将奈之何？果也。自德国官报宣布条约全文以后，世论沸腾。俄使即致诘责，德、法公使亦有违言。中国政府乃始皇惧，百计弥缝，务以息内外之纷议。外务部初欲商之于驻华英使萨道义改订条约。英使斥之曰：英藏之约，印度政府主之，非予所知。中国政府乃电责有护戎，令速图挽救。然事已无及。杨赫斯奔等已携约而归。而兹约遂难于撼山矣。华官亦知英国之意向既不可动，虽极力布置，必无成效。而于俄及各国之违言，中国民党之议论不可不思所以敷衍之。于是张外观之理论以塞责。此亦近日中国外交之成例也。日者，命以开缺天津海关道唐京卿绍仪领副都统衔赴藏。唐君为直督袁宫保僚属，工英语，谙交涉，以外务部伍侍郎荐剡而有此举。中政府欲借此物望较孚之人才，以示实有改订条约之意，以告无罪于中外而已。故唐君之赴藏与否，尚未可知。自唐君陛见以后，廷议纷然，或曰：宜赴印度，与印度政府交涉。或曰宜赴英，而以伍为正使，唐副之，与英政府交涉。而唐遂代张星使德彝为驻英公使。此等纷议，尚不知所届。要之，英藏条约已在成事不说之列。唐君虽赴印度亦无能为。中政府若确有保守主权之意，则四月间英使赴藏之始，何以不与之折冲？既于英藏直接之冲突之协议，皆默然无所可否，及今而筹抵制，晚矣！非英国折节，中政府决无毫末之挽回之。而俄人虽以狡诈百出之政策，运动中国政府，亦终无效而已矣。

1904 年 12 月 21 日（光绪三十年十一月十五日），第九十九期（甲辰第三十号）

论德人对待藏英新约

（译英国一千九百四年十月十八日《泰晤士报》）

观今日本报北京访事来电，即可知中朝尚未批准藏英新约之故。方约文传至北京，英使即就商于外务部，冀其即日批准。自经华报刊布，而驻华各使群相骇诧。且是约乃由德使资助开设之华报先为录登。或谓约文尚未尽确，观于德使之起而抗拒，可知其政策所在也。昔特兰斯哇尔总统克鲁家一电，以德皇干预南非之事为甚不合。然特国疆界有德人之商务权利、殖民权利。是则干预南非之事犹为持之有故。至若西藏一地，德国不过强为干预耳。德使注意于是约第九款，以其声明藏人不得以商务、矿务、路权让与他国，谓于中德条约利益均沾一言有所损害。一千九百年，德国首相褒洛宣言，谓：英德订约以保护各国在华现有权利，而满洲不在其列。今不以其宣告之宗旨施之于藏，则德国之强为干预固无疑矣。

有谓德、俄曾订密约者，今德使力拒是约，其意可知。盖德使之意，欲使华人知德、俄之协力办事，又可藉词再索山东之权利。本报今日所载维也纳访事电，略言曾得一函，言俄人之用意。其言果确，则德之外交实抗我英。至若俄者，妒忌英国之在藏权利由来已久。是则德、俄二国均施其阻力于英，而非我英所甘心者矣。观今年叙述藏事之蓝皮书，即知我英政府决意不许俄人之扰我政策，又不愿使俄人藉词以言我英乘远东战事而自取其利也。俄人虽有抗拒是约之意，而又欲表明和平之宗旨。观英国与埃及约内所载之埃及谕旨，俄人不为阻拒亦可知可矣。今英、俄政府均不愿使远东之战扰乱世界大局。即以藏事言，英、俄二国亦尝文牍往还，或能得和平之结果，然终未敢必耳。闻印度总督尚未批准是约，中国政府亦犹徘徊瞻顾，未经许可。设使条款尚有未妥，则我英公使可就商于外务部，或与中国简派赴藏之大吏，即就拉萨商议亦无不可。

我英对藏政策之宗旨亦已宣言于议院，俄政府当必视为满意，必不藉亚洲势力不均之词以起而干涉也。本报今日登有从英兵入藏之访事来函，谓英兵冒险前进，料简藏中善后事宜，且又允不干预其内政。杨赫斯奔大佐若在拉萨度岁，则所办之事自必甚多。惟政府之意，将俟是约订妥，即令专员言旋，以示不失信于人也。吾知义、美两使必不为德使所煽，而自此以往，德国外交诡计之所以煽英、俄者，必无所成。夫英、俄乃亚洲之大国，势均力敌。即无他人煽惑，已不能无所猜嫌。今者德人不为调停而反为构衅，至令俄京人士大为不悦。然彼德人者，不计俄人之满意与否，惟图结欢于其政府。凡与战争有关之事，常愿出而助俄，俄皇亦不阻拒。而凡有仇视我国者，俄人断不与闻。要之藏约一事，德人固明行其阻力，而俄则外示和平，阴怀忌嫉也。我政府若遇事加慎，不贻口实，则亦何从施其谲计也耶？

（其二，译英国一千九百四年十月十八日《泰晤士报》）

十月十六日，本报北京访事来电，谓数月前游历晋、汴而返北京，则闻中国之所以未批准藏英新约者，恐各国出而诘问，故踌躇不决耳。中国报章所著论说，无不抗议力拒。而以德使资助之华字报馆为尤甚（指《胶洲报》）。然各报馆亦尝闻华人曾言英兵入藏无稍窒碍乎？何至今而以赔款过重有碍中国主权之语，起而反对是约也？

自北京各报刊布是约，德使即往外务部询以是否确实。外务部答以为确。德使以为第九款若经中国批准，必与有约各国别生枝节。诚以既有此款，实使英人有特别权利于中国内地也。德使询其曾否允诺，外务部答以尚未。彼虽未明言阻拒，而意之所在，实以为若经中国批准，则德国必于山东索取同等利权。华人固已知之，且恐法人之于云南，日人之于福建，相率效尤，争欲均沾利益也。俄、法两使力劝中国勿允德使，又煽惑义、美二使起而阻之。坐是之故，中国虽欲诺英，命其驻藏大臣画诺，而犹迟疑未决耳！不知中国若不批准，亦不能视之作废。苟能翻然改计，即为批准，则中国在藏之主权可加厚矣。

德使所为实甚无谓。一千九百一年，德人欲取悦于俄，宣言满洲不在英德约内。以德于满洲无甚利益故也，不知西藏于德亦无所利。今之举动亦惟阻抗英国而已。乃者中朝已简唐京卿绍仪赴藏，俟印度政府允准，即往加尔各答，以与印督商议。冀将是约略改，不使国体尽失。及冬将往拉萨，即或撤去驻藏大臣，亦未可知。

往者中英所订招工往南非洲之约，德人煽惑中国使其更改，今又行此诡谋，欲变是约，殆欲借此机会侵损我英在华之权利以求自便也，我政府其力拒之。

(其三，译英国一千九百四年十月十九日《斯葛斯门报》)

我英赴藏军队，今方言旋印度，以避藏地奇寒。自首涂以来，过唐山有大风雪，冻死七十二人。既离拉萨二旬，道死者仅此七十二人及马匹而已。今已行抵春丕矣。英将扬赫斯奔大佐已携藏英新约而返。现时对付西藏之策，自派队入藏而外，别无他术，且又可使藏人知我英将士兼旬可至。英兵今虽以忍耐之性而得战胜之功，然不可不于北京及欧洲之都城，以外交之法而力图战胜也。当议约时，驻藏大臣初无间言，洎是约改妥，即以未奉北京训条为言，不愿画诺。抑知此约之订固无损中国主权，且若有使其主权益固者乎？中国之为西藏主人，有其名而无实者久矣。约中声明中国为西藏之主，不惟不可怨我，且尚须致谢于我耳。惟自此约既定，凡开通西藏以控制直入印度之道路者，须先得我英允诺而后可。我英与藏官订此约，而中朝今尚踌躇，不欲明认。盖尝受俄、德二国之煽惑也。俄人此已出而抗拒矣。德人虽未明言，然既怂恿中朝，且欲使他国出而附和，此语或未尽确，然以德在远东所行政策辄为英人所阻，则知德人之挟其隐憾而以为报复也。此言当非无因。当英兵之未入藏也，俄人亦尝宣言，无论英藏订立何等约章必不与闻，以俄藏相距数万里也。今乃突行抗阻，何行事不副其言耶？至德人之起而干涉尤非所宜。彼谓英藏新约实有损中国之主权，西方各国所享利益因而有损。不知西方各国我英而外，无与西藏互市者。今之订约，实使中国主权基础益固耳。且我闻在昔英、德订约，以保中国土地不使见侵于人。我英此举，非如俄于满洲之破坏中国土地也。及俄占满洲，德竟出而语人曰：满洲非英德订约之所及，与德无涉。即俄人之视蒙古、伊犁为保护地，德亦未尝出一言以责之。夫满洲、蒙古均隶中国统治之下，西藏不然。中国在藏之主权，如土王之于埃及。德人不干预俄之于满洲，而必干预英之于西藏，何哉？今虽有他人煽诱中朝，谓必别生枝节，冀不批准。然无论如何，必不能使我英舍弃现有之权利也。我兵之占春丕，又非行其压力，不过耀兵藏地，可使其见而生畏，及早清偿赔款，又能按约行事而已。德人之计虽狡，我亦安能堕其计哉！

（其四，译英国一千九百四年十月二十日《每日报》）

自藏英订约而德人起而阻之，凡稍知近日德国外交者，均不以为异。盖以德之距藏数万里而遥，又未经商其地，乃目光所直注条约，则其行事之必有他故矣。

窃尝推求其故，而知德人宗旨实欲假藏事以令英、俄二国互起争端，鹬蚌相持，坐收渔人之利耳！盖藏之与印关系至重。德之延[廷]臣莫不知之。若能减少英在拉萨之权力，则英在印度主权力亦必为之震动。他日两国决裂，则德人必见信于俄。或又以海上利权起而相争，则俄之助德亦意中事。其欲阻藏英之订约如是而已，岂果欲保全中国之土地耶！曩者德人尝借口教案占据胶州，瓜分中国之事，实基于此。是可知德人之非真意保华也。当一千九百年，劝令英国于保护中国土地之约签字后，即向俄宣言，谓此约与满洲无涉，且又怂恿俄国蚕食远东。其伎俩亦狡矣哉。且尚有诡谋为人所不及知者。盖今者日、俄之战，俟旅顺既陷，英国除特订约章外，必以威海卫交回中国。而德人深知是港之甚合于用，欲取而有之者久矣。闻德皇将于今年冬答访英皇，有谓其必有深谋巧计，使英外部让威海以与之者。此为确实之耗，抑为传闻之辞，虽不可知，然德人固注意于威海者，是不可不信此言之有因也。我国外部大臣，当坚拒其请，而勿视德为可信之友邦耳。若谓政府不欲批准藏英新约，则新约自必作废，此恐未能。新约大纲有云：此次中国与英妥商定约之后，番众不得稍有违背云云。观此，则新约之不能废止可断言也。

要之：我英须望中国政府及早批准新约，且当转告德国，谓与德无涉，请毋干预云云。自今观之，宜派一明敏有干才者驻加尔各答。而印督寇仁伯爵亦宜速返印度。吾闻寇君将与阿富汗酋长有所商议，则所行政策，其能保持英在印度之势位自可必也。

1904 年 12 月 31 日 1905 年 1 月 10 日（光绪三十年十一月二十五日、十二月初五日），第一百期（甲辰第三十一、三十二号合本）

藏事纪闻

西藏赔款，前经英国杨赫斯班大佐议定英金七十万镑，限七十五年清偿，英兵占据春丕七十五年。印度书记柏乐得立令减至二十五万镑。杨赫斯班不允，乃商之于印度总督寇仁，遂决意仍照原数，惟占据春丕期限不过三年，且斥责杨赫斯班，谓其擅订藏约。英政府实不欲干预西藏内政。藏人若或背约，自当别议对付之策云。

近闻唐少川星使电致外务部，谓已抵加尔各答。英国所派专使则已先至，将致前西藏办事大臣有护戎泰之公文送阅，嘱将前约签字。当告以奉命重议前约，并画诺者。专使旋送到条约十二条，往返辨驳，粗已就绪。盖缘英人公论，亦不谓然。故尚易着手也。

闻达赖喇嘛由库伦遁入恰克图，将为俄人伴送至俄京云。

1905 年 3 月 30 日（光绪三十一年二月二十五日），第一百四期（乙巳第四号）

藏事纪闻

闻唐少川星使与英国派至加尔各答之专使初次议约时，专使请照前约，将杨赫斯班大佐所致驻藏大臣有护戎泰之公文画押，其文并未声叙藏为华属。唐星使以有护戎既未认许，则公文自属不妥。而专使谓：英国不过为防备他国起见。如中国能保他国不侵藏土，亦可认为华属。唐星使当拟约稿十条以示专使。而专使谓此稿之意在于废约，坚持不允。会议四次，方允删改。至赔款，则已减去五百万卢比，其春丕撤兵年限，专使亦已承认。惟彼意须于约内表明，系属印度总督体恤藏人之意。唐星使谓：此非印督寇仁私情，乃英廷睦谊。故所言不能从。现坚执除商埠外，无论英国之官、商、兵队，均须由西藏大路往返之说。

外务部电致唐使，谓：据有护戎电陈，转据三大寺公禀，言得江孜英人来函，内开赔款减去五百万。又第二条、第十条开设码头及三年兵费如数付给，至第三年，即将春丕地方交还云云。又：英人拟将杨赫斯班大佐与藏人所订，由英国派员往驻江孜及来往拉萨之款作废。均见于英国蓝皮书也。

1905 年 4 月 9 日（光绪三十一年三月初五日），第一百五期（乙巳第五号）

论藏英新约

（译英国一千九百五年二月十八日《斯派克提脱报》）

或谓英兵入藏之举，虽措置周密，而所得权利实亦无多。今者藏约之成，虽未由中国政府签字，然我英既得经商之权利，又可于江孜设立商务代理人，而藏人又以不假权于他国相诺。举此数者，亦仅藏人之自许于我，初非由我英曲为之方而强其按约行事也。由是以观，则英兵入藏谓为无甚功效，又奚不可。至中国之允将藏约签字与否，则关系无甚重要。藏人苟能依约办理，虽中国不允画诺亦何伤也？然则他日果能保藏人之善待我英而始终不变乎？曰：能。何以言之？此事要端全在英兵入拉萨时与藏人待我之情形，而订约不与焉。藏官尝以金佛赠扬赫斯班大佐、马寔诺将军及维德君，殆冀英人之睹物生情以毋忘相待之美意乎？其摄任之达赖喇嘛及其僚属，莫不知英兵之恪循规则，赞叹不置。夫喇嘛固夙怀仇英之心者，今亦于我英而具表同情，则其人民之感情又当何如？要之藏人以美意待我，自能相安无事，足使其边境安谧，永享和平。而藏人之相待恳挚，固非我英所及料也。

方英兵初入藏时，拉萨政党约分为二，而均以我为仇。一为左党，主张联俄主义。一为右党，墨守旧制。无论英、俄，皆视为外侮，思有以抵制之。自英兵入藏，而两党政策皆不能行。今者所订条约，于西藏之独立无稍侵碍，且得藉我英以扶翼之。故右党已一变其拒英之念。且右党诸人为喇嘛僧及大寺院之首领，所持主义与我英政策相合。是则藏人之欢迎我英，可以知矣。虽或有以英兵入藏为损其荣誉者，然若辈固恃专制以压制愚民，一旦失其所恃，其仇我也亦宜。夫英兵入藏，实可巩固其独立。彼亦当蘧然觉翻然悟矣。彼中达者，已莫不知我英之推诚相与。盖以英兵入藏，则可去其无道之教主。而人民产业，既无损失之患，清净法土亦无污染之虑。故藏官既赠金佛于英官，且许扬赫斯班大佐入其圣坛，观其府库，以表友谊焉。

吾乃悬想英兵之去藏也，藏人之于我英必有依恋不舍者。夫不知来，视诸往。当藏英交战时，藏人临阵退却，如不欲战，且有愿临战被创而冀免他日之兵役者。热泉之战，败而不愠，甚至有受伤藏人就疗于我军医院，既愈而不欲去者。我英施医江孜，名誉大振，沿途病人咸来就医。其善贾之民，集于江孜、拉萨之市，英兵莫不给以重值，获利而归者不可胜算。如上诸端，实足使其深信英兵之品行，而可振我国之威名也。故昔者或有以我英为孱弱，心存藐视，今则一变而为崇信矣。

今者罗龄大尉及其兵士已游藏之西境。彼于十月十日自江孜起程，取道入拉马铺脱勒河山谷，循河源，经印度疆界以入薛离山谷而直至新罅也。夹道欢呼，争相迎迓。某喇嘛又于思嘉寺设宴款待，又备骡马送之。试观近刊蓝皮书所载扬赫斯班大佐之言及藏人优礼之情形，诚有出人意料者。由是观之，英兵之入藏，虽城郭山川无所割据，子女玉帛无所侵掠。然其所得，实有十倍于此而为人不觉者。所得维何？亦曰西藏之人心而已。

按：右言英兵入藏，虽未得土地财物，而所得者为西藏之人心。有土地人民之责者尚其念诸。

1905年4月29日(光绪三十一年三月二十五日)，第一百七期(乙巳第七号)

藏事纪闻

查办西藏事件唐少川星使与英国专员会议藏约，计有六款。其文如下：一、英国允认中国为西藏之上国。二、如无他国干预，则英亦不愿并吞西藏及管理西藏内政。三、藏地如开设商埠及设立电线通至印藏边界，则英国须得有利益。四、三十年七月二十八日之藏、英条约及以后批改之约，须附入此项约内。五、此约须缮中英文四份。如有辩论，仍以英文为主。六、西藏办事人员，除中国人外，不得用他国人员。唐星使以其诸多窒碍，乃驳复之：一、原稿英国允认中国为西藏之上国一语，上国二字应改为主国。字义截然不同，不能含混。二、原稿英亦不愿并吞西藏云云。应改为：英亦不得并吞西藏。三、原稿设立电线云云，应增入"该电线须由中国自行设立"。四、三十年七月二十八日所订之藏、英新约，不得附载此次约内。六、原稿云："除中国人外不得用他国人员。"查亚东关等处延用英人，业已历久相安。应不必将此条载入约内，致碍主权。并闻唐星使电告外务部，言英国专使谓：此次约稿，于前约利益所让颇多，不能再为更改云。

1905年5月8日（光绪三十一年四月初五日），第一百八期（乙巳第八号）

论藏英新约

（译英国一千九百五年三月二十五日《斯弗亚报》）

中国专使唐少川京卿以修改藏约持节赴藏，今已行抵加尔各答。我英之人不可不为注意也。

自藏约在拉萨签字以来，历时已久，犹未定议。我政府殆亦等同视之，而不知其关系于我在亚洲之权利固甚巨也。是宜从速施行，乃能有济于事耳。夫经营亚洲之政策稍纵即逝，安可有须臾之缓，以致坐失巨利。不幸迁延时日，至令德使干预，且又有俄人散布全亚，密布诡计，出而行其阻拒之策也。

据近事观之，则知我英政府与印度官吏，若已为藏人所笼络而堕其术中者。不然，何一经英兵之前赴拉萨，而凡外交大事悉已忘之而绝不过问耶？

当英兵之将入西藏也，德人固尝宣言，谓：必不干预其事。即俄人之所拒阻者，已为议院一一驳斥矣。何英兵入藏，而德使亦啧有烦言耶？乃自英兵抵藏，而北京传述藏约之款，异喙争鸣，人各异说，亦知中国政府于英兵入藏之事固已承认乎。

继此以后，印度外部之行事自必迎刃而解，易如反掌也。

中国外务部虽不以此而仇我，不与德使联合而协谋以阻我，然亦以德人之干涉，而近日之意故不免渐有更变矣。

今者在藏英兵，既已言旋，且与藏人订约而后归矣。所订之约，曾由英使交外务部，请其批准，是固出于中英之睦谊，而非为国际应行之事也。孰意中国于此不惟不允批准，且又以示德使。越数小时，遂为德人所设之华字报章，窜改辞义，登录简端，殆欲以激怒华人耳。

然此亦惟仇视英国政策之人所为耳。各国公使乃为该报所蒙，而不知其非藏约之原文也。俄、法、义、美四国遂皆起而效尤，力为拒阻。彼若洞悉其奸，亦焉有是举动耶？藏约不能早日批准，实德人之狡谋有以致之。而华人于此，遂皆震惊惕厉，若有大惧。盖恐藏约既成，必使德人有所借口，而索取山东权利也。果如其说，则藏约一旦批准，各国索取权利之事，亦必相率而至矣。

今之中国，一孤立无助之国而已。各国肆其恫吓，谓勿批准藏约，宜中国之踌躇不决也。德人所行诡计固已如愿以偿，而英政府，犹谓藏约之不至徒劳，且又许中国特派专使，前往印度、拉萨修改藏约，岂不大奇？夫我英衰弱，则平昔之威名必将因以失坠，明达之士，当不河汉斯言也。

按：右言经营亚洲之事，不可稍缓须臾，致失巨利。盖列强猜忌性成，所行政策，惟恐受他人之干涉，或有阻挠，迅雷不及之举动，遂致时有所闻。故外交家不可无平日之准备，否则仓猝应付，亦焉能有所抵制耶？

1905年5月18日（光绪三十一年四月十五日），第一百九期（乙巳第九号）

论藏英新约

（译印度一千九百五年四月《恩劈力斯报》）

昨年八月，本报曾以自一千八百十七年至杨赫斯奔大佐率兵入藏订约各事，详载简端。今已由英国专使佛黎沙君与中国赴藏查办事件大臣唐少川星使商榷该约各款。而英使所议，则由印度总督主之。虽藏英新约之得效与否尚难预知，惟必有为藏人所不能遗忘者。盖英国专使既得英兵保护，行抵拉萨。久之，则情势既熟，来去自由，且可直入西昭而于其地订约也。西昭乃拉萨胜区，为十九世纪游藏者所称道。一千八百十一年有万年者，曾易服往游。一千八百十六年，有法教士二人居拉萨数月，流连忘返。然自是厥后，藏地不复有欧人之足迹矣。阅数十年，乃有杨赫斯奔大佐率兵入藏之事。然此为改订条约而来，非志在游玩也。若夫其地风景，则《泰晤士报》访事谓：西昭虽以名胜著，实与拉萨他处无甚殊异。屋宇芜秽失修，欲登其颠，则石级层层，须别觅幽径，乃能升堂。堂之顶凿牖透光，壁绘图画，柱雕花草。中列宝座，刻一龙像旋绕以锦，若甚郑重者，惟座旁之饰已日就毁坏已。

西昭亦拉萨之圣地，为藏人之所崇敬者也。藏英新约订于昨年九月七日，即在其地画押。达赖喇嘛议政会三大寺长及国会，均盖印其尾。中国驻藏大臣虽自谓不拒藏约，然亦来允签字，盖未奉政府明文，不敢专擅故也。约共十款，其大纲有云：所有光绪十六年在加尔各搭中英商订条约并十九年所订约内有疑惑为难之处，番人不听中国开导并未悉遵办理，英国理应自行办理。特派边务大臣杨与大清驻藏大臣有会商，妥办一切未协事宜，将光绪十六年约内疑惑为难之事，英国与番众商订十条。大清钦差驻藏大臣有查阅无异，理合签押盖印。此次中国与英国妥商定约之后，番众不得稍有违背等情云云。盖藏人之所以不依加尔各答条约办理者，实因诸有窒碍。故英国特派专使前往商议，不料藏人与之为难，因以决裂。然今已议和，立约十款，一经达赖喇嘛盖印，必可保持和局。兹将藏约十款录出。（略）

此约与印度政府初时所索相同，惟第六款略有更改，以期有益藏人。英外部与印度政府函电纷驰，亦以此故。自颁发西藏蓝皮书第三号后，见之者莫不极力排斥。夫藏约既已签字，杨赫斯奔大佐对众演说时，在座者有英武员二十人，英兵一队及各藏官与中国驻藏大臣，尼泊尔、布丹两国之代表人，且藏僧亦届时咸集。大佐以简捷之词括约内要端，向众宣告，谓英国断不干预西藏政教，明认中国主权。复将藏约概略详为解释。又言订约之故，实欲使一千八百九十年所立之约得以实行。前约所言乃两国边界及彼此通商之事。惟为日既久，藏人食言，故深望此约既订，前约亦因之实行也。

藏约要求之款，欲使他日英国代表人得为藏人优待，不复如达赖喇嘛之通好俄人，于印度政府布告西藏之文牍置之不问，及英兵初入藏时为所轻视也。

当杨赫斯奔大佐演说时，尝言：予为英政府之代表，订立此约，英人必当遵守，亦深望藏人之毋或违背也。或渝此约，必严惩之，若阻碍商务，或损害英国人民，我英自当责偿。藏人入印，必以优礼相待，且任其来去自由。商货运入印境，悉蠲其税，不使有丝毫之输纳。藏中佛教寺观，无稍毁坏。是以英人至藏，亦望藏人之特别待遇，与我国之待彼无异。若藏人不守条约，又不优待我英使臣，则我必视为仇敌。苟能按约行事，则藏英交谊当益加厚云云。

英兵之入藏也，以淹留江孜久，始于八月三日行抵拉萨。此非杨赫斯奔大佐之咎。实以时届隆冬，严寒逼人，故须速返印度，以致匆促议约。此事详载西藏蓝皮书第三号。其最重要者为印度政府与印度部书记来往公文所言英使订约之事。而约中所载，以赔款为最要。虽视原文较善，且由英政府批准，然赔款之数实未稍减，惟展缓摊赔期限而已。驻春丕之英兵，须至赔款清结方可撤退。印度部初致杨赫斯奔大佐贺电，谓：英政府必竭力援助。至赔款一事，则须异日再定。昔年英政府曾告俄人以英国必不干预藏事。今英国专使与藏订约，使驻江孜英国商务代理人可以任便前往拉萨，与在拉之华官、藏官妥议商务，实已越命行事，故印度部书记官请其于未出拉萨以前，按照英政府意见，更改约文。杨赫斯奔大佐以为此事不能重议于拉萨。其后印度政府颇韪其说，而杨赫斯奔大佐自奉此命，心殊怏怏。

当昨年二月，杨赫斯奔大佐之被劾也。斯边萨伯爵宣言于上议院，谓此举未免已甚。外部大臣蓝斯当侯亦谓：大佐所为，虽于政府之意旨微有不合，而外交能力实有令人叹慕不置者焉。

中国外务部之不允签字，予百思而不得其解。今唐少川星使虽已于二月十六日行抵加尔各搭，与印度政府商议藏约，然此事非可速蒇者。本部曾谓：一千八百九十年西金条约所定商务章程，经四年而后妥。以当时中国代表人、英人克达君之竭力办事，犹须四年之久。今者北京外务部之作事迂缓，其效果迟速，不更可知乎！夫今之外务部，即昔之总理衙门。今昔之名称虽异，而其性质则一而已。

唐星使为粤人，及壮，弃举子业游学美洲，实中国初次赴美学生之一。由是而肄业大学九年有余，娴熟英语，洞晓时务，为世所重，求之华官，不可多得，今行年四十有二矣。当其衔命而至加尔各搭也，常与北京政府互通电文。亦可见其无议约之全权矣。二月二十三日，唐君得外务部电，谓：已奉驻英公使之命，至其莅任与否，尚未可知。然若藏约迁延，恐此约未结以前当先赴英莅任矣。

唐君之简为驻英公使，是否畀以全权商议藏约，莫由知之。然唐君必知藏约之重要。印度政府必不允其作废。况该约在拉萨签字时，杨赫斯奔大佐曾谓：必明认中国在藏主权而保全之。向使英国而欲以藏为其保护国也，则中国外务部之疑惧亦无足怪。今既无此情事，则中英之外交当不至因此而棘手矣。

按：唐星使因藏约条款有英国允认中国为西藏之上国一语，力争须用主国二字，屡与磋磨，迄未定议。而杨赫斯奔大佐尚谓：必明认中国之主权也。夫谁欺？

1905年7月17日(光绪三十一年六月十五日)，第一百十五期(乙巳第十五号)

藏事述闻

唐少川星使自抵加尔各搭，曾与印督寇仁伯爵议商藏约四次。乃寇君旋以赴森姆拉高山避暑为名，稽延数月。近则寇君又须受代，唐星使遂奉命归国，惟留参赞张君荫棠代办各事。至藏约条款，原有英国允认中国为西藏之上国一语。经唐星使抗议力争，须用主国二字，英人不从。政府因采集各种主国证据以示之，英人乃始承认。自此以后，会议稍有进步。然英人既认我为西藏主国，即以代偿兵费为请。又第三款与第九款业已改定，余尚支吾。甘志开埠一条，虽已允许，然须俟约稿全定始可开办。亚东关开设已及十年，尚未照征货税，现方稽核往来各货，以备商议（闻岁征税二万数千两云）。

达赖喇嘛久留库伦不返，而驻华俄使璞科第，前曾以该喇嘛法号被褫、仪卫减色、无颜归见旧侣，代恳赏还为请。其实该喇嘛依赖俄人之心颇甚，是以不愿回藏。

英人自与前达赖喇嘛开战后，虽留兵驻防甘志，尚无举动，专俟藏约议妥、布置通商事宜。惟屯驻甘志兵官，现方平治道途、开辟马路。

1905 年 9 月 23 日（光绪三十一年八月二十五日），
第一百二十二期（乙巳第二十二号）

藏事述闻

中英互商藏约，尚未定议。唐少川星使近已归国，未竟事宜改由参赞张君荫棠接办。而驻华英使告知外务部，谓：印度新总督摩登将于华历十月二十一日接印任事。请饬会议藏约专使速将藏约应商要款开出妥议，若再迟延，当移至伦敦办理。又云：约内所有赔款须由中国交付。盖英人既认西藏为中国之领地，中国允为代偿英国军费数百万两。十月为付款第一期，应交银一百二十万两也。

1905 年 11 月 11 日（光绪三十一年十月十五日），
第一百二十七期（乙巳第二十七号）

藏事纪闻

近闻英国政府对于藏英交涉事件，已承认中国政府有统辖西藏地方完全之主权。所订条约，又由中国新增四款。兹录如下：一、西藏永为中国属土。一切事件均由中国担任。二、英国可有西藏通商之利。惟行政一切事宜，英国不得与闻。三、西藏地方，英国不得驻兵。且无论何国，均皆一律。四、此次英国在藏所用兵费均由中国代偿。惟闻英国于此四款，尚未一律签允。

1905年12月11日（光绪三十一年十一月十五日），第一百三十期（乙巳第三十号）

藏事纪闻

中英会议藏约大纲，原拟于乙巳年内签押。乃以事迟延，复定于丙午正月初八日重行会议。及期，惟印督摩登坚谓：全藏路矿须由英国管理。非但他国不能预闻，即中国亦有限制。否则此约终难议结云云。迭由留藏议约之专员张君荫棠及出使英国汪星使电请外务部坚持，勿为所动云。

乙巳十月，英提督率兵径至后藏，见班禅额尔德尼。声称：印度有一大会，专研究各国宗教。英太子届时亦至，亟欲一见以光盛典，坚请束装偕行。班禅以须由驻藏大臣奏明方可答之。而英提督多方威吓，且以兵力胁迫。班禅大惧，乃告由驻藏大臣，电知外务部。旋得复电，令驻藏大臣向之阻止。而英提督已以饮宴诱令班禅出寺，即用兵力迫令起程，追阻无及。驻藏大臣乃奏称：英人此举似欲废去达赖喇嘛，以班禅为质，冀挟之以号召番民。然彼不知班禅所辖，除本处寺院外，别无权势。请饬外务部及议约专员向英人切实声明，速将班禅送回。外务部既奉旨，即牒英使，并电告张君荫棠，迅与印督交涉。而英使则谓当俟会毕送归。

1906年3月9日（光绪三十二年二月十五日），第一百三十五期（丙午第三号）

论藏约宜速中国画押

（译英国一千九百六年一月二十七日《纽加斯达报》）

比得北京来电，谓中国政府于西藏条约不愿署诺，且欲收回主权。当我英联合党执政时，中国政府之宗旨迥异于今。吾尝为之推求而得其二故焉。一、新内阁演说之辞过于巽懦。二、急进党易受胁迫。此不惟各国知之，北京官吏讵亦瞢无所闻耶？今执政诸公尝自谓效忠于群，保护本国利益，然未为英人所信。欧洲各国且知其徒托空言，即远东人士亦以此意为测。执政者亦当亟自表白也。夫西藏之地，邻接印度，英不能以度外置之。藏之与印，无异阿富汗之与印。此两地者若落他人之手,即可据为根柢,勒兵进攻,为印度腹心之患。不见英国未派专员入藏以前,印度情势已甚岌岌可危乎?乃自专员入藏,而达赖喇嘛不欲依约行事,开通商路,划定疆界。且俄人之于藏,阴谋诡计已为世所共知。往者,西藏既尝遣员赴俄矣。而中国又以在藏权利拱手而让之于俄。是则俄人觊觎印度之心,夫固路人皆知矣。英与阿富汗之构衅,实俄人所簸弄。我英有鉴于此,乃遂与阿立约,俾俄人不得施其狡狯。俄之舰队欲由他处出行,尝为英所格。及杨赫斯奔大佐入藏,藏人觑俄为援,多方拒阻,而一再称兵相抗。然杨赫斯奔之行亦惟意在订约云尔。坐是之故,不得已而率兵自卫,始入拉萨。然则时至今日,在藏权利既已为我所有,亦焉能一旦弃之耶!夫西藏一约,中国之所要求可笑殊甚。非令其就商印度总督势有不可。有马来者谓当加以考察,然未必有信其言者。固视之如执政诸公之言也。外部大臣且谓:约如不成,咎惟人民当之。政府之逡巡退却如此,无怪中国之欲乘此时以收回西藏之主权也。

当专员入藏时,中国在藏之主权固已徒存虚名,即达赖喇嘛亦岂愿拥戴中朝,严恪遵守耶?驻藏大臣欲赴英军商议藏约,尝为喇嘛所阻,其明证也。彼殆恃俄为后援,而欲别戴一尊,使其入主藏地,藉以拒我耳。时俄方与日本交兵,国力匮乏,未暇兼顾,乃始憬然以悟,自知孤立无助,仓皇出走。拉萨圣地遂有英兵踪迹,而印藏交涉即自此大变矣。夫我英之于藏,初无他意,惟欲实行前约。故未多索赔款,所以敦印藏之交谊也。今者班禅喇嘛躬赴印度,欢迎英储,亦可见矣。夫英之于藏,虽甚优待,而亦非置中国于不顾,且于中国在藏主权已为确认。则中国之于藏约,自有责任。画押之事,乌可缓也?乃竟一再迟延,借故推诿。知我英枢垣易人,乃遂昌言布告,谓欲改西藏为行省。英若听之,则将来之轇轕不可胜言。夫藏地虽中国藩属,旧系独立,若竟受其辖治,为藏人计,耻孰有逾于此者乎?或谓中国之所要求,英宜严为拒绝。然其所以敢为是者,亦果出于己意乎?吾知必有洞晓我英情势之他国,从中煽动。诚若是也,则我更当一意以却之耳。有曾读约章全文者,谓其处置得宜,深合公理。执政诸公勿以前政府之所区画,弃如敝屣,否则职守所在,实不得辞其咎也。

按:改西藏为行省之议,久未决定。此乃我国之内政也,岂英人亦欲从而干涉之耶?

1906 年 4 月 18 日(光绪三十二年三月二十五日),第一百三十九期(丙午第七号)

藏约述闻

中英会议藏约，延久未决。近由外务部奏请移至京师商办，仍由唐少川侍郎与英使萨道义交涉。往复磋磨，闻已就绪。今录其大旨如下：一、英国承认西藏为中国保护国。二、若非先有他国干涉，则英国不得干预西藏内政。三、当在西藏、印度之间开埠通商，并敷设电线，以扩张互市之利益。四、英在西藏对于铁路、矿山及一切利权，均享有优先特权。惟除中国人外，不得招用他国人。五、中国允赔兵费二百四十万两。而俄使闻约已议妥，即向外务部备询颠末。

甲辰年，英兵入藏。班禅喇嘛曾认赔英人兵费百二十万两。此款已于乙巳冬间由中国代认矣。

1906年5月8日（光绪三十二年四月十五日），第一百四十一期（丙午第九号）

藏约述闻

中英会议藏约业经在京订定。闻已于四月初二日画押，十二日交换。惟正约实只三条，大旨如下：一、英国应允永不占夺西藏土地，并不干涉藏中政事。二、藏中权利，中国允不让给他国。惟中国如自办路矿，英国不得有违言。三、约文以英文为准。又光绪二十三年中英所订藏约（按藏约初订于光绪十六年，续订于光绪十九年。此云二十三年疑有误）及光绪三十年英藏新订之约，仍附此次新约之后。闻尚有附约六条，亦录其大旨如下：一、江孜、噶大克两处均开作商埠。二、英政府或英商如欲在藏办理各事，应商诸驻藏大臣或外务部。三、如在藏地开矿、筑路，允由中、英两国合办或中国自行办理，则英国允不干预。四、藏中政治，如中国不允他国干预，则英国亦不干预。五、藏地边界之电线，准与印度之电线相接。六、藏番与英人之交涉，应由英官与驻藏大臣商办。并闻附约内，又有藏中税则另订专约之语。

前载俄使闻藏约议妥即向外务部备询颠末云云，实系谣传。至此约迟行宣布之原因实有两端：一、开放商埠一节，须俟川督及驻藏大臣察看藏番情形。确系无碍，始能定局。一、桑坡寺乱事尚未戡定。该处逼近藏地，恐藏约遽尔宣布，益坚各土司负隅之志，故必审慎而发。

达赖喇嘛回藏。俄欲派弁带兵四十名护送，英欲派兵迎迓，均经外务部辞之。

1906年6月6日(光绪三十二年闰四月十五日),第一百四十四期(丙午第十二号)

论西藏条约

(译英国一千九百零六年四月二十四日《摩宁普士报》)

本报今载一电,谓藏约近已画诺。其大旨乃明认一千九百零四年杨赫斯奔大佐在藏所订者,惟略改耳!自此以往,英人明认西藏为中国所保护,且允受中国赔款,以补远征军费之不足。此即明认中国为西藏之上国,若无他国干预藏事,英亦必不干预也。

凡立约之事,可称为一国之政策,未可称为外交之效果。此次所订藏约,为讲外交者所深许。惟主张英国政策者,则犹未知此约之宗旨所在。前政府亦尝批准英兵入藏矣。然则入藏宗旨果何在乎?想前政府亦未了然于心也。藏人不遵条约,而又多方阻碍印藏之商务。藏北若有冰洋(言其无国也),则藏人之举动固于我英无甚关系。然已有乘隙窥伺之俄人入藏,考其外交官吏又与达赖喇嘛相交亲。是以派兵入藏,欲使其知印度之距藏较俄尤近。阿富汗之已事,殷鉴非遥,焉可再蹈覆辙乎?盖英人尝告阿人,谓:英国断不与争,惟不得归属于俄。夫西藏内事,若无他国干预,则英人亦不与闻。今既有视眈欲逐者,伺于其旁,岂能听之?是以杨君入藏与之立约而归。惟以英人大占胜利,重为修改。然此等政策,实未可谓为万全。其万全者,若或干预人事,必能始终坚持,否则置身事外,不复过问。当十九世纪时,英人对付阿富汗之政策,是否有当,尚难言之。夫使阿王得英之助,一遇有事,果依葛雷斯顿与沙侯之言,则此策自有裨益。自非然者,亦乌能收效乎?近者藏地既已交还,英兵入藏,实使中国有为西藏上国之实。他日藏事,亦惟中国受其责任耳!

藏约之效果,尚难立见。吾知自中国外,干预藏事厥惟俄国。曩者未与俄人立约,限制其推广中亚之势力,讵不大可惜耶!今有一弱国于此,不能自保其国。则凡为强国者可即占领之,以免为他强国所取。虽用兵略地,费巨事艰,而舍此实无他法。若不欲多所糜耗,或别生枝节,可与觊觎彼弱之国订立专章,皆不得犯。此固事所恒有者。乃者俄人拓地亚洲,我英不为拒阻,盖非有势力不为功也。至若英与中国商定藏事,斯为尤善。英于海陆军备苟能时加整饬,则兵力雄厚,孰敢轻侮?而今日所立之约自更有益,然若于欧人措意之事,置之不顾,亦未可云善策也。

按：文谓弱国不能自保，则强国可即占领。然则立国于今日者，欲保其国可不以亟图自强为务哉？欲图自强，当自立宪始。

1906年7月16日（光绪三十二年五月二十日），第一百四十八期（丙午第十六号）

论西藏条约其二

（译英国一千九百零六年四月二十四日《巴明咸报》）

上海来电，谓：藏约今已署诺，可视为中国已允藏印通商之据。然以是怏怏者，厥惟俄人。盖此约既订，不啻扶助中国拒俄人之阴谋也。夫以俄之宗教言之，可为佛教之国，亦可为基督教之国。其平日所行政策，凡于亚洲，辄藉佛教之力。然证之此约，西藏之当受保护于中国，英人固已明认，是则无论何事，必须听命中国以行之。至一切对付西藏及他国之责任，实在中国。自此以往，藏人之行事可惟中国是问。若或用兵攻藏，既与攻击中国无异。俄若欲取道西藏往攻印度，中国必与之构衅。夫中俄之边界毗连甚长，倘或以是决裂，中国必将乘间以进。俄人有鉴于此，入藏之念，遂以稍息。盖俄欲道藏以攻印，必先熟审中英之情事而后可。又使俄果取道于藏以攻印，必先熟审中英之情事而后可。又使俄果取道于藏而中国不之拒阻，则藏人必与中国为难。所幸者英人今已声言，后不干预藏事。然他国若有干预，而中国袖手旁观，则我英亦必攘臂以起。而中国自治藏事之一款亦可作废。至藏约他款，则与前订者相类。若以藏之对英所任义务论之，则凡西藏筑路之利权，当为英人所享。盖按之此约，外人固不得在藏建路、开矿耳。惟辟埠通商，与夫安置电杆、赔偿兵费二端，皆由中国任之。吾意此约既订，中国必能使藏人尽其义务，而免他国之势力得以侵入。是则我英对华之外交，可谓成效昭著。岂非前外部蓝斯唐侯之功耶？距今六年以前，中国固以联俄为策。俄既要求土地，又迫令在华之英舰出境，而又恫吓中国，谓：若大辟门户，必以军力从事。会有远东大战，无暇兼顾，乃能脱其束缚，而实行开放主义。且俄人之于藏约，固已见之。所以使其不能有侵犯印度、扩张亚洲属土之望也。而惜其国力已弱，无能为役，其又将奈我何哉？

按：藏地为英、俄所窥伺。自中英即订藏约，中国为其上国，而对付西藏及他国之责任皆在于我，是当亟思所以治藏之道以保全之。而舍兴学、练兵外，无他法也。

1906年7月16日（光绪三十二年五月二十日），第一百四十八期（丙午第十头号）

论西藏条约其三

（译日本明治三十九年五月四日东京《日日新闻》）

中英缔结藏约，自去秋以来，已由两国专使议于印度，旋以意见互异移至北京，乃始议定，由驻华英使萨道义与中国全权大臣唐侍郎绍仪盖印画押。

此次之约，起因于印度政府派遣西藏远征队进兵拉萨，而以一千九百零四年九月藏英条约为张本。其最要宗旨乃在确定中英对藏之地位，固不待言。据今日路透电音，则谓此约乃为令中国承认旧有之藏英条约而设，各节所载悉仍其旧。且又谓：约载各项特许事业，与英国约定，中国既拒绝他国，则英不得复向中国要求，是可知其宗旨所在矣。日前曾得北京专电，则谓：草约有中国为西藏之上国，而西藏为中国之保护国等语。盖英国专使已许中国将旧约文字改为中国为西藏之主国，西藏为中国之领土等语，则与本馆所得北京专电，意旨固相同也。

又云：中国承认英在西藏全境占优等之利权。再详言之，即谓藏英条约实为底本。而中英条约乃更以公法形式加于旧约之上者。自今以后，英必将力依公法应得之利权，扩张力于藏地。则将来成绩必有大可观者。

藏英条约要款，有云：将印度北境哲孟雄国附近之强兹塞、加尔各搭二处开作商埠，由藏、印各派商务委员前往驻扎。又谓：西藏应给赔款与英，且自此以后不再割地以与外人，即各种利权亦不退让，又不许外人干涉内政。而此约所谓英在西藏可占优等利权者，即就藏英条约所载，不割领土与外人，不让利权与外人，不许外人干涉内政诸论，而详加以注释也。

西藏物产以麝香、皮货、黄金、皮革等物为最饶。金矿则所在皆有。曩者俄国探险家布尔色活尔思几曾以西藏北部一带地方，称为第二客利福尼亚。其注意若此。外人在藏贸易，最盛者有二大路：一由中国甘肃四川而来，一由印度达席林而来。此外尚有由克什米尔、尼泡尔而来者。贸易总数，岁约五百万元。出口货以麝香、皮货、黄金为大宗；进口货以中国茶砖、土布、绸缎、铜器、铁器为大宗。一旦商埠既辟，则四川物产必可航运以去。又如茶砖一种，印度必将仿造。是皆以此约而可卜之者也。由是以观，英人之贸易大有所利。且更有大于此者，无他，即维持印度边境之平安及于中国边境，扶持英国势力是也。如克什米尔、尼泡尔、不丹、哲孟雄等处，凡依葱岭以立国者，印度政府可执此约以预防外人干涉，此即印度政府对于边境之政策也。如欲预防外国干涉，以西藏加入英国势力范围。舍此三者更无他策。且自英人经营中国政策观之，则英之树立势力于西藏，即所以据黄河、扬子江之上流也。势力所及，可由甘肃、四川直侵中国中部之北。如是，则由东方沿岸发展势力，东西相应，前后相拥，以谋扩张商业。尚有何国能与相抗耶？要之：英之经营西藏，为世所忽。然谋略远大，不难想象而得之。其关系于中国之将来者，固有不可思议者也。

按：藏约已订，英人实收其利，日人且留意如此，我顾可熟视无睹耶？

1906年7月16日（光绪三十二年五月二十日），第一百四十八期（丙午第十六号）

论西藏条约其四

（译日本明治三十九年五月二十二日大阪《每日新闻》）

中国以藏约与英磋磨，时日经久，始得保持主权。然自杨赫斯奔大佐入藏以来，而藏地一隅遂永入于英国势力范围。此约既订，而英藏关系愈定，此固世所共认者。近得上海专电，谓藏约附款有云：将来若有他国进兵新疆伊犁，则英以防卫西藏计亦得进兵。由此观之，英以此约所获之利权，更为显著。而中国之失败遂益甚矣。英以有此附款而得豫防俄之进兵新疆伊犁。中国以有此附款而令英、俄互相抵制，得藉英力以阻俄之进兵。骤观此约，固有此等互相利用之道。然终非可永恃也。俄苟不问中、英之意见，自逞其欲而构衅中国，进兵新疆伊犁，则英之诘问中国不言可知。然英、俄二国不必即因此而战。英惟依此成约派遣军队占领全藏，以保护其利权耳。事果若此，则中国不但不能阻英之进兵，且不能令俄国退兵。是以中国既与英人缔结此约，则新疆伊犁、西藏不啻同时并失。此为将来必然之事，断难幸免者也。若更进一步，而由英、俄协商，一旦商定，俄即派遣陆军于新疆伊犁，则彼时中国之不利较前更甚。吾知中国政府固未能量度及此也。然则中国既以保持其主权为要务，此等贻害将来之事显而易见者，何竟熟视如无睹欤？故此次西藏条约，中国以欲无害主权，而磋商日久始获告成。乃不能获益于今日，而反贻大祸于将来，非中国外交之一大失败乎？

按：近日各处电传，谓英、俄二国已有协商中亚之举。是则此论所言非尽无因。安知英、俄所协商者非即此问题乎？

1906年7月16日（光绪三十二年五月二十日），第一百四十八期（丙午第十六号）

西藏民族源流考

英国利物浦大学教授爱第巴喀尝为琼州领事，久客中国。继为缅甸中国某署顾问官，精东洋学派。有查尔士者，尝著华英字典，爱以其所撰六音字谱附之。生平著述尤夥，声誉卓著，东西人士交口称誉。近更草一论文，详述西藏民族之源流，始自太初，迄乙巳年中国订结藏约止。彼盖熟审夫西藏之时局形势，将为世人贡考镜之资也。夫西藏之事学人恒鲜注意。若爱之文，简明精到，考证宏博，恐为今世所不数数觏者也，亟译录之。

古代西藏族系非中国历史所详，犹之该撤[撒]时代之德意志人，据边境部落以侵掠、剽窃为事，仅能传碎琐之见闻耳。西历纪元前一百十二年，西藏游牧民十万，曰羌人，与土耳其人相连结(土耳其即当时匈奴族所称汗族者是也)，攻陷黄河上流之一都市，近世地图标为河州。黄河由此附近而东入中国。自是以来，已于两种族土地之间筑垒设防，垒状为楔形，后乃成亚细亚洲大道。纪元前六十年，其地有乱，藏人为所征服，而建设城市以居之，即今甘肃兰州府。三世纪至四世纪之间，西京(今陕西西安府)屡为西藏武士所迫，不堪其扰。自陵西以迄云南，中国西陲全地尝被攻击而无已时，中国苦之。乃得一计，以帝王称号赠其酋，曰：大汗，意盖暂弥边疆之危而为一时弥缝之策也。

及五世纪，西藏形势一变，时罗马即分东西为二，而中国亦当晋后，分南北二朝。北朝于数百年间萎靡不振，丧其本质，而受治于蒙古游牧民种拓跋之一族。南朝政治所出之都会，始创立于今之金陵。其后二朝愈见分裂。当时藏族俨然当保护佛教之任(其族自身毒西西恩帝国及塔林姆河域来，非直接传自印度或尼保尔二地者也)，要请中国皇帝于西安府及亚细亚大道之上，包括西域诸地拥位称王，至欲与中国皇帝相匹敌。故自纪元三百五十年至四百年，直可称之为西藏王朝。著名旅行家法显，于三百九十九年出中国，抵印度。时印度亦为藏所辖。西人所称Tsina即支那之语，盖滥觞于此。至是，羌族之名骎废，而代之曰西藏族(与条顿族同)。其民族之驳杂不纯可以知矣。

虽然，藏人尤无可信之历史。犹之德国蛮族之一部，因基督教之影响，遂至具体而备弗兰克族之形，藏人则结为强盛之团体，由佛教之影响而遂成吐蕃族Tupot(译音吐波得)。比至六世纪，西藏族更得发达之机。盖其时中国北方鞑靼王朝，渐已衰微，几至溃裂。而南朝亦惟以掠夺为事，国局如棋，扰乱不绝，羌族诸部落乃乘此机争相笼络中国。及六世纪之末，中国大悟，复拥戴己族之王，而大一统，曰：大唐。然以西南一方犹有一强国巍然独存，相顾警骇。中国称为吐蕃之一族（吐蕃，见《唐书》、《资治通鉴》，吐谷浑者是也），攻犯西安府西南一城（或曰芳州）。盖吐蕃第二音波得 pot 与西藏语之抱得 hot 叶。西藏行宗门政治，常以抱得 bot 之语自称。且蒙古之吐抱得 Tubot，亚剌伯之铁薄得 Teböt 二语，有可为吐波得 Tu-pot 二音旁证者，惟吐 Tu 字之所出尚阙疑待考。六百三十四年，王西藏者为中国人，确实可据。时所称为勃采野包 Btsoapo 者（《唐书》称吐蕃姓勃采野是也）始入贡。盖唐代新立之帝，武功赫耀，突厥种之领土悉为所征服。而突厥一语，当时中国史家用之已八十余年。虽然，突厥族仅古代匈奴之一支，犹之吐蕃为古代羌族之一姓。其时使节往来，飨宴之仪，恒以雅克 jak（即牦牛，为西藏所独有）飨异邦贵客。至中国史传所载，西藏民俗则与今无太差异。惟僧侣僭窃政柄，未若今日之甚，但以重要政事咨询之而已。其首府即俗称极乐者，当时亦称逻娑，与今拉萨同音，虽先于三世纪已有统治七王在位，然其事实全阙而无可纪焉。

西藏某代一君主遣使至中国。传闻中国以怀柔之策，遇突厥王，而以庶出一皇女嫁之，于是野心勃然，亦援例求皇女之下嫁。中国欲拒之，然虑藏人侵掠疆土，扰犯无休。六百四十一年（贞观十五年），以宗室之女封为文成公主而遣嫁焉，乃受娶宗女而去。当皇女之至也，藏王为欢迎之故，特重建首都以迎之，命名曰：逻娑。宗女既至，乃以中国文化教导之，颇有成绩。据所传闻，谓中国教化未入西藏之先，西藏实无文字。然征之中国史传所纪，则确谓其时佛典已入西藏，非经和阗即由中国。而藏人能解佛典者惟有僧侣。僧侣所用者，梵语、怕里语二种。至四世纪，乃解和阗身毒西西恩所用文字（中国本朝纪录谓西藏最初佛说经由库车及海上而来），或谓至七世纪，其君长自印度得其文，称曰：西藏之阿尔法贝特（即字母也）。此虽推测之辞，亦可存列一说焉。

六百四十八年，华人已赴尼保尔。摩羯陀国干预印度战事，尼保尔王遁于西藏，不允即王位。其女兄弟与中国宗女同为王妃，因得尼保尔之助，而以中国使臣为援兵。先是摩羯陀有谋篡王位者，中国使臣统兵击败之（使臣即王元[玄]策，副之者为蒋施行。贞观二十二年西行，实玄奘三藏入竺后数年也）。西藏王嘉其战功，制绢酿酒以为报，并授以制造之术。其它赏赉之品甚多。华人呼王为弃苏农，欧人则常称为斯兰·尚干姆巴 Srang Tsan-Gamba。此王于六百五十年薨。以其孙嗣，徒拥虚位，以弃苏农之子未及即位而夭也。

时西藏同族之一种，名库库诺尔族（青海人）者，与中国有争战。其事兹不具述。惟其争战之故，由中国欲防遏西藏与匈奴汗族(即当时衰微之突厥族)联盟而起，此盖中国自昔执持之政策。以小勃律人(包括喀什噶尔于阗库车诸部)所有突厥旧领为西藏族所得故。以是中国、西藏屡起战衅。中国军迭为藏军所败。六百九十二年，中国一名将往，乃恢复小勃律而还。藏人虽终于战败，然犹索无理之偿，求割勃律及今之布哈拉、科根特及包括帕米尔西突厥帝国衰残之地。藏人之倨傲无礼，盖可推见。

六百八十七年，中国宗女没。其第二世王，逾一年亦死。其子三世王，于七百零五年强索尼保尔及摩羯陀土地为西藏帝国之一部。尼人、摩人衔之，刺杀于远征军中。据中国传纪，自是数年之后，印度尝乞援于中国，以敌抗西藏及亚剌伯云。既而中国边疆与西藏渐复平和。乃又以所爱皇女嫁西藏幼主，即其四世之王。王年甫十二。而中国皇女则称曰金城(当时兰州府名)。虽然，藏人犹贪欲无厌，频年侵边，用兵不绝。七百三十一年，皇女举一子，乃互订约而修好焉。

无何，藏人介中国皇女，而请颁经籍及各种参考书。由是观之，可知西藏文化之发达焉。然前所订条约，仍不足为巩固平和之础。至七百四十一年，中国皇女薨。自是迄七百五十五年，侵掠争战之事又复频仍，一如昔日。七百五十六年，中国皇帝因突厥之乱出而蒙尘。藏人乘此时机，欲得与云南边境毗连马尔哥布洛之地。是年，中藏又订条约，遂确认之，载入约文。七百六十三年，中藏重起争端。皇帝复蒙尘。藏人以一月之内占领京师(西京也)。越三年，始克复之。其间屡经战事。至七百八十三四年，始更订严肃之约(德宗践位之初)。西藏愿以义子自居，而以义父称中国。据洛克希尔之说，谓拉萨齐育根佛阁之外，建一石柱，具载中国皇帝与其义子缔结七百八十三年盟约之事，至今犹存云。

藏人性情狡狠。虽与中国缔约，而屡叛不已。兹略之而不详。惟藏人占领突厥宗教中心之地，中国史称为北廷者一事，则不可不纪焉。北廷者，居古城附近，西籍称为喀干斯吐巴 Khagan-stupa，或谓当乌鲁木齐，非也。距今数世纪以前，云南、广西、东京(安南属)之间忽崛起一帝国。其族曰西恩，即今之暹罗族，是时犹未迁移湄公河流域南方也。暹罗族欲得扬子江上流之地，而至与藏族相战争。七百九十四年之役，藏兵之为所俘虏者多至十万。可以见其战役之大矣。越七年，暹罗族捕获撒马儿汗及阿都巴斯朝之亚剌伯人无数，盖皆从战于藏将麾下者。证之此事，又可知当时藏族势力范围之广大焉。暹罗族战捷石碑今犹完好，在云南大理府附近。中国西藏战事，至是虽迁移境域，然沿疆一带殆无宁日。八百二十一年，又以宗教诸礼订永守条约。当时订约官吏，曾于归途探黄河之源。按黄河真源一事，自纪元前二世纪已纷纷有群说，或谓即塔林、喀尔坤、于阗诸河。然终未确定也。至所订条约，以中藏两文并录之。中国历史地理书籍曾载有残缺之文。原本镌之石碑，今犹在拉萨大佛阁之外。近英人之见之者，有坚铎拉、达斯云。

中国唐代治国二百五十年，至西历八百七十二年已濒于衰亡。而若鞑靼若西藏，皆冒险提军，欲建帝国于亚细亚大道（即玉门关，已见前）之上。中有一国曰夏，即党项并合诸部，最称强大。当三世纪时，不欲受中国南北两朝之羁绊，乃占领库库诺尔（即青海）、科布诺尔及黄河上流之地，立国称雄焉。

自唐亡至成吉思汗征服党项之三百年中，西藏与中国一似隔绝交通者。其北方为蒙古族所主。当时称契丹者二百年，地在蒙古、满州接壤之所，即今之索伦族。其后一百年中，则女真族主之。而中央一部则五胡主之（突厥种为多）。未五十年而旋灭。又其西南二部多析为小邦，盖几几有四分五裂之状焉。自九百六十年至一千二百六十年，宋代统中央南部而为治，而其北方仍为鞑靼族所据。

唐宋之际，并合蒙古、西藏之党项，势力弥漫于极西及中国全部，为坚固之障壁。仅有少数波斯亚剌伯僧侣，得经极北道路而入北京耳。时波斯亚剌伯印度等国人，皆得自海上以与宋通商。自后三百年之间，事迹无所考。惟西藏僧侣若干人，由陆路以至中国中原，为回纥、突厥人向导。是二族者时已与西藏缔好于北廷也。当契丹主中国二百年中，其抵中国北方之西藏僧侣，甚得党项之欢，而仰其保护。以是一千零四十八年，铁白得 Tebut 之语始见于中国史。契丹纪曰：铁不得国使来，乞以本部军助攻夏国。不许。铁不得即铁白得 Tebut 也。至满洲主中国百年之间，西藏事无可纪。其南部之宋朝，与西藏或和或否。虽交涉不绝，然拉萨政府、中央教会政治，记载阙焉。或谓其时西藏分裂，其中一部承认党项之主权，是言或亦可据。何则？一千零九十三年，夏曾牒告于宋，以吐蕃族为其臣民。若仅据中国史传而言，则自九百年至一千二百年，西藏政治史直无可纪述。及十七世纪，称为库斯罗 Kuhsz-lo 之王族出。此族自回纥人分支而创建一国，与西藏王朝有争端，则凿然可信。库斯罗者，意即佛陀之子。与藏语米阿斯拉 meod-sras 相叶。库齐洛与党项交战者有年。一千零六十五年，年六十五而殁。其子孙所治国土，虽皈依佛法，然仅占拉萨宗门政治国之北隅耳。

成吉思汗征略之后，先其死之数年，于一千二百二十七年伐党项。据所传闻，则更有征服西藏之志，以虑难而终止云。一千二百五十及一千二百五十一年，蒙古汗之将奉进向西藏之命。时扬子、鸦龙二江之间之地为西藏所属之一部。蒙古族争战过半，或即在于是地，不然则必沿其西域而行。盖其意在议定屯营之区及通商之市，又商订茶与马匹交易之事。而西藏内状，殆全阙如。至其统治之僧侣，意在行专制之政。名义上戴蒙古之主权。苟接蒙王之命，即出兵士、向导、急使等以援助之。而西藏各地，如遇凶岁、谷物告匮之时，得求请救恤于蒙王。马尔古氏所著西藏纪事，语虽不详，然事极可信。以证宋、元史乘，若合符节。一千二百六十年，忽必烈未登王位，已尊信萨斯嘉部落学人名为八思巴者。此部落之先，尝占据库库诺尔之地。盖萨斯嘉之语，泰西著述家所谓 Sakay lama rule 者是。蒙古族在当时已见蒙语古音用回纥文字。至是(一千二百二[六]十九年)，八思巴奉忽必烈命，发明西藏之蒙古文字。又因有绝异之才能，在蒙古朝廷势力甚盛，有大实法王国师等称号。英人坚铎拉达斯所著卡马白希 karma Bagshi 一书，谓为创建西藏埽普 Tsopu 寺院者也。据中国人云，八思巴于一千二百七十四年，固请退隐西藏。其弟某为佛教僧侣统领，赴北京，将代之。而一千二百七十九年，二人皆死。其后驻北京喇嘛之领袖继之。

又忽必烈戡定大理府之后，蒙哥汗于一千二百五十四年在库库诺尔西方创立政厅，具载中国书籍。时北京有西藏事务局，即殖民局在焉。凡藏人一切事，不论某在本国与中国，皆由北京都指挥使司两员统辖之。有宋末之帝，一千二百七十六年为伯颜生虏，护送燕京。马尔古谓帝在西藏研究佛教，然未能确知其所在也。一千二百八十年，忽必烈又遣兵一队，查探黄河真源，由是观之，蒙古族之善于统驭西藏，炳然可见。而其时北京教王之权力，殆亦大而无限。据中国史谓：蒙古自北来侵迫之时，已蒙佛教之影响。至其戡定西亚细亚，忽必烈知西藏地势广袤，道路极艰，其族又慓悍而善战，不得已而用怀柔之策。乃分割西藏为数部，一任宣慰使、国师等治理之。其附属政务官之参赞官吏，悉选用僧侣。一千三百二十六年，欲于北京附近南口山路，以藏文勒为碑铭。西藏僧侣之在中国享受异常之特权，遂流于腐败、僭私之弊。至于今日，左道旁门之白莲会，依然犹在焉。

及于有明(太祖本佛教僧侣)，方一千三百六十八年，驱蒙古族以出关。其初颇承忽必烈之政策。及其二世，当一千四百零二年即位之时，又盛遇西藏僧侣，时称哈立麻，所居曰红寺，又加尊号曰国师，以此谦抑。自后历数代，仅得无事。遇朝廷行典礼，必命其参列，以结其欢；又奖励宣布教旨，有定期。且中国宦官，在明代实最得君王宠幸，屡奉使命以往西藏。然据中国史传，则谓谦恭以待西藏教王，是皇帝政略之深意，非信奉其邪教蛊说也。当时西藏教王恒有数人，所至以真珠饰为旌旗，并仿藏式为建庄严之寺院以赠之。一千五百零五年，某帝即位，内政不修，闻西藏活佛神通普大，不可思议，乃命武员携贵品无算往。其所经途与昔日异，多经扬子江。及其至也，活佛嫌忌外人，拒与接见。武员骇而遁归。蒙古王俺答亦钦仰活佛，至与当时所称喀伦克族战。一千五百七十九年，俺答以厚礼招聘其僧，中国称为锁南坚错者是。僧既至，奉命赍和议于喀伦克及土默特蒙古族之间，再与中国修好。泰西著述家尝考俺答以金刚达赖喇嘛称号赠与其僧，而不知其义所出云。

一千七百九十三年，中国驻藏大臣得略窥西藏古史。据云：改革家宗喀巴创设黄教。当其登场宣誓也，屡服黄色袈裟。以其弟子塔星布之班禅喇嘛及拉萨之达赖喇嘛二人，说示化身转生之教理。逝于一千四百六十七年。所谓活佛，即彼转生者，实宗喀巴之达赖也。至其所以纷争之故，则由华人所传继嗣一语。又：达赖一语其实非创于宗喀巴，或谓起于二世纪以前之斯路哈 Srub-ha，亦不知其究竟也。

至若中国与西藏关联之由来，一千六百三十九年，满洲入关之时，即以遣使西藏为良策。一千六百四十二年，达赖亦还使答礼，受款待于奉天，且赍卦验，而来献于清主。其辞为祝贺之言，谓明年必一统天下云云。清主许其略拜跪之礼。其后贻书达赖，废明代之称号，而改用金刚大士之名，且使与厄鲁特人（即喀伦克族）修好。一千六百五十二年，圣清入主中国，称皇帝。达赖亲入朝。帝为计活佛初祖根敦珠巴（一千四百十七年创建他希伦波 Tashilunbo 寺院者）代序，谓此达赖乃其第五世转生者。其名曰：拿杜安白罗白常来杨沙 Nagdoang Blobzang Rgyamts'o。一千六百八十二年，达赖死。阴狡者第巴（亦僧名）名山来耶 Sang Rgyas 秘不发丧，独占西藏权力。一千六百九十七年，中国探知山来耶秘丧事。至一千七百零七年，篡位之王（即山来耶）被杀。准噶尔王国隐与中国为敌，其酋亚拉普丁时时威吓西藏。中国乃曰准噶尔人得进兵西藏，吾国岂遂不能进西藏耶？亦有进军之意。一千七百十六年，准兵果入拿嘉芝 Nagartse。盖第巴既秘达赖之丧，伪言达赖入定，身在高阁，不预人事，助准噶尔以攻廓尔喀，又教唆准噶尔以抗中国。中国皇帝初欲许第巴所为，及见藏人反复无常，乃诛第巴，废其所立达赖，封青海固始汗之孙拉藏汗为王。又以博克达山之伊西嘉穆错为第六世达赖。一千七百十九年，皇子某挈小军，经木鲁乌苏河（扬子江之源），自库库诺尔至拉萨，护送其喇嘛僧返国。一千七百二十年，寻得扬子江之源，更觅黄河河源。盖木鲁乌苏河及云南之地，中国人向未知之。至于今日，犹有以四川之岷江为扬子江之真源者。一千七百二十一年，建石碑于拉萨，为平定西藏纪念，其碑至今犹在（此碑即圣祖仁皇帝御制平定西藏勒铭碑也。至唐代之盟碑虽有德宗、穆宗之二，然今存者惟德宗一碑。闻有人藏其拓本，然剥蚀不可读矣）。

其初，中国与西藏界址以巴塘为限。后经数年，重以打箭炉为限。东西两藏各命一满人为驻藏大臣，以兵一千护卫之。又因使佛教化行于蒙古，乃命库伦高僧来北京听讲。自是以后境内争斗不绝，又与准噶尔战。当此多事之时，布丹及尼保尔二国为中国所笼络而归附。一千七百三十六年，高宗纯皇帝即位。聪明睿智，非准噶尔族所能敌。遂为帝所征服，小勃律亦为所并。于是鞑靼族之势力遂不能影响于西藏之政治。近时俄罗斯通库伦高僧，欲以权谋术数侵害中国而容喙其间，且欲迫犯尼保尔、布丹、克什米尔、西金（即哲孟雄）等地。其意在扶助喀伦克、廓尔喀、准噶尔，以使其再谋独立耳。其在当时，高宗不厌劳苦，亲学藏语；又通多伦诺尔高僧，加惠无不至。故甚能得达赖欢。一千七百八十年，藏境静谧，中国乃裁减驻藏兵员。是年，第六班禅喇嘛来朝，以痘疹殁于京师。为就其地而建庙，今尚完存。其规模力仿札什伦布宫殿。又授印玺于达赖白罗白常，白斯坦帕 Blobzang Bstapnai 等。又谓曰：汝于佛教，即为继承宗喀巴之敦根珠巴第八世。一千七百九十年及一千七百九十一年，高宗草订西藏行政法制。观其意旨，在推扩驻藏大臣之权力，使藏地官吏更分其势力以限制之，乃编纂刑法，改订租税俸禄，定徭征兵之制；又因魂魄有再生之说，特创埋黄金之法。高宗命以容貌端丽生长名阀小儿之名若干，悉投之骨塔。谓如是，则灵魂虽复生，不能发见蒙古王之体骨云云。以此故，中国与尼保尔忽起战衅，中国虽不得胜，然其终局得利益不少。一千七百九十六年，高宗去位，仁宗睿皇帝嗣。株守离间突厥、西藏，使各相孤立之旧策。一千八百零一年，英国与西金人有所协谋。华人知之，将所以抵抗之者。然迄不知其究竟，其后埋金之法为藏人所信，遂得销弭争端，不复龃龉。中国守备西藏之兵，始则三年为期，并许娶土著妇女为室。至一千八百四十四年，兵饷骤增。乃知守兵娶藏人后，生育繁殖，是以至此。嗣其最后达赖之死，在一千八百五十六年。盖第十一世者也。一千八百六十二年，拉萨二寺院与其国主大启纷扰。一千八百八十年以来，英人尝经打箭炉，谋通商西藏之便，藏人竭力阻之。一千八百八十六年，马考烈条约终不成，致可惜也。一千八百九十年，约定由英国统御西金，而藏人由是益与英为敌。征之一千八百九十七年中国公文，知今在位之达赖，实第十三世云。

自俄与西藏订约以后，遂为西藏争阋之主因。一千九百零三年四月，中国与俄国订结一约，今据中国实录曰：

近者中国驻藏大臣与俄国科公使缔结一约，所言皆关于采掘矿山事。以下月初一日签印（一月二十七日）。约既订，俄政府特遣官吏五人，自伊犁而向甘肃，居兰州者月余，乃同赴拉萨，查探山岳地质。今自中国外务部得其条约誊本如下：

一、本约纯为中俄两国之事。故不得因他国干涉而更改约中所载诸项。

二、考查矿山一切经费概由华俄道胜银行支给。

三、各矿山出产之物，不论为煤、金、银、铜、锡、铅、铁之属，皆以售价十分之一纳于中国政府，作为租用矿山税。

四、该处矿山煤坑，不论其地主为中国人或为俄国人，每年所采矿物，不得逾银二十万两以上。

五、凡已经勘定，其实有矿苗发见者，应将其广袤位置，测量精确存案，以免他日争论。

六、开矿所用机器什物，如由俄国运至者，概免其进口税。

七、中、俄两国人民，如未经官府允准，不得滥行采掘矿山，违者处以重刑。

八、俄国人如欲开采矿山，应呈请驻华俄使转告外务部。两者均无异议，乃由外部饬行驻藏帮办大臣妥筹办理。

按：西藏自我汉以来，屡为边患不息。慓悍之名，著之已久。今岂其民气衰耗尽耶？吾恐后此之日，正不能以蓍蔡卜。虽然，亦视为之主国者之处置如何耳？

1906年8月14日(光绪三十二年六月二十五日)，第一百五十一期(丙午第十九号)

藏事纪闻

中英所订藏约已在伦敦互换。而印度总督摩登决欲辟一大路由印通藏，以便通商。故于开辟商埠、勘定界址二事至为注重，迭向留藏议约专员张君荫棠询问。乃由外务部遣派西藏亚东关税司英员某等察勘全藏应开商埠地址，以便次第筹办。惟除英国之外，无论何国商人，均不准在藏开设行栈。又英政府以所订之约仍有未尽之义，授意署英使，令与外务部再订附加一款，略云：如有他国兵队占据土耳其斯坦或与藏交界处所，则英国调兵入藏保护所有权利，中国不得抗阻。

近有俄国希腊教教徒欲往西藏内地传教，由俄使牒请外务部转告驻藏大臣妥为保护。外务部谓：须商诸英使，乃可答复。

1906年9月22日(光绪三十二年八月初五日)，第一百五十五期(丙午第二十三号)

藏约纪闻

八月初七日，有在藏英国武员往谒留藏议约专员张京卿荫棠，声言须开中门迎迓。京卿以无此礼不之应。已而英员至，遽以印兵五十人围其馆，禁馆役出购薪米。有外出者，亦被印兵殴伤，殊背印官沿途保护之约。京卿既电致印度总督摩登，与之理论。复电告外务部。遂由外务部告知驻华英使，转饬英员将兵解去。至其被围之故，或谓系因查界，或谓英员与京卿商议藏事有所龃龉之故。近闻政府已电致驻藏办事有大臣泰，速行查办电覆，以便核办。

政府前有在藏开设商埠之议。近由外务部编定西藏税关章程，录送驻华英使乔藤，谓：英国如无异议，当照此项章程办理，并当告知总税务司，选派精练西员一、二人前往司榷，藉通藏印商务云。

达赖喇嘛启程回藏，近已行抵甘肃。

1906年11月1日（光绪三十二年九月十五日），第一百五十九期（丙午第二十七号）

中英新订藏印正约

案查光绪十六年二月二十七日及十九年十月十八日，中国与英国所定两次藏印条约，其所载各款，西藏并未认为确实，亦未允切实遵办，英国政府惟有设法保卫该两约所享利权。旋于光绪三十年七月二十八日，在拉萨定立英藏条约十款。嗣于光绪三十年十月初五日，由印度总督代英国政府将该约批准，并将当日所声明之条款更订之文据附入。

兹大清国大皇帝，大英国全境大皇帝兼五印度大皇帝，因欲固存两国友睦，历久不渝。大清国大皇帝特派钦差全权大臣外务部右侍郎唐绍仪，大英国大皇帝特派钦差驻扎中华便宜行事全权大臣功赐佩带头等迈吉利宝星萨道义，各将所奉全权大臣便宜行事之敕谕，互相校阅，俱属妥善。现议定各款，开列于后：

第一款　光绪三十年七月二十八日，英藏所立之约，暨其英文、汉文约本，附入现立之约，作为附约。彼此允认，切实遵守。并将更订批准之文据，亦附入此约。如遇有应行设法之时，彼此随时设法将该约内各节切实办理。

第二款　英国国家允不占并藏境及不干涉西藏一切政治。中国国家亦应允不准他外国干涉藏境及其一切内治。

第三款　光绪三十年七月二十八日，英藏所立之约第九款内之第四节所声明各项权利，除中国独能享受外，不许他国国家及他国人民享受。惟经与中国商定在该约第二款指明之各商埠，英国应得设电线，通报印度境内之利益。

第四款　所有光绪十六、十九年，中国与英国所定两次藏印条约，其所载各款，如与本约及附约无违背者，概应切实施行。

第五款　此约分缮中文、英文，业已细校相符，惟辩解之时，仍以英文为准。

第六款　此约须由两国大皇帝批准画押。自两国全权大臣画押之日起，限三个月在伦敦互换。此约中文、英文各缮四分，共八分。两国全权大臣画押盖印为凭。

大清国钦差全权大臣外务部右侍郎唐绍仪

大英国钦差驻扎中华便宜行事全权大臣功赐佩带头等迈吉利宝星萨道义

光绪三十二年四月初四日

西历一千九百零六年四月二十七日立于北京

附约(本报第九十五期所载，译自英报。此系正文，故重录之)

光绪三十年七月二十八日，即西历一千九百零四年九月初二日，在拉萨定立英藏条约。又印度总督代英国政府签字所声明之款附于已经批准之光绪三十年七月二十八日，即西历一千九百零四年九月初七日所订立英藏条约之内。

英藏条约

案查光绪十六、十九年，中国与英国所定两次英藏条约，因其意义并切实施行均有疑难之处。又查英藏历年和好，近因事故，情意未洽。今欲重修旧好，将所疑难之事，全行解定。兹大英国政府，特派边务全权大臣荣赫鹏，与噶尔丹寺长罗生戛尔曾暨噶布伦并色拉、别蚌、噶尔丹三大寺之呼图克图，兼与西藏民教诸首领，代表西藏议定条款，开列于后：

第一款　西藏应允遵照光绪十六年中英所立之约而行。亦允认该约第一款所定哲孟雄与西藏之边界，并允按此款，建立界石。

第二款　西藏允定于江孜、噶大克及亚东，即行开作通商之埠，以便英藏商民任便往来贸易。所有光绪十九年中国与英国订立条约内，凡关涉亚东各款，亦应在江孜、噶大克一律施行。惟嗣后如英藏彼此允改，则该三处应从改定章程办理。除在该处设立商埠外，西藏应允所有现行通道之贸易，一概不准有所阻滞。将来如商务兴旺，并允斟酌另设通商之埠，亦按以上所述之章程一律办理。

第三款　光绪十九年中英条约所有更改之处，应另行酌办。西藏允派掌权之员，与英国政府所派之员，会议详细酌改。

第四款　西藏允定除将来立定税则内之税课外，无论何项征收概不得抽取。

第五款　西藏应允所有自印度边界至江孜、噶大克各通道，不得稍有阻碍，且应随时修理，以副贸易之用。并于亚东、江孜、噶大克及日后续设之商埠，各派藏员居住。英国亦派员监管各该处英国商务。如欲赍送公文信函于藏官，或驻藏各华官，均责成商埠居住之各该藏员接收转送。覆文回信，亦一律责成此员妥送。

第六款　因西藏违约，英国派兵前往拉萨责问，又因英国边务大臣暨其随员护兵等被侮被攻，是以西藏允兑给英国政府金五十万镑，合卢比银七百五十万元，以赔补兵费及无礼侮攻各情。此赔款应在英政府随时所定之处，或于藏境内，或于英境大吉岭札拉白古里等地面内清缴。每年西历正月初一日，兑银十万卢比，七十五年交清。于何处收兑，英国政府预先知照。第一期应在西历一千九百零六年正月初一日，照数兑交。

第七款　俟以上所述之赔款照数缴清后，并第二、三、四、五等款内所称商埠，切实开办三年后，英国政府于未办之先，仍于春丕驻兵暂守作质，至赔款清缴或商埠妥立三年后最晚之日为止。

第八款　西藏允将所有自印度边界至江孜、拉萨之炮台、山塞等，一律削平，并将所有滞碍通道之武备全行撤去。

第九款　西藏允定以下五端，非英国政府先行照允，不能举办：一、西藏土地，无论何外国皆不准有让卖、租典或别样出脱情事。二、西藏一切事宜，无论何外国皆不准干涉。三、无论何外国皆不许派员或派代理人进入藏境。四、无论何项铁路、电线、矿产或别项利权，均不许各外国或隶各外国籍之民人享受。若允此项利权，则应将相抵之利权，或相同之利权，一律给与英国政府享受。五、西藏各进款，或货物、或金银钱币等类，皆不许给与各外国或籍隶各外国之民抵押拨兑。

第十款　此约共缮五分，由商定之员在拉萨于光绪三十年七月二十八日，即西历一千九百零四年九月初七日，画押盖印为凭。

大英国边务大臣荣赫鹏印

达赖喇嘛印（此印乃噶尔丹寺长所钤）

噶布伦印

别蚌寺印

色拉寺印

噶尔丹寺印

西藏首领印

英藏各员现行声明，今日所立之约，以英文为凭。

大英国边务大臣荣赫鹏印

达赖喇嘛印(此印乃噶尔丹寺长所钤)

噶布伦印

别蚌寺印

色拉寺印

噶尔丹寺印

西藏首领印

印度总督唵士尔签押。

此约西历一千九百零四年十一月十一日在印度新辣,由印度总督当堂批准。

印度政府外部大臣费礼夏签押。

印度总督所声明之款,附于已经批准之光绪三十年七月二十八日即西历一千九百零四年九月初七日所立英藏条约之内。

光绪三十年七月二十八日,即西历一千九百零四年九月初七,英国所派边务大臣荣赫鹏代英政府与噶尔丹寺长罗生嘎尔曾暨噶布伦并色拉、别蚌、噶尔丹三大寺之呼图克图,兼与西藏民教诸首领,代表西藏所立之约,现经印度总督批准,并惠允饬将该约第六款,西藏应赔补英国入藏兵费,由原定七百五十万卢比,减为二百五十万卢比。又复声明:该约所定之赔款,初缴三年三期之后,英国所派占守春丕之兵可以撤退。惟该约第二款所立之商埠,西藏须按照第七款开妥三年,并须按照该约内各节,一一认真遵办。

印度总督唵士尔签押。

此款于西历一千九百零四年十一月十一日由印度总督当堂签押。

印度政府外部大臣费礼夏签押。

1907年1月9日(光绪三十二年十一月二十五日),

第一百六十六期(丙午第三十四号)

藏事述闻

外务部咨行驻藏帮办大臣张京卿荫棠,略谓:西藏各事可径与英使交涉,以免别生枝节。而京卿亦有电致外务部,谓:驻江孜英官不欲与华官相见,以致交涉各事无从办理。外务部即据以询英使。英使以华官如不阻英商与藏民直接交易,即可会晤为答。又电:据中英所订条约,由印度边界至拉萨,所有一切破坏炮垒,现已派员至江孜与土官商议。又电:据喀喇乌苏番官禀称:有英人帕沃洛克带同翻译、驼马，持有陕甘总督及西宁办事大臣护照游历至喀。经番官极力劝阻，始行折回后藏，前赴江孜等语。查后藏系属内地，原订约章，不准外人游历。请速咨行各省，嗣后如有外人游历藏地，请勿再发护照，以杜借口。而瑞典人亚班克丁司芬海定领有驻英汪使护照、游历中亚细亚，取道新疆边界，前往西藏谒见班禅，并拟转赴江孜，见卧克纳，事为驻藏大臣所闻，以西藏向来不准外人游历，而汪使护照声明专赴新疆，不得擅入他处，本无入藏字样，因特电告外务部，请电令汪使转告驻英、瑞国使臣，饬令该瑞人迅速离藏。倘不遵照，中国不认保护之责云。

1907年5月7日（光绪三十三年十一月二十五日），第一百七十四期（丁未第七号）

藏事纪闻

驻藏帮办张大臣荫棠咨请外务部催商英使，速派员会勘江孜商埠界址。嗣准英使复称：奉有政府电开，按拉萨条约第三款，西藏派员与英国所派员会议酌改等语，今拟先由西藏特派番官予以会议之权并画押全权，以便随同商议。今西藏应照此条约酌派藏员，会同张大臣前往印度新辣地方，与印度特派员商议等因。外务部以藏员会同驻藏大臣前往，有损中国体制。特咨行张大臣，令由西藏特派番官一人，印度亦派印员一人，商议开埠事宜。惟番官应随事禀承驻藏大臣，印员亦禀承印度总督核定。至界务一节，应请贵大臣先行考查明晰，俟开埠各款议妥再行提议云。

1907年6月15日（光绪三十三年五月初五日），第一百七十八期（丁未第十一号）

藏事纪闻

驻藏帮办大臣张京卿荫棠电告政府，略谓：拉萨原约并无藏英直接交涉明文，且英人仅因江孜禁止柴草一事，藉词要索，万不可允。若允其求，则西藏即为独立，非我所得保护云云。近闻京卿业已起程前往印度之新竦[剌]，且以印度总督电请随带有权画押之番官一二人偕行，因派花翎二品衔擦阎噶布伦汪曲绝布二员以充其选。另派六员，令其随往游历考察。盖欲使知英人待印情形、观览文明政俗也。及京卿既抵江孜，即与英官磋议开埠事宜。以亚东、江孜本属毗连，决以亚东关税司改为兼管三埠商务委员，以亚东为总税局。至两处总口，则亚东指定吉玛桥，江孜指定康马，设分卡于噶大克三处，派员管理。仍受总局节制，不复设江孜税局。

而赫总税务司则不以此为然。

闻英使曾照会外务部，略谓：西藏高委员屡与英员龃龉，有碍交涉，请即撤换。外务部当即电令京卿遵办。

1907年8月13日(光绪三十三年七月初五日)，第一百八十四期(丁未第十七号)

藏事纪闻

政府以光绪三十二年中英续订藏印条约内附约第三款、光绪十九年中英所订藏约有应酌改之处，因授驻藏帮办大臣张京卿荫棠为全权议约大臣，督同擦阁噶布伦汪曲绝布(汪曲绝布亦奉噶勒丹池巴札给全权，遵北京政府命随同京卿往议)前赴新竦[剌]，与英国印度总督会议藏英交涉，改订通商条约，用中、藏、英三种文字，而以英文为准。已将全稿电达外务部，请为筹核。约凡二十二款，其略如下：一、江孜、噶大克，由中英两国商务委员会同勘定商场界址。二、商埠内中藏商务官、地方官与英国商务官、边务官来往礼节。三、商场内地亩统关商业，应定画一地税、地租，以十年为期。未满期不能增加。四、商埠内，由中国督饬藏官设立巡警局、工部局、会审局等事。五、英国允不派兵驻扎商埠内。所有英印官商财产、生命，由巡警及地方官保护。六、中藏英印商民词讼条件，由会审局员知照英国商务官会同审讯，俱按西律办理。七、英军撤退后，沿途所建旅舍，由中国照价赎回。八、除江孜、噶大克、亚东三埠外，无论何国人，不得擅入西藏内地。九、印藏逃犯，彼此一经索交即设法拘交，不得庇匿。十、中国可派官驻扎噶伦绷、大吉岭，照料藏英商务。十一、商民借银欠款等事，两国官代为索追，均不任赔偿之责。十二、藏印来往官商被盗银两货物，地方官追赃给领，不任赔偿之责。十三、中国征收西藏零货税照税章办理。十四、现西藏出入口货，中国暂不征税，印茶须俟征税后方准入藏。十五、违禁货物，非奉汉藏大员特准，不准贩运入藏。十六、英军撤退后，地方治理权归汉藏官管理。十七、买卖及雇运等事，应由商民各愿，不得限制、抑勒，粮食、钞币不许出口。十八、申明十九年所订章程，有仍应遵守者。十九、商埠内不准储蓄火药及一切危险之物。如欲建煤油池栈，应查合宜地段，租订合同，方许建造。其余三款，系批准互换等，皆约章成例，故不录。闻印度于第一、第三、第四、第五、第七、第八、第九、第十、第十三、第十四各款，坚持不认，而于第十三之关税、第十四之印茶，争之尤力。印督谓将来英国撤回领事裁判权(京卿尝电告政府，谓：我国如能改良刑律，英国允将领事裁判权撤回。又英官尝谓：藏人蛮野，遇有讼事，不问曲直。半属藏人受亏而英人常得逍遥法外，殊失持平之道。京卿拟将藏地旧日刑律一律蠲除，参用中西法律以期改良）及征收印度茶税各条，须俟奉有本国政府训条，方能作准。又印督尝宣言：西藏末次赔款，中国能于年内交清，则英国所占之地亦于年内退还。近以赔款交清，已由京师电告外务部，请与英使朱尔典提议撤兵事宜。

闻外务部以西藏交涉紧要，措置稍一失宜，不惟利权外溢，且招各国责言，因以整顿藏事及沿边交涉，由联、张两大臣分任其事，以专责成。

外务部照会各使，禁止外人游历西藏。如或私自前往，中国不任保护。

1907年11月30日（光绪三十三年十月二十五日），
第一百九十五期（丁未第二十号）

藏事纪闻

英使要求外务部，藏英商约以华、英、藏三文并列，因电告驻藏帮办大臣张京卿荫棠谓：藏文入约极有关系，亦向所未有，且约以英文为主，不必再列藏文。藏文陋劣，多一文字即多一罅漏，徒滋解释歧异之弊。若为藏人计，可俟约成画押，另译藏文，以公牍咨印政府查核，自不致误会华、英文义。况噶布伦业已画押，必能遵守，因电请外务部力拒。英使旋告外务部，以英欲列藏文之故，谓将使藏人遵守约章，有所取信，且印度政府不乏藏文译员，请电京卿速议。旋经京卿电告外务部，以英国所派戴使调任宾泽蒲巡抚，请即照会英使，责令戴使议结藏约，毋使推延。又谓：印藏商约本无直接字样，戴使坚持藏印直接之议万难承认，务请竭力主持。

京卿以春丕一带英兵尚未撤退，电请外务部明示办法。爰即照诘英使。英使谓：照藏约第七款，须俟商约定妥方能撤兵。外务部当查英政府以一千九百零五年一月一日为商埠开妥之期，现已扣足三年。因即电告京卿，查酌电复，速议商约。外务部旋据英使照称：奉本国政府训条，以京卿谓接有严札，饬用银票自行付清。故不允令基隆沙毕在甲尔口克大交付。兹奉训条，若赔款不按拉萨约及附尾声明之款交付，英政府虽甚愿交还春丕一带地面，然事出无奈，必须延缓。外务部查沙毕似即沙必。复查三十一年十二月二十二日部电，系由商上派员转交。嗣于三十二年闰四月初七日，京卿来电，赔款由沙必取有印度库务司收据。此次十一日部发电文，亦有可由噶布伦办交之语。因即电请京卿查照初次成案，札饬沙毕迅速即办交，免其借口延不撤兵。嗣经京卿饬由噶布伦于二十四日转交，并告外务部，以戴使近始将第二次复稿送到。于旅舍、江孜噶大克路、邮政、关税、印茶数条，仍坚持不懈。所定宗旨系藏英直接，不稍退让。据戴使面称：互交逃犯、噶布伦绷辛商务官二条，两国有益。而印政府搁阻，应由英使与部另案办理。查印政府惯用压制藩属手段，向无平等交涉，故磋议极难。至印茶进藏，可否准照十九年约章，我即征税，准茶进藏或专准由噶大克运进，即请明示办法。至赔款银四十四万九千余两业已付讫，即经京卿牒请戴使照约全撤春丕驻兵。嗣据戴使牒复，谓：应俟奉有本国政府训条，本大臣未便擅专。京卿因电请外务部速与英使交涉。外务部既照诘英使，并电知驻英李使探听英廷宗旨，随时电告。复令京卿速议开埠章程，以免英人借口。然英使所告外务部之言，则又云：奉有本国政府训条，谓：自张京卿抵藏以后，诸未照约办理，且有拦阻印商邮电之事，故春丕撤兵一事尚须徐议。

外务部以江孜英署护兵六十名为数过多，且与约章不合，因令京卿与戴使力商核减。

1908年2月26日（光绪三十四年正月二十五日），第二百期（戊申第一号）

论英俄之于西藏（节译《法兰西报》）

西藏之交涉，初入欧洲外交界。欲知比年英俄进行之政策，宜先明其地方之情事焉。

西藏及喇嘛教之组织

藏有数地，今已附于英属之印度，此外所余，则面积约二兆平方基罗迈当，分而为二：西为拉萨，面积得全藏五分之三，居民约一百五十万人。西南边界邻于印度，占马巴布他江及沙伦江之上流，而为印度江、苏特雷河发源之地。北境地势极高，多高山大湖，与中国新疆相隔极大之沙漠。东为多数附庸小邦，介于拉萨、中国之间。人民约一兆，居黄河、长江、湄江之上游，围绕库库诺尔湖。拉萨政府曰台巴雄，其权势足以驭下，众颇服之，治理其地颇有条理。信徒约三十余万，政治宗教主权悉为所握。泰半土地为其业产，且有贸易及银钱专利主权。

中国之政策

此等教徒政府颇能驯谨无扰，不若流俗政府之桀骜，故中国利用之以至于今。其在曩昔，中国久苦西藏之为患，遂以教徒执行政权，使其不能为害。自教徒政府执政以后，西藏武备几已全废，中国于是得其所求之安静矣。中国以喇嘛迷信宗教，且惧外势侵入，遂使闭关自守。复以之为屏藩，以拒外人之窥伺焉。中国之植权于西藏，未尝大费经营，而无实力之保护，惟派十余之官、数百之兵而已。中国欲弱西藏，故虽改变其内政而犹以为未足，且以东境附庸小邦割归四川总督、西宁大臣管辖。是以，藏之于华非但不足为害，即或至于灭亡。亦尚有广大难辟之地为中国屏蔽，而此瓯脱地扩充不已，若瞻对、嘉利波寺、霍尔济之并归川省，皆二十年以来之事。然中国实不欲在归并之地推行其势力，宜诸地之无所统属而纷扰特甚也。

英国之政策

当英国奋然注意西藏之时，藏情既已若此。然英国之漠不在意已百余年。盖须先扩其势力至喜马拉亚山岭及与西藏相隔之地，若波丹亚山、西金、尼泡尔、喀什米尔等处是也。英之不欲逼近中国，久为治印政策之方针。诚以西藏之闭关自守，既不与英往来，亦与他国隔绝。英可藉此以保其北境也。十八世纪，瓦伦哈司汀曾遣员谒达士洪布大喇嘛而仍无明效。然英人仍立意笼络，以备反对达赖之用。十九世纪，藏人见英人之日益进行，颇滋疑忌，于是闭关益严。

自一千八百六十五年以来，印度既植权于上列各地，乃特遣印人探游藏地，寻有派员前往拉萨之意。一千八百七十六年烟台条约，中国允发游历之护照。而此条约延未批准乃至十年之久。于是印度总督遣员赠物于灵卜寺班禅。一千八百八十六年，又派马高雷率员赴藏。旋以中国认割缅甸，事遂中止。

由此观之，可见英之于藏未尝欲破其闭关政策也。英政府执此宗旨，循久不变。而印督则不与表同情。盖以中国荐经回乱，国势衰弱，不足置虑。且俄于新疆扩张势力，恐其潜入西藏。故英宜设法以为保全，必不得已，则竟自灭之。盖西藏地势等于阿富汗，正可一律办理也。印度之英人思患预防，风声鹤唳，一若所至皆是者。揣俄人之意，恨不能尽取亚洲以防制之。惟英政府甚不以此远略为然，以至在印英人常怀缺望，深恐祖国之因循贻误。历任印督亦随风会为转移，以至所办之事往往与英外部宗旨不合。

当是时，印度仅欲与藏通商耳。然印藏商务甚微，大抵取道于尼泡尔。盖大吉岭经由西金至拉萨之路，禁止人货往来故也。一千八百九十年，由印入藏之布、呢、谷、五金等物约值六十四万佛郎。而由藏入印者，如羊毛、硼砂、盐、麝香、禽兽等物约值一百二十四万佛郎。以货物论之，藏印宜通贸易。惟以历来事势之故，遂转而向中国。其地至高而多山，有西伯利亚之寒。拉萨与西家子之间略有沃壤，此外竟不多见。所产惟兽类为多，若羊毛及皮肉是也。至矿产之富，虽亦著称而向无确实之检查。人民悉以呢为衣，且销茶至十万甘达尔，见于中国税册者，六万甘达尔，此可为英国之呢亚山之茶之尾闾也。土织之呢质粗而价昂，逊于英呢。若言华茶，则运费甚重。佳者不能致，值且不廉。亚山之茶亦足代之。然拉萨政府有制造上等呢专利之权，中国亦许少数商人专售茶叶。喇嘛为西藏商务之主人，而华商与之连结。若英人欲商于藏必兼招华商、拉萨政府及僧徒之怨愤。英国不知此等情形，即印度亦未必知之，以为推广商务异于国际交涉，实则亦大有关系也。

然中国及西藏于马高雷之役大以为忧。既请英政府收回成命，即互相联合以期共济，且锁闭印至拉萨之路，即西金是也。西金在喜马拉亚山南阳波丹、尼泡尔之间，向为藏僧所居，乃英人由印侵入之路。波丹、尼泡尔虽入英人势力范围，而仍有自主之权与拉萨联合，且认中国为上国。至亚山一面途路不通。苏特雷河，印度江之河源，远而难行。一千八百六十年，英占其地。及退，留兵一队驻守那东。其地通藏之春丕，亦在喜马拉亚山南阳，而为由大吉岭至拉萨最近之路口。一千八百八十八年，藏兵入西金，攻那东，为驻印英兵击退。英人即占吉雷。英政府乘此以要求中国承认西金归英保护，并以英在西金、西藏边界通商一事，允其通融商办。

此为一千八百九十年三月十七日在格尔古达所订之约。自此以后，喜马拉亚山岭上之线，除春丕外，悉归英国。印度原拟占据春丕而竟不得。至于通商章程，则于一千八百九十三年十二月五日续定于大吉岭，许英人在藏境之亚东设市通商，五年之内免征进出口税，而期内禁止印茶入境。约中并准印督与驻藏大臣公文往来。英人于禁茶入境一事大失所望。不仅亚东之荒僻，毫无贸易已也。

西藏之与俄

虽然，自英人之新得进步，藏人大震，显见中国之不可恃矣。乃欲于欧洲觅一可恃之国。洎中日战后愈见中国之衰弱，其计始决。彼心目中以为能抗英者莫如俄。适有俄之喀尔木族喇嘛孟工吉夫，于一千八百九十三年曾以私人资格旅居拉萨。而藏官深知俄之势力与英相颉颃，且夙注意于亚洲之事。又有传言谓俄皇为马哈波谛萨氏之化身，将自天而降征服天下者。俄之觊觎西藏由来已久，屡派人窥探，求入拉萨。第一次为伯吉瓦尔司基于一千八百七十二年至一千八百八十四年间，周历蒙古及库库诺尔一带，而仅及藏之北境。继之者为毕藻甫，一千八百八十九年至一千八百九十年，匿于土耳其斯坦而为秘密之探险。一千八百九十五年，其副罗伯佛司基至黄河上游。土人拒而枪击之。最近之役为高士罗甫，虽亦为土人所猛攻，而竟至西藏东境之瞻对，折回库库诺尔。此等探险家兼注意于政治科学。虽无明效大验之可言，而亦足以见俄欲通藏之深意矣。一千九百零一年，有日本人川口者游历拉萨，谓一千八百九十九年俄皇赠多仪于达赖喇嘛，即指道吉甫喇嘛使欧之事。道吉甫者，俄籍，而曾为达赖喇嘛之教习。游历柏林、巴黎。一千八百九十九年之冬，予遇于巴黎，并知一千九百年十月十三日俄皇接见于利瓦谛亚行宫。翌年，复来奥台萨，大受欢迎。七月六日，觐见俄皇于彼得霍甫，呈递达赖喇嘛国书。时俄外部拉斯道夫面告英使，谓国书亦寻常通候之词，而道吉甫者仅为教务而来。盖俄之佛教信徒向不许其入藏，今商请准其赴藏拜佛云云。然英人深知其中必有故，意必西藏求俄保护以抗英也。

奥台萨欢迎道吉甫之颂词谓两国愿交好通商。一千九百零一年六月三十日，《奴佛弥亚报》云：达赖喇嘛亲俄政策最为有理。盖英之阴谋惟俄可挫之。故中亚各国辄思结好于俄，乃自然之理云云。吾知道吉甫者必以此等壮语归作报告。宜其归至拉萨大受欢迎，即奉派为管理财政及炮队总管。俄国随派东方语言学堂教员齐皮高甫至拉萨居住一年。此虽细事，而英人之疑益深。一千九百零一年九月二日，驻俄英使诘之曰：凡有扰乱西藏近情之举动，英政府必不能漠视之也。

俄之足以致英之疑者莫甚于在亚之俄官，包藏野心，妄思拓地于新疆、蒙古、西藏，然未必尽出于政府之意也。试问俄与拉萨，中隔沙漠二千基罗迈当，且多峻岭，即至拉萨，将何为乎？《奴佛弥亚报》谓俄人入藏可得先占之地位。然吾辈之略知藏情，皆闻之于他国游历人员者，若英、若法、若印度、若德之士拉群威、若美之柔克义是也。惟英国克托穆司基王爵谓，若占优势于拉萨而与达赖喇嘛订约以代中国，即可为佛界之主人云。

印督寇仁之政策

然一千八百九十年及一千八百九十三年之中英条约，中国延不照办；亚东商市，亦以藏人之抗阻略无起色；划界一事，亦未实行。英人以诘责无效，将与拉萨直接交涉。而达赖喇嘛退回寇君函件，谓此乃驻藏大臣之事，不便干预。至禁止印茶入境一节，已于一千八百九十九年期满。而藏人仍不弛禁。于是一千八百九十三年条约各节亦成画饼。英人方欲重订，以南非之战无暇及此。迨战事既毕，寇君乃决意举办。寇君主张拓土，曾倡议监察波斯南境亚刺伯及报达，且夷扬子江流域为新而大之埃及，复并吞西藏，颇为时流称许。惟自庚子以后，欧洲各国已公认中国土地之完全，悉弃前此势力范围之梦想。然惟开辟利益而不占土地，事仍可行。况中国整军经武，即为英计，尤宜早树势力于藏也。中国在藏之主权实为具文，可置不论，且可于中国所设有位无权之驻藏大臣外，设一英国驻藏大臣，冀使权势渐展。诚以九年以来之轇轕，必须连结，而不使中国厕于其间。勒令西藏在拉萨开议，占据春丕，以划界及政治商务各事统筹商定。其时之俄方致力于满洲，而英日同盟足以拒俄。西藏既为印度之屏蔽，苟有外势之侵入，英必不能坐视也。一千九百零二年七月十八日支那《泰晤士报》载中俄订立密约，以西藏利益让俄。旁人衡情度理，可决其事之必无，或谓此由日人传布，当系寇君派往日本之人所臆造。虽经中、俄外交家一再辩白，而寇君仍藉为口实，耸动其政府。

英政府果不从其言，且下平和之命令，曰：勿用兵力以启人疑。藏为中国属土，不可忘也（一千九百零一年八月十六日）。夫欲阻止他国在藏之举动以侵害印度利益者，固为英国植势所必不可少之事。然此事不仅关涉印度，且关涉全英及英与他国之邦交。此次开议，务以通商、划界及牧地为限。英实不欲派员驻守拉萨及他处。即至将来，亦决不欲用威逼之举云。

英政府以俄人诘问，常持平和之见。一千九百零二年，寇君派辉特率兵二百至藏以示威，欲使藏人有所恐惧而允从开议也。驻俄英使于一千九百零二年十二月三十一日，一千九百零三年一月二日、二月十一日，严诘英人之用意。三月，俄外部拉斯道夫曰：英若破坏旧日情形，俄必不能漠视，不得不别为设法以保全在亚利益。其意盖指进攻阿富汗，或暗图喀什噶尔及蒙古以为抵制也。七月，传言华俄银行允借款于新疆巡抚，以全省矿权为质。巴柏福即于是时奉派查勘拜喀尔湖经库伦达北京之铁路，且于库伦俄领事署设一蒙文学堂。

当是时，英政府之政党颇有摇动。南非之役，英人已甚厌之。若兴兵攻藏，必起反对党之冲突。阅《蓝皮书》所载，可见英廷与寇君意见之背驰。寇君欲使政府勉从其意，不惜故造谰言以抗命令；或托辞于事势所迫，未能遵办。实则此等事势，皆出于彼之匠心也。

日俄之战与杨赫司奔大佐之役

英与中国商明，派杨大佐率兵二百入藏，开议于甘巴宗。印度部大臣即于是时戒之云：不可逾限深入藏地（四月二十九日）。杨抵甘巴宗。藏人、华人仍用旧术以搪塞之。一则诈为固执愚蠢之状，百不愿闻；一则循用和蔼谦恭之外交术，假露极力调停之意，以稽延时日。谓驻藏大臣主理西藏外交，本当来甘与杨会议，惟以昨年辉特一役，中国已派大臣有护戎泰专办界务。以为七月当可行抵拉萨。抑知行程濡滞，十月尚在成都也。又英政府要求藏政府派员与议，及既派定，而中国之代表未至。藏员促英人先撤从兵而后开议。其时土人持械麇集，藏印贸易因以中止。有英籍二人被执下狱。寇君始知甘巴宗地太偏僻，不足震动藏民，意谓必须进至江孜乃始有效。二月十一日，英外部蓝斯唐晤俄使，谓不窥伺藏地，惟愿扩张商务，今所欲行之事即抱此宗旨云云。时日本备战甚亟，俄人无暇兼顾。寇君所请前进一节，英外部不答，固请乃允，然仍命于如愿之后立即退出（一千九百零三年十一月六日）。于是驻藏大臣始大震，欲往晤杨，且预允所拘英籍二人，俟藏官释放立即交还，并请杨缓离甘巴宗。杨不听，竟越喜马拉亚山，由春丕直趋江孜。

此次护兵三千人，以马窦纳大佐率之。然官中人仍目为护役，不任进兵之名。藏人备有手枪，且恃有俄援而无恐，其委员以粗暴之词勒令英人退回亚东。孰知一战即溃，英人长驱直入，即达江孜（四月十一日）。中国驻藏大臣仍未至，藏人亦不允供给夫马。其接任者既至拉萨，亦以此故不能前来。杨不信，请径入拉萨。谓藏兵无斗志，民情柔顺。尼泡尔及波丹皆潜为之助，供给牲口。英外部谓：若非此不能开议，可再进一步。适拉萨之全权大臣行抵江孜，匿不往见。于是英官下哀的美敦书，亦无回音，至是而不得不出于战矣。哈特维克伯爵在上议院代政府宣告，英政府于此事明越其权限。时俄日开战，俄以挫败故无力干预。然自由党反对甚力。五月二十三日，议员勃雷司宣言曰：派员开议，竟成开战。然政府仍故变其词，谓不欲派员驻于拉萨，不欲并吞藏地，亦不欲收为保护国。今就其行事以观之，则皆虚饰之言，均已败露。忆南非开战之初，首相宣言不愿得地。又一大臣宣言，谓并吞南非二国为英国莫大之祸。至当时详情，恐英政府或竟为寇君所惑，至无结果。幸选举期近，自由党主持平和，竭力运动，始克消弭巨祸耳。

英军凡四千人，七月六日占江孜炮台，破加罗拉隘。八月三日，直入拉萨。二年以来所不见之驻藏大臣，忽出而欢迎英官，且以藏人卤莽，道其歉忱，允从速办结各事。实则达赖喇嘛以不欲与外人交涉，早已远离。幸其印尚留拉萨，故副总管及国会之大员亦能为西藏订立合例之条约也。达赖喇嘛仅二十八岁，经驻藏大臣奏请，暂行革职示儆。而以西家子大喇嘛代之，盖英党也。达赖既去，则驻藏大臣可以自由行事，且尼泡尔及波丹复从中效力。九月七日，杨所拟之约乃能订立。达赖喇嘛及各大寺与国会，皆加印焉。

寇仁与英政府意见之相歧

约中各款，英政府与寇君商榷甚久，寇君胶执己见，竟使英政府曲从其请。印度部大臣曾于一千九百零三年五月二十八日、十一月六日，明言不欲派员驻拉萨或江孜，且不欲占取藏地。然寇君所发一千九百零四年六月二十六日之电及六月三十日之函，仍请派员常驻拉萨。英政府驳斥之。其后，蓝侯函告俄使，谓政府举动率视西藏之情形以为定。故英政府能否不改一千九百零三年十一月所定之政策，未敢预定。且谓英国应在西藏占优胜之权利，派员驻拉萨，最为要著。否则，派一商务委员以驻江孜，若有交涉，则令往拉萨商议云云。寇君原请开江孜、嘉铎、西家子为市场。各派商务委员前往监察，并照一千八百八十八年及一千八百九十五年所拟，占据春丕，不定期限。英外部允准江孜通商，而占据春丕，限以三年为赔款之保证。自余各事，概行驳斥。七月十一、十三日，寇君又固请。二十六日，外部又驳之，而允开商埠于嘉铎。因西家子关系太巨，故未许也。寇君以外部覆文，惟言不愿派员驻拉萨或他处，乃复声请准驻于江孜之商务委员有事时可赴拉萨。至于春丕一带，拟请要求修筑铁路，安设电线之权，即退兵之后，亦仍保存此权而弗失。八月三日，英外部严拒之，谓驻江孜之员，若得赴拉萨，即变为交涉员，此非英之所愿也。其八月五日之训条，谓印度政策关系全局政策。一千九百零三年，政府亦曾宣言，谓英国势力宜在西藏占有优胜地位，以拒他国之侵入。而俄人亦已申明其无意于藏，我英自可高枕而无忧矣。

拉萨之约

然寇君竟不甘退让。杨大佐乃于九月七日订定约稿。所索赔款，分作七十五年偿还，以兵占春丕，至清偿而止。别订附款，许令江孜商务委员有事可往拉萨。杨虑政府驳诘，托言偿款期限，藏人所请。其于附款，并无违言。且外部八月五日之训条至藏时，约已订定。此等托词，寇君且举事以证之。是可见寇君固未以部电转达于杨，且观杨之报告，以赔款分七十五年清还，乃杨所声请，以为永踞春丕之地耳。至江孜驻员一节，则英政府仍不愿批准此约。续由寇君宣言赔款减去三分之二，分二十五年清偿。而占据春丕亦以三年为限，并将附款删去。约中他款，英政府并无异言。一千八百九十年及一千八百九十三年之条约，均声明实行。江孜、嘉铎开作商埠，所应经由之道路，皆当鸠工平治。许英政府派员驻扎，与藏员办理交涉。由拉萨达边界之炮台一律平毁。至第九款则关系更重，谓西藏非先经英国允准，并给英国同等利益，不得将境内之地，或让或卖或租或典于他国，或任他国干预内政，或准他国派员，或以进款作抵，或以铁路、道路、电线、开矿及他种权利让于他国或外国人民。

与中国开议批准新约

新约词义含混，英国不准他国来享利益，似有留备独享之意，是以久经闭关之西藏辟门以让英也。然中国驻藏大臣实未画押，彼曾避匿二载。今虽为英藏所迫而敷衍以卸责。及此约既订，据以奏闻，恭候钦定。厥后北京之交涉迁延甚久。直至一千九百零六年四月二十七日，乃始告成。所有一千八百九十年、一千八百九十三年、一千九百零四年各约，认准实行。英国准不割西藏土地，并不干预内政。原约第九款所载各种利益，除中国外，概不得给与他国。并准新开商埠可装设电线以通印度。画押之次日，印兵即已离藏。他国某外交家喜而言曰：英不驻员拉萨，且认中国之主权，则藏事当无甚变动也。

西藏近情

至于今日，则西藏仍复旧观。既为中、英之屏蔽，亦为英、俄之屏蔽。英人此役虽甚便易，印兵死者仅三十七，伤者一百七十五，然费款至二三十兆。俄人既滋不悦，英之民情亦大为震动。言其成效，则仅去所恶之达赖，而代以素喜之西家子。一千九百零六年一月，西藏新酋赴印谒英太子。及其归也，奏称此行非出本愿，乃被掳而往。实则英人深倚重之西家子之僧徒，权势微弱，远不及拉萨之达赖。故中国并不认其有治理之权，惟令其摄理教主而已。比闻达赖尚在，随时可归。一千九百零六年十月，则在甘肃。返藏之期当不在远。此必非英人惬心之事也。

英人有运茶之权利，而喇嘛能潜禁之，无直接背约之迹。然印茶价廉物美，人必乐用。英若别以利益诱之，喇嘛当不固拒。所择通商之地，曰江孜、曰西家子，而最称重要。次于拉萨者，曰嘉铎。虽一村镇，而为藏地西境贸易之中枢。印藏之贸易，自一千八百九十年至一千九百零二年十三年中，已由二兆增至五兆。虽有种种阻碍，当可徐图展拓。惟地方贫困，恐仍难大有起色也。

就政界观之，英之势力日渐增长。盖予取予夺，已有明征。江孜之商务委员，俨若领事，拥兵七十五人，必渐变为交涉委员，闻曾进谒西家子之大喇嘛也。英人可于新埠及边界任便往来，接通电线。利特中佐及罗林大尉奉命考察一切。罗君既定新约，查察章波河流，且波丹已允筑一大道，由拉萨至喜马拉亚岭巅。以上诸事,实已于西藏大辟门户,专为英人独享之利。观其拒绝瑞典探险家司温海定之由印入藏,可见英于外人之入藏,固严为拒阻,而惟恐其或至也。

一千九百零五年八月十二日,英日重修协约。其旨在彼此保护东亚及印度之特别利益,并订明英在印度边界有特别利益。日本认其在邻近边界一带,便宜行事,以保印度。此款于英国拉萨条约所得之利益,已括其中。俄之权势,以日俄战事之故自不能有所增加,亦因其于西藏政策固未尝始终实行也。

曩有以达赖喇嘛避居库伦必求俄之保护为言者,然未必果有其事也。至各处喇嘛在库伦大会,以议兴佛教。此亦未必有成,俄于佛教及西藏未必注意。今其利益专在蒙古,以杜日本之窥伺。即此一隅,而俄之全神已足贯注已。

中国之于西藏,虽藉外交之力使印兵速离西藏,然权势衰替已非昔比。故自今日考求补救之策,深知仅有名义之统属不足以御强英。既不能于纷争之际行其主权,以自表于他国。且西藏放任之举动,急须收束。今窥其意,似将以满洲将军予以重兵以代驻藏大臣。然此举必有阻力,非用果毅之力不能有成也。

西藏东境,今已实力整顿,惟驻兵过少。打箭炉至瞻对之路,亦宜修整。而打箭炉至湄江之土教各酋,不属拉萨管辖者悉令归顺。此举若行,可使英人势力仅限于四川、拉萨之半途,实为防英善策。一千九百零五年,中政府之于藏,颇思励精图治,而事无条理,悉诿之与川省。派一帮办大臣驻于瞻对,考察整顿事宜,颇欲裁减僧侣,收回荒地,且撤其干预政事主权。四月五日,巴塘黄喇嘛联结附近诸酋攻杀帮办大臣,中国乃发兵与战。七月二十六日入巴塘,乃特设大臣,办理善后事宜,并与瞻古设一厅治,将川边一带之地悉行圈入。且于打箭炉、瞻对之间设立电线。至西宁大臣所辖之地,拟设一满洲将军以统辖之。

结论

今欲使英、俄、法三国势力平均,莫善于保全中国土地,而认英于西藏,俄于新疆、蒙古有特别之利益也。

近者英俄商订协约,有一必须研究之事。今略述之,可乎?

佛教与天主教、回教不同,其于政界略无关系之可言,达赖喇嘛之于佛教远不如教皇之于基督教。故就西藏而言,实无境外重大之关系也。

俄之佛教信徒为数甚少,西藏一事可置不问。

英于一千九百零四年九月七日、一千九百零六年四月二十七日条约得有利益。而俄于新疆、蒙古设置领事,派兵护卫及享种种之通商利益,可谓各得其平矣。

自此以外，俄亦可于西藏、甘肃毗连处所，要求中国之特别担保。盖虽有此举，而仍无损于保全中国土地之义也。

按：上文既曰保全中国土地，而又曰要求中国之特别担保，果何言欤？

1908年2月26日（光绪三十四年正月二十五日），第二百期（戊申第一号）

中藏英印通商章程（目）

1908年4月5日，第二百零四期

论印藏商约

（译英国一千九百零八年六月十二日《泰晤士报》）

印藏之龃龉非一日矣。而幸也，商约告成，已在加尔各搭署诺。所冀自兹以往，敦睦有加。此非特两方之幸，抑亦世界大局之幸也。其在曩昔，印政府久已觊觎西藏，欲与通商。奚斯定督印时，印政府已有此意。然终不能达其目的也。一千八百九十年，蓝斯唐伯爵督印，中国驻藏大臣在加尔各搭与印政府立约，言及西藏事宜，且声明西藏边鄙商务，他日再行提议。而藏官多方阻挠，不愿有印度之商业。一千八百九十三年，中英大臣会于大吉岭，通商章程于是定议，乃将春丕山谷之亚东辟为市场。孰知藏人抗不遵约，且于山谷之中建筑崇墉，必使印度商业不能入藏而后已。洎一千九百零二年，藏之拒印日益加甚。印人愈不能堪，几至肇衅。中、英两国乃议各派大员会议于甘巴庄，调停其事，冀息争端。一千九百零三年，英国大臣抵甘巴庄，候至四月之久，而中国驻藏大臣迟迟不行，印度政府乃有举兵入藏之议。一千九百零四年，英兵赴拉萨，殆迫于不得已也。既而中英大臣立约于拉萨，开辟数处以为商埠。一千九百零六年，中、英二国订约于北京，允将拉萨条约认可，令复于加尔各搭订立商约。此后印藏其庶相安无事乎？

至所订商约，辞意浅显，无庸深论。想自此以往，印藏之争端，可以悉弭。其寓藏之英人，皆有领事裁判权。英人所建屋宇即当交还中国。直达江孜之电线，业由英人建设，中政府担任保护。惟英人非得藏官之许诺，不得越市场一步。印度派驻江孜保护英商之兵队，久之必当裁撤，即责成中国办理警察，以保商务。此印藏商约条款之大凡也。然尚有须效忠告者，盖关税一事尚未载入约章。而印度茶商，辄恃西藏为贩路。此约漏未提及，印人未免失望矣。距今二年以前，印度茶商会曾遣人赴蜀,考察华人制造砖茶之法,以为他日仿制运藏之地,然亦知此非中国茶商所愿乎?彼其心目中方以为西藏茶业之利可长享而有之,岂乐以秘术传授印商而自招劲敌乎?印商入蜀之举亦未免徒劳跋涉矣。

自西藏既辟数地为商场,而藏地情势尽为英人所知。回忆数年以前,英兵入藏,藏人闻而大恐。即其所谓圣地者,亦皆为英人足迹所及。当是时,中国在藏之主权久已荡然无存。其驻藏大臣坐困危城,且难保其生命,遑问其它。至于今日,则主权悉已恢复。所订之约,声明中国权力可以在藏实行。而西藏商务,中国惟任保护而已。噫!英人今日之播种,至于将来,恐徒为他人收获也。我英待中国如此,而彼其之子岂亦能以我心为心乎?虽英、俄所订条约,英人曾已声明,英断不伸其权力于西藏。而俄人之能否具表同情,固不可知。虽然,我英于此,惟甚望印藏之商务日新月盛,印藏商约庶几历久不变欤!

按:右文谓中国在藏主权今日悉已恢复。其果已恢复否耶?

1908 年 8 月 21 日(光绪三十四年七月二十五日),第二百十八期(戊申第十九号)

藏事纪闻

中英所订印藏条约,印督原拟增加藏文。经前驻藏帮办大臣张京卿荫棠一再磋商,乃允专用中、英两国文字。张京卿旋奉召赴都。达赖喇嘛亦应命入觐,随员甚众,中有法人二名及安南人之为仆役者一。至山西,税驾于五台山。美使由京往谒,曾介绍基督教士数人。德人复尔和亦携德皇赠品与制造军械之图书而踵至。既抵京,日、俄、英、德各使咸迓于车站。达赖喇嘛既驻锡东黄寺,日、俄、英、美、德、法、义、葡各使及适在京之廓尔喀贡使,俄之驻京大主教,皆相继往谒。旋经外务、理藩二部会同派员,带领达赖喇嘛答拜各使。近闻达赖喇嘛定于腊月朔日启行回藏。又英人议于西藏江孜一带开辟商埠。所有开埠、设关、派员曾同英人勘界及设立裁判所等事,业由外务部咨行驻藏边务大臣核办。至藏中所驻英兵,前经张京卿磋商撤退,已有成约,惟迄今尚未退尽。闻外务部拟请英使速将驻兵撤退。

1908 年 11 月 28 日(光绪三十四年十一月初五日),
第二百二十八期(戊申第二十九号)

论西藏之变

（译日本明治四十三年二月二十八日东京《日日新闻》）

据西电所报，谓驻藏华兵已占领西藏首府拉萨，而于僧侣则杀伤之，驱逐之。达赖喇嘛即逃亡至印度，吁求保护。华兵即欲追逐，至西金而掩执之，是其追击若至为严切者。又据报称，蜀中已遣大兵赴藏，是可推知僧兵之力，究不足以抵御华兵。而藏人之反抗，无论如何，终必将举全藏而屈服于华兵之下，固亦不难预知。至其事之起因，纵未详悉，然观中国上谕，指斥达赖喇嘛之专横暴戾，声述讨伐之迫不得已，以及褫夺名号贬为齐民云云，则其罪名自可推想而知之矣。

西藏虽为一秘密国，当日、俄战时，有扬赫斯奔者，率印兵征之，于是秘密之幕始揭，而为世人所知。然远征队虽有成绩，而英政府以尊重中国在藏之主权，自甘仅获较胜列国之权利，从不干涉内政，以至于今。惟中国之政令，恒不行于边疆，其在满洲、蒙古、新疆之情形，既如世人所述，则如交通至艰之西藏，其实况自可推知。况灵界权势无限之法王，势力之行于物界，由来已久，中央政府之威力，往往有不行者。明诏之所以责其专横者，当即指此。今次拉萨之变，殆亦基因于是。且法王通款于俄，已非一日。昨年遣使前往，相传订有密约，则其不甚归服中国政府之形迹，实有不可掩者。中国出此膺惩之举，自属必然。又由法王之地位观之，则虽向为中国领土，实则高原国之万机，乃法王所专决，殆有绝对无限之权力。近时中央政府渐以威力相临，法王自不免有所忿恨，即以此而通款于俄，亦无大过。如此，则法王亡命之后，中国将更选定新法王乎？抑将由印度政府之斡旋，而得见旧法王之复归乎？二者虽不可知，然中国政府必使政教分离，一切政务，悉由驻藏大臣行之，则固无所容其疑议者也。

列国中关于西藏有直接之利害者，惟一英耳。然今次之事，固全然限于中国中央政府与达赖喇嘛之间，而与印度政府无涉，因之国际纷议将由此起之忧惧，庶几可免。近闻乱已渐平，则兹事之解决，亦不在远。法王之运命，虽须视印度政府之能力如何，然于大局无何等之关系。惟有一事，为吾人所不可忽视者，则中国政府欲对于向所放任之藩属国而实行其权力是也。夫中国既已自知满洲、蒙古之主权，则西藏乌容独异？故今次事件，不可不视为起因于中国自知西藏之主权。要之，此为华人觉醒之一证。其于国际，虽无直接之影响，而实为中国对于藩属国政策之进步，又为关于边疆防守之一事件，不无注目之价值耳。

1910年4月24日(宣统二年三月十五日)第二百七十三期(庚戌改良第七号)

藏事纪闻

英国之对于藏事：达赖喇嘛出亡，即至印度。我政府初闻有印督优礼之说，曾照会英使，以遵守约章为请。旋经照覆，谓达赖至印，英国并未派兵护卫。华兵入藏，英廷决不干涉。惟又询治藏政策，并请禁兵虐杀。外部答谓：中国近行政策惟以改良政治、振兴商务、力保治安为目的。

1910年5月13日(宣统二年四月初五日)，第二百七十五期(庚戌改良第九号)

俄人之对于藏事

俄使曾照会外部，谓：不当将达赖喇嘛名号遽行革去，以致俄人信佛教者无所归依。外部据理驳之。而驻俄萨使之电告外部则云：俄政府对于藏事未见有何举动，并曾声明：中国果能保全西藏治安，俾俄国教徒不致因此扰动，亦决不因斥革达赖一人有伤邦交云云。现查俄政府亦绝无电召达赖赴俄之事。

1910年5月13日(宣统二年四月初五日)，第二百七十五期(庚戌改良第九号)

请阻英兵入藏

赵、联两大臣近电外部，略谓：藏地渐就安谧。而江孜自开埠后英即退兵，载在约章。乃江孜开放数月，英兵极应早退。岂知英兵甫经退去，忽又藉保护商人为辞，欲遣兵二千，分驻江孜等处。虽曾据理力争，终未照允。请速与英使磋商，总以得免进兵为上策。纵不能就范，亦须另订限制章程，而以能减至二三百名为是。

1910年8月19日(宣统二年七月十五日)，第二百八十五期(庚戌改良第十九号)

禁阻外人入藏

外部以禁止外人私行入藏载在条约，虽屡次照会禁止，而此等交涉仍属不免。窥其意旨，非私行勘测，即煽惑番众。于藏务大局，关系重要。拟即实行封闭主义以资取缔。闻已通电伊犁、新疆、宁夏、四川将军、督抚及驻藏大臣，应随时详查各处。如再有私入藏地之外国商民，应即照约拘止，护送出境，勿使逗留。惟不得有非理对待之处，致生枝节。

1910年8月19日(宣统二年七月十五日)，第二百八十五期(庚戌改良第十九号)

藏事纪闻·藏务通告各使

近顷枢廷对付西藏之政策定议，乘达赖喇嘛更造之机会，实行政教分离主义。嗣后一切教务，均由新立之达赖主之。至商务、外交，在西藏未设行省以前，概由驻藏大臣随时禀承政府，相机处置，达赖不得干涉。外部业已照会各使，并谓此后无论事之大小，非经驻藏大臣商准政府，不能有效。倘达赖仍有与外人缔结条约情事，政府概不承认。

英人谋办西藏邮政

英以承办藏中邮政事要求于我，已力阻之。由外部照覆自办。

1910年9月18日(宣统二年八月十五日)，第二百八十八期(庚戌改良第二十二号)

卸任驻藏帮办大臣温咨请四川总督赵代奏维持西藏大局折(宣统二年六月十二日)

为咨请代奏事。窃宗尧一介庸愚，仰蒙朝廷恩遇，畀以帮办西藏至重至艰之任。方受命之初，诚不自量其不才，惟欲捐竭顶踵，补救万一。讵自抵藏受事以后，内察藏人之趋向，外侦邻邦之举动，虽事势尚有可为，而合以帮办大臣之事权，实觉竭蹶无所措手，不敢辜恩溺职，遂辄请避贤路。复蒙朝廷矜许，准其开缺。谕令取道四川，筹商事件。遵即交卸起程，于五月二十二日行抵成都。当经电请军机处代奏，奉旨开缺，驻藏帮办大臣温宗尧著另候简用，毋庸来京觐见。著赵尔巽遵旨传知，钦此。钦遵。

伏念宗尧上叨恩命，驻藏十四阅月。祇以智力浅薄，曾无毫发可为报称之事。惟于藏事向少讲求，奉命之日，乃急采购英国二十年来蓝皮全书，详考该国与西藏历来交涉之事实及其应付之政策。审共用意，委曲阴鸷，多为世人所不及知。复察藏人对英之情形，乃知中国今日治藏实处极艰难、极危险之地。而亦未始无可希望、可恢复之机。宗尧既有知见，何敢缄默？

盖今日之论藏事者，皆曰英、俄皆当防闲之也，皆曰英、俄皆当干涉我也，皆曰藏人之意已不属我而有专属也，皆曰事机已到危急无可挽救也。宗尧证以英国蓝皮书所载之事实及西藏官民之向背，窃谓自我言之，则英、俄诚皆外患，皆当防闲，而自英、俄言之，则防英者俄，防俄者英。彼两雄者各不相容，即各自为防闲，即各有所忌惮。中国但当利用英、俄之各自为防闲，而速趁此各有所忌惮之时急起直追，整理西藏之内政，恢复在藏之主权。与其分精力以防闲英、俄，不如并精力以治理西藏。此非宗尧之詟言也。

观于蓝皮书所载一千九百零三年二月十一号、二月十八号及四月八号，即光绪二十九年正月十四、二十一、三月十一等日，英外部大臣三次致驻俄英使之文，内述与驻英俄使之辩论。俄使既申明英在西藏行事，俄国即须设法保护俄国之权利。又申明：西藏之局如一旦大有更改，则俄国或须设法以保全在亚洲之权利。又申明：俄国勿论如何，总以不干预藏事为政策。但或为势所逼，须在别处另筹对待之方。英外部既申明英国无政治之阴谋，无霸占西藏土地之意。又申明：俄若在西藏有所举动，则英之举动不特不让于俄之举动，抑且过之。俄若派兵进藏，英必效之，所派之兵力必较俄为厚。又申明：英国因见中国政府一则用延宕之手段，一则对于西藏只有微弱之权力，故起而直接自为策筹。

以上云云，皆秘密紧要之文件。英、俄对藏之政策及其各相防闲、各相要约证明之意，皆昭然若揭。英、俄既各有所忌，而各交示其不敢妄动之意。英则直宣布其不得已而妄动之意，乃由中国手段延宕、权利微弱所致。由是观之，中国不惟不必防闲英、俄，即英、俄亦无防闲中国之意。不惟此也，假使中国能增加治理西藏之权力，彼英、俄者方且欢迎、赞助，若恐不及。此无他，盖至于中国实在不能保有西藏之一日，彼西藏者又无独立之资格，而必有所属。属英，则大有害于俄之中亚细亚方面；属俄，则大有害于英之印度方面。至于其时，英、俄必将出死力以竞一得，其不得者必不自让，必于西藏之外别有所取偿。至其终极，不惟破坏英、俄之交际，且将扰乱世界之平和。若是者，皆英、俄所至不愿。然则中国果能变延宕之手段为迅速，变微弱之势力为强大，既以自保西藏之领土，且以兼保英、俄之平和。论者所谓我当防闲英、俄者乃不必之事，其谓英、俄皆当干涉我者则相反之事也。

至谓藏人之意，已不属我而有专属。宗尧在藏逾年，朝夕栗栗，注意此事。盖藏人凡分三级，一曰僧俗官吏，一曰喇嘛，一曰百姓。官吏则各不自量，咸有独立自雄之心。至于不得逞，则又俯首帖耳以听。向者英兵之入藏，即其官吏之崛强背约所致。英兵一来，其崛强者又恭顺矣。比年番官之对驻藏大臣甚不谨矣。川军至则已改观，达赖革则群屏息矣。喇嘛则迷信佛教，俄即因其迷信，故为隆重佛教以诱之。光绪二十七年，宣统元年，达赖两次派遣喇嘛赴俄。俄皇召见，礼遇至渥。凡此皆以牢笼喇嘛。故就喇嘛一种而论，向俄之心较热。至于百姓，则蠢然无所知识。英之减费、退兵、不派政治代表，纯取阴柔平和手段，所为牢笼西藏百姓、收拾人心之方法，盖已极力尽致。西藏百姓又不能不受其牢笼而忘英兵入藏之当怨。由靖西至帕克里、春丕一带之民，以英兵驻扎之久、相遇之厚，无不移怨而感。三级人之性情，向背若此。再考西藏之政体，则纯全极端之专制。官吏之命令虽至暴虐，无敢违者。喇嘛、百姓无不仰官吏之鼻息而听其号令。喇嘛向俄，百姓向英。中国但能增长权力制其官吏，则向俄、向英皆归无效。但使事实属我，即不必更究其意念之谁属也。

夫论者之谓事机危急、无可挽救者。乃以英、俄之当防闲而避其干涉。且不知藏人之意何属，故觉无往而非荆棘也。今则英、俄内容之政策如此，既不必防闲，且不致干涉。不惟有法挽救，其法且非甚难。顾其事机，则真危急耳。盖英政府虽宣布无占据西藏土地之意，然又不惜委曲牢笼者，其心何尝须臾而忘西藏？特不欲操之过急以伤藏人之心，且不欲彰露形迹以招俄人之忌。我若仍前因循，再过数年无所振作，则此数年之中，既不能保藏人之不全体受其牢笼，尤不能保英、俄之不别为权利互换之协约。不幸而有此变，乃真无可挽救矣。

故就今日中国治藏而论，实大有可为之机。但须迅速、敏活，急起直追，而后可为，且需分别表里，善为操纵。在内之计画，则当兼程并进，不可无一日千里之心；在外之形迹，则当镇静、和平，不可无应付弥缝之术。不必遽改西藏之地为行省，而不可不以治行省之道治之；不必强西藏之俗同汉民，而不可不以爱汉民之心爱之。施政之目虽繁，宏纲亦只二事：宜宣威者，不可假借；宜布德者，不妨煦育。先定宗旨，而后合内外上下之力贯彻实行。宗尧之愚，窃谓藏卫必永为西藩，国家保持治理之道，亦较保持治理蒙古诸藩为易。如或不幸，而如英外部之言，再示人以延宕、微弱之现象，则他日之危，即有非臣子所忍言者。盖推俄使保护亚洲权利须在别处另筹对待之一言，万一藏卫有事，国家所忧固不在西徼不毛之一隅，诚恐东南腹心之地将受其影响也。至于治理先后之序，宗尧梼昧不谙大计，愚管所及，则达赖既革，似当以呼图克图分任藏事，利用转世迷信之愚，从此永废达赖之制。番官向无固结之意，上无达赖，则各求树帜。英、俄虽欲网络，适以养成角力均权之势。眼前大事,似莫急于此者。此外,练兵、兴学、开矿、垦荒、通商、殖民诸政,则当因时审力,循序进行,而非宗尧之愚所能悬筹妄拟者。

除将英国蓝皮书内关于英之对俄、对藏之政策摘要手译、另册开列外,宗尧感荷朝廷高厚之恩,愧无涓埃毫发之报。所有知见所及,拟合借用四川提督军门印信咨请代奏。为此咨请贵督部堂查核代奏施行,须至咨者。

1910 年 9 月 28 日(宣统二年八月二十五日),

第二百八十九期(庚戌改良第二十三号)

论英国抗议中国治藏事

(译英国一千九百十年八月五日《泰晤士报》)

近顷以来,报纸、电信纷传西藏事势危急。英国已由印度派遣步兵两师团,过山炮兵一队驻扎藏边,以防不测。此讯传播,世人相顾骇诧。惟关心西藏时局,曾阅近今出版之蓝皮书者,则以吾英此举实为事势所迫,万难幸免。回忆一千九百零四年时,吾英尝以大军直入拉萨。藏人慑于威势,莫敢抗拒。于是英在西藏之势力为之骤长。今则时移物换,华人又弄其惯技,一再厕身于英、藏之间,而吾英势力遂渐归于消灭。其在曩时,印度政府遇有困难事件,均与西藏直接交涉,故能意志疏通,无稍隔阂。而两国之交谊,亦藉之以维持。今则不然。据商务代理员所称,华官尝颁发文告,禁止西藏商民与英国商务代理员直接贸易。夫吾国往昔所以不惜巨资,派兵入藏者,亦惟欲与西藏土人直接贸易耳!乃比年以来,英政府于此,一则为顾全国际上之友谊,再则为轻视西藏商务之价值,渐将所获利权付诸东流。而中国则乘机前进,将屯驻拉萨守备军自五百人增至二千四百人;褫革达赖喇嘛名号;驻扎守兵于节署;裁撤西藏巡警,改用中国巡警;停罢制造厂铸钱局;推广全藏守备军而强占其西部。且饰辞以欺驻华英使,谓中国在西藏之措置,意在保全治安,并使藏人恪守条约上之义务云。此为近日西藏时局之变态,其迅速有如迅雷不及掩耳,故藏人多奇之。今请举其变动之原因,以告研究西藏时局诸君,可乎?

一千九百零四年所订拉萨条约,其宗旨在联络英、藏两方面之友谊。此约成立二年,由中、英两政府别订条约,声明彼此均愿遵守拉萨之约,并议定开辟通商市场多处,俾英藏商民得以自由贸易。西藏政府又须派一商务代理员常驻通商市场,俾英国商务代理员有信件寄交西藏官吏或中国官吏时,可由此西藏代理员转递。此外,西藏并须赔偿英金五十万镑与英政府,分七十五年缴清。且订明英兵仍须驻守春丕，以防西藏违约停解。寻又订立一约，准驻甘孜英国商务代理员遇有困难事件不能就地办结者，可随时至拉萨商议解决。此为藏人与英订立约章、情愿遵守之事。而当订立此等条约之时，英国未尝稍加强迫。约中各款，均经藏人详细磋议，乐于遵从。自拉萨条约成立后，藏人对于英人之感情，较昔固胜万万，即中国驻藏官吏对于英军直入拉萨一事，亦固无意排斥。中国驻藏办事大臣且从中助成拉萨之约。

由斯以观，英在西藏之地位诚非薄弱。奈英政府之政策更变靡常，辄因国交之故，牺牲莫大之利权而不惜。印度政府尝极力要请西藏准派英国陆军将校一人驻守拉萨。藏人虽有允意，而英政府竟不赞成。此举遂作罢论。英政府且以赔款过巨，命减原数三分之二。其后又向西藏声称，一俟西藏将通商市场实行开放已达三年，并已付三次赔款后，英即愿将驻守春丕之守备军撤退。此皆英政府自愿放弃其利权者。

然未几而中国即奋起于其间，并通告英国：愿代西藏付给赔款，以示体恤。中国皇帝尝于一千九百零五年十一月谕其政府奉行。中国既付赔款英金十六万镑左右，则要求撤退驻守春丕之兵队矣。一千八百零八[一千八百八十九]年四月，英国曾与中国西藏订立商约，约中声明：英国代理员可随时与西藏官吏商民自由交往函件，中国不得干预。讵料阅时未久，而中国竟置此约于不顾乎？且英兵既离春丕，中国即著著进行。其进行之步骤，首为特简前护川督赵季鹤大臣以治边。是年四月，驻华公使朱尔典报告政府，谓赵大臣官阶崇而资格深，忽奉特旨，诚为创举。其兄次帅向督两湖，今已量移至蜀，中国政府之用意从可想见。大抵中国之遣赵驻藏，殆如日本之遣伊藤监韩，无非欲推行中央政府之权力于边远之藩部耳。未几，召达赖喇嘛入都，阳则优加其名号，阴实严施以羁勒，谕令恪守中国律法，如遇重要事件，当会商中国办事大臣处理。中国又在拉萨发行一报，常登排外论说，蛊惑人心。并云：中国驻藏办事大臣所统兵队，非为攻击藏人而来，乃以抵拒外人。此言之荒诞亦已甚矣。又谓藏人宜与尼泊尔联络以御外侮。至去冬，闻赵大臣统兵二千，行抵瞻对。今岁二月，又闻有中国兵一队已抵拉萨。某日，达赖喇嘛正与藏官商议要政。中国办事大臣突派多数小队守兵，分往藏官府第严行搜捕。达赖喇嘛与藏官闻信，定计齐赴印度避祸，后果逃入印境。中政府闻达赖喇嘛已遁，即颁严谕褫其名号。达赖喇嘛既抵印度，哀求英人援助。惟英政府则以无权干预为词，拒其所请。

夫藏人乃半化之民族，无学术，无思想，厥状乃至可悯。吾人尝与之交锋镝、通诚款,尤宜曲加体恤,为之救援。否则由人道上言之,吾人宁能无愧?彼之与吾人构战也,实因误会吾人之政策。及至战败之后,即自知其谬误,而一变平昔仇视之心为亲爱之诚矣。曩时班禅喇嘛曾至印度,请与英人修睦。今达赖喇嘛又来求援,吾人乌可始终拒绝而一任其呼吁耶?若吾人擅自干预西藏内治,诚为违约之举。今以达赖喇嘛不远千里而来,哀求援助,吾人以其求而应之,又何干预之足云?假令今日中国为欲维持西藏之治安,要求其为上国之特权,吾人固无间言。盖以近今之西藏,秩序荡然,中国固有权保全其治安也。至欲鼓动藏人排斥英国及干预吾人与藏人之交涉,以致妨碍吾国边界之治安,则吾人至此,实不得不出而干预耳。

1910 年 10 月 27 日(宣统二年九月二十五日),
第二百九十二期(庚戌改良第二十六号)

论达赖喇嘛之出奔印度

(译英国一千九百十年八月《康顿白烈报》)

著名西北亚洲探险大家史文哈典来稿:

东方者,奇事之产地也。距今二千二百年前,亚历山大王威震亚欧,气吞瀛海。自是以降,波斯、印度接踵而起,欧西为之侧目。既而希腊勃兴,势尤雄伟。亚洲诸邦,靡弗望风欣羡。近至百七十年前,波王那德率雄师袭印度,则如雨过天开,犹闻霹雳。在世人心目中,以为此后当无复有惊天动地之事业出现于东方矣。孰知运会推移,风云陡起。磅礴富厚若印度者,忽为英国之东方贸易公司所折服,竟以300 兆之人口,而听命与小群之英人。此为社会学上一大问题。凡亲历其境者,莫不惊叹弗已,顾此犹未足以尽东方之奇象也。向者,俄国尝称霸于亚洲,雄视于东方。环列诸邦,莫予敢侮。不意亚洲有日本者,疆土仅蕞尔之弹丸,民族为欧人所轻视。乃竟一举而挫折强俄。东方风云,其叵测也如是。而将来之变幻,正未有艾,且不必俟数千百年后始获见之。吾敢预料:吾人在生之日,尚能目击其状况也。

夷考亚洲大陆政治上之奇剧,大抵演出于其边界,中部各国鲜罹其祸。西藏为亚洲之腹地,宁静自在,不与世相闻问。如逸民之居室,如深坑之外舍。若是者经数百年,欧人足迹未尝一履其地。间或有之,则曩之天主教士,近之一、二探险家而已。故往往有越几何之岁月,而西藏时事尚未传播于外者。今则不然,昔日至隐秘之西藏,亦已表暴于世。各国人之视线几如矢注。究其所以致此之故,盖由于西藏之抗英而亲俄。远者如此印度边界问题,藏民枪击英人问题;近者如达赖喇嘛藐视印度总督之公牍，遣使通款俄国，毁灭藏印界柱，禁锢英国商民，违抗商约诸事，皆为西藏抗英之确证。及前印督寇仁施其强硬手段，而藏人始稍稍戒惧焉。

余与达赖喇嘛未尝交接，莫由睹其丰采。惟一千九百零一年，余往拉萨，乔装土人，佣蒙古人为导，旋以达赖阻尼甚力，绕道而回，此为予与达赖仅有之交涉。厥后，达赖曾在坎朋地方，接见博士脱培尔，又在库伦接见俄国陆军少佐郭斯罗夫及他俄人多名。达赖在北京时，颇为各国公使所疾视，并为欧美女士及报馆访员摄其肖影，登诸报章。故达赖之容貌，今已妇竖皆知矣。达赖平昔最憎英人，讵料两月前为势所迫，不得已遁入印度而哀求英人之援救。其遁入之情形，试阅一千九百零四、五两年之蓝皮书，当知其详。比年以来，达赖对于中国驻藏大臣，兀傲不遵教令，中国政府欲有以惩创之，乃召令入都。觐见时，达赖谓愿入贡，并认中国为上国，一切政权仍为中国所握。惟事关宗教者，达赖仍得自主。时适德宗景皇帝、孝钦显皇后相继升遐。朝廷易主，无暇顾及达赖喇嘛，且以达赖之举动无甚关系，遂即许其回藏。达赖当于一千九百零八年十二月二十一日出京，至一千九百零九年十二月二十五日始抵拉萨。计其行程，实经一年之久。及抵拉萨后甫四十九日，达赖即为中国官兵所迫遁入印境，盖以其私通俄人故也。

达赖喇嘛素以英人为易与，直至英将扬赫斯奔率兵袭藏，犹以为英人决不能兴问罪之师也。旋见英兵长驱直入，势如破竹，乃知英人诚大可异。不得已，于一千九百零四年九月四日与英人订立和约。画押时，达赖他适。故由西藏三大寺及僧俗大众公所等签押作准。或谓达赖当此境内有事之际，畏难避地，得毋示弱太甚？予曰不然。自政治上论之，达赖潜避，实最完善之策也。何则？藏约之签押者有六方面之人，即三大寺院、僧俗大众公所、噶布伦及代理商上是也。而英之签押者则惟议约专使一人。西藏签押之人既多，即其责任不专。设达赖回藏，而藏人以废约为言，试问英国将向何人责问？故曰达赖潜避，不自签押，实最完善之策也。

或谓英人可向中国责问，不知中国与该约绝无关系。签押时，中国驻藏大臣虽亦莅场监视，而于该约之条款，初未与闻。盖该大臣曾奉北京外务部训条，令其不必干预，以免日后之纠葛也。况该约计共十款，均置中国于不顾。故中国对于该约，不特不负责任，且乘达赖来京之机，主使达赖将西藏与外人所订各约概行作废。其后一千九百六年四月二十六日，更由中英两国议结关于西藏之条约。约中订明：英国不得侵占西藏疆土、干预西藏政事；中国亦不得准他国干预西藏政事、侵占西藏疆土。嗣后，英国凡有关于西藏事件须与中国交涉。此约裨益中国乃非浅鲜，足证中国外交家之手段亦颇未可轻视也。一千九百零七年八月三十一日，又由英、俄两国订立关于西藏之条约,互相承认西藏为中国之附庸,所有一切事件须向中国政府交涉。且订明自该约成立后三年之内,不准外人入藏探险。时印督对藏之政策,疏忽殊甚,英在西藏之势力遂至一落千丈。先是印督议将兵备经费减少三分之一,继而英之印度部大臣又为俄人所愚,竟将驻守春丕之兵队概行撤退。于是藏民以为英人诚巽懦不足畏,轻藐益甚。有多数藏人语余,谓英人不特无力驻兵春丕,抑且有所不敢。此后藏民鄙薄英人与其敬畏中国正成一反比例。中国未劳一兵,未发一矢,不特春丕之险为其所扼,且盘踞西藏全境焉。中国可谓得计也已。

此后西藏情形,外人绝无闻见。而达赖之赴印度也,其势乃至迅速。英国某贵族谓:达赖非自遁,实中国以强力逐之出境。此说恐未足信。盖中国不惟不愿驱逐达赖,且欲收拾达赖归向中国之心。惟闻中国陆军兵队确由巴塘入藏,以惩好事之僧侣。其中马兵四十名先于二月十二日抵拉萨。达赖闻中国骑兵已至,即仓皇南走云。第据今印督明都电告英政府,则谓中国驻藏大臣曾与达赖约,派驻拉萨陆军决不逾一千名。该大臣旋竟食言,所派陆军远过此数。是以达赖惶骇失措,向南逃遁。噶布伦及僧侣大众公所皆力阻,不听。达赖遁,华兵尾追,遇于却删渡。达赖从者与中国陆兵接战,击毙华兵数人。达赖即于此时逸去。二月二十日至春丕,三月一日抵印境达基林,颇受官民欢迎。印度政府又请达赖前往印度首都加里各搭,为设行辕以示优待。达赖既至,曾与印督相过从,至为亲挚。

据佛教名僧某言:按照成例,中国皇帝实无褫革达赖喇嘛别简他人之权。惟今强权世界,公理已泯,遑云成例。特为中国政府计,亦尝慎简合宜之人,以承其乏,庶西藏、蒙古各处喇嘛教徒不至觖望。某又谓:达赖若再回藏,无论不能恢复威权,且恐难免大厄。然使达赖果欲终其余生于印度,则固得享其自由也。又闻亚人某谓:达赖本欲入俄,继以俄曾为日本所败,恐不足恃,乃南走印度云。此说虽无实据,然在意中。想印度政府自能言之,加以俄与西藏相距遥远,且须经过中国领土,难保不为逻者所获。故不得已遁往印度,盖以印较俄近故也。昔日,达赖对于英人恣肆骄横,无所不至。虽印督亲署之公牍,犹不允纳。今竟漂流印境,无异乞丐,可笑甚矣。

今请进言印度政府,对于西藏最近时局之政策可乎?据英国印度部大臣毛雷声言,已饬管理印度边界官吏严守中立,一如当年英国兵队入藏时,中国政府对之之态度。而中国则在西藏力行进取政策,极欲改西藏为行省,与新疆等。虽英政府已致公牍于北京政府交涉此项问题,要其退去西藏。然中国之占据西藏已数百年于兹,谅必不惮纸上之空文,遽允英人所请而中途折回也。惟西藏对此情形存何观念,则有可得而言者。畴昔西藏倚赖俄国有如长城。今俄国势日坠,已为藏人唾弃。英国昔在西藏虽可有为,卒以不图进取,致昔日所有之利权渐归消灭。其能力求进步,横厉无前者,则惟中国而已。一千九百零四年九月七日,英与西藏订立条约。其第九款云:西藏政府若未先经英政府允许,不得准外人占据、租借或购买西藏领土。该约今虽未废,而中国已占据西藏全境。试问该约果有何用?而英人之势力又何堪问耶?夫西英[藏]对于中国固以敌国视之,且以脱离中国羁绊为惟一之宗旨。高宗纯皇帝曾疑其联美而疏中国。德宗景皇帝亦虑其亲俄以谋自立。西藏之不愿归中国统辖,已彰彰矣。或问英国:何不径以强硬手段对待西藏?此言诚是。然欲侵犯西藏疆土,即无异与中国构衅。构衅中国乃英国所滋不愿,此固中国所谂知者。中国所聘用之日本教习知之,即供给中国军火之德商亦莫不知之。英政府所以不赞成前印督寇仁之政策者,皆此一念误之。今则时机已失,悔亦无及。为目前计,但求西藏得处中立地位已属万幸。近人多谓中国今已锐意维新,力求富强。予则以为中国之改革,实形式上之改革。故说者谓印度倘得独立之西藏为其北邻,实视依傍中国陆军占据地以拒外敌较为得计,诚至言也。

日前英国某报载一电信,谓达赖若再回藏,中国政府当不加以阻尼。此说果信,则西藏问题必且顿改旧观。盖中国之不阻达赖回藏,其意以为达赖平昔不孚众望,回藏之后,必为其敌所废。然后另简冲龄之新达赖以承其乏,中国方可为所欲为而无掣肘之患也。故若达赖不允回藏,中国必大失望。而达赖乃可永享英人之庇荫。即为英计,诚得达赖驻锡于达基林,获益亦殊非浅。良以达赖在藏之声望,虽云衰歇,而蒙古人之信仰仍不稍灭,必将群来达基林顶礼达赖。今达赖年尚幼稚,设能驻锡达基林二三十年,则达基林或成为喇嘛教之中心点。而后英人于政治上、商务上均获莫大利益。苟使英人善于处理,即欲永以印度为喇嘛教之总汇,亦非难事。尚望英人好自为之。

至现在之实情,吾人殊无所闻。以意揣之,则其为势不啻弈棋。弈者,中、英、俄三国也,而其所争之标则达赖喇嘛也。达赖在库伦时,俄人固已握之于掌中,稍一轻纵而俄人遂失其机会;达赖在北京时,中国亦已握之于掌中,稍一轻纵而中国又失其机会。今达赖在英人掌中矣。第未识英人将亦失其机会否?中国近欲计诱达赖回藏,又未识英人果将为中国所愚否?吾当拭目以俟之。要之,为中国计,能诱达赖回藏,诚为最善之策;为英国计,能留达赖驻印,亦为最善之策。而达赖果知久驻达基林之为得计,又达赖之福也。夫达赖既在英国领土,则为英国之人。非经英政府允许,不得离去英土,即中国亦莫能干预。是故此后局势全赖英国印度部大臣构造之矣。中俄覆辙，吾愿英人勿再蹈之也。

1910年11月6日（宣统二年十月初五日），第二百九十三期（庚戌改良第二十七号）

论英人对藏之政策

（译英国一千九百十年八月十二日《泰晤士报》）

前英军入藏大臣杨赫斯奔来稿：

三年以前，瑞典探险家斯温哈典至西藏之某地。时有藏中达官某询之曰：英既战胜西藏，则英人在藏之势力自当日进无已。乃观今日时局，则英人之势力日益衰落，中国之势力日益增长。英人战胜之利益，中国坐享而得之，果何故耶？斯温哈典则曰：英人在藏势力之衰落诚如君言。至其原因，固非一言所可罄也。

识者于此亦尝留意研究，特著一论，谓：英人势力之失败皆由吾人疏忽，致使中国于英藏之交涉日渐干预，始以事小无关轻重许其染指。不知事无大小，其关系于利权也曾不稍异。是以沿至今日，英之势力已一蹶而不振。

一千九百零四年，英军入藏之特别目的，乃要求英与西藏政府得以直接交涉而已。今果尚有此利权乎？此实英人势力不振之一原因也。自此以外，尚有更重要之原因在焉。当英军入藏之际，印度政府为英俄协约所以掣肘，不得尽获利益。即昔日之已有者，亦竟丧失无遗。然自一千八百七十三年以降，印度政府无日不促英政府速遣代表驻守拉萨，俾与西藏官吏直接交涉，是固独一无二之善策，为前印督寇仁所奉为对藏之圭臬也。惜乎计不出此，英政府以先与俄国有约，不能违约擅行。故派遣代表之请终不获允。不宁惟是，向者驻守江孜之英国代表，如有商务交涉而不能就地解决者，即有权前赴拉萨，与西藏政府直接交涉。此项利权，终以英俄协约成立亦遂取消。

由此观之，英人势力衰落之原因，至此亦可见矣。而俄人果以何故使吾人之于藏所至掣肘，亦一疑问，且亦难详言之也。当是时，吾人对俄之西藏政策，殊滋疑惧。印度政府虚糜巨金，派遣兵队入藏，职是故耳。然俄人对英之政策，不无可疑。鄙人至印以来，历有年所。英之并吞缅甸、占据匈撒治德勒尔以及西北边疆，皆在此数年中。英之进行政策，果再推广以并西藏，或沿用处置阿富汗之方针，改西藏为英之被保护国，则其伤损俄国之利权亦尚堪设想耶？俄国政界中人闻此消息，不觉仓皇恐惧，手足失措。虽俄境离藏较远，不若印度之与其接壤，然俄人之尊奉达赖喇嘛为活佛者不可胜数，宜其不欲达赖之为他人所钳制也。况英兵入藏之日，正俄人称雄之时。俄于蒙古，已视为获得之领土，而蒙古居民咸为喇嘛信徒，是以俄人极不愿有敌国之人行其势力于藏也。顾英、俄两国，当时彼此猜疑，互相倾轧，致使中国坐收渔翁之利。两国自贻伊戚，亦复谁尤？今试分别言之：俄人之害在于大失藏人之望。我闻在昔藏人于俄颇为倚恃，以为英人一旦来侵，俄必出而援助。不料俄人以英俄有约在先，不阻英军入藏。俄之所以失信于藏者以此。吾英人之所失何在？在于曲徇俄人之意见，遂将已得之种种利权付诸东流。至于将来，恐不免再行发兵入藏，劳民伤财，以图恢复已失之权利。而藏人亦不免遭灾者，则以其始不允与英商议，遂为英所加罪，今又遭中国之惩罚。使英、俄不互滋疑惧，协力同谋，则不致使英、俄、藏三方面悉受其害，而中国独享其利也。当英军入藏时，中国袖手旁观，及既服藏人，乃即要求吾英撤兵。夫英兵之驻守春丕，实以强迫藏人遵守约章，乃有此举。且按照约章，英兵可驻守七十五年之久。今则英、俄两大皆为中国所愚，不诚大可笑耶？为今之计，吾人固当速筹善策以对付之。一之已误，其可再乎？英、俄二国之于藏也，凡有举动，彼此必生疑惧。坐是之故，比年皆无举动。论者谓两国既有此意，冀免猜忌，尤不若和衷共济，出而干预藏事，维持治安，较为有当也。英、俄既称文明强国，亟宜妥商办法，保全亚洲西部之平和于永久，乃可告无罪于天下。岂可以昔日之妄生疑忌，至不能筹议善后之策耶？

今试言西藏问题之实情可乎？藏地僻远，中多高山峻岭。英、俄及中国，固皆不欲有事于其间也。今之中国，则以蒙古人民率奉喇嘛教，而欲统治蒙古人之教主，以为收服强悍蒙古人心之助，不得不于藏有所经营。俄之于藏，与中国宗旨略同，或且垂涎藏中之矿产也。至于吾英在藏之权利，则殊无轻重。所求者，惟边界治安、商务利便而已。然若就帝国主义而论，则此三国固皆极为注意也。中国以为藏、蜀相依，有若唇齿。英若得藏，蜀将不保。其所以岌岌图保者以此。俄人之意，以为英果一旦占领，则其在亚洲之势力自必继长增高，其影响于俄属喇嘛信徒殊非浅鲜。至言夫英，则印度边界向固安静，不必多驻戍兵。西藏若为他国所夺，则必交涉横生，治安莫保。惟一千九百零六年，中国与英曾订条约。吾英声明不并西藏。且英以海军称雄于世，果欲侵犯中国，当由海程前进，固不必遵陆而行，以劳师袭远，中国果可高枕而卧耶！且有英俄协约成立以来，历有年所。英俄邦交，无论波斯、新疆，均甚亲挚。至于西藏，英虽丧失利权，然又非绝无利益也。惟英俄协约对于西藏之条约，实未完备，即如中有一款载明不可干预藏事，不得前遣派代表或格致家或探险家入藏等语，实为一时权宜之举，非可行之永久，固尚待删改者也。盖时至今日，文明国所图交通联合之方法，本为正办。其牢守闭户主义之国，断不能存于今世。英、俄既称文明国，固当互相联合，维持西藏之治安。主张辟门主义，使西藏得以开化。是诚不放弃其文明国之天职矣。所传藏人闭户自守，不欲与人往来之说，实讆言也。近顷以来，西藏曾请求英、俄为之保护。即此以观，可见藏人有向外之心矣。藏人果欲保守一切，不愿输入欧化，若吾辈者，亦可任便游历。我英不必禁绝一切欧人入境，始能谓为尊重藏人也。所当禁拒者，惟在下等社会。若上等游历家，若商人，固可自由往还。即如斯温哈典者，天性既敏，经历又多，藏人与之交接，微特不加厌恶，且甚昵之。法国著名游历家都圣曾至蒙古、北京、日本、锡兰等处，考察佛教，学术渊深，品格高尚，藏人亦尝与之论交，获益非浅。不意我英政府竟不许其入藏，果何故欤？英国将校至藏者，若阿康纳少尉、若巴利少佐，皆深悉藏人性质、爱重藏人之人。是以若辈至藏，不特无伤藏人之感情，且能增进英、藏之邦交。吾意俄国将校亦必有若是之人也。英俄代表之在新疆，既已同心同德，协以谋事，自可各派代表往驻拉萨，保护彼此之利权，维持西藏之时局，阻止藏人之举动，以监督驻藏华官之恣横暴戾。此外更可保全西藏之治安，维持西藏与外人之交谊。中、英、俄三国所求者同不外此。中国通商口岸，均有各国领事，如英、俄公议派领事驻藏，中国当亦未便出而抗阻。尚期政界诸公从早图之，若无善后之策，隐患丛生，实有不可收拾之势矣。

1910年11月6日（宣统二年十月初五日），第二百九十三期（庚戌政良第二十七号）

《新民丛报》

《新民丛报》于 1902 年 2 月(光绪二十八年正月)创刊。半月刊。在日本横滨出版。由新民丛报社发行,编辑兼发行者署冯紫珊,实系梁启超所主编,紫珊为经济支持者。1907 年 11 月(光绪三十三年十月)停刊。

西藏密约

据初十日[日本]报载北京特报，言：驻北京俄使雷萨尔，屡以西藏一带地方归中、俄两国施行协同统治政体，与军机大臣荣禄等密议。日前俄亲王来游北京时，经已数次交涉，促此问题之速成。俄使又于上月二十九日访问荣禄，将密约条项提出，迫其决答。荣禄以事属重大，不能独断，当请命太后乃决可否为词。此事为袁世凯所探知，目下极力斡旋，冀能挽救。且有驻北京某某两国公使立于袁之背后，以为声援云。兹译录该密约条项如下：(略)[①]

又上海报亦载有此事，与上所载，互有异同。兹并录之：

第一条　中国政府见中国危弱，愿将全藏利益让俄国，为保存中国太平起见。

第二条　俄国既得西藏利益，允保中国政府永有用人行政之权。

第三条　中国内地如有乱事，若中国政府不能平定，俄国允代平定。

第四条　俄国在西藏设立政府，代中国管理西藏事务。

第五条　中国亦可在西藏设立领事官。

第六条　中国人在西藏通商，俄国允为保护。

第七条　中国有逃犯入藏，俄官允代擒捕，送回中国。

第八条　中国运入西藏货物，俄国不得征收重税。

第九条　俄国地方官不得苛待土人。

第十条　俄国不得以威力强西藏人信从西教。

第十一条　西藏矿务、铁路全归俄国代理。亦准中国人附股。

第十二条　俄国在西藏建筑炮垒、铁路，不得毁拆西藏庙宇。

1902年7月19日(光绪二十八年六月十五日)，第十二号

西藏密约问题

北京朝廷最喜与他国结密约，尤喜与俄罗斯结密约。嘻！咄咄怪事。

丙申庚子两度满洲密约，既与举其所谓祖宗发祥之地，置诸虎狼俄卵翼之下，犹以为未足。近日复有蒙古密约、西藏密约之事，其约文大略具载前号本报中。日

① 《湖北学生界》刊登的《俄人之于西藏》登有此条约。

本报章与上海报章所登约文互异，未知孰实。如上海报章所言，西藏固非中国西藏。即如日本报所言，西藏亦非复中国之西藏矣。

俄人自去年西历十月以来，先后派探险队于西藏者数次。名为探险队，实则哥萨克兵也。计其总数，已有八千五百人之多，其中骑兵、工兵、炮兵最多云。此等探险队，遍览西藏之地形、民情、风俗及中国政府对于西藏之统治力，一一详细报于本国政府。故数月以来。俄人所以经略此地者，既胸有成竹，至是遂有密约之事。

第一次之满洲密约曰：为还辽之酬报也。第二次满洲密约曰：为平乱之酬报也。而此次之西藏密约却为何来？是举地球之政论家百思不得其解者也。虽然，此岂难明哉？中国一切内治、外交之所以变动，非原本于一国人利害之问题，实原本于当局者一二人利害之问题。以本国一私人怀挟数万金，乃至十数万金以谒王公大人，皆可得一府一道乃至一省之统治权。况以地球堂堂一大国政府之力，其所怀挟者数十倍、数百倍于此而未有已也。得此术以行之，虽尽攫十八行省之统治权可也，而何有于区区一西藏！

此密约当交涉之冲者，俄公使与军机大臣大学士荣禄二人也。而此次俄亲王之入京，于运动最有力云。其运动力所及，上自最尊贵之荣中堂，下及最下贱之李莲英。而密约之起稿，则出瞿鸿禨之手云。

日本人之论此事，不如满洲密约之注意。盖其利害与日本相远也。至于英、俄交涉事件，则此约实行以后，而波斯问题、阿富汗问题，乃至印度问题，皆生影响矣。不知英人何以待之。

1902年8月4日(光绪二十八年七月初一日)，第十三号

西藏交涉

闻西藏交涉日来颇为棘手。政府诸公一再筹商，尚无定见。又闻自俄人欲使西藏自立以便已图以来，西藏遂有不稳之势。近日动机稍作，英人已派兵至哲孟雄云。

1902年9月16日(光绪二十八年八月十五日)，第十六号

密约两志

中俄密约外间所传均与外务部正稿迥不相同。外间所传者有十三条，真稿只

六条。俄人不许中国兵运炮入东三省，王中堂已将此条改去，亦不言运炮与否为稍异云。又西藏密约外间所传亦非真实底稿，底稿中有将新疆至伊犁许俄人添设一铁路，为中俄共有之利权云云，此亦骇人听闻者也。

1902 年 10 月 31 日（光绪二十八年十月初一日），第十九号

俄扰西藏

外务部倾据西藏办事大臣禀称：俄人近在该处屡行种种阴险手段，如牢笼土人，侵占要地等事。闻庆亲王已照会俄公使，力据俄人移住西藏矣。

1902 年 11 月 30 日（光绪二十八年十一月一日），第二十一号

英藏交涉

探闻前月驻藏办事大臣有电致政府，略谓：英国驻藏领事承其印度总督之意，因藏印界务与藏中纠葛事，缘旧定界牌中有一段为藏人拔去。英人起而向藏人责难。藏人恃与俄密，大有蔑视英国之意。英人愤不能平。窃恐因此生衅，特电请代奏指示机宜等因。刻闻仍饬驻藏大臣开导藏人，并令在彼襄办交涉之税司某与英领事和平议结，并一面由外务部照会英使云。

1902 年 12 月 14 日（光绪二十八年十一月十五日），第二十二号

中俄西藏矿山条约（纪事）

驻藏帮办大臣前在西藏拉萨府与俄国钦差大臣科洛吾氏议定开采西藏矿山条约，已于二月朔日画押。刻俄政府已派姆辣哈斯克等五员由伊犁而入甘肃，勾留兰州数日，即于二月初一日首途，前往拉萨府勘测地段，考察情形，以便照新订条约开采该处各矿。兹由外部探悉新订条约要领如下：

第一款　本条约为中俄两国特别之约，不得因他国之干涉而加更改。

第二款　采掘矿山及查探矿脉所需一切费用，均由俄清银行开支。

第三款　各矿所产金银铜铁煤等矿，悉照价值每百两提银十两报效中国政府。

第四款　无论中俄两国坑主每岁开采之额，不得逾二十万两。

第五款　凡有新发见矿脉者，当即勘明地域段落，画定界限，以杜争端之弊。

第六款　开矿所须一切器具凡由俄国领土输入者，概免征税。

第七款　严禁中俄两国人民偷开矿产，违者科以重刑。

第八款　俄人所开之矿当报由驻京俄国公使照会中国外部，彼此既无异议，即由外部移咨驻藏帮办大臣遵照办理。

1902年12月30日（光绪二十八年十二月初一日），第二十八号

论西藏之英俄关系（东京《国民新闻》）（译丛）

自一九〇〇年李鸿章与俄国商定密约，其宗旨所在为防中国与各国有冲突而中俄协力以相助也。自是以保全满洲政府及中国本部为口实，而于满洲、蒙古、土耳其斯坦及西藏，使中国与以措置自由之权利。此密约至翌年始为各国所探知，大生阻力。然俄国早已凭此密约之力，多占政治上之势力矣。夫俄国对中国其最后之宗旨，不在政治上，而在生计上。然俄国在中国未易收生计上之利益也。苟各国恃其海上势力之优长，任意在中国全部扩张其生计上之势力，则俄国断不能相与竞争。惟俄国不能以商业在中国内地同占势力，故借道于政治以欲抵制他国。惟其立心如此，故生两策：其一，则欲使满洲政府之威权大张于国内，彼得挟天子而令诸侯。其一，则欲扩张俄国领土，务使与各国在中国所占之势力范围直接逼近是也。今于俄国经营满洲、蒙古，姑勿具论，而其于所施于西藏之政略，则大有研究之一值焉。

一九〇〇年十一月，西藏外务长官奉大喇嘛朝廷特命，以赴俄国。上俄帝以"信仰保护者"徽号。又其所送礼物，亦有表识，略示其认俄帝佛教保护者之意。自是大喇嘛遂认俄帝能行其政权于全世界之佛教中矣。此政权自一七二〇年满洲与西藏立约以来，原为中国皇帝所握。今大喇嘛竟自中国皇帝之手中，夺之以与俄帝。而俄帝遂为握佛教界最大政权之主矣。然俄国与西藏立约，照例须经中国皇帝批准。然大喇嘛今与俄立约，实不利于清廷。宜清廷之不从其请。然俄卒得伸其志者，以清廷中有人为之奥援也。昨一九〇二年十月，关于西藏事件之中俄条约经已议定。此新条约亦已通牒于各喇嘛教长，十一月之德国某新闻已登载其全文。今录之如下：

第一条　西藏本位于中央支那及西伯利亚之间。俄国与中国互有维持此国平和之义务。苟西藏一旦有事，中国为保持此地，俄国为防御国境，可互相通告，派军队于西藏。

第二条　若他国于西藏直接或间接谋乱时，中国及俄国有协同而防遏之之义务。

第三条　俄国正教本与喇嘛教同，于西藏可自由宣教。其它宗教，可严禁其传入。因此之故，大喇嘛及俄国正教北京司教当同心协力，以保障西教之自由宣布，且尽力之所及，以避宗教上一切之纷争。

第四条　当使西藏逐渐改良其内政而为独立之国，中、俄两国当合力以扶助之。改造西藏军队为欧式之任则俄国当之，中国则于西藏生计上之进步及对外政策，当时为留意。

就此条约，虽议论纷纭，未知其真相。要而言之，此约既立，则于亚细亚英俄之关系大受影响固无疑义也。

彼中俄条约是俄国势力及于西藏全部，故英国与俄国不得不互相接壤。彼英国之于亚细亚所固守之外交主义，日求不于俄、法互相接近。其保阿富汗之独立，则为不与俄接壤之故；保存暹罗，则为不与法接壤之故，然自有中俄之西藏条约，则英国于亚细亚外交之大主义一旦破坏，遂使两大帝国以二千哩以上之境域忽为比邻。

于亚细亚来此奇变，英国国民亦颇有谓无足深忧者。其论有二：一谓英俄两国之境虽接，然有喜马拉之大山脉，可为军事与商业之障壁。彼俄国虽于西藏扩张势力，决无足恐；二谓西藏之宫廷咸主亲英，若英国政府出而干涉，则大喇嘛必力求中国破此条约。则此条约必归无效云云。虽然，此等议论谬误实甚。彼大喇嘛虽有亲英之志，欲赖英国而废此中俄条约。然考之实际，必不可得。何则？夫中国所与于俄国之权利，本为中国所自有。今中国移其所有以归俄国，西藏断无抗议之势力。况大喇嘛之近与俄亲，其不肯容喙可断言也。当时中俄之订密约，大喇嘛特遣使于俄国，与俄帝以佛教界之政权。盖大喇嘛欲以佛教界之势力与俄帝之政治势力相合而大有所为也。则以大喇嘛之有排俄亲英之主义者非谬而何？

大喇嘛近睹中国之实力日就衰弱，知不能藉中国之政权以盛佛教之势力，时欲绝中国而倚俄国。彼大喇嘛虽有亲英之行迹，然究非真意，乃外交政策耳！盖彼虽疏中国，然未有与俄接近之机会。故暂亲英国，利用其势力以徐图接近俄国之政略。若俄果可依，则必弃英。是西藏与俄国相为提携时，即西藏与英国相绝之时也。则以西藏一时之亲英主义而谓可妨俄藏之提携者，亦谬论也。

虽然，西藏既亲俄之后固不敌视英国，且力谋不伤英国之感情。盖若伤英国之感情则大喇嘛之势力必多窒碍。最近八九年间，大喇嘛之势力异常膨胀。于中国本部固无待言，即于蒙古、满洲、缅甸等处之佛教徒，亦认大喇嘛为佛教界有最上之权力。且大喇嘛之外交亦颇巧妙，不论何国之感情，不妄伤害，专欲吸收其佛教徒于彼势力之下。则彼欲吸收英领印度之佛教徒，其不忍伤英国之感情固其宜也。

彼大喇嘛之亲俄主义亦大有故。彼英国之领土，佛教徒固少，且彼等教徒多不认大喇嘛之权力。至俄国势力所及之地，则大相反，是大喇嘛之所以亲英不如亲俄者，职此故也。今大喇嘛则得一膨胀有力之俄国以为之援，俄国则得一统一佛教主义之大喇嘛以为之助，是今日亚细亚之政局，彼大喇嘛之佛教统一主义与俄国之膨胀政略，实须臾不可相离。昔中世之欧洲，法皇与皇帝互相提携，遂使法皇之势力与皇帝之势力两相长进，此事正与相类。

夫亚细亚教权之大势力与政权之大势力互相结合，必并行不悖，终达其目的。盖一则注全力于政治，一则用全力于宗教。彼此权力必无侵害，则他日俄帝为佛教之皇帝，大喇嘛为亚细亚之法王亦未可知也。

又英国之论者谓：印度之北境，有喜马拉之峻险以为障壁，俄国于西藏之势力决不足恐。及细为考察，亦暗于时势者之迂论也。就军事上而论，彼喜马拉之山脉虽足防俄军之侵入。即俄国如何经营西藏，于印度初无影响。不知今日之军事，全视生计上之实力如何而决胜负。则一考俄藏同盟之影响，其及于英俄两国生计界之如何，当可了然矣。

夫英国之领有印度，正所谓生计的之领有也。英国于印度之生计势力，比之政治势力固甚强盛。即俄国于政治上或军事上征服印度，英国之生计势力必足以倾覆俄国之政权及武权。即于中国亦然。英国之势力则在生计上，俄国之势力则在政治上。是英国之势力比之俄国固根深蒂固，不易摇动。俄国深知其短，故于政治势力所及之处，执锁闭门户之主义，以保护其幼稚之产业，以造将来之基础。盖近时世界政略之原则有三：其一、于生计上占优势者，则断不为敌国之政治势力所倾覆；其二、于政治上占优势者，则有为敌国生计势力所倾覆之虞；其三、若于生计势力与政治势力俱不存在之地，生计侵略与政治侵略相为竞争，则前者胜而后者败。若执此原则以求西藏问题，则英国对俄国之政治的膨胀，其政略可不言而喻矣。

彼俄国缔结西藏条约之故，实欲举中国之背境悉归其势力范围，以防西洋各国之生计侵略，而休养本国之产业，巩固本国之基础，故俄国之闭锁门户主义，若果能扶植其生计势力，则俄国之于亚细亚，其势力正未可量。今俄国力征经营，大有一日千里之势，是英国欲防将来之祸患，则不可不向俄国之政治势力范围而谋生计侵略。若果欲侵略，则必于印度与俄领之间设一有力之交通机关，以英国发达已久之生计力，倾压俄国之幼稚产业，则俄国之政治领地悉为英国生计之领地。俄国徒负政治与军事之责任，而英国独收经济上之实益。至果欲行生计侵略之策，则不可不筑铁道二条：一则筑干路以走喜马拉山脉之西，多设支路，以走其东；一则筑干路于土耳其斯坦，以冲俄国生计幼弱之地，更设支路以连络印度、扬子江之英国商业势力范围，且伸英国之生计力于中国西部以防遏俄国之东下。

今日印度之商人，费一年或十月之日力，经阿富汗而于土耳其斯坦、印度之间经营商业。千辛万苦，犹能以印度之制造品支配中央亚细亚之商业。若英国于中央亚细亚与印度之间，果设完全之铁道，则以丰饶之印度产物，临俄领之幼弱生计界，征服而支配之固甚易易，是俄国可恐之事，孰有过于此耶？

印度中国间之铁道，虽屡有计划，然至今尚未始业者，固因工事之困难、费用之巨大，及现时之支收不足相偿。然英国于亚细亚有二大帝国，一为印度之政治帝国，一为中央支那之商业帝国。此二大帝国本各分离，以铁道而联结之实为英国最急之务。然中俄之西藏条约与法国之经营云南、四川，实于此二帝国之连络妨碍实甚。若此连络铁道果告成功，则西藏条约实际终归无效，且其生计势力必足以左右扬子江一带。是俄国欲自西藏以临中国之政略亦终失败，则俄国于西藏之政治势力，亦为英国于西藏东西之生计势力所倾压。虽然印度中国间之铁道，实亘八百哩以上，建筑费约须二千万镑，工事之困难，世界殆无伦比。若求竣工，固未易言。然俄国于西藏休养生息，日求养其实力，不出数年，即大有可观矣。是谓俄国于西藏之势力殊不足畏者，非亦迂阔之论邪？

1902年12月30日（光绪二十八年十二月初一日），第二十八号

英人侵略西藏（政界时评）

英人之经营西藏也非一日矣。数年以来，列强争扩其势力范围于中国。英人恐落人后，乃萃全力以谋扬子江流域，而窥藏之谋少缓。今扬子江流域，其势力日渐巩固矣，于是窥藏之谋复炽。

六七年来，英人之军械、粮食运入于西藏者不知凡几。今岁之春，派工兵二千平治道路，顷复调英兵三千、印度兵八千与廓尔喀兵数千联翩入藏。

创此谋者，实驻哲孟雄之英官某。其人素有雄心，常欲启藏以自表。印督年少，亦有辟地立功之心，去年已谋之矣。英国总理巴科惧俄人之有责言也，驰电阻

之，事遂暂辍。今乘俄人有满洲之纷议，未及西顾，复奋然起而谋之。

然俄人不能坐视英人之掠夺西藏而专有之者也。英人深惧俄人之干涉，乃秘密其事。其军械之运入皆若粮食者然，道绝行人，严禁论议，其有敢私语此事者，必即逮捕、监禁。是以其事甚秘，虽经营数月而东西诸国尚莫之知也。

西藏者，英、俄所必争之地也。英人得之，则可以固印度之门户而为之屏藩；俄人得之，则可以拊印度之背而扼其吭，以为高屋建瓴之势。故五年以前，英人探藏而归，刊布游记。于是印度某报倡议，谓当速割藏地。俄人之探藏者亦复趾错于途。近者派侦探之大队遍游藏中。盖二国固皆萃全力以图之，殆如两军之争险，特以互相监视，未敢首难先发耳！今英人之悍然为侵略之举，殆怵于俄人南下之悍。为印度计，非是不足以自固。利害所迫，不能不为先发制人之举乎！

呜呼！狡焉思启，何国蔑有？英人之略西藏也，英人所以自卫也，宜也。廓尔喀之谋西藏也，廓尔喀所以自利也，宜也。独怪西藏之主人，任他人之侵略、窥伺，漠然曾无顾虑，寂然曾罔闻知耳。夫英人之用力于西藏也，历有年矣。去年，发兵入藏，扩藏南界印数百里之地，我国不睹、不闻，任其掠夺而去，英人在藏之势力遂以骤张。及今防之，固已缓不及事。今英人纷纷运械，纷纷调兵，更将大肆蚕食矣。而我国犹熟视无睹，西藏其为英人之台湾乎？

或曰：西藏者，俄人必争之地也。利害所关，俄人能坐听英人之取之乎？英人方虑俄人之干涉，其敢悍然取之而无所顾忌乎？曰：英人虽不自取，英人必资廓人取之以塞俄人之口。盖俄人之扇藏以谋之者数矣。辛丑之秋，大喇嘛潜入俄都，谒见俄皇，俄人待以殊礼。迨至去年，俄人复嗾西藏之独立，喇嘛遣人入藏，俄人竟以公使之礼待之。于是，俄藏订立密约之事喧传诸国。盖俄人固欲扇西藏使生事，然后乘其扰乱以肆其并吞。然俄力苟伸张于藏中，则印度首蒙其害。英今牵掣于俄，未敢略有其地。然怵俄人之我先也，则宁资廓尔喀以取之，以绝俄人窥伺肘腋之患，且厚廓尔喀之力而资以防俄，使扼其南下之要冲以固印度之外户，英固甚为得计也。廓人涎瞰藏地，久思攫而噬之矣。徒怵于中国之庞然大物，未敢轻举妄动。然逐风尘而思逞，未尝一日忘藏也。今得英人之助，正可偿其拓地之雄心。夫英、俄冲突，祸固中于中国矣，且廓尔喀名犹我藩也，使果有略藏之举，则吾国益为天下所轻侮。割地者，将愈麇至猬集。我更无以为一日之安。呜呼！西藏虽一隅，然牵一发则全身皆动。火发于积薪之下矣，吾望当国者之且勿安寝也。

1903年5月10日（光绪二十九年四月十四日），第三十一号

俄兵入藏

俄人之窥藏也，非一日矣。乃者，遂有俄兵入藏之警告。

累年以来，俄人入藏者肩背相望，查勘矿产，测量地势，举动至为叵测。顷复以马队数百闯进藏地。藏吏诘之，以游历对。诘其游历何以拥此重兵？则曰：藉以保护，且已得贵政府之许诺，非贵大臣所宜过问。藏吏畏其骄横，而又不知政府之果否许诺也，乃驰电告之政府。政府大惊，亟往诘之俄使，且请转达俄廷，速令撤兵。俄使以未有所闻漫应之。政府乃电训驻藏大臣，谓：俄人任意欺谩，举动诡秘，勿惑其言，宜慎防之。

西藏者，俄与英必争之地。英人得之，可以御俄；俄人得之，可以制英，其关系至为重大。故俄人经营藏事，惟恐英人着我先鞭。今英人调兵运械，累月于兹，且阴与廓尔喀相结连，嗾其举兵而阴为之助。英人之阴谋秘计，将为疾雷不及掩耳之举，使俄人不及措手。俄人亦不能一日忘藏者也。今日之马数百，其或微闻英人之计，先以是为侦探队乎！哥萨克之大军，行将方轨并进。天津啼鹃，伊川被发，不出五稔，西藏其为英、俄角逐之战场矣。呜呼！大盗伺门，已愈十载，今已入室发箧，主人乃惊顾错愕，何其见事之晚也。

呜呼！以数百之军队擅横行于人国之内地，俄人之视我国，岂复尚有人在邪？我国诘之，则又以含糊暖昧之词任意欺绐，互相推诿，是又俄人外交惯用之手段，玩我政府于股掌而戏弄之也。我政府既不严词以诘责俄廷，又不能勒兵以严为之备，而但虚言以敷衍之，曰：是宜慎防。吾诚不知其防之者，别有何策也。

1903年6月9日（光绪二十九年五月十四日），第三十三号

西藏之首府

西藏之首府拉萨者，喇嘛之宫殿，高三百尺，中央高楼九层，各窗间插各种色旗及布片，临风飐扬。金色之圆顶及屋盖，受日光呈煌煌之色。首府之中央有大寺院，寺院中有政厅，寺院外为四通之大道。筑室屋皆用乾日光之炼瓦。豪富之家，有以石造者，壁皆涂白，户窗则赤色，掩映间颇为美观。窗多用纸，用玻璃者甚少。市民之家二层或三层至四层，承尘间，多张绢。室内坐蒲团之上，终日饮茶，羊牛肉殆为常食，最普通之食物则为大麦粥云。

1903年6月9日（光绪二十九年四月十四日），第三十三号

俄兵入藏

军机处据驻藏大臣密电咨称:近来俄人纷纷入藏,测地勘矿,行为叵测。顷者又有俄人若干名及马队数百名忽焉闯入。诘其来意,则曰游历。问其游历何以率带许多马队,则云为护卫之备。且云:我等随带马队,业经贵政府应允。贵大臣未可奈何云云。敝处并接未奉电咨,俄人所言自不能遽信。然是否仍请即速电示云云。庆王得电,当即照会驻京俄使,诘其俄兵入藏缘由,并请电禀俄国政府,速命入藏之兵撤回。乃俄使覆文故作含糊之词,谓:所云各情,向不知悉,今接来文始知云云。军机处无奈,遂电覆驻藏大臣,令于俄兵行动须加意侦察,唯不可轻举妄动。至俄员所云随带护兵业经应允,乃系捏词。今后务须留意,勿为俄人所惑云云。

1903 年 6 月 24 日(光绪二十九年五月二十九日),第三十四号

纪俄兵侵入西藏

俄人侵略东亚政策,不止满洲、蒙古、新疆等处。其经营西藏,近亦大有进步。前有俄国某大佐率领俄兵一百八十名,越青海、蒙古一带侵入西藏。沿途测量地势。月前业已行抵拉萨府,会晤清国驻藏大臣,迫令与以各种便宜利益。驻藏大臣以事出意外,即将此情电禀政府。政府遂与驻京俄使雷萨氏交涉,促其迅速饬令该兵撤去。雷萨氏答以并无其事,若有当速令撤去。嗣后驻藏大臣又连次电请政府,速示对待之策。当由清廷传谕,谓:俄兵侵入国禁,有犯国威。可直迫其退去,不可陷彼巧言,以贻后日之悔云云。该大臣接电后,当即照知俄兵,命其从速退出。孰知剽悍强暴之俄人,全不应允,且言俄兵将由西比利亚接续前来。驻藏大臣闻之恐怖不安,百方敷衍。于是彼等乘机频迫,与以特别利益,其势猛烈。该大臣因屡求清廷指挥,均无善策,不得已遂与以左[下]载各项利益:

第一　俄兵于西藏除特别禁地外,得以自由旅行。

第二　前记之兵数,一年不得过三百名。

第三　俄兵如濒于危,可使用其己国兵力。

第四　俄国兵房除禁制地外,得以自由建筑,达其永久之目的。

第五　俄兵有保护俄国民在西藏测量矿山、土地之权。

第六　俄兵之食物,有令西藏人民供给,与以相当价值征收之权。若西藏

人民无理拒绝，俄兵得以强制。

由是，俄于哈勒西司克地方，隐然示掌握军事权之情态。其政策甚为阴险。此等举动，虽俄人所惯用之手段，岂非亦未开领土之最妙侵略方法乎？

1903年9月5日（光绪二十九年七月十四日），第三十七号

西藏与英国

英之频遣兵队于西藏，各报屡言之矣。西藏亦英之满洲也。但吾侪多读英报，多读日本报。英报于本国之政策固自秘密，日本与西藏甚缘远，故亦少及之。故吾国人之视线咸集于满洲，而西藏则若觉若梦，固无足怪。

西藏者，印度之保障也。故英人非有西藏将不能长有印度。俄在满洲为侵略政策，英在西藏为防御政策，其汲汲也亦宜。

俄日战争之结局，各国于中国本部，其即实行瓜分政策与否，今不敢断言。至本部以外之地，若满洲、若西藏、若蒙古其必不复有中国政府一毫之势力，则不待蓍察矣。北京政府向犹恃入晋、入秦、入蜀为退婴之计，若蒙古、西藏去则并此而无之。中国民间亦时或希望蜀、滇、桂诸地为独立万一之计，若西藏去则并此而无之，呜呼！一哭。

1903年12月2日（光绪十九年十月十四日），第四十二号、四十三号

西藏与廓尔喀

制印度死命者不徒一英国也，又有一廓尔喀以为之伥。危哉！西藏。

据康南海所调查，谓廓尔喀一西方之日本也。其国王阅兵之照像，曾印本报中，彼其有常备兵十余万，而复以雄武之君主、材略之将相统率之，运动之，以廓尔喀入西藏，是虎入羊群之类也。痛哉！西藏。痛哉！中国之西藏。

1903年12月2日（光绪十九年十月十四日），第四十二号、四十三号

喜马拉山备寒温热三带之植物

亚洲最高之喜马拉山者，其一山之间从下部至上部，所有植物分为三带：其下部者热带植物；中部者温带植物：松、杉、桧、柏、樱、枫、柳、桃、梨、橙、柚、蜜、柑、米、

麦、小麦、豆、粟、稗、胡麻、荞麦、玉蜀黍等皆有。高至一万二千尺以上，尚有柳、麦、小麦、豌豆、荞麦等。至上部有积雪之间开花者，尽属寒带植物。西藏亦然。西藏之中央部有野葱、野生芋、薯、桃、柳、胡桃、榆、菊等。移植之物有桧、樱、小竹、生姜等。约举西藏全部所有植物，其南部与雪山之中部同，北原与雪山之上部同，中央部与雪山上部、中部之间同云。

1903 年 12 月 2 日(光绪二十九年十月十四日)，第四十二、四十三号

英国之西藏(国闻杂评)

饮 冰

数月以来，世界之大事除日俄战争以外，最令人瞩目者曰英藏交涉。自六月廿三日(阳历八月三日)英军入西藏之首都拉萨，英藏交涉遂告终局。七月廿二日(阳历九月二日)十条之英藏条约成，自兹以往西藏遂将为英国人之西藏。今译其条约全文如下：

第一条　照光绪十六年所订立国界条约第一款，在哲孟雄界边重建界碑。

第二条　除雅顿一埠外，再将江孜及哥达克两地为通商口岸，供英藏两国民往来贸易，将来或再查确何处应为通商口岸者，仍得随时议开。

第三条　英藏之通商税则一经议定后，毋得将税率任意增加。

第四条　前此光绪十九年所订条约有应修改者统由西藏政府派专员与英国全权大臣商订。

第五条　自印度边界直通雅顿、江孜、哥达克一带所经道路，不得设立局卡，其道路有险恶不宜行旅者，由西藏自行修筑，务使便于商民。又该三地须由西藏政府特派一官员驻扎，凡英国领事官所有与驻藏大臣及其与藏官之交涉文书皆经此官员之手。将来若增开通商口岸亦援此为例。

第六条　因西藏政府不依条约，妄启兵端，应赔偿英国兵费七十五万镑，限西历千九百六年一月一日交讫，其交收之地临时由英国政府指定。

第七条　英国暂时派戍兵驻于焦黎志地方，待通商口岸开定，赔款交清时方行撤退。

第八条　由印度边界至江孜一带所有堡寨皆平毁之。

第九条　西藏政府若不经英国政府之许诺，不得将西藏之地割让或租借于他国。又西藏之政治不得受他国之干涉，又不得擅许他国在藏地修筑马路、

铁路，建设电线，开采矿产。

第十条　此条约以千九百四年九月二日，由英国边务大臣张伯士彬与西藏达赖喇嘛在齐耶阿地方公同画押。备英文藏文各一份，但以英文为正本。

（附注）光绪十六年条约者，由中国驻藏大臣升泰与英国印度总督麦凯士所订，所谓藏哲（哲孟雄）界约是也。其第一款云藏哲之界以自布坦之交界支莫挚山起至廓尔喀边界止。（下略）哲孟雄即介于布坦与廓尔喀之间者也。

（附注二）雅顿在藏哲交界处，旧有税关，为西藏与印度通商独一之关门。江孜在尼扬楚河与章鲁河合流处，一路通拉萨，一路通西卡孜，全藏之要冲也。哥达克，湖名，其都会在湖旁，距拉萨二百余里。

右条约所最宜注意者，则第九条也。所谓势力范围之一语者，此前各国竟施诸中国本部，今则英国独施诸西藏也。土地不许割让，不许租借，路权、矿权不许让与英国以外诸国，皆势力范围之成例也。西藏者，第二之哲孟雄也。

次宜注意者，则第四条也。前此中国之待属国，皆不干涉其政权，惟于西藏则驻大臣以握之，西藏为中国完全属国，天下所同认也。故前此一切外交事件，皆驻藏大臣主持，实对于保护国应享之权利也。今订约全以英藏两政府直接交涉，并前此中国经手订定之约其修改权亦不许我过问，中国与西藏从此义断恩绝也。西藏者，第二之朝鲜也。

闻中国政府于此约文公布后，近乃提抗议于英政府云。虽然，天下惟有义务者为有权利，又惟有权力者为有权利。中国于西藏放弃其义务久矣，而英藏纷争以来，复无一毫权利以盾其后。甑已破矣，而乃顾之。噫！果何为者？果何为者？

1904年10月9日（光绪三十年九月一日），第五十四号（第三年，第六号）

哀西藏

中国之新民

数百年藩属中国之西藏而今已矣，国中关心时局者，其视线全注于日俄战役，而于英藏交涉，往往若无睹焉。呜呼！满洲、西藏两者之关系，轻重未易轩轾也。作《哀西藏》。

一、西藏与中国之交涉

西藏，古吐蕃国也，元、明称乌斯藏。自唐太宗以文成公主下嫁吐蕃赞普，始通中国。唐、宋时颇为边患，元世祖封八思巴为帝师大宝法王，以领其地，西藏始为宗教政治。明太祖以地旷人悍，欲杀其势而分其力，凡元代法王国师后人来朝贡者，辄封之。成祖沿此政策，凡封法王者五，封西天佛子者二，灌顶大国师者九，灌顶国师者十有八，皆世袭焉，若土司。自是西藏益弱，终明世不为西鄙患，岁朝贡惟谨。盖宗教政治，实西藏所以自取灭，而中国之御之也，亦以此。畴昔之受法号者，皆红教也。永乐中有宗喀巴者起倡黄教，明中叶宗派益大，凡红教诸法王，亦俯首称弟子，渐有统一全藏之势。今所谓达赖剌麻、班禅剌麻者，即宗喀巴二大弟子之正统，彼中称其以呼毕勒罕(译言化身)世世转生者也。本朝太宗崇德七年，达赖剌麻遣使至盛京通好，且献符命，是为西藏通满洲之始。顺治九年，达赖朝京师，受封焉。未几其臣有第巴者，枭雄有远略，思统一全藏及附属诸佛教国，乃乘达赖之卒(康熙二十五年)，秘不发丧，自专国事。既袒准噶尔以残喀尔喀蒙古，复唆准噶尔以斗中国；又外构策妄，内阋拉藏汗。于是，西北扰攘者，凡数十年。圣祖既服准噶尔，至康熙五十七年，复乘余威率大兵由巴里坤、青海、四川三路并进以临藏。藏人请和，乃册立其第六世达赖剌麻以镇抚之。是为西藏交涉之第一期。

中国之有驻藏大臣也，昉于雍正之初，而定于乾隆之中叶。雍正二年，罗卜藏丹津之叛，青海剌麻助焉。其年冬，藏中噶布伦等三人，煽惑其民，欲投准噶尔以敌中国。北京政府竭全力，乃仅讨平之，卒收巴塘以入川，而派蒙古台吉颇罗鼐为贝子，总藏事。留正、副大臣二人领川陕兵二千分驻前后藏镇抚之，是为大臣驻藏之始。未几颇罗鼐死，其子朱尔墨特袭封，以驻藏大臣不便于己，先奏罢驻防兵，阴通准噶尔谋变，时乾隆十五年也。驻藏都统傅清等为所戕，事旋平。自是西藏始不封汗、王、贝子，以四噶布伦分其权，而总于达赖剌麻。增驻藏大臣兵千五百使戍藏，然犹未尽干涉其内政也。其后班禅剌麻舍玛尔巴欲与达赖争权，愤唆廓尔喀入寇。达赖败，廓人饱飏而去。五十六年，复深入，福康安海兰察大举平之，留土番兵三千，汉、蒙古兵各千戍藏。自是驻藏二大臣行事仪注始与达赖、班禅平等，其四噶布伦及番目缺，均大臣与达赖会同选授，事权始归一，卫藏等郡县矣。自第巴以后凡百年间，以达赖转生，真赝错出，纷争屡起。至是特颁一瓶，供于中藏之大招寺，遇有呼毕勒罕出世，互报差异者，探筹决之。未几复移其瓶于京师之雍和宫。自是全藏之主权者，竟由北京政府所指命，至今不改。

中国之待诸属国，若高丽，若缅甸，若暹罗，若安南，其所施政策，皆取羁縻勿绝而已，于其内政绝不干涉。惟在西藏，则兵权全握之，政治权(命官权)全握之，商权全握之，(英人维廉卡黎所著《西藏探险记》第六章，言西藏之闭关，全由中国人指使之，中国人所以必令西藏闭关者，为独占商权起见。因历言华藏商业之利益，就中论华茶以西藏为一大市场，若西藏与他国通商，则华商利权，必尽为印度茶所夺，故华人必竭全力以拒外商云云。其言未免太高视中国政府。盖中国政府，从未闻有以保护商民利益为行政之方针者也。虽然，其所述现状，固自不诬，但十年来，印茶入藏者已岁三十余万石。前此政策，失之久矣，故国初有以茶与大黄制西人之语。西藏商权，前此实全为中国所垄断也。）故笛罗女史（英人，以千八百九十二孑身由甘肃入藏，翌年由打箭炉归，近世有名之探险家也）谓中国之对西藏纯用欧人待殖民地之法（如百年前英国之待亚美利加），谓此种之属国政治乃“西洋的”而非“东洋的”也，其言殆不为过。准此以谈，中国与西藏关系之切密，盖可知矣。

二、欧美人之探险于西藏（附日本人）

西藏者，所称世界秘密国也。十九世纪以还，“世界者全世界人之世界”一语，既已实行。凡凸出于五大洋上之陆地，无一不互交他国之足迹。其曀层云，障浓雾，不可思议者，惟余一西藏。其首都拉萨，号称神灵不可侵犯，除中国人以外，无得窥其奥者。据西史所记述，白种人曾至其地者，前后不及二十人，大半为天主教教徒。其最初之一人，曰阿德历，以千三百二十五年始至其地，时尚未有所谓达赖、班禅剌麻诸名称者。后越三百年，有西士德者（亦天主教徒）再至拉萨，正第五世达赖剌麻在位时，我顺治、康熙间也。十九世纪以来，有英人德麻满宁（以千八百十一年至），法人约克及加卑（以千八百四十六年至），皆至拉萨谒剌麻。约克著《旅行日记》公诸世，开西藏研究之端绪者，自约克也。

十九世纪下半纪以来，欧美人入藏者不鲜，然率皆不得至拉萨。今列举之：（以下照译日本《外交时报》第七十九号《西藏远征篇》）

俄罗斯大探险家布里华士奇为数度之大旅行。其第三度旅行欲寻河源（黄河），以一八七九年三月往，一八八〇年十月返。其第四度乃探险于西藏北部，以一八八三年十一月往，一八八五年十月返。其死后俄人罗波罗士奇复经昆仑山之西入西藏，是为俄人入藏之始。

美国人洛奇尔凡两度入藏。第一次在千八百八十八、九两年，第二次在千八百九十一、二两年，著有《蒙古西藏日记》，一八九四年在华盛顿出版，是为美人入藏之始。

又千八百八十九年至九十年，比利时天主教徒之一团体入藏。

又千八百九十一年至九十二年，英人巴华士尉与梭罗德博士同入藏。

千八百九十二年，英人笛罗女史孑身孤往，率亚细亚人五名，由甘肃入西藏，九十三年，经四川之打箭炉，返于中国。所历艰苦，不可名状，世以比诸立温斯敦之探非洲云。其《旅行日记》，以前年（一九〇二年）在伦敦出版，西籍中言藏事者，推此书最良云。

又法人焦德罗氏、格黎拿尔氏，以千八百九十三、四两年入藏。

英人列德的儿以千八百九十五年，偕其妻入藏。

千八百九十六年英人维廉卡黎入藏，著有《探险记》。（日本东邦协会会报有译本）

同年，英人笛志大尉入藏，亦著有《旅行记》。

又瑞典著名探险家士比海津以一八九六年及一九〇一年两度入藏，其《旅行记》今最欢迎于时。

又俄罗斯人哥士罗夫自千九百年至千九百〇一年入藏，所探秘密颇多云。

日本人则近三、四年来，渐有探险于西藏者，曰河口慧海，曰成田安辉，曰能海宽。河口、成田，今已返国，能海氏则消息杳沉，疑其被害也。（译者案：河口氏有《西藏旅行记》二大册，今年出版，颇饶趣味。）又日本近立一西藏研究会，新出一书，题曰《西藏》亦颇简明。

（附言）中国书言藏事者，除《西藏图考》外，有杜昌丁之《藏行纪程》，王世睿之《进藏纪程》，徐瀛之《西征日记》、《旃林纪略》，盛绳祖之《卫藏识略》、《入藏程站》等书，皆可供参考。而以姚莹之《康辎纪行》为最佳本，于其政俗，多可考见焉。

以百年以来，而西人足迹履藏境者可屈指数也若彼。读其所纪载，则又皆冒万险，濒九死，视前此哥仑布之于美，伋顿廓之于澳，立温斯敦之于非，其艰困犹将过之。使西藏而长此终古也，则西藏真世界之不可思议国也。而不意物竞天择之公例，固不许尔尔。曾几何时，西藏遂有今日。呜呼！西藏竟有今日。

三、西藏与英国之交涉（附俄国交涉）

条顿民族之所以优胜于世界者不一端，其最可畏者曰政策之远大坚韧、进步之沉着秩序是也。彼其国是一定，则孳孳行之，不计近功，而常责效于数百年以后。若英人于极东交涉之西藏问题，亦其一端也。今请略述其历史。

英人既并有印度，刻意欲建一大帝国于中亚西亚，使东接扬子江流域，西达波斯湾阿剌伯海。其远略雄图，怀抱之者已非一日，其进取之法，亦向各方面次第进行，而东南端一方面，则务先举喜马拉耶山麓诸国，置诸势力范围以内。其所最注意者为西藏。而欲图西藏,不可不先图布丹(官书或作布坦),图廓尔喀(译音为尼泊尔,今从官书),图哲孟雄(译音为西金,今从官书)。故欲语英藏交涉,不可不先语英国与彼三国之交涉。

(一)哲孟雄隶英始末

哲孟雄,国于喜马拉耶山上。其国王与西藏贵族,世为婚姻,实西藏一附庸也。嘉庆十九年,为廓尔喀所攻,几亡。英人助之,王复位,且夺廓之台莱、摩兰两地与哲,许有事为之防护,是为英哲交涉之始。道光十五年,廓、哲复交哄,英为和解之,遂割哲之大吉岭及毗连印度之平原隶英,而英政府岁酬哲王俸三百镑为报酬,旋增至六百镑(视哲王固有之岁入已较多云),自是大吉岭附近日发达,而哲王亦相安者十余年。其后以贩奴事(贩哲人入藏为藏贵族奴)与英屡冲突。道光廿九年,大吉岭知事某,谒哲王,商善后。哲人囚之,英乃遣兵复仇,割其下台莱全境,停其王岁俸者数年。然哲人仇英之心益甚,贩奴业亦卒不悛。咸丰十年,英将葛刺率兵一小队,竟据哲为城下盟,约四事:一许英通商,二保护游历外人,三改治道路,四与西藏谋互市之利。哲王从之,岁俸亦增至千二百镑。顾哲王终怏怏,于通商筑路之约置不问。光绪十年,王遂孙于西藏。十三年,藏兵入哲败于英(语详下),王惧,乃归国。英人设官监督之,始与印度诸藩伍矣。十八年,哲王不堪挟制,复思孙于印度,中途为藏兵所絷,送印度政府,乃被锢于大吉岭狱。越三年见赦,复藩王位。哲孟雄之地位,乃纯与印度内地等,至今不变。自是印度入藏之中路通。

(二)布丹、廓尔喀与英国之关系

布丹、廓尔喀,皆为半独立国,在英政府保护之下。印藏间之瓯脱凡三国,哲在中央,布宅其东,而廓圉其西。英之对哲则用侵略,其对布与廓则用怀柔,未知其果欲是欤?抑将有待也。布丹民俗,略同西藏,宗教亦尊喇嘛。自大吉岭东北行一日而抵噶伦绷,实为布、藏互市地。更东北行一日而抵培顿,二地者,昔皆属布丹。同治四年,布人袭印度,败于英,遂割第司泰河以东,与培顿平原一带地方迄亚山上部,归英以讲。其东之巴克萨,英防军驻焉。自是印度入藏之东路通。廓尔喀,故蒙古族,而与印度同俗。其人骁悍,屡与英为仇。道光二十年,攻印度,陷哲孟雄,为英人所击退。(时英人攻我浙粤,廓尔喀遣人告驻藏大臣曰:“小国与里底所属之披楞地相邻,每受其侮,今闻里底与京属构兵,京属屡胜,臣愿率所部往攻里底属地以助天讨。”我政府答以远夷相攻,天朝向不过问云云,不知彼所谓里底者即英国〔殆不列颠之译音〕,京属者指中国〔意言北京直辖地也〕,披楞者即印度之孟加拉国国也。此亦吾外交史上一笑柄,附记于此。)此后廓哲屡构衅,然每经一次,则英人之权力在彼两国中者愈进一步。自英人据大吉岭、噶伦绷、培顿后，廓人纷纷来集，奉景教者，为英人充兵役者，大不乏人。廓之地位虽稍优于彼两国，然亦为英用而已。

(三) 中国与英国关于藏缅之交涉

缅甸为我藩属，而以二十年前入于英，尽人所能知矣，而其地位实由英藏之交涉定之。初，乾隆三十八年，英人始遣濮克尔者，持节入藏，班禅剌麻待之良厚，然未抵拉萨，不得要领。四十九年，再遣搭纳者使藏，亦如之，是为印藏交通之始。盖其时印度总督海士廷格，雄才大略，谋辟印藏互市之途，孜孜从事者殆十年。今者英人对西藏政策，皆祖海氏也。迨海氏去印度，而西藏使节不通者垂百余年。光绪二年，英国与我结《芝罘条约》，始特提英国使节得入西藏一事。十年，印度民政厅书记官马考烈者，自请为商务使，入藏察商务。英政府许之，与我政府展转交涉，由总理衙门发护照俾前往。使马氏得照即行，而取道于川炉，当无障碍。而乃迁延至半年之久，复挈多数之学者，由哲孟雄往，沿途探察矿脉，于是藏人滋惑，群起拒使节，势至汹汹，殆将用武。中国于此将践约而以兵力镇压藏人耶？抑食言而撤回英使护照耶？二者必居一。于是，政府乃取后策，竟婉劝马氏离藏境。马氏怏怏归，于是更结所谓《北京条约》者五条，中国对于缅甸，全放弃上国之权利，而割毗邻缅甸之一地以为报酬，缅甸主权，遂全归英。该条约第四节，更申言印藏通商之事，自是英藏间关系日趋复杂。

(四) 英藏第一次构衅及藏哲界约

马考烈既罢归，藏人不知以彼之故，而我上国所损权利若兹其巨也，谓其反抗之力足使英人惧也。自是藐英益甚，乃欲耀威于旧属之哲孟雄，遂劝哲王弃国入西藏。王应其召，去国二年有奇，英人忠告不听，且答书辱之。光绪十四年，藏人遂遣兵入哲，筑堡寨于龙洞，严陈兵备，阻绝商旅。十五年三月，英人出兵击之，藏兵遂不支。然英军以转运困难之故，所縻亦至巨，事既定，遂与我驻藏大臣重结所谓藏哲界约者八条：(一) 订定藏哲之界(原约第一第三款)；(二) 中国认哲孟雄为英国属地(原约第二款)；(三) 开印藏通商之路及外交交涉(原约第四第六款)。此其内容之最要者，而(一)、(三)两项遂为今日藏事之伏线矣。该约以光绪十六年二月十七日，我驻藏大臣升泰(即今大臣有泰之从兄)与英印度总督麦凯士画押于大吉岭，其年七月十二日，换正约于伦敦。

越三年(光绪十九年)，复遣使会商于印度之加拉吉打，遵十六年之约，妥议界务商务详细章程，约开雅顿为通商口岸，以光绪廿一年开市设税关，以总税务司赫德辖之，限五年以内不征税。（原约如是，惟五年期满后至今仍未征税云。）惟英人请于藏哲交界处立界碑，中国不许，而英人入藏自由之权利，亦不完全。英人怏怏，越十年遂有今日之事。

（附）俄藏之交涉

英人欲建大帝国于中亚，而以南亚为根据地。俄人亦欲建大帝国于中亚，而以北亚为根据地。两国者，各以百年之成算，向于其目的，汲汲进行，而短兵相接之点，在于西藏。俄、英之争藏，事势之不可逃避者也。二十年来，英人对藏政策多用威逼，俄人对藏政策纯用怀柔，故俄人着着成功，英人着着失败。俄既征服青海以北之蒙古种族，乃用宗教政策，驯其土民，而荡影响于西藏。（俄人在本国，以希腊教为国教，其国民几无信仰自由之权。乃其对于东方之佛教徒，则专取宽大主义，且极力保护佛寺，奖励佛宗，以买其欢心。蒙古等处之剌麻，悉以西藏为宗主，故蒙古人信赖俄国之心，间接以传于西藏也。）三十年来，图藏之志日锐。有德尔遮其人者，俄政府所派秘密运动员也，出其机敏之伎俩，得寅缘为今达赖之教师（或谓其在本国政府领出之机密费，每岁实逾百万云），又广植徒党于藏中，笼络其僧侣及其人民。数年前俄皇曾赠达赖以希腊教主教之法服，由德尔遮转达，达赖喜不自胜，日服之以登坛（以佛教法王而受希腊主教之号，实可骇可笑。盖达赖以佛教为世界唯一之教，谓俄皇亦缁门中人，故贪其金色法服之焜耀，而沾沾自喜也）。俄藏之交，日益亲矣。而藏之相臣有查达者（次于剌麻之第二等僧正也），复极持联俄主义。盖查氏在藏人中，实以最通外事闻，彼尝居印二十余年，熟视英人蚕食印度之现状，既愤且惧，谓西藏非得一大国为援，不足以御英。此主义持之有年。今达赖即位，查氏旋为首相，犹迟疑于倚中倚俄两者之间。甲午一役以后，知中国不可恃，乃全向俄。庚子之冬，联军陷京师之报既达拉萨，中国威信益坠地，俄乃诱藏以结密约。据欧美各报所述，其事确不诬，然约文至秘，局外莫能见也。自庚子至今，西藏几为俄罗斯之西藏。

四、今次之事变

英兵此次之入藏，其所借口者，曰藏人于光绪十六年、十九年之条约不能履行也。平心论之，则祸机所自发，我政府实有不能诿其咎者。三百年来禁绝西藏之外交，其于对待属国之法，既得之矣。然哲孟雄等为西藏属国，实我陪臣，而乃不禁其外交，展转而来，遂与不禁西藏外交无异。故区区之哲，遂为印藏兵端之导火线。其失策者一也。我之干预西藏内政，虽颇周密，然藏兵执照，由达赖剌麻盖印，驻藏大臣不能实行指挥，故挑衅暴动，得以自由，中央政府未从弹压。其失策者二也。我国外交向以颟顸延宕为法门，莫或逼之，则模棱以终古也。十六年、十九年两次之约，于印藏通商英人入藏及建立界碑之事，既经两国全权之莅盟，而乃迁延，不订细章，复不在藏地为实施之豫备，在我政府固久已忘之，而以为英人亦既相忘也，而岂识夫彼于已得之权，万不肯放弃也。坐是之故，令英有辞。其失策者三也。故今日之祸，吾无怼夫英焉，吾无嗔夫藏焉，其责任实在我政府。

虽然，英之欲逞于藏也既久，顾持满不发者，非有爱于藏有惮于我也，虑俄人之议其后也，故乘日、俄之交哄，乃今举其十二年来怀抱之宿志而实行之。故《英藏条约》，谓之曰日俄战争之结果可也。今检查去年以来各报之纪事，以极简单之笔，记今次英藏交涉如下：

去年阳历十一月六日　英政府始下训令于印度总督，命派兵入藏。盖恐国论之或有反对，乃乘议院未开以前，定此方针，亦深察日俄战机之已熟，料俄人无余力以相抵抗也。

十二月廿四日　张伯士彬大佐率远征队达于藏境之花梨，其地距大吉岭百四十吉罗米突。

今年三月廿七日　张大佐之兵驻于花梨者三月有奇，俟麦都那将军大兵之至会齐，以是日指江孜进发。英军共步兵八百五十人，马兵百五十人，炮六尊。

卅一日　英军抵缁纳，西藏军卫戍地也。是日，拉萨政府派一将官来止英军勿进发，张大佐告以此次之来带平和的使命而已，强进不止。藏军千五百拒之，遂开战。麦将军几负伤，藏军旋大败，死伤五百，捕虏二百。

四月三日　驻藏大臣遣使于英军，止其前进，不听。

五日　麦将军进至巴谟阿湖，藏兵八百人为英军击退，伤亡甚众。

六日　英军之格尔卡斯兵一中队，印度兵一中队，在嘉罗山峡下与藏兵鏖战六小时，英军伤亡二十五人，藏军二百人。

二十八日　英军至江孜移东四十英里之峡路，藏军于五百人守焉，以弹丸不能命中，英军安然前进。

五月廿六日　外务部得驻英公使张德彝电，言已商英藩部，请电印度总督停止进兵，所议各条，请与驻华英使商定，电藏速办。

廿七日　英人袭据巴拉村，以次扫荡各村落。

六月一日　张大佐牒告驻藏大臣，限以本月二十五日至江孜会议。

七日　藏军袭坎马之英军炮台，不利，百六十四人死之。时英国兵力总数凡四千六百人。

二十六日　英军占领江孜。

二十九日　藏人乞休战，以待使节之至。英人许之，约以三十日。

七月一日　休战期满。

二日　拉萨政府代表人至江孜与张大佐会议，不得要领，复展休战期限三日。

五日　张大佐复下命攻击，破我炮垒。

十三日　张大佐传檄远近布告入拉萨议和之事，翌日拔队进行。

十九日　英军至拿亚孜，拉萨政府代表人来言拉萨为宗教圣地，非商议国事之所，请回使节，返于江孜。英人不许。

八月九日　英兵入拉萨，达赖剌麻逃，实华历六月廿八日也。

十六日　张大佐始往见我驻藏大臣，告以中国之责任。

同日　我驻藏大臣电外务部，请派专员与英订约。

九月九日　英国大佐张伯士彬与达赖剌麻订约十条，签押定议，实华历八月初一日也。

十日　驻藏大臣有泰以英藏约文大意电告政府。

十五日　英兵退出拉萨。

此一年来英藏交涉始末之大略也。呜呼！以数千年世外桃源之西藏，今竟若是。以三百年来我卵我翼之西藏，今竟若是。夫吾所谓前此三大失策者，为直接间接酿成藏祸之根源。往事不可追矣，而此次英兵入花梨、入江孜以来，事亘八九月，夫孰不知英兵至拉萨后，要盟之下，有必非吾所能堪者，而竟无一介之使，先发以制铢黍之胜。读此次英藏新约，稍有血气者，不能不拊膺而长恸也。其条约全文既译登本报前号，今据上海《时报》特电原文再录，资参考焉(前号所载由日本报重译，词句之间互有详略，故复录此文)。

(一) 西藏番人现允遵照庚寅约章之第一款，将哲孟雄边界重立界碑。

(二) 西藏番人应允除亚东关外，并在"江孜""噶大克"二处开埠通商，英藏商民均可听便往来，其癸巳年所立商约所有不妥处，须与藏番商改，以上所开之三地，均须遵办，其商民前往印度，应就现行道路转运。如另有商务兴旺之地，再行商酌添设商埠。

（三）癸巳约章甚不妥协，应另案由西藏派番官与英国商改。

（四）税则一经订妥后不得再加。

（五）由印度边界至“亚东”“江孜”“噶大克”三处边界沿途不得设立关卡等，如各处道路险峻难行，仍须由西藏修理。又该三处应由西藏设立番官，所有驻扎该处之英官，如有文件致驻藏大臣及汉番各官，均应由该官接递，将来他处如添设商埠，亦应仿此办理。

（六）因藏番不遵约章，开罪英国边务大臣，妄动兵衅，应由藏赔给兵费五十万磅，合卢布七百五十万元，允作三年付给，以西历一千九百零五年元旦为首期，至该款定于何地交收应由英国先行咨会，或即在大吉岭交收。

（七）因欲将前六款实力办到，故印兵、英兵仍行留驻春丕（即城备）俟三年后商埠已开赔款已清方行撤退，否则仍驻该处。

（八）由印度边界至江孜及前藏地方，凡厄塞之区均须由藏番修改平易。

（九）此后如不经英国允许，则无论何国人，不得典卖租给西藏土地，又不得预闻一切应办事宜，又无论何国不得派遣官民到藏，协同藏番办理各事，又不得干预修道并筑路开矿等事。又各样恒产及一切值钱产业不得自与外人抵押对换租卖。

（十）此约由英国边务大臣荣与达赖喇嘛于七月二十三日，在西招签押盖印，约文用英文及番文缮写，以英文为准。

约既画押，环球耸目，俄、德、美、意公使相继抗议，而俄尤剧。于是我政府始照例电责驻藏大臣有泰使废约云。见兔顾犬，何嗟及矣，而况乎犬之复不竞也。近数日日本报纸载北京电，有派唐绍仪为全权议改约之事。唐氏颇娴英语，然以当此既坏之局，能有济乎？是又不待蓍卜尔。呜呼！西藏。

兹约之影响，本报前号既略为短评，今复载内地最有力两大新闻之意见，资参考焉。《中外日报·论英藏新约》（八月初九日）云：

（前略）按此约所行当注意者有三端：一为径由英国边务大臣与达赖喇嘛自行立约，置中国驻藏大臣于不顾，是英国已不认西藏为中国之属地，并忘驻藏大臣有管理全藏之权，直视之与寄居官等。其当注意者，一也。一为约中两载无论何国之语。按此语中实含有中国在内，直视中国与诸国等。约中阴言不得预闻一切应办事宜，又言不得派遣官民到藏，协同藏番办理各事，盖即指驻藏大臣之职掌而言，是中国此后不能复有政权于西藏，而驻藏大臣直同虚设，已不言可知。其当注意者，二也。一为约中明言，如不经英国允许，即不得如何如何云云，是英国已明认西藏为英之属地，一切外交政策当惟英国之命是听，即与日本之待高丽无异，而西藏此后当脱离中国之羁绊，而受英国之约束。其当注意者，三也。本馆窃谓英、俄两国注意西藏，为日已久，英人欲巩固其印度之势力，而杜俄人之觊觎，自不能不取西藏为已属，使中国能见及此，急派重臣以镇之，遣大兵以守之，或犹不致激成此举。而中国又不能，于是英人乘日、俄正在交战，俄人不暇西顾之时，急从印度守臣之议，派兵入藏，以收此鹬蚌相争渔翁得利之明效。此则英人之深谋，可考而知者也。最可怪者，中国政府当英兵入藏之始，既不急遣专使前往战地，以与英熟商，以阻英兵之前进；又不遣精锐之兵为西藏之保卫，遂致酿成此祸。

（中略）惟当英兵大举进藏之时，英之与藏，必有另订新约之举，已在人人意中，则补救之策，更不能不讲，乃又遣一不谙外交，素无名望，而又迟迟不欲往之有泰当之，遂致一误再误，无可救药。政府之咎，可胜道哉？呜呼！西藏已矣，不必言矣。俄人于东三省既为日本所困厄，而西藏一区又被英人捷足先登，则失利之余，岂能无所取偿？而取偿之地，殆不出于蒙疆、回疆之间。政府诸公若为亡羊补牢之计，其急留意于回疆、蒙疆可也。

《时报·论中国弃让西藏》（八月初八初九日）云：

（前略）犹记咸丰八年、十年之间，俄人于英国肆扰沿海，进薄都门之际，而乘中国之不觉，且欺英国之不知，略施恫喝，安坐以割我黑龙江北数千里膏腴之地。当时中国不甚爱惜，而英则以受俄之绐，茹恨至今。曾越几时，而今日之英人亦藉俄、日相持之时，谂我之无力与闻，以数千之印兵，冒酷暑，度奇险，不折一矢而入于拉萨之首府，全藏六千里之天壤，一举手而措诸要盟之下焉。而有泰电致政府之辞，犹与当日黑龙江将军奕山从权办理之奏无异。此岂所谓循环往复者耶？西人谓俄国于此，不啻受一当匈之击，良不诬矣。而吾于此，乃有不胜其悲且谔者，则以英、俄之自为得丧不必言。惟藏地之利害关系，于我中国之安危者，至深且巨，凡彼一出一入之间，皆足以遗其不利于我。今请一抉此事之害，而历历陈之。

夫我国人于西藏之事，多数之庸众，或未之闻。即少数之贤哲者流，亦闻之而不甚措意。则岂不以西藏之地，不及东三省之要。英人之政策，不逮俄人之狡。而世界列国于英人侵藏之举动，其注视亦不若满洲问题之殷，遂因此而疑他日之祸患，未来之纠葛，亦不至如东三省之甚乎。虽然，此数端者，吾固有以明其不然也，何以证之？西藏者，地学家所推为全世界第一之高原者也，而其形势之在中国犹有高屋建瓴之势，几若全部之首领然。故东三省地居东北，其地理之利害，专在京师，而西藏一隅之地形，实足以扼中国之吭，而拊其背，以制我全国之生命。形胜若此，固不当与东三省轩轾而异视矣。且西藏之通蒙古，昉自元时。而本朝尤利用其黄教以制蒙古，此固乾隆御撰碑文所宣言而不讳者也。今者青海、贺兰、伊犁内二部，以迄内六盟、外四盟之蒙古，其所奉宗教，莫不出于西藏，而以藏地为教门之宗，则藏之影响于西北藩部者，又岂浅鲜耶？今此约遂行，而西藏果入英之势力范围，则英因此旁睨新疆，而新疆危，俯瞰滇、蜀，而滇、蜀危，据江河两源所发流之山脉，以遥握其全权，而黄河、长江所经过之流域皆苦不安。至于平日黄教流行之蒙古藩部，其震慑声势更不待言。然则谓西藏不系要害者非也。英人此次之伐藏，实为扩充印度之防御线起见，此微独他人有以窥之，而英皇游历归国，亲莅议会，亦既明白宣示此意者也。夫今日以扩充印度之防御，进兵西藏，而西藏已入其掌中。则安知异日者，不又以扩充西藏之防御而复染指于他处乎？且英国于非洲之纵贯横贯两大铁路，垂见成功，而越海以遥连印度之脉络。今者更藉印度之声威，乘机以略得全藏。此正其帝国主义瞬息千里之日也。而谓英人之用心，必非俄比。得陇不复望蜀，有是理乎？吾料英人抚全藏而经营之，以利用盎格鲁撒逊人种所最擅长之殖民政略，重以布达拉城之沃野，大金沙江之通流，不出十年，必将建一第二之英国于此邦，无异其在澳洲之例。有断然者，而此时之中国将复奈何！然则谓英人必无他意者非也。

(中略)俄人于英国之所为，则固寤寐不忘，而较日本之于满洲问题无异者也。顷闻驻京俄使，因英人之入藏，已于我外务部有所责言，若使真以藏地主权畀之于英，则俄人之相责者，又将惟我是诘。一旦涉及各国均势之说，岂非又一东三省俄约之往事，而惴栗可忧者耶？(下略)

《时报·英藏新约书后》(八月十三日)云：

西藏已矣。中国自来以弃地之风，高于天下，而不出一辞，不措一策，安坐而去六十万里之地，盖莫此次之弃藏地若。藏地固明明内属也……以今日失之之易如此，则回溯当日孙士毅、和琳诸人之先后献策筹划，乾隆一朝，大兵两次之所勘定者，正不知其何谓也。虽然，约既定矣，成事不说。今所论者，则新约所载各条，遗义颇多，犹不能不有望于后来之补苴也。按此约言及交涉之事，仅有英人如何如何云云，藏番如何如何云云，几无一语涉及中国。又只用英番文两则，而不用中文。说者以此为英人不认中国有主权于西藏之证，是固昭晰无疑矣。犹幸前此藏印交界之约，不尽满望于英人，故英人欲藉今日城下之盟，以追悔前日互订之约，遂不得不追述前文，以期商改。夫英人欲不认中国之主权，则必置前约于不论而后可。今既追述前约矣，前约固明明光绪十六年、十九年之所订，而中国办理分界大臣所协议画押者也。中国必执此以争复上邦之权，英人岂竟无所恤，此非可乘之隙乎？约文第一条云，光绪十六年条约所有哲孟雄之边界，须照十六年订立之第一款办理，再行重立界石。考光绪十六年，藏印交界之约，藏边险要如支莫挚山，及分水脊一带之山等处，其形势已与印界共之，而英人之意，犹未惬也。今既首以重立界石为言，必不免藉端拓界之想。若他日不善应之，则既失于前者，复将愈蹙于后。前日险要之形势，为藏印之间之所共者，此后或将尽折而入于印，使藏人失其凭藉，愈无可以拒英之时，是可虑也。彼光绪七年，中俄之约所载各条，至八年画界于伊犁，而分界之情形，已大异于初定之日，此非往事之可为成例者耶？是必慎之于先，或犹有小补于后耳。又约文第三条有光绪十九年条约内有不妥之处，须再行商改，另案办理云云。按中国与外人订立条约，从未有颁行官本，故十九年印藏之约，能举其全文，以质言其利害者甚稀。然颇闻十六年之初约，实由总税务司某从中主持。某固英人也，虽久任客卿，而其为中国谋者终不若其为英谋之切，故此约多偏袒于英。厥后我驻英使臣，侦知其有损于我，遂迭以印藏之情状，警告中朝，其后始略有修改。今者英人明言十九年之约不妥，则英人之不利于此可知。然而就主位以立言，彼英人之所不利者，或未必并为我所不利也。此尤必当详察原约，斟酌从违，以先向英人抗议者矣。（下略）

1904 年 10 月 23 日（光绪三十年九月十五日），第五十五号（第三年第七号）

中国大事月表（乙巳三月）（补录）

一日　驻藏帮办大臣凤全因力持收回瞻对内属，被巴塘番戕杀支解。

四日　四川总督锡良奏报：瞻对改土归流，土司抗拒不服。政府电命提督马维祺率兵赴剿。

十八日　电谕锡良迅查瞻对乱事及驻藏大臣凤全致死情形，详细具覆。

廿三日　瞻对土番戕杀驻藏大臣凤全，命锡良剿抚兼施。锡良电告巴塘土民捕去法教士四名，又设自立会以反抗中国，正在纠集党羽。

1905年，第三年第十九号

中亚问题与西藏问题之参究

知　白

西藏改议条约，经唐绍仪氏与英使萨道义议准画押，以昨年公布于北京。其内容有正约、有附约。正约者唐与萨所议，附约则光绪甲辰七月英国边务大臣与达赖喇嘛商订。吾国有识之士曾奋笔悲鸣，谓为尽丧中国之主权，举六十万方里之属地投入虎口，将遂坐是而无可如何者也。经唐氏改议，气象似稍苏。然有不能释然者，即附约之列入，果有关系轻重否也？著者未谙国际法，不能为正确之评论。偶以翻撷东报，得英、俄两国于中亚细亚互争事实，以其与吾国西藏有密接之关系也。爰综其概要，以己意论列之，冀供吾国留心边事者之参考。

近日时报载驻藏大臣电致外务部，谓以某事与英人会商，英人踞江孜不肯相见，似通商事又将起纷纠者。

篇中关于地理处，其名称类从京师大学堂定本，而附以英文地图 International Students Atlas 所载，其有定本所无，而有英文或日本カラ者，则临时审音，加入中国名称。又关言地形处，能并图参看，则益见明暸。

一、序论

英人得五印度之宝藏，则必不容俄之窥探、攘夺，于其西北各邻境，其为防守之计愈密，即西北各邻，如西藏，如阿富汗、如波斯等地，遂无日不在俄人探索意计之中，即无日不在英人规画范围之内。此亦势之显著者也。自俄败于日，骤敛其鲸吞蚕食之谋，已不能遽出而与英人争衡于中亚。英之乘是隙也，得稍缓其西防之力，始并计以图扩张印度北边以外之疆。故西藏问题，推延阴宕者已十有余年。至光绪甲辰间，忽有岌岌不可终日之势者，日俄之战为之也。夫吾国政府置西藏一隅于不甚措意，以涎俄而饵英。英、俄之势，又不两立也，观于其在波斯、阿富汗蹈瑕抵隙，各竭其智，各厚其防，其不相下者，盖有年矣。今俄虽不得志于日，兼以惮英而不得即逞其谋，然其潜踪于新疆、青海间者，于西藏固息息相通，则西藏之为英人所梦寐不忘，将以是摧丧中国之主权。又其注射线固先集于俄人之一身，其去波斯、阿富汗庸有几许耶？

然则吾国而欲以自力保全西藏，就西藏以谋西藏不得也，其计莫先于能敌俄。然仅就新疆、青海间专注于一方面以敌俄亦不得也，其计莫先于刷新内政，充实国力。夫今世外交界之瞬息百变，其所恃以盾其后者，舍武装的武备，则更无进步之可言。盖未有内治不修而对外可以制胜者。观于波斯、阿富汗，彼固以弱小称，非我泱泱大国所可同日语，然就是以察英、俄之现状，则于我之防护西藏，亦补助之一端耳。

（下略）

五、英藏交涉之概论

英藏大势，饮冰室主人曾著《哀西藏》篇，已具概要。此节论点多可互为参证，读者鉴焉。

吾政府对于西藏之往事，吾无责焉矣。往昔举国上下，驰骛于空疏无用之学，不知国际法之为何事也。则西藏对待之法，其性质已混淆不明，不谙外交术之一言一动皆有重大之关系也。则于英藏轇轕之时，其发言即罅漏百出。当藏事剧动之始，误于不解领土与保护国之定义，故平日交涉与缔结条约，一听英人之所为，不复能出一辞以相辨证。又以其疆域险远，内国人不习于见闻也。偶谈及之，几等于绝域。士大夫之能言掌故、熟边事、研地学者已如凤毛麟角，群起异之。故西藏问题直至丁酉戊戌间偶出现于报章。其时，旅大、胶、广纷纷割让。士论间始有以边事为警问者。呜呼！全国如此。彼代表人民之政府，昏眊短昧，不学无术，坐是以贻误政局，置防边于不足轻重。是亦吾国民之与有责焉者矣。吾闻英人之诮我曰："彼视西藏为秘密国，宁知吾英之一岁出入于其险中者，盖不乏人。"英以中国曾阻止马考烈入拉萨，且禁阻外人之游历入境者。印度政府乃募少年英锐者教育之，派为西藏探险队。有能入拉萨精测其地域者，归即与以上赏。因是得入拉萨、还印度、获重金、蒙优待者，颇有其人（至甲辰则英兵直入拉萨）。而吾国固懵焉，未之觉也。吾又闻：夫英人自威服哲孟雄、布丹、尼伯尔诸国，于独吉岭、噶伦绷一带，选土著之青年给与学资，命教师授以测地、绘图法，跋涉山野，实地练习，分生徒为若干班，班各一师，奖励不遗余力。盖必举邻境地理无纤悉之不明，以备乘衅而动之，大有可用也。问吾国置身边务者，曾一留意于此乎？是犹漠然未之顾也。吾又闻：夫英人谋引印度铁道线，达于春碑原野，且延长之导于西藏高原。其计虑中盖有二义：西藏为黄金产地，世界艳之，商业必有发达繁荣之一日。而此铁道即所以励其进步也。俄人虎视于北，势将与印度接近，而西藏其要冲。若一旦中国有变，印度军可七日自春碑达拉萨。而此铁道乃所以神其速力也。呜呼！英人之深谋熟虑于平时，冀一朝驰骋、活泼于有事。吾国苟听是重要之屏蔽，长此委诸强邻则亦已矣。若犹欲顾惜之也，根本之计则在于刷新内政，充实国力，前固言之矣。犹有其重要者，请得以次论之。

波斯、阿富汗，本具有国家之资格者也。而英人必欲于实计上摧沮而藩服之。西藏，非仅吾之藩服，且以属地目之者也。而英人必欲于名义上推崇而国家之。呜呼！十九世纪灭国新法行，则残狠狡狯之术亦何所顾而不逞？夫癸卯甲辰间，英兵入藏，迫藏番订约十条，以与所谓《藏哲条约》较，则（哲孟雄由英国保护，一切外交除由英国经理准行之外，概不得与何国交涉）今何适与之相反对也？彼以哲孟雄为保护国，因而干涉其外交。我以西藏为属地，乃英人必强其干预外交，非直以国家资格视西藏、置中国政府于度外乎？夫英人既施此手术于前数年，则我虽已遣使续订所谓《中英藏约》（即唐氏所订），而于西藏对付之法是不可不速为画定者也。吾国前二十年，即有建议请改西藏为行省者，近见报章，谓政府亦提议及此（昨西历五月十一日，日本报有谓度支部以经费无出反对西藏官制，似建行省已议定）。虽然，西藏之适于建行省与否？建行省矣，吾之能力果有以高于藏番与否？是又今日所宜熟计者也。夫建行省，则名义之优于混淆不明也，固有可以间执英人之口，且可免于英、俄两国煽诱，其为计非必无可取。所患者，防守之具未充，交通之机关未备，名义虽正而实力未足以副之。则英人之可以操纵我官吏，仍等于其待藏番，我又将何术以御之也？然则今日之对于西藏，非于名实两途皆有以自树立，则亦长为第二之波斯、阿富汗而已，不其恫哉！

按：改西藏为行省果能实行与否亦一问题。彼班禅喇嘛世袭其尊者已数百载，且以宗教绵延之故，其力直达于蒙古新疆青海各境。设行省、置郡县官吏愈多，理事愈密，则削班禅喇嘛之势位，必愈促以视今日仅有驻藏大臣以下数官，但主监督之者，其驯之也较易。若操之过蹙，恐为力愈难。往者乾隆朝之改土归流，特苗猺耳！烦兵者且数岁。若新疆改建行省，则大乱之后，乘左文襄兵威震荡，其为力自顺而易。昨岁巴塘事变，致戕杀都统某，吾窃疑其必有阻碍者。非先事确切调查，熟思审议，漫然如今日议政诸公曰改行省。改行省，或稍有变，故又相顾而不知所措手。与其轻于一发也，毋宁多其察而慎其发。窃谓防边如西藏，舍倾全力以谋铁路之开通，精武装之整备，为第一不能缓之策，馀皆宜熟筹而后动作。非谓一改行省，而英人遂辟易不敢进也。惟名义上所关亦巨，除改行省而别有善策与否，著者未修政法学，且于列强殖民史涉猎亦甚稀，不能举其义例。对于西藏有所勘究，则今之发为是言者，举大义而已。近日精研法政学诸君，苟有就西藏名义上交置问题，能引证各国殖民史善法成例与法律学之定义条文，对于西藏下一确论，以宏著登报端。其为诲益，岂独著者欢迎，裨益时局与当道正匪浅耳！

又巴塘虽土司境，然为由川入藏要路，其风习必同于藏。

全西藏首在厉名实，是仍为根本之论，而非充实国力则有不能奏功者也。今犹有一二义，可为置身边务诸公告者。鉴既往，善将来，是在诸公好为之耳。

（一）交涉时，宜力扫推诿、颟顸之陋习，而与之为明了之谈判也。彼英人之诟我，谓巧设遁辞，以己意而诿诸喇嘛僧之意见。因是主张有事当直接与藏人谈判，置中政府于不顾。夫中国官吏之性质，平日于社会交际最喜张虚托之游词，为诿卸之地步，习为延宕、狡诈，坐是失信用而长矫伪者，沿为陋俗矣。乃其任外交也，亦欲以此种手术施之。吾政府诚认西藏为永不可开放之地也，则事先宜有一定之宗旨（按:西藏万无永闭之理），且必有所恃而可以贯彻吾宗旨者，然后发言而与人交涉。今内顾，则军事上漫无把握，于藏境防守亦迄未讲求。徒欲以深闭固拒者，益滋外人之疑虑。及夫责言日至而所以应之者又漫取乎虚与委蛇而无健全之策以盾诸后，则又何怪人之视我蔑如矣。夫吾国而以属地视西藏也，则喇嘛亦官吏等耳。今遣委员与彼会议开市，而吾不欲实诺其约，乃诿其责于喇嘛，是何异以此官吏委过于彼官吏，因以损国威、留衅隙？而甲辰间之印藏条约，谓非兆端于此乎（英人固疑我不欲开印藏互市，且证以曩者搜得驻藏大臣与哲孟雄酋长书，谓诿诸喇嘛不肯通商者，即前此故智）？

（一）宜洞悉英人所行之商业政策、国境政策、殖民政策之变更、沿革，以便于因应付施也。夫英人以商业政策亡印度，而殖民政策随之。以国境政策对阿富汗，非俄之旁睨，则殖民政策亦必随之。其对于吾国之西藏，也直取商业政策，而国境政策缘以纷扰焉。彼之操是数策以广其属地于五洲，其历史必有宏伟之奇观。平日见诸彼国诸新闻杂志，亦必有政治、军事、航海诸家之名篇卓议登稿者，或竟有他国杂志（如佛国《外交殖民杂志》等）窥述英之殖民政略，其眼光尤极透彻者。是宜聘二三精于欧文者，按旬译述，藉供考镜，或径假印刷物出版。凡边防问题及藏事交涉各件，均共译件编入为月报，既足供当局者之研求，尤可以唤起国民有志外交、边务者之购读，或庶几有长才杰抱者出乎其间，供救时之急用。毋使英人得操其所谓商业政策、国境政策，盘旋绕互于我边域，终得施其殖民政策于我边内焉。则庶乎免于波斯、阿富汗之危。此中心所惓惓者耳！

六、结论

吾闻日人大隈伯之言曰："国不自亡，未有能亡之者。"今以根本内溃之国而望其枝叶扶疏，斤斤以西藏保全是虑，毋乃舍本齐末轻重倒置欤？虽然，吾希冀一日之不亡，乃熟虑夫足以致亡之因。则其大患莫逾以一国之重，而漫无所主。甲进一说，朝蒙采纳焉。乙驳一说，夕见更张焉。夫奕者，举棋不定，不胜其耦。今以四百馀州之广土，环处乎列强经济能力、军事能力、政治能力膨胀外泄之漩涡中。而躬其任者，不复趋一定之向。如驾重荷之舟，于狂风卷浪中，众技杂陈，手忙足乱。呼号者引篷，仓遽者振桨，顾其操舵者不得一手眼敏捷，志意沉定，出而膺指导之责，则喧阗扰攘，顷刻而即于颠覆，此亦事势之显而易见者矣。其尤险者，以阿富汗之小，其政界中尚有所谓党英、党俄两派。今以吾国政界之翻覆，其援引私党以树敌者，日有其人。角立不胜，必将有缘附外力，冀以泄私忿而图一呈者。其智识之黯陋，其居心之险逼，其所树之党吾知必有党英、党日、党俄、党德法者潜乘暗伏于政界中。各国见其有机可乘，亦将本其所欲达之目的，卖其阴柔狡昧之手术，颠倒拨弄，摧坏政局于不自觉。则危险之候，无有出乎此者矣。吾又见乎波斯或为俄所利用也，则出其军事势力，选派将校为之教练军队。使兵士服俄之军服，习俄之口令，而举国之兵悉俄化焉。浸假而为英人所煽动，又将举其服习俄者转而效英。至所谓波俄银行，其设立之旨趣一如中俄银行。举波斯之朝局，竞沾丐乎俄之百余万卢布，欣欣足以自饱，其贿赂风行。吾今日之政府，亦何不幸而适与之同病耳！

1906 年 11 月 30 日(光绪三十二年十月十五日)，第九十二号(第四年，第二十号)

《政艺通报》

《政艺通报》是晚清上海出版的综合性杂志。1902 年 2 月 22 日(光绪二十八年正月十五日)创刊,上海政艺通报馆发行。期刊,出版至 1908 年(光绪三十四年)改为月刊,仅出了二号即停刊。每年有汇编出版,称《政艺通报某某(壬寅……)全书》,亦作《政艺丛书》。邓实(秋枚)主编。用考贝纸印刷。社址在上海福州路惠福里。

每期约四十余页,分上下两编,上篇专谈政治,有政学文篇、政书通辑、内政通纪、外政通纪、内外政要电及政艺文钞等。下篇介绍铁路、开矿、农工等实业,并有艺学文编、艺书通辑、艺事通纪、丛钞等。仅有少量新闻和论说,其余是文件汇编。

上海图书馆藏有部分原件。

中俄保藏密约

日本报载:驻京俄公使竟与中政府议订合管西藏密约四则,译录如下:

第一条　西藏介中国及俄国西伯利亚之间,关系最重。中、俄两国理应加意保护,以期该地安谧。倘该地一旦有事,中国宜竭力派兵镇压,俄境亦可赖以安谧。惟中国出兵须照会俄国。

第二条　万一西藏被他国加害,或因本地内乱,中国派兵不能抵御须人援助之时,则俄国可同时派兵前往,并力合剿。

第三条　西藏信教虽可自由,然除喇嘛教及希腊二教之外,其余各教最易生事,亟宜禁止。

第四条　西藏应界以自治之权,令其极力整顿,以期振作。两国随时辅翼,俄国应派员训练西藏之兵,以图自强。凡一应建学校以开民智,讲农商以裕财源,皆中国之任。

1902 年 8 月 18 日,第一年壬寅第十二期

新定统治西藏制度

中国近以英、俄涎视西藏,岌岌可危,经南方诸督抚呈奏统治该地制度,又经督办政务处会议妥洽,于本月四日出奏。兹录其制度于后:一、其地分六行政区域,各区均置巡督官。一、巡督官有裁理政务、军务大权,及统率各酋长以保护地方之任。一、巡督官虽从喇嘛僧中选定,自应任后当绝宗派中之关系。一、全地方成联合行政制度,其平时及战时巡督官有一定之任务如下:“一、巡督官每年会同拉萨府协议政治、军事等要务一次;二、境内有兵火之虞,巡督官有相互协力镇抚之责。”一、境内守备兵归各巡督官选拔及编制,其兵费亦由各行政区分任筹画。一、在拉萨府置参务官,查察各地之政况、商业、矿山、宗教各情形,及其它一切事务,按时汇报。一、巡督官每年入都一次,以奏辖下各施政情形。

1902 年 12 月 30 日(光绪二十八年十一月望日),第一年壬寅第二十一期

俄人侵略西藏略述(目)

1903 年 9 月 6 日(光绪癸卯七月望日)、1903 年 9 月 21 日(光绪癸卯八月朔日),第二年癸卯第十五号、第十六号

中俄西藏矿山条约

驻藏帮办大臣前在西藏拉萨府与俄国钦差大臣科洛吾氏议订开采西藏矿山条约,已于华历二月朔日画押矣。刻俄政府已派姆辣哈斯克等五员由伊犁而入甘肃,勾留兰州数日,即于二月初一日首途前往拉萨府,勘测地段、考察情形,以便照新订条约开采该处各矿。兹由外部探悉新订条约要领如左:

第一款　本条约为中、俄两国特别之约,不得因他国之干涉而加更改。

第二款　采掘矿山及查探矿脉所需一切费用,均由俄清银行开支。

第三款　各矿所产金、银、铜、铁、煤等矿,悉照价值每百两提银十两,报效中国政府。

第四款　无论中、俄两国坑主,每岁开采之额不得逾二十万两。

第五款　凡有新发见矿脉者,当即勘明地域段落,画定界限,以杜争端之弊。

第六款　开矿所须一切器具,凡由俄国领土输入者概免征税。

第七款　严禁中、俄两国人民窃开矿产,违者科以重刑。

第八款　俄人所开之矿,当报由驻京俄国公使照会中国外部,彼此既无异议,即由外部咨饬驻藏帮办大臣照遵办理。

1903 年 4 月 12 日(光绪癸卯三月望日),第二年癸卯第五号

外务部照会英公使请阻止英兵入藏公文

为照会事,华本月初九日接敝国驻藏大臣来电,内开:贵国又添派兵队二千余人入藏,已至济陇。番、汉商民惊惶逃窜。请转询贵大臣,迅即电令撤退,以免危害等因。窃查藏印边界业经两国照约勘定,而藏地情形安谧,更无须兵力弹压。前曾照请将驻兵撤退。蒙贵大臣允为电达,铭感实深。此次复据该驻藏大臣来电,又添派兵队等云。未知是否属实?务乞贵大臣速即电阻,以免番民扰乱,滋生事端,且

毋令他国得所借口，于边务邦交关系非浅。为此照会云云。

1904年4月30日(甲辰三月望日)，第三年甲辰第五号

驻藏大臣有泰奏陈川藏情形及藏印近事折

奏为川藏交界情形及藏印近事恭折，仰祈圣鉴事。窃奴才自奉恩命持节西疆，当兹多事之秋，谬膺非常之眷，兢兢业业，惧弗克胜。所幸八月二十一日由川省起程，经过四川所属之打箭炉、里塘、巴塘及西藏所辖之察木多、拉里等处，番民颇称效顺，夫马亦少留难。即间有一二地方蛮民梗命，略加薄责，亦咸知畏惧而不敢妄为。足以四阅月中得抵前藏，行程尚为迅速。此皆天威远播，非奴才所敢预必也。惟川藏交界边情，藏印构衅近事，沿途闻见，未敢安于缄默。请为我皇太后、皇上缕晰陈之：里塘本川属也，两处土司颇知恭顺。经奴才宣播朝廷威德，晓以大义，无不同声感戴。惟生长蛮方，不无桀骜情性。遇有锥刀之末，亦起争端。诚得地方官实力维持，自可相安无事。惟有各寺院之喇嘛愈出愈多。堪布之权甲于官长，稍不遂意，聚众横行。托庇居民，肆其鱼肉。里邻借贷，间出其中。该喇嘛则重利以剥之，多方以胁之。如约不偿，则查抄备至，甚至纵使无赖番僧沿途抢掠。控其追究，反索规礼。以致巴塘、察木多交界之乍了[丫]一带，盗案如林，客商裹足。

窃思此辈番僧皆吾赤子，倘能虔心奉佛，非我国法所不容。而乃干预地方，肆无忌惮。若不早为钳制，窃恐一朝尾大，收拾更难。是以奴才屡次函商，署四川督臣锡良及帮办大臣桂霖，拟请于察木多地方添设重镇，安驻大员，筹防练兵。次第举办，庶几外可以慑藩服，内可以靖蜀疆。途中接准署四川督臣锡良来咨，业经与帮办大臣桂霖会衔奏，拟请帮办大臣驻察木多居中策应，诚今日至急之务，奴才所日夜筹思者也。至于藏印边务，兵衅业已兆端。目前英兵已抵对朗。番兵与之相持，理阻强邻。开导番属艰难情伏，早在圣明洞鉴之中。奴才身受厚恩，自当力图报称。即有万分为难，亦当设法维持。惟任事之初，番情究未深悉。拟面商达赖喇嘛及查番民近日情节之后，应如何筹办之处再行陈奏办理，不敢因循误事，亦不敢激切图功。总期修好睦邻，仰副我圣朝怀柔远人之至意。

所有奴才沿途察看川藏交界地方情形及藏印边务，谨恭折具陈。伏乞圣鉴训示。谨奏。

1904年10月9日(甲辰九月朔日)，第三年甲辰第十六号

出使俄国大臣胡奏进译印西藏舆图折

胡惟德

奏为译印西藏舆图恭折进呈仰祈圣鉴事。窃查，自康熙乾隆年间两次平定西藏，久隶版图。其山川、道里，官私记载亦不下一二十种。而于舆图一门测绘尚未精确。近年，西人身历藏地者，官派、私游，沓来纷至。除英、俄政府历年密派人详细测绘秘藏军务处，预备行兵、造路、通商之用，外间无从觅获外，其余各国官私纂辑绘图赘说，以臣目之所见，已不下二十有余种。其它未见者尚多。证以中国旧籍，有合、有不合。然彼皆自亲履得来，较为可据，尤以法人窦脱勒依所绘之图为最详备。臣前随使英、法，即考求藏中舆地，迄今已十余年。兹饬员即就此图译汉，证以《一统志》、《会典事例》诸官书，更搜辑《四川通志》、《卫藏图志》各书互相参考，译印成图。地名悉从中国旧籍，不敢臆造，以免纷歧。旧籍所无者，译其土音，俾臻详备。方今藏务孔亟，办理藏务，先贵知其地理。谨以译印精本进呈御览，似于时局不无裨益。又此图译事，以驻俄翻译官、候选道世增之力为多，合并声明。

所有译呈西藏舆图、缘由，恭折上陈。伏乞皇太后皇上圣鉴。谨奏。

1905年5月4日（乙巳四月朔日），第四年乙巳第六号

中藏英印通商章程

大清一统帝国大皇帝，大英国兼五印度大皇帝，今因光绪三十二年四月初四日续订藏印条约第一款内开：光绪三十年七月二十八日英藏所立之约，暨其英文、汉文约本，附入现立之约，作为附约；如遇有应行设法之时，彼此随时设法，将约内各节切实办理等语。又据光绪三十年拉萨约之第三款内开：光绪十九年十月二十八日中英条约所更改之处，应另行酌办等因。现值应行更改此项章程之时，是以大清国大皇帝特派张荫棠为全权大臣，大英国大皇帝特派戴诺为大臣，会同商议。暨西藏大吏选派噶布伦汪典绝布为掌权之员，禀承张大臣训示，随同商议。大清国钦差大臣张，大英国钦差大臣戴，各将所奉全权文凭，互相校阅，并藏员掌权文据，一并查阅，俱属妥善，改定章程如下：

第一条：光绪十九年所定通商章程，与此次章程无违背者，仍应照行。

第二条：各商埠内，向有难得合宜房栈之情事，兹允英国人民亦得在各商埠内

租地建筑房栈。此种建筑地基坐落之处,应由中、藏官在每埠与英国商务委员,特行商酌划定。英国商务委员与英印人民,除在此处外,不得在他处建筑房栈。但此种办法,不得有一毫侵害中、藏官于此处之治理权;亦不得损及英印人民在此处以外租赁房栈居住存货之权利。凡英印人民欲租建筑地基,应转由英国商务委员,向工部局声请租地文凭;其地基之租价、年限与合同,应由租客与地主自行和平商订。如地主与租客因租价、年限及合同等事,意见不合,应由中藏官商同英国商务委员调处。其地基租定后,应由工部局中藏官会同英国商务委员勘定。又,未经工部局给与租客建筑文凭,该租客不得兴工建筑。但约定工部局给发建筑文凭,不得任意延宕。

第三条:各商埠治理权,应归中国官督饬藏官管理。各商埠商务委员与边界官,均须合宜品级。彼此往来会晤以及文移往返,应互以礼貌优待。凡商务委员及埠官因意见难合,不能断定之事,应请拉萨西藏大员及印政府核办;印度政府照会之意,应并行知照中国驻藏大臣。如拉萨西藏大员与印度政府仍不能断定之事,应按光绪三十二年北京条约第一款,由中英两国政府核办。

第四条:如英印人民在各商埠与中藏人民有所争论,应由最近商埠之英国商务委员与该商埠裁判局之中藏官员会同查讯面议办法。其会同面议之意,系为证明实情,公平办理。如有意见不合之处,应按照被告之国法律办理。凡属此种交涉案件,均由被告之国之官主审;其原告之国之官只可会审。凡英印人民,因身家产业之权利而起之事,俱归英国官管理。英印人民在各商埠及往各商埠之商道中,有犯罪者,应由地方官送交最近犯罪之商埠英国商务委员,按印度法律审讯惩办。但地方官于此种英国人民,除应行拘禁外,不得格外凌虐。中藏人民有对于各商埠内或往各商埠之道中之英印人犯罪者,应由中藏地方官拿获,按律惩办。两面审办之法,俱应至公且平。凡中藏人民到英商务委员处控诉英印人民,中藏得有派员往英国商务委员公堂观审之权利。凡英印人民到商埠内裁判局控告中藏人民之案件,英国商务委员亦得有派员往裁判局观审之权利。

第五条:西藏大员遵北京政府训令,深愿改良西藏法律,俾与各西国律例,改同一律。英国允愿无论何时,英国在中国弃其治外法权,并俟查悉西藏律例情形及其审断办法及一切相关事宜,皆臻妥善,英国亦即弃其治外法权。

第六条:英军撤退后,所有由印边界以达江孜一路,英国所建旅舍等房屋,共计十一处,应由中国照原价赎回。仍以公平租价,租与印度政府。每旅舍一半留为英国经管由各商埠至印度边界电线之官役之用,并存储材具,其余则留为中、藏、英、印体面官往来站宿之用。一俟中国电线，已由中国接修至江孜，英国可酌量将由英边界到江孜之电线，移售于中国。当未移售以前，中藏人之信，当由此印政府所修之电线，妥为接收传寄。又未移售以前，应由中国担任保护由各商埠至印边界之电线。兹约定：所有人民，如毁伤此电线，或无论如何阻挠看管经理此电线之官役，应立由地方官严惩。

第七条：凡因信借揭欠倒闭而起之控告案件，应由该管官查讯，设法追索赔偿。但如欠债者报穷，无力赔偿，该管官不任赔偿之责，亦不得将公产官物扣抵。

第八条：驻寓西藏现在已开及将来新开各商埠之英国商务委员，得安派往来印边界传递邮件。所用传递夫役，于凡所经过之处，应由地方官尽力相助，与藏官所用传递文件之夫役，同受一律保护。俟中国在西藏妥立邮政，中英两国可即酌议裁撤英商务委员之传递夫役。英国官商雇用中藏人民作合法事业，不得稍加限制。此种受雇之人，亦不得稍加扰害。于西藏人民享之权利，不得因此稍受损失。但此种人于应纳赋税，不得豁免。如有死罪情事，应归地方官按律惩办。雇主不得稍加庇匿。

第九条：凡往各商埠之英国官民以及货物等，应确循印藏边界之通商大路前往，不准擅往商埠外各地。不得由亚东、江孜，无论由何道路绕入藏属内地，以往噶大克。亦不得由噶大克，无论由何道路绕入内地，以往江孜、亚东。惟印度边界土人，向在藏属居住、贸易者，因习惯既久，仍得照旧按通行规例来往贸易。但此种之如是往来贸易时，应仍按向例，服从地方官管理。

第十条：凡官商往来藏、印，其公私财产、货物途中被劫，应即报明巡警官，巡警官应立即设法拿获劫盗，交地方官立即审办追赃。如盗犯逃至巡警局地方官权力不及之地，不能缉获，则巡警局及地方官咸不任偿失之责。

第十一条：为保公安起见，凡存放大多数之火油，及所有易燃危险之物，应用池栈，应按设在商埠内远距民居之处。英印商人未经按照章程第二条禀请合宜地基，不得开筑火油池栈。

第十二条：英国人民可任便以货物或银钱交易，任便将货物售与无论何人，任便由无论何人购买土产货物，任便雇赁运载夫马，并任便照地方常规，办理一切贸易事宜，不得格外限制刁难，亦不得抑勒强逼。凡英官商在商埠内及往各商埠道中之身家产业，应随时由巡警局及地方官实力保护。中国允在各商埠及往各商埠道中，筹办巡警善法，之[俟]此种办法办妥，英国允即将商务委员之卫队撤退。并允不在西藏驻兵，以免居民疑忌生事。英国商务委员与西藏官民，或通函件，或面会往来，中国官并不禁阻。凡西藏人民至印度贸易、游历、居住，所享权利，与此章程给与在西藏之英国官民之权利相等。

第十三条：此次章程自两国全权大臣及西藏代表员签押之日起，应通行十年。若期满后六个月，彼此俱未知照更改，此章应再行十年。每至十年，俱照此办理。

第十四条：此次章程，华、藏、英文字俱经详细校对。遇有因解释此章程字句而起之辩论，应以英文作为正义。

第十五条：此项章程由中、英两国大皇帝批准。应自签押之日起，六个月后，在北京及伦敦互换。

按：以上章程，经外部照会英使转印度陆军大臣白德勒，会同张大臣签押。但尚未得英廷应允。以戴诺已调他处总督，急于赴任，未及待议结后已离印京回伦敦矣。

又附戴大臣函称：商务官署卫兵，在江孜者限五十人，亚东者二十五人。未裁撤以前，可否减数，应照事局与商埠情形，随时酌核云云。

1908年3月17日(戊申二月望日)，第七年戊申第二号

《经济丛编》(《北京杂志》)

《经济丛编》于 1902 年 3 月 24 日(光绪二十八年二月十五日)创刊,在北京出版。半月刊。华北译书局发行。自 1904 年 5 月 14 日(光绪三十年三月二十九日)第四十二期起,改名为《北京杂志》。

主要栏目有中外大事记、人物、廷议、舆论、教育、文学、农工商、理财、法律、历史、琐记等。上海图书馆藏有 1902—1904 年间的第 1 至 47 期。

西藏游踪

近有日本西京本愿寺新法主大谷光端，亲率徒党游中亚细亚，谓考古代佛教变迁沿革之事。其行程，由俄境进外蒙古买卖城至库伦，转至新疆，由迪化府喀什噶尔赴印度、缅甸，复过云南、四川、湖北，历长江抵上海而回。经驻京日使函照外务部给与护照，并咨江督，于大谷抵境时照约饬属保护。

西藏界俄地有名训矢石节者，近有英人十七名测量山川，又有俄兵官七名游览其地。

1902年10月1日(光绪二十八年八月三十日)，第十四册

卫藏防务考略

成都傅矩

盖习舆地者，贵形势之周知，而谈守险者，须古今之洞澈，是以山川必经测绘而后知，扼塞必经阅历而后详，筹防必经闻见而后悉，彼徒求生活于藏卫诸书者，抑亦浅矣。窃尝究心藏务，不惮艰远，于山川险要有无更改，道里经纬有无舛谬，交涉事件有无变迁，边防营汛有无增置，莫不留意，博加谘访，证以卫藏诸书，始知载籍之不可据也，图经之复多妄也。

按卫藏僻在西南，毗邻滇、蜀(东西六千四百余里，南北六千五百余里)，番情反复，古称难治。自唐迄明，边陲摇荡，实为隐祸。谓唐之怠于防范耶？而三十八桥之卒未散也。谓宋之疏于防维耶？而六万八部之兵尚立也。谓元之失于防措耶？而八百余里之营未革也。谓明之略于防守耶？而十三万之番已降也。然此皆防卫藏之为中原患，非防外人之为西藏患也。古之防卫藏者，今皆不必防矣；古之患卫藏者，今皆无是患矣。今之所防者，固不在卫藏，而在卫藏以外也；今之所患者，虽不在卫藏，而究在卫藏之中也。盖防昔日之卫藏易，防今日之卫藏难，昔之卫藏未杂洋务，故易于今日；今之卫藏强邻实逼，故难于昔年。

我圣朝柔远能迩，诸番诚服，悉隶版图。而藏地外接英、俄，内屏滇、蜀，占形势者在所必争。自印归英，廓、哲诸部渐归兼并，修磵筑路，已至独吉，旋改别道，以窥川、滇，复辟阿萨，创植红茶，增设火车，日驰藏鄙，虽言在通商，实欲更辟蚕丛，以卫印度。今日更经营藏务，布置战事，不遗余力。且蜀都沃险，古称天府，特僻在内

地，不滨海江，洋货来华，虽拆长江由楚入蜀，只能抵渝，不能偏及。苟由印入藏，各处通行，毫无阻碍，直由炉关过宁静界，栈雨峡云，任其通达，此英之不可不防者也。

（中略）俄居西北，经营东南，卫藏以北，悉属回部，虽隶新疆，俄人屡煽，一触即裂，难保无事。阿富汗国已得其半。藏路通准，俄道必经，自康莫才夫司节游藏以来，探藏之使不绝于道，窃睨阿里，进侦川陕，屯集陆军，建厂制造，注意垂涎，由来者渐。兼以近来俄以甘言诱藏使，劝藏自立，今年四月俄之探险队已至后藏，英人亦防之甚密，而谓我可以不防之哉！此俄之不可不防者也。是则卫藏边防为今日之急务也明矣，防俄尤要于防英也明矣。

考全藏之地旧设粮台六（自打箭炉口外起迄西藏止。打箭炉为出口首台，驻防及护粮外委马步兵共四十六员名；里塘台共九十二员名，又土马步兵三百名；巴塘台共三百二员名，土马兵六十名；又木多台共三百三十三员名，土马兵十名；拉里台一百二十八员名，土马兵二十名；西藏台共六百二十一员名，内游击、都司、守备、把总、千总各一），防营一百二十有四，额设步骑六万四千名（每千名设立鸟枪六百，共三万八千四百支）。内分拉擦马兵三千名，后藏马兵二千名，阿里马兵五千名，稞坝马兵一千名，党子拉扎浪木措等处黑帐房蒙古共马兵二千名。此防藏之马兵也。阿里、前后藏、定日、江孜各汛防步共五万名，此防藏之步兵也（乾隆五十七年大学士福康安等奏：查唐古忒原设有兵五千一百六十有五名，其实充数应名，毫无纪律，请额定数目，于前后藏各设番兵一千，定日、江孜各安番兵五百名，即于就近挑补。前藏原设戴琫三人，以二驻后藏，以一驻定日，再添戴琫一人驻江孜，于五名外设立加琫一十二名，甲琫二十四名，定琫一百二十名，俱由驻藏大臣同达赖挑取）。番骑一万四千名，番步兵五万名，前藏番兵一千名，后藏番兵一千名，定日番兵五百名，江孜番兵五百名。此防藏之番兵也（统番兵之大头人曰戴绷；其次甲绷，管兵二百名；又次加绷，管兵一百名；又次赖绷，管兵四十五名；又次局绷，管兵十名，皆达赖所辖）。乾隆五十有六年平定廓夷，留番兵三千，汉蒙古兵一千戍藏，是为官兵驻防之始。近来设法整顿，添置马队，创立靖西营（英人译为亚东），将各防兵士一律改习洋操，经营要隘，以资固卫。是为改习洋操之始。然而光绪十四年，以二万之藏番不能御一千之印兵，亦可见西藏防务之大略矣。

虽然，防边固御侮之要，必藉地利以为雄；设险虽守国之经，尤赖人和以相济。故腾格之海险矣，而策妄由此进；林拉之山险矣，而车零从以济；工布之桥险矣，而准夷不能入；扎什之城险矣，而廓夷潜以攻。是卫藏也，又安足长恃哉？且夫卫藏非不可守也，乘时在德，固为不易之方，而御人以险，当在门庭之外。故北走和阗，以尼莽为门户；东蔽滇蜀，以南墩为喉吭；南通印度，有玛楚之狂澜；西控回疆，以阿里为屏障。全藏堂奥，则巴拉一区，可以鞭挞四夷；三危腹心，则布达一境，可以抗衡上国。间尝浏览山川，经画疆土，有以知其形势之夷险轻重焉，因以知其防务之疏密得失焉，并扼塞之多寡兴废焉。

卫藏之宜防者凡二百八十有三处，在西北者八十七处，在西南者一百三十六处，在东南、东北者七十七处，大要以西北之防紧于东南，西南之防要于西北。此二百八十有三处中，为门户者十六，为咽喉者六，为通衢者四十，沿边者五十五，天成者二十九，人设者三十，水隘二十三，陆隘三（只言最要），捷径十，交界者四十，山险者七十，边外者十三，若塘、汛、碉、卡则六十有三焉，互见者凡九十七所（以上所纪皆取其最著者，若山水之险，则藏地不胜枚举，只言有关防守者耳，列表如后）。要之，布置在乎审势，权变贵乎因时，时不同则事变，人各异则功殊。善为防者，已无可防之地，而能夺人之防以为己防；不善防者，已虽有可防之区，而不能守己之防，终为人防。故以拉藏之强盛，不能御策妄木吉之善兵，不能敌扎鹄，盖失险也，失防也。善筹藏者，节节为布，密密为防，得其道则众志可以成城，匹夫亦能夺帅；失其道则天堑投鞭可渡，丸泥函谷可封，推之万国，皆然也，岂第卫藏哉？

为今之计，宜未雨而绸缪，勿临渴而掘凿，亡羊补牢，未为晚也；见兔顾犬，亦非迟也。宜于巴则山阳设防，盖系前藏通后藏之捷径也；宜于左贡一道设防，盖系客旅往来入藏避乍丫之别径也；宜于怒江设防，盖防阿桑坎底之伏戎也；宜于羊八井设防，盖防额里齐叶尔羌之潜师也；宜于帕克里设防，盖防大吉岭之不测也；宜于扎克山设防，盖防沙丫尔之入寇也。他如昌都为西藏门阃，彭错为后藏咽喉，腾格淖尔有独桥无偏径，唐家姑舒有铁索桥无皮舟，声息克里有峻阪无平沟，野藏噶胡有冰刃无歧途，松根阿足有鸟飞无人迹，萨伽老沟有雪壑无晴冈，江党支拉有偏桥无并辔，皆宜防以奇兵，相为犄角者也，尤宜立以炮台，互为策应者也。所患者，江孜之防未设也，定日之防未固也，阿里之防未严也。江孜疏防，则后藏有齿唇之患；定日疏防，则全藏有肩脊之忧；阿里疏防，则三藏有肘腋之祸。

考藏地，从前因防准夷，自前藏东北哈喇乌苏直至西北极边之阿里一带，三千余里，设立卡房。准夷平后，卡房遂撤。今英人虎视于南，俄人鹰瞵于北，万一有变，当百倍于当日之准噶尔廓尔喀矣。是宜于沿边一带复立卡伦，扼要诸区增修炮垒，如什德城等处尤须注意（在前俄人可西甫落探藏，经无数土人拦阻方入此城，不敢深入，多方设法乃得逃出），毋令外人虔刘我藩服，摇荡我边疆。无若昔之萨伽沟无守卒，致廓夷直犯札什城；昔之狼拉岭无游兵，致准夷突入唐古忒。无若腾格里之失事后始遣步骑以轮防，狼拉山之洞辟后方推鄂博以增势。然前事之不忘，后事之师也，前车之已覆，后车之鉴也，是所望于知兵者。

1904 年 1 月 2 日(光绪癸卯年十一月十五日)

《鹭江报》

《鹭江报》是厦门出版的综合性新闻期刊。1902 年 4 月 28 日(光绪三十八年三月二十一日)创刊,厦门鹭江报馆印行。旬刊。每册 20 余页,连史纸印刷。为英国人山雅各(Rev.Jas.Sadler)所创办,冯葆瑛等先后任主编。

其栏目有论说、中国时务、外国时务、汇论、西文译编、闽峤琐闻、本埠近事等,并附有上谕及大臣奏折。

1905 年 1 月 20 日(光绪三十年十二月十五日)出至第 90 期,后因刊载金门教案事被英国领事胁迫厦门地方政府予以封禁(据戈公振说,待考)。

现存第 1 至 90 册,上海图书馆、北京图书馆藏有部分原件。

西藏密约

译日本报云:俄欲再诱中国与之密商西藏。兹将其条款胪列于下:第一条,西藏界在中国与西卑利亚西方之间,故中、俄须要相互保护,使之久享太平。倘西藏有扰乱之事,则中国须派兵保护,俄国亦可派兵保护其交界之处。唯于派兵之先,中、俄须互相商约,然后举行。第二条,倘他国在西藏妄起衅端,则中、俄均当协力以阻之。第三条,倘无阻碍,则可任人在西藏传教。但许中国之释教及俄国之耶稣教,余皆禁止。亦须以善法济之,使民不谬、不疑,以致生事。欲成此事,须令中国之释教头与俄国之耶稣教头在北京协商,使此二教得兴于西藏。第四条,要西藏后日有自主之权,故中、俄须共效劳,以成此举。西藏之兵,须用俄人训练,俄人尽心竭力而为。中国亦须设法以助西藏之生理。

近来俄官至北京,欲与荣相议成此事。而相不敢即允,谓:须请皇太后懿旨定夺。袁慰帅知之,极力阻止。或谓:俄人在西藏甚为活泼,甚欲得凡西藏所有者。然则俄人之势恐不可遏。所望衮衮诸公有以预防之而已。

1902年8月14日(光绪二十八年七月十一日),第十册

俄藏密约纪闻(译东京《日日新闻》)

俄国与西藏订秘密条约,曩欧洲各报宣传其事。当时有熟于东方事情之西士,语某新闻社员曰:英国恃达赖喇嘛之宫廷,犹碑石之恃赑屃。则俄人结约之说,难遽凭信,且俄之于西藏并不见有不可不占领之关系。自西藏窥印度亦非易事,其间岩石重迭,仅万山中有曲径而已,决不能与印度动大军也。况俄欲要中国割让西藏,英国必助清拒绝之。又察俄于亚细亚诸属土经营,且不暇给,亦无骤然再争西藏之理。则所谓密约者,大都俄欲窥英之意向,故散布流言也。[①]

1902年8月14日(光绪二十八年七月十一日),第十册

① 1902年12月20日《选报》第三十八期“俄藏交涉”亦登载此文。

西藏新疆消息

日前驻藏大臣来电，云：近日俄人携带兵丁若干名至内地，测量、察看地形、矿质等事，并随处照像而去。又伊犁将军来电，云：近有俄兵甚多，侵入新疆某处。该处防军不敢阻止，旋据其带兵官声称：彼等此来原为搜捕俄国逃犯起见。但该兵以搜捕逃犯为名，异常骚扰。尚未移往地[他]处。未知其意果系何居？又传闻新疆附近一带土匪甚众，俄人愿为剿办，惟须中国代购兵费。闻外部已婉言辞谢矣。

1903 年 11 月 28 日(光绪二十九年十月十一日)，第五十一册

英据西藏

俄人进窥西藏。迭据中国驻藏大臣电请华政府，云英人以俄人意在牵制英国，已定计迅调兵队入藏驻扎。将来俄占东三省，英占西藏，时事愈不可问。然日前俄公使曾向华政府要其立西藏不得割让他人之约，盖欲制英国在西藏之势力也。驻藏办事大臣曾有电文达于华政府云：俄人在西藏某镇城左建筑炮台二座，大有防阻英人西下之势。请政府与英国驻京公使会议拒绝。驻藏大臣有泰氏因藏事诸多棘手，且与英人已形龃龉，恐将来坏事，贻误全局，电致撤退，另简大员前往接办云。

1904 年 1 月 8 日(光绪二十九年十一月二十一日)，第五十五册

藏事又亟

驻英之中国公使张德彝氏电致军械处云：满洲撤兵之问题至今未决，俄人志在久占。英国亦起而图之。现英兵已入西藏，大局愈不堪设想。请速设法阻止。时适值太后万寿，遂未入奏。川督锡良氏亦将驻藏大臣致外部之电禀转。电云：英兵入藏，土民纷扰。英国之真意难测，请速照会英公使，阻止英兵。军械处令锡良氏转电覆云：宜镇压藏民，不可轻启事端而破国交。又另附一电以致锡良氏，略云：四川与西藏接壤，极当注意边防，随时报告情形。噫！满洲如此，西藏又如彼，中国其为集矢之的乎？

1904 年 1 月 8 日(光绪二十九年十一月二十一日)，第五十五册

藏事近闻

英国屡欲痛办藏番，颇有不能两立之势。当速为计议，万一起事，则中国又出一道问题，更有不了之局。现时外务部已电驻藏裕大臣，云：英兵入藏，须妥与该国统兵大员商议，勿使与番人兴起事端。有泰氏尚未接印，执事尚未交卸，万不可推诿。如起事端，执事其能辞咎乎？尚其郑重思之为要云。

大臣未到

英国兵调入西藏，有得步进步之势，其意盖仿俄于东三省之例。闻新任驻藏大臣有泰氏须明年方能到藏，缘由川入藏，路程险远。而彼由印度越岭至藏，不过数日即可达藏中之要地也。

1904 年 1 月 17 日（光绪二十九年十二月初一日），第五十六册

商办藏事

日前王御史金镕递一封奏，系条陈西藏英俄交涉，事关重大。虽定制，凡藏事均由驻藏大臣主持，无如俄人险诈，即英人亦难免不藉端要求，请旨简派大员前往西藏襄助议办，庶不致开罪于英俄等语。太后览奏颇然其说，商之某某大臣，亦以为可行云。

1904 年 1 月 17 日（光绪二十九年十二月初一日），第五十六册

西藏设筹

日前军机处电致四川总督，略谓现在东省已成争战之场，而西藏复有英、俄交涉之事，设一旦变出不虞，祸生仓卒，我国大局岂堪设想。宜于川藏交界之处严密筹防，妥为固守，遇有英、俄交涉事件，的须加意筹商。

1904 年 3 月 21 日（光绪三十年二月初五日），第五十九册

藏事述闻

俄人知中国政府有将某某利权让与英国赖其保持之意，遂向中国政府极力抗沮，不许他人沾此利益。正月十二日伦敦来电，言：蓝斯唐伯爵在上议院宣言谓：政府之主义欲明认西藏为自主，不使他国在该处有大权力。将来在该处有权力者非英国莫属。俄人于西藏一事，原欲恫吓印度人。乃印度人不以为意，并谓俄国必败。与日本有同情，故西藏专员仍复前往。

1904年3月31日（光绪三十年二月十五日），第六十册

藏事要闻

西藏人民向以服从俄人为主义。兹因俄人屡败，改变方针，愿向英人。英国外部言：藏事有望。然众人之意，恐与俄国因此相争。俄国近日已有开战之说，且谓：俄兵集于达尔给斯丹者甚多。据译学馆之法文教习云：英如果在西藏与俄开战，则法必助俄以攻印度。然日本人则云：俄必不能多派兵丁以赴东亚，法人亦不能攻印度，英之派兵亦不能多，盖以军费甚大故也。目下英遣专使到藏，想藏事必能妥为安置也。

1904年4月20日（光绪三十年三月初五日），第六十二册

西藏近情

吴荫培奏：西藏一事，请照从前鄂尔泰措置云贵土司之法，将西藏改设郡县，另与英人立约云云。折留中。

1904年4月30日（光绪三十年三月十五日），第六十三册

西藏近事

伦敦电云：有西藏兵八百名，在元涂之间攻击英军，旋为英军击退，伤亡甚多。英军亦有印度兵二名身负重伤云。

1904年5月29日（光绪三十年四月十五日），第六十六册

藏番议战

芝城电，云：西藏喇嘛等于五月十三号对众宣言，将与英启开圣教之战。此亦欲以《金刚经》为御敌之战具欤？

1904 年 6 月 18 日（光绪三十年五月初五日），第六十八册

藏事述闻

近日，西藏人民力抗英兵。驻藏大臣屡经电告政府，速派谙练交涉人员前来调停一切。惟政府遍查各部中尚鲜有克胜其任者，故至今仍未派往云。

1904 年 6 月 28 日（光绪三十年五月十五日），第六十九册

英藏战耗

英京函云：西五月十五号，英国防军在西藏小庄近处击破藏兵。是日，藏兵防守炮台极严。因英军分三路夹攻，以棉花炸药坏其炮台，故藏兵失守遁去。

又五月二十号，英陆军复攻藏兵据守之村落，败其一村，惟第三村抗拒甚坚。英反攻其第四村，以炸药攻破之。是役，藏兵毙二十，英毙印度兵二、将校一、英兵三。然藏兵每临战时，人人具有勇敢之气，且所执军械皆最新式。虽经两败亦不足以挫其锐气。视彼遇敌惊退者远矣。

1904 年 7 月 17 日（光绪三十年六月初五日），第七十一册

英藏近情

英将荣赫朋已到甘子地方，藏兵抵力防御不少懈。英之侦路骑时被藏番捉获。而藏番亦辄被英兵枪毙。

1904 年 8 月 15 日（光绪三十年七月初五日），第七十四期

英征西藏

闻英兵在根枝与藏番战。陆军校尉死者一名，中尉楷勃尔少将，丕烈斯登少尉，克兰脱密牵尔四将俱被重伤。而印度兵死三名，伤三名，英兵伤二十名。此西七月间事也。又闻藏兵已退至塘子地方，与英兵一队相遇接战，两军互有杀伤。而达赖喇嘛使人议和一事，尚未有端倪。

1904 年 9 月 24 日（光绪三十年八月十五日），第七十八册

藏王之听唆

西藏之与英兵战，闻由某国唆使。其枪弹军火亦某国接济之。现达赖喇嘛见藏兵累败，知力不足敌。然又惑于某国之言，故和与战均无所主云。

1904 年 9 月 24 日（光绪三十年八月十五日），第七十八册

西藏英兵之退出

闻驻藏大臣与英将麦克塘纳尔商议，暂行停战，于三礼拜内讲和。现英兵定于八月初六日退出拉萨。英人所要西藏之款，大约不外通商、筑路二事。

1904 年 9 月 24 日（光绪三十年八月十五日），第七十八册

驻藏大臣之报告

驻藏大臣有泰电奏与英人议和。英欲要挟筑路、开矿、通商利权共十条。藏民闻而震动。政府接电后已饬有泰极力议驳。

1904 年 10 月 4 日（光绪三十年八月二十五日），第七十九册

那大臣未知藏约

英参赞梅尔思诣外部，语那大臣曰：据路透电，言英藏和约十条于廿八日画押，贵大臣知之否？那云：尚未接有泰电报馆之言，疑或不确。咄哉！英藏和约，何有

泰未电达耶?

1904年10月13日(光绪三十年九月初五日),第八十册

各国近事汇要

俄政府因英藏和约论及外交事件,大不便于俄国,故屡在北京抗辩。

1904年10月13日(光绪三十年九月初五日),第八十册

两宫训示西藏专使

日前两宫召见唐绍仪氏,谕以此次往藏,当与有泰会同办理,勿各怀意见。英藏条约即英清条约盖印时日,须书清历,断不可用藏历。约中凡有关系中国主权,尤宜格外留神,毋致损失。其有不公平处,当与英抗议力争,无使反对俄国,致贻口实。无论达赖喇嘛如何催促,但未经电奏请旨之后,切不可签字。至条约议定,再须查察藏地情形,就其官职、边防、教育、矿务等,一一详细考核奏陈,云云。

1904年11月11日(光绪三十年十月初五日),第八十三册

英人论英藏新约

闻英人曾电致伦敦,云:英藏之约,前因德公使极力阻扰致有此波折,实则德人暗助俄国耳。试思俄占东三省,德人乃言:东省不在十八省之内。今于英藏约事,乃阻之。不知中国于西藏本无权力,而我英与藏立约尚须驻藏大臣画押,明认中国主权耳。

1904年11月21日(光绪三十年十月十五日),第八十四册

张之洞力阻藏约

政府得张之洞电云:英藏条约所关甚大,政府若承认之,则中国于西藏之势力名实两失,驻藏大臣遂成赘疣,政府须极力排斥英国之要求,以期挽回败局云。

藏兵闹署之警报

前驻藏大臣有泰附片陈奏，略谓：五月内达赖喇嘛请来乍了[丫]番兵八百余名，扎奴才衙署附近之柳林一带。该乍了[丫]兵突于二十七晚啸聚数百人围劫奴才衙署，竟敢施放枪炮，轰毙藏营官兵五名，受伤者七名，其势猖獗，几至头门。幸经都司刘文通率所部练军奋勇抵御，将该番兵枪毙六名，受伤十余名，始散。是夜，民间铺户被该番兵抢劫计四十余家，幸次日奴才经派委妥为安插，不至流离。该喇嘛事前既不能约束，事后又不闻惩办，其居心奚若，自在圣明洞鉴之中云云。按此事颇骇听闻，而数月以来，章奏中并无言之者，恐多掩饰，正不知实情如何也。

1904年11月21日(光绪三十年十月十五日)，第八十四册

达赖喇嘛之踪迹

自英兵入拉萨，达赖喇嘛惊惧逃窜，皆莫知其何往。兹据西藏办事大臣得西宁函云：查该喇嘛现在青海之紫[柴]达木地方，经设法阻其它窜。闻该大臣已电抵北京矣。

1904年12月1日(光绪三十年十月二十五日)，第八十五册

英国西藏会商立约之评议

山雅各撰

自前年中英两次商订条约，内有疑义为难之处。西藏番人未尽本分，弗听中国教导，并未悉遵办理，以故英国特派边务大臣前来会议。近已宣定和约，妥立十条。兹录之如下。(略)

综观英藏此约，大抵为开通商务于西藏，以扩张印度往来之政策与夫拒绝俄人窜伺之计而已，非别有他意也。想中国政府必须体贴英情，无或异议。是则英藏之一问题，中英之大关系造因结果之日也。

且此次和约，英国边务大臣以优礼款待中国，曾请中国驻藏大臣会商妥办。特以藏番赋性不驯，屡见玩约违背，致他国乘机而萌窥伺耳。故英国特派大臣来边会议。经此妥商定约之后，番众不得再有违背。中政府亦可免他人干预而生出西藏

之交涉也。闻之者当无难明其目的矣。

唯是中政府犹日以西藏赔款稍减为望。盖以西藏毗连川省，此三年之中，窃恐西藏不能凑成足数，均摊付给，势必累及四川耳。

若论第九条，则中政府未免有不惬于心者，以为此后关于藏事之权利，必形减少。抑知凡事须审机宜，乃为要着。向使能尽本分，以筹顾护西藏之政策，或者掌管西藏之权利，蒸蒸日上，亦未可知。无如蒙古之人有往来拉萨之间、构结达赖喇嘛，致使英国蹶然而争，妥商和约以预防之。

今中政府若能将锐志有为、素有名誉之四川总督，迁而为驻藏大臣，则会办一切事宜当必相期和好。而中国保持西藏之权利，其振起正未可量，岂因此次和约，而颇形减少也哉！

若夫达赖喇嘛之为人，生平本无甚可取，而又益以为私顾己，与某监督同为一流人。西藏之所以启其衅端，生其疑贰，致使中、英两国费无尽筹谋而后乃有今日者，讵非职此之故？

中国果欲保护西藏，冀获权利，则必从长计划，将前此听任之人一一细为谛审，以求臻于妥善而后可。

此外则同心协力，妥筹事宜，两国邦交，益相辑睦。英国之视西藏，一如中国之视西藏焉。毋猜疑，毋妒忌，无致他国敢生利心则得矣。

俄之窥视西藏也，图印度耳！俄之此举实于中、英两国均有绝大关键。故当悉力保护以阻其运动之秘而杜其觊觎之谋。

德之出而预闻也。德非有大权可以生其搅扰，特欲干涉多少利权于英而已。虽无甚大害，然亦不可不先虑及之。

综之：此次立约总为和平起见。近日外交家多欲探知此中底蕴，故叙列条约而为之论，其大概如此。观国际者，夫亦可以恍然矣。

1904年12月1日（光绪三十年十月二十五日），第八十五册

英认中国在西藏之主权

驻英公使自与英外部商议后，英国已认西藏为中国主权，一切通商、铁路等事终当与中政府妥行协商。惟中国须出具保证，言明不将该地之权利再让与第二国。

又闻：英皇已传旨预制功牌，分赏此次英军之赴西藏者，以励其功云。

1904年12月21日（光绪三十年十一月十五日），第八十七册

藏人葬身之奇异

西藏葬礼本于佛教，有水葬、火葬、土葬、鸟葬四等，而以尸骸为秃鹫所食为第一善法。死于天花者用火葬，然有因薪炭缺乏急切难办者，故非甚尊贵之人不能举行火葬。至河边居民，大抵投之于水，亦不将完全之尸身投入，必断其身体、手足，任流去。谓此法不至流于彼洲、搁于此岸之患，且使鱼得而食之。寻常僧侣则以尸饲鸟。惟王与化身之喇嘛始以礼葬焉。

1904年12月21日(光绪三十年十一月初五日)，第八十七册

《大陆报》

《大陆报》于 1902 年 12 月(光绪二十八年十一月)创刊,在上海出版。第一、第二卷为月刊,从第三卷开始改为半月刊。编辑兼发行者署大陆报总发行所、林志其、廖陆庆、江吞,实系留日回国学生曾在东京主办《国民报》之戢翼翚(元丞)、扬廷栋(翼之)所主持。约 1906 年 1 月停刊。

新定统治西藏制度(目)

1902年12月9日(光绪二十八年十一月初十日),第一年,第一号

印督不欲废西藏之约

闻前日唐绍仪有信致其同寅某官,略言藏约一事。据英政府之意,颇不注重此事。毁约一节,并不难办到。惟印度总督之意,则以西藏与印度有密切之关系,西藏一日不归英,则印度各商业不能扩张,多主张不肯废约之说。故此事又甚为棘手也。

1905年3月15日(光绪三十一年二月十日),第三年,第二号

达赖喇嘛至库伦

西藏达赖喇嘛近率其党徒数千人至库伦,其行李用骆驼二百只驮带。此处人盼望已久,故抵此之时,虽天极寒冷,而华官、蒙富、寺僧、官兵及店民等约二万余人,皆出城数里迎迓。抵城时复升炮致敬,入城后即在豫先设备之一殿中居宿,该处僧徒时往问候。其时蒙古阖境僧徒及贝加尔湖以北各僧徒,皆来趋迎。有西比利亚东部之喇嘛僧领袖欧多叶夫,亦得俄官之允许,远道来迎。虽藏例不准接见欧人,然此次达赖喇嘛曾与一俄官叙谈良久,或谓喇嘛此次将往贝加尔湖附近之一大寺中,或谓将往圣彼得堡。

1905年3月30日(光绪三十一年二月二十五日),第三年,第三号

俄国对西藏之举动

近闻俄武员名可百路者,已动身赴库伦地方,并持有俄皇所颁礼物,赠与达赖喇嘛。

1905年4月29日(光绪三十一年三月二十五日),第三年,第五号

俄人之狡狯手段

闻俄国现在极力运动，以离间英、法两国之交谊。因知日本必欲向法国严重交涉，故设为此策以冀脱离现下危难之地步也。

1905 年 4 月 29 日（光绪三十一年三月二十五日），第三年，第五号

藏英条约尚未决议

西藏查办大臣唐绍仪，为磋商藏英条约事，电达政府，请速示办法，以期妥议速成。政府以英国所拟修改各条，交瞿鸿机、伍廷芳悉心查考。现已将承认之十条电致唐钦使，饬令与英使婉商矣。

1905 年 4 月 29 日（光绪三十一年三月二十五日），第三年，第五号

藏番不靖

四川总督电至政府，谓：藏番不靖，难加约束。已遣兵三营与马帅所统之兵合力进剿矣。

1905 年 4 月 29 日（光绪三十一年三月二十五日），第三年，第五号

命延祉送达赖回藏

达赖喇嘛拟由库伦起程回藏，闻政府电饬库伦办事大臣朴寿，着其会同延祉商酌该喇嘛应否由内地行走，应走何路为便，一切商妥，奏明办理。该喇嘛系由库伦起行，先至西宁。朝旨又着延祉协同该达赖喇嘛偕行，以期妥密云云。

1905 年 5 月 13 日（光绪三十一年四月十日），第三年，第六号

整顿西藏条呈

藏约尚未议定，而瞻对已发难端，故近日朝野皆注目于西藏。日前吕大臣海寰，由沪上一封奏到京，略言西藏虽处一隅，实关涉中国全局，必须速为设法整顿，

其奏中纲目有八：一曰垦荒地，二曰开屯田，三曰设防戍，四曰立商市，五曰开矿产，六曰建铁路，七曰设巡警，八曰广学校。

1905 年 5 月 13 日(光绪三十一年四月十日)，第三年，第六号

达赖喇嘛延不归藏

库伦办事大臣延祉昨曾电致外务部，云达赖喇嘛不顾诏旨，今尚逗留，屡促首途，均托病迁延，请展缓十日，方能首途。是时若再有意迁延，即当严责云云。又闻俄政府近曾窃遣人至库伦，赠达赖喇嘛以五六十万罗卜[卢布]，其中度必有故。库伦大臣现正留心探访此事。

1905 年 5 月 28 日(光绪三十一年四月二十五日)，第三年，第七号

西藏并无佳矿

去年随英兵入藏之印度地学家，报称西藏并无佳矿，惟砂砾中间有金屑，然采之亦不足以偿工值。宝石矿亦无所见。

1905 年 5 月 28 日(光绪三十一年四月二十五日)，第三年，第七号

藏约棘手

英藏所议之约，英人只认中国为西藏之上国，不允认中国为西藏之主国。而政府则必欲英人认西藏为中国之属国，中国为西藏之主国。因此争执，所议无效。故唐少川钦使日前有电来京告退，请政府另行派员接议。政府以无庸接议电复之。

1905 年 6 月 12 日(光绪三十一年五月十日)，第三年，第八号

藏约近闻

闻西藏改约之事，唐钦差虽与政府往返电商，然至今尚无端倪，即主国二字，英人终不肯允认。而政府前电唐使，以此条关系最重。若不争改，则西藏非我有矣。唐使为此事颇觉为难。闻昨已有电致某邸乞退，政府电复不准。又闻西藏通商、关税等事，业已议定。其余各事，约内所云不许他国干预及不准租借、转押于各国之

字样，英人仍复坚持前议，不肯删去云。

1905年6月27日(光绪三十一年五月二十五日)，第三年，第九号

达赖喇嘛不愿回藏

达赖喇嘛在库伦奉旨由内地回藏。初云四月十四日起程，旋改二十四日，近又言病不能行，延祉再三催促，达赖言宁愿将印交出，却不愿行。闻奉旨准其在库伦养病，病愈即行云。

1905年6月27日(光绪三十一年五月二十五日)，第三年，第九号

查办达赖喇嘛之借款

库伦办事大臣朴电称，覆查达赖喇嘛借俄款六十万卢布一节，查无确据，惟该达赖向恰克图某银行支银则确有其事，现已严饬随伴各员密为防范约束，以免再生枝节。

1905年7月12日(光绪三十一年六月十日)，第三年，第十号

伦喇嘛参达赖喇嘛

达赖喇嘛尚在库伦，托病不起程。近又与库伦之喇嘛不和，库伦之喇嘛已密奏政府，谓达赖喇嘛实为不利于中国之人云云。

1905年7月27日(光绪三十一年六月二十五日)，第三年，第十一号

命达赖弟子权摄前藏主位

达赖喇嘛仍执意不肯回藏，曩因前藏主位久虚，由驻藏大臣奏请，派班禅额尔德尼兼摄前藏事宜，业经奉旨颁发敕书。乃今据有大臣电奏，班禅以前后藏支分派别，不便兼管，请饬达赖之大弟子权代其职，以顺舆情。

1905年8月25日(光绪三十一年七月二十五日)，第三年，第十三号

喇嘛抗拒开矿

闻川省五金矿产，多在喇嘛地，如宁远、旺厂、瓜别、洼囊等处，皆系深入。近闻打箭炉属之太宁八寺等处，经该地方官招商前往开办，而喇嘛众抗拒不遵。昨炉厅飞电上闻，谓业已兵戎相见。川督当饬添募土勇百人，相机剿办，并闻马提督拟亲往巡视云。

1905 年 11 月 6 日（光绪三十一年十月十日），第三年，第十八号

蒙人崇拜达赖

达赖喇嘛为番蒙藏所归依，其关系于蒙古宗教界，决非浅鲜。自客岁因西藏用兵，而避难于库伦也，内外蒙古王公，以至僧俗，拥挤而至，稽首拜谒。如内蒙古北盟锡凌郭勒盟部落苏尼特郡王、乌朱穆沁王、阿市嘎王，及乌达盟部落之阿拉科尔闻郡王，其余公贝勒，诣库伦参谒者，络绎于道，不可胜计。各地商贾，亦因而获重利，库伦行情，为之活动。蒙民来京者，故亦寥寥。闻各王公以迄民人，各布施祈福，多则数十万金，少亦不下数千金，计共逾于巨亿。盖政府自创行新政，劝告官民，招集公债，亦未有如斯踊跃也。其倾心乐输，亦足以见蒙民信教之热心矣。

1905 年 11 月 6 日（光绪三十一年十月十日），第三年，第十八号

达赖启程回藏

库伦办事大臣电致理藩院，略谓达赖喇嘛因本大臣屡次催回，于九月十七日已经启程，先赴晋省五台山，然后抵甘肃省西宁，勾留少住，俟藏番消息，即行回藏。故请电饬西宁办事大臣加意照料外，电沿路督抚转饬各该地方官妥为保护等语。

1905 年 11 月 6 日（光绪三十一年十月十日），第三年，第十八号

《北洋官报》

《北洋官报》又名《直隶官报》，为袁世凯所创办。1902 年 12 月 25 日（光绪二十八年十一月二十六日）创刊。1911 年 10 月尚在出版，停刊时间不详。由天津北洋官报局出版。天津道周学熙、天津后补道丁象震于 1906 年春先后奉派为该报总办、会办。初为二日刊，1906 年 1 月起改为日刊，每期一册，每册至少八页，多至十页。局址在天津河北区狮子林。

该报自称“专以宣德通情，启发民智为要义”，“以讲求政治学理、破锢习，浚知识，期于上下通志，渐致富强为宗旨”。主要栏目有圣谕、上谕、本省学务、本省兵事、近今时务、农学、工学、商学、兵学、教案、交涉、外省新闻、各国新闻。每期常有诰诫式之序文一篇与时事风景图画一二纸。1905 年冬起增编白话报随报分送。《北洋官报》曾被视为封建官报的样板。

上海图书馆藏有部分原件。

理藩部奏达赖喇嘛情殷祝嘏折

奏为达赖喇嘛情殷祝嘏恭折代陈仰祈圣鉴事，窃据达赖喇嘛呈称，此次来京恭逢皇太后万寿，达赖喇嘛世受天恩，理应率徒祝嘏，以尽虔诚，伏乞代奏等因，呈报前来，臣等查达赖喇嘛此次来京瞻觐，极为恭顺，逢皇太后万寿圣节，呈请祝嘏，实属出于至诚，自未便壅于上闻，可否令其祝嘏之处，恭候命下，即由臣部转饬遵行，所有达赖喇嘛情殷祝嘏据情代奏缘由，谨恭折代陈，伏乞皇太后皇上圣鉴训示，谨奏。光绪三十四年九月二十五日奉旨准其祝嘏，钦此。

1908 年，第 1890 期

《湖北学生界》(《汉声》)

《湖北学生界》是在日本东京出版的留学生刊物。1903 年 1 月 29 日(光绪二十九年正月初一)创刊,1903 年 9 月 21 日(光绪二十九年八月初一)出至第八期停刊。月刊。为湖北留日学生同乡会主办,是留日学生中第一份以省名命名的刊物。编辑兼发行者是王璟芳、尹援一,第二期署湖北同乡会杂志部,第三期起署尹援一,第五期改署窦燕石。参加编辑工作的有刘成禺、蓝天蔚、张继熙、卢慎之、周维桢、金华祝、但焘、李书城、李熙等。该刊 1903 年 6 月 25 日(闰五月初一)曾出增刊《旧学》,同年 7 月 24 日(六月初一)第六期起改名为《汉声》。每册一百余页。售大洋二角。发行所:日本东京神田区骏河台铃木町 18 番地。

刊物以"输入东西之学说,唤起国民之精神"为宗旨。主要栏目有论说、学说、政法、教育、军事、经济实业(农学、工学、商学)、理科、医学、史学、地理、小说、词薮、杂俎、时评、外事、国闻、留学纪录、附湖北调查部纪事等。

戈公振《中国报学史》作"第四期后,易名《汉声》",误。

上海图书馆藏第 1 至 8 期及增刊《旧学》。

俄人之于西藏(译《时事论评》)

俄人图藏之原因

今日环球之上、崛起于拉丁民族、条顿民族之后而具统一世界之能力者,其惟俄罗斯之斯拉夫人种乎!彼当十三世纪时,被蹂躏于蒙古人种胡尘马足之下,独立之机不绝如缕。直至伊桓三世时,始脱蒙古人之羁绊而恢复其主权。然自彼得大帝以来,夙以东罗马帝国之相续人自居,而以统一全球为最后之目的。其子子孙孙又复世守其一妇乳五儿之政略,而鲸吞蚕食之志无时而稍休。然西欧各国畏之如虎,咸出死力以防之。俄土役后,俄人终不得出黑海半步。而彼遂以全幅精神东向西伯利亚而前进。幸有顽梦未醒之老大帝国,土地广、物产饶,得之则足遂世界主人翁之欲望。此斯拉夫人种所为掀髯而大笑者也。乃自一千八百六十年,北京订约,黑龙江以北数千里之地尽入俄人之版图。更于一千八百九十八年占领旅顺大连湾两要口。而俄国国旗遂得飞扬于太平洋海岸之上。吁!何其进步之速耶?然自庚子之役,彼既据东三省而有之,和议既成,东三省问题遂惹起地球各国之注目。而彼又一转其方针,肆侵略于世界秘密地之西藏。呜呼!乘间伺隙、百折不挠者,其斯拉夫人进取之精神乎?九地九天不可思议者,斯拉夫外交之政略乎?东出西没惊鬼疑神者,其斯拉夫人侵略之手段乎?观其图西藏之狡谋,则俄国南下之势,虽有英日等国以牵制之,岂能减其吞并支那之野心于万一哉!

俄人在西藏之势力

一千九百年十一月,西藏之外务长官,自喇嘛朝廷带特命至俄国之理乌几补,以“信仰之保护者”为称号呈于俄帝,并以俄帝为佛教保护者之礼物献之。因此,大喇嘛于全世界之佛教徒上承认俄帝之政权。前此之政权,一千七百二十年缔结满洲西藏之条约为清帝所有者,今大喇嘛则自清帝之手而移于俄帝之手矣。

夫西藏者,清国之西藏也。俄藏交涉,固由西藏与以大权,然不可不得清帝之批准。大喇嘛欲以佛教保护大权,夺自清帝而与于俄帝。清帝若不许可,俄人亦无可如何也。然俄人之亡人国也,必先以甘言笼络其君主,或以金币贿赂其大臣,使主权潜落于其手。此其屡试屡验之长技也。今俄人之于清廷又得最大有力者以为之伥,即荣禄与清太后一派保守党是也。此一派保守党者,夙惑于俄人代为保全国土之甘言,遂不惜卖国、卖民，率全土而归于俄人之领下，以图小朝廷一时之安乐。而其国民又无国家思想、权利思想，以土地为君主一家之私产，任其赠送于外人而曾不稍惜，此俄所以得收西藏条约之效果也。昨一千九百零二年十月，西藏、清、俄条约为荣禄与俄政府议定，既通牒于喇嘛。十一月，由德国新闻公于世。其条文如下：

第一款　西藏介于中国中部与俄国西伯利亚之间，实为关键之地。故中俄两国当互相救援，俾该地归安宁。若不幸该地忽生扰乱，中国欲保该地之安全，俄国亦欲保国境之无事，当互相知照，派兵协剿。

第二款　西藏若起变乱，如有别国干涉，中俄两国当互相联合以抑压之。

第三款　西藏布教之事不能任其自由。除喇嘛教及希腊教以外，其余宗教，当禁止其信从，俾土民勿生迷疑，致生种种事故。两国当注意此事，最为要策。至喇嘛教贯于北京之俄国正教会，当互相讲亲和之道，俾两教得以并行发达。

第四款　西藏之能进于自治政体，中俄两国固所甚望。但欲其能到此地位，系我两国之责任。今俄国责以训练军队为任，恳切信实，教育西藏土民以文明之兵事。中国则专图经济上之发达，俾西藏通商贸易得以进步。

就此条约观之，西藏主权已尽为斯拉夫人种所有，而有猛虎在山、百兽震恐之势力矣！

西藏与英俄之关系

二十世纪无主权国之支那，其英狮俄虎磨牙吮血之一大战斗场乎？今则开战之火线日引日近，有不可遏抑之势。西藏据支那本部之西边，北走蒙疆，南通印度，为天然形胜之地。英得之则足以制俄，俄得之则足以制英，此固有识者所公认也。而英国民之于亚细亚，多以此等变化为不足介意，而两种放任之议论生焉。(一) 谓：英、俄两国接境，即喜马拉雅山之大山脉，以军事与商业上观之，皆为相敌国之最好障壁，俄虽扩张其势力于西藏亦不足恐。(一) 谓：西藏宫廷夙含亲英之感情。倘英政府欲向清廷干涉之并使大喇嘛向清廷力破此约，此约终亦无效。是二者皆现今英国所行之乐天的议论也，虽然其误甚矣。

何以言之？俄国西藏之权力，清国与之者也。西藏，本清国向来之固有物。今清国自以其固有物移于俄国，西藏不能有抗议之权。且清、俄亦有相成，而非大喇嘛所能容喙者。况大喇嘛并不忌俄国之势力，且进而与俄国相亲而敬献其佛教界之权利乎!

然则英人观于大喇嘛之形迹,而谓其有排俄亲英之主义者,亦甚非也。大喇嘛见近来清国之实力衰微,知依赖清国之政权必不能盛行其佛教之势力。故欲绝清国而倚俄国。大喇嘛一时与英国亲密者,本非其真情而为外交的政略也。何则?彼近虽疏弃清国,仍未有与俄国接近之机会。故暂与英亲,而利用其势力,徐以行其接近俄国之政略。而其外交之成功,遂至与俄相提携。西藏与俄国相提携之时,即抛弃英国而依赖俄国之时也。

夫喇嘛以热心教务之故,最近八九年间大喇嘛之势力甚大。支那无论矣,自蒙古、满洲而云南、缅甸之佛教徒,大喇嘛皆有最上之威权。故近年亚细亚以大喇嘛为佛教统一主义之运动中心点。而大喇嘛颇以其巧妙之外交手段,不害他国之感情,吸引其佛教徒于彼势力之下。然英国领土之内,其佛教徒多不认其威权。若俄国势力所及之地,其佛教徒甚多,无不认为教主。是大喇嘛之于俄较亲于英国者,亦自然之势也。今大喇嘛得东亚细亚俄国最有力之保护,俄国得佛教教主最有力之辅助,两相倚赖而不两相背驰。恰如中世欧洲法皇与皇帝相提携,而法皇之势力与皇帝之势力皆大伸长而不致退缩。今则俄帝者,其佛教之大皇帝乎?而喇嘛者,其亚细亚之大法王乎?

依英国多数之论者,谓:印度北境有喜马拉野山为之障壁,俄国虽挥势力于西藏亦不足恐。然亦不通时务之迂论而已。夫居今日而欲知国民军事的活动之如何,全据经济的实力之如何。欲知俄藏同盟所及之影响如何,须考英俄两国所及之影响如何。今使俄国统辖西藏,非英国经济上之大不利乎?

英国之于印度,政治上之势力虽不甚强,而经济上之势力则不大弱。假令俄国之政治的或军事的有征服印度之事,而英国经济上之势力亦易踏倒于俄国政权及武权之下。近来英于支那虽有经济的势力,而俄于支那则有政治的势力。英国之势力较之俄国,其根蒂虽似巩固,而俄苟以其政治之势力尽力防遏他强国经济之侵入,保护其幼稚之产业以造将来经济上之基础,则俄亦可得经济上之势力范围矣。近时世界政策之原则有三真理:即占于经济上之优势不能颠覆敌国政治上之势力;占政治上之优势,有颠覆敌国经济势力之危险;至于经济势力与政治势力之不存立之地,经济侵略与政治侵略之竞争,则前者必至压倒后者。若将此原则适用于西藏问题,对于俄国之政治的膨胀,则英国处于必败之地也明矣。

(本书编者按:原文未注明译自何处。)

1903 年 3 月 29 日(光绪二十九年三月朔日),第三期

《浙江潮》

《浙江潮》于 1903 年 2 月(光绪二十九年正月)创刊,在日本东京出版。月刊。由浙江同乡会编辑及发行,孙翼中等人主持其事。约同年年底停刊。

英国之西藏远征

俄国不撤满洲之兵，其永久占领之意不言可知。英国以利益之不能让人独得也，遂出兵西藏，取亚细亚大陆矿藏最富之区以自足。而俄国又欲对此而求相当之利益，乃着手于乌什呵罗克两地兵营之建筑，为入藏之先声。藏民惧为外人之鱼肉也，人心恟恟，蠢然思动。驻藏大臣始电四川总督，转请英公使饬远征队之中止，并求俄公使停止建筑兵营。而风说云：英清间已立对俄维持西藏之密约。征之军机处覆驻藏大臣之电曰：务主平和，不可开衅。由此而观，则英清密约成立之言当非虚语。从此两大强国逐鹿于世界第一高原。马首而东，得建瓴之势。而德、法诸国又不得不向胶州、谅山各方面内进。支那大陆其将为历史上之名词也，必矣。

1903 年 12 月 8 日（光绪二十九年十月二十日），第十期

《湖北学报》

《湖北学报》于1903年2月12日(光绪二十九年正月十五日)创刊。在武昌出版。由湖北学报馆编辑和发行。年出三十三册合为一集("十二月中旬到一月中旬,报馆清厘庶务,停不出报")。旬刊。一年后停刊。馆设武昌汉阳门内广福坊。

该报例言写道:"本报以激发忠爱,开通智慧,振兴实业为宗旨。"主要栏目有谕旨、学务文牍、教育史、史学、地学、外交学、学界近闻、附录等。除谕旨、文牍、学堂章程之外,全是译载外国(主要是日本)学者的著作。发行所:湖北武昌汉阳门内广福坊。

德人论俄国对西藏之情状

(译东三月《东邦协会会报》,原为德国《敖斯脱阿几亚雷德》杂志所载)

去冬,吾辈闻达赖喇嘛遣使至俄京之事,已论其不可轻视。今有闻续派使节,赍贵重贡品无算,献于俄帝,益足令人惊顾。夫以身居局外之吾辈犹且如是,则英国朝野之闻此消息而相顾骇愕也,固其宜也。乃俄政府尚反复声明,谓达赖喇嘛之使节绝非有政治上性质也,惟以宗教上之问题来商于我,以期解决而已。盖喇嘛虑俄国之宗教渐传播于佛教徒领域以内,思与我议定其区域,故其派遣使节非出于我之挑发,实出于彼之本意云云。然俄国虽有此声明,仍不足掩饰英国政治家之耳目,并益以滋其疑虑。语有之曰:欲盖弥彰。俄人之辩解,实如自白其与达赖喇嘛有密切关系者也。近得路透电报言:俄帝派护卫队送达赖喇嘛之使节,系取道土耳其斯坦而至拉萨。此护卫队悉以参谋本部员编成者。由是测之,俄国真意之所在不益可见哉!

俄帝与达赖喇嘛亲密,实有深奥之政治意味存于其中。故俄国藉保护亚细亚土民之宗教为名,以亲善其教主,实彼之政略上手段。惟彼虽自表其绝无他意,吾辈仍敢决之曰:西藏以外之人,殆无有为彼所愚者也。

达赖喇嘛之有势望于清国,实信而可征之事。吾辈亦不能独操异说。然或有人焉以彼为佛教之法王,则未免过于重视彼之威势,而为吾辈所未敢附和者矣。盖达赖喇嘛之宗教上势威权力,其被及人民,实非罗马教皇之比,且其实权又常在其左右任辅弼职者之掌中焉。此任辅弼之职者,确执锁国主义,绝西藏于外界之交通,以为欧人中苟有侵入国内,欲以西藏供为牺牲之利者,必以极力抵抗为有利焉。

西藏旧与社会隔绝,故从来注眼于其地者颇鲜。及英人自印度越喜马拉雅而侵入北地也,太平之梦,醒于一旦,相顾惊愕于文明社会之侵略主义,而悟国家之危殆焉。西藏因尼婆罗及布丹两小邦事与英国冲突,盖在距今十年以前。是为此国与外国构事之始。夫尼婆罗及布丹两邦,向为西藏属国。而在当时已脱达赖喇嘛之羁绊,居于独立国地位。迨英人之足一入其地,此两国遂于冥冥之间,为英国利益圈所包括焉。介于此二邦之间者,有小邦一,曰西吉姆(按:一名锡金,即哲孟雄也),昔属西藏,今为英国领土。英国占领此地之端绪伏于三十年以前,盖因缔结通商关系而起。当距今十年前遂并吞之,编为所领印度之一小邦。因是之故,拉萨惧英人益甚,严禁其在南境通商。近来英国之与西藏虽尚不免包藏祸心,然此二年间，彼已敛其爪牙。南方幸告无事。推考其意，殆因南阿战役有碍其运动之自由，且不欲贻西藏以屡次构事之口实，及因清国北方扰乱，不克分营其力故耳。

西藏坚锁其门户，至不许他国人入其国一步者，实因英人暴进之故。因英人之暴进，遂令凡探视拉萨诸人，不能达其本旨。此其咎，英人实不能辞。彼德人富的来尔及霍尔笛来儿两博士，瑞典人司宾海笛金并拉特尔司等，虽皆能奏探视西藏之效，然其游踪，要只及拉萨政府监视所不便之地（即游牧民所居之西北方一部）而已。夫以探视西藏如此之难，而今有俄国探险家拔特谋氏乃独能说服达赖喇嘛，此岂非可震惊之功业哉！

虽然，读者若考知拔特谋为何如人，则其成功亦不足怪矣。盖彼非真欧人种，实亚细亚人也。其所生之地即为西藏。彼虽久在俄都，浴文明之教育，成化为欧风之人物。而西藏之人不以外人目之，纯以待本国人之道待之。拔氏又敏慧成性，善揣西藏人之意，因应咸宜，于是得居首都拉萨而近达赖喇嘛。拔氏知达赖喇嘛深惧外人，尤恶英人，常虑英人达于南境之计划一旦告成，则有屠尼婆罗及布丹、越喜马拉耶山顶而侵入西藏之事。因遂藉此机会，说以俄帝密旨，极言与俄和亲之利益臻于万全，故今喇嘛首肯其说。观喇嘛决然遣使于俄帝之举，而拔氏如何巧妙劝告之术可概见矣。

又达赖喇嘛为与清国深有宗教上之关系者。其昔所以倚赖于清国者，为能保护其宗教也。今观清国之势力日衰月退，俄国之势威则日益恢张，有并吞佛教国大部之势，而深恐或因清廷之势力减退，来不利于己之宗教，则其欲接近威势赫然之俄以为凭恃，实势所必然者也。至若俄国因蒙古与满洲之人民大抵皆信佛教，今欲侵略满蒙，故亦必与喇嘛亲结，以图圆活其政策。据此等事由推之，吾辈敢悬断曰：此次俄国与喇嘛亲善，其私订条款必有互约援助、经营清国北部之一事焉。

俄国据喜马拉雅北东面之隘路而构胁迫英领印度之地位，其关系紧要不待赘言。今注视俄国者，皆曰：彼不仅欲得由阿富汗斯坦西部达于印度洋之道路，实更思得远达于孟加拉国国湾之道路焉。此论信非无见。然吾人以为，此乃经营极东之最后一策。彼欧洲新闻纸率谓俄国于此计划在今日已有进步，则未免同于盲说，而吾人实未敢遽信也。若夫谓俄国脱兰斯喀士比之铁道，前已使展长至土耳其斯坦，以期渐达于塞米尔廷斯克。今殆更欲远向南西方面伸张。此说则似可信为事实。试观法国不尝已设东京（安南）、云南间之铁道耶？此非欲深达西藏之河源地、以与由西方展至之俄国铁道相连络者耶？观近来俄、法两国于经济上利益之事颇相一致，则其有此事也盖可决者也。英国自十年以来，已视清国南方在其利益圈内。今俄、法同盟乃忽并入英国之势力圈内，妨害其扩张，至极力抑止之，果出于何故欤？俄国此次以保护达赖喇嘛使节为名，派至拉萨之护卫队，其殆为筹画展设土尔其斯坦铁道，使达于布拉麻普得拉江、伊洛瓦底江、湄公河及扬子江源等地而为此欤？窃料此中必有密切之关系也。吾人甚欲立此跃然将发展之新局面而不怠其观测焉。

1903年4月2日（光绪二十九年三月初五日），第一集，第六册

英藏交涉沿革（附英国与西金之关系）（目）

日本成田安辉著

1903年10月24日至11月23日，第一集，第二十七册至第三十册，光绪二十九年九月初五日至十月初五日

《江苏》

《江苏》于 1903 年 4 月(光绪二十九年四月)创刊,在日本东京出版。月刊。由江苏同乡会编辑和发行,秦毓鎏、张肇桐、汪荣宝等主持其事。次年五月(光绪三十年四月)停刊,共出十二期。

英国与西藏之交涉(未完)

国何贵乎？有属地曰为富，故为强，故为殖民，故欲扩张国力者不可无属地。得属地而不富、不强、不殖民，则有属地与无属地等。

俄占东三省，而英侵西藏之问题起。吾观满清政府之所以待西藏者而惊其对属地政略之不可思议。

一千七百十七年(亦即康熙五十六年)，始用兵于西藏。至一千七百九十一年(亦即乾隆五十七年)，平定廓尔喀，开西陲之地万余里，设驻藏大臣辖治之。然所谓驻藏大臣者，食禄而已，非有所事事也。百余年来，若忆若忘。以迨今日，于政治上、军事上、生计上，毫无所裨益。数十年中用金亿万，杀人百万，取我皇帝子孙之膏血头颅，仅供一时之快欲，而绝不谋所以慰死者福生者之道，其可骇已甚。

虽然，今日更有甚者。吾读某日报见所谓拍卖西藏者。呜呼！是何物而可拍卖？西藏而可拍卖也，则十八行省何一非赘疣物可拍卖者耶？然则，凡为满清政府之辖地者，危矣。

吾观近来之外交而知满清政府之爱各地方者，总不如其爱满州。甲午之役，日据辽东，不惜割东南屏障之台湾以与日。今日俄占东三省之故，又不惜撤西境藩篱之西藏以与英。吾思之不觉股栗心悸，为我支那本部哀且号也。

吾有以知创拍卖议者之意矣。彼不过以为东三省者满清往昔巢窟之地，不可弃而不得所以保全之策，欲仗西方大国之英以制俄，而又逆知英之未必好事也。则不得不割英所最爱之西藏以媚之，以求其一怜。顾彼乌知西藏者，固世界之奥区，黄金之产地，又且长江上游四川之屏蔽耶？西藏入英，是犹给扬子江流域之臂而扼其吭也。

然今日而始欲拯西藏之亡，则西藏已为英、俄之竞争点，而几无复我容喙之地。俄之于藏也，诱其遣使至俄都而优礼之，而厚款之，且劝其独立，允其布教。俄藏密约早为世界视线所集注，虽然其图之也暂。而英则积数十年之心力经营惨淡，视为囊中物，不容他人染指者也。英属地最多之国也。日所出入处，无不见英之旗帜也。其拓地政策概可想见，岂独于西藏而劣之？然则，西藏其为英有矣。

论西藏地势，其东北与我壤相接，西南与印度邻，东南一角界于缅甸，而西部遥与中央亚细亚相对，英之所必争而又俄之所甚欲也。英乘清俄交涉未定之日，急借印藏划界为名，遣兵入后藏，为先发制人之计。其手腕之敏鸷不得不令人惊服也！

自是英藏交涉又与俄事同为世界一大问题。极东老大帝国,从此更失二千余里饶富之地。

虽然,是岂旦夕之故耶?观其数十年中交涉沿革,而知英之爱藏如渴者之于食[饮?]、饥者之于饮[食?],未尝一刻相忘。特当事者未早觉耳!乌呼!我得之则为石田,人得之则为腴壤;我忽之若敝屣,人爱之若拱璧。如此而望其万世为我藩属,其可得耶?今述英藏交涉历史,以觇西藏之所以亡。

(一)哲孟雄属英之由来及英国与布丹之关系

哲孟雄者,国于比马拉亚山上之半热带国也。地味富饶,林木蕃殖。北向西藏,则渐高峻如历梯级(一中里之高度,约三百余尺之比例)。人种、风俗、宗教、言语似西藏。其王与西藏贵族婚。今王朝之始祖,二百六十余年前,从西藏来有其国。今王其第九代也,以高等僧官掌其政权。英国为欲扩张印度领土之故,保护其自治而不干与其内政,有事之日则使之荫于英国主权之下,而英代之当防御之冲,既保护其自治,乃使开放其国以便贸易。夫贸易者,英国政略之要名也。张伯伦曰:吾国政治上最大之利益,贸易而已。无贸易则不国。乌呼!贸易哉!贸易哉!因邻邦妨害贸易之故,不得已而并有其领地,非其初愿也。虽然其结果固罔不至此。

蒙古种之廓尔喀人者,住比马拉亚山国尼保尔之一部。刚健勇鸷,蚕食邻服。十八世纪之末,据有尼保尔全国。千八百十四年,侵入印度,越哲孟雄,欲以威服比马拉亚山脉上各国。三年,而英以兵自哲孟雄击却之,使国王复位,以尼保尔之泰拉及孟兰等广地与哲孟雄。此役也,英所以制尼保尔人之南下侵掠印度也。而若甚惠哲孟雄者。千八百三十五年,割哲之领土独吉岭(独吉岭者拔海七千英尺,人口十五万五千人),及与印度平原连接之山地。而与哲孟雄国王年俸三百磅,既而增为六百磅。

独吉岭之既为英国殖民地也,因英人之经营日复繁盛。而西藏人之宰相僧为营私利故,自哲孟雄购买奴隶送之西藏,且诱买隶英籍之土人。其所买之奴隶,有自独吉岭逃失者,强请之于英。于是英之独吉岭知事康甫伯赴哲王之所居坦伦,哲人捕而禁锢之,几濒于死。乃更割下部哲孟雄及全泰拉地方为英领,罚国王年俸数年,使放逐该宰相僧。然拐卖却掠仍不止。千八百六十年,英将哥拉遂据其王宫,要哲王使允自由贸易、保护旅行者、改筑道路、便利英藏贸易等条约。约成,乃增哲王年俸为千二百磅。

虽然，哲王实不遵行此条约，印藏之贸易仍不振。千八百八十四年，孟加尔政府之书记官马哥来者，自请为使节，使于西藏。于哲孟雄附近藏境之地，遇西藏之地方长官得其优礼，复得后藏大喇嘛之宰相表友谊之覆书。明年，马哥来为商务使，欲赴拉萨，据天津条约，得佛教圣都拉萨府旅行护照于清政府。然此护照者，实止纸上之许可而无实际效力，乃止。盖清政府者疾视此举，密发书，命西藏防遏使节，禁其入境故也。是役也，英割缅境之支那领为英领，且自北京政府赠哲王以支那高等位阶而优礼之。

1903年10月20日(黄帝纪元四千三百九十四年九月二日)，第七期

西藏之危机

英兵入西藏后颇为世界各国所注目。今由于英领印度最近电报:英陆军大佐杨哈士帮(荣赫鹏)率远征队入藏，其目的欲占据西藏关键之春碑，进侵距拉萨百五十哩之枪加，然后告西藏政府缔结条约。据十二月十九日伦敦电报:英兵经哈日列布峠，其地方官吏无力抵抗，遂表形式之和亲，迎大佐入城。

未几，有春碑占领之报告，有驻藏大臣谈判开始之报告。而英人之目的，欲以杨德湖以南一带归英领属，或于必要之场合，印度、尼保尔及西藏协力抗俄。非此全部之实行，必不能撤兵云云。

率兵之杨哈士帮大佐不仅军人，实冒险旅行者也。富于机才，有名于英国社会。一千八百八十六年旅行于满洲。翌年，自北京由陆路至印度。一千八百九十五年为伦敦《泰晤士报》之特派员，与气德拉之远征。后又从事于脱兰士哇儿及劳带夏(英领南非洲殖民地)之役。其所著《大陆之中心》、《东洋旅行记》、《今日之南阿》诸书，颇脍炙人口云。

英人之于是役也，以牵制俄事援助日本名，各国舆论多公认之。虽然，此岂足以知英人之真相哉！请一观其过去之事实而后言英人之野心。

去年六月，俄人利用满洲事件，欲以西藏交换满洲，有割取连接兴都克士山之大部分之风说。英人大忧之，百方为之反对。盖俄人充其势力于西藏，将由藏入西北部，以与法人云南铁道连络。不仅足以阻英人自印度、缅甸入中国之路，且有他日俄人掠取印度之恐。此英人所日夜忧虑而不肯告人者也。故泰晤士新闻于其社说(一千九百○一年六月二十七日)鼓吹英俄交换利益主义。时事变迁，星霜再易。至于今日，俄人之于满洲跳梁日倍于昔。英人利用此时机以满洲饵俄，而阴肆力于

西藏，又复巧为口实以欺世界之耳目。不然，极东问题之迁延，英人犹不肯伤俄人之感情，而履行日英同盟之条约者，夫岂无故哉？

夫英人果欲牵制俄人乎？则莫若乘巴尔干之翻乱，毅然投身于其中，或助土政府，或助布尔加。皆足以动俄人之注目而有余。今不肯出此而遽出兵掠昆仑之高原，其用心之深、政策之狡，有不得不令人叹服者矣！盖英人恐妨害西藏之势力，故不急求满洲问题之着落，以留余步。又恐其自北而南不可复制，故又结日本以障其成功，然后坐观成败，运东亚之天地而利用之。虽有智者亦无如之何也！彼希望日英同盟以保全中国者，其亦一观世界之大势而自醒其醉梦也哉！

1904 年 1 月 17 日（黄帝纪元四千三百九十四年十月一日），第八期

英国与西藏之交涉（续七期）

是役也，西藏喇嘛疑英之怯也，则益干涉哲孟雄，劝哲王弃国移居西藏。于是哲王弃国者凡三年。英数劝王返国，不听，且侮辱英政府。而藏人乘英之不备，一八八七年遣兵筑堡塞于哲境之龙洞山，严守备以拒英。一八八八年三月，藏军败遁，哲王乃归本国。英置政务官以监督之，于是中国及英国各派员协定藏境及通商事宜。既而王之妃与支那人等密谋，遮绝王，置之监督，山上附近各要地置哨兵以守之。一八九二年，哲王复逃，欲赴西藏。为尼保尔兵所获，送于印度政府，乃囚之独吉岭。三年而宥之，使复王位，然不许遂旧都命居。

哲孟雄者多沃地，饶矿产。经营适其宜则其富盛可立而待，今印度政府称哲王曰拉借（印度藩王之称），待遇之一如藩王。观于此，可知英之所谓商业政略、国境政略及殖民政略之深秘矣。而英之于哲也力避他国之冲突、关涉，执一定之方策以渐进步者也。当局不惊，万国不怒，而穰穰膏土已待之于无声无臭中。其用心、其手段抑何其敏且妙耶！而于西藏则兔奔鹰攫、剽锐猛鸷不可方物。推其壮图，实欲东自扬子江流域，西至波斯亚拉比亚沿岸，建一大帝国，以麾扬其国誉，拓殖其国力。其蓬蓬勃勃、不可禁遏之概，如可见焉。

（二）英藏交通之由来

当英人哈士丁之官于印度也，常冀与西藏约通商，后竟成功。一七七三年以包克为使节遣往西藏，虽未至拉萨，而与后藏班禅大喇嘛度颇密。一七八三年复遣泰那往西藏。后二年，哈士丁自印度召还，而英藏交通复中止。清政府再闭锁

藏境各岭，绝交通道。（其后印度政府复派探险队往西藏，年新自西部道入拉萨，扬德拉克自哲孟雄入拉萨，归来皆受厚遇。）一八一一年，满林克到拉萨面谒达赖喇嘛（时年仅七岁），献土产物。退居拉萨，以医知其名。既而有疑满林克为国事侦探者，乃去拉萨返印度。英人之入拉萨、谒达赖喇嘛者，满氏一人而已。然满氏之入拉萨也，实个人之冒险旅行，非政府所遣，则于国交上无大关系。自哈士丁之后百有余年，英藏之交通久绝。一八八四年，马可赖为商务使。英藏始复有交通之机。印度政府不惜重赀，治拉秦河岸，修广道、设桥梁，以便使者之行。十一月达藏境拉冒岭之麓，大雪路绝乃南还。当是时，西藏之干坝城主雄棒者以未得命令为词，坚拒使者，不受理其公文。马可赖不得已，乃扬言：欲往后藏首都面交班禅大喇嘛。城主惧，始允受其公文。居数月，得西部藏相之返书而还。既而马可赖复为商务使，欲至拉萨。清政府授意藏人使拒之，遂酿南部割地（即缅甸之一部，已见前）及英藏之役。

西藏，世界所称为秘密地者也。入拉萨者，满林克外，一八四五年琦善为驻藏大臣时，法国天主教僧哈克及加彼特二人入拉萨，谒达赖喇嘛，逗留数月而去。自后欧米人欲探险拉萨者踵相接，卒无人能达其目的地者。

（三）英藏之战役

英之取哲孟雄及马可赖氏遣使至西藏也，为清政府所疾视。一八八七年，藏兵入哲境，筑塞于龙洞山。龙洞［山］者，当藏英商路之要隘，直立六百英尺，拔海万二千六百十七英尺。道险路峻，空气稀薄，数步必一休，行军极困难。藏军果有精利之器，乘建瓶［瓴］之势，击疲困之敌，其制胜可不待言。然藏军除火绳、铳石、投机、弓矢而外，别无所谓武器，且迷信喇嘛之咒文，以为持此可得神助。守严寒之地而无供给及辎重设备，兵士皆负干糇与敌奋战。一八八八年三月，英以炮攻之，破藏军之中坚，队伍忽乱，乃退据更高处。为防战计，英军乃过那塘，向咱利岭，行于蜿蜒屈曲之半［羊］肠道中，复与藏军遇于掩可拉岭。掩可拉岭拔海万三千五百五十英尺之高地也。将战之前夕，英军之斥候过此。四顾寂然，无复人影。而在一英里半下部之那塘，亦悄无所见闻。翌晨，掩拉可岭胸部忽已筑高防御线，绵亘四五英里，藏兵数千守之，皆错愕，惊其神捷。然军械拙钝，不足御敌，复为英炮队所击退，死伤枕藉，不可数计。乃逾咱利岭而遁。英人亦逾岭追之。至春碑原野之碑碑塘，见中国官署之旗章，虑伤两国之和，乃止军。是役也，旗军凡二千人，又从军者九百三十人，皆印度供给其粮饷。地险路恶，所费不赀。虽死伤不多，而战争所得之利益实仅少。英人常慨想之。

龙年曰：西藏据世界高原之地，恃雪山之阻，险而易守。果境雄师数万，执锋利之器，高垒四之境徼，则虽狮子之英、虎狼之俄不得唾手得之。地高而腴，宜于种殖，森林之富，矿产之饶，尤世界所夸称者也。得其人而治之，当为第二印度。英之逐逐于是也，宜哉！我国据天赋之地而坐令其芜秽，且坐听人之攘夺，默然无所动其心，国民无政治上之思想故也。若知殖民政策、国防政策，则何以至是？

(四) 噶尔噶达条约

清政府闻藏军之败也，乃命驻藏帮办大臣升泰为使，偕西藏官吏赴独吉巇[岭]协议国境交哄事，遂承认哲孟雄为英保护国，定两国境界线。升泰不待北京政府之命，即越龙洞寨与印度总督兰斯顿 Iansdowne 氏会于噶尔噶达 Calcutta，订所谓印藏条约者八款(略)。

(五) 亚东税关

咱利巅为藏哲贸易之公道，稍平垣易行，其麓曰亚东。山边一带溪谷地曰靖西，英人名之曰春碑(春碑者实此原野中村落名。哲王营别墅于前)。靖西气候温和，适于卫生，风景绝佳，四邻莫与伦比，且地味肥沃，园圃弥望。家屋之构造亦优于哲孟雄。一八八七年之役，英兵曾屯于兹。至今慨想之，郁郁思再逞。其言曰：春碑自地理上言之，可属哲，是原野之河流亦南流入印度，与尼保尔、哲孟雄、布坦同一之倾斜面也，且又为通商上、兵事上之重宝地。从来藏哲交通之道迂折甚，必逾万四千三百八十英尺之高颠，更降九千英尺，而后达此平原。商品往来，不胜其困难。果自土尔谢河取冈陵鲜而倾斜宽之道，延长既设之兰坡铁道线，以入此平原，则数时可达。更自春碑延长其线，直指西藏高原，达中央最大之藏河，则异日之利正未有艾。藏地黄金之富冠绝五洲。无事之日，则交易商品，染指其矿权。一旦有机可乘，则举印度军直攻后藏拉萨府。不出三旬，藏地已全在我掌握矣。英之政略家多持此议。印度政府遂日日以通商为辞，谋所以扩张其潜势力于西藏者。

清政府不愿西藏人之交通他国也。以大喇嘛为说，坚拒通商之议。又暗使藏人伏要害，邀击商贾及旅行者，以是为锁蔽西藏第一方法。先是一八七三年，驻藏大臣遗哲王书曰：贵国为西藏壤地相接，陛下宿知我国家之希望及方略，宜为我拒英人入藏境。既而是书为英政府所得，乃曰：清政府日言藏人拒通商，不肯履约，狡猾难信，不如弃清而与西藏直接会议。

一八九三年（光绪十九年），英藏两委员会于境上，定两国界线，且计通商之便，开亚东为商埠。然其结果卒不能竟如英之希望。何则？盖藏人不久建标识于境界线上，而清政府又拒绝藏商往来故也。亚东虽开放，仍一有名无实之贸易地。

亚东税关开设之期，实一八九四年五月一日也（光绪二十年）。与本部各口岸等视，属于总税务使。关务仅以英人掌之。亚东者当印哲与西藏重要地方（如西藏首府拉萨及后藏札什伦布等）交通之冲，来日之繁盛，盖意中事。开关之初，为奖励贸易，故许五个年间不征商品税。今已十年矣，尚继续最初办法。关吏者不过记货物品目、数量而已。去年输出入总额：一、五一七、五五五留比（印度银币之名），内输入七三四、〇七五，输出七八三、四八〇留比。输入品之重者：棉制品、毛织品、本部然织品、火柴、烟叶、陶器、珊瑚等。输出品之重者：羊毛（三百万乃至四[百]万斤，价格四五十万留比），麝香（八百斤乃至千二三百斤），金银（输出不详）等。

亚东而外，四川之打箭炉、甘肃之丹噶尔、云南之大理、哥悉米尔、布丹、尼保尔，皆贸易地也。茶主自打箭炉输入者，年额百三十万两。

龙年曰：清政府之内治、外交有二手段，曰闭锁，曰割让。二百余年来，其对我本部之所谓政略，实不外是：本部地大而物博，财多而利宏，动世界之视听也久且大。数十年来，为战争家所威吓，外交家所播弄。万国接迹，踵趾相错。此支那本部十八行省，遂为全世界视线之中点。既闭锁之无可闭锁，则反步而出于割让之一策。前事彰彰，可覆案也。西藏僻在西陲，人稀而地瘠，气候之恶，山岳之阻，宗教习俗之异，其盛衰存亡，与爱新觉罗氏无直接关系，恒度外视之，若介意若不介意者。然拒通商、拒游历。欲藏西藏于万山中，使万国刁而忘其名，不复知亚洲中央更有一黄金之别世界在。以为如是则西藏可永保不为世人所觊觎矣。观英藏交涉之历史，始知人之所谓政略家者，其心脑手腕，无不与清政府相反对也。千九百年，俄招藏人至圣彼得堡，厚款待之。于是俄在西藏势力遂一日万里，不复能抑遏。英人数十年之脑力、腕力且堕地，乃乘日俄相持之时，以一远征队入西藏，一战而有全藏之半。今且乘破竹之势，欲长驱入拉萨。不知藏人何以御之？呜呼！西藏其为第二之哲孟雄矣。不以富强之政策在西藏，乃欲以盗贼之手段存西藏。西藏乌得而不亡！

英入西藏事，为满洲问题后之一大问题。其详俟异日再补。属稿者识。

1904年3月17日(黄帝纪元四千三百九十五年二月一日)，第九、十期

波斯湾与西藏

痴　人

英国于西藏进兵之举动，其它诸国固来多大影响。最有直接干系者，中国及波斯问题也。俄国之横断满洲、经营旅顺、青泥洼，延长于朝鲜半岛者，实思遂其宿志耳。至日俄开战，而俄忽由朝鲜半岛驱逐，满洲南部亦为日军所奄有。旅顺之陷落指日可待。于战争之终局，俄国极东之势至全灭，固易知也。然俄朝失于极东，夕必思入于蒙古、新疆及西藏。而波斯问题尤不可不决。然波斯海上权力之得失，非仅英国之死活问题。以把握波斯陆上之关键，即得优尚权于欧亚中间者，俄国之外有法国。拿破仑第三世以来最注力于此。千八百六十二年之协商约，对于墺玛沿岸回教地方，英、法共[均]不得掠为领土，以缚英国之手足，仅避其冲突。自德国得巴革达铁路敷设权以来，国际关系又加一层复杂。俄人可恐之野心，于是无敏捷运动之余地。

俄国之经营波斯陆上也，为时已久。政治上及贸易上之势力固较优于他国，然至于波斯湾，独英国有优尚权焉。英国由亚丁诸地进收波斯湾内诸岛，阔突亦立英国保护之下，喀喇西科既为英国海军根据地。今法国虽占当红海出口之机布奇，与英国无均等之地位。法于此方面实力之薄弱，即于交趾、支那实力之薄弱。是以今度之英法协商，未协定由西藏及波斯问题之当然结果。两国之间固犹存外交问题之余地。近伦敦电报，英相巴富洱就揭法国国旗于马斯揭突事件，公言将依赖海牙仲裁裁判。今日两国最努于亲近之时，犹有此不可避之事。一朝风云有急，波斯湾之阔突与马斯揭突二要港，必先为国际上之争题矣。

俄国之嘉富兹经营成，中央亚细亚铁路亦见相当之进步，俄人意气已吞波斯。往年俄国军舰之入波斯湾也，舰上迷哈埃大公举觞扬言：俄国略取波斯之将近。世界之所惊而属目也。然俄人之实力常与其声言不相伴，招意外之失败，非独昔时之于巴尔干，今之于满洲、朝鲜也。彼虽野心勃勃，于此国际关系极复杂地方得安然为大胆之处置否耶？且日俄战争之终局，今日虽难豫定，然依俄国之现在失败及将来形势推之，俄国不仅招极东势力之全灭，失其军队、军舰及武器之大半，国帑困弊，纪纲颓废，殆不可支。则俄国失极东实力之日，即失发言权于波斯问题之日。

且日俄战争之后，俄国欲用其兵，不可不十年集成、十年教训而后动。由克利米亚战争至俄土战争，隔二十有余年。由俄土战争至日俄战争，亦垂三十年。虽俄之回复力甚迟，亦可知构大事于国际之非易也。

1904 年 5 月 15 日（光绪三十年四月初一日），第十一、十二期

《广益丛报》

《广益丛报》于1903年4月(光绪二十九年三月)创刊,在重庆出版。旬刊。由广益丛报馆编辑及发行。为清末之综合刊物之一。停刊时间未详。

中俄西藏矿山条约[①](目)

1903年4月26日(光绪二十九年三月三十日),第二号

笼络喇嘛

驻藏大臣日前电咨政府,云:俄人近与达赖喇嘛颇为亲密。喇嘛受其笼络,与俄联合,竭力阻抗英兵,颇有起衅之势。幸俄国内乱已作,与日本战斗又败。此处兵将调往他处,或一时尚不致有事。然终非长策。务望速与该国驻京公使商酌办法,电示为要云。

1904年4月25日(光绪三十年三月初十日),第三十四号(甲辰第二期)

哀西藏(社说)[②](目)

中国之新民

1905年1月5日(光绪三十年十一月三十日),第六十、
六十一号合本(甲辰第二十八、二十九期)

争执藏约

昨日英使有电致外部,言英国政府于英藏新约不拟竭力相争,可将权利稍为减让。而印度政府则以西藏为印度之外府,且征藏之功决不可忘,拟竭力保去岁所定条约。近日犹纷议不休。其事皆载于英报云云。

1905年5月13日(光绪三十一年四月初十日),
第七十号(乙巳第六期)【四川省图书馆收藏】

① 1902年12月30日(光绪二十八年十二月初一日)第二十八号《新民丛报》登载该约。1903年4月12日(光绪癸卯三月望日),第二年癸卯第五号《政艺通报》登载该约。

② 1904年10月23日(光绪三十年九月十五日)第五十五号(三年第七号)《新民丛报》登载此文。

藏番风俗

前月十五日，为喇嘛跳金脸之期。是日午间，雍和宫内众喇嘛装扮神鬼，恭迎西藏新来之藏番头目，年仅十六岁。到雍和宫后之法轮殿内，捧诵番经，铙鼓齐鸣，按时作乐。众喇嘛度地而坐。扮神鬼之喇嘛在殿中央绕黄龙幔而舞。幔内供有城图一具，用五色颜料弹成者，不知是何取意。二时许，诵经奏乐毕。恭送喇嘛头目去后，众喇嘛分食供品，取其食福之意。每年仅有一次，三月十五日为定期。是日参观者不拒，并有喇嘛接待观客，颇为周到云。

1905 年 6 月 12 日（光绪三十一年五月初十日），第七十三号（第三年，第九期）

演说藏情

英人蓝堂，去年曾随英兵入藏。上月在英亚协会中对众演说，题为《英国进兵拉萨后之政治关系》。其词曰：此次英国征讨西藏，实在情理之中。考西藏人类判分两种，一僧众，一民众。而僧众之中又分两派：一住拉萨者，一远处拉萨以外者。凡藏中一切政权，皆操诸僧众，民众无与焉，故虽谓之已经灭绝可也。即僧众，亦惟住近拉萨之一部分方有此权。若他处之僧，亦无与焉。自西历一千七百二十年起，西藏始隶中国版图。自此，西藏各事遂日趋卑降，而无一毫进步。惟是否因属于中国而然，抑系别有他故，则不得而知。历来为达赖喇嘛者，辄半途为人谋死，无有在任满十八年者。因之，中国得常用其选举之权以羁縻勿绝。一千八百九十九年，有一住拉萨附近寺院中之住持僧名道极（译音）者，私往俄国。迨回藏后，已阴得俄国之护符。故道极与达赖喇嘛及卡带卡必（译音）等三人合谋用事，凡所举动皆独断独行，不复顾有故府。一千九百零二年冬底，道极权势愈盛，意欲于明年春季导引苛萨克兵一队入藏。卡带卡必人极干练，在三人中首屈一指。初时本表同情于英国。因曾开罪一英妇，被英人抛落河中。自此以后，遂与英国积成仇恨，即改变其宗旨，反身投往道极处，与道极联成一气。故此次英国若不前往征讨，则西藏全部将尽折而入于俄国之势力权下。现卡带卡必尚在拉萨狱中。设一旦释出，势必力助俄国，任俄军取道西藏以往印度。此外，达赖喇嘛及道极两人，则同匿贝加尔湖附近。惟道极或当回归拉萨。若达赖喇嘛则必不敢回。因恐陷身于危也。故此次英国若不进讨，是令敌人得一由藏入印之新路也。或有丑诋幼夫将军不遵政府之命而行者，实则并无其事。此次该将实处于万难之地。若一无所获而返，人必咎其无功。稍获即返，人亦必咎其事半中止。今全功告成而返，乃又因功负谤，岂不大可畏耶？后有一麦尔庚，亦称幼夫处势之困难，且谓反对此事者，系印度书记官薄罗谛诺。彼此时虽反对此事，然以后必当抱歉。后复有多人将西藏种种问题质问蓝堂，一一答告，毕而退。

1905年9月18日（光绪三十一年八月二十日），第八十三号（第三年，第十九期）

凤全蒙恩予谥立传

驻藏大臣凤全殉难巴塘，近经成都将军绰哈布、四川总督锡良为之奏请赐谥，并将事迹宣付史馆立传，闻已奉旨允行。

1906年3月4日（光绪三十二年二月初十日），第九十八号（第四年，第二期）

拟崇驻藏大臣体制

前拟改西藏为行省及增置将军之说，均以窒碍未能实行。现政府拟将驻藏办事大臣特简尚书侍郎充补，其帮办大臣由三四品京堂简调，另派将军都统驻扎拉萨、札什伦布等处地方，并拨练军若干名驻扎各处要地，以资保守，而重边防云。

1906年3月14日（光绪三十二年二月二十日），第九十九号（第四年，第三期）

英国秘密西藏交涉

伦敦电云：英国外部大臣葛雷宣言于下议院，云：印度与中国商议西藏条约之际，所有各种公文不能交与下议院。

1906年4月3日（光绪三十二年三月初十日），
第一百零一号（第四年，第五期）【四川省图书馆收藏】

印督坚索西藏路矿权

会议藏约张使侵电告外部，略谓：藏约重议（按：藏约于西二月一号重议，详初八日电），英专使尚和平。惟印督坚持全藏路矿须由英国代修。非但他国不能预闻，即中国亦须受限制。否则，此约终难议结。请速电覆，俾便应付等因。外部尚未筹复。

1906 年 4 月 3 日（光绪三十二年三月初十日），
第一百零一号（第四年，第五期）【四川省图书馆收藏】

奏设川藏铁路

北京函云：四川总督锡制军良、驻藏办事大臣有都统泰日昨会衔电奏，略谓：四川雅州府之电线现已接至打箭炉（打箭炉雅州府属），将达前藏。惟是四川、西藏之间山路崎岖，以致交通殊为不便。今拟建筑川藏铁道，以与川汉铁道联络。此路将来完成，则西藏之矿山以及其它商业必盛发达，既可为设行省之基础，又得藉此以杜英人要求，一举而有数善。惟恐筹款不易，拟暂建筑单线铁道，以前藏之布达拉地方为起点，由察穆多经四川省之巴塘、打箭炉及雅州府直达成都省城。往返电商，意见皆同，理合电奏，请饬部核议办理云。

1906 年 5 月 13 日（光绪三十二年四月二十日），第一百零五号（第四年，第九期）

西藏矿权之问题

东报云，俄使璞科第宣言曰：中、俄向有西藏开矿之条约，故今日中、英无论缔结如何条约，必不能废弃俄国之既得权。以中国人言，则谓：中、俄于西藏开矿条约，外务部尚未签字，不能承认俄国有开矿利权。

1906 年 5 月 13 日（光绪三十二年四月二十日），第一百零五号（第四年，第九期）

川兵进攻桑披岭喇嘛情形

《南方报》云：自去岁巴塘戡定后，川督锡制军并饬赵道尔丰、钱道锡宝办理善后事宜。因查里塘所属之乡城地方，有桑披岭寺喇嘛头目普中乍娃蓄谋肆乱，已纠众党羽数千人，当由制军札饬该道等调派各营分路进剿。该匪于距寺二三站之外叠次设伏袭营，幸均经击退，复于最险之马格喇山聚众死斗，亦经官军夺占要隘，毙匪多名，现已进攻该寺，可望歼擒渠魁云。

中英西藏条约告成

北京电云:外部与英使议成藏条约其各要点如下:

一、英国承认西藏为中国之保护国。二、西藏向无他国干预,故英国亦不得干预西藏内政。三、中国当在西藏开埠数处,以与印度通商,兼设电线以通消息。四、英国当享西藏路矿及各项利益之优先权,惟以上利益已经允准后,职工须雇用中国人,不得用他国人。五、中国应赔英国兵费二百四十万两,以偿此次英国入拉萨之用款。

1906年6月1日(光绪三十二年闰四月初十日),第一百零七号(第四年,第十一期)

饬查全藏兵队情形

政府前以西藏各兵队种类不一,拟除驻防汉兵外,其本藏番兵、蒙古兵、黑裸夷兵、乍了[丫]族番兵,兵额饷需及所用军械,向均无从稽考。因拟特咨行驻藏大臣,饬详悉开报,以便设法练成劲旅。闻现已由驻藏大臣督令各呼图克图喇嘛及噶布伦兵官办理云。

1906年6月1日(光绪三十二年闰四月初十日),第一百零七号(第四年,第十一期)

藏约影响

北京函云:驻京俄使璞科第,近闻英藏条约已成,即赴外部探询藏约内容,并言:俄国之于西藏夙有密接关系,殊非英国利害可比。贵国如允英国特别利权,俄国亦当要求他项利益以相抵偿等语。外部诸公因此颇形惶恐云。又闻俄国之意,欲以藏约为要求地步占取伊犁新疆特别利权,一面拥护达赖喇嘛入藏,利用藏民景仰达赖之心收揽全藏人心,以除英人势力。惟日前有英、俄互约之信,以势观之,恐非无因也。

1906年7月1日(光绪三十二年五月初十日),
第一百十号(第四年,第十四期)【四川省图书馆收藏】

张京卿述西藏近情

驻英钦使张在初京卿任满回京。日前拜谒某大臣，谈及西藏之现象甚为可虑：(一)藏人向不开化。自与英人交涉后，其一种迷信之俗较前更甚。虽知英人强盛，但不知自强自立。辄用藏字写英兵官名字，每于深夜，则聚番值诵经以咒之。英兵官闻之，即欲调炮队攻击。驻藏大臣急派员晓谕、解散。而番僧反将所派之员殴伤，谓：汝等亦随洋人耶？吾咒英人，今将咒汝等矣。(二)英人近在西藏交结藏人之有势力者，到处查勘矿产。而藏人不知利害之相关，颇有与英人表同情者。(三)英国驻印总督拟派印度高僧赴西藏宣布佛教，以破藏人之迷信。而张京卿谓：不如多立学堂，尚可使藏人知世界为何物。(四)中国亟宜用藏语翻译教科书及报纸，以开通藏人之心智。否则，后患将不知伊于胡底也。

1906年7月1日(光绪三十二年五月初十日)，

第一百十号(第四年，第十四期)【四川省图书馆收藏】

藏约迟行宣布原因

中英藏约议定已将匝月，而迄未互换宣布。闻其原因，实有两端：(一)开放商埠一节，须俟川督暨驻藏大臣察看藏番情形，确系无碍，始能作为定局。(一)桑坡寺尚未戡定。该处逼近藏地，恐藏约遽尔宣布实行，益坚近藏各土司负隅之志。故必审慎而发。闻当日驻京英使萨道义君匆匆出都，故急于定议。然此两项情形已先由外部向萨使声明云。

1906年7月11日(光绪三十二年五月初二十日)，

第一百十一号(第四年，第十五期)【四川省图书馆收藏】

呜呼！西藏

杭辛斋

近日外间传言均云：中英西藏条约业已定议。外务部已将磋议情形于本月初一日专折奏报。其条约之内容虽未能尽悉，其大致不外前年七月所宣言之各条。其争持两年之久，所删改者为两端：一、英国允认西藏为中国之藩属。二、英国允不干预西藏之内政。此虽未见明文，而意度之，当亦相离不远者也。呜呼！果为此二端，则争持两年如未争矣。夫衮衮诸公岂不知西藏为祖宗血战而得之地，为领土，非藩属乎？其内政之措置由我也，其外交之措置由我也，西藏之隶我版图、无立国之资格也盖已久矣。其未建行省、置督抚、设州县者，以其风俗、宗教之不同，故未便与以治内地之法治之。果朝廷有改良进步之思想，欲改西藏为行省、置督抚、设州县，亦反手间事耳。达赖、班禅本为我建立之人，决无异议，决无反抗也。乌得以藩属视之哉！今苟于中英条约订明认为藩属，是明认西藏为有立国之资格矣。既立国，必有政府。将仍以驻藏大臣主之乎？抑达赖与班禅分主之也。越南、暹罗、缅甸、南掌、朝鲜、琉球非昔之所谓藩属乎？而今安在哉？西藏之关系，岂越南、暹罗、缅甸、南掌、朝鲜、琉球可比？今乃欲等之于越南、暹罗、缅甸、南掌、朝鲜、琉球之例，其有不为越南、暹罗、缅甸、南掌、朝鲜、琉球之续者，几希矣。况西藏可称为藩属，则青海唐古忒、唐努乌梁、内外蒙古、准噶尔等部，又何不可称为藩属？恐不及十年，将尽随西藏而去矣。呜呼！今虽奏定尚未签字，苟无是议，如天之福！若果有之，尚望当轴诸王公大臣顾念祖宗二百余年之疆土，勿轻轻以藩属二字断送也。至英国允不干预西藏内政一条，则尤无谓。夫既证明西藏为我藩属，而非领土。则我已无干预西藏内政之权，我躬不阅，遑恤其他？又何必订此无谓之条约耶？今日我国与各国所订之约，千奇百怪，有种种不可思议之文字。如预定某地不得让与某国，如订明不干预某事。此如甲、乙二友，甲与乙订立盟约，曰：吾不干预汝家政，曰：吾不与汝妻同眠，但汝妻亦不许让与他人。凡有知识者当无不哑然失笑矣。不料堂堂大国、赫赫政府与一二文明友邦所订之条约，乃有类乎？此之文字垂之史册，将贻笑万古，当不仅为中国之辱也。

1906年7月20日（光绪三十二年五月二十九日），
第一百十二号（第四年，第十六期）

驻藏体例

驻藏大臣二缺，一办事大臣，一帮办大臣。现驻藏办事大臣仍驻前藏，其帮办驻藏大臣一缺，因巴塘、三瞻及阳八井一带时有喇嘛滋乱，已移驻察木多驻扎。政府现以藏事关系紧要，本拟改设将军，嗣以办事大臣与将军体制无大区别，不便更张，复有改用汉员之议。延意以雍、乾平定西藏之时，驻藏大臣均以尚书、侍郎充之，现多以阁学、京卿简派，品位稍轻，拟嗣后凡驻藏办事大臣一缺均以尚书、侍郎简授，其系侍郎者加尚书衔，帮办大臣一缺则以三、四品京堂简调，以崇体制而资镇慑。

1906年7月20日(光绪三十二年五月二十九日)，
第一百十二号(第四年，第十六期)

西藏帮办大臣被参

西藏帮办大臣联豫奉命将及一年，尚故意逗留，延不到任。近闻有御史递封奏，以西藏门户既已开放，将来交涉日繁，非得通达时务之才不能胜任。联豫以庸碌之才，怀畏缩之念，即到任后亦不足镇慑番族，转启外人轻视之心，请另简贤员等语。闻政府以驻藏大臣均用满员，现值满汉不分畛域之际，拟参用汉员简任以资得力云。

1906年8月29日(光绪三十二年七月十日)，
第一百十五号(第四年，第十九期)【四川省图书馆收藏】

川督筹防川藏

锡清帅近因西藏条约业经宣示：中外所有驻扎西藏及川省边界各军，自应次第撤防。惟西藏地方一切善后事宜亟应妥筹办法。因于日前具折条奏，并拟酌调陆军于川藏地方扼要驻扎，以备不虞。

1906年8月29日(光绪三十二年七月初十日)，
第一百十五号(第四年，第十九期)【四川省图书馆收藏】

外部照会英使拟设西藏税关

探闻外务部照会英代理公使，略谓：按照中、英两国前订西藏条约，内开中国得择地设立税关，征收货税。兹特将税关章程送阅，并一面札行赫总税务司，选派洋员驰赴西藏，经营设关事宜云。

1906年10月27日(光绪三十二年九月初十日)，
第一百二十号(第四年，第二十四期)【四川省图书馆收藏】

藏文招生

劝工局附设藏文学堂，现由提学使司出示晓谕：每人每月征学费一元，伙食分上下两等，每月上等二千四百文，下等一千八百文，由学生自与厨房交涉。如有附学者，即自具愿书，邀请保人赴学务公所报名，以凭移送，勿得观望自误云。

1906年12月5日（光绪三十二年十月二十日）

第一百二十二号（第四年，第二十六期）【四川省图书馆收藏】

驻藏大臣再请开缺

驻藏大臣有泰日前电请开缺，政府未允。兹探闻有泰再屡陈在藏办事棘手情形。达赖喇嘛未归藏，余各喇嘛威望尚浅，藏番时有不受约束之举动，易生变故。自惟才薄，不胜重任，恳另简干员来藏接办，以免陨越云云。近得电传，政府已派联裕接办矣。

西藏设立税关问题

《烟台西报》云，中国政府现在与总税务司赫德商议，拟用一有经历之西人为西藏税司，归总税务司统辖，外务部亦与代理英使楷纳其斟议订立西藏税关特别章程云。

1906年12月15日（光绪三十二年十月三十日），

第一百二十三号（第四年，第二十七期）【四川省图书馆收藏】

决意分设西藏银行

户部银行拟于西藏设立分行，现在决定实行，已电驻藏大臣调查该处一切情形，以便妥订章程，筹款开办矣。

1907年1月28日（光绪三十二年十二月十五日），

第一百二十八号（第四年，第三十二期）

达赖勾留西宁情形

据甘肃馆友函云，达赖喇嘛奉旨回藏，自肃州经凉州平番，现在西宁西方六十里之塔尔寺勾留，过冬开春后起程回藏。闻同行诸人分作两路：一则备骆驼三百七十余匹，护送行李等项，自肃州经西安回藏；一则达赖喇嘛为首，有蒙古人二千余名跟随，每到一处，勒索钱粮，掠夺牛马，横暴异常。且所需粮食甚巨，每日宰羊一百头，毛牛三十头，其它类此。若辈眼无官长，要挟多端，无所不为，现向升制军要索粮一百石，其横暴比比皆是。先是制军郊迎为礼，而喇嘛傲然自踞，竟不作答，嗣制军亦不与面晤，其骄傲可见一斑矣。

1907 年 4 月 12 日(光绪三十三年二月三十日)，

第一百三十号(第五年，第二期)【四川省图书馆收藏】

西藏练兵

北京专函云：驻藏大臣日前电商军机大臣，略谓：西藏境接强邻，防务紧要。拟募精兵六千，内以一千驻扎办事大臣驻在地之札穆多，三千驻拉萨，二千驻后藏地方。将来江孜、葛大克处开埠，应须防卫，拟再招募千名云云。已蒙允准，并派浙江第一标管带徐方韶、队官张载扬驰赴西藏襄办军务矣。

1907 年 4 月 22 日(光绪三十三年三月初十日)，

第一百三十一号(第五年，第三期)

(英)政府不准地志会会长赴西藏

英国地志会会长高尔田，禀请欲由西藏一方面登陟伊佛尔斯山考查形势。业经印度办事大臣以去年三月间不准他人前往之言以答之，曰：英政府以为不先咨商西藏政府，断不能使人前往，惟欲得西藏之允准，必多周折。故英政府甚欲免此等举动。《太晤士报》因此论之曰：英政府之所以阻止者，因与西藏所立之条约不欲使商务上多所艰险。而其尤要者，更不欲使英俄磋议亚洲问题时启俄人之疑忌。

1907 年 5 月 11 日(光绪三十三年三月二十九日)，

第一百三十三号(第五年，第五期)

西人查获西藏异境

西人斯文海亭称：余在西藏旅行八百四十英里，深入一人迹不到之处，查获河湖、山林及金沙田数处。并谓生平游历亚洲已阅二十二年，惟此处为最足奇异云。

增添军备[①](目)

1907 年 5 月 11 日(光绪三十三年三月二十九日)，
第一百三十三号(第五年，第五期)

西藏拒绝耶教之历史

近闻有法教士五人前往西藏察木多传教。后在打箭炉地方被该处人阻留。即由驻藏大臣致电北京政府，恐其至西藏后不免多所冲突云云。该电虽不无少有错误，而殊足以耐人寻味。知五百年来不能深入之地方，今又欲设法而入焉。犹忆前十五世纪时，基督教人第一次入此禁闭之地，虽被驱逐，而其后一二百年又数次设法入内。直至千七百四十六年，意大利之克破钦会方获涉足其地，寄居喇萨城时，曾得达赖喇嘛之允准，建造一修道院。一时颇极兴盛。致官员多所忌嫉，屏斥之惟恐不至。遂在十八世纪之末，又被驱逐。此后虽又有数次由各教会入内传教，然卒不得一立足之地。而在喇萨城中前意大利之修道院，至今其址尚存。诚足为西国宗教流入西藏之纪念地也。当克破钦会被逐迁徙之时，有多数教民随之而行，至纳朴尔地方，乃设立村庄二处，故其子孙今犹蕃盛。且其被逐时，罗马教主教阿掰拉，即系指使克破钦会入西藏之人，彼以为克破钦会人数之不敷，又由教皇谕令脱伦其利斯会共担其责任。而于时阻力甚大，亦无从而入。直至千八百四十七年，重复冒险而入时，有在四川省主教泼利企乌管属之神甫勒瑙，进西藏之察木多曾被拘拿审讯。后得喇萨官员谕令遣之回广东。此后甫阅二年，又有二队教士欲进西藏。一队系泼利喇瑙所领，自云南入。又一队系喇平所领，由纳朴尔入。而其第一队，方入西藏边境，即被逐回。其第二队，誓欲前进，故喇平与泼利勃那夺居守至千八百

---

① 1907 年 4 月 13 日(光绪三十三年三月初一日)，第八期《南洋兵事杂志》登载该文。

五十一年间，在薄登地方，又被其拘拿，遂经由阿萨密遣回印度。后又有他教会神父二人，一名克利克，一名濮雷，在千八百五十四年，均被谋害。而其教会仍守在该处。一设立于桑他，一设立于龙坡，即在察木多之北。不数年后，亦悉被封闭。故至今无一教会插足于西藏边界之内也。惟当此西国政教之势力方有进而无已，乃仍欲深闭固拒，其能久与否？不日自可显然明晰焉。

1907年6月10日（光绪三十三年四月三十日），第一百三十六号（第五年，第八期）

经营西藏之据划

政府现拟在西藏创设农林会，调川省农学人员，令其学习藏语，速成科定六月毕业。后派赴西藏充当会长，兴办一切农学种植事宜云。

选藏人来京学习陆

驻藏大臣联、张二君电请陆军部，拟选藏人之明通汉语者二十名，咨送来京，派入保定陆军学堂肄业，以造就番将，为大练藏兵之预备。当即准如所请。

1907年6月20日（光绪三十三年五月初十日），第一百三十七号（第五年，第九期）

西藏停给游历护照

外部咨行各省督抚，嗣后切勿缮发游历西藏护照，以符向章。饬各关道一体遵照。

1907年7月9日（光绪三十三年五月二十九日），
第一百三十九号（第五年，第十一期）【四川省图书馆收藏】

咨覆江孜开埠问题

驻藏大臣张荫棠今日咨请外务部，再催英使派员会勘江孜商埠界址事。闻英使覆称：奉英政府电开，按拉萨条约第三款，西藏派员与英国所派之员会议酌改等语。今拟于商议之先，由西藏特派番官予以会议并画押之权，以便随同商议。今西藏应照此条约，酌派员会同张大臣前往印度新辣地方，与印度特派之员商议等因。

外务部接到英使覆文，以藏员会同驻藏大臣同往与中国体制不合。特咨行张大臣拟由西藏特派番官一人，印员一人，商议开埠事宜，不可再生误会。惟番官应事事秉承驻藏大臣，印员亦秉承印度总督。核定至界务一节，应请贵大臣先行考查明晰，俟开埠各款议妥后，再行提议。

拨款经营西藏(目)

1907年7月29日(光绪三十三年六月二十日)，第一百四十一号(第五年，第十三期)

英俄西藏波斯之约议就绪

西报路透电称：前英国所派订约大臣叨高成与俄国大臣义和路士基商订条约，所议将次就绪。其西藏、阿富汗各款已经议决，续议波斯交涉各条。全约之成约在秋间云。

1907年8月18日(光绪三十三年七月初十日)，第一百三十四期(第五年，第十六期)

请开西藏矿山

京函云，日前驻藏大臣电奏，西藏矿山多为英人所占，乞饬迅筹的款，自行开采，以保利权等语，已交部议。

1907年9月27日(光绪三十三年八月二十日)，第一百四十七号(第五年，第十九期)

选生赴藏

日前护督宪札调陆军混成协高等军事研究所各生赴藏。现钟统领以肄业各生碍难选派，拟将未经调所之武备毕业生传考酌派，业经详奉护督宪批示，准其传集考试一次，选派十名，详候咨送赴藏，以资教练。闻现由钟统领牌示各生遵照，俟报名汇齐后，即定期考试云。

1907年9月27日(光绪三十三年八月二十日)，第一百四十七号(第五年，第十九期)

拉萨通商草约之大概

驻藏议约张荫棠大臣已将藏印在拉萨通商事宜与英戴使开议，业已议有草约二十二款，得其大概如下：

第一款　江孜、噶大克由中英两国商务委员会同勘定商场界址。

第二款　商埠内，中藏商务官、地方官与英国商务官、边务官来往礼节。

第三款　商场内地亩统关商业，应定划一地税、地租。以十年为期，未满期不能增加。

第四款　商埠由中国督饬藏官设立巡警局、工部局、会审局等事。

第五款　英国允不派兵驻扎，商埠内所有英印官商财产身命由巡警及地方官保护。

第六款　中、藏、英、印商民词讼案件，由会审局员知照英国商务官会同审讯，俱按西律办理。

第七款　英军撤退后，沿途所建旅舍由中国照价赎回。

第八款　除江孜、噶大克、亚东三埠外，无论何国人不得擅入西藏内地。

第九款　印藏逃犯，彼此一经索交，即设法拘交，不得庇匿。

第十款　中国可派官驻扎噶伦绷、大吉岭，照料藏、印商务。

第十一款　商民借银、欠款等事，两国官代为索追，均不认赔偿之责。

第十二款　印藏来往官商被盗银两、货物，地方官追赃给领，不任赔偿之责。第十三款　中国征收西藏零货税，照税章办理。

第十四款　现西藏出入口货，中国暂不征税。印茶须俟征税后，方准入藏。第十五款　违禁货物非奉汉藏大员特准，不准贩运入藏。

第十六款　英军撤退后，地方治理权归汉藏官管理。

第十七款　卖买及雇运等事应由商民各愿，不得限制抑勒。粮食、钞币不得出口。

第十八款　申明十九年所订章程有仍应遵守者。

第十九款　商埠内不准储蓄火药及一切危险之物。如欲建煤油池栈，应查合宜地段，租订合同，方许建造。

其余三款系批准互换等，皆约章囊例也，故不录。

札饬取销游历护照

海关前给洋教士花蒙生游历西藏、青海等处护照。嗣因该处土民蛮横异常，恐滋事端，饬阻有案。兹闻驻藏大臣以青海等处不准洋人前往游历，载明藏约第九款，今给护照与约不符，特札行上海道设法阻止，取销前给护照，免致不测，酿成交涉云。

1907年11月5日(光绪三十三年九月三十日)，

第一百五十一号(第五年，第二十三期)【四川省图书馆收藏】

谕饬达赖喇嘛回藏

北京专函云：西藏达赖喇嘛奉命回藏，沿途逗留，至今犹滞新疆省之靖宁城。日前驻藏大臣电奏，请旨催令速回，以安众心。已有旨寄该省大吏，转饬速即首途，勿再逗留矣。

1907年11月15日(光绪三十三年十月初十日)，

第一百五十二号(第五年，第二十四期)

咨设各局

垆城函云，西藏办事张大臣近于藏中创设各局，咨明川护督赵季帅，其文略云：西藏地方百废待举，本大臣迭经传集噶勒丹池巴、各噶布伦及商上公所暨三大寺办事僧侣职官人等，会商善后办法，并令各陈意见，冀得集思广益。讵集议多次，迄无定论。盖藏人虽有补牢顾犬之心，而苦于不知办法，无从着手。本大臣查验众志，既孚于是。提议设立交涉、督练、盐茶、财政、工商、路矿、学务、农务、巡警九局，附设植物园一区，并创定章程，庶几粗具规模，俾可次第兴办，以冀逐渐改良。当经译发，旋据噶布伦等禀覆，大公所集议询谋，佥同情愿遵办，并将拟定各局办事职员衔名呈请核派前来。除咨商驻藏大臣会同檄委并咨明外务部外，相应将筹议情形咨会，请烦查照备案施行。

1907年12月4日(光绪三十三年十月二十九日)，

第一百五十四号(第五年，第二十六期)

西报论中国经营西藏问题续论(未完)

茗 夫

顷阅《字林西报》论云:“中国进步之机关,其最重者,在欲使属地渐进文明。自他人视之,似甚疑异,然而中国整顿西藏之政策,已决意实行,西藏之振兴,亦当自今日始。”观此,可知中国之于西藏之问题,其如何进步,如何振兴,西人固已从旁侧视矣。果其力争经营,不但为中国辟一殖民地,且得内固吾圉,以杜外人之窥伺。时哉!弗可失也。乃朝廷用人行正,不啻弈棋。前此更调川督,锡易为岑,岑易为赵,赵易为陈,皆未尝起节而旋易。今陈犹未起节,而京信忽有另简他督之说,举棋未定,莫知所可,致使护督赵大臣,于疆寄边寄兼任一身,不遑他顾,所谓振兴,将何日哉!

且朝廷之所以为此迟滞者,抑以革命风潮时起于外,大臣意见交讧于内,议平满汉,议立宪法,远调疆臣,入京会议,万几丛脞,时廑主忧。况东三省迫于日俄之交侵,度支部迫于财力之缺乏,是以顾于内不遑兼顾于外,顾于东不遑兼顾于西,遂将西藏建置行省之说暂行罢议。夫置省罢议,可也。缓视边务,不急经营,未可也。以西藏之逼于英,较东三省之逼于日、俄,缓急轻重,相去几何?若不早图,恐俄人不得志于东,必将转易方针,而窥我西北边地。英窥西藏,势同扼吭,西边不靖,中央政府其将奈何?然赵大臣护节川省,远控边疆,吏治振肃,民心安服,固朝廷所深倚任者。若可督川,即简命为川督可也。如曰未能,应宜早简重臣节制全蜀,俾赵大臣得以一心边务,实行徙民屯垦、练兵兴学、开矿筑路诸要政。能早一日之经营,即早得一日之权利,何为如是之屡易更张,羁縻牵制乎!

西报又谓:“西藏之属于中国,已二百余年矣,惟其人民不甚亲爱,故属地之责任,惟及期逞进贡物于北京、成都而已,至往来西藏之人民,亦但属商贾,以此而论,几与邻国相等。”窃谓西藏虽属中国藩服,然自地理形势上观之,固与中国有密切之关系者,以数千里雪山横亘中外,不但为川省之背障,且为天下之背障。近有与西人互谈形胜者,谓中国古代以关中为天下之头,洛阳为天下之腹,晋楚则其左右臂也。故秦据关中,得建瓴之势,开关延敌,可以并吞六国。今则不然,当以四川为天下之头,背负西藏,如人踞几,荆襄为天下之腹,秦晋其左臂也,滇黔其右臂也,金沙江、扬子江其襟带也。川省号称天府,固天下之宝库,而西藏又川省之宝库,煤铁之矿甚于山西,五金之矿甲于全球。倘有成吉思[汗]、华盛顿、拿破仑之雄略,得西川为根本地，辟西藏以致富强，而后出夔巫，据荆襄四战之地，可以席卷亚洲。若通铁路，越喜马拉山，夺取英之印度，而波斯、阿富罕、俾路支不难蹂躏，扩张势力，可以席卷欧洲。在彼侈谈形势，固不免大言欺世。然而自地理上观之，天下本无难事，要在人为，亦舆地家理想所必有也。呜呼！以西人之勘查如彼，中人之平论若此，西藏本我中国自有之版土，应如何善自保存。而我中国政府，乃注重东北，不暇西顾，坐听英人拊其吭背，俄瞰左肩，法掣右肘，无乃身在此中，未识庐山真面也夫？

西报又谓："中国进步西藏之政策，盖因英国势力先已侵入所致。去年西四月，中国已接受一千九百零四年九月间在拉萨所订之条约，在北京签字。此后不及六阅月，西藏所出英国之赔款已可缴清，驻藏之英兵亦可届时撤退。自一千九百零八年（即中国光绪三十四年）正月为始，中国又可为西藏之主人翁矣。只以印度政府亦颇注意西藏，而华官亦同时注意西藏，自无足怪。"夫既曰西藏本我中国为之主人翁，此我主权固各国所公认者，乃印度急欲侵入，可知天下祇有强权，有何公理。我若稍事退步，彼乃愈益进步，彼既如是注意，我若不甚注意，彼将乘虚而至矣。今虽撤退驻兵，而恃拉萨之条约，以达其通商经济上之目的，不过易强硬手段为柔软手段而已。不观江孜陆埠之议，彼已著著占胜乎？恐后由通商而殖民、而开矿、而筑路，大权既属，反客为主，我固主人翁，彼亦主人翁，将有相持不下者矣。

西报又谓："中国官场，亦有一流，以为西藏深累中国，盖因中国前日治藏，所费不资，是以有主捐弃西藏者，又有主售西藏于印度政府，以便将所得之款为整顿边省之用者。"吾于此说，殊不谓然。去岁八月，我中国已派张京卿憩伯前赴印、藏，办理通商交涉事件矣。护督赵大臣，于川滇边务，整顿经营，不遗余力，屡次奏拨巨款，大治边事矣。审计院之通盘筹划，天下共知，若曰欲售西藏，早即售之矣，何必又为此举哉？夫中国沿海一带，藩篱尽撤，所恃为边陲之保障者，西藏而已。使售西藏与外人，直不啻全售中国与外人。

顾外人之垂涎西藏者久矣。惟英忌俄，故欲得西藏以固印度之门户。惟俄忌英，故亦欲得西藏以拊印度之背，而扼其吭。特天生喜马拉山，以为印藏之界限，不便遽入。俄方有事于东，不遑与英争衡耳。不然，印度既入于英矣，而藏即随之，何有所阻碍乎？倘中国果售西藏于英政府，则英得最高之势，登昆仑山瞰天下，将来席卷亚洲者，非英而谁？以强忌强，俄必生心，列强环伺，各欲得一片土以自立，而瓜分之说验矣。具此现象，中国岂未之省，而顾欲售西藏乎？当万不必然也。然中国卖国求荣不少汉奸，西人既宣诸报纸，安知不有此一流人建此一说乎？今姑不具问，且为矢言，若有起而谈售西藏者，吾将不顾而唾其面！

独是中国之不欲售西藏，其利害固已共知。然而中国之有意注重西藏，其缓急吾不敢知。见兔而顾犬，亡羊而补牢，此中国外交之惯例也。经营东三省于失败之后，整顿水陆军于丧师之余，识者议其已晚，急起图之，犹未为晚。然幸勿谓西藏之经营，犹未晚也。近数年来，英人之军械粮食运入于西藏者，不知凡几矣，印兵廓尔喀兵联翩入藏者，又不知凡几矣，印度政府已设法交通商务矣。英政府已派代表人驻于江孜，且将艰险道路大加修治，曾驭电气自行车由江孜直入中藏矣。不独英人为然也，法人亦曾派奥鲁南辅助塔弗尔探寻西藏，而又测绘黄河流域及昆仑山形势矣。且教士之接踵入藏，引诱番民，其运动又不知若何也。观西人着着进步，实觑我中国贫弱，探我属地竟若熟视无睹，鹰瞵鹗瞬，相逼而来，势力之侵入，谁无观念？倘我中国于西藏不受外界之击刺，固犹若睡狮未醒也。今以外界之击刺日甚一日，乃始出而与英人订约，又命张京卿竭力振顿藏事，以为抵制之方针，命赵大臣竭力振顿边务，以为保全之善策。所谓见兔顾犬，亡羊补牢者，即此是也。吁！晚矣。然既往不谏，来犹可追，西藏乎！中国乎！其一注念乎！

窃谓西藏今日非大加整顿不可也。乃观政府之意，似在若甚注意若不甚注意之间。何者？既命张京卿大治藏事矣，而练兵仅止六千，以镇数千里之疆土，分注防守，兵力单弱，何壮声威？且设官、兴学、开矿、通商诸要政，未遑设施。既命赵大臣力振边务矣，而请拨三百万之款，仅准一百万，于徙民屯垦，推广教育诸大端，何能接济？呜呼！政府之措置若此，恐英国于印度之势力益渐扩张，逼取西藏，我将御无可御，防无可防，亦如安南之亡于法，高丽之折于日也。安南、高丽先后失去，固已唇亡齿寒。若西藏一失，英人将伏而盬其脑矣。杞人之忧，言幸勿验。

1907年12月4日（光绪三十三年十月二十九日），

第一百五十四号（第五年，第二十六期）

外交近事

驻藏大臣张荫棠近有电到京，言西藏交通日繁，英印往来内地，交涉横生，裁判之权，万难处于平等地位。英官尝谓藏人蛮野，遇有讼事，不问曲直，半属藏人吃亏，而英人常得逍遥法外，殊失持平之道。现拟将藏地旧日刑律一律芟除，参用中西法律，务期逐渐改良，以达保持治外法权之目的云云。

1907年12月4日（光绪三十三年十月二十九日），

第一百五十四号（第五年，第二十六期）

整顿币制

北京专函云:度支部现以西藏币权半为英、俄两国所夺,因议整顿西藏币制之法,以挽利权。议定办法三条如下:一、于西藏设立户部银行分行。二、厘定西藏货币,务使成色一定,不得纷歧。三、改定西藏货币形式,以便次第实行,抵制英、俄两国货币入藏。

1908 年 1 月 3 日(光绪三十三年十一月三十日),
第一百五十九号(第五年,第三十一期)

西藏近信

张荫棠又电称:西藏所用新旧铜币,轻重悬殊,影响市面甚巨。请度支部速行设法挽救,或收小钱改铸,以杜私运。

1908 年 3 月 2 日(光绪三十四年正月三十日),第一百六十一号(第六年,第一期)

驻藏大臣内政外交之计划

闻外部接驻藏大臣来电一道,探其内容系赔款一事。略云:前议英人赔款四十四万九千两,请速如数归还英人,即可退出藏疆。我再速议整理内政,则事权操纵在我,外人无干预之权云。又客岁岑云帅奏请开办西北边防各要件。其阿尔泰办事大臣及陕甘总督均已奏覆。闻驻藏大臣联豫、张荫棠亦联衔奏覆到京,均以缓改行省、妥筹移民及整理藏政、对付外交等事为急务。并另片奏保开复广西候补道钱锡宝,请调赴藏帮同规画各政要云。又张钦使电致外务部,称英国戴使现充滨泽蒲巡抚。请照会驻京英使转知戴使,将印藏商埠章程从速一手议结,勿得延缓云。

1908 年 3 月 22 日(光绪三十四年二月二十日),
第一百六十三号(第六年,第三期)【四川省图书馆收藏】

招匠铸币

驻藏办事大臣近派严观察杰,赴鄂招募铸造银元之工匠四十名赴藏,以便开铸银铜各币，已禀明次帅，传谕鄂省工匠，知照愿往者即行报名云。

1908年5月19日（光绪三十四年四月二十日），
第一百六十九号（第六年，第九期）

西藏添练军队

陆军部前曾奏定全国编练陆军三十六镇，惟西藏尚未议及。近军机大臣以西藏关系紧要，练军尤为当务之急，故议决电令驻藏赵大臣设法添练陆军一镇，藉资镇慑。

1908年5月29日（光绪三十四年四月三十日），
第一百七十号（第六年，第十期）

奏复筹拨西藏边务经费事宜

度支部近奏陈遵旨筹拨西藏边务的款事宜，略谓：光绪三十四年二月初七日奉上谕，西藏为川蜀藩篱，地方广莫，番民蒙昧，举凡练兵、与[兴]学、务农、开矿，讲求实业，利便交通，以及添置官吏整饬庶政诸大端，均应及时规画，期于治理，日益修明。现经降旨，派赵尔丰为驻藏办事大臣，特加崇衔，以重事权，并调赵尔巽为四川总督，以免扞格，而便联络。应即责成赵尔丰会同联豫，察度情形，将藏中应办各事通盘筹画，详拟章程，次第奏请施行。需用人员，准由四川省慎选调派，厚给薪资，优定奖励，均准其携带眷属。各令久于所事应需款项，着度支部按年筹拨的款银五六十万两，俾济要需，并由四川总督，无分畛域，随时接济等因，钦此钦遵。由军机处片交到部。

伏查上年三月四川总督锡良等会奏筹办边务一折，经臣部议覆，于重庆、镇江、江海等关余存洋税常税项下共提银一百万两，作为开办经费，其常年经费俟该督等核定奏报到日，再由臣部酌量指拨。五月驻藏办事大臣联豫奏详陈藏中情形及拟办事宜一折，经臣部议覆，于四川、广东盐务项下共拨银二十万两，先后奏准，行知在案。今钦奉谕旨等因，自应竭力腾挪，以济要需。第近来内外同一艰窘，指拨各省，未必依限报解，惟有先就四川应解洋款截留济用。查四川应解俄、法款银四十万两，英、德款银五十五万两，拟即令该省自本年起于应解俄、法款内截留银二十万两，英、德款内截留银三十万两，共五十万两，尽数拨解西藏，俾得及时妥为规画。

其四川应解俄、法、英、德款银五十万两，即由江海关按年于洋税洋药厘项下如数垫解。川省财力向称雄富，平时且以余财协济他省，此事关系川省边务，义不容辞，倘有不敷之款，应由该督遵旨随时接济，以固边圉云云。已奉旨依议。

1908年5月29日(光绪三十四年四月三十日)，
第一百七十号(第六年，第十期)

密派大员勘查西藏纪闻

近日驻藏联、张两大臣屡有密电到京，略谓英、俄两国时派探险队至藏测勘，深入腹地，到处厚贿藏番，居心实属叵测，若不从速整顿，恐将来藏地不复为我有。特密陈办法若干条，其最要者为改官制、开民智、练新军、办路矿数事。近日经政府屡次会议，以藏事日亟，该大臣等所陈各节，均须逐渐实行。惟藏番迷信喇嘛甚深，因势利导，必须利用达赖喇嘛，速令回藏，以便号召番民，庶新政易于着手。至藏中实在情形，仍须先派员查勘，并将紧要地势，分别绘图，以便布置防御。闻现已密派某大员前往，并咨商署直督杨莲帅，于测绘人员内选派若干员，所派各员于晚间派定后，翌日黎明即令起程，虽家属亦不准通知，期昭秘密云。

1908年5月29日(光绪三十四年四月三十日)，
第一百七十号(第六年，第十期)

送人之西藏筹边

剑　夫

西藩终古大荒丘，东亚雄蹲小五州。葱岭云高城阙壮，木湖冰滑玉珠流。獉狉不减羲皇俗，萧瑟长横古寺秋。莫谓重关堪恃险，于今力士换金牛。

谁信鸿熙感八纮，任教狐鬼啸荒城。云腾欧焰烧邻火，水决西藩感帝京。投笔我惭班定远，筹边君胜赵营平。马前风雨休酸楚，万里封疆赖此行。

1908年5月29日(光绪三十四年四月三十日)，
第一百七十号(第六年，第十期)

西藏大势通论

天僇生

近日政府，以西藏为外人所垂涎，有不可终日之势也。于是特命赵尔丰为驻藏大臣，畀以重权，养以厚禄，令到藏后切实整顿。天僇生闻而叹曰：政府此举，在近日新政中，尚差强人意。虽然，彼其所谓整顿者，恐未必能果有合也。不才于西藏形势，尝少役心力，不揣鄙陋，请稽之往牒，证之近情，备著为论，以为当局者告。

论曰：西藏者，世所称为秘密国也。东能蔽川、滇，西可达回部，于南则走印度，于北则捍新疆。周围八万余里，虽雪山高凌，地气寒沍，然如布达拉、什伦布、察木多诸地，其土质皆至饶沃，经数千年之蕴结，以留贻至今。我国人素无冒险性质，裹足不前。乃我不自取，而英、俄两国咸攘其地，以为扩张势力之用。俄人虽竭力运动，然其势万不能如英人之活泼者，地势限之也。光绪十四年，藏藩部哲孟雄与藏争边界，引英兵入。藏人欲进攻英，为驻藏大臣升泰所阻，卒与英人订一通商划界之约。此英人最初侵略西藏之历史。夫英人之所借为口实者，徒以哲孟雄边界耳。以界务始，自当以界务终。乃升泰受英人之愚，无端加以通商一节，夫亦不智之甚矣。

且西藏为我之外藩，自乾隆五十九年，确然内属。英人开衅于我藩邦，即不啻开衅于我本国。乃有泰俨然以局外中立国自居，而为两面之和事老，对于藏人则启轻视中朝之意，对于英人则有开门揖盗之机。英人既得此隙，乃于前岁乘日、俄开战，俄不暇他顾时，借口藏人不遵前约，派兵入拉萨府，而有《英藏条约》之订。其端实自升泰开之。升泰之罪可擢发数哉！

夫英人所以订《英藏条约》者，欲诱藏使独立，俾先脱中国之羁绊，然后再取之，如法待安南、日待朝鲜之故智。幸而张荫棠驰往交涉，备历艰苦，另立一中、英二国关于西藏之约，得将旧约废去。然甘志互市之局，固仍如旧也（甘志即江孜译音之异）。夫西藏为世界之秘密国，通商之利，能有几何？而英人顾觍觍焉为之，且于加基底斯河岸，立巨镇，筑兵房，时阅七十年，地距五千里。而不惜费，不惮烦者，盖英人昔日之对付西藏也，纯为军事的之侵略。而近日之对付西藏也，则纯为平和的之侵略。彼其用心，实欲自亚非利加南境，筑一绝大铁道，起点于埃及，渡海以至阿拉比西亚之西，由波斯达印度，经过前后藏下四川，通滇、缅，屈曲以入扬子江。以英人之深心大用如此，而吾国所用驻藏大臣，皆以庸懦不职之辈为之，束手旁观，无能为力。及今而始知认真整顿，欲一旦收回主权，已不免有亡羊补牢之叹矣。吾尝谓吾国上而政府，下而国民，对于藏事之成败，率以为与己无与者，岂有他哉？皆由不知西藏与吾国本部之关系耳！昔者黄帝率其子孙，下帕米尔高原，迤逦而入内地，此事凡吾国治史学者，类能言之，殆已毫无疑义。是西藏一隅，实为汉族发祥之基址，且其地界居中、印二国之间，佛教之由印度入吾国者，实以西藏为转输承接之地。吾国佛经中，有所谓三藏十二部者，西藏皆有唐古忒文别本，是以吾国向呼佛经为藏经。虽自帕尔巴以后，流为黄教，重形式而少精神，然昔日流入吾国之内典，皆由藏输送而来，影响极大，不可诬也。然则吾国种族界，固以西藏为导源，吾国思想界，亦受西藏之嘉惠，此犹就精神上之关系言之也。即以事实论，则西藏高原为吾国黄河、扬子江二源所从出，为中国本部之首领，有高屋建瓴之势。苟为英人所得，则彼之势力由巴蜀直达扬子江，更以师船由海而下，水陆交攻，吾西南各省必无一寸干净土，可断言也。今政府亦知派□□□[1][赵尔丰]为驻藏大臣矣，虽然，□[2][赵]氏者嗜杀而短于才之人也，短于才则不能胜遗艰投大之任，嗜杀则足以激藏民之怒，召变而有余。张荫棠久居藏中，熟谙交涉，理宜仍以整顿藏事责之于张，收驾轻就熟之效。今政府乃以是命赵，虽再三训诰，恐未必能如所期也。且英人所筑铁道，现在已由印度而入哲孟雄。一有违言，彼必由此进兵，而江孜，而札什，而雅鲁藏布江，而拉萨，前后藏地虽辽阔，皆可捣其腹心。他如矿山、电线等事，英人既着着争先，我国自事事落后，亦已反客而为主，安能制胜以驭人？吾谓今日救急之策，惟有仍令赵尔丰会同张荫棠商办一切，并饬令川督将川汉铁路并日课功，由打箭炉迤行而西，经过他念他翁山脉以入前藏，运输既便，然后一切新政方可举行。又前者吾国受英之愚，不许驻兵拉萨，此为最大失着，今日宜力争之。即拉萨不能设防，亦当调关内劲旅专驻雅鲁藏布江岸，并设一大工厂于江孜，为振兴实业之用。吾国自雍正中虽设立驻藏大臣，然特虚有其名耳！一切权利，仍归喇嘛主持，以教主而享有国权，吾大臣不能问也。今宜首先变更之，于一方面则示达赖、班禅以羁縻之术，崇以虚礼，而收其实权；于一方面则广兴教育，以破除迷信为第一着手。信能如是，则十年以后，西藏可大改旧观。英人虽狡，当亦望而却步矣。《传》曰：不备不虞，不可以师。嗟我兄弟，邦人诸友，尚其急起而图之哉！

1908年6月18日（光绪三十四年五月二十日），

第一百七十二号（第六年，第十二期）

---

① 原文如此，《神州日报》的《西藏大势通论》有“赵尔丰”三字。

② 原文如此，《神州日报》的《西藏大势通论》有“赵”字。

筹藏私议

西藏者，世界之秘密金窟也。据英博学士麦洛仁等金矿调查，殆美之旧金山，澳之新金山，犹不足比伦，中国内地固弗如也。二十世纪以往，经济竞争日烈一日，富者日以强，贫者日以弱，强者日以霸，弱者日以灭。此自主之趋势，无待筮龟者。欧人某曾云：中国不善自为计，其致死之原必经济问题也，斯言不可深味哉！我国上下，处兹财政艰苦之时，竞争剧烈之世，安可以二百年来缔造经营之西人所称之金西藏，拱手而送之协以谋我之英与俄哉？况其形势又在必争，前临印度，后距新疆，右连中亚，处两大之间，为西南屏蔽。我有之，英、俄虽强，断不能飞越以过问陇蜀。如失之，则由藏趋川，可以出扬子江上流，取高屋建瓴之势，由北道出青海，亦可交通秦陇，以成犄角之形。西川失，长江流域失，秦陇失，黄河流域失。扼我吭而拊我背，釜中鱼，案上肉，尚何言哉？其关系之重要为何如也。直言之，西藏安则本部安，西藏危则本部危。西藏存，实乃本部之西藩；西藏亡，而本部孤立，断无幸存之理。有西藏乃有中国，无西藏是无中国也。且夫失于英，则俄必索相当之地；失于俄，则英必索相当之地。日、德、法、美亦不得不援利益均沾之约，各猎取其势力范围之区域，以求均势。欲弃西藏而不牵动全体，酿成瓜分，得乎？虽欲弃之，不能弃之，骑虎势有难下矣。审若是也，中国欲求以经济竞胜于列强，而握宇内之霸权于未来，不得不整顿西藏。欲保全故有之领土，以默消瓜分之惨祸于目前，不得不整顿西藏。由是，整顿西藏遂为现今中国之一大问题。

一、川汉铁路当合力速造也

以川省经营西藏，自然之事也。但相距数千里，交通不便，万一有警，呼应不灵。英由印度，俄由中亚，入藏之铁路告成有日。一旦有事，彼则瞬息千里，不数日间兵粮俱集于境上，我则至速非数十日不能达。兵贵神速，后即为人所制，彼以铁路来，我不以铁路往，而欲与之竞胜争雄，何可得哉？且彼藏人者，蠢蠢无识，迷信深固，改建行省，必多阻力，揭竿四起，意中事也。无铁路则调兵迟缓，难资弹压，凤氏一役，可为前车。现之议者，亦曾虑及，谓宜分川西为一省，添设巡抚，与驻藏大臣声气相通，藉收指臂之效是也。但犹有说，经营西藏，费正不支，改省至少需经费约五六百万。改省而不建筑铁路，依然咫尺千里，难于顾应。不改省而建筑铁路，虽万里不啻咫尺也，顾应何尝不灵？川西一带，蛮夷杂处，固是堪虞，既有铁路，即有保护铁路之兵，且大兵在后，朝发可以夕至，彼尚欲何为乎？与其以数百万改省，而路仍不能修，何若即移之以修路，虽工头浩大，需款仅此区区也。以修路与改省较，是改省为不急之务，而修路为最急之务，则此五六百万者，万不可投之不急之务，而不投之最急之务也，明矣。夫西藏西南之屏藩，英、俄竞争之烧点，中国安危系之，则整顿西藏之经费，中国全国担之。整顿西藏，以敷设川藏铁路为下手第一着，则川藏铁路之股本，亦中国全国任之。以中国全国之力，担任此数千万之路款，固云难矣，然亦未尝不能也。论者敢正告当轴诸公曰：不欲救中国则已，如欲救中国，则西藏不得不整顿也；不欲整顿西藏则已，如欲整顿西藏，则川藏铁路不得不速修也。以现在之铁路线，比较川汉、粤汉、京汉，俱无如此之重要者。如不汲汲图此，而即冒昧从事，吾见其败而已。

一、川省陆军当从速练成也

有陆军而无铁路，则进退艰难，接应不速。有铁路而无陆军，则借兵赍粮，路且不保。今既云以四川经营西藏矣，纷更之余，不能保西藏之无事也，即不能不有大兵以临其后。返观今之川省，为有兵乎？为无兵乎？以兵数而论，尚未成镇，以军事教育、军事教练而论，亦未敢即云完备也。吾恐藏人蠢动，制之犹难，况英狮俄鹫之眈眈逼其后也。现陆军部规划，限三年之内，川省成军三镇，诚不为多。季帅乃专折请缓至五年，固出于经费难筹，人材缺乏之不得已。然斯时也，斯地也，亦乌可不勉为其难哉？论者亦敢正告当局诸公曰：不欲救中国则已，如欲救中国，则西藏不可不整顿也；不欲整顿西藏则已，如欲整顿西藏，则十万重兵，不可不从速练成，而分驻南服险要矣。非然者，以外强中干之本体，经营两大交争之重地，吾见其败而已。

铁路也，陆军也，经营西藏之要素也。然铁路也，陆军也，非指顾间所能谓有成者。于此铁路未设，陆军未练之时，对付西藏，果当何如？则《神州报》所载塞[寒]夫之《整顿西藏条议》，“驻藏大臣宜总揽大权”一节得之矣。至于开矿、垦荒、兴学、劝工、通商、练藏兵等件，则因地因时，见可而进，在乎执事者。总而言之，现在之整顿，不过为将来整顿之预备，只可徐求进步，不可立求成功，只可为和平之办理，不可有决裂之举动。待陆军有成，路事告竣，始下猛烈之手段，一举而更张之，彼虽反抗，其如我何？内力既充，蔑不胜矣。

附：欲整顿西藏，必先明西藏之各种情形。其地理之险要，不可不知；地方之出产，及地方之组织，不可不知。与夫宗教之观念如何？由来之历史如何？畴昔战争之方略,胜败之已事如何?必当详考周知。使筹边者,人人有画沙聚米之概,则庶几知所从事矣。非然者,贸然而往,如盲人瞎马,夜半临池,未见其不陨越也。

1908 年 6 月 28 日(光绪三十四年五月三十日),

第一百七十三号(第六年,第十三期)

谕[论]经营西藏之举万不可缓

西藏为吾国西徼屏藩,关系极巨。自英兵两次入藏后,其地位已岌岌可危。今者,既与英印立约通商矣。以藏人之迷信蒙昧,而骤与开通有阅历之人交接,其不归于劣败者几希。夫藏人如更失败也,将不复为我之藩封,而川、滇、青海、新疆,皆有撤其藩篱之势。抚背扼吭,外力之侵入,乃无可御。若至此时,中国存亡之大局,又可预言矣。此今日经营西藏所以万不可缓者也。

虽然,频年以来,政府怵于祸变,往往有改省之议矣。顾因其地去京穹远,交通之便利未兴,颇有虽鞭之长不及马腹之势,且复困于财力,无所藉以兴作。顷以赵尔丰为驻藏大臣,又调赵尔巽督蜀,弟兄一气,俾有可为。从其表面观之,似有改革西藏之意,然其实终不可恃。何者?政府之用心,仅恃两赵,是无论二赵之能力,与其力可以致之人力、财力,率以当滔天之外势,终有所穷而不能周遍也。且由政府之策,循循以图,一步一进,尤有缓不济急之虞。则吾国民,今日苟欲西藏不危,长为屏蔽,而使西徼长久巩固也,则不可不急起直追,以大力夹辅政府,而率以经营。盖至今日,未有国家不因国民之力而能趋事赴功者。然则吾国民对西藏万勿恝视也,吾人苟尽以求其存,则西藏存而国可幸安。假其不然,则西藏亡必有餂糠及米之势。此吾人万当注意,而不可稍忽少怠者也。今吾此论,先述历史上中国与西藏关系之重要,而后乃陈国民经营西藏之方,其言如下:

(甲)中国与西藏人文之关系。西藏于古为三危,为大禹治水曾经亲历之地(故《周书》周公告成王曰:其克诘尔戎兵,以陟禹之绩,方行天下,至于海表,罔有不服。盖当禹时,在中国本部之海表,为九州洪水入于尾闾之所经者,皆赋土作贡,必无抵拒不服之事,惟三苗三危,尚未承化,然对于禹,亦无不服,则德威所被之所致也,故周公有此言。又《禹贡》黑水,即今雅鲁藏布江,近人久有定论。而康熙六十年上谕,早指喀木危藏三部,以当古之三危矣)。其种人在秦汉为西羌,所谓散处河湟江岷间者也。隋开皇时,其种人有伦赞索者建国于跋布川(疑即冈布藏布河)西,改姓为噶勃野,以秃发为国号,遂由秃发之音,讹转而称吐蕃(更就《晋书》秃发氏营历之地言之,则乌斯藏当为姑臧一音之转矣。虽地理家言姑臧在今肃州,然在草昧初辟之时,其边徼尝有一地名而括数千里者,如古之扬州,包及今之浙、闽、广,今之蒙自,亦包沿边数千里,可以例也)。且古之喀木、危、藏三部,今日亦可考定指实矣。盖喀木即康(姚石甫西藏于役有《康辅纪行》),亦即今之察木多。危即卫,即今之拉萨。藏即诏,为今中藏,且包后藏札什伦布诸部落。凡此皆可考定者也。至于乌斯藏之称,则起于元、明,国初犹沿用之,今则大概称之为西藏。此为历代名称大略也。

至与中国人文之交通,则自唐之世即已关系綦切。唐僧三藏陈元奘,当太宗时,曾自长安西行,往探佛国,穷览圣经。六年更至摩迦陀城,造伽叶结集之墟,抚诸佛道成之树,凡淹留十二年,虔心顶礼,布大施会。所游历者,凡十八国,实曾经历三藏。今西藏大诏寺中,绘有三藏师徒四像,与河牛魔山相对,则三藏法师曾历其地之明证也。且西藏虽近佛国,其佛教虽似缘其风习之相近以输入,然因重受唐代佛学,返输其国,乃益昌盛。盖唐太宗尝以文成公主下嫁于吐蕃赞普,实赍中国佛教文学以往。及唐中宗时,更有金城公主下嫁于吐蕃赞普之事。金城公主学问精博,尤通元象,曾奏请携内典《毛诗》、《礼记》、《左传》以往,兼习推算占验之术,传于藏人。藏人敬礼之,且援文成公主故事,别筑城以居,日从事讲学。于是吐蕃犷野不顺之气,戢戢就范,渐有同化于华之观。嗣后数世,遂不复更为边患,斯则文成、金城两公主之力也。金城公主之没也,藏人思念而崇祀之,至今不衰。今大诏寺中,尚有金城公主及赞普赞善等画像,每岁十月十五日,相传为金城公主诞辰,藏番咸盛服至,顶礼膜拜,且为弓鞋式之灯,谓为公主履(按:此则唐人已有缠足风习矣),以示不忘。又今大诏寺前,有唐碑二座,一为德宗时盟碑,一为穆宗时盟碑(即世称之长庆碑,亦称甥舅连盟碑),为世所宝。史氏又称文成公主初莅吐蕃时,因恶其人赭面,别筑城居以避之。赞普遂令国中罢此面饰,渐袭绮纨,变毡羯为华风;复遣酋豪子弟,入长安国学;又请中国文士往,典其疏表;后复请蚕种及造酒、碾硙纸墨之法,帝皆许之。则藏中文化,渊源于中国,固可见也。

更以历史考之,唐长庆年间,往西藏莅盟者,为御史大夫刘元鼎(称会盟使),时西藏亦遣论悉诺息随刘元鼎来朝。及至五代,则彼中因种族分裂,浸至式微,与中国声闻隔绝。惟周广顺三年,西河节度使申师厚曾有奏称授官于其首领折逋支等之事。宋初乾德间,西凉知府逋葛支上书,言有回鹘二百余人、蕃僧十余人,自朔方来云,欲假道取经于天竺(盖其时印度以北有崛起之部,印藏之交通断绝故),诏褒美之。至太平兴国八年,其酋长入贡,宋太宗召见之于崇政殿,颇优礼之，后遂朝贡不绝。未几，其境地为李继迁所侵，然彼中有酋长潘罗支者，犹率其部三十二族入贡，宋因授以朔方节度使之职。其后复有大酋折逋游龙钵来朝（约在咸平时）献蕃马，宋因授以河西军左厢副使归德将军之职，并命其出兵助讨李继迁。折逋游龙钵（按：折逋疑即赞普，宋时又有钱逋，疑皆译音之讹，盖自唐封赞普弄赞为驸马都尉西海郡王，其后酋亦皆称赞普也）怠于戒备，为李继迁所杀，其族复相吞并，酿为内乱。有斯南陵者，收合诸族以求内附，明道年间，曾授以宁远大将军之职。斯南陵善于军事，数为宋败夏元昊，更加授宝顺将军、检校太尉等职。至于元代，则其蕃僧颇受优待，往往干涉政治，而为恶于中国矣。时彼中有八思巴者，生七岁，能诵佛经数十万言，诉契禅旨，熏修高哲，道力至大，世祖尊为帝师，且封大宝法王，世领藏地，统辖释教。其弟子号司徒司空国公者佩金玉印，先后相望，以终于元一朝。

嗣后藏中渐变而为佛教国，明成祖闻僧哈立麻有道术，遣使迎之，至京师，为高帝后荐福于灵国寺，封大宝法王西天大善自在佛，其弟子三人，皆封国师。其后又封有大乘、大慈两法王，礼遇亚于大宝法王一等。于是其徒争来中国朝贡，复有阐教、阐化、辅教、赞善诸王之封号。其后复有增封西天佛子者二，灌顶大国师者九，灌顶国师者十八。凡法王死，其徒辄自承袭，情状殆如土司，惟岁一朝贡。故终明一代，绝无西蕃之患。时有宗喀巴者（又作罗藏札克巴），为藏中改良宗教之伟人，以永乐十五年生于中国甘肃之西宁卫（即今西宁），得道于西藏甘丹寺，以成化十四年圆寂（记者别有宗喀巴大师传详纪其事）。先是藏中法王，皆衣明代所赐之红禅衣，制如印度袈裟。及宗喀巴时，藏中象教，专尚密宗，而持禁咒，遂流为吞刀吐火，炫惑愚俗，以求口食，大失定慧慈悯之旨。宗喀巴悯俗习之蔽人，离失本性也。乃会徒众讲道，自黄其衣，是为黄教初祖。宗喀巴生时，独演性海之趣，传诸其徒，顾势力犹未盛。及死，遗命二大弟子，世世以呼毕勒罕演大乘教。呼毕勒罕者，犹言化身也。此二大弟子，一曰达赖喇嘛，一曰班禅喇嘛（喇嘛者，净也，无上也），皆具宿命，连死而豫知其所往生，虽在轮回，不昧本性。及明中叶，黄教势力已掩红教而代之矣。达赖一世曰敦根珠巴，本为蕃王，舍位出家，传宗喀巴衣钵，于是西藏遂以法王兼为藏王，政教不分矣。（未完）

1908年8月6日（光绪三十四年七月初十日），

第一百七十七号（第六年，第十七期）

整顿西藏经费

枢府曾议整顿西藏，招练新军，改革官制，设造币局等费。前拟每年在广东、四川盐课项下，拨款十万两，度支部拨十万两，共成二十万两。惟驻藏大臣以二十万两仅足练兵二、三营，不敷尚多，奏请增拨。近经度支部议准，在四川赔款余额项下，拨款五十万两，连前筹拨之二十万两，共成七十万，作为整顿西藏之资。

英国西藏贸易新例(目)

1908年8月16日(光绪三十四年七月二十日)，
第一百七十八号(第六年，第十八期)

议定西藏税局

亚东、江孜开辟商埠一节，闻由中、英两国议定，西藏亚东税务司改为兼管三埠商务总办，以亚东为总税局。至两处之总口，则亚东指定吉玛桥，江孜指定康马，分卡设于噶大克，三处均派员管理，受亚东总局节制。

1908年9月5日(光绪三十四年八月初十日)，
第一百八十号(第六年，第二十期)

论整顿西藏不可专徇达赖之意见

自达赖抵晋以来，凡其纵容僧徒需索供应，奸淫妇女，骚扰地方，种种不法之行为，无一不足以令人发指而毗裂。乃地方官畏之如虎，至受百姓之控诉而不敢以法律相加。甚至并皇皇抚军之尊，亦恐犯达赖之锋，瑟缩而不敢动。观日前晋抚请示办法之电。则晋省官吏之懦而无断，庸而无能，固不免为识者所笑。然进推其积渐所至，则达赖所以骄横无度者，为政府将与商议西藏问题。政府所以优礼逾分者，亦为商议西藏问题。而官吏所以忍气吞声不肯开罪番僧者，亦为政府将与商议西藏问题。是故，达赖之骄淫，官吏之畏葸，固已为众目所共睹，众耳所共闻。记者亦何屑再加以指责？所不能无虑者，政府之视藏事太泥，视达赖太尊，将来与之商议改革时，或不免为所掣肘耳。

夫西藏为英俄两国所垂涎，其地位之可危几同累卵。达赖而果有远大志者，则丁此之际，方汲汲焉虑其不足以保有，而有寝食不安之态。又岂逗留五台山，反置藏事于度外，乃苟图逸乐，大有此间乐不思蜀之行为？则其人之识见可想。且达赖以强邻逼处，于前年逃至俄都，是辛苦艰难，亦非未经阅历者。乃一经朝廷之眷顾，即夜郎自大，傲然有帝制自为之思。而于藏地之何如图存，藏事之何如整顿，转若不足动其心，则其人之志行更可见。夫以识见浅陋、志行卑鄙之人与之议兴革大计，恐彼之所志既囿于一隅，而畏难苟安、自以为是之心，势必为革新庶政之阻力。政府而客气用事，不能抱定切实不移之政见，以从事于更张。非特时机一失而不再来，抑且主权一挫而不可复。外人之窥探藏事者，知吾政府对于藏地并无完全之主权也。益将利用达赖之对抗，以大肆其渔利之谋。其关系于藏事之前途，岂浅鲜乎？俄之自认为保护佛教主也，其怂恿番僧，牵制主国之计划，固已略露其端矣。吾政府而果有保全西藏之心也者，又安可不于达赖未入觐时，先定一确当之政见耶？

况政府为注意西藏，故宣召达赖进京。既饬地方官备办供张，又遣张荫棠出都迎迓。修黄寺，拨用款，备恩赏，约计前后一切用费当不止数百万金。竭吾民之脂膏，以崇奉达赖，改革西藏之目的而果达欤？则此款尚不至尽归虚掷。改革西藏之目的而不果达欤？则损内地有用之财而仍无益于顾全藩属之计。岂惟不足以杜外人之窥伺，抑将何以对吾民耶？故记者以西藏既为吾国之属地，则西藏事乃吾政府之事也。达赖既为吾国之藩臣，则西藏事应听主国之指挥者也。今吾国既不欲轻用主国之权力以独断独行，而特与之和衷商议，则对于达赖已不可谓不谦。至于何者当兴，则宜实力兴举之，勿为达赖所制；何者当革，则宜实行变革之，亦勿为达赖所扰。而其主要问题则尤在实行改土归流，便于统治。然后亟开矿产，以兴地利。广设学校，以教番民。庶几民智大开而外人之觊觎富源者，其欲望亦渐趋平澹。西藏境地或不至折入于外人掌握中，否则视西藏为达赖之地，尊达赖为西藏之王，一切行政事宜，均视达赖之意见为进止。吾恐川蜀屏蔽，势不至断送于骄妄庸恶之达赖而不止矣。成败得失，胥在乎此次之协商，故吾愿政府行使其完全之主权，而毋徒为游移两可计也。

1908年10月14日（光绪三十四年九月二十日），

第一百八十四号（第六年，第二十四期）

川藏交界不靖现状(录《舆论日报》)

成都府来函云,赵季帅不日起程前赴西藏,心殊郁郁不乐,盖欲实施改革,既乏经费又乏人马,安克臻此。彼亦明知藏人本无爱戴之心,一俟得有时机,即当设计阻拦,使其进退两难。而驻主崇台(译音)之藏官,某三年须由拉萨藏京直接派来,属下弁卒共有八千左右。现任藏官曾以华官若不将商城(译音)、巴塘、里塘等处交回,西藏自当作乱,将汉人悉数驱逐出境等辞,以示恐吓。崇台惟地土肥沃,最宜畜牧,有两河越流而过,汇于两河交地方,鲜有知之者。宁远府附近之处,近颇不靖,闻某日有藏番三千人,将炮一尊强抢而去。哇班(译音)地方近亦堪虞,盖汉人三年前曾拘去藏人一名,藏番大有复仇之势。日下已派兵驰赴该处,闻得不日尚须续派,以免不测。余如川省革命党,仍在暗中运动,类皆在在可虞。来日方长,华官正大有作为焉。噫!

1908年10月24日(光绪三十四年九月三十日),
第一百八十五号(第六年,第二十五期)

请撤驻藏大臣

驻藏大臣联豫代藏僧奏称:僧等数百年安居西藏,从无异志,赵尔丰逞凶杀戮,巴塘一役,毁寺极多,请将该大臣辙回,并恳赏款修寺,俾得安心诵经。现在炉关一带,已甚惶扰,达赖远出瞻对,不足镇慑,倘英、俄来护,必生枝节,请旨核夺。当日寄谕赵尔丰,毋畏葸,毋操切,察酌妥办。一说西藏因赵大臣尔丰前年办理瞻对一案,杀戮过甚,不愿接待云云。

1908年12月3日(光绪三十四年十一月初十日),
第一百八十九号(第六年,第二十九期)

达赖与西藏新政

北京函云:闻达赖喇嘛欲奏请将来办理西藏新政,一切事均须先与达赖商议,须由其察视喇嘛情形,然后举办。所有驻藏大臣与外人交涉之事件,均须由达赖允认后,方得实行。否则藏民喇嘛等如起风潮反对,则达赖一概不但责任。

西藏风俗

藏中酋长每逢岁时令节，必飧客，或在家或在柳林中。铺设方形二褥于中央，厚数层，酋长自坐其中。其前另置方桌一二个，桌甚低，上陈面果、生熟牛羊肉、藏枣、藏杏、核桃、葡萄、冰糖、蕉糖等物，皆以皿盛之。其蕉糖系用黑糖而以黄油熬成者，长约一尺，广约三四寸，厚一指。其牛羊肉或用一腿，或用一片。又于两侧铺长坐褥，其前设低桌，陈列果食。各项官吏，如噶布隆巴、浪子沙、仲意等，列坐于两桌，或二人共一席。从者各在于席后之地，每人给果食一大皿。食则齐食，食时先饮油茶，次以土巴汤，再次则以奶茶抓饭。抓饭有陈白二种，用米作饭，掏诸水，入以藏杏、藏枣、葡萄、牛羊饼各物，盛之皿中，手抓而食之。继之以蛮酒。遇大节之时为盛会，乃选出丽姝十余人，戴珠帽，穿彩服，使唱歌以行酒。近日有能唱汉曲者。又有舞童十数名(自八岁至十三岁)，衣五色之锦衣，冠白布圈帽，腰勒锦条，足系小铃，手执斧钺。又设鼓十数面，司鼓者，其装束亦如舞童。每进食一巡，则旅进而舞，步调进退与鼓声相合。食毕，则肉果等物各携之而归。

1908年12月3日(光绪三十四年十一月初十日)，
第一百八十九号(第六年，第二十九期)

赵州僧众乞救于达赖奇闻

达赖由晋入直，驻宿阜平县时，有赵州等处僧人约百余名，环跪道旁，求见活佛。闻禀单内直隶全省僧众悉皆列名，略谓：直省庙产全被官家索去，无以为生，情愿随同活佛赴藏，归入喇嘛教，或于入京陛见时，向大皇帝前代为乞恩，将庙产全数发还云云。时阜平令纪云鹏亲自弹压，欲令解散。而僧众环跪不起，并有恶僧多名带有戒刀，势欲用武。幸达赖畏其纠缠，亦避不敢见。后经军队用强迫压力，始克驱散云。

1908年12月3日(光绪三十四年十一月初十日)，
第一百八十九号(第六年，第二十九期)

达赖抵京后之近闻

京函云:达赖抵京后,闻两宫特颁赐银一万两,并赏四川绸缎暨上用重阳花糕、奶茶诸珍物,均由内务府继大臣禄派员赍送黄寺达赖行宫,以示恩锡藩服之至意云。达赖奉旨于十二日在颐和园内仁寿殿觐见,所有朝觐礼仪,均由达侍郎寿教习一切,现已演毕。闻是日由领侍卫大臣带领觐见,并于初八日军机大臣面奉谕旨。达赖现已到京,着派达寿、张荫堂随时照料,钦此。闻理藩、外务两部,均已钦遵转饬办理矣。

1908年12月13日(光绪三十四年十一月二十日),
第一百九十号(第六年,第三十期)

注意西藏教育

日前政府诸公会议整顿西藏政策,某中堂谓开通风气、推广教育为各项新政之起点。西藏民智固陋,且与内地语言不通,终难收统一之教。现在亟宜注重教育,督饬各处,广设中小学堂,教以汉文、汉语各科,以期逐渐普及,为改良政俗之基础。

1908年12月13日(光绪三十四年十一月二十日),
第一百九十号(第六年,第三十期)

英员论英国在西藏之失策

《文汇报》云:希丹君曾在西藏腹地探险两年之久。近于某日报中登有一文:《论英国在西藏之政策》,谓英员前将杨赫斯彭特陆军中佐所订之约允为注销。由中政府拨付赔款,其数减至二百五十万,分三期付清。第三期之款已于今年付毕。英人届时即退出该处。此后不能再派商务代理驻扎拉萨。英国此举使英人于西藏之威权尽付东流。杨赫斯彭特君惨澹经营所获之利益,因中国赔款之故,全为华人剥尽。自此黄龙舞爪伸张威力,较诸曩昔不可同日语矣。

1908年12月13日(光绪三十四年十一月二十日),
第一百九十号(第六年,第三十期)

论藏僧聚众抗官事

藏事之坏也，由达赖之桀骜者居其半，由驻藏大臣之不职者居其半。故事设驻藏大臣一员，以治前藏之事，其治所在拉萨；帮办大臣一员，以治后藏之事，其治所在日喀则。近数十年来，则两大臣同驻拉萨，而后藏阿里之区，久矣不睹汉官仪矣。两大臣本属满缺，乾、嘉以前，简命使节，大抵皆王公大臣，衔命往使，且以全盛之势，而乘新胜之威，番人皆禀承号令，如恐不及。道光以还，国家之威灵，既不足以长驾远驭，而持节出疆者，无虑皆八旗世家子弟，纨绔童騃之辈，不得志于京朝者。边情夷务，懵然皆非所知，苟以取二万余金之边俸，饱食暖衣以待瓜期之及而已。迩来诸使之庸劣，殆无逾于有泰者，人第知其颟顸畏葸，贻误边防，而不知其辱国之深，尤有出人意表者。泰故嗜赌，博具外无长物，在拉萨日惟与牧猪奴为伍。所奇者，博进皆出自公帑，日必于粮台檄取数百金，以供枭卢之费。方其卸任时，拉萨一台，已亏空至二十八万余两，皆有泰一人所豪赌也。朝廷以边帅之重任，寄之此辈之手，而欲番人之不亵天威而轻视朝官也，安可得哉？若班禅者，其权势本远出达赖之下，自被英人诱禽，为卡尔各答及大吉岭之寓公者数年，益心醉欧风，大有此间乐不思蜀之意，盖其不知有中朝也久矣。

夫以藏事之积敝也如此其深，而藏番之猖獗也又如此其炽，伏读昨日电传谕旨，吞刀吐火之俦，居然奋螳臂以抗王师矣。今日之事，用兵殆非得已。虽然，欲制藏番，不可不经营内地，欲靖藩属，不可不注意外交，则请借箸筹之，以效铅刀一割之长，而备葑菲下体之采，庶几其有一当也乎！

卫、藏虽与蜀为邻，然由打箭炉而西，经里塘、巴塘，然后至察木多，始履藏境，计程须六十余日。此数千里中，皆边夷杂虏居之，其部族之分，至百余种，然固蜀边而非藏地也。诸夷皆苗黎遗裔，与藏番之出拓跋族者，迥非同物。咸、同多难以来，藏番始借口勤王，稍稍以兵力役属之，诸夷畏汉官之绎骚，始阴与藏人连谋，而为之侦察。今欲折藏人之势，不可不先绝夷藏之交，欲绝夷藏之交，不可不先正其经界，使中外晓然于炉定以西，察木多以东，数千里之雄封，皆本吾内地，而与藏地无涉。此非特杜藏番之侵轶而已，蜀西崇山万叠，矿产雄富，久为英人所垂涎，倘一旦得志于藏，则必肆其东略之谋，而全蜀之藩篱撤矣。绸缪牖户之策，其尚可稍缓须臾也乎？独是电文简略，未明言其启衅之由，与夫抗官之地，以赵、联两大臣会奏度之，殆必在拉萨城内。盖联豫已至藏，而赵尔丰则甫出塞也。联之为人，较有泰稍稍明白事理，惟尫羸骨立，日三餐不能一瓯，素嗜鸦片，决非任事之才，犹幸赵尔丰声威夙著，今即授为边务大臣，率兵入藏，必能妥慎从事。惟朝廷对于此案，宜速而不宜缓，宜就事论事，而不可牵延旁及，但治其抗官拒命之非，而不罪及全藏之僧徒，此亦急则顾标之一策也。若夫汉官平日有需索绎骚之咎，则不可稍示宽纵，庶以间执彼族之口，而杜后患之复萌。乾隆间素诚高朴诸案，固可为前事之师矣。

1909年1月1日（光绪三十四年十二月初十日），

第一百九十二号（第六年，第三十二期）

藏事危言

近年以来，举朝野上下，全国之视线，胥注于卫藏之一隅，人人攘臂而言藏事，或曰设行省也，或曰筑路也，或曰开矿也，或曰兴屯垦也。聆其言非不令人慨然有封狼居胥之意，实则一物无所见，而一步不可行。比闻政府又电饬川督，无论财力如何竭蹶，必须勉强筹拨，无误藏事。朝廷之慎重西南防务，可谓至矣。虽然，至今日而始为焦头烂额之举，岂有及哉？岂有及哉？

吾国沿专制之政体，其开疆拓土也，徒以侈君主一人之雄心，而不为殖民之计。以此之故，欧西诸国，得一新地，则国与民两受其利者，在吾国则君享其荣，而民受其敝。及其究也，则虚内事外，内既空矣，而外之杌陧乃益甚。于是君民两受其敝，而进退之术俱穷。国家抚有方夏，六合一家，东北起黑龙江海滨，西南讫乌仔别里山口，幅员之广，过于汉、唐、宋、明者几四五倍，而二百年来，上自宫廷，下逮黎庶，曾未蒙丝毫之益，至于今而情见势绌，非徒无益，且有害焉。岂非以殖民大义之不讲，遂至拥数千万方里之雄封腴壤，而石田视之也哉！吾国本部以外之属地，分四大区，曰东三省，曰蒙古，曰新疆，曰青海、西藏。东三省已与日、俄共之，蒙古、新疆则为俄人之禁脔。夫此三大部者，犹国家自有治理之全权者也，而危亡之虑，亦已若此。至于卫藏三部，则其现象之奇幻，遍古今中外管理属地之制，皆无能与之比例者。既为吾所征服之国，而设官以治其地矣。实则治理之权不在上国而在属部征服国之僧徒，以亡国之余烬而能挟其腕力制伏被征服国之重臣边帅，使之鞠躬膜拜，奉命唯谨，宁非宇宙间大可怪异之事耶？以故二百年来名为属地，而实为敌国。雍、乾全盛之时，犹不能混一车书，施改土归流之计画，而况积弱不振如今日者耶？记者之为此言，非乐苟安而甘缩朒也，诚以今日大势，如人之一身，百痏千疮，无处不溃，而更益以痿痹跖戾，不能屈伸，忽欲强呻吟床蓐之身，起而当负重行远之任，其不绝膑而仆地也几希。

西人之评论亚东大势者，谓百余年来，吾国措置藏事有三失焉。当岳威信削平全藏之初，不能悉其地而郡县之，以为一劳永逸之计，而因循姑息，惮于改作，一失也。暨乾隆朝两定金川，不能移得胜之师，进临卫藏，变更戎索，悉治以汉官之威仪，二失也。咸同之乱，达赖借口助国剿贼，收三瞻诸地，以广其封域，国家多故之秋，未遑诘问，及光绪丙申、丁酉间，鹿定兴总制四川，始建收回瞻对之议，边民直此，胥庆更生，事已垂成，而中败于恭寿之手，三失也。自是以来，藏番益轻视中朝，即无英、俄两国之离间，亦已飞扬跋扈，不可遏抑矣。况内讧之余，更加以外患乎！欲设行省，则绌于无财；欲广移民，则苦于乏食；欲筑路开矿，则四川干路未通，即有铁路，亦徒便于英，而弗利于我，况乎其断无此资力也。藏中矿产虽盛，而番人泥于鬼神风水之说，以死守之，断非文告口舌之力所能开其迷信。四者举不易着手，而徒虚内地之脂膏，以填此无厌之欲壑，窃恐边事未获丝发之益，而腹心之乱，溃败而不可收拾矣。昔左文襄既平新疆，即筹议改建行省，举国一致，独文文忠殷然忧之，以为虚内事外，终非远谋，一时论者，争议其畏葸偷安。由今观之，新疆省会之设已三十余年矣，究其裨益于国计民生者，果安在也？矧经营卫藏之艰难，尤有百倍于新疆者乎！窃愿秉国成者，审慎踌躇，而无为轻于一掷也。

1909 年 1 月 1 日(光绪三十四年十二月初十日)，
第一百九十二号(第六年，第三十二期)

西藏请调川兵弹压

驻藏大臣致理藩部电称，前巴勒布商人在江孜因纳税龃龉一案，幸和平了结，未兆祸端。但前、后藏一带，地阔兵单，若番情不靖，唐古忒旧兵难资镇慑。请由四川派兵两营入藏弹压，所有饷需，仍由川协济。

1909 年 1 月 1 日(光绪三十四年十二月初十日)，
第一百九十二号(第六年，第三十二期)

议改管理西藏法律

政务处王大臣会议：现在整顿西藏政务，最宜注意者莫过于政权与教权之区分，亟宜奏请谕旨，将国初以来钦定之管理西藏各条例及唐古忒教律提出，与达赖从长计议，斟酌修改。务期画清权限，于政事、教务均有裨益。

廷寄督宪

廷寄川督速派知兵大员赴藏，听赵尔丰调遣。该督兄弟共事，当能不分畛域，力图报称。钦此。

1909年1月1日(光绪三十四年十二月初十日)，
第一百九十二号(第六年，第三十二期)

西藏佛教溯源

《北洋报》载印度函云：有英兵官自西藏回印度，述及西藏佛教之事，谓藏中所谓菩萨者，非由印度传入。其先则由于中国也，系在纪元后六百四十年时，藏人曾扰中国边界。中国皇帝与之约和，以公主嫁于藏王。公主信佛，藏王从焉。慈悲之说行而榛狉之风革矣。藏王又从公主言，广辟利源，征财帛，建城以居公主，即为其时之新都。佛教之化由是遍布于各地。又遣僧侣入印度，得印度字母，合以藏中言语，运而化之，始成西藏文字。故今日藏中之喇嘛与印度之佛教异也。按《通鉴》唐贞观十五年，以文成公主嫁吐蕃。赞善大喜，慕中国衣服、仪卫之美，为公主别筑城郭宫室而处之，与西人所言若合符节。然则今之西藏，即古之吐蕃无疑矣。然公主信佛，其佛转由中国流入，此说未之前闻。《唐书》言：吐蕃之俗以赭涂面，公主恶之。赞善禁之，风亦渐革。然则西人所言，行慈悲之说，革榛狉之风者，其说亦有相合。故录之以补史乘之阙。

1909年2月19日(宣统元年正月二十九日)，第一百九十三号(第七年，第一期)

驻藏大臣电告藏僧业已安静

驻藏大臣赵尔丰、联豫去腊曾有飞电至京，谓藏众以大行太后仙驭升遐未蒙赏赐为词，有意寻衅，事机颇为危迫云云。兹闻该僧众等，忽又呈请具结以后不再滋事，佥愿诚心归化。揣其意，因闻达赖喇嘛将次回藏之故，当由赵、联二大臣于前日电告政府。赵大臣并称拟俟春融之后，仍当照常前进，前请饬部酌拨军需，倘未奉准部覆，现可从缓，惟开办费仍应照数筹备，以济要需。如蒙俞允，伏候饬部照案拨给，俾资应用云。

1909 年 3 月 1 日（宣统元年二月初十日），

第一百九十四号（第七年，第二期）【四川省图书馆收藏】

边藏饷械所入奏

驻藏川滇边务大臣赵尔丰，奏请在川省设立边藏饷械所。

1909 年 3 月 1 日（宣统元年二月初十日），

第一百九十四号（第七年，第二期）【四川省图书馆收藏】

驻藏帮办大臣之言论

驻藏帮办大臣温宗尧，月前抵星加坡，时有《太晤士报》访员往谒温大臣，并问到藏后办理藏事之方针。温答云："吾将开放江孜、加铎两处商埠，又施教育以开导之，然此乃极难之事，只望渐渐归化。现拉萨有六学堂，兼用汉文字教授，已有报馆一所。吾到任后，须习藏语，与藏民直接交涉。"

西藏帮办大臣到藏

西藏帮办大臣温宗尧由粤航海赴藏。兹闻温大臣电奏到军机处云：现已抵藏，一俟与赵大臣会商后，即到察木多接任。

1909 年 3 月 11 日（宣统元年二月二十日），

第一百九十五号（第七年，第三期）【四川省图书馆收藏】

查办驻藏大臣被参案

驻藏大臣赵钦帅前被言官参劾，政府电成都马将军查覆。现军帅已委龙道绂瑞带同随员前往巴藏查办观察，遵于日内束装起程矣。

1909 年 3 月 11 日（宣统元年二月二十日），

第一百九十五号（第七年，第三期）【四川省图书馆收藏】

议改管理西藏法律

政府以现在整顿西藏所最宜注意者，莫如政权与教权之区分，应令川督暨川滇边务大臣悉心调查，将国初以来钦定之管理西藏各条例，及唐古忒教律提出，俟达赖回藏，与之从长计议，及时修改，以期划清权限，于政治、宗教两有裨益。现已廷寄川督暨川滇边务大臣查照办理矣。

1909年3月21日（宣统元年二月三十日），

第一百九十六号（第七年，第四期）【四川省图书馆收藏】

川藏新政之办法

（一）准改奏调为咨调

政府对于川藏两处行政视为一体，所有藏中奏调川省人员，均准改奏调为咨调，以归简易。日前已电知驻藏赵大臣及川督赵次帅遵照办理。

（二）预算铁路用款

政府拟于今年开筑川督至拉萨之铁路，以为整顿藏政机关，惟此路用款孔巨，亟须设法筹措。日前由军机处片交邮传部，速行派员预算需款总数，以备筹措。

1909年3月21日（宣统元年二月三十日），

第一百九十六号（第七年，第四期）【四川省图书馆收藏】

咨报巴塘实业厂办法

闻农工商部接驻藏赵大臣电，咨系报告巴塘实业厂办法，并先设制革官厂，聘用工师，招收巴民，入厂学习，以期渐辟利源，而免游惰云。

1909年3月31日（宣统元年闰二月初十日），

第一百九十七号（第七年，第五期）【四川省图书馆收藏】

仿欧美例开医局

赵尔丰奏：巴塘、里塘、盐井、乡城、稻坝等处，设施医局，仿行欧美教会化导蕃民之例。

1909年3月31日(宣统元年闰二月初十日),
第一百九十七号(第七年,第五期)【四川省图书馆收藏】

饬选藏人来京肄业

理藩部现将满蒙高等学堂推广学额,昨咨行驻藏大臣,选派藏人子弟来京,入堂肄业,以为整顿藏省学务之起点。

1909年3月31日(宣统元年闰二月初十日),
第一百九十七号(第七年,第五期)【四川省图书馆收藏】

论卫藏与蜀边之不可混

国家统治之权,内政、外交二者而已。内政者,在我有唯一之主权者也。外交者,我与彼有对等之权而不可偏重者也。二者截然而不可混。从未有溷两事为一事,而可蕲其久安长治者也。独吾国之统治属部也不然。将谓之外交欤?则其地固隶我职方,其户籍固登吾天府也;将谓之内政欤?则犹是行以戎政,疆以戎索,而衣冠、礼俗悉沿其旧日之习惯也。究其所以致此之繇,则以曩者拓地开边,只以耀君主之武功,而不为殖民之远计;但责以朝觐职贡之虚文,而不求道一风同之实效。承平无事,国力方强,彼蛮族虽蓄异志,犹未敢狡焉思启也。一旦四方多故,长驾远驭之力有所未周,彼遂长其弁髦上国之心,以求一逞。而重以强邻窥伺之殷,又从而离间之,则翩然远举之势成矣。今吾国朝野上下皆憬然于藏事之危,而思为焦头烂额之补救矣。虽然,藏事之可危,宁俟今日而后见哉?

英人之觊觎三藏也,非一朝一夕之故矣。彼其处心积虑之深,重以形格势禁之便,由加尔各答而下大吉岭,以叩亚东、靖西之关,不过一日程耳。而我由蜀中调兵转饷,非三月不得至拉萨。长短迟速之不相及也如此。即使刿心尽智,岂有万一之济?固不待智者而后知之。今之所当急者,在经画蜀边,以为退步自守之计耳。我不汲汲于与英争,则英人进取之谋自可为之稍缓。而我得乘此闲暇亟图固圉之策,但使蜀西巩固,即令尽失卫藏,而我犹有所恃以自守。幸而英人不肯自开边衅,全藏尚为我有。则内安而后谋外攘,其势亦较易为力。视今日之漫无把握,而贸然前进以为尝试之举者,果孰优而孰绌也耶?

吾独怪夫今日之策藏事者，皆混蜀藏为一，而莫之厘正也。考之舆图，自打箭炉而西，至宁静山之麓，鸟道凡四百余里。逾宁静山而西，然后始入藏境。自宁静山东，皆蜀地也，非藏地也。此四百余里间，北接青海，南讫滇境，长者至千三百里，短者亦不下六百里。鸦龙江自北而南，灌输全境。崇山峻岭，不知纪极。矿物富有，无产不备，固蜀西天府之雄国也。其间诸部罗列，以数十计。而最大者，为明正及三瞻。其俗奉释教者约十之七，而自奉多神教者当十之三四。其奉释教者，虽亦皈依达赖、班禅，受戒牒为刺麻，然实自为疆域，非藏中号令所能及。自同治中三瞻叛命，达赖以兵力克复之，据以索我兵费，我未之允，彼遂据为己有，而久假不归矣。蜀西而蒙卫藏之称，实自兹役始。藏人欲匿其据我土地之愆，遂举其全境而藏之。我之有司亦遂被其欺蒙，而不复循名责实。比者蜀西之乱，据驻藏大臣奉报之辞，明明谓藏众构乱，而构乱之地则在打箭炉左右，此其西去藏边尚数十日程，固明明内地也，而奈何藏之耶？而奈何促达赖归事安抚耶？此真鲰生所百思不解者矣。夫我之误以蜀地为藏地，犹可言也，即藏僧之故以蜀地为藏地，亦犹可言也，苟英人据为口实，举此百余万方里之岩疆，悉以藏地概之，而肆其鲸吞蚕食之谋，则为祸之烈，尚何堪设想哉？孔子曰："名不正则言不顺，言不顺则事不成。"其此之谓乎？

故夫今日之所最急者，其惟正名也矣。谓宜举宁静山以东，讫于炉关诸地，明正其为蜀西边境，使不与三藏相淆。然后筹收回三瞻之策，允给达赖兵费，勒令尽撤番官，而复我昔日之主权。主权既复，斯徙民实边之议始克实见施行，而不虞它人之牵制矣。非然者，吾恐卫藏未及经营，而全蜀之藩篱已尽撤矣。至是而后谋之，宁有幸哉？

1909年3月31日(宣统元年闰二月初十日)，
第一百九十七号(第七年，第五期)【四川省图书馆收藏】

筹设川藏无线电报

西藏议改行省，政务殷繁，加以番民不靖，边防吃紧，往来文件驿传每多迟误。次帅因与驻藏大臣筹设无线电报，以期消息灵通(若用电杆恐一旦有事被伐，故以无线为便)。现已由川派员前往测绘，一面预备资料，即克日兴办矣。

1909年3月31日(宣统元年闰二月初十日)，
第一百九十七号(第七年，第五期)【四川省图书馆收藏】

马将军将为西藏军政大臣

闻监国政摄王素赏成都将军马明山留守为宿将，威镇边疆，此次西藏编练军镇，应选干于军政大员督练一切，拟派将军授为西藏督办军政大臣，藉以镇慑藏众，不久即发表矣。

1909 年 3 月 31 日(宣统元年闰二月初十日)，

第一百九十七号(第七年，第五期)【四川省图书馆收藏】

请派西藏教员

驻藏大臣电致学部云，前因西藏兴办学堂教员需人，当由部调派吴嘉谟充任。现该员因丁母忧，请假回藉，请即遴员派往接充此任，以重学务云。

1909 年 4 月 29 日(宣统元年三月二十日)，

第一百九十八号(第七年，第六期)【四川省图书馆收藏】

次帅拟设西藏官语学堂

日前次帅电致政务处谓改良藏俗，宜先从兴学入手，而言语不通，教育诸多窒碍，请先建立官话学堂，渐次增加各种科学以期普及。闻已与驻藏大臣妥筹办法，拟于巴安府倡始云。

1909 年 4 月 29 日(宣统元年三月二十日)，

第一百九十八号(第七年，第六期)【四川省图书馆收藏】

饬妥议西藏政教权限

日前有廷寄饬次帅及驻藏大臣季帅云，现在整顿藏务，所宜注意者莫如政权、教权之区分，着该大臣等协心调查国初以来钦定管理西藏各条例及唐古忒教律，体察现在情形。俟达赖喇嘛抵藏后，与之从长计议，妥筹划分权限办法，详细奏闻，以备饬各部及宪政、法律两馆会同酌议修订云。

1909 年 4 月 29 日(宣统元年三月二十日)，

第一百九十八号(第七年，第六期)【四川省图书馆收藏】

往西藏开垦者之苦况

西藏通信云：西藏自季帅剿抚后，在川省招谕人民出关开垦，允每人日给伙食银一钱，按日发给，并准携带眷属。将来所开之地，作为己有。川民往者千余人。及至中途，道路崎岖，每日仅能行五六十里。乃复晓谕云：日行百里者给银一钱，否则按章扣除。于是能得一钱银者，寡矣。比至该地，力耕苦作，稍怠则鞭笞立至，欲去则关隘綦严，困苦颠连，不堪言状。川员每过其地，则环泣哀鸣，求在季帅前代为恩恳云。

1909年4月29日（宣统元年三月二十日），

第一百九十八号（第七年，第六期）【四川省图书馆收藏】

改良藏民之农垦植务

京函云，日前农工商部溥尚书，以西藏人民农务皆守旧俗，种植垦牧各项事宜，向不研究整顿，拟请限年内饬次帅选派精于西藏语言文字人员，在西藏各要隘设立学堂，每日宣讲改良农垦植务之办法，令藏民入堂听讲，以收实效云云。

1909年4月29日（宣统元年三月二十日），

第一百九十八号（第七年，第六期）【四川省图书馆收藏】

驻藏大臣电陈要政

驻藏大臣赵季帅，电陈整顿西藏事宜，大略分为四项：（一）兴屯政以富边民。（二）添设官治以益地方。（三）兴办工艺以讲实业。（四）改练新军以资镇慑。

1909年4月29日（宣统元年三月二十日），

第一百九十八号（第七年，第六期）【四川省图书馆收藏】

川藏又启兵衅警报

打箭炉函云：去冬，西藏三大寺喇嘛与三岩土司争地，经赵季帅派兵驻彼弹压，该夷见官兵众多，乃外饰恭顺，自愿息争。季帅信以为实，旋将驻军撤退一半，该夷窥官军单弱，突于正月初旬，乘其不备，纠众围攻。驻兵大败，死者三百余人，被掳者百余人。季帅闻警后即电致川督，调巡防二营，前往赴剿。现该军已起程赴藏矣。

1909年4月29日(宣统元年三月初十日)，
第二百号(第七年，第八期)

驻藏大臣请津贴折

驻藏大臣联豫等奏公费支绌拟恳赏加津贴折云：窃以重禄养士，朝廷有奖掖之恩，国而忘家，臣子具报称之责，况际此时局日艰，财用日困，奴才又何敢以公费支绌，上渎圣聪？惟今昔情形不同，边疆地方紧要，若使避嫌不言，似违无隐之义，故敢据实为我皇上陈之。从前西藏设立驻藏大臣两员，每年每员各支公费银六千两，由四川藩库支发。当其时，物阜民丰，番情效顺，固无虑其不足。近则藏中百物昂贵数倍于前，各埠通商费用日巨，以故历任大臣，其自爱者不免因公受累，其不肖者遂至因贪获谴，无益于公，有害于事，失朝廷抚驭藩属之权，启番人轻视汉官之渐，所关匪细，奴才实深恨之。伏查东三省新定官制，四川新设边务大臣，皆经各督臣先后奏请，优予薪俸，悉蒙恩准。光绪三十三年二月初三日钦奉上谕，嗣后驻藏大臣应如何筹给津贴之处，著张荫棠妥议具奏，并严禁浮冒滥索，倘再有前项情弊，定行从重治罪，等因。钦此。……(按：本文不全)

1909年5月28日(宣统元年四月初十日)，
第二百零三号(第七年，第十一期)【四川省图书馆收藏】

朱批联大臣之封奏

驻藏大臣联豫以驻藏期满，奏请陛见。摄政王阅毕，即提朱笔亲加批谕，云："藏务正需筹画，该大臣情形熟悉，办事稳慎，一时不宜远离，如有重要事件，尽可折电密陈，著暂缓来京陛见，俟藏务就绪，再候谕旨遵行。"

1909年5月28日(宣统元年四月初十日)，
第二百零三号(第七年，第十一期)【四川省图书馆收藏】

西藏兴办巡警之计划

驻藏大臣联豫、温宗尧奏：藏印新约载明，中国如于各商埠及往来商埠之要道安设巡警，英国即将商务委员之卫队一律撤除，并不得再调防兵。则是我国兴办巡警之后，英国即须照约办理，不得在内地驻扎兵队。既免藏众猜疑，亦可免生事端。现拟于江孜、亚东兴办巡警，开办经费已筹有就绪。其常年经费例以内地章程，应向各商铺捐集。惟江、亚两处商务尚未大兴，捐集不易。每年约须二万两，拟恳由部照拨。至拉萨地方不甚紧要，拟从缓议，以节经费，而于拉萨立巡警总局云云。奉朱批该部知道，当日已由枢垣抄交理藩部、度支部、民政部矣。

1909年7月26日(宣统元年六月初十日)，
第二百零九号(第七年，第十七期)

藏僧围攻官兵之骇闻

闻政府近接驻藏赵大臣电告，西藏三大寺喇嘛现复聚众蠢动，围攻驻防该地之官兵，杀伤甚众，刻已电调川省巡防营来藏协剿，以免酿成巨患云。

1909年8月5日(宣统元年六月二十日)，
第二百十号(第七年，第十八期)【四川省图书馆收藏】

派员创办西藏邮政

邮传部因川藏铁路猝尚未易兴筑，往来殊多不便，近值事机万紧，声气不可不通，特派直隶邮政总稽查邓君树庭前往藏中创办邮政，冀渐除驿站稽延之弊，而坐收置邮传命之利，当务为急，其在斯乎？

1909年10月13日(宣统元年八月三十日)，
第二百十四号(第七年，第二十二册)【四川省图书馆收藏】

要求川藏路权

京师函云：日前驻京英公使赴外务部署晋谒那相国，秘谈两小时之久，要求川藏铁路路线暂归英国办理，俟中国将西藏诸政经营妥协后，仍还中国。

1909年10月13日（宣统元年八月三十日），
第二百十四号（第七年，第二十二册）【四川省图书馆收藏】

议定西藏先设三司

日前会议，政务处筹议西藏改建行省事宜。那相国谓西藏百政待举，事体重大，值此经济困难之时，若先分划疆界，设立州县，实恐一时力有不足。爰特电询驻藏大臣赵尔丰，查明藏地情形，详细报复。兹据赵尔丰呈报到京略云：藏地财政奇窘，交涉日繁，民智蔽塞，欲改建行省，非先将财政、交涉、民智三事办有规模，不能设官分治。政府接此复电后，某邸与那相俱主张先设财政、交涉、学务三司，统理全藏财政、外交、学务三项要政，并闻各军机亦皆赞成此议，日间当即发表施行。

1909年10月13日（宣统元年八月三十日），
第二百十四号（第七年，第二十二期）【四川省图书馆收藏】

减收西藏关税之实行

政府以藏地僻远，不便交通，内地商民多不愿往，故上期政务处会议时，各大臣曾面商农工商部溥尚书，设法保护商[民]，请减收商税，藉以鼓励。顷闻溥尚书已决定实行减收税则，日前通饬各省督抚转饬地方官，凡遇商民愿往西藏贸易者，即令切实保护，沿途关卡于寻常税厘减免五分之二，不得藉端需索留难。并闻准于今年九月初一日一律施行。

1909年10月23日（宣统元年九月十日），
第二百十五号（第七年，第二十三期）【四川省图书馆收藏】

川省幕职添设边藏科参事(目)

1909年10月23日（宣统元年九月初十日），
第二百十五号（第七年，第二十三期）【四川省图书馆收藏】

关外学务成绩

关外巴塘、里塘、乡城、盐井等处，向为文化不通之地，自钦帅戡平，复奏调度支部主事吴君嘉谟，设立学务局，创兴学务，汉夷方知有教育。闻截至本年六月止，先后三年，共计成立学堂三十九所，汉夷男女学生一千余名，各生均甚驯谨有法，从未闻惰逸冲突之事，路遇官长则正立拱手，问其家世叙姓名讫，莫不自称为大皇帝百姓吴先生学生，嚣张者视之能勿愧乎？

1909年10月23日（宣统元年九月初十日），
第二百十五号（第七年，第二十三期）【四川省图书馆收藏】

川藏交界又有乱事

督宪电枢府云：川藏交界之太克地方，距巴塘约十日程，本游牧种族，年来往往蠢动。前月该处之喇嘛，竟聚众七八百人，越境肇乱，立调重兵往剿，大战于沙夏葛巴之喇嘛庙，乱党死百余人，官兵亦死伤甚众。现虽略为平靖，而旋扑旋起，颇形棘手。又离巴塘三百里地，名洛买各喇嘛，忽自相残杀，已调派新军千人前往，相机剿抚，并陆续派拨军镇驻扎巴藏一带，藉资防守。

1909年11月22日（宣统元年十月初十日），
第二百十八号（第七年，第二十六期）【四川省图书馆收藏】

外部拒法人入藏传教

驻京法国公使前在外部要求准该国教士入藏传教等情，闻由部力驳以藏地民风悍野、地方旷远，外人入藏最为危险，恐启交涉。今春英国曾有传教之请，已经拒驳，且允准别国传教，实违中英藏约。无论如何万难允准，并将此项情形分电川督及驻藏大臣，随时严行查禁。

川印铁路问题（译字林报）

近接伦敦电，云：驻扎印度阿沙爱姆上流之沙的亚地方之办事官威金生君，于地志会演说，声言：如能由印度开筑铁路一条以达中国之四川，经过劳希哇里，足以膨胀中英两国之商业，云云。

打箭炉永远不开商埠

闻枢府以打箭炉一埠为川藏交通之要隘，外人屡欲通商，施其商战权力。曾经拒驳，仍恐其不时侵窥，拟即声明：该埠为中国驻兵之要隘，无论何时，永不开放商埠，以杜窥伺等情。闻此系出自赵云鹤大臣之条陈云。

1909年12月22日（宣统元年十一月十日），
第二百二十一号（第七年，第二十九期）

理藩部封奏藏事棘手

前日理藩部呈递封奏一件，探得内容系为某国笼络达赖，某国笼络班禅，致藏事种种棘手，并谓内外盟各王公亦有倾心外人之事。闻此折因关系紧要故暂不发。

减收西藏货税

政府以藏地僻远，不便交通，内地商民多不愿往，故上期政务处会议时，溥尚书特请设法保护，减收商税，以资鼓励。顷闻，已决定实行减收税则。日前，通饬各省转饬地方官，凡遇商民愿往西藏贸易者，即令切实保护，沿途关卡，寻常税厘减免五分之二，不得需索留难云。

1910年1月1日（宣统元年十一月二十日），
第二百二十二号（第七年，第三十期）

整顿藏事之新政策

整顿西藏问题，朝议极为注重。日前曾严谕各枢臣迅电驻藏大臣，妥订办法，奏请施行，不准再行延宕致误大局。闻日来枢臣会议佥以藏地僻远，宜取用羁縻政策，量为变通，恭以强迫主义。其改革政务之大纲则由中央政府决定，明降谕旨，假该大臣以行政上种种之特权，俾得便宜行事，冀收实效。此议业已通过，日内即奏请施行。日前，驻藏大臣奏陈藏番梗化情形，并奏派钟颖统兵入藏一折，经政务处会议后，昨奉特旨，着驻藏大臣传旨钟颖，努力带兵入藏，惟须相度机宜，无失朝廷和平抚驭之意。

1910 年 1 月 10 日（宣统元年十一月三十日），

第二百二十三号（第七年，第三十一期）【四川省图书馆收藏】

论蜀西边防之不可缓

自达赖赴俄游历之说宣传于中外，吾国政府，始憬然于狼子野心之不可恃。顷闻枢廷密议，以藏事之废弛，由于温、联两大臣漠不关心，唯知位置私人所致，年来一事无所设施，而外界之危机，遂日迫一日。现拟请旨调归内用，另简贤明大员赴藏，以冀振兴一切，免属地之失落云云。记者曰：西藏之非吾有也久矣，宁待今日而始悟哉！联在任稍久，废弛之愆，固无所辞咎，然前乎联而奉使者，又谁非谙弱无能，乏外交之知识者耶？温则到藏未久，即使长于外交，固亦无从展布，而以无所设施咎之，冤矣。

记者生平最不喜言经营西藏。夫我朝二百六十余年，岂尝有一日操西藏行政之权，而乃于今日民穷财尽之时，谋此万无一成之事乎？吾国向来开疆拓土，不以为殖民之计，而以张时主之威。当其兼并之初，徒欲其来享来王，职贡无阙而已，政权之握于彼族之手者，固依然无恙也。二百年中，所谓驻藏大臣者，除饮博遨游外，殆一无所事事。咸、同以前，番官补放，尚由达赖开具正陪数员，咨请驻藏大臣简员奏补。自与英、俄交通，遂益藐视中朝，并此补放番官之具文，亦靳而不与矣。此亦不能为历任大臣咎，盖当设官之始，原未尝授以管理之全权。彼番人夜郎自大之思，自祖宗朝而已然矣。今日之国势，又迥非数十年前之比，又乌能强彼以从我，而欲其不怀反侧之谋也哉！

论者未谙西南天地之情状，徒以内地之富庶温和，强为比例，我行我法，其实无一言切于情势。夫自打箭炉西行，入望者荒山不毛之域，冰雪崎岖，无数十里之平地，马行至藏，极速亦须三月。藏中一物无所出，一丝一粟，皆须运自内地。防马驼之冻毙，一马必以二马副之，一人一马之所携，此百余日中，道途所耗，已去其什九矣。其能抵拉萨者，概可想见。而拉萨以西至靖西，尚须数十日程者，更无论也。赵尔丰曾有移民开垦之举，然地气之寒，汉民断不能支，且即使能达其地，而开垦，而种植，至其收获，而后有粟可食，至速亦须历四月之久。加以行道之日，已过半载，此半载中耕者之所食，又乌从出。以故甫出关数日，而逃亡遂尽，竟无一人达其地者。屯垦事之至易者，尚犹如此。它事之困难，更可想矣。

是故，今日之西藏，断断无经营整顿之日，若强而为之，适以启戎心而速其外向耳。非不知英、俄侵略之亟，非急起直追，他日将非吾有。然此亦无可奈何之事。今内地犹未能自保，更何论荒徼之石田乎？为今日计者，惟有先亟图内治而已。炉城以西，至宁静山麓，此陕区数千里者，真川西之屏障，而全蜀存亡所关系也。雍正中，既平罗卜藏丹津之乱，未设大臣驻藏。先收察木多以东、巴塘、里塘诸地内属，设官治理。在祖宗昔日所以如此者，亦将为蜀西增拓藩篱，不肯汲汲于远略耳。倘不及时整理，以达赖之狼子野心，万一潜通强俄，以索还旧日侵地为请，我将何以御之？不恃人之不我犯，而恃我之不可犯。昔定兴相国督蜀时，所以汲汲收回三瞻，为改土归流之谋者，即为蜀西边防计耳，岂徒自卫而已？即欲经营卫藏，亦必俟此间道路已通，防务已固，而后可徐徐进取。断未有门庭之外，瓦砾榛芜，而顾能骋志于远略者。吾政府盍重图之。

1910年1月20日（宣统元年十二月初十日），

第二百二十四号（第七年，第三十二期）【四川省图书馆收藏】

论达赖喇嘛聘用俄人为堪布事

日前某报载有达赖喇嘛自回藏后，每日在深官与俄人会议。近又聘请俄人两名为堪布，不知是何用意云云。记者读之而愀然曰：我中国西顾之忧其未有艾也。我中国对于西藏始不过以属土之名义施以羁縻之政策而已。自印度南并于英，蒙古迫近于俄，于是藏地遂介居两强之间而有举足左右、足为轻重之势。然使为藏王者，世笃忠贞，一心内向，不为外人之威迫利诱而有所回惑，则固我中国不侵、不叛之臣，不足烦朝廷之顾虑也。无如外人既百出其术以相尝，而所谓达赖喇嘛者又系傀然一物，第惑于浸润之虚言而不虞覆亡之实祸。虽天朝优以殊礼，锡以隆称，而终无以易其朝秦暮楚之志。此固藏番之愚不可及，而亦我中国所引为深忧者也。

按西藏自黄教喇嘛始祖宗喀巴以后，政权与教权俱握于达赖、班禅两喇嘛之手。两喇嘛以藏王而兼法王，而各设执行机关以为统治。其属于政权之执行机关，则有噶卜伦（最高行政官）、代奔（兵政官）、西尔奔（刑政官）、尚车特巴（财政官）、宗奔（民政官）、囊素（噶卜伦之属）等职。其属于教权之执行机关，则除两喇嘛以下有呼图克图（教务长）、堪布达喇嘛（两大喇嘛之代理者）、宰桑（递送事务之监督）、都纲、僧纲、僧正等职。兹之聘用俄人为堪布者，非仅属于教权问题而不涉于政权问题也。盖限于前此英俄之协约（英俄约文有：凡佛教信徒，不论英、俄两国人民，如纯然关宗教事件，均得与达赖或佛教代表直接交通等语），不得不出此掩耳盗铃之计为预防诘责地耳。是故，曩年俄人派多数僧徒入藏，研究佛教。及今岁，俄礼部特派专员至藏考察社会宗教，莫非同此用意？盖不言政权而政权已在其中。否则，何以我简驻藏大臣，则称兵固拒；我欲改建行省，则执意不从，而独昵比[此]俄人，至授以大喇嘛代理之重职也耶？

且达赖之擅用俄人为堪布也，亦不自今日始矣。当达赖未从入觐之先，其随行各堪布中即有俄国著名婆利喇嘛道其夫（译音）。其人者素蒙达赖信任，常以俄国保护之说引诱达赖。其后英兵入藏，复劝令出走库伦为依俄肘腋之计。西报谓：该堪布在中亚细亚设计运谋，致英军入藏，达赖被逐，使西藏失其独立之外观，为不可思议之事（以上俱见去岁《字林报》）。盖达赖之深信俄人，直有推心置腹而唯命是听之势。重以俄人馈遗之厚（前达赖出京时俄使独密赆二万金，事见《时报》）、笼络之工（班禅与达赖同得俄皇为之护法，见《时报》），以视英人之称兵入藏种有恶感情者，殆不可同年而语。故非有班禅龋龁其间，则达赖早已尽举全藏之僧众，以归俄人之保护，而岂仅以一、二堪布为之谋主已哉？然而今日之眈眈焉，欲遂其狡焉思启之谋者，固不第一俄已也。俄人为觊觎全藏之矿产计，固不能不厚结于达赖。彼英人虽无入藏探险之权（英俄协约英人不能入藏探险），至近者，已以揽筑川藏铁路一事，屡聒于我政府。其命意所在，亦不问可知。而我中国之距藏地也，万里迢遥，欲用其保护之政策，固力有不逮。欲用其改革之政策，亦势有不能，徒于名义上领有七十万里之藏地、二百万人口之藏民，而在在皆有鞭长莫及之势。是故为今之计，惟有一方开采矿产，一方亟筑铁路，以防侵略而便交通。然后仿意王（英玛努埃）对待教皇（皮阿土）之法，无论达赖与班禅，只许其掌握教权，不许其兼握政权。盖外人维以两喇嘛握有全藏政权之故而利用之，而我中国则正以两喇嘛握有全藏政权之故而无术以整顿之。政权去，则凭藉既空，葛藤自绝，夫何虑他人包藏祸心之环而相伺哉？不然，吾恐堪布来而主权去，达赖安而藏事危。我中国西顾之忧，其真未有艾也。

1910 年 1 月 20 日（宣统元年十二月初十日），

第二百二十四号（第七年，第三十二期）【四川省图书馆收藏】

政府对于藏事之无策

自月初某侍御条陈事宜，有请另简大员，实行监督藏政之奏，于是有摄政王谕饬枢臣，速将应否派员监督，妥议覆奏之言。嗣是以来，枢府会议整顿西藏问题，乃有以增进防卫兵力，实行监察行政，严禁私与外人来往，立将界图送交保和会立案之四策闻。事虽仅托空言，然果按实进行，似亦差强人意。无如据都中最确消息，则谓各王大臣连日会商藏事，惟某邸及某相国主张实行干涉政权，而其多数仍力主怀柔主义，大约将来仍取怀柔之策云云（事均见本报及各报）。记者尝综观前后传闻，窃不禁作而叹曰：吾中国能力之弱，国势之衰，乃至并区区之藩属，与阴怀异志之喇嘛，而亦无策以对付之乎！

夫搜索腹地之脂膏，起而经营边卫，以缓急重轻论，其事似亦非必不得已者。然年来政府之视西藏，则正如奇珍异宝，息息存一稍纵即逝之虞，简重臣，拨协饷，筹边防，节节进行，尤其保存藩服之显焉者耳。所最可异者，达赖一入境，而督抚争赞金帛以馈献之；达赖一抵京，而朝廷悉索财物以要结之。计臣不敢言贫，宫府不敢靳赏。至问其目的之所在，则无非欲借牢笼之术，冀达赖之感恩图报于我，藏地之不至见夺于人耳。岂知僧众之野性难驯，依然如故，即达赖身受殊宠，亦且背恩负义，俨然欲依附强国，举我数千百年之属地转属他人，从前多方笼络之苦心，概归无效，怀柔主义之不足恃，固无待智者而始知。乃盈廷诸臣，聚讼多时，迄不能发一谋、建一策，于怀柔两字外，稍展其规画藏境之微长，然则向日之言改革、言整顿者，固尽是虚张声势之行为，而所用以布施番僧者，不几尽掷诸虚牝也哉！

顾虚张声势，原吾政府之专长。而以有用之金钱，浪掷诸无用之地，亦不仅对于西藏一事为然，在因循敷衍之朝，似亦不足深怪。惟是昌言改革，昌言整顿以来，外人之属耳目者，方将以西藏之能否改革、能否整顿，觇政府中人才力之浅深。应付藏事而果有术欤？则觊觎其地者，或尚有所顾忌，而未敢遽逞雄心；应付藏事而并无策欤？则窥伺于旁者，愈以为中国无人，而争欲出其诡计。彼缔结密约，往游俄国之说，在今日虽未见有显著之行为，然失今不图，而徒以羁縻为能事，则是授人以隙，微论改土归流之计画终托空言，他日虽欲顾问其行政而亦不可得也。抑且筑室道谋，招人轻笑。边事之棘手，势将日进日深，若滇南，若辽东，相逼而来，益有应付为难之虑，而西藏之不复为我有，特其小焉者矣。其关系顾不重乎！

是故政府自量己力，而足以使西藏不落人手也，则前之所谓四策者，亟当次第实行，而毋以旷日废时，自贻伊戚。如其自量己力而不能干涉藏政也，则莫若及此时期于川藏分界之区设法划清，而移其经营西藏之资为退守我圉之计，有备无患，其犹愈于误藏而并以误川也矣。愿衮衮诸公一审之。

1910年3月20日（宣统二年二月初十日），
第二百二十六号（第八年，第二期）

拟调毅军入藏之决议

调姜军门所统毅军入藏一节，年前即有此议。兹闻枢府以近来藏地不靖，大局甚危，非有威望素著之劲兵，不足以资镇慑。已决拟奏调该军由川入藏，相机行事，以增兵力，惟一切转运军械及接济粮饷等事，须核定办法方可实行。

1910年4月19日（宣统二年三月初十日），
第二百二十九号（第八年，第五期）【四川省图书馆收藏】

论治藏善后之策[①]（目）

1910年4月19日（宣统二年三月初十日），
第二百二十九号（第八年，第五期）【四川省图书馆收藏】

吴禄贞运动驻藏缺

边务督办吴禄贞接北京来电，以温宗尧与赵尔丰氏政见不和，致肇此次藏蕃之乱。政府以温氏从前既疏防范事起，又应付失当，以致达赖外逸，牵涉重大问题，深滋不悦，因急欲择贤往代。而某邸以吴督办办理间岛边防交涉尚无遗误，又因曩在幕府多年，深知其才能可恃，有奏保其驻藏消息。吴督办之急于交卸进京，盖欲运动此事之成云。

1910年4月19日（宣统二年三月初十日），
第二百二十九号（第八年，第五期）【四川省图书馆收藏】

---

① 1910年3月4号《时报》登载此文。

邮部拟设川藏轻便铁路

邮传部现因政府筹画西藏善后事宜,其应行举办要政甚多,尤以交通为最要。川藏铁路势难再缓,即拟筹措办法,克日敷设。某堂议以此路绵延甚长,工程险隘,不惟巨款难筹,且道途阻隔,筹办完全铁路甚难急切图功,拟请仍徇上年之议,暂行敷设军用轻便铁路,以期简而易行。俟将来商矿振兴,再行逐渐改筑。闻此议已定,不日即将施行矣。

1910年4月19日(宣统二年三月初十日),
第二百二十九号(第八年,第五期)【四川省图书馆收藏】

藏事条陈之卓见

某某两督前后均有长电达政府,条陈西藏善后事宜,大致相同。略谓藏中僧俗都系半开化人,若此时专意厚添兵力,决非柔怀远人之策。为今之计,宜一面藉其迷信以牢笼藏中僧俗,一面多设学堂变化其性质。苟该僧俗增进一分知识,即减少一分迷信,渐行抚治,尽可不必借重兵力,而藏事可以大定矣。不然,虽驻兵千万,销费倍蓰,恐终不免于反抗云。摄政王深韪其议,故连日秘密筹商妥善政策。

1910年4月29日(宣统二年三月二十日),
第二百三十号(第八年,第六期)【四川省图书馆收藏】

班禅仍请入觐述闻

闻政界人云,后藏班禅喇嘛额尔得呢前曾恳请入觐,因适有已革达赖潜逃之事,枢府电谕暂行从缓。兹闻日前驻藏大臣电奏,据称该喇嘛近又声请俟新呼毕勒罕选定后仍恳入京觐见,面奏整顿藏地边防交涉及一切应施政策,闻政府已有允准之意。

1910年5月18日(宣统二年四月初十日),
第二百三十二号(第八年,第八期)【四川省图书馆收藏】

我为蒙藏陕甘危

鄂路现已批准商办，而四国借款复日日要求签押。外、邮两部对于此事极费踌躇。拟移归川藏，则生利绝少；移归蒙古，则某国必横生阻力。陕甘路线本需巨款，又恐商民步湖北之后尘起而抵抗，迄无两全办法。然据个中人言：不归陕甘，则必归蒙藏，方足以对付外人云。

1910 年 5 月 28 日（宣统二年四月二十日），

第二百三十三号（第八年，第九期）【四川省图书馆收藏】

驻藏大臣之警告

驻藏办事赵大臣曾有要电一道发至政府，内容略谓：有某国水师驻扎江面，屡询未覆，实属有碍中国主权。请饬外部速与该国公使交涉等语。

1910 年 6 月 26 日（宣统二年五月二十日），

第二百三十六号（第八年，第十二期）【四川省图书馆收藏】

驻藏华兵被戕记

《文汇报》云：西六月二十二号，英国李斯君质问管理印度事务次官孟达古君，曾否接有报告，谓中国在拉萨之驻兵，有一千名为土人反抗戕毙？孟君答称：印度政府曾闻有风传，谓距拉萨之东，约有数日行程之某处，曾有战事，华兵五百名被戕。但尚无确闻。

1910 年 8 月 14 日（宣统二年七月十日），

第二百四十一号（第八年，第十七期）【四川省图书馆收藏】

联豫被参之传闻

京函云：现政界传云，日前由某御史递封奏一件，参劾驻藏大臣联豫。据禁其概略，系谓全藏大局之安危，胥以驻藏大臣为转移，所负责任至为重要。现驻藏大臣联豫犹疑寡断，遇事敷衍，以致任放已革达赖潜逃。幸善后尚属得宜，未至大局糜乱。现藏地应筹各政正急，并朝廷屡次谕催，仍多未能举办。册立新达赖尤为最关重要之举，延缓至今，尚未办事。且外人潜入藏地者日渐众多，该大臣亦并无防闲限止之办法。请朝廷特派敏干大员赴藏，详细调查一切，以期切实振兴各政，保全藩圉，而免任该大臣蒙蔽朝廷、致误大局等情。自原折留中未发，不谕作何办法。

1910年8月24日（宣统二年七月二十日），
第二百四十二号（第八年，第十八期）【四川省图书馆收藏】

监国注意蒙藏之一斑

内廷人云，监国近来对于蒙藏各政极为注重，每当召见各王大臣，不时提议。月前曾于军机、政务两处调取关于蒙藏之条陈折奏多件，存之三所，于休息时阅看，闻刻已交还。又饬政务处查取近二年来各政务大臣对于蒙藏两处之议案，汇齐订册，封送三所，以备查核。

1910年8月24日（宣统二年七月二十日），
第二百四十二号（第八年，第十八期）【四川省图书馆收藏】

议改西藏官制之概略

西藏改建行省，久经筹议，兹闻先从议改西藏官制入手。（一）裁撤驻藏大臣以下各员，而请钦派督办大臣总督全藏开矿、练兵诸要政，复设左右参赞各一员，帮同办理。（二）设立提学使，广立学堂，破除藏民迷信，喻以普通知识。（三）设立交涉使，专司印、俄关系西藏之交涉。此外，藏地刑律，并江孜等商埠判事章程，及应如何设官分职，均须俟督办大臣抵藏后，会同现在驻藏大臣，体察情形，分别布置，随时奏闻，以重藩卫。闻此议经政务处核准，日内呈请枢府，即见实行云。

1910年8月24日（宣统二年七月二十日），
第二百四十二号（第八年，第十八期）【四川省图书馆收藏】

川藏添设官制近议

西藏添设官制一事，闻已拟定草案，以赵大臣驻扎打箭炉为行台，其余如巴塘、里塘各处，均仿照巴安府制添设府治，并酌设州县，以便办理地方要政。又拟巴、里两处，均须增驻重兵，以为藏地之声援。俟办有成效，再行推及藏地。

1910 年 9 月 13 日（宣统二年八月初十日），

第二百四十四号（第八年，第二十期）【四川省图书馆收藏】

《经世文潮》

《经世文潮》原名《新世界学报》。1903 年 6 月 25 日(光绪二十九年闰五月初一)创刊。第 1 期即为学报第 16 期。在上海出版。半月刊,每月初一、十五出刊。总撰述陈黻宸,发行人有耻氏。书口题诸暨赵氏乐养斋斠印,由上海新世界学报社发行。

主要栏目有教育、宗教、人种、哲学、史学、政治、社会、国际、法律、殖民、国计、兵、农、商、工艺、文学、地学、理化、医学、美术二十部,子目二百则,译辑海内外哲学、体制及现行政策,按部成编。

上海图书馆藏有第 1 至 8 期。

论西藏密约

幸矣哉！俄人勤远略之心，有清廷偿其欲也。鄙矣哉！清廷依人之心，因俄人而益坚也。危矣哉！吾汉人无自立之念，无振兴之心，倚于不能自保而尚倚俄人为之保护之满清政府下，甘籍几层奴隶而独不以为意也。自东三省条约龃龉，未几而有以蒙古交换之议，蒙古之议未定，未几而有西藏密约之兴，清廷国事，何其勇于让地若甚耶？

夫蒙古与西藏有何异乎？蒙居中国之北，东与满洲连，南与汉土合，北接俄罗斯属地西伯利亚。其地广延沙漠，直达伊犁，长八百余里，阔三百里。利耕耘之地甚少，其土人平居业事，惟以逐水草牧马为生。得是地者，如获石田，其利于俄，固万不及满洲。然俄人亦留心筹划，团结其民，较之满洲尤为着意者何耶？亦以满洲一境，河海可渡，苟逼之太甚，则清廷决计开作通商公地，各国移其动力于此，而俄遂不得独享其利也。若蒙古则与西伯利亚相连，为各国势力所不至，所虑者土人不服矣，故大行其怀柔保护之恩，使土人心悦诚服。清廷纵欲拒之，而土人已尽服之，土人既服，乃可以在此屯聚强兵，展施一设，至气雄力厚，而后再图，则满洲已为其囊中物也。此其所以于东三省事未起以前，即注意于蒙古者，非徒利得一蒙古也，其意欲俟有机缘然后并吞满洲也，非徒吞满洲也，苟有机缘，即十八行省之地亦将一举而尽灭之也。

虽然，彼有是志，亦不能无忌焉。盖自甲午以来，欧西各国之运动风潮，咸移植于中国境地，割据鲸吞之念，人人皆然。若英，若德，若法，若日本，皆其所顾忌也。故先用联盟之术以要好于法人，使其不为我敌。德国在俄、法二国之间，其势力断不能胜二国也明矣。所虑者英与日本矣，故得西藏者，欲以控制英国者也。义和团未乱之先，俄常有轻视英国之心，以为英国兵力，所赖者印度而已。印度一国，原非英土，不过其人无团结之力，无政治思想，英人能以大同政策，联其诸小国而一之。而其人无自立性，又无倡率自立之人，是以甘服英国下耳！其置身营伍者，亦不过徒贪饷糈，或由势力所压不得不尔。南非之变，其始英兵多挫，俄人固以为所料英国兵力者，真无差也。义和团之变，俄人亦以为英国兵力断不能分而平中国之乱也，未几而英即能调十余舰之兵移驻于中国海面，且能联各国之师以摧京城，此固俄人所讶然为之动容也。此其藐视英国之心，自义和团而一变矣。欲图中国之计，亦自义和团而一变矣。

西藏者，与印度毗连者也。其地西界西域，东接云南，俄国苟据有其地，移驻雄师于此，固可以南控印度之师，东吞川、云等省，是以苦志经营，思得其地，虽事之显扬未久，而其处心积虑，已非一日矣。彼清廷政府之老大颓唐，昏庸无见，舍京师以外，他省非所知也。各省大吏亦然，地方安乱，诿之府、州、县，府、州、县亦然，地方安乱，诿之各乡绅。自上至下，互相推诿。亲民之官如牧令，于地方变动与否，尚不甚知。而况深居九重，又乌从而知俄人之设法笼络西藏土人耶？是以俄人于未得西藏民心以前，即售以笼络之术以悦之，既得西藏民心之后，即张其声势以明之，然后向清廷以立和约。清廷此际，既不能施拒阻之力于俄，复不能施怀柔之恩于藏。环顾境内，四处骚动。仰对外邻，曷能助力？不克宁迩，安可图遐？而俄人又熟审其乐于依人之性质，乃于约章内巧为取悦之辞，故第一条之约则曰为保太平起见，第二条则曰保清国永有用人行政之权，第三条则曰允代清国时平内乱，第四条则曰允代清国及政府管理西藏，第五条则曰允清国在此设立领事官，第六条则曰允保护在藏通商之清国人。清廷今日外患内讧，刁斗四闻。获闻之下，有不下涕感泣者乎？

彼清廷者，欲永保满人之利权禄位者也。前此维新未兴，凡汉人之隶宇宙下者，无不仰敬君上，推尊圣慈。近今汉人愚性已除，咸思自立。彼满人自问力不能敌，而又不舍弃此安富享荣之益。故排斥新政，以压汉人。汉人前之以保皇维新者，忽而转精神于革命，清廷于此宁不悚耶？今既得俄人应允如有内乱代为平定，闻信之下，宁有不谢天谢地得此恩人耶？而俄则坐乐其利，生聚教训，而后大行囊括之志。北则由蒙而南，西则由藏而东，北则有满洲以抵拒日本，西南亦有西藏以控压英之印度，其深心远虑，非为是耶？

且俄之所以为此策者，亦非徒欲全吞中国已也。中国虽弱力不足以拒俄，而各国之曾有商务或口岸于中国者，所在多是。其现在兵力所可及者，英、德之于山东，有威海卫、胶州以为之基。日本之于福建、浙江，亦有台湾、琉球以为之助。其余如香港、广州湾之于广东，安南之于广西，皆能厚集兵力，随时调遣者也。其它如英国承筑之滇缅铁路，由缅甸以直达成都，此路若成，则可由印、缅运兵川、云，直足制俄人东侵之力也。为俄人者，虽欲大举鲸吞，不能不注意印度也。西藏土民多图伯特克种，与印度人原无大异。在俄之意，以为苟得藏民欢心，必可推令印人来服。欲令西藏人令印人来服，必先立以安慰保护之法于西藏人。是以与清廷所立密约之第九条则曰：俄国地方官不得苛待土人。第十条则曰：俄国不得以威力强西藏人信从西教。第十二条则曰：不得拆毁西藏庙宇。夫野蛮未启之国，所最爱者神也，所最恃者庙也，所最畏者外教也。俄人于其所好则仍之，所畏则去之。西藏人既得保其神教，保其庙宇，则孰君我君，孰民我民，彼又何足介意耶？故俄人得藏之后，不必再图服藏之事，而必当行其图印之计，此固有心人所可以悬揣而得之者也。且俄以陆军雄视天下也久矣，一旦变起，则其由西藏之西而入印度，由西藏之东而入川、云，亚细亚大陆之中，其不有肝脑涂炭血流成河之一大战争耶？

要而论之，俄虽有侵印度之心，印未必能为俄有。俄虽有并中国之心，中未必尽归俄吞。惟欧西强国之注意于东亚者，当必攘臂疾呼，干戈乱扰，使我支那数千年之遗业，一举而尽空之。而满人之醉生梦死于依人权力下者，亦将一举而尽之矣。汉人！汉人！其将何以处此？

1903 年 7 月 24 日（光绪二十九年六月朔日），第三期

《商务报》

《商务报》于1903年12月(光绪二十九年十一月)创刊,北京出版。旬刊。工艺官局印书科印行,总司理人吴桐林。停刊时间未详。

论西藏可开商埠

西藏古吐蕃，元明为乌斯藏，其人则谓之唐古特，亦曰土伯特，北界河源，南界大金沙江，西距雪岭，东西六千余里，南北五千余里，距京师万有四千余里。自唐太宗以文成公主下嫁吐番赞普，西藏始通于中国。元世祖封西番高僧八思巴为帝师大宝法王，以领其地，而西藏始为释教宗主。藏地万峰刺天，矿产丰富，诚储财之天府、贸易之市场也。惟俗重喇嘛，神道设教，有闭关自守之风，处陋安贫，不知通商为何政。乃天心发泄，机会逼人，遂有英、俄入境之事。

国朝康熙初年，英在孟加拉购设市廛，建立炮寨，帆樯云集，百货流通，有蒸蒸日上之势。适彼处酋长，拘杀英之官若民，英廷怒以全师攻之，遂得印度全地，渐侵占廓尔喀，伸权利于西藏。盖印度去藏南克什米尔不远，北印度则密迩阿里，南北要路以大吉岭为通衢，商路可以直达，从江孜而南三站至帕克里，越岭由布鲁克巴三站至塔西苏登，又三站至大吉岭，计孟加拉至此一千余里耳。英知大吉岭为要冲，非此不能操其管钥，遂设领事副提督各一员守之。俄人忮英之强也，亦从费尔千省廓大胀力，欲设商市于江孜。然越外蒙古而南，尚有帕米尔为天堑之隔，因而交结藏民，与藏王通款曲，彼以刚，我以柔，彼以明，我以暗。英人不喜，次第进窥，欲以保印度者直通西蜀，乃有大吉岭分界之事。中朝特派洪文卿钦使前往调停。此光绪初年商界战争之历史，亦即兼并坐大之先声。譬如两智同谋，必当激动，乘东三省日、俄之战，竟至英、藏交兵。今虽议和，而英之商场，自印度至华者，已东西直接矣。

考前后两藏地方，天产甚富，英、俄之所以眈眈逐逐者，一为商材，一为商地。

兹先论其商材。麦米之属，虽不多见，然有黑粺一种，土人屑以成粉，和以水酪，可当糇粮。地多禽兽之群，牛羊尤甚，麝鹿如獐，头小口锐，腹下有膜，袋中蕴奇香，其名曰麝，今西藏上等贡香有和入者。厘[牦]牛种类极多，形较常牛略小，毛色光润可爱，宰食之味尤鲜美。野牛硕大，毛长而黑，角巨而屈曲，性猛人皆畏之。水泽鱼族甚繁，惟俗戒杀生，有张网烹鲜者罪当死，故数罟不入污池焉。矿产金银铜铁珠玉水银，惜民俗愚蒙，不知采取，天地自然之利今尚闭焉。

商地如何？藏南沿边数千里，统名喜玛纳雅山，藏北沿边为昆仑，即和阗南山也。互市向在四川西陲打箭炉，而江孜为境中精髓。昌都两河环绕，双桥高架，为藏地之东户，布达拉迤南曲水巴则春堆，皆在江孜以内，而江孜东商集亦多。札什伦布东北抵江孜，西南方左有萨迦沟内之曲多江，江右有彭错岭，为后藏咽喉，尽可开一商镇。卫地三十城，藏地十七城，阿里十三城，皆有土产。其川流之大者曰印度河，曰恒河，曰雅鲁藏布江，即大金沙江，水利之宏，可济舟楫。其形势如此，何怪他族之生心哉！

记者曰：英、藏交涉，今已略有端倪，我政府办理藏务各大臣，布置将来，胸次岂无成竹？莫妙于择水陆适中之地，广开商埠，遥集商人，设制造工艺厂，大兴术业，凡山林之所出，地窟之所藏，川泽之所生，土宜之所蕴，均一一培植而采取之，即以供商界工界之经营。择廉明官吏为之督治管辖，庶几绝外人之觊觎，收自主之权衡，商运西流，亦本馆同人之期望也。

1905 年 4 月 5 日（光绪三十一年三月初一日），第四十二期

《中国白话报》

《中国白话报》是鼓吹革命的白话刊物。1903 年 12 月 19 日(光绪二十九年十一月初一)创刊,在上海出版。由中国白话报社编辑,镜今书局发行。主持林獬(白话道人)。初为半月刊,第十三期起改为旬刊。零售每册一角五分。三十二开本,每期六十至八十页,采用洋式装订,约三万字。社址:上海新闸新马路昌寿里 71 号。

主要栏目有论说、历史、传记、地理、学说、新闻、教育、实业、科学、批评、小说、戏曲、歌谣、谈苑、选录、来稿等。刊有《郑成功传》、《扬州十日记》等反满作品。上海、宁波、天津、武昌、汉口、长沙、江西、南京、香港、成都、无锡、开封、福州、南昌均有代派处。

1915 年曾复刊,期数另起。不久即告停刊。

现存 1 至 3 期,中山大学图书馆及中共中央马恩列斯编译局图书馆均藏有部分原件。

英国兵进了西藏(新闻)

西藏就近着四川一边,也是我们中国的地方。俄国既占了奉天,他的意思还想再占西藏。英国因为西藏地方着实富足得很,倘然得了西藏,将来就可以造一条铁路,一直通到四川,那时四川就在他手掌里了。因就派了三千名印度兵,闯进西藏,那西藏的百姓吃亏,想来也共东三省差不多了。唉呀!这怎么好。

1903 年 12 月 19 日,第一期,第 23～24 页

英国派兵到我们中国的西藏

英国看见俄国占了东三省,因想那中国一定是不中用的东西了,你看他现在要瓜分了,他们大家还在那里忙过年哩!这种中国人那能够保护自己的国度?因又想这西藏是近着印度的,俄国一向也狠想得这块地方,我们英国不如趁早下手,就派了两队兵马一直向西藏进发,共总也有三千多人。西藏人见了英国人,也胡乱共他打个花仗,却那里抵挡得住,也只好让他进来了。

1904 年 1 月 31 日,第四期,第 41～42 页

英藏的交涉

北京有个专电说:政府里头不许英人在西藏索取各项的利益。驻藏大臣汪有泰电奏:西藏共英人正在开议和约,英人索取筑路、开矿、通商各项利益,计共开出十条。藏民得此消息,非常的骚动。政府得到此电,就吩咐有泰,叫他极力驳英人。西藏的拉萨也打个电报来说:英国共西藏所订的约,现在已经签押了。

西藏和约(目)

俄拒英藏的约

听说西藏共英国所订的条约,俄国极力阻止。初九日。

德、意、美力阻藏约

日来德意美三国都行文外部，力阻英国在西藏的新约。

英俄协商藏约

北京政府共俄国政府已经开议西藏和约的事，大约可以就绪。十七日。

唐绍仪前往西藏

北京政府派天津道唐绍仪做驻藏的大臣，现在唐绍仪已经动身了。

藏约还没有签字

英藏的约经有泰电奏后，外务部急电叫他力拒。有泰才惧怕起来。日前又电告外务部说：达赖虽然画押，但他自己还没有签过字，请外务部赶紧共英国钦差商量。十九日。

1904年10月8日，第二十一、二、三、四期

《大同报》

《大同报》是基督教刊物。1904 年 2 月 29 日(光绪三十年正月十四日)创刊,上海广学会出版。周刊。至 1914 军 12 月止,共出刊 538 期。1915 年 1 月起,改为《大同月报》,卷期另起,1917 年停刊。高葆真任主笔。馆址在上海福州路。

栏目分社说、外论、西报选译、西书选译、智从、艺文杂纂、新闻选译等。译著材料较丰富,包括哲学、教育、历史、宗教、农业、动植物等。该刊附有插图及照片,当时摄影初到中国,该刊替文人名士摄影,刊入杂志,要求被摄者代销若干份,以广销路。这种发行办法,在中国新闻史上亦属罕见。

南京图书馆及北京大学图书馆藏有原件。

西藏分为两省(国内紧要新闻)(目)

1907 年,第七卷,第 6 期,第 28 页

预定西藏开埠全局之计划(政界新闻)

政府王大臣以驻京英使迭次催开西藏商埠,应先将该处全局预筹久远之策。昨经会议,拟将前后藏疆域划分为两省,择其险要,改设州县。奏请简放大臣,统辖一切,总期利便交通,俾商业逐渐发达。不惟保守利权,且可免外人窥伺。此策适与西藏全局大有关系。

1907 年,第七卷,第 12 期,第 29 页

奏请整顿西藏政略(政界新闻)

联大臣近颇注意于整顿西藏之事。昨有奏折到京,历陈整理藏地政策。内有如请在该地设立官监专卖局,以防印度盐及俄领盐之入口。暨征兵藏番,改练洋操。查勘矿产,普辟利源。调查藏印境界,厘定疆域。又请在藏设立番汉学堂,教授藏人汉文。并奖励贸易事宜,以渐图商业发达。各项所陈,均极详明。闻藏政府颇然其说。

1907 年,第七卷,第 25 期,第 30 页

改良西藏刑律以收治外权(国内紧要新闻)

驻藏议约大臣张荫棠电告政府:如中国能改良西藏刑律,英国允将治外法权收回。

1907 年,第八卷,第 7 期,第 33 页

张中堂提议整顿西藏政策(政界新闻)

日前政府会议西藏问题时,由张相国拟出办法十条,交各王大臣酌核,并函寄

南北洋川滇各督,暨新简驻藏大臣赵季帅。均令迅速分别核议具覆,以便奏请实行。兹将筹议大纲摘录如后:

(一)多设陆军小学堂,一面编练番汉马步兵各数营。(二)劝谕川商赴藏贸易,挽回各种利权,由官场酌给补助金。(三)广设小学,注重浅近汉文、汉语。(四)与川省合办矿务,不分畛域。(五)联络英俄,以力保主权为宗旨。(六)清查地赋物税。(七)以邮电两政为始,联川合办,徐议路政。(八)派员分往各地,邀集酋长、藏僧,设法开导,以免暗中阻挠。(九)先就拉萨省城开办一切新政,徐图推广。(十)划疆绘图,立团营为入手办法,渐图自振,徐扶藏权。

以上各节总期斟酌轻重,先后次第举行,宽以岁月,毋责近功云云。闻枢垣已多数认可,泽公力任筹款。惟南北洋及川滇各帅,尚不知如何议覆。

1908 年,第九卷,第 13 期,第 37 页

西藏喇嘛之缘起(论著·时局)

西藏达赖喇嘛入京一事,中西报纸时时传述之。今本报搜辑各书报而成喇嘛之缘起一篇,敬以贡诸留心时局诸君子。

考佛教之入西藏也,尚在汉代以前。及北印度之释氏骄蹇失民,而婆罗门祭司之旧权斯复,尽逐释氏出印度,而西藏遂为佛教根源之地。故始传佛教于中国者不必自藏来,魏晋而后,则皆来自藏矣。嗣是由中国而高丽,由高丽而日本。其时释氏皆摭拾它教之言以为言,盖因第五世纪,有基督教徒自波斯以景教至藏,与释氏之徒遇,释氏乃引伸上天安乐之旨而曰西天,又变耶稣母玛利亚之名曰观音。洎唐以来,无他教入藏,而佛教独主藏权,尽藏人无不奉之。更以达赖喇嘛为即观音降世,而复张涅槃之说。涅槃云者,谓无情无愿之境界也。盖本厌世主义,以人生为最苦,而惟解脱以登此境界,为莫大希望也。

若夫西藏第一代大喇嘛,为西藏萨加城红帽僧庙中之大师,或称为喇嘛红教之首领。一千二百五十二年,元朝忽必烈大可汗,延请红帽大师为之主理敬神登位诸礼,遂封为王号以酬之。忽必烈为成吉思汗之子,欧人玛可波罗东游之时,曾友事之。又于其所著《东游记略》书中,述及忽必烈实为东方最文明之贤王。且能礼贤下士,招罗俊杰,以资治理,无论其为欧人亚人但有才能者皆录用之。时忽必烈欲于各教之中,择善而从,以备训俗型方之用。遂降旨召集有名之诸喇嘛,与一切他教中人,悉心考察试验,以定去取。迨考验之后,遂定喇嘛教以为国民之宗教。由

其本为中华蒙古诸地人民所奉之通教，较儒教、回教为盛也。查忽必烈当时之信奉佛教，由于异迹而得之。相传当时有神甫，奉罗马教皇之命前赴忽必烈处播道。忽必烈命其显呈异迹，以证明罗马教道之可贵。如罗马教人所不能者，而喇嘛能之，则彼将从佛教矣。岂知神甫不能于忽必烈之前显其异迹，而喇嘛能使忽必烈之酒杯自飞至其唇边，于是忽必烈遂舍罗马教而立佛教。但照神甫论之，当时之酒杯，乃魔鬼之所自举，忽必烈亦不过落其圈套而已。迨中国元朝败亡之时，其加利末诸亲王，逃至外蒙古西比利亚之边境。其地与西藏隔绝不通，遂自立一新大喇嘛，并立乌尔加为会城。其地在哥哥脑湖之近处，有俄员驻扎，与各亲王往来甚密焉。时在萨加之大喇嘛与其继位诸喇嘛，因不得元朝之护持，不复能称王号，以管辖藏中大份之地。约历四百年，至一千六百四十一年，游牧之鞑靼族人，入侵藏地，欲废弃喇嘛管辖藏民之权。于是黄帽大喇嘛，即新立于乌尔加者，乘鞑靼侵藏之机会，欺萨加城红帽大喇嘛之软弱，遂起意欲夺红帽大喇嘛治世之权，求鞑靼亲王哥士利起兵，灭萨加红帽大喇嘛，而立彼为王以代之。哥士利从之，黄帽大喇嘛遂得称王于拉萨，而封哥士利世子为拉萨总统兵马之大元帅并奉以王号。维时黄帽大喇嘛，亦由蒙古亲王，奉以大如洋海之名号，照蒙古文译之，即为达赖（译音）二字。故达赖喇嘛之名，译即大如海喇嘛也。由是拉萨之僧王，遂盛传达赖喇嘛之名于欧洲矣。拉萨第一称王之达赖喇嘛，以有口才著名。其人生而多智，为西藏历史中，最著名誉。又自称其先世，出于神圣之族，以耸动西藏之愚民，使之坚心敬服，因以保固其王权。兹略述其办法如下：彼自称为新黄帽喇嘛之第五代大师。历代大师，向加封号为胜主。胜主二字，西藏人称为嘉尔华，印度人称为奇那。北[?]五代大师，其嗣位，皆由第一代大师之灵魂转生。第一代大师于临死之时，自言其必当转生入世，一而再，再而三，直到永远，以呵护其佛庙与佛门中人。因此大师遂自命为第一代大师之转生，更得历代王灵之护持，而益形其大，藉以表明彼与第一代大师，皆为最有权最可爱藏王之转生，即史脱郎赞盖普王是也，并以表明史脱郎赞盖普为仁圣山灵之转生，即在古时赐灵食于藏民，使由猴身而变成人身者也。此仁圣之山灵，谓即世所爱敬之佛，名阿佛罗基搭佛，由藏人称之，为钦拉齐佛。此佛不愿成佛，不愿入涅槃，但愿留于天堂，保护下界众生，即凡呼佛号而求之者也。藏中愚鲁之人民，见有若是之证据，遂不察其真伪，信达赖喇嘛之巧言，认以为由神所命而敬礼顺服之。惟与之相敌之众喇嘛，即他教之喇嘛（喇嘛内分红黄二教），不信其说，起而杀之，且自命以为慈悲之释迦牟尼，今转世为操刀之暴君，遂改其庙寺，变为国教之用，即黄教喇嘛是也。一千六百五十四年，罗马教人格罗伯，往游拉萨，称达赖喇嘛为魔王，凡不拜之者，彼必杀之。直至今日，拉萨之达赖喇嘛，仍未改当时之故态也。然而喇嘛之错失虽多，其振兴学业，奖励工艺，实为可嘉。又在城外巴德拉山之上，筑造一大王宫，此处所遗之古传奇迹最多。迨在位三十五年之后，遂生弃世修道之心，于一千六百七十年，隐居于庵中。当去位之时，以其王权交于私生之子商耶胜祖，作为专权之代理人。其子之奸谋骄心，一如其父，父死匿丧至十六年之久。厥后立一年幼之人于王位，作为达赖喇嘛。其人不但年幼无知，且残暴荒淫，全藏之人，皆憎恨商耶胜祖。一千七百零六年，商耶胜祖遂为国人所杀，迨后此达赖喇嘛怙恶不改，卒为中朝所废而杀之。自是以后，凡为达赖喇嘛者，即世所称为诸神之所宠爱者，莫不早死，从未有一人成丁而死者。东方之国，俗以十八岁为成丁之期。历任达赖喇嘛，皆于将成丁之时，得各种不明之病而死。一死之后，即须再侯其转生而后复位，如是则可使代理者永久于其任矣。所以西藏国政，恒掌于代理之人，且与中国所派之驻藏大臣，恒有合谋之时。但观前四代达赖喇嘛之年寿，其一死于十一岁，其二其三其四皆死于十八岁，此其故可不问而知矣。今之达赖喇嘛则不然，遇历代喇嘛之死期，得以安然无恙，且有大志。其国中新出一政党，名保国会，深不以中朝干预为然。相传达赖喇嘛之得免夭折，皆藉保国会人暗中辅助之力也。

自西历千九百四年七月，达赖著常人之服出奔后，于是其行踪或在甘肃，或在蒙古，前数月则在西林（译音）。本年西三月至山西五台山，寓居僧院，五台为山西直隶交界之地也。中政府屡劝其回藏，因西藏只有潘生喇嘛，且只管教务而不问民事也，然达赖殊无意回藏，遂又令其入京朝觐，以便面商一切事宜，将来拟派官员送其回藏也。

1908年，第九卷，第16期，第4～8页

指拨西藏新政的款（国内紧要新闻）

度支部议准拨西藏新政的款二百万两，就近由川省指拨。

1908年，第九卷，第19期，第31页

分项办理西藏事务（国内紧要新闻）

奉抚唐绍仪中丞与外部张荫棠参议议订改革西藏事务办法，计分十五项：

一、官制。二、外交。三、军备。四、刑法。五、巡警。六、学务。七、宗教。八、商业。九、矿务。十、邮电。十一、银行。十二、畜牧。十三、垦务。十四、界务。十五、税项。

1908年,第九卷,第25期,第32页

最近商拟之改革西藏政策(政界新闻)

政府于藏事一节屡有筹划,据最近唐中丞绍仪及张大臣荫棠所会商编订改革藏务办法,其内容凡十五项:一(官制总则)、驻藏大臣与达赖其他堪布之关系并各衙门章程。二(外交)、藏官与外人交涉须先知照驻藏大臣事宜。三(军政)、仿照伊犁练军,由南北洋调遣军官充当教习,以养成兵官人材。四(刑法)、关于番人之惩恶劝善,以维风纪。五(巡警)、在藏兴办巡警以资弹压。六(学务)、创立蒙养院及小学堂,开发蒙民子弟。七(宗教)、关于保护喇嘛事宜。八(商业)、振兴工艺以抵制外货。九(矿业)、派员查勘金银铜铁等矿,以便开挖。十(邮电)、广设邮电局以利交通。十一(银行)、分设大清银行,创办汇兑储蓄事。十二(畜牧)、添设牧场,孳植羊牛,制造皮毛。十三(垦务)、开拓荒田,以重农业。十四(界务)、与邻国画明交界,以免纠葛。十五(税项)、编订收税。

一切一俟脱稿后呈递会议政务处,俟各大王臣认可,即具折入奏。

1908年,第十卷,第9期,第32页

预备以西藏改行省(国内紧要新闻)(目)

1908年,第十卷,第11期,第28页

西藏整军(国内紧要新闻)(目)

1908年,第十卷,第11期,第30页

西藏改设行省之难(政界新闻)

迩来政府颇注意于蒙藏事宜,自达赖来京,外间传说皆谓关于藏事,以改省设官为入手办法。兹探得某大军机曾为边省督抚，于川边□情甚为明悉，谓巴塘、里塘以内可耕之地甚少，且察木多河水半系毒流，民不便于生计。改设行省，开办费既无著，又须各省协饷。现值财政困难之秋，断难始终维持。故不如就现在情势，重驻藏大臣之权，酌练新兵以资镇抚，较为得策云。

1908年，第十卷，第12期，第32～33页

将简西藏交涉使(国内紧要新闻)

西藏交涉使一缺不日简放。

1908年，第十卷，第18期，第31页

西藏邮政之基础(政界新闻)

邮传部陈雨苍尚书为交通藏卫起见，拟先在拉萨地方设立邮政总局，以通川藏信息。除业经特派部员王鸿赞、福兆赴藏调查邮电各事外，复令王鸿赞等就近速将全藏要埠添设分局，以期消息灵通云。

1909年，第十卷，第23期，第33页

请变通宪政章程于西藏(国内紧要新闻)

驻藏边防大臣赵尔丰以宪政章程有僧道无议权一条，惟西藏全境均隶达赖喇嘛治下，全藏皆僧，奏请变通办理。

1909年，第十一卷，第12期，第30页

西藏商埠自设巡警(国内紧要新闻)

驻藏大臣联豫、温宗尧奏江孜、亚东等处现经开埠，拟即开办巡警，俾英国卫队得以早日撤退，免生事端。藏印新约载明中国如允在商埠及其余重要地方设立巡警，英国即允将商务委员卫队撤退，并不得再行驻兵云云。欲印人早日撤退军队，惟有开办巡警之一法，故拟即日开办等语。奉朱批该部知道。

喇嘛条陈藏政

雍和宫喇嘛赴都察院条陈藏政改革办法，请代奏。

藏僧围攻官兵之骇闻

闻政府近接驻藏赵大臣电告：西藏三大寺喇嘛现复聚众蠢动，围攻驻防该地之官兵，杀伤甚众。刻已电调川省巡防营来藏协剿，以免酿成巨患云。

1909 年，第十一卷，第 24 期，第 30 页

治理西藏之政策（国内紧要新闻）

政府会议西藏难骤改行省，宜先设督办及提学交涉两。使电商边防大臣赵尔丰，如无异议，即具奏请旨办理。

1909 年，第十二卷，第 16 期，第 33 页

西藏官制（国内紧要新闻）

枢府会议改定西藏官制，探得数端：（一）拟裁撤驻藏大臣以下各员，钦派督办大臣总督全藏事宜，其下设左右参赞二缺，帮同督办大臣办理全藏开矿、练兵诸要政。（二）设立提学使一缺，广立学堂，破除藏民惑溺，喻以普通知识。（三）设立交涉使一缺，专司印、俄关系西藏之交涉。其余设官分任诸事，则俟督办大臣到藏后自行审度奏请施行。

1909 年，第十二卷，第 16 期，第 34 页

行强迫政策于西藏（国内紧要新闻）

政府会议整顿西藏政事，势难再缓，宜假驻藏大臣特权，变通办理，强迫施行，方能有济云云。

1909 年，第十二卷，第 22 期，第 30 页

会议西藏要政(国内紧要新闻)

前日枢府王大臣会议西藏要政于内廷,为时甚久。探闻共议四事:一为严防达赖与他国秘密往还。一为速修川藏铁路。一为速订藏律,以清政教权限。一为钟大臣带兵入藏,应需粮饷由川省拨济之法。

送西藏驻兵险要地图(国内紧要新闻)

陆军部拟在西藏驻扎新军以资控制,惟藏地甚广,若不查明险要,无以定扼守之方。除遴派熟谙舆地人员周历通查外,并电咨驻藏赵、温、联三大臣分别夷险,绘图送部,以备考核。三大臣接电后,即派测绘员生,详绘藏地全图,填注应行驻兵地方,加以案语,咨呈到部。闻各堂多谓此图足为边防之助。

电饬严防达赖之野心(国内紧要新闻)

枢廷诸臣自闻达赖喇嘛有与俄缔结密约并订期往俄游历之风说后,曾面奏请饬驻藏大臣联豫、温宗尧设法劝阻。一面并赶紧筹划整顿藏边事宜,以免变生意外。近接联豫电奏有达赖暗中受愚,野心勃勃,以致改革藏政左右为难等情。深恐藏事苟有蹉跌,则前次款待达赖百万之巨费尽将掷诸虚牝。因又寄谕联、温两大臣及督办川滇边务赵大臣等,严防达赖勾结外人,致扰边境,该大臣等并不得稍有疏虞,致干重咎云。

1910 年,第十二卷,第 23 期,第 31 页

再续西藏要闻(国内紧要新闻)

达赖喇嘛致电北京,归咎于华军之滋扰民间。中央政府因电驻藏大臣及藏北带兵之赵尔丰,务须修明纪律云。

路透加尔各搭通信员电告:达赖喇嘛以礼式谒印度总督明多。在道时,有孟加里马兵拥护。达赖以丝巾赠送印督,印度总督亦以礼相酬酢。

驻藏大臣联豫、温宗尧昨电致军机处,据称达赖喇嘛潜逃,奉旨革去封号,已经

遵照通知藏民，一体咸知。惟达赖掌管宗教事权，现已委交班禅喇嘛办理。凡藏民已皆公认，而班禅即在后藏接管办理，请行转奏。

摄政王决意简派亲贵重臣前赴西藏，宣抚僧众。

字林西报接西历十四号电云：达赖现入英境戛可大，次日会晤驻印总督。十八号离去戛可大，仍回大吉岭。

二十号电：达赖恳求英俄两政府向中政府关说，英俄已允之。

1910 年，第十三卷，第 5 期，第 26～27 页

三续西藏要闻(国内紧要新闻)

闻政府得驻藏大臣来电，赶设川藏电线，建筑轻便军用铁路。需款虽巨，即由度、邮两部担任。现议由部遴派干员携带学生前往四川，会同川督派员会勘川藏线路，陆续开工建筑。

理藩部尚书与左右堂在私宅密议，派熟悉西藏人员往藏，探达赖喇嘛逃避缘故，现在如何情形，并暗查整顿藏事入手办法，拟备封章奏陈，以尽理藩职务。闻此行甚密，不令枢府知。

某某两督前后均有长电达政府，条陈西藏善后事宜，大致相同。略谓：藏中僧俗都系半开化人，若此时专意添厚兵力，决非柔怀远人之策。为今之计，宜一面藉其迷信以牢笼藏中僧俗，一面多设学堂，变化其性质。苟该僧俗增进一分知识，即减少一分迷信，渐行抚治，尽可不必借重兵力而藏事可以大定矣。不然，虽驻兵千万，销费倍蓰，恐终不免于反抗云。摄政王深韪其议，故连日秘密筹商妥善政策。

政界人云：政府因藏地治事人员除戴琫、堪布、碟巴由理藩部注册外，其余各项人员多属无从查核。拟即电致驻藏大臣先后之六十八城之噶伦布以下各项高爵，仓储巴、浪孜沙、东克尔、纪纲、谷操、卓尼尔、业尔巴等员，开具衔名，咨送到部。俟新选达赖选定，藏务大局安谧后，即由特旨将各项治事人员大加封赉，并饬预先宣布朝廷之德意等情。闻系因现在藏中各员对于革斥达赖一事均无异言，且未煽惑反抗之故。

英公使照覆外务部，略谓：达赖喇嘛过印度时，英国并未派兵护卫。华兵入藏一事，英廷决不干涉云云。

1910 年，第十三卷，第 6 期，第 30～31 页

西藏政教分离之基础(国内紧要新闻)(目)[1]

1910年,第十三卷,第19期,第29页

西藏未有英兵(国外紧要新闻)

西藏边务渐安,因英兵未至该处故耳。

1910年,第十四卷,第1期,第27页

英无意在西藏用兵(国外紧要新闻)

印度电云:英政府现将军用刍粮运赴西藏者调回,已革达赖闻之颇为心忧。

1910年,第十四卷,第4期,第25页

西藏练兵之新计划(军界新闻)

藏防棘手,练兵实为先务之急。闻荫尚书此次莅部,即先建议筹措西藏练兵经费,尚需时日。若俟编练成立,派往驻扎,非惟防务紧要刻不容缓,亦恐节外生枝,贻误良多。特商之朗军机暨军咨大臣涛贝勒,拟先将内地已经编练之军镇抽调,酌派分驻拉萨,以资镇慑,而壮军威。一俟筹款经练成军,再行交替,为一时权宜慎固边防之计画。闻朗贝勒虽经认可,惟主军客军杂处一方,日久难免无冲突之事。仍请涛贝勒与荫尚书妥筹防范办法,并应酌调何省军队,如何支配,以免哗溃而昭妥慎。

1910年,第十四卷,第6期,第34页

改良西藏政教问题交议(国内紧要新闻)

资政院现准枢垣交来议案,系改良西藏政教办法问题。

1910年,第十四卷,第6期,第34页

---

① 1910年6月27日(宣统二年五月二十一日),第一年,第十四期《国风报》登载该文。

议准西藏银元定制(财政新闻)(目)[1]

1911年,第十四卷,第15期,第33页

西藏拟设立新官之草议(国内紧要新闻)

川滇边防大臣赵季鹤前经奏请以藏地边防交涉及抚绥番众等情,恐不时致启纠葛,请迅即建设新官,以资襄理,并为将来建设行省之基础等情。兹闻已由枢臣迭次核议办法,现已拟有草议。闻其概略系以设立新官固为现在之至要,然筹济经费最属繁难。仍拟先从简试办,暂试参赞四人。一交涉参赞,另设一军政参赞,即以钟颖充任;一民政参赞,另设一商务参赞,即以钱锡宝充任。驻藏大臣改为总督,藏务大臣附设两副大臣,分驻后藏及江孜商埠。属下各设各项科员,以资治理一切等情。此系现定草案,尚未决定。

1911年,第十四卷,第19期,第32页

① 1907年7月26日《时报》登载《驻藏大臣请规复西藏银元旧制(西藏)》,内容与此文相同。

《安徽俗话报》

《安徽俗话报》是安徽出版的著名通俗报刊。1904 年 3 月 31 日(光绪三十年二月十五日)创刊。初在安庆出版,不久迁往芜湖出版。该报是同人刊物,办报的都是安徽人。主编及主要撰稿人陈独秀,编辑有房秩五等。半月刊,每逢朔、望发行。每期三版三十二开本一册,约四十张左右,售价大钱五十文。白报纸铅印,式样与现代刊物相仿。当时最高发行量达三千多份,第三一六期曾补印过三版。出至十五期后,因事停刊数月。出版年月系追署,与实际有出入,十九期后改正。1905 年 8 月被查封,历时一年半,共出了二十三期,其中有三个月因故未能出刊。该刊由上海东大陆图书印刷局承印,总发卖所在芜湖长街科学图书社。

该刊的宗旨一是救亡图存,二是开通民智。装帧美观。栏目有论说、要紧的新闻、本省的新闻、历史、地理、教育、实业、小说、诗歌、闲谈、行情、要件、来文等。销数占海内白话报之冠。

上海图书馆、吉林大学图书馆、安徽省图书馆藏有部分原件。

英兵进攻西藏(要紧的新闻)

由中国四川省再向西走,便是西藏。传唐僧西藏取经,便是此处。本来是我们中国的属国,近来英国恐怕俄国占去,便乘着俄国和日本打仗,立刻发兵进攻西藏。你说西藏的喇嘛僧,如何抵挡得住。现在古鲁地方和英兵打仗,藏兵大败,死了五百多人,内有三个头目。英兵已经占了古鲁地方,西藏的败兵都退到都城拉萨府去了。

1904 年 4 月 30 日,第 2 期,第 7 页

英攻西藏情形(要紧的新闻)

英兵攻打中国属地西藏一事,上期已经说过。现在听说三月初一日,西藏人和英国在哀地既尔佳基地方打了一仗,藏兵又败了,杀死三百多人,英兵只伤了九人。甘志地方也有藏兵二千,于三月初七为英兵所败,死了一百九十名。西藏人平日只知道敬神拜佛,不晓得练兵造炮。到现在和英兵打起仗来,好像雪狮子见了太阳一般,平日敬重的那班菩萨佛爷,怎么不来救他呢?

1904 年 5 月 15 日,第 3 期,第 6~7 页

西藏战事(要紧的新闻)(目)

1904 年 5 月 29 日,第 4 期,第 6 页

西藏战事(要紧的新闻)

四月初六日伦敦电报说道:在甘志的西藏人在附近各山建立炮台,并打算毁坏英兵的道路。目下,英国派哥克斯兵和先锋兵两队前往西藏,立意要攻取拉萨。初七日伦敦电报说道:西藏有埋伏的人攻击送信给英营的印度兵八名,相仗一点钟,印度兵死了三人。现在英国打算派大兵攻西藏,西藏人很恨中国政府不肯派兵保护他。

1904 年 6 月 18 日,第 5 期,第 6 页

西藏战事（要紧的新闻）（译《上海西报》）

达赖喇嘛将其大臣四人监禁，因这四个大臣和英兵私通。英国派往西藏的援兵已到，打算五月十四日向拉萨进发。大喇嘛因英兵进攻日急，想从拉萨逃走了。英将马都诺已到甘志地方。

1904 年 7 月 13 日，第 7 期，第 7 页

西藏战事（要紧的新闻）（译《文汇西报》）

目下英兵已深入西藏内地，占踞当志地方，并无阻碍。六月十一日，英兵官密少将又占了高罗辣山径。

1904 年 8 月 11 日，第 9 期，第 7 页

西藏有议和之意（新闻）（译六月十二日大阪《朝日新闻》）

达赖喇嘛听说俄军在满洲战败，晓得俄国将来是靠不住的，自己的兵力又不能够和英国抵敌，所以有情愿议和的意思。

1904 年 8 月 25 日，第 10 期，第 5～6 页

又去了一个西藏（新闻）

西藏的地方在四川省西面，由四川到西藏尚有三千里光景。若拿古书推求起来，也要算我们汉人有一个古国。西藏在今日虽然是中国属土，内里一切政事却系由藏人自治。有一种黄教的和尚，名叫喇麻，甚有势力，管理全藏事务，犹如西藏的君主一般。朝廷虽然派一个旗下人做了驻藏大臣，驻在拉萨，然而毫无权利，不过如同木偶。却说西藏的南边就是印度，英人既然占了印度，就要想占西藏。光绪十四年英人曾派兵到西藏，扰了一阵子。因为西藏天气寒冷异常，英兵都不能耐这个苦。况且这个时候我们中国尚不曾被日本打败，一个纸老虎完完全全未曾撕破，所以英人尚不敢强占。到了近几年，英国有个印度总督名叫寇仁。这个人一心想吞西藏，恰遇着俄罗斯人也要想吞西藏，英国怕俄国不答应也就不敢下手独占。这番

日俄战争，俄兵大败，英人就乘这个机会急急进兵，将西藏的京城拉萨占据。西藏人见现在的驻藏大臣旗人有泰，同个死尸一般，一句话也不敢向英人说，就知驻藏大臣不能保护西藏了。就同英人讲和，立了十条约章。听说七月二十三日已经签了押，八月十四日英兵已退出拉萨。这个约章就明明西藏为英人的属国，听凭英人开铁路、通商，并下赔英国兵费约四百万两银子，分三年归清。啊！我们中国的属国，现在只有西藏、蒙古，今日西藏又失去了，蒙古不久也怕要亡。俗语说得好：舐糠及米。现在外国人已将糠粃舐尽，恐怕就要来舐米。

1904 年 9 月 24 日，第 12 期，第 6～8 页

藏事续报

本报上一期言西藏同英人立约，做了英人的属国，这件事关系我们中国很大。况且俄国人见英人得了大好处，不肯甘心，也就来中国再要一块地。因此朝廷无法，就于八月十七日赏了天津海关道唐绍仪一个三品京堂，又加了他一个副都统衔，叫他往西藏去查办事件。啊！这查办事件四个字也不过是敷衍敷衍罢了。

1904 年 10 月 9 日，第 13 期

英认西藏主权与到藏议约(时事)

听说驻英中国公使和英国外部大臣商议以后，英国已认中国在西藏的主权。所有一切通商、筑路、开矿等事，应和中国政府妥行协商。但中国也要出具保证，载明西藏的权利不再让给别国。又英政府谓中国派往西藏的钦差，应该速即前往。现在中国政府已催唐星使速即动身，到印度去了。

1904 年 12 月 7 日，第 17 期，第 2 页

和尚要到西藏去留学(南京)(各省要闻)

和尚智德具禀两江制台要到西藏、印度等处留学，研究梵文、梵语，请给护照。制台很赞成，已批饬上海道发给护照一纸。听说不日就要动身了。

1908 年，第 4 期，第 8 页

《东方杂志》

《东方杂志》于1904年3月(光绪三十年正月)创刊。在上海出版。商务印书馆编辑及发行。初为月刊。自第十七卷(1920)起改为半月刊。1948年12月停刊。

论中国不宜委弃西藏(录甲辰第四号《外交报》)

英人之外交,向以迟滞闻,惟此次之略取西藏,则至为敏捷,与咸丰八年俄人之略取东海滨无异。俄人之略取东海滨也,乘我之所不暇争;而英人之略取西藏也,亦乘俄之所不暇争。俄人之略取东海滨也,中国人不知之;而英人之略取西藏也,中国人知之而若不知之。夫取人万里之地,如窃一小物,为人所不及觉,非在中国,不能得如此之机会也。

俄人之据东三省也,国论沸腾,若有不可终日之势,揆之情势,固应尔矣。而英人之图西藏也,天下寂然,初若以为甚当也者,岂西藏非中国之土地乎?抑英人非外人乎?且平心论之,英之入西藏,尚不及俄之入东三省,较为近理。盖东三省之役,究起于寿山等之攻俄,及俄攻寿山而胜之,因有东三省之土。故东三省之役,其曲在我,而俄人又有铁路在焉,屯兵保路,抑亦无理之理也。而英之于西藏无一焉,吾不知英人之言于中国政府,其操何说以为言。大约非借口于通商之故,即实言中国之力,已不能有西藏,于其送之俄人,毋宁送之英人耳!

夫使英人而明言中国之力,已不能有西藏,与其送之俄人,不如送之英人,此亦实事实理,使人无可难者,然而不能无惧者。英人而为此说,则法人可以此施之于滇粤,德人可以以此施之于山东,英人、俄人又再行推广其土地,则吾土可以立尽矣。

今中国之力,岂足以拒英人之入藏乎?此固无其力也;抑岂有词以拒英人之入藏乎?抑亦无其词矣。夫东三省者,我之内地也,而西藏,外藩也。俄占内地,而我告中立,则英占外藩,我岂有不告中立之理乎?若不问俄之占东三省,而忽问英之占西藏,吾知英人必告中国曰:中国欲使英人退出西藏,必先使俄人退出东三省,而后议之。

然则吾人将为西藏而经营东三省乎?东三省之所以归,只三途耳!俄败日而全据之,一也;日胜俄而戍其地,名还我而实不还,二也;或列国会议使别立一小国,如希腊然,三也。此三途虽不同,而中国之不能再有东三省则同。如此,则亦无以为口实,而使英人还我西藏矣。亦并无以为口实,而使他国勿效英俄之所为矣。

总而观之,则英人入藏一事,于我有三难焉。以兵拒之,则无其力,一也;以言拒之,则穷于辞,二也;听之,则效尤者起,而中国分,三也。欲求免此三难,戛戛乎!其难之。

盖天下之事，无生而难者也。必其先漫无布置，无形之中，难端四伏，久之而后发难，然后天下真有不可为之事，而使人踌躇于无可如何。今日西藏之问题，非自今日始也。自雍乾时，勘定西藏，其所定驻藏大臣之权限，其精密完备，为我向来所无有。有人谓此时必有客卿为我谋者，非我之智之所及也。不意徒有其法，而无能胜其任之人。百余年间，西藏之事，如在云雾，中国士大夫，殆无人能详之者，而祸端乃见光绪十四年哲孟雄之役。是役之后，泄沓如故，殆如牧者放群羊于猛虎之侧，而牧者酣睡，是虎即不甚饥，然久之亦无不啖群羊之理。彼牧者能自免，幸矣，其羊则必不能免者也。

虽然，难则难矣，而尚非无可图也。英人入藏之举，为其印度总督之意，其下院人颇非之，日来各英报所论，无一赞成此举者，此我之一线之生机也。然其主脑，则仍在东三省，必我国于日俄胜负之外，有一善策，由我主动，而不由日俄主动者，则东三省可以完，而西藏亦可以完，其它各省，遂无不可以完，而后始有图富强之地也。

1904年4月10日，1卷2期

论政府不可自弃(本社撰稿)(社论)(选论来稿附)

楚 青

今试曰政府者，为少数之贵族建设乎？抑为多数之民族建设乎？则必曰为多数之民族建设。又试曰政府对于国民，为其仅能享受一切租税贡赋之权利乎？抑为其能尽保护国民生命财产之义务乎？则必曰惟尽其义务，然后能享其权利。总此两义，无论其为君主政府，为民主政府，为君民共主政府，要皆不能出此范围，不然者谓之无政府。

耗矣，哀哉！吾中国人，数千年来，专以倚赖服从为事，而失其独立自治之特性，一旦遇外力之排击，遂无复能为实力之抗拒。至于今日，国际艰难之问题，其日接于吾人之耳目而呈种种之惨剧者，尤极不可思议之状。眈眈列强，将实施其十年灭国、百年灭种之强硬手腕，吾大陆一片净土，不啻机上之肉。吾同胞四百兆众，不啻釜中之鱼。为问今日吾中国政府，已能尽其对于国民之义务乎？抑放弃其责任，而听其若存若亡乎？则吾于今者东三省日俄构兵，英人猛击西藏，美人虐待赛会华人三事，窃不能无蓄疑之问题也。

东三省非吾之土地乎？其人民非吾之同胞乎？顾自日俄开衅以来，朝廷名虽守中立之旨，而东三省之土地，不能严拒两国之认为战场，斯已不能实行中立之旨矣。然辽河以西为中立地，划归战地以外，战国不得任意拦入，俄人固已承认之，而何以近日俄兵之侵入辽西中立之地？其散处于新民屯、沟帮子、白旗堡、梁家屯、广宁、双台子、锦州等处者，乃多至一千二三百名之众。而又收吾三省警兵之器械，夺我三省商民之财产，坏我三省子女之名节。近人诗云："流血殷边草，苍生大可哀。"其言沉痛，使我心痗矣。起视政府所订局外应享各项权利，曾有一毫之留人心目耶？而又加以胡匪马贼之出没飙忽，妄肆劫掠，杀害平民，视官吏如腐鼠，或毁拆俄人行兵铁道，泯泯棼棼，幺幺日甚。由前之说，土地之占据，不敢与争；人民之涂毒，无可告诉。是自吾内部观之，不得谓之有政府。由后之说，胡匪马贼之充斥，破坏国际之交涉，而吾曾不能过问，是自外交上视之，亦不得谓之有政府。

奈何东方之惨雾方浓，而西北之悲风又起乎？西藏之为我藩属，垂二百年，今英人无端欲袗臂而夺之食，而吾政府不闻与英政府严正抗辨。夫祸机之发，其来也渐。吾见外人之研究西藏问题者，不曰俄人阴伸其势力，即曰英人竭力以经营，而曾无一语道及中国者，是已默认其为非吾之藩属矣。乃今值英人进兵西藏，而吾政府果无对付之策，坐视西藏之亡，低首下心，伈伈俔俔，彼不折而入于俄，即转而入于英耳！昔秦不得志于山东诸国，恃韩魏为之蔽。山东诸侯，不悟所以保护韩魏之疆围，而听其先折而入于秦，而各国随以自毙。今西藏为川黔之保障，西藏亡而川黔随之矣。况俄自通里海之道，收葱岭以西诸回部，归入版图，与西藏成逼处之势。英人果唾手而得西藏，俄岂甘心为之下哉？顾俄方有东方战事，不暇兼顾耳！则吾正幸乘此时会，仅须筹应付一夙同盟好之英国，苟能仗义执言，及起而与之争，彼亦何说之辞？乃计不出此，而驻藏之大臣，驻英之公使，犹复凭公牍之往来，仰外部之鼻息，而虚与之委蛇。呜呼！吾仰睇太空，彼须弥山下之风云，抑何其惨淡耶？吾闻之研种类之学者，谓西藏高原，为吾人类发生之地，今其危殆若此，得无吾黄族子姓，真有苦海沉沦万劫不复之苦痛，而无可逃避耶？吾思之，吾重思之，彷徨沙漠，徙倚冰天，吾同胞之前途，其不远矣。

若夫美，非所谓文明之国，行共和之政治者乎？其往日陵侮吾华人之流寓彼国者，犹不过劳动社会之一部分耳！请姑置不论，至今日赛会，则并吾上流社会而亦加以种种无礼之陵侮。观于方君守六日记，与游学稽君手书，直不以人类待我。吾不知此时我国专使处此，将生如何之感情。况赛会之事，乃吾受请而往者，与平日之交际不同。夫无礼之招，且不可施之于个人之交际，况国与国之交际乎？吾度政府是时，经种种困难之问题，必无据理直争之势。顾有可以操之自我者，则电召赛会专使，及一切赴会华商，立行反国，赛会品物，尽数撤回。即用前日《新中国报》抵制美禁华工之策：所谓办货者不办美人之货，用物者不用美人之物。佣力于码头者，惟美货则不起；买卖于市上者，于美货则有禁。为今日独一无二之抵制术。然吾以为彼之抵制之术，要之于多数散漫之众，其势涣而难齐，此则操之一政府之手腕，其效明而易见。不观于辛丑之岁，醇亲王赴德谢罪，德皇要王行拜跪礼，王不从，留滞边境不进，电奏朝廷，按国际公法力争，其后乃收通融之效，联玉帛之欢。又去年日本开博览会，设人类馆，有损我国体之处。我国留学生，出全力以争之，未几日即撤去，此非其明效大验耶？独奈何并此而不敢较，是可忍孰不可忍？嗟我同胞，九幽沉沉，白昼冥冥，犹太波兰，殷鉴不远。政府诸公，即不为吾民族谋生存，而覆巢之下，宁有完卵，独不自为谋乎？况今值日本战胜强俄之时，正黄白种族荣落起伏千载一时之会，吾愿政府闻吾言，而亟起直追吾同洲强国之后，相与左提右携，出此沧胥，诞登彼岸，终必有畅然满志之一日焉。则虽举吾今日之危词，等于飘风之过耳，宁非吾国民之大幸哉！

1904 年 5 月 10 日，1 卷 3 期

藏英战事汇志

二月十六日伦敦露透电：藏民复请英军撤退，英军中佐杨黑司班力拒不允。遂与英军接战两次，藏民大挫，积尸遍野，其多数之藏民即逃入山内。古鲁地方尚有抗拒者五六十名，终为英国步军及格尔克司英军所据。

都纳消息称：有西藏大将三人从以护军一队，皆执来富枪，枪有俄国标识，英甚忌之。

十七日伦敦电：英军志在直抵藏京，且英国拟派使驻藏审察情势必不可少，若藏民不允，在甘志地方与英协议，英军尚拟前进，必达其目的而后止。

又电：英中佐杨赫司班传示消息，谓近与藏人一战所得之枪，均系俄人制造。前曾谓俄人在西藏设法一事，今已知其确情。想俄人之权力，曾令达赖喇嘛反对英中佐杨赫司班也。

俄国《维兰姆也报》载称英国遣军西藏为最要之举动，若能得有统辖西藏及达赖喇嘛之权，并必得管辖蒙古全地及俄属边界之权，英国此举实系与俄国为难也。

二十日伦敦电：中国政府因俄人外交之巧，致欲使英中佐杨赫司班退出西藏。华官所致照会有谓应复还该属土治理之权，故英人侵藏之事，中国不得不行责问，

然至今尚未答复。

又电:英国西藏专使现答复驻藏大臣云:彼将于一礼拜内前往甘志,望与西藏各长官届时同在该处会晤,以便议妥其事,免致再有战事。

二十八日伦敦路透电:派往西藏之兵已抵甘志,并无一人死亡。

三十日伦敦电:藏民复于红庙山峡攻击英军,藏民阵亡三百名,英军伤十人。

又电,中国驻藏大臣曾致书英军统领陆军中佐杨赫司班,声言本拟造谒,因为达赖喇嘛所阻,故未遂愿。现拟往甘志地方与之会晤。

三月初一日德京电:英国派赴西藏之军已于甘志地方与藏民协商,至于英军之再往藏京与否,全视其结局而定。

西藏大臣电咨政府云:藏人前此均以服从俄人为主义,近日屡闻俄败,故已改其初辙。刻下英派专使行将到藏,必可妥为安置云云。

1904年5月10日,1卷3期

论藏英交涉(译日本明治三十七年六月七日《日本报》)(本社译稿)

《莫斯科报》有曰:俄罗斯维脱摩斯者,素为排英派之代表。顷因藏英之交涉而论之曰:自辽东战状,稍就静止,而亚洲西部,又有交涉之案,为中俄英三国利害冲突之点。其事惟何?则英国近派远征队于西藏而与藏兵开战是也。去年之季,印度政府遣使至藏,冀与达赖喇嘛协商,定印藏之境界,完互市之保护而已。而西藏官吏,不愿与之交涉,于是英国专使,一变其和平之性质而出于激烈。所藉为口实者,谓英国在藏之利益,已为俄国侵害。且承英政府之旨,谓俄国与西藏喇嘛有秘密之关系,与中国政府则定秘约以处置藏事云云。

杨赫斯奔大佐之派遣,虽曰为和平之外交,而考其实际,则同董率偏师,携麦基生炮以赴西藏。而藏英人会见之始,即以戎衣相见,虽曰小冲突乎!而数百名之死伤者,赫然陈尸于战场。然则平和之使节,直变其性质,而为挑战之先锋矣。而他国于藏地有利害之关系者,势不能束手坐视,任英人之横恣,此亦英人所明知者也。

西藏者,中国之一部,其外交事件,悉经拉萨代表者之手,而取决于北京政府。故杨赫大佐之侵略西藏,而伤达赖喇嘛之人民,不得不谓之有犯中国之主权,而大违万国之公法。非可以中国臣民妨害满洲铁道,而俄国所以惩处之者为比例也(译者察俄国亦严于惩人,而宽于自解,与英同病)。而他国于藏地,有利害之关系者,莫如俄。俄之与藏境地相接,彼英政府尝屡对俄国而保证其决无侵略西藏之野心,惟求英藏交涉有安固之基础而已。然观其所为,如杨赫大佐之远征,其欲于西藏扑灭俄国之势力,较然而不可掩。俄国于此,当不认英国平和之使节,而以自保利益之政策抵抗之。前此事状,虽俄英间尚不至遽生纠葛,然使英国更进是而有非理之举动,则俄国决不可置之不问,此实吾人所深望者也。

1904 年 6 月 8 日,1 卷 4 期

英兵入藏

印度之屏也,长江流域之上游也,英之攫西藏也宜。当俄人之有事于满洲也,而乘其隙以独占之,且掣俄之肘以助同盟国,英之于今日而急攫西藏也宜。乌呼!孰使我依违俄人之协约者?孰使我介乎英、俄之间,而以外交之拙劣滋口实使得公然舍我而直接者?乌呼!于英人乎何尤?于满洲,日、俄皆胜,我独败;于西藏,英、俄皆胜,我独败。俄牵于满洲之役,然决不能舍经营西藏之成绩也,其必与英战。虽然俄终牵于满洲之役,恐不能分肥于西藏也,其必攫新疆伊犁,略内外蒙古。

1904 年 6 月 8 日,1 卷 4 期

英人宣言西藏独立

西藏为我藩属,三百年于兹矣。一切兵权财政用人外交诸大政,皆归我驻藏大臣经理,虽有达赖喇嘛,不过备守府、行文书而已。今英国蓝斯唐乃公然号于议院曰:西藏宜独立,各国皆当许之。何理也?夫西藏之隶我版图,内与四川相接,外与蒙古相属,而旁通于甘肃、青海诸境。若与英国提论,即爱尔兰、苏格兰之密迩于伦敦也,濠洲、印度尚非其比。假使有人谓爱尔兰宜独立,苏格兰宜独立,英人其许之乎?即不然推而远之曰,濠洲宜独立,印度宜独立,英人其许之乎?英人素以文明自居,今其言时野蛮若是。比年以来,勘界一事,驻藏大臣有泰委缩不前,遂使英人狡焉思启。西藏尚能常为我有乎?西藏不为我有,西藏遂能独立乎?夫甲午之役,韩国独立,然未及十年,今已全折于日本矣。西藏之于英亦犹是也。假使我保护西藏,责英人之无理,英人必以东三省为言,东三省俄人显然据之。英人欲使各国公

许西藏独立,犹非私为己有也,不过为他日侵蚀之计耳!

1904年6月8日,1卷4期

驻藏大臣有奏陈川藏情形及藏印近事折

窃奴才自奉恩命持节西疆,当兹多事之秋,谬膺非常之眷,兢兢业业,惧弗克胜。所幸八月二十一日,由川省起程,经过四川所属之打箭炉、里塘、巴塘及西藏所辖之察木多、拉里等处,番民颇称效顺,夫马亦少留难,即间有一二地方蛮民梗命,略加薄责,亦咸知畏惧,而不敢妄为。是以四阅月中得抵前藏,行程尚为迅速,此皆天威远播,非奴才所敢预必也。惟川藏交界边情,藏印挑衅近事,沿途闻见,未敢安于缄默,请为我皇太后、皇上缕晰陈之。里塘本川属也,两处土司颇知恭顺,经奴才宣播朝廷威德,晓以大义,无不同声感戴。惟生长蛮方,不无桀骜情性,遇有锥刀之末,亦起争端,诚得地方官实力维持,自可相安无事。惟有各寺院之喇嘛,愈出愈多,堪布之权甲于官长,稍不遂意,聚众横行,托庇居民,肆其鱼肉里邻。借贷间出其中,该喇嘛则重利以剥之,多方以胁之,如约不偿,则查抄备至。甚至纵使无赖番僧沿途抢掠,控其追究,反索规礼,以致巴塘、察木多交界之乍了[丫]一带,盗案如林,客商裹足。窃思此辈番僧皆吾赤子,倘能虔心奉佛,并非我国法所不容。而乃干预地方,肆无忌惮。若不早为钳制,窃恐一朝尾大,收拾更难。是以奴才屡次函商,署四川督臣锡良及帮办大臣桂霖,拟请于察木多地方添设重镇,安驻大员,筹防练兵,次第举办,庶几外可以摄藩服,内可以靖蜀疆。途中接准署四川督臣锡良来咨,业经与帮办大臣桂霖会衔陈奏,拟请帮办大臣驻察木多,居中策应,诚今日至急之务,奴才所日夜筹思者也。至于藏印边务兵衅业已兆端,目前英兵已抵对朗,番兵与之相持,理阻强邻,开导番属,艰难情状早在圣明洞鉴之中。奴才身受厚恩,自当力图报称,即有万分为难,亦当设法维持。惟任事之初,番情究未深悉,拟面商达赖喇嘛及查番民近日情节之后,应如何筹办之处,再行陈奏办理。不敢因循误事,亦不敢激切图功,总期修好睦邻,仰副我圣朝怀柔远人之至意。谨奏。

1904年6月8日,1卷4期

藏英战事纪要

英使照会外务部略谓近派赴西藏之杨黑斯班大佐电称:藏民两次抗拒致不得

达甘志，尚望电饬驻藏大臣妥为弹压，免开战衅。政府接到照会后即议致驻藏大臣弹压藏民之电。

二月三十日北京电：驻藏大臣有护戎电咨外务部，略谓英兵入西藏之雅干，一再磋商，英兵已退屯城外，并招抚逃番复业。惟全藏震惊，断难相安无事。乞速商英使，即电撤兵队退扎江外，再妥议办法，以安人心。

三月初七日北京函：西藏之事，外务部已电咨驻英张钦使与英政府妥议。

二十二日香港电：英大佐杨赫斯班公报云：有西藏人约一千名攻击英兵，藏人终被击退，死伤甚多。

二十三日伦敦露透电：三月二十日，有藏兵八百名于甘志地方攻击英军，为英军击退，伤亡甚众，英军亦有印度兵两名受伤。

二十四日伦敦露透电：三月二十一日，英军格尔卞斯兵一中队，印度兵一中队，在嘉罗山下与藏兵一千五百人鏖战六小时，英军伤亡二十五名，陆军小队指挥官毕土恩阵亡，藏兵败逃阵亡者二百名。川督锡制军电咨政府云：西藏英兵陆续增多，藏民仍思抗拒，驻藏大臣虽屡电派兵，究无成效，请向英使会议暂缓调兵。

二十八日伦敦电：藏民复将毁坏之炮台修好，并架炮六尊，以一磅重之弹，攻击英军。又英国政府已告印度政府，谓其不欲忘去岁九月十八日派兵往藏之说。

二十九日伦敦路透电：英国管理印度部侍郎约翰布罗得力克在下议院宣言，由印度添派赴藏之兵共有英兵四中队，印度步兵四中队，炮四尊。

四月初一日伦敦电露透电：局驻西藏甘志通信员报称：初一日，喇嘛宣战。

初三日伦敦电：英国陆军大将麦顿奈尔电告政府，谓在藏英军安然无恙，续添之军皆用以保护交通之道。

初四日伦敦露透电：英国哈维克之伯爵答复斯宾塞尔伯爵曰：派往西藏之军与藏民决裂，并非政府之政策有所差误，不过往后之危险甚于前所预料者耳！去岁十一月六日所宣告之政策亦无拦阻英军远入藏京之意。

外务部致驻藏大臣电，略谓：界务业与英使妥议，务乞约束藏员、兵弁静候廷寄，万勿卤莽。

十四日伦敦电：印度书记官柏乐德烈谓英人出兵至西藏之故，不过欲索回赔偿及担保，以后不再有所妨碍，方得了结，亦望此事早结。然政府须受亲至西藏者之指导，方有可望。

又电：在藏英军于四月十二日往村落间扫除藏兵，不料藏兵已于该处筑有炮台与英营相近，英军遂与藏兵接战，英军阵亡印度兵三名，伤九名，其大尉革司廷阵亡，小队指挥官奥科娜、大尉米蔡里毕克尔皆受伤，藏人亦伤亡甚众。

十九日北京电：驻英张星使电：于十三日电致外务部，略谓藏事已商英藩部，知印督停止进兵，所议各条祈与萨使商定后即电藏速办云云。但前日又闻藏英见仗，故又电询张星使矣。

1904年6月8日，1卷4期

藏英战事纪要

四月初二日甘志电：藏兵之在甘志者，其营在寺院中，距英军西北约六里，用鸟枪及四磅炮一尊袭击英国之达克沙军，为达克沙军击败。藏兵抄截英军之背，意欲断绝英军后路，邮便物件尽为所夺。初五日英国防军于藏兵据守之小庄内拦击藏兵前进，英军大胜。先是英军分三路进攻，藏军齐发排枪以击英军，并严防炮台之门，以擂木大石滚下，致无成效。嗣戈登大尉率开路兵奋勇上前，用棉花炸药，始将其门炸开，英军一拥而入，藏兵大挫。英军受伤者四名。

初六日信：英军之陆军中佐毕兰德尔率开路兵四中队，炮两尊抄至藏兵据守之村落后面扫荡，有两村之藏兵已弃地而逃，惟第三村藏兵抗拒甚坚。于是英军遂由所据之第四村发炮攻击藏兵之翼，未几复炸毁第三村石屋，然后奋力攻破该村。大尉黑格生受伤，藏军亡二十人，英军亡印度昔克兵两名，伤将校一员、兵三名。既破第三村，英军复备攻袭第四村，见炮台下伏有藏兵无数，英军催兵前进，藏兵拒之甚坚，英军奋勇向前，藏兵遂大挫。

十二日：英军扫除旁近乡村，因与土人奋斗。英军死少佐加斯登一人、印度兵三人，伤队长恶可恼一人，少佐宓起耳及华沟二人，兵九人。藏人死者无算。

又闻：是日午前两点半钟，英兵四队攻击皮立茨，藏人竭力相拒至午后一点半钟，始得占据该村。英军击毙者嘎斯廷中尉，微伤者华尔喀中尉，俄坎纳大尉及密测尔中尉均重伤。士兵击毙者三名，伤者七名。藏人损失甚大，被获者三十七名。

二十日伦敦电：英国派赴西藏专使杨黑司班之大本营及联队两队已抵乞姆拨地方。

二十五日伦敦电：英军之在坎马者为藏人所攻击，藏人被击毙者一百六十四名，退时损失更多。

二十八日伦敦路透电：藏兵在甘志地方乘夜攻击印度兵及噶尔喀兵，均被击退。英国援兵大半已抵城备。

五月初二日北京电：西藏达赖喇嘛近不听驻藏大臣忠言，而为俄国武官甘言所惑，暗中接济军火，嗾之排斥英国。

初八日伦敦电：攻击西藏之英军将于五月十二日至拉萨，达赖喇嘛将自拉萨逃往他处。

1904年7月8日，1卷5期

论英国经营西藏之政略（录五月二十六日《中外日报》）

天下事有谋之于数十年以前，发端甚远，初若无与于此事。及其效已著而犹不知其所以然者，则今日英兵侵入西藏之一举是已。夫英与藏人相战，数月以来，警报频闻，所谓世界之秘密国者，其危状已为人所共悉。而论者于英人用兵之意，则所以揣之者，不过曰为开通商利耳！为屏蔽印度耳！其较进者，则曰遥为日本之声援，以震慑俄人耳！凡此数者，于事势未必不合，然要皆蔽于一孔之见，不足以尽英人高掌远跖之图也。尝以英国全局之势，推而言之，则知今日西藏之事，乃其非洲政略之终，转其锋以向于此土而已。兹以其大概陈之：

盖英若于东方之中国，欲有所进取，则不能不以印度缅甸为根据，以先谋滇藏（滇为法国分其势力，故今独从事于藏），固人所易知者也。此为英之第一重用心。

然以印缅为根据，则又以先联本国与印度之脉络为要。而苏彝士河，为列国之公航路，且勃白尔门海颈甚狭，时有阻塞之虞，则海道之联络，不足恃也。故更不惮其迂绕，仍欲从往日运道之好望角，以纵贯埃及，而遥通印度，以求本国与印度陆路之联络（中间惟须过好望角海峡耳）。此为英之第二重用心。

英人劳特者，世所称为阿非利加之无冠王者也。于千八百九十余年之间，屡谋建筑好望角至埃及之铁路，而其事未成。及戊戌之秋，英兵始据法寿达。法寿达地处埃及尼罗河之上游，而遥与好望角相连，英人既经略此地，则好望角与埃及之气脉已通，而联络印度之愿亦不久可遂矣。此为英之第三重用心。

既得法寿达，方将有所扩张，而南非特兰斯法耳之事，适以其时而起，为英人计，固当先定其乱，然后可以徐图他方，而不患掣肘也。于是遂与特人战。此为英之第四重用心。

今者特事已定，后顾无忧，始可进言阿非利加与印度之联络，颇闻埃及之邻阿刺伯东南模司格德之酋长，夙通款于英国，亲昵有年。此地仅隔一水，即英属之亚丁。故英人近日方谋筑铁路于模司格德与亚丁之间，而后再展其路线于俾路芝之西境，以通于印度之西境（中间须渡一二小水）而经行印度全部焉。事虽未行，其谋已播。此为英之第五重用心。

如是则自本国越好望角以抵埃及，更自埃及阿刺伯俾路芝以迄于印度。其联络之效，渐有成功。而向日之所谋画者，将见诸实行矣。遂更无所顾虑，而乘机以为侵入西藏之举。此英之第六重用心。

综其行事而窥其秘略，盖其始也因有心于滇藏，而愈注重于印度。其继也，以注重于印度，而更着手于非洲。及其终也，则非洲之政略已成，而后转其锋以向于西藏。如环无端，莫知所以起伏，然成绩可按，固不难深究其原也。其深谋远略，有若是者，而举世犹不知其命意之所在，且不知其何以必发于今日，则其惑不已甚乎？俄之筑铁路于西伯利亚也，起于圣彼得堡，而迄于东三省，举世之人，睸眙而视之，彷徨而道之。而英之所图，自非洲以通亚洲者。其策果成，则异日轨线纵贯，汽车交驰，恐未必无朝发伦敦而夕宿拉萨之一日也。英人近数十年以来，于东方交涉之大者，每敛手而听他人。独于非洲一方，则规画不遗余力。旁观者异之，即其国人，亦往往以此之故，而诟其当路。然而无印度则不能进取东方，失非洲则亦不能利用印度。是则所以规画非洲者，即无异肆力东方而已矣。自缅甸之亡于英也，英之印度政府，助英驻兵于大吉岭，将以拊扼西藏。而至今逾二十年，兵端始著。此其布置之次序，自非洲埃及、亚丁早有成算，必至今日而始出之，固灼然无可疑也。夫英兵近日入藏之举，在英人自谓藏民阻之，以致争哄，犹未与中国政府显有违言，不敢谓其必以拓土政略施之于我也。而察其前后措施之迹，显著若此，觇世变者，其亦知所处乎！语曰：作始也简，而将毕也巨，于英人之行事见之矣。

1904年8月6日，1卷6期

藏英战事纪要

四月十五夜，有藏兵数队由甘志炮台出攻，英营所发火枪甚猛，同时炮台亦发炮攻击英营，英军防兵全队出御，相持至三点钟，藏兵即收队回炮台。其时英军哥克斯兵埋伏在侧，杀藏兵六名，英军无损伤者。

又四月十九夜，藏兵意图劫营，有大队藏兵由炮台出围英营，击以猛炮。英军防兵立时执枪迎敌，继奉严令，若非藏兵冲突，不得妄自发枪。藏军见英军不动声色，大惊而乱，悉将大队退回。英军中印度兵遂发排枪以击行近之藏兵，藏兵即退，死者四人，印度兵一名亦为炮弹所伤。

五月十五日伦敦露透电:英国陆军大将麦多尼尔统率援兵与藏兵在奈姆寺鏖战后,已抵甘志。是役英军阵亡五人,伤六人。

又十七日电:麦多尼尔统领援军于五月十五日攻袭藏军炮台,激战之下,藏军所失甚众。英军小队指挥官克辣斯他阵亡,并伤英将两员,印兵五名。

二十二日伦敦电:英将庸呼斯明接见西藏议和使者于甘志,限其于五月二十二日将炮台上兵离去。藏使答应之云:此事须俟我国政府斟酌方能答复。

二十五日香港电:藏人不允英人所请之款,因之和议又复决裂。英人进攻甘志炮台,两军相战甚力,卒为英军所占。藏人遂于炮台后小山上再筑炮台,以当英军前进拉萨之路。是役,英军死印度第三十二队西克兵将革盾一人。

又电:英国宰相培尔福在下议院宣言云:我英于西藏所行政策不少更变,征藏之兵虽仍前进,然若藏人前来议和,则无论进兵至何处,均可开议。我英亦决不与前议有所改变,惟来议和者必须授以全权。

六月初四日香港电:在藏英兵已前进至塘子地方,并未阻止。

初七日香港电:英国议绅布罗德力克为西藏问题答言曰:列强之所以不欲干预英国藏事者,盖以英国无意以西藏为附庸,又不欲管理西藏内政也。且英国之对西藏系随藏民之情形而发,然政府无论何时决不离其政策,此事已于五月二十八日之公文内对俄国明白声明矣。

1904 年 8 月 6 日,1 卷 6 期

英人侵略西藏

世称西藏为秘密国。近日日本僧人河口慧海探险于西藏。所作游记,各国争相传译。河口之游藏,由印度加尔廓答乘汽车至些哥林入尼泊尔国界,取道于藏境吉恩河畔,折而西向至利台蒲黎,绕越二湖,复折而东。经过二十五都市以至拉萨。更由拉萨南向,经过雪峰至哲孟雄之大吉岭,复乘汽车至加尔各答。足迹所至,殆遍全藏。此河口游藏之大略也。河口未游藏之先,英人屡欲入藏,皆不获其志,今竟乘日俄战争出兵侵略。然则河口氏者,殆以日人而作英人之斯登来乎?英人之垂涎西藏,本有渐大之欲望。盖彼实欲自阿非利加南端,筑一纵贯铁路,由埃及渡海至阿拉比亚西端,由波斯以入印度经过西藏,更由吾川、滇以下扬子江。夫二十年前,英人本欲伸长缅甸铁路,由滇以贯穿扬子江,其工事既已着手。故当时有仰光当为第二上海之豫言。然终阻于舆论,以至今日。今闻藏英和议又已破裂,英兵

已占藏兵营垒，殆将驱兵直入拉萨。然则英人所谓不侵西藏土地，仅为惩创藏人藐视起见者，真所谓玩吾政府于股掌之上也。

1904 年 8 月 6 日，1 卷 6 期

藏英战事纪要

六月初八日东京电：英印度总督特将英军征藏之事，在下议院答复议员等之质问曰：英政府对于俄政府因欲防止其误会之意，故特送公文于俄，略言英政府现仍守定一千九百零三年十一月六日印度政厅电文所宣布之政策（电云：英政府筹画征藏之举非欲占领西藏或永远干涉藏事，乃专欲匡正其不法也。俟一达此目的，当立即撤兵云），且英国在藏举动有一定界限，藏人如何举动则英以如何对待，而不稍逾范围。英政府当不改变向来之政策，但若他国不干涉西藏之事，则英政府决不并吞西藏，或以之为保护国，或干涉其内政之意向。

十一日伦敦路透电：往西藏之英兵统带官密唐奴少将已占领高罗辣山径之西藏人所住之地，此战系在该处冰河一带。

又北京电，驻藏大臣电致外务部云：达赖喇嘛近日因闻俄军辽东败报，故其信赖俄国之心亦渐薄，并且知藏军之终不能抵敌英军，颇愿议和了结。本大臣当乘此机会保护达赖喇嘛而力助之。乞知照驻京英使，请其转电本国政府，暂行停止英兵前进，以便开议和约云。政府据赫税司函称，现英国决拟进兵拉萨，到时如达赖喇嘛及驻藏大臣即出而商议，尚易和平了结，否则只得暂踞其地，以待达赖乞和云。当即电令驻藏大臣力劝照办。

二十五日甘志电：英兵根枝一战，计死陆军大尉戈登一名，印兵三人，伤陆军中尉揩勃尔，陆军少将丕烈斯登，陆军少尉克兰脱，陆军少尉密起耳，印度兵三名，英兵二十名。

二十六日又电：藏兵退至塘子地方，适与英兵一队相遇而战，各有伤亡。又云：达赖喇嘛使人议和一事仍未提议。

二十七日成都电：六月中旬，英军逼近拉萨，达赖并不抵拒。二十二日，英军遂入拉萨围大寺，寺有喇嘛七千五百名，达赖喇嘛亦在寺内。（编者按：此时达赖已离开拉萨。）

二十八日香港电：进抵拉萨之英军已于达赖喇嘛之花园安营，所有藏官皆已出城，达赖喇嘛或已离拉萨或自行隐匿不见，皆无确实消息。

政府近又得驻藏大臣有护戎急电，谓：英兵现已深入藏地，势难阻遏，而藏人仍复顽梗倔强，抵抗甚力。似此相持不下，日久终非了局，拟请饬强干大员指示机宜，速来西藏调停镇摄，以弭边衅而固大局。

七月初二日香港电：英兵直入拉萨，合藏震动，现达赖喇嘛已派员与英人议和。

1904 年 9 月 4 日，1 卷 7 期

论英人侵略西藏(录六月十一日《时敏报》)

英人侵略西藏，蓄谋极久。光绪十四年，藏之藩部哲孟雄，与藏争边界，斯时哲孟雄受英印度总督诱掖，遂引英兵入藏。是年四月十三日，藏兵拒英人于边境，为英所败，死伤六七百人。六月十二十五两日，英兵复攻击藏营，方开战，天大雨，昏雾四塞，因而收队。藏人更集兵，祷于佛寺，誓众复雠，其誓词曰：我西藏全国男女，誓不与洋人并立于天地间(按当时藏人知识尚不知英兵为何国之兵，仅通称为洋人)。将以七月初十、十五两日，进攻英营，而为驻藏大臣升泰所阻。升泰逼藏兵休战，更使守备萧占先说英兵停战，英遂退兵，驻于对邦，遂于其时略取哲孟雄部。是年九月，英兵苦寒(按藏地雪山互亘，每岁至九月已极寒，是时升泰巡藏边行帐中，冻死兵丁甚多，其寒可想)，催促驻藏大臣速定和议，遂与英人缔结定界通商之约，此英兵第一次侵藏大略也。夫英兵第一次入藏，不过以哲藏边界为名，而斯时哲孟雄，每岁元日，犹通贺表于藏，其为藏之藩部，可以明证(西藏有二藩部，一哲孟雄，一不丹，即中国官书之布鲁克巴)。彼西藏与其藩部生交涉，英人乃干预其际，则英人之心已可测度矣。尤可怪者，西藏自乾隆五十九年后，确然内属。英人加兵于藏，即无异开衅于中国，而朝廷乃命驻藏大臣升泰为之作两国和解之人。观升泰当日奏牍，亦俨然以局外中立自居。当时往说英兵之萧占先，实为甘志守备。守备云者，为藩属保守地土，竟坐视英兵侵入，而反责藏人不当开战，此真大惑不解之事。则无怪藏人以朝廷为不可倚赖，而欲倚赖于俄也。夫第一次英藏之衅，以界务始，则亦以界务终可矣。而必栽入通商一事，西藏之于世界，为极隐秘之国，通商之利，能有几何？英人必欲如是云云者，殆即为此番第二次侵略西藏伏脉也。英人第二次侵略西藏，借口于藏人藐视英人，不遵约以交接。然与英亲好之国，皆言英人此次举动，实为扩张印度之防御线。此言出于与英亲好之国，实不啻为英人代表其口吻也。盖此种事行于平日，英俄必至大生冲突，或竟出于战争。故英人乘俄于极东战事开衅之时，即速起而遣派侵西藏之兵队。由此以推，则英之与俄，其厉害实

不相容，而有相为反对之势。然西藏固我国之属土也！今日我国人对于英人侵入西藏之感情，绝无有慷慨奋兴，如前此俄人初占东三省时之热度。此殆由于不明西藏之关系于中国者何若，一也；误于朝廷之政策，二也；为英人之口说所欺，三也。夫此三者，实为吾国人对于西藏问题，消阻其热度之原因。虽欲讳之，无可讳矣。惟第三事，上文已置辨，本论此后所重明者，则第一第二两事也。

一、吾国治史学者，近十年来，始有抽象观念。吾汉族人种，由西藏高原以入中国本部者，殆为学界所公认。则西藏者，实吾汉族发祥之地也。且吾国所流行之内典，皆由西藏转输而入，影响于通国极大（吾国称佛经曰藏经，本此）。是吾国人思想之开化，多受西藏之嘉惠（西藏介于中国印度之间，为佛教之承接地。吾国所谓三藏十二部者，西藏皆有，唐古忒字本惟无楞严见章嘉呼图克图所言，章为去今一百八十年前西藏高僧）。惟自帕克巴以后，变为黄教，专于形式（即今所称喇嘛教，藏语谓上为喇，谓无为嘛），且侧流于蒙古，受封国师，以蒙古之残掠中国，故吾中国人对于西藏感情，遂至淡漠（然明永乐犹给宗喀巴封号印绶）。国朝崇德年间，藏僧远至盛京通好。冠裳之制，多法于藏（如今之暖帽朝珠类）。利用其教以制蒙古，于是吾汉族对于西藏，益生契阔。然苟一推佛法之流传，则西藏之影响于吾历史者，至宏极大。彼欧人于希腊意大利之独立，除政界别有肺肠之人以外，殆无不表同情。吾人对于西藏问题，顾乃若是之恝，试一反观内讼，其含垢蒙辱为何如也。且姑不论此，而但论形势上之厉害，则西藏高原，为吾国江河两源所从出，殆如高屋建瓴，苟为英人所据，其害较俄人之占满洲为甚。盖满洲仅东北之偏隅，而西藏则中国本部之首领，英人得此，拊背扼吭，更加以其力之自海而侵入者，上下交攻，能使吾中国本部之全体皆糜烂也。

二、观国朝开国历史，窃取汉事以附会者，有藏僧之预言（《开国方略》、《圣武记》等书）。及乾隆时藏与廓尔喀（即尼泊尔）启衅，因略其地，以为属土。有孙士毅、福康安、和琳之筹画征伐。事定以后，有台吉噶布伦诸品级之制定，有鄂博之防卫，有操演番汉兵之章程，所以镇压藏人。于驻防兵之下，又有粮台职掌之条例，与宝藏局铸银钱之规法，及西藏与各部落交通限制之律（宁海蒙古及四川土司赴藏熬茶学经，均须请路票，亦限制之一）。更有西藏办事大臣，与游击守备千总诸武官。其所经营规画者，皆甚周至。虽英人之待印度，俄人之待芬兰，不能过也。顾自光绪二、三年间，英人已萌窥藏之志，而哲孟雄即被诱于英，先是哲部西邻之廓尔喀，屡侵哲地。哲本藏藩，知西藏之不能护己，转倚于英。又斯时总理衙门已徇英人入藏游历，及边界通商之请，终以藏人排外心强炽，不肯遵命。英既修铁路于大吉岭，至光绪十三年，俄人又有由和填入藏游历之请，英遂进兵于纳荡地方。及十四年，藏兵万余，拒英兵于边界，为英所败。英欲长驱入藏，以气候不宜中止。斯时升泰为驻藏大臣，方抵藏，英藏既交兵矣。升泰受朝命，力抑藏人不许出战，又令萧占先说英兵停进，更由税务司赫德居间调停，以成藏印交界之约（藏哲界线自不丹交界之支莫挚山以至廓尔喀边界止属哲，而以梯斯塔山及山南诸小流属藏，又以莫竹山及近山北流诸小河分水脊一带之山顶为国界）。此外则开亚东为藏印互市地，更许英人入藏游历，此十四年藏英议结之大略也。

夫此次定界，藏边险要，已为藏印所共。幸哲藏通路，必由纳金山往来。纳金山每岁积雪，仅四月至九月可通行，余月皆不通，仅仅赖气候以为防御。然当通时，由哲境至后藏都会之札什伦布，仅须马行三日，道途坦易，并无关隘。于是隆吐（即十四年藏兵住处）诸处之卡，与支结山、洛纳山诸处之鄂博，皆归无用矣。夫升泰当时受钦差全权之衔命，办理藏事，如此草草，事后且受廷旨褒奖，则不能不疑朝廷之政策矣。盖朝廷治国政策，实以享其利而不承其害，为惟一之目的。观于平时受西藏之贡献，喇嘛之梵祝，一旦有事，则不许藏人出战，自卫国土。且于立约之时，又不敢有抗色，如敌之意，割弃险要，以畀授之。盖恐不割弃，则敌人不从，必至交兵。而每岁所入赋税，即不得不移为军用，此不独对于西藏为然也。如台湾、胶、澳、旅大、威海、九龙、广湾之往事，无一非如此，无一不足以见廷意之所在。更以此次英兵侵藏交战之时地证之，益足以暴白其政策。盖此次英藏交兵，实在藏地甘志。甘志原设有守备一员，有驻防兵，而当日前电传英藏战于甘志之时，绝不言及甘志守备与其驻防兵，作何情态。则揣其情状，殆又局外中立，漠然不关喜戚于心。此皆本朝廷之政策以行，彰著耳目，无可掩讳者。奈何吾民之犹梦梦不觉耶？

1904 年 10 月 4 日，1 卷 8 期

藏英战事纪要

甘志信：西藏达赖喇嘛甚恨陶及夫。因此次之事皆由其一人起意，此后一切拟求英国保护。拉萨各僧仍有建议抵拒者，惟兵士已四散，恐难再聚。英将幼夫现在晓谕藏民云：此次英兵进攻拉萨，因藏员前曾开罪英使，故此来索赔，此后藏民若再阻碍英人前进，亦必尽法严惩。又致书于达赖喇嘛，欲令其赔认失敬英使之罪。谓英国甚愿议和，惟以后如再有拒敌等事，适足自取其祸。

六月十八日，赤山飞赖电：英国杨赫斯奔大佐与西藏议和专员面晤二次。首

次,西藏管阁官亦在其内,力请杨赫斯奔大佐不可前进,即以所带达赖喇嘛来函相示。该管阁官又谓:若英兵前进圣城,恐达赖喇嘛必闻而觅死。杨赫斯奔大佐答之云:所拟条约必须在拉萨签押。若藏人不攻英兵,则英兵断不入各寺观。一经条约签押,即离拉萨。英兵停驻时日之短长,即视藏人议和如何而定。

七月十八日天津电:中国驻藏大臣电称:藏人现与英国专使开议条款。但达赖拉麻现仍不见,藏民建议将其废去。

二十二日香港电:在藏英兵定于八月初六日退出拉萨。驻藏大臣有泰电致政府,谓:现已行抵前藏,与英兵官荣赫朋会晤。一切可以和平商办,至藏地凡有圣容之处,皆已格外防护。惟赏犒抚恤需款不资,藏地无从筹取。索之川省又不能应付,只得援从前某年例,由外务部拨借云云。旋由外务部允许拨给,以后仍由川省归还。并属其速与英兵官和平商议藏地通商之事,而前由赫总税司派巴尔君前往西藏与英人商订一切,现已撤回。

1904年10月4日,1卷8期

藏英战事纪要

六月二十七日伦敦电:派往西藏之英兵已抵拉萨,并无抗拒之者。驻藏大臣有泰则居于达赖喇嘛之室,以便商议各事。

拉萨电:英军在坡达拉灵山张设阵营,距达赖喇嘛之室约一英里。喇嘛乃离去本山而驻于距该山十八英里之一寺院,深居不出,谢绝外间各官员之往来,且自言行将避世三年,不与人见。

1904年11月2日,1卷9期

论挽救西藏之策(录甲辰二十四号《外交报》)

我国政府自昨年派有泰为驻藏大臣,有泰徘徊未即往。至英藏交涉起,而有泰遂以目疾辞。政府不许,促使之官,有泰至而英藏之约成矣。及有泰电告约成,而政府乃派唐绍仪至藏查办事件,此事自首至尾,积一年余。英藏交涉,中西各报时有纪载,事非秘密,而我政府始终不闻有一定谋,卒至失之而后已。于是论者以为此由于政府漫不经心,视西藏之存亡,犹秦越人之肥瘠,图穷而匕首见,乃以派一使臣为搪塞天下之举,此一使即可谓本朝与西藏交涉最后之历史矣。

本报以为，以此言我政府之诸老，似太邻于无赖。本报深知我执政诸老之不至若是之无心肝也。而其行迹之所以涉此者，盖别有故。间尝考之，天下事有强弱，有是非。强弱者，天之所定，有物有形，而不可疑者也；是非者，人之所设，无物无形，而用以救天定之强弱者也。我国自与西人交涉以来，六十年间，强弱之形，虽久而未改，是非之理，则随事而移。自粤东烧烟，天津换约，天津闹教数役，大约我势既弱，而理亦甚曲。故举事辄大败，而又为天下所不韪。于是国家因久挫之故，甲午以来，于胶湾旅大诸役，我理甚直，而因势弱之故，不敢与较（团匪一役，由于内政之变动，不能以国际交涉论之）。自尔以来，此风愈甚，人人有一“外交惟有强弱、无有是非”之成见在其胸中。故此次英藏之事，我政府诸公，怵于西人之举事，不成不已。我自与之交涉，从无一事能违其意。以英人富强之威，窥伺之久，一旦待时而动，以为所欲为者，必非我国之力所能与之争者。与其持之过急，而成为他变，毋宁虚与委蛇，以弭于无形，其积威之由来者渐矣。

然自本报论之，外交有强弱无是非一语，此强者之用意然耳！若在弱者，则断不能因强者之用意如此，而先自处于有强弱无是非，临事默不一言，但束手以听人屠割之理。况今日国际之交涉，虽曰无道，然终为人类与人类之交接，苟是非之极致，彼强弱亦终不得而掩之。观彼强权之用事，必有所以为口实者，则强弱之不能无藉于是非，明矣。此次英人入藏，为彼曲我直之尤。甲午之高丽，日尚可借口于背约；丁酉之胶州，德尚可借口于仇教；戊戌之旅大，俄尚可借口于索谢；同时之威海、广湾，英法尚可借口于均势。此所谓无理之理也。惟此次英之入藏，则毫无口实之可持。强弱之势，我与英殊。然是非所在，未始不可与天下共明之也。

本报以为国家宜于此时，择一至贵之大臣，而予以全权之号，使之径至西藏，或赴伦敦，先与英人辨明英藏草约，不可以为典要，而后与之徐图挽救之法。按西藏之土地，则属之达赖喇嘛，而西藏之事权，则握之我驻藏大臣。此次英人而欲得西藏，孰从而得之，必得之于驻藏大臣与达赖喇嘛之手矣。故英藏之约，非得驻藏大臣与达赖喇嘛署押，即不足凭。而此次之约，达赖喇嘛已逃匿不见，仅由其寺之他僧，为之署押。而我之驻藏大臣有泰，则并未署押。是今所谓英藏之约者，不过英人与数土人所订之一私约而已，不能视为国际上之确凭也。况究而论之，即使有泰实已署押，亦不足凭。因有泰者，平常之驻藏大臣，非临事之特派专使也。我国既未命之以全权，即英人不得视之为代表，彼之署否，何济于事？而达赖喇嘛者，虽为黄教之传衣大弟子，然实为我金奔巴瓶中所掣签而得之人，即与我派者无异，亦不越我国权，而以其土地私以与人也。达赖喇嘛之署押与否，亦无关于西藏之存亡。

是此二人者，即使署押，亦不足恃，而况其本未署押哉！

我政府若能灼见此事之是非，勿灰其心，勿馁其气，安详审慎，以与英人磋磨，以势度之，欲使英人即行退去，不复干预，恐时已太晚，未必得成。然必不能置我国于无何有之乡，则可决者也。若夫因循不断，而仅派一唐绍仪以塞天下之责，夫称曰查办事件，则不能办理外交。仅为三品京堂，则不能当此大事，事必出于无功。而若俄、若美、若法、若德，凡今日之效忠告者，皆将转而为均势之说，而中国危矣。

1904 年 11 月 2 日，1 卷 9 期

藏英新约全稿

按英官要挟西藏立约八条后，又推广为十条，先后电到外务部，今将十条原文开列于下：

一、现经番众应允，按光绪十六年条约所有哲孟雄之边界，须准十六年订立之第一款办理，再行重立界石（按癸巳中英会议藏印条约第一款云：藏哲之界以自布坦交界之支莫挚山起至廓尔喀边界止，分哲属梯斯塔及近山南流诸小河，藏属莫竹及近山北流诸小河分水流之一带山顶为界）。二、现经番众允遵除亚东而外尚有江孜、噶大克地方设立码头，英国与西藏商民听便往来买卖，所有光绪十九年订立通商章程中不妥之处，英国须与番众会商妥改，一俟改定之后，亚东、江孜、噶大克悉遵改定章程办理。番众允订亚东、江孜、噶大克设立码头，凡商民至印度采办货物，往返仍可照现在行走之道转运，如另有商务兴旺之地，再行商办开设码头。三、所有光绪十九年订立条约之内，有不妥之处，须商改一节，再行另案办理，西藏须派有主权番官与本英国官会商妥改。四、往来货物，英国与番众商订税则妥订之后，不得再加税项。五、自印度边界亚东、江孜、噶大克边界沿途不得设立关卡等项，如道路艰险，须西藏修理以便商民往返，以期无有阻滞。亚东、江孜、噶大克西藏应设番官。英国所派驻札之官，凡有致驻藏大臣各汉官并番官公文信件，概归该番官接收转递，即将来别有商务兴旺之地，议开码头，亦应设官仿此办理。六、为因西藏不遵条约，并羞辱边务大臣等妄动兵衅，须偿英国金元五十万元，合卢币七百四十万元，按三年分三期清缴，每一期二百五十万元。第一期系英千九百零六年正月初一日至期，应于何地收兑，由本英国预先知照番众或在西藏大吉岭照派收兑。七、第一、二、三、四、五款内所载之开立码头，第六款偿费各事，番众取具必办之保证，本英国兵仍驻守春丕，俟三年码头开立停妥，缴费告竣为止，若价费至时缴未完数，本英国兵则仍

驻守春丕。八、自印度边界至江孜前藏，商人道经之处，凡有山寨等项须一并拆毁。九、西藏土地，本英国如不应允，无论是何外国，一概不能有典卖租给等情。西藏之政事及一切应办事宜，无论是何外国概行不得与闻。西藏无论是何事业，各外国不得遣发官民人等来藏协番办理。西藏地方各外国不得前来修理道路，并筑铁路，安置电线开矿等事。假如本英国愿诺别国修路、筑铁路、开矿、设电线等事，本英国亦一体自行检点举办。西藏各项恒产，一切银业不得以之与各国抵押对换租卖等情。十、边务大臣荣与达赖喇嘛于英历千九百零四年九月初二日即藏历本年七月二十三日，在西藏西招签押盖印，所用英番文两则以英文为准。

1904年11月2日，1卷9期

附中英新约略稿

闻英国边务大臣荣赫鹏(当即杨赫斯奔大佐)，除与达赖喇嘛立约外，又另备约稿一通送交驻藏大臣有护戎请为签押，其文列下：所有光绪十六年在噶里噶达中英商订条约，并十九年所订约内有疑惑为难之处，番人不听中国开导，并未悉遵办理，本英国理应自行办理，特派边务大臣荣与大清驻藏大臣有会商妥办。一切未协事宜，将光绪十六年约内疑惑为难之事，本英国与番众商订十条，大清钦差驻藏大臣有查阅无异，理合签押盖印。此次中国与英国妥商定约之后，番众不得稍有违背等情。此案因光绪十六、十九两年，英与中订立条约章程内开多有为难不妥之处，番边悉未遵办，英特派边务全权大臣荣来边会议，不意又动兵衅，致失和好。此次妥立十条，以期达赖与英大臣荣会商立约盖印，从此修好。

1904年11月2日，1卷9期

论欧洲各国和好之隐谋(录八月二十五日《警钟报》)

……英人自攻取西藏后，欧洲各国如俄、德、法、意，皆有违言，而以俄、德为最甚。俄人谓英人此举实欲预备侵犯俄疆，而德人亦有窥藏之意，特派舆地会会员二人，拟由青海入藏地。英人知其然也，故先联好于俄、德，以阻二国干涉之谋而隐促其瓜分中国。此关系于中国者二也。由是言之，俄、德立约者，即俄人默许德人经营中国北部也；英、俄和好者，即英人默许俄人经营中国边境也(如新疆、蒙古之类)；英、德同盟者，即英人默许德人分占扬子江也，当德人占领胶州时，曾默许英人经营埃及。故此，英人之侵略西藏，亦默许德人分占扬子江。不然，扬子江流域英人久结不让他国之约矣。何以近数月以来，德人索演水师屯置煤炭，旦夕经营，不遗余力，而英人竟默然坐视无一言以争执乎？盖英人既得西藏，占扬子江之上游，一旦铁路交通，南可直接仰光，东可直联上海（此英美所由索镇江汉口间铁路权也）。而京镇铁路与德人共握其权，故长江之权利不妨稍让于德人，而俄人自经营满洲失败，亦拟经营新疆、蒙古，故中国北部之权利，亦可与均分。吾恐和好既成之后，俄人扬威极北，英人逞志于西南，德人得英、俄两国之默许于中国中部极力经营。即法、美各国亦将力求均势，而瓜分之祸真至矣！呜呼！昔日之列强，互相抵制，故其对于中国不能协力瓜分。今列强各国互相和好，共筹对付亚东之策，则中国之隐忧可胜言耶？中国人民曷一筹及对外之策耳？

1904 年 12 月 1 日，1 卷 10 期

英藏新约斠注(录八月二十四日《时报》)

英藏新约成，是中国无复属国，其关系之重，后患之深，各报论之屡矣。然本馆意以为凡事之来，虽极纠葛纷纭，其中必有最关紧要之端。为此事之所以成就者，倘就其最关紧要之端，及凡与此事之有关系者，详细研求，则得失之故，应付之方，自易明晰。即或事机已失，无可挽回，倘能追本穷源，明著其是非得失之故，则后此之接踵而起者，皆将有所鉴戒，不至覆辙重寻，而事机苟有可乘，尚可徐图补救，此历史上之观察所以为重也。此次英藏交涉，绵历多时，其结果全在西招一约。此其关系何等重大，乃自宣泄以后，中人以下，茫无知觉，固不待言。即上流人士，亦不过悼边陲之日削，惧交涉之多端，徒为攻击。而于条约之内容，其果措意如何？方法如何？影响于内地者究在何方？殊异于十六、十九两年之约者为何事？及主权之是否全失？形势之是否必争？未闻有人详晰研求，以供众览者。毋亦以事机尽失，怀堕甑不顾之思，忧愤迫切之余，遂不暇详为推证乎！本馆不敏，窃将有所从事，以贡献于我国民，敢冀补牢，有同筑室，亦短书訾言之类云尔。

第一条：哲孟雄之边界，须照光绪十六年条约，再行重立界石。

按：光绪十六年所订条约，即割让哲孟雄与英国之条约也。其时奉使者为驻藏大臣升泰。条约之第一款，言明藏哲之界，以自布坦交界之知摩稚山起，至廓尔喀边界止，以水流之一带山顶为界，是为英藏直接交界之始。其间华离相错，当时勘定，本已不甚详明。盖勘界之难，必须明习测算，熟悉地形，方能斟酌无差，垂为定

则。中国勘界大臣，往往不明二者。故历年交涉，受亏之处，不可枚举。如奕山与俄订约，为其所蒙，失黑龙江外数千里之地。又帕米尔之界，因误从葱岭山脉之语，争执多次，卒难挽回，皆其例也。然哲藏之界，据官书之载，已经勘订明白，分立界石，何以此次忽有重立界石之语。详译此条语意，无非欲以界务为辞，作得步进步之计。盖自知摩稚山起至廓尔喀边界止，绵亘千里，多属高山峻岭，界址易混，中国从前被人私移界石之事，已数见不鲜。此次虽名为照十六年之界，重立界石，然界线恐已有移动，实与重勘无异，不遂其侵占之欲不止。考西藏与哲孟雄、不丹三地交界处，有一地南向伸出，亚东关实在其冲，为由印度逾咱利岭至春丕必由之路，英人垂涎已久，此次定界，必将大兴纠葛。昔哲孟雄始因界务纠葛，终以全境归英。今藏哲界务又起，而此地为英人全神所注，势必难以保全，其终亦必出于割让矣。按英人自目前之意，不在展拓疆土，而在扼占险要。故不必全藏悉归占领，托于勘界，最为合宜。此第一条，所以以勘界为言，其实一切，从此发生，即全约以纲领也。

第二条：除亚东以外，尚有江孜、噶大克二处，设立码头通商。

按：亚东之地，即上所言，向南伸出藏地之一部。哲藏交界处，有山名咱利岭，地较他处为低，为哲藏贸易交通之捷径。由哲境逾岭而行，即为亚东。光绪十九年，英藏协议通商事竣，由中国税关，于其地每年输出货额，约一百五十万圆，上所言疑英人欲占领者也。由亚东前进，至喀拉湖，傍湖前进，即至江孜与噶大克，同为至拉萨之孔道。此二地既开作商场，则由印度逾哲境至拉萨，交通大便，脉络贯通。其不丹铁路，直抵拉萨之经营，即可由此而起。藩篱尽撤，履险如夷，将来据高屋建瓴之势，俯瞰蜀境，扬子江之上游，不免为其所扼。夫英人之欲，至无厌者也。舐糠及米，势所必然。近年拟筑一大铁路，横贯波斯、阿富汗，以保印度。复拟由哲境筑路贯藏境，以达四川，以期属地相联，易于控制，兼以扩张权力，其魄力之大，谋虑之深，莫与伦比。今虽未遽发难，愿我国人士，鉴于前车，速图抵制焉。

第三条：所有光绪十九年订立条约之内，有不妥之处，由英藏各派员删改。

按：光绪十九年条约，即上所言建设亚东税关之条约也。其所谓不妥，究属何指，不得而知。然就英人一面而言，自必与其利益有相妨碍，或举动不甚自由，不言而喻。查关例所禁输出输入者，为枪炮、弹药、刀剑、盐茶。盖西藏之茶，向由四川运出，恐印度茶之夺其利，故不许输入；印度盐归官专卖，恐藏盐之夺其利，故不许输出。近年印度产茶益盛，运藏行销，日多一日。然拘于成约，利终不敌华茶，谓不妥者，或指此项未定。如果破除成约，则每年百余万之华茶，利益必为所夺，关系甚巨。其余因利乘便，谅必惟命是从，增改若干，尚难预料。闻此条尚未议妥，窃愿慎之又慎。统筹全局，力与磋商，督同藏官办理，不得诿之藏官，听其自办。约中西藏派主权番官一语，大有用意，缘如此则权在藏番。英人可任意协制办理，中国不得过问也。然西藏若尚在中国保护之下，则中国应有干预之权。中国过问与否，即为主权得失所关，岂可听其含混？况约中增改之处，切肤利害，尤属多端。若果漠然置之，则后事更不堪设想矣。

第四条：往来货物，英与番众商订税则，妥订之后，不得再加税项。

按：约中未指明经过何处之货物，必系包括全藏而言。查中英十九年条约，中国于亚东设立税关，订明五年之后，斟酌情形，再收税项。是收税之权，本在中国，则订立税则，亦应归中英协商，不应由英藏互订此约。本系英对中国之辞，乃有英与番众商订之语，其中隐含中国不得过问之意。诚使英藏互订，受亏之处，固不待言。但使此约一成，而中国之主权，已于无形之中消灭净尽矣。至不得再加税项一语，既属要挟，又甚含糊。何则？征税之权，即属主权之一，如非主权尽失，万无强令不得再加之理，更无明著条约之理。且所云不得再加者，指设立某种税之名目言之乎？抑指税则中货物之门类言之乎？抑指收税之数目言之乎？约中一概未曾提及，但混言税项，尤不明了。条约中从无如此含糊者。是直曰将来一切税项，藏人必惟英之命是听而已。况亚东关为中国所设，倘税则由藏人自定，中国须反听命于藏，有是理乎？

第五条：自印度边界至亚东、江孜、噶大克边界，沿途不得设立关卡等，如道路艰险，须西藏修理。

按：此条不得设立关卡云云，其意在废除亚东税关。缘亚东关属中国管辖，英人来往，终不能畅所欲为。且其地居要冲，侦察稽查，尤属为梗，故欲一切去之。然税关果去，则并财政上之几微连属，亦将无存。于中国主权，大有关碍，未审当轴者知之否也？至西藏道路艰恶，久已著闻，如果修筑平夷，于大局何尝无益？惟此约之宗旨，专在以藏地之膏腴，供英人之吸取，交通愈便，丧失愈多。地利所开，主权随失。厹犹钟路，弥可悚伤耳！

又云：亚东、江孜、噶大克，西藏应设番官。英国所派驻札之官，凡有致驻藏大臣各汉官并番官公文信件，概归该番官接收转递。

按：此欲与藏番直接交涉，而屏中国于局外也。近年来英人因藏事与中国官吏交涉，多不能达其目的，故建议宜与藏人直接交涉者颇多。究之英人之所利，即中国之所不利也。此条语意，即欲将来有事，归英藏直接交涉，中国不得与闻，特迂曲其辞，以全体面耳！诚如所约，凡事皆先经藏人之手，中国驻藏大臣，已为赘疣。中国虽有保护之名，而无统辖之实矣。考中国之对西藏，似保护国性质，中国实握军事、外交上之特权。今驻藏大臣，既不得直接以办外交，则特权已失，藏地实与独立无殊。然藏地无独立之资格，不归中国，必折入于英，将来主客异形，为害何可胜数？是中国应允此约，已不啻为放弃西藏之明证矣。将来欲冀挽回，岂不难哉？

第六条：西藏赔款七百四十万卢比与英。

按：此为题中应有之义，不必细论。惟以藏地瘠苦，筹款万难。达赖喇嘛素不恤众，此项赔款，无非勒索取盈，藏民何以堪此？一旦铤而走险，英复得以代为平乱之说，草剃而禽狝之。印度之覆辙，可为寒心者也。况赔款及限不清，致贻口实，又意中事。动辄得咎，欲免鲸吞也得乎？

第七条：第一、二、三、四、五款内所载之开立码头，第六款偿费各事，番众取其必办之保证，英国兵仍驻守春丕，候三年码头开立停妥，缴费告竣为止。若偿费至时缴未完数，本英国兵则仍驻守春丕。

按：春丕即逾咱利岭至亚东山间一带溪谷之地，藏人称为桥默树，即中国之靖西地。英人名为春丕，译为小村落之意。其地气候温和，土脉饶沃，为藏中第一。由春丕达拉萨，约三日程。光绪十二年，英藏交战，英曾占守此地。后因中国曾设官在此，恐失和好，故遂退兵，然心中未尝一日忘也。此次英兵仍沿旧道以进拉萨，然拉萨与印度悬隔太远，且气候不便驻兵，故仍拟退驻春丕，以资控接。春丕气候既佳，又当哲藏往来要径，且英人尝核计，由印度逾春丕至拉萨路途之坦捷，较俄之由卡希喀或帕米尔进军者，难易迟速，相去万殊。故扼守此区，实为抵制支拉夫人之警著，固英人所极垂涎者也。今以要约为辞，定军士常驻于此，毋亦料藏人未能践约，将借口而实行割据乎？闻春丕人民，苦藏官暴虐，将率而投英，他日必为英所利用。夫赔款既巨，未必及期能偿也；商改约章税则，未必悉能妥协也；新开码头，未必克期竣事也。有一于此，英人皆可借口。然则英人直巧借题目以延屯兵之期而已，直相机以图占地而已。夫屯兵要约，本有其例。然试考春丕形势，知英人叵测，意固别有所图。况第一条定界之事，已极纷纭，安知不乘机扩充界线？有此二者，春丕为英囊中物也决矣。

第八条：自印度边界至江孜前藏，商人道经之处，凡有山寨等项，须一并拆毁。

按：藏人兵备素疏，器械尤劣，所用只有弓矢、火绳。前与英战时，为猛烈火器所攻，全军歼焉。此次英兵入藏，虽甚艰苦，然由地势天然险峻，故前进甚难，非藏人之有抵抗力也。藏非英敌，已不容疑。然充英人勃勃之野心，非销兵堕城不足慑敌情而清后患。又通商孔道，必须毫无危险，众始悦出其途，遂不免以保护商务之苦心，作要挟敌人之举动，此亦外交政略优胜之一例也。藏地至此，更无险可守矣。

第九条：西藏土地，本英国如不应允，无论是何外国，一概不能有典卖租给等情。西藏之政事，及一切应办事宜，无论是何外国，概行不得与闻。西藏无论是何事业，各外国不得遣发官民人等来藏协番办理。西藏地方，各外国不得前来修筑道路，并筑铁路、安置电线、开矿等事。假如本英国愿诺别国修路、筑铁路、开矿、设电线等事，本英国一体自行检点举办。西藏各项恒产，一切银业，不得以之与各国抵押对换租卖等情。

按：此条谋画最精，措辞最辣，包括最大，而受害亦最深，实为全约中之总枢纽。按国际公法，一国对于平等之国，或他国之保护国，万无干预其内政或阻止别国入其境内之理。如上云云，是一国对于己之保护国所施之训令，如中国之于西藏者，乃可合例施行。今英国概以施之藏人，是中国保护之权，已随此约而移之英国矣。约中无论是何外国一语，是否连中国在内，并未声明，欺混情形，已在言外。夫此极关紧要之语，未闻议约大臣，一为驳诘，或要其特别声明。愦愦情形，殊堪痛恨。倘所谓外国，果连中国在内，则按照条约，驻藏大臣，即应撤回。达赖喇嘛，即不应由中朝命立。所有税关官署，亦应即时退让。即此后藏中各事，中国皆不得与闻。利害如何，昭然若揭。该大臣岂见不及此，乃听其舞文饰说，有同聋瞽何耶？即谓英人本意，专在防俄，然既授人以柄，又安望人之自弃权利耶？约中所举，凡外交、内政、军事、财产，无所不包。英对于藏，已不愧为纯粹之主权。法律家言，一国不容有两主权。然则英纵不明夺中国主权，观其所为，业已不留余地矣。欲觅中国主权之存在，何从得之？近者英外部大臣及印藩属员，皆宣言英藏之约，为维持商业起见，决不损中国主权。掩耳盗铃，于何征信？设有甲国对于保护国之外交内政军事财产权，一旦全移于乙国，而谓于甲国主权毫无损害，虽三尺童子，其谁信之？至于维持商业，自是英人本怀。然世界因商业而县人国者多矣，英于印度，即其前车，西藏其亦将接踵而去乎？况西藏土地、政事等与商务有何关涉？英人之意，不过曰防俄人之狡谋，不得不尔。然则充英人之意，必将以藏地隶之版籍，始为计出万全，商务可兴，而印度之宝库可以长保。抑西藏者，亚洲第二之秘密宝库也。浸假而以保护西藏商务之故，谋及川滇，谋及新疆帕米尔一带，声言于中国主权无碍，亦将听之乎？总之中国承认此条，则对于西藏之主权，已经全失，与自认割让者无异。所谓外国者，中国即不在内，未经特别声明，则保护西藏之事，中国已断然无分，与泛泛之第三国无异。求如坎巨提之羁縻不绝，亦不可得矣。昔哲孟雄割让，犹有明文。今则其术益工，其辞益巧，既乘日俄扰攘之秋，突施敏腕，复欲避列强之耳目，不居割据之名。又以中国之弃实际而尚虚名也，乃于条约上不显著中国明文，以为保全体面计。而岂知某大臣适中其术，不之悟乎？尤可怪者，全藏地方，袤延千里，英人兵力所及，只在前藏一隅。乃此条内，并全藏之主权，轻易掷弃，是恐盗之未餍所欲，而益物以求免也。有是理乎？考英此次不经略西藏北方，虽属地势使然，亦由恐招俄嫉。特卧榻之下，终不容人鼾睡。故不得不先为包举一切之词，使全藏主权，皆归掌握。而经略之处则在南方，徐图北顾，此此条所以为全约之归宿也。英人之计，则即得矣。近英报于政府办理此事，多致赞辞。相形之下，我国民何以为情？政府复无切实办法，仅以勿画押一电敷衍了事。其余官民，皆淡然若忘。于此不得不叹我国民政治思想之薄弱也。

综而论之，第一、二、三、四之立界、通商、改约、议税各条，苟使除去英藏直接交涉之文，归中、英协商办理，则关系主权之处，尚可设法挽回。而第一条既有援照光绪十六年界址立石之文，则此次事例同前，且可为中国有权干预之明证。第五条之除去关卡及新开码头，由英藏派官办理交涉，此为失权之渐，万难允从。第六条之偿兵费，尚属害取其轻。而第七条之驻守春丕，其结果已将与割让无异。第八条，在藏地今日门户大开，无妨遵办。惟第九条，情节太重，包括太广，不特主权尽失，并中国后此几希之望，亦复无存。虽有智者，无从补救，当局者万无允许之理。此约经驻藏有大臣泰于七月廿三日，电告政府，声言廿二日已经画押。而路透电则言须至廿八日画押，是否重经磋议，尚不可知，然后此未见明文，则此约恐已成铁案。又风闻此约尚非真本，固望有大臣所订之约与此不符。特凡与主权有关之处，审势度情，谅亦无甚出入。维州弃矣，象教无灵。天府膏腴，一旦归他人手，九庙有知，能无恸于地下乎？论者或援曾惠敏争伊犁之举，以为立黜有泰，另遣大臣往议，庶可毁约复位。不知中国今日势力，视与俄人交涉时，已经锐减，安得尚援前案，冀幸俯从。况中国外交，向恃第三国之责言以为借口。试问：俄人今日，肯助中以拒英乎？英据印、哲，拊藏之背，势力甚雄。俄虽于中亚屯有重兵，然对藏情形，终非英敌。万一英俄冲突，中国复承其敝，恐结果之惨，较此有加，亦非计之得者矣。本馆之意，以为英人既据光绪十六、十九两年条约为言，则中国正可执为有权干预之证。而立界改约两事，则须竭力抵制，以期无损主权。庶第九条蒙混诸端，不攻自破。基址既定，则设关、设官诸事，皆可次第磋商。否则，只蔽以无权过问一言，中国已无从提议矣。此亦拟议万一之辞，是否有效，殊难预定。夫英以民族膨胀之力，横行宇内，兵力财源，复足为其后盾。一旦致此，夫岂偶然？所望大夫君子，共纾筹策，宏济艰难，抑本馆之所欣盼也。

1904 年 12 月 1 日，1 卷 10 期

西藏不能设行省

近人谋西藏善后者，多有设为行省之说。而政府诸公谓藏地辽阔且苦寒，民情慓悍，若设行省，恐不易治，当派一将军，镇以重兵，足以管辖等语。按政府处理西藏之事，不能实行向者对于保护国之权利，反纷纷焉拟设行省，所谓治丝愈纷也。夫我国自抚定西藏以来，已操有外交、兵政之权利矣。所欠者，不过货币而已。今因不能实行此权利，外人得搀而夺之，乃欲建设行省。无论其宗教、语言、文字之大相径庭也，即幸而与我渐习而同化焉，然以我国行政区域之纠纷，其与新疆置省之利，相去又几何哉！

1904 年 12 月 31 日，1 卷 11 期

收瞻定瞻策(录乙巳三月二十七日《时报》)(目)

驻藏帮办大臣凤覆奏收回三瞻折(目)

驻藏办事大臣有[泰]密咨驻藏帮办大臣凤[全]不便收回三瞻文

窃照本大臣于光绪三十年十二月十四日准川督部堂密咨，准军机大臣寄奉上谕："有人奏，西藏情形危急，请经营四川各土司，并及时将三瞻收回内属等语。著锡、有、凤体察情形，妥筹具奏。原折著抄给阅看，将此各谕令知之。钦此。"遵旨寄信前来，自应遵旨筹办。若由川遽定收回之议，诚恐于藏中隔阂。况藏约尚未大定，赖默察事势，以定事之行止，时之早迟，以维川藏大局。权衡至当，详晰见覆，察照会衔复奏。一面将折稿咨送，庶可联为一气，共谋有成。等因。准此。

查此案于光绪二十二年曾拟将三瞻收还川属，改土归流。经前大臣开导藏番，唇焦舌敝，乃达赖既无归服之心，已有觖望之意。此等情形想川督部堂自必有案可稽，无庸赘述。继后奉旨赏还达赖，当由藏番备具贡品方物，专差赴京呈进。该差

旋藏赍到，回赏御赐各物，商上复备哈达佛尊，禀由本大臣代奏叩谢天恩，将年月日期咨明，亦在案。盖恐瞻对甫经赐与，又议收回，似无此等政体，是以咨请酌核办理。在藏番则以为恩出朝廷，当无更易，其感戴皇仁，已见诸实事。今议者复申前说，收回内属，但瞻案牵连藏、印大局，藏番虽与洋人定议，本大臣究未画押。现唐大臣尚未来藏，达赖远遁亦未查询明白，一旦议及赏还达赖之瞻对收归川属，不独于事理之反复既不可行，并启藏番轻视之心，为丛驱爵，适以坚趋向外人之意，其后患将有不可收拾者。事机处此，倘缄默不言，则日后咎将谁归？为今之计，惟有俟边务了结，外侮不来，则屯田固属要著，练兵镇慑尤不可缓。果川藏联为一气，藏番畏服，即三崖乍了[丫]素无法纪者统归约束，岂三瞻一隅之足虑乎？本大臣前电参达赖，因其未能恭保圣容，竟至远飙，奉旨暂行革去名号。而番属之信奉达赖并不改初心，其愚蠢之性非可言喻。总之以大局而论，示以天威则可，失此大信则万万不可。贵大臣公忠在抱，谅必早见于此。特为密咨，请烦查照施行。

1905年6月27日，2卷5期

驻藏办事大臣凤[全]咨复驻藏大臣有[泰]收回三瞻文

窃照本大臣案：准贵大臣来咨，以钦奉廷旨，另筹及时收回三瞻内属，因两次赏还达赖，一旦议及收回，恐非政体而失大信，且达赖既无折服之心，即失觖望，请候藏约定局，布置边防，练兵屯田，经营各土司，何虑瞻对一隅等由，准此。

查瞻酋工布朗结强梁叛逆，致川藏茶运不通，番民坐困。前督部堂骆派兵剿办，商上亦助兵协剿，歼除逆首，克平其地，索偿兵费二十万。时值川疆多故，奏请以三瞻赏达赖，派堪布管理，藉资化导，免偿兵费在案。讵商上即以统兵番员坐镇其地，谓之总管，勒加重赋，刻剥番民。驯至光绪十六年，番官青饶策批纵子苛虐，肆为无道，民不聊生，因而叛藏归川，诉呈至百余件之多。经前大臣长会同督部堂刘、成都将军岐派兵剿办，将为首之撒拉雍珠诛戮，重惩番官，奏请瞻地归炉里城兼辖，旋即升任经前大臣升妥筹善后，奏请仍为商上管辖。嗣因驻瞻番员与川边土司构衅，前督部堂鹿派兵声讨，悉平其地，瞻民咸愿归川。正拟改土归流，廓清川藏门户，乃商上赴京饰控，饬交前成都将军恭查办，囫囵覆奏，仍请三瞻赏还达赖。其时中外各官无一人论及此事者，实以西藏为川省藩篱，深冀边案了结，边疆永靖，西藏自主之权操之自我。

瞻对属之藩部，何异属之川疆，应否收还，尚可无须汲汲。上年英兵入藏，情形几同瓦解，拟约通商，百端要挟。藏番私与英人定约，贵大臣幸未画押，于是有特派唐大臣定约全权之命。似此情形，阽危实甚。既难全力包举，俾无隙之可乘，复难成败坐观，听强邻之逼处，言官敷奏，洞悉本原，朝廷爰有饬筹及时收瞻之旨。夫所谓及时者非乘危薄险，思图侥幸之功，实由痛巨创深，为此迫切之计也。

英人狡焉思逞，已非一日，溯自大吉岭通商，牵动西藏边界，未几而有隆吐之役。亚东通商，牵动全藏，未几而有江孜全藏之役。今则前藏通商，便已牵动全蜀矣。往事可征，江河日下，后患伊于胡底乎？

兹准前因，贵大臣拘泥有伤政体一节，查爵土予夺之权，操自朝廷，有功则予，有罪则夺。瞻地因其助剿瞻酋而予之，因其不能抚恤其人民而夺之，一秉大公，毫无私曲。贵大臣奏参达赖名号，亦犹斯意，事同一律，政体何伤？又恐有失大信一节，查瞻对之予，原以偿昔年兵费，前大臣长原奏善后章程内曾经言及。商上岁收瞻民赋税九千余两，迄今三十余年，核以所用兵费二十万，久已取盈，而番官至今犹苛敛不已。酌酬昔年兵费，取回瞻对，是既不究其虐民之罪，而又偿以分外之资，尤属逾格施恩，仁至义尽，出瞻民于水火，固全蜀之藩篱，示普天之大信，莫逾于此，尚何失信之足虑？政体无伤，大信不失，达赖有何不折服，而觖望之与有？况英兵已直抵西招，何待驱爵，藏、印已私相定约，何止趋向，贵大臣亦无须多此顾忌也。至谓俟藏约已定，边务了结，布置边防，练兵屯田，何虑瞻对一隅，噫！贵大臣之见左矣。

总之，瞻对之应收不应收，惟问贵大臣将来西藏自主之权能终保不能终保。若能终保，俾西藏局面一如前，则瞻对之收可缓议也。若或不能终保，一经立约，枝节横生，此时而议收三瞻，恐噬脐之悔将无及矣。瞻地本属川疆，赏还达赖，譬如幅帛抽心，不成片段。一旦有事，不惟门户未清，亦且守防无据。瞻地沿边各土司，疆界在在毗连间阻，若不收回，即经营各土司，亦将无所措手。瞻民向化之心，迄今不易。炉厅刘丞阜和陈副将密派人觇探回炉，会案可据，有何可虑，而必俟藏约定后练兵屯田而为之谋耶？收瞻一事，瞻民甘愿归川，已操得半之道。所难者达赖远飙去藏，贵大臣要在设法招致，略示羁縻，维系人心，似不可少。当此流离转徙之间，参革名号以后，穷极知感，法立知恩，果能分别功罪，依据情理，酬其兵费，开导详明，或当以巽而易入也。

所望贵大臣揆今昔之情形，权利害之轻重，亟申未雨之谋，无存胶柱之见，于以仰承庙谟，下济同舟，详细筹商，委曲开导，收回三瞻之举，无托空言，则大局幸甚，朝廷幸甚。相应密筹咨覆，请烦查照，钦遵妥筹。望即速覆施行。

1905年6月27日，2卷5期

内阁中书尹克昌奏请添设建昌行省折

窃维藏约将成，三瞻肇乱，川、滇大局岌岌可危。前四川督臣鹿传霖创议收回瞻对，改土归流，实为实边至计，乃为恭寿所阻。论者以为致祸之源。虽然，亡羊补牢，未为晚也。臣愚以为：今日能收回西藏，改建行省最为上策。如果不能，惟有划出四川雅州府、宁远府、打箭炉府厅，云南丽江府、永北厅、永宁土府，以及巴塘、里塘、明正、瞻对各土司之地，添设建昌行省。屯垦、兴学、设官、练兵，置警察，通道路，隐杜外人得步进步之心，庶无弃地弃民之祸。夫证之册籍，建昌为西藏之咽喉，而丽江尤为川、滇、缅、藏之门户。今以此境分隶两省，实阂隔边情。一旦有事，照料莫及。诚非另设一省，镇以贤能，必不能布置周密，收吏治安边之效。谨拟办法如左：

区划：以四川雅州府、宁远府、打箭炉厅、明正、瞻对、巴塘、里塘土司，云南丽江府、永北厅、永宁土府所属厅、营、州县土司之地，置建昌行省，升打箭炉厅为首府。

官职：巡抚一人，布政司一人，分巡炉、雅道。兼按察司衔一人，分巡明正、瞻对、巴塘、里塘道。一人分巡宁远、永宁道。一人分巡丽江、永北道。一人打箭炉、雅州。明正、瞻对、巴塘、里塘、宁远、永宁、永北、丽江，知府各一人。此外厅、州、县各官除雅州、宁远、丽江已有同通州县佐杂外，若打箭炉等府，添设厅、州、县各官，应相地核议。

财政：凡百事之张弛均以财政为命脉，试略举其大端列表于下：

行政费：每岁约五十万两。

军政费：每岁约一百五十万两。

教育费：每岁约一百万两。

交通费：开办约一百万两。

以上所列之费四百万两。合八府之土地人民分配之，八府之地有可耕之地至少当一百万顷，窃计八府之地如照奉天、归化城开荒之法，约垦四五十万顷。分地价为上中下三则，平均为每亩约价六分，即得三百万两。再计人数核之，姑作为五百万人，岁销盐三十万包，税银二两，可得银六十万两。烟、酒、茶、糖共税四十万两。共已得四百万两开办之费矣。

军政：遵练兵处章程，先练一镇之兵，以打箭炉为镇统所在之地，分驻协统于巴塘。或维西又酌改一镇之制，改野战炮兵二营，为工程队三营。原设之建昌镇营、鹤庆镇营悉汰弱留强，改习宪兵与新军，同隶于建昌巡抚，设营务处而不另立抚标。

教育：编官话字母，以一其语言。遍设小学堂，以大启知识。渐移黄教，进以农工商矿业学校，使之就地谋生。而先之以师范教育，终至一高等专门教育。

交通：自成都进打箭炉为东北道；自嘉定进打箭炉为东南道；自打箭炉达巴塘为西道；自打箭炉达维西为西南道。先由工程队开辟此四路为军道，此外由省至府，由府至厅州县为府县道，次第开辟。设交通局于省会，经理邮便、电线、铁道、航业。

以上举其大略，至一切详细规定，请饬下政务处详议施行。夫从前东三省西藏之所以失者，则以未能遍设郡县，令外人视为非我之领土而已。计其所失，已等于十八行省。今川滇边隘不早布置，安知外人不犹以旷土视之乎？谨奏。奉朱批政务处知道。钦此。

1905 年 9 月 23 日，2 卷 8 期

筹藏论(录乙巳八月二十日《南方报》)

英藏之交涉，中国外交史上之一巨案也。其发端自二十年前，至光绪二十九年而始一结果，又为中朝所执未得如愿，遂绵延以至于今。平心论之我国之处西藏，本多失策，无怪英人之生心。但已往之事不必赘言，所冀者唐京卿之磋议得以有成，庶几补牢之策犹有所施，而不致遗恨于终古。传闻京卿与英磋议，业将有损主权之约悉数改换，此后西藏将仍属中国完全领土矣。夫中国而无意保全西藏则已，倘有意保全西藏，则保全之法不可不定之于先。否则前此之覆辙，既不可循，后此之方针亦无一定。以孤悬之地，介两大之间，势不至折入他国不止，是目下之磋磨争辩，苦心折冲皆属无谓也。前者当轴于此，持之甚力。今已视之淡然，似西藏已与中国无与。夫英藏之约，初未明言割让也。即该约一字不可挽回，我犹将就约内之所得，为补苴罅漏以徐图恢复。安有明知可以改约而不为之预备者？又安有明知必需布置而故意因循者？乃数月以来寂寞无闻，其果当轴者不屑措意耶？本馆窃念西藏之地，动足牵涉外交。即无不关系内政，万万不可忽略。兹谨就蠡测所及，将措置西藏之法著之于篇，以俟采择焉。

一、四川宜分建行省也

按：中国与西藏接壤之地，北以青海、东以四川为最长。入藏之路，北有由西宁经青海南行一路，东有由四川出巴塘西行一路。近年驻藏大臣大率由川入藏，而驻

节之地又常在打箭炉一带，故川藏关系亦以日深。以地势言，西藏前临印度，后拒新疆，右连中亚，实为西南之屏蔽。而由藏地以趋川省，上之可出扬子江上游，以取见瓴之势。次之亦可交通秦陇，以成犄角之形。故川藏相联，有如唇齿，欲图藏事，不得不先顾川省者势也。惟川省地方辽阔，川西一带蛮戎窟宅，几为声教不及之区。总督远驻成都，布置一切，诚虑鞭长莫及。近者，三瞻之事稽延累月，未得一当，即其明征。然若不布置川西，则后路堪虞，藏事亦难于下手。谓宜将四川划为两省，分设川西巡抚以董理之，而仍受成于总督。庶精神得以专注，呼应亦可以较灵。所有兴革事宜亦可与驻藏大臣声气相通，藉收指臂之效而不致仍前隔膜。此实为整理藏事之第一着也。

一、驻藏大臣宜加重职权也

按：中国之治西藏，不干涉其宗教风俗，而军政、外交、财政则驻藏大臣实握其权。此与英人之治印度政策略同。即列国之治属地，亦半用此法，实待属地最良之策也。惟历任驻藏大臣率以旗员之沉滞者任之，视同远谪，方趋避之不暇。一旦任事，非鲁莽灭裂，即畏葸因循，从无喜功好名之心，安识固国殖民之法。其始不肯办事，其后致失权。而累朝兵力之余威，列圣贻谋之至计，遂皆不可复问矣。推原其故，遂由历任大臣之溺职，亦实由朝廷之轻视此官有以致之。按：驻藏大臣虽亦以二三品大员任之，然权势实远不如督抚，而所入至菲，又不足资肆应。且窥朝廷之不欲事事，故尤乐于无为。在朝廷方谓如此已足羁縻，初不知空穴来风，事已败坏于冥冥而不觉也。今若实行整顿，当期恢复旧制，仍总揽其外交、军事、财政之权。藏使久为藏人轻视，是宜特命重臣声望素著者，使之便宜行事。其威望、权力与督抚相等，政府不为遥制，前后藏事均归总理。其下应有属员若干人，分掌军事、财政、外交各务，而受成于大臣，由大臣为之指挥调度。其达赖喇嘛只准综理教务，一切行政不得过问。而经费之补助、军马之调遣，政府与边疆督抚复应通力合作，不分畛域。庶明干之士得以有为，而驻藏大臣不至如前之为傀儡矣。夫朝廷既以全藏付之一人之手，则其责任至为重大。然若今驻藏大臣所处之地，几使上智无以发舒，又安望藏事之有起色乎？故今日筹藏非将驻藏大臣扩张权利及增改官制，无从下手也。惟藏人心志外依英、俄，中国又当积弱之余，恐其事不无阻隔。然使当事者能刚柔并用，持以坚忍，当无不能如愿。是在任之者，得其人耳！

一、宜综理财政

藏地富饶，久已著闻。虽产物之种类不多，然矿产丰盈，畜牧繁盛。其富源，实不胜开拓。乃藏人怠惰，任弃于地而不知。遂至外人垂涎，狡焉思启。此固藏人之过，抑亦中国之过也。夫外人宁弃千万之金以求尺寸之土，正以富媪所闷，盈溢无穷。故其于属地也，不惜死力争之，全神注之。中国明有其地，而不知爱惜。既不能吸集其财以供母国之用，复不能广开生计为藏人教养之资。藏人之消息盈虚，从来于己无与，吾不解当日取此土为何用也。天与不取，反受其祸。中国今日，殆似之矣。今日经营藏地，实以财政为要纲。况举行新政，如教育、军事、交通各大端，所费动须巨万。今日财政奇绌，安有余力可以及此？势非就地取财不可。而藏地目下又至窘瘠，所有入款皆为喇嘛霸据，非速求开源之法，必至无一事可为。计藏地情形，目下之所得为者，约有数端。其一为行盐税。考藏地用盐皆由各地岩池煮用，民间私相售贩，其价颇极低廉。今宜将阖藏产盐之区调查清晰，然后按就场征税之法，每灶或每运收税若干。其数以值百抽二十为率，计藏人约二百万，以每人年用盐一元计，即可得四十万金。其二为行茶之专卖法。藏地本销华茶，每年经打箭炉一带运往者，取值不下二三百万金。道阻且长，获利颇鲜。今若由官专卖于川境，贩运入藏，用公平之价出售。销路既一，获利必多。比者，印度之茶由大吉岭铁道输入藏地者，日盛一日。若非速图抵制，则固有之利且将尽失。今行此法，既可多筹的款，又可抵制印茶，诚为一举两便。其三为通行货币。考西藏本用红铜币，曰普尔，为中国昔日所制定者。比闻市中多通用俄国卢布及印度罗比，此于国权增长大有关系。考外国经营人地，每以货币为前驱，其金融流通之机关，即铁骑凭陵之所及。我驻藏大臣聋聩不察，至听客所为，既失利权又伤国体。今欲整理财政，必先从通行货币下手。然后出纳便利，挹注适宜。其事大约有三：一铸合宜之铜币；一设国立之银行；一造通行之钞票。头绪繁赜，未易具陈。然简言之，不外将全藏货币之权归之于我，而操纵随宜而已。四为开矿。藏中金、铁、银、铜之矿多不胜言，惜地僻民愚，全未闻开采。今若由官中设法，由渐而进，广辟利源，其获利之丰，盖可预计。惟开矿本非易事，近年以来中国之开矿者，十次九败。况以藏人之顽梗，地势之艰险，非有十分把握未可轻言。惟藏中利源，实以此为最巨，无论迟早必须办到。此时徐图措置，不必卤莽从事即可。若竟置之不顾，则不可也。以上四则，实为财政之宏纲。然事在得人，非有廉干之才复谙经济之学者，未易从事。盖经营属地财政与国内财政不同，伺隙蹈瑕，动虞得咎也。

一、军政宜整顿也

西藏额兵，不过千数百人。军械窳败，操法尤极粗疏。然其人实勇敢可用。中国昔日限制兵数，原以消弱其民，与古之销兵堕城无异。盖初虑卧榻之侧，他人鼾睡也。今者，时势大异，厕英俄之间，腹背受敌，非兵力足以自卫，万不免于危亡。且二强之以藏为掌中物也，久矣。一旦睹中国之更张，其妒忌之情必愈增烈。尤须有完备之兵力，方足建威销萌。且黄金利剑，实为支配世界之物。诚欲于藏地更张一切，以藏人之顽固，不得不备其反抗。非有完备之兵力，又何以拥护其职权(如三瞻之事，即其例也。若凤大臣有重兵，何至于此)？故练兵一事，尤为不可缓之举。至练兵之法，固宜改习新操。然鄙意宜择险要之区，先行招练。其兵全以土人充用，什长以上间或参用汉人。至士官，则全以汉人充之。而别练汉兵一镇，分驻国中要害，其声势必相联络。军械则汉兵用最新之式，藏兵用稍旧之式，而皆由汉官司其收发。其练兵之事，别设提督等官主之，而受成于大臣。饷糈则就地设法，其不足之数由本部各省协助。至藏地险恶，必须开辟行军道路，而工兵尤须多练。凡筑垒、架桥、凿洞、通电等事，皆必加意考求。而辎重运送之法，亦宜实习。惟骑兵可以减练。至将材难得，惟有于川西及前藏各设学堂数所，分别施教。目前则暂以各省武学毕业生调用。全藏军队皆归大臣及提督调遣节制，藏人不得私主。如此庶强邻暂息窥伺，属地共仰威棱，且不至轻启衅端，动招挫辱也。

一、宜开放门户也

藏地为英俄交伺之区。近年以来英由印度越咱利岭以窥其南，俄由中亚拊新疆以窥其北。鹬蚌相持，皆以藏地为之枢轴。去年英人乘日俄构兵之际，派兵入藏。俄人不暇兼顾，亦敢怒而不敢言。然俄人在藏之根据，颇较英人为坚。藏人与俄极形亲睦。英俄诚协商允洽则已，否则俄人断不肯轻败前功，亦不免仍生触突。今欲整顿藏事，于两国感情势不能无所偏袒。然从英则俄怒，从俄则英争。论兵力则英为强，论感情则俄为挚。我大臣左右为难之不暇，尚足以言办事乎？今欲免此葛藤，是宜将中国治理西藏宗旨先行宣布。一面择险要之地，慎固封守，而将往来孔道之都市，开放通商。北达西域，南达印度，东达四川、云、贵，转轮辐辏。既获通商之利，又免诲盗之虞。且后藏与俄往来货物不多，即令通商亦无所利。而南境如亚东、江孜各部，则为藏印往来孔道，如果将附近各属一律开放，英人必甚获益。是此一举，既可杜俄人之诡计，又可市英人之欢心。英既不得故肆苟求，俄亦不得藉端要挟。外交之荆棘渐可消除,然后专意内治,庶阻力去而成效彰,不致穷于应付矣。

以上数端,不过择其显著者言之。至若根本之图,必以教育为主。藏人蔽塞之故,一由于地理,一由于宗教,至今已成天性。使任其蔽塞,而不为开通,则目前虽免伤亡,而当此帝国主义盛行之时,必有不能保全之一日。惟前事关系太大,且中国本部教育尚在幼稚之时,而欲施之属藩,以挽其数千年来习俗之弊,实未易事,只可存此一说以待将来矣。至所举数事,头绪已极纷繁,断非匆遽可以从事,其整理之关键约有两事:

其一为调查成案:中国抚有藏地越二百年,其间用兵之方略,控驭之良谋,宗教之关系,官制之更革,以及交涉之成案,地理之形,在在可为,前车之鉴后事之师。而官中既无纂辑,私家尤欠考求,使当事者荒忽迷茫,无所印证,措治之策因以多歧。今既大议更张,必须先将历年成案,无论官私记载,速行调查以备参考。其一为实察现情:藏地情形,中国人知之者不及万一。论藏事者,亦皆依稀放佛,有如海客谈瀛。彼外人之涉藏地者,凿险缒幽,无微不至。中国人乃反从其记载,略知一二,亦足恧矣。今既布置一切,非先行实地调查,则情形必不明了。盲人瞎马,陨越堪虞。故宜多派坚苦耐劳之人,分往藏中各地,各按所专长之事,详细考核(财政、军事等类),以为办事之资料。非此,则凭空结撰,万端皆无当也。窃拟藏约更定后,中国之所应办者如此。设藏约无可挽回,则此议亦为虚发。所望当轴诸公早知其事,速为之备,勿致坐失事机耳!

1905年11月21日,2卷10期

四川总督锡奏查明帮办驻藏大臣凤等死事情形折

锡 良

窃查前据打箭炉厅文武电称巴塘番匪滋事戕害驻藏帮办大臣凤全暨焚毁教堂等情,当经电奏,奉旨饬查,因何起衅,凤全死事惨烈,并同殉各员,一并具奏,教士等设法出险,认真保护等因。随又电陈,是时番僧阻断邮塘,探报未确,俟查明后续奏。兹据打箭炉厅同知刘廷恕等与巴塘粮员吴锡珍先后禀陈前来。

查凤全自蒙简擢,感怀时局,激发忠诚,即有奋不顾身之概,抵炉接奉寄谕,经营徼外,以固藩篱。出关后备悉巴里各寺喇嘛朘削番民,庇纵匪类,土司以下听其颐指,若不首加裁抑,边务必多扞格,因奏请申明旧制,限定喇嘛人数,二十年内暂停剃度。喇嘛等内怀怨怼，腾播流言，率指凤全所带勇弁军服、操法近于西式，遂谓凤全办事悉为洋人而来。即如巴塘垦田，虽属无多，然粮员开办年余，相安无事，凤全稍加推拓，遽有抗阻，派勇弹压，经过丁零寺门外，喇嘛即放枪伤勇，此二月二十一日事也。厥后焚烧垦场，纠结日众，平时本以教堂为不利于地方，凤全力为保护，益訾其袒庇洋人。二十八日番匪乘机焚毁教堂，勇丁被杀者二十余人，署巴塘都司吴以忠、随员秦宗藩并死其难，粮署亦为劫掠，番众汹汹，解喻不散。次日喇嘛与土司往见凤全，请其移驻里塘，庶免番匪藉词扰害，乃可以保安全台，一面供备乌拉。凤全先因巴塘粮运艰贵，故留勇在炉操练，亲带只数十人，创残之半，更难得力，拟到里后调集炉勇，继图惩办。讵三月初一日行至红亭子地方，即见番众埋伏突起，前后截杀，凤全督勇搏战，相持良久，终以匪众勇寡，遂与随员勇役等五十余人尽遭戕害。

伏念凤全历任川中州县，卓著声绩，此次感被恩命，于巴垦炉矿以及筹议瞻对等事莫不殚精区画。惟喇嘛骄玩日久，骤欲分其势以恤番民，无如番俗素崇释教，不明凤全保爱之意，转予喇嘛以煽动之端。凤全前电即云番匪系喇嘛主使，诚以丁零寺力强人众，若非倡助，何能顿致鸱张？况坚词以请行，而扼路伏戎，显属同谋济恶。变成于仓猝，征调不及，无从防御。凤全临难不避，力竭捐躯，从者尽殉，最为惨烈。应如何赐恤之处，出自圣主恩施。随同殉难之贵州试用巡检陈式钰，四川候补县丞王宜麟、赵潼，尽先千总李胜贵，绘图学长何藻臣，并先经被害之署巴塘都司漳腊，营参将吴以忠，已革四川补用知县秦宗藩，均请敕部从优议恤。其余勇弁，查明补报。

此案巴塘喇嘛等焚毁教堂，戕害大臣，情罪重大。近日词多狂悖，不惟土司番民附和甚多，且勾结察里两台瞻对三岩等处。瞻对则已派出马队，越至炉边，窥伺关外，几为之骚动。犹幸奴才等先已奏派提督马维骐到炉，业派弁勇将戕官伤弁之泰凝寺喇嘛攻克奔散，军威稍振，人心始定。奴才等昨又剀切示谕，解散诱胁，然不大伸天讨，终无以翦凶逆而昭法纪。现在遵旨派建昌道赵尔丰办理炉边军务，迅速驰往，会同提臣马维骐相机妥办，并以巴里一带均隶于建昌道，而运粮亦在所属邛雅等处。故令赵尔丰先赴本任接篆后，即日起程，所以便调度而一事权。军事孔繁，委留川当差之已革广西补用道钱锡宝随往襄赞。炉城向不产米，关外更非乌拉不能行走，用兵以二者为最难，又委试用道文纬等在雅炉设局购运。川省财力本形支绌，而是役荒远艰苦，非厚集师旅，不能制胜，又非数兵之饷不能养一兵，数石之费不能运一石，军需浩大，惟有督同藩司多方措垫应此眉急。已令赵尔丰添募营勇，到炉后会商马维骐，布置周妥，即议进攻，审度情形，分别剿办，总期万全设策，一举奏功，庶使荒裔咸憺威稜，以后不敢恣其悖乱。至巴塘法司铎牧守仁，先经凤全护其迁避，土署粮员现禀于二月二十四夜自行逃去，其余亚海贡盐井教堂两处来禀，均未之及，而蒲司铎则逃赴滇边获免。番匪又复奔往滇境，扑犯教堂，幸经堵御。究竟法司铎等被害实有几人，已饬再行确查，并将存者多设方略，保护出险，不惜厚赏优奖，以期有济。

再，凤全残骸已殓，其子候选布经历忠顺请俟道路通畅，即往迎运，合并陈明。谨奏。

1906年1月19日，2卷12期

成都将军绰四川总督锡会奏提臣亲率诸军进克巴塘勘平边乱并前后攻夺关隘搜剿逋窜情形折(目)

1906年2月18日，3卷1号

拟改设西藏行省策(录丙午正月初七日《新闻报》)

土地侵削之祸，伏之于数十年之前，而发之于数十年以后。当其将发也，能早筹补救之策，则土地犹可保全。其已发也，能急筹补救之策，则土地亦尚可保全。至侵削之祸既发，补救之策，朝不待夕。而泄泄者犹安步拯溺，假衣救焚，是日前仅为人所侵削，而异日必为人所兼并。西藏侵削，其机早伏于哲孟雄之争界，中国漠然视之，不甚措意。盖中国以西藏为本国之羁縻州，而非为本国之管领地。我朝入藏之始，不改其政俗，不改其宗教，但以一大臣为之监督，使之永为不侵不叛之藩封。故中国在藏，只享王权之虚名。而喇嘛在藏，转获之实用，以致启人觊觎。癸卯冬，乃有外兵入藏一案。藏力不敌，遂为城下之盟。听客所为，几于为他人之保护国。至研究所订条约，中国几不能自认在西藏有丝毫之主权。以中国数百年之藩服，一旦为人劫去，且又关系两川之利害，乌得不起而相争？于是特简专使，磋磨数月，始有认中国为主国之说。嗣又纠葛横生，至今未定，是中国在西藏之主权，尚不能必其能保也。然而西藏臣服中国，已近三百年矣。外人兵力虽强，亦断不能不于形式予中国以虚名之主权，借以杜群雄之口，而施将取故予之谋。为中国计，惟有于藏约未定之先,急起直追,为伐谋未然之举,宣告各国,改为行省,以止今日之侵削,而免他年之兼并。今闻政府于西藏改设行省一说,颇不谓然。中国藩服:琉球县,安南灭,缅甸亡,朝鲜倾,弹丸暹逻仅能自保,所存者只有西藏,今又为人所挟制。摄位之喇嘛,潜行疆外;出亡之喇嘛,逗留中途。西藏无主,内变将起,外患必来,藏事将不可为也。中国若再不改设行省,收其政权,万一有人或携潜出之喇嘛,拥之而入,抑或质出亡之喇嘛,挟与俱归,号召诸藩,郡县土地,大势一定,中国虽欲过问,而已无从措手矣。记者曾于癸卯秋九月十一日著有《保藏策》,其第一款即系改西藏为行省。当时外兵尚未入藏,政府若立即采用,或可杜祸于几先。乃政府熟视无睹,遂使外人得着先鞭,酿成今日困难之交涉,悔可追耶?今藏约虽未议定,而中国主权,外人固未当明目张胆直接不认。中国在藏主权,一旦全失,人即可以从容收其地;中国在藏主权,一日犹存,人就不能谈笑夺其国。故中国不欲保西藏,西藏可以不改为行省;中国若欲保西藏,为两川之屏蔽,使人之势力不能由印度以直达西藏,长驱而入,贯通于扬子江诸行省。则保藏即所以保两川,保两川即所以保湘、鄂、皖、豫、宁、苏六省之腹地。西藏改为行省一策,万不能坐失事机,再缓须臾。虽然,藏地七千余里,番众数百余万,风俗不同,宗教大异,矿产路政尚无基础,资财又复支绌,一切经营布置,事属开创,颇多棘手,然而政府不能因其难而又恝置不问,使玉宇金瓯,复为他人所有。记者不敏,为条分缕析,试借箸而代筹之。

一、设官。藏地延长七千余里,道路崎岖,山溪重杂,声势不联。若照内地行省之例,设督抚、司道、州县、提镇、总兵等官,则一切衙署消用费,支付甚难。鄙意设一总督,管理全藏财政兵政一切事宜,其余钱粮则设征收局,词讼则设讯谳局,教育则设学务局,保护则设警察局。而司道、州县等官,不须另设。至防卫营兵,则按照练兵处章程,编为标镇。以藏地如此之延长,又与内地悬隔,一旦有事,征召不灵,非有四五镇土著之练兵,决不能绝觊觎而守疆土。而弹压地方之武弁,即以镇统各官任之,归总督节制。而提督总兵副参游等官,亦不必设。管制简便,非徒节糜费,亦所以一事权也。

一、练兵。藏番笃信鬼神,不修武备,外兵一旅,长驱直入,势如破竹。若改为行省,非有久练之兵,作无形之保障,将来覆辙,仍与朝鲜等耳!然土番愚鲁,言语不通,训以新式操法,扞格不入。今宜饬令川督急编川兵两镇,命两川留学毕业陆军学生为两镇队官,从速训练,限以六月蒇事,调入藏地。以川兵镇藏,事半功倍。然后规模稍定,急宜多开普通武备小学堂,仍以两川武备学生为师长,训以官话,通其言语,教以图绘,开其知识。十年后,即以武备小学堂毕业生为四镇练兵,无须再调川兵。至养兵经费，则不外大垦荒地(现在两镇川兵惟有半垦半练以节经费)，多开矿山(或在两川招募精壮少年入藏开矿，阴以兵法部勒，抑或作为矿屯，即以所得之矿利为兵饷，亦救急之一策也。各省开矿无资，正宜急开矿屯。每省简一知兵大员为总办，所有矿丁除限时日开掘外，余暇则训以新式操法。既得矿利，又省兵糈。古有垦屯，以防冲突，今立矿屯，以防分裂，政府不可不留意于此)，迅造铁路(藏中土产甚富，铁路通则以货出者以银入，就地筹款，亦可挹注)数端。然有兵无器，与无兵同。不幸有事，军火接济，转运甚难，此机器局尤不可不亟亟筹设也。

一、教育。藏番数百万，迷信神权，习俗相沿，不宜攻破。今宜用极浅极新之国文课本教导番童，行强迫教育，使之渐化，迨渐化以后，再以精进之教育纯化之，此非旦夕所能收其效者也，然而异日必能大获。鄙意无论何等小学堂，均宜以兵式体操为制造铁血种子之炉。

一、巡警。僧番性情暴戾，与内地人民不同，改设行省，骤施约束，必不驯服，非多设巡警，万不能销患未萌，相安无事。宜多募川人之识字驯良者为警卒，分布要害。凡钱粮词讼等交涉事件，均派警卒为之，不必雇用差役。然后，相度情形，征募纯谨之土著，设巡警学堂以教之，预备为地方巡士之用。

以上四端乃治藏之大略，若夫一切详规细则，非亲历其地，察核情势，不能研定也。藏事急矣！我不着手，彼明劫之者，已以兵力相挟，彼潜劫之者，又以贿赂相诱。不为甲之保护国，即为乙之管辖土。设一旦而为明劫者所得，则铁路由印边而直达西藏，由西藏而直抵两川，迨川汉铁路衔接，浦信铁路连贯，彼之势力，竟由印达川，由川过湘以达汉，由汉至信以达浦，驶于杨子江下游诸行省，与海线之势力，几有合水路为一线之望。中国南部，欲不为印之续也，其能得乎？不特此也，印路由川达汉，达汉以后，北驶则由汉达津，由津而达营榆，由营榆则达东清，中国西北部亦可危。旁驶则由津以达济，分驶则抵汴洛，西驶则抵正太，南驶则由津以达镇，由镇则直达沪，横驶则通赣，达浙、达闽或达粤，中国东南部亦可危。中国能保西藏，扼其主权，使印路之势力，不能上澈下贯，则中国全部可保。否则二十年后，西藏不可保，二十年后川湘不可保，再阅二十年，鄂、赣、鲁、汴、宁、苏、闽、浙、两粤以及直、晋诸行省尚能金瓯无缺耶？二十世纪以后，谋人国土有水线而无陆线，终必失败。吾国柄政者，宜注意于此，不可稍忽。然则改西藏为行省，尚可筑室道旁，聚讼不决也耶？

1906年3月18日，3卷2号

四川总督锡奏议结巴塘教案片(宗教)(目)

1906年5月18日,3卷4期

巴塘善后汉番军民遵守章程(目)

1907年5月7日,4卷3号

筹边刍议(社说)(本社撰稿)

蛤 笑

呜呼!居今日而言筹边,此亦常不及之势矣。顾失今不图,后此更无措手之日。亡羊补牢,犹未晚。试为借箸以筹,其能邀当途之听许也乎!

东三省更张官制之议,始于日俄息战之时。纷扰者两年,至今年三月初八日而始克发表,顾记者犹有所未喻者。则朝廷所注重,似仅三省而西北两边,若犹置为后图,且其所设一督三抚之制,亦为厌天下之望也。内地督抚并建之地,已裁抚留督,外官更制,且有尽改总督,罢去兼辖之议矣。何东三省而独不然?意者以民事归诸巡抚,而专责总督以兵事乎?然民事、兵事万不可分,而兵之与财,尤有刻不相离之势。昔日东南之役,统兵诸帅,有土地财富之权者常胜,无者必败,已然之事,可借鉴也。总督虽有钦差大臣及三省将军兼衔,其地望较隆于三抚,然既无节制巡抚之明文,则钦差仅司军旅,将军止管旗营,其势究无以相胜。明末经抚并处,经略尚为巡抚所持,况一督三抚,四人并峙,而保其始终不相牴牾耶?东省幅员广漠,实抵腹地六七省之区域,窃谓宜析为六道,罢巡抚而止设诸司,仿明初三司并建之规,而以总督一人统之。地小则措置易周,权专则推诿无自,危疆残弊之局,或有瘳乎!不然,亦宜授总督以节制诸抚之明文,使抚之于督,如提督之于总督,轻重显分,斯控治较易。非然者,恐富强之效,未可骤期,而龃龉之形,先已叠兆也。由东三省而西,绵亘万里者,实惟蒙藩,又西则新疆,折而南则青海卫藏,皆强邻所眈视,而极夫杌陧之形者也。国朝皇舆广辟,迈宋明而蹑汉唐,顾其辟地也,不以之增殖国民之生产,而徒以夸张共主之声灵。故其盛也,竭中国之力以资绝域,如获石田,无所用之。及其衰也,则强邻环伺,力不能援，恒业业焉不可以终日。此数地者，其与中国之关系，互有不同，而其危急之情则一。大抵宗教力强者，控驭较难，宗教力薄者，抚绥稍易，而对付之方，亦从之而异。

新疆设省垂三十年，而成效阒如。近且为强俄禁脔，无均势之可言，交涉之难，视东三省倍蓰，然地大物博，地力未开，实西方富国也。窃谓宜实行移民之法，内地生殖繁多，江淮南北岁岁苦饥。诚简其丁壮，徙使实边，而以兵法部勒之。择沈果有才勇者，为之渠帅，授之田亩，教之战陈，激以忠义，宽其文法。是不费朝廷一钱，而可为边塞增十数万劲兵，利孰大焉。然后从事于路矿诸大政，则利源兴而外患可弭矣（西北铁路情势与东南不同，体大物博当别为文专论之。）。

国初以黄教驯服蒙藩，盖开创之时，不得不藉手教宗，以销其犷悍冲突之气，而蒙古之贫弱，即因缘于是。至今日而其敝大著，张弛振兴之术，不可不急筹也。龙沙万里，荒瘠不毛，而乌梁海唐努山之阳，则地气和暖，物产蕃昌，迤南至河套，水草丰腴，为汉唐屯田故地。倘简威信谋勇之大臣，都护诸番，以教育开其智识，以尚武厉其志气，需以岁月，成绩必有可观。盖今日两边危局，惟蒙古为稍纾。俄人鹰瞵虎视，虽时有南下牧马之心，而戈壁夐绝，枯燥乏水，不利转输，俄人以其无关地球大势也。故所力争者，常在东方。苟东方之守御稍完，强俄不能得志，则其势必移而西争新疆，而蒙古得藉以少舒其急。诗曰："迨天之未阴雨，彻彼桑土，绸缪牖户。"我政府尚其加之意乎？

最难者，其惟西藏乎！国家开辟三危，本以为内地郡县。故虽隶版图者二百余年，而形势仍同荒服。外人之视之也，亦等诸安南、缅甸之列，而不以为中国之方域。且教力甚强，迷信孔深，欲一时遽变其政教，齐以中国法制，窃恐一无所就，徒以迫其外向之心。控驭之方，其可不审处乎！记者不敏，私筹一策，闻者鲜不嗤其迂谬，而下手之方，实无过于此者。卫藏为蜀西唇辅。四川生齿繁多，冠绝宇内，溺女之风特盛，即勉强抚育成人，辄鬻之为人婢妾。有司虽劝谕禁止，三令五申，而生计所迫，无如何也。西藏则多男少女，一妻数夫，尚沿图腾旧俗。为西南计者，谓宜严禁蜀人鬻女之习，而选藏人子弟之聪颖者，使就学蜀中，略识普通之学，即允为毕业，而以蜀女配之，其商贾之往来内地者，亦一律办理。姻娅既通，则隔阂渐去；学术输转，则迷信可轻。吸集之力稍强，斯离心之力渐弱。二三年后，一切改土归流、整齐划一之举，庶可逐渐徐施，无虞扞格矣！

呜呼！河山大好，来日苦难。时至今日，岂尚有边防之可言？然因循推诿，坐失事机，则求如今日之时局而不可得。吾政府奈何重视东方，而西北两边，尚置诸不论不义之列也。

1907 年 5 月 7 日，4 卷 3 号

度支部外务部吏部陆军部民政部奏议复驻藏大臣联奏陈藏中拟办事宜折

驻藏办事大臣联豫奏详陈藏中情形及拟办事宜一折，光绪三十三年二月初五日奉朱批：该部议奏单并发。钦此。钦遵。由军机处抄交到部。

据原奏内称："藏人愚顽性生，罔知利害，且心怀疑贰。计惟有先行练兵，以树声威，而资震慑。其余新政，应分次第陆续举办。惟练兵则以筹饷为急务，而筹饷实较练兵为尤难。查巴塘以内，川滇边务大臣赵尔丰自必竭力经营。奴才拟自宁静山以西由江卡以至前藏、后藏、定日、靖西等处，所有武员、粮员及所设制兵，应请一律裁撤。而沿塘之兵系因传递折奏、公文而设，刻下电线未通，邮局未立，此项兵丁似宜仍旧，其扼要处所则仍留二三武弁以管辖之。通年计算员弁工薪并各兵丁原饷，约可得银十余万两。又驻两藏大臣文武官员及兵丁等向有商价一项，每年约得银三四千两，拟将此项一并归公，作为兵饷。此外则实无款可筹。奴才现拟先照新章练兵六千，以一千驻察木多，因其地为驻藏通衢，川滇商旅会集之所。以三千驻前藏，以二千分驻靖西、后藏、江孜等处。有事则察木多之兵固可应调，即川滇边务大臣与川省之兵亦俱可以接应。再将番兵一并归我训练，则缓急可得万余人。他日若能另筹款项，再行扩充。惟关外道远且险，内地兵丁多不愿来，若尽用番民又恐不足深恃。奴才再四思维，拟用汉人六成，用达木及三十九族之人四成，凡什长均以汉人充当，谅无他虑。然新章饷项在内地则为优，在藏中则犹觉不足。道阻且长，诸物昂贵，似亦非略为变通不可。即以六千之数计之，每年十余万两断不足用。况开办之始，建造营房，添置器械，及员弁兵丁之盘费等事，在在所费不资。拟请旨饬下部臣会议，或由度支部，或由某省，先拨银数十万两，以为兴办之资。容奴才再向番官熟商，若有可以劝筹之处，必当极力设法，以济时艰。所有拟办之事，另折开呈御览。并据单开规复藏中银钱、优给随员薪水、酌予保案、及裁改官缺各等因。"

度支部查：该大臣筹议藏务，首重练兵。而练兵之款，则拟裁撤该处武员、粮员及所设制兵，腾出薪饷等银十余万两，并将驻藏大臣及所属官兵向有商价三四千两

一并归公，抵充练兵饷项，且拟向番官熟商设法劝筹，具见该大臣就地筹款之苦心。至谓练兵以筹饷为急务，而筹饷实较练兵为尤难，其言更属中肯。惟该大臣请拨银数十万两，并未声明确数，臣部碍难悬断。但就原奏清单参互钩稽，似需款尚不甚巨。且部库与各省同一支绌，即勉强挪凑，亦断难踌躇满志。再四商酌，拟于四川盐务项下暂拨银十万两，并于广东盐务溢收项下暂拨银十万两，共计二十万两，加以该大臣所筹十余万两，并由臣部拟拨铸钱机器一分，约值价银二十余万两。通盘核算，已在五十万两以外。该大臣即尽此款，斟酌布置，撙节动支，计已差足济事。如有不敷，再由该大臣就地筹补，以期共体时艰。其裁撤官兵，究竟腾出若干，并归公商价若干，以及常年应需经费若干，应令确核细数，奏明办理。

至原奏所称，拟先照新章练兵六千等因一节。陆军部查：藏地密迩邻境，屏蔽西南，形势綦为重要。该大臣既拟编练新兵，以重国防，自应查照奏定章程，酌练步队一标，或数营，尽已筹之常年经费，及此次挪拨之款，妥为规画，调用知兵人员，招募合格兵士，聚集教练，俟稍著成效，再为择要驻扎。以后如有劝筹的款，应行随时扩充，以重戎备。至所拟并练番兵，及编练新军，拟用汉人六成，达木及三十九族之人四成，凡什长均以汉人充当，办法尚属可行，应准照办。

又，原奏内称新章饷项在内地则为优，在藏中则不足，拟请略为变通，自系实在情形。惟如何变通之法，未据详叙，无凭核议。所有营制饷章，建造营房，添置器械，一切详细办法，应由该大臣妥速筹画，奏明办理。

又，清单内开藏中银钱仍宜规复旧制一条。据称乾隆五十八年大学士福康安奏准，藏中所行银钱派员监造，正面为中文乾隆宝藏四字，背面为唐古忒文，亦乾隆宝藏四字。嗣后嘉庆、道光年间均照此式鼓铸，每圆番平一钱五分，合库平一钱，以十圆为一两，通行藏卫，不知何年停铸。现在所行者均系商人所铸，并无国号。四川前铸藏圆，每圆库平三钱二分，打箭炉一带争用之。至藏中则市价太低，寻常一圆抵作二钱四五分，极涨之时从未过三钱。若发给兵丁，虽照三钱二分，兵丁已不能堪。拟请饬下四川督臣嗣后应解前藏之饷若干，靖西之铜若干，尽数仍解纹银到藏，之后由奴才派员监造，照从前式样，正面铸光绪宝藏，背面用唐古忒文，以期利用，既免汇兑之费，且可得盈余之利。若通年以四十万计之，按照二成配铜，正面铜价工费外，岁可得万余金。创办之始，添购机器，及每年运银入厂，沿途赏需等费，均于盈余项下开除，另款存储，以备别项公用等语。

度支部查：光绪三十一年十二月，据四川总督锡良奏请仿造印度卢比，每圆重三钱二分，发充藏饷。当经臣部会同财政处议准在案。今该大臣以四川仿照印度卢比所造藏圆至藏中,行用市价太低。请照乾隆年间成案,由该大臣自行铸造,每圆重库平一钱之银圆,以期复旧制而顺舆情,尊主权而利行用,自当准如所奏办理。应请饬下四川总督,将嗣后应解藏饷全数解银,交给驻藏大臣自行铸造银圆,发充饷项。其四川所铸三钱二分之藏圆,虽不便于西藏,而打箭炉一带尚堪行用。今藏中既自铸藏圆,此项四川所铸藏圆,应否停铸,应由四川总督察看情形奏明办理。惟查乾隆五十七年议准西藏铸造银币,共有三种,均以纯银制造。大者重一钱五分,次一钱,又次五分。其重一钱五分者以六圆易银一两,重一钱者以九圆易银一两,五分者以十八圆易银一两,大抵易银二两均得余利一钱,以充铸造之费。迨五十八年又以所铸重一钱五分者不便于用,奏准停铸,嗣是仅铸重一钱及五分者计二种。今该大臣请复旧制,是否祇铸库平一钱重者,抑仍兼铸五分重者,原奏未经叙及。又上年四川所铸藏圆,即系仿照印度卢比之式,何以藏中能行彼之卢比,而不能行我之藏圆,其故安在?乾隆年间所铸银币全用纯银,至今藏人犹有宝而藏之者。今配铜二成,恐与乾隆年间藏中所铸有异,而与上年四川所铸无殊。究竟能否畅行无滞,原奏亦未叙及。事关圜法,不厌其详,应令查明声覆。至所需机器,该大臣原拟于铸钱余利项下开支,惟创办之初,安得遽有余利购买机器?查四川重庆铜圆局现已停铸,自可移缓就急,拟请饬下四川督臣即将该局所存铸钱机器,分拨给驻藏大臣领用,以期便捷而资节省。其此项机器自川入藏所需运费,应由驻藏大臣自行筹备,并令将嗣后铸钱余利专款存储,抵充饷需,毋得擅行挪用。

又,单开驻藏随员优给薪水一条。据称驻藏大臣祇准奏调四员,咨调二员,奏调每员月给薪水银六十两,咨调每员月给薪水银三十两。道路险远,物价昂贵,各省人员往往皆不愿来,驻藏大臣时有乏才之艰。拟请仿照出使各国章程,凡随员等均月给薪水一百六十两,咨调者减半,整装、归装亦照章一律给发等语。

度支部查:西藏毗连川滇,隶我版图,驻藏人员薪水等项本难比照出使各国章程一律办理。惟该大臣所称道路险远,物价昂贵,各省人员往往均不愿来,自系实在情形,拟请准如所奏。嗣后驻藏大臣随员凡奏调者均月给薪水银一百六十两,咨调者减半。其整装、归装两项,凡到差满三年者各照三个月薪水银数支给,满两年者减三分之一,满一年者减三之二,仍照出使东洋章程统按六成核发。

至所请酌予保奖一节,吏部查:定章内开出使随员三年期满,准照异常劳绩保免补免,选以应升之外官补用选用,如外官保京堂京职及京官保各项班次,并京职升阶海关道翎枝等项,一律议驳等语。近年各洋保奖之案多系特旨照准,未便援引比拟。伏思我朝控驭诸夏,若新疆、伊犁、塔尔巴哈台等处,道里与西藏大致相等。

向章各该处驻防期满，本准该管大臣酌保异常数员，而年限远近不同，独边界清理积案之员则三年即准列保，历经臣部分别办理在案。今藏地虽远，同系隶我版图，以后驻藏随员拟请三年差满，准由该大臣仿照新疆等处向章，分别异常寻常劳绩，择优请奖，仍将随员衔名并到差日期随时咨部查核。其未经咨部及不足三年者，概不得率行列保。庶名实既符，而真才亦可以加奋。

又，单开裁撤粮员改设理事官一条，据称关外粮员原为沿途之制兵而设，现拟裁去制兵，招练新军，所有饷项自应统归驻藏大臣派员收发，粮员无事，故请裁撤。查察木多、拉里、前后藏等处，汉民渐多。从前汉番涉讼，番官往往偏执，汉民受亏，全赖粮员为之争论，或可持平断结。拟请裁去粮员之处，均改设理事官一员，专管地方词讼，仍由四川委派。其公费津贴等，容与四川督臣详细商定，再行具奏等语。吏部查定例，四川打箭炉、松潘、杂谷等处，同知五年俸满，如果尽心经理，番民相安，题请量予优叙，再留任三年。该督于抚驭得宜、政绩卓著之员送部引见，候旨录用，其不能胜任者，随时撤回。

又，光绪二十一年议覆驻藏大臣奎焕请设靖西同知案内，请将该同知管理汉番事务并管军粮关务、通商事宜，作为边俸调要缺，三年俸满，由该大臣会同四川总督于通省实缺同知内拣选对调各等语。查关外汉民本系客寄，未便径设流官，故向章祗以粮员兼辖。今既裁撤粮员，则狱讼质剂，势必仰息番官，而我之主权转失。该大臣请于察木多、拉里、前后藏各处均设理事官专理民词，自应准如所奏，于旧驻粮员之所一律改设，其山南一带，亦可酌量增添。惟地方有烦简，品秩即应有等杀，此项理事官，是否照理事、同知或理事通判，即作为定缺。又内地应以何项人员调充，任期若干，应否照边俸例办理，原奏均未议及。仍应饬下该大臣与四川总督详细核议，再行分别奏咨立案。

至原单请将靖西关同知一缺改名理事官一节，查当日奏设事有管理、交涉、通商要务，不仅军粮一项，似未可改易今名，转多窒碍。应酌照东三省新设州县兼理事衔之例，即以同知本官，增兼理事衔字样，庶专管与兼管职守各判，而全藏亦便于推行。

至所称前藏各粮员往往请销之款，不免浮冒。迨至建昌道核驳之后，该员以四川省无力清缴者有之，疲玩不缴者有之，其数约在数万以上等语。度支部查：冒销饷项，例禁綦严，应请饬下四川总督转饬藩司按照该大臣所奏，认真追缴，悉数解藏，否则严行参处，以示惩警，而重库帑。嗣后收支铜银，应令该大臣妥定章程，奏明立案，按年造具细册，报部核销，毋任稍滋弊混，是为至要。谨奏。奉旨依议。

钦此。

1907年9月2日,4卷7期

各省教育汇志[登载了创办传习所的情况]

驻藏联大臣豫以汉人能解藏语者绝无仅有,藏人能解汉语者则尤未一见,每遇翻译事件殊觉隔膜,特奏设汉文、藏文传习所各一区,选派汉人子弟十二名专学藏文,藏人子弟二十名专学汉文,庶文字既通,无虞扞格。所有藏文传习所经费,盖由联大臣捐廉,暂行试办。汉文传习所,则由藏中筹款办理云。

1907年10月31日,4卷9号

各省报界汇志[登载了关于西藏的消息]

驻藏联大臣豫,以藏中人士锢蔽已深,欲事开通,难求速效,因思渐开民智,莫善于白话报,特于藏中开设白话报馆一所,参仿《四川旬报》及各省官报办理,以爱国、尚武、开通民智为宗旨。通篇全译唐古忒文字,取其便于番民览阅。商之该商上噶勒丹池巴等,亦甚踊跃赞成,并将前藏僧俗各官花名开单送阅,请先派销约计三百余分,其自来购阅者尚不在内云。

1907年10月31日,4卷9号

藏英通商草约

第一款:江孜、噶大克除亚东商场外应画商场界址,由两国委员会勘,树立界石。中英藏印及各国商民均得任由在该商场内贸易居住。

第二款:商场内中藏商务官、地方官与英国商务官、边务官彼此来往均以平等礼貌相待,公文用照会,相见用拜会。

第三款:商场内地亩统关商业,拟订画一地税、地租,每亩每年暂定罗比若干元,以十年为期。未满期不能增价,如期满后另议租价,亦可续租。如英印商民,租地建铺,应禀由英国商务官,知照中藏商务官,转行工部局核准,给以租地文凭,方能建造。

第四款:商场内应由中国督饬藏官,设立巡警局,保护往来商旅。设工部局,管理街道沟渠，租地建铺等事。设会审局，管理商民词讼等事。

第五款：巡警局及地方官担任保护商埠内英印官商财产、身命。英国允不派兵驻扎商埠内，以免疑忌滋事。

第六款：凡英印商民控告中藏商民应先赴英国商务官投禀，中藏商民控告英印商民，除赴会审局投禀外，如有赴英国商务官处投诉者，均先应一体劝息。间有不能劝息者，由会审局委员知照英国商务官，会同审讯，公平断结，俱按西律一体科罪，彼此援案办理（按：此条下近据张大臣电咨政府，谓须添入"如西藏改良刑律后，英国允将英员会审之裁判权撤回"字样）。

第七款：英军撤退后，有由印入藏边界境内以达江孜、噶大克等处沿途所建旅舍计共若干处，应由中国照价赎回，该旅舍仍留为中英藏官来往站宿，派役看管，由来往官酌给赏犒。

第八款：英印货物官商人等应循印藏边界旧日最近大道行走，不得从噶大克绕入西藏各内地，以往江孜、亚东两商埠，亦不得由江孜以往噶大克。除三处外，无论何外国人不准擅进西藏内地。

第九款：英印罪犯逃至西藏地界，西藏罪犯逃至英印地界，彼此一经索交逃犯，即应设法拘交，不得庇护。

第十款：中国可随时派商务官驻扎噶伦及大吉岭等处，照料藏印商务，所享权利与各国驻印领事官相同。凡西藏人至英印贸易游历居住，英国照相待最优之国民一体优待。

第十一款：商民彼此信借揭欠银两货物，亏空倒闭等事，如有涉讼，两国官审实后，应代为索追。如该欠债人无力抵偿，两国官均不任赔偿之责，不得将公产官物扣抵。

第十二款：藏印来往官商被盗公私银两货物，应报明巡警局、地方官追赃给领并治以罪。惟地方官不任赔偿之责。

第十三款：中国如在西藏征收出入零货税，应按照现在及将来所定之海关税则章程办理。

第十四款：西藏商务，中国现拟暂免征出入口货税，以冀日旺。应照十九年旧约，俟征税后，印茶方许进藏。

第十五款：违禁货物，如盐、酒、鸦片、吗啡、纸烟、烟叶各种迷醉毒药及枪炮、子药、兵器等物，非奉汉藏大员特准给运照者，不准贩运入藏。如违禁拿获，货物充公，另议重罚。

第十六款:英军撤退后,一切地方治理权均归汉藏官管理。英国商务官、边界官或将来所派各官,不得干预地方词讼及带兵越界。

第十七款:买卖货物、粮食,雇运夫马,应由彼此商民按照时价公平交易,不得限制抑勒。其米、麦、粮食、金银铜币等物,均不许贩运出口。

第十八款:十九年章程于此次所订通商条款无违背者,仍照前遵守。

第十九款:商埠内不准储蓄煤油、火药一切引火危险之物。如欲建煤油池栈,应禀由商上查勘合宜地段,核准给予租地文凭,妥立合同,方许建造。

1907年12月29日,4卷11号

论英俄协约与西藏之关系(节录丁未九月初三日《申报》)

英俄之谋我西藏,非一日矣。数年以前,英以商业政策,注全力于长江流域,而窥藏之谋少缓。俄以远东战争,注全力于满洲方面,而窥藏之谋亦少缓。今则沿江势力,日渐巩固,满洲问题亦已解决。而两国经营东亚西部之远图,因此发生。而窥略西藏之举,乃牵合于波斯、阿富汗而乘时以起。

癸卯甲辰之间,印度政府派工兵两千、英兵三千、印兵八千、廓尔喀兵三千,联军入藏。迫胁藏番订约十条,认西藏为被保护国。英之所以悍然为此者,固以自卫印度之藩篱。然而,俄国不甘坐视英之安然得藏也,亦派侦探大队,遍游藏中,勘矿产者有人,测地势者有人。后更派马队数千,深入拉萨,常以伺英之隙而掣其肘。彼英俄两国之皇皇汲汲,所倾智斗力以从事于西藏者,恰如两军之争险,互相猜忌,互相监视,有两不相下之势。夫使英俄两国,常此势不相立,俄以惮英而不即逞其谋,英亦以忌俄而不即遂其志,形格势禁,相持而不敢动,则中国犹得以闲暇之岁月,徐图治藏之策略。今一旦两大无猜,协以谋我,一变其昔日竞争之行动,各行其互为依倚之诡谋,则今后之西藏,名虽为中国之外藩,而其实已折入于英俄势力范围之内矣。

且夫中国政府置西藏于不顾,以涎英而饵俄者,亦岂自今日始哉!自雍乾时,勘定西藏,所派驻藏大臣,类皆昏庸疲苶,无一足胜任者。至光绪十四年,哲孟雄之役起,而国人始知有藏事。二十九年,英藏草约之役起,而政府始震怵于藏事(初派有泰,继派唐绍仪)。吾国人向视西藏为不足重轻,故强邻逼处,得以伺隙而动。今协约所谓“两国对于西藏,均明认中国之主权,并互尊其领土之完全,不得侵占,不得派代表员驻扎拉萨,不得要求西藏之路矿电报利权”等款。自表面观之,似与中国外藩之谊，尚未放弃，不知其所谓领土完全，乃保全之代名词也。不派人员，不要求利权者，又其机会均等之主义，藉以保两国均势之局者也。夫今世灭国新法，借保全之名义，墟人家国者，盖已数见不鲜，而西藏宁能幸而免耶？

若吾国而果欲保全西藏，就西藏以谋西藏，无效也，其计莫先于御英、俄。空言以御英、俄，亦无效也，其计莫先于革新内治，充实国力。呜呼！今日当存亡生死之际，苟不早自为计，则因《日法协约》而弃滇、粤，因《日俄协约》而弃南北两满，固不仅英俄之关系于西藏已也。

1907年12月29日，4卷11号

英俄协约

大英国大皇帝兼五印度大皇帝全俄罗斯大皇帝因欲使彼此两国在亚洲大陆之利益有关之各项问题得以互相议结，故彼此特行立约，以期免除英俄两国误会此等问题之根由。是以大英国特派驻俄头等全权大使尼高逊，全俄罗斯国特派钦命外部大臣伊斯华斯克，各将所奉全权之文互相较阅，均臻妥善。现将商定各款开列于左：

波斯条款

……

阿富汗条款

……

西藏条约

英俄两政府均明认中国在西藏有上国之主权，英国因其土地位置之故，是以保全西藏外交之情况得以如故，实于英之特利有所关系，兹将商定各款开列于左：

第一款：立约之两国均允尊重西藏之领土，并不干预西藏之内政。第二款：英俄两国因欲遵守中国为西藏上国之宗旨，故允除由中国政府相商外，不与西藏商议事宜。惟一千九百零六年四月二十七《中英条约》所议准之一千九百零四年九月七日《英藏条约》第五款内载之英国商务代理人可与藏官直接交涉一节不得因有此款以至废除，其一千九百零六年《中英条约》第一款所载诸事，亦不得因此有所更易，兹特声明。如英俄佛教人民实为宗教事宜，可与达赖喇嘛及西藏佛教之代表人直接交涉。凡有与英俄两政府相关者，两政府亦不许此项交涉，有损现订之条款。第三款：英俄两政府彼此允愿不派代表人前赴拉萨。第四款：立约之两国，均允不代本国或代本国人民索取西藏之铁路、道路、电线、矿务等项利权。第五款:英俄两政府又允西藏之税项无论是否物业钱银均不得为英俄两国或英俄人民之质。

西藏附款

附入一千九百零四年九月七日批准《英藏条约》之印度总督画押宣布书,内开一俟二百五十万卢比赔款分三次每年照数交付后,英兵立即退出春丕山谷。惟该约第一款所载之通商市场须已实行开通三年,藏官亦曾照一千九百零四年该约各款切实办理等因,今英国再将此宣布书加以批准,兹特声明。若有他项缘因英兵不能按该宣布书之限期退出春丕山谷,则英俄两政府须将对付此事之意,彼此互换。此次商定条约计共二分,由两国御笔批准,在圣彼得堡作速会晤互换,以昭信守。一千九百零七年八月十八日(俄历三十一日)订于圣彼得堡。大英国驻俄头等全权大使尼高逊押,全俄罗斯国钦命外部大臣伊斯华斯克押。

附件

大英国驻俄头等全权大使尼高逊为照会事,照得西藏条款,已于今日画押。故本钦使特将下开宣布之文,奉告贵大臣。凡与英政府有所关系者,英政府甚愿自本照会之日始,三年期内,若未与俄政府先行商定后不许各等考查格致之人入藏,惟俄政府亦须照此办理。今英政府拟将此议照会中国政府,以期于该限期内遵守同等义务。俄政府亦必自愿照此办理,一俟三年期满,英政府必再以考查格致之人入藏事宜与俄政府相商可也。须至照会者。全俄罗斯国钦命外部大臣伊斯华斯克,为照覆事,本大臣接准贵钦使本日照会,兹特照覆。凡与俄政府有所关系者,俄政府甚愿自本照覆之日始,三年期内,若未与英政府先行商定后不许各等考查格致之人入藏,俄政府亦拟将此议,照会中国政府以期于该限期内遵守同等义务,兹特声明。一俟三年期满,英俄两政府必再以考查格致之人入藏事宜彼此相商也。须至照覆者。

1907 年 12 月 29 日,4 卷 11 号

各省内务汇志[登载了关于西藏的消息]

驻藏大臣荫棠近在藏地创设施医馆一所,选派汉番医员长川驻扎,无论汉番人等,均可入内就诊,并购有广东丸散以便施济。

1908 年 2 月 26 日,5 卷 1 号

中藏英印通商章程

大清一统帝国大皇帝、大英国兼五印度大皇帝，今因光绪三十二年四月初四日续订藏印条约第一款内开：光绪三十年七月二十八日藏英所立之约，暨其英文、汉文约本附入现立之约，作为附约。如遇有应行设法之时，彼此随时设法，将约内各节切实办理等语。又据光绪三十年拉萨约之第三款内开：光绪十九年十月二十八日中英条约所有更改之处，应另行酌办，等因。现值应行更改此项章程之时，是以大清国大皇帝特派张荫棠为全权大臣，大英国大皇帝特派戴诺为全权大臣，会同商议。暨西藏大吏选派葛布伦汪曲绝布为掌权之员，禀承张大臣训示随同商议。大清国钦差大臣张，大英国钦差大臣戴，各将所奉全权文凭互相校阅，并藏员掌权文据一并查阅，俱属妥善，改订章程如左：

第一条：光绪十九年所定通商章程与此次章程无违背者，仍应照行。

第二条：各商埠内向有难得合宜房栈之情事，兹允英国人民亦得在各商埠内租地建筑房栈。此种建筑地基落入处，应由中藏官在每埠与英国商务委员特行商酌画定。英国商务委员与英印人民除在此处外，不得在他处建筑房栈。但此种办法不得有一毫侵害中藏官于此处之治理权，亦不得损及英印人民在此处以外租赁房栈居住存货之权利。凡英印人民欲租建筑地基，应转由英国商务委员向工部局声请租地文凭。其地基之租价年限与合同应由租客与地主自行和平商订。如地主与租客因租价年限及合同等事意见不和，应由中藏官商同英国商务委员调处。其地基租定后，应由工部局中藏官会同英国商务委员勘定。又，未经工部局给与租客建筑文凭，该租客不得兴工建筑。但约定工部局给发建筑文凭，不得任意延宕。

第三条：各商埠治理权，应归中国官督饬藏官管理，各商埠商务委员与边界官均须合宜品级，彼此往来会晤以及文移往返应互以礼貌优待。凡商务委员及埠官因意见难合不能断定之事，应请拉萨西藏大员及印政府核办，印度政府照会之意，应并行知照中国驻藏大臣，如拉萨西藏大员与印度政府仍不能断定之事，应按光绪三十二年《北京条约》第一款，由中英两国政府核办。

第四条：如英印人民在各商埠与中藏人民有所争论，应由最近商埠之英国商务委员与该商埠裁判局之中藏官员会同查讯，面议办法，其会同面议之意系为证明实情公平办理。如有意见不合之处，应按照被告之国法律办理。凡属此种交涉案件，均由被告之国之官主审，其原告之国之官只可会审。凡英印人民因身家产业之权利而起之事，俱归英国官管理。英印人民在各商埠及往各商埠之商道中有犯罪者，应由地方官送交最近犯罪之商埠，英国商务委员按印度法律审讯惩办。但地方官于此种英国人民，除应行拘禁外，不得格外凌虐。中藏人民有对于各商埠内或往各商埠之道中之英印人犯罪者，应由中藏地方官拿获，按律惩办，两面审办之法，俱应至公且平。凡中藏人民到英商务委员处控诉英印人民，中藏官得有派员往英国商务委员公堂观审之权利。凡英印人民到商埠内裁判局控告中藏人民之案件，英国商务委员亦得有派员往裁判局观审之权利。

第五条：西藏大员遵北京政府训令，深愿改良西藏法律，俾与各西国律例，改同一律。英国允愿无论何时，英国在中国弃其治外法权，并俟查悉西藏律例情形及其审断办法及一切相关事宜，皆臻妥善，英国亦即弃其治外法权。

第六条：英军撤退后，所有由印边界以达江孜一路英国所建旅舍等房屋共计十一处，应由中国照原价赎回，仍以公平租价租与印度政府。每旅舍一半留为英国经管，由各商埠至印度边界电线之官役之用，并存储材具。其余则留为中藏英印体面官往来站宿之用。一俟中国电线已由中国接修至江孜，英国可酌量将由印边界至江孜之电线移售于中国。当未移售以前，中藏人之信，当由此印政府所修之电线，妥为接受传寄。又，未移售以前，应由中国担任保护由各商埠至印边界之电线。兹约定，所有人民如毁伤此电线或无论如何阻挠看管经理此电线之官役，应立由地方官严惩。

第七条：凡因借债揭欠倒闭而起之控告案件，应由该管官查讯，设法追索赔偿。但如欠债者报穷，无力赔偿，该管官不任赔偿之责，亦不得将公产官物扣抵。

第八条：驻寓西藏现在已开及将来新开各商埠之英国商务委员，得安派往来印边界传递邮件。所用传递夫役，于凡所经过之处应由地方官尽力相助，与藏官所用传递文件之夫役同受一律保护。俟中国在西藏妥立邮政，中英两国可即酌议裁撤英商务委员之传递夫役。英国官商雇用中藏人民作合法事业，不得稍加限制。此种受雇之人，亦不得稍加扰害。于西藏人民应享之权利，亦不得因此稍受损失。但此种人于应纳税，不得豁免。如有死罪情事，应归地方官按律惩办，雇主不得稍加庇匿。

第九条：凡往各商埠之英国官民以及货物等，应确循印藏边界之通商大路前往，不准擅往商埠外各地。不得由亚东、江孜无论由何道路绕入藏属内地，以往噶大克。亦不得由噶大克无论由何道路绕入内地，以往江孜、亚东。惟印度边界土人向在藏属居住贸易者，因习惯既久，仍得照旧按通行规例来往贸易。但此种之如是往来贸易时，应仍按向例，服从地方官管理。

第十条：凡官商往来藏印，其公私财产货物途中被劫应即报明巡警官，巡警官应立即设法拿获劫盗，交地方官立即审办追赃。如盗犯逃至巡警局地方官权力不及之地，不能缉获，则巡警局及地方官咸不任偿失之责。

第十一条：为保公安起见，凡存放大多数之火油及所有易燃危险之物，应用池栈，应安设在商埠内远距民居之处。英印商人未经按照章程第二条禀请合宜地基，不得开筑火油池栈。

第十二条：英国人民可任便以货物或银钱交易，任便将货物售于无论何人，任便由无论何人购买土产货物，任便雇赁运载夫马并任便照地方常规办理一切贸易事宜，不得格外限制刁难，亦不得抑勒强逼。凡英官商在商埠内及往各商埠道中之身家产业，应随时由巡警局及地方官实力保护。中国允在各商埠及往各商埠道中，筹办巡警善法，之此种办法办妥，英国允即将商务委员之卫队撤退，并允不在西藏驻兵，以免居民疑忌生事。英国商务委员与西藏官民，或通函件，或面会往来，中国官并不禁阻。凡西藏人民至印度贸易游历居住，所享权利，与此章程给与在西藏之英国官民之权利相等。

第十三条：此次章程自两国全权大臣及西藏代表员签押之日起，应通行十年。若期满后六个月内彼此俱未知照更改，此章应再行十年。每至十年，俱照此办理。

第十四条：此次章程华藏英文字俱经详细校对，遇有因解释此章字句而起之辩论，应以英文作为正义。

第十五条：此项章程由中英两国大皇帝批准，应自签押之日起六个月后在北京及伦敦互换。

按：以上章程，经外务部照会英使转印度陆军大臣白德勒会同张大臣签押，但尚未得英廷应允。以戴诺已调他处，总督急于赴任，未及待议结后，已离印京回伦敦矣。

1908年6月23日，5卷5号

各省教育汇志[登载了关于西藏的教育问题]

驻藏大臣豫前曾奏明：将藏中原有义塾四堂，改办初等小学堂两所，收教番汉子弟。初等小学堂毕业，再办高等小学堂，初高两等均以三年毕业，以次咨送川省中学堂肄业。学部以该大臣所拟办法，洵属推行有序，应准如所奏，即时兴办。惟学堂仅止两所，收容学生有限，应择全藏扼要之地，筹款建学，切实扩充。至学堂年限，初等、高等皆定三年毕业，与定章初等五年、高等四年毕业者不符，将来升入中学恐程度不合，似仍以遵照定章为宜。如谓年限太长，恐闻者疑阻，有不得不变通办理之处，应体察情形，按照定章，年限、课程酌量改定。俟风气大开，仍照定章办理。闻已奉旨饬遵。

1908 年 7 月 23 日，5 卷 6 号

中英修订藏印通商章程条款

第一款：光绪十九年所定通商章程与此次章程无违背者，仍应照行。

第二款：江孜商埠界内全地，(甲)界线起自江孜堡垒东北之曲迷荡桑，自此曲行过背郭阙堞大寺之后至峡东冈，自此直越逸阳河抵匝木萨止；(乙)自匝木萨此界线向东南接行至拉极多为止，沿此线内田庄如拉和格火格错东穷席拉布冈等处均在界内；(丙)又自拉极多此线循行至玉驼，自玉驼经甘卡尔席全地直行至曲迷荡桑为止。各商埠内向有难得合宜房栈之情事，兹允英国人民亦得在各商埠内租地建筑房栈。此种建筑地基坐落之处，应由中藏官在每埠与英国商务委员特行商酌划定。英国商务委员与英印人民除在此处外，不得在他处建筑房栈。但此种办法不得有一毫侵害中藏地方官于此处之治理权，亦不得损及英印人民在此处以外租赁房栈居住存货之权利。凡英印人民欲租建筑地基，应转由英国商务委员向工部局声请租地文凭。其地基之租价、年限与合同应由租客与地主自行和平商订。如地主与租客因租价、年限及合同等事意见不合，应由中藏官商同英国商务委员调处。其地基租定后，应由工部局中藏官会同英国商务委员勘定，又未经工部局给予租客建筑文凭，该租客不得兴工建筑。但约定工部局给发建筑文凭，不得任意延宕。

第三款：各商埠治理权，应归中国官督饬藏官管理。各商埠商务委员与边界官均须合宜品级，彼此往来会晤以及文移往返应互以礼貌优待。凡商务委员及地方官因意见难和不能断定之事，应请拉萨西藏大吏及印度政府核办，印度政府照会之意应并行知照中国驻藏大臣。如拉萨西藏大吏与印度政府不能断定之事，应按光绪三十二年《北京条约》第一款，由中英两国政府核办。

第四款：如英印人民在各商埠与中藏人民有所争论，应由最近商埠之英国商务委员与该商埠裁判局之中藏官员会同查询，面议办法。其会同面议之意，系为查明实情公平办理。如有意见不合之处，应按照被告之国法律办理。凡属此种交涉案

件，均由被告之国之官主审，其原告之国之官只可会审。凡英印人与英印人因身家产业之权利而起之事，俱归英国官管理。英印人民在各商埠及往各商埠之商道中有犯罪者，应由地方官送交最近犯罪之商埠，英国商务委员按印度法律审讯惩办。但地方官于此种英印人民除应行拘禁外，不得格外凌虐。中藏人民有对于各商埠内或往各商埠之道中之英印人犯罪者，应由中藏地方官拿获，按律惩办，两面审办之法俱应至公且平。凡中藏人民到英商务委员处控诉英印人民，中藏官得有派员往英国商务委员公堂观审之权利。凡英印人民到商埠内裁判局控告中藏人民之案件，英国商务委员亦得有派员往裁判局观审之权利。

第五款：西藏大吏遵北京政府训令，深愿改良西藏法律，俾与各西国律例改同一律。英国允愿无论何时英国在中国弃其治外法权，并俟查悉西藏律例情形及其审断办法及一切相关事宜，皆臻妥善，英国亦即弃其治外法权。

第六款：英军撤退后所有由印边界以达江孜一路英国所建旅舍等房屋共计十一处，应由中国照原价赎回。仍以公平租价租与印度政府，每旅舍一半留为英国经管，由各商埠至印边界电线之官役之用并存储材具，其余则留为中藏英印体面官往来站宿之用。一俟中国电线，已由中国接修至江孜，英国可酌量将由印边界至江孜之电线移售与中国。尚未移售以前，中藏人之信当由此印政府所修之电线妥为接收传寄。又，未移售以前，应由中国担任保护由各商埠至印边界之电线。兹约定，所有人民如毁伤此电线，或无论如何阻挠看管经营此电线之官役，应立由地方官严惩。

第七款：凡因信借揭欠倒闭而起之控告案件，应由该管官查讯，设法追索赔偿。但如欠债者报穷无力赔偿，该管官不任赔偿之责，亦不得将公产官物扣抵。

第八款：驻寓西藏现在已开及将来新开各商埠之英国商务委员，得安排往来印边界传递邮件。所用传递夫役，于凡所经过之处应由地方官尽力相助，与藏官所用传递文件之夫役同受一律保护。俟中国在西藏妥立邮政，中英两国可即酌议裁撤英商务委员之传递夫役。英国官商雇用中藏人民作合法事业，不得稍加限制此种受雇之人，亦不得稍加扰害于西藏人民应享之权利，亦不得因此稍受损失。但此种人于应纳赋税不能豁免，如有犯罪情事，应归地方官按律惩办，雇主不得稍加庇匿。

第九款：凡往各商埠之英国官民以及货物等，应确循印藏边界之商路前往，不准擅往商埠外各地。不得由亚东、江孜无论由何道路绕入藏属内地以往噶大克，亦不得由噶大克无论由何道路绕入藏属内地以往江孜、亚东。惟印度边界土人向在藏属居住贸易者，因习惯既久，仍得照旧按通行规例来往贸易。但此种人如是往来贸易居住时，应仍按向例服从地方管治。

第十款：凡官商往来藏印，其公私财产货物途中被劫应即报明巡警官，巡警官应立即设法拿获劫盗，交地方官立即审办追赃。如盗犯逃至巡警局地方官权力不及之地，不能缉获，则巡警局地方官咸不任偿失之责。

第十一款：为保公安起见，凡存放大多之数之火油及所有易燃危险之物，应用池栈，应安设在商埠内远距民居之处。英印商人未经按照章程第二款禀请合宜地基不得开筑火油池栈。

第十二款：英国人民可任便以货物或银钱交易，任便将货物售与无论何人，任便由无论何人购买土产货物，任便雇赁运载夫马并任便照地方常规办理一切贸易事宜，不得格外限制刁难，亦不得抑勒强逼。凡英国官商在商埠内及往各商埠道中之身家产业应随时由巡警局及地方官实力保护。中国允在各商埠及往各商埠道中筹办巡警善法，一俟此种办法办妥，英国允即将商务委员之卫队撤退，并允不在西藏驻兵以免居民疑忌生事。英国商务委员与西藏官民或用函件或面会往来，中国官并不禁阻。凡西藏人民至印度贸易游历居住，所享权利应与本款章程给予在西藏之英国人民之权利相等。

第十三款：此次章程自两国全权大臣及西藏代表员签押之日起，应通行十年。若期满后六个月内，彼此俱未知照更改，此章程应再行十年。每至十年，俱照此办理。

第十四款：此次章程华藏英文字俱经详细校对，因解释此章字句而引起之辩论，以英文作为正义。

第十五款：此次章程由中英两国大皇帝批准，应自签押之日起六个月后在北京及伦敦互换，此章由两国全权大臣暨西藏掌权员签押盖印为凭，以照信守，华藏英文各缮四分。

1908 年 12 月 18 日，5 卷 11 号

英藏交涉沿革小史(录《云南杂志》)(目)

1909 年 1 月 16 日，5 卷 12 号

西藏之宗教民俗(录《中外日报》)

西藏崇尚佛教,其王斯壤占甘波于纪元后六百四十一年(唐太宗十五年),妻中国文成公主为后(史记辛丑太宗十五年春正月以文成公主嫁吐蕃),未几又妻印北尼泡尔国公主。六百四十八年帅师至印北玛珈达国而战胜之,掠其古佛像佛画以归,旋复遣使往取,定律以佛教为国教。及七百四十九年替斯壤第占即位,遂延尼泡尔国名僧帕德马散巴法入藏,为佛教教习,而西藏佛教由是大兴。按帕氏精研佛学,感动最大,设有红帽喇嘛会,死时,其族尊之,在释迦之上。盖后世喇嘛皆谓帕之灵性,即亚迷达佛(及中国所谓阿弥陀佛)复生于世。又历数代而转生为他细喇嘛,其事必非无因而至。当替斯壤第占时,印度佛僧方被逐出印,而藏王特欢迎之,以行其教。至德其利占即位,又与中国唐代宗立约,是为佛教入华之起点。今是约镌刻石碑,尚存拉萨也。千三十八年,亚替夏喇嘛以西藏佛教渐衰,大为整顿。千五百十年,又由仓卡帕喇嘛改良其教,设黄帽喇嘛会。

按西藏人尝谓佛教入藏之初,其地全系高山穷谷,大港巨湖。其居民皆猴而非人,时释迦过游其地,见之问于众猴曰:何未成人而从吾教乎?众猴曰:是邦地势如此难以成人,成人后恐难养活,其又焉能诵习贵教耶?释迦曰:尔等倘能成人而从吾教,则吾赐尔肥沃之地,以资食息。众猴唯唯。释迦即凿地穴于希马拉亚山(为世界最高崇山)下,并设运河以通印北恒河(大哉!佛祖之工程)而湖港各流,自是均入运河,成为介安于大平原。众猴见之大惊,顷刻即化人身,从佛教,流延以逮今日。

惟今日之喇嘛教与佛教已大不相同,倘释迦转生至其地游历,恐亦必不能认其教。盖其中惟有佛像在庙,与赞佛之言(其言曰:阿玛尼帕德米哈翁阿莲中珍受之义),为祈祷之词,并托为转生之说以坚人信。而民教则为敬魔免灾之教而已。民心惧魔,喇嘛激之则愈惧,以图获利。西藏佛教,既变为喇嘛教,而僧权乃日渐膨胀,几至惟一无二。盖其僧初本凭藉西藏王权以为己权,嗣即自固其权,而权在王上,甚且代表王权,其地无王权而惟有僧权(按此与佛僧在印度北相反,而与婆罗门人在印度北之得权复相似),而各佛僧公然为一邦之贵族矣。其间众民,除数大地主外,几以奴隶目之(按:西藏自归附中国后,其权仍如是)。又以各般奇异之说,激令民心顺从。或谓喇嘛能任意腾空,或谓能以所执圣杖击破最坚盘石,或谓以一指摩石而泉即流出,或谓不食而活,能任意幻作无形之人,或谓以手摩虎颈而虎即死,或谓能制海浪，或谓指点铜像即成活人，或谓能言鸟言，或谓能水居如鱼。如此之类，不可枚举。而民之迷信且益深，其学问为喇嘛所自有，恒密不示人。非喇嘛与大地主之子，不准读书。

按释迦之初传之道中，其宗旨并无一天神可敬，与一邪魔可惧。后世踵事增华，互相附会，乃特弥补其缺，谓释迦恶群神，实为野蛮之说。遂以释迦并其得道之门人（得道之门人，按印度古言谓之菩提萨特娃，即中国所谓菩萨）奉为群神，列入祀典，而不知实非也。以是今日无论何国，从佛教者，并不觉信奉群神，与初传之佛教相反，而沿谈益甚。又佛教未入西藏以前，藏人咸以古传至正之群神为信。及佛教既成国教，而前所敬奉者，辄降列视为邪魔。是故佛之来藏，不但携印度北群神，而西藏群魔即亦由是而生焉。近藏民恒忘其所传之至正之群神而认所存之邪魔（按：即昔所尊为正神者是），故其崇信亦与古教相反。凡庙门各处或绘图或雕刻，大抵均系西藏古神，成为后世邪魔之变状。形容怪陋，面目狞恶，其大齿牙中尝含有人血，身四周各有地狱之火，以为如是则可令其民惊魂动魄，恃有喇嘛为护符而避凶趋吉也。邪魔之外又信有一种妖异，藏匿各方，身长一里而口则甚小，一旦迫以饥饿，身痛而转，谓即成为地震者，此其一。复有昼匿夜出，乘狐如马，以草鞭击之，则乱行而损人，凡各异病，谓均是类所成，兼吸幼孩精髓，此又其一。以故藏民之教，不外以惧怯为本，抑若非有喇嘛，即难存活者。凡道路转角处以及桥梁或湖或井或村口或门首，均粘有驱逐妖异之文。文，系喇嘛代书，每书一纸必纳金若干。人身之事无大小，终其生非就教喇嘛不敢举行，即于室中误泼牛酪，亦必延喇嘛忏悔，以免受祸。

藏僧分为三等：一喇嘛，一大地主（按：各地主昔年以生一达赖喇嘛及他细喇嘛，故其家升为贵族而获地产），一平民。喇嘛人数男子占五之一，大抵以务农为业，大地主亦然。雇主生平不亲种植，役用平民如奴隶，取其岁收之过半，以资事畜。喇嘛院甚众，各山腰及山谷间必有一二所，小者容五六人，大者三千至一万人。院各有田亩，分谴执事，掌理佃务，每届秋成，以斗计算。凡民间生育、婚姻、死丧、节期，以至琐屑之事，恒延喇嘛讽经忏悔，以是喇嘛亦颇有获利之机会。大喇嘛院极富，墙高宫广，均用坚石叠成，堂顶饰以黄金，殿中储有绸旗缎轴，宝像宝瓶，金银象牙各器物，并潢治华美之佛经。小院亦然，各有大小铜像缎轴及绘画之简册。诚哉！藏民。洵不借[惜？]价值购置得此宗教也。

喇嘛之最高贵者有二：一曰达赖喇嘛，总理政治；一曰他细喇嘛，总理宗教。二大喇嘛相传均系古圣降生。历代之达赖喇嘛谓即亚法罗其它，他细喇嘛谓即阿弥陀佛转轮下世。达赖喇嘛宫在拉萨，他细喇嘛院在他细伦坡，而其宫则在细喀紫。先是二大喇嘛均权平等，本无差别。以达赖喇嘛世世自强，渐袭他细伦坡之地而夺他细喇嘛之权，故他细喇嘛至今管辖之地不过三小邑。顾二大喇嘛势力虽各异而其体制则同，无论拉萨与细喀紫均设有宰相及管库官、执事官等名目，气象巍焕，显有君臣上下之系。今在位之达赖喇嘛为世界所共知，姑不赘。但闻其它细喇嘛，现为藏民所尊敬，视若活佛，年仅二十有六。性质和厚，学问湛深，或稍有人类之弊窦，而藏人辄置不论，第称其德慧不置，则他细喇嘛之为人亦可见已。二大喇嘛之外，复有所谓释迦督僧者。则由中世纪复新教首相传而下，受民崇拜，俨亦如神，复新党与旧党至今并无分轩轾。盖其于政事上之感动，固甚小而然也。西藏平民虽为喇嘛奴隶，然颇有快足无介意之态，彼此即略有争论，而性柔美无凶暴，似一长大之幼孩然。凡值工作，非有约束不可，督工在侧，则唱歌行事，或偶一转身，必皆停工闲谈，终身垢秽不沐浴。其心茫然，一无所知，遇有异事，辄易迷信，惟畏惧邪魔，尊敬喇嘛而已。

1909年1月16日，5卷12号

藏事卮言·论藏事败坏之历史(录《舆论日报》)

吾国边事之坏，不在兵之不精，财之不足用，在乎任事之人。平居无事，则一切放任，坐视其堕坏于冥昧之中，而不为之计。一旦仓卒有事，则张皇失措，顾此弃彼，无定识定力，以持其后。幸而其事稍平，则又泰然自安，举前此艰难险阻之备尝者而悉忘之。以此治事，何事不败？矧边防重要之大计哉！去岁藏番不靖，诸大臣仓皇入告。观其电奏之辞，急遽迫切，若目前即有覆亡之祸焉者。开岁以来，又闻驻藏大臣电奏，藏番知达赖已由京师启行，群情渐就安谧，此后当可无事云云。在边臣入奏之本意，原以纾朝廷西顾之忧，然吾敢决其自此以后，将帅之臣，必重幸战祸之未成，依然歌舞升平，回复其一事不办之故态矣。然则西垂之患气，正自未有艾耳！嗟夫！今日忧时之士，人人皆攘臂而谈经营西藏之策矣。岂非以此数千里秘密之宝窟，固吾国之土宇也哉？顾以记者所闻，则实有大谬不然者。西藏何尝为吾国土宇？吾国又何尝行一日之政于西藏哉？盖既命之曰属地，则必正其疆场，修其法制，管其财赋，施其教化，兴其利而除其害。夫然后可以告人曰："吾实有此土地焉云尔。"盖必能施其行政之实权，而后可平议其政策之臧否。若吾国于西藏，初何尝行一政，出一令者？乌从而论其办事之得失耶？又乌从而筹其改良之方法耶？

往者不具论已。近今数十年间,国帑之糜于此中者,盖不知其几千万矣。而试问所得之效,果安在哉?质而言之,直驱数十百,饮博狎妓,饕酒食,冒货贿之无赖,使行乐于天西数万里外,而国家岁糜数百万金,以供其挥霍。三年期满,则旧者及瓜,而新者又往矣。至其行政之得失良楛,则一任彼自为之,我不彼问,人亦不我请也。古今最骇听闻之举,孰有甚于是者?而犹可曰:"吾土地也哉!"驻藏大臣更迭数十辈,盖无人不若是。请举其甚者,其人维何?则有泰是已。有泰在拉萨三年,盖无日不饮博,亦无日不挟妓。每日早食后,辄步至粮员署中,呼群而聚赌。凡随员幕宾、材官骑士,下至仆从胥役,无贵贱,咸集。庐雉之声,喧哗达户外。日夕则统计博进,辄以数千计,胜者立持钱归,负者手空空,羌无一钱。则请诸钦使,命粮员挪公帑垫给之。博既毕,即杂坐饮酒,呼土妓侑歌。藏中百物奇昂,每筵八簋,殆无虑数百金矣。日日如此,虽风雪寒暑,无少辍。亏帑既巨,虑及奏销,则诡称某处番众作乱,派某弁率兵若干人,往平之,军火若干,饷糈若干,善后抚恤之费又若干。一役用数万金,十数役则用百万金矣,其实何尝有影响哉!曩时,驻藏大臣之职掌,仅奏补番官一事。凡番官缺出,有径由驻藏大臣奏补者,有由达赖开单送驻藏大臣,请其拣员奏补者。应补者,必行赇于大臣,大臣则视其丰者而授之。自今达赖亲政以来,藐视中朝,并此区区之空文,而亦靳之。凡番官缺出,辄擅行补授,事后并无一语知照。往往大臣奏补一人,而达赖所授者,早已接印视事矣。以是应补缺之番官,渐无一人行贿于大臣者,而大臣之缺,顿形清苦。往时华官奉差它出,必责令番人供给乌拉(番中凡供应牛马及其御者,皆谓之乌拉)。番人畏国威,不敢不应,虽多至数百,亦咄嗟立办。自达赖日益骄姿,其部众渐悟国威之不足畏,华官令下,辄偃蹇无应者。督之急,则相率逃逸,华官无如何。藏中冰雪载途,非牛马不能行一步,以是华官益困处孤城中,非重要事不敢轻出,而官威益驰矣。

驻藏大臣之缺既瘠,向之仰食于番部者,乃转而朘兵克饷以自肥。故事藏中防兵,额设六千有四百人。一游击将之,揆自四川绿营者什之六,募藏中唐古忒人者什之四。有泰莅任以前,虽间有缺额,然其细已甚,犹未至十分之一也。有泰之将出关也,以其长随刘姓字华臣者,为武巡捕官,赏以四品顶戴。既至拉萨,则直为奏补游击,使尽护各营。且与相要约,俾简汰诸军,去其十之八而强,仅留千人以供奔走使令之役,腾出之饷银,与刘约,自取其六,以其四归刘。既而背约欲尽吞没之,刘不能堪,乃取此千人者,尽除其籍,不留一卒。然邮传力役之事,不可无人祇应也。则与诸退卒约,愿归伍者,听之。然止系其名于兵籍,而终岁不给一饷。非特不给饷也,且勒令人出五十金,然后计其归伍,诸退卒顾皆乐输者。则以藏中最尊视军人，一列名军籍，即有人为供衣食，可以吃着不尽，终岁所得直，倍蓰于五十金。区区饷糈，更视为无关轻重也。今协揆鹿公之督蜀也，深知藏兵之无用，议尽裁之，折已发矣。而鹿公被谗去，将军恭寿继之。藏中贿恭三万金，恭为奏寝其议，贻患遂于今日。六七千人之军饷，胥入有泰橐中。犹以为未慊，则责令诸台员输节寿仪，岁必四次，每次朘缺至数千金，瘠者亦不下千金。于是诸台员皆悉索敝赋，犹不足以给。遂相率侵蚀官帑，有亏累十余万金，至今仍留滞蛮中，不得归者。当光绪三十年时，而三十七年分之经费，已预支净尽，不留丝发矣。方三四月间，藏中有所谓游柳林者。卫藏数千里间，莽莽高原，冰雪常封，无足资游览之区。唯距拉萨数十里，有所谓柳林者，杨柳万株，颇饶水木之胜，春和景丽，士女麇集此间，及时行乐。驻藏大臣则悉率其属，挟大帐往游，帐之广，可分夏屋数十区，庭宇湢厨罔不备至。则召集土人妇女杂坐狎饮，常经月不归，甚至有逾数月者，其所费盖无虑巨万也。藏中之事既坏，其余波乃及于藏外。同治以前，由川入藏，皆取道于三瞻，以至德格，谓之北路，道直而坦。同治初，三瞻番众作乱，蜀中兵事方殷，不及致讨。达赖遣番兵代平之，因据其地，索兵费二十万。时骆文忠督川，库藏方空竭无以应。达赖遂于此设番官治理，并波及章谷诸部，而北道为之梗塞。官吏往来皆取道南路，微特鸟道蚕丛，不如北道之坦易，而山谷迂回，马程骤增四十余日，公私行旅，莫不苦之。自是以后，达赖遂公然视蜀边为藏地矣。定兴协揆督蜀，英人方诱执班禅，规取藏地。鹿公深维大计，议经营关外之地，而郡县之，以壮西垂藩翰。于是派兵出关，收三瞻、章谷之地，事垂竣矣。而藏人以厚贿啖将军恭寿，劾鹿公开边生事。朝廷遽罢鹿公任，以恭寿代之。恭寿既视事，则尽以所收地复还达赖，而檄召诸军退还。于是藏人得志，而边民遂永远沉沦苦海矣。唯章谷部民誓死不纳番官，竭力支拄者数年。其后，奎俊为总督，始纳属僚之议，建屯而以汉官治之。今打箭炉厅属之炉和屯，即昔年章谷部落也。向使定兴得竟其谋，举关外宁静山东之地，皆改土归流，疆以汉索，则十年生聚，十年教训，文化启而榛狉开，武备修而门庭固，即使西藏尽亡，而蜀西犹有数千里之藩篱，得以有恃无恐，何至如今日之危疑艰阻也哉！昔牛僧儒忌赞皇之功而弃维州，严嵩忮贵溪之宠而捐河套，小人之祸人国，固有今古一辙者矣。

按：入藏北道不通，已见本杂志调查类所登《炉藏道里最新图考》中矣。得此乃知道坦而转不通行之故，联使之言，固犹有所讳也。

1909 年 2 月 15 日，6 卷 1 号

炉藏道里最新图考

祥符张其勤慎庵著

序

蜀之山，嵚崎突兀，苍幽深秀，为天下称。然杂沓奔放，曲折艰险，亦为天下最。岁癸卯，予蒙恩简守雅州，由杭之任。道出蜀江上，遥望诸山，缥缈云际，以巫山十二峰尤为奇特。夔峡以上，则山势益雄，水势益急。乃舍舟登陆，由安乡入成都。奔走十数日，悬崖陡壁，鸟道羊肠，其险已莫能名状矣。每一思之，犹栗栗也。夫士不读万卷书，不足以知古今资治之本；不行万里路，不足以窥造化结构之奇。以此行为难，安知不更有难于此者。顾以予半生所历，江海之阔，轮蹄之苦，罔不备尝。盖自总角迄于今，垂五十年，无日不驰驱于道路中，然从未有如蜀道之难者。去年春，又奉驻藏之命，冬月自成都启行，十余日抵打箭炉。中间如大相飞越二岭，高逾数千丈，积雪深数尺，砭人肌骨，且下临不测之溪，懔然欲坠，较昔日所经险实倍之。张慎庵启予曰；“道途险阻如此，乌可以不记。”予应之曰：“关内之地虽极险阻，固人所共知而常经者。如其记也，应自关外始。嗣于今年四月五日出关，凡五阅月，七月既望，始抵乌斯。行路之艰苦，实为生平所未经。其险也，较之关内则又过之。而以大朔碧奔、大窝鲁公拉等处为尤甚。凡夙昔所称之险境，若或忘之。盖前书所载，半关乎天时，非尽因乎地势也。夫高山峻岭，宇内多矣。大抵在寂寞荒远之区，人迹之所罕到。而此途也则为朝廷命吏之所必经，及驿递之往还，商旅之出入者也。乃顾任其风雪摧残，牛羊践踏，以致于残缺败坏，而不加修葺，使行人惴惴然时有陨覆之虞，吁！可慨已。”既抵藏，慎庵录其稿以相示，披阅既竟，复语之曰：“君有此行，当可知关内之无足记矣。予有此行，亦可知蜀道之未为难矣。得此书，俾后之来者，咸知所备，不为昔日载籍之所误，其用意亦良厚矣。况朝廷注意于两藏者久，急欲经营，以时势论之，则今日之两藏，其重要为何如哉？慎庵其殆有鉴于此乎！予故乐为之序。而于途中之事略有所关者，并详记于后云。”光绪龙飞三十有二年，九月既望，愚弟联豫建侯氏，拜书于西藏使署之德有邻堂。

例言

一、炉藏路程，前人已多纪载。惟桑田沧海，叠有变迁。若以往时之书，证今日之路，势必不符。是编不求与前书合，亦不必与前书离。但就耳目所见闻者笔之于书，纪其实也。

一、打箭炉迤东，为关内地。往来行旅杂沓，其路途蜀人类能道之。是编断自打箭炉始，关内道里，不复赘述。

一、是遍所记尖宿，皆就所栖止之地书之。虽多与正站不合，惟行程迟速，势难等齐。故逐日纪载，以存其真。

一、是编非日记体，其月日本可删去。第冬雪夏雨，夷险不同。前人所记瓦合山，盖为大雪封山时言之。余过此时，道途坦荡，天气清和，迥不若是之险。即是编中甲贡多洞一带水险，亦前书所未详。若不记明月日，无阴晴寒暑之分，徒滋阅者之惑矣。

一、关外道里，未经丈量。即《西招图考》、《藏卫图识》等书，亦不一致。是编里数，均以行路之钟点为断，并参考旧书，或询诸该处土人。其有不甚确者，则加一约字。

一、是编所记险易之处，或围场可支帐棚，或水草宜牧牛马，皆为行军而言。至于某山多树，某地产煤，亦将来推广电线，创造铁轨时，所当考究。虽词意俚鄙，不足问世，或亦经营西藏者之一助尔。

入藏日记

光绪三十有一年岁次丙午四月初五日，午时，由四川打箭炉出关，迤逦上坡，十里至工竹卡。复上坡，乱石横路，虽宽难行，四十里至折多塘宿。平生不习鞍马，至是颇觉困顿。是日阴，向晚微雨，夜雪，华氏寒暑表五十四度。

论今日之时势，无铁路者安能保其土地人民，此亦尽人知之矣。然炉藏之铁路，则必俟诸十余二十年后。无论款不足也，即使路成而货物不通，仍无以保路也。是必待川汉之铁路既成，商民皆知利益，则省炉之路，必将起而兴筑。此路既成，而后可言炉藏。是打箭炉一地，实为川藏之枢纽、铁路之起点，顾可不重乎？他日商务发达，当可拭目而待也。

闻由炉赴藏，又有北道，亦曰商道。出关趋北行，由霍耳、竹窝、甘孜、瞻对、德格、热了[丫]前进。经类乌齐，及纳克书、三十九族等处，即可直达前藏。沿路俱系草地，无高山峻岭，既平且稍近。偶有山，亦平衍易行，惟一片平阳。有行数程而无人烟者，必须自携帐棚饮食各物。盖其地非孔道，驿递不通，故荒僻如此也。藏中有数喇嘛，曾由此道赴炉，询之，所言皆同。他日铁路兴筑，若由此道，则工费较省多多矣。拟将来遣员前往详视情形，并沿途有无煤矿，及如何开筑枝路，一一详细载纪，以备考查。

炉城地势高而天气寒，故柴薪不给，皆取给于他处贩运。惟闻炉城附近一带，煤矿甚多。果能开采，不惟足以利生民之用，且可备他日铁路之需，无忧其缺乏也。更望有地方之责者，先详察焉。

初六日，过折多大山，山岭积雪厚尺许，一望无际。岩壑皆平，雪光闪烁，颇伤目力。故行人皆以有色玻璃境护之。上下约六十里。至提茹塘尖，顺河行，路渐宽坦。三十五里至阿娘坝宿。是日晴。

初七日，三十里至瓦切关帝庙尖。三十里至东俄洛宿。此六十里，沿河滨行，甚平坦，且土质肥饶，气候和平。惟蛮人不善稼穑，任其荒芜，惜哉！是日早晴，午后微阴。

初八日，三十里至高日寺山根子尖。道旁多古松，有大至十数围者。四十五里至卧龙石宿。过高日寺山，高与折多埒，积雪尤厚，下坡亦颇陡险。是日晴。

初九日，五十里至八角楼尖。路虽崎岖，尚不甚险。五十里至中渡宿。途中万木参天，蝉声满耳。有瀑布自山顶下，如悬匹练。惟山径拗折，奇险难行，间有于山腰架木为栈道者，行人至此莫不惴惴。是日晴。

初十、十一，驻中渡。天气晴暖，寒暑表六十八度。

十二日，由中渡力进，过雅龙江。有木质官船数艘，往来载客。土人则架皮舟，舟作方式，旋转至中流，瞬息已达彼岸。既渡，则肩负以走，亦奇制也。四十里至麻盖中宿。一路乔木阴翳，松柏尤多，或为山水所冲，横陈道左。惜生非其地，采运维艰。虽数美材，不获为栋梁之用也。是日晴。

十三日，上大山，残雪未融，约四十里，至剪子弯尖。随过波浪工大山。雪积尺厚，寒气侵人。是值大雪，雷电以风，人马俱困。下坡则风、雪、雷、电俱止。鞭影斜阳，增人客感。道旁多枯树，土人云：为雷火所焚，或谓蛮人烧山所致。约六十里，至西俄洛宿。此地产老关草，可熬膏医病，颇佳。是日阴。向晚晴，夜月明如画。

十四日，四十五里至咱吗拉洞宿。中过大山，尤有残雪。是日晴。

十五日，七十里至火竹卡宿。中过大山，积雪方消，泥泞难行。是日晴。

十六日，二十五里至火烧坡尖，自波浪工下山至此，百数十里。除塘铺外，无一民居。行人尖宿，多用帐棚。此二十五里，缘山涧行，纵横乱石，倍觉荒凉。二十五里至里塘宿。下山后路宽平，惟天气寒冷，四时多雪。民皆以畜牧为业，若问贫富，则数畜以对，不知种植之利也。是日晴。

四月十七，历闰四月至五月初一，共四旬有四日，皆驻于此。以乌拉难于备办，遂至久羁，斯时桑披正在用兵，鹤唳风声，殊令人疑惧耳！其间阴晴靡定，或雨或雪，寒暑表初仅四十七度，后渐涨至五十八九度，至六十度不等。

里塘去炉十站，其地势之高，与炉略等，似犹过之，以故五谷不生，而种植不讲。地瘠则民贫，贫斯悍矣，亦理所必然者。然自中渡以西，即属里境，树木阴翳，浓荫蔽天。行经数日，有倾倒而无斩伐者，殊可惜也。林木之美，岂不足以至富耶？惟讲求无人耳！若使夷民智识渐开，或即讲求种树，或改而种桑，以收蚕茧之利，或验其土质所宜而种植之，虽天寒地瘠，亦未始不可以人力挽回也。

此地街市本不甚大，而喇嘛寺实居其半。故居民无几，咸听令于喇嘛寺。蛮民习俗使然，亦无足怪。闻该寺喇嘛原有三四千之多，此次闻钦差过境，恐又查诘，故令大半走避他处。前凤威愍欲限制喇嘛数目，以苏夷民之困，其意甚善。不知各寺俱原有定额，若令其于定额之外，不准剃度，其未给披单者，不得入藏朝佛，事亦简而易行，又何至有巴塘之变？况宁静山以东之寺院，本不归达赖喇嘛所管辖。如有事，川吏诘问，则曰我归达赖。达赖诘问，则曰我归川省。两相蒙混，以致百弊丛生，无恶不作，几同法外之人。鄙意于此归流之后，即申明仍归地方管辖。查各寺之原设若干，不准格外剃度，当可永远遵行也。

里塘一带风俗尤为恶劣，父母死，俱用天葬。共舁其尸于山顶，脔割以饲鹰。且磨其筋骨，和糈饲饲之。伤心害理，莫此为甚。藏中此风，尤为固结莫解。又有兄弟数人共娶一妻室者，意以为生子必无不和，且无争产之事。蔑伦至此，俨同禽兽，实为生平所未闻。是宜先设蒙小学堂，使之略明理义，如有不犯此二事者，急奖励之。默化潜移，日久未有不丕变者，要在于良有司之劝导耳！呜呼！天下之所最难得者，其良有司乎！

街市之外，有平坝二区，均约有十余里，四面皆山。若以之为操场，可供三四千人之训练。有山则练习登山、放枪、打靶，尤为相宜。关外闲地虽多，求其合宜者，亦不易觏也。

初二日，由里塘前进，三十五里至大桥尖。童山无树，柴草俱无。二十里至头塘宿。途中小树丛生，有放花者。是日晴。

初三日，上黄土冈。乱石崎岖，山顶有海子三，大者面积可三十余亩。约四十里至干海子尖。绕山麓行，树林蕃蔚，约六十五里至喇嘛丫宿。是日早晴，向晚阴，夜微雨。

初四日，驻喇嘛丫。寒暑表五十三度，阴雨，向晚晴。

初五日，由喇嘛丫前进，缘涧而上，崖下有僵尸数具，血迹模糊。闻系陕客贩香者，昨为夹坝劫杀于此。嘻！惨矣。五十五里至二郎湾尖，随即下山。五十五里至三坝宿。芳草铺地，才没马蹄，颇似仲春风景。是日晴。

初六日，上大山，五十五里至松林口尖。密箐深林，杳无人迹。山顶犹有残雪，连下斗坡。五十五里至大朔塘宿。崇冈在望，崄巇惊人。是日阴，午后雨。

初七日，上大朔山。山极陡峻，由石隙中行。怪石嶙峋，纵横遍布，人马咸无驻足处，为里、巴间第一险隘。约三十里至山巅，路侧巨石上题“雄关”二字，笔力遒逸，乃乙巳岁马介堂军门征蛮过此所勒。下坡五十五里至奔察木宿。路更难行，沿途牛马倒毙颇多。是日晴。

初八日，顺山腰盘旋而下。闲花自放，芳馥袭人，有形如刺梅，色淡黄。有类牵牛而小，色紫。有似金银花而作黄紫二色，均不知何名。果类若桃、杏之属，俱如弹丸大。海棠才如豆，闻秋间始熟。可食，但较酸耳！四十里至小巴冲尖。仍缘山下坡，花木愈蕃，姹紫嫣红，争妍斗媚，惜山径险阻，未遑详考。三十五里至鹦哥嘴，即凤威愍公殉节处。山下水吼声如雷，路最险恶。过此即红亭子，较为宽坦。道旁高冢岿然，有石碣题曰：为国捐躯。盖皆当日从殉之士也。约五里至巴塘宿。水泉环绕，土质肥腴。遍地青稞，均已成熟。惟天气炎热，赤日当空，炙人肌肤作痛，殊不可耐耳。

初九至十四晴，十五阴微雨，十六至十九晴，共驻巴塘十一日，寒暑表八十二度或至八十三、四度。多苍蝇壁虱。

巴塘地方和暖，其地矮于里塘者凡若干丈，以故五谷菜蔬，俱能种植。以天时水土论，实为关外第一相宜之地。其人民之性质，较里略为纯朴，出产亦稍多，经营而开通之，似不难于庶而富也。

二十日，由巴塘前进，上大山，四十里至牛古山尖。缘金沙江行，江流虽急，尚无滩石，有木船两艘，可以乘坐。路旁多野树，叶类夜合而小，实结如槐，枝上多刺，甚毒。手触之，皮肤即红肿如火灼。约五十五里至竹巴龙宿。是日阴，向晚大风雨。

二十一日，渡江，刺树愈多，或倒垂崖际，或横梗道左，无异行荆棘丛中。约四十里，至公拉尖。行山凹中，树林荟蔚，路无居夷。约四十里至空子顶宿。是日晴。

二十二日，行森林中，连下小坡，路转峰回，豁然开朗。约四十里，至莽里尖。绕山行，路甚平坦，三十里至巴木塘，即川藏分界处。随上宁静山，山上有界石，仅镌有“山东界”三字，余皆剥落不可辨。下山路更宽平。五十里至南墩宿。是日早晴，午后阴。

二十三日，上喜松工山。松柏成林，别无杂树。下山地坦夷，多青稞。约四十里至古树尖。又上漫山，山巅无树，下坡则松柏蔽日，阴气逼人。又有丛树，叶类青㭎，不知能饲山蚕否？约四十里至普拉宿。是日晴，夜阴微雨。

二十四日，冒雨行。万山丛沓，迷目榛荒。约六十里至江卡宿。是日阴雨。

二十五日，驻江卡。阴雨，寒暑表五十二度。

江卡过宁静山后，入藏之门户也。其风俗性情，亦俱与巴塘等。惟地近三岩，时被盗贼劫掠，甚至寻仇报复，杀害全家。此次经过时，有蕃民多人，环跪道旁，求以桑披之师，移剿三岩。查三岩本多盗贼，系一寺内堪布为之首领。其四处之盗贼，犯事后即以此为逋逃薮。虽所言未必尽实，然三岩多盗，久有所闻，非以兵力剿除而痛惩之，恐出没无常，终为闾阎害也。

二十六日，由江卡前进，五十里至山根子尖。中过渌河，河水清涟，游鱼可数。七十里至黎树宿。中过大雪山，势颇高险。回望巴、里一带，雪岭嵯峨，历历在目。是日晴。

二十七日，五十里至阿拉尖，四十里至石板沟宿。中过小雪山，陵谷深邈，崎岖难行。是日晴。

二十八日，七十里至阿足宿。乱石荒山，罕逢人迹。是日阴，向晚微雨。

二十九日，五十里至歌尔尖。中过阿足河，水势极险，过河即上陡坡，怪石狰狞，如恶兽欲攫人状，路亦狭仄不易行。五十五里至洛加宗宿。路稍平。是日阴。

六月初一日，四十里至俄伦多尖。四十里至乍丫宿。终日行河坝乱石间，四望童山，荒凉特甚。是日阴，向晚微雨。

初二日，驻乍丫。早阴，午后晴，寒暑表六十二度。

乍丫夷民，素以强悍著。光绪二十五年，英军尚未入藏时，乍丫之兵丁以些须细故，竟敢聚千余人，围攻使署。其凶悍无礼，已可概见。迨进兵曲水，尚未见一洋兵，则已纷纷溃散。所过之处无不抢掠一空，直归至乍丫而后已。闻番官并未惩办一人，任其沿途骚扰以去，抑何可笑。此次予经过时，其番官仓储巴到任未久，人尚明白，又怵于桑披既克，深恐移师问罪，故未敢稍形倔僵也。

由乍丫前进一站为昂地，又一站为王卡，王卡前约十里，名大桥，有一呼图克图驻于此。例使臣过境，该呼图克图设帐篷于道旁，迎接相见，嗣后遂于道旁筑一柳林子。柳林子者，富人游息之处也。使臣过则延入柳林相见，款以酒食，既去则曰：我与渠平行，故某某俱先来谒我，以欺其愚民。愚民信之，而呼图克图遂益尊无二上矣。此次先领传号来请，予未允，并告之曰：须先于道旁迎接，或可去，否则断不能往。次日仍供酒馔于柳林内，而于门外相迓。予不顾而去，该呼图克图无计可施，追至舆前曰：愿得一见。予曰：可。乃降舆相见，馈送多仪，均却之，仅受其哈达一方，佛一尊，匆匆数语而去。关外之地，一举一动悉为国体所关，不可不慎。予先查知其用意，故决不迁就。不知者，往往为其所绐，用特附书于此，以告来者。

初三日，由乍丫前进，道多乱石，三十里至雨撤尖。随上昂拉大山，峰峦陡绝，高险无论。约六十里至昂地宿，前庆宝轩星使善入藏时，病故于此。是日晴。

初四日，顺山涧行，约三十里，至噶噶尖。随上作拉大山，奇峰耸列，高出云霄。土石皆作青黑色，颇类煤苗。惜未经矿学家考验，线质何如，殊难辨决。下坡多溜沙，行人皆舍骑徒步。约六十里至王卡宿。前文仲瀛星使海出藏时，病故于此。是日阴，午后雨。

初五日，绕河西北行，二十里至三道桥尖。三十里至巴贡宿。路平。是日晴。

初六日，纡折上山，约六十里至山根子尖。随上大山，山名苦弄，多洞，大者高仗余，中可容数十人，故讹为窟陇。山土石赭色，如经火煅，因又名为火焰山。上下约四十里，至包墩宿。是日晴。

初七日，沿河行，或上或下，路断处则架木为道如云栈，约六十里至猛卜尖。上猛卜大山，高与昂作两山相若，下山即缘江行，路仅宽尺许，行人鱼贯而进，不能并骑也。约七十里至察木多宿。两山环抱，二水合流。左为昂楮河，有桥以通云南。右为杂楮河，有桥以通四川。形势扼要，可设重镇。是日阴，午后微雨。

初八至十二，均驻察木多。连日阴雨，寒暑表五十四、五度。

察木多一名昌都，要地也。北连青海，南通滇省，东拱四川，西接两藏，诚居中扼要之区也。四面万山环绕，左右两水交萦，天生形胜，殆不多见。予小住五日，曾与诸随员策马登山，遍览地势。惟惜山水过于逼近，其气迫而不舒，山下所开平阳，横直不过数里。故虽为四方之冲途，而居民无几，商贾不兴，亦地势有以限之。若使平阳有数十里之宽阔，则其气舒展，他日铁路既通，必当成一巨镇。此处有一大喇嘛寺，金碧辉煌，其广大罕与伦比，居高御下，俯视阛阓，如儿曹况。番官仓储巴，即该寺之喇嘛兼充，是为僧官。其富既甲于一方，其权其势，又足以压众庶。故无怪乎官商军民，俱受其挟制也。即使臣过境，亦往往托病不肯下山远迎，至旅邸，始来谒见。盖亦积渐使然，已非一日。至粮员游击等，更视之蔑如也。此次到察，亦仅一副仓储巴设帐远迎，貌极恭谨。其正仓储巴，则仍称卧病不起。抵寓后，询诸文武员，皆言其自前年患病，至今未痊。且言语糊涂，步履趑趄。揣其情形，似非虚妄。因令副仓储巴，传谕大加申斥，并晓谕以朝廷威德，使其病愈之后，如仍怙恶不悛，定行撤换究办。想至今以后，或可少杀其威势也。

十三日，由察木多前进。鸟道临江，行人凛然如坠。四十里至俄洛桥尖。过桥路稍宽。三十五里至浪荡沟宿。是日晴。

十四日，二十里至果角塘，路尚平荡易行。随上果角大山，烟雨迷离，如置身云际。俯视山下，不辨路途。古人所谓：山从云面起，云傍马头生。及过此始信世间真有此山境。上下约八十里至拉贡宿。是日阴。

十五日，行河坝中。河流泛溢，大道淹没，人马均奔驰泥淖间。二十里至松罗桥尖。过桥，仍缘河行，水涨路阻，随攀藤缘葛，盘折上山，如栈道处颇多。盖皆夷民所新开者。约五十里，至恩答寨宿。是日阴，夜晴，月食，初亏酉正三刻，复圆，亥正二刻。

十六日，缘河西行，二十里过恩达塘。由山涧乱石中，崎岖而上。童山千叠，残雪未消。四十里至牛粪沟尖。上瓦合大山，冈峦起伏，连绵数十里。岭巅土石皆作煤铁色，苔藓不生。山腰以下，浅草蒙茸，才寸许。有海子，面积仅十余亩，路亦不甚陡险。惟地势颇高，边风猎猎，不类伏暑。冬春积雪如银，行旅苦之。然前人所谓土台望竿，久已荒废无迹矣。约七十里过瓦合塘，复上小山。山之麓有瓦将军庙。相传康熙间，云南某镇军统兵至此，一夜风雪，人马俱僵。土人立庙祀之，颇著灵异。下城二十里至瓦合寨宿。是日晴。

十八日，由松林中纡折上山，坡不甚陡，下山松林渐少，约四十里至麻利尖。上叶达拉大山。山童无树，微有木樨香，疑即瘴气。下坡陡险，且长二十余盘，始至山足。过大木桥，桥下乃怒江，上源水流甚急，约四十里至嘉玉桥塘宿。是日晴。

十九日，上得贡拉山。山与叶达隔江相对，俗呼叶达为麻利，得贡为碧奔。碧奔较麻利尤为陡险，三十里至山顶。江宽十余丈，自上视之若匹练。下坡险峻百折，多树，有瘴气，中藏野兽。近又新开一路，尤陡峻，不能骑。二十里至山根子尖。行深峡中，两山壁立，天光一线。崖际瀑布数十，如珠帘高挂，流涓涓不息。石上有乌斯使者保泰题壁诗，字尚完好。三十里出峡口，路稍宽。十里至洛龙宗宿。是日晴，向晚阴，大风雨，旋霁。

二十日，上漫坡，路宽坦。八十里至得噶拉山顶，适值大雾，咫尺不辨。下陡坡十里，至铁凹塘，路稍平。二十里至曲齿，有紫驼喇嘛寺可宿。至此始有以菜子榨油售者，索价亦不甚昂。是日早阴雨，向晚晴。

二十一日，绕山根行。二十五里至穿心寨尖。路均平坦，过章拉山，上下二十五里至硕板多宿。地土肥饶，物产殷富。是日晴，夜阴。

二十二日，驻硕板多，晴，寒暑表四十七度。

二十三日，由硕板多前进，缘沟而上，过吾抵拉山。上下均不甚陡，千章翠柏，绿荫宜人，五十里至忠义沟尖。上巴拉山，上坡盘折甚长，多奇松怪石，随下坦坡，五十里至巴里塘宿。是日早晴，午后阴雨。

二十四日，上朔马拉山。俗以其类瓦合，因呼为赛瓦合山。上坡多老松，作虬曲之状，无一挺直者，想亦地气使然。山腰以上，则朔风凛冽，令人起栗。山顶积雪尤厚，自远处望之，若白龙游空，蜿蜒不断，冈峦凡三起三伏。随下乱石坡，多松树，亦虬曲有奇状，约五十里至索马郎尖。缘河行，路尚宽平。随过小坡，路渐逼仄。入峡中，两山峭壁摩空，崖下水石相搏激，奔腾澎湃之声，聒耳不绝。连下小坡，始出峡，约四十里，至拉子宿。是日早晴，午后阴，微雨。

二十五日，绕河行，平路。随上必达拉山，峭石巉岩，颇类大朔。下山则平原茂草，河水纵横，牛马成群，居然富庶，共约五十里至边坝宿。是日阴雨。

二十六日，行山根下，路坦夷，多青稞，才作穗，尚未黄熟。随下小坡，过短桥。上坡，路渐崎岖，又连下陡坡，迂回多溜沙，约六十里至丹达塘宿。是日晴。

二十七日，上丹达大山，山根有丹达神庙，相传乾隆间云南参军彭某解饷过此，饷驮误陷雪窟中，参军从而殉焉。土人为塑像祀之，有马鞍一具，靴一双，云系参军生前所用物，至今犹存。上坡宽平易走，山凹有土室数椽，道旁多青稞、豌豆，渐上渐冷。约三十里至山顶，为永雪界。土皆不毛，雪积峰顶，俨如冠玉。寒风刺骨，无异严冬。下坡陡险，不能骑，狭处不及一尺。约二十里至察罗松多尖。顺河西行，乱石塞道。下坡过桥，复上坡。乱石愈多，路亦愈狭。两山夹峙，一水中流。峻岭崇岩，逼人面起。崖巅有布泉，高约数十百尺，因风飘荡。自下望之，若云雾喷出，亦奇景也。下坡过桥，上陡坡，至山顶，殊宽坦，有居民十数家。约五十五里至郎吉宗宿。是日早晴，午后阴，向晚微雨。

二十八日，驻郎吉宗。阴雨，夜雪，寒暑表四十七度。

硕板多去察台八站，郎吉宗去硕板多五站，计十三站。中间如瓦合、丹达、麻利、碧奔各山，再前进如大窝、阿兰多、鲁公拉等处，均为绝险。然犹幸时值秋夏间，尚未遇雪。若冬令则雪凌载道，奇滑不能驻足，一日仅能行半日程。故来往行人多于此失事焉。

道路绝险，固以为生平所未经，然尤以桥梁为最。番人之桥多架木为之者，两端堆乱石为基，架桥于其上。损败破坏，人行其上，摇动偏侧，危险万分。然番官利其毁而复修，籍以聚敛民财。故虽严饬修理，终不肯使之坚固，殊可恨也。若藏中一旦有事，不惟军士难行，及转运亦大不易。其实道途原不甚狭，其人力所不能施之处，亦属无几。能两旁稍加开辟，去其沙石，得一切实之人而经理之，费款亦不甚巨，即可成大道也。平治道路，本为王政之一端。惜筹款维艰，遂使行人咸有崎岖之叹、陨坠之虞。环地球中，恐无此行路难也。

相传丹达、瓦合两山，皆有神，行者至此，马去铃，人屏息，违则阴云骤合，雪雹交至。余过山时，天气晴明，颇不为苦，可云幸矣。考丹达山于乾隆五十八年，敕封昭灵助顺山神。瓦合山于光绪七年，经藏使色公楞额援丹达成案，奏请封号。八年，敕封翊化山神。然原奏皆未详其姓氏，亦无爵秩，俗呼为瓦合将军、丹达王，不知何据。或谓瓦合神系云南镇军某，统兵赴藏，因误放枪炮，震惊山灵，风雪大作，顷刻深丈余，全军尽没。丹达神，彭姓元辰名，籍隶江西，以佐职需次滇省，解饷入藏，道出此山，陷雪而死。今两山麓，各建庙宇，往来行人，过必祈祷焉。前藏亦有两庙，均入祀典，春秋致祭，无或缺。成都则有丹达而无瓦合，又不知何故也。

川省所造藏元，宁静山以东，每元可作三钱五六，有时涨至四钱不等。察木多以西，则其价仅能作藏钱三枚，每枚作汉银一钱，亏耗颇巨。而白银又不能通用，若改铸藏钱，运解来藏，是亦裕国便民之一道也。

二十九日，由郎吉宗前进，缘山腰旋折上下。阴雨道滑，时虞颠蹶。三十里至卡庸尖。行乱山中，泥淖没膝，足却不前。随下陡坡，至河坝，土肥草深，牛羊遍野，青稞没地亦多。各家积薪如阜，高与屋齐。约二十里至大窝宿。是日阴雨，夜雪。

三十日，行河坝中。渡河上坡，渐入深谷，出谷缘山腰行，过小山，上下极陡。下山有草坪，面积三十四亩，行人可支帐棚尖于此。随上坡，多浮沙碎石，狭隘难行。下坡度桥，桥连巨木如筏，人马行其上，各枝作响。复上坡，万木阴森，遮蔽天日。下坡有深溪当路，波浪如鼎沸。上有桥，较前桥尤险。一端叠石，如高台，桥架其上。一端系于崖石，桥身去水面数丈。远处观之，若飞虹。过桥仍缘山腰行，更为险仄。共六十里至阿兰多宿。是日晴。有勇丁王姓溺水死，未获其尸，伤哉！

七月初一日，顺山根行，过桥，路渐褊仄。两山高耸，下临巨河，大道淹没，不通行人，相与寻路而进。下坡度桥，入深林中，虽陡险曲折多乱石，尚无水阻。惟崖下滩声雷鸣，震撼山岳，不禁使人心怖耳！约五十五里至破寨子尖。行丛树乱石间，随下陡坡，至河坝，复缘河堤而上。波涛汹涌，白浪掀天，稍一失足，即逐流东去矣。下坡有坪坝，芳草如茵，黄花满地，面积可百数十亩。过此复崎岖难行，多松柏，夭矫入画。出松林，路渐宽敞，过桥上坡，抵山足下。约四十五里至甲贡宿。是日晴，向晚阴。

初二日，缘山沿河而上。多松树，有乱石。下坡至河坝，河水冲刷，大道多圮。遂上山，山系新辟蹊径，荆棘充塞，陡险异常。下坡缘山腰行，路窄多沙石，人畜稍驻足，沙石即随之而下，若不能胜。复下陡坡，有草坪可支帐棚。约四十里至大板桥尖。上坡，路仅宽数寸，全系溜沙，行人侧足而过。下坡度桥上山，野树夹道生，径惟一线。下山渡河，水甚险恶，深及马腹。复连上小坡，行树丛中。下坡渡桥，上山绕坡行，多浮沙碎石，不克驻足。下山渡河，水清浅可揭。又上陡坡，树木渐少，路亦稍宽，约四十里至多洞塘宿。此数站，因上流多雨，河溢途穷，故另辟山径，遂为赴藏第一险阻。是日早晴，午后阴，晚晴。

初三日，过乱石坡，随上鲁公拉大山。山如怪石堆成，上下数十里，无咫尺坦途。草木不生，四时无伏暑，积雪厚尺许，终岁不消。下山约四十里，至海子尖。海子有二，大者面积可数十百亩，小者不过十余亩，中有小溪相通。水皆作青绿色，深不见底。循海子西南行，路狭多瓦石。连下小坡，路稍宽，大小乱石溢多，石上苔作红黄紫绿色，斑斓可爱。中有草坪数处，尚易走。约四十里至擦竹卡宿。是日晴，向晚微阴。

初四日，行河坝中。地瘠天寒，不堪种植。惟乱石荒草，满木凄凉而已。三十里至气死坡尖。随上坡，不甚陡峻。下坡路宽坦，有水草可作牧场。三十里至拉里宿。是日晴，夜阴。

初五晴，初六阴，夜雨，两日均驻拉里，寒暑表四十三四度。

拉里设粮员一员，藏设番官一员。例大臣过境，夫马归三十九族预备，而马步、明亮、纤夫、围牛等，皆归该处番官办理。此次番官竟敢借故逃去，一切支应，置之不顾。幸我有粮员，又藏中适有两番委员在此办案，因一同代为雇备，始克前进。嗟乎！大臣过境，尚且如此抗玩，他人可知矣。闻从前安星使过此，行未数里，其番官喝令众民抛掷石块，将纤夫、明亮等一律截回。时西藏游击适在拉里办理事件，安星使即责成该游击将番官带来，见面时以马棰挞之数十，并令具结，永远不敢误差。不意甫经数年，该番官有复如是，且始终未来一见。是必有以惩处之，并照夷律治以应得之罪，庶可儆将来也。

初七日，由拉里前进，绕河行，河水潆洄往复。过渡，随上拉里大山，高峻与丹达等，而冷尤过之。众山积雪，深如玉立。上坡多乱石，下坡多溜沙，均不易行。约五十五里至阿咱宿。是日阴，夜雨。

初八日，下陡坡过桥。大路泥淖，深或没腰。遂由坡上小路进，多丛树，高者不及二尺，开黄花，瓣五出。下坡有海子，即札穆纳裕池，宽可里许，长二十余里。水平如镜，青碧色，俗传中有独角兽，时出为怪。顺海滨行，浮沙乱石，甚碍马蹄。过小石坡，有草坪，可支帐棚。行山根下，路稍宽阔，乱石亦较少。九十里至山湾塘宿。是日早晴，午后阴，大风雷，雪弹骤至。四顾群山，苍翠顿失。

初九日，上瓦孜大山，冻云下垂，万山皆白，真不啻在冰天雪窟中也。上坡多沙石，幸为新雪垫平，尚觉易走。山脊有巨石二对踞如隘，过隘即下陡坡，约四十里至山根子尖。渡河，河流湍急，下多圆石，人畜几不能立。随缘河行，乱石尤多。二十里至常多宿。是日阴，向晚雨。

初十日，过桥，行河滨乱石间，两山罗列如屏，山巅有石笋，高出云际，三十五里，至洞古坝子尖。仍顺河行，乱石塞道。山麓有碉楼六七座，高皆数丈，不知何人所建。二十五里至凝多宿。是日阴，午后晴。

十一日，过桥行河岸上，多青冈树，有乱石。自多洞塘起四百余里，山秃地荒，柴草俱无，番民皆采野菜和乳渣杂咽之，以资果腹。至此始有林木及青稞、豌豆。约四十里至过拉松多，即大河坝尖。由河濒树林中行，乱石较少。约四十里至江达宿。此处产麦面，尚可食。是日晴，夜阴，大风雨。

十二日，驻江达。阴，午后大雨。寒暑表五十五度。

拉里水土极为恶劣，此处水土则极为温和，颇似巴塘光景。夷民傍河而居，两岸建屋，约有三二百家，不似拉里之枯瘠也。在拉里染病者，往往赁居于此，以便调养。至墨竹工一带，则较为秀润矣。

十三日，由江达前进，沿河堤行，路渐窄狭。右为峭壁，左有巨石高丈余，森立路侧，中凿为道，俗亦谓之鹦哥嘴。随下旧有木桥，可达彼岸。大道尚平荡易行，桥现被水冲断，遂绕小路进，远十余里。青冈树极多，土人皆烧作焦炭，运往前招售卖。共约六十里至顺达宿。是日晴，夜阴。

十四日，朔流西上，路多褊侧。过大木桥，始合大道。有丛树，枝叶类白杨，或曰即内地所谓蜡树也。两岸有古碉数座，依山傍水，颇据形势。共约一百里，至鹿马岭塘宿。是日阴，午后雨，夜大雪。

十五日，冒雪行河堤上。连转山湾，始渐出雪界。细雨如丝，沾衣欲湿。崖下滩声若雷，路亦滑，且多乱石，约二十五里至山根子尖。随上鹿马岭大山，坡不陡峻，而绵亘甚长，与瓦合相类。雪积极厚，四望无崖，约四十里至山坡下茶尖。路稍宽平，又约二十五里至堆达宿。是日早阴，大雪旋雨。午后晴。向晚大风雹，夜大雪，甚寒。

十六日，雪已渐止，云际微明霁色。随沿河踏雪行，路虽无甚乱石，而亦坎坷不平。过土坡，度如驮桥，约三十里至河坝尖。随行河坝中，道旁野树丛生，有结红实如天竹者，味甘，番人喜食之，约三十里至鸟斯江宿。是日阴，午后雨，向晚晴。

十七日，沿河而西。秋风萧瑟，衰草连天。不谓去佛地已迩，犹复荒寒若是。幸路多宽坦，虽偶有积潦乱石，尚无碍于驰骋，共约六十里至仁进里宿。是日晴。

十八日，河干路甚平夷。上坡缘山腰行，下坡渡桥，微有乱石，泥淖亦深。复过土坡，则一望平芜，豁人心目。绕河多丛树，而群山类崛屼不毛，约三十里至接赏尖。仍缘河行，平坦宽阔。山根下有陶厂，所出陶器尚多，惟质粗式拙，未知研究改良，以致销路不广，殊为可惜。约三十二里至墨竹工宿。是日晴。向晚阴，晕如泼墨，雷声殷殷，自南来，旋霁。

十九日，顺河西下。山势平衍，地面宽平，万顷青稞，因风作浪，不复似前此荒凉矣。过三洞桥，缘山腰上坡，路稍窄狭。下坡即行山根下，河流纷歧，地多淹没，若设法束使归一，可涸出良田数千百亩。复连下小坡，约四十里至拉木宿。是日晴，夜阴雨。

二十日，沿河行，圆石极多，如星宿罗列，一望无垠。随顺山腰而上，下坡，渡小溪，傍山根行，石子渐少，约四十里至占达尖。行山足下，过乱石坡，复绕山行。崖石倒垂如欲坠，路亦狭难行，转过山麓，始渐宽坦，过三洞大石桥，约三十里至德庆宿。是日晴。

二十一日，顺河西行，路平如砥。有皮舟二，逐流而下，若水中凫，转瞬不见，约四十里至蔡里宿。是日晴。

二十二日，乘皮舟渡河，舟长五六尺，宽仅三尺许，前锐而后丰，以木条作胎，外包牛皮，无舵无篙，摇双浆以进，较之中渡者稍大。每舟可容三四人，多则不胜矣。约二十五里至西藏拉萨宿。万岭回环，俨如城郭。童童濯濯，草木不生。佛经所谓铁围山者，不啻指此。是日晴。

前藏夷名拉萨，四面皆童山，无草无树，不解何故。或云中有金石，则草木不生，其信然与？一片平阳，约数十里，中涌一小山曰“布达拉”，即黄教达赖喇嘛之所居也。高深壮丽，殿宇数百间，有圣容在焉。无城郭，有街市，亦不甚整齐。商贾虽设市场，所售物件，列于室中，午后则陈于门外，不似内地铺户，绚金耀采，争饰门面也。其地华人约有二三千，缠头约百余人，廓尔喀人约三四百。有官一员，领兵四十。华商中滇人为多，往返贸易。惟路途太远，动辄经年，且番匪极强悍，时闻有杀人劫掠者。近年商务已不如前，若再不整顿保护，恐数年后更形衰歇矣。藏中富者以达赖为最，次则各寺之呼图克图及大小番官。盖一得职官，则所属地方，不拘贫富，皆有贡献。而又藉事苛派，浮销肥己，贫民真不聊生矣。即人命重案，亦可以财赂免。差役则不分男女。男子酷信佛，有倾家布施者。女子年及笄，则父母不问，听其自适人。死则割其尸，以饲鹰。呜呼！殆真野蛮而未受教化者也。刻下达赖出亡未归，一切政治，暂由噶勒丹池巴主持。其下有官四员，名噶布伦，佐理达赖办事者也。又有三大寺，曰色拉，曰碧绷，曰噶勒丹。又设有公所一区，则僧俗人皆有之。有事传谕噶布伦等，噶布伦必须开公所会议，传集三大寺及僧俗人等，以决可否。然会议不过徒有其名，黠者不敢言，愚者不能言，恐一发论，则其责归之于己也，往往一事虽开公所数次而不能决断者。亦有番官不愿照办，而藉以延宕者。故办事为最难。番兵前后藏共设二千名。平日既不训练，且饷项极微，其装束面目无一毫军人之气象，果使交绥，断不足恃。且番官从前遇事每见疑于汉官，自英兵入藏后，猜嫌稍化。惟其执拗之性、贪鄙之风一时万难移易。然当此百废待举，如练兵、讲学、兴商皆不容稍缓之事。藏中无款可筹，即番民之富者，亦俱坐拥厚资，视一钱如性命，欲求其慨捐乐助，以便兴办一切，共起而扶持之，则断断乎无有。部库既久苦空虚，各省亦穷于罗掘，处此时局，其奈之何？此予之所以日夜焦思而难安寝馈者也。

书后

西藏，去京师万余里，通人硕士往来者鲜。故居内地而欲考求藏事，迄少成书。间有作者，亦不过于关外之程途，略记远近，且各说不同，往往有未经其地而悬揣为之，岂足以取信于人？岁丙午，慎庵别驾于建侯督护同入藏，躬亲所历，记述綦详，名曰《炉藏道里最新考》。其绘图开方计里，使览者了如指掌，尤为前人所未备。建侯督护又以其风土人情之有关时事者，附记于后，其用意同为深远。泰驻藏三年矣，从前行路之苦，强半遗忘。今读是编，如理旧书，历历在心目中，欣感奚似？若夫天时人事，顷刻变幻之不同，于斯亦可以概见。其有裨后学，又岂能以道里计哉？爰书数言，以志心折。丁未春月梦琴弟有泰拜题。

右《炉藏道里最新考》一卷，张慎庵别驾之所作也。予于丙午春蒙联建侯星使驰书相召，同赴西招。四月始抵炉，而星使已先出关矣。当是时也，闻星使前调随员八人，以道途艰险，兵事未靖，遂俱求去，同行者惟慎庵一人。予心窃揣之曰：是必君子处时事扰攘之际，不为众议所摇，诺于前，无悔于后。其平日之操持涵养，殆有以大过乎人者！抵里塘始与慎庵识，由是昼则共鞍马，驰驱于荆棘沙石之中。夜则抵足眠，展转于风雪严寒之际。他人咸以为苦，咨嗟概叹，而慎庵处之晏如也。如是者五阅月。夫慎庵之为人也，闲静寡言笑，不事纷扰。其交友也，在若远若近间。未尝道人之非，而人之是非几若泾渭之不可淆混。于己所为之事，必立于不败，而毁誉不计。呜呼！若而人者，求之今世，岂易得哉？既抵藏，出所著之《道里考》以相示。于天时之寒燠，道里之险夷，纤悉毕载，罔有遗漏，俾后之来者得所适从。建侯星使既为之序，而又以其所见闻者记于某地之后。此书一出，其功用正无穷也。既慕其为人，而喜读其书，急怂恿付梓，以供同好，亦非有私于慎庵也，盖相知者深矣。是为跋。

光绪三十有三年岁次丁未仲春既望浙生弟齐东源书于乌斯使署。

1909年2月15日，6卷1号

世界大事记[登载喇嘛使者抵俄罗斯圣彼得堡]

初二日，西藏喇嘛使者抵俄罗斯京城圣彼得堡，是日，蒙古祭司与达赖喇嘛使者共谒见俄皇，即驻藏大臣所屡电请政府阻止者也。

1910年3月6日，7卷1号

西藏近事杂述

庚子事定以后，英人即有展筑印藏铁路之议，刻闻英国驻印总理大臣，实欲测勘路线，以期由印入藏，由藏入川。彼时中国川汉铁路，亦可告成，印路适与之接，遂由印达鄂，而与京汉、粤汉各路，一气贯输，商利大兴，商权在握。故中国川汉铁路借款，英伦日报极力鼓吹。闻英政府亦极愿赞成，推其意之所至，盖欲联合达赖，以抵制他国之侵略也。

枢府因西藏达赖班禅两喇嘛，互生意见，关系大局，拟请特颁汉藏文敕谕两道，发交驻藏大臣，转赐两喇嘛，饬令慎守藩封，护持黄教，和衷共济，外侮无自而生，勿得轻信人言，致滋扰乱。日来颁发到藏，三大臣遵即派员赍敕，分别传知。

驻藏大臣密电政府，达赖闻西藏将改行省，甚不满意，且已现阻挠之象，务请妥筹办法，电示遵行。

达赖喇嘛自俄归藏，貌似皈依上国，心实倚仗外人，理藩部累次催取藏中案牍，竟置之不理。察其原因，不外历年多与外人私约，甚恐泄露机密。近闻又与某某两国，潜订密约，约中许以矿权，丐其保护，妄冀力阻政府，不克改建行省，设立民官。甚至延至二俄人，令充堪布，所居室中，复时有英俄两国人随时出入，即其所属各僧官，亦且不许侦探。赵季鹤大臣访得隐情，电告政府，一方面极力防备，且喻以目前尚无改省确信，朝廷深仁厚泽，所宜顶戴不忘。然达赖仍疑信参半，此藏地之所以多事也。

行馆接奉枢垣电饬，达赖喇嘛密派亲信堪布，联合俄国，订立密约。据出使大臣萨荫图密报，实为全藏存亡之所系，除电嘱俄使馆，续查虚实外，务须严密刺探，以便迅筹抵制。温、赵、联三大臣覆电，略谓俄藏有无密约，现尚查无确据，惟某某两国，觊觎前后藏路权，日甚一日，故于达赖一面，多方笼络，百计要求，达赖以似有允意。我若先发制人，示以兴办路工之标准，庶几销患未萌，不知军机处及邮传部何以为计，或谓已屡与川督赵次珊制府，往返电商矣。

1910 年 3 月 6 日，7 卷 1 号

蒙藏宗教谭

自俄以佛教诱西藏达赖喇嘛，达赖受其牢笼，时有亲俄之佚志。今者，达赖复以私使往俄，外闻传有秘密结约之谣，则为患滋棘矣。律以国际通例，西藏既为我所保护，且中英条约，早认我为宗国，名义久定，举世共知。苟有私俄之举，在达赖固为背叛，在俄又为破法，于义两无所当，实为和平之罪人也。虽然，警电飞传，为势颇急，吾政府国民，不可不汲汲筹其捍卫之策。昨承蒙民君投书本报，俪以喇嘛教一篇，其言虽为本报所前见，然甄而录之，亦可以省吾国民之追忆力也，原书如下：

鄙人有心于蒙古久矣，寄居异国，不能身入该地，从事调查，而又鲜国书参考，苦极苦极。不得已，功课之暇，访问游蒙诸日友，及涉览外人之著作，略有管见，以质览者。仆尝谓欲知该地事情，必先知该地风俗，欲通其俗，则须先通其宗教。今先就其宗教而言之。盖宗教者，基于人性之自然而起者也，人类初生，知识浅狭，仰观天文，俯查地理，光怪万相，无从究极，如片舟之入大海，迷惑方向，而不敢妄取进行之路，于是怀疑之念生焉。由疑心而惧心，由惧心而生虚心，心虚则不能自主。凡世界由何而成，人群何由而生，在在皆见可疑。耳之所闻，目之所见，无一而不成疑团。于是久之，而推物脑力发生。设想于凡人之外，更必有其全知全能者在，而主宰之，乃遂理想之，崇拜之。适有智者出，唱道教化，作民指南，以寻人生之归趣，

而能使其安心立命，即称之曰神曰圣者是也。故曰人之性情，出乎自然精神之象相者耳！国无东西，人无文野，其精神所在之地，即宗教管辖之区，就中以半开化人为尤甚。故当今有志于西北问题者，不可不先就其宗教而研究之。

当元帝崛起漠北，席毡袭旧俗，敬天畏雷，尚巫信鬼，初无所谓宗教也。及至太祖并中原北部，首遣使节赍金牌，征召丘处机，询问道枢，以求长生之术。世祖混一区夏，虽以儒术饰治，然帝师佛子，殊宠绝礼，百年间朝廷之上，所以隆奉敬信者，无所不用其极。至英宗时，且召各郡建法思巴殿，其制视孔子有加，驯至天魔按剑舞秘密受戒，故元氏一代，释氏称极盛，流及于今，即蒙古所称之曰喇嘛教者。今考喇嘛教之由来，及化入蒙古，而造成其俗，此本朝与有蒙古之关系，就而观之，可以略见一斑也。

喇嘛教

喇嘛教发生于昔之土伯特地方，即今之西藏，此教有新旧两派，旧派曰红教，新派曰黄教。红教派其衣帽色用红色，黄教派衣帽用黄色，因以服色别其教派。而至今犹盛者，则黄教也。喇嘛者，西藏语为净及无上之意，今欲究其教沿革，不得不自其母教曰密教者而研究之。

喇嘛何由而出于密教，密教何由而产喇嘛，何由而入西藏，何由而入蒙古及新疆北部也。今查其结果如左：

昔印度中部冈几斯河滨释迦降世，佛教勃兴，一时称盛，风靡全国。释迦涅般二百年后，其教分为大乘、小乘两派，适波罗门教徒为蛮族迫害，向四方逃难，于是大开佛教远传各国之路。其后高僧辈出，发挥教理益精，佛教之力，又大恢复。释迦涅般后六百年，马鸣出世，唱道大乘。七百年时，龙树出世，大布大乘教理而宣扬之，古人崇为无相好佛。其时小乘之固执说，自不见信于世。

然龙树既发挥大乘教理，而又唱道密教。后有龙智出世，专继承其师宗旨，而勉力发扬之，于是遂有密宗。

佛教传播于各国，及向东北南三方扩张教路。南方如锡兰岛、缅甸、暹罗，及后印度附正诸岛屿，是曰南方之佛教，即所谓小乘派也。北方由印度之北部入西藏，是为中心，复传播于蒙古。东方则入中国，而朝鲜，而日本，此为北方佛教，即所谓大乘派也。据识者之说，谓龙树所唱道之密宗，即大乘教中之最深远奥妙者，实臻神秘幽玄之域，非显教徒所能窥。盖佛教全体究竟之精神，实在密宗云。龙树唱大乘教后，由无著及世亲二人，分为认识上哲学派，及冥想上哲学派。大乘即继承此二派。一则尽力于论理及唯心论，一则加参印度之婆罗门教，又多容印度古习惯，而于兹密宗以开发焉。

密宗大成于龙智之手，由其弟子金刚智传于中国，由善无畏三藏译出之《大日经》、《金刚顶经》等经典，至金刚弟子不坚，愈益发挥，乃由空海传入日本，遂生日本真言宗一派。

又一面由世亲弟子三迦达沙传入于印度之北方之迦湿弥罗，然后由补达巴黎他者，以传入西藏，是时为西历四百七十年。距今一千八百六十年前，中国东晋安帝义熙丁未三年，此佛教入西藏之始也。密宗入藏以来，由印度聘娄多学者译释经典，宣布于国内。由是者经年，高僧辈出，鉴于西藏之国风，又加以修正，于是乃成一种喇嘛教。古有之宗教，悉行排去(崇拜山土石之自然教)。经多年盛衰变迁，至元初，西藏有法思巴者出，聪慧绝伦，七岁诵经演法，十五岁遍通三藏，究佛教之真理，国人因之曰圣人。元之世祖于千二百八十年代，遂遵为国师，统理天下教门，极深信用。于是法思巴建立宗派，称喇嘛红教。此喇嘛红教，实元之国教也。法思巴又受召制定元之国字，今蒙古字是也(元之国字亦有云畏吾儿人所作者)。历代帝王多信奉之，极一时之盛。至元末，百弊流出，相率而为吞刀吐火之幻术，宗教湮没不明，而改正之势时逼也。

明之永乐十五年，西历千四百十七年，有宗喀巴者，生于今甘肃省之西宁府。资性慧敏，年甫十四岁，赴西藏学红教于萨迦庙。得道大悟，怵于流弊，不忍坐视。慨然以救世主自任，自创一派，以别于红教，是即黄教之祖师也。

宗喀巴断行改革红教，乃大会众僧，自著黄衣黄帽以告众曰："教主者，世世转生，以渡济人民。今红教不良，宜改革之要点有三：一衣服换黄色，二改正咒语，三教主之衣钵不得传其子孙，须指定转生之儿而传授之。"

黄教之教祖宗喀巴，有大弟子二人，一曰达赖喇嘛，一曰班禅喇嘛。达赖云者，蒙古语大海之意，谓其知慧如大海也。班禅者，西藏语有知识、文学、宝珠等意。达赖班禅皆有法位名，世世以呼毕勒罕(转生之义)化身，其死时自知往生之地，指示其子弟迎而立之，轮回不绝云。

达赖一世名曰格根朱巴，西藏先王赞普之后裔，世世袭其王位。格根朱巴舍弃王位，出家修道，事宗喀巴以弟子礼，于喇嘛黄教究有心得，遂得承法衣钵，而为救世主。于是国人尊推，仍为西藏国王，即以法王而兼国王。由是以来，西藏国之王位，不传诸子，而传诸法王转生儿矣。其法，置弟巴者副王，辅佐国政。

西历一千五百十一年，距今三百九十年前，明之武宗正德六年，当达赖第三世，亲至青海及河套之地，教化诸蒙古唵塔儿部落。于是各部靡然皈依喇嘛黄教，诸王娄多为达赖弟子。自黄教兴，而王公改杀伐之宗者正多，遂称达赖为活佛。传播黄教于各部落，此黄教入蒙古之始也。及入本朝，当世祖时，曾遣使迎达赖第五世，封为西天大自在佛，统辖天下释教。时为一千六百五十二年，距今二百五十年前，时为顺治九年，此本朝对于喇嘛黄教尊信之始也。

班禅第一世名珠凯布埒克巴勒藏，事宗喀巴以兴黄教。后至班禅第四世，勤劳国事，威望大著，国朝太宗厚遇之，赠金刚大师之尊号。

达赖喇嘛，世世在前藏之拉萨，班禅在后藏之扎什伦布，法灯承继，皆立于驻藏大臣监督之下。达赖喇嘛统治西藏全部，班禅喇嘛行事隶属于达赖之下。

达赖喇嘛，位置在喇嘛僧中最高，有宗教上无限威权，如欧洲罗马法王然。其国人尊崇达赖，为保护国家及佛教，且确信达赖喇嘛世世转生各喇嘛僧家中。故达赖喇嘛死，搜索其指示之转生儿，选登为后继者，请本朝谕旨以定之。班禅喇嘛者，殆西藏国之副王，所谓副法王也。然在后藏人民，亦尊之为法王，兼有国土。班禅去世，即由达赖喇嘛求其转生之婴儿，请于北京朝廷，谕旨定之，以为后继者。

达赖班禅两喇嘛之次，即为哲布尊丹、章加呼图克图二人。哲布尊丹驻外蒙古库伦，其配下有一万僧人，布教于蒙古诸地方，势力实普及蒙古全部。章加呼图克图驻北多伦诺尔，来往驻锡，督视宗教宣布事宜。

喇嘛黄教如前述，世世高僧辈出，尽力布教。僧侣之修励，亦极严肃。喇嘛对于人民，不特布教已也，且为医者有之，为教师者有之，为技师者有之，为劳动者亦有之。彼之布里雅特，归属于俄国后，由西藏聘喇嘛僧十二名布教。出其余暇，授之以诸科医术算术等学。其民大悦，俄政府嫌忌之。于是该族悉归心喇嘛黄教，此足以见其感化力矣。本朝首重儒教，佛教不过因服蒙藏而兼尊崇，利用为统治外藩之政策。盖因喇嘛黄教之势力，深入蒙古各种族之脑，不可猝拔。且侵入东方满洲，及俄领布里雅特族，及中央亚细亚，到处风靡。故本朝特虚礼以尊之，优待章加呼图克图，于多伦诺尔造大寺院，利用为朝廷与达赖之连锁，收揽蒙族之民心。当喇嘛选举时，每敕忠于朝廷者而定之。统治政策，深有意焉。新疆之喇嘛教，即土尔扈特信奉之黄教也。明末，喇嘛多入新疆，彼等建筑寺院，中饰以金银宝石，雕刻极好，至喇嘛之服装，则著袈裟，冠僧帽。衣帽色老者黄色，少者红色。庙内昼夜点油灯，十数人罗列鸣钟打鼓诵经，亦如内地。

喇嘛黄教之教理，龙树所唱道者，神秘幽玄之密教也。其教重见性度生，斥声闻小乘及幻术下乘，纯粹大乘佛教之真理，幽深宏远，非日本之真言宗所可及也。

喇嘛教徒，平生素所念者六字，曰“唵嘛呢叭㖠吽”，即佛语“他无所冀莲华上之宝座”意。此喇嘛僧徒最尊之语，亦如我国阿弥驼佛语同，男女老少常做口中语也。其语实喇嘛教之神髓，经典之根元。一喝功效，如诵万言经典，信之为免灾厄祈成佛之道。蒙古到处岩头树梢或墙石碑日用器皿上，无不记此语。最甚者，刻在人骨头上。西藏及蒙古人信仰喇嘛教极尊，子弟出家者，多于在家。西藏拉萨政府颇多庙宇，极其壮丽，大半皆赖蒙人捐金。年年由蒙古各部捐与拉萨寺之金额，殆数十万以上，其热心宗教，实令人惊。且不远千万里，渡大戈壁旅行，费时年余，始达拉萨宫殿，长跪以待达赖出殿。如得一见者，为众生之光荣，尽献金银而不吝。其又更甚者，卖却家产，换得金银，缝著于衣里，行行乞食，参诣拉萨，曰朝山，又曰朝活佛。凡行此者，亲戚皆以为荣云。其见达赖及他高僧时，匍匐于地，多有感泣者，其诚心至此，谋国者宜利用之。西史有一度蒙兵点，三年草不生之言。读蒙古史，莫不见蒙人为猛悍凶暴杀伐残忍之民族，然至今不数百年，如猛虎一变为驼矣，则皆为黄教化之也。昔元祖成吉思汗，率其凡伦健族，四方侵略，所向之地，尸山血河，虽曰残忍，而不失其雄武之风也。乃自皈依喇嘛，其悍气消磨尽矣。论史者谓元之亡，不亡于明，而亡于喇嘛，盖有由也。然吾人至今，有一最乐闻事，则行于蒙之旅客，愿得便宜是也。昔蒙人见一旅行者，必杀之而取其物。今遇旅客饮渴者，反施之以饮食。闻有旅人不能带家之谚，昔时各种旅客以干戈相见，今则若戴救主，有无相通，直一变而为社会主义之民族矣。由此观之，佛力诚大矣哉！

1910年3月6日，7卷1号

治藏条陈（选录时著）[1]（目）

陈赞鹏

奉谕革去西藏达赖喇嘛阿旺罗布藏吐布丹甲错济寨汪曲却勒朗结名号令驻藏大臣别立达赖喇嘛（目）

① 《时报》1909年2月9号登载《治藏条陈上驻藏大臣》，（日本法政大学毕业生）陈赞鹏稿。

中国派兵入藏缘由(目)

达赖踪迹(目)

英国政见(目)

俄国政见(目)

日本政见(目)

1910年4月1日,7卷2号

西藏达赖喇嘛逃遁余闻

外部宣布达赖之罪状

达赖喇嘛自奉旨斥革后,外务部因外人不无误会,特将其罪状明白宣告,兹为照录如下:

该达赖自光绪二十一年管理商上事务以来,跋扈骄淫,恣行不法,称兵劝众,民怨沸腾,所派总办军务之降巴丹增,同恶相济,并不约束兵丁,一味需索地方,任意掳掠,所过之处,十室九空。光绪三十年三月,英员荣赫鹏由江孜照会驻藏大臣,商办事件,该达赖不肯供给夫马,反阴遣降巴丹增肆为扰乱,嗣经驻藏大臣谕令回布达拉山,谨护高宗纯皇帝圣容,该达赖亦不敬遵,竟于是年六月间,昏夜逃出藏境。经有大臣列款纠参,奉旨暂行革去名号,自是游行库伦、西宁一带。又二年有余,沿途骚扰,并无回藏之意。朝廷终冀其自新悛改,饬令地方官一面存问照料,一面督促启程回藏。光绪三十四年,来京入觐,朝廷不追既往,赐加封号,赏赉骈蕃。该达赖回藏后，宜如何虔修经典，感激图报，而乃冥顽不改。初到藏时，驻藏大臣亲往迎接，仅见一次，后屡约其面谈要事，彼皆托故不见，且时复嗾令藏人调兵内犯。初则攻打干崖，继复窥伺巴塘、盐井等处，迭由驻藏大臣转饬退兵，该达赖并不遵照。此次川兵入藏，原为保护开埠绥靖地方之用，为数不过二千，又且分起开行，本无所用其疑虑，达赖不惟不照章供应，竟密令藏兵沿途抗阻，既焚掠江达存粮，劫杀兵民，又派兵赴墨竹工卡，希图拦截，历经剀切开导，置若罔闻。逮川兵前队甫抵拉萨，该达赖即行乘夜潜逃。似此种种谬妄，劣迹昭著，不得不革去该达赖名号，另行选定，以维黄教，是朝廷前后优容该达赖之意，可谓至矣。

达赖为各呼图之领袖，本以传衍教务为专责，教尚清净。该达赖性喜弄兵，已不足胜掌理黄教之任，况复违抗朝旨，迭次擅离藏境，何可更事宽容？查康熙朝第六世达赖喇嘛伊西札穆苏，亦经被废，当封噶勒藏嘉木磋仍为六世达赖喇嘛。兹之斥革另举，亦犹循祖宗朝之故事耳！至被革系达赖个人之事，于藏中政体毫无关系。现接联大臣电称，川兵到后，纪律甚严，僧众照常攒招，商上照常办事，一切情形，并未更改，所有藏中交涉事宜，自有印藏条约，中国政府照旧实行。兹特略举该达赖应废之理由，再行通告，以释群疑。

达赖未逃前与华官交涉情形

自达赖出奔后，谣传驻藏大臣温大臣曾与达赖私自立约，然所以立约之故，及约内如何措辞，鲜有能言其详者。兹承该处友人详悉函告，阅之而知谣言未可据也，特为照录于后：

前奉廷旨，由川省拨兵一千晋藏，以资整顿，藏人疑惧，迭次要求奏阻，不遂所请，公然征调番兵，分布要隘，阻我进兵之路，并扬言围使署，洗汉人，日煽风谣，虚声恫吓，去腊机势日益危机，拉萨以内，刻刻戒严。江达屯粮，复为番兵付之一炬。加以联大臣措施失当，尤失众心。故藏众专与之为难，停其供给，罗列罪状十九款，至温大臣署禀讦，恳为转奏，群情愤激，甚费调停。嗣幸我兵转战而前，大获胜利，达赖闻耗胆落，始稍有悔悟之心。

至今正初二日，达赖约温大臣赴布达拉山相见。达赖面允三事。一、将各处阻兵番众，立刻调回。二、渥荷朝廷封赏，咨请奏谢。三、仍尊重联大臣，一切供应，照常规复。温大臣亦允四事。一、川兵到日，必申明纪律，维持安宁秩序，不至骚扰地方。二、诸事均和平办理。三、达赖故有教权，不加侵损。四、绝不杀害喇嘛，焚毁寺庙。达赖复请交换文牍，以昭信守。温大臣回署后，立与联大臣会商办理，不意联大臣固执己见，不允会衔，且删除和平办理一条。温大臣争之不从，不得已由温大臣单衔具文，译咨达赖，复文均已照办，方以为此举足安达赖之心，不致或有他变矣。

不意初三日，川兵头队，有马兵四十名，先到拉萨，联大臣派为先导之卫队，及新练土兵，不无虚张声势之状况。达赖惊惧，连夜召集番官，秘密会议，决计潜逃。温大臣先期得信，急约联大臣相见，商请派兵预札曲水，阻其西往之路，联大臣不从。傍晚续据探报，达赖果已出走，后虽派兵追截，亦无及矣。

事后温大臣将实在情形，电达枢府，恳为代奏，并乞开缺。旋奉电传谕旨，准予开缺，迅速由藏取道打箭炉，赴川西晤赵制军，筹商事件等因。温大臣当将经手事件，赶紧料理清楚，即行卸任。

按：据右函所言，知温大臣之许达赖以四款，将以消其疑虑，安反侧之心，且皆为事理所应有（公文往还亦非立约可比），并未在权限之外，其后闻其将出奔，急请派兵阻截，尤为防患于未然。当日若用其言，或不至平添无数周折，致纷纭无已时也。呜呼！吾谋不用，谓秦无人，谓之何哉？

英俄两国之意见

俄京报言达赖乞援俄政府，设法恢复其政权，俄政府答复之辞，甚为笼统，并无切实援助之意。大抵俄英两国对于中国政府，命意虽各有在，然达赖欲希望两国之援助，则亦有所不能。又闻驻俄钦使萨大臣曾电致外部，略言俄政府对于目下之藏务，未见有何举动，并曾声明，如中国能保全西藏治安，俾该国教徒，不致因此扰动，则该国亦决不因已革达赖一人，有伤邦交。现查俄政府亦绝无电召已革达赖赴俄之事。驻英钦使李大臣亦电告外部，言英政府已声明不因已革达赖一人之故，干预藏务，致伤中英邦交。驻京英使亦向外部声明，此次中国进兵西藏，为保护该地起见，本系中国应有之权，且与中英条约毫无违背，英政府绝无干涉之意。达赖至印度时，印度总督除遵奉英政府训令，保护其身命外，并无特别优待之处，亦未派兵护卫云云。惟英人论此事者，或恐达赖出奔，其影响将及于布坦（即不丹）、廓尔喀（即尼泊尔）、哲孟雄（即西金），则过虑之词也。

1910年5月4日，7卷3号

瑞典地理家游历西藏之演说

工科进士吴匡时

史文淹达者，瑞典探险旅行之负大名者也。擅口才，富著作，尤邃于地理学。自西历一八八五年至一九零八年间，曾五游亚洲，三至西藏。自其第三次游藏归欧后，法英争相欢迎，早得聆其演述。所著游记，各国竞相译出，一时为之纸贵。今罗马亦慕其名，乃于西历一九一零年正月二十一号下午，经舆地学会邀入罗马大学，请其演述，历二小时之久。严君率匡时往听焉。明日，各报详载其事，而史文淹达之演词已普及罗马人之耳矣。用亟译之，以告爱西藏者，其词曰：

吾自瑞京思笃高姆起，经土耳其之忒来比从特，而达俄国，又经阿尔姆利及俾路芝国直达印度，此为第一站陆行，自无海行之舒快。自印度往北经格歇米直抵希玛山中之拉达克，于是雇土人十二，并马驴一百五十四，结队而前，君等思之，值此高山之地，以平均计之，较法国之白山(白山高零千八百十迈当)，尚高三百迈当，是不啻以法国之埃菲尔铁塔，加于白山上，其高方相等。时或有高于白山至一千迈当者，如此巍巅，空气之压力自少，而氧气亦缺乏，心中恐慌亦特甚。然吾等人类，犹得稍稍减此困难者，实赖牲畜之负，此等牲畜，既无倚赖，复为人役，其受苦之甚于人可知，故自入藏后，渐皆就死，况又寸草不生，糇粮告罄耶？此时吾等已达藏地，得土人供兕牛及羊以代已死之牲畜。此种兕羊，习惯于高山而自能生活，不待饲养，复能耐饥，驱策之久不与食，亦达其所至之地而后令食，亦无害。土人之猎，即猎此兕牛及羊麇等而家畜之，如更猎得，即以饲所畜者，其捕兽之法，甚单简而粗笨，其土人性好躲避，苟待之不善，则皆逸去，若待之得法，与以烟茶，并示以银，则甚亲睦而欢迎。其人种纯而不杂，自古以来，并无淆乱，未知能就中觅得与蒙古种相类者否，但此来源甚远，且其言语与其高山左右之人，绝不相同，依其土语，则其地名则并不称低培，但称爬特坐尔，若考其名意，则爬特乃伊等自称，而坐尔则指地方也，低培字根，来自亚拉伯，君等须知亚拉伯舆地家，或即首先知悉西藏之人也。

西藏之宗教曰喇嘛教，为佛教之支派，此教以佛为天神，其灵魂不灭，附著人身，所以达赖喇嘛死后，其灵魂附著他人之身，仍可为达赖喇嘛。耶稣天主两教，从未得分其教之势力，在前二百年间，天主教士，曾驻拉萨，中有奇爱徐者，曾著一书于西藏，自此以后，藏人禁止教士入境，虽此等教士，坚忍勇进，然终不能拦入，盖其闭关拒绝也久矣。若余之入藏，又可得约略言之也。

由拉达克起直达希架子，以至西藏，其方向之进行，常斜对角，于此九百基罗道路间，实未经人迹者。及至希架子，闻有英国之中尉乌哥拿，已先吾三日而行，早到江孜，此地为西藏三处门户之一，只许亚人入内以通贸易，欧人则概屏之。是欧人之在藏者，一时得二人焉。吾至此，理应拜谒乌哥拿，但未蒙藏中当道允准，且如此等事者，吾屡遇之于中国官场矣。其辞颇极委婉有礼，且道歉不遑，但总之则不准所请耳！藏人之严拒欧人，实有匪夷所思者矣。然吾仍以法潜入之，其入也，改易其装，涂黑其面，令与所雇土人无异，遂得达其目的，且所带之西式箱件，悉付焚如，凡西国衣服及迹近西式之物亦悉弃去，所余者惟研究地质及山林应用之仪器，秘藏于皮衣之中，至皮衣之色，亦悉仿土人，其尤注意者，则更将所用之眼镜，亦改依藏人所用者，罩于吾常用之近视眼镜之外。由希架子而东旋，忽上忽下于希玛拉山之巅者，四次，乃折回印度，时在一千九百零九年底。

结论

如前所述，亦甚简略，但查其游历之价值，实为近世之探险旅行家之巨擘也。义京法报访事人问曰：吾欧洲之文明，能否于他日输入其地。则答云：此目的恐未必易达。盖藏地非无天然富产，但不能引入吾欧洲之文明以开垦之，彼地遍处有金，土人以简法采之，采后即卖于喇笳，以其所获，尽足供其所需，已有无待外求之象，复甚不喜与欧人交际。加以危峻之山，荒旷之地，更需备尝危险而始至。此诸问题欧人亦不易前去，即入其地，亦恐无益。故西藏尚可久持者，赖有此至大至固之天然屏蔽物也。

按以上云云，皆意大利法报中语也。译既毕，敢更缀述见闻，以告同胞。当其演说后，附演活动影片二百余纸，即其所经历地风景人物之真相也。凡藏人之一女多夫，及乞丐之种种状态，无不毕肖。听演者各赠有一纸，上印其探藏时改装之摄影，及藏地种种乞丐之图。演说系用法语，此次来义，乃应意国舆地学会之敦请。去年回欧之时，巴黎舆地学会，首先请其演述于巴黎大学，且卫以军队，以示尊崇。次则至英德。今由义演毕，又须应奥人之请矣。义王此次，亦亲临听演，并亲赠金牌。各国君民之重视探险旅行家，与注意西藏，有如此者。迨其演说之明日，史文淹达来见中国驻使，曾询以有俄国堪布在喇嘛处，是否有之？据云俄籍蒙古人，均奉喇嘛教，或者其中有一二人潜入西藏，以充顾问，亦未可知等语。虽然，英俄诚皆十分注意，然究尚为中国属地，苟治得其法，以开辟之，其易于英俄也，不可以道里计。吾已编有游藏书籍，共分二大部：（一）为政法宗教风俗之部。（二）为科学上研究之部。书虽未竣，凡所出版，欧洲各国已竞相购阅，并译成各国文字之书矣。

即日本亦已译出，独中国不惟不译，且若不知有吾此书者，故绝未销行于中国，亦一奇事。仅于东三省遇一华人，谈及欲译吾书，不知曾购得吾书否耳？呜呼！西藏若此，有西藏者若此，慕西藏者若彼，吾为西藏哭，吾又为有西藏者危。

1910年6月2日，7卷4号

前驻藏帮办大臣温宗尧咨请川督代奏维持西藏大局折（附英国蓝皮书译稿）

为咨请代奏事，窃宗尧一介庸愚，仰蒙朝廷恩遇，畀以帮办西藏至重至艰之任。方受命之初，诚不自量其不才，惟欲捐竭顶踵，补救万一。讵自抵藏受事以后，内察藏人之趋向，外侦邻邦之举动，虽事势尚有可为，而合以帮办大臣之事权，实觉竭蹶无所措手，不敢辜恩溺职，遂辄请避贤路。复蒙朝廷矜许，准其开缺，谕令取道四川，筹商事件，遵即交卸起程，于五月二十二日，行抵成都。当经电请军机处代奏，奉旨开缺驻藏帮办大臣温宗尧，著另候简用，毋庸来京陛见。著赵尔巽遵旨传知，钦此钦遵。伏念宗尧上叨恩命，驻藏十四阅月，只以智力浅薄，曾无毫发可为报称之事，惟于藏事向少讲求，奉命之日，乃急采购英国二十年来蓝皮全书，详考该国与西藏历来交涉之事实，及其应付之政策。审其用意，委曲阴鸷，多为世人所不及知。复察藏人对英之情形，乃知中国今日治藏，实处极艰难极危险之地，而亦未始无可希望可恢复之机。宗尧既有知见，何敢缄默？

盖今日之论藏事者，皆曰英俄皆当防闲之也；皆曰英俄皆当干涉我也；皆曰藏人之意，已不属我而有专属也；皆曰事机已到危急，无可挽救也。宗尧证以英国蓝皮书所载之事实，及西藏官民之向背，窃谓自我言之，则英俄诚皆外患，皆当防闲。而自英俄言之，则防英者俄，防俄者英，彼两雄者各不相容，即各自为防闲，即各有所忌惮，中国但当利用英俄之各自为防闲，而速趁此各有所忌惮之时，急起直追，整理西藏之内政，恢复在藏之主权。与其分精力以防闲英俄，不如并精力以治理西藏。此非宗尧之訾言也。关于蓝皮书所载一千九百零三年二月十一号二月十八号及四月八号，即光绪二十九年正月十四、二十一，三月十一等日，英外部大臣三次致驻俄英使之文，内述与驻英俄使之辩论。俄使既申明英在西藏行事，俄国即须设法保护俄国之权利。又申明西藏之局，如一旦大有更改，则俄国或须设法以保全在亚洲之权利。又申明俄国勿论如何，总以不干预藏事为政策，但或为势所逼，须在别处另筹对待之方。英外部既申明英国无政治之阴谋，无霸占西藏土地之意。又申明俄若在西藏有所举动，则英之举动，不特不让于俄之举动，抑且过之。俄若派兵进藏，英必效之，所派之兵力，必较俄为厚。又申明英国因见中国政府一则用延宕之手段，一则对于西藏只有微弱之权利，故起而直接自为筹策。以上云云，皆秘密紧要之文件，英俄对藏之政策及其各相防闲，各相要约证明之意，皆昭然若揭。英俄既各有所忌，而各交示其不敢妄动之意。英则直宣布其不得已而妄动之意，乃由中国手段延宕，权利微弱所致。由是观之，中国不惟不必防闲英俄，即英俄亦无防闲中国之意。不为此也，假使中国能增加治理西藏之权利，彼英俄者方且欢迎赞助，若恐不及。此无他，盖至于中国实在不能保有西藏之一日，彼西藏者又无独立之资格而必有所属。属英则大有害于俄之中亚细亚方面，属俄则大有害于英之印度方面。至于其时，英俄必将出死力以竞一得。其不得者，必不自让，必于西藏之外，别有所取偿。至其终极，不惟破坏英俄之交际，且将扰乱世界之和平，若是者皆英俄所至不愿。然则中国果能变延宕之手段为迅速，变微弱之势力为强大，既以自保西藏之领土，且以兼保英俄之平和。论者所谓俄[我]当防闲英俄者，乃不必之事。其谓英俄皆当干涉我者，则相反之事也。至谓藏人之意，已不属我而有专属。宗尧在藏逾年，朝夕栗栗，注意此事。盖藏人凡分三级，一曰僧俗官吏，一曰喇嘛，一曰百姓。官吏则各不自量，咸有独立自雄之心，至于不得逞，则又俯首帖耳以听。向者英兵之入藏，即其官吏之崛强背约所致，英兵一来，其崛强者又恭顺矣。比年番官之对驻藏大臣，甚不谨也。川军至则已改观，达赖革则群屏息矣。喇嘛则迷信佛教，俄即因其迷信，故为隆重佛教以诱之。光绪二十七年，宣统元年，达赖两次派遣喇嘛赴俄，俄皇召见，礼遇至渥，凡此皆以牢笼喇嘛。故就喇嘛一种而论，向俄之心较热。至于百姓，则蠢然无所知识。英之减费退兵，不派政治代表，纯取阴柔平和手段，所为牢笼西藏百姓，收拾人心之方法，盖已极力尽致。西藏百姓又不能不受其牢笼，而忘英兵入藏之当怨。由靖西至帕克里春丕一带之民，以英兵驻扎之久，相遇之厚，无不移怨而感。三级人之性情，向背若此。再考西藏之政体，则纯全极端之专制，官吏之命令，虽至暴虐，无敢违者。喇嘛百姓无不仰官吏之鼻息而听其号令。喇嘛向俄，百姓向英，中国但能增长权利，制其官吏，则向俄向英，皆归无效。但使事实属我，即不必更究其意念之谁属也。夫论者之谓事机危急，无可挽救者，乃以英俄之当防闲而避其干涉。且不知藏人之意何属，故觉无往而非荆棘也。今则英俄内容之政策如此，既不必防闲，且不敢干涉，不惟有法挽救，其法且非甚难，顾其事机则真危急耳！盖英政府虽宣布无占据西藏土地之意，然又不惜委曲牢笼者，其心何尝须臾而忘西藏？特不欲操之过急，以伤藏人之心，且不欲彰露形迹，以招俄人之忌。我若仍前因循，再过数年，无所振作，则此数年之中，既不能保藏人之不全体受其牢笼，尤不能保英俄之不别为权利互换之协约。不幸而有此变，乃真无可挽救矣。故就今日中国治藏而论，实大有可为之机，但须迅速敏活，急起直追，而后可为。且须分别表里，善为操纵。在内之计划，则当兼程并进，不可无一日千里之心。在外之形迹，则当镇静和平，不可无应付弥缝之术。不必遽改西藏之地为行省，而不可不以治行省之道治之。不必强西藏之俗同汉民，而不可不以爱汉民之心爱之。施政之目虽繁，宏纲亦只二事。宜宣威者，不可假借；宜布德者，不妨煦育。先定宗旨，而后合内外上下之力，贯彻实行。宗尧之愚，窃谓藏卫必永为西藩，国家保持治理之道，亦较保持治理蒙古诸藩为易。如或不幸，而如英外部之言，再示人以延宕微弱之现象，则他日之危，即有非臣子所忍言者。盖推俄使保护亚洲权利须在别处另筹对待之一言，万一藏卫有事，国家所忧，故不在西徼不毛之一隅，诚恐东南腹心之地，将受其影响也。至于治理先后之序，宗尧梼昧，不谙大计，愚管所及，则达赖既革，似当以呼图克图分任藏事，利用转世迷信之愚，从此永废达赖之制。番官无固结之意，上无达赖，则各求树帜。英俄虽欲网络，适以养成角力均权之势。眼前大事，似莫急于此者。此外练兵、兴学、开矿、垦荒、通商、殖民诸政，则当因时审力，循序进行，而非宗尧之愚所能悬筹妄拟者。除将英国蓝皮书内关于英之对俄对藏之政策，摘要手译，另册开列外，宗尧感荷朝廷高厚之恩，愧无涓埃毫发之报，所有知见所及，拟合借用四川提督军门印信，咨请代奏，为此咨请贵督部堂查核代奏施行，须至咨者。

英国蓝皮书译稿

一千九百零三年二月四号即光绪二十九年正月初七日英国印度部大臣致印度总督电文：

外部准俄国使署照称，俄政府接到了可靠消息，谓英兵取道春丕，向北前进，已至康巴阿华力克地方等语。此事有无根据，希电复。俄使照内又云：俄政府因注重于不使中国有肇乱之机，故视英国此举为有碍大局，或须设法以保证在藏之俄国权利云云。

一千九百零三年二月六号即光绪二十九年正月初九日印度总督复英国印度部大臣电文：

俄使所称藏事可靠消息，实系毫无根据，不必置辩。现我欲急办者，即正月八号文内所载之事也。何光锡现已忽回亚东,约请维德(英员名)在彼处与之相见,以便和平商议界务等事。现我一面筹备进兵,一面答复驻藏大臣,谓我甚顾和平商议云。

一千九百零三年二月十一号即光绪二十九年正月十四日印度总督致英国印度部大臣电文:

此间现接驻扎北京本国代办公使寄到光绪二十八年十一月初六日中国外务部论藏事之照会,其第三节语意含糊,我须注意。又以有大臣进藏一事而论,据该照会,已令其即速前往,则西历二月底,尽可行抵拉萨,惟称西历七月方到该处,此实为中国有意延迟之证据。鄙见以为大局已急,宜及早行事,故欲再向政府提及,使其留意也。

一千九百零三年二月十一号即光绪二十九年正月十四日英外部大臣蓝致驻俄英使公文:

俄使今日来署见我,与我谈论本月二号其参赞璞君留在本署函内所指之事,我告俄使,谓该函之词意离奇,且近于恫吓。查西藏为密迩印度之国,俄使函内所称俄政府因英在西藏行事,或须设法以保证在西藏之权利一节,尤不可解。我告俄使曰:俄国对于英国分内应行之事,屡次兴讼,自我观之,实属无谓。又曰:凡有关于英俄两国之事,俄欲向我询问,我必乐于奉告。但俄之言词,若无责备英国之形迹,则我之答复,更易于著手云云。俄使劝我于俄国此次函内之措词,不必介意太甚,该函不得视为正式公文,不过就俄使署所接之电文,载录其大概而已等语。我于是告俄使曰:俄政府所称得有可靠消息一节,业已查明,毫无根据。照内所载康巴阿华力克一处,亦经查明,无此地名。至于春丕,系一山谷,与印境毗连,为印藏往来常用之商道,哲孟雄与西藏交界之处,因立界柱,致生龃龉,我国出于无可奈何,派员前赴该处,要索藏人将界柱重立。俄使答曰:此项荒谬之谣言,系他人故意散布,欲令英俄两国不和,我两国须不遗余力,设法以弭之。我实不见有何等缘因,可令我两国因西藏之故而生出龃龉之事。俄国对于西藏,并无政治上之阴谋,鄙意以为英国亦无政治上之阴谋也云云。我答之曰:汝若问英国有霸占西藏土地之意否?我必能答曰:无之。至若笼统宣布我英国将来何以对待西藏一节,我之言论,即应出于谨慎,以免日后授人以诘责之柄。夫印度政府欲在西藏兴商务一节,系顺理成章之事。故凡有益于兴商务之策,莫不筹之云云。

一千九百零三年二月十八号即光绪二十九年正月二十一日英外部大臣侯爵蓝致驻俄英使公文:

今日面晤俄使，与之重谈本月十一号所论之西藏问题，我告俄使曰：前次谈论之后，业以此事向印度部询问，印政府于本月二号俄使署致英外部之公文，甚为诧异，谓印度在西藏之利益，系具有特别之性质云云。我复就中亚细亚之地图，指告俄使曰：拉萨甚近印度之北界。惟距俄国在亚洲之属地，其最近者，亦在一千米之外（每米合中国三尺三）。俄国若在英国属土毗连之国，有所举动，不能不令英国属土之人民生疑，以为英之权势日退，而俄之权势，则速进于向者所视为在俄国势力范围之外之地也。

我又告俄使曰：英之于西藏，其关系之密切，远过于俄。俄若在西藏有所举动，则英之举动，不特不让于俄之举动，抑且过之。俄若派兵进藏，英必效之，且所派之兵，其力必厚于俄之兵也。

我又告俄使曰：以目前而论，我英不过欲令西藏之官员，遵办光绪十六年约内所载之界务及商务两事而已。英国因见中国政府一则用延宕之手段，一则对于西藏只有微弱之权利，与之交涉，徒劳无益。而此项界务商务问题，又不得不急于解决以令我满意，故我不能不陆续自为筹策以达此目的也。

一千九百零三年四月八号即光绪二十九年三月十一日英外部大臣侯爵蓝致驻俄英使公文：

俄使今日告我曰：俄政府对于西藏，虽无所图，但西藏之局面，若大有更改，则不能缄默。盖西藏之局，一旦大有更改，则俄国或须设法以保全其在亚洲之权利。惟西藏虽有大更改，俄国仍然不干预藏事，因俄国无论如何，总以不干预藏事为政策也。但俄国或为势所逼，须在别处另筹对待之策耳！俄国注意于保全中国全国之土地，而视西藏为中国之一部分。俄国盼望英国对于西藏之所为，不致生出如此之问题云云。我答俄使曰：英国无占据西藏土地之意。但西藏与印度毗连，英与西藏定有约章，凡便于商务之事，我英应得享受。藏人若阻我享受此项权利，又不遵守约章，我英维持权利，系势所必然之事也云云。俄使然之。我又言于俄使曰：凡教化未开之国，与教化已开之属土毗连，教化已开之国，应得操执地方之上权若干。今英之对待西藏，亦应操执此项上权也。惟不能由此而疑英国之对待西藏居心叵测也。

以上各件，载于英国蓝皮书第一千九百二十号，俄国对于西藏之政策，即寓于此，于我国极有关系，故择译之。

一千九百零四年四月十九号英外部大臣致驻英俄使公文：

贵大臣今日与本大臣务谈之际，曾询问敝国政府是否因藏人抗拒英兵进藏一事，而改变其于去年十一月六号电告印度政府对待西藏之政策等语。查去年敝国政府于致电印度政府，饬令荣可朋带兵进藏时，决意不藉此举占据西藏，或干预西藏之事。又告以此次进兵，系专为使藏人遵守约章起见，此目的一旦达到，英兵即行退出。又告以不愿长留政治代表于西藏，至于要索便于商务之事，亦须不离乎该电所载之宗旨云云。本大臣现能告知贵大臣者，敝国政府今仍守此政策。惟敝国之办事如何，须视藏人之举动为转移。敝国不能任由将来事势之无论如何变迁而不改其政策也。但一日未有别国干预藏事，则敝国亦一日不欲吞并西藏，或为其保护主，或掌握其内政也。

一千九百零四年七月二十五号即光绪三十年六月十三日印度总督致印度部大臣电文：

鄙见以为此次之约，应作为英与藏订，由英之议约大臣荣可朋与达赖喇嘛签押。至于驻藏大臣，拟令其另签一约，申明光绪十六年所订之约，与光绪十九年所订之通商章程，及认可英与藏所订之约。此次《英藏条约》，可为光绪十六年中英条约之辅助，钧意如何？祈示复。

一千九百零四年七月二十六号即光绪三十年六月十四日印度部大臣致印度总督电文：

本月二十五号电悉，尊议《英藏条约》，由荣可朋与达赖或其代表人签押，令驻藏大臣另签一约一节，应准照办。

一千九百零四年八月六号即光绪三十六年六月二十五日印度总督致印度部大臣电文：

我军于八月三号（即光绪三十年六月二十二日），进驻拉萨，敌军并未再敢抗拒，百姓安静，达赖喇嘛逃亡距拉萨数米之某寺。驻藏大臣来拜荣可朋（即英之议约大臣），声言乐于助成和局，并以粮食馈送我军。彼已代我收集军粮二日，尚允陆续收集。廓尔喀国之代表人，亦派员拜会荣可朋，嗣又亲来拜会。拉萨之山谷，有二三米之宽，种植蕃盛，军粮甚足。

一千九百零四年八月十三号即光绪三十年七月初三日印度总督致印度部大臣电文：

敝处于昨日致电荣可朋云：军粮万一不敷用，致须强购时，汝可购至足用为度。但不得损伤寺庙之产业，不准稍有劫掠之事。

一千九百零四年八月三十号即光绪三十年七月二十日印度总督致印度部大臣电文：

敝处接荣可朋电云：我所索赔款，系每日五万卢比，自英军被攻之日起算（五月五号即光绪三十年三月二十日），但为数过巨，鄙意以为不宜坚索到底。但我若减轻赔款，或可在西藏之东境，添一商埠，此举政府以为然否？乞示复。赔款一事，有令我英大失民心之虞。我之对于此事，宜守退让主义，而以便于商务之事及矿物权利代之云云。查添开商埠，及要索矿权，系有违钧部八月五号来咨第八节之意。惟荣可朋既倡此议，应否从之，希示复。

一千九百零四年八月三十一号即光绪三十年七月二十一日印度部大臣致印度总督电文：

三十号电悉。英政府始终所欲者，系在得最大之利益而负最小之责任。以赔款论，所拟之数目太巨。鄙意以为若令藏人出一可观之数，其心已寒，而不敢再开罪于我矣。若以加增约载之权利代之，在目前似令藏人少吃亏，在日后或令我英有为难。盖难保藏人不再违背之，无异乎其违背光绪十九年所订之约章也。

至于添商埠，得矿权，自表面上言之，似乎有益，但自实际上言之，非切实保护开矿之人及贸易之人，与常通运道不为功。西藏政府对待我英之心，若仍前不改，吾恐多开一商埠，多得一矿权，必令西藏政府与印度政府多添龃龉之事，时时需劳中央政府之袒助及压力也。

同日印度部大臣致印度总督电文：

三十号电悉，荣可朋所拟减轻赔款添开商埠一节，其所指之商埠，是否为目前之大贸易总汇，希示复。

一千九百零四年九月二号即光绪三十年七月二十三日印度总督致印度部大臣电文：

钧部八月三十一号电谨悉。前拟向藏人要索在西藏东境开一商埠一事，此间已作罢论。但现在有机可趁而不之乘，恐后悔已晚耳！论该处贸易之大小，现时尚无所闻。

一千九百零四年九月五号光绪三十年七月二十六日印度部大臣致印度总督电文：

九月二号电悉，仰查阅本部八月三十一号电文，便知中央政府对于荣可朋之条陈，如何见解，若有机会可乘，兼之绝不勉强，而可在西藏之东境开一商埠，不妨为之。若于已开商埠之外，因添开商埠而令日后多事，及失去藏人之感情，则中央政府不愿为也。

一千九百零四年七月二十六号即光绪三十六年六月十四日印度部大臣致印度

总督电文：

除在江孜及噶大克两处开设商埠之外，须令西藏政府允许二事：(一) 如将来商务逐渐兴旺，其情形足可添开商埠，西藏政府须与我商议此事。(二) 西藏政府，不得在现在已通之各道路上，限制贸易。

一千九百零四年九月十号即光绪三十年八月初一日英国议约大臣致印度部大臣电文：

《英藏条约》于九月七号(即光绪三十年七月二十八日)在布达拉山签押，驻藏大臣亦在场，所盖之图章：一达赖之图章，由代理商上带盖。一为噶布伦之图章。一为三大寺之图章。一为僧俗大众公所之图章。至于驻藏大臣，一俟奉到北京之命令，即将附约签押，驻藏大臣谓附约所载各款，彼意并不抗阻云。当签约时，藏人和行于色。及签押毕，噶布伦等谓全藏之人，必遵守是约云。

一千九百零四年九月十二号即光绪三十年八月初三日印度总督致印度部大臣电文：

《英藏条约》于本月七号在布达拉山(达赖驻锡之处)签押，驻藏大臣在场目击其事，业经荣可朋直接报告均部在案。该约经中央政府核准后，加入下列之更改各节：(一) 约首原议，系用达赖名衔，现以代理商上及噶布伦三大寺并僧俗大众公所之名字代之。(二) 第五款首句，添入噶大克数字于江孜二字之下。(三) 第六款载明赔款英金五十万磅，合卢比七百五十万元，分七十五年缴清，每年应缴卢比十万元，首次缴期，系一千九百零六年正月一号。第十款原文，有由商定之二员画押字样，现删去二字，改为由商定之员画押。

约中所盖用者，为达赖之印，噶布伦之印，三大寺之印，及僧俗大众公所之印。赔款每年摊缴卢比十万元一节，系出于代理商上之所请，荣可朋虽不愿，惟为急于签押起见，故勉强从之，此系实情，故彼有恳请核准之意。鄙意以为该约既定，不宜更改，以缴款论，日后藏人如财力充裕，愿意多缴，亦不必限以每年十万。论数目，我中央政府若见藏人行为恭顺，谨守约章，亦可酌量减轻，而取偿于方便贸易之事，但目前似不必有所更改也。以附约论，驻藏大臣于藏约签押时，既肯到场，一俟奉到中国政府之许可，亦必肯将附约签押。现荣可朋定期九月二十号离开拉萨，倘届时附约仍未签押，驻藏大臣或能随同我军到江孜办理此事也。

一千九百零四年九月十三号即光绪三十年八月初四日印度部致印度总督电文：

九月十二号电悉，赔款之巨数，已显出为难情形，若与第七款并观，则为难之处尤甚(第七款言赔款清楚然后退兵)。势将令我占据春丕七十五年,此举本部七月二十六去电之训令,及中央政府对于退兵之宜宣布不符。以赔款言,按尊处八月三十来电所言,即荣可朋亦称数目太巨,现在能否告知藏人,照依尊处九月十二来电所拟办理,谓藏人如能遵守约章,及能推广方便于商务之事,我则将赔款减轻,而不致有碍于约章经已签押之一事乎!

一千九百零四年九月十四号即光绪三十年八月初五日印度总督致印度部大臣电文:

九月十三钧电谨悉,鄙意亦以免有长占春丕之形迹为宜,现已将钧部来电所拟各节熟商,有唐沙本洛者(人名未悉为谁),献议于藏人。谓此次赔款,尽可在新订条约所指之商埠,设立税关,由英人代征货税,以资挹注。藏人似有允许之意,此议经印度政府详慎熟商,现拟依照新订通商章程,在边界之处,令进出英藏货物,完纳实落之关税一次,如此则沿途各项不合理之征抽,或可尽免。现已电告荣可朋,谓印度政府以此议为然,惟未奉中央政府则令之前,不得作为定议,只宜询探藏人之意,愿否在西藏之东境,开一商埠,及准我派员测量敝处于九月三号去电所指之路途,并设立上文所言之税关,以酬报我之加恩减去赔款三分之一等语。藏人若愿依议,则减轻赔款之事,可于将来换约时,由印度总督办理。至藏人所允各事,亦可由印度总督开列附于藏约之后。此附件亦可声明藏人于赔款一事,每年或缴卢比十万元,或不止十万元,均听其便。至于缴款之年数多少,亦可不必声叙,如此则可以避开藏约所载久占春丕一节矣。

一千九百零四年九月十六号即光绪三十年八月初七日印度总督致印度部大臣电文:

钧部九月十三电称赔款之数目,即荣可朋亦以为太巨等因,钧部若查阅九月七号敝处去电,当知荣可朋已改前议,谓所定之数目,谅藏人之财力,足能交付云。

一千九百零四年九月十六号即光绪三十年八月初七日印度部大臣致印度总督电文:

九月十四号电悉,中央政府甚不愿所定赔款年限,有牵累后代藏人,而解脱此次肇乱之人,及肇祸之喇嘛寺之效果。中央政府更不愿此次之赔款,具有常贡之形式,是故最紧要者,系将赔款定为能于短速期内缴清之数。尊处所拟减轻赔款之法,可为引导中央政府更进一步之基础。中央政府现谕令将赔款由七百五十万元减至两百五十万元,可以关税做抵。按照约章,我之占据春丕,系或以赔款缴清之日,或以商埠开办三年著有成效之日为止。但此二事,无论何者居后,即以何者为退兵之期。倘现须变通办理，自宜订明我之占据春丕，应以办理关务三年，及开埠三年，著有成效，并于三年限内，统共缴过赔款五十万元之日为止。惟无论事情如何，我军不得因欲加添既得之权利而久留拉萨也。荣可朋若能恪遵此项训令，则可向藏商取尊电所拟权利之全数，或若干分，以为减轻赔款之酬报。

一千九百零四年九月十八号即光绪三十年八月初九日印度总督致印度部大臣电文：

钧部十六来电敬悉，赔款系应照敝处所拟，减至五百万元，抑系应照钧部之意，减至二百五十万元，祈示复。

一千九百零四年九月十八号即光绪三十年八月初九日印度总督致印度部大臣电文：

敝处现接荣可朋于九月十四号由拉萨来电，所云如下：中国外务部电饬驻藏大臣，勿签附约。

同日印度部大臣致印度总督电文：

九月十八号电悉，赔款应定为二百五十万元，以期速缴。

一千九百零四年九月二十三号即光绪三十年八月十四日印度总督致印度部大臣电文：

敝处于九月十四号电告荣可朋各节，现得荣可朋于九月十八号由拉萨复电，所云如下：

鄙意以为印度政府不以所定赔款之数为过巨，所定之赔款七百五十万元，分期七十五年摊缴，若与三年之内清缴者，比较其所值，则三年清缴者之半数，已等于七十五年分期摊缴者之全数矣。七百五十万之半数，约合三百六十万。查印多尔国(地在印度西北为英属土，荣可朋充该处之办事员)每年之进款，尚且倍于三百六十万元，况西藏乎！西藏除现银一项短绌外，其余无一项不远富于印多尔者。我向西藏取偿之款，若果在三百六十万元之下，则此次所用之兵费，须由印度人弥补其不足，我将何以对印度人乎？若果逼令西藏之人于三年之内缴足三百六十万元，难保我不永远留存一种知觉于藏人之心，谓英人过于苛刻，种界将由此而生矣。盖所赔之款，西藏政府不令富足之喇嘛寺供给，而勒令贫苦之百姓分摊也。我所定之七十五年摊缴期限，系出于西藏人之甘愿，至于钧电所拟之办法，亦曾托廓尔喀国及不丹国之人，商诸藏人，而藏人不肯乐从也。现藏人对于英人之感情，远胜于前，而于我所定之赔款办法，并无怨言。藏人于我派员由江孜测量至噶大克一事，亦已允从，且不特不抗阻，甚至委员陪护，我宜趁此时机以联络之。若再与之辩论，恐乐于了局之平和党，反为群议所乱也。鄙意以为此次所定之约，已减轻我英之责任不少，质诸麦多那君（英军统领之名），亦复意见相同。我即占据春丕，又得藏人之归心，则驻扎江孜及噶大克两商埠之英员与英商，可保平安。但退兵之后，万一藏人因怀恨于赔款期速之故，起而与我为难，则英员及英商所处之地位堪虞矣。我自信我之所为，已达负最小之责任，而得最大之权利之目的矣。我甚不愿目前有所更变，致令满意于现约之藏人又复心乱也。一切更变之事，尽可于重订通商章程之时为之。现我行期伊迩，在藏逗留，为时不多，中央政府所拟更变之事，如此重大，恐不能办成，惟有恳请从长计议而已。至于中国政府之对于藏约，直待事情进步至目前之地位，然后抗议，其所为系不合情理也。况且藏约未经签押之前，我曾将约稿送交驻藏大臣阅过，签约之时，驻藏大臣又复在场眼见其事，当时我与之以抄约一分，彼复自称不见有可抗议之处。

一千九百零四年十月三号即光绪三十年八月二十四日印度部大臣致印度总督电文：

荣可朋奉行中央政府之训令，以议藏约，统言之，能得中央政府之嘉许。但论赔款一事，则其所得之效果，直与中央政府之训令相背。按照中央政府对于此事之训令，赔款之多寡，应视藏人于三年之内，其力量能缴多寡为准。至于退占春丕之事，应于赔款缴清之日，及商埠开设三年之久，著有成效之日行之。但荣可朋因从藏人之条议，将赔款展长期限摊缴，视其对于最要之一事，有违背中央政府之训令矣。中央政府向来政策，系在于不干预西藏之内政，此次办理藏人因背约而生出之乱局，所获之效果，须与向来政策之意相符。自去年十一月六号以来，本部屡将此意报告尊处，中央政府将于赔款之问题，计画其事，最为透彻。本部曾于九月十六号电悉尊处，将赔款由七百五十万元减至二百五十万元，俟缴至五十万元，我军即当退出春丕。荣可朋果能恪遵中央政府之训令，则此节尽可办到。但现因荣可朋之离拉萨，以至失此时机，殊为可惜。惟中央政府不能因此而变易其方针，故此对于无论何项条议，有令英军占据春丕之时期，出于七月二十六号去电所指之期限之外者，一概拒而不纳。将来换约之时，务将此改正，以符中央政府之决议。至若藏人万一日后不肯按照摊期缴款，或出别项事端，致与条约有碍，届时自应另行筹画对待之策。但事情一日未到如此之地位，则代表员因不遵训令所制造成之局面，中央政府即不能辄予采纳也。

一千九百零四年十月二十三号即光绪三十年九月十五日印度总督致印度部大臣电文：

敝处据驻扎江孜之商务委员报告，该处之西藏商务委员对于开埠之事，极表厚谊，并称愿由西藏政府出费，代我在于由江孜至帕克里之通道上，建设邮舍云云。惟我国业经按照光绪十九年条约第二款，在沿途建筑站舍，可作邮舍及商旅宿舍之用，勿须再由藏人代设。但藏人与我如此切实交好，足证荣可朋立约之大效，目前藏人之对于我，凡事均极心满意足。

一千九百零四年十一月七号即光绪三十年十月初一日印度部致印度总督电文：

十月六号尊函，及十月二十一号尊电，均悉。减轻赔款一事，尊处拟于换约时，向藏人声明，所拟定之声明格式，经本部核准，惟须叙明英兵驻扎春丕，须俟商埠切实开设三年而后退出，庶能使藏人遵守商埠章程，至于藏人允许立约，允许驻扎江孜之英国商务委员往来拉萨一节，业经中央政府批驳。鄙意以为应由尊处告知藏人，略谓我虽不以此事载入约章为急务，然甚感藏人允愿立约之美意云云。中央政府对于拟立之约，视为可有可无之事，且视为与其始终之宗旨不符。

一千九百零四年十一月十一号即光绪三十年十月初五日印度总督致印度部大臣电文：

十一月七号钧电谨悉，我已换约，一如中央政府之命办理，并如钧部所议，致函于拉萨之官吏，以敦睦谊矣。

一千九百零四年十一月十一号即光绪三十年十月初五日英外务部大臣致驻扎北京英使电文：

为西藏附约事，希告知中国政府，谓我国中央政府，现已决意派印度总督在印京与中国开议附约之事。

印度总督所签押之减款声明书作为《英藏条约》之附件（一千九百零四年十一月十一号即光绪三十年十月初五日在印京签押）。

光绪三十年七月二十八日，即西历一千九百零四年九月七号，英国所派之代表员荣可朋与西藏之代表噶尔丹寺长罗生戛尔曾，暨噶布伦，并色拉、别蚌、噶尔丹三大寺之呼图克图，及西藏民教诸首领所立之《英藏条约》，现经印度总督批准互换，并惠允饬将该约第六款西藏应赔补英国入藏兵费，由原定之七百五十万卢比减为二百五十万卢比。又复声明，该约所定之赔款，初缴三年三期之后，英国所派占守春丕之兵，可以撤退。惟该约第二款所立商埠，西藏须按照第七款开妥三年，并须按照约内各节，一一认真遵办（印度总督唵土尔签押）。

上列之声明书系于一千九百零四年十一月十一号由印度总督当堂签押（印度

交涉司费礼夏签押)。

印度交涉司致西藏代理商上噶勒丹池巴公文(光绪三十年十月初九日):

英藏两国代表员于一千九百零四年九月七号会同订定之《英藏条约》,业由印度总督批准互换,印度政府现饬本交涉司将此事告知贵代理商上。本交涉司现寄送声明书一件,并配送藏字译文一件,系经印度总督当堂签押,作为《英藏条约》之附件,所言如下:一千九百零四年九月七号,英国所派之代表员荣可朋,与西藏之代表噶尔丹寺长罗生戛尔曾,即噶布伦,并色拉、别蚌、噶尔丹三大寺之呼图克图,及西藏民教诸首领所立之《英藏条约》,现经印度总督批准互换,并惠允饬将该约第六款西藏应赔补英国入藏兵费,由原定之七百五十万卢比减为二百五十万卢比。又复声明该约所定之赔款,初缴三年三期之后,英国所派占守春丕之兵,可以撤退。惟该约第二款所立商埠,西藏须按照第七款开妥三年,并须按照约内各节,一一认真遵办等语。印度政府之所以如此优待西藏,而将西藏应赔之款,减为二百五十万,及其所以如此通融,将春丕让还西藏者,因见自从《英藏条约》签押以来,藏人之对于英国,其举动均属平和及合宜故也。印度政府之施此厚惠于西藏,系为盼望藏人之感英国之慷慨,又为印度与西藏为邻,两国之利益,无分彼此,甚愿两国永远和好故也。查前者进藏议约之大臣荣可朋君,亦具此心,谅贵代理商上尚能记忆也。现该大臣因见西藏之人,嘉感其对待之慈和,又见西藏之人,实心遵守所定之约章,心甚悦服也。本交涉司尚有一言奉告,查本年九月间英国之议约大臣,曾与西藏之代表员签押声明书一件,订明驻扎江孜之英国商务委员,若因事前往拉萨,西藏政府准其前往等语,现印度总督虽深感西藏政府此番美意,但以为其事不必列入约章也。

以上各件,载于英国蓝皮书第二千三百七十号,英国对于西藏之政策,即寓于此,于我国及有关系,故择译之。

1910年10月27日,7卷9号

西藏宗教源流考(未完)

祥符张其勤慎庵氏来稿

张君于丙午入藏,三阅寒暑。于藏中之政教历史,博考周谘,征要典于档案,稽异同于蕃书,所纂辑甚宏富,《宗教源流考》其一种也,爰绍介之于当世。记者志。

自古未开化之国,必有种种神权以震耀于一世。盖人民智识未开,迷信遂甚。

犹扁舟之入大海，神经错乱，几无一定方针。见有人创为宗教，则炫其神奇，争先恐后膜拜不遑。故无论何地皆有宗教，亦皆有造宗教之人。如谟罕默德之于回教，摩西之于基督教，释迦牟尼之于佛教皆是。今所急欲研究者则在佛教。盖佛教与西藏有密切之关系。外人固欲利用之以施其政策者也。夫西藏之佛教起点于印度，而推行于蒙古。当其极盛时代，教权所至之地，即政权所至之地。故至今达赖喇嘛犹能掌办商上（按：商上译言公所，凡有重要问题则由达赖传集色拉、布赉绷、噶勒丹三大寺僧众及僧俗各番官议决之）事务。一切政治仍不出佛教徒势力范围之外。今欲谋西藏行政之改良，顾可不于宗教加之意乎？夫佛教事迹，藏中沙迦吐巴佛所纂经典记载甚详。兹取其大意，并参考各籍，以为言西藏政教者之一助。

先是，西方太古时代有桑结朵佛者，即观世音菩萨化身，存心济世，转生为帕尔仔巴佛。共转一千零二次，广宣经义，救济众生。继此有模巴佛慈航普渡。所结善缘难以缕述。嗣后又有净光王（按：净光王普曜经作净饭王）古佛，生于西方极乐世界。其眼光化为帕模卓玛（即释迦牟尼之转音）佛，悯念群生苦海无边之孽，下泪叹息，心生慈悲。旋有朗娃迦叶长寿古佛，又现身帕模卓玛佛眼光中，传授上乘真法（按：《周书・异记》云：世尊至多子塔前，命摩诃迦叶坐告曰：吾以正法眼藏密付于汝。又《传灯录》云：初祖达摩为二祖慧可易名以如来，正法眼付之。此言眼光所化，盖亦授受之寓言也），俾拯堕入苦海之人，共跻西方极乐之域。慈悲广大，无岸无边。随又化为千首千眼佛，救解亿万生灵苦恼。从此递推递衍，其详列下：

第一辈　帕模卓玛佛，即释迦牟尼佛。

第二辈　朗娃迦叶长寿佛。在甲噶尔释迦佛诞生之地出世。随在释迦佛前出家受戒（按：《传灯录》云：西天第一祖迦叶，释迦牟尼佛大弟子也）。

第三辈　塞娃，在甲噶尔释迦佛诞生地方转世。

第四辈　恰巴王，在甲噶尔沃相地方转世。遗弃国务，赴萨木丹山顶修练。

第五辈　恰摆，系甲噶尔羊八尖王子。与邪教讲经斗法，胜之。

第六辈　拉纪王，系甲噶尔娃热纳斯王子。随即出家受戒，振兴佛教。

第七辈　工却拌王，系甲噶尔南方毕打国王子。亲至莲花祖师传道处与诸佛祖会晤讲经，预宣将来西方达赖喇嘛历辈出世缘由。

第八辈　迭巴鼎布王，系甲噶尔拌噶纳地方撒伙王子。特至妖魅之地说法，化其凶性，降服妖王狼噶阵。

第九辈　摆噶王，系甲噶尔南方康打王子。遗弃国务，前赴仙山学经习道。

第十辈　迭巴饶堵丹布，系东方拌噶纳王子。毁灭邪教，传兴佛法。

第十一辈　洛坠批，系贾坝王子。镇压极恶妖魅。

第十二辈　葛珍，在甲噶尔热纳斯地方某世家转世。弃家学道，与该国王、百姓等传授佛法。

第十三辈　格捻争巴，在甲噶尔热纳斯地方某世家转世。承受大乘法。

第十四辈　摆巴，在甲噶尔东方帐结世家转世。

第十五辈　达瓦，在甲噶尔曼格达隐逸之家转世。

第十六辈　仁青宜补，在甲噶尔帐垫地方某世家转世。传授大戒。

第十七辈　摆玛，在甲噶尔帐垫地方转世。

第十八辈　沃色，在甲噶尔羊八尖地方转世。与净光王佛化身格隆会晤，传经受戒，振兴佛法。

第十九辈　滚纳降巴，在甲噶尔羊八尖地方某世家转世。能以佛法化恶戾之人，皆有慈心。

第二十辈　孙格札王，系甲噶尔簪却仲地方王子，年甫一龄，即如七岁之躯。幼年即掌国务，降服妖王。

第二十一辈　迭却王，系甲噶尔夺脚地方王子。

第二十二辈　那夷王，系甲噶尔叶蒙纳岭王子。预言将来转生西藏，以兴佛教。

第二十三辈　根登批，在甲噶尔曼葛达世家转世。初生即言将我袈裟取来，传经受戒。自割身肉以饲饥狼。

第二十四辈　颇仁热杂，在甲噶尔娃热纳斯地方转世。

第二十五辈　格斯，系甲[噶]尔娃热[纳]斯地方王子。

第二十六辈　慧突，在甲噶尔娃热纳斯地方转世。

第二十七辈　苠巴，在甲噶尔深林中转世。时赴各处演说因果。

第二十八辈　吉沃，在麻纳地方转世。修建妙灵寺庙。

第二十九辈　帐色仁青，在甲噶尔地方转世。已虽贵体，然遇极贱生灵皆视为平等。

第三十辈　萨木丹桑布，在甲噶尔地方转世。以德报怨，常存慈悲之心。

第三十一辈　度杍捻揽，在甲噶尔斯娃猜地方转世。纂集修练之法。

第三十二辈　岭昌王，系甲噶尔岭昌王子。

第三十三辈　索隆滚都，转生甲噶尔某巨商家为禽。某商外出，此禽导引诸生，广行善事（按：相传索隆滚都与邪教斗不胜，被邪教将其灵魂咒移禽体。后经高僧超度,始得复转人身)。

第三十四辈　贾苨王,系甲噶尔迭垫王子。该处有象,落井而死。日久秽气四溢,触动神怒,降罚瘟疫,用佛法祓除其厄。

第三十五辈　租纳正王,系甲噶尔东方拌葛纳撒伙王子。与莲花祖师化身萨迦佛会晤讲经。

第三十六辈　格娃摆王,系甲噶尔撒伙尔王子。预示观世音菩萨并众多佛祖当往西藏降生,以兴黄教。

第三十七辈　聂直簪布,系甲噶尔霞巴王子。由印度甲噶尔迁居西藏簪汤棍地方,随有材能士十二人,迎立为藏王。是为佛教入藏之始。

第三十八辈　依学勒,系西藏王子。初制耕具,并修理沟洫桥梁,以利民用。

第三十九辈　德杍朗顷,系西藏王子。继立为王,能承祖父之业。番民爱戴。

第四十辈　第结王,系西藏王子。将凶魅之黑教尽行驱灭,全藏底定,百姓均获安平。

第四十一辈　札绷簪,系西藏王子。创造各项器具,并演说佛法,导人为善。佛教渐兴。

第四十二辈　拉拖徒热,系西藏王子。年至八十岁时,忽由天堕下水晶佛塔,及夺迭桑布经邦工恰甲经,并闻空中语云:此项经义,俟五辈时自有人知其详细。于是西藏始传佛经。

第四十三辈　赞普弃宗弄赞(按:弃宗弄赞,藏经中作松簪干布,《卫藏通志》作曲结松簪喝[干]木布。赞普,系西藏王号,犹单于可汗之类),系西藏王子。初生时顶上时现有朗娃佛像。及长,移居噶勒丹寺汪古热山。其容貌与庙塑之观世音菩萨无异。藏中僧俗随公同前往山顶坐静处迎归,立为藏王。修明政教,地广兵强,四邻畏之。于是始遣使通中国贡方物。时唐太宗文武皇帝贞观八年冬十月也。十五年正月,上表请婚于唐,未许。帅兵二十万寇唐松州(按:松州,即今松潘厅地)。与唐侯君集战,败绩。惧,遣使谢罪,复请婚。太宗许以文成公主下嫁。明年赞普遣大论(大论官名,即今喝[噶]布伦也)禄东赞献黄金、珍宝为聘。太宗命江夏王道宗持节送之。公主至藏,恶国人皆以赭涂面。赞普为之革其俗。为公主建伊克招庙,供唐所赐之释迦牟尼于其中,即今所谓大招是也。又有小招者,赞普为先娶之巴勒布国王女建,即供王女带来之墨居多尔济佛。当时呼为巴汉招庙(按:小招或谓亦系唐公主建。公主悲思中国,故东向其门)。赞普既通中国,慕中国文教之盛,遣子弟入国学,读诗书,并饬大臣吐密前赴甲噶尔采取经文,以造番字。又手自编定刑律。亲督热松贡布诸佛祖，创建布达拉、颇绷卡顿，及杨顿足洛各庙宇（按：《卫藏通志》云：唐公主同巴勒布王女，因藏王座静，恐有外侮，遂修布达拉官寨。城垣上挂刀枪，以严防御。后因藏王莽松作乱，毁于兵）。是时赞普之地，东接凉、松、茂、崔等州，南邻天竺，西并龟兹、疏勒等四镇，北抵突厥。地方万余里，胜兵数十万。西藏之强，于斯为极。后赞普及二妃同日化去。今大招中犹塑有遗像。

第四十四辈　度松麻吉，系西藏王子。派人前赴内地，采办茶叶瓷器等物，并定立规则。

第四十五辈　耻松迭簪，系西藏王子。建桑叶寺，并附近小庙三十余座。选派聪颖子弟肄习甲噶尔语言文字，由甲噶尔迎请大堪布多人，翻译经卷。每年度喇嘛极多。此为红教最盛时代。

第四十六辈　俺达直热，系西藏王子。从甲噶尔地方迎请翻经洛藏娃（按：洛藏娃，藏中翻译之官也，今犹有是职）数人至藏，将前辈所请经卷核对明确。定喇嘛一名准役番民七户之例。创修沃相地方庙宇。

第四十七辈　卡青娃零，在卡曲地方转世。新纂禅经多卷。时俺达直热子持苏陇德灿嗣为王，即赞普弃宗弄赞元孙也。迎娶唐肃宗女金城公主。延中印度堪布博迪萨都及巴特玛至藏。广建法轮，制伏妖魅。创修巴玛哈噶拉等处大寺。选土伯特童子学习印度语言文字，翻译各秘咒。

第四十八辈　班柱，即仲登甲娃，在堆咙地方转世。创建哷征寺院。

第四十九辈　掌教滚噶宜补，在萨迦地方转世。新纂《萨迦佛源流》。

第五十辈　宇札巴，在擦竹地方转世。建修贡汤寺院。规定管束僧众条例。

第五十一辈　扬宜沃色，在洛札丹许地方转世。

第五十二辈　谷茹典注，在纳牙地方转世。

第五十三辈　汪布簪迭，在洛敏汤地方转世。讲经传教，信从颇众。

第五十四辈　汪布迭簪，在昂热地方转世。元太祖蒙古青吉斯汗致书遥申皈礼。

第五十五辈　帕巴洛坠坚参（《元史·释老传》作八思巴，《蒙古源流考》作帕克巴剌密特），在萨迦地方出世。元世祖蒙古忽必烈汗，迎至京师，封为帝师大宝法王，颁给印信白塔，令领康藏等处地方。

第五十六辈　卓棍桑结，在康汤许地方转世。创修类乌齐寺院。

第五十七辈　牙桑巴，在簪汤地方转世。

第五十八辈　松登夷喜，在聂木地方转世。

第五十九辈　拉纪格娃，在降里地方转世。

第六十辈　白玛白赞，在阳布地方转世。

第六十一辈　萨迦洛坠，在萨迦地方转世。为萨迦掌教。

第六十二辈　霞陆仁青齐饶，在霞陆古相地方转世。

以上为佛氏设教之缘起。然皆红教，非黄教也。

1911 年 3 月 25 日，8 卷 1 号

改川边之德格、春科、高日三土司归流设道府州县(中国大事记)

……先是德格土司献地输诚。春科土司故绝无可承袭。高日土司，情愿辞职。经督办川滇边务大臣赵尔丰奏准改设流官，至是四川总督赵尔巽及赵尔丰会奏。拟于德格、春科、高日交界之登科地方，设知府一，曰登科府。于德格适中之龚垭，设知州一，曰德化州。于德化之北与俄洛及西宁毗连之杂渠卡，设知县一，曰石渠县。于德化之南与巴塘相连之白玉，设知州一，曰白玉州。德化之西与乍了[丫]及察木多连界之洞普，设知县一，曰同普县。德化之东，与麻书、孔撒土司连界之处，暂归德化州管理。两州两县皆隶于登科府，并于登科府治，设分巡兼兵备道一，曰边北道，以资督率，归边务大臣统辖。经会议政务处议覆奏请准行，奉旨依议。

1911 年 4 月 23 日，8 卷 2 号

改设川边之巴安、康定二府及厅县并设康安道(中国大事记)

……先是，四川总督赵尔巽、驻藏大臣赵尔丰会筹边务，以自巴里两塘及乡城、稻坝、盐井、中渡等处改土归流后，所有应兴应革诸务，几与内治同一殷繁，遴员分理，政权散漫。拟改巴塘为巴安府，打箭炉为康定府，里塘为里化厅，三坝为三坝厅，盐井为盐井县，中渡为河口县，乡城为定乡县，稻坝为稻成县。设兵备兼分巡道一，曰炉安道，驻巴安府，辖新设各府厅，并加按察使衔。以里化、河口、稻成隶康定府，以三坝、盐井、定乡隶巴安府。里化厅设同知，三坝厅设通判，并添设贡噶岭县丞一，各缺均由边务大臣奏补。惟康定府会同四川总督遴补。并以打箭炉厅为川

藏枢纽，拟将打箭炉以外属地，悉归边务大臣管辖，以一事权。经会议政务处议请，准如所奏。惟以打箭炉为古康地，打箭炉厅，既改康定府，而道缺不宜仍称炉安，定名为康安道，改加提法使衔，覆奏，奉旨依议。

1911年4月23日，8卷2号

裁撤驻藏帮办大臣改设左右参赞（中国大事记）

……驻藏大臣联豫奏。驻藏大臣之设，始于康熙四十八年，雍正时派大臣正副二人，分驻前、后藏，是为增设帮办大臣之始。事平，遂沿为定制，每季一人出巡，一人驻守。元年二月，奉旨电询，帮办大臣是否宜照旧案分驻后藏，经臣电请仍驻前藏，添设参赞一员，驻扎后藏，管理三埠事宜。惟现值朝廷厘定官制，责任必专，权限必明，督抚同城，皆荷裁并。况藏地规模较简，所驻大臣两员，政见一有参差，治理即多窒碍。现在驻藏帮办大臣一缺，尚未简放，拟恳即予裁撤。请于前藏添设参赞一员，以前藏参赞，作为驻藏左参赞，秉承办事大臣，总监督三埠商务，由政务处会议奏请照准，奉旨依议。

1911年4月23日，8卷2号

西藏宗教源流考（续第八卷第一号）

张其勤

黄教创自宗喀巴。宗喀巴者，西宁人也。一名罗卜藏札克巴，生于明永乐十五年，得道西藏之噶勒丹寺，成化十四年示寂。初，明太祖以西番地旷人悍，欲杀其势而分其力。故元代法王国师后人来朝贡者，辄因其故俗许世袭。永乐初，成祖则兼崇其教。闻西僧哈立麻有道术，遣使迎至京师，为高帝后荐福，封大宝法王西天大善自在佛。其徒三人皆封国师。其后又封大乘、大慈二法王，礼之亚于大宝。于是其徒争来朝贡，辐辏京师。所封有阐化、阐教、辅教、护教、赞善五王。又授西天佛子者二，灌顶大国师者九，灌顶国师者十有八。法王等死，其徒辄自相承袭。岁一朝贡，略与土司等。所衣袈裟皆红色，本印度旧式也。其后红教，专持密咒，流弊至以吞刀吐火炫俗，无异师巫，尽失戒定慧宗旨（《楞严经》云：摄心为戒，因戒生定，因定发慧。又按《传灯录》云：无忆名戒，无念名定，无妄名慧）。宗喀巴初习红教。既深观时数，当改立教，即会众黄其衣冠。遗嘱二大弟子，世以呼毕勒罕转生，演大乘教。呼毕勒罕者，华言化身也。二弟子一曰达赖喇嘛，一曰班禅喇嘛。喇嘛者，华言无上也，皆死而不失其真，自知所往生。其弟子辄迎而立之。常在轮回，本性不昧。故达赖、班禅，易世互相为师。其教皆重见性度生，斥声闻小乘及幻术下乘。当明中叶，已远出红教上。未尝受封于中国。中国亦莫之详也。自我朝兴东土，达赖班禅各遣使，绕塞外数万里，以崇德七年抵盛京。奉表贡方物，并献卦验，知必当一统。自此朝贡不绝，世受封号。而青海顾实汗者，是时亦以兵力尽逐红帽、花帽诸法王，以藏地分居达赖、班禅。于是黄教遍两藏，而红教益微矣。

达赖喇嘛第一辈根登珠巴，即罗伦嘉穆错，于辛未年在后藏霞堆地方出世。十五岁时，拉荡大堪布札巴喜饶传授小戒。二十岁时传授大戒。亲至前藏，经宗喀巴佛收为大弟子，授以班垫神母各经。寻回后藏，创修札什伦布大寺。年八十四岁，在札什伦布圆寂。

第二辈根登嘉穆错，在后藏扎朗地方转世。初生即能诵卓玛佛经。十一岁，由班禅隆热嘉穆错传授小戒。二十岁，由捻宜曲济喇嘛传授大戒。亲纂宗喀巴佛及佛母赞颂。按照经典，修建琼科尔结，新开拉莫神海。在布达拉、色拉、札什伦布各大寺登讲经之座。亲至前藏，攒集大招。年六十七岁，在布赉绷干垫颇章寺内圆寂。

第三辈销朗嘉穆错，在前藏堆咙地方转世。初生即朗诵俺麻呢摆密哄六字心咒，能识前辈所用之人。由仁青四朗札巴喇嘛传授小戒。由噶勒丹池巴格勒摆桑传授大戒。登布赉绷、色拉各寺讲经之座。初，明武宗闻西藏有活佛，遣中使刘允以兵往迎。至是出炉关，番人阻之不听前。将士欲威以兵，为所败，遁还(《通鉴》载:刘允自成都行两月至其地。查由成都至前藏约需三月余程，决非两月能至。盖刘允甫出炉关，即被番众袭败。而回朝复命，则不得不言抵藏。后人据以作史，遂致相沿俱误也)。是时黄教尚未行于蒙古。阿勒坦汗者，即顺义王俺答，元太祖十七世孙也。兼并诸部，侵掠中国，又用兵土伯特之地，收服阿木多、喀木、康等部落。于诸蒙古为尤强。年老厌兵，纳其侄鄂尔多斯部博硕克图济农谏，遣使往迎达赖。达赖静坐微笑曰:阿勒坦汗，前世已结善缘。我今必往。于是阿勒坦汗于青海察卜齐勒雅地方，为达赖修造庙宇。初遣八百人往迎，次遣千人往迎，再遣三千人往迎，四次汗自领万人迎于察布哈勒庙。每次献币帛、诸宝、驼马无算。达赖为各言其前世三生善缘。于是诸台吉奏言:今屡世战斗之余，值圣喇嘛与大力汗相遇。伏愿自今将涌血之大江，变为溢乳之静海。普遍众生，无有穷极。是时汉番土伯特蒙古等十万余人，无不赞叹。从前蒙古人死，多宰驼马殉葬为行粮。自此改按八节持戒诵经。每月治斋三日，禁杀牲、渔猎，创立十善福政。众蒙古共尊以圣识一切瓦尔齐达赖喇嘛之号。达赖亦赠汗台吉等以经教护法之号。阿勒坦汗许于归化城立庙，以八宝庄严佛像。博硕克图汗，许将一百八函甘珠尔经用宝石金银装修。达赖亦许于尼济木搭拉地造弥勒佛像，又收服雷击喇嘛之术士引入菩提。皆明穆宗隆庆年间事也。是时黄教化行蒙古诸部，而藏中复新建里塘寺、古绷降巴岭寺、俺夺降巴岭寺、琼科尔结仑珠格采寺。于是红教中大宝、大乘诸法王，亦皆俯首称弟子，改从黄教。东西数万里，熬茶膜拜，视若天神。诸番王徒拥虚位，不能复施其号令。及阿勒坦汗与撤辰洪台吉相继没，各部落复迎至鄂尔多斯地，坐禅三月。先是阿勒坦劝达赖通中国。至是达赖乃遗明大学士张居正书，自称释迦牟尼比邱，后又至土默特之地，焚化阿勒坦汗骨殖，往各部落宣讲经教。明神宗遣使赍册印往迎。察哈尔图们汗亦敦请往宣教法。达赖曰：二大国汗之请非为己身，实为众生。扶持佛教，欲往之心非不甚切，但凡物之生，有始必有终。今将他往以施利济。遂在卡欧吐密地方对使者入定坐化，年四十七。时戊子岁三月二十六日也。

第四辈荣丹嘉穆错，转世为蒙古图古隆汗之子。年十四岁，土伯特遣使迎护回藏。由噶勒丹池巴桑结仁授传授小戒。又由班禅罗布藏曲坚传授大戒。登布赉绷、色拉、噶勒丹讲经之座，以佛法役使鬼神。将违背黄教之人，止其恶念，石上留有手足迹以示灵异。年二十八，在色拉寺圆寂。

第五辈阿旺布藏嘉穆错，于丁巳年在琼结地方转世。班禅罗布藏曲坚知之，告以五岁前请至庙内则于寿命有损。至六岁，令弟子往迎。孺子即起坐问讯，与班禅论经卷奥义。环听者无不惊奇。即迎至布赉绷庙，落发授以经典，了无滞碍。班禅云：今世德业必造其极矣。遂为之传授大小戒。登布赉绷、色拉寺讲经之座。初唐古特有四部：东曰喀木康、曰青海，西曰藏、曰卫。厄鲁特部和硕特汗者，名图鲁拜琥。元太祖弟哈布图哈萨尔十九世孙也。后兼并唐古特四部，改号顾实汗。顾实汗以青海地广，令子孙游牧。而喀木康输其赋，卫地则第巴奉达赖居之，藏地则藏巴汗居之。第巴桑结与藏巴汗不相能，谓其虐部众，毁黄教，乞师于顾实汗翦灭之。顾实汗遂以藏地居班禅，留长子鄂齐尔汗辖其众，次子达赉巴图尔台吉佐之。皆我崇德四年事也。先是天聪年间，大兵取明之东省。天现明星祥瑞。顾实汗曰：此星系大力汗之威力星。由是观之，非常人也。于是遐迩蒙古，共尊太宗文皇帝为和尔摩期达额尔德穆图博克达彻辰汗。顾实汗因致书达赖、班禅、藏巴汗，约共遣使朝贡。于崇德七年冬十月己亥抵盛京。太宗文皇帝接见于马馆。达赖使者伊喇固克散胡图克图等，以黄氆氇书进内，称曼殊师利大皇帝。曼殊者，华言妙吉祥也。今汉字作满洲。盖因洲字义近地名，假借用之，遂相沿耳。太宗文皇帝受书毕，与喇嘛握手相见，赐坐赐茶。喇嘛等各献方物，酌纳之。八年四月，遣使存问达赖、班禅，称为金刚大士，并寄密谕，言将往取大明汗之都城。俟世事理竣，再迎博克达二喇嘛相见。明年，即顺治元年，世祖章皇帝定鼎燕京，混一宇内，遣使往迎达赖。四年三月，达赖、班禅各遣使表颂功德献方物。五年五月，遣喇嘛席喇布格隆等赍书存问达赖，并敦请之。达赖覆书，许于辰年朝觐。九年十月，达赖抵代噶。命和硕承泽亲王硕塞等往迎。十二月，达赖至。谒世祖章皇帝于南苑。赐坐赐宴。达赖进马匹方物，并纳之。十年二月，达赖辞归。世祖章皇帝御太和殿赐宴，及金银、缎匹、珠玉、鞍马。命承泽亲王硕塞，偕贝子顾尔玛洪吴达海率八旗官兵送至代噶。命叔和硕礼亲王济尔哈朗，礼部尚书觉罗朗球，饯于清河。是年四月，命礼部尚书觉罗朗球，理藩院侍郎席达礼，赍金册、金印前赴代噶，封达赖为西天大善自在佛所领天下释教普通瓦赤喇怛喇达赖喇嘛。达赖归，益兴黄教。重建布达拉及前藏各寺院六十二处，又创修喀木康等处庙宇三千零七十处。是时顾实汗先卒，达赖又已老，国事悉决之第巴桑结。吴三桂王云南，岁遣人至藏熬茶。康熙十三年，三桂反，诏青海蒙古兵由松潘入川。桑结使达赖上书尼之，且代三桂乞降。及大兵围吴世璠于云南，世璠割中甸、维西二地，乞援于西藏。其书为我军所获。朝廷不之问也。康熙二十一年壬戌，在布达拉寺圆寂，年六十二岁。

第六辈罗布藏仁青策养嘉穆错，于康熙二十二年在扪地松度地方转世。生而能言，尝诵密仔玛经。由班禅罗布藏伊喜传授小戒。先是五辈达赖圆寂，第巴桑结以议立新达赖，故与拉藏汗交恶。拉藏汗者，青海顾实汗之孙也。嗣达赉巴图尔台吉，镇后藏地。桑结既以已意立罗布藏仁青策养嘉穆错为第六辈达赖，乃秘不发丧，伪言五辈达赖入定，居高阁不见人。凡事传达赖命行之，并假托达赖入贡，言已年迈，国事决第巴，乞赐之封爵。诏封桑结为土伯特国王。于是益横，既祖准噶尔以残喀尔喀蒙古，又唆噶尔丹以斗中国。圣祖仁皇帝谓达赖存必无是事，乃赐桑结书诘责之。桑结皇恐，密奏言达赖实已示寂。前恐唐古特民人生变，故未发丧。并封进达赖临终尸盐拌像。至是桑结以拉藏汗终为已害，谋毒之。未遂，欲以兵逐之。拉藏汗集众讨诛桑结。诏封为翊法恭顺拉藏汗。拉藏汗因奏废桑结所立六辈达赖。诏送京师。行至青海圆寂，年二十五。时康熙四十六年丁亥也。

第七辈罗布藏噶尔桑嘉穆错，于康熙四十七年在里塘地方转世。生有异表，右臂纹如莲花，左手纹如法轮。七岁时与众喇嘛谈经，喇嘛均莫能难，盖有夙慧也。五十三年，蒙古诸台吉等遣兵，取道德格地方，迎至青海坐床。初拉藏汗既奏废罗布藏仁青策养嘉穆错，别立博克达山之伊西嘉穆错为六辈达赖。青海诸蒙古以为赝，不之信，与藏中所奏互相是非。圣祖仁皇帝恐其构衅，诏罗布藏噶尔桑嘉穆错暂居西宁红山寺，旋移塔尔寺。命侍郎赫寿驻藏办事。寻赫寿会同拉藏汗等奏伊西嘉穆错谙习经典为众所服，请赐册印。诏许之。时噶尔丹已败死，兄子策妄阿喇布坦据有准噶尔全部。策妄阿喇布坦娶拉藏姊而赘其子丹衷于伊犁，不令归。拉藏耄而嗜酒，恃亲疏防。五十五年十月，策妄阿喇布坦遣台吉大策零敦多布，以送丹衷夫妇为名，领精兵六千徒步绕戈壁，南逾和阗大雪山，直趋西藏腾格里海。败唐古特兵，围布达拉，执杀拉藏汗，虏其妻子。搜各庙重器送伊犁，禁新达赖于札克布里庙。西安将军额伦特，以军数千赴援。至喀喇河，遇伏败殁。五十七年，命皇十四子允禵为抚远大将军，屯青海之木鲁乌苏，治军饷。平逆将军延信出青海，定西将军噶尔弼出四川，分两路捣藏。是时唐古特亦知青海达赖之真，藏中旧立者之伪。合词请于朝，乞拥置禅榻。诏许给册印。于是蒙古汗王贝勒、台吉各率所部，随大兵扈从达赖入藏。策零敦多布由中路自拒青海军，而分遣其宰桑以兵三千六百拒南路。将军噶尔弼招抚里塘、巴塘番众进至察木多，夺洛隆宗嘉玉桥之险。旋奉大将军檄，俟期并进。噶尔弼恐期久粮匮，用副将岳钟琪以番攻番计，招土司为前驱。集皮船渡河，径捣拉萨，降番兵七千。分兵塞险，厄贼饷道。而青海军亦三败其中途劫营之贼，斩俘千计。厄鲁特进退受敌，遂大溃，不敢归藏，由旧路北窜。崎岖冻馁，得还伊犁者不及半。五十九年九月十五日，达赖至布达拉坐床，诏加封宏法觉众达赖喇嘛，赐金册印。取拉藏所立之博克达山喇嘛归京师，尽诛厄鲁特喇嘛之助逆者，留蒙古、川、滇兵四千，命公策旺诺尔布总统戍藏，额驸阿宝、都统武格参赞军务。封拉藏遗臣第巴、康济鼐、阿尔布巴贝子，隆布奈辅国公，与札尔鼐均为噶隆，总理前藏事务。授颇罗鼐台吉，镇守后藏。雍正元年世宗宪皇帝命撤驻藏防兵，设戍于察木多。五年七月，阿尔布巴、隆布奈、札尔鼐，忌贝子康济鼐之权，聚兵害之，欲投准噶尔。诏吏部尚书查郎阿率川、陕、滇兵万有五千进讨。未至而台吉颇罗鼐率后藏及阿里兵九千截贼去路，禽首逆。诏磔阿尔布巴、隆布奈，斩札尔鼐于藏市。命颇罗鼐为贝子，总理前后藏事务，赐犒兵银三万两。命副都统马喇、学士僧格领川、陕兵二千驻藏办事。收巴塘、里塘隶四川，设宣抚司治之。中甸、维西隶云南，设二厅治之。是年策妄阿喇布坦死，子噶尔丹策零立，请赴藏熬茶。又声言欲送还所虏拉藏汗二子。诏严兵备之。移达赖喇嘛于里塘之惠远庙。八年，迁于泰宁，护以兵千。每年夏初，西藏官兵赴防腾格里海之隘以备准夷。冬雪封山撤兵。盖通准夷之路有三，其极西由叶尔羌至阿里，中隔大山，迂远易备。其东路之喀喇河，又有青海蒙古隔之。惟中路之腾格里海，逼近卫地，故防守尤要。九年，封达赖喇嘛之父索诺木达尔札、颇罗鼐之子珠尔墨特策布登、康济鼐兄子噶锡巴那穆札尔色卜腾，均为辅国公。晋颇罗鼐爵贝勒。十二年，准噶尔请和。诏果亲王偕章嘉呼图克图赴川，送达赖由泰宁归藏。减戍藏兵四之三。章嘉为达赖请巴塘、里塘地。诏以其商税年银五千两赐之，地仍内属。乾隆三年，噶尔丹策零复请入藏熬茶，诏许之。是时颇罗鼐训练万骑，又练步兵万有五千，于通准夷各路严设卡伦。策零自是不敢窥藏。而西南之巴勒布三部及布鲁克巴相继向风入贡。藏地静谧。四年，晋贝勒颇罗鼐爵郡王。十年，定驻防官兵三年换班例。十一年，封郡王颇罗鼐次子珠尔默特那木札勒为长[贝]子，晋辅国公，珠尔默特策布登爵镇国公。十二年，颇罗鼐病故。命珠尔默特那木札勒袭爵。十五年，叛诛爵除。初，珠尔默特那木札勒欲作乱，以驻藏大臣不便于己，先奏罢驻防之兵，阴通书准噶尔，请兵为外应。旋袭杀其兄珠尔默特策布登，扬言准部兵至，聚党二千谋变。驻藏都统傅清、左都御史拉布敦觉其逆，欲先发而左右无一兵，乃以计诱至寺中，登楼手刃之。旋害于贼党。诏四川总督策楞，提督岳钟琪督师进剿。而达赖已先命公班第达摄藏事，禽逆党以闻。诏以二臣先事靖变，赠一等伯。即以其地建双忠之祠(按:双忠祠在前藏之宠冈，《东华录》作通司冈)。至是，西藏始不封汗王，以四噶布伦分其权，而总其成于达赖。我驻藏大臣增兵千有五百戍藏。二十二年二月初三日，在布达拉圆寂，时年五十岁。

第八辈罗布藏降白嘉穆错摆桑布，于乾隆二十三年在后藏拖结热拉冈地方出世。二十七年八月初十日，迎至布达拉坐床。三十年六月，由班禅班垫伊喜传授小戒。三十三年，亲至前藏攒招，随登色拉、布赉绷、噶勒丹三大寺讲经之座。四十二年四月，由班禅传授格隆大戒。四十六年，颁给敕书、金册、金印，赏达赖之兄索诺木札什公爵。四十八年，颁给玉册、玉印。凡遇国家庆典，准其钤用。其寻常奏书文移，仍用原印。五十四年，廓尔喀犯边。诏成都将军鄂辉带兵往剿，侍卫巴忠、总兵官成德参赞军务。寻议和罢兵。五十五年，复大举入寇。驻藏大臣保泰雅满泰请将达赖、班禅移至西宁为避寇计。诏切责不许，命大将军福康安、参赞大臣海兰察，率索伦蒙古兵进讨。连战皆捷，深入七百余里，将近其国都阳布之地。廓夷汹惧，卑词乞降。于是福康安等督率大兵凯撤回藏。议定善后章程，驻藏大臣与达赖、班禅平等。噶布伦以下，由驻藏大臣选授。前后藏番兵归我设之游击都司节制训练。自行设炉鼓铸银币(按:藏中初用廓尔喀银币，至是始禁止行使)，设粮务一员监督之。至是我国家在藏始具完全之主权。初达赖、班禅及各大呼图克图之呼毕勒罕出世，均由垂仲降神指示，往往徇私不公，为世诟病。甚至哲卜尊丹巴示寂，适土谢图汗之福晋有妊，众即指为呼毕勒罕。及弥月竟生一女，尤贻口实。而达赖、班禅亲族，亦多营为大呼图克图以专财利，致有仲巴兄弟诲盗之祸（仲巴事详后班禅额尔德尼源流内）。高宗纯皇帝久悉其弊，欲革之而未有会也。乘用兵之后，特运神断，创颁金奔巴瓶一，供于藏之大招。遇有呼毕勒罕出世，互报差异者纳签瓶中，诵经降神，大臣会同达赖、班禅于宗喀巴佛前掣之。至各札萨克蒙古所奉之呼图克图，其呼毕勒罕将出世，亦报名理藩院，与驻京之章嘉呼图克图掣定。瓶供雍和宫。嘉庆九年十月，达赖有疾，命成都副都统文弼带医驰往看视，未抵藏，达赖已于是月十八日在布达赖[?]拉圆寂，时年四十有七。

第九辈阿旺隆妥嘉穆错摆桑布，于嘉庆十年在康巴垫曲科地方转世。年二岁，叠著灵异，早悟前身。奉特旨即定为呼毕勒罕，毋庸入瓶签掣。十三年九月二十三日，迎至布达拉坐床。赏给达赖之叔洛桑捻札朗结头品顶戴。十八年，由班禅传授小戒。二十年二月十六日，在布达赖[?]拉圆寂，年十一岁。

第十辈阿旺罗布藏降摆丹增楚称嘉穆错摆桑布，于嘉庆二十一年，在里塘仲夺地方转世。道光二年三月三十日，奏明在大招金奔巴瓶内掣定。八月初八日，迎至布达拉坐床。赏达赖之父罗布藏捻札头品顶戴。十四年，由班禅传授格隆大戒，十七年九月初一日，在布达拉圆寂，年二十有二。（未完）

1911年6月21日，8卷4号

西藏宗教源流考（续第四号）

张其勤

第十一辈阿旺改桑丹贝卓密凯珠嘉穆错，于道光十八年九月初一日寅时在噶达地方转世。二十一年五月二十五日奏明在金奔巴瓶内掣定，由班禅披剃授戒。二十二年四月十六日迎至布达拉坐床。赏达赖之父策旺顿柱公爵。二十五年，驻藏大臣琦善参革掌办商上事务诺们罕阿旺札木巴勒楚勒齐木，奉旨剥黄发往黑龙江安置，所有财产查抄变价，培修藏属各庙宇。琦善随议改章程二十八条，又奏罢稽查商上出入及训练番兵各成例。二十六年，由班禅传授小戒。二十八年，赏公爵策旺顿柱宝石顶戴双眼花翎。咸丰二年，达赖亲往布赍绷、色拉、噶勒丹及南海琼科尔结各寺院熬茶讲经。诏帮办大臣额勒亨额妥为照料。寻额勒亨额因病出缺，由驻藏办事大臣穆腾额奏派驻藏守备童星魁前往护送。三年，达赖以发逆滋扰各省，虔诚念经，祈祷贼匪速灭，奉旨褒奖。五年正月十三日，遵旨掌管政教事务。是年十二月二十五日，在布达拉圆寂，年十八岁。

第十二辈阿旺罗布藏丹贝甲木参称勒嘉穆错，于咸丰六年在沃卡坝卓地方转世。八年正月十三日，奏明在金奔巴瓶内掣定。九年七月初三日，迎至布达拉坐床。赏达赖之父彭错策旺公爵。时廓尔喀与唐古特失和。唐古特屡战不胜，宗喀济咙等处均陷于贼。诏驻藏大臣赫特贺驰往后藏，督办防剿事宜。命成都将军乐斌统汉、土官兵继进。廓番闻大兵将至，惧。遣其噶箕来藏，上表乞和。诏许罢兵。唐古特与廓尔喀议定和约十款。唐古特每年给廓尔喀税课银贰千两。廓尔喀将所占地方交还唐古特商上管理。同治元年，掌办商上事务呼征呼图克图，因布施事连同色拉寺与布赉绷、噶勒丹两寺哄。不胜，携印潜逃赴京。诏黜其名号，不准转世。命诺们罕汪曲结布协理商上事务。汪曲结布者，原系俗装，曾为噶布伦，即俗所谓沙札噶隆是也。因与呼征忤，辞官，削发为僧。至是复起用。乃创修拉萨城垣，自西而东，工未竣而殁。遂罢役。初驻藏官兵自游击以下，均聚居札什城营房。时驻藏大臣满庆，以藏中屡不靖，命迁移拉萨市。从此僦屋而居，札什城之营房遂废。三年，噶勒丹池巴罗布藏青饶汪曲为达赖传授小戒。四年，剿平瞻对逆番。奉旨将上、中、下三瞻地方赏给达赖喇嘛管理，建庙焚修。七年，亲至前藏攒招。九年，亲往布赉绷、色拉二寺熬茶讲经。十二年，亲至前藏攒招。是年二月十四，遵旨接管政教事务。十三年，亲至前藏攒招。光绪元年，亲至前藏攒招。是年三月二十日，在布达拉圆寂，年二十岁。

第十三辈阿旺罗布藏塔布克嘉穆错，于光绪二年五月初五日，在达布甲擦营官属下朗顿家转世。初，十二辈达赖圆寂，面向东南。嗣将灵位移至大殿，安置盐中，面向正南方。无何，复自行转向东南。于是全藏僧俗，喧传呼毕勒罕应在东南出世。而箭头寺护法，又随声附和之。至是呼毕勒罕访获，班禅因率同有职事各僧俗人等出具图记，公禀恳请驻藏大臣松桂代奏。奉旨毋庸入瓶签掣，即定为达赖喇嘛之呼毕勒罕。四年正月十二日，在贡汤德娃尖寺由班禅披剃授戒，取定法名。六月十三日，迎至布达拉坐床，销去呼毕勒罕名号。赏达赖之父工噶仁青公爵，宝石顶戴花翎。八年正月十三日，由正师傅济咙呼图克图传经授戒。十年，因攒招各处，喇嘛麇集，与巴勒布商人购物起衅，将该商八十三家全行劫毁。廓尔喀因索偿损失银三十余万两，并集兵边境，意图挟制（按：巴勒布初本自立一部，后被廓番击并，故归其保护）。经驻藏大臣色楞额奏派汉番委员前往开导，晓以恩威，始允减为十八万三千两有奇。除唐古特商上捐筹及清出货物抵价外，尚不敷银六万七千余两，奉旨由四川拨给。十一年，亲至前藏攒招。十四年，工噶仁青病故。赏达赖之兄顿柱夺吉公爵，宝石顶戴花翎。是年亲往布赉绷、色拉寺熬茶讲经。十五年，亲至前藏攒招。十六年，驻藏大臣升泰与英人议定藏印通商条约。十九年，驻藏大臣奎焕与英人续定通商条约，开放亚东关作为商埠，添设靖西厅同知一员监督之。二十一年正月十一日，正荣增师傅普尔觉沙布咙为达赖传授格隆大戒。是年掌办商上事务。前荣增师傅第穆呼图克图因病辞退。十一月初二日，遵旨接管政教事务。二十四年，瞻对与川属明正土司构衅。四川总督鹿传霖奏明派兵攻取瞻对。成都将军恭寿、驻藏大臣文海先后奏陈，而达赖亦密遣喇嘛罗桑称勒等赴京呈诉。于是朝廷俯顺番情，命将三瞻地方仍赏还达赖，毋庸改归四川管理。是年亲赴色拉、布赉绷、噶勒丹三大寺熬茶讲经。二十五年，亲往前藏攒招。二十六年，自杀其前掌办商上事务正荣增师傅第穆呼图克图阿旺罗布藏称勒饶结及其弟洛策等。第穆所居之阐宗寺财产，全行查抄入己，并咨请驻藏大臣裕钢代奏，将第穆呼图克图名号永远革除（按：第穆富有赀财，且深得民心。达赖忌而杀之。故至今藏人道及此事，颇为第穆惜，而不直达赖）。是年，亲赴南海琼科尔结等处熬茶讲经。三十一年六月，英兵进藏。初，达赖误以俄罗斯为同教，亲俄而远英。虽两次与英议定条约，迄未实行。俄员某因伪作蒙古喇嘛装束，秘密入藏，为达赖画策，购置火器，意图抗英。英虽侦知之而无如何也。至是，俄方东困于日本，不暇远略，英遂藉事称兵。诏驻藏大臣裕钢往解之。达赖恃俄员为谋主，不欲和，思与英人一战。乃止裕钢行，弗使番民支乌拉（按：乌拉即夫马），并调集各路番兵。西藏番兵以乍丫为最强，然无纪律，甫抵拉萨，即围攻驻藏大臣衙署，死者数十人。后经藏官弹压，开往前敌，未交绥均溃变，由小路逃去。时藏兵屡败，英祸日迫。诏解裕钢任，寻革职。驻藏大臣有泰复与达赖商，愿自往阻英兵。达赖仍尼之。然亦无他筹策，惟日令箭头寺护法诵经，诅咒英兵速死而已。未几，英人荣赫鹏等长驱直入。达赖闻知大惧，先一日仓皇北遁。有泰以达赖屡误事机，且不候谕旨擅离招地，请旨革去达赖喇嘛名号。荣赫鹏等既得志，因与藏官直接议约春丕，暂驻英兵，俟应偿兵费二百五十万卢比缴清再行撤退。藏人迫于英之势力，且亦实不悉其中利病，故均惟命是听，无敢增损一字。于是江孜、噶大克及亚东，皆许英辟作商埠。朝廷以藏约损失我国主权太甚，命侍郎唐绍仪为全权大臣与英使萨道义磋商，将藏约作废。英人不可。乃另定正约六款，以救前约之失。藏人应偿兵费，朝廷允代筹还。英人始无辞，遂于三十二年四月在北京签押。是年，驻藏大臣有泰被言官弹劾，诏五品京堂张荫棠前往查办。三十三年春，覆奏有泰及其随员多人均获罪。去时，驻藏大臣联豫已抵任数月，整顿藏务，不遗余力，奏设初级第一、第二小学堂、蒙养院、藏文传习所、半日学堂，以训汉番子弟，又设白话报馆、商品陈列馆、官印书局、施医馆，以开通风气。藏人始知顽固之非，渐有新气象矣。是年，张荫棠赴印度，续议商约。三十四年三月，议定。从此藏中交涉愈形繁难。先是联豫复奏明选派番民赴川学艺，开设巡警、武备两学堂，为兴工艺、办警察、练新军之预备。并密陈藏中情形，宜及时整顿。至是商约已定。诏尚书赵尔丰以边务大臣兼驻藏大臣督兵进藏。秋，复命副都统温宗尧为帮办大臣，会同驻藏大臣联豫筹办一切要政。时达赖尚未归。初，达赖自三十一年窜赴青海，驻锡西宁。寻移山西五台县清凉山。三十四年九月，进京朝觐。十月初十日率徒祝嘏。诏加封诚顺赞化西天大善自在佛。按年赏给廪饩银一万两。所有事务，依例报明驻藏大臣，随时转奏，恭候定夺。达赖遵即出京(是书断至光绪三十四年年底止，其余班禅额尔德尼及各呼图克图均仿此)。

班禅额尔德尼第一辈凯珠巴格勒克，于明洪武十八年四月初八日在后藏拉堆地方出世。与第一辈达赖喇嘛同至前藏噶勒丹寺，经宗喀巴佛收为二弟子。正统三年二月二十一日圆寂。年五十有四。

第二辈索诺木曲朗，于正统四年正月十五日在后藏玩撒地方转世。宏[弘]治十七年二月二十五日圆寂。年六十有六。

第三辈罗布藏顿珠布，于弘治十八年正月初四日，在后藏答魁地方转世。能前知未来。青海顾实汗将攻后藏。班禅正在札什伦布坐禅，忽心动，已知有兵事。所纂经云：五百年后，济能特河界构兵之际，当有恻隐菩萨于札克博里山救十万生灵之命。嘉靖四十五年二月二十三日圆寂，年六十有一。

第四辈罗布藏琼坚，于隆庆元年四月十五日，在拉柱甲尔地方转世。四年，迎至札什伦布坐床。时青海顾实汗攻后藏，藏巴汗灭之，以其地居班禅，而留其二子鄂齐尔图汗达赖巴图尔台吉领其众。我太宗文皇帝崇德七年冬十月，班禅及达赖喇嘛、顾实汗等各遣使抵盛京，上表贡方物。事已详达赖源流中。八年四月，命察干格龙偕班禅等使赴藏，察访佛法。顺治四年三月，班禅等遣使来贡，表颂功德。五年四月，命喇嘛席喇布格隆等赴藏，聘请达赖。并致书存问班禅，俾劝达赖来京。康熙元年二月十三日，在札什伦布圆寂，年九十有六。

第五辈罗布藏伊什，于康熙二年七月十五日在接推参地方转世。六年，迎至札什伦布坐床。三十四年，命御史钟申保等赍敕赴藏，宣召班禅来京。四十五年，前藏第巴桑结作乱。拉藏汗率后藏兵讨平之。诏封拉藏翊法薛顺汗，总两藏事。五十二年，晋班禅胡图克图名号为班禅额尔德尼，如达赖喇嘛例，颁给金册金印。五十五年，准噶尔袭破唐古特兵。拉藏汗败死。五十七年，大兵平定西藏。诏拉藏旧臣贝子康济鼐掌前藏，台吉颇罗鼐掌后藏。雍正五年，前藏噶布伦阿尔布巴等谋死康济鼐，欲投准夷。颇罗鼐率阿里后藏兵九千讨禽首逆。诏以颇罗鼐为贝子，两藏悉归其辖，驻前藏而遥领后藏地。自是后藏始不复独立，而班禅亦向不预闻地方司法行政各事。乾隆二年八月初五日，在札什伦布圆寂，年七十有五。

第六辈罗布藏巴勒垫伊西，于乾隆三年十一月十一日在向札喜策尔地方转世。六年，迎至札什伦布坐床。四十三年，章嘉胡图克图奏班禅请于庚子岁来京恭祝万寿。诏许之，命建札什伦布庙于热河，赐名须弥福寿。谕驻藏大臣留保住亲往后藏，照料班禅起程。四十五年，班禅至。七月，高宗纯皇帝御避暑山庄之澹泊诚敬殿召见。赐坐慰问赐茶。寻随扈至南苑，复召见于德寿寺。至京居西黄寺，讲经放参，一如五辈达赖进京时。京师西山有高僧某者，往论佛法，责以宜居西方清净地，不当入中国过受崇奉。班禅谢之。是年，颁赐玉印玉册。十一月，班禅患痘，寻圆寂，时年四十有三。诏即其地建清净化域。四十六年，命理藩院尚书博清额为驻藏办事大臣，护送舍利金龛西归。驾幸西黄寺拈香送之。

第七辈罗布藏巴勒垫丹贝宜玛，于乾隆四十六年在后藏地方转世。四十九年八月十三日，迎至札什伦布坐床。五十二年，赏班禅之父巴勒丹敦珠克公爵。五十五年，廓尔喀犯边。初，六辈班禅来朝，祝高宗七旬嘏。中外施舍，海溢山积。及班禅卒于京师，资送归藏。其财皆为伊兄仲巴呼图克图所有，既不布施各寺庙与唐古特之兵，又摈其弟沙玛尔巴为红教，不使分惠。于是沙玛尔巴愤诉廓尔喀，以后藏之封殖、仲巴之专汰，煽其入寇。至是廓尔喀藉商税增额、食盐揉土为词，兴兵闯入边界。唐古特兵不能御，而朝廷所遣援剿之侍卫巴忠、将军鄂辉成德等，复调停贿和。阴令西藏商上私许岁币万五千金。按兵不战，遽以贼蹙乞降饰奏，而讽廓尔喀酋入贡，受封国王。廓尔喀既侮藐内地。次年，藏中岁币复爽约。于是廓尔喀以责负为名，再举深入。唐古特遣噶布伦丹津班珠尔等往议，被执。驻藏大臣保泰等一闻贼至，则移班禅于前藏，并请移达赖、班禅于西宁，欲以藏地委贼。诏革保泰等职治罪。札什伦布寺襟山带水，形势巩固。喇嘛数千，乘墉可守以待援。而仲巴呼图克图携赀先逸，喇嘛济仲札仓等复托言卜诸吉祥天母不宜战，众心遂溃。贼大掠札什伦布，两藏大震。诏大将军福康安、参赞大臣海兰察等，督索伦满兵进讨。六战皆捷，杀贼四千，涉贼境七百余里。隔河大山，贼以重兵踞山严守。水深山峭绝，山后即其国都也。时廓夷南鄙，适为英吉利侵扰，汹惧无计，且恐我军闻而气奋也，因遣人诣军，卑词乞降。将军、参赞议以贼境益险，而八月后即雪大封山，不可老师，允其请。尽献还所掠藏中财宝及金塔顶金册印，归前被执之丹津班珠尔等，并献沙玛尔巴之尸，贡驯象、番马、乐工，请永遵约束。班师。嘉庆十三年七月，赏班禅之侄恭阿那木勒四品顶戴。道光六年，班禅在札喜曲达地方建庙铸佛。工竣，奉旨赐名广佑寺，颁给御书法界庄严四字匾额。十五年七月，命换给班禅金册。二十一年，班禅六旬寿。赏给福寿字如意念珠等件。二十二年四月，剿平森巴、拉达克等部落(按:森巴久已并入英属拉达克。虽尚未显与西藏分离，然亦不过羁縻而已)。班禅捐资助赏，赏加"宣化绥疆"四字封号。二十四年，班禅控掌办商上事务噶勒丹西勒图萨玛第巴克什贪黩营私各款。经驻藏办事大臣琦善奏参革办。奉旨，商上事务著照议准令班禅额尔德尼暂行兼管。咸丰元年，班禅七旬寿。奉旨褒嘉，赏赉如六旬例。三年正月初九日，在札什伦布圆寂，时年七十有二。

第八辈罗布藏班垫曲吉札克巴丹贝汪曲，于咸丰四年在后藏地方转世。六年十二月十九日，奏明在金奔巴瓶内掣定。十年十月初二日，迎至札什伦布坐床。赏班禅之父丹增汪结公爵。十一年，传授小戒。同治八年二月，赏班禅之弟班垫楚称达喇嘛名号。光绪八年七月十六日，在札什伦布圆寂，年二十有九。

第九辈罗布藏吐巴丹曲吉宜玛格勒克拉木结，于光绪九年正月十二日，在琼科尔结地方转世。十四年正月十五日，奏明在金奔巴瓶内掣定。十八年正月初三日，迎至札什伦布坐床。经第穆呼图克图传经授戒。赏班禅外祖父期美汪布公爵。初，班禅母处子也。春日昼寝，梦喇嘛入帷。惊而觉有妊，遂生班禅。至是驻藏大臣奎焕以班禅生而无父，养于外家，因叙明缘由，奏请貤封。三十一年六月，英兵入藏。达赖避赴西宁。驻藏大臣有泰奏请饬令班禅兼管前藏商上事务。班禅力辞。是年十一月，班禅随英吉利皇子游历印度。三十二年三月，回至札什伦布。现年二十六岁，尚未传授格隆大戒。以连年藏中多事，且达赖未归故也。

达赖、班禅下又有呼图克图沙布隆者，均能本性不昧，自觉前因。以呼毕勒罕转生于世，内、外蒙古及青海地方所在皆有。惟头绪纷繁，更仆难数。兹惟将藏境内呼毕勒罕之最著名者节录梗概。至其详细，则有各寺院之册档在，无事赘述也。

黄教济咙呼图克图

第一辈斯曲坚参，年七十二岁圆寂。

第二辈帕尔巴拉，年三十五岁圆寂。

第三辈布札西热，年十八岁圆寂。

第四辈拉汪曲结坚参，年六十八岁圆寂。

第五辈阿旺典结汪曲，年四十七岁圆寂。

第六辈阿旺工曲宜玛。五辈达赖将巴克硕寺院地方赏给管理。派往青海，充当教习喇嘛。时准噶尔噶尔丹与喀尔喀土谢图汗构衅。遵达赖命，前往劝和，未能妥协，奉旨解京。年五十二岁圆寂。

第七辈罗布藏班垫坚参。奉旨进京，赏给呼图克图银印及黄车、黄缰等物，赏伊弟阿旺洛布札萨克喇嘛名号，代管徒众。年五十一岁，在北京圆寂。

第八辈夷喜罗桑丹贝贡布。奉旨进京授为掌印喇嘛。寻奉命回藏，协理商上事务。赏加毕呼图诺们罕名号。嘉庆元年，修建寺院，工竣，赐名永安寺。年五十一岁圆寂。

第九辈罗布藏丹贝坚参。充当达赖正师傅。年四十三岁圆寂。

第十辈阿旺班垫曲结甲木参。充当达赖正师傅。掌办商上事务。赏加通善二字名号。光绪八年，为十三辈达赖传授小戒。年三十二岁圆寂。

第十一辈阿旺吐丹改桑丹贝卓密。现年二十一岁。

黄教第穆呼图克图

第一辈工巧仲连，年五十一岁圆寂。

第二辈边觉札喜，年六十三岁圆寂。

第三辈拉汪巧勒朗结，年五十七岁圆寂。

第四辈拉汪丹巴坚参。顺治九年，随侍五辈达赖进京朝觐。年三十八岁圆寂。

第五辈阿旺朗卡甲木养，年五十三岁圆寂。

第六辈阿旺降白迭热嘉穆错。奉旨掌办商上事务，赏给诺们罕名号。乾隆四十三年，修建寺院工竣，赐名广法寺，赏伊徒甲木养丹巴札萨克喇嘛名号，给予印信。年五十五岁圆寂。

第七辈罗布藏吐丹济美嘉穆错。奏充九辈达赖师傅。奉旨协理商上事务。嘉庆十三年，赏给额尔德尼蒙诺们罕名号。年四十一岁圆寂。

第八辈阿旺罗布藏济美嘉穆错。咸丰三年，因不守清规，劣迹昭著，奉旨撤销本身呼图克图名号，发往宗喀安置。年三十五岁圆寂。

第九辈阿旺罗布藏称勒饶结。奉旨掌办商上事务。光绪十三年，奏充十三辈达赖正师傅。十六年，办理印藏通商出力，赏给靖善禅师名号。二十六年，因诅咒达赖，经僧俗多人禀控，由驻藏大臣裕钢奏明，将第穆呼图克图名号永远革除，寺产查抄充公。是年被达赖遣人暗刺圆寂，年四十有四。

黄教呼征阿齐图呼图克图

第一辈贤寻曲旺札巴，年六十八岁圆寂。

第二辈索诺木朗结，年三十六岁圆寂。

第三辈济克争滚噶尔甲木参，年五十一岁圆寂。

第四辈工却曲批。充当五辈达赖师傅。年七十四岁圆寂。

第五辈仁增足美夺吉，年六十九岁圆寂。

第六辈池青阿旺却垫。充当七辈达赖师傅。雍正十二年，赏给广衍黄法阿齐图诺们罕名号。年七十五岁圆寂。

第七辈在均仑地方转世，年七岁圆寂。尚未迎归本寺坐床，故未曾取定法名。

第八辈罗布藏夷喜丹巴饶结。赏给前辈诺们罕名号。修改呼征寺院，赐名凝禧寺，赏给属下管事人达喇嘛名号，并赏给度牒十道。年五十八岁圆寂。

第九辈阿旺夷喜楚称坚参。仍赏给诺们罕名号。奉旨掌办商上事务。咸丰十一年，办理察木多夷案出力，赏加慧灵二字名号，并赏用黄缰。同治元年，因布施事，与布赉绷、噶勒丹两寺哄，不胜，潜逃赴京呈诉。经驻藏大臣满庆等奏参革去呼图克图名号，不准转世。年四十六岁，在北京圆寂。

第十辈阿旺罗布藏夷喜丹巴坚参。充当班禅师傅。奉旨赏还呼图克图名号。现年三十九岁。

黄教德柱呼图克图

第一辈罗布藏们朗，充当噶勒丹池巴。年七十岁圆寂。

第二辈罗布藏青饶汪曲，充当噶勒丹池巴。十一辈、十二辈达赖师傅。奉旨协理商上事务。同治五年，剿平瞻对出力，赏给德柱呼图克图名号，准其转世，并赏给属下管事人札萨克喇嘛名号，给予印信。年七十三岁圆寂。

第三辈阿旺罗布藏丹贝卓密，年二十二岁圆寂。

第四辈吐布丹坚参青饶称勒朗结，现年十二岁。

黄教饶结赛呼毕勒罕

第一辈结赛喜饶曲批，年五十三岁圆寂。

第二辈曲批甲错，年二十五岁圆寂。

第三辈顿馀曲吉甲，年三十八岁圆寂。

第四辈罗布藏丹增甲错，年六十三岁圆寂。

第五辈罗布藏阿旺济克美札巴。时七辈达赖移驻泰宁，暂充掌办商上事务。年四十五岁圆寂。

第六辈改桑吐丹济克美甲错，充当九辈达赖师傅，赏给诺们罕名号。年六十九岁圆寂。

第七辈阿旺罗布藏他美丹增甲错，充当九辈达赖师傅。年七十二岁圆寂。

第八辈阿旺罗布藏济克美楚称甲错，年十二岁圆寂。

红教布鲁克巴呼毕勒罕

第一辈甲热夷喜夺吉，年五十一岁圆寂。

第二辈贡噶边觉，年四十九岁圆寂。

第三辈甲木养曲吉札巴，年四十八岁圆寂。

第四辈白玛噶布，年六十五岁圆寂。

第五辈巴桑旺布，年四十九岁圆寂。

第六辈密潘旺布，年七十四岁圆寂。

第七辈噶足称勒，年五十岁圆寂。

第八辈丹增朗结，年五十五岁圆寂。

第九辈阿旺密潘济美朗结，年五十七岁圆寂。

第十辈吐丹朗结格勒改桑，现年二十五岁。

白教达隆麻仓呼毕勒罕

第一辈仁青工布，年四十七岁圆寂。

第二辈工贡摆，年六十二岁圆寂。

第三辈仁青郡垫，年六十二岁圆寂。

第四辈仁青喜饶汪典，年五十七岁圆寂。

第五辈贡青昂格汪曲札巴摆桑，年七十九岁圆寂。

第六辈昂谦索木朗札喜，年三十三岁圆寂。

第七辈曲结朗吉彭错，年七十二岁圆寂。

第八辈多垫徐谦，年五十四岁圆寂。

第九辈札喜曲济结布，年三十岁圆寂。

第十辈阿旺称勒丹增朗结，年五十三岁圆寂。

第十一辈札喜札巴夷喜，年四十四岁圆寂。

第十二辈阿旺曲吉边觉，年五十九岁圆寂。

第十三辈阿旺替曲济克美巴沃，现年五十三岁。（未完）

1911年7月20日（宣统三年六月二十五日），8卷5号

西藏宗教源流考(续第五号)

张其勤

黑教楚普噶玛巴呼毕勒罕

第一辈噶玛对松青巴,年八十四岁圆寂。

第二辈噶玛萨格喜,年八十岁圆寂。

第三辈让坠夺吉,年十六岁圆寂。

第四辈茹摆夺吉,年四十四岁圆寂。

第五辈噶玛德沁喜巴,年三十二岁圆寂。

第六辈通沃顿垫,年三十八岁圆寂。

第七辈曲吉甲错,年五十三岁圆寂。

第八辈密举夺吉,年四十八岁圆寂。

第九辈汪曲夺吉,年四十八岁圆寂。

第十辈曲影夺吉,年八十二岁圆寂。

第十一辈夷喜夺吉,年二十五岁圆寂。

第十二辈降曲夺吉,年三十七岁圆寂。

第十三辈对堆夺吉,年六十三岁圆寂。

第十四辈罗布藏柱曲挺夺曲吉,年七十三岁圆寂。

第十五辈夺吉,年七岁圆寂。

第十六辈卡巧夺吉,现年三十八岁。

黄教贾隆阿里呼毕勒罕

第一辈班青四朗札巴,年六十岁圆寂。

第二辈四朗夷喜汪布,年四十岁圆寂。

第三辈四朗格勒汪布,年三十八岁圆寂。

第四辈罗布藏札喜,年三十七岁圆寂。

第五辈罗布藏格勒夷喜札巴,年六十二岁圆寂。

第六辈罗布藏丹巴坚参。派往库伦策结岭寺讲经。年二十一岁圆寂。

第七辈阿旺楚称巴丹坚参,年十五岁圆寂。

第八辈凯珠丹增曲吉宜玛。充当库伦哲布尊丹巴呼图克图师傅。年三十四岁圆寂。

第九辈阿旺罗布藏凯珠丹增甲错,现年二十五岁。

红教夺札仁增呼毕勒罕

第一辈仁增廓吉垫柱热沃擦桑,年七十二岁圆寂。

第二辈仁增勒垫夺吉,年一百一十三岁圆寂。

第三辈仁增昂格汪布,年六十岁圆寂。

第四辈仁增白玛称勒,年七十八岁圆寂。

第五辈仁增改桑白玛汪曲,年五十八岁圆寂。

第六辈贡桑足美仑珠夺吉,年三十四岁圆寂。

第七辈降白明珠尔仑珠甲错,年三十一岁圆寂。

第八辈改桑吐丹济克美摆玛汪结,年三十三岁圆寂。

第九辈吐丹曲汪扬宜夺吉,现年二十四岁。

黄教江卡沃色沙布隆

第一辈工曲坚参,年八十二岁圆寂。

第二辈罗布藏称勒,年六十三岁圆寂。

第三辈罗布藏丹贝宜玛,年四十九岁圆寂。

第四辈罗布藏吐丹坚参,年二十七岁圆寂。

第五辈罗布藏阿旺仑珠丹增,年五十五岁圆寂。

第六辈罗布藏称勒丹贝宜玛,现年四十二岁。

白教达降仔巴呼毕勒罕

第一辈昂格汪曲沃结巴哇,年六十一岁圆寂。

第二辈贡潘丹增宜玛,年三十六岁圆寂。

第三辈札喜格哇汪布,年四十二岁圆寂。

第四辈札喜格勒桑布,年三十二岁圆寂。

第五辈阿旺贡噶丹增,年三十二岁圆寂。

第六辈阿旺降白,年五十四岁圆寂。

第七辈阿旺班垫,现年十八岁。

黄教达木帐达尔干垫饶丹沙布隆

第一辈罗坠丹巴,年七十三岁圆寂。

第二辈阿旺策批,年六十五岁圆寂。

第三辈改桑仑珠札巴,年三十六岁圆寂。

第四辈罗布藏称勒丹巴饶结,年六十岁圆寂。

第五辈阿旺降白汪曲甲错，年五十三岁圆寂。

第六辈青饶沃色，现年十七岁。

黄教纳克书达普沙布隆

第一辈谷昔班垫顿柱，明神宗时赏给谷昔名号印信，年八十五岁圆寂。

第二辈曲结丹增，年五十八岁圆寂。

第三辈阿旺曲札桑布，年四十三岁圆寂。

第四辈罗布藏丹贝坚参，年四十七岁圆寂。

第五辈罗布藏曲吉汪结，年四十三岁圆寂。

第六辈阿旺罗布藏曲增曲吉郡捻，年五十一岁圆寂。

第七辈罗布藏降白丹增曲吉甲错，年三十五岁圆寂。

第八辈阿旺罗布藏班垫降白丹巴欧柱，现年三十四岁。

黄教工布练噶沙布隆

第一辈顿柱甲错，年七十岁圆寂。

第二辈宜玛柱札，年四十八岁圆寂。

第三辈参养柱札，年六十一岁圆寂。

第四辈阿旺曲札甲错，年四十八岁圆寂。

第五辈阿旺柱札甲错，年三十五岁圆寂。

第六辈罗布藏参养曲札甲错，年三十五岁圆寂。

第六辈罗布藏参养曲札甲错，年五十七岁圆寂。

第七辈阿旺罗布藏丹增勒协甲错，现年五十九岁。

黄教布赉绷岭沙布隆

第一辈顿柱甲错，充当噶勒丹池巴及六辈达赖师傅，年七十三岁圆寂。

第二辈根登藏丹巴坚参，年六十三岁圆寂。

第三辈罗布丹贝坚参，年四十七岁圆寂。

第四辈阿旺荣垫甲错，充当十一辈达赖师傅，年四十三岁圆寂。

第五辈罗布藏丹增称勒，充当十三辈达赖师傅，现年五十三岁。

黄教达尔宗边坝沙布隆

第一辈勒摆汪布，年三十岁圆寂。

第二辈罗布藏汪布，年四十二岁圆寂。

第三辈罗布藏降白格勒，年五十三岁圆寂。

第四辈降白丹巴坚参，年二十五岁圆寂。

第五辈阿旺郡捻丹贝坚参，现年四十一岁。

黄教察木多帕克巴拉呼图克图

第一辈德青夺吉，年四十九岁圆寂。

第二辈桑结汪曲，年六十岁圆寂。

第三辈他哇顿垫，年三十八岁圆寂。

第四辈曲吉结布，年三十九岁圆寂。

第五辈嘉哇甲错，年七十岁圆寂。

第六辈济克美丹贝甲错。康熙五十八年，支应进藏官兵乌拉出力，赏加讲衍黄法额尔德尼诺们罕名号，并颁给敕书铜印。年四十一岁圆寂。

第七辈夷喜丹贝贡布。乾隆五十六年，仍赏诺们罕名号，并换给银印。年四十岁圆寂。

第八辈罗布藏济克美班垫丹贝宜玛，年五十三岁圆寂。

第九辈罗布藏密潘济克美格勒坚参，年五十二岁圆寂。

第十辈罗布藏吐丹密潘楚称坚参，现年八岁。

黄教察木多锡瓦拉呼毕勒罕

第一辈班垫甲错曲珠，年七十岁圆寂。

第二辈沃仲桑结郡捻，年七十八岁圆寂。

第三辈锡瓦桑布，年九十三岁圆寂。

第四辈格勒坚参，年八十岁圆寂。

第五辈罗布藏顿柱甲错，年六十四岁圆寂。

第六辈阿旺济克美青饶丹增称勒，现年四十五岁。

黄教乍了[丫]呼图克图

第一辈噶足札巴甲错，年六十七岁圆寂。

第二辈阿旺四朗仑珠，年三十六岁圆寂。

第三辈阿旺楚称勒珠，年十岁圆寂。

第四辈罗布藏朗结。康熙五十八年，支应进藏官兵乌拉出力，赏加讲演黄法诺们罕名号，给予印信敕书。年五十八岁圆寂。

第五辈罗布藏班垫丹贝坚参，年五十六岁圆寂。

第六辈罗布藏吐丹济美曲吉甲错，年四十四岁圆寂。

第七辈阿旺隆多丹贝坚参，年二十四岁圆寂。

第八辈罗布藏吐丹济克美甲错，现年二十一岁。

白教热沃仔扬贡寺帕曲呼毕勒罕

第一辈阿旺札巴称勒。雍正元年,支应进藏官兵乌拉出力,赏加诺们罕名号,给予印信敕书及御书匾额。年三十五岁圆寂。

第二辈札喜札巴坚参,年六十二岁圆寂。

第三辈曲英仑珠,年四十四岁圆寂。

第四辈阿旺仑珠,年四十九岁圆寂。

第五辈阿旺贡噶朗结,现年三十岁。

白教类伍齐扬贡寺济仲呼毕勒罕

第一辈札巴勒珠,年六十六岁圆寂。

第二辈仁青喜饶,年二十九岁圆寂。

第三辈仁青勒珠,年八十五岁圆寂。

第四辈阿旺札巴甲错,年四十八岁圆寂。

第五辈称勒降巴郡捻,现年四十三岁。

白教类伍齐仔巴呼毕勒罕

第一辈札喜朗结,年三十五岁圆寂。

第二辈阿旺札喜,年三十一岁圆寂。

第三辈阿旺曲吉札巴,年五十二岁圆寂。

第四辈阿旺降白捻札,年五十二岁圆寂。

第五辈阿旺罗布藏楚称,现年四十三岁。

藏卫古惟有黑教。黑教者,不知始于何代,亦不知创自何人。以镇压禳祓炫神奇,近于幻术,非佛教正宗也。迨至三十七世祖聂直簪布,以红教自印度东来王藏地,与黑教若冰炭之不投,干戈相寻,几无宁岁。数传至四十世祖第结,遂将黑教全行驱灭。余者,惟三十九族之噶鲁等处而已。当时或谓佛祖除恶务尽。答曰:千百年后,将有用彼处。黑教得以幸存至今者,赖有此耳。明之中叶,宗喀巴崛兴。屏红教为下乘,别创黄教。蒙古卫藏,靡不奉行。当其时,白教又乘间而起。虽不与他教竞,而信从者亦实繁有徒。于是红、黄、黑、白四教,遂并行于西方。夫四教之寺院奚止万千。若必逐一开列,未免厌阅者之目。兹惟就驻藏大臣权限之内,该寺徒众在百名以上者,分别列一总表。留心宗教者,亦可略见一斑矣。

地名	寺名	住持名号	教宗	所奉之神	徒众数目
前藏	布达拉	达赖喇嘛	黄	释迦牟尼	五〇〇
后藏	札什伦布	班禅额尔德尼	黄	释迦牟尼	四〇〇〇
前藏	布赉绷	堪布	黄	释迦牟尼	七七〇〇
前藏	色拉	堪布	黄	释迦牟尼	五五〇〇
占达	噶勒丹	池巴	黄	释迦牟尼	三三〇〇
察木多	帕克巴拉	呼图克图	黄	释迦牟尼	二五〇〇
察木多	锡瓦拉	呼毕勒罕	黄	释迦牟尼	二五〇〇
察木多	贾拉	呼毕勒罕	黄	释迦牟尼	二五〇〇
察木多	滚都	呼毕勒罕	黄	释迦牟尼	二五〇〇
乍了[丫]	详堆启仓	呼图克图	黄	释迦牟尼	一五〇〇
乍了[丫]	详堆穷仓	呼毕勒罕	黄	释迦牟尼	二五〇〇
萨客	贾隆阿里	呼毕勒罕	黄	释迦牟尼	七〇〇
沃卡	济众	呼毕勒罕	黄	释迦牟尼	六五〇
沃卡	汶结赛	呼毕勒罕	黄	释迦牟尼	六四〇
登龙	楚布结造	呼毕勒罕	白	文殊菩萨	五六〇〇
类伍齐	热棍	诺们汗	黄	释迦牟尼	五六〇〇
达隆宗	边坝	沙布隆	黄	释迦牟尼	五五〇〇
锁里	定沃	掌教翁则	黑	丹巴喜饶	五〇〇
后藏	萨迦	掌教达清	红	莲花祖师	五〇〇
墨竹宫	直空起仓	呼毕勒罕	白	文殊菩萨	五〇〇
结登	结登	呼毕勒罕	黄	释迦牟尼	五〇〇
硕卡	竹拉	沙布隆	黄	释迦牟尼	五〇〇
江卡	沃色	呼毕勒罕	黄	释迦牟尼	五〇〇
彭多	打隆麻仓	呼毕勒罕	白	文殊菩萨	五〇〇
上噶鲁	噶勒	掌教翁则	黑	丹巴喜饶	五〇〇
厦洛	德柱	呼图克图	黄	释迦牟尼	四〇〇
下噶鲁	达喜定沃	掌教翁则	黑	丹巴喜饶	四〇〇

续 表

地名	寺名	住持名号	教宗	所奉之神	徒众数目
札希	闵忠岭	掌教池巴	红	莲花祖师	三〇〇
彭多	呼征阿齐	呼图克图	黄	释迦牟尼	三〇〇
打孜	洛桑巴	呼毕勒罕	黄	释迦牟尼	三〇〇
黑竹宫	达巴	呼毕勒罕	黄	释迦牟尼	三〇〇
仑孜	觉勒	呼毕勒罕	黄	释迦牟尼	三〇〇
宜迭	宜迭	呼毕勒罕	黄	释迦牟尼	三〇〇
仑孜	竹巴	呼毕勒罕	白	文殊菩萨	三〇〇
伙尔巴清	楚普	呼毕勒罕	黑	丹巴喜饶	三〇〇
鱼他嘛	普乃	掌教翁则	黑	丹巴喜饶	三〇〇
玛戎卡	宇中拉札	掌教翁则	黑	丹巴喜饶	三〇〇
布足	桑达卞棍	掌教翁则	黑	丹巴喜饶	三〇〇
卞卞	达普	呼毕勒罕	黄	释迦牟尼	三〇〇
热沃仔	扬棍	堪布	黄	释迦牟尼	三〇〇
类伍齐	孜巴	吉仲呼毕勒罕	黄	释迦牟尼	三〇〇
翠南上觉热	觉仔	呼毕勒罕	黄	释迦牟尼	二五〇
翠南下觉热	桑阿曲岭	汤结青巴	黄	释迦牟尼	二五〇
硕板多	厦柱岭	札工呼毕勒罕	黄	释迦牟尼	二五〇
类伍齐	扬棍	呼毕勒罕	白	文殊菩萨	二五〇
结巴	曲打	沙布隆	黄	释迦牟尼	二五〇
工布	第穆	呼图克图	黄	释迦牟尼	二〇〇
达布	斯足	呼毕勒罕	黄	释迦牟尼	二〇〇
前藏	普尔觉	降巴呼毕勒罕	黄	释迦牟尼	二〇〇
锁庄	竹拉	呼毕勒罕	黄	释迦牟尼	二〇〇
工布	栋噶	呼毕勒罕	黄	释迦牟尼	二〇〇
夺结札	多札仁增	呼毕勒罕	红	莲花祖师	二〇〇
甲擦	达拉杠布	呼毕勒罕	白	文殊菩萨	二〇〇
登龙	捻浪巴沃	呼毕勒罕	白	文殊菩萨	二〇〇

续 表

地名	寺名	住持名号	教宗	所奉之神	徒众数目
彭多	打隆仔巴	呼毕勒罕	白	文殊菩萨	二〇〇
洛隆宗	昔章棍	堪布	黄	释迦牟尼	二〇〇
仑孜	哲沃乃	呼毕勒罕	白	文殊菩萨	二〇〇
伙尔巴清	阿噶	掌教翁则	黑	丹巴喜饶	二〇〇
伙尔巴清	普朗	掌教翁则	黑	丹巴喜饶	二〇〇
玛茹	冲仓绷	掌教翁则	黑	丹巴喜饶	二〇〇
三杂	养虽	掌教翁则	黑	丹巴喜饶	二〇〇
巴克硕	济咙	呼图克图	黄	释迦牟尼	一六〇
雅桑	布赉绷	沙布隆	黄	释迦牟尼	一五〇
拉康	洛札	呼毕勒罕	红	莲花祖师	一五〇
朗卡孜	桑顶	觉木呼毕勒罕	白	文殊菩萨	一五〇
打旺	打旺	呼毕勒罕	白	文殊菩萨	一五〇
后藏	贡噶尔	呼毕勒罕	红	莲花祖师	一五〇
达木	康玛江热	掌教洛布	黄	释迦牟尼	一三〇
山南	迭布	掌教翁则	黑	丹巴喜饶	一〇〇
鱼他嘛	巴桑	掌教翁则	黑	丹巴喜饶	一〇〇
玛茹	治达	掌教翁则	黑	丹巴喜饶	一〇〇
登龙	楚普斯足	呼毕勒罕	白	文殊菩萨	一〇〇

上表除达赖、班禅外，余均以徒众多寡为次。至前藏之大招、小招，及上下温都逊，虽亦号称古刹，喇嘛各五百人，惟均由他寺调往，并非该寺原有之数。若山南之桑叶，墨竹宫之纳摩，拉萨之箭头、博底，为四大护法寺。遇降神时，延请喇嘛诵经，事毕即散，亦非本寺所有也。故表内均不及。夫藏卫去中国万余里，佛教之兴也数千年，其沿革皆为诸书所不载。即偶见于《蒙古源流考》、《卫藏通志》、《圣武记》、元明诸史，亦语焉不详。至普曜、涅盘等经及《传灯录》各书，则更附会无稽，儒者所不道。是编上自释迦降生，下至现今之十三辈达赖，以及各寺之呼毕勒罕，穷源竟委，纤悉靡遗。虽与内地史传佛经间有出入，然均译自番书，未敢臆断。或亦为言西藏政教者所不废乎。(已完)

1911 年 8 月 19 日，8 卷 6 号

无钱旅行家之西藏谈

剑 虹

日本矢岛保次郎氏以无钱旅行世界为目的，于日本明治四十二年二月自东京起程，经过西藏拉萨，于明治四十四年六月至印度加儿加达。此篇为其至印度时所作，兹译之，以见日人观察西藏之一斑。

余于去年西历十一月二十日自成都起程，西行五千余里，于一月四日到拉萨府，满目风景，无一与故乡风景相同者，怀乡之念颇切。

女天下之国

西藏实为可惊之女权国，男子殆依女子而生活。此地之女子，颇觉强健，适于男子之懦弱相反，耕作及其它之劳动，悉在女子之手。男子对于女子惟命是从，男尊女卑之俗，自西藏适相反对。其甚者，有夫之妇公然与他之男子相通，恬不为怪，其夫亦无可如何也。女子之淫行殆非言语所能形容，生女则招集亲友大开筵宴，生男则听其自生自长而已。

家屋及人种

富者之家屋，大都以石垒成，由二三层以至六七层不等，但仅穿小孔于其屋角，藉以透光，且兼作烟通之用，其外则无所谓窗，故屋内黑暗，而不洁殊甚。至于贫者则张天幕以为家，终身居住其内。住民之人种，以蒙古人为最多，小别之，为甘肃人、土耳其人、喀齐蒙古人等。身体颇矮，彼等之手足，其指端甚细，尤以富者为甚。颧骨高，鼻根低，口大，呈黄铜色，惟富者之色为纯白。皱纹甚深而多，虽年少者，几若老妪，诚奇观也。

食无定时

西藏人所常食者以羊肉、糌粑子、奶渣及茶等为主，饥则求食，无一定之时刻。茶则煎之，加盐而供饮。酒为彼等最重要之嗜好，由麦制成，名之曰呛。食时不用箸，以五指代之，虽偶有用木碗者，食后亦不加洗涤，以舌舔之，食毕，藏于怀中。

好武装

其服装与中国本部大异，头发束成一髻，用无翅之白沙帽，其耳穿环，由珊瑚等制成，女子之发，分作两股，结束如绳，垂于背后，未婚者更加一辫。大都用宝石等为装饰，男子常佩刀，无刀者则带骨玦，一则用为装饰，一则藉以护身。

三种之葬仪

西藏人之葬仪颇觉惨憺，约分为天葬、地葬、水葬之三种。天葬者，将尸体置于屋上，一任鸟类之啄食，然后粉碎其骨，混于炒面，捏作团块，以之饲犬。如尸体点滴无余，则为最佳之朕兆，为之后者，深以为喜。地葬者，缚其尸身于柱，解剖其肉，用以喰犬，所余之骨，则与天葬法相同。尸体之解剖有人专司其事，惟其解剖费甚昂，故能行地葬者惟富人而已。至于水葬，即投之水中，以果鱼腹，贫民行之者甚众。

寺院与宫殿

拉萨一地寺庙之总数，计有三千余所之多，其结构之精巧，其气象之雄伟，实足令人惊叹。其为寺院为宫殿，殆令人不能辨别。寺院中如色拉寺、噶丹寺、桑鸢寺、木鹿寺、菊岚寺、达隆寺、斯加寺、布达拉寺、普陀落山达赖喇嘛宫殿等，尤为其建筑物中之冠，壮丽灿烂，令人目眩。

气候

西藏寒气颇烈，在冬季中北风一至河水忽冰，其急激殆有出人意料外者。去冬曾见有犁牛数头，伫立河中，水忽结冰，牛遂冻死。其寒气可想矣。

归途

余留拉萨六十余日，观光既终，整装南上，途行六千里，越喜马拉耶山，涉恒河，五月二十日至印度加儿加答府。杂举所见，记其约略如右。

1911年10月16日，8卷8号

袁总统令劝谕蒙藏(中国大事记栏)

令曰：

达赖喇嘛、班禅额尔德呢、哲布尊丹巴呼图克图，分驻蒙藏，为黄教尊主，历辈相传，咸深信仰。凡我蒙藏人民，率循旧俗，作西北屏藩，安心内向。近年边疆大吏，措施未善，每多压制，甚且有一任官吏，敲诈剥削，以致恶感丛生，人心涣散，言念及此，不禁慨然。现在政体改革，连共和五大民族，均归平等。本大总统坚心毅力，誓将一切旧日专制弊政，悉行禁革。蒙藏地方，尤应体察舆情，保守治安。兹据驻京扎萨克喇嘛等，公恳组织蒙藏统一政治改良会，核其宗旨，系为宣布五族平等，伸我蒙藏人权起见，应准其先行立会。自兹以往，内外扎萨克蒙古各旗盟暨两藏地方，历来疾苦之事，应俟查明，次第革除。并望各王公呼图克图喇嘛等，于中央大政及各该地方应兴应革事宜，各抒所见，随时报告，用备采择。务使蒙藏人民一切公权私权均与内地平等，以期大同而享幸福，是所至望。

1912年5月1日，8卷11号

边藏最近之闻见（内外时报）（录《民立报》）

西藏地大物博，为我国西南屏蔽，徒以道途过远，见闻不详。本社特约通信员张君楞生，于上年由炉关，游拉萨，经波密，转巴塘，于客腊始返成都，游览一周，略得梗概，特记见闻，邮寄本社。因亟录之，俾我国四万万同胞之脑筋中，皆具有西藏二字，急起经营，固我疆圉云。

川边藏之分界

川藏向以江卞[卡]东北之宁静山为分界处，山有界碑，东属四川，西属西藏。自赵尔丰充川滇边务大臣后，原拟将乌斯江以东（乌斯江距拉萨三百十里）划归内属。驻藏大臣联豫以其有碍个人权利，力阻之，仅将察木多以东拨归边务大臣管理。故今日以打箭炉至察木多为边，察木多至咱利山为藏。

边地之概状

前清光绪三十一年，巴塘肇乱，凤全被害，由四川出兵讨之，番民效顺，巴塘归流，自是乡城、石渠、三岩等处，次第削平。昌都、乍了[丫]、瞻对等处，一律改土，免其徭役，课以赋税，设官分治，方兴未艾，直可谓我国新设之一行省。

边地之学务

藏番内属，垂三百年，文字语言，尚未同化。前清光绪三十三年，设学务总局于巴塘，将学务分为五路，路再分区，凡有设治委员之处，设初等小学一所，官话学堂若干所。据上年报告，已设男女学校一百六十余所，内计高等小学一，初等小学十八，官话学校一百一十二，女子初等小学三，女子官话学校十八，实业学校三，专门通译学校三，男幼稚园二，女幼稚园二，男通[女]学生凡四千三百七十三名。入学制度，多主强迫，惟番民脑筋简单，进步甚速。教习有自关内聘往者，有将谙悉番语之号书塘兵改充者。其全部分之常年经费，现以六万金为率。

西藏之学务

拉萨亦有学务局，设于前清光绪三十三年，前后立有初等小学四，蒙养学校八，汉文学校二，半日学校一，藏文传习所一，分设于拉萨、后藏、江孜、靖西、江达、工布、山南、达木等处。综计常年经费，约在千金以内。考其成绩，一无足观，以边地学务较之，诚有霄壤之别。

边藏之警察

边地既开，人烟渐密，内地人之往设市者，尤以巴塘为中心点。欲保治安，必设警察，故于前清光绪三十四年，拨防军二十名充之，而言语不通，动多隔阂，不数月依然解散。复设巡警学校一所，招募番民子弟数十人，充当学生，令从习官话入手，办理年余，又因他故中止。前年夏另选边地各处之官话毕业生百二十名，集于巴塘，专习警察，俟三年毕业之后，发回原籍与办警政。此项学生之常年经费，闻需五千金云。至西藏，则达赖喇嘛原设有警察二百余名，仿俄式，驻拉萨。迨陆军入藏，达赖出亡，驻藏大臣将其遣散，拨陆军百余名代之。前年春，复在后藏、江孜二处，各选番民百名来拉萨，授以警察学，三月毕业之后，遣归原籍未用。是年冬，又于陆军中挑百人习警察，亦以三个月毕业，客春派赴江孜令充巡警。嗣因后藏一带，有绿营被裁之兵丁三十余名，愿充巡警者，即在江孜开班教授，拟俟其学成后，杂以前在拉萨毕业之番民，派赴亚东云。

川藏之交通

川藏万里，水复山重，行路之难，人所共悉，然年来逐加修治，今昔迥殊。如《西藏图考》、《西招图略》诸书，皆成于数十年以前，所纪情形，多已失实。前年有川边藏通力合作开路行车之议，驻藏大臣联豫百事废弛，毋怪其徒托空言，四川屡议勘估，亦未见诸实际。惟前边务大臣赵尔丰，曾派甘肃杨世昌君，将炉、巴一段履勘估价。据云：自巴塘至打箭炉，量长七百八十一里四分，合十万零一千五百八十二丈，除七万二千四百三十六丈俱能行车，毋庸修理外，其应修理者，计二万九千一百四十六丈，约需用石工一十七万三千零六十五工，价银四万四千九百九十六两九钱，土工二十万零一千三百二十四工，价银二万八千一百八十五两三钱六分，土炸药三万九千二百五十六斤零四两，药价银七千二百三十两有奇，共应修大小木石桥梁五十道，约需银二万五千两，制备各项器具，约需银五千三百两有奇，总共需银一十一万两有奇。再益以员司薪俸等项，约不出十五万两以外。期以三年，准可告竣。即成都至打箭炉一段，亦经杨君约略估勘，计需银二十万两内外。原拟造车于雅州，购骡于陕西，以利交通，实为筹边之要著。忽遭变乱，未观厥成，继续进行，为来日之筹边者是赖。

川藏通信，曾恃驿站。自设边务大臣后，边地改用蛮塘，藏地仍用汉塘，紧急公文，由拉萨至成都，仅需二十二日。迨陆军进藏后，成都更设有陆军文报所一处，每逢朔望，发行一次。军人函件，不取信资。由川至藏约需四十余日。上年又经邮传部于拉萨、江达、察木多、巴塘、打箭炉五处，各设有邮政局一所，邮费倍于关内。察台以西之邮差，则以塘兵代之，由邮局月给津贴。即里塘、河口二处收发邮件，亦有商家或电局代办，如由藏寄京、沪等处邮件，则经由印度较捷。

至电线则上年七月已通至察木多，打箭炉、河口、里塘、喇嘛了、巴塘、乍了[丫]、察木多七处，皆有报房。过此以西，应归藏中架设。拉萨于上年开有电报学堂一所，学生三十余人，教授三月，早已毕业，诸事因循，迄未兴办。目前电报，仍须送至江孜，依托英局转递。闻张荫棠与英人订约时，所用电费计一万七千卢比，漏卮犹不足惜，设遇紧急之时，依赖外人，岂足恃乎？

外人之势力

打箭炉及巴塘、里塘，均有天主福音等教堂，故外人之游历边地者，以英、法诸国之教士居多。某教士固某国地理学会员，明目张胆，测绘地图，地方官不加禁阻，且为保护。闻前年有一日人，并无护照，出关游历，沿途官府，漫不经心，给以马牌，为支乌拉，至巴塘加以盘诘，始令折回，该日人持为笑柄。但有护照者，亦祗能行至察台为止。

江孜驻有英兵一排，官为英人，兵为印人。拉萨商务执牛耳者，为廓尔喀人(即泥泊尔)，综其人数，不下三百，故洋货充斥，胜于内地。闻二十余年前，有番妇赴廓人所开商店内购物，店主失去珊瑚珠一，疑为该番妇偷窃，逼身检查，卒无所获。事为色拉寺僧闻知，代为不平，争往报复，将拉萨之廓尔喀商店劫掠一空。议和结果，赔偿二十余万元，并允该国常驻兵官一员，兵卒二十余名，于拉萨保护侨商。

边藏之兵力

整顿边藏，必先收回政权。收回政权，必须藉重兵力。近年来边地有西军三营，营各五哨，哨各百人(每营原有一副中哨，以成都驻防组织成之，客春裁撤)，归边务大臣统之。又巡防新军五营，营各五哨，哨亦百人，另设统领统之。又由川省调往之巡防军三营(原调四营，去夏撤回一营)，统计十一营。番民慑于威力，地方赖以乂安。自赵督进关，川事日急，陆续抽调，兵力日单。至冬间仅有彭日升管带之一营，分防察木多、乍了[丫]、江卡、鸡贡等处。谭文榜管带之一营，分防乡城、稻城、德荣等处，巡防第九营。驻扎打箭炉，以及巴塘、里塘、河口、瞻对、道坞等处之防军，合而计之，不过四营有奇。地广兵单，顾此失彼，往来行旅，剽掠时闻矣。

前清崇德七年，西藏全部归化，对于母国，极表尊崇。迨咸、同以来，内外交讧，而满政府所派之驻藏大臣，又多昏庸贪鄙者流，遂启番民轻视之心，对于我国官吏及居留民，辄加侮辱。前、后藏定日、江孜等处，曾设制兵六百余员名，日久弊生，几同虚设。至前清宣统元年，由四川选陆军一千七百余员名，交钟颖统之进藏。抵藏后，编为步兵一标，马兵一营，山炮兵一队。上年复练土步马兵各一营，分扎拉萨、江孜、江达、工布等处。地方辽阔，本已不敷分布，重以新近征服之波密，尤非重兵不能抚之。正议扩充，忽值多故，不识今日筹镇边者，亦已计及之否。

波密之征服

察木多之西南，有波密焉。相传前清岳威靖攻西藏时，有兵一枝，迷途来此，旋值大雪封山，竟不得出，遂与土人联婚，成一部落。曾于前清同治年间及光绪二十五、六年，两次投诚，旋复背叛。地险民悍，时出抢劫，焚杀重案，无岁无之。西北与藏属之工布相连，故该处受害尤甚。川军进藏时，步兵第三营留守工布，管带陈口珍，富有野心，力谋进取，请之联豫，遂派镇统钟颖带兵往剿，卒因道路崎岖，兵力单薄，不能得手。更调边军数营，分进合击，军威复振，敌胆遂寒，数月之间，全境底定。境内气候温暖，特产繁多，若能竭力经营，不难日臻富庶。北部之白马杠，且产大米,尤为边地所无。今得隶我版图,兵食无虞缺乏矣。

野番之归附

边属杂榆之西,波密之南,有名狢狁地方,素畏波番,年输赋税,有二处由波酋派官治理之,曾随波密投诚我国。今波密既为我有,则狢狁属我,毫无疑义。刻闻有某国之兵二三百名,游弋狢狁边境,岂乘我多事之秋,觊觎我之边陲耶?其意何居,当局者宜诘其理由。否则野番无知,易滋疑忌,反与我友国之邦交有碍焉。

最近之兵变

炮队营由波密凯旋后,仍驻扎什城。去年九月中旬,忽有暴动之谣,联豫派护军官王某前往探询,并无是事。而戈什哈名郑大章者,两方播弄,势成骑虎,遂由炮队营于九月二十三日首前先发难,号召联豫之卫队,及驻拉萨步兵第一二营之一部分,将藏中所储军械抢掠一空。二十五晚复将联豫擒去,囚于札什城营中,民房官舍,同时被劫。嗣经钟颖出为调停,复于十月初一日将联豫释归,毫无意识,已可概见。此时驻藏军之大部分固在波密,江孜亦驻有步兵若干,传闻联豫已死,同时开回拉萨。据十月中昌都之电报,藏乱已平。惟联豫因此辞职,匿于廓尔喀人所开之商店中。檄委钟颖护理驻藏大臣云。

出亡之达赖

前年川兵进藏信传至藏中,藏番谋抵抗,故过恩达(察木多属)、江达等处时,皆有战斗。拉萨亦调集番兵,谋围使署,且有剿灭内地居留民之谣。主谋者为厦札噶伦。是时拉萨附近之内地居留民,一届黄昏,不敢出户,风声鹤泪[唳],草木皆兵。卒以命令不一,敌谋未遂。我兵抵拉萨,越日达赖始出亡,侍从者为厦札等四噶伦及德格土司之弟,英、俄文翻译,计十余人。抵印度后,某国人居为奇货,待以殊礼。复见藏中政务,不改平昔,始知达赖为可有可无之物,且虑其潜通某国,令居大吉岭,派兵守之,名为保护,实即圈禁。故达赖亦有悔意,愿回拉萨,徒以厦札等情虚畏罪,阻之甚力。前年达赖在大吉岭,故造谣言,谓藏中大乱,有匪徒将围攻江孜、亚东两商埠。某国信之,遽调兵进驻纳荡,照会我外务部,将入藏保护侨商。我国派拉萨参谋处总办罗长裿前往交涉。某兵罢归,并委罗将达赖迎回。而达赖要求多端,其最重要者,请撤主国之驻藏陆军及警察,事遂不果。

联豫使藏,专主保守。然方之有泰辈,究有百步与五十步之差,即政治上之权力，已渐次收回也。即前藏教务，亦有后藏之班禅兼理。如客岁拉萨劝招，即请班禅亲来，代司其事，故达赖前年之出亡，且有益我国之措施，今日之不归，亦无关藏番之轻重。闻去秋又约班禅赴靖西商榷要务，达赖抚时感事，已萌悔念乎？今合汉、满、藏、蒙、回成一绝大之民国，正宜共泯猜嫌，同谋发达，时不可失，不待智者而后知。为虎作伥，自速灭亡，明敏如达赖，谅不出此。

币制之沿革

西藏币制，向不完备，而内地普通银币，又只能行至打箭炉。达赖饬商上（为达赖司财政者）所铸银元，重一钱，其成分银六铜四，形圆而薄，名唐加，向无小币补助，分划殊觉不便，故非剪破不可。一唐加可以剪之为二、为三、为四、为五、为六，名卡扛。达赖前次出亡归，改良币制，设局于札什城附近，购机器，铸重一钱及二钱三钱乃至一两之银元，兼铸铜元，今此局已收归官有。藏印通商后，印度卢比通行藏中，原值银三钱二分，当未畅行时，仅作二钱余使用。近因商人之贸易、旅客之往来于藏印间者，非用卢比不可，已涨至四钱内外，每岁漏卮，不可胜纪。近年来四川造币局，为抵制卢比计，特铸重三钱二分之银元，行销边藏，并有重一钱六分及八分者，以为补助，而番民收作衣扣者多，仍不敷用。所幸内地铜元，恩达以东，均已畅行，每重三钱二分之银元一枚，兑换铜元四十四枚，永为定价。迩来驻藏大臣就达赖前设之局，改铸重一钱及二钱三钱之银元，每日能倾销银三百两，余利约有五十金。铜元余利较薄，当局者祇计余利之多少，不图使用之便否，故铜元所出无几。

军队之编制

驻藏军之编制，名为一混成协，其实工程辎重，皆付阙如。当赴藏时，就全部兵丁中挑三十六人编一工程排，命工程毕业生领之，附于炮队，以利行军，抵藏后仍将遣散，补步、炮队之缺额。去岁波密战役，敌人退守河东，将学哇桥焚毁，我军无工程队及时修缮，屯兵河西，莫由追击。且西藏路政不修，固所罕觏，而尤以桥梁为最。桥以木石累成，单独者通过时犹觉动摇偏侧，重载驮马，危险万状，上年解饷进藏，即有堕入河中者。盖番官利其毁而复修，可以聚敛民财，故架设不令坚固。国军工程队之编制，全视交通机关之如何。交通不便如西藏，安可不设工程队。

往昔因公进藏者，运输物品，使用乌拉（人夫牛马之总称），名曰支差，不给脚价。川军进藏时，计用牛马三千余头，每头每站仍给银八分，近且加至一钱六分，则辎重队似可不设。然需用过多，骤难调集，行军时不派官弁监视，更有将物品委之半途者。此犹非战斗间也。至用兵波密，前敌不支乌拉，举凡弹药、粮秣等，皆兵卒各自携带，负担过重，行动即不自由，战斗既酣，肉搏相向，迨收队归来，被服等多委弃途中矣。此辎重队难付缺如之明证。

藏军之隐忧

西藏练兵，有主张将校取之内地，兵卒率用土人，引英人之治印度为成例者。余未实地视察以前，尝谓印藏情势，略有不同，兵用土人，未为得计。盖边藏纵横五千里，人民一百万，即无游民，亦多旷土，而被剃为僧者，占去十分之七，人烟寥落，田野荒芜，非移腹地之民以之实边不可。然道途辽远，经费浩繁，莫若募邻近之人民，充边藏之兵役，则移民经费，毋庸另筹。出关后常与土人相返还，言语不通、服食不同之土人，既能受其同化，而彼都风俗习惯，亦可渐通。三年退伍，即令屯田，任与土人联婚，生齿必臻繁盛。设练兵万人，三年后即无异有兵二万，七年后更可得兵三万，二十年后则我神明华胄，且将弥漫全藏矣。及抵藏中，详加考察，始知平日理想，难期实行。川军出关，不过两载，而以退伍事质问于余者，十居七八。闻当出关时，皆令填有志愿书一纸，三年届满，准其回川，间有因事撤革者，大都掉臂归来，绝不回顾，一般心理，已可概见。如以出征之日起算，则本年六月，已届瓜期，筹边者不预为计及，未见其可。去冬兵变，已露危机，尚可以三年之约相诘责，故得危而复安。来日大难，是补充为刻不容缓之举。闻筹边者对于西藏募兵（客冬委员来川，募兵提饷）事，沓泄因循，难逃清议。谚云：拒贼者当于户外。藩篱倘撤，堂奥堪虞，一失时机，黄花贻诮，然耶？否耶？原以质诸今日之筹边者。

波密之重要

由打箭炉进藏之路凡三：一曰现行道，出炉关，经巴塘，度察台，抵拉萨。其间斜度之急，则有鼻奔山。乱石之多，则有鲁公拉，长如瓦合，高如丹达，皆在察台以西，险阻艰难，无术修治。一曰北道，出关趋北行，经霍尔、竹窝、甘考、德格，及类乌齐三十九族等处，直达拉萨。沿途多草地，无高山，路平且稍近，惟人烟寥落，行者非裹干粮、携天幕不可。传闻如是，未识确否。将来若修此路，则不假道巴塘，然与川边藏合修车路之议，又相违背。一曰南道：自巴塘向西南行，经盐井、鸡贡，入波密，再折向西北，越工布，出江达，即达前藏，亦较现行道近。客岁取道工布，漫游波密（波密北境，与现行道相通处凡六，曰江达，曰凝多，曰拉里，曰洞纳山，曰纳孜，曰紫陀山），时值秋暮（波密犹有黄瓜、南瓜等菜蔬），仅御夹衣。波密当兵燹后，居民逃亡者多，工布则鸡犬相闻，田畴交错，夭桃灼灼，迎送道旁，迥非天寒地瘠之现行道可比。自江达东南行七日，抵鲁郎，号五百余里，中过德摩山，山高多石。翌日宿冬九，路平。如由江达越冷布纳山，直趋冬九，尤捷。过此向北行，经纳衣甲米、青波、八郎登等处，抵披龙山麓，约百里有奇。左倚高山，右瞰大河，石径蚕丛，乘马者不能通过。次日过披龙山，抵加桑，约七十里，即学哇、彝贡两河流交会处。彝贡河无桥梁舟楫（彝贡附近有皮船），流速急甚，过溜索（索长四十余丈），即汤墨。北走彝贡出拉里，东经学哇（波酋根据地），达春多寺，凡三站。再由春多向北行四站，即紫陀，中隔昂都山，冬初已雪深丈许。春多东北行三百余里，抵觉聋，距鸡贡十三站，如走间道，仅七站。是江达、春多间，仅有德摩、披龙两山，如冬九一带，不良于行，因波番初未修治，直可称为天然道。驻藏左参赞罗长裿，督师波密，已委步标教练官王禄昌督修，变故忽生，度未葳事。春多以东，直达盐井，仅隔六山，曰勒纳（疑即觉勒马），曰阿公，曰麻纳，曰日东，曰蔡翁，曰必达。盐井东北，接现行道之邦木塘，仅三站矣。博搜典籍，纵览舆图，北道既近荒凉，中路又称艰险，则修路非偏南不可。波密横亘南方，已竭全力征服于前，尤赖有人经营于后，筹边者以为如何。

波密之善后

波密平定后，值川省事起，边军凯撤，驻藏军之大部分留守于其间。罗长裿拟设理事府于冬九、彝贡、春多寺、达心寺、噶纳央中、金珠曾曲六处，免徭役，征赋税，一仿赵尔丰之治边，并拟抚八宿以通川滇，取□□以达□□。但波密归边归藏，久无成议。如为善后计，则宜归边。波番狡悍，反复无常，非有重兵，难资镇抚，藏军合步、马、炮队，仅及六营，驻防藏境，已觉不敷，非边军之原有十一营者可比。即兵卒之补充，饷械之转运，亦较边地尤难。至改土归流，设官分治，固为理藩要著。边地议改行省，规模备具，归边则不难一律办理。倘令归藏，则藏中一切组织，迥与他处不同。波密一隅，待之独异，相形之下，易生恶感。是波密应隶边属，殆无疑义。波番向化，待治孔殷，变乱相乘，未遑顾及，当亦筹边者之憾事。共和宣布，大局粗安，扩张国权，此其时矣。时乎时乎不再来，愿有心人三复斯言。

1912 年 6 月 1 日，8 卷 12 号

中国大事记栏登载了“令满蒙回疆归内务部管理”

令曰：

现在五族共和，凡蒙、藏、回疆各地方，同为我中华民国领土，则蒙藏回疆各民族，即同为我中华民国国民，自不能如帝政时代，再有藩属名称。此后蒙藏回疆等处，自应通筹规画，以谋内政之统一，而冀民族之大同。民国政府于理藩不设专部，原系视蒙、藏、回疆与内地各省平等，将来各该地方一切政治，俱属内务行政范围。现在统一政府业已成立，其理藩院事务，著即归并内务部接管，其隶于各部之事，仍归划各部管理。在地方制度未经划一规定以前，蒙、藏、回疆应办事宜，均各仍照向例办理。

1912年6月1日，8卷12号

英兵入藏论上(内外时报)(录《民立报》)

就中国各行省而论，若闽若粤，都二十余省，其中以孰为大？曰：以四川为大。就中国各名山而论，若天台，若雁宕，殆不可偻指数，其中以孰为大？曰：以喜玛拉雅山为大。夫以峨峨高原，横亘于喜玛拉雅山麓，而即以喜玛拉雅山脉，与英属印度之喀蒙，及英属阿密萨候国为界者，非所谓西藏乎？西藏为世界第一之高原，深山四围，壅塞靡隙，界绝不邻，而其间东部，有由大金沙江之谷道，出巴塘、里塘，逶迤蜿蜒，以渐通入中国内地腹部者，非所谓四川乎？然则喜玛拉雅一山，为西藏之屏蔽，此固舆地学家所共识，抑亦谋国家论军事者所稔知也。由此言之，无西藏则无四川，无四川则无云南、贵州、陕西、甘肃诸省。蚁穴之细，可以溃全堤，鸮室之毁，必先由户牖，茫茫前途，岌岌后虑，其关系如此之重。而不谓英人者，乃竟乘我之隙，借口于藏番作乱，复发兵深入，以求逞其野心也。

据最近消息，英人确以派遣军队数千，于日前直抵拉萨府，因藏中军队变乱，有残害旅人之举，因以保护侨民为名，实行干涉。又昨某报专电，亦载有藏事危急，川滇皆有急电到京云云。由是以观，吾恐吾国边疆，将从此多事。盖英人数十年来，未尝一日忘西藏，顾昔日尚以和平手段出之。至于今日，乃乘我国鞭长莫及之秋，以为先发制人之举，一变其和平侵略之态度，而为武力侵略之态度。彼其用心，固欲由喜马拉雅山鲸吞四川全省，举东西诸地，悉归彼势力范围之内也。更欲由四川一省，曲屈以达长江上游，入长江下游，举扬子流域诸界线，笔所未到而气已吞，鞭之所指而无弗破，以成一高屋建瓴之势也。更将由川入滇，出其偏师，以拊云南之背，而攻贵州之腋也。夫如是则吾国东南西南诸境之土产、之商务、之航业，皆将归英人掌握。遂其平日之野心，而要必先以西藏一隅为之根据地，为之媒介物，斯其关系顾不重哉！

吾尝以中西之历史考之，西藏交通之路，厥有六道，而皆于古今兵事上，有非常之关系。其一：自拉萨东北行，经拉里，出三大偏关，入喀木，东迤北至察木多，东南经江卡，入云南边。东北渡金沙江，入四川，至巴塘，又东经里塘至打箭炉，是为驻藏大臣往来之驿路，亦即唐吐蕃入寇茂雋诸州之孔道。其二：自拉萨北行，渡哈喇乌苏，逾唐古剌岭，东北行涉木鲁乌苏，又东逾巴颜哈剌山，出黄河二源间，东北行至青海东南之盖牙拉山，逾山入甘肃达西宁府，是乃今日藏蕃入贡之路，亦即唐世吐蕃入寇甘凉之路。其三四：自拉萨西行入后藏，西入阿里部，经冈底斯山南，又西北至加托克，分二道，一西行循萨特里日河入北印度，是即古世马基顿王亚历山大自波斯欲取此道东征之路，亦即吐蕃唐使王元策击破中天竺之路。一北东行逾葱岭之陂米罗，而至和阗州，是即近年俄人探险兵队入藏之路，亦即唐世吐蕃陷疏勒之路。其五：自扎什伦布西南行，逾喜马拉雅山，入泥婆罗，是即清乾隆朝尼泊尔侵藏之路。其六：自扎什伦东南行，至江孜，折而南行，经章木错逾卓木拉里山，至春丕，经亚东关，南逾山，经不丹部，以通英领加尔各答，是乃英藏陆路之条约商埠，亦即前清光绪三十年英人入藏之路。以上种种，英人此次进兵，或分路入，或合兵入，均未可知。而要之征诸昔日之掌故，验诸今日之形势。我四川，我扬子江流域，我滇黔诸省，必将大受影响，是固可以断言者。嗟嗟！卫乃危之声转，痛今日三危之族，乃真迫阽危。藏为羌之音讹，胡今日诸羌之氓，乃羌无附属，我心及此，我涕如縻矣。

吾以上所云云，不过约略言之耳！至于西藏与中国本部历史上之种种关系，以及前此亡清对于藏事之种种失败，后此中华民国补救之种种方法，容于下篇详言之。闻唐总理拟分此事为两面办法，一面委任温宗尧为西藏都督，令田振邦、熊克武统兵入藏，慑之以威。一面由中央政府与英使谈判，折之以理，其或者可以为桑榆之补乎！

英兵入藏论下（录《民立报》）

西藏者，世所称为秘密国也。雪山高凌，气候寒冱，周围六十余万方里。当亡清时代，上而政府，下而国民，皆以化外视之，曾不复一过问，重以国人素无冒险性质，虽以布达拉什伦布诸地之饶沃，亦复裹足不前，凡若此者，皆不知西藏对于中国本部之关系也。昔者黄帝，率其子孙，下帕米尔高原，迤俪而如内地，治史学者类能言之。是西藏一隅，实为汉族发祥之地，汉书舜窜三苗于三危，其地即今之后藏。隋唐间始建国为秃发，后又讹而为吐蕃。唐太宗时，以文成公主尚其王噶木布。由是而降，迨于元明，交通日频，接触日进，是西藏与吾国之历史有密切之关系也。且其地界居中印二国之间，答摩出世，大乘东来，始以西藏为转输之所。吾国佛经中有所谓三藏十二部者，藏中皆有唐古忒文别本，故吾国呼佛经为藏经，是西藏与吾国之教宗，又有密切之关系也。夫中藏之关系既如此，而吾国昔日顾漠然视之。蕴宝于地，弃而不取，必为外人所觊觎者，又势之所必至也。光绪十五年，以争界之故，英人出师入藏，清政府派驻藏帮办大臣升泰为全权，卒与英人订划界之约，承认哲孟雄归英保护，而第三款又加入藏哲通商一条，是为英人侵略西藏最初之历史。夫英人之所争者，以界务也，以划界生交涉，自当仍以划界为结果。乃升泰无端受英之愚，加入通商一语。本约既定之后，英人乃借口于要求规定通商交涉诸事。至光绪十九年，何长荣、赫德与保尔曾缔结藏印续约九条，而中国一切主权，益为英人所攘夺，西藏本部游牧，亦大受影响，于是藏人始有轻视中朝之意矣。至光绪二十七年，驻藏大臣有泰，因英人扬赫斯鹏率兵入藏，复缔新条约，西藏土地，乃隐然全体划归英国范围。夫西藏自乾隆五十九年内附后，确然为我外藩，无所疑义。既为我之藩属，英人开衅于西藏，即不啻开衅于我国者，又当然之理也。乃有泰不知国际法，竟以和事老自居。而中国几成为局外中立国，开门揖盗，咎无可辞。由是以谈，西藏之交涉问题，一误于升泰之误许通商，再误于何长荣之丧权失利，三误于有泰之麻木不仁。夫英人之所以欲与西藏通商者，以欲得西藏为己有也。所以欲得西藏者，以西藏一为英有，彼其野心乃得遂。自非洲南方筑一大铁道，起点埃及，由波斯达印度，入前后藏，下四川，通缅甸，以大展其雄图也。英人对于西藏，已在在有反客为主之势，今后乘我内乱，借口进兵，失此不图，后悔奚及。为近日救急计，惟有迅速派兵，剿灭乱众，保护英侨，再有唐总理根据光绪三十二年条约，与英使力争。唐久任外交，往年磋商藏印续约时，令英认我主权及承认春丕撤兵二事，实由唐主持之，今令其出而折冲，或可补救。事定之后，再改西藏为行省，实行政教分离。筑川藏铁路，以利交通。兴江孜工艺厂，以兴实业。徙南方兵队，开垦伊库山察穆哈尔诸地，一以镇番众，一以兴地利。乘民国成立之机，与英协商，将旧约中丧权失利之处，逐渐修改，以收回主权，庶可为桑榆之补。嗟我政府，嗟我国民，其亟起而图之哉！

1912年7月1日，9卷1号

任命钟颖为西藏办事长官(中国大事记)

……去年九月，西藏拉萨兵变，钟颖时为陆军统领，竭力维持，得以安谧。经四川都督从权委任为西藏行政使。本年四月，华兵在拉萨开会，与藏人冲突，酿成激战。英人以保护该国在藏商务为言，进兵藏中，藏事日亟，故任钟为办事长官，以资应付。

1912年7月1日，9卷1号

后藏江亚失守拉萨危迫(中国大事记)

……驻西藏拉萨之华军，因开会演说，与藏人冲突，互相激战，华军被围，藏人各处响应，仇视在藏华人。英国以保护商务为名，进兵江孜。本日北京接川督转靖边同知电告，以江亚于五月初一日失守，拉萨危机，请发饷械救援。

1912年7月1日，9卷1号

四川都督尹昌衡率师出征西藏(中国大事记)

……尹都督前以藏乱边危，影响全局，决意督师西征，电请总统饬令各省协助饷项，本日率军队两千五百人出发。

1912年8月1日，9卷2号

外交部电驻英日俄三国外交代表声明关于蒙藏事件五项(中国大事记)

一、满蒙各地为中国完全领土，凡关于满蒙各地之条约，未经民国承认者，不得私订。二、蒙满各地矿产，无论何人，不得私自抵押，向各国借款，各国亦不得轻易允许，遽行开采。三、民国对于满蒙藏各地，有自由行动之主权，外人不得干预。四、民国政府，对于各国侨民，力任保护，各国不得藉保护侨商之名，增加军队，及

分派驻扎等事。五、现蒙藏反抗民国，是为国际公法所不许，外人不得为蒙藏乱党之主使者。（八月十三日）

1912年10月1日，9卷4号

驻京英使为西藏事照会外交部（中国大事记）

……略分四款。一、中国不得以西藏为行省。一、西藏内政，应准藏人自行办理，不得加以干涉。一、中国准派代表一人驻藏，指导藏人办理一切外交事宜，该代表准携带卫队若干，惟中国驻藏之兵，不得漫无限制。一、目下派出之远征队，应即停止。文中又谓中国不应假道印度以入藏境，并要求缔结新约。政府得文后，旋据理拒绝。（八月十七日）

1912年10月1日，9卷4号

藏兵攻占巴塘（中国大事记）

……前藏兵围占里塘、巴塘，经边军将里塘克复，于是巴塘之围亦解。嗣以川军出关后，不谙地理，不服水土，而器械亦不敷用，藏人遂复猖獗。本日北京得电，知巴塘又为藏人占据。（民国元年八月十八日）

1912年10月1日，9卷4号

驻藏办事长官钟颖电告达赖喇嘛派员议和（中国大事记）

钟颖电达政府称达赖喇嘛派堪布二人前来议和，提出条件大致：一、恢复达赖教权，加崇封号。二、华人对于佛教及僧寺，不得仍前侮慢。三、西藏行政重大事宜，可与华官商议，惟不得于西藏改设行省及视为领土。四、中国不得于拉萨驻扎兵队，办事官衙兵，限制二百人。五、撤退尹司令征藏兵队。旋经国务院会议，第一条恢复达赖教权可照允，惟须加入达赖不准干预政治字样。第二条可照允。第三条改为西藏重大行政问题，藏民有陈请权，由中政府察择施行，俟藏局安定后，中政府如何改设行省，达赖不得干涉。第四条限制中国兵队，应取销。第五条改为现

在一面电饬川军缓进，一面另派兵赴藏镇抚。拟决议后电饬钟颖转告达赖。（九月初一日）

1912年10月1日，9卷4号

川军克服里塘（中国大事记）

……里塘前经克服，嗣复为藏人占据，八月中旬，川军先锋队由河口进兵，逐渐进剿，于本日将里塘重行收复。（民国元年九月初一日）

1912年11月1日，9卷5号

滇军克服盐井（中国大事记）

……云南派兵协征西藏，由殷司令承瓛督率进剿，本日丽江商会通电报告，滇军于八月二十六日夜进攻盐井县，即时克服。（民国元年九月初十日）

1912年11月1日，9卷5号

公布《蒙古、西藏、青海众议院议员选举施行令》（中国大事记）

……按照众议院议员议员选举法第一百二十条制定公布；

第一条、蒙古、西藏、青海之议员选举，除本令特有规定外，均适用众议院议员选举法施行细则。

第二条、每届选举，由选举监督于法定关于选举事项最初日期以前，设办理选举事务所。

第三条、各选举区之本管各地行政长官，得依前条之规定，设办理选举事务分所，但须呈报于选举监督。办理选举事务分所办事细则，由选举监督定之。

第四条、依众议院议员选举法施行细则第三十三条至三十五条规定之旅费、经费、公费，适用国会、省议会第一届选举费用补助之。

第五条、选举资格调查表、选举人名册、投票簿、投票纸，及封筒、投票匭、投票录、开票录、选举录，及当选证书，别以表式定之。前项选举资格调查表，得由选举监督临时自定之。

第六条、投票纸依式制定时，除用汉字外，并以各该地通用文字，译印于投票纸之里面。

第七条、依法颁发选举通告时，除用汉字外，并以各该地通用文字，译书于该通告之后方。

第八条、本令自公布日施行。

（民国元年十月初五日）

1912 年 11 月 1 日，9 卷 5 号

证明英人无可干涉藏事之理由(录《申报》)

读者诸君犹记朝鲜之已事乎？其初东邻士夫与朝鲜之当道为亲密之缔约，以渐移其内向之心。未几而中日权限有冲突，乃与我订约：只认中国为朝鲜之上国无干涉其行动独立之权。更进一步而彼此相约，不得干涉其政治。又进一步而彼此派兵，皆须预先知会，不得自由行动。于是朝鲜隐为中日共同保护国之局势成矣。雄狮逼于境外，政探遍其国中，而种种之纠葛以起，而甲午之战祸遂成。而自商汤以来数千年隶属我华之古国，随旭日之军旗以俱去。哀哉！前车未远，言之痛心。曾是屏藩川滇之西藏，而犹可蹈其覆辙也乎？

论西藏之情形，且与朝鲜不同，朝鲜有国王。从前我国之待藩属，不过收纳其贡物，张大其规模。故一切内政由其国王自行处理之，不受辖于国家统治权之下。西藏则只有教王，不过以宗教之魔力得众心之信仰，将借此以收拾人心。而政治上之实权则全握于驻藏正副办事大臣之手，仅名义上会同达赖、班禅办理而已。是故西藏之政权，即国家之政权。

自廓尔喀荡平以后，驻藏正副大臣俨然为全藏之主宰，而直接受辖于国家统治权之下。虽未尝实行改省之议，然其情形比之法领之安南，日领之朝鲜，英领之印度、香港、坎拿大等，正复相同。所谓驻藏大臣者，犹是某某总督某某总监也。各国皆有属地之范围，他人何来置喙之余地？今英人乘我大局扰扰之余，忽作无端干涉之请。其所列凡四款：一、不得以西藏作为中华民国之一行省。一、西藏内政应准藏人自行管理，不得加以干涉。一、中国准派代表一人驻藏，指示藏人办理外交事宜。一、远征队不许由印度边界经过，应即停其前进，且将来驻藏之兵不得漫无限制。异哉！据是以谈，是英人向来承认我国为西藏之宗主国者，今将屏我于藏境

之外也。是从前驻藏大臣之政权,今将削夺无遗也。是此后之藏人,可与他国自由订立条约,而所谓中国代表者,不过居于旁观指示之地位,虽目睹其丧失权利,割弃土地,亦无权诘问之、阻扰之也。是藏人可以引兵寇边,而我国兵队转不得越雷池一步也。一言以蔽之:则英人早存一扶持西藏独立之心。故不许我再有用兵平乱之举,然后可以遂其它日吞并之谋。嗟乎!昔日人之窥朝鲜尚逐步而进,今英人之掠西藏,且一蹴而就。共和民国,开创伊始,若不设法拒绝其请,则指顾之间西藏即为朝鲜之续,而满、蒙、新疆等处,曾不转瞬又必为西藏之续。边邻之藩篱尽撤,长江之门户洞开,其不为刀上俎、砧上肉者几希也。顾欲拒绝英使之请求,必先详考印藏历来交涉之历史,搜集英人万无可以干涉藏事之确据,而后谈判始生效力。不厌烦琐,庶一一陈之。

前清嘉庆十九年,廓尔喀东侵哲孟雄,入印度边境,声势甚盛。英人起兵逐之,复哲王位,并割廓尔喀托来、麻兰二地,代偿诸哲孟雄。

按:廓尔喀自乾隆五十七年经福康安荡平后,久已称藩入贡,乃英人可以擅专割其地。而哲孟雄亦非英属,则偏与以增疆拓地之惠。其时中国当道,不知国际交涉之关系,往往听其属地与他国自由论交,而强邻眈眈逐逐之心自此生矣。

道光十五年,哲孟雄与廓尔喀复构衅,英人仍居间调停之。事平,英政府岁酬哲王金六百镑,租大吉岭及附近印度之平原以为英军避暑之地。

前既返客而为主,兹乃公然其入室。至此印度边境,渐与西藏相接。而英人图藏之机,胚胎于此矣。

道光二十年,英使至哲,哲人囚之。英即举兵攻哲,夺其地若干方里。英人灭哲之心至此乃益显露,盖将假道以通西藏也。

咸丰十年,英复以兵临哲,结城下盟四条而退。大旨关于通商事宜、保护行旅、修筑国内道路等项,并增哲王岁俸至一千二百镑。前之六百镑,尚名为租地之酬金,兹之一千二百镑,则公然名为岁俸矣。其威迫利诱之手段逐步而进,与今之笼络达赖喇嘛,及俄人之笼络蒙古活佛,正复相同。惜彼愚顽者终不悟耳。

同治四年,不丹人(亦藏边一部落)以兵袭印度。不克,割第司泰河以东之地与英。

印度入藏之东路自此通。此为出于英人意料以外之事。因此哲孟雄之寿命得延长二十年,至光绪十四年而始灭。

记者曰:以上数事,皆无关于英人无可干涉藏事之证据。惟欲说明印藏交涉之历史,不得不追溯其最初之由来。盖自由英入藏之路既通,而中、英关于印藏之事始有直接之交涉也。

光绪二年，清政府与英人订结烟台条约，许英使节入藏。其条文曰：现因英国酌议，约在明年派员由中国京师启行前往。遍历甘肃、青海一带地方，或由内地四川等处入藏以抵印度，为探访路程之意。所有应发护照，并知会各处地方大吏暨驻藏大臣公文，届时当由总理衙门察酌情形妥为办结。倘若所派之员不由此路行走，另由印度与西藏交界地方派员前往，俟中国接准英国大臣知会，即行文驻藏大臣查度情形，派员妥为照料，并由总理衙门发给护照，以免阻碍。

派一入藏游历员，而其护照必由总理衙门给发。一切照料等事，必行文驻藏大臣办理。则西藏之事权，全属于我国可知。所有藏中较大之政权，其必不属于达赖、班禅更可知。且该游历员，因将遍历青海、川、甘等处，而知会地方大吏。于其入藏，则知会驻藏大臣，是我国治理西藏之实际，正与内地各行省不类而类。此条约所载明，而为英政府所确认者也。今英使之要求，乃谓西藏不得作为中国一行省，且谓西藏内政应由藏人自行管理之。何前后之矛盾也？

光绪十一年，印度书记官麦卡莱借口印藏贸易不振，请于总理衙门发给护照，由印度经哲孟雄至后藏，藏人初甚欢迎。翌年，麦卡莱由后藏赴拉萨。沿途逗留，并携学者多人探检矿苗，藏人大惊，电告中国设法阻之。会缅甸事起，清政府举缅甸畀英，而要求英人禁阻麦卡莱勿使前进。乃将前订烟台条约内之英人入藏专条作废，另于缅甸条约中加入关系印藏条件一款。文曰：烟台条约另议专条派员入藏一事，现因中国察看情形，诸多窒碍。英国允即停止。至英国欲在藏印边界议办通商，应由中国体察情形设法劝导，振兴商务。如果可行，再行妥议章程。倘多窒碍难行，英国亦不催问。

此为英国使节入藏之始，系根据烟台条约而来。然给发护照，必请于总理衙门。阻止前进，必电由中国设法。其主权之谁属，彰彰明也。且英使之入藏，先由中国允许之，后由中国取消之。而印藏边界之通商，必由中国察看情形始可议办。如有窒碍，英人亦不催问。英政府于立约之时，未尝稍有异议也。夫英人且无催问之权，今日安有干涉之地？其它所论皆其枝叶的也。

光绪十三年，西藏兵入哲孟雄，筑堡塞于龙洞，以阻英人通商之路。先是缅甸条约成，麦卡莱折回。藏人知英有野心，即下锁国之令，绝英贸易，至是复阻英通商。英人大愤。翌年四月，举兵进击藏军于龙洞。藏军大败，被逐出境。六月，英军直逼藏境。时驻藏大臣升泰方抵任，力抑藏人，不许出战。一面令甘志守备萧占先说英军停战，退兵对邦。是年九月，乃由赫德居间，成藏印条约八款。其重要之条文，在前二款。（一）藏哲之界，以自不丹交接之支莫挚山起，至廓尔喀边界止。分哲属梯斯塔及近山南流诸小河，藏属莫竹及近山北流诸小河分水流之一带山顶为界。（二）哲孟雄由英国保护督理，即为依认其内政外交均应专由英国径办。诸部长暨官员等，除由英国经理准行之事外，概不得与何国交涉来往。

自此约成，哲孟雄遂确定为英国之属土。盖英兵退驻对邦时，乘胜俘哲王。别于哲孟雄置英国政务官一人，监督其内政外交。于是哲部灭而藏边险隘，与英共之矣。此所以有第一、二款之云云也。然即举此为例，哲为英属，则其内政外交应由英国径办。藏为我属，则其内政外交，独不应由我国径办乎？英人此次之干涉，何自来也？

光绪十九年，中英议订续约，开放亚东。其条文除关于贸易事宜外，惟第六款最有关系。文曰：在西藏之中、英二国人民或西藏人民，以贸易而起冲突者，当探究事情，由派遣哲孟雄之政务官与中国国境官吏会决。其会决之目的，以有确凿事实，下公平判决，报告所属国之法律而处理之。

此为印藏正式通商之始。其事皆由中、英两国主之，以主权所在也。且第六款中所谓中国国境云云者，英人固明认西藏之国境为中国之国境也。是故中、英人民或西藏人民有冲突，须报告所属国之法律处理之。其曰所属国者，即印哲之人民应受治于英国之法律，西藏之人民应受治于中国之法律是也。

光绪二十年，实行开放亚东口岸，设税关，置理事同知，以监督亚东关。并裁判藏番与英商因互市而起之事，由四川总督委派，受驻藏大臣节制。

观此，不但裁判藏番权应属于中国，即设官用人主权，亦全属于中国。且以藏边监督税关之人员，而规定为四川总督所委派。是西藏不惟可为中国一行省，直可作为川边一郡县也。

光绪二十六年，达赖私遣大喇嘛赴俄，上俄皇以护法皇帝之号。英人稔知藏人离英而亲俄，将于其势力有不利也。乃通牒于我，责我不能弹压。

夫西藏亲于俄，而英人可以通牒责我，是明认我有弹压西藏之权也。今西藏叛于我且亲于英，英人遂不许我弹压之。此何说耶？

光绪二十九年冬，英人借口条约不能实行，乘日俄战争伊始利俄之不暇东顾也，以大兵自哲孟雄入藏。翌年三月，藏军袭击之，败。英军进屯江孜。先照会驻藏大臣，委达赖以全权，会同藏中官吏往开谈判。时达赖方睦于俄，不允。六月，英军入拉萨，达赖先遁，驻藏大臣有泰说英军停战。英人要索十款，径与藏官开议，而驻藏大臣不与闻焉。调印后，英使照会驻藏大臣，谓：印藏条约不能实行，藏人又不奉贵国劝导，故敝国不得不自行向藏人办理。现已缔结和约，期自是永修和好云云。有泰接文大惊，急电告外部。外部不承认，遂派唐绍仪赴藏，与英人议毁约。其先照会驻藏大臣者，明知西藏主权应属于中国。达赖非受驻藏大臣之委任，英使不能与之开议也。无如有泰愦愦，既不引议约为己任，复不电告外部另派议约大臣，于是英人出其尝试之手段，径与藏官开议矣。而有泰尚不见不闻，不加探察。于是英人以华官为易与，乃公然调印矣。然调印既讫，英人亦知英藏擅订之约，非经中国之承认必不能发生效力，责以履行。故仍不得不照会驻藏大臣，强辞说明其理由。此又英人确认西藏主权应属中国之一明证也。

光绪三十二年，清政府以废约之议久不决，移归京师与英使直接办理，订成正约六款，而以三十年英藏所立之约为附约。其正约中最关紧要者为二、三两款：（二）英国国家允不占并藏境，及不干涉西藏一切政治。中国国家亦应允不准他外国干涉藏境及其一切内治。（三）光绪三十年英藏所立之约第九款内之第四节所声明各项权利，除中国独能享受外，不许他国国家及他国人民享受。惟经与中国商定在该约第二款指明之各商埠，英国应得设电线，通报印度境内之利益。附益十款，损失西藏利益甚多。但因不涉本论之范围，故祇录其第九款云：西藏允定以下五端，非英国政府先行照允不能举办：（一）西藏土地，无论何外国皆不准有让买租典或别样出脱情事。（二）西藏一切事宜，无论何外国皆不准干涉。（三）无论何外国，皆不许派员，或派代理人进入藏境。（四）无论何项铁路、电线、矿产，或别项利权，均不许各外国或隶各外国籍之民人享受。若允此项利权，则应将相抵之利权或相同之利权，一律给与英国享受。（五）西藏各进款，或货物，或金银钱币等类，皆不许给与各外国，或籍隶各外国之民抵押拨兑。

其时俄国在藏之势力日见伸张，英人忌俄最甚。故附约中所谓无论何外国者，皆隐指俄人而言，以为钳束之计。惟中国不在其列，可以正约第三款明之。内谓英藏条约第九款所声明各项权利，除中国独能享受外，不许他国国家及他国人民享受等语。是无论何外国者，系指中国以外之各国而言，其意甚明。中国今日整理其内政，定平其乱事，于义当也。且正约第二款，英国国家已声明允不占并藏境及干涉西藏政治矣。今英人虽无占并藏境之实迹，已开干涉藏政之端倪。此尤违背条约之显然者也。

总观印藏交涉，自前清嘉庆迄于光绪，其间不知经过若干之变迁。然西藏犹是我国之西藏，西藏之主权犹是我国之主权。英人未尝有异议，且未尝不明认也。明认之而载诸条约，则应受条约之拘束。诉诸法律，自应得法律之保障。今英人无端干涉，甘为扰乱东亚平和之戎首。诚知我国大局初定，必不暇为边陲之谋。故先出其破坏条约之手段，将以遂其开疆拓土之谋也。嗟夫！西藏既去，必开满蒙之先。满蒙若亡，必成瓜分之局。我国今日，其武力既不足以御外侮，所恃以旋乾转坤、侥幸图存者，惟外交家灵敏之手腕而已。成约具在，愿当道者详晰研究之，以保危局而固边藩，则我四万万同胞所泣血叩请者矣。

1912 年 11 月 1 日，9 卷 5 号

复封西藏达赖喇嘛名号(中国大事记)

西藏达赖喇嘛阿旺罗布藏吐布丹甲错济塞汪曲却勒朗结，于前清光绪三十年，以英兵入藏潜行逃避，经清廷暂革名号，旋于三十四年九月入京觐见，复由清廷循照旧制封为西天大善自在佛，并加封诚顺赞化名号，饬令回藏。次年西藏地方不靖，川省派兵驰往弹压，该喇嘛遂谓此举乃欲殄灭黄教，初则煽惑藏人，思图抗拒，迨至兵抵拉萨时，则又率带从人，私行逃逸，当经清廷革去名号。自去岁武昌起义后，西藏屡有骚乱，政府颇欲饬令达赖回藏，以维教务，适达赖寄函通款，遂有是令。令曰：达赖喇嘛阿旺罗布藏吐布丹甲错济塞汪曲却勒朗结，致蒙藏事务局总裁贡桑诺尔布函称，前因教务由京回藏，振兴藏务，竭力整顿。嗣以革去名号，暂居大吉岭。去冬川省事起，藏中至今未靖，意欲维持佛教，请转呈妥商等语。现在共和成立，五族一家，前达赖喇嘛诚心内向，从前误解，自应捐释，应即复封为诚顺赞化西天大善自在佛，以期维持黄教，赞翊民国，同我太平。

1912 年 12 月 1 日，9 卷 6 号

英藏交涉始末记(录《申报》)

去年八月十七日，英国政府为西藏问题，俄国政府为蒙古问题，皆提出条件，要求我国政府承认。当时袁总统以民间政党热于党争，国务院组织为党争所牺牲，南北统一之实事殊不可期，民国之前途将不知陷于何等地位，乃仅仅筹出一招致孙黄北上之策，以注意于统一中央之先决问题。其时，陆征祥为总理兼任外交之局，因反对党攻之甚力，卒乃称病而退。因此种种，遂将对付英、俄两国之策画悉置之不问矣。

西藏问题之发生，据藏人言之，则谓革命当时，驻藏华兵以赞助革命之名义，为

暴乱之行为，动肆虐待，藏人不堪，乃逞其强悍好战之性以为反抗。当时属于前藏者有三千一百五十五寺院，属于后藏者有三百二十七寺院，合计三千四百八十二寺。其中大部分皆揭独立之叛旗，至与中国为对峙之形势矣。

西藏之番兵行动如此，而驻在西藏内地之华兵威力甚微，究不能镇压。其时，为前清革斥之达赖喇嘛久在大吉岭，私待回复势力之机会。闻藏中消息，以为时机不可失，遂于民国元年五月决意归藏，自大吉岭起程赴拉萨。当时英国实力保护之，故途中绝无所阻碍，而竟归拉萨。

及至七月二十七日，《伦敦时报》曾揭一论文，有云：

英国承认中国在西藏宗主权，今日既经停止矣。新出发之中国远征队，必以野蛮行为，而为残酷之压制，无可疑也。吾政府宜要求中国，非在制限之范围以内，中国决不可再干涉西藏之自主权。英藏两次条约规定之西藏自主，中国决非可剥夺之者。英、俄协商中置代表者于拉萨之条件，得因保护英国之利益及藏人之福幸，更改设置代表之程度。今日者乃试验此更改之好时机也。

该报以如此议论鼓动政府，而英政府遂于提出要求以前援护达赖，使达赖强制在拉萨、江孜等华兵解释武装，经印度而遄归于国。惟许护卫西藏办事长官钟颖，在拉萨置少许之卫队而已。

由此观之，达赖不特因归藏而得达回复势力之目的也，且至使西藏具半独立国之性质焉。此诚西藏千载一时之机会。而东部、西部各酋长且乘势侵四川边境，攻陷巴塘、里塘之二要冲，袁总统不得已命四川都督尹昌衡出师。六月十六日，第一次征西军遂自成都向里塘出发。

英国政府，当中政府发征西军出征之命，其时（即六月十六日）即使驻京公使朱尔典质问北京政府，有云：不照会英国即出兵于西藏，究何理由？

我政府于此，一面以公文答复出兵之理由，一面使陆外交总长赴英国公使馆特为说明。其时盖六月二十二日也。其大意：

藏匪叛乱，久不平静，故敝国为保护中外商民，遣派军队于西藏。盖此次出兵以绥抚为主，非正式之战争，切勿疑虑云云。

经此次答复之后，英国公使更据本国政府之电训而为抗议，其说如左：

英国据一千九百零四年之英藏条约及一千九百零六年之中英条约，要求承认左列各项：

一、中国政府不得干涉西藏之内政，又不得在西藏施行与内地同一之行省制。

二、中国政府不得以无制限遣派军队于西藏，或驻屯于西藏。

三、中国政府对于西藏有宗主权，无完全主权。此事须以条约明确改订。

四、中国政府因印藏间国境递传通信机关为中国乱兵阻害，承认其责任。该地之递传事务须按例复旧。

五、中国政府不承认以上条件，英国政府亦不承认共和政府。

英国政府提出五项条件要求我国，果根据英藏条约及中英条约而为抗议乎？抑但为优胜劣败之强权的政治问题乎？世界自有定论，吾人于此毋庸赘论。然其以为中国政府不可干涉西藏内政之唯一根据，则固不待学者之研究，觉英国要求之理由甚为薄弱。一千九百零四年英藏条约如左：

第九条　凡未经英国政府许诺之事项，西藏政府不得行之。其事项如左：

一、无论如何外国为涉于卖却抵押或占领西藏领土之部分。

二、外国干涉西藏问题。

三、无论如何外国设代表或委员于西藏境内。

四、以铁路、电信、矿山其余利权予欧洲各国或归化人。若许予以如斯之利权时，则应以同一或同种利权予英国政府。

五、不问现金或何种财产，凡属西藏之岁入或让或担保于外国或外国人。

又一千九百零六年中英条约，其规定如左：

第二条　英国政府不割据西藏之领土或干涉其内政。中国政府亦不许其它外国割据西藏领土或干涉其内政。

又一千九百零七年英俄协约中关于西藏之约束。其规定如左：

俄国及英国政府认邻[中]国在西藏之宗主权。因大英帝国地理上之位置有特别利益之事实，特维持西藏对外关系之现状。约束如左：

第一条　两缔约国尊重西藏领土之保全。对于其内政一切不干涉。

第二条　俄罗斯及大英帝国，据承认中国在西藏所有宗主权之原则，非经中国政府不得与西藏为何等交涉。

但此约定，非解除一千九百零四年九月七日英藏条约第五条所规定及一千九百零六年四月二十七日中英条约所证明，西藏官吏与英国贸易事务官之直接关系。

且据在一千九百零六年条约第一条，不得变更中英各条约。

然则英国要求不干涉西藏内政，其惟一之根据，即一千九百零四年条约第九条之规定，既约外国不得割据其领土，同时又定是等之外国不得干涉其内政，其第一项所谓外国，第二项所谓为外国，就"外国"之文字，谓中国亦包含在内未免强辩。何则？在条约之确证：于一千九百零六年条约第二条，对于约束英国不干涉其内政，惟规定中国政府亦不许外国干涉西藏领土或其内政而已。至于中国，有干涉权与否，则并未规定。此即认中国宗主权之当然结果也。今日以该二种条约断言中国无干涉权，不但其根据甚为薄弱，更观一千九百零七年英、俄协约有认中国宗主权之明文，且明载英、俄两国非经中国则不得与西藏为何等交涉，而欲解释中国与西藏关系，在实际不过为无意义之宗主权，亦殊不当。

我政府自此立论，主张中国在西藏有宗主权。对于西藏之内乱，因行统治权之必要，不得已而出兵，无受英国干涉之理。英国之抗议确为不当矣。

然则在条约上规定甚明，更无异议。假令合法理解释，以为政治问题研究之，则同时可发见其附带之外交问题焉。

中国对于西藏有宗主权盖不待论。然既有宗主权，纵令无条约上之规定，亦得有干涉西藏之自由权。以是为解释，则英国亦不无自为辩论之余地。盖英、俄所主张西藏不可侵之主义，为自防卫印度国境而起，且不外保护商业上之利益。若中国政府滥行派兵，干涉其内政，以至坏乱秩序，将与西藏不可侵之主义抵触。其损害之所及，终不可以坐视。由是而生抗议焉，非必侵害中国之宗主权。例如无所制限，以增加办事大臣之卫队，愈以害华藏人民间之感情，必至一国国政愈见纠纷。因要求驻兵之制限与远征军之中止，终且要求不干涉其内政，视为一新外交问题。然此项事件，但以条约文字求解释，实觉稍远于事实。若我国有相当之实力，以交涉之侮辱如此，不稍退让一步未尝不可。特以民国创设，犹未完备，统一未固，自鉴周围之事情，不能不取一易为解决之方法。因是而条约上解释之争议暂置之不论，特含糊答复之如下：

一、民国因西藏骚乱而出兵征讨，属当然权限以内，断非他国所可容喙。惟新共和国亦愿改订中英两国之对藏条约，承认暂为停止进兵。

二、为藏民之幸福与中、英两国之利益，改订中、英两国关于西藏之条约，更当开诚商议，决不犹豫。

此虽非式正式之答复，然既未明言拒否，且为袁总统之手书，由其意旨求之，要不外求暂时交涉之犹豫而已。英国政府亦以我政府当时状态极为混沌，遂表同情而容纳之。其时尹昌衡在途之兵与自云南出发之西征军，方恢复里塘、巴塘，欲更进藏境，忽接中止进军之电命，遂次于金沙口岸(川境)以待。

征讨西藏军为英国之干涉而中止。其内情既传于外间，于是民间之舆论皆斥英国强辩之抗议为不当。一面猛烈攻击政府外交之失败。政府因一时舆论沸腾，颇陷于困难之地位。然当时六国借款之谈判业已决裂，国民之眼光群集于格利斯浦借款之速成，为一重大问题，不得不暂将藏事维持。盖有种种理由在焉。

一、借款成否，为民国存亡问题。六国资本团之苛酷条件，至使民国不得已而拒绝。忽有格利斯浦资本团慷慨而出任巨款，而该团即为英国人所组织。民国对英之恶感由是而减，且藉以调融焉。

二、外人拟议，以为若征西军入藏，则与前清宣统二年讨伐军入拉萨相同，必对于藏民有所侵扰，以至破坏西藏之秩序，破坏印度境界之平和。故无论自政治、外交上言之，自人道上言之，英国不可不绝对阻止西征军之入藏。此种议论，殆一时盛行于英国朝野。若民国蔑视而断行讨伐西藏，则必与英国开衅。

三、西藏自前秋与华人冲突，迩来迄无止时。因之产业及贸易大受击挫，食料品既告缺乏，财政亦极支绌，加之巴塘、里塘西藏军既为征西军所败，达赖为之气馁，无最后接续奋斗之勇气，遂私款蒙藏事务局，而授意于民国媾和。

四、民国政府内正力谋设立正式政府之准备，且财政困难，亦日加甚。加以外蒙问题之危机益迫，而终不能注全力于西藏问题。

有以上种种原因，我政府遂不能对于西藏毅然施行武力政策，不得已而决取怀柔主义。其内容及施行方法，由赵总理于九月十六日在参议院秘密会，对于西藏问题质问之说明，及段总长于九月十八日在参议院秘密会，关于西藏军事之说明甚详。揭其大意如左：

赵总理之演说：

一、藏人不欲施行新制，故民国在西藏不施行新制，悉依旧法，以定方针。

二、承认达赖之归藏及复其封号。

三、英人在西藏之生命财产，由民国十分保护之。

四、与英国缔结现在之条约，悉继续遵行之。

段总长之演说：

一、对于西藏不主用兵力，且以避英国之干涉为对付此事惟一方针。此后西藏问题当直接与达赖交涉。

此即我政府当采怀柔西藏策也。为欲避参议院之攻击，故对于英国之干涉，托名于条约或英人保护之下而实行其退让。以是西藏出兵之中止，名义上虽以尊重西藏之平和为理由，实则因英国反对出兵而许其要求。并从西藏之希望，于某范围立于民国统治权以外，以敷衍一时。至根本的解决，尚须有待于折冲也。然在政府当时之状况，则借款问题横于前，蒙古问题迫于后，舆论嚣然，皆攻击政府外交之无能，其势汹汹，政府或者因是而颠覆，亦未可知。此时政府，出于如是之姑息策，或亦非得已欤？

英国自初即认中国在西藏之宗主权，惟不认其统治权。既对于中国统治权之行使为极端的反对。于斯时也，民国政府亦已决定退让。是西藏无论欲为如何之企图，以侵害中国之宗主权，英国不复主张阳援阴助之义，再如当初之强硬。至十月十五日，经驻英代表刘玉麟电致政府。其条件如左：

英国允民国政府，若能履行下述二条件，则条约范围以外不再干涉。

一、履行中英条约之规定，不以兵力对西藏。

二、优待达赖喇嘛。

上述条件在政府本无异议，当即慨然许英国之要求以为答复。于是英国驻屯于拉萨之军队遂全行撤退。惟留一师之兵，守备印藏境界而已。

我国对于西藏问题所以让步之故，既可由交付英国之答复，略窥其意旨矣。至十月中旬，达赖喇嘛向政府提出媾和条件，由驻藏办事长官经印度而电致国务院。其条件如左：

一、西藏人当与汉人有同等之权利。

二、民国政府每年补助西藏五百万两。

三、西藏人得以西藏境内之矿山自由向外国人抵借。

四、西藏人得自由式练兵，民国政府不得干涉。但承认得以我国内地军队一千五百名派驻于西藏。

五、一切官制，虽照民国政府之规定施行，而人才则采用西藏人。

以上媾和条约，十月二十二日在大总统府会议，复在国务院会议而反复讨论。其结果如左：

一、第一条西藏人与汉人享有同等之权利。此事临时约法第五条本有明文，绝无抵触。第五条官制任用西藏人为官吏，亦无异议。

二、第三条以矿山自由为外债之担保，实为侵害领土主权之行为，绝对不能承认。

三、第二条请求补助费及第四条自由练兵，其理由如何，须说明之。

我政府据此以媾和条件审议之结果传达钟颖，同时又派遣与达赖有亲交者，与达赖再为该条件之商改而从事交涉，且命其将经过事项详细报告焉。

虽然，英国表面认中国在西藏之宗主权，且公言若西藏人欲毁损该主权亦决不赞助之。然在实际，该国当局者以为中国屡屡在西藏行使统治权，破该地并印度边境之平和，实英国所不能忍。为欲使西藏永远持续中英条约缔结时之情态，派遣一代表者常驻于拉萨。又附随于一千九百四年条约之利权，英国多有放弃之者，此际宜以有利之处置为急务。此种议论，一时盛行。与其所据以为名者，往往与事实相反。即英国之对藏策，虽非如俄国使外蒙自民国全然分离，而后行并合之策。然欲使中国在西藏之宗主权，视从前更为薄弱，即置之于有名无实之地位，而于此间确实增长其特种之权利，此固无可掩者也。

然则达赖喇嘛提出在西藏自由练兵或起外债时，得以矿权自由提供担保等条件，必有立于达赖之后以操纵之者。其理甚明。现在拉萨之办事长官一再报告政府，谓与达赖直接交涉之际，受英人种种之妨害云云。于是政府乃欲沽达赖之欢心，以求解决本问题或能有利。遂即允许英政府所要求之优待达赖条件，于十月二十八日复达赖喇嘛之封号，同时俸金亦复其旧。政府以为如此必能得达赖之欢心。更进一步，而劝告达赖自赴北京，与政府当局直接协定中藏之关系，以一扫双方之误解。然狡狯之达赖，以在北京协议，各种条件或有所不利，遂以谢绝。其谢绝赴京之理由如左：

一、目下西藏人民奉达赖为教主，无论何事，皆据达赖之命令处理之。此时若离西藏，恐起内讧。

二、西藏军心服达赖之威望，故严守纪律。若达赖赴京，不能保其平稳。

三、西藏一切交涉，皆达赖自为处理，故不能遽离西藏。

达赖据以上理由，谢绝政府之劝告。然袁总统解决西藏问题，仍不欲因是而一变与彼直接交涉之方针。乃更致电达赖，谓达赖如不能自行赴京，可速派代表者来京协议云云。达赖亦既允诺，将派代表赴京矣。乃俄蒙协约，忽于其时发表。我国上下喧嚣叫号，视线悉集于北边，至不遑兼顾西藏问题焉。达赖遂因是而中止派遣代表，观望中俄交涉之结果如何矣。

达赖所以中止派遣使节者，虽有许多理由，然若库伦之独立归于失败，则西藏必表示柔顺，于一定条件之下与民国媾和。万一库伦得达独立之目的，则西藏亦乘此时机，以脱民国之羁绊无可疑也。以此推之，则钟办事长官电致政府之报告，谓：达赖拟向英政府为七十万镑之借款，一面整军备，一面购入粮食云云。决非无因之言矣。

惟达赖虽屡为库伦之活佛所耸动，谓宜急仿蒙古独立之举而卒未表同意者，此其理由非他，因达赖与英国之关系及英国对于西藏之位置，较之活佛与俄国之关系及俄国对于外蒙之位置大异其趣故也。

夫达赖虽为近代西藏喇嘛中最杰出之人物。然往往萦于私利私欲，而大局转若置之不足重轻之势。现西藏之兴废，一系于彼之一身，而达赖乃使部下干涉印度鸦片之输入而贪其暴利，此其例证也。故袁总统知达赖为人，无确乎不拔之定见而有贪欲。又当彼归锡于西藏，间接直接皆受英国之保护。其结果西藏之实权，渐有移于英人掌中之势而不无后悔。且惧其易迷于外人之甘言也，乃嘱其派遣使节于北京，与之直接开讲和交涉，达赖亦既允之矣。而袁总统派遣马吉祥、姚宝来赴西藏之命令，即此结果也。此不但赍封号与达赖，与交付俸金也，且欲使一般西藏人知共和之利益。不由讲和谈判之形式，而收讲和之实。故该二册封使节，当出发北京之前一日，即十二月十六日，谒袁总统请训，总统语以大旨，其词如左：

> 西藏为中国之门户。此次达赖倾心于共和，诚五族之幸也。但喇嘛中不知共和之利益者甚多。一到西藏，速将中央政府之情形及中央对于西藏人之所有希望，向彼等十分解说。至其余中央与西藏之融洽策，可与钟办事长官、尹镇抚使等协商后适当处置之云云。

然则该册封使之派遣，虽不能即视为媾和决定之使节，然其实质上实带有重大之使命。彼等入藏后，于其折冲上所生之效果如何，是即民国与西藏间亲疏向背之所由系也。

遣派使节，避英国而与达赖直接解决西藏问题，此为我国一面之希望，非英国之所愿。英人固决不甘放任之也。何则？英国对于西藏之行动，虽非如俄国之对于外蒙显抱野心，然最近驻英外交代表刘玉麟曾电致北京之报告如左：

英国愿承认俄国在外蒙之自由行动，当以变更俄国一千九百零七年英俄关于西藏之规定，承认英国派代表于拉萨并许其干涉西藏之内政为其代价，以是向俄国政府声明。

俄国政府则拒绝之，以为外蒙自初即为俄国之势力圈内，所有对蒙之处置毫不受他人干涉，不能应交换之要求云。

又西藏办事长官钟颖亦有电致北京。其文如左：

> 十二月十五日以前，英国既将军队自拉萨撤去，复以步兵四联队、骑兵三中队入拉萨。

据以上事实，则英国虽认中国在藏之宗主权，亦属有名无实。其目的在确定本国之利权，殆确乎不可动。是则如袁总统之计划，欲但操纵达赖而解决今日之西藏，其成功甚不可望。且英国亦必起而妨害之。此事固可推想而得之也。

果也。杨芬自印度来电云：方奉使命入西藏。及大吉岭，印度总督不给护照，并阻其前进。不得已径电达赖，其回电之主旨，所答非所问，仅有汉兵焚杀抢劫云云。其向背之端，则不明言也。

杨芬以如何之资格而入西藏乎？印度总督以如何之理由不给护照而阻其前进乎？虽不及详知，然苟为民国之使者则阻止之，其理固甚明也。

此可以一言蔽之。在目下悬案中之西藏，我国政府无论派册封使，派宣抚使，派密使，在民国一面，以为出以平和之手段，在对面之英国言之，则皆为反复诱惑。苟中英交涉未了，固非可自由行之者。英国对之阻止其前进，殆与阻止敌之斥候欲图破坏英国之政策者同，不容疑也。

即英国政府对于民国政府，既未就英国政府所提出之要求与以明确答复以前，暗中执笼络达赖之手段，即显有害其感情又不容疑也。

十二月十八日，袁总统先使张锡銮为奉天西边宣抚使，行招抚东蒙各王台吉之策。继又以温宗尧、王人文为西藏宣抚使，招抚西藏，而提出于国务院会议矣，

英公使闻此消息，以为我政府关于西藏问题，对英交涉迁延至无期限，欲用怀柔手段操纵其间，使英国之要求终归无效。于是电致本国政府，请示训令。英国政府以为去年八月十七日提出之要求本以好意，而任其犹豫答复，乃民国政府如是，遂命英公使，速求前要求条件之答复。英公使接政府之命一再催促，陆外交总长十二月二十三日之答复即其结果也。

英国政府自接该答复以来，亦未提出何种抗议，想尚在筹思考虑之中。吾人可拭目于今后之交涉矣。

1913年4月1日，9卷10号

令川边各军队抚辑番民(中国大事记)

西藏达赖喇嘛派充边务大喇嘛洛桑吉麦郎结致文云南蔡都督,据称:达赖令番官勿得争战,并恳委员到境查办。蔡督当为转电中央。政府因饬尹督严饬川边各军队,抚辑番民,保护庙宇僧俗人等。川边区域严守前清末年界限,军队勿过江达以西。有扰害番民者,准其呈诉,当予审办。

1913年7月1日,10卷1期

公布蒙藏王公等服制条例(教令三十二号)(目)

西藏喇嘛等谒见总统(中国大事记)

谒见员名列下:西藏默尔根诺门罕扎萨克喇嘛阿江赞桑布,西藏达赖委派驻京代表罗布桑,车珠尔达喇嘛阿旺根敦,参议院议员札布士噶,参议院议员一喜托美,西藏捡派翻译江曲达结。

1913年8月1日,10卷2期

西藏社会调查记

沈与白

(一) 社会之阶级

西藏人民(合僧俗言)之阶级可分为三,每级中又分三小级如下。

(甲)上级(藏语名拉布)

(一) 拉布楷拉布,意即最上级也,君主、皇族、活佛、达赖喇嘛属之。

(二) 拉布楷丁,即上中级也,摄政者、寻常达赖喇嘛、大臣、议员、顾问官、博学之喇嘛、大僧院之教授等属之。

(三) 拉布楷达马,即上下级也,书记官及稍下之喇嘛与僧人属之。

(乙)中级(藏语名丁)

（一）丁楷拉布，意即中上级也，数世之巨富、原地主及旧族与老人之曾独力捐资以助国者属之。

（二）丁楷丁，即中中级也，书记家、执事、侍从、庖人及其它司小事者属之。

（三）丁楷达马，即中下级也，军人、农人、佃客属之。

（丙）下级（藏语曰达马）

（一）达马拉布，即下上级也，服役于家之男女仆及其它顾[雇]仆属之。

（二）达马丁，即下中级也，无定居者、有妾而无妇者、自甘乞丐者、穷民及无赖者属之。

（三）达麦达马，即下下级也，屠人、清道者、经理死人者、铁工、金工等属之。

（二）婚姻

论西藏之婚姻制度，则其阶级之严，犹逊印度。富女可嫁贫夫，贫女可妻贵族，惟皇室及阀阅之家，其女通例不适下级人民，苟不得相当之偶，宁送其女于僧院及尼庵也。

婚礼各级皆同，所异者惟饮宴时之资有丰啬耳。结婚之初，夫家例聘一媒，往说于女家，如得允诺，则夫家即送致酒及币等礼物。女家固辞，言其女不美不才，恐不足于执箕帚。媒则盛称新郎之善，女家乃言若不蒙见弃，愿缔朱陈，请商之亲友即报命也。数日后，许配之言，乃由媒以达于夫家，夫家乃致酒二十瓦（或三十瓦）于女家，女家即以此酒款其戚友暨仆役，并赠每人巾各一方。中等人家之缔婚，夫家恒奉女家酒约五十瓦，钱约六百卢比，于女家之老辈及戚友，亦每人各赠巾一方。婚姻之事，男女家皆由父母主持。

成婚后，女家即迎其女及婿归宁，三日后乃遣其归，并与以乳牛（或黎[犁]牛）一、小马一、牝牛四、夏冬衣各二，并珠宝绒毯木器及杯盘等用具，又银约五十两，女伴一。凡女之亲友及邻里曾受其一巾者，至是亦以一巾并一钱赠之归。

成婚后五日，新妇乃易新衣而服常服，对神行小祈祷。第六日新妇即躬亲家事。是时新妇之弟或戚，常伴之。过七日，乃离去。

成婚三月后，女家乃与友人及仆，偕食物来婿家，求纵其女归家省视。婿则款留之十日或十二日，乃偕妇归岳家，并携衣物酒食以为赠。至岳家住一月乃归，归时岳家亦赠其女及婿以衣服珠玉等物。若贫家之嫁娶，则礼仪甚简。至婚姻年龄，藏中殊无定限，通常嫁娶之年，为由十五至二十五，而女常长于男。

藏中离婚之法律与习惯，颇可研究，今详述如下。若男子毫无罪过，愿与其妇偕老，而妇决欲与其夫离，则妇应按其夫娶彼时所出财礼之数，加二倍赔偿，以为毁婚之罚，名曰离婚罚金，或无罪罚金。

反之，若妇实无过，而愿与夫偕，惟夫则决欲与其无罪之妻分离，则夫应给其妻十二金屑（屑乃藏语，十二金屑合九十卢比），以为离婚罚金，或曰事奉工价。按其妻由成婚日以至离婚日，每日夜各用麦六磅计算，其夫又当归其妇以嫁装之值。若离婚时而有子女，则男归父而女归母。若夫为富人，则裁判官可令其分其财产之一分与此离婚妻，以为其女衣食之资。反之而妻为富户，亦当有所给与于其夫，以为其子衣食之资。又两家定婚约时，苟一为贵族之男，而一为平民之女，曾有明言夫妇应患难相安，欢乐与共者，当其离婚时，则其财产可按二人之真情与罪状，并其匹配时彼此互赠礼物之数而分享之。若离婚出于二人之愿意，则裁判官可不问二人之罪状何如，而为之均分其财产。若奴仆之婚事，则其分合，一听命于主人。设如有一仆娶一妇，在主人之心以为此妇必能事奉其夫，乃此妇竟无用，则其被弃时，应得其夫所有物之六分之一，而听主人为其夫另纳新妇。

西藏法律，禁同族人与在七世中之血族联婚。……

（三）丧葬

藏人以为人之脉动与呼吸俱停止，犹不足以为生命灭绝之证。彼等以为人之灵魂，虽当其人已死之后，尚存留于身三日，故其人甫死，而即移之出瘗者，是乃罪恶之举也。现时西藏与蒙古，凡人死，皆当停其尸于家三日。此三日中戚友皆来吊，并祝死者来生之幸福。至第四晨，乃将死者及移尸者之运命占算之，又请一喇嘛为行葬礼。喇嘛则作法使死者魂魄由脑之一裂罅出，苟不得行此葬礼，则死者魂魄将失其大道而入于永劫所或地狱之门。当是时喇嘛独留于死者旁，一切门窗皆闭，必待喇嘛宣告死者魂魄已由何路出，然后乃可入室。丧家因喇嘛任此庄严之事，乃以牛羊及金钱以为酬之，厚薄则视死者家计丰啬以为断。

当柩未离家之前，用一星士推占死者亲友之生辰，苟有人与死者生辰同一星辰，则其身将有大不幸，此等人即不得侍从葬事，而星士则因此而得赐与焉。是时用布将尸紧束，置于舁床，向吉祥之方位而停于屋隅，近于死者之头，则燃五牛脂灯，环之以帘，并陈死者常嗜之饮食及一灯于帘中。诘朝，柩乃出发于葬地。当柩出发时，戚友皆向之行一冥礼，以二人携酒茶及食品随其柩，死者之家僧或喇嘛，则掷一钱于舁床上，而缓随其后。当其前行时，其右手乃击一手鼓，而左手则鸣铃。苟柩未至葬所而中辍于地，则其事为大不祥，如不幸而遇此等事，则即于其地重新再为整理。拉萨之邻有二葬地，一曰伐邦卡，二曰西拉夏，凡殡于伐邦卡者，则付三唐喀（西藏钱名）于此地寺僧以为茶敬，殡于西拉夏者，则付一唐喀于守墓之人。

每一墓地皆有一大石碑于其上，刻死者之服饰。尸则置于下方，司此事之喇嘛乃将尸截为无数片段，第一片则掷饲最大或最老之鹰，余则饲他鹰。死尸毕碎后又将其骨与脑相和以饲鹰。既乃用一新瓷杯盛牛酪与麦粉，燃之以为香，以送死者之灵。司葬事者乃净其手，略离墓地而晨餐，日中乃归。由死后四十九日间，皆当贡献酒食，并燃麦粉牛酪松屑以为香。

死者死后第七日，则颂祷者为之祈死后之冥福，而一切施济，如谷食金银等物，皆以奉之僧人。此等举动，每值第七日，皆当举行，至四十九日大宴喇嘛后乃止。若死者之衣物，则以送于寺僧，而其财产则遵死者之遗嘱，赠于高僧或有令闻之喇嘛。藏中遗嘱之制，其由来亦甚远，富人每以其财产遗嘱赐其子或其友，又留一分以为其身后事宜之费用。

碎尸者，藏人自以为最善慈之举动，而最高尚之道德也。苟死者之尸为群鹰所乐噬，则死者印为善人，反之而鹰之来噬者少，且犬亦不近之，则其人即为大罪恶者。凡孕妇无出妇及疯人之尸，皆裹以革囊而投之于漳浦河（西藏大河）。藏谚云：生子而不育者，白石女也。女而不育者，半石女也。子女俱不生者，黑石女也。此类妇女及疯人之尸，皆极不净，不当葬于乡土境内，乃置之于最高之山谷，或蒙以马牛皮而掷之河。活佛喇嘛之尸，则不用鸟葬而用火焚，其灰与骨，则宝藏之于器。他如贤俊之徒，系从佛教流派而出者，则存其焚余于金银铜器中，其保存之法，亦如埃及木乃伊术，将藏此焚余之器，供于神位，如佛像然。活佛喇嘛死时，必言其死后再降生于何时何地何家，并言此家为何种人及其姓名，嘱其友朋，于其死后致敬尽礼，以贺其来生之幸福。大勒河（Talai）与大什河（Tashi）二地喇嘛之死，则一切公事私事或商务市业，皆为之停止七日，妇女则禁装饰，男则禁服新衣，各三十日。寻常喇嘛与僧人，遇此等事，则悲哀七日，不得剃头，当有事时，亦不得戴冠，各种人民，皆不得娱乐宴会戏剧及一切嬉游之事。如此举国尽哀之重大丧礼，仅限于此二大教主。其它寺院僧人或家长之死，则哀礼仅限于其亲近之僧人及友朋。又富贵人当其亲之丧时，不得举行婚礼，并为远方之旅行。西京之佛教徒，其死也，尸则以火焚之，在火葬后第四日，以一喇嘛为行洗礼，即将其遗骸骨烬收起，葬尸之地，则以水净之，然后盛遗骸于铁器中，骨烬则抛之溪流。喇嘛与要人之骨烬，细碎之后，以粘土和之，盛于贮像器，而置之庄严之地如寺庙或山谷等处。至七日葬礼俱毕后，乃大招戚友宴饮。而此地亦有请僧人为死者驱逐邪魔之俗。

(四) 医药

藏医于痘疹之术，智识甚浅，其种痘一依中国医生所用之法，选壮健儿童之痘疹轻而痘浆良者，和以樟脑或冰片，用一管吹入患者之鼻中。惟选择痘浆时，当格外注意，并详为试验，乃不至贻误。水痘甚平和，故种痘者多用之。

犬癫症（或恐水病）于西藏、蒙古、中国最多，其症情何如，恒据犬之色以为断，或据其人受犬所伤之时日以为衡，此类医药，颇为有效。其法用一吮毒器（器类印度之放血杯）以吸出患者所受之毒，更于伤处放出其血，若患者当受伤之次日，即求医者诊治，则医者仅以火炙伤处，并贴以牛酪郁金含毒扁桃核及麝香等物制成之膏药即愈。

在下康波（Kangbo）坡波（Pobo）自马客约（Pemakyod）及南藏之各，处山地，并尼泊尔（Nepal）西京（Sikkim）及布丹（Bhutan）等地，常有一种鹅喉症之流行，考此症之源，系因土人常饮石灰质之水所致。此症为藏医所能辨认者有六种，各种有各种之炙治法。其法于耳后之颈静脉放血出，又取患处隆起之筋肉，并家传之秘药，和以野牛或羊之干喉干鱼盐类胡椒螺壳末等物，焚于药炼之器中，症即愈。

蛇咬症于西藏高处殊少见，惟于低地如张坡谷（Tsanpo）等处则蛇最多。蛇咬症之治法，亦同于犬癫症，紧束一绳于伤处，以放血杯放其血，然后以牛乳洗伤处，若用驼乳则更为神效，因亚细亚高原居人，尝信蛇苟咬骆驼，则蛇立死而驼仍无伤故也。若人被伤之后，苟不发极热之感觉，则火炙治疗法在所必用。受此症者，治内之药，如益智麝香胡椒及其它土药，亦所当服。在白马客纳之野人，当其受此患时，当不惮截去其伤处之筋肉，然后以麝香及熊胆敷置伤处而紧束之，以俟其愈。

当西历正二月时，拉萨府常举行祈祷之聚会，四方来者极众。是时每起一种传染病，人民咸受其殃，若治之不得当，则病者不出十日即死，然病能支持十三日，则痊好犹有可望。此等症，藏医以土药治之，恒有奇效。

于拉萨西格泽（Shigatse）又其它西藏城镇及寺院，有一最危险之症，人得之即死者，则疯瘫是也。此症为藏医所能辨识者凡五种。据其言，此症之发现，恒在成运之月之初四、初八、十一、十五、十八、二十、二十五、二十九等日，凡人年逾六十而得此症之任一种，鲜有能再生者。若患者为此症中不甚危险之一种，则尚可乞灵于药物。

癞病为亚细亚高原流行之病，此症称谓不同，或曰蛇病，或曰腐蚀病。此病之原，土人每以为邪神故意祸人之所致。故亚细亚高原之民，常于门前插有符咒之旗，以阻此症之来。又此病之原，每由起居饮食之不适宜所致。藏医辨其类共有十八种。医治之法，不外祈祷此症之神，或服本地之丸药。

浮肿症高亚细亚虽少，然在西藏东南境则颇多。此因食不滋养之物，或运动时饮水过多，或卧于潮湿之地，致身体受寒，因之消化减少，病遂由此而生。此症共有十三种，大别之为热腋肿或冷腋肿。此症之治法，藏人以骨灰为最良之药，他如葡萄、肉桂、铁酸化物、柘榴、石灰等物亦用之。

胃弱症（即消化不良）于西藏最多，为藏医所辨别者，共四十三种。

齿痛症于西藏人亦为通常之病，盖因天气过于严寒，而水泉太冷之故。在张唐远地之居民，每于三十岁以前，齿即脱落。

（五）戏术及游嬉并节假日

藏人之玩具亦有数种，有所谓多眼戏者，状如象棋，又有骰，系用以掷者。此等嬉戏，虽宗教中人亦许为之。他如角力、射箭、马上掷球等游戏，惟人民得为之，喇嘛则不许也。喇嘛而欲为此等游戏并跳舞唱歌，则仅限于新年、假日。

仲夏时，藏中人民及贵族，皆盛张帐幕，为唱歌、跳舞、野游等戏，以共相娱乐，数日乃止。

八月则有中秋节，历时七日或十四日或二十一日。此时喇嘛与人民群相娱乐，并为舞跳斗技等游戏。此节凡北方佛教国皆有之。

藏人于七、八两月之时，沿河岸张以帐，男女共浴其中，以为此乃清净礼也。

在十二月之后半月则有喇嘛跳舞于各寺院，以为足以驱逐邪魔。有时九月初四、初六及二十二皆为节日，因九月二十二日为佛降生日故也。

当西历六月之初以至七月中旬，凡喇嘛皆退居于僧庙。在此时期中，彼等不得妄自出庙，并为娱戏之事。此俗名曰雅拉斯，意即夏日居留也。

大勒与大喜二处喇嘛之生日，即为假日。其满三岁或二十五岁、四十九岁、六十一岁、七十三岁、八十五岁等时，则为大节日。藏人对于日、月蚀，其宗教之礼仪，一如印度。

大喇嘛之厨所，乃一黄色大建筑，位于其宫之东，其烹煮器，皆饰以金银及宝石，约值二万卢比，又此等器皆以坚金为之。其所食之牦牛，人民对之皆当致敬。

当新年将近时，则有五喇嘛为大喇嘛备糕饼并美食，彼等之口（即喇嘛），常蔽原丝数层，使为大喇嘛所备之食物，不至为呼吸气所污。某村中常有造面食、糕饼者二、三百人，以供官吏、喇嘛、人民之需。每值新年，藏人无论贫富，皆有所预备，如中国然。

月之三十日，谓为新年之晚，各家器具及装饰，皆重新洁治，各种供物，皆备具于家中正庭，凡墙柱门楣等，皆以稀乳水净之，门上则画有莲花及兽爪形，土人以为可以永保吉祥。夜间则通城灯烛辉煌。如此者凡三夜，乃止。

新年日，土人谓为帝之新年时，则大喇嘛受人朝贺，执政大臣咸致礼喇嘛以祝其幸福，并送以酒及食物。喇嘛受而尝之，先酒而后食，乃鸣喇叭，达赖喇嘛乃登位，各官及僧正皆依次而坐，先食茶，次食牛乳与糖炙之蕃薯。食讫，诸人皆向喇嘛致祝，并献一礼巾，约长八尺，喇嘛则温语抚慰众人，并答以吉祥语。

新年时跳舞之人，遍于街衢或各人家，彼等皆戴一假面，状类黑鬼，颚下饰以松白之髭，当各家晨晏[宴]时，彼等则往跳舞，或言吉祥事。午后，各家复均有宴事，男女宾客与宴者，皆当跳舞，跳舞时先女次男，继则男女合跳。新年之酒宴，止于第三日正午，是日各寺院僧人皆聚于觉康地，听大喇嘛讲道说法。由此三日，以至月之二十四日，彼等当有一大祈祷之聚会。

1914 年 8 月 1 日，11 卷 2 号

西藏之女权(目)

甘作霖

1915 年 8 月 10 日，12 卷 8 号[①]

日僧入藏取经记

(1903 年 5 月，河口慧海从西藏返回日本。7 月，《东京时事新报》、《大阪每日新闻》两报的记者，将河口慧海的口述记录，以《西藏探险记》为题在两报连载，长达一百五十五期[②]。

河口慧海第二次从西藏返回日本以后，在 1915 年 9、10 月份的《大阪每日新

---

① 1917 年 9 月 5 日，第三卷，第九号《妇女杂志》登载《西藏女子之自述》(记述门)，天风无我仝译。《西藏之女权》内容与《西藏女子之自述》内容相近。

② 秦永章先生著：《日本涉藏史——近代日本与中国西藏》，中国藏学出版社，2005 年 8 月第 1 版，第 56 页。

闻》、《东京朝日新闻》等报纸上，分别以《西藏入国记》、《入藏记》为题发表了自己的第二次西藏旅行见闻[①]。

《东方杂志》1916年3月10日第十三卷第三号、1916年5月10日第十三卷第五号、1916年6月10日第十三卷第六号连载了《日僧入藏取经记》，译日本大阪每日新闻，译者：病骥。）

此篇为日僧河口慧海所自述。河口氏深入印度西藏内地，先后十一载，备历险阻，委身研究梵语。于本年（一九一五）九月三日，附日本邮船博多丸东归。今并译其在神户与大阪每日新闻记者之谈话。别题为《藏行纪概》，冠于记之前，以为发凡。译者识。

慧海师曰："吾第一次抵印度，系明治三十年六月二十五日。因将为西藏之行，在大吉岭延搁一年有半，专事研究西藏俗语。然由大吉岭赴西藏，向干例禁。因复往尼泊尔，濡滞月余，舍东北进之路，改向西北行，抵尼泊尔与西藏接壤之蔡伦地方。讵是间故有关禁，无可入藏，不得已又滞蔡伦一年，就最著名之赛来浦大学中西来蒲章京博士再习西藏语及秘密佛法，一面筹商通过关禁之法。在蔡伦偶闻土人言，欲为藏行，可由雪山中达拉直利山北向前进，较为便捷，然此山非待六月至八月间，不能跨越，因此又复闷待多日。至明治三十三年八月三日，方得入藏。抵其西北一都会福鲁德爽，时去国已三年矣。自此北行，可直达西藏首府拉萨。继思间道入藏，脱为英吏侦知，反于身不利，乃故在福鲁德爽暂住，然后踏破一万五千五百尺之高原，向麦那萨尔进发。在此遇一精通佛教之绝世美人，名孟德开拉司，吾于无意之中，与此美人邂逅，就习女学，其事之奇妙，仿佛置身支那小说界中矣。由是多获意外之便利，终得安然入藏，不可谓非佛力冥导所致也。明治三十五年，出西藏。三十六年，至尼泊尔，遇其执权（指主持教务者），约与交换梵天之教典，此事本为吾之夙愿。盖此教典在日本仅法隆寺有一二部，实属稀世珍品。吾获此物，私心欢喜，自不待言。

吾于明治三十六年五月归日本。其后再图入藏，仍拟经过印度，于时值日俄战争，烽烟扰攘，暂未遑就道。迨明治三七年，乃再抵印度，又在尼泊尔研究佛教之教典。三十八年，赖执权大臣之力，得古寺旧家所保存之梵语一切藏经，约一千五百卷，送至东京帝国大学，吾中心大为快慰。寓居尼泊尔八阅月后，又归加尔各答，会

① 秦永章先生著：《日本涉藏史——近代日本与中国西藏》，中国藏学出版社，2005年8月第1版，第55页。

见达什喇嘛，约以日本板一切藏经与西藏板之一切经相易。未几，入他可尔福鲁帕鲁学校习梵语，旋折赴白那拉斯研究梵语至八载余。至大正二年夏，始再为藏行，亲携京都槙尾山住持释大真师所赠之日本一切经全部，于同年十二月二十日发加尔各答。大正三年一月十二日，由间道入葛兹爱，五月，发葛兹爱，八月，安抵拉萨，获与达赖喇嘛会晤。吾前次入藏，曾有所记录，原稿为某寺取去，竟为印布，在拉萨大受欢迎，与藏人感情既洽。遂于无意之中，得梵语古典二帙：其一帙系录于树皮之上者；其一为完全原本，俱至可宝贵。此次携与俱归之珍品，当推此为第一矣。在拉萨半年，即作归计，于本年五月四日，行抵大吉岭，以破坏英所悬厉禁，几被逮捕，幸荷印总督之庇护，得免无事。遄返日本，综计所费时日，前后都十一载。羁旅之中，日仅一饭，聊御饥火，万事欲求节省，幸身体尚健，未尝一日不适。所著法衣，虽已破败，然所携归国物品，多至一百五十余种。除达赖喇嘛所送一切藏经外，尚有历史古书以及佛像、佛具之属，类可用充医学、植物学之标本，为人间不可多得之物。此中大半皆拟持送东京帝国大学者也。世人皆称西藏为世界秘密国，几于无论何人，皆不能漫然侵入。不谓此秘密国中，亦有日手大阪《每日新闻》一纸以观者，此宁非不可思议之事，而差强人意者乎？吾于去年读大阪《每日新闻》，始知欧洲有大战争也，言已，呵呵大笑。

一、求梵语之一切经于西方秘密国

尼泊尔国王之约

吾先后两次冒险入西藏，其目的初非同世之探险家，专以探险为事。吾之惟一本愿，不外欲得佛教经文原本之梵字经典，及世所称翻译最正确之藏文经典。而于汉译经文以外，别就佛典之原书，新有所研究耳。以欲达此目的之故，煞费心力，卒如愿以偿。第一次入藏，抵拉萨时，吾之化装，微为藏人所觉，未达目的之半，迫而饮憾去藏。比返至印度大吉岭，询悉在拉萨以厚意遇我之度支大臣，以袒庇素不相识之外国人，获罪系狱。而吾之母校赛拉大学，亦被累奉命停闭。吾虽一僧人，然他人因我故被难，又岂能淡焉相忘，视若无与己事？因立赴尼泊尔国，谒其国王，哀恳王为尽力救助拉萨度支大臣，即于此时，与尼泊尔国王约定，以日本之一切藏经以与梵字之一切经相交换。

金钱无灵

吾于明治三十六年先行归国，复于三十七年十月，奋勇再就入藏之途。亲携黄檗之一切藏经及驻日英使马克特那特氏致印度总督劳特喀森卿之介绍书以往。时英国远征队正谋侵西藏，吾私心窃计，既携有英使介绍书，倘得随远征队同往，必易入藏无疑矣。不意会晤印度总督，竟为所拒，谓足下之希望，固属可谅，然入藏之事，断难允许云云。并尼泊尔之行，亦不之许。始吾尝扬扬得意，至此乃全然失望，毕竟如何而可，一时殊无以为计，旋复鼓勇百方运动。有以钱可通神为劝者，智尽能索之余，此策亦不失为一方便。乃悉索空囊，姑为尝试，终亦无效。惟以总督之特别厚意，才得许至尼泊尔一行。吾中心固亦不服，但终不得不赴尼泊尔交换经文，因故将入藏之事，置为后图，决意先赴尼泊尔。此时忽由孟买传来一绝可骇愕之恶报，谓吾所携往之一切藏经，皆罹火灾。吾骤闻此耗，别无可为计，惟有仰天痛叹而已。

幸免火灾之一切经

当时以日俄战争之影响，船舶不足。日本邮船会社之加乐尔各答航路，一时废止。故吾之行李杂物等，皆由孟买经过，适遭孟买市之火灾，邮船支店之货栈被焚，邮船支店长驰电告我，谓吾之所有行李，尽归乌有。吾此时自思所携诸物，其中如预拟持赠印度王及西藏法王之土产物，以逮伊藤理学博士所赠采取高山植物之用具等，皆非所致惜。但祈佛天之加护，使我梦寐萦怀之一切经得免于劫火，于愿已足。俄尔电报又至，文云：行李悉毁，锡盒存。呜呼！存者，果锡盒耶？此锡盒内所藏，实大阪诸信徒大发宏愿施舍净财以相赠之一切经也。吾接此电，玩绎至再，喜极不觉泪下。此锡盒寻由孟买运至大吉岭，见其外部焦腐已甚，吾乃战战兢兢，启视内容，因为救火之水，稍稍浸润，经文略被污点，然迄未有一卷短损者。经此巨劫，竟依然无恙而仍返于吾手。吾欣幸之余，因以手重为摩挲一过，似觉有一道光明，由经卷中文字映像吾面者然。于是再将此一切经严加封缄，纳诸一箱中，径向尼泊尔国出发。此明治三十八年三月事也。

二、八年间梵字之研究

征发经文之命令

吾抵尼泊尔时，尼王践前岁之约，立予召见。问吾日本经典已否携来，吾因备陈孟买火灾之颠末及遘火之奇特，随以一切经献于王。王大悦，即下征发之命令，命境内各寺，将梵字经典送至王宫。无如交通不便，欲达目的，尚需时日。吾因留其地，研究之余，兼以敷布佛教为事。不知以何因缘，此国之农工商务大臣，身为显官，对我之信仰，亦迥异寻常。谓当就其力之所能及，竭诚援助，并代谋便利。不俟吾之恳托，早已为我别求搜集梵经之法。此人殊属奇特，竟遣特使四十余人，令以三月之力，向全国古寺，于王命以外，别搜古经典。缘是经文辐凑而入于吾手者，日益繁夥。其由国王致送之经典，无虑二十五万偈，每偈三十二字，十万偈之量，殆与我之大般若经六百卷齐矣。此经文中有三叶，尤称珍品。至得诸农工商务大臣之手者，以分量言，实逾于国王所赐也。

梵字之深奥

吾所得之梵字经典，即匆匆略翻一过，亦大费时日，然吾一生法悦之充满，未有过于此时者。吾以成人以来积年之辛苦，至此已酬其半，愉快之情，匪可言宣。因思昔三藏法师涉天竺，蒙佛圣者授予一切宝典，其自意亦若是欤？顾详核此种经文，所记年代，颇不一致，同一梵字，字体亦多殊异，因悟仅以前此所有梵字之知识，必不能了解全部，惟有倾注全力，再事研钻。乃于三十九年冬，去尼泊尔而转入白那勒斯（印度内地），居其地前后八载，一心不乱，专事古梵字之研究，而入藏计画，亦时时有所筹思焉。

会见达什喇嘛时监视之严

入藏第一机会，尚稍在未赴白那勒斯之前，当时西藏日喀则（在拉萨之南）之达什喇嘛，为英吏漫送至印度。其表面之理由，谓英太子（英今皇）时方在印度，将带领谒见，实则驻印英吏，欲夸示其远征西藏之功，因强挈达什喇嘛，共抵印度。于时喇嘛所属僧兵四千人，大为激昂，势将与英兵决裂，喇嘛忧虑不知所措。原夫西藏诸寺，所栖僧侣，类昔日之日本。所谓僧界壮士者，实繁有徒。大寺恒五六千人，小寺亦不下三四百人，所称僧兵，即此辈也。英国并吞印度诸国之外交手段，西藏人知之甚审，故达什喇嘛之被拘致，群虑将为缅甸国王之续。即喇嘛亦颇栗栗自危，其濡滞加尔各答，殆与软禁无殊。吾既闻其事，私计倘达什喇嘛得无事再归西藏，从与俱入，岂不甚善。因赴加尔各答请谒喇嘛。然欲见喇嘛，自不得不有求于英吏，乃英吏辄依违其词，务使我弗获与喇嘛晤面。顾欲妨害佛教僧徒与同道高僧之会见，殊无健全之口实，卒承允许。惟所附条件，至为严酷，谓止许一接喇嘛之颜色，不准交换一语，既英吏导见喇嘛，喇嘛以恳挚之词语吾曰："贵国佛教盛行，且国民忠勇无双，屡借东风之便，入吾藏人之耳，何胜景慕，甚望此后，彼此亦相亲善也。"吾以喇嘛发言如是，自惟略与寒暄数语，当非所禁，甫欲启齿，不意在旁监视之英吏，见喇嘛之语已毕，即大声叱云："退去！"遽拥吾身而推之于堂外。

三、会见达赖喇嘛并释其误解

达什喇嘛思归之切

我初次与达什喇嘛之会晤，既格于英吏之监视，不得一吐其意见。嗒然而退。翌日，喇嘛忽遣使抵吾许，谓务与吾一晤。此意乃发自喇嘛，即英吏亦无能妨害，仍许接见。其实僧侣所谈论初与政治无涉，英吏渐亦放怀。自是以后，吾遂得自由出入于喇嘛之所，无复阻滞。维时喇嘛方以身羁印度，过自危惧。谒见时，谓我云："吾岂长此留印耶?"察其词色，至堪怜悯。吾遂见吾国驻印某军官，令密见达什喇嘛，谓之曰："公必可安返本国，请勿虑。"吾与某军官，非欲有所图于西藏而然，实以目睹喇嘛近状，恻焉动心，因进此言，聊减其愁戚耳。

英吏之执拗

由是达什喇嘛，喜不自胜，遇我如嘉宾。吾乃与语："我因欲得梵字之佛典及西藏译之一切经，至寄身异域，备历艰辛。"喇嘛温语相勉，谓贵僧之勇猛心，至堪赞叹，即与我约定，倘有机会，当持西藏佛典全部相赠，并谓若英吏见许，将与贵僧同归西藏，词颇恳挚。吾固大愿其事之成，然卒尼于英吏，未遂所怀。未几，喇嘛果如我国某军官所保证，得仍归西藏。吾遂飘然走抵白那拉斯。吾第一次入藏，英吏初未相妨，而藏人颇怀疑猜，不得不伪装为支那人，以谋行程之便。今兹之行，在藏人固已无复疑虑，而偏阻于英吏，好事多磨，固亦世事之常，原不足深讶。惟日本人入藏，英吏所为见忌至此，实缘前此藏人蒙昧不智，外人之言辄视为异端之魔说，自始未尝有信赖外人之念，故外人入藏与英国势力略无影响。顾在今日，藏人已能粗晓世界大势，英吉利以外，各国人之议论，亦既饫聆有素，尤以日本为佛教国，执亚东之牛耳，势力雄厚，藏人谂之久，遂有倾慕日本之思。驻印英吏固自尊重日英同盟，然使西藏方面，一旦忽生葛藤，必为英国莫大之患。故日人入藏，非其所喜，从而防遏綦严。前此日本有军人某，谋旅行中央亚细亚，以行程必经西藏，乃请于印度总督，求许通过藏印接壤之途，而日本驻加(加尔各答)领事，亦从中曲为尽力，然印督貌与委蛇，而阴故尼之，卒不得要领而罢。

西藏来信

吾因一时未易入藏，乃在白那拉斯壹意研究梵语。值清兵远征西藏，侵占拉萨，达赖喇嘛避难印度。当时，日本新闻纸亦以此为亚洲一要事，于喇嘛之行动，记载较详。在理宜不致招藏人之疑忌，然达赖喇嘛对于日本人反怀误解。吾乃趣离白那拉司，径往谒达赖喇嘛，为说明真相。喇嘛深信我言，前此疑虑，悉涣然冰释，且欣然告我，谓君但自承为日本人河口慧海，自能安然入藏，绝无阻滞。观喇嘛之言，是吾苟得英吏许可，必可达吾志，顾运动多方，而印督之护照，卒不可得。至英人防边之严，则凡导引无护照之外人过国境者，处禁锢六月，罚金五千卢比，酷例高悬，令人心悸。且关禁密布，几于蝼蚁无可入之隙。吾每夜梦，彷徨藏印界线之上，以度长久之日月，追瞿然而觉，知此身仍在白那拉司也。及大正二年夏，一日，忽客有自西藏来者，手执一函抵吾寓，函面已被污点，询知系达什喇嘛来书，吾接此书，为之喜而不寐。

四、避英吏之目决入西藏

化装马夫之浪人

达什喇嘛来信之内容，略谓东方之狮子僧，踞雪山之阳，何事逡巡若此，岂竟欲枯坐以待弥勒之出世耶？其意盖在激励我之入藏。吾始固不欲轻于冒险而惟静待时机之至，然欲得英吏之许可，俟河之清，人寿几何？于是决意冒险潜行，先草一覆书抵我亲爱之达什喇嘛云："余以求经故，决避英吏之目，不日入藏。"一面雇敏慎之藏人一名，裹粮就道，向日喀则进发。途中默加访察，窃探入藏之途径，知驻印英吏侦防至严。其时日本人先我入藏者，前后计三人。故吾今兹之行，益为英吏所注意。闻前此之三日人，一为西本愿寺之青木文教，一名多田等观，亦真宗僧，一为自称支那浪人某。吾尝探察此三人通过之道：青木多田两人，各披喇嘛僧装，一由尼泊尔，一由不丹，皆取间道行，至某支那浪人，则似化装西藏之马夫，手拉运货之马车，由西气姆(介于藏印间之一小国)之大道以入者也。

雪山麓之岑寂

吾假装为喇嘛僧，固自易易，惟尼泊尔、不丹各地，识我者多，纵采此法，目的亦不能达，且青木多田两氏之入藏，事已为英吏所知。尼泊尔不丹两国王，遭英之责言，震于所受，畏惮已甚，由是于入藏之人，防戒益严，故欲由此两国潜入，实已绝望。事已至此，势惟有由大吉岭附近，索途于深山之间道而横断喜马拉耶，此外更无可入之路。因于大正二年十二月先赴加尔各答，拼挡一切。一面身披西藏服，俨与藏人无异，又以由加尔各答径赴大吉岭，脱遇相识之人，转觉不妙，乃故迂回铁道，于大吉岭附近一小驿，舍火车，而携两仆横跨积雪皑皑之喜马拉耶，凡以避人耳目。大正二年十二月二十一日日哺，行抵雪山之麓，脱毛皮之冠，迎面见海拔一万八千尺之美德拉山，摩天耸立，植雪如箭。因思以欲跨彼大雪山之故，所与俱者，两仆而外，别外俦侣。数十日间，涉历此无人之冰原，置身于阒寂之境，澄心静念，毛发俱戴矣。

深夜破关禁

吾雪上展视地图，以计行程，知欲北越，则阻于兰赤德河，欲东下，又遇赤萨河，两河沿岸冲要之处，咸置守兵。而兰赤德河之谷地，形若布囊，路穷处设有关禁，无异囊颈。似此形势，决非寻常手段所得入藏。惟有倚赖佛陀之冥佑，一心不乱，勇猛奋往，从者亦颇善体此旨，乐与俱进。由是夜寝积雪，昼踏坚冰，从磁针所命，策步北进，往往五六日所见，惟雪与冰，渺无际涯。一日，过一溪谷，路已为阻，细加探察，知自此前进，不得不经通行之大道，果尔必遇关禁。因遣一仆前侦实情，报称设防至严，有未可轻卒尝试者，乃暂旁就暗径憩息，入夜后伺守兵睡隙，遂窃越关禁焉。吾之冒险为此，原冀一劳永逸，孰意一关既破，一关又至，既虑畏英吏所侦追，而寒威侵人深入腠理，足履喜马拉耶之大高原，暗夜冥行，彷徨歧路，明星不睹。读者试思，吾此时艰险之情，岂复楮墨所能形容耶？

五、横断雪山渐达藏境

美德拉山上之赞佛

吾第一次入藏时，尚在三十三岁之壮年，寝具糗糒，悉躬自负之。此次入藏，虽年已达四十八，然自计勇气当不让于前，及既就道，觉身体实视前此为衰弱。幸赖诸信徒多所佽助，旅资尚裕，得雇仆役，厚予工给，俾利于行，屡越关禁，幸免无事，皆两仆乐为尽力所致。自大正二年十二月二十一日，发雪山之麓，历二十六日之久，于大正三年十月十五日，抵美德拉山岭，矫首见皑皑之雪，弥望皆是。主仆三人四顾茫然，驻足澄思，凄焉生怖，怅望前途，固尚遥远，所幸从此已无追踪者，差用慰藉。而崇山峻岭，似皆以白玉之面，郑重相迓。吾感此景之庄严高尚，因屏去二仆，权以海拔一万八千尺之美德拉高峰为清净坛，炷香诵经，发大欢喜之信心，面对十方神灵，拜谢其洪大无边之恩。

安抵西藏

山名美德拉，乃花山之义。盖山上雪花，四时不绝。雪山附近之土人，其困于雪至矣，犹然呼为花山。可见，审美之观念为人类所同具矣。吾等以非常之勇，由美德山之北角而降，其地去肯巴森城不远，为海拔一万五千五百尺之大高原。时值严冬，寒气之烈，非复言语所能形容，全身用棉絮严加裹扎，防寒之术，已至于此，然毛孔被痛，犹若锥刺。其与外气接者，仅两眼一口，而呼气过唇即冻，故唇际横植冰针，又睫毛亦屡屡冻结，偶停顿不瞬，则上下两睫冻合为一，眼竟不能开，不得已乃先温手于怀，而以两掌将相摩擦，令暖，藉溶睫上之冰，眼乃得开。所最苦者，山上积雪，昼间每为日光溶去一部分，行时一有不慎，辄至滑陷雪中，深逾数丈，险不可言。因此，夜间虽冷，不得不继续旅行，乃定自午前一时起至九时止为一日之旅程，日中则就雪所坚结之处而假寐焉。在印度时，因避关禁而夜行，今又以雪故再尝夜行之况味，行路难之叹，于斯为极。至所谓雪崩雪穴等危境，一日所历，更不知其几何度。然主仆三人，虽倦劳已甚，而身体迄无恙，遂于大正三年一月二十二日，安抵西藏第二都会之日喀则。

大医来矣

日喀则为海拔一万二千八百尺之高原，高侔富士山之岭。吾一抵是间，即以旅装立赴札什伦布寺访其喇嘛，即俗所称达什喇嘛者也。喇嘛闻侍者言日本和尚河口慧海来，欢喜出迎，至忘其平日之威严，且布令寺内外待我以国宾之礼。喇嘛知吾必入藏，西藏文之一切经早已预储以待。el谈之后，即欣然以经授我，并助我搜集昔由印度输入之梵字经典。故吾在日喀则身心之安帖，殆与在本国无异。吾前次入藏，曾在拉萨赛抵大学行医，藏人多知之，此次抵日喀则，市民群相呼云："赛拉之恩契（医师）又来矣。"于是求诊者日众，所至即为诊视，不得一日息肩。吾以前次之经验，知藏人于医药相需甚殷，故所携药品甚多，乃慨然施赠，无所于惜，实则正以有此药品之往，而后乃有西藏经及梵经之来耳。藏人向不恒服药，其迎我之勤恳，殆亦出于一种好奇心。吾止与药丸如干粒，翌日即赠马一匹以为酬，又或给以涂附之药如肯布拉青气者至二三度，则报我以肥硕之山羊，数日之间，吾所获牲畜不可以数计。

六、历访古寺搜索古经典

以经典为施医之酬品

吾所携药品数十种，皆通常药，纵或误投，亦断无危险。吾故恣施之，不甚以为意，初不料竟以此奏起死回生之效也。一日，忽有距日喀则稍远之摩罗地方某古寺住僧患病，使人来延诊。吾闻而大喜，谓使者曰："君当知此间待诊者甚多，若延我出诊，必须厚予我酬也。"既赴诊，开方令照服二三剂，寺僧受之，三四日后，霍然而愈。寺僧遇我甚厚，谓任欲何种酬报，无不如命。吾乃具言，金钱非所忻，但愿一览贵寺之经藏足矣。寺僧快诺，遂导观经藏，吾详加审视，其中佛典可珍者尚鲜，惟历史材料实丰富异常，因索取其尤要者数册以归，寺僧临别致词云："君亦可谓无欲之医生矣。"其意盖谓吾不好金钱也。

谒见达赖喇嘛

大正三年七月下旬，暂与日喀则之达什喇嘛言别，首途赴拉萨。途中又受"大医来矣"之佳誉，求诊者不计其数。吾不暇羁滞，悉辞勿诊，兼程抵拉萨，即请谒达赖喇嘛。喇嘛以经典事前在印度预有成约，早为郑重装储，以待吾之来。吾于是又获西藏之一切经一部，此经全部系手写本，间有杂以绀纸金泥者。吾拟将所获两经，一以寄赠东京帝国大学，一以保存于吾所居之本寺。寓拉萨时，每日仍施医术，兼搜古典。拉萨附近各古寺存经，渔索殆遍。未几，忽闻人言，拉萨北百哩有拉登寺者，数世纪前，创于拉萨高僧，所藏梵经为数甚伙。因立请于达赖喇嘛，求给介绍书，两越海拔一万七千尺之山，陟历险阻以往。至则寺固宏构，经藏亦有数栋，外观诚堂哉皇矣，然由印度传入之经典，竟无一册。吾在藏穷搜经典，不期之创获与意外之失望两皆常遇之。顾未有全违始愿，而意兴索然，如此次拉登寺之行者也。

世界之珍籍出现

拉萨之游既倦，乃遄返日喀则，途遇求诊之人，悉予谢绝，约十五日而抵日。又复盛搜古典，探悉日喀则之南十里某小寺，开基甚早，代出杰僧，因手挟地方官介绍之公文，入拜经藏。此寺外观不甚宏丽，然秘密经藏却有三栋，向不许人阅览。吾方虑地方官之公文，威令不行，不意寺僧受文后，并不拒绝，径为导观经藏。经藏之门，封锁甚固，寺僧特为发封，尽出所藏经畀吾观览，吾且观且制目录，寺僧殷勤为助，吾几至应接不暇，全部计共三十几帙，实裒然大经籍。即仅抽其中一册，致诸巴黎伦敦而售之，价亦将不赀。吾方有观止之叹，不谓续出之经典，更有珍贵于此者。盖其物乃用喜马拉耶山所产某树之皮，压成薄纸，而镌经文于其上，部二百三十六纸。吾垂涎此物，几欲痫发，遂无心复观他经。寺僧窥知吾意，遽前其膝，向我恭施敬礼，并述一奇怪千万之事，下章再详叙之。

七、西藏之旧俗之日就泯灭

不可思议之豫言

寺僧之言曰："敝寺前住持于三年前圆寂。当日，余因料理其遗物，屡在此经藏出入。一日，经藏中忽有一纸片，堕自梁上，审系前住持之手笔，其文云：'三年后，必有善知识来拜观此经藏，彼如有所需，悉听取去，不必吝惜。但嘱万勿令辗转入于达赖喇嘛之手，切记，切记。'贵僧抵敝寺时，余尝私计，前住持所谓善知识，殆此人耶？'且事有至奇者，贵僧面貌酷与前住持相肖，意岂前住持化身转入婆娑世界耶云云。"吾骤闻寺僧之言，为之愕然。此经藏所处地，寂而且秘，吾入其中，恍若置身幽冥界，心身良为不适，然经既入吾手，亦不可无一言以为谢。因对寺僧曰："贵寺前住持不知与拙僧有何夙缘，乃谬承厚惠至此，真非凡夫所能察也。"寺僧即以吾所最爱经籍两册相授，谓所存诸经，有爱悦者，尽取无妨，惟请勿宣其事令外人知为妙。以故吾后返至日喀则时，于达什喇嘛前，亦并未一言及之，至今思之，此事犹在梦中也。

藏俗之渐变

吾此次入藏，最所惊叹者，即西藏之风俗。视十三年前所睹，已大相悬绝是也。前次吾自称支那人，在拉萨之赛拉大学时，入市散步，不见有著西服者。今兹则流行之西装，所在而有。即在商人，身虽服藏服，而头戴西帽，足穿革履，颇以自喜。此种舶来品，率自加尔各答一带越喜马拉耶输入者。藏人向以顽固著称，今竟欢迎外货至此，吾于是不禁有隔世之感矣。

藏人之新服装

军队服装，向重朴素。今则一律用所谓喀恺色之衣，军官所服，更见改良，全身悉用纯红色，惟其品质，则皆制自藏产之木棉。将校与兵士之军帽，材料虽藏物，而形式则采用拿坡仑帽。指挥官冠系纯黑色，往往有以戴冠为不便，特去冠置诸怀而拔剑指挥军队者，为状颇滑稽。女子服装，变迁尤剧，一切惟新是尚，旧俗存者，止一西藏式之鬣耳。日本妇女近渐喜用棉带为饰，缀诸袖口。今藏妇间此风亦盛，以言染色，惟日本所谓之海老茶色（译者按：海老即水母也），最为流行，几于无物不用此色。至于首饰，前此所最宝贵者，为瑜（绿色）、珊瑚、琥珀、真珠之属，今惟金刚石推为至宝，而罗皮（红宝玉）次之，此种贵品，皆由印度输入者也。

八、一妻多夫之俗之剧变

藏中婚姻旧制

西藏旧俗之变迁，前既言之矣，而一妻多夫之制，忽变为一夫多妻，尤堪叹诧。西藏夙以一妻多夫之奇俗，著称于世。一家之兄弟，或二三人，或五六人，顾所娶止一妇而已。例如家有子三人，长子先娶妇，继乃仲季均沾之。其法，自长子娶后半年或一年，为之母者，躬为媒妁，令仲与其嫂婚焉，于季亦然。当长者之妇下嫁幼者时，长者必离家远行以为常。原此制之所自生，良由西藏地瘠民贫，食指过繁，将为生活之患，故以是略遏人口之增殖耳。然在今日，则一妻多夫之制，已被破坏，竟有男子一人而娶二三人者矣。

人情剧变之可异

藏民前此亦非无一妻多夫者，吾第一次入藏，在那尔爱地方，尝见一男子，年事在五十内外，拥妻三人。其年最长者四十七八岁，次三十五六岁，最少者二十四五岁。又姊妹二人，同嫁一婿，以成一夫二妻之形式者，间亦有之。然其例甚稀，若普通家庭，恒必一妻多夫。故当时西藏妇人役使男子之权力甚大，男子数人挥汗绞血终岁勤动所得之金钱，悉供其妇一人之挥霍。众夫一妇之间，其夫有操作稍怠者，女辄大示威棱，逐之门外，不许其入室，被逐之男子，泪被于面，匍匐瑟缩，莫可如何。洎夫今日，则其情大反是，女子数人共事一夫，唯唯诺诺，听命惟谨矣。夫欲改衣食住之习俗，犹非一朝一夕所能致，自昔已然，不谓婚姻大事，一转移间，而遽情迁势易若此，此亦研究人类心理者不可忽视之一例已。

女子失势之原因

此种习俗之大变化，非藏人之力所能致，实全由外界之刺激而来。盖明治三十八年，英国远征队既侵入藏境，而明治四十一年末，支那兵又侵占拉萨，自经此两次外力之压迫，而西藏固有风俗及自古所传之密情，悉被暴布。当英兵入藏时，达赖喇嘛由蒙古遁之支那本部，及遭清兵之侵略，喇嘛旋避难于印度。喇嘛既出奔，宫中诸大官皆从行，于是手握西藏重权之人，全部漫游国外，放浪漂泊，羌无定所，于外事濡染既久，遂不得不抛却从来之锁国主义，而渐沾新俗。今藏人多著西装，及僧兵之服喀恺色军衣者，所在而有，良有由也。英国对于西藏，向取怀柔之策，远征队之入藏，骚扰未为已甚，惟清兵在藏，动辄劫夺金品，掳掠妇女。藏中女子，因拒清兵被杀者，为数甚众。由是女子翻然大悟男子腕力之强，迨清兵绝迹，西藏妇女，相率弃其前此万钧之权力，壹惟男子之命是从。而略有新智识之男子，亦竞效支那印度人之所为，惟恐不及。务抑女子，令仰男子之鼻息，男女权力之消长，亦有今昔易位之概矣。

九、千古之秘密国卒为花柳病侵入

茶酒互用

吾身为僧侣，而与人语女色及花柳病事诚有嗫嚅难出诸口者。然既谭及西藏之风俗，又乌能独舍此而不言。今并述其略，而先言日常之嗜好。西藏常有茶酒互用之语，其意盖谓酒与茶苟获恣意畅饮，即为无上之幸福，此实西藏人之理想生活也。支那之砖茶，每年输入西藏之西部及中部者，其价额虽无正确之统计，约略计之，必不下五百万元。自日本人观之，必以为区区饮料，何关轻重，然西藏人之嗜茶,已成习惯,殆不可一日无茶。从而茶之售值,亦殊昂贵。近来印度茶与支那茶,争输入藏,第印度茶终非藏人所甚好也耳。

以妇人款客之奇闻

上文言茶酒互用矣。然西藏人除茶酒外,别无他欲耶?曰:“否,否。”更有至切至要之需要焉,妇女是也。夫醇酒、妇人恒相联属,此固不仅西藏人为然,要之西藏人之好妇女,殆与嗜茶同其程度耳。人亦有言,拉萨之名产:一僧、二犬、三妇女。盖西藏人实有以妇女款客之奇习,一旦有贵宾临其家,则主人必指其妇顾相请曰:“客请恣就取欢,毋事逊辞。”即以妇委诸客,己则外出闲步以避之。尝有日僧二人入藏,其一故美男子,以故所至蒙优待,争以妇女相款洽,昵就者众,其人不堪其扰,竟至宵遁。西藏男女关系之淆乱如此,故患花柳病者日多。此种花柳病,近来大抵自支那及印度,病毒猛烈异常,殆有蔓延全国之势,大堪怜悯。吾前次入藏,此事实所未闻,而今兹之来,延诊花柳病者,为数不可胜计,为之骇愕。吾此来未带花柳病药,故无从施诊,彼等不之审,遂群谓日本之大医虽圣,然治梅毒之术,实非其所长。吾闻之,惟有苦笑而已。

眼病与肺病

西藏今日花柳病盛行,而军队尤为病毒之巢窟,军中将校,患花柳病者甚众。西藏人又多患眼病者,此盖自昔已然,乃风土病之一种。盖夏季室内温度恒在华氏六十二三度,及一履门外,则以日光直射之故,有腾至一百五十度者,因此,冷热之激差,以至眼痛成病。吾在藏亦尝患此病一次。闻雪山之反射,亦足至眼病云。此外,病肺者亦所恒见。西藏为世界著名之高原,在理应于疗养肺病为独宜,顾乃翩然相反。若此者,盖由人民无智而笃于迷信之过,缘藏人购物,付金时必先以舌舐金,谓必如此而富之福星必集于我身。一金之微,舐之者不知其几何人,展转传衍,遂滋肺病,祸患所延,无所底止。此等恶习,必有改善之一日,惟藏民程度尚低,根本启发,良非易事也。

十、归途之危险

藏民对于支那之感情

明治四十一年以前,藏人之尊支那,殆比西藏于大寺,而以支那为大檀越,其崇敬清帝之情,无异文殊菩萨之再诞。每年元旦后,达赖喇嘛常集僧徒二万人,为清帝祷祝一月。殊不料,文殊菩萨一下狮子座,竟不能复邀西藏人之一盼也。盖清兵侵入拉萨时,适值革命难作,清兵军需不继,闻赛拉大学富裕,谋攫其金,乃星夜驱兵,占而有之。讵是间故驻有壮士，数达万人。陡出逆袭，穷追清兵至拉萨。清兵驻拉半载，饷糈既竭，不得已取人肉及裹货之表皮食之，苟全生命。卒与藏兵媾和，售兵器弹药等于藏人，而以其金充川资，幸返本国。自兹以后，藏人对于支那，遂无敬惮之意矣。

归途亦死地

吾以经典事目的已达，乃谋去西藏。然据一藏人归自印度者言，英吏以吾潜西藏，怒甚，行文尼泊尔、不丹两国，严予逮捕。在西气姆地方，有英吏名百罗者，并以五百罗布，大书悬赏逮捕河口慧海。吾自惟投我于狱，尚非所惧，但中途被捕，押解原处，一旦罹恶疫，必无幸。于是径草书上尼泊尔国王，请给护照，而尼王虑有后患，不允照给，若拟突逾布丹境，又以他故，万不可行。不得已，决计通过西气姆，明知此地已有悬赏逮捕之令，亦有所不暇计，遂束装携仆就道，于大正四年（一九一五中华民国四年）四月二十日，发日喀则，途中发见新间道，故进行尚不甚困难。惟兰赤德河桥上，驻有守兵，严防不少懈，大为所窘，幸是间习惯，每值用膳，非特别要事，决不中止。彼等晚饭时，我尚隐伏山中，午后八时顷，以一仆为斥候，令其前探消息，知守兵正在用膳，遂偕仆伺隙渡桥，相视称庆。既抵大吉岭，又遇英之警吏，踪追我后，窥其意，似已行文西母拉本署决进止，顾驻足数日。迄无动静，警吏谓我盍速去，吾不置答，越一星期，忽一英吏见访云：倘归日本，当为开送别会，务请贲临，勿却为幸。其意盖以战争期中，不欲漫相妨害，以伤日本人感情，以误大事耳。吾既赴送别会，孟加拉州总督暨民政长官，咸来与会，并以恳笃之语，郑重相视，于是逮捕令一变而为欢送辞矣，此真始愿所不及也。

英人于回佛二教之歧视

吾曩发东京时，曾受伊藤理学博士之托，嘱入藏后为采集高山植物，并承赠器具，不幸毁于孟买之火，乃别用便法，遇有机会，即为搜致，综计千余种，皆采自一万五千尺乃至一万八千尺之高山。昔英国某植物学家亲随远征军入藏采集植物，亦止得百五十种，以种数言，吾今所获良亦足以自豪矣。又拉萨西北有一万六千尺之高山，吾尝达其岭，获海贝中萨罗保贝独布贝等化石多种，皆地质学上有用之物，因并为妥保存，携之以归。至英藏间之关系，固亦愿与读者一言，惟今非其时，宁暂噤我口。惟有一事，为吾辈佛教徒大引以为憾者，即英吏政略上只务博回教徒之欢心，而每虐待佛教徒是也。即如前此锡兰回佛交閧，最后之裁判，回教徒决定无罪，而佛教徒之有力者，则处以死刑，财产并遭籍没云。

1916 年 3 月 10 日，13 卷 3 号

拉萨游记

John Chaude White 著　吴兴　陈世騄译

拉萨，前藏之都会也。禁城之胜，灿烂离奇，纵非天上，已殊人间。城起于广麓，背负高山，盈峰皆雪。当金乌西沉之顷仰视其处，殿阁重重，雉堞腰立，夕阳斜濡，胥成红色。尤可奇者，天态万殊，风云不时。而此日落奇景永无变更，是盖西藏独擅之奇也。迨玉兔初升，此景渐移。斯时银河在天，林荫满地。万千黑影中斗[陡]见布达拉耸峙其间，迷离恍惚，一如蜃楼当前。凡兹异状百出不穷，要无不可爱者也。

布达拉之雄伟壮丽，举所谓危楼华厦，俱莫能与京。今城在一千六百四十五年时，为大喇嘛衲王罗山茄祖按旧址建立。旧址宫殿远成于第六世纪，盖初祖史朗斋赞普辟以开国者也。故此城甚古，存世当已千二百年有奇。惜无信史可考，不能记其年月耳。

拉萨各事概受治于布达拉。布达拉者，因山名寺，实一高岗，于极目平原中陡然涌起，位置适当谷中。山有石脊，殿宇建焉。楼阁连云，门户栉比。或为宫室，或为庙院，或为卫垒。据室外视，全境朗然在目。故可收指挥管理之便。至建筑之胜，穷伎巧，极华丽，加诸浮图突起，石级临空，红衣僧虔持教礼。上下其间，画窗朱墙，饰以犁[牦]毛。雪山环峙，金甍上覆。林木绕屋，柳树成荫，克止河又复穿越而过。山白水清，佳胜何如。瞑目而思，此景似不当人世所有，殆各教之泰岳也。雄伟若此，乃佛教在藏之衰夷坠落又如是，奚复可思。否极则泰来。吾深望能者将崛起，斥迷妄而扩大道，是又藏人之幸，抑亦佛教之光也。

布达拉内部之腐败，殊非意想所能及。外观虽若是崇宏，然中所有者，则惟石级、长廊、广殿、暗室而已。

殿宇结构颇多奇异惊人。其首出者，衲王罗山茄祖之坟在焉。殿顶之高凌驾层楼。坟上遍树金属饰物，制作极精。大坟左右，小坟甚众，饰装如之。此皆声名稍亚之达赖喇嘛也。

次于是者，有广殿一间。墙垣亦复高峻。自地至顶，满镶壁架。上塑佛像，金属制者，殆以千数。金光、银光以及古铜之斑烂，炫目惊心，颇足称述。而艺术之精美尤堪珍奇。外此有礼堂一所，内藏金制油灯，盈千累百，诚希[稀]世之宝也。

脱欲举一类似之图式为读者状陈全部之石制奇屋，殆不可能之事。闻诸人言，尚有一宝库，藏储金器珠宝甚富，惜乎不容瞻视。又在东北隅之喇嘛宫亦未参观。此皆导引藏人严约于事前，故须束身以昭信也。

登布达拉之脊俯视其下，则全境宛然如画。有市廛在东，民居、僧院庞然杂出。屋宇虽陋，然多偻楼。有乔罕，为至圣之地；有察布里，即药学堂；有蓝绿色桥，藏言后都山把，命名之义盖缘蓝绿色之屋瓦也。有克止河，河前设军械厂。其北为色拉寺，建于山下，可容僧人五千。再前则碧绷寺，居其中者可一万零七百人。金塔辉煌者，奈充招广也。僧人跻跻，伏行其上而求赦罪者，则圣路是也。此皆居上临下俯视而见者也。

拉萨及其邻比之处僧侣甚众，均披暗红色上衣，甚奇观。有三大寺，曰色拉，曰碧绷，曰噶勒丹，僧众约有二万。并其余各寺，全数当不亚三万。而平民之数，仅止万五千人。内九千为妇女。商市牛耳执在其手，斯可异也。其余六千人中，三千为藏人，又三千为中华［中国内地］及尼泊尔加西米亚之寄居者也。

市廛本部，僧人或不能繁夥若斯。盖市民喧嚣企业之念既固着人心，证果极乐之念，自不能不稍逊也。市中多负货之兽，货以日用品为最多，均运自蒙古及东西藏等处。其来焉以队，故兽行如贯珠。市民安居乐业，街亦可行，不至如预想之污浊也。

拉萨屋宇与布达拉同在一石脊者，尚有药学堂一，特出山巅。顾可记止此，他无异点。至堂内学生，虽至普通之药草亦不能辨识，是盖徒有其名者也。

谷中多佳胜之场。其最饶风景者，为柳林。万柳丛中，深藏一湖，水清而色棕，无毒可饮。波光与柳绿相映，美艳绝世，殊足称述。

湖中有岛，相传为蛇神所居，应加卫护。苟触神怒，则乔罕地海之水将涌沉拉萨，而人民胥溺矣。此虽神话，然非无本。盖萨城掘地六尺即可得水，愚民无知，骇为神奇，此殆肇造不经之由也。

乞丐、清道夫、罪犯等均居处茅篷中。篷以犁［牦］毛和土而成，制极陋劣。所容留者，类皆可有自食之能，乃竟坐縻国帑，可叹孰甚耶？

去布达拉不远，又一奇景迎面，盖即蓝绿色桥也。桥之得名纯以可爱之蓝绿色屋瓦。屋之四周圣路绕之。行其上者咸称得赦罪孽。故香旅接踵，俱为来生求福而来也。

圣路之最足动人兴趣者，在接近克止河之处。是处有石灰石山，就石凿佛，面目生动，且涂附颜色，尤著美观，而圣路适过其下。行者至此，既羡工作之美，复被五色之迷，自是目不暇给矣。

石际经文，高悬成串，过河至岛而尽。经文所载，尽属祷语。相传悬之可为系文人录取劳绩，故悬挂几遍藏中。又有小轮藏者，信男、信妇行时均持之而摇。轮藏中满储经文，文以薄纸印成，此惟小轮藏为然。若大轮藏，则储经文可吨余，载以巨箧，至有凭水力以动转者。其稍次者，恒藉油灯上熏之热力以转之。

单经者印于薄布之上，悬于杆颠。杆立空野，俾经布随风飘扬，齐向阿弥尼菩萨，以为灵魂求福，奇观可以入画。余尝举此事质诸一老喇嘛，答曰：苟一秉虔心而摇轮藏，则勋劳尽录。故吾侪视此为功益之举也。

拉萨之三大寺，曰碧绷、色拉、噶勒丹者，均有极大威权。余尝蒙喇嘛之延请，得游瞻色拉、碧绷二寺。此为喇嘛破格之优待，亦莫大之荣幸也。先是余在哲孟雄数载，交接僧侣不少。卒藉其力而吾名得为喇嘛所知，因获奇遇，斯固深可自喜者也。

碧绷者以喇嘛之众，遂因寺而镇。街巷庙宇，无不毕备。街须拾级而登，咸以花岗石敷地。巷则隘黑，且以外人抵此，僧众塞巷而观，更不可行。幸余挟方丈而游，随以僧官手执鞭圭。鞭甚重巨，圭为铁制，四周厚嵌铜板。于是鞭圭齐扬，挥众开导。其悍然不顾者，竟为鞭及，亦无妄之灾也。

方丈及喇嘛实为彼中卓异之僧人。余众类皆卑污成习，既陋且残。吾固梦想得一钢尺为准，聚若辈而齐一之焉。

寺分四部，余各蒙其宴请一次，咸以茶酒粮果相款。喇嘛室亦蒙导视数间。室虽小，各有一窗，甚整洁。寺中徒众纷乱无序，弱点迭呈，颇足为声誉之累。

环拉萨各寺，其魔术最甚者，厥惟奈充招广。寺在小谷之内，与碧绷相望。水之供给甚形利便。寺周树木丛生，有溪出林间，流抵一沙原。甫离尘途入此异境，凉风扑面，深荫蔽天。寺固工魔，景亦幽怪，足相资也。

头门以内，屋舍夹道而立，式似意大利。街尽，随登不可胜数之石级以抵正门。甫入即见宅壁之白，庙墙之红，与高树之绿叶争辉。门楣亮漆，金塔奇形，烁烁煌煌，抗衡蔚蓝之天色。复得经文遍悬，飞舞点缀其间。此景殊未易觏。

石级既尽，乃越天井，过长廊。廊以精雕之柱承之，柱上遍悬古代军器，廊尽而殿门见。殿前挂巨黑之犁[牦]毛，藉遮日光。门为石制，竟体红漆，光亮夺目。

殿前群花满列，芳香四注，各事布置清洁有序。主僧代出奇才，谋划久远，故规模井然，缘成佛教如是大支。既越重门，乃抵内堂。堂中有金龛，为预言祖之座。座上供法衣、法物及军器数事，皆祖之所御也。座之四周绕以珠饰，盖为举行会事奉祖出游时，藉壮观瞻计者。藏人于会事兴趣非常，举行甚数。旅游拉萨者，时时可以见之。观其信仰之盛，祖前供设之品当为信士所献。供物类皆精制。其尤胜者为一圆鉴，通体银制，承以铜座，雕刻精美，镶嵌玲珑，非常之珍品也。阅此庙既竟，复前进转入他庙，均擅轮奂之美。继乃出屋外而瞻金塔，于是向所俯视而见其辉煌者，今得抚摩而逼视矣。塔顶有龙头，雕制之精不可言喻。次入术僧住室，室在正庙背部一花园中，颇饶花木之胜。绿竹、青莲、葵花、玫瑰之属育植丰茂，而截溪流以供灌溉，法尤便利可取。窗间围以白帘，室内布置，楚楚有致。至地板与木工之细滑，方诸日人久著之木屐，殆无殊也。墙壁均施藻绘，画多怪诞，无可取者。

释氏上乘之旨为参禅及普渡众生数端而已。而行于藏地者，概不及此。一惟以祷佛为务，完然神话时代之习，实与佛旨背驰，应别之为喇嘛教。其宗旨仅止祷求菩萨，乞福消灾而已。至各庙所奉持者，皆是牛鬼蛇神之菩萨，恒于头门壁间绘之。游者瞥见，惊惶可累日也。

迷信之徒既托命于鬼神，则日常行动意必默有监察之神。卒乃疑鬼疑神，时存获罪之虞，于是乞庇求赦，日以庙廷为生涯矣。

以言平民亦信多神。神皆妖异，口之逼窄，颈之狭长，竟致吞咽无所。尤有甚者，谓神之相争足致地震。溺鬼之灵积成长虹，故虐疾之作诿诸误饮鬼泉，瘴疠之侵谓为冒渎山神。其最为可惧者曰西厉，犯之，婴孩必受其殃也。

凡此种种，皆平民宗教之迷信。至如希荣来世，求登极乐，又其所劳形梦寐者也。

藏人咸视魔道为生命护符，而邪鬼可以不侵。然当余等逗留之时，有一囚受弹伤，因戏问曰：子既受喇嘛之大力护持，曷又被弹伤及？囚曰：护持之力不及镍弹。盖斯物肇造，喇嘛未之知也。

伤生之事悬为厉禁，咸信孽因之种必来恶果。又谓今生之因，果在来世。且轮回至于无所谓救渡，仅在己身，七尺之外了无可关。故社会义务未尝或及，而皇然大族亦遂以兹而召陵替矣。

藏俗，凡长子必须送寺为僧，而长子之外亦有兼及之者。此虽以僧职为崇，然以至惰之生涯而分极多之利益。盖僧者，一事不治，凡服食器用悉受人供，是其所崇，转以召蠹也。

寺中类称设有学校，各级人民均得入校肄业。然徒具名目，不授实学，故结果不良。吾尝于大寺中参观所设之学校，见校内生徒绝无受有完美之教育者。

西藏僧侣传称极伙，约计之：一千零二十六寺中，当有僧众五百万。而全藏人口约为三千五百万，以此比例颇足骇人。生殖之力既以短减，而社会进化亦受有莫大之阻力焉。

班禅及达赖喇嘛均长生不死。盖其灵魂一出躯壳即转轮而成婴孩。凡为其所转生之婴孩，负有异秉，呈以传世法衣即能辨识。遂奉以荣位，而信仰惟谨。然以至尊之位卜之儿戏，欲求无争，不可得也。

威尔告予云：当清季乾隆之世，为免除争夺计，特定一选举达赖喇嘛之法。其法以候选者经复选至四数时，各将其名画于一牙牌之上，随当众取牌入乾隆帝所赐之金奔巴瓶内，复抽之。其首出者为当选之达赖，驻藏大臣即须专折入奏。

乾隆帝之创此法，诚为维持安全计。然选取婴孩之权仍操诸藏人。第于书牌之顷，由驻藏大臣会同摄政达赖监视之。而实行抽牌之人亦为藏人。其后以保持贤能计，四牌恒书一名，俾不肖者不得侥幸也。

最近之四喇嘛，如第九、第十、第十一、第十三[二]等，均未及成年而薨。向例达赖选定后，仍由摄政者主持一切。至达赖十八岁即为成年，须归政。当一八七八年选定今达赖时，拉萨谣传本届所选为最后之达赖云。默觇民国近年之纷扰，吾人或能否再见一达赖殆未可知也。

同事林君弼夫，曾随前清温星使驻藏有年，备悉藏情。原文所载，有与事实背驰者，辄就林君口述之意而更易之。冀存其真，志此以谢林君，并为参阅原文者告焉。译者附志。

1917年3月15日，14卷3号

西藏语之特征(译日本《东洋哲学》杂志)

君　实

西藏别为褒典大菩陀与褒典小菩陀，褒典大菩陀，东自中国四川云南之西，西讫拉德加，南入喜马拉雅山全部，北至昆仑山脉，其面积广大，为一千二三百年前宗赞王全盛时代之管辖地。当时在此范围之内，通行纯粹之西藏语。今则喜马拉雅山中之种族，多用西藏之根源语、古代语或讹语，其中尼帕尔共有语言十六种：一泰曼、二蔓额尔、三古伦、四僧箬尔、五加却里、六削尔巴、七哈猷、八额僧达、九摩尔弥、十却班、十一尼华里、十二几阑迭、十三林布、十四列普差、十五剖帕、十六哥尔加。舍哥尔加语外，其余十五种，皆与西藏语同系。其它如西金、不丹亦皆西藏系之语。而西金之深山中土人，多用列普差语，印度东北亚萨洲之土人及比尔麦人，用语与西藏语同系而不相通，克什米尔北部之斯加德人，及中国西部青海附近阿姆特深山之人民，用西藏之古代语，此等言语，缪劳氏尝总称之曰婆塔语，Bhotya Language 即乞柏德语也，氏又分婆塔语为二，以比尔麦语及亚萨语为罗希乞克语，而称其它曰干瑞乞克语。至婆塔语究为何属，仍为疑问，但假定为属于骚斯邱拉赖尼安语系而已。

婆塔语之中，发达于上古而留遗于今日者，为上述西金之列普差语，其中由上古至中古继续发达。今日在婆塔语系中最达于完全者，为西藏语。故欲解最古时代发达之言语及其构成法，而因以明上古文明之程度，不可不研究列普差语。英国梅乃霖大佐，尝著列普差文法"*Grammer of the Lepcha Language*"一书。序文中于此端言之颇详。其言曰："列普差人生活之单纯而淳古，诚足兴吾人之惊叹，其平和温良之性质，因其言语之柔美仁慈而益显。其语中无一詈人之词，而类语之多，尤足以显至微之区别。与人议论，其词令之优美，雄辩之挥发，令人意满。喜马拉雅山中所生之植物，植物学家积多年之研究而不能道者，列普差人不难于片言之下，说明其种类、名称、效用，推至飞鸟、蠕虫，靡不皆然。列普差语为单缀的 Monosillabic 之语言，其由来之古，远在希伯来语、散斯克列德语之前。窃谓在近世界各国各种之语言中，当以列普差语为最古也。"其于列普差语，可谓推崇备至，书中更自述在列普差语之组织上，发见一切语言所成立之组织，世界各种言语之语源。列普差文字之能力暨组织诸种语言之方法，悉存于此列普差语，并谓拟于此端详加组织，编成一列普差字典，以公诸世。惜天不假年，梅乃霖大佐旋即逝世。其所发见之世界诸种语言皆出自列普差语之原理及其组织，未获公表，使大佐之言非诬，诚世界一言语学上一大问题也。

与列普差语同系而最发达者，为西藏语。列普差语动词之语根，除少数外，皆无变化。但变助动词以示其时限、动态及法而已。顾西藏语则不仅助动词变化，而动词之语尾亦变。有几多动词，并变其语根，而语根前所置之前置词亦变者。其文法颇与散斯克列德语相类。因是等之变化而表其意义之殊异，亦与散斯克列德语同。然西藏语之名词，除少数外，其语尾并无变化，有类于日本语。特西藏语之单缀与列普差语近，而与日本语大殊耳！故自言语进步之阶级言之，西藏语实在列普差语与散斯克列德语之中间。是以欲研究列普差语者，不可不研究西藏语也。

西藏语自其文法上观之，在世界之语言中，似有极巨之特色。创定其文字及文典者，为堵弥散婆塔，出于西历纪元第七世纪。文字之形，仿印度之瑙额理字体，然非印度之文字。其音亦西藏固有之音，非印度之音。其字母合新制定之六字，共三十字如左①：

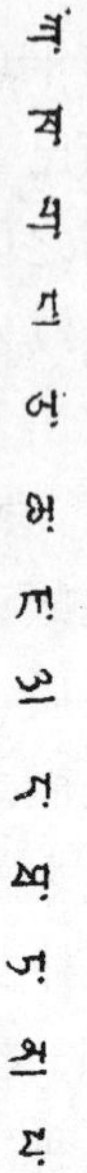

ka. kha. ga. nga. cha. chha. ja. nya. ta. tha. da. na. pa.

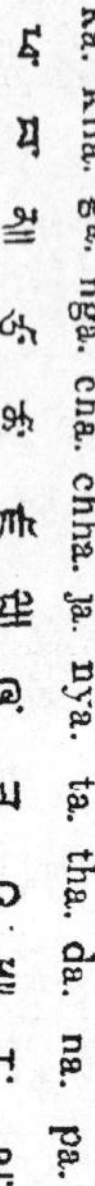

dha. ba. ma. tsa. tsha. za va. sha. sa. ạ. ya. ra. la.

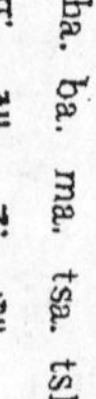

ṣha. ṡa. ha. a.

此三十字中。以下六字。爲新制定之文字。

以上三十字皆梵語之維央塞那。卽日本所稱爲子音或發聲者。西藏字母祇此三十字。別無如日本所稱爲母音者之字體。西藏語以維央塞那爲撒爾朵。（譯言明成音）而以斯華拉（譯言母音）爲揚（譯言響）。將音之明白可分而聞於耳者爲一音。卽以一音爲一字。故梵語一字不含二音。如第一字母卡之一字。非若歐洲語日本語含K與A之二音也。所謂卡者。卽明成之一音一字。是爲音之基點。而別有符號。卽西藏所稱爲揚者。以表衣烏愛窩之四音。其符號如下。

克衣枯　削蒲丘　棱蒲　那羅

以此克衣枯削蒲丘棱蒲那羅之四符號。借明成音之ཨ成字。加克衣枯於上爲衣。置削蒲丘於下爲烏。上有棱蒲爲愛。有那羅爲窩。故西藏語無相當於母音之文字。亦爲一特徵。其次ཨ成字。列於子音中。與埃字之性質不同。蓋埃字原爲母音。凡國語之本於梵語者。大抵以埃字入之母音。獨西藏之埃字。非母音之埃。而全爲明成音之埃。其實質大異。普通之埃字。爲開喉之埃音。而西藏之埃字。爲不開喉而發之阿音。然其埃字亦有兩式。其不開喉而較弱之阿音。用此ཨ字。較此稍強之阿音。則更以別一阿字ア表之。其寫梵語之眞言等時。借西藏明成音之阿字。代梵語母音之阿。然其實質實大有差別。以阿字爲明成音。亦可謂西藏語之一特徵。

① 以下内容有藏文字母，考虑到计算机的兼容问题，以图片的方式录入。

但此不僅西藏語爲然。列普差語與亞拉伯語。亦不以阿字爲母音者也。

至於西藏語之構成分。則西藏語非一字爲一語者。皆二字以上爲一綴而成語。但現今之用語。則成爲一字一語之狀。其字後常加ア字。至新譯時代。則略去之。其語有以二字至六字爲一綴而成者。或更於其語上加以揚之符號。爲一語發音之主體者曰基字。或以一字爲基字。或以二三字爲基字。揚之符號。卽添於基字之上。字有在基字之前者曰前置字。有在基字之後。必不可省者曰後置字。有更在後置字之後者曰再後置字。今圖解之如下。

བཀའ	命	ངག	言	
前置字 基字 後置字		基字 後置字		
སྡིགས	指	བསྒྲིགས	排列	
基字 後置字 再後置字		前置字 基字 後置字 再後置字		

基字既爲發音之主體。而更附揚（卽響）於上。故基字實發全音。前置字今日多不發音。後置字亦有不發音者。再後置字省略時多。故大抵亦不發音。惟正讀則略發音耳。然考堵彌散婆塔作文字構成語言之時代。則此前置字後置字再後置字等皆爲發音者。此可於堵彌散婆塔所著文典根本三十偈證之。其他西藏語特徵之可舉者。卽普通語與敬語之區別。整然不紊。世界各國語中鮮見其比也。

西藏語之名詞有七格。與梵語同。然語尾不如梵語之變化。必別附後置詞而始明其格之爲何。形容詞之位置。除少數之例外。皆附於名詞之後。例如下。

མི་ཆེན་པོ 人大　མེ་ཏོག་མཛེས་པ 花美　ཆོས་བཟང་པོ 法善

前兩例在西藏語最多。如第三例者極少。然倘用第六格。而於形容詞與名詞之間加入有『之』字意義之字。則形容詞當在名詞之前。其例如下。

ཆེན་པོའི་མི 大人　མཛེས་པའི་མེ་ཏོག 美花　བཟང་པོའི་ཆོས 善法

是亦西藏語之特徵也。此外更有一西藏語所獨有而他語文典所不能說明之大特徵。則莫如其字母之有性。他國語多附性於言語。而別爲男性女性中性。然未有附性於文字者。西藏語字母之性。不僅男女中三性。更有所謂甚女性石女性及無名性者。且此六性僅應用於基字。其在前置字。則別爲男、中、女、甚女、四性。在後置字別爲男、中、女三性。而男性更細分爲上、中、下。中性更細分爲變化、二相、三相。女性更細分爲女、甚女。計八部。其大略如下表。

基字性別表

男 ཀ ཅ ཏ པ ཙ

中 ཁ ཆ ཐ ཕ ཚ

女 ག ཇ ད བ ཛ ཞ ཟ འ

ཝ ཡ

甚女 ང ཉ ན མ

石女 ར ལ ཤ ས 無名 ཧ ཨ

前置字性別表

男 བ 中 ག ད 女 འ 甚女 མ

後置字性別表

男 ག ད བ ས 中 ང ན ར ལ 女 འ མ

此性之分別。所以表其字母發音時用力強弱之差。如男性爲最強最粗之音。中性次之。至女性則聲力弱。甚女更弱。石女最弱。無名則弱至無須用力。幾無可名。故曰無名性。是爲別基字之法。又從他方面觀此基字。明成音之字母。對於有揚音之母音衣烏愛窩四字時。則明成音三十字母爲男性。而揚之四字爲女性。其在基字中爲女性字之བ字。用爲前置字時。卽成男性。理亦相同。因前置字各字母中བ字較強故也。其分字母爲六性。大率據此。

堵彌散婆塔更立四法。則以示字性之用法。第一何性之字合於何者。第二、何性之基字前後受何性者。第三、合於云何之情態者第四合於云何之意義者第一第二之法則乃決定何性之字可入於何種之字者卽男字可入於男與女之基字而不能入於中性女性之字母可置於女性與中性而不能入於男性中性可入於男女而不能入於中性其四字爲一組者更不許以前置字之མ字入於其組女性字基字之འ是謂近親接婚所謂合於云何之情態者卽合以其性可置之字而發音之情態尤必和合於其所欲言之意義而無拮屈聱牙之弊也所謂合於云何之意義者卽前置字之男字表過去與受動中性表自動受動與現在女性表自動與現在未來又於其女性之前置字得用於過去現在未來及自動他動等後置字略亦同此而其應用尤爲微細依其言語之聲性之云何而變其意義誠世界語言中可驚之組織法也以如此精密法則之言語作爲文章故其文章自意義精確而其文之聲更足以表其意義之剛柔精粗而無遺矣

西藏文字之特徵既如上述而其文學亦復可稱一切藏經未經漢譯者甚多此等藏經梵語本大抵業已亡失故在研究佛學上可謂世界唯一之寶庫且漢譯之經每有杜撰舛誤之處迥不及藏譯者能發微細之義而解漢譯之所不能解又印度歷史之黑暗時代卽西曆七百年至千二百年時佛教全滅之際西藏文字均詳爲記載足補亡闕此外西藏本地發達之醫學及文學爲他國所未有者亦多豐富之材料亦皆西藏之特徵也

中国之喇嘛教及回回教(译日本《支那》杂志)

君 实

第一、喇嘛教

喇嘛教在吾国西藏蒙古等藩境,其根本虽与佛教同源,而历史习惯,多与其它各宗派异。佛教之传入吾国,约有四途:其一、由中央亚细亚经天山而传于北方;其二、越雪山之险而入西藏;其三、由东印度经安南而至南方;其四、由南洋爪哇经马来半岛之南端而来。此等宗派,一至中国内地,互相接近,立即融合,惟喇嘛教独存于西藏蒙古地方,未尝有融合之事也。

喇嘛之名称

喇嘛,义即无上,犹梵语之"兀汰喇"也。初仅为其教中僧正之尊称,习久遂用为普通喇嘛僧之称号。蒙古人呼喇嘛曰"喇阿玛",又曰"喇嘛突谟"。世皆称其教为喇嘛教。然喇嘛僧自称,仍曰佛教,不言喇嘛教也。

喇嘛教之传来

相传南北朝末叶,西藏盛行"蓬教",为一种崇拜鬼神之邪教。洎唐初,有弃宗弄赞者,君临西藏,闻佛教功德宏大,深信之。乃遣使十六人,越雪山至印度,求佛典。及其归也,本佛教之教旨,制国家之法典,是为印度佛教输入西藏之始。时在唐太宗贞观十四年,即西历六百四十年也。其后唐玄宗天宝六年(西历七百四十七年),西藏王玑尔孙惕安时,有北印度乌仗那之僧散汰喇噶希塔及巴突玛散摩叭都者,赍陁罗尼秘密修法至西藏,始传密教,即今喇嘛教也。僧权盛时,势凌国王。此教属于"豨叭"密教之一派,教中最崇"豨叭"神(三眼六臂之破坏神),其像多作奇怪猥亵及鬼神罗刹等状。今北京喇嘛寺中异性拥抱之佛像,及多伦诺尔等处女神与牡牛之合体像、罗刹像等,即当时所传入者也。

各地喇嘛教之传播

元世祖征大理时,闻西藏有喇嘛教,土民皆皈依之,尊敬在国王上。即与西藏和,以红教"萨思嘎"派喇嘛斑惕鞑之侄八思巴还国,敬礼有加。即位后,命制蒙古新字千余,字母四十一,颁行国中,封大宝法王,赐号帝师。畀以西藏政教之权,及统辖大元佛教之权。世祖之尊奉喇嘛教,其用意固别有在,盖欲利用之以统一西藏之领土也。帝尝召见萨思嘎派之大喇嘛,暨当时奉罗马法王之命来华布教之耶稣教士，与其它有力之宗教家，遍加咨询，知喇嘛教之教旨，最为通俗，而势力尤大，故尊信之不遗余力。喇嘛教既受元代皇帝之尊信，八思巴后裔，遂世袭帝师之尊号。历朝天子后妃，无不受其戒。于其往来，百官迎送，帝都所至，皆闻梵呗之声，然犹未见其传播也。传播之始，实在明神宗万历之际，时土默特部右翼旗之祖鄂尔多斯部长顺义王俺达，屡侵山西、陕西、北京，历三十余年，明人苦之。其后俺答降伊犁之厄鲁特，击西藏，定青海，遂受喇嘛教之感化，厌杀戮，与明通好，迎其第三代达赖于青海，建仰华寺。喇嘛之出西藏高原而至青海，实始于此。既而，俺答应达赖之请入藏，灭藏巴汗，以卫藏为香花之地，献于达赖、班禅两喇嘛。由是俺达为喇嘛教之保护者，由达赖奉以诺们罕之称号。厥后青海蒙古之交通频繁，达赖屡次巡锡于青海，黄教始祖宗喀巴，实生于其间。今喇嘛僧崇拜之塔尔寺，即为黄教之祖寺。第六代达赖噶尔藏札木索为蒙古人拥立于此。拉藏汗之立，与假达赖对抗，大得民心，足见喇嘛教在青海之势力，牢不可拔矣。其在伊犁之传播，则始于十六世纪，先是有噶尔丹者，得准噶尔部民之信服，定其内乱，遂奉以为汗。既而噶尔丹入藏为喇嘛，由达赖上以博硕克图汗之称号。其后有策妄阿拉坦者，破西藏，受宝权大庆王之封，得第六代假达赖阿王伊什嘉穆措之信任，建固尔扎庙于伊犁阿北，建侮弩克庙于阿南，以掠自西藏之供器，藏诸庙中，养号称西勒图之大喇嘛四人，其下厄鲁特喇嘛六千余人，其诵经堂亦称都纲，与西藏等。而固尔扎庙，迄噶尔丹策凌时，为准噶尔部民所敬礼，远近纷集，其宏壮著称于漠北。策妄阿拉布坦、噶尔丹策凌、那木札尔等三代准噶尔汗之嗣位，皆入藏请诵经，每次费二十万两。然其后当阿睦尔萨纳之乱，黄教生一大变化。喇嘛及其信奉之徒始归于一，此数千万热心之喇嘛教徒，其十分之四，既毙于准噶尔时代末年流行之痘疫；十分之三，死于当时之兵乱；其奔于俄领吉尔吉斯部者，又十分之二；于清朝平定此地时，所存十分之一，亦皆逃窜于四方。一时，土地空虚，伊犁数百里间，无一毡帐，至今西藏蒙古青海，喇嘛教均尚盛行，而伊犁地方独归回教者，职是故也。然准噶尔部灭亡之后，移入之土尔厄特部和硕特部等数万蒙古种族，尝代之而重兴喇嘛教于其地焉。至于蒙古之传入，则在明万历四年，当时有俺答加者，始奉喇嘛教，迎第三代达赖锁南嘉穆措至青海，建仰华寺奉之，大会蒙古诸部，吞长生水，相誓遵守达赖戒杀伐之训，乃送之东归。既而达赖复从阿尔坦汗之请，布教于漠南。阿尔坦汗之子黄台吉，亦深信之。第四代达赖云丹嘉穆措，实出于其后嗣之中。云丹嘉穆措时，与西藏之胡图克图相议，在蒙古设置掌教坐床之喇嘛，乃举呼毕勤罕津巴札苏，送之蒙古，使坐床焉，是为大慈迈达里胡图克图。蒙古之有掌教坐床喇嘛，盖始于此。蒙古诸民，奉大慈诸们及博硕克图济农等尊卿，称为转金彻辰降农汗。既而达延汗李子橙埒森札之孙土谢图汗之祖阿巴岱，入藏谒达赖喇嘛，得佛像经典而归，受蒙古诸汗之敬服，遂得斡齐赉巴图瓦察喇嘛音汗之称号。蒙古之喇嘛教，自是勃兴。阿巴岱有弟曰图蒙宵，信奉黄教，受赏于达赖喇嘛，授以赛音诺颜之号。清顺治时，其子丹津，又由喇嘛之达赖，得诺们罕之号。黄教在内外蒙古之势力，逐渐就扩张，诸汗咸信奉之。喇嘛教既盛行于蒙古，遂由蒙古而传入于满洲。盖满蒙之交通，为时甚早。当元太祖征服中国本部时，首先并合满洲，置辽东行中书省。蒙古之风物，既由是时转入于满洲。及清朝开国之初，如错伯部派尔察部，皆与满人杂居。万历十年时，满洲叶赫部之青嘉努等，与蒙古察哈尔部连合，屡侵明之边境，是知满蒙之有关系，由来已久。故喇嘛教一入蒙古，立即传播于满洲。观辽阳莲花寺后院天聪四年敕建之大金喇嘛法师宝记寺，则其传入，盖始于金时。更由后此十二年建立之大喇嘛坟塔碑文，知藏僧斡禄打儿罕囊斯，布教于蒙古诸部，与察哈尔部之民，共至满洲，受清太祖之尊敬，阐扬黄教。及太祖天命初年，喇嘛教始渐就隆盛。当天聪时，可称喇嘛教在满洲之全盛期。是时喇嘛教僧侣，悬转轮，建寺院，罗供物，奸贪备至，甚且以破戒或教外之汉人朝鲜人为奴隶，种种弊害，即随其教之盛行而起。然清太宗既抱统一宇内之志，欲利用蒙人以达其目的，故厚遇之不稍衰。天聪八年，墨尔根喇嘛，奉元世祖时思边千金铸造之佛像，由察哈尔而来，太宗命毕勒克图囊斯，迎于盛京，于盛京西三里，建立宝胜寺。落成之日，太宗亲率王公贝子，在佛前行三跪九叩礼。又崇德年间，从喀尔喀之奏请，遣察罕喇嘛等于西藏，赐书于西藏汗及达赖喇嘛。及伊喇固克散胡图克图之达赖班禅两喇嘛赍书至满，太宗亲迎于怀远门外，以三跪九叩礼拜天，延见使者于驿馆，使宣读赍到之书，并命喇嘛诵经，赐茶宴以劳之。入城以后，复开崇政赐宴，并命诸王贝勒等，各开大宴一次。留盛京八阅月中，五日设一宴，赐金银珍宝绫缎，备极宠异。及其归也，自达赖班禅红教诸喇嘛至胡图克图诸汗等，咸赐诏书金碗玉杯金甲银两锦锻等物。清自建国之始，既以优遇喇嘛教为政策之一。故朝廷权力可及之处，喇嘛教均受异常之保护，其发展自无待言。若夫关内之传播，虽元时尝铸思巴佛像，供奉于山西五台山，足为当时已传播于山西北京之证，然其隆盛，实在满清入关之后。当康熙雍正乾隆诸朝，为喇嘛教徒建东西黄寺及多数寺院，喇嘛教始呈空前之盛况。今北京及其附近所存喇嘛寺院，尚有二十八所，足以窥见其当时隆盛之势也。

喇嘛教之分裂

凡宗教之分派，大都因其主张宗义之不同而起。独喇嘛教则不然，教徒之于经文，则视为神圣不可侵犯，故其对于教义，绝未有抱是非曲直之见解者。而其流派之所由分，则属于僧侣腐败之问题。盖喇嘛教之宗旨，本在超凡出俗者，尝艰茹苦，积善根于现世，冀成道于未来，故巡礼念佛，乃其本务，烟酒娶妻，在所严戒，然历年久远，思想渐变，而破戒之徒，或出于其间。至其后世，有目击僧侣之腐败妄行者，心知其非，遂因而唱改革之声。盖人民宗教心之向上，古今东西，皆出一辙。喇嘛教宗派之分裂，亦由于此，兹述其分派之一斑如下：

（一）宁麦巴派

所谓红教喇嘛者，即此派之僧侣，以僧侣皆红衣红帽，故得是名。红教在喇嘛教中，属最旧派，许肉食，有妻，任加持祈祷之事。自开宗至今日，教义上绝少革新。今在西藏占大势力者，即为红教，多数寺院，皆属此派，惟于蒙古之势力甚微，寺院亦少。

（二）嘎靼谟派

此派起于宋仁宗皇佑之时，后三百五十年，有宗喀巴者，大唱改革之说，遂改兴额尔哥叭派，即黄教也。故嘎靼谟派，可称黄教之先辈。

（三）萨斯喀派

此派之兴，后于嘎靼谟派约二十年，乃由宁麦巴派分离独立之一派，然自额尔哥叭派既兴以后，其势遂微。

（四）额尔哥叭派

此派僧侣，皆黄衣黄帽，故对于红教而称黄教。乃明永乐时僧杰宗喀巴之所创。宗喀巴愤当时宗教之腐败，遂高唱改革，务谨严其仪律，其徒皆用黄帽。改宗以后，大受群众之信仰，以旭日升天之势，流传于西藏蒙古。因历代英明之活佛，多临于此宗，遂常压倒各派。各派多改宗从之。迄于今日，其势力未尝稍衰。蒙藏诸大刹，以及满洲北京等处之寺院，皆属此派。

佛像经典法器

佛像种类之最多者，无如佛教。喇嘛教中，亦在百种以上。佛像之始，自印度“豨叭”密教输入于西藏，其后以次增多，然此等佛像，渐化为西藏式，即今日所传者。是吾人观此等喇嘛教之佛像，鲜不生奇异之感，其中八九，皆为鬼怪罗刹或奇异猥亵之像，表示慈悲温和庄严圆满者，殆不多见。即此一端，足知蒙藏土人之气质理想，与内地平和之民性，趣旨固殊也。

喇嘛教之祈祷，以加持祈祷为主，行此者，大抵为红教喇嘛，坛场中装饰供物，皆颇简单，修法时虽须供物百种，惟不用实物，皆以图画代之，其修法之目的及作法，并无一定，往往行吞刀吞火之奇术，因之受人民之尊敬。

经典在今日所用者，悉为西藏之文字。世传元时尝译为蒙文，今已无存。喇嘛僧之尊重经典，与尊重佛陀相等。日本西本愿寺别院驻北京布教师某，发愿抄写藏文之阿弥陀经，请于喇嘛僧，坚辞不许，后赠以巨赂，始得以干板影写，即此足以窥见其对于经典之尊崇矣。

喇嘛教之法器，若坛上装饰之佛具，与内地佛教所用者相同，有阏伽花等六器，其排列之法式，一守旧制，此外如锣鼓小笛法螺等，于读经时用之，均大略相同。闻西藏喇嘛教徒，更有一种迷信之风气，即活佛死后，将其死尸腐败所生之汁液，和土塑成"克利加拉龙王"及金刚五钴焊之像，谓旅行时佩之，可免盗劫，且佩者不致为弹丸刀剑所伤。

又喇嘛教有所谓回转经器者，蒙古名玛尼恪尔，其状为六角形，高一尺五六寸，广约四寸，周围刻西藏文字，其中置西藏文字几千之书，谓一度回转，其功德等于诵经几百万遍，故转之者极众。

寺庙

寺院之规模，虽因大小而殊，然其构造则大体相同。蒙古等处，以寺为中心，寺之周围，作二三尺高之土城，立丈余之竿于其上，附以细写经文之白布或红布，以区别净界和俗界。土城之郭之中央，建筑大殿，而于左右前后，建伽蓝数所，通常唪经之际，多在四周之堂宇内。若打鬼会、盂兰会等大法会，则在中央之大殿执行之，然此等规模，惟极大之寺院方有，若在中等寺院，则周围有土城者殊少，即有土城，亦鲜有上建幡幢者。如满洲北京小库伦等处寺院，皆不过于寺之周围，绕以土墙，况其下乎！故建幢以作净界俗界之区别，仅有蒙古少数之大寺院。伽蓝亦然，中等寺院，大殿以外，无他堂宇，即有一二，亦不甚轩厂，未足与大寺之伽蓝比。其更下者，不过一矮小之寺庙，住喇嘛僧三五而已。至西方沙漠地方，甚有以家屋为寺院者，则简陋已极矣。至于僧人住室，则在大寺，大抵建于寺之左右或后方，库伦、拉萨及其它大寺院，其住室恒成一市街，其壮观可想。如北京雍和宫，住僧号称八百，其住室建于大殿之左，栋宇栉比，俨成一街。汉人称之为喇嘛街。喇嘛之高级者，人占一室，下此则数人合住，营共同生活，至于中等以下之寺院，寺僧既少，故住室亦不多。然蒙古西藏等瘠地，常睹高大之伽蓝，黄瓦灿然，使人想见此等民族信奉是教之诚笃。若夫北京奉天之喇嘛寺，及蒙古少数寺院，皆系清廷敕建，故其壮大华美，非蒙藏僻地之寺院所可同日而语也。

喇嘛之称号

大宝法王、大乘法王等，乃朝廷所赐之尊称，背后即有一国绝对的权威之保护，故他喇嘛皆不敢犯此称号，而然亦有仅因信仰上之尊崇而并不受朝廷之保护者。盖中国向无统治宗教之机关，即名义上有类此者，对于地方寺院，亦无何等之威力，不能行赏罚之权，故地方寺院纵或僭高位之称号，亦无得而纠弹之。况并无此类之机关乎！是以喇嘛之阶级，与其尊号，大抵因僧侣衷心之信仰而加以尊称，被称者亦岸然自大，直受而不疑，种种称号之起，大都如此，兹就现今所通称者，分述如左。

（一）佛爷喇嘛

所谓活佛者，属于此级。本限于西藏之达赖班禅两喇嘛，及驻蒙古库伦之呼图克图，住内蒙古多伦诺尔及北京雍和宫内之呼图克图等数人。然蒙藏各处喇嘛寺之喇嘛，亦往往自称活佛，自居佛爷喇嘛之号，究竟孰为真活佛，非熟悉蒙藏情形者，不能辨也。

（二）达赖喇嘛

达赖，藏人谓之“喀尔福林颇采”，义即大德中之大德也。蒙人之称达赖，则义与大海相似。相传为观音菩萨之化身，受蒙藏一带僧侣之崇拜，现为“额尔哥叭”派之管长，且统握西藏政教两权，卓锡于前藏首都拉萨南布达拉。

（三）班禅喇嘛

现住后藏首都札什伦布。其始祖称凯珠布格博克巴勒藏。十五世纪末叶人，为第一代达赖喇嘛罗伦嘉穆措之法弟，师事黄教之始祖宗喀巴，其师圆寂后，乃居札什伦布，与达赖喇嘛分掌黄教。

（四）库伦之呼图克图

喇嘛教虽自元初即见知于蒙古，然其主长之有呼图克图之称，则创自大慈迈达里呼图克图。当时由阿巴岱汗之恳请，转生于蒙古，其在世时，为全蒙人之所崇敬。今住外蒙库伦之呼图克图，即其后裔。

（五）多伦诺尔之呼图克图

呼图克图之坐床于多伦诺尔，始于清朝。圣祖康熙三十年四月，哲布尊丹巴呼图克图，率土谢图汗等喀尔喀七旗来归，帝因幸多伦诺尔。五月，大宴诸汗台吉等，赐土谢图车臣二汗称号，封札萨克图汗之弟策妄札为亲王，依次袭汗号，并封诸部之济诺颜以王公贝子贝勒等号，凡三部三十七旗，授札萨克，又为收揽蒙古民心计，建汇忠寺于其地，命内外蒙古各送喇嘛一人至寺，更由西藏迎第五代达赖喇嘛大弟子章嘉呼图克图，使住持焉。多伦诺尔之有呼图克图，盖始于此，传至今日，代称呼图克图。

（六）北京雍和宫之呼图克图

雍和宫本雍正未即位时之藩邸，御极以后，以宫禁之一部，安置佛像，使驻京喇嘛管理。乾隆初，遂以宫赐喇嘛，其僧正为呼图克图，由拉萨迪班、萨剌及高甸三大寺中选出，清帝待之等于亲王。惟今日之呼图克图，则来自西藏，革命以后，政府待遇之与清无异。

（七）札萨克喇嘛

住于内外蒙古西藏青海等之大寺院，在佛爷喇嘛所住之寺院者，位次之。佛爷喇嘛为信仰之中心，而札萨克则综揽政教之权，统辖管内之土地及人民，处理寺内一切事物，为众僧及一部族或一部落之指挥者。此种喇嘛，大抵出自名门，各汗王公台吉之亲族，常被推任此职，以背后有势力为之拥护也。在北京雍和宫，佛爷呼图克图下，有札萨克两人，佛爷专以诵经为事，于内外诸务，均不与闻，札萨克则专以处理事物为职。其一掌内务，专营寺内诸事；其一掌外务，专管与政府交涉及其它外来各事。职掌互殊，各不相犯。

（八）庙喇嘛

庙喇嘛之称，与一般所谓喇嘛之义，无稍差异，所以特立此名者，不过为一般世人称呼之习惯。盖世人因区别于有高位之特种喇嘛，故称一般喇嘛，特冠以庙之名词，以示差异。此等庙喇嘛中，其位置常因修业之多少而生区别，亦有终身不能脱庙喇嘛之位置者。庙喇嘛平日在寺院内，值佛事至扫除等一切庶务，以及参与外间信徒冠婚丧祭之礼，听札萨克喇嘛及大喇嘛之指挥焉。

（九）黑喇嘛

凡俗人之为鳏夫寡妇者，因为亡者祈求超升，不著法衣袈裟，不修持经文，惟终日持念珠诵“唵嘛呢叭咪吽”以送一生者，谓之黑喇嘛，即所谓道新也。

（十）大喇嘛

不问其宗派、种类、品级如何，但为一寺之座主而支其寺之首席喇嘛，通称大喇嘛。此外更无何等之意味。故每一寺院，必有此类之大喇嘛，惟蒙藏人往往对于一般庙喇嘛而尊称其首长喇嘛为大喇嘛，故在大寺院，有时有信者所称之大喇嘛数人。此等喇嘛，又对于其上之喇嘛附加大字，于是遂归一于一院之首长。为大喇嘛者，大抵有王公台吉等之门阀，或有势力者之子弟，惟向例必须参拜西藏之总本山一次后，方可就职。然蒙古地方之小庙之喇嘛，因地处偏僻，且朝山之贡物，未易措办，故亦有参拜未了而当此职者。此外大喇嘛中，有受西藏招待为座主者，如北京雍和宫之呼图克图及蒙古之大寺中多有之。然从一般之世俗之习惯，虽等为寺院之住职，亦不以大喇嘛称。盖一称大喇嘛，似侪之于普通喇嘛，稍缺敬崇之意，故普通以活佛之尊称，称上等大寺院之首席喇嘛，在下等以下之庙，则称喇嘛之主席者为大喇嘛，一般之俗习然也。

种类之大要，具如上述。至于其品级，则入寺始称沙弥，渐次进级，衣色亦不一。

生活状态

喇嘛僧之生活状态，因土地习惯，各有不同。故西藏、蒙古、北京、满洲等，互相异致。彼等于每日一二次至四五次之规定勤业外，应信徒之招请，作法会供养之事，暇则洒扫殿堂，任樵采等一切杂务。在蒙古西藏等有家畜之寺院，则掌理放牧饲养。而北京之喇嘛僧，则更以教授蒙藏语、画佛像、贯数珠出售于蒙古，为获得生活费之道。然此仅就一般喇嘛而言，至于高级喇嘛，则不任此等庶务。如北京之呼图克图，暇则静坐一室，手持念珠诵“唵嘛呢叭咪吽”，寺务悉付之札萨克喇嘛，绝不过问。其它普通喇嘛之有福者，亦不营内职，规定勤业外，无所事事。

清朝建国之初，藉蒙古之力，统一天下。一面为怀柔蒙人计，对于喇嘛僧，加以未有之殊遇；他面则鉴于历代受北狄之祸，为力制其民族之发展计，自王公台吉以至庶民，除留一二之家族中继承人外，悉令送入喇嘛寺，为祖宗祈福。此等送入喇嘛寺之人，其年龄大约在七八岁以上，十二三岁以下，入寺之始，称沙弥，其衣食费及裁缝洗濯等一切杂费，悉由其家中供给，至能营独立生活时为止。长成后即为僧侣，不但赖信徒之布施，得以生活，其在寺者，因任寺内一切庶务，不至穷于衣食，且因内职及他事，储费得以较多，故此辈喇嘛僧中，亦有富有者。

在蒙古特种寺庙及驻在北京之喇嘛，每月由政府赐给生活费，依阶级及老幼，十两至一二两不等。然此等赐赏，在喇嘛所得，不过原额之半，盖经官吏之手，辗转克减矣。然喇嘛僧虽明知其故，亦不敢申诉，虑受官吏之谗，反将赐费裁撤也。

法衣如衣裤袈裟之类，略与佛教各宗无异，惟其袈裟无纽，乃为特殊。念经之际，有高级僧轮流监督，故规律特严，其时间约在午前十时及午后三时行之，将进殿之十分钟前，先于殿前会集众僧，然后徐徐进殿，缺席者须向监督之僧请假。

修行

喇嘛教之有修行，亦与各派佛教同，惟其修行之动机及目的，不能无异。在各派佛教，发心修行，在求证菩提涅盘，其方法向无一定。而喇嘛僧之修行，则专求化身转生，大抵以巡游与参禅为其修行之方法。其从事巡游者，即巡礼各地之寺院，或合数十人组成一团，远陟长途，至西藏之总本山、外蒙古之库伦、多伦诺尔、山西五台山等处，参拜巡礼，冀受活佛或他高僧之训迪。据北京喇嘛僧言，如赴西藏崇拜，由北京出发，经过蒙古青海，归时取道印度，则每人约需费三百元。然彼等常在北京购取种种商品，售之蒙古，更购蒙古特产，售之西藏，如是辗转贩卖，即以其余利为旅行之资，故其费极省。惟谒见西藏活佛时，须呈土物，不能菲薄，至其自用，实有限也。至于参禅之事，则鲜有在本寺中行之者。古来参禅之地，以青海黄河上游之青海湖，最为著名。湖在西宁府西三百余里，周围广七百余里，环湖有十三峰，中有察仆及掩罗海两岛。为人踪不到之地，喇嘛僧多参禅于此。其赴岛，必在冬季湖水冰结之时，运置一年所需之粮食及日用品于中，越年始可出岛。此湖当西藏中国之孔道，故参禅者咸往焉。

活佛之抽定

以抽签定活佛，其事颇趣。盖世界宗教之教主，未有如喇嘛教以抽签之方法，决定所谓化身转生之佛陀者。此喇嘛教之所以为喇嘛教也。兹将抽签之方法略述于左。

化身转生之事，创于明初黄教之始祖宗喀巴。自是以来，达赖喇嘛，每于生存时，巡锡各地，察美好圆满之儿童，于临终时，遗言当转生某处，乃迎立之。其后在指定地中，所谓圣童者，纷然群出，互相竞争，故第七代达赖时（班禅之第六世时），清廷为防遏弊害计，遂定活佛抽签之法。时在乾隆五十六年，帝乘征服廓尔喀之余势，对喇嘛教之选举达赖，实行干涉，始作金瓶二，一置于中藏之大招寺，一置北京雍和宫内。其法自许多之圣童中，择活佛死后十个月内产生之小儿十二人，招至于布达拉，由其它硕学有德之喇嘛，加以试验，其备佛陀之体想最少者，渐次剔除，至剩三名为止，是为活佛之候补者，乃就此三人行抽签之法。当抽签时，先营一定之法会，班禅喇嘛及数名之西藏汗并驻藏大臣，咸莅会，乃用纸三条，各书达赖候补者之姓名于其上，入金瓶中，然后由金瓶中抽出其一，定为达赖喇嘛，由高德之僧，任保养教育之职。

蒙古之选举呼图克图，与西藏之选举达赖无异。金瓶本有二个，其一因选举达赖，置于西藏；其一置在雍和宫者，则为抽定蒙古呼图克图之用。抽签之时，理藩院及札萨克大喇嘛，均须到场。书选定圣童之姓名于纸上，投处瓶中，在佛前读降神经，乃行抽签。惟清政府所定政策，使呼图克图之呼弼勒汗转生于西藏，故其抽签，未尝在北京举行，向来皆在西藏由达赖班禅诸汗及驻藏大臣莅会行之。新呼图克图当选后，送之特建之寺中，由高僧喇嘛监督，住寺年余，经朝廷发给新呼弼勒汗之认可证及移送蒙古之许可书，然后由蒙古诸王迎入蒙古。

呼图克图之入蒙

呼图克图之选举既竣，乃由选举委员会草报告之奏章，托北京特派之官吏入奏，同时蒙古所派各使，除留二三名之老喇嘛为新呼图克图供役外，其余皆归蒙报告选举之情形，并准备奉迎新呼图克图之典礼。当赴藏迎新呼图克图时，向例以王一人为长，更由各汗旗等派公贝子、贝勒、札萨克台吉及高德之喇嘛以副之，其下更有各项夫役及多数之巡礼者，其数常达千人，而搬运食粮杂具暨诸种献纳品之骆驼，亦在千头以上。启程之日，各寺均举行祈祷，求途中安全，庶民亦群集宫殿为祈祷。是日，香烟缭绕，笼罩库伦全街，乐声闻于四郊，行人与送别之人，共入城外之广幕，饮饯行之茶而别。在库伦出发之期，大抵在二三月之交，以是时天气温和，宜于行道，途中经土谢图汗及三音颜之游牧地，又过阿拉善王旗，乃至库库诺尔之草原，是时适在炎夏，故留憩数月，至秋凉后，乃再前进。又越三四月，始抵拉萨。达赖喇嘛舍之附近之寺院，优遇备至。此辈暨至拉萨，乃谒见西藏之高僧，呈献贡物，求其受佛戒于新呼图克图。贡物通例为银制盘之曼荼罗、银千两、绢布若干匹等。新呼图克图既受佛戒，始许归蒙。蒙人奉新呼图克图就道时，西藏僧侣送者数千人，自西藏至阿善，由驻扎其地之中国军队护送，既达库伦，不直接入宫殿，须先居旷野所设黄色之假宫中数日，乃择吉进库伦，至“巴隆阿尔岳”寺，受茶及肉之供养，复乘黄轿至“都鄂里钦”寺之大殿，库伦高官一同恭迎，以清帝之名，赐金玺及敕书于呼图克图，于是呼图克图始入居宫中，由呼图克图之师傅诺们汗喇嘛等，授以经文及其它一切之法式焉。

（略）

1917年7月15日，14卷7号

西藏风土记(录《青年进步杂志》)(目)

1917年11月15日，14卷11号

驻京英使向外交部提议西藏问题(中国大事记)

中、英、藏交涉历年已久，迁延未决。本日驻京英使又向外交部提议，经外交部对于英使提案提出异议，英使当允电达本国政府请示。

1919年7月15日，16卷7号

驻京英使向外交部提议西藏问题(中国大事记)

驻京英使本日至外交部提出关于中英藏交涉问题三条:(一)西藏版图依照中国方面之希望,以大吉岭会议时所用地图为根据。(二)西藏自治权、宗主权以西姆拉阿会议时双方所讨论者为根据。(三)西藏之自治权及军备问题应依民族自决主义由藏民代表会议自行决定。

1919年9月15日,16卷9号

西藏风土谈屑(译《远东时报》)(内外时报)

刘麟生

中国人有时对于西藏问题,似抱有无穷之兴趣,推其意,以为西藏乃一天府之土耳!然征之事实,殊大谬不然。环地球而居者,除南北极各地外,西藏之经济状况实至贫苦,其居民之稀少,亦为他处罕见。西藏之幅员,言人人殊,有谓其不过四六三二〇〇方英里,有谓其有七〇〇〇〇〇方英里。地之广狭不一,东西最广者,有一四〇〇英里,南北最广者,有八〇〇英里,土地不可谓不大。地瘠之故,则以全地多高出海平线,故硗瘠者多。自古及今,无有详细调查实录,仅有私人旅行之记载耳。高原之平均高度,约一六〇〇〇英尺,惟布拉马普得拉江 Bramaputra(即雅鲁藏布江之下游,藏人通名之为山坡 Sanpo)之山谷及喜马拉雅山北稍低耳。无数大河之上游,皆在喜马拉雅山北发源,如扬子江、湄公河、怒江、伊拉瓦底江皆是,又其东北,则黄河导源地也。

山坡河(雅鲁藏布江)自发源处玛珀木达赖池 Lake Manasarowa 至札什伦布(后藏首城)Shigatse 五百英里间,地皆甚高,不能耕种,居民亦少,不过数千人,食物多自东部得来。自札什伦布以下,高原下降,约一二〇〇〇英尺,河流两岸,皆宜耕种。自札什伦布至江孜(西藏商埠)Gyantze,可耕之地,三五错杂。江孜位于山坡河支流上,四周之地,尽可耕植。此处与拉萨(前藏首城,在山坡河另一支流上)Lhassa 车塘(或译泽当,在山坡南岸拉萨之东)Chetang 为西藏最大商业中心点。三处周围之地,连之成平行四边形,可七五〇〇方英里,宜耕植之地,最多不出百分之五。此三处之西及北,为一大广原,山岭不多,时见盐湖,土中常有小草,不啻一不毛之沙漠也。车塘以东,沿山坡河,亦有可耕之地,直至此河折而南流为止。山坡河既横穿喜马拉雅山之东，流入英属阿萨密（缅甸北部）Assam所谓布拉马普得拉江是矣。

以上所述，皆西藏南部，毗邻印度者也。山坡河既南流出西藏，其东部广袤数百英里，名察木多Chimdo，诸高山平行南下，成无数山谷，皆甚狭，鲜居民。即山坡河北岸至察木多一带商路，居民亦少。上文所言扬子等四大河流，皆在此山谷中，流作平行式，以高山间之。扬子、湄公、怒江之谷，约高一万尺，颇有可耕之地。察木多之东北，地益高，丝毫无耕植之壤，再北至青海之库库淖尔（一名青海），沿黄河上游，尚可种植，居民亦甚多。

西藏人口，从无确切之调查。一因其地游民颇众，二则中藏间界线不甚划清。有谓连山居之马其人Marches计算，有三百万人，以吾所忖，山坡河一带居民，当不出三十万。东部稍稠密，约五十万，游民可二十余万，则西藏本部居民，共百万耳。余旅行西藏时，惟于札什伦布、江孜一带，常见居民，余皆数百里无人烟。此三处（指拉萨等）与印度、新疆、中国西部之交通，皆有数百里之山路为之间隔。崇陵起伏，行旅维艰。即人口稍密之地，彼此相距亦多崎岖之路，行人费用至巨，而又旷日持久。西藏与印度来往商品，前十余年值价英金二五〇〇〇〇磅，近来闻尚有所增。至中藏间之商业，屡有停顿，亦无详细书目报告，要之必无甚可观也。

西藏之特质，即其广袤之高原。此高原已高出燃料线之上，故各物不生，旅行喜马拉雅山南者，苟登一万四千英尺之高，即不见有生物。哲孟雄（在西藏南界，英属）Sihhim有一山峰，登之可俯视山下二千英尺之峡谷，谷中有梯斯他激流Teesta Torrent，白浪奔腾，幻为异景。距此不远，为金嵚银加峰Kinchinjunga，高二八一五六英尺，为世界第三高山，高插云表。自山脚至巅，各种草木皆备，高度在八九千尺以下，树木尚多，其上仅有松柏及石南，再其上则惟大石与冰川而已，风景固极奇丽。至喜马拉雅山北，其情形则异是。金嵚银加峰北之高原，高一六〇〇〇英尺，全无生物，旅行家至此，惟远见积雪满巅之金嵚银加峰耳！西藏南部大抵如斯。西藏西部直至克什米尔（印度北部）Kahmir，无大山岭，高原皆高约一万六千或一万七千英尺，仅有一大山谷，印度斯河流其中。北部高山蜿蜒，所谓昆仑山是也，因此无河流北向。总而言之，西藏实一大荒野，而不适于人类之发达也。

余旅行西藏时，适值冬季，故益觉艰苦备尝。一行人物由哲孟雄北部出发，经拉土那Nathula抵嵚壁谷Ohumbi Valley，谷中有数处可以耕植，较高之地则几于不毛，亦罕见居人，途中屡为瘴气病所困。其次，登一八〇〇〇英尺之高山，头痛欲裂，有某友人病几不能兴，故第二次登山之举，彼遂未与其列云。

四足兽之在西藏，不啻处天堂中，安之若素，不以气候为苦。兽以犁牛为多，运输货物非此不可。牛油供食品，牛毛作用具。犁牛在西藏之功用，不啻驯鹿之在拉勃兰也。尤奇者，则犁牛之粪，可作燃料。晒干后，名阿颗儿 Argol，极耐用。其他兽类，有野驴、野羊、羚羊、野兔，种类各别，皆肥腯异常，他处罕见。盖西藏地虽瘠，而土中野草，滋生颇盛，足以饲野兽而有余。则此种野草，直可谓之为西藏仅有之富源，因其无处无之，为兽类天然之食料也。西藏产出之牛羊皮毛，在市场中颇可宝贵，往往代价甚昂。近因产额减少，出口货更少，欲发展西藏之经济于将来，端宜于此种出产加之意焉。

西藏无工业可言，惟纺织布匹、制造烹饪器具及其他项用器殊属普遍。沙地之金亦时发现，特出产不多，旅行人既少，故矿产之丰富与否，无确实调查，所可发展之工业不外羊毛与牛皮。然因西藏社会有特殊之组织，工业不易言进步。盖西藏事业，大半为喇嘛教所阻碍。男人多为喇嘛僧，不事工作，徒倚赖其他数千人始可生活。而社会既视喇嘛教为极强有力之组合，则不得不尊重僧人。每一家族至少须有一人入该教寺院，否则其家将不得寺院之保护。盖喇嘛教在西藏势力之大，实莫可与京。耕植之地皆归寺院所有，佃户工作仅足赡衣食，余则纳之业主。喇嘛僧最惧新思想由印度传入，恐将失其尊严及权利。而外人之入藏者，遂多遭彼等嫉视。且华人常鼓励藏番勿接外人、勿购外货，此亦一原因也。特近来情形亦异，自达赖喇嘛率大队人员游览印度后，彼等渐明世界大势，已脱离中国束缚，自谋其国之福利，真前此所未曾有。喇嘛错记日月习以为常，非灌输新知识不能改革。拉萨有大寺院三所，每处有僧七千，札什伦布有僧四千，他处尚有数千。设他日自由贸易盛行，如今日西藏之与印度，则僧侣当可减少，以居民置身商界者必多也，至欲西藏转贫为富，固非发现矿产不可。(《申报》)

1919 年 11 月 15 日，16 卷 11 号

近代传媒与中国西藏的社会变迁

刘永文 编著

（下册）

凤凰出版社

《东浙杂志》

《东浙杂志》于 1904 年 5 月创刊，在浙江金华出版。月刊。由东浙杂志社编辑和发行。出至四期，于 1905 年 5 月（光绪三十一年四月）改为《浙源汇报》，卷期另起。

政府对付英藏新约之方针(北京)

探闻新简西藏专使唐少川京卿日前来京。召见之后,连日与某邸那尚书诸公会晤,议驳英人要挟各条,殊为秘密。闻某邸对京卿有言:此次赴藏,第一要联络番众之有势力者,尚须多方开导番众之愚。至更订条约,须与英人婉商。只要藏地主权仍归中国,不使某国借口,即可定议云云。

1904 年(甲辰年),第一期

英德不干涉藏事(奥国)

奥京维也纳电达某报馆言:英俄两国于藏事订有盟约一节,实系谣传。又德报亦言:德国决不干预藏事,与日俄战局无异。

《时报》按曰:英藏条约,前曾闻各国有起而反对者,今则寂无所闻。夫我不反对而人代而反对,可耻也。我欲反对而人又置之漠不相关,尤可危也。利益均沾,吾国其有几许西藏以待外人哉?

近德、意、美三国均行文请外部力阻英国在西藏所立之新约。

1904 年(甲辰年),第一期

记政府对付英藏新约近状

探闻今日廷议为唐绍仪京卿赴西藏之事,颇费踌躇。盖因英国并未另派大员与唐钦差专议更订藏约,亦未电告中国所派专使来在何地会商。自唐京卿奉命派为藏使以来,虽经政府电告英国暨张星使。然该国始终未复一电,殊觉无谓。前经政府照诘驻京英使,乃该使推诿此事应由敝国政府作主,惟争执藏约不能十分更改等语。故政府近来痛言张星使不善办事,已有电旨严行申饬该星使矣。目下唐京卿拟不赴西藏,直赴英国与该外部争论此事。然政府尚犹豫不决。所以唐京卿行期尚未定准云。

1904 年(甲辰年),第二期

英藏条约后事

驻京公使张德彝电致政府，言英藏条约一事。英原认清国主权，但如通商、路矿各件，决与清政府妥商。西藏利权不计让与第三国，必得清政府明确之保证方为适合云云。且传英政府意急欲使节便即赴藏。故政府近急促唐绍仪出发云。

1904年（甲辰年），第四期

《萃新报》

《萃新报》于 1904 年 6 月(光绪三十年五月)创刊。在浙江金华出版。半月刊,由萃新报社编辑兼发行,张恭、盛俊等主编。停刊时间未详。

英兵至藏

又电:英国派赴西藏专使庸黑之大本营及联队两队抵乞姆拨地方。(二十一日)

1904年6月27日(光绪甲辰五月十四日),第一期

藏民击英兵

又电:藏民在途中袭击英兵营垒。英兵报之,击毙百六十四人。彼等逃时,受伤亦众。(四月二十六日)

1904年6月27日(光绪甲辰五月十四日),第一期

英报论藏事

英京《斯登达报》载:观近次藏民在伯拉所为之事,知吾英此次前往拉萨兵必将冒不测之危险,非多增兵力,剧战恐不能免。(二十八日)

1904年6月27日(光绪甲辰五月十四日),第一期

英报言西藏事

伦敦电:英《斯登达报》载:观近次藏民在伯拉所为之事,知吾英此次前往拉萨之兵,必将冒不测之危险,使非多增兵力,恐剧战终不可免。

1904年7月11日(光绪甲辰五月二十八日),第二期

英兵在藏情形

四月十四日城备电云:今日从土纳得有消息,谓有西藏人约四百名,在往拉萨大路之南,欲攻英人交通之路。今日从土纳前来之西藏人亦谓:其事甚确。在佛兰之西藏人,其数若干,不得而知。从土纳来之受伤西藏人,则谓有西藏兵二千名,带有小炮,从甘巴起程以攻土纳。故英兵派出侦探马队,以察西藏兵在何处。杭大佐

已预备一切矣。

1904 年 7 月 11 日(光绪甲辰五月二十八日),第二期

西藏近状

五月初二日北京来电,云:西藏达赖喇嘛目下不听驻藏大臣之忠言,而为驻在拉萨府之俄国武官之甘言所惑,俄国暗中供给小铳弹药,以排斥英国。

1904 年 7 月 11 日(光绪甲辰五月二十八日),第二期

筹防西陲

自英兵入藏以来,政府于西事尚不了了,毫无措施。经长尚书庚来京具陈情形,始知详细。盖尚书本西征宿将,半生经济,专致于西北一带。现政府已采纳其议,有电旨饬马亮洵、潘效、苏春等一律筹防以固边圉。

1904 年 7 月 11 日(光绪甲辰五月二十八日),第二期

直趋藏京

英国派往西藏之军,定于六月二十七日(华五月十四日)向藏京进发。

1904 年 7 月 11 日(光绪甲辰五月二十八日),第二期

英藏又战

统领英国援军陆军大将来端奈尔,于华历五月十五日始与藏兵恶战。后遂将藏兵之炮台占据。藏人所失甚众。英军之小队指挥官克辣司他阵亡,并伤将校两名、印兵五名。

1904 年 7 月 11 日(光绪甲辰五月二十八日),第二期

奏陈藏事

近驻藏办事大臣奏陈西藏喇嘛干预地方,肆无忌惮,稍不遂意,聚众横行。窃

恐一朝尾大，收拾更难。拟请于察木多地方添设重镇，安驻大员。途中接准川督锡良来咨，业经与帮办大臣桂霖会奏，拟请帮办大臣驻察木多居中策应，诚至急之务，云云。

藏事述要(目)

1904年7月11日(光绪甲辰五月二十八日)，第二期

英藏和议不成

驻甘志之路透访事人来电，谓：议和之事今已中止。英兵已攻占西藏之炮台。西藏人竭力相拒，伤亡者不甚多。第三十二印兵队之葛屯中尉已经阵亡。

1904年7月26日(光绪甲辰六月十四日)，第三期

英领事力主调和

近闻前驻渝英国领事某君，现正在藏，力至调和之议，暂行停战。俟华官到时再议办法。

1904年7月26日(光绪甲辰六月十四日)，第三期

英兵深入藏地

五月二十八日伦敦电，云：西藏之兵又占据当知，并无阻碍。想攻服西藏之举，为期亦不远矣。

1904年8月11日(光绪甲辰七月初一日)，第四期

西藏不复信赖俄人

北京来电，云：驻藏大臣电致外务部，云：达赖喇嘛近日因闻俄军在辽东之败报，故其信赖俄国之心亦渐薄，并自知藏军之终不能抵敌英军，颇愿议和了结。本大臣当乘此机会保护达赖喇嘛，而力助和局之告成。请贵部知照驻京英公使，请其

转电本国政府，暂行停止英兵之前进，以便开议和约，云云。

1904年8月11日（光绪甲辰七月初一日），第四期

川督奏报藏事

川督锡清帅函致某王，云：西藏番民，从前深信俄国，故与英人势不两立，已屡次战斗。刻下虽知俄人不足为恃，而与英人两不为难。然番民究竟野蛮，且与英人言语不通，日久恐不能不丛生枝节。故特派凤道统兵前往，并带译员随往，一面调说以期藏民安业，英兵退去等语。

1904年8月11日（光绪甲辰七月初一日），第四期

记英藏激战事

英军某日率第八队及第四十队与工程兵若干，往攻西藏紧要某口隘。虽经藏民竭力抵御，卒被英兵占据。是役，英军阵亡都司克拉司脱，尚有都司勃里司及守备弗来亦被击受伤云。

1904年8月11日（光绪甲辰七月初一日），第四期

英据西藏之关系俄国

六月二十九日柏林电，云：英兵占据拉萨各处，以为此举乃英国令俄国更增一失望事也。

1904年8月11日（光绪甲辰七月初一日），第四期

英兵将入拉萨

英国派往西藏之兵，经在克罗伯山奋战之后，现在下营于离拉萨九十二里之某处。

1904年8月11日（光绪甲辰七月初一日），第四期

依然姑息

闻太后近召见瞿大军机，云：西藏土民抗拒英国事，急宜妥筹办法，以全和好。大军机退朝后，即与庆邸等共商办法。闻欲详细电饬驻藏大臣设法镇压，总以劝导为是。

1904年8月11日（光绪甲辰七月初一日），第四期

英兵入拉萨情形

英兵入拉萨后驻于达赖喇嘛之花园旁。拉萨各藏官均逃于城外。达赖喇嘛或既逃遁，或深藏匿，皆未可知。藏官待英兵尚平和。但因达赖喇嘛不在，故毫无主见。

1904年8月25日（光绪甲辰七月十五日），第五期

英兵入藏之舆论

英兵据藏京拉萨之事，各处均以为于俄国大有关碍，不啻以棍击之。

1904年8月25日（光绪甲辰七月十五日），第五期

派员赴藏

日前驻藏大臣请派外交官及通译来藏。兹政府已有覆电，云：前请遣派素悉外交之员，并带同通译等前往藏地以资臂助一节，今宜劝谕达来喇嘛暂勿与英兵交战，候派定外交人员前来再行议办云。

1904年8月25日（光绪甲辰七月十五日），第五期

藏人远迎英官

（西藏）发往西藏之专员至那家子时，即派代表人前来会议，且谓：彼等在拉萨商议以后，即行前来求和。英赫司奔大佐告之曰：所定之约必须在拉萨签字。但彼

甚愿在途中商议。此事之能成与否，全视藏人再行攻击与否也。

1904 年 9 月 10 日（光绪甲辰八月初一日），第六期

藏臣请派大员办理交涉

（西藏）驻藏大臣有泰致电外部云：英兵入拉萨后，达赖喇嘛恐惧不知所为。至于交涉事，本大臣又不敢自专。请由贵部奏请速派熟悉外交大员为全权大臣，与英国改订条约云云。闻军机处请旨四川总督锡良前往巴塘地方，与驻藏大臣协商办理中英两国交涉事宜。旋接锡良复电云：川省日下旱魃为虐，土匪蜂起，现正在派兵弹压，故前往巴塘殊属为难，已另拟派唐绍仪前往云。

1904 年 9 月 10 日（光绪甲辰八月初一日），第六期

《海外丛学录》

《海外丛学录》于 1904 年 9 月 20 日(光绪三十年八月二十日)创刊,在日本东京出版。月刊。刘昌明、由宗龙、陈治恭编辑。昆明城内官书局发行。为云南籍留日学生所办。

刊例称:“以资学识,开民智为宗旨。”选译国外各科著作及学校讲义,旁及中外时事。主要栏目有论说、科学、教育、法律、外交、武备、地理、实业、杂俎、中外近事、余录等。

上海图书馆藏有第 1 期。

西藏独立之问题

传闻某国公使向我政府声言，西藏喇嘛应听其为独立自主之国，则某国自不能干涉云云。至政府如何答言，尚未详悉。

1904 年 9 月 29 日(先绪三十年八月二十日)，第一期

英藏近事

英国之西藏队已达于拉萨。其营即筑于达赖喇嘛之禁苑左边。闻达赖喇嘛现已他徙，或云屏居于禁城之内。虽西藏官吏亦不知其所在。英国兵士已奉命不许入市。故居民与英军颇称安谧。

1904 年 9 月 29 日(光绪三十年八月二十日)，第一期

《直隶教育杂志》(《直隶教育官报》)

《直隶教育杂志》是天津直隶学务公所图书馆出版。原名《教育杂志》,1905 年 1 月 6 日(光绪三十年十二月初一)创刊,自 1906 年 4 月 24 日(光绪三十二年四月初一)第二年第五期起改名《直隶教育杂志》,自 1909 年 2 月 20 日(宣统元年二月初一)当年第一期(总第八十五号)起又改名为《直隶教育官报》。半月刊。出至辛亥第十三期(总第一百三十七号)(1911 年 10 月 22 日)。

主要栏目有诏令、奏议、文牍、论说、纪事、学术、教授管理、学制、传记、时闻、杂录、别录等。

上海图书馆、北京大学图书馆藏有部分原件。

藏文学堂咨部

四川拟设藏文学堂，其宗旨以川藏疆域毗连，言语不可不通，故由打箭炉聘请兼通番汉文字教习，设立藏文学堂，招募学生一百二十人肄业。其日课为英文、藏文及历史、地理、算学、体操等。已咨明理藩部矣。

1907年5月12日(光绪三十三年四月初一日)，丁未年，第五期

西藏选派学生至保定学习陆军

驻藏拉萨大臣奏请政府，选派西藏年幼学生三十人，赴保定陆军学堂肄业，专为整顿西藏军制之用。闻其军制，即仿照北洋办法。闻政府现已电致该大臣，以便从速选派来保。

1907年6月11日(光绪三十三年五月初一日)，丁未年，第七期

川督咨送藏文学堂之章程

四川总督拟设藏文学堂，招取本省绅民子弟入学肄业，以便与藏人易于交通。现将所定之章程及选定之额数，咨送学部以备查核云。

1907年12月5日(光绪三十三年十一月初一日)，丁未年，第十七期

编订蒙藏学制

学部以蒙藏教育，关系紧要，现在风气渐开，正宜因势利导，以收成效。惟奏定学堂章程，施之内地固属完全，行之蒙藏恐难强合。拟详细研究蒙藏教育情形，饬令学制调查局，另行编定蒙藏学制章程，并一切奖励之法，会同理藩部及各将军、都统、办事大臣，妥筹推广。凡关于学务事宜，准其直接报告本部，以便核办。一俟决定后，即请张中堂复核入奏。

1909年5月19日(宣统元年四月初一日)，己酉年，第七期

《国粹学报》

《国粹学报》是研究国学的学术性刊物。1905 年 2 月 23 日(光绪三十一年正月二十日)创刊,在上海出版。革命学术团体“国学保存会”规定其为机关刊物。编辑者邓实、章炳麟、刘师培、陈去病、黄节、黄侃、田北潮、马叙伦、罗振玉等,由邓实任总纂。月刊。每期约六十页左右,售价三角。有光纸(后用连史纸)铅印,竖排,线装本。所有图版均用道林纸印刷。刊物版心上端署报名,中署栏目名称及该栏页码,下端书口处署期数。该刊前四年为大三十二开本,后三年为二十五开本。

该刊以“发明国字,保存国粹”为宗旨。用文言文撰写稿件。主要栏目头两年设社论、政篇、史篇、文篇、丛谈、撰录,第三年增设博物篇、学术篇,第四年第一期又设藏书志,第二期开地理篇,第五期设绍介遗书。第六年起,栏目有较大更动,分通论、经篇、史篇、子篇、文篇、博物篇、美术篇、丛谈、撰录等。该刊共出 82 期,最后一期于 1911 年 9 月 12 日(宣统三年七月二十日)出版,连续刊行七年,从未间断。停刊之后,改名《古学汇刊》,另行出版。该刊自 1911 年(宣统三年)起改在北京琉璃厂土地祠内设立分社,并在全国二十四个地方的几个书庄设了代售处。

上海图书馆藏有原件。

西藏族正名

西藏族初居西藏、青海，并蔓陕、甘、川、滇之陲。夏曰西戎。商曰氐、羌、鬼方。周曰犬戎。汉魏之间分为大、小月氏及先零羌、烧当羌各部。至于晋代，氐、羌人居国中西北，即此族也。今甘肃边外及青海附近地，多为此族所居。若川、滇南境之土司，则西藏族与交趾支那族杂淆之种也。又青海之民虽多属西藏族，然当六朝之时为通古斯族吐谷浑所居。元代以来，又为蒙古所居，非纯全之西藏族也。西藏之地，则隋唐之时为吐番、党项所居。吐番为鲜卑秃发民（即南京）之转音，乃通古斯族、党项之后，为唐兀，即宋代之西夏国，以拓跋为姓，与元魏同（鲜卑种）。拓跋本秃发之转音，则党项亦为通古斯民族矣。故西藏之民多与通古斯族同化，亦非纯全之西藏族也。近人考西藏族者，多以近日卫藏之民亦多西藏族，殆失于考核者欤？

1906 年 4 月 13 日（光绪三十二年三月二十日），第十五期（第二年，第三号）

《之罘报》

《之罘报》于 1905 年 3 月创刊，周刊，山东烟台出版，上海图书馆有藏。

西藏交涉条议

潞　生

处各国环伺、鹰瞵鹗视之秋，稍谙于事几而患已立至。故敌人潜以谋我，竭数十年之经营，乘我之不意而以全力出之，撤我屏蔽，瞰我藩篱，而我遂困于孤立而不可支。然未事而预防，上策也。临事而力持，中策也。至事几已失，复为徘徊观望之计，将一误再误，祸已甚于积薪厝火矣。噫！今日而论西藏之交涉，则必以收回主权为第一义。西藏据青海、陕、甘、川、滇之上游，与中国为唇齿。崇德七年，喇嘛遣使输诚，虽其后藏番屡变，时烦圣虑。至乾隆间，大学士福文襄公奏定章程，而政事、人民统归中国管摄。广袤万余里，全部六十余城，我中国属土，即我中国主权也。然西藏之东，有葱岭焉。其南为英所属之印度。其西、其北为俄属部。俄知英富强基于印度。垂涎其地，思广利权，无一日无窥印度之心，即无一日无窥西藏之心。不得藏，则印度之路不通也。英则睥睨中国久矣。光绪十三年，与中国议定印度条约八则，竟援约画界，强割阿里以西边境，修筑铁路，直达布鲁克巴一带。意以中国积弱，不能保守藏地。一入俄人之手，则印度之屏翰失而印度危。故极意经营，不遗余力以相与犄角。盖自据我腹地，我中国主权渐已拱手而授之矣。然此时未必谓中国无人也。札什伦布等处足资控驭，地险可恃，巴达拉各属地气温和，种植可恃。高山峻岭之中，光气四溢，矿产可恃，珍珠、玉宝、羽毛之属足供取给，贡赋又可恃。苟驻藏大臣引强邻为心腹之患，勤求实政，慎固疆圉，俄即遣人探地，优礼番僧，未必即狡焉思逞。英即植茶置戍，攘夺百端，未必即饮马东流，扰边陲而构衅也。今者以英藏联盟见告矣。中英且议续订条约矣。夫俄自西伯利亚铁道营造既成，极其权力所至，可以席卷满蒙，即可以鞭笞藏印，东西两门户将一举而得之。幸日本而与俄为难也。无日本以难俄，英不入藏，俄必入藏矣。噫！英之入藏是乘俄之虚以击俄也，是虑中国辽东不守，俄将移其师以伐藏也。先发制人，英其得之乎？为中国计，不予英以入藏之利益，中英必交恶；予以入藏之利益，城下之盟听之，外藩之隶听之，如祖宗缔造何？且惧俄将修怨于我，而我无安枕之一日。然则必驳正条约而后可乎？公法之例，两国交涉必得均沾利益，故订约大员必熟权利害，而后彼此可以遵守。光绪六年，中俄交收伊犁条约，大臣崇厚签字画押，旋以廷臣会议，窒碍难行，诏曾惠敏商议前约。其时惠敏公往返磋磨，玉帛寻盟，终全大局。今朝廷既特简大臣前往会议。窃以兹事体大，宜明递国书，告以此次条约不便之处，必须和平商订。而膺是任者，尤须刚柔互用，百折不回，审慎周详，持平办理。凡有碍于中国主权者，反复辩论，力持大体。其详细节目，此时虽未敢预拟，然应行驳改者，如约内所云：按照癸巳商约，与藏番修改筑路、开矿等事，无论何国不得干预。虽宣言于众，尚认中国之主权，实将主权全夺之。阳奉以名，阴据其利。是中国驻藏大臣竟成虚设也。是直以西藏为俎上肉，行将攫而啖之也。倘不亟图补救，则川、滇孤危，大局摇动，时事不可问矣。故争重让轻，时予转圜，而总以收回主权为宗旨。否则，英既负嵎，俄不得志于辽东，又将旌旗西向，而出其奇计以争我属土也。可不惧哉？至于旧约既废，重订新约，一切交涉事宜，有可以进野蛮于开化，息强邻之争竞，资富强之实业者，又当次第行之。请条陈于下：

一、开商埠。按：烟台条约已许英人特开商埠。马科藟入藏以来，大吉岭一处称为繁盛之区，以藏民数十万之众，藏地所产财货之阗溢，英人注念已久。且印度与藏毗连。印度所产之茶及布鲁克巴米，往岁所值，号数百万，必流通无滞，庶可资其挹注而收其权利。英之欲于江孜、噶大克等处重开商埠，诚计之得也。我国既无抗阻之力，宜援上海、宁波之例，招致德、法各国广开商埠，作为万国公地。而各国皆有保护之权，藏之利一国不得独擅，则藏地存亡，即各国所视为强弱，而我之屏藩固矣。况喇嘛辈遵奉黄教，广建梵宇，已无进化思想。一旦振兴商务，必有随时激刺，而弃其宗教以就我文明者。至藏地新开口岸，于亚东设关抽税，载在十六年条约之中。此后商埠大辟，所有税项，或由亚东兼收，或于江孜、噶大克分设税关。此中国自有之主权，未容外人置喙也。

一、公路矿。藏地幅员之广，东西距六千余里，南北距五千余里，达川、滇，通印、阿，襟带丽江河源。前此铁路未通，川省之由打箭炉运茶入藏者，必纡回曲折而始抵其境。其它更可知矣。今既大开商埠，自宜体察情形，修造支干两路，俾巴达拉、察木多各处，筋脉灵通，如珠贯丝，庶几商务坌集，未辟之蚕丛一变而为繁富。至天堑雄峻，山脉虬幡，五金之产，冠冕全球。英、俄图绘山川，其欲逐逐。与其弃之于地，又何若公之于人。惟路矿之议，须中、英、俄三国订定合同，明示限制。除借款、开筑应由中国照分认息并暂以路矿作抵外，此后所得利益，中、英、俄三国按分均沾，外人无侵夺之权。是英、俄利益最优，觊觎既可以息，我中国之富强，亦自是渐有进步。惟阿里以西，已许英人筑造铁路。此后以利权分之于俄，英必不允。然中惟联英，又将无所牵制，而攘夺无已时也，是在订约者临时磋商耳！

一、改驻藏大臣为边防大臣。西藏为中国属地，贡献、僧俗官除授等一切政令概归管辖。达赖喇嘛犹一外藩耳！是藏地之大，以一大臣治之，其土地、人民之责，与各省督抚同，固非徒资其坐镇也。乃自干才日少，积久玩生。大臣多优游养望，若借口于驻藏名目，而以敷衍了事，养痈日久，溃不可治。今宜慎简贤能，而易其名曰边防大臣。其责成之事约有数端：

一曰精练番兵。雍正朝噶布伦之叛，竭上邦之力，仅收巴塘以入川。乾隆初年，藏酋练兵万骑，以准夷之强不敢进而窥伺。藏民之强由来已久。近以达赖喇嘛淫虐日甚，民不堪命，自卫之力因之以亡。然马步额兵数万人，犹可以成劲敌。训练得其法，以之卫藏地有余，以之卫中国亦有余矣。

一曰严抑喇嘛之权。藏民苦达赖喇嘛久矣。乘人心思乱，以图改弦更张之治。将我国优待民人之政宣言而布告之，于是颁为宪章，移其风俗，安见涤瑕荡垢，不拱手而受范围。喇嘛官虽仍旧，而刑赏之典操之在我，彼固无所逞其技也。况官职授之中国，即竟废之亦无不可。

一曰明定疆界。按印藏条约，藏哲之界，哲属梯斯塔及近山南流诸小河，藏属莫竹及近山诸小河分水流之一带山顶为界。明以犬牙相错，一有疏虞，即启戎衅。故鸿沟分守，不能飞越栈道。今虽开商埠，兴路矿，明示大公，然若者为商埠公地，若者为路矿公地，若者为印度私地，尤必确切指明，载诸条约，令边防大臣得于统辖之地自伸其权力。斯不必建置行省，而已有建置行省之设施矣。

一、设商务交涉一员。商埠立，路矿公，则交涉日繁，非一边防大臣所能胜任。宜置一员以辅之，以之办理商务，则考其物价之低昂而定商约，陈其市肆之贵贱而立商会，稽其质剂之异同而设商局，皆其事也。以之筹画交涉，则丱政应随时商办，税务应随时酌改，狱讼互相审谳，奸宄互相稽察，皆其事也。惟一切政治有关国家交涉者，就地咨之各国领事，并上之边防大臣。而边防大臣咨诸外部，随时奏请。俟报可而行之。庶事归画一，可免专制之嫌。至亚东各关货税，俟与各国议定后，概由是员纳收。裕利源，储国课，关系匪轻。其详细章程，在与边防大臣统筹之。

1905 年 4 月 16 日(光绪三十一年三月十二日)，第三期

改订藏约

顷闻外务部王大臣电告唐钦使，略谓：本部接到与英所订条约，内有六条殊失中国主权，须再行磋商，另议酌改，仍望电复。

1905 年 4 月 23 日(光绪三十一年三月十九日)，第四期

藏约将定

顷闻西藏条约经唐京卿与英大臣磋商业有端倪。其善后事宜定议添一将军，会同驻藏大臣悉心核议。

1905 年 4 月 30 日(光绪三十一年三月二十六日)，第五期

吕大臣条陈藏事(目)

1905 年 5 月 14 日，第七期

《重庆商会公报》

此刊书口及目录有时仅题《商会公报》。约 1905 年 8 月(光绪三十一年七月)创刊。在重庆出版。旬刊。由重庆商务总会编辑,广益书局发行。内容以有关商务的公文、论著、商情、物价为主,兼及一般情况的指导,还刊登小说。停刊时间未详。

喇嘛回藏

向例西藏喇嘛遵例入京，回藏时例支勘合夫马，俾免留滞。乃近有札萨喇嘛罗布藏降养骨殖回藏，随行徒众不及四十人，少于勘合之数，而驼骑五十四匹，大小包箱百余件，转扛挑夫八十八名，浮于勘合数倍，显系包揽夹带货物。路过剑州，包管夫役之唐顺，竟敢冒充通事，唆使喇嘛入署滋闹，幸该州牧洞悉事情，立将唐顺严惩，仍按站应付出境，一面据实禀陈川督，并请申明定例，嗣后喇嘛回藏，务须查照火牌，勘合付给，认真点验，据实填注，以免扰累而杜包揽。当经锡帅批饬按察司，速饬成都、华阳两县，俟该喇嘛等由省赴藏时，亲往逐一点验，不准夹带货物，并毋许多索一夫一马，倘有通事人等，仍敢支使喇嘛生事，即行从重惩办，并饬沿途州县，一体认真照办。

1906 年 11 月 30 日，第四十六期

经略西藏

驻藏大臣拟由藏筹修铁路，与川汉铁路相衔接，且多设郡县以分理，并招川湘鄂三省壮丁，以练成大镇，为西藏练军，业经电商政府矣。

1907 年 4 月 27 日，第五十四期

藏事纪实

西藏驻江孜委员高恩洪因病辞差，经外部电饬内渡一则，曾记报闻。兹得京函，述藏中近事，言高委员在江孜办理交涉，颇能顾全国体，此次辞差，实因阻止英藏直接交涉而起。外部因英使有违言，颇以高委员阻止英藏直接交涉之举为多事。高委员以外部及驻藏大臣不能主持于上，将来办理交涉，愈形棘手，遂托病辞差。外部因即电饬内渡，以敷衍英使。其实高不过照约办事，并无报销浮冒，及欲进拉萨运动差使之事云。

1907 年 11 月 20 日，第七十五期

西藏拉萨通商草约之大概(目)

1908年4月5日,第八十六期

议办藏矿

西藏矿产繁盛,惟地居边僻,未见兴旺。闻农工商部溥尚书,会同各堂筹议藏地矿产开办办法。当经拟定先电致川督,遴选精通矿学人员,由打箭炉赴藏,查勘实情,及藏番能否集股开采。倘能开解番人迷信,不生阻力,终必可照内地办法。又一面电致驻藏大臣,会同藏、英官议定华商集股,或与人合股章程,以便开办云。

1908年7月5日,第九十九期

中英新订西藏通商章程(目)

1908年7月26日,第一百零二期

应办要政(西藏)

驻藏帮办大臣张荫棠,近与政府诸公讨论西藏要政。张大臣以西藏边界,土番披猖,又有外人蹑足其后,大局不可不虑,亟宜速练精兵,添设藏营,以资防卫。余如兴办学堂,改良风俗,开采矿产,垦辟荒地,建筑铁路,安设电线各事,亦应次第举行。惟因中英藏约中,有窒碍之处,故须妥筹善法,变通办理。至于推广商埠,划建行省各事,亦应预为筹画,免致临时棘手等语。所论皆中窍要,各王大臣均极赞成,即按所陈各节,电致赵季帅酌核办理。

1908年8月16日,第一百零五期

维持茶业

驻藏大臣商请政府因江孜开通商埠,印度茶斤,销运藏地,势难阻止。惟川茶本已滞销,万难与印茶相敌,恐此后川省茶商失利,当不在百万以下。应如何预筹保护之策，乞与农工商部亟筹办法，以便维持。

康衢共登

里塘至巴塘，凡七站，如头塘、黄土港、三坝、大朔两大山，皆绕西南行，其实有小道由里之大桥山，向西行以达大朔，仅四日程，而中多平原。国初设站不由此者，盖以西路为毛了游牧地，无居庐，多夹坝。现因季帅将启节出关，闻巴、里粮台委员拟禀修此路，较为便捷云。

1908 年 9 月 6 日，第一百零八期

《通学报》

《通学报》是天主教系统的综合性刊物。1906年2月1日(光绪三十二年正月初八)创刊,在上海广学会通学报馆出版。开始每旬发刊,逢一、十一、二十一日为发刊之期。二年后改为月刊。任廷旭(保罗)为主笔,范祎、吕成章襄助。发行所在上海江西路41号。

主要栏目有英语、世界语、算学、历史、地理、理化、社说、译谈、外论、智囊、杂俎、小说、时事等。编辑者任廷旭与范祎都曾参加过《万国公报》的编辑工作,当过美国教士林乐知的助手。每期约三十余页。

吉林大学图书馆藏1至72期,第72期为1908年1月出版。

中英藏约(交涉界)

中国政府与英订议藏约十五条。

一、中国电线日后达江孜之时,英国应将印度境界之电线卖与中国。

一、英人若欲建设火油池,须设在距离民家极远之处。

一、英国行商之往来于江孜、噶大克,须遵大道行走,不得在其他西藏内地之道路通过。

一、英国商务委员可在开口场派员签送邮便,俟日后清国设立邮政局时一律撤销。

一、英人有借财于土人,论理应向之索取,但委系无力归还者,亦应免除。

一、藏人若赴印度资易时,尽与英人在西藏皆受同等之利。

一、他日中国在各开口场设置有效之警察,英国应将商务委员馆中护卫兵撤去。

一、本条约以十年为期。

1908 年,第五卷,第 13 期,403～402 页

关于达赖事件(余录)(录《吉林公民日报》)

儒教至于近代之八股家,可称俳优。佛法至今日之达赖喇嘛,直是魔鬼。

记者于去冬蒙古王公以下纷纷请上五台山朝活佛时,曾贻书彼中明达之士,辞而辟之。乃者山西苦累,又见告矣。

山西当道之州县,向以供给达官贵人往来之舆马为第一苦差,庚子王公大臣之赴行在者,络绎于途。寿阳、榆次各县,对于晋抚至有卑职此时求死不得之语,然犹照例之需索也。至达赖之横行,纵其役从奸淫掳掠,则更不可思议矣。参观本号新闻栏内自知。

试问我国人民对于达赖问题当如何解决。

藏事危险,不可终日。其与达赖之关系,有各国笼络之问题,有藏民迷信之问题,有宗教之问题,有宗教与政治历史上、习惯上固结不解之问题。积此种种方面,于是现政府优待达赖之政策乃发生。

虽然吾试问以一物不知恣睢暴戾之达赖,纵其回藏能否不受各国之笼络,能否

达藏民迷信之目的，宗教政治能否保全其旧日之势力。吾敢誓言，集吾全国之有远识者，无一人敢许可也。

然则奈何？曰：既知其不能，则当认定达赖为有害全藏之人。既认定达赖为有害，则无论回藏不回藏，政治一方面又当认定决不可有达赖参与其间。达赖不参与，迷信之藏民激而生变，将奈何？曰：一面行强迫手段，一面雷厉风行，速派精明强忍、熟悉藏事之大员数人，将全藏之内政、外交克日分辨，随时有变，随时消弭。苦心经营，不一二年，其机必转。然则外人藉达赖以为名，又奈何？曰：此吾对待之能力如何耳！吾无能力，微特西藏有达赖，何省不有达赖其人耶？

呜呼！非常之原，黎民所惧。然而速则祸变虽发而尚小，迟则祸变之发，将有不忍言者。夫山西之累，暂时耳！达赖个人又何足惜，其如全藏之土地、人民何？

通学报纪者按：达赖之得以肆行其无赖之佛法，全恃有蛮王之护法而已。民未开化，与禽兽无异。彼达赖奉其佛法以哄诱愚民，驱策蛮士，肆无忌惮者，历千百年如一日，不期至今日仍未稍改其常。人民程度不足之说，此非其明证欤？

1908 年，第六卷，第 1 期，第 13 页

整顿西藏(政界近闻)

会议政务处各王大臣日前又复会议，决定整顿西藏政策，拟俟达赖喇嘛来京后即明白宣布。议定应办之事共有四端大要如左：

第一、开办全藏矿山，拟俟达赖喇嘛回藏之时派员随同入藏查勘，以便实行开办。

第二、决于西藏各处多设学堂，并附设讲演所，以开藏民智识而期造就人才。

第三、调查线路，建设铁道，以便交通。

第四、布设电线，直接北京，以期消息灵通。

1908 年，第六卷，第 7 期，第 215 页

《法政杂志》

《法政杂志》是清末出版的政法杂志之一。1906 年 3 月 14 日(光绪三十二年二月二十日)创刊,由在日本东京的法政杂志社事务所出版。月刊。张一鹏、林鹍翔编辑,发行者蔡承焕、林鹍翔,印刷者池田宗平。铅印,洋装一册约二百页,每册售洋三角。社址在日本东京浅草黑船町二十八番地。

该刊声称“介绍东西大家学说及本国名人著作”,以期通过法政思想的宣传,使中国转弱为强。以翻译日本法政报刊书籍为主,讨论纂述为辅。

主要栏目有论丛、译汇、讲演、法令一斑、法政琐闻、时事录要等。总代派处设在上海后马路泰安坊森元丝栈内朱星圻。北京、上海、南京、天津、保定均有代派处。初印三千册,后出再版。1906 年 8 月 14 日(光绪三十二年六月廿五日)出至第一卷第 6 期后停刊。1906 年 9 月《法政杂志》与北洋官报局原来出版的《北洋学报》合并,改名《北洋法政学报》继续出版,期数另起。

浙江图书馆藏有 1 至 6 期。

哈丁博士评论西藏之见解

哈丁者，中外知名之博士。素由英、法、德、俄皇室及地学协会每年资以数万金，常寄迹中央亚细亚地方，专从事其地之研究。近见其所报告之西藏旅行结果，有云：

西藏与中国之关系本无待言而明。今日西藏名义上虽中国之属国，而藏人之崇敬中国人非若畴昔，恒为其所轻蔑。以现势审之，中国政府度终不能对西藏回复其势力也。至若英国，则自哈斯邦大佐远征以来，势力似已顿增，其成功于西藏者是否即为英国及将来成功能否持久，尚属疑问。恐俄国不能坐视他人成功，尽弃其平素之政策耳。况前年夏间，现任中国公使朴科第于未到任之先，曾在蒙古库伦与当时出奔西藏之达赖喇嘛密会，或以黄金饵之，使布教于己国。此事纵不可恃，而俄国多年扶植西藏方面之势力，终不可谓无澎湃涌现之日也。夫英俄两国，其政策虽时有消长差等，然将来解决西藏问题者当属英俄两国，吾人当刮目注视。何则？西藏问题于东亚大局极有影响故也。

博士此次入藏，其研究所得殊匪浅鲜，并闻博士有一地图，以一千一百四十九枚而成，并写真照片三千枚。其它关于政治上、地理学上、宗教上之纪元三世纪顷之古文书亦为所发见云。

1906 年 4 月 13 日(光绪三十二年三月二十日)，第一卷，第 2 期

西藏问题

金葆稚　译

(译阳历六月十一号《东京日日新闻》该社员在北京者之特别报告)

(前略)近日清英两国间所缔结之英藏条约，不但清英两国间之利害而已，对于东亚全局之将来，实有多大之影响。且世界之金货，将因之而起波动，欧亚之权力，益益偏寄于一方，中国前途，更有不堪杞忧者矣。况日本以日英同盟之故，其结果时或出兵于印度，而此印度之出兵，与西藏之地境，非有多少之关系耶？明言之，不失同盟之利益而已。英国外交之巧妙，实令人一诵三叹而感念不置者也。

如斯而西藏问题之研究，吾人断不能轻易置之。何则？蒙古问题者，一面关联于满洲问题，一面与西藏有维系之势。至西藏问题，对于东亚之大局，一朝波动，关

系殊深，而此问题之原因，吾人试得而详之。

自英国之侵略印度也，渐次而经营北进，以阿富汗斯坦、尼泊尔、悉乞摸、布坦等为保护国。而印度宝库之外壳以成足以防遏露国之南下，其视线所集，早注目于西藏，而西藏遂不复为世界之秘密国。盖自西历一千八百十四年之顷，英国对于印度领土之北，尼泊尔、布坦之间，即悉乞摸之一小国，借端构衅，承认为保护国以来，而西藏之门户，久已为所窥破已。从来悉乞摸者，与西藏有唇齿之关系者也。以悉乞摸为英国之领土，实西藏人唯一之憾事。何则？悉乞摸者，或对于英人之贸易，而足以遮断其道路，或对于英人之探检，而足以反抗其势力，且据其险要，足以破英军而有余，奈何反客为主？英人屯兵悉乞摸，而达于漠伦地方，更设置驻在官吏，保护之政策实行，英人之素愿尽偿，而西藏宝库之发现，至此而始启其绪。夫西藏与印度之境界线，其距离本甚长远，而又有高峻之喜玛拉耶山以间隔之，其交通之不便实天设之险。独悉乞摸者，与西藏之境界相连接，由印度而侵入西藏以此为唯一之捷径。英国既得此天然之位置，对于西藏之宗国（即清国）复迫令承认之。其关于境界上之通商游牧等，曾于一千八百九十年间，缔结清英条约，所谓英藏条约，亦名悉乞摸条约者是也。至千八百九十五年，该条约又附之以加议，确定通商之条件，以西藏境内之亚东（即近于悉乞摸境上）为印藏两国之贸易场，关于盐、酒、茶、戎器、弹药等，则禁止其输出入。其他一切货物，皆得以贸易自由云。

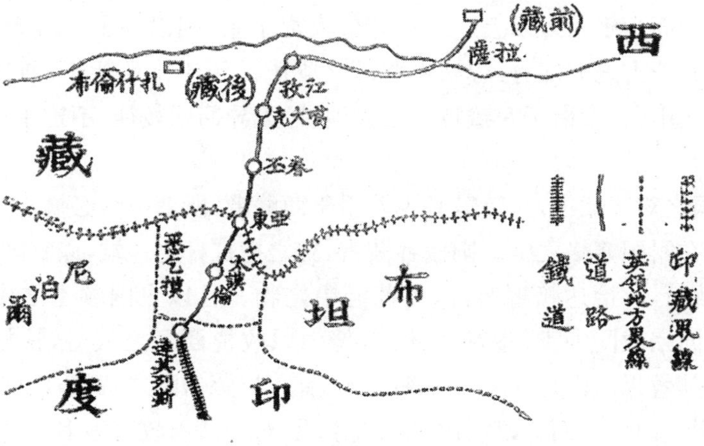

西藏者，其物产不劣于濠州，而产世界优良之羊毛者也。喜玛拉耶之山系，其黄金无尽藏，而丰富之矿脉，更随地而皆有。人民之智识未开，寺院之多，颇呈美观，以其使用黄金也。西藏之法王曰达赖喇嘛，其宫殿金色灿烂，炫人目光，而瓦屋之一部，使用黄金者亦有之，此可见其产金之多焉。至如羊毛、犁牛、以及香等，尤其输出品之重要者也。

虽然，英国之对西藏政策，既若是其进步，而自西藏一方面视之，则常以布坦、尼泊尔、悉乞摸等支藩，逐次受英人之蚕食。由是对于外人，憎恶之念，支配于彼等之脑中，遂以锁国主义为国是。关于悉乞摸条约之实行，迟迟不得其要领。以是英国对于清国，又经数度之交涉。而清国则迁延又迁延，出其惯用之手段，而无实际之议复。英国不得已，乃转其方针，直接与法王达拉喇嘛为谈判之开始。彼又左右托词，致英国不能达满足之希望，而条约之全部，不能实见诸履行已。

其时露西亚者，亦注目于西藏，其领土中央亚细亚直接西藏境界，虽于境域上无何等之关系，然以深远雄大之眼光，认定蒙古及满洲之侵略，而以着手于西藏为无二之上策，此实不可思议者也。

何则？西藏之宗教文明，实支配蒙古。彼蒙古人之姓名，多用西藏之语。而言语之变化，其起源亦发自西藏。法王达赖喇嘛之势力，无异罗马法王之于旧基督教国。人心之归依信仰，有非他邦人所能想象及之者。自蒙古之四汗，及其他数十之诸王，莫不渴仰达赖喇嘛如神明。现今蒙古第一之都曰库伦者，以达赖喇嘛之任命，有大喇嘛驻赐于其地，以支配蒙古全体之喇嘛教，而全国之人，均称之曰生活焉。蒙古各地，有喇嘛教高僧之智识者，悉修道于西藏首府拉萨之教院，此教院实蒙古之文明与宗教之大根源也。收容于拉萨之三大教院者，蒙古人之数，对于全体得占十分之七，而达乎一万以上。一家有数人之子弟，则以一子为继嗣，其余皆去发而着缁衣，故蒙古之大部分，皆被喇嘛教之支配。年年排列队伍，通过广漠之原野，踏破高峻之山岳，参诣于西藏拉萨之灵地者，无异回回教徒，不远千里而至麻嘉之生地也。

然则露国之对于蒙古，其政策必先着手于西藏者，所谓擒贼必擒王非耶？夫西藏法王，而果在露国笼络之中。则侵吞蒙古，犹之把杠杆之一端，以移转巨石，彼露国以赠贿之政策，收拾达赖喇嘛，以为药笼中之物。且以自国领土之中央亚细亚人，与西藏人同宗教同种类，遂利用此点，努力以收揽西藏之人心，扶植自国之势力，而着着收其效果。由是而中央亚细亚人，有入拉萨僧院之特权，以同化作用者，归西藏于掌握之内。一面又以惯用之恩威手段，对于清国政府为多方之要求，遂于千九百二年六月，缔结露清之密约，今举其内容之重要者于左：

(一) 清国若濒于国家危急，则以西藏之权利，让与露国。露国以努力于清国之保全为其代偿。

（一）清国当内乱之时，若以自国之力不能勘定之之时，露国可派兵以代清国戡定之。

（一）露国得设官府于西藏，代清国以管理西藏之事务。

（一）清国者，得设立自己之领事馆于西藏。

（一）凡铁道矿山之权，虽归露国所管理者，清国亦有时得同享其权利。

其余七条略之。

视以上之条约，西藏者，既脱清国之藩篱，而折入于露国之范围内矣。果使此秘密条约，着着施诸实行，其影响之及于蒙古，势将何如？此诚予吾人以多大之注意者也。然而露国者，以黄金之魔力，与喇嘛教之利用，对待内外蒙古，而又以强大之兵力，莅其国境，蒙古之运命，已陷于无可如何之境，乃更进一步而着手于东三省。夫满洲之文明宗教言语等，其关联于蒙古者，范围尤其广。故露国而注意于吉黑两省，已足以左右蒙古之运命。纵不直接着手于东三省之经营，而波动所及，为不少也。况露国自日本归还辽东以后，其从事于东三省也，以全力倾注之。东三省与西藏之侵略政策成，则旷漠之蒙古，断不能支其累卵之势。露国计划之雄壮，直将踽踏天地而抹杀他国之外交家已。

然而对外交之范围，既失之庞大，其同时设施之艰难，彼露国亦不能无遗憾于其间。何则？其对于东三省之一方面，已有应接不暇之势。对于西藏之一方面，虽有清国之密约为根据，断难出其内力，同时并举。斯时投隙而入者，则为英国。盖英国者，欲巩固西藏之地位，且以西藏之开放，为抵制露国窥伺印度之第一良策。千九百零三年，命引罕士曼顿大佐，率远征队，自悉乞摸而侵入于西藏。其目的之所在，所以迫悉乞摸条约之实行，而又于种种方面，将以扩张其利益者也。此大佐虽受西藏人之抵抗，峻坂险路，不胜其困难。而卒于翌年八月，侵入拉萨首府。法王达赖喇嘛出奔于蒙古，不能为谈判之交涉，不得已与副法王班禅额尔德尼开始谈判，其结果订结英藏之假条约十条，今亦举其要旨于左：

（一）除从来之亚东外，更开江孜、喝大克等为互市场。

（一）于悉乞摸条约中，有不妥当之处，西藏之委员与英国官宪，而为协议改正。

（一）出入于西藏之商品，经英国与西藏，以协议上定税则，尔后不得追加其税目。

（一）西藏违反从来之条约，且侮辱内务大臣等，以致酿成兵端，宜以三年之赋，支拂赔偿金货五十万磅。

（一）赔偿金支拂未满期以前，其担保则由英兵驻屯于西藏之春丕。

（一）两国通商路中之山寨，一切破坏之。

（一）西藏内之土地，不得英国之同意，无论何国，不得质入渡卖与夫贷付之，而一切他国人，不得许与内政之权，及其他一切之干涉。又他国人者，不得从事于交通之设施，及矿山采掘等。若西藏承诺此等之事业之时，英国亦得为同样之事业也。

其余三条略之。

此条约缔结之报，到达于露都，露国遂命驻英大使，对英国外相兰斯荡侯为质问抗议。侯竟冷然答之，谓常以侵略为能事之贵国政府，而亦举及此事以为质问，实不堪怪讶云云。露国无可如何，其最后之向英国声明，谓自国之对于西藏，于境土上非有何等之关系，若贵国对于西藏，确无侵略的条约，则自国对于此事，断不为何等之容喙也。一面命驻清大使历山氏以违背昔日秘密之条约，对于清国，为强硬之抗议，且大肆其恫吓之手段，以威胁清国之外务部焉。

清国者，自得驻藏大臣有泰氏之报告，对于此假条约，遂惹起一大危虞之念。何则？以该假条约之表面言，则西藏之于清国，已无属邦之名分，而纯然见做为独立国，且以英藏两国之文字记载所定之条约，清国之于西藏，自英国一方面视之，早不承认其有主权矣。故虽无露国之抗议，清国未尝不研究此假条约，以筹对付之法。而希冀其破弃，乃以此假条约全然无效之由，命驻藏大臣有泰氏，通牒于英国之委员，英国则毅然抗拒、排斥清国之说，而主张假条约之有效。于是清英两国，以印度之加尔格达为谈判交涉之地，终于固执不下。盖关于西藏之主权问题，两国之主张，全相反对，断不能轻易议决者也。

斯时露国者，既于满洲方面，为日军所败，从事于战争，而复与英国解决此问题，其实力已无余裕。唯独逸之驻清二使，暗中教唆清国，而与之助言，然究不能破弃此约，使英国失所主张。而此问题之迁延，尤非清国之福，徒诱起西藏蛮民之变乱。且对于西藏之内政整理，不无障碍之处。仍由清国提议，移印度加尔格达之谈判地，而至于北京。自本年之四月中旬，外务部与英国公使萨顿氏开始谈判。樽俎之间，为日无多，至四月二十六日，而竟完结调印。夫费一年有半之时日，而不能决议，兹于十数日间，而遽解决之，其果出于两国之交让耶？抑于他方面别有所契合耶？清廷之批准在即，而两国之交换不远矣。吾人于此条约未公表以前，虽不能确知其内容，然据最确之调查，则以英国承认清国之主权，故一泻千里，其余问题，迎

刃而解。至英藏之假条约,大都有效者多,不过缔结多少之附加条约而已。其附加之大要如左:

(一)英国者于西藏承认清国之主权。

(一)英政府或因英商之在西藏者,有诸般之交涉,则与驻藏大臣或外务部商量之。

(一)关于西藏之矿山开掘,铁道敷设等,须由清英协同之资本。若当清国独立举办之时,则英国不干与之。

(一)英国者得以印度之电线,而接续于西藏边境之电线。

(一)由清国仕拂于英国,远征队军费之赔偿二百四十万两。

此条约议定之后,驻清之露公使,直向清国外务部,质问议定书内容之如何,而卒未得其要领。究之英国之对西藏政策,以承认清国之主权,其成功虽稍稍退让,但从来以通商为其本旨之国,此番之结果,已足受舆论满足之欢迎。彼布坦、悉乞摸、尼泊尔等,既在势范围之中,今对于西藏,复取得优越之权利。外壳既成,而印度之宝藏,乃巩固而不摇。且英国者,其深于笼络之术,亦不让于露国。指引西藏之副法王,使之至印度而谒见英国之皇太子,又劝导悉乞摸之王子,而使之游学于英京。庶几自国之文明,由该方面而渐次输入于西藏。一面又投巨资,以开凿境上之新路,将来铁路之敷设,于此已定基础。至边境之电线接续,伺察他国之动静,尤操纵之裕如。世界秘密国之开发,而获此以外进行之速力。英国之对于西藏,其成效若是,可谓不留余地也已。

虽然,彼露国者,费其岁月,掷其金钱,为山九仞,功亏一篑,忍旁视他人之成功,而虚弃其从前之政策哉?现任驻清之露国公使,曰璞科吉罗夫者,于去夏到任之先,在蒙古库伦地方,密见法王达赖喇嘛(即英兵入藏之时而逃出未回者),啖达赖喇嘛以黄金,而使之布教于自国领土之喇嘛信徒。呜呼!露国之对于蒙古及西藏方面,以多年之扶植,今虽未得与英国争衡,然潜滋暗长,其势力之膨涨,倘亦有发现之一日欤?未可知也。

要之英露两国,其对付西藏之政策,虽时有消长顿挫之不同,然伸长其圆心半径,其必至渐相接近,可无疑者。而此半径之接近,彼西藏之几何地,其果与之以如何之解释耶?此则吾人所不可等闲视之之大问题也。

右条约译者未见原文但依据东文,恐难免异同,谅之。

1906年,第一卷,第6期,第347~358页

《学部官报》

《学部官报》是我国早期的教育行政公报。1906 年(光绪三十二年)8 月创刊,北京学部图书局出版。第一、二期为月刊,自第三期起改为旬刊。由清政府学部编辑,学部图书处发行。戴展诚主编。出版后分寄各省提学使司,札饬各州府县学界订阅。出至 1911 年 7 月(宣统三年六月)停刊。

主要栏目有上谕、本部章奏、文牍、京外学务报告、京外奏稿、选译东西各国书报等。

戈公振《中国报学史》第 49 页作"学务官报",误。

川督奏开设藏文学堂片

再，经画边疆之要，在于洞知番情。而欲洞知其情，必自通其语文始。川、藏疆域毗连，即川、滇内附各番族，亦多习用藏中语文。历年台藏文武员弁，所用通明于事理者绝少，或则传达讹错，致误事机，甚且有意倒颠藉端播弄，番情每致不洽，弊窦防不胜防。际兹经营藏卫，整理边务之时，必须招集内地人士，自行肄习，方足以备任使而杜弊端。奴才于去年春间，即饬令打箭炉厅，觅雇兼通汉番文字之人充当教习。惟关外番情锢蔽，能通汉文者甚少，迟之数月，始据遴选二人来省，当经饬司筹拨款项，设立藏文学堂，招考文理通顺、身体健壮之学生百二十名入堂肄业，并以经费支绌之故，酌收学费，藉资补助。堂中学科，以藏文、藏语为主，即饬所招番教习尽心讲授，仍由各科汉教员教以国文、修身、伦理，并兼授英文及历史、地理、算学、体操诸科，俾端其本原，扩其学识。已于去年十一月间开学。

除咨学部、理藩部查照，并续将章程咨送外，理合附片具陈。伏乞圣鉴训示。谨奏。奉朱批：该衙门知道。钦此。

1907年4月23日（光绪三十三年三月十一日），第十八期

川督咨送藏文学堂章程

第一章　大旨及选格

第一节　本学堂以铸造边徼办事译员与各种实业教习为宗旨，专为练成边材起见，与其它普通学校不同。

第二节　本学堂考验学生应参用选募军人章程，选格列左，凡不合格者不取：

（甲）年在二十以上三十五岁以下；

（乙）身体强健能习苦耐劳者；

（丙）文字通顺能记载事物者；

（丁）不吸洋烟无疾病者；

（戊）非亲老丁单无家务牵挂者；

（己）家世清白本身素无过犯者；

（庚）有切实保证者。

第二章　学科、学期时间

第三节　本学堂分科十门，以两学年四学期毕业。第一年阙测绘，第二年阙图画。常习九门，每星期时间以三十六小时为率。

第四节　本学堂最重德育，造边材尤以养成爱国心为最要。故以修身伦理为先，每星期一小时，合计八十小时。

第五节　本学堂注重语文，藏语以开化土种，英语以交通外务，必二者娴熟足用，乃可卒业。故首重德育而外，藏语藏文列于第二，英语英文列为第三。入门难于兼顾，第一年以藏语为主课，第二年以英语为主课，两科统计，藏文藏语八百小时，英语英文七百六十小时。

第六节　国文一科，非但保全国粹，改土归流之后，所赖以灌输文明化彼犷俗者，全在乎此，与修身伦理并重，列于第四科，统计八十小时。

第七节　历史第五，统计六十小时。史编浩瀚，本学堂只取实际应用。教员须聘专研究川滇边事、藏卫沿革兼及印度史，以鼓其旨趣，启其冒险思想。应用之品料，略具如下：

（甲）南诏土番之叛服及其改流；

（乙）土司四十八种支族及其党目风土；

（丙）土籍之遗传，殷周之挞伐，武侯之定泸，唐李韦之平勘维州，国朝之平定两金川；

（丁）藏卫自唐以来之沿革，达赖、班禅坐床次数；

（乙）藏卫图经须人置一编；

（戊）戍兵额及建藏大臣原委；

（己）唐古忒兴废记；

（庚）西人逾印度喜玛拉雅山而窥藏始末；

（辛）廓尔喀之关系；

（壬）古来由蜀道通五印度之故事；

（癸）川、滇、藏之关系中原。

第八节　舆地第六，统计一百小时。亦取应用者，自黎雅以外，靖西厅以内，均宜详其沿革、幅员、土产、森林、矿质、户口、种类，与其生活程度。其它川滇疆域、阿富汗、俾路芝及印度洋约略及之可矣。应用之要旨如下：

（甲）川边（炉里巴三台站）；

（乙）滇边（丽江、维西、中甸，金沙江流域）；

（丙）藏卫（三藏，近来屡更之约章）；

（丁）青海与川边之犬牙；

（戊）印度记；

（己）此后屯垦矿冶工商业之渐及；

（庚）将来改设行省之界画；

（辛）五屯志；

（壬）塘铺电线之安置；

（癸）川西铁道之组织。

以上历史、舆地两门，须各聘专员于第一期内遍考群书，编成讲义及教科书，俟第二期开讲。

第九节　测绘一门非通算者不能测，非从图画入手不能绘，故一学年以四十小时习图画，二学年以八十小时习测绘。算术一科，两年五百二十小时，可学至二次方程、平面几何，于测绘恰合程度。

第十节　体操以兵式器械为主，第二年须习马术。

第十一节　学科及学年、学期时间列表如下：

时间／科目	第一学年		第二学年		
	第一学期	第二学期	第三学期	第四学期	各科钟点统计
修身伦理	一	一	一	一	八十小时
藏语藏文	一二	一二	九	七	八百小时
英语英文	八	八	一〇	一二	七百六十小时
国文	一	一	一	一	八十小时
历史	无	一	一	一	六十小时
舆地	无	一	一	一	六十小时
图画	一	一	无	无	四十小时
测绘	无	无	二	二	八十小时
算数	八	六	六	六	五百二十小时
体操	五	五	五	五	四百小时
每星期钟点合计	三六	三六	三六	三六	二千八百九十小时

第三章　员额

第十二节　本学堂管理员列左：

监督员一员　总理全堂事务；

监学二员　经理学生上课，检查学生起居并各学生课程一切事务；

收支兼庶务一员　经理一切庶务及银钱出入；

稽核兼收发一员　经管堂内外人出入及收发文件；

干事一员　经管购置及一切杂事；

书记一员　专司填表暨缮写文牍；

传事司阍二人；

值门护兵四人；

杂役十人　学堂四人、寄学舍四人、水夫二人。

第十三节　本学堂教员列后：

藏文二员；

英文一员；

测绘、算数、图画一员；

历史、舆地一员；

体操一员；

修身伦理一员（兼监堂）；

国文一员（兼监堂）。

第十四节　本学堂学员列后：

甲班六十名；

乙班六十名。

第四章　经费及额支

第十五节　本学堂入款每月除藩库发银三百两外，每学员缴学费一元，杂费五角，伙食费三元五角，每学期前预缴。

第十六节　本学堂出款列后：

监督员　不支；

监学兼教员二月支各四十元；

藏文教员二月各支二十元；

英文教员一月支四十元；

图画、测绘、算数教员一月支四十元；

历史、舆地教员一月支四十元；

体操教员一月支二十四元；

收支庶务员月支二十元；

稽核员月支十六元；

干事月支薪水十二元；

书记月支薪水十元；

传事、司阍二人月支工食各四元；

杂役十人月支工食各三元；

值门护兵四人月支工食各四元；

饭食上等每人每天八分，一百三十三人每月共计银三百一十九两二钱。中等每人六分，十六人每月共计银二十八两八钱；

学生课本笔墨月支五十元；

印红、纸张、油烛、茶炭、笔墨月支约三十元；

校地租赁月支十四元。

以上共统计需银圆四百七十元七六，合银三百三十三两七钱，三百四十八两正，二共银六百八十一两七钱。

第五章　校地制服假期规则

第十七节　本学堂暂假周公祠开办，以华阳县城隍庙后殿为宿舍，俟铁道学堂宿舍筑成，腾出奉化馆，即以奉化馆为学堂，以守备署为宿舍。

第十八节　本学堂制服用布马褂，左袖口绣龙加黄线一道，领章、帽章均用藏文二字为识。

第十九节　年假暑假及休息日期，悉遵钦定学堂章程无须另订。

第二十节　讲堂、自习室、食堂、操场、寝室及监堂处、稽核处另有详细规则，学生共守勿犯。犯者，分别记过、禁假、斥退。斥退者，所缴本学期学费、食费、杂费概不退还。

1907 年 6 月 21 日(光绪三十三年五月十一日)，第二十四期

议复驻藏大臣兴学事宜折

奏为遵旨议覆，仰祈圣鉴事。

驻藏办事大臣联豫奏陈藏中情形及拟办事宜一折，奉旨该部议奏。钦此。由军机处节录原单兴学一条片交到部。

查原奏内称，西藏文字数千年来仅译注经典，而于伦理、经史、微言大义素未讲求，故进化甚迟。今欲通其文字，非设立学堂，以诱化之不可。藏中汉人约有三四千人，当不乏聪颖子弟。从前设有义学四堂，学生约七八十人，教授管理诸法，无一合者。现拟并为初级小学堂两所，分学生为两班，以三年为学期。其经费即以从前义学之存款斟酌办理，如仍不敷，再当设法筹备。教习管理诸员已咨行川省提学使咨调数人来藏，俟学期将满，再调高等小学堂师范生来藏教授。共计六年学期毕业后，如合程度，拟即咨送川省中学堂，以资造就。一面劝令番民选送子弟入学，与汉民一律教授，不征学费，以期逐渐开通，为将来番民自立学堂之基础。惟西藏风气锢蔽，首宜行之以渐。所有学生班数，教员教法，以及管理诸事，恐难骤合程度，拟照新颁奏定章程略为变通办理，以期推行无阻等语。

窃维西藏地方，实为滇、蜀之屏蔽。番汉杂处，文化未开，亟宜牖之以经史，训之以忠孝，既坚其内向之心，并裕其谋生之路。该大臣所筹先办初等小学堂两所，收教番汉子弟，初等小学堂毕业，再办高等小学堂，以次咨送川省中学堂肄业，洵为知所先务，推行有序，拟准如原奏所陈，即时兴办。惟是学堂仅止两所，收容学生有限，应令该大臣督饬所司，择全藏扼要之地，筹款建学，切实扩充，苟使番俗渐变，学校日兴，其关系良非浅鲜。至学堂年限，初等、高等皆定三年毕业，与定章初等五年、高等四年毕业者不符。将来升入中学之时，恐程度不合。且初等小学仅止三年，即学生毕业后不求深造，自谋生计，亦恐所学太浅，获用甚难，似仍以遵照定章为宜。如谓年限太长，恐锢蔽之处，闻者碍阻，有不得不变通办理之处，应由该大臣体察情形，按照定章年限、课程酌量改定，总期将来学生毕业，上之于升学无碍，下之亦谋生有资。一面开办，一面将该学堂详章咨部查核，俟风气大开，仍照定章办理，以归一律。

所有遵议缘由，谨缮折具陈。伏乞皇太后、皇上圣鉴。谨奏。

1907 年 8 月 9 日(光绪三十三年七月初一日)，第二十九期

理藩部代奏蒙藩王公等创建殖边学堂折

奏为蒙藩王公等创建殖边学堂，恳为代奏具陈，仰祈圣鉴事。

窃据御前大臣喀尔喀扎萨克和硕亲王那彦图、科尔沁辅国公博迪苏、扎萨克和硕博德勒噶台亲王阿穆尔灵圭奈尔曼、扎萨克多罗达尔汉郡王苏珠克图巴图尔、科尔沁多灵贝勒阿勒坦鄂齐尔、喀拉沁多罗贝勒熙宁阿土默特、固山贝子棍布扎布、科尔沁辅国公达赉、喀尔喀公衔头等台吉祺诚武等联名呈称：窃维防边之策，以周知情势为先；御侮之方，以未雨绸缪为亟。蒙古远在藩服，藏卫僻处西陲，俗异中华，未尝考究。然其间山川物产，历史风俗，非竭数年稽古之力加以实地调查，未能得其要领。上年学部奏设满汉文高等学堂，盖亦体察边情，储才备用。而满蒙文高等学堂，本科修业年限五年，学生成就稍迟，似应设一专校，以较短之时日，养成多数之人才，庶足以应急需，而敷分布。爰函商沿边将军、都统、督抚等，拟在北京设一学堂，窃取殖民筹边之意，名曰殖边学堂，堂中分蒙部、藏卫两科，除授以蒙藏语言文字及择要教以法政、理财科学外，其蒙藏地理、历史，学部现无审定课本，拟延聘通才就两处古今沿革情势，利害关系，编为讲义，并授以农工商各实业大意，使知蒙藏有极大利源，应从速相机规画。殖边学堂创始之际，需款浩繁，业经察哈尔都统认助开办经费银四百两，库伦办事大臣认助开办经费银五百两，山西巡抚认助开办经费银二千两，直隶总督认筹常年经费银二千两，东三省总督认筹常年经费银二千两，四川总督认筹常年经费银一千两，综计不敷尚巨，仍当随时设筹。已于宣武门内辟才胡同，择地建筑讲堂学舍计房三十余间，聘定教员，商订课程。堂中分蒙部、藏卫两科，每科拟招学生一百名，不分京外满蒙汉，凡年在十八岁以上，三十二岁以下，考取汉文清顺，身体强健之人，如能满文蒙文尤为出色，入学肄业，限以三年毕业。此项学堂专为蒙藏取才起见，系属特别办法，不在奏定学堂章程统系之列。将来毕业奖励并无专条，可否由理藩部考核学行，如属可取，酌量奏予奖励，或归理藩部录用，或由沿边将军、大臣、督抚调用，实于蒙藏边务不无裨益。敬乞代奏。俟奉旨后，即招生开学，以期早开风气，培育通才。所有认助常年经费之直隶、奉天、吉林、黑龙江、四川五省，并乞钞奏咨明，俾得按年接济，庶足以广甄陶而维久远。并请发给钤记，以昭信用等因。呈报前来。

查该蒙古王公等首先提倡创立殖边学堂，代筹巨款，力任其难，洵属热心教育，知虑闳深。开办之初，规模已具。毕业之后，成效可期。核其内容与臣部奏请扩充之蒙古学同为教养边才、栽培部员之意。该学所拟三年卒业，由臣部考核录用一节，臣等公同商酌，事尚可行，拟于三年卒业调部大考，优取者给以文凭。其中如有学业出群、志趣超迈之士，或由臣部酌量咨留，或由沿边各路将军、都统、大臣、督抚咨调，量才器使，俾实学之人不致向隅，而各路将军、都统、大臣、督抚亦可收得人之效。如蒙俞允，一俟命下，即由臣部咨札遵行，并刊刻殖边学堂木质钤记一颗颁给，以昭信用。

所有蒙藩王公等创建殖边学堂，请颁钤记，并俟毕业拟由臣部大考，给以文凭各缘由，理合恭折代陈，伏乞皇上圣鉴训示。谨奏。宣统元年正月初九日奉旨依议。钦此。

1909 年 2 月 20 日（宣统元年二月初一日），第七十八期

罗朝桢请投效西藏办学并条陈西藏兴学办法禀批

据禀及条陈均悉，所称驻藏大臣条陈，蒙藏兴学选派教员一节，本部并未接到此项文件，惟该生留心学务，毅然以赴藏兴学为任，深堪嘉尚。仰该生即自备川资，听候本部，咨行川督，酌核委用，并将留东毕业文凭来部呈验，以凭办理。此批。

1909 年 10 月 24 日（宣统元年九月十一日），第一百零三期

行满蒙文高等学堂所拟藏文中学堂章程尚属可行，惟宜酌加地理等功课钟点文

为咨覆事，准咨呈：本学堂开办伊始，额设高等豫科二班、别科一班，去岁又附设中学二班。查各班学生皆属肄习满蒙语言文字，而藏文藏语一科尚付阙如。现经本学堂聘得通晓藏文藏语教习，编辑讲义积有成帙，亟宜开设藏文中学一班，以为将来毕业，升入藏文高等豫备。拟即遵照奏定各学堂招考限制章程，咨取京师各高等小学，肄业已满二、三年以上之学生，按格考选，定额六十名，入堂肄业。谨遵照奏定中学堂章程及审定满蒙文中学章程，酌拟藏文中学堂章程一分，咨呈审定等因。到部查来文，以藏文一科尚未开办，现经聘有教员，编辑讲义，拟添设藏文中学，为升入高等本科豫备，所拟章程各条并切实可行，应准照办。各科课程表，依部定文科中学新章，略有变通，尚无不合。惟藏卫历史及地理功课，并列在第五学年，

每周各止二时，似嫌过少，应即酌加时刻，以资讲授。除备案外，相应咨覆贵学堂查照办理可也，须至咨者。

1909年12月23日（宣统元年十一月十一日），

第一百九零期

《南洋兵事杂志》

《南洋兵事杂志》于 1906 年 9 月(光绪三十二年八月)创刊。在南京出版。月刊。由两江督练公所教练处总发行编辑及发行。兵事杂志社编辑。停刊时间未详。

增添军备

驻藏办事大臣联豫电告军机处云：西藏与强俄接境，地极重要，故现拟添募兵士六千名，其内一千名驻屯办事大臣所在之机穆多，三千名驻屯拉萨，二千名分驻后藏地方，其江孜、葛大克两处，则俟开放后再添募一千名，以充防备。

闻浙江第一标管带徐方诏、队官张载阳二人，已因该大臣电请，奉命派往西藏，备充训练之职。

1907年4月13日(光绪三十三年三月初一日)，第八期

请简行部大臣

张荫棠电奏：印度经营藏地，名为开埠，实侵疆域，应趁达赖未回时从速布置。请简亲贵为行部，设会办正副参赞、正副参议，调陆军等毕业生百余人，办理军务、巡警、实业、银行、矿务等事，费由部拨。奉旨：外务部、陆军部议奏。

1908年3月17日(光绪三十四年二月十五日)，第十期【中山大学图书馆收藏】

奏设边藏饷械所

督办川滇边务大臣赵季鹤钦帅，以西藏现值整顿一切，而粮饷军械，尤关紧要，特会同川督奏请于打箭炉设立边藏饷械所，派员专司其事，以利转输而免贻误，现已奉旨克日开办矣。

1909年4月(宣统元年三月)，第三十二期

温大臣奏报新练藏兵

驻扎西藏帮办大臣温宗尧，日前有奏折来京，其内容系因藏喇嘛于前年冬间与三宕土司互起冲突，已酿战斗之机，当经电奏调派川兵弹压，该喇嘛土司等始行解散平靖。查藏地各处，向无官兵驻屯，以致藏民一经被人煽惑，滋生事端，故奏请政府饬下理藩部陆军部筹画，在西藏新练藏兵，俾资保护边圉，庶免藏民复蹈前辙，因藏地喇嘛尚畏官兵，宜乘此机，预为镇慑云。

1909年6月(宣统元年五月)，第三十四期

西藏练兵之计划

闻政府以西藏练兵不能延缓，惟一入手，颇难办理，因其情形多有不同之处。至于经费一节，尤难筹画，公同商酌，只得由部筹拨。拟电商驻藏大臣，体查情形，先练数营，应用经费，由四川藩库就近拨解，以资保护商业，而固边圉云。

陆军部铁尚书以西藏远处边陲，地旷人稀，匪徒易于潜迹，加以强邻逼处，僧徒蛮愚，不晓事体，防范稍疏，遂致酿成国际交涉。即举办新政，亦多碍难之处。盖土番恶其破坏旧俗，动辄揭竿起事，若不设重兵以镇抚，其害将不可胜言。而款项支绌，经费苦无从出，已咨商驻藏大臣，将西藏每岁岁入酌量提取，益以旧日土兵兵饷，先练陆军一镇，由部遴派得力员弁，赴藏训练军队，则分扎拉萨及后藏章拉克城二处，前者所以镇压番徒，后者所以预防边患云。

1909年7月（宣统元年七月），第三十五期

西藏练兵之新计划

藏防棘手，练兵实为先务之急，兹陆军部提议，现在筹措西藏练兵，尚需时日，若俟编练成立，派往驻扎，非惟防务紧要，刻不容缓，亦恐节外生枝，贻误良多。拟先将各内地已经编练之军，抽调酌派，分驻拉萨，以资镇慑而壮声威，一俟筹款经练成军，再行交替，为一时权宜慎固边隅之计画云。

1909年8月（宣统元年七月），第三十六期

会议蒙藏练兵

政府日前会议西藏、蒙古练兵问题，闻那中堂仍主持前后藏共练兵六镇，内外蒙古共练兵六镇。惟经费支绌，若由度支部支拨，恐难济事。拟令各处自筹一半，各省协济一半，以期速成。

1909年10月（宣统元年九月），第三十八期

添练藏兵之计划

藏中军备，分扎拉萨、札什伦布、定日、江孜等，有藏兵三千一百六十有二名，此外官兵一千一百四十五人，皆有名无实，不足应用。自西藏乱事起，政府前后派遣西藏各军队，雅称得力，声威为之一壮。现藏务日益紧急，驻藏办事大臣，已电商陆军部、军谘处，添练藏兵，业有成议。如西藏改设专员等，大约均系为西藏改建行省之基础云。

1910 年 8 月(宣统二年七月)，第四十八期【中山大学图书馆收藏】

蒙藏军政

前闻蒙藏军政，将直接陆军部管辖。兹闻确切消息，所有西藏大臣及蒙古将军大臣，现在所率练各兵，一切军务应需事宜，早经直接电咨致陆军部办理，俟陆军部核准，始能照办，以收军政统一之效。理藩部无管兵之权，即无须间接也。

1910 年 9 月(宣统二年八月)，第四十九期【中山大学图书馆收藏】

派定赴藏襄理军务员之得力

驻藏边务联、赵两大臣，以川藏现练新军，将佐需人，曾电陆军部暨军谘处遴派干员，前往襄理军政。惟因该处辽远，应召无人，刻有留日陆军士官毕业生张宣，请于陆军部及军谘处，自愿赴藏，各堂官大为嘉奖。该员留学日本，前后计八年之久，平日对于藏事，热心研究，情形甚为熟悉，此次条陈整顿蒙藏事宜，洋洋数千言，颇为各堂官所称许，特于日前传见该员，给咨赴藏矣。

1911 年 1 月(宣统二年十二月)，第五十三期【中山大学图书馆收藏】

《南洋商务报》

《南洋商务报》于 1906 年 9 月 18 日（光绪三十二年八月初一）创刊，南京江南商务局编辑出版，南洋官报局排印。半月刊，凡每月朔、望发行，全年出版二十四册，闰月增刊二册。

中藏英印通商章程(目)

1908年4月30日,第三十九期

《云南》

《云南》约1906年10月(光绪三十二年八月)创刊。在日本东京出版。月刊。云南杂志社编辑及发行。由滇籍同盟会员李根源、赵伸所创办,张耀曾、席上珍、孙志曾主编。1911年武昌起义后停刊。该杂志的创办经费,主要依靠缅、越华侨以及滇籍官吏、留学生、商人等各界爱国人士捐款。多数撰搞者都是尽义务,不取稿酬。查张静庐《中国近代出版史料》初编第101页将出版年月作"光绪戊申1908年创刊",误。云南省图书馆藏有原件。

中英续订藏印条约(目)

1906年11月30日(丙午年十月十五日)

英藏交涉沿革小史

(日)成田安辉著　高黎贡译

按:西藏为中国西部之藩篱,英俄竞争之焦点。爱国之士所为心焉忧之者也。近者英俄协约将成。闻该约中亦有关于西藏之条件,虽其内容如何未可预知,要其为无利于我,固不待龟蓍也。呜呼!唇亡齿寒,西藏失,则吾国西南大局岂得晏然无事?极而言之,即谓其关系之巨,影响于中国之存亡,未为过也。是篇为日本成田安辉氏所著,氏曾亲游西藏,于藏地情形知之甚悉。今欲研究英藏交涉沿革,舍此几无善本,爰为略加增削,译而出之,以供留心国事者参考之一助云。

(下略)

1908年11月10日(戊申年十月十七日),第十五号

《竞业旬报》

《竞业旬报》是清末青年知识分子团体“竞业学会”(以中国公学学生为核心)的机关刊物。1906 年 10 月 28 日(光绪三十二年九月十一日)创刊,在上海出版。编辑及发行人前期为傅熊湘(君剑)、谢消庄、丁慧仙,后期是胡适。每期六十页左右。发行所在上海美租界爱而近路庆祥里竞业旬报发行所。宣称“本报宗旨注重于振兴教育,提倡民气,改良社会,主张自治”。用浅近俚语写作。

栏目有图画、社说、军事、商业、传记、文苑、歌谣、小说、杂俎、通信、专件等。

现存最后一期为 1909 年 2 月 1 日(己酉年正月十一日)出版的第 41 期,山东大学图书馆与四川省图书馆等处藏有部分原件。

西藏问题近述

《字林报》京函云，藏约大臣张荫堂上月二十四日抵京，太后以达赖喇嘛入觐之期已近，特命张大臣赶程前来，即于上月二十五日在颐和园召见，垂询良久，始命往见庆邸、袁军机，会商整顿西藏之策，大约明春张大臣当偕达赖同归拉萨。

1908 年 7 月 28 日(戊申年七月初一日)，第二十二期

达赖喇嘛阔极了

此番达赖喇嘛晋京见皇帝，一路上多么威风，行宫多么讲究，随从的多么拥挤，支用的多么浩繁。已定于是月十二到京銮殿上去谈谈，无非西藏同英国交涉的事。唉！不知道用这许多民脂民膏去笼络这一个秃脑袋，究竟于国家可有点影响呢。

1908 年，第二十九期，第 40 页

《振华五日大事记》

《振华五日大事记》于1907年4月(光绪三十三年三月)创刊。在广州出版。五日刊。振华排印所发行,为莫梓铃所主办。次年停刊。

开辟西藏之计划

岑尚书陛见时曾面奏，谓西藏为四川屏藩，西与印度毗连，交涉日繁，应请将藏地改设行省，设巡抚驻藏，举行要政，以绝外人之觊觎云。政府日前议将西藏改设行省制度，而以练兵筑路，在在需款，不得不妥筹善法。近查西藏地多荒芜，人习惰慢，以致边疆各处，屡有外人暗为侵凌，农商交涉，颇多失利之处，若加意整顿，则不惟财可胜用，而办理新政，亦不患无资。现拟在西藏创设农林学会，调川省农学人员，令其学习藏语速成科，定六月毕业后，派赴西藏充当会长，兴办一切农学种植事宜，以期广辟地利，为后日办理庶务之权舆云。

按：濒海诸省，已有人稠之虑，藏地既荒，何不移民开垦，较为效速？该地土人既稀，又习于惰，徒设农林学会，恐未足收地辟田治之效也。

1907 年 5 月 21 日(丁未四月初十日)，第八期

西藏最近之设施

西藏土民本拟赴北洋学习陆军。今闻驻藏大臣以西藏土民服习异俗，颇于北洋风气不合。拟即本藏地方编练新军队。其教练官拟暂请英国武员充当。一切枪械均购自英国。特事关重大，拟俟与陆军部议定后方能发表云。嗣闻政府有派贵胄前往充任督练兵政之说。

又闻江孜开埠一事，驻藏大臣张荫棠咨请外务部催商英使，速派员会勘江孜商埠界址事。闻英使复称：奉英政府电开，按拉萨条约第三款，西藏派员与英国所派员会议酌改等语。今拟于商议之先，由西藏特派番官予以会议之权并画押全权，以便随同商议。今西藏应照此条约酌派藏员，会同张大臣前往印度新竦[剌]地方，与印度特派之员商议等因。外务部接到英使复文，以藏员会同驻藏大臣同往，与中国体制有损。特咨行张大臣，拟由西藏特派番官一人，印度亦派印员一人，会商议开埠事宜。惟番官应事事禀承驻藏大臣，印员亦禀承印度总督核定。至界务一节，应请贵大臣先行考查明晰，俟开埠各款议妥后，再行提议云云。

又日前英公使请勘藏界。外务部各大臣集议，拟派驻藏联、张两大臣，简派熟于藏事人员，赴喜马拉亚山一带与印度委员会勘。

1907 年 6 月 15 日(丁未端午节)，第十三期

改良藏律之希望

驻藏议约大臣张荫棠日前有电到京，奏称：英使声言：中国如能将西藏刑律改良，英政府允将治外法权收回等语。务请将新律渐次改善，推及西藏云云。

（按）中国苟能改良刑律，大举警政，以公理争之，各国自当一律收回治外法权。岂独英人？岂独英人之于西藏！

1907 年 10 月 16 日（光绪三十三年九月初十日），第三十八期

英俄协约之关于西藏者

英俄新订协约已于本月十八日晨在俄京发表，其大意已登前报。兹将协约内容共十五款，其中关于波斯者五款，关于阿富扦者五款，关于西藏者五款。其关系西藏一约大略如下：

第一款　英俄两国之对西藏均当承认清国主权，互相尊重，保全西藏，不得有所干涉。如有外交事件，须经清国之手办理。

第二款　英俄两国均不得有并吞清国西藏领土之事。

第三款　英俄两国均不许派代表之员驻在西藏拉萨首府。

第四款　英俄两国均不得向清国要求西藏各处铁道、电报、矿山各利权，且不许派研究学术之远征队前赴西藏。惟英俄两国之佛教徒，因宗教上之事可与达赖喇嘛有直接之关系。

第五款　英国前所占领之秋无毕（译音）地方，约以三年为满。届时即当退还。

1907 年 10 月 16 日（光绪三十三年九月初十日），第三十八期

藏事两纪

外务部电复张荫棠，言所订藏印通商章程尚称妥协，已另录一份送交英使查照，俟英国政府核准后再发还，定期施行等语。西藏达赖喇嘛自英人入藏以来，达赖潜逃出境，迄未回藏，现奉旨着理藩部传知达赖，赶紧前赴五台，并电知陕甘总督升允，着即转饬分起妥速预传驼马，达赖早日起程，以示体恤，钦此。已由军机处分

别电传矣。

1907年12月19日(丁未十一日十五日),第四十七期

论西藏金矿情形

(英)满克拉伦著　浔阳生译

英人满克拉伦者,矿学中之巨子也,于一千九百零七年六月二十二号(即本年四月二十二日),著论一篇,载伦敦《矿务报》,盖言西藏金矿情形也。以其有关中国主权利源,用特择要译录如左。

世人皆知产金之处,莫富厚于新金山与旧金山。岂知是二处外,更有中国领土之西藏焉。虽未经切实勘开,然据历来英国人游历其地者之报告,及其他所闻者证之,似西藏产金,较新、旧金山,尤为富厚。自昆仑山迤南至印度希马拉山,全境砂土中,金点金块,随在有之。

当一千二百五十三年时,有教士罗布克斯者,由比国往土耳基传教,曾东游藏地。报告曰:藏中黄金,出产甚富,欧人知藏产黄金自此始。洎一千三百五十年间,回教王海达率师攻拉萨,兵败而逃,无有所得。惟传述所见于藏中者曰:藏中多黄金,土著之人,群焉采取。其法穴地成洞,探身于中,掬砂土于器,匀铺于牛皮上而拣之。金之质点,有若芝麻者,有若豆者,有若蛋者,其块之大者,竟若羊心焉。其易取而多有如此。Genghis Khan者自东方归,以礼物数事,献土耳基王,中有大如鸵峰之黄金一,言得之于藏中昆仑山。然则藏中金块之大者,固不仅如前所云若羊心已也。一千七百七十四年,波格而以考察商务入藏,其报告书中,亦言西藏出金甚多。一千八百六十七年,英国由印度派员向北方测勘地势,该员中有南音新者,报告曰:近藏界之民,多于地中取砂淘金,遇之含金多者,日获金三四十两。以上所言,虽未指明矿之所在,然以当时交通之地测之,可决其在后藏无疑。

至前藏之金矿,就所已知者言之,一在大通河滨阿尔泰山之北。英人末司乃曾亲履其地,据言该地掘深至二十尺下,即见含金之砂,其质点自小如芝麻,等而大之,至于重至数两数十两者。一在黄河左近,当一千八百八十八年时,有中国人李姓者,由川入藏,赁居于是,挖砂淘金,两载之中,据所自言计得黄金三千两。一在鄂陵海、扎陵海之南,亦发见金矿二处。

富矣哉!前后藏之金矿也。而至于今日,尚弃于地而不思设法采取,以供世用者。殆以有矿之处,天气过冷,人之者不胜其寒,故将浮于面而易取者取之,如须深

入而取之稍艰者,宁弃焉而不取。是盖限于天时地利,无可如何,尚不足怪。所可异者,因迷信于风水,压制于官吏之故,竟坐视宝藏于地,而莫敢出之,何其愚也。其尤堪发噱者,喇嘛教人,谓金块之大者,为金之母,细屑之金质,乃其所生,故见人挖得大块金者,必迫使反其原处而后已,盖以为不反则金之母绝,而金之子将不复生也。凡此数者,皆阻遏开采之因也。然而今世界开通如是,是累累者,当不能终闷矣。

译者曰:西藏金矿之富厚如此,外人调查之详核如彼,而有此矿产者,尚漫不加省。然则西藏一区,安保其不步脱国后尘哉?夫英利脱之富于金矿,不惜掷生命财产,与脱血战二三年,卒之强弱不敌,矿为英有。是则已有佳矿,不思设法保守,而为人夺之明证也。《易》曰"慢藏诲盗",盖谓是欤?

1908 年 1 月 25 日(丁未十二月二十二日),第五十一期

《大同报》

《大同报》是在日本出版的资产阶级改良派杂志。1907 年 6 月 29 日(光绪三十三年五月十九日)创刊,东京大同报社编印,北京大同报社发行。月刊,实际未按月出版,共出七期,编辑兼发行者署名叔达,其主干人物实为留日学生恒钧(十丰)、乌泽声等。恒钧为清宗室,主张君主立宪。主要撰稿人有恒钧、乌泽声、穆都哩、佩华、隆福和荣陲等。印刷者为上村龙之助。编辑所和事务所设在日本东京早稻田鹤卷町 493 号大同报社,从第四期(1907 年 11 月 10 日)起,迁至早稻田鹤卷町 285 号。发行所北京大同报社,在北京崇文门方巾巷公益报馆内。

该报宗旨为:“一、主张建立君主立宪政体;二、主张开国会以建设责任政府;三、主张满汉人民平等;四、主张统合满汉蒙回藏为一大国民。”内分图画、论说、论著、评著、来稿等专栏。

1908 年 3 月 27 日(光绪三十四年二月二十五日)改为《大同日报》,日出两大张。馆设北京琉璃厂土地祠内。

该报第一期初版标五月望日(1907 年 6 月 25 日)发行的同时,又标阳历七月一日发行,而第一期再版本则标明初版的出版、发行日期为六月廿九日。

北京大学图书馆藏有 1907 年到 1908 年的 1 至 7 期。

西藏

袁仲

余读《大同报》，深韪其主义，其论与余所见深相合，是文字收功之日，其吾国雄飞之时乎？而其经济与蒙古一篇，尤与余西藏之危念，不揣浅陋，敢以昔年在四川调查所得，及所闻见于英人及藏人者参互之，以思一对付之策。顾所学鲜薄，敢以不文之笔，不完之说，而为我国民陈之。

西藏之危机

今老大国之肢体，麻木不仁，久为列强所眈眈虎视，而其中最可危最可虑者莫过于西藏。满洲已设总督，作种种计划矣。蒙古已派亲王调查，作种种之豫备矣。而西藏则如何？英清西藏条约后，执政诸公果有何成着欤？抑老人健忘竟置之于脑后耶？

西藏之于中国，关系至重，历史最深。印度文明，由是而入。唐代吐蕃，曾尚公主，拉萨故宫巍然碑铭具在（今为大庙），我兵故垒犹有存者。今则大不列巅军旗分建其处，翻然塔巅，试过藏河源上，能无山河乐废之感耶！自日、俄战始，而西藏问题亦遂之而急，无几而英兵入拉萨。驻藏大臣凤全以粗暴致令军覆没于中道，继之者因循至今，无一设备。余曾上书川中，修通藏军道，及设电自拉萨至成都，议以经费无着，不果行。而英兵自加尔喀塔 Calcutta 至藏之军用铁道已达拉萨，今后再加延长，则可自巴塘、里塘入川。而我兵自成都至巴塘，至速须四十日，至拉萨至速须六十日。其间山路险峻，辎重尤难通过，八月即雪，水米皆艰，自地理言之，已居劣败之位矣。

藏民虽蠢然不灵，然质朴驯善最易治。我国驻藏大臣例用旗人（此据定例而言）充之，多候补道。其入藏也，诸处债主多随之往。盖赴藏者多系穷宦，至则幕僚官属皆系债主。百方罗掘，无财不取，家丁兵役，任意行事。一俟三年任满，即行满载而归，藏民视之不啻虎狼蛇蝎，惟恐避之不及。而英则久蓄异谋，近十年，前屡遣人入藏探险，土人不习见异种，多被惨杀。乃改方针，先遣侦员至成都，习华言，易华服，觅藏人导之入藏。始而设教堂于巴塘，今则各所皆有。据四年前在成都教会所调查，拉萨府耶苏教信徒计六千三百余人，其余各部散在不详其数。教师辈竭力施惠，凡教徒概受英保护，贫乏者施与周至，藏民不堪驻藏大臣之虐者，驱之若鹜。

一般人民对于英之感情，亦日近一日。藏商入贡者多道英人盛德，以人心之向背言之，吾又居劣败之位矣。

其它行事，种种皆然。类若驻藏官吏不谙藏语，而英牧师则皆精熟；成都军幕无西藏详图，而圣书公会则有英文之既明且细之藏图；藏中有事，成都官署不知，而英领事早已接报告矣。呜呼！英之于藏也如彼，我之于藏也如此。若再不思对付之，彼三藏膏腴富地，宝藏高原，将真非我所能有。而英人且将经之营之，藉其天府之国，用其无尽之藏，率彼灭印之雇兵，以制巴蜀之死命。而法必取滇以制抵，俄必着手蒙古，日必据满洲之全部。近日瓜分提议，日法密约，皆其先豫兆，我老大帝国，将何以堪耶？余思至此，不禁痛哭流涕长太息，投笔掷纸，虽欲有言，亦不能毕其说矣！

西藏经营之必要

然则西藏固已深坠于英之势力圈，救无可救，谋无可谋。而老大帝国方且火生于堂，人斗于室，自顾不暇，安能谋人？殊不知有大不然者。盖居今日生存竞争之世，来[未]有不谋进取而可以立国于世界者。故民以衣食而生，国以领土而立。近世以来，生计愈艰，竞争愈烈，欧洲自然产物不足供人民之生计，故航海梯山，以谋生于他大陆。昔日丰林茂草之恒河佛地，今则层楼高耸为世界之贸易场矣。昔之冰天雪地之西比利亚，今则铁道横贯为欧亚之交通地域矣。即数年前人迹罕到之哲孟雄雪领[岭]，安知今为坚兵利炮所守耶？彼英人挟其经济政策，矿铁利器，夺人之国于无形，灭人之种于不觉。昔以印度之财、印度之兵灭印度，今复以印度卢币、印度雇兵临西藏。我不豫为之抵制，吾行见其将以西藏藏银、西藏雇兵叩清溪之关而入巴蜀之野也。

近年外患日迫，国民渐醒，几多青年奔走叫号，争唱救国之论。各因其所处地位，所受激刺，以成种种之观念，而为种种之政见，持之过偏，管窥世界。甚至于神圣洪杨，豪杰盗贼，一时海内倾动，风声鹤唳。当政者从而披靡，疑惧交生，遂举全国之精力，悉注于中央问题。一切行政，茫无所从，而不知察内乱之由起，防外患于未然。于西藏经营，畏难苟安，因循不进。抑亦知西藏与中国关系重大，交通已久。英人入藏为日尚浅，我若经营，易彼数倍。过此而往，则人着先鞭，噬脐何及。且殖民发达，不特抵制外患，且于人民生计内国治安亦大有裨益。试考诸古今历史内乱之起，莫不由于民生困难。而中国暴动，往往起于天灾流行之际，尤其实例。我国人民繁庶甲于各国，而生计之难日甚一日，无极产者常居十之三四。而官吏士子军队僧侣等，生以待食者犹不与焉。人民困于生计，则思为非义之求，此秘密结社哥老会等所由兴也。故会党蔓延于扬子江流域，而生计最难、人民最繁之川滇尤为盛行焉。川省常备军二十营，会党占十之八九，军律稍严，即行鼓噪。近者改良军政，竭力遣散。此辈依兵为生，散则无生业，流为盗贼。然率皆强健耐劳冒险有为者，使之殖民异地，未始非可用之国民。彼西藏膏腴盆地，适于耕种。藏民以牧畜为生，不加垦辟。果能募此劳动军以往，则十万方里土地耕作权已为我有，无尽之矿产亦可藉开掘，而千百万之无赖健儿复可藉以输出各谋生业，内部会党亦可因而灭少。

藏人蠢顽不灵，纯未开化。然与中土交通既久，沿边诸部大多能作华语，其习惯亦多有内地者。与白人感情，除喇嘛而外，大多厌恶白人。英人驻拉萨者，不敢单骑出郊野，即入耶教者亦不过籍图保护，于耶苏教义仍不遵守，而华人往贸易者极受欢迎。喇嘛极为堕落，专横不法，大庙多者数千人，富有财产，放高利贷于民间，过期不还，则尽没其所有，缚妻子去充奴役。喇嘛至为奸诈，交通英、俄二国数年。前已有贡物赴东欧者，盖牺牲玉帛，待于二境，固有旧技也。藏人虽迷信其教，然恨之甚深，若有心者驻藏夺喇嘛之政权，固甚易易。且藏兵素隶于驻藏大臣（兵制甚繁，详西藏纪游），若由中土选习藏语之士官教练之，其强健不灭于即[印]兵。兵政在握，然后教育藏民，开发藏产，控锵党之高原，以杜人之东伺。嗟乎！昔英当王位战乱之际，犹争坎拿大之领土。法当财政困难之极，犹援亚美利加之独立。况西藏屏藩南服，祸福相共，我国民政府岂忍令三藏宝库归人掌握，蕃吐旧属沉沦敌子耶！不佞草此，尚冀一二有心人其黾勉图之。

1907 年 8 月 5 日（光绪三十三年六月二十七日），第二号

蒙回藏与国会问题（上）

穆都哩

绪言

第一　论蒙回藏与内地亲密之关系及其居势之危殆

第二　论蒙回藏经营之必要及经营之方法

第三　论蒙回藏与国会之关系

结论

绪言

今日中国有不治之病二:(一)政治之不统一,(二)社会舆论之偏颇是也。何谓政治之不统一?例如有一国焉,领土至数千万方里之大,臣民至四五亿之众,其立法施政及于此,而不及于彼,能行于近,而不能行于远,甚至一部一地之人民,常得幸福,而他一地一部之人民,至或冻馁无吉,若囚人,若罪犯,若非是国之人也者。一国政治之不良,未有甚于此者也。何谓舆论之偏颇?盖此病之生,全由于政治之不统一,国民无有团结的气象。甲地之人民所造之舆论,绝不与乙地人民之舆论合,偏于一方,不及全体。故其论之得者,只足为一地福,而其失者,则灾及全局焉。此其为病,不仅阻社会之进步已也,实于国家存亡有大关系焉。故欲整理此纷乱之国家者,有二大要件:一即谋政治之统一,一即改造良美之舆论是已。虽然,舆论者大多数人所造之论也,非一夫之力所能良美之而改造之。若夫政治之一方面,则人人有发言之权,有指道之责焉。故欲改良舆论,必先改良政治。政治既改良矣,则吾欲改良舆论之意见,必因政治而间接及于舆论,此亦负国家存亡之责者所当务者也。

夫国家者,由土地、人民、政治(统治权)而成者也,三者缺一,固不足以为国也。今有土地而不知经营之,有人民而不知统治之,有政治而不知施行之。则此国也于战国时代必亡,于三国时代必亡,于南北朝时代必亡,于近世列强竞争之时代尤必亡者也。盖国之灭亡,常先灭亡其内政,而外患乘之,以灭亡其全土。此其实例,古代不少,今日尤多。朝鲜之亡,非亡于日;安南之亡,非亡于法;印度之亡,非亡于英;波兰之亡,非亡于俄。推而卜之于中国,则其将来之亡,不亡于列国之瓜分,而亡于内政之不完,人民之分裂。而其亡国之惨祸,亦必视他亡国为尤烈。他亡国不过为一国之奴隶耳!中国则将为列强所共役,虽欲起而反抗之,犹不能焉。是则所谓四千余年之古国,行已成过去,而为历史上之一文明国家,供学者研究之资料而已。盖国之存亡,常视内政外交之结果如何,有由内治而振起外交之手腕者,日本是已。有由外交而敝坏其内政者,朝鲜是已。或有由内政外交均不得其当,而终底于灭亡者。

中国之现势,实内政外交均不得其当之时期也。譬之溺水之人,昏瞶乱投,空张两手,而不得所握,不至水底不止焉,止则毙矣。夫中国固拥有广土众民之国家也,然土地之不画一,人民之无定见,均足以敝坏其国而有余。况又参以不良之政治,偏颇之舆论,欲其不亡,宁有术欤?以人民而论,则只有民族的思想,而无国家之观念。斯弊也，汉人有之，满、蒙、回、藏人亦然。惟其热于民族的思想，故常起内乱；惟其无国家之观念，故不能为秩序的结合。夫内乱也，无秩序的结合也。均为有国者之所忌，准之我国今日之时势，则尤最忌者也。盖内乱一次，国本即动摇一次，而外人觊觎之心又益进一次，而国家之权，亦逐次损失而不已。道咸以来，中国所遭之变，盖未脱内乱与外患也。援既往以证将来，则中国之亡，仍不免内政与外交耳！内政之不完不能遽亡也，外交之不善不能遽亡也。必也，内乱与外患交起，始足以亡国。

然则，欲救中国，将出何策？则应之曰：以今日中国之所处，内治外交均为不可缓之要务，然补救之手续，则宜首内治，而次外交。何则？盖外交者，常视内治之如何，而异其手段。征诸日本，有足信者矣。日本初与五国所结之条约，皆片方的条约也。然其欲改订之也，必先着力于内治，编纂法典，改良地方行政，定通商条例，改良民法，定外人内地杂居之制，迨至内治完善而无缺，始能与外国改正条约。而外国亦因其内治之成效，始得允其条约改正之请。中国今日之所居，虽与日本异，其为治之手段，则不可不取同一之原理，以为今日救亡之策。虽然，吾所谓治内以抗外者，非地方的，乃全体的。何谓全体的？即合中国地盘上所有之人民，为一完美之宪法，造一大军国制度，消灭其民族的思想，而确立国家之基础。所谓国民的是也，完成秩序的结合是也。盖不如是，则不足以抗外而自存。

夫今日中国，于法制上，于统治上，可谓纷乱不完矣。内地别之以省，而边地树之以藩，内外之制异，固然矣。而边地与内地之气脉，又复隔然不相通，缓急不相应。明吏居彼，虽治而不闻。贪者居之，虽如何鱼肉其民，而朝廷亦不闻见。其弊如此，焉能如身之使臂，臂之使指，而收头目相捍之效乎？夫欲脔尝我中国者，非一二强国也。而中国之地之民不能为用者，非一二部分也。整此不整彼，则外人之觊觎仍不能已。故必欲中国存立于列国爪牙之下，挺身与强国伍，则除政治统一外，无他术焉。

所谓政治统一者，即完成一良美之宪法，而造成一大军国制是已。不然，则宪法虽立，不能为中国全体之宪法，而地方的宪法也。国会虽开，不能为中国全体之国会，而地方的国会也。自治制度虽行，不能为中国全体之自治制度，而地方国体之自治制度也。是又何所取于立宪乎？国势日迫，识者共起而图之，当无复私意芥蒂于中。

然倘宪法告成之日，有一地之人民不得其所，非宪法上所谓臣民者，亦宪法国之大耻，而始谋者之不藏也。虽然，此不得与于臣民之列之一部人民，苟甘之也，固美矣。苟其不甘之也，必至与已得国民权利之人民分离而谋独立。已不能独立，必有保护之使为独立国者挟之以去。当此之时，已得权利之人民，当作如何处置？其能大兴问罪之师，而复降服之耶？即能兴师问罪，取而服之矣，而为其保护者，宁不起而干涉之也耶？则此时也，吾敢断言曰：中国必无此武力，而能与外人争者。边地不保，内地全危，内治亦因之而解，外部之压迫亦因之而愈深。则我国虽立宪法，虽开国会，而仍亡也。

然则何为而后可？则仍以吾之所主张者对曰：举中国所有之居民，皆为中国之国民，权利义务均期平等，立一完全良美之宪法，保国民永远之幸福。然后，共剖丹心，以御外侮，则庶乎其可以救亡矣。以下请次而论之。

第一　论蒙、回、藏与内地亲密之关系

蒙、回、藏与内地之关系，稍明时势者皆能谈论之。谓国家处于现今之状势，视蒙、回、藏等地，诚不可忽，必加意经营之，始可以保其不失，不至复蹈安南、台湾、朝鲜之旧辙。然吾谓其关系不仅为蒙、回、藏得失之问题，乃中国存亡之问题也。试观伺于吾四周之列强，皆鹰瞬而虎视。其欲吞之目的物，果安在哉？亦曰蒙、回、藏而已。然蒙、回、藏能饱列强之贪壑乎？盖不能也。夫列强所以欲得蒙、回、藏者，乃其灭中国最先之手续。蒙、回、藏失，而支那本部自成刀下鱼、俎中肉耳！然此犹内部力充时之大势也。今内地经济的能力，已尽握于外人之手，又加以满汉问题，其居势之危险，视蒙、回、藏无择焉。虽然，天下无不可成之事，即无不可强之国，是在谋者之如何耳！今朝廷有立宪之意，民间有开国会之请，此皆强中国之本务也。然徒救然眉之急，而不顾永远之安全，上以是求，下以是应，则中国之前途，仍不可问。故必为国家久远之图，当视最难之事为最易，最缓之谋为最忽。故今之以蒙、回、藏问题为最难，或视之为最缓者，皆非国民之忠臣，而不欲中国久存于世界者也。故余不揣无学，欲于国会未开，宪法未成以前，敢就蒙古、西藏、回疆等地为一论。以为国民刍荛之献，其当否，固不敢自信也。

蒙、回、藏与内地之关系，前已略述之矣。今更就历史上、地理上及国民的之观察，详论蒙、回、藏与内地亲密之关系于左。

(甲)历史上之关系。

此关系更细别之三种：

(一)民族迁徙时代。

(二)部族竞争时代。

（三）国民共同生活时代。

（一）民族迁徙时代

此时代远在有史以前，即中国人种未入中国以前之时代也。盖中国人种之非中国土著民族，学者已有明证。而中国史藉亦谓黄帝起于昆仑，即证其非中国之土著也。然当黄帝来到昆仑时，中国人种已移动数次矣。据人类学家之言，则谓中国人类为都兰(Turan)人种。都兰者，亚西亚最古之历史的民族也。其根据地，在亚西亚之西方，其迁徙之范围，为他族所不及。今之中国人种(含全体而言)，即都兰自北路迁徙之民族也。要之，古代为斯族之代表者，西部亚西亚有巴比伦之司鸠台帝国，东部亚西亚有中国帝国。中世为斯族之代表者，为蒙古大帝国。至于近世，则仅一将亡未亡五族共栖之中国而已。

（二）部族竞争时代

此时代自黄帝时至于近代，中国历史下所有之事实也。盖中国人种自迁徒以来，但有程度的问题，而无国际的问题。故其相战争，亦不过文野的战争而已，强弱的战争而已。至于国际的竞争，则敢断其必无也。故中国四千年之历史，强半殆为战史，然其所与战争者，皆部族与部族之纷争，而绝非国与国之战争。特其部族所居之地有不同，故有文野程度之差，因而随有中华外夷之误想，实则皆同一之民族也。春秋之荆楚，战国之强秦，其祖先皆夷种，而当时目为外国者也，而今则为畿辅之近疆。胡越并称之国耳，今究安在？况彼时所谓戎狄者，大半与列国为同姓。或为周之宗室，如姜戎则与齐同姓。骊戎姬姓，则周之宗族也。准是以言，则当时所有居于中国之人，必皆为迁来之都兰民族无疑矣。特其时法制不甚完备，人民本团结者也，而析之以封建。民族本相同者，也而别之以华夷。至相因已久，忘其本真，同种相残，至于无可底止。人谓中国非法制国，或者其不诬欤？

（三）国民共同生活时代

此时代，即中国现在及将来之时代也。人民生活于一政治之下，有利害相同之关系。且也强邻环处，兄弟之阋不克复行。自兹以往，惟期权利义务之平允，协力以维持此危亡之国家，共尽国民之责任，是此时代中自然之现象也。

（乙）地理上之关系

海通以来，割吾地者无国无之。战败之结果，割地以与人，此不获已而明知其失者也。乃若边陲之地，附近强邻，声气鲜通，朝士罕到。官其地者，但知鱼肉其民，勒索苞苴，谁复知理其疆界，欲查其地理耶？而朝廷大吏，亦惟知有其地之名，而不能实指其所。至外人窥伺我隐，横加侵蚀，私移界牌，而画入其版图者，不知凡几千里矣。东三省之地，国家之要疆也，今已失地者屡矣。一割至数千里，而莫之或问。此虽由于子孙不肖，官吏昏暗，视土地不甚爱惜。亦由于无地理的知识，至外人深入内地，到处侧[测]其险夷，以辟其侵略中国之孔道。是土地虽为吾有，而其实际已玩于外人之股掌间矣。

今日国门既启，寇盗已揖之入于中堂。既失之地，盖难望其璧返，即欲索之，亦必待诸异日。而将濒于危殆之土地，又复不加意保守，以为自活计，是真欲国之速亡也。蒙古、新疆、西藏等地，今虽已入外国之势力圈中，而其地之实权，仍操于我也，经之营之，必视他国事半而功倍。乃数十年来荒僻如故，地利无所辟，民智无所启。此岂其地故欲敝中国，而不为其益耶？吾谓此无他，一缘于任官之不得其人，一缘于腐儒之谬见。官吏庸愚，以货财为目的，其贪暴之结果，至地荒而民敝。若夫以儒自命者，皆夷狄其人民，或鄙远其土地，而不屑为谋。准此二因，于是乎吾地亡，吾国敝。夫当部族竞争时代，以蒙、回、藏等地为夷、为外，均无伤也。不知海陆交通、舟车电转，灭国之法愈出愈奇，据一矿山，占一港埠，皆足以亡人国。况数千万里之地，将赖以为唇齿之依，而任人割之据之。政府不过问，国民不兴愤，其为祸视失一矿山割一海港不更烈耶？今请略述其属于地理上之关系，以证明经营其地之必要。

蒙古近邻强俄，时势甚迫。俄人野心，垂涎于此地者久矣。庚子以前，全球大势不若今日之剧烈，俄人肆其贪暴，急力经营我满洲，而却加厚意于蒙古，以袭晋献伐虢之故智。讵意日本起而干涉之，战争之结果：俄国于满洲之势力，乃不能不退居于第二位，其数世经营之苦心，一朝尽付诸流水。然俄国者，侵略主义之国也，虽失之于满洲，将欲得之于蒙古。此俄人所以移其于满洲之势力，而复置之于蒙古及新疆之地也。蒙古、新疆一旦折而入于俄人之手，则中国北面去一强藩，树一劲敌，虽有长城万里，亦不能为用矣。斯时也，俄再于内蒙古筑一线之铁路，俾沿我北方数省之边，而与西伯利亚铁道成一平行线，交其点于满洲，西北附其背，而东北扼其吭，则中国命脉之绝，可立而待。此俄人固有之野心也。

然俄罗斯之所以欲得蒙古及新疆者，有三必然之势。

第一，为其内国计，不可不得蒙古及新疆也。此第一必然之势中，又可得三种之益利：（一）得蒙古、新疆，足以保守西伯利亚铁路之安全。（二）得蒙古、新疆，足以扩张其陆军之势力。（三）得蒙古、新疆，足以增加其经济上之实力。

第二，对于中国之将来，不可不得蒙古及新疆也。蒙古、新疆，于将来中国富强上必用之地也。迨中国之强，其地必为陆军之重镇，则俄领西伯利亚之地，必有筑薜之恐。况俄国者，蒙古民族蹂躏之余烬也。其恐怖之念，至今未去于怀。今当中国多事之秋，取而灭之。灭蒙古以灭中国，此上策也。

第三，对于英、日之势力，不可不得蒙古及新疆也。日本自战胜后，其于满洲所得之利益，列国无不惊叹，瓜分之思想，又为勃然。而俄国者，侵略派之魁首也，睹今日日本所得之利益，即其当日所失之利益，其忌恨之心，可勿待言。此俄罗斯所以必得蒙古，以与日本为相对的势力，是自然之势也。反之，如西边之西藏一旦入于英人之手，则俄人之侵略的势力，必灭杀一大半。此俄人所以于西藏未入于英以前，必先经营新疆，以作相对的势力。以上诸端，皆俄人之野心，而蒙古、新疆危殆之真相也。

今将叙英人之野心，及西藏之危殆矣。盖英人之欲得西藏，其必然之势有二大端焉。

第一，于国防上有必得西藏之势。何以云然？西藏之地，居高临下，去英领印度仅一山之隔耳！中国不强则已，一强则印度必先受兵。印度，英国之生命也，失之人且不活，国于何有？此英人所以必得西藏，使为印度之保障。虽然，英人之欲固其国防，不必专惧中国将来之强大，其最可惧者，则俄国也。俄人于天山一带之戍兵，凡四十万有奇。英人于印度、西藏间之戍兵，仅不及俄兵之二分一耳。故英人之急力经营西藏，实畏俄人之侵略印度也。然犹恐俄人之干涉也，故结以机会均等之协约。英人之目的物，及俄人之目的物，两两相安而食之，各不得干涉，是实此次英、俄协约真正之内容也。

第二，英人于贸易上有不可不得西藏之势。今日长江之利源，已尽归于英人之手矣，而为此水之镇守者，仅香港一埠耳。英人欲常保扬子江之利源，而圆满其于中国之经济的势力，则必于江源附近之地树一大帜，通声气于香港，以作长蛇首尾相应之势，此英人于经济的一方面有不容已之势，必得西藏则后甘心焉。

西藏亡，则四川危，四川一有不固，则沿江数省，必致尽入于英人之势力范围中。则当是时也，吾将何以为国耶？长江沿岸数省，中国之生命也。故主张经济的瓜分者，无不集视线于其地，而英吉利又其特甚者也。明知西藏已为其囊中物，故又欲攫取江浙两省之铁路权，其用心之险，固何如矣。而吾国之大老，方将努力以此约之必成为期，犹曰：吾以此敦睦邦谊也。若以此而敦邦谊，何如悉全国之所有尽予外人，其敦睦邦谊，不更笃乎？夫国事当万难之秋，断不容以一二人之私意，贻全国以大祸。江浙铁路之卖，吾断不敢谓政府之直，当局者何三思之。然凡吾国民亦宜出死力争之，不得勿休也。即蒙、回、藏之存亡，其责亦半负之于我国民，半任之于政府。国民与政府协力而经营之，使其与内地同体而后已。则是岂独蒙、回、藏人民之幸福，亦中国全体之大庆事也。

以上所述蒙、回、藏与内地地理上之关系也，其大义谓：中国若失蒙、回、藏，譬如人之失其四肢，虽有头脑、腹心，无肢体以为之辅翼，则不能遂其生存上之作用。然今日中国之所病者，不仅四肢之不仁，而头脑、腹心之疾，亦有甚堪虞者。然舍四肢于不顾，先医内部之患，则吾恐内疾未除，而四肢已疲痿无用矣。然则何为而后可，曰：内以养其元气，外以舒其筋骨，庶乎内外相因，而可以收活动生存之效矣。

（丙）国民的关系

吾今设此一条，非欲为蒙、回、藏人民作辩护士也。盖以中国今日之时势，及实际的关系，则无一不有国民的关系。准之历史之实例，则为同一之民族，准之列强之大势，则受同一之迫害。以此二端，则已足系定其国民的关系矣。盖民族之成，国民之合，其绝大之原因，全由于外部之压迫，及利害之均等。而他种之原因，则一缘于居于同一之土地，一缘于相安于一政治之下。至于言语、风俗、习惯，虽为成立民族及国民之要素，然有时不以此而亦能判定其为某国之国民。若专以风俗言语等而定民族之异同，则英人与美人之问题必难解决矣。虽然，中国之人民皆同民族而异种族之国民也，言语、风俗间有不同之点，有时而同化也。故同化者，亦造就新民族之一要素。以满、汉两方而言，则已混同而不可复分，推之及于蒙、回、藏，则其大多数虽未收同化之效，而其近于内地之人民，则其言语、风俗已无异于内地之人民，虽欲使其不同，已不可得矣。再加之以经营，施之以教育，则数年以后，可用者将不遑计。不然，委之于不顾，或奴隶视之，则三年之后，其地必非我有。何以言之？是盖有二大危机焉：（一）亡于外国之分割。（二）亡于人民权利思想之发达。前者，由于我国不加意经营其地，而外人经营之，浸假至于灭亡。后者，由于我国奴隶其民，而不国民视之，遂至去我而谋独立。盖今日之中国，乃预备立宪时代之中国也。立宪国无奴制，以人民皆有一种天赋之人权也。孟德斯鸠曰：专制国无叛奴。以其国之人民，皆有奴隶之资格也。今将立宪而犹奴视人民，则必有不甘受者。故蒙、回、藏之居民，万不可以奴畜之，必与以国民之资格，而使与内地之人民有共同之关系，则可相守无虞矣。

虽然，蒙、回、藏非奴也，其所处之地位，实与内地之人民无大差，亦不过专制政治下之人民耳。迨宪法一成，亦将为宪法上之臣民，而同有国民之权利义务焉。特其程度较低，是必待营经之无论矣。以下将详言之。（本章已完，全论未完。）

1908年1月1日（光绪三十三年十一月二十八日），第五号【南京图书馆收藏】

经营蒙藏以保存中国论(上)

荣陛

第一章　绪论

近世界自十九世纪之国民主义时代，演进而为二十世纪之国民帝国主义时代，而泰东西各强国，莫不纷起而睁大圆眼，张惶四顾，谋拓展其领土，膨胀其殖民，以为异日乘机会支配地球全部分之全枰一子。当其下此一子时，已固以导引世界之文明自居，而局中人或亦以文明归之誉，殊不知其用心至深远，斯其著手至老辣，其机变至阴狠，斯其态度至和平。其开枰既得文明播传之美名，其终局必收野蛮侵略之实利。至揭文明之真象，一野蛮之障面具耳。

今之戴此面具之国家，莫不借口于输入文明，以集矢于吾中国。而盲评家犹欣欣然曰：矿山开，铁路设，海运通，商埠辟，交通之机关大备，文明之输入必多，而不知正以其利文明之输入也，而国民的帝国主义，乃随以锐进。其主义，以国民的国家为基础，循历史之发达，以增进其力量，能使异种之单一国家，隐消灭于无形同化力中，而不自觉。故文明者，灭人国家之惟一新法，而世界强国之进兵路也。夫国民的帝国主义，至极端之发达，或并此地球而统一之，亦未可知。惟其结果或至此也，故列强各抱此主义进行时，必各尽其死力以相争，而不肯少让步。

滔天洪水之势，已尽漂没世界之第二流国家。而此澎湃怒潮，又一泻而入吾中国。吾中国既无资格，不能与列强抱持同一之主义，以翻飞于波涛汹涌中，一演鱼龙壮剧，则宜有山岳不拔之防御策，以抵制其狂澜，或不至共滔滔者而俱游也。乃吾国今日之建谋者，莫不注目于修内政。

夫内政固振兴之基，而防边尤保存之要。洒扫其庭除，而不整葺其墙壁，盗来何以御之？既令盗已四面集，其它方面之盗，又破墙壁而入瞰庭除，要不可并弃此方面之墙壁，使此方面之盗，亦入瞰庭除，而与他方面之盗，均其势力。盖势力均，则盗必协以更进谋其利，而我之庭除又不保。势力不均，则盗或互相牵制而不动，则我可乘间以筹备盗策。盗傥争而俱伤，或一败，则我又可乘间以筹备盗策。而此片面之墙壁，所以保存吾庭除者，关系固綦重也。况此方面之墙壁，又为吾庭除所托命之墙壁，此方面之盗，又足制吾庭除死命，而为他方面之盗所最惮，常恐其坏此墙壁入者，而此方面之盗，亦因此方面之墙壁未能立破，恐他方面之盗或先攫我庭除而分之也，乃暂与一盗以不攻破此墙壁约，并借口和平，以抵制他方面之盗，不遽瓜分我庭除。我此时庭除得以暂缓瓜分者，皆以有此墙壁。故弃此墙壁，终为盗有，而庭除用亦不可存，则整葺之必不可一步迟也。此墙壁何在？则吾中国外部蒙古、西藏是。而庭除，则吾中国内部各省也。欲保存内部，先保存外部，欲改革内政，先巩固边防，爰作《经营蒙藏以保存中国论》，以质诸吾中国之爱国家者。

第二章　蒙、藏与国家之关系

一、蒙、藏与国家地理上之关系

地理者，人类生活之所托，而制造国家之根据场也。故疆域沿革，国家之政治上所必讲，关河形势，国家之兵事上所必争，高原便农，平原便牧，山岭便林矿，江海便商贾，国家之农工商上所必知。西哲云：于世界有关系之人种，不产于寒热两带下。国家者，人类之集合体，可知地理之优劣，实关于国家之盛衰。有地而无人类，则不能建国家，有人类既建国家，而以地授之人，则其国家必先亡，而人类亦继以澌灭。蒙、藏，固吾国家一部分地，其地理与吾国家所关系者甚大，试据蒙、藏地理详言之。

（甲）蒙古（略）

（乙）青海（略）

（丙）西藏

（一）西藏之位置

西藏在吾国全部之西南，东西相距三千六百余里，南北相距一千四百余里，面积六十一万英方里，人口约百五十十万。东以大金沙江之谷接四川省，以澜沧江、怒江之谷一部接云南省，北以唐古剌山脉接青海部，以昆仑山脉接新疆省，南以喜马拉雅山脉接英属印度之喀蒙，及独立之廓尔窝部、不丹部、哲孟雄部，并英属阿之萨密侯国、貉貐野番部，西以喀剌昆仑山脉接拉达克克部，鲁楚部，及当喀、木郎二小部。

（二）西藏之形势

西藏地势，则喜马剌雅山，阳一面向印度洋者，倾斜少险，阴一面向西藏者，峻急陡落。昆仑山脉则绵延盘结于其间，以成此世界第一之高原。此高原出海面约万七千尺，平均高度约万五千尺。稍低处即雅鲁藏布川、哈剌乌苏及印度河之谷，澜沧江之源亦出于察木多之北。亚洲南部之大川亦多发源于谷中，交通梗塞，实由于此。

（三）西藏之区画

西藏，分前、后二大部。而前藏，又分康、卫二大部，都会曰拉萨。拉萨之西曰札什城，东曰察木多城。察木多之东南曰洛那宗城、江卡城，西南为刺贡城、曲齿城、硕般多城、拉子城、巴重郎城、边坝城、丹达城。咸为达赖喇嘛所辖。后藏分喀齐、阿里两大部，都会曰札萨伦布。其东南曰江孜城，西曰失喀城、聂拉木城、济龙城、宗喀城、大丹城，皆在喀齐。又西曰加托克城，城之西北有塔什罕城、路多城、诺和城，西南有大定城、泽布隆城，皆在阿里。咸为班禅额尔德尼所辖。别有达木蒙古人五百余户，羌种纳书等三十九姓土司，皆居东北境，为达赖喇嘛所辖。而全部又归驻藏大臣所辖。兹列西藏各部详表如下：

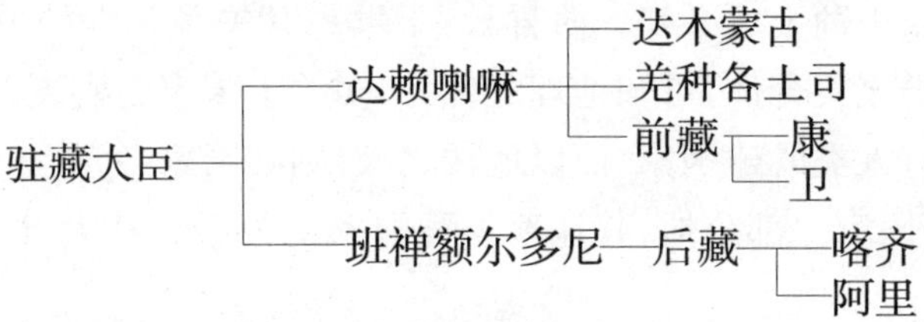

西藏各部表

二、蒙藏与国家历史上之关系

历史者，国民之殷鉴，而启发国民爱国心之根源物也。故读史者，知社会之变迁，而后有制造国家，知国家之治乱，而后有以改革政治，知地理之沿革，而后有以筹疆域，知人种之优劣，而后有以保族类。凡关于社会之神髓，国家之特色，地理上之大纪念，人种中之大怪杰，足以启国民之企仰心、奋激心、怵惕心、哀思心者，莫不于历史载之綦详，以为考古证今之用。故近世界之泰东西各大教育家，咸于其国之历史三致意，以导引其国民，使国民知宝爱其历史，自不能不宝爱其国家。则历史实叙述国民全体之进化物，并促国民之全体而使之进化物也。蒙、藏，固吾国之国民，其历史与国家关系亦至大，试据蒙、藏之历史详言之。

(甲) 蒙古历史上之沿革(略)

(乙) 青海历史上之沿革(略)

(丙) 西藏历史上之沿革(略)

第三章 蒙、藏与列强之关系

一、蒙、藏与俄罗斯之关系

俄罗斯者,世界上最尚武力之大国,而为侵略派之代表者也。其侵略远东政策,早定于二百年前。所以东据桦太,西掠高加索,而贯之以西伯利亚大铁路。吾中国东三省适当其冲,俄欲侵略吾中国内部,不能不以东三省为基础地。于是又筑东清铁路,横三省而贯之。三省之门户被闯破,而蒙古其怀中物矣。今虽败于日本,断东清铁路之中而两分之。就表面观之,在日本不过固其保护朝鲜之势力,在俄人实已挫其攫取朝鲜之爪牙。而就内容观之,吾东三省昔扼于一虎者,今又扼于两狼。日本踞其南,则可以西取蒙古,南窥燕蓟,与山东之德,扬子江之英,均其势力。俄既不足逞志于东,必并力于西,而蒙古、西藏、甘、新、山、陕皆将为辽东半岛之取偿物。是日、俄战后,一方面生朝鲜灭亡之结果,一方面生中国危急之原因也。其危急之起点,首在蒙、藏。盖俄人之垂其涎者,亦已久也。试述俄罗斯最有关系于蒙、藏者如下。

(甲) 国际间之关系

欲知俄人对于蒙、藏之野心,须观其对于国家所结之关于蒙、藏之条约。自同治五年伊犁订约,崇厚失策,丧失国权,是为俄人窥蒙古之初步。其条约直谓之俄人经营蒙、藏的条约可也。幸曾侯改订,俄亦稍让步,然俄已得于中国蒙古各地享有种种之权利。此后中俄交涉日紧,于前喀西尼条约成,而东清铁路归俄修筑,旅大租借之条约,即植祸根于此。拳匪构乱,三省沦陷,俄遂滥用其暴力,以迫我疆吏,迫我政府,令从其无厌之要求。兹节录其交还满洲之草约如下:

第六条:满洲、蒙古之陆海军,不得聘外国人训练。

第八条:满洲、蒙古、新疆、伊犁之铁路、矿山,及他之利益,非俄国许可,不得让与他人。即中国自为之,亦须俄国允许。

第十二条:许中国由满洲铁路支线修一铁路,以达北京。

幸此条约以列强反对撤消。而满洲退兵之新要求又起。共七条。节录之:

第二条:现时蒙古之行政法不得纷更,如纷更之,则视为动摇住民,以纷扰俄国国境。

第四条:清国行政衙门,有任用外国人时,其人之权力,不许侵俄人之利益优胜的北清事务。北清事务当一切委托俄人。关系满洲、蒙古事务,当任用俄国人之顾问。

此条约又被质问于美国,俄乃以系华俄银行私约答美国,又变其新要求为四事,以迫我政府承诺。其第四条“自北京过张家口库伦达恰克图之蒙古铁道敷设权,当特许华俄银行”以外,又有添加者,则在西藏之西北部施行清、俄协同之行政制度是也。一面又迫驻藏大臣与订矿山条约四条,而俄官吏及兵亦相继侵入西藏。设非挫于日本,格于英人,则蒙、藏早亡失于条约中也。

(乙) 宗教上之关系

中俄天津条约第八条云:天主教原为行善,嗣后中国于安分传教之人,当一体矜恤保护,不可欺侮凌虐,亦不可于安分之人禁其传习。是俄之天主教传入我中国者,已非一日。特以蒙古一带之人民,智识不开,而又笃守其喇嘛旧教,故天主教之势力微耳。然俄国地广人众,所信仰之宗教亦不一,尼布楚达奈泊依尔古特斯克一方面之人信喇嘛教者尚多,且能蒙古语及满洲语,日、俄战争中,俄兵士及将校之来满洲者,率以铜佛护身,无者或请于奉天之喇嘛寺,而西藏达赖又曾赠俄帝以佛教保护者徽号,可知俄人藉宗教势力以收蒙、藏之易为力也。

(丙) 商业上之关系(略)

二、蒙、藏与英吉利之关系

英吉利为世界之商业国,而保全派之首领也。其经商于中国,在荷人后,其殖民于中国,在葡人后,其交通于中国政府,在法人后,而皆能超过之。自收五印度后,于是东灭缅甸,而逼近云南,南收哲孟雄,而逼近西藏;然英人视西藏重于云南者,以俄人南下雄心,时欲勃发,失西藏则不足保印度。且西藏宝库地,将来必擅商业之胜场,得西藏并得青海,又足联络扬子江之商业气脉。今英、俄订协约,以西藏宗主权奉诸中国,是已不认我于西藏有统治权。且英、俄实以蒙、藏之各种经营尚未完备,故订此协约,以为缓冲具耳。不然,英人前者以印度兵入藏,直抵拉萨,攻达赖而走之,如入无人境,中国已莫之如何,英人何所惮而不取西藏?盖恐取之而俄人争其后也。今仍以西藏还中国,既以杜俄人之野心,又明知中国之无能为役,不啻寄宝玉于外府,而令老大帝国暂作监守吏者。其外交手段之奇妙为何如。当此群雄争鹿之世界,谓自此之后英人能于西藏缩手以终也耶?试述英吉利最有关系于蒙、藏者如下。

（甲）国际间之关系

光绪三十年，英乘日、俄之战，俄人之不能兼顾西藏也，乃以兵入西藏，迫达赖喇嘛与订约十一条。兹节录其最要者。第九条，第二项云：对于西藏事，无论何国不得干涉。第三项云：无论何国官吏，或派代理人，不得进入西藏境内。第四项云：铁道、道路、电线、矿山，其它何种之权利，均不许与外国籍之人民。若许之，英国政府当以相当或相同之权利同享受之。

自英与藏人订约后，即要我驻藏大臣调印。我以有害主权故，乃提出而议之于北京。于光绪三十二年，乃续订藏印条约六条，以前者作附约，亦录其最要者。第二条云：英国政府承诺不收容西藏之土地于其版图，并承诺不干预西藏一切政治，中国政府亦承诺不许他国干预西藏之内政，或占领西藏之土地。

经此次订约，西藏得以少安。未几，今年又有英、俄之协约，其协约之关于西藏者共六条。第一条：英、俄两国相约尊重西藏之领土保全，毋得干涉一切之内政。第二条：两国政府协约承认清国政府对于西藏之宗主权，非由清国居间照覆，不得与西藏直接交涉。但此约款与一千九百六十四年[本书编者按：原文如此]由英清协约所认明一千九百四年之英藏条约，并无所涉。第三条：两国政府相约，决不派代表人驻扎拉萨府。第四条：两国政府相约，为两国政府或己国商民计，在西藏要索道路、桥梁、电线、采矿之特别权利，或获得该权利，一律不可行。第五条：两国政府允将西藏所有岁入，无论其为物件与钱币，为两国政府或己国商民计，以为抵押或接受之，亦均不可行。第六条：上开五款以外，有英、俄两国属地佛教徒，准与达赖喇嘛往来交涉。英国迅宜由秋无毕撤回军队，及关学术探险队之入国章程。

观此协约，乃英、俄互相支撑之条件，非爱中国、爱西藏而为之，实将来欲图中国、图西藏而为之。此约解除，而危亡至矣。

（乙）宗教间之关系

西藏人皆信佛教，因最敬皈依佛教之喇嘛。其人民之畏宗教，直与法治国人民之畏法律无异。故历西藏者，乃知佛教之势力大也。然西藏人所信之教，又非纯全之佛教，实混合印度教、幽鬼教而产出者。今印度既属英，英不禁止其宗教上之信仰，一实借以愚印度，一欲用以收西藏也。而西藏之达赖喇嘛，近数年间颇欲吸收印度及俄国之佛教徒于彼势力下，而英、俄两国亦约明其佛教徒得与西藏达赖喇嘛往来交涉。知两国之佛教徒，不惟挟其宗教而来，将并挟其政略而来。达赖愚暗，乌从知之。恐达赖之宗教统一，而英、俄之政略贯彻也。

(丙)商业上之关系

英国商业,现时在西藏甚少,而人民来居者亦不多,尚在初着手经营时。现中国议约大臣与英委员,业将西藏商约修改。兹录其要者:

(一)西藏商埠境界当正以中、英两国商务委员会同勘定之。(二)凡一切关于商业地域,其地租地税,就今所定者以十年为期,期内不得再行增加。(三)英国不得派兵在商埠,凡英人及印度商人之财产生命,归中国巡警及地方官保护。(四)现在西藏输入输出之货物,中国政府暂不征税,惟印度茶须征税可入藏。(五)在商埠内,所有火药及一切危险物不许贮蓄。若欲建煤池仓库者,须定一适当之地域,并特立契约,始得准行。

商约既立,此后英、印人营商于西藏者必多,然文野相悬,或不能遽混合。惟英人之商业侵略亦甚可畏也。

按列强之于蒙、藏有关系者不止英、俄,兹但言英、俄者,以其现时能于蒙、藏占势力也。其它于后论及之,故不多述。

第四章　国家二百年来对蒙、藏之内政外交大事表

以上两章,既分述蒙、藏与国家并与英、俄两国之关系矣。然中国主也,英、俄两国客也,中国对蒙、藏的交涉,即内政也,中国因蒙、藏而对英、俄的交涉,即外交也。兹略举我国家二百年来对蒙古、西藏之内政、外交大事,列表于下:

一、蒙古(略)

二、青海(略)

三、西藏

崇德七年　达赖喇嘛来朝。

顺治九年　达赖喇嘛复来朝,赐金册、印绶。为西方大善自在佛,领天下释教。

顺治十三年　平西王吴三桂招降乌斯藏各法王。

康熙三十二年　封第巴为土伯特国王,赐金印。

康熙四十一年　命郎中舒图、员外铁图往打箭炉地监督贸易。

康熙四十四年　第巴不恭顺,达赖汗拉萨诛之以闻,上嘉之,封敷教恭顺汗,遣大臣安抚之。

康熙五十三年　准噶尔侵西藏,遣大兵讨平之。

雍正元年　以贝子康济鼐总理藏地,简大臣驻藏管辖焉。

雍正五年　西藏噶隆阿尔布巴等叛,投[诏]康济鼐大兵剿平之。

雍正六年　阿尔巴布等伏诛，封颇罗鼐为固山贝子。

雍正九年　进封多罗贝勒，办理卫藏噶隆事务。

乾隆四年　晋封多罗郡王，给印，辖卫、藏等处。

乾隆十五年　多罗袭郡王以罪诛。

乾隆三十八年　英人遣濮克持节入藏。

乾隆四十九年　英人又遣搭纳入藏。

乾隆五十六年　廓尔喀攻西藏，大掠于库什伦布，派大军平定之。

嘉庆十九年　西藏附属哲孟雄部为廓尔喀所攻。英人助之复王位，并夺台莱摩兰地与哲。

道光十五年　廓、哲复交哄，英人为和解之。乃割哲之大吉岭及毗连印度之平原隶英。岁酬哲王以俸。

道光二十九年　哲囚英和[知]事，英人遣兵复仇，割地，停王俸。

咸丰八年　赐西藏番民生息银一万两。

咸丰十年　英以兵临哲，要盟四事。与西藏谋互市利。

同治四年　布丹人袭印度，败于英，遂割第司泰河以东地与英。而由印度入藏之东路通。

光绪二年　中、英结芝罘条约，始特提英使节得入西藏事。

光绪十年　印度民政厅书记官马考烈入藏察商务，以逾期往，且偕多人，藏人拒之。中政府乃劝马氏归。是年哲王入西藏。

光绪十五年　藏兵入哲，败于英。哲王乃归英人，设官监督之。是年，中、英订印藏条约八则。

光绪十九年　中英使臣会商于印度之加拉吉打，妥议界务、商务章程。

光绪二十一年　开雅顿为通商口岸，设税关。

光绪二十六年　西藏外务长官奉大喇嘛命赴俄国，上俄帝以佛教信仰保护者徽号。

光绪二十八年　中、俄订关于西藏条约。

光绪三十年　英兵入藏，迫达赖订约，欲我驻藏大臣调印。我以有害主权，提议之于北京。

光绪三十二年　中、英订藏印约六条，以前约为附。

光绪三十三年　命张荫棠为议约大臣，与英委员修正西藏商约。

呜呼！统观以上吾国家对于蒙古、西藏之内政、外交大事，不禁太息于吾国家初时之鼎盛，而流涕于中叶之衰微，并恸哭今日朕兆之渐呈灭亡也。夫国家之盛衰，常随时势以为变迁。顺其时与势，以急为变迁，则国家必盛强，而常在人先。逆其时与势，以怠于变迁，则国家必衰弱，而恒落人后。然顺逆变迁之枢，执之者恒视乎人。得其人，则国家即乘时势以盛强；失其人，则国家且因时势以衰弱也。

我朝初纪，圣人在上，将相得人。天聪九年，太宗亲征插罕小王子，而服有内蒙古，康熙三十年，车臣土谢图札萨克图来降，而服有外蒙古。五十三年，命皇十四子为帅，而平西藏。雍正二年，命年羹尧为将，而平青海。乾隆二十二年、二十五年，命兆惠为将，而平厄鲁特及回疆。西北诸族，用大安定。而又虑诸族犷悍，或起而弄潢池兵也，于是又縻以红黄之教，摧刚而使之柔，以实行削弱诸蒙族之四大政策。

（中略）今一变锁国时代为交通时代，故昔者对蒙藏所行之政策，遂不可复行于今日。盖锁国之时代，患在藩属，谋国家者，必重防边。防边云者，防边人之或内侵也。交通之时代，患在敌国，谋国家者，必重边防。边防云者，用边人以御外侮也。惟防边人之或内侵，故利用边人之弱，惟用边人以御外侮，故利用边人之强。自西伯利亚铁路成后，而蒙古遂直接引俄人之馋咽；自维多利亚墟五印度后，而西藏遂间接启英人之猎心。尔时吾中国政府如能起蒙藏而筹一抵制策，则西北边必不至如今日之糜烂。惜乎往者之失策既不可追，而蒙藏问题至今犹因循持之，不思速速一解决也。

今俄人虽东败于日本，然犹据有东清铁路之半段，其势力虽不足直瞰燕齐，而蒙古东四盟尚在其掌握中，且车臣土谢图唐努乌梁海科布多及新疆等地，又在在与俄地相接。俄既挫于东，必求伸于西。近日于蒙古各地非常注意，探险之队调查之使络绎不绝于道路间，又以金钱收买荒地，以珍物厚结诸蒙王。知蒙古人民之笃信喇嘛教，而喇嘛教之源于西藏也，乃笼络达赖至俄京，加以优礼。达赖甘之，遂以佛教保护者徽号加俄帝，隐欲脱中国之羁绊，以依于俄人势力下。现俄之西伯利亚之萨拜、喀勒、依尔库次克、叶尼塞托穆斯克四省之人民，咸能操蒙古语及满洲语，其用心既深且远，而所处之地位亦可惧也。近又与日本订协约，而昌言土地之均一。土地均一者，日、俄既取满洲而两分之，更欲取蒙古而两分之也。试观日本于订协约后，蒙古之调查著手愈急。其男女学者为蒙古各旗之教师，及桑门诸子假传教名，将校之假卖药商，以往蒙古测绘地势者，不一而足。则其约文之用意可知，其必不令俄人坐拥蒙古，而享其利权亦可知。

他如德、法二国，亦互挟其传教、通商诸政策，冀厚植其势力于蒙古各地。究其在蒙古所占之势力，均不敌俄人之宏大。俄人以西伯利亚铁路为侵略亚细亚之一大武器，故自西伯利亚铁路筑成后，更由仝木斯古敷设支线向东南下，成平行线，于厄尔齐斯河至塞尼巴拉敦斯克更折而南，经伊犁河及伊犁斯克至威尔尼，遂西折入土耳其斯坦。其野心，盖欲以土耳其为根据地，登帕米尔高原，以睥睨四方，一面东下侵入伊犁，拓其路线于新疆、山、陕，则可直接正太，则外蒙古一带危。一面假中亚细亚梅尔普之至达土垦铁路，直捣阿富汗，以进攫波斯，更由此以直入印度，则西藏、青海一带皆危。况芦汉铁路之布设，正太铁路之经营，蒙古铁路之计画，竟合满洲铁路成一大圆线，以包围北清之全部。其势力，直超过于各强国，惟英人尚足以抵制之。而英人之所以必谋抵制之理由，则在保全印度之富源，及在中国之商业。英国人民之需要，半皆仰供给于印度，而印度又为英殖民地之中枢，印度失，则印度以东之殖民地，以距母国远而或致瓦解。故英不能不掷全力以保全之也。欲保全印度，必抵制俄人。俄人之侵略要点在阿富汗，英人抵制之要点亦在阿富汗。境界问题，屡生冲突，俄人既不得志于阿富汗，遂又西连波斯，东逾里海，冀越天山、葱岭以控制伊、新、蒙、藏。西藏归俄，则印度之屏藩以撤。有西藏即有青海，且遮断扬子江之上游，而其流域上之英商业必归失败。即西藏宝库，将来成商业重地之希望亦成画饼，其利害之重大为何如。于是成英、俄之协约。

英、俄协约之结果，必寄西藏于中国主权下者，实英人交外之老滑手段。一方缓两强之冲突，一方利一弱之放弃也。英、俄协约成立后，英又与吾修正西藏商约，不出十年，西藏必为英人商战所割据。俄既不足与之争，我亦不足与之争。则此协约之效力，直谓之屏除俄人于西藏之外可，此协约之效力，直谓之战胜中国于西藏之中亦可也。然而俄人亦非全然失败，以有蒙古可为其取偿地也。就形式而论，俄于蒙古势力大，英于西藏势力小。俄以自国与蒙古邻，其势力能直接及蒙古，并及西藏。英以属国与西藏邻，其势力仅间接及西藏，而不能及蒙古。就实质而论，俄以军事立国，故主张侵略，而蒙古平原大漠，便于驰聘，金戈铁马，纵横无前，一旦自西伯利亚铁路之一端，架设蒙古铁路，与芦汉铁路通，由依尔库次克不二三日可以达北京，不五六日可以达武汉。战争傥起，可集大兵于咄嗟间，以据中国之要区，无论何国，均不得御之而争之也。

英人在中国拥有长江沿岸地，利用其四通八达之铁路，以席卷大江南北之富源。近又谋引印度铁路线于春丕，且延长之至西藏高原，冀侵人青海，与扬子江上游相联络。又谋自缅甸，经印度，以达埃及，由地中海以通本国。此路苟成，则可与西伯利亚铁路均势力，于军事、经济上，世界亦莫之敌。则神州全壤，直为英、俄角逐场。吾老大帝国之生命，乃握诸斯拉夫、盎格鲁撒逊两民族手。况以外之思染指插足者，尚纷纷藉藉之不已乎！

法已夷安南，进瞰云贵，德已攫胶州，直涎山东，日已亡朝鲜，而入南满，瓜分之局，已悬于眉睫间。其所以未遽分者，以英、俄两国对于吾中国西北之问题，尚未能明晰解决，而美国又于中国无大势力，故相持而不动耳。今美人并阿拉昔加，掠夏威夷，攫菲律滨，渐施其侵略东方之手腕。近又得开凿巴拿马运河权，使太平、大西两洋之航路线，忽然短缩。且扩张海军，不遗余力，太平洋舰队之东来，扬子江航路之访问，皆包藏祸心于其间。傥美人又在中国立其基础，而英又得西藏，俄又得蒙古，列强竞争，谁肯落后？则瓜分中国之期至，而全球战争之祸起矣。然则蒙古、西藏之地位，自今日世界之大势观之，不惟中国之危亡所系，抑亦全球之利害所关。

欲辟异日全球利害之冲突，不可不救今日中国危亡之疾病。中国危亡之病根，种因虽在中央，结果必由边域。今中国虽危，而尚未即亡者，非吾中央政府之足以支撑之，实吾边域地势足以支撑之。亦非吾边域地势足以支撑之，实可以危亡吾之两强国，对吾国所取之政治派不同，不能为合意的行动，用借以暂作支撑也。吾中国今日之疆域，东南两方面业已屏藩削去，门户开放矣。惟西北两方面，以蒙、藏之天然险阻，未易经营。而蒙、藏所当之两强国，又一为保全派，一为侵略派，政策不同，彼此遂常相牵制。且俄以远东新败，财力、兵力两有未足，设俄长驱入蒙古，试其处分东三省故技，傥再招他强国之干涉，其侵略政策又将失败，不若缓缓图之，以待机会，而养气力。英以文明日久，渐流衰弱，特兰斯哇儿弹丸黑子，犹竭其全力以服之，其不足与强俄较也明矣。故但以保全为侵略，惯用其商战灭国之新法，以步步作战，既墟印度，又及西藏。且自宗教上观西藏，似吾国家之藩服，而自政治上观西藏，实吾国家之领土也。乃英人必欲认之为国家，如俄、日认诸蒙古为王国，是司马昭之心，路人皆知也。

嗟夫！取蒙、藏而泛论危亡，固蒙急而藏缓，而就蒙、藏实策补救，则蒙易而藏难。盖俄人现时在蒙古无基础的事业，但恃兵力，吾国家若速于蒙古设重镇，练蒙古兵，并驻内地精兵以守之，尚可抵制。英人现时于西藏，以宗主权归中国，惟用其商业政策，吾中国商业窳败，安能与世界经济最占优位之国较胜负？此一言经营蒙古，则勇者尚不欲步，一言经营西藏，而智者为之束手者也。乃者蒙古人暗于大局，尚有欲唱独立者，是如乳燕矜飞，稚兔诩走，必不免于饥鹰饿虎之口，而燕巢兔窟，或以内讧，故为人捣毁。吾知成吉思汗之伟勋，永无复振期，都不必大厦焚平原圮也。（中略）且西藏地邻廓尔喀，廓尔喀地险民悍，方将兴起，力虽不足侵印度，势必将以略西藏。况有英人煽其后，廓必将为西藏引虎之伥。危机四集，彼秃发之余支，吐蕃之遗庶，安能当之不靡也哉？

鸣呼！蒙古者，吾中国历史上最有名誉之民族；西藏者，吾中国地理上最占形势之领土也。失蒙古，则吾中国民族全体之名誉亡；失西藏，则吾中国地理全部之形势亡。且我有蒙古，善用之，可以制人。人有蒙古，善用之，且以制我。则我不可不经营蒙古；我有西藏，我自可保我吭，而护我背。人有西藏，人遂得扼我吭，而拊我背。则我不可不经营西藏。且蒙古所奉之宗教，出自西藏，有不能脱离之势，西藏失，蒙古必随之。蒙古失，西藏、青海亦必随之。则我又不可不经营蒙古，并经营西藏。本朝先得西藏，后得蒙古也，以此俄人欲得蒙古，先笼络西藏也，以此英人先占西藏，欲并得蒙古也。亦以此，蒙、藏存亡之关系，直息息焉以相通，蒙、藏与吾国家之存亡关系，亦息息以相通。英人得西藏，则必进窥巴蜀，顺流而下荆门，而吾中国之南部亡；俄得蒙古，则必直捣甘凉，丸泥以封幽谷，而吾中国之北部亡。举黄河、扬子江两大流域以归英、俄，势均之说，列强必实践之，而吾中国全部皆亡。瓜分之活剧，遂以蒙、藏为开场之第一幕。

今我国民，今我政府，尚以蒙、藏为无足重轻，而淡漠视之，不知鬼妾鬼马，送血色群公而下场，人隶人奴，编黄种孱儿以入伍。大好湖山承破碎，招国魂以何从，无情天地但莽苍，问人心其已死。衰亡但留青史，哭杀遗民，骄蹇让他白人，笑看世界。其现象，皆将后蒙、藏问题而相继开幕，以登二十世纪之大舞台。但不知吾五千年来富于产出英雄之古国，四百万兆富于产出英雄之民族，能应此时势，跳出一铸金之伟大人物，以翻此如山铁案，经营蒙、藏，以保全中国危亡，以保全世界和平否？如有其人，仆愿馨香膜拜。如蒙、藏人之死心信仰黄教之活佛，虽靡肉成骨，灰骨成烬，以布施之所不惜也。（本编已完，全编未完。）

1908 年 6 月 28 日（光绪三十四年五月三十日），第七号【南京图书馆收藏】

《秦陇报》

《秦陇报》于 1907 年 8 月 28 日(光绪三十三年七月二十日)创刊。为留日陕甘学生创办的资产阶级革命派期刊。在日本东京出版。月刊。编辑兼发行者为秦陇报社。党积岭、郗朝俊、高又民等主编。经理人为杨铭源。仅出过一期即因内部意见不合,于 1908 年分为《关陇》与《夏声》出版。

主要栏目有论说、政治、教育、实业、军事、时评、译件、小说、文苑、新闻、关陇汇闻、选稿等。

上海图书馆藏有原件。

比人考查西藏矿产

近有比国工程师五人行抵打箭[炉]，欲入西藏考查矿产，中国驻拉萨大臣恐酿乱事，设法阻止。

1907年8月26日(光绪三十三年七月二十日)，第一号

《四川》

《四川》于 1908 年 1 月创刊。在日本东京出版。月刊，由四川杂志社编辑兼发行，为四川籍同盟会员所创办，吴永珊(即吴玉章)等主持其事。1908 年 2 月停刊，共出三期。

藏英交涉沿革(未完)

(日)成田安辉著　佛衷译

日人成田安辉曾只身入藏调查一切,就其见闻并参考吾国及欧美人所著书,缀为此作。读之可以感怀过去,儆戒将来,夫岂独文献之益云尔哉! 爰亟译之,以为吾国民鉴。

一、西金灭亡小史及布丹与英国关系

西金者,喜马拉亚山上之一半热带国也。地味丰腴,森林匝野,北向西藏,愈行愈峻。不过二哩,其倾斜高度即约有二千呎。当藏英构兵时,万里炎天,尘沙为烁。一英兵有言曰:"人传西藏为案上高原 Table-land(或译台地),今者吾军攀登前进,意尚在其足上萦饶乎?"读之亦可以知其地势矣。人种、风俗、宗教,并似西藏,以西藏语为上等国语。国王称佳尔步,结婚于西藏贵族。今国王室为西藏法王近亲者之女子,牝鸡司晨,致酿西金英国失和之祸。溯现王朝始祖所从出,盖自今二百六十余年前,始自西藏播迁此国,今王则其第九世也。每代国政,皆为高等僧官所左右。彼等对王谬为尊敬,称王为西藏前代名王"苏龙突安坎波"化身,生而神灵,为僧侣的国王。持此说欺惑愚民,以为固持一已地位之计。似此迷信,古代东亚诸邦特多,前缅甸王"西步俄",英明卓出,民称其与释迦牟尼血脉相同为王家正统。印度藩王之内有号为神孙者,今日中央印度欲造此流言,使人迷信。尚有私赂僧人之习,如此谬戾,多不胜书。然与英国侵略历史无甚关系,故略而不记。

夫英人欲保守印度领土,故其所持政略方针,常以接界印度之半独立国为其境外防卫,以立对敌之策。平时不干涉其内政,第任保护之责,听其自治。有事之日,则共集英人主权之下,为其效死致命。惟英人既有保护之劳,于是及开放彼保护国门户,畅行己国贸易,以为取偿之计。故曰贸易者,实英国政略之一大方针也。蚕食鲸吞,日辟百里之志,岂英人所有哉? 张伯伦不云乎:"吾人国是,以贸易始有绝大利益,故我国民如无商业,乌能与星球诸国激烈竞争耶?"呜呼! 英人因邻邦妨害己国贸易,于是声称欲举其领土,置于文明政治之下,兼并为一。如彼喜马拉亚山中,区区西金与英之关系,推其祸始,盖亦若是焉矣。

尼保尔者,蒙古人而渐染印度文化,喜马拉亚山中建国之一也。廓尔喀人种居其域内。天性勇武,肆其威力。迄十八世纪末,遂夺据尼保尔全国。(一七六八年廓侵后藏他西龙布,〔佛夷按:原音似误。〕一七九一年再侵后藏。)千八百十四年侵入印度。道经西金,喜马拉亚山脉上诸国,远及亚山,詟其威棱,尽为震动。千八百十七年,英政府逐廓尔喀出西金境,复西金王位。铁来及摩兰等,为喜马拉亚山脉下广地。英人夺自尼保尔,以与西金。有事时,英人且任保护之责。其所以如此者,意在防御尼保尔人南下,使不至侵掠印度也。越十四年,西金、尼保尔失和。英政府派代表委员古兰提氏调停其事。古氏主张租借西金之独吉领为英兵避暑地。一千八百三十五年,西金果如英人希望,割让独吉岭及与印度平原连接山地于英。英政府每岁以三百磅为西金国王年俸。后无几时,再增加为六百磅,较之从前岁入尚为多额云。

独吉岭高拔海面七千呎。现在人口多至十五万五千人。

独吉岭附近圣巧儿山之东面,空气湿温,与南美秘鲁安底斯山规邦产地气候相同。英人撰定其间一广大区域,培养沙亚鸡曰尔济、金姑、加母米等规那树。发明简易新法,使此解熟[热]之贵重药品,大为低廉,商权垄断之弊,为之一清。

喜马拉亚云或称云海,登独吉岭,则世界最高峰 Everest 之壮貌、英姿及全世界第一无边云海之大观,俨然在目。二景均非凡人笔舌所能尽。欧美人探奇访胜之至独吉岭者,实繁有徒。就地观之,始信余言之不谬也。

独吉岭自为英人新殖民地以来,日以非常速度发达繁盛。其间西金王及秉政僧官亦相安无事。后僧宰相(僧为宰相)西藏人也,极为奸猾,第谋私利,甚至呈其暴力,侵犯外境。营买卖奴隶之业,购自西金,送之西藏,不顾已地方长官之职。为此目的,侵及英领,拐带英治下民籍所属土人。英人要其返还,不惟不听,反强请英人将其奴隶之逃至独吉岭者,尽行交出。千八百四十九年,英独吉岭知事(Doctor)“坎蒲俾尔”因此事欲与西金和平交涉,赴其王居他母龙,为所捕缚,幽囚至六周间。同时又有英人 Doctor“菲加亚”者,旅行其地,亦遭其难,与坎俾尔俱毙于非命。英人因以割让下部西金并全铁来地方,放逐与英为敌之宰相,及数年之间不给国王年俸诸款,要求西金承诺以为取偿之策。然此奸僧潜由且曰那岭,至西藏春碑西金王之避暑离宫(一称夏时西金之避大雨场),劝告国王仍行与英为恶,拐带劫掠,无所不至。千八百六十年可罗泠尔戈那遂率英军远征其地,占领王宫,媾和之后,西金因许英人自由贸易,保护旅人,改筑道路,及代谋英与西藏交通便利诸事。而每岁受英人给年俸一千二百磅,无耻如此,安不亡乎?

当独吉岭入于英人手时,毫不产茶。至明治十六年,乃多至八百万斤。盖英人移住山中,去他树而植茶林,故有如此效果。世界上之未开地,英人对之概用此种笔法，宜其殖民之冠绝列强也。

自是以来，虽无纷扰，然西金国王对于英人终怀恶意。所结贸易道路等诸条件，视为具文，弃不奉行。千八百十四年，英人可儿曼·马苛伦者，孟加尔政府中有力之书记官而卓有远识者也。彼知印度如与西藏互通贸易，可大获利。于是请于政府，欲自为使节，派至西藏与藏王政府商议振兴藏印贸易之策。得允后，彼因道经西金，在藏境附近与西藏地方长官遇，得其欢心。后藏大喇嘛之宰相亦以书赠彼，表其欢迎之意。一千八百八十五年，彼任为商务使，欲作拉萨行。所持护照系根据天津条约(英法联军占领北京之役)所规定，可以旅行佛教圣都，而得自华人者。暨其后，知此护照与支那之公文证纸，同为纸上许可，实则毫无效力也，乃罢其行。吾人考其时之支那政府，盖窃欲垄断西藏贸易，密飞书于藏中官吏，令其设法禁止英人使节侵入藏中。后藏人果严兵境上，绝英使路。又闻支那政府要请英人使节退出西藏。因将缅甸附近支那之某领地割让于英，且将支那之高等位阶赠与西金王，以示优待之意云(政府昔日外交政策，如是如是)。

英之使节既辍不前，于是西藏喇嘛意英人或恐惧而出此也，遂益干涉西金内政，断绝贸易，并劝西金王弃其本国移住西藏。西金王从其请，不居己国者至二年余。会英政府要迫王，言西金国势日衰，其民复因王征求无度，迫于饥寒，将有乱事。如不速行回国，整顿庶政，保持安宁，则英必停给王之年俸，以示惩罚云云。王卒不归。西藏人之袒王者，后乘英人不备，于一千八百八十七年派兵至西金境内，在咱利岭西南麓林东之地，建筑堡塞，汲汲设防，杜绝贸易。然天不见佑，至其次岁三月，为英军所破，死伤无算，遂弃西金走。英军则死伤甚少。战既终，国王不得已反国。英置政务官以监督之。西金遂举国听命，与西藏断绝交涉。支那乃派员与英国协定西藏疆界，并筹画通商事宜。而西金从此遂永属英人矣。其后英人筑道设桥，开辟荒地，奖励尼保尔人移住此地。(英人利用尼人开拓西金森林，遍植食物，有事时无须远求粮饷于印度平原。其更欲侵略此附近者，亦此目的也。)

安辉于明治三十四年十月经过西金。三十五年二月，自西藏归，再经此地，其间不过半年，而开拓之业，卓然进步，大有可观。虽荒地尚多，开垦无尽，然苟假以时日，必骎骎前进，驯至大成，盖无可疑者。至英人布置之周到，手段之险鸷，殊足令人五体投地。殖民政策进步如此，真吾后进国所宜奉为心法者也(云海曰中国人听者)。英人又惧前所逐宰臣与王之西藏妇人及支那人袒王者，或与王密谋，破弃条约，而不利于己也。于是遂定囚王之计，置之安提克山中。其前则溪水萦迴，其左右则森林蓊郁，番兵罗列，气象阴沉，城塞巍然，山河欲哭，国王伈伈俔俔，惟命是听。乌乎！乾坤大痛，乌有逾于此亡国者乎？

西金原野丰肥，矿产饶富，施以文明政治，发其宝藏，以自给养，可望如独吉岭之日趋繁盛。以前外则有东方诸国干涉内政，内则有僧侣小人阻碍进步。今国为人有，此等痕迹均一扫无遗。国王既无威力，复鲜知谋，欲图抵抗英人其可得哉？

西金及尼保尔境界遍地生兰，有兰乡之称。英人曾于其地得一种名兰，名Cykripednm Eairieanum，载至英国枯死，某新闻社因悬赏一千磅募人，再行搜采云。

国王有一子，不以西金风育之，而使其学孟加尔搢士风，更参杂以欧洲之文明教育，意者或希望其他日代之统治国内。如能增进福利，尽其责任，庶可为英人有益一与国乎？

印度政府对于西金王不称国王，与印度诸藩同号曰那贾，以属邦之礼处之。至一千八百九十二年，西金王欲有所图，将遁西藏，至西金、尼保尔境上，且曰安住河（他母补那河支流也）源，大砂原中之秋儿克柳池附近，为尼保尔兵所捕获，送交印度政府，锢于独吉岭监狱者三年。一千八百九十六年，英人复其位。然不许还其旧都，居之安提克。至是，而西金永无苏生之一日矣。

西金见灭于英之历史，大略如此。读之则英人所谓商业政策、国境政策、殖民政策及由此向西藏方面用如何手段渐次前进之种种内情，亦可以略窥一斑矣。

布丹者，印度语“西藏末端”意也。西藏人则称为罗德武克，义为南方雷龙国。盖孟加尔湾水蒸气密集其地，湿云蔽空，日有雷鸣，故有此语。其人民信喇嘛教，崇拜喇嘛势力。南方布丹人男女自称为达赖喇嘛之民。均剃发，如果他土人，不着支那服，所着复相同，为雌为雄，殊难识别。自独吉岭东北行可一日，有地曰喝[噶]伦绷，藏英互市场也（英国管内各区，各有一定时日，顺次开市，以通有无，均贫富，意甚美也）。官衙、邮便电信局、兵舍、学校皆备。有苏兰米突熊寺院，教育印度、尼保尔、西金、布丹、西藏人等。并附设病院，从事施疗，沙若南德氏为之长（英人更奖励土人探检各地，从事测量，以为研究地理之计）。再自此地东北行一日余，则至沛东。有法兰西天主教僧菲诈笛史戈金者，前曾在支那川藏附近传道二十余年。今亦来此地，立于英国国旗之下，从事布教。信徒虽少，然决心前进，有死而后已之概。所谓锦衣玉食，均弃置不顾，甘于辛苦。前本无名，今则土人多有讴歌之者。噶伦绷及沛东，前本属于布丹，后因布丹侵入英领，反被英人所败。一千八百六十五年，布人赔偿英国前岁兵费，因割让起史他河东方及沛东左右地域于英，英派兵驻于东方之巴克沙尔。其人民天性粗暴，好夺人物，无所统辖。称铁步那佳者，即最有权力，日事纷争，民不聊生。一千八百六十四年，英人因其侵扰太甚，命沙亚阿修伦圆等设法处置，反受其害。英人因大加惩罚，以后遂永无布丹患云。

安辉曰：喜马拉亚山中诸半独立国，英人对之，超然立于他国干涉、抗议、种种阻挠之外，立定一大政策，着着前进。东自西藏方面，锐意突出，以触接扬子江流域；西起波斯湾沿亚刺比亚沿岸，欲建设为一大帝国，雄图勃勃，似不能禁。未知天下人亦有所闻见否？

二、藏英交通略记

当英国名臣瓦亚伦痕史金姑士督印度时，曾用全力与西藏交涉，振兴二地通商事业。后卒如其愿，大有成功。一千七百七十三年，彼命儿曰尔鸡薄姑儿为第一次使节，派入西藏内地。虽未至拉萨，然得与后藏大喇嘛订结交谊。一千七百八十三年，再派甲比颠他阿那亚为第二次使节。越二年，瓦氏召归本国。外交官之代表印度政府驻扎后藏者，亦同时撤退。支那政府遂杜绝两地交通，一复前状矣。

欧美人禁入拉萨后，印度政府奖励印度青年探险西藏。于是冷心自西部那达克、羌达那特史自西金，俱入至拉萨。归后英人非常优遇之云。

一千八百十一年，提俄马士曼林格氏至拉萨，得面谒七岁之达赖喇嘛，氏痛称其风采动人，英明卓出，捧呈贡物，退而以医术鸣。后藏人误认为国事侦探，不得已退去。以英国人而得至拉萨，复谒见达赖喇嘛，自前代迄此时，仅氏一人而已。又氏之至藏，亦为个人之冒险旅行，非如瓦氏时代诸人之由政府派遣者可比及也。

一千八百四十五年，香港割让之际，琦善为驻藏大臣。法兰西天主教之哈克、加俾提二僧入于拉萨，拜谒达赖喇嘛。仅留三四月，即受退去命。自后六十年间，欧美人欲至拉萨者甚众，然卒无一人得达云。

十八世纪中，补安、德帕提氏自印度经拉萨出于支那后，欧人无有能遵其道者。其不至拉萨而至西藏各地，则探险西部者，有英人斯那敬、魏提、景松熊、痕五瓦德、菲尔及印度人且洒元心等。探险东北部及拉萨附近者，有俄人普冷儿巴亚尔史（一八七一年）、美人罗克喜尔、法人俄尔伦养亲王奔亚罗、英人立提尔德儿、打德冷尔、德罗女士及来因巴亚提夫（和人）妇（加那大人）等。两次贯通西藏者，有瑞典人斯俾元痕丁。贯通中央者，有英人威尔比。贯通东西者，有英人波俄瓦。

三、马苛伦之入藏（一八八四[五]年）

瓦氏为印度太守时，数与西藏交通。自后百余年间，乃绝不相闻问。暨马氏为使而两地复通，印度政府因为马氏行为之大筹经费，以修 Lachen 河沿岸道路，架桥设驿，用意甚至。然马氏因此迁延，十一月始至西金、西藏交界孔姑那娜摩岭麓之贾戈，留不数日，而大雪杜途，未能前进。不得已仍返南方低地。马氏有诗写其情状：

Lachen 绿林翳何美猗！

Zemoo 之波耀似银猗，绝乱流而前进。

Tallam-Samdong 霜白如玉。

Tungu 之村雪已深深猗！

Kongra-lamo 雪山之裾野，牦牛(Yaks)戢戢群步猗，执戎器者百余人。

Kamba 城主突如其来，奇妙之宝轮塔。

Chorten 已迎我前猗！

贾戈介于且曰美俄莫、坎秋鸡等大冰山间，一荒寒僻地也。马氏施行备尝其苦，读其诗可以知之。……

马氏之至干坝城也，城主几曰奔声称：未奉藏中何等命令，纵令极重公文，亦不能受。马氏答以自至后藏首都扎什伦布交呈，主无以应，因收其书。未几，而后藏首相以书复马氏，表交亲之意。后马氏为商务使，欲至拉萨，遂酿藏英开战之祸。支那政府并割让缅甸一部以赂英，盖前已略言之矣。(未完)

1908 年 1 月 5 日(日本明治四十一年一月五日)，第一号

英俄协约与中亚(译《每日电报》新闻)

鹤仙译

本篇系叙英俄两国于中亚细亚如波斯、阿富汗斯坦西藏等国角逐之由来，而说明此次之英俄协约者，专以长濑博士凤辅氏之谈为基础，间插以记者之管见。长濑博士最初本研究成吉思汗史者，无端而遇中央亚细亚诸问题，迩来造诣颇深。客岁奉官命考查中亚一带，盖认中央亚细亚问题之重要，目下染笔，忙于中亚细亚史之著作，不获就正。本篇若有错误或欠的当者，皆记者之罪也，读者谅焉。(略)

1908 年 1 月 15 日(日本明治四十一年一月十五日)，第二号

藏英交涉沿革(续第一号)

(日)成田安辉著　佛亰译

四、藏英战争

英灭西金，复遣马苛伦入藏，华人有识者方窃窃然，忧其祸之将及于藏。而藏人见马氏之不能达其目的也，反谓为英人易与。一八八七年，整兵救西金，入其国内林东之地，建城堡。翌年三月，英出兵攻之。藏兵败走咱利岭。英人因此微役，所丧金钱颇巨。粮食来自印度平原，至山中再用牛马及土人背送，始达军前。自起史他桥至沛东，距离极短，然其运赁每百斤约一二卢比(印度货币名)。数千苦力，乘此渔利，暴富者甚众。后英人中多有愤此役所得不足以偿所失者云。

英人善练尼保尔、西金、印度等土人为兵，以制土人叛乱。其中尼保尔兵尤称武勇，乐从英人命令，自残同种。英人以蒙古人击蒙古人，盖始于北清之役。

英国驻屯印度、西金境上某佐官常有言曰:率土民兵一大队可以横行中国之西藏境内，使之跪伏马前。

林东者，藏英商路中一要区也，高于平地六百余呎，拔出海面一万二千六百十七尺。道路险恶，空气稀薄，人马有登者数步一休。藏兵据此为营，然卒见败于英人者实由武器恶劣之故。其第一防御栅，立于九千六百呎高地上，纯用生竹为壁。顶上石城防备亦严。英古那哈母将军督兵攻之，损伤甚少，大破藏人。假使藏人此时稍有普通武器，必不至为英人所破也。

西藏指挥官称达奔，即弓长也。小铳称米达，即火弓也。火绳、弓矢、铳、投石之外，别无武器。惟笃信喇嘛咒文及占卜等事，以为一诵咒文，不惟神人毕助，即枪林弹雨之内亦可无害。故已军死伤遍地，彼等心中尚谓:此次咒文背诵之法或有未善。次回改良，必可有效。喃喃不已，终不信其败也。英人于阵地拾视所弃风车，上刻咒文，皆击破敌人、杀尽敌人等语。噶儿噶达测量局，更有藏人所绘西金及独吉岭地图，极形奇怪，不可识别，以原人时代之人类，乌能与英相抗？丧师失地宜矣。

炮兵，藏人视为最大劲敌。故英军炮弹坠裂藏军中央，全队立乱，溃走不遑，退至一高地，暂期堵御，复为英人所破。英人以破竹之势，逾咱利岭直至春碑平野。如使决意再战，藏人必至全军覆没。幸其野碑碑塘之地有中国官署旗帜高悬，飘飘空际。英人虑伤中国感情，乃弭兵休战。后移屯娜丹（黑色牧场之意），其地接近咱利（译音为突亚伦布爱原之意）岭西南，为拔海一万二千三十呎一平野，世界中欧洲兵士屯营最高之地，恐以此为最。四围皆有丘陵，宛如釜底。藏人不知兵法，且武器恶劣，性质怯懦，故英人得坦然屯此无惧。所设防备不过土垒堑壕，立木为舍而已。附近林木无多，然有松桧等树可供薪伐。水则有小溪清池可供饮用。惟登高远瞩，则寒山无语，冻水不流，空色阴沉，天风萧瑟。英兵取伦敦市最繁盛街道之名，名土人所聚之地，以表思乡爱国之意。安辉经此，见平地有无数巨石堆筑为台，其上皆英人墓。盖战死于此者也。欧人坟墓在世界中，恐亦以此地为最，寒威凛烈，空气稀薄，不让日本富士山顶上。以海国英兵能捧身殉国，驻屯于此，宁不令人肃然起敬耶？

驻屯军队，由英兵士兵二千名及从军者九百三十名而成。防寒衣服，极为整备。毛布（万一千匹）、长短靴（四千一百双）、厚短衫（三千六百件）、羊皮上着（二千二百件）、毛织袜（八千双）、毛织裤（同上）、手套、毛织胫卷、背心、印度式冠、防水布、防水覆肩背衣、眼镜等，均无一不有。用意之周，殊为可感。更反观藏兵，则毫无给与，辎重荡然，自负糌粑与敌奋战，饥寒交迫，欲其制胜，乌可得乎？殊亦可怜也已。藏人敬畏英军，每一见或叩头或吐舌为礼。英人不解其意，常有一兵士对其土官言曰：最污秽之西藏人，向吾长吐其舌，加以鞭击，愈见长吐，余于是再痛扑之云。

由那塘至咱利岭，道路蜿蜒，缘山前进，达于提俄可那岭。一带诸山，皆称登儿比德翁。盖英之登儿比军队于此得最终之大胜利，故取名之以为纪念。提俄可那岭为拔海一万三千五百五十呎高地。当未战之前一夕，英军斥候过此，寂无一西藏人。其夜，英军屯于那塘附近。去此一英里半，终宵亦毫无声响，万籁皆静。至晓，忽见西藏人于其间筑墙，以为防御之计，高与胸齐，长约四五里。英人惊咤为鬼工，数千藏兵麇集其内，纵横呼噪。乃英兵一举队前进，开炮轰击，藏人终至大败涂地以尽。血肉之躯不敌文明利器，其信然邪？

安辉曰：吾前经此地时，从仆指旧战场为吾言曰：前年战役，是处死尸累累，所谓流血成川，积骨为山者也。呜呼！当日藏人死伤之巨，由此可以知矣。藏英当初激战之地，如支那人于龙洞山，西藏人于林东岭，其颓垣败垒间，基石垒垒不可胜计。然其上皆刻有六字之陀罗尼咒，藏人信此咒文，谓可以克敌取胜，是与古人绝食祷佛以求冥福，反招饿死者何以异哉？皇天无私，惟援下民之能自立者，己不自立而惟天是赖，奚其有胜算邪？彼西欧文明，今已冠绝八区，背弃之则其国民可以亡,取法而广大之则其国民可以立兴。西藏既无文明可以自立,复反抗人之文明,拒而不受,其败宜矣。虽然彼亦无罪之蒙古人种,而最可哀悯者也!谁能发扬蹈厉,为其师导,以扶持故训之责自任,使之同此苍苍蒙民,受文明之化育,浴汪濊之德泽者乎?

佛衷曰:我七千万同胞阅此,其亦可以兴矣。日人于西藏风马牛不相及,而成田安辉、河口慧海、寺本婉雅、能海宽诸人,赌其生命以探险之。一有西藏问题,东京各新闻杂志且争先论著,以供世人研究。吹皱一池水春,干卿甚事?何他国国民热心一至于此?而居于主人翁地位之我国国民乃冷静如彼也?我神圣同胞有能投袂而起,不赖官府之力,以经营西藏之大殖民家自任者乎?吾将稽首拜之。

五、噶尔噶达中央[英]会议

中国当藏英未战前,对于英人每谓藏人不能镇抚以为推诿之计(外交政策如是如是)。既闻藏人败,乃遣人至独吉岭,欲与英人协议善后事宜。驻藏帮办大臣副都统衔升泰为正使,稽尚书、张提督及西藏官吏副之。一行所用防寒器物,如掩耳掩鼻盖头眼镜等物,独占岭人无不诧为奇观云。(安辉按:藏中支那官吏每由印度出海以归支那,或由印度赴西藏任,横断藏境以归者亦有之。其有经过西金印度地方者,于其地方进步发达之理由,殆无一人注意观察,但空过其地而已。)

佛衷曰:外人之至我国者,上自公使,下至教士,无不随时随地留心观察我国一切内容,以为后日之计。而我国人一经外国,则毫无心得,但炫其市街之丽,衣服之美,甚至湛于声歌,黩于货利,毁伤国体,贻笑万邦,均非彼所计及。如近年东西两洋考察游历者,联翩相望,于我神州究有何益?成田安辉批评藏中官吏之语其亦少所见而多所怪乎?

独吉岭会议在承认西金归英人保护,划定疆界并各选委员,协议咱利岭一带通商事宜。支那使者不俟再返北京商议,即逾龙洞城寨遗垒至印度噶儿噶达政厅与英国代表、印度太守马儿克史蓝师董议定协约。其状如左:

千八百九十年三月十七日(光绪十六年二月廿七日),英外务次官迎支那来使于政厅阶下。上阶,外务长官来迎。通过廊下,警卫罗列,导入协议室。驻藏大臣(藏语为安邦)一行当即易着美服。须臾,太守及其幕僚为评议官者二人整容入室,外务长官为之绍介。于是太守乞使者坐于己右方椅上,其它官吏及支那官二人俱坐,惟四人旁立。各提出全权委员之资格明书,承认后即闭户朗读条约文。对照中英两国所书,约十五分毕,再开户。条约文四通,遂由两全权记名于上。支那全权以笔署名，郑重从事。英太守 Lansdowne 则非常放恣，有类涂鸦。既终，侍者封之。先押支那朱印，次以英政府印章押于封蜡上。此一大活剧遂毕。世称为藏印条约，或西金条约。其年八月廿七日(中七月十二日)，在英京伦敦外务省，将两国元首批准原本互相交换，其文如左：

第一款　藏(西藏)、哲(哲孟雄，即西金)之界，自布坦(即布丹也，或曰不丹)交界之支莫挚山起，至廓尔喀边界止。梯斯塔及近山南流诸小河属哲。莫竹及近山北流诸小河属藏。均以一带分水岭顶上为界。

第二款　中国承认哲孟雄专归英国保护督理，其内政外交由英国官吏自由处置。除由英国经理准行之事外，概不得与他国交涉来往。

第三款　中、英两国共依第一款所定疆界，严行遵守，不相侵犯。

第四款　藏、哲通商，应如何增益便利一事，容后再议，务期彼此均受其益。

第五款　哲孟雄界内游牧一事，彼此言明，俟查明情形后，再为议订。

第六款　藏、印官员因公交涉，如何文移往来一切，彼此言明，俟后再商另订。

第七款　自此条款批准互换之日起，以六个月为限，由中国驻藏大臣、英国印度执政大臣各派委员一人，将第四、第五、第六言明随后议订各节，共同会商，以期妥协结局。

第八款　以上条款既定后，应送呈两国批准，随将条款原本在伦敦互换，彼此执存，以昭信守。

佛衷按：此约原本汉文，牵混不通，不成文字。不得已大加改窜，以饷读者。外交官吏不能执笔，地球上除中国外，恐不能再觅二国。

六、亚东税关

一千八百九十三年，中英委员会于国境(疑在亚东)，所议之事，在发达两国通商，并划定疆界。然英人因要求不遂，失望而退。盖中国不允在两界上树立标章，以分区域。亚东虽开为贸易地，又禁止西藏商人来往，有贸易名，无贸易实。较之未战前，尤觉不便。英人诘问，则借口拉萨喇嘛主张不同，无可如何，以为推诿之计。实则藏人甚喜外人，且通商可互谋利益，自无不乐为之者。惟支那欲独揽西藏商权，政治上更不欲与他国稍有关系。故自鹤客(即哈克)入藏以后即嗾使喇嘛排斥外人，立其幕内隐为指挥。一千八百七十三年，驻藏大臣曾与西金王书，言：贵国接界西藏，陛下复夙识吾人计划。如英人有欲通过我国境者，必严行拒绝之。贵国内为英人平治道路，岂非陛下过失？苟再行如此，恐有不利。此后陛下当尽其责任，以奉班禅喇嘛及第十三代清国皇帝之命云云。书为英人所谓，有识者皆言支那每藉喇嘛为词，在西藏内自高地位，使英人于前年战争消耗巨额军费，一无所得。英国及印度商品与西藏羊毛、黄金等可相互市时节，复行妨害之策。似此狡而无信，难保不再生事端。不如弃之不顾，径与西藏人直接交涉，庶为得策。呜呼！木先腐而后虫生之，支那政府事事延宕，不思杜绝葛藤，致启他人觊觎之渐。后日藏英之祸，盖已渊源于此时矣。

咱利岭，藏哲贸易之通道也，不甚险峻。逾而北则为亚东，中国人呼其附近山谷之地为靖西，藏人呼梯药摩亚，英人则曰春碑。原野中一小村为昔西金王别墅，故有此名。前英人曼林格曾由此入拉萨。瓦氏之使薄姑儿（一七七三年）、他及阿那亚（一七八三年）亦相次通此。藏英失和，英兵来者甚众，皆称其气候温和，风景优美，土地肥沃，园圃相望，家屋坚牢，建筑得法。地域虽小，实胜于西金云。惟安辉遇此，则觉寒风烈烈，每数日不辍，殊缺点耳。英人于此战役所耗金钱，至少不下一百万磅，结果则无所得，反招损失。惜其不要求支那割让此地也，如其欲之，吾想支那政府必无异议。盖地理上，此野本属西金，与尼保尔、西金、布丹，同居流入印度溪河之倾斜面。二百余年前曾传属于西金或布丹。支那官吏俸给微博，复过事诛求以供嗜好，土民见英政府公正，皆欲叛就之。气候干燥、清凉，不似独吉岭之有湿气。居之最适卫生。况复层峦耸翠，风光明媚。最美之地如佳西米尔亦称弗及。由印度入中央西藏，此复居其孔道。英人之应经营彰彰明矣。今日自西金至此通道极为迂曲。逾一万四千三百八十呎之咱利岭，复下降九千尺始能达此。商物运搬，人马来往，甚为不便。不如沿摩河（即突尔下河）前进，较为平易，或延长既设之孟加尔提俄尔士及南拜铁道以达此地，则不过数时间即可往来。一八六四年，沙亚修伦圆等氏为英使赴布丹，横断摩河，曾有言曰：此地假使归诸我国，则不经雪山之险，沿摩河为道，藏印二地即可交通自如，利莫大焉。今日英人尚有尊其特识者。布丹一角，介于春碑、印度平原间。土人缺乏金钱，地价甚贱。人烟稀少，护谟树及他森林无有存者。英军人瓦德尔氏久驻此地，深悉藏哲情形。曾献策宜乘时将廉价购买土地，不见纳。可以知英人心之所注矣。

假使英之印度铁道亘延至春碑，更再直贯西藏高原以达恒河，殊易易事。而亦英人朝夕所望者也。盖西藏将来必成商业上重地。且就黄金丰富，居世界首位一事而论，已有布设铁道价值，况有之则藏印间交通较诸俄国更易。一朝中英有事，英人自春碑进军，不过一星期即可占领拉萨。俄人欲来，则一年时日大半消费于旅行中。自加西噶尔及帕米牌等地，横断沙漠，困难百倍，必经数月始至。此虽英人自安之说，然俄人善用外交手段以笼络达赖喇嘛，且准噶尔亦曾逾沙漠以陷拉摩[萨?]，英人未可以高枕无惧也。由印度亚山沿恒河布设铁道，为入藏最捷径。然蛮族纵横，近日尚无平定之望。欲由亚东或春碑至拉萨者，普通行旅则二日至怕里，五日达江孜，七日至札什伦布，十三日可达拉萨。如急行则八日已足。普通旅行者，一有关隘，每须留滞，故由亚东至拉萨，必十八日乃至二十日。偕队商同行，则须二十五日。一八九四年五月一日，支那在亚东开设税关。援照各埠海关归赫德氏管理之列，仍用英人监掌关务。安辉尝调查其贸易大势。此关为印度、西金、前后藏诸地通商孔道。自开关后五年间，物品往来毫不征税，以奖商业。期满后酌量情形，制定税法。然至一九〇三年尚未征收。因不许藏人来往，贸易不盛，货物有过者，但记其品目数量。惟铳炮、弹药、刀剑、盐、茶，禁止输出输入。西藏产天然盐，其值极贱。英人惧夺印度盐业，故禁西藏输出。藏人专用中国茶，而印度茶价廉，入藏必攘中茶销路，故禁其输入。自四川省打箭炉输入西藏茶叶总价，每年值一百二三十万两。本岁(一九〇三年)亚东关贸易总额如下：

输入西藏总额：七三四．〇七五卢比；

输出总额：七八三．四八〇卢比；

合计：一．五一七．五五五卢比。

输入品中，木绵制品约一百万乃至二百万亚德，毛织物五万乃至七万亚德，支那绢织物约七万卢比，支那磁器、珊瑚各二万卢比，烟草四万卢比。输出品则羊毛三百万乃至四百万斤，价约四五十万卢比；麝香、金银价亦甚伙。此外西藏尚与四川之打箭炉、甘肃之丹噶尔、云南之大理及佳西米尔、布丹、尼保牌[泊尔]各地互相通商，惟尚在幼稚时代。

日本入藏货物为木绵织物、火柴、洋伞等，数量尚少，品劣价低，率由中国人及印度人手输入。日本火柴与瑞典制竞争，销额相敌，惟日本制象画商标者，声价较佳。此地空气稀薄，土味干燥，火柴心如未制造，则至此仅药品发火，心木不燃。洋伞则日制与印度制竞争。印制价低而物恶。自藏输入日本者，不过羊毛、麝香之类。藏中黄金丰富，既为世人公认，惟与其地民智同在未开之列，必先开民智，始可以言采掘矿产。盖藏人迷信风水，较诸支那尤甚。故民智不开而欲采掘，非威迫不可。英、俄知之，故朝夕觊觎，冀揽巨利。惟其地空气稀薄、寒冷，薪炭缺乏，欲行采掘似稍困难。然亦非无法可设也。藏人多购德国货，盖因价廉故。我日本品适于藏人嗜好者不少，惜乎未经绍介，输入不多。夫西藏贸易，今虽寡少，然为他日计，吾人不可不力求播种之策，结成商业关系。况其人种、宗教与我相同，其土地复为亚洲西部之藩屏者哉！嗟！我国人，幸其注意此地也。（佛衷按：日人野心可谓无微不至。）

一九〇三年，有欧人七名游亚东。其八月，驻藏大臣安成抵拉萨。有献象二，濠洲马一、豹一，及外国名鸟于达赖喇嘛者，亦自亚东通过。此地最高温度至华氏七十度，最低十度。春碑低于亚东，较之稍暖。藏哲国境，如咱利岭等地，所设架空铁索线（高山及低山顶间架设铁线以运货物）以运物品者，初行着手测量，尚未毕事也。

七、干坝城会议

一九〇三年秋，中英两全权会于干坝，协议藏事。其地位置为北纬二十八度三分，东经八十八度六分，拔海一万三千六百呎，较之日本富士山尚高一千二百呎。距藏哲国境约二十哩，距贾戈村约三十五哩。英之副使为西金政务长官白氏。彼当马苛伦入藏时，曾任开拓西金、改良通道之任。马氏过后二年而其实始举。监者日驰数十里，从事指挥。重要通路，无英平治，以便使节及往来者。一八八二年，印度学者秋月居士（从河口慧海所译，原音不如此也）奉英人命，自萨金、尼保尔赴拉萨，非常困苦，仅乃得达。后藏一大喇嘛厚遇之，令其归途可就自孔姑那娜[摩]岭出 Laehen 原之公道，较为平易云，亦可以知其险夷矣。秋月居士过干坝日记有曰：余于十二月（一八八二年）九日午后二时至此，止于同行者之友人家。主人非常欢迎。茶后余访城主，则城在一小丘上。登之须历急峻石阶。屋为二层，颇广阔。入，城主方读书，问我身分及旅行目的，皆甚欣悦，押印于护照。别时，复赠米、肉、布帛等，期以明年再会。途遇野羊、野狐甚多。自济尔（疑是济里）渐登山，至孔姑那娜摩岭一宿。白雪遍野，幸有牦牛毛制天幕，并燃牛粪无数，不觉寒也。翌十月十日，达于九干云。此次干坝会议为划界、通商二事。英以扬古北大佐为全权委员，白氏副之。有土人二百名同行，又别派兵三百驻于唐姑，以备事变。支那全权则为驻藏大臣。惟闻英人已决意进占春碑流域，大约因要求不遂之故。此地气候之良为藏中第一，且富于风景，较诸独吉岭尤适卫生。乘时介在西金、布丹间，有亚东税关、亚东关、仁进冈、珺玛、碑碑塘、春碑等村邑。碑碑塘有支那官，名靖西军粮府。更东北行为靖西内关，有支那兵及统领衙门，称靖西大营。其附近，我林格守兵约三百。自此行一日则达帕里，皆所谓春碑流域也。英之有识者久欲乘时占取，以便布设铁道、直抵拉萨。此次派兵所谓虎入羊群，藏人既愚鲁无知，支那亦无能为力，东亚西方之屏藩，四川天府之保障，盖从兹破坏矣！岂不哀哉！

英藏关系事件发生年代表：

一六三〇年　西藏人某为西金王。

一七四七年　英法争印度商权战争数年。

一七五三年　英法战于印度。

一七五七年　英将古来武破印度兵据甲谷地(即喝[噶]儿喝[噶]达)。

一七六八年　尼保尔军围札什伦布。

一七七三年　英印度将军瓦亚伦痕史金姑士使薄姑儿入藏至札什伦布。

一七八三年　瓦氏复遣大尉他亚娜亚使西藏。

一七八四年　英定印度政律。

一七八六年　英人甲布颠来提创立卑南埠于马来半岛。

一七九一年　廓尔喀袭后藏败走，经 EVerest 峰下，冻死者千余人。

一八一一年　英人曼林格谒法王于拉萨(此后英人无至拉萨者)。

一八一四年　廓尔喀侵印度亚山。

一八一七年　英逐廓人出西金境复国王位与之广地。

一八一七年　英人史丹飞儿德那圣儿创立新加坡。

一八三五年　英人古南提夺西金独吉岭归英。

一八三六年　英人史那金魏提探检西部西藏。

一八四五年　法人鹤客佳俾提至拉萨(此后无人无至者)。

一八六〇年　英人据西金王宫。

一八六四年　布丹人侵印度恣虏掠，翌年英人割其南部地归已。

一八七四年　印度人冷心受英政府命入拉萨。

一八八二年　印度人秋月居士受英人命入拉萨。

一八八四年　英遣印度政厅书籍官可儿曼马苛伦使藏，至藏哲界，因干坝城主呈后藏班禅喇嘛书。

一八八五年　英复命马氏为商务使欲入拉萨，支那政府辞之境上，因割缅甸某地赂英。

一八八八年　藏英战于藏哲境上之龙洞山，藏军大败。

一八九〇年　三月十七日支那全权升及印度太守兰师董氏结媾和条约于噶儿噶达政厅。

一八九二年　西金王欲自尼保尔逃西藏，西人捕投于狱，三年乃免。

一八九三年　西藏西金通商条约成。

一八九四年　五月一日亚东税关开关。

一九〇三年　秋中英全权委会于干坝协议通商分界事宜。

1908年2月29日(日本明治四十一年二月二十九日),第三号

《预备立宪会公报》

《预备立宪会公报》于1908年2月29日(光绪三十四年正月二十八日)创刊,上海预备立宪公会出版。半月刊。有光纸铅印。主编为孟昭常。立宪派的重要刊物。

所载分撰述、编译、纪事、附录。每册约二十页。第一卷出二十二期,第二卷出二十四期,最后一期为1910年1月出版。

北京大学图书馆、上海图书馆和华东师范大学图书馆等处均藏有部分原件。

论经营蒙藏与开国会之关系(录《大同报》)

(上略)

一国之立,不外土地、人民、统治权三大要素,而统治权与立国之关系,以视土地、人民,尤为重要。治权不能统一,虽有广土众民,其将何用,反不若蕞尔弹丸之易为治也。中国今日之大病,惟此治权之不统一耳。以治权不能统一之原因,而结土崩瓦解之恶果,势必至理固然也。若谓治权可及近而不可及远也,则英不能领土遍尘球,俄不能版图亘欧亚,法不能治越南,日不能治朝鲜也。知乎此,则统治权为立国之必要,其事彰彰,其理灼灼。天下有治权统一之国,而不能收统一之功,断未有治权不能统一,而立国于大地者也。

中国今日致亡之道,在外患者半,在内忧者半。外患亡国,祸显而害浅;内忧亡国,祸隐而害深,虽其致亡也同,而受祸之深浅迥异。夫内政不良,种族庞杂,合全球数十百国,莫我若也。揆之优胜劣败之常经,必有日就陆沈之惨祸。故今日欲保中国不亡,自必从经营内政上以入手。以如此土地,如彼人民,政治复杂,人心涣散,经营之道,自不一端。而蒙、藏之存亡问题,实为今日所亟宜解决者也。夫一发之牵,全身必动,手足痛痒,腹心不安,蒙、藏一亡,全局不保,此理论当为识者所公认也。一二年来,立宪问题熟吾耳,经营蒙、藏成疑案,然则立宪与蒙、藏之关系,究安在耶?是不得不就历史上、地理上种种方面以观察,然后始有正当之解决。

吾以为经营蒙、藏问题,一日不能解决,中国立宪一日无效。何则?未有麻木不仁之手足,而腹心能以舒畅者也。蒙、藏,手足也,内地,腹心也,夫蒙、藏与内地之关系,其亲密当不可以言喻,蒙、藏之存亡,即关中国之存亡。虽然,以今日之蒙、藏,其能享立宪之幸福,而为立宪之国民乎?抑中国之宪政,只施行内地而不及蒙、藏乎?此二前提,皆为今日亟待研究之议案。由前之说,则宗法社会之种人,岂有选举代议士之资格,由后之说,则中国自弃蒙、藏于治外,自必有第三国出而代治。欲解决此两项问题,使蒙、藏进于国家社会,杜外人觊觎之心,蒙、藏仍为我有,则此经营蒙、藏之问题,诚为立宪以前之第一议案。今日欲言经营蒙、藏,其事自非易易也。夫天下事未有不办而成者,果谓蒙、藏不能经营,则外国何以行其殖民政策也。况蒙、藏又非殖民所比,惟视当事者手续何如耳。盖今日以救国而筹备立宪,以立宪而经营蒙、藏,是蒙、藏问题,自不得摈之于立宪问题以外。

吾故谓今日经营蒙、藏，首在谋政治之统一，必群蒙、藏人民，皆为秩序的结合，而除却种族的观念，虽进步不能一蹴而就，然经营则不可一日稍缓。吾愿海内诸君子，继起而共谋之，是则中国之幸也夫。

1909 年 5 月 31 日(宣统元年四月十三日)，第二年，第八期

《新朔望报》

《新朔望报》于 1908 年 2 月(光绪三十四年正月)创刊,在上海出版。半月刊。新朔望报馆编辑兼发行。同年 5 月改组为《国华报》,此刊即告停止。

西藏纪程

方今西藏将开为通商之地，吾人似不可仍旧置之度外。讲求地势，查考出产，盖未能一日缓也。而行程尤为商务之要端。兹搜得此种纪程，殊为现时紧要记录。爰择登报端，以为开拓边疆、留心地学者之一助。（本馆谨志）

由成都起至藏纪程

成都府至双流县四十里；

双流县过黄河，新津河，至新津县五十里；

新津县至斜江河四十里；

斜江河至邛州六十里；

邛州至大塘铺四十里；

大塘铺至北站四十里；

北站至名山县五十里；

名山县至雅州府四十里，雅州城外关口前有铁索桥；

雅州府至观音铺四十里；

观音铺过飞龙关，至石家桥三十里；

石家桥过荣经河，至荣经县三十里；

荣经县至黄泥铺四十里；

黄泥铺过相岭，至清溪县五十里；

清溪县至泥头七十里；

泥头至林口三十里，山路崎岖；

林口过飞超岭，至化林坪四十里；

化林坪至冷碛三十里；

冷碛至泸定桥四十里，其桥系铁索为之；

泸定桥至大烹坝三十五里；

大烹坝至头道水三十五里；

过大冈山、金钏蝙、大小胡梯，路甚崎岖；

头道水至打箭炉六十里，路甚崎岖难行；

出打箭炉至贡诸桥；

贡诸桥至折多山四十里，有番民三户，店二座，有柴草；

折多过大山至纳哇出卡七十里。路虽不甚陡险，有瘴气，有人户柴草；

纳哇出卡至瓦碛四十里。路平，有土百户一名，草多柴少；

瓦碛至东俄洛三十里。路平，有土百户一名；

东俄洛过高日寺大雪山，至卧龙石六十里。山有瘴气，极高峻，柴草甚广；

卧龙石至八角楼三十里。有人户、柴草；

八角楼至德庆营三十里。过雅龙江河西下营有皮船；

德庆营至麻盖中四十里。有人户、柴草；

麻盖中过剪子湾拨浪工大雪山，至西俄洛九十里。山大，有毒瘴，盗贼出没抢劫，有土百户二名，柴草广，拨浪工地方设有守汛把总一员，汉兵十名；

西俄洛过小山，至咱吗纳洞四十里，无人户，有柴草；

咱吗纳洞过小山，至火[大]竹卡五十里，有人户、柴草；

火[大]竹卡过漫山至里塘七十里。里塘有正、副粮官二员，人民广众，有大寺院，不产五谷，微有柴草。设有守汛把总官一员，汉兵二十五名；

里塘上漫山，至纳哇奔松六十里。有瘴气，无人户、柴草；

纳哇奔松过山岭下即海子塘，塘汛汉兵八名。过纳嘛了大山，至拉二塘一百里。有人户、柴草，山路峻险、崎岖，有毒瘴，强盗出入之所；

拉二塘过大漫山，至业笼寨五十里。有人户、柴草；

业笼寨至立登三坝，十里。过二大山，无人户，微有柴草。立登三坝设有汉兵十名；

立登三坝过大雪山，至大所七十里。大所设有汉兵十名，山路陡险崎岖，有恶瘴，无人户，有柴草，强盗出入之所；

大所过大雪山，至小坝冲，一百二十里。有人户、柴草。天气暖，山路极险，有强盗出劫；

小坝冲至巴塘，三十里。巴塘有人户、柴草、寺院，正、副粮官二员。天暖山路险窄难行。设有把统一员、汉兵十名；

巴塘过小山沿金沙江下，至牛古渡四十里。有人户、柴草，产葡萄、核桃等物；

牛古渡至竹巴笼四十里。过金沙河西下营，有人户、柴草，有木船济渡。自巴塘坐船一日可到。山路崎岖险窄；

竹巴笼至工拉四十里。有人户、柴草。此一带俱产葡萄、核桃等果。

工拉过空子顶大雪山，至莽里八十里。有人户、柴草，路虽宽，为夹坝山没之所；

莽里过漫山，至南登六十里。有人户、柴草、寺院，又有汉人寺。其寺昔日云南官兵所建，故名汉寺。其山名为宁静山，有分界牌，乃西藏、云南分界之处；

南登过漫山，至谷黍三十里。有人户、柴草、烟瘴；

谷黍过漫山，至普拉三十里。有人户、柴草；

普拉至江卡儿五十里。有人户、柴草，有盗贼出没。江卡儿设有守汛把总一员，汉兵二十名；

江卡儿过大山，至黎树一百里。有人户、柴草、烟瘴，设有守汛汉兵十名；

黎树过漫山，至阿布拉塘五十里。有人户、柴草，路平；

阿布拉塘过二小山，至石板沟四十里。有人户、柴草。石板沟设有守汛汉兵八名；

石板沟过大山，至阿足五十里。有人户、柴草、烟瘴，阿足设有守汛把总一员，汉兵五十名；

阿足过二小山，至洛家宗八十里。有人户，柴草少；

洛家宗至乍了[丫]九十里。多人户，柴草少。有大寺，路径崎岖，多石。其地番人性野好斗，为盗者多。驻粮务，设有防守把总一员，汉兵三十名；

乍了[丫]至雨撒塘三十里。有人户、柴草。路稍平而多险窄。此塘系西藏安设番防守。

雨撒塘过大雪山至昂地九十里。有人户，山太高峻，路陡险，崎岖难行。

1908 年 4 月 1 日(戊申三月朔)，第五期

西藏纪程：由成都至西藏险要程期(续)

昂地过大山，至王卡儿九十里。有人户，柴草极少，有热水二道；

王卡儿至巴贡五十里。有人户、柴草；

巴贡过二大山，至奔地一百里。人户稀少，有草无柴，时多恶瘴。

奔地过大山，至蒙布塘八十里有人户、柴草，路崎岖。

蒙布塘过大山，至昌都，[?]里。多人户，有柴草、大寺院。驻粮务，设有防守把总一员，汉兵二十八名。昌都又名康平，通余树、纳树，乃西藏、四川、云南三处交界之地。山高峻险，多瘴气。自巴塘至此一带，番夷性最顽劣。奸匪最多。又有桑昂邦官角，上、下瞻对，夹坝不时出没，时有抢劫。

昌都至恶洛藏五十里。有人户、柴草；

恶洛藏至过角塘五十里。有人户、柴草。山高积雪，多瘴气；

拉贡到恩达六十里。有人户、柴草；

恩达过大雪山，至瓦合塘一百四十里。有人户、柴草。此山相连数百里，积雪最深，毒瘴最很，历来毙人颇多；

瓦合塘过大雪山，至麻里四十里。有人户、柴草；

麻里过大山，至三巴桥四十里。三巴桥又名假夷桥。山路陡险，有人户、柴草；

三巴桥过狄二大山，至洛隆宗八十里。有人户、柴草，有寺院，正副粮官。山路高峻陡险；

洛隆宗过大漫山，至紫妥六十里。有人户、柴草、大寺院。路平，有瘴气；

紫妥至说板多五十里。有人户、柴草、大寺院，正、副粮官。设有守防把总一员，汉兵五十名；

说板多过大漫山，至中谭，[?]里。有人户、柴草；

中谭过大漫山，至巴里郎四十里。有人户、柴草；

巴里郎过赛瓦合，至拉里子一百二十里。有人户、柴草。山高路险，积雪盛夏不消；

拉里子过小山，至冰坝五十里。有人户、柴草，正副粮官，路径稍平；

冰坝至丹达六十里。有人户、柴草。路极险，崎岖难行；

丹达过沙工大雪山，至郎吉宗一百一十里。有人户、柴草，山高路陡险，积雪深数十丈，有毒瘴；

郎吉宗至大窝六十里。有人户、柴草。此处有两条路，一由顺沟而走四十里，其路稍平，但山路六十里陡、险、窄。一由沟边，夏天发水，涨满溪径，不能行也；

大窝至呵兰多四十里。人户稀少，柴广草少，路平窄小；

呵兰多至甲贡八十里。无人户，柴广草少。路稍平，路旁生有醉马草，若马误食立倒；

甲贡至多洞六十里。无人户，柴草少，路崎岖；

多洞过鲁工拉大雪山，至插竹卡一百里。无人户，无柴草。山不甚高而长，积雪，最难行之处；

插竹卡过小山，至拉里七十里。有人户，无柴，微有草。有大寺院，路平，天道寒冷，不生五谷。拉里设有防守把总一员，汉兵二十六名；

拉里过大雪山，至呵咱五十里。无人户、柴草，不生五谷。山高极险，积雪，瘴气；

呵咱沿海子至山湾八十里。无人户，有柴草。路平；

山湾过瓦子雪山，至常多五十里。无人户，柴多草少。山高路险，积雪极深，有毒瘴。又名濯拉山；

常多至宁多六十里。有人户、柴草、寺院；

宁多至江达七十里。有人户、柴草。江达乃西藏咽喉重地，设有驻防守备一员，汉兵一百十名；

江达至顺达五十里。有人户、柴草；

顺达至禄马岭八十里。有人户、柴草；

禄马岭过大雪山，至磊达八十里。无人户、柴草。山高路险，积雪不化，有毒瘴。又名蒲各苍；

磊达至乌苏江六十里。有人户、柴草。自此以下至藏，道路平；

乌苏江至临钦里四十里。有人户、柴草；

临钦里至黑[墨]竹上[工]卡六十里。有人户、柴草；

黑[墨]竹上[工]卡至拉木六十里。有人户、柴草、寺院；

拉木至德庆营八十里。有人户、柴草、大寺院。设有土防兵；

德庆营至砌塘四十里。有人户、柴草。大寺院又名菜里；

砌塘过机虔河，至拉撒召地三十里。机虔河即藏江，有木船渡。惟此河之水西流。

以上自四川成都府起程，由打箭炉、察木多至西藏拉撒。虽程途止有五千五百九十五里，而层山叠水，峻岭高峰，削壁悬崖，阴潭幽涧，险恶之处实难枚举。兼之雨雪非时而频至，寒暄朝暮之不同。高阜之地则暖，卑下之区则冷。其有积雪、瘴气之山，阴云常结，暗雾闭凝，日光惨淡，月色凄微。

1908 年 4 月 25 日(戊申三月望)，第六期

《夏声》

《夏声》于 1908 年 2 月（光绪三十四年正月）创刊。在东京出版。月刊。夏声杂志社编辑兼发行，为陕甘留日学生所组织的刊物。停刊时间未详。

拟拨陕甘新军赴藏

西藏地势紧要，练兵一事，万不可缓，前经西藏办事大臣联豫，请由直隶新军内分拨千名赴藏，作为规范队，当由政府电商杨莲帅。即接杨复电云，直隶新军屡经拨派，现今尚不敷用，请改由他省拨派。刻下政府王大臣提议改由陕甘新军内拨三四千名赴藏，盖因道路较京甚近，水土风俗相宜故也。

1908 年 5 月 24 日(中历戊申四月二十五日)，第四号

培植蒙藏教员(北京)

政府以经营蒙藏，须先从教育入手，拟选优级师范毕业生，学习蒙藏语言，以便派充蒙藏教员。闻此议，某相国极力赞成。

1908 年 7 月 25 日(中历戊申六月二十七日)，第六号

《半星期报》

《振华五日大事记》停刊之后原主办人莫梓铃另创《半星期报》，于 1908 年 4 月（光绪三十四年三月）创刊。仍在广州出版。双周刊。凡《振华五日大事记》未完之稿，均在此刊续载。停刊时间未详。

达赖喇嘛自居帝师

西藏达赖喇嘛进香五台，于前月初八日，道经山西太原城外，暂驻行踪。自抚院以次，均各郊迎。体制甚为崇隆。旗帜仪仗均用黄色，有牌二：一曰总理普天释教达赖喇嘛，一曰西天大善自在活佛。到辕后，仅见抚院一人行礼，兀坐不动，以国王帝师自居。据从人言：有与两某国暗结事。闻稍住数日即向五台进发。此次活佛过境，沿途一路供给闻约计需用数十万金之多云。

（按）：班禅、达赖彼何人？斯劳我供张一至于此！哀哉！国民汗血罄矣，伊谁之咎？咄咄帝师！

1908 年 4 月 5 日（光绪戊中年三月初五日），第一期

商议改建西藏

日前政府会议改建西藏办法，其官制拟照东三省，惟用款须大加撙节，以免糜费。

1908 年 8 月 4 日（光绪戊申年七月初八日），第十九期【中山大学图书馆收藏】

《武学》

《武学》于1908年5月(光绪三十四年五月)创刊。在日本东京出版。月刊。为留日陆军学生所组织之武学编译社所印行,编辑及发行者第一至九期陆光熙、方日中,第十期改题覃鎏钦,第十三期署总编辑姜梅龄等。

论西藏边备

王簥昌

居今日而言边务，莫不以西藏为急切矣。论其形势，则外塞印、缅，内藩陇、蜀，论其宝藏，则精金美玉，富甲环球。然而其地则屼嵲也，人犹冥顽也，欲以待诸内省，则徒叹鞭长；将谋促以自新，则河清难俟。又况英迫于南，俄伺于北，欲夺我宝藏，撤我屏藩，以强固其分我弱我之势，非我治边不完有以启之耶？国家之遇藩属也，素以仁厚为治，初不求律以苛严。当其锁海闭关，每以此收烽燧销沉之效。法非不良，而意非不美也。特以时移事殊，适于古者，不必宜于今；行于内者，未必张于外。此近来边境问题之层见叠出，几使我政府困于交涉，穷于辩拒者之所由来也。

兴安岭，我境也，无端而启俄人之蚕食；台湾，我岛也，无端而兆甲午之败衄；间岛，我边也，无端而作丧路之媒介；朝鲜、缅甸、越南、廓尔喀、哲孟雄，我藩属也，又无端而入于日、隶于法、属于英。其它如伊犁、蒙古，如东三省、云南，又无日不伺隙踏瑕，以肆其虎吞狼嗜。要以我无未雨之绸缪，故致令噬脐而不救。所谓虫生于腐物，病发于羸夫，天然淘汰之公，非可以幸逃者也。今者我政府锐意趋新，励精图治，凡对于边境，莫不悉改前辙，以期巩固藩封，而奠安疆圉。其宏猷巨宪，久已昭昭人耳。然旷时费日，利少弊多，故名完而实虚，外全而中缺者，犹复比比。至于藏卫厥功较著，即近日与喇嘛轇轕事，其处置之敏速，手腕之强韧，将欲确定我主权，使外无复藉辞要挟之余地。此治边之要义，当局者竟能乘机出之，不得谓非边务之一大庆也。虽然，主权之确定，实绩也，非空言也。欲使主权在我，必其中之政权、财权、工商业权皆为我所垄断，而势力斯振。然扼诸权之要，所恃以强固之而促进之者，又莫如军事权。

世界列强，方亟亟以军事相雄长，至边境与属地，布置尤为严密。以其关系繁多，偶一失察，则外患随之。如俄之于中亚细亚。英之于坎拿大，于印、缅。法之于交趾支那。日本之于桦太，于朝鲜。或直输其本国军队为之守御，或于本国军之外，更特别组织以任防备，必期其内可以安反侧，外足以塞侵凌而后已。若夫西藏之所谓军者何如乎？论其组织，则汉兵番卒，允有同袍同室之情，论其配署，则扼险守要，似可恃为金城汤池之固。然其纪律则废弛也，习俗则骄惰也。交战则刀矛弓矢，犹称锐利之锋。行军则蔽日旌旗，方壮声威之盛。故光绪三十年七月，英人雅哈斯般多窥我边备之疏也，率其印度军队由亚东关闯入。当时番汉两军莫敢抗拒，竟令直抵拉萨。则藏兵之能力，可以想见。又复以藏人不听中国之开导，以致前约（指加尔加达清英条约）未见履行。当由英国自办等约，以强迫我驻藏大臣为之画诺。嗟乎！西藏者，我之版图也，治之在我，放之亦在我。而英人乃强横若此，欺凌若此，殆所谓强权盛而公理灭者欤？其它如番贼之出没，殆无宁岁。其中消耗金钱，困惫民命者，又不知凡几。苟令长此废弃，而不急为振兴，则祸患之所及，更不知伊于胡底。矧边政初举，其完备非可期以旦夕，而边氓之强顽，与外人之窥伺，方且不利有此策，或于此中藉端生事，终以强力临我，而我犹不思有以备之，恐欲求一宗主之名，亦不可得也。虽然，西藏之军备，亦有难言者矣。

其一、地形之暗昧也。孙子曰："地形者，兵之助也。料敌制胜，计险恶远近，上将之道也。知此而用战胜，不知此而用战败。"夫以矢石之世，武器简而战局狭，犹必先识其险易平陂，而措施方为有据。况处此机械战争之时，苟不察其优劣，辨其当否，虽有良将劲卒，快枪利炮，徒盲人瞎马，驰驱入阱耳。法人，强军也。普法之役，以不谙边地之故，致陷巴里于重围。日人，霸国也，甲午之役，以稍事疏察之愆，曾没其支队于韩境。故纳尔逊尝潜入法境，描写其山川形胜，终博世界之伟名。日人亦尝遣其参谋将校，蓄发变装，假隶我藉，因以细探其地势，以收破俄之效。其它如沿海湾与诸边要地，每有我未及知，而外人已了然者。

嗟乎！人方澈澈，我独冥冥，其危殆之极，又不独西藏为然也。然而西藏为尤剧。西藏者，开之自我，而我之经营者，已非一朝夕。其崎岖险峻，路人皆能言之，至究其险夷利弊之直接影响于军事者，虽边将犹茫然也。纵使饶有步骑炮工，将如何编组，如何运用，是为屦而不知足，亦徒为豪举而已。故虽以痴顽罔觉之生番，尚足以苦我师旅而有余。内乱尚不克清，果奚以备外乎？且英人常遣其印度军，装为喇嘛信徒，入藏密绘其形势，而为侵略之准备矣。俄人亦尝利用蒙古喇嘛教徒，入藏探测矣。即日人亦遣其参谋将校，入藏密侦矣。凡此诸国者，莫不投巨资，拔良才，使之冒霜凌雪，攀险入幽，以期发我蕴奥，察我隐微。而我则除官道而外，不及深求，畏难苟安，断然委弃。如此而欲边军之利，其可得耶？为今之计，倘不急遣将校与测量技师，散布全藏，广事探测，期以阐发无余，将藏奸纳盗之区，一旦为外人所利用，则祸生肘腋，有燃眉莫救之势矣。嗟乎！事急矣，变深矣。即今为之，尚恐不及，而犹寂寞无闻，果何俟而后可耶？

其二、运输之滞塞也。军旅之事，必得运动迅速，始能进退无碍，而左右相援。否则，虽拥百万，徒孤悬耳。况今世战斗，其胜败皆决以火器，火器愈大，则威力愈强。至如海岸巨炮，亦不令徒用之于静守。然威力大者，运动愈难。即降而至于野战炮、野战重炮、骑炮，在平坦开阔，无往不利，一遇山地，则阻碍顿生，虽有摧坚破锐之能，将有不克施其计者矣。其它山炮，原为山战而用，故其运动较捷，然使之上下于断岩深谷，当亦非马力之所能耐。诸兵之中，有险不足以阻之，而时不足以限之者，唯步兵。然其运动迟缓，加以负粮荷铳，日驰骋纵横于崇山峻岭，实亦人所难能。其它如粮食之运搬，弹药之补济，其影响于军队者，尤为重且巨也。

今试观西藏之道路，其通于内地者有四焉：

一、由四川成都府经打箭炉、里塘、巴塘而达拉萨，约六千里。

二、由甘肃西宁府经青海、蒙古而达拉萨，约五千余里。

三、由云南大理府出洛宗隆而达拉萨，约五千余里。

四、由新疆经后藏喀齐高原而达拉萨，约四千余里。

其中唯成都、拉萨间号称孔道，沿途驿站较多，官商出入，靡不由此。其它非奇险即旷漠，荒废至今，行旅几绝。然自成都入者，未及数百里，已崎岖入险，不可名状。如泸定之铁索，钗花扁之栈道，纳贡之狭窄，朗吉宗之峻斜，倘任其天然而不加以修筑。欲令辎重炮车，坦然通行，恐有难遂其技者矣。嗟乎！辽远若此，单纯若此，纵使坦直易进，已不适于战术之要求。而又重以天险，将欲炮逞其威，骑挺其锐，工施其巧，步效其强，恐邓艾之故智难施，而拿翁之伟谋将坠也。

其他由印度方面入者有三道焉：

一、由尼泡尔之加多曼都入后藏札什伦布。

二、由太吉岭入亚东关，经江孜以达拉萨或札什伦布。

三、由布丹之旺达以入拉萨。

其中唯太吉岭、江孜间尤为重要。以英人之印度铁道已达此点，由此而北，虽有喜玛拉耶奇峰峻险为之障隔，然距离颇近。由太吉岭而来，不逾廿日，已达拉萨。试与我官道相较，其缓速不言可知。且布丹与尼泡尔，久已入英之势力范围，其平日之厚积其兵力，于旺达与加多曼者，可以想见。一旦乘机窃发，三路并进，倾山倒海而来，将何以应之乎？为今之计，最利者莫若急修铁道。然辽远若此，高峻若此，铁道之成，难以日计。况值此边境多事，用兵尤繁，于经营铁道之外，又必速补筑其所固有之道，并多设未成之道，以求适于军事之运输，相互连结，庶几两者交进，而转输无迟误之患也。

其三、通信之阻障也。通信之于军事，犹神筋之于肢体也。神筋病而肢体不灵，通信塞而军机不利。然近世科学愈明，通信日趋于完便，故电信、电话、气球，已为军事上不可稍缺之利器。在距离较近时，犹可利用人劳马力，一至道路阻长，舍用电信、电话外,无他术矣。况西藏边要,交涉繁多,事变之来,不可测度,而旧式驿站之制,往复动经数月,每有一波未静,而变局重更者矣。客岁方见议设电线,以与成都声气相连,然遥遥数千里,仅得一线通灵,一朝有变,欲藉以活动军事机关,恐应接不周,而遗误方巨也。尝考电报机之最良者,每分间仅得七十余字,每日交涉电报、政治电报、商业电报、普通电报,莫不丛集于此。试以二十四时六均分之,即使其六分之二归于军事,亦仅得八小时。欲以此八小时之中,应军机之变换,以期通信无缺,不几难乎?况其中迟早缓急之差,彼此冲突,亦所不免,苟一迁延,则大局殆矣。又况纵横连结,尚称缺如,而适当其冲者,或可免隔阂之患,若离此深入,前后左右,呼应为难。所谓命令报告,梗塞不通,则司令者何所定其谋,而指挥者又何以施其术乎?

或者谓中国通信机关,颇称残缺,即中央军队,其运用尚难免此,何能骤及边隅?欲边隅之称便,必其中央已完全无缺而后可。斯言也,殆不知时务甚矣!夫军队者,所以卫边圉也。通信机关者,所以助军队之达其目的者也。若电信之设,处常则可藉以贯输文明,处变则实资以迅速防堵,当此岌岌之势,正边境多事之秋,凡一切文明之设备,必先为军事上谋便利,所以急其所必急,而缓其所可缓也。况西藏处万山重叠之间,当此英俄交竞之势,倘不广设电信,使其首尾相应,手足相救,将坐视雅水横波,葱云变色,而莫敢谁何者矣。

1910年7月10日(宣统二年六月初四日),第十三期【浙江省图书馆收藏】

论西藏边备(续完)

王裿昌

其四、军需之缺乏也。楚项,善战者也,失敖仓而势不振。拿翁,善兵者也,入俄境而陷于危。故军需之便否,恒左右军旅之胜负。即素号能军,称劲旅,一遇粮食告罄,补充失宜,则坐以待毙而已。纵令平日之屯储素裕,战时之运输灵活,而地方之贫富盈虚,尚大影响于作战之计画。又况粮储不完,交通滞塞如西藏,而谓前军深入,后济无亏,谁其信之?西藏气候冱寒,土地硗瘠,原不适于耕种,加以人民迷信宗教,动辄轻视农事,故其五谷树艺,鲜有可观。今试考其主要之谷类,有青稞、杭稻、大小麦、胡豆、碗豆数种,其中唯青稞产出较多,故土人制为糌粑,以充常食。其它如牛羊之繁蓄稍胜中土,其肉与乳亦为重要之滋养物。至兵士之常食,亦与土人无异。惟绿营汉兵,其初皆食稻米,常仰给于希鲁克巴诸部落。每当缓急不济，尝有坐困之虞。且籴米运输，或藉人力，或用骡驴，所输有限，而运无穷期。故乾隆三年，御旨敕绿营汉兵一律常食糌粑，与土兵同甘苦，从此而稻米绝足迹矣。

然青稞之产出，常因年岁之凶丰而增减，故特于通四川官道，建设粮台。其间属于藏境者，唯察木多、拉里二所，储稞麦三十石。拉萨仓库所屯青稞约五千克（克，藏斗也，一克合汉量二石），可供两藏各汛汉番兵三月之用。其他各处所纳通算约有九千二百馀克，亦仅能供该处汛兵三月之用。然前、后藏番汉两兵不过三千八百余人，一旦有警，非立增万余，不足以资调遣。而此三千余人，所储三月之粮，足供万余人之用乎？又况此屯粮之中，唯前藏粮台所积之三千石稞麦，全权在我，其它皆归番人管辖，一旦稍存反侧，则我所能供用者，仅此三千石耳。以我万余之师，仰给此三千石之储蓄，其有不坐以待毙者乎？其属于四川者，则有巴塘粮台，粮米二百石，炒面三百余石。里塘粮台，粮米一百余石，炒面二百余石。即由此运输接济，不过西江一滴，又安能活此涸辙之鱼？

其他兵卒之给料，皆用银币折价，纵使富有资财，其如无所得食何？又况兵之行动，无论穷陬绝域，跋涉岂畏其难，一旦远出数百里，欲以收战术上之利益，则干城之锐，立成饿莩，将何以为战耶？其它如住民之稀少，布帛之缺如，所欲恃为军需之补充者，皆无地可以征取。国家苟不欲用兵于此则已，若欲用兵于此，则须斟酌两藏地形，平时于战术上所必经过之地，与战员所应需之数，屯积充裕，一旦有警，又更敏活其运输机关，以期源源不绝，庶几其有补乎！

其五、气候之险恶也。西藏之经纬度，与川滇相仿佛。然其地域之高度，平均在海拔一万三千五百米达以上，即最低者，亦在二千米达内外。故其寒气之剧烈，每有不可名状者。以华氏寒暑表量之，严冬之候，尝降至冰点下四十五度，使水银皆冰结而后已。即至酷暑时，亦未见消残积雪。且童山百里，略见荆棘蒙茸，绝无薪炭可资燃料。故康熙间，由云南派兵三百入藏，屯于瓦河一柱之下，终夜全军倒毙已尽，何其烈也。又其寒暑之差，远近不出十里，前后不出俄顷，一遇北风暴起，则河湖忽然冰结，每有防不及防之患。尝有欧人曾渡木鲁乌苏河之上流，遥见黑色物体数十余，相连成列，就近视之，乃犁[牦]牛之冻死于水块中者。犁[牦]牛乘冰解之际，方结伴渡河，未达彼岸而河水顿然冰结，演此惨状。

嗟乎！中土寒暖稍速，立成恶疫之媒，况处此空气稀薄，瘴疠弥漫之乡。倘使漠然不察，将欲提携十万，雄视乌斯，恐有不待战而自困者矣。东三省号称寒地，其极甚之时，不过华氏零度以下二十度，而日、俄战争，彼此受害已巨。且其薪炭丰富，村落连绵，加以卫生完备，医药整齐，仅得稍事防御，而损失较微。我国卫生放弛，医药残缺，凡所以防卫之具，与防卫之法，尚未能骤臻完善，一旦边警烽腾，即率其生活于暖地之兵，而驱之极寒之域，则裂肤堕指，进退犹难，而欲其纵横杀贼，不已妄欤？试观今岁由成都所派新锐之师，达察木多地方，不堪寒气之侵袭，倒毙甚夥。远观古昔，近鉴今兹，其患害可了然矣。

为今之计，极宜速查其全地域年中寒暑升降之度，参酌以卫生上、战术上之定则，讲求防御之法，制为防御之具，或平日多积其防御之材料，于重要各地，一旦边关有警，则取携甚便，而防备臻完。庶使我壮烈之军，不毙于气候，而毙于战争，以收边塞宁谧之效也。

其六、政略之关系也。种族，其复杂也。宗教，其诡谲也。风俗，其刁顽也。欲使其守旧也，则梗塞为患；欲令其开明也，则蠢尔难通。而外人之窥伺于其旁者，常怵以巨祸，诱以小利，乘机蛊惑，以图脱我范围，而大伸手腕。而顽冥无知之民，尚何所辨其是非曲直。论其强弱，则彼胜于此；论其优遇，则彼亦非苛。故近来藏人之反复无常，皆以此种原因阶之厉也。

今我欲振无上之权力于此，又不可不相互以怀柔之政策。特以我国军队之为地方骚扰者，已成历史上之遗传性，故汉谣有谓“宁逢赤眉，不逢太师”，近时有谓“贼过如梳，兵过如篦”。是贼尚有丝毫仁心，而兵则决无仁心。自古兵不如贼之文明，即此可以概见。故湘乡曾涤侯，有三本之说，而扰民特著为戒焉。是行军之不扰民，亦最难事也。嗟乎！内地行军，犹难免此，况一入边土，则以我天兵讨贼之势，以莅蛮民，其中强暴威猛之余，能保无坏法乱纪之行为耶？使之临战，或怯懦不前，纵之虏掠，则争先恐后。然则所恃以维持边境之幸福者，反以贻边境无穷之祸患。

云南、河口之役，曾以误伤法人，以致启国交之重累。当其在内之妄杀编氓，诛及无辜，可以想见。而人皆慑于官府之威势，敢怒而不敢言，稍与外接，则破绽立见。即今岁川兵入藏，喇嘛亦屡电我政府，谓兵士骚扰良民，虽喇嘛之意欲藉辞要求撤兵，而我师之入藏者，果能纪律严明，秋毫无犯，是亦一疑问也。日本兵士皆取诸土住编氓，加以严格教育，以练成其守军纪，惧法律之惯性。然其兴师动众，又必以宪兵严密监视，庶保无暴乱之行。我国兵士，取诸招募，教育不完，军需不备，且无宪兵为之，虽上官不之纵容，而一时管束未周之处，难保不稍出乎范围。况其中旧将老卒，不解所谓军纪风纪，国威政略，每逞一己之私，而颟顸暴行。倘于此而不图补救，则番人之仇视渐深，我国之信用益失，外人之诱惑之者，益得以售其术焉。积久而溃决一朝，则藏之为藏，允非我掌中物矣。

为今之计，急宜力革旧制，重创新机。为之兵官者，必期明达政体，为之兵卒者，亦必确受教育，使兵官士卒之行动，与国家之政策，无相背驰。一面重其防御，一面融洽感情，布置既周，而调和愈善，使番人无反侧之心。虽有狡诈之英狐，狠毒之俄虎，欲乘间侵入，将无隙之可乘。何也？此政略上之尤不可不注意者也。

由斯以谈，则西藏用兵之事，诚非易易。然人方不畏其难，而挟其威力以临我，而我有地主之权者，反欲置之不问耶？是既知其难矣，必更究其所以难，而思有以备其难。此中完全之规划，犹非此一斑之考察所得而准据之也。特是我国人之对于边境也，无事时不思防御，有事时则徒此张皇，一旦有变，则政府责之疆臣，疆臣责诸提镇，提镇则率其所有之军队以临之。至其军队如何编组，如何进行，前方如何展布，后方如何连络，问诸政府，政府不知也，问之疆臣，疆臣不知也，问之提镇，提镇亦不知也。侥幸而胜也，则群起以要赏赉之不暇；不幸而败也，则政府不任其责，而归咎于疆臣，疆臣不任其责，而归咎于提镇，提镇不任其责，而归咎于校卒。嗟乎！如是以云治边，又奚怪乎边警之无宁岁也哉！

凡事必先有至完之准备，而后有至当之措施，况兵凶战危，其关系之错综，又非寻常事业之可同日论。故无事时之准备，当十倍百倍于有事之设施。露、土争斗，始于克力米之役。普、法交哄，兆于拿破仑蹂躏以远。其它如日、清之相见以干戈，日、俄之追逐于东省。或十年，或数十年。其间军队之如何编组，如何进行，如何肇端，如何经过，如何结果，凡推测所及，考察所周者，筹之唯恐不深，备之唯恐不密。然一遇劳师涉远，犹不免左支右绌之虞，又况略无准备，漫不经心。如我国人之于西藏，一旦临事，而欲其军事之动合机宜也，不亦豚蹄篝车之望也乎！

夫西藏者，国家之边土也，政府统治权之所在也。凡西藏之一草一木，一动一静，政府必先有所考究，有所计画，而后责诸疆臣。疆臣必先有所考究，有所计画，而后责提镇。提镇必先有所考究，有所计画，而后责诸校卒。一当有事，则政府授意疆臣，疆臣授意提镇，提镇命令将卒，于是将卒信赖提镇，提镇信赖疆臣，疆臣信赖政府，使进不孤悬，退无阻绝。如是以为军，则横绝欧亚，雄视地球可也。又安得以区区西藏而恼我王师耶？有心军政者，其亦早为之备也乎！

1910年9月30日（宣统二年八月二十七日），第十四期【浙江省图书馆收藏】

《东莞旬报》

《东莞旬报》于1908年7月(光绪三十四年六月)创刊。在广州出版。旬刊。莫侠仁创办和主编。停刊时间未详。

筹议西藏改行省之办法

议政王大臣，近日会议布置西藏事务，以筹久远之谋。拟将前后藏疆域，划为两省，择其扼要，改设州县。另请简派重臣统辖一切，并宜速修铁路电线，利便交通，振兴商业，俾得保固利权，以免外人窥伺等语。惟某邸谓，须电饬四川总督，会同赵督先行妥筹一切，俟藏埠开通后，将藏事安置就绪，再为详核办理，以昭慎重。

1908 年 7 月 3 日（黄帝纪元四千六百零六年六月初五日），第一期

《小说月报》

《小说月报》于1910年8月（宣统二年七月）创刊。月刊。在上海出版。商务印书馆总发行。早期由无锡王蕴章、武进恽树珏等先后主编。1921年（民国十年）起，成为“文学研究会”的机关刊物。1931年12月（民国二十年十二月）停刊，共出二十二卷。

西藏归程记(未完)

心　禅

余于前清光绪季年入藏。初为驻藏大臣记室,嗣弃而为商。居拉萨,恒转运川藏商货,以逐什一之利。因与藏人习,且习为藏言,盖于今六年矣。民国成立,藏人屡抗中央。余因悉售所积之货,将东归于成都。时川藏之风云甚恶。余友谓必取道亚东,附英人印度铁道,转而航海至沪,循江西归。余自念以中国之人行中国之地,顾以道途艰阻,欲转而假道于外人,吾人之奇耻大辱也,不之许。且恃能藏言,因决由拉萨东归。途中所历拉杂书之。归程六千里,聊志时日而已。

民国二年二月一日,由拉萨行,至蔡里尖,德庆宿。拉萨为前藏首城。四山环峙,碧水交流。道途平衍,阡陌腴沃。古称灵秀极乐之区,即唐时吐蕃所都之逻娑城。有大诏寺,番名老木郎,唐时所建。周围起楼阁及殿宇。栏杆屋瓦皆铜质而镀以金。中塑佛,曰:觉释迦牟尼。自唐初随文成公主来藏,年甫十二成佛。或云铸自中国。左廊又有唐文成公主暨吐蕃赞普并巴布国王女像。其它神佛万计。拉萨北五里,平地特起一石峰。周五里有奇,名布达拉。因山筑楼十三层。金碧辉煌,为达赖喇嘛坐床之所。寺内僧徒二万人。布达拉西南又有招拉笔洞,亦平地特起之石峰。峰顶有寺。汉人呼为磨盘山。其南崖为藏江寺。寺内喇嘛皆业医。余是日由拉萨行。十五里至米底克藏川,即《唐书》之逻娑川,西南入雅鲁藏布江。源流千里,一名藏河,俗所谓水向西流者也。有皮船以济行人。其制用两牛皮联缝,四边陡起如墙,止载一人。一水手摇桨渡之,飘飘乎一叶之舟也。既渡河,五里至蔡里,一作采里。俗传即《西游真诠》所记之高老庄。又四十里而至德庆。碉房碉楼,高敞耸峙,风景清胜,气候熙和,为西藏首冲之所。所谓碉房者,屋壁皆砌以石。屋顶扁平,覆以土石。二层、三层至六、七层不等。人居其上,牛豕在其下。碉楼则叠石如浮屠,以梯上下。其坚足御炮弹。自拉萨东至打箭炉,沿道皆有之。

二日,由德庆至拉木尖,墨竹工卡宿。是日晓行。山路多寒。三十里至占达塘。又二十里至拉木,一名纳木,又名南摩。人稠地广,颇称肥沃。有大喇嘛庙,极壮丽。所奉佛像皆状貌狰狞。屋内排列弓、矢、刀、矛等兵器,云系旧时藏王之物。又有吹仲庙。中所居者曰吹仲,如内地师巫。藏人奉若神,吉凶皆取决焉。又五十里至墨竹工卡。陵谷开敞,两山列峙。蛮寨蛮寺,若绘若画。河流清浅,中有游鱼。田畴绣错,一如内地。河上有水驿,置皮船以渡行人焉。

三日，由墨竹工卡至仁进里尖，乌苏江宿。未明即发，七十里至仁进里。有巨大之喇嘛庙，有塘铺。行人仆马告瘁，恒憩息于此。又循河东行。六十里至乌苏江，道途平坦。乌苏江即藏河上游也。是日途中见有悬尸于壁者。藏人谓之曰风葬。藏人丧葬分为四种：一曰天葬。凡人气绝，即请解剖尸体者缚尸于柱，剖碎其肉掷于空中，使鸢鸟食之。肉尽复粉碎其骨，与炒面调和，再使鸢鸟食之。骨肉俱尽，则以为死者升于天庭矣。一曰地葬。剖割尸肉，使犬食之。继亦粉碎其骨，再饲犬。所殊于天葬者，则饲鸢与饲犬之别耳。一曰水葬。人死则弃尸体于河，葬之鱼腹也。一曰风葬。挂尸体于墙壁，待其风干也。天葬、地葬，必多延喇嘛诵经，延长时间，耗费甚多。风葬则诵经时间甚短。水葬则不用喇嘛诵经。藏人之富者，群以天葬、地葬为身后幸福。贫者则多用水葬、风葬。然贫富无一定之标准。凡遇人死，必取决于喇嘛。由喇嘛察其资产之有无定之。喇嘛惟利是视。诵经愈久，则所获之金钱愈多。故不独富者必令用天葬、地葬，即家仅中人者，亦必强其不用水葬、风葬。故藏人因丧葬而趋于贫困者比比也。至解剖尸体者，名曰剐人，为藏人之最下级者。其人素无生业，彼中社会所不齿也。

四日，由乌苏江至堆达尖，鹿马岭宿。循河而上，路尚平坦。六十里至堆达，一名普鲁仓，有塘铺。数椽败屋，风景荒凉。幸人有裹粮，马有野草，藉以果腹焉。午上鹿马岭。岭绵长平坦，为西藏要隘。风寒而劲，侵人肌肤。微有瘴疠。大雪层积，温度极低。虽在春日，不啻隆冬也。下至半山，气候稍暖。凡百二十里而至鹿马岭塘宿。是日路甚远，抵站时已三更矣。岭东崖下有汤泉，出平地石罅中，气蒸而沸，色如琉璜。近旁潴为一池，清洁可浴。

五日，由鹿马岭至顺达尖，江达宿。黎明起行，沿沟而进。河道分流，林木蓊郁，山高无险，风景颇佳。五十里至三巴。又五十里至顺达，有塘铺。又六十里而至江达。依谷凭山，形势险要。气候温暖，物产饶裕。民国设太昭府于此，寻改县，藏东要冲也。前清规画川边，以此为极西之境。

六日，由江达至拉松多尖，宁多宿。晨发江达。四十里至拉松多。山回溪绕，水声如雷。拉松多之西，有桥横溪水之上为往来通道。又四十里至宁多，气候水土与江达相似。是日在拉松多见有病者暴于日中，盖藏人习惯也。藏人有疾，轻则遍体涂油，暴于日中。遇雨天，则以绒覆病者，烧柏叶烟熏之。人之皮肤为身体排泄之作用。若涂之以酥油，则皮脂腺塞，不惟无益而又害之。藏人不知，反以此治病。然亦偶有效，可怪也。其患重病者，始延医诊视。医者双脉并诊，所用之药仅丸散而已。

七日，由宁多至常多尖，山湾宿。黎明起行。六十里至常多。四山壁立，风景荒寒，绝无栖止之所。居民数家，以树皮为屋，破烂欹斜，不足蔽风雨也。气候常如冬令，山多不毛，地极贫瘠。又东行登卓喇山，乱石嶙峋，形若瓦砾。故又名瓦子山。峰高径陡，冰雪载途。寒风砭骨，手足为僵，凡六十里而至山湾，人烟极稀，仅有塘铺而已。

八日，由山湾至阿咱尖，拉里宿。黎明起行，五十余里至喜竹。道旁有海子。两崖夹涧，水冰凝不动，中露一洞，孔黑而深。相传有独角兽为怪。循海东北，四十里至阿咱。登拉林山，道尚宽平。至峰顶，则危峰耸峭，四时积雪。转而东下，路险径仄，委曲盘旋。凡五十里而至拉里。地居峻崖，扃以棘门，屹然如城墉。昌都与拉萨中通之咽喉也。西通哈喇乌苏，南据达克桑楚河上游，下达缅甸。凭河守险，形胜天然。惟气候苦寒，五谷不生，仅以牲畜孳生，牛羊为食。故居民寥落，如晨星之可数焉。民国设嘉黎府于此，寻改县。

九日，由拉里至擦竹卡尖，多洞塘宿。天明东发，六十里至擦竹卡。途中有热水塘，山凹有小湖，约[宽]七八里，长十余里。冬春之间，冻如平地。行人履之而过，如通衢焉。自擦竹卡东行四十里，过鲁贡拉山。势极险峻，为西藏有名雪山。路径绵长，砂石纵横，与瓦子山相等。至半山则峰陡雪滑，巨石巉岩，人马均不能插足。将及顶，雪益滑。峰顶极狭仄，仅容五六人。循山东下，路不及尺。左倚山根，巉削壁立，右临雪窖，深可十寻。盲人瞎马，夜半深池，其险殆不是过也。越两峰始至平地。又二十里至多洞塘。敝屋数间，柴草俱无。欲再前进，而天已将暮，因止宿焉。晚来风雨交作，兀坐半宵而已。是日在擦竹卡见一藏人兄弟五人合娶一妻，而室家雍睦无诟谇声。所生子女，兄弟分养之，毫不为怪。盖藏中下流社会一妻多夫已成习惯，贫而无力者，往往如此也。藏中又有并非兄弟而合有一妇者，其法不用媒妁，由男子请求于女之父母，得允即坐卧女之家，为其家族之一人。如有他男子欲同得此女，但能得女父母之允许，则同列于女之家族，名曰副夫，三四皆如此。诸男子皆竞为生业，以博女之欢心。若女有意有所专注，则礼而遣去其他各夫焉。至上流社会则仍用媒妁，其礼制与下流社会异。

十日，由多洞至大板桥尖，甲贡宿。黎明起行，途间山色绝佳，苍翠相接，路亦稍平。四十里至大板桥。东过小坡，循山而下，路径崎岖。又四十里而至甲贡。

十一日，由甲贡至破寨子尖，阿兰多宿。天明东发，过鹦哥嘴。有巨石横踞道旁，尖矗于外，故名。四十里至破寨子，又名阿兰卡。又三十里至阿兰多。途中峻石巉岩，栈道逼仄。虽旁设危栏，而行人懔然如坠。古所谓车不容方轨，马不容旋辔者，盖有甚焉。两峰山势雄奇，古柏森列，曲折迂回，如行深巷。奔流急湍，声若惊雷。瀑布自绝壁悬流而下，匹练千寻，喷薄如雨。历危桥七道，始抵阿兰多。其地水草丰美，牛羊繁衍，为黑帐房游牧之地。货酥酪者遍于道途，殆杳无蛮寨居室焉。所谓黑帐房者，皆蒙古种人，以犁[牦]牛毛织成鱼网形，障蔽天日，群居其中，为黑天幕，故名。

十二日，由阿兰多至大窝尖，郎吉宗宿。天明起行，五十五里至大窝，路尚坦易。又前行，路窄而险，或由河坝石径，或由山半羊肠，渡溪河四道而至郎吉宗，一名浪金沟。旷野平坦，有碉房、柴草，因止宿焉。

十三日由朗吉宗至察罗松多尖，丹达宿。未明即发，路皆砂石。五十里至察罗松多，皆行沟中。又五里登沙贡拉山。上坡行，遥望丹达，雪峰并峙。中开一线，即往来之道也。盘旋而上，陡险异常。自山顶下望，绝壁万丈，跬步皆危，山之东有所谓阎王𥔲者，尤为陡恶，藏境第一险阻也。山中积雪如城壁立数仞。设遇风狂雪化，则人马皆被倾压矣。山麓有丹达庙，相传云南某参军解饷过此，坠雪窖中，迨春夏雪消，犹然僵立于鞘上。土人惊异，因奉其尸而崇祀之。颇著灵应，往来者争祷焉。循山上下，凡四十五里而至丹达。

1914年11月25日(民国三年十一月二十五日)，5卷8号

西藏归程记(续)

心　禅

十四日，由丹达至冰坝尖，拉子宿。黎明起行，道途平坦。六十里至冰坝，一名达隆宗。蛮寺佛殿，开敞巍峨。二山横跨，四水环襟，西藏辽阔之区也。又四十里至必达喇山。袤延不过十里，雪深亦仅尺计，然冰坚道滑，必策杖乃能举步。下山至拉子宿。

十五日，由拉子至索马郎尖，巴里郎宿。天明起行，四十五里至索马郎。皆循沟而行，地多溜河，足却不前者屡。又二十五里至朔马喇山，横宽十五里。雪深尺许，沿山入沟行。三十里至巴里郎，有碉房塘铺，柴草亦备。惟风景荒寂，居民极寥落焉。

十六日，由巴里郎至忠义沟尖，硕般多宿。晓发巴里郎，五十里至忠义沟。东过巴喇山，势不甚峻。凡五十里而至硕般多。地当冲要，洞门高敞，碉楼峻耸，环以长垣，兀然雄镇。居民稠密，物产亦饶。民国设硕督府于此，寻改县。其地有大喇

嘛寺，筑土垒石为城，枕山临河，内供佛像。是日投宿甚早，因往游焉。寺中喇嘛赠余以哈达。余亦以哈达报之。哈达者，藏人交际上必需之品，犹中国古时用束帛之礼也。其制为长方形，四周褶襞，如破绽之手巾。白色最多，青色次之，淡青色者又次之。其质为一种绢布，轻薄如纱。藏中朋友之赠答及聘礼、庆视、吊唁皆用之。有时又用为协议事件之凭证或信件之包封。喇嘛死葬，并用以为掩柩之品。其用途不同，表示之意亦不一也。

十七日，由硕般多至曲齿尖，洛龙宗宿。天明东发，四十里至曲齿，又名柴驼。一路高陵深谷，非尽平壤。然坎坷无多，犹称坦途也。曲齿有大喇嘛庙，殿宇闳深，可容万人（自硕般多至曲齿别有一水路，春夏可行）。又东二十里。大山壁立，形势奇险。顺沟而行，过铁凹塘。又东循坡上下，路颇陡。七十里而至洛隆宗。地尚蕃庶，产陶器，行销颇远。

十八日，由洛隆宗至得贡喇山根尖，嘉峪桥宿。由洛隆宗行数里即入谷口。万山夹峙，中隔一线河流。山光水色，苍翠欲滴。沿山曲折行，路转峰回，恍若别有天地，所过第一佳处也。宛转六十里，至得贡喇山之麓（此山又名碧贝山，又名别琫山）。尖毕登山。悬崖峭壁，仄径蜿蜒，拄杖徒步而上。至山腰回首下视，昏黑无底，一落不止千丈强也。凡三十里而至山巅。下坡亦陡峻百折，磴曲岗旋。又三十里而至嘉峪桥。桥颇壮阔，番名三坝桥。近旁水土肥美，雨旸时若，藏中宜于耕植之地也。

十九日，由嘉峪桥至麻利尖，瓦合寨宿。晓发嘉峪桥，循河东行，过绝险之偏桥数处。十里至麻利山之麓，所谓偏桥者，以木石累成，时觉动摇偏侧之谓也。单独遇之尚可无虑。若重载驼马，则危险万状，甚有坠入河中者。藏中路政不修，固所罕觏，而桥梁尤为最恶。盖藏官利其毁而复修，可以聚敛民财。故架设不令坚固也。登麻利山，山颇陡险。二十里而至其巅。下山亦二十里而至麻利。麻利，平坝也。又东穿杉林，逾小岭，三十里至瓦合寨。

二十日，由瓦合寨至牛粪沟尖，恩达寨宿。夜半起行。二十里至瓦合塘，登瓦合山。山高而不陡，五峰绵亘，道路极长。烟雾迷离，寒威凛冽，兼有瘴气。过此者必口含槟榔或粉草，或阳起石以避之。有望竿植立于土台之上。大雪封山时，以此为标记。道旁有乾海子一片，深广莫测。经其旁衔枚而过，戒勿发声。相传违者即冰雹骤至。前清时有某总兵驻此，大雪连宵，某总兵及所辖之兵五百余人皆为雪所压毙。山中四时积雪，盛暑不消。鸟兽不至，草木不生。百里内无炊烟，穷边荒绝之区也。由瓦合寨凡百里而至牛粪沟，尖毕即行。二十里过喇贡山，二十里至恩达塘，又二十里至恩达寨，时已曛黑矣。手足蜷缩，饥肠雷鸣。饱餐后环行室中，至三千步而外，躯体如渐融和，如黍谷之春回焉。恩达寨，前清设厅治于此。民国改县。

二十一日，由恩达寨至拉贡尖，浪荡沟宿。凌晨东发。山行四十里至松罗桥。道旁皆良田，无隙地。老柏成林，尤为胜景。又二十里至拉贡，有碉房、塘铺。又东登裹角山。冰雪载途，兼有瘴气。行沟中，渡偏桥，山水颇奇险。然以视鲁贡拉及丹达，则此为坦途矣。凡八十里至裹角塘。又二十里至浪荡沟。有碉房，可栖宿焉。

二十二日，由浪荡沟至俄洛桥尖，察木多宿。晓发浪荡沟。三十五里至俄洛桥，路尚平易。又四十里至察木多。路逼仄，多偏桥，行者戒焉。察木多，旧名喀木，为三藏之头藏，据澜沧江上源萨楚河、鄂穆楚河会流之地。当打箭炉至前藏之中央，滇蜀羌陇之孔道，藏东第一要隘也。番人所居，背倚南山。碉房深邃，洞宇萦回，坡下建营垒，筑市肆。商业殷盛，居然都会。有二桥：跨南河，路通云南者为云南桥；跨北河，路通四川者为四川桥，往来通道也。民国设昌都府此。后改县，并定为边西道驻所。其地有江巴林寺，一名戎空寺。内有金顶一座，殿宇壮丽，为前藏胜区。有呼图克图居之。呼图克图者，喇嘛之掌教者也。察木多及其南之乍了[丫]，部落毗连，地方千有余里。清时以其地给两处之呼图克图管理，自征粮赋，并不纳于国家，但三年一朝贡而已。其呼图克图圆寂，众喇嘛卜于神，考其降生何方，前往查访。或三四年，或五六年后得其灵异幼子，即以生前所用器皿十余事，参以同样者试之。能辨故物，即认为转世而称为呼图克图，呈由驻藏大臣入奏转世。仍管地方。盖乍、察两处之呼图克图犹两处之土司也。清季改流，以其每年征入之款，半作行政官经费，半给呼图克图。仍准转世，而免其朝贡焉。

二十三日，在察木多住，未行。是日以由藏至此，经历奇险，人既疲困，马复病足。因在此小住，以资休养。午前往游江巴林寺。寺中喇嘛饮余以茶。味苦涩而带咸，非久在藏者，不能饮也。藏人最嗜茶。饮时置茶叶于釜中，以水熬之。俟其变为红色，投以黄油及盐，混搅而饮之，故其味如此。午后游于市中。见四川银圆甚多。其制每重三钱二分。阳面铸清帝像，川中特制以行于西藏，抵制印度卢比者也。西藏币制向不完备。达赖所铸银圆曰藏圆，重一钱，银六铜四，形圆而薄，名曰唐加。向无辅币。市中贸易非剪破不可。一唐加以可以剪之为二、为三、为四、为五、为六，名曰卡扛。藏印通商后，印度卢比通行藏中。原值银三钱二分，当未畅行时，仅作二钱数分。后因商旅之往来印藏者非用卢比不可，遂增涨至四钱左右。每岁漏卮不可胜计。清季四川造币厂为抵制卢比计，特仿其制，铸三钱二分之银圆,行销边藏,并有重一钱六分及八分者,为之补助。藏人始颇争用。然其地土货少而外货多,以川圆购外货,外人不用。即用矣,亦必故抑其价,作二钱八分或三钱不等。印度卢比则仍作四钱。于是贩售川茶之商,多用川圆,贩售印货之商仍用印度卢比。故察木多一带,川圆多而印度卢比少。拉萨一带,仍印度卢比多而川圆少。铜圆则清季由川运往,迫令通用。恩达以东亦畅行矣。

二十四日,由察木多至猛卜尖,包墩宿。清晨东发,过四川桥,桥横鄂穆楚河之上,澜沧上游也。入山涧,逾小岭,六十里至小恩达。桥路险窄,至不容骑。复过大山,路颇峻。又二十里至猛卜。有碉房、柴草。又东遇小山二、大山一,崎岖难行。六十里至包墩。

二十五日,包墩至窟窿山尖,巴贡宿。黎明起行,登窟窿山,一作苦弄山。盘折而上。山麓有巨石横披,势极奇峭。中有石孔,透石穿云。旁有石门,通风度水。其余亦多小洞,山名窟窿以此也。此山上下凡四十里。又东山势重叠,群峰巉岩,升降盘纡。六十里而至巴贡。有塘铺、柴草。

二十六日,由巴贡至三道桥尖,王卡宿。天明东发。循山上下,曲折攲斜,直同鸟道。三十里至二道桥。又三十里至王卡。路尚平易。由王卡南至江卡,山僻荒凉,有恶八站之名。

二十七日,由王卡至噶噶尖,昂地宿。黎明起行。登王卡山,坡陡径滑,几不容足。乱石崎岖,积雪成冰。黑沙数里,非土非石。有大溪,名老龙沟。水势汹涌,若夏秋盛涨,则行人为之阻绝矣。山中寒气甚重。迂折行六十里至噶噶。又东顺沟行三十里至昂地,有塘铺。

二十八日,由昂地至雨撒尖,乍了[丫]宿。黎明起行。过大雪山,高不过里许,而险峻殊甚。由西而上,道多坎。屦陷马足,蹶不能行。循山而东,下临无地。又上则雪路褊窄,宽仅尺许。烟岚之气,辄中人作恶。峰顶以东,山腰委折,亦不易行。凡六十里至雨撒。又东径极狭,多支沟。夹坝啸聚,道多梗塞。夹坝者,藏中土语谓盗之名词。犹东三省谓盗为红胡子也。三十里至乍了[丫]。有碉房、塘铺,柴草亦备。居民百余户,尚称繁盛。其地有喇嘛寺,甚壮丽。坐西北,向东南。土城约百余丈。旧时地方各事由该寺喇嘛管理,即所谓呼图克图也。清季改流,民国置察雅县于此。寺前有转经阁,男女婚姻均于此唱歌。两情相悦,男以糌粑结女之发间,婚姻遂定。所谓糌粑者,用青稞磨末、黄油及茶调和者也。内地人民初至藏者,疑不敢食。藏人则视若肥甘,为主要之食品。牛羊等肉及奶子、奶渣不过为协助之品而已。乍了[丫]番民剽悍善战。清光绪三十一年顷,达赖听俄人唆使,曾集其兵与英人开战。以漫无纪律，且未经训练，遂溃败退走。西藏人民性质慈善，言行信实，思想亦高尚。喜音乐，好跳舞，为地球上最善良之人民。惜无进取精神，而又迷信佛教。喇嘛所言不问是非，奉之若法律，信之若神明，遂至积弱不振。其东近川边者，虽崇奉喇嘛，习尚相同，而性质不无少异，乍了[丫]则尤为犷悍云。

三月一日，由乍了[丫]至俄伦多尖，洛加宗宿。晓发，入沟行。顺溪河，履草地，曲折回旋，宽平无阻，四十里至俄伦多。又东过木桥，傍山行。路虽纡曲逼仄，多偏桥，然尚平易。四十里至洛加宗。

二日，由洛加宗至歌二塘尖，阿足塘宿。黎明起行。经山路三十里，平原二十里，至歌二塘。又东过阿足河，水势汹涌，经漫坡二。凡五十里至阿足塘。有塘铺，番人颇狡猾，殆亦习俗使然也。

三日，由阿足塘至石板沟尖，阿拉塘宿。阿足塘东北行。登大雪山。积雪如银，寒辉射目。幸旭日丽空，冷度稍减。径陡冰滑，上下无可驻足。行人必裹粮以度。山顶为夹坝出没之所，心尤惴惴。八十里至石板沟。时尚早，复前行。过小雪山。岭路迢递，尽山腰偏径。十里至阿拉塘。有人户、柴草。是日行道稍多，抵站已初更矣。此处番族刁悍不驯，数为边患。汉兵驻此者常遭其袭击。

四日，由阿拉塘至黎树尖，江卡宿。未明即发。五十里至黎树。途中树木环映，坡路尚平。又东逾小山，登大雪山。虽不甚险峻，而雪深尺许，冰滑难行。天色阴霾，寒风砭骨。闻虽盛夏亦如隆冬焉。一路荒山草径，风景荒寒。下山至大坝，凡七十里。在此小憩，本拟投宿，以同行者多，其地仅破屋数椽，不能容，复东行。十里过渌河，循沟行。四十里至江卡。有碉房、柴草、塘铺。居民数十户。相将止宿，已秉烛行二十里矣。民国置宁静县治此。自乍了[丫]至江卡一带，番蛮悍野，专以剽窃为事。阿足塘以东，尤为夹坝出没之所。行旅之往来者，恒以迟行早宿为戒焉。阿足塘至江卡，按站本作三日程。余以急欲东归，兼程前进，两日而达。抵站时均已深夜。同行者深怀疑惧，屡有怨言。幸途中未遇夹坝，尚可自慰。设有意外，余之肉其足食耶？

四日，由江卡至普拉尖，古树宿。天明起行，过漫坡。六十里至普拉，有人户、平房、柴草。其地多黑帐房，番民放夹坝者多此类。又东过漫山，道路崎岖，云雾四塞，间有瘴疠，然一路村烟历落，衡宇相望，多可耕之地。凡四十里而至古树。有人户、柴草、塘铺。其地有老树数株，枝干盘结，数百年物也。

1914年12月25日(民国三年十二月二十五日)，5卷9号

西藏归程记(续)

心 禅

五日,由古树至南墩尖,莽里宿。黎明东行。十五里至满多。相传为番王避暑处。又二十五里至南墩。路通滇省。市多普洱茶。有汉人寺,清时平定巴塘后所建也。每年七月,察布多、巴塘两处客民皆集此贸易,如内地庙会焉。又北行过大山,五十里至邦木。有碉房、柴草,为川藏分界处。其分界碣石在宁静山。有分界碑,上镌西藏、云南、巴塘分界八字,已模糊。旧时自此以东属于四川,自此以西属于西藏。清季赵尔丰为边务大臣,规划川边,以江达为极西之界。于是四川境域遂越宁静山而西。由邦木复北行,逾龙新山,虽不险峻,而积雪甚深。凡三十里至莽里。一作莽岭,又名巴木塘。有人户、柴草。余自拉萨至此,途中所见之耕地,垦治者不及半数。已垦而又荒废者,触目皆是。推其原因,则以藏民日形减少故也。至减少之原因,则以皈依黄教、绝灭本性为最大之弊害。今观其境内寺宇棋布,密于民居。僧数几埒于民数。美衣甘食,诱导俊秀子弟遁入空门,以求来生幸福,可为浩叹。其列于齐民者,又蹈一妻多夫之恶习,夭阏生机,兼之卫生无术,夭札伤残,比比皆是。懒惰成性、迫于饥寒而死者又复累累。欲人口不趋凋敝不能也。据西人调查,西藏人口视五十年前其数已大减。呜呼!是亦劣败之征兆也。

六日,由莽里至公拉尖,竹巴笼宿。黎明起行。四十里至空子顶,极险峻。顶以西尚平坦,顶以东石径回旋,仅容一骑。俯视浮云,神魂俱丧。夹坝恒出没于此。凡五十里至公拉,有碉房、柴草。又三十里至金沙江之滨。此江自青海巴颜喀喇山发源,东南行于横断山脉之纵谷中。水色浑黄,由高而下,经川边屈曲入云南,东折入四川,即扬子江之上游也。江口有官渡。过江十里至竹巴笼。天气温暖。有碉房、柴草、塘铺。居民约四五十户。

七日,由竹巴笼至牛古尖,巴塘宿。黎明东发。山行五十里至牛古。有河一,可通舟楫。途中风物清胜。由牛古过渡上坡行,经茶树顶,山行四十里而至巴塘,投宿旅店。自此以东,缘道皆有旅店。清季边务大臣所建也。巴塘,古之白狼国。四面崇山峻岭,交通不便。然地势平旷,大金沙江纵贯其西。陆路虽形阻阂,而气候宜人,水草丰美。东接里塘,西通西藏,实川藏中扼要之区也。旧有正、副两土司,一宣慰,一宣抚。世袭其官,分管其地。清时屡次用兵西藏,于此设粮员,三年更替,为转运粮饷之枢纽。其土司所辖地方,自征粮赋。虽亦纳赋于国家,而所纳之数甚微，且由川给与土饷。除以赋银相抵外，尚年给千余金。故汉番相安无事。光绪三十年，驻藏帮办大臣凤全由川赴藏，道经巴塘。见地土膏腴，招汉人开垦。番人迷信，以为神山不可动，出而阻止。凤全不听，仍事开垦。番人群起，围而攻之，杀凤全。川边衅端由此启矣。其时，里塘正土司又复于乡城、稻坝、贡噶岭等处相继为乱。川督锡良派兵攻克之。三十二年，因设川滇边务大臣，以赵尔丰充之。渐次改土归流，仿内地治理，于巴塘设巴安县(后升府，今仍为县)，兼置其它各县。宣统元年，藏中地方不靖，川兵入藏弹压。类伍齐、硕般多、洛隆宗、冰坝四部落番人抗阻。赵尔丰派边军由大道转战前进。番人败溃。因奏请与藏人于江达划界。三年复戡定负固不服各部落，改土归流之事至此乃大定。自巴塘军兴至此，盖七年矣。民国初，番人以有衅可乘，里塘以西群起反抗。政府乃设川边镇抚使，开府于打箭炉，移师西指，渐以光复。边境土司先后效顺。然达赖喇嘛自大吉岭回藏之后(达赖于前清光绪三十年以英兵入藏、潜行逃避，清廷革其封号；三十四年入觐，复循旧制封为西天大善自在佛，令回藏。次年，川兵入藏。达赖谓此举欲殄灭黄教，煽惑藏人思图抗拒。追兵抵拉萨，又复私逃。复由清廷革其封号。民国元年十月，达赖于大吉岭请输诚内附，政府复其封号，仍归藏)，颇欲效库伦活佛所为，煽惑川边番人暴动。济其粮械，复派兵内犯察木多、江卡等处。经军队剿抚兼施，稍就镇定。然番人慓悍，时仆时起，后患犹未已也。余此次归途，屡遇番人，行李亦迭受检查。幸能藏言，且自承为商，卒无恙。然亦险矣(按：藏事后经达赖饬令番人不得反抗，政府亦饬军队勿过江达以西，严守清末旧界，事稍定。然番人实未驯服。英人复欲改订印藏条约，以西藏为自治区域。结果未知若何也)。

八日，在巴塘住，未行。昨投宿后，忽有同行数马委顿不食。询之番人，恐系途中误食醉马草。经番人施以针治即愈。是日因人颇困，留住巴塘。其地有大喇嘛寺，因往游焉。中有堪布一名，铁棒一名，为僧官，三年更换。堪布一职，以留学西藏通佛经。曾为藏中达赖喇嘛考验、取为进士喇嘛者，回籍之后遇有寺中堪布缺出，由众喇嘛公举，请粮员转报川督委任之。铁棒一职，系众喇嘛择其平素公正者推充之。堪布掌理教务经典，铁棒管理僧人条规。番人犯罪，旧由土司治之。今归流官治理。喇嘛犯罪，则由铁棒治之，汉官不干涉也。其地又有制革厂、印刷厂，皆清季赵尔丰所创，出品不多。制造品有陶器及纸，惜皆粗劣。今有改良陶器，并添设造纸厂之计划。果能实行，亦大有利于川边也。午后策马游巴塘附近。荒地尚多，垦植之利犹未尽辟。清季赵尔丰任边务时，曾招川省农民来此开垦，公家贷以籽种、耕牛等物。原议每人日给工食银一钱五分。出关后仅月给青稞二斗，值银一两二钱二分有奇。仰此生活者多系穷民。服物盐茶，无由自给。耕牛籽种，更无力偿还。不及一年，逃者过半，加之垦户逃后，责定地方官赔偿其费。地方官亦视招垦为畏途。故垦务至今久无起色。人事不臧，言之可叹。论者谓关外土地大都沙质，不宜稻，霜降过早，种茶亦不滋长。然细察气候土质，与稻似尚相宜。光绪三十二年，巴塘垦地所植稻粱极佳，是其明证。果能讲求蓄水之法，改良土质，施以适当之肥料，并以军法部勒屯卒，实行屯军实边之策，则沃野千里，边储有恃，固防固川藏之良策也。

九日，仍在巴塘住。是日因天雨未行。午间参观巴塘学校。中多番人子弟，颇聪颖。其教授之法，类如清季所设之简易识字学塾，以但求识字，便于日用为主。皆赵尔丰所创办也。川藏边境与吾国内地，文字不同，语言亦异。文告宣布，语言咨询，必藉舌人传达。行政上隔阂甚多。赵尔丰以改土归流必先谋语言文字之统一，光绪三十三年，奏设学堂于巴塘、里塘、河口、盐井、定乡、贡噶岭，复推广至江卡、乍了[丫]、察木多、德格、白玉、贡觉、三岩、甘孜等地。今巴塘之男女学生已能作汉文浅近文字。民国复力谋进行。边境与内地语言文字统一之效果，当不远也。川藏大道由察木多折而东南，过乍了[丫]至宁静山，折而东北，渡金沙江，经牛古以达巴塘。道途纡曲。宣统三年，自牛古另辟小路，过贡觉以至乍了[丫]路较近。兹附记其里程于下：由牛古上山，三十里至喜松工。八十里至热喜松多。七十里至雍西。五十里至支巴。六十里平行至孔衢达。六十里平行至孔撒。三十里至贡觉，民国置为县。七十里至菊麦。八十里至乍了[丫]。

十日，由巴塘至小巴冲尖，崩察木宿。天明东发。入沟行，登小坡，林木茂密。升降五十里至小巴冲。有旅店、碉房、柴草。又东，山行四十里至崩察木。有塘铺。居民仅六七户。拟再前进，然前站必至大朔塘方可投宿。计程尚九十里。时宴恐不得达，因宿于此。

十一日，由崩察木至大朔塘宿。天明起行。五十里至大松林，野尖。过雪山，峻险非常。冰雪交结，滑不留足，险境也。由山顶西望，层层下坡，如游釜底。东望则积雪莹洁，乱石纵横。下山凡三十里。至大朔塘。有旅店、碉房、柴草。居民仅七八户。

十二日，由大朔塘至松林口尖，三坝塘宿。黎明起行。东过巴郎河。一曲流澌，清浅可爱。又东，则两山夹峙，峰岚峻郁，青杉翠柏，倚壁参天。盘纡五十里而至松林口。由此而东，有一山横亘，长坂积雪，峻岭巉岩，旋风滚滚，如万马奔驰者，大朔山也。由山麓登山，凡二十里。树秃云寒，禽鸟绝迹。荒凉之状，不堪寓目。

下坡乳石载道，青松蔽日。三十里至三坝塘。一作立登三坝，旧为巴、里二塘分界处。三坝者，番言桥也。清末置三坝厅于此。民国改为义敦县。地势平衍，宜于稼穑。若能实力屯垦，以裕军储，亦武侯陇上之良策也。

十三日，由三坝塘至二朗湾尖，喇嘛丫宿。晨发三坝塘。五十五里至二郎湾。又东，水草遍地，有山障之。山形峭削，色杂青黄。壁立如屏，松杉万株，层层叠翠，于诸山另具一格。逾岭而东，石山积雪，树木不生。历岭四盘入沟。凡五十五里而至喇嘛丫。有人户、旅店，可供投宿，柴草亦备。

十四日，由喇嘛丫至乾海子尖，头塘宿。由喇嘛丫行。寨落毗连，内有八角战碉一座。山行二十五里至拉尔塘。又东登山越岭，盘旋五次。大石塞途，夹坝群集，行者有戒心焉。经虎皮沟及滥泥坝，凡四十里至乾海子。一水冰凝，宽可四百余尺，长里许，渟潴不动。过者禁枪锣，忌高声，相传违则雨雹骤至云。又三十里至黄土岗。地颇平旷，各山如碎砖乱石堆积而成。又十里至头塘，又名公撒塘，番名额凹奔松。柴草、人户俱无，旧时仅有塘铺。行者至此，须裹粮自给。如欲止宿者，必自携帐房以从。今已有旅店，过此者可免露宿矣。途中寒气凛冽，不啻玄冰胡地。至头塘时尚早，复东行二十里登阿喇伯桑山，过大木桥，有小河长里许，宽四百余尺，停滀不动。又三十里至里塘，有旅店及塘铺，居民二百余户，番汉杂处，互为贸易。其地当打箭炉、巴塘之间。金沙江支流札穆楚河、里楚河纵贯其东西，山原平旷，地居要冲，重要视巴塘一辙。惟气候寒冷，五谷不生。夏日常有雪雹、冰弹。地味之饶远不及巴塘也。旧有正、副两土司：一宣慰，一宣抚，治理其地。清于此设粮员，以转输粮械。光绪季年巴塘之乱，川兵过境。副土司令头人不支乌拉（乌拉，番人支差之名。人曰乌拉娃，马曰乌拉马，牛则专名曰乌拉）。正土司逃往稻坝贡噶岭，啸聚为乱。以兵力平之，因改流官，置理化厅。民国升理化府，寻改县。

十五日，由里塘至火竹卡尖，千把顶宿。黎明起行。平原开旷。三十里至火烧坡，又名腰卡子。旧时过此者，均尖于野，今已有旅店。又登小山，纡折东下，沿河过小桥。三十里至火竹卡，有旅店。又登大山。三十里至千把顶，有旅店，因止宿焉。

十六日，由千把顶至咱马拉洞尖，西俄洛宿。黎明东发。顺山沟而上，下小冈，过乳石窑，复逾小山。三十里至咱马拉洞。林谷深邃，夹坝出没之区也。有旅店、塘铺。又东上坡，过大雪山。林木深茂，乱石危崖，道甚险峻。下山顺沟行，复越小山。五十里而至西俄洛。有旅店，居民十余户。是日登降频烦，困顿殊甚。旧时官站以里塘至火竹卡为一站，火竹卡至西俄洛为一站。火竹卡以东，艰险难行，且由火竹卡至咱马拉洞，其中并无宿站。故东行者必宿于火竹卡。余此次第一日宿于千把顶者，因有新设之旅店也。

1915年1月25日(民国四年一月二十五日)，5卷10号

西藏归程记(续)

心 禅

十七日，由西俄洛至剪子湾尖，河口宿。是日因程途较远，未明即发。迎面岩崖高耸，有如拱背。道左一碉楼高峙如岑，颇为壮观。十里登山，二十里至博浪工。夹坝甚多。山顶平阔，林木深邃，四时皆积雪。惟旧历之五六月或得见土。而冬虫夏草出焉。下山十里至剪子湾，有旅店、塘铺。又东登大雪山。万山重叠，雪压其巅，恍如群玉。天风浪浪，砭入肌骨。循山而下，林木丛茂，径曲而长。四十五里而至麻格仲。有旅店，居民五六户。麻格者，番人老媪之称也。仲者，村隘也，或作纵，义同。四十里至雅砻江。此江源出青海，经崇山峻岭之间，由高而下，水势湍悍。江面不宽而险溜万状。旧时差使过境，有官渡以济，民人则往来皆用皮船。其制以坚树枝作骨，蒙以牛革。状如吾乡小儿所坐之摇篮，与拉萨南藏河之皮船相似。飘飘一叶，行惊涛骇浪中，虽险而无覆舟之惧。镇抚府近于此添制渡船二十只，以利行人。以今视昔，利便已多。江上正在建设钢桥，尚未工竣。前清边务大臣所始创，民国所继续修建者也。此桥告成，则行人可免风涛之险矣。渡江至河口，一名中渡，清季设河口县于此，民国改为雅江县。居民百余家，有塘铺、旅店。抵店时已曛黑。自西俄洛至此，险远难行，且多夹坝。行人东还者，恒宿于麻格仲以均途程。余是日以起行过早，至麻格仲时，日甫西斜，计程可及，故仍至河口宿焉。

十八日，由河口至八角楼尖，卧龙石宿。晓发河口，五十里至八角楼，有旅店，居民三四户。是日路较平坦。一路林树葱郁可观，气候亦稍温和矣。又东地颇荒漠。五十里至卧龙石，有旅店，居民三十余户。有大石高丈余，苍翠欲滴，即所谓卧龙石也。昔武侯南征屯宿于此，故名。

十九日，由卧龙石至山根子尖，营官寨宿。破晓行，登大雪山。积雪澄莹，林幽壑邃。山上冈路宽平，松杉夹道。槎枒奇崛，皆巨大之美材。惜番人不知所用，惟伐以作薪而已。此境若移于吴越间，则春秋佳日，笠屐探幽，当不减山阴道上。今于蛮荒冰雪中见之，殊令人感慨不置。六十里至山根子。有乘舆登山者，番人十余

以纤更替曳之而上。盖山甚险，舆夫力不胜，必以纤为其助力也。四川及云贵间之乘舆过山者皆如之。在山根子旅店尖毕，东行二十里至东俄洛。有塘铺，居民二十余户。又三十里至营官寨。有旅店，尚清洁，居民仅七八户。途中或两山夹涧，或草地平衍，皆甚平坦。土地亦肥饶，间有富庶之村落，如长江北南者。

二十日，由营官寨至安娘坝尖，折多塘宿。晓发，沙路平坦。三十里至安娘坝。民国设安良县治此。番寨叠石三层，入门拾级而上。四周约数十间。中一楼最高，有金顶，为供佛之堂。廊下环小牛皮筒十数，中贯以柱。男妇拽而转之。筒内皆皮纸，写各部佛经。番人聪俊者诵经于佛堂，不能则日夕转此经筒，以当课诵。其迷信殊可哂也。其地土产肥饶，人民有富庶之象。今有建设垦植公所、购办垦荒农器、储备杂粮、移民开垦之计划，并将附设便利场，以便番汉之交易。果能实力进行，其繁盛可计日待也。又东路亦平旷。十里登山，二十里至提茹，有旅店、塘铺。又东登折多山，石径蜿蜒，虽长而不甚险峻。产大黄，俗呼药山。人畜至此，皆气喘不堪捷步，须口含阳起石粉草，或广槟榔以解之。山中四时皆雪，弥望如玉。十五里至山顶。循山而下，二十里至山腰。有旅店一家，碉楼三四，皆坏无人居，故又名破碉。行漫坡乱石中，三十里至折多塘。有旅店依山，因宿焉。番人谓鬼为折，相传此山多鬼，故以为名。由折多山顶有小路可西至察木多，附记于此。自山顶西行，三百六十里至道坞，有居民二百余户，本孔撒、麻书、明正、单东四土司交界之地。民国设道孚县于此。又二百里至章谷，一名炉霍屯。清光绪三十年，以土司无人承袭，设委员于此，民国置为炉霍县。又二百里至甘孜，有居民百余户。本麻书、孔撒两土司地，民国置为甘孜县。又四百八十里至德格。其地本最大之土司，属地数千里。番人以其地大，有天德格、地德格之称。清季置德化州，民国改为德格县。其它之登科、白玉、石渠、同普等县，皆其地也。由折多山顶至德格，名为北路官道，概属平坦。惟其中由甘孜所属之玉龙至科龙洞，二百五十里间，纯系荒山，绝无居民，即黑帐房亦不多见。凡有差使往来，由两处地方官饬头人于雀拉山下支帐篷以为宿所。其山高约六七里，悬崖壁立。过者必下马扶石而行。由山麓望山巅，则帽为之落。幸止数里，且卧石甚多。不然，人迹必不能到也。下山势较平，然亦有陡绝者三处，皆须下马扶石始能过之。川边大山高于雀拉者何止千万，然奇险之途，除丹达山外，无其匹焉。由德格西行，又六百七十里至察木多。

二十一日，由折多塘至打箭炉宿。黎明东发。荒山漫坡，路尚平坦。四围雪峰千叠，与日光相映照。景色晶莹，颇称奇观。五十里至打箭炉。相传武侯南征，遣将郭达安炉造箭于此，故以为名。其地为古之牦牛国，清时为明正土司地，后设打箭炉直隶厅，宣统三年改康定府。以自此以西，皆旧时康地也。民国改县，川边镇抚使开府于此（按镇抚使今已裁撤，有镇守使驻之）。地势据大雪山之最高处，介雅砻江与大渡河支流泸河之间，为川西之锁钥。其对于西藏，犹西宁之对于青海，实控制要地也。有小河，水势汹涌。商贾傍河两岸，结为市廛。贸易颇盛，旧设税关，故自此西行者曰出关，东行者则曰入关。入口货以羊毛为大宗，出口货以茶为大宗。然近则年不如年矣。旧时羊毛之由四川东运者，岁约七八十万驮，每驮约重七十斤，值银八两乃至四两，番汉各商均于此交易。后因每十驮征抽一驮，番商售与汉商，又征出入口税一次。番商避重就轻，多绕道青海或印度。而炉城之销数大减。加以张家口、东三省等处羊毛运往上海，道近费省，价较廉，洋商乐于就此。而炉城之羊毛，秋初起运，冬间始达，必待北方冰海。洋商不能停机以待，始克藉此出售，亦滞销之一大原因也。茶则为藏人必需之品。四川之雅安、天全、邛崃、荥经、名山等县，皆盛产茶，恒取其极粗者捣而碎之，制成长一尺，宽七寸，厚三寸之砖形，运销西藏。每年约八九十万金。赵尔丰任边务大臣时，由官饬商招股，创立公司。而股本为某票号占其大半，原有茶商百余家，附股无从，相率停闭。公司垄断其利，高价出售，加以番人来此运茶，向系先交货价之半，信用素孚，已成习惯。而公司必欲现银购货，番商因以裹足。而印度茶之自亚东入藏者，廉价发售，藏人争购。川茶益形滞销，而炉城茶务遂一蹶不振。吾国论者恒谓吾国商战实力不如外人，故无往而不失败。然所以至此失败，其因皆自我造之，外人遂乘间以入，而权利因以坐失。观于印茶入藏，可恍然矣。

二十二日，在打箭炉住，未行。是日在炉城休养一日，稍息征尘之苦。闻北门外二道桥有温泉，因往浴焉。泉分甲、乙二池。甲池水色深墨，池底纯系炭层。乙池水清而卤气扑鼻，与自流井将出火之地味相埒。若凿至数十丈，必有蓝水烈火喷腾而出也。炉城对山有海子，甚广阔。清季筹边处测绘员钟镜湖奉令探测，携仪器，领二护兵沿山深入。初至一喇嘛寺前，见大池有土人汲水。询之，云：去此约三十余里，越第四重山，乃得见海。惜无路，人迹罕到。曾有西洋人探险至其地，野宿遇风雹，伤毙二人。后遂无往游者。由海再出南方，即炉定桥也。钟离寺登山，越第二重岭。坦坡之间，乱石草封，莫辨路径。前进约数小时，有峭壁横障，攀援以上。一再休息，乃至其巅。用望远镜测视第四重山岭。突兀千寻，高不可仰。烟草迷离，道路阻绝，卒未见海子而还。

二十三日，由打箭炉至柳扬尖，瓦斯沟宿。晨餐后起行。十五里过沈坑。二十里至柳扬。又二十五里至日地塘。一路深沟，柳阴夹道。五里头道水，此水源出打箭炉北，南流折东流注于大渡河。水声砰訇，有若雷霆。岩后有瀑布，悬流有声，颇为壮观。居民皆在山麓，临流结合[舍]，倚山听瀑，风景颇胜。又十里宿于瓦斯沟。自打箭炉至此七十余里。两面石山，不能种植。惟两道水西（在头道水之西）有石梁一，内含丹砂最富。遥见对山石成三角形，色如纷白。月光斜照，美丽可爱，亦一奇观也。

二十四日，由瓦斯沟至大烹坝尖，泸定桥宿。天明起行。循沟曲折登小坡，过冷竹关。复下坡，凡三十五里至大烹坝。又东历小烹坝、黄草坪、咱哩、大冈塘至泸定桥。桥之下为大渡河，源出松潘厅西玛穆巴彦哈拉山。南流为大金川，会小金川。又南流至越嶲，折东流以注于岷江。《四川通志》以为即《水经注》之溅水，又有泸水之名，故桥以泸定名焉。其地古无桥，行人援索悬渡至为危险。清康熙四十年，平打箭炉，建铁索桥，覆板其上，以通行旅，栏柱皆镕铁为之。其后屡经修建。今桥长三百十一尺，宽九尺，以铁索三十余条（旧本九条）系于两岸石壁。每索三千余环，环径三寸，架木其上。左右又用大铁索两条为栏，以防行人覆溺。人马往来颇称稳适。然人多势重，则铁索摇曳如晾帛。桥下怒涛澎湃，偶一俯视则心惊足弱，进退失据。能放开眼界直视对岸，则履险如夷，瞬息可达矣。镇抚府以铁索为桥易致朽断，因有改建钢桥之计划。今尚未施工也。逾桥有旅店、居民，民国设炉定县于此。是日所宿之旅店主为成都人。客舍相逢，故乡情重，谈至三更始就寝。由瓦斯沟东至炉定桥，纵横数十里。小峰隐现，出没如岛峙。山中林木亦盛。已垦之地不过三分之一弱。气候温和，视成都不相上下。土质为灰白大土，内含沙粒，石子亦多。桑棉均产，亟宜开垦，提倡树植之利。惟山势较陡，若树青枫以养山蚕，尤为因地制宜也。

二十五日，由炉定桥至冷碛尖，化林坪宿。晓发。十五里安乐村，十里瓦角，二十里冷碛。沿河两岸大山纵横，五六十里，一望无际。地势险峻，气候尚温。已垦之地不过十分之一二。土质为灰白及黄色两种，内含砂质，颇能耐旱，若开垦以种玉麦、荞粮，窃恐地势太险，一遇风雨不免推砂走泥于河之虑。若易以青枫饲养山蚕，或多树茶株，均可获大利也。由冷碛东行，过小河，经沈村龙坝铺，峻岭临江，鸟道屈曲。山行三十五里至化林坪。民国设化林县于此。离化林十余里，有地名大小沟。沟左有绝大之坪，周围约三千亩，一片荒凉。前清光绪初，炉定把总曾招垦户六十余家在此垦荒，所收荞麦、青稞、马铃薯最旺。至光绪十一二年，洋芋糜烂，垦夫失其大宗入款，悉行移居，卒致已成熟地又复变为荒瘠，殊可惜也。该处土质系黄色大土，阴气太重，雨水亦多。土人播种，不知筑堤、凿池以防水患。洋芋糜烂皆由于此。倘能多凿沟池，俾水有所归，则开垦之利可预决也。

二十六日，由化林坪至林口尖，泥头宿。天明起行。登飞越岭，山势陡峭，怪石纵横。十五里至山顶。积雪弥漫，两峰对峙如双阙，锐立若削成，气候严寒，冬夏无异。由山顶俯视，诸峰尽出其下，人马如豆，则置身之高可知。下山，陂陀旋折。虽险陡不若西坡，而纡曲倍之。唐置飞越县于岭下，未几即废，至今犹以名岭。岭产药材，如羌活、独活、升麻、泡参、吉梗、花椒之类甚多。四季虽有人开采，然究居最少数。该地农人性懒且拙，但能日得数十文，资其一饱，则其它皆所不计。若能由政府提倡开办，则此项药材亦收入大宗也。由飞越岭十里至伏龙寺。至山麓复上坡。十五里至林口。又二十里下三角坪。过高桥，由老君剑走山沟中。十五里至泥头。

1915年2月25日(民国四年二月二十五日)，5卷11号

西藏归程记(续)

心　禅

二十七日，由泥头至富庄尖，清溪县宿。晓发。十五里山溪口，十里斑鸠岩，十里一碗水。十里富庄，名蛮庄。又五里四垩口，十五里冷饭沟。下山过沟，复上坡，入清溪县西门(按清溪县，今改为汉源县)，县即古沈黎郡也。是日所行多系山沟，细石凌乱，滑不留蹄。极狭处仅容一骑。缒幽凿险，令人叹蜀道之难。然以视丹达鲁贡拉，尚为此善于彼也。一路万山陡削，壁立千仞，似无路可通。而山上居民栖止，种植成畴，大有鸡犬云中之概。余此次自拉萨东归，冰天蛮寨，举目苍凉。草地荒寒，木容黯淡。山非积雪，则为濯濯之砂邱。川非浊流，即为盈盈之黑潦。异乡风景，益令怆怀。至巴塘，则气候中和，大似中原。迤东旅店各主，类多川陕产。遇乡人东还者，意颇勤恳。舍宇亦渐明洁。至里塘，则风俗习尚渐与内地相近。过打箭炉，则水光山色似觉有情，旅客羁愁为之稍涤。东至清溪，则居然内地矣。

二十八日，由清溪县至小关山尖，荣经县宿。黎明东发。过大相岭，峻险耸峭，历二十四盘始达其顶，即邛崃九折坂，汉王尊叱驭之地也。相传诸葛武侯南征屯兵于此，故名大相公岭。上有丞相祠。以清溪之南别有小相岭，故此称大以别之。曾有高僧居此，后并塑像于祠中，故又名长老坪。自清溪至此，凡二十五里。沿沟而下，郁盘旋抑，如螺旋，如蚁曲，碎石历乱，极不易行。十五里过板房。五里登大关山。下坡十五里，登小关山。下山十里，至黄泥铺。又二十里过大通桥。顺沟而

东，至箐口。又十里过磨刀溪。十里至荣经县。县北有铜山，汉文帝赐邓通铸钱处也。

二十九日，由荣经县至观音铺尖，雅安县宿。晓发荣经。十里过七纵河，武侯初擒孟获处也。十里过麻柳湾。十五里登山，过飞龙关。下山十里至观音铺。崖谷峻险，坡道崎岖，由川入藏者第一度难行之险也。又东过严道山，凡四十里至雅安县。故雅州府治，古严道县也。秦始皇灭楚，徙严王之族以实此地。汉置县于此。有蛮夷曰道：文帝六年，诏徙淮南王于严道邛邮，即此。城据青衣江之上流，左岷江而右大渡，扼西川之咽喉，当番汉之界线，亦川西要地也。其地水利颇饶，乡民多以养鱼为业。春夏之交，鱼贩纷至，购运各地，销售甚畅。城外有渔业研究所，系渔户某所创设。每逢场期午后，渔家群集该所，研究蓄养之法，以期进步。故近来该处渔家获利甚厚，渔业亦日益发达云。

三十日，由雅安至名山县尖，百丈驿宿。晨发雅安。十里渡青衣江。此江源出天全县及芦山县，东过雅安，南注岷江，又名平羌江，以武侯平羌得名。登山十五里，至金鸡关，即唐时之鸡栋关。下山十五里，至名山县，汉青衣县也。县北有蒙山，即禹贡蔡蒙旅平之蒙，延袤于雅安、芦山、名山三县之界。后汉时有僧，俗姓吴，名理真者，自西域来，携茶七株，插于蒙山莲花峰之石坪，高仅数尺，千余年不生不灭。前清时每岁仲夏，邑令及各官登祭其峰，采取作贡，名曰仙茶，即所谓蒙顶茶也。其它各岭亦产佳茗，名曰蒙茶。得露气较厚，且受阳气独全，饮之能清心明目，消积解秽。近有携种进省，在商品陈列所陈列者，省中极珍视之。其售于名山市中者，皆中下之品，佳者殊不易得也。由名山而东，十里和尚脑，十里白土坎。十里洗马池，相传为赵顺平侯洗马处。又十五里百丈驿，唐百丈县故址也，俗讹为白站。

三十一日，由百丈驿至大塘铺尖，邛崃县宿。天明起行。七里何家坪。八里墨竹关。五里吊枋铺。二十里万工坡。明蓝玉凿石通路攻收云南处。峻坂斜阁，由成都西行者，此为第一险隘。又十里大塘铺，十里乾溪铺，十里卧龙场，十里过十里桥。又十里渡邛水，即古仆千水，亦名文井江，今曰南河。李冰通筰道文井江即此。源出蒙山，东流合大邑、新津、双流诸水，南入岷江。过邛水，即邛崃县。旧邛州治，民国改今名。城郭壮丽，市街繁盛。城南大石桥尤为雄阔。民殷地阜，饶富之区也。其地即古临邛，秦破赵迁卓氏于此，即铁山鼓铸。因为县富豪，县治南有卓王孙宅故址。县东有文君井，相传即文君当垆处。县西南有火井。左思《蜀都赋》火井沈荧于清泉指此。旧传取井火还煮井水，一斛可得五斗盐，他火煮之则无几也。县西有白鹤山，魏了翁读书于此，故世称了翁曰鹤山先生。城内旧有书院曰鹤山书院，今已改为学校矣。县境之周家场产盐最富。前清道咸时代曾开井出盐。嗣因川北灶户恐其夺彼利益，运动满清政府用压力强行封禁，以致利弃于地，殊为可惜。现该处商民复经禀明政府集资开办。已穿新井数口，并将旧井一律掘开。闻盐水较川北尤旺。若再逐渐推广，川西盐利将不减川北也。县西南有邛崃山，县以此名。然汉志严道之邛崃，则在荣[荥]经县，非此山也。

三十一日，由邛崃县至斜江河尖，新津县宿。晓发邛崃。沃野平畴，村树不断。于蛮烟瘴雨中经行两月之久，至此心目为之一爽。六十里至斜江河，源出大邑县鹤鸣山东，委曲斜流，南入邛水。又东二十里过铁溪桥。桥下为铁溪，相传武侯烹铁于此。溪源出百丈岭，南入邛水。唐志临溪县有铁官，盖溪旁山中旧产铁也。又二十里至新津县，汉武阳县地也。

四月一日，由新津至双流县尖，午后至成都。晓发新津。道途平坦，田畴开辟，村落庐舍，弥望皆是。十里花桥子，十五里串头铺，十里过黄水河。河水自温江南流，过县东，南入岷江。又十五里至双流县，为汉广都县地。《蜀都赋》云“带二江之双流”，县名以此。按《蜀都赋》之所谓二江，盖言岷、沱二江。岷江经县之东境，沱江则在灌县分流，过成都之北至新都县，折而南为中江，距双流甚远。姚石甫因以岷江与温水夹县南流，谓之双流。然《蜀都赋》之双流，系就成都而言。隋时以双流名县，不过遥取其字。若必欲以岷江、温水当之，则未免拘滞矣。由双流而东，十里金花桥，十里簇桥，十五里至万里桥。桥跨江上。蜀使费祎聘吴，诸葛武侯祖之曰：万里之行，始终此桥。因以为名。余远客频年，间关东返。行将稍息劳肩，以叙家庭之乐。则万里之行，其将止于此桥乎？过桥五里，入成都南门。街衢之清洁，市肆之繁盛，视余西行时相去何止十倍！亦近年之进步也。抵家日已将暮。老母倚闾，稚子候门，见余归皆喜跃不置。万斛征尘，一朝洗净。鞍鞭抛却，乐叙天伦。其愉快之情，盖六年来所未有也。

1915年3月25日(民国四年三月二十五日)，5卷12号

《教育杂志》

《教育杂志》于 1909 年 2 月(宣统元年正月)创刊。在上海出版。月刊。编辑及发行者为教育杂志社,发行所为商务印书馆。1948 年 12 月停刊。

学部编订蒙藏学制(目)

1909 年 6 月 12 日，第一年，第五期

学堂议增授蒙藏文字

闻学部为预储蒙藏办事人才起见，刻议拟订新章，除中学增授满文，仍饬照章切实讲授外，其高等学堂，并应增授蒙文及藏文，一律定为必修科课程，认真教授，庶毕业后，派以蒙藏事宜，不致茫然失措。

1909 年 11 月 7 日(宣统元年九月二十五日)，第一年，第十期

西藏有史前之历史

一、西藏之地理概略

西藏之国，立于中亚西亚之山间者，一千二百余年。其民情、风俗、地理、历史至今世多未谂，所谓世界之一大秘密国，殆非讹矣。

兹先述地势之大要：其南隔喜马拉耶山而与印度连接，北部山脉为喜马拉耶之支脉，蜿蜒至克什米尔，由克什米尔而至天山南路。一、南走青海为祁连山以分克什米尔与新疆两地之界，其余脉迤逦至云南、四川、甘肃而成长江之水源。二、由万里长城东走蒙古与中国本土分界，遂入满洲至山海关而毕。自那克迪河至喜马拉耶山之间，是为西藏之本土。那克迪河至祁连山及克什米尔之间，为西藏之高原。西藏除本部外，高出海面八千呎至一万六千呎。不为草原，即为砂原。人口皆无，荒寂特甚，空气稀薄，非人类所宜栖息。即新疆南境，西藏以北之大戈壁是也。山脉自那克迪河以西、以北、以东高达一万八千呎，以一泻千里之势向三方斜走，以成西藏本部及西部之要害焉。

由青海而西弥望，皆草原，广漠无垠。自此入内地，行程经十七八日悉为盐泥之地，是由海水既干所存为盐故也。自盐泥之地更经十七八日，则为古时生格利人之地。今生格利人存者，至少矣。由是以西、以北人烟全无，非联结骆驼队之大群不能行跬步。凡黄河上流处，夏水泛滥，不适旅行。惟冬期冰冱，行路之难较稍纾

焉。自盐泥之地至那可迪河之间约二十七八日程。自那克迪河至西藏之背，山益崄巇，以成前后藏天然之城壁。山间所至有咸水湖，其大者为淡水湖，曰腾格里海。藏地分为前藏后藏，位于喜马拉耶山之后，东西甚长。全国为长方形。前后藏之间有大河，曰萨迭河，是为雅鲁藏布江之上流，东流与前藏乌智河合，更折而南，经格丹、阿萨，遂为雅鲁藏布江，合浮奇斯河而入加尔各搭湾。

据西藏之古籍及父老之流传，乌智河一带，太古全为沼泽，人类仅栖息于后藏。然考诸今日乌智河之情状及前藏之地形，此说盖妄。纪元前六百四十年顷之人种，有种种神话。有云拉萨土神为赤面之女神，仰面而卧，首北而足南，两手左东而右西。时拉萨悉为沼泽，此赤面女神为守护之神。又六世纪时藏王曰悫伦士安加者，填湖沼而平之，建都拉萨，祀女神于其处，此说亦见于古书。

二、西藏之人种

古代西藏之人种，不能确知。考诸有史前之历史，如霍博教之古经典及土人相传之古谚神话之属，西藏人之祖殆为猿猴之类。

一、修族；二、麻族；三、通族；四、查耶族；五、盤族；六、路布族。

此六种类，分布各处，繁殖进化，以成西藏之人民，此说土人皆信不疑。惟猿猴之族，非真为猿猴。殆指容貌类猿猴或类鬼神之原人种而言。纪元前四百年顷，西藏最初之王曰尼几圣博者，握西藏之霸权，统驭人民。王为他处徙入之外来人种，非猿猴人种也。

又纪元五百年顷，有释迦岩山族者，为印度亚利安人种之一族，遁入西藏，征服其土人，是为今日西藏人种之祖。释迦岩山族势力未盛时，印度之脱拉布迭及由利亚人种，犹潜伏印度之东北部，与西藏原人种略有关系。今藏中由利亚人种犹有存者，称曰哈姆族。此外尚有藏人所称之肉食人种，为猿猴人种之一。释迦岩山族未入时，夙已散处藏中。今犹在西藏东南部与云南、暹罗、不丹接壤之地，世称阿萨姆人种是也。盖西藏之人种大别之有四：一、古代之原人种；一、由南方徙居之亚利安人种，即释迦岩山族；一、蔓延于青海附近之亨布德族、却恩族；一、由北方徙居之诸种族。相为混合，以成今日全藏之国民。其中最为有势力握经画国政之实权者，则为印度亚利安人种，由利亚各种族隶属之。

三、古代之宗教

西藏上古之历史无文献可征，惟由纪元前五百年王尼几圣博时代各人种信仰之宗教,推而求之,得略窥知其文明之大体。其宗教曰萨满教。藏语:萨者神,满者女也。为神降巫女之义。

萨满教悬镜于胸(或在腰),插旗于背,左持数珠,右仗剑以祈神,自称神降,为种种豫言。时舞三百余斤之铁锤,或戎服而降神。

霍博教未行之先,萨满教盛行于原人种之间。其原盖由于西藏崇拜古代之鬼神,蒙古语谓萨满之神曰博,博为霍音之转,藏语亦有谓博曰霍者,译为道德之义。满蒙人皆奉萨满教,则系近代之事,故常杂霍博教之异说焉。

萨满教本来之说曰:世界有一神,统驭全世界。有无量之知识,人不能见其形体,常坐最高处。他神八百万班于其下,诸神分善恶二种。善神谓之"阿伊",恶神谓之"阿巴陀"。人类之灵魂,无不分属于二神。故行善者登天,恶者陷地狱。满蒙人所奉之萨满教稍异,以为其祖宗本在地狱,死后其灵魂视生前行为之善恶,为鬼为神。又以为熟睡时,人类之灵魂脱离肉体,徘徊各处。罹疾者,灵魂亦脱离肉体。为恶魔所捕,被捕之期较长者,人即至死。故萨满教或祈恶魔复其灵魂,以求病愈者,比比然也。此教于纪元前三百年至纪元后三百三十年之间,最盛行于西藏,其蔓延于满洲蒙古方面,亦在此时。

纪元三百三十年,王托托利宁萨出,统一西藏。是时霍博教与萨满教对抗,霍博教之开祖曰通巴森罗,生于尼泊尔之西,后藏之南,即喜马拉耶山脉入克什米尔处之沙休地方。既长游学印度,精研佛教,而穷究其蕴奥,归而组织霍博教,以启牖西藏人民。然自霍博教出,萨满教及拜龙教渐就衰颓矣。

萨满教之降神者与霍博教之护法师相当,此护法师在教中位置高贵。喇嘛教亦有护法师,势力亦盛。综览萨满、霍博诸教各古籍之所记录,则各宗教之系统厘然出于一,可推而知矣。萨满于蒙古语曰博。博者,森罗万象之义,以为入于吾人感觉之万象,不过一切之概念。是等现象,依地、水、火、风四大元素之偶然和合而存在,而其实体属佛教所谓之空。吾辈惟无辨认宇宙物体最大之智识,故眩惑于此种现象而觉烦闷痛苦,生无穷之轮回,而流转于三界。故能觑破此种实体,则能辨一切现象并非常存于空,是为霍博教之本体。当通巴森罗创霍博教时,西藏尚无文字,故其教典乃由波斯毗斯托 KApistoni 教之语重译而来,霍博教之奇拉布古籍详载其事。

四、国运之昌盛文字之发明

纪元三百三十年,王托托利宁萨时代,有书籍及经典三种:一《百拜忏悔经》;二

《庄严宝王经》;三《唵嘛嵫呢嵫吽》。此等书籍时人宝之,以为昊天所降。然惟崇拜之,而不能详读也。此书之来大抵由四世纪时代西藏与印度交通,其文明越喜马拉耶山而传入藏中。证诸古代流传之语,当为不诬。元天师巴克巴著《彰所知论》,有曰:"如来灭后一千年,西蕃国中始有王曰砑乞嘌赞普。二十六代有王曰袷陀朵嘌思颜赞,此时佛教始至。"王托托利宁萨既得经籍,以为已统一西藏之瑞应,祷祀甚虔,并令庶民视为宗教之象而顶礼之。一夕王梦后数百年一王者出,聪明睿智,能读此经。纪元六百年顷,西藏果生明王斯隆扎博,资性英迈,抱大志,统一西藏各种族,建都拉萨,余威震四方。唐贞观十三年征服尼泊尔,纳其王女智钟公主为王妃。屡寇唐边,贞观十五年迫太宗娶以文成公主,时国势益盛,威及四邻。王欲濬发藏人知识,以奠邦本。然是时西藏尚无文字,惟沿旧习以波斯语译印度输入之书籍读之,此于政治及人民知识皆多障碍。王乃遣顿米萨哈巴赴印度创西藏文字。顿米萨哈巴留学七年,苦心研究,遂以突哈那格之梵语为蓝本,造西藏文字之字母三十四。遂归藏中,著西藏文典及声明谕等八种。王乃以之译《百拜忏悔经》及《华严经》等,使民间研究之。于是西藏文化大进矣。

其后,西藏势力益盛。斯隆扎博后五代王志司伦图扎出,亦有伟略。纪元七百二十八年至七百八十六年之间,版图益廓,占中国四川、云南、甘肃等省,长驱入洛阳,迫长安,肃宗播迁,其势力之盛可知已。

五、西藏语与日本语

西藏文字虽由梵语蜕化而出,然颇近似日语。日语有天尔远波,藏语亦有天尔远波。惟其形容词恒在名词之后,与法国语同,而异于日语,形容词在名词前者,间亦有之。

六、西藏文字与蒙古文字

古来学者,以为蒙古文字由回纥文字渐次发达,久成定论。惟日本人则谓蒙古文字端由西藏文字蜕出,其说云:"今日东洋学者以为巴克巴创造之蒙古文字,实非巴克巴所创。此为各种族割据时代,西藏北部所行一种西藏文字(藏人谓之霍意克)之形变字。此字与今西藏文字相类,母韵四字,子韵三十字,合计为三十四字。其实创造蒙古文字者,为西藏喇嘛昆加瓜扎。共四十八字,母韵十二,子韵三十六。忽必烈之世,巴克巴应忽必烈之聘,奉敕增补昆加瓜扎文字之遗,以成今日完全之蒙文。巴克巴以此功得封法皇,忽必烈既得完全之蒙文,欲统属霍意克之地,遂以当时该处所行一种西藏文字，书种种公文件及敕书。故中国史要及会典等所载之蒙古文，混而不分。蒙古文字实在之起原，乃阙焉不详。东洋历史家大都不究其原，遂据中国之典籍及泰西之记载，率然以西藏一种变形文字为蒙古文字之起原，其误特甚。彼昆加瓜扎所创之蒙古文字，刻于居庸关之壁，此即蒙古文字之古义也。或谓昆加瓜扎创造之蒙古文字，忽必烈之世既已消灭，此说纰缪。居庸关之壁文纪元一千二百十五年，成吉思汗逐是关守将，占据今之北京，然后勒刻此壁文，即有西藏变形文字之霍意克文字杂于其中，亦不能为昆加瓜扎所创文字在忽必烈以前消灭之证。巴克巴增补实在之蒙古文字，并研究甘藏一切经，著《法典堪同录》，发布蒙古语译成之《大藏经目录》，此非回纥文字之发达，而为蒙古文字也。实蒙古文字由西藏文字而来，昆加瓜扎之文字由巴克巴之增补而底于大成者。”

七、研究之资料

西藏文字创始于斯隆扎博王时代，故是王以前之历史称为西藏有史前之历史。此史以前之文明即欲研究之，并无文献可征。西人所著西藏历史虽有二三，然所载皆三百三十一年以后事，是年以前举所弗及。故欲研究西藏有史前之文明，势无可据。仅得据前述行于古时人种间之神话古谚及萨满、霍博等教之宗教上习惯，以为研究之资料，藉以窥知古时情状之一斑而已。

1910 年，第二年，第二期

川藏边防大臣报告边地兴学情形

学部近接川藏边防大臣咨送关于学务之报告表册一件，详列巴塘等处推广学务一切情形。另附一表及说明书，详述江卡子、察木多、三岩、贡觉、桑昂、曲宗等处本年教育筹备事宜，及杂貐、札夷、察哇、作冈各地学务入手办法。刻闻学部已劄行四川提学使，按照表列秩序，切实筹办，并饬将各处成绩，每届三个月报部一次，毋庸待至年终始行汇报。

1911 年 9 月 2 日（宣统三年七月初十日），第三年，第七期

改设蒙藏学堂

蒙藏事务局日前呈大总统，请将前清咸安宫所设之景山宗室觉罗三学及理藩

部所设之蒙古学归并，改设蒙藏学堂。其开办、常年两项经费，第一年预算需款四万六千余两，请饬部筹拨。

1913 年 1 月 10 日（民国二年一月十日），第四卷，第十号

西藏学务谈

关外学务分五区：炉城、河口、里塘为东区。江卡、乍了[丫]、昌都、盐井为西区。乡城、稻坝为南区。甘孜、道孚、德格、三岩为北区。巴塘为中区。学务局即驻于此。在市中者多系初等学堂，而地方官皆为总理，乡下概系官话学堂，蛮人为校长。此外巴塘则有陶器、农业、警察、喇嘛等学堂，里塘亦有农业及喇嘛学堂，其余则未有也。初等学堂教授与内地同，官话喇嘛学堂，则专授汉语，学生概系通学，所有笔墨纸砚教科书，一律公家供给。如当大市或地方官所在学堂，无论男女学生，概给操衣服。遇有往来官员经过，则整队迎送，以壮观瞻，而博赏需。

按：关外直无所谓学务，前清时经赵尔丰戡乱后，始设学务局于巴塘，委吴蜀尤总其事。吴经营数年，次第成立学校百余所，教育普及。东至打箭炉，西至昌都，南至乡城，北至德格，纵横数千里，不可谓不广矣。然卒未收效者，有三大原因在：（一）经费困难也。关外学务局，开办费仅三万金，局中员司、教师薪金及学生之纸、墨、笔、砚、教科书、衣服等费，皆取给于此。各学堂桌架校具一切杂费，亦于是取给，所费大矣。所费既大，不能粉饰敷衍，而亦不能不节省从事。闻有扯格娃者，充当教师，月薪仅六两，即由上官委任而来，曾经迭次甄别之藏文学生，月薪亦仅十三两。夫关外居民之生活程度亦颇不低，夷人一人之生活，平均每月约六金，况汉人之生活所费数倍于夷人乎。扯格娃之乐于居此，岂利此区区六金，盖别有用意也明矣。藏文学生处此窘迫之境，请假则不准，欲逃又不能，不得日摒挡行装，聊作小补，候三年期满，通信至家，须兑银若干来，始得赎身而归。噫！待教师如此吝鄙，欲求教育之发达，岂不难哉？（二）内部之冲突也。教育之进步，以教师经事之热心与否为断。关外教师，既受经费之影响，日处于窘迫艰难之境，满腹牢骚，无处可发。更兼地方官遇之以官绅之分，本局员司遇之以上下之别，因此教师之被逮者有人，勒令回籍者有人。然兔死狐悲，物伤其类，举关外百余校教师，见此情形，能不触景伤惨乎？于是相率放弃责任，敷衍了事，如此而望教育之有效，其可得哉？（三）风气之固塞也。关外除喇嘛能识字诵经外，平民无读书者。间有能写能读，亦只略识之无，无有通文者，于此可见关外风气之固塞矣。且经赵尔丰用威驭夷，

蛮民终未心服，故凡建设一切，莫不从中阻挠，阳奉阴违，因此学务亦大受影响。蛮民谓读书为当乌拉差，所以不肯送子弟入学，然又畏长官见责，遂往往以巨金买贫家子弟应之。贫家子弟因金钱故而应之，非本心乐于就学，是关外之学务，宜变而为贸易矣，尚能望教育之发达哉？

1913 年 6 月 10 日（民国二年六月十日），第五卷，第三号

《交通官报》

《交通官报》是在北京出版的专业刊物。1909 年 8 月 30 日(宣统元年七月十五日)创刊。原为月刊,自第七期起改为半月刊。由邮传部图书编译局官报处编辑及发行,为当时邮传部的公报。总编辑张嘉璈。停刊日期不详。

主要栏目有图画、谕旨、论述、折奏、公牍、法制、报告、译丛等。现存 1 至 30 期。

北京大学图书馆、北京图书馆、上海图书馆藏有部分原件。

本部咨驻藏大臣准边务大臣咨复川藏电线兴修情形文

（宣统二年五月二十五日）

为咨行事：电政司案，呈准川滇边务大臣咨复准贵部正月二十一日电开，准外务部片开：查由川入藏电线，业已兴修，不知现在修至何处？刻值藏中多事，电报络绎，均关紧要，自宜从速修至拉萨等因。

查川藏添设电线一案，曾于光绪三十四年三月电请派员往勘绘图，报部核办。又于是年七月二十六日经外务部会奏，川藏线路所需经费，应由开办经费统筹等因，在案。刻值藏中多事，自应赶速修至拉萨，以便交通，现在线路修至何处？希查明见覆为盼，邮传部马等因，准此。

查由川入藏线路，前曾派员勘至江孜，本拟即行兴工，因一出巴塘，即交藏界，藏人宣言抗阻，调兵驻扎江卡，深恐骤激事变，不得不稍事从容。现在边兵护送川军入藏，已经得手，所有江卡、左贡一带番兵均经击散。本大臣已咨商四川总督部堂，赶紧饬员运线出关，以便督饬兴修。惟查川边购运电线、瓶钩、机料等件，由沪至川站途数千里，滩江险恶，转运费时，尤多损失。而由川至察木多陆运又数千里，山岭崇峻，工费更极浩繁。若再步步前接至藏，所费尤为不赀。似宜分两截办法，拟将川线接至察木多为止，其由察木多至江孜之线，拟请贵部咨由驻藏大臣派员兴修。查由江孜至印度，购买电线、瓶钩、机料等件，有铁路以为转输，其价较川省购办加入运费，可省一半，且转运既速，兴修亦易，两头同时修建，尤易早日竣工。除将原勘路线图说一纸随文咨送外，咨请察核示覆，等因前来。查川藏添设电线，自巴塘至察木多一路，已由边务大臣派员开办，其自察木多至江孜一路，业于五月十二日文电请由贵大臣派员就近调查办理在案。兹准边务大臣咨开前因，相应将路线图说咨行贵大臣查照办理可也。须至咨者。

1910年8月4日（宣统二年六月三十日），第十八期

《华商联合会报》

《华商联合报》(*Chinese Federation Review*),1909 年 3 月(宣统元年二月)创刊。在上海出版。半月刊。华商联合报馆发行,陈颐寿等主编。次年 2 月(宣统二年正月)改为《华商联合会报》。

西藏金矿之丰富(目)

1909 年 3 月 21 日，第二期

藏卫改省之豫备

政府对于藏卫改建行省一事，迭经会议，窒碍之处甚多。兹闻暂从缓办，预拟办法，得其大要三则：(一)为详筹藏地对于外人之关系，及各边防之筹备。(一)为划分驻藏大臣与藏僧治事之权限。(一)为恭核西藏归诚之初，钦定法规，变通损益，重颁藏僧教法规律。

按曰：有窒碍之处，而即以缓办置之，不知何时将实行措手矣。

1910 年 4 月 24 日(宣统二年三月十五日)，第五期

整顿西藏乃用鄂路借款耶

鄂路批准商办后，此项借款移湘、移川，均以绅民反对，未能定议。欲移作行政之费，各该使坚持不允。现闻徐尚书思得两全之法，会同外部梁尚书与各该使商议，以一千万为整顿西藏经费。闻各使均已承诺，不日即当出奏。

按曰：呜呼！西藏何地，而可移用借款？各使何意，而款用西藏，独肯承诺？政府一不问利害之关系，而为此移花接木之手段，以掩天下耳目，则试问西藏关系果轻于川粤汉路乎？外人之觊觎西藏主权果淡于川粤汉路乎？

1910 年 4 月 24 日(宣统二年三月十五日)，第五期

《国风报》

《国风报》为君主立宪派的重要报刊。1910年2月20日（宣统二年正月十一日）创刊，在上海出版。旬刊。编辑兼发行人何国桢。总撰稿人为梁启超。每期约五十余页，八万字，最高发行数达三千份。社址福州路国风报馆。

宣称“以忠告政府，指导国民，灌输世界之知识，造成健全之舆论为宗旨”。栏目有论说、时评、著译、调查、记事、文苑、丛录、小说等。

为推动清政府实现君主立宪进行宣传鼓动。大量载文论述改革官制、选拔人材、整理法政、改革币制、确定对外方针，并提出迅速召开国会、建立责任政府等主张。

现存第一卷1至35期，第二卷1至17期，复旦大学图书馆等藏有原件。

谕 旨

十六日。上谕西藏达赖喇麻阿旺罗布藏吐布丹甲错济寨汪曲却勤郎结夙荷先朝恩遇至优极渥，该达赖具有天良，应如何虔修经典恪守前规以期传衍黄教。乃自寰掌商上事务以来骄奢淫佚，暴戾恣睢，为前此所未有。甚且跋扈妄为，擅违朝命，虐用藏众，轻起衅端。光绪三十六年六月间，乘乱潜逃，经驻藏大臣以该达赖声名狼藉，据实纠参，奉旨暂行革去名号。迨达赖行抵库伦折回西宁，朝廷念其远道驰驱，冀其自新悛改，饬由地方官随时存问照料。前年来京展觐，赐加封号，锡赉骈蕃，并于起程回藏时派员护送。该达赖虽沿途逗遛，需索骚扰，无不量予优容，曲示体恤宽。既往而策将来，用意至为深厚。此次川兵入藏，专为弹压地方，保护开埠，藏人本无庸疑虑。讵该达赖回藏后，布散流言，藉端抗阻，诋诬大臣，停止供给，叠经剀切开导，置若罔闻。前据联豫等电奏，川兵甫抵拉萨，该达赖未经报明，即于正月初三夜内潜出，不知何往。当经谕令该大臣设法追回，妥为安置，迄今尚无下落。掌理教务，何可迭次擅离，且查该达赖反复狡诈，自外生成，实属上负国恩，下辜众望，不足为各呼图克图之领袖。阿旺罗布藏吐布丹甲错济寨汪曲却郎结着即革去达赖喇嘛名号，以示惩处，嗣后无论逃往何处，及是否回藏，均视与齐民无异。并着驻藏大臣迅即访寻灵异幼子数人，缮写名签，照案入于金瓶掣定，作为前代达赖喇嘛真正呼毕勒等。奏请施恩，俾克传经延世，以重教务。朝廷彰善瘅恶，一秉大公，凡尔藏中僧俗皆吾赤子。此次降谕之后，其各遵守法度，共保治安，毋负朕绥靖边疆，维持黄教之至意，钦此。

1910 年 3 月 11 日（宣统二年二月初一日），第一年，第三期

西藏乱事

朝廷之对西藏，始终持羁縻政策，达赖愈桀骜不臣，而上之恩礼愈笃，识与不识，皆知卫藏之必乱矣，迨万不得已，始议用兵。宣统二年正月，蜀将钟颖，统师入藏，抵拉萨。达赖闻之，遽微服出走印度。驻藏大臣联豫，使人止之不及，始电奏请旨。奉旨斥达赖罪状，革其位号，令藏中别选聪慧童子，袭达赖职。据四川督臣赵尔巽奏报，达赖自西归后，益恣横残虐，民心不附。藏中僧俗，本无拒抗王师之意，达赖特以威胁之，故大军莅藏，藏军不待交绥，即纷纷鸟兽散，师抵拉萨，曾不血刃，

然则藏乱似无足虑。然闻吾国驻藏官吏，自两大臣外，委员将校，多为达赖所用。联豫之部将徐某，受达赖贿，约起事之日，率所部阳为接战，而倒戈佯败，以取联豫，幸未发而为其党某所告，联豫乃斩徐以徇，不然殆矣。又闻我军在藏境者，纪律不严，多任令将卒，淫掠民间，果尔，则藏乱之兴，正自未有艾也。

1910 年 3 月 11 日（宣统二年二月初一日），第一年，第三期

西藏戡乱问题

沧　江

（参观前号恭录正月十六日上谕及次号西藏问题关系事件调查记）

西藏宜讨之日久矣，国家多故，日不暇给，群騃生心，益复自恣。宣统二年春王正月既望。天子赫然震怒，诏褫革达赖喇嘛阿旺罗布藏吐布丹甲错济寨汪曲却勒郎结名号，黜为齐民。命访寻灵异幼子，照案签掣嗣法以掌教务。而责驻藏大臣以辑和其民。于是西徼孽戎，始知天威不可以久干，而寰海友邦，亦瞠目相视，窃窃焉思观后效之何如。呜呼！事有牵一发而动全身者，今兹之役，非细故也。是用鉴往察来，以造斯论，冀躬其事者一省览采择焉。

一、最近驭藏政策两度之大失机

西藏者，欧美人所称为世界秘密地也。除服属中国外，自昔未尝与大地诸国通。我国前此之待属国，率皆用羁縻主义，惟西藏则兵权、财权皆我绾之。盖自祖宗以来所以驭西藏者，其道与今泰西诸国之待直辖殖民地者略同，而与我之待朝鲜、安南诸国者绝异。虽然我国之政治，向主之放任，其在腹地，且听民之自为，矧乃藩属。故藏民虽有食毛践土之名，实与上国渺若不相属。加以历任驻藏大臣，未尝惟材是择，大率以不得志于中央政界者充其任，其人亦以地僻天远，漫然自恣。不特未尝一为藏民谋治安，而所以朘削之者无所不至。藏民之亵朝廷，非一日矣。徒以四境交通断绝，如虱处裈，不复知天地之大，故亦习而安之。近十余年来，为世界之大势所迫，秘密之钥渐开，而藏乃自此多事矣。

西藏其犹混沌也，首凿其窍者，厥惟英国。英人自将印度统治权，收于政府（光绪二年以前印度之统治权在东印度公司也），侵略之轨，以次北进。至光绪十二年，因哲孟雄界务，始与我结《印藏条约》，十九年复结《印藏通商条约》，英人染指于藏自兹始。光绪二十九年，英人乘日俄战争之时，利俄之不能南下，而世界各国亦莫

或注意于此偏隅也，乃借口于通商条约不能实行，竟率兵以侵藏，八阅月而陷拉萨（藏之首府也）。遂以三十年七月与达赖结《英藏条约》，我政府于事前置若罔闻，直至草约告成，由驻藏大臣电告政府，始矍然思补救，抑已无及矣。其后遣唐绍怡以专使往印，谋毁此约，舌瘏笔秃，迄无成议。卒以三十二年在北京更定所谓《中英续订印藏条约》者，举三十年之《英藏条约》悉承认之。今兹之祸，实斯役之余波也。窃尝论之，光绪三十年之《英藏条约》酷似光绪二年之《日朝条约》，光绪三十二年之《续订印藏条约》酷似光绪十一年之《天津条约》。朝鲜私与日本结约，为后此失朝鲜张本。西藏私与英结约，亦将为后此失西藏张本。《天津条约》明认朝鲜为中日共同保护国，为后此中日战争张本。《续订印藏条约》虽有英人不得干涉西藏内政之条，视津约稍优，而亦有以西藏为中英共同保护国之伏线，后此之祸，未有艾也。夫在三十年前我国人全不知有所谓国际法者，不知保护国之性质何如，其坐视朝鲜之生心外向，固不足深责。乃至光绪三十年，所经覆辙，既再既三，使当时政府稍有心肝，当英兵入藏之八月间，以一介之使明主权之所在，则何至焦头烂额，以有今日？当局误国之罪，真擢发难数也。

此机既失矣。未几而有光绪三十四年达赖入觐之事，使当时能以术羁縻之于京师，则我之驭藏策犹可以厉行，而决不至有今日之祸。盖藏民舍迷信外，毫无所知，故畏威怀德，两皆无藉，因势利导，则必以其所信者为枢机。列祖列宗之治藏，其操纵之术，布在方策矣。已革达赖勒郎结，其冥顽阴骜之迹，既已见端，而藏民视为神圣，彼在藏一日，则藏一日不安。彼去藏而适他国，他国利而用之，则藏之不安将兹甚。故当时吾尝警政府，谓宜圈留之勿使逸，其法则别构一宏壮之刹于京师，而使之住持，或更崇以国师之号，乃大诰于蒙藏之民曰：皇帝敬礼三宝，国师宜以时入侍说法，不得去辇毂，凡蒙藏之民欲礼国师者，其诣京师。达赖既锢于京师，则选才士任驻藏大臣，率一旅之师以镇抚其民，其有不率，则以皇帝之命、达赖之教并督责之。如是则群堪布（堪布者，西藏之行政官也。凡西人名虽辅翼达赖，实则权在其上），无所假威，而藏民将戢戢听命。吾谋不用，自达赖之出，吾固已知西陲之无复宁岁矣。

宣统二年正月二十六日稿。

1910年3月21日（宣统二年二月十一日），第一年，第四期

欢迎达赖

印度政府以客礼待达赖，闻达赖将至大吉岭，其它之喇嘛及佛教徒，皆将豫备欢迎。

1910 年 3 月 21 日（宣统二年二月十一日），第一年，第四期

藏事纪闻

正月十七日英使照会我外部，略谓达赖为印度土民拜跪顶礼，仰为活佛，如此佛徒，散在藏印者约一千万人，深恐藏民滋扰，若辈以宗旨相同之故，联络声气，滋生风潮，则于大局窒碍非浅，愿中国深谋远虑，抚绥得宜，慎勿轻加压力，牵动大局云云。俄使亦以十九日照会外部，大旨与英使略同。略谓俄领巴密尔及西比利亚诸地所有佛教徒，约百五十万人，莫不尊崇达赖，中国若用强硬手段，恐藏民思乱与此辈联络呼应，大局未免寒心，请中国再三致意云，外部已各以婉辞答之矣。达赖去年曾派努喀汪堪布赴俄，回藏未久，即有此次之变，现该堪布复走俄廷，云欲效秦庭之哭。该堪布最为俄皇所亲信，时局之变，正未艾也。

藏中剌嘛向不充当兵勇，四五年来吾国派驻新军一标于此，约一千五百余人。因粮饷转运艰阻，乃屯田拉萨。为持久计，又招募番兵一队，约千余人。益之以旧有绿营兵六百人（绿营兵驻藏者，定额四千五百人，驻藏大臣肆意侵蚀，实数只存此耳），均有驻藏大臣管理。此次新来之军约计千五百人，由徐方绍统之，由哈唐向拉萨进发。藏民遂误会，以为中国将派兵灭藏，谣言胥动，致有达赖出奔之变。

自藏事起，人言啧啧，咸谓温宗尧实酿之，而不知其何事。近始知大兵入藏之先，温先与达赖立一契约，第一条即为官军入藏秋毫无犯云云。果为安抚藏民起见，自当用告示宣布，岂有与达赖定约之理耶？宜其败矣。

1910 年 3 月 21 日（宣统二年二月十一日），第一年，第四期

西藏戡乱问题（续第四号）

沧　江

（参观本号调查门西藏问题关系事项询查记）

二、处置达赖喇嘛政策之当否

已革达赖喇嘛勒朗结，辜恩毁法，情真罪著。天谴之加，洵由自取。虽然，就政策上论之，则政府此举，果尝于事前而筹及事后处置之法与否，吾实不能无疑。盖达赖之地位与卫藏回部乃至内外蒙古及青海回部之人民有密切之关系，而此诸地，实居我大清帝国幅员之半，故所以善其后者，不可不计之至熟也。大抵迷信宗教之民，虽平时柔驯若羔羊，而遇有犯其迷信者，则其抵抗力之爆发，往往出于言思拟议之外，观于回教、耶教之人民，缘宗教上之争，至于以血染其历史者千余年，从可见也。今此次谕旨，虽明称保护黄教，而以彼诸部之人民之心理视之，其能心悦诚服与否，吾所未敢言也。盖彼辈所信者，谓后达赖喇嘛为前达赖喇嘛之乌毕拉罕所托生(乌毕拉罕:译言化身也)。故非一达赖死，则他达赖断无自发生，而后达赖之发生，纯由前达赖之默示，而绝非他人之力所得左右，此其诞妄不经，固不俟论。然其深入人心者，已三百余年矣。故此狡黠之勒朗结，彼等所认为宗喀巴之第十三次呼毕勒罕者也(宗喀巴者，黄教之初祖也。勒朗结第十二代之达赖也)。而宗喀巴则彼等所认为观世音菩萨之呼毕勒罕者也。故据彼等所信，乃竟至合观世音、宗喀巴、勒朗结为一人，牢不可破，故就吾辈之心理观察之，则以大皇帝而黜罚其一臣民名勒朗结者，有何奇异？就彼辈心理观察之，则曰:虽以转轮圣王，不能黜观世音而别指一人为观世音也。夫其愚虽至可悯乎，然正惟其愚一至此极，何术复足以喻之者。夫以我圣祖、世宗、高宗之天亶聪明，岂不知呼毕勒罕为愚民之具，而于此荒诞不经之僻说犹有所惑焉。顾列朝之待达赖恒有加礼者，此禹入裸国之义。圣人之知几其神也，而又非徒为西藏一隅计也，所以役蒙古、定青海、绥回部厄鲁特皆操是术。列圣为国家计，欲结合国内各种族之人民成为一体，以厝诸长治久安，不惜纡降尊贵以礼一狡童，用心盖良苦也。今兹之事，则取数百年来列圣相传之政策，一举而掷之矣。夫时势有变迁，而政策当随之。吾非敢谓变列圣之政策即为不敬也。然揆诸蒙藏诸部现在之情形，实觉此政策有未能遽掷者。今兹之举，吾一念其后，懔乎若朽索之驭六马焉耳。

今明诏既已降矣，在势固无反汗之理，即反汗则国体愈损，更何足以临诸部？处此骑虎难下之势，惟有力与迷信战而已。然战之又决不能破坏其全部也，惟求先破坏其一部分而已。考宗喀巴之经记，谓达赖六世班禅七世后不复再来(见魏源《圣武记》)，其说固亦深中人心。且自前明永乐至乾隆中叶凡三百五十余年仅更达赖六人。自乾隆末至今百余年，已更达赖六人，前老寿而后短折，其真赝本易见，而自第六代以后，所报之呼毕勒罕，往往歧异，以致有大招寺瓶卜之事，此其全为诸噶伦卜、诸堪布所假托。迹已历历，谓宜将此等故实，详细叙述，为一极恳切之上谕，译以蒙文、唐古忒文，颁诸各部，明前此诸噶伦卜欺君愚民之罪，晓以自第六代以后，无复真达赖，而此次朝廷所黜者，实为勒朗结，而非宗喀巴，非观世音。然仅恃一诏之力，尚恐无效也。驻京之章嘉呼图克图者(其历史参观本号之调查门)，其为蒙藏人所信仰，亚于达赖而与班禅埒，谓宜结以恩义，使之入藏主持教务，宣布朝廷护法之盛意。其达赖一职，则从宗喀巴之预言。非为不认勒朗结，并第七世以下皆不认之。达赖之名号，即从此废不用，此或是一种办法。然其效果如何，非吾所能决也。若如今日之政策，别立一幼童以为达赖，则蒙藏之民必谓达赖未示寂，其呼毕勒罕从何而来。而外人且居勒朗结为奇货，日行其煽惑，则蒙藏自此无宁岁矣。要之今兹之役，其第一失机，在放勒朗结出京。其第二失机，在川兵入藏时，不急挟勒朗结为重而听其潜逃。其第三失机，则在不筹全局而遽褫其法号。一误再误，今既不可收拾矣。吾之所陈，乃于焦头烂额之时，作无可如何之想，实策之下下者也。虽然，政府之举措，则直谓之无策耳。颇闻藏中报告，谓藏民已相安无事，政府闻此应如释重负。夫以吾未履藏地，岂敢谓其报告之必属子虚，然以理度之，此事断不能如此之易了。即曰藏中无变，而西北诸蒙古之间接受其影响者为祸方长，且所谓变动者，岂必其斩木揭竿以起，但使生心外向，无形中以渐即于敌，则我康、雍、乾三朝廷所费之国力，已全掷于虚牝矣。书曰：若考作室，厥子乃不肯堂，矧肯构？当局者若轻心掉之，盍亦清夜自思，何以见祖宗于地下也。

三、用兵于西藏则何如

万一藏民终不奉诏，其势将不得不出于用兵，如是则能有必胜之算乎？曰：嘻！是非所敢言矣。海上某报之论兹事也，曰："成都西抵拉萨，崎岖万里，跬步皆山，石栈天梯，猿猱愁度，重以所过皆童山不毛，一布一粟，皆须由内地转运而致之。平均计算，大抵以内地二十人之饷饲一人，而犹虞其不足。地利之不可恃也如此。雪岭西趋，去天咫尺。地势愈高，则寒威愈烈。穷山冰雪，盛夏不消。平时商旅经行，虽篝火重裘，而裂肤堕指之惨，犹或不能幸免，况复执干戈而临战阵乎？天时不可恃也如此。夫其地势之险，天气之寒，馈运之艰难，跋涉之行阻。则与其远调客军，无宁因用土著，此边徼用兵不移之定例也。虽然，国家奄有卫藏，二百年来既未有沦肌浃髓之仁恩，以结裔夷之心，而坚其内向之志。而历任持节之使臣与参随之官吏，更复恣为苛虐以朘削而携离之。蠢蠢番人，其蹙额疾首也非一日矣。即微达赖之扇惑，亦将相从背叛，以甘心于一逞。况复彼族宗教迷信之观念，至为坚定不移，其大长已潜怀不轨之心。其民族岂有不从风而靡者哉？而欲于孤危艰阻之秋，更资其敌忾勤王之用，不亦难乎？人和之不足恃也如此。”此其言虽未免过当，然大段固不缪于事理矣。试以前事证之。我朝之用兵于西藏凡五，其一，为康熙五十六年，西安将军额伦特以兵五千击策妄，全军覆于喀喇河。其二，为康熙五十七年，皇十四子为抚远大将军，用岳钟琪以番攻番之计，降番兵七千，赖以成功。其三，雍正二年将军查郎阿统川、陕、滇兵万五千讨噶布伦，未至，而拉藏汗旧臣颇罗鼐率后藏及阿里兵九千，先已平贼。其四，为乾隆十五年，将军策楞班第移平准之兵以讨朱尔墨特，未至而达赖先禽以献。其五，为乾隆五十六年，嘉勇公福唐安、超勇公海商察讨廓尔喀，用索伦兵二千，金川各土屯兵五千，藏内官兵三千，仅乃克之。综观诸役，其所恃以奏肤功者，全在用土兵，而麇饷已不下二千余万两矣。又最近则光绪三十年，英将张伯士彬以兵五千人炮十二门侵藏，前后阅八月，屡濒于败，仅乃克之。盖藏番虽不武，然习其水土而知其厄塞，以逸待劳，一固可以当客兵十也。夫以国家全盛之时，犹不能以克军致果。以英人节制之师坚忍之性，几历险艰，始能有功。今者，欲用平居驻防之兵耶？则指挥可定，何俟仆仆。既已不可用，当此司农仰屋之时，乃千里馈粮，以求一逞，而今之所谓新军者，其柔脆又等于纨绔，吾恐未至打箭炉而已不能军矣，况乃拉萨哉？

为今之计，惟有继述列圣所诒谋之政策，以恩信怀柔其民而已，若欲恃兵威以靖难，吾诚不知税驾于何所也。

四、将来外交之变故何如

使西藏而为三十年前之西藏，则其底定之也尚易。即不能底定，则虽为珠崖之弃，尚不至牵一发以动全身也。而今之所以进退维谷者，则有外交问题以亘于其间也。今外人之振振有词者，曰英与俄（日本第二次之英日同盟条约，其范围推广及于西藏附近。故此次亦将哓哓容喙，然非直接有效者，可勿论）。就俄国一面言之，据日本人之说，谓我于光绪二十八年曾与俄订有密约，许俄人以干涉西藏之权利，其约文具见东籍（参观次号调查门），未知信否。果而则危险真不可思议矣。然光绪三十二年续订之藏印条约第二条明云：“英国国家允不占并藏境及不干涉西藏一切政治，中国国家亦应允不准他外国干涉藏境及其一切内治。”然则中俄就令果有密约，但未经公布，而当此约缔结时，其内容既与密约相牴触，而俄人不起而抗议，是已默认前约之作废矣。至于英国当光绪三十年诱胁达赖擅与结约之时，其于我诚为无礼，然其后既有此次续约第二条之保障，则亦尚能尊重我上国之权利。且据此约第一条，我尚有须随时设法使《英藏条约》切实办理之义务（诸约文皆具载调查门）。今兹之举以大皇帝而惩治境内一不法之臣民，固为国法上应行统治之权利，以上国而饬率属邦毋使为外交之梗，又为国际法上履行条例之义务，无论何人不可得而干涉者也。英国文明守礼之国，岂其口血未寒而遂背之。故此次英之国会议员，有质其政府以对藏方针者，政府以严守中立对，诚知礼之言也。虽然吾愿我政府毋狃于此而遽即自安也。人亦有言，国际法惟强者之武器耳，虽复信誓旦旦，欲摧弃之，何患无辞。大抵此次事变能免干涉与否，专视卫藏全部能保秩序与否为断。苟能所在安堵，商旅无惊，虽有虎狼，岂能飞而择肉？而不然者，则或藉口于保卫租界，或托辞于防护边境，何在不可为染指之媒介者？不见最近路透电，已声言藏乱恐扰及布坦、廓尔喀、哲孟雄乎（见上海各报皆译为不丹、尼泊尔、西金，不知不丹即布坦，尼泊尔即廓尔喀，西金即哲孟雄也。今从官书所用之名）？其言外之意可见矣。故条约不足恃也，求之在我而已。

或曰：光绪三十三年英俄协约，其中关于西藏者五条，内有各不干涉藏治之文。英若背约，俄将起而问之。俄若背约，英将起而问之。如是则藏其或可以无事乎？应之曰：此在数年前诚有之。若今日则英俄方睦，祇有交让，决无交讧。稍知世界外交大势者所能见也（参观次号论说门：世界外交大势之变迁）。使英俄之交犹若五年前也，则考恰铁路问题起，英使早拍案于外部矣。今兹藏事，苟吾授人以可干涉之隙，则英俄之变更其协约，一席话可了耳！而其结果，或如其所以待波斯者，英俄中分卫藏，以某地为界，而互承认其优越之权。或如英法之所以待埃及、摩洛哥者。英人则承认俄人在蒙古之自由行动，俄人则承认英人在西藏之自由行动，此皆最近之成例。确有可援俎上之肉，而患庖丁无术以烹治之乎？吾以为今兹之治藏政策，若再误机宜，则将来之结果，此二途者必居一于是。呜乎！其毋使我不幸而言中也哉。

五、根本解决

此问题根本解决之第一义云何？曰：妙选奇才任驻藏大臣，以章嘉呼图克图佐之。不然者，藏终非吾有也。蒙古青海，终非吾有也。

宣统二年二月一日稿（完）。

1910 年 3 月 31 日（宣统二年二月二十一日），第一年，第五期

西藏问题关系事项调查记

茶 圃

调查凡例：

一、西藏之地位在今日至为危险，非知己知彼无以为应付之方。我国民之知藏事乃反不如他国人之周备，是可痛也。今因有戡乱问题，故参考群籍，揭其纲要，以作斯记，非直为目前补牢之计，抑亦供他日蓄艾之资也。

一、西藏与宗邦关系之历史，官书及前贤著述，言之綦详，本无俟再征。惟欲定将来驭藏方针，则祖宗远谟最当师法，故述其略，为大事表一篇，以资取鉴。

一、西藏为政教混合之治体，故将政治与宗教合为一节。

一、现在及将来最为我治藏政策之梗者，曰英曰俄，故于英俄谋藏之历史，记之独详，俾吾国人之所惧也。

一、凡关于藏事之条约全录之，庶几惩前毖后，有所依据。

一、地理不录，惟中国及俄英通藏之路记焉。

西藏大事表

西藏，唐时称吐蕃，元明间称乌斯藏亦称西番。其叛服始末，具见正史、诸外番传，而近人黄氏寿菩《西藏图考》，魏氏源《国朝抚绥西藏记》，记载尤详，今不具征，惟举其大事列表如下：

唐贞观间：以文成公主下嫁吐蕃赞普，是为中国通西藏之始。

元至元间：封西番高僧八思巴为帝师大宝法王以领藏地，西藏政权与教权混合自兹始。

明洪武间：命元代所封法王国师皆世袭。

永乐初：封西僧哈立麻为大宝法王，继又封法王二，王五，西天佛子二，灌顶大国师九，灌顶国师十八，皆为世职，岁一朝贡，略与土司等。

永乐十五年：黄教宗祖宗喀巴生，即今达赖所自出也。

成化十四年：宗喀巴示寂，遗嘱二大弟子，世世以呼毕勒罕转生，二弟子曰达赖喇嘛，曰班禅喇嘛。其年，达赖一世敦根珠巳嗣法，始以法王兼藏王事。

正德间：遣使迎达赖二世根敦嘉木错，不至。

万历间:达赖三世锁南坚错遣使通中国。

国朝崇德七年:达赖五世罗卜藏嘉穆错偕班禅来朝,明年遣使封册之,是为我朝通西藏之始。

十年:第巴桑结(第巴官名,达赖所置,以治民事者也)灭藏巴汗,奉达赖与班禅分主前后二藏,自是全藏悉为黄教势力所被。

顺治九年:达赖朝京师。

康熙十三年:吴三桂反,桑结与通,朝廷置不问。

二十一年:达赖五世卒,桑结秘不发丧,而阴唆准噶尔使残蒙古,斗中国,遂召准兵寇藏之祸,后此朝廷用兵西藏,实胎于此。

三十三年:桑结假达赖名入奏乞封,诏封桑结为土伯特国王。

三十五年:严诏诘桑结以达赖厌世事,将致讨焉,桑结恐,乃疏言前达赖示寂已十五年,而伪指一十五岁之幼童为达赖转生之呼毕勒罕,乞予册封,圣祖未许之。

三十六年:拉藏汗(拉藏汗者,藏中诸王之长也)奏废桑结所立假达赖,指博克达山之伊西嘉穆错为第六世达赖,而青海诸蒙古复不信之,别奉里塘之噶尔藏嘉穆错为真达赖,藏人亦不认也。

五十五年:准噶尔之策妥那布坦潜师袭藏,杀拉藏汗,锢新达赖(藏中所立者)。诏西安将军率兵数千援藏,为寇所乘,我师覆焉。

五十七年:命皇十四子为抚远大将军,率两将军入藏讨贼,平之。至是西藏诸土伯特,亦知青海呼毕勒罕之真,藏中所立之赝,合词请于朝乞拥置禅榻,许之。

五十九年:藏乱悉平,留兵二千戍之,命贝子康济鼐掌前藏,台吉颇罗鼐掌后藏,二人皆拉藏汗旧臣也。

雍正元年:哲卜尊丹巴胡图克图(四大喇嘛之一,其威重亚于达赖)卒于京师。

二年:藏中噶布伦等三人忌贝子康济鼐之权,聚兵害之,欲投准噶尔,诏将军查郎阿,率川陕滇兵万五千进讨,未至,而台吉颇罗鼐率后藏及阿里兵九千截贼去路,禽首逆。诏以颇罗鼐为贝子总藏事,留大臣正副二人领川陕兵二千分驻前后藏镇抚之,是为大臣驻藏之始。

三年:准噶尔酋策楞请赴藏煎茶,诏严兵备之,乃收前藏东西之巴塘里塘归四川,设宣抚土司治之,移达赖于里塘以避准寇。

八年:迁达赖于泰宁。

十二年:准夷请和,诏果亲王偕章嘉胡图克图赴川,送达赖由泰宁归藏,章嘉为达赖请里塘以其为达赖降生地也,诏赐以商税,地乃内属。

乾隆四年：进封颇罗鼐郡王，时颇罗鼐练骑兵万，步兵万五千，严设卡伦，准夷自是不敢窥藏。

十二年：颇罗鼐卒，子朱尔墨特嗣，以驻藏大臣不便己，先奏罢驻防兵，阴通书准噶尔，请为外应，而自聚兵谋变，驻藏二大臣诱至寺中手刃之，旋被害于贼党。

十三年：达赖擒逆党以闻，诏永禁唐古特与准夷往来之使，自是西藏始不封汗王贝子，以四噶布伦分其权，而总于达赖，我驻藏大臣增兵千五百戍藏。

二十二年：荡平伊犁，藏地始永无准夷患。

三十八年：英人波格尔奉印度总督命使藏，藏印交涉自兹始。

四十九年：印度总督复遣大尉丹拿持节入藏。

五十五年：廓尔喀寇藏，大掠库什伦布。

五十六年：复深入，命福康安、海兰察以大兵讨平之，留土番兵三千、汉蒙古兵千戍藏，自是驻藏二大臣行事仪注始与达赖班禅平等，其四噶布伦及番目缺，均大臣与达赖会同选授。又以诸大喇嘛转生之呼毕勒罕，前此奏报屡有参差，乃乘用兵之后，特颁一金奔巴瓶，供于中藏之大招寺，有争论则掣签订之，自是选定达赖之权，政府得预闻。

嘉庆十九年：西藏属国为哲孟雄为廓尔喀所攻，英人助哲王复其位，并夺台莱摩兰之地以与哲，英之灭哲胎于此。

道光十五年：廓哲复构衅，英人和解之，哲人乃割大吉岭及附近印度之平原与英。

二十年：英使至哲，哲人囚之，英举兵攻哲，夺哲王汤沐地。

咸丰十年：英复以兵临哲，结城下盟四条而退。

同治四年：布丹人（与廓尔喀邻，旧亦为西藏属国，今为半独立国）以兵袭印度，不克，割第司泰河以东之地与英，印度入藏之东路自此通。

光绪二年：我与英结约于芝罘，许英使节入藏。

光绪十年：印度民政署书记官马哥黎率领多人入藏，藏人拒之，我政府亦沮马氏之行，马氏快快归。是年英人俘哲孟雄王致之印度。

光绪十五年：西藏兵入哲孟雄，英人归哲王以拒之，遂设统监治哲，我与英结《藏印条约》，认哲孟雄为英属。

十九年：遣全权往印度之加拉吉达，与英人定界约及《藏印通商章程》。

二十一年：开亚东为通商口岸，设税关。

二十六年：达赖私遣外务长官大喇嘛赴俄，上俄皇以护法皇帝之号，俄人势力自是益深植于西藏。

二十八年：我政府与俄人定关于西藏之密约。

三十年：英兵入藏与达赖结条约，我驻藏大臣不肯画押，政府派唐绍怡为全权往印议废约，英人不许。

三十二年：与英人结印藏续约六条，而以三十年之英藏条约为附条，一切承认之。

三十三年：与英人续订西藏商约，英俄两国缔结关于西藏之协约五条。

三十四年：达赖朝京师。

宣统元年：达赖归藏，途中与俄使私觌。

二年：以川兵入藏，达赖出奔印度，诏褫其法号。

论曰：右表约举数百年来西藏大事，虽至简略，然大势亦可睹矣。其内治可约分为三时代，一曰酋长专权时代，二曰酋长与僧侣争权时代，三曰僧侣专权时代。而管其消息者，实为我国。朝廷夙知藏民迷信至深，而酋长之势力，终不足以敌僧侣也。故自始即利用达赖班禅诸喇嘛，其间固亦尝兼用诸酋长，然驭酋长恒以威，而抚剌麻恒以恩。然卒赖诸剌麻之力以底定全藏，政府势力与僧侣势力同时并进，是政策之成功也。其对于上国之态度，亦分三时代，一曰猜忌时代，二曰畏怀时代，三曰轻蔑时代。彼既仰食于我，又有准夷常蹙之于危，故不得不相倚，然自始非出于诚也。及列圣临之以威而知畏，煦之以德而知怀。雍乾之间，喁喁向风矣。嘉、道以后，上国多难，自救不赡，而纲纪既弛，持节斯土者不能宣布德意，而徒鱼肉之，觖望已久。自甲午庚子，屡次丧师，而惎我者复日煽于其旁，于是轻蔑生而至有今日之事。呜呼！俯仰百年间，而苍狗浮云，迁变一至此极，虽曰天命，岂非人事哉？

1910 年 3 月 31 日(宣统二年二月二十一日)，第一年，第五期

外部宣告达赖罪状

达赖自斥革后，外人多为乞恩，而西报所论尤多臆测之辞，外务部因特备文，照会英使，宣告达赖罪状。略云：该达赖自光绪二十一年管理商上事务以来，跋扈骄淫，恣行不法，称兵动众，民怨沸腾，所派总办军务之降丹巴增，同恶相济，并不约束兵丁，需索地方，任意虏掠，所过之处十室九空。三十年三月英员荣赫鹏(按：此即诸书所云西藏探险之杨赫斯奔大佐也)由江孜照会驻藏大臣，商办事件，该达赖不肯供给夫马，反阴遣降丹巴增肆为扰乱。驻藏大臣谕令回布达拉山，谨护高宗纯皇

帝圣容，该达赖既不敬遵，反于是年六月昏夜逃出藏境。经有大臣列款纠参，奉旨暂革名号。自是游行库伦、西宁间二年有余，朝廷终冀其自新悛改，存问料理，敦促回藏。迨三十四年来京，朝廷不追既往，赐加封号，赏赉骈蕃，该达赖冥顽不改，回藏后与驻藏大臣仅见一次，屡约面谈，皆托故不见，时复嗾令藏人称兵内犯攻打三崖，窥伺巴塘、盐井等处，迭饬退兵并不遵照。此次川兵入藏，原为保护开埠，绥靖地方，为数不过二千，又且分起开行，何所用其疑虑？达赖既不照章供应，又密令藏兵沿途抗阻，焚掠江达存粮，劫杀兵民，复派兵赴墨竹工卡，希图拦截。剀切劝导，置若罔闻。川兵前队甫抵拉萨，该达赖即行夜遁。种种谬妄，不得不革去名号，另行选定，以维黄教。朝廷之优容可谓至矣。达赖为各呼图领袖，教务是其专责，黄教本尚清净。该达赖性喜弄兵，已不足胜掌教之任，况复违抗朝旨，迭次擅离藏地，何可更事宽容。查康熙朝第六世达赖伊西札穆苏亦经被废，当封噶勒藏嘉木磋仍为六世达赖。兹之斥革另举，亦犹循祖宗故事耳！此全系达赖个人之事，于藏中政体全无关系。川兵到后，纪律甚严，僧众安谧，一切情形，并无更改，所有交涉事宜，自有印藏条约，中国政府照旧实行。兹特略举该达赖应废之理由，再行通告，以释群疑。

1910年3月31日（宣统二年二月二十一日），第一年，第五期

达赖与印度总督

达赖喇嘛至卡拉吉打，以庄严之公式，往竭印督敏特伯爵，以宾卡尔之骑兵队为护卫，驱车直赴督署，赠印督以土物。印督待以客礼，亦以公式答拜。达赖以十八[①]日自卡拉吉打启行，赴大吉岭，其地英吏咸以客礼待之。

1910年3月31日（宣统二年二月二十一日），第一年，第五期

川军入藏补纪

此次入藏之兵，皆系训练之师，计步、骑、炮、工、混成旅团凡七千五百人，其将校率系留学毕业生。先锋步兵五百人，骑兵二十人，混成大队已入拉萨，后阵步兵一千携过山炮六尊兼行赴援。驻藏大臣赵尔丰躬率马、步兵五千，从巴塘进驻察木

① 宣统二年正月十八日，1910年2月27日。

多，此路已经开凿，自察木多而西，约行十六日程，亦皆一律通凿。唯山路崎岖，不便车马，随开随进。察木多抵拉萨约行三十五日，其间架设电线亦已竣工。川督日饬成都制造厂兼工造械，以便接济，自云趁此时机必开发三千年来之秘密国，绍介之于世界，俾吾国主权确实施行云。果能若是，不亦快哉！特恐徒尽绍介之义务，而施行主权之计画，竟托诸空言耳！闻西陲舆论，咸谓联、温畏葸，赵尔丰虽称勇敢，而过于刻忍。非得才德兼优之重臣，藏事恐终无起色也。

日昨驻英使臣李经方电报政府云：英政府已声明决不因已革达赖一人之故干预藏务，致碍邦交。并陈述印、藏商务之关系。政府得电后，即电致李使商请英政府随时监查该革达赖之行踪，以防别生轇轕。

1910 年 4 月 10 日（宣统二年三月初一日），第一年，第六期

驭藏政策之昨今

沧　江

西藏戡乱问题之发生，倏将两月，缘革去罪僧勒朗结之故，而生出种种反动。缘反动之故，而我驭藏政策随而变迁。一言蔽之，则由积极的态度，忽变为消极的态度也。今请剌举经过之事实而略评之。

其一：积极政策之反动

（一）已革达赖，诉于英、俄，英、俄两国舆论皆袒之，两国政府皆为抗议的照会，致诸我政府。

（二）印度总督以国宾之礼优待已革达赖。

（三）驻俄公使萨荫图，上书政府，请别赐法号与勒朗结，召之归国，使抚柔藏民。

（四）驻藏大臣联豫报告政府，谓印度总督将藉保护商埠之名派兵入藏，请照会英使，自任维持秩序之责。

（五）理藩部奏请特派专使往加拉吉达，宣明所以革勒朗结之故，且与印度政府会商善后策。

（六）印度大吉岭之佛教徒开一大集会，以满场一致议决三条件：（一）认中国革去达赖一事为侮辱佛教，要求复勒朗结之职。（二）要求中国撤回入藏之兵。（三）要求将驻藏大臣革职。

（七）新疆巡抚伊犁将军乌里雅苏台科布多塔尔巴哈台库伦阿尔泰诸办事参

赞大臣等，连名电奏，谓蒙古人民不以朝廷举动为然，请召还已革达赖以镇抚之。

其二：消极政策之趋势

（一）照会英、俄两国，辨明勒朗结之革职，由于谋叛，政府对于西藏内政，决无变更。

（二）增加军队，从事镇压，且使堪布安抚藏民，又议开川藏铁路。

（三）撤回驻藏帮办大臣温宗尧。

（四）命驻藏大臣联豫，在亚东、江孜、噶大克三商埠各派巡警二百名维持秩序，保护外商。

（五）川督赵尔巽，在湖北军器局调取过山炮快炝弹药等多数军械以资征藏军。

（六）有谕切责驻藏大臣兼川滇边务大臣赵尔丰办理不善，撤还之使归巴塘。

以上各事，刺取两月以来中外各报所记载者，谅皆不虚，合而观之，其矛盾有足惊者。古之善用兵者，初则如处女，继乃如脱兔，今兹反之，初则如脱兔，继乃如处女，自始未尝谋定后动。漫谓一二著可了，及已成骑虎，乃反趑趄而欲下，此前后之矛盾也。既续派军队，汲汲镇压，乃当最吃紧之时，取首事最重要之人而撤还之，此并时之矛盾也。要之，皆由未尝彻始彻终通盘筹画，以致举棋不定，迷所适从。呜呼！天下事岂堪一误再误，吾念之滋悸也。修川藏铁路与派置巡警，信为要著。顾吾所最忧念者，修路从何处得款，藏中从何处得巡警耳！今幸而英、俄两国于三年前，曾有互不干涉藏政之协约，尚予我以从容布置之余地。不然，今日之藏，岂尚我有哉？虽然，苟长此举棋不定也，则兹戋戋一纸，其又可久恃也哉！

宣统二年二月二十日稿。

1910 年 4 月 30 日（宣统二年三月二十一日），第一年，第八期

达赖与英俄

达赖喇嘛往游圣彼得罗堡，已得英国政府之同意。

1910 年 5 月 9 日（宣统二年四月初一日），第一年，第九期

预筹藏地政教分权办法

枢府近议，以现在西藏之新呼勒毕罕已经选定，所有一切政教分权事宜，即须陆续措施，以立将来改建行省之基本。惟事务繁难，应宽筹办法，以备抉择。现拟

定办法四端：一为急进政体，一为缓急并用政体，一为政教分行政体，一为政教兼行政体。由政务处会同理藩部，详细复核，再行决议。

1910 年 5 月 29 日（宣统二年四月二十一日），第一年，第十一期

西藏政教分离之时机

自达赖喇嘛黜革后，政府屡议西藏政教分离问题，惟当时以各国之干涉，迄未决定。日来藏事稍平，枢廷议定乘达赖喇嘛更迭之时机，取决政教分离主义。以后凡关西藏一切教务，由新立之达赖专司其事，所有全藏之商务、外交，在西藏省治未设以前，悉由驻藏大臣随时禀承政府命令，相机处置，达赖不得越权干涉。刻已将关于西藏政教分离之条件，由外部照会驻京各公使，此后事无巨细，非经驻藏大臣禀商政府认可，概无效力。如再遇有达赖私与外人缔结条约情事，中国政府一律不能承认云。

1910 年 6 月 27 日（宣统二年五月二十一日），第一年，第十四期

理藩部筹议保藏政策

理藩部近日筹议西藏各要政，拟定大纲六条：一、请颁礼教法规。二、重订传教约章。三、拉萨各矿应准藏民协力开采。四、扩充唐古忒学校兼习汉文。五、印藏边界妥订设防章程，亦请驻荷陆使宣布印藏界址于保和会。六、其余练兵、兴学、办垦诸新政暨路矿各财政均照政府前议，拟不聘用外人，以保主权而免交涉。

英国与西藏

英国新发行之政纪，所论藏事大旨与英外务大臣来格所言相同，谓：中国应严守各种条约、商约。我等已预备保护民[尼]泊尔、哲孟雄、不丹三处之利益，并警戒中国不应于以上各处加增军队。

1910 年 7 月 27 日（宣统二年六月二十一日），第一年，第十七期

英国与西藏

英国以西藏将有乱事，特派兵前往，以觇动静。如果用兵，则决以西利格里为根据地。现藏民仍运动达赖复位。中国已将此事筹商。故达赖喇嘛大有复位之望。盖非此无以息西藏喇嘛之乱也。

1910 年 8 月 15 日（宣统二年七月十一日），第一年，第十九期

英国与西藏

英国贵族院议长克鲁伯爵答兰斯侯之质问，谓：西藏形势颇为危急，故印度政府决意调兵一大队驻扎边界，以保护江孜及亚东两处商务并防不测。该处内有步兵一营，过山炮队一营，工程队一营。此外尚有一小工程队，调守交通路线。此项兵队，除必须保护英人外，并不越界以干预华人与藏人之事。即不得已而入藏，待乱事平靖即行撤退云。

1910 年 8 月 25 日（宣统二年七月二十一日），第一年，第二十期

蒙藏新疆设置邮政情形

京师大清邮政总局，前为推广边疆邮政起见，拟在西藏、蒙古、新疆等处，逐次创设局所，开始递送信函等项，以便通信。已有上年春着手筹办，现在已有眉目。日昨京总局接有藏、蒙、新疆等处邮局报告，大旨谓西藏邮政，先在亚东、拉萨二埠设置分局各一所，以通信件。所有由两局与本国间来往信件，托由印度邮政局递送，而其邮费按照美国邮政章程所定之率粘贴邮票。新疆邮政则由前设之甘肃凉州府起，经肃州、安西至新疆迪化府，设行省总局，更于焉耆、库车、温宿、疏勒、伊犁、塔尔巴哈台等处各设分局办理邮务，而所贴邮票须较内地行省邮票加倍。并有一路即经西比利亚铁路与该各局来往信件之邮费，仍照万国邮政章程贴票。蒙古邮政则由前设之张家口起，经库伦至哈克图，更由库伦至乌利亚苏台、科布士，每埠设置分局，亦经西比利亚铁路，由克图可以来往信件，而其邮费即与新疆办法同。但蒙、藏、新疆等处僻在边徼，地大人稀，又因人民未悉邮局之灵便，故邮寄信件尚未见多，近由各该局督饬员役，认真办理，故近来邮务比往

日似略有进步。

1910年9月4日(宣统二年八月初一日),第一年,第二十一期

蒙藏议员锢闭之一斑

某贝勒以钦选蒙、回议员,于资政院开院之初,多不知资政院为何物,直至旬日之久,始行明白。现距闭院之期甚迩,不容再事延误,特谒理藩部寿尚书,请速派唐古忒学生二员,为该员通译,并请即日邀集该议员,及通译学员,在部告以资政院之性质,与议员之职任云。

又闻西藏议员色楞那木济勒旺宝,日前抵京时,已届开院两月。据其所述路程,谓较之内外蒙古札萨克各旗部落,辽远数倍。理藩部各堂,经已将关于西藏各要政条奏议稿检齐,以便与该议员讨论,预备议案。观此则整顿蒙藏,不知从何措手,真令人可为浩叹也。

1910年12月2日(宣统二年十一月初一日),第一年,第三十期

奏请赎回藏边电线

驻藏大臣联豫,日前曾上一折,奏请赎回藏边电线。略谓自光绪三十年,英兵入藏,随设各路电线。嗣后藏中紧要电件,均须由该国线路经办,甚非慎重交涉之意。现奏定自修电线,已由拉萨设至江孜等处。惟自印度边界之亚东关(即靖西关)至江孜一段,尚由英人修接。俟其工竣时,拟由我国备价收回,其费请由部拨。并请饬外部,先向英使交涉云。

1911年2月19日(宣统三年正月二十一日),第二年,第二期

俄国与达赖喇嘛

达赖喇嘛已逋至俄京圣彼得堡,我国民亦知之否耶?据外电所传,谓其将借俄力以返拉萨。其果克如愿与否所不敢知。要之,蒙藏益自此多事矣。

俄皇使其臣德支埃仕于达赖堪布,而岁给以莫大之秘密费。兹事久已播于众口,留心时局者当能知之。前年达赖出京,德支埃屡思导之游俄。而我既扰之,英复沮之,是以中止。今则以我之罪臣而俨然为他国国宾。此其第二次矣。

俄之笼络达赖，专以绥抚蒙古也。英人昔惧其将假涂西藏以危印度，故猜沮甚至。自英俄协商成，其关于西藏一部之权利，相约以不侵越。英人安之，遂不甚与俄为难。故今兹达赖朝俄，英人乃视若无睹也。

俄方有事于回疆，而英亦侵片马，法复急起窥腾越，三国协商之团体，同时为同一之举动，宁得曰事出偶然？呜呼！静观此中消息，不寒而栗也。

1911年3月11日（宣统三年二月十一日），第二年，第四期

《藏语》叙

罗惇曧

英人以兵入藏，胁藏人订私约。于是朝廷命今尚书香山唐公充印藏议约大臣以争之。相持逾岁，累议不决，旋内召。继之者为新会张公荫棠，而顺德何翙高外部实左右其间，卒成约以归。翙高负魁垒才，潜郎十余载，借筹藏一发摅，洎随节还，乃裒录藏议始末，颜曰《藏语》。余读而叹奇之。翙高复语余曰：藏约凡七议，既定期换约矣。英全权戴诺忽悔之，嗾驻京英使要移外部定约，卒从第五议。盖备极艰困，千回百折，始达乎此。事后边臣犹奏阻请勿互换，何其言之易耶？藏约之就绪与否，视主国之名义定否为衡。达赖、班禅积不睦，达赖避英兵窜青海，诏班禅摄位，慑不敢至，因劝班禅入觐。班禅既得请，商上乃大恐，挟达赖由西宁请觐，先班禅发。而主国之名义定，英乃渐就范围。外人入境，受治我法律之下，为有约以来所仅见。印人经藏边至三埠，归地方官管理。异时，我国议收回治外法权。斯其前轨，印茶入藏征税争持最力，议几罢。比约定不及茶税，仍可援光绪十九年约，照华茶入英例税焉。电邮，俟我国自设后，英局一切罢之。吾心力之所注，此或可告无罪者。张使既辞帮办大臣之命，专办埠务。即劾驻藏大臣有泰媚外乞怜，丧权辱国，褫职遣戍。复奉革噶布伦齐丁温珠、箭头寺护法曲吉、藏民詟悦，因藉以收回二百余年丧失之权。手定工商路矿等九局章程，与之更始，乃善后条陈十六条，迄今不行。此吾念之而不去于心者也。余维藏事溃败决裂，至今已不可收拾。当达赖在京时，不亟起而图之，逮其归，乃率然为褫职之举。既褫之矣，又复听其出亡，奇货与人，而以兵纳亡，且见告矣。虽有先虑远识之士捐心力、縻笔舌，以冀补万一者，皆例诸空文，不其恫欤！宣统二年六月顺德罗惇曧。

1911年7月6日（宣统三年六月十一日），第二年，第十六期

《地学杂志》

《地学杂志》是中国地学会主办的机关刊物。1910 年 2 月(宣统二年正月)创刊。开始时在天津出版。1913 年 1 月始移到北京。编辑白毓昆、张相文。最初全年出十册，后来改为月刊。1924 年仅出秋季刊。1925—1927 年间未见出刊。1928 年起改为季刊,直到 1937 年仍在出版。早期出版的《地学杂志》,用有光纸单面铅印,线装书形式。后来才改为白报纸印刷。事务所曾设在天津河北第一蒙养院。

该刊第一期载有中国地学会《简章》,声称:“本会以联合同志研究本国地学为宗旨,旁及世界各国不涉范围以外之事。”《地学杂志》叙例中说:“既组成地学会,拟以见闻所得,汇录杂志,其体裁则略依吏例,变易其规。”该杂志通过对祖国地理山川的介绍,隐喻清政府的丧权卖国。又配合边界交涉事件绘制相应地图,揭露帝国主义的侵略阴谋。栏目有论丛、杂俎、内编、外编、说郛、邮筒、本会纪事、绍介图书等项。

戈公振《中国报学史》作“民国八年十二月休刊”,误。

上海图书馆、复旦大学图书馆等均藏有部分原件。

西藏探险

原书德文、英文皆有（德文名 *Transhimalaya Enteckungenund Abanteuey in Tibet*），著者为瑞典名家斯文赫丁博士 Dr.Sven Hedin。是书为瑞典博士斯文赫丁探险吾国后藏阿里等地之记录，共二巨册，每册约四百余页。书中图画甚多。吾国现方有事于西藏，留心时事者宜观阅之。赫丁氏书中之后藏图与商务印书馆所印之大清帝国全图中之西藏图颇有差异。如东经八十六度至八十八度，北纬三十度至三十二度间洞格池与昂色池，名称互异，一也；北纬三十四度线上，东经八十度至八十二度间许多池泊，商务印书馆之图皆无名称，二也；北纬三十度至三十二度，东经八十度至八十二度间，雅鲁藏布江及印度斯河发源之地，亦有许多池泊。商务印书馆图皆未绘出，三也；赫丁氏亲阅其境，并有许多照片。关于该地池泊情状者，想必确实可凭也。

1910 年 10 月 22 日（宣统二年九月[二十日]），第一年，第八号

西藏旅行记(采录)(未完)

藏卫地势高峻，山岭崎岖，不易入境。锁国已二千年。人民慓悍，文化未沾，世界有黑暗地之称。境内地大物博，金银铁矿物也，兽皮也，麝香药材也，富源郁积，多未开发。故毗连诸国为获得藏地利权起见，虎视眈眈，将有刻不容缓之势。苟或一旦动摇，我国西南门户危矣。建瓴直下，席卷甘肃、四川、云南，踞江河上游，茫茫中原，岂堪设想哉？我国忧时志士亟宜注意于此。顷得西藏大旅行家斯文黑廷君西藏探险记一篇，译出以供参考。

斯文黑廷君，瑞典国理学博士，地理学泰斗也。从事中央亚细亚之探险者二十年，实行五次大旅行。再入西藏，考察藏地地理、风俗甚悉。去年夏间，探险事毕回国，述其入藏沿路情形如下：

中央亚细亚地形

中央亚细亚，世界高峻地方也。高山重岭，襞积绵亘，连峰接天，视不盈尺。四时白雪皓皓，所谓世界之屋顶者，即巴密尔高原是也。由巴密尔高原迸出许多山脉，恰如放开五指者然，蜒蜿于各地，其中最雄大者为东方各山脉。如向南则有喜

马拉亚山脉，向北则有天山山脉，二者中间更有昆仑山脉。群山纷集，夭矫东趋。地理上踪迹极模糊，只知喀拉哥尔木山脉耳。故昆仑山脉与喜马拉亚山脉间高原，即西藏也。前人实验甚少，于地理上情形不明。只想见群峰突起之一大旷野，以致叹为黑暗世界。查鄙人入藏以前，入藏者法国贵族欧尔凉公爵，安利索拿巴尔杜公爵，攸僧正及俄国之布尔色瓦尔斯基将军，美国之柔克义君，然未探险西部西藏，只耶尔具君，索华君，纳因新拉杜尔德诸君，因为北部、中部、南部等探险起见，路过西部一地耳。鄙人此次幸得详为考查。方之前人，或无遗憾矣。

藏北山系

昆仑山脉抱拥塔里木盆地，南方分派诸多支脉，昆仑主脉北走为阿尔丁打克山脉与防尔喀打克山脉，作并行线。群山郁结，犬牙错杂之形也。例如阿尔喀打克山脉为杜赖乌拉术坎乌拉布汉布达等大山脉，阿尔喀打克山脉南方有哥哥细粒山脉，山名塞打木。地方蒙古语为绿岗之意。又南方有宗克布列山脉，蒙古语为丘陵山脉之意。又南方有布喀蔓克那山脉，即野生犁牛头体之意。此山脉东部系六十三年以前法国攸僧正勘查，而鄙人此次精查者也。布喀蔓克那山脉之南又有喀拉哥尔木山脉，即土耳其斯语为黑色石块之意。

藏南山系

查藏卫各地，世人所知不过西方一部。及延亘西藏内地者，距南方接近喜马拉亚山脉，挟布拉麻布杜拉河峡谷，发见一大山脉。鄙人称此为杜兰斯喜马拉亚山脉，实西藏探险中居最大发见之一山脉。虽此山脉，各部分学者已经调查，然未知形成一山脉之事也。查此山脉，自东方拿布昆克拉坡至拉达克地方，蜿蜒一千英里之长，较之喜马拉亚山脉之幅，则此山脉不过八十英里乃至一百英里，仅占朋巴州中央部一百二十英里之广，且非集合的山脉，一脉连亘，山势高峻。路过山道有二万九百尺之高。虽藏人尚未知如此大山脉，况外国人乎。鄙人偶然发见此未曾有之胜境，将来世界复无如此大山脉，不禁为之忻快也。

山脉中高峰以宁建达拉山，坎峻坎克利山，搭尔哥坎克利山等，连峰冲天，为注入印度洋与太平洋之河之分水岭也。鄙人称此山脉为杜兰斯喜马拉亚山脉，缘由即连亘喜马拉亚山脉之意也。查对印度国防上以喜马拉亚山脉为第一屏壁，诚能设兵严守，西藏疆防洵金城汤池矣。

藏程之险峻

鄙人于印度列市编成大旅行队，雇用拉达克二十五人，马一百三十四。一千九百六年八月，人马肃肃，发列市，征鞭一路指西藏前进。越喀拉哥尔木山脉，过林细，舟渡亚克萨尹湖，遂入前人未到之西部藏地。地势险峻，甚属艰困。越布卡蔓克拿山脉，一日间毙马九匹之多。迢迢长途不见人烟，饥饿迭起。历八十三日，始遇游牧八种部落。此时之愉快可知矣。

嗣后，虽无插天峻岭，然地域甚高，形势旷远，天朗气清。四周山巅白雪皓皓，峰峦极多，牧草间有游牧土人部落或牦牛等。查中央亚细亚与西藏地方多产牦牛，为该地土人最利用之牲口。只性质犷悍，不易驯，使鄙人屡遭危害。自此行程愈远，马毙愈多。遂由土人订购牦牛，以继续旅行焉。

土人语云：牦牛备有强健体格，容貌虽丑，然筋肉结实，冠绝兽界。故旅行此地者必预备之。盖牦牛跋涉险恶道路及冰河中堆积石块最为便利，且遇积雪封道之时，旅行者若使牦牛先行，以奇大足趾与其头角排除积雪，则牦牛一过，道路即开，旅行者随之，实为一举两得之野兽。中央亚细亚西藏地方之行旅，真不可不用牦牛也。

藏西形势

南进深入藏地，出安莫尼阿克湖畔。更南走孛克藏宗巴湖畔。东南进至刚接错湖畔，盘桓一旬，考察附近情形。时交腊月，湖水冰结，湖上自由通行（查刚接错湖水含盐，为咸水湖）。测量完竣，遂入那杜安州。刺史夫拉扎杜耶林君，与鄙人有旧识。一日夫君来访，晤谈良久。夫君云：藏地民气未开，域内险峻，猛兽毒蛇充塞行路，而粮食难得，气候不调，奇惨不可言状。先生旅行，恐涉危殆。不如且请中止。夫君之热心力拒鄙人深入藏地良可嘉也。然鄙人早已委心任运，遂婉谢夫君。翌日得夫君准许，鄙人自此五衷愉快，以为今可遂旅行之夙愿矣。

鄙人自此意气益昂。越圣拉城，即杜兰斯喜马拉亚山脉也。路南有密朱川，似悬白练。密朱川者，即布拉麻布杜拉河最大支流，于拉卡宗孛，会布河本流也。布河北岸耶顺市，有喇嘛庙，规模壮丽。由耶顺市数日，遂入札什伦布府。时西历一千九百七年二月九日。计鄙人由印度列市启程以来，已七越月。回顾来途，茫茫如梦。起望前程，喜马拉亚连峰矗矗参天，不禁客怀怅触矣。

札什伦布为后藏首府，班禅喇嘛驻锡于此，西藏第二大都也。喇嘛殿堂结构宏壮，金色灿然，眩惑人目，真教都大观也。现代班禅喇嘛鹤龄二十八岁，为教祖七叶后裔，资质贤明，藏人敬仰不置。

鄙人入札什伦布后谒见班禅喇嘛教主。优待极周到，将鄙人延入殿内宿住，付与特权，考查所有藏地僧俗情形，盘桓四旬之久。教主恩谊浩荡，没齿不忘也。

札什伦布庙内有喇嘛僧三千七百人之多。庙内分数百房，各房僧人专念经典、修道。一日三次，就大釜中煮茗，以吹角为号，各僧饮茶，甚为喧嚣，亦藏中一大奇观也。

藏僧风俗

藏地人民信仰灵魂不灭，即灵魂轮回说也。因世人皆知，鄙人不赘，别述喇嘛僧情形。喇嘛僧中阶级制度略分为五：第一，达赖喇嘛。第二，班禅喇嘛。第三，库伦活佛。三者为最高级喇嘛，所谓教主也。第二级，堪布喇嘛。第三级哥伦喇嘛，即普通喇嘛也。第四级，喀斯尔喇嘛，即小沙弥也。第五级喇嘛，仆人是也。哥伦喇嘛，藏地各处皆有分驻。所掌管冠婚葬祭事宜。若有死者，哥伦喇嘛直趋死者前，抓其皮肤，拆开骨盘。此称为灵魂脱离肉体之形式也。其尸骸不许埋葬，细切尸肉作为包子，以喂灵狗。灵狗者，即神圣狗之谓。拉萨、札什伦布及藏地各喇嘛庙内常饲养数头，以备分尸之用。其各游牧民则因无庙可属，遇有死者遂放弃原野，以饱虎狼。是人生之惨酷莫过于藏人矣。

藏中岩僧甚多。此等岩僧为潜心真修佛教起见，均踞坐密闭岩窟中，终世不出门见人。查岩窟在藏地山腹开掘窟窿，地土垫平。僧人入窟后密闭窟扉，不泄光线，谓之黑暗洞天。窟内炕下开击小穴，由此付与饮食。若食物依然，则窟中僧人登天矣。僧人在窟中专诵经文，盘坐悟道。鄙人曾见一岩僧闭居窟中已六十九年之久，始入圆寂。当圆寂时，忽改变常度，皮膏灰色，头发苍白至膝。临死端坐，不改修叶姿容。藏人收该死尸搬出火葬，以灰收入悼尔天（纳骨塔）内，永远保存云。

藏地僧俗，每至正月最喜假装龙头、鬼面，聚众歌舞，或吹喇叭，或鼓铜锣，极一时之盛，实藏中第一奇观也。

藏民风行一妻多夫习俗，例如一家有三男，共娶一妇，若生小孩，该孩称父亲为大爹、中爹、少爹。较与美国英尔门教一夫多妻之僧俗互相反对。类观之，同一主义。东西对峙，堪称为世界上二大怪俗。

别札什伦布西征

鄙人盘桓札什伦布四旬，与藏地当道屡次交涉。因关于鄙人旅行之故，蒙驻扎前藏英军司令官欧昆聂尔少佐寄信，且赠给书籍食品等，隆情厚贶，铭感不置。呜呼！远涉不毛，离乡万里，蒙故国友人殷殷相赠馈，此时之喜不卜可知。旅装齐备，行旌肃肃，遂出教都。讵拉萨藏官为防遏鄙人入都起见，昼夜兼行，直追鄙人不及，亦云幸矣。

灵山灵水

由札什伦布启程后，向西北进行。复越杜兰斯喜马拉亚山脉，出丹克拉于木杜湖畔附近，发见达尔哥坎克利之山峰。查藏语，坎克利者冰山也，即千古白雪掩散之高山也。达尔哥坎克利山顶白雪皑皑，冰河奔流，山容雄壮。藏人以丹湖与达山称为圣地，敬仰不置。且另有典克利诺尔湖与宁赛达拉拉山，及麻诺萨罗华尔湖与凯拉斯山等，共称为藏地三灵山，三灵水。此等湖水均属咸湖，然水中盐分稀少，藏人因湖水以圣其地，往往饱饮其水。藏人俗云：吸神水必能祛病，且能疗难病。又云：藏人瞻礼者，五日以内周游湖畔即可消灭犯罪，且得避盗难。虽微至牲口，亦安全也。达尔哥坎克利东麓，塞尔细克克巴有大喇嘛庙，殿堂宏阔奇丽，伯仲札什伦布大庙。然该喇嘛教旨一律反对黄教，冰炭不相容，即所谓红教喇嘛也。二教倾轧极烈，平常亦争斗不绝也。

由凯拉斯山过哲莫城克山麓（高峻岩僧之义），发见述尔错湖。呜呼！人事变幻不可豫测。鄙人旅队提调摩哈汉伊萨君因病去世，中怀惆怅，不堪言状。土人语余云：摩君灵魂一年间彷徨此地不去，月暗夜阴，啾啾鬼哭辄不绝声。迷信之深可发一噱。途人竭力阻碍鄙人通行。故变更旅程，越安达坡再出布拉摩布杜拉河，测量扎尔达散波水流情形（即布拉摩布杜拉河支流）。查藏语，散波为河川之义，又有大河之义。

1912 年 1 月 20 日（共和纪元元年一月[二十日]），第三年，第一号（总第十九号）

西藏探险记(采录)(续完)

穷探布拉摩布杜拉河水源

由扎尔达散波出杜拉达木地方。此地藏官极为优待,准许自由行动。于是鄙人决意探险喜马拉亚山脉北部地区。渡布拉摩布杜拉河,越克哥列坡,遂入泥波尔国国界内。克哥列坡山势缓漫不高。由布拉摩布杜拉河畔,不过一百米突即达恒河流域。此山盖布恒二河之分水岭也。急应用大工程开凿隧道或运河,则联络二水流域,以利交通易易耳。由此顺布拉摩布杜拉河逆流而上,从事实探该河水源。考布河水源诸说纷纷,迄未一定。在昔探险家南新君报告及英国陆军某君报告,均以马酉木坡为水源。鄙人不信,遂决为探险水源之旅行。溯河旬日遇有五水会处。枝流、本流难以辨识。故鄙人遂用赖斯河水流算计五水会流速度,例定河幅、水深、水量等。知克比安波水较他四水有五倍之大,遂以克比安波为布河本流。自此续探至喜马拉亚山脉北部之克比坎克利山为止。山上冰河三道,涓滴集合荟为克比安河,由此下流以达于布拉摩布杜拉水。鄙人于是确定为布河水源。自此以后,可无复水源纠葛事矣。

发见萨杜列细河水源

由布拉摩布杜拉河最西支流水源地越一山,出达解安孛河畔。此处奇迹甚富,麻诺萨华尔湖于附近涌出,为土人敬仰崇拜之灵泉。土人语云:旅人如以双手掬水浇头,则必免贼难,且无病灾,历验有效。若以泉水撒布马鬣,亦可避猛兽危害。迷信之奇,从可想也。湖水毫无盐味。由达解安孛河以注入麻湖,复自麻湖渗出注入邻近之拉哥斯搭尔湖。向来地图上,印度河支流之萨杜列细河水源以喜马拉亚山中平野为止。然依鄙人考查,萨杜列细河上流即麻诺萨华尔湖,麻湖水源即达解安孛河。由是遂知萨杜列细河水源为达解安孛河云。

麻诺萨华尔湖之探究

萨杜列细河水源探险事毕,鄙人盘桓麻诺萨华尔湖畔,考查湖水性质。用麻布制造划子,驶航河上测量水势。据实地调查,麻诺萨华尔湖直径三万五千米突,最深处八十五米突。当测量之际,突起飓风,划子覆没,几至淹死。查麻湖为藏中三灵湖之一，风光明媚，山容庄严，真灵山、灵湖之神境。以故藏人膜拜，麻湖周围祈祷冥福者络绎不绝。今日者，回首麻湖水色山光，超轶大千，神魂之飞越直达千万里矣。

出印度河水源

再过哥拉意斯山北进，越基里布共巴山，遂入前人未到之地，即印度河水源也。藏人称此地为新基哥巴克(印度河涌出喷口之义)。由此观之，布拉摩布杜拉河与印度河互挟喜马拉巫山脉东西流出。鄙人发见此二大河水源，于地理学上贡献甚大，非自负也。由印度河水源向北，东达北纬三十二度。附近多土人部落。外人至此者，是以鄙人为始。且此地沙金出产极丰。每年由拉萨简派藏官征收沙金而归，获利不少。再横断杜兰斯喜马拉亚山脉转入卡尔德克市。该市驻扎二刺史，有互相疾视、冰炭不容之势。不但苞苴公行，挟持强权，宛然专制国之概。鄙人为由此地再入藏地起见，请求入藏特权数次。该刺史概行不准。故改变旅程，回印度列市筹划入藏。遂编成旅行队勇往直前，以为三入藏地之举。

三入藏地

藏人甚恶外人入境，非有神助之探险家，决不能横行藏地。鄙人当第二次藏地旅行，半途回国，岂易易哉？缘藏人拒斥入藏，监视甚严，鄙人进退维谷。于是为免藏人猜视起见，遂扬言黑廷博士此次越喀拉哥尔木坡，出新疆省和阗地方。遂入北京，以避藏人注意，且便于再由列市启程，为迢迢万里之长征也。

鄙人至拉达克编成旅行队，鼓勇入藏。雇拉达克土人十二名，马四十匹，以回民阿布达尔基利木君提调。阿君系回教商人，从事印藏贸易有年，甚熟悉藏地形状，且性质温良。长途万里，蒙阿君之力决匪浅鲜。鄙人代旅行队预备三个月粮。据阿君云：至和阗，预备二旬之粮足矣。然鄙人目的岂仅仅在和阗已乎？

旅行准备一一告竣。鄙人意气轩昂，直压藏地山河。遂由拉达克启行，维时一千九百七年冬月三十日也。寒风侵人，积雪满路。一望前途，山皆戴雪，缟素连天，亦印藏天地之伟观也。鄙人因防藏人猜疑，乃预备拉达克人衣裳。古人语云：无限客路辛酸多，游程心事两茫茫。触景生情，百感交集。至喀拉哥尔木山麓盘留数日，乡愁万里，夜月满窗，过雁数行来由北地，又不禁感慨系之矣。

喀拉哥尔木山坡

喀山坡为印藏交界险隘，乃至和阗新疆之大道，地域高峻。时值严冬，路旁委弃毙马与货物无算，凄惨不忍逼视。查此等毙马与货物，均系商队征囊。因道路险恶而冻毙者。然此等毙马因天寒，故绝不糜烂，仿佛长眠者。然枕首荒邱，群犬纷咬，亦奇景也。且此地每年毙马甚多，虎狼之属藉以饱食。白骨成丘，足见西藏行旅之苦。然以驮装货物之故，反为饥饿所迫，遂至于死，遂至于委弃殆尽。呜呼！伤哉。

鄙人于是用牦牛为向导，藉其足趾与头角排除积雪，开道进行。迢迢长途，驮马冻毙迭出，而马粮又缺乏殊甚。达基俊哥尔村队中，回教人某某等专念教经，祈祷冥福，愿速到和阗，盖以鄙人尝声明赴和阗，尚未发表入藏之目的也。至是，鄙人始发表入藏之事，勒令队员同入藏地。寒气愈酷，我气愈豪，遂越一万八千英尺高之喀拉哥尔木山坡。途中人马鼻间皆迸出鲜血，涔涔不止。困苦情状不可殚述。

历时寒气愈酷。摄氏寒暑表已在零点三十二度以下，毙马续出，牧草难继。鄙人等运命只委之于天耳。过喀拉坎川水源，出阿克苏丁湖畔转向东南行，毙马益多。寒气遂达于零度下四十度，查水银冰结点为零度下三十八度。藏地冱寒至此，殆在寒暑表以外云。且队员中受冻伤者极夥，遂烧行李取暖。四十头驮马大半毙矣。出阿尔何杜湖畔，始通土人部落。启行列市以来，六十四日不见动物只影。现通土人部落，其喜可知。然藏官已经移牒所有藏地各界，概禁鄙人入境。如被其发见，则真千仞之功亏于一篑也。一喜一忧，只依神助而已。

于是鄙人决计变装，在脸上涂墨，假装拉达克人，幸未发见。然毙马强半，至圣缅塞湖，射杀一羚羊以供食用。讵土人猎户探索鄙人等行踪，追求甚急。适鄙人旅队因粮食缺乏，行路迟迟，遂被拿获。鄙人历陈实情，证明鄙人为拉达克人无疑。猎户等始行放心。嗣后住久，猎户反赠牛奶、黄油等食物，盖始终不知鄙人之为欧洲人也。由是日益热心研究假装法，拟于藏地乞丐，以免土人查看，行之数月颇有成效。时值改岁，藏地严寒，大雪不辨咫尺，驮马毙益多，饥寒交迫苛于猛虎。天帝不怜，厄我行人，悠悠前程，含恨益多矣。

一千九百八年二月十九日出伦布尔林莫杜湖畔。因圣哥尔族游牧民猜疑，遂为所捕。鄙人急以拉达克商人自证。讵该游牧民拒斥不认，目为虚妄，且云：拉达克商人冬季决不经行此路，君等必为外洋人无疑。幸旅队提调阿君等极力证辨，其疑始解，反以羊肉见赠。土人性质之易与有如此者。由仑湖畔过里摩利那向南，东入那克仑地方。此地民房均系石造，间有安置佛像之帐幕。查此等帐幕俱为携带佛像遍游藏地各属募款之用。三月八日渡一河。时冰尚未解，遂为冰上之行。讵中流冰破，溺毙马七，失犬二。此际之窘迫，殆达于极点。

入朋巴州

鄙人鼓励队员进行，并入朋巴州。查朋巴州地域广大，分为十一部。人口稠密，毗连朱克真州。朱州境域与朋巴州相同，二地自古迄今，毫无外人入境。鄙人此次始行发见。土人性质犷悍，欲实行驱逐鄙人队员，屡次密派探侦穷鄙人帐幕。幸提调阿君极力掩护，使鄙人着仆服，假名巴悉巴巴，吹牧笛，变为牧人，以便考察地理、风俗云。

百忧催尽，万苦备尝。今日者，鄙人精神坚固遂无恙，而出朱尼蹉矣。据藏语云:朱尼蹉为藏地著名盐场，朱尼磋湖水极富盐质。藏地大宗货物转运于印度，北部甚盛，然制法未完善。若改革盐场，监督盐商，藏官入款当不少也。

鄙人此时即脱卸伪装，披露真相，丛山鸟道间旅行极易，又无藏人危害。五月五日宿一塞站。回顾来途，茫茫身世，不禁感慨系之。乃与提调阿君为旅队各员特开犒劳晚宴。夜色沉沉，四顾寂静，青山隐隐，孤灯明灭。香醪数行，情感大动。队员中拉达克人等遂离座歌舞，角笛、铜鼓响彻深山。余韵袅袅，直欲使旅人愁杀矣。宴毕遂就寝。

四越杜兰斯喜马拉亚山脉

由此再越杜兰斯喜马拉亚山脉，过铁利南克错湖畔。顾望连峰，一碧接天。湖沼清漪，散布于大地，恰似一幅美画图。然山之北方有苏麻赞孛河，为此地第一大河。沿岸有柬孛拉人帐幕杂居其间。柬人帐幕在藏地土人中最喜洁净，整理亦极密。及前行至达仑克错湖，藏兵遂辞去。

鄙人于是遂无挂碍，无拘束，自由行动，为随意之旅行。更由波尔错三越杜兰斯喜马拉亚山脉，发见南克利欧湖。向来地图上记载南湖情形均系错误。查该湖中有五小岛，回环错杂，无他特形。湖畔藏人村落中有藏商某，遵一妻多夫主旨。乍遇远人，酬应周备，并赐米粮等食物。千顷汪洋，铭感不尽。再由丁克拉四越杜兰斯喜马拉亚山脉，登最高山斯密耶拉坡，更向北行。西出萨杜列细河畔，顺流向印度细木粒[拉]市前行。由是遂别藏地山河，而数年西藏探险之心事亦于以告终云。

出境返国

向闻蜀道之难难于上青天，初不意于藏道遇之。古人之言，若有不相类而适相合者。由萨杜列细河畔达印度、西藏交界之细基拉山坡，高立山顶之上，回望藏地，连峰接嶂，万壑摩天。若有举手送行之概。鄙人从事藏界探险于今三年。柳往雪来，间关险阻，藏众之蠢愚，旅行之障碍，回首依依，不禁凄绝。旅队肃肃，天地悠悠，俄焉遂达印度细木拉市矣。此时之愉快，恰似驰突千军万马而出险者。细木拉市长(驻扎英国印度政厅)预为扫榻，以待鄙人之至。相见欢呼，悲喜交集。予之所谓西藏探险者，盖于是事毕矣。呜呼！铁脚踏破十万里，使暗黑之藏地，一旦而绍介于世界，文明之促进，决非鲜浅。而况藏卫者，乃中国西门之锁钥。地大物博，矿产之丛杂，土味之丰腴，若他日苟得利其交通，普及文明，开发富源，则鄙人之贡献中国岂少也哉？要之，文野亦何常，是在有开发风气之责者矣。

1912 年 2 月 20 日(共和纪元元年二月[二十日])，第三年，第二号(总第二十号)

西藏风俗记(未完)

李安陆

叙略

政治，本风俗习惯组织而成，未有民情不知而可以谈政治者。况西藏为现世之闭秘国，东西洋人士长于学识、富于冒险、入藏而探悉民情者，固不乏人，而我国自收藏以来，虽有保护之美名，究无驾驭之实力。其原因虽有种种，而其所以致已有之物，将折而为他人有者，则病在不谙熟彼中情形耳！记者留东五载，研究历史、地理。凡关于西藏事件，分类摘录。已集有《西藏风俗记》、《西藏政体考》、《西藏指南》、《西藏略史》、《西藏农工商业镜》各集。原拟付梓，贡献同胞。幸今民国成立，建设方新，而藏事尤为紧急。未能全梓，暂将风俗记登诸杂志，以为研究藏事者之一助。海内外同胞，匡其不逮，记者所厚望焉。

第一节　民性

西藏人为地球上最善良之人民，性质温慈，言行信实，思想亦高尚，且喜音乐，好跳舞。若加有进取精神，则足称为完全国民矣。惜乎性情优柔，易于服人，作事方针不能自定，最迷信佛教。喇嘛所言，不问是非，奉之若法律，信之若神明，绝无反抗之举。其对我国驻藏大臣之命令，亦谨遵无违。至居住高原之人民性尤朴实。惟东部西藏，因接近我国本部，化其风习，性质稍异，似有与他西藏人不同者，甘巴、乾罢二种为彼中著名之种族。其性活泼，喜游戏。他人所不忍居之惨境，彼怡然居之，不以为意。且事佛之心较他西藏人甚浅且薄，未尝有遣子弟入佛寺之事。此族初自喀木地方移住此间，专事旅行，转迁四方，远在克什米尔地者有之，故无一定住址。但其中罢旅行生活而卜居住事农业者亦颇不乏人。

西藏男子概属懦弱，而女子反觉强健，故其劳动胜于男子。普通男子所操之业，此地大抵为妇人、女子之职业，或耕田，或登山采薪，或负重致远，或修缮墙壁，建筑房屋。凡我国男子之所为者，彼中概以女子代之。而男子反仅帮助而已。贸易亦多为妇女之业，且在家则自庖厨、纺绩、裁缝以及为老幼之梳装，皆优为之。内外大小之事均为妇女之负担。吾国妇女依赖性成，放弃一切义务，以视彼地妇女，盖有天渊之别。且彼中妇女担当一切，不以为劳，反有满足之状。此固习惯使然，然亦三从四德邪说未流入，彼中妇女责任心重，不肯仰赖男子之所致欤？独是一般男子懒惰成性，时虽从事于耕作，究仅为妇女之助手。即载货物于驼兽，不得女子之助亦势所不能。妇女之强健如此，故一切佣役动作非妇女不可。而妇女筋力强壮，亦基于劳动之过激。男子一无所能，亦属自己放弃人权之所致。可见天生男女固无厚薄，特视各利用天所赋者何如耳！我国女子为男子之附属品，与西藏男子为女子之助手，同是抛弃天职之食报，未可怨天尤人也。虽然西藏女权之大亦出乎范围之外，非惟不宜于专制时代，且不适于共和政体。夫妇女之所尊贵者，莫如贞淑节操。而彼中妇女不以淫行为耻，遇有外交即明告其夫，以为戏弄。其夫不咎，且习焉不以为怪。其夫适彼之意，或与之共居。家庭一有拂意，即弃而去之，择其所欲为者适之。在彼妇女权利强大，固属行所无事。若自文明国视之，亦有乖夫妇正道。与吾国轻视女流，同一不平等之慨也。

第二节　职业

良医之子恒为医，良工之子恒为工，此种族遗传性之关系，世界同此公例而不可逃者也。西藏职业，因种族而异，事有固然，无足怪者。如自捏泊尔、不丹地方移住者，原稍具有移民性质，察知西藏一般人民多嗜好珍奇无用之品，又以拉萨为藏地工商业之中心点，故多居拉萨，专业金、银、铜、锡、玉石之细工。凡金、银、铜、锡、珠王、缝箔及妇女之首饰等，制作均极其精巧，人物、花卉之雕镂无不逼真。故甚得西藏人之欢心。习与居游,未尝有种族之嫌。而此等移住居民亦实行同化,虽风俗稍有不同,而一般仪式究与西藏人无异。且揑泊尔、不丹二国与藏地同一宗教,感情尤洽。久而久之,遂有一视同仁之结果。此殆幸揑泊尔、不丹二国素取锁国主义,不受印度及英政府之嗾使,并无移民大野心,止于安居乐业已耳!使如布里雅多人受俄政府之秘嘱,藉同教以施笼络手段,离间我兄弟。又或为印度国如英介绍,藉通商以实行亡国政策,则西藏之为西藏,久非吾西藏同胞之所有,安得延至今日加入吾四族中,共建五族共和政体也?往者幸矣,来者宜戒。布里雅多、印度尚在,窃愿西藏同胞慎勿以揑泊尔、不丹人视之也。

此外,又有自克什米尔移住于拉萨者,亦复不少。此族专营商业,止从事于布帛、金、银之贸易。容貌秀丽,不改固有风俗,戴土耳其古帽,蓄长须,言语庄严。虽居西藏佛教国,仍奉回教,无出入佛寺之事。同教之外不与通婚。常为一种特别生活。故西藏对于此族,置有经喇嘛法王认可之总监以管辖之。尚于西藏无甚妨碍也。

其土著人民大半为游牧之生活,逐水草,徙四方,专事畜牧。从事于农者,甚少。但据欧人之说,称此族实亚细亚洲首行农业者也。意者,我国农业传自彼中。一时因交通阻隔,未能还授,致西藏同胞暂时退化欤?据昔职业之相同,证今种族之不异。可见吾国与西藏实异派同宗,有密切关系者也。西藏同胞其悟哉!速其欢迎吾农,垦尔荒地,授尔农术,恢复尔祖宗之职业,与我四族熙熙攘攘于共和政体之下,斯为自计得矣。

第三节 衣冠

衣冠之制因等级而生差异。如达赖(法王,住前藏者)及班禅(副法王,住后藏者)之冬帽均以氆氇(毛织物)、羊绒制成。其形上尖下大,其色尚黄。夏帽恰如竹笠,以金色皮为之。皆表示专重黄教之意。衣服有内衣、外衣之分。内衣则以氆氇制造,形如我国之坎肩儿。外衣为紫羊绒之单衫,以帛缚其上。足穿锦靴或皮履,腰部束帛。春冬之际常露半臂。其余喇嘛服装皆大致相同。惟有精、粗之别。沙噶布伦(三品官,藏人称为莲足,喻言最有势力,自富裕贵族中选用者)、戴俸(六品官,掌马厂之事)、第巴(七品以下官,司各事者)等官,不束头,发披垂背后,缀以短缨。戴平顶之帽,顶上披以獭皮。手持念珠,腰束皮带。遇佳节或有公事之时,噶布伦则将头发两分于顶之左右,另绾一髻。身穿蟒衣,上加着大领、无缘之小袖衣。第巴亦绾头发结成一髻,戴无翅之白纱帽。此囿于古昔陋习,未知应时世之要求。

然装束原无定式，犹未足深为彼中咎也。独一般藏官多于左右两耳穿耳环，以绿松石或珊瑚制之。其大如桃，形如鸟啄，身则穿绿锦短衣，下则着百褶黑裙，足穿皮靴，腰系红绫。自上至下，一若吾国妇女之装束。或者彼中男子好以女子自居，极意修饰，献媚于女界欤！幸此等官吏，虽装同女子，另带佩刀以示区别。不然我国人士初至彼中，见此装饰，雌雄莫辨，未可知也。至一般普通人民，概着大领无缘之袖衣，材料因贫富不同。帽冠亦然，但戴白帽者亦有之。腰部以皮或毛褐结附，系小刀、顺刀、皮袋、火镰等件。怀中各藏一木碗，与蒙古人同。惟上自噶布伦，下至土民，手皆带有骨玦，为西藏一般之风尚，大抵于佛教中别有取义也。

世界通例，女子美术性优于男子。一切装束，总未免稍涉修饰。对于头发，尤属珍重，故有以发足值千金者。夫死守节，不再改嫁之妇人，动剪发自誓。可见发于妇人为最有价值之物。非有大故，绝不愿损伤毫毛。西藏虽为未开化之地，而其爱惜头发，不让东西洋各文明国之妇人。此亦世界妇女之天性，无中外，无古今，无文野，同出一辙焉。但西藏妇女二分头发，各自结束垂于脑后。其状似绳，犹与吾内地妇女不相悬殊。惟发辫以坚细为佳，颇与吾内地妇女发辫以松大为贵，稍有异同。盖彼中妇女辫上喜垂宝石、珍珠、珊瑚之类，故结束不得不坚，坚则不得不细故也。处女未定婚之时，脑后别垂一辫，受聘以后则戴夫家所赠之装饰品，与西洋处女手中戴夫家所赠之指环，一望而知其已定婚姻同一徽号。及其嫁后，不再结辫，以示区别。吾内地妇女亦存此习。究未知彼此谁先倡此风俗也。独是彼中妇女有非吾内地妇女所能及者。第一是无缠足恶习。无老、无幼，均天然大足。平素穿布靴或皮靴，行动举止非常自由。不惟较吾内地小足妇女卫生上、便利上受莫大利益，即比诸日本妇人足穿木屐，亦有霄壤之别。加之上穿绫缎、细布、毛褐之齐腰短衣，下着黑红褐之万字裙，使非面色近黄，骤然视之，即为英、美、德、法诸文明之妇女未可知也。惜乎头戴红绿尖顶之小帽，装成世界妇女之特色，未免贻笑大方。短衣之上又披一小单方之袈裟，颇染有法国传教妇女之陋习，殊不雅观。虽手带金银、宝石之手钏，指带金银、宝石之指环，犹为世界普通妇女之本色。而耳垂、耳环，耳环之上又串缀珍珠、珊瑚，垂于两肩，则存吾内地妇女穿耳之恶习。胸部又必排有数寸长之银镶珠石，如吾内地妇女所用之银牙簪，亦非世界一般所崇尚。至其无分贵贱，均头排念珠，身藏护身佛，右手戴所谓砗磲圈者，自幼至死，未尝稍脱，以为可以防死后之迷路，则纯属迷信之事，最惹达人笑也。若夫一般老妇，无贵无贱，无富无贫，额上均戴一绿松石，光辉似镜，谓之白玉。凡老妇戴此白玉之日，亲戚、朋友有知之者必往庆贺。此种原因具有二说：一谓西藏妇女厌生育之苦。一至额戴白玉，必属断月经。自后无生育之事，为人生最大幸事，故亲友往贺焉。一谓西藏人事佛心虔。凡妇女额戴白玉必属月经不来，淫欲消减。自兹以后可以虔心事佛，不至以淫念消灭佛念，故一般社会极欢迎焉。此亲友所以往贺也。究之两说，均持之有理。不妨兼举并存，且于社会无大妨碍，不必详细考求。但富贵妇女均戴珍珠帽，颇为彼中妇女不取。盖此帽以木为质，其形如笠，内漆米红，外以金镶绿石为顶，周围密缀珍珠。其价约值千金，于经济上固受损伤，于形式上亦未必十分美丽，且头部受兹压力，脑筋亦有妨碍。窃愿我西藏诸女士亟改良焉。

总之，西藏素守锁国主义，凡外人来游者均疑其有观伺意。虽日本人屡有充该国政府侦探来游此地者，要非冒充中国人，决不能一日居此外，欧美各国抱侵略西藏主义者，非经我国许可得有护照，亦不能坦然入境。可见西藏人不喜与外人来往。故无论男女，一切装束均无一点洋风。自开国至今，历年久矣。而衣冠、文物仍守昔日遗风，于现今世界上别具一帜。兹彼中人士与吾内地人士感情素善。我国人往来彼中，习与居处，风习渐有用我文化之势。但吾内地人士去彼中者，概不准携带妇女。此固彼中政府之苛禁，亦前清政府不主张五族共和之所遗误也。故彼中妇女未目我内地妇女，良习、恶惯均未染及。幸女权素重，一切装束总随女界自己好恶为转移，未尝随男子好恶为转移。凡便于女界者尚之，其不便女界者改之，不中男子奸计。不然，非洲男子尚匾首，女子则压首以逢其恶。欧洲男子尚细腰，女子则束腰以买其欢。日本男子尚窄胸，女子则裹胸以称其心。吾国男子尚小足，女子则缠足以如其愿。使西藏妇女一味逢迎男子，亦当中男子侵夺女权之计。安知不致斫削天然体肤，而为压首、束腰、裹胸、缠足之续？惟其女权不亚于男子，从未尝惟男言是听，故尚留存完全身体，甚为西藏女同胞幸焉。独是彼中妇女每见喇嘛，必以红糖或乳茶涂面，否则以为冶容诲淫，有迷惑喇嘛之意，必罚以罪。此盖当年喇嘛不能自制，转以责人，未免苛待妇女，乃积以为习。今则居常见客，均以涂红糖或乳茶，世界传为笑柄。虽经前清西藏查办大臣张君荫棠苦劝禁止，而积重难返，此习尚存，亦恨事也。

第四节　饮食

米为人类之主要食料，世界所公认。现世全球人口约共十六亿万。食米者约占有六亿四千万之多。他如亚非利加食麦，南美及中央亚美利加食玉蜀黍，北部伊大利食小麦。要皆与米并食，与吾本部北数省麦米并用，未尝以米为非食料品同出一辙。乃西藏则有大谬不然者。天时、地利非不宜种植谷类，人事亦非不知种稻，特藏民厌食谷米，故视此等重要食料等诸弁髦耳。究其彼中人民日常食物，则惟以糌粑为主，其余牛羊等肉及奶子、奶渣均不过为协助而已。所谓糌粑者，系用青稞磨末，黄油及茶调伴者也。吾内地人民初至彼中，疑不敢食。伊辈则视若肥甘，一若吾内地人民啖饭，一日不可缺少，此亦习惯为第二天性之证据也。

惟上下一般，无老、无幼，均最嗜茶，每饭食间非茶不可，故西藏为茶叶一大销场。前概由川省运销，今则印茶盛销。彼中诚为吾国莫大漏卮。煎茶之法亦甚特别。吾人普通煎法系置茶叶于壶或碗，外以热水泡饮，彼辈则置茶叶于釜中，以水煎熬。此犹不足异，惟俟其煎熬变为红色，投以黄油及盐混搅之，则不知用意何在。夫饮茶目的原求止渴，而食盐适足以长渴，黄油味亦咸。一方止渴，一方长渴，宜乎？饮茶无断绝之时，而为彼中国民之大销费品也。至牛、羊等肉盖属生食，未尝烧煮。吃时亦无一定，食间每以饥为度，但食量甚少。故每天食三顿、四顿或五六顿不定。此均于卫生上甚有妨碍。且饮食之际，不用刀箸，概以手掬之。而指甲中藏多数霉菌，食最易伤之理，茫然不解。虽间有用木碗食之者，食毕藏于怀中，颇有吾内地富豪家非已常用品不食之洁癖。乃木碗周年不洗，每食，即用己舌舐之，则又成野蛮土著之恶习。此殆所谓明于彼而暗于此者欤？

酒以青稞酿造，味淡而有微酸，俗名为跄。又有以青稞造烧酒者，凡男女老少均嗜好焉。惟入醉后，则男女相携笑唱，逍遥市街，似未免过于放肆。维持藏化者宜留意焉。

第五节　房屋

西藏房屋，土著人与游牧人各异。其构造，盖居住有久、暂之分，则房屋构造自有难易之别。如自四川省打箭炉至拉萨，沿途皆土著人民也。故房屋皆砌石造成，屋顶扁平，覆以土石，名为碉房。自二层、三层至六、七层者有之，依贫富而异焉。独家畜饲于楼下，人居楼上。虽人畜隔居，不至有人彘之嫌，而畜类炭酸瓦斯轻而上腾，最易伤人生命。且彼中寒气逼人，窗户不敢多开，止于屋顶穿一小孔漏透日光，藉以通烟。室内异臭扑鼻，黑暗地狱，此之谓乎？虽然富者室内颇事修饰，饶有吾内地雕梁画栋之风，惜其紧闭窗户，空气、光线两俱不足，终未免为土著人民之生活也。至屋外壁上，均画一寿星图像，表示求寿之意。人情欲生恶死，吾于藏地民无责焉。惟藏地风气闭塞，不以新政为然。警察为守卫地方之要政，尚未举办。故现今犹家自守卫。各家门首积石无数，以防盗寇。抑何不解公共治安之善政也？若夫山庄、僻村则均傍山坡石居，自以为便于樵汲，不知穴居野处，实上古未开化之左证。今藏地如此，可以知其程度矣。但甲贡地方，间有茅屋，意者此中稍有进化之机乎？

游牧人概以天幕为家。虽住于兽皮所蔽之陋屋中者，颇不乏人，而住于犁[牦]牛毛所织之黑天幕者，则实繁有徒。此天幕之形为六角形，俗谓之黑帐房。蒙古种之游牧民多住之。拉萨境内，大天幕颇多，甚至容居数百人者有之。至大召南之内天幕中有铜锅一具，足容水一百十余担，约一万一千余斤。据土人云：此盖备大诵经之际熬茶之用云。

1912 年 12 月 20 日(共和纪元元年十二月[二十日])，
第三年，第十一、十二号(总第二十九、三十号)

西藏风俗记(续)

李安陆

第六节　婚姻

西藏婚姻分上流社会、下流社会二种。下流社会之结婚，手续多不足道。即上流社会之结婚仪式，亦有非吾人所敢赞同者。兹先将上流社会之结婚仪式记之于左：上流社会择婚，男子以识文字为佳，女子以善贸易、识物价、理家务为贵。此犹为正当办法，不背择婚之旨。而择婚必拘门户，则又未免所见甚小。至求婚手续，尤有足议者。夫婚姻为人生终身大事，彼此钟情面谋可也。即托人关说，亦须出简单手续，斯为议婚正道。乃彼中议婚不胜其烦，如男家欲娶某家之女，必先以哈达(男详后)托一、二亲友通意于女家。其亲友至女家，止向女家父母致意，谓现有某家之男欲求令嫒为妇云云。此为初次议婚，犹不觉繁琐。若门户不相当，当时拒绝，无再议余地。幸而门户相当，意见相投，则约期再来。此约期内，并不求神问卜，如吾内地迷信。定婚止遍请亲友，伺候媒妁，以为正式议婚之准备。及媒妁携酒及哈达踵女家门，谢欢迎意毕，详述其子弟年岁、品行、学识。若女家父母、亲友有承认意，即饮其酒，受其哈达，并将馈定金银、绿松石戴女头。此外，并以茶叶、衣服、金银、牛羊若干作为聘礼。女家亦于焉答礼。若女家父母、亲友面有难色，不饮男家所赠之酒，亦不受其哈达，媒妁知事不谐，即径辞而去。婚姻之议自兹罢矣。此际婚姻开议认可与否，纯为女家父母、亲友之权。女郎在座亦有与闻之权，无参议之权。自己终身之事任他无相干者定之。岂女郎年幼，羞于启齿欤？抑藏地有此妇女出家虽不从夫，在家仍须从父习俗使然欤？不然，该地女权颇重，何竟放弃莫大权利如此？

近娶之时，男女二家必遍招亲族、知己。应招而来者亦必赠以衣服，以助妆奁。父母则赠田地、牛羊、衣饰。此犹与吾内地风习大致相同。惟结婚之日，女家门首搭盖一大栅[棚?]，内部中央高铺一坐蒲团，搬麦为花，使女郎上高坐，父母分坐左右，亲友按次序坐列。另置一小几桌，陈列果物、糖枣、食物数盘于上，与女郎共饮茶酒。此虽近祖饯盛意，不失父母、亲友之情。然陈设座位光怪陆离，亦未免方家之笑。及尽欢罢席，亲友即扶女郎步行以往男家。此幸彼中女郎得天然大足，故所行无事。若吾内地小足妇女安得有此便利？即距离稍远者，彼中女郎亦止乘马而行。亲友撒布青稞及麦于马前，以为向导而已。其视吾内地女郎出阁，无论远近辄乘花舆较为便宜。未可以彼为未开化并其长而湮没之也。惟既至男家并不行礼，即使女郎与婿同坐，交饮茶酒，似未免过于草率。至亲友各赠哈达于男女，且以青哈达挂于男女颈上或堆积于前者有之。殆表庆贺之意，不过习尚稍异耳！

若结婚翌日，新夫妇父母及亲友著美服，戴哈达，拥新妇绕市街遍访亲友。以新妇初至应有拜访义务，尚非人情不可近者。但亲友开怀畅饮，饮彻三日，饮毕并各携酒肉散归。娶妻之家似难为东道主，耗费过于巨大，则亦社会之恶习也。

下流社会结婚与上流社会异。其旨趣、原因甚复杂。究其实则均以西藏结婚手续甚繁，用费甚巨。若均如上流社会之仪式，一般贫民将均为怨女旷夫，终身不能有男女之乐矣。故下流社会结婚，遂有一特别仪式与上流社会格格不相合。此亦无怪其然也。惟男女各随其所好而结婚，不藉媒妁之言，自由结婚，颇有欧美文明习气。吾内地男女婚姻恒由父母专制，不能自由，困苦颠连，莫名其妙。以视藏地尚未开化之区，反瞠乎其后。窃为吾内地男女耻焉。

惜乎彼中婚姻虽尚自由，究亦有远逊于吾内地，且适成反比例者。其事维何？即一妻多夫是也。夫一夫一妻人类正道，欧美行之久矣。吾内地承数千年专制之弊政，君为臣纲之义定，夫为妻纲之说亦因之而生。一般男子独占优胜，于是有一夫多妻之事，此固乖于人道，非吾人所敢主张。乃西顾焉，五族同胞中竟有一妻多夫之俗，其事虽绝对相反，其害则极端相同。平心论之，盖均为吾五大民族中之污点，所急宜改革者也。无如彼中男子习以为常，恬不足怪。于某定有女有男，欲与配合则不嫌毛遂自荐，先谒女家父母，述己希望，如得许可为婿，则具条约，起卧女家，列为家族一员。自以为三生有幸，愿作没齿不二之臣夫。使一女不许二婿，一人独赘其家，妻其女，家其室，亦未必非人生幸事。奈入室时乃具条约，已有不能干涉女再娶夫之明文。女如无盐氏乎，他男或不过问，终身独享其权利，亦未可知。若妇貌不俗，染指者多，他男欲分享幸福，照式立约，亦得收为副夫。第三、第四亦如之，甚至同时立约同时娶入，成婚之夕，男妾双双同望女郎之雨露均沾，大有奚我后，后来其苏之叹。噫！此在女郎双收并美，固极一时之快。而东征西怨，南征北怨，为男子者不亦难以为情乎！吾内地男子席专制政体之余威，根男尊女卑之久说。一夫一妻每不足意，一夫多妻视为固然。若试移西藏男子入赘妻家，备妻家之一员，因妻任意娶数副夫，大被同眠之夕，雨露先后纯以妻君喜怒定之。此情此景，虽以吾内地最无用之男子处此，亦必醋海生波，不能杀人，必致自杀，决不能一朝一夕居也。而西藏男子习畏河东狮吼，望颜生笑，惟恐陨越。而女子竟以武则天自命，不以侵夺男权为背弃人道。故一妇而娶数夫，充实后庭，妇女似觉为分内事，毫不羞赧。而男子顽梗不灵，畏妻如虎，正夫副夫相视如姊妹，方且竞争职业，恪守夫道，冀博妇人之欢心，不至捐若秋扇，于愿足矣。不幸色衰宠替，见弃妻君，亦止自恨天生不辰，辜负良宵，无何若可。甚至求神拜佛，叩来生得为宠夫。或格外逢迎，冀妇颜一回，俾今生犹有乐事已耳！决不敢以妻君之憎恶，腹议目怒，因憎生妒，因妒生忿，中伤妻君之爱夫，以增一己之罪恶。甚者，美男子辈素擅专房，致妻君视后院群花眼中钉之不若，则妻君直更盟约，命他夫退去，该美男子得独享权利。但他夫退去而昔年入赘时所携之金额亦须加几分偿还，不过彼此争论多少，颇费时日。盖钟情而来，割爱而去，妻对伊之爱情虽尽而伊对妻之痴想犹存。一旦弃若敝屣，心何能甘？徒要求加倍偿还，自吾人视之犹小焉者也。幸此逐去他夫之事，亦为彼中所稀有。至妻君生有儿女之后，此等举动尤属绝无，以儿女难于分配，故虽有逐夫之心，究难行诸实事。故彼中男子逢妻生育，喜出望外。盖知自兹以后无复逐我者矣。至若兄弟多人共娶一妻，如里塘近傍妇女一夫则冠以一银髻，多夫则冠多银髻。所生子女即分养于兄弟，此尤世界中所仅有，为禽兽所不如。而彼中舆论反以一妇合三四兄弟同餐共宿，不生风波，为最贤妇女中淑者。殆亦自秽罔觉，咀蚋不知臭之类欤？

人口比例每年递加。此文明各国之通例，亦生理上应有事也。乃西藏则不然，考乾隆年间，全藏人口约有一百七十万。据生理公例，每三十年，人口当增一倍。则此百余年间，全藏人口应增至一千余万。乃近今查商上（西藏有权力之官）册报，只存一百万谱。不惟不按公例增加，反减少七十余万。若长此不设法维持，每年递减，再阅二三百年，则唐古特人种将无存在世界上之日。不至如美洲红夷，仅供博物院玩具不可得也。其所以致人口日减之原因，大别约有二端：

一、宗教之关系也。全藏人民笃信黄教，男愿为喇嘛，女愿为尼，受剃度者约占全藏人口十分之七。使知佛教三昧，只重本心，不重仪式。如日本僧空海离鸾，发明本愿真诠，不禁嫁娶，则虽全国皆僧亦无碍生齿之繁殖。无如彼中僧徒不识佛教真诠，禁人娶妻、生子。商上于僧徒娶妻亦悬为厉禁。夫驱少男、幼女尽入于清静寂灭之乡，则孤阴不生，独阳不长，宜乎！生齿日减，而将为日本虾夷之续也。

二、医学上之关系也。凡百植物，初萌芽时必赖有人焉培养之，灌溉之，保护之，然后生机勃发，有森茂之象。藉非然者，则虽牛山之木，斧斤不时入山林，旦旦而伐之，亦将濯濯如也。人之生育何莫不然？考西藏人民，不知卫生为何物，产婆学尤所未闻。故凡临产之时，无产婆治事，小儿亦不洗浴。其母止以其舌舐之，一切污血仍纳腹中。考医学原理，凡妇女生子多饮破血药剂，务使污血出尽，方免疾病。乃藏妇不惟不设法破除未出之污血，反饮已出之污血。生命危险，莫此之甚。畜类生子用舌舐之，西藏妇女抑何与畜类相似之甚也。且生子三日，即以黄油涂于小儿全身，曝之日中。又不事乳育，止以炒麦调汤与之。夫人乳为小儿最良之滋养品，炒麦功效何啻万一？乃舍其良而用其次，小儿已失其滋养矣。况黄油易惹苍蝇，涂之于身，苍蝇飞集，最易传染。小儿皮亦甚薄，曝之日中又易生热病。噫！小儿何辜，初生于地即受此种种磨折。自非先天充足，断未有不受夭折者。观此，则藏地人口日减，盖有由来也。

第七节　生育

敬老慈幼，根人情心理而来，非习尚使然也，欧美各国尚矣。而吾国，自孔氏老安少怀之说出，孟氏复以老老幼幼之义逐类伸明，于是老幼均为一般社会所崇尚。家规、乡约、国法、朝典，固各有尊重老幼之章，即社会上一举一动，其事虽微，而其用意则均含有敬爱老幼之征，他无论矣。即如人生至六十、七十岁之期，已膺有杖乡杖国之特荣。家族子弟相率庆贺，而亲戚朋友及近邻之人亦均鱼贯而来，共表庆祝之忱。此盖本敬老意以发生也。他如人生三日，赐汤饼者有之，赐洗儿钱者有之，悬弧庆祝者有之。甚至村人俗子闻人生儿，携酒庆贺，家人亦开筵宴客。此亦无非慈幼之用意，吾内地情形大抵如此。而藏则较有异同，颇有轻老重幼之意。妇女至年老，头戴白玉之时，人或往贺，盖别有深意，非敬老也。此外，无论男女虽年至九十、百岁，不惟无庆贺之举。且年愈老，愈为社会上所蔑视。此或以老夫耄无能为故欤？抑真以老而不死是为贼欤？据情论理，窃为藏地不取焉。反是，年幼小儿则甚为彼中所爱重。因彼中又有轻男重女之习惯，故优视女小儿尤甚男小儿。

凡生女子以为幸福，生男儿虽不以为不幸事，究不甚以为荣。生男之家来贺者不甚多，家人亦不甚预备。故生后二日，即可召集亲族、友人聊表志盛。生女之家则极意预备，招待宾客。故必生后三日始开纪念盛会。朋友、知己及邻里之人均联袖来贺。有送所谓呛者之酒，有送表祝幸福之哈达，亦有兼而送之者，以一哈达挂于小儿颈上，其余赠与父母。主人亦大开宴会，宾主之间互表盛情，彻夜鲸饮，或歌或舞，无不醉倒。下等社会有副夫多人者，该副夫等尤属狂喜无比。母亦出宴宾客，交坐欢饮，甚亦有醉倒者。母而伶俐则不至酗酒，仅一味酒直归寝所就眠，以资休息而保身体，似亦知卫生之道焉。

1913年1月（民国二年一月），第四年，第一号（总第三十一号）

西藏风俗记（续）

李安陆

第八节　丧葬

西藏风俗之奇，莫奇于丧葬，风俗之恶亦莫恶于丧葬。夫亲死掩葬，实出于仁人孝子之所为，亦本人死属土之义，有不得不出此之势焉。虽日本多主火葬，然大抵皆皈依佛教者之所出。穷乡僻壤仍用土葬，亦与吾国不甚悬殊。若欧西各国殡殓，用白布裹身，闭目塞口，颇有异同。究其葬事，则大约不外土葬一途。惟西藏丧葬言之，则实有惊人之处。夫上下一般以病终为耻，以战殁为荣，国中颇存好勇之风。比日本男子出征，妇女期以战死，似不多让。以视吾内地耻言当兵，不几有上下床之别哉！幸迩来宗教束缚，勇气渐次消磨。且无新知识，军业不知改良，故对我虽时不免有反抗之举，而吾国旗帜所至之处，乱事立平。征之往昔，昭昭然矣。但战死毫无悔心，是其特长。至人死之时，不用衣衾棺椁，止用长绳缚其四肢，如缚猪然。且必使嘴与膝相连，两手插入腿中，与老猴屈死洞中，嘴搁于膝，两手抚腿，同一现象也。又裹以平日所服之旧衣，投入革囊中，悬挂于梁，招喇嘛诵经。家人大小围坐死者之傍，号哭不已。如是数日，始送于剐人场葬之。噫！招僧读经，固寓忏悔之意，家人号哭亦属人情所难禁。惟投尸入革囊悬挂于梁，则实过于野蛮。天气寒冷，悬挂数日，或无十分妨碍。若天气酷热，尸变迅速，秽水流出，害及家人与邻近，当有不胜言者。

又凡人死之际，家人尽出死者所有财产，以一半布施于布达拉寺，其余则以之延请喇嘛诵经，送黄油于大、小寺，并为点灯、煎茶及一切施舍之事务，以用尽为贵。虽父子、夫妇、兄弟，亦不敢存留一物。夫不遗子以金，适足玉成后裔。欧美人死，尽出其赀，捐入教会办慈善事业，或捐作别项公益事宜，并不留赠子孙。盖谓遗子赀财，即助子骄惰，爱之适足以害之。反不若捐作公益慈善事于社会，有裨于后裔无害之为愈也。西藏人竟亦仿而行之，不亦足多乎？惜多费于无用之地，殊觉可惜。且一毫不存，亦未免过刻。此亦所谓瑕瑜半掩也。

西藏葬式约有四种，即天葬、地葬、水葬、风葬是也。富者用天葬、地葬，贫者从水葬、风葬。但贫富无一定之标准，故不能自定。凡人死必取决于喇嘛，而喇嘛察其资产有无而定之。盖天葬、地葬均用喇嘛诵经。喇嘛因而索谢不无权利。水葬、风葬则无须于此。故人死用何种葬式，与喇嘛权利甚有关系。非经伊辈决定，恐有从俭者，虽家有巨资，亦用水葬、风葬，于伊辈生计大受影响。所可恨者，食利僧徒幸人之死，便己之私。富有赀产者，固必命其从天葬、地葬。即家仅有微赀者，亦必强其不用水葬、风葬。此西藏百万同胞所以日趋于贫困之境也。其天葬、地葬、风葬之区别记之于左：

天葬　凡人气绝，即请剖割尸者，将尸缚于柱上，剖碎其肉，掷于空中，使鸢鸟食之。肉尽则粉碎其骨，与炒麦调和，再使鸢鸟食之。骨肉皆尽，斯以为死者生于天庭云。

地葬　与天葬大同小异。初将尸肉剖碎，使犬食之。继亦粉碎其骨，再饲于犬，以无残余为幸福。特天葬饲之于鸢鸟，地葬饲之于犬，稍有不同耳。但此二种葬式，均必多请喇嘛，延长诵经时间，动费巨赀。

水葬　不用剖尸人，亦不多延喇嘛诵经。人死数日，即弃尸体于河，长葬于鱼腹中而已。

风葬　亦不用剖尸人，喇嘛诵经时间甚短。死后数日，即挂尸体于墙壁，以待风干，其状如傀儡。

四种葬式颇有异同，而其为害亦有大小。盖天葬、地葬花费甚巨，于国民经济大受损伤，如无论矣。即粉碎其骨肉，饲之于犬鸟，惨无人道亦为地球上所罕闻。至水葬、风葬，虽仪式简单，所损无几，而一则投于河，一则悬于壁，于社会公共卫生均甚妨碍。同为藏地风俗之害也。

西藏有一种不事生业之人，专以解剖死体为业。谓之为剐人。此种人甚为西藏人所蔑视。西藏社会阶级原分三等，每等分三级，剐人即为下下级。可见此种营业最为彼中社会所不齿。惟其职业卑贱，名誉上颇有损失，故收代价不得不高于实利上，稍图弥补。每剖解一尸，约收银钱数十个，其价似过于昂。而论其剖解之难忍，名誉之损伤，受此区区代价亦不为过也。总之，剖解尸体惨无人道。剖尸人操此污业固非人所愿为，而天葬、地葬费用不小，非家有巨赀者断难出。此特土俗囿于习俗，群以天葬、地葬为身后幸福，水葬、风葬为最不幸事。且用何葬式，亦惟取决于喇嘛，而喇嘛多惟利是视，动强人从天葬、地葬。即所谓土俗者，亦未必非喇嘛丧心所造出。故一般人民虽家仅中赀，亦多用天葬、地葬。噫！此于喇嘛自利，固为得矣，其如国民经济受损伤何？吾甚望宗教中有改革派出，将此污点一洗而涤除净尽也。

丧事仪礼及亲友吊慰诸类，究有优于吾内地者，未可以彼中为未开化国并其长而没之也。今略举之：吾内地，礼节繁重，为社会上一大障碍，久为吾人所欲改革。如亲友吊慰，多尚虚文，所送礼物概属无用。送者费赀，受者无益。主人又多费应酬，动用巨赀。中资之家，以丧事而破产者往往有之。乃藏地亲族、知己吊慰、馈送，对于贫不自给者，则赠银钱以为赞助。对于家颇丰富者，则止赠哈达及茶酒，以表吊意，于受者虽无益，于送者亦无甚损。主人又不必格外应酬，致损赀财。此优于吾内地者一。

吾内地丧服等级最多，有所谓五服以内者，有所谓五服以外者，男女有区别，亲友有连及，种种区分，甚觉无谓。且居丧时间亦长，甚至已入仕途，因居丧解职。以有用之时日消于无用之举动，殊属可惜。而西藏则有足取者，凡人居丧无所谓丧服。百日之间，止不衣美服，不梳洗而已。妇女则除其耳环及念珠，他无所忌。丧服无分等级，丧期亦甚短促。既节繁文，复省时日。此优于吾内地者二。

究之彼中所优于吾内地者，原彼族固有之制度。其各种葬式，为吾人所唾弃者，特为不肖喇嘛所迷惑，不足为藏民咎。吾于是敬藏民之朴实，更于是愤喇嘛之贪横焉。

第九节 占卜

占卜之术本自《周易》。吾内地行之，尚矣。而西藏地占卜尤为盛行。此果自吾内地传入彼中耶？亦自彼中流入吾内地耶？如谓自彼中流入吾内地，则藏民知识素逊于我，安能为我先觉？如谓自吾内地传入彼中，则吾内地浅近之事多矣，藏民犹未能模仿万一，岂《易》学玄奥，彼反能尽悉其技耶？日本某君近著《东亚三国记》，极论吾国五族原系一族，并证明我国在周以前尚居西北地。自周迁洛以来始入本部。此说果确，则此占卜之术均根伏羲八卦而生。不过同受祖宗衣钵，因异地而居，交通隔绝，传至今日稍有异同耳。兹将彼中占卜之种类记之于左：

（一）画八卦于纸，并书藏文。按问事者之意，依八卦变化判断吉凶。

（二）排列青稞（麦之一种）卓[桌]上，画作八卦。抽五色毛索，以定休咎。

（三）手数念珠而定卦象。如算止一颗，定为乾卦。算有二颗，定为兑卦。数多则除八数，至不足八数而止，即以所余者定为卦象。既得卦象，然后按卦判决。

（四）画卦于地，察卦变动。然后按问者意以下断语。如吾地测字者然。

（五）烧羊骨或验水碗。其法甚简，据骨灰水色，斯足以知其吉凶。

（六）详注吉凶于经上，信手翻检，遇吉者则指为吉，遇凶者则指为凶。与吾内地抽神签相似。

以外尚有种种方法，未能缕述。据土人云：大要不出上六种占卜，且屡有奇验云云。噫！古圣人画卦初意，原本天象以立人象，所谓吉凶者，亦不过准因果之定理，决人事之必至，乃假天以设喻耳。后世不察，而占卜之术出，已非古圣作《易》之旨矣。藏地人民尤醉心占卜，知识程度足见一斑。特彼中业此占卜者多出于喇嘛。意者喇嘛骗人资财，故夸张其术，使吾藏地同胞终迷而不觉耶？虽然，教育一兴，迷信自破。吾甚愿今之秉教育衡者亟注意焉。

第十节 医药

西藏为地球上最不卫生之地，疾病交作，时疫流行，医道拙劣，药品不良。以致西藏人口不惟不按公例递增，且每年递减，至今日止遗存百万之数，良可慨也。夫医药之良否，足征时代文化之进退。吾内地草昧初开，不知医药为何物，神农氏出，遍尝百草，草药品以兴。自唐虞以还，遂并木制为药品，传至今日。外洋新知识日渐输入，将并草木药而废之，几有全用金石药品之势。夫无医药时代为全未开化之期，草木药时代为半开化之期，金石药时代为全开化之期。吾内地由无药而用草木，由草木而变为金石，此固足为吾内地进化之征，未必非吾人之幸也。若藏地者，则何如乎？土人有病重则医治，轻则遍体涂酥油，曝于日中。遇雨天，则以绒覆病者，烧柏叶烟熏之。夫人之皮肤为身体排泄之作用，时其洗浴，保其清洁，使汗腺疏通，皮脂腺迸开，以助排泄。斯平素可保无病，即病时亦足以为医药之助。藏民无知，平居不喜沐浴，病时又以酥油涂于身体，塞汗腺及皮脂腺之口，害排泄之用。非惟无益，而又害之。若日光尤足伤皮肤之神经，无病时曝于日中，尚足以生日光病。况病时赤身曝于日中，不尤使疾病增剧乎？雨天覆之以绒，熏之以柏叶，似亦有助皮肤排泄之意。然身涂酥油，汗腺、皮脂腺已塞矣。纵从事于此，亦无甚裨益。不幸而患重病，延医治之，亦止用草木药。其药有自吾内地输出者，有自藏地出产者，有自外国购入者，要皆为草木品，无金石品。亦未尝泡制，止用丸散而已。至医者诊脉左右二手同时并诊，尤属荒谬。医者脑筋非专注一手，断难识别病源。今二手同诊，是一藏医有二脑筋乎？不然，脑筋判断力同时决不能分用，藏医出此，是亦自欺欺人。其不至误投药剂者，几希。最足奇者，土人患病无论轻重必请喇嘛诵经，或延垂仲（吾内地道士之类）祈祷，或使童男童女歌佛歌以祛病魔。三者之中必出其一，此皆出于迷信，不值识者一笑。总之，藏人患病多不用医药，间或用之亦不合法，几等于无用。以时代进化之例证之，彼藏地者其犹为无医药时代，全未开化欤？

第十一节　礼仪

礼根情而生，不及于情者非礼也，过于情者亦非礼也。故傲慢不为礼，足恭亦不为礼。强悍之邦多涉于傲慢，文弱之区每过于足恭，同出乎人情之外，非古先圣人制礼之本旨也。西藏自受政教一致影响以来，国民勇气几为宗教消磨殆尽，质言之，则以成为积弱之邦矣。故傲慢之事绝对无之，其足为西藏同胞之累者，则惟足恭而已。但礼仪不一种。兹将其仪注区别于左：

（一）普通礼　凡见人之时，向其伸己两臂于地平。前清时所谓拜者，必据手于地作犬号状，再揖而止。意者，彼中亦染满清恶习乎？

（二）举手礼　西藏西部阿里地方，土民见官长并不脱帽，仅以右手向额上指之，似与现今各国军警界所行举手礼相仿佛。惜其同时，口念唵嘛吽三字，三度为止，仍未脱宗教国之巢臼。良可慨已。

（三）脱帽礼　土人遇官长时，脱帽垂下两手，站立道傍而拜之。土著官吏对驻藏大臣及我内地政府所派遣之官吏，礼亦如之。

（四）吐舌礼　此礼为土人最重之礼，上自土著官吏，下至一介小民，谒达赖喇嘛及班禅喇嘛之际，皆必脱帽、合掌顶、吐舌于口外，愈长愈敬。三度垂手屏气，敛足鞠躬垂首，诣于法座前。

（五）摩顶礼　此为上对下最亲爱之礼。喇嘛、班禅逢人来谒法座，即以佛手拂其头，或以手摩其顶。凡自喇嘛、班禅亲摩其顶者，为至大荣誉，以为幸福之兆，人皆羡之。

以上五种礼仪各有异同，亦各有利弊。如普通礼实沿满清恶习，万不合于共和国。举手礼为各国军警界通行之礼，藏地存之可矣。惟念诵唵嘛吽三度，又实宗教国所出，于五族共和国亦不相宜。脱帽礼最为简单，而同时并立道傍拜之，又觉多事。摩顶礼,在欧美宗教界,凡信徒受坚信礼时,主教以手摩信徒顶。西藏亦有此礼,惟稍涉迷信宗教之嫌疑。而仪式究亦无伤雅观。最奇者,则为吐舌礼一节。此原取恐惧之意,以喇嘛、班禅握政教一致之权,不如此不足慑服故也。但吐舌于外,形式甚丑,且亦过于恭敬。现值民国成立,制度一新,此项礼节尤宜改革。幸图藏者留意焉。

1913年2月(民国二年二月),第四年,第二号(总第三十二号)

论波斯纵贯铁路与回藏问题

率 痴

英、法、日、俄四国对于东亚问题,或由势力范围,或由经济行为,已成合纵连横之现象。唯德意志,虽在极东有胶州租借地,其势力减于彼四国者甚远。近载以来,乃利用其经营巴克达铁路,渐次伸其臂于中央亚细亚,雄视耽耽,世界刮目相待。由地理上之关系,英国受其影响也最巨。于其铁路进行,虽经极力阻止不遗余力,然以德国挟有三国同盟之势力,复得土耳其之信用,巴克达铁路竟伸张于美索波达密亚平原而达于波斯湾头。虽欲挽回,已乏良策。于是英人为亡羊补牢计,仍为有利用俄国共同谋筑波斯纵贯铁路,冀由印度经波斯而通于高加索,以抵制巴克达铁路。此议迄今尚在筹画,未闻决行。而在德国一面,因巴克达铁路既已达其目的,更进一步复欲由此铁路设分支线以入于波斯。总之,以上事实观之,英、俄、德三国之竞争集点一变,而为亚细亚中部之竞争。影响所及,我中华实必受之。

试思西伯利亚及南满铁路开通后,满蒙区域利权竟渐入于日、俄之势力范围,设如波斯、印度铁路开通者在交通之关系,我国对于西藏主权、实业将更为英、俄两国之所攘夺,不待言也。夫英、俄之筹画波斯纵贯铁路也,原为抵制德之巴克达铁路,吸收波斯利权而保两国在中亚之势力。德之建议巴克达铁路更向波斯伸枝线也,乃以对抗英、俄之波斯纵贯铁路,并扩张其势力范围于波斯各部为其原因。故吾人对于波斯纵贯铁路,如以为无关系于我国则已,否则正须研究其前因后果,以为我国对付其操纵之方也。英之在中央亚细亚以印度为根据地,分布其势力于四方:南向印度洋,西向波斯,东顾西藏与马来半岛、暹、缅、香港,北则及于阿富汗诸地。自德有巴克达铁路后,美索波达密亚地方渐失其垄断权利。而波斯湾头之商埠又将丧其固有势力。于是乃与俄订结协议,规定建筑所谓波斯纵贯铁路者,自高加索、波斯以至阿富汗、西藏诸地。测其用意,盖欲假此以握中亚之神经系也。此神经系之波斯纵贯铁路。若如其议而成，则经波斯、阿富汗以至于我回、藏，势必为其大势所吸取，如四肢之受令于脑部，丝毫不能逃免。理势所至，已无疑义。斯铁路之前因既为巴克达铁路，则凡巴克达铁路以东地方，必皆目的所指之处。如西藏，如新疆，又乌得而不在其危险线中也。

今更转而观诸德意志。其于巴克达铁路末段业已动工，告竣之期距今不远。及其成后，彼必自据为势力范围。在微弱之土耳其境内供德发展，势必悉如现已提议者，或更进而求其它种权利。夫巴克达铁路以东即为波斯之境内。德人假使能运用其外交手段建此铁路达于波斯，则可由波斯都城沿尼尔巴尔山脉通阿富汗，更逾帕米尔而接我之葱岭、和阗，由我和阗，以通于西藏或他部，以成我国至欧捷径，为欧亚横贯铁路。然我国今于回、藏铁路尚无建议及者，而波斯、阿富汗诸处又在英、俄二国势力范围圈内，则德所计画亦必难于立就。假使其国际上，如能与英、俄妥协，共同建设铁路以横贯欧亚，接波斯纵贯铁路、印度铁路以及巴克达铁路，于世界大势交通固自进步，而我国之回、藏终不免为所摇动。若不然者，英、俄于计画波斯纵贯铁路之际，即谋设立分线以接于回、藏，我国必亦依然受其影响也。如是，则无论波斯纵贯铁路分线，抑巴克达铁路新线为英、俄或德国所分设，抑为此三国所共设，苟有设置，必直接掣动于帕米尔近处。换言之，即必直接新势力侵入我之回、藏是也。

夫如此之计画，固早已印入欧人之心脑中。不待数稔，必将出见我国。如及时而后筹对待方法，吾可决言其措手莫及。故今为自国计者，莫如于近数年间，自建回、藏边疆铁路。先定计画，逐渐募集资本建设工事。则波斯铁路分线或巴克达铁路新线及于我国和阗，或印度铁路之支线达于我国之后藏，我国既已自有铁路尚可利而用之，以通我商品于波斯、孟买湾头而使势力相剂于平，且使帕米尔高原之回族人民同趋于文明之域，巩固我之国基。果由此道，乌见波斯纵贯铁路非有益于黄种者哉！如其不然，因循苟且，坐视波斯纵贯等铁路成功，吸收我蒙、藏权利，若满洲之东清南满铁路，蒙古以北之西伯利亚铁路，则吾恐不但回、藏可危，西北诸行省皆将极被其影响而沦于自然澌灭之境矣。我国当局有筹画之责者，其一速行今日之言，则固国家之洪福也。若我外交家与凡政客能速着眼于此，以定国际上迎拒之方针，则利益之及于国家者尤为伟大无疆矣！

1913 年 2 月（民国二年二月），第四年，第二号（总第三十二号）

西藏风俗记(续)

李安陆

第十二节　宴会

藏地上下耽于燕乐,每逢佳节必飨宾客。平居无事,亦时从宴会。故富者宴客,每月或三、两回不等。贫者亦必一次。但宴会习尚,颇与吾内地不同,兹先将土著官吏飨客情状记之于左:

宴地　藏时令节,代理官(宋[宗]教大臣)必大举宴客,惟地点不在酒楼、菜馆之中,止飨于家庭。春夏之交,或于柳林中招客豪饮,与日本人醉卧樱花兴趣大略相同。

席次　于宴客地点之中央铺方形褥数层,代理官自坐其上,并于两侧铺长坐褥,噶布隆巴、浪子沙仲意等(均为西藏土著官名)列坐其间。或一人一席,或二人一席,视来宾多少定之。其从者则侍立于席后。

陈设　代理官前置一、二低方形小桌,上供生熟牛羊肉、岁枣、藏杏、藏核桃、葡萄、冰糖、焦糖等类各一、二皿。焦糖者,黑糖也,黄油煎熬而成,约长一尺、阔三、四寸,厚一指。牛、羊肉则为一腿或一片。两侧客前亦设纸[?]桌,摆列果食。

食次　主客同先饮油茶,次及土巴汤,再及奶茶、抓饭。抓饭有黄、白二种,均用米作。以水淘过,再入沙糖、藏杏、岁枣、葡萄、牛羊肉饼等物,盛于皿中,手抓而食。最后乃饮蛮酒。侍立席后之从者,每人给果食一大皿,同时并食。

女乐　蛮酒饮毕,即选出美丽妇女十余人,戴珠帽、穿彩服,行酒歌唱。但属蛮歌,非吾人所能辨。迩来能歌汉曲者亦颇不乏人。

男乐　又有选自八岁至十三岁之小童,使穿五色锦衣,戴白布圈帽,腰束锦条,足系小铃,手执斧钺,前后相接。又设鼓数十,而司鼓者装束亦如之。每食一巡,则舞一次。进退步调恰与鼓声相合,若军人行歌者然。

散席　宾主须尽醉而罢。但散席之后,宾客均各携肉、果等品回家。若在柳林中宴会,主人亦携已所余者返家。此殆为惯例,彼此均不以为怪也。

土著　官吏之宴飨情节,已详于上。国民宴会,又颇有异同,记载于下。

饮地　多宴于家庭,以会饮柳林稍费经济,且未有在家之便也。

座位　主人坐于上席。遇职位在主人之上者赴席,主人始推让之。其余宾客男女同坐。

礼节 主人端坐席中。客至不迎，客去不送。

敬意 酒瓶以黄油塞口，斯为最表敬意，客亦甚觉盛情。

歌唱 每饮至兴高采烈之时，辄歌声大作，无分男女，此歌彼和，互相酹[酬]答，颇觉人世间无烦恼事矣。

罢席 国民宴飨罢席，犹有余兴，每散席后，辄男女团聚，携手趺[趺]坐而歌。或歌于门外，或歌于市上，俱须尽情而散，决不至中途丧兴。

宴时 国民宴客，不必限定令节。富有赀财者，每月三四回不等。仅有微赀之家，亦每月一次。但均不限定时日，止以主人闲暇及经济活动为召宴宾客之日。

统观西藏土著官吏及一般国民之宴飨情形而知藏地积弱由来者渐。虽耽于逸乐，国民不能辞其咎，而提倡宴饮，官吏究难逭其责。上有好者，下必有甚焉。如官吏逢佳节宴客，国民则每月飨宾，甚至一月之中宴三四次者有之。又如官吏用男乐、女乐以助饮兴，国民则男女唱和，不能保无淫曲，长社会上之淫风。其父杀人报仇，其子必日行劫，祸有由来。西藏宴客之习，即谓土著官吏全尸其咎，亦不为过。夫岁时令节，有国中庆祝之期，宴飨会饮，亦人生高兴之事。惟上行下效，举国尽在醉乡。此投彼报，终年不离宴席，非惟浪费巨款，经济界受莫大之影响，且亦延误时日，政事上生丛脞之悲。观此在闭关自守时代，长此不改，尚非国家之福，况当二十世纪人群竞争最剧烈之日，庸可流连忘返，优游卒岁，以促国亡种灭乎？吾内地士夫中宴安之毒已深矣！不速拔除净尽，大局终岌岌可危。乃西藏上下一般尤沈于燕乐，且甚于吾内地者。噫！我五族民国前途不亦可惧乎？

第十三节　哈达

哈达为西藏名词，今译成吾内地之音，取哈达二字，以便读者记忆。

哈达一物，前各节已叠见。惟此种物件西藏特别之件，故另节详之。

哈达之为物虽微，而用途实广。今将其用途详记于左：

（一）馈送朋友，用为赠答品者。

（二）订定婚姻，用为聘礼品者。

（三）协议事件，用为凭证品者。

（四）庆贺他人，用为庆祝品者。

（五）吊人丧事，用为吊唁品者。

（六）喇嘛死葬，用为拖柩品者。

（七）包封信件，用为邮寄品者。

观以上各项用途，其用意多有不可解者。将谓为珍重之品，故馈送朋友，用为赠答品；订定婚姻，用为聘礼品耶。则包封信件可以用之，为无价值之物也。将谓为表示祝贺之意，故庆贺他人，用为庆祝品耶。则吊人丧事，何以用为吊唁品？喇嘛死葬，何以用为拖柩品？前后不同，至若是之甚也。且协议事件与哈达尤不相关，又何以用为证据物耶？夫同一物也，时而为赠答品，时而为聘礼品，时而为凭证品，时而为庆祝品，时而为吊唁品，且时至为拖柩品及邮寄品。物虽同而用途殊。用途一殊，而表示之意亦异。岂哈达一物，为四面八观之件，随用者之意，用于何地即变为何种现象乎？盖西藏为尚未开化之地，制度文物多未完备。即社会上所用之物品，亦均未区分明白。即哈达一节，为物至微，亦不过于彼社交上不可少之一种媒介物而已。固未尝限定何种场合为适用，何种场合为不适用也。至哈达之物质、形式、颜色，再记于左：

物质　哈达原以一种绢布造成，极其单薄，几如纱然。

形式　概为长方形，四周褶檗，有如破绽之手巾。

颜色　白色最多，青色次之，淡青色者亦有之。惟无用黄、绿、红、黑、紫色及他杂色者。

总观哈达之物质、形式、颜色，其价甚廉，其质亦不甚美，惟以一般社会所尚，故用为社交上不可缺之品。如日本国之用熨斗火引然。但日本熨斗火引必兼他物品而用。而西藏哈达则可单独用之。此又不异中而异也。

第十四节　护符

西藏为佛教国，世人知之稔矣。但所谓佛教者，重仪式不重本心，拘末节不明真诠。故遵从黄教，亦多近于迷信之事，有为文明国人所窃笑者。佛教徒固不必论矣，即一般士民无不染有迷信。如护符一节，几尽人皆藏有之。惟护符不止一种，藏带护符亦不一致。兹不惮烦繁，分类详述于左：

（甲）有以丝或线，坚系经典一片，藏带于身，作为护符者。

（乙）有以经典一片入于金属小箱，藏于怀中，作为护符者。

（丙）有以佛舍利及他佛所著衣服一片，暗系于身，作为护符者。

（丁）有以佛像所著衣服一片，暗藏怀中，作为护符者。

（戊）有以孔雀之羽置于袖中或服内，作为护符者。

以上五者均为个人之护符。无论闲居家庭及出外旅行，均须臾不可离者。据土人云:佩此上列各项护符,可避一切魔鬼,使身体常保平安无恙,且可以增人知慧,长人胆识云云。

(己)又有以神秘造成之文字,用魔纸包之,缚以羊、狗及山羊毛织成之丝,并将小鼠皮裹其全部,悬挂家庭,以为护符者。

(庚)又于家中僻静之处供俸[奉]佛像,或挂绘成之佛像,以为护符者。

以上二者为家庭之护符。土人以为有此可祈家族一致云云。

(辛)预防狞猛番犬之攻击。各旅人均藏有金刚带犬图画,以为护符。

(壬)旅人迷道及遭暴风雨之时,救济方法将绘马形之纸飞空中,便以为不及害云。

以上二者为出外之护符,土人均历言其屡试屡验云。

1913年3月(民国二年三月),第四年,第三号(总第三十三号)

西藏风俗记(续第四年第三号)

李安陆

第十五节　先觉

谈藏事者莫不曰西藏为政教一致之国,前藏权利则操于达赖喇嘛,后藏统治之事虽隶属于达赖喇嘛,而行政上宗教上之特权究归于班禅额尔德尼之手。吾人不欲图藏则已,如其图也,对于达赖喇嘛及班禅额尔德尼用意处置,宠之以虚荣,予之以特权,不足,则示之以武力,务使伊辈感我、服我、畏我,终其身不敢为叛臣,斯百万藏民不难入我彀中,六百五十万方哩之舆地亦将永附我版图,不至有脱离之一日也。噫!为此说者,固不为无见,惜近表面观察,知其显而不知其隐,尚未足为阐幽之论也。夫握藏地最高机关者首推达赖喇嘛,次则班禅额尔德尼。前清驻藏大臣亦不过分掌政事,并行不悖,从未尝高出达赖班禅之上。此种事实,凡游藏一次,或批阅一二星使之日记者,类能道之。然抑知彼秘密国中,固尝别有一种机关,非政治,非宗教,可以暗中左右达赖班禅及藏地一般社会者存在乎!彼何人?斯以吾内地文字译之,殆即所谓先觉是也。

先觉者,西洋谓之魔术家,日本谓之预言者,吾内地谓之未卜先知。但西洋之魔术家,日本之预言者,吾内地之未卜先知,均不出迷信所致,虽不能不谓为进化之障碍物,然业其术者,在社会上实占少数,为害亦仅。且其目的不过铺张其术,骗一般愚民之财，以为一己衣食计，于社会上稍受损失，于国家大计上究毫无碍也。惟彼中所谓先觉者，则与魔术家、预言者及未卜先知诸术家大相径庭。凡彼中人民有疑莫决前来叩问先觉者，须先开具问意一纸，彼犹不随问随答，必待多数请愿者之集会，然后开帷幄，闭目默神，抛散供米，露其体肤，装成一无我无人之状态。按请愿者问意一一开示吉凶。此虽模样不同而其大致则仍与东西洋及吾内地诸术家无甚歧异也。惟有人向先觉问吾地何时得雨，彼则声色俱厉，命之曰“立尔祈祷钟”，以外不出他辞。此盖以天气难测，幸而言中，固属神妙，万或不中，反失请愿者之信用。故不若止命其立祈祷钟，验则为伊嘱咐之功，不验则归咎请愿者祈祷之不诚，彼始终居于有功无过之地。其用意之巧不亦远胜于人乎。宜乎！彼中人民信伊甚深。凡请先觉判一事件谢伊藏金少则数十，多则数万，毫无吝啬也。虽然，此犹不过为社会之蠹已也。惟其身价过高，平居只访达赖喇嘛，班禅犹不过问，以下更属不齿，而一般官吏则非拜访此辈不可。每年来拉萨时，行装仪仗与王者比，动用国费不下数万。藏地上下，反以为此系国家当然用费，不稍吝惜。不特此也，凡一年之丰歉及国家大计，与夫新发生之问题，均待先觉一言而决，神通广大可胜言哉？俄人煽惑藏人，每运动此辈为伊助力，此殆熟悉藏中情形而有此效果也。吾内地以母国自命者，讵可让人先鞭乎？

第十六节　陀罗尼六字

陀罗尼六字者，达赖喇嘛及班禅额尔德尼对礼拜之人，下赐粘土制成大赏牌上刻有陀罗尼六字者也。雕刻于石者有之，但为数亦仅耳。亦有省略言之，以陀罗尼六字即称六音之咒者。词意相同，无甚区别也。

此陀罗尼六字，藏文为ཨོཾ་མ་ཎི་པདྨེ་ཧཱུྃ，以为汉音译之，即为唵嘛呢叭咪吽六字是也。藏地人民多用棉布染成此陀罗六字，随处高翻，几若祭日之悬排国旗。竿之修短随人而定，无限制焉。又有铭刻此六字于祈祷筒周围者，又有书于棉布及纸卷物缠于祈祷筒者。无老无幼，无男无女，朝夕念诵不置，毫无倦意，甚至山侧之石壁，家屋之门户，路傍之岩石，亦有雕刻此六字者。问其意味若何？均不知其所以然。但此陀罗尼六字之利益，在彼中人民实觉有不可思议之功效。虽遭患难之时，亦须书此六字诵读之，反复之而不置，一若此道不可须臾离者。吾人若以意译此六字，即为“呜呼！莲华上之宝珠”。但就原语译之，止为“呜呼！莲华上”而已。夫此简单之语而有如此之神圣，如此之功德，诚非吾人所能解者。意者，西藏曾对莲华上安置之观世音菩萨每日祈祷，故每念及此六字，即前观世音降临欤？盖西藏人素信达赖喇嘛即观世音菩萨之化身，以信达赖喇嘛之故，因而崇拜观世音菩萨，以崇拜观世音菩萨之故，并及此六字而笃信之。此西藏人所以谓此陀罗尼六字为拂灾难万能药，甚至以为知识之摘要，才智之仓库，宗教之纲领者，盖亦颇有由来，而非无所根据者比也。

第十七节　祈祷筒

祈祷筒者，桶状也。用水与风回转之间，亦有用器械者。其状有大、有小，无一定限制。自纵轴突出凸线，恰如卷丝。参议之人通行于前，必回转焉。但参议之徒常以为尊敬之征符，每自右回行，喇嘛反是，自左回行，以示与俗人区别。藏中住户几无一家不有此祈祷筒者。若在大寺院之中，悬最大祈祷筒，或祈祷筒之模样者，尤以百万计云。

第十八节　祈祷壁

祈祷壁者，特为贮藏刻有神圣陀罗尼六字之板，而造成长而且薄之石线者也。藏地人民以建造如此之壁，便为功德无量。喇嘛为骗取愚民财产起见，平居恒遍游国中，应人所需，每于岩石或石板上雕刻此陀罗尼六字。遍国皆是，其形状亦不一。

第十九节　念珠

念珠为藏民不可离之件，各人必手念珠而爪缲之，低声而唱，恬不为怪。且此念诵习惯，非常勉励。图形念珠，因爪缲最烈之故，磨灭如薄小管者有之。其制念珠之原料约有数种：

（一）黄色念珠：以吾内地树木制成。黄帽派多用之。

（二）其以外部之喜马拉亚树之制成者，色为鸢色，极粗大。红帽派多用之。

（三）又有以死人之头盖骨制成者，如棋石小圆板，串之而为念珠者。红帽、黄帽二派均用之。

至其应佛菩萨及死者之嗜好而携带特别念珠，又有二种：

（一）藏俗以观世音菩萨嗜好贝壳制成之白色念珠，故礼拜观世音者必佩此种念珠。

（二）凡吊唁丧葬，必用以人头盖骨制成之念珠。

此外又有用玻璃、水晶、蛇脊骨、象脑中之硬物质及赤檀香、胡桃等类造成之者。但其用时亦有一定之场合，不能误用。此盖彼中习惯使然，抑亦中宗教毒甚深之所致也。

第二十节　祭礼节礼

藏地祭祀节礼甚盛，好为种种游戏，难以一一记载。兹避繁冗，聊述一、二于左，以觇彼中风俗之一班。

（一）跳舞之戏　正月元日，有跳舞之戏。土人着红绿之衣而跳舞之，并试他种之技艺。此日，达赖喇嘛坐高殿观演。大小官吏皆至布达拉陪观之。又有所谓跳月斧者，以童子演之。足系小铃，手执斧钺，手舞足蹈。进退有法，缓急合节，颇足以观。

（二）飞绳之戏　正月二日，演飞绳之戏，以后藏土民充当此役。其法用四条皮绳，各长三四十丈。一端系于山上高殿之后部，一端系于山下石柱上。一人着短衣，以生牛皮束胸部，两手执白旗，倒悬身体而溜下焉，快捷如飞鸟。凡三次而止。亦异观也。

（三）翻杆之戏　正月三日，有飞杆之戏。于谛穆佛寺前立一高杆。番人自鸣锣鼓，歌唱蛮曲，上下高杆，轻捷不让猕猴。

（四）施舍之行　自正月六日至二十一日之间，于拉萨宫殿大行布施。甘丹、别蚌、色拉、桑鸢四大寺及各处之喇嘛，均于是日召来拉萨，虔诵佛经。其在庙内者为内招，在庙外者为外招。众僧摩肩，盘坐地上，衍列极其整肃。每人给三餐之食。此外，每人或数人给银钱一枚，以表施舍。但外招者只为给半之例。又于此时散给衣帽、布匹、木碗等物。出入僧人不下十余万人。此项用费大都出自蒙古及各处信徒捐款。但无施主之时，此项经费用即归达赖喇嘛自己之施舍。总括此费，每年殆达数十万云。

（五）戎装之演　正月十八日，集唐古特骑、步兵三千，戎装围绕大召三重，至琉璃厂之南发巨炮以驱鬼魅。其炮大小亦不一致。内中最大者，自唐代铸成，刻有威剿除叛逆五字。演毕，出金银、紬缎、布、茶劳之。此或近于观兵之式。惜其为驱鬼魅而发炮，则又未免囿于迷信也。

（六）放朝之式　正月之间，定期于大召内集各寺喇嘛，拥戴达赖喇嘛下山谒佛，登台诵经。此之谓放朝式。土民不远千里而来，接踵摩肩，难以数计。均携有金宝玩跪献于达赖喇嘛之前，以壮观瞻。达赖喇嘛受此礼物并无他物酬答，止以麈尾拂其首或以手摩其顶三次。受此答礼者，以为活佛降福，每出而夸示于人。

（七）悬灯之式　上元之日，悬灯于大召内，立木架数层，安设大灯万余盏，以五色油面造成人物、龙、蛇、鸟、兽，极其精巧。自夜达旦。视天之阴、晴、雨、雪及灯光之晦、明，以定岁之丰歉。

（八）扬武之式　正月二十四日，有扬武之式，所谓观兵式是也。此日达赖喇嘛坐宫殿楼侧，驻藏办事长坐正楼阅之。文武百官皆着礼服，集于楼下。番兵著盔甲，马亦穿铁叶甲，仅露两眼，亦奇观也。

（九）送祟之式　观兵之事毕，不稍休息即继续行送祟之式，光怪陆离，莫知所以。仅就表面略述其大概情形。其式于喇嘛中选十余名分列左右，各手持金炉一座。其中有一人持一大铃，更有喇嘛六十余人分列两旁，各击大鼓。又有持大铙及银笳者，各有四人，或吹、或敲，甚觉喧哗。又有持各色旗幡数十对，均着白袍、白帽。次有魔像数个，喇嘛持之唯谨。又有童子五六十名，扮成鬼装，状态甚奇。次则有护法神，披白袍、铠盔，上插鸡毛，口流涎沫，装痴愚之状，若有凭附者焉。送至市外，各番兵放铳，焚草以为送出。一切鬼祟行装甚奇，恰有百鬼夜行之观焉。此盖下乘佛教之所出，吾内地受黄教影响间亦有行之者，藏地尤甚，故其害尤巨。窃愿宗教改革派急出而更正焉。

（十）竞马之式　正月二十五日，行竞马之式。其距离约二里有余。马皆驪壮骏逸。以十余岁之少年充服此役，举动活泼，扬鞭驱逐，易使人生愉快之念而喝采不已。时亦有得失心过甚，舍命争先，因而坠马下死者。但习尚以此为好勇而死，反觉荣幸。己不悔懊，旁观亦不惋惜。此盖彼中固有之遗传性，未必非彼族之特色。特近来为宗教束缚，故日趋于柔弱耳！虽然彼中既有遗风流俗，设有人焉复其本来性质，扩而充之，使为我用，则西顾无忧。不幸而离我独立，则亦我辈心腹之患。未雨绸缪，愿民国政府先事注意焉。况此竞马式，以按先后而判胜负。负者丧气固不必论，而胜者，则自达赖喇嘛下赐绸缎手巾等物，以资鼓励，尤足奖进尚武之风。虽第一先着之马有献于达赖喇嘛之例，而达赖亦不强夺人有，至少须还给藏银五十两于马主，何所损伤？甚或以己马得献于达赖喇嘛，有视为荣幸者。况充服竞马之役者，其家概免一年差役。重赏之下，必有勇夫。宜乎！竞马之习至今犹存。觇风者，未敢轻视其宗祖。而吾辈今日亦视为可喜、可惧也。

（十一）竞走之式　竞走之式亦足提倡尚武之风，东西洋各学校行之尚矣。吾内地闭关时代，文人学士步履艰难固不足道。即一般社会，亦均安步是尚，自非急难奔逐，谁愿飞足而行。若语以竞走游戏，其不视为无益有损也几希。乃吾自命为母国者，往年无竞走之事。而藏地素以未开化闻，反有此文明游戏。相形见绌，未始非吾族之遗恨也。虽迩来吾内地各学校亦有行此竞走式者，要皆模仿东西洋而发生,已后藏地同胞矣。顾不羞乎?详考藏地竞走之式,其法一如东西洋。古今中外事多暗合,为世事奇,又为藏地同胞喜也(未完)。

1913 年 5 月(民国二年五月),第四年,第五号(总第三十五号)

西藏琐录(未完)

岑铭恕 译

喜马拉雅山高突之时期

据英人哈但氏考察,喜马拉耶正轴之高拔不过数十万年以前之事。前西藏本属沧海,围绕今之喜马拉耶山下云。

喜马拉耶山,译言雪山。印人以之名恒河流域与西藏分界之高岭。两端并无一定界线。又因其西与阿富罕山脉相连,东接支那山脉,故谓某处为尽点亦殊不易决定。现时英国地理家所用“喜马拉耶”名词,系专指西北边印度斯河峡谷(即喀拉哥泉木山脉北入信都克施山脉之处)与东南边雅鲁藏布河峡谷(即雅鲁藏布河穿过喜马拉耶山而入亚山之处)中间一段连岭而言。地质学家更扩而充之:东至西藏之平行山脉,谓之喜马拉耶系之西藏带,其地多属远古海底,乃含海化石之岩石构成。厥后随喜马拉耶山之高拔而上突者。喜马拉耶正系则止限于卓谟哈里一带高峰,南至印藏交界各山。上部系晶形石英、花岗岩、片麻岩构成,下部系无化石之板岩及碎屑水成层构成。至印度地方与喜马拉耶平行之山脉则称为苏布喜马拉耶,系冰河时代喜马拉耶之冲积层构成,缘正系勃起,遂将此沉淀物愈推向南,高涌而成山。苏布喜马拉耶地层内端皱襞为砂岩与漂石的蛮岩,内含第三纪产巨兽及他种大哺乳动物之化石甚多。即此以推,可知喜马拉耶之高拔为时非久,不过在地质时代之第三纪。阿勒哈木氏谓当自此纪中叶始。现代尚或继续高举,即不然,其停止高举亦当无几时耳。

喜马拉耶在西藏之方面尚有二连岭与大山脉平行,共成三个平行山脉。西半球安第斯山脉亦然。此两山脉之河流又均发源于内连岭,经其外两连岭而出海,是亦地质学上极有趣味之事也。

湖之成因

西藏所谓平原即昔日大浅湖之平底。湖之成因由水道被壅。至何故被壅,则言人人殊。据华特东氏调查可分两种:(一)灵木泽。原系山上流出之碎屑壅积下方或山岳崩陷阻闭水道。(二)噶拉楚池及札木楚池之较低一方面有石壁作障。当系原来湖身未低陷时之外界或系随山脉之上突而涌起者。盖喜马拉耶初因地壳之收缩、倾缺下陷等变迁,故水泉特起。迨后又因地心火力作用或他种助力继长增高。惟上突之势不均,是以甲地高出于乙地,而乙地同时为比较的下降。准此以推,无论当时系河流下段涌起或上段低陷,其地必聚成湖沼,而水不复能外泄矣。

波密之肥沃

(波密约当北纬二十九度与英东经九十六度)

罗希尔氏曰:乾隆末年中藏[廓]之役,四川遣出之兵五百名失道于下波密(亦曰波密)。见该地肥饶遂家焉。娶土女为妻,生齿日繁。其遗裔今尚居此。上波密亦曰波图,直隶达赖。下波密在实际上为独立,在名义上则受辖于驻拉萨之汉宫(案:和宁西藏赋注云:工布冈达东南行十五日,名上波密。系甘南木第巴管辖。上波密系由藏派营官管辖)。老山及滇人来通贸易与达尔几(在四川西北境,商务书馆图作达尔几工琛)、察木多、拉萨各城之贸易额亦复不少。下波密之马有名藏中。又以皮、铁器、织品、珍饰著。销场甚大,农产不一,品质均佳。要言之:下波密实可称全藏最饶之区。又余在藏中所见,工作端推下波密为佳。东部所用精巧之品皆取给焉。

华特东氏又曰:闻之由下波密越上波密,达雅鲁藏布之中段。上波密之北边即为驿路。又由工布经驿路西通前藏,东达扬子。故自印度赴中国内部者,若取道此方,则无庸绕道拉萨。然此不过设想底行流域(雅鲁藏布经流亚山地之别名)通行后之言耳。直溯蒲兰蒲达(雅鲁藏布入印度后之别名)东面之支流,过米什米 Miohmi(亚山之北),本为印度支那间天然交通之陆路,不须经藏。惟沿途有数重山脉,即蒲兰蒲达江、怒江、澜沧江、扬子江之分水岭是。

金矿

喜马拉耶山脉以外之地域,自古相传金矿甚富。盖因高原流下之大河其所挟之砂必带金粒。此不特流向印度者为然,即流向缅甸支那各大河,如金沙江等亦莫不如是。

西藏富于金矿断无疑义。但矿源所在,则非实探全部不知。现时已开数处,宽约三百哩。地在拉萨东北之大戈壁(亦称章塘沙漠,海拔一千五六百英尺,长约一千五百哩。北边长百哩，东边宽三百五十哩，面积约四十八万方哩。其地不可久居。惟每岁由五月至八月地面略生青草。以故低原之野犁牛、野山羊、绵羊、羚羊等咸赴此觅刍）。要工则在圣拉（属印度）东之多克楂隆（北纬三十二度二十四分二十六秒，英东经八十一度三十七分三十八秒，即拉楚河源之北）。别处产金地方在牙木鲁克湖之东南，不丹之北，即近苏班西里河（又称亚山之金沙江）河源之米中玛尼、西尔喀二地，其下流淘金者甚多。又拉萨之东数日程处亦有产金岩层（《西藏图考》云硕板多山后有金厂），据人言，该地金质甚佳。更东而里塘金矿亦富。藏中所产或块，或片，或沙，状不一定。但藏人抱一种迷信，谓块为片沙之母，取母则子亦亡。以故不敢或动。色喇山相传有金银矿。但现无丝迹可寻（谅久已封闭之故。案：藏语谓金曰色，山曰喇，以山产金故名）。色喇西之多格第布为前藏赴腾格里池经行之地。去根柏山道（在拉萨北）可一日程亦有银矿，惟产额不多。巴塘、里塘亦有之。

1913 年 7 月（民国二年七月），第四年，第七号（总第三十七号）

西藏杂谈

智　珠

念青汤拉岭之雄伟

念青汤拉岭，或译作宁青坦山。绵亘于腾格里海之南部。据某西人游记谓，是岭西北连亘凡千二百哩。又分支东走。综其全线，长可二千哩。山道平均高度比之喜马拉耶喀拉哥林穆阿克塔克（昆仑之东支）高数百米突。其分水之界皆仅一峰，且属单系，非若喜马昆仑多含平行连岭也。喜马拉耶之分水岭山道尤为比较的低平。兹山之脉，虽无高峰足与喜马拉耶相并，然其中亦有数峰积年封雪，绝非他山脉所敢抗衡。自来游历家曾无道及之者，何也？

历法之奇特

西藏历法与中国旧历推步略同。短期计算，以十二地支属相纪之，如所谓马儿年、羊儿年是也。长期计算及普通应用则以五行及十二地支属相合名之。如所谓木鼠、金牛是也（按魏氏默深谓：藏人不识天干，谅仅就短期计算而言耳）。以六十年为一周纪。每行纪二兽名，第一兽为阳，第二兽为阴。于人之生年、流年等事，皆有绝大关系。喇嘛更造为种种宜忌之说，以惑愚民。凡欲延僧侣禳解者，其仪式所费不赀。今将未来藏历表附录后方，以备参考。

民国纪年	西藏周纪数	每周纪内次第	年名
元年	第十五	四十六	水鼠
二年	仝	四十七	水牛
三年	仝	四十八	木虎
四年	仝	四十九	木兔
五年	仝	五十	火龙
六年	仝	五十一	火蛇
七年	仝	五十二	土马
八年	仝	五十三	土羊
九年	仝	五十四	金猴
十年	仝	五十五	金鸡
十一年	仝	五十六	水犬
十二年	仝	五十七	水豕
十三年	仝	五十八	木鼠
十四年	仝	五十九	木牛
十五年	仝	六十	火虎
十六年	第十六	一	火兔

按表内周纪，乃六十年之周纪。而十二年之周纪，即观其下方地支属相。每十二年必为同兽，可以推知。又第十五周纪之第一年火兔，即前清同治六年丁卯。由此上推，西藏第一周纪之第一年，为宋仁宗天圣五年丁卯，与中国旧历首甲子者微有差异。记曾读某书，言满文无干支字。清初以满文译汉文书者，遇甲子则曰木鼠，乙丑则曰木牛。今观上表，则藏文亦复如是耳。

气候雨量之测定

江孜、拉萨及牙鲁木克湖附近，每当夏末秋初，雨量必达三十寸上下。据我国驻亚东关员实测，前三年内，平均雨量为五十七吋又百分吋之一。冬季雨雪罕过一尺者。其常年风雨之量，略表如下：

十二月、一月　风极寒冽，每日约吹三四小时。风未止时，无出游者。

五月　阴霾，烈风，惟无雨。

六月　自月半以后多雨。未雨之前，常有极强之东风。

七月、八月　多雨。

九月　雨渐少。天色仍阴瀹。

十月　雨止。每日自上午十一时东风始作。下午二时，风极烈，以后渐减杀。迄下午五时而风止矣。

人口之衰减

西藏之人口，与其面积、富源相较，为数极微，约不过百五十万。其确数无从知悉。兹据清乾隆二年调查册，旧示如下：

前藏	僧	302,500	俗	602,190
后藏	僧	13,700	俗	33,760
总数		316,200		635,950

按：上表所示，未包东边人口稠密之察木多及西北部之游牧部落在内。西人罗希尔氏曾两游前藏，据其估计，前藏人口约三十万。生齿之繁，在东近支那本部之地(按此殆就察木多以东言之)，次中藏，次后藏。

藏中耕地垦治者不及半数，已垦而又荒废者，触目皆是。由此推之，可知藏民日形减少之实况矣。至减少之原因，则以皈依黄教、绝灭本性为最大之弊害。今观其境内寺宇棋布，密于民居，僧数几与俗数相埒。美衣、甘食，诱导俊秀子弟遁入空门，以求来生幸福，可为浩叹。其列于齐民者，又蹈一夫多妻、一妻多夫之习，夭阏生机，兼之卫生无术，天花传染，凶札殇残，无岁无之，懒惰成性，迫于饥寒而死者又累累相望。具是数因，故人口日趋凋敝。据罗希尔氏及印度侦探队之报告，谓西藏人口较五十年前其数大减。呜呼！是亦劣败之征兆也。

1913 年 11 月(民国二年十一月)，第四年，第十一号(总第四十一号)

西藏族考

问　苍

刘光汉读书随笔云：西藏族初居于西藏、青海，并蔓陕、甘、川、滇之边陲。夏曰西戎。商曰氐羌、鬼方。周曰犬戎。汉魏之间分为大小月氏及先零羌、烧当羌各部。至于晋代氐羌人入居中国西北，即此族也。今甘肃边外及青海附近地多为此族所居，若川滇南境之土司，则西藏族与交趾支那族杂淆之种也。

又青海之民，虽多属于西藏族，然六朝之时为通古斯族（即东胡族）、吐谷浑所居。元代以来又为蒙古族所居，非纯粹之西藏族也。西藏之地，隋唐时为吐蕃、党项所居。吐蕃为鲜卑、秃发之转音，乃通古斯族。党项之后为唐允，即宋代之西夏国，以拓跋为姓，与元魏同（鲜卑种）。拓跋为秃发之转音，则党项亦为通古斯族矣。故西藏之民多与通古斯族同化，亦非纯粹之西藏族也云云。

按：近人考西藏族者，谓其颧骨高耸，鼻根陷下，类于印度人。其肤色亦似之。世界人种学者则以印度人属之阿利安族，西藏人属之土耳其族，与刘氏之说少异。愚以为土耳其族发源于阿尔泰山下。自唐世始盛。以地望准之，此族当然为氐羌支派，不能与蒙古、通古斯二族相混，即今日甘、新杂回诸部落也。惟此族势力渐移而西，于东方历史上虽有遗迹可寻，而衰落已甚，不能为西藏族之代表。若以其体格类于印度，而谓之为阿利安族，则尤无据。盖西藏宗教虽与印度同源，实则南方喜马拉耶山自古无兵略上之竞争，或其人民自由迁徙，久而益多血族混淆固未可知，但亦不能为西藏族之代表。惟吐蕃、党项种族蕃衍，岁久滋盛，常握西方政治上之霸权。虽有时为蒙古族所侵掠，然其势力仅及于青海。故明世谙达之子孙，清初顾实汗之支庶皆无能于西藏成立部落者。然则今日真正之西藏族（即氐羌）除青海、西藏间七十二土司外，殆无几何。而江达以西、阿里以东受达赖喇嘛、额尔德尼统治者，以历史考之，其犹为东胡西藏之混血族欤？

1914 年 3 月 20 日（民国三年二十日），第五年，第三号（总第四十五号）

喇嘛教之研究（上）

林有壬　译

（一）喇嘛教之渊源

喇嘛教者，自来支那政治当轴所极力笼络者也。其蕃衍之境域，重为西藏、蒙古等与外国接壤之地。故此宗教实为外交上动辄发生问题之烧点。夫喇嘛教渊源于佛教宗派之处极少。其历史及习惯亦与之迥殊。特其宗义多与佛教隐相符合，是以不可不研究之。考佛教之传入支那也，其途径有四：自中央亚细亚经天山传入支那北部，一也。越雪山之险而入西藏，二也。自东印度经安南传入南支那，三也。

自南洋蒋巴经马来半岛而传入，四也。就中除传入西藏者外，其它皆深入支那内地。南北传入之佛教互相调和。独喇嘛教不能融洽，但盛行于西藏及蒙古地方已耳。

(二) 喇嘛教之名称

喇嘛者，无上(即优越)之谓也，与梵语之勿突拉相似。在喇嘛僧中，须位至僧正者，始克享此尊称。然今则阅藏既久，不复有此严格，遂成一般喇嘛僧之通称矣。蒙古人称喇嘛曰辣阿嘛，亦曰喇嘛特摩。普通世人辄称其教曰喇嘛教。而喇嘛僧之自称则曰佛教，不云喇嘛教也。

(三) 喇嘛教之传入

当支那南北朝之末叶，西藏既奉行一种崇拜鬼神之邪教，名曰彭教。洎乎唐初，有弃宗弄赞者君临西藏。闻佛教之功德宏大，奉信綦笃。遣使一十六名，越雪山之险而至印度，以求佛典。及其归也，遂基乎佛教之教旨，著为国家之法典。是为印度教传入西藏之始。时在唐太宗贞观年间，即西历六百四十年。

厥后西历七百四十七年，西藏王克松迭安时代，有北印度之哇嘉那僧森突拿克希托及巴特麻撒姆博芝者，赍多数之陀罗尼暨秘密修法入藏。至是复传入适于藏土之一种密教，即喇嘛教。当时传播甚盛，僧侣之权势，直凌驾国王。第是时所传入者，属于所谓“希巴”密教之流派。其教像等，亦多为笔画之希巴神(三眼六臂、奇特猥亵之破坏神)及鬼神罗刹之尊像等，如现今北京及奉天之喇嘛寺所有异性拥抱之形象，及多伦诺尔等处盛制造之女与牡牛合体像并其它罗刹等，率皆当时传入西藏，或创制于西藏之物。

(四) 各地喇嘛教之传播

当元世祖征伐云南大理时，该地土民皆皈依西藏之喇嘛教。其尊崇也，逾乎国王。其后元与西藏和约既定，遂邀同红教撒斯克亚派之喇嘛盆迭特之侄八思巴来归，尊礼优崇。世祖即位后，使八思巴作蒙古新字千余及字母四十有一，颁行国内，封之为大宝法王，加帝师徽号，俾掌西藏政教之权及支那宗教统辖之权。顾世祖所以如斯优遇喇嘛教者，无非以政治手腕运用之，冀以统一其庞大之领土已耳。

先是，世祖召见撒斯克亚派之大喇嘛及当时罗马教皇遣来支那传教之耶稣教士，并其它有声之宗教家，使之讨议。其结果咸以喇嘛教之教旨最为通俗，且其势力亦极大，遂至优崇如彼云。

自是列朝皇帝皆尊信喇嘛教。八思巴之后裔，咸世袭帝师尊号。且列朝天子后妃，靡弗受戒。喇嘛往来，百官迎送。帝都所至，未有不闻梵呗者。夐乎盛矣！然犹未为传播也。传播之盛，盖始于明神宗万历年间云。

喇嘛教之出西藏高原而传播青海也，厥为第三世达赖之时，即有明之世。先是土默特部右翼旗之祖，鄂尔多斯部长顺义王俺答，屡侵山、陕两省，更犯北京。先后征伐三十年间，卒降伊犁之厄鲁特，平西藏、青海。咸使皈依喇嘛教，始罢杀戮，与明通好。迎第三世达赖入青海，且建仰华寺。寻应达赖之招入藏，灭藏巴汗。以卫藏为香花之地，献于达赖、班禅两喇嘛。达赖赠以诺门罕之徽号，而使为保护者。自是青海、蒙古交通频繁。达赖亦屡次巡锡青海，于黄教始祖宗喀巴之诞生地，收其胞衣。是塔尔寺所以为黄教祖寺，而为多数喇嘛僧所崇拜也。其后第六世达赖噶尔藏札木索为蒙古人所拥，即位于兹收揽民心，以与拉藏汗所立之假达赖相对峙。而青海喇嘛教之势力遂牢不可破矣。

喇嘛教之传播伊犁也，始于西历十六、七世纪间，伊犁之游牧。初，噶尔丹得准噶尔部民之信任，戡平其内乱而为之汗。继而入藏为喇嘛，达赖赠以博硕克图汗之称号。又有策妄阿拉坦者，入西藏后受封为宝权大庆王。第六世假达赖阿王伊什嘉穆错极宠信之。为建固尔札庙于伊犁及河北，建侮努克庙于河南，搜西藏掠夺之供器而庋藏焉。庙中有所谓西勒图大喇嘛之坐床者四人及厄鲁特喇嘛六千余人。其诵经堂，亦为西藏名，曰都纲。就中固尔札庙，迄噶尔丹策凌之时代，皆受准噶尔部民之敬礼，遐迩朝宗焉。漠北号称为伊即宏壮之义也。如策妄阿拉布坦、噶尔丹策凌及那木札尔之嗣准噶尔汗位也，皆入藏请求诵经。每次费用至二十万两。然盛极必衰，事理之常。其后阿睦尔撒纳之乱也，实为黄教之一大厄运。数千万热心之喇嘛教徒，死亡殆尽。先是准噶尔末叶疫痘流行，死者约什之四。而死于是役者，又什之三。其逃窜俄领吉尔吉思部者，约什之二。迨清朝平定兹土，其仅存者不过什之一耳。然皆四方离散，一时土地空虚。伊犁数百里间，固无一毡帐也。

职是之故，西藏、蒙古、青海，今犹盛行喇嘛教。而伊犁地方遂多信仰回教者。虽准噶尔部灭亡后，其移居兹土之土尔厄特部、和硕特部等数万之蒙古种族，尝于其地图复兴喇嘛教，然皆未能奏功也。

喇嘛教之传播蒙古也，在明万历四年。先是有俺答信者奉信喇嘛教，迎第三世达赖锁南嘉穆错于青海，建仰华寺以奉之。大会蒙古诸部，饮长生水，互相盟誓。达赖宣示教义，谓当戒杀伐，勉励备至。而后东还。继而达赖从阿尔坦汗之请，布教漠南。阿尔坦汗之子黄台吉亦深信之，其后裔中曾出第四世达赖云丹嘉穆错云。

云丹嘉穆错尝商之西藏之呼图克图等，于蒙古设置掌教坐床之喇嘛。选呼毕勒罕津巴札苏往蒙古坐床焉，为大慈迈达里呼图克图。蒙古之有掌教坐床喇嘛，盖始于此。

呼毕勒罕津巴札苏者，蒙古民众奉以大慈诺们及博硕克图济农等之尊号，而称为转金彻辰降农汗。继而有阿巴岱（达延汉季子澄埒森札孙土谢图汉之祖）者，入藏谒达赖喇嘛，取佛像经典而还。受蒙古诸汗王公之推服，遂得干齐赉巴图瓦察喇权音汗之徽号。至是蒙古之喇嘛教勃然兴盛。阿巴岱之弟图蒙宵亦信黄教，护持备至，为达赖喇嘛所赏，赠以赛音诺颜称号。顺治年间，其子丹津喇嘛，复蒙达赖赠以诺门罕之称号。自是黄教之势力遂渐扩充于内、外蒙古。诸汗皆信奉之矣。

自喇嘛教盛行于蒙古，未几即传播于满洲。盖满蒙之交通夙开。元太祖征服支那本部以前，即兼并满洲，置辽东行中首省。而蒙古之风俗文物，是时已流传于满洲。洎乎清朝开国，蒙古人遂与错伯部、派尔察部之满人杂居。万历十年顷，满洲叶赫部之青嘉努等已与蒙古察哈尔部连合，屡犯明之边境。其与满洲关系之早如斯。宜乎！喇嘛一旦传诸蒙古，遂遽然传播于满洲也。观夫辽阳莲花寺后院之敕建大金喇嘛法师宝记寺（在天聪四年），可知金时是教已入兹土矣。

又据大喇嘛坟塔碑文观之，可知西藏僧干禄打儿罕囊斯之布教蒙古诸部时，尝与察哈尔部人民同至满洲，受清太祖之尊礼。然则满洲人如何阐扬黄教，及太祖天命初年喇嘛教已臻隆盛，可想见矣。

盖天聪时代，堪称喇嘛教于满洲之全盛时期。当时教徒悬转轮，建寺院，假名供物，贪婪无所不至。或举动破坏戒律，或以徒弟以外之汉人、朝鲜人为奴隶。诸如是类，弊窦百出。亦斯教盛行之流弊也。然太宗夙抱统一天下之志，欲利用蒙人以达其目的，转优遇之。天聪八年，墨尔根喇嘛奉元世祖时代用思边千金所铸造之佛像，自察哈尔而来也。太宗命毕勒克图囊斯迎于盛京，且择盛京城西三里之处敕建宝胜寺。落成之后，太宗率王公贝子诣佛前行三跪九叩之礼。崇德年间，又从喀尔喀之奏，赐书西藏汗及达赖喇嘛，而命察罕喇嘛赍书往藏。其后伊喇固克散呼图克图奉达赖、班禅两喇嘛之覆书而至满洲也，太宗幸怀远门外迎之，且以三跪九叩之礼而拜天。于马馆召见其一行诸人，使宣读来书，且招喇嘛读经，赐以茶宴，劳其远来。后彼等进城。复于崇政殿赐宴，且命诸王贝勒等各自款宴。计盛京勾留八阅月间，五日一宴。其间赏赐金银、珍宝、绫缎等甚多。及其归也，自达赖、班禅、红教诸喇嘛以至呼图克图汗等，更分别赐以诏书、金碗、玉杯、金甲、银两、锦缎等。优遇之礼，亦云极已。

夫清朝自建国之始，施行一种羁縻政策。其优遇喇嘛也如斯。故朝廷权势所及之处，喇嘛教皆获多大之保护而益见发达也。

更观元初铸造之思巴佛像（供奉于山西之五台山），可知是时喇嘛教已传播于山西及北京。然至清朝，始受殊遇，而日趋隆盛。康、雍、乾三朝，特为喇嘛教徒敕建东、西黄寺等几多之寺院。现今北京及其附近之喇嘛寺院，大小尚有二十八所。亦足以觇当时之隆盛为何如矣。

（五）喇嘛教之分裂

大凡宗教之分立，辄基乎宗义主张之相违。独喇嘛教则不然。盖彼等以经文为神圣不可犯者，披览经典视为越法。由是观之，其对于教义，殆不怀殊异之见解无待言已。然亦不无一二例外，则所谓流派是也。推其成立之原因，不得不归咎于僧侣之腐秽邪淫有以致之耳。

考喇嘛教之教义，以脱离俗界，困苦修行，积善根于现世，蕲成道于来生，为彼等独一无二之理想。其巡礼念佛，酷信轮回转生，且禁戒吸烟、饮酒及挈妻等者，皆为是也。然阅岁既久，思想遂渐变迁，不无破戒之徒。闻某一部之僧侣，即腐秽邪淫，无所不至。而后世随在倡言改革之者，是由人民宗教心之发达故也。然则不问古今东西，宗派之分裂有同轨者。爰揭喇嘛教宗派分裂之概况如次：

一、宁麻巴派

红教喇嘛即此派之僧侣也。盖其僧侣，衣冠俱尚红色，故得斯名。红教为喇嘛教中之最旧派，许肉食、带妻，行加持祈祷。自开宗以来迄于今，兹教义上无所革新。现今西藏占一大势力者，即为红教。有多数之寺院属之。惟蒙古属此宗派者极少，寺院亦稀，无何等势力之足云。

二、克特姆派

宋仁宗皇祐年间（西历一〇五〇年），即有此一派矣。自是阅岁三百五十载，有宗喀巴者出，大唱宗教改革，斟酌取舍，别兴革尔古巴派，即黄教是也。

三、撒士克亚派

此派发生在克特姆派之后，自贡玛巴派分离而独立者，时西历一〇七〇年也。然自十五世纪之始，革尔古巴派复兴以来，其势力遂浸式微矣。

四、革尔古巴派（黄教）

是教之僧侣，衣冠俱尚黄色，故对于红教而称黄教。明太宗永乐时，杰僧宗喀巴所创之宗派也。先是，彼有慨乎宗教腐秽之甚，毅然高唱别兴宗派，仿律仪用黄色之帽。改宗后，土民争信仰之。流传于蒙藏等地，势如旭日，且累世英名之活佛咸临此宗，故能压倒各派而改宗之。其势力现今尚能凌驾各派，蒙藏之大刹尽属此派，固无待言。而满洲北京之寺院，亦皆属此派。其势力之伟大如此。

(六) 佛像及经典法器

佛像之种类最多者，厥为佛教。然在喇嘛教，亦百数十种。先是印度"希巴"密教之佛像输入西藏，是为佛像传入之始。其后种种之尊像渐次传入。而是等佛像传入西藏后，渐化为西藏之固有者。现今之所谓西藏式佛像者皆是也。

吾人见喇嘛教之佛像而最感奇异者，即什有八九皆鬼神罗刹之像。盖表示慈悲、忍辱之相，及好圆满之佛像甚少，而奇怪、猥亵之佛像殊多也。盖中国、日本等之民族，其性质、其理想均尚和平。而蒙、藏土人则与之大异其趣。故有如彼之现象。欲研究其民族性者可取鉴焉。

要之，喇嘛教之佛像以上天之诸尊为多，其相貌皆狞恶。即如北京雍和宫所供奉之曼陀罗者，与传入日本者亦甚异趣。殊令吾人觉其曼陀罗之称殊欠的当也。

读教，支那人称之为密教。其实与支那今日之佛修无甚相异。故与传入日本之密教全异其趣。

祈祷，在红教喇嘛，以加持祈祷为主。有坛场及其它庄严之装饰、供物等甚多。不似日本之简易也。且修法之际，供物须百个而不用实物，皆以图画代之。其修法之目的、作法亦无定式。即如日本，亦往往有所谓大道野师的行为，作吞刀、吞火之奇术，藉以受一般人民信为修行、修法之尊礼者。

经典，现今所用者悉为西藏文字。或云元时有译为蒙古语者。然但有此传说，殆不足信。盖喇嘛僧之对经典，与佛陀同一尊敬。西本愿寺别院之某师，尝游北京，有志誊写西藏文字之阿弥陀经，而恳请于喇嘛僧。讵彼答云：经典乃备捧戴，非以供披览。竟不之许。无已，出支那一流之贿赂手段，投资巨额，仅乃影写乾板。亦足以见其对于经典之尊崇为何如矣。

法器，无可特述者。兹无论其平素使用与否，第就其存焉者述之于次。

法器之在蒙古、西藏等之内地者，未由知悉，姑从缺略。而在北京及奉天附近者，则多少受佛教之感化，固历历可见也。

喇嘛教坛上装饰之佛具，大致与南方支那之佛教所见者相同，具有阏伽花曼等之六器。花瓶置其左右，与日本无殊。惟香炉之位置，与之殊异。又供物与六器前方之布置，亦无所异。然喇嘛僧及支那僧，辄谓供物排列初无一定法式。又法之仪式，亦由各住持任意行之。盖彼等无师弟传授，惟入寺以来，娴于其所目击，实行先师以来之风习而已。与日本之师传弟受者迥然不同。惟读经时所用之大鼓、铜锣、小笛、法螺等，则与日本无殊也。

喇嘛僧中尚有一种迷信，现今满洲、北京等处之喇嘛等虽不之见，然西藏依然行之。即活佛既死，则以其尸体废折所生之液汁，调一土块，而雕刻为克利加拉龙王之形象及金刚五钻钎之形。谓凡人旅行而携带之，可免土匪之袭击。且纵遭袭击，亦决不致受弹丸之命中云。

又北京之喇嘛寺，有所谓回转经器(蒙古名麻尼哥者)。相传此物为支那三藏之一。因避读经时授书之繁琐而发明之也。喇嘛教之有此物，亦与之同。特其意义与支那者异，而与日本者同。其状为六角形，高一尺五六寸，宽约四寸。周围刻西藏文字。所记藏文凡数千言。谓一旦回转之，即与诵几百万回同一经言者，获相等之其功德。而回转多次，即与日本之轮转经义毫无差别。彼等投入器中之号牌无虑几万，悉书藏文。

蒙藏文字虽异，然发音相同。如彼所谓阿摩麻尼巴突麦翁者，即相当于南无阿弥陀佛，或《南无妙法莲华经》之佛号云。

1917 年 4 月 25 日(民国六年四月二十五日)，第八年，第四期(总第八十二号)

喇嘛教之研究(下)

林有壬　译

(七) 寺院

喇嘛教寺院之规模广狭不等，而其构造则无甚差异，就中蒙古之寺院最称完备。其四周辄环以高二三尺不等之土墩，上树丈余之竿，悬白布或红布之幡，幡上密写经文，所以为净界与俗界之区别也。至于寺中之结构，则本堂建于中央。其左右前后分建伽蓝数座，以备寻常读经。而打鬼会、盂兰盆会等大法会，则在本堂举行。此大寺院之规模也。中流寺院罕有环以土墩者，偶或有焉，亦无树竿挂幡者。即如满洲、北京、小库伦等处之寺院，亦仅有土墩环之，况其它乎？

中流以下之寺院，本堂而外不见屋宇。间有两旁建屋宇数栋者，亦极卑隘。犹不逮大寺院之伽蓝焉。至于下级寺院，仅陋室数椽，三五喇嘛僧住焉。又西方沙漠地方，往往以土造小屋充寺院，三数蒙古包环之而已。

大寺院喇嘛僧之房室，多在寺院之两侧或其背后。如库伦与拉萨等大寺院，其喇嘛居室鳞次栉比，状如市街，可谓盛已。至中等以下之寺院，住僧无多，居室亦少。即如北京之雍和宫，其居室设于本堂之左偏，长屋联贯，宛如街市。室方丈余乃至二丈。高级喇嘛及老僧等，各住一室。普通僧辈数人一室，而共同营其生活。是等喇嘛居处，汉人称之曰喇嘛街。

蒙古西藏等地，号为地瘠民贫。然其喇嘛寺院，类皆伽蓝宏壮，黄瓦烂然，冠绝一世也。彼族之信仰是教，如何其笃，于兹可见。盖彼等之爱喇嘛，直如慈母之于婴儿云。

(八) 喇嘛之称号

喇嘛有大宝法王、大乘法王等称号，皆向者清廷之封赐也，受其无上威权之保护。其它喇嘛无敢冒犯焉。然地方寺院，多有僭窃尊号者。盖支那之喇嘛教，不似日本佛教之有统一机关，殊无从纠察也。而其僭称尊号者，辄由于敬之者之衷心悦服，妄尊之为大喇嘛。彼喇嘛自身，亦遂夜郎自大，居之不移。其自颂、自赞者盖甚多也。惟喇嘛辈多谦逊自守，对于信仰笃于自己之喇嘛，亦称之如大喇嘛。故不至惹起冲突。又蒙古各地寺院，咸称喇嘛为活佛。而孰真孰伪，则不通蒙古事情者，未由而知也。

现今普通之喇嘛僧中亦有佛爷喇嘛，札萨克喇嘛，大喇嘛，庙喇嘛，黑喇嘛等名称。兹分述喇嘛之种类于左：

甲、佛爷喇嘛

佛爷喇嘛，即所谓活佛是也。照例，惟西藏达赖、班禅两喇嘛及外蒙库伦、内蒙多伦诺尔并北京雍和宫之呼图克图，始克享此尊称。然积习相沿，蒙藏各喇嘛庙之喇嘛辈，往往自颂自赞，僭此称号，如上所述云。

乙、达赖喇嘛

达赖者，藏语曰喀尔佛林伯阶，即大德中大德之义。蒙古人则诂曰大海，信此喇嘛为观音菩萨之化身。蒙藏僧俗俱极崇拜。其在西藏，现今为格尔古巴派之首长，统辖政教两权，驻锡于布达拉。布达拉者，南邻前藏首都拉萨之地方也。

丙、班禅喇嘛

班禅喇嘛，现驻后藏首都之札什伦布。其始祖曰凯珠布格转克巴勒藏。生于西历第十五世纪末叶，为达赖喇嘛第一世罗伦嘉穆错之弟子。又师事黄教之始祖宗喀巴。其师入灭，乃移驻于兹。与达赖喇嘛共掌黄教。

丁、库伦之呼图克图

元朝初年，喇嘛教既著名于蒙古，然其长老之为呼图克图而受佛爷喇嘛之尊称者，则始于大慈迈达里呼图克图云。先是，彼从阿巴岱汗之请转生蒙古。当时全蒙人民一体尊敬。今驻外蒙库伦之呼图克图，即其后裔也。

戊、多伦诺尔之呼图克图

多伦诺尔之有呼图克图坐床，始于清朝。先是，康熙三十年四月，哲布尊丹巴呼图克图率土谢图汗等喀尔喀七旗来归，帝幸多伦诺尔以欢迎之。五月，赐宴诸汗、台吉等，并博施封赐，即土谢图、车臣二汗均赐称号。封札萨克图汗之弟策妄札为亲王，继而使袭汗号。诸部之济诺颜俱改封为王、贝勒、贝子及公等爵位，划为三部三十七旗，皆授以札萨克。又敕建汇宗寺，以一蒙人众志，诏内、外蒙古各地各遣喇嘛一名移住于此。继又自西藏迎第五世达赖喇嘛大弟子章嘉呼图克图来住于兹。是为多伦诺尔驻有呼图克图之始。自是迄今，世世皆称呼图克图云。

己、北京雍和宫之呼图克图

雍和宫原为雍正帝之藩邸，帝既即位，遂为禁地。其中奉安佛像，命驻京喇嘛管理之。所以保持龙潜藩邸于长远也。迨高宗登极，始赐之喇嘛，改为雍和宫。自拉萨之笛旁、赛勒及格典等三大寺中，选拔僧正为之呼图克图。是为雍和宫驻有呼图克图之始。现今之呼图克图仍来自西藏。终清之世，礼遇之隆，等于亲王。民国以还，政府之优遇亦与前清无异云。

庚、札萨克喇嘛

札萨克喇嘛，内、外蒙古、西藏清海等大寺院住之。其职位视佛爷喇嘛为高。盖佛爷喇嘛但集信仰，而札萨克则统辖政教两权，管理其所属之土地、人民。寺院中万机皆取决之，而受僧众及所属人民之无上尊敬。此类喇嘛多出自各汗、王公、台吉等之血族，亦势力使然也。

其在北京雍和宫佛爷呼图克图之下，尚有札萨克二。佛爷深居斗室，除终日诵倭麻尼巴脱姆阿衡佛号外，无所事事。而札萨克，一则专司院内事务，一则专管外务，如与政府交涉等。彼此权限分明，无少相犯。

辛、庙喇嘛

庙喇嘛者，似无须特标一类。然习称既久，兹亦列焉。考庙喇嘛，似与普通喇嘛无殊。而特冠庙字，乃所以与高位之喇嘛相别。盖基乎世人称谓之习惯也。庙喇嘛之阶位，虽因修业之多寡而有不同，然要之终生不能脱庙喇嘛之地位。西藏所谓持戒者在土台上，不持戒者在土台下。殆指此也。

庙喇嘛平日在寺院中，除做佛事外，须分掌杂务。如饲养家畜以及洒扫等事皆为之。对外，则应参与信徒婚丧礼仪之延请。一切均遵札萨克喇嘛及大喇嘛之命执行，无敢解怠。

壬、黑喇嘛

黑喇嘛者，彼中谓之道新，即鳏夫嫠妇，看破尘世，自愿削发，皈依于善菩提者是也。此类喇嘛不衣袈裟，不诵经文，惟终日四六时中，爪操念珠，高唱倭麻尼巴脱姆阿衡佛号，以遣一生而已。盖蒙藏人不似野蛮人，其对父母之情颇笃。及其殁也，惟愿升天。即如尸体之火葬，或曝尸于野，迨骸骨既残，辗而碎之，和麦粉为团以饲鸟兽，或混其粉末于粘土，以造佛像，凡所以祈其魂灵之升天也。其愚若此，亦可哀已。

癸、大喇嘛

大喇嘛者，特称一寺院之主座。初不问其宗派若何，位阶若何也。故有一寺院，即有大喇嘛。盖蒙藏人尊敬一般庙喇嘛之首长，称之为大喇嘛。间有一寺院中，有大喇嘛数人者。

大喇嘛多由出身王公、台吉等具有势力之喇嘛中推举之。照例，凡欲为札萨克喇嘛或大喇嘛者，必先参谒西藏之总本山，而后方能就职。然为蒙古较小寺院之喇嘛，其未尝参谒而就职者，殊属不少。盖万里险阻，跋涉匪易，且凡谒总本山，必携呈贡物而受戒律。贫窭寺院，贡物、资金无从筹办，亦不得已也。

大喇嘛有延自西藏者，如北京雍和宫之呼图克图及蒙古大寺院之主座，滔滔者皆是也。又世俗习惯，同一寺院住持，而对于佛爷喇嘛不称大喇嘛。盖称大喇嘛便与普通喇嘛无殊，不显活佛之尊荣，殊属失敬故也。

彼中规例，凡上等大寺院之首席喇嘛，均称活佛。而中等以下寺院之主席喇嘛，则称大喇嘛，实则界限并不如是其严。而从通常习俗，僭称尊号者亦不少也。

喇嘛之种类略如上述。而其品级亦有多种。即初进寺院称为沙弥，嗣后因其修业、修练级次之渐高，称谓既殊，衣色亦随之而异。

(九) 生活情形

喇嘛僧之生活情形因地而异。即如西藏、蒙古、满洲、北京等，风俗既异，生活情形亦因之不同。大率每日除一二回乃至四五回不等之规定读经外，并应信徒之招，出勤于其法会。尚有余暑，则从事于洒扫殿堂、搜集材薪等杂务。其在蒙藏有家畜之寺院，且兼司放牧。而北京之喇嘛僧，并须为蒙藏语之教师，及给佛像系念珠（售诸蒙古）等，得资以助其生活。但仅普通喇嘛如是，高级喇嘛则不然也。

清家之统一寰宇，颇获蒙古种族之力。职是之故，对于蒙古之喇嘛特施优遇，以怀柔之。又鉴于北狄自古侵犯支那历朝之往迹，复努力于遏抑其民族之发展。因施一毒计，即除王公、台吉等及庶民之独嗣者外，悉假追祷祖先冥福之好名义，使入喇嘛寺修业。自七八岁迄十二三岁，为入寺年龄。自初入寺为沙弥，至修行毕业，衣食等费悉由家中供给。又有至能营独立生活为止者，更有赖信徒之布施，足资生活，或因担任寺中庶务，足敷衣食。间有因多勤杂务而获积蓄者，然甚少也。

蒙古之特种寺院及北京雍和宫之喇嘛，皆由政府发给生活费，其数随职位及老幼而异，每名每月白银一两乃至十两不等。是等喇嘛之生活，较为优厚云。

然政府所饷之生活费，名虽一两乃至十两，实则入喇嘛之手者，不过其半数耳。盖自政府支出，以至入喇嘛之手，其间须经过多数官吏，层层剥削故也。顾喇嘛僧何以不揭穿其黑幕者，是有二故：一因支那习惯，贪污舞弊视为固然；一则恐经手官吏恼羞成怒，大进谗言，将并此而裁汰之。是以隐忍而不敢发也。

喇嘛当夏令，内衣小衫，无袖，外罩长丈许之大袈裟。其着法与佛教各宗无殊，特无纽为不同耳。此外又有所谓轮袈裟者。日本之轮袈裟，殆昉于是欤？

帽子，大喇嘛所戴，其状宛如阎魔之头巾。而普通喇嘛所戴，则如欧洲龙旗兵图之帽式云。

读经必佐以大鼓、法螺、木鱼、铜锣等乐器，与日本无殊。所不同者，其读经之际，有职位较崇者轮流监督，规律甚严。且蒙古人声音宏朗，闻者辄为之惝恍。

读经在上午十时及下午三时。先是于本堂之前，讽诵约十分钟。间待僧众咸集，然后徐步入堂。倘有事故，须向监督请假，以待许可。

北京雍和宫，每届盂兰盆会，照例开放殿宇三日，以大殿为会场，悬挂五佛图。其前置香花、供物数事，陈设尚甚简易也。

喇嘛教之修行，亦与佛教无殊。惟其动机及目的则不同耳。盖喇嘛之修行如前所述。而佛教各派则以证菩提及涅灭为目的，即其修行不过为证菩提之一手段。故自昔有一定法规，谨守勿懈。然在日本，并不硁硁拘泥，而全以自力离宗，别起本愿之净土真宗之宗派云。

如上所述，见解既异，思想亦殊。盖支那僧侣犹未脱印度之思想，类皆不事修行，学德俱无，游惰成性。出俗而未能脱俗。其间虽不无有志之辈，总以成佛维艰，自暴自弃，不从事于苦行精进。但其中作妄诞之苦行，以冀获群愚之信仰者亦间有之。佛教如是。喇嘛教亦颇有类似之点。且喇嘛之质性，终视狡猾之汉人为正直。故于修行，亦有颇露真面目者。惟其目的，希冀化身转生，视涅槃寂静为切。是则与佛教大相悬殊者耳。

大凡人类信仰宗教之心，因智识发育之程度而异。即文明之人，惟求乐园于未来之净土或天国；而未开之民，则欲享果报于斯世。彼喇嘛僧之希望化身转生，即此义也。然彼等修行之途径，亦不一而足。其最昭著者，为旅行与参禅。或组成数十人，巡礼各地寺院。如往西藏之总本山、库伦、多伦诺尔、山西五台山等。动辄数载之旅行，跋涉险阻，劳苦万状。无非欲受活佛等之化导耳。

据北京喇嘛云：其参谒西藏也，自北京首途，道经蒙古、青海更由印度遄归。是行也，一喇嘛僧之费用，约需银三百元。其筹款之法，即先于北京购种种商品售诸蒙古。于此更购买土产，转售西藏。有此利润，故实际耗费无多。至其费项中最巨者，厥惟拜谒西藏活佛时进呈之贡物是也。

喇嘛教参禅之地，自来著闻者，厥惟青海境内黄河上游之青海湖。此湖距西宁府西三百余里。湖周七百余里，有十三峰环之。海中有岛二：一称察罕哈达，一曰奎孙拖罗海，皆人迹未至之清净地。喇嘛僧之欲往修禅者，必乘冬令湖水结冰时，运置一年间所需之粮食及其它一切用物，俾岁中无事出岛，而耑勤修练焉。考青海湖，沿于西藏与中国本部之通路，故参禅者岁有其人云。

(十) 活佛之抽定

活佛之依抽签而定，颇饶趣味。盖世界宗教多矣，而其教主由抽签而决定者未之有也。是喇嘛教之所以为喇嘛教欤？兹揭其来历及方法于次：

自明初黄教始祖宗喀巴创化身转生之说以来，辗转推移，遂驯改抽签以定活佛之法。盖当达赖喇嘛生存之时，巡锡各地，即预觅相好圆满之幼童。比及临终，乃遗言活佛当转生于某地。然该地所谓圣童，不一其人。彼此竞争，无所不至，弊害百出。迨第七世达赖，即班禅第六世之际，清朝欲遏其弊端，始发明掣签之法。亦不得已也。先是乾隆五十六年，帝乃以征讨入寇西藏廓尔喀兵之余威，遂干涉喇嘛教，卒定抽签而定活佛之法。其法制金瓶二：一置中藏之大招寺，一置北京雍和宫。先选活佛死后十个月内所生小儿十二人，送之于布达拉，使该处学硕德重之喇嘛试验之。择其具有佛陀体想之最少者，渐次淘汰，终留小儿三名，以为活佛之候补。更由其中抽取一名，以为活佛，即取纸片三，书候补三圣童名，投诸金瓶。俟班禅喇嘛及西藏汗数名并驻藏大臣莅场监视，而后抽取。其掣出者，即为达赖喇嘛。使道高德重之老僧保养而教育之。

蒙古呼图克图之选举，亦与西藏之选举达赖无殊。如前述，置诸雍和宫之金瓶，即为抽定蒙古呼图克图之用者。照例在雍和宫而抽定呼图克图也，须俟理藩院与扎萨克大喇嘛会同之后，乃书选定圣童之名于纸，投诸金瓶。先在佛前读经，请神降临而后抽签。然清朝为运用政策起见，辄使呼图克图之呼弼勒罕出身西藏。故其抽签并不于北京举行，而在西藏由达赖、班禅诸汗及驻藏大臣会同监视，以抽定焉。

凡既经当选而将遣往蒙古之呼图克图，被选后一年以内，由其父母率往托拉那德之登突奈彭芝克林寺或巴尔坦布拉奔寺，在高级喇嘛监督之下，暂时居住，以待朝庭颁赐认可新呼弼勒罕及准许迁居蒙古之诏书既至，然后由蒙古诸王奉迎前往云。

(十一) 呼图克图之入蒙

呼图克图抽选既定，选举委员即缮具奏折，呈由北京政府特派之官员奏报朝庭。同时除留老喇嘛二三名为新呼图克图之侍奉人外，余悉遄归故土，从事于奉迎新呼图克图之准备。

凡赴西藏而奉迎新呼图克图也，例派王爷一员为其首长。各汗旗等各派贝勒、贝子或札萨克台吉一名，而道高德重之喇嘛亦参与焉。此外随行者有向导人、御者、天幕管理人、厨役、杂工等。而几多之巡礼者亦附骥尾，统共约千余人。其搬运粮食、杂具、各项贡品等之骆驼亦逾千头。其行旌之壮阔有如斯者。当此辈之将首途也，各寺皆举行祈祷，以祝途中安宁。庶民则群集宫殿而祈祷焉。祈祷既毕，方登程途。当是之际，库伦寺街全为香烟笼罩。奏乐之声，远彻四郊。此辈乃与送行者相将入城外之天幕，共饮诀别之茶，然后欢然相别。

自库伦登程，率为二、三月间。盖欲乘酷暑未至，而出库库诺尔之草原，俾骆驼免受夏季炎热之痛楚也。

此辈首途后，先经土谢图汗及三音诺颜部之游牧地，更过阿拉善王旗，即抵库库诺尔草原矣。于兹林息数月，迨阳春十月乃复登程。阅三四月而抵拉萨。达赖喇嘛命此辈寓其附近寺院。所以优遇之也。

此辈既至西藏，即谒高僧，献贡品，而求授一应佛式于新呼图克图。其贡物通例为银制之曼荼罗及银千两、绸若干匹等。无何新呼图克图乃受佛戒，叙为克摩呵容靳纳，而许其遄归蒙古。于是蒙古人乃奉迎新呼图克图而上归程。其时西藏僧侣之送行者，无虑数千人云。

新呼图克图之归途中，其自拉萨而迄阿拉善也，例由该地驻扎之官兵护送之。其它途中奉迎之僧侣，以数万计。比还至库伦，不径入宫殿，先于郊野所构之黄色假宫留锡数日。别选良辰先至巴郎倭革寺院，受茶及肉之供奉。继乘黄轿往芝倭利靳寺之本堂。是时库伦之高官咸往欢迎。于兹而受北京政府所赐之金宝及金纸诏书。然后徙居深宫，而由诺们汗喇嘛等，授以经文及一切法式。诺们汗喇嘛者，呼图克图之教育主任也。而所谓新呼图克图者，自是遂为住于人间世界之活佛，即佛之化身，为一般僧俗所信仰，而受其无上之尊崇也。呜呼！亦云荣矣。

1917 年 7 月 25 日（民国六年七月二十五日），
第八年，第六、七期（总第八十四、八十五号）

《民声报》

《民声报》又名《民声丛报》(封面作《民生报》,里页作《民声丛报》)。

资产阶级革命派报刊。1910 年 5 月 23 日(宣统二年四月十五日)创刊。在上海出版。半月刊。编辑及发行人署名陈匡,实际主持者陈其美、姚勇忱。参加撰稿的有雷昭性、林白水、坦庵等。

该报抨击清王朝预备立宪的骗局,但对西方资产阶级民主也质疑,提出过"国民果可以免于专制乎?"等问题。

主要栏目有图画、时论、时评、译述、谕旨、国内大事记、世界大事记、特别记事、调查、法令、文谭、诗歌、小说、杂俎等。

现存第一年第 1 至 2 号,上海图书馆藏有原件。

西藏探查记①

藏地为吾西方屏藩，番人朴野，地等不毛，朝廷久漠视之。顾其地系西方安危，且矿产绝富。英俄觑之綦笃，施种种方法，教唆藏民。探险之队，时有派遣，不得其中实情形不已，而各国人民亦逐时好，往往私行探查，以报告其政府。吾人未见其底册者，不知凡几。即以每岁中所发表于报端上者，亦多吾国人所未闻。此篇乃瑞典国理学博士斯文黑廷所著。斯氏系地理学泰斗，又从事中央亚西亚之探险，已二十年。凡五次大旅行，再入西藏，考察地理风俗甚悉。去年夏间，探险事事，回国，特著此篇，以述其经历情形。爰译之，以供我国人研审。

中央亚细亚地形

中央亚细亚，世界最高峻地方也。界内高山重岭，燊积绵亘，连峰接大，视不盈尺。四时白雪皑皑，所谓世界之屋顶者，即巴密尔高原是也。由巴密尔高原迸出许多山脉，恰如放开五指者。然蜿蜒于各地，其中最雄大者，为东方各山脉，如向南则有喜马拉亚山脉，向北则有天山山脉，二者中间更有昆仑山脉。群山纷集，夭矫东趋。地理上踪迹极模糊，只知喀拉哥尔术山脉耳。故昆仑山脉与喜马拉亚山脉间高原，即西藏也。前人实验甚少，于地理上情形不明。只想见群峰突起之一大旷野，以致叹为暗黑世界。查鄙人入藏以前入藏者，法国贵族欧尔凉公爵、安利索拿巴尔杜公爵、攸僧正及俄国之布尔色瓦尔斯墓待军、美国之柔克义君（前驻华美国钦使），然未探险西部西藏，只耶尔贝有孛华君、纳因新拉杜尔德诸君，因为北部、中部、南部等探险起见，路过西部一地耳。鄙人此次幸得详为考查，方之前人或无遗憾矣。

藏北山系

昆仑山脉抱拥塔里木盆地南方分派许多支脉，昆仑主派北走，为阿尔丁打克山脉，与防尔喀打克山脉，作并行线。群山郁结，犬牙错杂之形也。例如阿尔喀打克山脉为杜赖乌拉，术坎乌拉布汉布达等大山脉。阿尔喀打克山脉南方有哥哥细粒

① 1912年1月20日（共和纪元元年一月[二十日]），第一号（总第十九号），《地学杂志》登载《西藏旅行记》，部分内容与该文相同。

山脉，山名塞打木地方，蒙古语为“录冈”之意。又南方有宗克布列山脉，蒙古语为“丘陵山脉”之意。又南方有布喀蔓克那山脉，即“野生牦牛头体”之意。此山脉东部，系于六十三年以前法国攸僧正勘查，而鄙人此次精查者也。布喀蔓克那山脉之南，又有喀拉哥尔木山脉，即土耳其斯语为“黑色石块山”之意。

藏南山系

查藏卫各地，世人所知，不过西方一部及延亘西藏内地者。讵南方接近喜马拉亚山脉，挟布拉麻布杜拉河峡谷，发见一大山脉，鄙人称此为杜兰斯喜马拉亚山脉。实西藏探险中，居最大发现之一山脉。虽此山脉各部分，学者已经调查，然未知形成一山脉之事也。查此山脉，自东方拿布昆克拉坡至拉达克地方，蜿蜒一千英里之长，较喜马拉亚山脉脉幅，则此山脉不过八十英里，乃至一百英里，仅占朋巴州中央部一百二十英里之广，且非集合的山脉。一脉连亘，山势高峻，路过山道，有二万九百尺之高。虽藏人尚未知如此大山脉，况外国人乎？鄙人偶尔发见此未曾有之胜境，将来世界复无如此大山脉，不禁欣快也。

山脉中高峰，以宁建达拉山、坎峻坎克利山、搭尔哥坎克利山等，连峰冲天，为注入印度洋与太平洋之河川分水岭也。鄙人称此山脉为杜兰斯喜马拉亚缘由，即“连亘喜马拉亚山脉后”之意也。查对印度国防上，以喜马拉亚山脉为第一屏壁，以此山脉为第二屏壁。诚能设兵严守，西藏疆防，洵金城汤池矣。

藏程之险峻

鄙人于印度列市编成大旅行队，雇用拉达克二十五人，马一百三十四，以土人莫哈美伊萨为先导。一千九百六年八月，人马肃肃，发列市，征鞭一路，指西藏前进。越喀拉哥尔木山脉，过林细丹，渡亚克萨尹湖，遂入前人未到之西部藏地。地势险峻，甚属艰困。越布卡曼克拿山脉，一日间毙马九匹之多。迢长途不见人烟，饥饿迭起。历八十三日，始遇游牧人种部落，此时之愉快可知矣。

嗣后虽无插天峻岭，然地域甚高，形势旷远，天朗气清。四周山巅白雪皑皑，峰峦极多。牧草间有游牧土人部落，或牦牛等。查中央亚细亚与西藏地方，多产牦牛，为该地土人最利用之牲口。只性质广悍，不易驯使，鄙人屡遭危害。自此行程愈远，马毙愈多，遂由土人订购牦牛以继续旅行焉。

藏西形势

南进深入藏地，发见杜列安。出安莫尼阿克湖畔，更南走，孛克藏宗巴湖畔。东南进至刚接错湖畔，盘桓一旬，考查附近情形。时交腊月，湖水冰结，湖上自由通行（查刚接错湖水含盐，即咸水湖也）。测量完竣，遂入那杜安州。刺史夫拉扎杜耶林君，与鄙人有旧识。一日夫君来访，晤谈良久。夫君云藏地民气未开，域内险峻，猛兽毒蛇，充塞于行路，而粮食难得，气候不调，奇惨不可言状。先生旅行恐有危险，不如且请中止此行。夫君之热心，力拒鄙人深入藏地，良可嘉也。然鄙人早已委心任运，遂婉谢夫君。翌日得夫君准许，鄙人自此五衷愉快，以为今可遂其旅行之夙愿矣。

鄙人自此意气益昂，越圣拉城，即拉兰斯喜马拉亚山脉也，路南有密朱川，似悬白练。密朱川者，即布拉麻布杜拉河最大支流，于拉卞宗孛会布河本流也。布河北岸耶顺市，有喇嘛庙，规模壮丽。由耶顺市数日，遂入扎什伦布府。时西历一千九百七年二月九日，计鄙人由印度勒布启程以来，以七越月。回顾来途，茫茫如梦，起望前程，喜马拉亚连峰，矗摹参天，不禁客怀怅触矣。

扎什伦布为后藏首府，班禅喇嘛驻锡此地，西藏第二大都也。喇嘛殿堂，结构壮大，金色灿然，眩惑人目，真教都大观也。现代班禅喇嘛鹤龄，二十八岁，为教祖七叶后裔，资质贤明，藏人敬仰不置。

鄙人入扎什伦布后，谒见班禅喇嘛教主。极周到，极优待。将鄙人延入殿内宿住，付与特权，考查所有藏地僧俗情形。盘桓四旬之久。教主恩谊浩荡，没齿不忘也。

扎什伦布庙内，有喇嘛僧三千七百人之多。庙内分数百房，各房僧人专念经典，修道于庙内。一日三次，就大釜中煮茗，以吹角为号，各僧饮茶，甚为喧嚣，亦藏中一大奇观也。

藏僧风俗

藏地人民信仰灵魂不灭，即灵魂轮回说也。因世人皆知，鄙人不赘，别述喇嘛僧情形。喇嘛僧中阶级制度，略分为五：第一达赖喇嘛，第二班禅喇嘛，第三库伦活佛，三者为最高级喇嘛，所为教主也。第二级为堪布喇嘛。第三级哥伦喇嘛，即普通喇嘛也。第四级各斯尔喇嘛，即小沙弥也。第五级喇嘛，仆人是也。哥伦喇嘛藏地各处皆有分驻所，掌管冠婚葬祭事宜。若有死者，哥伦喇嘛直趋死者前，抓其皮肤，折开骨盘，此尸为灵魂脱离肉体之形式也。其尸骸不许埋葬，细切尸肉，作为包子，以喂灵狗。灵狗者，即神圣狗之谓。拉萨、扎什伦布及藏地各喇嘛庙内常饲养数头，以备分尸之用。其各游牧民则因无庙可属，遇有死者遂放弃原野以饱虎狼。是人生之惨酷，莫过于藏人矣。

1910 年，第一卷，第 2 期，第 1～6 页

《蜀报》

《蜀报》是清政府“钦准”发行的四川谘议局机关报。1910年8月19日（宣统二年七月十五日）创刊，在成都出版。社长蒲殿俊，总编辑朱山任，主笔吴虞。撰稿人有叶治钧、杨士钦、吴虞、净民、黄言昌等。原定为半月刊，每逢初一、十五出版，但第六期后，进行改组，主笔由邓孝可担任，其中曾休刊一段时间。到1911年9月7日停刊，总共出版了十二期，用拷贝纸铅印，每册一百页左右，印刷装订较精美，一时被称为蜀中报界巨擘。每期发行量达一千多份，每册另售二角三分。重庆、上海、北京等地都设有分销处。馆设成都东桂街。

宣称其宗旨为“欲使政治思想普及吾蜀，造成健全舆论，以直接而为本省谘议局之补助，间接而裨益政治之实力进行，以促进国会之成立也”。又称“蜀报所必欲言者，固非邪说异议所可摇惑，并非专制压力所能钳一，斯为独立报，故得以蜀名”。主要栏目有谕旨、论说、奏议、专件、批评、时评、法令、纪事、省治汇录、译丛等。

该刊为迎合群众的意志，反对铁路国有化，曾揭露邮传部尚书盛宣怀十大罪状，于1911年9月7日（宣统三年七月十五日）被川督赵尔丰封禁。

现存第1至12期，四川省图书馆和湖南省图书馆分别藏有原件。

经营费之要求

西藏经营费原议至少需二百万，度支部仅拨给五十万。现驻藏办事大臣联豫会同川督叙述困难情形，要求给发全额。度支部会议数次，尚不能决定云。

1910 年 8 月 19 日（宣统二年七月望日），第一期【四川省图书馆收藏】

铜币输入

政府近议推广藏地圆法，拟由川省按照新订国币章程，鼓铸大清铜币若干，输入西藏境内。俟通行后，即以所得余利，全数提充驻藏兵费，以期两全。闻已电告川督豫筹办法。

1910 年 9 月 18 日（宣统二年八月望日），第三期

英人侵略之动机

英国进兵西藏一节，已见帝国日报路透电。此事似为的确。从前英国驻兵边藏，非中国地界，政府亦未便诘问。现闻英使竟向政府声称：西藏种族复杂，人情不靖。如有乱事，中国兵力单弱，必不足以任镇定之责。敝国至彼时，即当进兵保护自国商人之生命及其财产，并非含有侵略之性质云。

警权可危，现在西藏江孜商埠警权，已与英领事交涉。按照印藏专约，由中国自行管理。其亚东、噶行[大]喀等埠，亦归一律。此举非措置完善，颇难保护治安而杜外人之借口。闻驻藏大臣联豫，已电告政府及民政部，请设法保护云。

1910 年 9 月 18 日（宣统二年八月望日），第三期【四川省图书馆收藏】

印藏国境之英兵

据最近之消息云：英国对于西藏之骚乱，将集兵于印度国境等各节，致中国政府心为不安。此已见各报矣。今据所传闻，英国于军队集中之布置，其调遣军队也，系自第二炮兵大队第十戛亚加斯及第四十八工兵大队中派出第二山炮兵队，命驻屯于亚尔摩拉司令官之哥郎布大佐指挥之，其哥特休发少佐指挥之第二十三及

二十七骑兵大队，则任希利极利后方守备而驻于该处。此外尚有在拉格纳武之第二十六骑兵大队，在曼巴拉之第十骑兵大队及在巴勒里之第十一骑兵大队等类，皆奉有调遣之令，随时均可进兵。惟彼等虽奉调遣，然又受有训令，饬其入藏后，如遇中国兵与西藏兵，两造或生冲突，英国兵须严守中立。今则此项军队已陆续侵入藏境矣。

1910 年 10 月 17 日(宣统二年九月望日)，第五期【四川省图书馆收藏】

英俄又提议西藏问题

伦敦外交界现甚注意西藏问题。据英外相之近人云：英政府请俄政府查看一千九百七年所定西藏之条约。据此约，该两国不得干预西藏之事，且应认中国于西藏有无上之权。然于此约内，不惟英、俄于三年内派遣调查员至西藏游历一条，下月已经满期矣。据云：俄政府甚不赞成提议此问题云。

1910 年 10 月 17 日(宣统二年九月望日)，第五期【四川省图书馆收藏】

察木多宜划入川疆以固边以保卫藏论

黄言昌

察木多，一名喀木，亦曰昌都，与炉关外之巴、里两塘，同为古康国地。地面纵横各千余里，西邻卫藏，东接川边，北负青海，南俯云南，西北隅及边外之野人山，并英属印度东北之阿萨密侯国(一称亚山部，在孟加拉之东北，四境多山，中有普拉特河，自察木多迤南流入，两岸多平畴沃壤，英人开辟其地种茶栽桑，日臻富庶。其首城曰比什纳特，可通轮舶。近更用浅水小轮，直抵萨加，距察边仅百余里矣)。其名义虽与卫藏并列，形势实自成一区(察木多一部本非达赖旧地，明末青海、蒙古固始汗抚有其地，岁征其租赋，初与卫藏无涉。达赖故地只卫地一部，藏地初属红教，继由固始汗以兵翦灭之，给其地居。班禅今与达赖分主二藏，而察木仍归自领。国初征服蒙古，惧其为患，始分察木多给达赖管领，自是以后，始与卫藏并列称为三藏)，可以绾毂川滇、青海、卫藏四出之门户，最扼形胜。且以大势论之，其地适占亚东横断山脉之堂奥，干岭洪河，皆纵贯其中，有云岭、他念他翁、色隆拉岭之崇巘嵂崒，磅礴逼天。有澜沧、怒江、大金沙江之奔腾汹涌，倒泻雷轰，而皆可附益以为川边之重阻。北走青海，顺大河流域，可以扫荡中原。南驱云南，沿五岭而东，可以鞭挞交广。东出巴塘、炉城，则席卷三川，扼扬子江之上游，使荆扬皆震。西逾拉萨，则横穿阿里藏，踞帕米尔之高原，而西亚胥惊。陡下则印度以东，缅越以北，将望风而靡，而天下不足当也。此其形势之关系也。

且其南有萨郎、隆马、沙美、萨密、郎塘、布拉马之平原广野，天时和煦，百谷露生，为川边及全藏六千里冰天雪窖中绝无仅见之地。若移民十万，可以垦田数十万顷，不特就地为养，可屯可守，而并可以其所赢者，给养驻防两藏之官军而有余。此其地利之关系也。

故今日不欲固边保藏则已，苟欲固边保藏，非急将察木多划并入川，实别无善策。而议者乃纷然矣。骋盲瞽之说者，谓察木多险远穷荒，苦寒硗确，附之非徒无益，而且重费。恃苟安之说者，谓顷关外敉宁，藏亦安堵，虽三埠通商，版图无恙，毋徒自扰，罔病作呻。主调停之说者，谓自川军入藏，喇嘛南奔，番心摇摇，贵先安戢，不宜有惊世骇俗之举。狃外交之说者，谓英瞯于东南，俄睇于西北，介居两大，稍一举动，即酿外交，毋宁慎重。以上诸说，皆似是而非，误人家国之谈，贻累世莫殚之患，有不可不急为辨正者。

夫外交须恃强权主国（中英藏约，英承认中国为西藏主国），自行内政，自由归划，固属行政权之当然，彼即稍有闲言，讵能强我？况援约力争，理直气壮，正可藉此区划，以实行约章承认主国之条文，此允宜划入川疆者一也。达赖斥革，朝廷深得操纵之衡。今前者出走，后未坐床，正宜乘此时机，一举而永定安边之大业，此不可不划入川疆者二也。边藏现虽静谧，然商埠已辟，门户洞开，厝火积薪，一发难拯。卫藏之金瓯已缺（亚东、江孜两埠属藏，噶达克一埠属卫），喀木之楚璞犹完（察木多属现无商埠），未雨绸缪，先我牖户，此不可不划入川疆者三也。昌都北境，虽近高寒，然南郊实同内地，土脉腴沃，物产丰饶，万世利赖，此不可不划入川疆者四也。

夫非常之举，黎民惧焉。明者睹之，愚不肖者阻焉。柔懦者甘为退逊，惘然于疆域之利病，而不知久远之计；老成者貌为持重，瞢然于边防之得失，而惟偷旦夕之安。一丘之貉，胥亡国破家之民，皆非所宜于今日之固边保藏者也。请备言察木多之关系利害，并之有十利，不并有三害。

并则先发可以制人，而川藏永固，不并则为人所制，而大局将以不堪。何言夫并之有十利也？欲保疆宇，首重地宜，一夫当关，万众趑趄，兵要必争，设险守奇，西顾拉萨，东障川陲，并之利一。行省建议（政府议改西藏为行省），谋室道旁，划入川疆，分省为良（察木多如划入川边将来即可置川西分省），并之利二。不丹入英，泥泊接踵(近泥泊尔亦归英人保护),藩篱尽撤,两藏危悚,喀木入川,卫藏即亡,门阈可吭,并之利三。孟拱宝坑,沦为异域,今有天璞(西人游历察木南境一带,称五金、宝石各矿皆有),厥功未施,缒幽开采,数将不赀,并之利四。野山树浆,英人利薮(英占野人山,设厂取橡树汁制橡胶,每岁获利百数十万),亡羊补牢,见兔顾狗。郎塘、萨密(察木多南境二地名),橡树蔽天,设厂取汁,乐利百年,并之利五。东洋卤漆,西欧葡酒,名驰银海,利权独守,我有产料,弃在荒裔(杂貐一带山中漆树成林,无人过问,而葡萄尤茂美,即川中所称藏葡萄是),就地采制,因利可期,并之利六。亚山种茶,贯输藏底,彼捷我迟,大利坐失,察南有地,厥土坟息,就便栽培,即可抵制,并之利七。巴塘、稻坝、乡城、盐井,不适种稻(前年由官试种皆秀而不实),今有杂貐,百谷皆宜,人地相适,自广招携,并之利八。民聚边实,有人有土,鸿荒新辟,地膏喷盈,一熟再熟,粒我蒸民,并之利九。千里馈粮,士有饥色,川米运藏,斗费数千(每川米一斗仅运至巴塘已费三四千文),爰得乐土,上上厥田,因地取给,劳费可捐,并之利十。

何言夫不并有三害也?察木迤南,吾国向未过问。天产腴富,英人久存弋取之心。近则轮舶火车(近英人由印度恒河海口东岸之浙池港起点,建一铁道直达萨加,该处距察木多西南边仅百数十余里),皆已直抵边外,蹈瑕窥隙,一溃难收。我不先划入川,势必转为他人占领,其害一。察木一旦入英,则川藏皆成中断,声息陡绝,有武难施,而卫藏阿里间,东西五千余里之地,胥作他人俎上肉,一听其脔割,莫可如何,而同归于尽,其害二。三藏俱亡,四川讵能独守?脑后一针,不颠即仆,而全蜀七千数百万之同胞,将万世束缚,而作他人之奴隶,其害三。

并则有利如彼,不并则其害如此,一得一失,昭昭然矣。今使察木入川,则肩背巩固,魄力沉雄,边势当为之一振。且居高御下,即可藉此以杀英人北上之焰,而永杜其窥觎两川、翦灭卫藏之谋。他日内力充实,武备修明,更可凭此澜、怒、金沙之流域,建瓴取势,以收回缅、越,而电扫南洋。此所谓先发制人而川藏永固者也。伈伈伣伣,有机不乘,不特卫藏不保,蜀土瓦崩,彼外人将骋其野心,贯昌都以横出青海,而陇西三秦,与夫大河南北,皆危同累卵,一指病发,患及周身,此所谓不并则为人所制,而大局不堪者也。

诚能察关系,审利害,因时势,顺天道而行之,则川藏永固,而国家亦有盘石之安。譬之善弈,先下一着,则全局皆生,而不然者,祸发始为之备,而已无济矣。向使滇南先收入幕(一曰新街,在大盈江入迈立开江之口,最擅形势。使光绪初元早据此地,则后此野人山二三千里不至为英人所占),则无沿边数千里之失地。甲申早并朝鲜,即不至有甲午一败涂地之战争,而时局亦不至危险如今日。夫琉球灭,而越南继之。越南亡,而缅甸随之。朝鲜失,台湾割,旅大借,胶州占,九广逼(九龙租于英,广州湾租于法,均以九十九年为期,所谓谰言耳),一误再误,今犹未已乎。吾恐察木多又将为野人山诸地之续矣。

龚钱塘曰:履霜之屦,寒于坚冰。未雨之鸟,戚于漂摇。将萎之花,惨于槁木。抚疆宇之日蹙,念来日之大难,邦人诸友,视天梦梦,谓我傀傀,此真可为痛哭流涕而长太息者也。

1910年10月17日(宣统二年九月望日),第五期【四川省图书馆收藏】

论谘议局宜派员调查西藏以决存亡问题

黄言昌

悲夫危哉!吾今日西藏也。西藏者何?中国固有之属地,历朝附隶于四川,外人艳称为黄金世界,实吾蜀肘腋间之宝库,而一万万人生命之主脑也。盖有西藏则蜀安,无西藏则蜀危,能保西藏则蜀存,不保西藏则蜀亡,故今日西藏问题,实全川之生死问题也。匪特此也,其地据世界第一高原,势若建瓴,可以纵横四出,如挈裘领,总握亚洲地利兵要之大势。入英则英可北出以逼俄,入俄则俄可南下以窥英,而均为吾国之大患。故今日西藏之安危,不特全蜀与之共存亡,亦实全国国命之所关系也。否则西藏一失则四川危,四川危则影响及于大局,流毒中于国家,而终不可救药,譬之痈疽发背,血肉一溃,心腹随之,虽有和、扁,亦将束手。

英之谋西藏也,其处心积虑,在数十百年以前,其发难则在日、俄战争之际。以偏师一旅,逾喜马,入拉萨,走达赖,逼蕃官,胁盟约,辟商埠,偿兵费二百五十万卢布,吾国竭尽外交之全力,仅收回主国二字之空文。斯即藏无内变,而祸机已伏矣。不意西军抵藏,达赖南奔,英人视为奇货,假兹要挟,阳以市番氓之心,阴欲收渔人之利。近更以重兵屯压境上,虎视眈眈,待衅而动,譬如地雷遍伏,药线交通,导火一燃,则应时爆裂,其险状实有不可胜言者。

今藏事孔棘,祸临眉睫,即合朝野忧危之士,并心一志,急起直追,犹虞不及。如大厦将倾,非一木能支。如断航将覆,岂片帆可补?乃居守者讳莫如深,欲求一藏卫现状之报告而不可得,而国人谭及藏务,如堕九里雾,如隔万重山。如贫子说金,终鲜一当。不则,非断滥朝报之故纸陈言(如《卫藏通志》及《图考》等书),即隔靴搔痒之重译杂著(如近人所译外人旅行西藏等书),其去救亡之旨,盖已远矣。夫医者治病，必先察病源之所在，而后可以言医。持方者必洞明药性之所宜，而始可以下药。否则病源未识，遽方药杂投，不特无救于病，而转以速其亡。故今日之西藏，非派员调查不可。而环顾蜀人，宴然罔觉，釜鱼幕燕，嬉以为安，此真可为寒心也。嗤嗤之氓，靡足论矣。

谘议局者，非所谓集全川天民之秀杰，为百四十八州县之代表，而受一万万人民生命财产之委托者乎？是谘议局者，实荷维持全蜀人民生命财产之天职者也。夫欲保人民之生命财产，则必先保四川，苟欲保四川，则必先保西藏，斯固道路之公言也。设藏卫不保，则全蜀随之，而一万万人将堕入九幽，万劫不复，永无见天日之一日。偶一念此，尤觉心悸神惊，沈痛无既。万一身当其际，彼时之呼天无路，吁地无门，其可悲、可痛、可惨、可哀之状，不知又将若何也。故与其后悔噬脐，毋宁未雨绸缪。及今图之，已恨其晚，然犹幸有此一隙余光，急起扶持，或稍能补救，此所谓千钧一发时也。故今日欲维持西藏，以保四川，非由谘议局从速选派专员实地调查不可。

夫西人之欲经营一事也，必先有一事之调查。若其关系重大者，每不惮至再至三为之，故其政治修明，犹能出其余力，侦探人国，上自朝章政令，下迄物产民风，靡不洞见症结，得其窾窍，谋定后动，应弦赴节，矢无虚发。故能殖民地遍于大世，商业震耀六洲，胥遵此轨道行之也。今忧时之士，罔不眷怀西顾，而欲考查藏卫之近状，搜尽全国，竟无一卷可阅之官书，反不如译自外人，犹能得其仿佛。斯固肉食者之羞，而亦全蜀士夫莫可讳之耻也。彼英、俄历年窥伺西藏，迭次派员秘密调查者，无论矣。日本之于西藏，如风马牛之不相及，而河口大谷辈，不惮越国鄙远，冒险深入，牺牲岁月，归而著书，思欲唤起国人染指。而吾国民乃不闻有一人作西藏旅行探险者，岂非由习惯偷惰，不重实行，斯即吾民最大之弱点，亦国家致弱之一大原因也。今藏卫将沦入于英，海内志士大声疾呼，著为论说，哀哀长鸣，血泪盈简，而吾蜀人犹在沈梦中，非所谓厝火积薪酣寝其上者乎？天下可悲可痛之事，孰有甚于此者耶？故今日不欲保藏卫则已，苟欲保藏卫以保川也，讵可视如瓯脱哉？

孙子曰：知己知彼，百战百胜。不知己，不知彼，百战百败。今藏祸已极，吾不特不知外人进行之状，亦且不知一己应备之方。而盈廷聚讼，远隔西天，冥行索摸，罔知真相，况夫人盲马瞎，夜半池深，其不颠蹶者几希矣。故不待敌兵入境，而已先仆已。今欲藉保藏卫以保川，舍派员入藏调查，实别无下手之法。请备言调查之关系，其大纲有二，要件有三，归墟有一。

何谓大纲？一曰内政。藏卫政柄，操自中朝，而以住藏大臣为总挈行政之枢纽。远且勿论，自有泰莅任以后，贪墨不职，百事败坏，壅不上闻，小之则种藏民仇视汉族之心，大之即启番僧轻视朝廷之渐。故前此番民抗拒官军，达赖出奔印度，皆其贻毒所酿而成。物必先腐，然后虫生，事变日多，今更如何，此不可不调查者一也。二日外交。自帕米画分以后，俄、英皆与藏卫毗连，侵略之谋愈亟，手段虽判，野心则同。以故藏中僧则袒俄，民则德英，使我有不能兼顾之势。我疲奔命，急则生变，缓则难图，而其在在之包藏祸心，咄咄逼人者，尤贵先事豫防，况兵已压境乎？此不可不调查者二也。

曷言要件？一曰界务。中国幅员辽阔，向不识边疆区域之界线何如，平时则漠不关心，临事始仓皇失措。故我国近年因划界而自行损失之地（咸丰七年，因与俄划界，失黑龙江以北五千余里之地。咸丰十年，重与俄划界，失乌苏里河以东及沿海三千余里之地。光绪第一次与法划界，失江洪千余里之地，第二次与英划界，失野人山及沿边三千里之地），较之战败而割弃与人之地，奚啻十倍。今不丹、泥泊，俱已归英，自此三藏沿边六千余里，无处不与五印犬牙交错，纵彼不肆鲸吞，一旦声请画疆，人则洞悉无遗，我如盲风捕影，是届时之损失，将有不堪言者，今不早图，后悔何及？此不可不调查者其一。二曰商务。川中因洋货贯输，金钱出浮于入，财政恐慌，然犹幸稍能补救者，则恃有藏商茶业，为之挹注也（川茶销于藏中，每岁所得金钱当以数百万计）。今江孜、噶达商埠踵开，英人权利独操，大有摈吾茶业销场投诸境外之势，来源既涸，枯竭随之，后事何堪设想，自非实地考察，讵能抵御将来？此不可不调查者其二。三曰垦务。移民方可实边，有人然后有土，否则要素不备，即不可以言国家。藏中土旷人稀，弃地遍野，近虽募垦，应者寥寥，功效未睹，必有他因。此不可不调查者其三。

何谓归墟一义？则地理是也。如内政、外交，与夫界务、商务、恳务，皆附属于国土之上，而可以地理系统括之，不过举此以为目前藏务最急之纲要，非谓尽于是也。若夫面积之广狭，道路之远近，原野之高下，土壤之肥瘠，山脉河流之向背，雨暘寒暖之差迟，陵谷关寨之险要扼塞，城镇村落之距离大小，人民衣食住居生活之状态习性嗜好，胥统于地理，非放开眼孔，大处观察，不能得其要领，尤非精密乃心，逐事留意，不能窥其底蕴。他如地面飞潜动植之有生物，地内金石宝藏之无生物，虽并包于地理之中，但非目前之所急，惟当审时势之趋向，以定考察之方针，庶精神有所专注，不至徒劳鲜功。至若揆几度势，窥于未然，察于无形，则在当局目光如电之慧眼，与夫不滞于物之会心，此即调查归墟之义也。

今墟卫危迫，朝不保夕，前路茫茫，未知终始，然譬之父母疾在垂危，但一息尚存，人子万无坐视之理。而国土将亡，国民即当有奋起之心，况夫集全川之代表，而受一万万人民委托之谘议局者乎？且保西藏者，非保西藏也，保四川也，即以保一万万人民之生命财产也。诚能先事豫防，选择而使，分道扬镳，深入藏地，逐处留心，随事报告，勒为成书，唤起全国，上下一心，并力图维，彼外人知我有备，无隙可乘，或亦知难而退。如是则可以转危为安，西藏永固，国家之属地可保，吾蜀之宝库长存，国人终有雄飞之一日。而不然者，天壤虽宽，五年以后，吾黄帝子孙，恐无容身之地。嗟乎！祸莫大于亡国，哀莫痛于心死，吾为此惧。知我罪我，其又希辞。

1910年11月2日（宣统二年十月朔日），第六期【四川省图书馆收藏】

拉萨调查员之行旌

顷陆军部派部员某君调查西藏，顷已到，闻小住数日即将来束装西行云。

记者按：吾人闻此，不禁踊跃三百，感激歌呼，良久而不能自已也。此吾国之创举，前此所未之闻，是固不得与供张不绝于途之循例调查者一例视之也。西藏、蒙古政府，久置之化外，不意今者陆军部乃有此最文明之举动，此于吾川关系尤切，吾川中七千万人皆当踊跃欢迎之。虽然吾川人自当有一西藏调查会，其纾西顾之祸，而移吾稠满之人，皆基于此。去年谘议局调查西藏案，见驳于大府，闻之为耿耿者累日，此吾川人身命之所关，亦东南数省安危所系也。为民请命，相感以诚，未尝不可挥落日之戈也，吾同人当赴汤蹈火，以求勿遽短气也。

1910年12月16日（宣统二年十一月望日），第九期【四川省图书馆收藏】

《小说时报》

《小说时报》于 1909 年 10 月(宣统元年四月)创刊。在上海出版。旬刊。第十七期改为月刊。由小说时报编辑,有正书局发行。1917 年 11 月(民国六年十一月)停刊。

西藏风俗

姚元之《竹叶亭杂记》云：西藏人家门首屋脊上安一物，如人之势。以屋之大小，为物之大小。未有无此物者。而罗马邦埤古城中，其人家门首亦有人势。野蛮风俗如出一辙，殊不可解。以意度之，当是自表其雄杰也。今欧美宫室之壮丽者，其屋上每有裸体美人石像，乃自表其美术，均非诲淫也。

1910 年 11 月 2 日(宣统二年十月朔日)，第七期

《热诚》

《热诚》于1910年10月7日(宣统二年九月初五)创刊,在日本东京编辑发行。旬刊。蓝公武主编。社址在上海四马路望平街秋星社内。

该刊声称“以鼓吹速开国会,输入世界智识,革新国民精神”为宗旨。内有论说、时评、世界纪事、中国纪事、译丛、杂录、文艺等栏目。

现存1至3期,上海图书馆藏有原件。

见《民立报》1910年10月11日创刊号广告。

政府之对待达赖

李观察于西历九月五日奉政府命，由西藏之拉萨抵大吉岭，访问达赖喇嘛。

中国之备藏政策

彼得堡来电云，中国现宣言，以后各外人，唯巡拜者许自由来往于西藏内地，若探险者及他项旅客则不许。

西藏远征之中止

塔的林来电，英领印度为西藏远征队所集之军需品，现皆放散于各地，远征队之进发，竟成中止之势，亲比地方之商人，因以大困难。又达赖喇嘛之随员等，因夙所切盼之英清关系决裂一事，终无成望，亦陷于非常穷境。

1910年10月7日（宣统二年九月五日），第一期

《协和报》

《协和报》是德国人在上海办的中文期刊。1910 年 10 月 6 日(宣统二年九月四日)创刊。芬克主办。周刊。每年出刊一卷 50 期。主编费希礼。第四年第十五期改由白虹主编。社址在南京路二十五号。

其栏目有时事、军事、工业、商业、农业、学术、中外新闻等。用重磅道林纸精印,已知出过六卷。1914 年第一次世界大战爆发,该报成为德国在远东的宣传机关。1917 年停刊。

德人眼光中之西藏问题

德国司克尔著　霆公译

去年，中国政府以西藏问题久未解决，特遣代表往印度之雪姆拄地方，与藏人会同协商种种未了事宜。其会议之地点，不于中国西藏而独在印度者，以印度为中立国，当无所偏袒于其间也。当时会议之人，除中国西藏各派代表数人外，尚有英国官员二人参与其间。惟不得有发言之权，作为旁听之人而已。而英国官员亦极能确守中立，保持其局外态度。故在拉萨之官场闻之，不胜欣喜，以为英人真至公无私者也。然英人之偏袒藏人，固已为公开之秘密。英人于中藏间之交涉，其果能一无偏袒乎？此实为吾人至当注意之事也。按会议之时，英国官员虽并未发言，而藏人所开条件之字里行间，几无不包有英人之意味在内，且句斟字酌，似非愚昧无知之藏人所能出此，呜呼！此中黑幕，明眼人自能言之，固不必予以鳃鳃过滤矣。

中藏磋商之条约如何？当时局外人未能知之。今据北京《法文报》之披露，则此中内容稍有可言者(按北京《法文报》实为俄法之机关报)。(一) 西藏行政权，一例独立，中国政府不得干涉之。(二) 英国在西藏之商业，得自由行动，中国政府不能与闻其事。(三) 中国政府得派官长一员驻扎拉萨，以为西藏改良内政之顾问官。(四) 英国戍兵，得永久驻扎于拉萨。凡此荦荦数大端，已足觇此次会议之内容矣。

夫中藏条约，果如上述，则西藏者，实已成为英之保护国矣，可不慨哉？英于藏务得手以后，其第一规画，即将遍筑铁道于西藏与印度相通，使得于商业兵事上有臂指联络之故是也。即以今日印度之路线言之，已几几渐窥入西藏之门户矣。如大吉岭至克兰波奈一线，今已完全竣工。该线终点即在西藏高原，是英人之势力范围，已渐逼渐紧，奈中国人犹未之知也。按由印度往拉萨者，计出二途，一由江孜，一由克兰波。奈皆山路崎岖，跋涉难行。倘一旦铁轨告成，则秘密之西藏，将全为英人所鲸吞。且不特此也，印度东方有一路线，已与刹的雅相通，将来沿雅鲁藏布江东行，即可通拉萨。再蜿蜒而东，直通巴塘，即可与英人所有扬子流域之铁路相连接。于是客尔客太上海间之铁路，将呼成一气，不啻恒河与扬子江在同一流域内矣。而英人扬子江流域内之势力范围，自与其属国联络后，其势力更当巩固万倍也。英人规画之远大，于此可见一斑云。

按英人规取西藏之决心，既如此其急，列强今日虽犹未大为注意，然将来西藏问题，将为列强争论之烧点者，可断言也。特今日时机犹未至耳，而列强之所以如此之怠慢者，殆亦未知英人之设心乎。吾知一旦事机爆发，英人竟宣言西藏实为其保护国后，则未有不为之长虑而却顾者。盖此实与列强所拥护之中国门户开放、土地独立主义完全抵触者也。当中俄二国为蒙古问题既订协约之次，俄人独占利益太多，列强已有持利益均沾主义，向中国政府纷纷要求者。吾知中英之协约一朝披露，则列强将取同一之态度，要求开放西藏以为万国通商市场者。以英人垄断西藏，最于列强在中国之均势有碍，非此则将难以维持东亚之平和也。秦失其鹿，究死谁手？是在列强所持之态度何若，及中政府之办理外交何若而已。

1914 年，第 4 卷，第 47 期，第 6 页

《南风报》

1911年2月13日，《南风报》创刊。这是同盟会广西支部继《南报》后的又一份机关报。报社设在桂林福棠街2号，总主笔为赵正平，经理为梁史，雷沛鸿为撰述。该报每期发行2000余份，共出38期。第一期的封面为墨竹雄鸡，竹叶内隐藏有“民族主义”4字，并题有“雄鸡一声天下白”7字。《南风报》的内容有社论、纪事、译述、文艺、传记等。其宗旨为宣传反清反帝，鼓吹革命；灌输世界知识，发扬军国精神。该报强调“民风”和革命舆论的重要性；有军事刊物的一些特点，如主张“军事救国”、“全国皆兵”；每期均刊有“外患之部”，揭露列强对我国的侵略和蚕食。广西独立后停刊。

蒙藏练军谈

政务处已允在蒙古练陆军十镇，西藏两镇，于此事有关之各部皆谓三年内可办妥。蒙古五镇及西藏两镇即行举办，议定蒙古总部分设青海阿尔泰山科布多、西宁府及阿尔苏台。

1911年3月15日（宣统三年二月十五日），第二期

英窥西藏

西藏近日有英国陆军人员十余人或数人不等，分布两藏之间，由大吉岭测绘至拉萨各要隘。或由查木多测绘至襄城、巴、里塘一带扼塞。我驻藏军队各官无一人过问。

1911年6月11日（宣统三年五月十五日），第五期

西藏危机

英领印度内大吉岭至西藏亚东关之轻便铁路已于三月间竣工行车。

按亚东者，界印度之一商埠也。光绪三十年，英兵由印度入藏。第一入口之地即亚东也。由亚东赴后藏之扎什伦布以至拉萨，行程十余日耳。今英已筑铁路至此，则后距亚东总督驻扎地之加尔坎塔，不啻咫尺，一旦有事，印度英兵直入西藏，占扎什伦布、占拉萨之时，犹在四川援兵未至巴塘之时也。夫据扎什伦布则足以号令后藏，据拉萨则足以号令前藏。当此之时，西藏尚为我有乎？夫援西藏者，四川也。犯西藏者，印度也。印度与西藏形成正交，川援西藏，势在侧翼。纵彼此交通之利便，不相上下，我已处于劣势。今彼复益以铁路之便，则西藏之前途危险，尚可问乎？留心国事者，其注意于斯铁路乎？

1911年6月11日（宣统三年五月十五日），第五期

西藏之军备

西藏军备，除旧式军队外，有新式混成协，内有步队一标，及炮队二队（过山炮队一队，机关炮队一队），工队一队，电话队一队，立拉萨为屯驻地。

1911年7月10日（宣统三年六月十五日），第六期

《时事新报月刊》

《时事新报月刊》于 1911 年 6 月(宣统三年五月)创刊,在上海出版。汪仲阁主持。月刊。每期五 六十张。每册售价八角。社址:上海山东路望平街一百六十号。

该报声称:“研究政纲,征集政见,以引起政党之言论之端倪,揭露重要问题与海内外有志者共讨论其究竟。”主要栏目有谕旨、论说、征文发表、译论、紧要法令、紧要文牍、海外通函、专件、中国时事、外国时事等。

复旦大学图书馆藏有第一册。

论西藏商业情形(译《裕商报》)

近有中国访员自拉萨来函云:西藏之人,即就人生日用所需之各品而言,亦仅知取给于天然之物,而不知制造为何事。凡商家欲从中国内地运货入藏,不得不受种种之困难,冒种种之危险,盖以交通不便故也。因此而经营于西藏者,恒持秘诀二语,曰"备低劣之货品,以售高贵之价钱"。

藏货之昂贵,不知者鲜不惊骇失色。例如粗纸一捆,实数只八九十叶,而出售时则作百叶,其价值须银八钱。酱油每两须价八九钱。山水即土酒,每斤须价一两二钱。此外如丝、布、针、线及制成之衣帽鞋袜等类,凡为人生所不可少者,莫不昂贵异常。较之中国内地,几无比例之可言。华商以保守自豪,事事拘泥旧习,其于营业,皆持退步政策及自杀政策,以故年来商业日渐萎缩,而英商因得以乘机进步,猎取厚利矣。

现拟兴办一种通运事业,畜牛马数千头,分派于设有旅店之所。其豢养之责,即由各该所担任。此项牛马,专供运载人货之用,以若干头备客商特别雇用,又以若干头常日往来于西藏、四川之间,驮载商品。如公司船之常川往返,设有定期。惟自四川达拉萨,用牲畜通运,闻至少须四十日始抵。西藏出口大宗,为羊毛、牛革二物,此业向操诸华人之手,其由来甚久,亦无从追溯其始期。而其贸易之市场则为印度。自英人侵入西藏以来,此业虽仍操诸华人,然一变向时以钱购买之习,而恢复上古物品交换之制。例如华商载羊毛、牛革以往,则英人以印度制之物品或西洋之货色易换之,抑尤有甚者,则外人用种种营业之上诡计,以愚弄华商。譬之华商所售之货,则设计以低落其价,而外人拟持以易换之品,则尽法以抬高其值。是以羊毛一捆,重六十斤或八十磅者,仅能售藏圆廿八枚(合八两七钱半),牛革一张祗能售藏圆二枚(合六钱四分)而已。以是此业日就衰減。至于藏地售卖洋货之肆,则近时日见增多,且莫不获利甚厚。盖藏人一见洋货,咸乐其纷华便利,争愿购置也。

1911 年 6 月(宣统三年五日),第一号

《中华教育界》

《中华教育界》于 1912 年 1 月(民国元年一月)创刊,在上海出版。月刊。由中华书局印行,编辑兼发行者署中华教育界社。1937 年 8 月出版至第二十五卷第二期后,因“八一三”战事停刊。1947 年 1 月复刊,卷期重起,至 1950 年 12 月第四卷第十二期出版后停刊。

西藏佛学之研究

日本巽来治郎博士为外交史大家，人所共知。而于佛学深有研究，所藏汉文、日文佛学书籍八千余卷，冠绝海东。博士言大智满。藏文原书约一千卷，而唐时译本仅只百六十卷。大般若经约六百卷，今所译者亦非全部。然玄奘三藏译经至十九年之久，为僧界未曾有之伟业也。日本有寺内婉雅者，曾入西藏为达赖喇嘛弟子。著书一卷，号田十万白龙，多西藏古代神话，为唐人所未译者。庚子事变，北京喇嘛寺为日军占领。其中所藏金经为日本所得，亦不完全。常思筹集金钱，得二万六千元，即可翻印大藏全经，但须得达赖许可耳。

1913年2月15日(民国二年二月十五日)，民国二年二月号(第三卷，第二期)

组织蒙藏学校之大概

蒙藏事务局现将咸安宫学、唐古忒学，并前理藩部所管之蒙古学归并，改良组织蒙藏学校，先设补修、预备两科。补修科，专将各学之现有学生拨入教授。预备科，添招新生二百名，教以汉文汉语，并普通学科。俟二科学生毕业后，再行开办完全专门科。已将章程送请教育部核定，常年经费四万余元，开办费一万元，详细列入预算，咨请财政部拨交应用矣。

1913年4月15日(民国二年四月十五日)，民国二年四月号(第二卷，第四期)

西藏之犁[牦]牛

一、外形之特征

几别支脱高原有动物名犁[牦]牛，西人呼为 Bos grunniens，属牛类，与普通之牛异。其体左右两侧及腹部，又四肢与尾者有颇长之毛蔽之。头部与体之上部有短毛，而长毛在侧面之中部，前至肩后迄腿部。尾之长毛亦在中部以下。此外胸部亦有长毛丛生。

野生犁[牦]牛之毛色大概为黑褐色。年老者，其背及两侧皆赤褐色，头之上部与颈部为灰色，鼻端为白色。人之饲养者，有黑色，有褐色，又有白色者。体颇肥大，四肢极短。肩高，如瘤状突起。背之全部殆为一直线，至臀部作倾斜状。耳与鼻端甚小。头狭长，头之前部扁平。而眼之位置近于角之基处。雄者之角极大，其表面光滑，如圆锥状。由头顶面之少低处而出，向上逐渐弯曲，至尖端则向于后方。蹄大而圆。

背之高有及六尺者，平均计之为五尺六寸。雄之体量为一千一百磅，乃至一千二百磅。角之长，通常二十五寸，乃至三十寸，亦有达四十寸者。而雌之角常比雄者短小。其骨骼有肋骨十四对。眼与后头骨之部分，比他之牛类较短且宽。惟角之位置与前头骨之形状，则与水牛相似。

二、生栖之状态

犁[牦]牛虽栖息于西藏之高源，亦有时侵入北方昆仑山脉及四川省之西部。是等地方皆不毛之地，然犁[牦]牛最喜是等空旷之处。夏时栖于一万四千尺乃至二万尺以上之高原。盖其性质极喜寒恶暖。

近时印度河之上流亦常见之。又露西亚探险家 Qrzewalski 氏于北部西藏亦发见大群之犁[牦]牛。惟老年之雄多单独生活，雌与幼年之雄者常结为一群。

犁[牦]牛之群，又随气候之变化而移动。夏则居于杂草最多之原野，冬移于他处。但老年之雄者多终岁居于同一之场所。其群有多至数百或数千头者。若遇猎者之时，全群皆低头鼠窜。雌与老年之雄在全群之前及侧部，则置幼者于中部以保护之。

其为人所饲养者，其鸣声甚异，呼其名为 Grunniens，即为其声之形容词。野生者则无此声，故呼为 Bos grunniens mutus。西藏饲养此动物皆为运物之用。凡旅行不毛之地者，此为必不可少之动物。其肉可供膳品。

三、供运物用之犁[牦]牛

拉泼斯高原所住之鞑靼种族所饲养者，其形体特大，毛色黑。初役时，往往露野蛮之性质，而弃所负之货物。经数日之旅程，则亦柔顺矣。其它地方饲养者，形体较小。体色有种种之变化。通常尾为白色，全身白者甚稀。又犁[牦]牛有与普通之牛配合而生者，比纯粹之犁[牦]牛能受暖气。虽印度河流域之卡洗蜜鲁边之暖气亦能受之，并往来搬运货物。犁[牦]牛搬运之力甚强，能步行于冰河之上，又能泳于有冰之激流。但与以谷类则不食。此亦奇异之一动物也。

1913 年 6 月 15 日(民国二年六月十五日)，民国二年六月号(第二卷，第六期)

《共和言论报》

《共和言论报》于1912年4月创刊，在上海出版。月刊。余姚徐楣梁编辑，共和言论报馆发行。停刊时间未详。

筹藏(录南京《中华民报》)

璋

尝谓中国自南北统一之后,中国之大患,不在内讧,而在外侮。故中国之守备,不在腹地,而在边疆。此忧时之士,所宜岌岌于满、蒙、回、藏之问题,竭力研究者也。然满、蒙、回、藏之情形,各种不同,故策之之方,不能无异。今欲筹之,请自西藏始。

西藏者,幅员寥阔,人烟稀少,所谓天下秘密之府,浑沌未凿之国,而大可期其发展者也。惟僻在西隅,道路辽远,交通不便,自前清光绪二十九年之乱,已入英国之势力范围,及今不自规划,必且蹈将外蒙覆辙,可无惧哉?今就管见所及,为我同胞陈之。

其一曰对藏警告。西藏人民程度甚底,能识藏文者,为数无几,识汉文者更乏其人,见前清官吏之贪虐,以为汉人待我,当亦不过如是而已。方谓宜乘此机会,离脱中国羁縻,尚何共和主义之足信哉?今除政府遣使宣抚外,宜将革命之原因、共和之大旨,译为藏文,遍布全藏,使知汉人革命,实大有造于西藏,而共和国民之权利,非为他国藩属所能享者。劝其速派代表来京,并组织全藏议会,以示与汉人毫无轩轾。则藏人之反抗力消,而筹藏之进行易。

其二曰招回喇嘛。西藏之达赖喇嘛,虽起于前明永乐间,然藏人仰之如神,有非人力所能左右者。前清驻藏大臣等,不善处理,使达赖潜逃,以致失藏人之心,而与外人以奇货。达赖虽居于外,英、俄皆以教祖之礼厚待之,达赖亦频运动回藏,藏人闻之,莫不欣喜。然使达赖借外人之力归藏,则西藏必危,今莫若遣人与达赖交涉,于承认共和条件之下,许其回藏,以绝隐患而顺舆情,当于筹藏之道,不无小补焉。

其三曰渐分政教。前清之于西藏,遣正、副大臣各一驻其地,达赖之承袭,及贵官之简授,以及军政外交,例有主持之权,其它政权仍归达赖、班禅两喇嘛,政教一致……今共和政府,除承继前驻藏大臣所有之权外,其它权能,仍委之藏人。惟奖励其研究新学,有法政上专门智识者,虽非僧人,亦许为官,不遭藏人之反感,而获政事之改良。行之日久,而政教自分矣。

其四曰设特别裁判所。前清所委之大臣及官吏、丁役,率皆以剥削藏人为事,藏人衔之刺骨,而无所控告。今共和政府,必力扫前弊,设各等裁判所,凡藏人对于官吏、丁役之所为有不平者,及对于其它汉人及满、蒙、回人纷争,皆于此处控告,不服裁判所之判决者,亦得于上级裁判所诉之。务使藏人不致有屈抑之苦,则藏、汉之感情日孚矣。

其五曰移兵屯藏。光复以来,全国已有兵百余万,既患饷源之竭,复忧解散之难,故移兵于蒙、回、藏,以消隐患而实边防,诚计之两得者也。惟西藏耕地,限于印度河、雅鲁藏布川、哈喇乌苏河三大川之谷而已,西北一带,并无树木,成一大草原,为牦牛、羚羊及诸家畜之天然牧场。故移兵于藏,屯田而外,兼讲屯牧,政府贷畜种于兵,使讲武之余,从事游牧以自给,三年代戍,愿留者听之。如此则愿耕者耕,愿牧者牧,各从所好,而兵士亦惠然肯来矣。

……

其七曰川藏铁道。西藏离京万余里,若无铁道,何以控之?英人经营大吉岭之铁道,转瞬将达亚东,彼既能往,我不能来,求藏无危,其可得乎?然议论虽多,而成功则少者。则以川藏铁道,需款过巨,欲修此道,非借外债不为功,恐将来铁道之收入,不足以偿借款之息耳。实则川藏皆藏富之区,特以打箭炉以西,人烟稀少,道路崎岖,故交通不能发达。若铁道既成……实业之兴,交通之繁,可操左券也。……

其八曰汉藏协会。经营西藏,非独政府之责,人民亦与有责焉。……此会之目的,虽云谋汉、藏两族之亲睦,图汉、藏两族之发达,然一切筹藏之事业,非有此难于进行。法令不能奏效者,感情得而达之。且言语之交通,智识之互换,经济之相助,宗教之统一,皆将惟此会是赖。凡我同志,其速起而赞助之。

以上所呈八则,不过筹藏之梗概而已。若夫身膺边寄,临机应变,神而明之,存乎其人,非笔墨所能罄也。嗟夫!吾闻西藏之内,有供英皇之肖像者矣,有树英国之国旗者矣。藏人固密迩于印度,岂不闻英人之待印人乎?不许其习法政,不许其为将校,其为兵者,所持之铳之射击距离,必短于英兵所持之铳之射击距离,印人除贵族外,不许与英人同车。噫,若印人者,询可哀矣。若藏人不悟,为英人所愚,或汉人疏略,为英人所乘,吾恐人将以哀印人者哀西藏人,且复以哀藏人者哀汉人也。可不戒哉!

1912 年 4 月(民国元年四月),第一期

《农林公报》

《农林公报》于1912年8月创刊，在北京出版。旬刊。由农林部编辑及发行。停刊时间未详。

本部致蒙藏事务局函

（农字第六十二号）

径启者：昨准函称，蒙藏等处，应否通知派代表入农林大会等语。查蒙藏等处，向恃游牧为生，近年内蒙垦务亦颇发达，自应派员赴会，讨论研究，以为振兴西北农业之图，即请贵局从速通知内蒙、外蒙、西藏、青海四处，各选代表一员来京，届时与会，即按照全国农会联合会章程第四条，作为本部总长延请员，敬祈照办为荷。附上农会联合会章一份，并希查阅。此致。

1912年12月20日（民国元年十二月二十日），第一年，第十四期

本部复蒙藏事务局函

（农字第八十四号）

径覆者：接准函称，蒙、藏等处垦务及农业发达之处，首推内蒙古六盟，其次则宁夏将军所属之阿拉善，今贵部指定内蒙仅选一人，并未及阿拉善。查内蒙六盟，各有盟长，不相统辖，仅选一员，实属困难。现本局欲令蒙藏各处均选代表赴会，拟定内蒙六盟，每盟由盟长选派一员，阿拉善一员，青海一员，西藏一员，外蒙惟阿尔泰文报可通，即由阿尔泰办事长官选派一员，共计十一员。因为期过迫，一面函覆，一面即通知蒙、藏、青海等处，尚希原宥。又蒙、藏各处所选派之员，适与全国农会联合会章程第四条特别会员项下乙种资格相符，可否作为特别会员之处，亦祈查核见复，等因到部。查所拟蒙、藏各处选派员额，均极妥当，应准照办。至所选派人员，前次函复贵局，有作为甲种特别会员等语，今既由各盟长及各办事长官选派，查与第四条特别会员项下乙种资格相符，应照该项办理，相应函复贵局，请烦查照为盼。此致。

1913年1月15日（民国二年一月十五日），第二年，第一期

本部致蒙藏事务局公函

（农字第一百号）

径启者：案据农务司呈称，前准蒙藏事务局函称，拟定蒙藏等处选派代表员额，

并援照全国农会联合会章程第四条特别会员项下乙项资格，请作为特别会员等，因到部。查本部前订全国农会联合会章程，于蒙藏等处，并未规定选派代表员额，兹准蒙藏事务局函称，援引章程第四条乙项成例作为特别会员一节，惟条文并未明载，与其比附援引，不如增条规定，拟于第四条丙项下添列丁项一条，是否可行，理合呈请鉴核等情。据此查核所呈增加条文，尚为妥适，前次函复贵局，有蒙藏等处所选派之代表，应按照章程第四条乙项办理等语，今既增订专条，尤为妥协，相应抄录丁项条文，函请贵局查照可也，此致。

附抄丁项条文及原章第六条第二项更正条文：

丁、由内外蒙古、西藏、青海阿拉善之各该盟长及各该处办事长官，选派者各一人。

第六条第二项更正条文：

会员及乙、丙、丁三项特别会员之经费，由各省及各盟等处自定之。

1913 年 1 月 15 日（民国二年一月十五日），第二年，第一期

本部致蒙藏事务局公函

（农字第二百四十号）

径启者：案查本部编制统计年鉴，特先制定直省农林统计报告书样式四十九种，颁发各省，限期填报。惟蒙、藏两地情形不同，尚未另行编订。查本部职掌农林范围所及，自以中国领土为限，故直省外如蒙、藏两地亦须悉事调查，藉觇全国农林状况，考诸已往，言足规画将来。况当边圉多故，生计日艰，兴业实边，均为急务。惟蒙、藏事务，向由贵局管辖，本部此次所定直省农林统计报告书样式，又非完全适合于蒙、藏调查之用，特先检送二册，即希贵局斟酌损益，制定表式若干种，加注蒙、藏文，两两对照，务求适用。并请会商该两地填报，限期刊印颁发。再，贵局编定各种表式后，应否再由本部参酌，抑径由贵局一手办理，统祈见复，无任企切。此致。

1913 年 5 月 15 日（民国二年五月十五日），第二年，第九期

《文艺俱乐部》

《文艺俱乐部》于 1912 年 9 月创刊，在上海出版。半月刊。由文艺俱乐部发行，扪虱谈虎客（韩文举）及孤愤生主编。停刊时间不详。

蒙藏交涉大略(录《时报》)

蒙藏事急，人人知之，英、俄暗中之交相默许，亦人人知之。顾英人之所要求者与俄稍异，则不可不分别言之也。

一、俄人要求此后不得在外蒙殖民，而英人之于西藏无之。

二、俄人要求此后绝对不得在外蒙驻兵，而英人之于西藏则原有驻藏大员所有卫队仍可照旧。

三、俄人系以历年活佛之运动，谓蒙人实不愿中国干预其内政为词，所言毫无条约之根据。英则谬解一千九百另六年之条约第二条(原文："英国政府不得割据西藏领土及干涉其内政，中国政府亦不得许其余外国干涉西藏领土及其内政。"是此条之所谓外国者，中国决不包含在内可知也)，谓一切国家不得干涉西藏内政，而谬谓中国进兵西藏为违背条约。

四、俄人以代劝外蒙取消独立(实则置于俄国保护之下)为中国承认要求之交换条件。英国则以中国如不承认其所要求，则彼亦不承认中国在西藏之主权为恫吓。

五、英人之所要求者，谓中国不得置西藏于行省制度之下为概括的。俄则要求中国之于蒙古不得置官、不得驻兵、不得开垦为具体的。而其实已与活佛订结密约：(一) 保护蒙古抵抗第三国不正当之要求。(二) 蒙古借款，一切由俄国担任。(三) 蒙古矿务，俄人有优先权。(四) 铁道不得让与第三国。(五) 声明中国干涉蒙古之独立为不正当(与第一条参观[照])，必尽取外蒙而有之。

第二，则英俄所用之手段亦各异：

俄人已视外蒙为囊中物，而更暗助内蒙鼓煽独立(扎赉特之独立，洮南府警报即以此耳。据确实报告，蒙人军中皆有俄国将校饰为蒙人以助战，并有最利之枪械。陆征祥初自俄归时，已以库伦事向俄人交涉，谓其不应助敌。俄外部绝对不认)，而更利用库伦以勾结甘肃、新疆一带回回。新疆一带，先由俄人散布中国纸币，后则散布俄国罗布，而设法限制中国纸币不得复用。以是该处市面极为恐慌，乱机日深，皆由此等草蛇灰线而来。故今俄人之野心已越过外蒙，而进达内蒙，更由内蒙而直达西北矣。至英人，则专以扼阻中国进兵西藏为唯一之手段。

第三，则政府对待之情形亦各有小异：

英、俄所要求之相同者，则在另订新约。藏约订，则西藏为中、英共同保护之国。蒙约订，则外蒙为俄国独力保护之国。此等手段，皆不外日、俄之蚕食朝鲜及欧洲列国对待巴尔干半岛常用之法。伤心惨目，至此极矣。然藏约不订，英意仍持自由行动，蒙约不订，则俄且由外蒙而内蒙，而西北。英、俄之交益合机会均等之主义，所至势非促吾国至于瓜分不止。故约之订否，实一大可研究之问题。然即拒绝立约，亦必合上下一致，赌一最后之办法，在大势上无以易也。然政府则坚持一不订约主义，盖谓约订则一举而失蒙、藏，政府挨骂不起也。（某曾见一国务员问以君等对待手段。此君蹙眉而语，谓将来必被人骂死。）不订约亦是一种政策。然政府之用意，则专为抵制挨骂。行见上下隔阂，党争亡国之祸机爆发矣。明乎此，乃知政府对待手段之所由来矣。

一、对英办法。现在原有驻藏之军，已经由英人自大吉岭保护而归。而四川尹都督近征之军，已奉令祇以肃清地方，暂勿入藏。中国对于英国不得派兵入藏之要求，于事实上已经允许，亦已有公文复英公使，声明中国现时并无进兵西藏之意，且已派人劝谕达赖复其封号。达赖亦允遵奉约束。但英人所要求续订新约，削去中国干涉内政之权，此节中国实认以为中国无此办法。现在中、英当局两方面尚无何等交涉。

二、对蒙办法。俄使自提出三项要求后，时常有公文至外交部，催询要订特约。中国自无允理。而现在对蒙方法计分二种：（一）劝告活佛。则密使之达于库伦者，口舌未干，而蒙古王公已群将使者所言一一报告俄领事署，全体破坏。故活佛帝制自为之势益盛。近又持派伪将军赴乌里雅苏台四出说客，游说各旗反叛。其喀喇沁王、那王等则至今未能成行焉。（二）征讨沿边内、外蒙。共分两路，一由新疆派兵进防阿尔泰，一由奉省派兵攻洮南府。洮南府之蒙军系马贼头目陶什陶所率，陶什陶有子曰陶儿陶，二贼皆甚猛鸷，本系冯麟阁旧部，故冯意以为可以灭此朝食。现吴俊升之军确甚得手，而新疆方面则久无消息。阿尔泰失守之说，遍布东西各报。北京当道，系由俄使署科参赞转告乃始知之。盖库伦电局既为蒙人监守，原有委员顾姓者不得自由通信，而新疆达京电报，非十五天不能到，又时不通。故政府往往对于蒙事不特无办法，并无消息，亦可慨也。

1912年9月16日（民国元年九月十六日），第一卷，第二号

《独立周报》

《独立周报》于1912年9月创刊，在上海出版。周刊。由独立周报社编辑及发行。编辑人章行严(秋桐)，发行人王无生。停刊时间未详。

英俄不利于蒙藏之舆论

英、俄对于吾国，关系为最密切。顷以藏、蒙事，益见其势力平均之进行。《大共和报》载王侃叔君自欧洲通信，汇录英、俄报纸之论议。读之未有不摧心动魄者也。呜呼！国人视此，其何以堪？亟录其文如下：

蒙、藏问题，欧陆各报间有主持公理者，然在英、俄两方面，仍以侵略派之势力占最优胜。日前《伦敦日报》著论：中国共和政府对于英之照会异常反对。其中措词强硬，尤莫如声言“倘中国不践前约，许西藏以独立，则英于中国共和亦将不能承认”等语。此最足以引起人民之愤怒也。虽然，中国此时固何术以敌英哉？英之助藏独立，实与俄之于蒙同一态度，主意坚定，势难中止。即使中国现在愿以西藏所许于英者，事事物物，概行承诺，于英之政治及商务各方面毫无损失，英亦有所不愿。盖英所希望最切，尤与西藏直接交涉，决不再由中国间接。时不可失，机不能再，英固无庸踌躇也。此种政策，本英人之习惯。其巩固印度之法，务以不与他国壤地毗连。常设法扩充其势力范围于四周小国，用作外廓为第一义。如波斯、阿富汗、西藏乃天然之界线，隔离中、俄与印度之冲突，殆莫善于此矣。当俄有侵入印度之野心，英亟经营波斯南方，遥为抵制。西藏地势俯瞰全印，使中国据为己有，异日必能制印度之死命。英之派远征队，意果何在？讵能遽忘所志？英固不必占领藏之土地，惟当保藏独立，俾于中英之间为扞格物。得此已足，无多求也。

昨森彼得堡《诺维野佛海米亚日报》著论，略谓：俄于蒙古情形恰与英于西藏绝相类似。俄之盼望蒙古独立，亦与英之盼望西藏自治同一用意。英知中国经此扰乱，内部尚难统一，决无余力经营蒙、藏。故取急进主义，直接赴其目的。较诸俄之迂缓迟延、畏首畏尾者诚有天渊之别。英政府质实敏快之手腕真可佩服。如其致北京照会所云：中国不认西藏独立，则英亦不认中国共和。其言何等痛快直截！此吾俄所当以英为法，而师其举动者也。所可慨者，俄已自失事机，与中国继续千八百八十一年之商约，又复期以十年。倘与蒙古直接，未免稍有窒碍耳。

按：《诺维野佛海米亚日报》为俄政府之机关报。今其所言如是，则俄英互相狼狈情形益可概见。英实为俄、日所逼，不得不于藏取均势。而俄乃反谓宜以英为法，其狡可知。故藏事倘能挽回，则蒙满或有转机，全棋劫眼惟在此点。否则于远东求均势者，恐不只一英国矣。

1912年11月10日(民国二年十一月十日)，第八期(第一年，第八期)

论藏番将犯青海之危机

心白

据廉兴电，藏番将分三路进犯青海。夫青海为陕甘之屏蔽，无青海是无陕甘二省也。青海为蒙古之门户，无青海是无西蒙诸部也。青海为黄河、长江两巨川之最初发源地，无青海，是黄河、长江南北二流域，皆将岌岌震惊也。闻政府刻已派兵往当拉山分途抵拒。今试将西藏、青海间迭次交通之历史，与夫西藏、青海间必须经由之地点，参稽而详说之，贡诸军前，以为兵事地理之一助云。

(一) 青海、西藏间迭次交通之历史

自拉萨北行少折而东，渡哈剌乌苏（按即怒江上游，《禹贡》谓之黑水），逾唐古拉岭（前藏之北，与青海为界之大山），东北行涉木鲁乌苏（即扬子江上游），又东逾巴颜哈剌山，出黄河源札陵、鄂陵二海之间（或名札陵泊、鄂陵泊），东北行至青海东南之盖牙剌山，逾山入甘肃境，而达于西宁府。以上一路，考之历史，为唐中叶时代吐番入寇甘凉之路，又为清初时代（在顺治间）蒙古顾实汗由青海入藏之路。此盖古昔最先开通之驿道，较今之由打箭炉驿路者，其入都尤形近便。而所以不由此道之原因，则以荒凉寂寞，四无人烟故耳。然观于唐代吐蕃之已事，可知由此路将东侵陕甘，因西宁为甘肃之门阃，而甘肃又陕西之唇齿也。抑观于清初顾实之已事，可知由此路将北窥蒙古，因蒙古种族人绕青海以居者，计凡五部四十九旗，而所谓阿拉善、额济纳两部，亦复与甘肃境地错壤也。此吾稽之历史，而知藏人进犯青海，确有绝大之关系也。

(二) 青海、西藏间必须经由之地点

夫吾所谓土地荒凉、寂无人烟者，不过迤北一带。如自西宁经栋科尔入青海、蒙古之地耳，又如特库门珠（去甘肃西宁府十六站地名）左右，为西宁属土司之地耳。盖栋科尔一带，为游牧种族错居之所，故往往随地迁徙，室庐空虚。若特库门珠一带，沿道概属野番族之聚落，故往往毒草丛生，不适于行旅。且以上等处，均与黄河发源之鄂敦他拉地相接（按即古所称星宿海），故又往往泉流沮洳，道路泥泞，不便人马。至于由藏启行之迤南一带地，如自拉萨经萨木多岭、嘉里、察木、嘉冲等地以达伦珠宗，此间为米底克藏布江（亦称噶招木伦，即唐之逻娑川）之灌域，不但

道路平坦，且有水草之利。再由错罗鼐经那隆噶尔玛，过达仲喇库至固瓦褚察，则为阿嘉呼图克图之管辖地，路亦平坦。更渡玉克褚河，经札木褚卡、鄂多布拉克二处，至哈喇乌苏营，则为哈刺乌苏大道。其地扼藏地咽喉，且当青海、西藏来往之要冲。往昔准噶尔强盛之时代，均由此路入藏者也。夫准噶尔旧部，为今之新疆北路地。然则藏兵北扰青海，不惟与陕、甘、蒙古有关系，即新疆一省亦必受其影响焉。盖青海之西及西北之两方面，又皆与新省相接也。此吾证之舆图，而知藏人进犯青海，愈有绝大之关系也。

所可幸者，藏番之三路北犯也，一由包墩取伊瑙图山，一由布达刺取诺颜哈，一由珠纳干取谟里唐，而我兵则扼之当拉山。考当拉山适当木鲁乌苏之源，与巴萨通拉木山，拜都岭，伊克诺木罕浑巴什山，是诸山者同为唐古剌山之支脉，即俱当拉萨通青海西宁之要隘。果能于此择要布置，严兵驻防，彼蠢蠢如鹿豕之藏番，其安能效猿猱之飞度哉！噫嘻！凶锋北指，在彼竟不惮七十余站之遥（自拉萨至西宁计共七十四站），劲旅西屯，在我应或收一夫当关之效。蚤为备之，慎为防之，是所望于我政府、我军人。

1913 年 3 月 23 日（民国元年三月二十三日），第二十五期（第二年，第十一期）

《民国经济杂志》

《民国经济杂志》于 1912 年 10 月创刊，在武昌出版。月刊。由民国经济杂志社编辑及发行。主持者为王世杰、蒋羲明等人。内容有关于经济的论著、译述、调查、记事等，并附以文苑。停刊时间不详。

蒙藏铁路投资热

驻京某国公使，以我国政府急拟筹办川、藏、蒙古等处铁路，必需有大宗巨款，特至外交部运动承借款项及代办工程等事。并详陈此中利害，以及该国必顾全邦交，决不伤害中国主权等语。闻外交部以蒙藏路线交通部尚未确定答复之云。

1912年11月10日（民国元年十一月十日），第一卷，第二期

《西北杂志》

《西北杂志》1912年11月创刊，北京西北协进会主办。

《政府公报》(1912年，第91期，第8页)登载内务部批西北协进会那彦图等请立案等情呈:呈悉。该会为促进西北文化，巩固共和起见，自应准予立案，惟请拨款补助之处，现在财力支绌，碍难照准。除饬厅保护外，仰即知照。此批。

西北杂志发刊词

国乎！大地之上，其幅员之广灏、物产之饶沃，莫中国若也。而中国之全境，其幅员之广灏、物产之饶沃，又莫西北之地方若。谭种族学者皆谓中国民族悉由西北高原而来，繁衍孳息于黄河、扬子江流域，故其感情本相通。召历数十百传而后支分派别，虽以言语之不同，俗教之互异，卒能相团相结，统属于一主权之下，蔚然成一大国。夫国民之结合非第形式上、主权上之统一也，而贵乎精神上、感情之统一。往者，事隶于一尊，每每图近功而昧远略。对于远人舍羁縻束缚之外，别无政策，以致人民之志气蜷伏而不能发舒，事功益无所表见。坐使至广灏之域流为荒漠，至饶沃之区困于疲瘠，则专制政体为之也。今值共和告成，五族之人相与一新，其心思智力雍熙和洽，萃于一堂，力求固圉之计，以谋建设。然仅优秀者流心知共和原理，乃能与之商榷政治。起视西北之人民，土地荒漠者如故，疲瘠者如故，徒使夙相亲爱之同胞日且危疑震撼，见逼于强邻之睇视，而无固结御侮之方，其感情尚未相联属，更安期主权之绝无障碍哉？是则关心时事者之责也。同人为此惧，组织西北协进会，研究进行之方策。瑛曩即有意于《西北杂志》之刊，欲持以通其心思，通其智力，使西北之人士咸晓然于利之当趋、害之当避。庶几精神上交相联络，蕲至于形式上之完全而无缺。徒以人事牵率，志焉未逮，是又才力不及者之过也。比幸会中同人奋然思起，发为月刊，以冀吾国最广灏最饶沃之区同相提携爱戴，永享和平之幸福。则于兹编发其轫，且将于兹编竟其程也。瑛不敏，愿随诸君子之后，拭目期之矣。

中华民国元年十月胡瑛谨序。

1912 年，第 1 卷，第 1 期，第 7～8 页

论蒙古西藏之关系(论说)

萧飏曾

蒙藏在历史上数千年来号称闭塞，西藏至称为古秘密国。虽由其民气僿野，风俗淳朴，人情安常习故，亦地理上关系也。故从无人过问，而留心考究之者亦甚少。然频年以来，门户已大为开放，闭塞与秘密者，全披露于世。于是劳各政治家、经济家、探险家及一般学子之头脑，发生种种问题，不知何日解决。其关系及于各方面

者亦至为巨大，试分论于左：

(一) 蒙古西藏与世界之关系

蒙藏位于东亚高原，幅员辽阔，人口稀少，地利宝藏，迄未启发。自美、非、澳三洲争殖以还，环球之上，尚有如此广地厚利、芜废不治者暴露于世，其足以诱起世界殖民家之野心，使咸注目于此，有由来矣。故俄人对于外蒙，日本对于东蒙，英俄对于西藏，莫不眈眈逐逐，亟思染指，苦心经营，骎骎日进。英俄协约、英日同盟、日俄协商，合纵连横而来，咄咄逼人。其目的虽各不一，要无非注重于此两大高原也。不宁惟是，即英、俄、日本三国以外，其他之探险调查不避艰辛奔走于期间者，又何可胜道。夫岂无故哉？毋抑仍思一脔之染耳。若使一国对于蒙藏，先占优势，自余各国，谁甘让步？其结果适足以牵动全局，扰乱世界和平。彼协约协商，孜孜未遑者，正所以竭力维持其决裂也。蒙藏与世界关系如此。虽然，文明国处分野蛮地域，挟野心，持强权，国际间几认为公理之正当。然要必其民族实属向未开化，其土地确无主权者而后可。夫我蒙古民族自成吉思汗全盛时代，已执欧亚之牛耳，入主中夏，握冠裳文物之邦之政权者八十余年。西藏民族在隋唐之际，佛学大昌，极深研几，阐明哲理。且介于中印两大文明祖国间，复各遣派子弟游学，吸取其文明精萃，皆史有名征。其开化实在欧洲各国之先，故论今日之蒙藏，谓其囿故因陋则可，谓其等于红黑奴则不可。况五族共和，其地完全为中国领土。如此乌可以殖民政策施行于其间哉？

(二) 蒙古西藏与中国内部之关系

又可细分论之。

(甲) 历史上之关系

三代以前，西北关系即生，历史上已成为重要问题。除秦皇汉武远征而外，大致抱和平主义为多。且边疆互市，物物交换，边氓咸利赖之，已不知几劳政府之经营保护矣。甚至劳内输边，每年尤不知竭国中几许金钱财物。耕夫奔走挽输于道，红女子夜勤动于室，以供给西北两方。乃当秋高马肥，辄东南下而多事，饱其欲仍复飏去，蒙藏人民读史至此，亦当渐恧矣。盖西北瘠苦，民风强悍，但知尚武，而困于谋生，故非仰国中协助不可。国内亦赖以为屏蔽，可减免屯戍转饷之劳费，故虽和亲输款而不恤。前清厉行羁縻政策，每岁协边，不下数千百万，从未征一粟、调一丝于蒙藏者。蒙藏人民亦复亲戴无异心。此历史上之关系，已极为亲密。迨民国成立，五族共和，俨然家人兄弟之风。举凡前此种种之阶级之限制之猜嫌悉消除之。开诚布公，同舟共济，众擎易举，单行则蹶。处今日世界竞争漩涡中，茫茫四顾，孰有亲爱密切于此者，其关系更可知矣。

（乙）地理上之关系

蒙藏位于本部西北，为两长方廉形，而回部恰成一小方隅，为本部最良好之屏幛。且地势高耸，内地山脉河流，概从此发源，天险与共，利害相关。中国委蒙藏，则唇亡齿寒；蒙藏离中国，则毛无皮附。殆天然之配置，万无违异之理，此尽人所能知者也。虽有高山大漠，为交通上之障害，阻隔种种发达，正宜以人力战胜之。川藏铁道、库张铁道，近十数年来喧腾人口，迄未实力举行，殊为坐误。孙中山氏二十万里铁路大计划无论。自政治、经济、国防，若何方面观察之，皆当从高屋建瓶[瓴]之势着手，决无异议。后此地理上之关系。惟有日臻密切，经济之发展、国力之膨胀，更靡有涯涘矣。

（丙）政治上之关系

汉唐之际，朔方设治，已领至漠南北境地。西藏古称吐蕃，虽叛服不常，而中央政府对之，莫不有抚驭绥治之道，实恒与内部人民同立于被治地位。有元控制欧亚，蒙藏尤为统治中心。迄乎满清时代，直接隶属于帝政支配之下者，又两百余年，是蒙藏与中国政治关系最古亦最切也。至蒙藏一方之影响于中国者，即因缘宗教而来。蒙藏本同一喇嘛教，自元代尊为国教，大加封号，拜发思巴为帝师，掌理全藏事宜，而佛教遂浸淫于全国。蒙藏政教，亦由此混而为一。以至于今，为世诟病。姑无论其专制政体与政教混合之利弊如何，其互相关系，确有如此。今五族共和，共谋福利，即中国古训"民为邦本"之意，亦正符合佛家平等博爱之旨趣。是政治关系更归入于精神上之契合矣。居今仍欲奴颜婢膝，永为一人一姓之牛马财产物以为乐，而不思迁乔出幽，毋乃拂人情，违天性，且召实祸已。

（丁）人种上之关系

蒙古当秦汉时称匈奴。匈奴之先，为夏后氏后裔，出自淳维。淳维于殷时奔居北方，其族姓遂繁衍于兹。人种学家称中国人为蒙古种，由来旧矣。至西藏民族，《后汉书》以图伯特（按：图伯特为藏人所自称）为古代三苗后裔，三苗窜地为三危，即今之喀木及藏，是藏人系出三苗，而为其子姓无疑。近世人种学者亦以西藏民族属蒙古种，良有以也。由此言之，汉蒙西藏，同为黄帝之胄，不过栖处异圻，又困于前清法令，不能自由往来，遂渐形隔阂耳。恰如兄弟析居，对外究属一家。夫既曰一家，民国肇造，五族共和，而犹称为五族者何耶？盖据后世所别，依习惯之称谓，而特为对外之明白表示也。其实中华民国人民侭可称为一族，并可称为纯粹汉族，蒙藏既属同源，满回早归同化，何五族之足云？适反形其畛域耳。当此国际竞争剧烈之时，家方多难，宜如何尝胆卧薪，共图建树，撑此危局，以期补救于万一。岂有自讧于内，而又引贼入室者哉？兄弟阋于墙，外御其侮，顾如是耶？

夫蒙藏与内部之关系，数千年来，至繁且巨，不遑枚举。以上所述，仅就其落落数大端约略言之，其关系至为亲密，已可概见。亦如此关系，而较彼向无关系，如秦越之视肥瘠，且即有关系而纯为危险之一方者，其利害得失之相去，奚可以道里计耶？

(三) 蒙古西藏自身之关系

蒙藏境内人民，散居野处，追逐水草，彼此老不往来。团体性素极薄弱，几若无自身之关系可言，然其关系发生于自身者尚少。由世界关系与中国内部关系，相关系而发生之自身关系则甚多。何以言之？蒙藏人民恬淡寡欲，自给自足，纯利赖天然力，故多以牧畜为生活。在经济学上谓之畜牧经济时代。其生活能力之幼稚可知。土地广阔，寒瘠不毛，半多瓯脱，其稍膏腴而蕴藏厚利者，从不开发。其土地之荒旷未辟，又可知。乃复于人口稀少之中，以少数贵族僧侣居于平民之上，而为一种阶级制度。舍迷信宗教外，别无研究，其知识之固陋更可知。以如此能力、如此知识，居如此广地，向非中国内部岁维持其费用，且不惟费用，并由其自身所起之外债与赔款，若不一为负担之，吾恐即无强邻压境，已难逃于天演公例而为彼各殖民地之续矣。况列强争噬，如猛狮之搏兔，日逐逐其侧乎？其自身之关系，由中外关系发生者，危急存亡，既如彼其痛切，尚不觉悟，乃欲脱离数千年覆翼孕字之中国，贸贸然倡言独立，引虎自卫，不恤孤其势而树之敌，其愚诚不可瘳矣。使其果有独立能力，能毅然称一亚东强国，如瑞典、挪威、荷兰、比利时，并称于世，中国实与有荣施。乃不惟属诸万无希幸之事，而当今之世，自裂其天然绝好之国家，崩分而离析之，一若恐亡之不速。特勉力追逐于印度、波斯、朝鲜之后者，是诚何心哉？不为中国全体计，宁不为自身计耶？虽然，今兹之事，为少数居阶级之上自私自利者之所为，非我蒙藏平民一般心理，固也。尤应知自身既无独立资格，终必有所归附，即置内外关系于不顾，但择善而从。人生最愉快者，莫如自由平等。政体最良好者，莫如共和。不为最亲密之中华共和国民，而愿为彼专制及君主立宪国之臣民耶？愿为蒙藏同胞，睹世界之关系及中国内部之关系，并以察夫自身今日之关系，当不待周章四顾，而知置身之地矣。

1912 年，第 1 卷，第 1 期，第 1～8 页

论西藏之将来(选《民主报》转译《太晤士报》)

旬日以来,西藏局面,焕然一新,英人对藏之方针,亦当随而移转,万无漠置之理。犹忆1904年,吾英政府派兵入藏,挽救条约上权利之损失。当此之时,吾人目的,专为抵拒俄人勿令厚植势力于西藏而已。既无争攘土地之心,岂复有长久干涉之志?维时中国在西藏之宗主权,仅有名称,而无实际,故吾政府亦即承认之,并非谓其应有直接管辖藏地之君主权也。而不意中国政府,乘此机会,攫有藏地之君主权。盖自英兵退后,达赖喇嘛旋归故土。乃曾几何时,中国军队入藏,而达赖遁于印度。于是中国政府之对藏政策,又进一步,竟不问权限如何,遽将达赖废置。此问题发生,论者纷如,而中国政府不之顾也。厥后中国遂不惜以残酷手段,实施其统治权于藏地,其专横之状,为吾人向所罕见,而不能长此缄默者也。

飚按:中国对于西藏之统治权,由来已久。前此康济鼐、颇罗鼐之统治前后藏,其权为中国政府所授与者无论矣。而雍正四年已有驻藏大臣之设(其时驻藏大臣为副都统玛拉内阁学士僧格),即为治理两藏之地方最高机关。迄乾隆五十七年,戡定廓尔喀之乱,福安康、孙士毅、和琳、惠龄等,议订藏事章程,于次年颁布之。举凡西藏内政外交,及达赖喇嘛以下,与夫该地方之大营、中营、边营等(西藏地方之大,中边各营如内地郡县可以理民事),无不直系的隶属于驻藏大臣之下。是中国取得西藏统治权已成固有,非如该报之乘一九零四年条约之结果而攫取之也。至废置达赖,是乃专制之淫威,非所论于今日矣。

中国革命发生,驻藏汉兵,起而响应。以其暴动骚扰,致惹起藏人之报复。而中国戍兵,遂被围困。同时西藏东部半独立之酋长,亦将中国权力推翻。两方争战,数日于兹,四川援兵,尚未西来。达赖逡巡久之,卒返拉萨,藏人咸起欢迎,遂复旧位。当其时,中国戍兵,计穷竭力,除弃戈解散自愿回国外,已无能为力。乃达赖不乘此时宣告独立,犹让中国长官仍旧驻藏,许留少数卫兵为之保护。揣其意,迨仍承认中国之宗主者焉,此非至可怪之事乎?虽然,达赖之意,吾得而知之,盖其屡次诉诸英国,而英政府率以不能匡助答复之。达赖既乏外援,又昧于中国内部情形,不敢冒然独立。其实中国戍兵,既经驱逐出境,则西藏已有独立之实,顾仍令中国长官驻藏,则达赖之为人,诚不免过怯矣。

飚按:中国革命,五族共和,藏人讵无心理,不为赞同组成强大之共和国,而遽离弃其千百年仰给之中国,欲以疾苦高原,支持于眈眈强邻间,贸独立之虚名,召灭亡之实祸。藏地不乏明哲，何至愚昧若此？达赖归藏，承认中国，正明乎此耳。至藏东土酋，虽有蠢动，要知此为最少数人之鼓煽，非一般平民之心理。盖土酋对于土人，帝制自为，科敛肥己，子孙世袭，坐享丰腴，此利于专制，不利于共和也，明甚，土人无不恨之刺骨。现尹师西指，除暴安良，故土人甚欢迎焉。该报谓西藏东部酋长亦将中国权力推翻，又谓戍兵既经出境，西藏已有独立之实，达赖为人未免过怯等语，诚缒幽凿空，不明事理之呓语矣。

藏事吾无论矣，今请问吾英政府对藏方针，究将如何？吾人之承认中国对藏之宗主权，计已三次，一为一八九零年《中英之约》，二为一九零六年《中英之约》，三为一九零七年《英俄之约》。然而今竟如何，以记者之意度之，使中国内部仍未统一，则西藏独立，尚可苟延残喘。若北京强有力之政府已能成立，则中国军队又将大肆淫虐于藏境。回想赵尔丰当日之残暴，诚足令人寒心。夫中国当日恢复其在西藏之权，实由英兵入藏而起。使英人坐视藏众，横遭压制，则我虽不害藏人，藏人由我而受害，吾英人士，于心忍乎哉！为人道主义起见，无论如何，吾政府万不当令中国再行干涉藏事。即使勉强认允，亦当严加限制。盖藏人恢复其主权，既经两次，吾英政府，当为之保护也。吾英对藏之权利，业于一九零七年《英俄协约》中载明，该约内开英国因地理上之关系，有保存西藏现象之特殊权利。夫既曰现象，则非坐令中政府废置达赖而施行统治权也，彰彰明矣。当孟陶氏总督印度时，见赵尔丰压制藏民，深为不平。曾诉诸祖国政府，惜其时政府不之听，所以致酿成近年之局面。且英人对藏特权，尚有一端，即《拉萨条约》中所载西藏土地非经英人认允不得割让他国是也。即此一端，英人实已得有藏地之优先权，而不可漠然置之明矣。日前俄国多治夫行抵西藏，今日或仍在拉萨，亦未可知。昔者吾英遣兵入藏，实由其人所致。今其既复出现，则英俄协约，必有更动，从此可知。况据种种情形而论，西藏局面，既有更变，则凡与其有关系之协约，自不能墨守旧章。今试就其最宜更改者论之，则莫如关于英俄两国不能派遣代表驻藏之一条。夫以藏印关系之重，吾英政府亟当遣派代表长驻拉萨，以谋交涉便利。况达赖喇嘛备受印度政府优待，与英人感情极深。吾知其对于此举，必肯赞成也。

飏按：西藏为中国之领土，自有完全主权，亦自有完全责任。该报谓该国既已三次承认中国对藏主权，可谓晓然于西藏之主权之有在。乃一则援一九零七年之《英俄协约》，谓英有保存西藏现象之特殊权利，再则援《拉萨条约》，谓英已得有藏地之优先权，三则又谓《英俄协约》，宜变更其两国不能派遣代表驻藏之一条，亟当派遣代表长驻拉萨云云。似是而非，太不明乎公理，试为逐一论之。彼根于《英俄协约》，申明其有保存西藏现象之权。夫维持西藏现象，当然属于中国责任，姑不具论。依国际公法讨论之，两国缔结条约，于第三国有无直接效力，纯以第三国所受利益或损害利益为断。今欲根据该两国协约，而行使保持西藏现象之权利，是直侵损中国主权，是种协约，得为有效乎？至引《拉萨条约》，谓西藏土地，非经英人认允，六[不]能割让他国，为英已得有藏地之优先权云云。自系指一九零六年《中英条约》之附约第九条第一节而言，大概未参观中英正约之第二条也（正约第二条：英国承认不将西藏土地收入其版图，并不干涉西藏一切政治，中国亦承认不许他国干涉西藏内政及占领其土地），此犹不具论。中国将来是否割让土地于人，抑或受他人之割让，皆不可知。其前此被人租借者，亦当次第按期收同[回]，尚有割让者乎？至其末谓宜变更协约派遣代表云云，不论其变更与否，此种协约，是否有效，西藏能否对外遣受代表，其理已详于上，兹勿庸赘。

萧飏曾附注。

1912 年，第 1 卷，第 1 期，第 11～16 页

西藏略史

李安陆

西藏者，唐宋曰吐蕃，元曰西蕃，明曰乌斯藏，种族为唐古特，又曰图伯。将其地原为四部，今分记于左：

一曰卫。即今达赖喇嘛所居之地，中藏是也。

二曰喀木。即今四川省边外察木多地方亦名曰康，前藏是也。

三曰藏。即今班禅额尔德尼所居之地，后藏是也。

四曰阿里。即今极西之地是也。

及前清时代利用宗教收藏为属地，逐合卫及喀木呼为前藏，合藏及阿里呼为后藏，合前后藏总称之曰西藏。此西藏之名所由起也。

据《汉书》所记图伯特人即古代三苗种族，舜窜三苗于三危，三危之地即喀木及藏，今之所谓前、后藏是也。据此以征，则汉藏同种确无疑义。今日合五族为一家，同建共和，藏汉同胞欢晤一堂，是如兄弟重聚首，乐也融融。外人虽黠，亦何能破此铁证，离间我兄弟焉？

自三代以后，交通隔绝，颇有强分种族之事。于是有谓藏族为西戎，又曰西羌者。周平王东迁（西历纪元前七百年云）以还，西羌种族渐通汉土，居龙山伊洛二水

之间(今之陕西甘肃二省及四川省北部)。秦始皇筑长城范围之(西历纪元前二百四十年代),汉武帝使西羌居塞上(西历纪元前一百三十年代),自此以降,西羌种族蕃衍汉土。及晋怀帝之时(西历纪元三百十年代),赤亭之羌姚弋仲之子姚长符起而灭秦,继称帝号,居于长安(今陕西省西安府)。再传为刘裕所灭,因是西羌之属分为百余。稠族散居黄河湟水大江岷山之间(今之甘肃省及青海至四川之地)。

按:《后汉书·西羌传》,爰剑而后子孙支分凡一百五十种,九种在折支居河首以西,蜀汉以北者,有五十二种,均衰微不能自立。其余八十九种中,惟钟最强盛,发羌唐旄等,未尝往来汉土,厘生白马之羌留居蜀汉久已,已通化于我种,别名称固无由而知矣。

其酋长居于折支(今甘肃省西边外黄河弯曲之地)之西逻婆川(今拉萨之地),经魏周齐三代(自西历纪元五百三十年至五百八十年),犹未通汉土。隋之开皇中(自西历纪元五百八十九年至五百九十九年),西羌酋长中有伦赞索者,居于河州西(今甘肃省河州),灭吐谷浑。

据《晋书·西戎传》,吐谷洋浑为鲜卑种族,抚有西零以西及甘松之界,极白兰之地,有数千里。以吐谷浑为氏,其牙营在青海西十五里地。

合地建国于跋川布(据前清《一统志》跋川布即今西藏雅鲁藏布河),以秃发为国号,秃发之音于吐蕃相近,讹传为吐蕃,后遂从之。

据《蒙古源流考》,土伯特者,额纳特珂克之分支。额纳特珂克者,即中印度也。当释迦牟尼佛涅槃一千八百二十一年,有乌迪雅纳汗者,败于邻国,弃印度东走雪山,至雅尔隆盐塘,称雅尔隆氏。及其季子生有异表,众戴为汗(即王之意),由此战胜四邻,为八十八万土伯特之国主,称尼尔雅特博汗焉。

及至唐代,吐蕃最强盛,始通汉土。贞观十五年(西历纪元六百四十年),太宗以效[文]成公主遣嫁其王赞普(特勤德斯隆赞),与之媾和。虽稍息烽火于一时,然吐蕃傲慢,窥唐室虚弱,屡寇边疆,史称唐室疲于吐蕃,盖以此也。唐景云元年(西历纪元七百十年),睿宗苦吐蕃之寇,不得已再以金城公主尚于普蕃。建中四年(西历纪元七百八十三年),唐德宗再割今陕西以西地,与之会盟于清水(今陕西省清水县),边疆稍靖。尔后吐蕃国势偕唐俱衰,种族无分立。降至元代宪宗宝佑元年(西历纪元一千二百五十三年),始于河州(今甘肃省河州)置吐蕃宣慰司都元帅府,又于四川檄外置碉门(今四川省天会州)、鱼通(今四川省打箭炉)、黎(今四川省青溪县)、雅(今四川省雅州府)、长河西(亦今四川省打箭炉)、宁(今四川省宁远府)等处之宣抚司。世祖至元六年(西历纪元一千二百六十九年),复置乌斯藏(今前藏地)

宣抚司,郡县其地,封发思巴(喇嘛高僧)为大宝法王,尊为帝师,使领其地。

按:《史书会要》,发思巴者,吐蕃萨斯迦人也,生而有异表,七岁能诵经典数万言,深通大义。元世师之,及即位即使之制蒙古字,颁布天下。

封其弟子为司徒、司空、国公,皆佩金玉之印,谓为红教祖,后嗣皆为法王。

今后藏萨斯迦之地,有元帝师裔,后之喇嘛娶妻生子,须有后代,始登法座,与现各喇嘛不同。

西蕃之僧贡献于京师者最多,元帝赐伊金银财宝亦复不少。大抵均因宗教关系而投报者也,故西蕃称为佛教国。西藏佛教通于汉土,此之始也。

明太祖洪武六年(西历纪元一千三百七十三年),鉴于唐代吐蕃之乱,思所以制御之,以其习尚,崇信佛教,用僧侣代导最为善策。于是尊乌斯藏之摄帝师,喃加巴藏为炽盛佛宝国师,使统辖其地。乌斯藏者,原属吐蕃中之一地,别为一部落者也。其地专以佛道教化人民,民性亦颇柔顺,易于服从。此地距四川马湖府(今之屏山县)有一千五百余里(中国里,以下均同),距甘肃西宁卫(今西宁府),有五千余里,即今前藏是也。承[永]乐三年(西历纪元一千四百五年),尊乌斯藏之僧,名哈力麻者,为演教如来大法宝王,又有封为大乘及大慈法王者。于是门徒羡封秩之荣,群以长安为青云之路,争来京师,未始非秩爵诱人之一端也。

明廷所封者,法王之外有阐化、阐教、护教、辅教、赞善五王,西天佛有二,灌顶大国师有九,灌顶国师有十八。法王以下,死后则以子及徒弟承袭,每岁一次朝贡,从者数百人,供费均归国家料理。明廷度支多半为此,供费几至倾府,康而相将焉。故终明之世,无西蕃之患,未始非休兵之道。然竭财馈送,欢心终难足恃,论者称明代不善驭边,亦有由也。(未完)

1912 年,第 1 卷,第 1 期,第 13～18 页

英俄协谋蒙藏论

俄外部大臣沙索洛夫于九月二十号往聘伦敦,二十三号到白明罕离宫谒见英王。日内英王方在苏格兰阅操,届时当回离宫接见也。俄之驻英大使邦克脱夫、及英外部大臣格雷均将偕同入觐,英俄两外部将于此时谈判要件。沙氏留英不久,其所应议各项问题,此时两政府间已先电商端绪,预备妥善矣。按沙氏到英会议,欧陆外交界极为注意,于我国利害上尤有密切关系,此为法相布昂加海聘俄后所结之果。法俄同盟既益加固,则英俄连合亦当加固,原为不易之理。况俄欲振兴波罗的

海船队，尤当与美接洽，而英则以西藏问题、波斯问题亟欲与俄协商者也。据圣彼得堡消息，谓英俄当将千九百七年协约重加修正，于精神及词句上详细解释。如俄日之二次三次协约，即据第一次协约而益廓充其范围之谓，关于波斯问题，尤当持[特]别研究。次则波斯铁路问题，以及俄在亚洲各铁路问题。次则西藏问题，英犹注重于此，必与俄以蒙藏一致运动为利益之交换。而波斯问题，铁路问题，又皆于西藏问题互相连带，有相辅相成之妙。《法俄同盟》、《俄日协约》等更复有以促之，欲英俄之不相接近，其可得乎？昨圣彼得堡专电谓英俄船队，当同时到丹麦首都戈贝纳格口会操，此实英俄由协约而径为同盟之先声。亦若法俄之船队，往岁会操于舍尔浦，为俄法同盟之先声也。观此则沙索洛夫赴英，当与法首相布昂加海赴俄，收同一之效果，英日俄法联成一气，在欧则合力御德，在亚则协以谋我满蒙西藏，为祸愈亟，豆剖瓜分，朝夕可待。京沪各报所传伦敦会议处分中国之说，欧陆实无所闻。惟日本桂太郎聘俄，继以法国首相布昂加海聘俄，皆与我外交上有绝大之影响。而此次俄国外部沙索洛夫聘英，又为前二事之一大结束。英日俄法，意存叵测，此可断言。就中以法为牵合之人，而英则操判决之权者也。法英所重在欧西，不妨以我为牺牲，俄日所重在远东，密徇法英而取偿于我也。

按此篇见于十月《中国报》，其论边事专从国际交涉上着眼，于各国外交近情复如聚米画沙，言之详凿，足供留心时局者之观览焉。

1912 年，第 1 卷，第 1 期，第 19～20 页

西藏略史(续)

李安陆

黄教之祖曰宗喀巴，一曰罗卜藏巴克巴。明承[永]乐十五年(西历纪元一千四百十七年)，生于西宁卫，至明成化十四年而死(西历纪元一千四百七十八年)。宗喀巴者，宗教改革派西藏之路德氏也。初习红教，稔其弊，遂别立一派，黄冠、黄衣与红教显分区别，故当时称之曰黄教。惟不娶妻、不生子，止使达赖班[禅]二大弟子，世世以呼毕勒罕(转生之义)袭其教权。每论达赖班禅死时无子袭职，其徒亦不能代袭，须择同时所生之小儿而立之。盖谓达赖、班禅无死之理，其死不过为暂时退隐，当即转生他处，择其为达赖、班禅化身者而立之，即原达赖、班禅在世也，此之谓轮回不已。原达赖一世者，为吐蕃赞普(特勒德苏隆赞)之后裔，国人尊崇为乌斯藏之主，自是而后，乌斯藏之法王不传之于子孙，而传之于转生之喇嘛。置弟巴之

职使代国政,使其弟子所谓呼图克图者,分掌宗教,皆不受明帝之封号。及正德五年(西历纪元一千五百十一年),武宗欲迎达赖二世,遣使招之,达赖不来,武宗发兵胁之,强欲取来,国人未识明之用意,恐达赖来朝我本部遭不测祸,匿之不与,并击退明兵。

达赖三世亲至青海及河套之地,教化诸蒙古各部,靡然向之,诸法王亦愿为达赖弟子,改从黄教,于是黄教风行。诸部尊达赖为活佛,红教之势自此渐归消灭矣。

及至前清崇德二年(西历纪元一千二百十七年),喀尔喀(外蒙古之总称)之三汗以达赖五世为活佛,劝太宗发使延请,太宗从之,托蒙古遗书达赖,此前清通乌斯藏之始也。

顺治九年(西历纪元一千六百五十二年),世祖遣使邀达赖五世,封为西天大自在佛,使掌天下释教。命和硕亲王率八旗兵护送返藏。

达赖五世返藏,感清世祖封爵之恩,终其身与前清通使无稍叛意,此殆得笼络蕃属之术也。

及达赖五世死,有第巴名三节者,素蓄异志,遂乘此机,秘不发丧,自专国事。于是西藏大乱矣。

当明之季世,厄鲁特部之固始汗,据青海之地,侵略西藏,横征喀木地之租税。藏地则藏巴汗居之,卫地则有第巴奉达赖居之,因与三节藏巴汗不睦,遂诬之为虐黄教之罪魁,乞兵于固始汗,以剪灭之,尽逐红教,诸法王以其地分予达赖与班禅,使主前后二藏,使固始汗之子郸齐汗统辖其众,使其弟达赉佐之。及达赉死,其子拉藏汗嗣之,三节又谋毒杀拉藏汗,并废拉藏汗所立假达赖,欲新立达赖六世,请命清圣祖,圣祖许之。自明末至此,西藏殆全为厄鲁特之关系。

当是时也,图伯特所立之达赖六世,与厄鲁特所立之达赖六世真伪不分。准噶尔汗策妄那布,乘其隙袭巴藏,杀拉藏汗,夺各寺重器,拘禁达赖。及前清康熙五十五年(西历纪元一千七百十七年)清圣祖遣将会合厄鲁特兵,共逐准噶尔兵,自青海地方迎立厄鲁特部所立之达赖,使之坐床于西藏。并命拉藏汗之旧臣名康济鼐者,掌理前务[藏],命颇罗鼐掌理后藏,而藏政权渐归于我掌握中矣。

康济鼐、颇罗鼐二人分掌前后藏以来,国内大定,人民又安。但康、颇二人大权在握,生杀予夺悉出其手,权门威风。虽足镇摄一时,而一般旧臣或怀有野心者,颇不满意。特敢怒不敢言耳,乃积怨所极,终有决裂之一日。竟于前清雍正元年(西历纪元一千七百二十四年),有属于达赖之噶布伦(官职名)三人,利用国人愤康济鼐之专横,欲起而诛之。投于准噶尔,以己代其位,徐图颇罗鼐以除余党。清世宗闻之，遣兵往讨。幸颇罗鼐早以后藏之兵镇靖之。清世宗所遣之兵当时召还，不至劳师远征，边疆赖以安靖，实颇罗鼐所赐也。清世宗嘉颇罗鼐靖乱之功，遂封颇罗鼐为郡王，使统辖西藏事务，并留正副大臣二人，以兵二千分驻前后藏。驻藏大臣自此始也。

清乾隆十五年（西历纪元一千七百五十年），又有朱尔墨特之乱，朱尔墨特者，颇罗鼐之子嗣父为郡王，性质傲慢，颇不安分。虽我待之以礼，亦常怨望不平，特以有西藏大臣之牵制，不敢违叛耳。久之，狼子野心愈难自禁。正副大臣以竖子不除，终非藏福，欲先除之，以杜后患。伪称准噶兵至，仓卒之间，执朱尔墨特而杀之。不幸正副二大臣虽除元凶，而己之生命亦丧于逆徒之手，尽瘁国事，良可哀已。

自是而后，西藏不置汗王、贝子等爵，谨以噶布伦四人分掌政权，达赖统之而已。西藏大臣并增兵一千五百以资摄守。

乾隆五十六年（西历纪元一千七百九十一年），有班禅名第舍玛尔巴者，教唆廓尔喀部，使之入寇。清高宗遣兵镇定。自是驻藏大臣行事仪注，始与达赖班禅平等。噶布伦以下官吏，均大臣会同达赖选定，一切事权俱归于大臣矣。

自清高宗镇定廓尔喀部之乱以后，西藏事权均归于我掌握，防闲有方处置得法，西藏赖以安静，稍舒西顾之忧，未必非我本部之幸也。惜前清政府止知所以制御，不知所以启迪，以致西藏人民闭关自守，民智不开，仇视外人。凡外人往彼中游历者，即疑为有窥伺之意，不准越雷池一步。偷暗渡希马拉耶，不遭驱逐，即受杀戮，外人因探险而葬身秘密国者，指不胜屈，驯至为外人蔑视，而藏人又复不自量力，屡有仇外举动。西历一千八百八十年，遂与英国于暹罗国[?]境开战，以智识未开之国，而与文明最早之英国宣战，不啻以卵投石，不败何待？幸此战争得依一千八百九十年之条约，和平解决亦不幸中之幸也。惟表面上虽已结局，实际上仍扞格不入，且藏人因此次失败感情尤伤，大有死灰复燃之势。

及西历纪元一千九百零三年，英愤藏人之顽昧，遂使远征队蹂躏拉萨。西藏同胞卒受城下之盟，幸我本部使节得人，奋外交灵敏手段，卒使西藏不至覆灭，我之有造于藏，岂浅鲜哉？此节事绩另详，暂略之。兹将书传所记有关于西藏历史者，略举二三，以备研究西藏史者之参考。

据《唐书·吐蕃传》，吐蕃风俗称强悍者曰赞曰丈夫，故号君长曰普赞，称普赞之妻曰朱蒙。官职则有大相副相之分，大相曰论，副相曰论扈莽，各置一人，亦有称为大论、小论者。都护曰悉编掣逋，内大相曰曩论掣逋，亦曰论莽热，副内相曰曩论觅零逋，小内相曰曩论充，亦各置一人。整事大相曰喻寒波掣逋，副整事大相曰喻寒觅零逋，整事小相曰喻寒波充，此等官职皆任国家大政焉。

此等官职总称之曰尚伦掣逋突瞿。其地距赞善近五百里，有雄兵数十万，雷霆风雪雨雪最多，盛夏亦如我本部，春时山谷常冻冰不解，地有寒疠，人吸此气辄瘖促焉，但不至伤生命。

赞善居跋川布或逻婆川，虽有城郭庐舍，而不愿安居其中，恒联毳帐居焉，谓之如大拂庐，足容数百人，保卫綦严，牙营甚隘。部人则居小拂庐，殆怡然也。

寿年永者多至百余岁，衣多毡韦，好以赭涂面，妇人头发组织成辫。其器多屈木为之，以韦作底或以毡为盘，以实羹酪，食物用手。

其官职之章饰分有等级，最上为瑟瑟宝石，贵金次之，镀金者又次之，铜为最下，有大小区别，缀于臂前，以辨贵贱。

屋宇皆扁平式，高至数丈者有之。

稼有小麦、青稞、荞麦、营豆。

兽有牦牛马犬羊彘，以天鼠皮为裘，有独峰驼，一日能驰驱数百里以上者，宝有金银铜锡。

吏治无文字，结绳或刻于木以纪事焉。

刑罚虽小，罪必抉目或劓削，以皮为鞭，多以一人喜怒杀人，无按律治罪之事，狱窟深至数丈，囚人一入其中，非三年不出。

宴宾客必驱牦牛使客射之，中者，即馈于客。

习尚重鬼贵巫，以羱羝为大神，喜浮屠，法习咒诅，凡国家政事必决于桑门。

男子多佩弓刀，贵壮贱弱，重战死，以累世战殁者为甲门，败懦者则使垂狐尾于首以示辱，不许与众人参列，殆鼓励尚武精神也。

饮酒不得其乱。

妇人不得参政。

母须拜于子。

子须屈于父。

出入之时，少者在前，老者在后。

拜时以手据地大声呼号，作犬号状，再揖而止。

居父母之丧，断发黛面，服黑衣。

举兵之时，以七寸金箭为契，每一百里置一驿，敌来则举烽火。

畜牧则逐水草无常所。

铠甲精良，虽劲弓利刃莫能伤。

兵律綦严，犯者即死。

师出无粮食以卤获为资。

战时前队死尽后队继进。

以麦熟为岁首。

戏具有棋与六博。

音乐止吹螺击数而已。

居与臣友五六人不等，谓之共命，君死臣皆自杀以殉，服玩乘马亦葬于土中，并架大屋于冢旁，植木为祠，届期祭祀。

赞普使臣每岁小盟一次，用羊犬猴为牲，每三岁大盟一次，用马牛驴为牲，凡牲必折足裂肠陈于神前，使巫告神曰：有逾此盟者，有如此牲。

其君长始祖曰瘢悉董摩。

瘢悉董摩生陀士度。

陀士度生揭利失若。

揭利失若生勃弄若。

勃弄若生讵素若。

讵素若生论赞素。

论赞素生弃宗弄赞，亦名弃苏农，号弗夜氏。

弗夜氏慷慨有雄才，常刺行马犁牛川为乐，西域诸国俱称臣焉。唐贞观八年遣使者通唐。吐蕃通唐自此始，而吐蕃寇唐亦于是基焉。（未完）

1912 年，第 1 卷，第 2 期，第 25～34 页

德格调查录

德格原名更庆，居民甚少，衙署前后左右概属喇嘛寺，其大者房屋动以百计，均系雕楼画栋，金碧辉煌。其间陈设之美，积蓄之富，关外各处，实罕其匹。盖德格居民异常迷信喇嘛，凡人临终必卜于喇嘛，如喇嘛谓遗产须施舍入寺，则其后嗣虽饿殍至死，亦不敢稍留一二。已故喇嘛之富足，实无伦匹。而居民均以得喇嘛为荣，习俗使然，无足怪也。所异者，德格署侧近有以极大喇嘛寺，地约五亩许，寺内概系经板，约十余万页。边藏各寺所奉经文，莫不印刷于此。每印经全部，约须银千数百两。该寺宝而藏之，非得地方委员命令无能入内一步者，于此又足见藏人迷信喇嘛之一端。

德格土司原属宣抚使管辖，关外各处土司故其居住之地险要异常，四面高山，均各数十丈，前有河一道，环绕三面，真有一夫当关万夫莫开之势。后面山势之高较他三面尤甚，山顶设有碉楼三所，均高十余丈，以为眺望之所。大路顺河西行，抵德格有桥一道，名曰德星桥，桥楼上住巡丁数名。过桥有一小巷至衙署，路极曲折，地势渐高，约二里许，左右均属喇嘛寺。幸喇嘛粗知大义，不敢谋反，以故关外各处倡乱，而此处独得保全焉。

德格地方改流最早，汉人居其地者颇多，以故淫风日甚，附近数十里内，而蛮鸦头莫不说汉语，服汉服，争妍卖俏，勾引往来汉人，白昼宣淫，触目皆是。其间花柳病盛行，真有骇人听闻者。德格向设官医局一所，内置官医一名，闻该医生言：自去年五月到局以来，所诊视者花柳病占十之七八云。

德格向来寒冷，除种青稞小麦外，土人概以畜牧为生。自改土归流以来，汉人居其地者稍多，而气候为之一变。今春姜君荔山到任后，即于侧近河岸，辟荒土数亩，以内地菜种督率巡丁种植，不数月间，居然与内地菜园相似。其中如青菜、白菜、瓜豆等类，无一不备，且异常茂盛。不仅足供署内之用，并可分送来往客商云。

1912 年，第 1 年，第 2 期，第 36～37 页

论西藏绥抚规复之政策(论说)

蒲人鉢

兵者，诡道也。战者，危机也。圣人必不得已而一用。故版泉涿鹿之师，牧野南巢之役，皆有至仁至义寓乎其间，非所谓可已而不已者也。夫可已而不已，是谓穷兵；不可已而必已，实以贾祸。我国优待西藏，千馀年来，仁至义尽，当共和肇立，政教维新，应合库伦固守边疆，拱卫神洲，赞助扶持，以雪前清甲午庚子之辱，复割地赔款之雠。乃达赖乘机肆变，反正之初，即逐汉兵，实开库伦独立之先河。兹复独立协约，抵债修兵，且欲夺我青海，蹂躏中原，幸灾乐祸，天诱其衷。我即兴师十万，日费千金，与之早决雌雄，终不失为仁义之兵。而政府犹豫狐疑，利于虎痈之养，而忘眉睫之祸。其殆甘处积薪厝火，自贻伊戚也。嗟乎！曾亦思我国优待西藏，其为充类之义之尽也乎。

盖西藏乃古之三危，汉之羌、唐之吐蕃地。初亦未通中国，至唐初寇边，我唐太宗以文成公主下嫁赞普，因好佛，立寺庙。未几，又大举入寇，我唐明皇以诗书赐之，其后唐使王元策修好。同击破中天竺，赏赐亦厚。及元世祖封西番高僧八思巴

为帝师大宝法王以领其地，嗣后世袭其号，而西藏始为释教宗主。明洪武初，太祖以西番地旷人悍，故于元代国师，许其世袭。永乐初，成祖则兼崇其教，迎西僧哈立麻至京师灵国寺，为高帝后荐福，封大宝法王西天大善自在佛。其徒三人，皆封国师，又封大乘、大慈二法王。后其徒辐辏京师，所封有阐化、阐教、辅教、护教、赞善五王，又授西天佛子者二，灌顶大国师者九，灌顶国师者十有八，死则许相承袭，并皆赐红绮禅衣。至黄教之祖宗喀巴，与弟子达赖、班禅，虽于永乐成化之间，术超红教，然未通于我国。而达赖一世曰根报敦珠巴，嗣宗喀巴法传衣钵，以法王兼藏王事，我国亦不得闻，虽均未加封号，其曲究不在我也。

二世曰根报敦嘉穆错，与弟子胡土克图，当明正德时，以活佛闻于我国。明武宗即遣中使率将校十人、士千人迎之。达赖既不愿行，且以番兵败我。武宗寻崩，世宗嗣之不少责。三世曰锁南嘉穆错，明史所谓锁南坚错也，名益著。我顺义王俺答，躬入藏，迎至青海，建仰华寺奉之。而东西数万里，熬茶膜拜，视若天神。四世曰灵丹嘉穆错，生蒙古图古汉族。其通我，事迹虽不著，然河套、青海、蒙古守其戒，不敢抄掠。我国之特别优待，已可想见。自唐初以至明末，我国宾礼西藏，继长增高，有加无已。应如何桃投李报，始不负我，而可以慰我先王先公在天之灵耶?

逮至前清受命，其所为接待西藏者，殊觉日新而月盛也。当五世罗卜藏嘉穆错主教之日，正前清太宗即位之时，崇德二年，喀尔喀三汗，奏发帑使延达赖剌麻（剌麻者，华言无上也）。四年，因厄鲁特贻达赖书。七年，达赖至盛京奉书及方物，约共行善事，并献卦验。我国款洽无加，致谢殷勤。明年存问达赖、班禅，称为金刚大士。我是以有日往月来，奉使西方之职。

顺治初，达赖班禅及固始汗，各遣使献金佛念珠，表颂功德。我国赉甲胄弓矢皮币，并遣使迓达赖。九年冬至京师，世祖宾之于太和殿，建西黄寺居之。及行，饯之南苑德寿寺，授金册印，封西天大善自在佛，领天下释教普通鄂济达赖喇嘛，命和硕亲王硕塞，以八旗兵送之。我是以有护兵往还，虚縻国用之困。

嗣第巴桑结倾灭藏巴。时吴三桂王云南，岁遣人至藏煎茶。康熙十三年，三桂动兵，诏青海蒙古兵由松潘入川。第巴使达赖上藏尼之，且代三桂乞降，及大兵围世璠于云南。世璠通书于藏，割中甸、维西二地，求援于青海，其书亦为清军所得，清廷抚绥情切，均不之问。及喀部车臣汗与土谢图，交恶构兵，圣祖约达赖和解。寻噶尔丹报土谢图杀使之仇，袭侵喀部。圣祖申命达赖遣使罢兵。第巴使济隆胡土克图往，反阴嗾之。二十九年，遂入寇，我是以有漠南之战。三十三年，达赖喇嘛为第巴乞封爵，诏封为土伯特国王。三十五年，准夷由青海犯藏。达赖使言宜南征，我是以有圣祖亲征准噶尔之役。四十四年，第巴谋毒青海固始汉之孙拉藏汗不遂，欲以兵逐之。拉藏汗集众讨诛第巴，诏封拉藏翊法恭顺汗以美之。

五十五年十月，策妄遣台吉大、策零敦多布，领精兵六千，徒步绕戈壁，逾和滇南大雪山，冒瘴夜行。次年七月达藏界，由腾里格入，败唐古特兵。攻布达拉，诱众内应，杀拉藏汗虏其妻子，迁各庙重器于伊犁。禁新达赖喇麻于扎克布里庙，诏安西将军额伦特以军数千赴援，而侍卫色稜，宣谕青海、蒙古备兵。七月师逾木鲁河，色稜军拜都岭，额伦特军出库寨岭。贼佯败，而精兵伏喀喇河以待。适我两军皆会，贼胁从番众数万，以其半据河拒我前，而分兵潜出我后截饷道。相持月馀，粮尽矢竭。我是以有覆师之祸。五十七年，给青海呼毕勒罕（即华言化身之义）册印，命皇十四子为抚远将军，屯青海之木鲁河，治兵饷。将军傅尔丹富宁安，分出巴里坤、阿尔台，以猎其北。将军噶尔弼出四川，将军延信出青海，两路夹攻，策零敦多布由中路自拒青海军，而分遣其宰桑以兵三千六百拒南路。南路将军噶尔弼，招抚巴塘、里塘番众，进至察木多，夺洛隆宗、三巴桥之险。又用副将岳钟琪以番攻番之计，招土司为前驱，集皮船渡河，直趋西藏，降番兵七千，分兵塞险，扼贼饷道，而青海军亦三败其中途劫营之贼，斩俘千计。厄鲁特进退受敌，军溃北窜。诏加封宏法觉众第六世达赖喇麻，于九月登坐。留蒙古兵二千，以拉藏旧臣贝子康济鼐掌前藏，台吉颇罗鼐掌后藏，制平定西藏碑文，勒石大招寺。是役也，数年未决，举国殷忧。我是以有帑空兵疲之惨。然太宗、世祖、圣祖之于西藏，送往迎来，安内攘外，不既可谓其仁如天哉！

且至世宗之时，尤竟式礼无愆焉。雍正元年，哲布尊丹巴胡土克图，自喀尔喀部来朝，卒于京。上亲临奠，赐名号册印，如达赖、班禅之例，遣使送其丧归库伦。其后五年，喀尔喀奏胡土克图呼毕勒罕，转生于库伦。诏赐金十万，造寺以绥喀尔喀之众。又为驻京之章嘉（即从哲佛法者）胡土克图后身造寺于多伦泊，以绥内蒙古之众。世宗天纵神悟，夙觉大乘，优礼高僧。方将以君师宏法教，普利群生，而二年即有青海喇麻助罗布藏丹津之变。其青海诸寺喇麻众，各数千，群起骚动，甚至以察罕诺们汗大剌麻，亦党贼拒战。我是以有力征经营之劳。

是冬藏中噶布伦等三人，忌贝子康济鼐之权，聚兵害之，欲投准噶尔。诏将军查郎阿率川陕滇兵万五千进讨。而台吉颇罗鼐，率后藏及阿里兵九千，截贼去路，擒首逆。诏以颇罗鼐为贝子总藏事，赐犒兵银三万两，留大臣正副二人，领川陕兵二千，分驻前后藏镇抚之。我是以有大臣驻藏之事。

是年准噶尔策妄死，子策楞立，请赴藏煎茶，又声言送还所掳拉藏汗二子。诏严兵备之。乃收前藏东西之巴塘、里塘归四川，设宣抚土司治之。其中甸、维西隶云南设二厅治之。移达赖喇嘛于西裹之惠远庙，以避准噶（番名噶逆寺）。八年，迁于泰宁，护以兵千。每年夏初，西藏官兵赴防北路腾格里海之隘，以备准夷。十二年，准噶尔请和。诏果亲王偕嘉章胡土克图赴川，送达赖由泰宁归藏，减戍兵四分之三。其哲布尊丹巴，于九年移多伦泊，以避准噶尔者，至是亦返库伦。嘉章为达赖请地，诸土司建寺安禅，诏以其商税赐之。然是役也，防外治内，未雨绸缪。我是以有日征月迈、疲于奔命之感。

不独世宗惟然也，而高宗亦尝厚遇之。乾隆三年，噶尔丹策楞复请入藏煎茶。时贝子颇罗鼐惩前败，训练万骑，又练步兵万有五千，于通准夷各路，严设卡伦，噶尔丹自是不敢窥藏。而西南之巴勒布三部，及布鲁克部，相继向风入贡。诏晋颇罗鼐郡王，其子朱尔墨特，于乾隆十二年袭其封。以驻藏大臣不便于己，先奏罢驻防之兵，于十五年阴通书准噶尔，请兵为外应，旋袭杀其兄，扬言准部兵至，聚党二千谋变。驻藏都统傅清左都御史拉不宽，觉其逆芽，欲先发而左右无兵，乃计诱至寺中登楼手刃之，旋害于贼党。我是以有设四伦布分权，而总于达赖一手之举。

二十二年，上以准夷不平，世为藏患，亲征准部，荡平伊犁，以为西边赋役，可少杀也。及我师再至伊犁，策妄所立固尔扎庙灾，喇麻皆焦土，与崇奉喇麻憨酋，同归一劫。诏仿固尔扎庙式，立安远庙于热河，选置高行喇麻，以绥四卫来归之众。时哲布尊丹巴胡土克图于喀尔喀部郡王青滚杂布谋叛，先集各部王公，宣谕利害，毋为贼煽。诏加封敷教安众大喇麻。四十四年，高宗七旬万寿，第六世班禅来朝祝厘。诏仿后藏扎什伦布式，建须弥福寿之庙于热河。七月，班禅至，接见于避暑山庄之澹泊诚敬殿。至京，接见于南苑德寿寺。仍居西黄寺，讲经放参，皆世祖礼达赖处也。十一月，以痘终京师。诏即其地建清静化域。明年春，舍利金龛西归，驾幸西黄寺拈香送之。又遣使赍册印，封第七世达赖喇麻，以绥唐古特之众。由此观之，高宗之于西藏，外除准夷之乱，内清朱尔墨特之奸，送死恤灾泽及枯骨。视世宗之思患预防，已觉更上一层矣。

况乎其更有进也。班禅所受我国之锡赍及在京各王公，与草地各番蒙所供养，其徒拥之归者，无虑数十万金。其宝冠缨络念珠晶玉之钵，镂金之袈裟，旃檀华幡磁茗采帛珍环，不可胜计。班禅卒，其财皆为其兄仲巴呼图克图所有。既不布施各寺庙，与唐古特之兵，复摈其弟舍玛尔巴为红教，不使分惠。于是舍玛尔巴，以后藏之封殖，仲巴之专汰，愤诉廓尔喀，煽其入寇。

廓尔喀者，本巴勒布国。即明史之榜葛喇，一作孟加腊，久属英国。其都城则披楞也。西邻北印度克什米尔，南邻东印度甲噶尔，东北与后藏邻。旧分叶楞、布颜、库木三都，后并为一。自古不通中国。于雍正九年，始奏金叶表贡方物于我者也。既受仲巴之诉，于五十五年三月，辄藉商税增额，食盐糅土为词，兴兵斗边。唐古特兵不能斗，而我所遣援剿之侍卫巴忠，将军鄂辉成德等，复调停贿和。阴令西藏堪布等私许岁币万五千金，按兵不动，而廓夷遂无忌饱飏。我是以有未交一兵，糜饷百万之苦。

次年，藏中岁币复爽约。廓尔喀以责负为名，再举深入。驻藏大臣保泰一闻贼至，即移班禅于前藏。并奏请移动达赖于西宁，班禅于泰宁。而仲巴挈赀先遁。赖嘛济仲扎苍等，复托言卜诸吉祥天母，不宜战，众心遂溃。贼大掠扎什伦布。全藏皆震。两大喇嘛飞章告急。巴忠扈驾热河，闻变没水。诏命嘉勇公福康安为将军，超勇公海兰察参赞，调索伦满兵，及汉蒙屯练士兵进讨。其军饷，则藏以东川督孙士毅主之。藏以西驻藏大臣和琳主之。济陇边外，则前川督惠龄主之。命大兵由青海进。贼狃于上年贿和之故，尽运所掠归国，留千兵屯界不去。鄂辉成德等拥兵四千，仅破轰拉木寨百馀贼，不进。明年二月，将军、参赞由青海至后藏。闰四月，所调各兵，并藏内官兵，共采稞麦牛羊，足供一年之食。五月，连败其屯界之贼，尽复藏地。六月，三路进兵。始夺铁索桥，破贼之第一隘。继取东觉岭，轰贼之第二隘。九日至雍雅山。廓夷震慑，遣使乞降。将军参赞斥之。后三路进攻，六战六捷。逾大山二重，先后杀贼四千，涉贼境七百馀里，将近其都城阳布之地。贼依山为险，木石雨下。我是以有伏尸百万，血流漂杵之险。

后海兰察与额勒登保等，力战却贼。福康安檄廓夷东南之哲孟雄，宗木属鲁克，西南之巴作木朗，南面之甲噶尔、披楞等部，同时进攻。廓夷复遣人诣军，专词乞哀，并献还所立合同，及所掠藏中财宝、金塔顶、金册印。归前被执之丹津班珠尔等，并献舍玛尔巴之尸，贡驯象、番马、乐工，请永遵约束。始允其降，班师，留番兵三千，汉蒙兵一千戍藏。我是以有官兵驻藏久糜国赋之忧。

综观高宗之世，为藏扫除内忧，亦既备尝甘苦，为藏荡涤外患，又复几经艰辛。即手足之捍头目，父兄之卫子弟，其亲切不过如是。达赖苟有心肝，能不铭感而雀报哉！

刭嗣后嘉道咸同光宣六朝，继志述事，弥引弥长。大臣驻藏，柳雪往来，士卒分防，瓜期更代。百余年间，举所以保卫藏地，抚字番僧者，仍不稍留馀力。故自满清入主中夏以来，凡内府脂膏之积，州县征税之储，不因迎僧造寺而扫地无馀，即为救藏用兵而上供殆尽。而且内地人民，频因救援藏卫，肝脑涂于白刃，筋骨绝于馈饷，困苦颠连，罄竹难书。迨至专制铲除，民国成立，百官廪俸，给发莫由，要政废弛，办理无自，而且债台未许重筑。所在盗贼蜂起，爱国志士，念及前清溺佛惑众，姑息养奸久矣。翘首西方，太息痛恨。而达赖犹不自爱，被一朝之煽惑，忘累世之深恩，不赞助共和而享幸福，反首戎发难以为厉阶。此固人神之所共嫉，天地之所不容。今欲秣马厉兵，传檄出师。挥戈陆海铁桥之间，扬旆狼楚马楚之地，剪此雠仇，灭而朝食，固情势之必至，亦事理之宜然。以视秦皇之既平六国，复事胡越。汉武之首挑匈奴，再通西域。隋炀之始下江南，继事夷狄。不享安全之福，必招意外之患者，其相去何啻天渊哉！

顾或谓民国新立，人心涣散。内则府库空虚，外则百姓穷匮。蚌骄鹬傲，内地多党派之争。虎视鹰瞵，强邻施分剖之策。上则将帅狡黠，有跋扈之心。下则兵械惰钝，无勇敢之气。前途危险，已达极点。似不宜轻开边衅，自为祸始。昔汉祖破灭群雄，遂有天下。光武百战百胜，祀汉配天。然至白登被围，则讲和亲之议。西域请吏，则出谢绝之词。此二帝者，非不知兵也。盖经变既多，则虑患深远。今西藏官舍为城，量地居民，游牧之番，则居黑帐，其衣毡毳，食湩酪，仰茶忌痘，悉同蒙古。似游牧非游牧，似城郭非城郭，介居国行国之间，是风俗与内地异也。达赖、班禅所辖寺庙，基布星罗。其喇嘛胡土克图，各辖番民，不设官吏。僧多于民，君并于师，介出家在家之间，是政教与内地异也。藏地万峰刺天，高辄冰凌，洼辄燠溽，十里殊裘葛。其旷亘数百里，四面环卫如城，无严寒酷暑者，惟布达拉一区，是天时地利又与内地异也。而且血统混淆，心志歧异，字杂言庞，反覆无端。今既挟有护符，势必多方慑我。战胜则于我何荣，一败则瓜分立见。不若视同候虫时鸟，听自鸣息，犹可藏我之拙，而大我之量。南宋之世，王韶构祸于熙河，章惇造衅于横山，熊本发难于渝泸，史皆讥之。我何事取此空虚无用之地，以招师徒挠败，财用耗屈之厉也哉！

而不知举大事者必顺天心，为俊杰者当识时务。今藏惑于英库，背恩事仇，是自绝于天，结怨于民矣。达赖虽久跳梁，而班禅依然内向。是亲离众叛，操刀而授人柄矣。语曰："天与弗取，必受其殃。"昔清圣祖有言：西藏屏蔽青海滇蜀，苟准夷盗据，边无宁日。故平准之役，圣祖卧薪尝胆，不敢稍懈。且唐时吐蕃雄据刺萨，始出三大偏关，经打箭炉，以寇茂、嶲诸州。继渡哈剌乌苏，经青海，以寇甘、凉诸州，终逾葱岭之波谜罗高原，至和阗，而陷疏勒，类皆所向无敌。终唐之世，西边不能安枕，此非其明效大验耶？

达赖伏隅自雄，萤火薰天。倘不乘机利便，捣巢破穴，一旦羽毛丰满，狮吼虎啸，将东北出喀木，由蒙古顾实汗，与准噶尔将策凌敦多布入藏之路，以犯玉树等土司，而甘肃、青海危矣。东出刺里，渡澜沧江、怒江以犯丽江、中甸。过金沙江以犯雅州、巴塘，而云南四川危矣。西北出扎什伦，逾大戈壁，循俄罗斯探兵队入藏之路，以犯伊犁，而天山南北两路又危矣。况南有英壮其威，北有俄附其灼，外联库伦为应援，内结土番为指使，登高一呼，万山响应。将一战而乌飞城上，一战而蛇出辕中，一战而国高之鼓不鸣，一战而曹洙[沫]之旗尽靡。吾恐江河南北，旋成逐鹿问鼎之场，而汉族人民，势必绕树三匝，无枝可栖矣。

然藏卫关隘森严，天堑之雄，环球鲜媲。汉兵一望昆仑之崔巍，靡不谈虎色变，若不精心运筹，而浪逞战斗，必遭虎尾之凶。旧岁滇蜀合攻，未能制胜番僧者，皆筹画未密之故也。兵制曰："上兵伐谋，其次伐交。"马谡曰："攻心者上，攻阵者次。"古人决胜千里，莫不五间俱起。或遣使介约车乘币聘之奉，或使间谍出土地金玉之资。殷之兴也，伊挚在夏。周之兴也，吕牙在殷。张仪散六国之从，阴厚者数年。尉缭破诸侯之援，出金三十万。以及韩信之背水列阵，郝昭之死守力战，赵襄之间其与国，陈平之间其后宫，勾践之间其谋臣，华元之劫其主帅，何一非我国规复藏卫之师程乎？

今幸班禅不忘旧德，间可用而险亦可行。似宜仿前清故智，以讲经说法，重修旧好为名，遣使迎至京师，崇其封号，荣以册印，痛陈利害得失引其机，重啖子女玉帛以餍其心，并予以职掌全藏教化之权，激使共谋达赖。挑选健将两员，领精兵二万，由和阗径赴扎什伦。藉送班禅名色，先戍后藏。至日即集后藏番兵大加赏赉，透呈我国历朝优待之恩，晓以民国平等自由之福。不动声色，不言攻伐，专以共相防守，以拒英俄为词。迨至番兵忠义奋发，无不乐为我用。而我兵亦知深入无援，专于死地求生。然后滇蜀青新之兵环攻于前，戍守后藏之兵截堵于后，而又我则师直为壮，彼则师曲为老。达赖达[?]虽秦关百二，一举成擒，何待龟蓍而后知哉！

且后藏之阿里部，南通英领印度之阿蒙部，及独立之泥婆罗部，西通印度之旁遮普部，及独立之克什米尔部，西北通俄属之西突厥斯单，及阿富汗、波斯等国。我既镇守后藏，严防阿里。而新伊之兵，亦复首动尾应。则英不能斩关直入，既杜其觊觎之心；俄不能蜿蜒而来，复绝其垂涎之路。是一战而西北之藩篱以固，一劳永逸，我何乐而不为乎？

然吾观伊古以来，物必先腐而后虫生，国必自伐而后人伐。西藏虽属养虎贻患，而究由于督察失人。在清高宗之世，驻藏大臣行事仪注，与达赖班禅平等。其西噶布伦，及番目缺，均大臣与达赖会同挑选。定商上剌麻银钱出入之额，行春秋巡查鄂博之制，是直以郡县治藏卫矣。其惑众倡逃之剌麻济仲等，剥黄伏法，仲巴擒至京师治罪。而红教之舍玛尔巴，亦檄贼献其尸，是盖以齐民治番僧矣。即圣祖号曰宽仁之主，然既尽诛厄鲁特助逆之喇麻，复取拉萨所立博克达喇麻归京师，亦未尝于番僧故弛法律。而且军政外交，世归掌握，喇麻承袭，并无异议。是西藏虽属荒凉之城，亦非不可驯以尧舜禹汤周孔之道，而输以欧美各国文明之化者。特以旗员迭受委遣，人多不学无术。或昧远谋而各营私刑，或因寂寞而专望瓜代。一切苟简，大权旁落。遂致藏卫金汤之固，变成英俄竞争之局。觇国势者，谁不疾首蹙额，椎心而泣血也？

今宜引为前车之鉴，藏平之后，须仿新疆故事，建为行省，治如内地。开学以变其俗，办警以防其奸，设报以鼓其志，开矿以裕其用。而教化之责，仍属制麻担认，以绥其众。至江孜、失喀、定日、聂拉木、济龙宗喀、大丹、罗和等处交通之路，多练兵勇，设卡伦，以备其变。又精选廉干官吏，以久其任而责其成。如此励精图治，实事求是，其或可收羊牢隅榆之效矣乎？否则，言战既无子龙之胆，言守又乏卜式之财，鼠首两端，坐以待毙，良可慨已。

1913年，第4期，第1～17页

西藏略史(续)

李安陆

按《明史外传》：乌斯藏者在云南西徼外，距云南丽江府千余里，距四川马湖府(今之屏山县)一千五百余里，距陕西(今之陕西甘肃两省)西宁卫五千余里。其地多僧，无城郭，群屋居于土台之上，不食肉，不娶妻，无刑罪，有兵革，疾病少(非少疾病也，实有疾自不知耳)。佛书多，《楞伽经》将至万卷，其土台外之僧侣，食肉娶妻者有之。

元世祖尊发恩[思]巴为大宝法王，赐玉印，封为大元帝师，自是弟子嗣为尊严帝师。

洪武之初，太祖惩唐世吐蕃之乱，思所以制御之，因其俗，原有僧侣，使之化导从善。乃遣使广行招谕，又遣陕西行省员外郎许允德亲至其地，请元之故官赴京授职。于是乌斯藏之摄帝师喃加巴藏卜先遣使来贡。比至京师，太祖喜不自胜，赐红绮之禅衣，及鞋帽钱物。使者归述，摄帝师大悦，终其身不生边患。

按清《圣武记》黄教之祖，谓之宗喀巴(一名罗卜藏扎克巴)。永乐十五年(西历纪元千四百十七年)生于西宁卫(今之甘肃省西宁府),得通于西藏之噶尔丹寺,圆寂于成化十四年。初在明代西蕃诸王,服红绮禅衣,本于印度袈裟旧式,其后红教,专事密咒,其流弊至吞刀吐火,以炫俗人。尽失戒定慧之宗旨,与巫师无异。宗喀巴者,初亦习红教,既而深悟其非,并察观时势,可以改革教旨。遂会徒众,倡宗教改革,自服黄色衣冠,黄教自此炽盛。

或曰宗喀巴幼而有神异,精通佛法,号甲勒瓦,并行于大雪山。初出家,学于萨迦庙之呼图克图,即元代发思巴之后裔。红教之祖,相传受戒之时,染僧帽不变别色,惟成黄色,因而服黄色,其然岂其然乎?

又遗嘱于二大弟子,世世以呼毕勒罕为转生,使演大乘教。呼毕勒罕者,化身之义也。二大弟子一曰达赖喇嘛,一曰班禅喇嘛(魏源曰班禅喇嘛又称为额尔德尼,译言之即光颜也,相传达赖是观世音分体之光,班禅是金刚之化身,已于印度转生数十世,但其说未得其详耳),百死而不死,自能知二世转生之地,弟子辄往迎立之,盖即所谓轮回本性不昧之故。达赖、班禅易世而不易位,其教原重见性度生斥声闻小乘及幻衔[?]下乘之学,当明之中叶,已超出于红教之上,未尝受我国之封,其国亦无由知之。

达赖一世为敢梭珠巴(罗伦嘉穆错),即唐代隆赞之后裔,世为西蕃王。至敦根朱巴弃位出家,宗喀巴之法,传其衣钵,始以法王兼西藏王事。

达赖二世为根敦嘉木错,嗣位初颇以改革自任,置第巴(掌理国事之职名),使代理兵刑赋税,称其高弟子为胡图克图,使分掌教化,当明正德年代,始以活佛闻于我国。武宗遣中官率将校十人、兵士千人迎之。达赖惧不敢来。国人匿之,将士欲威之以兵力,反为西蕃击败而还。

武宗崩,世宗嗣位。果尽斥蕃众,既又迷信道教,排斥佛教,藏人均谓达赖不来中国,殆前知也。

达赖三世为锁南真穆错(一名锁南坚错),名望益著,青海河套诸蒙古,无不向服。及明庆隆中,蒙古顺义王俺答,据有青海,亲入西藏迎达赖至青海,建仰华寺世奉之。大会诸部,达赖戒其好杀,命之东还,而俺答亦劝其通我国,达赖遂自甘州遗书大学士张居正,自称释迦牟尼比丘。我国始知西藏有活佛其人。

达赖三世虽以活佛之名闻于中国,神通可谓广大矣。而其生平,所得禅定慈忍渊默之旨,究不夸示于人,于是人均服伊有教主资格。凡大宝、大乘诸法王,皆俯首称弟子,改从黄教,化行诸部,东西数万里,熬茶膜拜,视若天神。诸蕃王徒拥虚位,不能再施号令。

达赖四世为云母嘉穆错，生于蒙古图古隆汗之族也。十四岁入西藏坐床，二十八岁圆寂，故事绩不著。但河套及青海蒙古，皆严守戒令，不敢抄掠西边，安枕无忧者五十余年。

达赖五世为罗卜藏嘉穆错，太宗崇德二年，因喀尔喀部三汗之奏请，发币遣使，延请达赖。四年达赖五世因厄鲁特之使，遣书太宗，盛道功德。于是班禅及藏巴汗青海固始汗等，均闻清国兴于东方，各遣使来贡，络绎不绝。

七年遣使来盛京，贡书及方物，共约行善以渡众生，并献卦验云：清国可以一统。初固为过媚之词，后不幸而中也。

八年太宗遣使存问达赖班禅，称为是金刚大士，并赐诸蕃以礼物。于是达赖班禅，因得宗教上之封爵，谓清国皇帝，即为佛教中之教主，膺其荣封，喜不自胜。虽有异族之嫌而同教关系甚重，故受前清牢笼而不之叛，诸蕃则听达赖、班禅之命矣。达赖班禅归之，诸蕃焉往？盖西藏通前清，固以宗教关系，而前清结西藏，亦以宗教联络。论者谓前清得藏之易，实因其俗而治之，盖有由也。

前清与西藏之关系年史

崇德二年（西历纪元一千六百三十七年），蒙古喀尔喀部马哈撒嘛谛汗遣使朝贡，并献土产，上表章，执行藩属之礼，其表曰：“闻欲延请达赖喇嘛，诚然也，此地七固山喀尔喀及四俄一罗特部落，亦欲延请之，遣使过我国，同往甚善。我等三汗亦应合遣使候安。”崇德三年（西历一千六百三十八年），寔胜寺落成。初太宗征蒙古察哈尔部，察哈尔汗惧而出奔于图伯特，至打草滩而死，察哈尔部咸来归顺，内有黑尔根喇嘛载金身护法佛而至。当元世祖时，有土伯特之发思巴喇嘛，费用千金，铸护法之嘛哈噶喇佛，奉祀于五台山（在今山西省内），后移于沙漠，复有沙尔巴呼图克图喇嘛再移之于元裔之察哈尔部。黑尔根喇嘛见天运已归清国，遂奉之来归。太宗遣毕礼克图朗苏喇嘛迎之，及其至也，太宗命工部于盛京城西三重外建寺供之，名为寔胜寺。铸钟悬于其中，重约千斤，东西两旁，建石碑二座，东碑前镌满洲字，后镌汉字，西碑前镌蒙古字，后镌土伯特字。太宗率内外王贝勒子、文武众官出怀远门幸寔胜寺，毕礼，克图喇朗苏喇嘛引太宗至佛位前，众喇嘛及诸僧俱作乐诵经，太宗率众行三跪九叩头之礼，御后仪门外，宴飨落成。

崇德四年（西历纪元一千六百三十九年），太宗遣察汉喇嘛致书于土伯特汗，其词曰：“大清宽温仁圣皇帝致书于土伯特汗，自古国君所制之经典，朕不欲其泯绝不传，故特遣使延致圣僧，尔乃土伯特之主，若施佛教，天下之贤人也，倘前来，则朕心甚悦，至其以延请之词，俱托所遣之额尔德尼达尔汉等使臣口述一切。”

崇德五年（西历纪元一千六百四十年），太宗致书于土伯特之诺木汉喇嘛，其词曰：“宽温仁圣皇帝致书于诺木汉喇嘛，喇嘛护持圣道，利济群生，能普行此二事。故朕心甚悦，特致书报答喇嘛，可询土谢图汗，若来，即请人报知，朕当遣使敦请，若喇嘛无意或不允，亦当来明言。”

崇德七年（西历纪元一千六百四十二年），土伯特国之达赖喇嘛，遣使伊喇固克呼图、厄鲁特部之青绰尔济等至盛京，太宗亲帅诸王贝勒大臣出怀远门迎之，太宗率众拜天行三跪九叩头之礼毕，伊喇固克散等捧达赖喇嘛书，及黄氆氇等呈献太宗，太宗立而受之，携手相见，乃命古安式安布宣读达赖喇嘛及土伯特国藏巴汗之来书，并赐茶以表敬意。喇嘛诵经一遍，方饮之，继大开宴会。伊喇固克散胡图克图及同来诸喇嘛，俱献驼马及西蕃菩提数珠、黑狐皮、羢褐花毯、茶叶、狐腋裘、狼皮等物。太宗酌纳之。

崇德八年（西历纪元一千六百四十三年），大宴土伯特国达赖喇嘛之使者伊喇固克散及厄鲁特部之使青绰尔济等于崇政殿，并命八旗诸王贝勒各赐大宴一次，每五日开筵一次，居留八阅月，遣还焉。赐伊喇固克散呼图克图及同来之喇嘛等以银器缎朝衣等物各有差级。太宗并率诸王贝勒等送至演武场，大宴饯别。另致书于达赖喇嘛，其词曰：“大清国宽温仁圣皇帝致书于金刚大士达赖喇嘛之座前。今者因喇嘛有普渡众生之念，欲扶兴其佛法，遣来使通书，朕心甚悦，兹特恭候吉安。凡所欲言，俱请察干格龙巴喇等口传之，并奉上：金碗一、银盆一、银茶桶三、玛瑙杯一、水晶杯一、玉杯一、玉壶一、渡金甲二、玲珑撒袋二、彫鞍二、金镶玉带一、渡金银带一、玲珑刀二、锦缎四，以表微忱。其致班禅呼图克图、红帽喇嘛、昂邦萨斯缎济东呼图克图、罗克巴呼图克图、达克龙呼图克图等书皆同。”是年厄鲁特部顾实汗遣使奏言达赖喇嘛功德甚大，应请至京师，为福庇生灵之计。

顺治元年（西历纪元一千六百四十四年）世祖遣使于土伯特，与伊喇固克散呼图克图喇嘛偕往迎达赖喇嘛，仍赐书于厄鲁特部之顾实汗，报以如请。

顺治三年（西历纪元一千六百四十四年），世祖先遣于土伯特之察罕喇嘛返至京师，与达赖喇嘛及厄鲁特部之顾寔汗等所遣之班弟喇嘛，同来贡上表章，问候安祉，并献金佛、念珠、氆氇绒、盔甲、马匹等物。世祖以盔甲、弓矢、撒袋、大刀、鞍辔、银器、缎匹、皮张等件赏答盛意，使者归报大悦。

顺治四年（西历纪元[?]六百四十七年），先是达赖喇嘛、班禅呼图克图、巴哈呼图克图、鲁克巴呼图克图、伊礼尔萨布呼图克图、萨思扎喇嘛、额尔济东呼图克图、伊思达克降呼图克图、诸尔汗等各上书问安，并献方物。至时遣喇嘛虾格降等报答，赐以金玉器皿缎匹雕鞍甲胄等物。是年达赖喇嘛及班禅呼图克图，复上表颂功德，并献方物。又席勒图诺颜呼图克图及伊思董利尔日洋查木苏等，各上书求和，献以马匹。

顺治五年（西历纪元一千六百四十六年），乌斯藏阐化王舒光等，遣使率一千人贡方物，赐舒光等之贡使鉴必南式以尊号，命为妙胜慧智灌顶国师，并赐诰命，敕谕舒光三年进贡一次，每次以百人进贡。但止准十五人到京师，其余则留边界，以为定例，盖防其不备也。

顺治八年（西历纪元一千六百四十九年），遣多卜藏古西孛等于土伯特国，赐谕书礼物，往召达赖喇嘛。（未完）

1913 年，第 4 期，第 49～58 页

《庸言》

《庸言》1912 年 12 月创刊，在天津出版。由庸言报馆发行。第一卷为半月刊，编辑人吴贯因，第二卷改为月刊，编辑人黄远庸。停刊时间未详。

西藏布达拉山刻石文

何藻翔

布达拉山，距海面万三千尺。黄教之祖，五辈达赖罗卜藏栖锡地。罗卜藏以崇德七年表贡方物，上曼殊师利大皇帝徽号，输诚内属，垂三百年。葱岭以东，阿里以北，罔有内外，咸隶职方。与青海蒙古各部汗王世为臣仆，屏翰皇室。中更第巴桑结之乱，朱尔墨特之变，胥藉天朝兵力敉定。以驻藏大臣镇抚其地，设吏置戍。藏官自戴琫、噶布伦以至达赖，除授必请朝旨。职贡隶理藩院，视等郡县。匪羌戍索赐租税，疆宇自治弗给，常发内帑济之，泽至渥也。迩者藏人不忍睊睊小忿，启边衅，致劳宵旰。香山侍郎唐公绍仪与英使臣萨道义重订藏约于京师。丙午四月，荫棠奉命自印度入藏，循约辟埠，议善厥后。以参赞何藻翔行襄帷幄。参议颜廷佐、贺师桢、周翔凤主文牍，亚东关税司张玉堂总三埠商务，翻译高恩洪，医官全绍清，会计陆国祺，监察张春华、何鸿逵从。初至日，藏人夹道，艺香膜拜，若旱望霓。登布达拉山谒圣容，瞻罗卜藏之遗像，辄叹当日望气知中国有圣人，神识至不可及。因进堪布等宣布威德，拊循疮痍，为述两宫西顾忧劳，所以命使之意，与使者兹行衔命之旨。僧众感泣。犹虑民信未孚，发善后条二十四，谕商上三大寺议，以觇众志。藏官狃于无动为大，辄以大公所众议未定辞。于议期莅其堂，痛陈物竞之理，怵以祸至无日，当救焚拯溺，指佛前剖心自誓。万众惊愕，叩头挥涕，曰：唯天使命，愚暗不知所裁。某徐视以农工商、路矿、盐、茶、财政、学务、督练、交涉、巡警九局草章，缕为指导。复怃然曰：吾侪今知天使苦心瘏口，为我唐古特人计久远也。继自今，我唐古特匪大皇帝是赖，其谁赖？某因感乎五洲大势，南斐、澳洲辟榛略尽，乃二十四世纪冈底斯山之麓尚遗斯大陆，世界称为秘密国，白人足迹所未臻，宁非异耶！某七月发轫大吉岭，策骑逾喜马拉山，越哲孟雄部。左睨廓尔喀，右眴布鲁克巴，凭高极睇，慨然有风景山河之感。咱利图之险，我已与敌共之。英军新修干都间道，三日至春丕、干坝。迤南，纳青甲冈诸地，盬其脑而拊之背，虎狼无厌。不十稔，春丕宁为我有？彼族志怀席卷后藏，通东北印度，越阿里以达帕什米尔、阿富汗，与俄西伯利亚铁道争长。西藏门户，唇齿之依，实唯廓与布国。藏防要隘，旧重西北。今则转重西南，纵横五六千里，非精兵十万不足守，非建铁道不足利输挽，非兴农工商不足供饷械。山川辽阻，难于控制。以中国卫西藏，不如西藏之谋自卫。诗曰：雨雪飘飘，见晛日消。易曰不远复，毋祇悔。往读印度亡国史，过哲孟雄王子故宫，辄不知涕之何从也。向者,高丽不度德量力,信谄谀,离中国,见灭日本。殷鉴不远,有以联俄、联英之说进乎!驱虎进狼,厥害维均。依汉如天,呼唐为父。五辈达赖之灵,亮其鉴诸。传曰:非我族类,其心必异。彼夜叉、罗刹之国,挟兵力以行其祆教。西望五天竺,鹿园祇林,阿育王梵宫,不数十年夷为摩西礼拜寺。悲夫!黄教之兴,其兹有待于震旦也。

1913年3月1日,第一卷,第七号

钟颖电告西藏之危急

各省都督民政长、政团联合会、国民共和统一民主党各本支部均鉴:藏中扰乱,兵单无饷,颖苦战力守,以待援军。我国人视线方集注于库伦,不知西藏已困于危亡之地。嗣因粮弹久竭,饥疲之众,断不能支,万不得已,始饮泣议和,退至靖西,以图后举。始悉援兵因外人干涉已不能来,达赖之封号既还,厦札之官职亦复,方冀藏人知恩悔祸,乃更狡焉思逞,铸枪造械,勾结东路土司,肆其无厌,意欲划泸定桥为边界,近复调集江孜、后藏等处番兵,四面作围攻之势,威逼颖立出藏境。前因军民在靖无饷接济,仍受饥寒,已次第遣回内地,身边只余数十人,且粮弹不继,战守全难。前居间之司官,谓能于十五天内出境,可免战祸,否则必受围攻。番边蛮不讲理,我亦无法云云。颖已暂行应允,请大总统电谕该处番官,暂勿驱逐,不知能否有效。但西藏存亡,实系我国大局,诸公关怀国家,为国柱石,断不至存隔河观火之心。如何保存属地之处,万祈同心戮力,筹议对待。总之羁縻政策,最不适于藏人性质。现虽嚣张跋扈,决不耐战。如颖不才,处数万重围之中,尚能以千余饥疲之众维持经年,未尝败衄。徒以粮饷告竭,援兵无耗,竟至于此,盖可椎心泣血者也。迫切陈词,亟祈鉴察,钟颖。霰。

1913年5月1日,第一卷,第十一号

川督电商全力筹藏

四川都督胡景伊通电各省云:迭接驻藏钟长官来电,达赖狡谋日急,竟以兵力迫胁汉官限期出境。钟长官势穷力竭,刻已退至郎惹地方。观此情形,该番众自恃险远,妄希效尤库佛,外离羁绊,逆迹昭著,尾大堪虞。川省对于征蒙问题,筹饷筹兵,实不遗余力。盖以事关大局,力苟所能,不敢不勉。景伊愚见,似非通力合作,确定方针，恐不足以遏该番众之野心，而为民国保此土地。当斯薪火燎原，迫难久待之际，伫候嘉猷硕画，共济时艰。临电无任旁皇待命之至。

1913年5月16日，第一卷，第十二号

俄英谋我蒙藏之协约（时事汇报）

关于蒙古与西藏问题，英、俄二国间久有订约之传闻。近据外交团消息，谓：英、俄确已订有协约，近日外报纷纷登载，言之凿凿。今据北洋《德华日报》所载英、俄协约条文照录如下：

一、俄国政府承认英政府在西藏享有特别权利，惟英政府亦允俄政府在外蒙自由行动。

二、如英国以西藏问题致与中国起战争时，俄政府当以相当方法援助英国。

三、嗣后英政府设法运入矿产各物品于西藏，俄在远东各境扩张铁道，二国政府当彼此协助。

四、如中国政府欲筑建蒙藏铁路，扩张势力于蒙古与西藏时，英、俄二政府当协力抵制。

五、凡除英、俄二国外，其有第三国谋侵入西藏范围内者，英、俄二国亦应协力抵制。

1913年6月16日，第一卷，第十四号

蒙藏消息一斑

据确实消息，藏人复攻击边界华军。政府命陈贻范要求藏人重行休战。

1914年3月5日，第二卷，第三号

《民国汇报》

《民国汇报》1913年1月创刊，在上海出版。半月刊。民国汇报发行所发行，编辑兼发行人徐血儿、邵力子。停刊时间未详。

告藏民（一月十一日载《民立报》）

中原倚西藏为巨屏，礼喇嘛有加，达赖其不宜以怨报德，失足于哲布尊丹之荧惑也。比岁以来，西陲多战斗，媒孽之徒，遂乘间以兴，离吾兄弟之好，奴吾藏民，夷吾藏土。中政府于草创新国之际，西顾手足之谊，不敢怠愒，命将出师，非欲与藏民战，乃代藏民诛二三离异手足之顽，冀复敦于好耳。夫以库伦风云之急，中政府尚仅罪其作奸为恶之魁，而抚其有众，况藏远非库伦比哉！吾知藏民之必能谅此意也。吾又知非藏民之与藏民接者，必能执此意晓藏民也。内地诸省，去藏千里，吾人不克日夕与藏中耆彦握手欢然，联樽俎之雅，又不克咨诹宏硕，共济艰难，中心怅怅，至今无已。吾藏耆彦，东望祖国，攖此多难，或亦同具此心也。特以道途修阻，情愫不属，蛾眉之诼，得起两间，萧墙之内，遂生抵触，其实得推心置腹之一言，以释群疑，旧时龋龁，可一朝解也。藏民矣不闻南北统一之信乎？义军初兴，清廷未革，江汉数战，隐然战局已成，当时南北冲突，实有过于今之汉、藏相疑者。然一经孙、袁二总统交欢，万里旌旗，焕然一色。及孙总统入京，而南北情愫，洽于水乳，是可知手足之殷勤，虽间生抵触，终必有翕然无间之一日。汉藏乎，以之者才智，焉有不识曩日融洽南北之幸运，行将移加于藏民，不乏是，吾知比来不良之耗，非特事实上所不有，亦语诸藏民而必不乐闻者矣。

哲布尊丹背弃祖国，拱手以事俄人，中政府今方与俄作严正之谈判，协议不成，行张挞伐。藏中贤俊之士，有息萧墙之斗，助中政府断敌臂于西乎？幸而胜之，吾五族完全共和，行与蒙人共蔚国光，否则朝独立而暮入于俄矣。俄既北封蒙，而又欲肆其西封，若不及藏，将焉取之。且瞵瞵英人，虎视南服，戒备一方，已虞不及，而况益以俄人乎？故为藏之安全计，非全力保蒙，以固北方不可，而况与逆库提携以自速其亡耶？夫英之欲得藏而甘心者久矣，所不敢弄达赖如小儿，如俄人之于哲布尊丹然者，以有藏汉亲切之关系在耳，彼非不能耀兵印境，取藏如探囊也。然自川、藏间内哄以来，彼亦稍稍试其侵占之策矣。夫偶然小哄，彼犹如此，况蹈哲布尊丹之覆辙，益招其野心乎？不幸而藏民竟误于二三媒孽之言，贸然出此，则吾见其朝受人惑，暮为人奴耳。

1913 年 1 月 20 日，第一卷，第一期

今年之西藏(《民立报》)

西藏交涉于去岁年终,政府曾提出答复英政府所要求之条件照会英使。入年未数日,又风闻西藏独立之警耗。明知此事未必确实,然西藏之地位之不稳,则人人心目中所能觉察者也。

西藏独立之消息,实得之于十二月三十一日圣彼得堡路透电。其电文曰:“据俄国《洛伏佛美雅报》载库伦电称:达赖喇嘛心腹特觉其夫顷由拉萨行抵库伦。据谓:西藏业已宣布独立。达赖喇嘛业已登祚。今授以特权至蒙,商定蒙藏条约,并就商俄国,以期订约,将西藏归英、俄两国保护。如能商妥此事,则达赖喇嘛拟以通商之便利许与英、俄两国人民而免缴纳捐税,并准英、俄在藏开采天然利源,及筑造铁路、兴办电政各项权利。”自此电发表,各报亦有类似之电文。惟云北京政界尚无消息。记者以为此中大有可以研究之点。无论此说确实与否,皆足以唤起国民对西藏之注意也。

夫西藏关系中国之重,此国人所共知,无俟赘言。设库藏竟成勾结之势,其影响中国存亡者岂为浅鲜?前次库伦活佛即有意于连合达赖,并闻时有间谍往来于蒙藏间。则西藏业已宣布独立之传闻或不远于事理。惟蒙藏果已勾结,兹事颇大。政府岂一无闻知?而外报亦未得确信,仅路透社得之俄报所载乎?窃恐为俄人所造谣,而假以挑动藏人感情,摇惑吾民心志之诡谋也。盖自俄库条约发现,吾民一致排斥暴俄外交,坚不让步。俄恐终难以和平之手段而占最大之胜利也。故造为西藏独立之说,用分吾人注视俄蒙交涉之眼光,藉得取巧设诈,以享在蒙之权利。且谂知内蒙各王公不赞同哲布尊丹,纷纷内向。库伦一隅形势不盛。故俄亦未尝不欲设法勾结达赖,以增库伦羽翼,乃先创为此说,挑动藏人感情,以为西藏独立之先声。此可致疑者一也。若夫关于西藏之英俄协约业已规定,二国在藏之行动,自俄蛊惑库伦订立密约后,俄政府颇以英将破坏英俄协约为惧,而俄亦无辞可止英人在藏之行动也。俄人外交手腕往往以先着制胜,故欲使英、俄对于西藏生相等之关系,事实上既不可能,乃捏言达赖求为英、俄之保护国,以耸世界之观听。观其皆以英、俄并举,可知其用意所在。俄之狡诈,世实罕匹。此可致疑者二也。夫此皆揣测此耗确否之词也。然国民绝不可即引此自慰而懈其对藏政策之进行耳。何者?以俄人既有此不测之野心,则深谋熟虑,其必思得遂所愿而始已也。故苟幸使西藏独立之说不成事实,亦所以预为吾人之警告。若吾民终漠然置之,则积之既久而库藏勾结之势成矣。是非特蒙藏一去而不可挽，且恐民国随亡而不可复也。吾国民今年对藏事，其积极处理，慎毋蹈库伦之覆辙哉！

1913年1月20日，第一卷，第一期

蒙藏事务局呈大总统谨拟蒙回藏王公贝勒贝子等呼图克图大喇嘛等年班礼节请鉴核示遵文并批

为呈请事。窃维柔远之道，首在通情，而体制所关，亦不可漫无规定。现在民国肇造，建设万端，繁文缛节，固宜删除，而进退周旋，应严秩序，况边荒殊徼，风气不同，远人之来，瞻仰威德者，允宜特定规章，示以尊重。现年班各王公呼图克图等陆续来京，本局详加考核，参酌近情，谨拟蒙回藏王公贝勒贝子等呼图克图大喇嘛等年班各礼节开具清单，恭呈钧鉴。除本年年班各王公呼图克图等先后来京，应变通办理外，嗣后各王公年班日期、礼节等项，悉照此办理，理合呈请俯赐鉴核批示遵行，谨呈。批：据呈已悉，应即照准。此批。

1913年1月20日，第一卷，第一期

中英西藏交涉记(一)

一、去岁交涉追记

中英之西藏交涉实起于去岁八月间。当时英政府以我将用兵西藏，训令其驻京公使向我政府提出抗议书。我政府因中、俄、蒙古交涉情势紧急，且以中、英两国素敦睦谊，一切交涉皆易商办，当命四川都督尹昌衡退兵巴塘，一面复封达赖喇嘛之位号，以冀藏事早日和平解决。对于英政府之抗议书，直延至十二月二十三日始由外交部答复俄[英?]使。兹追记其往返争议之要点，录之如左：

（一）英使提出之要点

（甲）中国不得干涉西藏之内政，并不得于西藏改设行省。

（乙）中国政府不得派无限制之兵队驻扎西藏各处。

（丙）英国现已认定中国对于西藏有宗主权，应要求中国改订新约。

（丁）英政府前曾遵据条约特设通信机关，后经中国军队擅行截断、杜绝。印藏之交通,当由中国保护。

(戊) 如中国政府不承认以上各条件,英国政府绝不承认中华民国之新共和政府。

(二) 中国答复之要点

(甲) 中国按照一千九百零六年之中英西藏条约,除中国之外他国皆无干涉西藏内政之权。今谓中国无干涉西藏内政之权,理由甚无根据。至于改设行省一事,为民国必要之政务。各国既承认中华民国,即不能不承认中国改西藏为行省。况中国对于西藏并无即时改设行省之意,此中颇有误会。现在中国认定不许其它一切外国干涉西藏之领土权及其内政。

(乙) 查中国并无派遣无制限军队驻扎西藏之事。惟按照千九百零八年之通商条约,英国以市场之警察权及保护印藏交通委任于中国,故中国于西藏紧要各处当然派遣军队。

(丙) 中英关于西藏之交涉已经两次订立条约,一切皆已规定明确。今日并无改订新约之必要。

(丁) 中国政府从前并无有意断阻印藏交通之事,以后更当加意保护,断不阻碍印藏交通。

(戊) 承认中华民国是另一问题,不能与西藏问题并为一谈,深望英国先各国而承认中华民国。

关于中国答复英使之书,原文未可为见,而止举要点,已可与[知]其大概。或待答复书共分七条者似不可信或不待。关于(甲)条有中国五族一家,藏人为五族之一,民国当然有干涉其内政之权之语,关于(丁)条有据一千九百零七年中央条约,英国本有输送之义务并无遮断之理之话,则可补足前举要点之意义也。自此答复书递到英使馆之后,英使以中国拒绝其要求甚为不怿,当即电请英外部之训示,预备作第二次之抗议矣。

二、今岁交涉之发端

中英西藏交涉亦既有日矣。惟因俄蒙事件发生之后,国人对于英藏之事多漫不经意。新年之后,忽传西藏达赖与库伦活佛有勾结串通之情事,然其事之真伪尚疑,莫能明也。据外交界消息,谓此事颇为可信。当两月以前,外交团即有此消息,即中国政府一方面亦曾得此报告。当时皆以传闻无据,故皆未宣布。中国政府对于达赖之行动则加密防范。然达赖为人本诡谲难测,伊知见疑于中国,乃一方面假意归降，一方面暗与库伦互通声息。当达赖复还封号之时，即与库伦伪政府定有成约，为一致之行动，并派有堪布前往外蒙互换意见。此事英、俄两国本皆暗中助力，在外表上则皆不提一字，作为毫不知情。然其协以谋我之心固久已昭然若揭矣。

政府得西藏将宣布独立消息甚为注意，日召赵总理密商一切。然对于藏事问题，尚未闻有若何对付方法也。

自去腊我政府答英使后，英政府颇为不悦。十余日以来，英国表面上无何等之反驳，惟就外交情形观之，则英、俄之间虽未有具体之协约，而暗中觉互有密商。质言之，即俄国承认英国在西藏之行动，英国承认俄国之行动。故英国近日舆论颇表示强硬之意。《泰晤士报》至倡言：英国须派遣羊哈朋一流入藏。羊哈朋氏者，英国陆军大佐、英国边务大臣，乘日俄战争之际，曾率兵入藏者也。据此观之，则英国民间之言论竟主张有派远征军之必要。此事与日英同盟条约之主旨大相冲突。将来当为国际上一问题矣。呜乎！俄库交涉未决，其由此而起之困难必未已也。自西藏不靖消息传播于外，而报章记载亦自不一。或谓英藏已定协约，亦如俄蒙协约。姑录所传闻之条款如下：

（一）英政府认西藏有独立国资格，认达赖喇嘛为教皇。（二）英政府在西藏得占商务上优先权，并得遍设通信机关。（三）英政府为保护西藏治安起见，暂时可以进兵并帮助编练军队。（四）英政府对于西藏财政上可以酌量补助。（五）此约签字后，中国对于西藏只有宗主权，不得碍其主权，并与一千九百零四年及一千九百零六年之中英条约划清界限。

1913 年 1 月 20 日，第一卷，第一期

西藏烽警详记（一）

（一）藏事纷扰之由来

自俄库事件发生后，我国人士群注意库伦方面，西藏问题或未暇兼及，其实西疆之紧急，无异于朔土之危殆。夫西藏南邻印度，北接俄境，二大之间，朝不保夕。掌藏中大权者，又不一其人，以故益难收拾。盖藏分二部，为前、后藏。班禅喇嘛驻后藏，达赖喇嘛驻前藏。虽未致以干戈相见，而门户之见实深。故以权势关系，后藏附俄，前藏趋英。故班禅喇嘛为亲俄派，而达赖喇嘛则为亲英派。英、俄二国正

欲利用机会蚕食西土，日夜暗煽二喇嘛反抗中国。及俄蒙事件起后，煽动益力。而达赖喇嘛乃受其愚矣。岁杪，大总统曾电达赖喇嘛，备致慰勉，并云五族共和，内外一体，万勿自外云云。达赖于腊月三十一日覆电，首称：威展福佑袁大总统鉴。继述：藏土本可自安，惟中国政府常派军队蹂躏藏土，且常焚烧喇嘛庙，以致汉、藩不能相安。然嗣后中国政府苟不苦为干涉，藏心自可内向云。推其意，似不欲我国政府之干预藏事。其顽梗有如此也。达赖喇嘛秉性凶顽。旧藏中掌政权者为藏王，掌教权者为达赖。藏王为扩张政权，故恒谋毙达赖以自固。故历来达赖无逾二十岁而不被藏王谋毙者。惟现世达赖才堪行凶，于甲午年间，曾诱藏王囚而杀之。由是政教二权归伊一人掌握，益无忌惮。时驻藏大臣张荫桓[棠]曾条陈政府，请为预防。以时有中日之役，未暇顾及。后达赖来朝北京。尔时政府当局有主张拘留者。达赖百计解脱，而中国虚实多被所窥。归后又赴印度，与英印度政府时秘密磋商藏事。旋复归拉萨，而藏事将益不堪问矣。

(二) 库萨勾通之警闻

入岁以来，纷纷传说库萨勾通，派达喇嘛赴库伦，劝其不可取消独立，并谓西藏现在专恃英国为后援，拟与蒙古为一致之行动。而其消息由来，首得之圣彼得堡俄报。外间尚疑信参半，后有种种消息证明，库萨勾通并非谣传。达赖所次之达喇嘛系俄领西伯利亚武利耶德族，曾入俄籍，以亲俄为宗旨。现在达赖帷幄参划，枢机多出伊手。曾奉达赖使命赴俄京谒见俄皇，筹划俄藏之联络。事为英国所闻，设法阻止，计不得逞。上年，库伦活佛倡议独立时，蒙人传说，库伦活佛与达赖喇嘛不但交游亲善，且活佛举止行动，每奉达赖之命，往来文牍极为繁颐。此次独立，必与达赖联络一气。现在达喇嘛忽又奉命至库，其志必在联络库伦，倡称西藏独立。从此英与俄联，藏与库联，而西北边境非复我有矣。达喇嘛善操俄语，此次来库，假俄领事馆为行馆，并进谒活佛多次，终日与杭亲王岑达喇嘛三音诺颜汗谈叙，并闻带有达赖专书。书中大致谓：己自立为藏王，并赞成库伦独立。惟推算须历若干劫数，始能巩固云云。又有消息云：西藏达赖独立之期，拟于阳历二月一号。此消息之是真是伪，非研究能知。要之，达赖性情狡诈，反复无常，得达喇嘛从中游说，致有此举，亦在测度之中。我政府、我国民对于此警闻之来，所宜以敏捷之政策，而有以弭患于无形也。若使拉萨为库伦后尘，见诸事实，则晚矣，晚矣！

(三) 英俄协谋之恶消息

于库萨勾通之传说外，由此而生者则有英、俄协谋之一说，并有英、俄已重订条约。言之凿凿，似非无因。报载俄皇爵米哈义罗夫氏对于蒙事拟持强硬主义，已迭次命外务大臣撒包诺夫氏与驻该国英使武基邦南氏协商，议订两国关于蒙藏协约，废止前清光绪三十三年中英西藏条约"英国不干预西藏内政"及"英承认中国于西藏有监督其行政之权"两条。英人实行干涉中国进兵西藏，即日照会尹昌衡撤退藏中驻兵。俄人亦同时阻止中国征库，并饬令东清铁路不得运输中国军火，哈尔滨埠水陆各路不得通过中国奉、吉、黑三省兵队。英国则允俄国：如有事于外蒙，酌派兵力援助。俄国承认英国在西藏有完全自由行动权。该定之后，即用哀的美敦书通知中国，若不允认，两国即同时进兵占领。此事为德国驻俄大使公爵普尔喀列斯氏所闻，已联络各使从中调停，但未知能否阻止耳。

京中各报又载：俄国外部副大臣沙壮艾罗氏到英后，迭与英国外相克列氏商该两国对蒙藏条件。闻已拟定八款：（一）俄认藏全部为英势力范围地。（二）英认俄在外蒙有完全自由行动权。（三）英如有与中国关于藏事交涉，俄允暗助。（四）俄如有事于外蒙，英当助兵。（五）西藏全境金矿及其它矿产，英欲开采，俄派人襄助。（六）俄延修西伯利亚路至库伦及其它支线，费由英极力协助。（七）中国如欲修蒙藏铁路，两国协同干预。（八）有第三国侵犯蒙、藏，英、俄当合力反对云云。记者以为不确。

京中又传说：驻京英、俄两使均接该国此次结合蒙藏协约之密报。英使特赴俄使署。俄使说英、俄种种利益：（一）蒙藏问题两国可一致进行。（二）两国得取蒙、藏均势主义。（三）两国于蒙、藏得巩固势力。（四）两国于蒙、藏得互相扶助。（五）两国可独攘蒙、藏土地，他国不得染指。（六）占领蒙、藏易如反掌云云。按英、俄协谋之真相尚不易得。其协谋至如何程度，亦当俟异日之消息。噫！英、俄果有协谋之举而缔结所谓蒙藏协钧[约]，则蒙、藏尚为我有耶？蒙、藏非我有，则本部尚能自存耶？愿国民亟起图之。

1913年1月20日，第一卷，第一期

中英西藏交涉记(二)

三、交涉进行之迟缓

去年八月十七日英使提出条件，外交部延宕四月之久，迨十二月二十三日始行答复。其要点已志本报前期。然英国非惟不愿退让，益以要求之条件提出，第京沪各报记载互有异同。始并录之如左：

(沪报)(一)英国为保护西藏起见，中国改订中英西藏条约。(二)中国驻藏官员，非得英政府承认，不能执行职务。(三)英国承认西藏为宗教国，得代行一切非及教之职权。(四)现驻藏长官得有一小队保护外，不得再驻华兵。(五)所有西藏债务，英国愿为负担。(六)英国对于西藏，得暂订法规。

(京报)(一)英人除保护西藏原有商业上权利外，其余关于政治上、军务上各事宜概不干预。(二)驻藏英兵绝不逾中英条约规定之额数。(三)中国若进兵西藏，须先期知照本使，以便转令调兵自卫。(四)中藏用兵有碍英人商业，中政府须赔偿损失。(五)绝无英藏条约之缔结，本使敢负完全责任。陆总长按英使提出条件，根据种种约章逐条修正，寄交刘代表办理。其修正条件：(一)光绪三十二年订约时，声照不背十九年通商条约，何以今竟违约？(二)“各商埠治理权应归中国督饬藏官办理”立有专条，何得在藏设立裁判等局？(三)英印人民与中藏人民有控诉等事，由两国会审，今乃首先破坏。请将上二条事实答复。(四)三十二年订约时，凡印藏货物出入准免税五年。今已期满，何以仍不纳税？

然一般英人之言曰：英国政府当时对于西藏情形提出五条条件之要求，为欲改订旧条约而明确其关系。迩来数月内西藏之情形大变，民国之驻藏办事大臣逃避不知所届，从而民国政府对于西藏之政治的权一无所在。驻藏华兵为暴乱后，悉四散而不见只影。凡此者，中国无支配西藏之权能也。英国政府已以八月当时之要求条件为不能满意，自必随时局之变迁，依适应于其时期之条件而改订新约。民国政府置其变化之情形于不问，对于八月十七日之要求条件尚根本的否认，以抗英国。英国政府对于如斯无诚意之愚弄外交的文书，虽欲费吾人一分之思虑亦所不愿也。远隔于交涉之轨道而为应答，适见为无价值之交涉而已。从而英国全不有应答民国政府之责任，惟自由其所自信者执行焉可耳云云。据此一端，则英国政府对于民国政府十二月二十三日之答复，不抗议，亦不回答，其理由如斯，并可以知英国政府确定之方针矣。

1913 年 2 月 5 日，第一卷，第二期

西藏烽警详记(二)

库乱未已，益以藏危。政府手腕益形纷乱。每一会议无异纸上谈兵。际此征库时间，万不暇兼顾藏事，亦惟有熟筹抚驭之方而已。前曾拟及优待例七条，大致系仍旧其封号俸给及治理权，将华官撤回。所有矿产作为藏民生计。一方面决定将对于英、藏方法分三期进行。第一期，主张修改条约，招抚达赖。第二期，主张统军入藏，诛其元恶。第三期，主张统率大师西征，实行抵止英国。然政府只能行第一期，至二、三期，则徒作壮言耳！一月十六日，又召集国务员及蒙藏局正副总裁大加讨论，决定办法数端如下：(甲)对英方法：(一) 电驻英刘代表向英国政府声明：西藏为中国完全领土。幸顾全睦谊，勿听俄人之运动。(二) 向英使交涉，请其转电该国政府，将增驻拉萨、江孜等处之英兵撤回。(三) 特派全权委员办理中英交涉事宜，请伍秩庸君担任其事。(乙)对藏方法：(一) 将优待西藏条例七则，电致钟长官在藏宣布，以坚藏民内向之心。(二) 密电尹镇抚使，率兵由里塘进发，驻守藏边，以压境边之乱象而防达赖之逆谋。(三) 饬西藏专使马吉符、姚宝来，即日起程前往，联络感情，招抚达赖。(四) 达赖来电，颇不欲反抗民国。亟宜将库伦内乱危殆之详情，及民国关于解决此事之有把握，详细电告，以免达赖为英、俄及库伦所愚弄。然政府条件曾属如此，尚未知能否实行也。温宗尧君熟谙藏中情形。温君曾将对藏意见电政府。内容略分八端：(一) 西藏地处边陲，道路崎岖，应用笼络手段喇嘛归服并勒令解散藏兵。(二) 恢复达赖教权，加崇封号。(三) 与藏人声明沿用旧制。(四) 所有藏地统由华兵保护，并设交涉使，管理一切外交事宜。(五) 西藏土人准作本地官吏。其有通晓华语者，亦准作中国官吏。(六) 藏人近年所借之外债，当派员查晰，概由中央担任，藉坚内附之心。(七) 达赖倘执迷不悟，应派声望素著之员携带兵队前往，会同驻藏长官问罪。(八) 与英人声明，宜严守中立。无论将来如何决裂，不得接济军火暗助战争，致碍外交云云。闻袁总统甚为嘉许，已将此电抄交国务院会议矣。

达赖喇嘛曾要求我政府八大条件，已逐条答复。兹将条件略志如左：(一) 原提第一条：藏人于法律关系上与华人享有同等之权利，无分畛域等语。查共和告成，五族一家。藏人亦同系共和国民。其权利义务均与内地人民作同等之享受。

在法律上本绝无华人、藏人之区别。至区域二字,应不能再发生于共和时代。(二)原提藏人允每年以五百万元供给北京政府等语。查各省对于中央应解各款纯系法律之规定。现在正值划分税项之时。将来应如何解交之处,自有正当之规定。至藏地是否应行协济中央,并是否应行供给五百万元,斯时应暂行缓议。(三)原提藏人对于经济关系上得纯然独立等语。查经济关系自应视藏地财政情形为定断。刻下藏地经济现状正值奇窘之秋。所请纯然独立者,未悉据何理由。(四)原提藏地所有一切矿产由藏人自行保有开采权等语。查振兴矿业实为致富之源。藏人对于矿产,如果确能自行开采,中央自当竭力赞成。惟召集洋股及抵押外债等事,须得中央核准后方可照办。(五)原提西藏得自由练兵等语。查内地各省对于军事、民事,已拟定分治之法。藏地军事将来须与内地作同一之规定。该达赖不得作特殊之要求。此外一款,详情未悉。政府于答复达赖条件外,又特派熟悉西藏情形六名,前往探查其谋叛真相与夫钟长官之是否离任,达赖与班禅是否联络声气,其人民是否倾忱内向等事。此项特派负[员]已经出发。政府对藏之态度,可谓仅有数纸空文之条件及数名调查员、侦探员而已。呜乎!根本计画不定,库事不速解决,则政府之所以误蒙者,行将以误藏耳。

1913年2月5日,第一卷,第二期

论英国对于西藏交涉案之违约(北京《国权报》)

居今鼎峙东亚、势有不堪并立者,中、日、俄三国而已。中国累年积弱,风雨飘摇,莫知所底,而包藏祸心之日、俄遂得任意摧折,肆无忌惮。但我与日、俄地壤毗连,自争相伸足,兼之民国方兴,锐气更遭强敌暴邻之忌。日本增兵南满,俄人煽惑库伦独立,冀乘吾国震撼摇荡之际分杯羹而割片脔焉,亦自意中事。其余各国,以输资财为投机事业者,应利用吾国之改革以发展其经济政策,岂有素讲公理,而今尚强权,素爱和平,而今偏强硬,素最亲爱,而今持侵略,如英国之进兵西藏、不遵条约,而政策矛盾有如是者?

查一千九百零七年英、俄关于西藏之协约有云:英、俄两国相约尊重西藏之领土保全,不干涉其内政,并承认中国对于西藏之宗主权。非由中国政府居间照覆,英、俄二国不得与西藏直接交涉。中英条约亦有云:英国政府承认不收容西藏之土地于其版图,并承认不干与西藏一切政治。由此以论,西藏为我国领土,不容他国干涉,约章所载,铁案照垂。固不但为各国所公认,亦英国之所深许也。

乃俄库之警告未已，英又进兵西藏。近更英、俄协以谋我，蒙藏联盟，叛离吾国。外交部向英使诘责，英使照会云：中国初立，西藏负固不服，英政府愿任代剿之责。又曰：拉萨地方有大股土匪暴动，劫掠、焚烧，势甚猖獗。英国侨商、教士均纷纷迁避。已电本国政府，速派兵队前往保护。合前后以观英使，违背中英条约、英俄协约，实有不能为之隐讳者。吾外交部一再诘责其违约。英使答复有五端，概言英人除保护西藏原有商业上权利外，不干涉政治上、军事上各事宜，并谓绝无英藏条约之缔结，本使敢负完全责任云云。

陆外交总长已将其矛盾处逐条驳复。但英使之无理强横，有非数词可以折服者。再即其违约处申而论之，英政府派兵入藏任代剿之责，必以维持东亚和平也。然英国进兵以前，藏境并无土匪滋扰之举。纵有土匪，我国自能派兵剿办。越俎而代，所谓不干涉其内政者何在？此其违约者一。英国曾云恪守前约，不侵中国主权，而在西藏曾设立审判厅，并从事开垦。所谓不干预西藏一切政治者谓何？此其违约者二。英国曾谓与达赖无关系，而与之结约，是直以独立国家待西藏也。不与条约所云承认中国对于西藏之宗主权相悖谬乎？此其违约者三。条约云：英国政府承认不收容西藏之土地于其版图。今竟煽惑达赖独立，使之归英国保护，直欲谋吞其土地。此其违约者四。条约云：非由中国政府居间照覆，英、俄二国不得与西藏直接交涉。今英国竟与西藏缔约，直以独立国看待。此其违约者五。想英国本重公理而爱和平者也。遽鉴日、俄之侵略，不惜悖约而亦附和其后耶？使国势不同，利害难趋于一致。倘吾最亲密之友邦能不弃前好而重邦交焉，当为吾人所馨香祝颂者也。

1913 年 2 月 20 日，第一卷，第三期

中英西藏交涉记(三)

四、英人之狡展

去年十二月二十三日，我外交部曾答复英国八月十七日之要求条件，寄交驻英刘使办理。英政府对此答复置诸不闻不问，一若漠不关心也者。一月二十九日，我外交部仅与之开会议一次。英使曾提出一条件云：此后西藏宜划定东以云岭山脉为界，西以冈底斯山为界，南以喜马拉亚山为界，北以当拉山山脉及昆仑山脉为界。中、英两国除原定驻藏军额外，均不得开兵入界云云。二月七号，驻英公使又偕同

该使馆书记、汉务参赞巴尔敦氏赴外交部，陈述关于西藏问题，当面向陆总长声明：该国政府并无占据之事。嗣后对于西藏严守中立。中国再有用兵之举，英国决不干预。此与前议又复不同。但其关于印度直达西藏之铁路要求，我政府允其建筑云云。陆总长以西藏为中国领土，若秩序不宁，中政府用兵与否自有主权，非外人所得干预。至印藏铁路，亦属主权所归，已严词拒驳。二月十号，陆议长致函英公使，询诘多事。探其内容，共分五条：

（一）何故背前清光绪十九年及三十二年之中英条约？（二）何故擅筹印藏边境进出口税及通过税？（三）何故设领事裁判于藏？（四）何故破西藏粮食出口之例？（五）何故运军火、鸦片、吗啡等入藏？

闻英使接函之后，至今后尚未作覆也。英公使既不答复二月十号之函，而该国外务大臣及至驻英刘使署中，要求修改西藏条约。其条件：

（一）英国承认中国对藏地有保护权，无自主权。（一）英国于西藏有自由行动之为，中国不能过问。（一）西藏商务之利益，英国与中国同享。惟商埠内人民财产应由英国保护。（一）中国对于西藏不得无故进兵。即遇有事故，亦须先经英国政府承认始能进兵。（一）中国建筑西藏铁路，如有聘用洋员、需用物及筹借款项情事，须由英国承办。（一）西藏之开采矿产须由英国与中国合办云云。

当由刘使拒绝。该大臣仍不肯干休。然以我辈观之，似与二月七号之条件稍形让步矣。惟英政府对于我国最近态度，颇为镇静。其原因视中俄交涉之结果为转移。其对藏办法已定，分布三期。第一期，与俄商定划分在藏权限，缔结协约，俾得各自营谋。第二期，派员与达赖喇嘛磋商，订定英藏协约，扶助其独立，整理其内政。第三期，俟在藏势力已经巩固后，即效俄在库伦所为，亦认藏为属地。但我政府视中、俄之交涉作隔岸之观火，日求和平以偷安旦夕。苟中、俄交涉延宕一日，中、英交涉即日日退步。前车之鉴，即后事之师。盖外人亦有所援例也。

1913年2月20日，第一卷，第三期

西藏烽警详记(三)

狡英侵略痛史(一)

(一)外报之侵略主义。(二)吴议员仗义执言。(三)英人抵制之要政。(四)英人在藏设立议事厅。

(一)英之舆论不甚提及西藏问题。上月,下院忽有关于藏事之质问。外部次武亚克朗答言:英政府决不许中国将西藏收入其统治权内,现方在交涉中云云。前日《泰晤士报》著论,力为侵略主义之后盾,极堪注意,殆有所授之也。该论略谓中国政府阘茸无力,至为危象,似一无脊动物,万难望其久立,且保持其生命。然当彼尚存在,则外人希望之心自难遽绝。倘彼不伤及友好国之感情,未始不可暂延残喘。如吾英者,非与中国夙称友好者乎?而中国近有两事大足伤英感情,则鸦片问题及西藏问题是也。中国对于历来与英所订鸦片条约,从未加以尊重之意。遇有英使照会,往往延宕不复。即有所复,亦决不肯与英以满足。非牵延时日,即务涉虚诞。吾英亦知中国有意禁烟,但于对英所负之责任及条约所规定者,不能弃置不顾。北京政府虽无全权及于边远省分,然终仍保有若干之势力。如西藏沿边之军队,中央命令尚能及之。何独于鸦片一端,遂无过问主权?岂非有意推卸乎?北京尝称:广东命令时有不及。而广东则解款中央先于他省。即此可见北京之诡诈。此原中国外交不诚实之惯技,不禁自相矛盾耳。英于西藏情形尚可枕高无忧。所傅[传]征藏军队皆未得手。前有以赵尔丰之才能,终为险阻所限,不克大奏功效。今继其事之人,远不如赵,妄欲以兵力取服西藏,其可谓不自量者矣。共和政府若真用兵于藏,吾英定出兵抵制之。中英立成巨仇,恐非新造国之利也。吾英照会中国,倘肯承认西藏独立,则英即可承认共和。中仍淡漠视之。于藏,仍取积极手段。彼殆以英难于兵入藏,不妨自由行动。此真大误。北京政府最近种种阴谋,英皆知之。其未出反抗者,预料中国无能为役,非真放弃不问。英决不许中国稍违条约。至于将来英、美入拉萨,必非为助中国保其主权。须知中国主权从未行于西藏。英如承认中国主权,是不啻自行取消其在拉萨条约所得之利益。彼时条约有言藏人当得一独立自治之政府,即中国于藏并无主权可知。伦敦政治社会,原有一部分人不以英之干涉藏事为然。中若信赖此辈,决无良好结果。总之,英于藏事,其最好之解决,莫如速派政治代表前往拉萨,以免日久再生他变。英之为此,并非与中为难,实为日[自?]救起见。至今,英仍仅能由北京政府间接,其失机处真不可以道里计也(按此论所主张者,即欲英仿俄之办法。所谓以政治代表赴拉萨,亦即廓索维慈专使库伦之依样葫芦耳)。

(二)英国上议院外交股议员帕令森氏提出质问书于外务大臣格雷氏。连署名者四十人。其质问理由有六:(甲)俄国甘冒世界之不大韪,与中国领土之库伦私订条约,已为万国所共弃。安可与之为伍,致贻口实?(乙)俄罗斯为世界著名之侵略国,为万国所忌。不顾公理,破坏和平,与之协约,反启中国之疑窦。(丙)俄罗斯此次倡言协约,实欲巩固其侵略之势力。若与协约,是添虎之翼,于英无益。(丁)英国素持商战主义。故本国在中国之商业最为发达。若一旦与中国开衅,则种种商业之利权受莫大之损失。是此,协约非徒无益于英,而且有损。(戊)协约之条件遗阙甚多,且权限亦未划清。设一旦俄国违约,变其协约之心而为侵藏之计,俄已得藏,更略印度,则英又将与俄启衅,而世界将无和平之日。(己)俄得蒙古,其在东亚之权势益伸。而英国在东亚之权势必缩。是此协约有益于俄,反损于英云云。英政府对于议员帕令森之质问,答复条件如下:

> (甲)库伦、西藏宣告独立,先后来电要求承认。(乙)派在藏、库之代表于结约时,已加入公证人字样。(丙)如俄承认西藏为则[中]国领土,则英国对于库伦亦如之。(丁)此次俄、英关于库藏结约,确为现在及将来权利起见。(戊)如中国于俄库协约有能力解散,则英俄协约不能发生效力。(己)贵议员所质问协约内容,此时未便宣布。大致对于被保护国办理。

呜呼!政府延宕外交,厥罪非轻也。

(三)现在英人图谋西藏日迫一日,拟即筹办三项要政以资抵制。闻(一)为增添探员。除已陆续派有十余人外,拟再选亲信得力专员前往该处密查,将详细情形随时电告。(一)为厚增兵力。除该处已有军队四营外,再添派二营驻扎边防。(一)为保全矿产。藏锡、铜、铁等矿富有,未开采者甚多,均须详勘,陆续开采。以上三项,宜从速筹定办法,以便实行云。

(四)闻英国拟在藏设议事厅联路[络]藏民。办法五条:(甲)每年开会一次,期以二月。以临时发生事件可以再议。(乙)曾任四品以上僧俗官得为议员,定额五十名,月俸五百元。(丙)现任僧官不得充当。惟噶布伦得列席。(丁)曾游各国、熟悉经学者、士绅均得与议。(戊)凡佛公、札萨克、堪布等,皆得充议员。其笼络藏民如是。

达赖逆叛真相(一)

（五）宣慰使之阻止。（六）前、后藏之分离。（七）钟颖达赖之订约。（八）藏地之形势。（九）政府对付之态度。

（五）国务院接得镇边使尹昌衡来电，谓员沈增祺赴拉萨，劝谕达赖喇嘛服顺民国。行抵大吉岭，为英国军官阻止前进。觇其阻止进行之原因，实恐达赖变心，赞成共和云云。请速与英公使交涉，假道前进，以固边圉。于以知达赖惑于英人之谗慝而执迷不悟。一经劝谕，或可归顺。英之尼其行也，正为此耳。现我政府复派马师周前往矣。

（六）前藏与后藏意见素来纷歧。后藏趋向中国，而前藏则以达赖之故主张叛逆。达赖以后藏异己，日夜威迫、利诱，欲其同归于恶。后藏终不从。日前，某西客谈及藏事，谓西藏鞭长莫及，断非中国所能保有。惟前、后藏不睦，乃中国收复西藏之绝好机会。乘其不睦，遣使说后藏而使之归附中国，则前藏之势以孤，虽不能终有全藏，而后藏以此分立矣。

（七）钟颖前由拉萨退出靖西时，与达赖订约十条，未报政府。袁总统迭电驻藏各华官确查。昨史悠明覆报，惟电码错误颇多。兹照录如下：① 汉人出藏河南经由拉萨。② 第穆寺虽已归顺，华官出藏后，仍须照达赖前次来文办理，由藏保护不能伤害性命。③ 一面收购枪械，一面开市。④ 所有华官衙署由藏人看管。⑤ 枪炮等军用物件，非三面承认不能开封。⑥ 出入藏地乌拉不得缺乏。⑦ 藏驼价不得逾五两。⑧ 廓番来往，须由藏人护送。⑨ 华官准十一月十日以前出藏。⑩ 华官出藏后，商民生俞[命]财产须担任保护。此达赖之诡词也。政府岂安受之而不辞乎？

（八）近顷西藏独立之秏日接于耳。论者无不以此事显与英、俄有莫大之关系。盖其处心积虑所由来者渐矣。考藏地形势，昌都为堂奥，加托克为咽喉，而中部之重镇则为拉萨、江孜、日喀诸城。南邻印度，中通中亚细亚。英、俄蓄意已久。现在英自印度渡撒特里日河至玛尔裕林号处。俄自中亚细亚逾巴米尔至路多克等处，皆驻有重兵，粮械等项屯聚甚多。将来结局非协以分藏，即共逐高原之鹿。要非藏人所有独立云乎哉！自误而已矣。

（九）袁总统面谕赵总理。以英人图藏日迫一日，拟即赶办各项要政，以资抵制：① 增派藏西各要隘军队。② 添设藏西各要隘炮台。以上拟饬陆军部筹办。③ 补修藏西各处电报。④ 建筑藏西轻便铁路。以上拟饬交通部筹办。⑤ 预筹藏西各项财政。⑥ 兴办藏西各处银行。以上拟饬财政部筹办。⑦ 振兴藏西各处实业。⑧ 开采藏西各处矿产。以上拟饬工商部筹办。同时总统府外交顾问联芳有对英政策意见书上袁总统。内容约分六端:① 请电驻英刘代表直接向英政府声明,不得与达赖缔结私约及借债抵押情事。② 请饬外交部速与英公使开严重交涉。请其致电该国政府禁止进兵。③ 请饬西藏探员,密查英人在藏最近之举动。④ 请饬陆军部,派得力军队在藏卫各处截止英兵之侵入内地。⑤ 请电驻藏钟长官,确查英兵在藏之额数及有无增加调遣情事。⑥ 请于察木多、加托克处添设卡伦,严查英人私运军火,闻袁总统阅后即交国务院核议矣。

1913 年 2 月 20 日,第一卷,第三期

稍纵即逝之西藏交涉(续中英西藏交涉谈)
——中英西藏交涉谈之四

本报主任天复

五、陆总长折冲樽俎

英使馆接该国政府来电,提出十四条件,拟要求我政府修改前清光绪三十二年中英条约。今英首相爱斯葵氏又与其外相圭连氏密谋对待西藏政策,又提出决定办法十四端。探志如下:(一) 要求自印度直达西藏之铁路权。(二) 中国如将来整理藏地,必须向英国借款。(三) 西藏与英政府所定条约均须有效。(四) 西藏若开办事业,须聘用英人襄助。(五) 凡西藏向英国所借之款,均须由民国政府偿还。(六) 当西藏借款取消时,民国须以现款偿还英国。(七) 中国之于西藏,不得无故进兵。(八) 中国不得自由简放官吏往藏。(九) 拉萨、江孜、察木多间须允英国自由架设电线。(十) 拉里、乍了[丫]、日喀[则]之间须允英国开设定期邮便。(十一) 英国对藏举动,中国不得干涉。(十二) 西藏所有权不得让与他国。(十三) 英人得收买西藏土地及长期租借。(十四) 藏地金矿及其它矿山,须由华英合力开采。

陆总长当将原文大致驳复如下:(一) 既允中国有整理西藏之权,何以仍要求铁路、电线、矿业等权,岂非喧宾夺主?(二) 西藏既为中国领土,从国对于主国自应服从,未经主国认可,何能擅自立约?(三) 中国振兴西藏须聘用英人,按建筑事业如聘用客卿,中国有自由之权,贵国无干涉之理。(四) 不能进兵、驻官更属无

理。试问中国如对于爱尔兰半岛之一小村落，请英兵不得进兵、驻官，贵国愿守此等无意义之法律乎？（五）中国关于江孜、亚东、加托亚三处，已经租借与贵国者，除届期再议外，余为中国领土。（六）藏英债务之关系，除经中央认可，有约可查，照数偿还外，余均无效。诚可谓理直气壮也。

英使朱尔典氏自接外部照会后，当即答复。探其内容：（一）西藏果属贵国主权。但达赖不愿贵国保护，特与英结约。彼先提议，理直在我。（一）察木多设置电线，系英商与贵国士绅订明合同办理，非国际交涉。（一）煽惑藏番更属无稽之谈。前项申明系达赖与我结约，不得谓之煽惑。（一）拉萨地方近多不靖，贵国派兵至藏，跋涉不易。敝国为邦交起见，派兵镇守，别无他意。（一）片马案自应定期办理。（一）占据野人山一节，并无此意。盖此山大道英人为便利起见，特设铁道。

陆外交总长特筹划杜英人效尤暴俄之办法，照会驻京英使朱尔典，请转达英政府。兹探其内容如下：（一）西藏为中国领土，无与英国缔结条约主权。倘有此举，中国绝对不能承认。（二）中国于西藏有立法、司法、行政之权。英国不得有意妨碍。（三）英国不得在藏卫任意增驻军队。（四）英国借款与藏，非经中政府承认，作为无效。（五）英国须遵守印藏条约，不得在西藏自由行动。（六）英国务重邦交，不得阴助西藏。（七）英国无开采西藏矿产之权。（八）英国不得私售军火与达赖及暗运军火情事。（九）英国须确守中英藏约。

英廷所答复之词，皆含糊两可之语。（一）西藏无与外国订约之资格一节，英廷答谓：英国素抱维持东亚和平之宗旨，决不欲乘中国多事之时图西藏。其于订约与否，则一言未及。（二）英国无绝对的干涉西藏之权一节，英廷答谓：英国必始终遵守前约，决不侵犯中国在西藏之主权。惟现在为保护在藏英人起见，不得不有必须之举动。（三）达赖无干预政治之权一节，答谓：达赖与英国原无十分关系，达赖之所为，英国不可得知。（四）英国不得受俄运动承认库伦一节，答谓：库藏联络系关于库藏自主之能力，英国不能干预，中政府不得以受俄运动等词责备英国。（五）英国进兵西藏一节，英答谓：此次英国进兵西藏为保护商务起见，并无侵犯中国主权之举动。且现在中国确无维持西藏秩序之能力，英兵碍难撤退云云。

中、英交涉，往返答复一纸空文，固无效果，弱国与强国之外交宜如是也。噫！

六、英、俄果未结密约耶

报传英、俄两政府互定瓜分蒙藏密约，并定四月内签字履行。闻其所议六条：（一）英国承认俄国于外蒙古有完全之自由行动权。（二）俄国承认西藏全部为英国之势力范围。(三) 中国如在蒙藏敷设铁路或第三国侵入蒙藏时,英、俄两国须协同抵抗。(四) 蒙藏两地佛教得仍自由行教。(五) 英、俄两政府各先派代表赴蒙藏驻扎。(六) 两国货物在蒙藏自由贸易,惟不得加重税率。惟英国外交部正式宣言,谓:关于蒙藏问题,俄、英二国确未订有密约,凡关于藏事,一仍千九百零七年时情形云云。然耶?否耶?外交秘密未易得其真相也。

七、政府对待办法

总统以西藏如此危急,非速图解决,恐将来又为库伦之续,特与国务总理、蒙藏事务局正副总裁及各国务员会议筹商办法。兹探其议决对英对藏办法,汇志如左:

(甲) 对英方法

(一) 致电驻英代表刘玉麟,向英政府声明西藏为中国完全领土,幸顾全邦交,勿为俄人所惑。(二) 饬外交陆总长,向驻京英使馆交涉,令其转电英政府,将驻拉萨、江孜所增之英兵撤回。(三) 拟派全权委员,办理中、英关于西藏交涉事宜。

(乙) 对藏方法

(一) 将改正之优待西藏条件,即日致电钟长官,令其在藏宣布,以坚藏人内向之心。(二) 电饬尹镇抚使,率兵向里塘一带镇压,以防藏番逆谋。(三) 饬西藏专使马吉符、姚宝来二员,即日起程赴藏,将库伦现在危殆之情形及民国对藏之方针,详细开导藏番,以免为人所愚弄。

英人经营西藏著著进行,当此防务吃紧之时,若不速行设法抵御,西藏必与库伦同出一辙,后患何可胜言?政府随即拟定对藏政策。闻其大致约有八端:(一) 厚增兵力。(二) 加添侦探。(三) 添设电信。(四) 赶筑铁路。(五) 严守矿产。(六) 扩充警察。(七) 添设藏务人员。(八) 切实保护外商。果本此实行,西藏未始不可救,惜政府惯以之托诸空言耳。

国务院十九日接关西镇抚使尹昌衡密电,略云:据李延周统带呈称:我军现驻江卡地方,有种种危险。请示办法:(一) 英兵在藏不守纪律。(一) 藏兵窥我军情即转告英军。(一) 英兵阻拦我军前进,并在察木多安置大炮五尊,有迫令我军退出江卡之说。(一) 我军饷械均缺,设不接济,立召哗变。(一) 我军势甚单薄,请速派大队,俾可着着进攻。赵总理阅后,已咨陆军、财政部分别办理矣。

条陈之佳者,有张荫棠之条陈与陆兴祺之条陈。陆为驻印委员。陆兴祺报告略称:兴上月曾亲自赴藏调查,兹将应办之事先行呈报:(一) 藏地南北五千余里,消息不灵，诸多窒碍。由巴塘至拉萨电线，请速修接，由拉萨至江孜五百里，由江孜至阿里千八百里，惟江孜已属英国租借地，应由外部交涉。（二）西藏不通中国语文，应速设立汉文学校。计拉萨、札什伦布、阿里、请[靖]西、工布、察布多、三十九族、巴塘、里塘十处择要开办。以上两端均轻而易举之事，实目前刻不容缓之图。

张荫棠之条陈共有三策：谓现时西藏番众宗教信仰极深，达赖并非真能得藏僧欢心，实为藏僧迷信宗教，故未能脱其羁绊。倘若乘势利导，证明达赖来历含糊，更选一宗教上信仰与达赖相上下者，持节入藏宣慰，更惩办汉兵之不法者以平其心，藏事或可挽回。因条陈三策：（一）宗喀巴经记载明达赖六世后不复再来，乾隆时已满六世，今达赖为十二世，显与经典违背，足证明达赖非释迦后身。（一）章嘉佛为四大喇嘛之一，教权与达赖等，藏僧信仰亦相同。雍正中尝派送第六世达赖回藏，是其明证。今宜假以全权，赴藏宣慰。（一）招携怀远，首重威信。达赖之封号虽复，前因汉兵骚扰，未予严惩，以不足服其心，应酌办首要云云。然政府方竭力以谋对内，不能用也。

1913年3月5日，第一卷，第四期

论藏事有可乘之机（上海《民立报》）

藏事之出现也，将及一稔矣。征藏军之出发也，亦几半载矣。岁寒而不便用兵，则困于天时。道险而难前进，则阻于地势。师老而迄无成功，则败于人事。洎于今藏番如负隅之虎，我军如触藩之羊。而外人之包藏祸心，从旁眈逐者，更如入室之引狼，升木之教猱焉。蒿目西南，杞忧殊切。

虽然，客有自藏中来者，深探其情形，熟揣其形势，颇谓前后藏喇嘛之宗旨各各不同，前、后藏番民之心理亦复稍稍互异。后藏班禅活佛，壹意专心趋向中国，前藏人民亦无一定见解，徒以迷信宗教之故，迫于达赖之威，强相附和，主张叛逆，两藏断断，殆如冰炭之不相容、枘凿之不相入。窃以为此乃中国收复西藏之绝好时机也。乘其不睦，妙选一介能言善辩之士，劝谕后藏，使之归向共和，服从民国。则苏秦、张仪之纵横口舌，其程功未必不较胜于吴起、孙膑也。凡处事刚所不能胜者，当以柔制之。凡用兵正所不能取者，当以奇出之。何必拘拘疲军费财，卒不克达绥靖远人完全领土之目的哉！且就地理上言之，后藏地点之扼要，尤有较胜于前藏者，试约略陈之如下。

（甲）收复后藏可以固藏边之圉也。西藏之为地，与外人交通大都者，不在前藏而在后藏，即前藏间有接近外属之处，亦断不如后藏之繁。以喀齐部言，亚东关陆路商埠在其南，关所在地名春碑，介于不丹、悉乞密二部间，关以南即英领印度地。此第一路与外人交通之处也。扎什伦布东南百五十里许，有地名江孜，东通拉萨，西达亚东，近日开为商埠，与英互市。此第二路与外人交通之处也。以阿里部言，南通英领印度之阿蒙部，及独立之泥婆罗部（即尼泊尔）。此第三路与外人交通之处也。西通印度之旁遮普部，及独立之克什米尔部（近北印度）。此第四路与外人交通之处也。西北通俄属之西突厥斯坦及阿富汗、波斯等国。此第五路与外人交通之处也。其它如失喀，如定日，如聂拉木，如泽布隆，皆号襟要之城，各据交通之路。后藏果倾向于我，而后凡与外族犬牙相错之境，始可以讲求边防，不至于逐渐深入。以上收复后藏地理上之功效一。

（乙）收复后藏可以孤前藏之势也。藏地山川之雄，宗教之盛，罕有伦比，然考其根源所在，皆必推后藏为最。以名山言，喀齐部南据喜马拉雅山脉，阿里部中包冈底斯之秀峰，皆地球上独一无二之高山也。以巨川言，哈剌乌苏及雅鲁藏布川均导源于此，玛珀木达赖池又为印度等河所自出，皆世界上最著名称之大川也。以宗教言，札什伦布之殿宇壮丽，僧侣繁多，比于前藏之布达剌，且为前明永乐间黄教剌嘛初祖宗喀巴之大弟子根报敬珠巴所创建，又宗教上所号为第一世剌嘛者也。是故以地论势，西藏之对于中国，如衣裘之有领，而后藏之对于前藏，又如星河之在颠。后藏倾心中国，而前藏之势孤矣。亦乌能久久骄蹇不服哉？

如右所云，虽似出第二策。然中国历史上古之世，英主固有行之者矣。汉高帝之遣使，说九江王布归降也，九江服而西楚之势孤矣，垓下之功所由成也；汉武帝之遣使，交西域诸部要领也，西域通而匈奴之势孤矣，呼韩之朝所由致也。今遣人说后藏赞助中国之策，盖亦犹行古之道也。我政府其亦有意乎？

1913 年 3 月 15 日，第一卷，第四期

藏盐尽失

总统府十九日接得西藏劝慰员加急密电一件，据称西藏著名产盐之区，以勒片雅干玛噶尔宗麻阿他斯米札坚巴等处为最盛。兹探得达赖近竟将此数处盐场，私行押与英国，抵借五百万磅，以便建筑藏库铁路。俾西藏与外蒙声势相接，消息灵通，自可合力抵御民国，而实行宣布独立。查藏盐年销一千余万，向不收税，今该喇嘛以个人名义，私押于人，殊属狂妄已极。请速向英使严重交涉，万勿延宕，致生日

后纠葛云云。

1913年3月5日，第一卷，第四期

提议西藏军事

政府近日对于藏事异常注意，日前已由参谋部陈次长提出关于西藏军事五则，已经政府交国务会议。兹探其五则如下：（一）筑自亚东至江孜十处营垒。（二）设巴塘至拉贡及上夷军事电线。（三）修自巴塘至江卡车路。（四）筑察木多至拉贡轻便铁道。（五）筑乍了[丫]之卡即处炮垒。

1913年3月5日，第一年，第四期

《藏文白话报》

《藏文白话报》是由蒙藏事务局办报处主办的三种白话报之一。1913 年元月正式创刊，至 1914 年 7 月停刊，共出刊 18 期。该刊为 16 开本，石印。封面彩色套印，上有两面五色旗图案，刊名用藏、汉两种文字横向书写，四周有方框花纹图案。报刊内容先汉文竖版，后用藏文横版。每个栏目头页用红色大字。栏目首末两边均有插图。每篇文章汉文排在前面，藏文译稿排于后边。每期约 150 页左右。

该报称："此项报纸纯为联络情谊，开通风气而设，非为图利，与营业性质不同，故尤非由公家担任自办不可。且文字之鼓吹，其作用实不减于派员宣导，本局固非故为不急之务也。"《藏文白话报》以赠送方式向驻京各机关、学堂、寺庙以及甘肃、青海、西藏、川边等地发行。后因经费支绌而停刊，至 1915 年 4 月复刊。复刊后改名为《藏文报》，从内容、版式和思想风格等都有很大变化。《藏文白话报》不仅是蒙藏事务局舆论阵地，是最早的一种汉藏合璧的民族专刊，也是我国历史上具有现代意义的一份进步的民族专刊。

贡桑诺尔布是蒙、回、藏三种白话报的主要倡导者，字乐亭，系成吉思汗勋臣乌梁海济拉玛的后裔，故又简称"贡王"。办报处的第一任总编纂是徐惺初，字敬熙。徐惺初一向坚持大同主义，被蒙藏事务局总裁贡桑诺尔布聘为第一任总编纂。第二任总编纂是吴燕绍，字寄荃。他熟悉民族风情，更有志于五族大同。

《藏文白话报》第一号目次有发刊词、图画类、法令类、论说类、文牍类、杂录类、答问类、小说类、专件类。第二号有要闻栏。

发刊词

蒙、回、藏之与汉、满，同为黄帝子孙，同为优秀贵族，而其历史上伟大人物，若蒙之成吉思汗，回之摩罕默德，藏之特勒德苏隆赞，并能称雄国外，震烁寰球。至于汉、满之伟人辈出，无庸赘述。合而观之，宜若可以鞭笞六合，囊括九州者也。曾几何时，锦绣山河，日销月铄，沈郁顿挫，以迄于今。揆其由来，实由数千年墨守君主专制之政体。故譬如甲族称帝，不利乙族；乙族称帝，不利丙族。且甲族称帝，利于甲族之帝，并不利于甲族之人民；乙族称帝，利于乙族之帝，不利于乙族之人民。于是甲族与乙族争，乙族与丙族争，甲族又与甲族争，乙族又与乙族争，尔虞我诈，抢夺扰攘，迄无宁日。其结局无论孰优孰劣，孰胜孰败，约而言之，自相残贼而已。一室之中，昆弟仇视，子孙又互相仇视，族弱家亡可翘足待。国事亦然，对内之竞争力日强，对外之竞争力日弱，亦非人类不能合群也。专制国体，君主有责，人民无责，欲合群而无由也。

今幸共和国体告成，万众一心，扫除数千年君主专制余毒，以建此灿烂庄严之中华民国，蒙、回、藏不能离中华民国，别自成其为蒙、回、藏；中华民国不能离蒙、回、藏，别自成其为中华民国。况蒙、回、藏享有权利与汉满平等，合于选举及被选举资格，人人有选举大总统之权，人人有被选举为大总统之权，无边陲歧视，无种族谬说。卫蒙、回、藏即以卫中华民国，卫中华民国即以卫蒙、回、藏。自今以往，我四万万同胞一德一心，尊重国权，崇尚人道，新邦缔造，正中华民国英雄立功之秋也。本报发刊，其用意以中华民国优待蒙、回、藏与已前君主专制时代不同，蒙藏事务局优待蒙、回、藏与已前理藩部时代不同，取其施行政令，公布周知，免致传闻失实，且冀蒙、回、藏同胞以中华民国为前提，合力并进，岂不懿欤？

临时大总统令（法令）

任命贡桑诺尔布为蒙藏事务局总裁，此令。中华民国元年九月初九日。

任命荣勋署蒙藏事务局副总裁，此令。中华民国元年十月二十八日。

任命姚锡光为口北宣抚使，此令。中华民国元年十月二十八日。

现在联合五族，组织新邦，务在体贴民情，敷宣德化，使我五族同享共和之福。前据绥远城将军张绍曾电呈乌兰察布盟扎萨克来文，以共和为扰害蒙古、抛弃佛教，破坏游牧，请民国内务部嗣后关于饬令遵行新政异怪各事件，暂行停止等语。查优待蒙、藏、回民族条件第七条：蒙、回、藏原有之宗教，听其信仰，是宗教申明信仰，何有抛弃之事？第二条：保护原有私产是产业申明保护，何有破坏游牧之事？又参议院议决公布待遇蒙古条例第一条，中央对于蒙古行政机关，不用"殖民"等字样；第二条，各蒙古王公原有之管辖、治理权一律照旧，是皆重在维持蒙古原有权利，何有扰害之事？又原电，该盟呈内指销除藩属名称为混乱蒙人种族一节，查宣布共和，迭经申明，联合汉、满、蒙、回、藏五大族为中华民国，名为蒙旗，何得诬为混乱？至不用理藩字样者，所以进为平等，免致待遇偏畸。中央刻又复封达赖，振兴黄教，各呼图克图来京及顺助者，均加进封号，优予礼赉。蒙、回王公之赞同共和者，亦并优进爵秩。民国优待蒙、回、藏各族，崇重宗教，实有确征，无非欲同我太平安生乐业。惟该盟原呈既多有误会，自应赶为宣播，以释群疑。即由国务院将优待蒙、回、藏各族条件，待遇蒙古条例及复封达赖，礼赉各呼图克图，优进各王公爵秩等公布，命令译成各体合璧文字，刊刻、颁发各旗、各城，榜示晓谕，俾众周知，此令。中华民国元年十月二十三日。

临时大总统训令第五号(法令)

令国务院

前清理藩部之设，意在柔远，而奉行不善，流弊百出。凡封降袭替以及年班请假等事，经手官吏，任意婪求，不遂其欲，则挑剔多方，延搁不办，往往请袭之案，积压至十余载。汇请之案，挑补仅一二人，甚且诪张为幻，至有改写假印冒收等弊，所发俸饷、口粮，亦多亏短、克扣，致使蒙、回、藏各部官民，积憾日深，怀诚莫达，甚非所以示大公也。民国成立，改设蒙藏事务局，力加整顿。书吏通事之名，久经裁废。袭荫封赠等费，并准豁免。所有该局事务亦皆次第厘饬，积弊一清，特恐未及周知，亟应重为申诫，嗣后关于札付、度牒、商票各项陋规均即一律禁革，并责成该总裁等督饬所属，于应办事件随到随办，公发公收。应发款项，悉核实放给，毋任稍有弊混，违者从严究处。其向来馆商喇嘛以及身后办事人等，勾结夤缘，习为惯技。虽经该局严禁，难保无不肖员司私与往来，或是项人等借名影射，巧为尝试。应由该局通行各蒙旗部落、各喇嘛庙，一应事件，直接呈局，勿受欺朦。遇有暗敲明索、招摇撞骗情事，由局随时侦察，并准蒙、回、藏王公、官民赴局控告，一经查实，悉予严惩。现在共和成立，五族一家，该局对于蒙旗人员，务当宣布公诚，优加礼意，力矫前此凌慢、隔阂之习。至在外将军、都统、办事长官，各衙门亦应厘定规章，共祛宿弊，即由国务院分别转行、遵照办理。此令。中华民国元年十一月二十七日。

临时大总统令(法令)

乌兰察布盟长、四子部落旗郡王勒旺诺尔布，输诚内向，愿赞共和，并拟劝导各旗同心效顺，应即进封亲王，以示优奖。此令。中华民国元年十一月三十日。

内务部布告第一号(部令)

现在国体既定，联合五族，组织新邦，情洽谊孚，相亲相爱，洵足以昭大同之盛治，而奠民国之初基。凡我国民，允当体验斯旨，协力进行。至于士人之议论，报纸之言词，尤足以尽先觉觉人之责，袪除共和障碍，端赖融洽感情。本部有整理内务之责用，特剀切劝告，俾众周知，务使蠲除意见，免启猜嫌举动，不存乎岐视言论。胥择其和平开诚，相接一道，同风将见。中国一家，四海兄弟内部之情谊日孚，外来之忧患可弭，民国前途实攸赖焉，特此布告。中华民国元年十二月初三日。

临时大总统令(法令)

郭尔罗斯后旗札萨克贝子布彦楚克效忠民国，业经优加爵赏，其随从各员襄赞勤劳，自应量予奖励，以资观感。该旗二等台吉布彦图古楞，应给予头等台吉。梅楞章京望楚克，应给予管旗章京衔。台吉克里克色木、帔勒丹赞呢玛、那逊乌勒吉、呢克莫特等四员应给予二等台吉，孟柯德勒格尔、巴图尔托克、达玛克等三员应给予三等台吉，此令。中华民国元年十二月初四日。

阿拉善、额济纳两旗札萨克等拒逆助顺，翊赞共和，实属深明大义，亟应优予封奖。阿拉善旗亲王塔旺布鲁克扎勒无爵可进，应移奖其次子头等台吉，达里旺喜从优进封镇国公二等台吉，精米子珊格应进封头等台吉，三等台吉萨本应进封二等台吉，此令。中华民国元年十二月初五日。

据蒙藏事务局呈称科尔沁札萨克和硕亲王阿穆尔灵圭，请将所得爵秩追封故父，并给予其已故嫡母及现存生母应得封典等语。该亲王效忠民国，业经优予褒奖。兹据陈请各节，自应特加封锡，以彰前烈，而慰孝思。该亲王之故父贝勒那尔苏应从优追赠亲王，其已故嫡母爱新觉罗氏，应从优追封福晋，其现存生母王氏应一并进封福晋，此令。中华民国元年十二月十一日。

据前达赖喇嘛罗布藏吐布丹甲措济寨汪曲却勒朗结致蒙藏事务局总裁贡桑诺尔布函称，前因教务，由京回藏，振兴教务，竭力整顿，以革去名号，暂居大吉岭。去冬，川省事起，藏中至今未靖，意欲维持佛教，请转呈妥商等语。现在共和成立，五族一家，前达赖喇嘛诚心内向，从前误解自应捐释，应即复封为诚顺赞化西天大善自在佛，以期维持黄教，赞翊民国，同我太平，此令。中华民国元年十月二十九日即壬子九月二十日。

现在国体改定，联合五族，组织新邦，必宜使畛域胥除，情谊日洽。查旧例于汉满、汉蒙，皆有擅通婚姻禁令，而回、藏两族与汉族结婚者亦少。近年，屡议豁除旧禁，疏通习俗，或颁布而尚少奉行，或劝告而犹多疑阻。刻下，共和伊始，五族一家，若仍于婚姻一节，有此疆彼界之拘，则暌隔殊多，何以免参差而昭联合。为此，用劝汉、满、蒙、回、藏五大族各宜互通婚姻，一以除异同之迹，一以期情谊之孚。其习俗确有窒碍，如缠足等类均宜急为更改。所望五大族士绅、耆老，苦口相勖，毅力坚持，作为楷模，用广推暨庶。我国民共除旧见，敦睦新欢，行联合之实，使我五大民族相亲相爱于无极，所有各地方民政、各机关，均即出示劝谕，俾众周知，益扩胞与之怀同登熙皞之治，是则本大总统所厚望焉，此令。中华民国元年四月十三日即壬子二月二十六日。

兹按照众议院议员选举法第一百二十条，制定蒙古、西藏、青海众议院议员选举施行令公布之，此令。

蒙古、西藏、青海众议院议员选举施行令：

第一条，蒙古、西藏、青海之议员选举，除本令特有规定外，均适用众议院议员选举法施行细则；

第二条，每届选举，由选举监督于法定关于选举事项之最初日期以前，设办理选举事务所；

第三条，各选举区之本管各地行政长官得依前条之规定，设办理选举事务分所，但须呈报于选举监督。办理选举事务分所办事细则，由选举监督定之；

第四条，依众议院议员选举法施行细则第三十三条至三十五条规定之旅费、经费、公费适用国会、省议会第一届选举费用补助之；

第五条，选举资格调查表、选举人名册、投票簿、投票纸及封筒、投票匦、投票录、开票录、选举录，及当选证书，别以表示[式]定之。前项选举资格调查表，得由选举监督临时自定之；

第六条，投票纸依式制定时，除用汉字外，并以各该地通用文字译印于投票纸之里面；

第七条，依法颁发选举通告时，除用汉字外，并以各该地通用文字译书于该通告之后方；

第八条，本令自公布日施行。中华民国元年十月初五日。

论中国政府为西藏的患难弟兄(论说)

西藏自从唐代以来，已经彼此交好。自元朝到清朝，更为和睦。想到从前准噶尔贼寇，大举入藏，焚杀劫掠，全藏人民，四处奔窜，前辈达赖喇嘛，逃至甘肃、西宁，前清政府发了无数汉满军人，好容易攻灭准噶尔，给与藏中避难人民牛羊米谷衣服，又用大兵护送达赖喇嘛归藏。后来廓尔喀又侵犯藏地，攻破后藏扎什伦布，前辈班禅喇嘛，逃奔布达拉，政府又发兵攻退廓尔喀，恢复后藏，厚加抚恤。

当时准噶尔的力很大，准噶尔的心很毒，想把全藏人民杀尽，他好霸占藏卫阿里地方。政府因救西藏，并因尊崇佛教，保护达赖喇嘛，跟他打了好几年仗，用去无数的银，死了无数的人，事才平定，可仍旧把西藏的土地，归还西藏人地方自治。至于从前廓尔喀，也想吞灭西藏，杀进藏中两次。若非政府发兵打败，追到他的阳布京城，西藏岂能安安逸逸到今日吗？大凡一个人到了患难的时候，平日一班酒肉的朋友，都是远远的垛(躲)避，只有结识的有血性好友，不必向他告帮，他自然会得拔刀相助，事平之后，不索酬谢，而且还要用尽心思、财力帮助他起来，这才算是患难的兄弟。

中国政府素来对于西藏，就尽这有福同享、有难同当意思。至于酒肉朋友是怎么讲呢？是在平时看着他富足，想沾他的光，假做与他要好，约为兄弟等等。其实呢，吃喝他的酒肉，还是小事，等到他一个人身上，或一家子里头，发生出患难事情来，他就趁风打劫，投井下石，弄得他家破人亡，那其间才反悔以前受人愚弄，结识一班不相干的外来朋友，简直到一个无家可归。知道失算，已来不及了。所以做一个人，总要有个患难弟兄，在乎在老弟兄里边，自己想想从前的交好，联络联络，不要因些微的小事，自断交情。况现在民国，是合五大民族合成，好比同胞弟兄五人，齐心合意，振起家业，并无上下之分，尔我之别，一家子的事情，自应一家子的出力，若听了外人的指使，自己里头先扰乱起来，这岂不是自讨苦吃吗？

论佛法足以发挥共和之精神

佛教是释迦牟尼佛所创的，要知道佛法的好处，先要知道释迦牟尼佛的出身，再研究他所以立教的本意，仔细体会起来，才知道世界上的国度，脱离专制，建设共和。这民国的精神，是从佛法上发挥出来的。

释迦牟尼佛生于去今二千九百三十九年前，他降生的地方，就是印度的中天竺迦昆罗皤萃图国王的家里，他是国王的世子，即是迦昆罗皤萃图国将来的王，印度各国的体制，是把人民分作好几等，一层一层地分出尊卑贵贱来，叫做阶级制度。这个阶级制度，第一级为僧侣，第二级为王侯及武人，第三级为平民，第四级为力役。说到他们的压制，把我国蒙古的情形，比较起来，蒙古的喇嘛并王公不过在名誉上尊贵一点，并不似他们这样的专制。说到王子，是最尊、最贵的了，可是佛爷心里，好生难受，以为一样天生的人类，何以分出这个等级来，层层相压，使小民永远不得出头？又有着[?]印度所传婆罗门教，虽说劝人为善，无非是替专制的王，保护君权无限的魔障，一切众生生老病死，必尽世间种种的苦难，永远跳不出这个阶级的范围。所以自己在十九岁上，逃出王府，遁入深山，这就叫做王子出家。当时佛爷若不出家，还是依然做他最高级的王子，还要预备着做更高级的王，佛爷自己愿与民人平等，那就不能不出家了。再说到他出家之后，在这六年之中苦行清修。如何叫做苦行清修呢？就是脱离了王子种种的享用，把自己与劳苦小民一样，一切世间消受尊贵的欲念，全不上他的心来，斩发毁容，断臂忍痛，都是克制欲念的发生。等到因果证明，出山化度，现身说法，普渡众生，在世四十九圆寂。在佛爷自己，果是大彻大悟的了，可是一切众生，直到现在，才把佛爷的说法体会出来，竟然立了一个亚细亚洲的共和国，佛爷有知，也点头微笑了。我且把佛爷在世说法的好处，稍微解释出来。

怎么叫做平等？就是人跟人都有天生的能力，都有天生的地位，不得以人的意思，定当出上下来。佛说上至天神，下至蝼蚁，佛眼一样看待，这就论到平等的极点。天神蝼蚁，尚且一律，至于人跟人，更不用说了。如今五族共和，合成民国，一点没有种族之见，就是平等的好处。

怎么叫做观自在菩萨？菩萨就是神，自在就是自由，除去了阶级制度，人人保着公有的国家，人人安着公行的生计，无拘无束，好不自在，就是自由。这自由的神，在苦海之边，只眼望著人间世及早回头的好信息，便来拯救，所以这菩萨又称为观世音。如今民国的共和人民，就是菩萨的信徒。

怎么叫做苦海？怎么叫做十八层地狱？苦海就是形容当时印度阶级制度的专制世界，所以沉沦苦海之中，只要猛省回头，便登彼岸。观自在菩萨在岸上，洒去一滴杨枝水，便能普救众生，看着苦海，具大慈大悲、救苦救难的热心。其奈世人，执迷不悟，以贵压贱，以尊压卑，一层克制一层，永无超生之日。所以佛说苦海之底，还有十八层地狱，刀枪水火，磨难更多，若一回头，便可转轮入世。如今五大民族，扫除专制，同享共和幸福，这就是从十八层地狱之底，转轮过来，皈依观自在菩萨跟前，享用自由之乐了。

怎么叫做天堂？佛言天堂在三十六天之上，无贵无贱，无尊无卑，皆大欢喜，同享快乐。这就表明世人历受阶级制度上的苦难，若能色相一空，看破人世间所谓荣华富贵，人格自然一天高似一天，这就到天堂之上了。如今民国的大总统，也由五大民族里头公举出来，也不过是人民里头请他来做个代表，并不似从前的皇帝，有专制的君权无限。再说到一切官吏，也是人民的办事人，是代替人民办着国家大事，吾们人民可以大家安居乐业。这样说来，如今五族一致共和，建成民国，扫除一切层层压制的苦，这就是都在天堂之上了。

总之，佛爷的意思，是在劝化印度地方，不要有这个阶级制度，如若执迷不悟，自贼同类，那就要沉沦苦海到十八层地狱了。其余印度的人，至今未明白他的微言妙旨，还是不平等，那就没有自在的一日，幸而佛爷降生的本洲，总说不到三千年，竟然发现了一个亚洲共和国，把释迦牟尼的救世苦心，体会出来。我们中华民国，真是一个佛国了。

静修禅师土观呼图克图呈大总统报明倾向共和，提倡劝导情形，并派员呈进贶品文并批（文牍）

敬肃者，本呼图克图世受国恩，谨遵前世教育，推广教务，维持已久。兹仰赖我大总统五族共和成立，中华民国五族人民共享幸福，本呼图克图实深钦佩之至。且我佛教法道从无阶级之分，惟以勤习经卷、普济群生为宗旨。共和精神适与本佛教法道更相符合，故先遣派沙毕进大总统贶品，其所遣达常斯达巴中途患病旋回，未久身故。今本呼图克图复遣派沙毕副长、达斯达巴、叶色木布、德钦扎巴等呈进大总统无量寿佛一尊、哈达一方、花氆氇四卷、紫藏香四十束呈送，至时伏乞大总统鉴准赏收，聊表本呼图克图倾向之微忱，伏思同处今日之世。自应各竭其所能，尽力国事，以谋我中华民国平安之幸福。本呼图克图之前世喇嘛，深得各盟信仰，自各札萨克王公以至官员人等，均有师徒之名分。本呼图克图惟情愿到处在各施主前宣布五族共和之善处，开导解释赞助共和，不无不补。奈道路遥远，遽难立至，实属焦灼。复接库伦哲布尊丹巴活佛屡次来函，今本呼图克图赞成北蒙等语。本呼图克图世受中国之恩，正欲报效国家，力有未逮，岂忍随从扭挠共和？今本呼图克图于设教地方之僧俗众徒时，以五族为一家，一律平等，同享受国家之幸福相诰勉，所有本呼图克图提倡劝导情形，合并声明，谨请大总统德安，伏乞钧鉴。

批：据呈已悉，该呼图克图拒逆助顺，翊赞共和，洵属洞明大义，有光佛教。兹复呈进贶品，具见悃忱，应先传令嘉奖，并由国务院转饬蒙藏事务局酌拟加进名号呈候核办，以资奖励，此批。中华民国元年十二月初九日。

答问

问：中国改称中华民国是何意思？

答：汉满蒙回藏五大民族所有的地域，就叫作中华；共和国是注重民权的，故称民国，就是五族地域以内，这许多人民的国家称曰中华民国。

问：何为共和政体？

答：世界各国政体约分为三种：

（一）君主专制政体

就是君主一人处理国家大事，以意为法，独断独行，不顾人民的意向，不受法律的约束，但以君主为至尊，人民必须绝对的服从，故其国政常流于专横。例如现在的俄罗斯，从前的中国，全是君主专制政体。

（二）君主立宪政体

就是由君主制定宪法，一国共守，按照宪法立定的规矩作为国权行动依据，其中有两个要件与专制不同。第一是立法、司法、行政三权分立，不许互相侵犯；第二是由国民选举设立国会,使国民参与立法权。看来虽不似专制国那样专横,却仍拥戴一个君主,这君主依然操持大权,神圣不可侵犯。例如西洋的英国、德国,东洋的日本国,全是君主立宪政体。

(三) 共和立宪政体

就是一国的主权纯然操诸人民之手,由人民之中选出大总统,遵照宪法行使大权,经过几年改选一次,并不拥戴一个君主永远操割全国人民应享的权利,乃是与君主专制纯然相反的政体,故其国政绝无专横之弊,例如阿美利加洲的美国,欧罗巴洲的法国及现在中国改组的中华民国,全是共和立宪政体。

问:何谓大总统?

答:共和国的元首,称为大总统。这大总统,是由人民选出来统治国家的,有一定的任期,满了任仍然作百姓,与那世袭的君主,迥乎不同。

问:何谓主权、何谓统治、何谓统治机关、何谓统治权?

答:国家本如同一个人,是有利权的,这个权力,叫做主权。建用这个主权治理国家的事业,叫作统治。设出各项的机关,执行各事,例如各衙门官厅,叫做统治机关。大总统立于统治机关之上,所总揽的权,叫做统治权。

问:大清皇帝退位诏上说:“将统治权公诸全国”,是何意思?

答:专制国的统治权,是皇帝独揽,共和国的统治权,是大总统独揽。大总统本是由全国人民里选举出来,替人民总揽统治权的,所以说共和国的统治权,是公诸全国的。

问:何谓行政机关?

答:国家因为要成其为国家,就必须有各项政治,所以立出官厅来,治理人民,执行政事,叫作行政。这官厅就是行使国权的机关,除去立法、司法两种机关以外,全属于行政机关。

民国对于满清帝室优待条件(专件)

清帝退位,召集国会议决政体问题,经袁世凯与伍廷芳叠次电商,迄无成议。北方将领亦多主张共和,清帝遂愿退位。由袁世凯与伍廷芳商定办法,本日下诏宣布:其一,前因民军起事,各省响应,九夏沸腾,生灵涂炭,特命袁世凯遣员与民军代表讨论大局,议开国会,公决政体。两月以来,尚无确当办法,南北睽隔,彼此相持,商辍于途,士露于野,徒以国体一日不决,故民生一日不安。今全国人民心理多倾向共和，南中各省既倡议于前，北方诸将亦主张于后，人心所向，天命可知，予亦何忍？因一姓之尊崇，拂兆民之好恶，是用外观大势，内审舆情，特率皇帝将统治权公诸全国，定为共和立宪国体。近慰海内厌乱望治之心，远协古圣天下为公之义。袁世凯前经资政院选举为总理大臣，当兹新旧代谢之际，宜有南北统一之方，即由袁世凯以全权组织临时共和政府，与民军协商统一办法。总期人民安堵海宇乂安，仍合满、汉、蒙、回、藏五族完全领土为一大中华民国，予与皇帝得以退处少闲，优游岁月，长受国民之优礼，新见郅治之告成，岂不懿欤？其二，前以大局阽危，兆民困苦，特饬内阁与民军商酌优待皇室各条件，以期和平解决。兹据覆奏，民军所开优礼条件于宗庙陵寝永远奉祀、先皇陵制如旧妥修各节均已一律担承。皇帝但卸政权，不废尊号，并议定优待皇室八条，待遇皇族四条，待遇满、蒙、回、藏七条，览奏尚属周致，特行宣示。皇族暨满、蒙、回、藏人等，此后务当化除畛域，共保治安，重睹世界之升平，胥享共和之幸福，予实有厚望焉。

（甲）关于大清皇帝辞位之后优待之条件，今因大清皇帝宣布赞成共和政体，中华民国于大清皇帝辞位之后优待条件如左：

第一款　大清皇帝辞位之后，尊号仍存不废，中华民国以待各外国君主之礼相待。

第二款　大清皇帝辞位之后，岁用四百万两，俟改铸新币后，改为四百万元，此款由中华民国拨用。

第三款　大清皇帝辞位之后，暂居宫禁，日后移居颐和园，侍卫人等照常留用。

第四款　大清皇帝辞位之后，其宗庙陵寝永远奉祀，由中华民国酌设卫兵，妥慎保护。

第五款　德宗崇陵未完工程，如制妥修，其奉安典礼仍如旧制，所有实用经费由中华民国支出。

第六款　以前宫内所用各项执事人员，可照常留用，惟以后不得再留阉人。

第七款　大清皇帝辞位之后，其原有之私产由中华民国特别保护。

第八款　原有禁卫军归中华民国陆军部，编制、额数、俸饷仍如其旧。

（乙）关于皇族待遇之条件：

一　清王公世爵概仍其旧。

二　清皇族对于中华民国国家之公权及私权与国民同等。

三　清皇族私产一体保护。

四　清皇族免当兵之义务。

（丙）关于满、蒙、回、藏各属待遇之条件。今因满、蒙、回、藏各民属赞同共和，中华民国所有待遇者如左：

一　与汉人平等。

二　保护其原有之私产。

三　王公世爵概仍其旧。

四　王公中有生计过艰者，设法代筹生计。

五　先筹八旗生计于未筹定之前，八旗兵弁俸饷仍旧支放。

六　从前营业居住等限制一律蠲除，各州县听其自由入籍。

七　满、蒙、回、藏原有之宗教听其自由信仰。

以上条件列于正式公文，由两方代表照会各国驻北京公使转达各该政府。

大总统令满蒙回疆归内务部管理（专件）

令曰：

现在五族共和，凡蒙、藏、回疆各地方，同为我中华民国领土，则蒙藏回疆各民族，即同为我中华民国国民，自不能如帝政时代，再有藩属名称。此后蒙藏回疆等处，自应通筹规画，以谋内政之统一，冀民族之大同。民国政府于理藩不设专部，原系视蒙、藏、回疆与内地各省平等，将来各该地方一切政治，俱属内务行政范围。现在统一政府业已成立，其理藩院事务，著即归并内务部接管，其隶于各部之事，仍归画各部管理。在地方制度未经划一规定以前，蒙、藏、回疆应办事宜，均各仍照向例办理。民国元年四月二十二日即壬子三月初六日。

专　件

内务部通咨、照会沿边各路将军、大臣、办事长官，共和改组，蒙汉一体，勿听谣诼，共乐生成文。

为通咨、照会事，现在国体改定，联合五族，组织共和，所有蒙古一切政治，自应明定办法，以一趋向，而靖人心。查宣布满、蒙、回、藏待遇条件，如保护原产、世爵仍旧及宗教自由信仰各条，所有保护蒙古旧有权利、维持习惯者，实已曲为体贴，备征周致，昭示薄海，永远遵行者也。乃近来蒙境好事之徒，乘国基初定，胥动浮言，或以更改旧制为疑，或以增加各税为虑，意存观望，未尽归怀，殊于大局关碍匪浅，为此通行晓谕，共和改组，以国利民福为归。此后于蒙古生计，但有培养，必无朘削；于蒙古法令，但施宽大，必无严苛。不特王公、台吉等咸可永保禄位之尊荣，即壮丁各项人等亦必令生业共安，恒产长亨。凡行政各机关，对于蒙施设者，一以不易其俗、不异其宜为宗旨，决不轻改旧制。该蒙古、王公及各项人等尚其勿听谣诼，共乐生成，长游熙皞之天，胥敦慈善之教，合蒙汉为一体，视边腹如一家，是所深望也。民国元年七月二十九日。

1913 年 1 月，第一号

图　画

国务院赵总理（图略）

蒙藏事务局荣副总裁（图略）

临时大总统令（法令）

土观呼图克图倡导徒众翊赞共和，并派遣沙毕常斯达巴来京，呈递贶品，备抒悃忱。前经先行传令嘉奖，应即加封圆觉妙智名号，赏坐黄帏车并赏银五千元。其派遣来京之沙毕常斯达巴、菲色木布、得钦扎布应均给予绰尔济名号，以昭激励，此令。二十一日。

察罕殿齐呼图克图赞助共和、倾心内向，兹复来京谒见，备抒悃忱，应即加封普应真如名号，赏坐黄帏车并赏银五千元，其随同来京之瑞应寺商卓特巴札萨克喇嘛业希桑布，普安寺毕立格图默尔根堪布之代理札萨克喇嘛业希毫尔罗应均赏用紫缰，以昭激励。此令。二十一日。

论改用阳历之理由（论说）

吾们中国五大民族计时算月，向来是用阴历的，从前国家颁布时宪书，官府国民一律遵守，上下通用，已成习惯。即是日本国起先也是跟着中国一样用阴历的，后来维新立宪，就改用阳历，他们的国民起初也觉得不很方便，慢慢儿也就用惯了。现在地球上大小各国多是用阳历的，吾们中国何以泥守古法，一定要用阴历呢。我国的政体今已改专制为共和，所有向来不适当的事情，无论何事，终得择善而从，组织一个完完全全的文明大国，才可竞争于世界。但是既要与欧美各国抗衡，这国民的知识应该一律须要弃旧从新，切不可固执旧见。即此改用阳历一层，国民万不可误会，其实阴历与阳历并没有什么大差异。现把阴历、阳历的用法，先为解释，再把改用阳历的理由，详细说明，研究研究，自然明白了。

阴历向以寅月为岁首，三百五十四日为平年，以日月合朔为一月，每月的第十五日叫做望日，望日的夜月光圆正无缺，一月之中，晦朔弦望，盈亏有定，循环往复，毫无差误。三年之间，必有一个闰月，五年须再闰，所以每历十九年，共有七个闰月。若论阳历，定以三百六十五日为一年，过四年则加一日，谓之闰年，以一年三百六十五日作十二次分配，与阴历十二月大概相同，每逢一、三、五、七、八、十、十二等月，是三十一日，逢四、六、九、十一等月，是三十日，惟有二月，平年是二十八日，闰年是二十九日，如此轮转，岁岁如常，永远不变，所以阳历比较阴历简便得多。

自从我们五族共和，建设中华民国之第一年，就把阴历废去，改用阳历。但是我们国民，因为改用阳历一层，有些不明白这个缘故的，他们就互相议论起来了。有说是跟着外国学的，有说是换了天下，应当改正朔的，有说是为的不用前清制度的，更有说这一改阳历，二十四个节气也没有了，天气的冷热，也就改变了，以后的春夏秋冬，都要颠倒了。岂知阳历比阴历，名虽不同，论其实际终是一理，不过阳历是按照日轮的自转推算，阴历是按照月球的自转推算，至于十二气、十二节，更有一定的度数，地行轨道，常年三百六十度，一年一周，一年之中，分为四象，每象九十度。何谓四象？即是四时的春分、夏至、秋分、冬至。再把每象分作六分，以十五度为气，十五度为节，但是各节气所历的时日不等，而所距的积度是一定不易的。所以中国古时，周朝是建子的，商朝是建丑的，夏朝是建寅的，正朔各自不同，若论其敬授民时的意思，那时候并没有耽误了什么。现在中华民国改用阳历，固然一时觉得不便，但是其中有几种的关系，所以不能不更用阳历。

第一是关于统计上的理由。国家行政上财政问题，不论何事何款，都要预算，若用阴历，有闰月夹在里面，不免参差不齐，算不清楚。即如债权一层，从前国家是很吃亏的，阴历是三年一闰，五年再闰。我国所欠的借款，累累绵绵，每逢闰月，利息就必增加，按七年三闰计算，利息加多很是不少。这些利息，政府不能悬空生出来，无非国民拿出来的，国民的担负，所以愈增愈重。现在改用阳历，为的是与外国一律，把这闰月消纳于年岁之中，我这借款利息，可就省得不少，国民的担负，自然轻得多了。所以改用阳历，是国民的益处，何必不遵用呢？

再者，关于外交上的理由。我国站在列强四面之中，断不了来往的国书，交涉的事情，订立的条约，各国通用阳历，我国独用阴历，书载年月日时，多费一层周折，现在改用阳历，与各国通同一律，岂不简便了当吗？

总之，阴历、阳历本是一理，无非推算地球与日月的行动而已，从前中国古时的建子，仿佛就是阳历，旧历的十一月，称为子月，以十一月为正月，岂不是现在的阳历吗？所以这阳历，并非外国创造的，现在中国改用阳历，因为简便起见，并没有什么别的意思。吾们国民知道这个理由，也就明白了。

蒙藏事务局沿革记(上)(要闻)

发端

有人说道，现在吾们中华民国，是五大民族组织成的共和国体，既然如此，汉、满、蒙、回、藏五族的人民是一律平等的，再没有什么分别，何以蒙藏的事务，又要另设一局处理起来呢？蒙藏既要设局，满、回二族的事务，难道也要设局了吗？可不知道蒙藏事务局的性质，和那设局的理由，自有个讲究在里头，试为解释解释，自然可以明白了。蒙藏事务局的由来，确是参议院议决的，这参议院里头的议员，是吾们五族国民选举出来的，五族人民既是平等，所以都有选举权，也有被选举权，议员既是我们五族国民选举的，那参议院是我们五族国民的代表了。参议员的意思，即是我们国民的意思，他们那一天讨论设立蒙藏事务局的时候，五族人民的代表都有在内，议的时候，斟情酌理，几次三番方才议决。总之，蒙藏事务局的性质，非比从前的理藩部，现在的内容，乃是蒙藏人的机关。中央政府对于蒙藏有什么设施、方法，必然先与蒙藏事务局先行商议。蒙古、西藏对于中央政府有什么事情商量，也可以由蒙藏事务局转达意思。名虽为办事的局所，其实是联络感情、通达意思的机关。如此说来，不至于再有误会了。至于回族，一方面情形可是不同，新疆等处，在前清时代，早已改为行省，行政自有范围，无须另设机关。况且陕甘一带，回、汉久已杂居，互通情谊，很有同化气象，就是缔造共和的时候，回族首先赞成，甚为出力，但是宗教上关系，或有种种事情，只可附于蒙藏事务局内。若说民国对于满清，另有优待条件。总而言之，关于满、蒙、回、藏各属待遇的情形，既与汉人一律平等，非但不分畛域，而且各无意见了。设立蒙藏事务局的理由，既已说明，再把蒙藏事务局沿革的历史，也得详细叙述，才可明白蒙藏事务局和理藩部性质之不同。

理藩部之旧制

现在理藩部既经消灭，何必再说到“理藩”二字？因为要说明蒙藏事务局和理藩部性质不同，不得不把从前理藩院的制度提说起来。“理藩”二字，是君主国专制时代对于外藩管理一切的意思。前清乾隆时所定的会典上，载有理藩院掌内外藩、蒙古、回部之政令，控驭抚绥，以固邦翰。所属有：旗籍司、王会司、典属司、柔远司、徕远司、理刑司等，各司其职，管理外藩。从前满清的制度，汉族完全为他管理，固不必论，蒙、回、藏等族，都列为藩服。理藩院的制度，是专理蒙、回、藏的事情。君主对于藩属，所谓柔远之意，当时情形，立法也真不差，无如后来日久，弊病丛生，生出种种的恶感。到了光绪年间，也想到剔除积弊，改理藩院为理藩部，哪晓得积弊难除，就是改院为部，不过改头换面的样子，根本上毫无变动。现在民国成立，岂得再有外藩之称？五族既成一家，没有什么彼此，蒙藏的事情，即是国内的事情，既是国内的事情，自然应归内务部办理。于是政府命令，把前清理藩部所管蒙、回、藏各种事件，交归内务部接收，名正言顺，乃是正当办法，然而过渡时代的接替，又有一番的经历。

理藩部之消灭

缔造共和，南北统一。清帝逊位时，北京设有临时筹备处，筹备处所定的规则，为临时大总统未就职以前的行政机关，内中设有边事股一处，对于东三省、蒙古、西藏以及各边省地方之特别计画，维持现状，并预备将来办法。向来理藩部的制度，设有尚书、侍郎等职，辛亥九月，清廷组织内阁，各部都改尚书为大臣，侍郎为副大臣，至清帝退位，又改称正副首领。民国元年三月初七日，大总统命令：理藩部正首领达寿，因病不克进署，恳请另委接替等语，理藩部正首领，委任荣勋兼管，此令。后来南京参议院，迁至北京，继续开议，组织临时政府，布置各部官署，要把理藩部归并于内务部。四月二十二日，大总统令：现在五族共和，凡蒙、藏、回疆各地方，同为我中华民国领土，则蒙、藏、回疆各民族，即同为我中华民国国民，自不能如帝政时代，再有藩属名称，此后蒙、藏、回疆等处，自应通筹规画，以谋内政之统一，而冀民族之大同，民国政府于理藩不设专部，原系视蒙、藏、回疆与内地各省平等，将来各该地方一切政治，俱属内务行政范围。现在统一政府业已成立，其理藩部事务，著即归并内务部接管，其隶于各部之事，仍划归各部管理，在地方制度未经划一规定以前，蒙、藏、回疆应办事宜，均各仍照向例办理，此令。

蒙藏事务局之发生

自从蒙、藏、回疆的事务，归并内务部之后，内务部的事情，觉得太烦，实在忙不了，所以要想增一位次长。六月二十日，参议院的议案，大总统交议修改官制通则，由法制股审查长报告，说明审查会否决内务部增添次长的理由，以为一部设两次长，并非审查会绝对的反对，但是政府没有说明事务权限，况且各部多是一人，如果内务部增添次长一人，恐于法制上不免冲突。再则事实上又不把蒙藏事务专归该次长管理，即使该次长专管蒙藏事务，也要增设蒙务司、藏务司等附属的机关，如此则有各司各科，专办蒙藏事宜，即一次长，也可以帮助总长，何必再增一次长？但是只改蒙务司、藏务司，以期蒙藏事务之发达，恐怕有所不能，况且该部已分蒙藏事务与内务行政为二，一专理本部内务行政，一专理蒙藏各种的行政，照此情形，反不如另设一部的好，有此种种理由，所以把该案否决。又说蒙藏事务的办法，以后尤要主张积极，约法上规定五族人民平等，但是蒙藏的文化上、经济上、教育上、与内地恐不能一致，所以须要积极主义，方可发展蒙藏的事务，然后才可为蒙藏同胞谋幸福，才可以达到五族人民平等的目的。所以决定另设特别机关，专管蒙藏事务，并非对于蒙藏有特别的政策，实在因为注重蒙藏事务起见，不得不然。其机关取名为蒙藏事务局，直隶于国务总理，报告完毕。各议员讨论再四，议长道："讨论终局，设立蒙藏事务局，隶于国务总理，如果赞成的起来表决。"当时多数起立，就此议决，即由参议院咨请大总统，把蒙藏事务局的官制案提出交议。

蒙藏事务局官制之规定及颁布

元年六月十二日，大总统交参议院议蒙藏事务局官制案，当由政府委员说明理由，说是本草案根本参议院的意思，以蒙藏事务须要另设特别机关，所以提出官制案。蒙藏两处，与内地情形大相悬殊，当在前清时代，有理藩部管理此事，现在专部不设，而事情又很重要，所以要设特别机关，名为蒙藏事务局，此局组织情形，又与各部不同，政府斟酌情形，所以官制草案亦不能一律，关于条文上之规画如此，请为付议。讨论数次，议决官制如左：

蒙藏事务局官制：

第一条　蒙藏事务局直隶于国务总理，管理蒙藏事务。

第二条　蒙藏事务局置职员如左：

总裁　简任　.

副总裁　简任

参事　　荐任

秘书　　荐任

佥事　　荐任

主事　　委任

执事官　委任

第三条　总裁一人,综理局务,监督所属职员。

第四条　副总裁一人,辅助总裁整理局务。

第五条　参事二人,承总裁之命,掌拟定及审议法律、命令案事务。

第六条　秘书二人,承总裁之命,掌理机要事务。

第七条　佥事八人,承总裁之命,分掌局务。

第八条　主事十二人,承长官之命,辅助佥事分掌局务及编译事务。

第九条　执事官四人,承长官之命,掌接待及传译语言事务。

第十条　蒙藏事务局得商承国务总理,酌设顾问作为名誉职员。

第十一条　蒙藏事务局为缮写文件及其它庶务,得酌用雇员。

第十二条　蒙藏事务局附设蒙藏研究会,掌研究、调查蒙藏一切事宜,其组织法另定之。

第十三条 本制自公布日施行。

元年七月二十四日,大总统令:参议院议决蒙藏事务局官制,本大总统按照约法第三十条公布之,此令。

蒙藏事务局之成立及迁徙

元年七月二十九日,政府任命姚锡光为蒙藏事务局副总裁,并暂兼署总裁。八月初五日,内务部通告,概不接收关于蒙藏的文件,是为蒙藏事务脱离内务部之始,蒙藏事务局暂设于东单牌楼苏州胡同,作为办公处。当由内务部派该处科员霍顺武等五员,将各项文件移交到局,姚副总裁即于是日接收视事。九月初四日,由国务院颁发汉、蒙、藏三体文字新印一颗,文曰"蒙藏事务局印",于初五日启用。九月初九日,大总统令:任命贡桑诺尔布为蒙藏事务局总裁,此令。贡总裁于十六日到任视事,贡总裁系蒙古卓索图盟协理盟长、喀喇沁札萨克亲王。十月二十八日,姚副总裁奉使宣抚口北。

大总统令:任命荣勋署蒙藏事务局副总裁,此令。荣副总裁于十月三十一日到任视事，蒙藏事务局于十一月十八日，由苏州胡同迁入前理藩部旧署办公。

用人之研究

当时参议院讨论官制草案的时候，法制审查会，将原案第五条参事四人改为二人。那一天，政府委员出席，说揣审查会减去两人之理由，以为参事一职，与各部官制比较，在各部官制通则中，参事亦极多只有四人。蒙藏事务局，仅仅一局，何必增设四人，此为审查会减去之理由。但此事不能以部与局比较，因为关系蒙藏之一切法律、命令，大概与内地法律、命令不同。凡内地法律、命令必不能施行于蒙藏，必要订定特别法律、命令，始可施行无碍。而订定此种特别法律、命令，又必须参事拟定，参事又必须熟悉蒙藏情形者，始可以称职。故蒙藏事务局，虽名为一局，而其事比较各部尤繁，然照此说，则关于法律、命令案事件，本汇集于法制局，此间又何必设置参事？但法制局人员，未必熟悉蒙藏情形，对于拟定、施行蒙藏的法令案，必不能称职，故须由蒙藏事务局参事拟定，并且关于拟定蒙藏的法律、命令事件，不独只熟悉蒙藏情形，并须精通蒙藏文字，然后拟定此种特别法律、命令案，行之于蒙藏地方，蒙藏人民始能明了。现在精通蒙藏文字，欲得完全人才，实在非常困难。本案规定佥事主事，任编译事务，虽有熟悉蒙藏文字的，可以任编译之责，然法律条文，翻译蒙藏文字，将精意全行达到，殊非易事。如此看来，参事二人，无论如何，必不能敷用。政府之意，主张参事四人，其时参议员多数反对增设四人，所以只定二人，但是政府的理由很充足的，限于参议员的议论，无可如何。现在局所既经成立，惟依官制规定的职员，于办事上极不敷用。听说近来蒙藏的事务，愈增愈多，各项事件，非常忙繁，非得修改官制，增添职员不可，否则于办事一面，不免困难万分了。

蒙藏事务局呈大总统拟准将多布藏喇嘛呼毕勒罕济克莫特之呼毕勒罕字样裁撤，封为多布藏呼图克图，请指令遵行文并批(文牍)

为呈请事，前本局以共和成立，五族一家，绥靖边陲，首在维持宗教，具呈。大总统请将内外蒙古各盟旗及西藏等处地方呼毕勒罕等无论已否赐有名号，拟一律再加封号，以示优崇。旋于中华民国元年八月二十八日奉批，据呈悉，事属可行，准由该局开单呈候核办可也。此批。奉此，当即照会各札萨克转行各该喇嘛活佛等开具清单，速送到局，以凭办理。兹准阿拉善札萨克和硕亲王塔旺布鲁克札勒呈报，查本旗福因寺自初次转世呼毕勒罕之多布藏喇嘛至前六辈系在番藏地方转世，故本处无凭清查。于乾隆四十六年，将本王高祖王罗布桑多尔济之第五子格勒克帕勒经班禅额尔德呢，以为多布藏喇嘛之呼毕勒罕，给予龙单谕文，转奏作为多布藏喇嘛之呼必勒罕。于嘉庆十九年圆寂后，将西宁所属番子转世呼毕勒罕入瓶掣出之多布藏喇嘛伊什丹彦。于光绪七年圆寂后，寻获该旗台吉之子呼毕勒罕入瓶掣出多布藏之呼毕勒罕济克莫特。以上系历世进京请安，充当洞礼经班差，现在中华民国恩泽溥及海内，施仁格外相应，据情呈报，伏乞转呈，请将多布藏喇嘛呼毕勒罕济克莫特之"呼毕勒罕"字样改为"多布藏呼图克图"注册，等因到局。查该寺多布藏喇嘛呼毕勒罕从前并无裁撤呼毕勒罕改为呼图克图成案，惟统系历世来京请安充当洞礼经班差复据该札萨克王据情代为呈请，自应照依所请，准将该多布藏喇嘛呼图克图由本局注册，以示民国维持宗教，格外优待之意，是否有当，理合呈请，大总统指令遵行，谨呈。

批：据呈已悉，应即照准，此批。

十二月二十四日

蒙藏事务局咨川边镇抚使送筹边高等学校毕业生谢璜等赴川边效力文

为咨行事，据筹边高等学校毕业生谢璜、谢巩、谢志杰等呈称，研究藏卫情形三载于兹，且籍隶川省。川边情形，知之素谂。值此边疆未靖，情愿自备资斧，前往投效，呈请发咨文、护照，等因前来。查国基甫定、疮痍未复，边疆多事，外患方殷，端赖群策群力，以挽救危局。凡属国民，苟有所长，自应量才器使。矧该生等研究藏事已有年，川边情形知之又谂，而贵镇抚使坐镇川西，抚驭藏卫，际此边疆风云紧迫之时，当必罗掘人才，俾资驱使，相应将该生等咨送贵镇抚使，量才录用，以取所长而裨边事可也，此咨。

十二月二十四日

蒙藏事务局致农林部预备招集农林大会可否由局通知各盟旗长派代表来京赴会函

敬启者，阅公报见贵部通电各省都督、民政长，准于明年二月一日在北京开农林大会，查蒙藏青海等处人民，向恃游牧为生，牲畜一项，最为发达。近年内蒙垦务亦次第进行，惟是蒙藏人民不娴耕种，尤不讲求林业，茫茫大地，漫不经营，以致外人觊觎，边患日急。今适逢贵部招集农林大会，以振兴全国林业，诚为空前之举，难得之机。蒙藏青海等处穹荒，似宜乘此著手经营，可否由本局通知各盟长派代表来京，赴会之处，应函询贵部，即希见覆，并将会章移交一份，以备查阅，此致。

十二月二十四号

筹备国会事务局致各省都督民政长蒙古西藏青海办事行政长官电(专件)

各省都督、民政长，蒙古、西藏、青海办事行政长官，鉴此次选举为我民国纪元之创局，五族共和尤为我国民同享之权利，所有办理一切选举事宜，务当遵照约法及选举各法，不分种族，俾得一体行使公权。所有各地方人民选举资格，前经大总统通令，详切调查在案，至杂居各处之回族人等，习尚早已从同，感情尤其融洽。各该办理选举人员，当已与汉民一体调查，畛域不分。惟现届初选日期，政府于各族人民选举情形甚为注重，特行电达，希即通饬所属，将关于办理回族选举事宜，如何一体调查情由，特别报告电达本局，以备查考，筹备国会事务局真印。

元年十二月十八日

内务总长致各省都督民政长蒙古西藏青海办事长官电

各省都督、民政长，蒙古、西藏、青海办事行政长官鉴，十二月初八日，奉大总统令，兹制定参议院议员选举法施行细则公布之，此令。等因。除细则内所载之各项定式，分别另行邮寄外，合将全文电达，计开参议院议员选举法施行细则，第一章总则第一条云云，至第二十六条。本细则自公布日施行，内务部总长佳印。

内务总长致各省都督民政长蒙古西藏青海办事长官电

各省都督、民政长，蒙古、西藏、青海办事行政长官鉴，十二月初八日，奉大总统令，兹制定参议院议员第一届选举日期，令公布之，此令。等因。合行电达，计开参议院议员第一届选举日期令，第一条云云，至第六条。本令自公布日施行，内务总长佳印。

十二月十八日

内务总长致各省都督民政长蒙古西藏青海办事长官电

各省都督、民政长，蒙古、西藏、青海办事行政长官鉴，十二月十三日，奉大总统令，兹制定众议院议员初选举，同姓名者被选决定令，公布之，此令。等因。合行电达，计开众议院议员初选举，同姓名者被选决定令，第一条云云，至第八条，本令自公布日施行，内务总长元印。

内务总长致各省都督民政长蒙古西藏青海办事长官电

各省都督、民政长，蒙古、西藏、青海办事行政长官鉴，十二月十三日，奉大总统令，兹制定众议院议员覆选举选举票施行令，公布之，此令。等因。合行电达，计开众议院议员覆选举选举票施行令，第一条云云，至第四条，本令自公布日施行，内务总长元印。

十二月十八日

筹备国会事务局致蒙古西藏青海各办事长官电

蒙古、西藏、青海各办事长官鉴，国会选举事宜关系至为重要，现在各省于众议院议员之选举资格均已调查完竣，并将确定总数报到，于日内举行初选。惟蒙藏青海各处，对于选举事宜，办理久无头绪，迭接各处来电，总不过陈述困难情形，迄未报有何项成绩，设因此致误国会召集或蒙藏青海应选议员届时竟尔不能到会，咎将谁归？如谓调查繁难，殊不知众议院议员选举法所定，关于蒙藏青海之议员选举，所有调查方法及办理规程均较各省为简便，如谓经费支绌，殊不知国会省议会第一届选举费用补助令，第一条一、二项已定有“凡蒙藏青海之选举费用，统由国家经费支出”之文。将前项法令均经先后电达在案，查蒙藏青海各地方众议院议员选举应于明年正月初十日举行，参议院议员选举应于明年正月二十日举行，限期已甚促。有所蒙藏青海各地方选举事宜关系重大，尤非切实进行，不足以符五族共和之实。务望贵选举监督迅速多派得力人员，将调查事宜克日办竣，如有急需费用，尽可随时电邮本局，呈请照拨，俾办理无虞棘手，庶选举不至延期，并希将调查办理情形随时电报本局，以凭考查，此达。筹备国会事务局真印。

内务总长致各省都督、民政长、蒙古、西藏、青海办事长官电

各省都督、民政长，蒙古、西藏、青海各办事长官鉴，十二月十五日奉大总统布告第四号文，开世界公权发生，虽达之国民，其运用政治之能力愈强，则竞争选举之热诚亦愈富。盖其竞争心之所由集，即其公共心之所由生，急进渐进主义容有不同，而好风好雨，民情于焉可见。故每经一次选举，无论竞争之程度如何，要皆以国家为前提，竞争之手段如何，要皆以法律为轨道，断未有牺牲国家之利益、冲决法律之范围而徒为无意识之竞争，可以得选举之公平，期政治之发达者也。我中华民国，艰难缔造以来，将及一年，建设之业，何啻万端，无一不待正式国会之解决。本大总统前于元年八月公布国会组织法及参议院、众议院议员选举各法，迭经饬由内务部总长督令筹备国会事务局，赶速筹备，并通令各省行政长官，于国会选举事务，各依法定程序，慎重执行在案。现已初选届期，据各省呈报，选举人总数每省多者竟达五六百万，少亦不下数十万，足见我国民之尊重公权，已非帝政时代之自甘放弃者比。惟查近来各省地方往往有以竞争选举，因而激动风潮者，或强夺投票匦以防害选举之进行，或擅毁投票所以扰乱选举之秩序，甚或暴行协迫种种坏法乱纪之事，日出不穷。究其原因，率由党派意见之不同，地方观念之各别，互相攻击，遂若仇雠。其有因一人私图、少数私见起而为犯法之竞争者。利害虽仅系于一隅，而影响实及于全体。似此情形，若不严行查办，诚恐我国民欲藉总选举以求幸福者，将因总选举而贾奇祸。国民前途之危险，念之宁不凛然？各省行政长官身为监督，既有办理选举之责，尤有维持秩序之权。自此布告以后，如有藉竞争选举为名，敢于干犯国家法律者，务须督饬该管官吏，即时按照刑律妨害选举各罪，从严惩治，无论

何人，不得稍涉宽假。至刑律为国常宪，国民本宜周知，应由各初覆选监督摘录刑律第八章关于妨害选举之罪各条，揭示于投票所，俾我国民咸晓然于科条所在，不敢尝试。一面依照选举法，于投票所、开票所周围临时增派警兵，保持秩序，但有违背法令，情事轻则立予制止，重则立加处罚，以维国本而保公安。总之，国会议员为组织国会而设，非一党派、一地方所得而私。我国民既久处水深火热之中，含辛茹苦以至今日，而犹不于正式选举激发公诚，使得有夙具政治常识、素悉地方利病者，出而为我新造之国家，多数之人民共谋幸福，徒为一党派之势力、一私人之意见所左右，则神圣庄严之中华民国建设事业，尚何可言？自此次布告以后，我国民于初覆选举时，务须各于法律范围以内行使公权，不得辄事违法之竞争，致阻政治之进步。本大总统亦国民之一，区区爱国之诚，当为我五大民族所共谅。现在国会召集，为期不远，非仅勉符约法定限，遂谓责任已完。本大总统迭次肫肫告诫之苦心，尚望我国民三复致意，此日之注重选举，将来之共济艰难，国利民福之前途，实深倚赖焉。特此布告。等因。合行电达，务望迅电各选举监督，令于奉到本电后，即日于投票、开票等所，照录宣示，并于城乡地方出示晓谕。一面令各选举监督克日刊印多张，于举行覆选举前，每选举人各给一纸，务以遍及为限。其有不通电地方，希即专差火速飞递，事关要政，幸勿延迟，内务总长铣印。

十二月十九号

藏地宜种棉花（杂录）

藏中地气，炎燠异常，花木芬芳，本属热带性质。然而其地土高下不一，甚高者如喜耶玛大雪山等峰，高逾二三千丈，即冰雪常凝，四季皆冷，为有寒带性质。稍高至四五百丈者，气候中和，风景清雅，为有温带性质。故其种植，兼有热、温、寒三带之物，而由阿里至藏卫，南北至六七千里，又太觉辽远，交通不甚便利，所以藏民之出游远行者，极多也不过千数百里地方。就是各处土产些甚么东西，他自己也是说不清的。观棉花一物，最宜于热带地方，尤宜种于热带中之沙地，即如毗连藏地的五印度，他的境内，虽未必全国皆出棉花，然而年来出口棉花，年年增多，几与美国相等。曩年有四川商人，侨寓前藏，无棉以为衣被，因于后园锄地数亩，莳棉栽种，及成熟时，结实颇裕于他处，此亦可为西藏宜棉之确证。查藏卫湖泽甚多，滨湖诸区，沙地亘长，倘购棉子耕耘，则利益当千百倍。虽藏民皆衣氆氇，全以羊毛织成，固不需供给于棉，而棉花贩运出外，销行欧洲暨日本等地，即亦可牟巨利。特是前清待遇西藏，颇极冷淡，故不以课藏民植棉为事。现在中华共和，五大族合为一家，民国政府悯藏民多甚贫苦，欲设法教导藏民，以开利源，俾令藏卫人民获其利益，皆成富户云。

1913 年 2 月，第二号

图　画

蒙藏学校校长达智甫先生

临时大总统令(法令)

任命苏幄伊尔巴图为乌拉特后旗协理台吉，此令。中华民国二年一月二十一日。

蒙古王公效忠民国，实赞共和者，迭经优予奖励……

那木喀呼图克图翊赞共和、深明大义……此令。二十四日。

任命那本凯为乌拉特前旗协理台吉，此令。二十四日。

论民国教育宗旨以告蒙藏同胞(论说)

人类者亦一动物，人之所以异于他种动物者，以其具有意识也。言语、动作皆为意识所运用，故意识者乃性质之发动机也。意识之程度，每视其人性质之高低以为差，文野之分，于是区焉。然则欲齐人类意识之程度，非琢磨其性质不为功，琢磨性质者何？曰教育是也。既教育矣，必有所以教育之宗旨，使人民养成若何之人格。世界各国政体不同，其教育之宗旨亦略异。我国政体既变，教育之宗旨当然改革。民国成立，教育部所定宗旨，为注重道德教育，以实利教育、军国民教育辅之，更以美感教育完成其道德。夫国民教育，与从前君主时代之教育，其不同之点，在不束缚，故陶铸其德性，养成其品格，研究经济以谋生计，崇尚武备而卫国防，印证世界情势，启发国家观念，使社会之文化进步，国民之智识开通。虽然教育宜谋普及，风气自必整齐。惟我国幅员既广，五族之习俗各殊，欲谋全国人民智识之一致，非从事蒙藏教育不可。盖满回二族，同化已久，进步较易。蒙藏辽远，人民朴厚，亟当灌输智识以开通之，俾受同等之教育，跻文化于大同。请将民国教育宗旨详论之，以启我蒙藏之同胞。

何谓道德教育？曰陶养高尚之品性也，人民对国家须有责任心。责任者何？爱之之谓也。国家者，人民集合之大团体，大凡重公德者，必爱团体。中华民国乃五族之民所集合者，五族人民允宜注重公德，共爱此国家。则国家之基础愈固，人民之幸福无穷。不宁惟是，人有道德心者，其对于社会，对于家庭，均存博爱之心。我们蒙藏皆皈依黄教，道德高尚，本有博爱之种子，只要推广起来，便可参无上上乘。

何谓实利教育？曰研究经济以谋生计也。人类之处于世界，无论何种民族，欲图生存，必谋生计。我国鉴于各国之富，提倡实利主义以裕民生，然而实利主义必以道德为根本，人民须有国家观念，合群思想，对内对外，当知利权之重轻。从前成吉思汗说，一枝箭容易折断，好些箭便不容易折断，这就是合群主义。当平定西辽国境之后，成吉思汗命亲王诸延各出资遣人，随西域商往货勒白涂等国互市，可见数百年前，已讲实利主义，现在只要以国家为前提，则利自溥矣。

何谓军国民教育？曰崇尚武备而卫国防也。国于世界，岂能免于敌国外患，况一国之强弱，恒视乎国民有无尚武精神，故军国民教育者，立国之要素也。然国民尚武而不以道德裁制之，恐不御外侮而自相残害。所以军国民主义，首宜注重道德，国民而有道德心，则勇于公战，怯于私斗矣。我们成吉思汗当时武功何等焜耀。即土伯特于准噶尔构兵时，颇罗鼐贝子训练万骑，又练步兵万有五千，噶尔丹即不敢窥藏，现在我们藏蒙同胞体格魁梧，马术精通，耐劳耐苦，最合军人资格，只要加些教育，自成劲族矣。

何谓美感教育？曰印证世界情势，启发国家观念也。处今之世，只知己国而不知彼国者，与聋瞽无异。故须研究各国之情状，观其所以优强于我之故，相形之下，必有感触，应当采取其种种物质之文明，以补济已国之不足，务使社会增进文化，国家日臻富强。现在西北利亚铁路，直接东三省铁路，英人势力扩至大吉岭，物质文明近接于蒙藏之目，倘取彼之长技以化我锁国主义，则我们蒙藏自立于不败之地矣。

民国教育之宗旨，亦既详论之矣。愿我五族人民，毋忽于此。现在政府欲谋普及蒙藏教育起见，北京特设蒙藏学堂。其宗旨以开发蒙藏人民之学识，增进蒙藏人民之文化。所订章程，系教育部核定者，其教育程度，在养成蒙藏人民专门科学，尤以能讲自治、能谋生计为目的。我蒙藏同胞，盍速求学以共进于大同，不禁跂予望之。

关于西藏选举参议院纪事(要闻)

四月七日下午一点半钟，参议院振铃开议第一案——西藏选举变通办法案(大总统咨询)，议长云：现在政府委员并未出席，照手续应付审查。江辛云：此案系变通，西藏选举，本席以为无付审查之必要，议长付表决，赞成举手者多数。议长云：现在既不付审查，请即行讨论大体。谷钟秀云：现在此案系变通，西藏选举则如何？办法亦应先付讨论。阮庆澜云：本席以为在京就近选举一层，外蒙本有先例，则此案自应赞成。邓镕云：本席以为，此案政府所咨询者，系本院是否承认，并未咨询如何办法，本席以为现在只可答覆本院是否承认，无须答覆咨询范围以外之事。阮庆澜云：谷君所说何人主持一层，本员以为，现在各省选举属于民政长或都督，则西藏选举固可以归蒙藏事务局总裁主持。彭允彝云：本席以为，此案可以另行提出施行细则，本席提议其名目为《西藏选举第一届施行细则》。第一条：西藏第一届选举参议院、众议院议员得于政府所在地行之。第二条：西藏之选举监督以蒙藏事务局总裁行之。第三条：选举细则由选举监督定之。第四条：本施行法自公布日实施。张耀曾云：本席以为彭君所提之意甚佳，本席提议请将咨询案缓议，先行议决施行法，议长付表决，赞成起立者多数。议长云：此案应请提案人说明。彭允彝云：本席提出此案之义，盖因政府所咨询之案并无办法，所以本席提出西藏选举第一届施行法。议长云：诸君对于此案有无质问？如无质问，应付审查。阮庆澜云；本席以为，此案甚关紧要，可以省略审查。议长云：现在阮君提议应付审查，请赞成者举手，举手者多数。议长云：现在即请讨论大体，如无讨论大题，即付初读会，请赞成者举手，举手者多数。阮庆澜云：另提者可以同时付二读。议长云：赞成付二读者，举手多数。议长云：西藏第一届国会议员选举施行法，赞成举手多数。第一条：西藏第一届选举参议院及众议院议员得于政府所在地行之。第二条：西藏之选举监督以蒙藏事务局总裁行之。第三条：选举细则由选举监督定之。第四条：本施行法自公布日实施(众赞成)。议长云：赞成省略三读者举手，多数。又赞成全案者起立，多数。谷钟秀云：咨询答覆可以另定施行法。议长云：赞成同开二读者举手，多数。议长云：赞成省略三读举手，多数，又赞成全案举手，多数。

中华民国第一次国会成立记(目)

蒙藏事务局沿革记(下)(续第二期)

积弊之革除

蒙藏事务局贡总裁到任之后,整理局务,不遗余力。鉴于前清理藩部之积习,严定规章、剔除积弊、豁免陋规,各项办法,呈请大总统核准施行。谨将大总统训令颁发通咨及呈请原文,分录于后。

蒙藏事务局奉大总统训令颁发通咨

为通咨、照会事。查为政之道,正本宜先,治事之方,除弊为要。本局承前清理藩部之旧,改组机关,亟宜正本清源,力除积弊,经本局呈请,大总统明颁训令,将从前一切积弊一律廓清,并拟定严禁办法等因,于中华民国元年十一月二十七日奉大总统训令:前清理藩部之设,意在柔远,而奉行不善,流弊百出。凡封降袭替以及年班请假等事,经手官吏,任意婪求,不遂其欲,则挑剔多方,延搁不办。往往请袭之案,积压至十余载,汇请之案,挑补仅一二人。甚且诪张为幻,至有改写假印冒收等弊,所发俸饷、口粮,亦多亏短、克扣,致使蒙、回、藏各部官民,积憾日深,怀诚莫达,甚非所以示大公也。民国成立,改设蒙藏事务局,力加整顿,书吏通事之名,久经裁废;袭荫封赠等费,并准豁免。所有该局事务亦皆次第厘饬,积弊一清。特恐未及周知,亟应重为申诫。嗣后关于札付、度牒、商票各项陋规均即一律禁革,并责成该总裁等督饬所属,于应办事件随到随办,公发公收,应发款项,悉核实放给,毋任稍有弊混,违者从严究处。其向来馆商喇嘛以及身后办事人等,勾结夤缘,习为惯技,虽经该局严禁,难保无不肖员司私与往来,或是项人等借名影射,巧为尝试,应由该局通行各蒙旗部落、各喇嘛庙,一应事件,直接呈局,勿受欺朦。遇有暗敲明索、招摇撞骗情事,由局随时侦察,并准蒙、回、藏王公、官民赴局控告,一经查实,悉予严惩。现在共和成立,五族一家,该局对于蒙旗人员,务当宣布公诚,优加礼意,力矫前此凌慢、隔阂之习。至在外将军、都统、办事长官,各衙门亦应厘定规章,共祛宿弊。即由国务院分别转行、遵照办理。此令。等因奉此,除由本局将剔除积弊,豁免陋规,各项办法照章办理外,相应抄录原呈咨行,抄录原呈翻译蒙文,照会:

将军
都统
盟长
旗

贵办事长官查照，应即印一律照办，并希确查从前积弊，切实转行所属各王公等，务宜咸体优礼之意。凡厘定规则，速行见复，至嗣后，凡关于封册、诰轴以及札付、度牒、商票所应享之权利，本局无不秉公办理，毋得妄行贿嘱，故予奸人以可乘之机，致受欺骗。寺庙匾额等项概无丝毫浮费，应于发给后，随时咨覆本局，以便稽核可也，此咨、照会：

沿途各将军、都统、办事长官
阿拉善王等旗
驻在京各王公
五台山喇嘛
锡呼图库伦喇嘛

蒙藏事务局呈大总统酌拟喇嘛印文定式，请鉴核示遵文并批（附单）（文牍）

为呈请事，窃官署印信均有一定程式，所以资信守而昭定制，各呼图克图有管理各庙僧众之责，所颁印文亦应特加规定。兹由本局酌拟定式呈请大总统鉴核，倘蒙照准，即由本局函达印铸局。嗣后凡喇嘛印，即照此次规定式样铸造，以归一律。是否有当，伏乞大总统批示，只遵谨呈。

批：据呈已悉，交国务院查核办理，此批。

谨拟喇嘛印信式样，恭候钧裁。

一、达赖喇嘛、班禅额尔德呢等印：金质，方，径三寸，厚六分，云纽，高三寸，汉、藏、蒙三体篆，汉文居中，用小篆，左列藏文，右列蒙文。

一、国师印：银质镀金，方，径二寸八分，厚六分，云纽，高二寸八分，汉、藏、蒙三体篆，汉文居中，用小篆，左列藏文，右列蒙文（禅师印银质，余同）。

一、呼图克图银印：方，径二寸五分，厚六分，直纽，高二寸五分，汉、藏、蒙三体书，汉文用小篆，左列藏文，右列蒙文。

一、扎萨克达喇嘛、扎萨克喇嘛及商卓特巴印：铜质，方，径三寸，厚五分，直纽，高二寸五分，余同呼图克图印。

三月一日

蒙藏事务局呈大总统报明筹办蒙藏学校各情形，请鉴核施行文并批

为呈请事，窃本局现在正筹办蒙藏学校，专办学务，分科授课，应按照教育部章程办理。查从前唐古特学，管理事务者，为章嘉呼图克图，其教授学生者，为西藏堪布喇嘛二员，西藏通事喇嘛一员，此外，有翻译事件喇嘛一员，随同翻译事件，固什喇嘛十员。今本局现正筹办蒙藏学校，自应另延熟悉学务人员充当校长。唐古忒学已经取销，毋庸再令章嘉呼图克图管理，其教授学生之西藏堪布喇嘛以及教授学生之通事喇嘛应俟该校开办时，酌量派委，充当教员。其向来之应食钱粮禾石及拨给房间等事，仍按照向例办理。至拣选翻译事件教员喇嘛以及随同翻译事件固什喇嘛等项，拟划归喇嘛印务处办理，以清权限而专责成。是否有当，理合呈请大总统鉴核施行。谨呈。

批：据呈已悉，应即照准，交教育部查照，此批。中华民国二年三月六日。

西藏代表罗布桑车珠尔及藏民珠赤等呈大总统，恳准即日在京举办选举文并批

为呈请在就举办西藏选举事，窃前奉大总统命令，定于四月八日为成立国会之期，距今不过数日，期限已迫，而西藏选举尚未举行，使将国会成立议席，不列藏人，殊乖五族共和之义，查众议院选举法第五条内开，凡有中华民国国籍之男子年满期二十五岁以上者，得被选举为众议院议员，于蒙藏青海具有前项资格并通晓汉语者，得被选举为众议院议员各等语。今国会成立之期既迫，西藏秩序未复，又难克期办理选举，而在京藏人通晓汉语者又颇不乏人，即在京办理西藏选举，按之事理，实无不合。现在虽有青海、甘肃等处之驻京呼图克图，然皆非藏人，不足以代表西藏，是以代表等再四思维，惟有仰恳大总统准其即日在京办理西藏选举，以使国会

成立之日，西藏议员亦得列席其间，躬逢其盛，俾五族人民均无遗恨，当不仅藏人之幸也。是否允当，祈即饬下施行，不胜待命之至，谨呈。

批：据呈已悉，交筹备国会事务局，迅速核办，此批。中华民国二年四月二日。

约法浅说（答问）

问：这制定约法的由来安在？

答：有两方的由来：

（一）从实质上说

大凡宪法，根源皆从反抗君主而起，比如英吉利要不因惹迷斯二世专制，那里会迎回维廉第二，要求承认国民特权？又如美利坚，要不英人苛税，那里来十三州独立，通行那特许条例、权利条例、权利宣言？再法兰西要不因路易十六无道，那里会推翻王政，提议那人权宣言及屡次制定那国民议会时代、总政官时代、理事官时代以及帝政时代的钦定宪法、改正宪法？知道这几国宪法的来由，便知道我国制定约法的原委。

（二）从形式上说

西欧英德、东亚日本皆有宪法，但或为君主国、或为联邦国、或为君民混合国，国体皆与我国现制不同，所以约法皆屏不取，却近采一个三次革命法兰西的制度，远仿一个自由独立美利坚的规模。

问：约法之必要及其由来既了然了，但就中如许多的章条如简单概括言之，凡有几种要义。

答：有四种：

（一）确定立国的根本

（二）扩张天赋的民权

（三）划平人群的阶级

（四）严定行政元首、行政国权的界限

问：这第一种要义如何？

答：自古道：民为邦本。又道是：天下者天下之天下。却不料法皇路易十四，反说道朕即国家。由此一说，把这君主与国家混看得是一是二，因而历朝作君主的，得占据此一国，称为某家基业，楞说是普天皆王土，率土皆王臣，这做人民的反成一个嫁鸡随鸡、嫁狗随狗的情形。今日做秦家仆，明日做汉室奴，竟丧失了本来主人翁的地位。我国几千年来，正坐此病。如今约法劈头第一章第一条第一句，大书特书道中华民国四字，拿民国两字来正国体，拿中华两字来定国名，又申言道：中华民国由中华人民组织之，如此画清界限，确定范围，凡我们五族以内的人，均是中华民国的主人翁，这普天之下，从此，便莫非民土，率土之滨，从此便莫非民族，再休提你什么太祖开基，真人启宇了。

接着第二条又特笔揭明道，中华民国之主权属于国民全体，如此翻转收复回来，这一国的事便不由你一姓一家摆布，须听着我大家、大众安排，便再休提你什么惟辟可作威福，什么朝廷自有权衡那些无理大话了。

照这说来，国是中华全体人民所共造，权是中华全体人民所共操，比之往日帝国时代，一姓相传，多则数百年，少或数十载（国祚长的汉四百年、夏四百年、商六百年，惟周家八百年为最，国祚短的秦四十二年、元九十二年，惟五代五十六年经五朝四姓为最），便要改朝换代，弄得个山河破碎，日月分光。有如今这一来，便到了千秋万岁，除非将中华民族灭尽，便再也不能把中华名号消亡，岂不是立国的根本，千稳万当，从此永远的与天无极了么？

问：这第一要义明白了，但是国名“中华”两字，外人据我《说文解字》，华字训光华，有文明意，中国对四夷言说，我国有自命文明、轻薄外国的意思，是否如何，愿进一解。

答：世界无论何国，皆有一个本名，外人把我国叫支那、叫契丹、叫震旦，却都非我国真名。就我国人自称，叫秦、叫汉、叫魏晋、叫隋唐、叫宋元明清，却只算是朝名（如商店招牌字号），仍然不是我国的国号。我国国号古来就叫中华，这“中”非宅土之中的“中”字也，非吾居天下之中的“中”字，只是当日对于我民族外周围居处各种族而言，譬如一宅之内正屋为中，一屋之内又中央为中，这中字原无定位，就比如今欧洲的地中海，又何尝在地球正中呢？

若这华字是从雍梁二州间的华山而起，华训为大，我先民建国首宅雍梁，习见此山高大，既以华字名山，便借来形容一切事物莫大于国，遂以山名定为国号。这又如日本在东方，为日所出，遂借日为扶桑三岛、大和一族的徽名一样，此一说也。

又夏禹治水，功被天下，及受舜禅国，以夏名（夏字为中国名，在虞朝已然，《书经·舜典》“蛮夷滑夏”一句是其证），迨后大会涂山，统一万国，遂并九州，五服通名为诸夏，这又比战国三晋，汉初三秦一样，都是拿本有的国名，推到别地。夏亦训大，与华同义同音，故又称中国为华夏，其实中华两字便是诸夏两字转音，就如今外人叫我支那、震旦两字也，是中华、诸夏数字的一音所转，这且不说，只说字面。中华两字由来已久，因而时代更迭，此名如故，中国华夏历世沿称。这又如至今日本还名我为唐土，欧洲尚号我为蒙古，我汉族犹自称为汉人一样，不过是称呼惯了，以至数千百年，皆与历代朝名并用。即如前清入主中华，已改名大清帝国了，却与外国订约，一般称曰中华、曰中国、曰华工、曰华商、曰华侨，皆离不了本名两字。如今改建国体，追用本名，正与外国国名同样，倘必拘泥文义？日本岂非太阳国，英国岂非英雄国乎？且试问日本山阳地方何以也叫中国两字，岂不是日本已自尊己国轻外邦了么？如此说来，可见中华两字并非自命文明、轻薄外国了。

蒙藏事务局呈大总统拟定初次来京蒙回藏王公等特别川资条例，请批示遵行文并批，条例附(专件)

为呈请事，窃自民国成立以来，凡对于蒙古王公来京谒见者，均属特别优待，以昭鼓励。其年班来京者，本有照例之盘费，其第一次来京谒见者，向由本局呈请大总统明处命令，酌给贶予银作为川资，历经照办在案，惟查此项赉予银并无规定之明文，畸重畸轻转致漫无限制，本局斟酌情形，拟定特别川资条例，另开清单呈阅，自此项川资规定后，所有各王公等专车免票等项应即一律停止，是否有当，理合呈请大总统批示遵行，谨呈。

批：据呈已悉，应即照准，此批。

附　民国成立初次来京蒙回藏王公等特别川资条例

第一项　外蒙王公等川资

第一目　四部落及甘肃、青海属各旗王公等川资

(1) 汗亲王川资共给洋一千五百元

(2) 郡王川资共给洋一千二百元

(3) 贝勒川资共给洋八百元

(4) 贝子川资共给洋七百元

(5) 镇国公、辅国公川资共给洋六百元

(6) 札萨克、台吉、塔布囊川资共给洋五百元

(7) 协理台吉、塔布囊川资共给洋三百元

第二项　内蒙王公等川资

第一目　内蒙六盟及伊克明安旗察哈尔属霍硕特等旗王公等川资

(1) 汗亲王川资共给洋一千元

(2) 郡王川资共给洋八百元

(3) 贝勒川资共给洋六百元

(4) 贝子川资共给洋五百元

(5) 镇国公、辅国公川资共给洋四百元

(6) 札萨克、台吉、塔布囊川资共给洋三百元

(7) 协理台吉、塔布囊川资共给洋二百元

第三项　边疆蒙回王公等川资

第一目　伊犁、新疆科布多、阿尔泰、乌梁海、塔尔巴哈台各旗王公等川资

(1) 汗亲王川资共给洋二千元

(2) 郡王川资共给洋一千六百元

(3) 贝勒川资共给洋一千二百元

(4) 贝子川资共给洋一千元

(5) 镇国公、辅国公川资共给洋八百元

(6) 札萨克、台吉、塔布囊川资共给洋六百元

(7) 协理台吉、塔布囊川资共给洋二四百元

第四项　西藏王公等川资

第一目　西藏办事长官属唐古忒等旗王公等川资

(1) 亲王川资共给洋二千元

(2) 郡王川资共给洋一千四百元

(3) 贝勒川资共给洋一千二百元

(4) 贝子川资共给洋一千元

(5) 镇国公、辅国公川资共给洋八百元

(6) 扎萨克、台吉、塔布囊川资共给洋六百元

(7) 协理台吉、塔布囊川资共给洋四百元

三月二十九日

1913 年 4 月，第四号

图　画

北京筹边高等学校甲级学生毕业摄影

论蒙藏两族人宜遍习汉文汉语(论说)

天生人群,谁也少不了一张口、一双手,人在世上,谁也少不得一口的语言、一手的文字。这语言、文字两件物事,是一个发表意思、联络感情的机关,又是一个灌输智识、交换文明的器械。除非是口哑目盲便了,再不就是世人人群,老死不相往来便了。如其不然,这两件物事,不但是尽人不可少,还得要彼此互相通。

就世界论,各国有各国的国语、国文。就汉族论,各省有各省的方言、土语。要不是互相通晓,这情意便一定隔阂,情意一经隔阂,不但断绝交际,势必至于各怀一心,你猜我忌,种种误会,种种恶感,皆由此起。不是干戈相仇,便是画疆自守,这文明进化、和平幸福,便难说起了。

如今讲到蒙、藏两族,与中国壤地相接,种族相同(见前四期《论五族共和之幸福》文内),相处到二百余年,就也不是等闲关系了。却只因言语不同,文字不同,到底不免“淡漠、隔膜”四字。此在从前闭关锁国时代,华夷中外、严定鸿沟,尚不碍事,抑或分疆别圉,各成一国,谁不管谁,也自不妨。所以前清时代,禁止蒙人不许学汉语、汉文。藏里能通汉语、汉文者不少,而对于官长,必须仍用藏语、藏文。此等手段,无非欲五族不相联络,专制君主,可以为所欲为。现在五族合为一体,有事同干,有福同享,虽是言文各别,不过比之一家五弟兄,声音面目,各人不同罢了。若竟至闻声不相识,见面不相认,这却如何使得呢?

且说这文明、文化一层,就中国论,五族之中,虽然似汉族占优势,大的如政教、礼乐、兵刑、工商、农牧,小的如衣服、房屋、饮食、器用,隐的如道德、法律、学术、风俗、习惯,显的如城郭、街市、田畴。然而唐古特之佛教,摩罕默德之圣经,成吉思汗之武功,均与汉族不相上下。试看大如俄罗斯,远如印度,强如日本,皆先后派人来学,被我华风。只看如今,东洋的文字、语言、衣物,脱不了吴音汉诂唐式。西洋的机器,还推本中国的纸鸢、火药、印刷、南针,岂有同在一国之蒙藏种族,反可以固陋自安,甘居化外的道理呢?

再从这幸福上讲,凡法律上定的平等、自由各权,服官、参政各利,乃至选任总统,统治中华等事,凡汉人享受的利益,五族皆一律相同。但是如果程度不足,智识不够,这法律上不能通融,事实上便难迁就,岂不令汉人独占去了便宜,其余各族同胞反不免向隅偏枯了么?

试看满、回两族,从前在关外时,一般是别有语言,别有文字,自经同化汉人以后，在帝政时代，王、侯、卿、相便与汉人同一富贵荣华，到如今共和告成，两院议员，却也与汉人同一被举当选。但是此等结果，从根本上说，要不是入关以后，通习汉语、汉文，又乌能如此美满呢？

即如蒙古，自宋时与中国相通，便已习传汉俗，迨后入主华夏，便衣冠礼乐，概用华制，这要不是兼通汉文、汉语，又如何能够料理得中华江山到八九十年呢？

再如西藏，在隋时即通中国，却派遣子弟来华承受佛学，此后历唐宋元明，皆与中国往来交际，因而吸取中国文明，增进本国幸福不少，这也就在语言文字上中着意了。

照此看来，这语言文字，与五族共和关系，正如饥者需食，寒者需衣，是一刻也不能离脱的。汉人精益求精，当以研究东西洋的国语、国文为要。蒙藏开始进化，自然又要以遍习汉语、汉文为要，能汉语便好交际，解汉字便好阅书，藉这两层，透彻了祖国情形，办事自有把鼻，了解却共和真理，大家便有爱情。这譬如闽广的官商，到北京必练官话，传教的牧师、神甫，到中国必读华书，自然就形迹浑忘，推行无阻了。

你不看此次办理国会，政府所颁的章程、命令，蒙古人十有九个不懂。所选出来的议员，到了议院，竟呆坐，开不了口。住在客店，竟终日大睡其觉，走到市街，竟买不成货，雇不了车，写不出地名、住址，这还是一人一事的关系，尚且困难到此。如果全部的蒙藏同胞，自己既不能因时随势，整理一切，待汉族代为料理，却又疑神疑鬼，莫明其妙，驯至听人唆弄，横生阻力，不但共和幸福，享受不成，便连本有的生命财产，都要被异方、异族、异言、异文的人占夺罄尽，这是何等危险呢？所以依记者意见，目前办法，第一是内外两蒙、前后两藏，尽可选派聪颖子弟，按年分班，来到内地，分入学堂。第二是由内地派人分赴蒙藏，广设汉文、汉语传习所，逐渐开导，行之日久，自有效力。惟不知我蒙藏同胞，亦曾注意及此否？

各国承认汇志(要闻)

国务院通告

为通告事项，由外交部交来本日接驻日汪代表电称，巴西代办亲赍正式公文，巴西政府奉总统命，本日承认中华民国，乞代呈大燮八日等语。民国成立，巴西首先承认，兹定于本月十二日，凡各官署门首应树中巴两国国旗，以表谢忱，特此通告。

驻日汪代表致国务院电

巴西代办亲赍正式公文，巴西政府奉总统命，本日承认中华民国，乞代呈大燮，八日。

国务院通告

为通告事，准外交部函称，接准秘鲁外部电称，奉大总统令，我友邦中华民国共和政体成立，本政府于今日正式承认并祝中华民国炽昌，特以奉闻等语，除由部电复致谢外，特将原电译送、查照等因，合行通告。

民国二年五月二日美国卫署公使谒见大总统呈递承认国电颂词

美国署理公使，奉本国外交总长训令将大总统谕言代达中华民国大总统。本署公使膺此职任，不惟得获最优宠眷，亦深为极大之幸福也。美国大总统正式承认中华民国，谕言本署公使，既已代达，并须将管见暨驻华我美人民意旨，同时表明。盖以美国政府此项情事，本署公使等深为悦服，我美人民与中国既为兄弟，民国之人则对于中国民主政体之得有效果问题，无论何项情事，皆不能不加意注重。本署公使等旁观民国前途，实视为同情之事，且深望起义时代诸烈士思想从此得有圆满效果，以成立自由机关，缘我美人民于建设施行及为民造成之此项政体，皆视为最优政事。况天视民视天听民听，上古大禹实遗此语，兹复发生于今日，本署公使等与贵大总统及中华人民无不忻悦，深信合民意之新造政府，其治安公理皆能维持久永，不惟使中华人民得有无穷幸福，即上苍亦能垂以佑护也已。

大总统答词

今承贵代办公使亲诵，贵国大总统所惠颂词及贵代办公使所表赞助中华民国之意，敬聆之下，实深钦佩。兹谨代表大中华民国政府以及国民，敬申谢悃并恳贵代办公使转向贵国大总统为达谢忱。中华民国虽属幼稚，然亿兆国民早已醉心共和之真理，谓此最高政体，永远成立之后，必能步尘先进，凡贵国一百四十年所享之神圣不可侵犯之生命自由，幸福权利，亦能完全享受。更可证明中美两大国民族虽远隔重洋，分居两地，而其政治思想高等心理则异流同趋，彼此一致，即贵代办公使所述中国古训及贵国前大总统所遗之词，亦可见中美两国之常能尊重民意而成立此共和之政体焉。溯自中美两国通好以来，素称辑睦，本大总统既见两国对于共和政体均表同情，十分信用，则此后两国邦交之日加亲密者，可以深信无疑也。

美国各员晋谒大总统名单

美国署理公使卫理二等参赞孙墨麟

署理汉务参赞裴克　头等书记官阚那

二等书记官莫尔斡　翻译生秘克福

翻译生马济南　翻译生达为士

翻译生米赫德　武参赞博理

卫队统带罗瑟乐　即授卫队统带魏礼模

卫队医官李安瑞　武随员侯勒克

武随员毕格乐

国务院通告

顷准外交部函称驻京卫署公使订于五月二日上午谒见。

秘鲁外部致外交总长电

外交总长覆秘外部电

古巴共和国驻华代办致陆总长电

外交部陆总长答复古巴代表电

陆总长致巴西外部总长电

巴西外部总长覆陆总长电

国务院致黎副总统等电

蒙藏学校现行规则(专件)

总目

本校各员职任：

教务课办事规则

教员教授约规

教务书记办事规则

庶务课办事规则

庶务书记办事规则

教室规则

试验条规

藏书室规则

阅报室规则

请假规则

休假规则

奖励条规

惩戒条规

操场规则

食堂规则

寄宿舍规则

应接室规则

传达室规则

本校各员职任：

一、校长　督率各员主持全校事务。

一、学监　襄助校长训育学生并指挥书记分担全校事务。

一、学监兼教务　稽核各学科课程、各教员教法及各学生学业勤惰优劣。

一、学监兼庶务　管理校中一切庶务、文牍、会计及雇用人役等事。

一、教员　分教各种科学并负训育学生之责任。

一、书记　承校长、学监指挥，分任教务、庶务一切事项。

教务课办事规则：

一、每学期与各教员商订功课并拟定教授时间表。

一、酌核各教员应用教科书或讲义并分别购用。

一、各教员有教法未合之处，应随时商酌更正。

一、教员旷课表、星期教授录每周查阅一次。

一、学期试验后三日内、平时试验后二周内，接收各教员详定之试卷，查核平日分数，按学期计算后送呈校长并行宣布。

一、学生升学、退学，应回明校长核办，其自行告退者斟酌情形办理。

一、学期试验前应将本学期内各生功过分别抵销，并行宣布。

教员教授约规：

一、教员请假应先期知照学校，以便揭示学生。

一、新旧教员接替，如旧教员所用之教科书或讲义现已讲授过半时，新教员尽可赓续办理，以免更张。

一、各科教授之目的及方法遵民国教育方针，不得持各人之偏见，纷歧学生之思想，致不能收教育上圆满之效果。

一、薪金按钟点计算，遇有缺席时照除。

一、教员长期请假，应请庖代，所有庖代人薪金即在本教员薪金内支付。

一、教员讲义应先一、二日送交教务课，以便缮印。

教务书记办事规则：

一、缮印讲义应各认若干页，以专责成而免诿误。

一、讲义末尾须由须缮写人署名，以别勤惰。

一、缮写各门讲义须字体端正，笔画清楚。

一、讲义缮妥，须由同事人互相核对然后印刷。

一、讲义缮印后，应送教务核阅。

一、遇试验一切事宜，统归教务书记办理。

庶务课办事规则：

一、校中除额定支出经费外，如有特别用款稍巨者，须由校长核定。

一、每年三月内，应将本年七月起至次年六月止全年用款，造具预算册。

一、每月初五前，应将本校下月分概算册造齐。

一、收支款项详记流水簿，按款分类登记，每月初十日内造具上月决算册。

一、本校薪水定于月终支付，概不预支。

一、校中夫役人等，统由本课管束，其有懒惰误公及舞弊滋事者，立即斥退。

一、收发文件等项，应分立两簿登记事由，送由校长、学监阅押后分别存案发行。

庶务书记办事规则：

一、典守钤记及盖用文件。

一、登记簿册及缮写预算、概算、决算等册。

一、校中一切物件应照簿随时查点，以免损失。

教室规则：

一、坐位次序经编定后，不得自行更易。

一、闻上课钟声，不得迟至五分钟后上课。

一、教员上课、下课时，由值日生发口号，各生须起立致敬。

一、各生在教室内均应肃静听讲，不准说话。

一、教员讲时，如有疑问，须俟教员讲毕，再行起问。

一、除教授时间外或遇教员请假，各生均应在室自习。

一、教室内不准吸食茶烟及携带学科外一切书籍。

一、上课时不得随意出位，倘遇必要事件，应身教员陈明，方准出室。

一、无故不上课者以旷课论。

一、实物试验时，非受教员令命，不得进前观察。

一、每教室设班长一人维持秩序，由同班各生公举，得学监之认可，每学期一更换。

一、每教室设值日生一人，由同班生轮日认定，每日讲义均由该生分交同班学生。

一、学监及他教员到教室视察时，各生不必起立。

一、遇有参观人入教室时，非有学监、教员命令，不必起立。

一、违反以上规则者，由学监、教员酌量情形分别记过。

试验条规：

一、学生领卷归坐后，不得无故出位。

一、无论何项功课，不得质问题目，并不得质问遗忘之字。

一、各门试卷概不更换。

一、不准交谈及左右观望。

一、不准另纸起草。

一、倘有传递、夹带等情，一经查出，除扣卷外并记大过一次。

一、各门功课均须录写全题，无题者扣分。

一、须按限定时刻交卷，逾时者虽有佳卷亦不收阅。

一、交卷后，即须出室，不得逗留。

1913年5月，第五号

蒙藏学校现行规则(续第五号)

藏书室规则：

一、各种书籍应由管理书记每星期检查一次。

一、各种书籍如查有损坏者，应随时报告教务课。

一、取阅书籍者，须在本室内阅看，不得携往他处。

一、阅书不得圈点损坏。

一、阅毕须将书籍放置原处，不得杂乱。

阅报室规则：

一、新闻杂志藉以周知时事，扩充见闻，在校各生于课业既毕，可随意观览。

一、报纸不许携出室外或割裂污损。

一、室内务求肃静，各报阅后须整理次序，安置桌上，不得任意抛弃。

一、各种报章，每晚应由管理书记检齐、装订，妥慎保存。

请假规则：

一、学生请假时须向学监陈明理由。

一、如未请假而不到校者，以旷课论。

一、学生请假，除孝假有定期外，其余无论因事、因病，如假期届满仍不能来校者，必须专人来校续假，否则以不到论。

休假规则：

一、本校以八月一日为学年之始，以翌年七月三十一日为学年之终。

一学年分为三学期：

元月一日起至三月三十一日止为一学期；

四月一日起至七月三十一日为一学期；

八月一日起至十二月三十一日为一学期。

一、暑假休业日定为四十日，其起止日期临时约定。

年假休业日定为十四日，其起止日期临时酌定。

春假休业日定为七日，自四月一日起至七日至。

一、纪念日、日曜日均休业一日。

前项纪念日为民国纪念日、孔子诞日、地方纪念日、本校纪念日。

奖励条规：

一、学生如一学期无假者，记功一次。

一、学生如一学年无假者，记大功一次。

一、学生如各门科学考试时，俱过七十分者，记功一次，过八十分者，记大功一次。

一、学生记功可与过相抵，如无过者，由校长分别给与褒奖状。

惩戒条规：

一、本规则系依部定学校管理规程第四条、第七条所制定。

二、学生惩戒分记过、退学两项。

三、记过之事项如左：

一、志气昏惰、教室功课不勤者。

一、违反规则、不服训诲者。

一、对校长、学监、教员傲慢、失礼者。

一、告假不销、不申述理由者。

四、退学之事项如左：

一、聚众要挟停课、罢学，经劝谕不服者。

一、嬉玩功课、侮慢教员、屡戒不悛者。

一、性情骄纵、行为悖缪、不堪教训者。

一、身膺痼疾、沿染嗜好、查验确实者。

一、留级二次以上不及格者。

五、凡犯记过各项，情节较轻者，记小过；情节较重者，记大过。大过三次以上，酌令退学。

六、记过除校长执行外，凡学监、教员均得执行，但必陈述理由，由校长宣布。

七、退学由校长执行。

操场规则：

一、凡遇上操之时，即于休息时间，预将操衣更妥，闻上操号音，即入操场。

一、教员上下操场，体操长呼令致敬，与教室上课同。

一、每班体操长二人，令各班班长兼充。

一、在上操时间以前，教员尚未到场，班长有随时照料之责。

一、各班体操，如有紊乱秩序者，班长宜随时注意。

一、下操时收置操具，班长从旁监视，以免凌乱。

一、各种操具，各生宜格外爱护，如上操时，有损坏者，应由班长随时报告庶务课，以便查核。

食堂规则：

一、每日开膳时，由食堂摇铃知会，各生均齐集食堂。

一、每席八人一桌，须俟人齐后，始得举箸。

一、食毕后可随便退席。

一、食间不许言语，以重卫生。

寄宿舍规则：

一、寄宿舍内设舍长二人，由各生公举，经学监认可，有照料舍内一切事务之责。

一、寝室号次，俱由庶务课排定，不得擅自更动。

一、每早摇铃后，各生即须一律起床，每晚摇铃后，各生即须一律息灯。

一、寝室内应将被褥折叠齐整。

一、寝室启闭均有定时，不得于限定时刻外请求开启。

一、各生就寝后，即不得谈话，致妨他人眠睡。

一、寄宿舍内，除木器、茶水、灯油并冬日煤火外，余均自备，本校概不供给。

一、遇有与蒙藏学生习惯不便之处，由学监商承校长，斟酌情形办理。

应接室规则：

一、本校设应接室二处，一职员应接室，一学生应接室。

一、凡亲友来校拜者，须在应接室静候。

一、无论何人亲友，均须在应接室会谈，不得擅入校内，如有来校参观者，应回明庶务课派员招待。

一、学生会客时，在午前课毕及午后课毕，非所定时间内，概不准接待外客，如遇有紧要事件，须回明庶务课，于下课时接见。

传达室规则：

一、凡校外之人，不得令其擅入。

一、凡来宾，即时通报并须注明名号、住址。

一、会学生者，如在上课时间，不得通报。

一、外来公文、信件，立即照送，不得遗失、延搁。

一、对于来宾，不得有傲慢之色。

一、传达室内不得容留闲杂人等住宿。

以上未尽事宜，随时体察情形，再行规定。

本报特别启事一

自前年反正以来，商务停滞，现在大局渐定，所有蒙古、新疆、西藏贸易需要必多，凡西帮、津帮、湘帮、川帮及其它各商往各边地行商，愿登告白者于本报奉赠期内，概不收费，或内地各种贸易，愿以蒙、回、藏文登告白者，本处代为翻译，亦不收费。

本报特别启事二

现在五族大同，凡内地人民可往各边地贸易，蒙、藏、回人民亦可向二十二行省贸易，彼此均极欢迎，如蒙、回、藏人民愿来内地贸易者，所登告白概不收费。

图　画

总编纂吴先生燕绍

先生素持大同主义，于蒙回藏边务研究有年，由日本游学毕业归国，任前清学部图书局边务编译兼殖边学堂教员，嗣由理藩部、学部、法部奏派考察内外蒙古事竣。武汉起义，民国元年，官教育部，主任蒙、回、藏教育。本局办报伊始，总裁因聘为总编纂，以董其成。

前任总编纂徐惺初先生

曾调查东四盟全部，在理藩部充编辑员，现继徐先生为总编纂。

临时大总统令(法令)

蒙藏事务局呈称：据哲里木盟盟长齐木特散帔勒呈请，将该盟各寺庙呼毕勒罕等援案给予封奖等语……中华民国二年四月十七日。

蒙藏事务局呈：据盛京总管喇嘛班第事务掌印扎萨克达喇嘛什勒布扎木苏呈称……中华民国二年四月二十一日。

任命扎噶乐为昭乌达盟副盟长，此令。中华民国二年四月二十二日。

陆军总长段祺瑞呈称：核覆察哈尔都统，拟以丹巴多尔济补骁骑校，诺尔布多尔济护军校，请予准补等语，应照准，此令。中华民国二年五月七日。

蒙藏事务局呈：据青海广大明智察罕诺们汗呼图克图，呈请将随同来京之堪布陈勒立玛等，给予奖叙等语……中华民国二年五月十日。

蒙藏事务局呈称：伊克昭盟副盟长特克斯阿勒坦呼雅克图呈请将该盟旗理台吉量予奖叙等语……华民国二年五月十日。

蒙藏事务局呈称科尔沁旗……来京谒见，纳贶输忱，翊赞共和，洵属深明大义，拟请酌给奖励，以昭激励等语……中华民国二年五月十日。

说商业关系以告蒙藏及内地之人民(论说)

商业为人类生活之关键，商业之起源，本为交换物件。未经开化之民族，其生活程度只愿自给自足，或遇缺乏之时，彼此交换物件以通有无。东西各国，草昧时代，其情形大率如此。迨至中古时代，以交换物件于事实上良不方便，遂用货币(货币即银钱)衡量一切而定货物之价值。以货币购物品，以物品易货币，此即所谓人与物之关系。间接其中者，名为商业，又曰贸易，所谓贸，迁有无者是已。贸易荟萃之所，小而成市集，大而为都会。市集之商业，以本处之出产物品，直接以供当地之人所需，以其有余间接运输于他方，或他方之有余者，又移转于此处，以羡余补不足，其势有不得不然者。顾人类之生活，不过衣、食、住三者而已。俭约者，固可朴素而节省之，然人欲之趋向，崇俭朴者少，而爱奢华者多，于是，种种物品务求精美。夫物品之精美者，自原料粗物至制成精细时，其间又有种种之工商业相辅而成，以应人欲之需。因此，人欲之趋向演成社会之习惯，且欲望生计之充裕者，必争利于繁盛之区，所以都会之商业尤为发达，此等情状，各国皆然，是为锁国时代之商业，以国内而论者也。

若夫现今世界各国，皆以商业为立国之本，国家以之为经济之政策，人民以之为竞争之利器。盖人民之欲望，以身家一己之利益为目的，国家之欲望，以国民全体之利益为目的。故国家特设实业专部以督促人民实业之进步，设立实业学校以教育人民实业之知识，使人民生计发达，则国家之经济当然充足。本国之实业既发达，其物品应本国之人欲，必然有余，故商业之势乃扩张于国外，于是，国际间之通商起焉。国内贸易为本国人民之利益竞争，而利不外滋。至若国际贸易，则为国与国之利益竞争，苟不优胜，利必被他国所吸。故欲争胜于他国者，不可不注意于本国之出产及制造两端，倘其国出产之物，原料劣而工艺拙，则立于失败之地，势必至于纯用外货而不用本国之物，彼国家之经济遂为他国所吸收，设或长此不变，则其国家不底于灭亡者鲜矣。

我国自与各国通商，垂数十年，外货充斥，利源溢出者，不知凡几。现在民国政府成立以来，注重实业，拟挽权利，提倡实利教育，设立农工商专门学校，以灌输人民实业知识，诱导人民贸易兴味；设农林部，以促出产物之发展；设工商部，以劝工艺之改良，励商务之进行。政府对于实业方针，于教育上、行政上一切设施，可谓不遗余力矣。惟是幅员既广，疆隅攸分，风俗习惯，边境与内地迥不相同。其所以不同之故，非人民性质之殊异，实区域、河山之阻绝，因之文化上不能统一，文化既异，风俗自然不同。边境与内地人民生活程度既各不同，则商业上之情状亦不能一律，其为交通不便所致，可断言也。以交通上而论，今昔殊势。我国从前蒙藏人民于内地情形异常隔膜，现在则不然，电报、邮政创立已久，彼此消息较易传递，惟铁道尚付缺如。然于外蒙古，则有西北利亚铁道绵亘其间，虽非设自本国，而外蒙之人民欲来内地者，数日可达。至若内蒙古，则毗连直隶、山西、陕西、甘肃四省，直隶、山西之铁路敷设已久，一进关门，便可早发夕至。陕西、甘肃铁道计画已在筹备，数年间，即可告成。至于西藏，邻近四川、云南，该二省与藏中时通贸易，西藏人民间亦有至川省者，将来川汉路成，彼此更为便利矣。虽然待诸异日不如及早而图，所谓见机而作，不俟终日。观彼欧美之人，尚且不远数万里而来中国，坚忍强毅，经营商业，边境内地，均有其足迹，彼何尝畏道途之险阻哉？我蒙藏人民与内地人民均曾目睹其情状，何勿效彼所为，从事贸易。内地人民至蒙藏，蒙藏人民来内地，彼此交易，通货物之无有，相度情形与实业之利益，藉以联络感情，泯化界限。既经融洽，二方人民于生活上愈亦充裕，于知识上尤易进步。夫而后合力共作，研究世界经济，竞争商业，与欧美各国抗衡，于时，吾五族人民立于地球上增无上之荣誉，岂不懿欤？

印花税之作用（要闻）

凡尽义务者，必享权利，人民对于国家，其义务与权利，法律所规定者，应须遵守。即以印花税而论，东西各国，施行已久，乃国家财政上应得收入之一种，亦即人民纳税义务之一种也。然则既纳此税，其相对之权利安在？曰是即法律上保护人民财产所有权之权利耳。请详阅政府所定印花税法及施行细则，又财政部之通告，当可了然一切矣。现在我国已在内地施行，至于蒙古、西藏，拟一律办理云。

（一）印花税法

第一条　凡财物成交，所有各种契约、簿据，可用为凭证者，均须遵照本法，贴用印花，方为适法之凭证。

第二条　各种契约、簿据分为二类，税额如左：

第一类

发货票　价值银元十元以上，贴印花一分。

寄存货物文契之凭据　价值银元十元以上，贴印花一分。

租赁各种物件之凭据　价值银元十元以上，贴印花一分。

抵押货物字样　价值银元十元以上，贴印花一分。

承种地亩字样　价值银元十元以上，贴印花一分。

当票　价值银元十元以上，贴印花一分。

延聘或雇用人员之契约　价值银元十元以上，贴印花一分。

铺户所出各项货物凭单　价值银元十元以上，贴印花二分。

租赁及承顶各种铺底之凭据　价值银元十元以上，贴印花二分。

预定买卖货物之单据　价值银元十元以上，贴印花二分。

租赁土地房屋之字据　价值银元十元以上，贴印花二分。

各项包单　价值银元十元以上，贴印花二分。

银钱收据　价值银元十元以上，贴印花二分。

支取银钱货物之凭折　每个每年贴印花二分。

各种贸易所用之账簿　每册每年贴印花二分。

第二类

十一种：提货单　各项承揽字据　保险单　各项保单　存款凭单　公司股票　汇票　期票　遗产及析产字据　借款字据　铺户或公司议订合资营业之合同

以上十一种，纸面银数十元以上、未满一百元者，贴印花二分；百元以上、未满五百元者，贴印花四分；五百元以上、未满一千元者，贴印花一角；一千元以上、未满五千元者，贴印花二角；五千元以上、未满一万元者，贴印花五角；一万元以上、未满五万元者，贴印花一元；五万元以上，贴印花一元五角，至此为止，不再加贴。

第三条　国家所用之契约、簿据，不贴印花，但有营业性质之各种官业，仍依本法贴用。

第四条　契据应贴之印花，由立契据人于授受前贴用，加盖图章，或画押于印花票与纸面骑缝之间，如系合同，两造各缮一纸，依本法各贴印花，盖章、画押，然后交换收执。

第五条　账簿、凭据应贴之印花，由立账簿、凭折人于使用前贴在开首向写年分之处，将某年字样半写于印花票面，再依第四条规定加盖图章或画押，每本每个以一年为限，如过一年，仍旧接写，应再贴印花作为新立账簿、凭折。

第六条　应贴印花之契据、凭折，如不依本法贴用或不盖章、画押者，对手人须即退还，责令照章办理。若任意收受该契据及凭折，于法庭上无合法凭证之效力，但对手人愿依本法第八条规定补贴印花、盖章、画押者，不在此限。

第七条　应贴印花之账簿，如不依本法贴写、盖章、画押者，该账簿于法庭上无合法凭证之效力，但立账簿人愿依本法第八条规定补贴印花、盖章、画押者，不在此限。

第八条　应贴印花之件，如不依本法贴用或贴用时未曾盖章、画押者，按照应贴数目，罚贴印花百倍，如已贴印花、盖章、画押，而所贴不足定数者，照应补之数，罚贴印花五十倍。

第九条　印花票种类如左：

一、赭色　一分

二、绿色　二分

三、红色　一角

四、紫色　五角

五、蓝色　一元

第十条　业经贴用之印花票，不准揭下再贴，违者照偷贴之数罚贴印花三百倍。

第十一条　伪造或改造印花票者，按照刑律伪造纸币例处罚。

第十二条　印花由财政部颁发各省行用，各地方以奉到部发印花后三十日，为本法施行之期。

京师施行本法时期由财政部定之。

第十三条　财物成交在本法所定印花施行以前者，免贴印花，但遇有诉讼时，仍应按照第二条税额，补贴印花。

(二) 印花税法施行细则

第一条　财政部于署内设立印花票总发行所。

第二条　左列各处认为分发行所。

一、中国总银行

二、邮政总局

三、电报总局

四、京师及各省会商务总会

第三条　具有左列之资格者，得由分发行所认为支发行所。

一、中国分银行及分号，由中国总银行认定之。

二、邮政分局及支局，由邮政总局认定之。

三、电报分局及支局，由电报总局认定之。

四、各商务分会，由商务总会认定之。

第四条　具有左列之资格者，得由支发行所认为代发行所。

各种商店

邮政信柜

但邮政信柜应由邮政分局或支局认定之。

1913 年 6 月，第六号

印花税之作用(要闻)(续第六期)

第五条　总发行所认为应行增设支发行所或代发行所时，得令分发行所遵照办理。

第六条　支发行所及代发行所字号及所在地应由分发行所随时报明总发行所查核。

第七条　各发行所发卖印花于需用人，应照票面价额，不得增减。

第八条　各发行所发卖印花于需要人，应于印花中央加盖该发行所字号、戳记。

第九条　各支发行所承售印花，需用经费，得由分发行所按照实售印花票面价额，扣提百分之七，自行分别开支。

第十条　代发行所请领印花，除邮政信柜得按照向售邮票章程办理外，其各种商店应先缴清票价，方准发给。

第十一条　各发行所所收票价应于每月终截数，限于次月内报解于原认之发行所，以次转解财政部核收，但代发行所应依前条之规定。

第十二条　支发行所如有拖欠票价情事，由原认之分发行所负连带责任。

第十三条　各发行所每年自一月至十二月，分为四期，每三个月将承领印花及已发行、未发行各数目造册呈报，期限如左：

一、支发行所每年第一期册报限于本年四月内到分发行所，其第二、三、四期照此递推(本年七月、十月及次年一月)。

一、分发行所每年第一期册报限于本年五月内到总发行所，其第二、三、四期照此递推（本年八月、十一月及次年二月）。

第十四条　各分发行所承售印花，如有特别情形者，由财政部另定专责，以不抵触本细则为限。

第十五条　各发行所所领印花，因有损伤或污坏不能贩卖者，声明理由，缴由原认之发行所转缴总发行所，但须按照票面价额，缴价十分之一。

第十六条　关于请领及发行印花之详细程序及招牌、式样，由总发行所定之，但以不抵触本细则为限。

第十七条　各发行所依印花税第十二条之规定，以奉到部发印花后三十日，为施行之时期，应于奉到印花之次日，请由该地方官将施行时期于所管区域内详细出示、晓谕，京师施行时期由财政部定之，函知内务部、步军统领衙门、顺天府，出示晓谕。

第十八条　本细则施行时，事实上如有窒碍，得由总发行所呈请财政部修正之。

(三) 财政部通告

财政部为通告事，查印花税票一事，各国早已多有行使，从前清国曾仿照各国的样子试办，没有想到半途中止，商民疑惑、害怕，不知道这一节是怎么一回事情。如今民国成立，财政愈形困难，不得已议办印花税票，业于阳历三月一日（即旧历正月二十四日），先在北京就近施行，然后再及远方，原是渐渐进行的意思。乃近来闻街市铺户人等，仍多有不知此节，业经施行，即有一、二人知道，也还是疑惑不决的，殊于进行大有妨碍。兹特再行明白详细布告，务使商民人等，皆知此事有利益而无损害。

先就著当票一事说吧，是最容易明白的。我国无钱使用，非当东西不可，要不到十元钱的东西，就不必说啦。要是过十元以上的，由当铺出票，上面先贴印花税票一分，这一分税票，才合铜元一枚有零，仿佛邮政票一样。现时邮政局已然出卖，在本铺出钱不多，在当东西人并没有一点吃亏，他若不贴，我们还可以问他要的，以此类推，什么发货票啦、股票啦、汇票啦、期票啦，自要在十元以上的票，皆要贴印花。再说借款字据吧，人无钱使，要向我们借用，必要立一个字据，或立一个凭折，要是在十元以上的，由立借字人在字据与凭折上，先贴印花票，方为合法之凭证。其他租赁土地、房屋，承担地亩，各项承揽、抵押货物，银钱收据，遗产、析产各字据，都是一样，至于帐簿、凭折、凭单、提货单、保险单、包单、合同、契约等类，亦均由立用人贴印花票，以上所说的，是由三月一日北京实行之日起，有如不知而未能照办者，仍准赶紧补贴不迟。若在三月一日以前之事，虽然公家并不勒令贴票，可有一节，如两造人遇有诉讼交涉，到那时在法庭上，无合法凭证之效力，愿补贴者亦准补贴。原价不足百元的，才贴二分，不足五百元的贴四分，不足一千元的贴一角，不足五千元的贴二角，不足一万元的贴五角，不足五万的贴一元，若五万元以上，不拘多少，均贴一元五角为止，不再加贴。如此看来，并不算多。尚有一件最要紧的事，贴过的不准接下再贴，兴作假票的，犯此二弊，均有重罚。自此次明白详细通布之后，仰各该商民人等一体知悉，遵照办理，勿违，此布。右仰商民人等知悉。

文　牍

蒙藏事务局呈大总统，据喇嘛印务处呈拟以江赞桑布署五台山扎萨克喇嘛一缺暨将已故扎萨克堪布喇嘛罗藏增隆照例发给路费等情应均予照准，请训示只遵文并批。……

四月二十二日

蒙藏事务局复工商部调查地质办法等件已择要登录《白话报》并寄送塞外采石记函

敬启者，准贵部函称敝部为振兴矿业起见，拟先筹办地质调查事业，以期逐渐进行。兹经拟定办法及说明书，合即送请察阅。兹事虽微，苟竭力进行，将来之收效必巨，务请贵局饬登公报，以资提倡，并希分致直辖各机关，力为匡助。倘有关于地质之书报、标本，尤望陆续寄送，以供研究等语。查调查地质为振兴矿业之基础，已通知本局所办之蒙藏白话报馆择要登录，以启发蒙藏并查有龚君铭凤所著之《塞外采石记》与蒙古地质有关，特随函寄上，以备参考。据龚君言，各种矿石均有标本，如有须鉴察之处，可向龚君借用。惟蒙藏地方尚未大定，各蒙旗罕有熟悉地质之人，此刻纵备文转咨，恐碍难实行，不如俟贵部地质研究所卒业有人时，分往各地调查，再由本局咨行各将军都统暨各盟长，力为保护，庶几可收实效也。专此布复，尚希鉴原，此致。

五月十七日

五族须知(答问)

第一　政类

问:如何叫做国家?

答:据一定的土地,有多数的人民,凭一个最高无限、自由自主的权力,管领统治,这便是国家。

问:如何又叫做民国?

答:不用皇帝,全国的事务,统由人民作主,便叫做民国,又叫做民主国。

问:如何叫做大总统?

答:就是总管全国事务的一个头人,叫作一国的元首。

问:如何叫做元首?

答:因他占在一国最高的地位,譬如人身上的头部一样。

问:民国的事,既全由人民作主,如何又要大总统来总管国事呢?

答:一国中人民太多,不能人人出头管事,而且各人有各人切己事情,又何能兼管国事,所以才公选一个总统出来,叫他替人民专管国事。譬如一家人家,家务甚多,须得请一人经理一切,所以大总统又叫公仆。

问:如何又有副总统?

答:预备大总统因事去职,或一时不能办事时,就叫副总统为他代理。

问:如何叫做政府?

答:就是全国政事发源的一个去处,叫作个统治机关。

问:如何是机关?

答:譬如钟表内有运转不住的轮轴,人身上有活动自由的百骸五官,这便是机关。国家自身不能活动,所以要设种种的百司执事,作为国家机关,便与钟表的轮轴、人身的官骸一样。

问:如何又叫内阁?

答:就是中央的总政府,所在一座官衙,便是如今的国务院。

问:国务院是些什么官员?

答:在国务院办事的官员,是各部总长凑合成的,外加上一个总理,都叫作国务员。

问:共是几部?

答:一外交部,二内务部,三财政部,四陆军部,五海军部,六司法部,七教育部,八交通部,九农林部,十工商部,一共十部。

问:如何叫总长?

答:就是各部中的首座长官,总管全部事务的。

问:如何叫总理?

答:一面总管内阁的事,一面又总管中央各部的事,但与各部总长专管一部的事却又不同。

图　画

蒙回藏王公等爵章图(图略)。

辩惑(论说)

所有一切众生之类,有疑惑心,故有恐怖心,有恐怖心,故有怨怒心。种如是因,生如是果,小而口舌相争竞,大而兵戎相斗杀。甚非我救苦救难大慈悲佛菩萨本心也。今特发大宏愿,体救世诸世尊之苦心,稽首合掌而白佛,言告诸诺们罕、噶卜伦、和图克图、堪布、索尔济班第达众喇嘛等及戴琫、甲琫、如琫一切善男子、善女人听者。我汉族自汉明帝时,梦见金人语,向西天取经,驮以白马,因建设白马寺,以供养诸天佛像、圣经,尔时楚王等一心皈依,徒众甚众。南北六朝,建塔、造像、立寺、建幢,二千百年流传不衰。洎唐太宗平定内乱,命玄奘国师向西天竺取经。尔时,额纳特河克尼推持赞博汗生一异子,命名哩勒丹苏隆赞,见霞光一道,照射中国唐太宗之女文成公主,于是遣使求娶文成公主,太宗许之。以公主平日供奉之释迦牟尼佛及玄秘术算各经、欢心如意十三史,复将种种宝玩、锦绣、财帛分给万万。由是建立大招,翻译经咒,屏去十恶罪款。将十善福事布于政令,于是愚蒙之土伯特地方,服其教者,如仰旭日东升。及弃隶缩赞立,复请婚金城公主,赐河西九曲地为金城公主汤沐邑,既赐各种工匠,又令秘书省写《毛诗》、《礼记》、《左传》、《文选》各一部,文化之兴皆由此出,则是我汉族大有造于逻些也。当岱明索多博克达青吉思汗时代,率库期大兵灭金主而建业,据有鄂兰乌鲁斯,中国十三省八十余万户,尔时土伯特地方之锡都尔固汗巴延萨尔塔固尔之子多尔通闻之甚惧,遣使奏言,愿纳贡赋以为右翼，汗许诺厚赏而遣之。虎儿年用兵于土伯特之古鲁格多尔济，彼时，土伯特汗遣泥鲁呼诺延为使，率三百人前来进献，驮只辎重无算。汗嘉予之，遂大赉其汗及使臣而遣之。汗因致书并贽仪于萨嘉察克罗咱干阿难达噶尔贝喇嘛，云：泥鲁呼诺延之还也，即欲聘请喇嘛，但朕办理世事，未暇聘请，愿遥申皈依之诚，仰恳获佑之力云。洎忽必烈汗置乌斯藏，以帕克斯巴为大宝法王，特锡玉印，既圆寂，赐号皇天之下一人之上宣文辅治大圣至德普觉真智佐国如意大宝法王西天佛子大元帝师，自是相嗣为帝师，则是我蒙族大有造于红教也。

我洪武立国，因俗导善，遣使招谕，举元故官赴京授职。尔是乌斯摄帝师喃加巴藏卜克遣使朝贡，帝赐红绮禅衣及鞋帽、钱物。明年，躬自入朝，上所举故官六十人，帝悉授以职，改摄帝师为炽盛佛宝国师，仍赐玉印及彩币表里二十。帝师帕克思巴之后，赐号为圆智妙觉弘教大国师。迨哈立麻入朝，帝延见奉天殿，赐宴华盖殿，赐黄金百、白金千、钞二万、彩币四十五表里，法器、裀褥、鞍马、香果、茶米，百物毕备。从者亦有赐，复赐仪仗、银爪牙仗、骨朵魫灯、纱灯、香合拂子、手炉、伞盖等，银交椅、银足踏、银杌、银盆、银罐、青圆扇、红圆扇、拜褥、帐幄各一，幡幢四十有八，鞍马二，散马四，帝将荐福建普渡大斋于虚谷寺，复赐黄金百、白金千、实钞二千、彩币表里百二十，马九，其徒灌顶圆通善慧大国师等，亦加优赐，遂封哈立麻为万行具足十方最胜圆觉妙智慧善普应佑国演教如来大宝法王西天大善自在佛，赐印诰及金银珍宝无量数。又封三大弟子为灌顶圆修净慧大国师、灌顶通悟弘济大国师、灌顶弘智净戒大国师，并赐印诰、银钞、彩币。及其回藏，复赐予优厚，命官护行。终明之世，朝贡不绝，犒赏巨万，内库黄金为之罄尽，□斋茶盐数十万计。其他若大乘法王、大慈法王、大庆法王、阐化王、赞善王、护教王、阐教王、辅教王等，并赐金印、诰敕，世世不绝，此我汉族大有造于乌斯藏也。

宗喀巴二大弟子，一世、二世以至十三世，并奉中国为大施主。尔时达赖喇嘛知曼殊师利当一统，遣使通好，万里来朝。尔时满洲皇帝宾之太和殿，授金印，封西天大善自在佛领天下释教普通瓦赤喇怛喇达赖喇嘛。班禅之祝厘也，迎觐于赵北口，建寺于承德府，赐宴于万树园，及其示寂，敕于西黄寺建清净化城，送舍利归藏。赏赉优渥，布施无量，数致启舍。玛尔巴觊觎之心，准噶尔之乱，破尔布达拉，杀尔拉藏汗，焚毁尔寺庙，荼毒尔僧众。达赖喇嘛仓皇出走，移居于西宁。我是以有川陕留戍之兵。廓尔喀之役，占尔铁索桥，掠尔金塔顶，入尔聂拉木，踞尔札什伦布，尔班禅避难于前藏，我是以有青海之师。此数役者，类皆我满洲、蒙古、回部、川滇陕之精兵，为之冒冰雪、逾山岭，悬性命于烽镝，涂膏血于沙原。俾全藏人民转危为安、安居乐业、长育子孙、供养僧佛，凡诸香花供奉，孰非我汉、回族耕织所蓄储？熬茶、布施，孰非满蒙族牧畜所积累？推本溯源，固非内地全国之力不及此，则是我汉、蒙、满、回族均大有造于黄教也。

综此，众因宜证善果，全藏人众自当额手顶礼，永远戴德，乃忘我实惠，信彼虚言，勾通库伦，驱逐官吏，愚弄番众，煽惑土司，窃恐宗喀巴在天之灵，将不能保佑尔康宁也。

复次尔诺们罕、噶卜伦呼图克图、商卓特巴大堪布达喇嘛、索尔济班第达众喇嘛等，及戴琫、甲琫、如琫一切善男子、善女人听者。尔言我们达赖佛爷进京面见光绪皇上、皇太后，诉呈西藏情形。大皇上优待西藏，恩深西藏。平息后，大皇上又加封西藏自在佛，黄教[?]饬令回藏。我们佛爷出京，取道库伦，回藏振兴黄教，西藏报平。此间驻藏联大臣调兵来藏情事，我皇上不知道，系联大臣同四川总督商量做的事，陆军到藏时，派兵追逐达赖佛爷，我佛爷不得不跑到外国去了。这些话头不过归狱联豫，掩饰派兵驱逐驻藏大臣及一切官吏之罪耳！其实，当时达赖跑到库伦，不知于意云何。前清政府恐达赖受人愚弄，派满蒙王公远道迎接到京，十分优待，查照先朝旧例，优加封号。未及在京受封，即因不服水土，由西宁还藏。曾于宣统元年闰二月十二日，达赖因塔尔寺阿嘉呼图克图不守清规，又背国恩，意将黄教泯灭，饮酒、吸烟、打围。请西宁办事大臣庆恕代奏，将呼图克图名号斥革，如将此事办清，即速回藏等语。则达赖之由库伦到京，由西宁回藏，有奏案可凭，并非取库伦回藏也。尔言由库伦回藏，先犯诳语之戒矣。至达赖跑到大吉岭，此中是非，自有佛菩萨知道，姑不深辨，尔时达赖逃走，上谕具在，今录如左：

> 宣统二年正月十六日，内阁奉上谕西藏达赖喇嘛阿旺罗布藏吐布丹甲错济寨汪曲却勒朗结，夙荷先朝恩遇，至优极渥，该达赖具有天良，应如何虔修经典，恪守前规，以期传衍黄教。乃自执掌商上事务以来，骄奢淫佚，暴戾恣睢，为前此所未有甚，且跋扈妄为，擅违朝命，虐用藏众，轻启衅端。光绪二十六年间，乘乱潜逃。经驻藏大臣，以该达赖声名狼藉，据实纠参，奉旨暂行革去名号。迨该达赖行抵库伦、折回西宁，朝廷念其远道驰驱，冀其自新悛改，饬由地方官随时照料。前年来京展觐，赐加封号，锡赉骈蕃，并于起程回藏时，派员护送。该达赖虽沿途逗留，需索骚扰，无不量予优容，曲示体恤，宽既往而策将来，用意至为深厚。此次川兵入藏，专为弹压地方，保护开埠，藏人本无庸疑虑。讵该达赖回藏后，布散流言，藉端抗阻，诬诋大臣，停止供给，叠经剀切开导，置若罔闻。前据联豫等电奏，川兵甫抵拉萨，该达赖未经报明，即于正月初

三日夜潜出，不知何往，当经谕令该大臣设法追回，妥为安置，迄今尚无下落。掌理教务，何可迭次擅离？且查该达赖反覆狡诈，自外生成，实属上负国恩，下辜众望，不足为各呼图克图之领袖。阿旺罗布藏吐布丹错济寨汪曲却勒朗结，著即革去达赖喇嘛名号，以示惩处。嗣后无论逃往何处，及是否回藏，均视与齐民无异，并著驻藏大臣，迅即访寻灵异幼子数人，缮写名签，照案入于金瓶掣定，作为前代达赖喇嘛之真正呼毕勒罕，奏请施恩，俾克传经延世，以重教务。朝廷彰善瘅恶，一秉大公，凡尔藏中僧俗，皆吾赤子，自此次降谕之后，其各遵守法度，共保治安，毋负朕绥靖边疆、维持黄教之至意。

这件事，究属过去时代，如梦亦如幻，亦不必丰干饶舌，为满族增一番恶感。现在民国成立，一切罪过悉与忏除，迭奉大总统命令，明白宣布汉藏本系一家，无分畛域，今将民国元年十一月二十八日大总统令补录于左：

元年十一月二十八日，奉大总统令，据前达赖喇嘛旺罗布藏吐布丹甲措济汪曲却勒朗结致蒙藏事务局总裁贡桑诺尔布函称，前因教务，由京回藏，振兴教务，竭力整顿，以革去名号，暂居大吉岭。去冬，川省事起，藏中至今未靖，意欲维持佛教，请转呈妥商等语。现在共和成立，五族一家。前达赖喇嘛诚心内向，从前误解自应捐释，应即复封为诚顺赞化西天大善自在佛，以期维持黄教，赞翊民国，同我太平，此令。

可见民国固承认西藏为一家，达赖亦已受过民国优待，并将已革之封号悉予开复，此民国大有造于现在之卫藏也。

尔言“光绪皇上升遐后，宣统登位三年，去岁在北京被汉人将清皇退位，内地各处大乱”等语。尔时德宗升遐，正是达赖在京的时节，曾于光绪三十四年十月二十七日，率徒叩谒梓宫，亲自唪经。迨武昌起义，因前清政治之不良，四海响应。尔时隆裕皇太后，内察国情，外察世界大势，俯顺民情，并召集满洲王公大臣、蒙古王公，在御前会议十数次，众论佥同，下诏共和，今将诏书二道摘录于左：

（一）前因民军起事，各省响应，九夏沸腾，生灵涂炭，特命袁世凯遣员与民军代表讨论大局，议开国会，公决政体。两月以来，尚无确当办法，今全国人民心理多倾向共和，南中各省既倡议于前，北方诸将亦主张于后，人心所向，天命可知，予亦何忍因一姓之尊崇，拂兆民之好恶？是用外观大势，内审舆情，特率皇帝将统治权公诸全国，定为共和立宪国体。近慰海内厌乱望治之心，远协古圣天下为公之义。袁世凯前经资政院选举为总理大臣，当兹新旧代谢之际，宜有南北统一之方。即由袁世凯以全权组织临时共和政府，与民军协商统一办法，总期人民安堵，海宇乂安，仍合满、汉、蒙、回、藏五族完全领土为一大中华民国。予与皇帝得以退处少闲，优游岁月，长受国民之优礼，亲见郅治之告成，岂不懿与？

（二）前以大局阽危，兆民困苦，特饬内阁与民军商酌优待皇室各条件，以期和平解决。兹据覆奏，民军所开优礼条件于宗庙陵寝永远奉祀，先皇陵制，如旧安修，各节均已一律担承。皇帝但卸政权，不废尊号，并议定优待皇室八件，待遇皇族四条，待遇满蒙回藏七条，览奏尚属周致，特行宣示：皇族暨满、蒙、回、藏人等，此后务当化除畛域，共保治安，重睹世界之昇平，胥享共和之幸福，予实有厚望焉。

可见，隆裕皇太后法释迦牟尼佛，舍去国王，超度众生苦恼，故毅然下诏而不疑，是以隆裕皇太后宾天之后，各省哀悼，出于至诚。尔时，章嘉呼图克图适在京，赞助共和，亦仿照达赖在京之礼，率徒叩谒梓宫，亲自唪经。现在宣统皇上不失尊崇，皇室经费按期供奉，二十二行省，男耕女织，安如故。尔等即派侦探来内地察看，安有大乱耶？

尔言“陆军官兵将西藏闹得太凶，种种不合道理行为，今因百姓齐心，苦力决战，将陆军汉官兵驱逐出境”等语。这是借此为驱逐汉官兵起见耳。前清政治不良，致成兵容有良莠不齐。然而汉人与藏人世代交好，彼此相通婚姻，实繁有徒，即如第七世达赖喇嘛，就是我们内地洮州人氏。若要强分种族，早已分不清楚，如必要分清，转致纷扰疑忌，生出许多罪孽。恐尔僧俗百姓将不能照常安业，商民照常开市矣。

尔言“汉人各省派兵与蒙古开仗，我们通明上蒙，愿蒙古打胜仗，藏无乱事”等语。现在民国合五族为一家，全持人道主义，亦即佛道慈悲，戒嗔、戒杀，所以库伦活佛独立，种种欺侮我汉族，我政府并未派兵问罪。尔达赖明智圆通，固非两目失明之哲布尊丹巴呼图克图可比。

总之，五族如一家弟兄，无论蒙胜、蒙败，是五族的合同吃亏。譬如左手击右手，那不痛痒相关？所以政府决无派兵之心，至于土匪假冒蒙古到处滋扰，则保卫治安不能不剿抚并施耳。蒙古尚如此和平解决，况肯与西藏开仗耶？所愿尔僧俗百姓，万勿惊心，外面谣言万不可听，一心尊敬达赖。达赖是一位金刚大士，必能冰雪聪明，悟澈到底，与我四大族永远和好，使尔百姓皆大欢喜，信受奉行。

我愿无量无数无边众生，应如是降伏其心，勿生怨怒心，亦无恐怖心，勿生恐怖心,亦无疑惧心,无疑亦无怖,真实不虚,故谛听不诳语,能除一切苦。

如有人戒持读诵,为人演说,其福德当如恒河沙数。

1913年7月,第七号

临时大总统令(法令)

立国之道,首重理财,往昔吾国风气未开,政纲不振,举一切扩张实业、整顿金融诸政策,皆未能切实遵行,驯致经济困难,债累山积。改革以来,支出愈增,收入无几,不得不仰给外债,暂资救济。顾目前多一日因循,即将来重一分负担,以言开源之计,既非旦夕可期,若不通盘筹画,力节虚糜,则破产之期翘足可待,言念及此,诚可寒心。博稽岁出,军用为多,迭经国务会议,佥以裁兵节饷为切要之举。应由参谋、陆军两部会商财政部,妥筹限制兵额、分配军区、核实简练,以足维持地方治安为度。所有应裁之兵,均应酌量给资,一律遣散,即由各该部核拟办法,呈候察守。至京外行政经费,亦应由各部、各省权衡缓急,大加裁减,制定预算,依法颁行,务使漏卮尽塞,丝毫无滥。值此民生穷蹙、国步多艰,凡有理财之责者,各当悉心整顿,实力奉行,以期无忝厥职。尤赖全国一心,共维危局,咸以整理国家经济等诸个人切要之图,庶几财政既修,邦基以固,民国前途实利赖焉,此令。中华民国二年六月二十一日。

新疆都督杨增新呈阿克苏镇总兵查春华因病呈请开缺,应即照准,仍俟病痊来京,另候任用,此令。中华民国二年六月二十一日。

民国成立以来,国家财力困竭,即社会生计何尝不备极艰难。本大总统征诸已往历史,大都开国多俭,亡国多奢。前清之季,财源涸竭,怨讟繁兴,而京外官僚以及富商巨族,奢侈之风为数十年前所未有。小民困苦,殆不乐生。而上下酣嬉,不知悛戒,豪家一夕之餐,足耗中人十家之产,深识之士早知败亡之将及矣。民国新创,正宜引为殷鉴,痛加革除,尤而效之,宁非大谬?本大总统就任之始,即以屏奢华、师勤俭,勖我国民,乃历时浸久,而教化未行,窃甚愧之。自兹以往,凡我国民,须知物力艰难,至今已极。在官吏为国家服务,事畜之资,莫非民力所出,稍涉浮糜,即为罪戾。即商民之家,自婚丧交际以至日用饮食,亦宜以樽节为衡。大凡人民习惯,由俭入奢易,由奢入俭难。然嗜欲无穷,物力有限,一切资本投诸消耗之地，此锱铢无复返之时，投诸生产之途者，则开源之功，尤胜于节流十倍。所望忧时贤哲，以身为倡，庶几风会转移，养成尚俭之习，使国民皆有艰难缔造之苦心，实业自日趋于发达，而生计自日趋于优给，期在野无旷土，国无游民，无负本大总统频频告诫之意。此令。中华民国二年六月二十二日。

据财政部呈请将崇文门、张家口税务局分设之丰台税务局各卡实行裁撤，由交通部每年……中华民国二年六月二十五日。

教令第三十二号

蒙藏王公等服制条例

(一) 蒙古、西藏王公等礼服分两种

（甲）大礼服依民国大礼服并参酌外交官服制，其等级以花纹之多寡分之，其花纹用宝相花。

（子）汗亲王　如第一图

（丑）郡王　如第二图

（寅）贝勒　如第三图

（卯）贝子　如第四图

（辰）公　如第五图（札萨克、台吉视此）

（乙）公服如民国陆军外套式，色用黑，其等级，以金线多寡分之。

（子）汗亲王、郡王　围金线五道

（丑）贝勒、贝子　围金线四道

（寅）公　围金线三道

（卯）头二特台吉　围金线二道（管旗章京、梅楞章京等视此）

（辰）三、四等台吉 围金线一道（佐领以下视此）

(二) 蒙藏王公等礼帽亦分两种

（甲）大礼帽，王公、札萨克台吉用军帽式，中围宝相花，色用黑，帽章与公服帽同式，如图，但闲散台吉及职员等不适用之。

（乙）公服帽式如陆章常帽式，色用黑，其等级以帽章分之。

（子）汗亲王　如第一图

（丑）郡王　如第二图

（寅）贝勒　如第三图

（卯）贝子　如第四图

（辰）公　如第五图

（巳）头等台吉　如第六图

（午）二等台吉　如第七图（管旗章京视此）

（未）三等台吉　如第八图（梅楞头等护卫长视此）

（申）四等台吉　如第八图（札兰一等护卫视此）

（酉）佐领　如第十图（三等护卫视此）

（戌）骁骑校 如第十一图

（亥）领催 如第十二图（笔且齐视此）

（三）蒙藏王公等礼裤亦分两种

（甲）大礼服裤依民国大礼服裤式

（乙）公服裤式亦如大礼服裤式，惟须于夹缝间系以各项长条以别等级

（子）王、贝勒、贝子、公　金条宽六分

（丑）各等台吉　金条宽三分

（寅）职员（如佐领、章京等）　红条宽三分

（图式见前）中华民国二年六月二十六日。

临时大总统令（法令）

代理国务总理段祺瑞呈称张家口货税征收局局长萧允文拟请免官等语……中华民国二年六月二十七日。

蒙藏事务局呈称多伦诺尔会宗寺属默尔根诺们罕阿旺罗布桑祖勒哩木派员来京呈递贶品，忠顺可嘉，请予奖叙等语……中华民国二年六月二十七日。

蒙藏事务局呈称察哈尔固什默尔跟班第达……中华民国二年六月二十七日。

蒙藏事务局呈称哲盟科尔沁旗亲王棍楚克苏隆在库病故，请予恤典等语。该亲王冒险赴库宣民共和，致遭拘禁，备尝艰难，兹闻赍志溘逝。凡我国民，同深惋惜，应照亲王例给恤并赙银二千两，派奉天都督代表本大总统致祭以昭旌劝而慰英灵，此令。中民国二年六月二十七日。

蒙藏事务局呈称，据卓索图盟喀喇沁右翼旗札萨克郡王熙凌阿呈请任命恩和巴雅尔图为喀喇沁左翼旗协理塔布囊，应照准，此令。中华民国二年七月九日。

裕国之计，藏富于民，未有民不加富而可侈言国富者。我国一般人民，企业观念迄未发达，皆由迷信旧习，货弃于地而力不出于身，未脱闭关自守之风，不知疏浚富源之术。现值军兴之后，百废待举，金融益见恐慌，民生日形凋敝，流离之子蹙蹙四方，满目疮痍，未遑恢复。本大总统每念及社会经济与国家财政息息相关，且物质救国之效与人伦道德又实互相为资，深愧德薄能鲜，无术康济。今幸时事渐就敉宁，元气急宜培养，凡关于保护兴业各法令，业经前清规定者，但于民国国体毫无抵触，即遵照前项布令，概行适用，次第施行。各省民政长有提倡工商之责，须知营业自由，载在国宪，尤应尊重，务望督饬所属，切实振兴、以裕国计。举凡路矿、林垦、蚕桑、畜牧以及工艺场厂一切商办公司，其现办者，务须加意保护，即已停办及有应办而未办者，亦应设法维持，善为倡导。一面由农林、工商两部，迅将各种应行修订法律分别拟议草案，提交国会，公决施行。尤望我流寓异地之素封，共念国艰难，民生困蹙，投资兴利，相率言归。果使全国才智之士，咸趋重实业一途，不惟专门人才得各效所长，即无业游民亦资生有路，收效之巨，岂逊欧美？用特掬诚劝导，愿我国民之上祈国利民福者三致意焉，此令。中华民国二年七月十三日。

论宜服从本国之统治权(论说)

有土地然后可称为国家，有国权然后可治其领土，有无土地之国家，无无国权之领土。何谓有无土地之国家？曰土地之名虽属于我，统治之权操之于人，若印度、朝鲜等国是也。何谓无无国权之领土？盖既称领土矣，其统治权必有所属，故世界上之土地，不领于此，即领于彼。东西各国，以国权之伸缩，定领土之广狭。虽然广狭之，伸缩之，其道何在？曰观其国统治机关之运用若何耳。我请言统治权之关系。统治权者，乃国家支配全国之权，使人民不能不服从之之谓。盖国家虽由土地、人民组织而成，其所以维持此土地、人而成一国家者，则赖有此统治权之力，故统治权乃国家生命所寄也。国家国体，无论其为民主、君主，必握有此统治权者，斯克称为完全之国家，运用统治权之机关，即是政府。统治权之有效、无效，当视政府之命令有力、无力，政府之命令，既然有力，人民岂有不服从者？顾政府命令，必根据法律者也，是则人民非服从政府之命令，乃服从法律耳。

人民而服从全国之法律，则其统治权之有效可知矣。统治权所能达到之地，概称之为领土，领土上之人民，即须服从其本国之统治权。盖其统治权有保护人民身命、财产之能力故也。我国现在，五族共和，临时约法所载，第三条曰中华民国领土为二十二行省，内外蒙古、西藏、青海；其第四条曰中华民国以参议院、临时大总统、国务员、法院，行使其统治权。据此则二十二行省、内外蒙古、西藏、青海，既为中华民国之领土，是我五族人民焉得不服从我中华民国之统治权乎？内地无论矣，彼边疆之人民，最宜注意于斯，与其被治于人，毋宁服从自己。盖他人之权伸，即自己之权缩也。况中华民国，乃我五族人民所组织，欲巩固国基，非共同拥护国权不可，国权张则国基稳，庶几领土全而人民安矣。

文　牍

蒙藏事务局呈大总统拟定内外蒙古各处、各王公等来京轮值年班班次开单请鉴核示遵文并批（附单）

记宗教（杂录）

世界各国，皆有其最信之宗教，故宗教者，立国之本原也。我中国人民，当未与欧美交通之时，只奉佛教与回教，不但蒙藏新疆各处，为佛教、回教最盛行之地，即内地各省之人民，杂奉二教者不少。缘汉满二族，本无一定之宗教，其所尊信者，为古圣昔贤之纯粹道德家，又无拘束之力，故信教任其自由也。如西藏为佛教最盛之区，而有一般商人，仍信奉回教，蒙古、新疆首崇佛教，回教更无论矣。要之，宗教足以范围一世之人心，亦即为文明最先之前导。所愿我蒙、藏、回同胞，由宗教中发挥其道德，增进其文明，则圣人之道，如日在中天，救人黑暗不少。若仅仅口念佛号，默诵圣而与至圣之精神不符，则与宗教差以毫厘，谬以千里也。

五族须知(答问)(续)

第一　政类(二)

问:外交部主管何事?

答:专管与外国人往来交涉的事。

问:内务部主管何事?

答:专管与内国人排除灾难,增进幸福的事。

问:财政部主管何事?

答:专管国家赋税钱粮及一切关系银钱的事。

问:海陆军两部主管何事?

答:都是军事,但一个是海上的,一个是陆地的。

问:如何又有参谋本部?

答:海军、陆军两部,是管的军政,参谋本部,是管的军令。

问:军政、军令如何分别?

答:编制营伍,置备军需、军械等事,就是军政;运用方略,指授机宜,便是军令。

问:这参谋总长,也是国务员否?

答:不是。

问:何故?

答:不在组织政府之列,自然不能算作国务员。

问:司法部主管何事?

答:专管全国人民民刑诉讼案件及监狱等事。

问:如何诉讼有民刑之分?

答:户婚田主、买卖债账的诉讼是民事;若犯法事件,如斗殴以上案情,便属刑事。

问:交通部主管何事?

答:专管全国汽船、火车、电报、邮政等事。

问:教育部主管何事?

答:专管全国大小学堂的事。

问:农林、工商两部主管何事?

答:两部都管的实业上的事。

问:如何叫实业?

答:归农林部管辖的,耕地、畜牧、蚕桑等事,归工商部管辖的,工师、制造、器械,商人转运货物等事,都叫做实业。

问:这十部的总名目,叫做什么?

答:统叫做国家行政的机关。

问:如何叫作行政?

答:只当办事两个字讲。

问:如何叫立法?

答:就是制定法律。

问:如何叫立法府?

答:就是职掌国家立法大权的议院,一名立法机关。

问:如何又叫做议会?

答:议会、议院只是一样,不过据他独立的机关讲,如普通官署、公所等类,便叫议院,从他名义上说,是会同国民讨论国家大事的一个合议体,所以又叫作议会。

问:议会的种类有几?

答:有县议会,有省议会,最高的就是在北京的民国议会,这便叫作国会。

问:国会的结构如何?

答:以两个议院构成他,一众议院,一参议院,合拢成一个大议会。

问:同是议院,何以参众两名?

答:众议院是代表全国人民的,参议院是代表全国各省的。

问:如何叫代表?

答:意思是全国中各人各省,不能都到院来,便由议员代他发表意见,所以议员又叫作代议士。

问:如何叫议员?

答:就是在议院中代表民意、讨论国事及制定法律的人。

问:如何叫议长?

答:也就是议员中的一员,不过在院中位列首座,对议院,有整理一切事务的权责。

问:如何叫做国会组织法?

答:就是关于结构国会的种种条件,及参众两院在会内的种种职权,合来定的一个法规。

问:如何又有议院法?

答:这法内中包括甚多,大略言之,有下数项:

(一)关于民国议会的召集,开会、闭会、停会等事。

(二)关于议院内事务官(如秘书、书记等是)的职制。

(三)关于国务员及政府委员对于议院的职务权限。

(四)关于议院质问、建议及请愿种种的手续。

(五)关于两院的关系。

(六)关于议院与人民官署及地方议会的关系。

(七)关于议员的资格、请假、补缺以及议长以下的岁费。

(八)关于议院内的纪律及议员惩罚等事,将这种种的办法,合定成一个法规,便是议院法。

问:如何叫作议案?

答:就是在会议时,由政府或议员提出来的事项,换言之,就是付之讨论的原案。

问:如何叫议事日程?

答:就是将应议的各案,按着日子分配、排列出来,定为某日议某一案,这一种规式,就叫做日程。

问:如今议会之外,如何又有什么宪法起草委员会?

答:民国宪法,当由国会制之,但不能叫议员人人都来参定,所以才先从两院中举定若干众员,先行会同起草,现在委员已经举定,大概不日就要着手了。

1913 年 8 月,第八号

图画

帽章图(共十二幅图)(略)

论五族人民宜注重国家之观念(论说)

世界文明进化,有家族而后有部落,有部落而后有国家,故国家者,对内、对外一总机关之名称也。我中华民国《约法》载明,国家以人民为主体,则人民之对于国家，有直接密切之关系，不待言矣。汉之贾生，政治家也。其言曰："天下大器也，置诸安处则安，置诸危处则危。"泰西学者论国家为有机体，言国家之能生存与否，全视人民之保卫如何也。现今万国交通，星罗棋布，无一国不与他国相接，彼此争雄，不稍让步。而人民之生命财产，则皆托庇于一国家权力保护之下。设有一国为他国所并，则其国人民之生命、财产，必不能保全矣。顾人民既在一国家权力保护之下，苟非生有异性，未有不爱其国家者。然在民风朴塞之地，人民皆惟知衣食是谋，而于国家政治之观念，无论向少研究。即偶有一、二明哲之士，告以时局之关系，列强之竞争，我辈当极力图强，以求永存之道。蚩蚩之民，不视为分外之事，即以为虽有心补救，亦苦于力量之不足，而只付之于无可如何而已。不知此在专制时代，政治之大权，寄诸一部或数部之内，人心可以存诿谢之心。而在现时共和国家，则主权在人民，断未有以主人之责任，而反可作袖手旁观者。则人民当预蓄政治之能力，以扶助国家为天然之职，庶几无愧为国民也。

至于聪颖时髦，平时关怀大局，凡有公共利益，无论如何艰难，皆当力求振作，而一切自私自利之念，诛锄殆尽，而后可以谋幸福。语曰：皮之不存，毛将焉附。此语可深长思也。夫以我汉、满、蒙、回、藏五大族之人民，而成一庄严灿烂之民国，固宜结合大团体，以谋巩固其根基，不宜自顾私益，割裂纷争，破坏国家之统一也。况人民既有参预政治之权，凡内地各省与内外蒙古、西藏、青海，国会议员，设有定额，足以代表人民之意思。其有疾苦、隔阂者，皆可陈之政府，不患情意之不达耳。室家构造之初，风雨漂摇，倾覆是惧，苟有若而人者运土石，若而人者购材料，鸠工庀建，不崇朝而可告成。否则大厦不支，民无安处，又安有鼓腹含生之一日哉？故我汉、满、蒙、回、藏五族人民，所托命者在中华民国，未有民国富强，而五族人民不受其福者也；亦未有民国贫弱，而五族人民不被其祸者也。

愿我五族人民，人人皆以爱国家为第二生命，勿以小害大，勿以私害公，努力进行，以求政治改良之法，则民国之建树既宏，而我五族之权利，得保享于无穷矣，此非国民之要务哉！

报纸评论本报(要闻)

北京《新中国报》八月三十日，载有新闻一则，题曰：《〈蒙藏白话报〉之收效》，谓藏事事务局为开通边地风气起见，特编辑蒙、回、藏三种白话报，按期寄送，不惟可以增长该三族人民知识，并且晓然于共和统一，系为四万万同胞谋幸福，绝对的无须疑惑,此蒙藏局编辑此三种白话报之作用,当不至无效可收也。兹闻该报前经寄由川边,转发各喇嘛寺及头人等藏文报多分。经劝,柯春科等大喇嘛咦香色辈,奉读之下,视如神奇世宝,日与大众讲说,且供奉殿中,渐次影响传播民间,而林葱各土司群诣办事长官行署,多方要求电达中央,添赏数分以备观览。该长官充[?]为据情代达此电,昨经总统府交蒙藏局照准矣云云。

按:本报出版以来,虽承蒙、回、藏三族人民之爱读,然不敢以之自信,区区之意,不过欲我五族人民共一轨道,进化于大同耳。

宪法起草会表决两大问题

八月六日上午九时至下午三时,宪法起草委员在天坛开会,接续讨论领土应否在宪法规定问题,有主张概括的规定者,引证极详。主张列举者云:但得以法律变更之。某君主张绝对的列举,以修正宪法的手续,始能变更领土。朱君兆华对于反对列举者特加答辩,谓宪法列举领土,删去“省”字为地理上之规定,接加一条,使领土得以法律变更之,为行政之区划改置留有余地步,半采刚性、半采柔性,折衷至当,况按之中国国情非列举规定,恐领土丧失或割据,流弊滋多等语。主席以概括的规定及列举的规定两说付表决,赞成前说者多数。次讨论人民权利、义务应否规定问题,有主张列举规定者,有主张概括规定者,又有主张仿约法列举、规定者。主席会付表决,赞成列举者多数。是日所定议题均已通过,遂散会。

按:领土问题关系甚大,我国领土幅员既广,规定宪法最宜注重。今宪法起草会以主张概括的规定通过者,其意盖欲泯化界限、消除障碍云尔。

任命熊希龄为国务总理,参议两院通过情形

前国务总理赵秉钧辞职,大总统先令陆军总长段祺瑞代理,即提出拟任热河都统熊希龄为国务总理,咨交参众两院同意,政府特派司法总长许世英到院说明……

五族须知(答问)(续第八期)

政类

问:如何叫司法?

答:从实质上说,便是适用法律,维持法规;从形式上说,便是审断民事、刑事诉讼事件。

问:同一诉讼如何分民事、刑事?

答:大概词讼关于田土、婚姻、银钱、债账的,便是民事;斗殴杀伤、以及一切犯罪行为,应归刑法处置的,便是刑事。

问:如何叫司法独立?

答:不受行政、立法各机关的干涉,也不受上级的官厅干与,便是司法独立。

问:如何又叫司法行政?

答:不关审判、诉讼上事,但关于审判衙门用人办事一切,便是司法上的行政事务。

问:如何叫法院?

答:就是行使司法权的机关。

问:这机关凡有几种?

答:就法院全体说,最下是初级审判厅,再上是地方审判厅,再上是高等审判厅,最高是大理院,通凡四种机关。就各厅个体说,一审判厅,二检察厅,三书记厅,四承发吏,合此四种凑成一个法院,但内中以审判厅为最复杂,又最要紧。

问:如何叫四级三审制?

答:便是上说的四种审判衙门,上下递为阶级,凡是四等,第一审不服,再往上诉,为第二审,又不服,再往上诉,为第三审,又叫终审,这是便是三审。

问:同是上诉,何以有控诉、上告、抗告之分?

答:不服第一审的上诉,叫控诉;不服第二审的上诉,叫上告;不服原审或再审衙门所决定或经此种衙门命令不服因而依法上诉的,便叫作抗告。

问:同是法院,同是审判,如何有通常、特别之分?

答:专理民刑事件的法院,如上说的四级便是通常审判衙门,若陆海军人犯罪,归军事会议审判,官吏违法被告,归行政裁判所审判(我国议设评政院,便是行政裁判所），这所在便是特别审判衙门。

问：如何叫法官？

答：从广义说，各级审判厅的推事、检察官，都是法官；从狭义说，就限于推事一项。

问：如何又有院长、厅长、庭长及监督推事种种的名目？

答：就是各厅院的首席长官，专监督本院厅的行政事务，其监督民庭、刑庭事务的首坐推事，便是庭长，初级厅有两员以上推事，用一员来监督行政事务的，便是监督推事。

问：检察厅如何？

答：一般有监督有长有总长，与审判厅相配。

问：如何叫检察官？

答：就是通常审判衙门内所附设的一种司法行政官府。

问：他的职权如何？

答：名类甚多，约略言之，大概关于刑事，得提起公诉，请求法律上正当的适用，监视判决的执行；关于民事，认为有必要时，得请求他通知、陈述他的意见。

问：检察厅有无等级之分？

答：一般的分为四级，但有一件与审判厅不同，审判厅是级级独立，各不相下，检察厅便各级联为一气，合成一体，层递承接管辖。

问：法院编制法是何法规？

答：就是规定各级审检两厅内部机关的组织、及其机关作用的权限的一种法律，有新旧两种，近来新编制法的草案，已经拟好，一经通过国会，便尔颁行，只把这法规一看，便了然司法上一切作用及各样的名辞意义了。

蒙藏学校职教员一览表（专件）

职员

校长　达寿　挚夫

学监兼教务　左霈　雨荃

学监兼庶务　薛锡珍　宝之

学监　陈凤章　沂卿　学监　黄朝杰　侨生

教员

汉文　郭家声　琴石

蒙文　包文昇　维翰

藏文　萧必达　通之

历史　刘重源　镜泉

地理　黄昌寿　介之

宪法、国际公法、行政法　高穠　亦相

国际私法、民法　陈寿昌　纪杨

刑法、法学通论、商法　李昌宪　绍原

财政学、经济原论　耿汉　梦蘧

统计学、簿记学　邓国恩　小昊

蒙藏学校补习科学生第一学年第一学期成绩表

补习科学生第一学年第一学期成绩表

甲第六名

恩来　九十分零四厘　　玉光　八十九分零六毫

辅志　八十五分四厘三毫　　海凤　八十三分九厘三毫

莫文启　八十二分四厘二毫　　增贵　八十分零二厘九毫

乙等十四名

稘昌　七十九分四厘六毫　　德荫　七十八分八厘五毫

文元　七十八分六厘八毫　　定寿　七十八分五厘三毫

赵增萃　七十七分一厘　　忠泰　七十六分八厘四毫

定泰　七十六分二厘三毫　　吉祥　七十四分三厘七毫

景荣　七十三分三厘二毫　　和庆　七十二分五厘三毫

吉立　七十二分二厘八毫　　宝善　七十一分九厘

永利　七十一分七厘五毫　　福厚　七十一分三厘二毫

丙等十三名

吉勒通阿　六十九分二厘八毫

德恒　六十九分零三毫　　隆钧　六十八分一厘五毫

春山　六十七分七厘三毫　　凤奎　六十七分四厘八毫

棣华　六十五分九厘三毫　　　倭什洪额　六十五分四厘六毫
成厚　六十四分九厘五毫　　　隆镃 六十三分六厘五毫
玉溥　六十一分六厘八毫　　　景海　六十分〇八厘一毫
定瑞　六十分〇七厘九毫　　　林昌　六十分〇六厘四毫

丁等十八名

三音布　五十八分八厘七毫　　咸安宫学锡林 五十八分七厘一毫
增华　五十七分〇九毫　　　　崇惠　五十五分三厘九毫
锡良　五十五分三厘九毫　　　德丰　五十四分〇三毫
印德贺　五十三分六厘八毫　　广庆 五十分〇二厘五毫
宝勋　五十分　　　　　　　　庆锐　四十七分一厘二毫
唐古忒学锡林　四十五分三厘一毫　德兴　四十四分九厘三毫
景铨　四十四分五厘九毫　　　贵泽　四十三分一厘四毫
永陞　四十二分二厘六毫　　　锡绶　四十一分四厘六毫
松祥　二十九分二厘八毫　　　锐祥 二十七分一厘五毫

1913年9月，第九号

论蒙回藏宜速遣子弟来内地读书(论说)

国家富强的根本，最紧要的是教育，现在我们五族共和，一切政治亟待改良，要想这中华民国，整顿得轰轰烈烈的起来，当从教育上亟力振兴，使一般的人民，皆有普通的知识，那国家的势力，自然蒸蒸日上。但是汉、满族，处中华民国的东南部，地面临海，与外国交通很是便利，有志之士，欲往外国游学，不难达其目的。且内地学校，所在皆有，子弟苟有志读书，断不忧无校可入，故汉、满两族的教育，将来总不难普及的。惟我蒙、回、藏地方，向来风气不甚开通，创立学校，更不多觏，这三族的子弟，聪明本是一样，若因无处读书，学问□赶不上汉满两族，岂不是一大憾事吗？大凡人在社会上，欲图生活、做事业，非有真实的学问，断不能立得住的，若只靠着父兄的余荫，来过日子，又岂能常久呢？况且蒙回藏优待条例载明，蒙回藏的人民，能通汉语，合法定资格者，一律可为民国官吏。虽现在为官吏的，不过是服务，并无特别好处，而资格既有限定，则非入学校不能得证书、入仕途，此是一定的道理。蒙藏局总裁贡乐亭先生，与副总裁荣竹农先生，最关心蒙藏的文化，在北京设立蒙藏学校一所，以为蒙、藏、回子弟来京研究普通科学之地，校内分补习科一班、预备科四班。补习科学生，系由咸安宫、唐古忒、托特等学，以及旧理藩部蒙古学生改组而来。现已早经开学，而蒙藏青海等处子弟，系入预备科，亦有在局内报名入校者，不日亦要开班讲授，此种机会，真是我们蒙藏同胞所最难得的，试一说明，大家便可知道。国家经费，本是支绌，他项政治，未遑俱举，政府不惜巨金，专设此校，以培植蒙回藏子弟人才，此难得之机会一；中国人士，往外国游学，往来川资，以及在校的费用固然所费不赀，即在内地读书，亦要征收学费，每年亦在数十元左右。现蒙回藏子弟读书，川资由各旗补助，校中亦不收学费，此难得之机会二；内地学校，现在皆不寄宿，不供膳，惟若《蒙藏学校章程》，对于蒙藏青海来京的学生，特援优待条件，既许寄宿，又为供膳，较之内地学生便利得多，此难得之机会三。至于校长达挚甫先生，品学兼优，且曾游蒙藏地方，深知蒙藏人的习惯。校内延聘的教员，皆是深通科学，又最是热心教育的人，学生好好学去，定然有所成就。校中规则，不厌详密，但俱是准情酌理，使学生容易遵守的，只期学生在学遵守规则，便是同在家里读书一般，不觉拘苦，迨到毕业，可升入专门科，使蒙回藏的人民，受高等的教育，将来在内地或蒙回藏等处，办事必有成效。那时我五族人民，同肩国家重任，人才辈出，富强之效可期矣。就此看来，我们蒙回藏的子弟能不为自己计，赶去求学吗？

大总统选举法案原文(要闻)

近日，宪法起草委员会正讨论大总统选举法案，兹将全案原文详录于下，大总统选举法案：

第一条　中华人民完全享有公权，年满四十岁，并居住国内满十年者，得被选举为大总统。

第二条　大总统由两院议员组织国民议会选举之。

选举以两院议员总数四分之三以上之出席，用无记名投票行之，得票满投票人总数三分二者为当选。但两次投票，无人当选时，就得票较多者二名决选之，以得票较多者为当选，得票同数，取决于议长。

第三条　大总统任期六年。

大总统届任满时，须于两个月以前召集国民议会，选举新大总统。若大总统不依前项规定召集时，两院议员须于大总统任满一个月以前自行集会。现任大总统于次届大总统之选举，不得被选。

第四条　大总统就职时须为左列宣誓：余谨以至诚遵守宪法，执行大总统之职务。

第五条　大总统缺或有故不能执行职务时，以副总统代理之，同时召集国民议会，选举新大总统。副总统缺位或有故不能代理时，以国务院执行行政权。

第六条　副总统与大总统同时选举之选举方法，依选举大总统之规定。

附则

第七条　大总统之职任在宪法未制定以前，依临时约法关于临时大总统之规定，正式总统于国庆日太和殿受职。

选举大总统法案已通过，实行选举正式大总统，准于国庆日在太和殿受职典礼，极为注重。朱总长已于日前派员至太和殿等处布置一切，各官署荐任人员，非大礼服不能躬预盛典，已由内务部通告各机关矣。

藏事开议有期(目)

文　牍

蒙藏事务局呈大总统，查京城喇嘛印务处呈请以多罗结等调管西黄寺事务等缺与例相符请训示只遵文并批。

五族须知(答问)(续第九期)

政类

问：如何叫做官制？

答：一国之中，万般事务不是一人一手办得了的，必须设置种种的办事的人员分头处理，故无论何种国体、政体的国家，都少不了官吏的，因而有左开各项的制度：(一) 机关如何组织。(二) 职务如何分配。(三) 权限如何厘定。(四) 名号、俸禄如何制定。合此数项一一规定成一种经制，就叫作官制。

问：如何又叫官规？

答：就是做官吏的及任免、升降官吏的一种规律、规则。

问：如何又叫官吏？

答:详细说来是直接或间接隶属于大总统,依公法上的任命手续,于国家无定量事务所成立之职务而应担任其义务的人便叫作官吏。

问:官吏种别如何?

答:不过两大种别,一司法官,二行政官,惟行政官的种类最多。

问:其种类若何?

答:有文官、有军官、有中央官、有地方官、有外交官、有政务官、有事务官等等。

问:各官吏之地位高下如何?

答:有特任官,是大总统亲命的官中最高等的,其次高等亲命的有简任官,再次有荐任官,是由各主管长官推荐,请大总统任命的,最下有委任官,便是各主管长官以其自己职权委用的。

问:官有几等?

答:在前是九品十八级,如今亦定为九等,却仍分两大阶级,由一等至五等为高等官,六等以下至九等为普通官。

问:如何又叫官职?

答:凡受国家委托处理国家事务者,统称为官职,若细分之:(一)国家事务分配而成种种机关,此种种机关所受事务更委任一人或数人叫他处理,这一个所处理的事务全部便叫做官职。(二)受人委任某范围内国家事务者,叫官吏,应受其委任国家事务的资格亦叫作官职。

问:如何又叫官厅?

答:以一个或数人组织在一定的范围内处理国家事务的国家机关,便是官厅,但处理国家的事务的事务所,也叫作官厅或叫作官署。

问:官厅有无区别?

答:以一个组织的叫单独制官厅,如各部总长及各省民政长、各县知事等是。以数人组织的叫合议制官厅,如国务院及地方以上审判、检察各厅等是。

问:如何分别职务与权限?

答:国家设官厅来执行事务,凡所掌理皆有定限,应处理此定限内事务的任务,就叫职务;一官厅独得处理限界内事务的权能就叫作其官厅之权限。

问:如何叫官俸?

答:官吏为国家处理事务,国家按其职务、地位、身分给以相当的酬金,使他维持生活就是官俸。

问:官俸又如何区别?

答:照现行制度共分一十二级。

问:官制、官规由何人制定,及由何人任免官吏?

答:皆由大总统一个,但制定官制、官规及任命国务员与外交大使、公使照现行约法,须得国会议决及同意,惟委任官的任免,各主管长官得专行之,至任免荐任官,便须呈请大总统批准。

问:何人始可任官职?

答:任官为人民公权的一种,但是中华男子,皆可任官,惟必经考试及第的始得为之。

1913 年 10 月,第十号

图　画

正式大总统就任庆祝券(一幅)(略)

正式大总统就任誓词

余誓以至诚遵守宪法,执行大总统之职务,谨誓。

大总统莅任宣言书

余不才,忝居政界数十年,向持稳重主义以为立国大本,在修明法度、整饬纪纲而后,应时势之所宜,合人群而进化,故历办革新诸政,凡足以开风气者,必一一图之。但余取渐进而不取急进,以国家人民之重,未可作孤注一掷。而四十年先民之教泽,尤不可使斫丧无余也。戊申以后,归田课耕,不复与闻政事,生平救国之志,已如过眼烟云,及武汉事起,为时势所迫,身当其冲,大惧吾国吾民之无以生存而思减少其苦痛。后清帝逊位,共和告成,以五大族之不弃,推为临时大总统。此种政体,吾国四千年前,已有雏形,本无足异。乃事权牵掣,无可进行,夙夜彷徨,难安寝馈,然且忍之又忍,希望和平。乃本年七月间,少数暴民破坏统一,倾覆国家,此东亚初生之民国惴惴焉将不保。余为救国救民计,不得已而用兵,幸人心厌乱、将士用命,不及两月,内乱敉平,极思解职归田,长享共和幸福,而国民议会群相推举,各友邦又以余被选之日为承认之期,何敢高蹈鸣谦,以致摇动国基,负我父老子弟之期望？盖余亦国民一分子，耿耿此心，但知救国救民，成败利钝不敢知，劳逸毁誉不敢计，是以勉就兹职，今将以余极诚恳、亲爱之意与我国民一言之。

西儒恒言立宪国重法律，共和国重道德，顾道德为体，而法律为用。今将使我民一跃而进为共和国民，不得不借法律以辅道德之用。余历访法美各国学问家，而得共和定义，曰共和政体者，采大众意思制定完全法律，而大众严守之，若法律外之自由，则共耻之。此种守法习惯必积久养成，如起居之有时，饮食之有节，而后为法治国。吾国民性最驯，惟薄于守法之习惯，余望国民共守本国法律，习之既久，则道德日高而不自知矣。

又共和国以人民为主体，人民大多数之公意在安居乐业，改革以后，人民受种种激刺，言之惨然。余日望人民恢复元气，不敢行一扰民之政，而无术以防暴民，致良民不免受其荼毒，是余所引为憾事者也。余愿极力设法，使人民真享共和幸福，以达于乐利主义之目的。

国民生计日蹙迫于饥寒，暴民之尤狡者，利用此等贫民、驱之死地，可悯之至。欲国之长治久安，必使人人皆有生计。而欲达此目的，则必趋重于农工商，余闻文明国头等人物，往往愿为实业家。吾国天时、地利不让诸强，徒以垦牧不讲，工艺不良，矿产、林渔弃货于地，无凭贸易，出口日灭。譬诸富人藏窖而日日忧贫。余愿全国人民注意实业，以期利用厚生，根本自固。虽然实业之不发达，厥有二因。一在教育之幼稚，一在资本之缺少。无论何项，实业皆与科学相关，理化之不知，气电之不讲，人方以学战以商战，我则墨守旧法，迷信空谈。余愿国民输入外国文明教育，即政治、法律等学，亦皆有实际而无空言，余对于教育之观念如是。

实业非资本不办，以吾国地质之膏腴，物力之丰富，岂得谓贫？人生所需，不出衣食住之属，金钱其筹焉耳。但金钱不足，无以为兑换之资，缺少金钱，犹缺少筹马。故欲备一切实业之开办资本，不得不仰诸富有筹马之乡邻。迨地利既辟，无旷土、无游土，所借资本子母相生，除偿还本利外，尚有赢余，比诸藏窖而忧贫者何如？故愿吾国输入外国资本以振兴本国实业。

夫输入外国文明与资本是国家主义，而实世界主义。世界文明之极，无非以己之有余济人之不足，使社会各得其所，几无国界可言。孔子喜言大同，吾国现行共和，则闭关时代之旧思想必当扫除净绝。凡我国民，既守本国自定之法律，尤须知万国共同之法律。与各国往来，事事文明对待，万不可有歧视外人之意见，致生障碍而背公理。迩来各国对我政策皆主和平中正，遇事诸多赞助，固征世界之文明，尤感友邦之睦谊。凡我国民，务当深明此议，以开诚布公、巩固邦交为重。本大总统声明所有前清政府及中华民国临时政府与各外国政府所条约、协约、公约，必应恪守。及前政府与外国公司、人民所订之正当契约，亦当恪守。又各外国人民在中国按国际契约及国内法律并各项成案、成例已享之权利并特权豁免各事，亦切实承认，以联交谊而保和平。凡我国民，当知此为国际上当然之理，盖我有真心和好之证据，乃能以礼往来也。

余之所以告国民者，此其大略也。而又重言以申明者，仍不外道德二字，道德范围广大，圣贤千万语而不能尽其词，余所能领会者，约言之，则忠信笃敬而已。

忠之本义，忠于一国非忠于一人也。人人以国为本位，勿以一身一家为本位，乃能屈小己以利大群，其要在轻权利、重义务，不以一己之权利妨害国家之大局，而义务心出焉，是谓忠。

孔子云：民无信不立，文明各国，有以欺诈行为诮人者，其受辱若挞之于市朝。华盛顿幼时受其父教，即不作诳语。吾国向重信义，近来人心不古，习为诪张，立身且难，何况立国？前清曾国藩云：立身以不妄语为本。故无论对内、对外，必当以信。

何谓笃？文明各国保存国粹，虽一名一物惟恐或失，不害其进化之速也。吾国向以名教为大防，经四千年之胚胎变化，自有不可磨灭者存，乃或偏于理想，毁弃一切，不做事实，专说大话。未得外国之一长，先抛本国之所有，天性浇薄，传染成风，本之不存，叶将附焉？故救之以笃。

何谓敬？有恒心然后有恒业，人而无恒，则有事时犯一乱字，无事时犯一偷字。职业所在，惰气乘之，万事败坏于悠忽之中，而无人负责，徒为旁观嘲讽之语。而己之分内事，转漠然不察。始知古人敬事二字，有味乎其言之也。故去傲去惰必以敬。

以上忠信笃敬四字，余矢与国民共勉之，日诵于心，勿去于口。盖是非善恶为立国之大方针，民之好恶，虽不尽同，而是非善恶必有标准。大致奉公守法者则为是为善，越礼犯义者则为非为恶，余愿国人有辨别心。

人亦有言，文明日进，则由俭入奢是已。若以贫弱不堪之国，不学他人文明而惟学其奢华，是以病夫与壮士斗也。近岁以来，国民生活程度日高，而富力降而愈下。国奢示俭，古人言之。余愿国民于道德心中尤注意于俭德。

总而言之，法律与道德同时并进，则共和之国度乃稳固而不摇。至国防问题，吾国正在休养生息之时，尚非武力竞争之日。惟余所切切于心者，海陆军人以服从命令为义务，以保护人民为天职，各将领谁不知之，而此二者，愿为近日风潮所鼓荡，未能完全收效，是余统率之责有未尽也。此后，当于精神教育十分注意，以对于人民。

余故以至诚挚亲爱之意申告于国民曰：余一日在职，必一日负责。顾中华民国者，四万万人之中华民国也。兄弟睦则家之肥，全国之人同心同德，则国必兴，余以此祝我中华民国焉。

外交颂词并大总统答词（目）

大总统受职日外交团谒见衔名单①

日国　瑞典国　比国　俄国　丹国　法国　萄国　日本国　和国　德国　墨国　美国　英国　奥国　义国

临时大总统令（法令）

任命张文建为陕甘筹边使，此令。中华民国二年九月十九日。

现在边防吃紧，河套以西厄额特阿拉善一旗与甘省宁夏北路，处处毗连，应令就近归宁夏将军节制，以重责成，此令。中华民国二年九月十九日。

大总统选举法（目）

临时大总统令（法令）

任命热河都统姜桂题兼督办热河北边军务，此令。中华民国二年十月五日。

大总统令

本大总统现于十月十日就任，所有京外文武各员均著照旧供职，此令。民国二

① 只录国家名称。

年十月十一日。

国务总理熊希龄呈据蒙藏事务局呈称拟请将萨都拉先行给予四等台吉衔等语，应照准。此令。民国二年十月十三日。

蒙藏社会亟须改良说(论说)

梦蘧

从古以来，人类之进化，由野而文，经几番之变易，历无数之沧桑，至于今日，能臻于极开化之境界者，其于社会上种种现状，自必逐渐改良，然后乃有若斯之庄严、灿烂也。惟是时无论古今，地无论东西，其民族之处于本土之社会，必囿于向所遗传之风俗、习尚，或有不适宜于当世者，每不肯骤然更易之，此亦情势使然，而非一朝一夕所能改革耳。脱有一二识时之流，知时世潮流所趋，有不得不改之势，乃欲从事改良一切，然必为一般之人从而阻挠者，往往有之。是为开化进步必经之阶级，而世界诸文明国领土上之情状，大抵相同者也。我国由专制跻于共和，合五族成为一家，于国家政体上之改革，可谓一蹴而就，然而政体固改革矣，至于五族社会之进化，则未也。何则？既称五族共和，自应一律同化，现今内地与边境之社会，未免大相悬殊，此宜极时改良，底于一致，庶人民共同进化，国家统一政治，岂不善乎？今言蒙藏社会亟须改良者，约有数端，以与蒙藏同胞商榷焉。

一曰文字改良。世界民族，各有其自己之语言文字，文字本系语言之符号，言语之发声，根于习惯之天籁，然则声音发乎天然者，文字既为声音之符号，苟或文字不良，其能改乎？倘已所固有之语言文字，不能将世界种种之物质文明，译其旨而达其意，则将灌输知识之道，无所适从，岂不难欤？无已则有舍难就易之法，先从于吾素所接近之语言文字，学而时习之，则于外国文字，既免重译之隔膜，而得灌输之捷径矣。我国于蒙藏方面之教育政策，所以首先注重汉文、汉语，盖此意也。近来各种科学发明及各种新名词，蒙藏文字实不彀用，例如“火柴”为日用之物，而蒙藏文字，即无此字，“大总统”为文书常用之字，而所来文牍，均不划一。若汉文汉语，则均有一定之名称，倘借径汉文汉语，较易见功。一国之中文文言一致，意思机关既不歧异，其社会上之种种情状，不良自良矣。故于文字，讵可忽耶？

二曰生计改良。社会上关系最密切者，厥惟生计。夫生计者，人类生活之计画。欲谋生存于社会，必须有特长之职业，职业之种类颇多，谋生之情形则一。未开化之民族，于生计上之作为，每因天然的，盖其知识未能运用，习惯系于风俗，此种状态，限于境地，无可如何，莫怪其然。但是改良社会，在生计上着想，其收效较易于文字。何则？文字之保守，或由于先入为主，或由于天性自然，骤欲改良，易生障碍。若从生计上改良，必无恶感之观念，而有乐从之倾向。盖人类生存于社会，必思充足其欲望，含识之伦，莫不皆然。苟因其欲望而诱导之，未有不色然喜而契然合者也。若我蒙藏地方之社会，其于生计，虽渐有耕种、贸易等事，然大多数，仍以游牧为主。蒙古、西藏，地质上之蕴藏丰富，兽类中之孳生、繁衍，即此二层而论，利用农工商业上之技术，浚疏其利源，生计之充裕，无待烦言。生计若裕，知识易启，对于物质，自然注意。职业之情状，于各个人之生计，相辅相成，而演成良好之社会，实人类进化之一大枢机也。所以生计问题，最宜改良者此。

改良蒙藏社会，如上所言，惟改良之手续，千头万绪，不能悉举，要而言之，属于行政上者，若现今政府之教育部、农林部、工商部以及蒙藏事务局等，自有特别之规画，毋庸赘述。而蒙藏人民，对于自己，尤须亟图改良，庶中央政治收统一之效，双方社会有同化之风，五族一轨，趋于大同，既享共和幸福，免贻世界议评，此则记者所企望于我蒙藏之同胞者已。

选举总统纪略

（民国二年）十月六日总统选举会上午八时开会投票选举，到会议员七百三十三人，开票结果，袁世凯君得五百零七票，当选为中华民国正式大总统。次日选举副总统，下午一时开会，出席议员七百十九人，投票，黎元洪君得六百一十票，当选为中华民国正式副总统。

要　闻

正式大总统就任之礼节（目）

外交团对于大总统就任之仪节（目）

大总统就任纪事（目）

五族须知(答问)(续第十号)

政类

问:前言官制等事,如今民国现行制度却是如何?

答:大概分中央官制与地方官制两大部分。

问:中央的官制如何?

答:最高的为国务院,其次为分管国务一部分的各部,再次为院部所管辖分理院部各事的各机关,其名为厅、为局、为司、为处,各各不一,其官制便各各不同。

问:国务院官制如何?

答:首座是国务总理一人,其余便是各部总长,例应十人,但此次熊内阁,只有九人,笼统都叫作国务员,便合成一个辅弼大总统、综缆全国政务的最高无上机关。

问:国务院所辖的各机关如何?

答:有秘书厅,有法制局,有法典编纂会,有铨叙局,有印铸局,有蒙藏事务局,有临时稽动局等等。

问:如何叫做秘书厅?

答:是专管左列各事的一个机关,是国务院本院最机要的一个总事务所。(一)传宣法令。(二)撰拟及保管机要文书。(三)典守印信。

问:本厅的官制如何?

答:有秘书长一人,秘书六人,佥事六人,主事六人,为缮写文件及其他庶务,得用雇员,不定额。

问:如何叫雇员?

答:就是拿钱雇用的人,同雇工一样,因在官办事,所以叫作雇员。

问:如何叫做法制局?

答:是专管左列各事的一个机关。(一)拟定法律命令案。(二)审查各部拟定法律命令案。(三)审查法律命令,中央有应行制定、废止或改正的,具案呈报国务总理。

问:本局的官制如何?

答:有局长一人,参事八人,其余与秘书厅同,但秘书只一人,佥事只二人,主事只四人,此外另有一种编译员,不得四人。

问:如何要此编译员?

答:为翻译外洋文字书类用的。

问:如何叫做法典编纂会?

答:是专管编纂民法、商法、民事诉讼法、刑事诉讼法及其他各项法典的一个机关。

问:本会的官制如何?

答:有会长一人,即由法制局局长兼任,纂修八人,调查员不限人数,别设事务员二人,仍酌用雇员。

问:如何叫做调查员?

答:是用来查考中外法例,帮同办理编纂事宜的人员。

问:如何又要事务局?

答:为的是掌理文书、会计及庶务,不能不要专员管理的缘故。

问:法典编纂会,是不是常设的机关?

答:一俟法典编成,即行裁撤,只是是暂时设置的。

问:如何叫做铨叙局?

答:是管左列各事的一个机关。(一)关于荐任官以上任免及履历。(二)文官高等考试。(三)恩给及抚恤。(四)授与荣典。(五)受领及佩用外国勋章等。

问:本局的官制如何?

答:有局长一个,秘书一人,佥事四人,主事八人,仍酌用雇员。

问:如何叫作印铸局?

答:是管左列各事的一个机关。(一)印刷官文书用纸。(二)制造勋章、徽章、印信、关防、图记及其他品物。(四)[1]刊行公报职员录及法令全书等。

问:本局的官制如何?

答:与铨叙局一样,但另设技正二人,技士六人,分掌技术事务,此外仍得用雇员。

① 原刊如此。

保种刍言(杂录)

羽　潜

欲强国必先强种,欲强种必重卫生。卫生于身体之健康,大有关系,其法有二:一曰勤运动,运动多则血气流通,贯注全体而筋力强。二曰务洁净,人之饮食起居,皆于卫生有直接之关系,饮食、衣服稍有不洁,则病易生,故洁净者,却病之良方也。泰西人士,研究科学,日有进步,而身体运动与及一切洁净方法,首先注意,诚以身体强健,而智慧乃能日出也。我中国人民向不注意于此,是亦种弱之一原因,不可不返而求之也。又人死后,最宜速葬,古人释葬为藏,言藏其体魄,不使人见,所以安仁人孝子之心。故一切火葬、水葬、鸟葬等葬法,风俗或有不同,而莫善于土葬,为最能掩其暴露,而保其体魄,此亦蒙藏同胞所应留意之一端耳。

1913 年 11 月,第十一号

中央政府对于满蒙回藏之感情(论说)

梦　蘧

以身体而言,必具心腹手足,以家庭而言,必有父兄子弟,手足为心腹所效用,子弟须蒙庇于父兄。苟手足伤残,心腹必感痛苦;子弟失所,父兄孰不悲伤?或心腹受病,手足亦遂困顿;父兄被难,子弟也罹灾殃。且未有心腹手足不完全而成为身体者,亦未有父兄子弟相背戾而安于家庭者,此相维相系之常理,同甘共苦之恒情也。执是情理以喻国家,岂有中央不爱边境,边境可离中央者乎?我中华民国,五族一家,合成一体。自缔造共和以来,中央政府深知维系之理,睠念甘苦之情。故对于满蒙回藏,种种筹画,无微不至,感情之笃,逾于往昔。凡此情形,皆有迹可寻者也,请得证诸事实。

第一为待遇条件。

联各民族为一共和国家,其要须彼此亲睦,而亲睦之道,必在于实际上之待遇。所以中央政府订立待遇满蒙回藏之条件,凡关于权利、义务诸要端,莫不与汉人平等。至若王公等之世爵,概仍其旧而有加无替,王公中或有关生计过艰者,设法代筹生计。从前满蒙回藏之人民,其营业居住,或有限制者,现今一律蠲除。其住内地者均可自由入籍,并且保护其财产。至于满蒙回藏之宗教,俱听自由信仰。若此种种，待遇之优，可谓无间，二年以还，切实施行，并无虚与委蛇之情事，此则中外所闻而不可掩者也。

第二为教育计画。

国家教育，贵乎普及，教育普及则民智进化而国蒙其福。教育之道，厥有二端，一设学校以瀹人民之知识，一编报纸以开地方之风气。故政府于教育上，无论内地及边境，均极注意。以内地论，学校制度，业已完备，报纸发达，公私俱有，至满回二族，杂居内地者不少，况通晓汉文、汉语者居多，均无须再为特别之计画。惟于蒙藏二地，关心最切，因而特设学校于都中，咨遣来学而饩以廪。又编报纸于京城，寄送各地而免其费。若此种种，真情之肫，不遗余力，一年于兹，切实施行，并无敷衍搪塞之事，此又中外所闻而不可掩者也。

综此事实，要皆发乎感情而为之。以是而观，可见中央政府对于满蒙回藏之恳挚，犹心腹之于手足，父兄之于子弟，其相维系、同甘苦之情状，自不待言。惟不得不望于满蒙回藏之人民者，须知手足有保卫心腹之职分，子弟有扶助父兄之责任。果能勉励此心，至诚协赞，则身体不致残废而家庭得以安享矣。虽曰国家之福，实五族之幸也。

要　闻

各国公使觐见大总统汇志(目)

大总统呈递国书颂词(目)

求学注意

闻北京蒙藏学校预备科快要开班，因沿边子弟现在陆续来京，已有搬到校中住宿，听候上课者，甚蒙校长优待，真是比在家读书，更为便宜。凡我蒙藏回子弟，凡有志入该校者，可速由旗中咨送，到校时便能上学，但是听说该校章程，预备科只有四班，若去得太迟，未免落人后着，殊为失算云。

五族须知(答问)(续第十一号)

政类　官制

问:如何叫做蒙藏事务局?

答:前清时代,所有蒙藏回疆事务,均归理藩部管理。民国成立,蒙藏回不再为中华藩属,因此改部为局,并归国务总理属下,却以此局为院内分管蒙藏事务的一个机关(参看第一期、第二期报)。

问:其官制如何?

答:与别局大有不同。

问:如何不同?

答:内设参事二人,秘书二人,佥事八人,主事十二人,雇员随用,均与各局不差,但局长为总裁,又有副总裁,各一人。此外还有执事官四人,专管接待蒙藏人员及传译语言事务。又有一种名誉职员,叫做顾问,不定额,也不支俸。局内又附设一会,叫做蒙藏研究会,是专管研究、调查蒙藏一切事宜的。

问:如何叫做临时稽勋局?

答:这是在临时政府期内特设,用来稽查左列各事,请勋、请恤的一个机关,但是如今已将裁了。(一)开国前各处倡义殉难者。(二)开国时为国尽瘁身亡者。(三)开国时各地方战事宣力著功者。(四)开国时在军事上建议画策,或奔走运动成绩卓著者。

问:当日局内官制如何?

答:有局长一人,秘书一人,主事六人,雇员随用,也与各局相同,其不同的另有调查员,与法典编纂会一样,但定为专任十人,若以他机关人员兼任此职的,便无定额。又有审议员八人,专就调查员所报事项,详加审议,以防冒滥。至调查员所调查,即前所列开国前后凡有功民国人的事项。

以上一厅一会五局,都直隶国务总理管辖,为国务院的补助机关,这就是国务院全体的官制。

1913 年 12 月,第十二号

蒙藏回白话报周年纪念祝词

徐敬熙

本报梓行迄今一期经始之际，仆承总裁之命，谬膺总编纂一职，日与诸君子锐意进行，自忘其劳，乃报务就理。而听官顿失其感觉力，以病辞，继之者，为笠泽吴寄荃先生，发辉而光大之。发刊以来，边陲各界，大受欢迎。刊发请益之文电络绎不绝于道，益坚边氓内向之心。今蒙回藏各境日就和平，五族共和，国基日固，其文字收功远轶于武力以上，仆之始愿实不及此。固由总裁、副总裁暨总务处诸公力为提倡，亦在事诸君子协心同力，奋勉所致，由是类推，期年获此效果，推之以至于千百年，其明效大验，又当何如耶？新历已周，宿疴未愈，精神愉快日增，肉体苦痛骤减，因泚笔而为之祝词曰：

五族一堂　无界无疆
四邻簧鼓　中道阋墙
言归于好　家道孔昌
厥徇木铎　恺悌慈祥
词辑民怿　语短心长
千秋万岁　奕叶流芳

本报周年纪念词

梦　蘧

报纸体裁，出版之始，必撰一篇发刊文词，起例发凡，述其所持之宗旨，宣布报端，将必循是方针，以为标准，欲贯彻其志趣，而蕲达其目的，期收效果于将来，是乃开宗名义之第一章，为编刊报纸所不可少者也。至若出版既及一年，周岁循环，又必著一篇纪念文词。原始要终，述其过去之成绩，以勖将来，并励办报之初心，而勉社会之进步，此虽报纸之通例，要亦题中应有之义也。

本报发行，已逾一载，回溯已往，几所发挥，对于蒙回藏各方面，胥以开通地方风气、灌输人民智识为己任，尤以鼓吹五族共同、巩固国基为前提。一年以来，关于政治上、教育上、宗教上、生计上种种问题，不恹词费，著论立说，以启我蒙回藏之社会，更以国家领土关系、国际权利思想，大声疾呼，发聩振聋，以警我蒙回藏之人民。

盖即所谓循是方针，以为标准，欲贯彻志趣以达目的云尔。至于期收效果之说，则不敢悬断耳！然以报纸而测社会之程度，当验诸印刷额数之消长，即可以知社会程度之高低。本报因蒙藏回人心之爱读，逐次增印，以此观之，足证蒙藏社会欢迎之倾向，于以知蒙回藏程度之进步，渐入进矣。庆幸之至，或曰其殆已收效果欤？然而未也，夫效果云者，乃有效之结果。报纸之效果，即所主张之言论，得以见诸事实者也。以本报额数之扩充，而揣蒙回藏之程度，可称为有效，不得谓之结果。但是有效，即结果之先声。凡事无效可取，则无果可结矣。惟欲知其结果如何，先须问其种因如何。本报言论上所种之因，题目纷繁，期望过奢，岂能旦夕骤得其果？此亦情势使然，无可讳饰者。然而有是因必有其果，将来渐渐而进，当有可观。故报纸发达，虽可觇人民智识之进步，然社会开通，要必依报纸言论而改良，倘能根据言论，择善而从，以建事实，始可称报纸得效果矣。否则言者谆谆，听者藐藐，更无效果之可言，反是则非人民聪明根性之薄弱，及报纸鼓吹能力之缺失也。本报深惧于斯，自宜振刷精神，益加奋勉，以督促我蒙回藏同胞之进步焉。今岁乃民国成立之第三年，为本报发行之第二岁，自今而后，但愿本报言论，见诸事实，效果之良，拭目以俟。濡笔作此，以为纪念之词。

大总统令(法令)

自民国成立，五族共和，允宜泯去猜嫌，共享升平之福。前因库伦于清末独立，兵连祸结，以致边境汉蒙生灵多受殃及之累。本大总统每一念之，惄焉如捣。现在时局粗定，正宜谋边境之义安，期人民之得所，合再申令，各军统将校，务以除暴安良为宗旨，所有安分蒙民，切当优加体恤，格外保护，不准丝毫骚扰。倘有不遵命令，害及无辜，残民以逞者，一经发觉，定将该统兵官严行治罪，决不宽贷。总之，本大总统以抚字为本，视五族犹一家，愿我各军人共体此意，毋得稍有违逾，用副戢兵安民之旨，此令。中华民国二年十一月二十三日。

共和精义在集众思，广忠益，以谋利国福民，期于实事求是。现在正式政府已经成立，本大总统督同国务员，业将大政方针次第议决。但建设之始，万端待理，关于根本大计，讨论尤贵精详。前经电令各省举派人员来京，特开政治会议，以免内外隔阂。俾得共济时艰，现各省所派之员，不日齐集。应再由国务总理举派二人，各部总长，每部举派一人，法官二人，蒙藏事务酌量举派数人。本大总统特派李经义、梁敦彦、樊增祥、蔡锷、宝熙、马良、杨度、赵惟熙合组政治会议机关，务各竭所知，共襄郅治，奠邦基于磐石，以慰全国喁喁待治之心，本大总统有厚望焉，此令。中华民国二年十一月二十六日。

据新疆都督兼民政长杨增新呈送，升允自库伦发寄信函一件、檄文一册，本大总统逐加披阅，殊堪骇诧。查共和肇兴，国体变更，当武汉倡义之后，各省响应，库伦等处亦称独立。全国骚动，皆以种族为词，满族之危，殆难言喻。南方军队，既主张于前，北方军人又相和于后。以致辽海扰攘骤兴，滦州驻队生变，京师炸弹屡发。当时亲贵及显官多已避匿，即升允以疆帅重寄用兵三月亦无大效。前清孝定景皇后临朝涕泣，悲惨万状。本大总统对于外恐酿瓜分之衅，对于内恐生血泽之祸，对于清室，又虑无安全之策，焦灼之极，几不欲生，百计图维保安，下上幸荷。孝定景皇后外观大势，内审舆情，不以一姓之尊荣致贻群生之痛苦，近追法美，远绍唐虞，于宣统三年十二月二十五日，特颂改建共和立宪国，由本大总统以全权组织临时政府之旨。维时邦本震动，不绝若缕。本大总统于新旧代替之际，谋统治继续之方，一发千钧，本不欲遽膺艰巨，只以孝定景皇后之付托，全国人民之交推，不得已勉任其难。困苦艰险非人所堪，方冀克奠新基，仍归故里，时势牵迫，倥偬至今。然回溯孝定景皇后改革初心，无非应天顺人，勉维大局，凡所以筹挽救即所以保和平，深议闳谟，神人共谅，旧日臣工，自应仰体与民休息之仁，俾臻天下大公之盛。不意升允，罔知大体，徒快私谋，潜迹往库，妄称恢复。不知库伦非独立于民国成立之后，乃独立于皇室未让以前。其独立宣布之文，訾满清不遗余力。升允岂无闻见？而乃云:附库以图恢复。何啻认仇为父，真所谓大惑不解者。甚且妄传军檄，淆惑听闻，其檄文内并谓优待皇室条件之皇室经费，现将停给。德宗陵寝，迄未开工，尤属异常荒谬。不知此项经费均由部陆续照支，其崇陵未竣工程亦已如制妥修，即日奉安如礼，清皇室内务府曾有宣告，何得妄加揣测，横肆诋诽，假托忠义，转滋兵祸。万一煽惑成变，汉满复增恶感，其危害皇室，何堪设想？不徒为民国之公敌，抑且为满族之罪人。前次迭据探报，升允意图破坏，本应饬查，立予究惩，姑念其从前居官有年，虽刚愎性成，尚非昧妄者可比，或一时心疾妄发，不难悔罪自新。乃竟宣布书札，图谋内乱，始终执迷不悟，显系有意破坏民国。用特宣示，京外文武各官及汉满蒙回藏人等，所有接到升允文字，各地方务各同保乂安，毋被摇煽。倘升允痛自悛改，本大总统亦必曲予优容。如仍怙恶不悛，即饬下各地方官，严行拿办，以彰国宪法而奠邦基，此令。中华民国二年十一月二十七日。

国务总理熊希龄呈据蒙藏事务局转据京城喇嘛印务处呈请以格结补达喇嘛，多拉吉补副达喇嘛，应照准，此令。民国二年十一月二十九日。

共和肇造，薄海同庥，回溯改革之初，实由大清孝定景皇后，应天顺人，始臻天下大公之盛。凡属皇族懿亲，自应上体仁慈，优加待遇。本大总统前次颁布优待皇室条件，曾申明清皇族私产一体保护，自应遵照办理。兹据清礼，亲王世铎等呈称：奉天临时省议会轻徇新民县乡议事会议员，现充辅国公奎瑛府壮丁于景瀛等之请，擅将各王公府所属壮丁人地差银，议准一律取消，并组织公民保产会，将应缴各银概不交纳，恳请迅赐保护各等情，披阅之后，殊堪骇诧。查大清王公勋戚受田之法，除其赋税、免其差徭，盖以优赉王公，与承种其地之该壮丁等毫无关涉。该壮丁等于各王公府缴纳此项银两，均有历年征收册籍可凭，何得以团体变更，意存侵蚀？似此任意违抗殊失。

孝定景皇后与民休息之心益秉本大总统一视同仁之旨，著奉天民政长将该省议会议决案行知取消，一面饬知地方官谕令各王公府所属各壮丁等仍照旧缴纳，毋任藉词延抗，并著各省民政长通饬各属嗣后凡清皇族私产，应遵照前颁优待条件，一体认真保护，并严行晓谕各处壮丁人等，照旧缴纳丁粮，各期同奠新基，各安旧业，本大总统有厚望焉，此令。民国二年十二月八日。

现在时局粗定，各边军事渐就敉平，嘉与汉蒙各族同深欣幸。惟念此次用兵之际，各边汉蒙无识人等及挟有私嫌并受匪徒挑构者，往往互相扰害，积成恶感甚深，迭据各路统将及地方官等呈报，本大总统闻之深为廑念。共和成立，五族一家，各边汉蒙人民同处一方，利害本关，安危与共，皆有任恤睦姻之谊，友助扶持之道。正宜悉泯畛域，同谋乐利，期身家之安乐，昭治化之大同。万不宜仍寻旧嫌，妄图报复，致重兵祸而触刑章。应由各边将军都统各路统帅等，严切出示晓谕，如汉蒙人民敢有藉端报复、扰害者，即按土匪惩办，以靖乱源。其汉蒙官员商民人等，有能劝谕相安、联络亲睦者，准予优奖，用昭激励。本大总统以保民为重，甚望汉蒙人民捐忿争而孚信义，弃兵戈而务耕牧，使富庶日增进，边圉日安，以受幸福于无极焉，此令。民国二年十二月十日。

论蒙藏应协力进行以固国基(论说)

治国犹治家也,一家之内,兄弟和协,各自经营事业,以期光大门闾,如是者家必盛。一国之中,其人民能重公德,尽职务,同心协力,以求善治,如是者国必强,此理可断言也。我中华民国正式政府已经成立,大政方针,并经规定,将来按期实行,决无疑惑。但内地各省,因势利导,可无杆格之虞。惟蒙藏地方,一切行政机关,均与内地不同,倘因地居边要,不能尽同一之责任,亦非协力进行之本旨。故为政府计,关于蒙藏政治,不能不用特别制度,以为逐渐改良之基础。而为蒙藏计,则关于本地方一切事宜,皆须力求整顿,期与内地一致。而后能立经久之规,以树不拔之业。兹将其荦荦大端,为蒙藏借箸筹之。一曰培人才。蒙藏向重宗教,每日除诵经奉佛外,别无事事,其知识单纯,诚为人所不及。然此种风俗,在从前闭关自守时代,尚能图其生存。至今日文轨交通,一切科学发明之后,苟非具有普通之知识,断不足以保其地位。故知识之高下,乃种族强弱之所关,非细故也。我蒙藏人民苟知此理,当讲求智育,以扩其聪明,则宗教可以永存,而国家亦隐受其福矣。此当协力进行者一。二曰兴实业。国家贫弱之源,由于实业之不讲,货物内输,金钱外溢,坐困之道也。然尝以为中国欲兴实业,以蒙藏为尤急。何也?蒙藏地大物博,比之内地,未辟之土,十居八九,而物产丰饶,为环球所共称。故我愿蒙藏人民,当注重实业,善于农者为农,善于工者为工,善于商者为商。旧法可用者用之,新法可改者改之,尽其力所能为,量其财所能办,致富之策,莫善于此。而谓蒙藏犹或忧贫,吾不信也。此当协力进行者二。以上两端,为蒙藏今日最要之政策,苟人才既多,实业振兴,则其它地方一切事宜,皆可整理,不待缕述也。

夫国家之治,千条万绪,综而言之,不外自强,现内地各省,已著意进行矣。而蒙藏同胞亦在国权保护之下,苟非奋力求进,未有能济者。彼夫恐恃险阻,割据自雄,妄也。因循瞻顾,故步自封,愚也。有一于此,皆不能足立于竞争之世界,愿我同胞深长思之。

五族须知(答问)(续第十二号)

政类

中央官制(自此以后,依二年十二月十二日教令公布的修正案)

外交部

问:外交部官制如何?

答:部内分一厅三司:(一)总务厅。(二)政务司。(三)通商司。(四)交际司。其职员为总长一人,次长一人,参事四人,佥事三十二人,主事五十六人。

问:总长管理何事?

答:(一)管理国际交涉事务。(二)管理居留外人及在外侨民事务。(三)监督外交官及领事官。

问:如何叫做居留外人?

答:就是因条约上许与来到我国通商、传教及其他关系住在我国的外国人。

问:如何又叫在外侨民?

答:就是我国人因商务或佣工在外国居留的。

问:次长所管何事?

答:照各部官制通则,凡各部次长,都是辅佐总长,整理部务,监督各职员,遇各部总长有事故时,除副署(大总统颁布命令或提议法律案,由各部总长签名,叫作副署)及发部令外,便代理总长职务。

问:总务厅的职务如何?

答:照各部官制通则,有各部相同一律的,有各部各别一样的。

问:各部相同的如何?

答:通共九项:(一)典守本部印信。(二)编制统计及报告。(三)记录职员的进退。(四)撰辑、保存、收发各项公文函件。(五)管理本部经费并各项收入的预算、决算及会计。(六)稽核所辖各官署的会计。(七)管理本部所管的官产官物。(八)管理本部庶务。(九)凡不属于各局、各司的事项。

问:本部各别的如何?

答:除前列九项外,另有三项,就是:(一)收藏条约及国际互换文件。(二)编纂调查交涉案件。(三)公布文件。

问:如何叫做国际互换文件?

答:种类甚多,大约如借款、定立合同,或条约外附加的单件证据便是。

问:政务司所掌的事务如何?

答:通共七项:(一)凡因政治与外国交涉事项。(二)凡因地土国界交涉事项。(三)凡公约及保和会、红十字会事项。

问:如何叫公约?

答:大概是万国共同遵守一种的法规或规约,比例说如《万国禁烟条例》、《万国陆战法规》等便是。

问:如何叫保和会?

答:就是如今赫赫有名的海牙平和会,是设来裁判万国诉讼或调解各国竞争的。

问:又什么叫红十字会?

答:这也是万国通行的,说来历史甚长,简单说,这是一种慈善团体,专用来在两国战争时候,救济病伤军士的,或平时遇天灾地变,来救济伤亡的。

问:会名如何叫红十字?

答:东洋又叫赤十字会,这会发生于瑞士国,瑞士国的国旗是红底中央一个白十字,会中那他样式,改为白底红十字,作为代表全会的旗帜,各国都依照办理,因此遂把旗名名会。如今且再说政务司的事务。(四)关于禁令、裁判、诉讼、交犯事项。(五)关于在外本国人关系民刑法律事项。(六)外人传教游历及保护、赏恤事项。(七)调查出籍、入籍事项。

问:如何是禁令?

答:是禁止外人不得行为的一些情,如测绘陆海军要塞或游历国防中险要的地方等事,均由本国禁止的,这第四项禁令两字,便是指此。

党会要言(杂录)

羽　潜

我国自国体变更以来,一时政党繁兴,不暇枚举,至于与我五族有关系者,如民族大同会,则我五族人民所共组织者也。其理事,则举有刘揆一、溥伦、贡桑诺尔布、王宽等。大约皆以巩固共和、实行大同为宗旨。此外五族所自立之党会,除汉族不计外，则有满族同进会、回教促进会、蒙古联合会、西藏同乡会等名目。查外国政党，皆以扶助国家为前提，我们五族一家，政治初兴，一时恐尚未能到美满地位。所愿我五族人民，抱定宗旨，逐渐改良，以养成参政之人才，而促得国家之进步，庶几国利民福，如愿相偿矣。我五族人民，其各勉旃。

1914 年 1 月，第十三号

大总统令(法令)

据国务总理熊希龄等呈修正各部官制通则，并外交、内务、财政、司法、教育、农商、交通等部官制暨国务院秘书厅官制各案，兹公布等之，此令。民国二年十二月二十二日。

修正各部官制通则案

第一条　本通则于外交、内务、财政、陆军、海军、司法、教育、农商、交通各部适用之。

第二条　各部总长于所主管事务员，其责任事务主管不明关涉二部以上者，提出于国务会议定其主管。

第三条　各部总长于主管事务，依其职权或特别委任，得发部令。

第四条　各部总长于主管事务，对于地方长官，得发训令及指令。

第五条　各部总长于主管事务，对于地方长官之命令或处分，认为违背法令或逾越权限者，得停止或撤销之。

第六条　各部总长统辖所属职员简任官、荐任官之进退，经由国务总理呈请大总统行之，委任官之进退，由总长专行之。

第七条　各部总长有事故时，除副署及发部令外，得令次长代理其职务。

第八条　各部设总务厅，其事务如左：

一、典守印信。二、编制统计及报告。三、记录职员之进退。四、撰辑、保存并收发各项公文函件。五、管理本部经费并各项收入的预算、决算及会计。六、稽核直辖各官署之会计。七、管理本部所管之官产官物。八、管理本部庶务。九、其他不属于各局、司之事项。

前项第三款、第五款、第六款、第七款之事项，于陆军部、海军部，得以司处理之，第五款、第七款之事项，于交通部得以局或司处理之。

第九条　各部设局司分掌部务，其分掌事务于各部官制定之。

第十条　各部总务厅及各局司之分科，由各部总长以部令定之。

第十一条　各部置职员如左：

次长　参事　局长　司长　秘书　佥事　主事

各部于前项职员外，有应置专门技术官及其他特别职员者，于各部官制定之。各部为缮写文件及其他特别事务，得酌用雇员。

第十二条　次长一人，辅助总长整理部务，监督各职员，但内务部、财政部得置二人。

第十三条　参事二个至四人，承长官之命分掌拟订及审议本部各局司之法律命令案事务。

第十四条　各局局长一人承长官之命总理一局事务。

第十五条　各司司长一人承长官之命总理一司事务。

第十六条　秘书二人至四人，承总长之命，掌管机要事务。

第十七条　佥事承长官之命，分掌总务厅及各局司事务。

第十八条　主事承长官之命，助理总务厅及各局司事务。

第十九条　各部佥事员额至多不得逾五十人。

第二十条　各部主事员额至多不得逾八十人。

第二十一条　各部参事、佥事、主事定额于各部官制定之。

第二十二条　本通则自公布日施行。

修正外交部官制案

第一条　外交总长管理国际交涉及关于居留外国人并在外侨民事务，保护在外商业，监督外交官及领事馆。

第二条　外交部总务厅除各部官制通则所定外，掌事务如左：

一、收藏条约及国际互换文件。二、编纂调查交涉案件。三、公布文件。

第三条　外交部置左列各司：

政务司　通商司　交际司

第四条　政务司掌事务如左：

一、关于政治交涉事项。二、关于土地国界交涉事项。三、关于公约及保和会、红十字会事项。四、关于禁令、裁判、诉讼、交犯事项。五、关于在外本国人关系民刑法律事项。六、关于外人传教游历及保护、赏恤事项。七、关于调查出籍、入籍事项。

第五条 通商司掌事务如左：

一、关于开埠设领事、通商行船事项。二、关于保护在外侨民、工商事项。三、关于路矿、邮电交涉事项。四、关于关税、外债交涉事项。五、关于延聘外人及游学、游历事项。六、关于各国公会、赛会事项。七、其他关于商务交涉事项。

第六条 交际司掌事务如左：

一、关于国书、赴任文凭及国际礼仪事项。二、关于外国官员觐见及接待外宾事项。三、关于核准本国官民收受外国勋章及驻在本国之各国外交官、领事官、侨民等叙勋事项。

第七条 外交部参事定额四人，佥事定额三十二人，主事定额五十六人。

第八条 本官制自公布日施行。

修正内务部官制案

第一条 内务总长管理地方行政选举、赈恤、救济、慈善感化、人户土地、警察、著作出版、土木工程、礼俗宗教及卫生事务，监督所辖各官署及地方长官。

第二条 内务部职员除各部官制通则所定外，置职员如左：

技正 技士

第三条 技正、技士承长官之命，掌技术事务。

第四条 内务部置左列各司：

民治司 警政司 职方司 考绩司

第五条 民治司掌事务如左：

一、关于地方行政及经费事项。二、关于地方自治团体及其他公共团体行政及经费事项。三、关于选举事项。四、关于救济及慈善事项。五、关于国籍及人口、户籍事项。六、关于征兵及征发事项。七、关于礼制、宗教及褒扬节义、整饬风化事项。八、关于保存古物事项。

第六条 警政司掌事务如左：

一、关于警察事项。二、关于著作、出版事项。三、关于卫生行政事项。

第七条 职方司掌事务如左：

一、关于行政区划事项。二、关于土地调查测绘事项。三、关于土地收用及官地收费事项。四、关于河防水利事项。五、关于道路、桥梁事项。

第八条　考绩司掌事务如左：

一、关于地方行政官之系用事项。二、关于地方行政官之叙等进级事项。三、关于地方行政官之褒奖、恤赏事项。四、关于地方行政官之惩戒事项。五、关于土司承袭事项。

第九条　内务部参事定额四人，佥事定额四十四人，主事定额七十人，技正定额四个，技士定额十人。

第十条　本官制自公布日施行。

修正财政部官制案

第一条　财政总长管理会计、出纳、租税、公债、泉币、政府专卖、储金、银行及其他一切国家财政监督所辖各官署并地方公共团体之财政。

第二条　财政(财)部职员除各部官制通则所定外，置职员如左：

驻外财政员　技正　技士

第三条　驻外财政员承总长之命驻扎外国，掌调查各国财政及办理汇兑、公债各事务。

第四条　技正、技士承长官之命办理掌技术事务。

第五条　财政部置左列各局司

制用局　赋税司　会计司

第六条　制用局掌事务如左：

一、关于整理币制及泉币之生金银之调查统计事项。二、关于监督造币厂、造纸厂事项。三、关于发行纸币、稽核准备金事项。四、关于监督银行事项。五、关于整理公债、募集发行、偿本付息、登记管理事项。六、关于发行国库证券及偿本付息事项。七、关于国库之登记账册及运用国资、监督金库事项。

第七条　赋税司掌事务如左：

一、关于国税之赋课及征收事项。二、关于国税之管理及监督事项。三、关于土地清册事项。四、关于赋税之调查、稽核、计算事项。五、关于财政部所管之税外一切收入事项。六、关于地方公共团体收入事项。七、其他关于赋税一切事项。

第八条　会计司掌事务如左：

一、关于总预算、决算事项。二、关于特别会计之预算、决算事项。三、关于主计簿之登记及各种计算书之检查事项。四、关于编制岁入、岁出，现计书事项。

五、关于支付、预算事项。六、关于预备金之支出事项。七、关于金钱及物品会计事项。八、关于公共团体岁计事项。九、其他关于会计一切事项。

第九条　财政部驻外财政员定额一人，参事定额四人，佥事定额四十人，主事定额七十人，技正定额一人，技士定额二人。

第十条　本官制自公布日施行。

蒙藏政教平议（论说）

梦　蘧

或谓蒙古、西藏，政治与宗教相牵混，长此不变，恐行政不能统一，社会难期进化，甚或过为忧虑者，此不达情势之见，非探本之谈也，今为持平言之可乎？

一国政教，关系綦重，兹不暇罗举学理，特就事实而言。立国之道，舍政教二大端，何以奠邦基而保治安？是以国家欲保治安，政教不可偏废，此东西各国所同然者也。惟政治与教化，虽曰相辅相需，并行不悖，然二者各有其道，未可并为一事，诚如或者所言之弊。今以政治而论，事端不一，范围广泛，要而言之，政府秉国权以保安宁，援国法以维秩序而已。第为政者于国家之安宁、秩序，究不能竟其全功，必须赖教化焉，相与有成之。而教化一端，其界说，更须辨别之。盖教化之道，有二义焉，一曰教育，二曰宗教。夫教育政策，系启人民以智识者，其事权属之于政府，为入世之法，所谓培养人才者是也。然则教育为行政上之一端，故教育之教可归于政治。若宗教之教则不然，盖其道乃维人心者也，其事业操之于慈悲家，为出世之法，政府既不干与，复许自由，随人民向所信仰者，因势而利导之，所以各国宪法上均有信教自由之条。我中华民国，为五族所组成，五族之政治，现既改为民主共和，是与从前君主政体不同，五族一体，应当共同服从于本国政府统治权之下，自无疑义矣。但五族之宗教，各因其风俗，或有异同。若汉满二族，虽属范围于孔子之教，然间有信仰他教者。回族则独宗其天方教，蒙、藏二族，纯为佛教之俗。原夫蒙、藏宗教家之与闻政治也，由其地之俗尚使然，初非教权隆于政权，实因人民向来心理上所崇拜而敬仰者，惟有宗教，故秉政者知其然也，以为牧民之道。贵乎因地制宜，遂不得不借助于宗教家。既借助之矣，又不得不假之以权，俾便行使其条教号令，所以教权既政权也。如或者所疑，行政不能统一，其实不然。蒙藏现既协赞共和，断无不服中央之条教号令者。又恐社会难期进化，是亦不然。盖宗教与教育，决无抵牾之虞，况政府对于蒙藏教育之计画，筹之已熟，学校报纸，相继而兴,他日教育普及,风气开通,不难五族同化。由是而观,蒙藏政教问题,正不必鳃鳃过虑为也。

各国公使呈递国书汇志(目)(要闻)

日本国大皇帝致大总统国书。……

五族须知(问答)(续第二年第一号)

政类

问:通商司所掌事务如何?

答:共是七项。(一)关于开埠设置领事及通商行船事宜。

问:如何叫埠?

答:就是通商的口岸,一名为码头。(二)关于保护在外侨民工商事项。(三)关于路矿、邮电交涉事项。(四)关于关税、外债交涉事项。(五)关于延聘外人及游学、游历事项。(六)关于各国公会、赛会事项。

问:如何叫公会?又如何叫赛会?

答:公会是万国因某种事情,或是某种学术技艺,公同建设来讨论学理,或研究进行方法的一种机关,例如万国监狱改良会、万国舆地学会便是。赛会是搜集各国农工商学各界的出品,来比较优劣以便奖励实业、灌输文明的,如近日巴拿马赛会便是。(七)其余关于商务交涉事项。

问:交际司所掌事务如何?

答:共是三项:(一)关于国书、赴任文凭及国际礼仪事项。

问:如何是国书?

答:两国的元首相交来往的一种书面,与私人通的信函一样。

问:如何叫赴任文凭?

答:凡是外交官、商务领事官,派遣到外洋,都要由本国政府给一个委任状,到所驻在的国呈验,以为凭信,这便是文凭。

问:如何是国际礼仪?

答:不外乎吊丧、贺喜等事。(二)关于外国官员觐见及接待外宾事项。

(三) 关于核准本国国民收受外国勋章及驻在本国的各国外交官、领事官、侨民等叙勋等事项。

问:什么叫勋章?

答:同前清时代翎支、顶带一样,是一种赏功酬劳,表示优遇的名器,如今民国,也依照了外国制度,作兴颁给勋章,有一、二、三、四、五、六各等的等级,有嘉禾、文虎、白鹰、棠阴、银鹤等等的符号。

问:如何叫叙勋?

答:勋作功字讲,又与爵字同,功分几等,便勋分几位。民国制度,有大勋位、勋一位、勋二位,以次递降,仿佛前清封爵一般,若作劳绩说,这叙勋不过是酬奖勋劳罢了。

问:外交部额定官员若干?

答:除总长、次长外,凡参事四人,佥事三十二人,主事五十六人。

五族源流考略(小说)

我国合汉满蒙回藏五族,为一大团体,然其源流,同归一系,兹特考之,以见各族之由来也。汉族最古,其初为黄帝之裔,根据地在帕米尔高原,后沿江河东下,战胜九黎三苗之族,于是据有中原,而汉族之势力渐大。然所以取名汉族者,乃因西汉之世,与匈奴战争,匈奴人呼中国人为汉人,故有此名称也。至于满族,最初出于肃慎,本名通古斯族,始居满洲,势力盛强,自爱新觉罗氏族,建都鄂多理城,乃以其地名,这种族之代表称呼,现在满洲已改为东三省,而满洲二字纯为种族之通称矣。若夫蒙族,始居于西伯利亚贝加尔湖东岸,渐南下而并有内外蒙古,为游牧种族,上世并无蒙古族之名,迨成吉斯汗兴,乃有此称号。今西人以及蒙古利亚种,称我黄种,亦因蒙古盛时,兵力直逼欧洲,为彼族之所畏,则蒙古之名,中外驰声矣。再考回族,即土耳其族也,为突厥及回纥之裔,奉摩哈默德教,新疆、陕甘等地,最多是族,内地亦有之。西藏民族,在汉世为氐羌族,据晋书所载,羌酋姚戈仲,乃舜少子之裔,氐种吕光,系出单父,为齐太公之裔,其族亦甚古,至唐则称为吐蕃,居中国之西部,即今之前、后藏也。由此观之,汉族者,黄帝之子孙。而满族出于肃慎,肃慎者,颛顼之苗裔也。蒙古出于匈奴,匈奴者,夏禹之苗裔也。回疆藏卫即古之氐羌,氐羌者,虞舜之苗裔也。颛项舜禹皆皇帝之子孙,则汉满蒙回藏皆同出一祖无疑。不过因分封迁徙之故,各居一地,历世久远,言语习俗遂至迥不相同耳!现五族共和，同为一家，将一合而不复分，国家基础永永坚固，而我五族人民之名誉乃真垂万世而不可磨灭矣，岂不懿欤？

1914 年 2 月，第十四号

图　画

蒙藏院熙副总裁肖像（略）

东四盟宣慰使德贝勒肖像（略）

论开辟长城西北建设商埠之将来（论说）

陈纪扬

自海禁大开世界交通之后，各国趋向大都，从事于商业竞争，长驱直进，大有一日千里之概，争雄逐长，互期优胜，遂至号称商战，为今世一大问题。而各国执政者，亦各因时势所趋，与夫内外平等之观念，咸知闭关自守不适于生存，早已次第开放全境，或其国内之一部分，以为内外国人商业上之集场。于是他乡异国咸藉商业运搬之力，互通有无，水陆万里，昕夕可至。不似畴昔时代，一方名产，只能行销附近一带，常有供过于求之虑，因而限制产额，不克尽其能事。例如畜牧之家，固以多多而益善，然有时适遇荒歉，反因残余牲畜激增价值而获厚利，故于保护豢牧之方，初无甚介意，牧业不良或坐此弊。盖以牧场过广，销场复隘，供给既远过于需求，而产额又不克自加其限制，逊至不得已，唯有仰赖于天然之淘汰耳。特近世工商业之争点，匪惟急求推广其销场而已也，且于选择原料之一途，尤为非常之注意，无论殊方、异国，苟有名产，罔不刻意求之，用以增加其工业上之便利。例如畜牧之家，出售十匹驽马不如出售一匹千里马，则选种改良尚矣。如蒙古所产骨角毛羽，几视为弃物，而一经制造，便价值十倍。蒙古擅此美利，独惜远距商场，运输贸易均多未便，揆诸今日世界通商之成迹相去尚远，殊不足以发挥其商业上之本能。是故中央政府毅然于一月八日发布命令，略云："自海禁大开，环球通市，凡沿海要区及长江流域，多经建筑商埠，蔚成巨观。惟是开埠各处，均属东南内地，而长城西北建设阙如。商业既日即凋残，民风亦仍多闭塞，不亟为通商惠工之计，曷以收厚生利用之功？兹据国务总理熊希龄等呈请，将归化城、张家口、多伦诺尔、赤峰、洮南及山东黄县所属之龙口地方，一律自辟商场。其奉天所属之葫芦岛，前清末年，业经议准开埠有案，并请继续修筑，一体开放。洵系为发达地方振兴实业起见，应即准予照办，即由国务院办公厅会商主管各部，迅将开埠事宜妥为筹办。此项自开口岸与约开口岸有别，并应悉心规画，妥定章程，呈候核夺颁行，俾资遵守。总期扩张商务、巩固主权、兼顾并筹、俾臻妥协。异日，轮轨四达，蒙荒日开，与内地相灌输，变穷边为富庶，本大总统有厚望焉云云。"从此，广漠边荒一变而为通商大埠矣。

开埠之利，匪特直接便于商民通畅贸易而已，其影响及于社会之活动、政治之进行者实大。夫蒙边运输，素恃商队，凡商队所经，其经济状况即立现活动，故其之盛衰恒视商队通过之多寡为转移。今既广辟商场，则销路必广，商队通行亦必骤增，蒙古内地人民生计必形活动，而无形中增加蒙民之富，尤不待言，此其影响及于社会之经济者一也。蒙古素以僻处边陲，凡百进步，因地势而阻滞。今经开辟商场，则其见闻大异，虽未必能若沿江、沿海一带，文明灌输、收效敏速，然而历此一级，必能渐次进步，此其影响及于社会之文明者又一也。蒙古素称秘密之邦，久惹外人注意，今经开放，遂露真面，而五族统一之真象，亦大白于天下，既杜野心，庶臻上理，此其影响及于政治者一也。中国边务，素称驳杂，今以民国政府之魅力及其政治之眼光，开放各埠，必能整齐政务，继绝举废。举凡国内公安、国际公安，当可措置裕如而边务无不理矣，此其及影响及于政治者又一也。开埠之利指不胜届，此特就其关系之大者而言，至于开埠之前种种筹备，已由中央各部安筹会议，届时自当发表。将来关于蒙古营业如何奖励？如何保护？如何启迪知识？谅为筹议所及。惟蒙古财政素鲜整饬，一旦开埠通商，对于财政上关系匪浅，当兹创岨之初，政府当局果已旁搜远引，而有以慎其始乎？是则吾人所希望于政府方面而有待于筹备会议之发表者也。

今吾人更有希望于人民方面者，即以蒙古风尚淳朴，素称美德。推其原因，殆以外界接触接较为简单，故养成此种美德。然而探其里面奢侈之习，容易破此美德。一旦百货麇集，将必习为奢侈，踵事增华，不克保其从来之优点，故吾人深望其预有戒心焉。再如蒙古名产，若毛骨、兽革、牲畜、米谷之类，固已久闻于世，惟外商贩运此物，常有虑其不纯不洁之苦，今而后务宜加意改良，而更于其它方面益增生产，用为开埠之后盾，企业匪艰，是所望于民间之有志者矣。

五族须知(问答)(续第十四号)

稚 愚

政类

中央官制 (内务部)依二年十二月二十二日修正案

问:内务部官制如何?

答:一部内凡分一厅四司:(一) 总务厅。(二) 民治司。(三) 警政司。(四) 职方司。(五) 考绩司。其职员:总长一人,次长二人,参事四人,佥事四十四人,主事七十人,外另置技正四人,技士十人。

问:总长所管何事?

答:管理全国管地方行政议员选举、赈恤、救济、慈善感化,人口、户籍、土地、警察,著作出版、土木工程、礼俗宗教及卫生事务,并监督所各官及地方长官。

问:如何叫地方行政?

答:国家政事,有由中央政府直接办理的,有由中央委任各省办理的,各省所办的国家事务,便是地方行政。

问:如何叫赈恤救济、慈善感化?

答:遇有刀兵水旱及一切天灾地变、伤害人民的事情发生,同国家设法,或用金钱或用谷米,或用医药种种的方法来保全人命,所说的赈恤救济、慈善的事便是指此。感化一事,名目甚多,大概言之,如改良戏曲、流行演说等事便是。

问:如何叫著作出版?

答:就是著书立说、刻板印行。

问:如何叫礼俗?

答:如民间婚姻、丧祭,各随风气习惯所行的一切礼节。

问:如何叫宗教?

答:就是通行的道教、佛教、回教、耶苏教、天主教等,却不是在理教、八卦教、哼哼教那些无历史、无典籍的邪教。

问:如何叫卫生?

答:就是保护生命,使人人年寿不夭扎,身体不伤害,起居平安不疾疠,便叫作物遂其生。

问:总务厅所掌职务如何?

答:与外务部一样,不过只限于内务行政事项罢了。

问:民治司所掌事务如何?

答:通凡八项:

一、关于地方行政及经费事项。

二、关于地方自治团体及其他公共团体行政及经费事项。

问:如何叫自治团体、又如何叫公共团体?

答:言之甚长,简单说明,团体就是一个集合体,从两人以及上至千人、万人,凑合成一团,联络作一体,就叫作团体。关于行政事务,除中央行政外,以统治者委任,依法律规定,使住在一定区域的组织公共团体,由国家拿一部分政事委任他办理,这就叫地方自治团体;至公共团体,又叫做公共组合,就是在地方自治团体以外,设此组合,专办一种特殊的、自治行政的。

问:又如何叫组合?

答:组合是两个人以上,公同出钱,经营共同事业的一个团体,此团体是依照公法组织的,便叫作公共组合。

蒙藏之特产(杂录)

我国物产丰富,甲于全球,而尤为著名者,莫于蒙藏两地之金矿。据近人调查,热河一带金矿,遍地皆有,而西藏五金各矿及其出产,为中国最富之区。往往在地面上挖取矿沙,即可练成金银,惜开采无法,不免弃货于地耳!又蒙古向以游牧为生计,而牛皮、羊毛等物,每年出口不少,但俱是生货,不知造成用品,而得利甚微。若工艺兴盛,能自己制造毛织之品,以运输各地,地方断不至忧贫矣。西藏药材、麝香、皮毛等货,亦为他处所不及,故行销内地与外洋,每年金额亦甚巨,惜未讲求工艺,与蒙古同。其它物产,皆以天然获利,而绝少人工,以致未能发达耳。今诚能研究学术,凡一切工矿事业,力求扩充改良,吾知中国之富,以蒙藏首屈一指矣,可不勉诸。

1914年3月,第十五号

图　画

图略。

图解：兄弟五人同卧一处，地颇危险，其长兄先醒，其次亦醒，其三半醒，其四未醒，其五渐醒。长者恐弟等之及难，急振铃以觉其醒。家若此，家必昌；国若此，国必强。抱一。

蒙藏事务局改院之利益（论说）

治道隆污，系乎因革，制度利病，在于兴废。故秉国者，欲长治久安，非因时制宜不可，蒙藏之宜改局为院也久矣。前此蒙藏回同胞，呈请改革局制，不一而足。去年蒙古联合会，各王公、台吉于长春会议，首先提出改组一条。闻说大总统本有允准之意，无奈为《临时约法》所束缚。现在约法修正，第二十一条：大总统制定官制、官规，是以将蒙藏事务局，首先改为蒙藏院，此大总统对于蒙藏人民，有万分尊重之意，此改院之原因也。至所以改院之理由，前者蒙藏同胞，叠次呈请，言之有理，姑举其大要为我蒙藏同胞告。我蒙藏回与内地宗教、文字、风俗习惯，种种不同，内地不能洞悉精深者，辙借统一之说，以内地之理想，强蒙藏以执行，不免有削趾适履之害。从前事务局，名称上既有窒碍，事实上更难挽回。今既升为院，则凡蒙藏回同胞事实上不能行之事，各部即不能强制执行，总裁得以平章之，此改院之利益一也。从前政府对于蒙藏回人民，蒙藏回人民对于政府，无独立机关以联络之，则诚意不能相接。例如政府提出议案，从前总裁不能列席，则意见不能直接。今既改为院，政府与蒙藏回人民行政上之进行，能直接讨论，则行动自能敏活矣，此改院之利益二也。约法第六十五条：中华民国元年二月十二日所宣布之大清皇帝辞位后优待条件、清皇族待遇条件、满蒙回藏各族待遇条件，永不变更其效力。其与待遇条件有关系之蒙古待遇条例，仍继续保有其效力，非依法律不得变更之。所谓优待条件，于何执行之？则惟蒙藏院能独行之，从实事务局范围既小，能力自然薄弱，今既改为院，则范围扩张，优待条件与待遇条件，亦如无形中如船之随水而涨，此改院之利益三也。综此利益，故政府不惮再三改革，无非因时制宜，欲与蒙回藏人民共图长治久安计耳。愿我蒙藏回人民默体政府励精图治之心，实行共和，力求进化，结成五大族巩固之基，中华民国幸甚，我蒙藏回人民幸甚。

优待条件之要闻(要闻)

政府对于前清皇室以及满蒙回藏各族之优待条件应须加入修正之约法，关系綦重，由大总统咨行约法会议议覆等情，兹将咨文议案录之于左：

(一) 大总统之咨文

优待清皇室条件现经大总统提交约法会议，以实行加入修正之约法。兹探志大总统咨该会议文如左：

为咨行事，前以约法会议成立，本大总统业经提出增修约法大纲，咨请贵会议开会讨论在案。查临时约法为中华民国根本组织所关，然中华民国国体之更新尚在约法未制定以前，其缔造艰难，得以至于今日者，固原于国民心理之所同，而实成于前清帝后之能让。溯自武昌首难月，惟辛亥仲秋。其时，本大总统激于救民救国之真诚，出而肩至难至巨之重任，惟一宗旨，以为但能保前清皇室之尊荣，则国家不妨视为天下之公器；但能谋五大民族之乐利，则政治不妨改为民主之共和。此本大总统于大清皇帝下诏逊位之日，即披肝沥胆，以优待条件与宣布共和二事，反覆磋商。非徒效孤忠于故君，亦所以昭公信于民国，耿耿此心，我国民当能共谅。惟查关于清帝逊位之优待及清皇族、满蒙回藏各族之待遇等条件，系于前清宣统三年十二月宣布，《临时约法》系于民国元年三月公布，以宣布在前之优待条件，而未补定于公布在后之《临时约法》。在当时，诚不免于疏漏，顾增修约法，大端所系，若仍听其阙如，弗予增订，不惟无以考民国成立之事实，抑且无以符五族共和之初心。爰即此项条件之如何发生，与夫此后之如何继续檃括情事，为贵会议约略言之。当战争方烈，南北相持于时，前清隆裕太后，念将士锋刀之殃，悯黎元灾祸之酷，宣统三年十二月二十五日降旨，"前因民军起事，各省响应，九夏沸腾，生灵涂炭，特命袁世凯遣员与民军代表讨论大局，议开国会，公决政体。两月以来，尚无确当办法。南北暌隔，彼此相持，商辍于途，士露于野，徒以国体一日不决，故民生一日不安。今国人心理多倾向共和，南中各省既倡议于前，北方将士亦主张于后。人心所向，天命不可，予亦何忍因一姓之尊崇，拂兆民之好恶？是用外观大势，内审舆情，特率皇帝将统治权公诸全国，定为共和立宪国体。近慰海内望治之心，远协古圣天下为公之义。袁世凯前经资政院选举为总理大臣，当兹新旧代谢之际，宜有南北统一之方，即由袁世凯以全权组织临时共和政府，与民军协商统一办法。总期人民安堵，海宇乂安，仍合汉、满、蒙、回、藏五族完全领土为一大中华民国，予与皇帝得以退处宽闲，优游岁月，长受国民之优礼，亲见郅治之告成”等语。此旨既须国体斯定，本大总统既膺付托，又被公推，时事方艰，责无旁贷。我人民亦遂钦崇让德、莫罄感私，爰订优待之明文，以为国民之报称，是此项条件之发生，由于统治权之移转。夫此统治权之移转，语其事势，亦甚难凭。向若清室不即颁逊位之诏，南北亦绝无和议可言，战祸相寻，恐今未已。况满蒙回藏诸族，煦株覆于清室者，历有年载，平日戴高履厚，本来奉一尊为依归，一旦解纽失纲，岂易并一心为趋向？瓜分豆剖或见域中，辅车相依难言日后。惟清帝手挈二百余年继承之皇位，视同公物而付之兆民，斯民国得仍二万余里庄阔之版图，因其旧封而能大一统。待遇条件亦有自来，查隆裕太后同日隆旨，“据覆奏，民军所开优礼各条件于宗庙陵寝永远奉祀，先皇陵制，如旧安修，各节均已一律担承。皇帝但卸政权，不废尊号，并议定优待皇室八条件，待遇皇族四条件，待遇满蒙回族七条件，览奏尚为周至，特行宣示：皇族暨满、蒙、回、藏人等，此后务当化除畛域，共保治安，重睹世界之升平，胥享共和之幸福”等语。细绎词意，益见肫诚。凡斯诏书，载在盟府，昭示列邦，亦既率行罔取或替。总之，中华民国所以有优待清室条件者，系报清帝之能公统治权而承认共和，所以有待遇满蒙回藏条件者，答诸族能随统治权为转移而赞成共和，以视纯由民意所搆成、全资武力为解决者本难同日而语。在民军方面，即能联合汉姓，恐不能耸三族而共覆满清。即能发难中原，抑岂能征殊方而同归领土，事事彰彰矣。是故远稽外国，不同美法缔交之情。上溯中天，足媲美唐虞揖让之盛。史书记载，犹侈美谈。约法编垂，独从阙典，其何以为现时适用约法之据依，作将来制定宪法之张本。此本大总统躬膺国寄，时切饮水思源之心。而贵会议手订法规，宜准提要，钩玄之例似应将关于优待及待遇各条件别立专条，确定效力，既于事实有合，亦与法理相符，应请开会讨论，如荷赞同即归并前此增修约法大纲案，一并起草。在昔作宾封恪，尚致隆夫礼文，迄今崇德报功，宜永咨于故实，垂法资守，俾贻方来，相应咨请贵会议查照并案议覆可也，此咨。

（二）约法会议之讨论

前日，约法会议审查会审查大总统提交之优待条件，拟订入约法，确定效力，请并案增修，结果一致主张概括规定，已经提交大会。昨日，该会对于此事特开大会，兹将其结果探志如下：约法会议开会讨论大总统交到之优待等条件，拟订约法，确定效力，请并案增修案，出席者四十八人，议长孙毓筠主席审查报告，首由审查员邵章君报告审查结果，以为此案大体已于上次大会全体赞成，交付审查。但既经全体赞成，则应否加入一层，本审查会已无须研究，所宜讨论者，即讨论其究竟应如何规定之办法。但当时有两派主张，一派主张列举的规定，将所有条文尽行规定在约法内。一派主张概括的规定，只规定一条确定其效力。最后结果，主大多数主张概括的规定，较为得法，审查报告之结果如此。诸君若另有意见，请讨论报告毕，主席以大体付表决，多数通过。遂由宝熙君、曹彝君、王印川君等相继发言，大致赞成者居多。末由施愚君发言，略云：审查案中规定此案件，不以约法而变更之，用意善矣。然将来是可以以宪法变更，抑或规定不以宪法而变更。则约法固可以修正，宪法亦可修。假如修正约法或宪法之时，将此次删去，则是仍归无效矣。故不如规定一条，使其永远发效力，不随宪法变更而变更为尤妙云云。末以议长咨询众议，无须表决，即行交起草委员会，与增修约法案一并起草，时将已二点三十分，主席宣告事已毕，遂散会。

1914 年 4 月，第十六号

图　画

总编纂左雨荃先生（图略）

五族共和（图略）

图解：图中五人，汉满蒙回藏之民族也，携手结成团体，组织中华民国也，彼此联合，互相融洽，五族人民立地球，五色国旗耀世界，快哉！快哉！

佛教、回教与儒教异流同源说（论说）

中国向无宗教之名，自黄帝建国以来，所以教人者，无非仁义道德之理，忠孝廉节之事，名物象数之颐，礼乐诗书之经，人能身体而力行之，有益于社会，有裨于国家，此儒教之所以千古不废也。自佛教、回教入中国以后，本部人民虽杂奉二教，然孔子之道，则万古常彰，乡曲妇孺，无有不知其名者，尊为大圣宜矣。自其不同之点观之，则佛教、回教尚虚，儒教尚实，似未可以一例论者。又佛教天堂、地狱之说，指人之将来而言，而儒教则只言现在，所谓未知生焉知死是也。回教对于异己之人，不免疏远之，而孔子则学主大同，有教无类，则广狭之见亦异，然此不足为佛教、回教病也。佛教行于印度，回教行于东方，本非中国固有之教，中国之教，则只有儒教耳。佛教与回教，势力东渐，中国人崇奉之，亦因其设之本旨，有与儒教相合者，试揭明其要，可知大略矣。佛教言慈悲，即儒教不忍之心，仁之端也。人生世界，受种种之苦痛浩劫，而佛皆欲救济之，俾登于善域，此其志愿之宏，与尧舜之博施济众，孔子之悲天悯人，同一原理。至于回教封斋、开斋，与儒教斋戒之意同，而重洁净以保健康，尤于体育有益，即守身之要旨也。若夫聚徒诵经，劝人为善，为回教最紧要之条规，即乐与人为善之本怀耳。故佛教、回教与儒教自其流言之则有不同，而其本源则一也。盖世界之教，不论何派，而奉天治人，其宗旨绝不相背。况佛教、回教，中国行之已久，传播甚众，无论蒙藏、青海，为其教根据地，即内地各省，皆有道徒，奉宗教唯谨。民国改建，信教自由，载之约法。我五族人民，教虽不同，而改过迁善，其理无二致也。盖尝论之，孔子之教如药肆，寒凉温补，无药不备，而佛教、回教，则如良方，得之亦足以治病，故儒教当尊，而佛教、回教亦不能废。唯习佛教、回教者更须发明其教之真理，而趋重于国家社会之原则，无负昔人设教之本意，则亿万千年，其道日昌矣，可不勖哉。

蒙藏院办事规程(专件)

第一章　职任

第一条　本规程除按照官制通则及本院官制规定外，适用本规程之规定。

第二条　本院设总务厅，以参事等员组成之。

第三条　本院设秘书厅，以秘书等员组成之，但因院务须要时，得令派参事兼办。

第四条　本院二司各设三科，以司长、佥事、主事、翻译官等员组成之，但科设科长一人，科员无额，得量事务之繁简，以院令增减之。

第二章　执掌

第五条 总务厅应掌事务如左：

一、关于本院法制撰拟、审订事项

二、……

三、关于本院传达命令及审核稿件事项

四、关于本院重要事项

五、关于颁发各项委任状事项

六、关于本院不属各司科事项(如与各机关协议等事件)

第六条　总务厅设六科,分掌事务如左:

甲　编纂科

一、编纂蒙藏回章程条例各件事项

二、纂译关于蒙藏回图籍事项

乙　统计科

一、规画本院统计进行事项

二、编造统计表册事项

三、典守调查图籍事项

丙　文牍科

一、记录职员履历及进退事项

二、保管参考图志、各报事项

三、保存案牍事项

丁　会计科

一、编制预决算事项

二、出纳经费事项

三、稽核用途事项

四、登录账簿表册事项

戊　出纳科

一、出纳现金事项

二、支配现金事项

三、出纳款项登记事项

四、编制每月收支明细表册事项(进出金额每星期报告一次)

己　庶务科

一、管理进退夫役事项

二、管理修缮建筑事项

三、购置物品事项

四、保管官有物及财产事项

第七条　秘书厅设三科分掌事务如左:

甲　机要科

一、撰拟机密文书、函电事项
二、翻译、收发明密电报事项
三、典守、监视印信事项
乙　翻译科
一、翻译蒙藏机密文件事项
二、翻译各处蒙藏文印模事项
三、助理各厅司翻译事项
丙　承值科
一、支配来文事项
二、承发文件事项
第八条　第一司设三科，分掌事务如左：
甲　民治科
一、编户、审丁及选举事项
二、警务事项
三、教育事项
四、疆理事项
五、营缮事项
六、赋税、仓储、币制事项
七、旌表、赈济、慈善、卫生事项
八、须给历书事项
九、蒙藏等处词讼、刑罚一切禁令事项
十、律例监狱事项
乙　劝业科
一、田产、垦务、森林、牧畜、牲猎、渔业事项
二、工业、商务、矿产事项
三、盐业、碱业事项
四、邮电、铁路事项
五、其它一切实业事项
丙　边卫科
一、边界卡伦事项
二、外人游历及护照事项

三、台站驿递事项

四、制兵戍防、团练、屯田，各军队及购械、买马、军饷并一切军政事项

第九条　第二司设三科，分掌事务如左

甲　封叙科

一、封爵袭替，婚姻继嗣及岁加衔事项

二、王公等谱系事项

三、蒙藏人员升降补放议叙议处事项

四、俸禄廪给盘费事项

乙　宗教科

一、京内外寺庙喇嘛札付、度牒、印信、升迁、调补事项

二、京内外寺庙喇嘛册籍事项

三、喇嘛封叙事项

四、奖给寺庙匾额事项

五、喇嘛钱粮费用事项

六、呼毕勒罕转世掣瓶事项

七、关于宗教之教育及一切宗教事项

丙　典礼科

一、会盟事项

二、年班、经班事项

三、宴赉、恤祭事项

四、关于王公喇嘛等一切礼节事项

第三章　权责

第十条　正总裁依其职权，总理一切院务并指挥、监督各职员。

第十一条　本院法制、命令及一切政务事项，经正总裁签名、盖章方为有效。

第十二条　正总裁为征集意见，遇有重要院务，得自主席集合各厅司主管人员开院务会议（其规则另定之）。

第十三条　副总裁辅佐正总裁襄理一切院务，并指挥各职员履行其职务。

第十四条　副总裁就院中主管事项，得为循条之处理。

第十五条　关于职员之勤惰，副总裁有考核之权，但职员之进退，须由正总裁决定之。

第十六条　正总裁有事故时，由副总裁代行其职权，副总裁有事故时，由首席参事代之。

第十七条　正总裁就本院事项，得分别轻重，以职务之一部分或特别事项，委任参事办理之。

第十八条　凡关于法律、命令之案，均由参事拟办，其由各厅司拟办者，须经参事审议后，再呈副总裁核阅，正总裁核定施行。

第十九条　各厅司办理文件，正副总裁认为重要者，先交参事审议后，正副总裁始核定判行。

第二十条　参事于拟订、审议法律、命令案或审议重要案件，得邀请各厅司原办人员妥商办理，如因公事接洽起见，得随时调阅各厅司收发文件。

第二十一条　秘书除办理职掌事项外，得由正总裁指定其承办事务。

第二十二条　机密事件由秘书拟办，直接呈候正副总裁核定，但有应与参事、司长协商者，应由秘书秘商办理。

第二十三条　凡秘书承办事务，除应守秘密者外，其关于各厅司事件，应随时知照各厅司，如因公事接洽起见，得随时查阅各厅司收发文件。

第二十四条　司长裁决一司事务，呈候正副总裁核定施行，但有应与参事、秘书及各厅司协商者，应先由司长妥商办理。

第二十五条　科长处理一科事务，须商由本司司长定稿，再呈副总裁核阅，正总裁核定施行，但有应与各科协商者，应先由科长妥商办理。

第二十六条　关于两司以上之事、由两司长协议定之，两司长不能协定者，由两司长议决办法，呈请正总裁核夺施行。其总务厅、秘书厅各科及两司各科遇有两科以上之事，由各科长议定办法，总务厅、秘书厅由厅长，两司由司长裁夺施行，若总务厅、秘书厅各科与两司各科有互相关联事务，应适用第二十四条之规定。

第二十七条　厅长、司长为本厅司之主管，科长为本科之主任主管，主任各员对于本管事务之处理及指挥、监督，所属各职员均担负完全责任。

第二十八条　各厅司经办事务由主管及主任各员直接呈请正副总裁核办。

第二十九条　凡本院未经宣布事件，各职员应负严守秘密之责，不得泄漏。

第三十条　各厅司一切文件，非经主管者许可，不得钞给他人或使他人阅览。

第四章　程序

第三十一条　每日收到京外公文函电，由承值科摘由记簿，连同原件呈副总裁检阅，分交主管厅司照例办理，其事关重要或紧要者，须立时由秘书厅将原件送呈正总裁核阅，指定办法，分交主管各厅司。

第三十二条　各厅司分到文件，由厅长及司长分归各科拟办，其关系紧要事件，应先请正副总裁核示办法，然后起稿。

第三十三条　总务厅、秘书厅各科，两司各科由主管分到文件后，应由科长或科员拟办，其关系紧要事件，应先请主管核定办法，然后起稿。

第三十四条　参事承办稿件，由参事署名，呈副总裁核阅、正总裁核定。

第三十五条　厅长、司长承办稿件由司长会同参事署名，呈副总裁核阅、正总裁核定。

第三十六条　秘书承办稿件，直接呈正总裁核定。

第三十七条　各厅司、各科拟办稿件，应先由各科长署名递送，本主管核阅署名后，再呈副总裁核阅、正总裁核定。

第三十八条　各厅司经办文稿，分简易、繁重二种，简易者不得逾二日，繁重者不得逾五日，紧要事件随到随办，不得延搁。

第三十九条　所有各项文稿由承办员署名卷尾，以备考核。

第四十条　厅司各科每星期承办文稿若干件，已办若干件，未办若干件，应由各厅司详立簿档，汇送主管，呈由正副总裁核阅，交总务厅审查，以觇成绩。

第四十一条　凡正副总裁已核定之稿件，由承办各厅司缮译，详加核对，摘由登簿用印后，送交承值科发行。

第四十二条　各厅司处理终结文稿，应分别编制保存。

第四十三条　各厅司已办文稿，须将原件及拟稿分别类目、编号、归档，月终汇送总务厅以备统计，其有应登政府公报者，另录交总务厅送登。

第四十四条　各厅司均设考勤簿，各职员逐日入署，亲笔书名画到，当日于法定到署时间一小时后，由主管呈副总裁核阅一次，如有因事请假一日者，须先向副总裁声明，因事请假三日以上，须候正总裁核明许可。

第四十五条　各厅司每日派缮写一人，轮流值宿。

第四十六条　本规程自院令公布日施行，其各厅司科办事细则，另以院令定之。

1914 年 5 月，第十七号

论蒙藏生计之前途(论说)

人之生也赖衣食,衣食所出农桑。语曰:国以民为本,民以食为天,故神农艺五谷,黄帝教民蚕,而人之衣食大备。中国开化最早,数千年来,所恃以不坠者,亦惟家给人足,立国有道耳。今蒙藏诸同胞,生齿日繁,生活日绌,其患不在生计之难筹,而在生计之不筹。盖民生士农工商,各有专业,各食其力,而蒙藏所藉以为生计者,则恃牲畜耳。夫牲畜之孳生有限,户口之繁衍无涯,于此而欲强国保家也,难矣。记者前曾游历蒙藏诸地,见其民生凋敝,生计不充,未尝不抚膺叹息也。居今日而言蒙藏生计,必先开垦以培其本,次教育以启其智,此所谓久远之谋,万世之业也。敢贡一得之愚,以副刍荛之献。

一、广开垦以裕民食也

查蒙古乌喇沁三部,喀喇沁七部,皆傍黄河、大辽河。西藏前后,以及瞻对、巴塘等处,土厚水深,最宜稼穑,收获之数,当不减于内地,则宜广开沟渠,多购籽粮,俾设法开垦。大抵蒙藏人民,多不知耕种之利,荒僻既开,则一年之后,人获其利,必展转仿效,竞相趋向,迨出产渐盛,势必不烦勖勉,而人各勤其事,此于蒙藏生计所当亟亟讲求者也。

二、兴纺织以济民用也

凡人生计,衣食为先,耕织二者,不可偏废。蒙藏地多沙土,最宜种棉,因素不知纺织之法,服用一切,毛织品占其多数,其它非售自外国,便购诸内地,权利外溢,挽回无方。是宜细心讲求,多制纺织之具,或请内地工人,精心学习,一有成绩,则互相争效,此亦蒙藏生计所当亟亟讲求者也。

三、广开采以利民用也

蒙藏各地,各矿俱多,尤以巴塘金矿为最。该矿宝藏已露,人过其地者,率多喘息,盖水含有金质,太重之故。其它钢铁、煤各矿,到处皆是。平日既不知开采之法,又习于风水之说,致使天地自然之利,反为因噎废食之谋,不亦大可惜耶?将来或招商开采,或遣聪颖子弟,出洋学习,此亦蒙藏生计所当亟亟讲求者也。

四、讲教育以开民智也

蒙藏僻处边陲，强邻环伺，非亟图振作，无以自立。刻值此大同时代，五族一家，宜多选子弟入学读书，或习工艺、实业，数年以后，学业有成，便可实地练习。凡立国者，多以生计为重，尤非学无以底于成，筹蒙藏之生计者，固以开垦诸务为前提，而教育一层，亦必须并行不背，始能期其发达也。

以上诸端，不过就其根本所亟而言。呜呼！今日之时代，乃商业战争之时代也。但愿蒙藏诸同胞，奋袂以兴，记者不敏，拭目以觇其后。

劝业谈(答问)

问:读蒙藏院办事规程，其职任、执掌权责、程序等，大概俱能明悉，惟二厅二司中，所设之各件，其劝业一科，是何命意?

答:此中央政府对于蒙回藏各方面，所设施之经济政策而已。

问:“劝业”二字，是何用意?

答:为蒙回藏社会生计问题，策励蒙回藏地区经济进步，其人民注重实业之谓。

问:劝业科内容若何?

答:包括农林、工商、交通事情。

问:其规定之种种事端，鄙人不敏，愿闻其详?

答:请以逐项而询，敬当奉告。

问:第一项之田产、垦务、森林、牲畜、牲猎、渔业等，将何策励?

答:是为农林政策，田产、垦务、森林，须要注意耕耘，讲求水利，研究栽培，使其地产由荒芜尽变膏腴，出产自然增多，庶人民家给而户足。若牲畜、牲猎、渔业，须要注意生殖，讲求豢养，研究除害，使其物由劣种尽变良产，原料自然增多，可供社会而裕国家，政府已定垦牧条例，奖励进行。

问:第三项之工业、商务、矿产等，将何策励?

答:是为工商政策，其地出产多，有不能不讲求商务者。其物原料多，有不能不讲求工业者。至于矿产，较工商尤为紧要，蒙回藏之矿产，最称丰富，而宜注意者，慎勿被外权侵入，政府已定矿产条例，奖励进行。

问:第三项之盐业、碱业等，将何策励?

答:是为财政计画，蒙回藏之盐，虽可供各地方之食，而其煮晒之法，尚须改良。

赋课之税，宜依制度，则人民有益而国家有利，政府已定征税条例，奖励进行。

问：第四项之邮电、铁路等，奖何策励？

答：是为交通计画，邮政为公家、私家书信便利而设，电报为政务、商务消息灵通而设，铁路乃政治上、经济上、军事上、社会上切要之机关，三者皆有极大之关系，蒙回藏各地所不缓者，政府已积极主张，督促进行。

问：第五项之其它一切实业，将何策励？

答：欲谋地方之进步，非从事于是各种大小实业，不易开通，实业倘使发达，地方自臻文明。

问：何以开通风气，必待实业发达？

答：实业发达，则人民宽裕；社会富庶，则风气开通。政府现劝蒙藏人民，游历内地，揣摩风气，以资观瞻。

问：劝导蒙回藏人民注重实业，利益若何？

答：如果蒙回藏地方实业进步，则人民充裕而国家富强，我中华民国之国基从此稳固，因为五族共和，决不能稍有偏枯，国家之利益，即五族之幸福。

问：然则中央政府，对于蒙回藏所设施之经济政策，可谓于公无私，但其规画此项政策者谁？

答：蒙藏院总裁呈请，大总统公布施行。

蒙藏院办报处职员表

职务	姓名	号	籍贯
总编纂	左霈	雨荃	广东广州
经理	蒲金万	芸生	四川广安
汉文编纂	耿汉	梦蘧	江苏上海
编辑	陈寿昌	纪扬	直隶大兴
	周传概	石逸	湖南长沙
	颜绍泽	稚愚	广东连平
	郑良	孚之	江苏江宁
	陈年	半丁	浙江山阴
	吕策	明珊	四川长寿
	廖传书	凤阁	江苏华亭
	黄庚芳	希坡	湖北江陵

续表

职务	姓名	号	籍贯
蒙文编纂	于连陞	捷三	喀喇沁旗
蒙文编译	包文昇	维翰	喀喇沁旗
	李含英	静轩	喀喇沁旗
录译	他札布	文卿	喀喇沁旗
	海鹏翔	程九	喀喇沁旗
藏文编纂	一喜托美		四川康定
编译	唐国珍	固屏	湖南武冈
	黄铸	铁生	湖北武昌
录译	高玉符	燕林	直隶宛平
	杨成源	仲骞	湖南巴陵
回文编纂	阿布都	来罕	直隶宛平
编译	张德纯	子文	奉天本溪
	王朝尊	敬一	直隶宛平
录译	梁鹤年	寿仙	直隶怀来
回文录译	马德宝	善亭	直隶宛平
庶务	周树基	纫秋	湖南湘潭
	于延厚	孟博	山东荣成
书记	梁廷栋	公辅	浙江会稽
	陈鸿仪	仲羽	安徽寿县
	宗佑	荫轩	直隶宛平
	李仲亨	仲亨	陕西长安

1913年6月，第十八号

《藏文报》

蒙藏院官制(法规)

第一条　蒙藏院直隶于大总统管理蒙藏事务。

第二条　蒙藏院置左列各司。

第一司

第二司

第三条　蒙藏院置职员如左：

总裁

副总裁

参事

司长

秘书

佥事

编纂

编译官

主事

第四条　总裁一人。总理院务监督所属职员。

第五条　副总裁一人，辅助总裁整理院务。

第六条　参事二人，承长官之命，掌拟定关于本院主管之法律命令案事务。

第七条　司长二人，承长官之命分掌各司事务。

第八条　秘书二人，承总裁之命，掌机要事务。

第九条　佥事十二人，承长官之命，分理各司事务。

第十条　编纂四人，承长官之命，掌编纂事务。

第十一条　编译官十人，承长官之命，掌理编译事务。

第十二条　主事二十四人，承长官之命，助理各司事务。

第十三条　蒙藏院因缮写文件及其庶务，得酌用雇员。

第十四条　蒙藏院各司之分科职掌，由总裁定之。

第十五条　本官制自公布日施行。

大总统选举法

立法院组织法

蒙古西藏青海各选举会依左列定额，选出者二十四人：

内外蒙古十六人

西藏六人

青海二人

修正内务部官制

论国家主权与领土之关系(论说)

璩

就本题而以论理学解释之，则国家为前提，主权为主辞，领土为宾辞，关系则断案也。兹为之推理，而演绎其义，说明我中国领土之关系，于国家主权者何如？以与我五族人民商榷焉。

以言夫国家所谓有形之团体也。国家者，以一定之土地，一定之人民组织而成立之。又必须维持其秩序，以蕲永久存在。顾国家虽为集合之团体，然非单纯少数之人民可以群集之者。故必聚大群而后成为有能力之国家，且必占有确定境界之土地为主要，第人民既有土地，以成国家，苟无独立、唯一之主权统治之，恐亦难以维持于永久也。我《中华民国约法》开宗明义第一章曰：中华民国由中华人民组织之。夫中华民国之国家非少数人民所集合之团体，乃我五大民族聚而成立者也。既为五族所组成之国家，则其土地自必五族固有之土地也。以五族人民、五族土地而成之国家，欲维持秩序以蕲永久存在，则不可无主权以统治之明矣。

以言夫主权所谓无可制限之最高权也。国家主权为宪法上所必要者，盖主权有直接之分配作用，又间接支配一切者也。主权虽为无形之物，然由主权者总揽之，而有绝大之力可以检束多数人之行为。不宁惟是，主权尚兼有对内对外之作用，对内之最要者为领土上之问题，以自己主权能力，有防卫领土内不许其它主权之侵入，所谓防卫权是也。对外也有派遣公使，缔结条约之交通权，且国家之自主权决不能受他国之干涉，此国家法上之公理也。我中华民国约法规定之主权，本于国民之全体，而元首总揽之。凡关于对内之防卫、对外之交通，皆有自主之权，不然何以维持其土地，以统治其人民乎？

以言夫领土，所谓土地与人民，乃主权之客体也。申言之，国家之组织，以统治主权、统治客体及统治机关而成之。统治主权对于客体之关系，即所谓统治权，而统治权之行动，则由于统治之机关者也。夫土地及人民，虽曰主权之客体，然国家权力对于国土及国民，非有二种之区别。盖统治权为唯一而不可分者，或以沿革上之理由而分之者，往昔德国有此误谬。总之，国家对于领土关系，有最高所有权，无可稍替者。领土上之人民对于本国统治权，有不可不服从之者，此则国法学上所以贯彻其旨而判定之也。我国约法上明定，中华民国之领土，依从前帝国所有之疆域，盖汉满蒙回藏之土地、人民，以历史上之关系而组成此共和国家，则其领土关系、主权所属，不可不在于统治之机关。故或遇关于领土上权利问题，与他国缔结条约时，无论汉满蒙回藏之土地，其权者皆当属于中央政府，此即最高所有权之作用也。五族人民，惟有服从统治权，以尽职分，以戒逾越法律范围以误国是，此又不可不知者也。

右既不惮烦言，演绎题义以说明之矣。兹再概括而归纳之。夫国家既为有形之团体，则不可无主权以统治之，而维持其领土也。故国家主权关于领土不其重且大乎？因作此论，以告我五族是亲爱之同胞。

国家版图略说(杂录)(目)

1915 年 5 月 15 日，第二期

藏商来京贸易之关系(论说)

西藏商人嘎本公角文包奉达赖喇嘛派，驮普鲁经卷及诸色商品，道出青海，欲从宁夏草地赴京贸易。当由青然办事长官电闻中央，已蒙政府许给护照，嘱其首途。观于此，西藏人民之向化可见一斑矣。然此次藏商观光首都，既奉达赖喇嘛之命，从可知其非寻常贸易商人。故其到京之后，贸易以外，料必考察中央政治或调查内地实业，又必观摩社会风气，当亦应有之事。然其影响所及，关系甚重，记者不敏，特就其要领而论列之。若夫中央政治，自改革以还，百度维新，内政外交，维持甚善，军实理财，日有起色，较之从前，大有霄壤之别。共和立宪，颇称完美，政府自戡定内乱以后，各省统一，海内乂安，不宁惟是，蒙古拥护中央，回部输诚内向，良以五族共和，自应群策群力。且政府于边境，毫无畛域之见，故于改革之始，已将从前不适之种种名称销除尽净。五族既为一家，无所谓藩服。惟因对于蒙古西藏之政治设施应得积极进行，故特设行政机关以督理其政务。凡关于蒙藏之种种行政，履行优待条件，有加无替，此则中外人士所共见共闻。略举其要，如仍旧尊崇黄教、依然袭封爵衔，此为最著者也。他如教育则特立学校，国会亦选举议员，此等权利似乎蒙藏优于内地。准斯以谈，中央政治对于边地之计划，可谓仁至义尽矣。现在蒙古全体，均已倾诚内化，年班俱来谒觐，彼此赠赉亦极惬意。盖蒙古较西藏见闻略近，不甚隔阂故也。此次藏商到京，苟一考察，必能得其梗概，如将实情报告于达赖喇嘛，使藏众知中央政府待遇西藏之优，与蒙古一律，无稍轩轾。达赖喇嘛果能真知灼见，西藏政治之统一，当不旋踵必与汉满蒙回四族共奠邦基于无疆，使中华民国郅治之隆，超越往古，高迈泰西，岂不善乎？此其关系一也。至于内地实业，现虽不如欧美，然较之往昔，则颇有隆起之气象，且各省出产甚富，其原料品，既应用于国内，又可输出于国外，因此商业之盛，万方辐凑。即以农业而言，熟田产物之丰饶自不必说，荒芜之地，硗瘠之区，现颇有人组织公司从事垦种，矿山亦有开采矣。工业则炼钢、锻铁、纺纱、织布以及制造皮革、羽毛、玻璃等物，均能仿做外洋成法而能现青出于蓝。其它如固有旧法之磁器、绸缎等，俱是本国最美之工艺也。且内地人民近来俱爱国货，惟商业虽未能对外竞争，然渐有蒸蒸日上之势，将来战胜于农业界，未可知也耳。以言夫交通事业，则水运之轮船、陆行之汽车及邮政、电报等，均极发达。凡此种种，实业大抵未方兴未艾。此次藏商到京，苟一查调，必能得其梗概，如将实情报告于达赖喇嘛，饬令藏众注意于此，亦步亦趋，陆续促进西藏实业之兴起，与内地并驾齐驱，无待枚卜矣。此其关系二也。又如社会风气，中国素号文明，自从西学东渐，吸收欧美智识，融新化旧，嬗递变迁，及乎今日物质文明。虽不能与泰西相颉颃，然近来研究格致理化者，亦不乏人，对于精神作用之学问，颇为致力，此系汉人特性所长。即斯一端亦不让于西哲，故社会间风尚，上流人物守旧者欲保存国粹，文学维新者，乃讲求精神科学；中流之士亦颇文雅。第内地教育虽未普及于鄙野，而通都大邑，学校林立，又新闻报纸虽非各地皆有，然交因[①]通便利，故亦异常发达。试观商界中人，虽不尽受教育，然多数具普通知识，有爱国思想，盖因识字者多，大概均能阅报看书。故于世界大势、国内要政，俱尽明白，所以欲增进社会知识，改良社会状态者，舍学堂报纸不为功。此次藏商到京，苟一观摩，必能得其梗概，如将实情报告于达赖喇嘛，使其注重社会教育，最好先遣学生来京肄业。况政府已设蒙藏学校于北京，专备蒙藏子弟至都留学。非但免缴学费，并且给予廪食。如果能派学生数人来学，将来毕业回藏，即可创立学校，灌输文化，西藏社会之进化，当不过迟。盖人材无地蔑有，只须注意于教育，便能造就。故西藏人民不欲

① 原刊如此。

进化则已，苟欲进化则非从事教育不可。如欲从事教育，则必先储教授之材。苟欲以储教授之材，则舍派遣学生来京学习，无他道也。是以藏商报告此事，尤须恳切陈明。盖普及教育，直接有益于社会，间接有益于国家，教育政策不可忽者耳，此其关系三也。综上三端，皆于西藏进化上有莫大之关系，藏商此来，名义虽为贸易，倘果考察政治、调查实业、观摩风气，竟如记者所臆料，则吾愿其须于大体上观察真象，幸勿误会。盖恐以误传误转，失中央政府优待蒙藏之厚意。故濡笔作此，以为其指南焉。

1915 年 6 月 15 日，第三期

论宗教行政上维持黄教(论说)

宗教行政乃行政法上之一，列于内务行政中而为助长行政。助长云者，盖国家对于人民生活上设施种种要政以助长之也。助长行政，约有四端：关于人民身体上者，曰卫生行政；关于人民心意上者，曰教化行政；关于人民实利上者，曰经济行政。凡关于恤救及感化等之行政，皆是也。他姑勿论，而言教化行政，教化行政有二：一曰教育行政，二曰宗教行政。教育行政另一问题，亦不复论。仅言宗教行政，宗教之行政，既为关于人民之心意，则国家自应注重之，以范围人民心意而维持其所宗之教，此各国行政上所同然者也。中国宗教行政，内地与边境不同，对于内地，从严主义有约束之意；对于边疆者，从宽主义有维持之意。内地本无特殊之宗教，故往昔列在方伎，属于礼部，其直接约束僧道者，京师若僧录司、道录司等，直省地方若僧纲、道纪、僧正、道正、僧会、道会等，不过对于人民之出家者，纠察之毋许犯法而已。现属内务部管理，至于边境宗教，向隶理藩部，现归蒙藏院。新疆回部当时关于行政事务，均设伯克掌理之，其整饬回教者，曰摩提沙布伯克，自改省以后，政治上已废伯克，宗教上只存阿浑而已。若夫蒙古西藏皆宗黄教，喇嘛位号颇为隆崇。凡道行高者，曰呼图克图。转世者，曰呼毕勒罕。其秩之贵者，曰国师、曰禅师。次曰札萨克达喇嘛、副札萨克达喇嘛。札萨克喇嘛又次曰达喇嘛、副喇嘛、闲散喇嘛。其最尊而掌教权者，在西藏曰达赖、曰班禅额尔德尼，在蒙古曰哲布尊丹巴，其在京师之章嘉呼图克图，驻锡雍和宫，总管近边各寺庙之喇嘛事务。黄教中，呼图克图之相袭，乃以僧家无子授之徒，与授之子无异。故必觅一聪明有福相者，俾为呼必勒罕，幼而习之，长成乃称呼图克图，以宗教揽政权。故昔时因觅呼勒毕罕，流弊甚多。清高宗设掣签法，以收所举者之名置金瓶中而定去取，息争端，免作弊，莫善于此。至今相承、以为定法(近日西宁阿嘉呼图克图之呼毕勒罕在雍和宫掣签,详见本期文牍)。此即政治监督宗教之作用,是为宗教行政上维持黄教而定蒙藏人民之意,以助长其生活者也。虽然黄教者,佛教之支流也,其称曰黄教,并无深意寓其间。乃当时番僧宗喀巴鉴于卫藏之地宗教败坏,欲纠正之,创设新教,自立宗派,以衣黄别异于其它教派,故流传至今,谓之黄教。黄教既系佛法,则其源流出自天竺释迦牟尼所遗佛教为出世之法。究竟目的,虽归空虚而于实际上亦着落。其对于伦理,颇以实践道德为要旨,佛经中关于知恩报恩之论甚多,尤以心地观经所说之四恩最为完满。所谓入世出世之恩有四种,曰父母之恩、曰众生之恩、曰国王之恩、曰三宝之恩。第一为家族的道德,第二为社会的道德,第三为国家的道德,第四为真理的道德。真理的道德盖对于学问上之师友也。佛教伦理为绝对的积极的道德,即实行其博爱主义,故有知恩、报恩之观念焉。本文为发挥宗教行政之题,乃联想及于佛教伦理而演绎其道德义理,似属无当,惟就中国王之恩为四恩之一,是国家的道德,则不可舍之而不言。佛经之论政治,对于王者之功德,其说殊为透切。华严经有曰:国有君王,可获一切安。王者,秉政众生安乐。盖即在家出家之精心道法,教化藉之以流布。若无国王之力,其功不成而法灭久矣,焉能利济为哉?所以政治组织之必要,良有以也。是故佛教于酬因感果之法理上,以为国法者,乃前世所以然之善业,政治上之元首即善业道德上之先觉。国王与国民有同业同果之连绵因缘,为永世之关系。故国民对于国王,不可不尽其忠爱之诚,此即知恩报恩之一也。由是观之,政治家以行政作用对于宗教,虽必有保护监督之责,而宗教家以教化作用对于政治,必当存归功让德之心,而使人民知政治宗教关系,于国家人民之福利为何如也。中国政体改易共和,而元首称谓虽殊,究为一国之长,固与王者无异。现今,大总统威棱远播,功德无偏,对于黄教,继续维持,抚绥边氓有加无已,实为蒙藏人民之护法大自在也。我愿崇奉黄教而潜研佛法者,宜体此意,以忠爱之诚,仰对元首,以慈悲之念,俯视众生,则宗教家之功绩宁有涯涘耶?不禁馨香祷祝之。

1915 年 7 月 15 日,第四期

西藏人民宜活动于社会(论说)

东西各国称我国西藏为世界秘密之邦,非言西藏有秘密之能力,不与世界通,盖谓西藏人民韬光隐耀,不能活动于社会,而自与世界隔绝耳。盍言乎西藏人民自与世界隔绝，试问世界棣通，五洲熙攘，有睹我西藏人民之足迹者乎？不宁惟是，同处一国之人，若蒙古、若回部，往来杂居，活动于社会者颇多，彼此已泯畛域。独我西藏人民，来内地者绝少，此则非但与世界隔绝，并与本国亦隔绝之，未免太秘密矣。今为我西藏人民言，人类不可不行动社会之理由。夫人类秉彝异于其它动物，欲生存于天之下、地之上，断不可无自竞自勉之心。人而无自竞自勉之心者，必不能活动于社会。既于社会上不活动，则在淘汰之列。恐长此终古，难登文明之域，岂不大可哀耶？以现在而论我西藏人民颇可活动于内地社会者，有种种之机会，特表而出之。我藏众读之，当可奋然兴起乎？机会维何？约有数端。第一，政治上活动之机会。何谓政治上之活动？现在中国已改为立宪政体，人民有参政之权，五族平等。西藏人民一律同享此参与政治之权，岂可不与闻选举，自己剥夺其权而放弃之耶？既有此选举权，自应依法举行，其选出之代议士，即可观光首都，身列国会，可以知中央政治之真象。不但此也，立宪国人民均有服官之权利。我西藏人民苟能入学校习汉字，增进学识，便可为官作吏，岂不显荣？现今选举已在筹备，学校业经特设，有此机会，西藏人民于政治上极可活动也。第二，宗教上活动之机会。何谓宗教上活动？现在我国约法上规定人民有信教之自由，而政府对于黄教，特为保护，故内地人民对于喇嘛，亦颇崇奉。盖因黄教亦是佛法，内地人民之皈依佛法者，实繁有徒，而上流社会中醉心佛理者，亦不乏人。政府对于内地佛教寺庙与喇嘛寺庙一律保护。宗教行政上关于同源异流者，无甚分别。现今内地高僧之深于佛理者，特在京师开会说法，宏宣佛旨，普渡众生。如西藏喇嘛，德行高尚者，能至内地宣教，吾知一般社会必能欢迎，此即宗教上活动之机会也。第三，经济上活动之机会。何谓经济上之活动？人民之从事于工商业，能贸易于远方者，则于经济上异常活动。各国人民以商业而活动于世界之大社会，盖具有高掌远蹠之志。我西藏人民局促一方，恐非所宜，现今内地之大都会，已与世界各国之市府并驾齐驱，商业日臻繁盛，百货充盈，万品云集，藏民自应结伴往来至内地，从事于工商贾或籴贱贩贵，将藏中货物运输内地，再将内地货物转输藏中，供给双方之需要，而于自己经营上收莫大之利益。现在五族共和，并无何等之制限，藏民何勿由川边入境或从青海而来，先至成都或兰州交易，逐渐而进内地，必能得美满之效果，何乐而不为耶？是为经济上活动之机会也。总之，社会上之活动，何止如吾所举之一二三端而已，苟能常时来往，必可见景生情，但有一层之障碍，最足以沮进步者，乃语言文字之不同耳。至于风俗习惯犹可勉强，语言文字非学习汉语、汉文不可。闻川边已设学校数处，藏民就近先学语文，则至内地于社会交际上自不至于隔膜矣。此为藏民之从事经济上者而言，若政治上之议员及宗教上之喇嘛，一时岂能骤习语文，然其地位非寻常人民可比，议员有来京中，自有同乡招待，必能互译语文，以通情愫，喇嘛若至内地讲经，亦可随带翻译。凡此者，吾所谓藏民可活动于内地社会者也。果能如吾所希望，我五大民族实践共和，群策群力，巩固中华国基，以竞立于世界，决不可为天演所淘汰，我愿与西藏人民共勉之。且藏众而竟豁然憬悟，如蛰之启，活动于社会，则东西各国，将赞叹之不暇，秘密之邦云何哉！

1915 年 8 月 15 日，第五期

《震旦》

《震旦》于1913年2月创刊，在北京出版。月刊。系统一党政务讨论会所发行，由赵管侯、王印川、董其成、严天骏、李梦麟等编辑。停刊时间未详。

西藏独立始末之报告

兹探得西藏亚东关监督江孜商务委员吴抱一报告藏事如下：窃以民国成立历经一载，西藏陆军两次被围，目下粮尽弹绝，吃紧万分，西藏存亡即在旦夕，吁恳我总统早筹办法以维藏局，而极边氓。委员系前清宣统二年奏调入藏，前后三载，历充文案、参事各差，此次被困重围，亦统七月之久，汉番和议告成。联办事、钟长官均以江孜、亚东两埠无定驻扎，恐利权失弃，如有委扎饬赴商埠办事，濒行之际，钟长官面嘱速赴商埠察看情形，如商埠事宜过于棘手而拉萨音信又复隔绝，则该员自应设法到京，将藏中实在情形报告政府等语。奉此委员只得来京将藏中前后情形敬为我总统陈之。

西藏在前清时代设有驻藏办事大臣，照例三年更替。大臣到任，除奉旨在各厅布施、熬茶外，尸位素餐，毫无所事。至于藏中风俗、政治、人民向不过问。前藏、后藏、达木、三十九族等处所设军营，大半老弱衰羸，积习难除。加之驻藏日久，与番人联结婚姻，感情日密。久之并汉语而不能说，番衣番语，斯亦番人而已。一旦有事，非徒不能得力，求其不为番人奸细而不可得。自福康安入藏以后，汉人在藏之势力陵夷衰微，一至于此。故达赖以专掌黄教之主而得兼掌全藏政治，皆由于前清政府对于边陲藩属向不留意，向无政策，而历任大臣无不草率敷衍，放弃利权之所致也。是以，现今达赖掌教权而必欲兼掌政权者，职斯之故。此前清光绪三十四年以前，汉人在藏势力寝衰之实在清①形也。三十四年夏，联豫奉旨驻藏，斯时清政府始知渐次改革新政，注意边陲。联豫以为办事大臣而不能办西藏之事，达赖以黄教之主而侵占政事之权，皆于例不合。会边务大臣赵尔丰亦竭力经营边地，改土归流办理甚为得手，遂决计以收回政权为急务。对于商上噶厦公所遇事过问不似前任大臣之故为痴聋。达赖以为历任大臣向无此种行为，而联大臣遇事干涉实为非分。自此而达赖反对汉族、不受羁牵之心以萌。附之者，有贡桑梓及各噶布伦、色拉寺堪布等。而最狡黠阴险者，实为厦扎。厦扎者，达赖所依以为心腹者也。为人有智谋，达赖敢于始终反对汉人者，实以有此人也。当斯时，色拉寺中有俄国喇嘛数人，学佛，通格致地理之学，见汉番隐有意见，遂密劝达赖联俄。更有驻藏之廓官噶布丹隐劝达赖联英。无论达赖联英联俄，总之挟外人之力以制汉官为达赖唯一

---

① 原刊如此。

宗旨。自此而达赖叛汉之心以成，时而有赴俄之举而悬挂白狮子旗，遍调番兵，在五层楼使署左右前后驻扎，以相恫吓。联以招募土兵马队二三百人隐相抵御，只以收回政权非用兵不可，遂于宣统元年奏调钟颖统川军一协来藏震慑。惟边藏间道路崎岖，山川险阻，达赖以为川军不易进行，竟敢调遣番兵扼守要隘，抵抗川军。川军一面节节进剿，一面出奇兵迂道直捣拉萨。达赖惊，遂连夜带厦扎、贡桑梓及各得力信任随从数十人以逃，江孜、亚东两关不及拦阻，竟得脱出藏境，至印度大吉岭地方驻扎。印度政府派兵力加保护，赠馈礼物，联络感情，自此而达赖联英仇汉之心已决。藏中自达赖去后，办警察、开学校、铸银币、设理事，各种新政无不渐次进行。达赖、厦扎等均奏请一律革职。噶厦公所、办事各噶布伦等均奏请另放，恭顺笃实。及与达赖反对之人，又极意牢笼。后藏班禅，前藏诸大寺除色拉寺与汉人感情素恶外，余如毕勒绷寺等穆佛各庙无不优加款待，并将达赖所订剜鼻、割耳、断手各种残酷之刑一概免除。罢捆商之政，使民自由贸易。于是全藏僧俗商民无不一崇汉内顾，始无忧矣。惟达赖久居外地，总非所宜。派左参赞罗长裿时充兵备处总办赴印劝达赖返藏，达赖意已动，厦扎力阻，竟不听。自此而达赖联英之密约以成。此辛亥五月以前，达赖隐怀异志之实在情形也。

西藏之东南有地曰工布，工布之东南有地曰波密，波密之南有地曰白马杠，白马杠之南有地曰貉貐，貉貐之南即印度也。时英人欲开拓土宇，遣兵征貉。联恐貉貐失，而白马杠、波密亦难为我所有。且波密总管在乾隆时亦曾赐有敕封，至今竟敢不受节制，并时派人沿途抢劫川饷，殊为大逆不道。遂扎委协统钟颖前往招抚，不听。遂调兵征剿，无如波密、白马杠一带，崇山峻岭，行军非易，波人习于山路，往往伏兵要隘，断我队伍，使我军首尾不能相顾。以故屡战不利，联恐军败，贻笑番人，乃札委左参赞罗长裿星夜赴波代钟。罗乃屯兵工布与波番相持，一面调奇兵由察木多之南倾多寺一路直捣噶伦（噶伦乃波密都邑总管居焉），东西夹击，波番惊溃，总管伏诛，白马杠亦闻风来降，波密遂克。当斯时，距拉萨十里之扎什城驻炮队营二百余人。后藏江孜、亚东各处分驻步兵一营，余由罗参赞统辖，驻防波密。会川省铁路风潮大起，鄂军亦于斯时起义，潮流所及，边藏动摇。川军来藏两年，见内地既毫无忌惮，于是在前藏之军队遂劫大臣，抢银库。在波密之军队以罗平时军纪过严，杀而焚之，相率回藏，沿途骚扰苛刻，民不聊生。步队二营亦于后藏江亚等处奸淫掳掠，无恶不作，联、钟均无可如何。于是僧俗、番众之恨入骨髓矣，然而非叛汉也。当斯时达赖已由印度大吉岭移住噶伦布，见内地鼎沸，川军横暴，大失番心，遂乘机踏隙，密派番官到处鼓动头人剿灭汉兵。于旧历辛亥冬月腊月及壬子正月三个月之间,各处番兵麇集,断绝四路米粮。于是黠桀之徒如郭元珍、何光燮等倡议抢劫色拉寺,青稞糌粑以济眉急。遂于旧历壬子正月下旬举事,惟事前毫无布置,开战之后,番兵异常奋勇,枪炮亦甚齐备,郭、何等反仓惶无策。嗣后大招、小招、木隆各寺及八郎所各处宅房,无不放枪攻打汉兵。自纪律严弛以后,勇于私斗,怯于公战,见番众如此猖狂,竟无人敢上前抵抗。于是川军不得已复请钟协统主持兵政,挖沟、砌堵、分遣军队以资防卫。一面由联办事札饬商上番官等迅速停战,无论事之大小,自当秉公判断,不可妄肆杀戮。商上番官覆称川军不守纪律,到处抢掠骚乱,治安实如盗匪一般,番众为愤气所激,不得不调兵抵抗。如汉兵允肯退伍回川,番人自当预备乌拉、马牛,供给米粮、柴草,惟所用枪械必须一律发给商上,否则誓将汉兵杀尽云云。以上系番众仇汉,达赖乘机利用番兵攻打川军以谋自立,实在情形也。

兹后,汉番相持半年之久,粮罄弹绝,百姓数万人嗷嗷待哺,街巷中尸骸狼藉,不得已使驻藏廓官噶布丹名拉而哈丢者从中调和。达赖由印返藏,暂驻躲卡子,派替身与汉官在鲁布草坝会议,凡七八次,钟统领始允陆军由西路遂退伍回川,枪械寄存新佛公房屋,由汉番两边派人看守,廓官担保。钟长官,一面将郭元珍、何光燮等发难之人伏诛,以安番心。又恐番人反侧,密将精良枪械五百余杆、机关炮两尊及子弹火药等埋存第穆庙内。今年八月间和议成后,钟统领充长官之任,暂用驻藏办事大臣之印以昭信守。惟番人之所仇者川军,而达赖之所谋者自立。陆军承认退伍,番人自无异辞。钟协统得充长官,达赖遂决意不能承认。不得已于九月中旬开第二次战争。第一次之战争系因番人之仇汉,第二次之战争系因达赖不认长官,欲图自立也。目下,钟长官仍是被围拉萨,命在旦夕,此汉番开战议和之各情也。委员被围七月,备尝险阻,所报各节均属实在情形,务恳总统鉴纳,设法维持。除其中繁琐细情面陈外,所有西藏前后确情理合呈请。

总统垂鉴谨呈。

充西藏委员吴抱一谨呈。

计呈西藏草图一纸,并我军在拉萨第一次、第二次被围图各一纸。

西藏亚东关监督江孜商务委员吴抱一为条陈事,以目下西藏被围,万分危急情形业已据实呈报在案,兹据管见所及,按现在时局,谨拟办法十条开列如后,以备我总统刍荛之采:

一、驻藏陆军目下正被困重围,粮尽弹绝,万分吃紧。(我政府自应电请达赖即日停战,听候派员来藏秉公理论。)

一、归还达赖封号，并开厦扎等官职。（我民国对于达赖不防另拟名号，以示优待。）

一、由外交部设法与驻京英使，或派重要人员到印度直接与印度政府交涉，嗣后华官由印入藏勿得留难，须按照公法，华官仍得有通过利权，以敦睦谊。（英国对于藏事分两派，伦敦政府主和平派，印度政府主急进派，此次对藏各种布置皆由印度政府主持。）

一、藏事难在外交，倘印度政府能承认华官在印度有通过权利，则政府自应即速派宣慰使由海道入藏宣布共和德义，融化汉番意见，到躲卡子（达赖现居此处）将达赖迎回拉萨。一面派驻京著名胡图克图，如章嘉胡图克图等派为宣抚使，由四川边务打箭炉入藏，沿途安抚劝导以释番疑。但必须胡图克图亲自前往，不可派代表替身等以误事宜。盖番人之崇拜佛教出于天性，胡图克图为呼毕勒汗乃转世之活佛也，倘亲自前往，沿途番兵自不敢有阻拦侮慢等情，而活佛之言亦易于动听。再总统择一威望素著、番人素所信服之大员作为总统特别代表，由川徐徐入藏，携巨款沿途抚恤、布施、开导、劝听，以收服番心。凡番民前后所受川军委屈，准陈其诉。

一、各使次第到藏，以收服番心，化去前嫌为宗旨。则毕勒绷寺、带穆寺及后藏班禅额尔德尼，及此外素与汉族感情甚笃各庙，均须极力联络，如色拉寺、木隆寺等庙，素与汉族感情甚恶，自应极力安慰，不妨自认过错再前。清末年所黜斥之番官，无论尊卑高下，准其一律呈诉冤屈，斟酌开复。

一、联办事务、钟长官颖无论在藏办事如何热心，既与番人感情不洽，则应另派委员接替以便联络番情。

一、达赖所以连年作祟，无非为要求政府给予种种在藏权利起见，倘达赖承认不与外人缔结私约，遇事不请外人担保、参预，则我政府不妨与以圆满权利，当此步艰难之际，免其叛离，为我西北大患。

一、达赖智囊曰厦扎，为人狡诈，我政府可电请达赖，亦应派一重要代表，必须厦扎充任，来京参商藏事。到京之后，不妨予以高贵位置。

一、川军与藏人感情异常恶劣，万不可再派入藏滋生事端。若派滇军径入藏地，固我国内政，他国不得干涉。当此国家危弱之际，倘某国直接干涉，亦竟无如之何。不若屯兵波密，直临工布，工布去拉萨缓则二三十站，急则八七天可至。一面在察木多、巴裹等塘处驻扎重兵，与波军成犄角之势，声息相同以资震慑，波密、察木多固皆直辖于边务者也。然与藏腹毗连，藏人惧而无从抵抗，外人忌而无从干涉，藉可经营波密，进图貉貐。

一、民国初建，藏中僧侣恐讲新学者不信佛教，而惧佛教之将灭也。此亦所以失番心之故，我总统宜派一代表到藏，原前清旧例，在各厅布施、熬茶、诵读佛经以示崇拜佛教之意。并鼓励喇嘛等潜心修道，勿嗜杀伐，以存慈善之心。并可在大招悬挂匾额，以示优礼。此外，种种收服番心之法，应由代表随时斟酌行之。

以上十条皆现时切实办法。夫西藏自为中国藩属，在前清时代，岳钟琪、福康安次第进兵，番人畏惧天兵，始终贴服，当此国家多事之时，达赖乘机作祟为西北大患不得已，出此和平忍让办法，此固时局所迫无可如何者也，所有条陈西藏办法各缘由是否有当，理合呈请总统察核办理，以维边局。

谨呈。

1913 年 3 月，第二期

《星期汇报》

《星期汇报》于1913年2月创刊，在上海出版。周刊。由星期汇报社编辑及发行。停刊时间未详。

拟放西藏宣慰使

大总统电召张荫棠回京，将委充西藏宣慰使，所遗驻美使缺，拟以周自齐接任。

1913年3月8日（民国二年三月八日），第一年，第四号

《言治》

《言治》于 1913 年 4 月创刊，在天津出版。月刊。由北洋法政学会编辑及发行。该会会长为张思绶、田解、张竞存，编辑部部长为郁嶷、李钊。至同年 11 月出至第六期后，似即停刊。以后该会迁至北京，于 1917 年 4 月恢复此刊，改为季刊，期次重起，停刊时间未详。

英议员藏事质问

日前英下议院会议时，议员锐君质问外部副大臣亚克兰君曰："近闻西藏已派专使赴库，并与俄库协议，缔结条约，使西藏归英、俄共同保护，其说然乎？"亚克特君答曰："鄙人亦于报端得此消息，知西藏与库俄订有协约。至于归英、俄保护一节，则吾政府尚未言及也。"锐君复问："然则库藏之约，其内容可得闻欤？"亚克兰君曰："此事关于外交之秘密，未便宣布云。"

按：西藏、蒙古，同为中国领土。自前清时代，领土之观念未明，固圉之政策不讲，视边陲者若瓯脱，等藩服于敝屣，遂令英、俄两国得从容扶植势力于其间。民国肇造，内竞孔殷，无暇外图。于是达赖、活佛，各思乘间独立。英、俄两国，利用其愚，又从而蛊惑襄助之。俄库之协约既成，益动达赖羡慕之心。而英之对藏政策，亦欲学步俄国。外间所传英藏协约、英俄协约，大都非无因之辞也。达赖此次所遣赴库之使，有谓意在赴英，不过道过库俄，求其承认独立者。道路传闻，无从征实，而其对于民国，决无好意，可断言也。然达赖屡次来电（致北京政府），语尚恭顺，而英国政府，亦不敢干冒不韪，公然承认西藏独立，如俄国对于库伦之为。且英之舆论，因此事非难其政府，议会因此事质问其政府者，尤屡见报端。公道在人，于兹略可见也。我政府苟即此时对达赖以威信怀柔之，对英国以理道力争之，藏事犹可为乎？若待其事之既成而始谋取销，其道大难，其事匪易。库俄之事，覆车在目，吾知虽有折冲坛坫之士，亦难以外交获最后之胜利矣。

1913年4月1日（民国二年四月一日），第一年，第一期【南开大学图书馆收藏】

蒙藏风云种种

（一）关于蒙古者（略）

（二）关于西藏者：（甲）征藏军今留者仅数百人。盖一因藏境崎岖，难于用武，一因道远兵疲，反攻为守故也。（乙）月来集巴塘之藏人，殆近万人，截隔由巴塘至察木多通道，巴塘援绝，情形日益危险。（丙）襄城亦为藏东最有关系之地点，去岁被藏人攻据，尹都督分兵往袭，不利败回，中途被围。入春来屡次冲打，彼此均有胜败，然终未得出。月前由成都增派援兵数千，不久当有一番激战也。

记者曰：蒙藏之有今日，吾不能不痛恨于亡清之流毒也。入关以后，以儒术制汉人，以奴隶待满人，而复以宗教羁縻蒙古、西藏。所谓种族庞杂，地方辽阔之中国，遂驯伏于二三帝王鞭棰之下，而促促靡所骋矣。共和告成，五族平等，方将举亡清之颓风弊政，廓而清之，与五族国民，相期于远大。乃库伦之警告频来，拉萨之羽书迭报，活佛从中作梗，达赖借外跳梁，追原其故，皆以其人民之智识闭塞，不知共和为何物。而其所以然者，则以宗教之魔力束缚之。故活佛、达赖之命令之行动，无一不足以左右其平民。亡清种因于二百年前，而食其祸者，乃在中华民国开国之第一年。吾知来日大难，必有百十倍于今日者也。且吾汉族以善营生业，闻于天下，而于蒙古、西藏不有势力者何也？则以吾汉族能殖民，而政府实不知有殖民政策，致之亡清之流毒于边圉者，又岂仅宗教一端而已哉？言念及此，我心如捣，是所望于今日之秉政诸公，操纵得宜，或有豸乎！

1913 年 5 月 1 日（民国二年五月一日），第一年，第二期【南开大学图书馆收藏】

《国民杂志》

《国民杂志》于1913年4月创刊，在日本东京出版。月刊。由国民杂志社编辑及发行。正社长夏之时，副社长吴作镆，总编纂邓泽。此刊“为中华国民党驻日各部共同之机关杂志”(简章)。停刊时间未详。

刘式训修改藏约之条陈

驻英刘公使条陈:驳复英人要求修改前清光绪十二年条约意见如下:(一)原定三处作租界,余为中国领土。(二)商埠官吏应由中国派员治理。(三)凡租界地,以条约为标准。(四)英在商埠无设警必要。(五)除租地外,英人无保护他人权力。(六)诉讼案归商局办理。(七)英兵不得在商埠带军械行动。(八)英印货物出入噶大克,照中国税则征收。(九)双方犯罪均应引渡。(十)英不得派员治理藏务。(十一)英不得在藏收税,租界不在此限。(十二)中国为保护属地起见,得随时进兵。(十三)本规定十二条,英不得自由增兵。(十四)中国对从国土地内得自由运输出入物品。

1913年4月15日(民国二年四月十五日),第一号

西藏风云录(一)

代表在俄之宣言

京讯:西藏达赖喇嘛前派代表阿福衮卓尔济赴俄京谒见俄皇,并与库伦专使杭达会商一切。兹悉该代表抵俄京后,大有所动作,其目的在使西藏脱离中国关系,另引英、俄二国以为后援,此等政策荒谬已极,而彼昏不知,岸然自得。据圣彼得堡消息,墨斯科《语言报》驻俄京访员探得西藏代表日前上书俄皇,条述中藏关系各节云云。俄报访员所得未必尽系事实,然无风难波,来当有自。使该访员毫未有闻,而故假名造谣,以惑听闻,是俄人居心不测,尤我国人之所宜辞而辟之。特录俄报访员所述如左,以见西藏代表之狂妄,并揭俄人之野心。

俄报访员云:西藏代表之赴俄,颇惹人注意西藏问题,而该代表亦果有所主张,是该代表之不虚此俄京一行也。该代表日前上书俄皇,略称自中国共和宣布后,华人即入藏抢夺官款,杀戮牲口,焚烧房屋庙宇,总计损失当不下数十万。夫华人如此残惨,而犹欲藏人帖然伏耳为其藩属,此万不能之事,此藏人之所以日夜谋抵制华人也。近藏人之筹有抵制方法如下:

一、西藏独立,自行派遣专使,分驻各国,并一方面接待各国专使,以示独立形式。

二、西藏自由改良内部行政制度,并编练陆军,保护西藏境土,惟不思攻击

何人。

三、无论何国，不得干涉西藏外交、内政。

四、西藏与英、俄二国缔结条约，准二国在西藏有通商特权。惟英货之输入西藏者甚多，故稍稍课以进口税，俄货之入西藏者向来称少，进口税一律豁免。若他国虽可在西藏通商，然概不能免税。

五、英、俄二国协助西藏不准华军入藏。

六、西藏政府有权自行聘请军队教练官，或专向俄国聘请，此问题应两方磋商协定。

七、西藏在俄国购买枪炮子弹，并订借外债。

八、西藏政府准各国在境内开采矿产，或由英、俄二国，或专由俄开采，亦无不可，惟须遵守西藏政府所颁开采章程。

九、西藏允英、俄二国在境内设立各项银行，其余他国只准设立借款公司。

十、各国在西藏，无论商务、实业，概不得有专利性质。

十一、为整顿俄、藏商务起见，速行发达库伦诺尔一路交通，并设法剿除土匪，以便行旅。

十二、库伦诺尔、蔡达木等地方设立货栈。

十三、西藏允俄政府在境内多设借款公司，以便利金融机关。

十四、西藏政府允俄政府派人至西藏调查商务情形，以便整顿。

1913年5月15日(民国二年五月十五日)，第二号

《说报》

《说报》于 1913 年 4 月创刊，在日本东京出版。月刊。原为留日共和党员所组织，不久共和党与民主、统一两党合并为进步党，即成为该党东京支部的机关刊物。先后由芳宗鳌、杨赫坤等主编。停刊时间未详。

俄人辩明未预闻蒙藏私约

伦敦德文报电称：圣彼得堡对于英国印度大臣元老院议员克鲁之言，申言陶基夫代表西藏达赖喇嘛与蒙古缔立之蒙藏条约，俄政府不独并未干涉，且未知其事云。

1913 年 8 月 20 日（民国二年八月二十日），第五期

中英西藏条约之要点

据英文《北京日报》载称：此次赴锡拇会同英使磋议藏约之陈贻范君，以中国应行提出各端须请政府训示，以便有所遵循。中政府爰揭出七条如下：

（一）此次所订条约，应与千八百九十三年及千九百四年之中央商约不相侵害。

（二）西藏行政事宜应由中国驻藏官长主持。惟英国商务委员及商人等，准于业已通商各埠设立事务所及经营商业。

（三）中、英、藏三国人民间之一切诉讼事宜，应由中英官长治理之。

（四）中政府允于五年内将西藏司法制度实行改良。届时英国在藏之领事裁判权即行撤销。

（五）西藏所订借约，悉由中国担任。惟私人性质之借款不在其例。

（六）英国官商之公私产业，如有被藏人盗窃等情，应由中国在藏州警为之查复。惟如盗贼逸入邻近界内，则中国不担其责。

（七）英人不得运鸦片及吗啡入藏，否则应从严惩办。陈使已奉政府训令，会议藏约之时，务当注意以上各条。目前中政府暂不干预藏人内政一节，闻约中所规定者不止一条。惟将来西藏治法，当与中国内地各省一律云。

1913 年 10 月 20 日（民国二年十月二十日），第七期

经营西藏之借箸

达　生

自帝国主义发达以来，未有无主之地而不为人所发见，亦未有放任不经营之地

而不为人所觊觎。无主之地，为人所发见，其发见者之国家，即有权而先占之。放任不经营之地，为人所觊觎，其被觊觎者，大率为觊觎者侵入而据有之。纵观最近历史，各国之得地失地者，罔不由此。嗟夫！此可以观世变之趋势矣。此可以警有土地者之放任不经营者矣。

往者吾国领土几遍东亚，徒以放任不经营之故，遂使缅甸、哲孟雄、暹罗、安南、朝鲜、尼泊尔诸地相继而失。非沦亡而受人统治，即振作而图自立。地图颜色随之而易。故吾国领土二十二行省外，惟彼蒙古、西藏两地而已。光复之初，俄人进图蒙古，英人进图西藏。自由行动，任意设施，着着进步，咄咄逼人。《俄库协约》告成，竟失蒙古主权之大半。而西藏问题，至今尚未解决，其势盖岌岌乎殆矣。顾蒙藏所以罹于危地者，由吾国之放任而不为之经营有以启之也。吾尝谓立国之大，患不在强邻之可畏，而在内政之不修。《传》曰："木必先腐而后虫生。"不修内政，是木已先腐，又何怪强邻之乘其后乎？反正之初，国家多事，士夫相与内讧，政府亦止防内患。迨南北战后，统一既成，内政渐理，西藏问题，固不能再事放任也。不揣谫陋，爰就西藏经营计画，一借箸为筹策焉。

经营之要点有二：一曰外交，一曰内政。外交之计画，重在修明条约，内政之计画，亟宜改建行省。今请分别言之。

(甲) 西藏之外交计划

外交以公法为依，公法上之权义尤以宗主权为标准。考崇德七年，达赖来朝而后，自是为我藩属者，垂三百年。然以公法论之，西藏之于中国究居若何地位，此言外交者所宜详悉研究者也。今约而言之，其为说也有四。（一）纳贡国说。（二）被保护国说。（三）教皇说。（四）一部领土说。此四说之于西藏，孰是孰非，孰当孰不当，兹特论之于左。

（一）纳贡国说。凡乙国纳贡于甲国，而其内政外交，甲国不与闻者，乙国即为纳贡国，如尼泊尔之于中国，埃及之于土耳其是也。定例，达赖、班禅岁遣人进贡物一次，似与纳贡国无所区别，然政府派遣大臣驻扎藏地，一切政权悉操之驻藏大臣之手，虽进贡物犹之各省岁呈方物耳，故谓尼泊尔为中国之纳贡国则可，谓西藏为中国之纳贡国则不可。

（二）被保护国说。被保护国之名，始见于法国之于几尼亚，自时厥后，被保护之国殆满寰区，而大要不外三种。（甲）诸强国间就某一弱国互有利害关系，乃互相协议，置该弱国于某一强国保护之下，维持该弱国之独立，以防他国兼并。

（乙）甲国因其国力微弱，乃受乙国保护，以便维持生存。（丙）文明国欲并吞野蛮之地，或未开之国，而先以该国该地为被保护之国。是故于此三种之中，具有某一种之要素者，始可谓为被保护国，否则不可谓为被保护国。西藏既非因各国协议置于中国保护之下，又非因国力微弱始受中国之保护，且为中国属土垂三百年，并吞之说尤为不当，然则西藏非中国之被保护国也明矣。

（三）教皇说。是说也，殆以达赖喇嘛、班禅额尔德尼比诸罗马教皇也。顾天下黄教，虽总司以达赖、班禅二人，而以之与罗马教皇之同为教主则是，以之即视为东方之教皇则非。此其故有三：罗马教皇之盛也，其位置立于欧洲诸君主之上。其衰也，亦与欧洲诸君主相埒。而达赖、班禅对于前清位居臣列，此其不能为东方之教皇者一也。罗马教皇，有权派遣公使，与各国政府相酬酢，而达赖、班禅对于外交，不惟不能派遣公使，即结国际契约，亦将归于无效，此其不能为东方之教皇者二也。耶教司之以罗马教皇一人，故其权专。而黄教司之以达赖、班禅二人，故其权分，此其不能为东方之教皇者三也。即以教皇而论，亦仅达赖、班禅一人地位之问题，无关于西藏全体之地位。则教皇说之不当，不待辨而自明矣。

（四）一部领土说。自前清未设驻藏大臣以前，西藏固可谓之国。既设驻藏大臣而后，西藏不得谓之曰国。质而言之，西藏为中国之一部领土耳。何也？达赖、班禅之呼必勒罕，则由驻藏大臣监同吹忠掣签指定也，官吏则由驻藏大臣陟黜也，财政则由驻藏大臣稽核也，军政则由驻藏大臣支配也，外交则由驻藏大臣主持也。然则驻藏大臣无异于行省之督抚，达赖、班禅无异于川、滇、黔、粤诸省之土司，所异者未设州县，以治军治民之事任用藏人耳。然断不能以任用藏人之故，遂谓西藏离中国而别为一国，犹之川、滇、黔诸省土司，不得离中国而称为一国。此理易晓，虽好辩者亦无所弄其口舌也。

纳贡国说、被保护国说、教皇说三者，即已辞而辟之，而惟以一部领土说，定西藏之公法地位矣。夫西藏既为中国之一部领土，则宗主权自在中国，他国即不能无故侵入领土之内。故主持外交者，要必据公理，依公法，本旧约先例，而严重交涉，修明条约，务使主权不失，利益不丧。彼英人虽强，当无如万国公法何也。是在当道者深探法律，善为操纵耳。

（乙）西藏之内政计画

西藏改建行省之议，前清腾诸舆论，见之奏章，卒未见诸施行。今宜仿日本台湾总督及俄远东、英锡兰总督之例，特设西藏总督一职，改建行省而统治之。划分道县区域，设官分职以治理之。此固内政之唯一着手办法也。虽然，改西藏而为行省，犹有难焉者，故不可以不述。

（一）地方财政之难于独立也。新疆之设立行省也，中央政府之接济，各省之协拨者，不知其几万万，然而新疆未收若何之效果如故。东三省之设立行省也，中央政府之拨助，公债之筹借者不知其几百万，然而东三省未收若何之效果如故。以西藏现在之财政观之，所收税项均物品而非金钱，某地出产某物，即纳某物为税，凡麦豆油酪及珠宝布绸皮鹿茸等项，皆为税物。而收税之度量衡，则自二十余种至三十二种之多。因是所收之税不能一致，合内地银币计算，大约不出四十万两。顾此四十万两，全作改设行省之用，亦讵无补。而达赖、班禅所赖以活者，受人布施而外，全取给于此，则所余者，多亦不过二十万。以如此之小数，充改革之要需，势必至于诸事废弛，较东三省、新疆而更甚者矣。所谓地方财政之难于独立者，此也。

（二）中央法律之难于施行也。凡行省即应施行中央发布之法律，此一定不易之理。是故西藏而改行省，则中央所发布之法律，现时二十二行省应尽法律所命令之义务者，西藏亦应尽此义务，二十二行省所应享法律所允许之权利者，西藏亦应享此权利。同为中国之行省，则其所尽所享之义务权利，亦不得不相同，断不能使西藏超然独立于二十二行省之外。何也？中国之所谓行省，犹欧美之所谓州，日本之所谓府、县也。欧美之州，日本之府、县，未有不遵行中央所发布之法律。西藏不改行省则已，西藏而改行省，则为中国行省，亦未有不遵中央所发布之法律也。然而西藏之风俗习惯，与二十二行省之风俗习惯迥不相同。中央发布之法律，大率本乎二十二行省之风俗习惯而成。以本乎二十二行省风俗习惯而成之法律，施行于风俗习惯迥不相同之西藏，吾未见其可也。今试举一例于此。省议会章程，凡不识文义者，不得有选举权。文义指汉字而言，藏人盖多识藏文不识汉字者。若使西藏循二十二行省之例，设立省议会，以识藏文而不识汉字者均不得有选举权，则有选举权者，仅令内地赴藏贸易之少数商人，而壹百五十万不识汉字之藏人，将无一票之选举权矣。省议会章程，不过中央法律之一例，而其难行也如此，他项法律，可由是而类推矣。所谓中央法律之难于施行者此也。

（三）西藏官吏之难于位置也。西藏官吏，除正、副驻藏大臣，及四川派遣各营官，系由内地赴藏者外，其他一切官吏皆以藏人为之，此旧制也。今一旦改为行省，势不能不按照行省规模，设总督以下各项官吏。既设各项官吏，势不能不任用各直省人员。任用各直省人员，势不能不夺藏官之权，归于各直省人员之手。如此则现时藏官，其均有失职之患乎！夫西藏改省，设官分职，原以治事。苟用治事之人，居治事之职，以治应治之事。不堪治事之藏官，虽投闲置散，亦复谁曰不宜。然而藏官久居其位，一旦夺而授诸各直省人员，其贤者虽无若何举动，而不肖者必将生怨望，由怨望而散布谣言，藏民苟有应声而和者，将酿成大患，有不堪设想者矣。若夫以旧时之藏官，仍居改设之官职，则泄泄沓沓，愚昧不堪治事，仍一未设行省以前之西藏已耳，亦奚用此一番改革为哉！不用不可，用之无益，所谓西藏官吏之难于位置者此也。

由此三者观之，固亦实在情形，而无可讳者。然苟抱唯一之宗旨，精心毅力，以求达到改革之目的，则亦固易易。吾于是远窥西藏之历史，近察西藏之现情，而得两大主义焉。

（一）政教分离主义。

西藏政教，合而为一，溯其由来，非一朝一夕之故。元忽必烈征服西藏，而以藏地主权委诸帕克思巴。帕克思巴，布喇嘛教者也，于是西藏政教，遂合而为一。迄明永乐成化间，番僧宗喀巴创兴黄教，藏民归之。宗喀巴示寂，其二大弟子有达赖喇嘛、班禅额尔德尼者，互争为主，其后达赖、班禅分掌藏地，而政教合一，较前尤固。虽自雍正元年遣大臣驻藏监督，而后西藏政权归驻藏大臣节制，然而用人行政，仍与达赖、班禅会同办理，故不得谓之政教分离也。近年以来，驻藏大臣管理军政外交而外，其他用人行政，全委藏僧，驻藏大臣仅仅随同画诺，亦有置此画诺于不问者，而西藏政教，至此益固结而为一矣。

在昔政府，大都藉神权主义而成，盖合政治宗教而为一，而后统治人民之权力乃益强大。《易》曰：圣人以神道设教，亦此意也。独是以神道设教，政治上偶一用之，未尝不可以收一时统治之效，脱令以政教合一为立国之大本，斯其国未有不衰亡者。彼印度、犹太、埃及诸国，致亡原因，虽有种种，而实则政教不分有以使之然也。泰西各国，大抵皆由政教分离，而后文明进步。故自千九百五年，法国首先分离政教之关系，自是如英、如义、如比诸国，亦皆起而效之。良以宗教影响，及于政治，所受弊害，固各因其国而异，而为政治之妨碍则同也。今就西藏之政教合一之弊害，略一言之。

（甲）西藏每岁所入不下数十万金，用之于政治者十之一二，用之于宗教者十之八九。此数十万金，纳自生产之藏民，而用之于维持保护生产之藏民者不过尔尔，徒供养唪经祈福不生产之喇嘛，固已不成为政体矣。藏民以喇嘛掌握政权之故，又出其所有以作布施。嗟彼藏民，生产几何！消费于不生产者若此，安得不贫且困也？此政教合一之弊害及于经济者也。（乙）西藏人口，莫得确数，普通称为一百五十万，据游历家言，西藏人口日就减少，百年后将荡然无噍类。其说殊足信，何也？凡为喇嘛者，其供养均取自民间，丰衣足食，了无所苦，掌握政权之达赖、班禅辈，又从而奖励之，故藏人乐为喇嘛，其数占人口三分之一。此人口三分之一之喇嘛，教律不得娶妻生子，因是西藏人口所恃以生殖者，惟彼不为喇嘛之人口三分之二者而已，几何不日趋于减少之途耶？此政教合一之弊害及于人口者也。（丙）宗教可以振兴民气，宗教亦可以消沉民气。十八世纪之初，英国民气始极消沉，风俗浇漓，不可言罄。迨夫威士列起而大声疾呼，谓社会腐败，宜皈于神。跋涉二十二万五千英里，宣教四万有余次，听者约自二十人以上二万人以下之多，于是英国风俗为之一变，民气为之大振，如是者吾不能不归之于威氏宣教之功。至若三十年间之宗教战争，则尤为宗教振兴民气之确据。吾故曰宗教可以振兴民气也。由是言之，西藏人民都信佛教，其民气宜若可以盖世。乃按其实，不惟不能振兴，而反至于消沉者，抑又何也？夫亦曰政教合一而已矣。西藏掌握政权之达赖、班禅辈，俱由呼必勒罕而来，达赖、班禅之下，有总揽大权者四人，谓之噶伦卜。伦卜之职，非四大院主之为喇嘛者，不得而居之，故藏民视达赖、班禅、噶伦卜之尊贵，乃因定数而然，非俗人所能希冀。既无希冀之心，即无奋勉之志，当年扰攘唐代之气概，乃消沉而不可收拾矣。此政教合一之弊害及于民气者也。

其它种种弊害，更仆难终，即综此三者而观之，则改革西藏必自政教分离始。令达赖、班禅分掌教权，岁给用费若干，关于教务，达赖、班禅主之，关于政务，西藏总督主之。两不相辖，亦两不相侵。则西藏始有日趣文明之望，否则徒劳而无益也。以罗马教皇之威权，法兰西王尚能迫之而退居一隅，不能行其干涉政治伎俩也如彼，况达赖、班禅久居臣列，政府苟析政教而二之，其事当较易于法兰西王之迫罗马教皇数于百倍也。

（二）种族同化主义。

中国国民中，所含种族甚伙，而其最著者，即汉、满、蒙、回、藏五大民族，同居三千二百六十四万五千二百六十六方里之内，同为四万三千二百五十四万八千一百十有六口之人，同立北京中央政府统治之下。民邦缔造，五族共和，固已新成为一种之中国民族，而无所歧视矣。然有不能不虑计者，则以西藏语言之不同也如故，文字之不同也如故，风俗习惯之不同也如故。满、汉、蒙、回四族，从事政治而为官者若而人，未闻有一藏人也。满、汉、蒙、回四族，散居内地而为民者若而人，未闻有一藏人也。然则藏人仍为一族，而未能如满、汉、蒙、回四族之渐渐同化者也。

夫西藏而别为一国，非中国之一部领地。藏民而别为国民，非中国之一部人民。则以荷兰之待爪哇人者待藏民，任其自生自灭。以法国之待安南人者待藏民，听其若存若亡，亦未始非对待亡国人民之一道。而无如西藏乃中国之一部领地，藏民乃中国之一部人民，吾论西藏之地位已略言之。故断不可以待亡国之民者待藏民，使其自为风气，日就衰亡。而谋所以同化之者，不可不早为之计也。汉、满问题消灭二百余年，近以一部人民鼓吹种族主义，遂大收革命之结果。脱令西藏有持种族主义者，出而鼓动藏民，不肯内附，则为西陲患者，又将如何？即令藏民不知种族主义，甘立于政府统治之下，蛮风恶俗，长此不变，不能与汉、满、蒙、回四族同其权利义务，政府又不谋所以同化之方，是厚于汉、满、蒙、回四族，而独薄于藏族，亦殊非一视同仁之道也。此吾所以力持种族同化主义之说也。

夫以政教分离、种族同化二者为西藏改设行省之主义，则后此西藏自能侪于二十二行省之列，固也。虽然，此二主义，乃改设行省之目的耳。欲达目的，须有计画，有目的无计画，则目的无由而达，斯主义无由而现。吾于是述改设行省之计画。

（一）军政之计画

旧制，前后藏、察木多、阿里四处，兵数计四千三百零七名，分为两种。（甲）官兵计一千一百四十五人，分驻察木多、拉里、拉萨、札什伦布、定日、江孜等处，统之以二游击，二都司，五守备，四千总，十把总，十三外委。此皆由四川派往，三年瓜代者也。（乙）藏兵计三千一百六十有二人，分驻拉萨、札什伦布、定日、江孜等处，暨设卡地方，率之以六戴琫，十二如琫，二十四甲琫，百二十定琫。此皆就地挑选藏民充当者也。两者俱由驻藏大臣指挥。汔以日久生息，械窳饷绌，兵不堪用，故光绪三十年，英兵一入，即弃甲曳戈而走，斯亦无足怪也。

已革命之起，钟颖逃溃，尹昌衡经营边藏，不得要领，致中藏华兵绝迹，一任英人之恣意横行，而莫敢谁何。今宜慎择夙著威望熟习情形将官，就调川兵之至精者两师，以临前敌，即以滇黔为之后援，务期直捣中坚，规复旧地，而分驻之。以一师驻拉萨，以一师分驻扎什伦、江孜、定日、察木多、阿里等要处，师长禀承总督，指挥一切。至于旧有之藏兵，遣散归田，概不录用。华兵当日行操练，有事则调遣以临前敌，无事则示威以镇反侧，迨日久事平，则实行屯田之法，寓兵于农，以裕饷源，而谋同化。此计画军政之大略也。

（二）民政之计画

西藏旧制，原无治民专官，察木多地以土司治民，前后藏以大营官、边营官、中营官、小营官等员缺兼理民事。质而言之，是以军政治民，而非以民政治民也。考前藏大营官十九缺，边营官二十三缺，中营官五十九缺，小营官二十五缺，计百二十有七，而定例喇嘛应居此职者三十有一名。后藏大营官四缺，中营官十七缺，小营官十六缺，计三十有七，而定例喇嘛应居此职者十有九名。是喇嘛几占营官半数矣。质而言之，并非以军政治民，殆以宗教治民也。

吾于政教分离主义，极言政教合一之弊害，则西藏须设民官，专理民政，而不可以治民之事委之喇嘛，固也。顾藏地多旷，居民稀少，治民之官，不能遍设，故须择民多而地要者，设置道县，专理民政。兹将察木多、前后藏、阿里等处，分为四大民政区域，设为四道，每道置观察使一，设县若干。并于各道各县设助理官通译官若干员，办理道县巡警、学务、裁判、征收及关于民政一切事务，有紧急事件，得会同附近驻札军官办理。观察使考核该区域各县成绩，而受成于西藏总督。计察木多设观察使一，驻察木多，管辖察木多三十九族，设县八，分驻察木多、江卡、札雅庙、拉贡、洛隆宗、迹填[边坝]、力马、拉胡等处。前藏设观察使一，驻拉萨，管辖前藏地方，设县九，分驻拉萨、墨江达、墨竹工卡、拉普、拉冈、自地、旁多、裕佳即杂等处。后藏设观察使一，驻札什伦布，管辖阿里、宗都、拉克巴以东后藏地方，设县八，驻札伦什布、日喀则、江孜、干坝、萨迦、那母陵、定日、拉济隆等处。阿里设观察使一，驻宗哈，管辖阿里暨阿里、宗都、拉克巴以西地方，设县六，分驻大屯、噶尔渡、札锡冈、托林、诺和等处。各县应辖地域，由各区域观察使禀承总督分划。前此喇嘛之为营官者，悉解其职，由达赖、班禅委用。其土司及俗人之为官者，则于已设县治地方，暂留其名，并委以助理官或通译官之任。未设县治地方，人民稀少，即留之亦无碍。至各县所办理民政之如何，则视县官之能否，以判事务之兴废，分别成绩而奖惩之。此计画民政之大略也。

（三）法律之计画

中央发布之法律，既难施行于西藏，则治藏之法律，自不能不有特别之性质，各国治理属地土人，大率如此。今拟于西藏总督之下，设立法会一，会长总督任之，会员定额若干，由总督调用各直省通晓藏事者半，由总督选任藏民曾从藏政者半，凡百治民法律，委其编订。按藏地之情形，参适当之学理，迁就之中，寓以改良。其允许施行之权，仍任之西藏总督，中央立法机关，不得有所干预。如此行之即久，而后施行中央发布之法律，与二十二行省同其权利义务，当无扞格而不入也。

（四）教育之计画

前清经营边事，亦尝注意教育。以蒙古言之，黑龙江省则有满、蒙学堂矣，科尔沁旗则有男女各学堂矣，京师殖边学堂则收纳蒙古子弟，而科布多又创立蒙小学堂矣。过此以往，蒙古民智将有由此而浚之一日。藏民与蒙民同为中国之一部人民，乃力谋开浚蒙民之智识，而独于藏民未闻有此举动者，岂以藏地辽远，不便出而就学，东科尔世家中又无贤王如喀尔沁者欤？考藏民教育，旧分两种。一曰喇嘛教育，入寺院习诵经文者是。一曰俗人教育，入书塾或由家庭教师学习书算者是。是故藏民之识字者多于内地，而其局于藏文之一科，蒙昧无知，又较内地之不识字者而更甚。苟弃此一部藏民而不顾则亦已矣，若犹视为同等也，则不可不于教育加之意焉。

当此之时，固不能以文明教育普及藏民，然有最切要而不可缓者二事。一曰汉文学堂。凡有县治之处，汉文学堂至少须设立一所，选藏民之聪颖而不为喇嘛者，肄业其中。其科目以汉文官话为主，旁及浅显之历史、地理、算数诸科，其期限以四年毕业。其用途分为两种，愿学者即送至内部直辖中学堂，以次入高等，入大学，照章升奖。不愿学者，或充道县通译官，或为该学堂助教。所以奖励者至，则藏民趋附者必多。二曰藏文日报。由总督派熟习藏事者经理，一面鼓吹同化，一面箴抑藏俗。日印若干份，分配各府厅，由各府厅散诸各村镇，不取报资，所费小而收益大。由前之说，所以同化中年以下之少年。由后之说，所以同化中年以上之老者，两者相须，吾中国又将增有智识之人民数十万。

（五）移民之计划

历观古今人游藏日记，证以专门家地理书籍，西藏地质虽脊，气候虽寒，而农产则有青稞、小麦、稻米、粟豆也。花果则有枣、核桃、葡萄、杨柳、松柏、芍药、牡丹也。家畜则有马、牛、犬、豕、鸡、羊、鹅、鸭、驴、骡、牦牛也。野畜则有雉、兔、狐、猴、虎、豹、麝香也。矿务则有黄金、白盐、珠玉、水银、硼砂、硇砂也。但修筑铁路以纵横之，迁移人民以经营之，则西藏一隅虽不及扬子江流域之富饶，而以之与黑龙江、吉林、奉天、甘肃、云、贵诸省相比较，恐未必居其下。是移民于藏，亦属万不可缺者也。移民之道有二：一曰政府移民，一曰私人移民。政府移民即以各省剪裁之军队，按名给资，规定章程，而派遣之，此为今日万不可缓之急务，一举三善，莫妙于此。私人移民亦分而为二：一曰团体移民，一曰个人移民。前者指组织公司而言，后者指家族或只身而言。而要以政府之保护之奖励乃能发达，而收其效。顾藏民为中国之一部人民，移居藏地之民亦中国之一部人民，其生命，其财产同责之于西藏之地方官。虽不必有特别之保护，然对于移民不可无特别之奖励。奖励之法如何？一曰授以土地，不收地价。二曰出入货物，减轻税率。三曰铁路、塘铺与以便利。三者苟推而行之，则东南诸省人口充盈，其必闻风而集者矣。抑又有言：西藏移民以定居其地为上，暂居其地次之，往来其地则为下焉者，而于经营西藏无补也。

夫人欲定居其地，视为故乡，必有眷属以维系之而后可，此固普通人情之常，无足怪也。故凡迁居藏地之民有挈家族而往者，即由该地方官给经理费若干。其在藏地娶藏妇而成家者，亦由该地方官给婚娶费若干。此事虽小，可以为经营西藏之一端，可以为同化藏民之一助，此计划移民之大略也。

（六）交通之计画

西藏道路崎岖，行者颇苦，间有取道印度而入藏者，亦交通不便之故耳。西藏入内地，以四川为通衢，自后藏至巴塘，每数十里设塘铺一，每塘铺设役夫数名，备有柴草，驻藏人员，往来取给于此。然欲谋军队移民商务之便，则此区区塘铺，不足以尽交通之利也。铁路、轮船、电报、邮递四者，为交通上不可少之要件。独是西藏大河，仅有印度河、雅鲁藏布河、哈剌乌苏河可通小轮，而不能航大轮，则计画西藏之交通，不得不就邮递、电报、铁路三者而言之耳。前清川督，已请速修川藏电线，邮传部已派员考查西藏邮政矣。但于地要人稠，已设府厅之处设电报局若干，邮政局若干，已足收电邮交通之利，毋须喋喋为也。则计画西藏之交通，不得不惟就铁路一端而言之耳。

光绪三十二年，邮传部奏定全国铁路轨线，以西藏列于轨线之西支，由甘肃、兰州经青海而至西藏，其由成都经打箭炉出巴塘以至西藏，则民间一部人民之创议也。二者虽未明定详细轨路，而其必达拉萨则同。故主由兰州入者，必经察木多斜行以达拉萨，计程五千余里。主由成都入者，必由江卡平行以达拉萨，计程三千余里。二者所经之道路，大率崎岖难行。而由成都以达拉萨，较由兰州以达拉萨者约两千里而近，近则筹款易而费时少。后此川藏铁路连络川汉铁路，与东南诸省即可合为一气，举凡军事商务移民诸大端，俱有所裨，较诸取道于平原无垠复不见人之青海，其益何如？识者自能知之。则西藏铁路，无论官办商办，须由成都而入，而不可由兰州而入，当无说以难之也。

然而路线易定，路款难筹，非集股于人民，即借资于外债。吾以为人民入股，其事甚难，不妨由政府专借外债以成之，而其偿还也较易。何也？川藏铁路告成，而后对于内则藏地之利源可由是而开发，对于外则中印之贸易可由是而吐纳，所费路款，自不难取偿于此也。前邮传部筹画全国铁路轨线折内，有定蒙、藏设省之谋，则库伦、卫藏为急云云，今拟改西藏而为行省，则修筑藏路此其时乎！此计画交通之大略也。

（七）财政之计画

前所述六种计画，所需财政，为数甚伙。虽交通经费借资外债，不必由西藏总督支出，而练军二师，经费三百万两，达赖、班禅供养费二十万两，官吏俸金二十万两，移民奖励费五十万两，教育费十万两，行政司法警察费二十万两，计常年预算经费四百二十万两。西藏现时岁入仅约四十万两，即此四十万两全数提出，归于豫算之中，不足者尚三百八十万两。报载陆军部全国陆军计画，仍仿前清练兵三十六师，则四川应练三师。而三师之中，以二师调驻西藏，则四川只留一师，其费均由中央担任。盖四川境接西藏，厚西藏之兵力，即所以为四川之屏蔽，故拟于西藏练兵二师，则四川可少练二师，仍敷三十六师之数。中央协发四川经费，即充西藏练兵之用。如此，则不足之三百八十万两，已有固定经费三百万两，加以亚东关之收入，驻藏官兵之裁饷可十万两，即留为藏用，其不足者不过七十万两。此七十万两，暂由川、滇、黔三省分别担任，岁筹七十万两，当不至于拮据也。虽然，此犹就西藏利源未开，而仰中央各省补助之时而言之耳。迨夫土地辟，畜牧富，矿物出，人民趋之如鹜。则以西藏之收入不徒供西藏之支销，而必有以纳诸中央国库者也。至若分设拓殖银行，兑银铜纸各币，亦为经营西藏万不可忽之事，尚其极力图之，此计画财政之大略也。

以二主义，行七计画，司其机者，尤在官制。官制不良，即主义若何善，计画若何周，而其究也，辄废弛而不能行。关于民政者，既设四道三十二县以区划之。关于军政者，亦本二师职守而掌握之。关于立法者，又复有立法会以厘定之。前述种种，似已言之详矣。然于行省官制之分目，则已言之，而于行省官制之总纲，则尚有未及者也。

兹宜将从前驻藏大臣、帮办大臣、经略使、镇抚使等名一律裁改，特设西藏总督一员，管辖察木多、前后藏、阿里等处地方，除外交、军事、财政、交通应随时咨商外，交陆军、财政、交通等部办理外，其余一切事务，均归该总督便宜行事，不受他部节制。总督署内，设一、二、三等秘书，承总督之命令，掌理机要及铨叙事宜。总督之下，设司二：(一) 民政司。视各直省诸司，下设科十：(甲) 总务科，(乙) 学务科，(丙) 财政科，(丁) 劝业科，(戊) 审判科，(己) 巡警科，(庚) 交通科，(辛) 交涉科，(壬) 工程科，(癸) 疆理科。每科设科长一人，科员若干人，均实缺。(二) 军政司。仿照各省都督府现制，设军学、军需、军法、军医各科，各种置科长一人，科员若干人。又设参谋处，设参谋长一人，参谋若干人。民政司、军政司、参谋长，均承总督之命，挈同所管人员，办理全藏民政、军政事务。至其办事详细章程，仍委之总督酌定。

兹综合前后计画之西藏行省官制大概，图列于左：

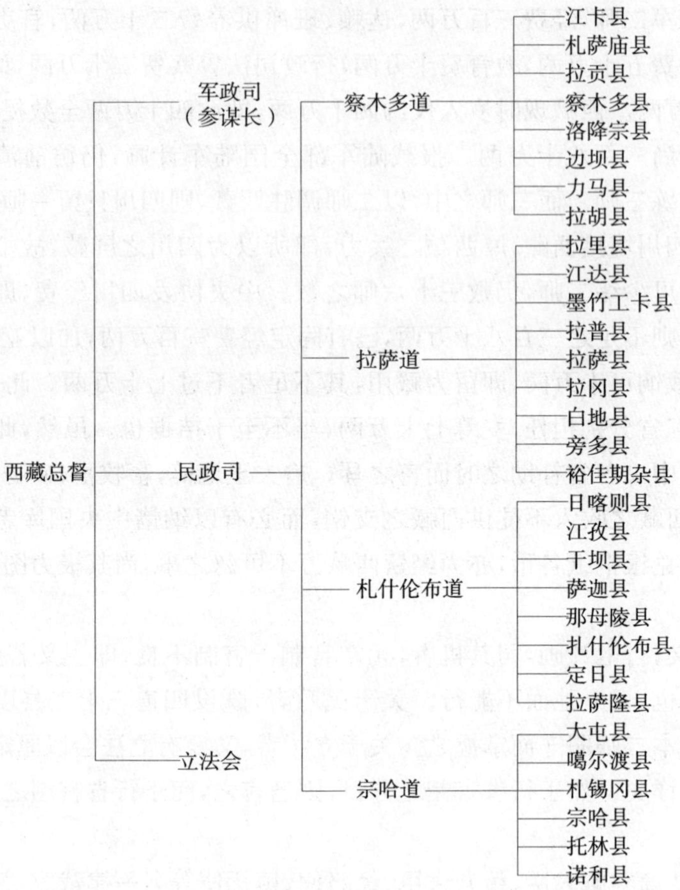

司西藏行省之机者，在此官制，居西藏各官之上者，在此总督。所有新设官缺，任用各直省人员。旧时藏吏，除用为助理官或通译官外，并酌用为民政司各科科员，均由总督酌量委任，报由内务部存案。是故总督而贤能也，则西藏安以治；总督而不肖也，则西藏危以乱。然则西藏之安危，系乎总督之一身，当改革行省之时，幸勿使不肖者僭居此位也。虽然，内治之可否听吾着手，亦视乎外交之成败何如耳。西北边陲，方且多事，强邻逞欲，乘机迅发，长藩西望，我心如捣，未雨绸缪，尚其时乎。倘犹延宕以误时，因循以废事，则藩篱尽撤，全国之存亡关焉。而欲于彼时图补救，其可得乎？吾甚愿吾政府之及早图之也。

1914 年 4 月 1 日(民国三年四月一日)，第十期

西藏划界之内幕

据哥伦通信云：自客岁十月十三哲孟雄开议，萃中英藏三方代表悉从事于中藏两方未来之规定。顷据泰晤士北京消息谓：因划界事意见不相容，所议已决裂，未克奏功于旦夕。此论者所以援蒙而喻藏也。中国昔当会议开始以前，早料不能再为藏民理内政。惟其对于藏中向哲孟雄之请求与条件，仍行拒绝。条件所云：一则无论如何中国不得在藏设官也。二则中国应偿华兵所毁寺产及他项产业损失也。五月杪左右，复得北京近信，谓其事有调处之望。然至竟承认与否尚在疑似间。按所调处者言，前藏完全自治一也。中国政府惟派拉萨办事大臣得以携带卫队二也。东部西藏自治权仅得其半，此间中国权力与地位尚较他处为强固其三也。然而定界事，每不足以惬三方心。此调处之所以终归失败也。彼藏中所要求者，将令青海南半、怒江以东地均归察木多所辖，席卷而入后藏自治之范围。北京方面雅不欲以四川边界混为前藏，至多不过令青海以南地并归自治之区者，东至怒江为限耳。于是青海之半东暨察木多东七百五十迈当内移，并入前藏。盖以青海久隶于中国，怒江以东地久归中国统治下。中国军队今日尚驻察木多，西连怒江畔，均在防守中。此则中国方面所持之理由也。

1914年8月20日(民国三年八月二十日)，第十三、十四期合刊

《万国女子参政会旬报/月刊》

《万国女子参政会旬报/月刊》于1913年4月创刊，在上海出版。初为旬刊，从第四期起改为月刊，刊名亦相应改为《万国女子参政会月刊》。此刊为张汉英、陈德晖等发起之万国女子参政会中国部会员所组织，由张汉英、任丽璠任经理兼编辑主任。停刊时间未详。

中英西藏交涉

中英西藏问题

英国公使曾于元年八月间奉到该政府训令，向我政府提出抗议书。我政府因中、俄、蒙古交涉情势日益紧急，遂将中英西藏交涉稍为迟缓，于十二月二十三日始行备文答复。

英使提出：（甲）中国不得干涉西藏之内政，并不得于西藏改设行省。（乙）中国政府不得派无制限之兵队驻扎西藏各处。（丙）英国现已认定中国对于西藏有宗主权。应要求中国改订新约。（丁）英政府前曾遵据条约置通信机关。后经中国军队擅行截断、杜绝，印藏之交通当由中国保护。（戊）如中国政府不承认以上各条件，英国政府绝不承认中华民国之新共和政府。

中国答复：（甲）中国按照一千九百另六年之中英西藏条约，除中国之外，其它国皆无干涉西藏内政之权。今谓中国无干涉西藏内政之权，理由甚无根据。至于改设行省一事，为民国必要之政务。各国既承认中华民国，即不能不承认中国改西藏为行省。况中国对于西藏，并无即时改设行省之意。此中颇有误会。惟现在中国认定不许其它一切外国干涉西藏之领土权及其内政。（乙）查中国并无派遣无制限军队驻扎西藏之事。惟按照千九百另八年之通商条约，英国以市场之警察权及保护印藏交通委任于中国，故中国于西藏紧要各处当然派遣军队。（丙）中英关于西藏之交涉已经两次订立条约，一切皆已规定明确。今日并无改订新约之必要。（丁）中国政府从前并无有意断阻印藏交通之事，以后更当加意保护，断不阻碍印藏交通。（戊）承认中华民国是另一个问题，不能与西藏问题并为一谈。深望英国先各国而承认中华民国。

又一函云：外交部二十三日送交驻京英公使答复藏事内容，共分七条，与前记略有不同。特并录之：（一）不合并西藏与不干涉其内政，乃英国之所主张。中国曾声明：无论何国不得干涉西藏领土权及其内政。（二）一九零八年通商条约所载商埠警察权及保护印藏间交通，中国皆有全权。据此，则敝国有干预西藏行政之权。（三）贵公使引证大总统命令中五族共和意义，以为敝国将改西藏为行省。此实误会，我国全无是意。唯根据临时约法、退位上谕、大总统誓词及其他命令所言，保存西藏现状，不变其旧制，敝国与贵国，实同一其希望者也。（四）保守西藏秩序，依照中央[英]协约条文派兵前往，此系当然之权利。除维持秩序以外，敝国并无派遣军队之意。(五) 敝国除遵守中央[英]历来各条约、协约外，凡关于西藏之事，无再订协约之必要。(六) 遮断印藏间交通，系属交战国之事。在今日亲睦如英国而有此等通告，殊出意料之外。窃愿贵公使即行取消其事。(七) 来文以解决西藏问题为承认民国之第一条。此诚难于索解者。承认共和政府，英国亦实与有利益。深愿贵公使分别主张，应以承认民国第为一著，庶几两国邦交益形敦睦。

1913 年 4 月(民国二年四月)，第一期

刘代表驳复英人条件

驻英刘代表电称：英外部前交出要求英国对藏十四条，本使遂逐条驳复，特此奉闻：

(一) 除原定三处作为租界外，余为中国领土。(二) 商埠官吏应由中国派员。(三) 租借地方以条约为准。(四) 英国对于商埠无设立警局之必要。(五) 除租地外，英人无保护他人之权利。(六) 诉讼案归商务局办理。(七) 英兵在商埠不得携带枪械。(八) 英印货物出入噶大克，按照中国厘税规则实行。(九) 双方有犯罪者，均得有引渡。(十) 英国不得派员治理藏务。(十一) 英国不得在藏征收各税，租界不在此限。(十二) 中国为保护属地起见，得随时进兵。(十三) 本于第十二条之规定，英国不得自由增兵。(十四) 中国对于从国土地得自由运输出入物品。

1913 年 4 月(民国二年四月)，第一期

西藏内结库伦外引俄英之警告(目)

藏边烽火类志(目)

1913 年 5 月(民国二年五月)，第二期

藏边捷报汇录

俄洛桥之捷音

察木多(即昌都)为边藏之中枢,系兵家必争之地。自彭雨时开攻烟袋塘之后,驻俄洛桥之陆军即开在昌都,扎防藏番。闻之以为汉军单薄,遂调集番兵二千余人乘夜占据俄洛桥,砌卡固守,插旗扬威,并欲乘间攻取察木多,四乡之粮台已为该番所阻。嗣由张参谋茂林派边军一连两营及陆军一营,各选健卒二十余名前往攻击。讵我军方抵小恩达便与番兵遇,隔河开炮,约三时之久。番匪所施枪炮纯是英国五子,兼以该番居高临下,以故我兵不能前进,至晚始各收队。已而张参谋复令各营添派队伍,由三路进攻,一由河东大路直抵俄洛桥,一由四川桥山后直截堵洛桥之背,一由云南桥筏河直捣洛桥之喇嘛寺。我军至时,番兵早已在卡,施放快枪,子下如雨,我军亦同时开炮,自晨至晚,不分胜负。张参谋复令陆军一营督队长严得霖率陆军两队由云南桥乘夜渡河,从山沟绕道直攻喇嘛寺之背,又令陆军一营营长唐禹帆率陆军一队由小恩达直攻俄洛桥附近之卡硐,并自率队弁护兵及第一营边军十余队进攻,兼为两路之接应。严队长与番兵战于俄洛桥之山背,我军大胜,番兵且战且走,我军乘胜追杀,番兵投河堕岸而死者不计其数。我军追至喇嘛寺,时唐营长亦督队至俄洛桥,两下夹攻,番兵望风而遁。张参谋复令前追约有三十余里,获擒前藏达赖喇嘛所派番官一人,夺得蛮刀、叉子枪并军械无算,然后收队。于是浪荡以前之蛮民纷纷到察投诚,运粮上柴草者极为踊跃。

东龚之捷音

自乡逆四千余围袭东龚,各方面攻乡,支队长周尚赤督各营奋攻,逆夷乃向下凹一带退去。旋由尹都督发下示谕,著该夷缴械投诚。乃该逆夷用缓兵之计,延至四月三日忽聚集四五千众,复围东龚,其所用多系快枪,且有速射过山炮一尊,向我军轰击。而四团一营三队所住之喇嘛寺,为我军守地之咽喉要隘,受击尤甚。幸队长孙雨春督兵日夜抵御,三、四两日连战未分胜负。周支队长乃于四日夜挑派敢死官兵六十名,以边军二营长杨得锡督作先导,前逼敌炮队阵地,继以各队,复令十四团一营长胡良佐督率所部前后夹攻喇嘛寺侧之大股逆夷。至五日晨刻,杨营长已达敌炮阵,逆匪等措手不及,战约二十分钟即行退败,我军遂夺获逆夷之速射山炮一尊，并九五子枪数支，洋抬枪二支，叉子弹、叉子枪、蛮刀颇多，又生擒逆夷数名，毙逆夷百数十名。

古树之捷音

驻防古树刘光文报称：四月十七日，盐井河侧又有绒坝匪骤至，所带之匪约千余人。十八[日]夜，四鼓后，蜂拥齐来围攻古树，我军四面夹攻，鏖战至黎明时，枪毙匪人数十名，负伤者甚众，并夺获九子枪及蛮枪、蛮刀、叉矛各件。逆番奔溃，我军力追，至午后一[点]钟，收队回防，毫无损失云云。又据一方报告云：四月十七日夜四鼓，有大股逆匪竟扑山后防卡，冯排长当即支配什兵，同刘随员率领大队前往山后接应，又派军士直向坝上抵御，自丑至巳，抵死血战。该匪力不能支，悉躲在山顶沟内，竭力抗拒。至天甫黎明，坝上余匪悉狼狈奔出，我军四面开炮，当毙四名。山后各卡，毙匪五名。该逆料难抵敌，悉向山后逃窜。我军穷追数十里，现正进攻乔家寺云。

1913 年 6 月(民国二年六月)，第一年，第四期

《国民月刊》

《国民月刊》于 1913 年 5 月创刊，在上海出版。月刊。为国民党上海交通部的机关刊物，即由该部编辑及发行。似仅出二期即停刊。

钟颖达赖之订约

钟颖前由拉萨退出靖西时与达赖订约十条，未报政府。袁总统迭电驻藏各华官确查，今史悠明覆报如下：（一）汉人出藏河南经由拉萨。（二）第穆寺虽已归顺，华官出藏后仍须照达赖前次来文办法，由藏保护，不能伤害性命。（三）一面收购枪械，一面开市。（四）所有华官衙署，由藏人看管。（五）枪炮等军用物件，非三面承认不能开封。（六）出入藏地，乌拉不得缺乏。（七）藏驼价不得逾五两。（八）廓番来往，须由藏人护送。（九）华官准十一月十日以前出藏。（十）华官出藏后，商民生命财产须担任保护。

1913 年 5 月（民国二年五月），第一卷，第一号

英使报告英兵驻藏情形

英使朱尔典谒外交陆总长称：接该国外交大臣爱特华德二电：（一）前进拉萨军队已全退出藏地。惟留一师团，命扑哈斯本德留驻藏印交界地方。（一）该政府决不再派兵入藏。照中英藏约，尊重中国在藏主权，以保全英国在藏埠商权，云云。

1913 年 5 月（民国二年五月），第一卷，第一号

英人在藏之商业

英人经营藏事，除军事布置外，尤锐意注重商业。亚东埠英商原有二千余，近增至三千九百。江孜埠原有千四百余，近增至二千八百余。噶大克新埠现建筑房屋，扩充商号，已操商业大权矣。

1913 年 5 月（民国二年五月），第一卷，第一号

英使关于藏事之复函

中英交涉之谈判（一月十七日）

今日陆外交长赴英使署交涉。英使不允英兵不得入藏一条。当由陆总长抗议，迄无结果。

英使关于藏事之复函(一月廿三日)

(一)英国除保藏原有商业上权利外,余关政治军务上事概不干预。(二)驻藏英兵,不逾中英条约规定数额。(三)中国进兵西藏,须先期知照本使,便转令调兵自卫。(四)中藏用兵有碍英商业,须中政府赔偿损失。(五)绝无英藏结约事,本使敢负其责。

1913年5月(民国二年五月),第一卷,第一号

《云南实业杂志》

《云南实业杂志》于 1913 年 7 月创刊，在昆明出版。月刊。云南行政公署实业司编辑及发行。内容涉及农、工、商各方面。停刊时间未详。

蒙藏事务局拟开藏矿

日本樱井基峰氏游记，谓西藏矿产一端，已有筑造铁路资格。英军入藏，记述藏矿尤详。其最著者为纳尔仓七百里之金田，及噶大克之金矿。至近来各报登载西藏金矿，已发见者有二十余处之多，而多克加隆、多克沙隆两处之金矿，面积广阔，出产丰饶，采获金块，大者约重三十余两。以故何君藻翔有“藏属矿产，冠绝全球”之说。何君游藏时曾拟设矿务局，办理矿务，并商之商上已允，除封禁灵圣大雪山外，无论何山，如有矿产，准汉人领照开采，不收经费，俟办有成效，再收什一之税。惜缘他事扞格，未能实行。近据北京某日报载蒙藏事务局会商工商部，拟将藏矿重事采掘，特编就草案，不日呈交国务院议决。其草案与何君之说，大致相同。兹将内容之要点录下，以供留心藏事者之研究焉。

一、封禁灵圣大雪山；二、除灵圣大雪山外，其余各矿，概准开采；三、开采之始，不收捐费，俟有成效，照原收入取十之一；四、开采概不准借用外资。

1913 年 9 月(民国二年九月)，第一卷，第三号

《蜀风报》

《蜀风报》于 1913 年 11 月创刊，在成都出版。半月刊。蜀风报社编辑及发行。停刊时间未详。

边藏之近况

川边镇抚使尹昌衡因病请假，由边东观察使颜镡护理。

解古、隆庆向为四川阜和协属地，每年照例巡按一次。迨满清中叶，官吏藉中原多故，不复前往，遂使甘肃、西宁攘为已有。尹都督办理边务，特电请中央仍拨归川边管辖，以便经营。任命邓柯府知事王贞杰前往招抚。王知事于民国二年六月十日出发，解古寺喇嘛札阿伯率同四噩伯首先投诚。由是博心土百户、惹须土百户、昂浊土百户、苏母土百户皆相继投诚。至于隆庆土司，并愿纳土归顺。时不出百日而招抚如此之多。其中金矿之富、畜牧之多、物产之饶，尤不可以道里计云。

中英为西藏事，特结两方协会，各派代表往大吉岭会议。我国代表陈贻范于九月一号出京，又添派王海平为和议委员，继续前往。闻会议已经开幕，正在磋商中英藏之条约云。

1913 年 11 月 15 日（民国二年十一月十五日），第一期【四川省图书馆收藏】

英藏连络之近况

护理西藏办事长官陆兴祺昨电政府，称：据探报，英藏近日感情益加亲密。英人大施其笼络手段，以博达赖欢心。现在英皇特遣专使，赉与达赖银杯一只，花瓶一对，雕狮一对，及英皇肖像一张。达赖亦派专员前往答谢。英皇及后，曾在白金汉宫接见西藏特派代表，即由该代表递呈达赖喇嘛致英皇之函及所赠礼物。英皇当将各礼物陈列于英国博物馆中。《太晤时报》亦载称：英皇回赠之礼物已于十月四号运往印度，即由印政府派员代表英皇正式赠与达赖。所赠礼物种类甚多，皆为英国装饰品及必须之美术品，无论历史上、宗教上，古时元首所赠之物无能与之比伦。尚有英皇亲笔函札，历叙亲密之情谊。又有仿照东方时样之丝织肩饰一件，价值至为昂贵。其余多为金银器具，种种色色不胜枚举。达赖赠英皇之物亦甚贵重，内以军器、马具为多云。西藏本属吾国藩地，责以大夫私交之例，亦可知虞之不腊矣。吁！

1913 年 12 月 1 日（民国二年十二月一日），第二期【四川省图书馆收藏】

藏边喇嘛阻止吾宣慰使

云南极边,向与西藏为比邻。故西藏之事,于滇甚有关系。中央曾于两月前简任前任云南民政司李日核为西藏宣慰使。李君于前月由滇起程赴藏,已过丽江府。顷闻有充任西俄边务喇嘛名洛桑吉麦者,有急电致蔡督代转中央,略谓:藏地风气不开,恐一见李宣慰使,藏人反生疑惧,另生枝节。不如仍请阻止李君暂勿进藏,以后当倾心内向,并愿年纳赆品,云云。故现在李君只好暂住阿墩子地方,以待中央复命。藏今薄吾厚英,于此益可见矣。

1913年12月1日(民国二年十二月一日),第二期【四川省图书馆收藏】

大总统与尹经略要电

闻尹经略使前月尚未请假离炉之时,大总统有要电一道致尹经略使,系训示四项要件,探志于下:(一)藏务会议行将开会,所有预备入藏之军队应一律停止前进。(二)藏务会议无论结果如何,该司令须以中央命令以为行止,不得私自启衅。(三)藏番性质狡诈,所有筹防事宜仍须严密布置。(四)藏务会议,中央已派有专员担任其事,该司令毋庸参于。

1913年12月1日(民国二年十二月一日),第二期【四川省图书馆收藏】

哲孟雄会议之注意

日前哲孟雄会议之中国代表陈诒[贻]范有电到京,内有藏人要求五事,请政府训令如何办法。兹闻外交已有覆电,命陈君此次会议须与英国代表详细讨论。订约时尤宜注意者共有九事:(一)新约不得与一八九三年及一九〇四年之中英条约背谬。(二)英商未取得中国政府允许,不得私与藏人开矿。(三)藏政须由驻藏之中国代表管理。但英国可于条约允许之地设立学堂及经营商业。(四)西藏有内乱之时,英人不得售运军火于藏地。(五)中英藏人之讼诉事,由中英会审裁判所裁判。(六)中国政府现拟于五年之内改良民刑二律。至已经改良之后,此项会审制度即须裁撤。(七)中国政府从前之藏约认为有效。惟藏人若与他国私订之借款契约不能承认。(八)如英人在藏中有财产被窃等事,中国警察当为缉捕。惟在藏印边不在此例。（九）英人不得售鸦片与藏人吃食或贩卖之。以上诸事均须于约中明白规定。

1913 年 12 月 1 日（民国二年十二月一日），第二期【四川省图书馆收藏】

蒙藏改部之请愿

此次长春开会，各王公提议四款，中有请改蒙藏局为蒙藏部一节。昨该局据情呈请，略称：蒙、满幅员辽阔，人烟日渐稠密，一切行政事务日渐纷繁。政府前设蒙藏局，系为整理蒙务起见，惟蒙人颇崇名号、体制，恳将蒙藏局提议改为蒙藏部，以坚各蒙旂内向之心。此事日内即将由国务会议筹商办法，准驳尚未可定。然一般猎官之徒，闻之颇觉色喜。

1913 年 12 月 15 日（民国二年十二月十五日），第三期【四川省图书馆收藏】

班禅加入之请求

中英藏会议定期十月十六号在西藏内地方开议，早登各报。现后藏班禅阿尔德尼要求加入会议，并请俟中藏会议毕，再特开后藏会议，以便解决后藏种种问题，免受达赖挟制。日昨政府已接后藏班禅来电，陈述一切矣。

1913 年 12 月 15 日（民国二年十二月十五日），第三期【四川省图书馆收藏】

藏使之宣言

现悉哲孟雄会议于十三号开始。藏使宣称：西藏已与中国完全脱离关系，中国对于西藏并无所谓主权等语。又论及中藏边界，亦辩论甚久，未能解决。

1913 年 12 月 15 日（民国二年十二月十五日），第三期【四川省图书馆收藏】

达赖质问中央

日前代表陈贻范电告政府，达赖提出质问四条：（一）内地果能维持藏地之秩序否？（二）内地果能有财力抚恤藏地之损失否？（三）内地果能实行平等主义否？（四）内地果能禁阻英人不增兵于藏否？此四问题罔非棘手。不知政府何以对之。

1914 年 1 月 15 日（民国三年一月十五日），
第四期【四川省图书馆收藏】

英人眼中之西藏

英国之对藏政策，首在西藏问题。今华、英、藏业已开议。兹据日本《时事新报》所载，十月二十八日，英国上院保守党领袖在印度希姆喇地方开议，质问英政府对于西藏之外交方针。其枢密院议长莫尔卿之答辩要旨约别四点，略如下方：

（一）曩者民国拟将藏地划省。吾政府极端反对，幸已取消。现今须令民国政府承认对于西藏内政无干涉之权。

（二）关于西藏会议诸问题，悉依英国斡旋，以定华藏间之协商。故英国适处于中间人之地位。大凡中间人，对于该事之成行与否，最须注意。况吾国在该会议中央，原属协商之一份子耶？

（三）英国对于西藏会议所希望者，得干预其内政。盖吾人与西藏之政治关系向采亲睦主义，以维持国境和平。且此次吾人对于藏中之一切行动计画，均已通告俄国，得其同意矣。

（四）今回华英藏三国协商，已定开议三星期。至于吾政府之对藏新策，不外如以上所述云云。

1914 年 1 月 15 日（民国三年一月十五日），
第四期【四川省图书馆收藏】

哀哉西藏为外人所愚

绥　公

欧人恒言曰：两平等国相遇，有公法，无强权。两不平等国相遇，有强权，无公法。明斯言也，可与论西藏现势矣。夫西藏在前清为我藩属，在民国则为领土。他国无干涉之权，亦无干涉之理。乃自英、俄二国恃其国力之强，互思染指，而西藏遂为俄、英竞争之漩涡。政府知非竭力与争，难以挽回也。于去年五月，令我驻英公使在伦敦开中、英、藏会议。旋驻京英使参酌藏人意见，将会议地点改在印度边境大吉岭。今政府之遣西藏宣抚使陈贻范为代表也。又将半年，其问题之能否及时解决，无从测也。兹分论于下：

查民国元年四月，总统以西藏与二十二行省，同为民国领土。乃英使向政府提议，谓英国承认中国在西藏有宗主权。惟西藏与英国缔结条约，中国不得行使其主权。我政府接此要求，至十二月，始以严词拒绝。二年一月，西藏复为他人唆使，竟遣德尔奇夫赴伪库政府缔结密约，彼此承认为独立国。寻又结俄藏条约，愿受英、俄二国保护。我政府闻此噩耗，当致书英使，促其回答，俾我政府得熟审该事真相，以冀满足解决。而英摩来卿则强执我政府以后无积极干涉西藏内政之权。强词夺理一至于此，大可慨已。所可自慰者，英克尔卿在上议院声称：德尔奇夫在俄库方面若何行动，固一时难知。惟英政府近接报告，知德尔奇夫前往并未受达赖喇嘛使命。其与库伦协约，亦未经喇嘛许可。此足证西藏悉违反英国命意而独立运动之心亦稍稍止矣。

如上所述，是英主张以西藏为自主国，推翻中、俄在藏之势力，并欲以西藏为中、英两国之缓冲地带，巩固印度国境之防务。若俄人用意则反是。彼知蒙古、新疆为喇嘛教盛行地方，势非结纳达赖喇嘛不可。又欲染指西藏，以拊印度之背。于是于前十年，利用俄属土内勃里雅克人（如蒙古族之一种，世奉喇嘛教）为牢笼藏人之计。既为若辈建筑宏丽寺院，复遣若辈向西藏有名寺院肄习教旨，更拔其俊秀者赴俄都圣彼得堡，受文明教育后再派往西藏修学。今达赖喇嘛参谋长得喀汪堪布之德尔奇夫，即其一也。彼时俄授密旨于德氏，使身携黄金，尽力买收西藏上下人心。及北方拳匪肆乱，我国国势日趋险境。俄人游说俄当事者，力任保全我国之责。惟我在西藏一切权利宜让归俄有，以为报酬，所谓中俄密约也。同时俄复令德尔奇夫劝诱达赖喇嘛赴俄都谒俄帝，请俄保护。事几成矣。俄忽与日有违言，战期日迫，俄图藏之心自此稍敛。迨印兵犯藏后，而西藏一隅俄之势力竟致消灭。

至一九〇七年，英、俄两国以互相猜忌之故而协约以成。其言曰：中国于西藏有宗主权。凡未经由中政府许可者，不得与西藏交涉。西藏一切内政，双方亦不得干涉，以保全西藏为中国领土。是约成，而我之受赐盖不少也。此时记者方信，西藏当由此安全，而我国将无西顾忧，额手称庆者久之。孰意武汉义起，外藩携贰。俄罗斯身为戎首，煽库独立，欲以外蒙为其保护国。英尤而效之，煽藏背叛，欲以西藏为其囊中物。当时英、俄又有各自行动互不相犯之传语。然以雄心勃勃之俄，肯放弃西藏，任英人扩张势力乎？况俄藏协约，俄所受利益较英为巨。其第五条云：自俄境建和阗铁道，发展俄藏贸易。夫俄势日及于藏，莫不袖手而作壁上观，亦理所固然。杜绝俄人觊觎、经营西藏，意中事也。今竟见其端矣。

又查西藏入我版图事在清乾隆末年，遣大臣驻藏。其行事仪注，一如达赖喇嘛。凡噶布伦以下官吏，悉归驻藏大臣、达赖二人会同选拔。军国大事，亦彼此协商后处决。自乾隆以后，内乱外患相续不绝，国威渐替，藩属生心。而乾隆成典日成虚文，驻藏大臣失统监地位，关于藏事多由达赖一人主持。达赖俨成西藏君主，班禅俨如副主。谁生厉阶？记者不得不归咎清廷驾御之乏术也。洎夫英、俄势力日伸，清廷始悟藏事之急，命赵尔丰率师征藏，逐达赖至大吉岭，声威大振。而印度北境，有尼泊尔、不丹二国，旧朝贡于我。世奉喇嘛教。亦有推诚内向意。赵尔丰禁蜀、滇栽种阿片也，失职人民多移居印度东北一地。我国军队又屡进前哨，致印度、缅甸边境数百英里皆为我有，英忧之。英印度总督名得声言已：中国蚕食印度东北境，与日俄战役前俄人侵略中亚事正相同，使英国政治家、军人之在印度者大为愤慨。今督哈典奇继任，一体此意，竭全力经营印度东北境。片马也、卧亚也、马意加也，或公然占据，或出师远征，或遣员探险。南方革命起，对于尼泊尔、不丹两小国，复从中播弄。英所抱目的，今居然一一达到矣。吾人于此可不及时注意乎？

迄乎今日英执上列理由，运动中英藏会议。然则在此会议中，英将于西藏希冀若何之权利可想见也。据夫革哈斯邦得主张英国当驻代表于拉萨，而伦敦《泰晤士报》社论则谓：西藏若脱除中国羁绊，吾人须采用一种政策，适应此新状态。一九〇七年英、俄协约已成陈迹，不合时宜，不待智者知之。英国顾彼此利益，当遣代表于拉萨。此该邦一般之心理也。其如违反，当时英、俄协约何在？英外交界传闻，此举又有作罢之势。或者英藉保护西藏名义，派遣顾问渐收西藏于掌中耶？英藏密约云：英国为维持公安起见，驻守备队于西藏。若西藏编制军队时，当力助藏人（今已驻英兵两中队拉萨）。观此，则英人仍惧俄人。未敢明目张胆进窥西藏，盖欲以待埃及者待西藏也。呜呼！西藏抑何其愚？

1914 年 2 月 15 日(民国三年二月十五日)，

第六期【四川省图书馆收藏】

《雅言》

《雅言》于1913年12月创刊，在上海出版。半月刊。雅言杂志社编辑及发行，康逨宭主编。停刊时间未详。

西藏交涉延搁

中英藏三方面委员于印京西谟拉会议自正式开议，瞬已逾月。据陈贻范迭次报告谓:英国代表麻克玛所要求者为中国永远不改西藏行省，不干涉西藏内治，而达赖代表谟里沙坚持脱离中国关系。因此之故，会议毫无结果，尚须延长时期云。英人觊觎西藏匪伊朝夕，尤以修筑印藏铁路为其侵略之媒介路线，久已测勘。因中政府屡次抗议，未即兴工。现据办事长官陆兴祺电告:英人已自印度西境之每[某]处开始建筑，限期三个月即可达印度东边之泰司第河云。

英藏两方近日联络甚密。英皇于上月派员携赠达赖礼物四种，内有英皇及皇后肖像，在欧西为极隆厚之投赠。曾有陆兴祺报告政府，并闻驻英刘使玉麟亦电称:达赖所派答礼专使已抵伦敦，馈献英皇以赤玉雕释迦牟尼像，为必绷寺最古镇品，外尚有数事及达赖油画小影。西陲陲危，无异满蒙。日蹙百里之象，政府其知警惕乎?

1914 年 1 月 10 日(民国三年正月十日)，第二期

西藏会议消息

日前西藏代表陈君有电到京。探其内容，系因西藏会议事项。闻自会议地点移至台尔喜，与藏使会议情形颇有进步。惟中英所争之要点尚未吻合，特请中央指示办法。闻政府业经致电陈贻范，内容颇密。今就可以宣布者四端:(一) 中国在藏之主权宜详细斟酌。(二) 中国必须在藏有派官驻兵之权。(三) 中国之领土务须保全。(四) 详画西藏之交界地云。

1914 年 1 月 25 日(民国三年正月二十五日)，第三期

西藏交涉近情

西藏会议问题，自我国派出陈贻范代表赴藏而一切条件迄未解决。嗣因英代表码克麦翁氏之请，又将会议地点移至印度大吉岭。兹闻外交界传言:三方会议事，刻下业经略有端绪。缘英代表已不似如前日之坚持其与英国交涉之条件，经双方退让，进行极易融洽。而中国与西藏提出之条件，经藏代表希耶脱喇氏亦谓为可能承认者三件:(一) 民国对于西藏应加优待及晋爵。(二) 民国对于藏民有辅助

教育之义务。（三）西藏各寺院，民国应加以岁俸及津贴。以上惟中央辅助藏人行政一节，仍在磋商未定云。

1914年2月25日（民国三年二月二十五日），第五期

《时事汇报》

《时事新报》按月增刊,1913 年 12 月出版,第 1 号,时事新报发行(上海四马路望平街一六二号)。栏目有大事记、外国要闻、专件、调查、叙任表、文艺。

西藏交涉始末记

英国欲扩张其势力于西藏久矣。驻印政府尤称热心，往往提议急进之策，至与本国政府冲突，征诸英国蓝皮书，彰彰明也。虽然机会不易苟得，数十年来仅一千九百零四五年及此次之两回而已。考其具体的历史，则英藏关系之发端，实在一千七百七十四年，其时有名之海斯，曾遣使节簿国儿，至西藏班禅喇嘛之界，运动通商，不得要领。一千七百八十二年，太那大尉奉命北行，仍归失败。其后一千七百九十二年，中国与内不儿开战，印藏交涉之途遂绝。一千八百十一年，英人满宁克冒险至西藏拉萨府，居数月，盛为英人所称道，而于通商上、政治上均无甚关系。是以英藏关系之渐进，不能不有待于十九世纪后半也。

千八百十四年及三十五年，哲孟雄与廓尔喀两次构衅，英人居间调停。事平，英政府约岁酬哲王金六百磅，租大吉岭及附近印度之平原，以为英军避暑之地，于是印度之境渐与西藏相接。一八四零年，英使至哲，哲人囚之，英举兵攻哲，夺其地。一八六零年，英复以兵临哲，结城下盟四条而退。大旨关于通商事宜、保护旅行、修筑国内道路等项。又增哲王岁俸至一千二百磅。至一八六三年，而达赖喇嘛遂以兵略取瞻对。瞻对者，宁静山西之土司也。其初土民不靖，达赖平之，据为己有，索酬兵费二十万，川中大吏无以应，达赖遂久假不归。其地汉民被番官之虐，靡所控诉，日思内附。鹿传霖督川时，首议规复瞻对，惜不久去任，汉兵亦撤还，自是国威渐替。一八六五年，不丹(亦名布坦)人以兵袭印度，不克，割第司泰河以东之地与英，印度入藏之东路自此通。一八七六年，我与英人订《烟台条约特别条约》，始许英使节入藏。其条文略谓，现因英国酌议，约在明年派员由中国京师启行前往，遍历甘肃、青海一带地方，或由内地四川等处入藏以抵印度。为探访路程之意，所有应发护照，并知会各处地方大吏，暨驻藏大臣公文，届时当由总理衙门察酌情形，妥为办给。倘若所派之员不由此路行走，另由印度与西藏交界地方派员前往，俟中国接准英国大臣知会，即行文驻藏大臣查度情形，派员妥为照料，并由总理衙门发给护照以免阻碍。一八八五年，印度民政署书记官马哥黎(一作麦卡来)因见印藏贸易不振，乃请于我总理衙门，给发护照，由印度经哲孟雄至后藏，藏人欢迎之。翌年，复由后藏前赴拉萨，沿途迁延，并携学者多人，探检矿苗，藏人大惊，百端阻之。会缅甸事起，政府举缅甸主权让诸英国，而要求英人禁阻马哥黎勿使前进，于六月二十三日，定《中英会议缅甸条约》于北京。其第四款有云:《烟台条约》另议专条派员入藏一事，现因中国察看情形，诸多窒碍，英国允即停止，至英国欲在藏印边界议办通商，应由中国体察情形，设法劝导，振兴商务。如果可行，再行妥议章程，倘多窒碍难行，英国亦不催问。自是而《烟台条约》中英人入藏之专款作废。

中英既定《缅甸条约》，藏人见马哥黎中途折回，以为英人果易与，遂下锁国之令，绝英贸易，并劝诱哲王移居西藏。殆将二年，英人劝告哲王，以国内衰乱，令速返国，哲王不从，贻书辱之。藏人且乘英不备，纵兵闯入哲孟雄筑堡塞于龙洞，以阻英人通商之路。英人大愤，一八八八年，遂进击藏军于龙洞，藏军大败，被逐出境，死伤六七百人。六月，英军复攻藏营，方开战，天大雨，昏雾四塞，因收队。藏人更集兵祷于佛寺，誓众复仇，将于七月间进兵。斯时驻藏大臣升泰方受命抵藏，力抑藏人，不许出战，又令甘志守备萧占先说英军停战。英遂退兵驻于对邦，乘胜俘哲孟雄王，并于哲孟雄置政务官一人，监督其内政外交，名虽保护，实不啻英之属土矣。是年九月，英兵苦寒，乃由赫德居间，于一八九零年订定《印藏条约》，由两国全权大臣调印于孟加拉国之首府加尔各答，七月十二日于英京伦敦外务部，交换批准之原本，其文如左：

一、藏哲之界，以自布坦交界之支莫挚山起，至廓尔喀边界止，分哲属梯斯塔及近山南流诸小河，藏属莫竹及近山北流诸小河分水流之一带山顶为界。

二、孟哲雄由英国保护督理，即为依认其内政外交，均应专由英国径办，诸部长暨官员等，除由英国经理准行之事外，概不得与何国交涉来往。

三、中英两国互允以第一款所定之界限为准，由两国遵守，并使两边各无犯越之事。

四、藏哲通商，应如何增益便利一事，容后再议，务期彼此均受其益。

五、哲孟雄境内游牧一事，彼此言明，俟查明情形后，再为议订。

六、印藏官员因公交涉，如何交移往来，一切彼此言明，俟后再商另订。

七、自此条款批准互换之日为始，限以六个月，由中国驻藏大臣、英国印度执政大臣各派委员一人，将第四、第五、第六三款言明，随后议订各节，兼同会商以期妥协。

八、以上条款既定后，应送两国批准，随将条款原本在伦敦互换，彼此各执以昭信用。

自此约成，哲孟雄遂确定为英国属土，藏边险隘，与英共之。然此不过约定通商及印藏交涉，得以协议而已。嗣后继续磋商，至一八九三年十二月追加十二条，开放亚东，英国得派管理监督贸易，而英人之势力乃固，录其条约如左：

一、西藏边境亚东开为商埠，自千八百九十四年五月一日始，准英国臣民前来贸易，印度政府所派监视英国贸易情形之官吏，得自由居住亚东。

二、经商于亚东之英国臣民，本境与亚东之间，得往来自由，租赁房屋居住，或积藏货物，并得自由。中国当供给英国臣民以适当之房屋，又印度政府根于第一条之规定，驻扎亚东之官吏，当供给以特别之邸宅。英国臣民，不问何人，以银换物，或以物换物，或购买藏地物产，无论如何运送，不受何等之限制，得从普通地方习惯为营业自由。英国臣民之生命财产，当受十分保护。设西藏当局者之休息所于本境与亚东之间，为英国臣民往来停住处，日夕则止宿于此。

三、兵器、弹药、军需品、盐酒、麻醉剂等输出入，两国均得任意禁止，无论何国政府，于自己境内，得定适当课税，仅于条件得容许之。

四、除前条所列禁品以外之货物，经哲孟雄与西藏境内，自英领印度入西藏，或自西藏入印度，自亚东开放之日始，五年中一律免税，过此期间，互相协议一定税率而实施之。

中国茶输入英国，不能超过输入税，印度茶亦当以税率输入西藏，然止印度茶为然，他种商品五年内一律免税。

五、凡到亚东之货物，不问来自印度西藏，当就货物之种类、数目、价值，详细报告该地方税关检查。

六、在西藏之中英二国人民，或西藏人民，以贸易而起冲突者，当探究事情，由派遣哲孟雄之政务官，与中国国境官吏会决，会决之目的，以有确凿事实，下公事判决，报告所属国之法律而处理之。

七、自印度政府致中国驻藏官员之公信，由哲孟雄政务官选送中国国境官吏，由该吏以急使申送。

中国驻藏官吏致印度政府之公信，由中国国境官吏选送哲孟雄之政务官，该政务官奉到后，限期申送。

八、中国与印度官员往复公信，当表相当之敬意。

九、自亚东开放后一年，凡西藏人之牧养家畜于哲孟雄者，当服从英国关于牧养随时发布之规则。

公共规约

一、在哲孟雄之政务官，与中国国境官吏意见不合时，当各以事实报告长官，如各长官不能决定，再申告政府，由政府处决。

二、自本条约实施之日起，五年后由各当事者于六个月前，预行申告，特命委员改订本条约，委员得决定诸种之改正及扩张。

三、根于《印藏条约》第七条为派委会商该条约四五六三条下保留问题，与最后之决定，刻由中英两国政府派员议结，该问题即讨议贸易、通信、牧场等，更调印前九条规约及三条之公共规约，言明为《印藏条约》之一部分，各委员署名为证。

光绪十九年十月二十八日，即千八百九十三年十二月五日，于大吉岭作四通。

一八九四年，遂开亚东为通商口岸，设税关，置理事同知，驻吉玛西北，驻春丕东南，距亚东关各十里，监督亚东关，裁判藏番与英商因互市而起之事，由四川总督委派并受驻藏大臣节制。自是国威益替，而俄势骤增。向者西藏虽属于我，然我待以忠厚，不加干涉，达赖及藏民倚我若长城。及印藏交哄，我不能援，则益畏英而疏我，中变其志而欲以俄为援。一八九五年，达赖喇嘛朗结新立，兼掌商上事务。一九零零年，私遣外务长官大喇嘛赴俄，上俄皇以护法皇帝之号，俄皇召见，礼遇优渥。盖喇嘛迷信佛教，俄即因其迷信，故为隆重佛教以诱之，而俄之势力，遂深植于藏。一九零二年，中俄有订密约之说，虽官文书无可证，而东西各报言之凿凿。德国某新闻所载，较为明确可信，兹录其文如左：

一、西藏本位于中央支那及西伯利亚之间，中国与俄国互有维持此国平和之义务，苟西藏一旦有事，中国为保持此地，俄国为防御国境，可互相通告派军队于西藏。

二、若他国于西藏直接或间接谋乱时，中国与俄国有协同防遏之义务。

三、俄国正教本与喇嘛教同，于西藏可自由宣教，其它宗教可严禁其传入。因此之故，大喇嘛及俄国正教北京司教，当同心协力，以保障西教之自由宣布，且尽力之所及，以避宗教上一切之纷争。

四、当使西藏逐渐改良其内政而为独立之国，中俄两国，当合力以扶助之，改造西藏军队为欧式之任，则俄国当之，中国则于西藏生计上之进步及对外政策，当时为留意。

英人见此条约，知其在藏中势力之不固，藏人惑于俄之甘言，亦思离英而亲俄。俄之商人及军队潜踪入藏者，络绎于途。于是英人通牒于我，责我不能弹压。一九零三年之冬，英人借口于条约不能实行，乘日俄战争伊始，利俄之不能兼顾也，以大军自哲孟雄入藏，将至江孜，遇拉萨派遣将官前来阻止。英人即与开议，要求退兵利益，谈判未终，藏军千五百人袭英军，伤十二人。时英军约千人，有大炮一，机关炮二，急接战，火器猛烈，藏军不能当，大溃。英军进屯江孜，先照会驻藏大臣令委达赖以全权，会同藏中官吏前往开正当之谈判。时达赖方睦于俄，不允。六月二十二日，英军入拉萨，兵数四千六百人，炮十门。达赖前三日宵遁。驻藏大臣有泰说英军停战，英人要索十款，径与藏官开议，而驻藏大臣不与闻焉。时驻英俄使屡向英外部严诘，一则曰英在西藏行事，俄国即须设法保护俄国之权利；一则曰西藏之局，如一旦大有变更，俄国或须设法以保护在亚洲之权利；一则曰俄国勿论如何，总以不干预藏事为政策，但或为势所迫，须在别处另筹对待之方。而英外部则谓：俄若在西藏有所举动，则英之举动，不特不让于俄，或且过之，俄若派兵进藏，英必效之，所派兵力必厚于俄。且谓英国因见中国政府，一则用延宕之手段，一则对于西藏，只有微弱之权力，故起而直接自为筹策。英俄之政策及其互相防闲，互相证明之意，已不啻昭然若揭。而其交换蒙藏之意亦已微露端倪，我之外交家蒙蒙不察外情，动辄持始终不理主义，为无当于世界之外交坛坫也。调印后英使照会驻藏大臣，略谓《印藏条约》不能实行，藏人又不奉贵国劝导，故敝国不得不自行向藏人办理，现已缔结和约，期自是永修和好。驻藏大臣接到照会，即将条文电告政府，政府大惊，乃命唐绍仪以三品京堂候补，赏给副都统衔，赴藏谋毁此约。英人不允，驻藏大臣以达赖事前不遵约束，临时复宵夜潜逃，列款纠参，奉旨暂革名号。

方印藏战事之殷也，议者以西藏危急，请及时收复瞻对。为巩固川疆之计，有旨令川督锡良会同驻藏大臣有泰、帮办大臣凤全乘机办理。锡良即电咨有、凤二人，嘱催开导商上，调回番官，酌酬昔年战乱经费，命将瞻对之地献诸清廷。有泰庸懦畏葸，以印藏战事未结，虑生他变，持重不发，凤全锐意兴复，颇持异议。巴塘喇嘛首行煽乱，并禀请川督，诛戮凤全以谢藏人。一九零五年，凤全行至巴塘，遂为番众所害。锡良以番众顽梗，非用兵不足以镇抚之，乃派提督马维骐、道员赵尔丰率军进剿平之。于是，悉复巴塘、里塘之地。而达赖亦由嘉峪关入蒙古至库伦，清廷冀其悔悟，饬地方官随时存问，并敦促回藏。翌年，政府以英藏所订条约议久不决，移归京师与英使办理，始订正约六款，而以英藏之约为附约，其正约中之要款凡四：

一、光绪三十年七月二十八日英藏所立之约，暨其英文汉文约本，附入现立之约，作为附约，彼此允认切实遵守，并将更订批准之文据亦附入此约，遇有应行设法之时，彼此随时设法，将该约内各节切实办理。

二、英国国家允不占并藏境，及不干涉西藏一切政治。中国国家亦应允不准他外国干涉藏境及其一切内治。

三、光绪三十年七月二十八日，英藏所立之约第九款（即下列之第八款）内之第四节，所声明各项权利，除中国独能享受外，不许他国国家及他国人民享受，惟经与中国商定在该约第二款指明之各商埠，英国应得设电线通报印度境内之利益。

四、所有光绪十六、十九年中国与英国所定两次《藏印条约》，其所载各款，如与本约及附约无违背者，概应切实施行。

附约之中其重要之条款凡八：

一、西藏应允遵照光绪十六年中英所立之约而行，亦允认该约第一款所定哲孟雄与西藏之边界，并允按此款建立界名。

二、西藏允定于江孜噶大克及亚东即行开作通商之埠，以便英藏商民任便往来贸易。所有光绪十九年中国与英国订立条约内，凡关涉亚东各款，亦应在江孜、噶大克一律施行。惟嗣后如英藏彼此允改，则该改之处，应从改定章程办理。除在该处设立商埠外，西藏应允所有现行通道之贸易，一概不准有所阻滞，将来如商务兴旺，并允斟酌另设通商之埠，亦按以上所述之章程一律办理。

三、西藏允定除将来立定税则内之税课外，无论何项征收，概不得抽取。

四、西藏应允所有自印度边界至江孜、噶大克各通道，不得稍有阻碍，且应随时修理，以副贸易之用。并于亚东、江孜、噶大克及日后续设之商埠，各派藏员居住。英国亦派员监管各该处英国商务，如欲赍送公文信函于藏官或驻藏各华官，均责成商埠居住之各该藏员接受转送，覆文回信，一律责成此员妥送。

五、因西藏违约，英国派员前往拉萨责问，又因英国边务大臣暨其随员护兵等被侮被攻，是以西藏允兑给英国政府英金五十万磅，合卢比银七百五十万元，以赔补兵费，及无礼侮攻各情。此赔款应在英政府随时所定之处，或于藏境内，或于英境大吉岭、扎拉白古里等地面内清缴。每年西历正月初一日，兑银十万卢比，七十五年缴清。于何处收兑，英国政府预先知照，第一期应在西历一千九百零六年正月初一日照数兑交。

六、俟以上所述之赔款照数缴清后，并第二、三、四、五等款内所称商埠切实开办三年后，英国政府于未办之先，仍于春丕驻兵暂守作质，至赔款清缴，或商埠妥立三年后最晚之日为止。

七、西藏允将所有自印度边界至江孜、拉萨之炮台山寨等一律削平，并将所有滞碍通道之武备全行撤去。

八、西藏允定以下五端，非英国政府现行照允，不能举办。（一）西藏土地，无论何外国，皆不准有让、卖、租、典，或别样出脱情事。（二）西藏一切事宜，无论何外国皆不准干涉。（三）无论何外国皆不许派员，或派代理人进入藏境。（四）无论何项铁路、电线、矿产，或别项利权，均不许各外国或隶各外国籍之民人享受，若允此项利权，则应将相抵之利权，或相同之利权，一律给予英国政府享受。（五）西藏各进款或货物，或金银钱币等类，皆不许给予各外国，或籍隶各外国之民抵押拨兑。

是年，达赖还西藏。一九零七年，我与英人续订西藏商约，而英俄两国亦于是年缔结关于藏事协约。其第一条谓两缔约国，尊重西藏领土之保全，对于其内政，一切不干涉；第二条谓英俄两国据承认中国在西藏所有宗主权之原则，非经中国政府，不得与西藏为何等交涉。一九零八年九月，达赖喇嘛入京陛见，沿途骚扰，怨讟繁兴，清廷加以殊礼，不加罪责，并优予赐赉，崇其封号曰诚顺赞化西天大善自在佛。当时议者谓宜留喇嘛于京师，以维系藏心，然清廷不欲多事，卒遣回藏。中途与俄使私觌，沿途逗留，所至公行货贿。回藏后布散流言，谓清廷欲灭黄教，复嗾令藏人举兵内犯，驻藏大臣不能制。又谓英国通商，有损于藏，时谋抗阻。清廷恐其生事，冬派兵二千入藏弹压，达赖概不供应，密令藏兵沿途抗阻，焚掠江达存粮，停止驻藏大臣供应。幸我军入藏，屡击退藏兵，达赖悔惭。一九零十年正月邀帮办大臣温宗尧赴布达拉山相见，面允三事，一将各处阻兵番众立刻调回；二渥荷清廷封赏，咨请奏谢；三仍尊重联大臣，一切供应，照常规复。温宗尧欲安其心，亦允以四事，一川兵到日，自必申明纪律，维持安宁秩序，不至骚扰地方；二诸事均和平办理；三达赖固有教权，不加侵损；四绝不杀害喇嘛以昭信守。此初二事也。初三日川兵前队甫抵拉萨，达赖闻之，终不自安，即挈其左右宵遁，驻藏大臣联豫电奏实情。清廷命设法追回，迟至十六日，奉谕革职。略谓：

西藏达赖喇嘛阿旺罗布藏吐布丹甲错济寨汪曲却勤朗结夙荷先朝恩遇，至优极渥。该达赖具有天良，应如何虔修经典，恪守前规，以期传衍黄教。乃自𡨴掌商上事务以来，骄奢淫逸，暴戾恣睢，为前此所未有，甚且跋扈妄为，擅违朝命，虐用藏众，轻起衅端。光绪三十年六月间，乘乱潜逃，经驻藏大臣以该达赖声名狼藉，据实纠参，奉旨暂行革去名号。迨达赖行抵库伦，折回西宁，朝廷念其远道驰驱，冀其自新悛改，饬由地方官随时存问照料。前年来京展觐，赐加封号，锡赉骈蕃，并于起程回藏时，派员护送。该达赖虽沿途逗留，需索骚扰，无不量予优容，曲示体恤，宽既往而策将来，用意至为深厚。此次川兵入藏，专为弹压地方，保护开埠，藏人本无庸疑虑。讵该达赖回藏后，布散流言，藉端抗阻，抵诬大臣，停止供给，叠经剀切开导，置若罔闻。前据联豫等电奏，川兵甫抵拉萨，该达赖未经报明，即于正月初三夜内潜出，不知何在。当经谕令该大臣设法追回，妥为安置，迄今尚无下落。掌理教务，何可迭次擅离？且查该达赖反复狡诈，自外生成，实属上负国恩，下辜众望，不足为各呼图克图之领袖。阿旺罗布藏吐布丹甲错济寨汪曲却朗结，着即革去达赖喇嘛名号，以示惩处，嗣后无论逃往何处，及是否回藏，均视与齐民无异。并着驻藏大臣迅即访寻灵异幼子数人，缮写名籤，照案入于金瓶，掣定作为前代达赖喇嘛之真正呼毕勒等，奏请施恩。俾克传经延世以重教务，朝廷彰善瘅恶，一秉大公，凡尔藏中僧俗，皆吾赤子。自此次降谕之后，其各遵守法度，共保治安，勿负朕绥靖边疆维持黄教之至意。

达赖既革，赴诉英俄，其至印度也，佛教徒及印度总督以盛礼待之，达赖复与俄人私订协约，英俄两国舆论嚣然，訾我政府横暴。时驻俄公使新疆巡抚、伊犁将军、乌里雅苏台、科布多塔尔巴哈台、库伦阿尔泰诸办事参赞大臣，皆奏请召还达赖，英俄亦为达赖乞恩，政府力驳之，外部又备文照会英使宣告达赖罪状，大旨与斥革达赖之论无异。既接驻英公使电，谓英政府声明决不因已革达赖一人之故，干预藏务，致碍邦交，并陈述印藏商务之关系。于是，外界风波渐息，一面调集重军入藏，以资镇压，饬堪布随时安抚藏民。藏事既平，枢廷议定乘达赖更迭之时机，取决政教分离主义。以后凡关于西藏一切教务，由达赖专司其事，所有全藏之商务外交，在西藏省治未设以前，悉由驻藏大臣随时秉承政府命令，相机处置，达赖不得越权干涉。并将关于西藏政务分离之条件，由外务部照会驻京各公使。此后事无巨细，非经驻藏大臣禀商政府认可，概无效力。如再遇有达赖私与外人缔结条约情事，中国政府一律不能承认云。盖有鉴于一九零四年英藏之私订条约也。

一九一一年，武昌义师初举，拉萨中级军官阴谋独立，密推参赞罗长椅为都督。而标统谢国梁、队官陈玉山、警察区官汪子文、林洪才四人实主其谋，驻藏军统钟颖，侦察得实，诛长椅而自称勤王主帅。四人事败惧诛，遁降哈厦。哈厦者，藏人之军机政务处也。嗣以钟颖兵士闹饷哗变，抢劫色拉寺，色拉寺为拉萨三大寺之一，华藏感情，自是始漓。该四人恶钟颖之欲杀己，趋事哈厦，劝其起兵独立，哈厦初犹迟回不敢。逮色拉事作，乃募士兵成万，以四人为将领，围攻钟颖，钟颖大败，求救班禅，班禅素向中央，闻警来援。酣载六月，而廓尔喀居间调停，以遣散汉兵，只留卫队四百，保护钦差为结果，此为四人教唆哈厦开战之第一次。共和成立，中央以钟颖作办事长官，该四人以钟颖本勤王军统，而为驻藏长官，于己不利，乃劝哈厦往迎达赖于大吉岭。达赖观望不前，乞援于英，英以印督被刺，不暇西顾。四人终欲斩草除根，复攻钟颖，鏖战月余，又得廓人调和，只许汉官驻扎，不许卫兵留藏，此为四人教唆哈厦开战之第二次。停战之后，四人一心迎达赖回藏为傀儡，恃英人援助为护符，以达独立之目的，密促英兵速至。民国元年五月，达赖遂回藏，声言驱逐汉官，方围攻拉萨之时，英兵三千由江孜、亚东入关矣。此逐钟颖出藏之实情，而为四人教唆哈厦开战之第三次。三次停战之后，达赖乃入曲水，日夜与四人密议阴谋，于是提出西藏独立，西藏不驻汉官，不驻汉兵，种种条款，阑入国际，脱离母国，悉回复其固有之势力，且使西藏有半独立国之观。东部、西部诸酋长，复乘机侵掠川边，攻陷巴塘、里塘，政府不得已命川督尹昌衡出师，时六月十六日也。英使朱迩典即质问不照会英国遽行出兵之理由，外部一面以公文答复，一面于二十二日由外交总长陆征祥，亲赴英使署，面加声明。谓藏匪久叛，敝国为保护中外商民，遣派军队，以抚绥为主，非正式战争，自是至八月十七日。而英使遂据其政府之电训，向我抗议，其说如左：

英国据一九零四年之《英藏条约》，及一九零六年之《中英条约》，要求承认左列各项：

（一）中国政府，对于西藏有宗主权，无完全主权，此事须以条约明确改订。

（二）中国政府，不得干涉西藏之内政，又不得在西藏施行与内地同一之行省制。

（三）中国政府，不得以无制限派遣军队于西藏或驻屯西藏。

（四）中国政府，因印藏间国境递传通信机关，为中国乱兵阻害，承认其责任，该地之递传事务，照例复旧。

（五）中国政府，不承认以上条件，英国政府，亦不认共和国政府。

此种抗议，其果为条约之解释，抑出于强权之要挟，不待智者而知。惟我国体初更，实力未备，不得不勉与委蛇，因由袁总统手书答复：

（一）民国因西藏骚乱，出兵征讨，属于当然权限以内，不容他国置喙，惟新共和国，亦愿改订中、英两国之对藏条约，承认暂停进兵。

（二）为藏民之幸福，与中、英两国之利益，改订中、英两国关于西藏之条约，更当开诚商议，绝不犹豫。

此非正式之答复，英人颇不以为忤。其时尹昌衡在途之兵，与云南派出之西征军，方恢复巴塘、里塘，忽接中止进军之电，遂次于金沙口岸（川境）以待。民间舆论，极言英国抗议之不当，痛斥当局外交之失败。政府外震强邻，内惮民气，进退维谷，左右为难，然其时善后借款，业已破裂。忽有英人所组织之格利斯伯资本团出，而承借巨款，对英恶感，以是稍息。西征军克复巴塘、里塘后，达赖颇气馁，私款蒙藏事务局求和息。英之朝野群谓我兵入藏，必如宣统二年川兵之入拉萨相似，于藏不利。如我必欲西征，或致与英开衅，其时外蒙方急，焉能复忤英人，故决意取怀柔主义。赵总理于九月十六日参议院秘密会上之说明，段总长于九月十八日参议院秘密会上之演说，皆所以表明此旨也。今述其大意于左：

（一）藏人不欲施行新制，故民国在西藏，不施行新制，悉依旧法，以定方针。

（二）承认达赖归藏，复其对号。

（三）保护英人在西藏之生命财产。

（四）与英国所结条约，悉继续遵行之。

（五）对于西藏，不主用兵，且以避英国之干涉，为对付此事惟一方针，此后西藏问题当直接与达赖交涉。

上四项为赵之说明，后一项为段之演说。当时之政府，借款问题横于前，蒙古问题迫于后，舆论嚣然不宁，故外托尊重平和之名，阴允英国要求之实。而英国政府亦一变初旨，不如前此之强横。十月十五，驻英代表刘玉麟电述条件如左：

英国允民国政府，若能履行左列二条件，则条约范围以外，不再干涉。

（一）履行中英条约之规定，不以兵力对西藏。

（二）优待达赖喇嘛。

英之宗旨，认我在西藏有宗主权而无统治权，于我之出兵征藏，认为一种统治权之行使，故斤斤争执至斯。然既有宗主权，则纵无条约上之规定，亦得有干涉西藏之自由。惟斯旨适与政府所抱之主义相近,故即慨然允诺。于是驻屯于拉萨之英军,全行撤退,惟留一师之兵,守备印藏边境而已。而达赖喇嘛向政府提出之媾和条件,亦于此时经驻藏办事长官钟颖之手,由印度电达国务院。

(一)西藏人当与汉人有同等权利。

(二)民国政府,每年补助西藏五百万两。

(三)西藏人得以西藏境内之矿山,自由向外国人抵借。

(四)西藏人得自由练兵,民国政府不得干涉,但承认得以我国内地军队一千五百名,派驻于西藏。

(五)一切官制,虽照民国政府之规定施行,而人才则采用西藏人。

媾和条件虽出于达赖,而其实仍为英人所操纵,观于第三、第四项,其理自明。盖英人虽认我宗主权,而务使我之宗主权至薄极弱,处于有名无实之地位,我取其名而英取其实。十月二十二日,提出于总统府会议,反复讨论,于第一、第五,可无异议,第三绝对不认,第二、第四要求说明,即本此意传知钟颖,且使与达赖亲善者,向其磋商。旋接钟颖电告,谓与达赖直接交涉,殊受英人掣肘。政府时既允英人要求,遂于二十八日,复达赖封号俸给,且思利用此机,令达赖来京,直接协定中藏关系。达赖固不欲,英人尤以为不利,遂来电谢绝。谓达赖为教主,掌外交,威慑藏军,离藏恐起不测。政府乃令其改派代表来京,达赖亦允诺,而俄蒙协约忽于其时发表。我国上下喧嚣叫号,悉集于此,藏事遂无暇顾及。达赖亦遂观望不前,中止派遣代表,其意盖在静待蒙古问题之解决,蒙败则俯首听命,蒙胜则急起效颦。其时钟颖曾电政府,谓达赖拟向英借款七十万磅,整械、购粮储,其态度可想矣。及十二月初,我以马吉祥、姚宝来为使,赍封号俸给予达赖,以十六日首途。先一日谒总统,总统语以西藏为中国门户,达赖内向,五族之幸。但达赖中必有不知共和利益者,一到西藏,速将中央政府之情形及中央对于西藏之希望,向彼等详为解说。至于中央与西藏之融洽策,可与钟办事长官、尹镇抚使协商妥处。然则,其使命之效果,即藏人亲疏向背之机也。

然与达赖直接交涉之策,固政府所希望,而非英人所甚愿。英国政府向俄政府声明,承认其在外蒙之自由行动,而要求俄国承认其干涉西藏内政(见刘玉麟报告)。印度政府亦复以步兵四联队、骑兵三中队,驰赴拉萨(见钟颖报告)。册封使、镇抚使、密派使在我方以为和亲之表示,而英则无不以为反复诱惑,阻其前进,无异阻敌军之斥候。故杨芬行至大吉岭,印督不给护照,电诘达赖,亦不得要领。杨芬之资格，虽不可详，要之苟为民国使者，则阻之而已矣。十二月十八日，我议以温宗尧、王人文为西藏宣慰使。英使以为我于八月十三日之要求，不正式答复，而对于西藏一意用怀柔政策，殆将使英国要求，终归无效，遂电告英政府，英政府即令严诘外部。外部不得已，于二十三日答复如左：

（一）对于第一条之要求，既有一九零四、零六、零七年之三条约，今无须更结新约。

（二）对于第二条之要求，中国政府之于西藏，并未无故且无制限派兵入藏。

（三）第三条关于内政干涉，据一九零六年及零七年条约之规定，其它各国皆不得干涉西藏内政，而中国政府，则不在禁例之内。且于统一五族，设立民国时，已显然表示得在西藏施行与内地同一之省制。当时各国，并无异议，至今而有抗议，殊为中国政府所不解。

（四）第四条驻屯西藏之中国兵，并无在印藏国境阻害交通情事。

（五）所谓英国政府之承认共和政府与否，悉视此条件之承认与否。

殊难索解，要之承认与否，其权操之各国，中国政府固无如之何也。中国外交不振久矣，今忽于英之抗议，一律拒绝，或由当时舆论激昂，政府胆气骤壮所致。然外人则谓前此袁总统手书，既允改约，既允停止进兵。十月中，又允不以兵力对付西藏。因循三数月，忽尽汗前言。易地而处，当亦有所不欲。吾人固甚望外交之能振作，然尤望其能融和感情，顾全信义。此种答词，或适洽于一部分人之心理，然英政府则深为不满，甚谓此种愚弄的外交文书，虽欲费吾人一分之思虑，亦所不值。远隔于交涉轨道，而为答复，适为无价值之交涉。故英国全无答复民国政府之责任，惟择其所自信者，自由执行焉可矣。于是英政府遂持不理主义以窘我，然英之不理主义，特不理我之答复而已，非遂不理西藏也。今年正月，英俄遂缔密约，互相承认其在外蒙与西藏之举动，达赖亦以特使至库伦，商订《蒙藏协约》。我政府见势不佳，即又于一月十日，俯首示意于英使，谓愿以相当条件，开始交涉。英使以闻于英政府，英政府仍不理，及十三日而《英藏协约》遂喧传于天下，约凡九条如左：

第一条　达赖喇嘛承认蒙古之实权，及辛亥十一月九日宣言黄教教主活佛独立国。

第二条　蒙古政府承认达赖喇嘛为西藏自治国，及宗教教主。

第三条　两国政府共图黄教之繁荣，执行一切之处置。

第四条　两国政府内忧外患危急之时，将来互相扶助，永矢勿替。

第五条　两国政府相互在领土内，对于公用及宗教用之旅行者，与以相当之保护。

第六条　物产家畜等，照旧自由贸易，又互相设立商业上之新机关。

第七条　商业上之债权，凡政府及商业机关所承认者为有效，但本条约缔结前之取引、本条约之结果，生莫大之损害时，不在此限。

第八条　本条约有不备之点，两国政府随时派出代表，斟酌改良。

第九条　本条约自盖印之日实行。

政府一时不知所措，则亦故示镇静。盖人不理我，即无可如何，非如我不理人，人可自由行动也。延至三月二十九日，我照会英使，欲以温宗尧赴英直接解决。英使则谓对于此案，握有解决全权，不必移之英京，嗣后往返磋商。于六月间，始决定由中英藏各派代表，开议于大吉岭。不知何故，竟允于中英代表外，亦许西藏派代表，俨然认为敌体之一国。日后中俄交涉，俄人决欲蒙古亦派代表与议，即以此事为根据，其影响所及，不仅西藏。总之，政府忽强忽弱，绝少是处而已。时我方以陈贻范、胡汉民为西藏宣抚使，本一时特设之官，其职守权限，并未规定。英使即照会外部，一一质问，盖恐与《中藏条约》或有抵触之处也。旋由外交部逐条答复：(一) 中国随时得派员宣抚属土，并非全权代权。(二) 宣抚使有考察调查各事件之特权。(三) 有安集赈恤汉藏被难商民之权。(四) 对于英国为中国政府之代表，但重大案件，仍归中央办理。与《中英条约》，并不抵触。英使又复在总统府要求宣抚使为全权代表，亦由大总统饬部驳覆。既而胡汉民不就职，乃代以王鉴清。

中英协商，原定于大吉岭举行，及七月间，英使迭加催迫，我始定以陈贻范为协商代表。英人对于此事之意态，可以莫礼氏之说明之。先是保守党领袖尊噶氏，对于西藏问题之外交方针，曾在上议院提出质问，枢密院长莫礼氏，当即答复，其要旨如左：

(一) 对于西藏为中国一省之议，英国不行承认，幸见其撤回，今中国承认对西藏内政，无有不干涉之权利。

(二) 关于决定西藏各种问题，英国斡旋于中国、西藏之间，使其会同协商，英国即一调和之中人。然膺斯任者，必注意于事体之进移，故于实际上为英、中、藏三国协商，吾人亦为其协商内之一分子矣。

(三) 英国对于西藏之终局希望，即为能达到干涉其内政之目的，吾人与西藏间政治上之关系，不过保持善邻交谊，及维持国境平和。吾人对于西藏之行动及企图，已经通告俄国，已得十分同意。

（四）关于西藏问题，英中藏之协商，于三星期内开会于西谟拉。

此答复之要旨，认西藏为一国，断绝中国与西藏之关系，不令干涉其内政，而英则须干涉西藏之内政。且英、俄已有协商，诚可令吾人不寒而栗。此次所派代表为印藏总督马克马霍，西藏所派，为西藏总理查脱拉（系译音汉名，未详），为达赖最亲近之人，一切西藏内政皆由之主持，对于我国，颇怀疑贰之心，月前被选为西藏议员。政府电告被选情节，迄无回音，最后密派员入藏，面陈称切，并讯其是否允充议员。旋电覆政府，措辞颇为含混，未绝对表示允意或谢却态度。故论者咸谓此次西藏会议，查氏关系甚为重大，其结果之善恶，惟该代表是视也。

会议地点，始定于大吉岭，既又改在西谟拉。会议开始，原定九月中，既又改为十月六号。我国专使，以九月一日首途，于下旬行抵西莫拉，将开议矣。而驻川英领，忽电中央请撤回前进军队，都中大骇。自中英藏交涉发生后，中藏之兵，各守成地，并无轻越雷池、进兵侵略举动。宣抚使王鉴清，以驻防类乌齐陆军十一标一营营长严得霖，龌龊卑污，苛待军士，军士积忿已久，渐酿风潮，特由昌都到类，详为开导。全属整顿军政问题，并非进兵，英领以讹作真，遂有此电。既而王宣抚由昌回打箭炉，英副领事庆路易亲来探询昌都前方情形，庆云："贵宣抚使满面风尘气色，沿途想必异常辛苦。"王云："现时风霜颇大，坚冰积满路途，马甚吃亏，人尚不觉大苦。"庆云："几时由昌动身。"王云："本月三号，路上共行十二日，即抵炉城。"庆云："闻恩达、类乌齐、定青等处，均驻有汉军，不知实否。"王云："是实，恩达共驻一营，类乌齐两队，定青两队。"庆云："中英藏在大吉岭之会议，原约各守成地，今贵国军队，忽开拔恩达、类乌齐、定青等处，恐于大吉岭之交涉，大有防碍。"王云："贵领事不悉前方情形，且因误会谣传，故有此问。不知恩达距昌都仅一站半，原为昌都属地，敝军队自应分防该地。至类乌齐、定青等处，原不属藏管辖，又系汉族，我军当然极力保护。"英领事默然久之。王云："闻贵国驻成都领事，电我中央，言敝宣抚进兵，请飞令撤回，免碍大吉岭之交涉，有诸?"庆云："有之。"王云："敝宣抚奉令赴察，仅带护卫三十余人，到昌之后，力主和平。嗣自大吉岭交涉发生，立即严饬各军，恪守境界，不得妄起事端，贻人口实。今贵国驻成领事，不察实情，电我中央，未免不合。"庆云："鄙人未到炉时，亦闻贵宣抚使进兵，既到炉城，始知进兵是刘统领，非贵宣抚使。"王云："刘统领亦未敢擅自进兵，贵领事既知道传闻失实，请即电我大总统，解释一切。"庆云："谨遵命。"于是两方疑窦始解。

此次会商三方地位不同，而各有其欲达之目的。我国之意欲维持千九百零六年英清条约，及其他中英条约之规定，在藏有完全主权，得自由派遣军队，改建行省。而英则希望中俄之势力，不加入西藏，使西藏常严守其半独立之地位，保存英在西藏所获得设立银行及商事裁判所等之权。西藏则欲我国不干涉其内政，得实行自治并保存其旧日之特权，加给喇嘛等之俸给。及初六，又不成会，则又改期于十三。三方所提条件，现在言人人殊，各以其所得为正确。吾辈既非千里眼，又无顺风耳，而希谟拉又远在数千里以外，非待揭晓以后，不敢自信其所记之为是，特择其较为可信者录之于下：

我国 外部曾以此项交涉之要点，逐款开列，电饬陈代表提议，约分八项：

（一）新订协约，不得与西历千八百九十三年及西历千九百零四年，中英两国所订结通商条约相抵触。

（二）藏中内政事项，应归中国驻藏长官掌管，于已经允许通商各都市，仍许英国之通商事务官及商人设置事务所，以从事于商业。

（三）在藏英人及中国人与西藏人，遇有诉讼事件，须由中国官吏处理。

（四）中国政府于五年内，须将西藏之司法制度，严加改正，改正后，英国在西藏撤去领事裁判。

（五）英国派到西藏保护领事馆之军队，非与中国政府协议，不得增派。

（六）西藏从前所订之借款条约，除私人借款外，均可由中国政府承认。

（七）英国官吏及商人所有公私各物，如被盗窃时，中国警察须尽力追缉原贼，还付失主，惟犯人如逃入他国界内，则不负其责任。

（八）英国人不得贩运鸦片、吗啡入西藏境内，犯者严重处罚。

既而陈代表以交涉困难，又电请增加六款。

（一）藏民有受民国之优待及爵位之利益。

（二）藏民有自民国受行政上之辅助之利益。

（三）藏民有自民国受教育上之辅助之利益。

（四）各寺院有得给与之增加之利益。

（五）除西藏之内乱外，民国无故不用兵事。

（六）民国于西藏既设之官衙外，无故不增加官署。

英国 英代表所提条件，异议甚多，录其较切近者。

（一）西藏有完全自治权，中国不得改为行省。

（二）中国政府除驻藏大臣卫兵外，不得派遣军队。

（三）中国与西藏有争议之时，由印度政府判决之。

（四）印度英政府，有于西藏营自由商业之权，中国不得加以限制。

（五）西藏内政，由印度政府督导之，英政府置代表于拉萨。

（六）英政府代表监视中国政府于西藏之行动。

（七）西藏与吐鲁番境界不明之处，由印度西藏两代表决之。

西藏　西藏所开条件，前据昌都消息，计分十端。

（一）达赖有管理前后西藏教务之权。

（二）藏民有练兵自卫之权。

（三）藏民有征收赋税之权。

（四）藏民有限制通商开垦之权。

（五）藏民得享有民国优待及晋爵之利益。

（六）各寺院得享有民国加增岁俸津贴之利益。

（七）藏民得享有民国辅助行政之利益。

（八）藏民得享有民国辅助教育之利益。

（九）藏中除内乱外，民国不得无故用兵。

（十）藏中除已设官吏外，民国不得无故增设官厅。

而据《东报》消息，则谓西藏代表者于开议之初，即于月之十三日，另行提出意见，拟破弃一九零六年中英间所缔结之条约，全然离脱中国羁绊，自为独立国。对于中国在藏宗主权问题，西藏决不承认。且中国政府在拉萨设定驻藏大臣驻扎护卫兵各条件，西藏亦强硬反对。此外问题，意见不和，颇有争执，据英报之所披露，则有四端：

（一）要求中国承认西藏有完全内务之自主权，并确保自后中国军队，不得阑入西藏境内。

（二）划清中藏界限。

（三）对于商务及交际，藏人得自由与英人直接，不必由中国介绍，如中国人必欲加入，须先得英人之同意。

（四）藏人如欲兴办实业及采矿等事，有自由聘请英人赞助之权。

此三说，昌都之信太易，东京之信太辣，大要英报之言，较为可信。至于中藏境界，我主张以几安德为界，藏欲在几安德之东，英人则谓打箭炉以西之地，当还西藏。藏哲界务，则代理西藏办事长官驻印陆兴祺，亦提出条件三则，以期划分鸿沟，保全领土。

（一）以东自不丹西至尼泊尔藏哲间之一带分水岭，为两国国境。

（一）中国承认哲孟雄之内政外交，由英国保护处理。

（一）藏哲通商，印藏交涉文件，哲孟雄边境游牧之事，由两国派员，会商办理。

三方条件提出以后，经陈代表逐节驳覆：（甲）西藏有完全自治权，陈否认。解释西藏固为中国之领土，其整顿内政时，自应由中国襄助，不得为完全自治。（乙）英政府代表监督中国在西藏之行动，陈否认。解释当时中国虽未将西藏改省，后日如在西藏有所设施，他国无监督行动权。（丙）中藏如有争议之处，由印度英政府裁断，陈否认。解释中藏有争议时，英国或有会商权，无裁断权。（丁）西藏内政，由印度英政府监督，陈否认。解释中国所派驻藏代表，原为赞同其共改内政，不能专由英政府监督之。（戊）中政府除驻藏办事大臣所带卫兵外，不得派遣他项军队。陈解释中国驻藏大臣，平常只带卫兵，如藏中有内乱时，自有其派兵保护之权。（己）西藏吐番之境界不明之处，由印度西藏两代表决定，陈否认。解释其境界之划清，自应照原有地界重立界石，而双方均不得侵越界限，并不能专听英藏决定。（庚）印度英政府，在西藏有自由营商之权，中国不得加以限制。陈解释在西藏营商，中英皆可自由，彼此概不得加以限制。而英人对我所提出条件，亦抗议百出，藏人尤为顽梗，一时颇不得要领。

及前月二十二日，中俄密约，同时宣布，其影响于藏事者至深，达赖忽密将中藏会议之西藏代表噶布伦调回，此中关系甚大。驻扎恩达藏军，近忽增加，有直逼硕板多之势。川边都督尹昌衡，深悉个中真相，特来京面陈一切。拉萨英侨日多，所有喜马拉雅山一带，都有英兵驻守。会议地点，亦由西谟拉移至德里，反复讨论，三方各允让步，意见始渐融洽。英国承认中国在西藏之宗主权，而中国承认西藏之自治权，大约此事结果仍是，一中俄密约，不过易中俄为中英，易外蒙为西藏耳。闻政府中人，近又电饬陈代表，力争四事：

（一）中国在藏之主权，宜详细斟酌。

（二）中国必须在藏有派官驻兵之权。

（三）中国之领土，务须保全。

（四）详画西藏之交界地。

调停复调停，交涉复交涉，而其结果不过尔尔。吾人苟回想十二月中抗议之烈，当必有感慨系之者矣。

1914 年 1 月，第 2 期，第 1～14 页

日藏关系外交秘密史[目]

1914 年 4 月，第五号

《不忍》

康有为从流亡海外归国后，为了更好地在海内外华人中宣扬自己的政治主张，以便争取更多的支持，于1913年（即民国二年）在上海创办了《不忍》杂志。该杂志由上海广智书局印刷发行，为铅活字排印，25开本。康有为自任主编，曾担任过《不忍》杂志编辑的有陈逊宜、麦鼎华、康思贯、潘其璇等。创刊的本年共出八册。同年年底，由于其母亲劳太夫人去世，康有为要归乡服丧，不能执笔而停刊。民国六年（1917），为了配合张勋复辟，拥立溥仪皇帝重新登基，康有为又再次发行《不忍》杂志，陆续出版九、十册合刊。前后共计出版了十册。

《不忍》杂志是月刊，其栏目有图画、政论、说教、瀛谈、艺林、文、诗等，主要刊登康有为一人在辛亥革命先后所写的旧稿或新作，有时也登载康氏先辈、老师朱九江的诗文和袁世凯发给康有为的电报，但是篇幅极少。

《不忍》杂志在1917年之前，主要销售发行于海外华侨之中，定价两个半大洋。1917年之后，除在海外华侨中继续发行之外，其后所编写的第九、十册合刊也在国内发行。

康有为创办《不忍》杂志的动机清楚的表现于该杂志第一册《〈不忍〉杂志序》中："睹民生之多艰，吾不能忍也；哀国土之沦丧，吾不能忍也；痛人心之隳落，吾不能忍也；嗟纪纲之亡绝，吾不能忍也；视政治之窳败，吾不能忍也；伤教化之陵夷，吾不能忍也；见法律之蹂躏，吾不能忍也；睹政党之争乱，吾不能忍也；慨国粹之丧失，吾不能忍也；惧国命之分亡，吾不能忍也。"①康有为提出的"十不忍"，每一条都是对袁世凯的苛政与暴行的控诉，既不是无病呻吟，也不是政治作秀，充分表露了他对"袁记中华民国黑暗统治"的失望和抗议，对国家前途命运的担忧。《不忍》杂志主要以激论时政为主，其论说侧重于宣传康有为的政治主张，以求实现其政治理想。

① 《康有为全集》第九集《〈不忍〉杂志序》，第353页。

惊闻俄蒙英藏约

康有为

阅报俄蒙英藏约成，瓜分即至，天地变色，不知涕之何从也。

已是梁亡兆烂鱼，瓜分今竟载盟书。龙沙万里地维裂，乌藏百年王会初。末日真逢大灰劫，纤儿终坏好家居。皇天后土哀哀叫，亲见波兰哭覆车。

1913年2月20日(孔子二千四百六十四年正月十五日)，第一册

蒙藏哀词(上)

呜呼噫嘻，嘻嘻出出。郁攸埋烟，黑气弥天。火焚将及，大风鼓焉。而燕雀争巢于堂，主人醉乐于筵。可忧可惧，可悲可怜，岂有过哉？嗟夫！吾亦室中之一主人也，坐视吾室之焚如而何忍也。虽方焚一室之隅，而全屋虑将烬焉。呜呼同胞，蒙藏失矣，瓜分今真到眼前矣，五千年文明之中国末日矣，救不救在我同胞矣！

夫俄自西伯利铁路成，窥蒙久矣。吾国人有万里边，而慢藏不备，于是召俄人胁求三十六款之事；吾国人不环顾外势而内讧，于是有库藏独立呼伦具尔继之之事；吾国人不乘夏时长驱袭库伦密擒诸叛，以绝俄藉，于是有俄蒙协约之事。至今乃始举国愤张，奔走旁皇，待命于俄强，呜呼迟矣。今俄库密约十七条布露，其名与实，皆包括蒙古而言，盖明明吞内外蒙古新疆之地，令人惊痛。吾读之手颤泪承睫。我其发出狂矣！其十七条密约如左：

一、俄人任意居行营业于蒙古。按：是已据蒙为本国土地矣。

二、俄人商品出入蒙古无税。按：吾国人于本国尚有出入口税，而俄人反无之。

三、俄可遍设银行支店于蒙古各地。按：是遍收全蒙利权矣。

四、俄蒙通用现货或信用，惟蒙古王公于个人信用不负责。

五、蒙古政府不得令蒙古人、中国人为妨害俄人之事业。按：并业必妨，然则不许中国人营业于内外蒙古耳。

六、俄人于蒙古各都市有屋地并得租地开垦，不侵占蒙古牧地及寺院地。按：然则中国人地可任意侵占矣。

七、俄人得与蒙古政府订林矿约。

八、俄政府于蒙古要地有设领事权。按:是全蒙古处处设地方官耳。

九、俄人商业归俄领事或俄商料理。

十、俄得于蒙古各地设邮政局。按:是全蒙为其内地交通耳。

十一、俄领事有利用蒙古邮政局权。按:是可禁绝中国消息及拆信禁递矣。

十二、俄人得有蒙古水道自由航权。

十三、俄人所立蒙古船桥得收过往乘载费。

十四、俄人用蒙古草地得三个月不给租。按:全蒙除沙漠外,皆草地也,则全蒙肥沃之区,皆为俄人占尽,但以沙漠剩与蒙人,亦可谓想入非非矣。

十五、俄蒙境界俄人确保其渔猎及一切权。按:沿边蒙人,不得与俄人共利也。

十六、俄人蒙古中国人一切契约要俄领事之承认,其有争议以俄蒙混合裁判为据。按:此尤奇,直以俄领事为地方官,而蒙王为奴隶,而摈中国为外国矣。

十七、此调定书以十一月三日有效力。按:今已实行久矣。

约中所谓蒙古者,色[?]内外蒙古东三省青海之蒙古而言,则长城外万余里之地,千数百万之同胞,尽为俄割有,近且议设蒙古统监矣。古今天下,岂有一区降乱,而可冒举国以降乱者哉?呜呼!自革命后,藏乱频仍,英禁我进兵,绝吾遣使,近则消息皆绝,实则派兵据地,与俄库同,藏已全失,但未布和约耳。夫中国之大,凡四百七十四万方英里,而内地行省,仅得一百三十一万方英里,若蒙藏有失,是失去三百四十三万方英里,实去中国三倍之地也。普天下古今万国,岂有一旦而失三倍中国之地者乎?且夫此蒙藏三百万方英里之地,皆在昆仑、小天山、阿尔泰山之域,凡吾国地黄金之产,皆在此地,而吾内地无之,是吾中国之无穷宝藏,冠绝全球者也。瀚海索伦之马,古称渥洼汗血之天马,与阿拉伯马并驱,以为马队,天下莫强焉。今吾失此三百万方英里之金穴,失此三百万方英里之天马,所以为富强之本原已绝矣。

俄人乘吾内讧,受吾叛藩,横据吾土地,折辱吾主权。政府以保全疆土为职,敌兵入境,疆土有失,只有拒之战之而已,无可他商者也。即不欲明与俄人开衅,自讨叛藩,保境之义也。乃俄人曰库伦无所认而订约,中国不得过问焉。浸假冒库伦一隅,而以割全蒙为约。又曰库伦与我所订约,中国不得过而问焉。譬家仆叛主,冒以之产业,贷于外人,立约。外人乃曰:汝家仆与我所立,我已认之,汝今非主人,不得过问。强夺如此,岂复有和可议乎?即谓姑以理喻之,俟不可而后折焉。则限以三日若七日,库改约,兵出境可也。安有以被据地之国,终日求和,未能言和,连月求议，未能开议者哉？以万里之国而出此奇耻大辱，天下古今所未闻也。且举国民莫不攘臂发愤而请战矣，或愿从军，或请助饷，上自各省都督，下暨各团人民，皆慷慨激昂，同仇敌忾，政府正可因民气而助大顺，明天讨而保土疆，岂复有他待者哉？

且夫吾今贫弱，议和诚不得已也。若有一线之可望成，虽屈首低眉，终日请命，忍耻为国，犹之可也。然望和之成也，割献其土地人民以行成，则诚可望和矣。若欲保全吾领土主权，则和议必无可成者也。今政府曰：言保全领土主权而日以和议为望，则只有献地而已。今自俄库约发后，外部与俄使会商，已将十次矣，虽有法美调停，而俄使词意坚强 绝不少改。其如此坚强者，盖轻中国而不妨强夺之也。夫俄之涎蒙古久矣，万里金穴，全地无两，今何幸遘我革命内讧之机，饷绝械乏，必无敌理，可以唾手取之，故始尚胁求订约以巧偷，今则明借库伦而强夺。其谓我不国，可以不费一矢，而以空言得万里之地也。夫万里之金穴，不可再得；敌弱之时机，不可再逢。诸邻之协约已定，不虑阻挠；万国之库约已宣，不能收复。然则俄人断无废库约之理至浅矣。其或许以改为中俄合约者，易其宗主上国之空文，而仍收其万里金穴之实力耳。彼西伯利亚铁路，何为借巨债而筑与？日本何为倾国之力而战？与诸蒙何为出重利而诱？虎狼之俄，岂肯以数十年经营之大业，规划之远谋，垂涎之大欲，而一旦弃之？虎狼之俄，更岂肯以攫于怀中，得于掌上之万里金穴，而因空言以归之？从古返汶阳之田，归维州之地，或以仗义，或以畏威，或以和邻保境，息事宁人。夫中国革命内讧，各省自立，无饷无械，其无所畏，不待言也。若夫和邻保境，息事宁人，则俄人何必干预吾内事哉？至于仗义乎！则国无道德。况俄人密结我叛，而明攘全蒙，出师无名，夺壤不顾，其背义贪利，更不待言矣。况内外蒙古、新疆之地，黄金之宝藏，天马之奥区，沃壤暖煦，较之全俄祁寒，实为善地，近之得万里之神皋，比于半欧焉。进之可牧马长城，入吾燕晋河陇之郊，以蹂践中原焉。以今俄势未亲切，远隔万里，吾尚畏之。若使已得全蒙，则俄力宏巨，若巨鹏之舒翼，遮云蔽天，从何拒之？浸假而据河北，浸假而临江淮，然则俄今者之雄据全蒙，盖自有地球以来，经营至今，利莫大焉。且德之前割法罗丁觐奥师鹿林二州，不过数百里之地，然须火焚蔑士大战师丹而后得之；英之争直布罗陀，战十七年，其灭波也，费饷三十万万，死士数万；日之得旅顺，死士以万；即今意之得的士黎利，亦经大战数十而后得。若中国今者，可不费一矢，但以空言震慑之，即望风畏服。然则俄人虽极廉退者，亦必无改约之理矣。是说也，事理浅明，三尺之童皆所能识，不待智者而知之矣。

惟吾政府也，安坐而待讲也，欲以一使之舌，樽俎之间，取强俄已攫之万里全蒙而还之于我也。是犹肥豕腊羊，已入虎口，而牧者乃哀词揖让，游说猛虎，望其吐之，不其傎乎？故俄使曰：吾固可议和，汝中国进兵，则无议和之诚意也。勒我退兵，于是西路科布多所进之兵皆退矣，而俄反进兵科布多；东路洮南之兵，限不得进矣，而俄反进兵洮南。西增卫队于伊犁新疆，入我呼兰，其布置吞我全蒙至明快矣，而我反听之而退兵。且我之退兵，退出于我境之外蒙；俄之退兵，退出于库边之我境。天下岂有吾内国之境，而不得调兵者哉？假俄人曰：汝不得驻兵京师。又假俄人曰：汝不得驻兵河北，则亦将从之乎？况俄人之以空言胁我也，曰：退兵退兵。而彼实暗增其师，今自西伯利铁路，日夕运兵入外蒙，但库伦已到六万，阿巴哈又来数百矣，甚至兵入三姓，筑垒自由，强占张家口牧场，又日助蒙人练兵，助蒙人攻我胪滨府，日改蒙服入蒙，诱诸蒙为乱。今增兵数千入科布多而我望其许议，受命如响，顿足屈首，退兵境内，是让令敌兵，日夕进行也，无异开门撤防以揖盗入也。

议和之举，于今两月，而使节往来，会议频烦，绝无影响。天下人士，莫不日夕延颈，企望消息。政府镇静，且谬以必不失领土主权自任，妄慰人心。国民始则愤然怒哗，从军输饷，中则寂然待命，希望决议，近则已枵然馁，默然止，寡忧怒矣。俄人西顾有巴达坎阿连五国和议未定之忧，又有强奥与争之患。方调重兵，自西伯利铁路而东来，又闻严警请兵自西伯利铁路而西去。一间未暇食新疆之肉，而寝内蒙之皮也，故不得不迂缓出之，一也；彼俄知吾中国人之有虚哗而无实事也，又故延宕之以馁我之气。吾一鼓而盈，再而衰，三而竭矣，俟我民气既竭而后取之，二也；彼俄人熟知我政府之怯懦也，各省自立，财赋无出，尚不敢调兵定乱，以图一统，而敢拒强俄哉？故可以不折箠取万里之全蒙矣，三也；彼俄人知我革命功人之意，以十八星旗自表，但知保长城以内中国故有之地，而不计满蒙藏之保否也，库伦独立在去年矣，而我瞢然毅然，半年内讧，争就南，争入北，争内阁，争借款，争变旗服，争女子衣履之绣否，而置库伦西藏独立于不顾，我本弃之，彼更宜安坐垂手以代我安定之，四也；俄人深虑周思，亦或议及民主之国，民权较张。此次联库吞蒙，类于入室行劫，万一国民同愤，明年夏时，跃马沙漠，谬然开战，则亦不可不预为之备也。故俄使于今，高卧不理，外部百请，悍然不顾，俄人乃日夕进兵调械于外蒙，密布间谍测绘于内蒙，日夕扇乱于诸蒙，令吾北鄙万里，骚然奔命，疲于应对，而后徐取之，五也；彼待巴达坎和议成后，奥争无事，库使朝俄，名分已定，乃遣重兵压境，或直入内蒙，乃宣言曰：俄蒙约已定。即又直言曰：蒙为俄有。至是时也，吾政府惴惴恐栗，不知所措手足，遑有言战哉？惟有低心供手，以万里金穴，百战河山之全蒙新疆，献之于强俄而已，舍割讲[让]外，岂有他术哉？今之妄以必不失领土主权自任者，既无兵械，绝不布置，只有退兵，只有乞议。试问以何物拒俄，而保领土主权乎？然则今政府之日待议和，而以不失领土主权自任者，大言以慰国民而已，必非有实事矣。至是时国民愤极，欲战则兵械皆不备，蒙势已全失，又以何物与俄人战哉？至是即怒革政府，人食其肉，亦无济矣。况政府又实有艰难之情乎！不练之兵，乏饷之状，既非可战，强俄难敌，突厥可鉴，得以自解于国民乎？

质而言之，我一千三百余万方里之神皋奥区金穴马宝，全蒙新疆之地，自今以后，永割隶于强俄而已；我新疆全蒙之汉蒙千数百万同胞，永奴隶于强俄而已。凡今外部之磋商，皆为词费而已；凡我国民报纸信电之怒愤，皆为气费而已；凡有遣兵助饷入蒙古新疆之事，皆为浪费而已。凡此三费，不过为万里之全蒙新疆，充吊词，备赙仪，供葬费，以见送死之余情而已。呜呼！岂有少补哉？鄙人自甲申马江败后，而上书言蒙忧，及己未丁酉而频言边备，及戊戌言事壬寅刊官制考，尤详经营蒙辽藏准之制，其书今具在而迄未行也。如使少行吾言，何至今者举国皇皇哉？吾固知俄之吞蒙，英之取藏久矣，吾主疾驱库伦而擒叛佛，亟入拉萨而定藏乱，而成书不布者，逆知其必不行也。今吾之激血上涌，怒发冲冠，挑灯握莞，疾书不休者，岂有听之而有补者耶？亦不过充全蒙之哀词云尔。呜呼！夫使仅吊新疆全蒙，而吾三辽以东，长城以内，廿一行省中华故地，能无恙乎？吾今之哀词，亦可以已，非忍也，知其必不行而无补也。虽然，他日之哀词，将遍哀于辽东及各内地行省，吾诚不忍及吾身，而送吾五千年文明之中国葬也，吾明知不行矣，吾能已于一言哉？吾姑妄言之，或妄冀吾全国民之愤然起而救之也。

夫既畏俄而以空言割全蒙新疆与之，则强英援和约之利益均沾而请曰：其以卫藏与我。无论卫拉萨野人山、片马皆进兵，藏久为英有，勒兵不得进，遣使不得入。即皆不尔，吾畏强俄而不敢战，其能与强英战乎？则是今日以万里之全蒙与俄，而明日必当以六千里金穴之卫藏与英矣。于是日本援和约之利益均沾而请曰：其以东三省与我。无论东三省久为日人范围，铁道亘全辽，军队杂吾地。即皆不尔，吾畏强俄而不敢战，其能与新胜方长之日本争乎？则是今日以蒙与俄，而后日必当以三千里播木沃沮之三辽与日矣。于是法人又援和约利益均沾之例而请曰：其以滇桂与我。无论滇桂之边，铁道深入，龙州进兵久为法人范围，近又求广西铁道。即使不尔，吾畏强俄而不敢战，其能与强法战乎？则是今日以蒙与俄，后日即以吾腹地数千里之滇桂与法矣。于是德人又援和约利益均沾之例而请曰：其以山东淮徐与我。无论山东久为德人范围，今青岛增兵胶济支路索筑铁道交迫。即使不尔，吾畏俄不敢与战者，其能与强德战乎？则是今日割蒙与俄，后日即割二千里文明心肝之山东淮徐与德矣。至是时，强奥强意，岂能不少染指乎？即在守孟绿义之美国，思拓太平洋之霸图久矣。即不然，亦当行均势之义，亦不能不破戒而求江浙闽广之沃壤。吾畏俄而不敢战，至于是时，股肱已尽，幅员益少，内乱益甚，割据并起，其谁能守大江以南乎？其谁能与意奥美战乎？则是沿边皆尽矣。少候须臾，苟延残喘，英人由藏通铁道于川以据长江之域，俄人南收而争秦晋陇之郊，日人争燕，德人争豫，则吾五千年文明之中国，四万万之同胞为印度为波兰。耗矣，哀哉！

凡此祸临眉睫，皆顺势所必至，推事之自然，度非过激之词，更非先知之智也。呜呼！凡吾同胞，其忍读此中国分亡之哀词否乎？不忍读之，掩耳盗铃而分亡至。忍心读之，而不及时发扬蹈厉，舍身家以殉国，而分亡仍至。日之大隈伯见我，授我以所，作中国濒死论，即一言曰：汝中国濒死矣，尔其何为乎？吾愀然默然无以应。吾今以告吾同胞，吾同胞愀然其若何，其安坐待中国之亡，而甘心以身为奴乎？

闻政府之意，谓俄沿吾边，驻兵四十万，将欲御之，非六十万不可。兵事至难，万毋轻言，此固持重审慎之言诚然也，依此言之，则只有议和。故限我退兵听之，俄进兵听之，俄延宕听之，盖如木偶，如空虚，惟人所欲为。所谓和者，不外割讲[让]，所谓割讲[让]者，必尽全蒙与新疆之地与俄。而各国均势之瓜分继之，腹地之爪分继之，然则循是说也，只有待亡而已。吾政府识见甚定，应付甚暇，有主于中，不动于外。吾同胞若听之，则惟有安坐以待中国之亡而甘心以身为奴而已。

夫政府习见夫前清对外之事，以为道咸光绪来，凡战则必败割而祸大，和则虽少有失让，而势安也。不悟夫今兹革命内讧之形见势绌，迥非前清犹有国力之比也。今兹割讲[让]，即召瓜分，势终不安也，或政府亦知瓜分之不能立尽也，尚有腹地数省，足立小朝，以为刘豫萧詧而自娱也。故与其战危，不若和之安也。虽然，此或政府之自娱自安，或然或不然，惟我四万万同胞听之，则安坐以待中国之亡，而甘心以身为奴而已。

夫以当今吾政府之势，用兵之难，岂止如所云云而已哉，吾为政府辩护代言之：

第一义在饷矣。即四境无虞，尚日以乞贷度日，经年议借，有同乞丐，岂况用兵，岂况拒俄，吾无饷，我乏金，然则奈何战？

第二义在兵矣。吾兵号百万，多乌合，练兵无几，又无后备。夫驱市人以战强俄百练之兵，引步兵以敌可萨克骁悍之马队，犹以犬羊而敌猛虎也，必无幸也，然则奈何战？

第三义在寒矣。方今漠外穹冬，玄冰厚雪，隳指裂肤，驱南兵而迁地，渡瀚海而沙漠，行役已死，何有于战？南方马弱，不能踏沙，朔漠无草，马无所食，而俄人自西伯利苦寒之地而南牧，反见渐暖，气候相反。故冬春之时，皆非吾国敌俄之候也。逆时必败，然则安可战？

第四义在路矣。俄人西伯利铁道，迂吾库伦之北，其距库百英里，其入库与吾外内皆蒙易，如践堂室而行枕廊。吾三道出师，中则张家口，西则科布多，东则洮南，皆无铁路，运兵致械，莫不极艰，不待比较，吾何以敌之，然则奈何战？

四者之不敌，先在庙算矣。若夫炮有几？枪有几？火药若干？弹子若干？制式同否？能给若干兵？能战若干日？练习若何？坚轻远准速与俄之比若何？辎重工程队若何？炮队若干？训练熟否？飞船若干与俄比奚若？今新发明之军械备否？度皆未有蓄储也。夫不备不虞，不可以师。而敢妄言战者，是掷人民土地于孤注也。则按今之事实情势，万不能言战，亦非政府之大误也。

虽然，果若是也，吾五千年之中国，安坐以待分亡；吾四万万之同胞，延颈以待奴虏而已。夫自古对外之道有三：曰战曰和曰守。今和无可和，守无可守，战无可战。均亡也，犹必择一以行之。然则战则败以亡，不战则分而亡，其亡等也。而不战则必亡，战或不亡，则战犹有望于不亡，而不战必无可望于不亡。夫苟可不召瓜分，吾亦不敢言战，惟必召瓜分而必亡，计之愈熟，较之愈审。然则今日俄库之事，舍战无救亡之理矣。我大夫君子，邦人诸友，思之思之，决之决之。今日欲救五千年中国之命，非战不可；欲救四万万同胞之奴，非战不可。

以吾计与俄战，非止不亡，且可望胜俄焉。一俄兵本弱，我愤怒之以理直；二俄兵多叛，我扰激之以内乱；三俄党不同，我散敌之以异议；四奥土有事，我牵制之以外患。四者行而俄无能为矣。不必摄其虚声，而遽退缩也。更熟筹之，不可不战者有五，凡此九义，战可决矣。

何谓愤怒之以理直也？夫战，勇气也，师直为壮，曲为老。俄人乘吾之内难，弃吾旧好，诱吾叛藩，强占吾主权，强夺吾领土。吾举国之民，莫不勃然愤怒，输饷从军，争起偕作。九省都督，诸军将校，电议载道，咸请讨库，自征叛土，勇气郁律，所谓直为壮也。俄人诡谋，徒出自其政府保守党为之，乘人之危，强夺人之土，其为不义，国人共知，而乃驱士以死，以为辟边拓土，其谁用命乎？昔日本之胜俄也，吾问日人以胜之之道，日之将军曰：吾日本之发枪，不若俄之及远也。惟俄人枪多妄发，或未至战线而先发，发又多不中，而吾日本非入战线不发，发则多中，故能以近胜其远也。我日人怒俄而为国战，故勇气百倍，腾跃竞前，败不肯奔，俄人一败，即弃械而遁，各鸟兽散，此吾日人所以致胜之由也。俄人军械多新式，即防营之电网，吾日人非独无之，然且不识，久无以破之，各以二席对立乃竟能遮电气而跃过之，实出幸事耳，非有预算也。日本地带寒温，与吾直省相若，吾北土冻，而日人祈寒战俄，亦能胜之。总而言之，日能胜俄者，全恃师直为壮之勇气也。俄人非有爱国同仇之勇，此所以败也。今俄人之暴我，不止如待日；吾国人之愤俄，亦不止如日人之愤俄也。且俄更待兵甚暴，故俄人不愿为兵，多自残肢体以求脱。或逃外国，或自尽，皆频见。大斯拉瓦舰泊法港时，逃卒至百五十之多，吏日虑其为变。莫斯科总司令至禁新兵四个月内，不得携小刀斧凿，盖以防其自尽，而远东报告，一月内，各军自尽者三十一人。则俄兵之怨叛无用，有事非逃则倒戈必矣。且俄兵多于大操时袭其长官，尤各国所未闻。然则俄之强也，徒为虚声，其兵实不可用。以吾理直气壮之愤兵，破之必矣。惟其马兵炮兵，稍可虑耳。若能激义愤，奋死不逃，如日人然，则俄兵虽有胜械而无其义愤，只有逃以偷生，如昔日耳。昔吴夫差之灭越，岂不极强？勾践式怒蛙以训其民，卒以沼吴，患我懦怯，不能激厉吾士耳。以日例之，则我非不可以胜俄一也。

何谓扰激之以内乱？俄革命虚无之党，遍于全国，积以五十年，根据深远，故俄之陆军率多革党，海军尤甚。旧事无论矣，以近五年兵变考之，如波旦金战舰之变，如恭斯达特要塞之变，如斯维博克之变，如海参威之变，如色巴斯脱尔之变，如塞野佛之变，如达石坚之变，如喀斯洛野克斯格之变，无一非海陆军人为之。至近事则前驻维达之工程队，战甚烈至近我伊犁之土耳其斯坦之军队内容革党尤盛。达石坚其集中地也，前半月兵变，杀死几二百人，其谋甚久，警卒无一知，兵则无一人不知，而无一言者。则知其鼓扇甚大，但无高官主持之，故不大成。自中国革命后，俄人羡之，集议于巴黎，不行暗杀，改师中国以军人革命。波罗的海黑海舰队多同心，陆军则自俄京外，各兵帅同心革命，惟可萨克之马队炮队稍可恃耳。若开战时，军人必倒戈与中国合，常备兵必不奉远征之令，续备兵必先逃。若与俄开战，直可以得其西伯利部，要之俄军革党，日夜望吾与俄战，而得从中乘机作乱焉。昔日人之胜俄，岂尽日人能为之？亦赖其革党倒戈之力。吾今犹是也，故俄方内顾不暇，奚暇攻我？且吾更可通其革党，鼓其内变。俄之革党，高才聚于瑞士与巴黎焉。吾游瑞士之般京，观其大学学生六千，而俄生四千，皆革徒也，兼通德法言，皆苦乏财。若行强力以求济事，就中女士尤为英豪，出入巴黎，筹谋百端。若以吾军饷，十分之一以数百万金分布其瑞士之诸生，则俄之内乱将自焚矣，一也。芬兰人、波兰人愤俄之虐也，日图起兵，若助之以饷，俾与革党通，俄之内乱将燎原矣，二也。然此尚为远图也，今哈尔滨俄董事会会长某告吾商人曰：吾俄革党，遍布内外，日夜思倒政府矣，特无外患，则防范甚严。若中国决战，吾等自能内应，兵士倒戈，十之八九。

若中国能助吾等之饷，则中国可不费一兵，不折一矢，而乱俄矣。其言尤确而可信，以革扰之，则而吾长驱入库伦，而捣西伯利，而出伊犁，以入其安集延霍集占，复吾可萨古之旧壤。我之可以胜俄，二也。

何谓散敌之以异议？今之库约，不过其政府保守党一面之意耳，即其反对之自由党，深不然之，不独以乘人内讧，夺人领土为不义也。俄与吾界沿边二万里，难于设防，若与吾为仇，他日吾自强，虑吾报复，则既须以重兵防欧西，复须以重兵防亚东，力不任也。自由党如此，深与之结，以扰政府党之议，安知不屈以相从？故吾一面激昂备战，俾其自由党有词，若是则必战而后可和。如斯和也，乃不至失万里金穴之全蒙新疆以召瓜分也，故无论胜不胜，亦必以战为和，三也。

何谓牵制以外患也？奥与俄方有巴达坎之争，俄人已调乌梁海库伦之兵队十四师团复西矣。夫俄与奥之争巴达坎也，其重要远过于蒙库也。昔奥自得赫次戈两州后，欲进得亚特里底格海湾，而俄助塞维阻之。奥乃欲得沙尔巴以立足，又有联盟之德意之助，故奥欲亟一决战以定之。自六月时，奥修加立西营塞，而匈牙利堤增军备案通过；七月奥全境捕俄侦探；八月奥修巴达坎边军备；九月奥增兵于加立西及匈南境；十月奥议院通过军用费二万万一千万，奥议员沙博及各报请占胜惹，克诺维巴剎，大增兵备战；十一月匈报言已全奥备战。政府命塞维边邮电各局线，不得传他报，留供军用，禁各报言军事，召集后备军。奥相言：备战马，津贴军士家属，兵过之村邑，供运械及住屋，运面粉八百万启罗，牛八百往波拿，供海军。匈京运军队及粮械，一月不断；德人助奥四师团；三十日奥首相发戒严令；十二月三日奥人在荷兰矿工皆召运；初五匈议院停止预算议改议备战，须备兵二百万，马五万；初九奥海军全集于波拿，奥银行在伦敦者，悉停提款为战费。《太吾士报》谓奥备兵已五十五万，参谋长已令全国备战。俄塞虽退让，布加利牙亦欲与突和，以免为奥所利用。俄畏奥德之运和，为此故，故延宕库事，我之苟延残喘，为此也。故我之及今直讨库，或直讨俄，乃天授之机也。天与不取，反受其咎。吾今宜密与奥谋，或结攻守同盟。奥向无所得于中国，必利吾酬。奥攻其西，吾牵其东，加以内乱，俄必难逞。可战，四也。

且吾纵不欲战，而不能禁库伦之不来侵乱也。更不能禁俄不外藉库自立名而内助库南犯也。顷库由车臣土谢图招马贼五千，由俄将训练，以其地金矿押五百万卢布以为饷，自海参威买机关枪五十，大炮六门，子弹皆足，以为南侵计。分东西路派测绘生东探，绘奉吉黑至长春，西探绘归绥。又遣侦探自张家口至北京，设军用铁道于瀚海，和林札萨克图布，联胡匪马贼，分犯黑龙江。派兵由科巴拜喀侵新疆。

派使联藏，劝达赖自立，以图牵制。由那赖哈分兵攻东四盟。今乌兰违班电局，已为蒙夺，锡林果勒盟长特鲁特贝子，已为库擒，而派使代领其土。热河都统何宗莲言逆库横行六盟，如入无人之境，问政府能否保护？若其四出扇惑，侵扰隳突东西六盟，日见告矣。俄人日夕进兵助之，阳名库扰，实则俄侵。吾则内蒙新疆万余里皆不备兵，无以保卫之。则诸内蒙不堪侵掠，势必渐即叛降。即不然，而二万里防兵，须兵若干，须饷若干，若不备不虞，又不言敢战，终折入于俄。至是战乎，则俄兵百万，南下而牧马，纵横驰突于燕晋秦陇之郊，将何以御之？不及今早拒之。至是虽欲拒战，无能为矣。古人所谓纵敌患生，违天不祥也。库以属藩明叛，义应天讨，俄以亲邻，明受吾叛，吾安能畏强俄而纵属藩以自乱哉？吾今讨库，非讨俄也。若俄助库以战，吾终不能避俄而不讨库，以坐听全蒙之失也。此战必不能避，五也。

且夫俄者，吾二百年友邦也，吾固愿与和也，乃阴通我之蠡贼，强夺我之领土，以进取而反命我退兵，以延宕而戏侮我政府。此其视我非国，侮我无人，背弃人道，鬼神同愤。我万里之大国，四万万之人民，岂能受此奇耻大辱？是可忍也孰不可忍，宁待于较量而后为战哉！昔法人革命之后，内则诸州并叛，库藏皆空，其势至危，过我今内地无事远矣。外则普奥连兵，同扶王室，并压法境。当时普兵以精锐冠欧土，其将军又宿将盛名者也，其视法之乌合民军，既非训练之卒，更非节制之师，以为可师行枕席，长驱入巴黎也。然而法之议员巴利大呼于众曰：凡我人皆负自立之债，有力者宜竭力，有财者宜竭财，自贵贱老幼，精神形体，金钱物料，皆宜竭集，以防其国。凡我国人，无论内为民，外为兵，皆宜同心。壮者力战；巧者造械；劳力者运炮运粮；妇女缝兵衣，造戎幕，看护伤者；老人演说，鼓舞战士之勇气，鼓舞富人之出财。公屋以充兵营工厂广场，乘马以充兵骑，駄马以充架炮，猎铳刀剑以留守内地，全国民同一心，全共和国如一大兵营。于是段敦大呼于众曰：凡我国人，生存于今日，一则大胆，再则大胆，三则大胆。于是创行征兵令，举国民一致，自十八岁以上，廿五岁以下，皆执兵备战，走于战场。共得一百二十万兵，勇气如山，败而不挠，胜而益振，与奥普战，二军为之不支，乃引军退。法征民兵，自此始也。夫战勇气也，非形式所能为也。以愤兵勇气，与形式之兵战，未有不胜者也。法人吾师哉！吾国今虽乏饷，然国民不信其政府耳。顷闻京津二地，吾国人存放银于外国银行者，已有三万万七千二百万，若并青岛上海香港而计之，必不止倍此数也。然则国人绝非乏饷也，山西票号，与各省钱庄银号，果能联合成一万万之大银行，购金而铸金钱行纸币，则饷不可胜用也。拿破仑之四征，法之战普，而还普十五万万之债，以此耳。银行未成，先行军用债票，国民公任之，犹可为也。若欲械乎？则亟购于德美日。即在战时，尚可于智利等国购之，不患无械也。患无兵乎？吾国至弱，立于四战之地，不能不以兵立国。万国皆行民兵，吾未行征兵法。非有大敌故，亦难行之。今者拒俄，乃天与地之机也。及今祈寒，未能战也。行举国征兵之令，壮士二十之廿五，皆令充兵。法革命时人民二千万，而征兵一百二十万，几二十人出一兵。普国人三千余万，而兵六百万，几五十人选一兵。以吾民之多，百人选一，犹可得兵四百万。练之三月，粗识战阵，至明年春夏之间，留半为后备兵，益精练之，举半数，分二十队，以防蒙准之边，或入俄境，每队十万，其谁能御之？俄有西顾之忧，岂能虚全国以东来乎？若已练之军，已备之械，凡二十余万，尽遣前敌入俄，不止防蒙准之边而已。日日教训激厉之，亦如法然，一则大胆，再则大胆，三则大胆；一则救国，二则救国，三则救国。勇气百倍，同雪国耻，何遽不若法人？凡吾全国人，如一兵营，贵贱老幼贫富，精神身体金钱物料，尽集以办拒俄之事。壮者力战，巧者造械，富者输财，智者运谋，辨者演说，劳者运送，妇女造军衣戎幕，看护伤病，有马者充骑兵，能如法人然，然而不胜俄者，未之有也。可战，六也。

夫胜败之数，至难定也。视其勇气，视其智谋，不能以虚声论也。弱者反胜，强者反败，古今国多矣。吾游雅典，登其城中，岌多里冈，倚其胜波斯纪功之观，而望海波，则雅典人以四万兵败波斯百万兵处也。又游德国，观普王大非特猎以三万人破俄法奥三国大兵图处，为之低徊焉。若在吾国，光武以九千之师，而战王莽百万虎豹犀象之兵，周瑜以三万之众，而破曹操八十万之兵，岳武穆以五百拐子马，而破金兀术十余万之兵，若以此者岂较多寡强弱者哉！若以多寡强弱论，则彼雅典、光武、周瑜、岳飞、大非特力之众，不若波斯、俄法奥、王莽、曹操、兀术远矣，只有俛首割降而已。然而雅典、光武、周瑜、岳武穆、大非特猎勇气迈伦，决战而果胜之。夫战勇气也，能勇气不怯，先操胜算矣。今以万里之中国，四万万之人民，闻外敌而畏之，闻瓜分而震之，既无前事之预备，又无临事之勇敢，此俄人所以敢于吞凌，而知其可以空言得万里之地也。故俄库之事，实我召之。若今大易其怯懦之性，振其迈往之概，日夜念雅典、光武、周瑜、武穆、大非特猎之壮，则何俄之可畏乎？且夫败军之将，不可以言勇也。吾家先中丞公讳国器尝统兵矣，战则必胜，告我曰：凡兵经败后，胆气尽裂，闻炮惊心，不可复用，宁选新兵。以多待寡，务必胜以壮其胆。吾国之盐枭马贼，皆百战慓悍者，今为元戎，先启以率新兵。俄大败于日，所谓败军不勇者也，闻炮胆裂者也。若今者初战，吾求必胜，则俄之前徒必屈。吾兵轻敌，益悍厉无前，俄于此后望风瓦解矣。兵法曰：避其实，击其虚，善之善者也。昔波以百万之国民，而敌强英三十万之兵。盖波人专用一二散卒伏地中，英兵来则匿避之，去则出而掩击之，故英兵伤者数万。今俄人所利用者炮队也马队也，吾巧避其炮队马队而专攻其曾欲逃之步卒，交通其倒戈之革军，以多数新兵，临其少数旧卒，求必胜以壮我士气，而后大战，则何畏于俄乎？可战，七也。

且夫立于竞争之世，非尚武无以立国也。兵者气也，摩之而后热，必频战而后胆猛而可用也。若永不用兵，则兵气不扬，民不习战则畏懦成风，方今立国之大戒也。吾自革命内讧，久为列强所轻，即无俄之来侵，吾亦欲有所试以振吾兵气，练吾兵识，习吾兵胆，以防不虞焉。况今者俄先不义，甚可藉此以试吾兵，虽有败乎，而令吾兵多阅战事，增长多矣。故俄不来战，我亦欲战俄。先驱兵以入西伯利部之郊，而何畏于俄乎？假令战俄而虑败也，我密让利权于德日，或开蒙古为万国通商地，而借兵借械以战之。又宁或割地于德，分东蒙与日，令与俄持。顷俄取全蒙，日甚妒忌之，谓有碍其国。甚者宁以库伦与日俄保护为缓冲国，而必不听俄以空言取吾万里之全蒙，以召瓜分也。不可不战，八也。

假令百战而百败也，吾然后割地与之，他国亦不能援利益均沾之例，以坐分吾国。假令列强贪涎，亦思染指，彼戒于战俄之劲抗不挠也。彼必集其议院，合其异党，咸许筹巨饷费，费巨兵而后可得也，则党人异议，必畏难而不能行也。若是乎，则我虽割讲[让]于俄，犹得保其余地，则我中国内地仍可自保，他日治定，再战俄而取之，犹有望也。必不令敌人空言而取万里之地，而召列强均势而起瓜分也。不可不战，九也。

窃闻库人内讧而饷绝，官俸兵粮，皆不能给，军民逃散。库政府只知搜括，失信殃民，民怨甚矣，且多知为俄人所欺。若及今直捣库伦，擒渠洗穴，断俄凭借，不可失也。若以今饷乏候寒，吾就不敢即战，独不守乎？岂有不恃战，不备守，而但请和者乎？今畏俄而拱手请和，畏俄而听命退兵，然俄人则分路进兵，叛库亦隐谋南牧，而我内蒙回首面内，归心中华，即外蒙之土谢图喀尔喀诸旂，亦尚有未归库伦者，无论三音诺颜也。内外蒙万里之间，多边防未设，或疆界未划，皆宜及早预备，分道严防。以万里之长边，犬牙交错，然则不倾国之现在兵力，岂能防之？筑军用铁道以为通，广屯田以为养，明斥候以为防，善间谍以为探，密测绘以为备，纵反间以为离，或令库人自拒俄而内乱以绝其望，或乘机直捣库而擒渠以断其臂，皆及今为之，或犹可及。若日听俄人退兵之恐吓，则是甘心让地待亡。夫天下古今，岂有内治其国，调兵保境，而许他人之置喙禁之者乎？勒退兵者，无异勒割地云尔。彼之敢发此言，轻我为不国，命令属国云尔。而能受此，言已自安于非国，况于听命乎？勒退兵而可以听命，无异于献地也，无异于臣属也，岂有外交乎？此而不抗，无以为国。

只有明正其谬，延宕其时，昼夜进兵，以为战守之计，百事可议可商，若兵有进而无退，此为决定不易之义，无可商者也。

我国民居监督政府之任。夫政府以保疆土为责任者也，今者俄以无道，诱吾叛人，强夺吾土，政府只有直捣库伦，自守领土。本无和议之可言也，然政府以守御未备，不敢骤战，听之可也，屈首讲和，不得已而听之可也，然政府已为失职矣。若夫听敌命自退兵，而听敌之进兵，以拱手献地，此则国民应尽监督政府之责，而不能听政府之谬妄献地矣。今则国民同负割地之罪矣。议院者，代表国民者也，对此退兵割地之事，应如何监督政府乎？否则议员坐献地之罪，国民可不认此议院矣。今吾国民丁此绝地，宜人人同心，合全国为一营，举国民为一旅，破釜沉舟，背水为阵，以拼一战，胜则国存，败仍不亡，人人学夫差之使人呼于廷也！春秋之义，大夫出疆，有可以安国家定社稷，专之可也，况今政府受命于国民，而宪法未定乎？今为中国生死存亡之秋，若国民多数同情，而政府不战，国民另开国会，公同决战议可也，公同决进兵可也，公同举元师可也。若政府违国民之命，易政府可也。

国民乎！议院乎！政府乎！中国幸存恒于斯！中国分亡恒于斯！惟幸图之！

1913年2月20日(孔子二千四百六十四年正月十五日)，第一册

蒙藏哀词(下)

吾此文草于夏秋之间，吾政府懵于外事，于蒙藏万里之大变，皆置不理。吾入藏军，将士大败，引退而不救，英使来文数月不复，而甘引退兵。于俄、蒙亦然，乃至于楚、粤割据，亦行退让。英人熟知吾政府之畏怯退弱无能为也。虽四万万人之国，非百万人波国之亢厉比也。所谓入空虚之地，行枕席之上也。又见俄势力日入于蒙，库约已定，兵队东侵西掠，将吞全蒙、新疆而未已也。英人为均势之故，亦不能不纳达赖而定盟约，不能不调大兵而入藏。顷闻江孜、察木多驻兵数千，拉萨驻兵二千，日进不已。今英报助之，英政府持之，非复昔者一使之言矣。而达赖既与库伦联盟拒我，又将遣使游欧，浸假而约章渐交于列强，浸假而英兵弥满于藏境。吾于藏也，使臣骨断，诸将血埋，匹马只轮不返，英又阻我，道路不通，曾几何时，全藏几无吾华人之影矣！国民哗甚。远隔数月，乃谬发拒文，以复英使，则迟矣，大势已失，无可挽回矣，尚何属地之可言乎？呜呼！卖此六千里之金穴，此政府之罪也。

虽然，蒙、藏之自立，起于前年之革命，则不能尽责于今政府矣。辛亥之冬，吾草《共和政体论》曰："晚清若去，蒙、藏必不能保。"嗟乎！不幸吾多言而中也。然则

为今之计奈何？仍竭全国之力以与俄战而已。当巴达坎之战事未定，奥、俄相持，德、意助奥，而英、法亦不满于俄，俄岂舍近图远之时哉！若俄远肆东封，法、英亦恶其失欧中拒德之势也。且俄自与日战后，财力困绝，公私交匮，以公债纸币强行于民，几与我同，外强中干，诸邻不睦，不足畏也。今但倾全国之力以拒俄，俄牵于欧东之争，必不能与我战也。即果欲战，亦必有他国出而调停，而后吾蒙可保，则英亦必归藏，吾乃两全之，此天与也。若但畏缩不敢拒俄，则岂但蒙、藏并失，瓜分即至。中国之亡恒于斯，中国之存恒于斯，惟我国民图之。此文于今，几为过去，然亦有握要中于今日者，故仍录之。更生记。

吾国之号称人豪者，其知识粗知读旧史而保中土，于是竟有主弃蒙、藏者。则今真弃矣，何其傎哉！虽然，以彼谓蒙藏非吾内地，不足惜也。岂知蒙、藏不保，其后必至侵中土而袭中土也。两千年来，匈奴、鲜卑、突厥、吐蕃，久为边害，吾西北鄙万里之土，甲胄生虮虱，庭帐蓄烽火，断脰涂膏，不知几万亿，以事防边，犹无以为计。不然兀兀长城，雄压万里，何为而作哉。二百年来，燕晋秦陇之间，堡候生草，居人安枕，是臻何故欤？盖自清朝取朔漠四十国，西定准、藏，奄为版图，以大我中国之声灵，仅乃得之。且夫蒙、藏之为地，其为广大，比中国何如哉？中国内地千三百万方里，而蒙、藏之地三千一百万方里，盖几于三倍中国焉。以言富藏，则阿尔泰山（即大金山也）、天山、西藏，皆昆仑之墟，大地之顶，产金之所，大地之金矿莫大焉。以言畜牧，则马必渡沙，足力乃强，内地马少弱，不足为战具。故索伦马队，清时已兴；而大宛名马，汉世所求，今皆在我蒙域之内，虽养数百万马，犹可为也。以言移殖，则内地人民蕃庶，已无地可移，有蒙藏之空虚以实之，则徙植富庶，实为第二之中国。凡此三者，皆关系莫大焉。

夫英之争直布陀罗一岛也，竭全国之力，十八年而取之于班。德之争奥斯、鹿林二郡也，握莱因河，竭全德之力以争之于法。近者土、突之战，糜财无数，不过争的黎波利一郡地耳！即日、俄倾国之争，亦仅争旅顺尺寸之地。奈之何，有轻弃蒙、藏，举三倍中国之广土众民而弃之者乎？此真率土以内，邃古以来，未闻之异事，而不图吾国竟有之。呜呼！何从得此亡国之言哉？外蒙既失，则新疆、内蒙之土地继之，西藏既失，则川滇之桴鼓长鸣矣。呜呼！吾滋不欲闻之。

或者曰：吾国共和新立，内乱未定，财政困乏，兵械不足，吾实无拒人之具，安能不俯首忍心，以听人之取携乎？比者俄、英之使，交聘于道，蒙、藏祸发，盖有自来。一俄临蒙，吾无以拒之，吾能以至贫弱新造之邦，而并抗至富强之英、俄乎？奈之何？应之曰：否否，不然！子徒气摄于外，而坐甘亡国耳。吾十年于外，久游于欧，盖粗知外情焉。英之立国也，数十年来，皆以持盈保泰为义，其国土扩大已甚，非复有日辟疆土之志。其有事于疆场，大率其边臣外使，欲借此立功，力陈便宜，惑其政府，非其政府之用心也。其始启西藏也，乃其绘地技师波者，摹绘藏边之图，诱哲孟雄王于印度而囚之，因取其地为保护国，瞰吾藏空虚，遂进图藏。当是时，廓尔喀者，藏之教俗种人也，与藏多交亲，而新变法治兵，英人资以窥藏。适庚子乱后，吾国力大衰暴露，值印督寇仁年少气盛，有立边功而封贵爵之心。辛丑、壬寅之间，乃筑三城于藏边，以俯临吾藏，日运兵械，暗实军储于其城中，乃请取藏。

时今袁总统方总重兵遥执朝权于天津，岑云阶方由粤督川，皆有后宠，吾并以详书告藏急。谓及今急图之，筑铁路，驻重兵，派重臣经营，可免后患，迟则无能为也。而中朝皆无远虑，置不理。吾为官制考，言防蒙、藏事綦详，欲筑铁路以四镇兵防守之，后又再上防守蒙、藏之书，惜无人议及者。然幸英相巴科，守文贤相也。不欲开边衅，电责寇仁，罢其用兵，苟延数月。既而寇仁以藏实空虚，不得已而朝于伦敦，极陈藏可乘之故，于是癸甲间有英兵入藏之事。乃派唐绍仪定约，卒以藏之主权归我，至于今者凡三次约文，英终无一字之干预焉。乃者乘我内变，因吾藏乱，英使言于吾政府，为约三章，曰尔其不得进兵于藏，开矿于藏，设官于藏，否则吾英不承认中国。夫以英之富盛，苟欲竭其兵力以取吾藏，吾岂能拒哉？然英使之为言也，曰尔若进兵于藏，则吾不认中国，则是欲以全藏六千里之地，而报英之一认也。彼盖欲以一纸空言，而得吾六千里之藏也。

夫国之能立与不立，岂在人之认与不认哉？吾中国立国数千年，自为文明，自为强盛，何尝有待人之认耶？昔者叩关通款，强逼订约，亦必待其炮声轰厉，然后订约为友邦，乃彼欲来认，而非我之求认也。若彼力能取之，则自取之，而何有于认与不认也？若彼力不能取之，则我自立国。彼虽不认，徒于其商务及国际有损，而于我何碍哉？我但理财练兵，速修内治，何计人之认与不认耶？昔塞维王彼得弑君自立，至无道也，英人不认之。久之，国交有损，则不能不认。故但患不能定内乱，固内治耳！认不认，非所计也。乃吾国士夫，自政府以至议院，不解外事，不求内治，终日鳃鳃，但求承认，公然无耻，开口求人。彼使者久于吾京师，而深知吾内情也，知吾政府议院之汲汲望人承认也，故如吾之情而饵之。而吾政府不知外情，果为所愚，特令尹昌衡止进藏之兵，然而彼之不承认如故也。

盖承认与不认，固在吾国之能立与否，亦在列国之联约公定，而非一国之所能为也。彼知吾国士夫之懵于国际，而急求认也，乃欲以承认一空言，坐得六千里之藏地，彼其愚视吾政府议院，盖犹婴儿也。故陈富强之势，以为恐吓，又出甘美之空言，以相诱迫，如吾之情，求以相试。甚哉！吾政府之愚，而英使之智也。英使诚智，然非吾政府，谁甘为之愚哉！六千里之藏地，或可拱手以与英，其可以空言之相认而易之哉？即各国不认，而英国独先认，我国其可以六千里之藏地而易之哉！假令某强国又曰，汝能与我以某地某省，吾将认汝。我亦可与之乎？若与一而不与一，其召衅同，若尽与，则中国可一日而亡。六千里者几何地，而可以一空言让与人乎？

今各强国非不欲狡焉思启也，而无如欲取一地，势不能不出于战也。若战虽取弱国，其用兵若干，縻饷若干，死人民若干，皆当预算，又必当出自议院之议。其议院必有多党，其在野必与政府相反，其无关于国命、国耻，而欲妄动兵者，政府党虽欲为之，在野党必不应之，则欲通过于议院甚难也。昔英保守党之主攻非洲之波也，既取其地而灭之矣。波民不过百万，然而英用兵三年，縻饷三十余万万，死伤数万，乃仅得之。卒为自由党所攻，于是英相沙士勃雷吐血而死，张伯伦盲目而废。至今保守党八年不振，则取波之故也。

今者藏事，不过英使一人之私意，彼见俄已结库伦之约，欲借藏为抵制，且以保印度，劝其外部大臣格雷而为之耳！议员质问之数数矣，以无端乘衅而开边责政府者，亦屡闻矣，非英全国人之公意也。今保守党已啧有繁[烦]言，其报日加攻击，若我拱手而让之，是助英使之成功，而令保守党之叹息痛恨，欲助我而不能也。

当英使来告时，即以正言拒之，谓藏为吾主权久矣。英三立约，未尝干预焉，今奈何不许我用兵？吾驻藏官兵，消息皆绝，肝脑涂地，吾自定内乱，吾自救边帅，非人所能干预也。英为文明国，断无干预吾内政之理。试问印度有内乱，吾国令英不进兵，英能从吾命乎？一面力拒英使，一面严兵疾趋，进兵定乱。川兵不足恃，则以滇兵继之。两道并出，兵凡数万。滇兵尤称精练，军械皆新式，以当藏兵之窳败，未有不胜者也。自亚东至江孜，险要十余，立筑营垒，守以重兵，自巴塘至拉贡、及江卡，速修轻便铁路及电线。

英政府保泰持盈，固非必务辟土以取吾藏也，其亦恐我之不能守藏，而虑以资俄也。我若能守，英未必来。且各国皆谨慎畏战，英则尤甚，况巴达坎之事未已乎！各国虽皆耽逐吾国，皆仍共守约章，皆以保中国为名。若入空虚之地，行枕席之中，唾手取六千里地，以立大功、得大名，则为之。若至调重兵而作大战，则非得议院之同心，经议院之筹饷，不能也。俄首败约章，先犯蒙地，英人已畏俄之卷我北土，临彼印度。英又与日有约章，保全中国领土，若自犯不义，而首背日约，首导俄贪，为大战于藏，全院议员，必不同心。今自由党势，亦复岌岌，保守党日夕蹈间窃发，而谓敢无端举大战以授对党以口实，又蹈首背日约，先导俄贪之失，必不然也。

昔赵尔丰调兵入藏之时，或有忧其冒险以开强英之衅者，吾则以为宜尔，不足忧，英必不动。后各国报皆誉之，足为证也。兵贵神速，需者事贼。春夏之间，吾能以大兵压守前后藏之境，而虑英人调兵入藏以相拒战者，吾敢信其必无也。

或谓设英人果有野心，实行调兵，则吾何以拒之？以吾所闻，藏人之欲保于吾而畏英久矣，班禅尤不忘我。英藏新交，未能骤用藏人也，若大调英兵，则自亚东至拉萨，须二十二日，悬军深入，道路艰难，运饷不易。若我兵先入，有名将重兵以御之，未必败也。即使百败，犹当百战。英人久劳师旅而费巨饷，其保守党必藉此攻之，其外部大臣海雷、英使朱尔典擅兵，未必能保其位，或且自由党由此而败也。即师败饷绝，竟失全藏。而我兵久经战阵，胆气渐壮，阅历渐深，有以风示列强，俾知欲取我必须大战，必不可以空言取也。则虽失于藏，而所保全者亦多矣。要之，以一纸空言，而取我六千里之藏地，则万万无可行者也。

吾国政府，素谙于外情，而久吓于强势，外使知吾情之若此也，多以恐吓诱成功。昔庚子之赔款，吾国之赔于外者四万万两，其立约也，至分明矣。有英参赞熟于吾内情，告英使曰：华人之愚，可责以磅价易也。英使不信，英参赞乃告吾外部某大臣曰：各国不欲以两数，而欲以磅价易也，意已公决矣，贵国将奈何？吾大臣曰：待商之。夫两价之不可易磅，可一言拒之，而不待商者也。然而吾大臣之懵而复之以商也，彼遂有机可乘也。乃曰：限若干日复我。某大臣乃走，商诸大臣，皆蹙额曰：可拒则拒之，若其公定而不能拒，势亦不能不从其改磅价。越若干日，参赞者复来，色益厉，词益坚，谓倘不议定，则兵舰至。某大臣乃色怯词逊，而密语之曰：磅价事，尽可商，但不能速耳！遂尽中某参赞之计。归而语英使，英使以告英政府，英相巴科犹严饬英使曰：此不信不义之财，非吾英所当为也。英使乃遍告各国使曰：华政府愿改磅价。于是各国政府不得不认，而改磅价遂成，岁增补磅价之费数百万。吾政府谙而易欺如此，此乃一英人告我者也。

日本前递信大臣林董，昔在英使时，告我曰：君不在政府，吾不妨语君也。俄、德使皆语我曰：华外部大臣，可以恐吓欺之也。但有所要求，拍案曰：不从则调兵舰，则无不从矣。德使又曰：吾始闻俄使之言，不信也，既而果然。贵政府之騃如此，岂知用兵之事，为议院之全力，非一时之政府所能妄为也，况又有他党犄角之乎？甚矣！吾政府之容易为他人吓也，则待瓜分而已。

凡进兵于藏，必用重兵，勿用轻兵，必速勿迟，则英必不争藏也。惟俄若得蒙，则当行均势，英必争藏。俄若以空言恐吓而得蒙，英亦必陈兵以空言取藏。俄若以兵力取蒙，英亦必以兵力取藏。故英于藏之举动，必视俄之于蒙，此为决定义，无可疑者也。

吾至贫弱，万无以兵力敌两大之力，又不待言也。较于俄、英之间，俄首冒犯各国之公约，贪蒙土而耽逐，不顾人道，不顾信义，而惟土地是争，有决心焉，不能以和平望也，故吾惟有倾国力以拒俄。若蒙事既解，英必以藏还我；若蒙事不解，吾虽守藏，亦必无济也。故吾对于英，可以友邦之和平待之，而全力以拒俄可也。

1913年3月22日（孔子二千四百六十四年二月十五日），第二期

来日大难　五解（香山为浅易之语欲人人可解焉）

其二

忧西藏也

来日大难，瞻我西天。拉萨金瓦寺，佛雨黯然。我吏我徒，血□磨逻川。只轮不返，阵云莽边。易树三狮帜，遍藏翩翩。嗟我旧藩，王会百年。片马茫茫，蒙自连连。载危载慑，西望川滇。

藏又割地矣

康有为

——壬辰。（须弥，今又译作喜马来。）

喜马来山云四飞，山河举目泪沾衣。此通藏卫无多路，万里中原有是非。（按：于今十年，藏遂已矣。）

1913年4月21日（孔子二千四百六十四年三月十五日），第三册

《中华小说界》

《中华小说界》于 1914 年 1 月创刊,在上海出版。月刊,中华小说界社编辑及发行,1916 年 6 月停刊。

喇嘛打鬼

番僧最尊者为呼必辣吉，能悟前身。人称之曰呼图克图，华言再来人也。次朝尔吉，次勺熟，次喇木占巴，次噶卜处，次温则忒，次德穆齐，次合楞，次合丝规，次合嗦尔，次班第，次合由巴，次戳由巴，次骨捻尔，次颤马。女僧为尺巴甘赤。有室家者，男为吴巴什，女为吴巴三气。总名之曰喇嘛。打鬼者，梵言都勺。是日佛殿上然灯无数。建大旗于四隅，旗绘四天王像。戳山巴鸣金，传执事齐集。设呼图克图座于殿东头。朝尔吉以下俱列坐。一僧名茶勃勒气，散净水于众僧掌中。无常职，班第为之。以醍醐调面作兽形，为鬼食，谓之胡朗叭令，陈儿[几]上。二甲士左右立，以帛束口，恐人气触之鬼将不食也。班第饰二小鬼，相对作婆娑舞。夜叉睨其旁，向内一呼，即潜入人丛中，扬面以迷人目。殿内吹钢冻。钢冻者，以□骨为之，西番乐器也。诸乐随之以奏。合嗦尔十二人，戴假面，饰马哈喇佛。备极殊怪，双双舞跃而出。其一曰尼利汗，文殊化身。二曰作嘛知，文殊之护法神。三曰嘛哈噶喇，四曰喇嘛，皆观音化身。五曰戚义叭喇，六曰滋那谜喳，七曰著基阿拉嘛，八曰冬琨著煞，九曰生合冬朿，十曰出生冬朿，十一曰煞拉瓦，十二曰摸黑，皆观音之护法神也。惟尼利汗煞拉瓦为牛、鹿相，余皆不可辨。合楞十人，饰十地菩萨，锦衣花貌，继之而出。手执脑骨碗，骷髅棒，乂[叉]桿镂彩等物。旁立番僧数百，人人持鼓与钹。鼓、钹之节奏，随其跳舞之疾徐。赤甘巴出，吴巴什夫妇执香环绕。温则忒宣开经偈。众僧朗诵秘密神咒，吽声如雷，铃声如雨。喇木占巴以胡朗叭令掷于地。于是牛、鹿二假面持刀斫地，作杀鬼状。复有一僧曰乃冲，戎装执戟，吐火吐刀，云神附于身。观者皆膜拜，奉单绸巾于神，以问休咎。跳舞毕，合由巴以糖一钵候于户，抹众僧之口，而佛事终焉。

1916 年 4 月 1 日（民国五年四月一日），第三卷，第四期

《正谊杂志》

《正谊杂志》于 1914 年 1 月创刊，在上海出版。月刊。由正谊杂志社发行，编辑人谷钟秀，发行人李宣。停刊时间未详。

西藏委员向我提出三条(中国大事记)

十一月三十日

西模拉会议,西藏委员向我提出三条:(一)中国以后不再设官驻兵于西藏。(二)西藏为独立国。(三)中国兵在西藏致藏人之损失,中国政府应担任赔偿。陈贻范已将该条件送交政府,现暂会停议。

英藏联络极密(中国大事记)

十二月三日

英藏联络极密,英皇于上月派员携赠达赖礼物四种,内有英皇及皇后肖像。达赖所派答礼专使已抵伦敦,馈献英皇以赤玉雕释迦牟尼像,为必绷寺古镇品,外尚有达赖油画小影。

1914 年 1 月 15 日(民国三年一月十五日),第一卷,第一号

西藏问题(中国大事记)

尘　公

西藏问题自西模拉会议不谐之后,欧洲战争踵起,遂悬而不议。但外间轰传三国草约签字后,闻肃政史江绍杰有弹劾陈贻范丧地辱国之弹章。政府虽未加罪陈贻范,而江肃政之呈文已批交外交部核办。外交部当时以办理中立事务,亦不暇顾此。近总统府政治顾问摩理孙自伦敦回京。又有传语英国极愿开西藏会议之说,并对于草约划定之自治区域,亦稍有退让。故现今有西藏问题在北京开议之风传。江肃政弹劾陈贻范之措词,比于有泰、崇厚,亦妙文也,节录如左。略谓:议约专员陈贻范不谙藏情,一意媚外。英人提出之条款,未电请政府训示,遽尔签押,致英人持此为口实,责难政府。其中重要之点,如强分察木多以内至打箭炉为内藏,察木多以西为外藏,并强以青海玉树三十九旗、蒙古二十五旗归属藏地。皆万不能俯允者。查藏界以宁静山为界。前清光绪二十四年,瞻对与四川属明正土司争战。四川总督鹿传霖奏明派兵攻取瞻对。当时朝议,均以收回三瞻为救藏之策,因谕锡良等筹办。其后,赵尔巽、赵尔丰因之改设郡县,计三十有三,皆离土司之所属,归郡

县主管辖，户数达二十万以上。川省人民于民国时代有建西康省之说。区域虽未明定，而三十三县仍旧隶于川省可知。玉树三十九旗毗连哈密，实青海入藏之要道。从前福康安自西宁出征廓尔喀，该三十九旗供给人役，奉命唯谨。每岁纳粮贡马于西宁办事衙门以为常。民国成立，已派马维骐等宣慰该番族，与藏族风马牛不相涉。蒙古二十五旗之占据藏地者，系和硕特顾实汗之后裔。当明末清初，为保护喇嘛有功之人，归理藩院驻藏司管理，直接受成于驻藏办事大臣，不属喇嘛。犹之汉人寄居蒙地者，不隶于札萨克，而归理事同知及州县直辖。虽于其地借居，而地主无统治之权甚明。奈何陈贻范不明西藏之地理、历史，贸然信从英人杜撰内藏外藏之谬说，轻掷我土地、人民于异域。（中略）

今闻政府有令撤回，然误国小人若使逍遥法外，恐接踵而起者益无忌惮。前清朝纲不振，然于崇厚之议俄约因言官交章弹劾，犹毅然置之于狱。再以藏事征之。当英兵因争界入藏，遣有泰与英员筹商，乃先行订约。朝旨严斥，终遣戍伊犁。今陈贻范之恇怯等于有泰，而专擅浮于崇厚，（中略）请立予陈贻范以重谴，保荐人员亦负连带责任。并请命外交部慎选使才，凡驻英、驻俄公使，务须添派长于蒙藏掌故者为随员。部中亦宜物色研究蒙藏历史、地理之人以备任使，勿使舌人滥竽充数，则民国幸甚。

1914年12月15日（民国三年十二月十五日），第一卷，第六号

《浙江兵事杂志》

《浙江兵事杂志》于 1914 年 4 月(民国三年四月)创刊,在杭州出版。月刊。编辑及发行者初题浙江兵事杂志社,后改浙江军事编辑处。主持者为林之夏、厉家福等人。此刊刊名仅在初期及后期目录页冠有"浙江"二字,余仅题《兵事杂志》,颇易与天津及南京出版的《兵事杂志》相混致误。停刊时间未详。

记西藏问题之经过

西藏居我国西偏，内植屏藩，外拒邻敌。土地广大，矿产丰饶。由清及今，固明明我属地也。乃自俄人笼络于前，英兵侵略于后，而西藏遂危于累卵。迨至民国成立，西藏受外人唆使，效库伦之所为，倡言独立，肆无忌惮。今日几有不堪回首之势矣。言念及此，良足深惧。

前岁四月，政府曾欲缩小达赖喇嘛之权力，使西藏之对中央，如内地行省然。孰知英人窃睨其侧，深恐不利于侵略。因于是年八月，由英使通告我政府曰：英国承认中国于西藏有宗主权，惟不得于西藏行使实权。因西藏与英国已结缔条约，其性质等于独立国故也。政府接此通告也，且惊且疑，终无如彼何也。已而中、藏、英三方面于去岁十月下旬，开会于印度西姆拉，即磋商此主权问题也。政府特遣委员陈贻范前往开会。以后三方各执一是，牢不可破。议论愈多，而彼此意见之悬隔乃愈甚。至十一月，更迁会地于德列。彼时以为各方面谈判可望渐次解决，而岂意大有不然者。

去岁一月，西藏与伪库政府缔结密约，互认为独立国。未几，藏人竟将办事长官逐出境外。肆意妄为，至斯已极。加以革命之役，藏人咸晓然中国军队之不足恃，于是处心积虑，益无顾忘。政府欲以江达为中藏境界，而藏人之所以极端排斥誓不承认者，职是故也。

此次三方面之会议，西藏所要求者有三：（一）一九零二年中英藏印改订条约全然取消。（二）中国承认西藏独立。（三）中国撤还拉萨办事长官与其卫兵。我政府提议者凡四：（一）英国依旧得于西藏各埠设立学校，经营商业。（二）中国当于五年以内改良西藏民法、刑法。改良以后，即将中央[英]会审制度撤销。（三）凡于国际之债务事件，由中英两国公决之。（四）倘西藏发生乱事，英国不得将军器输入西藏。英人对于我国所提议者反对最力。所以然者，因利于我而不利于英者实多也。

昨接北京通信，谓：西藏问题行见解决。中国承认达赖于前藏境内有统治实权，中国唯保有宗主权，后藏则纯然为中国属地，中国得为一切行政之处分。此事是否可信，未敢预必。使果现诸事实，其裨益于我者试问究有几何？况后藏僻在西陲，向为中国主权所难及。以主权难及之地，反谓有统治实权，记者恐未之深信。窃恐其结局亦仍如前藏之沦入英国势力范围之内耳。

1914年8月（民国三年八月），第五期

西藏交涉之近闻

西藏会议决裂后，施君肇基由沪致电政府，陈述该会议之善后办法。兹悉大总统接到施君之电报，一面派员前往驻京英国使馆，预以非公式的交涉西藏会议之继续事宜，一面则拍电四川胡将军，略谓西藏会议现已谈判决裂，而藏兵再行扰乱境界，事属必然，故须速派军队，向该地方进发，以备预为防范。但中国政府关于西藏问题与英国之交涉，专持平和态度。故特诫该守备之军队，万勿衅自我开云云。

1914年9月（民国三年九月），第六期

条陈川藏军事筹备法

陆军部前日提出要案一封，闻其中所陈者关系于军事要案一切办法，大半皆为川藏外交决定后关系军防上种种之布置。大总统披阅后留于办公室，并未批交统率处核议云。

1915年9月（民国四年九月），第十八期

蒙藏军队概情

有某君新自蒙藏来，据言蒙藏向无正式军队，数年前武备形式尚服古装，临时有急，则兵出召募，平时仅按旧法，各处驻有戍兵，届期募兵瓜代而已。近年以受外来之激刺，编制新军，复聘外人教练，规模尚可观。然据闻外蒙除要塞驻扎者外，可供调集者不过三万余人。西藏军队名目虽多，而实际可称者则尚不及此数，且饷糈极薄，故人人视当兵为畏途云。

1915年9月（民国四年九月），第十八期

懋功藏匪进扰川边

《字林报》六月四日打箭炉通讯云：

懋功藏匪占据丹巴县。该处原有滇兵一队，约七千人，系由打箭炉派往防守者。藏匪进攻时，双方接战于桥侧，滇兵不胜，拆桥而退。此役滇兵拒战似未出力，

盖镇守使所派之调查员，以为滇兵人数虽少，应能驱退藏匪也。藏匪不直接攻城，折至下游约七英里，然后渡河。滇兵闻之大恐，连夜退至大茅里，约二十英里。是镇在直达打箭炉之大道。丹巴知事先未知兵已退，后至次晨始悉，不得已追至大茅里。与之偕行者有天主教教士一人。难民避至打箭炉者，不下数百人，内以汉人为多。镇守使出示谕居民，善待难民。有一赋性慈善之商人，发卖粮食，取价较原价减少三分之二，嘉惠难民，实非浅鲜。闻藏人附和伪皇帝谋乱者，约五千余人。

此事起点，尚未详悉，传来消息，彼此歧异。惟懋功藏人实为原动，鼓起乱事，有勇无谋。余者多由邻境被胁而来，盖势力不敌，无可反抗，惟有从乱而已，一遇劲旅，则此乌合之众，自必溃散无疑。藏匪军械窳陋，弹药缺乏，传说成都发出接济汉人之弹药一批，已为藏匪截夺。然藏匪似仅有新式来复枪三、四十枝，子弹亦甚有限。此外军械，则为铳枪、猎枪、刀剑、矛刺而已。藏匪自夸有大炮数尊，实则旧式废炮，或以铁制，或以木制。闻藏匪凶悍不畏死，因喇嘛曾告以枪炮不能伤其身也。竟在被占境擅派官吏，对于汉人与外人，显抱仇视之态度。打箭炉派出援兵，携带快炮，前往迎剿，以太保山下大茅里为根据地。居民颇有以藏匪将进扑打箭炉为虑者，胆怯之人已移居他处。惟多数居民，以为藏匪必不趋往此方，或将拥至茂平及成都平原耳。第蜀军驻于茂平附近者，兵力颇厚，足以遏其进行。区区小丑，既无纪律，又无统系，苟军队奋勇临之，则一鼓可歼。奈察官埸[场]计画，殊未见有奋勇直前之象也。

军债之筹募，缓缓进行，其数今已决定六万元，筹款手续简单，尚有效力。其法乃分商界为若干款，视营业之大小，定认债之多寡。如茶商为此地生意最大、资财最厚之商家，故摊认二万元，嗣由茶业同人自行分配。其它商业，如麝香、绸缎、丝布、金、烟、药各行，皆照此办理，无一遗漏。即藏人亦须认缴一万卢比。此债无利息。商家运货至打箭炉者，准减收入境税百分之二，藉以清偿债款之一部。至于完全偿清，则以三年为期。

1917年7月(民国六年七月)，第三十九期【四川省图书馆收藏】

川边藏匪败退之西讯

《字林报》本月十二日打箭炉通讯云：

丹巴县业已克复。川军与藏人交战两次，藏人向懋功败退，打箭炉转危为安，人心已定。丹巴之避难人民，均奉命回里。据官场捷报，谓是役杀敌千余人，且获炮械无算云云。众皆知为淫报，至实数仅约三分之一耳。捷报中又谓生擒匪首一人，即处以死刑。

该镇大受藏匪蹂躏，天主教堂之产业亦有一部分被毁。打箭炉之兵并未乘胜进逼，以图克复懋功，盖待陈将军之兵由东面门平前进，以便会同作战也。藏匪现出现于高里西喇嘛庙，庙在打箭炉与河口境之边际，故南路交通，今复中断，陆军运输队与商队，均暂时被阻。驻扎附近之滇军，已奉命拔队前往击散。近今卸任之河口民政官，甫抵打箭炉，亦奉上官之命，火速赴将乱之区，协助维持治安。盖外间谣传，现局乃由军队向藏人劝索金钱，激怒藏人而成。该员此行，殆含有意味也。张德近来消息颇少，惟据硕舒消息，声称张德下部已加入湘镇匪党，华兵现谋包围藏匪，以期一鼓擒之。扎木多亦有军队开至，从事此举。湘镇藏匪，有扰硕舒之势，当道已戒备一切，发军械与忠诚之藏人数百名，令守边界，且由华兵助之。

1917 年 7 月（民国六年七月），第三十九期【四川省图书馆收藏】

西藏消息

近日张督军电称：藏番迭次进攻盐井、大索、德勿、康定、里塘、甘孜、泸定等处，均被占据。其所用器械，均最新式快枪、大炮。川边兵备空虚，饷械匮乏，恐有疏虞，请速派兵驰援，并速拨济饷械。甘边亦被其侵犯，亦由马镇守使尽力防堵。政府现以川道阻隔，陕事又正纠辖，无从援助。虽唐继尧等来电允协济陈遐龄，而能否实行，尚难预测。近日对于此事，颇形焦灼。英国公使，又屡次要求解决英藏问题，且谓如不速行解决，由该国提出欧洲和会公决。闻外交委员会对于此项问题，正在研究办法，日前该会提出关于藏事之建议案。大致谓清末驻藏华兵，于鼎革之际，全体哗变，藏人乘机驱逐汉官，而英人借口调停，出而干涉。彼时民国尚未经各国承认，英人即宣言不允调停，即不承认。又云：若不派使会议，英、藏即行订约。彼时国基初定，不能不勉如所请。于是中、英各派专员，偕藏员在印度会议。三方磋议，于界务问题，争执最烈。而我一意坚持，奈英人袒藏，我虽有让步，而于我所主持界域，迄未赞同。嗣英员又提出藏约十一条，多方要挟，催迫成议。陈贻范专员目睹情形，遂从权画行。政府因此项约稿，损失过巨，当即声明否认。而英人始终认为有效，并不迫我签押。我未认可，会议因之解散。旋由外交部与英使接洽三端：（一）声明西藏为中国领土一层，改入正约。中国可允将察木多划归自治。外藏仍照中国去年末次提出界线办理。察木多内所有中国军队官员，一年内撤退。

(二)察木多、江孜、[扎]什伦布、亚东、噶大克,及将来添开商埠之处,设中国佐理员,其职位与卫队,均与英员相等。(三)正约因加入自治,外藏承认中国宗主权。英使以为约稿,只能稍加修改,不能复将全题重议。嗣因英使迭请解决藏案,我又重申前议,英使以川边情形,今非昔比,仍不同意,复屡次催促开议。时段前总理以我国川乱未已,交通梗塞,藏事究何情形,未从调查,只好俟大局定后再议却之,藏事遂因此搁置。

后据川边镇守使报告,藏番内寇,川边险要,相继失陷,英副领事台克满倡言双方停战议和,诱刘分统赞廷前往昌都。而该分统贸然与噶布伦议立停战条约十三款。台领又复折赴绒坝岔两军前线,与委员韩光钧再四磋商,提出停战条件,迫不得已,始允双方暂时停战。藏番退德化境内,我军退甘孜境内,停战期间,以一年为限,议出条件,呈候中央命令,再为解决等语。查此次所订条件,虽系暂时性质,未经中央许可,当无承认之必要,惟该约第二款载:若要改更此条约内之事,须要汉、藏、英三面议妥,方生效力云云。自属木已成舟,恐难完全推翻。

前次我国坚持界务,全恃川边兵力所及之地为衡,以为要求他项权利之地步。今则类乌齐、昌都、札了[丫]、德格等处,纷纷失陷,于实际上全藏已非我有。近来某方面有将此问题,在和会提出之议。查此次美总统提出议和条件,有殖民地之归属,应以该地民意决之一条。此次提出和会,深恐英国根据前项议和条件,借口西藏七年来与中央断绝关系之事,执为民意不愿内属之证,此后西藏将永久不为我有。

窃意此项问题,因循至今,已非一日。在我自以兵力压服藏人,使慑于中央威力,不敢再怀反侧,然后再用怀柔政策,羁縻其心,俾藏番自此怀德畏威,永无携贰,自为上策。惟此举内审国情,外维大势,有非仓卒所能从事之处。以国力言,则当兹国家多事之秋,川蜀一隅,凋敝尤甚,究竟有无实力,进窥藏境,固属疑问。以外势言,则世界各国,方鉴于武力主义之为祸,而有殖民地以民意为归属之表示,我国斯举,与世界潮流是否适合,各国对此能否不生责言,英国是否不致借口阻挠,尤应早为虑及。如或不然,即就已成之局,设备补救,一面疏通民意,将关于此项问题,经过困难情形,以及此次川边失败,与夫英人牵掣我兵入藏各原委,明白宣布,俾国人共谅政府苦衷,不致多所责难。一面迅即派员实地调查,并联络藏人感情,以为交涉准备,一俟得有头绪,再与英人就历次磋议各点,筹商结束,庶可收亡羊补牢之效。应俟征集各方面意见,决定方针,再筹入手办法。

惟现在南北和议尚未告成,此项问题,固属亟待结束,如于此时仓卒议定,万一西南各省不表同意，对于政府不免发生非难，转足为解决时局之妨碍。实于万难从缓之中，仍有不得不持以审慎之势，此又应加注意者也。

1919 年 3 月(民国八年三月)，第五十九期【浙江省图书馆收藏】

中藏交涉之边讯

《字林报》十一月二十月打箭炉通讯云：中藏休战约已满期月余，尚未有惊人之发展。虽未正式重订休战约，然双方皆有明白了解，各自按兵不动，以待北京解决之势。闻政府电致川边镇守使，谕勿开衅。而镇守使亦知兵力有限，稍稍自抑。盖此时出兵攻藏，未必为省吏或中央所赞同。苟无外援助以饷械，则边军难望收攻藏之效。镇守使有鉴于此，故无动作。使华官常守此态度以对藏人，则藏人亦未必愿乘机思逞也。就调查所及，镇守使派出之代表于八月间赴甘孜，拟与藏人磋商延长休战时间者，似尚未能与藏人领袖直接谈判，故迄今并未有何成功。闻藏军总司令加伦喇嘛刻在察木多，英领事金氏业已起程往晤矣。

1919 年 12 月(民国八年十二月)，第六十八期

《文艺杂志》

《文艺杂志》于1914年(民国三年)夏创刊,在上海出版。原为月刊,铅印平装本,第十三期改为季刊,石印线装本。版权页题文艺杂志发行,封面则题扫叶山房发行。由松江雷瑨(君曜)主编。停刊时间未详。

喇嘛斗法

涵　秋

塔尔寺，在甘肃西宁府城外七八十里，阿嘉喇嘛卓锡之所也。清光绪三十三年，西藏达赖喇嘛潜图逃入俄境，为清大吏达寿邀回，安置西宁。达赖以掌理天下释教自居，不肯往谒阿嘉。而阿嘉亦以西宁一带为其势力范围，傲然不肯相下。彼此恶感既深。达赖思以术胜之，乃以牛羊等兽之首埋入土中，加以禁咒，为魇胜之举。未几，阿嘉果亡。年未满三十也。其徒众大哗，控之西宁办事大臣庆恕，谓达赖以术杀人。庆至所埋处验之，果确。乃行文达赖诘问。达赖覆文谓，按照藏经某条，行此法者系感激中国大皇帝相待之优。故藉以祈福，并无他意云云。后亦不复根究。

第二期（未署出版年月）

《中华杂志》

《中华杂志》于 1914 年 4 月创刊,在北京出版。半月刊。自第一卷第八期起改为月刊。由中华杂志社发行,丁佛言主编。次年 1 月停刊。

西藏划界会议

西藏为英人垂涎已久，经营不遗余力，或修筑兵房，为久远之计；或增添军队，为防守之策。因之屡起偌大交涉。种种问题，迄今未有解决。其最难解决者，即英、藏所要求，关于包括内、外藏之领土问题是也。中、英、藏各代表在哲孟雄地方会议至再，三方意议不合遂中止。先是中国曾允让出约八百英里之领土，直至江卡之东。江卡者，中国原来所要求为与西藏分界之区域也。既有此让，而藏人乃欲要求青海全地，与青海以南、怒江以东之领土划归外藏占领，中国不能应允。而沿四川边境之地划入内藏领土，中国更不能承认。中国所预备让与者，即青海以南之地，迤东至怒江为止，可划入有自治权之西藏。而一方面青海南部及江卡以东，约五百里之领土可划入内藏。凡周知前清之疆界者，必知此让与已十分顾全邦交也。青海为中国属地，而怒江东边之领土，久在中国管辖权之下。且一方面中国军队固明明管理江卡及江卡以东之部落也。加以中国于该会议开会之始，预先表明中国军队不日西进，西藏军队不得东向。此项预约，即表明中国应保存其固有之领土。而今西藏乃不承认此言，则其咎不在中国矣。与前清赵尔巽督川时，曾以江卡定为与西藏分界之地。江卡以东，归入川督管辖，则是中国坚持以江卡为国界之说毫不为过。至以青海独立于西藏之外，则尤有实在之根据。因该地不归陕甘总督所管辖也。现在中国虽有六千至八千之军队驻扎江卡，受英人逼迫以后，已应允由分界之地退至怒江矣。不料西藏犹不满意，竟欲将内藏领土伸至四川边界。今中国又坚执江卡以西之吉雅达三十二土司之部落，实系中国人种，该地向为中国领土，与西藏毫无关系。现中国所允许者，即以怒江为外藏与中国分界之地。又从怒江起点，江卡以东约五百英里，归入内藏领土。此种让与，该代表等尚不承认。是以该会议只能停止。近据英外相在下议院讨议关于中国问题之宣言中有云：西藏划界问题，谓中国持论严酷而不近理。英俄既肯承认让步，不侵害中国主权，而中国乃欲贯彻其主张，实于英国印度边境大有妨碍云云。且谓英国甚望中国继续谈判，急剧解决云。

1914年8月1日（民国三年八月一日），第一卷，第八号

西藏问题之真相

(日)朝日新闻特派员神由正雄稿　天武译

(一) 西藏问题为中国外交上之重要问题,惹起世人之注意。然以其事实之复杂,交涉之延宕,欲知其真相实为困难。现闻最近西木拉会议决裂,谈判不调。其原因亦属不明,而揣摩说纷然而起。更据关于会议之报告,则英国方面所发表注重英人所撰之报告以为论评研究,其结果遂至判断西藏问题根本之曲直,有失其正鹄之势。吾关于此点尝劝告中国当局,公表谈判之真相必为中国方面之利益。而中国政府对于外交问题,特以严守秘密主义为唯一之方针,相讳而不肯发表。中国新闻对此问题之评论,但从事于外字新闻之翻译而已。此所以使中国外交之不利益日增大而不自觉也。

(二) 西藏问题为前清时代之悬案,久而未解决者。民国初元革命勃发之际,达赖喇嘛逃至达积林[大吉岭]。革命之后,因中国官宪严守秘密之结果,革命之情况一时未传于西藏。及拉萨驻屯军由四川得革命之详报,而西藏人以为可乘之机会,渐呈不稳之状。加以中国军队中有起而骚动,抗抵上官者。因此驻藏中国军队大半解散,中国官宪权利大衰。而西藏人遂切望达赖喇嘛之侵略拉萨矣。

西藏人向苦中国兵之暴虐,遂公同奋起攻击驻扎江达、拉里及其它要地之中国兵。千九百十二年(即民国元年)六月下旬,藏兵遂侵入四川,占领巴塘、里塘,气焰甚张。当时中国整顿内政,不遑远略,仅令四川都督尹昌衡与云南都督蔡锷会兵征藏而已。

当时达赖喇嘛已归拉萨。西藏军势力日加,而中国军队因粮食、弹药之途绝,不得已而至于休战。于其年八月一日两方互为协商,收中国军队之武器纳于拉萨之仓库,且受西藏人之给与,经由印度而归国。

当西藏骚乱之际,英国派印度兵入藏。中国政府诘问派兵之理由。英政府答言:为保护在西藏臣民不得已之举。而英国亦提出抗议,谓四川、云南远征军大举入藏,必且紊乱内部之秩序,使印度之国境至于危殆,请求进军中止。中政府答言:中国兵队但防御藏军之侵入,不进而攻击西藏。于是此一时之西藏问题,遂保其小康焉。

(三) 一千九百十二年八月十三日(即民国元年)中国政府对于英、俄两国为左之声明:

(1) 满、蒙、藏为中国完全领土,非经民国之承认,不得与该地方私订条约。

(2) 满、蒙、藏之矿产,无论何人不得作为担保向各国借款。各国亦不可轻于承诺而采掘之。

(3) 民国对于满、蒙、藏有自由行动之权,不容外国人之干涉。

(4) 民国政府对于各国居留民力任保护。各国不得藉保护居留民之名义增派军队而驻屯之。

(5) 蒙、藏反抗民国为国际公法所不许。外国人对于此等乱党不可加以助力。

中政府为此声明,一面为怀柔达赖喇嘛计,密使入藏晓谕达赖喇嘛,深言民国五族共和组织之本意,且约以回复达赖喇嘛之封号,撤回入藏军队。凡西藏外交,皆实行前清政府所决定者。于是达赖喇嘛电达袁总统。虽承认西藏立于中华民国之下,而民国对于自前清时代归西藏支配之境域,仅能保有宗主权。至于此外宗教上之权利与内政之权利,一切均不可关与,且要求撤退驻扎拉萨之中国军队焉。

(四) 英国政府于千九百十二年八月十七日致左列通告于民国政府,要求明快之回答:

(1) 英国政府虽承认民国从来在西藏之宗主权,而未承认对于西藏一切内政有干涉之权。故于袁总统一千九百十二年四月二十日发布之命令中所述西藏与内地同一视为平等,将来该地一切政治皆属内务行政范围之言,英国不能承认。

(2) 英政府对于过去二年间中国驻藏官宪擅夺西藏内政之行为,切实反对。且为尊重条约之主义,当使西藏长官实行其行政,按千九百零六年四月二十七日续订之中英条约第一条之规定云(若有必要时双方随时设法将该条约之各节切实办理)。然中国屡次背弃前约,故英国对于中国干涉西藏内政之见解,不能承认。且要求自后不再为受辩驳之行为。

(3) 中国现驻拉萨之驻藏办事长官随带适宜之亲兵,奉中国政府之命,对于西藏外交上之重要事件而与以助言,英国固可允诺。但驻扎多数之军队,则影响及于英领印度,故望民国政府制限其兵数。

(4) 英国政府为承认民国政府之前提,要求民国政府将上记各件迅速订约,且以文书为实据。

(5) 英国对于印度与中国及西藏之交通路,不能允诺民国政府无限制之使用。但此件于现在驻屯拉萨之民国军队不适用之,若拉萨驻屯军队撤回中国之时,则许其自由交通,英国政府决不阻碍。

中国政府对此通告关于西藏善后策而改定中英条约之事,已与英国以同意,且允停止西藏远征军。同时电致征藏军司令官尹昌衡，中止西藏进军。但对于英国政府提出条件之五条中，于他之四条不为何等之回答。其后经四个月之久至十二月二十三日始致左列之辩驳书于英国公使。

(1) 一千九百零六年之中英条约载明英国不并吞西藏，且不干涉西藏之行政。又中国虽约不使他之外国干涉西藏之领土及其内政，而于中国对于西藏之行政权并无制限之明文。又一千九百零八年之通商规则内亦规定中国于通商地有设置巡警及保护印度西藏间交通线路之义务，可以证明中国有干涉西藏行政之权。英国政府以大总统命令中有合汉、满、蒙、回、藏为一家之语，以为中国将于西藏设置行省，则全出于误解。中国政府并无改西藏为行省之意思，大总统之公文中已屡次声明之。且中国对西藏之政策征之民国临时约法、宣统皇帝逊位之诏敕、大总统就职之宣誓及达赖喇嘛复位之命令，亦可明知之，决非随意变更者。合五族为一家，与改为行省截然分为两事。总之，中国力保西藏现在之地位，并无变更从来政策之意也。

(2) 据一千九百零六年通商条约及一千九百零八年之通商规则，中国有使西藏人严密遵守此条约之义务。且为保持西藏平和及秩序起见，有驻屯兵队之权，今不可不履行其责任。总之，派遣之兵数仅为补助警察，施行法律，中国政府决无派遣无制限制军队屯驻西藏之意思也。

(3) 中国政府既屡经声明前清时代订结之条约，当然继续有效。则两国间所订立之一千九百零六年之中英条约及一千九百零八年之通商规则，亦当为有效。而缔约国当然遵守之者也。此条约中于西藏之关系，已有详细规定，别无订立新条约之必要也。

(4) 英国虽称印度间之交通路为中国所遮断，但如此行为非两国已至交战状态不得施行，中国政府至今日固无遮断印度通信机关之事，将来亦断不至有所阻害也。

(5) 承认中国新政府与否在中国政府之状态如何，不能以西藏问题作为承认条件。且承认中国非独为民国之私益，于英国亦有利益。甚望英国政府首先承认民国，无因西藏问题而起纠纷也。

对此辩驳书而观之，则民国政府最初承认缔结西藏关系之新条约，今有视之为不必要矣。英国公使怒民国政府之反复无常，当时英国舆论之态度甚为激烈。其后英国亦不为何等之回答。中国政府使驻英代表刘玉麟提出左列五条要求(英)回答：

(1) 中政府前照会英国公使数条至今尚未接其回答，究竟英国对于西藏有如何之意见，请求详细回答。

(2) 中国政府于前清时代两国间所缔结之条约，认为当然继续有效。近来英国人之于西藏有种种违背条约之行动，深所不解，切望急速禁止之。

(3) 中英间关于西藏之交涉何时正式开始。

(4) 对于片马问题、鸦片问题等之未决事件，急望英国政府任命全权委员求其解决。

(5) 达赖喇嘛近来派遣全权委员至英国为独立援助之交涉，果出于英国所诱引与否。

然英政府亦不为何等之回答，而西藏问题遂渐以此抛弃矣。

中英两国间以如此空文互相交换之间，而西藏内之情况著著变更。一千九百十三年一月中旬，驻藏办事长官联豫既离西藏，办事长官钟颖为藏兵所围。至三月下旬不得已而退出西藏。于是中国官宪在西藏之威信扫地以尽，而于政治上全立于无能力之地位矣。中国政府以温宗尧为全权大使派遣英国，为西藏问题之交涉，遭英国政府之拒绝而中止。

越六月三十日，中国更请求开始交涉。得英国政府之快诺，于是中英藏各代表者会于达积林而开协议。其后更以印度之西木拉为会合地。本定以十月六日开始会议。中国派陈贻范，英国派马克马桓，西藏派伦取谢脱刺，皆为全权委员，至十月十三日始开始会议。当初英国所提出条件六条如下：

(1) 西藏有完全自治权中国不得改为行省。

(2) 中国政府于驻藏办事长官卫兵之外，不得派遣军队。

(3) 中国西藏间有争议时由英国政府判决之。

(4) 英国政府对于西藏有经营自由商业之权，中国不得加以制限。

(5) 西藏内政须印度政府监督之，英国政府使代表者驻在拉萨。

(6) 西藏吐鲁蕃之境界有欠明了者，由印度西藏两代表者决定之。

中国政府对之提出七条如下：

(1) 新协商不得侵害一千八百九十三年及一千九百零四年中英两国所缔结之商业上契约。

(2) 于西藏之行政权皆使驻在西藏之中国官宪掌握之。但英国政府之商务官及商人于为外国贸易开放之地点得以设置事务所及商馆。

(3) 中国、英国及西藏臣民间所起之司法上问题由中、英两国官宪处理之。

(4) 中国政府约定于向后五年以内改良西藏之裁判制度,其后英国即撤废在西藏之领事裁判权。

(5) 西藏所已立契约之借款除个人私的契约外,皆由中国政府继续之。

(6) 英国官吏及商人之公私财产为土人所盗夺时,在西藏之中国巡警当查办之,但盗贼逃亡于邻国时则中国不负其责。

(7) 英国臣民不得输入鸦片及炸药原料于西藏,如有犯者处以严罚。

至于西藏方面之提案当时甚为漠然,不能明了。但据当初达赖喇嘛上表大总统之电报及其后之经过,其所希望者大要如左:

(1) 西藏之境域以前清时代所定之区域为境域。

(2) 西藏宗教上之行政固不受中国之干涉,即其它一切内政上亦均不受中国政府之干涉,但承认中国政府对于西藏全境有宗主之权。

(3) 中国政府须撤退驻扎拉萨之兵。

(4) 中国政府不得派遣军队于西藏境域。

(5) 中国政府对于远征军所与西藏人之损害当任赔偿之责。

因代表者意见之悬隔判若霄壤,虽为几度之会议,且变更其会议之地点,而绝无何等之决定。至本年五月渐见妥协之光明。大体以英国提案为根据:

(1) 中国对于西藏但有宗主权将来亦不许改为行省。

(2) 中国政府撤退驻屯拉萨之兵。

(3) 中国西藏间有新问题发生时经中、英、藏之会议而决定之。

(4) 中、英两国间所缔结之一千八百九十三年及一千九百零四年商业上之条约相互不相侵害。

(5) 英国于西藏有营自由商业之权,中国不得制限之,同时中国人于西藏商业上及其它之权利亦保留之。

(6) 关于西藏之内政,英国政府亦无干涉之权。

(7) 西藏、吐鲁蕃之境界由印度、西藏两代表者决定之,中国西藏之境界由中国、西藏两代表者决定之。

用以上要目为根据缔结十三条之协约,虽经各全权委员之签字,而关于境界问题,中国、西藏两委员间所见大相径庭,不易调和。至六月间,各请本国最后之训令,划以二周间之期限,于七月六日为最终之会见。因双方主张之强硬遂使八个月之会议归于水泡,不幸而至于决裂矣。

(五) 西藏会议决裂之要点:一、由于境界问题之不调,其原因已如上述。西藏委员以西藏之区域为前清时代之领域，即包拥现四川省之巴塘、里塘，划东经百零一度。后虽允抛弃其主张，而仍欲以青海之全部为境域，而改察木多以东为中国兵驻在地。中国委员虽承认拉萨撤兵，而以军队为事实占领以江达以东雅鲁萨布拉为境，以后藏全部、前藏西半为西藏之完全支配区域，以东半部为中国完全之领域。英国委员则主张以澜沧江为境界，以青海南半部、金沙江以南属于西藏，以为调停。由是中国更为让步，以怒江为境界，隐示保留青海全部之意。而西藏委员尚不肯应之。遂至谈判决裂。英国常立于两者之间，尽力于谈判之调停。自己固以此自信，外界亦以是许之。英国委员之态度果为公平无私，中国之主张果如世评所云之失当与否，颇为疑问也。研究此问题之由来及其经过，驻藏中国官宪之暴戾及其军队之惨虐固可憎恶，然以包拥大多数中国住民之土地全然分离于中国支配之下，则中国之拒之也固为当然。吾固知中国官宪之主张未为不当也。

1914 年 11 月 1 日(民国三年十一月一日)，第一卷，第十一号

《夏星杂志》

《夏星杂志》于 1914 年 6 月（民国三年六月）创刊，在上海出版。月刊。夏星杂志社编辑及发行。停刊时间未详。

西藏改建行省议

陈去病

蒙、藏改省，议者久矣。惜终未实行，致外蒙几非我有。今藏事又急，使不再为之所，将恐不可收拾，为蒙之续，则西陲去矣。故特掇其大要，编之如下，蕲明者察焉。

盖藏地之大，固未可以化而通也，必先就其近者易者，急植之基，俟事局大定，功效丕显，由是循序渐进，推而广之，至溥遍乎其远者难者而后已，此今日切要计画也。否则，或以其难，而因噎废食，或虞其失，而急不暇择，皆非所以巩固治安之策也。昔清室亦尝规画蒙藏矣，其意欲仿东三省制，辟蒙地为北三省，曰热河、开平、绥远，辟藏地为西三省，曰青海、西藏、川西（见戊申年报告）。北三省今已动议，将见实行，而康卫一隅，自尹昌衡撤归后，前功尽去，此吾所为扼腕而叹息者也。故今为藏计，拟先就康卫两部，力图开拓，而略择后藏、青海要地，加以整顿，则西藏大局，自可观矣。三数年后，物力稍增，治道稍进，乃徐徐举青海、西藏、川西鼎峙之为西三省，庶办理不致丛脞，而于进趋亦无所妨碍矣。

考西藏之地，本分四部，曰康，曰卫，曰藏，曰阿里。康又名喀木，即古羌也，谓之康者，音讹也。位最东部，东自四川雅州，经打箭炉，西历里塘、巴塘、江卡、察木多、边坝、丹达，及三大偏关，凡横断山脉内地，皆为所有。自清乾隆朝，准噶尔夷谋乱，经清军征讨，久而后定，遂封划其地，自宁静山以东属之雅州，宁静山以西属之卫部（宁静山有石刻“西藏云南巴塘分界”八字），并销其康、卫之名，别名之曰前藏。合藏与阿里二部曰后藏，总曰西藏。自是藏部之名独昭，而康、卫、阿里阒然泯矣。

然在西藏四部，除康部外，向以卫部为最重要，盖所谓全藏教主达赖喇嘛坐床之所也。故招提甚盛，比邱四布，隐然西方藩属一国都也。次则喀齐（即藏部之别名）之日喀则城，亦为班禅额尔德尼坐床之所。而阿里一部，几乎视若瓯脱，不甚措意。此乾隆以还，迄于嘉、道、咸、同历朝情事也。

无何，印度属英，而西藏之警乃迭告，亚东通商，交涉益烈，藏民蛮野，不识世变，动与开衅，于是英人遂得乘机阑入，肆意要求，致成今日之局。而后藏因以多事矣，而阿里亦且为要挟，不可恝置矣（噶大克通商）。呜呼！此岂非天时人事有以酿成之耶？鉴其缺失，急为补苴，俾日完密，归于安固。是亦未始非天或福我，故为艰苦以磨励其成。则今日开辟西藏，建置行省，亦岂可缓哉？

敢问置省奈何？曰为今之计，宜莫若尽复喀木故壤，断自旧雅州府境。凡雅州以东，则地属川，为四川省，如故制。雅州以西，则地属藏，为西藏省。设置郡县，如内地，建中立极，择区要之地，首辟之为都会，以都督驻守之。更相其冲繁，为川、滇、藏三边出入所必经者，亦经营之为陪部（例如江宁之有苏州），设巡按使以下官驻守之，俾成犄角，互相策应，而不至孤悬塞外，无所援助。夫如是，则川、滇、藏三边之防固，而东西内外邮传以通，汉蕃声气以是联络，中国之声名文物藉以化被遐方，驯其野性，岂惟西藏前途之福，而中国边患亦庶几相纾欤？

愚故请以卫部刺萨城为西藏首都，置府一曰逻娑，本《唐书》所称吐蕃旧都也（亦作逻些，俗讹为刺萨，均失考证），宜特设西藏都督驻守之。属县一曰卫，以前藏故卫部，而腾格雅兰河右岸有地曰泽当，肥饶繁盛，固可以设治也。次仍因尹督所置，于其东江达故壤，置府一曰太昭。并增县一曰恭布，亦康卫交界要害，可为障蔽也。（案：恭布一作公布，又作工布，系别一部落之名。）次亦仍尹督所置，于江达以东拉里故壤，置府一曰嘉黎，以抚慰卫部所辖诸土司，则卫部一区定矣。次以藏部札什伦布置府一曰雅中。雅中者，谓其城南据喜马拉雅山，而北则亘有雅鲁藏布江也。地势险要，适当高山巨流之中，故曰雅中。从湘中、楚中、秦中、汉中例也。设宣慰使及军师长驻守之。属县一曰江孜，则英人所索通商场也，地当卫藏要冲，东西争集，宜即其所为治。三于印藏交界置府一曰靖西，就故靖西厅名名之，府长外设交涉司一驻守之。属县一曰春碑，即今亚东关陆路通商所也（按：亚东关与春碑本属两地，南北相距计三十二里，亚东关最南与咀利山界稍北历仁进冈、吉马桥、卑塘凡二十七里，而至靖西又北五里始达春碑，又北一百二十里而至怕克里。藏中本分别之为上桌木、下桌木。今英人意欲混冒，辄指亚东至怕克里统名之曰春碑，其居心之狡可知矣）。四于阿里所属噶尔渡置府一，如其名（案：噶尔渡今中英条约作噶大克，其它地图或称加托克，而藏人则译为噶尔根萨夷翁），亦英人所索通商场也。且其北有拉达克城者，其民皆缠头也，其城逼邻和阗，为新疆交通要道。乙巳之后（光绪三十一年），英既攻藏，即由什基分兵袭据，视若己有（按：拉达克距拉萨西三千七百五十余里，所属有札石刚、丁木刚、喀式三城，为全藏之极边。札石刚又作札锡冈，尤与噶大克相近，且此事已历十余年，而竟无一知者，大奇），迄今未返。则噶尔渡虽商场，实为危地，不亟置府，将可以通商者，何不可以割据，而阿里一部去矣。然其地辽远，随在与他国毗连（如南通印度阿蒙部及独立之泥婆罗，西通印度旁遮普却[郡]及独立之克什米尔，西北通俄属西突厥斯坦及阿富汗、波斯等国，北通本国之新疆和阗），置府其间，宜参酌筹边使体制，假以兵权，听其便宜行事，庶随时有所戒备，而资镇摄，并宜兼综邮传、垦牧、外交诸务，藉以侦探边情，安辑民众。则西部一隅，略可组系矣。此全藏西部建置之大略也（三部皆在三大偏关之西，故称西部）。

请更言东部。东部者，故康也。位置适中，逼临川蜀，交衢所在，建置尤急。且北界青海，而与秦陇相接，南屏云岭，而与滇、缅毗连。往者野人山之役（即猓猔野番），我即误割其地与英，致滇、藏门户，顿生阻梗。而青海一隅，包围腹里，亦宜相助为理，俾日改革，而资犄角。此又因事开辟，而兼筹藩卫者也，其所举措，更孰可缓哉？

然则奈何？曰兹诚易事，固不可与两部同年而语矣。盖康部内属，岁阅二百，边氓愿隶，久已慕效华风，粗知礼义，近又迭经边帅，躬行讨伐，威武日昭。六七年来，东自打箭炉，西迄巴塘、德格、春科、高日诸夷，莫不改土为流，设置郡县，今但一仍旧贯，努力整顿，即可确定基础，为川西保障，而又何虑哉？

整齐奈何？曰晚清故事，原以巴塘为加藏门户，极关重要，故特设巴安府，置康安分巡兼兵备道员加提法使衔，俾驻守其地。今宜罢斥巡道，特设民政、司法、财政、实业、教育等官，以专理民事，庶远与都督所驻之逻安府互相策应，而都督亦得以一力经营西部，无复内顾之忧，则全藏大局定矣。至其所属三坝（今改武城）、盐井、定乡（即乡城）等县，及新设之义敦、德荣、怀柔、宁静四县，应一切如旧制，以昭简易。其它则升里化厅为府（即里塘，今改里化），不属县。又次仍以打箭炉为康定府，兼隶河口（即中江，今改雅江）、稻城（即稻坝）、化林、泸定、道宁、泸霍六县，及安良一厅，驻陆军师长一员以镇守之，俾外为巴塘之援，而内与川蜀相顾，斯安康一道通矣。又次设交通司一员，驻登科府（即丹冲科尔珠克特塘所在，今改卿登府），其府仍隶德化（即德格之龚哑）、甘孜二州，及白玉（介于德化、巴塘间）、石渠（即杂楚喀，一名杂渠卡）、同普（在德化西，土名渊普，即同巴土司，本青海极南隅地）三县。又次仍以巴塘西北之察木多置府一，曰昌都，并察雅、贡噶、杂貐、科麦、恩达五县。而南之波密部落，东通江卡，西接恭布，地尤平坦，且得捷径（按此路通可比官道近数百里），应增县一曰波密，属之昌都，亦特驻一陆军师长于昌都镇守之，俾厚益中枢，互资援助，庶兵力不虞其衰弱欤？盖其地当澜沧江之源，为东西南北之所必经，称滇、蜀、羌、陇孔道，番民倚山建碉，洞宇迴阻，营垒森列，市并骈阗，乃康部盛时一都会也。驻军于此，足以镇慑群蛮，自表雄武，亦筹边者之所宜有事也。又其西南七百二十里，有地曰硕般多者（一名舒班多），左凭硕布川上，为康卫中途宿站，驻有正驯第巴（藏官名），调运柴草，可换乌拉，人烟稠密，寺院整齐，一洗蕃俗之陋，并与青海、玉树相通，诚康部西偏一要隘也。其民善制马鞍，以工艺见称，又富金矿，可以开采。今宜如尹督所请，置府一曰硕督，并于其西二百七十里之边坝尖(即达隆宗)置县一曰边坝，以隶属之。则康、卫之钩连益稳固矣(案:边坝至拉子六十里，拉子至巴里郎百里，巴里郎至中义沟六十里，中议至硕板多五十里)。此全藏东部建置之大略也。

然则藏事备乎？曰乌乎备？夫西藏者，固非仅川蜀一省交界地也。其南且与滇邻，滇之西北边裔庞若、中甸，本康部节达穆城(在巴塘东南五十八里)，于雍正初始行改隶。他若丽江、若维西，亦皆僻在荒漠，壤地辽阔，而独与藏缅相连(维西之西即野人山)。以故川藏往来，凡由巴塘至江卡者，必经中甸西北之莽里，渡铁索桥而西，其西来者亦无不然。故江卡、中甸、莽里，实滇、藏出入门户也，而地属两省，则事不便。今宜莫若改中甸为县，属之巴安，则壤地相错，为官司耳目所易及，而中甸一厅化矣(按中甸于或改花马，古为花国县，亦可)。

川省之南，地亦悬绝，若宁远尤陡入滇北，介于丽江、永北、东川、昭通之间，地至华离，殊非方夏所宜，然亦应划属云南，以示齐一。庶川、滇、藏三边之界正，而藏事亦从可就绪欤?(又案:藏部各城，如聂拉木、济龙、定日、萨喀、定结、干坝、萨迦、宗喀等，咸为边疆要隘，南与廓尔喀相邻，置戍设防，素所勿懈。今苟力图规画，则凡前数城，宁可不加之意耶?)

且夫藏事岂易理哉？国用之不足，人才之消耗，蛮民之梗化，强敌之与邻，喇嘛之庸妄，宗教之迷信，随在足以阻我之所经营。又况烟瘴四塞，赤地千里，高山巨谷，动陷人马，黑麦充饥，粮食鲜少，虽有田而不可耕，富于矿而莫之开，此固筹边者所兴叹，而志士为之伤心者也。区区之作，什未当一，规画尽善，自有人在(如前使张荫棠之善后事宜折，及九局章程、藏俗改良、训俗浅言等，俱足以资治理)，余故弗复赘云。

1914 年 6 月 20 日(民国三年六月二十日)，第一期

蒙藏院官制

(五月十七日公布)

第一条　蒙藏院直隶于大总统，管理蒙藏事务。

第二条　蒙藏院置下列各司：

第一司

第二司

第三条　蒙藏院置职员如下：

总裁

副总裁

参事

司长

秘书

佥事

编纂

翻译官

主事

第四条　总裁一人，总理院务，监督所属职员。

第五条　副总裁一人，辅助总裁，整理院务。

第六条　参事二人，承长官之命，掌拟订关于本院主管之法律命令案事务。

第七条　司长二人，承长官之命，分掌各司事务。

第八条　秘书二人，承总裁之命，掌机要事务。

第九条　佥事十二人，承长官之命，分理各司事务。

第十条　编纂四人，承长官之命，掌理编纂事务。

第十一条　翻译官十人，承长官之命，掌理翻译事务。

第十二条　主事二十四人，承长官之命，助理各司事务。

第十三条　蒙藏院因缮写文件及其它庶务，得酌用雇员。

第十四条　蒙藏院各司之分科职掌，由总裁定之。

第十五条　本官制自公布尔日施行。

1914年6月20日（民国三年六月二十日），第一期

《妇女杂志》

《妇女杂志》于1915年1月(民国四年一月)创刊,在上海出版。月刊。由妇女杂志社编辑,商务印书馆发行。无锡王蕴章与无锡朱胡彬夏先后主编。1931年12月(民国二十年十二月)停刊,共出十七卷,每卷十二期。主要栏目有社说、论说、学艺、家政、名著、小说、译海、国文范作、文苑、美术、杂俎、传记、记述、女学商榷、调查、余兴、中外大事记等。每期正文前均有图画一栏,刊出十来帧绘画摄影作品。《妇女杂志》是中国妇女报刊史上历史悠久、发行面最广的大型刊物。它以中等以上文化程度的女学生和家庭妇女为阅读对象。

西藏女子之自述(记述门)

天风无我仝译

西藏自来罕与世通，谈者往往称之曰秘密国。其俗重女轻男，举凡社会上政治上之大权，类操之女子之掌握，既七百年矣。女权责重，逐酿成一女多夫之俗，恬然莫知耻之。数年前有女子名耐克库密希伐者，矫然违众而立异，惧撄祸，偕夫出走，而奋然以摈斥女权为志。后至美国，自述怀抱，欲以出其国男子使脱奴境为止境。西藏女子之至美者，斯殆为第一人矣，兹译其自述之语如左：

女权之行于西藏久矣，而美尚用为震动人心，醰醰有味之问题，我闻之盖不能无异也。夫我西藏妇女，岂唯获政治上之平等？七百年来，且独握政治上之高权，以宰制男子。其在社会，女子专制之风，亦至于极，东部有小邦曰奴郭(译音)者，凡为男子，即不得与于酋长法官军官之选，故女权尤盛。西都有数邦，晚近始有用男子为行政官者，然名存实亡，在幕后操纵一切者，犹是女子也。夫美之妇女，力索平等。孰知西藏妇女，早得之西历一千二百三十六年之时，且有进于此者乎？我意我西藏妇女，以获平等始，而以获最高权终。美国妇女，一旦果获平等，亦必继此以索最高权。而终能偿其愿，无难也。抑我西藏妇女，岂唯政治上如是？即在社会，亦俨然为万事万物之主人。所谓主人也者，不仅见之一家，且见之社会上重要之机关。发号施令者，女子也。男子则唯服从而已。君等苟发问曰：西藏男子，是否甘心屈服于裙带之下？我可直答之曰，若辈早成习惯，何有雄心？岂唯女子，即临之以牝牛，若辈亦淡然不知拒矣。虽然我西藏妇女，高视阔步于政治上社会上者，夫岂安坐而得之？盖经一世际之苦心僇力，而后能制男子以胜。其法维何？则假途于宗教而已。初则诱男子，使倾其聪明才力，归向于喇嘛，继即藉喇嘛教义，限制其财产权及政治权。凡男子未婚时，唯听命于其母，迨既婚，则听命于其妻，苟妻死而无子女，所遗财产，其夫始得受之。然无论能受财产与否，一家赡养之责，要以一身任矣。于上等社会，凡宗教举特典，女子不自行，以男子往代。其他事故，则男子之于家庭，为留守者，为看护小儿者，为庖人，为洒扫之仆。要之，一听女子之指挥。高则装饰品，下则不过机械之被动者耳。其在军中，男子兵也，女子则军官矣。其在工艺，若雕筑，若印刷，若绘画，女子大半优为之，不专藉男子之力。夫唯自由，人人所宝贵矣。而西藏女子之自由权，亦大于男子。可以夜游，可以随时登茶楼，入剧场观剧，男子则当日落以后，仅许梵诵于家中。苟至其时，犹有在公园，或道上间行者，女子之任警官者，得干涉而制止之。亦唯女子有此特权，而一女多夫之俗，于是成矣。凡女子之选夫，不设限制，唯以处理多夫，能不发生困难为断。顾论其常，一女之夫，亦不过二三人而已。当我十有八岁之时，我母语我曰：尔选夫之时至矣。孰知我与拉塘（地名译音）之一青年，而夙以音乐鸣于时者，已款款互通情愫乎。拉塘者，拔海一万五千英尺，于世界诸高地之中，亦可谓最高者矣。我尔时即举以告我母，我母语我，宜即而与订婚。盖我西藏之风，尚固如是也。我从母言，行行至拉塘，时此青年，方受聘为人师，并以音乐授之。我造其寓，面此青年语曰：雪克，我爱尔，欲尔为我夫。雪克垂眉下气以答我曰：耐克库密希伐，我闻尔言，使我心忡忡然不能自持，我亦乐得而为妻，苟尔一日爱我，我誓一日为尔忠仆。我得雪克诺，即与订婚期。雪克又垂眉下气以面我。盖我西藏男女之相悦者，辄由女子发吻以求婚，男子转作种种羞涩状，犹他邦女子，我雪克于时不能异也。雪克貌温文，动人怜爱，年与我相若。既定约，我问之曰：前此亦尝有女求于尔乎？雪克曰：有之，凡三人，皆有二夫矣。非我所乐从，幸解音乐，获执事于佛刹，故得拒弗从其求。今尔求我，则我乐甚。我视室内外，灯明月上矣。则又语雪克曰：尔能伴我入市，且同餐于酒家否乎？雪克柔声曰：我从不敢以昏黄之候，出室而闲游，苟尔有命，则又何敢不从？夫我西藏之男子，舍侍其妇，或其姑姊妹之外，未有一男子，敢邀女子同行于市中者。若女子则不然，一从其意可也。是夕我与雪克游，我两人举畅然自适，我旋购少许珠玉馈之。鱼更三跃，送之归寓，与话别。六阅月后，婚期届矣。雪克遂入我室，为我夫。见者啧啧，举谓之两人者，佳耦也。我于是时，得选为征税员，后被举充长老，应官之时多，家居之时少。雪克语我，愿为我助。我答之曰：尔为我理中馈可也，阃以外之事，非尔所知，如之何能助我？雪克默然不能与我争也。君等知之乎？我俗，女子得背其夫而爱他男子，男子而背其妻以爱他女子者，则为人人所弗许。司法之吏，类以女子充之，故往往右女而左男。习焉既久，男子不敢少与女子抗，扬中篝之丑，至以离婚请者，固鲜闻之矣。若夫中流社会之女子，结婚一二年，辄遣其夫从喇嘛于寺，习禅诵，不舍昼夜。苟非其妻召之归者，不能归也。而其妻于时，则早召他人入室而夫之。又逾一二年，是为后夫入寺之期，亦即前夫出寺之期。察其感喇嘛之化，性柔顺，无稍有怫于心，作于面之时。其妻始授之事，使商于外，日劳劳鲜有暇时。而室中如又有人夫其妻者，彼固不能知也。盖一妇纵有数夫，未尝同时在室，则永永不相面矣。唯上流女子，则亦有分构数室，以居其夫于家，而不必令其习宗教，出营商业者，但不多见耳。夫唯一女多夫之俗，积久莫知其非，于是一女而只一夫者，共嗤为违法，而鲜获行其志。故我婚后仅逾年，我母又语我曰:尔宜更选一夫矣。我答曰:我已有夫,不愿更选夫。我母曰:是乌可者?是独夫主义也,我断断不能许尔,法律亦必强尔更选夫,弗问尔志为如何也。尔苟逆命,雪克且下狱,待尔自悔其非,更选夫而夫之,方得出囹圄见天日也。我母此言,非吓我也。我固夙知之,唯未以为意耳。既闻母言,遂谋出亡。先是,尝闻西藏以外之国家,有以一夫一妇为合法者,于我心适惬。乃密告雪克以谋,雪克爱我,誓与我共生死。于是,乘宵分月黑,相将出奴郭,跋涉数里,期而至波斯。波斯之俗,适与西藏反,乃行一夫多妻制者。男子之地位,恰与西藏女子同。我鄙之,不乐于居,又离波斯而适俄国。俄之俗,一夫一妻,是正我所寤寐求之,唯恐失之者,遂留寓于彼得格勒,与我夫共研音乐。我于斯时,良知诏我,而知西藏七百年来,以妇女而握政治上、艺术上之大权,其祸西藏也实甚,遂幡然有摈斥女权之志。盖女权盛,则多夫之制兴。而为男子者,又必习萎靡,莫能自振。方我西藏,男权特盛之时,西藏赫然为世界之大国,征之古代城邑宫室之遗址,固可信矣。迨女子执政,阴阳易位,西藏之为西藏,又复何如?故即以西藏全部之权力及财产畀我,使我婚彼女性之男子,要非我心所或属矣。不仅此也,西藏从前,女子多丽人,男人类虎。虎有丈夫之概,观古代雕镂图画之文物,又可知矣。抑且其时,绿窗静对,韵事流传,殊足为后人之景慕。至今日则夫妇之合,直若职务之不可缺,而情趣俱无,是又安足贵有此婚姻为乎?我夫今已先我归矣,致力于男性之运动,而发行一种周刊物,鼓吹男女平等之义,又发行一种讽刺画,专针砭家庭之失当,而又力斥一女多夫之不衷于理。我俟此间音乐上之合约,一经届满,亦将言归,从我夫之后,而大声疾呼曰:牝鸡司晨,誓不与俱存。牝鸡司晨,誓不与俱存!

1917 年 9 月 5 日,第三卷,第九号

《中华学生界》

《中华学生界》于 1915 年 1 月创刊，在上海出版。月刊。由中华学生界社编辑及发行。中华书局总发行。内容颇为广泛。次年 6 月停刊，第一卷共出十二期，第二卷共出六期。

中英关于西藏问题交涉之始末

史礼绶

近年以来,我国领土发生国际上之问题凡二,其一蒙古,其一西藏。蒙古问题,今幸解决,于主权方面固多丧失,而蒙古之为中国领土则自若也。西藏问题,前经三方委员会议已不一次,延至今日终无成议。国人忧之,或虑藏将不保,或谓他日主权之损失当视蒙古为更甚。聆其语,非不持之有故,言之成理。然记者仍病其未谙此中之原委也。故为是篇以见西藏他日处于何等之地位。

一、英国觊觎西藏之原因

英国对藏关系与俄国对蒙关系,骤观之,似合符节。而考其原来之趣旨,则有异焉者。盖俄之于蒙,其目的在积极的侵略。英之于藏,其目的在消极的防御。我为此言,我知闻者必将疑其妄,然而毋疑也。环球各国,英为最大,五大洲中,属土殆遍,所谓英国不见日没也。惟土地虽广而榛莽未辟者居其多数,欲期开拓,当俟将来。若就目下言之,足以称富全球而为惟一之宝库者,仅印度耳。英失印度,英之权势立时扫地,且由此降于二等国之地位焉,未可知也。坐是英国惟日孜孜以图保守者无他,印度而已。他国日思强攫者无他,亦惟印度而已。

试证往事,彼得大帝尝经中央沙漠以侵印度。拿破仑一世尝率埃及军队以侵印度,嗣又与波尔一世合提俄、法精锐之师,经波斯以侵印度。亚历山大一世尝经基洼以侵印度。盖至是印度一地几成众矢之的矣。矧俄国尤以割取印度为永世不渝之方针耶?自是厥后,俄国南进之势如水就下,滔滔不绝。徇吉尔吉思,平高加索,据浩罕基洼布哈拉三汗国,又三伐波斯,削其领土。质言之,凡以为逐渐迫近印度计也。

英见俄人南下将无已时,惧甚。初以中亚细亚沙漠横亘其前,定能当之,欲与三汗国缔盟。孰料盟约未成,而三汗国早为强俄并吞矣。当是时也,波斯亦奄然一息,行将垂亡。英以其为印度之屏障。而复虑俄人之染指也,顿变初计,与波同盟,藉御俄人南来。英又鉴于兴都库什山形势险要,阿富汗人气质勇敢,足遏俄人侵印雄图,遂两伐阿富汗,使为同盟国。是则英之所以防俄人者,亦云至矣。顾俄人立志坚决,苟有所谋,纵遭万难亦能以坚忍不拔之精神而排除之,至偿初志始已。维其如是,故时施诡计或煽波斯以攻阿境侯勒特,或养阿富汗亡命纵之本国,恫吓与怀柔互用，期据阿富汗而有之。

俄参谋本部亚细亚局长東薄莱夫将军，尝定侵印作战计划，谓：倘用大军二十万，则征服印度至易易耳。据该计划，当调军二十万集中波斯国境斜拉哈斯 Sarakhas 与阿姆河肘部和甲萨莱间，分左右翼二军，以右翼军占领侯［候］勒特，循大道南下略发拉 Farah 及堪达哈尔 Kandahar 两地。然后通过苏里曼山脉中薄兰及廓瓦雅克克二山口，至印度之西加普尔 Shikarpur，以左翼军取拔尔克，入兴都库什山，经巴米阳山口抵阿富汗都城喀布尔。由此更经阿富汗第一险路喀拔尔山口 Khaibar P 达印度剖削瓦尔 Peshawar。两军既各抵境，于是整理军容，以移于第二之作战计划。至在费尔干地方亦应出军三万，分左右两翼，遥为牵制。右翼宜自巴达克山 Badakshan 之法指巴特 Faizbad，经窒培克，越兴都库什山之特拉 Dorah P 山口，以抵印度之基脱拉耳 Chitial。左翼宜自帕米尔高原之萨拉特，越拔洛基尔 Baroghil P 及达廓脱二山口，经吉尔吉脱 Gilghit、斯林拉加 Srinaolgar，以与本军策应。一面更煽动印度藩王群起叛乱。其设计之周有如是者。自此以后，虽久无实行之机，然一朝英俄构衅，果依将军计划而实施焉，则印度主权当为俄人所夺不容疑也。

英自知俄国蓄虑深远，遂鼓其全力从事防御。前与同盟之阿富汗，至此夷为保护国，给年金于其大酋矣。塞伊斯丹则列入本国属土矣。英为此举，一仍以阿富汗用为俄人南下第一防御区域，一以塞伊斯丹牵制俄军侧面也。迨至第二次阿富汗之役，英又将塞伊斯丹收入版图，而据苏里曼山之险，以成所谓战略上之国境。其于印度北方，亦屡用兵于尼泊尔、不丹、锡金等地，夷尼泊尔、不丹为其保护国，割取锡金为其属领。所以永绝此等蛮族侵入之迹也。至在我国，则有葱岭、昆仑、喀喇昆仑、阿尔金、祁连、巴颜喀喇诸山，屏障重重，如同天设。英以为俄人断难越关而过，故自初绝未顾及。自一八八八年，俄遣格龙节蒲斯克大佐占据帕米尔高原以后，乃知是等峻岭亦难裹哥萨克铁骑之足，大注意至此。嗣俄复与达赖喇嘛通使，而英之惶恐乃益甚。于是率师犯藏，占据拉萨（英之犯藏，此为第二次，占据拉萨亦第二次也）。觇其行动，几以西藏列其保护地矣。及日英同盟成，印度防备已可稍懈。一九〇七年，英、俄协约藏事。而俄国南进之患亦自此消除于无形。英因巨害既去，差堪自慰。遂幡然变计，撤兵他往。综以上诸端观之，英之觊觎西藏，初非必遽欲据我土地也，实欲藉是以制俄，即前文所谓消极的防御政策也。虽然以我土地供人防御，其无利于我，固已毋庸深论。我苟欲杜绝英人觊觎之念，则舍确保西藏不为他国侵略外，计将安出？我无力自保，人当起而代之，亦势所必至，理有固然者。今试问,我国果具此实力否乎?果能保藏人不受他国煽动乎?言念及此,盖不禁重为西藏前途危也。

二、西藏谋叛与英国

英自二次犯藏后,前川督赵尔巽知隐忧之来,当未有艾。欲改西藏为行省,并以达赖喇嘛不职,褫夺其封号。顾达赖喇嘛应英人之招进至印度加尔各答,经英人庇护。及我国革命军起,达赖乃乘机回藏,驱逐我驻屯军队以谋独立焉。

先是,达赖与党僧兵等,于元年五月中旬在噶伦布谋变,召集靖西等处番兵共约万人,前往后藏江孜,包围内地之差遣军队。及该军队解除武装,始令退至印度。嗣又攻入拉萨,将驻扎南郊一寺院之内地军队包围之,激战数次。内地军队固善战,惜弹药、食粮俱告缺乏,势难久持。藏兵则与日增加,号称一万五千人。至六月十四日,而拉萨果以失守见告矣。初僧兵之起事也,尝用达赖名义,通知本境四百余处喇嘛,约其一齐举事。故拉萨肇乱前后,而江达、拉里、硕般多等地驻军暨我官吏,尽遭江布、波密、工布等处番兵所攻击。该驻军等曾告急川都督,请援兵焉。当是时,朱彭年统率军队三营,驻察木多,势非不可赴援也。无如该地番兵亦称不靖,未便前进,且番人等积谋甚深,意欲杜绝内地军队粮食以窥蜀。延至六月十四日,我先于川边之里塘戒严。川前都督尹昌衡恐因此将受英国干涉也,自六月一日来,屡电中央,愿率川省精兵一镇,躬行征伐,中央允之。于六月十四日电令该督遣征西军往。惟仍虑英国误会,又于六月二十二日,由外交总长陆征祥面告驻京英使,谓川兵入藏全为平乱。至希英国严守局外中立,并提议改订西藏条约:(一)西藏永为中国领土。(二)一切责任均由中国负担。(三)商务上利益中、英两国共享有之,唯政治不得顾问英国。(四)英国不得驻兵西藏。他国亦然。

六月十六日,四川征西军先遣一大队往。而尹前督鉴于前此驻藏军队所以失败,非其战斗力不及此次征西军队,实由军费、粮食俱极缺乏,以致战败至数次。因于六月下旬呈请中央急频颁军资。中央以正值司农告匮之日,无款可筹,第令驻藏官吏就地设法接济而已。彼时滇省亦以西藏变乱,岌岌可危,尝编讨伐军为川军声援。

欲明当日进军状况,试观是年六月二十八日英文《贝意渥略梅尔报》当自知之。其言曰:中政府以救援驻藏办事大臣之目的遣川兵入藏。闻其进行路线凡分为二:一取横线,经察木多,一取纵线,经博梅特(译音)。两者相衡,后路为险。何以明其然也?南方捷径概属山地,既峻且险,由此而至藏布河谷,犹距拉萨二百英里。倘格蒙资及甲姆资两地(均译音)为藏军扼守乎？则自此而至拉萨之通路盖全被杜绝矣云云。

(未完)

1915年9月25日(民国四年九月二十五日),第一卷,第九期

中英关于西藏问题交涉之始末(续第一卷第九期)

史礼绶

藏军以破竹之势连败我军,已如前述。达赖喇嘛经此辈战胜之兵来迎,乃傲然入旧地,以伪示晓谕藏人曰:(上略)内地各省人民,刻已推翻君主,建立新国。嗣是以往,西藏官吏军队皆当由新国遣派矣。其间人类不齐,服装互异,继自今,凡汉人递到西藏之公文、政令,概勿遵从。身着蓝色服者,即新国派来之官吏,尔等不得供应,惟乌拉仍当照旧供给。乌拉本我藏民,受累已久。前既受累,今亦何乐汉兵之保护?汉兵既不能保护我藏民,其将依何方法而巩固一己之地位?愿藏人熟思之。至西藏各营寨官,刻已召集,啜血同盟,共图进行。惟汉人官吏、军队,意其犹欲任意进藏,总揽我政权耳。夫汉人不能依据旧约抚我藏民,是信用亦既大失。犹复恣为强夺,蹂躏主权,坐令我臣民上下辗转流离,逃窜四方,苛残恶毒,于斯为极。推其用意,盖使我藏人永远不见天日矣。孰使之?皆汉人入藏使之也。自示之后,凡我营官头目人等务宜愤发有为。苟其地居有汉人,固当驱除净尽。即其地未居汉人,亦必严为防守。总期西藏全境,汉人绝迹,是为至要云云。

藏兵观此伪示,自四方来归者一时达数万。所至杀戮内地军队,巴塘、里塘,亦被占据,骎骎乎深入内地矣。至八月十一日,中央乃向汇丰银行借款四十万元,分给前长官尹前都督,作为讨伐费用,并令其迅速西进。是时我先锋队二营先在河口击败藏兵,攻下前子湾营垒。嗣又降服博浪空山之喇嘛,由西俄洛进逼扎马拉洞。终由此更进七十里,行抵火竹山口安营。巴塘、里塘之藏兵受此影响,望风溃走。而顾、胡两军复将里塘前面百六十里喇吗了地方藏兵围绕,于是前藏秩序为之大乱。英人乘之藉保护商队为名,自江孜派兵三千进抵拉萨,以为西藏后援。

时英见俄人活动于蒙古,雄心勃勃不能自遏。故其舆论佥谓:蒙古、新疆一旦归俄,俄当自天山南路南下,一面犯甘肃,一面出青海以据。藏事至此,印度将危如朝露。处今之时,宜列西藏为保护国,以为俄人南下之备。并云:一九零六年之《中英协约》暨一九零七年之《英俄协商》,刻已根本变化矣。其责备外务当局之姑息

者，甚至致下院发为关于此事之质问。英外务大臣葛雷氏以极简单之辞答称：在今日之情形，不至为变更中英协约之提言。其时，半官报《贝意渥略梅尔》尝忖度葛雷之意，而说明英之对藏政策特详，兹为移译于次：

英下院有一议员，曾以西藏事件质疑于外务大臣葛雷。葛雷答辩极简略。是则吾人对于今为自由开战之藏人，将取如何之步武，盖犹疑莫能明也。第据葛雷所表示者，则英政府决不使中国放弃中、英关于西藏所订条约上之义务。且就目下情态论之，英亦不至因此提言而加重要之变更（例派代理官赴拉萨）于《英俄协约》也。

然则英政府出此慎重态度，果得其当欤？曰然。盖华军之于西藏，假令谓其现状不佳，惟即以此断为中国不能复在西藏恢复势力，实有未可。且藏人暨喇嘛之一部分，今皆暗通于华人方面，或则唆使驻藏大臣与其卫队敌视西藏地方首长，或则接济华兵食粮，并密为报告，或则散布川省援兵将至之流言，此等声援，皆办事大臣恢复原状之机遇也。虽其部下军队为数无多，而维持战势、占据拉萨之大部正由于此。故此等藏人一日不除，则藏军之成效斯无望也。达赖喇嘛今固飞檄四处，意在聚集大兵，驱除华兵务尽，而不知此中之反对者，亦正有人。一纸之檄文，谓其有巨大之效果，吾斯之未能信。

（中略）

依予所闻，中国新锐之军队刻已自成都进逼巴塘。使英、俄两国力保西藏独立，吾知中国必起而责备。惟藏人能先将拉萨华兵击败，并将其援军击退，则等至冬季，道路杜绝，英、俄自有容喙之机会。至是而胁制北京政府，扶持西藏独立，非不能也。无如此时达赖尚未急入拉萨，一部援助华兵之藏人亦极跳梁。就令吾人表同情于藏人，然干预之正属无益也。

六月下旬，藏军于拉萨华兵驻地周围掘开堑壕，至七月六日行总攻击，幸旋为华兵击退。嗣后虽彼此平和交涉，而终无成议。达赖喇嘛因于七月三十日由拉萨抵萨姆金（译音）寺院，欲亲与华军交涉。时华军声称：如果达赖愿入拉萨交涉，当为让步。达赖惧不免身为俘虏，拒之，派宗教上最高级大员莱翁庆资来康氏与议。华军向西藏提议云：

一、办事大臣暨其文官属僚（约三十名）驻扎拉萨。

二、该大臣仍照旧制。随带兵二百名，藉资护卫。

三、现时中国戍兵之在西藏，有超过前项之兵数者，当悉弃其兵器弹药，使之回国。

四、弃下之兵器弹药储藏拉萨。其储藏室之门，由办事大臣、西藏行政总机关及尼泊尔驻扎官会同加印封固。

五、此次事件,不问僧侣与非僧侣,凡左袒华军之藏人,虽用无论何等之名目,将来当不以此受祸。

以上诸条项及至决定,此外更有不少重要事件尚待磋商,如达赖喇嘛之不可侵权即其一也。至八月十六日媾和条件成,西藏行政总机关乃收受华兵交出之武器弹药,径送资拉普奇(译音)寺院封印保存焉。

八月二十五日,我援军抵炉关,先锋队则已达里塘,从事攻击。时查办川事尹前都督就征西军状况及征藏计划电呈中央,云:(下列呈文系从东籍译出)

民国初建,藏番违命,鞭长莫及,敌焰日张。昌衡抵炉关,军民鼓舞,声威既树,贼胆顿寒。特派联队长朱森林率部下直逼里塘,业于十二、十四两日,顺次克复麻盖宗、剪子湾、西俄洛三要隘。今正攻击里塘,又派营长胡国清、范猛各率一营,兼程续进。查里塘为川边重镇,昌都乃西藏咽喉。达赖心怀叵测,久思乘我多故以图一逞,遍布檄文,煽惑边民。昌都倘失,后患弥深。因命副官刘瑞麟率领一营急趋北路,驰赴昌都,计程已达椟孜,该地距昌都尚有六站。一俟占据昌都,荡平里塘,分向乡城、稻坝、江卡、乍了[丫]、三岩、贡觉等处首尾夹攻,自可迎刃而解也。又控制边地首赖重兵,故特派步队一营,分驻炉城河口。更派步兵四营,以二营扼守南路,以二营分防北路。昌衡则拟率领本队入镇昌都。若边南有警,以南为本寨,而以北为后助。边北有警,以北为本寨,而以南为后助。昌江与河口之兵,不分南北,倘至战争,用以夹攻左右。如此办法,战守之间,形分势合,察东千里可保无虞矣。新建郡县当一面规复,一面设官分治,力图进行。但拒贼宜在户外,藏番一日不靖,则川边一日不宁,乘胜远征,实为要著。所患自此以往,气候愈寒,道路崎岖,饮食恶劣,皆非他处能想象。川省陆军,素未惯习,骤然深入,恐非得策。查边地尚有防军十余营,久戍炉西,善战耐劳,番地情势,最所熟悉。刻拟召集昌都,亲加整理,晓以大义,动以感情,更选拔有志之精兵数百名,令稳练沉勇之将率为前锋,直趋拉萨,昌衡则亲统陆防各军以继其后。仍一面派遣喇嘛劝谕,安达赖之心,布民国之惠,宣崇教之旨,侦藏番之情,必使之畏威怀德,倾心内化。惟该处内有逆番,外有劲敌,稍欠谨慎,干涉易生。即如前清时代,遣派钟颖征藏,其时英人乃以《中英条约》中载有俟我国警察足以保护治安、驻藏英兵即当撤退之一款,执为口实,是则我军驻藏非准备改编警察不可。明知师出有名,干涉无由。惟此次西征军队倍于曩日,最易招人疑忌,拟请授昌衡以蜀边宣慰使名义,率领卫队入藏,为他日与外人谈判地步，巩固共和，在此一举。是否有当，速候钧裁，云云。

正值滇、川两军前进，而西藏马兵五千余乘虚攻里塘，陷之，市街被焚，居民被杀，嗣闻我援兵至，遂弃地退。

（未完）

1915 年 10 月 25 日（民国四年十月二十五日），第一卷，第十期

中英关于西藏问题交涉之始末（续第一卷第十期）

史礼绶

时英国舆论益趋激烈，抨击自由党政府于对外政策恒主退守，且大声疾呼，谓：西藏久已不能援用一九〇六年之《中英协约》。伦敦《泰晤士报》著为社论云：

此数周间，西藏局面全然变更。际今之时，英国与此骚乱地方之关系不可不再为一察矣。当一九〇四年英以收回条约权限故，曾遣使拉萨问罪，而俄树势力于西藏之宿谋，亦因是完全制止。然西藏之领土，是时吾人微特不离割其一部，且将来关于西藏之事件，意欲永不干涉。此二自制主义，嗣后犹遵守之。至中国在藏之宗主权，彼时殆已有名无实。吾人认其握有此权，所未同意者，惟中国直接统治耳。

英使节暨军队离境以还，达赖喇嘛尝遄返首府拉萨，旋因华军进迫其地，遁至印度，且由中政府褫夺其职。夫中政府是否具有褫夺达赖官职之权，实为一疑问。时竟毅然行之，树立统治权于西藏，肆其苛刻，斯诚出诸吾人豫想之外，而不能不为之愤慨者也。及昨秋革命乱作，驻扎拉萨之华军与之遥相呼应，群起谋变。西藏僧徒为其暴虐行动所激刺，反戈相向，未几乃攻围此谋变之华兵焉。同时，西藏东部酋长亦一齐蜂起，将驻扎该地之华官驱出境外。自此以后，拉萨一隅血战至数月之久。虽屡有风闻，谓蜀省援兵将至，而终未见实行也。达赖喇嘛有鉴于此，因决意归拉，允许中政府驻扎华官于拉萨，并留少数护兵藉资保卫。是即达赖意欲承认中国宗主权之明证也。

达赖外交之真意至易见也。其回答英国，尝谓哀诉英国者数次。而吾人恒不能与以援助。其所以慎重将事者，则因未能洞察中国之结果也。今西藏情状实为近代所未见：华兵被逐，诸事独立，至若仍令华官驻扎境内，只可视为一种狡诈之言耳。

由此以观，英国对此情形既变之西藏当施如何之政策，有令人不得不代为深虑者。吾人于一八九〇年及一九〇六年之《中英条约》与一九〇七年之《英俄条约》，曾三次承认中国之宗主权。惟此等承认，在当日则为适合，今非其时矣。以西藏现状而论，他日应得结果当不外二途：其一、中国疲于内忧，将来政府不能长建强大之监督权，于是西藏得以安然维持其现状。其一、与此情形相反，中政府至欲于各省恢复权力。既于各省恢复权力，势必于西藏再复宗主之权。如是，而中国军队当再来西藏，肆行掠夺。温和亲切之藏人，惟有受其迫害，终失自由而已。回溯赵尔丰之于巴塘附近横行虐杀，益信后此中国前来报复，足令吾人战栗也。夫中国之在西藏恢复宗主之权，固为前此英国军队成功拉萨之结果，惟西藏人民陷入暗澹之深渊，又岂吾人所心欲耶？英国无论出以何种政策，敢信其有未来之义务与既得之权利。所谓未来之义务，即主张中国干涉西藏，宜确实限定某种范围。既得之权利云者，即英国出而抗议。凡藏人二次获得之自治权，不使他人出而攫夺是也。

英国关于西藏之利权，曾载一九〇七年《英俄条约》之前提文。其言曰：

英国因地理上位置之理由，凡关于在西藏外界关系维持现状，具有特种之利权。此所谓维持现状，盖即维持历来西藏常态之意。如褫夺达赖官职，如中国征伐西藏及完全执行统治之权，皆非此约所许也。闵脱卿在印度太守任内，当赵尔丰肆虐西藏东部时，曾有所警告，惜本国政府置若罔闻。今则更晓然矣。英国在西藏之利权，除上述外，尚有关于通商者，即西藏无英国同意不得处理下列诸项：(一) 以其土地无论何部分割让某国或货与某国。(一) 容留无论何国之代表或代理官。(一) 以矿山及其它让与外人，又以其岁入为担保。此等规定，曾包含于《拉萨协约》中，后此约且经中国承认。

由此观之，英于西藏之利害盖极重矣。质言之，唯于其地执行必要之监视，始有效果也。前由俄国遣往西藏之特夕埃夫，想此时尚在拉萨。氏之阴谋，实为吾人远征拉萨之真因。氏再来藏，若以严格法理解释，恐将抵触《英俄条约》矣。虽该约自一九〇七年以来不适用者居多，而关于西藏之条项，究未可谓为已成废纸。中如英、俄政府不得遣派代表驻扎拉萨一项，窃谓仍当一为考察。今特夕埃夫恶辣之权力固被限制，然由英国利害及西藏安宁上言之，宜自英国任命有力之代表驻扎拉萨方为有利云。

此社论旋转载西藏地方之新闻纸，藏人阅之大为感动，并盼望英国依此暗示实行。其言曰：维持西藏永久平和之惟一希望，实在英国遣员驻扎拉萨，愈早愈妙。又曰：藏人直接统治西藏，未为适当，惟以过大权限与于中国，必致时起纷争，恐须臾间而骚乱复起矣。藏人之舆论如此。

藏人欲离中国而甘受英国保护，殆已彰明较著。故英兵一旦入藏，藏人遂觉其足为己助，士气大振。一面将华兵二千名围绕，一面将打箭炉、河口间电线割断，而可供输运之兽类亦被捕焉。时我内地军队欲往救雅陇江以西之朱将军及被围军队，不谓交通杜绝，无从前进。且地势险峻，山路高万尺以上，而必须经行者达二十处，兵士又相继罹病，不得已逗留里塘附近。惟冲突之事，仍时有所闻。迨至十月，寒气渐烈，两军遂完全休战焉。

英政府为舆论所刺激，对于西藏独立决行干涉，因训令印度总督，藉保护商民之名派兵五千由渥鞑克萨进至前藏布达剌府。至九月七日，又令英国驻京公使朱迩典赴外交部面晤外交次长颜惠庆，提出抗议。略谓：如果民国政府定欲征藏，继续遣派征西军前进，则英政府微特对于中华民国不予承认，且当以实力助藏独立。同时俄国亦因我国征蒙事提出抗议。事至此，几令人疑为英、俄二国相互密约，实行瓜分矣。

我政府经英、俄抗议后，允以电令各军停止征蒙、征藏。嗣虑蜀、滇两军同驻一地难免冲突，因命滇军撤退，仅留蜀军，以备万一。若商议媾和，则当以电报与达赖直接交涉。于是达赖向前新疆都督袁大化提出左之要求五条：

一、西藏人保有与华人同一之权利。

二、中央政府每年补助西藏五百万元。

三、西藏有权许可他国国民采掘矿山，但西藏与英国所结条约当遵守之。

四、西藏有自由训练军队之权，中政府驻藏军队其数不得超过一千五百名以上。

五、西藏官制由中央政府制定之，但西藏政府之官吏应以西藏人任之。

先是我政府曾于八月十二日，为平和之协定。条文亦有五条：

第一条　承认中华民国在全西藏之宗主权。

第二条　现时中国兵队之在西藏者，自协约成立后，当尽力速自西藏撤退。其撤退地以至印度国境，交通自由。

第三条　因[应]停止中国及西藏军队双方之敌对行为，以其兵器作为中立物件。

第四条　西藏政厅之制度复旧。

第五条　属于本协约以前之事件，置而不论。

此约定后，我国内地军队遵于九月一日由拉萨经印度返国。印度政府且派驻扎北京武官威洛毗骑兵中校往锡金招待云。

三、中英交涉与蒙藏协约

八月十七日英政府关于西藏问题，根据一九〇六年中英条约提出抗议。时我政府回答其抗议中之一项云：本政府已电饬征藏军司令官尹昌衡停止进军，静听后命云云。至其余数条，未即解决。至十二月二十五日，我政府以代表名义致书驻京英使，就英政府所抗议者逐条加以辩驳。今记其概略如次：

一、干涉西藏内政问题

英政府抗议第一条：中国政府不得干涉西藏内政，又不得改西藏为行省云云。查西历一九〇六年所订条约及其他诸条约，曾确实规定除中国外他国无干涉西藏内政之权，而中国政府不得干涉西藏内政之理由更无确据。西藏改设行省一事，以当初民国曾有统一五族，建设共和国之声明，而改省问题则发生于英国及世界列国已经承认共和国主旨之时者也。故今日纵改西藏为行省，更无不合理之事。

二、派兵问题

英政府抗议第二条：中政府驻扎军队西藏不得毫无限制云云。查中国政府驻扎军队西藏未尝一无限制，惟依据条约驻扎必要之军队，维持治安而已。

三、订结新约问题

英政府以中国之于西藏仅有宗主权而无完全主权，要求改订条约决定此事云云。查中英两国关于西藏问题，曾在西历一九〇四年及一九〇六年两次条约明确规定，更无怀疑之余地。故居今日无须改订条约也。

四、国境问题

英政府抗议第四条：英政府先曾遵据条约特设通信机关，乃中政府故遣军队多数，驻扎印藏国境，截断该通信机关，以杜绝藏印间之通信云云。查中政府迄今并无截断印藏间通信机关之事，又在将来亦可断言，决不妨害印藏之交通。

五、政府承认问题

英政府声言若中政府不将以上各条承认，英政府亦断不承认中国新共和政府云云。查中国新共和政府之承认与否，全视中政府之情形如何，与西藏问题绝无关系，何用英政府要挟。

（未完）

1915年12月25日（民国四年十二月二十五日），第一卷，第十二期

中英关于西藏问题交涉之始末(续完)

史礼绶

驻京英使接阅我政府回答后,殊不谓然。一面致电本国政府,一面行文我政府开始交涉。大旨谓:贵国政府之于西藏仅有宗主权而无完全主权。按之中、英、俄三国关于西藏问题诸条约无不如是。如:一九〇六年《中英条约》中所谓他国无干涉西藏内政之权云云。中国亦在其内,约文殆已明确规定。而一九〇七年《英俄条约》仅承认中国之在西藏有宗主权,未及主权者,即其证也。又中、英关于派兵问题,彼此亦既订约,约中允中国驻扎军队二百名于西藏者,其目的实在保护西藏帮办大臣,非有他也。顾畴昔赵尔丰任西藏帮办大臣时,不遵条约,率兵约达五六千,所致杀戮藏番,扰乱地方,达赖喇嘛且受其胁迫逃往印度焉。此犹就前清言之也。迨至最近,尹昌衡又率师进攻巴塘,里塘,虽为藏兵击退,而尹于此时增调军队,围攻襄城,仍欲由是进攻藏地。至截断通信机关,屡有所闻,且其事甚确。此次民国政府回答,毫无诚意,英政府断难承诺云云。

时国方多难,内有党争,外有蒙俄关系之交涉,益以财政艰窘,外债无望,政府无可如何,只得暂将英使朱尔典之抗议搁置,不予答复。一面令蒙藏事务局议定西藏待遇法七条,以安藏人之心:

一、不以藩属待遇。

二、现有土地治理权如旧。

三、封号如旧。

四、各喇嘛俸给如旧。

五、将中国官吏裁撤,以藏人治理之。

六、以西藏矿产维持藏人之生计。

七、藏人通汉文者,得任民国官吏。

英政府见此殊怏怏,遂命驻扎西藏之英兵,于一九一二年一月十六日,自西藏经阿墩直向丽江府前进。云南边防军睹此情形大惊,再三诘责。英军始逐渐停止前进,然而犹驻屯阿墩,未肯退回原地也。事为云南都督蔡锷所闻,因驰电政府,请向英使抗议,令其迅速撤兵。同时政府又接一报告,谓英俄已秘密约定分割蒙藏,今先劝告达赖喇嘛及活佛缔结蒙藏同盟条约云云。政府闻之,随召集国务员蒙藏事务局正副总裁暨各顾问等会议,嗣议定对待英国方法三,对待西藏方法四。

对待英国方法:

一、致电驻英代表,属其向英政府声明,谓:西藏为中国完全之领土。请尊重邦交,勿听俄人请求。

二、向英公使交涉,请其转电英政府,令增驻拉萨、江孜等处英兵撤回。

三、特派全权委员处置中英交涉事宜。

对待西藏方法:

一、将西藏优待条例七条电致钟长官,属其在藏宣布,以坚藏民之内向心。

二、密电尹镇抚使率兵自里塘进驻藏境,以防达赖之逆谋。

三、令西藏专使马吉符、姚宝来两人即日出发,向达赖开导。

四、将此时库伦危殆之详情及民国政府对于此事解决之方法,详细电告,以免达赖为人愚弄。

一月上旬,英俄关于蒙藏之密约成。俄怂恿活佛,英怂恿达赖,使双方全权委员会于库伦,并使秘密议定《蒙藏协约》。时达赖提出条件四,活佛提出条件五。

达赖之条件:

一、由活佛要求俄国同时承认蒙藏独立。

二、请求俄国派兵保护藏地。

三、与中国断绝关系。

四、禁止华人入境。

活佛之条件:

一、由西藏遣派大员常驻库伦,以便会议要政。

二、声明西藏独立之原因。

三、由达赖与英协商对抗中国之方法。

四、协力保卫库伦。

五、缔结蒙藏同盟。

经双方屡次协议,而蒙藏协约果然成立,至一月十一日,遂在库伦签印。协约之原文如次:

第一条　达赖喇嘛承认蒙古之实权,并承认辛亥十一月九日宣言蒙古为黄教教主活佛之独立国。

第二条　蒙古政府承认西藏为自治国,达赖喇嘛为宗教主。

第三条　两国为互图黄教昌明起见,当执行一切之处置。

第四条　两国政府处危急存亡之秋，宜永久互相援助。

第五条　两国对于彼此领土内奉公之旅行者及关于宗教之旅行者，宜互相保护。

第六条　各种物产及家畜，照旧自由贸易，并互设商业机关。

第七条　商业上之债权，凡经政府及商业机关之承认者得生效力。若在本约缔结以前所行交易，至本约结果当生莫大之损害者，不在此限。

第八条　本约如有未备之处，应由两政府各派代表随时随地为相当之协商。

第九条　本约自签印之日施行。

右约于西藏壬子十二月四日、蒙古帝国第二年十二月四日，两代表会于库伦签印。其时沪上某报对于此事尚称注意，略谓：英兵已有千人携带工具自廓尔喀（即尼泊尔）及不丹入藏，建筑印度、拉萨间千余里之道路，以便立时敷设军事铁道。其在拉萨且建成兵营三处云云。该报又揭载驻英刘代表报告英外务大臣葛雷之对藏政策，其内容如次：

一、要求印藏铁道建筑权。

二、将来中国在藏从事整理，应向英国借款。

三、西藏与英政府所订条约皆为有效。

四、开办西藏事业之际，应聘请英人襄助。

五、凡西藏向英国所借之款，应由民国政府偿还。

六、取消西藏借款时，当由民国以现银偿还英国。

七、中国不得无故进兵西藏。

八、中国不得在西藏设官。

九、拉萨、江孜、察木多间，当由英国自由架设电线。

十、拉萨、乍丫、日喀则间，当由英国设置定期邮传。

十一、英国对藏之举动，中国不得干涉。

十二、不得以西藏所有权让于他国。

十三、英国得买收西藏土地并得长期租借。

十四、西藏金矿及其它矿山应由中英合采。

袁总统知藏事岌岌可危，于二月十一日集国务员暨蒙藏局正副总裁，议定对英对藏之二策：

甲、对英政策

一、致电刘代表向英政府声明西藏为中国之领土，幸勿惑于俄人，致碍邦交。

二、令陆总长向驻京英使交涉将增驻拉萨、江孜之英兵撤回。

三、派全权委员办理中、英关于藏事之交涉。

乙、对藏政策

一、致电钟长官宣布藏民优待条件，坚其内向。

二、电命尹镇抚使率兵驻里塘镇压，以遏藏人之逆谋。

三、特派专使赴藏启导藏番，以免他人愚弄。

以上各条，不过国务院议决之政策，时并未发生何等效力。英国见我政府徒张虚势，绝无实力，微特无意撤兵，且将占领之兵数增加。又令达赖出面向英国借款三百万镑，并恳求英国援助一切。下列五条件，即英国嘱藏人提出者：

一、西藏宣布独立后，一切军械由英廷接济。

二、西藏承认英廷派员来藏监督财政、军事，以作英国扶助西藏独立之报酬。

三、英廷以三百万镑贷于西藏，其抵押品一任英廷指定。

四、民国军队行抵西藏，英国担负抵御之责。

五、西藏宣布独立后，英廷首先承认，并介绍其它各国承认。

六、西藏执行开放主义，准英人自由行动。

英政府对藏政策，著著奏功，终见所谓《英藏通商协约》发现。时驻英外交代表刘玉麟致电政府云：英政府对于藏事，表面上虽佯示冷静之态度，其实日谋进行，今已与达赖缔结通商协约云云。通商协约之全文如左：

一、英印人民之在西藏有优先权，货物进出，概行免税。

二、英印人民之在西藏有开设银行并随时借款喇嘛之权，但须具担保物。

三、所设银行，准西藏人日借一元乃至五元，以五日为限。

四、中国西藏之权利一概取消，若喇嘛阳奉阴违，查出严罚。

五、西藏境内之主要物产得以人工制成者，概归英人管理。其矿产森林等，亦由英人投资开办。

六、于江孜、亚东、拉萨、加托克、察木多等商埠设商事裁判所。凡中、英、印、藏及各国人之诉讼，概归该所裁判。

此约订后达赖于三月四日致电我政府，略谓西藏之土地、人民、政事，当照第五世达赖时代办理，所谓五世达赖时代者，即有清尚未入关以前。其时我与西藏以打箭炉分界，英人亦未窥伺西藏，故西藏主权完全无缺。嗣列有清藩属，其情况遂与今日大异焉。

我政府接电后，立发答电，谓：如此要求，断不承诺。顾达赖置若罔闻，绝未介意，且自《蒙藏协约》成立以来，意气颇骄，欲将驻藏华兵尽驱境外。前此，逼令自拉萨退至靖西之驻藏办事长官钟颖，至是，又要求其离境，并谓：若踌躇不决，将以兵力从事。钟颖无可如何，只得再自靖西移至亚东税关。一面达赖又进兵包围驻扎江嘉之我国卫队，且与该队援军连日战斗，其别队则包围盐井之华兵，向之攻击。迨至四月下旬，达赖遂与各番官、喇嘛等秘密会议。议决下列四条：

一、由内地来藏之汉人，限半年以内一律离境。

二、汉人之为西藏土著者，限一年以内一律出境。

三、三十年以内，藏地不得驻扎汉兵。

四、若民国政府派兵来藏，藏人不能阻止时，即请英人出而阻止，并以特别权利报酬英人。

幸是时政府处置得当，故至四月下旬，达赖周围之番官、喇嘛即力劝达赖内附，略谓：就西藏之兵力、财力论，终难独立，且有外力侵入之虞云云。居无何，而内附之条件以定：

一、西藏永远不设行省。

二、西藏行政权归藏人主持之。

三、不在西藏驻扎汉兵。

四、从前受领之俸给及其它之给与，当倍加其数。

五、西藏财力不足时由中央供给之。

六、对于现任要职之喇嘛番官，当从丰给以金钱。

此条件虽定，而英国觊觎西藏之心仍不稍衰。犹忆三月下旬，有议员某曾在下院以西藏问题向外务次官厄克兰特质问。厄氏答云：英政府不许中国将西藏一地入其统治权以内云云。其态度强硬有如此者。未几，巴尔干发生战事，列国使臣会于伦敦，商议处分巴尔干之法。时俄、奥两国固执己见，各不相下。卒至由俄、奥战争延而为同盟国与协商国之大战争。英国上下相率注目此事，固无暇顾及西藏。而我国亦以时值多故，暂置脑后，以故双方放弃斯事者多日。虽前有印境答吉陵之会，后又有迁移会议地点于伦敦之说，然迄今未得结果，盖彰彰也。

1916年1月25日(民国五年一月二十五日)，第二卷，第一期

西藏撷新录

史礼绶

今试执内地人民而叩以西藏之内情，则闻者罔不语塞。又试以西藏位置质诸未曾披览舆图之辈，抑且不能确指焉。斯何故？曰：西藏向少可信之记载。而国人对于藏事复多视若无涉也。夫我之土地我不知其内情，甚至莫悉其位置之所在，是犹居于一室不解门庭以至堂奥之结构。于此而犹曰：我居于是者有年矣。我固是室之主人也，不亦颠乎？英国斯密史大尉近年自探险西藏归，曾有《卫藏纪行》之作。日本河口慧海氏亦有关于西藏之记载，调查确切，叙述详明，足为研究本国地理参考之助，爰撮其大要，辑为是篇。

（一）**地势**　东以著名高山界四川省，西以哈喇昆仑山脉接印度之克什米尔，北以昆仑山脉毗连勒科尔乌兰达布逊山，南以喜马拉亚山脉界印度之西北州及尼泊尔、不丹诸小国。额非尔斯则喜马剌雅山脉中之最高峰也。西藏四周既以高山围绕，故其境内无一而非高原。最高处出海面一万六千尺，低处亦达八千尺。外人目为世界屋脊或曰高原国，良有以也。惟吾人试登喜马拉雅之巅俯瞰全藏，又觉满目皆山，茫无际涯。至是与其名之曰高原，毋宁称之曰山原矣。

（二）**气候**　以地势高峻之故，气候一般寒冽。若在拉萨首府则异是。是地高出海面一万二千尺，当极寒时期，华氏寒暑表可降至零下二度。一入夏令，室内恒升至六十三度，室外之受太阳直射者约经二十分钟，则一跃升至一百五十三度。以同一时间相差至九十度之巨。此盖全世界所未见也。藏人患脑疾、目疾者多不可数，即由于斯。时当夏日，苟自拉萨向低处旅行，沿途所见往往有裸体者。气候之酷热，较诸拉萨为更甚。及至高出海面一万六千尺之地，则又大异。华氏寒暑表常降至零点以下二十度乃至三十度焉。

（三）**人民**　世皆以蒙古种称之，惟与吾人所谓蒙古人不同。以理推之，当其起源或即蒙古种。而在今日，自其一般使用阿剌伯语之关系观之，又不妨名之曰阿剌伯种焉。总之，藏人为华族与蒙族两种血统混合构成。此为确切不易之事。惟其言语之人种学上，今尚无准确之论断耳。

据西藏神话名满康本者所载，若辈乃纯粹之西藏种。最初出世者为观世音菩萨化身之猿与罗刹狂女彼此结为夫妇，举六子。是即藏人之始祖也。此等荒诞不经之词，望而知为纯出附会。然既系神话，吾人姑妄听之可矣。

藏人大抵眼小而黑，种族甚繁。其居于拉萨、日喀则者，曰中央种；居于西藏东北部者，曰康种；居于西藏西部者，曰脱伊种。言语各族互歧，绝不统一。康种之皮胄，则较中央种为白。体格强壮，性剽悍、惨酷。就中且有以强盗视为神圣之职业者。妇女外貌色白而美，惟不甚娇艳耳。中央种视康种进化，妇女多呈一种媚态，言语亦不若康种之粗暴。脱伊种世以牧畜为本业，秉性固无康种之狞猛，然亦西藏西部之蛮族也。

（四）**略史**　西藏教主，人谓其自天降临。其实不然。最初之教主名里却砒，为印度王族之一。时因战事受挫，逃入喜马拉亚山中。嗣误信山之东邻近天国，向前进行。不意走入西藏。藏人见之大惊，问以来自何处。里却砒指喜马拉亚山答称：来自彼高处。藏人误以高处为天空也。遂谓其白天降临，敬之如神，并令其就教主位。里却砒允之，乃以印度文物尽力统御藏民，而使若辈益信其为天使。此一说也。历史家某氏则谓：距今五千年前玛哈拔拉战争之际，潘达拔王长兄曰节窒斯透尔者，尝侵入西藏，统一其地。此潘达拔王兄弟凡五人，共娶一妻。故今日藏境犹存一妻多夫之遗风。此又一说也。两说果属可信与否，今姑不论。总之，最初由印度入藏而为教主者，实为雷河透藏。其人，藏之有史则在千三百年前，琳跄冈薄御极役也。有唐太宗惧琳氏之侵略，尝以文成公主妻之，仅免于难。而佛教遂自此传入藏地矣。嗣琳氏以其地向无文字引为缺憾，复派臣下十六人前往印度学习梵语。及脱密桑蒲达归，一面作文字，一面更创文法。未几又以自作之文字迻译印度佛经，尽力传播各地。盖至是而西藏略有文明气象矣。五传至透桑透琼，佛教一途臻于极盛。印度名僧犹且联袂来藏，佛教遂由是定为国教。惟自琳氏传至十四五代佛教大衰。群雄割据，几无宁日。时蒙古名僧却蒲雅尔乘机入藏，举向之分裂者复归一统，并以占得之寺殿全部献诸彼时教主马克罔五世。时距今三百年也。现代教主名克蒲典甲克束五世，即马克罔后裔。

（五）**物产**　西藏惟一之财源为喇嘛经。自有此经而各地信徒不远千里，前往拉萨顶礼者，常达数百万人。其布施之金钱恒占全藏收入三分之一乃至二分之一。喇嘛经诚西藏之特产哉。外此输出品有若羊毛、牦牛尾、兽皮、毛织品、沼盐，而大麦、小麦、棉花、棉布则其交易品也。寻常日用品，除大小麦外，更有荞麦、豌豆、甘藷、萝卜、葡萄之属。

农业甚不发达。食盐则在北境池沼采取，实次于喇嘛经之财源也。是输出之地有二：一如尼泊尔，一如不丹。

处置是等物产者为僧侣、农人、工人、商人四种。僧侣职司祭祀，而又为西藏之主人。里本寺凡七千七百人，西洛寺凡三千三百人。额数虽有定制，然时见伸缩。其它百人或二百人集合而成之寺宇，则人数常无定额。纯粹之僧侣或司祭，或读经，或研究学问，其数甚少，仅居全数十分之一。他皆兼业农、工、商。

（六）**宗教**　初奉拜物教，与西伯利亚所传播者相似。凡山岭、巨岩、巨木、湖沼，皆奉之如神明。自佛教传入，其势微矣。佛教分新旧二派。旧派以快乐主义为教旨，流弊甚大。新派反是。其教旨专在解脱未来。现代教主即出自新派者，势力甚大。惟旧派近亦逐渐发展。滋可惧也。

（七）**教育**　普通教育惟中央种寺宇教育尚称发达。教科目凡四：一曰习字，二曰简易算术，三曰读书，四曰诵经。农家子弟亦许其入校习此四科。其授算术也不用算盘，以黑石为单位，由十进法依次分为白石一杙、一铜钱、一银货。简单计算则使用人人携带之念珠。譬如二加二为四，一加一为二。心算则无人能之。子女教育，最近尚称振兴。高等教育，惟限于布达剌寺一处，受教育者皆西藏贵族子弟，其宗旨专在养成高等文官。教科以习字为重，文法、算术，亦兼授之。修业年限自十岁起至十八岁止。教授方法，但知以各种知识注入被教者，使之不忘。若最近所谓自发的教育，若辈盖未尝梦见也。

1916年6月25日（民国五年六月二十五日），第二卷，第六期

《小说大观》

《小说大观》于1915年8月创刊，在上海出版。季刊。由文明书局、中华书局共同发行。编辑者包天笑，发行人沈知芳。1921年6月停刊，共出十五集。

达赖喇嘛

达赖喇嘛握教权，势力等于欧洲之教王。其权力可以生死人，故蒙人奉为神圣。求所以媚达赖者，无微不至。虽祖父之亲，妻子之爱，达赖有所颐指，欲如何则如何耳。不惟不忤，且以为荣。达赖每届放头，大收贿赂。放头者，如内地戒幢之水陆胜会。然届时善男信女争输金钱，以邀达赖之一盼。其输金多者，可得达赖摩顶及木槌击颅之典。凡被摩者，人皆啧啧荣之。其得邀槌击者，虽颅坟如卵，不敢声痛，甚且私相庆幸。盖谓是年顺利，可免灾眚，不独藉豪闾里已也。

1916 年 3 月(民国五年三月)，第五集

喇嘛庙

喇嘛庙多壮丽。庙中徒众，视其庙之规模以定多寡。主者喜奔走官场，善酬应，与内地势僧气味不相悬殊。庙之形式与内地相仿佛。亦有建于有趣味之山谷间者。其城市之庙，位置似较崇，而俗则较甚。主僧面多肉，侍众则有菜色。然所喂之犬，则又肥大。余谓为专制国之影子，当知非诬。朝阳城喇嘛庙主者姓潘，人皆以潘大喇嘛呼之。余往瞻礼，颇承接待。以所藏古玩相炫，书画绝少，玉器较多，且无甚出色。亦可想其俗矣。

1916 年 3 月(民国五年三月)，第五集

《青年进步》

《青年进步》于1917年3月创刊，在上海出版。月刊。由青年进步杂志社编辑，青年协会发行，皕诲（范祎）等主编。此刊由原来《青年》、《进步》二刊物合并组成，为基督教青年会主办的综合性刊物。1931年停刊，共出150期。

西藏风土记

其昌述　曹炎申笔记

吾国地土之广，人物之众，可占世界首席。而名山巨川，具有历史上之关系者亦复不少。今我国人幸赖交通之便利，得置身于其间，流览名胜，凭吊古迹。年来国人之爱国心热，游历一途实为其导线也。是故无论何国，自小学始则授以本国地理，盖欲使学者成知其河山之宝贵而保守之。然我国地既辽阔，其不能恃舟车而悉达者亦伙。西藏即其一也。故此中风土人情知者遂罕。云南青年会庶务干事李其昌君，曾传道于斯土有年。故特请其详述一切，登诸报端。想亦为邦人士所乐闻也。炎申识。

李君之言曰：余于一九〇八年春毕业于四川苍溪县新店子之福音学堂。悯边省人民昧于真理者多，于是决志执传道之役。其时适内地会英国叶牧师有西藏之游，遂立意与之同行。盖一则可以为道作证，一则可以扩新眼界也。当时余之亲友多不以此议为是。缘彼辈久闻藏地之险阻，恐此行将不利于余也。惟余宗旨既定，前途虽艰苦，只有上祷天父之庇佑而已。

是年三月十二日，由新店子动身赴保宁（一百二十里）。其后经蓝布云山、大竹梁山、万县、云阳、夔府。此处有汉诸葛武侯所遗之八阵图。今遇其地，犹想见当日之情形焉。乃出巫山巴东而抵宜昌。由此地仍回万县，取道重庆、忠州、酆都、长寿、合江、泸州、纳溪、江安、南溪、叙府、犍为、嘉定、蛾眉，至十月八日始抵雅州。从此西行，过荣经之大象岭、青溪之小象岭。大岭长六十里，二处皆有积雪。山中只有小店三四家。离此则抵九里坪，有土司衙在焉。其地甚寒，人民所食者为包谷与杂粮。由此首途，需时十日可到打箭炉。打箭炉者，相传汉诸葛武侯征蛮，曾遣人造箭于此，故有斯名，为由川入藏之孔道也。其地汉蛮二族分地而居。四围皆山，形势险峻。有温泉数处，男女皆喜沐浴。人民所食之物为牛乳、茶、糌巴（即炒面）。此处更有大佛寺一。其中喇嘛约数千人。土人最迷信，崇拜邪神。自此行至炉城。其地有南岭。岭上有孔明所遗之铁箭一枝，长约二丈，又有西山，高约数百尺。过此则渡泸水。其上有泸顶桥，又名铁索桥。以巨铁索六根绷于两岸，长二十五丈。上盖木板，广八尺。过此桥者俯视洪流，令人足弱。

余等抵炉城，因事逗留数月。至一九〇九年四月十八日，始首途西行。二十六日抵河口，俗名鬼门关。其地有一小河，岸上以戍兵守之。凡来往客商，须有路票及护照始能渡江。行客皆以皮船运渡。船以牛皮及树枝造成，形如簸箕，深不过四尺，可坐四人。行船之法，每人手持木板一块，长约三尺，用以划水。此处人民甚稠密。

由此六日可到里塘。沿途皆巨山，劫贼时出，土人称贼为夹坝。里塘地方天气最冷。人皆以羊皮为衣。妇女装饰尤奇，将发分为数十小辫，上佩金银宝石。左右有银牌二面或琥珀珠数枚，额前有发垂下至鼻准。据云用以遮羞。此地亦有温泉多处。喇嘛约三千八百人。出产品全无，凡食物皆来自外地。至秋季，则溶冰以为水。平常多用牛粪为燃料，盖柴炭最贵也。土人皆以牧牛羊为业。风俗殊异。人死后多举行天、地、水、火四葬礼。天葬之法，人死后置其尸于高山，延喇嘛向尸前诵经毕，喇嘛用刀将尸身剖为数段，以饲红嘴乌鸦。尸亲目睹鸟来啄食，则皆跳舞歌唱，彼此大笑，言我家有福，囊来甲包(天神之谓)已接彼升天矣。倘鸟来而不食，尸亲则痛哭流涕。地藏则埋诸土中。若水葬则以尸身掷入河中。火葬之法先以油抹于尸身，以火焚之。以上皆古例，但至今不改也。里塘山上产一种草，名蠡草。其价最贱。但贩至邻省，则其价值十倍云。喇嘛寺顶皆用金片镶成。人好跳舞、唱歌，最嗜酒。身体颇高。天气亦寒。

离此九十里则投塘在焉。斯地有黄土冈，长一百十五里。上有一湖，长三里，广三里，甚深处均不可考。据土人云：此湖常出怪物。闻之颇堪发噱也。由此须经甘海子、喇尔塘、喇吗垩山及山岔大朔山。此山每天正午十二时则起怪风，至下午三时始息。

去此一百二十里，则巴塘在焉。客商往来，皆用乌拉(即马之称)。沿途盗贼尤多。巴塘土人稍有教化。番民筑碉以居。更列市肆，颇有都会气象。前有一河名金沙江。喇嘛约八百人。土人有上、中、下三等之分。上等人所衣者为普绿(此种如绒)、藏编(此种以毛织成)及狐皮等类。中等所衣者为绸缎、棉布。下等所衣者为棉布及羊皮。无论男女均喜佩珍珠，善跳舞，好饮酒。其俗例每年于八月则开一大会，来会者约数万人。各人均携帐幕、食品，至终会乃散。土人每出必携利器。此地有男女学堂，受治于蛮官。青年人最喜驰马、射箭。

去此则过森岨、撤玛、喀夷、他念他翁岭。此岭于七月时亦有积雪。沿途皆大山、巨林，人烟稀少，惟夹坝(即贼)最多，故客商经此须携利器以自卫。循此路约六日便抵白玉，此处居民半为喇嘛。其地所出产者为麦与金银，男女皆喜佩带各类宝石。所居之屋宇甚高，喇嘛寺顶亦以金镶成。其中有一乌金神像，据喇嘛言，像重一百五十斤。此地有一河，土人观河水之色，则能定该地之盛衰。此河每五年必改其色一次，色分为青、黄、赤、黑，据其色之如何，则能知未来之休咎为水、火、瘟疫、饥荒与大乱。此颇离奇，想亦为地学家所乐于研究也。

离玉山向西北行，即抵德格、甘枝、邛柯，则离青海不远。土人亦以牧牛羊为业，好歌舞。有蛮官在焉，人民皆以神圣奉之。每见蛮官时，面向地，不敢仰视，以两手大指向上，此敬礼也。德格与甘枝之间有一小河，名雅珑江。水质甚毒，若人饮之后三四日，口流涎不止而死。此地之南通熊松、三崖，地最寒，喇嘛约五千人。所居之房如蜂形，四围皆巨崖，只有一路可通。人民以抢劫为生。行旅苦之。西通察雅，天气更寒。土人全无教化。食品无论何物，以生食为佳。男女不穿衣服，亦不以为耻。离此有一山，名宁静。周年积雪。此处居民好游猎、跳舞、唱歌，而最信佛。有病不求医，概求佛之护佑。土著常出外劫人归，以为奴仆。苟不如意，鞭挞随之。诚野蛮之至矣。

巴塘之东有一地名乡城（古名稻城），前后均有河流。其地乃平原，产麦最多。人民性最野，喜食鱼肉。身体极雄壮。据前辈云，前清光绪二十三年，其地有一汉官为蛮人所杀，竟剥其皮而存于喇嘛寺中。每诵经，则披之身上，以为赶鬼之用。此事初无有知者，惟后因赵尔丰征乡城，细诘蛮人，始得其实云。

悠悠岁月，转瞬已五年矣。而其半皆消磨于行旅间。至一九一一年八月十九日，始从巴塘向西南行。过竹巴篓，此乃通南之要道，其地亦有戍兵守焉。来往人须有路票，始准放行。由此需四日之路程，始抵盐井。四周皆山，前有一河名澜沧江，此处山盐最多。其制盐法以盐水浇于屋顶，俟其自干，然后取之。每月可得盐三千余斤，运往各处出售。此地亦有喇嘛寺，约有喇嘛八百人。前清光绪某年，叶牧师游历至此，竟被喇嘛监禁于寺中三日。后得汉官救援，始庆生还。过盐井不远则有一山，名太子，山上积雪周年不化，藏人皆称此山为圣地。每年来朝贺者大不乏人。来时皆从山左边过索桥。此桥长三四十丈，上有溜筒一枚。凡过桥者须以腰间挂于溜筒，如打秋千，乃用手将索一拉，便能渡过。若从山之右而至索桥，则需时四十日。由此亦可知此山之伟大矣。

从盐井行七日抵阿墩子。此地男女之装饰最奇，妇女皆盘发于顶，而男子则披发于肩，以羊皮为冠。其色黄，上盖红线。冬夏皆不改。衣服以红绿二色为美观。男子常佩鞘刀于腰间，出入皆乘马。鞍鞯极华丽，多饰以金银宝石。富者，每出必挂五色石珠三四串于颈上。人民所食者为豆麦茶等类。风俗最不良，兄弟三四人可共娶一妻。治盗之法最酷，常施断手、剜目之刑，或更以沸油浇于盗贼身上。此地有一种人，名野古宗（山人），貌深黑，居于岩中，以游猎为生。凡土人出家为喇嘛，多投寿国寺、杨人景寺及东竹林。再从阿墩子首途，则到猡猓、猁猓。该处土人好斗，出入必携弓箭，醉后常行凶。依澜沧江之傍，有一板屋楼山。其居民皆带玛瑙珠一串。所用之文字为象形体。藏民与滇西辖民杂居之处，男子皆戴红缨、黄皮帽，耳带银环或金环，佩刀，穿皮靴。妇女辫发饰以珊瑚、金银、小珠，穿五色花衣，外披花小褂。人民皆以牧羊为生，颇知礼法。再由斯地启行，在途八日便抵维西。此处大有进化。西藏之游亦告终矣。其后则经老君山、剑川、邓川、大理、凤仪、云南县、弥渡、镇南州、楚雄、广通、芦丰、安宁而抵云南府。

余旅藏数年，日与藏民往还，觉其中之热心求道者亦不少。无奈远隔中原，对于国人之感情极薄。故余甚望他日我国青年能牺牲一切，负十架传福音于斯土，俾将来化黑暗而为光明。我国前途庶有希望。此则余朝夕所祷祝者也。李君之言止此。

1917 年 7 月(民国六年七月)，第五册

播道西藏之动机

云南青年会李其昌君转来一函云：吾滇毗连藏地，播道之工迫不容缓。缘西藏数千年来，沉沦于黑暗魔道之中。今沐主恩，教道传入，实所感谢，使此邦罹罪之人觉悟前非，弃暗就光，直趋永生大道。尚望同道诸君代为祈祷，俾真道广布，人人共入天城，是吾西藏全体信徒所盼也。专此敬候，阅者诸君道安。

1918 年 11 月(民国七年十一月)，第十七册

《农商公报》

藏矿开采之条陈(目)

1914年11月15日，第四期

西藏与中国内地贸易之情形

日本驻卡尔卡达领事信夫氏报告西藏与中国内地贸易情形颇详，译之如下：

贸易之中心

西藏与中国内地之贸易以打箭炉为中心点，是盖因地理与人种之关系而然也。该地以东一切情形与中国内部无异，举凡运输、交通、金融等事皆在华人之掌握。该地以西，则除少数之中国官吏商人及军队外，皆系西藏之人，故即普通中国货币亦不能流通也。打箭炉一带，地势大抵高耸，交通不便，运送货物不得不专用牛马。人种、气候、产物及其它地理的特质等，均与西藏本部无异。且人口稀薄，分散各处，文明之机关毫未设备。若长此不改，则西藏与中国本部之贸易恐无发展之希望也。

西藏与中国本部贸易，大半由驻在打箭炉之华商，与每年自西藏及其边界而来之藏人行之，间亦有藏人及华人在中国地域开设店铺之零星交易，及抽取仲银票行商。此外虽有华人至打箭炉收集货物携至内地，以与土产相交换者，然以之与打箭炉之交易相较，则为额甚微不足道也。自西藏或边境至打箭炉之人有携带土产以供交易之用者，有携带金砂或中国货币向他人购买货物者，有携带土机售与他人而收取中国货币以归者。商人之汇兑方法，大抵以六个月或一年之期限，经印度汇至上海支付。

输出之情形

中国输出之货物以砖茶为大宗，业此者须欲四川省官宪之许可证，每年许可证之数为十万八千，习惯上恒由茶业公所分配之，于一定商号之间平年交下之许可证，全部使用之。年经打箭炉输出砖茶之额为五十四万捆，重量约一千一百五十二万磅，值一百十三万四千两，合英币十四万一千七百五十镑。占输出第二位者为内国产及外国产之棉制品，大抵由上海装运，一千九百十三年销额为二十万两，约合英币二万五千镑。次为绸类，以四川制及由上海装运者为多，每年之额约值英金一万五千镑。此外如四川烟、外国纸烟、钟表及各种杂货值一万三千七百五十镑。

输入之概略

自西藏输入之货物，以麝香为大宗，一千九百十三年总额为七万五千磅，全运往上海。是年每盎斯值十二两至十四两，合英币一镑二先令六便士至一镑六先令三便士。次为生金，一千九百十三年自西藏输至中国之额值二十四万五千两，每盎斯值三十两，合英币三镑一先令八便士半，至翌年八月以后价格腾贵，每盎斯增涨十两以上云。关于麻哈金矿，虽无正确统计，然据其管辖官厅之调查，每年产额约计一万二千盎斯，每盎斯值三十六两云。该矿现原经营不得其宜，业经停办。闻拟再集股本，购新式器械，重行开采，不知确否。

运输之交通

距打箭炉东方百五十里之雅州，为往来打箭炉各种货物必经之地，华藏贸易之要冲也。东向得乘筏至嘉定，自嘉定换船至重庆。由打箭炉至雅州之陆路运费以重量计算，一千九百十三年每百斤须二两八至三两二，每一英镑合一便士之百分六十三至百分之七十二。雅州运往成都之物，运费较高。打箭炉以西使用牛马，其运费因时季而不同，每匹每日约须一鲁比半至三鲁比，每匹载重平均约百二十斤，以此计算自打箭炉至巴塘每一英镑须一便士四十四至二便士八十八。

将来之推测

打箭炉与西藏本埠相距甚远，运费亦昂，以之为西藏与中国本埠贸易之中心地，不甚相宜，将来恐无发展之希望。故此后欲求贸易之发展，必当改用印度为贸易之中心。至于打箭炉则一千九百十年之繁盛，已可谓达于最高之点，过此恐不能再盛矣。

1915 年 8 月 15 日，第十三期

开采西藏矿产

近闻陆兴祺氏递有开采西藏矿产条陈一件，内容约分六则：(一) 除封禁灵胜大雪山外，其它勿论何地均准开采。(二) 开采时不收捐费，一俟办有成效，照原收

入取十分之一。(三)收入费作地方公益事,由官经理,不得移作他用。(四)聘请查采矿苗溶化矿质者为工程师。(五)先行购办开石榷、凿、炸药等,以作轰山之用。(六)调查矿之多寡,定缴税之数目。闻政府以西藏地方矿产甚富,遍地皆是,亟宜开采,对于陆氏之条陈,颇为嘉纳,惟交涉未决前,恐难著手,以是尚在踌躇中云。

1916年12月15日,第二十八期

开采西藏矿产(目)

1917年10月15日,第三十九期

西藏垦务进行之佳音(甲寅日刊)

青海各旗及甘边之宁夏、西宁、甘凉、安肃等处,沃壤万里,多未开治利,弃于地数百余年。现经甘省大吏切实调查,深知富源所在,放弃殊为可惜,呈请中央政府,特设屯垦专使,除酌留地亩以备国家军队屯田外,其余所有荒地,悉行开放,任听商民领垦,地价之定率极廉,升科之期限极远。凡此种种,无非为提倡农业,体恤垦户起见。如绅商各界转移东南之巨资,经营西北之实业,下之可以裕社会之经济,上可以实国家之边防,利国福民,计莫切于此者。所虑道途较远,见闻未亲,情形或有隔膜,观望不免裹足。青海甘边屯垦使公署,特就该处之实在便利各端,略为通告,俾有志垦务者取资焉。

(一)近时企业家但注意于东南,名为财赋之乡,实则菁华已竭,加以门户洞开,五方杂处,资本艰巨,争竞为难。而其对于西北亘古未开之大利源,转熟视而若无睹者。揆其原因,大率以边地苦塞,视等不毛之地,不知青海、甘边等处,其气候温和,亦仿佛直鲁皖豫。高原平川,草深数尺,天然森林,所在多有,秋来落叶,厚可尺余,陈陈腐化,日积月累,直不知其凡若干年,为最好之天然肥料,即其地性本质,决为富于生产之能力,亦可继定。而况西宁、宁夏等处,襟带黄河,自古有水利而无水患,汉唐渠道,尚有可寻,略事疏浚,即成稻田。宁甘产米,斯为明证。此土地之便利也。

(一)往时赴甘,道路迟徊,度陇动须月余,交通不便,亦阻碍农产发达之一原因。现在包头、兰州之间,已由甘省长官,开辟航路,购置浅水汽船,上下行驶。而京绥路线，将来亦须至包头。故约计由北京至包头，行程不过五六日，由包头至兰州，溯黄河而上，行程不过八九日，若下驶则仅五六日而已，输舶之安，无殊内地。而况陇海一线，载在借款合同，是为欧亚往来之孔道，此路告成，则虽由上海启程，三日即可抵兰州。此交通之利便也。

（一）东三省及察哈尔放荒章程，规定升科年限，统为三年，本署为格外优待垦户起见，一律展为五年。如遇天灾，仍予宽限，俾垦户从容种植，绝无期限窘迫，牵动基金之虑。此升科年限之便利也。

（一）该处民俗朴实耐劳，生活程度，亦甚低廉，虽属地旷人稀，政府当厉行移民政策，但就目前情形而论，即有大公司数十家成立，雇用佃户，亦尚无供给不足之虞。此招佃之便利也。

（一）青海甘边等处，水草之利，所在丰富，马牛羊大宗畜牧，但藉天然生活之利，略讲卫生管理之方，即可以渐次发达，如垦户而兼营牧畜，为事既简，为利尤厚。此牧畜之便利也。

1918 年 7 月 15 日，第四十八期

后　记

1985年，因无知者无畏，我和妻子走进了一切都是陌生的环境——西藏，开始了艰辛的生活。2010年3月我调离西藏，到上海师范大学工作。到上海后，有条件把结项报告《近代传媒与中国西藏的社会变迁》进一步完善。现在怀着忐忑不安的心情把此书公诸于世，因为虽然很用功，但书中的错误一定很多。

书稿完成，我的外孙女宁宁快两个月了，外孙女的到来给我带来了无穷的快乐，也让我对女儿的亏欠减少了一些，当然有些亏欠是无法弥补的。当年我女儿就出生在拉萨，是上苍保佑让她们母女平安。作为丈夫让妻子在高原生产，作为父亲让女儿在高原出世，这是我一生无法挽回的遗憾。

我只有默默地工作，回报帮助过我的人，努力弥补对家人的亏欠。

本书的编撰过程中我得到了很多人的帮助。我以前的同事韩殿栋，我的师弟李玉宝，我的学生朱蕾、赖静、赵园苑、万文佳、张欣帮我整理资料、打字，在此深表感谢。

还要感谢我的师妹吴琼，她为本书的出版付出了辛勤的劳动。

2013年8月26日